2018

Annual Report for National Housing
Provident Funds 2018

全国住房公积金年度报告

汇编

（上册）

住房和城乡建设部住房公积金监管司　主编

中国建筑工业出版社

图书在版编目（CIP）数据

2018全国住房公积金年度报告汇编：上、下册/住房和城乡建设部住房公积金监管司主编. —北京：中国建筑工业出版社，2019.10
 ISBN 978-7-112-24242-9

Ⅰ.①2… Ⅱ.①住… Ⅲ.①住房基金-公积金制度-研究报告-汇编-中国-2018 Ⅳ.①F299.233.1

中国版本图书馆CIP数据核字（2019）第210912号

责任编辑：尚春明 范业庶 万 李
责任校对：姜小莲

2018全国住房公积金年度报告汇编

住房和城乡建设部住房公积金监管司 主编

*

中国建筑工业出版社出版、发行（北京海淀三里河路9号）
各地新华书店、建筑书店经销
霸州市顺浩图文科技发展有限公司制版
北京圣夫亚美印刷有限公司印刷

*

开本：880×1230毫米 1/16 印张：102 字数：2771千字
2019年12月第一版 2019年12月第一次印刷
定价：**400.00**元（上、下册）
ISBN 978-7-112-24242-9
（34755）

版权所有 翻印必究
如有印装质量问题，可寄本社退换
（邮政编码100037）

《2018 全国住房公积金年度报告汇编》编委会

编委会成员：（按姓氏笔画排序）

于 桐　于晓滨　王 茜　王旭东　庄欠华

刘晓庆　许起鸿　孙开颜　李 莹　李 娜

李洋宇　李学全　吴旭彦　汪雄峰　沈正超

张作池　陈彩林　郑玉玲　林 星　杨 忠

杨佳燕　赵 伟　赵 洁　赵劲松　赵瑞清

胡忠勇　洪剑英　倪吉信　崔 勇　隆亚杞

靳丰蔚　潘 伟

序

住房问题是重要的民生问题，也是重要的经济和社会问题。住房公积金制度是解决住房问题的重大举措和创新，是住房制度的重要组成部分。住房公积金制度1991年建立以来，各项业务快速发展，正在逐步实现业务标准化、管理信息化、结算统一化和服务便捷化，在促进城镇住房建设、推动住房制度改革、解决缴存职工住房问题等方面发挥了重要作用。

党的十八届三中全会要求"建立公开规范的住房公积金制度"。2015年，住房和城乡建设部会同财政部、人民银行建立了住房公积金信息披露制度，部署各地以年度报告的形式，向社会公开住房公积金管理运行情况，保障缴存职工的知情权和监督权。住房公积金信息披露制度得到了有效执行，自2015年起，每年全国、省级、城市均按要求向社会公开披露住房公积金年度报告，增进了社会对住房公积金制度的了解，取得了良好的社会效果。

为了记录住房公积金业务数据变化和事业发展历程，更好地发挥年度报告的使用价值，我们将各地正式披露的年度报告汇编成册并公开出版。文以载史，史以文传，相信这份珍贵史料可以为住房公积金事业发展研究提供资料支撑，为住房公积金各项政策的完善提供决策参考，也为各地住房公积金管理部门创新思路改进工作提供借鉴和经验。

新时代、新征程，习近平总书记在党的十九大报告中明确提出："坚持房子是用来住的不是用来炒的定位，加快建立多主体供给、多渠道保障、租购并举的住房制度，促进全体人民住有所居"，为住房制度和住房公积金制度发展指明了方向。站在新的历史起点，住房公积金行业全体干部职工要以习近平新时代中国特色社会主义思想为指导，增强"四个意识"、坚定"四个自信"、做到"两个维护"，不忘初心，牢记使命，落实新的历史定位，解决好群众的居住问题，为早日实现全体人民住有所居、满足人民日益增长的美好生活需要、实现中华民族伟大复兴的中国梦，做出新的更大贡献！

编委会
2019年12月

目 录

上 册

全国住房公积金 2018 年年度报告 ································ 2
北京住房公积金 2018 年年度报告 ································ 16
天津市住房公积金 2018 年年度报告 ······························ 22
河北省住房公积金 2018 年年度报告 ······························ 28
  石家庄住房公积金 2018 年年度报告 ····························· 31
  唐山市住房公积金 2018 年年度报告 ····························· 37
  秦皇岛市住房公积金 2018 年年度报告 ··························· 41
  邯郸市住房公积金 2018 年年度报告 ····························· 44
  邢台市住房公积金 2018 年年度报告 ····························· 49
  保定市住房公积金 2018 年年度报告 ····························· 53
  张家口市住房公积金 2018 年年度报告 ··························· 59
  承德市住房公积金 2018 年年度报告 ····························· 62
  沧州市住房公积金 2018 年年度报告 ····························· 66
  廊坊市住房公积金 2018 年年度报告 ····························· 72
  衡水市住房公积金 2018 年年度报告 ····························· 76
山西省住房公积金 2018 年年度报告 ······························ 80
  太原住房公积金 2018 年年度报告 ······························ 84
  大同市住房公积金 2018 年年度报告 ····························· 90
  阳泉市住房公积金 2018 年年度报告 ····························· 94
  长治市住房公积金 2018 年年度报告 ····························· 99
  晋城市住房公积金 2018 年年度报告 ····························· 104
  朔州市住房公积金 2018 年年度报告 ····························· 108
  晋中市住房公积金 2018 年年度报告 ····························· 115
  运城市住房公积金 2018 年年度报告 ····························· 119

忻州市住房公积金 2018 年年度报告 …………………………………………………………… 123
临汾市住房公积金 2018 年年度报告 …………………………………………………………… 127
吕梁市住房公积金 2018 年年度报告 …………………………………………………………… 131

内蒙古自治区住房公积金 2018 年年度报告 ……………………………………………………… 136

呼和浩特住房公积金 2018 年年度报告 ………………………………………………………… 139
包头市住房公积金 2018 年年度报告 …………………………………………………………… 144
乌海市住房公积金 2018 年年度报告 …………………………………………………………… 149
赤峰市住房公积金 2018 年年度报告 …………………………………………………………… 153
通辽市住房公积金 2018 年年度报告 …………………………………………………………… 156
鄂尔多斯市住房公积金 2018 年年度报告 ……………………………………………………… 160
呼伦贝尔市住房公积金 2018 年年度报告 ……………………………………………………… 164
巴彦淖尔市住房公积金 2018 年年度报告 ……………………………………………………… 169
乌兰察布市住房公积金 2018 年年度报告 ……………………………………………………… 173
兴安盟住房公积金 2018 年年度报告 …………………………………………………………… 176
锡林郭勒盟住房公积金 2018 年年度报告 ……………………………………………………… 180
阿拉善盟住房公积金 2018 年年度报告 ………………………………………………………… 184
满洲里市住房公积金 2018 年年度报告 ………………………………………………………… 187

辽宁省住房公积金 2018 年年度报告 ……………………………………………………………… 192

沈阳住房公积金 2018 年年度报告 ……………………………………………………………… 195
大连市住房公积金 2018 年年度报告 …………………………………………………………… 205
鞍山市住房公积金 2018 年年度报告 …………………………………………………………… 212
抚顺市住房公积金 2018 年年度报告 …………………………………………………………… 215
本溪市住房公积金 2018 年年度报告 …………………………………………………………… 219
丹东市住房公积金 2018 年年度报告 …………………………………………………………… 223
锦州市住房公积金 2018 年年度报告 …………………………………………………………… 226
营口市住房公积金 2018 年年度报告 …………………………………………………………… 230
阜新市住房公积金 2018 年年度报告 …………………………………………………………… 235
辽阳市住房公积金 2018 年年度报告 …………………………………………………………… 240
盘锦市住房公积金 2018 年年度报告 …………………………………………………………… 243
铁岭市住房公积金 2018 年年度报告 …………………………………………………………… 246
朝阳市住房公积金 2018 年年度报告 …………………………………………………………… 249
葫芦岛市住房公积金 2018 年年度报告 ………………………………………………………… 252

吉林省住房公积金 2018 年年度报告 ……………………………………………………………… 258

长春住房公积金 2018 年年度报告	261
吉林市住房公积金 2018 年年度报告	270
四平市住房公积金 2018 年年度报告	274
辽源市住房公积金 2018 年年度报告	278
通化市住房公积金 2018 年年度报告	281
白山市住房公积金 2018 年年度报告	284
松原市住房公积金 2018 年年度报告	288
白城市住房公积金 2018 年年度报告	292
延边朝鲜族自治州住房公积金 2018 年年度报告	295
黑龙江省住房公积金 2018 年年度报告	**300**
哈尔滨住房公积金 2018 年年度报告	306
齐齐哈尔市住房公积金 2018 年年度报告	316
鸡西市住房公积金 2018 年年度报告	320
鹤岗市住房公积金 2018 年年度报告	325
双鸭山市住房公积金 2018 年年度报告	328
大庆市住房公积金 2018 年年度报告	332
伊春市住房公积金 2018 年年度报告	336
佳木斯市住房公积金 2018 年年度报告	340
七台河市住房公积金 2018 年年度报告	343
牡丹江市住房公积金 2018 年年度报告	347
黑河市住房公积金 2018 年年度报告	351
绥化市住房公积金 2018 年年度报告	353
大兴安岭地区住房公积金 2018 年年度报告	357
上海市住房公积金 2018 年年度报告	**362**
江苏省住房公积金 2018 年年度报告	**370**
南京住房公积金 2018 年年度报告	373
无锡市住房公积金 2018 年年度报告	379
徐州市住房公积金 2018 年年度报告	385
常州市住房公积金 2018 年年度报告	389
苏州市住房公积金 2018 年年度报告	393
南通市住房公积金 2018 年年度报告	400
连云港市住房公积金 2018 年年度报告	405
淮安市住房公积金 2018 年年度报告	408

盐城市住房公积金 2018 年年度报告	411
扬州市住房公积金 2018 年年度报告	416
镇江市住房公积金 2018 年年度报告	419
泰州市住房公积金 2018 年年度报告	425
宿迁市住房公积金 2018 年年度报告	431

浙江省住房公积金 2018 年年度报告 … 438

杭州住房公积金 2018 年年度报告	441
宁波市住房公积金 2018 年年度报告	450
温州市住房公积金 2018 年年度报告	456
嘉兴市住房公积金 2018 年年度报告	462
湖州市住房公积金 2018 年年度报告	466
绍兴市住房公积金 2018 年年度报告	471
金华市住房公积金 2018 年年度报告	476
衢州市住房公积金 2018 年年度报告	480
舟山市住房公积金 2018 年年度报告	485
台州市住房公积金 2018 年年度报告	488
丽水市住房公积金 2018 年年度报告	493

安徽省住房公积金 2018 年年度报告 … 502

合肥住房公积金 2018 年年度报告	505
芜湖市住房公积金 2018 年年度报告	510
蚌埠市住房公积金 2018 年年度报告	514
淮南市住房公积金 2018 年年度报告	518
马鞍山市住房公积金 2018 年年度报告	521
淮北市住房公积金 2018 年年度报告	526
铜陵市住房公积金 2018 年年度报告	529
安庆市住房公积金 2018 年年度报告	533
黄山市住房公积金 2018 年年度报告	537
滁州市住房公积金 2018 年年度报告	541
阜阳市住房公积金 2018 年年度报告	545
宿州市住房公积金 2018 年年度报告	549
六安市住房公积金 2018 年年度报告	552
亳州市住房公积金 2018 年年度报告	556
池州市住房公积金 2018 年年度报告	560

宣城市住房公积金 2018 年年度报告 565

福建省住房公积金 2018 年年度报告 574

福州住房公积金 2018 年年度报告 577

厦门市住房公积金 2018 年年度报告 582

莆田市住房公积金 2018 年年度报告 588

三明市住房公积金 2018 年年度报告 591

泉州市住房公积金 2018 年年度报告 596

漳州市住房公积金 2018 年年度报告 599

南平市住房公积金 2018 年年度报告 603

龙岩市住房公积金 2018 年年度报告 607

宁德市住房公积金 2018 年年度报告 611

江西省住房公积金 2018 年年度报告 618

南昌住房公积金 2018 年年度报告 621

景德镇市住房公积金 2018 年年度报告 625

萍乡市住房公积金 2018 年年度报告 629

九江市住房公积金 2018 年年度报告 632

新余市住房公积金 2018 年年度报告 637

鹰潭市住房公积金 2018 年年度报告 640

赣州市住房公积金 2018 年年度报告 644

吉安市住房公积金 2018 年年度报告 648

宜春市住房公积金 2018 年年度报告 652

抚州市住房公积金 2018 年年度报告 655

上饶市住房公积金 2018 年年度报告 659

山东省住房公积金 2018 年年度报告 664

济南住房公积金 2018 年年度报告 669

青岛市住房公积金 2018 年年度报告 673

淄博市住房公积金 2018 年年度报告 678

枣庄市住房公积金 2018 年年度报告 682

东营市住房公积金 2018 年年度报告 687

烟台市住房公积金 2018 年年度报告 693

潍坊市住房公积金 2018 年年度报告 697

济宁市住房公积金 2018 年年度报告 703

泰安市住房公积金 2018 年年度报告 707

威海市住房公积金 2018 年年度报告 …………………………………………………………………… 710

日照市住房公积金 2018 年年度报告 …………………………………………………………………… 714

莱芜市住房公积金 2018 年年度报告 …………………………………………………………………… 718

临沂市住房公积金 2018 年年度报告 …………………………………………………………………… 721

德州市住房公积金 2018 年年度报告 …………………………………………………………………… 725

聊城市住房公积金 2018 年年度报告 …………………………………………………………………… 728

滨州市住房公积金 2018 年年度报告 …………………………………………………………………… 733

菏泽市住房公积金 2018 年年度报告 …………………………………………………………………… 736

河南省住房公积金 2018 年年度报告 ……………………………………………………………………… 742

郑州住房公积金 2018 年年度报告 ……………………………………………………………………… 745

开封市住房公积金 2018 年年度报告 …………………………………………………………………… 754

洛阳市住房公积金 2018 年年度报告 …………………………………………………………………… 760

平顶山市住房公积金 2018 年年度报告 ………………………………………………………………… 764

安阳市（含滑县）住房公积金 2018 年年度报告 ……………………………………………………… 768

鹤壁市住房公积金 2018 年年度报告 …………………………………………………………………… 774

新乡市住房公积金 2018 年年度报告 …………………………………………………………………… 778

焦作市住房公积金 2018 年年度报告 …………………………………………………………………… 783

濮阳市住房公积金 2018 年年度报告 …………………………………………………………………… 788

许昌市住房公积金 2018 年年度报告 …………………………………………………………………… 792

漯河市住房公积金 2018 年年度报告 …………………………………………………………………… 796

三门峡市住房公积金 2018 年年度报告 ………………………………………………………………… 801

南阳市住房公积金 2018 年年度报告 …………………………………………………………………… 805

商丘市住房公积金 2018 年年度报告 …………………………………………………………………… 809

信阳市住房公积金 2018 年年度报告 …………………………………………………………………… 815

周口市住房公积金 2018 年年度报告 …………………………………………………………………… 818

驻马店市（含新蔡县）住房公积金 2018 年年度报告 ………………………………………………… 822

济源市住房公积金 2018 年年度报告 …………………………………………………………………… 825

下　　册

湖北省住房公积金 2018 年年度报告 ……………………………………………………………………… 832

武汉住房公积金 2018 年年度报告 ……………………………………………………………………… 835

黄石市住房公积金 2018 年年度报告 …………………………………………………………………… 840

十堰市住房公积金 2018 年年度报告 …………………………………………………………………… 844

宜昌市住房公积金 2018 年年度报告 ·········· 849
襄阳市住房公积金 2018 年年度报告 ·········· 853
鄂州市住房公积金 2018 年年度报告 ·········· 856
荆门市住房公积金 2018 年年度报告 ·········· 860
孝感市住房公积金 2018 年年度报告 ·········· 864
荆州市住房公积金 2018 年年度报告 ·········· 868
黄冈市住房公积金 2018 年年度报告 ·········· 871
咸宁市住房公积金 2018 年年度报告 ·········· 876
随州市住房公积金 2018 年年度报告 ·········· 879
恩施土家族苗族自治州住房公积金 2018 年年度报告 ·········· 884
仙桃市住房公积金 2018 年年度报告 ·········· 887
潜江市住房公积金 2018 年年度报告 ·········· 890
天门市住房公积金 2018 年年度报告 ·········· 893
神农架林区住房公积金 2018 年年度报告 ·········· 897

湖南省住房公积金 2018 年年度报告 ·········· 902
长沙住房公积金 2018 年年度报告 ·········· 905
株洲市住房公积金 2018 年年度报告 ·········· 910
湘潭市住房公积金 2018 年年度报告 ·········· 915
衡阳市住房公积金 2018 年年度报告 ·········· 919
邵阳市住房公积金 2018 年年度报告 ·········· 923
岳阳市住房公积金 2018 年年度报告 ·········· 926
常德市住房公积金 2018 年年度报告 ·········· 930
张家界市住房公积金 2018 年年度报告 ·········· 934
益阳市住房公积金 2018 年年度报告 ·········· 938
郴州市住房公积金 2018 年年度报告 ·········· 941
永州市住房公积金 2018 年年度报告 ·········· 945
怀化市住房公积金 2018 年年度报告 ·········· 950
娄底市住房公积金 2018 年年度报告 ·········· 956
湘西土家族苗族自治州住房公积金 2018 年年度报告 ·········· 959

广东省住房公积金 2018 年年度报告 ·········· 964
广州住房公积金 2018 年年度报告 ·········· 968
韶关市住房公积金 2018 年年度报告 ·········· 972
深圳市住房公积金 2018 年年度报告 ·········· 976

珠海市住房公积金 2018 年年度报告	981
汕头市住房公积金 2018 年年度报告	985
佛山市住房公积金 2018 年年度报告	989
江门市住房公积金 2018 年年度报告	993
湛江市住房公积金 2018 年年度报告	998
茂名市住房公积金 2018 年年度报告	1002
肇庆市住房公积金 2018 年年度报告	1006
惠州市住房公积金 2018 年年度报告	1011
梅州市住房公积金 2018 年年度报告	1016
汕尾市住房公积金 2018 年年度报告	1021
河源市住房公积金 2018 年年度报告	1024
阳江市住房公积金 2018 年年度报告	1028
清远市住房公积金 2018 年年度报告	1033
东莞市住房公积金 2018 年年度报告	1036
中山市住房公积金 2018 年年度报告	1040
潮州市住房公积金 2018 年年度报告	1044
揭阳市住房公积金 2018 年年度报告	1047
云浮市住房公积金 2018 年年度报告	1050

广西壮族自治区住房公积金 2018 年年度报告 …… 1056

南宁住房公积金 2018 年年度报告	1061
柳州市住房公积金 2018 年年度报告	1069
桂林市住房公积金 2018 年年度报告	1073
梧州市住房公积金 2018 年年度报告	1077
北海市住房公积金 2018 年年度报告	1081
防城港市住房公积金 2018 年年度报告	1085
钦州市住房公积金 2018 年年度报告	1089
贵港市住房公积金 2018 年年度报告	1094
玉林市住房公积金 2018 年年度报告	1098
百色市住房公积金 2018 年年度报告	1103
贺州市住房公积金 2018 年年度报告	1108
河池市住房公积金 2018 年年度报告	1112
来宾市住房公积金 2018 年年度报告	1116
崇左市住房公积金 2018 年年度报告	1120

海南省住房公积金 2018 年年度报告 …… 1126
重庆市住房公积金 2018 年年度报告 …… 1132
四川省住房公积金 2018 年年度报告 …… 1138
 成都住房公积金 2018 年年度报告 …… 1141
 自贡市住房公积金 2018 年年度报告 …… 1147
 攀枝花市住房公积金 2018 年年度报告 …… 1151
 泸州市住房公积金 2018 年年度报告 …… 1154
 德阳市住房公积金 2018 年年度报告 …… 1158
 绵阳市住房公积金 2018 年年度报告 …… 1162
 广元市住房公积金 2018 年年度报告 …… 1166
 遂宁市住房公积金 2018 年年度报告 …… 1169
 内江市住房公积金 2018 年年度报告 …… 1172
 乐山市住房公积金 2018 年年度报告 …… 1175
 南充市住房公积金 2018 年年度报告 …… 1179
 眉山市住房公积金 2018 年年度报告 …… 1182
 宜宾市住房公积金 2018 年年度报告 …… 1186
 广安市住房公积金 2018 年年度报告 …… 1190
 达州市住房公积金 2018 年年度报告 …… 1194
 雅安市住房公积金 2018 年年度报告 …… 1198
 巴中市住房公积金 2018 年年度报告 …… 1201
 资阳市住房公积金 2018 年年度报告 …… 1205
 阿坝藏族羌族自治州住房公积金 2018 年年度报告 …… 1209
 甘孜藏族自治州住房公积金 2018 年年度报告 …… 1212
 凉山彝族自治州住房公积金 2018 年年度报告 …… 1216
贵州省住房公积金 2018 年年度报告 …… 1222
 贵阳住房公积金 2018 年年度报告 …… 1225
 六盘水市住房公积金 2018 年年度报告 …… 1230
 遵义市住房公积金 2018 年年度报告 …… 1233
 安顺市住房公积金 2018 年年度报告 …… 1237
 毕节市住房公积金 2018 年年度报告 …… 1241
 铜仁市住房公积金 2018 年年度报告 …… 1244
 黔西南布依族苗族自治州住房公积金 2018 年年度报告 …… 1248
 黔东南苗族侗族自治州住房公积金 2018 年年度报告 …… 1251

| 黔南布依族苗族自治州住房公积金 2018 年年度报告 | 1254 |

云南省住房公积金 2018 年度报告 ... 1260

昆明住房公积金 2018 年年度报告	1264
曲靖市住房公积金 2018 年年度报告	1269
玉溪市住房公积金 2018 年年度报告	1273
保山市住房公积金 2018 年年度报告	1278
昭通市住房公积金 2018 年年度报告	1283
丽江市住房公积金 2018 年年度报告	1287
普洱市住房公积金 2018 年年度报告	1292
临沧市住房公积金 2018 年年度报告	1296
楚雄彝族自治州住房公积金 2018 年年度报告	1300
红河哈尼族彝族自治州住房公积金 2018 年年度报告	1304
文山壮族苗族自治州住房公积金 2018 年年度报告	1308
西双版纳傣族自治州住房公积金 2018 年年度报告	1311
大理白族自治州住房公积金 2018 年年度报告	1314
德宏傣族景颇族自治州住房公积金 2018 年年度报告	1318
怒江傈僳族自治州住房公积金 2018 年年度报告	1321
迪庆藏族自治州住房公积金 2018 年年度报告	1324

西藏自治区住房公积金 2018 年年度报告 ... 1330

拉萨住房公积金 2018 年年度报告	1334
日喀则市住房公积金 2018 年年度报告	1336
昌都市住房公积金 2018 年年度报告	1339
山南市住房公积金 2018 年年度报告	1343
那曲市住房公积金 2018 年年度报告	1345
阿里地区住房公积金 2018 年年度报告	1349
林芝市住房公积金 2018 年年度报告	1351

甘肃省住房公积金 2018 年年度报告 ... 1356

兰州住房公积金 2018 年年度报告	1359
嘉峪关市住房公积金 2018 年年度报告	1368
金昌市住房公积金 2018 年年度报告	1374
白银市住房公积金 2018 年年度报告	1378
天水市住房公积金 2018 年年度报告	1384
武威市住房公积金 2018 年年度报告	1388

张掖市住房公积金 2018 年年度报告	1392
平凉市住房公积金 2018 年年度报告	1397
酒泉市住房公积金 2018 年年度报告	1400
庆阳市住房公积金 2018 年年度报告	1404
定西市住房公积金 2018 年年度报告	1407
陇南市住房公积金 2018 年年度报告	1411
临夏回族自治州住房公积金 2018 年年度报告	1414
甘南州住房公积金 2018 年年度报告	1417
陕西省住房公积金 2018 年年度报告	**1424**
西安住房公积金 2018 年年度报告	1427
铜川市住房公积金 2018 年年度报告	1432
宝鸡市住房公积金 2018 年年度报告	1435
咸阳市住房公积金 2018 年年度报告	1439
渭南市住房公积金 2018 年年度报告	1443
延安市住房公积金 2018 年年度报告	1447
汉中市住房公积金 2018 年年度报告	1451
榆林市住房公积金 2018 年年度报告	1457
安康市住房公积金 2018 年年度报告	1462
商洛市住房公积金 2018 年年度报告	1465
青海省住房公积金 2018 年年度报告	**1470**
西宁住房公积金 2018 年年度报告	1473
海东市住房公积金 2018 年年度报告	1479
海北藏族自治州住房公积金 2018 年年度报告	1481
黄南藏族自治州住房公积金 2018 年年度报告	1485
海南藏族自治州住房公积金 2018 年年度报告	1487
果洛藏族自治州住房公积金 2018 年年度报告	1491
玉树藏族自治州住房公积金 2018 年年度报告	1494
海西蒙古族藏族自治州住房公积金 2018 年年度报告	1497
宁夏回族自治区住房公积金 2018 年年度报告	**1502**
银川住房公积金 2018 年年度报告	1505
石嘴山市住房公积金 2018 年年度报告	1511
吴忠市住房公积金 2018 年年度报告	1516
固原市住房公积金 2018 年年度报告	1519

中卫市住房公积金 2018 年年度报告 …………………………………………………………… 1522

新疆维吾尔自治区住房公积金 2018 年年度报告 …………………………………………… 1528

乌鲁木齐住房公积金 2018 年年度报告 ……………………………………………………… 1533

克拉玛依市住房公积金 2018 年年度报告 …………………………………………………… 1537

吐鲁番市住房公积金 2018 年年度报告 ……………………………………………………… 1540

哈密市住房公积金 2018 年年度报告 ………………………………………………………… 1544

昌吉回族自治州住房公积金 2018 年年度报告 ……………………………………………… 1548

博尔塔拉蒙古自治州住房公积金 2018 年年度报告 ………………………………………… 1552

巴音郭楞蒙古自治州住房公积金 2018 年年度报告 ………………………………………… 1555

阿克苏地区住房公积金 2018 年年度报告 …………………………………………………… 1559

克孜勒苏柯尔克孜自治州住房公积金 2018 年年度报告 …………………………………… 1563

喀什地区住房公积金 2018 年年度报告 ……………………………………………………… 1566

和田地区住房公积金 2018 年年度报告 ……………………………………………………… 1570

伊犁哈萨克自治州住房公积金 2018 年年度报告 …………………………………………… 1573

塔城地区住房公积金 2018 年年度报告 ……………………………………………………… 1577

阿勒泰地区住房公积金 2018 年年度报告 …………………………………………………… 1580

新疆生产建设兵团住房公积金 2018 年年度报告 …………………………………………… 1586

索引 ………………………………………………………………………………………………… 1589

2018 全国住房公积金年度报告汇编

全 国

全国住房公积金2018年年度报告[1]

2018年，住房公积金行业坚持以习近平新时代中国特色社会主义思想为指导，认真贯彻党的十九大和十九届二中、三中全会精神，以满足职工基本住房需求、促进房地产市场平稳健康发展为目标，以推进信息化建设为抓手，不断提高管理规范化、服务便捷化、监管专业化水平，住房公积金制度运行安全平稳。根据《住房公积金管理条例》和《住房和城乡建设部　财政部　中国人民银行关于健全住房公积金信息披露制度的通知》（建金〔2015〕26号）有关规定，现将全国住房公积金2018年年度报告公布如下。

一、机构概况

（一）根据《住房公积金管理条例》规定，住房和城乡建设部会同财政部、人民银行负责拟定住房公积金政策，并监督执行。住房和城乡建设部设立住房公积金监管司，各省、自治区住房和城乡建设厅设立住房公积金监管处（办），分别负责全国、省（自治区）住房公积金日常监管工作。2018年末，国家、省两级住房公积金专职监管人员共133人。

（二）直辖市和省、自治区人民政府所在地的市以及其他设区的市（地、州、盟）设立住房公积金管理委员会，作为住房公积金管理决策机构，负责在《住房公积金管理条例》框架内审议住房公积金决策事项，制定和调整住房公积金具体管理措施并监督实施。2018年末，全国共设有住房公积金管理委员会342个。

（三）直辖市和省、自治区人民政府所在地的市以及其他设区的市（地、州、盟）设立住房公积金管理中心，负责住房公积金的管理运作。2018年末，全国共设有住房公积金管理中心342个；未纳入设区城市统一管理的分支机构147个，其中，省直分支机构24个，石油、电力、煤炭等企业分支机构74个，区县分支机构49个。全国住房公积金服务网点3439个。全国住房公积金从业人员4.38万人，其中：在编2.69万人，非在编1.69万人。

（四）按照人民银行的规定，住房公积金贷款、结算等金融业务委托住房公积金管理委员会指定的商业银行办理。各城市受委托商业银行主要为工商银行、农业银行、中国银行、建设银行、交通银行等。

二、业务运行情况

2018年末，住房公积金缴存总额145899.77亿元，提取总额87964.89亿元，缴存总额扣除提取总额后的缴存余额为57934.88亿元；发放个人住房贷款总额85821.32亿元，个人住房贷款余额49845.78亿元，保障性住房建设试点项目贷款余额46.11亿元，国债余额19.71亿元；缴存余额扣除个人住房贷款余额、保障性住房建设试点项目贷款余额和国债余额后的结余资金为8023.28亿元。

（一）**缴存**。2018年，住房公积金实缴单位291.59万个，实缴职工14436.41万人，分别比上年增长11.15%和5.09%。新开户单位46.07万个，新开户职工1990.38万人。

2018年，住房公积金缴存额21054.65亿元，比上年增长12.43%。

2018年末，住房公积金缴存总额145899.77亿元，缴存余额57934.88亿元，结余资金8023.28亿元，分别比上年末增长16.86%、12.23%和24.01%。

住房公积金缴存情况见表1、表2及图1。

2018年各地区住房公积金缴存情况

表1

地区	实缴单位（万个）	实缴职工（万人）	缴存额（亿元）	缴存总额（亿元）	缴存余额（亿元）
全国	291.59	14436.41	21054.65	145899.77	57934.88
北京	18.32	778.87	1980.10	13096.37	4244.08
天津	6.37	274.63	479.99	3961.40	1337.78
河北	5.93	488.18	593.26	4447.28	1984.40
山西	4.85	354.69	383.07	2748.46	1088.45
内蒙古	4.02	235.99	357.64	2682.00	1274.27
辽宁	9.11	489.69	715.65	6407.37	2414.74
吉林	3.89	247.30	322.31	2485.74	1111.25
黑龙江	3.94	287.37	396.50	3231.80	1379.18
上海	39.31	861.21	1305.20	9554.03	4094.62
江苏	30.42	1321.58	1779.81	11793.06	4340.58
浙江	22.77	800.59	1388.82	9379.94	3176.04
安徽	6.02	428.88	603.65	4790.92	1625.65
福建	11.52	404.00	591.53	4122.35	1554.61
江西	4.70	267.98	392.23	2363.86	1184.31
山东	14.80	938.76	1197.21	8054.97	3448.70
河南	7.60	654.43	701.39	4562.08	2210.23
湖北	7.03	470.11	762.66	4796.68	2307.10
湖南	6.78	434.44	603.29	3797.75	1862.63
广东	37.46	1910.83	2292.03	15262.44	5271.38
广西	5.28	290.18	424.54	2927.72	1112.15
海南	2.55	104.52	121.91	826.83	389.65
重庆	3.48	257.91	379.90	2483.25	975.10
四川	11.57	662.60	987.84	6405.58	2754.70
贵州	4.25	251.20	359.97	2055.12	994.83
云南	5.06	269.54	498.69	3446.07	1418.16
西藏	0.44	31.92	91.82	499.15	254.24
陕西	5.56	386.42	462.97	3240.17	1335.91
甘肃	3.11	185.04	267.53	1953.76	958.86
青海	0.90	52.83	106.65	762.98	310.61
宁夏	0.97	62.72	97.17	786.14	292.71
新疆	3.22	208.21	371.23	2723.67	1102.57
新疆兵团	0.37	23.79	38.08	250.87	125.39

2018 年各类型单位住房公积金缴存情况　　　　　　　　　　　　　　　　　表 2

单位性质	缴存单位（万个）	占比（%）	实缴职工（万人）	占比（%）	新开户职工（万人）	占比（%）
国家机关和事业单位	73.87	25.34	4452.39	30.84	284.49	14.29
国有企业	20.62	7.07	2928.23	20.28	224.75	11.29
城镇集体企业	4.45	1.53	255.18	1.77	29.89	1.50
外商投资企业	10.74	3.68	1222.53	8.47	224.37	11.27
城镇私营企业及其他城镇企业	155.44	53.31	4449.85	30.82	994.46	49.97
民办非企业单位和社会团体	7.00	2.40	251.87	1.75	50.61	2.54
其他类型单位	19.46	6.67	876.36	6.07	181.81	9.14
合计	291.59	100	14436.41	100	1990.38	100

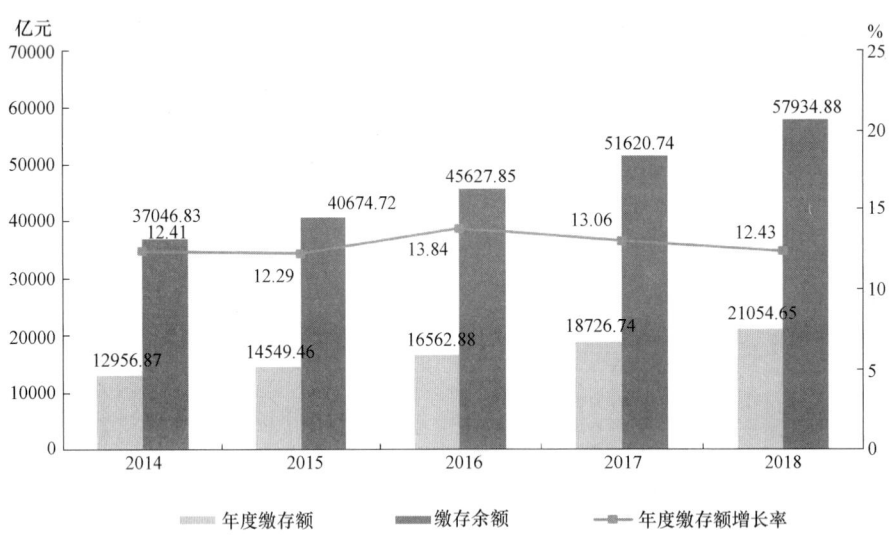

图 1　2014～2018 年住房公积金缴存金额及增长速度

（二）提取。2018 年，住房公积金提取人数 5195.58 万人，占实缴职工人数的 35.99%；提取额 14740.51 亿元，比上年增长 15.80%；提取率[2] 70.01%，比上年增加 2.03 个百分点；住房消费类提取 11718.33 亿元，占比 79.50%，非住房消费类提取 3022.19 亿元，占比 20.50%。

2018 年末，住房公积金提取总额 87964.89 亿元，占缴存总额的 60.29%。

住房公积金提取情况见表 3、表 4 及图 2。

2018 年各地区住房公积金提取情况　　　　　　　　　　　　　　　　　表 3

地区	提取额（亿元）	提取率（%）	住房消费提取额（亿元）	非住房消费提取额（亿元）	提取总额（亿元）
全国	14740.51	70.01	11718.33	3022.19	87964.89
北京	1455.39	73.50	1283.42	171.96	8852.29
天津	375.01	78.13	292.18	82.83	2623.62
河北	386.96	65.23	275.43	111.53	2462.88
山西	205.77	53.71	156.70	49.07	1660.01
内蒙古	254.30	71.11	184.58	69.72	1407.74

续表

地区	提取额（亿元）	提取率（%）	住房消费提取额（亿元）	非住房消费提取额（亿元）	提取总额（亿元）
辽宁	564.02	78.81	419.80	144.22	3992.63
吉林	228.89	71.01	158.70	70.19	1374.49
黑龙江	300.69	75.84	212.19	88.50	1852.62
上海	788.96	60.45	638.75	150.21	5459.41
江苏	1289.39	72.45	1048.43	240.96	7452.47
浙江	1079.63	77.74	906.07	173.56	6203.90
安徽	491.12	81.36	388.08	103.05	3165.27
福建	411.98	69.65	318.71	93.27	2567.73
江西	246.66	62.89	180.56	66.10	1179.55
山东	848.15	70.84	672.90	175.25	4606.27
河南	398.93	56.88	283.16	115.77	2351.86
湖北	480.32	62.98	357.01	123.31	2489.58
湖南	362.23	60.04	263.79	98.45	1935.12
广东	1686.48	73.58	1442.84	243.65	9991.06
广西	308.32	72.62	240.49	67.83	1815.57
海南	71.66	58.78	55.49	16.18	437.18
重庆	297.93	78.42	234.92	63.00	1508.15
四川	655.62	66.37	506.42	149.20	3650.88
贵州	231.05	64.19	181.99	49.06	1060.29
云南	377.88	75.77	312.41	65.46	2027.91
西藏	58.22	63.41	29.40	28.82	244.91
陕西	275.47	59.50	209.85	65.62	1904.26
甘肃	190.84	71.33	139.67	51.17	994.90
青海	84.78	79.49	65.97	18.81	452.37
宁夏	69.02	71.03	54.31	14.71	493.43
新疆	239.53	64.52	186.92	52.62	1621.10
新疆兵团	25.33	66.50	17.20	8.13	125.47

2018年各类型住房公积金提取情况 表4

提取原因	提取人数（万人）	占比（%）	提取金额（亿元）	占比（%）
购买、建造、翻建、大修自住住房	681.7	13.12	4206.41	28.54
偿还购房贷款本息	2907.59	55.96	6509.86	44.16
租赁住房	766.44	14.75	730.4	4.96
其他住房消费	160.36	3.09	271.66	1.84
离退休	271.17	5.22	2179.18	14.78
丧失劳动能力并与单位终止劳动关系	145.81	2.81	240.56	1.63

续表

提取原因	提取人数（万人）	占比（%）	提取金额（亿元）	占比（%）
出境定居或户口迁出本市	63.27	1.22	134.81	0.92
死亡或宣告死亡	10.45	0.2	60.07	0.41
其他非住房消费	188.78	3.63	407.56	2.76
合计	5195.58	100	14740.51	100

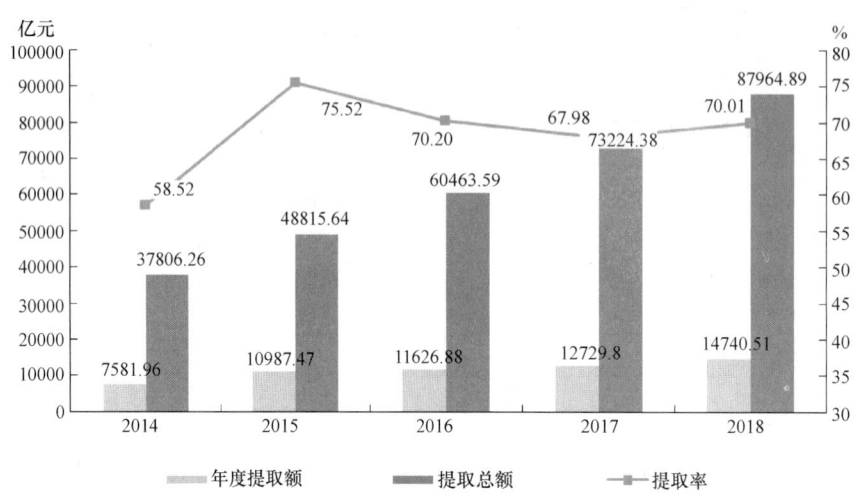

图 2　2014~2018 年住房公积金提取金额及提取率

（三）贷款。

1. 个人住房贷款

2018 年，发放住房公积金个人住房贷款 252.58 万笔，比上年下降 0.86%；发放金额 10218.53 亿元，比上年增长 7.17%；回收金额 5422.52 亿元，比上年增长 7.96%。

2018 年末，累计发放个人住房贷款 3334.82 万笔、85821.32 亿元，分别比上年末增长 8.18% 和 13.52%；个人住房贷款余额 49845.78 亿元，比上年末增长 10.65%；个人住房贷款率[3] 86.04%，比上年末减少 1.23 个百分点。

个人住房贷款情况见表 5、表 6 及图 3。

2018 年各地区住房公积金个人住房贷款情况　　表 5

地区	放贷笔数（万笔）	贷款发放额（亿元）	累计放贷笔数（万笔）	贷款总额（亿元）	贷款余额（亿元）	个人住房贷款率（%）
全国	252.58	10218.53	3334.82	85821.32	49845.78	86.04
北京	8.07	831.33	110.84	6358.66	4036.30	95.10
天津	2.66	125.86	97.33	2969.90	1331.26	99.51
河北	6.69	248.48	99.29	2313.78	1440.86	72.61
山西	5.71	214.07	54.44	1189.83	785.01	72.12
内蒙古	7.73	269.06	104.06	1946.43	1012.17	79.43
辽宁	12.23	387.93	168.87	3770.44	2088.12	86.47
吉林	5.95	204.00	68.80	1527.35	949.05	85.4

续表

地区	放贷笔数(万笔)	贷款发放额(亿元)	累计放贷笔数(万笔)	贷款总额(亿元)	贷款余额(亿元)	个人住房贷款率(%)
黑龙江	7.07	238.25	86.89	1868.35	993.15	72.01
上海	11.07	729.68	254.15	7788.78	3921.96	95.78
江苏	23.82	948.00	303.28	7902.31	4173.49	96.15
浙江	12.60	561.55	177.14	5617.46	3123.84	98.36
安徽	9.30	295.21	125.66	2780.75	1617.62	99.51
福建	5.70	269.08	96.43	2572.98	1481.90	95.32
江西	4.97	174.12	72.64	1706.65	1066.05	90.01
山东	17.48	616.57	201.46	4847.01	2875.76	83.39
河南	9.97	310.55	119.13	2664.26	1699.33	76.88
湖北	9.72	360.42	125.09	3020.73	1793.36	77.73
湖南	11.71	427.12	126.34	2639.11	1672.82	89.81
广东	15.79	750.81	177.61	6042.37	3825.57	72.57
广西	5.00	163.20	66.68	1443.64	959.25	86.25
海南	1.15	46.51	16.27	449.79	322.13	82.67
重庆	5.34	190.55	54.12	1430.93	966.64	99.13
四川	13.05	472.48	148.46	3552.41	2291.96	83.2
贵州	7.13	228.53	66.44	1461.87	961.39	96.64
云南	7.67	289.05	118.49	2299.41	1212.71	85.51
西藏	1.01	56.58	8.10	283.16	171.63	67.51
陕西	8.21	289.68	71.05	1569.70	1058.86	79.26
甘肃	5.86	195.89	72.56	1283.93	747.82	77.99
青海	2.14	82.40	25.47	457.33	215.26	69.3
宁夏	1.90	66.88	26.57	517.55	245.29	83.8
新疆	5.32	158.80	85.93	1457.61	757.73	68.72
新疆兵团	0.56	15.88	5.22	86.82	47.47	37.85

2018年各类型住房公积金个人住房贷款情况 表6

类别		发放笔数(万笔)	占比(%)	金额(亿元)	占比(%)
房屋类型	新房	167.24	66.21	6285.48	61.51
	存量商品住房	80.72	31.96	3778.99	36.98
	建造、翻建、大修自住住房	2.05	0.81	72.37	0.71
	其他	2.57	1.02	81.69	0.80
房屋建筑面积	90平方米(含)以下	70.08	27.75	3042.16	29.77
	90至144平方米(含)	155.85	61.70	5995.15	58.67
	144平方米以上	26.65	10.55	1181.22	11.56

续表

类别		发放笔数（万笔）	占比（%）	金额（亿元）	占比（%）
支持购房套数	首套	216.99	85.91	8647.00	84.62
	二套及以上	35.59	14.09	1571.53	15.38
贷款职工	单缴存职工	116.48	46.12	4252.34	41.61
	双缴存职工	134.76	53.35	5916.06	57.90
	三人及以上缴存职工	1.34	0.53	50.13	0.49
贷款职工年龄	30岁（含）以下	83.06	32.88	3334.75	32.63
	30岁~40岁（含）	100.73	39.88	4394.86	43.01
	40岁~50岁（含）	53.42	21.15	1980.49	19.38
	50岁以上	15.37	6.09	508.43	4.98
收入水平[4]	中、低收入	241.79	95.73	9693.79	94.86
	高收入	10.79	4.27	524.74	5.14

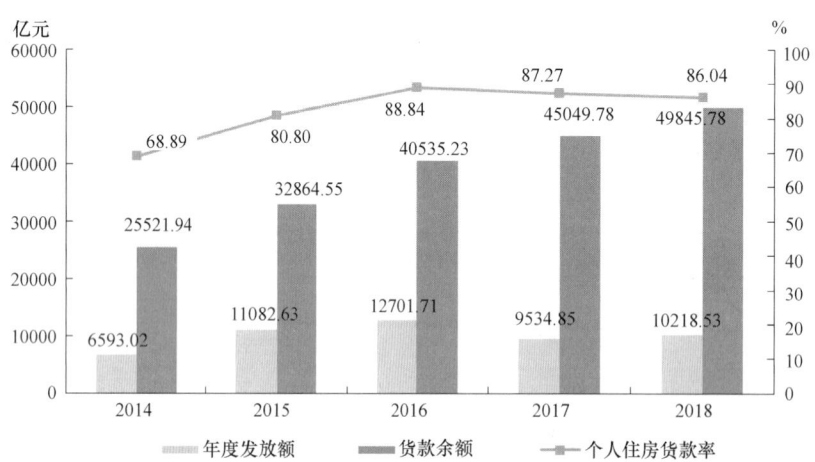

图3 2014~2018年个人住房贷款金额及个人住房贷款率

2. 支持保障性住房建设试点项目贷款

2018年，发放试点项目贷款0.46亿元，回收试点项目贷款36.15亿元。

2018年末，累计向373个试点项目发放贷款872.15亿元。累计回收试点项目贷款826.04亿元，试点项目贷款余额46.11亿元。353个试点项目结清贷款本息，71个试点城市全部收回贷款本息。

（四）国债。2018年，购买国债11.37亿元，兑付、转让、收回国债10.70亿元；2018年末，国债余额19.71亿元。

三、业务收支及增值收益情况

（一）业务收入。2018年，住房公积金业务收入1814.44亿元，比上年增长9.46%。其中，存款利息278.33亿元，委托贷款利息1527.68亿元，国债利息0.62亿元，其他7.82亿元。

（二）业务支出。2018年，住房公积金业务支出960.19亿元，比上年增长7.35%。其中，支付缴存职工利息828.94亿元，支付受委托银行归集手续费25.67亿元、委托贷款手续费54.80亿元，公转商贴息、融资成本等其他支出 50.79 亿元。

（三）**增值收益**。2018 年，住房公积金增值收益 854.25 亿元，比上年增长 11.92%；增值收益率[5]1.56%。

（四）**增值收益分配**。2018 年，提取住房公积金贷款风险准备金 234.63 亿元，提取管理费用 116.62 亿元，提取城市公共租赁住房（廉租住房）建设补充资金 502.69 亿元，见表 7。

2018 年末，累计提取住房公积金贷款风险准备金 1950.40 亿元，累计提取城市公共租赁住房（廉租住房）建设补充资金 3365.48 亿元。

2018 年各地区住房公积金增值收益及分配情况 表7

地区	业务收入（亿元）	业务支出（亿元）	增值收益（亿元）	增值收益率（%）	提取贷款风险准备金（亿元）	提取管理费用（亿元）	提取公租房（廉租房）建设补充资金（亿元）
全国	1814.44	960.19	854.25	1.56	234.63	116.62	502.69
北京	134.55	66.16	68.39	1.71	11.89	6.83	49.67
天津	43.90	26.10	17.80	1.39	1.26	3.61	13.48
河北	58.86	30.40	28.45	1.51	1.60	7.62	19.35
山西	35.33	16.15	19.19	1.91	4.39	3.08	10.60
内蒙古	38.72	19.55	19.16	1.58	10.43	3.70	5.00
辽宁	75.90	39.11	36.78	1.57	11.71	4.40	20.67
吉林	34.20	17.17	17.03	1.59	6.87	3.46	6.70
黑龙江	40.79	21.25	19.55	1.47	1.11	2.37	16.07
上海	139.34	67.13	72.21	1.88	42.38	1.30	28.53
江苏	137.15	78.72	58.43	1.42	28.86	5.83	23.69
浙江	105.15	61.19	43.96	1.46	24.41	4.33	15.22
安徽	56.29	31.04	25.25	1.61	3.97	4.82	16.50
福建	49.48	29.14	20.34	1.39	4.63	1.36	14.36
江西	39.01	20.08	18.92	1.70	2.95	2.41	13.58
山东	105.90	54.49	51.41	1.56	5.56	5.63	40.23
河南	64.03	35.96	28.06	1.36	9.36	4.20	14.58
湖北	71.54	36.63	34.91	1.61	5.37	7.02	22.60
湖南	58.21	29.11	29.10	1.67	5.31	5.30	18.52
广东	163.84	88.62	75.22	1.51	19.41	5.93	49.9
广西	33.85	16.65	17.20	1.63	3.48	2.95	10.77
海南	11.83	6.29	5.54	1.51	3.32	0.57	1.65
重庆	30.86	18.83	12.02	1.29	0.96	2.43	8.64
四川	85.58	42.60	42.98	1.67	11.02	7.37	24.6
贵州	29.53	17.31	12.22	1.30	1.21	2.37	8.64
云南	43.45	22.22	21.23	1.56	1.20	4.56	15.47
西藏	5.12	3.71	1.40	0.60	0.84	0.31	0.26
陕西	38.67	20.14	18.52	1.50	4.64	3.84	10.01
甘肃	29.58	16.52	13.06	1.42	1.16	3.94	7.96
青海	10.10	5.55	4.55	1.52	2.89	0.71	1.02

续表

地区	业务收入（亿元）	业务支出（亿元）	增值收益（亿元）	增值收益率（％）	提取贷款风险准备金(亿元)	提取管理费用（亿元）	提取公租房（廉租房）建设补充资金(亿元)
宁夏	8.73	4.75	3.97	1.44	0.32	0.67	2.98
新疆	30.81	15.70	15.11	1.46	1.84	3.46	9.71
新疆兵团	4.15	1.89	2.26	1.90	0.29	0.24	1.72

（五）管理费用支出。 2018年，实际支出管理费用109.97亿元，比上年增长5.12％。其中，人员经费[6]52.14亿元，公用经费[7]11.71亿元，专项经费[8]46.12亿元。

四、资产风险情况

（一）个人住房贷款。 2018年末，住房公积金个人住房贷款逾期额17.07亿元，逾期率[9]0.03％；住房公积金个人住房贷款风险准备金余额1925.90亿元，占个人住房贷款余额的3.86％；住房公积金个人住房贷款逾期额与个人住房贷款风险准备金余额的比率为0.89％。

2018年，使用住房公积金个人住房贷款风险准备金核销呆坏账0.16亿元。

（二）支持保障性住房建设试点项目贷款。 2018年，试点项目贷款未发生逾期。2018年末，无试点项目贷款逾期额；试点项目贷款风险准备金余额12.39亿元，占试点项目贷款余额的26.86％。

（三）历史遗留风险资产。 2018年1月至2019年5月，清收住房公积金历史遗留风险资产1.18亿元，历史遗留风险资产已全部收回。

五、社会经济效益

（一）缴存扩面持续推进

2018年，全国净增住房公积金缴存单位29.26万个，净增住房公积金实缴职工699.19万人，见图4。新开户单位数比上年增加8.38万个，新开户职工比上年增加162.10万人。

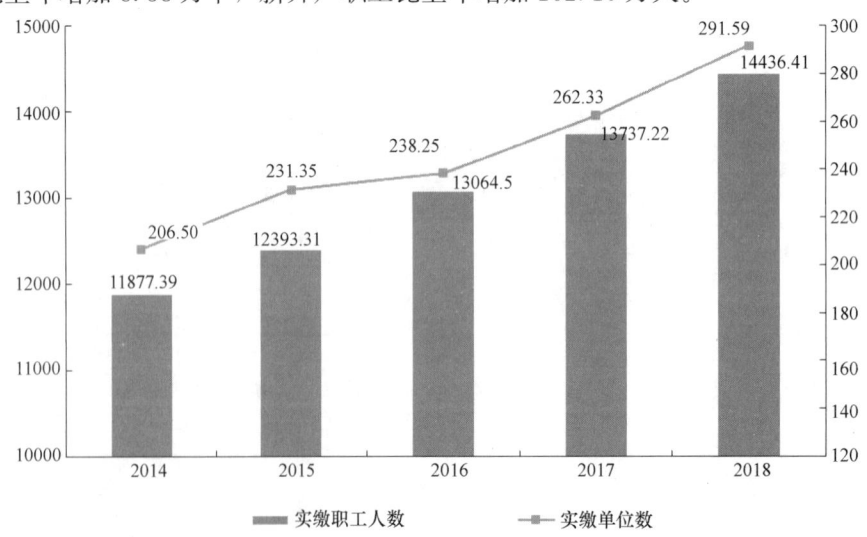

图4　2014～2018年实缴单位数和实缴职工人数

缴存职工中，城镇私营企业及其他城镇企业、外商投资企业、民办非企业单位和其他类型单位占47.11%，比上年增加1.80个百分点，缴存结构更趋合理，见图5。

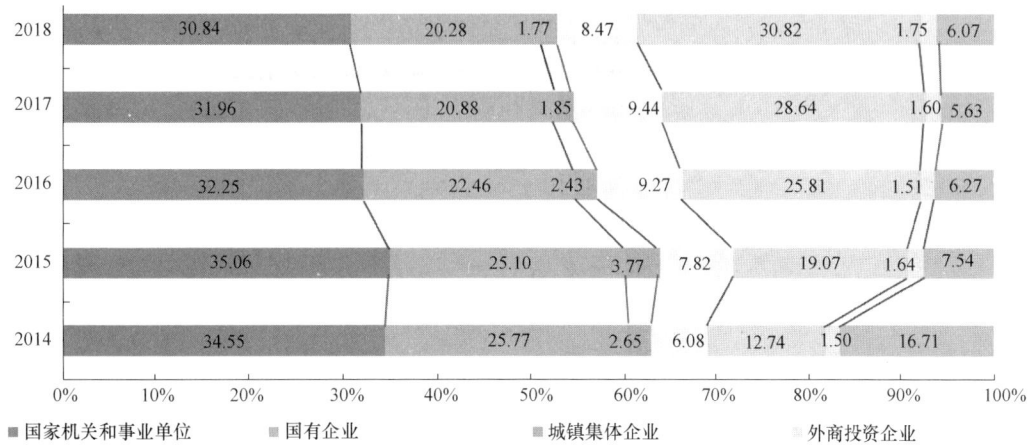

图5　2014～2018年按单位性质分缴存职工人数占比变化

新开户职工中，城镇私营企业及其他城镇企业、外商投资企业、民办非企业单位和其他类型单位的职工占比达72.92%，见图6。

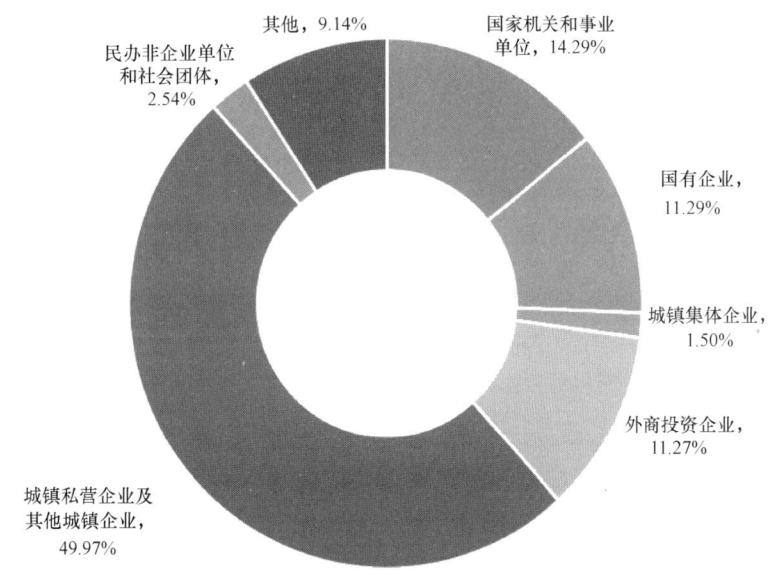

图6　2018年按单位性质分新开户职工人数占比

新开户职工中，农业转移人口及新就业大学生等新市民1113.92万人，比上年增长15.28%，占全部新开户职工的55.97%，住房公积金成为新市民解决住房问题的重要渠道。

缴存职工中，港澳台同胞1.24万人，比上年增长79.71%，实现在内地（大陆）就业的港澳台同胞同等享有住房公积金待遇，促进了安居乐业。

（二）多渠道保障住有所居

重点满足基本住房需求。2018年发放的个人住房贷款笔数中，中、低收入群体占95.73%，首套住房贷款占85.91%，144（含）平方米以下普通住房贷款占89.45%，40岁（含）以下贷款职工占72.760%，见图7。

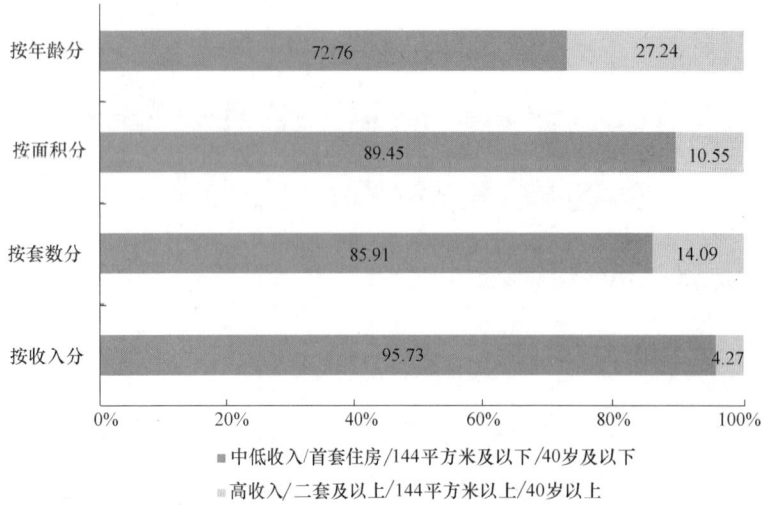

图 7　2018 年按收入、套数、面积、年龄分贷款笔数占比

支持租赁住房消费。2018 年，住房租赁提取金额 730.40 亿元，比上年增长 64.22%，在各类住房消费提取中增速最快；住房租赁提取人数 766.44 万人，人均年提取金额 0.95 万元。

2018 年，发放异地贷款[10] 14.71 万笔、524.68 亿元；2018 年末，累计发放异地贷款 70.21 万笔、2182.07 亿元，余额 1615.75 亿元。

支持保障性住房建设。2018 年，提取城市公共租赁住房（廉租住房）建设补充资金占当年分配增值收益的 58.87%。2018 年末，累计为城市公共租赁住房（廉租住房）建设提供补充资金 3365.48 亿元；累计为 373 个保障性住房建设项目提供贷款 872.15 亿元，支持建设保障性住房 7127.28 万平方米，可以解决约 120 万户家庭住房问题。

2014~2018 年增值收益分配占比见图 8。

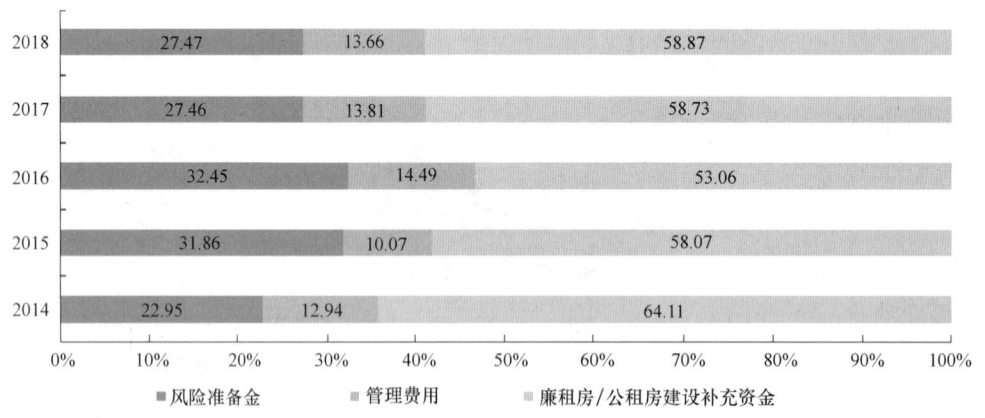

图 8　2014~2018 年增值收益分配占比

（三）减轻职工住房消费负担

2018 年，住房公积金住房消费类提取占当年提取额的 79.50%，见图 9。

住房公积金个人住房贷款利率比同期商业性个人住房贷款基准利率低 1.65~2 个百分点，2018 年发放的住房公积金个人住房贷款，可为贷款职工节约利息[11]支出 2019.98 亿元，平均每笔贷款可节约利息支出 8.00 万元。

2018 年，发放公转商贴息贷款[12] 3.56 万笔、144.02 亿元，当年贴息 20.68 亿元。2018 年末，累计发放公转商贴息贷款 59.56 万笔、2458.75 亿元，累计贴息 59.80 亿元。

(四) 促进房地产市场平稳健康发展

2018 年，住房公积金住房消费类提取、发放个人住房贷款和公转商贴息贷款共 22080.88 亿元，占全国商品住宅销售额的 17.47%；支持贷款职工购建住房面积[13] 2.87 亿平方米，占全国商品住宅销售面积的 19.42%。

2018 年末，住房公积金个人住房贷款率 86.04%，个人住房贷款市场占有率[14] 16.19%。

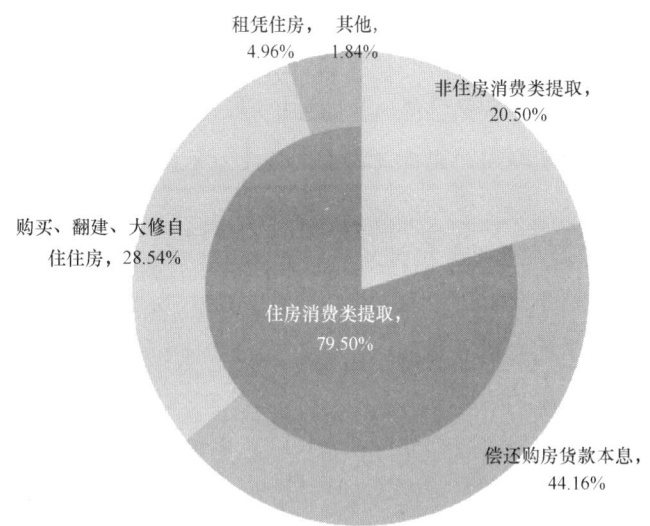

图 9　2018 年按提取类型分提取金额占比

六、其他重要事项

(一) **全面规范业务管理。** 贯彻落实《住房公积金个人住房贷款业务规范》GB/T 51267—2018 和《住房公积金归集业务标准》GB/T 51271—2018，完成《住房公积金提取业务标准》和《住房公积金资金管理业务标准》的编制送审工作。

(二) **继续落实企业降成本工作。** 2018 年 4 月，住房和城乡建设部会同财政部、人民银行联合印发《关于改进住房公积金缴存机制进一步降低企业成本的通知》（建金〔2018〕45 号），明确将阶段性适当降低企业缴存比例政策执行期限再延长 2 年，将缴存基数上限规范为上年度职工月平均工资的 3 倍，扩大缴存比例浮动区间，单位可在 5% 至当地规定上限区间内自主确定缴存比例，提高审批缓缴和降低缴存比例的效率，减轻企业负担。全年减少企业住房公积金缴存成本超过 300 亿元。

(三) **持续推进信息化建设。** 继续贯彻落实住房公积金基础数据标准和结算应用系统接入，开展检查验收工作，加快标准贯彻工作力度。升级改造住房公积金结算应用系统，发布新版接口标准。2018 年末，443 个住房公积金管理中心及分支机构完成基础数据标准贯彻和结算应用系统接入工作，其中 402 个通过验收。

(四) **加快提升服务水平。** 进一步提高业务办理效率，减少审批要件，职工办理住房公积金提取和贷款业务时，全面取消身份证明材料复印件。加快综合服务平台建设工作，不断完善转移接续平台功能，2018 年末，212 个设区城市基本建成综合服务平台，147 个设区城市实现业务系统与转移接续平台直连，平台全年共办结转移接续业务 38 万笔、转移接续资金 108 亿元。

(五) **开展违规提取专项治理。** 2018 年 5 月，住房和城乡建设部会同财政部、人民银行、公安部联合印发《关于开展治理违规提取住房公积金工作的通知》（建金〔2018〕46 号），严厉打击一些机构和个人通过伪造证明材料违规提取住房公积金的行为，依法维护缴存职工权益，保证住房公积金制度稳健运行。各地共发现违规提取 7756 笔，向公安等部门移交问题线索 1340 件，已立案调查 378 件；查处违规中介机构 160 家，查处内部人员 41 人，关停网站、撤销电话 56 个。

（六）全面防控资金风险。 开发住房公积金电子检查工具并投入使用，全面检查缴存、提取、贷款、核算等业务，对发现的异常数据进行线下核查和处置，构筑内部防控与外部监管相结合、线上发现问题与线下核查处理相结合的风险防控机制，增强监管工作的针对性和有效性。强化个人住房贷款风险防控，深入分析逾期原因，完善贷款审批责任、还款提示、入户催还、信用惩戒、债务处置等制度，确保贷款资金安全。

（七）继续加强精神文明建设。 2018年，全行业深入开展精神文明创建活动，共获得地市级以上文明单位（行业、窗口）246个，青年文明号75个，工人先锋号17个，五一劳动奖章（劳动模范）23个，三八红旗手（巾帼文明岗）46个，先进集体和个人757个，其他荣誉称号457个。

注释：

[1] 本报告数据取自各省（区、市）披露的住房公积金年度报告、全国住房公积金统计信息系统及各地报送的数据，对各省（区、市）年度报告中的部分数据进行了修正。部分数据因小数取舍，存在与分项合计不等的情况，不作机械调整。指标口径按《住房和城乡建设部 财政部 中国人民银行关于健全住房公积金信息披露制度的通知》（建金〔2015〕26号）和《关于做好＜住房公积金2018年年度报告＞披露工作的通知》（建金督函〔2018〕7号）规定注释。

[2] 提取率指当年提取额占当年缴存额的比率。

[3] 个人住房贷款率指年度末个人住房贷款余额占年度末住房公积金缴存余额的比率。

[4] 中、低收入是指收入低于上年当地社会平均工资3倍，高收入是指收入高于上年当地社会平均工资3倍（含）。

[5] 增值收益率指增值收益与月均缴存余额的比率。

[6] 人员经费包括住房公积金管理中心工作人员的基本工资、补助工资、职工福利费、社会保障费、住房公积金、助学金等。

[7] 公用经费包括住房公积金管理中心的公务费、业务费、设备购置费、修缮费和其他费用。

[8] 专项经费指经财政部门批准的用于指定项目和用途，并要求单独核算的资金。

[9] 个人住房贷款逾期率指个人住房贷款逾期额占个人住房贷款余额的比率。

[10] 异地贷款指缴存和购房行为不在同一城市的住房公积金个人住房贷款，包括用本市资金为在本市购房的外地缴存职工发放的贷款以及用本市资金为在外地购房的本市缴存职工发放的贷款。

[11] 可为贷款职工节约利息指当年获得住房公积金个人住房贷款的职工合同期内所需支付贷款利息总额与申请商业性住房贷款利息总额的差额。商业性住房贷款利率按基准利率测算。

[12] 公转商贴息贷款指商业银行向缴存职工发放的个人住房贷款，商业贷款和住房公积金贷款利息之差由住房公积金管理中心承担，所发放的个人住房贷款未计入住房公积金缴存使用情况表。

[13] 支持职工购建住房面积指以住房公积金个人住房贷款带动的全部住房消费面积。

[14] 个人住房贷款市场占有率指当年住房公积金个人住房贷款余额占全国商业性和住房公积金个人住房贷款余额总和的比率。

2018 全国住房公积金年度报告汇编

北京

北京住房公积金 2018 年年度报告

一、机构概况

（一）**住房公积金管理委员会**：北京住房公积金管理委员会有 30 名成员，2018 年召开两次会议，审议通过的事项主要包括：2018 年住房公积金归集使用计划执行情况和 2018 年计划，北京住房公积金增值收益 2018 年收支情况和 2018 年收支计划，确定 2018 年度住房公积金缴存比例，企业缓缴情况报告，北京住房公积金 2018 年年度报告，处置抵债资产沈阳外汇商品大楼，调整住房公积金个人住房贷款政策，对受托办理住房公积金归集业务银行进行考核及支付手续费，增加住房公积金归集、贷款业务受托银行等有关事项。

（二）**住房公积金管理中心**：北京住房公积金管理中心（以下简称管理中心）为北京市政府直属的不以营利为目的的全额拨款事业单位。中心有 3 个分中心：中共中央直属机关分中心（以下简称中直分中心）、中央国家机关分中心（以下简称国管分中心）、北京铁路分中心（以下简称铁路分中心）；内设 12 个处室和工会；垂直管理 20 个分支机构（18 个管理部和住房公积金贷款中心、结算中心）；下设 2 个直属事业单位：北京住房公积金客户服务中心、北京市住房贷款担保中心。从业人员 880 人，其中，在编 785 人，非在编 95 人。

二、业务运行情况

（一）**缴存**：2018 年，北京地区新开户单位 39042 个，实缴单位 183219 个，净增单位（实缴）24956 个；新开户职工 95.7 万人，实缴职工 778.87 万人，净增职工（实缴）46.64 万人；缴存额 1980.1 亿元，同比增长 15.7%。2018 年末，缴存总额 13096.37 亿元，同比增长 17.8%；缴存余额 4244.08 亿元，同比增长 14.1%。

受管理中心委托办理住房公积金缴存业务的银行 9 家，与上年相比无变化。

（二）**提取**：2018 年，缴存人提取住房公积金 1455.39 亿元，同比增长 15.3%。占当年缴存额的 73.5%，同比减少 0.2 个百分点。2018 年末，提取总额 8852.29 亿元，同比增长 19.7%。

（三）**委托贷款**：

1. **住房公积金个人住房贷款**

个人住房贷款最高额度 120 万元，其中，单缴存职工和双缴存职工的最高额度均为 120 万元。

2018 年，北京地区发放住房公积金个人住房贷款 80738 笔、831.33 亿元，同比分别增长 39.6%、55.2%。其中，北京地方发放 65662 笔、693.7 亿元，中直分中心发放 431 笔、4.04 亿元，国管分中心发放 12566 笔、120.15 亿元，铁路分中心发放 2079 笔、13.44 亿元。

2018 年，回收个人住房贷款 295.23 亿元。其中，北京地方回收 244.9 亿元，中直分中心回收 1.9 亿元，国管分中心回收 42.27 亿元；铁路分中心回收 6.16 亿元。

2018 年末，北京地区累计发放个人住房贷款 110.84 万笔、6358.66 亿元，贷款余额 4036.3 亿元，同比分别增长 7.9%、15%、15.3%。个人住房贷款余额占缴存余额的 95.1%，比上年同期增加 1 个百分点。

受委托办理住房公积金个人住房贷款业务的银行8家,与上年相比无变化。

2. 住房公积金支持保障性住房建设项目贷款

2018年,支持保障性住房建设项目贷款无发放,回收项目贷款10.65亿元。2018年末,累计发放项目贷款201.09亿元,项目贷款余额19.42亿元。

(四)**购买国债**:2018年,未发生新购买、兑付、转让、回收国债情况。2018年末,国债抵债资产2.27亿元,国债余额与2018年底相比无变化。

(五)**调剂资金**:2018年,当年无调剂其他住房资金,当年调回调剂资金20亿元。2018年末,调剂总额250亿元,调剂资金余额160亿元。

(六)**资金存储**:2018年末,管理中心住房公积金存款435.06亿元。其中,活期1.47亿元,1年以内定期(含)118.35亿元,1年以上定期143.18亿元,其他(协定、通知存款等)172.07亿元。

(七)**资金运用率**:2018年末,住房公积金个人住房贷款余额、项目贷款余额和购买国债余额的总和占缴存余额的95.6%,比上年同期增加0.6个百分点。

三、主要财务数据

(一)**业务收入**:2018年,住房公积金业务收入共计1345495万元,同比增加9.5%。其中,北京地方1059097.63万元,中直分中心7958.76万元,国管分中心236392.83万元,铁路分中心42045.79万元;存款(含增值收益存款)利息收入125558.13万元,委托贷款利息收入1218847.95万元,无国债利息收入,其他收入1088.93万元。

(二)**业务支出**:2018年,住房公积金业务支出共计661565.59万元,同比增长5.2%。其中,北京地方515579.96万元,中直分中心4090.41万元,国管分中心114121.32万元,铁路分中心27773.9万元;住房公积金利息支出601236.89万元,归集手续费用支出8208.73万元,委托贷款手续费支出21927.5万元,其他支出30192.47万元。

(三)**增值收益**:2018年,住房公积金增值收益683929.41万元,同比增加14.1%。其中,北京地方543517.67万元,中直分中心3868.35万元,国管分中心122271.51万元,铁路分中心14271.89万元。增值收益率(增值收益与月均缴存余额的比率)1.7%,与上年相比无变化。

(四)**增值收益分配**:2018年,提取贷款风险准备金118925.38万元,提取管理费用16302.68万元,提取城市廉租房(公共租赁住房)建设补充资金548701.36万元。

2018年,上交财政管理费用67276.89万元。上缴财政城市廉租住房(公共租赁住房)建设补充资金317486.35万元,其中北京地方308230.35万元,铁路分中心9256万元。

2018年末,贷款风险准备金余额975856.98万元。累计提取城市廉租住房(公共租赁住房)建设补充资金3709683.57万元。其中,北京地方提取3269505.32万元,中直分中心提取22746.89万元,国管分中心296288.4万元,铁路分中心121142.95万元。

(五)**管理费用支出**:2018年,管理费用支出62659.28万元,同比增长5.4%。其中,人员经费22970.5万元,公用经费2408.73万元,专项经费37280.05万元。

北京地方管理费用支出51242.96万元,其中,人员、公用、专项经费分别为18262.64万元、

1777.93万元、31202.39万元；中直分中心管理费用支出963.59万元，其中，人员、公用、专项经费分别为436.97万元、91.67万元、434.95万元；国管分中心管理费用支出6513.34万元，其中，人员、公用、专项经费分别为1807.26万元、401.08万元、4305万元；铁路分中心管理费用支出3939.4万元，其中，人员、公用、专项经费分别为2463.63万元、138.04万元、1337.73万元。

四、资产风险状况

（一）住房公积金个人住房贷款：2018年末，逾期住房公积金个人贷款886.37万元，住房公积金个人贷款逾期率0.02‰。其中，国管分中心住房公积金个人贷款逾期率0.2‰。

个人贷款风险准备金按贷款余额的1%提取（其中国管分中心按当年可供分配增值收益的60%提取）。2018年，提取个人贷款风险准备金119185.38万元，当年无使用住房公积金个人贷款风险准备金核销金额，住房公积金个人贷款风险准备金余额为953969.40万元，住房公积金个人贷款风险准备金余额与住房公积金个人贷款余额的比率为2.4%，住房公积金个人贷款逾期额与住房公积金个人贷款风险准备金余额的比率为0.1%。

（二）支持保障性住房建设试点项目贷款：2018年末，无逾期项目贷款。项目贷款风险准备金提取比例为贷款余额的4%。2018年，冲回项目贷款风险准备金260万元，当年无使用项目贷款风险准备金核销金额，项目贷款风险准备金余额为21887.58万元，项目贷款风险准备金余额与项目贷款余额的比率为11.3%。

五、社会经济效益

（一）缴存业务：2018年，住房公积金实缴单位数、实缴人数和缴存额同比分别增长15.8%、6.4%和15.7%。

缴存单位中，国家机关和事业单位占6%，国有企业占5%，城镇集体企业占0.5%，外商投资企业占4.9%，城镇私营企业及其他城镇企业占71%，民办非企业单位和社会团体占1.6%，其他占11%。

缴存职工中，国家机关和事业单位职工占16%，国有企业职工占19.6%，城镇集体企业职工占0.5%，外商投资企业职工占9.4%，城镇私营企业及其他城镇企业职工占42.4%，民办非企业单位和社会团体职工占0.9%，其他职工占11.2%；中、低收入群体占91.9%，高收入群体占8.1%。

新开户职工中，国家机关和事业单位占6.6%，国有企业占13.8%，城镇集体企业占0.4%，外商投资企业占7.6%，城镇私营企业及其他城镇企业占57.8%，民办非企业单位和社会团体占1.3%，其他占12.5%；中、低收入群体占96.5%，高收入群体占3.5%。

（二）提取业务：2018年，370.14万名缴存职工提取住房公积金1455.39亿元。

提取金额中，住房消费提取占88.2%（购买、建造、翻建、大修自住住房占64.6%，偿还购房贷款本息占16%，租赁住房占7.5%，其他占0.01%）；非住房消费提取占11.8%（离休和退休提取占9.7%，完全丧失劳动能力并与单位终止劳动关系提取占0.1%，户口迁出本市或出境定居占0.01%，其他占2%）。

提取职工中，中、低收入群体占88.2%，高收入群体占11.8%。

（三）贷款业务：

1. 住房公积金个人住房贷款

2018年，支持职工购房681.37万平方米。年末住房公积金个人住房贷款市场占有率（指2018年末住房公积金个人住房贷款余额占当地商业性和住房公积金个人住房贷款余额总和的比率）为28.9%，比上年同期增加2.3个百分点。通过申请住房公积金个人住房贷款，购房职工减少利息支出约2063379.01万元。

职工贷款笔数中，购房建筑面积90（含）平方米以下占68.8%，90～144（含）平方米占28.2%，144平方米以上占3%；购买新房占18.9%（购买保障性住房占12.1%），购买二手房占81.1%。

职工贷款笔数中，单缴存职工申请贷款占47.9%，双缴存职工申请贷款占52.1%。

贷款职工中，30岁（含）以下占26.5%，30岁～40岁（含）占56.8%，40岁～50岁（含）占13%，50岁以上占3.7%；首次申请贷款占69.8%，二次及以上申请贷款占30.2%；中、低收入群体占97.1%，高收入群体占2.9%。

2. 异地贷款

2018年，发放异地购房贷款327笔、32326万元。2018年末，发放异地购房贷款总额79208.8万元，异地贷款余额76770.4万元。

3. 公转商贴息贷款

2018年，发放公转商贴息贷款2笔、155万元，支持职工购建住房面积119.73平方米，当年贴息额1067.32万元。2018年末，累计发放公转商贴息贷款13527笔、496253.8万元，累计贴息15260.26万元。

4. 支持保障性住房建设试点项目贷款

2018年末，累计发放项目贷款36个，贷款额度201.09亿元，建筑面积942.65万平方米，可解决90606户中低收入职工家庭的住房问题。32个项目贷款资金已发放并还清贷款本息。

（四）**住房贡献率**：2018年，住房公积金个人住房贷款发放额、公转商贴息贷款发放额、项目贷款发放额、住房消费提取额的总和与当年缴存额的比率为106.8%，比上年增加9.2个百分点。

六、其他重要事项

（一）**明确缴存住房公积金的比例为5%～12%，单位根据自身情况可自行选择。**职工当月缴存的住房公积金为单位和本人月缴存额之和，金额为职工上一年月平均工资乘以缴存比例。2018住房公积金年度（2018年7月1日至2019年6月30日），北京地区住房公积金缴存比例为5%～12%。单位和个人缴存上限分别为2018年北京市职工月平均工资的3倍乘以缴存比例，职工和单位月缴存额上限均为3048元。

缴存比例低于12%的单位无需经职工代表大会、工会或全体职工同意；对生产经营困难的单位，经职工代表大会或工会讨论通过（没有职工代表大会或工会的，经全体职工2/3以上同意），可在1%～4%范围内降低比例缴存住房公积金或申请缓缴住房公积金。

（二）**加强执法，维护缴存职工合法权益。**2018年，管理中心受理职工维护缴存权益投诉案件4295件，结案3872件，为职工追缴住房公积金5758.83万元。对16个单位不依法办理住房公积金缴存登记、不为职工设立住房公积金账户的违法行为共给予行政处罚 17 万元。对于不缴、少缴住房公积金的 546 个单位，向人民法院申请强制执行，维护了职工的合法权益。

（三）全面升级信息系统，实现通缴通取、实时结算和移动查询。2018 年 5 月份管理中心正式上线升级后的中心业务系统，实现了住房公积金缴存单位和职工全市通缴通取、业务资金实时结算，投入使用北京住房公积金微信服务号、支付宝城市服务和移动客户端。

（四）采取有效措施，全面规范服务工作。推出了规范服务的 13 条措施。2018 年 5 月 7 日出台《北京住房公积金管理中心（北京市住房资金管理中心）关于切实改进办事大厅服务工作的通知》（京房公积金发〔2018〕17 号），提出了编写完善办事指南、合理划分业务区域、设置咨询引导员、实行首问负责制和一次性办结制度、业务窗口要实行动态人员管理等 13 条措施，对办事大厅服务工作进行全面规范。

（五）取消了部分证明材料，为缴存职工提供方便。2018 年 4 月 13 日出台《北京住房公积金管理中心关于销户提取等事项取消相关证明的通知》（京房公积金发〔2018〕11 号文），取消了 10 项办事证明。如对进城务工人员与单位解除劳动关系申请销户提取住房公积金，不再要求提供所在单位开具的"解除劳动关系证明"，改由进城务工人员提供身份证、户口本原件，办理销户提取。无法提供户口本原件的，可通过微信等方式提供户口本影印件办理销户提取。5 月 15 日出台《北京住房公积金管理中心关于取消身份证明材料复印件作为住房公积金归集和贷款业务办理要件的通知》（京房公积金发〔2018〕20 号），全面取消了办理住房公积金归集和贷款业务时要求当事人提供身份证复印件的规定。

2018 年 5 月 7 日出台《北京住房公积金管理中心关于调整部分住房公积金归集、贷款业务单据的通知》（京房公积金发〔2018〕18 号），优化了 8 种住房公积金归集业务单据，取消了 8 种业务单据；优化了 10 种住房公积金贷款业务单据，取消了 10 种业务单据。

（六）实现住房公积金业务网上受理和网上办理。按照市里"一网通办"要求，管理中心组织全面梳理住房公积金业务。住房公积金涉及的 40 个公共服务事项，除 3 个特殊事项外，其余 37 个事项在 2018 年底前全部实现网上受理和网上办理。其中，8 个住房公积金缴存和提取类事项，7 个住房公积金贷款类事项，可以通过网上办结；16 个住房公积金缴存、提取类事项，6 个住房公积金贷款类事项，可以通过网上受理。

（七）落实房住不炒的定位，调整个贷政策。2018 年，经北京住房公积金管理委员会第十九次全体会议批准，管理中心印发了《关于调整住房公积金个人住房贷款政策的通知》（京房公积金发〔2018〕51 号），实行住房公积金个人住房贷款（以下简称贷款）额度与借款申请人缴存住房公积金年限挂钩，缴存 1 年可贷 10 万元，连续缴 12 年可贷 120 万元，超过 120 万元按 120 万元计算。同时，对户籍在城六区的购房家庭，在城六区外购房且为首套房的，根据借款申请人在城六区的户籍情况，最高贷款额度在 120 万元的基础上可分别上浮 10 万元、20 万元。下调了二套房贷款最高贷款额度，由 80 万元下调为 60 万元。在贷款条件上，实行认房认贷。

（八）强化对委托银行考核，实行公开招标选择银行代办网点。加强对委托办理住房公积金业务银行网点的服务考核，调动银行积极性，招标增加银行代办网点。2018 年 9 月 13 日出台《北京住房公积金管理中心关于对受托办理住房公积金归集业务银行进行考核及支付手续费的通知》（京房公积金发〔2018〕53 号文），明确了受托银行业务种类，自 2018 年 7 月 1 日起按季支付受托银行归集手续费。依据住房城乡建设部《住房公积金归集业务标准》GB/T 51271—2018，12 月 5 日管理中心进行公开招标，确定了北京银行、华夏银行、浦发银行、北京农商行，开办归集业务。

2018 全国住房公积金年度报告汇编

天津市

天津市住房公积金 2018 年年度报告

一、机构概况

(一) 住房公积金管理委员会：住房公积金管理委员会有 27 名委员，2018 年通过召开全体会议和函审方式审议公积金相关事项 6 次，审议事项主要包括：

1. 天津市 2018 年住房公积金归集使用情况及 2018 年住房公积金归集使用计划。
2. 天津市 2018 年住房公积金增值收益分配意见及 2018 年住房公积金增值收益计划。
3. 2018 年度天津市住房公积金制度执行情况公报。
4. 天津市 2018 年住房公积金管理工作意见。
5. 关于调整住房公积金缴存比例进一步降低企业成本的通知。
6. 关于调整 2018 年住房公积金缴存额的通知。
7. 关于贯彻落实《住房城乡建设部、财政部、人民银行、公安部关于开展治理违规提取住房公积金工作的通知》的实施意见。
8. 关于普康里廉租房结转固定资产的意见。
9. 天津市住房公积金提取管理办法。
10. 天津市个人住房公积金贷款管理办法。
11. 关于在外地缴存住房公积金职工在本市购房申请个人住房公积金贷款有关政策的通知。

(二) 住房公积金管理中心：住房公积金管理中心为直属于天津市政府的不以营利为目的的自收自支事业单位，目前中心内设 22 个处室（部门），20 个管理部。从业人员 668 人，全部为在编人员。

二、业务运行情况

(一) 缴存：2018 年，新开户单位 12263 家，实缴单位 63694 家，净增单位 10857 家；新开户职工 33.4 万人，实缴职工 274.6 万人，净增职工 18.1 万人；缴存额 480.0 亿元，同比增长 10.0%。2018 年末，缴存总额 3961.4 亿元，同比增长 13.8%；缴存余额 1337.8 亿元，同比增长 8.5%。

受委托办理住房公积金缴存业务的银行 1 家，与上年相同。

(二) 提取：2018 年，提取额 375.0 亿元，同比增长 3.5%；占当年缴存额的 78.1%，比上年减少 4.9 个百分点。2018 年末，提取总额 2,623.6 亿元，同比增长 16.7%。

(三) 贷款：

1. **个人住房贷款**：个人住房贷款最高额度 60 万元，其中，单缴存职工最高额度 60 万元，双缴存职工最高额度 60 万元。

2018 年，发放个人住房贷款 2.7 万笔，同比下降 3.6%，发放金额 125.9 亿元，同比增长 4.8%。

2018 年，回收个人住房贷款 167.0 亿元。

2018 年末，累计发放个人住房贷款 97.3 万笔 2969.9 亿元，同比分别增长 2.7%、4.4%，贷款余额 1331.3 亿元，同比下降 3%。个人住房贷款余额占缴存余额的 99.5%，比上年减少 11.8 个百分点。

受委托办理住房公积金个人住房贷款业务的银行 21 家，比上年新增 1 家。

2. **住房公积金支持保障性住房建设项目贷款**：2018 年，未发生保障性住房建设项目贷款发放和回收业务。2018 年末，累计发放项目贷款 24.8 亿元，项目贷款余额 0 亿元。

（四）**融资**：2018 年，融资 20 亿元，归还 126 亿元。2018 年末，融资总额 318 亿元，融资余额 80 亿元。

（五）**资金存储**：2018 年末，住房公积金存款 108.9 亿元。其中，活期 0.1 亿元，1 年（含）以下定期 5.5 亿元，其他（协定、通知存款等）103.3 亿元。

（六）**资金运用率**：2018 年末，住房公积金个人住房贷款余额、项目贷款余额和购买国债余额的总和占缴存余额的 99.5%，比上年减少 11.8 个百分点。

三、主要财务数据

（一）**业务收入**：2018 年，业务收入 438969 万元，同比下降 4.5%。存款利息 17511 万元，委托贷款利息 421458 万元，国债利息 0 万元，其他 0 万元。

（二）**业务支出**：2018 年，业务支出 260995 万元，同比下降 14.0%。支付职工住房公积金利息 194627 万元，归集手续费 9600 万元，委托贷款手续费 21073 万元，其他 35695 万元。

（三）**增值收益**：2018 年，增值收益 177974 万元，同比增长 13.9%。增值收益率 1.4%，比上年增加 0.1 个百分点。

（四）**增值收益分配**：2018 年，应提取贷款风险准备金 12586 万元，应提取管理费用 36125 万元，应提取城市廉租住房（公共租赁住房）建设补充资金 129263 万元。

2018 年，实际上交财政管理费用 36125 万元。上缴财政城市廉租住房（公共租赁住房）建设补充资金 134789 万元。其中 2018 年增值收益资金 129263 万元，历年待分配增值收益资金 5526 万元。

2018 年末，贷款风险准备金余额 297136 万元。累计提取城市廉租住房（公共租赁住房）建设补充资金 1032088 万元。

（五）**管理费用支出**：2018 年，管理费用支出 36125 万元，同比下降 2.1%。其中，正常经费 25624 万元，专项经费 10501 万元。

四、资产风险状况

（一）**个人住房贷款**：2018 年末，个人住房贷款逾期额 59 万元，逾期率 0.004‰。

个人贷款风险准备金按当年新发放贷款额的 1% 提取。2018 年，提取个人贷款风险准备金 12586 万元，使用个人贷款风险准备金核销呆坏账 0 万元。2018 年末，个人贷款风险准备金余额 278632 万元，占个人住房贷款余额的 2.1%，个人住房贷款逾期额与个人贷款风险准备金余额的比率 0.02%。

（二）**支持保障性住房建设试点项目贷款**：截至 2018 年末，无逾期项目贷款。项目贷款风险准备金提取比例为贷款余额的 4%。2018 年未提取项目贷款风险准备金，未使用项目贷款风险准备金核销呆坏账，项目贷款风险准备金余额 5918 万元，项目贷款逾期额与项目贷款风险准备金余额的比率为 0%。

五、社会经济效益

（一）**缴存业务**：2018 年，实缴单位数、实缴职工人数和缴存额同比分别增长 11.6%、5.3%

和10.0%。

缴存单位中，国家机关和事业单位占9.4%，国有企业占3.3%，城镇集体企业占0.9%，外商投资企业占1.1%，城镇私营企业及其他城镇企业占79.6%，民办非企业单位和社会团体占4.4%，其他占1.3%。

缴存职工中，国家机关和事业单位占18.2%，国有企业占13.3%，城镇集体企业占1.6%，外商投资企业占3.5%，城镇私营企业及其他城镇企业占60.7%，民办非企业单位和社会团体占2.2%，其他占0.5%；中、低收入占98.4%，高收入占1.6%。

新开户职工中，国家机关和事业单位占5.9%，国有企业占3.8%，城镇集体企业占1.2%，外商投资企业占3.6%，城镇私营企业及其他城镇企业占80.6%，民办非企业单位和社会团体占4%，其他占0.9%；中、低收入占99.6%，高收入占0.4%。

（二）**提取业务**：2018年，114.9万名缴存职工提取住房公积金375.0亿元。

提取金额中，住房消费提取占77.9%（购买、建造、翻建、大修自住住房占25.6%，偿还购房贷款本息占74.2%，租赁住房占0.2%，其他占0%）；非住房消费提取占22.1%（离休和退休提取占68.1%，完全丧失劳动能力并与单位终止劳动关系提取占0.002%，户口迁出本市或出境定居占0.02%，其他占31.9%）。

提取职工中，中、低收入占96.8%，高收入占3.2%。

（三）**贷款业务**：

1. **个人住房贷款**：2018年，支持职工购建房242.2万平方米，年末个人住房贷款市场占有率为18.9%，比上年减少2.5个百分点。通过申请住房公积金个人住房贷款，可节约职工购房利息支出43.9亿元。

职工贷款笔数中，购房建筑面积90（含）平方米以下占53.1%，90~144（含）平方米占44.4%，144平方米以上占2.5%。购买新房占61.9%（其中购买保障性住房占25.6%），购买二手房占38.1%，建造、翻建、大修自住住房占0%，其他占0%。

职工贷款笔数中，单缴存职工申请贷款占88.6%，双缴存职工申请贷款占11.4%，三人及以上缴存职工共同申请贷款占0%。

贷款职工中，30岁（含）以下占49.9%，30岁~40岁（含）占39.1%，40岁~50岁（含）占9.1%，50岁以上占1.9%；首次申请贷款占83.3%，二次及以上申请贷款占16.7%；中、低收入占99.6%，高收入占0.4%。

2. **支持保障性住房建设试点项目贷款**：2018年末，累计试点项目7个，贷款额度27.5亿元，建筑面积53万平方米，可解决8440户中低收入职工家庭的住房问题。7个试点项目贷款资金已于2015年全部发放并还清贷款本息。

（四）**住房贡献率**：2018年，个人住房贷款发放额、公转商贴息贷款发放额、项目贷款发放额、住房消费提取额的总和与当年缴存额的比率为87.1%，比上年减少6.5个百分点。

六、其他重要事项

（一）**住房公积金政策调整及执行情况**。2018年，为减轻企业负担，取消了企业住房公积金统一缴存比例，企业可根据自身情况在 5%～12%之间自主确定缴存比例；同时进一步放宽生产经营困难企业申请降低缴存比例和缓缴条件，缴存比例下限降至 1%，取消"上一年度亏损"的申请条件；落实住房城乡建设部、国务院港澳办公室、国务院台湾办公室和市管委会要求，规定在我市就业的外国人、港澳台同胞，在与单位协商一致的基础上可以缴存公积金，并与我市缴存职工享有同等的提取、贷款权利。

（二）住房公积金业务服务改进情况。2018 年，中心坚决贯彻落实市委市政府各项要求，创新机制，加大服务企业力度，出台了《营造企业家创业发展良好环境加强住房公积金服务工作意见》，推出了减轻企业负担、压缩办事时限、推广网上业务、实施特色服务、建设信用体系、建立常态联系的"六项服务举措"。全年通过上门走访、电话联系、座谈会及协助业务办理等方式共开展服务 26030 次。住房公积金服务覆盖企业 16528 家，其中双万双服企业 7788 家。在服务工作积极推动下，2018 年全市新建缴存单位 12263 个、新建缴存职工 33.4 万人，均创出历史新高；在全市新发生的 5906 个缴存管理任务中，有 2601 个恢复了正常缴存，涉及月缴额 1983 万元。同时，中心先后与房管、公安、人民银行、民政等部门实现数据联网，与法院等部门积极配合开展行政执法，加大了治理违规套取公积金的力度，形成联合治理住房公积金违规提取的长效机制。

（三）住房公积金信息化建设情况。2018 年，根据市委市政府要求，中心制定了《"政务一网通"工作实施方案》和《"一制三化"改革实施细则》。全部服务事项均实现"最多跑一次（一次不用跑）"和"就近办理"；率先在"天津政务"APP 端部署个人余额查询和个人明细查询业务，完成个人网厅与"天津网上办事大厅"对接，实现与市政府"政务一网通"平台互联互通，高质量完成市政务信息系统整合和数据共享目标；同时为了提高数据管理质量，中心启动实时结算平台实施方案，对照住房城乡建设部标准，开展数据标准建设以及核心系统数据质量筛查，通过基础数据贯标对标，梳理整合数据资产，进一步提高数据使用效率和服务水平。

（四）当年对违反《住房公积金管理条例》和相关法规行为进行行政处罚和申请人民法院强制执行情况。2018 年全市共下达《限期改正决定书》286 份，下达《行政处罚决定书》18 份，涉及处罚金额共计 47.8 万元；向法院申请强制执行 91 件，涉及执行金额共计 133.9 万元，处理行政复议 13 件，行政诉讼 47 件。通过规范扩面执法管理，立案数量持续减少，扩面执法工作得到广大缴存企业和职工的普遍支持和认可。

（五）当年对住房公积金管理人员违规行为的纠正和处理情况。2018 年中心运用大数据技术对中心工作人员办理公积金提取业务中遵守工作纪律和廉洁从业纪律问题进行大清理，对 3 名内外勾结违规办理业务工作人员予以开除，其中 1 名涉嫌职务违法、职务犯罪问题，已移送司法机关依法追究刑事责任。

2018 全国住房公积金年度报告汇编

河北省

石家庄
唐山市
秦皇岛市
邯郸市
邢台市
保定市
张家口市
承德市
沧州市
廊坊市
衡水市

河北省住房公积金 2018 年年度报告

一、机构概况

（一）住房公积金管理机构：全省共设 11 个设区城市住房公积金管理中心，10 个独立设置的分支机构（其中，辛集市和定州市管理中心分别隶属辛集市和定州市两个"省直管县"市政府，河北省省直分中心隶属河北省机关事务管理局，冀东油田中心、东方物探中心、华北油田中心、管道局中心隶属中石油股份有限公司，邢矿分中心、峰峰分中心隶属冀中能源股份有限公司，开滦分中心隶属开滦（集团）有限责任公司）。从业人员 2196 人，其中，在编 1545 人，非在编 641 人。

（二）住房公积金监管机构：省住房和城乡建设厅、财政厅和人民银行石家庄中心支行负责对本省住房公积金管理运行情况进行监督。省住房和城乡建设厅设立住房公积金监督管理办公室（2018 年底调整为内设机构住房公积金监管处），负责辖区住房公积金日常监管工作。

二、业务运行情况

（一）缴存：2018 年，新开户单位 5651 家，实缴单位 59331 家，净增单位 3559 家；新开户职工 48.39 万人，实缴职工 488.18 万人，净增职工 10.19 万人；缴存额 593.26 亿元，同比增长 8.68%。2018 年末，缴存总额 4447.28 亿元，同比增长 15.39%；缴存余额 1984.40 亿元，同比增长 11.60%。

（二）提取：2018 年，提取额 386.96 亿元，同比增长 24.03%；占当年缴存额的 65.23%，比上年增加 8.07 个百分点。2018 年末，提取总额 2462.88 亿元，同比增长 18.64%。

（三）贷款：

1. **个人住房贷款**：2018 年，发放个人住房贷款 6.69 万笔 248.48 亿元，同比增长 0.05%、11.77%。回收个人住房贷款 145.74 亿元。

2018 年末，累计发放个人住房贷款 99.29 万笔 2313.78 亿元，贷款余额 1440.86 亿元，同比分别增长 7.22%、12.03%、7.68%。个人住房贷款余额占缴存余额的 72.61%，比上年减少 2.65 个百分点。

2. **住房公积金支持保障性住房建设项目贷款**：2018 年，发放支持保障性住房建设项目贷款 0 亿元，回收项目贷款 3.53 亿元。2018 年末，累计发放项目贷款 30.40 亿元，项目贷款余额 2.31 亿元。

（四）购买国债：2018 年，购买国债 0 亿元，兑付国债 0 亿元。2018 年末，国债余额 0.75 亿元，比上年减少 0 亿元。

（五）融资：2018 年，融资 0 亿元，归还 3.60 亿元。2018 年末，融资总额 38.50 亿元，融资余额 7.32 亿元。

（六）资金存储：2018 年末，住房公积金存款 576.66 亿元。其中，活期 8.78 亿元，1 年（含）以下定期 253.98 亿元，1 年以上定期 277.59 亿元，其他（协定、通知存款等）36.31 亿元。

（七）资金运用率：2018 年末，住房公积金个人住房贷款余额、项目贷款余额和购买国债余额的总和占缴存余额的 72.76%，比上年减少 2.87 个百分点。

三、主要财务数据

（一）业务收入：2018年，业务收入588584.84万元，同比增长10.75%。其中，存款利息139150.98万元，委托贷款利息449088.46万元，国债利息245.25万元，其他100.15万元。

（二）业务支出：2018年，业务支出304047.34万元，同比增长8.12%。其中，支付职工住房公积金利息283026.86万元，归集手续费2137.96万元，委托贷款手续费15901.13万元，其他2981.39万元。

（三）增值收益：2018年，增值收益284537.50万元，同比增长13.72%；增值收益率1.51%，比上年增加0.01个百分点。

（四）增值收益分配：2018年，提取贷款风险准备金16023.93万元，提取管理费用76162.09万元，提取城市廉租住房（公共租赁住房）建设补充资金193515.53万元。

2018年，上交财政管理费用67881.51万元，上缴财政城市廉租住房（公共租赁住房）建设补充资金179045.76万元。

2018年末，贷款风险准备金余额245168.67万元，累计提取城市廉租住房（公共租赁住房）建设补充资金1424976.74万元。

（五）管理费用支出：2018年，管理费用支出51142.97万元，同比增长21.14%。其中，人员经费27217.29万元，公用经费6042.82万元，专项经费17882.86万元。

四、资产风险状况

（一）个人住房贷款：2018年末，个人住房贷款逾期额2083.60万元，逾期率0.14‰。

2018年，提取个人贷款风险准备金16023.93万元，使用个人贷款风险准备金核销呆坏账0万元。2018年末，个人贷款风险准备金余额236524.67万元，占个人贷款余额的1.64%，个人贷款逾期额与个人贷款风险准备金余额的比率为0.88%。

（二）住房公积金支持保障性住房建设项目贷款：2018年末，项目贷款风险准备金余额8644万元，占项目贷款余额的37.42%，项目贷款逾期额与项目贷款风险准备金余额的比率为0。

五、社会经济效益

（一）缴存业务：2018年，实缴单位数、实缴职工人数和缴存额增长率分别为6.38%、2.13%和8.68%。

缴存单位中，国家机关和事业单位占54.58%，国有企业占15.22%，城镇集体企业占2.24%，外商投资企业占1.05%，城镇私营企业及其他城镇企业占17.24%，民办非企业单位和社会团体占1.74%，其他占7.93%。

缴存职工中，国家机关和事业单位占45.42%，国有企业占28.28%，城镇集体企业占3.75%，外商投资企业占2.49%，城镇私营企业及其他城镇企业占12.95%，民办非企业单位和社会团体占0.98%，其他占6.13%；中、低收入占98.83%，高收入占1.17%。

新开户职工中，国家机关和事业单位占21.46%，国有企业占19.85%，城镇集体企业占4.04%，外商投资企业占4.75%，城镇私营企业及其他城镇企业占32.17%，民办非企业单位和社会团体占2.54%，

其他占 15.19%；中、低收入占 98.91%，高收入占 1.09%。

（二）提取业务：2018年，157.70 万名缴存职工提取住房公积金 386.96 亿元。

提取金额中，住房消费提取占 71.18%（购买、建造、翻建、大修自住住房占 26.30%，偿还购房贷款本息占 38.98%，租赁住房占 2.47%，其他占 3.43%）；非住房消费提取占 28.82%（离休和退休提取占 21.04%，完全丧失劳动能力并与单位终止劳动关系提取占 1.41%，户口迁出所在市或出境定居占 0.57%，其他占 5.80%）。

提取职工中，中、低收入占 98.36%，高收入占 1.64%。

（三）贷款业务：

1. **个人住房贷款**：2018年，支持职工购建房 745.42 万平方米。年末个人住房贷款市场占有率为 11.51%，比上年同期减少 2.46 个百分点。通过申请住房公积金个人住房贷款，可节约职工购房利息支出 581207.37 万元。

职工贷款笔数中，购房建筑面积 90（含）平方米以下占 23.84%，90～144（含）平方米占 69.82%，144 平方米以上占 6.34%。购买新房占 78.38%（其中购买保障性住房占 0.10%），购买二手房占 21.55%，建造、翻建、大修自住住房占 0.04%，其他占 0.03%。

职工贷款笔数中，单缴存职工申请贷款占 37.22%，双缴存职工申请贷款占 62.31%，三人及以上缴存职工共同申请贷款占 0.47%。

贷款职工中，30 岁（含）以下占 29.10%，30 岁～40 岁（含）占 43.25%，40 岁～50 岁（含）占 22.28%，50 岁以上占 5.37%；首次申请贷款占 85.09%，二次及以上申请贷款占 14.91%；中、低收入占 99.11%，高收入占 0.89%。

2. **异地贷款**：2018年，发放异地贷款 2666 笔 105254.10 万元。2018 年末，发放异地贷款总额 1397456.98 万元，异地贷款余额 981670.39 万元。

3. **公转商贴息贷款**：2018年，发放公转商贴息贷款 61 笔 1402 万元，支持职工购建房面积 0.73 万平方米。当年贴息额 1.42 万元。2018 年末，累计发放公转商贴息贷款 1434 笔 55650.88 万元，累计贴息 214.61 万元。

4. **住房公积金支持保障性住房建设项目贷款**：2018 年末，全省有住房公积金试点城市 3 个，试点项目 20 个，贷款额度 30.4 亿元，建筑面积 238.99 万平方米，可解决 32104 户中低收入职工家庭的住房问题。17 个试点项目贷款资金已发放并还清贷款本息。

（四）**住房贡献率**：2018年，个人住房贷款发放额、公转商贴息贷款发放额、项目贷款发放额、住房消费提取额的总和与当年缴存额的比率为 88.33%。

六、其他重要事项

（一）规范和调整住房公积金政策。一是修订印发《河北省住房公积金归集提取管理办法》（冀建法〔2018〕29 号），通过规范降低住房公积金缴存比例条件、缓缴住房公积金条件、提取住房公积金条件，完善住房公积金覆盖范围、缴存比例和缴存基数限制区间，对住房公积金归集提取政策进行了统一规范。同时，简化办理住房公积金提取业务要件，增加"网上办理"要求，方便住房公积金缴存职工办事。二是将全省阶段性适当降低企业住房公积金缴存比例政策执行期限延长至 2020 年 4 月 30 日，要求管理中心审批降低住房公积金缴存比例或缓缴住房公积金申请的时限不得超过10个工作日。单位住房公积金缴存比例可在5%至12%区间内自主确定。

（二）**防范和化解住房公积金风险隐患**。一是按照《住房城乡建设部办公厅关于开展住房公积金政策执行情况检查及风险隐患排查的通知》要求，省住房城乡建设厅指导各中心进行自查，并组织4个检查组对6大类20种住房公积金政策执行的违规行为和6大类39种风险行为进行全面检查。对检查和排查中发现的风险隐患点进行了通报，要求进一步分类清理，制定具体整改措施。二是会同省有关部门转发通知，将贷款审批时限均压缩至10个工作日内，加强对受托银行的考核，集中开展拒绝缴存职工使用住房公积金贷款购房问题专项整治行动，严厉打击房地产开发企业和房屋销售中介机构违规行为，切实维护了缴存职工购房贷款权益。三是认真组织集中开展治理违规提取住房公积金工作，支持缴存职工提取住房公积金解决自住住房问题，依法维护缴存职工权益，防止提取住房公积金用于炒房投机，保障住房公积金制度稳健运行。

（三）**大力推进"双贯标"工作**。组织完成住房公积金基础数据标准贯标和结算应用系统接入（简称"双贯标"）工作，各中心全部通过住房城乡建设部专家组验收。实现住房公积金资金的实时结算、住房公积金提取"秒到账"及住房公积金提取冲抵还贷业务，做到财务账、业务账和银行账的三账联动。

（四）**改进住房公积金服务**。一是督导各市加快住房公积金综合服务平台建设工作，进一步拓宽了住房公积金服务渠道，开通了门户网站、网上业务大厅、微信公众号、手机APP、12329服务热线和自助终端等服务渠道。二是要求各市通过拍照、扫描等方式留存身份信息，在办理业务时调取使用，并归入业务档案。暂不具备条件且确需留存身份证明材料复印件的，由管理中心扫描打印或复印，不得收取缴存职工费用。

（五）**开展新市民住房问题专题调研**。3~4月，在全省有计划、按步骤、高质量地开展新市民专题调研工作。组织259名访员参与调查和样本采集，成功采集5918份有效样本。通过数据统计和综合分析，基本摸清全省新市民的现状、特征和住房状况，以及新市民住房公积金的缴存和使用情况，综合分析新市民住房需求及其制约因素，为解决新市民住房问题和探索住房公积金制度改革提供了数据支撑。

（六）**加强精神文明建设**。2018年，全省住房公积金系统创建地市级以上文明单位（行业、窗口）7个、青年文明号3个、三八红旗手（巾帼文明岗）4个、先进集体和个人32个。

石家庄住房公积金2018年年度报告

一、机构概况

（一）**住房公积金管理委员会：**

1. 石家庄住房公积金管理委员会有29名委员，2018年召开1次会议，审议通过的事项主要包括：《石家庄住房公积金管理中心关于2018年度住房公积金归集使用计划执行情况及2018年度住房公积金归集使用计划的报告》、《石家庄住房公积金 2018 年年度报告》、《在石家庄就业的港澳台同胞缴存使用住房公积金实施办法》、《自主择业的军队转业干部缴存使用住房公积金实施办法》。

2. 辛集市住房公积金管理委员会有 18 名委员，2018 年召开 1 次会议，审议通过的事项主要包括：《2018 年住房公积金归集使用计划执行情况》、《2018 年增值收益分配方案》、《2018 年住房公积金归集、使用计划》、《关于调整住房公积金提取政策的通知》、《关于进一步调整个人住房贷款政策的通知》、《辛集市住房公积金贴息贷款实施办法》、《关于调整我市委托归集银行的请示》、《房地产开发企业"红黑名单"管理办法》、《关于在辛集市就业在港澳台同胞缴存使用住房公积金的通知》、《关于维护住房公积金缴存职工购房贷款权益的实施办法》。

（二）住房公积金管理中心：

1. 石家庄住房公积金管理中心为石家庄市人民政府直属的不以营利为目的独立的正县级事业单位，内设 12 个科室，下设 22 个管理部。从业人员 160 人，其中，在编 150 人，非在编 10 人。

2. 河北省省直住房资金管理中心为隶属于河北省机关事务管理局不以营利为目的的自收自支事业单位，设 5 个科。从业人员 36 人，全部在编。

3. 辛集市住房公积金管理中心为辛集市政府不以营利为目的的自收自支事业单位，设 6 个科。从业人员 19 人，其中，在编 11 人，非在编 8 人。

二、业务运行情况

（一）缴存：2018 年，新开户单位 1249 家，实缴单位 11371 家，净增单位 695 家；新开户职工 10.09 万人，实缴职工 94.14 万人，净增职工 3.36 万人；缴存额 135.01 亿元，同比增长 10.89%。2018 年末，缴存总额 934.58 亿元，同比增长 16.89%；缴存余额 452.98 亿元，同比增长 10.46%。

石家庄住房公积金管理中心受委托办理住房公积金缴存业务的银行 6 家。

河北省省直住房资金管理中心受委托办理住房公积金缴存业务的银行 7 家，比上年增加 1 家。

辛集市住房公积金管理中心受委托办理住房公积金缴存业务的银行 7 家，比上年减少 1 家。

（二）提取：2018 年，提取额 92.13 亿元，同比增长 43.30%；占当年缴存额的 68.24%，比上年增加 15.44 个百分点。2018 年末，提取总额 481.60 亿元，同比增长 23.66%。

（三）贷款：

1. **个人住房贷款**：石家庄住房公积金管理中心和河北省省直住房资金管理中心个人住房贷款最高额度 60 万元，其中，单缴存职工最高额度 60 万元，双缴存职工最高额度 60 万元。辛集市住房公积金管理中心个人住房贷款最高额度 60 万元，其中，单缴存职工最高额度 40 万元，双缴存职工最高额度 60 万元。

2018 年，发放个人住房贷款 1.08 万笔 41.40 亿元，同比分别增长 63.64%、80.39%。其中，石家庄住房公积金管理中心发放个人住房贷款 0.91 万笔 35.05 亿元，河北省省直住房资金管理中心发放个人住房贷款 0.14 万笔 5.65 亿元，辛集市住房公积金管理中心发放个人住房贷款 0.03 万笔 0.70 亿元。

2018 年，回收个人住房贷款 25.10 亿元。其中，石家庄住房公积金管理中心回收个人住房贷款 21.40 亿元，河北省省直住房资金管理中心回收个人住房贷款 3.32 亿元，辛集市住房公积金管理中心回收个人住房贷款 0.38 亿元。

2018年末，累计发放个人住房贷款16.10万笔438.45亿元，个人住房贷款余额277.60亿元，同比分别增长7.19%、10.43%、6.23%。个人住房贷款余额占缴存余额的61.28%，比上年减少2.44个百分点。

石家庄住房公积金管理中心受委托办理住房公积金个人住房贷款业务的银行8家。河北省省直住房资金管理中心受委托办理住房公积金个人住房贷款业务的银行5家，辛集市住房公积金管理中心受委托办理住房公积金个人住房贷款业务的银行3家。

2. **住房公积金支持保障性住房建设项目贷款**：2018年，回收项目贷款3.53亿元。2018年末，累计发放项目贷款8.20亿元，项目贷款余额0.61亿元。

（四）**资金存储**：2018年末，住房公积金存款182.22亿元。其中，活期0.53亿元，1年（含）以下定期140.78亿元，1年以上定期30.23亿元，其他（协定、通知存款等）10.68亿元。

（五）**资金运用率**：2018年末，住房公积金个人住房贷款余额和项目贷款余额的总和占缴存余额的61.42%，比上年减少3.31个百分点。

三、主要财务数据

（一）**业务收入**：2018年，业务收入126295.81万元，同比增长7.35%。其中，石家庄住房公积金管理中心98945.82万元，河北省省直住房资金管理中心25006.76万元，辛集市住房公积金管理中心2343.23万元；存款利息38563.62万元，委托贷款利息87716.46万元，其他15.73万元。

（二）**业务支出**：2018年，业务支出68063.91万元，同比增长10.89%。其中，石家庄住房公积金管理中心53195.67万元，河北省省直住房资金管理中心13754.41万元，辛集市住房公积金管理中心1113.83万元；支付职工住房公积金利息63957.24万元，归集手续费550万元，委托贷款手续费3463.06万元，其他93.61万元。

（三）**增值收益**：2018年，增值收益58231.90万元，同比增长3.48%。其中，石家庄住房公积金管理中心45750.15万元，河北省省直住房资金管理中心11252.35万元，辛集市住房公积金管理中心1229.40万元；增值收益率1.35%，比上年减少0.12个百分点。

（四）**增值收益分配**：2018年，提取贷款风险准备金524.31万元，提取管理费用7952.59万元，提取城市廉租住房（公共租赁住房）建设补充资金49755万元。

2018年，上交财政管理费用6968.42万元。上缴财政城市廉租住房（公共租赁住房）建设补充资金48923.69万元。其中，石家庄住房公积金管理中心上缴37667.60万元，河北省省直住房资金管理中心上缴10534.01万元，辛集市住房公积金管理中心上缴722.08万元。

2018年末，贷款风险准备金余额41095.40万元。累计提取城市廉租住房（公共租赁住房）建设补充资金325181.40万元。其中，石家庄住房公积金管理中心255508.39万元，河北省省直住房资金管理中心提取67620.72万元，辛集市住房公积金管理中心提取2052.29万元。

（五）**管理费用支出**：2018年，管理费用支出6926.02万元，同比增长14.35%。其中，人员经费4547.60万元，公用经费515.17万元，专项经费1863.25万元。

石家庄住房公积金管理中心管理费用支出5143.64万元，其中，人员经费3531.90万元，公用经费320.01万元，专项经费1291.73万元；河北省省直住房资金管理中心管理费用支出1344.88万元，其中，人员经费 780.22 万元，公用经费 157 万元，专项经费 407.66 万元；辛集市住房公积金管理中心管理费用支出 437.50 万元，其中，人员经费 235.48 万元，公用经费 38.16 万元，专项经费 163.86 万元。

四、资产风险状况

（一）个人住房贷款：2018 年末，个人住房贷款逾期额 328.50 万元，逾期率 0.12‰。其中，石家庄住房公积金管理中心 0.14‰，河北省省直住房资金管理中心 0.0005‰，辛集市住房公积金管理中心 0。

个人贷款风险准备金按贷款余额的 1% 提取。2018 年，提取个人贷款风险准备金 524.31 万元，使用个人贷款风险准备金核销呆坏账 0 万元。2018 年末，个人贷款风险准备金余额 38359.40 万元，占个人住房贷款余额的 1.38%，个人住房贷款逾期额与个人贷款风险准备金余额的比率为 0.86%。

（二）支持保障性住房建设试点项目贷款：项目贷款风险准备金按贷款余额的 4% 提取。2018 年，项目贷款风险准备金余额 2736 万元，占项目贷款余额的 44.85%。

五、社会经济效益

（一）缴存业务：2018 年，实缴单位数、实缴职工人数和缴存额同比分别增长 6.51%、3.70% 和 10.89%。

缴存单位中，国家机关和事业单位占 45.11%，国有企业占 23.96%，城镇集体企业占 0.71%，外商投资企业占 0.36%，城镇私营企业及其他城镇企业占 8.38%，民办非企业单位和社会团体占 1.79%，其他占 19.69%。

缴存职工中，国家机关和事业单位占 35.44%，国有企业占 40.26%，城镇集体企业占 0.28%，外商投资企业占 0.55%，城镇私营企业及其他城镇企业占 4.13%，民办非企业单位和社会团体占 1.73%，其他占 17.61%；中、低收入占 97.62%，高收入占 2.38%。

新开户职工中，国家机关和事业单位占 16.95%，国有企业占 42.21%，城镇集体企业占 0.29%，外商投资企业占 0.53%，城镇私营企业及其他城镇企业占 7.75%，民办非企业单位和社会团体占 4.06%，其他占 28.21%；中、低收入占 99.08%，高收入占 0.92%。

（二）提取业务：2018 年，48.52 万名缴存职工提取住房公积金 92.13 亿元。

提取金额中，住房消费提取占 67.09%（购买、建造、翻建、大修自住住房占 26.46%，偿还购房贷款本息占 35.12%，租赁住房占 2.24%，其他占 3.27%）；非住房消费提取占 32.91%（离休和退休提取占 20.25%，完全丧失劳动能力并与单位终止劳动关系提取占 1.01%，户口迁出本市或出境定居占 0.25%，其他占 11.40%）。

提取职工中，中、低收入占 97.26%，高收入占 2.74%。

（三）贷款业务：

1. 个人住房贷款：2018 年，支持职工购建房 125.91 万平方米，年末个人住房贷款市场占有率为 11.41%，比上年减少 0.7 个百分点。通过申请住房公积金个人住房贷款，可节约职工购房利息支出 109225.68 万元。

职工贷款笔数中，购房建筑面积 90（含）平方米以下占 28.02%，90~144（含）平方米占 67.53%，144 平方米以上占 4.45%。购买新房占 79.64%（其中购买保障性住房占 0%），购买二手房占 20.36%。

职工贷款笔数中，单缴存职工申请贷款占 25.60%，双缴存职工申请贷款占 74.40%。

贷款职工中，30 岁（含）以下占 27.03%，30 岁~40 岁（含）占 49.53%，40 岁~50 岁（含）占 19.03%，50 岁以上占 4.41%；首次申请贷款占 92.40%，二次及以上申请贷款占 7.60%；中、低收入占 98.59%，高收入占 1.41%。

2. **异地贷款**：2018 年，发放异地贷款 845 笔 34959.40 万元。2018 年末，发放异地贷款总额 490366.80 万元，异地贷款余额 303616.25 万元。

3. **公转商贴息贷款**：2018 年，发放公转商贴息贷款 61 笔 1402 万元，支持职工购建住房面积 0.73 万平方米，当年贴息额 1.42 万元。2018 年末，累计发放公转商贴息贷款 73 笔 1686 万元，累计贴息 1.42 万元。

4. **支持保障性住房建设试点项目贷款**：2018 年末，累计试点项目 7 个，贷款额度 8.20 亿元，建筑面积 49.86 万平方米，可解决 9959 户中低收入职工家庭的住房问题。6 个试点项目贷款资金已发放并还清贷款本息。

（四）**住房贡献率**：2018 年，个人住房贷款发放额、公转商贴息贷款发放额、住房消费提取额的总和与当年缴存额的比率为 76.55%，比上年增加 17.02 个百分点。

六、其他重要事项

（一）当年机构及职能调整情况、受委托办理缴存贷款业务金融机构变更情况。

河北省省直住房资金管理中心增加光大银行办理住房公积金业务。

辛集市住房公积金管理中心减少中国邮政储蓄银行股份有限公司辛集市支行办理公积金业务。

（二）当年住房公积金政策调整及执行情况。

1. **当年缴存基数限额及确定方法、缴存比例**：石家庄住房公积金管理中心 2018 年度缴存基数最高为石家庄市统计部门公布的 2018 年度职工月平均工资的 3 倍，即 16795 元；最低为石家庄市统计部门公布的 2018 年度职工月平均工资的 60%，即 3359 元。住房公积金缴存单位可在 5% 至 12% 的区间内自主确定单位和个人住房公积金缴存比例，调整后的单位和个人的缴存比例应一致。

河北省省直住房资金管理中心 2018 年度（2018 年 7 月 1 日至 2019 年 6 月 30 日）住房公积金缴存基数最高限额为 18285 元（石家庄市统计部门公布的 2018 年度在岗职工月平均工资的 3 倍），最低不低于 1650 元（2018 年度最低工资标准）。为进一步降低企业成本，缴存单位可在 5% 至 12% 的区间内自主确定单位和个人住房公积金缴存比例；行政事业单位的单位缴存比例为 12%，个人缴存比例由单位在 5% 至 12% 的区间内自主确定。

辛集市住房公积金管理中心 2018 年度缴存基数最高为石家庄市统计部门公布的 2018 年度职工月平均工资的 3 倍，即 16795 元；最低为 2018 年辛集市最低工资标准 1590 元。2018 年单位缴存比例为 12%、个人缴存比例为 10% 或 12%；单位、个人缴存比例最低不得低于 5%，最高不得高于 12%。

2. **当年缴存、提取政策调整情况**：石家庄住房公积金管理中心新增住房公积金委托收款业务，缴存单位向银行授权，由委托银行从单位银行账户向住房公积金归集账户划款支付住房公积金汇缴款项；新增公积金冲抵还贷业务，职工办理石家庄住房公积金贷款后，可申请按月委托提取住房公积金用于偿还住房公积金贷款本息。

河北省省直住房资金管理中心新增住房公积金委托收款业务；职工连续足额缴纳住房公积金满3个月，本人及配偶在本市无自有住房，租住商品住房时，优先支持本人及配偶提取住房公积金用于支付房租；职工与单位解除或终止劳动关系，未在异地继续缴存住房公积金的，封存半年后可以申请提取住房公积金。

辛集市住房公积金管理中心自2018年5月10日起，缴存职工的身份证明材料不再作为办理住房公积金提取和贷款等个人业务的要件；在办理提取业务时，不再需要提供身份证明材料复印件；缴存职工办理个人业务时，需出示身份证明材料原件。

3. **当年个人住房贷款最高贷款额度、贷款条件等贷款政策调整情况**：石家庄住房公积金管理中心2018年房地产开发建设单位所建项目在取得《商品房预售许可证》等合法销售手续的情况下，可向我中心申请贷款合作；对曾经在异地缴存住房公积金、在现缴存地缴存不满6个月的，缴存时间可根据原缴存地住房公积金管理中心出具的缴存证明合并计算；还贷能力按借款申请人月还款金额不超过借款申请人及其配偶缴存基数之和的60%计算；借款申请人及其配偶《个人信用报告》中有其他贷款及担保情况的，贷款额度为按还贷能力计算得出的贷款额度减去所担保、所贷款余额；借款申请人及其配偶《个人信用报告》中有住房贷款尚未结清的，贷款所购住房应与《家庭房产查询证明》所反映的家庭房产情况合并认定实有房屋套数。

河北省省直住房资金管理中心为简化贷款流程，取消存量房办理住房公积金贷款过程中房产评估、取消借款申请人配偶的收入证明、取消我中心出具的缴存证明。

辛集市住房公积金管理中心暂时停止发放异地个人住房公积金贷款；使用住房公积金贷款购房结清后再次使用住房公积金贷款购买普通自住住房的，需自结清之日起一年后方可申请办理住房公积金贷款；贷款期限根据具体情况，可延长至退休后1~5年。

4. **当年住房公积金存贷款利率执行标准**：职工住房公积金账户存款利率按一年期定期存款基准利率1.5%执行。

住房公积金个人贷款利率执行标准：首套住房个人贷款利率执行中国人民银行公布的公积金贷款利率，即：1~5年（含）贷款年利率为2.75%，6~30年贷款年利率为3.25%；第二套住房个人贷款利率为同期利率的1.1倍，即：1~5年（含）年利率3.025%；6~30年年利率3.575%。

（三）**当年服务改进情况。** 石家庄住房公积金管理中心住房公积金提取由单位专管员代办转为职工个人办理，取消住房公积金提取申请表、单位证明和个人身份证复印件等证明材料。推行住房公积金业务网上办理、手机办理。开通网上业务大厅和手机APP，缴存单位可在网上办理单位信息变更、缴存基数调整、汇缴核定等缴存业务，缴存职工可7×24小时网上办理个人物业费提取、退休提取、离职未就业提取、偿还公积金贷款提取等业务。加强综合服务平台建设，2018年对短信、微信、门户网站、网上大厅、手机APP、自助查询机、12329热线、微博，进行了全面的改版升级，新综合服务平台实现了实名认证、业务查询、业务办理、资金秒到、7×24小时服务等功能，部分归集、提取、贷款等业务实现了业务办理"零"跑路，有效提高了客户满意度。

河北省省直住房资金管理中心开通手机APP和个人网厅提取住房公积金支付物业费业务，开通个人网厅离职未再就业和离退休提取业务，进一步方便职工自主办理住房公积金提取。"互联网＋政务服务"完成系统开发对接工作。基本实现了住房公积金归集、提取、转移等6项公共服务事项的网上办理功能。加强数据信息的安全管理工作。对核心业务系统及操作系统进行了加固免疫，完善了桌面云系统和服务器的双机热备功能；完善了 CA 数字身份认证技术在网上业务大厅、微信平台等系统的身份认证及相关应用，为住房公积金业务的网上、掌上办理提供了技术支撑和安全保障。通过电台、电视台、报纸、门户网站、微信平台、手机 APP、12329 短信平台、12329 服务热线等媒介，全方位、多角度进行宣传。业务大厅配置了复印机设备，为职工提供免费复印服务。简化贷款业务办理流程，联合开发商、受托银行等单位，为职工提供贷款业务上门服务。继续开发各服务渠道的综合管理服务系统，进一步健全完善各服务渠道的统一管理和服务功能。目前已完成软件开发设计，正在进行系统测试。

辛集市住房公积金管理中心缴存方式由单一缴存改变为四种方式缴存：银行托收方式、单位转账方式、实时结算、进账单方式。对缴存、转移、新增、减少等业务简化手续，实现了归集类的"无纸化"办理。住房公积金提取方式实现直接提取到个人账户。

（四）当年信息化建设情况。石家庄住房公积金管理中心、河北省省直住房资金管理中心、辛集市住房公积金管理中心均已通过住房城乡建设部与住房城乡建设厅联合验收组的"双贯标"验收。

石家庄住房公积金管理中心为提升网络安全，加大信息安全防护能力，核心业务系统和门户网站均已顺利通过信息安全三级等保测评，并圆满通过省网信办组织的全省关键信息基础设施网络安全检查。

（五）当年住房公积金管理中心及职工所获荣誉情况。石家庄住房公积金管理中心获得石家庄市2016—2018年度文明单位、2018年度石家庄市法制宣传教育先进集体、2018年度市直部门平安建设考核先进单位，正定管理部获得2018年度石家庄市直机关"巾帼建功"先进集体。2人获得河北省住房和城乡建设系统2018年度先进工作者称号、1人获得2018年度石家庄市法治宣传教育先进个人称号、1人获得2018年度"巾帼建功"先进工作者称号。

河北省省直住房资金管理中心被省住房城乡建设厅和省财政厅评为"2018年度全省住房公积金业务管理工作先进单位"；4人被评为年度优秀党员；8人被评为年度考核优秀等次。

（六）当年对违反《住房公积金管理条例》和相关法规行为进行行政处罚和申请人民法院强制执行情况。石家庄住房公积金管理中心1件不当得利纠纷案和3件逾期贷款《个人住房公积金贷款借款合同》纠纷案已申请人民法院强制执行。

唐山市住房公积金2018年年度报告

一、机构概况

（一）住房公积金管理委员会：住房公积金管理委员会有23名委员，2018年召开两次会议，审议通过的事项主要包括：《2018年唐山市住房公积金工作报告》、《关于2018年住房公积金增值收益分配方案的报告》、《关于规范全市机关事业单位住房公积金个人缴存比例的意见》以及《2018年上半年唐山市住房公积金工作报告》。

（二）住房公积金管理中心：住房公积金管理中心为隶属于市政府的不以营利为目的的正县级事业单位，设11个处，17个分支机构，2个分中心。市中心从业人员219人，其中，在编187人，非在编32

人，开滦分中心从业人员13人，在编13人，冀东油田分中心从业人员7人，在编7人。

二、业务运行情况

（一）**缴存**：2018年，新开户单位583家，实缴单位6277家，净增单位450家；新开户职工10.91万人，实缴职工69.91万人，净增职工3.62万人；缴存额87.17亿元，同比增长12.77%。2018年末，缴存总额718.61亿元，同比增长13.81%；缴存余额333.33亿元，同比增长9.22%。

受委托办理住房公积金缴存业务的银行5家，与上年同期持平。

（二）**提取**：2018年，提取额59.03亿元，同比增长29.42%；占当年缴存额的67.72%，比上年增加8.72个百分点。2018年末，提取总额385.27亿元，同比增长18.09%。

（三）**贷款**：

1. **个人住房贷款**：个人住房贷款最高额度60万元，其中，单缴存职工最高额度60万元，双缴存职工最高额度60万元。

2018年，发放个人住房贷款1.64万笔63.36亿元，同比分别增长9.70%、26.10%。其中，市中心发放个人住房贷款1.56万笔60.91亿元，开滦分中心发放个人住房贷款0.07万笔2.31亿元，冀东油田分中心发放个人住房贷款0.01万笔0.14亿元。

2018年，回收个人住房贷款29.95亿元。其中，市中心28.27亿元，开滦分中心1.68亿元，冀东油田分中心0亿元。

2018年末，累计发放个人住房贷款19.49万笔455.85亿元，贷款余额285.25亿元，同比分别增长9.16%、16.15%、13.27%。个人住房贷款余额占缴存余额的85.58%，比上年增加3.06个百分点。

受委托办理住房公积金个人住房贷款业务的银行12家，比上年增加1家。

2. **住房公积金支持保障性住房建设项目贷款**：2018年末，累计发放项目贷款20.50亿元，项目贷款余额0亿元。

（四）**购买国债**：2018年末，国债余额0.75亿元，与上年同期持平。

（五）**融资**：2018年，融资0亿元，归还3.6亿元。2018年末，融资总额12.92亿元，融资余额7.32亿元。

（六）**资金存储**：2018年末，住房公积金存款52.86亿元。其中，活期0.11亿元，1年（含）以下定期5.78亿元，1年以上定期43.61亿元，其他（协定、通知存款等）3.36亿元。

（七）**资金运用率**：2018年末，住房公积金个人住房贷款余额、项目贷款余额和购买国债余额的总和占缴存余额的85.80%，比上年增加3.04个百分点。

三、主要财务数据

（一）**业务收入**：2018年，业务收入106491.92万元，同比增长8.52%。其中，市中心96370.35万元，开滦分中心9724.88万元，冀东油田分中心396.69万元；存款利息20196.21万元，委托贷款利息86044.85万元，国债利息245.25万元，其他5.61万元。

（二）**业务支出**：2018年，业务支出52945.94万元，同比下降2.27%。其中，市中心47574.63万元，开滦分中心5097.52万元，冀东油田分中心273.79万元；支付职工住房公积金利息48682.09万元，归集手续费0万元，委托贷款手续费2658.35万元，其他1605.50万元。

（三）增值收益：2018年，增值收益53545.98万元，同比增长21.83%。其中，市中心48795.72万元，开滦分中心4627.36万元，冀东油田分中心122.90万元；增值收益率1.67%，比上年增加0.17个百分点。

（四）增值收益分配：2018年，提取贷款风险准备金3326.60万元，提取管理费用4161.67万元，提取城市廉租住房（公共租赁住房）建设补充资金46057.71万元。

2018年，上交财政管理费用4479.34万元。上缴财政城市廉租住房（公共租赁住房）建设补充资金34913.62万元。其中，市中心上缴32223.62万元，开滦分中心上缴2690万元，冀东油田分中心上缴0万元。

2018年末，贷款风险准备金余额46530.63万元。累计提取城市廉租住房（公共租赁住房）建设补充资金305125.18万元。其中，市中心提取266959.66万元，开滦分中心提取38095.10万元，冀东油田分中心提取70.42万元。

（五）管理费用支出：2018年，管理费用支出4915.34万元，同比增长12.10%。其中，人员经费3211.34万元，公用经费348.99万元，专项经费1355.01万元。

市中心管理费用支出4478.94万元，其中，人员、公用、专项经费分别为2896.74万元、258.69万元、1323.51万元；开滦分中心管理费用支出378.29万元，其中，人员、公用、专项经费分别为307.63万元、39.16万元、31.50万元；冀东油田分中心管理费用支出58.11万元，其中，人员、公用、专项经费分别为6.97万元、51.14万元、0万元。

四、资产风险状况

（一）个人住房贷款：2018年末，无个人住房贷款逾期。

个人贷款风险准备金按贷款余额的1%提取。2018年，提取个人贷款风险准备金3326.60万元，使用个人贷款风险准备金核销呆坏账0万元。2018年末，个人贷款风险准备金余额41302.63万元，占个人住房贷款余额的1.45%，个人住房贷款逾期额与个人贷款风险准备金余额的比率为0。

（二）支持保障性住房建设试点项目贷款：2018年末，无逾期项目贷款。

项目贷款风险准备金按贷款余额的4%提取。2018年，提取项目贷款风险准备金0万元，使用项目贷款风险准备金核销呆坏账0万元，项目贷款风险准备金余额5228万元，项目贷款逾期额与项目贷款风险准备金余额的比率为0。

五、社会经济效益

（一）缴存业务：2018年，实缴单位数、实缴职工人数和缴存额同比分别增长7.72%、5.46%和12.77%。

缴存单位中，国家机关和事业单位占50.26%，国有企业占15.09%，城镇集体企业占0.67%，外商投资企业占1.21%，城镇私营企业及其他城镇企业占23.08%，民办非企业单位和社会团体占1.29%，其他占8.40%。

缴存职工中，国家机关和事业单位占32.47%，国有企业占39.60%，城镇集体企业占0.29%，外商投资企业占1.24%，城镇私营企业及其他城镇企业占22.83%，民办非企业单位和社会团体占0.35%，

其他占3.22%；中、低收入占100%，高收入占0%。

新开户职工中，国家机关和事业单位占14.71%，国有企业占17.15%，城镇集体企业占0.47%，外商投资企业占1.78%，城镇私营企业及其他城镇企业占45.42%，民办非企业单位和社会团体占0.96%，其他占19.51%；中、低收入占100%，高收入占0%。

（二）提取业务：2018年，19.96万名缴存职工提取住房公积金59.03亿元。

提取金额中，住房消费提取占68.47%（购买、建造、翻建、大修自住住房占22.15%，偿还购房贷款本息占45.89%，租赁住房占0.35%，其他占0.08%）；非住房消费提取占31.53%（离休和退休提取占24.58%，完全丧失劳动能力并与单位终止劳动关系提取占0.45%，户口迁出本市或出境定居占0.12%，其他占6.38%）。

提取职工中，中、低收入占100%，高收入占0%。

（三）贷款业务：

1. 个人住房贷款：2018年，支持职工购建房177.53万平方米，年末个人住房贷款市场占有率为42.76%，比上年减少3.56个百分点。通过申请住房公积金个人住房贷款，可节约职工购房利息支出117928.34万元。

职工贷款笔数中，购房建筑面积90（含）平方米以下占25.70%，90～144（含）平方米占68.87%，144平方米以上占5.43%。购买新房占72.96%（其中购买保障性住房占0%），购买二手房占27.04%，建造、翻建、大修自住住房占0%，其他占0%。

职工贷款笔数中，单缴存职工申请贷款占60.48%，双缴存职工申请贷款占39.47%，三人及以上缴存职工共同申请贷款占0.05%。

贷款职工中，30岁（含）以下占32.57%，30岁～40岁（含）占42.24%，40岁～50岁（含）占20.02%，50岁以上占5.17%；首次申请贷款占82.77%，二次及以上申请贷款占17.23%；中、低收入占100%，高收入占0%。

2. 异地贷款：2018年，发放异地贷款508笔19985.10万元。2018年末，发放异地贷款总额78604.50万元，异地贷款余额71047.85万元。

3. 支持保障性住房建设试点项目贷款：2018年末，累计试点项目10个，贷款额度20.50亿元，建筑面积123.53万平方米，可解决13618户中低收入职工家庭的住房问题。10个试点项目贷款资金已发放并还清贷款本息。

（四）住房贡献率：2018年，个人住房贷款发放额、公转商贴息贷款发放额、项目贷款发放额、住房消费提取额的总和与当年缴存额的比率为119.05%，比上年增加14.78个百分点。

六、其他重要事项

（一）按照唐山市人民政府办公厅《关于规范全市机关事业单位住房公积金个人缴存比例的通知》（唐政办字〔2018〕78号）要求，市直机关事业单位的单位缴存比例为12%，个人缴存比例为8%，各县（市）区参照市级执行。

调整借款人还贷能力核定方式。根据其工资收入确定，每月还款额不超出收入的60%。

制定下发了《关于在唐山就业的港澳台同胞缴存使用住房公积金的通知》（唐公积金〔2018〕23号），

支持在唐山就业的港澳台同胞缴存住房公积金。

（二）结合"放管服"改革和实际工作，全面清理群众和企业办事需要提供的各类证明材料，优化办事流程，压缩办事环节，积极推行"即来即办，当场办结"。有30项服务事项实现了"最多跑一次"，其中5项实现了"零跑腿"，业务办理时限压缩率达75%，证明要件精简率达55%。

住房公积金综合服务平台上线运行。职工可通过综合服务平台办理公积金网上缴存、贷款试算、还贷提取、退休提取、提前还款登记、信息查询、业务咨询等多种业务。开通网上预约服务，帮助缴存职工合理安排业务办理时间。

（三）完成《住房公积金基础数据标准》和《接入住房公积金银行结算数据应用系统接口标准》（"双贯标"）工作，通过部、省两级验收。

（四）唐山市住房公积金管理中心获市级文明单位，开平分中心获市级青年文明号。中心2人获省住建厅、人社厅颁发的全省住房和城乡建设系统先进工作者称号，3人获得市级政务服务"十佳百星"称号。

秦皇岛市住房公积金2018年年度报告

一、机构概况

（一）住房公积金管理委员会：住房公积金管理委员会有26名委员，2018年召开2次会议，审议通过的事项主要包括：一是2018年度住房公积金归集、使用计划的议案。二是关于调整住房公积金政策的议案。

（二）住房公积金管理中心：住房公积金管理中心为直属秦皇岛市政府的不以营利为目的的全额事业单位。设8个科室，4个管理部。从业人员86人，其中，在编52人，非在编34人。

二、业务运行情况

（一）缴存：2018年，新开户单位247家，实缴单位3423家，净增单位119家；新开户职工3.14万人，实缴职工29.66万人，净增职工0.92万人；缴存额34.06亿元，同比增长7.01%。2018年末，缴存总额303.58亿元，同比增长12.63%；缴存余额114.97亿元，同比增长7.33%。

受委托办理住房公积金缴存业务的银行4家，比上年增加0家。

（二）提取：2018年，提取额26.21亿元，同比增长18.65%；占当年缴存额的76.95%，比上年增加7.55个百分点。2018年末，提取总额188.62亿元，同比增长16.14%。

（三）贷款：

个人住房贷款：个人住房贷款最高额度60万元，其中，单缴存职工最高额度60万元，双缴存职工最高额度60万元。

2018年，发放个人住房贷款0.52万笔18.38亿元，同比分别增长52.94%、63.81%。

2018年，回收个人住房贷款9.76亿元。

2018年末，累计发放个人住房贷款6.68万笔165.35亿元，贷款余额98.64亿元，同比分别增长8.44%、12.50%、9.58%。个人住房贷款余额占缴存余额的85.80%，比上年增加1.76个百分点。

受委托办理住房公积金个人住房贷款业务的银行4家，比上年增加0家。

（四）**资金存储**：2018年末，住房公积金存款19.27亿元。其中，活期0.04亿元，1年（含）以下定期17.45亿元，1年以上定期0.33亿元，其他（协定、通知存款等）1.45亿元。

（五）**资金运用率**：2018年末，住房公积金个人住房贷款余额、项目贷款余额和购买国债余额的总和占缴存余额的85.80%，比上年增加1.76个百分点。

三、主要财务数据

（一）**业务收入**：2018年，业务收入34402.29万元，同比增长6.55%。存款利息4251.53万元，委托贷款利息30150.65万元，国债利息0万元，其他0.11万元。

（二）**业务支出**：2018年，业务支出18256.15万元，同比增长6.47%。支付职工住房公积金利息16649.88万元，归集手续费851.40万元，委托贷款手续费753.77万元，其他1.10万元。

（三）**增值收益**：2018年，增值收益16146.14万元，同比增长6.64%。增值收益率1.45%，比上年减少0.03个百分点。

（四）**增值收益分配**：2018年，提取贷款风险准备金861.27万元，提取管理费用1837.91万元，提取城市廉租住房（公共租赁住房）建设补充资金13446.96万元。

2018年，上交财政管理费用1837.91万元。上缴财政城市廉租住房（公共租赁住房）建设补充资金13446.96万元。

2018年末，贷款风险准备金余额9863.55万元。累计提取城市廉租住房（公共租赁住房）建设补充资金119431.44万元。

（五）**管理费用支出**：2018年，管理费用支出1522.81万元，同比增长8.63%。其中，人员经费798.95万元，公用经费37.64万元，专项经费686.22万元。

四、资产风险状况

个人住房贷款：2018年末，个人住房贷款逾期额437.00万元，逾期率0.44‰。

个人贷款风险准备金按贷款余额的1%提取。2018年，提取个人贷款风险准备金861.27万元，使用个人贷款风险准备金核销呆坏账0万元。2018年末，个人贷款风险准备金余额9863.55万元，占个人住房贷款余额的1%，个人住房贷款逾期额与个人贷款风险准备金余额的比率为4.43%。

五、社会经济效益

（一）**缴存业务**：2018年，实缴单位数、实缴职工人数和缴存额同比分别增长3.60%、3.20%和7.01%。

缴存单位中，国家机关和事业单位占54.55%，国有企业占13.67%，城镇集体企业占0.47%，外商投资企业占2.31%，城镇私营企业及其他城镇企业占26.35%，民办非企业单位和社会团体占0.93%，其他占1.72%。

缴存职工中，国家机关和事业单位占 41.96%，国有企业占 25.43%，城镇集体企业占 0.21%，外商投资企业占 5.66%，城镇私营企业及其他城镇企业占 25.16%，民办非企业单位和社会团体占 0.29%，其他占 1.29%；中、低收入占 99.98%，高收入占 0.02%。

新开户职工中，国家机关和事业单位占 17.06%，国有企业占 9.20%，城镇集体企业占 0.03%，外商投资企业占 4.21%，城镇私营企业及其他城镇企业占 65.19%，民办非企业单位和社会团体占 0.83%，其他占 3.48%；中、低收入占 99.86%，高收入占 0.14%。

（二）**提取业务**：2018 年，8.37 万名缴存职工提取住房公积金 26.21 亿元。

提取金额中，住房消费提取占 73.15%（购买、建造、翻建、大修自住住房占 35.38%，偿还购房贷款本息占 36.53%，租赁住房占 1.23%，其他占 0.01%）；非住房消费提取占 26.85%（离休和退休提取占 19.81%，完全丧失劳动能力并与单位终止劳动关系提取占 0.95%，户口迁出本市或出境定居占 1.07%，其他占 5.02%）。

提取职工中，中、低收入占 99.96%，高收入占 0.04%。

（三）**贷款业务**：

1. **个人住房贷款**：2018 年，支持职工购建房 53.48 万平方米，年末个人住房贷款市场占有率为 14.37%，比上年减少 3.98 个百分点。通过申请住房公积金个人住房贷款，可节约职工购房利息支出 36022.12 万元。

职工贷款笔数中，购房建筑面积 90（含）平方米以下占 34.46%，90~144（含）平方米占 60.90%，144 平方米以上占 4.64%。购买新房占 53.21%（其中购买保障性住房 0%），购买二手房占 46.60%，建造、翻建、大修自住住房占 0%，其他占 0.19%。

职工贷款笔数中，单缴存职工申请贷款占 36.67%，双缴存职工申请贷款占 63.33%，三人及以上缴存职工共同申请贷款占 0%。

贷款职工中，30 岁（含）以下占 38.53%，30 岁~40 岁（含）占 37.62%，40 岁~50 岁（含）占 18.88%，50 岁以上占 4.97%；首次申请贷款占 84.64%，二次及以上申请贷款占 15.36%；中、低收入占 99.17%，高收入占 0.83%。

2. **异地贷款**：2018 年，发放异地贷款 32 笔 1345.50 万元。2018 年末，发放异地贷款总额 53880.10 万元，异地贷款余额 43086.43 万元。

（四）**住房贡献率**：2018 年，个人住房贷款发放额、公转商贴息贷款发放额、项目贷款发放额、住房消费提取额的总和与当年缴存额的比率为 110%，比上年增加 6 个百分点。

六、其他重要事项

（一）**当年住房公积金政策调整及执行情况**

（1）提取政策调整情况。自 2018 年 9 月 1 日起，缴存职工与单位解除或终止劳动关系的，先办理个人账户封存。账户封存期间，在异地开立住房公积金账户并缴存 6 个月以上的，办理异地转移接续手续；未在异地继续缴存的，封存满 6 个月后可全额提取本人住房公积金账户内的存储余额。

（2）2018 年个人住房贷款最高贷款额度、贷款条件等贷款政策没有调整。当年个人住房贷款最高贷款额度仍为 60 万元。

(二)当年服务改进情况

(1) 全面深化"放管服",多措并举不断提供新服务、推出新举措。实现公积金归集业务多项功能网上办理,对提取业务办理材料进行深度精简,实现电子拍照扫描,新增3个提取审批银行网点,分阶段逐步开通了公积金贷款按年委托自动提取和按月对冲业务。

(2) 深入推进"网上业务大厅、12329热线、微信平台、短信告知、手机APP、自助终端"等综合服务平台建设,实现公积金归集业务网上办理,切实提高了住房公积金使用便捷度。

(3) 充分利用中心网站、手机APP、微信公众号等网络载体,及时向缴存职工推送相关政策信息。

(三)当年信息化建设情况

2018年5月住房公积金新一代业务信息系统上线运行,实现住房城乡建设部资金结算平台、基础数据规范"双贯标"。2018年9月"基础数据标准"、"结算系统标准"双贯标工作通过住房城乡建设部专家组现场验收。

邯郸市住房公积金2018年年度报告

一、机构概况

(一)住房公积金管理委员会:住房公积金管理委员会有20名委员,2018年召开两次会议,审议通过的事项主要包括:审议通过2018年度住房公积金管理工作报告;审议通过2018年度市住房公积金财务报告(含增值收益分配方案);审议通过进一步提高我市财政供养人员住房公积金缴存比例的议题;审议通过住房公积金贷款额度与缴存年限、缴存余额挂钩的议题;审议通过在县域管理部试点和推行公积金贷款"一趟清"以及联合受托银行开展住房公积金组合贷款业务等议题。

(二)住房公积金管理中心:住房公积金管理中心为直属市政府管理的不以营利为目的的自收自支事业单位,设10个处(科),20个管理部,1个分中心。从业人员179人(含峰峰集团分中心7人),其中,在编132人(含峰峰集团分中心7人),非在编47人。

二、业务运行情况

(一)缴存:2018年,新开户单位395家,实缴单位4644家,净增单位271家;新开户职工3.36万人,实缴职工41.77万人,净增职工-0.65万人;缴存额44.68亿元,同比增长15.30%。2018年末,缴存总额347.67亿元,同比增长14.75%;缴存余额163.35亿元,同比增长16.04%。

受委托办理住房公积金缴存业务的银行14家,比上年增加1家。

(二)提取:2018年,提取额22.10亿元,同比增长18.51%;占当年缴存额的49.45%,比上年增加1.34个百分点。2018年末,提取总额184.32亿元,同比增长13.62%。

(三)贷款:

1. 个人住房贷款:个人住房贷款最高额度60万元,其中,单缴存职工最高额度60万元,双缴存职工最高额度60万元。

2018年，发放个人住房贷款0.57万笔21.18亿元，同比分别下降22.27%、21.78%。其中，市中心发放个人住房贷款0.54万笔20.32亿元，峰峰集团分中心发放个人住房贷款0.03万笔0.86亿元。

2018年，回收个人住房贷款11.72亿元。其中，市中心11.00亿元，峰峰集团分中心0.72亿元。

2018年末，累计发放个人住房贷款8.43万笔192.10亿元，贷款余额126.43亿元，同比分别增长7.31%、12.39%、8.09%。个人住房贷款余额占缴存余额的77.40%，比上年减少5.69个百分点。

受委托办理住房公积金个人住房贷款业务的银行7家，比上年增加0家。

2. 住房公积金支持保障性住房建设项目贷款：2018年，发放支持保障性住房建设项目贷款0亿元，回收项目贷款0亿元。2018年末，累计发放项目贷款1.7亿元，项目贷款余额1.7亿元。

（四）资金存储：2018年末，住房公积金存款41.62亿元。其中，活期0.14亿元，1年（含）以下定期5.82亿元，1年以上定期33.11亿元，其他（协定、通知存款等）2.55亿元。

（五）资金运用率：2018年末，住房公积金个人住房贷款余额、项目贷款余额和购买国债余额的总和占缴存余额的78.44%，比上年减少5.85个百分点。

三、主要财务数据

（一）业务收入：2018年，业务收入50872.85万元，同比增长20.76%。其中，市中心46955.10万元，峰峰集团分中心3917.75万元；存款利息10810.37万元，委托贷款利息40062.46万元，国债利息0万元，其他0.02万元。

（二）业务支出：2018年，业务支出26262.23万元，同比增长10.97%。其中，市中心24243.01万元，峰峰集团分中心2019.22万元；支付职工住房公积金利息23210.49万元，归集手续费0万元，委托贷款手续费1916.10万元，其他1135.64万元。

（三）增值收益：2018年，增值收益24610.62万元，同比增长33.31%。其中，市中心22712.09万元，峰峰集团分中心1898.53万元；增值收益率1.60%，比上年增加0.18个百分点。

（四）增值收益分配：2018年，提取贷款风险准备金1912.09万元，提取管理费用8953.58万元，提取城市廉租住房（公共租赁住房）建设补充资金13744.95万元。

2018年，上交财政管理费用5381.89万元。上缴城市廉租住房（公共租赁住房）建设补充资金9698.84万元。其中，市中心上缴财政9698.84万元。

2018年末，贷款风险准备金余额15325.44万元。累计提取城市廉租住房（公共租赁住房）建设补充资金119436.96万元。其中，市中心提取105344.54万元，峰峰集团分中心提取14092.42万元。

（五）管理费用支出：2018年，管理费用支出4440.58万元，同比下降11.13%。其中，人员经费2522.42万元，公用经费1021.42万元，专项经费896.74万元。

市中心管理费用支出4174.46万元，其中，人员、公用、专项经费分别为2428.64万元、927.86万元、817.96万元；峰峰集团分中心管理费用支出266.12万元，其中，人员、公用、专项经费分别为93.78万元、93.56万元、78.78万元。

四、资产风险状况

（一）个人住房贷款：2018年末，个人住房贷款逾期额1.01万元，逾期率0.0008‰。其中，市中心

0‰，峰峰集团分中心 0.018‰。

个人贷款风险准备金按贷款余额的 1% 提取。2018 年，提取个人贷款风险准备金 1912.09 万元，使用个人贷款风险准备金核销呆坏账 0 万元。2018 年末，个人贷款风险准备金余额 14645.44 万元，占个人住房贷款余额的 1.16%，个人住房贷款逾期额与个人贷款风险准备金余额的比率为 0.007%。

（二）支持保障性住房建设试点项目贷款：2018 年末，无逾期项目贷款。

项目贷款风险准备金按贷款余额的 4% 提取。2018 年，提取项目贷款风险准备金 0 万元，使用项目贷款风险准备金核销呆坏账 0 万元，项目贷款风险准备金余额 680 万元，占项目贷款余额的 4%，项目贷款逾期额与项目贷款风险准备金余额的比率为 0%。

五、社会经济效益

（一）缴存业务：2018 年，实缴单位数、实缴职工人数和缴存额同比分别增长 6.20%、-1.54% 和 15.30%。

缴存单位中，国家机关和事业单位占 64.25%，国有企业占 8.57%，城镇集体企业占 2.22%，外商投资企业占 0.95%，城镇私营企业及其他城镇企业占 12.30%，民办非企业单位和社会团体占 1.81%，其他占 9.90%。

缴存职工中，国家机关和事业单位占 50.65%，国有企业占 25.00%，城镇集体企业占 4.65%，外商投资企业占 1.63%，城镇私营企业及其他城镇企业占 8.27%，民办非企业单位和社会团体占 0.46%，其他占 9.34%；中、低收入占 99.85%，高收入占 0.15%。

新开户职工中，国家机关和事业单位占 31.47%，国有企业占 9.19%，城镇集体企业占 3.16%，外商投资企业占 5.11%，城镇私营企业及其他城镇企业占 19.90%，民办非企业单位和社会团体占 2.01%，其他占 29.16%；中、低收入占 100%，高收入占 0%。

（二）提取业务：2018 年，7.84 万名缴存职工提取住房公积金 22.10 亿元。

提取金额中，住房消费提取占 59.91%（购买、建造、翻建、大修自住住房占 18.16%，偿还购房贷款本息占 39.30%，租赁住房占 2.45%）；非住房消费提取占 40.09%（离休和退休提取占 33.91%，完全丧失劳动能力并与单位终止劳动关系提取占 0.84%，户口迁出本市或出境定居占 1.03%，其他占 4.31%）。

提取职工中，中、低收入占 99.82%，高收入占 0.18%。

（三）贷款业务：

1. 个人住房贷款：2018 年，支持职工购建房 64.21 万平方米，年末个人住房贷款市场占有率为 21.18%，比上年减少 2.85 个百分点。通过申请住房公积金个人住房贷款，可节约职工购房利息支出 46679.7 万元。

职工贷款笔数中，购房建筑面积 90（含）平方米以下占 14.72%，90～144（含）平方米占 76.56%，144 平方米以上占 8.72%。购买新房占 77.43%（其中购买保障性住房占 0.44%），购买二手房占 22.57%，建造、翻建、大修自住住房占 0%，其他占 0%。

职工贷款笔数中，单缴存职工申请贷款占 35.96%，双缴存职工申请贷款占 58.91%，三人及以上缴存职工共同申请贷款占 5.13%。

贷款职工中，30岁（含）以下占20.01％，30岁～40岁（含）占47.99％，40岁～50岁（含）占26.22％，50岁以上占5.78％；首次申请贷款占89.94％，二次及以上申请贷款占10.06％；中、低收入占99.79％，高收入占0.21％。

2. **异地贷款**：2018年，没有发放异地贷款。2018年末，发放异地贷款总额117554.3万元，异地贷款余额92959.53万元。

3. **支持保障性住房建设试点项目贷款**：2018年末，累计试点项目2个，贷款额度1.7亿元，建筑面积65.6万平方米，可解决8527户中低收入职工家庭的住房问题。

（四）**住房贡献率**：2018年，个人住房贷款发放额、公转商贴息贷款发放额、项目贷款发放额、住房消费提取额的总和与当年缴存额的比率为77.04％，比上年减少23.73个百分点。

六、其他重要事项

（一）**当年机构及职能调整情况、受委托办理缴存贷款业务金融机构变更情况**

1. **机构及职能调整情况**。为进一步方便缴存单位、缴存职工就近办理业务，提供更加便利、高效的服务，主城区增设复兴区、冀南新区两个管理部和一个贷款服务大厅，目前主城区共设置丛台区、开发区、邯山区、复兴区、冀南新区五个管理部和一个贷款服务大厅。

2. **受委托办理缴存贷款业务金融机构变更情况**。为了给缴存单位、缴存职工提供更加便利的金融服务，中心增加沧州银行办理缴存业务；办理贷款业务金融机构没有变更。

（二）**当年住房公积金政策调整及执行情况**

1. **缴存基数限额及确定方法、缴存比例执行情况**。

（1）职工住房公积金缴存基数最高不得超过市统计部门公布的上一年度全市在岗职工月平均工资总额的三倍。2018年度邯郸市住房公积金最高缴存基数为14730元。

（2）职工住房公积金缴存基数最低不得低于上一年度劳动部门规定的职工月最低工资标准。2018年度，邯郸市辖（含丛台区、邯山区、复兴区、峰峰矿区、经济开发区、马头生态工业城）及磁县（含漳河生态科技园区）、武安市区域内职工最低缴存基数执行标准为1590元；永年区、肥乡区、成安县、临漳县、曲周县、鸡泽县、邱县、涉县区域内职工最低缴存基数执行标准为1480元；魏县、大名县、广平县、馆陶县区域内职工最低缴存基数执行标准为1380元。

（3）单位和职工住房公积金缴存比例，均不得低于职工工资的5％。单位和个人缴存比例最高可以分别提高到职工工资的12％。

2. **归集政策调整情况**。将在我市就业的港澳台同胞纳入住房公积金缴存范围，在我市就业的港澳台同胞，均可按照相关政策规定缴存住房公积金，缴存住房公积金的港澳台同胞，与内地（大陆）缴存职工同等享有提取个人住房公积金、申请住房公积金个人住房贷款等权利。

3. **提取政策调整情况**。

（1）住房公积金全部提取业务取消《住房公积金提取申请表》。职工符合规定情形申请提取本人住房公积金的，各管理部业务窗口根据相应提取证明材料、有效身份证明，核对信息系统个人缴存账户信息，直接办理提取业务。

（2）缴存职工与单位解除或终止劳动关系的，应先办理个人账户封存。账户封存期间，如该职工在异地开立住房公积金账户并稳定缴存半年以上，办理异地转移接续手续。如该职工未在异地继续缴存，封存满半年后可提取。

4. 个人住房公积金贷款政策调整情况。为充分体现职工缴存住房公积金的互助性，突出缴存义务与贷款权利的公平、公正匹配，切实防范住房公积金管理风险，保障资金安全，2018年管委会第一次会议决定，我市住房公积金贷款业务推行贷款额度与缴存年限、缴存额度相关联的贷款管理模式，在原贷款额度确认条款中增加存贷挂钩内容。最高贷款额度不得超过"借款人夫妻双方正常缴存年限（连续缴存月数之和÷12）×6（万元）+（借款人月缴存额×连续缴存月份+配偶月缴存额×连续缴存月份）×10（元）"（取值到千位）。

5. 当年住房公积金存贷款利率调整及执行情况。当年存贷款利率没有调整。按照中国人民银行、住房城乡建设部、财政部《关于完善职工住房公积金账户存款利率形成机制的通知》（银发〔2016〕43号）要求，职工住房公积金账户存款利率统一按一年期定期存款基准利率执行，目前为1.50％。住房公积金贷款利率执行人民银行的规定：五年期以下（含五年）贷款利率2.75％；五年期以上贷款利率3.25％。

（三）**当年服务改进情况**。2018年度，中心深入开展"放管服"改革，以"下决心放、坚定地管、由心生服"为工作理念，以提高业务离柜率为目标，推出了"不见面""一趟清""去纸化""秒到账"等系列服务事项改革，住房公积金管理水平、服务质量和经济效益均取得显著成效，改革成果受到人民日报、中央电视台等多家媒体和人民群众广泛赞誉。

1. 数据网上多跑路，业务办理"不见面"。归集全部不见面。通过扩展网厅功能，缴存单位公积金专管员可以直接在自己电脑上操作日常全部归集业务。查询全部不见面。在全省率先实现支付宝刷脸登录、职工还款每月短信提醒，通过12329语音服务热线、微信公众号、手机APP、支付宝城市服务等多种方式，可随时随地查询个人公积金信息。部分提取不见面。开通职工退休提取网上办理和个人账户按月自动提取还贷模式，让群众足不出户轻松办理住房公积金提取业务。贷款还款不见面。职工可以通过网上办理提前部分还款、偿还应还未还及提前全部结清，还完款后可以通过网上打印结清证明，实现了业务的智能化、自动化办理。

2. 即来即办全提速，争取更多"一趟清"。首先是提取全面"一趟清"。取消单位审批，由三个环节压缩为一个环节。其次是贷款实现"一趟清"。组建个贷综合服务大厅，实现"一趟受理，七日放款"。同时在15个县（市、区）全面开展了贷款一趟清改革工作，开创了制度灵活、适应范围较广的公积金贷款一趟清"邯郸模式"。第三是异地转移"一趟清"。率先接入全国异地转移平台，群众可直接在新工作地申请办理异地转移，"账随人走、钱随账走"。

3. 纸质档案全电子，资料高度"去纸化"。相继开通了单位开户、提取、贷款等业务影像资料扫描功能、补扫功能，开通电子数据导入、网上业务电子凭证功能，全面实现了电子影像资料代替纸质档案。特别是取消沿用二十余年的提取申请表，涉及到的近百种提取材料复印件也一并取消。

4. 政银系统互联通，资金结算"秒到账"。归集缴存业务实现系统自动记入单位账户，办结时间由原来5个工作日变为秒级到账；提取业务推行单笔实时结算，职工不出大厅资金即时转入个人银行卡；委贷资金直接发放，全面优化贷款发放流程后，贷款发放由原来的3个工作日变为实时到账；职工柜台提交提前结清贷款和部分还款申请，即时从银卡卡扣划，实现一次性即时办结。

（四）当年信息化建设情况。

1.2018年度，中心通过深度整合服务平台，完善信息系统功能，实现网下到网上的重要转变。一是深度整合综合服务平台。将柜台业务办理情况、网上业务办理情况、资金使用情况及客户评价系统全面接入综合服务平台，通过一个平台监控所有业务办理情况。二是完善八大服务渠道业务办理功能。中心对原有的八个服务渠道做了进一步的完善，官方网站新增在线客服服务，网上业务大厅新增业务回单签章、公积金贷款提取、提前还款、业务申请等业务功能，手机客户端、微信公众号新增网上业务咨询、公积金贷款提取、提前还款、业务申请、网点定位查询等功能。三是健全业务办理查询和信息推送业务。缴存单位和职工办理业务的每个环节都可以通过网上查询，主要环节都有消息推送，职工能随时了解到业务办理的进度，做到业务办理透明化，群众办事明白化。

通过中心积极努力，我市住房公积金综合服务平台于2018年4月以优秀等次通过省住房公积金监管办综合服务平台检查验收组验收。

2.我市住房公积金信息系统贯彻住房城乡建设部基础数据标准和银行结算应用接口标准工作自2018年7月开始启动，历时近十个月的时间，投入巨大人力物力和财力，按照住房城乡建设部标准规范进行数据结构改造，实现基础数据标准全覆盖，通过接入住房城乡建设部银行结算数据应用系统，贯彻资金结算应用标准，经过反复校验、模拟演练、压力测试、系统安装和培训等环节，高效优质完成了"双贯标"工作，住房公积金的信息化水平、管理水平和风险防控能力达到了一个新的高位。

2018年5月，我市"双贯标"工作通过住房城乡建设部、省住房公积金监管办联合检查验收组验收，成为全省首家通过住房城乡建设部验收的住房公积金管理中心。

（五）当年住房公积金管理中心及职工所获荣誉情况。 2018年度，市中心被邯郸市市直机关工委命名为"市直文明单位"；贷款服务大厅被共青团邯郸市委授予"青年文明号"荣誉称号。

（六）当年对违反《住房公积金管理条例》和相关法规行为进行行政处罚和申请人民法院强制执行情况。

1.2018年，对9名违反《住房公积金管理条例》和相关法规的骗提职工进行相应处罚。2名骗提职工涉嫌违反刑法第五十二条的规定，被判处有期徒刑3年；3名骗提职工被公安部门判处行政拘留10日，罚款900元；4名骗提职工依据《河北省住房公积金失信行为惩戒管理办法》的规定，列入失信行为，纳入住房城乡建设部黑名单管理。

2.协助邯山区公安局打掉一个制作虚假材料的中介组织，其法定代表人王某某已被邯山区检察院批捕，并向邯山区人民法院提起公诉。

邢台市住房公积金2018年年度报告

一、机构概况

（一）住房公积金管理委员会： 住房公积金管理委员会有18名委员，2018年召开1次会议，审议通过的事项主要包括：邢台市住房公积金管理委员会组成人员调整建议；审议市住房公积金管理中心《2018年度邢台市住房公积金管理工作报告》等。

（二）住房公积金管理中心：住房公积金管理中心为隶属于邢台市人民政府不以营利为目的的自收自支事业单位，设5个处（科），18个管理部，1个分中心。从业人员174人，其中，在编102人，非在编72人。

二、业务运行情况

（一）缴存：2018年，新开户单位380家，实缴单位3592家，净增单位229家；新开户职工0.59万人，实缴职工30.43万人，净增职工0.55万人；缴存额32.57亿元，同比增长6.19%。2018年末，缴存总额234.68亿元，同比增长16.11%；缴存余额104.37亿元，同比增长11.63%。

（二）提取：2018年，提取额21.69亿元，同比增长22.13%；占当年缴存额的66.60%，比上年增加8.69个百分点。2018年末，提取总额130.30亿元，同比增长19.97%。

（三）贷款：

个人住房贷款最高额度60万元，其中，单缴存职工最高额度40万元，双缴存职工最高额度60万元。

2018年，发放个人住房贷款0.53万笔18.20亿元，同比分别下降10.17%、3.50%。其中，市中心发放个人住房贷款0.52万笔18.11亿元，邢矿分中心发放个人住房贷款0.01万笔0.09亿元。

2018年，回收个人住房贷款8.10亿元。其中，市中心7.79亿元，邢矿分中心0.31亿元。

2018年末，累计发放个人住房贷款6.25万笔125.85亿元，贷款余额83.21亿元，同比分别增长9.27%、16.91%、13.80%。个人住房贷款余额占缴存余额的79.73%，比上年增加1.53个百分点。

受委托办理住房公积金个人住房贷款业务的银行4家，比上年增加（减少）0家。

（四）融资：2018年末，融资总额3.18亿元，融资余额0亿元。

（五）资金存储：2018年末，住房公积金存款24.94亿元。其中，活期0.72亿元，1年（含）以下定期13.45亿元，1年以上定期7.33亿元，其他（协定、通知存款等）3.44亿元。

（六）资金运用率：2018年末，住房公积金个人住房贷款余额、项目贷款余额和购买国债余额的总和占缴存余额的79.73%，比上年增加1.53个百分点。

三、主要财务数据

（一）业务收入：2018年，业务收入31734.54万元，同比增长13.70%。其中，市中心28896.76万元，邢矿分中心2837.78万元；存款利息6128.11万元，委托贷款利息25606.17万元，国债利息0万元，其他0.26万元。

（二）业务支出：2018年，业务支出16490.89万元，同比增长13.52%。其中，市中心14740.70万元，邢矿分中心1750.19万元；支付职工住房公积金利息15226.06万元，归集手续费0万元，委托贷款手续费1264.13万元，其他0.70万元。

（三）增值收益：2018年，增值收益15243.65万元，同比增长13.97%。其中，市中心14156.06万元，邢矿分中心 1087.59 万元；增值收益率 1.58%，比上年减少 0.02 个百分点。

（四）增值收益分配：2018 年，提取贷款风险准备金 1031.99 万元，提取管理费用 3612.24 万元，提取城市廉租住房（公共租赁住房）建设补充资金 11763.48 万元。

2018 年，上交财政管理费用 3175.24 万元。上缴财政城市廉租住房（公共租赁住房）建设补充资金 8988.81 万元。其中，市中心上缴 8988.81 万元，邢矿分中心上缴 0 万元。

2018 年末，贷款风险准备金余额 11136.55 万元。累计提取城市廉租住房（公共租赁住房）建设补充资金 73562.57 万元。其中，市中心提取 61491.63 万元，邢矿分中心提取 12070.94 万元。

（五）管理费用支出：2018 年，管理费用支出 3122.87 万元，同比下降 3.30%。其中，人员经费 2134.30 万元，公用经费 211.72 万元，专项经费 776.85 万元。

市中心管理费用支出 2995.16 万元，其中，人员、公用、专项经费分别为 2066.91 万元、200.04 万元、728.21 万元；邢矿分中心管理费用支出 127.71 万元，其中，人员、公用、专项经费分别为 67.39 万元、11.68 万元、48.64 万元。

四、资产风险状况

2018 年末，个人住房贷款逾期额 52.90 万元，逾期率 0.06‰。其中，市中心 0.06‰，邢矿分中心 0‰。

个人贷款风险准备金按贷款余额的 1% 提取。2018 年，提取个人贷款风险准备金 1031.99 万元，使用个人贷款风险准备金核销呆坏账 0 万元。2018 年末，个人贷款风险准备金余额 11136.55 万元，占个人住房贷款余额的 1.34%，个人住房贷款逾期额与个人贷款风险准备金余额的比率为 0.48%。

五、社会经济效益

（一）缴存业务：2018 年，实缴单位数、实缴职工人数和缴存额同比分别增长 6.81%、1.84% 和 6.19%。

缴存单位中，国家机关和事业单位占 49.33%，国有企业占 17.48%，外商投资企业占 0.47%，城镇私营企业及其他城镇企业占 31.65%，民办非企业单位和社会团体占 0.56%，其他占 0.51%。

缴存职工中，国家机关和事业单位占 65.96%，国有企业占 23.02%，外商投资企业占 0.45%，城镇私营企业及其他城镇企业占 10.11%，民办非企业单位和社会团体占 0.23%，其他占 0.23%；中、低收入占 98.86%，高收入占 1.14%。

新开户职工中，国家机关和事业单位占 29.57%，国有企业占 9.39%，外商投资企业占 0.92%，城镇私营企业及其他城镇企业占 47.97%，民办非企业单位和社会团体占 0.03%，其他占 12.12%；中、低收入占 97.98%，高收入占 2.02%。

（二）提取业务：2018 年，8.15 万名缴存职工提取住房公积金 21.69 亿元。

提取金额中，住房消费提取占 71.59%（购买、建造、翻建、大修自住住房占 31.49%，偿还购房贷款本息占 36.18%，租赁住房占 3.82%，其他占 0.10%）；非住房消费提取占 28.41%（离休和退休提取占 23.52%，完全丧失劳动能力并与单位终止劳动关系提取占 0.25%，户口迁出本市或出境定居占 0.07%，其他占 4.57%）。

提取职工中，中、低收入占 99.23%，高收入占 0.77%。

（三）贷款业务：

1. 个人住房贷款： 2018年，支持职工购建房67.25万平方米，年末个人住房贷款市场占有率为12.47%，比上年增加0.22个百分点。通过申请住房公积金个人住房贷款，可节约职工购房利息支出33955.81万元。

职工贷款笔数中，购房建筑面积90（含）平方米以下占8.98%，90～144（含）平方米占69.40%，144平方米以上占21.62%。购买新房占90.36%，购买二手房占9.64%。

职工贷款笔数中，单缴存职工申请贷款占51.66%，双缴存职工申请贷款占48.34%。

贷款职工中，30岁（含）以下占17.27%，30岁～40岁（含）占48.67%，40岁～50岁（含）占26.45%，50岁以上占7.61%；首次申请贷款占90.47%，二次及以上申请贷款占9.53%；中、低收入占99.34%，高收入占0.66%。

2. 异地贷款： 2018年，发放异地贷款409笔13279.50万元。2018年末，发放异地贷款总额54500.50万元，异地贷款余额46950.39万元。

（四）住房贡献率： 2018年，个人住房贷款发放额、公转商贴息贷款发放额、项目贷款发放额、住房消费提取额的总和与当年缴存额的比率为122.47%，比上年增加3.07个百分点。

六、其他重要事项

（一）当年缴存基数限额及确定方法、缴存比例调整情况。 我中心《关于核定2018年度财政统发工资职工住房公积金缴存基数的通知》、《关于核定2018年度企业职工住房公积金缴存基数的通知》规定：

1. 2018年度职工缴存住房公积金的月工资基数为2018年度职工本人月平均工资。

2. 工资总额组成：

（1）机关公务员、工勤人员：2018年度职工本人月平均工资（含年终一次性奖金）；

（2）事业单位职工：2018年度职工本人月平均工资（含奖励性绩效工资）。

（3）企业职工：计时工资、计件工资、奖金、津贴和补贴、加班加点工资、特殊情况下支付的工资。

3. 缴存基数上限。职工不超过2018年度全市在岗职工月平均工资的3倍，经计算为14860元；缴存基数下限不低于本地月最低工资标准。

4. 核定后的财政统发工资单位，缴存基数自2018年1月1日至2018年12月31日执行，本年度内不得变更。核定后的企业，缴存基数自2018年7月起执行，本缴存年度内（2018年7月1日至2019年6月30日）不得变更。

（二）当年住房公积金政策调整及执行情况。 2018年2月10日与市房管局、市财政局、人民银行邢台中心支行、市国土资源局联合印发《关于维护住房公积金缴存职工购房贷款权益的通知》，维护了我市住房公积金缴存职工使用住房公积金贷款购房的合法权益，有效发挥了住房公积金制度作用；根据《河北省人民政府办公厅关于进一步促进全省房地产市场平稳健康发展的实施意见》（冀政办字〔2018〕45号）文件精神，2018年9月1日起在全市范围内暂停办理住房公积金异地贷款业务，重点支持本市职工在缴存地购买首套普通住房和第二套改善型住房公积金贷款，充分发挥住房公积金的互助与保障功能，进一步强化住房的居住属性。

（三）当年信息化建设情况。 根据住房城乡建设部和省住房城乡建设厅双贯标工作要求，于3月份启动了"百日贯标"活动，通过全体干部职工三个月的艰苦奋战，5月28日上线运行，实现了公积金提取实时到账、资金实时调拨、账户实时监控、业务实时结账等功能，信息化管理水平得到全面提升。

（四）当年住房公积金管理中心及职工所获荣誉情况。邢台市住房公积金管理中心被评为市级"文明单位"称号；机关党总支王素华同志被授予邢台市"三八红旗手"荣誉称号；市直管理一部韩静同志被授予"河北省住房和城乡建设系统先进工作者"荣誉称号。

保定市住房公积金2018年年度报告

一、机构概况

（一）住房公积金管理委员会：保定住房公积金管理委员会有19名委员，分别由有关专家、工会代表和职工代表、单位代表组成。定州住房公积金管理委员会有21名委员，2018年召开1次会议，审议通过的事项主要包括：《定州市2018年住房公积金管理工作报告》、《2018住房公积金财务决算报告》、《2018年住房公积金财务收支预算编制说明》、《关于对市住房公积金管理中心2018年财务决算及2018年收支预算的审核报告》、《定州市住房公积金2018年年度报告》、《关于我市公积金管理信息系统升级改造及"双贯标"工作实施方案》。东方物探住房公积金管理委员会有12名委员，2018年召开1次会议，肯定了住房公积金工作的成绩，同意2018年度住房公积金归集使用计划及管理经费预算计划。对住房公积双贯标工作做了说明和安排。

（二）住房公积金管理中心：保定市住房公积金管理中心为直属市人民政府不以营利为目的的正县级自收自支事业单位，设11个处室，17个管理部，8个分中心。从业人员211人，其中，在编161人，非在编50人。定州市住房公积金管理中心为市政府不以营利为目的的财政性资金零补助事业单位，内设6个科室，下设住房公积金服务大厅。从业人员23人，其中在编23人。东方物探住房公积金管理中心为东方地球物理公司不以营利为目的的直属单位，主要负责东方地球物理公司住房公积金的归集、管理、使用和会计核算。设3个科室，从业人员9人。

二、业务运行情况

（一）缴存：2018年，新开户单位578家，实缴单位6433家，净增单位476家；新开户职工5.33万人，实缴职工60万人，净增职工2.36万人；缴存额64.35亿元，同比增长11.56%。2018年末，缴存总额452.57亿元，同比增长16.58%；缴存余额201.39亿元，同比增长13.33%。

受委托办理住房公积金缴存业务的银行18家，比上年减少1家（保定中心受委托办理住房公积金缴存业务的银行12家，比上年增加2家。定州中心受委托办理住房公积金缴存业务的银行5家，比上年减少3家。东方物探中心受委托办理住房公积金缴存业务的银行1家，与上年相比无增减变化。）

（二）提取：2018 年，提取额 40.66 亿元，同比增长 38.87%；占当年缴存额的 63.19%，比上年增加 12.43 个百分点。2018 年末，提取总额 251.19 亿元，同比增长 19.31%。

（三）贷款：

个人住房贷款：个人住房贷款最高额度 60 万元，其中，单缴存职工最高额度 60 万元，双缴存职工最高额度 60 万元。

2018 年，发放个人住房贷款 6477 笔 24.08 亿元，同比分别增长 8.33%、23.8%。其中，保定中心发放个人住房贷款 6082 笔 23.12 亿元，定州中心发放个人住房贷款 388 笔 0.93 亿元，东方物探中心个人住房贷款 7 笔 300 万元。

2018 年，回收个人住房贷款 11.99 亿元。其中，保定中心 11.05 亿元，定州中心 0.83 亿元，东方物探中心 0.11 亿元。

2018 年末，累计发放个人住房贷款 9.52 万笔 213.78 亿元，贷款余额 140.88 亿元，同比分别增长 7.33%、12.7%、9.39%。个人住房贷款余额占缴存余额的 66.96%，比上年减少 5.52 个百分点。

受委托办理住房公积金个人住房贷款业务的银行 14 家，比上年增加 2 家。(保定中心受委托办理住房公积金个人住房贷款业务的银行 9 家，比上年增加 2 家。定州中心受委托办理住房公积金个人住房贷款业务的银行 4 家，与上年相比无增减变化。东方物探中心受委托办理住房公积金个人住房贷款业务的银行 1 家，与上年相比无增减变化。）

（四）融资：2018 年末，融资总额 13 亿元，融资余额为零。

（五）资金存储：2018 年末，住房公积金存款 62.53 亿元。其中，活期 1.43 亿元，1 年（含）以下定期 36.29 亿元，1 年以上定期 17.96 亿元，其他（协定、通知存款等）6.85 亿元。

（六）资金运用率：2018 年末，住房公积金个人住房贷款余额、项目贷款余额和购买国债余额的总和占缴存余额的 66.96%，比上年减少 5.52 个百分点。

三、主要财务数据

（一）业务收入：2018 年，业务收入 57035.48 万元，同比增长 17.98%。其中，保定中心 51495.72 万元，定州中心 2879.11 万元，东方物探中心 2660.65 万元；存款利息收入 13187.50 万元，委托贷款利息收入 43841.92 万元，其他收入 6.06 万元。

（二）业务支出：2018 年，业务支出 28550.3 万元，同比增长 8.83%。其中，保定中心 25762.49 万元，定州中心 1570.83 万元，东方物探中心 1216.98 万元；支付职工住房公积金利息 28221.34 万元，支付委托贷款手续费 319.70 万元，其他支出 9.16 万元。

（三）增值收益：2018 年，实现增值收益 28485.18 万元，同比增长 28.84%。其中，保定中心 25733.23 万元，定州中心 1308.28 万元，东方物探中心 1443.67 万元；增值收益率为 1.51%，比上年增加 0.16 个百分点。

（四）增值收益分配：2018 年，提取贷款风险准备金 2082.97 万元，提取管理费用 25643.67 万元，提取城市廉租住房（公共租赁住房）建设补充资金 758.54 万元。

2018 年，上交财政管理费用 18799.34 万元。上缴财政城市廉租住房（公共租赁住房）建设补充资金 2353.65 万元。其中，保定中心上缴财政 1843.89 万元，定州中心上缴财政 509.76 万元。物探中心上缴公司财务部门 682.29 万元。

2018 年末，贷款风险准备金余额 21922.51 万元。累计提取城市廉租住房（公共租赁住房）建设补充资金 111948.39 万元。其中，保定中心提取 104300.71 万元，定州中心提取 4590.31 万元，东方物探中心提取 3057.37 万元。

（五）管理费用支出：2018 年，管理费用支出 8306.99 万元，同比增长 106.20%。其中，人员经费 2938.48 万元，公用经费 218.32 万元，专项经费 5150.19 万元。

保定中心管理费用支出 7482.52 万元，其中，人员、公用、专项经费分别为 2385.50 万元、152.96 万元、4944.06 万元；定州中心管理费用支出 498.05 万元，其中，人员、公用、专项经费分别为 291.10 万元、47.60 万元、159.35 万元；东方物探中心管理费用支出 326.42 万元，其中，人员、公用、专项经费分别为 261.88 万元、17.76 万元、46.78 万元。

四、资产风险状况

2018 年末，个人住房贷款逾期额 107.17 万元，逾期率 0.08‰。其中，保定中心 0.07‰，定州中心 0.20‰，东方物探中心 0.02‰。

个人贷款风险准备金按贷款余额的 1% 提取（东方物探中心个人贷款风险准备金按增值收益的 60% 提取）。2018 年，提取个人贷款风险准备金 2082.97 万元。2018 年末，个人贷款风险准备金余额 21922.51 万元，占个人住房贷款余额的 1.56%，个人住房贷款逾期额与个人贷款风险准备金余额的比率为 0.49%。

五、社会经济效益

（一）缴存业务：2018 年，实缴单位数、实缴职工人数和缴存额同比分别增长 7.99%、4.09% 和 11.56%。

缴存单位中，国家机关和事业单位占 62.04%，国有企业占 8.38%，城镇集体企业占 12.17%，外商投资企业占 0.96%，城镇私营企业及其他城镇企业占 11.22%，民办非企业单位和社会团体占 1.57%，其他占 3.66%。

缴存职工中，国家机关和事业单位占 54.17%，国有企业占 13.91%，城镇集体企业占 22.21%，外商投资企业占 1.01%，城镇私营企业及其他城镇企业占 5.37%，民办非企业单位和社会团体占 1.28%，其他占 2.05%；中、低收入占 98.67%，高收入占 1.33%。

新开户职工中，国家机关和事业单位占 34.15%，国有企业占 10.90%，城镇集体企业占 27.72%，外商投资企业占 3.09%，城镇私营企业及其他城镇企业占 16.75%，民办非企业单位和社会团体占 3.58%，其他占 3.81%；中、低收入占 92.98%，高收入占 7.02%。

（二）提取业务：2018 年，15.53 万名缴存职工提取住房公积金 40.66 亿元。

提取金额中，住房消费提取占 78.25%（购买、建造、翻建、大修自住住房占 20.99%，偿还购房贷款本息占 51.20%，租赁住房占 4.71%，其他占 1.35%）；非住房消费提取占 21.75%（离休和退休提取占 17.97%，完全丧失劳动能力并与单位终止劳动关系提取占 1.27%，户口迁出本市或出境定居占 0.10%，其他占 2.41%）。

提取职工中，中、低收入占 97.09%，高收入占 2.91%。

（三）贷款业务：

1. **个人住房贷款**：2018年，支持职工购建房67.33万平方米，年末个人住房贷款市场占有率为10.37%，比上年减少0.82个百分点。通过申请住房公积金个人住房贷款，可节约职工购房利息支出60031.73万元。

职工贷款笔数中，购房建筑面积90（含）平方米以下占34.49%，90~144（含）平方米占62.82%，144平方米以上占2.69%。购买新房占93.53%（其中购买保障性住房占0%），购买二手房占6.28%，建造、翻建、大修自住住房占0.19%。

职工贷款笔数中，单缴存职工申请贷款占26.29%，双缴存职工申请贷款占73.66%，三人及以上缴存职工共同申请贷款占0.05%。

贷款职工中，30岁（含）以下占36.93%，30岁~40岁（含）占39.57%，40岁~50岁（含）占20.04%，50岁以上占3.46%；首次申请贷款占79.17%，二次及以上申请贷款占20.83%；中、低收入占98.09%，高收入占1.91%。

2. **异地贷款**：2018年，发放异地贷款132笔4210.60万元。2018年末，发放异地贷款总额200697.91万元，异地贷款余额110835.82万元。

（四）**住房贡献率**：2018年，个人住房贷款发放额、住房消费提取额的总和与当年缴存额的比率为87.02%，比上年增加15.48个百分点。

六、其他重要事项

（一）**当年机构及职能调整情况、受委托办理缴存贷款业务金融机构变更情况**。保定中心2018年机构及职能未做调整。为进一步扩大住房公积金归集和贷款的覆盖面，确保住房公积金安全完整和保值增值，经管委会审议通过，增加华夏银行股份有限公司保定分行和兴业银行股份有限公司保定分行两家银行办理住房公积金缴存业务，增加河北银行股份有限公司保定裕华路支行和沧州银行股份有限公司保定七一路支行两家银行办理住房公积金贷款业务。

定州中心受委托办理住房公积金缴存业务的银行5家，比上年减少3家。3家银行分别为：中国邮政集团公司河北省定州市分公司、河北银行股份有限公司保定定州支行、中信银行股份有限公司定州支行。

（二）**当年住房公积金政策调整及执行情况**。

保定中心政策调整及执行情况：

1. **缴存基数**。2018年职工缴存住房公积金基数上限为2018年保定市城镇非私营单位就业人员月平均工资的三倍，具体标准为15959元；下限为本地区职工最低工资标准。

2. **缴存比例**。住房公积金缴存比例由原来的单位12%，个人10%调整为：单位和个人缴存比例下限为5%，上限12%，缴存单位可在5%~12%区间内自主确定。

3. **提取政策**。职工住房公积金账户在集中托管户托管半年以上且未在异地继续缴存的，提供有关手续和证件可办理销户提取。

定州中心政策调整及执行情况：

根据《住房公积金管理条例》和省市有关政策规定，定州中心印发《关于2018年度住房公积金结息对账的通知》，按照统计部门公布的 2018 年在岗职工年平均工资（工资总额）进行调整，缴存基数最高不超过上年度职工月平均工资的三倍，最低不低于上年度职工最低月工资标准。定州市 2018 年度住房公积金缴存基数上限为 13535 元，下限为 1590 元，执行时间从 2018 年 7 月 1 日至 2019 年 6 月 30 日。

东方物探中心政策调整及执行情况：

2018 年缴存基数为任丘市统计局发布的 2018 年度月均工资 7068 元，缴存基数限额为月均工资水平的三倍即 21204 元；缴存比例为单位缴纳比例 12%，个人缴存比例 12%。

（三）当年服务改进情况。

保定中心服务改进情况：

1. 服务网点改进情况。积极谋划市区新增服务网点。按照政府的有关要求，按程序确定了莲池区、竞秀区服务网点工作。

2. 综合服务平台建设和其他网络载体建设服务情况。中心积极推进综合服务平台建设，加快核心业务系统适应性改造，推动跨部门数据共享工作，不断增加服务渠道和服务能力，加强与商业银行住房公积金业务合作，借助银行业务系统拓宽办理住房公积金业务渠道，建成并投入使用中心网站、微博、微信、12329 热线、12329 短信、自助终端、网上大厅、手机 APP 住房公积金服务渠道，不断提升信息化服务水平，最大限度方便企业和职工办理住房公积金业务，真正实现"数据多跑路、群众少跑腿"的目的。

定州中心综合服务平台建设情况：

按照住房城乡建设部《住房公积金综合服务平台建设导则》要求，对综合服务平台及网上业务大厅、微信公众号、手机公积金 APP 等网上服务渠道进行升级改造。已做好综合服务平台验收前的各项准备工作，争取 2019 年顺利通过住房城乡建设部验收。

东方物探中心服务改进情况：

为贯彻落实住房城乡建设部及河北省关于加强住房公积金管理工作的通知精神，中心开拓工作思路，积极研究落实新政，提高公积金使用效率，持续提升服务。为使住房公积金政策惠及广大职工，中心加强宣传，及时维护门户网站信息，保持公积金政策的有效性，畅通与公积金业务经办人员及广大职工的沟通渠道，准确解答问题咨询，基于东方地球物理公司瑞信达微信平台，发布公积金新政，方便职工查询个人账户余额，向广大职工深入介绍公积金政策。为进一步优化业务操作，提高工作效率，今年中心对缴存单位的业务回单实现电子化，简化缴存单位票据传递，减少缴存单位往来奔波。把购房提取公积金分为首次提取和非首次提取。首次提取可随时办理，非首次提取按中心安排的时间定期办理。对职工患大病提取公积金，可随时办理，患大病材料时间可追溯到前两年。对提取物业费、租房租金等业务办理时间，也做了详细的安排，进一步促进提高服务质量和效率。

（四）当年信息化建设情况。

保定中心信息化建设情况：

保定中心认真落实住房城乡建设部和省住房城乡建设厅"双贯标"有关要求，及时启动信息系统优化改造，完善信息系统基础数据，规范缴存单位基础信息。适时向住房城乡建设部监管司申请住房公积金资金结算应用系统联网测试，正式开通住房公积金资金结算应用系统使用。4 月份"双贯标"顺利通过了住房城乡建设部住房公积金系统"双贯标"检查验收，得到了住房城乡建设部验收组的充分肯定。

定州中心信息化建设情况：

根据住房城乡建设部"一平台、双贯标"统一部署，定州市公积金管理信息系统再升级为云平台1.0并上线运行，实现了网上缴存"零跑腿"，提取资金"秒到账"，贷款办理"跑一次"，财务核算"自动化"，资金监管"全覆盖"。全面启用电子档案系统，取消了提供证照复印件等纸质材料。定州中心公积金"双贯标"工作，以优秀档次通过住建部验收，实现了管理效能和服务效率双提升。定州公积金信息化建设走在了全省前列，在全省率先实现网上缴存、网上贷款申请全覆盖。

东方物探中心信息化建设情况

按照住房城乡建设部、河北省住房和城乡建设厅"关于贯彻住房公积金基础数据标准、接入住房公积金结算应用系统"的要求，经东方物探中心申请，住房城乡建设部、河北省住房和城乡建设厅专家检查验收组于2018年11月27日，召开了双贯标工作检查验收会。检查验收组听取了中心贯标工作情况汇报，对住房公积金系统运行和相关文档进行现场检查和审阅，经过质询、答疑和讨论，我中心双贯标工作通过国家住房城乡建设部检查验收组验收。目前，基础数据贯标已在系统中完成，结算应用系统已投入使用，中心所涉及的账户全部在系统中注册，与受托银行实现了实时结算。通过确定各项业务类型和资金账户的对应关系，设定资金流向和流量规则，加强了资金交易的业务流程管控，有效防范了资金风险，大幅提升核算效率。

2018年8月，地方物探中心开始启用住房公积金电子化检查工具，每月对系统进行一次风险排查，增强了中心风险防控能力，保障了资金安全，切实维护了职工权益。

（五）当年住房公积金管理中心及职工所获荣誉情况。 保定中心网络信息处处长和涿州市分中心主任被河北省住房和城乡建设厅、河北省人力资源和社会保障厅授予"河北省住房和城乡建设系统先进工作者"称号。2018年5月保定中心团委被保定市直团工委评为"五四红旗团组织"，团委书记评为优秀团干部，3名团员被评为优秀共青团员（市直团工委〔2018〕2号）。2018年11月21日保定中心被保定市直机关工委、保定市文广新局、保定市文联表彰，荣获"庆祝改革开放40周年暨保定解放70周年"书法美术摄影展优秀组织奖。一名工作人员荣获美术二等奖。2018年12月保定中心被保定市精神文明建设委员会表彰，在2018年度市级"提质提效 文明服务"创建竞赛活动中，被评为"创建竞赛优胜单位"。一名工作人员被评为"创建竞赛先进个人"。2018年9月保定中心被保定市直机关工会、共青团保定市直属机关工作委员会表彰，在"维多利亚上院"杯保定市直机关中国象棋比赛中，荣获优秀组织奖。2018年7月保定中心归集大厅被中共保定市直属机关工作委员会表彰，被评为"党员先锋岗"。2018年6月26日保定中心机关党委被中共保定市直属机关工作委员会表彰，被评为2018年度市直机关先进基层党组织，两名工作人员被评为优秀党务工作者和优秀共产党员。2018年9月保定中心被中共保定市直属机关工作委员会表彰，荣获十八酒坊杯2018年市直机关乒乓球比赛团体组第四，一名工作人员获女子单打第一名。2019年2月保定中心妇委会被保定市直属机关妇女工作委员会表彰，被授予2018年度"市直机关妇女工作先进集体"称号，一名工作人员被授予为2018年度"市直机关先进妇女工作者"称号，两名工作人员家庭被授予2018年度"市直机关五好文明家庭"称号。

根据河北省住房和城乡建设厅、财政厅冀建金〔2018〕8号《关于2018年度全省住房公积金业务管理考核结果的通报》文件，东方物探中心荣获先进单位。

（六）其他需要披露的情况。定州中心深入开展"风险防范年"活动，强化风险意识，明确责任主体，落实防控措施。查摆梳理了 6 大类 16 个关键环节和主要风险点，完善制定了《定州市住房公积金风险防范工作实施方案》、《定州市住房公积金风险防范控制制度》、《定州市住房公积金行政权力运行廉政风险等级目录》等制度。对公积金业务系统、数据信息、大额资金流动等进行在线实时监管，全面启用住房城乡建设部电子化检查工具并逐项整改落实，确保数据安全和系统平稳运行，确保资金安全完整和有效使用。

张家口市住房公积金 2018 年年度报告

一、机构概况

（一）**住房公积金管理委员会**：住房公积金管理委员会有 25 名委员，2018 年召开 1 次会议，审议通过的事项主要包括：听取了张家口市住房公积金管理中心《关于 2018 年度目标任务完成情况的报告》，讨论研究了《张家口市住房公积金管理中心 2018 年住房公积金归集使用计划》、《张家口市住房公积金管理中心关于 2018 年度住房公积金增值收益分配方案的请示》。

（二）**住房公积金管理中心**：住房公积金管理中心为市政府不以营利为目的的自收自支事业单位，设 13 个科，17 个管理部，0 个分中心。从业人员 316 人，其中，在编 191 人，非在编 125 人。

二、业务运行情况

（一）**缴存**：2018 年，新开户单位 2204 家，实缴单位 4664 家，净增单位 97 家；新开户职工 2.2 万人，实缴职工 28.64 万人，净增职工 1.25 万人；缴存额 36.15 亿元，同比下降 0.50%。2018 年末，缴存总额 281.6 亿元，同比增长 14.73%；缴存余额 122.45 亿元，同比增长 18.17%。

受委托办理住房公积金缴存业务的银行 0 家，比上年增加（减少）0 家。

（二）**提取**：2018 年，提取额 17.33 亿元，同比增长 2.24%；占当年缴存额的 47.94%，比上年增加 1.3 个百分点。2018 年末，提取总额 159.20 亿元，同比增长 12.21%。

（三）**贷款**：个人住房贷款最高额度 60 万元，其中，单缴存职工最高额度 60 万元，双缴存职工最高额度 60 万元。

2018 年，发放个人住房贷款 0.35 万笔 13.94 亿元，同比分别下降 28.57%、16.73%。

2018 年，回收个人住房贷款 10.31 亿元。

2018 年末，累计发放个人住房贷款 8.45 万笔 155.98 亿元，贷款余额 82.80 亿元，同比分别增长 4.32%、9.81%、−4.59%。个人住房贷款余额占缴存余额的 67.62%，比上年减少 8.78 个百分点。

受委托办理住房公积金个人住房贷款业务的银行 7 家，比上年增加（减少）0 家。

（四）**融资**：2018 年末，融资总额 7 亿元，融资余额 0 亿元。

（五）**资金存储**：2018 年末，住房公积金存款 41.85 亿元。其中，活期 0.58 亿元，1 年（含）以下定期 5.11 亿元，1 年以上定期 35.65 亿元，其他（协定、通知存款等）0.50 亿元。

(六）资金运用率：2018年末，住房公积金个人住房贷款余额、项目贷款余额和购买国债余额的总和占缴存余额的67.62%，比上年减少8.78个百分点。

三、主要财务数据

（一）业务收入：2018年，业务收入35552.45万元，同比增长20.21%。存款利息9135.26万元，委托贷款利息 26353.87万元，国债利息0万元，其他63.32万元。

（二）业务支出：2018年，业务支出17633.09万元，同比增长22.81%。支付职工住房公积金利息16954.53元，归集手续费29.37万元，委托贷款手续费649.19万元，其他0万元。

（三）增值收益：2018年，增值收益17919.36万元，同比增长17.76%。增值收益率1.59%，比上年减少0.02个百分点。

（四）增值收益分配：2018年，提取贷款风险准备金0万元，提取管理费用5689.06万元，提取城市廉租住房（公共租赁住房）建设补充资金12230.30万元。

2018年，上交财政管理费用5689.06万元。上缴财政城市廉租住房（公共租赁住房）建设补充资金11809.55万元。

2018年末，贷款风险准备金余额9386.98万元。累计提取城市廉租住房（公共租赁住房）建设补充资金66408.50万元。

（五）管理费用支出：2018年，管理费用支出4595.99万元，同比下降20.85%。其中，人员经费2425.46万元，公用经费1184.41万元，专项经费986.12万元。

四、资产风险状况

2018年末，个人住房贷款逾期额699.43万元，逾期率0.84‰。

个人贷款风险准备金按贷款余额的1%提取。2018年末，个人贷款风险准备金余额9386.98万元，占个人住房贷款余额的1.13%，个人住房贷款逾期额与个人贷款风险准备金余额的比率为7.45%。

五、社会经济效益

（一）缴存业务：2018年，实缴单位数、实缴职工人数和缴存额同比分别增长2.12%、4.56%和-0.50%。

缴存单位中，国家机关和事业单位占65.14%，国有企业占16.42%，城镇集体企业占2.25%，外商投资企业占0.45%，城镇私营企业及其他城镇企业占12.95%，民办非企业单位和社会团体占2.53%，其他占0.26%。

缴存职工中，国家机关和事业单位占53.02%，国有企业占30.08%，城镇集体企业占2.60%，外商投资企业占0.90%，城镇私营企业及其他城镇企业占10.95%，民办非企业单位和社会团体占1.96%，其他占0.49%；中、低收入占98.12%，高收入占1.88%。

新开户职工中，国家机关和事业单位占30.76%，国有企业占23.22%，城镇集体企业占3.71%，外商投资企业占3.63%，城镇私营企业及其他城镇企业占33.07%，民办非企业单位和社会团体占5.08%，其他占0.53%；中、低收入占99.75%，高收入占0.25%。

（二）提取业务：2018年，13.71万名缴存职工提取住房公积金17.33亿元。

提取金额中，住房消费提取占62.21%（购买、建造、翻建、大修自住住房占20.12%，偿还购房贷款本息占41.21%，租赁住房占0.88%，其他占0%）；非住房消费提取占37.79%（离休和退休提取占30.23%，完全丧失劳动能力并与单位终止劳动关系提取占3.93%，户口迁出本市或出境定居占0.98%，其他占2.65%）。

提取职工中，中、低收入占98.78%，高收入占1.22%。

（三）贷款业务：

1. 个人住房贷款：2018年，支持职工购建房38.32万平方米，年末个人住房贷款市场占有率为10%，比上年减少6个百分点。通过申请住房公积金个人住房贷款，可节约职工购房利息支出30579.77万元。

职工贷款笔数中，购房建筑面积90（含）平方米以下占18.25%，90～144（含）平方米占77.01%，144平方米以上占4.74%。购买新房占79.96%（其中购买保障性住房占0.14%），购买二手房占20.04%，建造、翻建、大修自住住房占0%，其他占0%。

职工贷款笔数中，单缴存职工申请贷款占28.34%，双缴存职工申请贷款占71.49%，三人及以上缴存职工共同申请贷款占0.17%。

贷款职工中，30岁（含）以下占40.08%，30岁～40岁（含）占34.81%，40岁～50岁（含）占19.61%，50岁以上占5.5%；首次申请贷款占70.55%，二次及以上申请贷款占29.45%；中、低收入占97.85%，高收入占2.15%。

2. 异地贷款：2018年，发放异地贷款560笔24765.8万元。2018年末，发放异地贷款总额126177.3万元，异地贷款余额113559.77万元。

（四）住房贡献率：2018年，个人住房贷款发放额、公转商贴息贷款发放额、项目贷款发放额、住房消费提取额的总和与当年缴存额的比率为86.50%，比上年增加21.64个百分点。

六、其他重要事项

（一）当年住房公积金政策调整及执行情况：2018年1月，按规定起草并报张家口市住房公积金管理委员会办公室批准并发布《关于2018年住房公积金缴存工作的通知》（张房金管办〔2018〕1号），对住房公积金的缴存比例、缴存基数等相关问题进行了规范，通过中心各营业场所进行公开发布。

（二）当年服务改进情况：2018年给所有的营业部、管理部的营业大厅配置了查询机，并且开通了微博；实现了住房公积金网上营业大厅及微信公众号查询公积金信息的服务；综合服务平台也已经建设完毕，将各服务渠道整合到了一起，处于调试阶段。

（三）当年信息化建设情况：2018年贯彻落实了公积金基础数据标准，接入了住房公积金银行结算数据应用系统，于2018年9月17日通过了住房城乡建设部双贯标工作验收；并于2018年8月21日直连接入住房公积金异地转移接续平台；同时对档案系统以及OA办公系统进行了升级改造。

（四）当年对违反《住房公积金管理条例》和相关法规行为进行行政处罚和申请人民法院强制执行情况：2018年通过对12个不办理住房公积金缴存登记或者不为本单位职工办理住房公积金账户设立手续的单位进行行政执法后，都已办缴存登记。通过对39个逾期不缴或者少缴住房公积金的单位进行行政执法后，均已按时足额缴存。

承德市住房公积金 2018 年年度报告

一、机构概况

（一）住房公积金管理委员会：住房公积金管理委员会有 21 名委员，2018 年召开 1 次会议，审议通过的事项主要包括：第一，会议原则通过了公积金管理中心提出的 2018 年增值收益分配方案，同意提取贷款风险准备金 1020.29 万元；提取管理费 2300 万元；提取廉租住房建设补充资金 1.18 亿元。其中，将管理费和廉租住房建设补充资金合计 1.41 亿元全部上缴市财政。第二，会议原则通过了《承德市住房公积金 2016 年年度报告》，授权住房公积金管理中心在门户网站、新闻媒体向社会公布，接受社会的监督。第三，会议审议通过了公积金管理中心拟定的《关于协助人民法院执行个人住房公积金相关事宜的通知》。第四，会议原则通过了公积金中心提出的关于市中心城区既有住宅加装电梯允许提取住房公积金的建议。

（二）住房公积金管理中心：住房公积金管理中心为隶属承德市政府不以营利为目的的正处级事业单位，设 9 个科室，12 个管理部，从业人员 97 人，其中，在编 97 人。

二、业务运行情况

（一）缴存：2018 年，新开户单位 304 家，实缴单位 3734 家，净增单位 242 家；新开户职工 1.74 万人，实缴职工 21.88 万人，减少职工 3.05 万人；缴存额 31.73 亿元，同比增长 5.81%。2018 年末，缴存总额 226.95 亿元，同比增长 16.25%；缴存余额 102.86 亿元，同比增长 11.14%。受委托办理住房公积金缴存业务的银行 8 家，与上年相同

（二）提取：2018 年，提取额 21.44 亿元，同比增长 24.53%；占当年缴存额的 67.57%，比上年增加 10.16 个百分点。2018 年末，提取总额 124.29 亿元，同比增长 20.84%。

（三）贷款：个人住房贷款最高额度 60 万元，其中，单缴存职工最高额度 40 万元，双缴存职工最高额度 60 万元。

2018 年，发放个人住房贷款 0.32 万笔 11.23 亿元，同比分别下降 37.08%、35.69%。

2018 年，回收个人住房贷款 7.85 亿元。

2018 年末，累计发放个人住房贷款 5.32 万笔 119.20 亿元，贷款余额 72.13 亿元，同比分别增长 6.37%、10.40%、4.93%。个人住房贷款余额占缴存余额的 70.27%，比上年减少 4.16 个百分点。

受委托办理住房公积金个人住房贷款业务的银行 8 家，与上年相同。

（四）资金存储：2018 年末，住房公积金存款 31.97 亿元。其中，活期 2.29 亿元，1 年以上定期 29.68 亿元。

（五）资金运用率：2018 年末，住房公积金个人住房贷款余额、项目贷款余额和购买国债余额的总和占缴存余额的 70.27%，比上年减少 4.16 个百分点。

三、主要财务数据

（一）**业务收入**：2018年，业务收入32498.97万元，同比增长11.84%。其中，存款利息10934.99万元，委托贷款利息21563.98万元。

（二）**业务支出**：2018年，业务支出16513.59万元，同比增长18.66%。其中，支付职工住房公积金利息14867.45万元，归集手续费704.32万元，委托贷款手续费939.39万元，其他2.43万元。

（三）**增值收益**：2018年，增值收益15985.37万元，同比增长5.58%。其中，增值收益率1.63%，比上年减少0.12个百分点。

（四）**增值收益分配**：2018年，提取贷款风险准备金334.23万元，提取管理费用2600万元，提取城市廉租住房（公共租赁住房）建设补充资金13051.14万元。

2018年，上交财政管理费用2600万元。上缴财政城市廉租住房（公共租赁住房）建设补充资金13051.14万元。

2018年末，贷款风险准备金余额7213.44万元。累计提取城市廉租住房（公共租赁住房）建设补充资金82624.41万元。

（五）**管理费用支出**：2018年，管理费用支出2499.25万元，同比下降11.69%。其中，人员经费1030.78万元，公用经费858.75万元，专项经费609.72万元。

市中心管理费用支出2499.25万元，其中，人员、公用、专项经费分别为1030.78万元、858.75万元、609.72万元。

四、资产风险状况

个人住房贷款：2018年末，个人住房贷款逾期额38.93万元，逾期率0.054‰。

个人贷款风险准备金按增值收益的1%提取。2018年，提取个人贷款风险准备金334.23万元。2018年末，个人贷款风险准备金余额7213.44万元，占个人住房贷款余额的1%，个人住房贷款逾期额与个人贷款风险准备金余额的比率为0.54%。

五、社会经济效益

（一）**缴存业务**：2018年，实缴单位数、实缴职工人数和缴存额同比分别增长6.93%、－12.23%和5.8%。

缴存单位中，国家机关和事业单位占63.85%，国有企业占31.63%，外商投资企业占0.05%，城镇私营企业及其他城镇企业占0.21%，民办非企业单位和社会团体占0.96%，其他占3.30%。

缴存职工中，国家机关和事业单位占59.89%，国有企业占38.87%，外商投资企业占0.06%，城镇私营企业及其他城镇企业占0.02%，民办非企业单位和社会团体占0.30%，其他占0.86%；中、低收入占97.28%，高收入占2.72%。

新开户职工中，国家机关和事业单位占43.55%，国有企业占52.63%，外商投资企业占0.22%，城镇私营企业及其他城镇企业占0.60%，民办非企业单位和社会团体占1.71%，其他占1.29%；中、低收入占99.41%，高收入占0.59%。

(二) 提取业务：2018年，6.29万名缴存职工提取住房公积金21.44亿元。

提取金额中，住房消费提取占67.26%（购买、建造、翻建、大修自住住房占28.3%，偿还购房贷款本息占38.33%，租赁住房占0.09%，其他占0.54%）；非住房消费提取占32.74%（离休和退休提取占21.05%，完全丧失劳动能力并与单位终止劳动关系提取占4.57%，户口迁出本市或出境定居占0.23%，其他占6.89%）。

提取职工中，中、低收入占96.58%，高收入占3.42%。

(三) 贷款业务：

1. **个人住房贷款**：2018年，支持职工购建房35.13万平方米，年末个人住房贷款市场占有率为14.04%，比上年减少2.04个百分点。通过申请住房公积金个人住房贷款，可节约职工购房利息支出34670.11万元。

职工贷款笔数中，购房建筑面积90（含）平方米以下占19.03%，90～144（含）平方米占75.94%，144平方米以上占5.03%。购买新房占80.56%（其中购买保障性住房占0.58%），购买二手房占19.44%。

职工贷款笔数中，单缴存职工申请贷款占67.40%，双缴存职工申请贷款占32.60%。

贷款职工中，30岁（含）以下占37.75%，30岁～40岁（含）占33.95%，40岁～50岁（含）占22.68%，50岁以上占5.62%；首次申请贷款占77.64%，二次及以上申请贷款占22.36%；中、低收入占97.39%，高收入占2.61%。

2. **异地贷款**：2018年，发放异地贷款2笔70万元。

2018年末，发放异地贷款总额66840万元，异地贷款余额62256.54万元。

(四) 住房贡献率：2018年，个人住房贷款发放额、公转商贴息贷款发放额、项目贷款发放额、住房消费提取额的总和与当年缴存额的比率为80.84%，比上年减少16.16个百分点。

六、其他重要事项

(一) 当年机构及职能调整情况、受委托办理缴存贷款业务金融机构变更情况：2018年承德市住房公积金管理中心无机构及职能调整情况；受委托办理缴存业务金融机构有所调整。停止使用建行承德分行双塔山支行归集账户，调整至建行承德分行双滦支行；受委托办理贷款业务的金融机构无变更。

(二) 当年住房公积金政策调整及执行情况：

1. 2018住房公积金年度（2018年7月1日至2019年6月30日）的缴存基数上限按照承德市统计局公布的2018年承德市城镇在岗职工月平均工资的300%测算，年度月缴存基数上限为15067.5元，年度月缴存额上限为3616.2元。

2. 职工住房公积金缴存基数最低不得低于上一年度人社部门规定的职工月最低工资标准。2018年度，承德市区（双桥区、双滦区、高新区、营子区）月最低工资标准为1590元，月缴存额下限为159元。兴隆、平泉、滦平、承德县、宽城月最低工资标准为1480元，月缴存额下限为148元。丰宁、隆化、围场月最低工资标准为1380元，月缴存额下限为138元。

3. 单位和职工住房公积金缴存比例。单位和个人缴存比例最高分别为职工工资的12%，均不得低于职工工资的5%。

4. 2018年度归集政策调整情况。将我市就业的港澳台同胞纳入住房公积金缴存范围，在我市就业的港澳台同胞，均可按照相关政策规定缴存住房公积金，缴存住房公积金的港澳台同胞，与内地（大陆）缴存职工同等享有提取个人住房公积金、申请住房公积金个人住房贷款等权利。

5. 2018年度提取政策调整情况。缴存职工与单位解除或终止劳动关系的，应先办理个人账户封存。账户封存期间，如该职工在异地开立住房公积金账户并稳定缴存半年以上，办理异地转移接续手续。如该职工未在异地继续缴存，在集中封存账户封存满半年后可提取。

6. 2018年度个人住房公积金贷款政策执行情况。

（1）申请人应为具有完全民事行为能力的自然人，是所购住房的产权人。

（2）住房公积金连续足额缴存满6个月以上。

（3）购房合同已在产权登记部门备案，且购房首付款比例符合规定要求。

（4）具有稳定的经济收入，信用良好，有按时偿还贷款本息的能力。

（5）贷款所购住房可用于抵押。

（6）申请人及配偶均无尚未还清的住房贷款。

（7）停止三套房住房公积金贷款。

（8）符合承德市房地产市场限购、限贷相关政策。

（9）借款人单方缴存公积金最高可贷款额度为40万元，双方缴存公积金最高可贷款额度为60万元。

（10）住房公积金个人住房贷款额度，不超过借款人夫妻双方法定退休年龄内所缴存住房公积金数额的2倍与个人住房公积金账户余额2倍之和。

7. 当年住房公积金存贷款利率调整及执行情况。按照中国人民银行、住房城乡建设部、财政部《关于完善职工住房公积金账户存款利率形成机制的通知》（银行〔2016〕43号）要求，职工住房公积金账户存款利率统一按一年期定期存款基准利率执行，利率为1.50%。

当年住房公积金贷款利率没有调整，1～5年贷款利率2.75%，5年以上贷款利率3.25%。

（三）当年服务改进情况：

1. 服务改进情况。全力推进综合服务平台建设。严格按照住房城乡建设部《住房公积金综合服务平台建设导则》有关要求，对网厅、网站、微信、手机APP、12329热线、12329短信等服务渠道整合，统一的服务渠道数据接口、业务接口、对外信息共享接口，实现统一管理、统一监控、统一客户信息、统一信息发布，集中响应所有外联核心业务渠道查询和业务办理的目标，目前已完成开发上线。

2. 积极加入全市资源共享平台。按照全市资源共享平台要求编制了9条目录，目前已将数据通过手工导入的方式上传到全市资源共享平台并定期进行更新，实现了让信息多跑路、群众少跑腿的目标。

3. 积极参与全市"办事一次成"工作。将中心网厅以链接的方式嵌入到"满意承德"手机APP中，目前公积金缴存人已可以通过"满意承德"手机APP查询公积金信息，进一步扩展了便民服务渠道。

（四）信息化建设情况：

1. 圆满完成"双贯标"工作，按照贯标要求对归集、提取、贷款业务系统的操作界面、字段名称和业务流程再造进行了逐一规范和修改，增加了单位、自由职业者缴存、托收、冲还贷、个人提取和提前还款实时到账等功能，按照基础数据标准对基础信息进行修正、补全、完善，按时接入了住房城乡建设部结算平台，同时将中心存款专户、委托贷款账户和增值收益专户等所有活期、定期账户，全部在住房公积金结算应用系统中进行注册。

2. 结合中心对缴存基数的调整，完成了相应的参数修改工作。

3. 根据业务需求，新增加了法院强制执行提取公积金功能。

（五）当年住房公积金管理中心及职工所获荣誉情况：2018 年度中心 1 名职工荣获省住房城乡建设系统先进个人。

沧州市住房公积金 2018 年年度报告

一、机构概况

（一）住房公积金管理委员会：

1. 沧州市住房公积金管理委员会：住房公积金管理委员会有 26 名委员，2018 年召开 2 次会议，审议通过的事项主要包括：会议审议通过了沧州市住房公积金管理中心《2018 年度住房公积金归集使用计划执行情况的报告》、《2018 年度住房公积金归集使用计划》和《沧州市住房公积金 2018 年年度报告》，并对其他重要事项进行决策，主要包括审议通过《沧州市住房公积金管理委员会章程》、《沧州市住房公积金资金流动性风险预警管理办法（试行）》、《2018 年度住房公积金增值收益分配方案》、《沧州市住房公积金个人贷款管理办法》、《关于调整住房公积金贷款政策的请示》、《关于调整住房公积金缴存、提取政策的请示》、《关于恢复异地贷款业务的请示》以及《关于对住房公积金存款账户进行清理规范的请示》。

2. 中国石油天然气股份有限公司华北油田分公司住房公积金管理委员会有 23 名委员，2018 年召开 2 次会议，审议通过的事项主要包括：《关于调整华北油田住房公积金管理委员会委员的意见》、2018 年度住房公积金归集、使用计划等，并审议讨论了其他事项。

（二）住房公积金管理中心：

1. 沧州市住房公积金管理中心为隶属沧州市人民政府的不以营利为目的的参照公务员管理的事业单位，设 5 个科室，9 个管理部，7 个分中心。从业人员 323 人，其中，在编 122 人，非在编 201 人。

2. 中国石油天然气股份有限公司华北油田分公司住房公积金管理中心（以下简称华油中心）为隶属于华北油田公司不以营利为目的的直属单位，设 5 个科室。从业人员 27 人，其中，在编 27 人。

二、业务运行情况

（一）缴存：2018 年，沧州地区新开户单位 534 家，实缴单位 7492 家，净增单位 411 家；新开户职工 3.5 万人，实缴职工 52.71 万人，净增职工 1.12 万人；缴存额 59.85 亿元，同比增长 2.64%。2018 年末，缴存总额 488.95 亿元，同比增长 13.95%；缴存余额 190.46 亿元，同比增长 10.39%。

其中，市中心 2018 年实缴单位 7405 家，新开户单位 530 家，净增单位 410 家；实缴职工 45.93 万人，新开户职工 3.4808 万人，净增职工 1.42 万人；当年缴存额 45.17 亿元，同比增长 4.35%。

截至 2018 年底，市中心缴存总额 318.96 亿元，缴存余额 147.08 亿元，同比分别增长

16.5%、11.66%。

华油中心2018年实缴单位87家，新开户单位4家，净增单位1家；实缴职工6.78万人，新开户职工0.02万人，净增职工—0.30万人；当年缴存额14.68亿元，同比降低2.26%。

沧州地区受委托办理住房公积金缴存业务的银行12家，比上年增加0家。

（二）**提取**：2018年，沧州地区提取额41.92亿元，同比增长0.56%；占当年缴存额的70.04%，比上年减少1.45个百分点。2018年末，提取总额298.48亿元，同比增长16.34%。

其中，市中心2018年当年提取额29.82亿元，同比增长13.06%；占当年缴存额的比率66.01%，比上年同期增长5.09个百分点。

截至2018年底，市中心提取总额171.88亿元，同比增长20.99%。

华油中心2018年当年提取额12.1亿元，同比下降20.97%；占当年缴存额的比率82.43%，比上年同期减少19.5个百分点。

截至2018年底，华油中心提取总额126.6亿元，同比增长10.57%。

（三）**贷款**：市中心个人住房贷款最高额度60万元，其中，双职工缴存家庭最高额度60万元，单职工缴存家庭最高额度40万元。

华油中心个人住房贷款最高额度80万元，其中，双职工缴存家庭最高额度80万元，单职工缴存家庭最高额度60万元。

2018年，沧州地区发放个人住房贷款0.4737万笔16.26亿元，同比分别下降23.3%、16.35%。其中，市中心发放个人住房贷款0.4462万笔15.34亿元，华油中心发放个人住房贷款0.0275万笔0.92亿元。

2018年，沧州地区回收个人住房贷款15.26亿元。其中，市中心12.38亿元，华油中心2.88亿元。

2018年末，累计发放个人住房贷款9.5340万笔219.21亿元，贷款余额133.71亿元，同比分别增长5.22%、8.01%、0.76%。个人住房贷款余额占缴存余额的70.2%，比上年减少6.72个百分点。

其中，市中心累计发放个人住房贷款8.05万笔、182.97亿元，贷款余额112.52亿元，同比分别增长5.87%、9.15%、2.7%。个人住房贷款率为76.5%，比上年同期减少6.67个百分点。

市中心受委托办理住房公积金个人住房贷款业务的银行8家，比上年增加1家。

华油中心累计发放个人住房贷款1.48万笔36.24亿元，贷款余额21.19亿元，同比分别增长1.37%、2.63%、—8.47%。个人住房贷款率为48.85%，比上年同期减少7.88个百分点。

华油中心受委托办理住房公积金个人住房贷款业务的银行10家，比上年增加0家。

（四）**资金存储**：2018年末，住房公积金存款58.59亿元。其中，活期0.06亿元，1年（含）以下定期16.87亿元，1年以上定期35.01亿元，其他（协定、通知存款等）6.65亿元。

其中，市中心住房公积金存款额36.34亿元。其中，活期0.06亿元，1年以内定期（含）16.87亿元，1年以上定期12.8亿元，其他（协议、协定、通知存款等）6.61亿元。

华油中心住房公积金存款额22.25亿元。其中，活期0亿元，1年以内定期（含）0亿元，1年以上定期22.21亿元，其他（协议、协定、通知存款等）0.04亿元。

（五）**资金运用率**：2018年末，住房公积金个人住房贷款余额、项目贷款余额和购买国债余额的总和占缴存余额的70.2%，比上年减少6.72个百分点。

其中，市中心资金运用率76.5%，比上年同期减少6.67个百分点。

华油中心资金运用率48.85%，比上年同期减少7.88个百分点。

三、主要财务数据

（一）业务收入：2018年，业务收入58223.37万元，同比增长4.9%。其中，市中心42683.49万元，华油中心15539.88万元；存款利息15101.48万元，委托贷款利息43121.52万元，国债利息0万元，其他0.37万元。

（二）业务支出：2018年，业务支出29624.44万元，同比增长6.91%。其中，市中心22805.05万元，华油中心6819.39万元；支付职工住房公积金利息27380.55万元，归集手续费2.78万元，委托贷款手续费2127.9万元，其他113.21万元。

（三）增值收益：2018年，沧州地区增值收益28598.93万元，同比增长2.9%。其中，市中心19878.44万元，华油中心8720.49万元；增值收益率1.58%，比上年减少0.11个百分点。

（四）增值收益分配：2018年，沧州地区提取贷款风险准备金5474.72万元，提取管理费用7990.27万元，提取城市廉租住房（公共租赁住房）建设补充资金15133.94万元。

2018年，上交财政局（华油财务处）管理费用7182.82万元。上缴财政（华油财务处）城市廉租住房（公共租赁住房）建设补充资金14987.62万元。其中，市中心上缴13293.81万元，华油中心上缴1693.81万元。

2018年末，贷款风险准备金余额65670.32万元。累计提取城市廉租住房（公共租赁住房）建设补充资金119497.78万元。其中，市中心提取103492.61万元，华油中心提取16005.17万元。

（五）管理费用支出：2018年，管理费用支出7484.43万元，同比增长60.93%。其中，人员经费3682.29万元，公用经费1259.05万元，专项经费2543.09万元。

其中，市中心管理费用支出5706.07万元，其中，人员、公用、专项经费分别为3065.46万元、1109.53万元、1531.08万元；

华油中心管理费用支出1778.36万元，其中，人员、公用、专项经费分别为616.83万元、149.52万元、1012.01万元。

四、资产风险状况

个人住房贷款：2018年末，沧州地区个人住房贷款逾期额199.74万元，逾期率0.149‰。其中，市中心0.178‰，华油中心0。

市中心个人贷款风险准备金按（贷款余额）的1%提取。华油中心个人贷款风险准备金按（增值收益）的60%提取。2018年，提取个人贷款风险准备金5474.72万元，使用个人贷款风险准备金核销呆坏账0万元。2018年末，个人贷款风险准备金余额65670.32万元，占个人住房贷款余额的4.91%，个人住房贷款逾期额与个人贷款风险准备金余额的比率为0.3%。

五、社会经济效益

（一）缴存业务：2018年，实缴单位数、实缴职工人数和缴存额同比分别增长5.8%、2.42%

和 2.64%。

缴存单位中，国家机关和事业单位占 52.92%，国有企业占 7.75%，城镇集体企业占 1.7%，外商投资企业占 0.88%，城镇私营企业及其他城镇企业占 30.38%，民办非企业单位和社会团体占 2.3%，其他占 4.07%。

缴存职工中，国家机关和事业单位占 47.42%，国有企业占 23.48%，城镇集体企业占 2.21%，外商投资企业占 1.94%，城镇私营企业及其他城镇企业占 21.54%，民办非企业单位和社会团体占 0.6%，其他占 2.81%；中、低收入占 99.65%，高收入占 0.35%。

新开户职工中，国家机关和事业单位占 28.96%，国有企业占 7.62%，城镇集体企业占 3.33%，外商投资企业占 4.84%，城镇私营企业及其他城镇企业占 47.99%，民办非企业单位和社会团体占 1.85%，其他占 5.41%；中、低收入占 99.99%，高收入占 0.01%。

（二）提取业务：2018 年，13.82 万名缴存职工提取住房公积金 41.9193 亿元。

提取金额中，住房消费提取占 75.88%（购买、建造、翻建、大修自住住房占 47.49%，偿还购房贷款本息占 22.91%，租赁住房占 1.82%，其他占 3.66%）；非住房消费提取占 24.12%（离休和退休提取占 19.20%，完全丧失劳动能力并与单位终止劳动关系提取占 1.92%，户口迁出本市或出境定居占 0.25%，其他占 2.75%）。

提取职工中，中、低收入占 99.03%，高收入占 0.97%。

（三）贷款业务：

1. 个人住房贷款：2018 年，支持职工购建房 54.95 万平方米，年末个人住房贷款市场占有率为 17.07%，比上年减少 3.42 个百分点。通过申请住房公积金个人住房贷款，可节约职工购房利息支出 39237.68 万元。

职工贷款笔数中，购房建筑面积 90（含）平方米以下占 16.19%，90～144（含）平方米占 78.78%，144 平方米以上占 5.03%。购买新房占 80.39%（其中购买保障性住房占 0.026%），购买存量商品住房占 19.42%，建造、翻建、大修自住住房占 0%，其他占 0.19%。

职工贷款笔数中，单缴存职工申请贷款占 16.09%，双缴存职工申请贷款占 83.91%，三人及以上缴存职工共同申请贷款占 0%。

贷款职工中，30 岁（含）以下占 19.55%，30 岁～40 岁（含）占 40.3%，40 岁～50 岁（含）占 31.75%，50 岁以上占 8.4%；首次申请贷款占 90.39%，二次及以上申请贷款占 9.61%；中、低收入占 99.94%，高收入占 0.06%。

2. 异地贷款：2018 年，发放异地贷款 45 笔 1698 万元。2018 年末，发放异地贷款总额 111460.93 万元，异地贷款余额 55603.57 万元。

（四）住房贡献率：2018 年，个人住房贷款发放额、公转商贴息贷款发放额、项目贷款发放额、住房消费提取额的总和与当年缴存额的比率为 82.35%，比上年减少 6.57 个百分点。

六、其他重要事项

（一）当年机构及职能调整情况、受委托办理缴存贷款业务金融机构变更情况。2018 年，市住房公积金管理中心无机构及职能调整情况。当年增加 1 家受托办理贷款业务的金融机构。

(二)当年住房公积金政策调整及执行情况。

1. **市中心缴存基数调整情况**：自 2018 年 7 月 1 日至 2019 年 6 月 30 日,本市住房公积金缴存基数由 2016 年职工个人月均工资总额,调整为 2018 年职工个人月均工资总额;2018 年度住房公积金缴存基数不得低于 2018 年度本市最低月工资标准 1590 元,原则上不超过本市 2018 年度在岗职工月平均工资总额的 3 倍(16007 元)。当年缴存比例下限为 5%,最高不得超过 12%,缴存单位可在 5%至 12%区间内自主确定。

2. **当年缴存政策调整主要是**：住房公积金异地转入业务,由原来规定的在沧州辖区开立住房公积金账户后即可办理转入手续,调整为在沧州辖区开立住房公积金账户并连续正常缴存半年以上的方可办理转入手续。

3. **当年提取政策调整主要是：**

(1)将农村进城务工人员与单位解除或终止劳动关系的即可办理销户提取手续;非本市户口职工离开本市并与单位解除或终止劳动关系的即可办理销户提取手续;在集中封存账户管理两年以上未继续缴存或未办理转移的可办理销户提取手续等三种情形统一调整为：职工与单位解除或终止劳动关系未继续缴存的,账户封存满半年后可办理销户提取。

(2)取消了办理住房公积金提取和贷款业务需提供身份证复印件要求。

4. **当年贷款政策主要有以下几方面的调整：**

(1)取消贷款轮候制。

(2)取消贷款申请人单方缴存公积金计算还贷能力时其配偶收入不计入家庭收入规定。贷款申请人配偶不缴纳住房公积金的,可按上一年度市政府公布的最低工资标准计入其家庭收入,综合考虑其家庭还贷能力。

(3)个人自愿缴存人员单方最高贷款额度由 30 万元调整为 40 万元,夫妻双方缴存的,最高贷款额度由 40 万元调整为 60 万元。

(4)个人缴存者贷款最长期限不得超过借款人法定退休年龄。

(5)恢复办理不在沧州缴存住房公积金的职工,在沧州购房可申请沧州市住房公积金贷款业务。

5. **当年住房公积金存贷款利率执行标准**：职工住房公积金账户存款利率无论是当年缴存资金还是往年累计缴存资金,统一按一年期定期存款基准利率执行;住房公积金贷款无论是存量还是新增首套贷款利率按 5 年以内(含)2.75%、5 年以上为 3.25%,二套贷款利率相应上浮 10%执行。

(三)当年服务改进情况。

沧州市住房公积金管理中心方面：

1. **当年服务改进情况**：一是下力提升服务效率。全面开展了提取实时到账和对冲还贷业务,提取到账时间由原来的三个工作日缩短到"秒到账";公积金还贷提取由每年到服务大厅办理一次精简到"一次签约、不再登门"。精简办事资料和证明材料,取消身份证明复印件作为业务办理要件,取消困难职工的困难证明,取消贷款申请表单位盖章环节,有效疏解了群众办事堵点。二是在服务大厅推行 6S 管理。制定了《沧州市住房公积金服务大厅现场管理标准》、《柜面服务规范及百分考核表》,统一服务标识,整洁服务环境,完善服务设施,讲究服务礼仪,增设综合窗口,统一配置多功能自助查询机,落实首问负责、一次性告知和限时办结等服务制度,为办事群众提供暖心、省心、舒心和快捷的服务。

2. **综合服务平台建设方面**：综合服务平台项目建设已接近尾声，网上业务大厅、门户网站、官方微信、手机短信、手机客户端（APP）、12329服务热线、自助服务终端以及综合服务平台管理系统均已建设完成，目前正在紧张的后期调试过程中，调试完毕即可上线与公众见面。缴存单位住房公积金专管员可通过网上业务大厅办理本单位职工的住房公积金变更、基数调整等业务；缴存职工可足不出户查询个人缴存余额、缴存比例、工资基数、月汇缴额、缴存状态、贷款金额、贷款期限、贷款余额等业务明细信息。

华油中心方面：

2018年9月5日，住房城乡建设部、省住房城乡建设厅住房公积金双贯标工作联合检查验收组一行5人对华北油田住房公积金双贯标工作进行了检查验收，一致同意华北油田住房公积金中心通过贯标验收，同时提出了"完善综合服务平台各渠道建设、确保三账联动和对账自动化"等整改建议。按照检查验收组提出的整改意见，中心立即着手安排开展了综合服务平台建设、通过直连接方式接入住房城乡建设部异地转移接续平台、电子档案管理等项目的新建开发工作，同时要求华信公司对"确保三账联动和对账自动化"等系统存在问题进行整改。

职工申请贷款，取消提供收入证明，实现职工少跑路。取消身份证明材料复印件作为住房公积金提取和贷款业务办理要件，进一步缩减贷款资料，降低职工贷款成本，提高贷款效率。

深化服务下基层举措，送服务到员工工作的最前沿。先后赴内蒙古的二连油田、苏里格和呼石化等地进行现场业务办理，让一线员工得到中心"面对面"贴心服务。

（四）当年信息化建设情况。

沧州市住房公积金管理中心：

1. **通过双贯标工作验收，持续完善业务系统数据**。2018年5月份，中心业务系统通过了住房城乡建设部"双贯标"工作验收，实现了与住房城乡建设部结算平台直连，加强了资金监管与风险防控。验收会后，我们继续对照住房城乡建设部标准对系统进行整改提高，进一步完善系统基础数据，推进信息管理标准化。

自7月份开始，在各管理部（分中心）的全力配合下，结合电子化检查工具，对系统内的单位和个人信息进行了持续整改，整体数据质量得到明显提升。良好的数据基础也为互联网终端用户注册、业务办理打下了有力的基础，有利于服务效率再提升。

2. **完善功能精简流程，加快提升服务效率**。以落实"放管服"改革、推进"双创双服"活动为契机，进一步完善系统功能、精简业务流程，提高办事效率。一是开通了对冲还贷、提取实时到账、动账通知匹配入账等功能，实现了提取秒到账。二是提前还贷业务开通了实时扣款、委托银行扣款与公积金代扣三个扣款渠道，保证了资金及时回收。三是实现了直连接入全国公积金异地转移接续平台。

3. **实现综合服务平台管理系统上线，七大服务渠道已整合接入**。综合服务平台管理系统是对七大服务渠道的整合管控系统，是实现渠道信息共享、数据实时交互的重要枢纽。目前综合服务平台管理系统基本功能已完成上线，网上业务大厅、门户网站、官方微信、手机短信、手机客户端（APP）、12329服务热线、自助服务终端均已建设完成，目前正在紧张的后期调试过程中，调试完毕即可上线与公众见面。

4. **积极配合市委市政府，做好政务信息化建设工作**。"大智移云"与"智慧沧州"是市委市政府为实现全市政务信息资源整合共享，提升我市公共服务能力，有机整合全市政务服务、社会服务、便民服务，提高政府治理精细化、精准化水平的两项重大的信息化工程。2018年我们积极配合市委市政府，将公积金个人信息查询功能接入到智慧沧州APP，将公积金微信公众号、手机APP服务系统迁移部署至沧州政务云，同时积极参与到政务信息资源目录编制与数据共享工作中。

（五）当年住房公积金管理中心及职工所获荣誉情况。2018年，市管理中心和渤海新区、任丘市、泊头市、东光县、南皮县、沧县、孟村县、盐山县管理部（分中心）获得沧州市2016～2018年度文明单位称号；任丘市分中心、海兴县管理部党支部被沧州市直工委命名为"百强党支部"称号；吴桥县管理部获得2018～2020年市级"青年文明号"；泊头市分中心获得市级"三八红旗集体"；泊头市分中心新时代沧州青年改革典范提名奖（集体）荣誉。

（六）当年对违反《住房公积金管理条例》和相关法规行为进行行政处罚和申请人民法院强制执行情况。2018年，全市贷款起诉共7笔，贷款逾期强制执行共3笔。

2018年，全市行政执法立案26份，通过政策宣传及行政执法，这些企业全部建制缴存已结案，未进行行政处罚；对因使用虚假材料骗提住房公积金的2名职工列入市中心住房公积金黑名单，并将其所提供的虚假材料移交公安机关进行处理。

廊坊市住房公积金2018年年度报告

一、机构概况

（一）住房公积金管理委员会：

1.廊坊市住房公积金管理委员会有25名委员，2018年召开1次会议，审议通过的事项主要包括：《2018年住房公积金管理工作完成情况及2018工作思路的报告》、《廊坊市住房公积金2018年年度报告》、《廊坊市住房公积金管理中心关于2018年度增值收益分配方案》、《关于市本级和各县（市、区）管理部改善服务营业用房有关情况的报告》。

2.中国石油天然气管道局管道住房公积金管理委员会住房公积金管理委员会有16名委员，2018年召开1次会议，审议通过的事项主要包括：《2018年年度报告》、《2018年增值收益分配方案》、《2018年工作安排》。

（二）住房公积金管理中心：

1.廊坊市住房公积金管理中心为不以营利为目的的独立事业机构，主要负责全市住房公积金的归集、管理、使用和会计核算。中心设5个科室，11个管理部（其中，对廊坊开发区管理部业务监督指导，开发区管理部人员由开发区管委会管理，管理费用由廊坊开发区财政负担）。从业人员175人，其中，在编111人，非在编64人。

2.中国石油天然气管道局管道住房公积金管理中心为管道局矿区服务事业部不以营利为目的企业附属单位，设3个科。从业人员9人，其中，在编9人，非在编0人。

二、业务运行情况

（一）缴存：2018年，新开户单位497家，实缴单位4369家，净增单位433家；新开户职工5.7412

万人，实缴职工 39.2193 万人，净增职工 1.1272 万人；缴存额 46.84 亿元，同比增长 6.04％。2018 年末，缴存总额 326.23 亿元，同比增长 16.77％；缴存余额 128.23 亿元，同比增长 12.01％。

受委托办理住房公积金缴存业务的银行：廊坊市 5 家，比上年增加 1 家；石油管道局 2 家，比上年无增减。

（二）提取：2018 年，提取额 33.09 亿元，同比增长 9.75％；占当年缴存额的 70.64％，比上年增长 2.38 个百分点。2018 年末，提取总额 198 亿元，同比增长 20.07％。

（三）贷款：

个人住房贷款最高额度：廊坊市 60 万元；石油管道局 80 万元，其中，单缴存职工最高额度 60 万元，双缴存职工最高额度 80 万元。

2018 年，发放个人住房贷款 0.1713 万笔 7.42 亿元，同比分别增长 35.52％、56.54％。2018 年，回收个人住房贷款 7.32 亿元。

2018 年末，累计发放个人住房贷款 4.4707 万笔 132.59 亿元，贷款余额 83.28 亿元，同比分别增长 3.98％、5.94％、0.12％。个人住房贷款余额占缴存余额的 64.95％，比上年减少 7.71 个百分点。

受委托办理住房公积金个人住房贷款业务的银行：廊坊市 5 家，无变化；石油管道局 2 家，比上年无变化。

（四）融资：2018 年，融资 0 亿元，归还 0 亿元。2018 年末，融资总额 2.4 亿元，融资余额 0 亿元。

（五）资金存储：2018 年末，住房公积金存款 46.44 亿元。其中，活期 0.85 亿元，1 年（含）以下定期 2.12 亿元，1 年以上定期 42.64 亿元，其他 0.83 亿元。

（六）资金运用率：2018 年末，住房公积金个人住房贷款余额、项目贷款余额和购买国债余额的总和占缴存余额的 64.95％，比上年减少 7.71 个百分点。

三、主要财务数据

（一）业务收入：2018 年，业务收入 35975.24 万元，同比增长 7.73％。存款利息 8908.6 万元，委托贷款利息 27066.27 万元，国债利息 0 万元，其他 0.37 万元。

（二）业务支出：2018 年，业务支出 19016.17 万元，同比增长 0.05％。支付职工住房公积金利息 18047.69 万元，归集手续费 0 万元，委托贷款手续费 949.7 万元，其他 18.78 万元。

（三）增值收益：2018 年，增值收益 16959.07 万元，同比增长 17.86％。增值收益率 1.4％，比上年增加 0.05 个百分点。

（四）增值收益分配：2018 年，提取贷款风险准备金 10.75 万元，提取管理费用 3850.42 万元，提取城市廉租住房（公共租赁住房）建设补充资金 13097.9 万元。

2018 年，上交财政管理费用 8624.24 万元。上缴财政城市廉租住房（公共租赁住房）建设补充资金 15706.33 万元。

2018 年末，贷款风险准备金余额 11331.85 万元。累计提取城市廉租住房（公共租赁住房）建设补充资金 70933.28 万元。

（五）管理费用支出：2018 年，管理费用支出 4400.27 万元，同比增长 74.58％。其中，人员经费 2080.48 万元，公用经费 236.51 万元，专项经费 2083.28 万元。

四、资产风险状况

2018年末，个人住房贷款逾期额136.72万元，逾期率0.16‰。

个人贷款风险准备金：廊坊市按贷款余额的1%提取；石油管道局按增值收益的60%提取。

2018年，提取个人贷款风险准备金10.75万元，使用个人贷款风险准备金核销呆坏账0万元。2018年末，个人贷款风险准备金余额11331.85万元，占个人住房贷款余额的1.36%，个人住房贷款逾期额与个人贷款风险准备金余额的比率为1.21%。

五、社会经济效益

（一）缴存业务：2018年，实缴单位数、实缴职工人数和缴存额同比分别增长9.8%、-0.34%和6.04%。

缴存单位中，国家机关和事业单位占48.64%，国有企业占9.48%，城镇集体企业占0.85%，外商投资企业占4.12%，城镇私营企业及其他城镇企业占23%，民办非企业单位和社会团体占2.47%，其他占11.44%。

缴存职工中，国家机关和事业单位占37.66%，国有企业占15.31%，城镇集体企业占0.94%，外商投资企业占15.18%，城镇私营企业及其他城镇企业占21.29%，民办非企业单位和社会团体占1.17%，其他占8.45%；中、低收入占98.18%，高收入占1.82%。

新开户职工中，国家机关和事业单位占10.3%，国有企业占5.76%，城镇集体企业占0.45%，外商投资企业占22.09%，城镇私营企业及其他城镇企业占46.77%，民办非企业单位和社会团体占2.23%，其他占12.4%；中、低收入占99.58%，高收入占0.42%。

（二）提取业务：2018年，11.9743万名缴存职工提取住房公积金33.09亿元。

提取金额中，住房消费提取占78.18%（购买、建造、翻建、大修自住住房占16.6%，偿还购房贷款本息占53.1%，租赁住房占8.48%，其他占0%）；非住房消费提取占21.82%（离休和退休提取占13.22%，完全丧失劳动能力并与单位终止劳动关系提取占3.01%，户口迁出本市或出境定居占3.52%，其他占2.07%）。

提取职工中，中、低收入占98.32%，高收入占1.68%。

（三）贷款业务：

1. 个人住房贷款：2018年，支持职工购建房17.50万平方米，年末个人住房贷款市场占有率为2.24%，比上年减少0.22个百分点。通过申请住房公积金个人住房贷款，可节约职工购房利息支出18819.07万元。

职工贷款笔数中，购房建筑面积90（含）平方米以下占43.78%，90～144（含）平方米占54.93%，144平方米以上占1.29%。购买新房占67.60%（其中购买保障性住房占1.3%），购买存量商品住房占32.22%，建造、翻建、大修自住住房占0%，其他占0.18%。

职工贷款笔数中，单缴存职工申请贷款占41.27%，双缴存职工申请贷款占58.73%，三人及以上缴存职工共同申请贷款占0%。

贷款职工中，30岁（含）以下占28.02%，30岁～40岁（含）占51.67%，40岁～50岁（含）占

18.45%，50岁以上占1.87%；首次申请贷款占83.95%，二次及以上申请贷款占16.05%；中、低收入占99.76%，高收入占0.23%。

2. **异地贷款**：2018年，发放异地贷款21笔891.5万元。2018年末，发放异地贷款总额46023.4万元，异地贷款余额38596.44万元。

（四）**住房贡献率**：2018年，个人住房贷款发放额、公转商贴息贷款发放额、项目贷款发放额、住房消费提取额的总和与当年缴存额的比率为55.22%，比上年减少9.59个百分点。

六、其他重要事项

（一）当年机构及职能调整情况、受委托办理缴存贷款业务金融机构变更情况。当年受委托办理住房公积金缴存业务的银行5家，比上年增加兴业银行股份有限公司。

（二）当年住房公积金政策调整及执行情况等。

1. **廊坊市归集缴存政策调整及执行情况**：2018年7月至2019年6月住房公积金基数上限为19416元（即2018年廊坊市在岗职工月平均工资的3倍）。缴存基数确定：职工住房公积金的缴存基数是职工本人上一年度月平均工资总额。新录用或新调入职工住房公积金的缴存基数为职工本人当月工资总额。单位和个人缴存比例均不得高于职工工资的12%，不得低于5%。

2. **廊坊市提取政策调整**：缴存职工与单位解除或终止劳动关系的，先办理个人账户封存。账户封存期间，在异地开立住房公积金账户并稳定缴存半年以上的，办理异地转移接续手续。未在异地继续缴存的，封存满半年后可提取。

3. **廊坊市贷款政策调整**：2018年度，个人住房贷款最高贷款额度60万元。2018年6月份，新系统上线后，开展按月划转住房公积金冲还贷款本息业务。

4. **廊坊市当年住房公积金存贷款利率执行标准**：2018年住房公积金存贷利率无调整。公积金存款利率统一按一年期定期存款基准利率1.5%执行。公积金贷款利率，五年以上年利率为3.25%，五年及以下年利率为2.75%。

5. **石油管道局当年缴存基数限额及确定方法、缴存比例等缴存政策调整情况**：缴存基数采用中石油驻冀公积金管委会基数7068元，缴存上限21204元，缴存下限4241元。缴存比例单位和个人均为12%。

（三）当年服务改进情况。"中心"于2018年启动综合服务平台建设，计划于2019年4月上线运行。2018年12月，经公开招标采购，为大城县住房公积金管理部购置服务营业用房643.14平方米。

（四）当年信息化建设情况。

1. 廊坊市2018年6月1日，我"中心"新建的河北省住房公积金业务管理信息系统正式上线运行，9月6日通过住房城乡建设部组织的"双贯标"（基础数据标准贯彻和结算应用系统接入）验收。

2. 石油管道局2018年12月19日，中心通过住房城乡建设部"双贯标"验收。

（五）当年住房公积金管理中心及职工所获荣誉情况。荣获"四星级"服务窗口、"五星级"机关、廊坊市党委党报党刊发行工作先进单位、中共廊坊市住房公积金管理中心第一党支部委员会荣获廊坊市先进基层党组织称号。

衡水市住房公积金 2018 年年度报告

一、机构概况

（一）住房公积金管理委员会：住房公积金管理委员会有 17 名委员，2018 年召开 1 次会议，审议通过的事项主要包括：《关于 2018 年度住房公积金归集使用计划执行情况及 2018 年度归集使用计划安排的报告》、《衡水市 2018 年度住房公积金增值收益分配方案（草案）》、《关于对部分住房公积金业务政策进行必要调整的意见建议》、《关于葵花药业集团（冀州）有限公司调整住房公积金缴存比例的报告》。

（二）住房公积金管理中心：住房公积金管理中心为衡水市政府不以营利为目的的自收自支事业单位，设 8 个处（科），12 个管理部。从业人员 113 人，其中，在编 105 人，非在编 8 人。

二、业务运行情况

（一）缴存：2018 年，新开户单位 586 家，实缴单位 3332 家，净增单位 179 家；新开户职工 1.80 万人，实缴职工 19.82 万人，净增职工 0.71 万人；缴存额 20.85 亿元，同比增长 9.24％。2018 年末，缴存总额 131.82 亿元，同比增长 18.79％；缴存余额 70.21 亿元，同比增长 15.63％。

受委托办理住房公积金缴存业务的银行 11 家，比上年减少 1 家。

（二）提取：2018 年，提取额 11.36 亿元，同比增长 36.95％；占当年缴存额的 54.48％，比上年增加 11 个百分点。2018 年末，提取总额 61.61 亿元，同比增长 22.61％。

（三）贷款：

个人住房贷款最高额度 60 万元，其中，单缴存职工最高额度 40 万元，双缴存职工最高额度 60 万元。

2018 年，发放个人住房贷款 0.38 万笔 13.02 亿元，同比分别下降 27.13％、7.73％。

2018 年，回收个人住房贷款 8.38 亿元。

2018 年末，累计发放个人住房贷款 5.04 万笔 95.43 亿元，贷款余额 56.91 亿元，同比分别增长 8.20％、15.80％、8.88％。个人住房贷款余额占缴存余额的 81.06％，比上年减少 5.02 个百分点。

受委托办理住房公积金个人住房贷款业务的银行 10 家，比上年增加 1 家。

（四）融资：2018 年，融资 0 亿元，归还 0 亿元。2018 年末，融资总额 0.50 亿元，融资余额 0 亿元。

（五）资金存储：2018 年末，住房公积金存款 14.37 亿元。其中，活期 2.02 亿元，1 年（含）以下定期 10.30 亿元，1 年以上定期 2.05 亿元，其他（协定、通知存款等）0 亿元。

（六）资金运用率：2018 年末，住房公积金个人住房贷款余额、项目贷款余额和购买国债余额的总和占缴存余额的 81.06％，比上年减少 5.02 个百分点。

三、主要财务数据

（一）业务收入：2018 年，业务收入 19501.91 万元，同比增长 11.70％。其中，存款利息 1933.31 万元，委托贷款利息 17560.32 万元，国债利息 0 万元，其他 8.28 万元。

（二）业务支出：2018 年，业务支出 10690.63 万元，同比增长 17.50％。其中，支付职工住房公积金利息 9829.54 万元，归集手续费 0 万元，委托贷款手续费 859.84 万元，其他 1.25 万元。

（三）增值收益：2018 年，增值收益 8811.28 万元，同比增长 5.38%。增值收益率 1.35%，比上年减少 0.17 个百分点。

（四）增值收益分配：2018 年，提取贷款风险准备金 465.00 万元，提取管理费用 3870.68 万元，提取城市廉租住房（公共租赁住房）建设补充资金 4475.60 万元。

2018 年，上交财政管理费用 3143.25 万元。上缴财政城市廉租住房（公共租赁住房）建设补充资金 4483.26 万元。

2018 年末，贷款风险准备金余额 5692 万元。累计提取城市廉租住房（公共租赁住房）建设补充资金 30826.83 万元。

（五）管理费用支出：2018 年，管理费用支出 2928.42 万元，同比增长 26.68%。其中，人员经费 1845.19 万元，公用经费 150.84 万元，专项经费 932.39 万元。

四、资产风险状况

2018 年末，个人住房贷款逾期额 82.20 万元，逾期率 0.14‰。

个人贷款风险准备金按（贷款余额或增值收益）的 1% 提取。2018 年，提取个人贷款风险准备金 465.00 万元，使用个人贷款风险准备金核销呆坏账 0 万元。2018 年末，个人贷款风险准备金余额 5692.00 万元，占个人住房贷款余额的 1%，个人住房贷款逾期额与个人贷款风险准备金余额的比率为 1.44%。

五、社会经济效益

（一）缴存业务：2018 年，实缴单位数、实缴职工人数和缴存额同比分别增长 5.68%、3.70% 和 9.22%。

缴存单位中，国家机关和事业单位占 59.15%，国有企业占 11.50%，城镇集体企业占 1.08%，外商投资企业占 1.08%，城镇私营企业及其他城镇企业占 18.04%，民办非企业单位和社会团体占 2.37%，其他占 6.78%。

缴存职工中，国家机关和事业单位占 57.75%，国有企业占 18.40%，城镇集体企业占 1.16%，外商投资企业占 2.11%，城镇私营企业及其他城镇企业占 16.61%，民办非企业单位和社会团体占 1.90%，其他占 2.07%；中、低收入占 98.94%，高收入占 1.06%。

新开户职工中，国家机关和事业单位占 24.77%，国有企业占 12.11%，城镇集体企业占 3.64%，外商投资企业占 3.12%，城镇私营企业及其他城镇企业占 46.63%，民办非企业单位和社会团体占 5.32%，其他占 4.41%；中、低收入占 99.71%，高收入占 0.29%。

（二）提取业务：2018 年，3.52 万名缴存职工提取住房公积金 11.36 亿元。

提取金额中，住房消费提取占 68.67%（购买、建造、翻建、大修自住住房占 16.49%，偿还购房贷款本息占 50.27%，租赁住房占 0.91%，其他占 1%）；非住房消费提取占 31.33%（离休和退休提取占 23.35%，完全丧失劳动能力并与单位终止劳动关系提取占 0.09%，户口迁出本市或出境定居占 0.65%，其他占 7.24%）。

提取职工中，中、低收入占 99.85%，高收入占 0.15%。

（三）贷款业务：

1. **个人住房贷款**：2018年，支持职工购建房43.80万平方米，年末个人住房贷款市场占有率为13.88%，比上年减少1.95个百分点。通过申请住房公积金个人住房贷款，可节约职工购房利息支出25914.77万元。

职工贷款笔数中，购房建筑面积90（含）平方米以下占15.40%，90～144（含）平方米占78.56%，144平方米以上占6.04%。购买新房占90.64%（其中购买保障性住房占0.18%），购买二手房占8.92%，建造、翻建、大修自住住房占0.44%，其他占0%。

职工贷款笔数中，单缴存职工申请贷款占8.32%，双缴存职工申请贷款占91.68%，三人及以上缴存职工共同申请贷款占0%。

贷款职工中，30岁（含）以下占19.09%，30岁～40岁（含）占44.43%，40岁～50岁（含）占29.99%，50岁以上占6.49%；首次申请贷款占83.87%，二次及以上申请贷款占16.13%；中、低收入占98.40%，高收入占1.60%。

2. **异地贷款**：2018年，发放异地贷款112笔4048.7万元。2018年末，发放异地贷款总额51351.24万元，异地贷款余额43157.80万元。

（四）**住房贡献率**：2018年，个人住房贷款发放额、公转商贴息贷款发放额、项目贷款发放额、住房消费提取额的总和与当年缴存额的比率为99.86%，比上年减少1.53个百分点。

六、其他重要事项

（一）**当年机构及职能调整情况、受委托办理缴存贷款业务金融机构变更情况**。受委托办理住房公积金缴存业务的银行减少了河北省农村信用社联合社。

受委托办理住房公积金个人住房贷款业务的银行减少了河北省农村信用社联合社，增加了邢台银行和交通银行。

（二）**当年住房公积金政策调整及执行情况**。我市2018年度住房公积金缴存基数执行衡水市统计部门公布的各县市区城镇非私营单位在岗职工月平均工资，最高限额不得高于市统计部门公布的各县市区上一年度职工月平均工资的3倍。2018年底住房公积金缴存基数统一调整为市统计部门公布的衡水市城镇非私营单位在岗职工月平均工资4835元，最高限额为三倍月平均工资14505元。

住房公积金缴存比例下限为5%，最高不得超过12%，各缴存单位可在5%至12%区间内自主确定。

部队文职人员可以缴存住房公积金。

贷款最高额度单方40万元，夫妻双方60万元；暂停办理了住房公积金异地贷款业务，停止办理商业贷款转住房公积金贷款业务，停止办理住房公积金装修贷款业务。

（三）**当年服务改进情况**。按照省监管办《关于启用河北省住房公积金12329短信平台的通知》（冀房金管〔2018〕4号）的要求，在原短信服务合同到期后启用了河北省住房公积金12329短信平台。

在年内完成了综合服务平台的招投标工作。

（四）**当年信息化建设情况**。2018年基础数据标准贯彻落实和结算应用系统接入工作顺利上线并通过住房城乡建设部的验收。

（五）**当年住房公积金管理中心及职工所获荣誉情况**。9月30日，市直工委印发《关于命名2016—2018年度市直文明单位、文明窗口、文明科室、文明标兵的通知》（衡直通字〔2018〕43号），衡水市住房公积金管理中心被评为"市直文明单位"。

2018 全国住房公积金年度报告汇编

山西省

太原
大同市
阳泉市
长治市
晋城市
朔州市
晋中市
运城市
忻州市
临汾市
吕梁市

山西省住房公积金2018年年度报告

一、机构概况

（一）住房公积金管理机构：全省共设11个设区城市住房公积金管理中心，3个独立设置的分中心（其中，省直分中心、焦煤分中心隶属太原市，阳煤分中心隶属于阳泉市）。从业人员2112人，其中，在编1361人，非在编751人。

（二）住房公积金监管机构：省住房和城乡建设厅、财政厅和人民银行太原中心支行负责对本省住房公积金管理运行情况进行监督。省住房和城乡建设厅设立住房公积金监管处，负责辖区住房公积金日常监管工作。

二、业务运行情况

（一）缴存：2018年，新开户单位3447家，实缴单位48480家，净增单位2025家；新开户职工26.23万人，实缴职工354.69万人，净增职工6.48万人；缴存额383.07亿元，同比增长7.47%。2018年末，缴存总额2748.46亿元，同比增长16.20%；缴存余额1088.45亿元，同比增长19.46%。

（二）提取：2018年，提取额205.77亿元，同比增长45.11%；占当年缴存额的53.72%，比上年增加13.94个百分点。2018年末，提取总额1660.01亿元，同比增长14.15%。

（三）贷款：

1. 个人住房贷款：2018年，发放个人住房贷款5.7万笔214.06亿元，同比增长7.14%、19.54%。回收个人住房贷款85.88亿元。

2018年末，累计发放个人住房贷款54.44万笔1189.83亿元，贷款余额785.01亿元，同比分别增长11.72%、21.94%、19.51%。个人住房贷款余额占缴存余额的72.12%，比上年增加0.03个百分点。

2. 住房公积金支持保障性住房建设项目贷款：2018年，未发放支持保障性住房建设项目贷款，回收项目贷款1.6亿元。2018年末，累计发放项目贷款10.73亿元，项目贷款余额0亿元。

（四）购买国债：2018年，购买国债0亿元，兑付、转让、收回国债0亿元。2018年末，国债余额0.19亿元。

（五）融资：2018年，融资7.79亿元，归还17.22亿元。2018年末，融资总额80.66亿元，融资余额1.5亿元。

（六）资金存储：2018年末，住房公积金存款323.00亿元。其中，活期1.00亿元，1年（含）以下定期77.40亿元，1年以上定期215.64亿元，其他（协定、通知存款等）28.96亿元。

（七）资金运用率：2018年末，住房公积金个人住房贷款余额、项目贷款余额和购买国债余额的总和占缴存余额的72.14%，比上年减少0.15个百分点。

三、主要财务数据

（一）业务收入：2018年，业务收入353336.11万元，同比增长15.27%。其中，存款利息

124532.67万元，委托贷款利息228645.96万元，国债利息0万元，其他157.48万元。

（二）业务支出：2018年，业务支出161476.78万元，同比增长7.75%。其中，支付职工住房公积金利息146692.18万元，归集手续费0万元，委托贷款手续费11005.70万元，其他3778.90万元。

（三）增值收益：2018年，增值收益191859.33万元，同比增长22.47%；增值收益率1.91%，比上年减少0.01个百分点。

（四）增值收益分配：2018年，提取贷款风险准备金43918.35万元，提取管理费用30846.37万元，提取城市廉租住房（公共租赁住房）建设补充资金105998.75万元，未分配增值收益11095.86万元。

2018年，上交财政管理费用29828.49万元，上缴财政城市廉租住房（公共租赁住房）建设补充资金78941.54万元。

2018年末，贷款风险准备金余额244549.83万元，累计提取城市廉租住房（公共租赁住房）建设补充资金711350.93万元。

（五）管理费用支出：2018年，管理费用支出33063.69万元，同比增长17.82%。其中，人员经费17450.08万元，公用经费2161.99万元，专项经费13451.62万元。

四、资产风险状况

（一）个人住房贷款：2018年末，个人住房贷款逾期额9083.45万元，逾期率1.2‰。

2018年，提取个人贷款风险准备金44558.36万元，使用个人贷款风险准备金核销呆坏账0万元。2018年末，个人贷款风险准备金余额244189.63万元，占个人贷款余额的3.11%，个人贷款逾期额与个人贷款风险准备金余额的比率为3.72%。

（二）住房公积金支持保障性住房建设项目贷款：2018年末，无逾期项目贷款。

2018年末，项目贷款风险准备金余额360.20万元。

五、社会经济效益

（一）缴存业务：2018年，实缴单位数、实缴职工人数和缴存额增长率分别为9.59%、5.26%和7.47%。

缴存单位中，国家机关和事业单位占62.5%，国有企业占13.45%，城镇集体企业占3.32%，外商投资企业占0.74%，城镇私营企业及其他城镇企业占14.28%，民办非企业单位和社会团体占1.35%，其他占4.36%。

缴存职工中，国家机关和事业单位占38.23%，国有企业占41.81%，城镇集体企业占3.20%，外商投资企业占3.42%，城镇私营企业及其他城镇企业占9.37%，民办非企业单位和社会团体占0.56%，其他占3.41%；中、低收入占98.18%，高收入占1.82%。

新开户职工中，国家机关和事业单位占17.84%，国有企业占25.21%，城镇集体企业占2.76%，外商投资企业占16.81%，城镇私营企业及其他城镇企业占26.75%，民办非企业单位和社会团体占1.67%，其他占8.96%；中、低收入占98.77%，高收入占1.23%。

（二）提取业务：2018年，79.22万名缴存职工提取住房公积金205.77亿元。

提取金额中，住房消费提取占76.15%（购买、建造、翻建、大修自住住房占33.86%，偿还购房贷

款本息占 22.50%，租赁住房占 19.60%，其他占 0.19%）；非住房消费提取占 23.85%（离休和退休提取占 21.14%，完全丧失劳动能力并与单位终止劳动关系提取占 0.99%，户口迁出所在市或出境定居占 0.23%，其他占 1.49%）。

提取职工中，中、低收入占 97.28%，高收入占 2.72%。

（三）**贷款业务**：

1. **个人住房贷款**：2018 年，支持职工购建房 1632 万平方米。年末个人住房贷款市场占有率为 24.47%，比上年同期减少 1.53 个百分点。通过申请住房公积金个人住房贷款，可节约职工购房利息支出 602930.58 万元。

职工贷款笔数中，购房建筑面积 90（含）平方米以下占 12.53%，90～144（含）平方米占 72.87%，144 平方米以上占 14.60%。购买新房占 84.34%（其中购买保障性住房占 0.68%），购买二手房占 11.26%，建造、翻建、大修自住住房占 1.36%，其他占 3.04%。

职工贷款笔数中，单缴存职工申请贷款占 33.91%，双缴存职工申请贷款占 65.75%，三人及以上缴存职工共同申请贷款占 0.34%。

贷款职工中，30 岁（含）以下占 26.84%，30 岁～40 岁（含）占 42.64%，40 岁～50 岁（含）占 22.70%，50 岁以上占 7.82%；首次申请贷款占 94.58%，二次及以上申请贷款占 5.42%；中、低收入占 89.91%，高收入占 10.09%。

2. **异地贷款**：2018 年，发放异地贷款 7483 笔 285331.30 万元。2018 年末，发放异地贷款总额 642607.18 万元，异地贷款余额 505568.26 万元。

3. **住房公积金支持保障性住房建设项目贷款**：2018 年末，全省有住房公积金试点城市 4 个，试点项目 9 个，贷款额度 10.73 亿元，建筑面积 116.04 万平方米，可解决 9744 户中低收入职工家庭的住房问题。9 个试点项目贷款资金已发放并还清贷款本息。

（四）**住房贡献率**：2018 年，个人住房贷款发放额、住房消费提取额的总和与当年缴存额的比率为 96.78%，比上年增加 6.65 个百分点。

六、其他重要事项

（一）当年住房公积金政策调整情况

1. **加强部门联动，维护职工购房贷款权益**。转发《住房城乡建设部、财政部、中国人民银行、国土资源部关于维护住房公积金缴存职工购房贷款权益的通知》（晋建金字〔2018〕21 号），要求各相关部门建立沟通协调机制，优化、公开业务办理流程，压缩贷款审批时限，提高抵押登记效率，加快部门信息共享，加强销售行为管理，畅通投诉举报渠道，集中开展专项整治，加大联合惩戒力度，切实维护缴存职工的公积金贷款权益。

2. **落实相关政策，促进港澳台同胞融入内地建设**。转发《住房城乡建设部、财政部、中国人民银行、国务院港澳台事务办公室关于在内地（大陆）就业的港澳台同胞享有住房公积金待遇有关问题的意见》（建金〔2018〕237 号），明确在内地（大陆）就业的港澳台同胞，通过缴存住房公积金享受同等的使用权利，为港澳台同胞在内地（大陆）就业、生活提供便利，促进港澳台同胞更好地融入内地（大陆）的经济社会发展。

3. **提高审批效率，确保降比例政策落实到位**。转发《住房城乡建设部、财政部、人民银行关于改进住房公积金缴存机制进一步降低企业成本的通知》（晋建金字〔2018〕137号），明确2016年出台的阶段性适当降低企业住房公积金缴存比例政策到期后，继续延长执行至2020年4月30日，缴存单位可在5％至当地规定的上限区间内，自主确定住房公积金缴存比例，无需审批；对生产经营困难的企业，经职工代表大会讨论通过，可申请降低住房公积金缴存比例（5％以下）或者缓缴，住房公积金管理委员会应授权公积金中心审批，审批时限不得超过10个工作日，切实减轻实体企业成本。

4. **调整使用政策，降低资金风险**。印发《关于住房公积金政策执行情况及风险隐患排查的通知》（晋建金函〔2018〕799号），调整了部分使用政策，明确停止向尚未结清住房公积金贷款的职工家庭和非公积金缴存人发放住房公积金贷款，除建造、翻修、大修自住住房外，贷款资金不得直接支付给借款人；缴存职工在异地购房时，公积金贷款只能在购买地申请，缴存地住房公积金管理中心不再发放本地缴存职工的异地购房贷款；支持职工首套和改善型购房贷款，暂停住房公积金装修贷款业务；停止受理2018年7月30日以后商业银行发放的住房贷款转公积金贷款和已结清商业银行住房贷款的商转公业务；二手房交易住房公积金贷款在交易过程中由买卖双方共同提出申请，并在交易双方完成产权变更和不动产抵押后，将贷款直接或通过资金托管账户支付给出售人，减轻购房职工筹款压力；住房公积金贷款以所购房屋抵押（含预抵押）为主，凡所购房屋具备预抵押条件的，应进行预抵押登记，暂不能提供房屋抵押或预抵押担保的，无论采取哪种阶段性担保方式，最终都要落实到房屋抵押。除建造、翻修、大修自住住房外，不再使用自然人全程联保（或公积金质押）的担保方式，确保资金安全。

（二）当年开展监督检查情况

1. **打击骗提骗贷行为**。转发《住房城乡建设部、财政部、人民银行、公安部关于开展治理违规提取住房公积金工作的通知》（晋建金字〔2018〕182号），并将骗提骗贷列入住房城乡建设部门开展扫黑除恶专项斗争打击的重点，要求制定整治工作方案，稽核提取档案，查找问题线索，以群众举报、小广告电话作为切入点，持续打击非法中介协助缴存职工以虚拟手续提取公积金、骗取公积金贷款，并从中收取高额手续费的行为。

2. **组织开展综合检查**。依据《山西省住房和城乡建设厅关于开展对我省住房公积金有关工作综合检查的通知》（晋建金函〔2018〕959号），对我省9个设区城市公积金管理中心、省直分中心住房公积金政策执行情况、风险隐患排查情况、违规提取住房公积金行为整治开展进度和取得的成效、住房公积金系统内涉黑涉恶线索排查、案件查处移交情况、维护住房公积金缴存职工购房贷款权益部门协作情况、进一步降低企业成本宣传落实情况等开展综合检查，对存在的问题进行书面反馈，并提出整改要求。

（三）**当年服务改进情况**：以信息化建设为抓手，各市住房公积金管理中心（含省直分中心）落实"放管服效"改革工作不断走向深入，网站、网厅、12329热线、短信、微信、手机APP、微博、自助终端等服务渠道相继开通，公积金所涉"归集、提取、贷款"业务办结模式正在实现"由线下转为线上，由人工审核转为系统自动比对，由定点定时办理转为随时随地办理"的快速转型，进一步减少了审批要件，方便了业务办理，广大缴存职工的获得感、幸福感、安全感明显提升。

（四）**当年信息化建设情况**：一是圆满完成"双贯标"工作。2018年，晋中、忻州、运城、吕梁市住房公积金管理中心及省直分中心相继圆满完成了住房公积金基础数据标准贯彻和住房公积金结算应用系统接入工作（以下简称"双贯标"），2018年底，全省11个市住房公积金管理中心和省直分中心全部完成

"双贯标"任务。二是全力推进综合服务平台建设。太原、大同、忻州、晋中、阳泉、长治、晋城、运城等 8 个市住房公积金管理中心按照要求，建设完成了住房公积金综合服务平台，其中，太原、大同 2 个市住房公积金管理中心率先以"优秀"等级通过住房城乡建设部专家组验收。三是完成异地转移接续平台升级工作。11 个市住房公积金管理中心和省直分中心按时完成了住房公积金异地转移接续平台系统的升级工作，并通过核心系统与全国异地转移接续平台实现了直连。信息化建设的快速推进，有效促进各市住房公积金管理中心（含省直分中心）提高了资金管理水平、提升了服务效率和质量，增强了风险防控能力。

（五）扎实推进分支机构调整：认真落实中共山西省委办公厅、山西省人民政府办公厅印发《关于山西省国有企业分离办社会职能的实施意见》（晋办发〔2018〕41 号），按照省住房城乡建设厅、省国资委、省人社厅、省编办、省财政厅《关于做好省属国有煤炭企业住房公积金管理机构与原单位分离移交工作的通知》（晋建金字〔2018〕278）要求，扎实推进分支机构调整，完成了晋煤、同煤、潞安 3 个分中心和侯马市、洪洞县、孝义市、方山县及大同开发区、榆次开发区 6 个历史遗留的县（市、区）公积金管理机构调整。

（六）当年住房公积金机构及从业人员所获荣誉情况：2018 年，我省住房公积金机构荣获国家级文明单位 1 个，地市级 5 个；省部级青年文明号 5 个，地市级 1 个；省部级五一劳动奖章 2 个，地市级 1 个；省部级先进集体和个人 13 个，地市级 3 个。

太原住房公积金 2018 年年度报告

一、机构概况

（一）住房公积金管理委员会：太原住房公积金管理委员会有 27 名委员，2018 年召开了四届管委会换届会议，完成了四届管委会换届工作；召开了四届一次会议，审议通过了《太原市住房公积金管理中心 2018 年工作情况和 2018 年工作要点报告》、《2018 年度住房公积金归集、使用计划》、《2018 年度住房公积金增值收益分配方案》、《太原市住房公积金 2018 年年度报告》、《太原市住房公积金管理中心 2018 年度经费预算》。

（二）住房公积金管理中心：太原市住房公积金管理中心为隶属于太原市人民政府不以营利为目的的公益一类事业单位，下设铁路分中心和 14 个处室，12 个分理处。从业人员 338 人，其中，在编 224 人，非在编 114 人。

二、业务运行情况

（一）缴存：2018 年，新开户单位 866 家，实缴单位 9935 家，净增单位 789 家；新开户职工 12.16 万人，实缴职工 90.11 万人，净增职工 7.55 万人；缴存额 119.36 亿元，同比增长 8.18%。2018 年末，缴存总额 906.05 亿元，同比增长 15.17%；缴存余额 371.77 亿元，同比增长 14.57%。

受委托办理住房公积金缴存业务的银行 3 家，与上年相比无变化。

（二）提取：2018年，提取额72.07亿元，同比增长63.02%；占当年缴存额的60.38%，比上年增加20.31个百分点。2018年末，提取总额534.28亿元，同比增长15.59%。

（三）贷款：

1. **个人住房贷款**：个人住房贷款最高额度80万元，其中，单缴存职工最高额度50万元，双缴存职工最高额度80万元。

2018年，发放个人住房贷款1.59万笔77.59亿元，同比分别增长22.31%、20.82%。其中，中心本部发放个人住房贷款1.44万笔70.60亿元，铁路分中心发放个人住房贷款0.15万笔6.99亿元。

2018年，回收个人住房贷款32.00亿元。其中，中心本部29.35亿元，铁路分中心2.65亿元。

2018年末，累计发放个人住房贷款13.69万笔441.72亿元，贷款余额320.67亿元，同比分别增长13.14%、21.31%、16.58%。个人住房贷款余额占缴存余额的86.25%，比上年增加1.48个百分点。

受委托办理住房公积金个人住房贷款业务的银行15家，与上年相比无变化。

2. **住房公积金支持保障性住房建设项目贷款**：2018年，保障性住房建设项目贷款回收1.60亿元。2018年末，累计发放项目贷款5.20亿元，回收5.20亿元。

（四）**资金存储**：2018年末，住房公积金存款54.34亿元。其中，活期0.10亿元，1年（含）以下定期14.60亿元，1年以上定期28.05亿元，其他（协定、通知存款等）11.59亿元。

（五）**资金运用率**：2018年末，住房公积金个人住房贷款余额占缴存余额的86.25%，比上年增加0.98个百分点。

三、主要财务数据

（一）**业务收入**：2018年，业务收入111971.12万元，同比增长14.12%。其中，中心本部92485.20万元，铁路分中心19485.92万元；存款利息18232.04万元，委托贷款利息93694.67万元，其他44.41万元。

（二）**业务支出**：2018年，业务支出56694.45万元，同比增长3.19%。其中，中心本部46691.61万元，铁路分中心10002.84万元；支付职工住房公积金利息51972.73万元，委托贷款手续费4684.73万元，其他36.99万元。

（三）**增值收益**：2018年，增值收益55276.67万元，同比增长28.02%。其中，中心本部45793.59万元，铁路分中心9483.08万元；增值收益率1.58%，比上年增加0.12个百分点。

（四）**增值收益分配**：2018年，提取贷款风险准备金3919.64万元，提取管理费用10580.46万元，提取城市廉租住房（公共租赁住房）建设补充资金40776.57万元。

2018年，上交财政管理费用10580.46万元。上缴财政城市廉租住房（公共租赁住房）建设补充资金10000万元。

2018年末，贷款风险准备金余额32066.92万元。累计提取城市廉租住房（公共租赁住房）建设补充资金305568.02万元。其中，中心本部提取252769.56万元，铁路分中心提取52798.46万元。

（五）**管理费用支出**：2018年，管理费用支出9726.18万元，同比增长49.21%。其中，人员经费3738.63万元，公用经费334.27万元，专项经费5653.28万元。

中心本部管理费用支出8316.74万元，其中，人员、公用、专项经费分别为3065.67万元、289.59

万元、4961.48 万元；铁路分中心管理费用支出 1409.44 万元，其中，人员、公用、专项经费分别为 672.96 万元、44.68 万元、691.80 万元。

四、资产风险状况

（一）个人住房贷款：2018 年末，个人住房贷款逾期额 4484.60 万元，逾期率 1.40‰。其中，中心本部 1.46‰，铁路分中心 0.74‰。

个人贷款风险准备金按贷款增长额的 1% 提取。2018 年，提取个人贷款风险准备金 4559.64 万元，未使用个人贷款风险准备金。2018 年末，个人贷款风险准备金余额 32066.92 万元，占个人住房贷款余额的 1%，个人住房贷款逾期额与个人贷款风险准备金余额的比率为 13.99%。

（二）支持保障性住房建设试点项目贷款：2018 年末，项目贷款无逾期。

2018 年，项目贷款已全部收回，未发生逾期风险，原提取的 640 万元项目贷款风险准备金冲回到当年增值收益，项目贷款风险准备金无余额。

五、社会经济效益

（一）缴存业务：2018 年，实缴单位数、实缴职工人数和缴存额同比分别增长 9.60%、2.84% 和 8.18%。

缴存单位中，国家机关和事业单位占 35.29%，国有企业占 17.03%，城镇集体企业占 5.43%，外商投资企业占 1.67%，城镇私营企业及其他城镇企业占 35.78%，民办非企业单位和社会团体占 3.03%，其他占 1.77%。

缴存职工中，国家机关和事业单位占 20.70%，国有企业占 48.70%，城镇集体企业占 5.21%，外商投资企业占 7.20%，城镇私营企业及其他城镇企业占 16.18%，民办非企业单位和社会团体占 1.48%，其他占 0.53%；中、低收入占 99.86%，高收入占 0.14%。

新开户职工中，国家机关和事业单位占 7.65%，国有企业占 20.45%，城镇集体企业占 2.53%，外商投资企业占 31.73%，城镇私营企业及其他城镇企业占 32.50%，民办非企业单位和社会团体占 2.60%，其他占 2.54%；中、低收入占 100.00%。

（二）提取业务：2018 年，43.70 万名缴存职工提取住房公积金 72.07 亿元。

提取金额中，住房消费提取占 76.86%（购买、建造、翻建、大修自住住房占 28.74%，偿还购房贷款本息占 28.97%，租赁住房占 19.06%，其他占 0.09%）；非住房消费提取占 23.14%（离休和退休提取占 20.90%，完全丧失劳动能力并与单位终止劳动关系提取占 1.51%，户口迁出本市或出境定居占 0.01%，其他占 0.72%）。

提取职工中，中、低收入占 99.70%，高收入占 0.30%。

（三）贷款业务：

1. 个人住房贷款：2018 年，支持职工购建房 186.00 万平方米，年末个人住房贷款市场占有率为 18.24%，比上年减少 1.77 个百分点。通过申请住房公积金个人住房贷款，可节约职工购房利息支出 284957.47 万元。

职工贷款笔数中，购房建筑面积 90（含）平方米以下占 20.97%，90～144（含）平方米占 62.22%，

144 平方米以上占 16.81%。购买新房占 80.37%（其中购买保障性住房占 0.53%），购买二手房占 19.63%。

职工贷款笔数中，单缴存职工申请贷款占 15.69%，双缴存职工申请贷款占 83.75%，三人及以上缴存职工共同申请贷款占 0.56%。

贷款职工中，30 岁（含）以下占 22.29%，30 岁～40 岁（含）占 47.39%，40 岁～50 岁（含）占 24.04%，50 岁以上占 6.28%；首次申请贷款占 100%；中、低收入占 88.83%，高收入占 11.17%。

2. **异地贷款**：2018 年，发放异地贷款 946 笔 46307.00 万元。2018 年末，发放异地贷款总额 126293.30 万元，异地贷款余额 120488.05 万元。

3. **支持保障性住房建设试点项目贷款**：2018 年末，累计试点项目 3 个，贷款额度 5.2 亿元，建筑面积 41.50 万平方米，可解决 4297 户中低收入职工家庭的住房问题。3 个试点项目贷款资金已发放并收回贷款本息。

（四）**住房贡献率**：2018 年，个人住房贷款发放额、住房消费提取额的总和与当年缴存额的比率为 111.41%，比上年增加 12.77 个百分点。

六、其他重要事项

（一）当年住房公积金政策调整及执行情况

1. **当年缴存政策调整情况**

（1）确定了 2018 年度缴存基数和缴存比例。2018 年 6 月 21 日发布《关于做好 2018 年度住房公积金缴存基数和缴存比例调整工作的通知》（并公积金〔2018〕35 号），明确了 2018 年度太原地区住房公积金缴存标准。一是确定最低缴存基数：迎泽区、尖草坪区、杏花岭区、万柏林区、晋源区、小店区、古交市为 1700 元，清徐县为 1600 元，阳曲县为 1500 元，娄烦县为 1400 元。二是确定最高缴存基数：18030 元。三是确定缴存比例：企业单位可在 5%～12% 的区间内，自主确定住房公积金缴存比例。机关事业单位住房公积金缴存比例保持不变，仍按原标准执行。缴存比例一律取整数，单位和个人应当执行同一缴存比例。生产经营困难的企业，可以按照《太原市单位申请降低住房公积金缴存比例或者缓缴相关事项的规定》（并公积金〔2015〕19 号）申请降低缴存比例或者缓缴。

（2）出台了在并就业创业的港澳台同胞住房公积金缴存使用通知。从 2018 年 10 月 26 日起，港澳台同胞与单位建立或者形成劳动关系，用人单位应当为其缴存住房公积金。港澳台同胞灵活就业创业的，可以自愿申请缴存住房公积金。缴存基数、缴存比例、办理流程等按照归集业务政策规定执行。在住房公积金缴存期间发生规定的住房消费行为时，可以申请提取本人住房公积金账户存储余额，也可以申请住房公积金贷款，相关办理条件和流程按照提取、贷款政策规定执行。

（3）调整了异地转移接续业务办理条件。从 2018 年 8 月 20 日起，缴存职工已在太原市行政区域内设立个人住房公积金账户并稳定缴存 6 个月以上（含 6 个月），才可以申请将原缴存城市的住房公积金转入。

2. **当年提取政策调整情况**

（1）支持缴存职工在缴存地或户籍地购买自住住房提取住房公积金。缴存职工在本市购买自住住房或者偿还本市住房贷款申请提取住房公积金，符合《太原市住房公积金提取业务指南》及其他政策规定的，可以通过我中心手机公积金 APP 或个人网上业务大厅等互联网渠道申请办理。缴存职工在太原市和户籍地以外城市发生的购买自住住房或者偿还住房贷款的行为，不得申请提取本人和配偶的住房公积金。

（2）放宽解除或终止劳动关系提取住房公积金的申请条件。缴存职工与单位解除或终止劳动关系，住房公积金账户封存满 6 个月，未在异地继续缴存的，可以申请办理销户提取。

3. 当年贷款政策调整情况

（1）调整简化按月冲还贷业务规则，贷款职工可直接通过手机 APP 办理签约手续。

（2）规范贷款资金划转流程，规避资金风险，将住房公积金个人贷款资金需按住房消费行为的品种支付给相关银行账户，不再将贷款资金直接支付给借款人。

（3）停止受理自 2018 年 9 月 30 日以后购买新建商品房时已全额付清房款的购房职工提交的住房公积金贷款申请。

（4）停止受理本市缴存职工异地购买住房的贷款申请。根据住房城乡建设部相关规定，本市缴存职工在异地购房的，可以在我中心开具《缴存证明》后直接到购房地公积金中心申请住房公积金贷款。

（5）停止受理自 2018 年 9 月 30 日以后商业银行发放的商业住房贷款转公积金贷款及部分转公积金贷款申请。

（6）住房公积金二手房贷款以由买卖双方在太原市二手房交易、公积金贷款服务大厅申请为主，停止受理 2018 年 9 月 30 日后已完成交易过户的六城区范围内二手房贷款申请。

4. **当年住房公积金存贷款利率执行标准**。2018 年，中国人民银行对个人住房公积金存贷款利率未做调整，仍执行 2018 年的标准，即：存款利率为一年期定期利率 1.5%；贷款利率为：五年期以下（含五年）利率为 2.75%，五年期以上利率为 3.25%，我中心对购买第二套改善型住房申请公积金贷款实行差别化利率，按照同期首套住房公积金个人贷款利率的 1.1 倍计息。

（二）当年服务改进情况

1. **建设住房公积金综合服务平台，实现业务办理线上"零跑路"，线下"最多跑一次"**。3 月 5 日，中心住房公积金综合服务平台正式上线运行，形成以门户网站、网上业务大厅、12329 服务热线、短信平台、触摸屏自助终端、手机公积金 APP、微信公众号、微博等 8 个服务渠道为核心的服务体系，实现了与房产、国土、民政、各受托银行之间的数据互联互通，打通了信息孤岛，有效解决了群众办事"多头跑、重复跑"问题。目前，中心已将 90% 以上的业务量迁入线上，推行 24 小时"不打烊"服务，随时受理、实时办结。

2. **升级开通住房公积金单位网上业务**。从 2018 年 1 月 1 日起，正常缴存职工人数在 200 人以上的单位（人力资源服务机构和劳务派遣机构除外），可以申请开通单位网上业务。开通单位网上业务功能的单位，可以"零材料、零跑路"直接通过互联网办理本单位职工的个人账户设立、封存、启封、汇补缴核定、基数调整、比例调整、单位信息修改及相关查询等业务，业务办结后还可同步自行打印相关凭证。

3. **扩充灵活就业人员住房公积金承办机构**。按照灵活就业人员住房公积金承办机构准入标准新增授权四家人力资源服务机构。截至 2018 年底，灵活就业人员申请设立账户并缴存的共有 10096 人，已向其中 506 人发放公积金贷款 18795.40 万元，有效地畅通了灵活就业人员公积金缴存使用通道。

4. **实现灵活就业人员住房公积金缴款方式的转变**。为化解灵活就业人员资金缴存风险，通过各承办机构和业务合作银行共同制定方案，梳理流程，实现灵活就业人员月缴存资金直接从其所有借记卡账户扣划至中心归集专户的缴款方式，从根本上化解了风险。

5. 改善服务环境。完成了迎泽分理处重新选址装修和小店、尖草坪分理处老旧服务大厅装修改造工作。通过加强基础建设，迎泽分理处有了固定的办公场所，小店和尖草坪分理处的办公环境得到了明显的改善，中心整体的服务环境、服务形象有了新的展现。

6. 提升服务效能。认真学习贯彻《太原市效能建设九项制度》；在服务窗口积极推行"服务承诺制、首问责任制、限时办结制、一次性告知制、AB岗工作制、离岗告示制"，全面实行"一站式"服务，推广"预约服务和上门服务"，提升服务水平和服务质量；严格执行工作计划规范管理制度和"13710"工作制度，通过开展部门协作、督察督办，大力提升中心各部门的服务效能。

7. 畅通服务监督。通过12329服务热线、中心门户网站、主任信箱、各业务大厅服务电话和稽查队服务电话进行业务查询、政策咨询、建言献策以及投诉监督，定期参加行风热线、聚焦行风进行政策宣传、答疑解惑。

（三）当年信息化建设情况。我中心住房公积金基础数据标准贯彻和住房公积金结算应用系统接入工作已于2018年圆满完成。2018年，中心重点建设完成住房公积金综合服务平台，并以"优秀"等级通过住房城乡建设部专家组验收。同时，中心积极配合做好了住房城乡建设部住房公积金异地转移接续平台系统的升级工作。通过核心系统与全国异地转移接续平台直连，并将异地转移接续功能植入了手机APP，方便跨地区缴存职工办理住房公积金异地转移接续业务，实现了"账随人走，钱随账走"。

（四）当年住房公积金管理中心及职工所获荣誉情况

1. 2018年2月，我中心被山西省住房和城乡建设厅评为"2018年度全省住房和城乡建设工作优秀单位"。

2. 2018年2月，我中心被授予太原市2016～2018年度双拥模范单位光荣称号。

3. 2018年10月，我中心以优秀的成绩通过了档案规范化管理等级认定，取得"山西省二级档案工作目标管理证书"。

4. 2018年11月，我中心被太原市精神文明建设委员会评为"2018年度文明单位标兵"。我中心已连续8年获得该荣誉。

5. 2018年6月，我中心铁路分中心党支部荣获太原市"先进基层党组织"荣誉称号。

6. 2018年2月，我中心个人贷款管理处被授予"山西省住房和城乡建设系统先进集体"荣誉称号，同时，中心工作人员魏建宏、张艳旸被授予"山西省住房和城乡建设系统先进工作者"荣誉称号。

（五）其他需要披露的情况。 2018年，我中心通过12345市政府便民服务热线、12329公积金服务热线、中心门户网站、主任信箱等渠道共处理各类违反《住房公积金管理条例》和相关法规的行为161件，受理率、结案率、满意率100%。其中受理开发商拒绝住房公积金贷款案件69件，全力维护了缴存职工的购房贷款权益。

2018年，在中心开展"扫黑除恶"专项斗争工作中，通过自查、投诉举报、相关部门移交的线索等手段，对已利用虚假资料提取住房公积金的两起业务进行了全面追缴，追回骗提的公积金共计154900元，并向太原市综治办移交线索14条。

为维护中心合法权益，清收逾期贷款，降低住房公积金贷款风险，2018年移交给律师事务所的53个案件已有35个案件进入司法程序。截至2018年末，通过法律途径清欠回逾期贷款金额约（包括本金、利息、罚息）3897743.53元，有效降低了贷款逾期率。

大同市住房公积金 2018 年年度报告

一、机构概况

（一）住房公积金管理委员会

住房公积金管理委员会有 25 名委员，2018 年召开 1 次会议，审议通过的事项主要包括：1. 大同市住房公积金 2018 年管理工作报告；2. 大同市住房公积金 2018 年年度报告；3. 大同市住房公积金关于 2018 年住房公积金归集使用及增值收益计划建议和 2018 年增值收益分配方案的报告；4. 大同市住房公积金管理中心关于提高个人住房公积金贷款额度的议案；5. 大同市住房公积金管理中心关于调整个人住房公积金租房提取政策的议案。

（二）住房公积金管理中心

住房公积金管理中心为市政府直属不以营利为目的的参公事业单位，设 10 个科室，11 个管理部，1 个分中心。从业人员 127 人，其中，在编 105 人，非在编 22 人。

二、业务运行情况

（一）**缴存**：2018 年，新开户单位 208 家，实缴单位 3441 家，净增单位 126 家；新开户职工 1.72 万人，实缴职工 29.45 万人，净增职工 0.43 万人；缴存额 33.44 亿元，同比下降 6.36%。2018 年末，缴存总额 273.63 亿元，同比增长 13.92%；缴存余额 82.13 亿元，同比增长 19.58%。

受委托办理住房公积金缴存业务的银行 5 家，本年委托银行没有增加减少。

（二）**提取**：2018 年，提取额 19.99 亿元，同比增长 28.73%；占当年缴存额的 59.79%，比上年增长 16.3 个百分点。2018 年末，提取总额 191.5 亿元，同比增长 11.65%。

（三）**贷款**：

个人住房贷款最高额度 100 万元。其中，单缴存职工最高额度 100 万元，双缴存职工最高额度 100 万元。

2018 年，发放个人住房贷款 0.65 万笔 25 亿元，同比分别增长 40.27%、73.51%。其中，市中心发放个人住房贷款 0.5 万笔 19.45 亿元，同煤分中心发放个人住房贷款 0.15 万笔 5.55 亿元。

2018 年，回收个人住房贷款 5.15 亿元。其中，市中心 4.56 亿元，同煤分中心 0.59 亿元。

2018 年末，累计发放个人住房贷款 3.39 万笔 87.73 亿元，贷款余额 67.5 亿元，同比分别增长 23.59%、39.87%、41.68%。个人住房贷款余额占缴存余额的 82.2%，比上年增加 12.83 个百分点。

受委托办理住房公积金个人住房贷款业务的银行 5 家，本年委托银行没有增加减少。

（四）**资金存储**：2018 年末，住房公积金存款 15.29 亿元。其中，活期 0.07 亿元，1 年（含）以下定期 3.56 亿元，1 年以上定期 7.93 亿元，其他（协定、通知存款等）3.73 亿元。

（五）**资金运用率**：2018 年末，住房公积金个人住房贷款余额占缴存余额的 82.2%，比上年增加

12.83 个百分点。

三、主要财务数据

（一）业务收入：2018 年，业务收入 23124.6 万元，同比增长 16.7%。其中，市中心 17842.72 万元，同煤分中心 5281.88 万元；存款利息 4853.18 万元，委托贷款利息 18271.42 万元。

（二）业务支出：2018 年，业务支出 12460.17 万元，同比增长 28.91%。其中，市中心 9495.1 万元，同煤分中心 2965.07 万元；支付职工住房公积金利息 11388.75 万元，委托贷款手续费 1069.55 万元，其他 1.87 万元。

（三）增值收益：2018 年，增值收益 10664.43 万元，同比增长 5.08%。其中，市中心 8347.62 万元，同煤分中心 2316.81 万元；增值收益率 1.42%，比上年减少 0.25 个百分点。

（四）增值收益分配：2018 年，提取贷款风险准备金 2036.12 万元，年末未分配增值收益 8628.3 万元，累计未分配增值收益 9125.04 万元。

2018 年，上缴财政城市廉租住房（公共租赁住房）建设补充资金 20838.24 万元。其中，市中心上缴 6838.24 万元，同煤分中心上缴（大同市财政局）14000 万元。

2018 年末，贷款风险准备金余额 8116.88 万元。累计提取城市廉租住房（公共租赁住房）建设补充资金 73322.5 万元。其中，市中心提取 59322.5 万元，分中心提取 14000 万元。

（五）管理费用支出：2018 年，管理费用支出 1989.32 万元，同比下降 20.52%。其中，人员经费 727.61 万元，公用经费 66.99 万元，专项经费 1194.72 万元。

市中心管理费用支出 1896.71 万元。其中，人员、公用、专项经费分别为 662.5 万元、39.49 万元、1194.72 万元；同煤分中心管理费用支出 92.61 万元，其中，人员、公用经费分别为 65.11 万元、27.5 万元。

四、资产风险状况

2018 年末，个人住房贷款逾期额 863.47 万元，逾期率 1.28‰。其中，市中心 1.56‰，同煤分中心 0‰。

个人贷款风险准备金按增值收益的 1% 提取。2018 年，提取个人贷款风险准备金 2036.12 万元，未使用个人贷款风险准备金核销呆坏账。2018 年末，个人贷款风险准备金余额 8116.88 万元，占个人住房贷款余额的 1.2%，个人住房贷款逾期额与个人贷款风险准备金余额的比率为 10.64%。

五、社会经济效益

（一）缴存业务：2018 年，实缴单位数、实缴职工人数和缴存额同比分别增长 2.62%、－1.44% 和 －6.36%。

缴存单位中，国家机关和事业单位占 72.74%，国有企业占 11.22%，城镇集体企业占 0.64%，外商投资企业占 0.73%，城镇私营企业及其他城镇企业占 3.49%，民办非企业单位和社会团体占 1.10%，其他占 10.08%。

缴存职工中，国家机关和事业单位占 39.51%，国有企业占 49.98%，城镇集体企业占 0.79%，外商

投资企业占0.71%，城镇私营企业及其他城镇企业占1.95%，民办非企业单位和社会团体占0.09%，其他占6.97%；中、低收入占92.13%，高收入占7.87%。

新开户职工中，国家机关和事业单位占21.57%，国有企业占47.62%，城镇集体企业占0.24%，外商投资企业占1.53%，城镇私营企业及其他城镇企业占15.82%，民办非企业单位和社会团体占0.16%，其他占13.06%；中、低收入占98.17%，高收入占1.83%。

（二）提取业务：2018年，7.15万名缴存职工提取住房公积金19.99亿元。

提取金额中，住房消费提取占77.92%（购买、建造、翻建、大修自住住房占34.59%，偿还购房贷款本息占15.79%，租赁住房占26.69%，其他占0.85%）；非住房消费提取占22.08%（离休和退休提取占20.45%，完全丧失劳动能力并与单位终止劳动关系提取占0.18%，户口迁出本市或出境定居占0.39%，其他占1.06%）。

提取职工中，中、低收入占86.16%，高收入占13.84%。

（三）贷款业务

1. 个人住房贷款：2018年，支持职工购建房78.03万平方米，年末个人住房贷款市场占有率为35.72%，比上年增加1.08个百分点。通过申请住房公积金个人住房贷款，可节约职工购房利息支出72412.46万元。

职工贷款笔数中，购房建筑面积90（含）平方米以下占4.95%，90～144（含）平方米占87%，144平方米以上占8.05%。购买新房占96.03%，购买二手房占2.19%，建造、翻建、大修自住住房占0.93%，其他占0.85%。

职工贷款笔数中，单缴存职工申请贷款占40.33%，双缴存职工申请贷款占59.67%。

贷款职工中，30岁（含）以下占33.97%，30岁～40岁（含）占38.21%，40岁～50岁（含）占21.32%，50岁以上占6.5%；首次申请贷款占98.26%，二次申请贷款占1.74%；中、低收入占45.17%，高收入占54.83%。

2. 异地贷款：2018年，发放异地贷款1713笔68188万元。2018年末，发放异地贷款总额161270.5万元，异地贷款余额137612.58万元。

（四）住房贡献率：2018年，个人住房贷款发放额、住房消费提取额的总和与当年缴存额的比率为134.54%，比上年增加50.70个百分点。

六、其他重要事项

（一）当年机构及职能调整情况：2018年，根据山西省住房和城乡建设厅等五部门《关于做好省属国有煤炭企业住房公积金管理机构与原单位分离移交工作的通知》（晋建金字〔2018〕278号）精神和《2018年全省住房和城乡建设工作目标责任书》工作要求，中心顺利完成同煤集团公积金管理机构和大同市经济技术开发区公积金管理机构的接收工作。接收后的同煤公积金管理机构名称为大同市住房公积金管理中心同煤集团分中心，大同市经济技术开发区公积金管理机构名称为大同市住房公积金管理中心开发区管理部。

同煤集团分中心和开发区管理部的正式接收，标志着全市住房公积金步入"统一决策、统一制度、统一管理、统一核算"的管理运行机制。

(二)当年住房公积金政策调整及执行情况

1. **2018年住房公积金缴存基数限额及确定方法**。按照山西省统计信息网发布的《2017年山西省非私营单位就业人员年平均工资60061元》中指出,大同市2017年非私营单位就业人员年平均工资为58097元,大同市月平均工资据此核定为4841.41元。根据建金管〔2005〕5号文件规定,缴存住房公积金的月工资基数,原则上不应超过职工工作所在地设区城市统计部门公布的上一年度职工月平均工资的2倍或3倍,不低于当地最低工资标准。据此核定大同市住房公积金2018年度职工住房公积金月缴存工资基数上限为14524元,职工住房公积金月缴存工资基数下限为1400元。

2. **改进住房公积金缴存机制,规范缴存管理,进一步减轻企业负担**。将阶段性适当降低企业住房公积金缴存比例政策的执行期限延长至2020年4月30日。我市生产经营困难的企业,经职工代表大会或工会讨论通过,可申请降低住房公积金缴存比例或缓缴住房公积金,待单位经济效益好转后,再提高缴存比例或者补缴缓缴的住房公积金,全年共完成受理13家企业的缓缴申请。

3. **当年住房公积金缴存比例**。缴存单位和个人住房公积金缴存比例最高12%,最低5%。

4. **调整住房公积金租房提取政策**。缴存职工租住商品住房的,提供本人及配偶在本市无自有住房的证明即可提取。每年每户最高提取额度从15000元提高到20000元。

5. **当年住房公积金存贷款利率执行标准**。2018年住房公积金贷款利率:5年期以内(含5年)执行利率为2.75%,5年期以上执行利率为3.25%。

6. **当年个人住房贷款最高贷款额度及贷款年限**。2018年个人住房公积金最高额度从80万调整到100万元,贷款年限为30年且贷款到期日不超过借款申请人法定退休时间后5年。

7. **规范住房公积金个人贷款政策**。停止受理已付清全款的商品房个人住房贷款、已完成交易过户的二手房个人住房贷款、房屋装修个人贷款和已结清商业银行住房贷款的"商转公"个人住房贷款业务。

停止受理自2018年7月30日以后商业银行发放的住房贷款转公积金个人住房贷款业务。

8. **规范二手房住房公积金个人贷款流程**。大同市住房公积金二手房贷款应在交易过程中由买卖双方提出贷款申请并由中心核准额度,在交易双方完成产权变更和不动产抵押后,再将住房公积金贷款直接或通过资金托管账户支付给出售人。

9. **规范个人住房贷款贷款资金支付方式**。住房公积金个人贷款资金需按住房消费行为的种类支付给相应的银行账户(房地产开发企业监管账户、二手房监管账户或房屋出售人账户、商转公贷款银行账户、拆迁安置房购房人银行账户)。除拆迁安置房贷款外,申请其他住房公积金个人贷款的不再将贷款资金直接支付给借款人。

10. **调整拆迁安置住房公积金贷款额度**。拆迁安置房贷款额度根据借款人所交拆迁购房款金额确定,不再累加装修预算部分。

(三)当年服务改进情况

1. **完善基础服务设施**。市中心综合服务大厅设立了网缴体验室,免费为缴存单位提供网厅业务培训、网上缴存疑难问题解决等服务;增设医药箱、雨伞、针线包等便民物品;为方便群众办事,市中心协调附近单位为办事群众提供免费停车服务,解决了群众办事"停车难"的问题。

2. **精简审批环节,取消审批要件**。中心以推动各类业务清单标准化为突破口,优化业务流程,公开办事程序,减少审批环节,压缩审批时限,认真执行首问负责制、一次性告知制和限时办结制,持续精简和规范行政审批事项的设定依据、申请条件、申请材料、办理时限、办理流程,凡没有法律法规设定依据的一律取消,能通过个人现有证照来证明的一律规范清理。先后取消审批环节10个,取消审批要件18个。

3. **推进档案电子化管理**。中心建立电子档案信息管理系统,除部分需要纸质与电子化存储并行的材料外,业务档案全部实行数字化管理。

4. **强化热线及业务短信服务功能**。全年通过12329热线全年共接听市民咨询、投诉、建议等电话15204个,回复群众满意率为99%。共发送住房公积金各类业务办理短信、公积金贷款还款提醒短信、资金到账短信等计105万条。

5. **创新业务发展方式,实现共享模式**。中心与太原市住房公积金管理中心建立合作关系,中心与开发企业签订合作协议时,将太原公积金管理中心铁路分中心大同管理部纳入协议范围,共享开发企业阶段性保证,惠及更多缴存职工。

6. **完善贷款还款业务服务方式**。完善贷款系统自动划扣"冲还贷"功能,公积金贷款提前还款实现了线上自助办理,线下秒还自动划扣。

（四）信息化建设情况

1. **完成综合服务平台建设,信息数据管理体系更加规范**。中心大力推进部门间信息共享,运用大数据手段,推行"互联网+"业务模式,多措并举,提升效能,全面推进住房公积金综合服务平台8大渠道（网厅、微信、手机APP、微博、12329语音热线、短信、网站、自助终端）建设,以"优秀"等次通过住房城乡建设部、省住房城乡建设厅专家组验收。

大同市住房公积金管理中心不断加强信息数据的完善,信息数据管理体系更加规范,在基础数据的采集、业务办理流程、资金结算效率、资金安全管理和对外服务水平方面都得到了极大的提高。

2. **强化"互联网+公积金"服务**。中心通过与产权部门数据信息共享,采用腾讯慧眼个人身份刷脸认证技术和短信验证码双重验证技术,实现住房公积金缴存、提取、贷款、查询等65项业务实现了"零资料、零审批、零跑腿"网上一次办结,17项业务实现了"最多跑一次"线下办结,全程网办业务占比超过50%,初步实现了"让数据多跑路、让群众少跑腿"的目标。

（五）当年住房公积金管理中心及职工所获荣誉情况

2018年大同市住房公积金管理中心被山西省总工会评为"五一"劳动模范单位。

2018年大同市住房公积金管理中心党总支被中共大同市直机关工委评为"先进基层党组织"。

2018年大同市住房公积金管理中心浑源县管理部被评为山西省住房和城乡建设系统先进集体。

2018年大同市住房公积金管理中心广灵县管理部主任孙中一同志被评为山西省住房和城乡建设系统先进工作者。

2018年大同市公积金管理中心计算机技术信息科科长王俊飞同志被市直机关工委评为优秀共产党员。

阳泉市住房公积金2018年年度报告

一、机构概况

（一）**住房公积金管理委员会**：住房公积金管理委员会有29名委员,2018年召开1次会议,审议通过 2018 年住房公积金信息披露年度报告。

（二）**住房公积金管理中心**：住房公积金管理中心为政府直属不以营利为目的的参照公务员管理的全额事业单位，设 6 个处（科），6 个管理部，1 个分中心。从业人员 79 人，其中，在编 42 人，非在编 37 人。

二、业务运行情况

（一）**缴存**：2018 年，新开户单位 94 家，实缴单位 1659 家，净增单位 55 家；新开户职工 0.44 万人，实缴职工 17.5 万人，净增职工 -0.22 万人；缴存额 14.81 亿元，同比下降 7.61%。2018 年末，缴存总额 134.07 亿元，同比增长 12.41%；缴存余额 41.91 亿元，同比增长 27.27%。

受委托办理住房公积金缴存业务的银行 6 家，无新增受托银行。

（二）**提取**：2018 年，提取额 5.83 亿元，同比增长 29.56%；占当年缴存额的 39.39%，比上年增加 11.3 个百分点。2018 年末，提取总额 92.17 亿元，同比增长 6.75%。

（三）**贷款**：

个人住房贷款最高额度 80 万元，其中，单缴存职工最高额度 80 万元，双缴存职工最高额度 80 万元。阳煤分中心最高贷款额度为 50 万元

2018 年，发放个人住房贷款 1626 笔 4.96 亿元，同比分别下降 10.60%、18.99%。其中，市中心发放个人住房贷款 1361 笔 4.47 亿元，分中心发放个人住房贷款 265 笔 0.49 亿元。

2018 年，回收个人住房贷款 2.51 亿元。其中，市中心 1.89 亿元，分中心 0.62 亿元。

2018 年末，累计发放个人住房贷款 22748 笔 38.44 亿元，贷款余额 18.33 亿元，同比分别增长 7.08%、14.78%、15.43%。个人住房贷款余额占缴存余额的 43.74%，比上年同期减少 4.48 个百分点。

受委托办理住房公积金个人住房贷款业务的银行 6 家，无新增受托银行。

（四）**资金存储**：2018 年末，住房公积金存款 23.98 亿元。其中，活期 0.61 亿元，1 年（含）以下定期 4.89 亿元，1 年以上定期 17.27 亿元，其他（协定、通知存款等）1.21 亿元。

（五）**资金运用率**：2018 年末，住房公积金个人住房贷款余额、项目贷款余额和购买国债余额的总和占缴存余额的 43.74%，比上年减少 4.48 个百分点。

三、主要财务数据

（一）**业务收入**：2018 年，业务收入 12903.74 万元，同比下降 0.39%。其中，市中心 9949.69 万元，分中心 2954.05 万元；存款利息 7674.96 万元，委托贷款利息 5523.51 万元，国债利息 0 万元，其他 5.27 万元。

（二）**业务支出**：2018 年，业务支出 5813.50 万元，同比增长 16.23%。其中，市中心 3957.62 万元，分中心 1855.88 万元；支付职工住房公积金利息 5608.19 万元，归集手续费 0 万元，委托贷款手续费 194.98 万元，其他 10.33 万元。

（三）**增值收益**：2018 年，增值收益 7090.23 万元，同比下降 10.84%。其中，市中心 5992.07 万元，分中心 1098.16 万元；增值收益率 1.902%，比上年减少 0.968 个百分点。

（四）**增值收益分配**：2018 年，提取贷款风险准备金 0 万元，提取管理费用 1080 万元，提取城市廉

租住房（公共租赁住房）建设补充资金 5018.16 万元。

2018 年，上交财政管理费用 1000 万元。上缴财政城市廉租住房（公共租赁住房）建设补充资金 7713.91 万元。其中，市中心上缴 4000 万元，分中心上缴阳泉煤业集团财务部 3713.91 万元。

2018 年末，贷款风险准备金余额 10166.54 万元。累计提取城市廉租住房（公共租赁住房）建设补充资金 41732.4 万元。其中，市中心提取 12935.33 万元，分中心提取 28797.07 万元。

（五）管理费用支出：2018 年，管理费用支出 982.64 万元，同比下降 16.72%。其中，人员经费 595.86 万元，公用经费 86.01 万元，专项经费 300.77 万元。

市中心管理费用支出 744.35 万元，其中，人员、公用、专项经费分别为 402.1 万元、68.7 万元、273.55 万元；分中心管理费用支出 238.29 万元，其中，人员、公用、专项经费分别为 193.76 万元、17.31 万元、27.22 万元。

四、资产风险状况

2018 年末，个人住房贷款逾期额 141.89 万元，逾期率 0.77‰。其中，市中心 0.5‰，分中心 2.66‰。

2018 年未提取个人贷款风险准备金。2018 年末，个人贷款风险准备金余额 10166.54 万元，占个人住房贷款余额的 5.55%，个人住房贷款逾期额与个人贷款风险准备金余额的比率为 1.4%。

五、社会经济效益

（一）缴存业务：2018 年，实缴单位数、实缴职工人数和缴存额同比分别增长 2.22%、-1.70% 和 -7.61%。

缴存单位中，国家机关和事业单位占 65.34%，国有企业占 25.26%，城镇集体企业占 4.10%，外商投资企业占 0.36%，城镇私营企业及其他城镇企业占 4.58%，民办非企业单位和社会团体占 0.36%，其他占 0%。

缴存职工中，国家机关和事业单位占 24.87%，国有企业占 69.99%，城镇集体企业占 3.18%，外商投资企业占 0.30%，城镇私营企业及其他城镇企业占 1.56%，民办非企业单位和社会团体占 0.10%，其他占 0%；中、低收入占 98.48%，高收入占 1.52%。

新开户职工中，国家机关和事业单位占 34.97%，国有企业占 39.45%，城镇集体企业占 3.64%，外商投资企业占 1.12%，城镇私营企业及其他城镇企业占 17.98%，民办非企业单位和社会团体占 2.84%，其他占 0%；中、低收入占 100%，高收入占 0%。

（二）提取业务：2018 年，29467 名缴存职工提取住房公积金 5.83 亿元。

提取金额中，住房消费提取占 70.37%（购买、建造、翻建、大修自住住房占 38.59%，偿还购房贷款本息占 14.24%，租赁住房占 17.50%，其他占 0.04%）；非住房消费提取占 29.63%（离休和退休提取占 27.62%，完全丧失劳动能力并与单位终止劳动关系提取占 0.24%，户口迁出本市或出境定居占 0.08%，其他占 1.69%）。

提取职工中，中、低收入占 99.42%，高收入占 0.58%。

(三)贷款业务:

1. **个人住房贷款**:2018 年,支持职工购建房 20.38 万平方米,年末个人住房贷款市场占有率为 26.23%,比上年减少 1.24 个百分点。通过申请住房公积金个人住房贷款,可节约职工购房利息支出 11594.17 万元。

职工贷款笔数中,购房建筑面积 90(含)平方米以下占 22%,90～144(含)平方米占 54%,144 平方米以上占 24%。购买新房占 67.83%(其中购买保障性住房占 23.37%),购买二手房占 12.49%,建造、翻建、大修自住住房占 8.98%,其他占 10.70%。

职工贷款笔数中,单缴存职工申请贷款占 20.30%,双缴存职工申请贷款占 79.70%,三人及以上缴存职工共同申请贷款占 0%。

贷款职工中,30 岁(含)以下占 23.43%,30 岁～40 岁(含)占 36.78%,40 岁～50 岁(含)占 28.04%,50 岁以上占 11.75%;首次申请贷款占 93.30%,二次及以上申请贷款占 6.7%;中、低收入占 92.13%,高收入占 7.87%。

2. **异地贷款**:2018 年,发放异地贷款 115 笔 5510.40 万元。2018 年末,发放异地贷款总额 9872.80 万元,异地贷款余额 5873.73 万元。

(四)住房贡献率:2018 年,个人住房贷款发放额、公转商贴息贷款发放额、项目贷款发放额、住房消费提取额的总和与当年缴存额的比率为 73%,比上年同期增加 19.90 个百分点。

六、其他重要事项

(一)当年住房公积金政策调整及执行情况:

1. **缴存基数:**

(1)自 2018 年 7 月 1 日起,职工住房公积金的缴存基数由 2016 年职工个人月平均工资总额,调整为 2018 年职工个人月平均工资总额。

(2)缴存基数上下限的确定:

职工住房公积金月缴存基数最高不得超过 14064 元(依据统计部门数据测算)。

职工住房公积金缴存基数不得低于阳泉市上一年度确定的最低工资标准:城区、矿区、郊区、开发区的缴存单位不得低于 1700 元;平定、盂县的缴存单位不得低于 1500 元。

2. **缴存比例:**

(1)我市住房公积金缴存比例仍严格执行以下规定,即缴存比例最低不得低于 5%(单位和个人缴存比例均不得低于 5%),最高不得高于 12%(单位和个人缴存比例均不得高于 12%)。

(2)2016 年阶段性适当降低企业住房公积金缴存比例政策到期后,继续按照住房城乡建设部、财政部、人民银行《关于改进住房公积金缴存机制进一步降低企业成本的通知》(建金〔2018〕45 号),延长执行至 2020 年 4 月 30 日。

3. **个体工商户和自由职业者住房公积金月缴存额不得低于 289 元。**

4. **当年提取政策调整情况(自 2018 年 8 月 1 日起开始执行):**

(1)本市缴存职工与单位解除或终止劳动关系的,先办理个人账户封存;账户封存期间,在异地开立住房公积金账户并稳定缴存半年以上的,办理异地转移接续手续;未在异地继续缴存的,封存半年后可提

取。(见建金〔2018〕46号文件)

(2) 优先支持住房公积金支付房租，租住公共租赁住房的，提供房屋租赁合同和租金缴纳证明，按照实际房租支出全额提取；租住商品住房，提供本人及配偶名下无房产的证明，可提取夫妻双方的住房公积金支付房租。(见建办金函〔2018〕284号文件)

(3) 其他提取政策按现行规定执行。

5. 当年个人住房贷款最高贷款额度、贷款条件等贷款政策调整情况：

(1) 当年住房公积金个人住房贷款最高贷款额度调整情况：2018年最高贷款额度仍为80万元，未作调整。(经2018年5月12日阳泉市住房公积金管理委员会第一次会议审议通过)

(2) 当年住房公积金贷款政策调整情况（自2018年8月1日起开始执行）：

① 停止向尚未结清住房公积金贷款的职工家庭，发放住房公积金贷款。

② 住房公积金异地贷款由缴存地公积金管理部门开具缴存证明，购买地住房公积金中心管理部门受理审核、发放贷款；缴存地公积金中心不再发放本地缴存职工的异地购房贷款。

③ 住房公积金贷款以所购房屋抵押（含预抵押）为主，凡所购房屋具备预抵押条件的，应进行预抵押登记。暂不能提供房屋抵押或预抵押担保时，无论采取何种阶段性担保方式，最终都要落实到房屋抵押。除建造、翻建、大修自住住房外，不再使用自然人全程联保的担保方式。

④ 不再受理向付清房款的职工家庭发放住房公积金贷款业务和已还清商业银行住房贷款的商转公业务。停止受理自2018年7月30日以后商业银行发放的住房贷款转公积金贷款业务。

⑤ 根据晋建金函〔2018〕799号规定的购买二手房办理公积金贷款的业务流程，首先由买卖双方向中心提出办理公积金贷款申请，中心审批核准贷款额度后，及时通知交易双方。在交易双方完成产权变更和不动产抵押后，中心再将公积金贷款直接或通过资金托管账户支付给出售人。已交易并已办理了过户手续取得房证的二手房不得申请公积金贷款。

(3) 当年住房公积金存贷款利率执行标准：我中心根据银发〔2016〕43号文件规定，自2016年2月21日起，将职工住房公积金账户存款利率，由现行按照归集时间执行活期、三个月存款基准利率，调整为统一按一年期定期存款利率基准利率执行。

从2015年10月24日至今，执行个人住房公积金贷款利率：5年以下，年利率为2.75%；5年以上，年利率为3.25%。

(二) 当年服务改进情况：

1. **开通金融网络专线，配置网络环境，优化各网点自助查询终端。** 增加线上服务方式（如网厅、网站、微信等方式），职工可以足不出户在互联网上查询并办理部分公积金业务。

2. **加大信息平台建设，确保系统稳定运行。** 首先是加强信息安全管理，积极配合市政府网站改版升级工作，认真接受市互联网安全专项整治组的检查指导，并制定网站安全应急处置预案。其次是推进网站建设，在第一时间在中心官网、市政府政务公开网、掌上阳泉等媒体平台上及时发布信息、政策，全年共发布中心及管理部动态信息193篇。第三是做到有问必答，对各种服务平台，凡涉及公积金方面的问题做到及时回复解释，全年共回复门户网公积金政策咨询248条，回复处理率达100%。

(三) 当年信息化建设情况： 中心核心业务系统升级，搭建综合服务平台管理系统，开通网上营业大厅、门户网站、手机APP、微信、微博、12329热线、12329短信、自助终端八个渠道并成功上线，以

"优秀"等次顺利通过了省住房城乡建设厅对综合服务平台的验收。

（四）当年住房公积金管理中心及职工所获荣誉情况：2018年住房公积金管理中心荣获省住房城乡建设系统先进单位、青年文明号、市直机关工委文明标兵称号；城区管理部获得省住房城乡建设系统先进集体、青年文明号荣誉称号；中心核算科科长何杰被省住房城乡建设系统评选为先进个人。

长治市住房公积金2018年年度报告

一、机构概况

（一）住房公积金管理委员会：住房公积金管理委员会有25名委员，2018年召开1次会议，审议通过的事项主要包括："长治市住房公积金2018年年度报告及2018年度工作计划"、"关于各县区城市廉租住房补充资金分配及上交情况的请示"。

（二）住房公积金管理中心：长治市住房公积金管理中心为直属市政府独立的不以营利为目的的全额事业单位。目前中心内设一室六科。设1个潞矿分中心、12个管理部，共13个派出机构。下设1个12329热线服务中心。从业人员133人，其中，在编114人（其中，潞矿分中心在编15人），非在编19人。

二、业务运行情况

（一）缴存：2018年，新开户单位488家，实缴单位4378家，净增单位237家；新开户职工1.89万人，实缴职工27.05万人，净增职工1.38万人；缴存额25.00亿元，同比增长0.60%。2018年末，缴存总额198.87亿元，同比增长14.38%；缴存余额74.06亿元，同比增长15.61%。

受委托办理住房公积金缴存业务的银行7家，无增减。

（二）提取：2018年，提取额15.00亿元，同比增长58.39%；占当年缴存额的60.00%，比上年增加21.89个百分点。2018年末，提取总额124.81亿元，同比增长13.67%。

（三）贷款：

个人住房贷款最高额度60万元，其中，单缴存职工最高额度60万元，双缴存职工最高额度60万元（市中心最高60万元，分中心最高100万元）。

2018年，发放个人住房贷款0.54万笔19.31亿元，同比分别增长38.46%、56.99%。其中，市中心发放个人住房贷款0.49万笔17.66亿元，分中心发放个人住房贷款0.05万笔1.65亿元。

2018年，回收个人住房贷款5.26亿元。其中，市中心4.74亿元，分中心0.52亿元。

2018年末，累计发放个人住房贷款3.75万笔83.42亿元，贷款余额58.44亿元，同比分别增长16.82%、30.12%、31.62%。个人住房贷款余额占缴存余额的78.91%，比上年增加9.59个百分点。

受委托办理住房公积金个人住房贷款业务的银行6家，无增减。

（四）资金存储：2018年末，住房公积金存款17.21亿元。其中，活期0.01亿元，1年（含）以下定期 7.30 亿元，1 年以上定期 9.33 亿元，其他（协定、通知存款等）0.57 亿元。

（五）**资金运用率**：2018 年末，住房公积金个人住房贷款余额占缴存余额的 78.91%，比上年增加 9.59 个百分点。

三、主要财务数据

（一）**业务收入**：2018 年，业务收入 21801.26 万元，同比增长 15.76%。其中，市中心 17310.47 万元，分中心 4490.79 万元；存款利息 5499.52 万元，委托贷款利息 16293.78 万元，其他 7.96 万元。

（二）**业务支出**：2018 年，业务支出 11063.48 万元，同比增长 26.87%。其中，市中心 8850.83 万元，分中心 2212.65 万元；支付职工住房公积金利息 10232.27 万元，委托贷款手续费 823.70 万元，其他 7.51 万元。

（三）**增值收益**：2018 年，增值收益 10737.78 万元，同比增长 6.18%。其中，市中心 8459.64 万元，分中心 2278.14 万元；增值收益率 1.56%，比上年减少 0.22 个百分点。

（四）**增值收益分配**：2018 年，提取贷款风险准备金 282.34 万元，提取管理费用 92.24 万元，提取城市廉租住房建设补充资金 8595.73 万元（其中，2018 年当年计提廉租住房建设补充资金 5847.12 万元，实现以前年度的待分配增值收益并在 2018 年计提为廉租住房建设补充资金 2748.61 万元），当年待分配增值收益 4516.08 万元。

2018 年，上交财政管理费用 44.54 万元。上缴财政城市廉租住房建设补充资金 11288.81 万元。

2018 年末，贷款风险准备金余额 10186.51 万元。累计提取城市廉租住房建设补充资金 90111.50 万元。其中，市中心提取 65402.13 万元，分中心提取 24709.37 万元。

（五）**管理费用支出**：2018 年，管理费用支出 1330.46 万元，同比下降 12.09%。其中，人员经费 943.45 万元，公用经费 151.82 万元，专项经费 235.19 万元。市中心管理费用支出 1126.28 万元，其中，人员、公用、专项经费分别为 775.30 万元、115.79 万元、235.19 万元；分中心管理费用支出 204.18 万元，其中，人员、公用经费分别为 168.15 万元、36.03 万元。

四、资产风险状况

2018 年末，个人住房贷款逾期额 216.87 万元，逾期率 0.37‰。其中，市中心 0.34‰，分中心 0.74‰。

2018 年，提取个人贷款风险准备金 282.34 万元，使用个人贷款风险准备金核销呆坏账 0 万元。2018 年末，个人贷款风险准备金余额 10186.51 万元，占个人住房贷款余额的 1.74%，个人住房贷款逾期额与个人贷款风险准备金余额的比率为 2.13%。

五、社会经济效益

（一）**缴存业务**：2018 年，实缴单位数、实缴职工人数和缴存额同比分别增长 5.72%、5.46% 和 0.60%。

缴存单位中，国家机关和事业单位占 70.38%，国有企业占 16.54%，城镇集体企业占 1.07%，外商投资企业占 0.41%，城镇私营企业及其他城镇企业占 6.51%，民办非企业单位和社会团体占 0.80%，其他占 4.29%。

缴存职工中，国家机关和事业单位占40.63%，国有企业占49.54%，城镇集体企业占1.60%，外商投资企业占0.79%，城镇私营企业及其他城镇企业占4.50%，民办非企业单位和社会团体占0.10%，其他占2.84%；中、低收入占99.34%，高收入占0.66%。

新开户职工中，国家机关和事业单位占24.15%，国有企业占40.27%，城镇集体企业占1.17%，外商投资企业占1.78%，城镇私营企业及其他城镇企业占15.16%，民办非企业单位和社会团体占1.01%，其他占16.46%；中、低收入占99.77%，高收入占0.23%。

（二）提取业务：2018年，7.09万名缴存职工提取住房公积金15.00亿元。

提取金额中，住房消费提取占76.83%（购买、建造、翻建、大修自住住房占21.04%，偿还购房贷款本息占24.99%，租赁住房占30.80%）；非住房消费提取占23.17%（离休和退休提取占20.64%，完全丧失劳动能力并与单位终止劳动关系提取占0.06%，其他占2.47%）。

提取职工中，中、低收入占99.29%，高收入占0.71%。

（三）贷款业务：

1. **个人住房贷款**：2018年，支持职工购建房64.31万平方米，年末个人住房贷款市场占有率为40.58%，比上年减少1.88个百分点。通过申请住房公积金个人住房贷款，可节约职工购房利息支出39472.76万元。

职工贷款笔数中，购房建筑面积90（含）平方米以下占10.68%，90～144（含）平方米占78.05%，144平方米以上占11.27%。购买新房占93.33%（其中购买保障性住房占0.94%），购买二手房占6.15%，其他占0.52%。

职工贷款笔数中，单缴存职工申请贷款占62.27%，双缴存职工申请贷款占37.73%。

贷款职工中，30岁（含）以下占33.20%，30岁～40岁（含）占43.26%，40岁～50岁（含）占17.60%，50岁以上占5.94%；首次申请贷款占96.08%，二次及以上申请贷款占3.92%；中、低收入占99.52%，高收入占0.48%。

2. **异地贷款**：2018年，发放异地贷款1126笔40250.00万元。2018年末，发放异地贷款总额79954.38万元，异地贷款余额74451.90万元。

（四）**住房贡献率**：2018年，个人住房贷款发放额、住房消费提取额的总和与当年缴存额的比率为123.32%，比上年增加48.83个百分点。

六、其他重要事项

（一）当年机构及职能调整情况、受委托办理缴存贷款业务金融机构变更情况：年度理顺了潞矿分中心的管理体制，新增3个住房公积金专用账户，合并1个公积金专用账户，新增1个经费管理账户。

（二）当年住房公积金政策调整及执行情况：

1. **缴存政策方面**

（1）延长缓缴和降比例政策。下发《继续落实改进缴存机制进一步降低企业成本有关政策的通知》，缓缴和降比例政策延长执行至2020年4月30日。企业经营困难时，可经职工代表大会或工会讨论，申请降低比例至5%以下，或申请缓缴。

（2）确定年度最低缴存基数。根据省住房城乡建设厅、财政厅、省人民银行《关于印发"山西省住房公积金业务指引"的通知》要求，我省住房公积金缴存基数上限为上年度职工月平均工资的3倍，依据长治市统计局统计信息网统计公告，2018年长治市城镇非私营企业职工年平均工资为57750元，核定月平均工资为4812.5元，调整我市2018年度月住房公积金缴存基数的上限为14438元；根据省政府办公厅《关于调整我省最低工资标准的通知》精神，同时调整我市各县（市、区）缴存下限。

（3）细化部分补缴政策。就人员调动、人员新增、调最低基数等情况下的补缴进行明确。

2. 贷款政策方面

（1）对贷款职工住房套数的界定采取认房又认贷的方式。贷款职工夫妻双方到户口所在地、公积金缴存地和房屋购买地的产权管理部门开具家庭房屋套数证明；中心工作人员通过人行征信和住房公积金系统查阅贷款职工夫妻双方住房贷款情况，通过房屋套数证明和住房贷款情况确定该家庭住房拥有套数。一是对职工家庭名下无住房且无住房贷款记录的执行首套房政策，首付比例不低于20%；二是对职工家庭名下已拥有一套住房或无住房但有一次住房贷款记录的，购买普通自住住房执行二套房公积金贷款政策，贷款首付比例不低于50%，公积金贷款利率按同期住房公积金贷款基准利率1.1倍执行；三是停止向第三套及以上住房发放住房公积金贷款。

（2）停止向尚未结清住房公积金贷款的职工家庭发放住房公积金贷款。

（3）停止发放本地缴存职工的异地购房贷款。

（4）暂停发放商业银行住房贷款转公积金贷款。

（5）调整二手房住房公积金贷款流程。由买方在二手房交易完成后申请公积金贷款，调整为买卖双方在交易过程中共同提出贷款申请并核准额度，在买卖双方完成产权变更和不动产抵押后，再将贷款直接支付给出售人。具体贷款额度仍按现行二手房贷款政策执行。

（6）除建造、翻建、大修自住住房外，不再使用住房公积金联保或住房公积金联保加抵押担保方式，同时贷款资金也不得直接支付给借款人。

（7）为了加强贷款逾期风险管理，所有个人住房贷款合同签订时，同时签订《补充协议书》，对发生逾期还款情形三期以上（含三期）的贷款职工，中心将住房公积金个人账户金额直接划转至住房公积金借款账户，用于偿还逾期金额包括借款本金、利息及罚息。

（8）根据国家新个税法，住房公积金"收入证明中"工资流水由3500元以上需提供缴税证明，修改为5000元以上需提供缴税证明；在还款能力核定中，取消单位工资收入证明和收入超过5000元的提供个人所得税发票。

（三）当年服务改进情况：

1. 停止在办理住房公积金个人住房贷款业务中收取职工身份证复印件、户口本复印件、结婚证复印件。取消购房首付款收据复印件，住房公积金归集、提取、贷款所有手续资料全部电子化管理。

2. 联合市住房城乡建设、财政、人行、国土、房产部门，下发《关于维护住房公积金缴存职工购房贷款权益的通知》，从"提高贷款办理效率""加强销售行为管理""畅通投诉举报渠道，开展集中专项整治""加大惩戒力度"4个方面进行要求，规范开发商行为，保障职工合法权益。

3. 大力发展安全便民的按揭贷款。通过深入广泛的宣传，高效优质的服务体验，我市公积金按揭项目贷款已基本实现了全覆盖，至2018年底累计有134家开发商企业，207个楼盘项目与中心签订了住房公积金按揭贷款合作协议，年度按揭贷款发放16.34亿元，发放额占到个贷总额的92%以上，有效解决职工无房抵押的难题，也使开发商"拒贷无理由"。

4. 与不动产登记中心主动对接，开通"二手房贷款绿色通道"，职工办理房产抵押所需的全部手续，由中心专人负责到不动产中心协助办理，成倍提高效率。

（四）当年信息化建设情况：

1. 完成住房公积金综合服务平台建设。8月份，住房公积金网上办公大厅正式投入使用，标志着我市包括"网站、12329热线、12329短信、微信、微博、自助终端、手机APP和网厅"在内的"八位一体"公积金综合服务平台全部建设完毕。11月底，以87.5分、"优秀"等次通过省住房城乡建设厅验收组对中心综合服务平台的验收。平台的建成，打破了时间和空间的限制，打通了服务群众"最后一公里"，业务办理做到"零"资料递送、"零"距离往返、"零"时间等待、"零"成本办理。

2. 建设完成手机公积金APP和网厅。从5月开始，中心逐步推出手机公积金APP和网厅业务。2018年线上可办理归集业务13项、提取业务9类、个贷业务5项，分别占各类业务总量的72%、56%、45%，以公积金提取为例，与群众密切相关的提取项目已实现了全覆盖，当年我市公积金每天平均线上提取150~200笔左右，占总提取的75%~80%。通过手机APP，年度为职工办理提取3.8亿元，网上办和一次办成为我市住房公积金管理和服务的新常态。

（五）当年所获荣誉情况：在全省住房城乡建设系统工作会议上获得"优秀单位"和"精神文明建设优秀单位"两项荣誉称号。

（六）当年党风廉政建设工作情况：

1. 增强"四个意识"，强化政治思想建设。党的政治建设是一切工作的统领。在工作中，中心认真学习贯彻落实习近平新时代中国特色社会主义思想，通过建立健全"四群一平台"，注册"山西智慧党建""长治机关党建""上党先锋号"，抓学习强交流明纪律，坚决做到"两个维护"，自觉在思想上、政治上、行动上始终同以习近平同志为核心的党中央保持高度一致，确保党的政治原则落实在把方向、谋大局、定政策、惠民生各方面全过程，不断增进对新时代新思想的政治认同、情感认同。

2. 多措并举，严格组织纪律建设。重点通过六方面措施，严明组织纪律。一是继续签订"2018年度一岗双责目标责任书"，制定"2018年度党建工作清单"，明责履责尽责。二是规范党的组织生活，严格按照规定召开"三会一课"，民主生活会、组织生活会。三是研究制定《2018年度党建工作要点》，修订下发《"三重一大"事项集体决策制度》等10多项党建制度，为务实清廉中心建设提供坚强制度保障。四是常态化内审监督，重要时间节点均组织专项督查，并邀请市纪委监委第13纪检组开展廉洁谈话，始终挺立纪律规矩。五是注重对干部的日常监督和培训，建立了所有干部的"廉洁档案"，组织培训和外出培训近20期次，为公积金发展提供人才保障。六是与浦发银行开展结对共建，主动探索"基层组织共建、文化建设互动、公益事业联办"的党建模式。

3. 通过专项整治，狠抓工作作风建设。党的作风建设是党建工作的重中之重。作为市政府直属部门，中心作风建设关乎党和政府形象，工作中，一是开展整治群众身边腐败问题、治理违规提取两个专项整治，围绕"办事窗口推拖绕，效率低下"等8个方面开展集中整治，从小从严从实，提高思想自觉和行动自觉。二是始终高度重视，健全各类投诉举报渠道，加强社会监督，持续强化"四风"整治，严防违反"八项规定"精神问题。三是进一步强化学习教育和督促检查，充分运用"四种形态"抓好日常管理，提升服务意识和服务质量。

（七）当年扫黑除恶专项斗争工作情况：2018年，中心深入贯彻习近平总书记关于扫黑除恶专项斗争指示精神，认真落实省市有关部署，提高政治站位，牢固树立"发现不了乱象，治理不了乱象，就是保护伞"理念，精心组织部署、制定实施方案、成立研判小组、从严治理乱象，扫黑除恶专项斗争取得了阶段性成效，2018年，共向省厅和市公安局扫黑办上报线索6条。

晋城市住房公积金 2018 年年度报告

一、机构概况

（一）**住房公积金管理委员会**：住房公积金管理委员会有27名委员，2018年召开一次会议，审议通过《晋城市住房公积金2018年年度报告》、《关于晋城市2018年住房公积金计划执行情况及财务决算和2018年计划及财务预算的报告》。

（二）**住房公积金管理中心**：住房公积金管理中心为直属于晋城市人民政府不以营利为目的的独立的事业单位，设8个科，8个分中心。从业人员138人，其中，在编104人，非在编34人。

二、业务运行情况

（一）**缴存**：2018年，新开户单位167家，实缴单位2586家，净增单位185家；新开户职工1.25万人，实缴职工27.54万人，净增职工0.98万人；缴存额25.52亿元，同比下降1.01%。2018年末，缴存总额200.94亿元，同比增长14.55%；缴存余额81.90亿元，同比增长21.30%。

受委托办理住房公积金缴存业务的银行9家，与上年无变化。

（二）**提取**：2018年，提取额11.14亿元，同比下降38.45%；占当年缴存额的43.65%，比上年减少26.56个百分点。2018年末，提取总额119.04亿元，同比增长10.32%。

（三）**贷款**：个人住房贷款最高额度60万元，其中，单缴存职工最高额度60万元，双缴存职工最高额度60万元。

2018年，发放个人住房贷款0.39万笔，同比减少11.36%，发放额11.99亿元，同比增长1.7%。其中，市中心发放个人住房贷款0.32万笔10.25亿元，晋煤分中心发放个人住房贷款0.07万笔1.74亿元。

2018年，回收个人住房贷款5.89亿元。其中，市中心4.64亿元，晋煤分中心1.25亿元。

2018年末，累计发放个人住房贷款3.65万笔75.08亿元，贷款余额47.20亿元，同比分别增长11.96%、18.99%、14.81%。个人住房贷款余额占缴存余额的57.63%，比上年减少3.26个百分点。

受委托办理住房公积金个人住房贷款业务的银行7家，与上年无变化。

（四）**资金存储**：2018年末，住房公积金存款36.23亿元。其中，活期0.01亿元，1年（含）以下定期4.79亿元，1年以上定期28.84亿元，其他（协定、通知存款等）2.59亿元。

（五）**资金运用率**：2018年末，住房公积金个人住房贷款余额占缴存余额的57.63%，比上年减少

3.26 个百分点。

三、主要财务数据

（一）**业务收入**：2018 年，业务收入 25310.26 万元，同比增长 8.48%。其中，市中心 21261.26 万元，晋煤分中心 4049 万元；存款利息 11288.12 万元，委托贷款利息 14002.94 万元，其他 19.20 万元。

（二）**业务支出**：2018 年，业务支出 11490.24 万元，同比增长 11.70%。其中，市中心 9239.44 万元，晋煤分中心 2250.80 万元；支付职工住房公积金利息 10757.64 万元，委托贷款手续费 731.56 万元，其他 1.04 万元。

（三）**增值收益**：2018 年，增值收益 13820.02 万元，同比增长 5.94%。其中，市中心 12021.82 万元，晋煤分中心 1798.20 万元；增值收益率 1.88%，比上年减少 0.1 个百分点。

（四）**增值收益分配**：2018 年，提取贷款风险准备金 609.62 万元，提取管理费用 4646.60 万元，提取城市廉租住房（公共租赁住房）建设补充资金 8563.80 万元。

2018 年，上交财政管理费用 4846.90 万元。其中，市中心上交市财政管理费用 4546.60 万元，晋煤分中心上交晋煤集团管理费用 300.30 万元。上缴财政城市廉租住房（公共租赁住房）建设补充资金 8977.22 万元。其中，市中心上缴市财政廉租住房（公共租赁住房）建设补充资金 7777.22 万元，晋煤分中心上缴晋煤集团城市廉租住房（公共租赁住房）建设补充资金 1200 万元。

2018 年末，贷款风险准备金余额 9850.36 万元。累计提取城市廉租住房（公共租赁住房）建设补充资金 54628.39 万元。其中，市中心提取 38192.13 万元，晋煤分中心提取 16436.26 万元。

（五）**管理费用支出**：2018 年，管理费用支出 4018.65 万元，同比增长 131.34%。其中，人员经费 1142.29 万元，公用经费 210.03 万元，专项经费 2666.33 万元（含购买业务用房 1811.15 万元）。

市中心管理费用支出 3864.28 万元，其中，人员、公用、专项经费分别为 1050.95 万元、147 万元、2666.33 万元；晋煤分中心管理费用支出 154.37 万元，其中，人员、公用、专项经费分别为 91.34 万元、63.03 万元、0 万元。

四、资产风险状况

2018 年末，个人住房贷款逾期额 524.67 万元，逾期率 1.11‰。其中，市中心 1.35‰，晋煤分中心 0.04‰。

个人贷款风险准备金按当年新增贷款额的 1% 提取。2018 年，提取个人贷款风险准备金 609.62 万元，使用个人贷款风险准备金核销呆坏账 0 万元。2018 年末，个人贷款风险准备金余额 9850.36 万元，占个人住房贷款余额的 2.09%，个人住房贷款逾期额与个人贷款风险准备金余额的比率为 5.33%。

五、社会经济效益

（一）**缴存业务**：2018 年，实缴单位数、实缴职工人数和缴存额同比分别增长 7.71%、3.69% 和 -1.01%。

缴存单位中，国家机关和事业单位占 39.33%，国有企业占 17.32%，城镇集体企业占 23.63%，外商投资企业占 0.54%，城镇私营企业及其他城镇企业占 14.77%，民办非企业单位和社会团体占 1.59%，其他占2.82%。

缴存职工中，国家机关和事业单位占22.25%，国有企业占44.96%，城镇集体企业占11.09%，外商投资企业占12.67%，城镇私营企业及其他城镇企业占8.53%，民办非企业单位和社会团体占0.36%，其他占0.14%；中、低收入占98.72%，高收入占1.28%。

新开户职工中，国家机关和事业单位占19.57%，国有企业占34.70%，城镇集体企业占7.49%，外商投资企业占14.10%，城镇私营企业及其他城镇企业占22.68%，民办非企业单位和社会团体占1.46%；中、低收入占100%，高收入占0%。

（二）**提取业务**：2018年，3.93万名缴存职工提取住房公积金11.14亿元。

金额中，住房消费提取占73.11%（购买、建造、翻建、大修自住住房占29.91%，偿还购房贷款本息占23.17%，租赁住房占19.67%，其他占0.36%）；非住房消费提取占26.89%（离休和退休提取占21.99%，完全丧失劳动能力并与单位终止劳动关系提取占2.8%，户口迁出本市或出境定居占0.41%，其他占1.69%）。

提取职工中，中、低收入占98.63%，高收入占1.37%。

（三）**贷款业务**：

1. **个人住房贷款**：2018年，支持职工购建房46.07万平方米，年末个人住房贷款市场占有率为35.62%，比上年减少2.39个百分点。通过申请住房公积金个人住房贷款，可节约职工购房利息支出29663.42万元。

职工贷款笔数中，购房建筑面积90（含）平方米以下占9.73%，90～144（含）平方米占77.86%，144平方米以上占12.41%。购买新房占88.83%（其中购买保障性住房占0%），购买二手房占7.89%，建造、翻建、大修自住住房占0.03%，其他占3.25%。

职工贷款笔数中，单缴存职工申请贷款占21.72%，双缴存职工申请贷款占78.28%。

贷款职工中，30岁（含）以下占33.23%，30岁～40岁（含）占40.71%，40岁～50岁（含）占21.39%，50岁以上占4.67%；首次申请贷款占97.06%，二次及以上申请贷款占2.94%；中、低收入占99.64%，高收入占0.36%。

2. **异地贷款**：2018年，发放异地贷款39笔1277万元。2018年末，发放异地贷款总额4142.30万元，异地贷款余额3930.49万元。

（四）**住房贡献率**：2018年，个人住房贷款发放额、住房消费提取额的总和与当年缴存额的比率为78.92%，比上年减少24.53个百分点。

六、其他重要事项

（一）**机构及职能调整情况**：根据山西省住房和城乡建设厅、山西省人民政府国有资产监督管理委员会、山西省人力资源和社会保障厅、山西省机构编制委员会办公室、山西省财政厅《关于做好省属国有煤炭企业住房公积金管理机构与原单位分离移交工作的通知》（晋建金字〔2018〕278号）文件要求，6月23日，市政府与晋煤集团签署晋煤分中心理顺移交协议，8月初完成人员移交，成为全省第一家完成煤业集团公积金管理机构理顺工作的地市，实现了全市住房公积金管理工作"四统一"，为缴存职工使用住房公积金创造了便利条件。

(二）住房公积金政策调整及执行情况

1. **缴存政策调整情况**：按住房城乡建设部、财政部、人民银行《关于改进住房公积金缴存机制进一步降低企业成本的通知》（建金〔2018〕45号）文件要求，调整后的缴存基数最高不得超过晋城市统计部门公布的2018年度全市在岗职工月均工资的3倍，即不超过15663元；最低不得低于晋城市人力资源和社会保障局确定的最低工资标准：城区、泽州、高平、阳城为1700元，沁水1600元，陵川1500元。延长阶段性降低企业住房公积金缴存比例政策的期限，缴存单位可在5%至12%区间自主确定住房公积金缴存比例，降低缴存比例和缓缴的审批时限不得超过10个工作日。

2. **提取政策调整情况**：按住房城乡建设部、财政部、人民银行、公安部《关于开展治理违规提取住房公积金工作的通知》（建金〔2018〕46号）文件要求，缴存职工与单位解除或终止劳动关系的，先办理个人账户封存，账户封存期间，在异地开立住房公积金账户并稳定缴存半年以上的，办理异地转移接续手续，未在异地继续缴存的，封存满半年后可提取。同时提取中增加了物业费提取。

3. **贷款政策调整：**

（1）取消了购房证明。

（2）取消单身证明及身份证、户口簿、结婚证等身份证明复印件，只需核对原件即可。

（3）实行先提后贷，对借款人贷款期限可延至法定退休年龄后五年，最长贷款期限为30年。

（4）不再受理2018年7月31日以后的向付清房款的职工家庭发放住房公积金贷款和已结清商业银行住房贷款的商转公业务，暂停住房公积金装修贷款业务。

（5）在贷款时限方面，实现了从审批到放款，联保贷款五个工作日、按揭贷款八个工作日、抵押贷款十个工作日的工作流程，极大地方便了缴存职工贷款，使住房公积金政策更加惠民、利民、便民。

（6）二手房交易住房公积金贷款应在交易过程中由买卖双方向住房公积金管理中心提出贷款申请，住房公积金管理中心审批核准贷款额度后，及时通知买卖双方。在交易双方完成产权变更和不动产抵押后，住房公积金管理中心再将住房公积金贷款直接支付给出售人。贷款额度按照交易增值税票金额的80%核定，最高不超过60万元。

（7）住房公积金异地贷款由缴存地住房公积金管理部门开具缴存证明，购买地住房公积金管理中心受理审核、发放贷款，不在受本地常住户口限制。缴存地公积金管理中心不再发放本地缴存职工的异地购房贷款。

4. **住房公积金存贷款利率执行情况**：2018年住房公积金存贷款利率未做调整，仍按2016年2月21日的存贷款利率政策执行。职工住房公积金账户存款利率，按一年期定期存款基准利率1.5%执行。个人住房公积金贷款利率，五年期以上为3.25%，五年期以下（含五年）为2.75%。

（三）当年服务改进情况：一是改善服务体系。开通了网上服务大厅、网站、手机APP、短信、微信、微博、12329服务热线和自主终端机八种渠道，实现网上申请、网上审批、网上办结，全流程机控。缴存职工仅需点点鼠标、动动手指、刷刷脸即可办理住房公积金业务，实现了服务渠道多元化、服务手段多样化、审批服务智能化。

二是健全服务制度。重新修订首问负责制、一次性告知制、限时办结制、服务承诺制四个制度，新制定了《政务中心公积金窗口工作人员管理制度》，用制度管人、管事。先后召开改进提升政务服务工作会和深化"放管服效"改革推进会，全部取消身份证明材料复印件，实现了业务档案电子化，进一步推动服务上档升级。

三是提高服务水平。采取测试、领导评鉴和民主评议相结合的办法，对中心 72 人开展专业能力测评。制定年度干部专业能力培训计划，为中心 103 名干部职工建立了个人能力提升档案，组织了综合培训、党务干部培训、公文写作培训等，全面提高干部职工综合素质。

（四）当年信息化建设情况：一是加强和完善信息化管理制度，建立信息系统管理办法，增加了《管理系统用户权限管理办法》，完善了《机房管理制度》、《网络和安全管理制度》等信息化管理制度。

二是加强中心网络化和信息化安全建设。8月份开始对机房进行等保测评，通过测评以及公安局网安支队监督检查，对发现的问题及时整改，形成报告，使中心机房达到三级等保测评水平。

三是完成了软件1.0云平台升级工作、综合服务平台托管、异地灾备和晋煤数据移植合并项目以及综合服务平台软硬件的建设项目，并于11月30日顺利完成综合服务平台验收，以优秀等次通过验收。

（五）当年住房公积金管理中心及职工所获荣誉情况：2018年，中心被省住房城乡建设厅评为先进单位，被市直工委表彰为先进党组织。李蕊同志获得"为你诵读"杯第三届中华诵读大赛全国总决赛一等奖，并荣获第三届中国十佳诵读新秀称号。高平分中心在高平市组织的"12.4宪法知识竞赛"中荣获组织奖。赵东升同志被陵川县委、县政府评为优秀工作者。元利军同志被阳城县委、县政府评为先进工作者。陈德峰同志被表彰为高平市优秀政协委员。

（六）当年对违反《住房公积金管理条例》和相关法规行为进行行政处罚情况：对违反《住房公积金管理条例》规定，通过提交虚假材料等不正当手段骗提住房公积金的职工，中心依据省住房城乡建设厅下发的《山西省住房和城乡建设厅关于开展扫黑除恶专项斗争的实施方案》和我中心制定的《晋城市住房公积金管理中心关于开展扫黑除恶专项斗争的实施方案》进行处理，经中心主任办公会议研究决定，对5户骗提人员给予1年不得提取、2年不得贷款的处理意见，并将结果上报省住房城乡建设厅扫黑办。

朔州市住房公积金 2018 年年度报告

一、机构概况

（一）住房公积金管理委员会：朔州市住房公积金管理委员会有25名委员，2018年召开1次会议，审议通过的事项主要包括：2018年住房公积金管理工作及2018年工作计划；2018年朔州市住房公积金归集、使用计划；2018年朔州市住房公积金增值收益分配方案；朔州市住房公积金2018年年度报告；住房公积金相关业务事项。

（二）住房公积金管理中心：朔州市住房公积金管理中心为直属于朔州市人民政府、不以营利为目的的全额事业单位，主要负责全市住房公积金的归集、管理、使用和会计核算。目前中心内设综合办公室、运行监管科、政策法规科、会计核算科、科技信息科、项目贷款管理科、监察室；下设市区管理部、个人贷款中心、提取与贷后管理中心、12329客户服务中心、平鲁区管理部、山阴县管理部、怀仁县管理部、应县管理部、右玉县管理部和平朔经办机构，增设建设银行服务网点、交通银行服务网点、工商银行服务网点、晋商银行服务网点、农业银行服务网点。从业人员74人,其中,在编8人,非在编66人。

二、业务运行情况

(一)缴存:2018年,新开户单位61家,实缴单位2195家,净减单位107家;新开户职工0.68万人,实缴职工11.59万人,净减职工0.02万人;缴存额15.14亿元,同比下降3.59%。2018年末,缴存总额120.57亿元,同比增长14.36%;缴存余额43.05亿元,同比增长18.33%。

受委托办理住房公积金缴存业务的银行2家,比上年减少2家。

(二)提取:2018年,提取额8.47亿元,同比下降20.08%;占当年缴存额的55.94%,比上年减少11.58个百分点。2018年末,提取总额77.52亿元,同比增长12.27%。

(三)贷款:

1. 个人住房贷款:个人住房贷款最高额度45万元,其中,单缴存职工最高额度45万元,双缴存职工最高额度45万元。

2018年,发放个人住房贷款0.24万笔6.35亿元,同比分别下降20.74%、14.44%。

2018年,回收个人住房贷款3.32亿元。

2018年末,累计发放个人住房贷款2.74万笔49.11亿元,贷款余额27.49亿元,同比分别增长9.6%、14.85%、12.43%。个人住房贷款余额占缴存余额的63.86%,比上年减少3.35个百分点。

受委托办理住房公积金个人住房贷款业务的银行4家。

2. **住房公积金支持保障性住房建设项目贷款**:2018年末,累计发放项目贷款0.0955亿元。

(四)购买国债:2018年末,国债余额0.19亿元。

(五)资金存储:2018年末,住房公积金存款15.15亿元。其中,1年(含)以下定期7.69亿元,1年以上定期7.12亿元,其他(协定、通知存款等)0.34亿元。

(六)资金运用率:2018年末,住房公积金个人住房贷款余额、项目贷款余额和购买国债余额的总和占缴存余额的64.30%,比上年减少3.44个百分点。

三、主要财务数据

(一)业务收入:2018年,业务收入13413.74万元,同比下降0.57%。存款利息5156.91万元,委托贷款利息8245.96万元,其他10.87万元。

(二)业务支出:2018年,业务支出6085.62万元,同比下降0.14%。支付职工住房公积金利息5822.59万元,委托贷款手续费262.56万元,其他0.47万元。

(三)增值收益:2018年,增值收益7328.12万元,同比下降0.94%。增值收益率1.87%,比上年减少0.28个百分点。

(四)增值收益分配:2018年,提取贷款风险准备金2749.31万元,提取管理费用1004.76万元,提取城市廉租住房(公共租赁住房)建设补充资金3574.05万元。

2018年,上交财政管理费用1461.78万元。上缴财政城市廉租住房(公共租赁住房)建设补充资金3490.19万元。

2018年末,贷款风险准备金余额11798.45万元。累计提取城市廉租住房(公共租赁住房)建设补充资金 33606.01 万元。

（五）**管理费用支出**：2018 年，管理费用支出 846.17 万元，同比下降 38.35%。其中，人员经费 594.23 万元，公用经费 215.94 万元，专项经费 36 万元。

市中心管理费用支出 846.17 万元，其中，人员、公用、专项经费分别为 594.23 万元、215.94 万元、36 万元。

四、资产风险状况

（一）**个人住房贷款**：2018 年末，个人住房贷款逾期额 3.69 万元，逾期率 0.013‰。

个人贷款风险准备金按贷款余额的 1% 提取。2018 年，提取个人贷款风险准备金 2749.31 万元。2018 年末，个人贷款风险准备金余额 11760.25 万元，占个人住房贷款余额的 4.28%，个人住房贷款逾期额与个人贷款风险准备金余额的比率为 0.031%。

（二）**支持保障性住房建设试点项目贷款**：项目贷款风险准备金按贷款余额的 4% 提取。项目贷款风险准备金余额 38.2 万元。

五、社会经济效益

（一）**缴存业务**：2018 年，实缴单位数、实缴职工人数和缴存额同比分别下降 4.65%、0.14% 和 3.57%。

缴存单位中，国家机关和事业单位占 84.46%，国有企业占 8.06%，城镇集体企业占 0.23%，外商投资企业占 0.27%，城镇私营企业及其他城镇企业占 5.92%，民办非企业单位和社会团体占 0.50%，其他占 0.56%。

缴存职工中，国家机关和事业单位占 69.41%，国有企业占 21.30%，城镇集体企业占 0.47%，外商投资企业占 0.53%，城镇私营企业及其他城镇企业占 7.96%，民办非企业单位和社会团体占 0.11%，其他占 0.22%；中、低收入占 98.33%，高收入占 1.67%。

新开户职工中，国家机关和事业单位占 44.42%，国有企业占 17.78%，城镇集体企业占 1.50%，外商投资企业占 1.66%，城镇私营企业及其他城镇企业占 23.22%，民办非企业单位和社会团体占 0.18%，其他占 11.24%；中、低收入占 99.76%，高收入占 0.24%。

（二）**提取业务**：2018 年，2.88 万名缴存职工提取住房公积金 8.47 亿元。

提取金额中，住房消费提取占 78.74%（购买、建造、翻建、大修自住住房占 37.36%，偿还购房贷款本息占 22.5%，租赁住房占 18.88%）；非住房消费提取占 21.26%（离休和退休提取占 17.88%，完全丧失劳动能力并与单位终止劳动关系提取占 0.73%，户口迁出本市或出境定居占 1.85%，其他占 0.80%）。

提取职工中，中、低收入占 71.95%，高收入占 28.05%。

（三）**贷款业务**：

1. **个人住房贷款**：2018 年，支持职工购建房 28.78 万平方米，年末个人住房贷款市场占有率为 38.22%，比上年减少 12.29 个百分点。通过申请住房公积金个人住房贷款，可节约职工购房利息支出 10267.02 万元。

职工贷款笔数中，购房建筑面积 90（含）平方米以下占 10.03%，90～144（含）平方米占 76.49%，144 平方米以上占 13.48%。购买新房占 99.12%（其中购买保障性住房占 0.42%），购买二手房占 0.51%，建造、翻建、大修自住住房占 0.08%，其他占 0.29%。

职工贷款笔数中，单缴存职工申请贷款占 27.52%，双缴存职工申请贷款占 72.19%，三人及以上缴存职工共同申请贷款占 0.29%。

贷款职工中，30 岁（含）以下占 37.29%，30 岁～40 岁（含）占 39.61%，40 岁～50 岁（含）占 16.06%，50 岁以上占 7.04%；首次申请贷款占 91.32%，二次及以上申请贷款占 8.68%；中、低收入占 99.37%，高收入占 0.63%。

2. 异地贷款：2018 年，发放异地贷款 611 笔 17046.90 万元。2018 年末，发放异地贷款总额 53600.40 万元，异地贷款余额 45530.73 万元。

3. 支持保障性住房建设试点项目贷款：2018 年末，累计试点项目 1 个，贷款额度 0.0955 亿元，建筑面积 1.2 万平方米，可解决 144 户中低收入职工家庭的住房问题。1 个试点项目贷款资金已发放并还清贷款本息。

（四）住房贡献率：2018 年，个人住房贷款发放额、公转商贴息贷款发放额、项目贷款发放额、住房消费提取额的总和与当年缴存额的比率为 86%，比上年减少 22.87 个百分点。

六、其他重要事项

（一）当年机构及职能调整情况、受委托办理缴存贷款业务金融机构变更情况：新增农业银行服务大厅办理提取、贷款、还贷业务。

（二）当年住房公积金政策调整及执行情况：

1. 缴存基数限额及确定方法、缴存比例

各县（区）、市直、驻朔各单位住房公积金缴存基数最高不超过 14583 元，下限原则上不低于我市统计部门公布的上一年度职工月平均工资的 60%（2917 元），最低不得低于山西省人民政府办公厅《关于调整我省最低工资标准的通知》（晋政办发〔2018〕120）中规定的最低工资标准，其中：一类地区平鲁区和朔城区不得低于 1700 元；二类地区山阴县和怀仁县不得低于 1600 元；三类地区应县和右玉县不得低于 1500 元。

平朔各缴存单位（包括中煤集团山西华煜能源有限责任公司）的住房公积金缴存基数参照其他各项社保基金的缴费基数，按省社平工资执行。

缴交比例原则上统一按照单位部分 12%、个人部分 10% 执行。同一缴存单位职工的缴交比例必须一致，不得低于 5%、不得超过 12%。

2. 缴存政策调整情况

为确保住房公积金运行政策合规、加强住房公积金缴存管理，合理降低实体经济企业成本，减轻企业非税负担，维护缴存职工合法权益，中心严格按照住房城乡建设部和省住房城乡建设厅有关文件要求，规范住房公积金汇缴行为，一是严格执行"限高保低"政策，市辖范围内没有超缴存基数和超缴存比例上限的住房公积金缴存行为。二是扩大住房公积金缴存比例浮动区间，缴存单位可在 5%～12% 的区间内，自主确定住房公积金缴存比例。三是经市住房公积金管理委员会三届五次会议表决通过，授权中心审批阶段性适当降低企业住房公积金缴存比例业务，并将政策延长执行期至 2020 年 4 月 30 日。四是贯彻落实党中央、国务院决策部署,严格执行缴存政策,加快降比例(缓缴)审批效率。

3. 提取政策调整情况

根据住房城乡建设部和省住房城乡建设厅相关文件精神,朔州市住房公积金"购房阶段性提取"政策从2018年1月1日起停止执行。

从2018年9月1日起开始执行"终止劳动关系提取"政策,即职工与原单位终止劳动关系未再就业,账户封存半年以上可办理提取销户手续。

4. 个人住房贷款最高贷款额度、贷款条件等贷款政策调整情况

贷款最高额度45万元,同时符合以下规定:

(1) 实行住房公积金缴贷挂钩机制

1) 借款申请人可贷额度按住房公积金年缴存额的一定倍数计算确定,计算公式为:

借款申请人可贷额度＝职工住房公积金年缴存额×倍数×家庭系数

其中:"年缴存额"指借款人本人年缴存额;

"倍数"标准执行为20;

"家庭系数"指借款人单方缴存住房公积金的,系数为1,夫妻双方缴存,系数为2;

2) 缴存时间两年(含)以下的,按贷款额度计算公式计算后,可再增加5万元的基础贷款额度;缴存时间两年到三年(含)的,可再增加10万元的基础贷款额度;缴存时间三年以上的,可再增加15万元的基础贷款额度。

3) 实行缴贷挂钩后,借款人实际贷款额度不得超出缴贷挂钩公式计算加基础贷款额度后的可贷额度且不得超出我市规定的住房公积金最高贷款额度。

(2) 具体可贷额度同时根据职工所购住房的状况和价格、个人还款能力和信用状况等因素综合确定:

1) 购买商品房及经济适用房的,建筑面积在144平方米(含)以下及二套房的,最高贷款比例为总房价的80%;建筑面积在144平方米以上的,最高贷款比例为总房价的70%;购买二手房的,最高贷款比例为总房价60%;自建房的,最高贷款额度为总房价的50%;

2) 借款申请人月还款额不超过借款申请人(含共同申请人)月收入的60%,月收入按借款申请人(含共同申请人)的住房公积金月缴存基数计算;

3) 提供房产抵押担保的,贷款额度不得超过抵押物价值的70%;提供质押担保的,贷款额度不得超过质押物价值的90%。

(3) 借款申请人应当具备以下条件:

1) 借款申请人在申请贷款前连续足额缴存住房公积金6个月(含)以上,且申请贷款时住房公积金账户处于正常缴存状态;

2) 具有购买、建造、翻建、大修自住住房等有效的住房消费证明;

3) 借款申请人(含共同申请人)信用良好;

4) 借款申请人家庭有稳定的收入和按期偿还贷款本息的能力;

5) 能够提供中心认可的贷款担保。

(4) 借款申请人有下列情形之一的,不予贷款:

1) 住房公积金贷款尚未全部还清的;

2）为他人提供住房公积金贷款担保未解除的；

3）全额付清房款的；

4）装修住房的；

5）直系血亲住房公积金互贷的；

6）2018年7月30日以后商业银行发放的住房贷款转住房公积金贷款的。

5. 住房公积金存款利率执行标准

根据中国人民银行、住房城乡建设部、财政部印发《关于完善职工住房公积金账户存款利率形成机制的通知》（银发〔2016〕43号），自2016年2月21日起，执行个人住房公积金存款新利率。将职工住房公积金账户存款利率，由按照归集时间执行活期和三个月存款基准利率，调整为统一按一年期定期存款基准利率执行，职工住房公积金账户存款利率将统一按一年期定期存款基准利率执行，目前为1.50％。

6. 住房公积金贷款利率执行标准

2018年央行未对公积金贷款利率作调整，执行2015年08月26日调整后的利率，五年期以下（含五年）住房公积金个人住房贷款年利率为2.75％，五年期以上住房公积金个人住房贷款年利率为3.25％。

（三）当年服务改进情况：

1. 严格执行住房公积金管理各项政策规定，充分发挥住房公积金作用。大力推进扩面工作，实行租房提取政策，积极支持住房公积金缴存人异地使用，大力开展住房公积金对冲还贷等业务，有力地支持了房地产去库存工作。

2. 以资金管理为主线，强化各方面管理。修订完善各项规章制度和各项业务操作规程、操作细则，进一步加强业务、资金、安全等方面的管理，特别是认真落实审计整改。在资金管理上，不断加强住房公积金风险防控，对县（区）管理部全部实行账户"零余额"管理，优化存款结构，加强对大额资金调度和使用的监管，开展对受托银行的考核，按规定要求受托银行按最大限度上浮存款利率，增值收益专户和保证金专户存款利率执行上浮30％至40％，住房公积金存款利率上浮50％至55％。住房公积金归集专户均执行协定存款利率，基础额度为10万元，实现了增值收益最大化。

3. 加强贷后管理，大力清收逾期贷款。一是指定专人专职监管，实行"日报告、周通报"制度，每天对逾期情况进行统计分析，每周开一次碰头会进行排查通报，并要求相关受托银行、担保公司加大催收力度。二是针对开发商做阶段性保证的贷款，就逾期较多的项目约谈企业负责人进行专项催收。对逾期严重的，将采取提高保证金比例、取消合作关系等措施确保贷款回收。三是针对部分疑似老赖、钉子户的客户在多次上门催收无果的情况下，由各受托银行、担保公司、开发企业等下发律师函，并选择部分态度恶劣、恶意拖欠的行政事业单位、国有企业的借款人，申请人民法院强制执行。并通过官方网站、报纸等新闻媒体公布一批失信人员名单，将失信人员通过受托银行纳入人民银行征信系统。有效防范资金风险，确保住房公积金安全。四是加大对受托银行的考核力度，在对受托银行考核办法中，建立逾期贷款催收机制、专人负责、分类催收、月平均逾期率等指标纳入考核范围，考核结果与委托手续费及资金存储挂钩。截至12月底，逾期率为0.013‰。

4. 以缴存人为中心，深化结算方式改革，实现了职工所提资金秒到账。借助全国的结算系统，实现了"三账联动"，职工提取资金由过去的一周内到账提速到一秒内到账。同样，个贷及其他业务的办理效率均得到了极大提升，受到了广大缴存人的一致好评。

5. 调整住房公积金个人住房贷款支持重点，严格执行差别化住房信贷政策，充分发挥住房公积金个人住房贷款的政策导向作用。重点支持中低价位和中小户型普通商品房建设等基本住房需求，严禁使用住房公积金个人住房贷款进行投机性购房。缴存职工家庭使用住房公积金个人住房贷款购买第二套住房，贷款用途仅限于购买改善居住条件的普通自住房，贷款利率不低于同期首套住房公积金个人住房贷款利率的1.1倍，并严格禁止向购买第三套及以上住房的缴存职工家庭发放住房公积金个人住房贷款。促进房地产市场平稳健康发展。

6. 强化"管家"意识，提高服务水平。简化业务办理手续、优化业务流程、缩短办理时限，由逐级审批简化为窗口直接办理。推行以"上门服务、预约服务、双休日和节假日服务、延长服务时间"等为主要内容的特色服务。从仪容仪表入手，加强对职工的教育，提升窗口服务水平。依托系统强大功能，提高办事效率。通过门户网站、"12329"服务热线、窗口互动等服务，全方位地满足了广大缴存人多种业务的需求，服务水平得到大幅提升。优化服务网点布局，实现了职工业务办理"最近化"。通过公开招标，增设6家银行服务网点，将中心住房公积金业务受理、初审、复审环节前移至受托银行，授权受托银行办理，实现了就近提供住房公积金服务的目的，彻底改变了过去办理业务市区只有一家网点的局面。

（四）当年信息化建设情况：按照国务院深化"放管服"改革、强力惠民生的部署要求，中心以服务缴存单位和缴存职工为导向，主动担当、改革创新，认真查找我市住房公积金业务办理的难点、堵点，进一步减少办理环节、简化办事流程、精简证明材料，积极探索研究解决职工办理业务审批慢、来回跑和重复提供资料的问题，维护缴存职工合法权益，优化再造服务流程，不断深化"放管服"改革，为群众办事增便利。在提取与贷后业务方面，精简了身份证复印件、单身证明、退休证明等各类证明材料共计6项，简化办事流程5项；在贷款业务方面，精简了工资表（收入证明）、单身证明、诚信保证书等各类证明材料共计3项，简化办事流程2项，真正做到"最多让职工就近跑一次"、"最好让职工一次也不跑"。

与此同时，中心进一步落实住房城乡建设部《关于加快建设住房公积金综合服务平台的通知》（建金〔2016〕14号）和《住房公积金综合服务平台建设导则》要求，以"互联网＋"、"云平台＋手机公积金"、"大数据"为导向，以住房公积金综合服务平台为依托，以互联网和移动终端为主要载体，以高频简单业务办理、上线自助办理为重点，积极推进综合服务平台建设工作，加快提升缴存单位和缴存职工自助业务办理能力，促进住房公积金运作管理、服务和监管三位一体协调发展，努力打造新形势下的住房公积金服务平台。

目前，8种服务渠道已建成6种，分别是：门户网站、触摸屏自助终端、12329公积金热线、12329短信平台、微博和微信。网上业务大厅单位版已于7月10开始试运行，手机客户端APP和网上业务大厅个人版正在内部测试中。主要涉及缴存变更、住房公积金的核定与上报、基本信息变更、年度住房公积金缴存调整、单位基本信息查询五大方面的业务。针对个人业务，引入互联网服务技术，实现了职工查询24小时"零距离"。开通个人网厅查询、微信查询、手机APP等查询功能；同支付宝合作，利用其身份认证的先进技术，开通了支付宝城市服务查询功能。现在，职工坐在家里就能查询自己的住房公积金基本信息、明细信息、贷款合同信息、还款明细信息等情况，随时随地掏出手机查询一目了然，真正开启了刷脸新时代。

（五）其他需要披露的情况：中心根据住房公积金管理工作实际，结合扫黑除恶专项斗争工作，大力开展住房公积金领域综合治理行动，针对监管漏洞制定出台了堵塞行业监管漏洞的具体措施，认真落实行业治乱具体工作。

1. **积极开展扫黑除恶专项斗争工作**。中心围绕政治站位，履行主体责任。将本系统扫黑除恶专项斗争工作纳入重要日程，加强扫黑除恶专项斗争领导小组建设，设置了独立的办公场所，抽调精干力量、成立专班、配强队伍。广泛开展宣传，深化群众基础。印制《扫黑除恶专项斗争宣传手册》3000余册发放给缴存职工，并通过宣传展板、LED显示屏、宣传横幅、门户网站等多种形式，发动广大群众举报犯罪，提供线索。进一步加强线索摸排，强化排查效果，对近期发现的5条线索已登记造册并移交我市扫黑除恶领导组办公室及市公安局。健全工作机制，强化工作合力，加大对购房合同、发票、不动产证、借款合同、还款票据等原件的鉴别力度，随时保持与公安、住房城乡建设、房管、民政、国土、工商、人行等成员单位的工作对接，形成齐抓共管的工作合力，真正做到扫黑除恶专项斗争工作常态化。

2. **大力开展整治群众身边腐败问题**。从四月份开始，在广泛征求中心干部职工和人民群众意见、建议的基础上，进一步建立健全、完善了中心《工作人员守则》等22项规章制度和管理办法，并结合我市住房公积金工作实际，修订完善了住房公积金归集、提取、贷款、项目评审等工作制度和操作办法，理顺了工作关系。同时，对群众反映集中、性质恶劣的问题，重点督办，限期办结，严格把关，彻底根治群众"办事难"等系列问题，实现政务服务环境的根本好转。

3. **开展拒绝职工使用住房公积金贷款购房问题专项整治行动**。为进一步规范房地产市场秩序，净化房地产市场环境，中心严格按照《关于发展住房公积金个人住房贷款业务的通知》（建金〔2014〕148号）及《关于维护住房公积金缴存职工购房贷款权益的通知》（建金〔2018〕246号）要求，开展拒绝职工使用住房公积金贷款购房问题专项整治行动。要求房地产开发企业在销售商品房时，不得以提高住房销售价格、减少价格折扣等方式限制、阻挠、拒绝购房人使用住房公积金贷款，不得要求或变相要求购房人签署自愿放弃住房公积金贷款权利的书面文件。对房地产开发企业拒不履行承诺、损害住房公积金缴存职工合法权益的，依法对其进行严厉查处，切实维护了住房公积金缴存职工购房贷款的权益。

晋中市住房公积金2018年年度报告

一、机构概况

（一）**住房公积金管理委员会**：2018年晋中市住房公积金管理委员会有19名委员，经住房公积金管委会主任同意发布了晋中市住房公积金管理中心2018年年度报告。

（二）**住房公积金管理中心**：晋中市住房公积金管理中心为直属晋中市人民政府，不以营利为目的的全额事业单位，内设10个科室，下设12个管理部、办事处，从业人员188人，其中，在编133人，非在编55人。

二、业务运行情况

（一）**缴存**：2018年，新开户单位260家，实缴单位3621家，单位净减少227家；新开户职工1.98

万人，实缴职工 21.26 万人，职工净增加 0.8 万人；缴存额 21.61 亿元，同比减少 1.77%。2018 年末，缴存总额 135.51 亿元，同比增长 18.97%；缴存余额 63.67 亿元，同比增长 22.80%。

受委托办理住房公积金缴存业务的银行 6 家，与上年无变化。

（二）提取：2018 年住房公积金提取额 9.79 亿元，同比增长 58.16%；占当年缴存额的 45.30%，比上年增加 17.18 个百分点。截至 2018 年末，提取总额 71.84 亿元，同比增长 15.78%。

（三）贷款：

个人住房贷款最高额度 80 万元，其中，单缴存职工最高额度 80 万元，双缴存职工最高额度 80 万元。

2018 年，发放个人住房贷款 0.49 万笔 17.79 亿元，同比分别增长 2.45%、11.68%。

2018 年，回收个人住房贷款 4.87 亿元，同比增长 29.18%。

2018 年，累计发放个人住房贷款 3.47 万笔 74.40 亿元，贷款余额 53.39 亿元，同比分别增长 16.44%、31.43%、31.92%。个人住房贷款余额占缴存余额的 83.86%，比上年增加 5.81 个百分点。

受委托办理住房公积金个人住房贷款业务的银行 5 家，与上年无变化。

（四）资金存储：2018 年末，住房公积金存款 12.15 亿元。其中，活期 0.01 亿元，1 年以上定期 11.07 亿元，其他（协定、通知存款等）1.07 亿元。

（五）资金运用率：2018 年末，住房公积金个人住房贷款余额、项目贷款余额和购买国债余额的总和占缴存余额的 83.86%，比上年增加 5.81 个百分点。

三、主要财务数据

（一）业务收入：2018 年，业务收入 22503.83 万元，同比增加 28.86%。其中：存款利息收入 6864.95 万元，委托贷款利息收入 15637.12 万元，其他收入 1.76 万元。

（二）业务支出：2018 年，业务支出 8917.17 万元，同比增加 12.90%。其中：支付职工住房公积金利息支出 8148.26 万元，委托贷款手续费支出 758.77 万元，其他支出 10.14 万元。

（三）增值收益：2018 年，增值收益 13586.66 万元，同比增长 42.04%。增值收益率 2.37%，比上年增加 0.25 个百分点。

（四）增值收益分配：2018 年，提取贷款风险准备金 6305.79 万元，提取管理费用 2400 万元，提取城市廉租住房（公共租赁住房）建设补充资金 3706.94 万元。未分配增值收益 1173.93 万元。

2018 年，上交财政管理费用 2400 万元。上缴财政城市廉租住房（公共租赁住房）建设补充资金 2619.42 万元。

2018 年末，贷款风险准备金余额 24349.65 万元。累计提取城市廉租住房（公共租赁住房）建设补充资金 14626.36 万元。

（五）管理费用支出：2018 年，管理费用支出 2381.77 万元。其中，人员经费 2066.76 万元，公用经费 189.01 万元，专项经费 126 万元。

四、资产风险状况

（一）个人住房贷款：2018 年末个人住房贷款逾期额 33.38 万元，逾期率 0.06‰。

个人贷款风险准备金按贷款余额的 1.18% 提取。2018 年提取个人贷款风险准备金 6305.79 万元，使用个人贷款风险准备金核销呆坏账 0 万元。2018 年末个人贷款风险准备金余额 24027.65 万元，占个人住房贷款余额的 4.56%，个人住房贷款逾期额与个人贷款风险准备金余额的比率为 0.12%。

（二）支持保障性住房建设试点项目贷款：2018 年使用项目贷款风险准备金核销呆坏账 0 万元，项目贷款风险准备金余额 322 万元。

五、社会经济效益

（一）缴存业务：2018 年职工实缴单位数减少 5.90%，实缴职工人数增加 3.91%，缴存额减少 1.77%。

缴存单位中，国家机关和事业单位占 66.28%，国有企业占 13.62%，城镇集体企业占 2.24%，外商投资企业占 1.57%，城镇私营企业及其他城镇企业占 10.63%，民办非企业单位和社会团体占 1.02%，其他占 4.64%。

缴存职工中，国家机关和事业单位占 51.1%，国有企业占 25.25%，城镇集体企业占 5.76%，外商投资企业占 3.57%，城镇私营企业及其他城镇企业占 6.48%，民办非企业单位和社会团体占 0.56%，其他占 7.28%；中、低收入占 99.05%，高收入占 0.95%。

新开户职工中，国家机关和事业单位占 21.04%，国有企业占 18.83%，城镇集体企业占 10.84%，外商投资企业占 13.78%，城镇私营企业及其他城镇企业占 25.89%，民办非企业单位和社会团体占 1.15%，其他占 8.47%；中、低收入占 88.72%，高收入占 11.28%。

（二）提取业务：2018 年，3.68 万名缴存职工提取住房公积金 9.79 亿元。

提取金额中，住房消费提取占 69.40%（其中：购买、建造、翻建、大修自住住房占 30.75%，偿还购房贷款本息占 26.33%，租赁住房占 12.09%，其他占 0.23%）；非住房消费提取占 30.60%（其中：离休和退休提取占 25.25%，完全丧失劳动能力并与单位终止劳动关系提取占 1.47%，户口迁出本市或出境定居 0.10 占%，其他占 3.78%）。提取职工中，中、低收入占 98.17%，高收入占 1.83%。

（三）贷款业务：

1. **个人住房贷款**：2018 年，支持职工购建房 60.58 万平方米，年末个人住房贷款市场占有率为 22.31%，比上年减少 2.83 个百分点。通过申请住房公积金个人住房贷款，可节约职工购房利息支出 58720.86 万元。

职工贷款笔数中，购房建筑面积 90（含）平方米以下占 9.32%，90~144（含）平方米占 74.08%，144 平方米以上占 16.6%。购买新房占 89.94%（其中购买保障性住房占 0.06%），购买存量商品住房占 10.06%，建造、翻建、大修自住住房占 0%，其他占 0%。

职工贷款笔数中，单缴存职工申请贷款占 17.46%，双缴存职工申请贷款占 80.52%，三人及以上缴存职工共同申请贷款占 2.02%。

贷款职工中，30 岁（含）以下占 28.19%，30 岁~40 岁（含）占 40.79%，40 岁~50 岁（含）占 23.47%，50 岁以上占 7.55%；首次申请贷款占 99.98%，二次及以上申请贷款占 0.02%；中、低收入占 98.92%，高收入占 1.08%。

2. **异地贷款**：2018 年，发放异地贷款 1177 笔 46673 万元。2018 年末，发放异地贷款总额 93809.10 万元，发放异地贷款余额 87792.55 万元。

3. 支持保障性住房建设试点项目贷款：2018年末，累计试点项目4个，贷款额度1.44亿元，建筑面积33.34万平方米，可解决3384户中低收入职工家庭的住房问题。4个试点项目贷款资金已发放并还清贷款本息。

（四）住房贡献率：2018年，个人住房贷款发放额、住房消费提取额的总和与当年缴存额的比率为127.64%。比上年增加39%。

六、其他重要事项

（一）当年晋中市住房公积金政策调整情况

1. 缴存基数、比例调整的情况：2018年6月13日，中心发布了关于《2018年度晋中市住房公积金缴存基数、比例的通知》。

（1）明确了各单位应当按照晋中市统计局计算职工月平均工资的口径计算职工月平均工资，并以职工月平均工资作为该职工住房公积金缴存基数核定住房公积金月缴存额。

（2）自2018年7月1日起，本市职工住房公积金的缴存基数由2016年月平均工资调整为2018年月平均工资。

（3）2018年度职工本人和单位住房公积金缴存比例为各5%至12%，同一单位职工的缴存比例应一致。

（4）2018年度月工资最高上限为16791元，最低下限为：介休市1700元，市中心、榆次区、开发区、昔阳县、寿阳县1600元，灵石县、左权县、和顺县、太谷县、祁县、平遥县1500元，榆社县1400元。

此外，城镇个体工商户及其雇用人员、自由职业者的住房公积金月工资最高上限为16791元，下限为5597元。

2. 提取政策调整情况：2018年7月5日中心发布了《关于调整晋中市住房公积金提取相关政策的通知》。

（1）租房提取公积金的，一年内可按季多次提取。

（2）与单位终止或者解除劳动关系的，未在异地继续缴存的，封存满半年后可提取。

（3）偿还公积金贷款本息，贷款满12个月后可申请还贷提取，申请提取时上月需为正常还款状态，累计提取金额夫妻双方合计最高不超过其购房贷款总额。

（4）偿还商业银行住房贷款本息提取，每年提取一次，夫妻双方合计提取金额不超过近12个月的还款本息。

（5）物业费提取，本人及配偶在公积金账户余额范围内合计可提取额度为：建筑面积×1.5元（晋中市住宅平方米物业费月收取标准上限）×12月（计算结果取整到百位）。

3. 贷款政策调整情况：2018年4月6日中心发布了《关于进一步改进公积金贷款购房工作的通知》

（1）调整商转公贷款业务。停止发放2018年7月30日以后商业银行发放的贷款。

（2）停止发放本地缴存职工的异地购房公积金贷款。

（3）停止发放还清商业银行贷款的商转公和付清房款的住房公积金贷款。

（4）住房公积金个人住房贷款直接拨付给开发单位或出售人。

（二）服务改进情况： 为了进一步强化服务意识，提升服务效能，全面加强窗口建设。中心优先把年纪轻、业务精、反应快、态度好的优秀人员充实到一线窗口，同时开展星级服务评比，严格首问负责制、一次性告知制，做到不让政策在窗口截留、不让差错在窗口发生、不让时间在窗口浪费、不让承诺在窗口失信。

住房公积金便民持续创新发展。2018年中心开通了12329热线、12329短信、门户网站、网上大厅、自助终端、手机APP、官方微信、官方微博等线上渠道，实现业务功能基本覆盖。为广大职工网上查询信息和办理业务提供了便利条件。

（三）信息化建设改进情况：

今年起，中心推进"互联网＋公积金"平台建设。2018年2月6日住房公积金双贯标新系统正式上线，于2018年4月19日高分通过住房城乡建设部的验收。2018年5月中心开始住房公积金综合服务平台建设，11月涵盖八大服务渠道的综合服务平台正式上线，并于12月28日通过省住房城乡建设厅的验收。目前系统运行稳定，真正实现了我市住房公积金业务"统一决策、统一制度、统一核算、统一管理"。实现了资金管理"三统一"（统一银行账户管理、统一资金调拨、统一资金结算）、业务办理"六实时"（汇缴自动实时分配、提取实时入卡、贷款实时发放、资金实时调拨、账户实时监控、业务自动结账），进一步提升了科学管理水平，真正实现了"让系统数据多跑路，缴存职工少跑腿"的目标。

（四）住房公积金管理中心所获荣誉情况：

晋中市住房公积金管理中心2018年被山西省住房和城乡建设厅表彰，评为优秀单位。

运城市住房公积金2018年年度报告

一、机构概况

（一）**住房公积金管理委员会：** 住房公积金管理委员会有20名委员，2018年召开1次会议，会议调整了管委会副主任委员，审议通过了关于2018年全市住房公积金工作情况和2018年工作要点的报告，关于2018年全市住房公积金归集、使用计划执行情况及2018年住房公积金归集、使用计划的报告，关于2018年全市住房公积金增值收益分配方案和2018年增值收益预算的报告。

（二）**住房公积金管理中心：** 住房公积金管理中心为直属市政府的不以营利为目的的全额事业单位，设7个科（室），16个管理部。从业人员193人，其中，在编166人，非在编27人。

二、业务运行情况

（一）**缴存：** 2018年，新开户单位258家，实缴单位4138家，净增单位206家；新开户职工1.37万人，实缴职工25.57万人，净减少职工0.8万人；缴存额26.26亿元，同比增长20.4%。2018年末，缴存总额159.59亿元，同比增长19.70%；缴存余额76.72亿元，同比增长23.26%。

（二）**提取：** 2018年，提取额11.78亿元，同比增长54.59%；占当年缴存额的44.86%，比上年增加 9.92 个百分点。2018 年末，提取总额 82.87 亿元，同比增长 16.57%。

（三）贷款：

1. **个人住房贷款**：单双职工个人住房贷款最高额度均为 40 万元。

2018 年，发放个人住房贷款 0.56 万笔 13.55 亿元，同比分别下降 14.29%、2.88%。

2018 年，回收个人住房贷款 8.84 亿元。

2018 年末，累计发放个人住房贷款 9.91 万笔 106.57 亿元，贷款余额 52.67 亿元，同比分别增长 6.20%、12.71%、8.94%。个人住房贷款余额占缴存余额的 68.65%，比上年减少 8.41 个百分点。

受委托办理住房公积金个人住房贷款业务的银行 4 家，没有变化。

2. **住房公积金支持保障性住房建设项目贷款**：2018 年末，累计发放项目贷款 4 亿元，项目贷款余额 0。

（四）**资金存储**：2018 年末，住房公积金存款 28.52 亿元。其中，活期 0.01 亿元，1 年（含）以下定期 0 亿元，1 年以上定期 27.89 亿元，其他（协定、通知存款等）0.62 亿元。

（五）**资金运用率**：2018 年末，住房公积金个人住房贷款余额、项目贷款余额和购买国债余额的总和占缴存余额的 68.65%，比上年减少 8.40 个百分点。

三、主要财务数据

（一）**业务收入**：2018 年，业务收入 25252.94 万元，同比增长 12.73%。其中，存款利息 8974.85 万元，委托贷款利息 16251.36 万元，其他 26.73 万元。

（二）**业务支出**：2018 年，业务支出 11034.59 万元，同比增长 5.78%。其中，支付职工住房公积金利息 10337.34 万元，委托贷款手续费 696.72 万元，其他 0.53 万元。

（三）**增值收益**：2018 年，增值收益 14218.34 万元，同比增长 18.79%。增值收益率 2.02%，比上年增加 0.05 个百分点。

（四）**增值收益分配**：2018 年，提取贷款风险准备金 6320.73 万元，提取管理费用 2885.10 万元，提取城市廉租住房（公共租赁住房）建设补充资金 5012.51 万元。

2018 年，上交财政管理费用 2150.21 万元。上缴财政城市廉租住房补充资金 5023.90 万元。

2018 年末，贷款风险准备金余额 37381.53 万元。累计提取城市廉租住房（公共租赁住房）建设补充资金 23598.29 万元。

（五）**管理费用支出**：2018 年，管理费用支出 2505.09 万元，同比下降 0.54%。其中，人员经费 1668.84 万元，公用经费 329.94 万元，专项经费 506.31 万元。

四、资产风险状况

个人住房贷款：2018 年末，个人住房贷款逾期额 1283.76 万元，逾期率 2.40‰。

个人贷款风险准备金按贷款余额的 1.20% 提取。2018 年，提取个人贷款风险准备金 6320.73 万元，使用个人贷款风险准备金核销呆坏账 0 万元。2018 年末，个人贷款风险准备金余额 37381.53 万元，占个人住房贷款余额的 7.10%，个人住房贷款逾期额与个人贷款风险准备金余额的比率为 3.43%。

五、社会经济效益

（一）**缴存业务**：2018年，实缴单位数、实缴职工人数和缴存额同比分别增长5.24%、－3.05%和20.4%。

缴存单位中，国家机关和事业单位占66.92%，国有企业占7.61%，城镇集体企业占0.27%，外商投资企业占0.24%，城镇私营企业及其他城镇企业占20.98%，民办非企业单位和社会团体占1.47%，其他占2.51%。

缴存职工中，国家机关和事业单位占51.64%，国有企业占18.49%，城镇集体企业占0.40%，外商投资企业占0.08%，城镇私营企业及其他城镇企业占26.37%，民办非企业单位和社会团体占0.48%，其他占2.54%；中、低收入占99.40%，高收入占0.60%。

新开户职工中，国家机关和事业单位占27.09%，国有企业占13.17%，城镇集体企业占0.12%，外商投资企业占0.06%，城镇私营企业及其他城镇企业占53.08%，民办非企业单位和社会团体占0.74%，其他占5.74%；中、低收入占99.77%，高收入占0.23%。

（二）**提取业务**：2018年，5.13万名缴存职工提取住房公积金11.78亿元。

提取金额中，住房消费提取占73.5%（购买、建造、翻建、大修自住住房占34.15%，偿还购房贷款本息占30.04%，租赁住房占9.31%）；非住房消费提取占26.50%（离休和退休提取占23.9%，完全丧失劳动能力并与单位终止劳动关系提取占0.32%，户口迁出本市或出境定居占0.04%，其他占2.24%）。

提取职工中，中、低收入占99.41%，高收入占0.59%。

（三）**贷款业务**：

1. **个人住房贷款**：2018年，支持职工购建房81.27万平方米，年末个人住房贷款市场占有率为46.32%，比上年增加21.24个百分点。通过申请住房公积金个人住房贷款，可节约职工购房利息支出29002.10万元。

职工贷款笔数中，购房建筑面积90（含）平方米以下占5.3%，90~144（含）平方米占75.54%，144平方米以上占19.16%。购买新房占83.14%（其中购买保障性住房占1.02%），购买存量商品住房占7.02%，建造、翻建、大修自住住房占9.84%。

职工贷款笔数中，单缴存职工申请贷款占58.88%，双缴存职工申请贷款占41.12%。

贷款职工中，30岁（含）以下占22.21%，30岁~40岁（含）占40.04%，40岁~50岁（含）占25.69%，50岁以上占12.06%；首次申请贷款占83.41%，二次及以上申请贷款占16.59%；中、低收入占99.40%，高收入占0.60%。

2. **异地贷款**：2018年，发放异地贷款458笔11796万元。2018年末，发放异地贷款总额19608万元，异地贷款余额17848.42万元。

3. **支持保障性住房建设试点项目贷款**：2018年末，累计试点项目1个，贷款额度4亿元，建筑面积40万平方米，可解决1919户中低收入职工家庭的住房问题。试点项目贷款资金已发放并还清贷款本息。

（四）**住房贡献率**：2018年，个人住房贷款发放额住房消费提取额的总和与当年缴存额的比率为84.58%，比上年减少14.29个百分点。

六、其他重要事项

(一) 当年机构及职能调整情况、受委托办理缴存贷款业务金融机构变更情况：2018年，最新机构职能无变化，受委托办理缴存业务金融机构减少一家，贷款业务的金融机构无变化。

(二) 当年住房公积金政策调整及执行情况：

1. 2018年7月调整核定住房公积金月缴存基数及比例，缴存基数上限按不超过运城市2018年度职工月平均工资3倍的要求确定为13643元，缴存基数下限按2018年度月最低工资标准1700元执行，职工和单位住房公积金的缴存比例上限为12%，下限为5%。

2. 2018年住房公积金存贷款利率执行2016年2月19日根据《中国人民银行住房城乡建设部财政部关于完善职工住房公积金账户存款利率形成机制的通知》（银发〔2016〕43号）印发的《关于调整住房公积金存款利率的通知》（运市住金字〔2016〕5号），自2016年2月21日起，将职工住房公积金账户存款利率由按照归集时间执行活期、三个月存款基准利率，调整为统一按一年期定期存款基准利率执行。

3. 2018年住房公积金个人住房贷款最高贷款额度执行2015年2月26日《关于发展住房公积金个人住房贷款业务的通知》（运市住金字〔2015〕16号）规定的全市住房公积金个人住房贷款最高额度40万元，最长期限30年的标准。

4. 2018年5月29日中心联合市住房城乡建设局、财政局、人行运城中心支行、国土局印发《关于维护住房公积金缴存职工购房贷款权益的通知》（运市住金字〔2018〕22号），进一步规范住房公积金贷款行为，不断提高住房公积金服务效率；2018年7月17日中心转发《山西省住房和城乡建设厅转发＜住房城乡建设部办公厅关于住房公积金政策执行情况检查及风险隐患排查的通知＞的通知》（晋建金函〔2018〕799号），要求各科室、管理部严格执行省住房城乡建设厅明确的公积金相关贷款政策。

(三) 当年服务改进情况：为进一步深化"放管服效"改革，创优营商环境，在市（县、区）政府统一安排下，2018年7月22日，中心业务大厅整体入驻市政务服务中心，盐湖、临猗、绛县管理部也相继入驻区（县）政务大厅，办理公积金相关业务，入驻以来，各项工作得到了办事群众和各级领导的一致认可，树立了良好的公积金形象；中心综合服务平台于2018年12月27日以优秀等次通过国家省住房城乡建设厅检查验收。综合服务平台的上线，使住房公积金管理运行更加安全、规范、高效、便捷，是公积金深化"放管服效"改革的又一次推进，标志着住房公积金服务工作迈上了一个新台阶。

(四) 当年信息化建设情况：2018年4月17日中心"双贯标"工作圆满通过国家住房城乡建设部和省住房城乡建设厅联合验收。实现了采集、检索、存储、传输全流程与基础数据标准项保持一致，结算达到中心业务、账户、流程的全覆盖，确保了中心财务资金精准核算和风险防控，进一步提升了住房公积金管理的信息化、科学化、规范化水平，职工办理业务更加方便快捷。

(五) 当年住房公积金管理中心及职工所获荣誉情况：2018年，中心被省住房城乡建设厅评为"2018年度全省住房城乡建设工作先进单位"；中心政策法规科副科长秦俊梅被运城市劳动竞赛委员会评为"运城市2018年五一劳动奖章获得者"。

忻州市住房公积金2018年年度报告

一、机构概况

（一）住房公积金管理委员会：住房公积金管理委员会有20名委员，2018年召开0次会议，审议通过的事项：无。

（二）住房公积金管理中心：住房公积金管理中心为忻州市政府直属不以营利为目的的全额事业单位，设7个科，14个管理部。从业人员158人，其中，在编77人，非在编81人。

二、业务运行情况

（一）缴存：2018年，新开户单位213家，实缴单位3867家，净增单位143家；新开户职工0.95万人，实缴职工16.76万人，净增职工1.09万人；缴存额19.15亿元，同比增长19.84%。2018年末，缴存总额123.9亿元，同比增长18.27%；缴存余额45.44亿元，同比增长35.36%。

受委托办理住房公积金缴存业务的银行7家，与上年相同。

（二）提取：2018年，提取额7.28亿元，同比增长49.49%；占当年缴存额的38.02%，比上年增加7.54个百分点。2018年末，提取总额78.46亿元，同比增长10.23%。

（三）贷款：

个人住房贷款最高额度60万元，其中，单缴存职工最高额度60万元，双缴存职工最高额度60万元。

2018年，发放个人住房贷款0.36万笔11.69亿元，同比分别增长12.5%、23.31%。

2018年，回收个人住房贷款4.91亿元。

2018年末，累计发放个人住房贷款3.24万笔60.26亿元，贷款余额32.04亿元，同比分别增长12.11%、24.07%、26.84%。个人住房贷款余额占缴存余额的70.51%，比上年减少4.73个百分点。

受委托办理住房公积金个人住房贷款业务的银行5家，与上年相同。

（四）融资：2018年，融资7.79亿元，归还17.22亿元。2018年末，融资总额80.66亿元，融资余额1.5亿元。

（五）资金存储：2018年末，住房公积金存款14.45亿元（含1.50亿元住房公积金定期存单质押贷款）。其中，活期0.01亿元，无1年（含）以下定期，1年以上定期14.15亿元，其他（协定、通知存款等）0.29亿元。

（六）资金运用率：2018年末，住房公积金个人住房贷款余额、项目贷款余额和购买国债余额的总和占缴存余额的70.51%，比上年减少4.73个百分点。

三、主要财务数据

（一）业务收入：2018年，业务收入20089.02万元，同比下降1.7%；存款利息10959.15万元，委托贷款利息9103.97万元，无国债利息，其他25.9万元。

（二）业务支出：2018年，业务支出9891.02万元，同比下降12.32%；支付职工住房公积金利息

5777.11 万元，归集手续费 0 万元，委托贷款手续费 421.19 万元，其他 3692.72 万元（其中住房公积金定期存单质押贷款利息支出 3635.36 万元）。

（三）增值收益：2018 年，增值收益 10198 万元，同比增长 11.37%；增值收益率 2.65%，比上年减少 0.75 个百分点。

（四）增值收益分配：2018 年，提取贷款风险准备金 7376 万元，提取管理费用 2502 万元，提取城市廉租住房（公共租赁住房）建设补充资金 320 万元。

2018 年，上交财政管理费用 2502 万元。上缴财政城市廉租住房（公共租赁住房）建设补充资金 0 万元。

2018 年末，贷款风险准备金余额 37556.31 万元。累计提取城市廉租住房（公共租赁住房）建设补充资金 8973.37 万元。

（五）管理费用支出：2018 年，管理费用支出 1167.4 万元，同比增长 26.64%。其中，无人员经费，无公用经费，专项经费 1167.4 万元。

四、资产风险状况

2018 年末，个人住房贷款逾期额 544.19 万元，逾期率 1.7‰。

个人贷款风险准备金按增值收益的 60% 提取。2018 年，提取个人贷款风险准备金 7376 万元，使用个人贷款风险准备金核销呆坏账 0 万元。2018 年末，个人贷款风险准备金余额 37556.31 万元，占个人住房贷款余额的 11.72%，个人住房贷款逾期额与个人贷款风险准备金余额的比率为 1.45%。

五、社会经济效益

（一）缴存业务：2018 年，实缴单位数、实缴职工人数和缴存额同比分别增长 3.84%、7% 和 19.82%。

缴存单位中，国家机关和事业单位占 73.7%，国有企业占 10.4%，城镇集体企业占 4.44%，外商投资企业占 0.21%，城镇私营企业及其他城镇企业占 3.9%，民办非企业单位和社会团体占 0.39%，其他占 6.96%。

缴存职工中，国家机关和事业单位占 59.14%，国有企业占 28.89%，城镇集体企业占 3.82%，外商投资企业占 0.24%，城镇私营企业及其他城镇企业占 2.78%，民办非企业单位和社会团体占 0.33%，其他占 4.8%；中、低收入占 97.51%，高收入占 2.49%。

新开户职工中，国家机关和事业单位占 30.92%，国有企业占 33.91%，城镇集体企业占 1.93%，外商投资企业占 0.21%，城镇私营企业及其他城镇企业占 19.99%，民办非企业单位和社会团体占 1.3%，其他占 11.74%；中、低收入占 99.69%，高收入占 0.31%。

（二）提取业务：2018 年，3.78 万名缴存职工提取住房公积金 7.28 亿元。

提取金额中，住房消费提取占 75.44%（购买、建造、翻建、大修自住住房占 16.77%，偿还购房贷款本息占 25.43%，租赁住房占 33.24%，其他占 0%）；非住房消费提取占 24.56%（离休和退休提取占 20.5%，完全丧失劳动能力并与单位终止劳动关系提取占 1.75%，户口迁出本市或出境定居占 0%，其他占 2.31%）。

提取职工中，中、低收入占 97.09%，高收入占 2.91%。

(三) **贷款业务：**

1. **个人住房贷款：** 2018 年，支持职工购建房 34.5 万平方米，年末个人住房贷款市场占有率为 47.00%，比上年减少 0.14 个百分点。通过申请住房公积金个人住房贷款，可节约职工购房利息支出 32708.29 万元。

职工贷款笔数中，购房建筑面积 90（含）平方米以下占 12.78%，90～144（含）平方米占 76.05%，144 平方米以上占 11.17%。购买新房占 67.2%（其中购买保障性住房占 0%），购买二手房占 32.47%，建造、翻建、大修自住住房占 0%，其他占 0.33%。

职工贷款笔数中，单缴存职工申请贷款占 20.22%，双缴存职工申请贷款占 79.78%，三人及以上缴存职工共同申请贷款占 0%。

贷款职工中，30 岁（含）以下占 20.14%，30 岁～40 岁（含）占 41.1%，40 岁～50 岁（含）占 24.11%，50 岁以上占 14.65%；首次申请贷款占 87%，二次及以上申请贷款占 13%；中、低收入占 97.19%，高收入占 2.81%。

2. **异地贷款：** 2018 年，发放异地贷款 471 笔 16033 万元。2018 年末，发放异地贷款总额 40730 万元，异地贷款余额 23641.92 万元。

(四) **住房贡献率：** 2018 年，个人住房贷款发放额、公转商贴息贷款发放额、项目贷款发放额、住房消费提取额的总和与当年缴存额的比率为 89.72%，比上年减少 0.05 个百分点。

六、其他重要事项

(一) **当年住房公积金政策调整及执行情况：**

1. **当年缴存基数和缴存比例调整情况：** 按照国家有关规定，根据忻州市统计局公布的 2018 年职工月平均工资和 2018 年忻州市劳动和社会保障局规定的职工月最低工资标准测算，当年缴存基数最高不超过 13047 元/月、最低不低于 1600 元/月，缴存比例继续执行最高 12%、最低 5%。

2. **当年住房公积金存款、贷款利率执行情况：** 2018 年，继续执行《中国人民银行、住房城乡建设部、财政部关于完善职工住房公积金账户存款利率形成机制的通知》（银发〔2016〕43 号）文件要求，"自 2016 年 2 月 21 日起，将职工住房公积金账户存款利率，由现行按照归集时间执行活期、三个月存款基准利率，调整为统一按一年期定期存款基准利率执行"，即 1.5%。

2018 年，中国人民银行对个人住房公积金贷款利率未做调整，仍执行 2018 年的标准，即五年期以上个人住房公积金贷款利率为 3.25%，五年期以下（含五年）个人住房公积金贷款利率为 2.75%。

3. **当年住房公积金个人缴存、提取业务政策调整情况：**

（1）办理提取业务时，取消了职工提供身份证明材料复印件。

（2）修订了《归集管理办法》和《提取管理办法》。

4. 中心于 2018 年 8 月 1 日，根据省住房城乡建设厅晋建金函〔2018〕799 号文件要求，并结合我市实际情况，对公积金个人住房贷款政策做了如下调整：

（1）停止向尚未结清住房公积金贷款的职工家庭，发放住房公积金贷款。首套房、二套房住房公积金贷款最低首付比例目前均为 20%。超过最低首付比例时，按实际剩余应付部分及个人收入情况等因素确定贷款额。除建造、翻建、大修自住住房外，贷款资金不得直接支付给借款人。偿还商业银行住房贷款（商转公贷款）的，中心将贷款划入银行开设的过渡户内，再由银行扣划偿还商业贷款。

（2）住房公积金异地贷款由缴存地公积金管理部门开具缴存证明，购买地住房公积金管理部门受理审核、发放贷款。缴存地住房公积金管理中心不再发放本地缴存职工的异地购房贷款。

（3）住房公积金贷款以所购房屋抵押（含预抵押）为主。凡所购房屋具备预抵押条件的，应进行预抵押登记。暂不能提供房屋抵押或预抵押担保时，无论采取哪种阶段性担保方式，最终都要落实到房屋抵押。除建造、翻建、大修自住住房外，不再使用自然人全程联保的担保方式。

（4）不再受理向付清房款的职工家庭发放住房公积金贷款业务和已结清商业银行住房贷款的商转公业务。停止受理自2018年7月30日以后商业银行发放的住房贷款转公积金贷款业务。

（5）支持职工首套和改善型购房贷款，暂停住房公积金房屋装修贷款业务。

（6）二手房交易住房公积金贷款应在交易过程中由买卖双方向住房公积金管理中心提出贷款申请，住房公积金管理中心审批核准贷款额度后，及时通知买卖双方。在交易双方完成产权变更和不动产抵押后，住房公积金管理中心再将住房公积金贷款直接或通过资金托管账户支付给出售人。

（7）将原政策中提供借款申请人征信报告调整为提供借款申请人夫妻双方的征信报告。

（8）申请贷款时各环节的办理时限，即：贷款咨询即时办理，贷款受理即时办理，贷款审批严格控制在5个工作日以内（不含产权抵押办理时间），放款即时办理。

（二）当年服务改进情况：为进一步提高住房公积金服务质量和办事效率，方便缴存单位和干部职工办理住房公积金相关业务，忻州市住房公积金管理中心通过完善提升信息服务手段，大力推进互联网＋政务服务，于2018年10月试行住房公积金综合服务平台，开通了门户网站、手机APP、微信公众号、微博、"12329"服务热线、短信推送、网上业务大厅、自助终端8大服务渠道，并于2018年11月27日由山西住房城乡建设厅组成的住房公积金综合服务平台检查验收组对忻州市住房公积金管理中心综合服务平台建设使用情况进行了检查验收并以优秀等次通过了验收。

开通了互联网办理住房公积金的渠道（网上业务大厅、住房公积金手机APP和微信），全天24小时可以办理以下业务：一是查询住房公积金、业务进度查询、账户明细查询；二是职工预留手机号码变更业务；三是单位有或无变更业务的汇缴；四是离退休、解除劳动关系、购买自住住房、建造及翻建及大修住房、租赁自住房、重大疾病、享受最低生活保障提取业务；五是预约提前还款业务；六是网上预约贷款受理。截止2018年底综合服务平台注册客户数达到49471人；离职与离退休提取成功18笔；缴款业务84笔；日均访问量达到3503次；短信服务平台为职工发送提醒短信98770条。

初步构建了"数字化公积金信息服务"的服务新模式，实现了服务从"被动"到"主动"、从"人工"到"智能"、从"线下"到"线上"的根本性转变。

（三）当年信息化建设情况：

1. 2018年4月18日通过了住房城乡建设部、省住房城乡建设厅"双贯标"验收，标志着我市住房公积金信息化建设工作迈上了新台阶。

2. 顺利完成住房公积金异地转移接续平台接入工作。

按照住房城乡建设部的统一部署，中心顺利接入全国住房公积金异地转移接续平台。通过及时接入全国异地转移接续平台，简化了缴存职工办理跨省市转移住房公积金账户的手续，同时让个人转移账户的资金流转更具安全性。

（四）当年住房公积金管理中心及职工所获荣誉情况：张尚富同志获得山西省"五一劳动奖章"。

临汾市住房公积金 2018 年年度报告

一、机构概况

（一）住房公积金管理委员会：住房公积金管理委员会有 25 名委员，2018 年召开一次会议，审议通过的事项主要包括：临汾市住房公积金管理中心工作报告、2018 年度计划执行情况及 2018 年度计划情况报告、临汾市住房公积金 2018 年年度报告。

（二）住房公积金管理中心：住房公积金管理中心为临汾市人民政府不以营利为目的的副县级事业单位，设 9 个科，19 个管理部。从业人员 278 人，其中，在编 171 人，非在编 107 人（主要是侯马、洪洞机构调整未完成，以及公益性岗位人员）。

二、业务运行情况

（一）缴存：2018 年，新开户单位 519 家，实缴单位 5628 家，净增单位 495 家；新开户职工 1.84 万人，实缴职工 28.52 万人，净增职工 0.95 万人；缴存额 30.83 亿元，同比增长 23.32%。2018 年末，缴存总额 183.61 亿元，同比增长 20.18%；缴存余额 93.24 亿元，同比增长 22.31%。

受委托办理住房公积金缴存业务的银行 9 家，比上年增加 4 家。

（二）提取：2018 年，提取额 13.83 亿元，同比增长 47.60%；占当年缴存额的 44.86%，比上年增加 7.38 个百分点。2018 年末，提取总额 90.37 亿元，同比增长 18.07%。

（三）贷款：个人住房贷款最高额度 60 万元，其中，单缴存职工最高额度 60 万元，双缴存职工最高额度 60 万元。

2018 年，发放个人住房贷款 0.49 万笔 17.72 亿元，同比分别增长 4.26%、17.43%。

2018 年，回收个人住房贷款 8.63 亿元。

2018 年末，累计发放个人住房贷款 6.22 万笔 113.82 亿元，贷款余额 70.11 亿元，同比分别增长 8.55%、18.45%、14.92%。个人住房贷款余额占缴存余额的 75.19%，比上年减少 4.84 个百分点。

受委托办理住房公积金个人住房贷款业务的银行 8 家，比上年增加 3 家。

（四）资金存储：2018 年末，住房公积金存款 25.23 亿元。其中，活期 0.01 亿元，1 年（含）以下定期 3.30 亿元，1 年以上定期 19.45 亿元，其他（协定、通知存款等）2.47 亿元。

（五）资金运用率：2018 年末，住房公积金个人住房贷款余额、项目贷款余额和购买国债余额的总和占缴存余额的 75.19%，比上年减少 4.84 个百分点。

三、主要财务数据

（一）业务收入：2018 年，业务收入 29089.34 万元，同比增长 17.87%。其中，存款利息 8468.13 万元，委托贷款利息 20617.96 万元，其他 3.25 万元。

（二）**业务支出**：2018 年，业务支出 13972.11 万元，同比增长 23.37%。其中，支付职工住房公积金利息 12935.48 万元，委托贷款手续费 1034.14 万元，其他 2.49 万元。

（三）**增值收益**：2018 年，增值收益 15117.23 万元，同比增长 13.21%。增值收益率 1.76%，比上年减少 0.14 个百分点。

（四）**增值收益分配**：2018 年，提取贷款风险准备金 10515.97 万元，提取管理费用 1005.66 万元，提取城市廉租住房（公共租赁住房）建设补充资金 1004.03 万元，年末未分配增值收益 2591.57 万元。

2018 年，上交财政管理费用 3010.63 万元。上缴财政城市廉租住房（公共租赁住房）建设补充资金 1004.41 万元。

2018 年末，贷款风险准备金余额 37231.97 万元。累计提取城市廉租住房（公共租赁住房）建设补充资金 19947.80 万元。

（五）**管理费用支出**：2018 年，管理费用支出 3596.22 万元，同比下降 2.21%。其中，人员经费 2481.56 万元，公用经费 148.72 万元，专项经费 965.94 万元。

四、资产风险状况

2018 年末，个人住房贷款逾期额 569.60 万元，逾期率 0.81‰。

个人贷款风险准备金按贷款余额的 1.5% 提取。2018 年，提取个人贷款风险准备金 10515.97 万元，使用个人贷款风险准备金核销呆坏账 0 万元。2018 年末，个人贷款风险准备金余额 37231.97 万元，占个人住房贷款余额的 5.31%，个人住房贷款逾期额与个人贷款风险准备金余额的比率为 1.53%。

五、社会经济效益

（一）**缴存业务**：2018 年，实缴单位数、实缴职工人数和缴存额同比分别增长 9.64%、3.45% 和 23.32%。

缴存单位中，国家机关和事业单位占 67.80%，国有企业占 13.13%，城镇集体企业占 0.64%，外商投资企业占 0.37%，城镇私营企业及其他城镇企业占 13.72%，民办非企业单位和社会团体占 0.84%，其他占 3.50%。

缴存职工中，国家机关和事业单位占 53.88%，国有企业占 30.04%，城镇集体企业占 0.71%，外商投资企业占 0.76%，城镇私营企业及其他城镇企业占 11.61%，民办非企业单位和社会团体占 0.26%，其他占 2.74%；中、低收入占 92.65%，高收入占 7.35%。

新开户职工中，国家机关和事业单位占 25.39%，国有企业占 29.78%，城镇集体企业占 0.62%，外商投资企业占 1.09%，城镇私营企业及其他城镇企业占 34.26%，民办非企业单位和社会团体占 1.21%，其他占 7.65%；中、低收入占 85%，高收入占 15%。

（二）**提取业务**：2018 年，4.39 万名缴存职工提取住房公积金 13.83 亿元。

提取金额中，住房消费提取占 71.61%（购买、建造、翻建、大修自住住房占 34.69%，偿还购房贷款本息占 26.28%，租赁住房占 10.32%，其他占 0.32%）；非住房消费提取占 28.39%（离休和退休提取占 25.44%，完全丧失劳动能力并与单位终止劳动关系提取占 1.43%，户口迁出本市或出境定居占

0.67%，其他占 0.85%）。

提取职工中，中、低收入占 92.65%，高收入占 7.35%。

（三）**贷款业务：**

1. **个人住房贷款**：2018 年，支持职工购建房 53.82 万平方米，年末个人住房贷款市场占有率为 32.60%，比上年减少 3.40 个百分点。通过申请住房公积金个人住房贷款，可节约职工购房利息支出 32318.63 万元。

职工贷款笔数中，购房建筑面积 90（含）平方米以下占 9.83%，90～144（含）平方米占 75.96%，144 平方米以上占 14.21%。购买新房占 89.17%（其中购买保障性住房占 0.04%），购买二手房占 3.45%，建造、翻建、大修自住住房占 1.45%，其他占 5.93%。

职工贷款笔数中，单缴存职工申请贷款占 61.77%，双缴存职工申请贷款占 38.23%，三人及以上缴存职工共同申请贷款占 0%。

贷款职工中，30 岁（含）以下占 28.38%，30 岁～40 岁（含）占 40.42%，40 岁～50 岁（含）占 22.29%，50 岁以上占 8.91%；首次申请贷款占 89.52%，二次及以上申请贷款占 10.48%；中、低收入占 99.08%，高收入占 0.92%。

2. **异地贷款**：2018 年，发放异地贷款 662 笔 24435 万元。2018 年末，发放异地贷款总额 39905.80 万元，异地贷款余额 36771.38 万元。

（四）**住房贡献率**：2018 年，个人住房贷款发放额、住房消费提取额的总和与当年缴存额的比率为 89.60%，比上年增加 7.43 个百分点。

六、其他重要事项

（一）**当年机构及职能调整情况、受委托办理缴存贷款业务金融机构变更情况**：侯马、洪洞两个公积金管理机构的公积金财务账套与市中心财务账套进行全面合并，实现全系统财务的统一核算。

受委托办理住房公积金缴存业务的金融机构增加 4 个，受委托办理住房公积金贷款业务的金融机构增加 3 个。

（二）**当年住房公积金政策调整及执行情况：**

1. **缴存方面**：在全市范围内开展以补充、更正缴存单位和缴存职工信息为重点的年检年审工作，促进住房公积金基础数据全面真实，准确规范。规范住房公积金缴存行为，推进均衡缴存，精简缴存账户，加强缴存单位基本账户的维护，完善汇缴业务进账单跟单信息，实现业务系统自动入账分摊。依据临汾市统计局公布的数据，2018 年临汾市城镇非私营企业职工月平均工资为 4738 元，调整我市 2018 年度月住房公积金缴存基数上限为 14214 元，单位和职工个人月缴存额上限均调整为 1705.68 元；依据临汾市人力资源和社会保障局公布的最低工资标准，调整我市 2018 年度月住房公积金缴存基数下限为 1400 元，单位和职工个人月缴存额下限均调整为 70 元。

2. **提取方面**：缴存职工与单位解除或终止劳动关系，未在异地继续缴存的，封存满半年后，可以申请办理销户提取。

3. 贷款方面：

（1）与市住房城乡建设局、人行、国土资源局等多部门建立沟通协调机制，要求房地产开发企业提供不拒绝购房人使用住房公积金贷款的书面承诺，严厉打击房地产开发企业拒绝住房公积金贷款的违规行为，维护公积金缴存职工的合法权益。

（2）开展了对冲还贷业务，实现用借款人和配偶的月缴存额冲抵月还款额。

（3）下调二套房住房公积金贷款最低首付比例为20%。

（4）整合住房公积金担保方式，住房公积金贷款以所购房屋抵押（含预抵押）为主。

（5）强化贷款管理，进一步防控贷款风险，停止房屋装修贷款、非公积金缴存人（直系亲属）购房贷款、本地缴存职工的异地购房贷款及付清全款购房贷款；二手房交易贷款资金直接或通过资金托管账户支付给出售人，减轻了职工的筹款负担。

（6）明确个人征信报告审核标准，借款人办理的各类贷款，在申请公积金贷款前两年内拖欠贷款本金或利息连续3次（含）或累计6次（含）以上的，原则上不予发放贷款。

（三）当年服务改进情况：

1. 新增尧都区管理部、开发区管理部两个服务网点，实行通缴通提通贷，方便广大缴存单位和职工就近办理住房公积金业务。

2. 落实"放管服"改革，进一步精简手续资料，办理贷款无需提供身份证复印件及工资收入证明，同时压缩贷款审批时限，由15个工作日缩短为5个工作日。

3. 2018年严格按照国家规定的存贷款利率执行。6月30日给缴存职工结息时，职工住房公积金无论是上年结转的，还是当年缴存的，一律按照一年期定期存款基准利率1.5%执行，所结利息记入到住房公积金个人账户。个人住房公积金贷款利率：五年期以下（含五年）2.75%，五年期以上3.25%。

（四）当年信息化建设情况：

1. 对核心业务系统进行改造升级，将异地转移接续业务植入业务系统，开通短信通知业务，顺利通过住房城乡建设部"双贯标"验收，达到国家行业标准规范。同时，落实贯标整改，精简资金账户，提高会计核算水平。加强技术开发与保障，加强业务发展保障力，完成汇缴实时入账、贷后管理、贷款自主核算等系统功能开发，加强部署运维监管系统、优化配电系统和完成"三级等保"备案。

2. 对电子档案系统进行升级改造，完成业务档案电子化管理，实现自动立卷、归档实时完成、子母档案自动合并、档案查找快捷准确。

3. 推动数据共享，主动对接市政府"互联网＋政务服务"一张网平台建设，通过数据对接方式将缴存人信息查询、明细查询、缴存证明查询、贷款信息查询等功能部署到政务一张网中。

4. 分类管理系统操作人员，采用"指纹"、"指纹＋密码"等方式降低业务操作风险，通过"人脸识别＋公安比对"等生物识别技术，校验用户实名信息，保护缴存职工信息安全。

5. 调整核心网络架构，定期更新防火墙系统与安全审计系统，实时监控系统及网络运行情况，及时分析研判并处理可疑行为，加强信息系统及网络安全防护工作。

（五）当年住房公积金管理中心及职工所获荣誉情况：

2018年我单位荣获国家级文明单位1个，地市级文明单位2个，省级青年文明号1个，省级先进个人1人，其他荣誉称号6个。

吕梁市住房公积金 2018 年年度报告

一、机构概况

（一）**住房公积金管理委员会**：住房公积金管理委员会有 30 名委员，2018 年召开 1 次会议，审议通过的事项主要包括：2018 年住房公积金增值收益分配方案、2018 年住房公积金归集使用计划执行情况及 2018 年归集使用计划、吕梁市住房公积金 2018 年年度报告。

（二）**住房公积金管理中心**：住房公积金管理中心为市政府直属不以营利为目的的副县级全额事业单位，内设 8 个科，下设 13 个县级管理部。从业人员 267 人，其中，在编 99 人，非在编 168 人。

二、业务运行情况

（一）**缴存**：2018 年，新开户单位 200 家，实缴单位 6461 家，净增单位 2218 家；新开户职工 14328 人，实缴职工 423902 人，净增职工 112541 人；缴存额 20.69 亿元，同比下降 0.43%。2018 年末，缴存总额 127.72 亿元，同比增长 19.33%；缴存余额 56.85 亿元，同比增长 31.08%。

受委托办理住房公积金缴存业务的银行 5 家，比上年减少 1 家。

（二）**提取**：2018 年，提取额 7.21 亿元，同比增长 48.66%；占当年缴存额的 34.85%，比上年增加 11.51 个百分点。2018 年末，提取总额 70.87 亿元，同比增长 11.32%。

（三）**贷款**：个人住房贷款最高额度 60 万元，其中，单缴存职工最高额度 40 万元，双缴存职工最高额度 60 万元。

2018 年，发放个人住房贷款 1441 笔 4.67 亿元，同比分别下降 38.71%、25.04%。

2018 年，回收个人住房贷款 2.72 亿元。

2018 年末，累计发放个人住房贷款 1.97 万笔 38.49 亿元，贷款余额 23.16 亿元，同比分别增长 8.24%、13.77%、9.19%。个人住房贷款余额占缴存余额的 40.74%，比上年减少 8.16 个百分点。

受委托办理住房公积金个人住房贷款业务的银行 4 家，无新增委贷银行。

（四）**资金存储**：2018 年末，住房公积金存款 36.01 亿元。其中，活期 0.04 亿元，1 年（含）以下定期 10.40 亿元，1 年以上定期 19.91 亿元，其他（协定、通知存款等）5.66 亿元。

（五）**资金运用率**：2018 年末，住房公积金个人住房贷款余额、项目贷款余额和购买国债余额的总和占缴存余额的 40.74%，比上年减少 8.16 个百分点。

三、主要财务数据

（一）**业务收入**：2018 年，业务收入 11080.12 万元，同比下降 10.02%。存款利息 4075.23 万元，委托贷款利息 6999.68 万元，其他 5.21 万元。

（二）**业务支出**：2018 年，业务支出 5157.19 万元，同比下降 14.67%。支付职工住房公积金利息 4976.95 万元，委托贷款手续费 166.40 万元，其他 13.84 万元。

（三）**增值收益**：2018 年，增值收益 5922.93 万元，同比下降 5.54%。增值收益率 1.25%，比上年减少 0.54 个百分点。

（四）**增值收益分配**：2018 年，提取贷款风险准备金 3553.76 万元，提取管理费用 1689.54 万元，提取城市廉租住房（公共租赁住房）建设补充资金 679.63 万元。

2018 年，上交财政管理费用 1150.80 万元。上缴财政城市廉租住房（公共租赁住房）建设补充资金 261.02 万元。其中，市中心上缴 188.68 万元。

2018 年末，贷款风险准备金余额 23492.86 万元。累计提取城市廉租住房（公共租赁住房）建设补充资金 9384.87 万元。

（五）**管理费用支出**：2018 年，管理费用支出 1724.48 万元，同比增长 19.24%。其中，人员经费 1456.86 万元，公用经费 204.62 万元，专项经费 63 万元。

市中心管理费用支出 1382.82 万元，其中，人员、公用、专项经费分别为 1150.91 万元、168.91 万元、63 万元。

四、资产风险状况

2018 年末，个人住房贷款逾期额 340.93 万元，逾期率 1.47‰。

个人贷款风险准备金按增值收益的 60% 提取。2018 年，提取个人贷款风险准备金 3553.76 万元，使用个人贷款风险准备金核销呆坏账 0 万元。2018 年末，个人贷款风险准备金余额 23492.86 万元，占个人住房贷款余额的 10.14%，个人住房贷款逾期额与个人贷款风险准备金余额的比率为 1.45%。

五、社会经济效益

（一）**缴存业务**：2018 年，实缴单位数、实缴职工人数和缴存额同比分别增长 52.27%、36.14%，金额下降 0.43%。

缴存单位中，国家机关和事业单位占 78.11%，国有企业占 8.45%，城镇集体企业占 0.33%，外商投资企业占 0.42%，城镇私营企业及其他城镇企业占 2.37%，民办非企业单位和社会团体占 0.96%，其他占 9.36%。

缴存职工中，国家机关和事业单位占 58.48%，国有企业占 24.62%，城镇集体企业占 0.60%，外商投资企业占 1.38%，城镇私营企业及其他城镇企业占 4.45%，民办非企业单位和社会团体占 0.21%，其他占 10.25%；中、低收入占 99.93%，高收入占 0.07%。

新开户职工中，国家机关和事业单位占 26.07%，国有企业占 23.36%，城镇集体企业占 1.08%，外商投资企业占 0.44%，城镇私营企业及其他城镇企业占 8.94%，民办非企业单位和社会团体占 0.09%，其他占 40.02%；中、低收入占 100%，高收入占 0%。

（二）**提取业务**：2018 年，3.37 万名缴存职工提取住房公积金 7.21 亿元。

提取金额中，住房消费提取占 73.64%（购买、建造、翻建、大修自住住房占 15.91%，偿还购房贷款本息占 6.65%，租赁住房占 50.38%，其他占 0.7%）；非住房消费提取占 26.36%（离休和退休提取占 23.19%，完全丧失劳动能力并与单位终止劳动关系提取占 0.26%，户口迁出本市或出境定居占 1.13%，其他占 1.77%）。

提取职工中，中、低收入占 99.84%，高收入占 0.16%。

（三）贷款业务：

1. **个人住房贷款：** 2018年，支持职工购建房17.94万平方米，年末个人住房贷款市场占有率为24.29%，比上年减少9.92个百分点。通过申请住房公积金个人住房贷款，可节约职工购房利息支出11548.47万元。

职工贷款笔数中，购房建筑面积90（含）平方米以下占8.40%，90～144（含）平方米占78.14%，144平方米以上占13.46%。购买新房占64.26%（其中购买保障性住房占0%），购买二手房占1.80%，建造、翻建、大修自住住房占0.28%，其他占33.66%。

职工贷款笔数中，单缴存职工申请贷款占63.91%，双缴存职工申请贷款占36.09%，三人及以上缴存职工共同申请贷款占0%。

贷款职工中，30岁（含）以下占14.36%，30岁～40岁（含）占51.49%，40岁～50岁（含）占24.57%，50岁以上占9.58%；首次申请贷款占89.73%，二次及以上申请贷款占10.27%；中、低收入占100%，高收入占0%。

2. **异地贷款：** 2018年，发放异地贷款139笔6049万元。年末，发放异地贷款总额14537万元，异地贷款余额12220.42万元。

（四）住房贡献率： 2018年，个人住房贷款发放额、公转商贴息贷款发放额、项目贷款发放额、住房消费提取额的总和与当年缴存额的比率为48.20%，比上年增加2.73个百分点。

六、其他重要事项

（一）**当年机构及职能调整情况、受委托办理缴存贷款业务金融机构变更情况：** 我中心于2018年9月向市政府上报了《关于解决县级管理机构调整撤并遗留问题的请示》，于2018年12月启动孝义市、方山县机构调整撤并工作。按照市政府安排，经多方共同努力，2018年9月完成了机构上划工作。至此，市中心对全市13县（市、区）全面实现了垂直管理。2018年，我市受委托办理住房公积金缴存业务的银行5家，比上年减少1家；受委托办理住房公积金个人住房贷款业务的银行4家，无新增委贷银行。

（二）**当年住房公积金政策调整及执行情况：**

1. **缴存政策调整情况。** 吕梁市住房公积金缴存基数为上年度月平均工资，2018年全市月平均工资为4902元，缴存基数上限为14706元，下限为1400元。2018年，全市住房公积金缴存比例由缴存单位在5%～12%自主决定。

2. **提取政策调整情况。** 根据信息化建设的进度，于2018年10月30日，印发了《提取业务种类及申报资料》，取消了单位审批环节实行二级审核办结，取消了业务办理所有材料复印件，实现了电子化扫描存档，进一步减少了办事要件，优化了业务流程，提升了服务质量，极大地方便了广大缴存职工。目前，我市对非缴存地和户籍地住房消费提取不予支持。同时，积极推进与民政、房产、银行等相关部门的信息共享，实现提取资料真实性审查全覆盖，通过疏堵结合的方式杜绝套取行为的发生，维护住房公积金所有者的合法权益。

3. **贷款政策调整情况。** 2018年，中心制定了"异地贷"政策，印发了《关于开展住房公积金异地贷款业务的通知》；同时，为了方便职工办理住房贷款，增加了售房单位（开发商）阶段性保证加房产抵押担保方式，印发了《关于开展售房单位（开发商）阶段性保证加房产抵押的通知》，目前，相关工作正在有序推进中。申请延期原贷款政策 2 个月,共办理贷款 343 笔,金额 1.2 亿元。

4. **住房公积金存贷款利率执行标准**。2018 年,个人住房公积金上年结转及当年归集存款利率执行标准为:一年定期利率 1.5%。个人住房公积金贷款利率执行标准为:贷款五年期(含)以下年利率为 2.75%,贷款五年期以上年利率为 3.25%。

(三)当年服务改进情况:市中心及 13 个县级管理部都建立了综合业务大厅。2018 年,力推"互联网+"服务,着力提升服务质量。对中心网厅、支付宝城市服务、短信、自助查询机、手机 APP、微信公众号等进行科学谋划,积极推进。利用"互联网+"技术,建设功能齐全、便捷、安全高效的住房公积金综合服务平台,提升住房公积金管理和服务水平,为缴存单位和缴存职工提供便捷、高效、安全的服务。

(四)当年信息化建设情况:2018 年 1 月,信息化系统上线试运行,8 月实现全面正常运行。按照省厅"双贯标"验收安排,于 10 月 18 日完成了"双贯标"省级初验。于 12 月 18 日向省住房城乡建设厅提交了部级验收申请。于 12 月全市住房公积金业务管理系统接入公积金实时结算应用系统,于 12 月初异地转移接续系统上线。按照住房城乡建设部"双贯标"验收总体安排,2019 年 4 月底前可完成住房城乡建设部"双贯标"验收。

(五)当年住房公积金管理中心及职工所获荣誉情况:2018 年,中心被省住房城乡建设厅表彰为"全省住房城乡建设工作先进单位";被市文明委评为"市直文明单位";被市综治委评为综合治理工作"先进单位";被临县县委、县政府评为"2018 年度驻村帮扶先进单位"。中心主任薛爱婵同志被市委评为"优秀基层党组织书记";被临县干部驻村帮扶领导小组评为"优秀驻村工作队长"。

2018 全国住房公积金年度报告汇编

内蒙古自治区

呼和浩特
包头市
乌海市
赤峰市
通辽市
鄂尔多斯市
呼伦贝尔市
巴彦淖尔市
乌兰察布市
兴安盟
锡林郭勒盟
阿拉善盟
满洲里市

内蒙古自治区住房公积金2018年年度报告

一、机构概况

（一）住房公积金管理机构：全区共设13个设区城市住房公积金管理中心，8个独立设置的分中心（其中，内蒙古住房资金管理中心1隶属呼和浩特市，内蒙古电力住房公积金管理部2隶属呼和浩特市，国网内蒙古东部电力住房公积金管理部3隶属呼和浩特市，北方电力住房公积金管理部4隶属呼和浩特市，集通铁路住房公积金管理部5隶属呼和浩特市，包钢住房公积金管理分中心6隶属包头市，神华准格尔能源住房公积金管理部7隶属鄂尔多斯市，二连浩特住房公积金管理中心8隶属锡林郭勒盟）。从业人员1744人，其中，在编988人，非在编756人。

（二）住房公积金监管机构：内蒙古自治区住房城乡建设厅、财政厅和中国人民银行呼和浩特中心支行负责对本区住房公积金管理运行情况进行监督。自治区住房城乡建设厅设立住房公积金监管处，负责辖区住房公积金日常监管工作。

二、业务运行情况

（一）缴存：2018年，新开户单位4384家，实缴单位40201家，净增单位3160家；新开户职工25.01万人，实缴职工235.99万人，净增职工5.23万人；缴存额357.64亿元，同比增长3.56%。2018年末，缴存总额2682亿元，同比增长15.39%；缴存余额1274.27亿元，同比增长8.83%。

（二）提取：2018年，提取额254.30亿元，同比增长13.22%；占当年缴存额的71.11%，比上年增加6.07个百分点。2018年末，提取总额1407.74亿元，同比增长22.05%。

（三）贷款：

1. 个人住房贷款：2018年，发放个人住房贷款7.73万笔269.06亿元，同比增长-2.89%、1.21%。回收个人住房贷款148.36亿元。

2018年末，累计发放个人住房贷款104.06万笔1946.43亿元，贷款余额1012.17亿元，同比分别增长8.02%、16.04%、13.54%。个人住房贷款余额占缴存余额的79.43%，比上年增加3.3个百分点。

2. 住房公积金支持保障性住房建设项目贷款：2018年，发放支持保障性住房建设项目贷款0亿元，回收项目贷款0.9亿元。2018年末，累计发放项目贷款13.22亿元，项目贷款余额0亿元。

（四）融资：2018年，融资0.3亿元，归还0亿元。2018年末，融资总额4.3亿元，融资余额0.3亿元。

（五）资金存储：2018年末，住房公积金存款280.66亿元。其中，活期18.49亿元，1年（含）以下定期133.48亿元，1年以上定期94.36亿元，其他（协定、通知存款等）34.33亿元。

（六）资金运用率：2018年末，住房公积金个人住房贷款余额、项目贷款余额和购买国债余额的总和占缴存余额的79.43%，比上年增加3.22个百分点。

三、主要财务数据

（一）业务收入：2018年，业务收入387169万元，同比增长6.93%。其中，存款利息85436.46万元，委托贷款利息 301466.66 万元，国债利息 0 万元，其他 265.88 万元。

（二）**业务支出**：2018 年，业务支出 195519.83 万元，同比增长 10.42%。其中，支付职工住房公积金利息 189222.92 万元，归集手续费 63.43 万元，委托贷款手续费 4309.40 万元，其他 1924.08 万元。

（三）**增值收益**：2018 年，增值收益 191649.16 万元，同比增长 3.6%；增值收益率 1.58%，比上年减少 0.09 个百分点。

（四）**增值收益分配**：2018 年，提取贷款风险准备金 104323.83 万元，提取管理费用 37008.24 万元，提取城市廉租住房（公共租赁住房）建设补充资金 49960.75 万元。

2018 年，上交财政管理费用 34199.04 万元，上缴财政城市廉租住房（公共租赁住房）建设补充资金 75190 万元。

2018 年末，贷款风险准备金余额 477667.81 万元，累计提取城市廉租住房（公共租赁住房）建设补充资 446189.50 万元。

（五）**管理费用支出**：2018 年，管理费用支出 31912.12 万元，同比增长 1.57%。其中，人员经费 13985.42 万元，公用经费 5676.48 万元，专项经费 12250.22 万元。

四、资产风险状况

2018 年末，个人住房贷款逾期额 10489.01 万元，逾期率 1‰。

2018 年，提取个人贷款风险准备金 104323.80 万元，使用个人贷款风险准备金核销呆坏账 0 万元。2018 年末，个人贷款风险准备金余额 477667.81 万元，占个人贷款余额的 4.71%，个人贷款逾期额与个人贷款风险准备金余额的比率为 2.2%。

五、社会经济效益

（一）**缴存业务**：2018 年，实缴单位数、实缴职工人数和缴存额增长率分别为 8.53%、2.27% 和 3.56%。

缴存单位中，国家机关和事业单位占 58.98%，国有企业占 10.16%，城镇集体企业占 1.13%，外商投资企业占 0.44%，城镇私营企业及其他城镇企业占 19.19%，民办非企业单位和社会团体占 1.28%，其他占 8.82%。

缴存职工中，国家机关和事业单位占 47.35%，国有企业占 28.46%，城镇集体企业占 1.56%，外商投资企业占 0.85%，城镇私营企业及其他城镇企业占 15.87%，民办非企业单位和社会团体占 0.41%，其他占 5.50%；中、低收入占 98.56%，高收入占 1.44%。

新开户职工中，国家机关和事业单位占 24.94%，国有企业占 17.57%，城镇集体企业占 1.99%，外商投资企业占 1.26%，城镇私营企业及其他城镇企业占 44.02%，民办非企业单位和社会团体占 1.12%，其他占 9.10%；中、低收入占 99.47%，高收入占 0.53%。

（二）**提取业务**：2018 年，78.57 万名缴存职工提取住房公积金 254.30 亿元。

提取金额中，住房消费提取占 72.58%（购买、建造、翻建、大修自住住房占 34.31%，偿还购房贷款本息占 31.97%，租赁住房占 2.60%，其他占 3.70%）；非住房消费提取占 27.42%（离休和退休提取占 20.35%，完全丧失劳动能力并与单位终止劳动关系提取占 2.43%，户口迁出所在市或出境定居占 0.12%，其他占 4.52%）。

提取职工中，中、低收入占 96.39%，高收入占 3.61%。

(三) 贷款业务：

1. **个人住房贷款**：2018 年，支持职工购建房 880.37 万平方米。年末个人住房贷款市场占有率为 36.55%，比上年同期减少 0.74 个百分点。通过申请住房公积金个人住房贷款，可节约职工购房利息支出 463773.73 万元。

职工贷款笔数中，购房建筑面积 90（含）平方米以下占 19.20%，90~144（含）平方米占 61.25%，144 平方米以上占 19.55%。购买新房占 63.37%（其中购买保障性住房占 0.52%），购买二手房占 31.25%，建造、翻建、大修自住住房占 2.57%，其他占 2.81%。

职工贷款笔数中，单缴存职工申请贷款占 51.72%，双缴存职工申请贷款占 48.12%，三人及以上缴存职工共同申请贷款占 0.16%。

贷款职工中，30 岁（含）以下占 27.12%，30 岁~40 岁（含）占 39.21%，40 岁~50 岁（含）占 23.62%，50 岁以上占 10.05%；首次申请贷款占 76.88%，二次及以上申请贷款占 23.12%；中、低收入占 95.71%，高收入占 4.29%。

2. **异地贷款**：2018 年，发放异地贷款 4858 笔 181841.50 万元。2018 年末，发放异地贷款总额 559350.90 万元，异地贷款余额 486071.28 万元。

3. **住房公积金支持保障性住房建设项目贷款**：2018 年末，全省（区）有住房公积金试点城市 2 个，试点项目 9 个，贷款额度 13.22 亿元，建筑面积 146.21 万平方米，可解决 12367 户中低收入职工家庭的住房问题。9 个试点项目贷款资金已发放并还清贷款本息。

(四) **住房贡献率**：2018 年，个人住房贷款发放额、公转商贴息贷款发放额、项目贷款发放额、住房消费提取额的总和与当年缴存额的比率为 126.84%，比上年增加 1.88 个百分点。

六、其他重要事项

(一) **当年住房公积金政策调整情况**：继续贯彻落实 2015 年以来出台的有关政策，并加强督查，确保 2015 年以来的各项政策落实到位。

2018 年 11 月印发《关于规范住房公积金使用政策防止发生业务风险的通知》（内建金〔2018〕1291 号），进一步强化住房公积金制度的保障性、互助性、长期性作用，重点支持缴存职工基本住房消费，有效防止资金流动风险的发生。

(二) **当年开展监督检查情况**：2018 年 10 月，自治区住房城乡建设厅联合财政厅组织专家组对各盟市住房公积金管理中心、分中心及企业管理部 2018 年度住房公积金管理目标进行了考核，并对考核结果进行了通报，各管理中心对考核中发现的问题进行了整改。考核组同时对住房城乡建设部《关于开展住房公积金政策执行情况及风险隐患排查的通知》（建办金函〔2018〕284 号）的落实情况，财政厅、住房城乡建设厅 2018 年住房公积金专项检查查出问题的整改情况，住房城乡建设部办公厅《关于保持住房公积金业务平稳运行有关问题的通知》（建办金〔2018〕47 号）和住房城乡建设厅《关于启用"住房公积金电子化检查工具"的通知》（内建金函〔2018〕641 号）要求相关工作的落实情况进行了督查。联合公安厅、财政厅、人民银行呼和浩特支行印发《转发住房城乡建设部、财政部、人民银行、公安部关于开展治理违规提取住房公积金工作的通知》（内建金函〔2018〕641 号），积极配合有关部门开展住房公积金行业扫黑除恶专项斗争，针对公积金行业存在乱象，迅速行动，聚焦骗提骗贷、黑中介等问题，强化行业监管。

（三）当年服务改进情况：2018年7月印发了《关于推进住房公积金便民服务的通知》（内建金〔2018〕592号），从减少审批要件审批环节、压缩审批时限、完善服务渠道、推进信息共享等方面入手，进一步提升服务品质。

（四）当年信息化建设情况：继续按照2016年度全区住房公积金信息系统建设方案要求，规范和加快全区住房公积金信息化建设，积极推进综合服务平台建设工作。2018年7月底，全区15个设区住房公积金管理中心按照住房城乡建设部工作要求，全部按时完成"双贯标"建设工作，并通过验收。

2018年7月印发了《关于启用"住房公积金电子化检查工具"的通知》（内建金函〔2018〕641号），各中心按要求建立了电子化工具检查机制，业务管理水平和住房公积金风险防控能力进一步提升。

（五）当年住房公积金机构及从业人员所获荣誉情况：呼和浩特市住房公积金管理中心、内蒙古住房资金管理中心被评为省部级"文明单位"；乌兰察布市住房公积金管理中心兴和县管理部、兴安盟住房公积金管理中心被评为地市级"文明单位"。

呼伦贝尔市住房公积金管理中心业务服务大厅（海拉尔管理部），被自治区总工会授予全区"五一巾帼标兵"岗称号；呼伦贝尔市住房公积金管理中心团支部被自治区团委授予全区"五四红旗团支部"荣誉称号。

兴安盟住房公积金管理中心党支部获得了全盟"北疆先锋服务型党组织"荣誉称号，中心一名职工获得了全盟"北疆先锋服务标兵"称号。乌兰察布市一名职工获得市级"政务公开先进个人"称号。

呼和浩特住房公积金2018年年度报告

一、机构概况

（一）住房公积金管理委员会：住房公积金管理委员会有15名委员，2018年召开呼和浩特市住房公积金管理委员会第三届第一次会议，审议通过的事项主要包括：第三届管委会人员组成名单；2017年住房公积金归集、使用计划执行情况的报告和2018年归集、使用计划的报告；2017年住房公积金增值收益分配计划；关于试点开展委托银行承办住房公积金前台业务的建议；关于规范调整我市住房公积金使用政策的若干建议，其中包括：调整公积金贷款额度、调整公积金贷款首付比例、规范公积金贷款次数及间隔年限、调整开发企业按揭贷款楼盘准入条件、强化我市住房公积金信用体系建设。

（二）住房公积金管理中心：住房公积金管理中心为呼和浩特市住房和城乡建设局不以营利为目的的公益一类事业单位，设7个科，7个管理部，1个分中心（呼和浩特住房公积金管理中心铁路分中心），从业人员162人，其中，在编49人，非在编113人。

二、业务运行情况

（一）缴存：2018年，新开户单位1280家，实缴单位6691家，净增单位922家；新开户职工8.77万人，实缴职工54.30万人，净增职工2.83万人；缴存额96.71亿元，同比增长8.29%。2018年末，缴存总额771.33亿元，同比增长14.34%；缴存余额320.80亿元，同比增长10.61%。

受委托办理住房公积金缴存业务的银行7家，比上年减少0家。

（二）提取：2018年，提取额65.93亿元，同比增长13.09%；占当年缴存额的68.17%，比上年增加2.89个百分点。2018年末，提取总额450.53亿元，同比增长17.15%。

（三）贷款：

个人住房贷款最高额度70万元，其中，单缴存职工最高额度40万元，双缴存职工最高额度70万元。

2018年，发放个人住房贷款1.34万笔58.38亿元，同比分别下降14.65%、12.79%。其中，呼和浩特住房公积金管理中心发放个人住房贷款0.7294万笔28.28亿元，内蒙古住房资金管理中心发放个人住房贷款0.2660万笔12.86亿元，内蒙古电力管理部发放个人住房贷款0.2337万笔13.04亿元，东部电力管理部发放个人住房贷款0.0624万笔2.59亿元，北方电力管理部发放个人住房贷款0.0397万笔1.37亿元，集通铁路管理部发放个人住房贷款0.0066万笔0.24亿元。

2018年，回收个人住房贷款23.21亿元。其中，呼和浩特住房公积金管理中心13.90亿元，内蒙古住房资金管理中心4.88亿元，内蒙古电力管理部2.47亿元，东部电力管理部1.03亿元，北方电力管理部0.83亿元，集通铁路管理部0.10元。

2018年末，累计发放个人住房贷款17.50万笔381.72亿元，贷款余额231.09亿元，同比分别增长8.23%、18.05%、17.95%。个人住房贷款余额占缴存余额的72.04%，比上年增加4.49个百分点。

受委托办理住房公积金个人住房贷款业务的银行5家，比上年增加（减少）0家。

（四）资金存储：2018年末，住房公积金存款94.51亿元。其中，活期7.16亿元，1年（含）以下定期21.38亿元，1年以上定期53.43亿元，其他（协定、通知存款等）12.54亿元。

（五）资金运用率：2018年末，住房公积金个人住房贷款余额、项目贷款余额和购买国债余额的总和占缴存余额的72.04%，比上年增加4.49个百分点。

三、主要财务数据

（一）业务收入：2018年，业务收入105128.85万元，同比增长7.60%。其中，呼和浩特住房公积金管理中心50636.50万元，内蒙古住房资金管理中心18148.00万元，内蒙古电力管理部25033.54万元，东部电力管理部4259.20万元，北方电力管理部4112.52万元；集通铁路管理部2939.09万元。存款利息36012.85万元，委托贷款利息69108.73万元，国债利息0万元，其他7.27万元。

（二）业务支出：2018年，业务支出52837.92万元，同比增长29.23%。其中，呼和浩特住房公积金管理中心31467.40万元，内蒙古住房资金管理中心8298.50万元，内蒙古电力管理部6318.08万元，东部电力管理部1839.04万元，北方电力管理部2924.73万元，集通铁路管理部1990.17万元；支付职工住房公积金利息52148.85万元，归集手续费11.53万元，委托贷款手续费636.01万元，其他41.53万元。

（三）增值收益：2018年，增值收益52290.93万元，同比下降7.97%。其中，呼和浩特住房公积金管理中心19169.10万元，内蒙古住房资金管理中心9849.51万元，内蒙古电力管理部18715.46万元，东部电力管理部2420.16万元，北方电力管理部1187.79万元，集通铁路管理部948.91万元。增值收益率1.73%，比上年减少0.38个百分点。

（四）增值收益分配：2018年，提取贷款风险准备金29128.12万元，提取管理费用5654.05万元，提取城市廉租住房（公共租赁住房）建设补充资金 17152.42 万元。

2018 年，上交财政管理费用 4732.53 万元。上缴财政城市廉租住房（公共租赁住房）建设补充资金 22187.42 万元。其中，呼和浩特住房公积金管理中心上缴 15382.98 万元，内蒙古住房资金管理中心上缴 6804.44 万元，内蒙古电力管理部上缴 0 万元，东部电力管理部上缴 0 万元，北方电力管理部上缴 0 万元，集通铁路管理部上缴 0 万元。

2018 年末，贷款风险准备金余额 139621.45 万元。累计提取城市廉租住房公共租赁住房建设补充资金 157176.25 万元。其中，呼和浩特住房公积金管理中心提取 97779.54 万元，内蒙古住房资金管理中心提取 37159.46 万元，内蒙古电力管理部提取 14509.25 万元，东部电力管理部提取 4478.70 万元，北方电力管理部提取 3189.30 万元，集通铁路管理部提取 60.00 万元。

（五）管理费用支出：2018 年，管理费用支出 6761.09 万元，同比增长 5.54％。其中，人员经费 2116.09 万元，公用经费 1738.95 万元，专项经费 2906.05 万元。

呼和浩特住房公积金管理中心管理费用支出 2363.84 万元，其中，人员、公用、专项经费分别为 753.32 万元、50.85 万元、1559.67 万元；内蒙古住房资金管理中心管理费用支出 2470.02 万元，其中，人员、公用、专项经费分别为 974.67 万元、712.48 万元、782.87 万元；内蒙古电力管理部管理费用支出 459.23 万元，其中，人员、公用、专项经费分别为 0 万元、101.72 万元、357.51 万元；东部电力管理部管理费用支出 245.54 万元，其中，人员、公用、专项经费分别为 0 万元、186.77 万元、58.77 万元，北方电力管理部管理费用支出 682.71 万元，其中，人员、公用、专项经费分别为 0 万元、634.83 万元、47.88 万元；集通铁路管理部管理费用支出 539.75 万元，其中，人员、公用、专项经费分别为 388.10 万元、52.30 万元、99.35 万元。

四、资产风险状况

2018 年末，个人住房贷款逾期额 478.54 万元，逾期率 0.20‰。其中呼和浩特住房公积金管理中心 0.20‰，内蒙古住房资金管理中心 0.40‰。内蒙古电力管理部 0‰，东部电力管理部 0‰，北方电力管理部 0‰，集通铁路管理部 0‰。

个人贷款风险准备金按贷款余额的 1％提取。2018 年，提取个人贷款风险准备金 29128.12 万元，使用个人贷款风险准备金核销呆坏账 0 万元。2018 年末，个人贷款风险准备金余额 139621.45 万元，占个人住房贷款余额的 6.04％，个人住房贷款逾期额与个人贷款风险准备金余额的比率为 0.34％。

五、社会经济效益

（一）缴存业务：2018 年，实缴单位数、实缴职工人数和缴存额同比分别增长 15.98％、5.50％和 8.28％。

缴存单位中，国家机关和事业单位占 39.83％，国有企业占 12.05％，城镇集体企业占 1.32％，外商投资企业占 0.31％，城镇私营企业及其他城镇企业占 43.15％，民办非企业单位和社会团体占 1.23％，其他占 2.11％。

缴存职工中，国家机关和事业单位占 31.46％，国有企业占 39.81％，城镇集体企业占 0.76％，外商投资企业占 0.27%，城镇私营企业及其他城镇企业占 26.69%，民办非企业单位和社会团体占 0.12%，其他占 0.89%；中、低收入占 96.08%，高收入占 3.92%。

新开户职工中，国家机关和事业单位占 16.66%，国有企业占 17.72%，城镇集体企业占 0.99%，外商投资企业占 0.44%，城镇私营企业及其他城镇企业占 62.56%，民办非企业单位和社会团体占 0.11%，其他占 1.52%；中、低收入占 99.04%，高收入占 0.96%。

（二）提取业务：2018 年，31.64 万名缴存职工提取住房公积金 65.93 亿元。

提取金额中，住房消费提取占 70.23%（购买、建造、翻建、大修自住住房占 37.44%，偿还购房贷款本息占 29.82%，租赁住房占 2.36%，其他占 0.61%）；非住房消费提取占 29.77%（离休和退休提取占 20.78%，完全丧失劳动能力并与单位终止劳动关系提取占 3.40%，户口迁出本市或出境定居占 0.03%，其他占 5.56%）。

提取职工中，中、低收入占 94.59%，高收入占 5.41%。

（三）贷款业务：

1. **个人住房贷款**：2018 年，支持职工购建房 155.34 万平方米，年末个人住房贷款市场占有率为 32.37%，比上年减少 3.51 个百分点。通过申请住房公积金个人住房贷款，可节约职工购房利息支出 117039.03 万元。

职工贷款笔数中，购房建筑面积 90（含）平方米以下占 26.36%，90～144（含）平方米占 54.28%，144 平方米以上占 19.36%。购买新房占 64.02%（其中购买保障性住房占 0.58%），购买存量商品住房占 33.23%，建造、翻建、大修自住住房占 0%，其他占 2.75%。

职工贷款笔数中，单缴存职工申请贷款占 60.35%，双缴存职工申请贷款占 39.65%，三人及以上缴存职工共同申请贷款占 0%。

贷款职工中，30 岁（含）以下占 36.35%，30 岁～40 岁（含）占 39.51%，40 岁～50 岁（含）占 18.80%，50 岁以上占 5.34%；首次申请贷款占 95.51%，二次及以上申请贷款占 4.49%；中、低收入占 80.53%，高收入占 19.47%。

2. **异地贷款**：2018 年，发放异地贷款 1592 笔 71642.50 万元。2018 年末，发放异地贷款总额 289438.20 万元，异地贷款余额 256849.26 万元。

（四）住房贡献率：2018 年，个人住房贷款发放额、公转商贴息贷款发放额、项目贷款发放额、住房消费提取额的总和与当年缴存额的比率为 108.25%，比上年减少 15.53 个百分点。

六、其他重要事项

（一）当年住房公积金政策调整及执行情况

1. **调整公积金贷款额度**。借款人夫妻双方建立住房公积金的，贷款最高额度由 80 万元调整为 70 万元；单方建立住房公积金的，贷款最高额度由 50 万元调整为 40 万元。

2. **调整公积金贷款首付比例**。借款人以家庭为单位，首次申请办理公积金贷款，应当提供不少于房屋总价 20% 的首付款发票，最高贷款额度为房屋总价的 80%；第二次申请办理公积金贷款，应当提供不少于房屋总价 30% 的首付款发票，最高贷款额度为房屋总价的 70%。

3. **规范公积金贷款次数及间隔年限**。对同一借款人不得发放三次及以上公积金贷款；借款人第二次申请办理住房公积金贷款应在第一次贷款还清之日起5年后。

4. **调整开发企业按揭贷款楼盘准入条件**。一是中心在签订楼盘按揭贷款协议时，将楼盘主体封顶列为审批条件，尚未封顶的楼盘不得发放公积金贷款；二是对于土地性质为"商业用地"的开发项目，停止办理公积金提取和贷款业务。

5. **强化我市住房公积金信用体系建设**。一是严格个人贷款信用状况审查，以人民银行出具的个人征信报告为依据，核实借款人信用状况及还款情况；二是建立失信联合惩戒机制，对违规提取的缴存职工，管理中心要记载失信记录，并限制其在一定时间内办理住房公积金提取和贷款业务；三是建立我市多部门信息共享机制，实现联网核查缴存职工个人身份、户籍、房产交易、婚姻状况、不动产登记、个人信用等信息，确保公积金业务要件真实准确，提高我市住房公积金风险防控能力。

6. **延长降低企业缴存比例政策执行期**。严格落实三部委《关于改进住房公积金缴存机制进一步降低企业成本的通知》（建金〔2018〕45号）精神，将阶段性降低企业缴存比例政策延长执行期至2020年4月30日。同时规定单位和职工住房公积金缴存比例不得低于各5％，不得高于各12％。

（二）当年服务改进情况

一是紧紧围绕"精简"二字，在"减证便民"上求突破。历年来，中心按照"能取则取、能并则并"的工作思路，持续清理规范各类证明，经核查，中心共取消《支取申请书》等8项证明材料；简化调整《直系亲属关系证明》等4项业务材料；保留《贷款余额证明》、《无房证明》等9项业务材料；调整及保留的业务证明材料均严格按照《住房公积金管理条例》、《内蒙古自治区归集管理办法》、《内蒙古自治区提取管理办法》、《内蒙古自治区贷款管理办法》等国家、自治区政策文件规定，根据中心业务受理实际情况，列入中心办理要件。同时，我中心2017年11月1日上线启用了新一代住房公积金电子信息管理系统，取消了提取业务复印件，经过半年的运行完善，自2018年5月10日起，办理所有住房公积金业务无需提供任何复印件；凡涉及有填写"声明"或"承诺书"的，均由我中心统一印制，办事群众据实填写即可，无需本人提供；同时，中心所有住房公积金业务均不收取任何费用。

二是重点突出"高效"二字，在优化流程上做文章。中心对现有服务事项进行了逐项梳理，进一步精简审批流程，严格落实服务承诺制、首问负责制、一次性告知制、限时办结制和行政问责制；努力加强"一站式"、"一厅式"服务建设，合理设置服务窗口，合理妥善分流业务类型和办事群众，尽量缩短缴存职工办事等待时间；中心门户网站、微信公众号公布住房公积金业务流程、服务标准、办理时限和服务承诺等内容，方便缴存职工办理业务，接受社会和群众监督；中心服务大厅屏幕滚动播放办事指南，并在大厅明显位置张贴了"缴存、提取业务介绍"二维码和"住房公积金贷款流程图"，所有内容指定专人管理、及时更新；设置了住房公积金服务热线"12329"号码，拨打热线和上行短信免费，提供自助和人工语音服务，工作时间内实时接听；对外公布并承诺住房公积金归集7项、提取17项、贷后9项业务，在材料齐全真实有效情况下，即来即办、立等办结；对2项提取业务（购买回迁房和大病提取）限时外调3个工作日内回复办结；受理公积贷款时，凡属中心审批环节的，由10个工作日压缩至7个工作日内完成（保证人、不动产登记部门影响审批的除外）。

三是时刻牢记"服务"二字，在作风建设上下功夫。中心始终坚持将"办事服务零投诉、办事流程零障碍、办事质量零差错"的工作目标放在首位，教育和引导全体干部职工牢固树立为民服务的思想，努力实现好、维护好、发展好广大缴存职工的利益，把优质服务聚集在满足职工期盼上；中心在服务大厅安排了咨询引导人员，安放了叫号机、自助查询终端、自助充电设备、自助饮水机、休息座椅、书写台、意见箱、医药箱等一系列便民设备，满足缴存职工多样化服务需求。

四是精准着力"便捷"二字，在"互联网+"上加速度。中心按照住房城乡建设部关于综合服务平台建设有关工作部署，积极构建信息化、综合化、多元化的服务平台，陆续开通了中心门户网站、网上办事大厅、微信公众号、12329服务热线及短信、自助服务终端6种服务渠道，为我市缴存职工提供全方位信息化服务。2018年，12329服务热线总呼叫量为20.35万次，人工呼叫量9.97万次，顾客满意率为99.5％；12329短信发送量为359.49万条；中心门户网站访问次数累计达到6844万次；微信公众号关注人数累计达到18.06万人，并被中共呼和浩特市委宣传部、中共呼和浩特市委网信办授予"优秀政务微信公众号"称号。"综合服务平台"建设正在筹建之中，预计2019年下半年上线运行，届时将实现"网上直接办理、不见面实时审批、最多跑一次办结"等3种业务服务模式。

（三）当年信息化建设情况： 2018年以来，国家、自治区及呼和浩特市委市政府对加强信息共享工作提出了许多明确要求，要求各地要去除"部门壁垒"、打破"信息孤岛"，加快推动政务信息系统互联和公共数据共享，助力"放、管、服"改革工作向纵深发展。中心严格按照相关通知精神，积极主动与人民银行、公安、民政、产权和不动产登记部门沟通协调，努力探索和建立信息共享机制，想方设法克服相关信息数据管理部门"标准不对接、接口不统一、信息不对称"等问题。2019年1月2日，中心与民政部门通过"接口直连"方式完成了信息对接工作，并投入使用；2019年1月7日，中心与中国人民银行呼和浩特中心支行通过"金融城域网"建立了信息共享机制并正式投入使用。职工在办理住房公积金业务时提供的婚姻登记信息由我中心进行实时查询核验；所需的"个人信用报告"由本人提供身份证原件在我中心即可查询打印，确保公积金业务要件真实准确，方便缴存职工业务办理，有效提升服务效能，进一步推动了社会信用体系建设。

（四）当年所获荣誉： 在自治区和市文明委的精心指导下，我中心深入开展创建文明单位活动，实现了住房公积金各项工作和精神文明建设的相互促进、共同提高，取得了良好成效。2018年，经内蒙古自治区文明办复查继续保留"内蒙古自治区文明单位"称号。

（五）其他需要披露的情况： 当前呼和浩特市存在多家住房公积金管理机构，包括呼和浩特住房公积金管理中心、内蒙古自治区住房资金管理中心，内蒙古中心同时对四家行业管理中心（集通铁路、内蒙古电力、北方联合电力、国网内蒙古东部电力）进行业务指导。本次住房公积金年度报告各项披露数据为以上管理中心的合并数据，但是由于各机构独立运营，机构情况、业务运行、管理实际不尽相同，因此在2018年年度报告中，第一部分"机构概况"和第六部分"其他重要事项"披露信息与数据仅包括呼和浩特住房公积金管理中心（含呼和浩特住房公积金管理中心铁路分中心）。

包头市住房公积金2018年年度报告

一、机构概况

（一）住房公积金管理委员会： 住房公积金管理委员会有27名委员，2018年召开1次会议，会议听取并审议了《包头市住房公积金2018年归集使用计划执行情况及2018年归集使用计划的报告》以及《关于建立住房公积金资金运行调控长效机制的实施意见》和《关于调整我市住房公积金提取和贷款政策的通知》。

（二）住房公积金管理中心：住房公积金管理中心为隶属于包头市人民政府，是由市住房和城乡建设局代管的不以营利为目的准处级全额管理事业单位，设14个科室，7个管理部，1个分中心。从业人员187人，其中，在编98人，非在编89人。

二、业务运行情况

（一）缴存：2018年，新开户单位549家，实缴单位3591家，净增单位545家；新开户职工3.39万人，实缴职工30.78万人，净增职工1.36万人；缴存额44.63亿元，同比增长14.35%。2018年末，缴存总额329.83亿元，同比增长15.65%；缴存余额167.03亿元，同比增长8.34%。

受委托办理住房公积金缴存业务的银行4家。

（二）提取：2018年，提取额31.78亿元，同比增长26.71%；占当年缴存额的71.2%，比上年增加6.94个百分点。2018年末，提取总额162.8亿元，同比增长24.26%。

（三）贷款：

1. 个人住房贷款：个人住房贷款最高额度60万元，其中，单缴存职工最高额度30万元，双缴存职工最高额度60万元。

2018年，发放个人住房贷款0.86万笔33.34亿元，同比分别下降4.44%、4.06%。其中，市中心发放个人住房贷款0.68万笔27.02亿元，包钢分中心发放个人住房贷款0.18万笔6.32亿元。

2018年，回收个人住房贷款14.68亿元。其中，市中心11.45亿元，包钢分中心3.23亿元。

2018年末，累计发放个人住房贷款8.37万笔225.94亿元，贷款余额144.75亿元，同比分别增长11.45%、17.3%、14.8%。个人住房贷款余额占缴存余额的86.66%，比上年增加4.88个百分点。

受委托办理住房公积金个人住房贷款业务的银行4家。

2. 住房公积金支持保障性住房建设项目贷款：2018年，发放支持保障性住房建设项目贷款0亿元，回收项目贷款0亿元。2018年末，累计发放项目贷款11.72亿元，项目贷款余额0亿元。

（四）资金存储：2018年末，住房公积金存款25.92亿元。其中，活期0.1亿元，1年（含）以下定期5.1亿元，1年以上定期8.95亿元，其他（协定、通知存款等）11.77亿元。

（五）资金运用率：2018年末，住房公积金个人住房贷款余额、项目贷款余额和购买国债余额的总和占缴存余额的86.66%，比上年增加4.88个百分点。

三、主要财务数据

（一）业务收入：2018年，业务收入50574.92万元，同比增长4.05%。其中，市中心37697.44万元，包钢分中心12877.48万元；存款利息6942.48万元，委托贷款利息43611.66万元，国债利息0万元，其他20.79万元。

（二）业务支出：2018年，业务支出27171.8万元，同比增长11.24%。其中，市中心19910.26万元，包钢分中心7261.54万元；支付职工住房公积金利息24506.17万元，归集手续费0万元，委托贷款手续费831.10万元,其他1834.53万元。

(三)增值收益:2018年,增值收益23403.12万元,同比下降3.22%。其中,市中心17787.18万元,包钢分中心5615.95万元;增值收益率1.45%,比上年减少0.18个百分点。

(四)增值收益分配:2018年,提取贷款风险准备金14677.87万元,提取管理费用6560.38万元,提取城市廉租住房(公共租赁住房)建设补充资金2164.87万元。

2018年,上交财政管理费用6350.94万元。上缴财政城市廉租住房(公共租赁住房)建设补充资金4427.96万元。其中,市中心上缴4377.96万元,包钢分中心上缴50万元。

2018年末,贷款风险准备金余额73472.21万元。累计提取城市廉租住房(公共租赁住房)建设补充资金23597.09万元。其中,市中心提取23047.09万元,包钢分中心提取550万元。

(五)管理费用支出:2018年,管理费用支出2474.82万元,同比下降27.92%。其中,人员经费1106.91万元,公用经费123.02万元,专项经费1244.89万元。

市中心管理费用支出2293.79万元,其中,人员、公用、专项经费分别为1013.84万元、72.41万元、1207.54万元;包钢分中心管理费用支出181.03万元,其中,人员、公用、专项经费分别为93.07万元、50.61万元、37.35万元。

四、资产风险状况

2018年末,个人住房贷款逾期额0万元,逾期率0‰。其中,市中心0‰,包钢分中心0‰。

个人贷款风险准备金按(贷款余额或增值收益)的60%提取。2018年,提取个人贷款风险准备金14677.87万元,使用个人贷款风险准备金核销呆坏账0万元。2018年末,个人贷款风险准备金余额73472.21万元,占个人住房贷款余额的5.08%,个人住房贷款逾期额与个人贷款风险准备金余额的比率为0%。

五、社会经济效益

(一)缴存业务:2018年,实缴单位数、实缴职工人数和缴存额同比分别增长17.89%、4.6%和14.35%。

缴存单位中,国家机关和事业单位占48.24%,国有企业占14.45%,城镇集体企业占0.39%,外商投资企业占1.7%,城镇私营企业及其他城镇企业占21.94%,民办非企业单位和社会团体占1.89%,其他占11.39%。

缴存职工中,国家机关和事业单位占29.9%,国有企业占47.73%,城镇集体企业占0.21%,外商投资企业占1%,城镇私营企业及其他城镇企业占11.65%,民办非企业单位和社会团体占0.4%,其他占9.11%;中、低收入占98.99%,高收入占1.01%。

新开户职工中,国家机关和事业单位占15.85%,国有企业占13.39%,城镇集体企业占0.6%,外商投资企业1.67%,城镇私营企业及其他城镇企业占39.73%,民办非企业单位和社会团体占2%,其他占26.76%;中、低收入占99.74%,高收入占0.26%。

(二)提取业务:2018年,8.8万名缴存职工提取住房公积金31.78亿元。

提取金额中,住房消费提取占70.45%(购买、建造、翻建、大修自住住房占39.25%,偿还购房贷款本息占30.05%,租赁住房占1.15%,其他占0%);非住房消费提取占29.55%(离休和退休提取占

24.44%，完全丧失劳动能力并与单位终止劳动关系提取占0.35%，户口迁出本市或出境定居占0.01%，其他占4.75%）。

提取职工中，中、低收入占98.78%，高收入占1.22%。

（三）**贷款业务**：

1. **个人住房贷款**：2018年，支持职工购建房94.08万平方米，年末个人住房贷款市场占有率为24.5%，比上年减少0.25个百分点。通过申请住房公积金个人住房贷款，可节约职工购房利息支出56808.29万元。

职工贷款笔数中，购房建筑面积90（含）平方米以下占32.75%，90～144（含）平方米占53.06%，144平方米以上占14.19%。购买新房占51.09%（其中购买保障性住房占2.32%），购买二手房占48.91%，建造、翻建、大修自住住房占0%，其他占0%。

职工贷款笔数中，单缴存职工申请贷款占51.05%，双缴存职工申请贷款占48.95%，三人及以上缴存职工共同申请贷款占0%。

贷款职工中，30岁（含）以下占17.89%，30岁～40岁（含）占47.25%，40岁～50岁（含）占27.58%，50岁以上占7.28%；首次申请贷款占88.48%，二次及以上申请贷款占11.52%；中、低收入占98.84%，高收入占1.16%。

2. **异地贷款**：2018年，发放异地贷款483笔19241.1万元。2018年末，发放异地贷款总额60436.2万元，异地贷款余额52985万元。

3. **支持保障性住房建设试点项目贷款**：2018年末，累计试点项目8个，贷款额度11.72亿元，建筑面积135.15万平方米，可解决11292户中低收入职工家庭的住房问题。8个试点项目贷款资金已发放并还清贷款本息。

（四）**住房贡献率**：2018年，个人住房贷款发放额、住房消费提取额的总和与当年缴存额的比率为124.85%，比上年减少11.6个百分点。

六、其他重要事项

（一）**适时调整住房公积金使用政策，积极应对资金流动性风险**。经管委会审议通过，7月1日起全面收紧住房公积金提取和贷款政策，有效缓解资金不足压力。

调整住房公积金提取有效时限。职工购房取得《不动产权利证书》两年内提取住房公积金恢复为一年内提取住房公积金；签订《商品房买卖合同》多层三年、高层四年内提取住房公积金恢复为两年内提取住房公积金。

职工与单位解除或终止劳动关系的，未再开立新住房公积金账户，封存满半年后可提取公积金。停止办理职工大病提取住房公积金业务。自由职业缴存住房公积金职工，无未结清的住房公积金贷款且未再开立新的账户，停止缴存6个月后可办理销户提取。

调整住房公积金贷款申请条件。申请住房公积金贷款条件由借款人连续足额缴存6个月（含）以上调整为连续足额缴存一年以上。调整住房公积金贷款有效时限。职工购房取得《不动产权利证书》两年内申请住房公积金贷款恢复为一年内申请住房公积金贷款，签订《商品房买卖合同》多层三年、高层四年内申请住房公积金贷款恢复为两年内申请住房公积金贷款。调整住房公积金贷款最高额度，将原执行的"借款人家庭贷款最高额度 80 万元，单身贷最高额度 40 万元"，调整为"借款人夫妻双方建立住房公积金的，贷款最高额度 60 万元，单方建立住房公积金或单身职工，贷款最高额度 30 万元。"借款人以家庭为单位，实际贷款额度按夫妻双方不超过 30 万元分别测算后相加核定，贷款年限按夫妻双方较短的一方核定。调整住房公积金贷款首付比例，住房公积金贷款首付款比例由不少于房屋总价 20% 调整为 30%。第二次申请办理住房公积金贷款应在第一次贷款还清之日起 3 年后，住房公积金贷款次数的认定，以借款人家庭为单位，夫妻双方（包括单身和离异）累计计算。

单位住房公积金缴存基数核定工作规定为，缴存单位当年缴存基数调整时间为 7 月至 9 月份，每年核定一次。缴存基数上限按统计部门公布的不超过本市上年度职工社会平均工资 5808 元的 3 倍即 17424 元执行。缴存基数下限按上年度人社部门公布的最低工资标准 1760 元执行。最低单位（个人）各缴存比例为 5%，最高单位（个人）缴存比例为 12%。

根据中国人民银行规定，个人住房公积金存款利率按一年期定期存款基准利率 1.5% 执行；贷款利率五年以下（含五年）贷款年利率为 2.75%，五年期以上贷款年利率为 3.25%。

（二）**深入推进"放管服"改革。**落实"一门、一网、一站"要求，将公积金单位汇缴事项进驻各营业网点，实现公积金所有业务"一门受理、一网（内网）通办、就近办理"。深入推进公积金贷款"最多跑一次"改革，将委托银行引入营业网点，推行一站式服务，将贷款审批权限下发，实行"授权管理、即时审批"，协调不动产中心开通专线，变"职工跑"为"信息跑"，贷款审批时限由过去的 8~10 个工作日缩短为 1.5 个小时，年内在市区范围内实现公积金贷款"最多跑一次"目标。聚焦群众难点堵点问题，重新梳理业务审核材料，取消各项业务办理审核要件 10 项，启用人证识别系统，职工办理所有业务无需提供复印件，推行周六上午工作、上门、延时、绿色通道等特色服务，切实方便职工办事，提升群众满意度。

（三）**信息化建设提档升级。**年内完成了服务器增容工作，目前在云计算中心部署服务器 12 台、网络设备 15 台；包头住房公积金管理中心华为云备份基地于 2018 年 3 月正式挂牌；通过对业务系统的改造与人证识别相关联，实现了业务办理的实名认证；积极推进住房公积金综合服务平台建设，开发手机客户端及网上营业厅，现已进入上线测试阶段。

（四）**持续加强资金风险管控。**根据住房城乡建设部要求，对照 20 项公积金现行政策执行情况及 39 项风险隐患进行了系统梳理排查，对发现的问题，明确责任部门，制定相应整改措施。落实自治区住房和城乡建设厅系统开展"扫黑除恶"专项斗争要求，继续加大骗提骗贷打击力度，通过公积金网站、微信平台先后向社会公布三批共 109 名利用虚假资料骗提骗贷人员名单，将 64 名骗提材料移送青山区经侦大队，对骗提骗贷行为形成了有力震慑。全面清查贷后停缴人员情况，督促 680 名职工限期补缴，102 名职工一次性还清贷款，75 名职工上浮贷款利率，切实维护公积金制度的严肃性。强化逾期贷款催收，对担保公司逾期催收工作实时跟踪监督，实现公积金贷款逾期率继续为零的目标。

（五）**加强自身建设，推动全面从严治党向纵深发展。**加强思想政治建设，把学习贯彻习近平总书记系列重要讲话精神作为首要政治任务，强化"四个意识"，坚定"四个自信"。狠抓作风建设，以规范为主题，创新形式和载体，进一步完善工作制度，加大监督检查，切实改进党员干部作风。强化党建工作，切实抓好党员干部建设和基层党组织建设。强化队伍建设，制定完善中心人员管理制度、干部培养方案及职工考核管理办法等一批制度，加强职工素质提升培训工作，为住房公积金事业持续发展提供有力组织保障。强化党风廉政，全面压实"一岗双责"，严格落实党风廉政建设主体责任，强化岗位廉政风险防控，加强对权力运行的制约和监督。

乌海市住房公积金 2018 年年度报告

一、机构概况

（一）**住房公积金管理委员会**：住房公积金管理委员会有 17 名委员，2018 年召开 1 次会议，审议通过的事项主要包括：

1. 审议通过了市住房公积金管理中心提交的《关于 2016、2018 年住房公积金归集、使用计划执行情况及 2018 年归集、使用计划草案的报告》。

2. 为进一步提高住房公积金使用率和简化手续，原则同意乌海市住房公积金管理中心提出的六条利民政策建议：

（1）将住房公积金贷款申请条件由夫妻双方信用良好放宽为：只要主借人信用良好就可受理，信用情况以银行出具的个人征信报告为标准，信用不良的参与还款人工资收入不作为核定贷款额度的计算依据。

（2）将偿还商业银行住房贷款提取条件放宽为：同户籍子女可以提取父母住房公积金偿还贷款，前提是父母没有未还清的住房公积金贷款。

（3）将偿还商业银行住房贷款提取要件由原来必须提供《借款合同》和银行还款流水，简化为提供征信报告或《借款合同》和银行还款流水。

（4）将销户提取要件简化为：只要缴存职工符合相关销户提取政策且个人账户已封存，就不要求其在《住房公积金提取申请审批书》上加盖单位公章及财务印鉴，申请人可凭符合政策的相关资料直接办理销户提取业务。

（5）将租房提取要件简化为：一是提取夫妻双方住房公积金的，只需提供夫妻双方无房证明，取消未婚子女提供无房证明。二是未婚职工提取住房公积金，只需提供本人无房证明，取消父母提供无房证明。

（6）将退休提取要件简化为：缴存职工到法定退休年龄（男 60 周岁、女 55 周岁），住房公积金个人账户为封存状态且没有未还清的住房公积金贷款，本人持身份证原件即可办理退休提取公积金业务，不再需要提供退休审批手续。对于不符合法定退休年龄的退休提取，仍然要提供退休审批手续。

3. 原则同意将单位降低缴存比例和缓缴住房公积金的审批，授权乌海市住房公积金管理中心初审后提交上级主管部门审批。

4. 原则同意《乌海市住房公积金管理中心关于下调行政事业单位公积金个人缴存比例的意见》，经主管部门审核把关后，报乌海市人民政府审批。

5. 原则同意《乌海市住房公积金管理中心关于加强对商品房预售委托贷款项目备案审批的意见》，在具体审批时，可探索将企业信用情况作为参考依据。主管部门要做好审核把关工作。

（二）**住房公积金管理中心**：乌海市住房公积金管理中心隶属于乌海市住房和城乡建设局，是不以营利为目的的公益一类事业单位，设 5 个科室，3 个管理部。从业人员 50 人，其中在编 23 人，非在编 27 人。

二、业务运行情况

（一）缴存：2018年，新开户单位49家，实缴单位847家，净增单位－35家；新开户职工0.52万人，实缴职工5.27万人，净增职工－0.73万人；缴存额7.62亿元，同比增长8.09%。2018年末，缴存总额59.85亿元，同比增长14.59%；缴存余额28.65亿元，同比增长8.48%。

受委托办理住房公积金缴存业务的银行2家，比上年增加（减少）0家。

（二）提取：2018年，提取额5.38亿元，同比增长6.11%；占当年缴存额的70.52%，比上年减少1.39个百分点。2018年末，提取总额31.20亿元，同比增长20.84%。

（三）贷款：

个人住房贷款最高额度60万元，其中，单缴存职工最高额度50万元，双缴存职工最高额度60万元。

2018年，发放个人住房贷款0.11万笔3.35亿元，同比分别增长57.14%、64.22%。

2018年，回收个人住房贷款3.55亿元。

2018年末，累计发放个人住房贷款2.02万笔38.28亿元，贷款余额18.31亿元，同比分别增长5.76%、9.59%、－1.08%。个人住房贷款余额占缴存余额的63.91%，比上年减少6.18个百分点。

受委托办理住房公积金个人住房贷款业务的银行1家，比上年增加（减少）0家。

（四）资金存储：2018年末，住房公积金存款10.56亿元。其中，活期0.76亿元，1年以上定期9.8亿元。

（五）资金运用率：2018年末，住房公积金个人住房贷款余额、项目贷款余额和购买国债余额的总和占缴存余额的63.91%，比上年减少6.18个百分点。

三、主要财务数据

（一）业务收入：2018年，业务收入7172.66万元，同比增长11.79%。其中，存款利息1268.60万元，委托贷款利息5904.06万元。

（二）业务支出：2018年，业务支出3784.90万元，同比下降8.36%。其中，支付职工住房公积金利息3781.79万元，归集手续费0万元，委托贷款手续费0万元，其他3.11万元。

（三）增值收益：2018年，增值收益3387.76万元，同比增长48.22%。增值收益率1.24%，比上年增加0.34个百分点。

（四）增值收益分配：2018年，提取贷款风险准备金2884.76万元，提取管理费用503万元，提取城市廉租住房（公共租赁住房）建设补充资金0万元。

2018年，上交财政管理费用1085.67万元。上缴财政城市廉租住房（公共租赁住房）建设补充资金0万元。

2018年末，贷款风险准备金余额12365.49万元。累计提取城市廉租住房（公共租赁住房）建设补充资金7923.58万元。

（五）管理费用支出：2018年，管理费用支出776.82万元，同比增长3.99%。其中，人员经费428.22万元，公用经费134.85万元，专项经费213.75万元。

四、资产风险状况

2018年末，个人住房贷款逾期额975万元，逾期率5.3‰。

个人贷款风险准备金按增值收益的60%提取。2018年，提取个人贷款风险准备金2884.76万元，使用个人贷款风险准备金核销呆坏账0万元。2018年末，个人贷款风险准备金余额12365.49万元，占个人住房贷款余额的6.75%，个人住房贷款逾期额与个人贷款风险准备金余额的比率为7.88%。

五、社会经济效益

（一）**缴存业务**：2018年，实缴单位数、实缴职工人数和缴存额同比分别增长-3.97%、-12.17%和8.09%。

缴存单位中，国家机关和事业单位占69.42%，国有企业占10.86%，城镇集体企业占0.35%，外商投资企业占0.71%，城镇私营企业及其他城镇企业占16.53%，民办非企业单位和社会团体占0.71%，其他占1.42%。

缴存职工中，国家机关和事业单位占46.46%，国有企业占21.58%，城镇集体企业占0.05%，外商投资企业占1.23%，城镇私营企业及其他城镇企业占29.73%，民办非企业单位和社会团体占0.13%，其他占0.82%；中、低收入占100%，高收入占0%。

新开户职工中，国家机关和事业单位占14.80%，国有企业占19.15%，城镇集体企业占0.38%，外商投资企业占1.03%，城镇私营企业及其他城镇企业占60.87%，民办非企业单位和社会团体占0.08%，其他占3.69%；中、低收入占100%，高收入占0%。

（二）**提取业务**：2018年，1.93万名缴存职工提取住房公积金5.38亿元。

提取金额中，住房消费提取占70.16%（购买、建造、翻建、大修自住住房占21.97%，偿还购房贷款本息占41.07%，租赁住房占4.45%，其他占2.67%）；非住房消费提取占29.84%（离休和退休提取占22.19%，完全丧失劳动能力并与单位终止劳动关系提取占5.95%，户口迁出本市或出境定居占0.83%，其他占0.87%）。

提取职工中，中、低收入占98.96%，高收入占1.04%。

（三）**贷款业务**：

1. **个人住房贷款**：2018年，支持职工购建房12.79万平方米，年末个人住房贷款市场占有率为35.48%，比上年减少0.76个百分点。通过申请住房公积金个人住房贷款，可节约职工购房利息支出4939.2万元。

职工贷款笔数中，购房建筑面积90（含）平方米以下占13.17%，90~144（含）平方米占77.11%，144平方米以上占9.72%。购买新房占70.57%（其中购买保障性住房占0%），购买二手房占29.43%。

职工贷款笔数中，单缴存职工申请贷款占74.39%，双缴存职工申请贷款占25.61%，三人及以上缴存职工共同申请贷款占0%。

贷款职工中，30岁（含）以下占45.23%，30岁~40岁（含）占34.24%，40岁~50岁（含）占16.26%，50岁以上占4.27%；首次申请贷款占92.46%，二次及以上申请贷款占7.54%；中、低收入占99.91%，高收入占0.09%。

2. **异地贷款**：2018年，发放异地贷款156笔5349.4万元。2018年末，发放异地贷款总额10577.2万元，异地贷款余额9791.35万元。

（四）**住房贡献率**：2018年，个人住房贷款发放额、公转商贴息贷款发放额、项目贷款发放额、住房消费提取额的总和与当年缴存额的比率为93.46%，比上年增加13.76个百分点。

六、其他重要事项

（一）当年住房公积金政策调整及执行情况

1. **公积金缴存基数调整情况**。2018年度我市职工住房公积金月缴存基数上限按16914元执行、下限按1760元执行。

2. **提取政策调整情况**。

（1）将偿还商业银行住房贷款提取条件放宽为：同户籍子女可以提取父母住房公积金偿还贷款，前提是父母没有未还清的住房公积金贷款。

（2）将偿还商业银行住房贷款提取要件由原来必须提供《借款合同》和银行还款流水，简化为提供征信报告或《借款合同》和银行还款流水。

（3）将销户提取要件简化为：若缴存职工符合相关销户提取政策且个人账户已封存，可出具符合政策的相关资料直接办理销户提取业务。

（4）将租房提取要件简化为以下两点：一是提取夫妻双方住房公积金的，只需提供夫妻双方无房证明即可，未婚子女不再需要提供无房证明。二是未婚职工提取住房公积金，只需提供本人无房证明，其父母不再需要提供无房证明。

（5）将退休提取要件简化为：缴存职工到法定退休年龄（男60周岁、女55周岁），住房公积金个人账户为封存状态且没有未还清的住房公积金贷款，本人持身份证原件即可办理退休提取公积金业务，不再需要提供退休审批手续。对于不符合法定退休年龄的申请人，仍然要提供退休审批手续。

（6）为纠正执行政策中的偏差，从2018年5月1日起，停止办理装修提取业务。

（7）自启用新系统开始，取消年度支取还贷业务，采取对冲还贷和提前部分偿还公积金贷款本金的方式，解决了用缴存住房公积金偿还公积金贷款问题。

3. **贷款政策调整情况**。

（1）将住房公积金贷款申请条件由夫妻双方信用良好放宽为：只需主借人信用良好即可受理该业务，信用情况以银行出具的征信报告为标准。

（2）经管委会审批，从2018年8月8日起，将贷款最长期限由原来的25年提高到30年。

4. **2018住房公积金存贷款利率执行标准为**：职工住房公积金账户存款利率统一按一年期定期存款基准利率（1.5%）执行；贷款利率统一按五年及以下公积金贷款利率为年利率2.75%执行，五年以上公积金贷款年利率3.25%。

（二）**当年服务改进情况**：为落实"放管服"改革的总体要求，于2018年8月8日起，不再要求缴存职工提供复印件，改由工作人员自行复印存档。

（三）**当年信息化建设情况**：2018年5月18日，住房公积金新信息系统正式上线运行，并于7月10日通过国家住房城乡建设部"双贯标"验收。

（四）**当年住房公积金管理中心及职工所获荣誉情况**：2018年7月乌海市住房公积金党支部被中共乌

海市直属机关工作委员会授予"乌海市先进基层党组织"称号。

赤峰市住房公积金 2018 年年度报告

一、机构概况

（一）住房公积金管理委员会：住房公积金管理委员会有 16 名委员，2018 年召开 2 次会议，审议通过的事项主要包括：1. 赤峰市住房公积金管理委员会组成人员换届；2. 审议 2018 年住房公积金财务公告；3. 审议讨论聘请第三方网络监管单位进行安全保护；4. 审议讨论为克旗管理部购买营业用房；5. 按照市政府《关于进一步规范赤峰市中心城区房地产市场秩序的实施意见》精神，审议通过阶梯式的调控公积金贷款政策。

（二）住房公积金管理中心：住房公积金管理中心为隶属于赤峰市人民政府办公厅不以营利为目的的全额拨款事业单位，设 10 个科，12 个管理部。从业人员 265 人，其中，在编 147 人，非在编 118 人。

二、业务运行情况

（一）缴存：2018 年，新开户单位 326 家，实缴单位 4164 家，净增单位 145 家；新开户职工 2.57 万人，实缴职工 27.37 万人，净增职工 0.57 万人；缴存额 38.83 亿元，同比下降 0.21%。2018 年末，缴存总额 286.63 亿元，同比增长 15.67%；缴存余额 148.21 亿元，同比增长 8.59%。

受委托办理住房公积金缴存业务的银行 5 家，比上年增加（减少）0 家。

（二）提取：2018 年，提取额 27.11 亿元，同比增长 6.36%；占当年缴存额的 69.82%，比上年增加 4.32 个百分点。2018 年末，提取总额 138.43 亿元，同比增长 24.36%。

（三）贷款：个人住房贷款最高额度 80 万元，其中，单缴存职工最高额度 80 万元，双缴存职工最高额度 80 万元。

2018 年，发放个人住房贷款 0.99 万笔 34.87 亿元，同比分别下降 9.66%、6.43%。

2018 年，回收个人住房贷款 25.56 亿元。

2018 年末，累计发放个人住房贷款 12.44 万笔 276.77 亿元，贷款余额 132.42 亿元，同比分别增长 8.65%、14.42%、7.56%。个人住房贷款余额占缴存余额的 89.35%，比上年减少 0.85 个百分点。

受委托办理住房公积金个人住房贷款业务的银行 5 家，比上年增加（减少）0 家。

（四）资金存储：2018 年末，住房公积金存款 17.29 亿元。其中，活期 1.97 亿元，1 年（含）以下定期 12.50 亿元，1 年以上定期 0.00 亿元，协定存款 2.82 亿元。

（五）资金运用率：2018 年末，住房公积金个人住房贷款余额、项目贷款余额和购买国债余额的总和占缴存余额的 89.35%，比上年减少 0.85 个百分点。

三、主要财务数据

（一）业务收入：2018 年，业务收入 43061.04 万元，同比下降 18.69%。存款利息 2919.99 万元，委托贷款利息 40110.80 万元，国债利息 0.00 万元，其他 30.25 万元。

（二）业务支出：2018 年，业务支出 22441.17 万元，同比下降 24.10%。支付职工住房公积金利息 21274.58 万元，归集手续费 0.00 万元，委托贷款手续费 1163.71 万元，其他 2.88 万元。

（三）增值收益：2018 年，增值收益 20619.87 万元，同比下降 11.87%。增值收益率 1.47%，比上年减少 0.35 个百分点。

（四）增值收益分配：2018 年，提取贷款风险准备金 15562.64 万元，提取管理费用 5057.22 万元，提取城市廉租住房（公共租赁住房）建设补充资金 0.00 万元。

2018 年，上交财政管理费用 5057.22 万元。上缴财政城市廉租住房（公共租赁住房）建设补充资金 17019.26 万元。

2018 年末，贷款风险准备金余额 29122.52 万元。累计提取城市廉租住房（公共租赁住房）建设补充资金 68216.90 万元。

（五）管理费用支出：2018 年，管理费用支出 6114.13 万元，同比增长 22.01%。其中，人员经费 2664.04 万元，公用经费 242.29 万元，专项经费 3207.80 万元。

四、资产风险状况

2018 年末，个人住房贷款逾期额 5247.22 万元，逾期率 4.00‰。

个人贷款风险准备金按贷款余额的 2.2% 提取。2018 年，提取个人贷款风险准备金 15562.64 万元，使用个人贷款风险准备金核销呆坏账 0 万元。2018 年末，个人贷款风险准备金余额 29122.52 万元，占个人住房贷款余额的 2.20%，个人住房贷款逾期额与个人贷款风险准备金余额的比率为 18.02%。

五、社会经济效益

（一）缴存业务：2018 年，实缴单位数、实缴职工人数和缴存额同比分别增长 3.61%、2.12% 和 -0.21%。

缴存单位中，国家机关和事业单位占 65.01%，国有企业占 10.59%，城镇集体企业占 0.07%，外商投资企业占 0.36%，城镇私营企业及其他城镇企业占 9.46%，民办非企业单位和社会团体占 2.5%，其他占 12.01%。

缴存职工中，国家机关和事业单位占 54.86%，国有企业占 27.56%，城镇集体企业占 0.02%，外商投资企业占 1.31%，城镇私营企业及其他城镇企业占 5.46%，民办非企业单位和社会团体占 1.62%，其他占 9.17%；中、低收入占 100%，高收入占 0.00%。

新开户职工中，国家机关和事业单位占 37.45%，国有企业占 23.81%，城镇集体企业占 0.01%，外商投资企业占 2.27%，城镇私营企业及其他城镇企业占 11.92%，民办非企业单位和社会团体占 5.74%，其他占 18.80%；中、低收入占 100%，高收入占 0.00%。

（二）提取业务：2018 年，5.30 万名缴存职工提取住房公积金 27.11 亿元。

提取金额中，住房消费提取占 71.25%（购买、建造、翻建、大修自住住房占 32.84%，偿还购房贷款本息占 38.01%，租赁住房占 0.40%，其他占 0.00%）；非住房消费提取占 28.75%（离休和退休提取占 24.41%，完全丧失劳动能力并与单位终止劳动关系提取占 1.72%，户口迁出本市或出境定居占

0.45%，其他占 2.17%）。

提取职工中，中、低收入占 99.99%，高收入占 0.01%。

（三）贷款业务：

1. **个人住房贷款**：2018 年，支持职工购建房 117.40 万平方米，年末个人住房贷款市场占有率为 26.59%，比上年减少 4.66 个百分点。通过申请住房公积金个人住房贷款，可节约职工购房利息支出 53031.00 万元。

职工贷款笔数中，购房建筑面积 90（含）平方米以下占 12.75%，90~144（含）平方米占 74.73%，144 平方米以上占 12.52%。购买新房占 77.53%（其中购买保障性住房占 0.00%），购买二手房占 22.47%，建造、翻建、大修自住住房占 0.00%，其他占 0.00%。

职工贷款笔数中，单缴存职工申请贷款占 61.48%，双缴存职工申请贷款占 38.52%，三人及以上缴存职工共同申请贷款占 0.00%。

贷款职工中，30 岁（含）以下占 22.30%，30 岁~40 岁（含）占 39.16%，40 岁~50 岁（含）占 25.08%，50 岁以上占 13.46%；首次申请贷款占 82.62%，二次及以上申请贷款占 17.38%；中、低收入占 100%，高收入占 0.00%。

2. **异地贷款**：2018 年，发放异地贷款 559 笔，20193.00 万元。2018 年末，发放异地贷款总额 42633.10 万元，异地贷款余额 39812.02 万元。

（四）**住房贡献率**：2018 年，个人住房贷款发放额、公转商贴息贷款发放额、项目贷款发放额、住房消费提取额的总和与当年缴存额的比率为 139.54%，比上年减少 5.09 个百分点。

六、其他重要事项

1. **缴存基数限额及缴存比例调整情况**：

（1）机关事业单位，单位和职工住房公积金缴存比例下限不得低于 5%，上限不得高于 12%；企业单位，单位和职工住房公积金缴存比例下限不得低于 5%，上限不得高于 11%。

（2）缴存住房公积金的月工资基数，上限不超过我市统计部门公布的上一年度城镇职工月平均工资总额的 3 倍。2018 年各机关事业单位的职工公积金月缴存额不得高于 3828.54 元。各企业单位的职工公积金月缴存额不得高于 3509.5 元。

2. **降低缴存比例方面**：将全市范围内的企业，单位和职工个人部分公积金缴存比例上限调整为 11%，全部企业缴交公积金比例都不超过 11%，允许生产经营困难的企业申请暂缓缴纳或阶段性降低缴存比例。

3. **提取方面**：规范租房提取住房公积金。开户缴存住房公积金满 3 个月并连续足额缴纳（当月未缴视同连续）的，才能准予办理租房支取。还贷支取方面，偿还贷款提取的，年度 12 个月内提取金额不应超过全年贷款偿还总额。

4. **住房公积金贷款额度**：机关、事业单位、国有企业职工贷款最高额度为 80 万元。私营企业职工贷款最高额度为 40 万元。

5. **当年住房公积金贷款政策调整情况**：

（1）购房人家庭住房公积金贷款最多使用两次，单笔贷款额度最高 80 万元。

（2）暂停受理公寓式住宅申请住房公积金贷款业务。

（3）暂停受理"开发商企业资质不全"、"开发土地属于财政划拨性质"这两类特殊情况的贷款。

（4）暂停受理缴存职工在异地购房提取账户内公积金余额业务。

（5）暂停受理缴存职工在异地购房"亲情支取"业务。

（6）暂停受理提取账户内公积金余额偿还异地公积金贷的前提下，月还款额与月收入比上限控制在50％～60％之间。

（7）取消二手房贷款评估。

6. 当年住房公积金存贷款利率执行情况：

2018年当年归集的个人住房公积金存款利率为0.35％；上年结转的个人住房公积金存款利率为1.10％。

2018年贷款利率，五年期以上个人住房公积金贷款利率为3.25％；五年期以下（含五年）个人住房公积金贷款利率为2.75％。

7. 当年服务改进情况：

（1）精简办事流程材料。通过取消合并缴存、提取、贷款环节的证明材料、复印件、申请表等10余项，较之前业务办理减少要件75％以上。

（2）加快推进业务网上办、就近办。打造智慧公积金，按照"一窗受理"要求，多渠道开发线上"互联网＋公积金服务"，尽量满足客户少跑路的办事要求。通过深化"放管服"改革，中心服务效率大幅提高，群众满意度有了进一步提高。

（3）2018年初，通过政府采购为克旗管理部购置了新的办公楼。

8. 当年信息化建设情况：

（1）顺利通过"双贯标"验收。2018年7月顺利通过了住房城乡建设部"双贯标"验收组的验收，有些工作获得了验收组的好评。

（2）启用电子化检查工具。严格对照文件规定的缴存、提取、贷款、财务、资金、信息数据六大分类即39个风险点，使用电子化检查工具对业务系统数据进行了细致筛查。

通辽市住房公积金2018年年度报告

一、机构概况

（一）住房公积金管理委员会：住房公积金管理委员会有24名委员，2018年召开1次会议，审议通过的事项主要包括：研究决定从2018年度住房公积金增值收益中提取的廉租住房建设补充资金分配方案。

（二）住房公积金管理中心：住房公积金管理中心为隶属于市住建委不以营利为目的的公益一类全额拨款事业单位，设7个科（室），8个管理部，0个分中心。从业人员146人，其中，在编74人，非在编72人。

二、业务运行情况

（一）缴存：2018年，新开户单位210家，实缴单位3360家，净增单位133家；新开户职工2.12万人，实缴职工18.83万人，净增职工0.39万人；缴存额25.84亿元，同比下降1.92%。2018年末，缴存总额191.35亿元，同比增长15.61%；缴存余额114.39亿元，同比增长6.68%。

受委托办理住房公积金缴存业务的银行5家，比上年增加0家。

（二）提取：2018年，提取额18.67亿元，同比增长18.50%；占当年缴存额的72.26%，比上年增加12.45个百分点。2018年末，提取总额76.96亿元，同比增长32.03%。

（三）贷款：个人住房贷款最高额度50万元，其中，单缴存职工最高额度40万元，双缴存职工最高额度50万元。

2018年，发放个人住房贷款0.69万笔、20.77亿元，同比分别增长1.86%、5.43%。

2018年，回收个人住房贷款16.05亿元。

2018年末，累计发放个人住房贷款13.86万笔、202.29亿元，贷款余额92.56亿元，同比分别增长5.21%、11.44%、5.37%。个人住房贷款余额占缴存余额的80.92%，比上年减少1.01个百分点。

受委托办理住房公积金个人住房贷款业务的银行5家，比上年增加0家。

（四）资金存储：2018年末，住房公积金存款22.70亿元。其中，活期0亿元，1年（含）以下定期19亿元，1年以上定期0亿元，其他协定存款3.70亿元。

（五）资金运用率：2018年末，住房公积金个人住房贷款余额、项目贷款余额和购买国债余额的总和占缴存余额的80.92%，比上年减少1.01个百分点。

三、主要财务数据

（一）业务收入：2018年，业务收入31643.72万元，同比增长9.45%。其中，存款利息3590.02万元，委托贷款利息28021.02万元，其他32.68万元。

（二）业务支出：2018年，业务支出16826.46万元，同比增长8.86%。其中，支付职工住房公积金利息16767.04万元，归集手续费0.70万元，委托贷款手续费58.72万元。

（三）增值收益：2018年，增值收益14817.25万元，同比增长10.12%。增值收益率1.34%，比上年减少0.02个百分点。

（四）增值收益分配：2018年，提取贷款风险准备金569.51万元，提取管理费用2441.68万元，提取城市廉租住房建设补充资金11806.06万元。

2018年，上交财政管理费用2441.68万元。上缴财政城市廉租住房建设补充资金10666.67万元。

2018年末，贷款风险准备金余额9468.43万元。累计提取城市廉租住房建设补充资金73525.46万元。

（五）管理费用支出：2018年，管理费用支出1838.03万元，同比下降4.86%。其中，人员经费874.99万元，公用经费846.04万元，专项经费117万元。

四、资产风险状况

2018年末，个人住房贷款逾期额446.39万元，逾期率0.5‰。

个人贷款风险准备金按不低于年度贷款余额的1%提取。2018年,提取个人贷款风险准备金569.51万元,使用个人贷款风险准备金核销呆坏账0万元。2018年末,个人贷款风险准备金余额9468.43万元,占个人住房贷款余额的1.02%,个人住房贷款逾期额与个人贷款风险准备金余额的比率为4.71%。

五、社会经济效益

(一)缴存业务：2018年,实缴单位数、实缴职工人数和缴存额同比分别增长4.12%、2.09%和-1.92%。

缴存单位中,国家机关和事业单位占69.40%,国有企业占8.99%,城镇集体企业占1.64%,外商投资企业占0.24%,城镇私营企业及其他城镇企业占18.30%,民办非企业单位和社会团体占1.43%,其他占0%。

缴存职工中,国家机关和事业单位占59.14%,国有企业占20.71%,城镇集体企业占3.37%,外商投资企业占1.69%,城镇私营企业及其他城镇企业占14.74%,民办非企业单位和社会团体占0.35%,其他占0%；中、低收入占99.24%,高收入占0.76%。

新开户职工中,国家机关和事业单位占30.52%,国有企业占18.53%,城镇集体企业占2.88%,外商投资企业占3.72%,城镇私营企业及其他城镇企业占43.86%,民办非企业单位和社会团体占0.49%,其他占0%；中、低收入占99.51%,高收入占0.49%。

(二)提取业务：2018年,3.77万名缴存职工提取住房公积金18.67亿元。

提取金额中,住房消费提取占71.20%(购买、建造、翻建、大修自住住房占30.38%,偿还购房贷款本息占40.66%,租赁住房占0.16%,其他占0%)；非住房消费提取占28.80%(离休和退休提取占23.47%,完全丧失劳动能力并与单位终止劳动关系提取占2.51%,户口迁出本市或出境定居占0.00%,其他占2.82%)。

提取职工中,中、低收入占99.18%,高收入占0.82%。

(三)贷款业务：

1. 个人住房贷款：2018年,支持职工购建房77.03万平方米,年末个人住房贷款市场占有率为47.66%,比上年减少0.12个百分点。通过申请住房公积金个人住房贷款,可节约职工购房利息支出32382.04万元。

职工贷款笔数中,购房建筑面积90(含)平方米以下占22.13%,90~144(含)平方米占67.80%,144平方米以上占10.07%。购买新房占64.29%(其中购买保障性住房占0%),购买二手房占35.71%,建造、翻建、大修自住住房占0%,其他占0%。

职工贷款笔数中,单缴存职工申请贷款占62.38%,双缴存职工申请贷款占37.62%,三人及以上缴存职工共同申请贷款占0%。

贷款职工中,30岁(含)以下占23.33%,30岁~40岁(含)占44.99%,40岁~50岁(含)占21.16%,50岁以上占10.52%；首次申请贷款占68.79%,二次及以上申请贷款占31.21%；中、低收入占98.80%,高收入占1.20%。

2. 异地贷款：2018年,发放异地贷款291笔9459万元。2018年末,发放异地贷款总额17009万元,异地贷款余额9302.06万元。

（四）住房贡献率：2018年，个人住房贷款发放额、公转商贴息贷款发放额、项目贷款发放额、住房消费提取额的总和与当年缴存额的比率为131.83%，比上年增加15.40个百分点。

六、其他重要事项

（一）当年机构及职能调整情况：根据通辽市机构编制委员会办公室《关于市住房和城乡建设委员会所属部分事业单位调整使用上收事业编制的批复》（通机编办字〔2018〕44号）规定，我中心增加事业编制2名，编制总数为82名。《法人证书》上的"开办资金"由原来的1873.5万元变更为4867.9万元。

（二）当年住房公积金政策调整及执行情况：

1. **缴存政策调整情况**：职工2018年度住房公积金缴存基数为职工本人2018年度月平均工资总额，最低不得低于《通辽市人民政府办公厅关于转发〈内蒙古自治区人民政府办公厅关于调整自治区最低工资标准及非全日制工作小时最低工资标准的通知〉的通知》（通政办字〔2018〕241号）规定的各地标准：科尔沁区、开发区、霍林郭勒市1660元/月；开鲁县、扎鲁特旗1560元/月；科左后旗、库伦旗、奈曼旗、科左中旗1460元/月。最高不得超过通辽市统计部门公布的2018年度我市在岗职工月平均工资总额的三倍，即15369元/月。单位和职工个人住房公积金缴存比例应一致，不得低于5%，不得高于12%。2018年6月19日通辽市住房公积金管理委员会下达通知，将2016年出台的《关于降低企业住房公积金缴存比例的通知》（通房公管办字〔2016〕6号）中规定的阶段性降低比例期限到期后，继续延长执行期至2020年4月30日；继续执行企业单位缴存比例可在5%～11%之间，自主确定缴存比例的规定。

2. **提取政策调整情况**：一是优先支持提取住房公积金支付房租，重点支持提取住房公积金在缴存地或户籍地购买首套普通住房和第二套改善住房。不再支持非缴存地及非户籍地购房提取。二是缴存职工与单位解除或终止劳动关系的，先办理个人账户封存。账户封存期间，在异地开立住房公积金账户并稳定缴存半年以上的，办理异地转移接续手续。未在异地继续缴存的，封存满半年后可提取。三是防止提取住房公积金用于炒房投机：对同一房源12个月之内交易两次及以上的，不予办理提取个人账号内住房公积金余额。

3. **贷款政策调整情况**：在综合考虑借款人还款能力的情况下，借款人月还款不得超过借款人（及配偶）缴存基数的60%，如有其他贷款先扣除月还款后再按60%计算还款能力。并且不再向个人发放第三次住房公积金贷款。在考虑缴存职工利益，实现住有所居的梦想，2018年开放了全国范围内的异地贷款，帮助更多异地缴存职工实现低利率的公积金贷款。

（三）当年服务改进情况：

1. **部分管理部服务网点变更**：我中心科尔沁区、霍林郭勒市、开鲁县及科左中旗四个管理部部分业务窗口进驻当地政务服务大厅。

2. **业务窗口服务工作改进**：一是取消住房公积金贷款及提取业务中提供复印件环节，改为窗口扫描录入原件，建立电子档案；二是实施"一窗受理、集成服务"改革，将原有单项服务窗口全部设置成综合业务窗口，打造"前台综合受理、后台分类审批、统一窗口出件"的服务模式；三是住房公积金贷款审批时限由《住房公积金管理条例》规定的15个工作日完成审批减少到3～5个工作日。

3. **综合服务平台**现已开通了网上查询、微信、手机APP等查询渠道，在业务大厅设置了自助终端机，方便职工查询并可打印凭证。11月初中心召开了网上业务大厅培训会，对17家单位现场教学并交流，让中心在互联网上开展业务迈出了一大步，为尽快实现"互联网＋公积金"服务奠定基础。中心依据监管处下发的12329短信平台的接入流程，已做好准备工作，达到住房城乡建设部关于统一建设短信平台的要求。

（四）当年信息化建设情况：2018年3月22日，住房城乡建设部"双贯标"检查验收专家组莅临我中心，对《住房公积金基础数据标准》和《接入住房公积金银行结算数据应用系统接口标准》（简称"双贯标"）进行检查验收。在验收会上，中心汇报了住房公积金管理信息系统升级改造及落实住房城乡建设部"双贯标"的工作情况，并演示了系统功能和"双贯标"的应用情况。经过检查、质询、答疑和讨论后，检查验收组一致同意我市住房公积金信息管理系统通过"双贯标"验收，标志着我市住房公积金中心建设的住房公积金基础数据信息和银行结算数据应用系统达到行业标准。

（五）当年对违反《住房公积金管理条例》和相关法规行为进行行政处罚和申请人民法院强制执行情况：通辽市住房公积金管理中心严格执行《住房公积金管理条例》，对不按借款合同约定还款6期以上的人员采取依法清收，2018年度累计起诉22笔，标的额281.47万元，结案10笔，其他案件正在执行中。

鄂尔多斯市住房公积金2018年年度报告

一、机构概况

（一）住房公积金管理委员会：住房公积金管理委员会有30名委员，2018年召开1次会议，审议通过的事项主要包括：

1.《2018年、2018年归集使用情况及2019年工作计划的报告》；
2.《关于解决拖欠职工住房公积金问题的报告》；
3.《鄂尔多斯市住房公积金2018年年度报告》；
4.《关于2018年度住房公积金增值收益分配方案的报告》；
5.《关于2018年、2018年预算执行情况及2019年预算安排的报告》；
6.《关于修改〈鄂尔多斯市住房公积金归集管理实施细则〉等三个实施细则的报告》。

（二）住房公积金管理中心：住房公积金管理中心为直属市人民政府暂由住房保障和房屋管理局代管不以营利为目的的事业单位，设6个科，8个管理部，1个分中心。从业人员118人，其中，在编70人，非在编48人。

二、业务运行情况

（一）缴存：2018年，新开户单位681家，实缴单位4195家，净增单位496家；新开户职工2.21万人，实缴职工23.31万人，净增职工1.70万人；缴存额33.05亿元，同比增长13.07%。2018年末，缴存总额221.80亿元，同比增长17.51%；缴存余额132.04亿元，同比增长9.11%。

受委托办理住房公积金缴存业务的银行5家，比上年增加（减少）0家。

（二）提取：2018 年，提取额 22.01 亿元，同比增长 33.80%；占当年缴存额的 66.61%，比上年增加 10.34 个百分点。2018 年末，提取总额 89.76 亿元，同比增长 32.51%。

（三）贷款：

个人住房贷款最高额度 80 万元，其中，单缴存职工最高额度 80 万元，双缴存职工最高额度 80 万元。

2018 年，发放个人住房贷款 0.50 万笔 19.99 亿元，同比分别增长 2.04%、6.67%。其中，市中心发放个人住房贷款 0.48 万笔 19.42 亿元，分中心发放个人住房贷款 0.02 万笔 0.57 亿元。

2018 年，回收个人住房贷款 12.28 亿元。其中，市中心 11.56 亿元，分中心 0.72 亿元。

2018 年末，累计发放个人住房贷款 8.74 万笔 153.05 亿元，贷款余额 79.33 亿元，同比分别增长 6.07%、15.01%、10.77%。个人住房贷款余额占缴存余额的 60.08%，比上年增加 0.9 个百分点。

受委托办理住房公积金个人住房贷款业务的银行 5 家，比上年增加（减少）0 家。

（四）资金存储：2018 年末，住房公积金存款 54.70 亿元。其中，活期 4.57 亿元，1 年（含）以下定期 39.41 亿元，1 年以上定期 10.72 亿元。

（五）资金运用率：2018 年末，住房公积金个人住房贷款余额、项目贷款余额和购买国债余额的总和占缴存余额的 60.08%，比上年增加 0.9 个百分点。

三、主要财务数据

（一）业务收入：2018 年，业务收入 39612.67 万元，同比增长 27.37%。其中，市中心 34714.34 万元，分中心 4898.33 万元；存款利息 15407.89 万元，委托贷款利息 24089.06 万元，国债利息 0 万元，其他 115.71 万元。

（二）业务支出：2018 年，业务支出 18373.39 万元，同比增长 9.99%。其中，市中心 16296.19 万元，分中心 2077.19 万元；支付职工住房公积金利息 18345.03 万元，归集手续费 0 万元，委托贷款手续费 5.88 万元，其他 22.48 万元。

（三）增值收益：2018 年，增值收益 21239.28 万元，同比增长 47.53%。其中，市中心 18418.14 万元，分中心 2821.14 万元；增值收益率 1.68%，比上年增加 0.42 个百分点。

（四）增值收益分配：2018 年，提取贷款风险准备金 13077.92 万元，提取管理费用 1492.59 万元，提取城市廉租住房（公共租赁住房）建设补充资金 6668.77 万元。

2018 年，上交财政管理费用 900 万元。上缴财政城市廉租住房（公共租赁住房）建设补充资金 3743.21 万元。其中，市中心上缴 3743.21 万元，分中心上缴（收缴单位）0 万元。

2018 年末，贷款风险准备金余额 66566.99 万元。累计提取城市廉租住房（公共租赁住房）建设补充资金 22011.53 万元。其中，市中心提取 21340.55 万元，分中心提取 670.98 万元。

（五）管理费用支出：2018 年，管理费用支出 1959.14 万元，同比下降 11.39%。其中，人员经费 766.91 万元，公用经费 52.55 万元，专项经费 1139.68 万元。

市中心管理费用支出 1677.77 万元，其中，人员、公用、专项经费分别为 525.11 万元、31.68 万元、1120.98 万元；分中心管理费用支出 281.37 万元，其中，人员、公用、专项经费分别为 241.80 万元、20.87 万元、18.70 万元。

四、资产风险状况

2018年末，个人住房贷款逾期额1111.47万元，逾期率1.4‰。其中，市中心1.4‰，分中心0‰。

个人贷款风险准备金按（贷款余额或增值收益）增值收益的60%提取。2018年，提取个人贷款风险准备金13077.92万元，使用个人贷款风险准备金核销呆坏账0万元。2018年末，个人贷款风险准备金余额66566.99万元，占个人住房贷款余额的8.39%，个人住房贷款逾期额与个人贷款风险准备金余额的比率为1.67%。

五、社会经济效益

（一）**缴存业务**：2018年，实缴单位数、实缴职工人数和缴存额同比分别增长13.41%、7.92%和13.07%。

缴存单位中，国家机关和事业单位占43.98%，国有企业占12.32%，城镇集体企业占0.48%，外商投资企业占0.26%，城镇私营企业及其他城镇企业占20.86%，民办非企业单位和社会团体占1.60%，其他占20.50%。

缴存职工中，国家机关和事业单位占33.64%，国有企业占20.86%，城镇集体企业占0.41%，外商投资企业占1.07%，城镇私营企业及其他城镇企业占24.07%，民办非企业单位和社会团体占0.32%，其他占19.63%；中、低收入占99.21%，高收入占0.79%。

新开户职工中，国家机关和事业单位占21.92%，国有企业占18.98%，城镇集体企业占1.63%，外商投资企业占2.26%，城镇私营企业及其他城镇企业占39.79%，民办非企业单位和社会团体占1.12%，其他占14.30%；中、低收入占99.75%，高收入占0.25%。

（二）**提取业务**：2018年，3.65万名缴存职工提取住房公积金22.01亿元。

提取金额中，住房消费提取占68.73%（购买、建造、翻建、大修自住住房占33.26%，偿还购房贷款本息占22.96%，租赁住房占8.92%，其他占3.59%）；非住房消费提取占31.27%（离休和退休提取占16.67%，完全丧失劳动能力并与单位终止劳动关系提取占6.78%，户口迁出本市或出境定居占0.62%，其他占7.2%）。

提取职工中，中、低收入占97.84%，高收入占2.16%。

（三）**贷款业务**：

1. **个人住房贷款**：2018年，支持职工购建房70.43万平方米，年末个人住房贷款市场占有率为51.90%，比上年增加8.35个百分点。通过申请住房公积金个人住房贷款，可节约职工购房利息支出21121.76万元。

职工贷款笔数中，购房建筑面积90（含）平方米以下占7.48%，90~144（含）平方米占53.69%，144平方米以上占38.83%。购买新房占63.00%（其中购买保障性住房占0%），购买二手房占36.74%，建造、翻建、大修自住住房占0.24%，其他占0.02%。

职工贷款笔数中，单缴存职工申请贷款占24.55%，双缴存职工申请贷款占75.45%，三人及以上缴存职工共同申请贷款占0%。

贷款职工中，30岁（含）以下占40%，30岁~40岁（含）占43.84%，40岁~50岁（含）占12.60%，50岁以上占3.56%；首次申请贷款占79.98%，二次及以上申请贷款占20.02%；中、低收入占99.05%，高收入占0.95%。

2. **异地贷款**：2018年，发放异地贷款99笔4151万元。2018年末，发放异地贷款总额12502万元，异地贷款余额10725.37万元。

（四）住房贡献率：2018年，个人住房贷款发放额、公转商贴息贷款发放额、项目贷款发放额、住房消费提取额的总和与当年缴存额的比率为106.28%，比上年增加1.78个百分点。

六、其他重要事项

（一）当年住房公积金政策调整及执行情况：

1. **当年缴存基数限额及确定方法、缴存比例等缴存政策调整情况**：2018年住房公积金缴存基数原则上不低于2018年全市在岗职工月平均工资6514元60%即3908元，月平均工资不足3908元的按3908元基数核定；不得高于2018年全市在岗职工月平均工资6514元300%即19542元，月平均工资高于19542元的按19542元缴存基数核定。单位和职工个人住房公积金缴存比例不得低于5%，不得高于12%。

根据《鄂尔多斯市住房公积金管理委员会关于降低企业住房公积金缴存比例的通知》（鄂公委发〔2016〕4号），2018年1月1日~2018年12月31日，企业住房公积金最高缴存比例不得高于11%。按照《住房城乡建设部财政部人民银行关于进一步改进住房公积金缴存机制进一步降低企业成本的通知》（建金〔2018〕45号）要求，2016年出台的阶段性适当降

低企业住房公积金缴存比例政策到期后，继续延长执行期至2020年4月30日。

2. **当年住房公积金存贷款利率调整及执行情况**。按照中国人民银行、住房城乡建设部、财政部印发《关于完善职工住房公积金账户存款利率形成机制的通知》（银发〔2016〕43号）要求，职工住房公积金账户存款利率按一年期定期存款基准利率执行。住房公积金贷款利率按中国人民银行公布的公积金贷款利率执行，贷款年限5年（含）以下的年利率为2.75%，贷款年限在5年以上的年利率为3.25%。

（二）当年服务改进情况：鄂托克旗管理部搬入旗政务中心，鄂托克前旗管理部搬入新办公场所，更好地为当地住房公积金缴存职工提供服务。进一步完善已开通的12329服务热线、微信公众号、门户网站、手机APP等综合服务渠道的功能，为缴存职工提供及时、周到的服务。在业务大厅明显位置设置滚动屏幕、宣传栏、宣传手册等公示业务要件、办理流程、办结时限等。合理摆放等候座椅、书写台、饮水机、自助查询设备等设施，设置业务引导台方便客户咨询，规范大厅服务人员行为举止、统一服装，加强人员培训和考核，打造环境优美、作风优良、服务优质、群众满意的窗口形象。

（三）当年信息化建设情况：2018年11月底开展业务系统升级改造工作，2018年5月中旬实现新系统正式上线运行，实现基础数据标准贯标和结算应用系统接入，2018年7月顺利通过住房城乡建设部贯标验收，进一步提升了科学管理水平。

（四）当年对违反《住房公积金管理条例》和相关法规行为进行行政处罚和申请人民法院强制执行情况：今年，我们在清收逾期贷款的措施上，主要采取了"三个一批"的办法，即上门催缴一批、强行划扣一批、法律诉讼一批。强行划扣97笔943万元，法律诉讼118笔结案81笔。

呼伦贝尔市住房公积金 2018 年年度报告

一、机构概况

（一）**住房公积金管理委员会**：住房公积金管理委员会有 25 名委员，2018 年召开 5 次会议，审议通过的事项主要包括研究批准了 2018 年年度报告、申请抵押登记费用、中心业务系统等保三级建设及软硬件设备采购、调整住房公积金相关政策、申请开立住房补贴和保证金账户、住房公积金管理中心搬迁新址办公等有关事宜。

（二）**住房公积金管理中心**：住房公积金管理中心为隶属呼伦贝尔市住房和城乡建设局，不以营利为目的的全额事业单位，中心设七个科室，十二个旗市区管理部。从业人员 149 人，其中，在编 64 人，非在编 85 人。

二、业务运行情况

（一）**缴存**：2018 年，新开户单位 520 家，实缴单位 5198 家，净增单位 405 家；新开户职工 1.25 万人，实缴职工 20.75 万人，净增职工 0.66 万人；缴存额 33.73 亿元，同比下降 17.27%。2018 年末，缴存总额 252.47 亿元，同比增长 15.42%；缴存余额 98.04 亿元，同比增长 8.81%。

受委托办理住房公积金缴存业务的银行四家，与上年保持一致。

（二）**提取**：2018 年，提取额 25.79 亿元，同比增长 18.96%；占当年缴存额的 76.48%，比上年增加 23.30 个百分点。2018 年末，提取总额 154.43 亿元，同比增长 20.05%。

（三）**贷款**：

1. **个人住房贷款**：个人住房贷款最高额度 60.00 万元，单、双缴存职工最高额度 60.00 万元。

2018 年，发放个人住房贷款 10476 笔 34.01 亿元，同比分别增长 9.58%、52.72%。

2018 年，回收个人住房贷款 13.11 亿元。

2018 年末，累计发放个人住房贷款 11.37 万笔 182.74 亿元，贷款余额 92.54 亿元，同比分别增长 10.17%、22.87%、29.17%。个人住房贷款余额占缴存余额的 94.39%，比上年增加 14.88 个百分点。

受委托办理住房公积金个人住房贷款业务的银行四家，与上年保持一致。

2. **住房公积金支持保障性住房建设项目贷款**：2018 年，未发放保障性住房建设项目贷款，回收项目贷款 0.90 亿元。年末，累计发放项目贷款 1.50 亿元，项目贷款余额为零。

（四）**资金存储**：2018 年末，住房公积金存款 8.39 亿元。其中，活期 0.03 亿元，1 年（含）以下定期 6.70 亿元，1 年以上定期 0.66 亿元，协定存款 1.00 亿元。

（五）**资金运用率**：2018 年末，住房公积金个人住房贷款余额、项目贷款余额的总和占缴存余额的 94.39%，比上年增加 13.88 个百分点。

三、主要财务数据

（一）业务收入：2018年，业务收入30350.20万元，同比增长11.14%。存款利息5045.48万元，委托贷款利息25304.36万元，其他0.36万元。

（二）业务支出：2018年，业务支出14711.02万元，同比增长46.53%。支付职工住房公积金利息14204.56万元，委托贷款手续费504.93万元，其他1.53万元。

（三）增值收益：2018年，增值收益15639.18万元，同比下降9.44%。增值收益率1.67%，比上年减少0.37个百分点。

（四）增值收益分配：2018年，提取贷款风险准备金9384.00万元，提取管理费用5324.00万元，提取城市廉租住房建设补充资金931.18万元。

2018年，上交财政管理费用4380.00万元。上缴财政城市廉租住房建设补充资金2527.77万元。

2018年末，贷款风险准备金余额53724.60万元。累计提取城市廉租住房建设补充资金5838.29万元。

（五）管理费用支出：2018年，管理费用支出2271.55万元，同比下降2.49%。其中，人员经费1347.91万元，公用经费410.57万元，专项经费513.07万元。

四、资产风险状况

（一）个人住房贷款：2018年末，个人住房贷款逾期额696.37万元，逾期率0.80‰。

个人贷款风险准备金按增值收益的60%提取。2018年，提取个人贷款风险准备金9384.00万元，使用个人贷款风险准备金核销呆坏账为零。2018年末，个人贷款风险准备金余额53224.60万元，占个人住房贷款余额的5.75%，个人住房贷款逾期额与个人贷款风险准备金余额的比率为1.31%。

（二）支持保障性住房建设试点项目贷款：项目贷款风险准备金按贷款余额的4%提取。2018年，项目贷款已还清本息，未提取项目贷款风险准备金，使用项目贷款风险准备金核销呆坏账为零，项目贷款风险准备金余额500.00万元。

五、社会经济效益

（一）缴存业务：2018年，实缴单位数、实缴职工人数和缴存额同比分别增长8.45%、3.31%和—17.27%。

缴存单位中，国家机关和事业单位占52.50%，国有企业占7.46%，城镇集体企业占0.27%，外商投资企业占0.40%，城镇私营企业及其他城镇企业占11.83%，民办非企业单位和社会团体占0.40%，其他占27.14%。

缴存职工中，国家机关和事业单位占69.69%，国有企业占15.99%，城镇集体企业占0.73%，外商投资企业占1.52%，城镇私营企业及其他城镇企业占10.88%，民办非企业单位和社会团体占0.09%，其他占1.10%；中、低收入占98.27%，高收入占1.73%。

新开户职工中，国家机关和事业单位占45.93%，国有企业占13.52%，城镇集体企业占0.30%，外商投资企业占0.94%，城镇私营企业及其他城镇企业占36.76%，民办非企业单位和社会团体占0.33%，

其他占 2.22%；中、低收入占 99.19%，高收入占 0.81%。

（二）提取业务：2018 年，7.21 万名缴存职工提取住房公积金 25.79 亿元。

提取金额中，住房消费提取占 79.00%（购买、建造、翻建、大修自住住房占 35.21%，偿还购房贷款本息占 32.59%，租赁住房占 4.69%，其他占 6.51%）；非住房消费提取占 21.00%（离休和退休提取占 16.79%，户口迁出本市或出境定居占 0.42%，其他占 3.79%）。

提取职工中，中、低收入占 97.85%，高收入占 2.15%。

（三）贷款业务：

1. **个人住房贷款**：2018 年，支持职工购建房 108.22 万平方米，年末个人住房贷款市场占有率为 59.31%，比上年增加 5.19 个百分点。通过申请住房公积金个人住房贷款，可节约职工购房利息支出 43445.56 万元。

职工贷款笔数中，购房建筑面积 90（含）平方米以下占 20.65%，90~144（含）平方米占 56.97%，144 平方米以上占 22.38%。购买新房占 52.73%，购买二手房占 33.34%，建造、翻建、大修自住住房占 0.01%，其他占 13.92%。

职工贷款笔数中，单缴存职工申请贷款占 31.79%，双缴存职工申请贷款占 68.21%。

贷款职工中，30 岁（含）以下占 28.25%，30 岁~40 岁（含）占 34.53%，40 岁~50 岁（含）占 25.22%，50 岁以上占 12.00%；首次申请贷款占 58.59%，二次及以上申请贷款占 41.41%；中、低收入占 96.05%，高收入占 3.95%。

2. **异地贷款**：2018 年，发放异地贷款 666 笔 21129.10 万元。2018 年末，发放异地贷款总额 45250.70 万元，异地贷款余额 39529.70 万元。

3. **支持保障性住房建设试点项目贷款**：2018 年末，累计试点项目 1 个，贷款额度 1.50 亿元，建筑面积 11.06 万平方米，可解决 1075 户中低收入职工家庭的住房问题。1 个试点项目贷款资金已发放并还清贷款本息。

（四）住房贡献率：2018 年，个人住房贷款发放额、公转商贴息贷款发放额、项目贷款发放额、住房消费提取额的总和与当年缴存额的比率为 161.24%，比上年增加 65.01 个百分点。

六、其他重要事项

（一）当年住房公积金政策调整及执行情况：

1. **当年缴存基数限额及确定方法、缴存比例等缴存政策调整情况**：2018 年度我市住房公积金缴存基数的上限 16113.00 元，按不高于统计部门公布的上年度社会平均工资的 3 倍确定；缴存基数的下限 1660.00 元，按照呼伦贝尔市人力资源和社会保障部门规定的上年度全市职工月最低工资标准确定，缴存比例范围限定为 5%~12%。根据本地区实际，制定《呼伦贝尔市住房公积金管理中心归集扩面工作方案》，将个体工商户确定为自愿缴存对象。

当年延长阶段性适当降低企业住房公积金缴存比例政策，认真贯彻落实住房城乡建设部、财政部、人民银行《关于改进住房公积金缴存机制进一步降低企业成本的通知》（建金〔2018〕45 号）精神，继续将此前企业单位缴存比例调整至 11% 以内的政策保障，延长执行至 2020 年 4 月 30 日。

2. **当年提取、贷款政策调整情况**：根据住房城乡建设部《关于湖南、广西、江西住房公积金行业

"放管服"改革情况的通报》中"严禁随意扩大住房公积金用途、取消装修提取和装修贷款等不符合国家规定的使用政策",结合2018年全市房地产开发的实际,为维护社会秩序稳定大局,从12月10日起,对全市住房公积金政策进行了调整。

(1)提取方面:一是根据我市租赁住房市场的实际情况,对无自住住房家庭开展支付房租提取住房公积金业务。其中,租住公共租赁住房的,提供《房屋租赁合同》、租金缴纳证明,当年最高可提取全部租金金额;租住商品住房的,提供工作地无房产证明,当年最高可提取租金2万元。

二是取消装修、重大疾病、家庭直系成员、车库、车位、住房维修基金等提取业务。按照国务院《住房公积金管理条例》及《内蒙古自治区住房公积金提取管理办法》的要求及相关法规,修订了《住房公积金提取管理办法操作细则》及《办理规程》。

(2)贷款方面:一是个人住房贷款最高贷款额度:截至2018年11月份,贷款最高额度为60.00万元,且不超过住房总价的80%;装修贷款最高额度为20.00万元,且不超过住房总价的25%。2018年12月份,我中心对贷款政策进行调整,贷款最高额度为60.00万元。

二是取消六项贷款业务:第一取消装修贷款业务;第二取消家庭直系成员办理住房公积金贷款业务;第三与所购住房同时购买的车库、车位不再纳入住房公积金贷款额度的核定范围;第四不再受理职工购买第三套以上(含第三套)住房公积金贷款业务,购房职工需凭户口所在地及购房地不动产登记部门开具的房屋权属登记信息办理贷款业务;第五不再受理职工在呼伦贝尔市外(含满洲里)购房的贷款申请;第六其他城市的行业中心,在呼伦贝尔市设有住房公积金办事机构的,呼伦贝尔市中心不再受理其职工异地贷款申请。在呼伦贝尔市购房办理异地贷款的,需具有呼伦贝尔市户籍。

三是贷款条件:自首次缴存入账之日起,连续缴存满6个自然月(一次性缴多月的需计满6个自然月)可申请办理贷款,欠缴住房公积金不予受理公积金贷款(欠缴不含办理当月);住房公积金贷款额度与职工住房公积金缴存余额挂钩,即:借款人申请住房公积金贷款额度按其本人及配偶住房公积金账户余额之和的20倍计算;公积金贷款的申请有效期限,自《增值税普通发票》开具之日起,至申请贷款之日止,购买新建住房期限不超过2年,二手交易住房期限不超过1年。

四是住房公积金贷款担保方式采用房产抵押担保方式或法人担保方式。

3. 取消提供相关资料复印件情况:根据自治区住房城乡建设厅《关于调整包头等四盟市住房公积金贷款使用政策保证住房公积金平稳运行的通知》要求,为解决群众办事"堵点"问题,从2018年5月起,在办理住房公积金提取、贷款等各项业务时,取消提供居民身份证、户口簿、结婚证、离婚证复印件以及归集业务取消提供《养老保险个人缴费明细》等,积极落实了"放管服"改革要求,最大限度方便了办事职工和群众。

4. 当年住房公积金存贷款利率执行标准情况:2018年存贷款利率无调整,我中心严格按照人民银行文件规定的利率执行。

(二)当年服务改进情况:我中心作为政府的重要服务窗口,围绕中心整体工作,2018年进一步加强和改进住房公积金的服务工作,具体改进情况如下:

1. 服务网点:中心搬迁至新办公楼,并为鄂伦春旗管理部租用、装修业务用房,解决了中心及管理部服务窗口不足、服务环境差、设施不到位的问题。

2. 服务设施:我中心一楼业务大厅内设有LED大屏幕、电视、广告机等设施,用于发布公积金业务办理流程、指南、简介等信息。增加了等候座椅和饮水机等服务设施，同时还增加了叫号机的功能和叫号窗口数量。

3. **服务手段**：一是深入贯彻落实住房城乡建设部《关于加强和改进住房公积金服务工作的通知》，完善了《业务服务大厅窗口规范化服务标准》。强化考勤制度、工作制度等内部管理制度的监管力度，全面推行服务承诺制、限时办结制、首问负责制、一次性告知制及责任追究制，完善了工作制度体系和优质服务体系，实现了业务流程优质高效运转。二是加强对系统内全体职工进行"全心全意为人民服务"宗旨教育，有针对性定期、或不定期对职工进行业务、效能、礼仪培训，全员实行礼貌用语、挂牌上岗、自觉接受群众监督。三是充分发挥党团员、工会积极分子和女职工积极分子带头作用，在业务服务大厅建立党员责任区、窗口设立党员示范岗，分别由管理部主任负责和党员担任。四是今年7月和12月，因业务量激增，呼伦贝尔市住房公积金管理中心积极应对，临时增设多个业务窗口，有效缓解业务压力，中心窗口职工更是利用个人休息时间为前来办事的职工群众加班工作，使更多的职工群众享受到了住房公积金的优惠政策。

4. **综合服务平台建设和其他网络载体建设服务情况**：2018年9月，我中心对综合服务平台进行了升级改造。综合服务平台建设工作涉及服务事项梳理、服务流程再造、岗位职责调整和内外部协调沟通等多项具体工作，以及整合12329、短信、查询机、网站、网厅、App、微信等七大渠道，为缴存职工提供业务办理、信息查询、信息发布、互动交流等便民服务。截至年末网厅信息查询6503笔，业务办理213笔；APP客户端累计注册人数4244人，信息查询82764笔，业务办理193笔；微信累计关注用户45227人，累计绑定人数23049人，信息查询310857笔，业务办理144笔；核查个体工商户的企业信用公示信息共计83份；12329热线全年累计受理36500人次，其中，人工接听答复19455人次，自助查询业务（包括业务指南、缴存、贷款余额查询等）17045人次；中心对系统短信平台不断进行更新维护，保证短信系统正常运行，全年累计发送短信803915条；网站共发布工作动态40条，回复网站问题223条；微信公众号通过信息编辑、图片设计推送信息共8篇，使全市的广大职工对住房公积金的政策调整及一些相关重大事项有了更多更及时、准确、便捷的获取渠道。中心通过我市电台、电视台、《呼伦贝尔日报》等媒体和印发宣传资料等方式，开展多形式、全方位、多角度的住房公积金政策宣传。通过以上的宣传，扩大了住房公积金政策的影响面，使住房公积金制度更加深入人心。

我中心与呼伦贝尔市检察院通过加密邮件"绿色通道"的方式完成信息协查工作；与市监察委通过联网业务专线的方式进行协查工作。

（三）**当年信息化建设情况**：

1. **信息系统升级改造情况**：根据国务院"放管服"改革要求，结合中心信息化建设实际，从年初开始筹划，着手对信息系统业务软件优化升级和机房运行环境升级。两个升级项目通过政府招投标方式，共投入资金940.23万元。对软件进行升级改造，已于12月开始测试。此次升级业务核心系统主要涉及财务的多维总账，增加辅助核算项，实现业务驱动财务，以银行推送的到账通知为依据进行业务处理生成财务凭证，同时登记银行存款日记账和科目明细账，实现三账平衡匹配、三账联动。12月初，中心完成了11个旗市管理部34个银行账户的上收工作。同时还新增新媒体客服系统，我中心相关业务部门正在进行测试工作，本次软件升级改造已于12月底完成。

2018年11月份中心搬至新办公楼，新机房正式投入使用。中心业务系统及机房运行环境按"等保三级"要求，机房内设七氟丙烷灭火器、新风系统以杜绝火灾隐患，动环监测系统可及时有效的监控机房设备是否稳定运行。地下室设有 UPS 电池和发电机组等设备保证机房设备稳定运行及持久续航能力。新机房投入使用可更好的保障网络与系统运营环境安全，建设符合中心现阶段发展需要的业务系统，更好的防范风险、提高办事效率。

2. **基础数据标准贯彻落实和结算应用系统接入情况**：住房公积金基础数据标准和银行结算数据应用系统经过一年运行，已经全面完成了"双贯标"的目标任务。于 2018 年 3 月 20 日，顺利通过了国家住房城乡建设部和自治区住房城乡建设厅"双贯标"专家组验收，并以取得 89.85 分的好成绩。

（四）**当年住房公积金管理中心及职工所获荣誉情况**：中心业务服务大厅（海拉尔管理部），被自治区总工会授予全区"五一帼国标兵岗"荣誉称号；中心团支部，被自治区团委授予全区"五四红旗团支部"荣誉称号。

巴彦淖尔市住房公积金 2018 年年度报告

一、机构概况

（一）**住房公积金管理委员会**：住房公积金管理委员会有 18 名委员，2018 年召开 1 次会议，审议通过的事项主要包括：《市住房公积金管理中心 2018 年度全市住房公积金管理工作情况和 2018 年度全市住房公积金管理工作要点的报告》和《2018 年全市住房公积金增值收益预算及分配方案》。

（二）**住房公积金管理中心**：住房公积金管理中心为巴彦淖尔市住房和城乡建设委员不以营利为目的的全额拨款准处级事业单位，设 6 个科，7 个管理部，0 个分中心。从业人员 90 人，其中，编制数 50 人，在编在岗 46 人，非在编 35 人，其他（政府购买服务）9 人。

二、业务运行情况

（一）**缴存**：2018 年，新开户单位 163 家，实缴单位 2431 家，净增单位 138 家；新开户职工 1.05 万人，实缴职工 14.07 万人，净增职工 0.14 万人；缴存额 18.84 亿元（包括年度结息 9285.4 万元），同比增长 6.18%。2018 年末，缴存总额 140.06 亿元，同比增长 15.54%；缴存余额 70.36 亿元，同比增长 12.42%。

受委托办理住房公积金缴存业务的银行 4 家，比上年减少 1 家。

（二）**提取**：2018 年，提取额 11.07 亿元，同比下降 24.07%；占当年缴存额的 58.74%，比上年减少 23.4 个百分点。2018 年末，提取总额 69.7 亿元，同比增长 18.87%。

（三）**贷款**：个人住房贷款最高额度 50 万元，其中，单缴存职工最高额度 50 万元，双缴存职工最高额度 50 万元。

2018 年，发放个人住房贷款 0.48 万笔 14.78 亿元，同比分别下降 25.14%、28.94%。其中，临河管理部发放个人住房贷款 0.3 万笔 10.41 亿元，五原管理部发放个人住房贷款 0.03 万笔 1.02 亿元，前旗管理部发放个人住房贷款 0.03 万笔 0.66 亿元，中旗管理部发放个人住房贷款 0.03 万笔 0.59 亿元，后旗管理部发放个人住房贷款 0.03 万笔 0.65 亿元，杭后管理部发放个人住房贷款 0.04 万笔 0.85 亿元，磴口管理部发放个人住房贷款 0.02 万笔 0.60 亿元。

2018 年，回收个人住房贷款 8.81 亿元。从住房公积金基础数据贯标及综合服务平台系统上线后，回收个人住房贷款不分旗县管理部，全部由市中心统一核算。

2018 年末，累计发放个人住房贷款 7.47 万笔 122.46 亿元，贷款余额 60.63 亿元，同比分别增长 6.87%、13.73%、10.92%。个人住房贷款余额占缴存余额的 86.16%，比上年减少 1.17 个百分点。

受委托办理住房公积金个人住房贷款业务的银行 4 家，比上年增加（减少）0 家。

（四）**资金存储**：2018 年末，住房公积金存款 9.57 亿元。其中，活期 2.17 亿元，1 年（含）以下定期 1.3 亿元，1 年以上定期 6.1 亿元，其他（协定、通知存款等）0 亿元。

（五）**资金运用率**：2018 年末，住房公积金个人住房贷款余额、项目贷款余额和购买国债余额的总和占缴存余额的 86.16%，比上年减少 1.17 个百分点。

三、主要财务数据

（一）**业务收入**：2018 年，业务收入 22825.55 万元，同比增长 28.6%。其中：存款利息 3495.01 万元，增值收益存款利息收入为 843.45 万元，委托贷款利息 18455.55 万元，国债利息 0 万元，其他（个人贷款逾期罚息收入）31.54 万元。

（二）**业务支出**：2018 年，业务支出 10148.22 万元，同比增长 8.93%。其中：支付职工住房公积金利息 10068.2 万元，归集手续费（购支票费用）0.02 万元，委托贷款手续费 80 万元，其他 0 万元。

（三）**增值收益**：2018 年，增值收益 12677.32 万元，同比增长 50.33%。增值收益率 1.9%，比上年增加 0.52 个百分点。

（四）**增值收益分配**：2018 年，提取贷款风险准备金 7606.39 万元，提取管理费用 695.5 万元，提取城市廉租住房（公共租赁住房）建设补充资金 4375.43 万元。

2018 年，上交财政管理费用 695.5 万元。上缴财政城市廉租住房（公共租赁住房）建设补充资金 6712.27 万元（其中：2018 年度 2336.84 万元，2018 年度 4375.43 万元）。全部由本年度统一上缴财政国库。

2018 年末，贷款风险准备金余额 41379.39 万元。累计提取城市廉租住房（公共租赁住房）建设补充资金 20566.02 万元。全市实行统一核算，全部由市中心上交。

（五）**管理费用支出**：2018 年，管理费用支出 803.12 万元，同比下降 22.5%，其中，2018 年度预算安排支出 639.59 万元；2018 年度信息网络与综合服务平台建设存量资金 163.53 万元。2018 年，人员经费 196.3 万元，公用经费 303.73 万元，专项经费（包括 12329 综合服务平台建设及信息系统建设维护费）303.09 万元。

四、资产风险状况

2018 年末，个人住房贷款逾期额 207.89 万元，逾期率 0.3‰。

个人贷款风险准备金按增值收益的 60% 提取。2018 年，提取个人贷款风险准备金 7606.39 万元，使用个人贷款风险准备金核销呆坏账 0 万元。2018 年末，个人贷款风险准备金余额 41379.39 万元，占个人住房贷款余额的 6.82%，个人住房贷款逾期额与个人贷款风险准备金余额的比率为 0.5%。

五、社会经济效益

（一）**缴存业务**：2018 年，实缴单位数、实缴职工人数和缴存额同比分别增长 6.02%、1% 和 6.18%。

缴存单位中，国家机关和事业单位占 75.03%，国有企业占 6.21%，城镇集体企业占 7.24%，外商投资企业占 0.21%，城镇私营企业及其他城镇企业占 8.88%，民办非企业单位和社会团体占 2.02%，个人自愿缴存占 0.33%，其他占 0.08%。

缴存职工中，国家机关和事业单位占 54.46%，国有企业占 11.4%，城镇集体企业占 9.52%，外商投资企业占 0.08%，城镇私营企业及其他城镇企业占 10.53%，民办非企业单位和社会团体占 0.49%，个人自愿缴存占 13.43%，其他占 0.09%；中、低收入占 99.27%，高收入占 0.73%。

新开户职工中，国家机关和事业单位占 28.48%，国有企业占 4.35%，城镇集体企业占 18.48%，外商投资企业占 0.25%，城镇私营企业及其他城镇企业占 24.36%，民办非企业单位和社会团体占 0.08%，个人自愿缴存占 24%，其他占 0%；中、低收入占 99.85%，高收入占 0.15%。

（二）**提取业务**：2018 年，2.92 万名缴存职工提取住房公积金 11.07 亿元。

提取金额中，住房消费提取占 69.11%（购买、建造、翻建、大修自住住房占 38.11%，偿还购房贷款本息占 28.14%，租赁住房占 0.48%，其他占 2.38%）；非住房消费提取占 30.89%（离休和退休提取占 23.81%，完全丧失劳动能力并与单位终止劳动关系提取占 3.12%，户口迁出本市或出境定居占 0.03%，其他占 3.93%）。

提取职工中，中、低收入占 99.2%，高收入占 0.8%。

（三）**贷款业务**：

1. **个人住房贷款**：2018 年，支持职工购建房 57.12 万平方米，年末个人住房贷款市场占有率为 37.1%，比上年减少 12.83 个百分点。通过申请住房公积金个人住房贷款，可节约职工购房利息支出 22312.19 万元。

职工贷款笔数中，购房建筑面积 90（含）平方米以下占 14.21%，90~144（含）平方米占 73.73%，144 平方米以上占 12.06%。购买新房占 72.83%（其中购买保障性住房占 0%），购买二手房占 27.17%，建造、翻建、大修自住住房占 0%，其他占 0%。

职工贷款笔数中，单缴存职工申请贷款占 67.85%，双缴存职工申请贷款占 32.15%，三人及以上缴存职工共同申请贷款占 0%。

贷款职工中，30 岁（含）以下占 21.5%，30 岁~40 岁（含）占 35.5%，40 岁~50 岁（含）占 31.69%，50 岁以上占 11.31%；首次申请贷款占 69.42%，二次及以上申请贷款占 24.58%，三次及以上申请贷款占 6%；中、低收入占 99.48%，高收入占 0.52%。

2. **异地贷款**：2018 年，发放异地贷款 276 笔 9614 万元。2018 年末，发放异地贷款总额 38350.35 万元，异地贷款余额 29639.38 万元。

（四）**住房贡献率**：2018 年，个人住房贷款发放额、公转商贴息贷款发放额、项目贷款发放额、住房

消费提取额的总和与当年缴存额的比率为 119.06%，比上年减少 61.62 个百分点。

六、其他重要事项

（一）2018 住房公积金政策调整及执行情况

1. 2018 年住房公积金政策调整及执行情况。一是取消未使用过住房公积金的缴存人提取本人、配偶及同户籍其他直系亲属的住房公积金，用于支付自住住房装修费用提取政策。

二是将"借款人提取公积金偿还商业银行住房贷款部分还款政策"调整为："偿还商业银行住房贷款，每次提取金额不超过一年内所还贷款本息总额，提前还款的不超过贷款余额"。

三是缴存职工与单位解除或终止劳动关系的，先办理个人账户封存。账户封存期间，在异地开立住房公积金账户并稳定缴存半年以上的，办理异地转移接续手续；未在异地继续缴存的，封存满半年后方可提取。

四是重大疾病提取住房公积金的，需与缴存单位或医保部门进一步核查后方可办理。

五是将"购房者异地贷款可在购房地或缴存地申请办理贷款业务"调整为："购房者异地贷款只能在购房地申请办理贷款业务"。

六是将"借款人（夫妻双方）提取公积金部分还款政策"调整为："借款人（夫妻双方）可提取满一年还款本息额对冲公积金贷款本金余额或按月对冲月还款额（缴存账户的余额必须满足一年内对冲所需的金额）"。

七是暂取消商业银行住房按揭贷款转住房公积金贷款业务。

八是取消办理住房公积金装修提取、贷款和车库（车位）提取、贷款及房屋大修基金业务。

九是将"借款人期房预抵押再找一个保证人的规定"调整为："由开发企业进行阶段性担保"。

十是全面停止担保公司办理住房公积金贷款担保业务。

十一是借款金额在 25 万元以上的借款人，且夫妻双方都缴存住房公积金的干部职工，可以找一位自然人提供担保，保证人必须符合我中心规定要求。

十二是全面停止全额付清购房款的借款人办理住房公积金贷款业务。

十三是取消借款人（需证明直系亲属及单身除外）在住房贷款申请中需提供的户口簿要件。

2. 2018 年缴存基数限额及确定方法、缴存比例调整情况。根据市统计局公布的数据，2018 年度全市职工月平均工资为 5391 元。按照国家住房城乡建设部《关于住房公积金管理若干具体问题的指导意见》（建金管〔2005〕5 号）规定，2018 年度全市住房公积金月缴存基数上限为 16173 元。缴存比例：单位、个人分别为 12%，企业最低缴存基数为 2000 元。

3. 2018 年住房公积金个人住房贷款最高贷款额度调整情况。最高贷款由 45 万元调整为 50 万元（贷款最高额度按照借款人夫妻双方缴存账户余额的 20 倍计算）。

4. 2018 年发放异地贷款情况：2018 年，共开具异地贷款证明 430 户，受理异地贷款 276 户，发放贷款 276 户、9614 万元。

（二）2018 年服务改进情况

（1）继续实行"双提高"（提高工作效率、提高服务水平）主题实践活动，全面提升服务水平；

（2）继续加强我中心网站（http://gjj.bynr.gov.cn/）建设和微信公众平台（bs12329）建设。

(3)"双贯标"通过住房城乡建设部验收；其余的二期综合服务平台正在建设当中。

乌兰察布市住房公积金 2018 年年度报告

一、机构概况

（一）住房公积金管理委员会：住房公积金管理委员会有 25 名委员，2018 年召开 1 次会议，审议通过的事项主要包括：

听取《乌兰察布市住房公积金管理中心近 5 年工作总结及 2018 年工作计划》；审议了《乌兰察布市住房公积金 2018 年年度报告》；审议《乌兰察布市住房公积金管理中心 2018 年度资金使用计划执行情况及 2018 年度资金使用计划报告》；审议《乌兰察布市住房公积金管理中心 2018 年度财务报告》；审议《关于 2018 年增值收益分配方案及 2018 年财务预算报告》；审议《关于在农发行集宁支行开设"住房公积金专户"并调拨资金的请示》；审议《2018 年住房公积金业务委托银行情况》；审议《关于部分住房公积金财政补贴资金欠补情况的报告》；审议《关于调整我市住房公积金使用政策的请示》；审议《关于建立党建宣传展板墙的请示》；《关于拍摄〈乌兰察布市住房公积金发展历程〉新闻宣传片的请示》；《关于外包"12329 公积金热线语音业务"服务的请示》；《关于管理部聘用临时工作人员的请示》。

（二）住房公积金管理中心：住房公积金管理中心为隶属于市人民政府的不以营利为目的的财政全额拨款事业单位，设 6 个科室，10 个管理部。从业人员 128 人，其中，在编 90 人，非在编 38 人。

二、业务运行情况

（一）缴存：2018 年，新开户单位 107 家，实缴单位 2435 家，净减单位 141 家；新开户职工 0.87 万人，实缴职工 11.87 万人，净减职工 1.53 万人；缴存额 14.38 亿元，同比增长 1.06%。2018 年末，缴存总额 97.24 亿元，同比增长 17.34%；缴存余额 55.8 亿元，同比增长 9.78%。

受委托办理住房公积金缴存业务的银行 4 家，比上年增加 1 家。

（二）提取：2018 年，提取额 9.41 亿元，同比下降 2.39%；占当年缴存额的 65.42%，比上年减少 2.28 个百分点。2018 年末，提取总额 41.44 亿元，同比增长 29.34%。

（三）贷款：个人住房贷款最高额度 60 万元，其中，单缴存职工最高额度 40 万元，双缴存职工最高额度 60 万元。

2018 年，发放个人住房贷款 0.38 万笔 10.66 亿元，同比分别下降 4.57%、增长 5.44%。

2018 年，回收个人住房贷款 6.92 亿元。

2018 年末，累计发放个人住房贷款 5.14 万笔 83.08 亿元，贷款余额 36.83 亿元，同比分别增长 7.98%、14.72%、11.3%。个人住房贷款余额占缴存余额的 66%，比上年增加 0.9 个百分点。

受委托办理住房公积金个人住房贷款业务的银行 1 家，比上年减少 1 家。

（四）资金存储：2018 年末，住房公积金存款 20.02 亿元。其中，活期 1.29 亿元，1 年（含）以下定期14.93亿元，1年以上定期3.8亿元。

（五）资金运用率：2018年末，住房公积金个人住房贷款余额、项目贷款余额和购买国债余额的总和占缴存余额的66%，比上年增加0.9个百分点。

三、主要财务数据

（一）业务收入：2018年，业务收入14360.47万元，同比增长5.99%。存款利息3422.98万元，委托贷款利息10930.88万元，其他6.61万元。

（二）业务支出：2018年，业务支出7651.85万元，同比增长15.82%。支付职工住房公积金利息7623.34万元，归集手续费0.49万元，委托贷款手续费27.98万元，其他0.04万元。

（三）增值收益：2018年，增值收益6708.61万元，同比下降3.37%。增值收益率1.29%，比上年减少0.16个百分点。

（四）增值收益分配：2018年，提取贷款风险准备金4025.17万元，提取管理费用2300万元，提取城市廉租住房（公共租赁住房）建设补充资金383.44万元。

2018年，上交财政管理费用2600万元。上缴财政城市廉租住房（公共租赁住房）建设补充资金176.91万元。

2018年末，贷款风险准备金余额26193.60万元。累计提取城市廉租住房（公共租赁住房）建设补充资金2649.6万元。

（五）管理费用支出：2018年，管理费用支出2148.62万元，同比增长33.27%。其中，人员经费1413.9万元，公用经费403.82万元，专项经费330.9万元。

四、资产风险状况

2018年末，个人住房贷款逾期额101.43万元，逾期率0.3‰。

个人贷款风险准备金按增值收益的60%提取。2018年，提取个人贷款风险准备金4025.17万元。2018年末，个人贷款风险准备金余额26193.6万元，占个人住房贷款余额的7.11%，个人住房贷款逾期额与个人贷款风险准备金余额的比率为0.68%。

五、社会经济效益

（一）缴存业务：2018年，实缴单位数、实缴职工人数和缴存额同比分别增长-5.47%、-11.42%和1.06%。

缴存单位中，国家机关和事业单位占86.20%，国有企业占5.59%，城镇集体企业占1.85%，外商投资企业占0.29%，城镇私营企业及其他城镇企业占5.26%，民办非企业单位和社会团体占0.49%，其他占0.32%。

缴存职工中，国家机关和事业单位占76.63%，国有企业占11.96%，城镇集体企业占4.32%，外商投资企业占0.24%，城镇私营企业及其他城镇企业占6.06%，民办非企业单位和社会团体占0.55%，其他占0.24%；中、低收入占99.58%，高收入占0.42%。

新开户职工中，国家机关和事业单位占49.22%，国有企业占18.10%，城镇集体企业占7.47%，外

商投资企业占 0.26%，城镇私营企业及其他城镇企业占 23.25%，民办非企业单位和社会团体占 1.29%，其他占 0.41%；中、低收入占 99.86%，高收入占 0.14%。

（二）提取业务：2018 年，1.96 万名缴存职工提取住房公积金 9.41 亿元。

提取金额中，住房消费提取占 73.97%（购买、建造、翻建、大修自住住房占 18.64%，偿还购房贷款本息占 21.91%，租赁住房占 4.32%，其他占 29.1%）；非住房消费提取占 26.03%（离休和退休提取占 20.81%，完全丧失劳动能力并与单位终止劳动关系提取占 1.29%，户口迁出本市或出境定居占 0%，其他占 3.93%）。

提取职工中，中、低收入占 99.19%，高收入占 0.81%。

（三）贷款业务：

1. 个人住房贷款：2018 年，支持职工购建房 45.44 万平方米，年末个人住房贷款市场占有率为 42.15%，比上年增加 14.87 个百分点。通过申请住房公积金个人住房贷款，可节约职工购房利息支出 14213.53 万元。

职工贷款笔数中，购房建筑面积 90（含）平方米以下占 9.34%，90~144（含）平方米占 73.47%，144 平方米以上占 17.19%。购买新房占 55.79%（其中购买保障性住房占 0%），购买二手房占 5.95%，建造、翻建、大修自住住房占 38.26%。

职工贷款笔数中，单缴存职工申请贷款占 21.53%，双缴存职工申请贷款占 75.37%，三人及以上缴存职工共同申请贷款占 3.10%。

贷款职工中，30 岁（含）以下占 22.42%，30 岁~40 岁（含）占 30.92%，40 岁~50 岁（含）占 26.13%，50 岁以上占 20.53%；首次申请贷款占 69.29%，二次及以上申请贷款占 30.71%；中、低收入占 99.61%，高收入占 0.39%。

2. 异地贷款：2018 年，发放异地贷款 215 笔 6917 万元。2018 年末，发放异地贷款总额 13418 万元，异地贷款余额 11844.17 万元。

（四）住房贡献率：2018 年，个人住房贷款发放额、公转商贴息贷款发放额、项目贷款发放额、住房消费提取额的总和与当年缴存额的比率为 122.51%，比上年增加 4.6 个百分点。

六、其他重要事项

（一）机构及职能调整情况、受委托办理缴存贷款业务金融机构变更情况：2018 年，乌兰察布市住房公积金管理委员会、住房公积金管理中心机构及职能较上年无变化。缴存业务委托银行较上年增加 1 家中国银行，贷款业务委托银行较上年减少 1 家建设银行。

（二）当年住房公积金政策调整及执行情况：

1. 2018 年缴存基数限额及确定方法、缴存比例调整情况。住房公积金月缴存基数不得低于 2018 年度全市月最低工资标准 1560 元，不得高于全市 2018 年度社平工资的 3 倍 16584 元。

2. 缴存比例不得低于 5%、不得高于 12%。按照内蒙古自治区住房和城乡建设厅、内蒙古自治区财政厅《关于降低企业住房公积金缴存比例的通知》（内建金〔2016〕500 号）以及乌兰察布市住房公积金管委会《关于降低我市企业住房公积金缴存比例的通知》（乌房金委办〔2016〕3 号）文件精神，2016 年 7 月 1 日至 2018 年 12 月 31 日，将企业住房公积金最高缴存比例 12% 下调 1 个百分点，按照 11% 执行。

按照住房城乡建设部要求，继续延长阶段性适当降低企业住房公积金缴存比例政策。

3. 2018年住房公积金贷款利率：贷款期限五年以下（含五年）执行2.75%，贷款期限五年以上执行3.25%。

2018年住房公积金结息利率是根据中国人民银行、住房城乡建设部、财政部《关于完善职工住房公积金账户存款利率形成机制的通知》（银发〔2016〕43号），将职工住房公积金账户存款，按一年期定期存款基准利率计息。

4. 2018我中心个人住房贷款最高额度为60万元。按照国家住房城乡建设部办公厅《关于开展住房公积金政策执行情况检查及风险隐患排查的通知》（建办金函〔2018〕284号）要求，我市适时调整住房公积金使用政策具体有：

（1）取消公寓式住房、自用车库、商住房（住宅部分）、回迁安置房、装修自住住房贷款、提取业务。

（2）取消以父母子女购房行为申请公积金贷款、提取业务。

（3）禁止购买3套（含3套）以上自住住房申请公积金贷款业务。

（4）取消大病提取公积金业务。

（三）当年服务改进情况：按照住房城乡建设部和自治区监管处对综合服务平台建设要求，乌兰察布市积极推进综合服务平台建设工作，截至2018年底已经开通的服务有12329热线、门户网站、自助查询终端、官方微信、官方微博、手机APP6个渠道。2018年，我市各服务网点无变化。

（四）当年信息化建设情况：2018年，中心以高分通过了住房城乡建设部关于住房公积金基础数据标准和结算应用系统接入工作的检查验收。截至目前，新业务信息管理系统运行情况良好。

（五）当年住房公积金管理中心及职工所获荣誉情况：2018年中心职工冯涛同志获"乌兰察布市政务公开先进个人"。兴和县管理部获"市级文明单位"称号。

兴安盟住房公积金2018年年度报告

一、机构概况

（一）住房公积金管理委员会：住房公积金管理委员会有20名委员，2018年召开2次会议，审议通过的事项主要包括：（第一次会议审议通过的议案有：1.《盟住房公积金管理中心2018年工作报告》；2.《2018年全盟住房公积金制度执行情况公报》；3.《2018年度全盟住房公积金财务运行及增值收益分配情况报告》；4.《2018年全盟住房公积金归集、使用预算（草案）》；5.《兴安盟住房公积金管理中心2018年增值收益分配方案》；6.《兴安盟住房公积金管理中心2018年年度报告》）。第二次会议审议通过的议案有：1.《兴安盟住房公积金管理中心关于调整我盟住房公积金管理使用相关政策的请示》：一是执行限购第三套住房政策；二是取消装修提取和装修贷款业务；三是原则上取消兴安盟缴存职工外地购房后在兴安盟进行住房公积金贷款和提取业务；四是缴存职工与单位解除或终止劳动关系的，先办理个人账户封存手续。账户封存期间，缴存职工在异地开立住房公积金账户并稳定缴存半年以上的，可以办理异地转移接续手续。未在异地开立住房公积金账户继续缴存的,封存满半年后可办理提取业务。五是缴存职工(含异地缴存职工)停缴住房公积金(个人部分)达到6个月(含)以上的,停止发放住房公积金个人住房贷款;2.《兴安盟住房公积金管理中心关于提高风险准备金的请示》;3.《兴安盟住房公积金管理中心关于下调内蒙古自治区有色地勘局七队住房公积金缴存比例的请示》;4.《兴安盟住房公积金管理中心关于内蒙古矿业(集团)兴安能源化工有限公司、兴安银监分局延缓缴纳住房公积金的请示》。

(二)住房公积金管理中心:住房公积金管理中心为(隶属于兴安盟行政公署的)不以营利为目的的(自收自支)事业单位,设6个处(科),5个管理部,0个分中心。从业人员94人,其中,在编69人,非在编25人。

二、业务运行情况

(一)缴存:2018年,新开户单位74家,实缴单位2012家,净增单位49家;新开户职工0.52万人,实缴职工11.69万人,净增职工-0.41万人;缴存额15.36亿元,同比下降1.22%。2018年末,缴存总额104.32亿元,同比增长17.27%;缴存余额45.41亿元,同比增长3.01%。受委托办理住房公积金缴存业务的银行4家,比上年增加0家。

(二)提取:2018年,提取额14.03亿元,同比增长37.82%;占当年缴存额的91.35%,比上年增加26.87个百分点。2018年末,提取总额58.91亿元,同比增长31.26%。

(三)贷款:个人住房贷款最高额度60万元,其中,单缴存职工最高额度60万元,双缴存职工最高额度60万元。

2018年,发放个人住房贷款0.56万笔16.89亿元,同比分别增长19.15%、40.40%。2018年,回收个人住房贷款11.01亿元。

2018年末,累计发放个人住房贷款6.70万笔101.84亿元,贷款余额44.65亿元,同比分别增长9.30%、19.88%、15.20%。个人住房贷款余额占缴存余额的98.32%,比上年增加10.40个百分点。

受委托办理住房公积金个人住房贷款业务的银行4家,比上年增加1家。

(四)资金存储:2018年末,住房公积金存款1.13亿元。其中,活期0亿元,1年(含)以下定期0.1亿元,1年以上定期0亿元,其他(协定、通知存款等)1.03亿元。

(五)资金运用率:2018年末,住房公积金个人住房贷款余额、项目贷款余额和购买国债余额的总和占缴存余额的98.33%,比上年增加10.39个百分点。

三、主要财务数据

(一)业务收入:2018年,业务收入13775.58万元,同比增长10.35%。存款利息1220.00万元,委托贷款利息12553.02万元,国债利息0万元,其他1.95万元。

(二)业务支出:2018年,业务支出6926.64万元,同比增长13.55%。其中,支付职工住房公积金利息6778.60万元,归集手续费0万元,委托贷款手续费146.42万元,其他1.62万元。

(三)增值收益:2018年,增值收益6848.93万元,同比增长7.30%。增值收益率1.55%,比上年减少0.02个百分点。

(四)增值收益分配:2018年,提取贷款风险准备金1505.93万元,提取管理费用2843.00万元,提取城市廉租住房（公共租赁住房）建设补充资金 2500.00 万元。

2018 年，上交财政管理费用 2290.00 万元。上缴财政城市廉租住房（公共租赁住房）建设补充资金 3500.00 万元。

2018 年末，贷款风险准备金余额 5543.86 万元。累计提取城市廉租住房（公共租赁住房）建设补充资金 27186.25 万元。

（五）**管理费用支出**：2018 年，管理费用支出 2472.89 万元，同比下降 27.56%。其中，人员经费 931.00 万元，公用经费 791.00 万元，专项经费 750.89 万元。

四、资产风险状况

2018 年末，个人住房贷款逾期额 17.80 万元，逾期率 0.04‰。

个人贷款风险准备金按（贷款余额）的 1.24% 提取。2018 年，提取个人贷款风险准备金 1505.93 万元，使用个人贷款风险准备金核销呆坏账 0 万元。2018 年末，个人贷款风险准备金余额 5543.86 万元，占个人住房贷款余额的 1.24%，个人住房贷款逾期额与个人贷款风险准备金余额的比率为 0.32%。

五、社会经济效益

（一）**缴存业务**：2018 年，实缴单位数、实缴职工人数和缴存额同比分别增长 2.50%、-3.39% 和 -1.22%。

缴存单位中，国家机关和事业单位占 82.55%，国有企业占 9.10%，城镇集体企业占 1.24%，外商投资企业占 0.50%，城镇私营企业及其他城镇企业占 4.52%，民办非企业单位和社会团体占 1.34%，其他占 0.75%。

缴存职工中，国家机关和事业单位占 68.09%，国有企业占 18.50%，城镇集体企业占 3.42%，外商投资企业占 1.53%，城镇私营企业及其他城镇企业占 8.06%，民办非企业单位和社会团体占 0.17%，其他占 0.23%；中、低收入占 100%，高收入占 0%。

新开户职工中，国家机关和事业单位占 50.20%，国有企业占 11.07%，城镇集体企业占 4.56%，外商投资企业占 0.77%，城镇私营企业及其他城镇企业占 30.77%，民办非企业单位和社会团体占 0.17%，其他占 2.46%；中、低收入占 100%，高收入占 0%。

（二）**提取业务**：2018 年，2.99 万名缴存职工提取住房公积金 14.03 亿元。

提取金额中，住房消费提取占 84.45%（购买、建造、翻建、大修自住住房占 36.22%，偿还购房贷款本息占 41.22%，租赁住房占 2.13%，其他占 4.88%）；非住房消费提取占 15.55%（离休和退休提取占 12.91%，完全丧失劳动能力并与单位终止劳动关系提取占 0.87%，户口迁出本市或出境定居占 0.14%，其他占 1.63%）。

提取职工中，中、低收入占 100%，高收入占 0%。

（三）**贷款业务**：

1. **个人住房贷款**：2018 年，支持职工购建房 68.00 万平方米，年末个人住房贷款市场占有率为 49.27%，比上年减少 3.98 个百分点。通过申请住房公积金个人住房贷款，可节约职工购房利息支出 28847.23 万元。

职工贷款笔数中，购房建筑面积 90（含）平方米以下占 22.59%，90～144（含）平方米占 49.71%，144 平方米以上占 27.70%。购买新房占 67.87%（其中购买保障性住房占 0.09%），购买二手房占 31.45%，建造、翻建、大修自住住房占 0.05%，其他占 0.63%。

职工贷款笔数中，单缴存职工申请贷款占 59.90%，双缴存职工申请贷款占 40.01%，三人及以上缴存职工共同申请贷款占 0.09%。

贷款职工中，30 岁（含）以下占 22.43%，30 岁～40 岁（含）占 35.12%，40 岁～50 岁（含）占 29.35%，50 岁以上占 13.10%；首次申请贷款占 57.07%，二次及以上申请贷款占 42.93%；中、低收入占 100%，高收入占 0%。

2. **异地贷款**：2018 年，发放异地贷款 171 笔 4551.60 万元。2018 年末，发放异地贷款总额 7926.80 万元，异地贷款余额 7213.53 万元。

（四）**住房贡献率**：2018 年，个人住房贷款发放额、公转商贴息贷款发放额、项目贷款发放额、住房消费提取额的总和与当年缴存额的比率为 187.13%，比上年增加 61.73 个百分点。

六、其他重要事项

（一）**当年机构及职能调整情况、受委托办理缴存贷款业务金融机构变更情况**：当年对兴安盟住房公积金管理委员会成员进行了调整，管委会现有组成人员共 20 人，成员单位 19 个，包括：盟行署副盟长刘树成为主任；盟行署办公室副主任叶明为副主任、兼任管委会办公室主任；委员有：盟政协副主席、财政局局长刘春元、盟住房城乡规划建设局局长王福顺、盟审计局局长孙兴宇、盟国土资源局局长王占明、盟住房公积金管理中心党组书记、主任李申义、盟直属机关党委书记乔霞、盟工商联副主席刘继红、盟工会主席马玉清、中国人民银行兴安盟中心支行行长王维民、盟教育局工会主席班布拉、乌兰浩特市人民政府副市长吴金德、阿尔山市人民政府副市长赵德权、扎赉特旗人民政府副旗长刘宇、科右前旗人民政府副旗长李建民、突泉县人民政府副旗长李红星、科右中旗人民政府副旗长邹小舟、红云红河烟草集团乌兰浩特卷烟厂工会主席袁庆文、乌兰浩特钢铁有限责任公司人企部部长王佳杰。

（二）**当年服务改进情况**：

1. 完成了科右中旗管理部、科右前旗管理部、突泉县管理部及扎赉特旗管理部业务用房的采购及装饰装修工作并投入了使用，大大改善了各旗县市管理部的服务环境；

2. 全面推行了综合柜员制，将原有的 46 个职责权限不同、任务分配不均的服务窗口岗位进行了重组和整合，进一步增加了窗口服务人员，形成了 52 个综合窗口岗位，彻底打破了窗口业务人员的权限壁垒，大大提高了业务办理效率；

3. 取消了缴存职工在办理提取和贷款业务时所需提供的身份证复印件、房地产买卖契约原件及复印件等要件，启用了自助打印盖章系统。

（三）**当年信息化建设情况**

1. 2018 年，管理中心正式上线使用了 4.0 版业务软件信息系统；

2. 2018 年 7 月，管理中心通过了国家住房城乡建设部"双贯标"工作验收；

3. 陆续开通了兴安盟住房公积金管理中心微信公众号、网上营业厅和手机 APP；

4. 已接入结算应用系统。

（四）当年住房公积金管理中心及职工所获荣誉情况：2018年，管理中心党支部获得了全盟北疆先锋服务型党组织荣誉称号，李英姬获得了全盟北疆先锋服务标兵称号。

锡林郭勒盟住房公积金2018年年度报告

一、机构概况

（一）住房公积金管理委员会：盟住房公积金管理委员会现有委员31名，2018年召开2次会议，审议通过的事项主要包括：

1. 2018年、2018年全盟住房公积金工作情况；
2. 2018年度、2018年度全盟住房公积金缴存使用计划执行情况及财务决算情况；
3. 2018年度、2019年度全盟住房公积金缴存使用计划及财务预算（草案）；
4. 关于部分住房公积金提取、信贷政策调整事宜。

（二）住房公积金管理中心：锡盟住房公积金管理中心为隶属于锡林郭勒盟行政公署不以营利为目的的准处级全额事业单位，设7个科，12个管理部。从业人员136人，其中，在编74人，非在编62人。

二连浩特市住房公积金管理中心为隶属于二连浩特市政府的不以营利为目的的全额拨款事业单位，设4个科，从业人员18人，其中，在编12人，非在编6人。

二、业务运行情况

（一）缴存：2018年，新开户单位231家，实缴单位2987家。其中，锡盟、二连浩特市新开户单位分别为218家、13家，实缴单位分别为2777家、210家。

2018年，新开户职工1.10万人，实缴职工10.84万人，净增职工0.36万人。其中，锡盟、二连浩特市新开户职工分别为1.09万人、0.01万人，实缴职工分别为10.26万人、0.58万人。

2018年，缴存额16.37亿元，其中：锡盟、二连浩特市分别为15.07亿元、1.3亿元，同比增长2.55%。

2018年末，缴存总额118.33亿元，锡盟、二连浩特市分别为109.63亿元、8.7亿元，同比增长16.05%；缴存余额53.00亿元，锡盟、二连浩特市分别为49.17亿元、3.83亿元，同比增长10.45%。

受委托办理住房公积金缴存业务的银行5家，比上年增加1家。

（二）提取：2018年，提取额11.36亿元，锡盟、二连浩特市分别为10.36亿元、1亿元，同比下降0.44%；占当年缴存额的69.37%，比上年减少2.09个百分点。2018年末，提取总额65.33亿元，锡盟、二连浩特分别为60.45亿元、4.88亿元，同比增长21.04%。

（三）贷款：锡林浩特市个人住房贷款最高额度60万元，盟内其他各旗县市区50万元，不分单职工、双职工家庭。

2018年，发放个人住房贷款0.48万笔13.77亿元，同比分别增长9.80%、下降2.80%。其中，锡盟发放个人住房贷款 0.44 万笔、12.59 亿元，二连浩特市中心发放个人住房贷款 0.04 万笔 1.18 亿元。

2018 年，回收个人住房贷款 7.18 亿元。其中，锡盟、二连浩特市分别回收 6.81 亿元、0.37 亿元。

2018 年末，累计发放个人住房贷款 5.42 万笔 97.54 亿元，贷款余额 52.40 亿元，同比分别增长 9.63%、16.44%、14.40%。个人住房贷款余额占缴存余额的 98.85%，比上年增加 3.41 个百分点。其中，锡盟、二连浩特市累计发放个人住房贷款分别为 5.07 万笔 91.62 万元、0.35 万笔 5.92 万元，贷款余额分别为 49.5 亿元、2.9 亿元。

受委托办理住房公积金个人住房贷款业务的银行 5 家，比上年增加 1 家。

（四）**融资**：2018 年，融资 0.3 亿元，融资总额 0.3 亿元，融资余额 0.3 亿元。

（五）**资金存储**：2018 年末，住房公积金存款 1.68 亿元。其中，活期 0.06 亿元，1 年以上定期 0.9 亿元，协定存款 0.72 亿元。其中：锡盟 0.72 亿元，二连浩特 0.96 亿元。

（六）**资金运用率**：2018 年末，住房公积金个人住房贷款余额占缴存余额的 98.85%，比上年增加 3.41 个百分点，无项目贷款和国债。

三、主要财务数据

（一）**业务收入**：2018 年，业务收入 16777.02 万元，同比增长 12.89%。其中：锡盟 15633.71 万元，二连浩特市中心 1143.31 万元。

（二）**业务支出**：2018 年，业务支出 8336.51 万元，同比增长 9.72%。其中：锡盟 7714.83 万元，二连浩特市中心 621.67 万元。

（三）**增值收益**：2018 年，增值收益 8440.52 万元，同比增长 16.21%。其中：锡盟 7918.88 万元，二连浩特市中心 521.64 万元；增值收益率 1.66%，比上年增加 0.15 个百分点。

（四）**增值收益分配**：2018 年，提取贷款风险准备金 2766.71 万元，提取管理费用 2673.81 万元，提取城市廉租住房建设补充资金 3000 万元。其中：锡盟、二连分别提取贷款风险准备金 2295.07 万元、471.64 万元，锡盟、二连分别提取管理费用 2623.81 万元、50 万元，锡盟提取城市廉租住房建设补充资金 3000 万元。

2018 年，上交财政管理费用 1534.00 万元。上缴财政城市廉租住房建设补充资金 2800 万元。其中：锡盟、二连浩特市中心分别上缴财政管理费用 1204 万元、330 万元，锡盟、二连浩特市中心分别上缴城市廉租住房建设补充资金 2500 万元、300 万元。

2018 年末，贷款风险准备金余额 13009.00 万元。累计提取城市廉租住房建设补充资金 23862.00 万元。其中，锡盟、二连浩特市中心贷款风险准备金余额分别为 12117.86 万元、891.14 万元；累计提取城市廉租住房建设补充资金分别为 23000 万元、862 万元。

（五）**管理费用支出**：2018 年，管理费用支出 3031.52 万元，同比增长 43.40%。其中，人员经费 1272.03 万元，公用经费 547.46 万元，专项经费 1212.03 万元。

其中，锡盟、二连浩特市中心管理费用支出分别为 2626.12 万元、405.40 万元。

四、资产风险状况

2018 年末，个人住房贷款逾期额 529.19 万元，逾期率 1‰。

个人贷款风险准备金按贷款余额的1%提取。2018年,提取个人贷款风险准备金2766.71万元。2018年末,个人贷款风险准备金余额13009.00万元,占个人住房贷款余额的2.48%,个人住房贷款逾期额与个人贷款风险准备金余额的比率为4.07%。

五、社会经济效益

(一)缴存业务:2018年,实缴单位数、实缴职工人数和缴存额同比分别增长8.66%、3.44%和2.55%。

缴存单位中,国家机关和事业单位占69.80%,国有企业占10.75%,城镇集体企业占0.07%,外商投资企业占0.10%,城镇私营企业及其他城镇企业占18.61%,民办非企业单位和社会团体占0.13%,其他占0.54%。

缴存职工中,国家机关和事业单位占59.07%,国有企业占21.71%,城镇集体企业占0.09%,外商投资企业占0.02%,城镇私营企业及其他城镇企业占16.06%,民办非企业单位和社会团体占0.04%,其他占3.01%;中、低收入占99.17%,高收入占0.83%。

新开户职工中,国家机关和事业单位占25.99%,国有企业占17.95%,外商投资企业占0.02%,城镇私营企业及其他城镇企业占46.89%,民办非企业单位和社会团体占0.04%,其他占9.11%;中、低收入占99.53%,高收入占0.47%。

(二)提取业务:2018年,6.04万名缴存职工提取住房公积金11.36亿元,其中,锡盟提取5.84万人、10.36亿元,二连浩特市提取0.2万人、1亿元。

提取金额中,住房消费提取占75.09%(购买、建造、翻建、大修自住住房占35.83%,偿还购房贷款本息占35.16%,租赁住房占2.35%,其他占1.75%);非住房消费提取占24.91%(离休和退休提取占16.28%,完全丧失劳动能力并与单位终止劳动关系提取占2.31%,户口迁出本市或出境定居占0.69%,其他占5.63%)。

提取职工中,中、低收入占98.89%,高收入占1.11%。

(三)贷款业务:

1. 个人住房贷款:2018年,支持职工购建房55.07万平方米,年末个人住房贷款市场占有率为65.57%,比上年减少1.43个百分点。通过申请住房公积金个人住房贷款,可节约职工购房利息支出48894.70万元。

职工贷款笔数中,购房建筑面积90(含)平方米以下占8.76%,90~144(含)平方米占56.37%,144平方米以上占34.87%。购买新房占75.78%,购买二手房占23.69%,建造、翻建、大修自住住房占0.53%。

职工贷款笔数中,单缴存职工申请贷款占63.89%,双缴存职工申请贷款占36.11%。

贷款职工中,30岁(含)以下占28.15%,30岁~40岁(含)占37.83%,40岁~50岁(含)占22.68%,50岁以上占11.34%;首次申请贷款占82.61%,二次及以上申请贷款占17.39%;中、低收入占99.62%,高收入占0.38%。

2. 异地贷款:2018年,发放异地贷款289笔7926万元。2018年末,发放异地贷款总额16738万元,异地贷款余额14876.14万元。其中,2018年锡盟发放异地贷款224笔6496.5万元,二连浩特市发放异地贷款65笔、1429.5万元;锡盟、二连浩特市异地贷款总额分别为14923万元、1815万元,锡盟、二连浩特市异地贷款余额分别为13522.55万元、1353.59万元。

（四）住房贡献率：2018年，个人住房贷款发放额、住房消费提取额的总和与当年缴存额的比率为136.22%，比上年增加24个百分点。全盟无公转商贴息贷款、项目贷款。

六、其他重要事项

（一）资金管理更加安全。 2018年1月，锡盟住房公积金业务系统接入国家住房城乡建设部"全国住房公积金结算应用系统"，实现了财务集中统一核算。盟中心在中国工商银行、农业银行、建设银行、中国银行、内蒙古银行开设的住房公积金存款专户、委托贷款账户和增值收益存款专户等所有活期、定期账户全部纳入住房公积金结算应用系统，实现结算应用系统账户全覆盖。撤销了12个旗县市区住房公积金管理部的银行账户，银行账户数量由53个缩减到了7个，住房公积金资金管理更加安全规范。

（二）业务工作常抓不懈。 认真落实《锡林郭勒盟住房公积金缴存管理办法实施细则》，按照"低门槛、广覆盖、先易后难、逐步到位"的工作方针，积极拓展制度覆盖面。开展"住房公积金制度到身边"主题宣传周活动，通过盟内主流媒体对住房公积金政策进行集中宣传，联合盟工商联向锡市地区200余家会员企业进行了住房公积金政策主题宣讲。12329服务热线受理蒙汉语人工咨询及自助查询6.46万人次，累计受理26.12万人次。积极参加盟行署门户网《在线访谈》、盟电台和电视台《行风热线》、《今日视点》等栏目答疑解惑，在《公积金舆情》及盟内主要媒体发表多篇专题文章。通过多形式宣传，有效提高了住房公积金制度的社会影响力和普及率，年内新参缴非公企业143家、个体工商户和自由职业者1135人。严格执行"控高保低"政策，以清理纠正"少缴、漏缴、不按时缴、停缴"等突出问题为重点，规范日常缴存行为，提高缴存到位率。根据国家住房城乡建设部有关政策及自治区住房公积金监管处要求，经盟住房公积金管理委员会批准，调整我盟部分住房公积金使用政策。自2018年8月6日起停止向购买第三套及以上住房公积金缴存人家庭发放住房公积金贷款，停止发放住房公积金装修贷款和办理住房公积金装修提取，停止发放住房公积金车库贷款，停办提取住房公积金支付取暖费、物业费、房屋维修基金业务，进一步规范住房公积金使用管理。认真落实供给侧结构性改革要求，围绕"去库存、降成本"，全力支持缴存人合理住房消费，切实提高住房公积金使用水平。自2015年开办住房公积金异地贷款业务、个体工商户自由职业者住房公积金贷款业务至2018年底，共为510名盟外缴存职工在我盟购买自住住房发放公积金贷款1.42亿元，为351名个体工商户自由职业者发放住房公积金贷款9083万元。住房公积金贷款在全盟个人住房贷款市场的占有率连续5年超过50%，2018年达到64.27%，充分体现了这一制度对缴存人住房消费的强力支持和在拉动住房消费、促进城镇化发展方面的积极作用。严格执行贷款逐级授权审批制和责任追究制，综合运用实地核查和网上查证等手段，严防骗提骗贷行为发生。认真落实《锡林郭勒盟住房公积金失信黑名单管理暂行办法》，将3名以异地就医虚假材料骗提住房公积金缴存人纳入失信黑名单管理，并追回骗提住房公积金16.55万元。加大逾期催收力度，对逾期6个月以上的贷款及时提起诉讼，确保贷款资金安全。继续加强存量资金管理和财务会计核算，合理确定沉淀资金存款组合，树立积极的使用观和收益观，充分发挥资金规模效应和集约效应，实现了增值收益最大化。

（三）着力提升服务效能。 始终把窗口建设摆在突出位置，严格落实"放管服"改革工作要求，进一步优化业务审批程序，推进审批流程再造，减少审批环节，简化办理要件，提高窗口即办率。部分缴存提取业务实现即时办结，不能即时办结的限时办结，最快的贷款当天受理当天放款。取消业务办理所有要件材料复印件，并实现电子档案材料一次采集、重复使用，工作效能显著提高。推行"5+1"工作制，在内蒙古银行住房公积金受理网点提供周六延时服务，方便群众休息日办业务。主动沟通锡林浩特市房产局、不动产登记中心工作人员入驻锡林浩特住房公积金管理部业务大厅，为住房公积金借款人办理不动产抵押手续，实现住房公积金贷款签约、抵押登记到贷款发放的"一站式"服务和"一次性"办结。继续深入推进以细化标准让服务岗位亮起来、优化流程让服务效率快起来、强化管理让服务水平高起来、提升效能让办事群众笑起来的"三化一提升"为目标的"业务大厅服务标准化"建设，营造良好政务服务环境，不断提升住房公积金服务水平和服务品质。

（四）**大力推进信息化建设**。全盟住房公积金新信息系统2018年4月1日上线运行，管理模式由过去的"制度管人管事管钱"转变为"系统管人管事管钱"，实现了全盟范围内住房公积金的通存通提、通贷通还和汇缴实时处理、提取实时入卡、贷款实时发放、资金实时调拨、账户实时监控、业务实时办结。7月5日新信息系统顺利通过国家住房城乡建设部数据贯标、结算贯标"双贯标"检查验收，实现公积金信息化管理和服务水平的新提升、新跨越，信息化引领各项工作提升效能的力度得到进一步强化。积极推进"互联网＋公积金"建设，精心打造住房公积金门户网站，开通手机客户端，缴存人能够随时随地查询个人住房公积金账户信息。在旗县公积金业务大厅配备具有信息查询和电子印章打印功能的自助服务一体机，方便办事群众。推进政务信息整合共享，2018年5月份起每日定时向盟大数据中心同步全盟住房公积金相关业务数据。按照自治区住房城乡建设厅要求启用"住房公积金电子化检查工具"，按月开展自查自纠并上报电子检查报告6期，立行立改存在问题，推动中心整体工作更加规范和严谨。

（五）**增强团队综合素养**。按照"抓管理促发展，以管理防风险，向管理要效益"的主导思想，不断加强员工队伍建设和作风建设，与时俱进提升员工队伍履职能力及懂规矩、守纪律、尽职责自觉性。12个先进集体、18名先进个人受到盟住房公积金管理委员会的表彰，年内举办业务能力提升培训班7期，培训业务人员230余人次，到延安和上海一大、二大会址接受红色教育80余人次。完成对管理部2018年各项工作的全面稽核检查，自觉接受自治区住房公积金监管处的业务指导和实时监督，聘请社会中介机构对2018年度全盟住房公积金业务和经费使用情况进行审计监督，做到"有病治病，无病防病"。注重意识形态工作，强化员工思想政治教育，筑牢"四个意识"，增强"四个自信"，践行"两个维护"，传导忠诚干净担当价值理念，树立政府窗口单位良好新形象。

阿拉善盟住房公积金2018年年度报告

一、机构概况

（一）**住房公积金管理委员会**：住房公积金管理委员会有21名委员，2018年召开第一次会议，审议通过2018年度住房公积金归集、使用计划，并对其他重要事项进行决策，主要包括审批《阿拉善盟住房公积金2018年年度报告》，审议《阿拉善盟住房公积金2018年公积金收支情况和2019年收支计划安排》。

（二）**住房公积金管理中心**：住房公积金管理中心为盟住建局管理不以营利为目的的公益一类事业单

位，设5个科室，6个管理部，总编制37人，其中在编在岗34人。

二、业务运行情况

（一）缴存：2018年，新开户单位99家，实缴单位1440家，净增单位192家；新开户职工0.43万人，实缴职工3.90万人，净增职工0.07万人；缴存额7.49亿元，同比增长12.82%。2018年末，缴存总额68.12亿元，同比增长12.36%；缴存余额26.40亿元，同比下降2.35%。

受委托办理住房公积金缴存业务的银行5家，比上年新增一家。

（二）提取：2018年，提取额8.13亿元，同比增长14.65%；占当年缴存额的108.48%，比上年增加1.7个百分点。2018年末，提取总额41.73亿元，同比增长24.19%。

（三）贷款：个人住房贷款最高额度50万元，其中，单缴存职工最高额度30万元，双缴存职工最高额度50万元。

2018年，发放个人住房贷款0.18万笔5.03亿元，同比增长6.43%、10.07%，回收个人住房贷款4.06亿元。

2018年末，累计发放个人住房贷款3.10万笔52.42亿元，贷款余额15.38亿元，同比分别6.28%、10.61%、6.75%。个人住房贷款余额占缴存余额的58.25%，比上年增加4.98个百分点。

受委托办理住房公积金个人住房贷款业务的银行1家，与上年相同。

（四）资金存储：2018年末，住房公积金存款11.42亿元。其中，活期0.36亿元，通知存款0.7亿元，1年以下（含1年）定期10.36亿元。

（五）资金运用率：2018年末，住房公积金个人住房贷款余额、项目贷款余额和购买国债余额的总和占缴存余额的58.25%，比上年增加4.98个百分点。

三、主要财务数据

（一）业务收入：2018年，业务收入7666.51万元，同比增加16.37%。存款利息收入2990.68万元，委托贷款利息收入4670.21万元，其他收入5.61万元。

（二）业务支出：2018年，业务支出4167.49万元，同比下降1.81%。支付职工住房公积金利息4123.11万元，归集手续费0.44万元，委托贷款手续费28万元，其他支出15.94万元。

（三）增值收益：2018年，增值收益3499.02万元，同比增长49.29%。增值收益率1.43%，比上年增长0.57个百分点。

（四）增值收益分配：2018年，提取贷款风险准备金2499.33万元，提取管理费用813万元，提取城市廉租住房（公共租赁住房）建设补充资金186.69万元。

2018年，上交财政管理费用1311.5万元。上缴财政城市廉租住房（公共租赁住房）建设补充资金492.31万元。

2018年末，贷款风险准备金余额5379.14万元。累计提取城市廉租住房（公共租赁住房）建设补充资金7919.12万元。

（五）管理费用支出：2018年，管理费用支出661.51万元，同比下降11.96%。其中，人员经费支出471.45万元，公用经费支出16.47万元，专项经费支出173.59万元。

四、资产风险状况

2018年末,个人住房贷款逾期额70.67万元,逾期率0.5‰。

个人贷款风险准备金按贷款余额的1%提取。2018年,提取个人贷款风险准备金2499万元,未使用个人贷款风险准备金核销呆坏账。2018年末,个人贷款风险准备金余额5379.14万元,占个人住房贷款余额的3.5%,个人贷款逾期额与个人贷款风险准备金余额的比率为1.31%。

五、社会经济效益

(一)**缴存业务**:2018年,实缴单位数、实缴职工人数和缴存额同比分别增长15.38%、1.93%和12.82%。

缴存单位中,国家机关和事业单位占67.15%,国有企业占9.03%,城镇集体企业占0.63%,城镇私营企业及其他城镇企业占11.32%,外商投资企业占0.07%,民办非企业单位和社会团体占1.04%,其他占10.76%。

缴存职工中,国家机关和事业单位占58.26%,国有企业占30.97%,城镇集体企业占1.09%,城镇私营企业及其他城镇企业占8.48%,民办非企业单位和社会团体占0.18%,其他占0.99%,外商投资企业占0.03%;缴存职工按收入水平分类占:中、低收入占99.67%,高收入占0.33%。

新开户职工中,国家机关和事业单位占28.57%,国有企业占48.75%,城镇集体企业占0.79%,外商投资企业占0.09%,城镇私营企业及其他城镇企业占17.69%,民办非企业单位和社会团体占0.14%,其他占3.97%;新开户职工按收入水平分中、低收入占99.84%,高收入占0.16%。

(二)**提取业务**:2018年,1.07万名缴存职工提取住房公积金8.13亿元。

提取人数中,住房消费提取占65.91%(购买、建造、翻建、大修自住住房占32.09%,偿还购房贷款本息占28.48%,租赁住房占5.26%,其他占0.08%);非住房消费提取占34.09%(离休和退休提取占10.31%,完全丧失劳动能力并与单位终止劳动关系提取占6.06%,户中迁出本市或出境定居0.02%,死亡和宣告死亡占0.57%,其他占17.13%)。

提取职工中,中、低收入占98.43%,高收入占1.57%。

(三)**贷款业务**:

1. **个人住房贷款**:2018年,支持职工购建房4.98万平方米,年末个人住房贷款市场占有率为74.44%,比上年下降了20.54个百分点。通过申请住房公积金个人住房贷款,可节约职工购房利息支出16599万元。

职工贷款笔数中,购房建筑面积90(含)平方米以下占7.08%,90~144(含)平方米占73.86%,144平方米以上占19.06%。购买新房占45.21%,购买二手房占12.09%,建造、翻建、大修自住住房占26.69%。

职工贷款笔数中,单缴存职工申请贷款占23.64%,双缴存职工申请贷款占76.36%。

贷款职工中,30岁(含)以下占25.11%,30岁~40岁(含)占40.80%,40岁~50岁(含)占23.69%,50岁以上占10.40%;首次申请贷款占50.93%,二次及以上申请贷款占49.07%;中、低收入占100%。

2. **异地贷款**:2018年,发放异地贷款5笔129万元。2018年末,发放异地贷款总额311.2万元,异地贷款余额 267.79 万元。

（四）住房贡献率：2018 年，个人住房贷款发放额、公转商贴息贷款发放额、项目贷款发放额、住房消费提取额的总和与当年缴存额的比率为 151.41%，比上年增加 3.97 个百分点。

六、其他重要事项

（一）政策方面印发《阿拉善盟自由职业者个人缴存住房公积金规定》和《关于进一步提高住房公积金使用率的意见》办法。放宽停缴、欠缴职工销户条件；对于购买未取得房屋权证贷款职工允许以此房屋为其住房公积金贷款抵押担保；按规定降低企业住房公积金缴存比例；双缴存职工家庭住房公积金个人住房贷款最高贷款额度为 50 万元；装修贷款标准 2000 元/平方米。

利率方面职工住房公积金账户存款利率按一年定期存款基准利率 1.50% 执行；职工住房公积金贷款五年期以下利率为 2.75%；五年期以上利率为 3.25%。住房公积金银行存款活期利率按基准利率 0.35% 执行；定期存款利率按同档标准上浮 40% 执行。

（二）完成"双贯标"工作。"双贯标"系统于 2018 年 5 月 2 日上线，并于 2018 年 7 月 8 日通过住房城乡建设部验收。中心完成与工、农、中、建、农商行结算应用系统测试及接入工作，通过应用结算平台实现与工、农、中、建、农商行的联网结算。

（三）建成住房公积金综合服务平台。按照住房城乡建设部关于《加快建设住房公积金综合服务平台的通知》，5 月建成阿拉善盟住房公积金综合服务平台（以下简称综合服务平台），满足包括缴存个人、缴存单位、开发商、贷款职工和管理人员等"五个对象"的不同服务和管理需求。

（四）开通多渠道服务。中心顺应"互联网+"新形势，建立了以互联网和移动终端为载体，涵盖网上服务大厅、微信公众平台、手机客户端（APP）、12329 服务热线、自助服务终端等多种服务渠道，方便缴存职工随时随地查询个人账户信息、贷款信息、公积金服务网点、政策法规以及单位业务办理等。

满洲里市住房公积金 2018 年年度报告

一、机构概况

（一）住房公积金管理委员会：住房公积金管理委员会有 17 名委员，2018 年召开 1 次会议，审议通过的事项主要包括：《重新聘任市住房公积金管理委员会部分委员的报告》、《关于 2018 年住房公积金使用情况及 2018 年住房公积金归集使用计划的报告》、《满洲里市住房公积金管理中心 2018 年年度报告》、《满洲里市住房公积金归集、提取、贷款管理办法实施细则》、《关于对公积金缓缴和降低缴存比例事项给予授权的申请》、《关于提高贷款风险准备金提取比例的申请》。

（二）住房公积金管理中心：住房公积金管理中心为隶属于人民政府不以营利为目的的自收自支事业单位，设 8 个科，1 个管理部，0 个分中心。从业人员 37 人，其中，在编 28 人，非在编 9 人。

二、业务运行情况

（一）缴存：2018年，新开户单位95家，实缴单位850家，净增单位73家；新开户职工0.20万人，实缴职工3.01万人，净增职工-0.18万人；缴存额4.79亿元，同比增长5.03%。2018年末，缴存总额40.65亿元，同比增长13.35%；缴存余额14.13亿元，同比增长8.86%。

受委托办理住房公积金缴存业务的银行4家，比上年增加0家。

（二）提取：2018年，提取额3.64亿元，同比下降6.76%；占当年缴存额的75.99%，比上年减少9.61个百分点。2018年末，提取总额26.52亿元，同比增长15.90%。

（三）贷款：个人住房贷款最高额度50万元，其中，单缴存职工最高额度35万元，双缴存职工最高额度50万元。装修贷款最高额度15万元。

2018年，发放个人住房贷款0.12万笔3.22亿元，同比分别增长16.46%、31.03%。

2018年，回收个人住房贷款1.95亿元。

2018年末，累计发放个人住房贷款1.93万笔28.30亿元，贷款余额11.29亿元，同比分别增长6.63%、12.82%、12.69%。个人住房贷款余额占缴存余额的79.87%，比上年增加2.71个百分点。

受委托办理住房公积金个人住房贷款业务的银行3家，比上年增加0家。

（四）资金存储：2018年末，住房公积金存款2.78亿元。其中，活期0.01亿元，1年（含）以下定期2.70亿元，1年以上定期0亿元，其他（协定存款）0.07亿元。

（五）资金运用率：2018年末，住房公积金个人住房贷款余额、项目贷款余额和购买国债余额的总和占缴存余额的79.87%，比上年增加2.71个百分点。

三、主要财务数据

（一）业务收入：2018年，业务收入4219.81万元，同比增长10.46%。存款利息692.67万元，委托贷款利息3517.15万元，国债利息0万元，其他10.00万元。

（二）业务支出：2018年，业务支出2142.47万元，同比增长7.31%。支付职工住房公积金利息2037.69万元，归集手续费0万元，委托贷款手续费104.47万元，其他0.31万元。

（三）增值收益：2018年，增值收益2077.35万元，同比增长13.91%。增值收益率1.54%，比上年增加0.09个百分点。

（四）增值收益分配：2018年，提取贷款风险准备金635.46万元，提取管理费用650.00万元，提取城市廉租住房（公共租赁住房）建设补充资金791.89万元。

2018年，上交财政管理费用820.00万元。上缴财政城市廉租住房（公共租赁住房）建设补充资金936.22万元。

2018年末，贷款风险准备金余额1821.13万元。累计提取城市廉租住房（公共租赁住房）建设补充资金5717.41万元。

（五）管理费用支出：2018年，管理费用支出598.88万元，同比增长45.07%。其中，人员经费395.67万元，公用经费65.73万元，专项经费137.48万元。

四、资产风险状况

2018年末,个人住房贷款逾期额607.04万元,逾期率5.4‰。

2018年,个人贷款风险准备金按年度贷款余额的5%提取,提取个人贷款风险准备金635.46万元,使用个人贷款风险准备金核销呆坏账0万元。2018年末,个人贷款风险准备金余额1821.13万元,占个人住房贷款余额的1.61%,个人住房贷款逾期额与个人贷款风险准备金余额的比率为33.33%。

五、社会经济效益

(一)**缴存业务**:2018年,实缴单位数、实缴职工人数和缴存额同比分别增长9.40%、-5.79%和5.03%。

缴存单位中,国家机关和事业单位占56.24%,国有企业占11.41%,城镇集体企业占0.24%,外商投资企业占0.82%,城镇私营企业及其他城镇企业占29.18%,民办非企业单位和社会团体占1.18%,其他占0.93%。

缴存职工中,国家机关和事业单位占38.90%,国有企业占44.31%,城镇集体企业占0.16%,外商投资企业占1.07%,城镇私营企业及其他城镇企业占15.17%,民办非企业单位和社会团体占0.25%,其他占0.14%;中、低收入占98.97%,高收入占1.03%。

新开户职工中,国家机关和事业单位占46.35%,国有企业占12.77%,城镇集体企业占0.25%,外商投资企业占2.96%,城镇私营企业及其他城镇企业占36%,民办非企业单位和社会团体占1.04%,其他占0.63%;中、低收入占98.27%,高收入占1.73%。

(二)**提取业务**:2018年,1.29万名缴存职工提取住房公积金3.64亿元。

提取金额中,住房消费提取占74.20%(购买、建造、翻建、大修自住住房占37.68%,偿还购房贷款本息占35.52%,租赁住房占0.83%,其他占0.17%);非住房消费提取占25.80%(离休和退休提取占18.35%,完全丧失劳动能力并与单位终止劳动关系提取占2.99%,户口迁出本市或出境定居占1%,其他占3.46%)。

提取职工中,中、低收入占99.47%,高收入占0.53%。

(三)**贷款业务**:

1. **个人住房贷款**:2018年,支持职工购建房14.47万平方米,年末个人住房贷款市场占有率为48.70%,比上年增加0.95个百分点。通过申请住房公积金个人住房贷款,可节约职工购房利息支出4140.20万元。

职工贷款笔数中,购房建筑面积90(含)平方米以下占15.79%,90~144(含)平方米占68%,144平方米以上占16.21%。购买新房占53.12%(其中购买保障性住房占0%),购买二手房占45.47%,建造、翻建、大修自住住房占0%,其他占1.41%。

职工贷款笔数中,单缴存职工申请贷款占72.15%,双缴存职工申请贷款占27.85%,三人及以上缴存职工共同申请贷款占0%。

贷款职工中,30岁(含)以下占30.26%,30岁~40岁(含)占35.25%,40岁~50岁(含)占26.02%,50岁以上占8.47%;首次申请贷款占81.30%,二次及以上申请贷款占18.70%;中、低收入

占 99.83%，高收入占 0.17%。

2. **异地贷款**：2018年，发放异地贷款 56 笔 1538.80 万元。2018 年末，发放异地贷款总额 4760.15 万元，异地贷款余额 3235.51 万元。

（四）**住房贡献率**：2018 年，个人住房贷款发放额、公转商贴息贷款发放额、项目贷款发放额、住房消费提取额的总和与当年缴存额的比率为 123.56%，比上年增加 15.93 个百分点。

六、其他重要事项

（一）当年住房公积金政策调整及执行情况。当年缴存基数按工资构成计算上限 17460 元，下限 1760 元；当年缴存比例上限 12%，下限 5% 无调整；

当年提取政策无调整；

当年住房公积金存贷款利率严格按照国家规定进行调整执行；

当年住房公积金个人住房贷款政策无调整。

（二）当年服务改进情况。中心通过政府门户网、报纸宣传住房公积金相关政策。2018 年 8 月正式推出了"手机公积金"APP 查询服务。通过手机公积金 APP，缴存职工可以随时随地查询本人账户信息、缴存提取明细、贷款基本信息、还款明细等个人业务信息和公积金官网的新闻动态，同时可查询住房公积金服务网点信息和进行房贷计算测算。

（三）当年信息化建设情况。中心从 2016 年 6 月开始开展了以住房公积金"双贯标"为主要内容的信息化建设工作，全力推进我市住房公积金管理水平实现更高层次的提升。通过一年的准备于 2018 年 9 月 28 日完成招投标工作，2018 年 4 月 20 日提交资金结算平台联合测试申请，4 月 30 日资金测算平台开通并测试，5 月 4 日提交上线报告，核心业务系统于 5 月 28 正式上线运行，由北京安泰伟奥信息技术有限公司负责整体信息项目建设实施，通过一个多月的正式运行，7 月 8 日以 91.2 分通过住房城乡建设部住房公积金监管司联合检查验收组验收，为全市缴存职工提供了更加高效、便捷、安全的服务。

2018 全国住房公积金年度报告汇编

辽宁省

沈阳
大连市
鞍山市
抚顺市
本溪市
丹东市
锦州市
营口市
阜新市
辽阳市
盘锦市
铁岭市
朝阳市
葫芦岛市

辽宁省住房公积金 2018 年年度报告

一、机构概况

（一）住房公积金管理机构：全省共设 14 个设区城市住房公积金管理中心，1 个省直住房资金管理中心，6 个独立设置的分中心、管理部。从业人员 2113 人，其中，在编 1134 人，非在编 979 人。

（二）住房公积金监管机构：省住房城乡建设厅、财政厅和人民银行沈阳分行负责对本省住房公积金管理运行情况进行监督。省住房城乡建设厅设立住房公积金监管处，负责辖区住房公积金日常监管工作。

二、业务运行情况

（一）缴存：2018 年，新开户单位 13660 家，实缴单位 91087 家，净增单位 6453 家；新开户职工 42.03 万人，实缴职工 489.69 万人，净增职工 13.13 万人；缴存额 715.66 亿元，同比增长 1.8%。2018 年末，缴存总额 6407.37 亿元，同比增长 12.6%；缴存余额 2414.72 亿元，同比增长 6.7%。

（二）提取：2018 年，提取额 564.02 亿元，同比增长 11%；占当年缴存额的 78.8%，比上年增加 6.5 个百分点。2018 年末，提取总额 3992.63 亿元，同比增长 16.5%。

（三）贷款：

1. **个人住房贷款**：2018 年，发放个人住房贷款 12.23 万笔 387.92 亿元，同比下降 1.6%、7.6%。回收个人住房贷款 255.17 亿元。

2018 年末，累计发放个人住房贷款 168.87 万笔 3770.44 亿元，贷款余额 2088.12 亿元，同比分别增长 7.8%、11.5%、6.8%。个人住房贷款余额占缴存余额的 86.5%，比上年增加 0.1 个百分点。

2. **住房公积金支持保障性住房建设项目贷款**：2018 年，发放支持保障性住房建设项目贷款 0 亿元，回收项目贷款 1.05 亿元。2018 年末，累计发放项目贷款 31.98 亿元，项目贷款余额 10.55 亿元。

（四）购买国债：2018 年，购买国债 0 亿元，兑付收回国债 0.77 亿元。2018 年末，国债余额 0 亿元，比上年减少 0.77 亿元。

（五）融资：2018 年，融资 37.35 亿元，归还 8.58 亿元。2018 年末，融资总额 98.15 亿元，融资余额 46.21 亿元。

（六）资金存储：2018 年末，住房公积金存款 370.01 亿元。其中，活期 12.76 亿元，1 年（含）以下定期 191.38 亿元，1 年以上定期 107.39 亿元，其他（协定、通知存款等）58.48 亿元。

（七）资金运用率：2018 年末，住房公积金个人住房贷款余额、项目贷款余额和购买国债余额的总和占缴存余额的 86.91%，比上年减少 0.04 个百分点。

三、主要财务数据

（一）业务收入：2018 年，业务收入 758986.56 万元，同比增长 7.9%。其中，存款利息 96314.26 万元，委托贷款利息 659469.77 万元，国债利息 85.9 万元，其他 3116.65 万元。

（二）业务支出：2018 年，业务支出 391138.16 万元，同比增长 4.7%。其中，支付职工住房公积金利息 339450.79 万元，归集手续费 9593.68 万元，委托贷款手续费 23094.23 万元，其他 18999.46 万元。

（三）**增值收益**：2018 年，增值收益 367848.44 万元，同比增长 11.63%；增值收益率 1.57%，比上年增加 0.06 个百分点。

（四）**增值收益分配**：2018 年，提取贷款风险准备金 117063.07 万元，提取管理费用 44036.07 万元，提取城市廉租住房（公共租赁住房）建设补充资金 206749.27 万元。

2018 年，上交财政管理费用 38251.33 万元，上缴财政城市廉租住房（公共租赁住房）建设补充资金 181395.05 万元。

2018 年末，贷款风险准备金余额 1089643.64 万元，累计提取城市廉租住房（公共租赁住房）建设补充资金 1431320.04 万元。

（五）**管理费用支出**：2018 年，管理费用支出 45688.19 万元，同比增长 23%。其中，人员经费 20919.18 万元，公用经费 5696.61 万元，专项经费 19073.1 万元。

四、资产风险状况

（一）**个人住房贷款**：2018 年末，个人住房贷款逾期额 28357.93 万元，逾期率 1.4‰。

2018 年，提取个人贷款风险准备金 117063.07 万元，使用个人贷款风险准备金核销呆坏账 0 万元。2018 年末，个人贷款风险准备金余额 1081159.64 万元，占个人贷款余额的 5.2%，个人贷款逾期额与个人贷款风险准备金余额的比率为 2.6%。

（二）**住房公积金支持保障性住房建设项目贷款**：2018 年末，逾期项目贷款 0 万元，逾期率为 0‰。

2018 年，提取项目贷款风险准备金 0 万元，使用项目贷款风险准备金核销呆坏账 0 万元。2018 年末，项目贷款风险准备金余额 8484 万元，占项目贷款余额的 8.04%，项目贷款逾期额与项目贷款风险准备金余额的比率为 0%。

（三）**历史遗留风险资产**：2018 年末，历史遗留风险资产余额 0 万元，比上年减少 5684.05 万元，历史遗留风险资产回收率为 100%。

五、社会经济效益

（一）**缴存业务**：2018 年，实缴单位数、实缴职工人数和缴存额增长率分别为 7.6%、2.8% 和 1.8%。

缴存单位中，国家机关和事业单位占 27.9%，国有企业占 6.4%，城镇集体企业占 1%，外商投资企业占 4.0%，城镇私营企业及其他城镇企业占 47.8%，民办非企业单位和社会团体占 2.1%，其他占 10.8%。

缴存职工中，国家机关和事业单位占 28.9%，国有企业占 28.4%，城镇集体企业占 1.3%，外商投资企业占 6.8%，城镇私营企业及其他城镇企业占 27.4%，民办非企业单位和社会团体占 2.9%，其他占 4.3%；中、低收入占 98.6%，高收入占 1.4%。

新开户职工中，国家机关和事业单位占 12.2%，国有企业占 9.8%，城镇集体企业占 0.8%，外商投资企业占 7.2%，城镇私营企业及其他城镇企业占 58.8%，民办非企业单位和社会团体占 4.1%，其他占 7.1%；中、低收入占 99.4%，高收入占 0.6%。

（二）提取业务：2018年，197.65万名缴存职工提取住房公积金564.02亿元。

提取金额中，住房消费提取占74.4%（购买、建造、翻建、大修自住住房占21.5%，偿还购房贷款本息占73.5%，租赁住房占3.3%，其他占1.7%）；非住房消费提取占25.6%（离休和退休提取占84.8%，完全丧失劳动能力并与单位终止劳动关系提取占3.6%，户口迁出所在市或出境定居占0.5%，其他占11.1%）。

提取职工中，中、低收入占98.3%，高收入占1.7%。

（三）贷款业务：

1. 个人住房贷款：2018年，支持职工购建房1218.15万平方米。年末个人住房贷款市场占有率为24.1%，比上年同期减少1.5个百分点。通过申请住房公积金个人住房贷款，可节约职工购房利息支出702015.81万元。

职工贷款笔数中，购房建筑面积90（含）平方米以下占42.9%，90～144（含）平方米占51.4%，144平方米以上占5.7%。购买新房占66.5%，购买二手房占33.5%。

职工贷款笔数中，单缴存职工申请贷款占55.9%，双缴存职工申请贷款占43.7%，三人及以上缴存职工共同申请贷款占0.4%。

贷款职工中，30岁（含）以下占36.1%，30岁～40岁（含）占37.6%，40岁～50岁（含）占19.3%，50岁以上占7.0%；首次申请贷款占88.2%，二次及以上申请贷款占11.8%；中、低收入占96.5%，高收入占3.5%。

2. 异地贷款：2018年，发放异地贷款8577笔275439.7万元。2018年末，发放异地贷款总额100.99亿元，异地贷款余额65.33亿元。

3. 公转商贴息贷款：2018年，发放公转商贴息贷款1756笔63186.2万元，支持职工购建房面积18.18万平方米。当年贴息额6085.22万元。2018年末，累计发放公转商贴息贷款22088笔834280.4万元，累计贴息12549.76万元。

4. 住房公积金支持保障性住房建设项目贷款：2018年末，全省累计有住房公积金试点城市2个，试点项目8个，贷款额度31.98亿元，建筑面积144.31万平方米，可解决22038户中低收入职工家庭的住房问题。6个试点项目贷款资金已发放并还清贷款本息。

（四）住房贡献率：2018年，个人住房贷款发放额、公转商贴息贷款发放额、项目贷款发放额、住房消费提取额的总和与当年缴存额的比率为113.7%，比上年减少4个百分点。

六、其他重要事项

（一）规范缴存政策进一步降低企业成本：各地严格执行国家和省《关于改进住房公积金缴存机制进一步降低企业成本的通知》要求，进一步规范缴存比例和缴存基数。

（二）完善便民服务解决群众办事难：为进一步提升住房公积金服务水平，省住房城乡建设厅推出便民服务十项措施。2018年7月中旬对各地贯彻落实情况进行了全面检查，服务质量和效率不断提升，缴存单位和缴存人的获得感日益增强。

（三）组织开展新市民住房问题调研：省内14个设区城市22个县区，共采集5788个样本，对新市民住房状况和住房需求进行走访调查，形成调研报告，为如何解决新市民住房问题提供了基础素材。

（四）信息化建设稳步推进：14个城市中心基本完成双贯标验收工作，住房公积金信息化服务能力和水平将有大幅提升；12329短信服务全面开通，各城市综合服务平台基本建成，为广大缴存职工提供多渠道服务。

（五）加大督查力度防控资金风险：一是出台《关于进一步加强全省住房公积金资金监管工作的通知》（辽住建〔2018〕192号），加强资金监管；二是开展住房公积金政策合规性检查和风险隐患排查，对地方出台不符合国家政策的规定加以规范；运用电子化检查工具进行风险隐患进行排查，分析原因，限期整改；检查发现铁岭中心新区办事处39笔逾期贷款违规放贷案件线索，已移交扫黑除恶专项检查办公室。三是对住房公积金贷款逾期过高的中心进行抽检，防范骗贷行为，采取有效措施进行追缴。

（六）当年住房公积金机构及从业人员所获荣誉情况：沈阳市住房公积金管理中心大东管理部被辽宁省精神文明建设指导委员会授予辽宁省"文明单位"荣誉称号；大连市住房公积金管理中心荣获"辽宁省内部审计先进集体"称号；大连市住房公积金管理中心胡爱丽同志荣获"辽宁省巾帼建功标兵"称号；抚顺市住房公积金管理中心被评为"辽宁省文明单位"称号；营口市住房公积金管理中心荣获2018年辽宁省"青年文明号"称号。

沈阳住房公积金2018年年度报告

一、机构概况

（一）住房公积金管理委员会

沈阳住房公积金管理委员会有23名委员，2018年召开1次会议，审议通过的事项主要包括：

1. 关于调整沈阳住房公积金管理委员会副主任委员及委员的意见；
2. 沈阳住房公积金管理中心2018年工作总结及2018年工作安排的报告；
3. 沈阳住房公积金管理中心2018年计划执行情况及2018年计划安排情况的报告；
4. 关于个人住房公积金贷款额度实行流动性调节系数控制的意见；
5. 关于2018年住房公积金个人贷款政策的意见；
6. 关于核销以前年度受委托银行手续费挂账结余的意见。

（二）住房公积金管理中心

1. **沈阳住房公积金管理中心**（简称"沈阳中心"）。沈阳中心为直属沈阳市政府不以营利为目的的正局级事业单位，设12个部室，13个管理部，1个铁路分中心。从业人员382人，其中，在编214人，非在编168人。

2. **辽宁省省直住房资金管理中心**（简称"省直中心"）。省直中心为隶属于辽宁省财政厅不以营利为目的自收自支事业单位，内设7个部。从业人员41人，其中，在编26人，非在编15人。

3. **电力分中心**。电力分中心由沈阳中心授权经营，不以营利为目的，非独立法人分支机构。主要负责国家电网公司系统、中国能源建设集团、部分发电企业驻辽单位住房公积金的归集、管理、使用和会计核算。目前中心内设住房公积金管理处和财务管理处。实有从业人员12人，其中在编7人，非在编5人。

4. 东电管理部。电力分中心东电管理部为国家电网公司东北分部住房制度改革办公室的一个部门，主要负责国家电网公司东北分部直属单位住房公积金的归集、管理、使用和会计核算。目前管理部内设有主任、账户管理、贷款管理、财务核算、出纳等5人。

二、业务运行情况

（一）缴存：2018年，新开户单位4970家，实缴单位25965家，净增单位2729家；新开户职工16.94万人，实缴职工139.87万人，净增职工4.84万人；缴存额250.49亿元，同比增长6.94%。2018年末，缴存总额2144.48亿元，同比增长13.22%；缴存余额808.84亿元，同比增长7.11%。其中：

沈阳中心：新开户单位4898家，实缴单位24395家，净增单位2737家；新开户职工16.15万人，实缴职工120万人，净增职工5.44万人；缴存额204.94亿元，同比增长7.29%。2018年末，缴存总额1687.34亿元，同比增长13.82%；缴存余额662.71亿元，同比增长7.11%。

省直中心：新开户单位68家，实缴单位1460家，净减单位10家；新开户职工0.64万人，实缴职工12.57万人，净减职工0.14万人；缴存额26.39亿元，同比增长4.24%。2018年末，缴存总额237.67亿元，同比增长12.49%；缴存余额85.37亿元，同比增长4.22%。

电力分中心：新开户单位3家，实缴单位94家，净增单位2家；新开户职工0.14万人，实缴职工7.06万人，净减职工0.46万人；缴存额18.25亿元，同比增长6.4%。2018年末，缴存总额210.37亿元，同比增长9.5%；缴存余额57.34亿元，同比增长11.8%。

东电管理部：新开户单位1家，实缴单位16家，净增单位0家；新开户职工136人，实缴职工2367人，净减职工52人；缴存额0.91亿元，同比增长18.18%。2018年末，缴存总额9.1亿元，同比增长11.11%；缴存余额3.42亿元，同比增长4.91%。

受委托办理住房公积金缴存业务的银行5家，与上年比无变化。

（二）提取：2018年，提取额196.79亿元，同比增长13.22%；占当年缴存额的78.56%，比上年增加4.35个百分点。2018年末，提取总额1335.64亿元，同比增长17.28%。其中：

沈阳中心：提取额160.92亿元，同比增长12.38%；占当年缴存额的78.52%，比上年增加3.56个百分点。2018年末，提取总额1024.63亿元，同比增长18.63%。

省直中心：提取额22.93亿元，同比增长19.19%；占当年缴存额的86.89%，比上年增加10.89个百分点。2018年末，提取总额152.3亿元，同比增长17.72%。

电力分中心：提取额12.19亿元，同比增长12.55%；占当年缴存额的66.79%，比上年增加3.64个百分点。2018年末，提取总额153.03亿元，同比增长8.66%。

东电管理部：提取额0.75亿元，同比增长36.36%；占当年缴存额的82.42%，比上年增加11.42个百分点。2018年末，提取总额5.68亿元，同比增长15.21%。

（三）贷款：个人住房贷款最高额度80万元，其中，单缴存职工最高额度40万元，双缴存职工最高额度60万元，家庭成员三人及以上共同申请贷款的最高额度80万元。

2018年，发放个人住房贷款3.67万笔121.88亿元，同比分别下降10.05%、25.34%。其中：

沈阳中心：个人住房贷款最高额度80万元，其中，单缴存职工最高额度40万元，双缴存职工最高额度 60 万元，家庭成员三人及以上共同申请贷款的最高额度 80 万元。

2018 年，发放个人住房贷款 3.14 万笔 100.74 亿元，同比分别下降 10.29％、28.19％。

省直中心：个人住房贷款最高额度 80 万元，其中，单缴存职工最高额度 40 万元，双缴存职工最高额度 60 万元。

2018 年，发放个人住房贷款 0.36 万笔 13.07 亿元，同比分别下降 12.65％、15.02％。

电力分中心：个人住房贷款最高额度 60 万元，其中，单缴存职工最高额度 60 万元，双缴存职工最高额度 60 万元。

2018 年，发放个人住房贷款 0.16 万笔 7.67 亿元，同比分别增长 6.7％、5.5％。

东电管理部：个人住房贷款最高额度 80 万元，其中，单缴存职工最高额度 60 万元，双缴存职工最高额度 80 万元。

2018 年，发放个人住房贷款 68 笔 0.4 亿元，同比分别增长 33.33％、36.67％。

2018 年，回收个人住房贷款 89.86 亿元。其中：沈阳中心 76.87 亿元；省直中心 9.19 亿元；电力分中心 3.72 亿元；东电管理部 0.08 亿元。

2018 年末，累计发放个人住房贷款 56.86 万笔 1348.77 亿元，贷款余额 737.56 亿元，同比分别增长 6.94％、9.93％、4.54％。个人住房贷款余额占缴存余额的 91.18％，比上年减少 2.25 个百分点。其中：

沈阳中心：累计发放个人住房贷款 49.8 万笔 1150.66 亿元，贷款余额 620.69 亿元，同比分别增长 6.75％、9.59％、4.00％。个人住房贷款余额占缴存余额的 93.66％，比上年减少 2.8 个百分点。

省直中心：累计发放个人住房贷款 4.93 万笔 136.58 亿元，贷款余额 81.03 亿元，同比分别长 7.89％、10.58％、5.03％。个人住房贷款余额占缴存余额的 94.91％，比上年增加 0.73 个百分点。

电力分中心：累计发放个人住房贷款 2.1 万笔 60.06 亿元，贷款余额 34.69 亿元，同比分别增长 8.25％、14.64％、12.85％。个人住房贷款余额占缴存余额的 60.5％，比上年增加 0.57 个百分点。

东电管理部：累计发放个人住房贷款 317 笔 1.47 亿元，贷款余额 1.15 亿元，同比分别增长 27.31％、38.32％、38.55％。个人住房贷款余额占缴存余额的 33.7％，比上年增加 8.41 个百分点。

受委托办理住房公积金个人住房贷款业务的银行 5 家，比上年减少 2 家。

（四）购买国债：2018 年，购买记账式、凭证式国债 0 亿元，兑付、转让、收回国债 0 亿元。2018 年末，国债余额 0 亿元，比上年减少 0.44 亿元（省直中心）。

（五）资金存储：2018 年末，住房公积金存款 84.07 亿元。其中，活期 2.78 亿元，1 年（含）以下定期 48.06 亿元，1 年以上定期 8.85 亿元，协定存款 24.38 亿元。其中：

沈阳中心：住房公积金存款 56.54 亿元。其中，活期 0.04 亿元，1 年（含）以下定期 33.4 亿元，协定存款 23.1 亿元。

省直中心：住房公积金存款 3.54 亿元。其中，活期 0.01 亿元，1 年（含）以下定期 1.66 亿元，1 年以上定期 0.65 亿元，协定存款 1.22 亿元。

电力分中心：住房公积金存款 21.73 亿元。其中，活期 2.73 亿元，1 年（含）以下定期 13 亿元，1 年以上定期 6 亿元。

东电管理部：住房公积金存款 2.26 亿元。其中，活期 0.0005 亿元，1 年以上定期 2.2 亿元，协定存款 0.06 亿元。

(六)资金运用率：2018年末，住房公积金个人住房贷款余额、项目贷款余额和购买国债余额的总和占缴存余额的91.18%，比上年减少2.25个百分点。其中：沈阳中心93.66%，比上年减少2.8个百分点；省直中心94.91%，比上年增加0.19个百分点；电力分中心60.5%，比上年增加0.57个百分点；东电管理部33.7%，比上年增加8.41个百分点。

三、主要财务数据

(一)业务收入：2018年，业务收入261463.58万元，同比增长8.7%。存款利息收入23877.60万元，委托贷款利息235185.88万元，其他收入2400.10万元。其中：

沈阳中心：业务收入213433.26万元，同比增长8.21%。存款利息12212.03万元，委托贷款利息198821.13万元，其他收入2400.10万元。

省直中心：业务收入29441.18万元，同比增长7.05%。存款利息3796.97万元，委托贷款利息25644.21万元。

电力分中心：业务收入17690.14万元，同比增长19.82%。存款利息7271万元，委托贷款利息10419.14万元。

东电管理部：2018年，业务收入899万元，同比下降9.88%。存款利息597.6万元，委托贷款利息301.4万元。

(二)业务支出：2018年，业务支出134338.5万元，同比增长0.9%。支付职工住房公积金利息106659.24万元，归集手续费8521.55万元，委托贷款手续费11608.43万元，其他支出7549.28万元。其中：

沈阳中心：业务支出110563.13万元，同比下降0.28%。支付职工住房公积金利息85212.05万元，归集手续费7702.50万元，委托贷款手续费10152.35万元，其他支出7496.23万元（含贴息贷款利息支出5627.06万元、拆借资金利息支出1625万元）。

省直中心：业务支出14367.65万元，同比增长3.09%。其中，支付职工住房公积金利息12622.65万元，归集手续费818.9万元，委托贷款手续费926.08万元，其他0.02万元。

电力分中心：业务支出8861.73万元，同比增长13.3%。支付职工住房公积金利息8340.16万元，委托贷款手续费520.96万元，其他0.61万元。

东电管理部：业务支出545.99万元，同比增长4.9%。支付职工住房公积金利息484.38万元，归集手续费0.15万元，委托贷款手续费9.04万元，其他52.42万元。

(三)增值收益：2018年，增值收益127125.07万元，同比增长18.41%。增值收益率1.61%，比上年增加0.13个百分点。其中：

沈阳中心：增值收益102870.13万元，同比增长19.1%。增值收益率1.6%，比上年增加0.18个百分点。

省直中心：增值收益15073.53万元，同比增长11.11%。增值收益率1.79%，比上年增加0.09个百分点。

电力分中心：增值收益8828.41万元，同比增长27.16%。增值收益率1.56%，比上年增加0.15个百分点。

东电管理部：增值收益 353 万元，同比下降 26.01%。增值收益率 1%，比上年减少 0.41 个百分点。

（四）**增值收益分配**：2018 年，提取贷款风险准备金 68858.72 万元，提取管理费用 14123.55 万元，提取城市廉租住房（公共租赁住房）建设补充资金 44142.8 万元。

2018 年，上交财政管理费用 13785.05 万元。上缴财政城市廉租住房（公共租赁住房）建设补充资金 35919.44 万元。

2018 年末，贷款风险准备金余额 539123.13 万元。累计提取城市廉租住房（公共租赁住房）建设补充资金 315169.23 万元。其中：

沈阳中心：提取贷款风险准备金 54305.75 万元，提取管理费用 11785.05 万元，提取城市廉租住房（公共租赁住房）建设补充资金 36779.33 万元。

上交财政管理费用 11785.05 万元。上缴财政城市廉租住房（公共租赁住房）建设补充资金 32487.77 万元。

贷款风险准备金余额 408065.90 万元。累计提取城市廉租住房（公共租赁住房）建设补充资金 247448.83 万元。

省直中心：提取贷款风险准备金 9044.12 万元，提取管理费用 2000 万元，提取城市廉租住房（公共租赁住房）建设补充资金 4029.41 万元。

上交财政管理费用 2000 万元。上缴财政城市廉租住房（公共租赁住房）建设补充资金 3431.67 万元。

贷款风险准备金余额 82889.73 万元。累计提取城市廉租住房（公共租赁住房）建设补充资金 37901.67 万元。

电力分中心：提取贷款风险准备金 5297.05 万元，提取管理费用 200 万元，提取城市廉租住房（公共租赁住房）建设补充资金 3331.36 万元。

贷款风险准备金余额 45878.04 万元。累计提取城市廉租住房（公共租赁住房）建设补充资金 29086.53 万元。

东电管理部：提取贷款风险准备金 211.8 万元，提取管理费用 138.5 万元，提取城市廉租住房（公共租赁住房）建设补充资金 2.7 万元。

贷款风险准备金余额 2289.46 万元。累计提取城市廉租住房（公共租赁住房）建设补充资金 731.20 万。

（五）**管理费用支出**：2018 年，管理费用支出 13511.85 万元，同比增长 26.33%。其中，人员经费 6146.73 万元，公用经费 923.4 万元，专项经费 6441.82 万元。其中：

沈阳中心：管理费用支出 11785.05 万元，同比增长 32.07%。其中，人员经费 5417.14 万元，公用经费 699.37 万元，专项经费 5668.55 万元。

省直中心：管理费用支出 1496.64 万元，同比下降 6.59%。其中，人员经费 712.72 万元，公用经费 64.03 万元，专项经费 719.89 万元。

电力分中心：管理费用支出 150.74 万元，同比增长 19.06%。其中，人员经费 16.87 万元，公用经费 133.87 万元。

东电管理部：管理费用支出 79.42 万元，同比增长 85.91%。其中：公用经费 26.04 万元，专项经费 53.38 万元。

四、资产风险状况

(一)个人住房贷款:2018年末,个人住房贷款逾期额874.96万元,逾期率0.118‰。其中:沈阳中心个人住房贷款逾期额631.43万元,逾期率0.1017‰;省直中心个人住房贷款逾期额56.29万元,逾期率0.07‰;电力分中心个人住房贷款逾期额187.24万元,逾期率5.4‰。

2018年,提取个人贷款风险准备金68858.72万元,使用个人贷款风险准备金核销呆坏账0万元。2018年末,个人贷款风险准备金余额539123.12万元,占个人住房贷款余额的7.3%,个人住房贷款逾期额与个人贷款风险准备金余额的比率为0.16%。其中:

沈阳中心:市中心个人贷款风险准备金按增值收益的60%提取;铁路分中心个人贷款风险准备金按当年贷款余额的1%提取。2018年,提取个人贷款风险准备金54305.75万元,使用个人贷款风险准备金核销呆坏账0万元。2018年末,个人贷款风险准备金余额408065.90万元,占个人住房贷款余额的6.57%,个人住房贷款逾期额与个人贷款风险准备金余额的比率为0.15%。

省直中心:个人贷款风险准备金按增值收益的60%提取。2018年,提取个人贷款风险准备金9044.12万元,使用个人贷款风险准备金核销呆坏账0万元。2018年末,个人贷款风险准备金余额82889.73万元,占个人住房贷款余额的10.23%,个人住房贷款逾期额与个人贷款风险准备金余额的比率为0.07%。

电力分中心:个人贷款风险准备金按增值收益的60%提取。2018年,提取个人贷款风险准备金5297.05万元,使用个人贷款风险准备金核销呆坏账0万元。2018年末,个人贷款风险准备金余额45878.04万元,占个人住房贷款余额的13.23%,个人住房贷款逾期额与个人贷款风险准备金余额的比率为0.41%。

东电管理部:个人贷款风险准备金按增值收益的60%提取。2018年,提取个人贷款风险准备金211.8万元,使用个人贷款风险准备金核销呆坏账0万元。2018年末,个人贷款风险准备金余额2289.45万元,占个人住房贷款余额的19.86%,个人住房贷款逾期额与个人贷款风险准备金余额的比率为0%。

(二)历史遗留风险资产:2018年末,省直中心历史遗留风险资产余额0万元,比上年减少4438.15万元,历史遗留风险资产回收率100%。

五、社会经济效益

(一)缴存业务:2018年,实缴单位数、实缴职工人数和缴存额同比分别增长11.75%、3.58%和6.94%。其中:

沈阳中心:实缴单位数、实缴职工人数和缴存额同比分别增长12.64%、4.77%和7.29%。

省直中心:实缴单位数、实缴职工人数和缴存额同比分别下降0.68%、下降1.14%、增长4.24%。

电力分中心:实缴单位数、实缴职工人数和缴存额同比分别增长2.19%、降低6.12%和增长6.41%。

东电管理部:实缴单位数、实缴职工人数和缴存额同比分别增长0%、下降2.2%和增长18.18%。

缴存单位中,国家机关和事业单位占20.32%,国有企业占6.55%,城镇集体企业占1.1%,外商投资企业占3.5%,城镇私营企业及其他城镇企业占61.45%,民办非企业单位和社会团体占0.71%,其他占6.37%。其中:

沈阳中心:国家机关和事业单位占18.53%,国有企业占5.25%,城镇集体企业占1.02%,外商投资企业占 3.68%，城镇私营企业及其他城镇企业占 64.50%，民办非企业单位和社会团体占 0.61%，其他占 6.41%。

省直中心：国家机关和事业单位占 49.86%，国有企业占 22.4%，城镇集体企业占 2.81%，外商投资企业占 0.75%，城镇私营企业及其他城镇企业占 15.21%，民办非企业单位和社会团体占 2.47%，其他占 6.51%。

电力分中心：国有企业占 83.87%，其他占 16.13%。

东电管理部：国有企业占 100%。

缴存职工中，国家机关和事业单位占 19.25%，国有企业占 34.55%，城镇集体企业占 1.01%，外商投资企业占 5.3%，城镇私营企业及其他城镇企业占 34.9%，民办非企业单位和社会团体占 0.64%，其他占 4.35%；中、低收入占 98.69%，高收入占 1.31%。其中：

沈阳中心：国家机关和事业单位占 17.90%，国有企业占 31.85%，城镇集体企业占 0.96%，外商投资企业占 6.09%，城镇私营企业及其他城镇企业占 38.73%，民办非企业单位和社会团体占 0.70%，其他占 3.77%；中、低收入占 99.21%，高收入占 0.79%。

省直中心：国家机关和事业单位占 43.17%，国有企业占 24.11%，城镇集体企业占 2.16%，外商投资企业占 0.86%，城镇私营企业及其他城镇企业占 18.51%，民办非企业单位和社会团体占 0.54%，其他占 10.65%；中、低收入占 95.75%，高收入占 4.25%。

电力分中心：国有企业占 96.8%，其他占 3.2%；中、低收入占 95.5%，高收入占 4.5%。

东电管理部：国有企业占 100%；中、低收入占 84.15%，高收入占 15.85%。

新开户职工中，国家机关和事业单位占 6.14%，国有企业占 10.87%，城镇集体企业占 0.72%，外商投资企业占 5.85%，城镇私营企业及其他城镇企业占 70.68%，民办非企业单位和社会团体占 0.25%，其他占 5.49%；中、低收入占 99.71%，高收入占 0.29%。其中：

沈阳中心：国家机关和事业单位占 5.80%，国有企业占 9.41%，城镇集体企业占 0.62%，外商投资企业占 6.03%，城镇私营企业及其他城镇企业占 72.37%，民办非企业单位和社会团体占 0.21%，其他占 5.56%；中、低收入占 99.78%，高收入占 0.22%。

省直中心：国家机关和事业单位 16.8%，国有企业占 26.09%，城镇集体企业 3.08%，外商投资企业占 2.55%，城镇私营企业及其他城镇企业占 44.57%，民办非企业单位和社会团体占 1.45%，其他占 5.46%；中、低收入占 97.83%，高收入占 2.17%。

电力分中心：国有企业占 99.86%，其他占 0.14%；中、低收入占 99.16%，高收入占 0.84%。

东电管理部：国有企业占 100%；中、低收入占 97.8%，高收入占 2.2%。

（二）**提取业务**：2018 年，61.01 万名缴存职工提取住房公积金 196.8 亿元。提取金额中，住房消费提取占 90.78%（购买、建造、翻建、大修自住住房占 8.2%，偿还购房贷款本息占 79.42%，租赁住房占 12.02%，其他占 0.36%）；非住房消费提取占 9.22%（离休和退休提取占 43.95%，完全丧失劳动能力并与单位终止劳动关系提取占 1.8%，户口迁出本市或出境定居占 4.45%，其他占 49.8%）。提取职工中，中、低收入占 99.07%，高收入占 0.93%。其中：

沈阳中心：53.28 万名缴存职工提取住房公积金 160.92 亿元。提取金额中，住房消费提取占 76.03%（购买、建造、翻建、大修自住住房占 23.2%，偿还购房贷款本息占 73.36%，租赁住房占 3.04%，其他占 0.4%）；非住房消费提取占 23.97%（离休和退休提取占 87.69%，完全丧失劳动能力并与单位终止劳动关系提取占 0.005%，户口迁出本市或出境定居占 0.097%，其他占 12.208%）。提取职工中，中、低收入占 98.52%，高收入占 1.48%。

省直中心：5.21 万名缴存职工提取住房公积金 22.93 亿元。提取金额中，住房消费提取占 75.94%（购买、建造、翻建、大修自住住房占 23.10%，偿还购房贷款本息占 75.63%，租赁住房占 1.27%）；非住房消费提取占 24.06%（离休和退休提取占 81.65%，完全丧失劳动能力并与单位终止劳动关系提取占 10.19%，户口迁出本市或出境定居占 0.02%，其他占 8.14%）。提取职工中，中、低收入占 99.97%，高收入占 0.03%。

电力分中心：2.45 万名缴存职工提取住房公积金 12.19 亿元。提取金额中，住房消费提取占 67.35%（购买、建造、翻建、大修自住住房占 39.22%，偿还购房贷款本息占 60.17%，租赁住房占 0.38%，其他占 0.23%）；非住房消费提取占 48.6%（离休和退休提取占 91.22%，其他占 8.78%）。提取职工中，中、低收入占 95.8%，高收入占 4.2%。

东电管理部：706 名缴存职工提取住房公积金 7505.01 万元。提取金额中，住房消费提取占 67.8%（购买、建造、翻建、大修自住住房占 81.64%，偿还购房贷款本息占 18.36%）；非住房消费提取占 32.2%（离休和退休提取占 58.32%，完全丧失劳动能力并与单位终止劳动关系提取占 8.76%，其他占 32.92%）。提取职工中，中、低收入占 96.75%，高收入占 3.25%。

（三）贷款业务

1. 个人住房贷款：2018 年，支持职工购建房 371.79 万平方米，年末个人住房贷款市场占有率 20.80%，比上年减少 2.65 个百分点。通过申请住房公积金个人住房贷款，可节约职工购房利息支出 257361.03 万元。其中：

沈阳中心：支持职工购建房 321.52 万平方米，年末个人住房贷款市场占有率为 22.10%，比上年减少 0.22 个百分点。通过申请住房公积金个人住房贷款，可节约职工购房利息支出 212125.14 万元。

省直中心：支持职工购建房 29.82 万平方米，年末个人住房贷款市场占有率为 2.8%，比上年减少 0.44 个百分点。通过申请住房公积金个人住房贷款，可节约职工购房利息支出 23414.30 万元。

电力分中心：支持职工购建房 19 万平方米，年末个人住房贷款市场占有率为 1.22%，比上年减少 0.11 个百分点。通过申请住房公积金个人住房贷款，可节约职工购房利息支出 21356.26 万元。

东电管理部：支持职工购建房 1.45 万平方米。通过申请住房公积金个人住房贷款，可节约职工购房利息支出 465.33 万元。

职工贷款笔数中，购房建筑面积 90（含）平方米以下占 47.5%，90～144（含）平方米占 47.5%，144 平方米以上占 5%。购买新房占 76.63%，购买二手房占 23.37%。

职工贷款笔数中，单缴存职工申请贷款占 86.41%，双缴存职工申请贷款占 13.32%，三人及以上缴存职工共同申请贷款占 0.27%。

贷款职工中，30 岁（含）以下占 42.12%，30 岁～40 岁（含）占 37.5%，40 岁～50 岁（含）占 15.76%，50 岁以上占 4.62%；首次申请贷款占 86.41%，二次及以上申请贷款占 13.59%；中、低收入占 99.5%，高收入占 0.5%。

2. 异地贷款：2018 年，发放异地贷款 1869 笔 66450.2 万元。2018 年末，发放异地贷款总额

411959.55万元，异地贷款余额137903.57万元。其中：

沈阳中心：发放异地贷款1864笔66294.20万元。2018年末，发放异地贷款总额410495.55万元，异地贷款余额136980.32万元。

省直中心：发放异地贷款5笔156万元。2018年末，发放异地贷款总额1464万元，异地贷款余额923.25万元。

3. **公转商贴息贷款**：2018年，沈阳中心发放公转商贴息贷款326笔12475.30万元，支持职工购建住房面积3.08万平方米，当年贴息额5627.06万元。2018年末，累计发放公转商贴息贷款19211笔73.27亿元，累计贴息12067.55万元。

4. **住房贡献率**：个人住房贷款发放额、公转商贴息贷款发放额、项目贷款发放额、住房消费提取额的总和与当年缴存额的比率为127.72%，比上年减少3.61个百分点。其中：沈阳中心128.29%，比上年减少9.23个百分点；省直中心115.53%，比上年减少1.63个百分点；电力分中心108.82%，比上年增加3.28个百分点；东电管理部100.6%，比上年减少9.79个百分点。

六、其他重要事项

（一）当年机构及职能调整情况、受委托办理缴存贷款业务金融机构变更情况：2018年，沈阳中心、省直中心、电力分中心、东电管理部等四个中心机构及职能未调整；受委托办理缴存业务金融机构未变更，受委托办理贷款业务金融机构减少2家。

（二）当年住房公积金政策调整及执行情况：

1. **当年缴存基数限额及确定方法**。沈阳市职工住房公积金缴存基数严格按照国务院《住房公积金管理条例》和《沈阳市住房公积金管理条例》等政策规定执行。2018年缴存基数上限为18546元（即全市城镇非私营单位在岗职工2018年平均工资的3倍）；缴存基数下限为本地区社会最低工资标准，全市四个县区缴存基数下限为1230元，其他地区为1530元。

2. **缴存比例等缴存政策调整情况**。2018年，根据辽宁省住房和城乡建设厅、辽宁省财政厅、中国人民银行沈阳分行《转发〈住房城乡建设部、财政部、人民银行关于改进住房公积金缴存机制进一步降低企业成本的通知〉》（辽住建〔2018〕113号），延长阶段性适当降低住房公积金缴存比例政策执行期限至2020年4月30日。自2018年7月1日起，允许生产困难企业，经职工代表大会或工会讨论通过后，申请降低缴存比例至5%以下。

（三）当年提取政策调整情况：2018年，按照"房子是用来住的，不是用来炒的"定位及建立租购并举住房制度的精神，沈阳中心积极沟通共享租赁住房信息，优化租房提取审核流程，有力保障租房职工提取住房公积金需求；防范治理违规提取，优化调整部分提取业务政策，重点防范异地购房尤其是非户籍地非缴存地购房、多人频繁买卖同一套住房、非配偶或非直系亲属共同购房等住房公积金提取行为；简化非首次提取偿还系统外贷款要件，取消出境定居、丧失劳动能力职工《停缴养老保险通知单》要件，方便职工提取使用住房公积金。

（四）当年个人住房贷款最高贷款额度、贷款条件等贷款政策调整情况：当年个人住房贷款政策调整情况。2018年，沈阳中心按照"房住不炒"的定位标准，积极制定并调整个贷政策，一是根据《沈阳市政府关于促进我市房地产市场平稳健康发展的通知》（沈政办发〔2018〕62号），自2018年4月16日起，个人住房公积金贷款额度实行资金流动性系数调节，即住房公积金个人住房贷款流动性调节系数按0.8执行；将贷款申请条件中"借款人及共同申请人6个月内无现金提取公积金（不含委托还贷）记录"调整为"借款人及共同申请人12个月内无现金提取公积金（不含委托还贷）记录"。二是为政府实施"三引三回"政策，下发《关于对"三引三回"和引资引智回沈人员实行住房公积金贷款支持政策的通知》（沈住公发〔2018〕31号），同时通过出台实施细则，人员培训，协助管理部完成过渡期审批等，保证政策的有效落实。

（五）当年住房公积金存贷款利率执行标准：当年职工住房公积金个人账户定期、活期存款利率统一按一年期定期存款利率1.5%计息；当年住房公积金个人贷款五年以下（含5年）贷款年利率2.75%，五年以上贷款年利率3.25%。

（六）当年服务改进情况：

1. **持续深化"放管服"改革**。沈阳中心取消了缴存单位办理开户备案、汇（补）缴、基本信息变更、职工账户转移和集中封存、代办机构备案登记和单位注销登记等业务的加盖印章环节，方便企业办事；优化异地购房提取业务流程，简化非首次提取偿还系统外贷款办事要件，明确出境定居提取要件，切实解决个人"办事难"问题；优化办事流程，住房公积金业务"最多跑一次"和"一窗办理"比例达到85.5%。

2. **深化"互联网+政务服务"，打造智慧公积金**。沈阳中心新一代住房公积金综合业务系统于2018年12月21日正式上线运行，新系统实现住房公积金热点服务和便民事项"同城通办"、"全网通办"，住房公积金贷款业务实现同城通贷、归集提取业务实现同城通存通兑，住房公积金业务网上可办率达到71%，线上业务特别推出7×24小时全年无休服务。真正实现了"最多跑一次"的服务理念，让沈城百姓享受信息化带来的幸福感和获得感。

3. **全力做好"双休日"延时服务工作**。全年86个"双休日"，沈阳中心共为13729名职工办理提取住房公积金5.63亿元，为727户职工家庭投放住房公积金贷款2.22亿元，累计接待咨询和办事群众6.56万人次。

4. **民意诉求办理质量进一步提升**。在省民心网、12345市民服务热线等各类诉求回复工作考核中，沈阳中心的按期回复率、办结率均为100%，中心考核成绩满分，获得省民心网《喜报》表扬。

5. **建设优质综合服务平台、拓展多种服务渠道**。沈阳中心在夯实柜面服务渠道的基础上，大力拓展业务办理服务渠道，已经建成集12329服务热线、12329短信、门户网站、网厅服务大厅、手机APP、微信公众号等于一体的住房公积金综合服务平台并投入使用。开通微博、自助查询机、智能柜员机等服务渠道，为广大缴存职工提供全方位、全天候、多样化、更便捷的住房公积金服务。为住房城乡建设部下一步研究全国住房公积金数据大集中、全国统一的综合服务平台提供了技术支撑。

（七）当年信息化建设情况：

1. **全力推进新一代综合业务系统建设**。沈阳中心按照住房城乡建设部系统建设"基础数据贯标"、"资金结算平台贯标"的要求和市政府全力打造国际化营商环境的要求，以智慧型、服务型公积金系统建设为总体目标，通过系统全面升级，建成了技术架构先进、服务平台高效、业务流程科学、运行风险可控的第四代综合业务系统，并于2018年12月21日顺利上线运行。

2. **在升级业务系统基础上实现"双贯标"**。2019年2月28日，沈阳中心综合业务系统以高分成绩通过住房城乡建设部和省住房城乡建设厅联合检查验收，圆满完成"双贯标"（贯彻落实《住房公积金基础数据标准》和接入"全国住房公积金银行结算数据应用系统"）。新业务系统实现全账户覆盖、全业务覆盖，做到了"资金闭环管理、三账同步核算、汇缴通存实时分解、提取通兑实时到账、贷款实时发放、资金实时调拨、账户实时监控、银行存款实时对账"。

3. **构建省级住房公积金系统架构设计理念**。新系统支持省内各城市中心及分中心、分支机构的接入和垂直管理，系统架构稳定，并入机制灵活，网点拓展便捷，适应未来不断壮大的业务发展需要。

4. **构建以客户为中心服务高效的综合服务平台**。新系统以推进互联网和移动终端服务为重点，将现有的八个渠道有效整合，实现渠道信息共享，满足了职工多元化、个性化服务需求。

5. **实现了7×24小时不间断运营服务模式**。借鉴金融系统运营管理建设经验，新系统实现了7×24小时业务办理服务，极大方便了广大缴存职工随时办公积金业务需要。

6. **构建管、控高效的风险防控体系，确保资金运营安全**。新系统以业务系统建设推动和促进管理升级，建立健全风险防控管理体系，结合电子化检查工具，将电子化检查工具常态化，变事后检查为事中检查，及时发现风险隐患，有效规避各类风险发生，确保住房公积金资金安全。

7. **推进跨部门信息数据共享**。新系统完成与不动产登记部门、租赁中心、九家商业银行数据对接；实现与人民银行征信系统、民政婚姻部门、工商部门定期更新数据。

（八）**当年住房公积金管理中心及职工所获荣誉情况**：2018年，沈阳中心被市财政局评为2018年度市直部门决算工作先进单位；大东管理部被辽宁省精神文明建设指导委员会授予辽宁省"文明单位"荣誉称号；和平管理部获沈阳市精神文明建设指导委员会授予沈阳市优质文明诚信服务窗口；沈河管理部获"优质文明服务窗口单位"；铁路分中心获省住房城乡建设系统授予"2018~2018年度省级青年文明号"；浑南管理部获共青团市委授予"2016~2018年度青年文明号"荣誉；新民管理部获沈阳市创建"精神文明号"活动组织委员会授予"2018~2019年度青年文明号"荣誉；客户服务部获沈阳市人民政府办公厅授予的"优秀单位"称号。

2018年，沈阳中心唐玉辉同志获省民心网2018年度"为民办事大擂台"评选的"重视民生好领导"称号；贾喆同志获辽宁省妇联授予的"辽宁省巾帼建功标兵"和沈阳市直机关工委授予的"沈阳市直机关工会积极分子"称号；徐光田同志获沈阳市直机关工委授予的"市直机关优秀工会干部"；孔智同志获省民心网2018年第四季度"为民办事大擂台"评选的"优秀办件人"称号；李丽同志荣获"沈阳市青年岗位能手"、"优质文明诚信服务之星"荣誉称号；曾庆梁同志被沈阳市精神文明建设指导委员会授予"优质文明诚信服务之星"荣誉称号；仲蕾同志获沈阳文明办和沈阳广播电视台"我的服务故事"授予"优秀展示奖"荣誉，同时获得沈阳地区精神文明建设指导委员会"沈阳市窗口行业优质文明诚信服务评选"授予的"优质文明诚信服务之星"称号；孙晓璐同志获沈阳市人民政府办公厅授予的"优秀个人"称号；胡婷同志荣获"沈阳市优秀党务工作者"荣誉称号。

大连市住房公积金2018年年度报告

一、机构概况

（一）**住房公积金管理委员会**：大连市住房公积金管理委员会有27名委员，2018年召开1次会议，审议通过的事项主要包括：

1. 关于2018年住房公积金管理工作情况及2018年主要工作安排的报告。
2. 关于2018年房改资金财务决算的报告。
3. 关于2018年住房公积金计划编制的报告。
4. 大连市住房公积金2018年年度报告。
5. 关于调整个人住房公积金贷款有关政策的报告。
6. 关于提高租住商品住房提取住房公积金额度的报告。
7. 关于修订《大连市住房公积金归集管理办法》的报告。
8. 关于修订《大连市住房公积金提取管理办法》的报告。
9. 关于修订《大连市个人住房公积金贷款管理办法》的报告。

（二）住房公积金管理中心：大连市住房公积金管理中心为直属市政府的不以营利为目的的正局级事业单位，主要负责全市住房公积金的归集、管理、使用和会计核算等工作。中心设12个机关处室，11个办事处（14个网点），共有从业人员408人，其中，在编260人，非在编148人。

二、业务运行情况

（一）缴存：2018年，大连市住房公积金新开户单位5989家，实缴单位36501家，净增单位3657家；新开户职工11.08万人，实缴职工132.01万人，净增职工3.74万人；缴存额203.30亿元，同比下降7.11%（同口径同比增长7.68%）。

截至2018年末，大连市住房公积金缴存总额1905.29亿元，同比增长11.94%；缴存余额630.86亿元，同比增长2.37%。

大连市受委托办理住房公积金缴存业务的银行有2家，较上年无变化。

（二）提取：2018年，大连市住房公积金提取额188.68亿元，同比增长7.60%，占当年缴存额的92.81%，比上年增加12.71个百分点。

截至2018年末，大连市住房公积金提取总额1,274.43亿元，同比增长17.38%。

（三）贷款：

1. **个人住房贷款**：大连市个人住房公积金贷款最高额度70万元，其中，单缴存职工最高额度40万元，双缴存职工最高额度70万元。

2018年，大连市发放个人住房公积金贷款3.49万笔、120.87亿元，同比分别增长6.08%、3.61%；回收个人住房公积金贷款77.90亿元。

截至2018年末，全市累计发放个人住房公积金贷款46.47万笔、1190.23亿元，贷款余额654.25亿元，同比分别增长8.12%、11.30%、7.03%；个人住房公积金贷款余额占缴存余额的103.71%，比上年增加4.51个百分点。

大连市受委托办理个人住房公积金贷款业务的银行有3家，较上年无变化。

2. **住房公积金支持保障性住房建设项目贷款**：2018年，大连市发放利用住房公积金支持保障性住房建设项目贷款0亿元，回收项目贷款1.05亿元。

截至2018年末，大连市累计发放项目贷款31.70亿元，项目贷款余额10.55亿元。

（四）**融资**：2018年，大连市住房公积金融资额0亿元，当年归还0亿元。

截至2018年末，融资总额5亿元，融资余额0亿元。

（五）**资金存储**：截至2018年末，大连市住房公积金存款额0亿元。其中，活期0亿元，1年以内定期（含）0亿元，1年以上定期0亿元，其他（协议、协定、通知存款等）0亿元。全市增值收益存款额16.39亿元，其中，活期210万元，1年以内定期（含）0亿元，1年以上定期0亿元，协定存款16.37亿元。

（六）**资金运用率**：截至2018年末，大连市个人住房公积金贷款余额、项目贷款余额和购买国债余额的总和占缴存余额的105.38%，比上年增加4.28个百分点。

三、主要财务数据

（一）**业务收入**：2018年，大连市住房公积金业务收入211975.13万元，同比增长6.72%。其中，存款利息收入2479.12万元，委托贷款利息收入209453.66万元，国债利息收入0万元，其他收入42.35万元。

（二）**业务支出**：2018年，大连市住房公积金业务支出107556.65万元，同比增长7.41%。其中，住房公积金利息支出94475.40万元，委托贷款手续费支出5190.17万元，归集手续费支出、为享受城市居民最低生活保障的贷款职工个贷贴息、他项权证登记费、房改资金运营费等支出7891.08万元。

（三）**增值收益**：2018年，大连市住房公积金增值收益104418.48万元，同比增长6.01%；增值收益率1.68%，比上年同期增加0.03个百分点。

（四）**增值收益分配**：2018年，大连市住房公积金提取贷款风险准备金15148.38万元，提取管理费用6995.06万元，提取城市廉租住房（公共租赁住房）建设补充资金82275.04万元。

2018年，大连市住房公积金上交财政管理费用6995.06万元；上缴财政城市廉租住房（公共租赁住房）建设补充资金78445.08万元。

截至2018年末，大连市住房公积金贷款风险准备金余额211589.83万元。累计提取城市廉租住房（公共租赁住房）建设补充资金576567.62万元。

（五）**管理费用支出**：2018年，大连市住房公积金管理费用支出6995.06万元，同比增长1.80%。其中，人员经费4722.16万元，公用经费527.05万元，专项经费1745.85万元（其中，摊销以前年度营业场所购置装修项目支出100万元，电子设备及软硬件开发维护费1271.88万元，营业场所租金、固定资产购置及维护费等经常性项目支出373.97万元）。

四、资产风险状况

（一）**个人住房贷款**：截至2018年末，个人住房公积金贷款逾期额6393万元，逾期率0.977‰。

个人贷款风险准备金按当年贷款余额的3%提取。2018年，提取个人贷款风险准备金15148.38万元，使用个人贷款风险准备金核销呆坏账0万元。截至2018年末，个人贷款风险准备金余额203217.83万元，占个人住房公积金贷款余额的3.11%，个人住房公积金贷款逾期额与个人贷款风险准备金余额的比率为3.15%。

（二）**支持保障性住房建设试点项目贷款**：2018年，项目贷款风险准备金余额8372万元，占项目贷款余额的 7.94%。

五、社会经济效益

(一) 缴存业务：2018年，大连市实缴住房公积金单位数、实缴职工人数和缴存额同比分别增长 11.13%、2.92% 和 -7.11%（同口径同比增长 7.68%）。

缴存单位中，国家机关和事业单位占 7.64%，国有企业占 2.34%，城镇集体企业占 0.78%，外商投资企业占 6.46%，城镇私营企业及其他城镇企业占 61.40%，民办非企业单位和社会团体占 3.41%，其他占 17.97%。

缴存职工中，国家机关和事业单位占 19.32%，国有企业占 9.46%，城镇集体企业占 0.93%，外商投资企业占 16.94%，城镇私营企业及其他城镇企业占 41.77%，民办非企业单位和社会团体占 8.31%，其他占 3.27%。

缴存职工中，中、低收入占 97.89%，高收入占 2.11%。

新开户职工中，国家机关和事业单位占 10.97%，国有企业占 5.18%，城镇集体企业占 0.61%，外商投资企业占 13.81%，城镇私营企业及其他城镇企业占 50.83%，民办非企业单位和社会团体占 12.06%，其他占 6.54%。

新开户职工中，中、低收入占 99.65%，高收入占 0.35%。

(二) 提取业务：2018年，大连市有 65.61 万名缴存职工提取住房公积金 188.68 亿元。

提取金额中，住房消费提取占 83.36%（购买、建造、翻建、大修自住住房占 7.12%，偿还购房贷款本息占 87.77%，租赁住房占 5.11%，其他占 0%）；非住房消费提取占 16.64%（离休和退休提取占 86.82%，完全丧失劳动能力并与单位终止劳动关系提取占 0.05%，户口迁出本市或出境定居占 0.22%，其他占 12.91%）。

提取职工中，中、低收入占 96.98%，高收入占 3.02%。

(三) 贷款业务：

1. **个人住房贷款**：2018年，大连市住房公积金支持职工购建房 313.25 万平方米，个人住房公积金贷款户数、金额占全市个人住房信贷比重分别为 27.83% 和 16.21%，户数占比与去年末一致，金额占比较去年末减少 1.38 个百分点。通过申请个人住房公积金贷款，可节约职工购房利息支出 194559.92 万元。

职工贷款笔数中，购房建筑面积 90（含）平方米以下占 57.96%，90~144（含）平方米占 38.09%，144 平方米以上占 3.95%。购买新房占 56.09%（其中购买保障性住房占 0%），购买二手房占 43.91%，建造、翻建、大修自住住房占 0%，其他占 0%。

职工贷款笔数中，单缴存职工申请贷款占 68.60%，双缴存职工申请贷款占 31.40%，三人及以上缴存职工共同申请贷款占 0%。

贷款职工中，30 岁（含）以下占 38.69%，30 岁~40 岁（含）占 37.93%，40 岁~50 岁（含）占 17.95%，50 岁以上占 5.43%；首次申请贷款占 86.53%，二次及以上申请贷款占 13.47%；中、低收入占 97.93%，高收入占 2.07%。

2. **异地贷款**：2018年，大连市住房公积金发放异地贷款 1452 笔、56282.80 万元。

截至 2018 年末，大连市住房公积金发放异地贷款总额 114113.80 万元，异地贷款余额 96566.81 万元。

3. **公转商贴息贷款**：2018年，大连市住房公积金发放公转商贴息贷款3笔、126万元，支持职工购建住房面积0.024万平方米，当年贴息额0.69万元。

截至2018年末，大连市住房公积金累计发放公转商贴息贷款3笔、126万元，累计贴息0.69万元。

4. **支持保障性住房建设试点项目贷款**：截至2018年末，大连市累计利用住房公积金支持保障性住房建设贷款试点项目有6个，贷款额度31.70亿元，建筑面积141万平方米，可解决21608户中低收入职工家庭的住房问题。其中4个试点项目贷款资金已发放并还清贷款本息。

（四）**住房贡献率**：2018年，大连市个人住房公积金贷款发放额、公转商贴息贷款发放额、项目贷款发放额、住房消费提取额的总和与当年缴存额的比率为136.82%，比上年增加15.66个百分点。

六、其他重要事项

（一）当年住房公积金缴存政策调整及执行情况：

1. **住房公积金缴存基数政策变化**。按照国务院《住房公积金管理条例》和大连市人民政府办公厅《关于调整住房公积金缴存比例和基数的通知》，2018年大连市将住房公积金缴存基数调整为职工2018年月平均工资额。按《大连市人民政府办公厅关于改进住房公积金缴存机制进一步降低企业成本的通知》（大政办发〔2018〕84号）要求，从2018年7月起，职工月缴存基数上限调整为20472元（即全市城镇非私营单位在岗职工2018平均工资的3倍），下限为市政府公布的最低工资标准，其中，中山区、西岗区、沙河口区、旅顺口区、长海县和先导区1620元；瓦房店市、普兰店市、庄河市1520元。

2. **住房公积金缴存比例政策变化**。按《大连市人民政府办公厅关于改进住房公积金缴存机制进一步降低企业成本的通知》（大政办发〔2018〕84号）要求，缴存单位可在5%～12%之间自主确定住房公积金缴存比例。生产经营困难企业，经本单位职工代表大会或工会讨论通过后，可申请降低住房公积金缴存比例至5%以下或者缓缴，由市住房公积金管理委员会授权市住房公积金管理中心审批。

（二）当年住房公积金提取政策调整及执行情况：

1. 取消"与单位终止劳动关系，且户口迁出本市或户口不在本市的"的提取情形。职工劳动关系迁出本市的，已建立住房公积金账户的，中心给予办理账户转移手续；尚未建立住房公积金账户的，中心给予办理住房公积金托管手续，待建立住房公积金账户后，中心给予办理账户转移手续。

2. 增加重大疾病可提取的范围和病种。将未成年子女患重大疾病的情形列入可提取范围，同时依据《关于实施我市城乡居民临时救助制度的通知》和《大连市城乡困难居民医疗救助实施办法》，扩展了大病病种范围，增加了儿童白血病、儿童先天性心脏病、尿毒症、重性精神疾病、耐多药肺结核、艾滋病机会性感染等6种疾病类型，加上原来5种（恶性肿瘤，慢性肾衰竭并定期进行血液透析、腹膜透析，再生障碍性贫血，红斑狼疮，中晚期慢性重症肝炎及并发症）类型，目前大病范围已提高到11种。

3. 放宽困难家庭子女考取大学的范围。大学范围由原国家、省（自治区）、市教育主管和计划部门录取计划的全日制普通大学，扩展为中华人民共和国境内、国家承认学历的全日制普通大学。

4. 简化提取手续。男职工年满55周岁、女职工年满45周岁，连续两年以上未缴存住房公积金的托管职工提取住房公积金，不再需要提供正常审验的《就业失业登记证》；以本人及配偶无房且租住商品房为由申请提取住房公积金的，不再要求提供户口簿；以本人及配偶无房且租住公共租赁住房和公有住房为由申请提取住房公积金的，不再要求提供收入证明；以子女上学为由申请提取住房公积金的，不再要求提供家庭收入证明。

5. 取消对租房提取办理机构的限制。由"职工住房公积金缴存地在市本级（含高新园区）到市本级（含高新园区）任一办事处办理，缴存地在区市县到缴存地办事处办理"，调整为"职工可到任一办事处办理"。

6. 取消提前偿还本市商业性住房贷款的，申请提取转账金额应不少于2万元的限制条件。

7. 职工租住商品住房年提取额由14400元提高至21600元；同时取消租房提取分两次划拨的规定，改为一次性支付给职工。

（三）当年个人住房公积金贷款政策调整及执行情况：

1. 推动落实"租购并举"新的住房政策，扩大贷款支持对象，进一步增强贷款风险防控能力。印发《大连市个人住房公积金贷款管理办法》（大房金管发〔2018〕3号）及《大连市个人住房公积金贷款管理办法实施细则》（大房金管发〔2018〕5号）。

2. 规范试点贴息贷款业务。印发《大连市住房公积金管理中心贴息贷款管理暂行办法》（大房金发〔2018〕7号）。

3. 当年住房公积金贷款利率：五年期以下（含五年）个人住房公积金贷款年利率为2.75%，五年期以上个人住房公积金贷款年利率为3.25%。

（四）当年服务改进情况：

1. **优化业务流程，开放双休日服务**。严格落实各项服务制度，统一服务规范，提高窗口办事效率；推行老弱病残孕预约和上门服务，精简职工办事手续和证明材料；开放双休日便民服务窗口，为职工提供"5+2""无差别"服务。

2. **开通短信服务，完善综合服务平台**。7月1日，开通12329住房公积金短信服务渠道，至此，已完成综合服务平台包括网站、网上营业厅、微信、微博、手机APP、住房公积金热线、自助设备等八大服务渠道的建设。在中心网站和大厅自助设备增加办理个人账户异地转移接续（异地转入）、大龄失业销户、小额托管销户及公积金联名卡密码修改业务。微信、微博关注人数达14万人；手机APP注册人数达13万人；12329住房公积金热线回复信息170万个，其中人工接听43万个，接听率达90%。

3. **深化政务公开，提高社会认知**。重视民生民意，认真做好市民留言、咨询、建议、投诉等回复工作，民心网留言优秀率100%，民意网留言满意率95%，积极参加在线访谈、12345市民服务热线节目，配合完成"中国大连"信息保障工作，实现"12329住房公积金热线"与"12345市民服务热线"对接。

（五）当年信息化建设情况：

1. **完善核心系统，通过贯标验收**。按照住房城乡建设部的统一部署和要求，中心有序推进"双贯标"工作，2018年度，启动异地接续平台升级项目，对平台接口进行调整；完成了住房城乡建设部结算平台2.0版本升级工作，并正式向住房城乡建设部申请双贯标验收。2018年11月中心分两批次迎来了住房城乡建设部及省厅"双贯标"验收专家组，经过前期精心建设及准备，以高分顺利通过住房城乡建设部住房公积金"双贯标"验收，巩固信息化建设行业领先地位。

2. **加强科技建设，拓展离柜服务**。优化升级客服系统，启动微信项目开发，着力打造广覆盖、立体化、智慧化的综合服务平台；商贷还款自动扣划业务合作银行推广至5家，职工无需每年到窗口办理；大力拓展网上办公和自助终端功能，支持单位和职工群众办理更多离柜业务，目前，单位业务和个人查询业务离柜覆盖率达100%，单位网上办公签约率为95%，单位业务离柜办理率为88%，业务量超过120万笔，归集业务离柜办理率91%，金额超过210亿元。

3. **深化数据共享，减少客户跑腿**。与市工商局实现数据直联，企业办理住房公积金业务时，不需提供营业执照、注销证明等材料；与市民政局建立信息在线交换机制，在线核查个人婚姻、低保登记等情况；持续推进与市房屋租赁中心建立数据共享机制，逐步实现职工通过房屋租赁中心线上提取住房公积金支付房租；持续推进与市法院配合完善协作联动机制，提高法院执行效率，助力法院破解"执行难"；"数据多跑路、职工少跑腿"取得积极进展，95%业务实现了"最多跑一次"。

4. **推进政银合作，拓宽服务渠道**。中心以"开放共享"为发展方向，以"数据互通"为实施手段，以"银行先行"为推进模式，以"客户少跑腿"为最终目标，积极推进银行端数据交互平台建设，进一步拓宽线下网点资源和线上业务种类。2018年，建行率先接入交互平台，住房公积金业务嵌入到建行所有自助设备，职工可在全市142个银行网点、486个自助设备就近办理业务查询和到龄退休、大龄失业、小额托管等提取业务，实现公积金业务"家门口"办理；住房公积金网络信用消费贷款业务合作银行拓展到7家，截至2018年末，合作银行累计发放住房公积金网络信用消费贷款9600余笔、13亿元，助力缴存职工提升消费能力。

5. **筑牢安全堡垒，确保数据安全**。为更好地保障中心信息安全，清除风险隐患，按照住房城乡建设部及省住房城乡建设厅部署，运用电子化检查工具全面开展公积金政策执行及风险隐患排查，对检查发现问题进行整改，确保住房公积金政策合规、运行有序、风险可控、管理规范。进一步加强日常信息化安全管理、严把日常运维质量关口，完善智慧化运维保障、设立可回溯审计体系、实施运行评估制度，认真做好网站系统、数据等监控管理，保障中心各项业务、数据、资金安全。

（六）**当年住房公积金管理中心及职工所获荣誉情况**：大连市住房公积金管理中心获评2018年度市政府机关安全保卫工作优秀单位、2018年大连市道路交通安全管理绩效考评先进单位。

大连市住房公积金管理中心在全市法治政府建设满意度调查活动中获得总分第一名；中心课题组获评大连市委组织部2018年度调研课题三等奖；金州新区（保税区）办事处党总支获评辽宁省先进党组织；审计处获评辽宁省内部审计先进集体。

大连市住房公积金管理中心党委书记、主任邢战坤同志荣获民心网重视民生好领导称号；秘书处吕珊珊同志荣获2015～2018年度全市保密工作先进工作者称号；办公室刘视未同志荣获2018年大连市道路交通安全管理绩效考核先进个人称号；中山办事处胡爱丽同志荣获辽宁省巾帼建功标兵称号。

（七）**当年对违反《住房公积金管理条例》和相关法规行为进行行政处罚和申请人民法院强制执行情况**：全年，共受理投诉867起，其中立案82起（结案24起），协调处理785起。申请法院强制执行案件共61起，涉案金额4800.43万元，包括整体欠缴住房公积金案件48起、单位欠缴部分职工住房公积金案件10起、少缴住房公积金3起，其中涉及大连机床集团及其下属单位正进行破产重组，涉案金额2398.6万元；全年共执行回款530.36万元。

鞍山市住房公积金 2018 年年度报告

一、机构概况

（一）住房公积金管理委员会：住房公积金管理委员会有 25 名委员。

（二）住房公积金管理中心：住房公积金管理中心为隶属于市政府的不以营利为目的的自收自支的事业单位，设 8 个科，2 个办事大厅，1 个分中心。从业人员 126 人，其中，在编 78 人，非在编 48 人。

二、业务运行情况

（一）缴存：2018 年，新开户单位 796 家，实缴单位 3698 家，净增单位 327 家；新开户职工 1.38 万人，实缴职工 29.13 万人，净增职工 1.99 万人；缴存额 36.85 亿元，同比降低 0.03%。2018 年末，缴存总额 418.38 亿元，同比增长 9.66%；缴存余额 137.10 亿元，同比增长 6.66%。

受委托办理住房公积金缴存业务的银行 3 家，与上年相比没有增减。

（二）提取：2018 年，提取额 28.21 亿元，同比下降 14.12%；占当年缴存额的 76.55%，比上年减少 12.57 个百分点。2018 年末，提取总额 281.28 亿元，同比增长 11.18%。

（三）贷款：个人住房贷款最高额度 80 万元，其中，单缴存职工最高额度 80 万元，双缴存职工最高额度 80 万元。

2018 年，发放个人住房贷款 0.58 万笔 19.19 亿元，同比分别下降 6.45%、2.19%。其中，市中心发放个人住房贷款 0.43 万笔 14.51 亿元，分中心发放个人住房贷款 0.15 万笔 4.68 亿元。

2018 年，回收个人住房贷款 9.85 亿元。其中，市中心 5.97 亿元，分中心 3.88 亿元。

2018 年末，累计发放个人住房贷款 7.37 万笔 153.69 亿元，贷款余额 94.80 亿元，同比分别增长 8.54%、14.27%、10.93%。个人住房贷款余额占缴存余额的 69.15%，比上年增加 2.66 个百分点。

受委托办理住房公积金个人住房贷款业务的银行 4 家，与上年相比没有增减。

（四）购买国债：2018 年，购买（记账式、凭证式）国债 0 亿元，兑付国债 0.3 亿元。2018 年末，国债余额 0 亿元，比上年减少 0.3 亿元。

（五）资金存储：2018 年末，住房公积金存款 43.06 亿元。其中，活期 1.48 亿元，1 年（含）以下定期 36.22 亿元，1 年以上定期 1 亿元，其他（协定）4.36 亿元。

（六）资金运用率：2018 年末，住房公积金个人住房贷款余额、项目贷款余额和购买国债余额的总和占缴存余额的 69.15%，比上年增长 2.43 个百分点。

三、主要财务数据

（一）业务收入：2018 年，业务收入 38838.32 万元，同比增长 8.13%。其中，市中心 22796.99 万元，分中心 16041.33 万元；存款利息 9875.08 万元，委托贷款利息 28859.72 万元，国债利息 85.90 万元，其他 17.62 万元。

（二）业务支出：2018 年，业务支出 21976.69 万元，同比增长 0.94%。其中，市中心 11480.26 万元，分中心10496.43万元；支付职工住房公积金利息19579.35万元，归集手续费647.71万元，委托贷款手续费1249.01万元，其他500.62万元。

（三）增值收益：2018年，增值收益16861.63万元，同比增长19.19%。其中，市中心11316.73万元，分中心5544.90万元；增值收益率1.26%，比上年增加0.16个百分点。

（四）增值收益分配：2018年，提取贷款风险准备金854.79万元，提取管理费用3722.74万元，提取城市廉租住房（公共租赁住房）建设补充资金12284.10万元。

2018年，上交财政管理费用2187.17万元。上缴财政城市廉租住房（公共租赁住房）建设补充资金9520.59万元。其中，市中心上缴4759.99万元，分中心上缴（收缴单位）4760.60万元。

2018年末，贷款风险准备金余额50257.95万元。累计提取城市廉租住房（公共租赁住房）建设补充资金88787.36万元。其中，市中心提取25878.76万元，分中心提取62908.60万元。

（五）管理费用支出：2018年，管理费用支出4811.73万元，同比增长52.30%。其中，人员经费1573.78万元，公用经费1623.03万元，专项经费1614.92万元。

市中心管理费用支出2752.50万元，其中，人员、公用、专项经费分别为982.30万元、1313.00万元、457.20万元；分中心1管理费用支出2059.23万元，其中：人员、公用、专项经费分别为591.48万元、310.03万元、1157.72万元。

四、资产风险状况

2018年末，个人住房贷款逾期额407.11万元，逾期率0.63‰。其中，市中心0.63‰，分中心0‰。

个人贷款风险准备金按贷款余额的1%提取。2018年，提取个人贷款风险准备金854.79万元，使用个人贷款风险准备金核销呆坏账0万元。2018年末，个人贷款风险准备金余额50257.95万元，占个人住房贷款余额的5.31%，个人住房贷款逾期额与个人贷款风险准备金余额的比率为0.81%。

五、社会经济效益

（一）缴存业务：2018年，实缴单位数、实缴职工人数和缴存额同比分别增长10.09%、8.45%和降低0.03%。

缴存单位中，国家机关和事业单位占57.00%，国有企业占13.17%，城镇集体企业占3.57%，外商投资企业占0.57%，城镇私营企业及其他城镇企业占22.99%，民办非企业单位和社会团体占1.19%，其他占1.51%。

缴存职工中，国家机关和事业单位占35.12%，国有企业占43.59%，城镇集体企业占3.68%，外商投资企业占0.69%，城镇私营企业及其他城镇企业占14.58%，民办非企业单位和社会团体占1.61%，其他占0.73%；中、低收入占98.24%，高收入占1.76%。

新开户职工中，国家机关和事业单位占15.47%，国有企业占10.65%，城镇集体企业占3.77%，外商投资企业占2.11%，城镇私营企业及其他城镇企业占62.14%，民办非企业单位和社会团体占1.17%，其他占4.69%；中、低收入占90.26%，高收入占9.74%。

（二）提取业务：2018年，20.30万名缴存职工提取住房公积金28.28亿元。

提取金额中，住房消费提取占51.98%（购买、建造、翻建、大修自住住房占71.22%，偿还购房贷

款本息占 25.99%，租赁住房占 2.59%，其他占 0.2%）；非住房消费提取占 48.02%（离休和退休提取占 80.69%，完全丧失劳动能力并与单位终止劳动关系提取占 1.75%，户口迁出本市或出境定居占 0.03%，其他占 17.53%）。

提取职工中，中、低收入占 40.85%，高收入占 59.15%。

（三）贷款业务

1. 个人住房贷款：2018 年，支持职工购建房 61.62 万平方米，年末个人住房贷款市场占有率为 21.35%，比上年增加 4.10 个百分点。通过申请住房公积金个人住房贷款，可节约职工购房利息支出 26026.96 万元。

职工贷款笔数中，购房建筑面积 90（含）平方米以下占 25.31%，90~144（含）平方米占 67.29%，144 平方米以上占 7.40%。购买新房占 75.72%（其中购买保障性住房占 75.72%），购买二手房占 22.06%，建造、翻建、大修自住住房占 0%，其他占 2.22%。

职工贷款笔数中，单缴存职工申请贷款占 64.51%，双缴存职工申请贷款占 35.44%，三人及以上缴存职工共同申请贷款占 0.05%。

贷款职工中，30 岁（含）以下占 26.54%，30 岁~40 岁（含）占 37.64%，40 岁~50 岁（含）占 23.83%，50 岁以上占 11.99%；首次申请贷款占 89.76%，二次及以上申请贷款占 10.24%；中、低收入占 48.90%，高收入占 51.10%。

2. 异地贷款：2018 年，发放异地贷款 547 笔 18841.50 万元。2018 年末，发放异地贷款总额 70979.30 万元，异地贷款余额 56848.70 万元。

（四）住房贡献率：2018 年，个人住房贷款发放额、公转商贴息贷款发放额、项目贷款发放额、住房消费提取额的总和与当年缴存额的比率为 128.63%，比上年减少 13.71 个百分点

六、其他重要

（一）当年机构及职能调整情况、受委托办理缴存贷款业务金融机构变更情况：2018 年 5 月落实上级指示精神，对中心的业务处室更名为科，综合处更名为综合科、计划财务处更名为计划财务科、信息处更名为信息科、筹资管理处更名为筹资管理科、贷后管理处更名为贷后管理科、贷款审批处更名为贷款审批科、稽查处更名为稽查科、稽核审计处更名为稽核审计科、城区综合办事处更名为城区综合办事大厅、县（市）区综合办事处更名为县（市）区综合办事大厅。

（二）当年住房公积金政策调整及执行情况：

（1）缴存公积金的职工工资基数，按照职工本人上一年度月平均工资计算，根据鞍山市人力资源和社会保障局公布的 2018 年我市在岗职工月平均工资为 4182.25 元，按照上年度城市职工月平均工资的 3 倍计算，职工住房公积金月缴存工资基数不能超过 12550 元，缴存额不能超过 3012 元，缴存基数不应超过上年度城市职工月平均工资的 3 倍。超出本市上一年度月人均工资 3 倍以上部分，不计入缴存基数。职工和单位的住房公积金缴存比例不低于职工月平均工资的 5%，不得高于职工月平均工资的 12%；

（2）个人住房贷款单、双缴存职工最高额度为 80 万元和职工连续缴存住房公积金 6 个月以上可以公积金贷款购房；住房公积金存贷款利率按照国家统一执行标准计算。

（三）当年服务改进情况：经报请政府同意后，鞍山市住房公积金管理中心在 2018 年 1 月 15 日正式

启用办公楼二楼近 700 平面积的综合性质的服务大厅，为职工方便、快捷的办理公积金业务，各办事大厅利用周六、周日开设了便民服务窗口，为缴存职工可以利用假期来办理公积金业务提供了方便。

通过"中心"网站、各综合服务大厅的电子屏幕对外进行公积金的政策宣传和 12329 人工服务平台及自助查询等对公积金政策进行解答。

（四）当年信息化建设情况：鞍山市住房公积金管理中心按住房城乡建设部《住房公积金基础数据标准》和《住房公积金结算应用系统接入标准》的要求。为全面落实公积金信息管理系统建设工作，经鞍山市政府同意，于 2018 年 8 月对住房公积金信息管理系统进行升级改造，新信息系统建设项目进入实施阶段，实施贯标工作分两个阶段，第一阶段住房公积金检查数据标准建设，第二阶段住房公积金银行结算应用系统接入，升级后的信息管理系统包括业务操作应用系统（含公积金缴存、提取、贷款等全部业务）、综合服务平台（含网站、短信、终端查询、服务热线等项目）及数据异地灾备等系统，2018 年 1 月 15 日正式上线运行，2018 年 7 月 5 日以高分顺利通过国家住房城乡建设部和省住房城乡建设厅联合检查验收。

新系统建设，使我中心整体业务办理速度、办理效率、资金使用率、账务核对全面提高了一个台阶，同时通过中心系统，能实时监控在银行开设的各个账户，确保资金安全，随着信息系统功能的完善并借助新系统功能和接入银行结算系统，提升了信息化管理水平、提高了风险防控能力、优化了业务流程、管理更加高效、资金更加安全、职工更加方便，如：公积金提取业务简化手续，实现了职工提取公积金实时入卡，让系统数据多跑路，缴存职工少跑腿，获得了办事群众的一致好评。

抚顺市住房公积金 2018 年年度报告

一、机构概况

（一）住房公积金管理委员会

住房公积金管理委员会有 25 名委员，2018 年召开两次会议，审议通过的事项主要包括：《抚顺市住房公积金管理委员会成员调整草案》、《抚顺市住房公积金管理委员会组织与议事章程》、《抚顺市住房公积金管理中心工作报告》、《抚顺市住房公积金 2018 年年度报告》、《关于申请授权审批单位降低缴存比例或缓缴事项的请示》、《关于委托银行承办公积金业务的请示》、《关于印发住房公积金个人购房贷款信用管理暂行规定的请示》。

（二）住房公积金管理中心

住房公积金管理中心为市政府直属的不以营利为目的的参照公务员法管理的事业单位，设 9 个科，9 个办事处。从业人员 119 人，其中，在编 39 人，非在编 80 人。

二、业务运行情况

（一）缴存：2018 年，新开户单位 126 家，实缴单位 2052 家，净增单位 53 家；新开户职工 0.79 万人，实缴职工 18.57 万人，净增职工-0.25 万人；缴存额 24.98 亿元，同比增长 5.18%。2018 年末，缴存总额 248.90 亿元，同比增长 11.16%；缴存余额 91.30 亿元，同比增长 4.16%。

受委托办理住房公积金缴存业务的银行 7 家，比上年增加 1 家。

（二）**提取**：2018 年，提取额 21.33 亿元，同比增长 11.85%；占当年缴存额的 85.39%，比上年增加 5.10 个百分点。2018 年末，提取总额 157.60 亿元，同比增长 15.65%。

（三）**贷款**：个人住房贷款：个人住房贷款最高额度 80 万元，其中，单缴存职工最高额度 80 万元，双缴存职工最高额度 80 万元。

2018 年，发放个人住房贷款 0.38 万笔 10.47 亿元，同比分别下降 13.66%、17.56%。

2018 年，回收个人住房贷款 9.85 亿元。

2018 年末，累计发放个人住房贷款 6.47 万笔 144.46 亿元，贷款余额 75.56 亿元，同比分别增 6.07%、7.81%、0.81%。个人住房贷款余额占缴存余额的 82.76%，比上年减少 2.75 个百分点。

受委托办理住房公积金个人住房贷款业务的银行 3 家，与上年相同。

（四）**资金存储**：2018 年末，住房公积金存款 16.79 亿元。其中，活期 0.09 亿元，1 年（含）以下定期 7.18 亿元，1 年以上定期 4 亿元，其他（协定、通知存款等）5.52 亿元。

（五）**资金运用率**：2018 年末，住房公积金个人住房贷款余额、项目贷款余额和购买国债余额的总和占缴存余额的 82.76%，比上年减少 2.86 个百分点。

三、主要财务数据

（一）**业务收入**：2018 年，业务收入 27912.91 万元，同比下降 8.78%。存款利息 3684.02 万元，委托贷款利息 24224.25 万元，国债利息 0 万元，其他 4.64 万元。

（二）**业务支出**：2018 年，业务支出 14718.04 万元，同比增长 3.17%。支付职工住房公积金利息 13572.58 万元，归集手续费 592.70 万元，委托贷款手续费 133.87 万元，其他 418.89 万元。

（三）**增值收益**：2018 年，增值收益 13194.87 万元，同比下降 19.21%。增值收益率 1.48%，比上年减少 0.42 个百分点。

（四）**增值收益分配**：2018 年，提取贷款风险准备金 61.40 万元，提取管理费用 2043.28 万元，提取城市廉租住房（公共租赁住房）建设补充资金 11090.19 万元。

2018 年，上交财政管理费用 2043.28 万元。上缴财政城市廉租住房（公共租赁住房）建设补充资金 14648.21 万元。

2018 年末，贷款风险准备金余额 35320.83 万元。累计提取城市廉租住房（公共租赁住房）建设补充资金 81814.09 万元。

（五）**管理费用支出**：2018 年，管理费用支出 2322.56 万元，同比增长 124.3%。其中，人员经费 431.14 万元，公用经费 387.42 万元，专项经费 1504 万元。

四、资产风险状况

（一）**个人住房贷款**：2018 年末，个人住房贷款逾期额 0 万元，逾期率 0‰。

个人贷款风险准备金按贷款余额的 1% 提取。2018 年，提取个人贷款风险准备金 61.40 万元，使用个人贷款风险准备金核销呆坏账 0 万元。2018 年末，个人贷款风险准备金余额 35320.83 万元，占个人住房贷款余额的 4.67%，个人住房贷款逾期额与个人贷款风险准备金余额的比率为 0%。

（二）历史遗留风险资产：2018 年末，历史遗留风险资产余额 0 万元，比上年减少 995.05 万元，历史遗留风险资产回收率 100%。

五、社会经济效益

（一）缴存业务：2018 年，实缴单位数、实缴职工人数和缴存额同比分别增长 -2.52%、-1.38% 和 5.18%。

缴存单位中，国家机关和事业单位占 50.15%，国有企业占 21.69%，城镇集体企业占 1.90%，外商投资企业占 1.75%，城镇私营企业及其他城镇企业占 14.33%，民办非企业单位和社会团体占 1.07%，其他占 9.11%。

缴存职工中，国家机关和事业单位占 31.80%，国有企业占 52.43%，城镇集体企业占 3.44%，外商投资企业占 1.26%，城镇私营企业及其他城镇企业占 6.33%，民办非企业单位和社会团体占 0.48%，其他占 4.26%；中、低收入占 99.17%，高收入占 0.83%。

新开户职工中，国家机关和事业单位占 19.40%，国有企业占 28.42%，城镇集体企业占 1.16%，外商投资企业占 6.97%，城镇私营企业及其他城镇企业占 24.20%，民办非企业单位和社会团体占 1.20%，其他占 18.65%；中、低收入占 99.13%，高收入占 0.87%。

（二）提取业务：2018 年，7.13 万名缴存职工提取住房公积金 21.33 亿元。

提取金额中，住房消费提取占 63.63%（购买、建造、翻建、大修自住住房占 15.24%，偿还购房贷款本息占 65.56%，租赁住房占 0.63%，其他占 18.57%）；非住房消费提取占 36.37%（离休和退休提取占 86.28%，完全丧失劳动能力并与单位终止劳动关系提取占 8.13%，户口迁出本市或出境定居占 0%，其他占 5.59%）。

提取职工中，中、低收入占 99.20%，高收入占 0.80%。

（三）贷款业务：

1. **个人住房贷款**。2018 年，支持职工购建房 38.04 万平方米，年末个人住房贷款市场占有率为 49%，比上年增加 6.7 个百分点。通过申请住房公积金个人住房贷款，可节约职工购房利息支出 19926 万元。

职工贷款笔数中，购房建筑面积 90（含）平方米以下占 35%，90~144（含）平方米占 60%，144 平方米以上占 5%。购买新房占 23%（其中购买保障性住房占 0%），购买二手房占 40%，建造、翻建、大修自住住房占 0%，其他占 37%。

职工贷款笔数中，单缴存职工申请贷款占 38%，双缴存职工申请贷款占 62%，三人及以上缴存职工共同申请贷款占 0%。

贷款职工中，30 岁（含）以下占 23%，30 岁~40 岁（含）占 40%，40 岁~50 岁（含）占 24%，50 岁以上占 13%；首次申请贷款占 100%，二次及以上申请贷款占 0%；中、低收入占 99.6%，高收入占 0.4%。

2. **异地贷款**。2018 年，发放异地贷款 373 笔 11554.50 万元。2018 年末，发放异地贷款总额

39973.00 万元，异地贷款余额 31293.56 万元。

（四）住房贡献率： 2018 年，个人住房贷款发放额、公转商贴息贷款发放额、项目贷款发放额、住房消费提取额的总和与当年缴存额的比率为 96.24%，比上年减少 11.12 个百分点。

六、其他重要事项

（一）当年机构及职能调整情况、受委托办理缴存贷款业务金融机构变更情况：2018 年 8 月，按照抚顺市委、市政府机构改革的总体安排，中心由原市政府直属局级事业单位调整为市政府直属县级事业单位，工作职能没有调整。2018 年 8 月 9 日，新的抚顺市住房公积金管理中心正式挂牌成立。受委托办理缴存贷款业务金融机构原有中国银行、工商银行、建设银行、农业银行、交通银行、抚顺银行等六家，2018 年，新增锦州银行，目前共七家金融机构受委托办理缴存贷款业务。

（二）当年住房公积金政策调整及执行情况：

1. **当年缴存基数限额及确定方法、缴存比例等缴存政策调整情况。** 2018 年住房公积金年度（2018 年 7 月 1 日至 2019 年 6 月 30 日）单位和职工住房公积金缴存比例不变，仍为各 12%。住房公积金缴存比例最低不得低于 5%；2018 年住房公积金年度的缴存基数为 2018 年职工月平均工资。2018 年度住房公积金缴存基数上限为 2018 年抚顺市职工月均工资的 300%，即 14235 元。职工住房公积金月缴存基数不得低于抚顺市人力资源和社会保障局公布的抚顺市最低工资标准，即市（区）（含沈抚新城）每月最低工资标准为 1420 元；抚顺县、清原满族自治县、新宾满族自治县，每月最低工资标准为 1300 元。

2. **当年个人住房贷款最高贷款额度、贷款条件等贷款政策调整情况。** 借款人购买商品房的，贷款额度上限 80 万元，套型建筑面积 90 平方米以下，首付比例不低于 20%；套型建筑面积 90 平方米以上的，首付比例不低于 30%；购买二手房的，贷款额度上限 40 万元，首付比例不低于 40%。原政策公积金购房贷款合同履行期间，有连续 3 期累计 6 期逾期记录的不予贷款，调整为单笔住房公积金贷款在近三年内，有连续逾期 3 期、累计逾期超过 6 期（含担保代偿）记录的不予贷款。

3. **当年住房公积金存贷款利率执行标准。** 按照中国人民银行、住房城乡建设部、财政部印发《关于完善职工住房公积金账户存款利率形成机制的通知》（银发〔2016〕43 号），自 2016 年 2 月 21 日起，职工住房公积金账户存款利率统一按一年期定期存款基准利率执行；按照中国人民银行的规定确定贷款利率，五年及以下 2.75%，五年以上 3.25%。

（三）当年服务改进情况：

1. **纠正"四风"，优化营商环境。** 一是减少各项审批要件，梳理出拟取消和保留的证明目录，向社会公布。二是减少审批步骤，减少不必要的环节，提高办事效率。三是压缩审批时间，强化各工作环节的衔接。四是完善服务渠道，在 12329 热线、短信基础上，将逐步开通微信公众号、网厅、APP 等综合服务渠道。五是推进信息共享，目前已完成与人民银行、民政部门信息共享，将逐渐实现与其他部门的信息共享。六是强化服务反馈，全面开通 12329 热线服务，在工作日工作时间提供人工咨询和受理投诉业务。七是改进银行服务，加强对受托银行的考核与监督。八是加强对先进典型的宣传，激发广大干部见贤思齐、奋发有为，在工作中形成鼓励担当作为、崇尚苦干实干的良好氛围。2018 年 8 月，中心为职工提取公积金营造便捷环境喜获省民心网 10 星评价。

2. **提高服务质量，加强日常监督管理。** 自 2018 年 5 月 5 日起，中心设立双休日无休窗口，方便群众办事。同时，进一步加强日常监督管理，实行领导干部信息"三公开"，将工作分工、工作职责、办公电话进行公开，畅通投诉举报渠道。设立违反党纪政纪投诉专区，将纪检部门投诉邮箱、电话进行公开，在中心服务大厅、各办事处设立投诉举报箱。

（四）当年信息化建设情况：2018年，中心顺利完成了住房城乡建设部的双贯标验收工作。中心自2018年1月起进行新系统的建设，以"双贯标"标准设计实施，在7月初上线时达到了当时的"双贯标"要求。2018年4月8日，结合新的"双贯标"标准，对59项内容进行了改造，6月中旬，改造后的功能全部上线。7月初，向省住房城乡建设厅报送了"双贯标"预验收的申请，11月6日，省住房城乡建设厅预验收组到中心进行了预验收，给予了90.93分的成绩。11月28日，住房城乡建设部"双贯标"验收组到中心进行验收，就数据质量、贯标情况、财务制度、科目及账户的设置、凭证规范、柜员权限、服务意识等进行了全方位检查，提出了详尽的整改意见，对中心的具体工作和发展方向给出了中肯的意见和建议。我中心以超过90分的优秀成绩一次性通过了"双贯标"验收，并将促进中心的信息化建设水平不断提高。

（五）当年住房公积金管理中心及职工所获荣誉情况：2018年，中心被评为辽宁省文明单位、顺城办事处荣获"抚顺市青年文明号"光荣称号。

本溪市住房公积金2018年年度报告

一、机构概况

（一）住房公积金管理委员会：住房公积金管理委员会有15名委员。2018年召开1次会议，审议通过的重点事项为关于市住房公积金管理情况的汇报。

（二）住房公积金管理中心：2018年12月29日经中共本溪市委机构编制委员会办公室核准，住房公积金管理中心为本溪市政府直属正县级事业单位，内设机构6个，分支机构3个，1个分中心。从业人员88人，其中，在编54人（其中：市中心含两县46人，本钢分中心在编8人），非在编34人。

二、业务运行情况

（一）缴存：2018年，新开户单位126家，实缴单位2071家，净增单位120家；新开户职工0.81万人，实缴职工19.26万人，净增职工0.12万人；缴存额18.06亿元，同比增长1.01%。2018年末，缴存总额186.62亿元，同比增长10.71%；缴存余额65.86亿元，同比增长7.39%。

受委托办理住房公积金缴存业务的银行5家，比上年减少6家。

（二）提取：2018年，提取额13.53亿元，同比增长27.76%；占当年缴存额的74.92%，比上年增加15.69个百分点。2018年末，提取总额120.76亿元，同比增长12.62%。

（三）贷款：个人住房贷款最高额度80万元，其中，单缴存职工最高额度80万元，双缴存职工最高额度80万元。

2018年,发放个人住房贷款0.44万笔11.21亿元,同比分别增长0.64%、5.56%。其中,本溪市中心发放个人住房贷款0.29万笔8.09亿元,本钢分中心发放个人住房贷款0.15万笔3.12亿元。

2018年,回收个人住房贷款5.1亿元。其中,本溪市中心3.64亿元,本钢分中心1.46亿元。

2018年末,累计发放个人住房贷款4.22万笔80.72亿元,贷款余额50.35亿元,同比分别增长11.64%、16.13%、13.84%。个人住房贷款余额占缴存余额的76.45%,比上年增加4.33个百分点。

受委托办理住房公积金个人住房贷款业务的银行3家,比上年无增减。

(四)资金存储:2018年末,住房公积金存款24.5亿元。其中,活期2.56亿元,1年(含)以下定期18.34亿元,1年以上定期3.6亿元。

(五)资金运用率:2018年末,住房公积金个人住房贷款余额、项目贷款余额和购买国债余额的总和占缴存余额的76.45%,比上年增加4.32个百分点。

三、主要财务数据

(一)业务收入:2018年,业务收入22455.61万元,同比增长22.14%。其中,本溪市中心14716.18万元,本钢分中心7739.43万元;存款利息7496.46万元,委托贷款利息14926.25万元,国债利息0万元,其他32.9万元。

(二)业务支出:2018年,业务支出5942.62万元,同比下降33.97%。其中,本溪市中心1576.19万元,本钢分中心4366.43万元;支付职工住房公积金利息5138.71万元,归集手续费0万元,委托贷款手续费557.18万元,其他246.73万元。

(三)增值收益:2018年,增值收益16513万元,同比增长75.93%。其中,本溪市中心13140万元,本钢分中心3373万元;增值收益率2.36%,比上年增加0.74个百分点。

(四)增值收益分配:2018年,提取贷款风险准备金9907.8万元,提取管理费用1604万元,提取城市廉租住房(公共租赁住房)建设补充资金5001.2万元。

2018年,上交财政管理费用1076万元。上缴财政城市廉租住房(公共租赁住房)建设补充资金4180万元。其中,本溪市中心上缴4180万元,本钢分中心上缴(收缴单位)0万元。

2018年末,贷款风险准备金余额50132.03万元。累计提取城市廉租住房(公共租赁住房)建设补充资金21135.14万元。其中,本溪市中心提取8732.67万元,本钢分中心提取12402.47万元。

(五)管理费用支出:2018年,管理费用支出1137.71万元,同比增长24.66%。其中,人员经费481.75万元,公用经费397.11万元,专项经费258.85万元。

本溪市中心管理费用支出1076万元,其中,人员、公用、专项经费分别为430.4万元、387.36万元、258.24万元;本钢分中心管理费用支出61.71万元,其中,人员、公用、专项经费分别为51.35万元、9.75万元、0.61万元。

四、资产风险状况

2018年末,个人住房贷款逾期额2901.74万元,逾期率5.76‰。其中,本溪市中心7.92‰,本钢分中心0.28‰。

个人贷款风险准备金按(增值收益)的60%提取。2018年,提取个人贷款风险准备金9907.8万元,使用个人贷款风险准备金核销呆坏账 0 万元。2018 年末，个人贷款风险准备金余额 50132.03 万元，占个人住房贷款余额的 9.95%，个人住房贷款逾期额与个人贷款风险准备金余额的比率为 5.79%。

五、社会经济效益

（一）缴存业务：2018 年，实缴单位数、实缴职工人数同比分别下降 22.14%、5.77%，缴存额同比增长 1.01%。

缴存单位中，国家机关和事业单位占 48.58%，国有企业占 15.26%，城镇集体企业占 0.87%，外商投资企业占 0.77%，城镇私营企业及其他城镇企业占 5.89%，其他占 28.63%。

缴存职工中，国家机关和事业单位占 29.34%，国有企业占 48.9%，城镇集体企业占 0.2%，外商投资企业占 0.8%，城镇私营企业及其他城镇企业占 3.31%，民办非企业单位和社会团体占 0.08%，其他占 17.37%；中、低收入占 100%，高收入占 0%。

新开户职工中，国家机关和事业单位占 12.39%，国有企业占 25.02%，城镇集体企业占 0.33%，外商投资企业占 0.66%，城镇私营企业及其他城镇企业占 8.38%，民办非企业单位和社会团体占 0.48%，其他占 52.74%；中、低收入占 23%，高收入占 77%。

（二）提取业务：2018 年，5.15 万名缴存职工提取住房公积金 13.53 亿元。

提取金额中，住房消费提取占 72.21%（购买、建造、翻建、大修自住住房占 33.37%，偿还购房贷款本息占 30.67%，租赁住房占 5.47%，其他占 2.7%）；非住房消费提取占 27.79%（离休和退休提取占 16.74%，完全丧失劳动能力并与单位终止劳动关系提取占 6.89%，户口迁出本市或出境定居占 1.01%，其他占 3.15%）。

提取职工中，中、低收入占 100%，高收入占 0%。

（三）贷款业务：

1. 个人住房贷款：2018 年，支持职工购建房 34.06 万平方米，年末个人住房贷款市场占有率为 49.61%，比上年增加 16.65 个百分点。通过申请住房公积金个人住房贷款，可节约职工购房利息支出 25794.04 万元。

职工贷款笔数中，购房建筑面积 90（含）平方米以下占 58%，90～144（含）平方米占 40%，144 平方米以上占 2%。购买新房占 49.04%，购买二手房占 50.96%，其他占 0。

职工贷款笔数中，单缴存职工申请贷款占 66.16%，双缴存职工申请贷款占 33.84%。

贷款职工中，30 岁（含）以下占 21.12%，30 岁～40 岁（含）占 37.59%，40 岁～50 岁（含）占 26.64%，50 岁以上占 14.65%；首次申请贷款占 99.58%，二次及以上申请贷款占 0.42%；中、低收入占 100%，高收入占 0%。

2. 异地贷款：2018 年，发放异地贷款 448 笔 11621 万元。年末，发放异地贷款总额 24839 万元，异地贷款余额 62095.19 万元。

（四）住房贡献率：2018 年，个人住房贷款发放额、公转商贴息贷款发放额、项目贷款发放额、住房消费提取额的总和与当年缴存额的比率为 136.99%，比上年增加 38.81 个百分点。

六、其他重要事项

（一）当年机构及职能调整情况、受委托办理缴存贷款业务金融机构变更情况

1. 2018 年 12 月 29 日根据《中共本溪市委办公厅印发〈本溪市市直公益事业单位优化整合方案〉的

通知》（本委办发〔2018〕51号），设立本溪市住房公积金管理中心，机构规格相当于正县级，为市政府直属事业单位。

2.2018年公积金个人住房贷款委托金融机构没有发生变化，委托建行、中行、工行发放住房公积金贷款。7月20以后中心开始自主核算，委托发放。收回贷款历史数据及核算管理和贷后管理。

（二）当年住房公积金政策调整及执行情况

1. 2018年缴存基数上限为测评工资三倍计算12500.00元；当年提取政策调整情况等同上一年保持一致，没有任何变化。

2. 2018年住房公积金个人贷款最高贷款额度为80万元；贷款政策严格审查借款人和共同借款人的个人征信报告，严格管控不良信用记录的贷款准入；严格控制第三套房贷款，不对购买第三套住房的职工提供住房公积金贷款。当年贷款利率按照人民银行规定，五年以下贷款年利率2.75%，五年以上贷款年利率3.25%。

（三）当年服务改进情况

1. **2018年服务改进情况**：按业务类型，优化排队叫号系统；为改善服务大厅内增设"一米线"；专门设置业务咨询引导员，方便办事群众、缓解柜面压力。

2. **综合服务平台服务和其他网络载体服务渠道稳步建设**。按照综合服务平台初步计划，2108年年初目前已开通门户网站、微信公众号、12329热线、自助终端等服务渠道。住房中心的微信公众号已经开通，公众可以通过住房中心的微信公众号和网站了解并掌握更多的公积金方面的信息。12329热线和网站查询功能已经被公众认知并使用。我中心遵照"统一决策、统一管理、统一制度、统一核算"的原则，建设更加完善、便捷、安全的新一代业务管理系统。通过流程再造，使业务流程更科学合理，管理运行更加规范，工作效率不断提高，未来以"互联网+"为导向，以移动终端为主要载体，积极推进"互联网+公积金"综合服务平台建设，为群众提供更加便捷的业务渠道。

（四）当年信息化建设情况

1. **本溪市住房公积金管理系统符合"双贯标"要求的**。2018年，本溪市住房公积金管理系统是严格按照《住房公积金基础数据标准》JGJ/T 320—2014和《住房公积金信息系统技术规范》J/T 388—2016标准开发的。截至目前，本溪市住房公积金管理系统已经完成系统的开发，保障上线后能够稳定运行。

本溪市住房公积金管理系统集成了业务管理系统、会计核算管理系统、贷款核算系统，全面覆盖住房公积金管理的各个方面，并真正完成了"业务驱动财务，财务监管业务"，相互制约，相互监管的全新管理方式。

2. **本溪市住房公积金管理中心通过"双贯标"验收**。2018年12月28日，住房城乡建设部"双贯标"检查验收专家组对我市住房公积金管理中心贯彻落实《住房公积金基础数据标准》和《接入住房公积金银行结算数据应用系统接口标准》（简称"双贯标"）进行检查验收。在经过听取汇报、检查、问询、答疑和讨论后，一致同意我市住房公积金管理中心通过贯标验收。这标志着我市住房公积金管理中心的住房公积金信息系统达到行业标准规范要求，也为我中心信息工作奠定了良好的基础。通过贯彻落实"双贯标"工作，资金管理上实现了"三统一"（统一银行账户管理、统一资金调拨、统一资金结算），业务办理上实现了"六实时"（汇缴实时入账、提取实时入卡、贷款结算实时发放、资金实时调拨、账户实时监控、业务实时完结），管理水平得到全面提升，服务更加高效便捷，真正达到"让系统数据多跑路，缴存职工少跑腿"的目标。这是我市公积金信息化管理水平的一次飞跃，标志着住房公积金管理进入了全面科学规范自主管理的新时代。建立了科学规范的住房公积金数据体系，提升了公积金业务的标准化水平，更有利于主管部门的监督管理，为一步与其他部门的信息共享、参与社会征信体系和政府大数据平台建设提供了条件。

丹东市住房公积金2018年年度报告

一、机构概况

（一）住房公积金管理委员会：住房公积金管理委员会有23名委员，2018年召开1次会议，审议通过的事项主要包括：市第四届住房公积金管理委员会换届调整情况的报告；2018年住房公积金计划执行情况和2018年计划安排的报告；2018年住房公积金增值收益分配意见；调整我市住房公积金缴存、提取、贷款政策的意见；确定我市住房公积金归集受托银行的意见。

（二）住房公积金管理中心：住房公积金管理中心为直属丹东市人民政府的不以营利为目的的事业单位，内设5个部门。从业人员104人，其中，在编43人，非在编61人。

二、业务运行情况

（一）缴存：2018年，新开户单位183家，实缴单位2721家，净增单位93家；新开户职工0.97万人，实缴职工14.34万人，净增职工0.06万人；缴存额17.16亿元，同比增长1.12%。2018年末，缴存总额136.92亿元，同比增长14.34%；缴存余额58.64亿元，同比增长4.85%。

受委托办理住房公积金缴存业务的银行1家，比上年减少2家。

（二）提取：2018年，提取额14.45亿元，同比增长20.72%；占当年缴存额的84.21%，比上年增加13.68个百分点。2018年末，提取总额78.28亿元，同比增长22.66%。

（三）贷款：个人住房贷款最高额度80万元，其中，单缴存职工最高额度50万元，双缴存职工最高额度80万元。

2018年，发放个人住房贷款0.44万笔13.96亿元，同比分别增长12.82%、14.52%。

2018年，回收个人住房贷款6.81亿元。

2018年末，累计发放个人住房贷款4.74万笔105.50亿元，贷款余额59.87亿元，同比分别增长10.23%、15.26%、13.56%。个人住房贷款余额占缴存余额的102.10%，比上年增加7.85个百分点。

受委托办理住房公积金个人住房贷款业务的银行9家，比上年增加1家。

（四）融资：2018年，融资3.85亿元，归还2.08亿元。2018年末，融资总额5.95亿元，融资余额3.01亿元。

（五）资金存储：2018年末，住房公积金存款2.37亿元。其中，活期0.02亿元，1年（含）以下定期1.37亿元，1年以上定期0.05亿元，其他（协定、通知存款等）0.93亿元。

（六）资金运用率：2018年末，住房公积金个人住房贷款余额、项目贷款余额和购买国债余额的总和占缴存余额的102.10%，比上年增加7.85个百分点。

三、主要财务数据

（一）业务收入：2018年，业务收入18999.89万元，同比增长7.88%。其中，存款利息631.40万元，委托贷款利息18360.77万元，其他7.72万元。

（二）业务支出：2018年，业务支出10460.42万元，同比增长16.43%。其中，支付职工住房公积金利息8715.70万元，委托贷款手续费739.76万元，其他1004.96万元。

（三）增值收益：2018年，增值收益8539.47万元，同比下降1.02%。增值收益率1.49%，比上年减少0.1个百分点。

（四）增值收益分配：2018年，提取贷款风险准备金715.39万元，提取管理费用1361.94万元，提取城市廉租住房（公共租赁住房）建设补充资金6462.14万元。

2018年，上交财政管理费用1361.94万元。上缴财政城市廉租住房（公共租赁住房）建设补充资金4928.30万元。

2018年末，贷款风险准备金余额12133.56万元。累计提取城市廉租住房（公共租赁住房）建设补充资金43543.34万元。

（五）管理费用支出：2018年，管理费用支出2246.79万元，同比增长67.86%。其中，人员经费477.03万元，公用经费77.24万元，专项经费1692.52万元。

四、资产风险状况

2018年末，个人住房贷款逾期额182.47万元，逾期率0.30‰。

个人贷款风险准备金按贷款余额的1%提取。2018年，提取个人贷款风险准备金715.39万元，使用个人贷款风险准备金核销呆坏账0万元。2018年末，个人贷款风险准备金余额12133.56万元，占个人住房贷款余额的2.03%，个人住房贷款逾期额与个人贷款风险准备金余额的比率为1.50%。

五、社会经济效益

（一）缴存业务：2018年，实缴单位数、实缴职工人数和缴存额同比分别增长3.54%、0.42%和1.12%。

缴存单位中，国家机关和事业单位占57.59%，国有企业占9.15%，城镇集体企业占0.37%，外商投资企业占1.14%，城镇私营企业及其他城镇企业占30.72%，民办非企业单位和社会团体占1.03%。

缴存职工中，国家机关和事业单位占49.08%，国有企业占26.81%，城镇集体企业占0.13%，外商投资企业占1.75%，城镇私营企业及其他城镇企业占21.99%，民办非企业单位和社会团体占0.25%；中、低收入占99.93%，高收入占0.07%。

新开户职工中，国家机关和事业单位占17.87%，国有企业占19.64%，城镇集体企业占0.91%，外商投资企业占2.88%，城镇私营企业及其他城镇企业占57.43%，民办非企业单位和社会团体占1.27%；中、低收入占98.74%，高收入占1.26%。

（二）提取业务：2018年，5.13万名缴存职工提取住房公积金14.45亿元。

提取金额中，住房消费提取占73.47%（购买、建造、翻建、大修自住住房占27.11%，偿还购房贷款本息占70.33%，租赁住房占2.23%，其他占0.33%）；非住房消费提取占26.53%（离休和退休提取占91.57%，完全丧失劳动能力并与单位终止劳动关系提取占0.12%，户口迁出本市或出境定居占2.47%，其他占5.85%）。

提取职工中，中、低收入占99.83%，高收入占0.17%。

（三）贷款业务：

1. 个人住房贷款：2018年，支持职工购建房46.36万平方米，年末个人住房贷款市场占有率为25.52%，比上年增加0.07个百分点。通过申请住房公积金个人住房贷款，可节约职工购房利息支出24276.10万元。

职工贷款笔数中，购房建筑面积90（含）平方米以下占29.46%，90~144（含）平方米占63.50%，144平方米以上占7.04%。购买新房占80.72%，购买二手房占19.28%。

职工贷款笔数中，单缴存职工申请贷款占31.57%，双缴存职工申请贷款占66.59%，三人及以上缴存职工共同申请贷款占1.84%。

贷款职工中，30岁（含）以下占20.74%，30岁~40岁（含）占38.72%，40岁~50岁（含）占27.46%，50岁以上占13.08%；首次申请贷款占85.24%，二次及以上申请贷款占14.76%；中、低收入占98.91%，高收入占1.09%。

2. 异地贷款：2018年，发放异地贷款371笔11275.30万元。2018年末，发放异地贷款总额42744.20万元，异地贷款余额34619.19万元。

3. 公转商贴息贷款：2018年，发放公转商贴息贷款1427笔50584.90万元，支持职工购建住房面积15.08万平方米，当年贴息额457.47万元。2018年末，累计发放公转商贴息贷款2874笔101450.80万元，累计贴息481.52万元。

（四）住房贡献率：2018年，个人住房贷款发放额、公转商贴息贷款发放额、项目贷款发放额、住房消费提取额的总和与当年缴存额的比率为172.72%，比上年增加18.06个百分点。

六、其他重要事项

（一）当年机构及职能调整情况、受委托办理缴存贷款业务金融机构变更情况：2018年8月，根据中共丹东市委办公室关于《市直公益性事业单位优化整合方案》的通知要求，市政府将市住房公积金管理中心及其所属东港办事处、凤城办事处、宽甸办事处进行整合，组建丹东市住房公积金服务中心，为市政府直属事业单位。

我中心受委托办理缴存、贷款业务金融机构未发生变化。

（二）当年住房公积金政策调整及执行情况：

1. 当年缴存基数限额及确定方法、缴存比例调整情况。2018年，住房公积金月缴存基数为职工本人上一年度月平均工资，上限不超过市统计局公布的丹东市2018年在岗职工人均工资的3倍，即10558元，下限最低市区1420元，东港市、凤城市、宽甸县和大孤山经济区1350元。住房公积金缴存比例为单位和个人各12%，凡住房公积金缴存比例高于12%，一律予以规范调整。

2. 当年住房公积金存贷款利率执行标准。2018年,职工住房公积金账户存款利率仍统一按一年期定期存款基准利率执行;个人住房公积金贷款利率未发生变化,5年及以下为2.75%,5年以上为3.25%,第二套房个人住房公积金贷款利率按基准利率上浮1.1倍。

(三)当年服务改进情况:一是开设双休日便民服务窗口。全地区共开设服务窗口28个,按平时2/3落实值班窗口数量,在双休日期间共开放服务窗口13个,实施领导带班、科长值班、工作人员轮岗、顶岗制度,缴存职工可以利用假期来办理公积金业务。开展便民利民服务,办理上门服务3次、特殊人群服务1次、紧急业务开设"绿色通道",积极推行更加人性化的服务措施。二是简化办理要件,取消了"为单位开户登记、单位账户分立时需提供的开户当月或上月的《丹东市社会保险缴费核定单》"和"单位新增职工开户、个人账户内部转移时需提供的缴纳基本养老保险证明"等2项证明事项。三是增加便民服务设施,如急救药箱、雨伞、花镜等常用物品。

(四)当年信息化建设情况:一是加快软件升级步伐。公积金现运行的3.5系统已滞后,中心集中10天时间赶赴石家庄软件公司,围绕公积金归集、提取、贷款、财务、档案管理等向软件公司提需求,将由原住房公积金综合服务管理系统升级为住房公积金云平台系统,以更加便捷的服务满足缴存职工的服务需求。二是加快综合服务平台建设。根据系统升级的需求,将网上营业厅、手机APP、微信、智能终端等8个服务渠道进行整合,努力实现90%以上业务线上办理,切实提高业务办理效率,真正将"零跑腿"或"只跑一次"落实到位。三是启动电子档案系统建设,已完成电子档案系统需求和招投标工作,努力实现档案录入、查询、借阅、统计等操作,提高业务办理效率。

(五)当年住房公积金管理中心及职工所获荣誉情况:2018年,经过全体干部职工的积极努力,公积金中心获得市"三八红旗集体"的荣誉称号。

锦州市住房公积金2018年年度报告

一、机构概况

(一)住房公积金管理委员会:住房公积金管理委员会有24名委员,2018年召开一次会议,审议通过的事项主要包括:1.《2018年公积金收支计划》;2.《2018年住房公积金增值收益分配方案》;3.《关于确认公积金金融业务委托合作银行的说明》;4.《关于在锦州银行、锦州招商银行继续开展单一存款业务的意见》;5.《关于调整公积金个人住房贷款政策的意见》;6《关于聘用合同制员工的意见》。

(二)住房公积金管理中心:住房公积金管理中心为锦州市城市建设服务中心内设分支机构,设13个科室,5个办事处。从业人员120人,其中,在编70人,非在编50人。

二、业务运行情况

(一)缴存:2018年,新开户单位188家,实缴单位3194家,净增单位153家;新开户职工1.2万人,实缴职工18.39万人,减少职工0.2万人;缴存额21.07亿元,同比增长4.93%。2018年末,缴存总额 175.74 亿元，同比增长 13.63%；缴存余额 90.17 亿元，同比增长 6.17%。

受委托办理住房公积金缴存业务的银行 4 家，与上年相比没有变化。

（二）提取：2018 年，提取额 15.83 亿元，同比增长 17.43%；占当年缴存额的 75.13%，比上年增加 8 个百分点。2018 年末，提取总额 85.57 亿元，同比增长 22.72%。

（三）个人住房贷款：个人住房贷款最高额度 80 万元，其中，单缴存职工最高额度 80 万元，双缴存职工最高额度 80 万元。

2018 年，发放个人住房贷款 0.47 万笔 15.95 亿元，同比分别增长 4.44%、15.75%。其中，市中心发放个人住房贷款 0.38 万笔 13.87 亿元，北镇办事处发放个人住房贷款 0.01 万笔 0.33 亿元，黑山办事处发放个人住房贷款 0.03 万笔 0.71 亿元，凌海办事处发放个人住房贷款 0.02 万笔 0.52 亿元，义县办事处发放个人住房贷款 0.02 万笔 0.31 亿元，开发区办事处发放个人住房贷款 0.01 万笔 0.21 亿元。

2018 年，回收个人住房贷款 6.86 亿元。其中，市中心 5.4 亿元，北镇办事处 0.2 亿元，黑山办事处 0.36 亿元，凌海办事处 0.33 亿元，义县办事处 0.26 亿元，开发区办事处 0.31 亿元。

2018 年末，累计发放个人住房贷款 5.43 万笔 110.59 亿元，贷款余额 66.63 亿元，同比分别增长 9.48%、16.85%、15.79%。个人住房贷款余额占缴存余额的 73.88%，比上年增加 6.13 个百分点。

受委托办理住房公积金个人住房贷款业务的银行 4 家，与上年相比没有变化。

（四）资金存储：2018 年末，住房公积金存款 24.74 亿元。其中，活期 0.01 亿元，1 年（含）以下定期 6.65 亿元，1 年以上定期 13.75 亿元，协定存款 4.33 亿元。

（五）资金运用率：2018 年末，住房公积金个人住房贷款余额、项目贷款余额和购买国债余额的总和占缴存余额的 73.88%，比上年增加 6.13 个百分点。

三、主要财务数据

（一）业务收入：2018 年，业务收入 26773.00 万元，同比增长 11.06%。存款利息 7034.78 万元，委托贷款利息 19738.22 万元。

（二）业务支出：2018 年，业务支出 15112.93 万元，同比增长 5.58%。其中，支付职工住房公积金利息 13729.41 万元，归集手续费 396.43 万元，委托贷款手续费 986.86 万元，其他 0.23 万元。

（三）增值收益：2018 年，增值收益 11660.07 万元，同比增长 19.07%。增值收益率 1.32%，比上年增加 0.13 个百分点。

（四）增值收益分配：2018 年，提取贷款风险准备金 6996.04 万元，提取管理费用 1435.15 万元，提取城市廉租住房（公共租赁住房）建设补充资金 3228.88 万元。

2018 年，上交财政管理费用 1435.15 万元。上缴财政城市廉租住房（公共租赁住房）建设补充资金 2550.38 万元。

2018 年末，贷款风险准备金余额 53719.66 万元。累计提取城市廉租住房（公共租赁住房）建设补充资金 22743.72 万元。

（五）管理费用支出：2018 年，管理费用支出 1435.15 万元，同比增长 5.01%。其中，人员经费 600.66 万元，公用经费 116.39 万元，专项经费 718.10 万元。

四、资产风险状况

2018 年末,个人住房贷款逾期额 1270.44 万元,逾期率 1.9‰。

个人贷款风险准备金按增值收益的 60% 提取。2018 年,提取个人贷款风险准备金 6996.04 万元。2018 年末,个人贷款风险准备金余额 53719.66 万元,占个人住房贷款余额的 8.06%,个人住房贷款逾期额与个人贷款风险准备金余额的比率为 2.36%。

五、社会经济效益

(一) **缴存业务**:2018 年,实缴单位数、实缴职工人数和缴存额同比分别增长 2.47%、-1.08% 和 4.95%。

缴存单位中,国家机关和事业单位占 66.59%,国有企业占 11.33%,外商投资企业占 0.91%,城镇私营企业及其他城镇企业占 20.91%,民办非企业单位和社会团体占 0.26%。

缴存职工中,国家机关和事业单位占 51.62%,国有企业占 28.97%,外商投资企业占 0.54%,城镇私营企业及其他城镇企业占 18.79%,民办非企业单位和社会团体占 0.08%;中、低收入占 99.07%,高收入占 0.93%。

新开户职工中,国家机关和事业单位占 33%,国有企业占 14.71%,外商投资企业占 1.71%,城镇私营企业及其他城镇企业占 50.29%,民办非企业单位和社会团体占 0.29%;中、低收入占 99.29%,高收入占 0.71%。

(二) **提取业务**:2018 年,5.19 万名缴存职工提取住房公积金 15.83 亿元。

提取金额中,住房消费提取占 65.72%(购买、建造、翻建、大修自住住房占 23.99%,偿还购房贷款本息占 48.61%,租赁住房占 0.56%,其他占 26.84%);非住房消费提取占 34.28%(离休和退休提取占 81.61%,完全丧失劳动能力并与单位终止劳动关系提取占 8.85%,户口迁出本市或出境定居占 3.46%,其他占 6.08%)。

提取职工中,中、低收入占 96.67%,高收入占 3.33%。

(三) **贷款业务**:

1. **个人住房贷款**:2018 年,支持职工购建房 50.12 万平方米,年末个人住房贷款市场占有率为 32.87%,比上年增加 1.66 个百分点。通过申请住房公积金个人住房贷款,可节约职工购房利息支出 26427.98 万元。

职工贷款笔数中,购房建筑面积 90(含)平方米以下占 29.46%,90~144(含)平方米占 64.28%,144 平方米以上占 6.26%。购买新房占 55.64%,购买二手房占 44.36%。

职工贷款笔数中,单缴存职工申请贷款占 59.77%,双缴存职工申请贷款占 40.12%,三人及以上缴存职工共同申请贷款占 0.11%。

贷款职工中,30 岁(含)以下占 29.23%,30 岁~40 岁(含)占 41.35%,40 岁~50 岁(含)占 23.41%,50 岁以上占 6.01%;首次申请贷款占 86.27%,二次及以上申请贷款占 13.73%;中、低收入占 99.36%,高收入占 0.64%。

2. **异地贷款**:2018 年,发放异地贷款 286 笔 10222.5 万元。2018 年末,发放异地贷款总额 43869.6

万元，异地贷款余额 28417.84 万元。

（四）**住房贡献率**：2018 年，个人住房贷款发放额、住房消费提取额的总和与当年缴存额的比率为 125.11%，比上年增加 12.16 个百分点。

六、其他重要事项

（一）当年机构及职能调整情况、受委托办理缴存贷款业务金融机构变更情况：

1. **机构及职能调整情况**。2018 年 12 月 17 日，中共锦州市委印发了《中共锦州市委办公室关于印发〈锦州市城市建设服务中心（锦州市住房公积金管理中心）主要职责、内设机构和人员编制规定〉的通知》（锦委办发〔2018〕168 号），锦州市住房公积金管理中心由原市政府直属的、不以营利为目的的、独立的正县级事业单位，调整为锦州市城市建设服务中心正科级内设分支机构，人员编制为 70 人，设正职 1 名，副职 4 名。

2. **受委托办理缴存贷款业务金融机构变更情况**。无变更。仍然委托中行、工行、建行、农行四家国有银行办理缴存贷款业务。

（二）当年住房公积金政策调整及执行情况：

1. **缴存基数限额及确定方法、缴存比例调整情况**。职工住房公积金缴存基数不得低于当地最低工资标准，不得高于市统计部门公布的上一年度城市在岗职工月平均工资 3 倍。职工个人和单位住房公积金的缴存比例不得低于 5%、高于 12%。

2. **住房公积金个人住房贷款调整情况**。经锦州市住房公积金管理委员会批准，于 2018 年 3 月 26 日起，增加省外异地贷款业务。凡异地贷款的职工，其账户余额不再作为公积金个人住房贷款额度的基数来计算。

3. **住房公积金存贷款利率执行标准**。2018 年住房公积金存贷款利率执行标准为 1 至 5 年利率为 2.75%，6 至 30 年利率为 3.25%。

（三）服务改进情况：

1. **减少审批要件**。职工办理提取、贷款等个人业务时，不再要求单位出具相关证明材料（特殊情况除外）。取消提交复印件，留存原件电子档案，为职工节约了成本。系统中留存电子信息实现各业务窗口共享，职工办理业务不必提供二次要件。

2. **减少审批步骤**。取消缴存单位对职工提取公积金业务的审核，即为单位减轻人工成本，又减少审批环节。缴存业务实行一级审批，提取业务由三级审批精简到二级审批，贷款业务由四级审批精简到三级审批。通过加大对操作系统的信息化改造，公积金余额一次性还清贷款业务，由原来信贷、提取、结算三个部门完成改为信贷科一个部门办理，余额结清后，差额部分在保证还款卡里有足够资金时，窗口可时时扣款，时时到账，减少了职工到公积金中心领取提取凭证，往返单位，再跑银行等诸多环节，让职工"少跑路，办成事"。

3. **压缩审批时间**。缴存、提取当日办结，实现了"最多跑一次"；特殊提取要件，需进一步核实的，在 3 个工作日内做出答复；贷款业务 5 个工作日内完成审批；抵押登记后 3 个工作日内完成放款，减少了等待时间。

4. **强化服务反馈**。加强群众监督的意识，保证职工咨询、投诉渠道畅通。12329 行业服务热线、民心网、群众诉求平台、群众意见箱多种途径解决群众的难题、疑惑，接受群众监督。2018年受理行业热线39765件，民心网91件，8890热线22件，办结率100％，群众满意率100％。

(四) 信息化建设情况：

1. "双贯标"圆满完成。根据住房城乡建设部《关于落实基础数据标准贯彻落实和结算应用系统接入工作计划的通知》（建金信函〔2018〕10号）（以下简称"双贯标"）精神，"公积金中心"与沈阳信正软件有限公司通力合作，"双贯标"工作于2018年3月启动，2018年4月上线试运行，2018年7月，公积金基础数据标准贯标和银行结算数据应用系统与公积金中心接口标准贯标顺利通过住房城乡建设部验收。同时，完成了省级住房公积金12329短信平台的接入准备工作。

2. 综合服务平台如期上线运行。2018年6月，全国住房公积金行业性管理综合服务平台建设正式启动，开通了官方微博、微信、手机APP，完善了查询服务功能。职工查询公积金政策和个人信息更全面、更准确。建立网上营业厅，实现单位经办人"零跑腿"。为推广综合服务平台工作，对全市及五个县区2000多名经办人员进行了集中培训。综合服务平台于2018年11月19日正式上线运行。这项技术成果，实现了住房公积金服务由柜面到网上、由人工到智能、由群众跑腿到信息跑路的全方位转变，解决了企业和群众办事难、办事慢、办事繁的问题，真正落实了一切为缴存职工服务的工作理念。

(五) 当年住房公积金管理中心及职工所获荣誉情况：市直机关工委授予《先进机关党委》、《党支部规范建设示范点》、《"让基层和群众满意"活动优秀单位》、《模范职工之家》。

(六) 对违反《住房公积金管理条例》和相关法规行为进行行政处罚和申请人民法院强制执行情况：对于长期恶意拖欠的，"公积金中心"依照法律程序进行清收。起诉了5位借款人，其中1人已还清，3人正处在法院执行阶段，1人被驳回。

营口市住房公积金2018年年度报告

一、机构概况

(一) 住房公积金管理委员会：住房公积金管理委员会有21名委员，2018年召开1次会议，审议通过的事项主要包括：《营口市住房公积金管理中心关于2018年住房公积金管理及收益分配情况的报告》、《关于调整我市住房公积金贷款政策的建议》、《关于规范住房公积金缴存工作的建议》、《关于对住房公积金提取管理办法修改的建议》、《关于取消住房公积金提取审批表的建议》。

(二) 住房公积金管理中心：住房公积金管理中心为市政府直属不以营利为目的的财政全额拨款事业单位，设7个科室，6个办事处。从业人员90人，其中，在编44人，非在编46人。

二、业务运行情况

(一) 缴存：2018年，新开户单位276家，实缴单位2612家，净增单位152家；新开户职工1.82万人，实缴职工16.75万人，净增职工0.67万人；缴存额19.87亿元，同比增长14.13％。2018年末，缴存总额 146.49 亿元，同比增长 15.69%；缴存余额 75.51 亿元，同比增长 9.28%。

受委托办理住房公积金缴存业务的银行 4 家，比上年减少 2 家。

（二）提取：2018 年，提取额 13.46 亿元，同比增长 31.45%；占当年缴存额的 67.74%，比上年增加 8.92 个百分点。2018 年末，提取总额 70.98 亿元，同比增长 23.42%。

（三）贷款：个人住房贷款最高额度 60 万元，其中，单缴存职工最高额度 40 万元，双缴存职工最高额度 60 万元。2018 年，发放个人住房贷款 0.54 万笔 15.54 亿元，同比分别下降 10%、11.3%。其中，市直办事处发放个人住房贷款 0.16 万笔 4.77 亿元，大石桥办事处发放个人住房贷款 0.04 万笔 0.94 亿元，盖州办事处发放个人住房贷款 0.03 万笔 0.7 亿元，鲅鱼圈办事处发放个人住房贷款 0.16 万笔 4.51 亿元，老边办事处发放个人住房贷款 0.09 万笔 2.49 亿元，沿海办事处发放个人住房贷款 0.06 万笔 2.13 亿元。

2018 年，回收个人住房贷款 7.69 亿元。其中，市直办事处 3.16 亿元，大石桥办事处 0.58 亿元，盖州办事处 0.36 亿元，鲅鱼圈办事处 2.31 亿元，老边办事处 0.89 亿元，沿海办事处 0.39 亿元。

2018 年末，累计发放个人住房贷款 5.96 万笔 116.5 亿元，贷款余额 71.47 亿元，同比分别增长 9.96%、15.38%、12.34%。个人住房贷款余额占缴存余额的 94.65%，比上年增加 2.58 个百分点。

受委托办理住房公积金个人住房贷款业务的银行 7 家，比上年增加 0 家。

（四）资金存储：2018 年末，住房公积金存款 5.48 亿元。其中，活期 0.06 亿元，1 年（含）以下定期 1.4 亿元，其他（协定、通知存款等）4.02 亿元。

（五）资金运用率：2018 年末，住房公积金个人住房贷款余额、项目贷款余额和购买国债余额的总和占缴存余额的 94.65%，比上年增加 2.58 个百分点。

三、主要财务数据

（一）业务收入：2018 年，业务收入 22680.86 万元，同比增长 11.23%。其中，市直办事处 9382.09 万元，大石桥办事处 1259.04 万元，盖州办事处 941.52 万元，鲅鱼圈办事处 6338.35 万元，老边办事处 3208.76 万元，沿海办事处 1551.1 万元，存款利息 884.91 万元，委托贷款利息 21795.95 万元。

（二）业务支出：2018 年，业务支出 11276.37 万元，同比增长 9.73%。其中，市直办事处 5667.94 万元，大石桥办事处 1240.94 万元，盖州办事处 538.79 万元，鲅鱼圈办事处 2212.54 万元，老边办事处 1086.44 万元，沿海办事处 529.71 万元；支付职工住房公积金利息 10968.17 万元，归集手续费 186.33 万元，委托贷款手续费 131.32 万元，其他－9.45 万元。

（三）增值收益：2018 年，增值收益 11404.49 万元，同比增长 12.76%。其中，市直办事处 3714.15 万元，大石桥办事处 18.1 万元，盖州办事处 402.73 万元，鲅鱼圈办事处 4125.81 万元，老边办事处 2122.32 万元，沿海办事处 1021.39 万元；增值收益率 1.58%，比上年增加 0.04 个百分点。

（四）增值收益分配：2018 年，提取贷款风险准备金 784.55 万元，提取管理费用 1291.79 万元，提取城市廉租住房（公共租赁住房）建设补充资金 9328.15 万元。

2018 年，上交财政管理费用 1291.79 万元。上缴财政城市廉租住房（公共租赁住房）建设补充资金 6623.57 万元。

2018 年末，贷款风险准备金余额 10210.45 万元。累计提取城市廉租住房（公共租赁住房）建设补充

资金 58357.05 万元。

（五）管理费用支出：2018 年，管理费用支出 1678.62 万元，同比增长 45.03%。其中，人员经费 798.01 万元，公用经费 55.53 万元，专项经费 825.08 万元。

四、资产风险状况

个人住房贷款：2018 年末，个人住房贷款逾期额 564.6 万元，逾期率 0.79‰。其中，市直办事处 0.32‰，盖州办事处 0.01‰，鲅鱼圈办事处 0.38‰，老边办事处 0.08‰。

个人贷款风险准备金按贷款余额的 1% 提取。2018 年，提取个人贷款风险准备金 784.55 万元，使用个人贷款风险准备金核销呆坏账 0 万元。2018 年末，个人贷款风险准备金余额 10210.45 万元，占个人住房贷款余的 1.43%，个人住房贷款逾期额与个人贷款风险准备金余额的比率为 5.53%。

五、社会经济效益

（一）缴存业务：2018 年，实缴单位数、实缴职工人数和缴存额同比分别增长 6.18%、4.17% 和 14.13%。

缴存单位中，国家机关和事业单位占 51.65%，国有企业占 4.82%，城镇集体企业占 0.49%，外商投资企业占 2.76%，城镇私营企业及其他城镇企业占 36.25%，民办非企业单位和社会团体占 1.65%，其他占 2.38%。

缴存职工中，国家机关和事业单位占 37.06%，国有企业占 15.3%，城镇集体企业占 0.25%，外商投资企业占 6.97%，城镇私营企业及其他城镇企业占 38.2%，民办非企业单位和社会团体占 1.53%，其他占 0.69%；中、低收入占 99.99%，高收入占 0.01%。

新开户职工中，国家机关和事业单位占 6.35%，国有企业占 5.42%，城镇集体企业占 0.06%，外商投资企业占 13.07%，城镇私营企业及其他城镇企业占 70.64%，民办非企业单位和社会团体占 3.61%，其他占 0.85%；中、低收入占 100%，高收入占 0%。

（二）提取业务：2018 年，5.22 万名缴存职工提取住房公积金 13.46 亿元。

提取金额中，住房消费提取占 72.01%（购买、建造、翻建、大修自住住房占 24.2%，偿还购房贷款本息占 68.8%，租赁住房占 5.08%，其他占 1.92%）；非住房消费提取占 27.99%（离休和退休提取占 71.48%，完全丧失劳动能力并与单位终止劳动关系提取占 13.07%，户口迁出本市或出境定居占 10.39%，其他占 5.06%）。

提取职工中，中、低收入占 99.77%，高收入占 0.23%。

（三）贷款业务：

1. 个人住房贷款：2018 年，支持职工购建房 57.38 万平方米，年末个人住房贷款市场占有率为 35.78%，比上年增加 10.89 个百分点。通过申请住房公积金个人住房贷款，可节约职工购房利息支出 11792.67 万元。

职工贷款笔数中，购房建筑面积 90（含）平方米以下占 25.82%，90~144（含）平方米占 64.87%，144 平方米以上占 9.31%。购买新房占 76.86%（其中购买保障性住房占 0%），购买二手房占 23.14%，建造、翻建、大修自住住房占 0%，其他占 0%。

职工贷款笔数中，单缴存职工申请贷款占78.29％，双缴存职工申请贷款占21.71％，三人及以上缴存职工共同申请贷款占0％。

贷款职工中，30岁（含）以下占42.69％，30岁～40岁（含）占34.41％，40岁～50岁（含）占17.86％，50岁以上占5.04％；首次申请贷款占92.35％，二次及以上申请贷款占7.65％；中、低收入占99.39％，高收入占0.61％。

2. **异地贷款**：2018年，发放异地贷款717笔20235.4万元。2018年末，发放异地贷款总额82130.4万元，异地贷款余额63920.76万元。

（四）**住房贡献率**：2018年，个人住房贷款发放额、公转商贴息贷款发放额、项目贷款发放额、住房消费提取额的总和与当年缴存额的比率为145.96％，比上年减少13.49个百分点。

六、其他重要事项

（一）当年机构及职能调整情况、受委托办理缴存贷款业务金融机构变更情况：2018年，营口市住房公积金管理中心为了精简机构节约成本，将原熊岳办事处撤销，其职能及人员合并到鲅鱼圈办事处，委托办理住房公积金缴存业务的金融机构由六家减少到四家，减少两家为邮政储蓄银行和营口银行。

（二）当年住房公积金政策调整及执行情况：

1. 根据《营口市住房公积金管理中心缴存和提取管理暂行办法》（营政发〔2007〕15号）"职工住房公积金的缴存基数不得超过我市统计部门公布的上一年度职工月平均工资的3倍。"及《关于公布2018年省市职工平均工资的通知》（营人社〔2018〕50号）"2018年度我市在岗职工月平均工资为4172.83元。"的规定，我市2018年度住房公积金缴存基数上限调整为12518元。

2. 根据《关于〈关于调整部分住房公积金政策的请示〉的批复》（营公积金委发〔2018〕5号）"住房公积金缴存基数最低不得低于我市现行最低工资标准。"及《关于我市调整最低工资标准的通知》（营人社〔2018〕3号）的规定，现行住房公积金缴存基数最低标准为1420元。

3. 《关于改进住房公积金缴存机制进一步降低企业成本的通知》（营公积金发〔2018〕14号）规定：继续执行住房公积金缴存比例标准，严格规范缴存基数标准。单位和个人缴存比例不得高于12％，缴存单位可在5％～12％之间，自主确定住房公积金缴存比例。

4. 《关于〈关于治理违规提取住房公积金行为的意见〉的批复》（营公积金委发〔2018〕7号）规定：购买自住住房提取住房公积金的职工所购房屋须符合以下条件：在缴存地或户籍地全款购买的容积率1.0以上、单套建筑面积144平方米以下、单套总价200万元以下的首套普通住房和第二套改善型住房，不包括别墅及商业性质的公寓。

5. 缴存职工与单位解除或终止劳动关系的，先办理个人账户封存。封存后未继续缴存的非本市户口职工，封存满半年后可提取。封存后未继续缴存的本市户口职工，按照《关于印发〈营口市住房公积金提取管理办法〉的通知》（营公积金委发〔2015〕1号）规定，封存满两年后可提取。

6. 外市转入的缴存职工在新的工作单位开立住房公积金账户并稳定缴存半年以上的，可办理异地转移接续手续。

7. 从2018年5月14日开始，经营口市住房公积金管委会批准，恢复"按月足额连续存储住房公积金 6 个月以上且欠缴住房公积金不足 1 年"的贷款条件，停止执行"职工连续 3 个月缴存住房公积金可申请住房公积金贷款"的政策。但对引进人才及外来大学生的公积金贷款政策仍按《营口市鼓励和支持高校毕业生就业创业若干规定（试行）》（营委办发〔2018〕62 号）执行。7 月 18 日，再次经营口市住房公积金管委会批准同意，将《关于〈关于调整部分住房公积金政策的请示〉的批复》（营公积金委发〔2018〕5 号）中"按月足额连续存储住房公积金 6 个月以上且欠缴住房公积金不足 1 年"的贷款条件，调整修改为"按月足额连续存储住房公积金 6 个月以上且欠缴住房公积金不足 3 个月"，同时按照省住房城乡建设厅《转发〈住房城乡建设部办公厅关于开展住房公积金政策执行情况检查及风险隐患排查的通知〉》（辽住房城乡建设公积金〔2018〕11 号）规定，停止执行为了引进人才及外来大学生按月足额连续缴存满 3 个月即可申请办理公积金贷款的政策。

不得向购买第三套及以上住房的缴存职工家庭发放住房公积金个人住房贷款。

恢复贷款期限至借款人法定退休年龄。

8. 调整贷款额度及比例：

（1）调整商品房贷款额度。将公积金贷款的最高限额由 80 万调整为 60 万，同时，增加申请人夫妻双方缴存住房公积金，贷款的最高限额为 60 万元。申请人单方缴存住房公积金，贷款的最高限额为 40 万元。

（2）调整商品房贷款比例。首套房（公积金贷款）首付最低比例为 20%，二套房（公积金贷款）首付最低比例为 30%。

（3）调整二手房贷款比例。统一调整为一个贷款比例，既自筹资金首付比例最低为 40%。（不再按房屋的建筑年限来对贷款的比例进行划分），增加对 1990 年以前年度的房屋不予贷款的政策。

9. 贷款额度测算办法。增加"不超过申请人及共同申请人公积金缴存余额的 15 倍"。即按职工公积金缴存余额（不含近 12 个月的一次性补缴）的 15 倍计算贷款额度上限，同时，为照顾低收入群体贷款需求，本办法中，职工住房公积金缴存余额不足 1 万元的，按 1 万元计算。

10. 贷款发放实行轮候制。在确保住房公积金正常提取的前提下，如遇资金紧张，在个贷率高于 90% 的情况下，公积金贷款实行轮候制，由公积金中心向社会发布。

（三）当年服务改进情况：2018 年营口市住房公积金管理中心已实现综合服务平台功能全部上线，中心门户网站、网上服务大厅、自助终端（可加盖公章）、12329 服务热线、手机 APP、微信、微博、短信服务等综合服务渠道全部开通并平稳运营，政策信息查询、咨询及业务办理功能已全部实现。

（四）当年信息化建设情况：

1. **双贯标工程**。2018 年 6 月到 8 月华信公司完成了开发测试，营口市住房公积金管理中心确认验收。2018 年 8 月底向住房城乡建设部监管司、省厅监管处提交上线申请。2018 年 9 月结算应用系统上线。2018 年 6 月通过住房城乡建设部验收。

2. **通存通取工程**。为了方便广大缴存单位和职工就近就便缴存、提取和提前偿还贷款，营口市住房公积金管理中心决定对公积金管理核算系统进行改造，于今年 5 月上线运行。该功能上线后无论公积金缴存单位和缴存职工的账户在公积金中心的哪个办事处，都可以就近就便在公积金中心的任何一个办事处办理提取业务（部分提取、销户提取）；柜面还款业务（银行卡还款、现金还款、公积金还款、公积金＋现金还款）；缴存业务（汇缴、补缴）。

3. **完善服务渠道**。在原有的网站、网厅、短信、自助查询的基础上增加 12329 人工坐席服务、自动语音服务、微信应用、手机 APP、支付宝查询、微博五个服务渠道。

4. **建设综合服务平台**。按照住房城乡建设部的要求住房公积金在今年开发建设了综合服务平台，综合服务平台系统的前端是八个服务渠道，根据实际需要公积金中心还增加了一个支付宝查询功能。综合服务平台是由综合服务平台架构、知识库、新媒体客服、工单系统构成，该平台把现有的九个服务渠道进行了科学的整合。

5. **征信系统**。按人民银行要求征信系统的硬件与网络工作已完成，软件部分已接近尾声，待软件完成后即可申请人民银行进行验收。

（五）当年住房公积金管理中心及职工所获荣誉情况：营口市住房公积金管理中心荣获 2018 年辽宁省"青年文明号"称号。

阜新市住房公积金 2018 年年度报告

一、机构概况

（一）**住房公积金管理委员会**：住房公积金管理委员会有 24 名委员，2018 年召开第八次会议，审议通过的事项主要包括：《阜新市住房公积金管理中心工作报告》、《阜新市住房公积金 2018 年年度报告》、《阜新市住房公积金 2018 年资金运营情况报告》。

（二）**住房公积金管理中心**：住房公积金管理中心为隶属人民政府的不以营利为目的的独立的事业单位，设 11 个处（科），0 个管理部，0 个分中心。从业人员 81 人，其中，在编 48 人，非在编 53 人。

二、业务运行情况

（一）**缴存**：2018 年，新开户单位 79 家，实缴单位 1878 家，净增单位 37 家；新开户职工 0.27 万人，实缴职工 12.60 万人，净减职工 1.17 万人；缴存额 12.22 亿元，同比下降 1.77%。2018 年末，缴存总额 93.50 亿元，同比增长 15.03%；缴存余额 39.77 亿元，同比增长 9.80%。

受委托办理住房公积金缴存业务的银行 8 家，比上年增加 0 家。

（二）**提取**：2018 年，提取额 8.67 亿元，同比增长 9.89%；占当年缴存额的 70.95%，比上年增加 7.53 个百分点。2018 年末，提取总额 53.73 亿元，同比增长 19.27%。

（三）**贷款**：个人住房贷款最高额度 80 万元，其中：单缴存职工最高额度 40 万元，双缴存职工最高额度 80 万元。

2018 年，发放个人住房贷款 0.2837 万笔 6.90 亿元，同比分别增长 10.22%、15.19%。其中，市中心发放个人住房贷款 0.2402 万笔 6.03 亿元，阜蒙办事处发放个人住房贷款 0.0191 万笔 0.39 亿元，彰武办事处发放个人住房贷款 0.0220 万笔 0.46 亿元，清河门办事处发放个人住房贷款 0.0012 万笔 0.01 亿元，新邱办事处发放个人住房贷款 0.0012 万笔 0.01 亿元。

2018年，回收个人住房贷款4.33亿元。其中，市中心3.46亿元，阜蒙办事处0.42亿元，彰武办事处0.42亿元，清河门办事处0.02亿元，新邱办事处0.01亿元。

2018年末，累计发放个人住房贷款4.7153万笔64.56亿元，贷款余额32.71亿元，同比分别增长6.40%、11.97%、8.52%。个人住房贷款余额占缴存余额的82.25%，比上年减少0.96个百分点。

受委托办理住房公积金个人住房贷款业务的银行3家，比上年增加0家。

（四）**资金存储**：2018年末，住房公积金存款7.53亿元。其中：活期0.15亿元，1年（含）以下定期2.80亿元，1年以上定期4.15亿元，其他（协定、通知存款等）0.43亿元。

（五）**资金运用率**：2018年末，住房公积金个人住房贷款余额、项目贷款余额和购买国债余额的总和占缴存余额的82.25%，比上年减少0.96个百分点。

三、主要财务数据

（一）**业务收入**：2018年，业务收入11301.92万元，同比（下降）8.22%。其中：市中心9405.75万元，阜蒙办事处828.46万元，彰武办事处998.30万元，清河门办事处38.79万元，新邱办事处30.62万元；存款利息1388.79万元，委托贷款利息9893.30万元，国债利息0万元，其他19.83万元。

（二）**业务支出**：2018年，业务支出6149.95万元，同比增长10.81%。其中：市中心4568.58万元，阜蒙办事处761.35万元，彰武办事处539.25万元，清河门办事处160.74万元，新邱办事处120.03万元；支付职工住房公积金利息5521.83万元，归集手续费116.92万元，委托贷款手续费494.66万元，其他16.54万元。

（三）**增值收益**：2018年，增值收益5151.97万元，同比下降23.83%。其中：市中心4837.17万元，阜蒙办事处67.11万元，彰武办事处459.06万元，清河门办事处-121.96万元，新邱办事处-89.41万元；增值收益率1.35%，比上年减少0.62个百分点。

（四）**增值收益分配**：2018年，提取贷款风险准备金264.75万元，提取管理费用1050.00万元，提取城市廉租住房建设补充资金3837.22万元。

2018年，上交财政管理费用1050.00万元。上缴财政城市廉租住房建设补充资金5784.01万元。其中：市中心上缴5784.01万元。

2018年末，贷款风险准备金余额3910.00万元。累计提取城市廉租住房建设补充资金29807.04万元。其中：市中心提取29807.04万元。

（五）**管理费用支出**：2018年，管理费用支出1138.53万元，同比增长19.73%。其中：人员经费598.65万元，公用经费321.49万元，专项经费218.39万元。

四、资产风险状况

2018年末，个人住房贷款逾期额4462.87万元，逾期率13.64‰。

个人贷款风险准备金按贷款余额的1%提取。2018年，提取个人贷款风险准备金264.75万元，使用个人贷款风险准备金核销呆坏账0万元。2018年末，个人贷款风险准备金余额3910.00万元，占个人住房贷款余额的1.20%，个人住房贷款逾期额与个人贷款风险准备金余额的比率为114.14%。

五、社会经济效益

（一）缴存业务：2018年，实缴单位数、实缴职工人数和缴存额同比分别增长2.00%、-8.50%和-1.77%。

缴存单位中，国家机关和事业单位占71.51%，国有企业占11.77%，城镇集体企业占0.43%，外商投资企业占0.91%，城镇私营企业及其他城镇企业占14.27%，民办非企业单位和社会团体占0.37%，其他占0.74%。

缴存职工中，国家机关和事业单位占54.04%，国有企业占20.35%，城镇集体企业占1.53%，外商投资企业占2.91%，城镇私营企业及其他城镇企业占11.09%，民办非企业单位和社会团体占0.07%，其他占10.01%；中、低收入占99.54%，高收入占0.46%。

新开户职工中，国家机关和事业单位占37.07%，国有企业占13.81%，城镇集体企业占0.67%，外商投资企业占7.81%，城镇私营企业及其他城镇企业占35.11%，民办非企业单位和社会团体占0.08%，其他占5.45%；中、低收入占99.64%，高收入占0.36%。

（二）提取业务：2018年，共有2.94万名缴存职工提取住房公积金8.67亿元。

提取金额中，住房消费提取占68.78%（购买、建造、翻建、大修自住住房占73.42%，偿还购房贷款本息占24.21%，租赁住房占2.37%，其他占0%）；非住房消费提取占31.22%（离休和退休提取占77.77%，完全丧失劳动能力并与单位终止劳动关系提取占0%，户口迁出本市或出境定居占0%，其他占22.23%）。

提取职工中，中、低收入占99.61%，高收入占0.39%。

（三）贷款业务：

1. 个人住房贷款：2018年，支持职工购建房29.74万平方米，年末个人住房贷款市场占有率为40.66%，比上年减少25.18个百分点。通过申请住房公积金个人住房贷款，可节约职工购房利息支出15630.35万元。

职工贷款笔数中，购房建筑面积90（含）平方米以下占20.73%，90～144（含）平方米占72.86%，144平方米以上占6.41%。购买新房占68.81%（其中购买保障性住房占0%），购买二手房占31.19%，建造、翻建、大修自住住房占0%，其他占0%。

职工贷款笔数中，单缴存职工申请贷款占34.26%，双缴存职工申请贷款占65.74%，三人及以上缴存职工共同申请贷款占0%。

贷款职工中，30岁（含）以下占31.97%，30岁～40岁（含）占38.91%，40岁～50岁（含）占18.37%，50岁以上占10.75%；首次申请贷款占88.26%，二次及以上申请贷款占11.74%；中、低收入占99.26%，高收入占0.74%。

2. 异地贷款：2018年，发放异地贷款281笔7588.50万元。2018年末，发放异地贷款总额20433.50万元，异地贷款余额16533.84万元。

（四）住房贡献率：2018年，个人住房贷款发放额、公转商贴息贷款发放额、项目贷款发放额、住房消费提取额的总和与当年缴存额的比率为105.24%，比上年增加11.41个百分点。

六、其他重要事项

（一）当年机构及职能调整情况、受委托办理缴存贷款业务金融机构变更情况：

1. **机构及职能调整情况：** 当年机构及职能调整情况有变化，单位性质变为事业单位，内设机构11个，职能没有变化。

2. **受委托办理缴存贷款业务金融机构变更情况：** 经阜新市住房公积金管理委员会审批受托办理缴存贷款业务的金融机构有8家，分别是：工商银行、建设银行、农业银行、中国银行、交通银行、阜新银行、邮储银行、阜蒙县农村信用合作联社，与2018年相比无变化。

（二）当年住房公积金政策调整及执行情况：

1. **当年缴存基数限额及确定方法、缴存比例等缴存政策调整情况**。严格按照《国务院住房公积金管理条例》、辽住房城乡建设〔2018〕113号《住房城乡建设部、财政部、人民银行关于改进住房公积金缴存机制进一步降低企业成本的通知》、建金〔2018〕45号《住房城乡建设部、财政部、人民银行关于改进住房公积金缴存机制进一步降低企业成本的通知》、阜公积金发〔2018〕15号《关于调整2018年度住房公积金缴存基数和月缴存额上、下限的通知》、阜公积金发〔2018〕27号《关于改进住房公积金缴存机制进一步降低企业成本的通知》文件执行。

严格执行住房公积金缴存基数标准，缴存住房公积金的月工资基数，不得高于职工工作地所在设区城市统计部门公布的上一年度月平均工资的3倍，下限不得低于劳动部门公布的最低工资标准。

严格执行住房公积金缴存比例不得低于5%，不得高于12%的规定。缴存单位可在5%至12%之间自主确定住房公积金缴存比例。生产经营困难企业，经职工代表大会或工会讨论通过后，可申请降低缴存比例至5%以下或者缓缴。

2. **当年提取政策调整情况**。2018年按照国家关于规范提取政策的要求，以及即将上线的新公积金管理程序的核心业务功能需要，经管委会授权，出台了《阜新市住房公积金提取管理实施细则》，明确规定了部分提取情况的办理条件、要件等。

（1）规范部分提取相关要素。规定了用住房公积金贷款购房提取的可提取额度，确立了大病医疗提取的病种、自费金额等标准；增加了死亡职工公积金由法定继承人办理提取的法律依据。

（2）重点支持缴存地购房。即在我市购买商品房的，购房人可用网签商品房买卖合同或预告登记证、房款发票进行购房提取。

（3）修订整改原有不合规销户条件。灵活就业人员与单位解除劳动关系后，未再继续缴公积金的，满足封存至少满半年后方可提取。调动到外市工作的必须到调入地公积金中心申请转移，不再予以提取。

3. **当年贷款政策调整情况**。2018年，根据住房城乡建设部及省住房公积金监管办相关要求，住房公积金个人抵押贷款政策调整如下：

（1）按时足额连续缴存住房公积金6个月（不含6个月）以上且单位不欠缴，可申请住房公积金贷款。

（2）贷款额度为住房公积金缴存余额的15倍，且一手房贷款比例不能超过房价的80%，二手房贷款比例不能超过评估价格的70%。

（3）借款人应具备相应的还款能力，贷款的还款额度月供不能超过家庭月收入的60%，不得对外提供担保。

（4）所贷款的房屋交易必须在一年之内。

4. 当年存贷款利率执行标准。2018年公积金存款利率执行标准为1.5％。

2018年公积金个人住房抵押贷款利率执行标准为：1～5年期（含5年）公积金个人住房抵押贷款利率为2.75％，5年以上公积金个人住房抵押贷款利率为3.25％。

（三）当年服务改进情况：2018年，阜新市住房公积金管理中心坚持心系民生、服务为先，加强服务改进工作。一是完善市本级和县区办事处服务网点和服务设施建设，提供便民环境，公示服务流程，明确各种业务办理环节、审批层级、要件、时限等要素，并在大厅明显位置设置滚动屏幕、宣传栏、公告栏、宣传手册等予以明示；加快业务系统升级改造，加强人员培训和考核；增加营业大厅空调设备、座椅、饮水机、便民服务台等便民设施，提升群众满意度。二是在全中心深入开展进一步纠正"四风"、加强作风建设、优化营商环境和"办事难"专项整治行动。在为职工办理提取、贷款等个人业务时，不再要求单位为职工出具相关证明材料；在办理全部住房公积金业务时，不得要求办事单位和职工提供身份证明材料等各类要件复印件。进一步梳理、简化和规范业务审批环节，缴存业务实行一级审批，提取业务实行二级审批，贷款业务实行三级审批。压缩审批时限：缴存业务在当日内办结；提取业务，职工提供真实、有效、符合规定的办理要件，在当日办结，需进一步核实的业务，在3个工作日内做出准予或不准予提取的决定，并告知申请人；住房公积金贷款业务，自受理贷款申请之日起由10个工作日压缩至5个工作日内完成审批工作；在抵押登记后由5个工作日压缩至3个工作日内完成贷款发放。三是延长服务时间，自2018年7月7日起，在非法定假日的双休日开放便民服务窗口。四是强化服务反馈，全面开通12329热线服务，保证职工咨询和投诉渠道畅通，热线24小时语音畅通提供人工咨询和受理查询业务。

（四）当年信息化建设情况：阜新中心使用的信息系统是2009年5月份上线运行的，运行多年，已经难以适应和保证业务发展的需要，更不符合住房城乡建设部"双贯标"要求，多次审计结论认为软件滞后，阻碍了业务能力和服务能力的提升，风险显现。住房城乡建设部、省监管办更是多次催促抓紧升级改造。2018年9月中心开始专项开展"双贯标"工作，结合阜新市政府"重实干强执行抓落实"专项行动，采取各种有力措施，积极努力推进此项工作迅速落实。截至2019年2月1日，成功接入全国住房公积金银行结算数据应用系统。在五个月的时间里，中心顺利完成从项目实质启动开发建设到接入住房城乡建设部测试平台，从接入平台到上线生产两个阶段的工作任务。建立规范完整的标准化基础数据库，打造安全高效的资金结算通道，建设功能齐全、运行安全、高效的信息管理系统，为构建综合服务平台，拓展综合服务渠道打好基础。

基础数据贯标工作情况，采集完善基础数据，夯实数据基础。在系统升级中全面落实《基础数据标准》。

公积金银行结算系统建设情况，全业务对接结算数据应用系统。全公积金银行账户覆盖。全合作银行联网。全交易接口开发测试使用。全银行账户签约。

（五）当年住房公积金管理中心及职工所获荣誉情况：2018年，阜新市住房公积金管理中心个贷部荣获市级青年文明号称号，机关第三党支部获市直机关先进党组织称号，于龙获市直机关优秀共产党员称号，夏岩松获市直机关优秀党务工作者称号，邵博获阜新市五一劳动奖章称号。

辽阳市住房公积金2018年年度报告

一、机构概况

（一）**住房公积金管理委员会**：住房公积金管理委员会有18名委员，管委会审议通过的事项主要包括：《辽阳市住房公积金2018年年度报告》、《关于支付2018年住房公积金贷款担保费的请示》、《关于授权市住房公积金管理中心审批企业单位申请降低缴存比例或缓缴的通知》、《关于辽阳农商银行承办忠旺集团住房公积金金融业务的通知》、《关于担保公司进驻辽阳市住房公积金管理中心营业厅为办理公积金业务提供服务的请示》、《辽阳市住房公积金贷款管理办法（暂行）》、《辽阳市住房公积金提取管理办法（暂行）》、《辽阳市住房公积金缴存管理办法（暂行）》。

（二）**住房公积金管理中心**：住房公积金管理中心为市政府直属不以营利为目的的参照公务员法管理事业单位，设6个科室，6个办事处。从业人员91人，其中，在编49人，非在编42人。

二、业务运行情况

（一）**缴存**：2018年，新开户单位176家，实缴单位1896家，净增单位109家；新开户职工3.26万人，实缴职工15.88万人，净增职工2.33万人；缴存额20.39亿元，同比增长13.97%。2018年末，缴存总额163.70亿元，同比增长14.23%；缴存余额70.34亿元，同比增长15.41%。

受委托办理住房公积金缴存业务的银行8家，比上年增加2家。

（二）**提取**：2018年，提取额11亿元，同比增长30.02%；占当年缴存额的53.95%，比上年增加6.66个百分点。2018年末，提取总额93.36亿元，同比增长13.36%。

（三）**贷款**：个人住房贷款最高额度80万元，其中，单缴存职工最高额度30万元，双缴存职工最高额度80万元。

2018年，发放个人住房贷款0.237万笔6.75亿元，同比分别增长24.15%、24.31%。

2018年，回收个人住房贷款4.10亿元。

2018年末，累计发放个人住房贷款3.27万笔62.64亿元，贷款余额30.28亿元，同比分别增长7.92%、12.06%、9.55%。个人住房贷款余额占缴存余额的43.05%，比上年减少2.30个百分点。

受委托办理住房公积金个人住房贷款业务的银行8家，比上年增加1家。

（四）**购买国债**：2018年，清收国债0.025亿元。2018年末，国债余额为零。

（五）**资金存储**：2018年末，住房公积金存款40.08亿元。其中，活期0.03亿元，1年（含）以下定期10.43亿元，1年以上定期23.20亿元，其他（协定、通知存款等）6.42亿元。

（六）**资金运用率**：2018年末，住房公积金个人住房贷款余额、项目贷款余额和购买国债余额的总和占缴存余额的43.05%，比上年减少2.34个百分点。

三、主要财务数据

（一）**业务收入**：2018年，业务收入20071.22万元，同比增长12.60%。存款利息10854.74万元，委托贷款利息9216.19万元，其他0.29万元。

（二）业务支出：2018年，业务支出9502.35万元，同比增长5.40%。支付职工住房公积金利息9936.21万元，归集手续费-894.68万元，委托贷款手续费460.82万元。

（三）增值收益：2018年，增值收益10568.87万元，同比增长19.96%。增值收益率1.61%，比上年增加0.05个百分点。

（四）增值收益分配：2018年，提取贷款风险准备金3028.27万元，提取管理费用1100万元，提取城市廉租住房（公共租赁住房）建设补充资金6440.60万元。

2018年，上交财政管理费用1200万元。上缴财政城市廉租住房建设补充资金300万元。

2018年末，贷款风险准备金余额34808.01万元。累计提取城市廉租住房建设补充资金38388.14万元。

（五）管理费用支出：2018年，管理费用支出1617.67万元，同比增长23.81%。其中，人员经费446.95万元，公用经费351.19万元，专项经费819.53万元。

四、资产风险状况

个人住房贷款：2018年末，个人住房贷款逾期额66.83万元，逾期率0.22‰。

个人贷款风险准备金按贷款余额的1%提取。2018年，提取个人贷款风险准备金3028.27万元，使用个人贷款风险准备金核销呆坏账0万元。2018年末，个人贷款风险准备金余额34808.01万元，占个人住房贷款余额的11.49%，个人住房贷款逾期额与个人贷款风险准备金余额的比率为0.19%。

五、社会经济效益

（一）缴存业务：2018年，实缴单位数、实缴职工人数和缴存额同比分别增长6.09%、17.19%和13.91%。

缴存单位中，国家机关和事业单位占71.99%，国有企业占10.07%，城镇集体企业占1.11%，外商投资企业占1.16%，城镇私营企业及其他城镇企业占14.40%，民办非企业单位和社会团体占0.90%，其他占0.37%。

缴存职工中，国家机关和事业单位占34.99%，国有企业占31.12%，城镇集体企业占1.01%，外商投资企业占1.70%，城镇私营企业及其他城镇企业占30.28%，民办非企业单位和社会团体占0.43%，其他占0.47%；中、低收入占99.58%，高收入占0.42%。

新开户职工中，国家机关和事业单位占5.01%，国有企业占5.16%，城镇集体企业占0.19%，外商投资企业占0.59%，城镇私营企业及其他城镇企业占88.19%，民办非企业单位和社会团体占0.31%，其他占0.55%；中、低收入占99.92%，高收入占0.08%。

（二）提取业务：2018年，3.2万名缴存职工提取住房公积金11亿元。

提取金额中，住房消费提取占63.70%（购买、建造、翻建、大修自住住房占35.48%，偿还购房贷款本息占61.69%，租赁住房占2.83%，其他占0%）；非住房消费提取占36.3%（离休和退休提取占76.72%，完全丧失劳动能力并与单位终止劳动关系提取占16.12%，户口迁出本市或出境定居占2.46%，其他占4.7%）。

提取职工中，中、低收入占99.64%，高收入占0.36%。

(三) 贷款业务:

1. **个人住房贷款:** 2018年,支持职工购建房24.27万平方米,年末个人住房贷款市场占有率为27.78%,比上年增加4.83个百分点。通过申请住房公积金个人住房贷款,可节约职工购房利息支出31535.66万元。

职工贷款笔数中,购房建筑面积90(含)平方米以下占31.26%,90～144(含)平方米占64.94%,144平方米以上占3.80%。购买新房占73.76%(其中购买保障性住房占0%),购买二手房占26.24%,建造、翻建、大修自住住房占0%,其他占0%。

职工贷款笔数中,单缴存职工申请贷款占39.16%,双缴存职工申请贷款占60.84%,三人及以上缴存职工共同申请贷款占0%。

贷款职工中,30岁(含)以下占29.03%,30岁～40岁(含)占38.23%,40岁～50岁(含)占23.88%,50岁以上占8.86%;首次申请贷款占91.90%,二次及以上申请贷款占8.10%;中、低收入占99.70%,高收入占0.30%。

2. **异地贷款:** 2018年,发放异地贷款107笔2465万元。2018年末,发放异地贷款总额17042.50万元,异地贷款余额4556.77万元。

(四) 住房贡献率: 2018年,个人住房贷款发放额、公转商贴息贷款发放额、项目贷款发放额、住房消费提取额的总和与当年缴存额的比率为67.47%,比上年增加5.40个百分点。

六、其他重要事项

(一) 受委托办理缴存贷款业务金融机构变更情况: 受委托办理住房公积金缴存业务的银行8家,比上年新增加了辽阳农商银行和中国银行两家银行。

受委托办理住房公积金个人住房贷款业务的银行8家,比上年新增加了辽阳农商银行一家银行。

(二) 当年住房公积金调整及执行情况:

1. 缴存基数上限根据辽阳市统计局公布的2018年全市在岗职工月平均工资的3倍计算,2018年住房公积金月缴存基数上限为15090元,单位和职工住房公积金月缴存额上限各为1810元,合计月缴存额不得超过3620元。

缴存基数下限根据辽阳市人民政府规定的全市最低工资标准为依据,2018年住房公积金月缴存基数下限为1420元,单位和职工住房公积金月缴存额下限各为170元,合计月缴存额不得低于340元。本地职工所在单位连续足额缴存6个月(含)以上,即可申请住房公积金贷款。

2. 我市及异地缴存职工在本市区域内购买普通商品住房,最低首付款比例为20%。

当年住房公积金存贷款利率执行标准:1～5年(含)年利率2.75%,5年以上年利率3.25%。

(三) 当年服务改进情况: 2018年我市综合服务平台部分上线,建立了以互联网和移动终端为载体的住房公积金综合服务平台服务体系。面向缴存单位、缴存职工提供全方位服务,已完成手机短信、手机客户端(APP)、12329服务热线、自助服务终端等服务渠道,逐步完成网上业务大厅、官方微信等服务渠道。逐步转变成"互联网+住房公积金"的服务模式,进一步提升住房公积金服务效率和服务质量。

(四) 当年信息化建设情况: 2018年12月1日系统升级改造完成,新系统符合住房城乡建设部双贯标标准,并于2018年12月6日通过双贯标验收。

盘锦市住房公积金2018年年度报告

一、机构概况

（一）住房公积金管理委员会：住房公积金管理委员会有23名委员，2018年召开1次会议，审议通过的事项主要包括：

1. 审议通过《盘锦市住房公积金管理中心2018年工作完成情况及2018年工作安排的报告》。
2. 审议通过《关于住房公积金有关政策调整的报告》。

（二）住房公积金管理中心：住房公积金管理中心为隶属于市政府不以营利为目的的参公管理事业单位，设2个科室，5个办事处，1个分中心。从业人员228人，其中，在编55人，非在编173人。

二、业务运行情况

（一）缴存：2018年，新开户单位237家，实缴单位1909家，净增单位117家；新开户职工1.39万人，实缴职工23.95万人，净增职工1.87万人；缴存额35.37亿元，同比增长5%。年末，缴存总额334.02亿元，同比增长11.84%；缴存余额112.61亿元，同比增长21.27%。

受委托办理住房公积金缴存业务的银行5家，比上年增加0家。

（二）提取：2018年，提取额15.62亿元，同比增长16.38%；占当年缴存额的44.16%，比上年增加4.32个百分点。2018年末，提取总额221.41亿元，同比增长7.59%。

（三）贷款：个人住房贷款最高额度80万元，其中，单缴存职工最高额度50万元，双缴存职工最高额度80万元。

2018年，发放个人住房贷款0.36万笔9.3亿元，同比分别增长－1.84%、2.87%。其中，市中心发放个人住房贷款0.28万笔6.93亿元，油田分中心发放个人住房贷款0.08万笔2.37亿元。

2018年，回收个人住房贷款11.45亿元。其中，市中心10.19亿元，油田分中心1.26亿元。

2018年末，累计发放个人住房贷款5.1万笔93.34亿元，贷款余额43.10亿元，同比分别增长7.66%、11.07%、－4.75%。个人住房贷款余额占缴存余额的38.27%，比上年减少10.46个百分点。

受委托办理住房公积金个人住房贷款业务的银行6家，比上年增加0家。

（四）资金存储：2018年末，住房公积金存款66.44亿元。其中，活期1.89亿元，1年（含）以下定期32.21亿元，1年以上定期30.78亿元，协定存款1.56亿元。

（五）资金运用率：2018年末，住房公积金个人住房贷款余额、项目贷款余额和购买国债余额的总和占缴存余额的38.27%，比上年减少10.46个百分点。

三、主要财务数据

（一）业务收入：2018年，业务收入27623.75万元，同比增长8.95%。其中，市中心13549.24万元，油田分中心14074.51万元；存款利息12246.28万元，委托贷款利息14844.69万元，其他532.78万元。

（二）业务支出：2018年，业务支出18,950.91万元，同比增长28.98%。其中，市中心7889.84万元，油田分中心11061.07万元；支付职工住房公积金利息17659.26万元，委托贷款手续费132.69万元，其他1158.96万元。

（三）增值收益：2018年，增值收益8672.84万元，同比下降18.66%。其中，市中心5659.40万元，油田分中心3013.44万元；增值收益率0.83%，比上年减少0.45个百分点。

（四）增值收益分配：2018年，提取贷款风险准备金1178.89万元，提取管理费用3619.61万元，提取城市廉租住房（公共租赁住房）建设补充资金3874.34万元。

2018年，上交财政管理费用1892.35万元。上缴财政城市廉租住房（公共租赁住房）建设补充资金3566.11万元。其中，市中心上缴3566.11万元。

2018年末，贷款风险准备金余额22298.17万元。累计提取城市廉租住房（公共租赁住房）建设补充资金46741.02万元。其中，市中心提取16924.50万元，油田分中心提取29816.52万元。

（五）管理费用支出：2018年，管理费用支出2831.19万元，同比增长26.56%。其中，人员经费1613.70万元，公用经费207.65万元，专项经费1009.84万元。

市中心管理费用支出757.28万元，其中，人员、公用、专项经费分别为287.30万元、0万元、469.98万元；油田分中心管理费用支出2073.91万元，其中，人员、公用、专项经费分别为1326.40万元、207.65万元、539.86万元。

四、资产风险状况

2018年末，个人住房贷款逾期额5971.71万元，逾期率13.85‰。其中，市中心17.92‰，油田分中心0‰。

个人贷款风险准备金按贷款余额的1%提取。2018年，提取个人贷款风险准备金1178.89万元，使用个人贷款风险准备金核销呆坏账0万元。2018年末，个人贷款风险准备金余额22298.17万元，占个人住房贷款余额的5.17%，个人住房贷款逾期额与个人贷款风险准备金余额的比率为26.78%。

五、社会经济效益

（一）缴存业务：2018年，实缴单位数、实缴职工人数和缴存额同比分别增长6.53%、8.49%和5%。

缴存单位中，国家机关和事业单位占56.21%，国有企业占11.21%，城镇集体企业占0.42%，外商投资企业占1.26%，城镇私营企业及其他城镇企业占7.23%，民办非企业单位和社会团体占8.12%，其他占15.55%。

缴存职工中，国家机关和事业单位占27.56%，国有企业占54.84%，城镇集体企业占0.51%，外商投资企业占0.61%，城镇私营企业及其他城镇企业占4.03%，民办非企业单位和社会团体占3.9%，其他占8.55%；中、低收入占95.25%，高收入占4.75%。

新开户职工中，国家机关和事业单位占30.78%，国有企业占14.57%，城镇集体企业占0.84%，外商投资企业占0.9%，城镇私营企业及其他城镇企业占13.4%，民办非企业单位和社会团体占13.27%，其他占26.24%；中、低收入占99.67%，高收入占0.33%。

（二）提取业务：2018年，4.06万名缴存职工提取住房公积金15.62亿元。

提取金额中，住房消费提取占66.49%（购买、建造、翻建、大修自住住房占53.23%，偿还购房贷款本息占43.56%，租赁住房占1.94%，其他占1.27%）；非住房消费提取占33.51%（离休和退休提取占74.16%，完全丧失劳动能力并与单位终止劳动关系提取占12.72%，户口迁出本市或出境定居占0.81%，其他占12.31%）。

提取职工中，中、低收入占95.65%，高收入占4.35%。

（三）贷款业务：

1. 个人住房贷款：2018年，支持职工购建房41.92万平方米，年末个人住房贷款市场占有率为32.7%，比上年增加21.36个百分点。通过申请住房公积金个人住房贷款，可节约职工购房利息支出13749.26万元。

职工贷款笔数中，购房建筑面积90（含）平方米以下占16.39%，90～144（含）平方米占68.84%，144平方米以上占14.77%。购买新房占77.8%，购买二手房占22.2%。

职工贷款笔数中，单缴存职工申请贷款占63.55%，双缴存职工申请贷款占36.45%。

贷款职工中，30岁（含）以下占40.36%，30岁～40岁（含）占37.41%，40岁～50岁（含）占17.55%，50岁以上占4.68%；首次申请贷款占87.71%，二次及以上申请贷款占12.29%；中、低收入占97%，高收入占3%。

2. 异地贷款：2018年，发放异地贷款652笔16937.00万元。2018年末，发放异地贷款总额21839.60万元，异地贷款余额17732.52万元。

（四）住房贡献率：2018年，个人住房贷款发放额、公转商贴息贷款发放额、项目贷款发放额、住房消费提取额的总和与当年缴存额的比率为55.67%（其中：市中心85%；油田分中心46.2%），比上年增加1.89个百分点。

六、其他重要事项

（一）缴存基数限额及确定方法、缴存比例政策调整情况。

1. 住房公积金缴存比例。

（1）按文件要求2016年出台的困难企业阶段性适当降低住房公积金缴存比例政策到期后，继续延长执行至2020年4月30日。

（2）各缴存单位应严格执行住房公积金缴存比例和基数标准，单位和个人缴存比例各不得高于12%；缴存基数不得高于我市统计部门公布的上一年度职工月平均工资3倍，凡超过3倍的，立即予以降低调整。

（3）前期申请降缴的经营困难企业，经济效益好转后，应提高缴存比例或者恢复缴存并补缴其缓缴的住房公积金。

2. 住房公积金缴存基数及其计算方法。各单位应按照盘锦市统计局公布的上一年度职工月平均工资，并以职工月平均工资作为该职工住房公积金缴存基数核定住房公积金月缴存额，最低不得低于上一年度人社部门规定的职工最低月工资标准，最高不超过统计局公布的上一年度在岗职工月平均工资的3倍。各单位应在核定职工住房公积金缴存额后一个月内，将核定情况告知职工本人，以保障职工的合法权益。

自 2018 年 7 月 1 日起，执行调整。

自 2018 年 1 月 1 日起，新参加工作的职工，应以该职工参加工作的第二个月的当月工资收入或以其新参加工作以来实际发放的月平均工资作为其住房公积金缴存基数。

自 2018 年 1 月 1 日起，新调入的职工，以调入后发放的当月工资收入或以其实际发放的月平均工资作为其住房公积金缴存基数。

3. 住房公积金月缴存额及上下限。住房公积金月缴存额＝职工本人上一年度月平均工资 * 职工住房公积金缴存比例＋职工本人上一年度月平均工资 * 单位住房公积金缴存比例。补缴住房公积金月缴存额计算方法同上。

2018 年度住房公积金月缴存额上限为：4036 元。

2018 年度住房公积金月缴存额下限为：130 元。

（二）为了更好地服务缴存单位和缴存职工，2018 年开通了公积金网站、12329 语音热线、12329 短信、微信服务号、微信订阅号、微博、网上业务大厅、手机 APP、自助终端等"八位一体"的公积金综合服务平台，承载政策发布、信息查询、业务办理、互动交流四大功能，秉承"以人民为中心"的宗旨，坚持把方便群众、服务群众作为住房公积金工作的出发点和落脚点，不断提高服务水平和工作能力，满足缴存单位、缴存职工多层次、个性化的服务需求。

（三）完成了信息系统升级改造，2018 年 12 月 27 日，国家住房城乡建设部和省住房城乡建设厅组成住房公积金"双贯标"联合检查验收组，对盘锦市住房公积金管理中心贯彻落实《住房公积金基础数据标准》和《接入住房公积金银行结算数据应用系统接口标准》工作进行检查验收。验收组对我中心"双贯标"工作给与充分肯定和高度评价。我中心以 97.58 分的高分通过"双贯标"验收，名列全省第二。

（四）财务科 2018 年 3 月 7 日被辽宁省妇联授予"辽宁省巾帼文明岗"荣誉称号。

铁岭市住房公积金 2018 年年度报告

一、机构概况

（一）**住房公积金管理委员会**：住房公积金管理委员会有 25 名委员，2018 年召开 2 次会议，审议通过的事项主要包括：

1. 审议住房公积金年度报告。
2. 审议住房公积归集、使用计划。
3. 审议住房公积金增值收益分配方案。
4. 其他几个重要事项。

（二）**住房公积金管理中心**：住房公积金管理中心为隶属市财政局不以营利为目的的参公事业单位，设 6 个科室，7 个办事处。从业人员 73 人，其中，在编 32 人，非在编 41 人。铁煤分中心设 3 个科，从业人员 6 人，其中，在编 5 人，非在编 1 人。

二、业务运行情况

（一）缴存：2018年，新开户单位135家，实缴单位2860家，净增单位3家；新开户职工0.72万人，实缴职工16.1万人，净增职工0.04万人；缴存额18.18亿元，同比增长5.82%。2018年末，缴存总额165.68亿元，同比增长12.33%；缴存余额77.01亿元，同比增长8.24%。

铁岭市住房公积金受委托办理住房公积金缴存业务的银行3家，铁煤分中心受委托办理住房公积金缴存业务的银行5家。

（二）提取：2018年，提取额12.33亿元，同比增长22.81%；占当年缴存额的67.82%，比上年增加9.38个百分点。2018年末，提取总额88.66亿元，同比增长16.14%。

（三）贷款：个人住房贷款最高额度80万元，其中，单缴存职工最高额度50万元，双缴存职工最高额度80万元。

2018年，发放个人住房贷款0.263万笔6.12亿元，同比分别下降37.68%、25.64%。其中，市中心发放个人住房贷款0.26万笔6.07亿，铁煤分中心发放个人住房贷款0.003万笔0.05亿元。

2018年，回收个人住房贷款4.82亿元。其中，市中心4.8亿元，铁煤分中心0.02亿元。

2018年末，累计发放个人住房贷款5.71万笔72.76亿元，贷款余额40.04亿元，同比分别增长4.77%、9.18%、3.36%。个人住房贷款余额占缴存余额的51.99%，比上年减少2.46个百分点。

受委托办理住房公积金个人住房贷款业务的银行3家，铁煤分中心受委托办理住房公积金个人住房贷款业务的银行1家。

（四）资金存储：2018年末，住房公积金存款28.83亿元。其中，活期0.13亿元，1年（含）以下定期3.51亿元，1年以上定期20.09亿元，协定存款5.1亿元。

（五）资金运用率：2018年末，住房公积金个人住房贷款余额、项目贷款余额和购买国债余额的总和占缴存余额的51.99%，比上年减少2.46个百分点。

三、主要财务数据

（一）业务收入：2018年，业务收入22883.75万元，同比增长19.85%。其中，市中心17277.61万元，铁煤分中心5606.14万元；存款利息9792.02万元，委托贷款利息13056.18万元，其他35.56万元。

（二）业务支出：2018年，业务支出11329.4万元，同比增长1.25%。其中，市中心7736.09万元，铁煤分中心3593.31万元,；支付职工住房公积金利息11059.73万元，归集手续费1.19万元，委托贷款手续费268.25万元，其他0.23万元。

（三）增值收益：2018年，增值收益11554.36万元，同比增长46.17%。其中，市中心9541.52万元，铁煤分中心2012.84万元；增值收益率1.56%，比上年增加0.39个百分点。

（四）增值收益分配：2018年，提取贷款风险准备金7866.28万元，提取管理费用1560万元，提取城市廉租住房（公共租赁住房）建设补充资金2128.08万元。

2018年，上交财政管理费用1256万元。上缴财政城市廉租住房（公共租赁住房）建设补充资金380万元。

2018年末，贷款风险准备金余额39029.92万元。累计提取城市廉租住房（公共租赁住房）建设补充

资金16908.11万元。其中，市中心提取1940万元，铁煤分中心提取14968.11万元。

（五）管理费用支出：2018年，管理费用支出1002.04万元，同比下降33.08%。其中，人员经费633.06万元，公用经费125.59万元，专项经费243.39万元。

市中心管理费用支出824.48万元，其中，人员、公用、专项经费分别为506.95万元、94.14万元、223.39万元；铁煤分中心管理费用支出177.56万元，其中，人员、公用、专项经费分别为126.11万元、31.45万元、20万元。

四、资产风险状况

2018年末，个人住房贷款逾期额4834.8万元，逾期率11.99‰。

个人贷款风险准备金按规定不得低于当年增值收益的60%提取，2018年，提取个人贷款风险准备金7866.28万。2018年末，个人贷款风险准备金余额39029.92万元，占个人住房贷款余额的9.74%，个人住房贷款逾期额与个人贷款风险准备金余额的比率为12.39%。

五、社会经济效益

（一）缴存业务：2018年，实缴单位数、实缴职工人数和缴存额同比分别增长－10.79%、0.37%和5.82%。

缴存单位中，国家机关和事业单位占72.63%，国有企业占10.77%，城镇集体企业占1.01%，外商投资企业占1.29%，城镇私营企业及其他城镇企业占5.7%，民办非企业单位和社会团体占2.03%，其他占6.57%。

缴存职工中，国家机关和事业单位占49.87%，国有企业占36.74%，城镇集体企业占1.32%，外商投资企业占2.49%，城镇私营企业及其他城镇企业占3.13%，民办非企业单位和社会团体占1.08%，其他占5.37%；中、低收入占99.28%，高收入占0.72%。

新开户职工中，国家机关和事业单位占29.28%，国有企业占20.43%，城镇集体企业占2.15%，外商投资企业占7.71%，城镇私营企业及其他城镇企业占16.83%，民办非企业单位和社会团体占3.93%，其他占19.67%；中、低收入占99.79%，高收入占0.21%。

（二）提取业务：2018年，3.7万名缴存职工提取住房公积金12.33亿元。

提取金额中，住房消费提取占56.93%（购买、建造、翻建、大修自住住房占35.33%，偿还购房贷款本息占58.83%，租赁住房占1.57%，其他占4.27%）；非住房消费提取占43.07%（离休和退休提取占85.5%，完全丧失劳动能力并与单位终止劳动关系提取占2.82%，户口迁出本市或出境定居占5.46%，其他占6.22%）。

提取职工中，中、低收入占99.13%，高收入占0.87%。

（三）贷款业务：

1. 个人住房贷款：2018年，支持职工购建房26.33万平方米，年末个人住房贷款市场占有率为31.55%，比上年增加6.55个百分点。通过申请住房公积金个人住房贷款，可节约职工购房利息支出1506万元。

职工贷款笔数中，购房建筑面积90（含）平方米以下占31.84%，90～144（含）平方米占60.94%，

144平方米以上占7.22%。购买新房占67.85%，购买二手房占32.15%。

职工贷款笔数中，单缴存职工申请贷款占56.7%，双缴存职工申请贷款占43.3%。

贷款职工中，30岁（含）以下占31.65%，30岁～40岁（含）占36.4%，40岁～50岁（含）占23.04%，50岁以上占8.91%；首次申请贷款占86.03%，二次及以上申请贷款占13.97%；中、低收入占99.73%，高收入占0.27%。

2. 异地贷款：2018年，发放异地贷款289笔7081.4万元。2018年末，发放异地贷款总额41539.6万元，异地贷款余额26280.21万元。

（四）住房贡献率：2018年，个人住房贷款发放额、公转商贴息贷款发放额、项目贷款发放额、住房消费提取额的总和与当年缴存额的比率为72.28%，比上年减少10.78个百分点。

六、其他重要事项

（一）2018年铁岭事业单位机构改革，将铁岭市住房公积金管理中心归入"铁岭市财政金融审计服务中心"，作为其内设机构，独立法人资格消失，由此引起一系列业务上不顺会逐渐显现。

（二）我们规范银行账户，简化科目设置，完全符合住房城乡建设部关于银行账户设置及会计核算科目级次的规定。我们重新梳理业务流程，简化审批级次。支取类业务两级审批、贷款类业务三级审批，其他业务一步办结。"让信息多跑路，职工少跑腿"的目标得以实现。

（三）2018年7月，符合住房城乡建设部双贯标要求的新的管理信息系统正式上线，结算系统通过全国统一的资金结算平台实时完成，标志着铁岭市住房公积金信息化工作再上新台阶。2018年11月，我们以优异的成绩，顺利通过了住房城乡建设部的双贯标验收。

（四）目前我们已经开通触摸屏查询、单位网厅、个人网厅、微信、手机APP等多种服务渠道，线上即可实现单位实时汇缴、结算凭证打印、缴存证明打印、个人贷款申请、贷款审批进度查询、个人信息变更、还款方式变更、还款账户维护、代扣签约、线上偿还贷款、退休支取等大部分业务的网上实时办结。

（五）2019年，我们继续增加服务渠道和服务设施，在公积金中心各营业网点、受托银行营业大厅等公共场所增加虚拟柜员机，方便职工办理公积金业务。充分利用区块链等新技术尽早与公安、房产、民政、税务、人行等部门联网，实现身份确认、征信查询、购房支取，抵押确认等信息共享。

（六）铁煤分中心2018年7月份缴存基数限额由原来的10989元调整为11904元。缴存基数限额为上一年全市在岗职工月平均工资的3倍。

朝阳市住房公积金2018年年度报告

一、机构概况

（一）**住房公积金管理委员会**：住房公积金管理委员会有18名委员，2018年召开1次会议，审议通过的事项主要包括：《朝阳市2018年度住房公积金决算及2018年预算报告》、《朝阳市住房公积金2018年年度报告》、《2018 年度预算重点专项说明》、《住房公积金归集、贷款、提取管理实施细则及调整说明》。

（二）住房公积金管理中心：住房公积金管理中心为朝阳市人民政府不以营利为目的的自收自支事业单位，设 9 个处（科），1 个营业部，6 个办事处。从业人员 149 人，其中，在编 59 人，非在编 90 人。

二、业务运行情况

（一）缴存：2018 年，新开户单位 140 家，实缴单位 2575 家，净增单位 135 家；新开户职工 0.69 万人，实缴职工 16.62 万人，减少职工 0.31 万人；缴存额 18.56 亿元，同比增长 5.28%。2018 年末，缴存总额 137.34 亿元，同比增长 15.63%；缴存余额 74.47 亿元，同比增长 9.45%。

受委托办理住房公积金缴存业务的银行 8 家。

（二）提取：2018 年，提取额 12.13 亿元，同比增长 1.68%；占当年缴存额的 65.36%，比上年减少 2.31 个百分点。2018 年末，提取总额 62.87 亿元，同比增 23.91%。

（三）贷款：

1. **个人住房贷款**：个人住房贷款最高额度 80 万元，其中，单缴存职工最高额度 80 万元，双缴存职工最高额度 80 万元。

2018 年，发放个人住房贷款 0.5 万笔 11.15 亿元，同比分别增长 21.95%、9.1%。

2018 年，回收个人住房贷款 8.23 亿元。

2018 年末，累计发放个人住房贷款 6.23 万笔 107.52 亿元，贷款余额 60.29 亿元，同比分别增长 8.72%、11.57%、5.09%。个人住房贷款余额占缴存余额的 80.96%，比上年减少 3.36 个百分点。

受委托办理住房公积金个人住房贷款业务的银行 8 家。

2. **住房公积金支持保障性住房建设项目贷款**：2018 年，发放支持保障性住房建设项目贷款 0 亿元，回收项目贷款 0 亿元。2018 年年末累计发放项目贷款 0.28 亿元，项目贷款余额 0 亿元。

（四）资金存储：2018 年末，住房公积金存款 14.68 亿元。其中，活期 0.03 亿元，1 年（含）以下定期 11.73 亿元，1 年以上定期 1.52 亿元，其他（协定、通知存款等）1.4 亿元。

（五）资金运用率：2018 年末，住房公积金个人住房贷款余额、项目贷款余额和购买国债余额的总和占缴存余额的 80.96%，比上年减少 3.36 个百分点。

三、主要财务数据

（一）业务收入：2018 年，业务收入 21767.48 万元，同比增长 5.6%。其中，存款利息 2969.93 万元，委托贷款利息 18787.26 万元，国债利息 0 万元，其他 10.29 万元。

（二）业务支出：2018 年，业务支出 11143.69 万元，同比增长 0.4%。其中，支付职工住房公积金利息 10744.39 万元，归集手续费 0 万元，委托贷款手续费 152.55 万元，其他 246.75 万元。

（三）增值收益：2018 年，增值收益 10623.79 万元，同比增长 11.68%。增值收益率 1.50%，比上年增加 0.03 个百分点。

（四）增值收益分配：2018 年，提取贷款风险准备金 292.05 万元，提取管理费用 2275.2 万元，提取城市廉租住房（公共租赁住房）建设补充资金 8056.54 万元。

2018 年，上交财政管理费用 2275.2 万元。上缴财政城市廉租住房（公共租赁住房）建设补充资金

5549.36万元。

2018年末，贷款风险准备金余额6792.71万元。累计提取城市廉租住房（公共租赁住房）建设补充资金46281.9万元。

（五）管理费用支出：2018年，管理费用支出2840.87万元，同比下降5.95%。其中，人员经费1323.18万元，公用经费367.23万元，专项经费1150.46万元。

四、资产风险状况

（一）个人住房贷款：2018年末，个人住房贷款逾期额387.85万元，逾期率0.64‰。

个人贷款风险准备金按贷款余额的1%提取。2018年，提取个人贷款风险准备金292.05万元，使用个人贷款风险准备金核销呆坏账0万元。2018年末，个人贷款风险准备金余额6680.71万元，占个人住房贷款余额的1.11%，个人住房贷款逾期额与个人贷款风险准备金余额的比率为5.81%。

（二）支持保障性住房建设试点项目贷款：2018年，项目贷款风险准备金余额112万元。

（三）历史遗留风险资产：2018年末，历史遗留风险资产余额28.5万元，比上年减少0万元。

五、社会经济效益

（一）缴存业务：2018年，实缴单位数、实缴职工人数和缴存额同比分别减少0.73%、1.83%和增加5.3%。

缴存单位中，国家机关和事业单位占73.01%，国有企业占7.07%，城镇集体企业占0.85%，外商投资企业占0.7%，城镇私营企业及其他城镇企业占14.22%，民办非企业单位和社会团体占0.62%，其他占3.53%。

缴存职工中，国家机关和事业单位占60.46%，国有企业占20.5%，城镇集体企业占1.37%，外商投资企业0.8%，城镇私营企业及其他城镇企业占10.94%，民办非企业单位和社会团体占0.11%，其他占5.82%；中、低收入占99.94%，高收入占0.06%。

新开户职工中，国家机关和事业单位占37.23%，国有企业占12.09%，城镇集体企业占1.89%，外商投资企业占3.72%，城镇私营企业及其他城镇企业占32.26%，民办非企业单位和社会团体占0.1%，其他占12.71%；中、低收入占100%，高收入占0%。

（二）提取业务：2018年，4.81万名缴存职工提取住房公积金12.13亿元。

提取金额中，住房消费提取占69.29%（购买、建造、翻建、大修自住住房占13.79%，偿还购房贷款本息占85.1%，租赁住房占1.11%，其他占0%）；非住房消费提取占30.71%（离休和退休提取占84.98%，完全丧失劳动能力并与单位终止劳动关系提取占9.85%，户口迁出本市或出境定居占0%，其他占5.17%）。

提取职工中，中、低收入占99.75%，高收入占0.25%。

（三）贷款业务：

1. 个人住房贷款：2018年，支持职工购建房47.52万平方米，年末个人住房贷款市场占有率为36.63%，比上年增加0.85个百分点。通过申请住房公积金个人住房贷款，可节约职工购房利息支出26961.25万元。

职工贷款笔数中，购房建筑面积90（含）平方米以下占21.8%，90~144（含）平方米71.96%，144平方米以上占6.24%。购买新房占74.35%（其中购买保障性住房占0%），购买二手房占25.65%，建造、翻建、大修自住住房占0%，其他占0%。

职工贷款笔数中，单缴存职工申请贷款占29.58%，双缴存职工申请贷款占70.30%，三人及以上缴存职工共同申请贷款占0.12%。

贷款职工中，30岁（含）以下占33.41%，30岁~40岁（含）占33.94%，40岁~50岁（含）占20.92%，50岁以上占11.73%；首次申请贷款占88.41%，二次及以上申请贷款占11.59%；中、低收入占99.76%，高收入占0.24%。

2. **异地贷款**：2018年，发放异地贷款487笔11589万元。2018年末，发放异地贷款总额32617万元，异地贷款余额25614.47万元。

3. **支持保障性住房建设试点项目贷款**：2018年末，累计试点项目2个，贷款额度0.28亿元，建筑面积2.71万平方米，可解决430户中低收入职工家庭的住房问题。2个试点项目贷款资金已发放并还清贷款本息。

（四）**住房贡献率**：2018年，个人住房贷款发放额、公转商贴息贷款发放额、项目贷款发放额、住房消费提取额的总和与当年缴存额的比率为125.45%，比上年减少0.19个百分点。

六、其他重要事项

（一）2018年朝阳市统计局公布的2018年朝阳市在岗月平均工资标准为4394元，以此为依据，规定朝阳市2018年度缴存基数最高为4394×3=13182元，不再设定最低缴存基数，新录用和新调入职工缴费基数为职工本人当月工资，各缴存单位以此进行了年度调整，缴存比例严格按照个人和单位分别不低于5%，不高于12%。

（二）开通12329语音服务热线，提供政策咨询、建议、投诉等服务。缴存用户可以通过自助语音实时掌握公积金余额变化，实时了解公积金相关政策，为广大缴存职工提供了便利。

（三）2018年中心贯彻落实《住房公积金基础数据标准》和《接入住房公积金银行结算数据应用系统接口标准》（简称"双贯标"）工作顺利通过住房城乡建设部检查验收。按照住房城乡建设部检查验收组提出的要求，中心对信息系统进行升级改造，新一代"云2.0"系统正式上线运行。

（四）2018年市委、市政府对朝阳市2016~2018年度精神文明先进单位和先进工作者评选中，中心获得朝阳市2016~2018年度精神文明先进单位荣誉称号。

葫芦岛市住房公积金2018年年度报告

一、机构概况

（一）**住房公积金管理委员会**：住房公积金管理委员会有22名委员，2018年召开第十八次会议，审议通过的事项主要包括：

1. 关于住房公积金政策调整的请示；
2. 关于2018年住房公积金归集使用计划的请示；
3. 关于审议《葫芦岛市住房公积金2018年年度报告的请示》。

（二）住房公积金管理中心：2018年11月，根据市委办《关于印发〈葫芦岛市政务服务中心主要职责内设机构和人员编制规定〉的通知》（葫委办发〔2018〕97号）精神，设立了葫芦岛市政务服务中心，加挂葫芦岛市住房公积金管理中心牌子，机构规格相当于处级，为市政府直属事业单位。住房公积金分中心设9个（处）科，从业人员111人，其中，在编69人，非在编42人。

二、业务运行情况

（一）缴存：2018年，新开户单位239家，实缴单位1155家，净增单位149家；新开户职工0.7万人，实缴职工16.19万人，净增职工0.48万人；缴存额19.15亿元，同比增长6.04%。2018年末，缴存总额150.28亿元，同比增长14.6%；缴存余额82.24亿元，同比增长9.67%。

受委托办理住房公积金缴存业务的银行6家。

（二）提取：2018年，提取额11.90亿元，同比增长29.63%；占当年缴存额的62.14%，比上年增加11.31个百分点。2018年末，提取总额68.04亿元，同比增长21.20%。

（三）贷款：个人住房贷款最高额度80万元，其中，单缴存职工最高额度80万元，双缴存职工最高额度80万元。

2018年，发放个人住房贷款0.56万笔18.62亿元，同比分别增长19.15%、28.59%。

2018年末，回收个人住房贷款8.33亿元。累计发放个人住房贷款6.32万笔119.13亿元，贷款余额71.20亿元，同比分别增长9.72%、18.53%、16.91%。个人住房贷款余额占缴存余额的86.57%，比上年增加5.36个百分点。

受委托办理住房公积金个人住房贷款业务的银行5家。

（四）资金存储：2018年末，住房公积金存款12.62亿元。其中，活期3.20亿元，1年（含）以下定期9.42亿元。

（五）资金运用率：2018年末，住房公积金个人住房贷款余额、项目贷款余额和购买国债余额的总和占缴存余额的86.57%，比上年增加5.36个百分点。

三、主要财务数据

（一）业务收入：2018年，业务收入24239.14万元，同比增长11.13%。存款利息3099.13万元，委托贷款利息21127.45万元，其他12.56万元。

（二）业务支出：2018年，业务支出12679.62万元，同比增长24.07%。支付职工住房公积金利息11690.80万元，委托贷款手续费988.65万元，其他0.17万元。

（三）增值收益：2018年，增值收益11559.52万元，同比下降0.28%。增值收益率1.47%，比上年减少0.17个百分点。

（四）增值收益分配：2018年，提取贷款风险准备金1047.80万元，提取管理费用1911.72万元，提取城市廉租住房（公共租赁住房）建设补充资金8600万元。

2018年，上交财政管理费用1911.72万元。上缴财政2018年度提取的城市廉租住房（公共租赁住房）建设补充资金9000万元。

2018年末，贷款风险准备金余额20116.47万元。累计提取城市廉租住房（公共租赁住房）建设补充资金45077.26万元。

（五）管理费用支出：2018年，管理费用支出2119.11万元，同比增长13.44%。其中，人员经费1072.38万元，公用经费216.38万元，专项经费830.35万元。

四、资产风险状况

2018年末，个人住房贷款逾期额39.79万元，逾期率0.06‰。个人贷款风险准备金按贷款余额的1%提取。2018年提取个人贷款风险准备金1047.80万元。2018年末，个人贷款风险准备金余额20116.47万元，占个人住房贷款余额的2.83%，个人住房贷款逾期额与个人贷款风险准备金余额的比率为0.20%。

五、社会经济效益

（一）缴存业务：2018年，实缴单位数、实缴职工人数和缴存额同比分别增长14.81%、3.06%和6.04%。

缴存单位中，国家机关和事业单位占42.34%，国有企业占16.8%，城镇集体企业占3.03%，外商投资企业占2.16%，城镇私营企业及其他城镇企业占21.21%，民办非企业单位和社会团体占3.29%，其他占11.17%。

缴存职工中，国家机关和事业单位占46.46%，国有企业占29.84%，城镇集体企业占5.02%，外商投资企业占0.77%，城镇私营企业及其他城镇企业占11.3%，民办非企业单位和社会团体占1.38%，其他占5.23%；中、低收入占99.22%，高收入占0.78%。

新开户职工中，国家机关和事业单位占60.46%，国有企业占2.89%，外商投资企业占0.36%，城镇私营企业及其他城镇企业占18.5%，民办非企业单位和社会团体占1.73%，其他占16.06%；中、低收入占99.22%，高收入占0.78%。

（二）提取业务：2018年，3.95万名缴存职工提取住房公积金11.89亿元。

提取金额中，住房消费提取占61.38%（购买、建造、翻建、大修自住住房占20.40%，偿还购房贷款本息占78.33%，租赁住房占1.27%）；非住房消费提取占38.62%（离休和退休提取占79.78%，完全丧失劳动能力并与单位终止劳动关系提取占13.58%，户口迁出本市或出境定居占1.89%，其他占4.75%）。

提取职工中，中、低收入占96.42%，高收入占3.58%。

（三）贷款业务：

1. **个人住房贷款**：2018年，支持职工购建房61.06万平方米，年末个人住房贷款市场占有率为32.60%，比上年增加0.3个百分点。通过申请住房公积金个人住房贷款，可节约职工购房利息支出3.31亿元。

职工贷款笔数中，购房建筑面积 90（含）平方米以下占 15.95％，90～144（含）平方米占 69.31％，144 平方米以上占 14.74％。购买新房占 45.87％，购买二手房占 52.57％，其他占 1.56％。

职工贷款笔数中，单缴存职工申请贷款占 30.71％，双缴存职工申请贷款占 69.29％。

贷款职工中，30 岁（含）以下占 25.27％，30 岁～40 岁（含）占 39.17％，40 岁～50 岁（含）占 25.22％，50 岁以上占 10.34％；首次申请贷款占 99.1％，二次及以上申请贷款占 0.9％；中、低收入占 98.4％，高收入占 1.6％。

2. **异地贷款**：2018 年，发放异地贷款 698 笔 23295 万元。2018 年末，发放异地贷款总额 56680.30 万元，异地贷款余额 46963.92 万元。

（四）**住房贡献率**：2018 年，个人住房贷款发放额、公转商贴息贷款发放额、项目贷款发放额、住房消费提取额的总和与当年缴存额的比率为 135.14％，比上年增加 20.8 个百分点。

六、其他重要事项

（一）2018 年住房公积金机构及职能调整：当年机构及职能调整情况，按照市委、市政府工作部署和有关要求，2018 年 11 月，根据市委办《关于印发〈葫芦岛市政务服务中心主要职责内设机构和人员编制规定〉的通知》（葫委办发〔2018〕97 号）精神，设立了葫芦岛市政务服务中心，加挂葫芦岛市住房公积金管理中心牌子，机构规格相当于处级，为市政府直属事业单位。公积金分中心人员编制 74 名，核定主任职数 1 名，设 9 个内设机构，机构规格相当于正科级。

（二）当年服务改进及信息化建设情况：

1. 提升政务服务集成和整合，加强联合办公，引进不动产自助终端，现场打印证照，实现"进一扇门，办所有事"的承诺。八项服务渠道与柜面形成了线上线下功能互补政务服务新模式。

2. 贯彻落实"双贯标"工作并通过住房城乡建设部验收；完成征信风险控制前置系统开发并投入使用。

（三）当年获得荣誉情况：荣获葫芦岛市《优化营商环境集体二等功》、《机关作风建设集体表彰》、《优质服务大厅、优质服务窗口》。

2018 全国住房公积金年度报告汇编

吉林省

长春
吉林市
四平市
辽源市
通化市
白山市
松原市
白城市
延边朝鲜族自治州

吉林省住房公积金 2018 年年度报告

一、机构概况

（一）住房公积金管理机构：全省共设 9 个设区城市住房公积金管理中心，3 个独立设置的分中心（其中，长春省直住房公积金管理分中心隶属吉林省机关事务管理局，长春市住房公积金管理中心电力分中心隶属吉林省电力有限公司，松原市住房公积金管理中心油田分中心隶属中国石油吉林油田分公司）。从业人员 1282 人，其中，在编 699 人，非在编 583 人。

（二）住房公积金监管机构：吉林省住房和城乡建设厅、财政厅和中国人民银行长春中心支行负责对本省住房公积金管理运行情况进行监督。吉林省住房和城乡建设厅设立住房公积金管理办公室，负责辖区住房公积金日常监管工作。

二、业务运行情况

（一）缴存：2018 年，新开户单位 4198 家，实缴单位 38886 家，净增单位 2764 家；新开户职工 25.83 万人，实缴职工 247.30 万人，净增职工 7.87 万人；缴存额 322.31 亿元，同比增长 8.18%。2018 年末，缴存总额 2485.74 亿元，同比增长 14.90%；缴存余额 1111.25 亿元，同比增长 9.18%。

（二）提取：2018 年，提取额 228.89 亿元，同比增长 16.25%；占当年缴存额的 71.01%，比上年增加 4.92 个百分点。2018 年末，提取总额 1374.49 亿元，同比增长 19.98%。

（三）贷款：

1. 个人住房贷款：2018 年，发放个人住房贷款 5.95 万笔 204.00 亿元，同比增长 0.83%、2.61%。回收个人住房贷款 102.29 亿元。

2018 年末，累计发放个人住房贷款 68.80 万笔 1527.35 亿元，贷款余额 949.05 亿元，同比分别增长 9.46%、15.42%、12.00%。个人住房贷款余额占缴存余额的 85.40%，比上年增加 2.15 个百分点。

2. 住房公积金支持保障性住房建设项目贷款：2018 年，未发放支持保障性住房建设项目贷款，回收项目贷款 0.52 亿元。2018 年末，累计发放项目贷款 15.60 亿元，项目贷款余额 0.12 亿元。

（四）融资：2018 年，新增授信贷款 1.80 亿元，归还授信贷款 1.80 亿元。2018 年末，融资总额 2.80 亿元，融资余额 0 亿元。

（五）资金存储：2018 年末，住房公积金存款 171.19 亿元。其中，活期 17.16 亿元，1 年（含）以下定期 43.72 亿元，1 年以上定期 97.34 亿元，其他（协定、通知存款等）12.97 亿元。

（六）资金运用率：2018 年末，住房公积金个人住房贷款余额、项目贷款余额和购买国债余额的总和占缴存余额的 84.41%，比上年增加 2.10 个百分点。

三、主要财务数据

（一）业务收入：2018 年，业务收入 342035.51 万元，同比增长 9.20%。其中，存款利息 54307.83 万元，委托贷款利息 287345.25 万元，其他 382.43 万元。

（二）业务支出：2018年，业务支出171701.25万元，同比增长10.97%。其中，支付职工住房公积金利息157454.74万元，归集手续费824.03万元，委托贷款手续费12597.62万元，其他824.86万元。

（三）增值收益：2018年，增值收益170334.26万元，同比增长7.46%；增值收益1.59%，比上年减少0.04个百分点。

（四）增值收益分配：2018年，提取贷款风险准备金68698.84万元，提取管理费用34597.62万元，提取城市廉租住房（公共租赁住房）建设补充资金67037.80万元。

2018年，上交财政管理费用28874.71万元，上缴财政城市廉租住房（公共租赁住房）建设补充资金68170.97万元。

2018年末，贷款风险准备金余额460796.96万元，累计提取城市廉租住房（公共租赁住房）建设补充资金455622.31万元。

（五）管理费用支出：2018年，管理费用支出27724.95万元，同比下降0.28%。其中，人员经费13340.86万元，公用经费3187.55万元，专项经费11196.54万元。

四、资产风险状况

（一）个人住房贷款：2018年末，个人住房贷款逾期额6129.26万元，逾期率0.65‰。

2018年，提取个人贷款风险准备金68848.84万元，未使用个人贷款风险准备金核销呆坏账，收回以前年度使用的个人贷款风险风险准备金13.77万元。2018年末，个人贷款风险准备金余额458016.96万元，占个人贷款余额的4.83%，个人贷款逾期额与个人贷款风险准备金余额的比率为1.34%。

（二）住房公积金支持保障性住房建设项目贷款：2018年末，无逾期项目贷款，项目贷款逾期率为0‰。

2018年，未提取项目贷款风险准备金，未使用项目贷款风险准备金核销呆坏账。2018年末，项目贷款风险准备金余额2780万元，项目贷款余额0.12万元，项目贷款逾期额与项目贷款风险准备金余额的比率为0%。

五、社会经济效益

（一）缴存业务：2018年，实缴单位数、实缴职工人数和缴存额增长率分别为7.65%、3.29%和8.18%。

缴存单位中，国家机关和事业单位占48.10%，国有企业占9.91%，城镇集体企业占1.98%，外商投资企业占1.27%，城镇私营企业及其他城镇企业占33.02%，民办非企业单位和社会团体占1.98%，其他占3.74%。

缴存职工中，国家机关和事业单位占38.29%，国有企业占29.24%，城镇集体企业占2.24%，外商投资企业占3.17%，城镇私营企业及其他城镇企业占22.58%，民办非企业单位和社会团体占1.73%，其他占2.75%；中、低收入占99.02%，高收入占0.98%。

新开户职工中，国家机关和事业单位占22.35%，国有企业占15.52%，城镇集体企业占2.16%，外商投资企业占3.34%，城镇私营企业及其他城镇企业占46.22%，民办非企业单位和社会团体占3.58%，其他占6.83%；中、低收入占99.91%，高收入占0.09%。

（二）提取业务：2018年，70.44万名缴存职工提取住房公积金228.89亿元。

提取金额中，住房消费提取占69.35%（购买、建造、翻建、大修自住住房占19.02%，偿还购房贷款本息占47.90%，租赁住房占2.40%，其他占0.03%）；非住房消费提取占30.65%（离休和退休提取占22.51%，完全丧失劳动能力并与单位终止劳动关系提取占4.55%，户口迁出所在市或出境定居占0.48%，其他占3.11%）。

提取职工中，中、低收入占98.47%，高收入占1.53%。

（三）贷款业务：

1. **个人住房贷款**：2018年，支持职工购建房612.78万平方米。年末个人住房贷款市场占有率为25.00%，比上年同期减少1.35个百分点。通过申请住房公积金个人住房贷款，可节约职工购房利息支出396348.30万元。

职工贷款笔数中，购房建筑面积90（含）平方米以下占34.81%，90~144（含）平方米占58.67%，144平方米以上占6.52%。购买新房占64.70%（其中购买保障性住房占0%），购买二手房占33.90%，建造、翻建、大修自住住房占1.40%。

职工贷款笔数中，单缴存职工申请贷款占39.66%，双缴存职工申请贷款占60.22%，三人及以上缴存职工共同申请贷款占0.12%。

贷款职工中，30岁（含）以下占28.95%，30岁~40岁（含）占35.87%，40岁~50岁（含）占26.23%，50岁以上占8.95%；首次申请贷款占91.55%，二次及以上申请贷款占8.45%；中、低收入占98.71%，高收入占1.29%。

2. **异地贷款**：2018年，发放异地贷款5341笔200353.30万元。2018年末，发放异地贷款总额793243.12万元，异地贷款余额566987.74万元。

3. **公转商贴息贷款**：2018年，未发放公转商贴息贷款，当年贴息额648.11万元。2018年末，累计发放公转商贴息贷款1208笔42177.00万元，累计贴息1253.55万元。

4. **住房公积金支持保障性住房建设项目贷款**：2018年末，全省有住房公积金试点城市4个，试点项目11个，贷款额度15.60亿元，建筑面积147.40万平方米，可解决19130户中低收入职工家庭的住房问题。10个试点项目贷款资金已发放并还清贷款本息。

（四）住房贡献率：2018年，个人住房贷款发放额、公转商贴息贷款发放额、项目贷款发放额、住房消费提取额的总和与当年缴存额的比率为112.54%，比上年减少1.51个百分点。

六、其他重要事项

（一）当年住房公积金政策调整情况：为有效落实降低企业成本政策，吉林省住房和城乡建设厅、财政厅、中国人民银行长春中心支行联合转发了住房城乡建设部、财政部、人民银行《关于改进住房公积金缴存机制进一步降低企业成本的通知》（吉建联发〔2018〕16号），省住房公积金管理办公室督促各地认真贯彻落实通知要求，将阶段性降低住房公积金缴存比例政策执行期限延长至2020年4月30日。

（二）当年开展监督检查情况：一是完成全省业务管理考核。按照《吉林省住房公积金管理工作考核办法》，省住房公积金管理办公室年初对全省12个住房公积金管理中心、分中心的住房公积金管理工作进行了全面考核，并进行全省评比、通报。

二是开展政策执行及风险隐患排查。上半年各地对住房公积金政策执行及风险隐患情况进行了自查，下半年省住房公积金管理办公室利用电子化检查工具实施全面检查。建立了电子化检查按月巡检制度，各地根据检查出的疑点，分析原因，采取措施整改。

三是严厉打击违规提取。为落实住房城乡建设部、财政部、人民银行、公安部联合下发的《关于开展治理违规提取住房公积金工作的通知》精神，省住房公积金管理办公室要求各地优化提取审批流程、加强内部风险管理、推进部门信息共享、实施失信联合惩戒、集中开展治理、广泛宣传引导等措施，防范打击违规提取。

（三）当年服务改进情况：推动全省住房公积金行业"只跑一次"改革，利用新系统优势，进一步完善、优化业务流程，缩简业务办理要件，提高办事效率。同时，组织各地通过加强网厅系统建设，实现缴存、提取部分业务网上自助办理，贷款网上预约业务，更好地为广大职工网上办理业务提供方便、快捷、高效的服务，让群众办事少跑路、不跑路。

（四）当年信息化建设情况：深刻认识信息化技术对住房公积金事业健康发展的支撑和促进作用，探索建立互联网＋住房公积金模式。全面贯彻国家《住房公积金基础数据标准》及结算应用系统接入工作，截至2018年底，全省全部中心、分中心通过国家验收。推进全省住房公积金综合服务平台建设，松原市住房公积金管理中心已通过国家验收。住房公积金综合服务平台专题应用研究通过专家论证。全国住房公积金异地转移接续平台直连工作稳步推进，吉林市、通化市住房公积金管理中心正式直连上线。

（五）当年住房公积金机构及从业人员所获荣誉情况

1. 创建文明单位（行业、窗口）：省部级2个，地市级1个。
2. 青年文明号：省部级1个。
3. 五一劳动奖章（劳动模范）：地市级1个。
4. 三八红旗手：地市级2个。
5. 先进集体和个人：国家级1个，省部级2个，地市级47个。
6. 其他类：省部级1个，地市级25个。

（六）其他需要披露的情况：为扩大住房公积金政策群众知晓度，在连续几年集中宣传取得成绩的基础上，8～9月份继续开展了政策宣传月活动，在全省范围内集中宣传国家、省住房公积金相关政策、法规。同时建立了住房公积金宣传信息报送制度，各地每月报送宣传信息，择优报住房城乡建设部住房公积金监管司，多篇报道在《中国建设报》刊登。

长春住房公积金2018年年度报告

一、机构概况

长春市住房公积金管理中心为直属于长春市人民政府的不以营利为目的的自收自支事业单位（公益二类），设9个处，8个分中心。从业人员327人，其中，在编165人，非在编162人。

长春省直住房公积金管理中心为吉林省省直机关事务管理局下属不以营利为目的的全额拨款事业单位（参公管理），设6个科。从业人员65人，其中，在编19人，非在编46人。

长春电力住房公积金管理中心为国网吉林省电力有限公司下属不以营利为目的的国有性质单位，设2个科。从业人员9人，全部为在编人员。

二、业务运行情况

（一）缴存：2018年，新开户单位2391家，实缴单位14943家，净增单位1946家；新开户职工13.20万人，实缴职工118.72万人，净增职工4.13万人；缴存额167.54亿元，同比增长7.80%。2018年末，缴存总额1331.23亿元，同比增长14.40%；缴存余额563.35亿元，同比增长8.57%。

受委托办理住房公积金缴存业务的银行4家，与上年相同（长春市中心为中国工商银行、中国建设银行、中国农业银行；省直中心为中国建设银行；电力中心为中国农业银行、交通银行）。

（二）提取：2018年，提取额123.09亿元，同比增长16.03%；占当年缴存额的73.47%，比上年增加5.22个百分点。2018年末，提取总额767.88亿元，同比增长19.09%。

（三）贷款：

1. **个人住房贷款**。个人住房贷款最高额度80万元，其中，单缴存职工最高额度50万元（电力中心单职工最高额度为70万元），双缴存职工最高额度80万元。

2018年，发放个人住房贷款2.08万笔96.21亿元，同比分别下降14.21%、10.00%。其中，市中心发放个人住房贷款1.78万笔81.46亿元，省直分中心发放个人住房贷款0.25万笔12.50亿元，电力分中心发放个人住房贷款0.05万笔2.25亿元。

2018年，回收个人住房贷款51.11亿元。其中，市中心42.59亿元，省直分中心7.20亿元，电力分中心1.32亿元。

2018年末，累计发放个人住房贷款27.10万笔800.22亿元，贷款余额518.44亿元，同比分别增长8.32%、13.67%、9.53%。个人住房贷款余额占缴存余额的92.03%，比上年增加0.81个百分点。

受委托办理住房公积金个人住房贷款业务的银行12家，与上年相同。

2. **住房公积金支持保障性住房建设项目贷款**。2018年末，累计发放项目贷款10亿元，项目贷款余额0元。

（四）资金存储：2018年末，住房公积金存款45.36亿元。其中，活期1.69亿元，1年（含）以下定期22.54亿元，1年以上定期10.88亿元，其他（协定、通知存款等）10.25亿元。

（五）资金运用率：2018年末，住房公积金个人住房贷款余额、项目贷款余额和购买国债余额的总和占缴存余额的92.03%，比上年增加0.81个百分点。

三、主要财务数据

（一）业务收入：2018年，业务收入174513.85万元，同比增长8.70%。其中，市中心138823.86万元，省直分中心25334.71万元，电力分中心10355.28万元；存款利息14664.29万元，委托贷款利息159838.62万元，其他10.94万元。

（二）业务支出：2018年，业务支出87633.21万元，同比增长10.82%。其中，市中心69569.62万元，省直分中心13146.04万元，电力中心4917.55万元；支付职工住房公积金利息79540.88万元，归集手续费60.09万元，委托贷款手续费8001.24万元，其他31.00万元。

（三）增值收益：2018年，增值收益86880.64万元，同比增长6.63%。其中，市中心69254.24万元，省直分中心12188.67万元，电力分中心5437.73万元；增值收益率1.59%，比上年减少0.05个百分点。

（四）增值收益分配：2018年，提取贷款风险准备金19029.86万元，提取管理费用13747.51万元，提取城市廉租住房（公共租赁住房）建设补充资金54103.27万元。

2018年，上交财政管理费用10353.10万元。上缴财政城市廉租住房（公共租赁住房）建设补充资金52449.10万元。其中，市中心上缴47587.94万元，省直分中心上缴（吉林省财政厅）4007.93万元，电力分中心上缴（吉林省财政厅）853.23万元。

2018年末，贷款风险准备金余额168508.46万元（含省直分中心2019年定期存款预提的贷款风险准备金648.88万元）。累计提取城市廉租住房（公共租赁住房）建设补充资金324515.59万元。其中，市中心提取290908.55万元，省直分中心提取25555.42万元，电力分中心提取8051.62万元。

（五）管理费用支出：2018年，管理费用支出12320.14万元，同比下降4.30%。其中，人员经费5001.80万元，公用经费1444.38万元，专项经费5873.96万元。

市中心管理费用支出10749.86万元，其中，人员、公用、专项经费分别为4659.06万元、1081.09万元、5009.71万元；省直分中心管理费用支出803.33万元，其中，人员、公用、专项经费分别为372.74万元、32.39万元、428.20万元；电力分中心管理费用支出766.95万元，其中，人员、公用、专项经费分别为0万元、330.90万元、436.05万元。

四、资产风险状况

（一）个人住房贷款：2018年末，个人住房贷款逾期额1982.45万元，逾期率0.38‰。其中，市中心0.44‰，省直中心0.07‰，电力中心0.37‰。

个人贷款风险准备金，市中心按当年新增贷款余额的1%提取（省直分中心和电力分中心按当年增值收益的60%提取）。2018年，提取个人贷款风险准备金19179.86万元（含从项目贷款风险准备金余额转入150万元）。未使用个人贷款风险准备金核销呆坏账。2018年末，个人贷款风险准备金余额168508.46万元，占个人住房贷款余额的3.25%，个人住房贷款逾期额与个人贷款风险准备金余额的比率为1.18%。

（二）支持保障性住房建设试点项目贷款：2018年末，无逾期项目贷款，项目贷款逾期率为零。由于项目贷款已全部结清，经申请、批准将项目贷款风险准备金余额150万元转入个人贷款风险准备金。

五、社会经济效益

（一）缴存业务：2018年，实缴单位数、实缴职工人数和缴存额同比分别增长14.97%、3.60%和7.80%。

缴存单位中，国家机关和事业单位占25.76%，国有企业占8.53%，城镇集体企业占3.01%，外商投资企业占2.03%，城镇私营企业及其他城镇企业占52.17%，民办非企业单位和社会团体占3.27%，其他占5.23%。

缴存职工中，国家机关和事业单位占25.92%，国有企业占28.40%，城镇集体企业占3.12%，外商投资企业占 5.11%，城镇私营企业及其他城镇企业占 31.75%，民办非企业单位和社会团体占 2.86%，其他占 2.84%；中、低收入占 98.74%，高收入占 1.26%。

新开户职工中，国家机关和事业单位占 9.47%，国有企业占 9.87%，城镇集体企业占 2.84%，外商投资企业占 4.39%，城镇私营企业及其他城镇企业占 63.34%，民办非企业单位和社会团体占 5.51%，其他占 4.58%；中、低收入占 99.96%，高收入占 0.04%。

（二）**提取业务**：2018 年，37.81 万名缴存职工提取住房公积金 123.09 亿元。

提取金额中，住房消费提取占 72.35%（购买、建造、翻建、大修自住住房占 15.77%，偿还购房贷款本息占 53.54%，租赁住房占 3.04%）；非住房消费提取占 27.65%（离休和退休提取占 20.13%，完全丧失劳动能力并与单位终止劳动关系提取占 5.54%，户口迁出本市或出境定居占 0.74%，其他占 1.24%）。

提取职工中，中、低收入占 98.23%，高收入占 1.77%。

（三）**贷款业务**：

1. **个人住房贷款**。2018 年，支持职工购建房 215.28 万平方米，年末个人住房贷款市场占有率为 21.17%，比上年减少 2.11 个百分点。通过申请住房公积金个人住房贷款，可节约职工购房利息支出 197824.83 万元。

职工贷款笔数中，购房建筑面积 90（含）平方米以下占 37.75%，90~144（含）平方米占 55.29%，144 平方米以上占 6.96%。购买新房占 69.78%（其中购买保障性住房占 0%），购买二手房占 30.22%。

职工贷款笔数中，单缴存职工申请贷款占 28.83%，双缴存职工申请贷款占 71.16%，三人及以上缴存职工共同申请贷款占 0.01%。

贷款职工中，30 岁（含）以下占 32.26%，30 岁~40 岁（含）占 38.36%，40 岁~50 岁（含）占 23.47%，50 岁以上占 5.91%；首次申请贷款占 95.73%，二次及以上申请贷款占 4.27%；中、低收入占 97.54%，高收入占 2.46%。

2. **异地贷款**。2018 年，发放异地贷款 2291 笔 114379.20 万元。2018 年末，发放异地贷款总额 521935.40 万元，异地贷款余额 389525.03 万元。

3. **支持保障性住房建设试点项目贷款**。2018 年末，累计试点项目 4 个，贷款额度 10 亿元，建筑面积 33.60 万平方米，可解决 5600 户中低收入职工家庭的住房问题。4 个试点项目贷款资金已发放并还清贷款本息。

（四）**住房贡献率**：2018 年，个人住房贷款发放额、公转商贴息贷款发放额、项目贷款发放额、住房消费提取额的总和与当年缴存额的比率为 110.57%，比上年减少 8.80 个百分点。

六、其他重要事项

长春市住房公积金管理中心：

（一）**当年住房公积金政策调整及执行情况**：归集方面：2018 年，长春市地区住房公积金缴存基数上限为 18033.99 元/月，下限为 1780 元/月（外五县地区为 1480 元/月）；缴存比例上限为单位、个人各缴存 12%，下限为单位、个人各缴存 5%。

提取方面：本年度进行了若干政策调整，具体如下：

1. 职工本人及配偶在缴存城市无自有住房且租赁住房的，长春市区缴存职工每年提取额度不超过1.5万元；榆树、农安、德惠、九台、双阳、吉林、通化、四平、白城、图们地区缴存职工每年提取额度不超过1.2万元。

2. 重点支持提取住房公积金在缴存地或户籍地购买首套普通住房和第二套改善型住房，防止提取住房公积金用于炒房投机。

3. 在长春市住房公积金管理中心开户缴存职工，与单位解除或终止劳动关系的，应先办理个人账户封存业务。账户封存期间，在异地开立住房公积金账户并稳定缴存半年以上的，须办理异地转移接续手续。未在异地继续缴存的，封存满半年以上可办理公积金提取业务。

4. 达到法定退休年龄（男性满60周岁，女性满55周岁）的缴存职工，由单位办理个人账户封存业务完毕后，持职工本人身份证及银行卡即可办理公积金销户提取业务，取消由单位出具盖章的提取申请表，简化提取要件。

5. 以一次性付款方式购买上市交易的存量住房为理由提取公积金的，除提供《长春市住房公积金提取管理办法实施细则》规定的提取证明材料外，还须同时提供《房屋交易申报审核表》。

6. 对同一人多次变更婚姻关系购房、多人频繁买卖同一套住房、异地购房、非配偶或非直系亲属共同购房等申请提取住房公积金的，长春市住房公积金管理中心不予即时办理，留置审核3个工作日后处理。

7. 对违规提取住房公积金的缴存职工，长春市住房公积金记载失信记录，并随个人账户一并转移；对已提取资金的，责令限期全额退回，在5年内不允许办理提取和贷款业务。对逾期仍不退回的，列为严重失信行为，并依法依规向相关管理部门报送失信信息，实施联合惩戒。机关、事业单位及国有企业缴存职工违规提取住房公积金情节严重的，向其所在单位通报。

贷款方面：个人申请住房公积金新建商品住房贷款有共同借款人的，单笔贷款最高额度为80万元；无共同借款人的，为50万元。申请住房公积金存量住房贷款有共同借款人的，单笔贷款最高额度为60万元；无共同借款人的，为40万元。此外，职工结清首次住房公积金个人住房贷款满2年后可申请第二次贷款；结清第二次住房公积金个人住房贷款满5年后可申请第三次贷款。职工申请使用住房公积金个人住房贷款购买自住住房不超过90平方米（含）的，最低首付款比例为20%；超过90平方米不超过144平方米（含）的，最低首付款比例为30%；超过144平方米的，最低首付款比例为40%，同时还须符合职工使用住房公积金个人住房贷款次数、存量住房房龄等与之相关的最低首付款比例规定。住房公积金个人住房贷款可申请额度在不超过单笔贷款最高额度的前提下，为借款人和共同借款人住房公积金个人账户余额之和的15倍，但月还款额不得超过借款人家庭月工资收入的50%。取消父母与子女住房公积金个人住房贷款互贷业务。

贷款利率执行标准：5年（含五年）以内，年利率2.75%；5年以上至30年，年利率3.25%。

（二）当年服务改进情况：中心以"马上办"、"钉钉子"精神，锲而不舍、驰而不息优化住房公积金营商环境和职工的服务体验。

1. 主要业务实现"最多只跑一次"。按照全市政府机构"进一扇门、用一张网、只跑一次"改革进度要求，中心于6月初公布了《公积金提取只跑一次实施方案》，32项公积金提取事项达到"只跑一次"标准，实现率96%，远超全市平均标准要求。至8月底，全部公积金缴存事项也达到"只跑一次"标准，真正实现了让数据多跑路、让群众少跑腿。

2. 搭建"互联网+公积金"综合服务平台。经过一年多的筹备和建设,公积金综合服务平台于11月建设完成并投入使用。综合服务平台集门户网站、微信、手机APP、支付宝城市服务等九大对外服务渠道于一体,手机客户端可实现缴存余额、贷款余额查询、互动交流、时时排队情况查询和部分提取业务的在线办理。原有的网站、网上办事大厅也顺利完成了应用迁移,各个服务渠道正逐步实现由综合服务平台的统一管控。全年有18.52万名缴存职工通过手机客户端中心网站查询或办理了公积金业务。综合服务平台是公积金服务从传统实体柜台向移动终端转移的一次改革创新,打破了传统柜面办理的局限,使公积金业务真正成为百姓手边的服务,实现了由"只跑一次"到足不出户"零跑动"的跨越。

3. 办事大厅服务水平明显提升。在深入开展首问负责制、一次性告知等标准化服务基础上,2018年中心打破原有单一业务窗口的设置形式,在所有服务窗口实行综合柜员制,实现一个窗口懂全部事项,能办理所有业务。办事群众不必再区分业务类型,所有窗口都能受理各种公积金业务,真正实现"一个窗口对外、一个印章生效、一次集中办结"的办理模式,服务效能得到有效提升,办事群众更加满意。同时,中心加快分理处自有网点建设进度。年初,双阳、图们分理处自有新址开始对外营业;11月末,德惠、九台分理处装修完毕并入驻办公,为缴存职工提供更加舒适便捷的办事环境。

(三)当年信息化建设情况:2018年完成"业务档案信息化建设项目"采购招标工作,系统建设完毕后将形成集实物档案和电子档案管理于一身的全方档案管理系统及档案信息数据发布平台,有利于稳步推进综合服务平台项目建设,加快建成综合服务管理后台,加速推出新增渠道,改进原有渠道,全面实现综合服务管理后台对八大渠道的综合管控。

(四)当年住房公积金管理中心及职工所获荣誉情况:

1. **集体荣誉**:2018~2018年度市直机关"先进基层党组织";朝阳分中心获市总工会授予长春市"五一劳动奖章";朝分中心、绿园分中心分获市直机关"先进基层党支部"。

2. **个人荣誉**:宋君获2018年度吉林省"最美家庭"荣誉称号;张春来获2018年度全市信访工作"优秀个人";马循获2018年度全市信息报送"先进个人";王晓程获2018全市保密工作"先进个人";李茜获2018年市委宣传部、市文明办、市公安局评选"长春好人、最美警嫂"荣誉称号;史立玖、张文颖、朱艳艳、冯雯、张睿坚、齐爽、张峰获市直机关"优秀共产党员"荣誉称号。

(五)当年对违反《住房公积金管理条例》和相关法规行为进行行政处罚和申请人民法院强制执行情况:中心按照长春市人民政府法制办公室的"三段式"执法模式,对不办理住房公积金缴存登记、不为职工办理账户设立手续或逾期不缴、少缴住房公积金的单位,依法进行催建催缴。推行"先教育、后整改、再处罚"的"三段式"执法,执法工作注重说理式执法,以教育、说理为主,注重政策宣传。

一是合理合法开展督缴工作。本着劝其缴存为上策,责其缴存为中策,迫其缴存为下策的行政执法三步走的原则,开展住房公积金执法检查工作。归集部门全年受理投诉、咨询、举报案件358件,每件都进行了核实,除5户单位确无缴存能力外,其余单位均已整改到位。

二是充分保护职工合法权益。通过与社保登记信息比对,重点对30人以上的未建立住房公积金制度的企业进行催建催缴,效果显著。对未缴存住房公积金且多次催缴无效的92户单位,分批在《长春日报》及中心网站进行公示。公示后有90户单位办理了建户手续,本年度公积金新建户单位数创五年来新高。

三是积极听取职工建议。充分利用12345市民服务热线、12329公积金客服热线等平台,积极解决民意诉求，各类诉求案件办结率超过95%。全年受理12345市民服务热线咨询、投诉件415个，回复满意率95.78%；全年12329公积金热线接入人工语音电话18.38万个，通话总时长5328小时，人工接听满意率99.67%。中心网站累计发布、更新、维护各类信息253条，回复网站留言3098条，回复主任信箱79条，发送业务提醒短信260万条。

四是大力开展扫黑除恶。中心大力打击违法骗提，在保证合规提取的同时，加大对伪造、变造提取手续的骗提行为的打击力度。积极沟通公安、产权交易中心、税务、民政、人民银行、商业银行等部门，核查职工个人信息和提取手续，防止骗提行为发生。大力开展扫黑除恶，在各业务大厅悬挂"打击违法中介协助骗提公积金"警示标语，公布举报电话。全年共查处伪造、变造提取手续167件，追回骗提资金191.89万元。

长春省直住房公积金管理中心：

（一）当年机构及职能调整情况、受委托办理缴存贷款业务金融机构变更情况：2018年省直住房公积金管理中心内设机构由五个调整为六个，增加了信息管理科。受委托办理缴存贷款业务金融机构没有变化。

（二）当年住房公积金政策调整及执行情况：

1. **当年缴存基数限额及确定方法、缴存比例调整情况**。2018年职工缴存基数为职工本人上一年度月平均工资总额，职工工资总额构成按照国家统计局《关于工资总额组成的规定》的口径计算。2018年度缴存基数最高标准不高于省统计局公布的2018年长春市在岗职工月平均工资的3倍（18034元），最低不低于2018年省政府公布的长春市区最低工资标准（1780元/月）。

根据《住房城乡建设部、财政部、人民银行关于改进住房公积金缴存机制进一步降低企业成本的通知》（建金〔2018〕45号）和《省住房和城乡建设厅、省财政厅、省人民银行长春中心支行关于转发改进住房公积金缴存机制进一步降低企业成本的通知》文件精神，调整了单位和个人的住房公积金缴存比例，其中下限为5%，上限最高不得超过12%。缴存单位可在5%至12%区间内，自主确定住房公积金缴存比例。生产经营困难企业，经本企业职工代表大会或工会讨论通过，可申请阶段性降低住房公积金缴存比例或者缓缴住房公积金，缓缴期原则上不超过一年。待企业经济效益好转后，再提高缴存比例或者补缴缓缴。

按照住房城乡建设部《关于军队文职人员住房公积金管理有关问题的通知》的有关精神，切实做好军队文职人员住房公积金管理工作。

2. **当年提取政策调整情况**。根据《住房城乡建设部、财政部、中国人民银行、公安部关于开展治理违规提取住房公积金工作的通知》（建金〔2018〕46号）文件精神，调整了部分提取政策，具体内容包括：

1）在所有支取环节中取消职工单位开具的《支取审批表》；租房提取时取消本人及配偶签署的本市无房承诺书和单身声明。

2）重点支持提取住房公积金在缴存地或户籍地购买首套普通住房和第二套改善型住房，防止提取住房公积金用于炒房投机。

3）缴存职工与单位解除或终止劳动关系的，先办理个人账户封存。账户封存期间，在异地开立住房公积金账户并稳定缴存半年以上的，办理异地转移接续手续。未在异地继续缴存的，封存半年后方可提取。

4）在吉林省内其他地市州购买自住住房提取住房公积金的，需提供住房所在地户籍证明或有效工作证明；在吉林省外购买自住住房提取住房公积金的，必须提供住房所在地户籍证明。

5）职工本人及配偶在缴存城市无自有住房且租赁住房的，每年提取额度不超过1.5万元。

6）对违规提取住房公积金的缴存职工，省直住房公积金管理中心将记载失信记录，实行黑名单制度，并随个人账户一并转移；对已提取住房公积金的，将责令限期全额退回，在一定期限内不允许办理提取和贷款业务。对逾期仍不退回的，列为严重失信行为，并依法依规向相关管理部门报送失信信息，实施联合惩戒。机关、事业单位及国有企业缴存职工违规提取住房公积金情节严重的，将向其所在单位通报。

（三）当年信息化建设情况：2018年省直住房公积金管理中心坚持"网上快捷高效"的原则，高标准打造出包含云客服热线、短信、网厅、网站、微信、手机APP等多服务渠道综合服务平台。

1. **云客户服务系统诞生**。长春省直住房公积金管理中心与建总行共同开发了全国公积金中心第一家云客户服务系统。该系统使用了居于前沿的云服务技术，云端部署，远程访问技术，使用了银行业内领先水平的建行安全和灾备管理机制。该系统具备了标准统一的呼入功能，提供业务咨询、投诉建议、业务办理等一系列服务；创建了高效的工单运作体系，支持工单多层级流转，能够快速解决客户问题；建立了完整的知识管理功能，能够为座席提供可靠的知识支撑。

2. **短信平台成功上线**。省直住房公积金管理中心与建总行联合开发的短信平台，按照住房城乡建设部验收标准的要求，实现了个人贷款发放、扣款及逾期等业务的短信提醒发送。

3. **改版并升级省直住房公积金中心网站**。中心官方网站升级运行。新版网站主要呈现出以下亮点：一是更新界面设计，页面更简洁。实现查询浏览图片化，"个人公积金账户查询""微信""单位网厅"入口等，均设在首页显著位置，账户查询既方便又快捷。二是优化网站短信信息接口，注册更安全。用户在网站注册时得到短信即时验证，保证了注册用户的信息安全性。三是同步上线手机版网站，使用更方便。保证客户在各个终端浏览网站都有最佳体验。

4. **个人网厅上线运行**。2018年1月推出了省直住房公积金个人网上服务大厅，主用于客户缴存明细查询、贷款明细查询和个人信息查询、下载、打印，并实现了电子签章。

5. **微信公众服务平台上线运行**。2018年4月推出了客服部自主设计、研发的具有信息查询、政策业务、便民服务三大模块的省直住房公积金管理中心长春分中心微信公众号，实现了住房公积金掌上"微"查询。

6. **单位网厅上线运行**。2018年7月推出了单位网上业务大厅。单位经办人员突破地域和时间限制，可以通过网上办事大厅申办单位基本信息变更、汇缴核定等住房公积金各类归集业务，避免了往返奔波之苦，节省了大量的时间与精力，提高了办事效率，实现了"零跑路"。

7. **手机APP上研发接近尾声**。省直住房公积金管理中心公积金手机APP现已开发完毕，内测结束后即可上线使用。其主要业务功能有：查询职工本人住房公积账户信息、贷款信息、政策法规、办事指南、办理地点、政务信息公开等。

截止到今年12月，按照响应渠道分析，门户网站系统累计访问量达到了11.5653万次，个人网上服务大厅累计点击量为176.0526万次；微信公众号累计关注2.49万人，微信个人网厅点击量也达到了19.2205万次；手机短信平台累计推送消息13.5034万条。

(四)当年所获荣誉情况：

1. 吉林省精神文明办授予 2016~2018 年度全省精神文明建设先进集体荣誉称号；
2. 共青团吉林省委授予 2018~2018 年度全省"青年文明号"单位荣誉称号；
3. 连续第十三次荣膺"吉林省人民政府政务大厅优秀窗口单位"；
4. 张大宇、张可、邹楚媛、张卉晔、李璐获 2018 年度省政务大厅服务标兵荣誉称号。

(五)当年对违反《住房公积金管理条例》和相关法规行为进行行政处罚和申请人民法院强制执行情况：吉林工商学院、吉林省改善农村人居环境指导中心违反《住房公积金管理条例》第三十七条："单位不办理住房公积金缴存登记或者不为本单位职工办理住房公积金账户设立手续的，由住房公积金管理中心责令限期办理；逾期不办理的，处 1 万元以上 5 万元以下的罚款"之规定，省直住房公积金管理中心对其行政处罚，分别处以 2 万元和 1 万元罚款。

13 名职工违规提取住房公积金，根据《住房城乡建设部财政部人民银行公安部关于开展治理违规提取住房公积金工作的通知》（建金〔2018〕46 号）第三条之规定，省直住房公积金管理中心对其进行了行政处罚，在一定期限内限制其住房公积金提取和贷款权利。

长春电力住房公积金管理中心：

(一)当年住房公积金政策调整及执行情况：贷款政策调整情况：一是借款人申请个人住房公积金贷款的，若有共同借款人其配偶应为共同借款人。借款人家庭在没有还清住房公积金贷款前，不得再次申请住房公积金贷款。职工结清首次住房公积金个人住房贷款满 2 年后可申请第二次贷款；结清第二次住房公积金个人住房贷款满 5 年后可申请第三次贷款。二是新建商品住房、存量房和二手房个人住房公积金贷款的单笔最高额度按照借款人单位所在地市住房公积金管理中心规定的标准执行。三是住房公积金个人住房贷款可申请额度在不超过单笔贷款最高额度的前提下，为借款人和共同借款人住房公积金个人账户余额之和的 15 倍，但月还款额不得超过借款人家庭月工资收入的 50%。

提取政策调整情况：一是职工购买上市交易的二手房，且该住房在一年内发两次或两次以上房屋权属过户交易的，自第二次交易起，职工以购买该住房事实为由提取的，须与其购房行为发生日期（以《不动产登记证》登记日期为准）间隔 10 个月以上。二是遇到下列突发事件，造成家庭生活困难（夫妻月工资收入以缴存基数为准，原则上应合计在 6000 元以下）提取住房公积金的，应在事件发生后 12 个月内提出申请，单位出具《提取人家庭收入及困难情况证明》，提取金额合计不得超过个人实际付费金额。三是在长春市区租住商品房的，租赁期内可每年提取一次，每次提取时间应间隔十二个月以上，提取金额 12000元/年，不得累计提取。在其他地区租住商品房的，租赁期内可每年提取一次，每次提取时间应间隔十二个月以上，提取金额 9600 元/年，不得累计提取。

(二)当年服务改进情况：2018 年，按照住房城乡建设部与省住房城乡建设厅关于开展综合服务平台建设的有关要求，电力住房公积金管理中心开展了 12329 人工座席、12329 短信、网厅、网站、手机 APP 等服务渠道开发、建设工作，其中：12329 人工座席、12329 短信和支付宝城市服务 3 个渠道已上线应用，扩宽了住房公积金政策宣传渠道，增加了广大缴存职工进一步了解公积金政策、用好公积金政策的途径。

(三)当年信息化建设情况：按照住房城乡建设部贷款业务管理标准和结算应用系统接口升级工作要求，2018 年我中心对住房公积金信息系统进行了升级改造，实现了住房公积金贷款由委托银行管理到中心自主核算的转变，进一步规范了业务管理，提升了财务资金安全。

（四）其他需要披露的情况：电力住房公积金管理中心现有缴存单位75家，因缴存单位涉及全省9个地区，为方便缴存职工办理提取、贷款业务，由缴存单位经办人员在本单位收集提取、贷款后统一上报至我中心审批，故我中心从业人员除中心在编9人外，还有不在编的兼职人员130人。

吉林市住房公积金2018年年度报告

一、机构概况

（一）**住房公积金管理委员会**：住房公积金管理委员会有17名委员，2018年召开1次会议，审议通过的事项主要包括：2018年吉林市住房公积金管理中心工作报告、2018年住房公积金归集、使用计划执行情况、2018年增值收益分配情况、2018年住房公积金归集、使用计划，并对其他重要事项进行决策，主要包括：关于加强分中心窗口基础建设的议案、关于授权市住房公积金管理中心继续办理有关公积金缴存审批手续的议案。

（二）**住房公积金管理中心**：住房公积金管理中心为直属吉林市人民政府不以营利为目的的自收自支事业单位，设12个处室，9个分中心。从业人员147人，全部为编办批准的在编人员。

二、业务运行情况

（一）**缴存**：2018年，新开户单位503家，实缴单位5,383家，净增单位161家；新开户职工2.99万人，实缴职工33.79万人，净增职工1.17万人；缴存额48.14亿元，同比增长4.45％。2018年末，缴存总额395.60亿元，同比增长13.85％；缴存余额156.99亿元，同比增长5.86％。

我中心实行自主归集，受委托办理住房公积金缴存业务的银行为零，比上年减少4家。

（二）**提取**：2018年，提取额39.44亿元，同比增长21.37％；占当年缴存额的81.94％，比上年增加11.42个百分点。2018年末，提取总额238.61亿元，同比增长19.80％。

（三）**贷款**：

1. **个人住房贷款**。个人住房贷款最高额度60.00万元，其中，单缴存职工最高额度40.00万元，双缴存职工最高额度60.00万元。

2018年，发放个人住房贷款1.14万笔33.75亿元，同比分别增长24.00％、30.51％。

2018年，回收个人住房贷款17.13亿元。

2018年末，累计发放个人住房贷款12.05万笔243.39亿元，贷款余额155.10亿元，同比分别增长10.41％、16.10％、12.00％。个人住房贷款余额占缴存余额的98.80％，比上年增加5.42个百分点。

受委托办理住房公积金个人住房贷款业务的银行6家，与上年持平。

2. **住房公积金支持保障性住房建设项目贷款**。2018年，未发放支持保障性住房建设项目贷款，回收项目贷款本金0.52亿元。2018年末，累计发放项目贷款2.19亿元，项目贷款余额0.12亿元。

（四）**融资**：2018年，新增授信贷款1.80亿元，归还授信贷款1.80亿元。2018年末，融资总额

2.80 亿元，融资余额为零。

（五）**资金存储**：2018 年末，住房公积金存款 5.18 亿元。其中，活期 0.09 亿元，1 年（含）以下定期 1.00 亿元，1 年以上定期 2.00 亿元，其他（协定、通知存款等）2.09 亿元。

（六）**资金运用率**：2018 年末，住房公积金个人住房贷款余额、项目贷款余额和购买国债余额的总和占缴存余额的 98.87%，比上年增加 5.05 个百分点。

三、主要财务数据

（一）**业务收入**：2018 年，业务收入 50528.89 万元，同比增长 8.74%。其中，存款利息 3441.86 万元，委托贷款利息 47087.03 万元。

（二）**业务支出**：2018 年，业务支出 26132.69 万元，同比增长 8.07%。其中，支付职工住房公积金利息 23083.57 万元，委托贷款手续费 2327.17 万元，其他 721.95 万元。

（三）**增值收益**：2018 年，增值收益 24396.20 万元，同比增长 9.46%。增值收益率 1.61%，比上年增加 0.04 个百分点。

（四）**增值收益分配**：2018 年，提取贷款风险准备金 15510.00 万元，提取管理费用 6483.40 万元，提取城市廉租住房（公共租赁住房）建设补充资金 2402.80 万元。

2018 年，上交财政管理费用 5777.60 万元。上缴财政城市廉租住房（公共租赁住房）建设补充资金 913.10 万元。

2018 年末，贷款风险准备金余额 91626.96 万元。累计提取城市廉租住房（公共租赁住房）建设补充资金 65373.17 万元。

（五）**管理费用支出**：2018 年，管理费用支出 4883.12 万元，同比增长 55.40%。其中，人员经费 2362.92 万元，公用经费 365.34 万元，专项经费 2154.86 万元。

四、资产风险状况

（一）**个人住房贷款**：2018 年末，个人住房贷款逾期额 314.82 万元，逾期率 0.20‰。

个人贷款风险准备金按个人贷款余额的 1% 提取。2018 年，提取个人贷款风险准备金 15510.00 万元，未使用个人贷款风险准备金核销呆坏账，收回以前年度使用的个人贷款风险准备金 13.77 万元。2018 年末，个人贷款风险准备金余额 90498.96 万元，占个人住房贷款余额的 5.83%，个人住房贷款逾期额与个人贷款风险准备金余额的比率 0.35%。

（二）**支持保障性住房建设试点项目贷款**：2018 年末，无逾期项目贷款，项目贷款逾期率为零。

项目贷款风险准备金按贷款余额的 4% 提取。2018 年，未提取项目贷款风险准备金，未使用项目贷款风险准备金核销呆坏账，项目贷款风险准备金余额 1128.00 万元，占项目贷款余额的 94.00%，项目贷款逾期额与项目贷款风险准备金余额的比率为零。

五、社会经济效益

（一）**缴存业务**：2018 年，实缴单位数、实缴职工人数和缴存额同比分别增长 3.08%、3.60% 和 4.45%。

缴存单位中，国家机关和事业单位占35.10%，国有企业占11.81%，城镇集体企业占1.23%，外商投资企业占0.63%，城镇私营企业及其他城镇企业占49.41%，民办非企业单位和社会团体占1.82%。

缴存职工中，国家机关和事业单位占38.82%，国有企业占33.55%，城镇集体企业占1.58%，外商投资企业占0.91%，城镇私营企业及其他城镇企业占24.01%，民办非企业单位和社会团体占1.13%；中、低收入占98.61%，高收入占1.39%。

新开户职工中，国家机关和事业单位占17.30%，国有企业占37.73%，城镇集体企业占0.38%，外商投资企业占1.04%，城镇私营企业及其他城镇企业占40.88%，民办非企业单位和社会团体占2.67%；中、低收入占99.88%，高收入占0.12%。

（二）提取业务：2018年，12.95万名缴存职工提取住房公积金39.44亿元。

提取金额中，住房消费提取占66.58%（购买、建造、翻建、大修自住住房占12.50%，偿还购房贷款本息占53.78%，租赁住房占0.30%）；非住房消费提取占33.42%（离休和退休提取占24.48%，完全丧失劳动能力并与单位终止劳动关系提取占4.02%，其他占4.92%）。

提取职工中，中、低收入占98.07%，高收入占1.93%。

（三）贷款业务：

1. 个人住房贷款：2018年，支持职工购建房114.55万平方米，年末个人住房贷款市场占有率为32.70%，比上年减少1.30个百分点。通过申请住房公积金个人住房贷款，可节约职工购房利息支出71012.81万元。

职工贷款笔数中，购房建筑面积90（含）平方米以下占35.36%，90～144（含）平方米占59.58%，144平方米以上占5.06%。购买新房占65.05%，（其中购买保障性住房占0%），购买二手房占34.95%。

职工贷款笔数中，单缴存职工申请贷款占38.13%，双缴存职工申请贷款占61.87%，三人及以上缴存职工共同申请贷款占比为零。

贷款职工中，30岁（含）以下占28.02%，30岁～40岁（含）占33.32%，40岁～50岁（含）占27.31%，50岁以上占11.35%；首次申请贷款占90.40%，二次及以上申请贷款占9.60%；中、低收入占99.40%，高收入占0.6%。

2. 异地贷款：2018年，发放异地贷款553笔16324.20万元。2018年末，发放异地贷款总额70527.40万元，异地贷款余额45585.09万元。

3. 公转商贴息贷款：2018年，未发放公转商贴息贷款，当年贴息额648.11万元。2018年末，累计发放公转商贴息贷款1208笔42177.00万元，累计贴息1253.55万元。

4. 支持保障性住房建设试点项目贷款：2018年末，累计试点项目3个，贷款额度2.19亿元，建筑面积15.20万平方米，可解决2299户中低收入职工家庭的住房问题。2个试点项目贷款资金已发放并还清贷款本息。

（四）住房贡献率：2018年，个人住房贷款发放额、公转商贴息贷款发放额、项目贷款发放额、住房消费提取额的总和与当年缴存额的比率为124.68%，比上年增加17.24个百分点。

六、其他重要事项

（一）机构及职能调整情况、受委托办理缴存贷款业务金融机构变更情况：中心坚持"四统一"管理原则，落实住房城乡建设部《2018年住房公积金监管工作要点》及省住房城乡建设厅《关于推进住房公积金分支机构调整工作的通知》要求，通过成立专班对接、数据精准移植、审计全程监督等工作程序，圆满完成东电管理部撤并划归工作。东电管理部撤并后，受委托办理缴存业务金融机构减少1家。

（二）当年住房公积金政策调整及执行情况：为贯彻落实国家关于规范住房公积金使用政策有关要求，防范资金流动性风险，打击治理违规提取住房公积金行为，2018年对住房公积金部分使用政策进行调整：

提取方面：进一步规范调整住房公积金提取政策，加强对相关资料的查验核实，对同一人多次变更婚姻关系购房、多人频繁买卖同一套住房、异地购房、非配偶或非直系亲属共同购房等申请提取住房公积金的，需留置审核，3个工作日内办结。缴存职工与单位解除或终止劳动关系的，由之前的封存后即提，调整为封存满半年后可办理提取。

贷款方面：借款人申请个人住房公积金贷款时，由连续、正常、足额缴存住房公积金不少于6个月调整为连续、正常、足额缴存住房公积金12个月（含）以上，且不得有尚未结清的贷款或担保。新房贷款比例从原来不得超过总购房款80％下降为70％。

（三）当年服务改进情况：

1. **整合业务流程，打造便民惠民新方式**。坚持以人民为中心的发展思想，以"互联网＋"助推"放管服"改革，围绕群众和企业办事"只跑一次"的目标，拆分事项，再造流程，整合资源，提升服务品质。公积金提取方面：对21种提取条件所需材料进行大幅简化，公积金还贷提取、退休提取、租房提取率先实现"零要件"。全市50％到窗口办理提取业务的职工只需持本人身份证和银行卡即可办结提取业务，实现资金提现"秒速"到账。公积金贷款方面：引入不动产及房产业务办理终端，整合五家单位为一体，一窗受理，集成服务，群众贷款由原来"跑多个部门"转变为"只跑一个部门"，"跑多个窗口"转变为"只跑一个窗口"，二手房贷款的平均放款时限由原来的30多天，缩减至5个工作日以内；新房贷款的平均放款时限由原来的80多天，缩减至10个工作日以内，真正实现了公积金服务的提速增效，为群众提供了实惠。

2. **强化优质高效，提升为民服务新形象**。一是优化线下网点环境。改善服务大厅办公环境，增设自助回单打印机、固定和移动自助查询机，设置茶歇区、手机加油站、免费WiFi和读书角供办事职工休息等候分享，全方位优化了"一站式"服务模式，极大增强了缴存企业和职工的体验感、获得感，群众满意度不断提升。二是整合线上综合平台。依托互联网＋、云计算、大数据技术，以"双贯标"系统全面上线为有力支撑，整合现有的门户网站、网上办事大厅、自助查询终端、12329服务热线、短信平台、手机APP、官方微信和微博八大服务渠道，为企业和职工打造信息发布更畅通，业务查询更便捷，自助办理更高效，互动交流更方便的综合服务平台。三是提升服务效能。优化服务软环境，升级"午间延时"服务，全面推出"5＋1"工作模式，开展"星期六延时服务"，全面提升了服务效能，让服务增添了温度。

（四）当年信息化建设情况：坚持科技创新引领，优化核心系统，再造业务程序，拓展为民服务平台功能，实现"智慧公积金"新跨越。

1. **"双贯标"顺利通过验收**。按照同步规划、同步开发、同步建设、同步推进工作原则，在保持现有业务系统不变的情况下，采取代理平台模式进行住房公积金基础数据标准化改造，以最少的物力、财力实现功能转换。通过"双贯标"建立起科学、合理、规范的住房公积金业务数据体系，实现了与银行直连实时结算职工资金，实时秒级到账，整体提升了中心的业务办理能力，统筹推进住房公积金基础数据标准和银行结算数据接口"双贯标"工作，达到了国家行业标准规范，为内部数据共享和外部业务联动奠定了坚实基础，助推公积金管理工作实现了"数据更规范、流程更优化、资金更安全、管理更到位、服务更高效"。

2. 新版网厅正式上线。打造具有多项业务功能的网上综合服务平台,更新丰富线上业务功能,职工可通过新版网厅自助办理公积金代扣及解除业务,进行贷款精准试算。单位可通过新版网厅实现90%以上的业务在线办理,专管员通过"互联网+服务"真正实现了公积金业务办理"一次不跑"。截至年末,网厅个人注册用户已达到6万人,单位注册用户已达到560家。

3. 微信公众平台改版升级。通过功能全面升级再造,推出了具有"办事指南"、"自助查询"和"便民工具"三大版块的新版微信公众号,新增"贷款额度试算"和"提前还款试算"功能,优化"政策新闻"、"热点问题"栏目,为职工打造了界面优化更贴心、自助查询更便捷、便民工具更丰富等特点的移动端平台,给广大缴存单位和职工提供了更加便利、快捷、精准的在线自助体验服务。截至目前微信公众平台查询注册人数达7.7万人,关注人数已达13.3万人。

(五)当年住房公积金管理中心及职工所获荣誉情况:中心被市直机关评为全市先进基层党组织标兵单位;被市政府政务公开办评为"2018年度优秀分厅";办公室被吉林市人民政府办公厅授予2018年度全市政务信息工作先进单位。个贷中心获得共青团吉林市委颁发的2018年度江城青年文明优质服务行动"示范集体"荣誉;吉林市干部作风大整顿活动领导小组办公室授予中心一名同志"吉林市实干担当先进典型",吉林市推进"只跑一次"改革工作领导小组办公室授予中心三名同志"全市推进'只跑一次'改革工作实干担当先进典型"。

(六)当年对违反《住房公积金管理条例》和相关法规行为进行行政处罚和申请人民法院强制执行情况:坚持以保障职工权益为目标,强化便民服务为宗旨,按照年初确定的"引入增量、盘活存量、做大总量、提升质量"扩面原则,开展"面对面,听实情"大走访活动,深入重点领域、重点行业、重点单位,广泛政策宣传,深度融合调研,积极问政于民,创新前置服务,形成多层次归集扩面工作长效机制。加大基数和比例规范工作的宣传和检查监督力度,强力推动我市住房公积金制度"应建尽建,应缴尽缴"。全年行政处罚及行政强制案件共计8件,执法开户105家,4029人纳入体制,年增加缴存额255.58万元。

四平市住房公积金2018年年度报告

一、机构概况

(一)住房公积金管理委员会:四平市住房公积金管理委员会有20名委员,2018年召开一次会议,审议通过的事项主要包括:《四平市住房公积金2018年度报告》、《关于四平市2018年住房公积金归集使用计划执行情况和2018年计划草案的报告》、《四平市住房公积金管委会三届十次会议决议》。

(二)住房公积金管理中心:四平市住房公积金管理中心为隶属于四平市人民政府的公益一类自收自支的事业单位,设9个科室,4个管理部。从业人员135人,其中,在编55人,非在编80人。

二、业务运行情况

(一)缴存:2018年,新开户单位103家,实缴单位2790家,净增单位85家;新开户职工1.76万人，实缴职工15.76万人，净增职工2.04万人；缴存额15.34亿元，同比增长23.21%。2018年末，缴存总额87.96亿元，同比增长21.12%；缴存余额53.06亿元，同比增长20.05%。

受委托办理住房公积金缴存业务的银行0家（中心实现自主归集），比上年减少5家。

（二）提取：2018年，提取额6.48亿元，同比增长50.70%；占当年缴存额的42.24%，比上年增加7.7个百分点。2018年末，提取总额34.9亿元，同比增长22.80%。

（三）贷款：个人住房贷款最高额度70万元，其中，单缴存职工最高额度70万元，双缴存职工最高额度70万元。

2018年，发放个人住房贷款0.49万笔13.72亿元，同比分别增长28.95%、40.43%。

2018年，回收个人住房贷款5.49亿元。

2018年末，累计发放个人住房贷款5.08万笔78.47亿元，贷款余额45.35亿元，同比分别增长10.68%、21.19%、22.17%。个人住房贷款余额占缴存余额的85.47%，比上年增加1.49个百分点。

受委托办理住房公积金个人住房贷款业务的银行7家，与上年相同。

（四）资金存储：2018年末，住房公积金存款10.05亿元。其中，活期2.18亿元，1年（含）以下定期0.05亿元，1年以上定期7.82亿元。

（五）资金运用率：2018年末，住房公积金个人住房贷款余额占缴存余额的85.47%，比上年增加1.49个百分点。

三、主要财务数据

（一）业务收入：2018年，业务收入16627.33万元，同比增长13.01%。存款利息3856.42万元，委托贷款利息12757.46万元，其他13.45万元。

（二）业务支出：2018年，业务支出7764.67万元，同比增长20.75%。支付职工住房公积金利息7487.05万元，委托贷款手续费268.77万元，其他8.85万元。

（三）增值收益：2018年，增值收益8862.66万元，同比增长6.98%。增值收益率1.80%，比上年减少0.24个百分点。

（四）增值收益分配：2018年，提取贷款风险准备金5317.60万元，提取管理费用2281.11万元，提取城市廉租住房（公共租赁住房）建设补充资金1263.95万元。

2018年，上交财政管理费用2367.00万元。上缴财政城市廉租住房（公共租赁住房）建设补充资金1614.95万元。

2018年末，贷款风险准备金余额27360.83万元。累计提取城市廉租住房（公共租赁住房）建设补充资金5256.59万元。

（五）管理费用支出：2018年，管理费用支出2281.11万元，同比增长34.28%。其中，人员经费1158.69万元，公用经费280.37万元，专项经费842.05万元。

四、资产风险状况

2018年末，个人住房贷款逾期额986.85万元，逾期率2.18‰。

个人贷款风险准备金按增值收益的60%提取。2018年，提取个人贷款风险准备金5317.60万元，未使用个人贷款风险准备金核销呆坏账。2018年末，个人贷款风险准备金余额27360.83万元，占个人住房贷款余额的6.03%，个人住房贷款逾期额与个人贷款风险准备金余额的比率为3.61%。

五、社会经济效益

（一）**缴存业务**：2018年，实缴单位数、实缴职工人数和缴存额同比分别增长3.14%、14.87%和23.21%。

缴存单位中，国家机关和事业单位占77.78%，国有企业占6.99%，城镇集体企业占0.57%，外商投资企业占0.90%，城镇私营企业及其他城镇企业占9.96%，民办非企业单位和社会团体占0.93%，其他占2.87%。

缴存职工中，国家机关和事业单位占62.85%，国有企业占20.81%，城镇集体企业占0.44%，外商投资企业占1.86%，城镇私营企业及其他城镇企业占10.10%，民办非企业单位和社会团体占0.54%，其他占3.40%；中、低收入占99.88%，高收入占0.12%。

新开户职工中，国家机关和事业单位占44.63%，国有企业占4.75%，城镇集体企业占0.12%，外商投资企业占2.88%，城镇私营企业及其他城镇企业占34.70%，民办非企业单位和社会团体占3.07%，其他占9.85%；中、低收入占99.90%，高收入占0.10%。

（二）**提取业务**：2018年，1.35万名缴存职工提取住房公积金6.48亿元。

提取金额中，住房消费提取占57.48%（购买、建造、翻建、大修自住住房占15.53%，偿还购房贷款本息占40.85%，租赁住房占0.87%，其他占0.23%）；非住房消费提取占42.52%（离休和退休提取占34.06%，完全丧失劳动能力并与单位终止劳动关系提取占5.61%，户口迁出本市或出境定居占0.92%，其他占1.93%）。

提取职工中，中、低收入占99.11%，高收入占0.89%。

（三）**贷款业务**：

1.**个人住房贷款**：2018年，支持职工购建房51.32万平方米，年末个人住房贷款市场占有率为30.94%，比上年增加1.95个百分点。通过申请住房公积金个人住房贷款，可节约职工购房利息支出23982.32万元。

职工贷款笔数中，购房建筑面积90（含）平方米以下占37.05%，90~144（含）平方米占56.28%，144平方米以上占6.67%。购买新房占61.33%，购买二手房占38.67%。

职工贷款笔数中，单缴存职工申请贷款占32.07%，双缴存职工申请贷款占67.73%，三人及以上缴存职工共同申请贷款占0.20%。

贷款职工中，30岁（含）以下占23.69%，30岁~40岁（含）占34.09%，40岁~50岁（含）占28.84%，50岁以上占13.38%；首次申请贷款占86.09%，二次及以上申请贷款占13.91%；中、低收入占99.09%，高收入占0.91%。

2.**异地贷款**：2018年，发放异地贷款787笔21773.00万元。2018年末，发放异地贷款总额93934.60万元，异地贷款余额41831.19万元。

（四）**住房贡献率**：2018年，个人住房贷款发放额、住房消费提取额的总和与当年缴存额的比率为113.73%，比上年增加16.54个百分点。

六、其他重要事项

(一) 当年住房公积金政策调整及执行情况

1. 归集方面： 2018年住房公积金缴存基数设置限制——上限为四平市社会平均工资的3倍即13818元，下限为四平市最低工资标准即1580元。缴存比例依然执行5%～12%。职工住房公积金账户存款利率按一年期定期存款基准利率1.5%执行。

2. 提取方面： 为推动服务水平再提升，提高行政服务效能，根据《关于简化和完善住房公积金提取业务的通知》（四房金字〔2018〕23号）等文件，业务大厅从实际出发，精简业务要件，取消提取业务要件17项，最大程度地方便了缴存单位和缴存职工。

3. 贷款方面：

（1）我中心针对市里"引进硕博人才"出台了相应政策—政策要求经过市人才办引进的，具有硕士研究生以上学历或高级专业技术职务以上职称的，以及我市经济社会发展急需的各类人才。在已正常缴存住房公积金的前提下，个人住房公积金申请办理公积金个人购房贷款，可以不受户口所在地和必须连续足额缴存6个月以上的限制，放宽至引进人才只要上岗工作并在我市缴存住房公积金即可贷款。

（2）取消夫妻双方工资收入证明及银行卡流水。借款人申请住房公积金贷款时工资收入以业务系统夫妻双方缴存基数确定。

（3）夫妻双方在我中心开设个人缴存账户并按规定缴存住房公积金的，如果已有一笔未结清的住房公积金贷款的，则不得以夫妻双方任何一方名义再次申请住房公积金贷款。

（4）借款人购买住房提供他人房屋抵押申请住房公积金贷款的，抵押房屋产权人年龄与贷款年限合计不得超过76周岁。

（5）2018年个人住房贷款最高贷款额度70万元，执行公积金首套房利率。

（6）2018年个人住房贷款利率：5年以下（含5年）2.75%，五年以上3.25%。

(二) 当年服务改进情况

业务大厅继续实行晨操、晨会制，实行每天问我三句话活动，"今天你微笑了吗？今天你把办事职工当亲人了吗？今天有没有职工因为你的一句话又多跑了一趟？"让业务大厅工作人员始终把办事职工当成亲人一样对待，微笑服务。接待办事职工时做到"叫号起立，举手示意，三米见微笑，一米见问候，来有迎声，去有送语"。

工作中，业务大厅坚持实施6s管理，在原有服务设施的基础上又增置了雨伞、便民箱、一次性告知单及带有自动打印缴存明细功能的打印查询一体机，方便办事职工的同时极大地提升了办事效率。业务大厅提升服务质量，坚持以人为本，倡导人性化服务，窗口人员经常性的加班加点为办事职工延时办理业务。2018年，为重大疾病职工主动上门办理业务十余笔，为契税丢失的缴存职工去不动产登记中心的档案科调取影像资料100余笔。

(三) 当年信息化建设情况

2018年9月3日，中心新版系统升级工作已按时间节点顺利完成，中心及各管理部网点正常对外营业。此举进一步简化住房公积金业务办理材料和流程，职工可通过手机APP、微信公众号、官方网站、支付宝等多种线上自助服务渠道，查询个人公积金账户缴存状态，贷款偿还明细。同时可自行办理部分提取业务，月对冲签约，提前还款等业务，无需签订自助办理服务协议，便实现全程零跑路，直接办结。手机公积金APP业务移动审批功能的应用，可在"能减即减、能放即放、权责对等、确保安全"的原则下，实现业务审批"谁办都一样，谁审都一样"的移动办公。

（四）**当年住房公积金管理中心及职工所获荣誉情况**：2018年四平市住房公积金管理中心被四平市人民政府评为"依法行政先进单位"；中心业务大厅荣获四平市总工会授予的"四平市工人先锋号"集体荣誉；唐铭潞被四平市妇联评为"三八红旗手"；伦丹丹被四平市文明委评为四平市2018年第一届"全市文明家庭"；唐铭潞被四平市精神文明办评为"四平好人·最美市直机关文明服务标兵"。

辽源市住房公积金2018年年度报告

一、机构概况

（一）**住房公积金管理委员会**：住房公积金管理委员会有27名委员，2018年召开1次会议，审议通过的事项主要包括：《关于调整补充本届管委会组成成员的草案》、《辽源市住房公积金管理中心2018年年度报告》、《关于辽源市住房公积金缴存基数、比例核定工作实施细则（草案）》、《关于调整〈辽源市个人缴存住房公积金管理办法〉的说明》、《关于调整〈辽源市住房公积金提取管理办法〉的说明》、《关于〈辽源市住房公积金贷款管理办法〉的说明》、《关于〈辽源市住房公积金管理中心绩效考核方案〉的草案》、《关于辽源市住房公积金管理中心聘请法律咨询专家的草案》。

（二）**住房公积金管理中心**：住房公积金管理中心为市直属不以营利为目的的事业单位，设7个科室，2个分中心。从业人员96人，其中，在编28人，非在编68人。

二、业务运行情况

（一）**缴存**：2018年，新开户单位48家，实缴单位1242家，净增单位7家；新开户职工0.41万人，实缴职工6.11万人，同比减少0.09万人；缴存额7.41亿元，同比增长3.00%。2018年末，缴存总额47.44亿元，同比增长18.52%；缴存余额26.88亿元，同比增长14.38%。

受委托办理住房公积金缴存业务的银行3家，比上年增加一家。

（二）**提取**：2018年，提取额4.03亿元，同比增长26.00%；占当年缴存额的54.41%，比上年增加9.93个百分点。2018年末，提取总额20.55亿元，同比增长24.39%。

（三）**贷款**：个人住房贷款。个人住房贷款最高额度80万元，其中，单缴存职工最高额度40万元，双缴存职工最高额度80万元。

2018年，发放个人住房贷款0.22万笔6.13亿元，同比分别增长21.95%、23.09%。2018年，回收个人住房贷款2.24亿元。2018年末，累计发放个人住房贷款1.74万笔32.82亿元，贷款余额20.68亿元，同比分别增长14.49%、22.98%、23.18%。个人住房贷款余额占缴存余额的76.92%，比上年增加5.50个百分点。

受委托办理住房公积金个人住房贷款业务的银行3家，与上年相同。

（四）**资金存储**：2018年末，住房公积金存款6.83亿元。其中，活期0.63亿元，1年（含）以下定期 0.60 亿元，1 年以上定期 5.60 亿元。

（五）资金运用率：2018 年末，住房公积金个人住房贷款余额占缴存余额的 76.92%，比上年增加 5.50 个百分点。

三、主要财务数据

（一）业务收入：2018 年，业务收入 8283.48 万元，同比增长 41.73%。存款利息 2225.54 万元，委托贷款利息 6046.13 万元，其他 11.81 万元。

（二）业务支出：2018 年，业务支出 3533.61 万元，同比增长 20.87%。其中，支付职工住房公积金利息 3533.51 万元，归集手续费 0.11 万元。

（三）增值收益：2018 年，增值收益 4749.86 万元，同比增长 62.61%。增值收益率 1.89%，比上年增加 0.66 个百分点。

（四）增值收益分配：2018 年，提取贷款风险准备金 3633.86 万元，提取管理费用 1096.00 万元，提取城市廉租住房（公共租赁住房）建设补充资金 20.00 万元。

2018 年，上交财政管理费用 1096.00 万元。上缴财政城市廉租住房（公共租赁住房）建设补充资金 20.00 万元。2018 年末，贷款风险准备金余额 8458.39 万元。累计提取城市廉租住房（公共租赁住房）建设补充资金 205.00 万元。

（五）管理费用支出：2018 年，管理费用支出 1103.60 万元，同比下降 47.18%。其中，人员经费 589.00 万元，公用经费 381.70 万元，专项经费 132.90 万元。

四、资产风险状况

2018 年末，个人住房贷款逾期额 67.36 万元，逾期率 0.33‰。

个人贷款风险准备金按增值收益 60% 提取。2018 年，提取个人贷款风险准备金 3633.86 万元，未使用个人贷款风险准备金核销呆坏账。2018 年末，个人贷款风险准备金余额 8458.39 万元，占个人住房贷款余额的 4.09%，个人住房贷款逾期额与个人贷款风险准备金余额的比率为 0.80%。

五、社会经济效益

（一）缴存业务：2018 年，实缴单位数、实缴职工人数和缴存额同比分别增长 0.57%、下降 1.47%、增长 3.00%。

缴存单位中，国家机关和事业单位占 76.74%，国有企业占 10.07%，城镇集体企业占 0.56%，外商投资企业占 0.64%，城镇私营企业及其他城镇企业占 7.97%，民办非企业单位和社会团体占 0.56%，其他占 3.46%。

缴存职工中，国家机关和事业单位占 64.95%，国有企业占 22.07%，城镇集体企业占 0.70%，外商投资企业占 1.15%，城镇私营企业及其他城镇企业占 6.42%，民办非企业单位和社会团体占 0.06%，其他占 4.65%；中、低收入占 99.93%，高收入占 0.07%。

新开户职工中，国家机关和事业单位占 46.46%，国有企业占 14.10%，城镇集体企业占 1.92%，外商投资企业占 2.85%，城镇私营企业及其他城镇企业占 17.48%，民办非企业单位和社会团体占 0.41%，

其他占 16.78%；中、低收入占 99.95%，高收入占 0.05%。

（二）提取业务：2018 年，1.25 万名缴存职工提取住房公积金 4.03 亿元。

提取金额中，住房消费提取占 69.12%（购买、建造、翻建、大修自住住房占 20.17%，偿还购房贷款本息占 48.59%，租赁住房占 0.36%）；非住房消费提取占 30.88%（离休和退休提取占 26.09%，完全丧失劳动能力并与单位终止劳动关系提取占 3.34%，户口迁出本市或出境定居占 0.02%，其他占 1.43%）。

提取职工中，中、低收入占 99.75%，高收入占 0.25%。

（三）贷款业务：

1. 个人住房贷款：2018 年，支持职工购建房 23.27 万平方米，年末个人住房贷款市场占有率为 36.81%，比上年减少 2.19 个百分点。通过申请住房公积金个人住房贷款，可节约职工购房利息支出 12842.25 万元。

职工贷款笔数中，购房建筑面积 90（含）平方米以下占 30.69%，90～144（含）平方米占 61.38%，144 平方米以上占 7.93%。购买新房占 66.82%，购买二手房占 33.18%（其中购买保障性住房占 0%）。

职工贷款笔数中，单缴存职工申请贷款占 30.83%，双缴存职工申请贷款占 69.08%，三人及以上缴存职工共同申请贷款占 0.09%。

贷款职工中，30 岁（含）以下占 21.62%，30 岁～40 岁（含）占 34.13%，40 岁～50 岁（含）占 28.79%，50 岁以上占 15.46%；首次申请贷款占 84.45%，二次及以上申请贷款占 15.55%；中、低收入占 99.77%，高收入占 0.23%。

2. 异地贷款：2018 年，发放异地贷款 76 笔 2243.20 万元。2018 年末，发放异地贷款总额 10265.32 万元，异地贷款余额 6514.18 万元。

（四）住房贡献率：2018 年，个人住房贷款发放额、住房消费提取额的总和与当年缴存额的比率为 120.35%，比上年减少 4.82 个百分点。

六、其他重要事项

（一）当年住房公积金政策调整及执行情况：中心为解决新市民的住房需求，出台《辽源市个人缴存住房公积金管理办法》和《辽源市个人缴存住房公积金贷款管理规定》，自由职业者可以持本人身份证及相关资料申请缴存住房公积金，缴存满 6 个月之后可申请公积金贷款，真正圆"新市民"的住房梦。

（二）当年服务改进情况：在党的十九大报告中指出，要完善公共服务体系，不断满足人民日益增长的美好生活需要。提升公共服务质量，以优质的服务提升群众的满意度和幸福感，这是党和人民在新时代对公共服务机构提出的迫切要求。为此中心将围绕以"提升公共服务质量，让群众拥有更多的幸福感"为主题，对服务大厅进一步改造，现等候大厅（图书馆）已经建成，让群众来服务大厅办事更舒适、更有尊严感，达到宾至如归，宽敞明亮的大厅让群众一进门就心情舒畅。

中心在辽源市市内中心区域设服务大厅网点，东丰、东辽两县分别设立分中心。

（三）当年信息化建设情况：目前开通了门户网站、网上营业大厅、自助终端、12329 服务热线、12329 手机短信、官方微博、官方微信、手机 APP 八大服务渠道，并且中心经过多次与支付宝运营商沟通,成功在支付宝中建立了公积金查询模块,职工在支付宝城市服务的政务板块,通过面部识别就可查询到个人缴存、贷款、余额等信息。让群众真正地体验"零跑动"。

中心现综合服务平台已基本建设完毕,线上能办理对冲还贷、提前结清、离退休提取业务。

(四)当年住房公积金管理中心及职工所获荣誉情况:2018年辽源市住房公积金管理中心被中宣部命名第五批全国学雷锋活动示范点。

2018年辽源市住房公积金管理中心被吉林省内部审计协会授予先进集体,授予郝毅、徐红先进工作者。

通化市住房公积金2018年年度报告

一、机构概况

(一)住房公积金管理委员会:住房公积金管理委员会有29名委员,2018年3月20日召开五届七次会议,审议通过的事项主要包括:《通化市2018年度住房公积金归集使用计划执行情况及2018年度住房公积金归集使用计划编制情况的报告》、《通化市住房公积金2018年年度报告(草案)》、《通化市住房公积金2018年度增值收益分配计划(草案)》、《通化市2018年度住房公积金管理费用财务收支决算和2018年度管理费用财务收支预算的报告(草案)》。

(二)住房公积金管理中心:住房公积金管理中心为通化市政府不以营利为目的的全额拨款事业单位,设10个科,7个管理部。从业人员99人,其中,在编62人,非在编37人。

二、业务运行情况

(一)缴存:2018年,新开户单位163家,实缴单位3035家,净增单位27家;新开户职工2.50万人,实缴职工15.88万人,同比减少0.11万人;缴存额14.08亿元,同比增长8.22%。2018年末,缴存总额97.31亿元,同比增长16.92%;缴存余额55.44亿元,同比增长14.50%。

受委托办理住房公积金缴存业务的银行2家,与上年持平。

(二)提取:2018年,提取额7.06亿元,同比增长12.06%;占当年缴存额的50.14%,比上年增加1.72个百分点。2018年末,提取总额41.86亿元,同比增长20.27%。

(三)贷款:

1. 个人住房贷款。个人住房贷款最高额度60万元,其中,单缴存职工最高额度30万元,双缴存职工最高额度60万元,家庭贷款总额上不封顶。

2018年,发放个人住房贷款0.56万笔15.45亿元,同比分别下降6.71%、1.85%。

2018年,回收个人住房贷款5.32亿元。

2018年末,累计发放个人住房贷款5.15万笔90.64亿元,贷款余额51.70亿元,同比分别增长12.13%、20.55%、24.37%。个人住房贷款余额占缴存余额的93.25%,比上年增加7.40个百分点。

受委托办理住房公积金个人住房贷款业务的银行 4 家，与上年相同（其中 2 家原住房公积金住房贷款业务受托银行只办理本行已发放贷款的回收业务，不受理新个人住房公积金业务）。

2. **住房公积金支持保障性住房建设项目贷款**。2018 年末，累计发放项目贷款 3.05 亿元，项目贷款余额 0 亿元。

（四）**资金存储**：2018 年末，住房公积金存款 5.07 亿元。其中，活期 2.16 亿元，1 年（含）以下定期 0.13 亿元，1 年以上定期 2.78 亿元。

（五）**资金运用率**：2018 年末，住房公积金个人住房贷款余额、项目贷款余额和购买国债余额的总和占缴存余额的 93.25%，比上年增加 7.40 个百分点。

三、主要财务数据

（一）**业务收入**：2018 年，业务收入 16686.72 万元，同比增长 9.84%。存款利息 2102.57 万元，委托贷款利息 14578.96 万元，其他 5.19 万元。

（二）**业务支出**：2018 年，业务支出 8183.16 万元，同比增长 34.80%。支付职工住房公积金利息 7395.49 万元，委托贷款手续费 727.98 万元，其他 59.69 万元。

（三）**增值收益**：2018 年，增值收益 8503.56 万元，同比下降 6.77%。增值收益率 1.67%，比上年减少 0.35 个百分点。

（四）**增值收益分配**：2018 年，提取贷款风险准备金 5169.65 万元，提取管理费用 1700.00 万元，提取城市廉租住房（公共租赁住房）建设补充资金 1633.91 万元。

2018 年，上交财政管理费用 1700.00 万元。上缴财政城市廉租住房（公共租赁住房）建设补充资金 3663.76 万元。

2018 年末，贷款风险准备金余额 26759.73 万元。累计提取城市廉租住房（公共租赁住房）建设补充资金 9296.65 万元。

（五）**管理费用支出**：2018 年，管理费用支出 1227.92 万元，同比增长 12.14%。其中，人员经费 844.48 万元，公用经费 155.18 万元，专项经费 228.26 万元。

四、资产风险状况

（一）**个人住房贷款**：2018 年末，个人住房贷款逾期额 678.76 万元，逾期率 1.33‰。

个人贷款风险准备金按贷款余额的 1% 提取。2018 年，提取个人贷款风险准备金 5169.65 万元，未使用个人贷款风险准备金核销呆坏账。2018 年末，个人贷款风险准备金余额 25539.73 万元，占个人住房贷款余额的 4.94%，个人住房贷款逾期额与个人贷款风险准备金余额的比率为 2.66%。

（二）**支持保障性住房建设试点项目贷款**：2018 年末，支持保障性住房建设试点项目贷款全部回收，无逾期贷款。项目贷款风险准备金余额 1220 万元。

五、社会经济效益

（一）**缴存业务**：2018 年，实缴单位数、实缴职工人数和缴存额同比分别增长 0.90%、下降 0.70%、增长 8.22%。

缴存单位中，国家机关和事业单位占 68.41%，国有企业占 11.10%，城镇集体企业占 1.55%，外商投资企业占 1.02%，城镇私营企业及其他城镇企业占 13.97%，民办非企业单位和社会团体占 1.48%，其他占 2.47%。

缴存职工中，国家机关和事业单位占 48.23%，国有企业占 24.11%，城镇集体企业占 3.27%，外商投资企业占 1.45%，城镇私营企业及其他城镇企业占 16.19%，民办非企业单位和社会团体占 0.19%，其他占 6.56%；中、低收入占 99.41%，高收入占 0.59%。

新开户职工中，国家机关和事业单位占 38.70%，国有企业占 21.55%，城镇集体企业占 1.82%，外商投资企业占 1.89%，城镇私营企业及其他城镇企业占 26.55%，民办非企业单位和社会团体占 0.20%，其他占 9.29%；中、低收入占 99.80%，高收入占 0.20%。

（二）提取业务：2018 年，2.41 万名缴存职工提取住房公积金 7.06 亿元。

提取金额中，住房消费提取占 54.03%（购买、建造、翻建、大修自住住房占 16.73%，偿还购房贷款本息占 36.46%，租赁住房占 0.70%，其他占 0.14%）；非住房消费提取占 45.97%（离休和退休提取占 31.63%，完全丧失劳动能力并与单位终止劳动关系提取占 2.02%，其他占 12.32%）。

提取职工中，中、低收入占 98.83%，高收入占 1.17%。

（三）贷款业务：

1. **个人住房贷款**。2018 年，支持职工购建房 57.45 万平方米，年末个人住房贷款市场占有率为 55.89%，比上年增加 14.54 个百分点。通过申请住房公积金个人住房贷款，可节约职工购房利息支出 22865.52 万元。

职工贷款笔数中，购房建筑面积 90（含）平方米以下占 32.96%，90～144（含）平方米占 59.54%，144 平方米以上占 7.50%。购买新房占 66.30%（其中购买保障性住房占 0%），购买二手房占 33.70%。

职工贷款笔数中，单缴存职工申请贷款占 56.20%，双缴存职工申请贷款占 43.50%，三人及以上缴存职工共同申请贷款占 0.30%。

贷款职工中，30 岁（含）以下占 28.64%，30 岁～40 岁（含）占 38.63%，40 岁～50 岁（含）占 25.75%，50 岁以上占 6.98%；首次申请贷款占 99.89%，二次及以上申请贷款占 0.11%；中、低收入占 99.32%，高收入占 0.68%。

2. **异地贷款**。2018 年，发放异地贷款 897 笔 23678.90 万元。2018 年末，发放异地贷款总额 34607.90 万元，异地贷款余额 30348.86 万元。

3. **支持保障性住房建设试点项目贷款**。2018 年末，累计试点项目 3 个，贷款额度 3.05 亿元，建筑面积 96.10 万平方米，可解决 10885 户中低收入职工家庭的住房问题。3 个试点项目贷款资金已发放并还清贷款本息。

（四）住房贡献率：2018 年，个人住房贷款发放额、公转商贴息贷款发放额、项目贷款发放额、住房消费提取额的总和与当年缴存额的比率为 136.79%，比上年减少 12.06 个百分点。

六、其他重要事项

（一）当年住房公积金政策调整及执行情况：

1. **缴存政策**。取消了 2015 年以来提高公积金使用率而实行"足缴"住房公积金的临时措施。

2. **贷款政策**。取消了"即缴即贷"办法，缴存职工必须满足连续缴存 6 个月才能贷款，规范了住房公积金制度运行，促进了制度的公平性。

缴存基数下限为 1580 元/月，缴存上限调整为 12588 元/月，住房公积金缴存比例下限为 5%，上限为 12%。

2018 年个人住房公积金贷款利率严格执行国家有关规定，5 年以下贷款利率 2.75%，5 年以上贷款利率 3.25%。

（二）**当年服务改进情况**：为缓解梅河口市窗口压力过大，方便客户，提高办理速率，经管委会批准，在工行梅河口支行新设一个服务网点，办理住房公积金缴存、提取、发放贷款业务。

（三）**当年信息化建设情况**：

1. **信息系统升级改造、贯标落实和结算应用系统接入情况**。新系统上线准备工作从 4 月初开始，新系统上线前对金融结算平台的网络安全设备、所用服务器设置及到各行的网络线路进行了调试，老系统到新系统的数据移植，新老设备的调换，中心大厅和各管理部所有设备调换成新电脑，并且编制了新系统软件环境运行配置教程。

2018 年 5 月 14 日新版公积金管理系统正式上线，同时接入住房城乡建设部金融结算平台。

2. **综合服务平台建设情况**。从 8 月 22 日加班加点的努力与各业务科室讨论归纳出《通化综合服务平台各渠道需求》，至 11 月 11 日，综合服务平台和官方网站、网上服务大厅、手机 APP、官方微信、12329 热线、12329 短信、官方微博、自助终端 8 种线上服务渠道全部上线，实现了住房公积金服务由"线下"到"指尖"、由柜面到网上、由人工到智能、由群众跑腿到"信息跑路"的转变，从而实现了住房公积金业务线上办理"零跑腿"，线下业务"最多跑一次"。支付宝城市服务公积金查询功能正在开发中，预计 2019 年 3 月可上线。

（四）**当年住房公积金管理中心及职工所获荣誉情况**：2018 年辉南管理部邵雅芳被通化市政府授予"通化好人"。

白山市住房公积金 2018 年年度报告

一、机构概况

（一）**住房公积金管理委员会**：住房公积金管理委员会有 18 名委员，2018 年召开 1 次会议，审议通过的事项主要包括：《2018 年全市住房公积金归集、使用、计划完成情况及 2018 年计划情况的报告》；《白山市住房公积金管理中心 2018 年度财务公报》、《白山市住房公积金 2018 年年度报告》；〈白山市住房公积金个人缴存管理办法（试行）〉和修改〈白山市住房公积金提取管理办法（试行）〉、〈白山市住房公积金缴存管理办法（试行）〉部分条款的说明。

（二）**住房公积金管理中心**：住房公积金管理中心为市政府直属不以营利为目的自收自支事业单位，设 9 个科室，5 个管理部，从业人员 76 人，其中，在编 35 人，非在编 41 人。

二、业务运行情况

（一）**缴存**：2018年，新开户单位124家，实缴单位1973家，净增单位66家；新开户职工0.74万人，实缴职工9.6万人，净减职工0.34万人；缴存额9.76亿元，同比下降1.21%。2018年末，缴存总额79.94亿元，同比增长13.91%；缴存余额35.01亿元，同比增长7.46%。

受委托办理住房公积金缴存业务的银行2家，与上年持平。

（二）**提取**：2018年，提取额7.34亿元，同比下降15.24%；占当年缴存额的75.20%，比上年减少12.44个百分点。2018年末，提取总额44.93亿元，同比增长19.53%。

（三）**贷款**：个人住房贷款最高额度50万元，其中，单缴存职工最高额度25万元，双缴存职工最高额度50万元。

2018年，发放个人住房贷款1248笔2.16亿元，同比分别增长42.79%、26.89%。

2018年，回收个人住房贷款1.54亿元。

2018年末，累计发放个人住房贷款2.03万笔21.69亿元，贷款余额8.19亿元，同比分别增长6.55%、11.06%、8.19%。个人住房贷款余额占缴存余额的23.40%，比上年增加0.16个百分点。

受委托办理住房公积金个人住房贷款业务的银行5家，与上年持平。

（四）**资金存储**：2018年末，住房公积金存款26.89亿元。其中，活期2.11亿元，1年以上定期24.78亿元。

（五）**资金运用率**：2018年末，住房公积金个人住房贷款余额、项目贷款余额和购买国债余额的总和占缴存余额的23.40%，比上年增加0.16个百分点。

三、主要财务数据

（一）**业务收入**：2018年，业务收入10438.54万元，同比增长14.70%。存款利息7959.50万元，委托贷款利息2467.32万元，其他11.72万元。

（二）**业务支出**：2018年，业务支出5123.17万元，同比增长4.87%。支付职工住房公积金利息4998.90万元，归集手续费0万元，委托贷款手续费122.86万元，其他1.41万元。

（三）**增值收益**：2018年，增值收益5315.37万元，同比增长26.11%。增值收益率1.59%，比上年增加0.23个百分点。

（四）**增值收益分配**：2018年，提取贷款风险准备金3189.22万元，提取管理费用1213.55万元，提取城市廉租住房（公共租赁住房）建设补充资金912.60万元。

2018年，上交财政管理费用1213.55万元。上缴财政城市廉租住房（公共租赁住房）建设补充资金1104.81万元。

2018年末，贷款风险准备金余额19277.66万元。累计提取城市廉租住房（公共租赁住房）建设补充资金7566.73万元。

（五）**管理费用支出**：2018年，管理费用支出1213.55万元，同比增长15.76%。其中，人员经费692.40万元，公用经费174.95万元，专项经费346.20万元。

四、资产风险状况

2018年末,个人住房贷款逾期额125.91万元,逾期率1.54‰。

个人贷款风险准备金按增值收益的60%提取。2018年,提取个人贷款风险准备金3189.22万元,使用个人贷款风险准备金核销呆坏账0万元。2018年末,个人贷款风险准备金余额18845.66万元,占个人住房贷款余额的23.01%,个人住房贷款逾期额与个人贷款风险准备金余额的比率为0.67%。

五、社会经济效益

(一)**缴存业务**:2018年,实缴单位数、实缴职工人数和缴存额同比分别增长3.46%、-3.43%和-1.21%。

缴存单位中,国家机关和事业单位占70.45%,国有企业占13.89%,城镇集体企业占1.17%,外商投资企业占1.27%,城镇私营企业及其他城镇企业占6.54%,民办非企业单位和社会团体占1.77%,其他占4.92%。

缴存职工中,国家机关和事业单位占55.57%,国有企业占28.97%,城镇集体企业占0.48%,外商投资企业占2.46%,城镇私营企业及其他城镇企业占6.84%,民办非企业单位和社会团体占2.14%,其他占3.55%;中、低收入占99.78%,高收入占0.22%。

新开户职工中,国家机关和事业单位占26.08%,国有企业占35.02%,城镇集体企业占0.49%,外商投资企业占7.38%,城镇私营企业及其他城镇企业占16.96%,民办非企业单位和社会团体占4.04%,其他占10.03%;中、低收入占99.97%,高收入占0.03%。

(二)**提取业务**:2018年,2.35万名缴存职工提取住房公积金7.34亿元。

提取金额中,住房消费提取占59.86%(购买、建造、翻建、大修自住住房占37.86%,偿还购房贷款本息占10.76%,租赁住房占10.64%,其他占0.60%);非住房消费提取占40.14%(离休和退休提取占22.58%,完全丧失劳动能力并与单位终止劳动关系提取占5.45%,户口迁出本市或出境定居占0%,其他占12.12%)。

提取职工中,中、低收入占99.67%,高收入占0.33%。

(三)**贷款业务**:

1.**个人住房贷款**:2018年,支持职工购建房12.74万平方米,年末个人住房贷款市场占有率为22.48%,比上年增加15.52个百分点。通过申请住房公积金个人住房贷款,可节约职工购房利息支出4088.60万元。

职工贷款笔数中,购房建筑面积90(含)平方米以下占39.82%,90~144(含)平方米占53.29%,144平方米以上占6.89%。购买新房占22.68%,购买二手房占10.58%,建造、翻建、大修自住住房占66.75%,其他占0%。

职工贷款笔数中,单缴存职工申请贷款占46.79%,双缴存职工申请贷款占53.21%,三人及以上缴存职工共同申请贷款占0%。

贷款职工中,30岁(含)以下占15.30%,30岁~40岁(含)占33.65%,40岁~50岁(含)占33.73%,50岁以上占17.31%;首次申请贷款占74.04%,二次及以上申请贷款占25.96%;中、低收入占99.76%,高收入占0.24%。

2. 异地贷款：2018年，发放异地贷款20笔355.50万元。2018年末，发放异地贷款总额2848.80万元，异地贷款余额893.11万元。

（四）住房贡献率：2018年，个人住房贷款发放额、公转商贴息贷款发放额、项目贷款发放额、住房消费提取额的总和与当年缴存额的比率为67.13%，比上年增加0.13个百分点。

六、其他重要事项

（一）归集方面：

1. **白山市住房公积金缴存政策调整情况**。2018年缴存基数限额及确定方法：

缴存基数限额：缴存基数上限11,687.25元/月，未设置基数下限。

年缴存基数确定方法：职工月平均工资为上年度本人工资总额除以12所得的商，精确到元。

缴存比例：住房公积金缴存比例，下限为5%、上限为12%。

取消一条：取消原《缴存办法》第三十八条"管理中心应当设立集中封存账户，对封存住房公积金进行管理"。

增加一条：住房公积金管理实行专管员制度。各缴存单位职工的住房公积金缴存、变更等业务由专管员代为办理。

2. **白山市住房公积金提取政策调整情况**。

（1）取消"维修自住住房"提取。

（2）取消"子女上大学"提取。

（3）取消"符合多个条件的可合并提取住房公积金，提取额合并计算"。

（4）职工及共同借款人偿还住房公积金贷款本息的，由"正常还贷2个月后，可提取住房公积金偿还贷款"。修改为"正常还贷1年后，可提取住房公积金偿还贷款"。

（5）租赁普通住房的，除提供就业地或户籍地无房证明外，还应提供户口簿。职工为已婚的，须提供结婚登记证明及夫妻双方身份证原件，职工为离异未再婚的，须提供离婚证原件。

（6）职工本人及其直系亲属于购买、建造、翻建、大修、拆迁安置具有产权的自住住房的材料有效期统一修改为五年。

（7）"职工本人及其直系亲属患重病、大病入院治疗的"，提取额度由"可提取不超过个人承担费用5倍数额的住房公积金"。修改为"可提取不超过个人负担部分额度的住房公积金"。

（8）账户需保留余额，由"除销户提取外，其他各种理

由提取至少保留一个月的缴存额"。修改为"除销户提取外，其他各种理由提取后至少保留1000元缴存余额"。

（9）"除死亡职工的住房公积金由该职工生前所在单位处理外，其他职工提取的住房公积金必须存入该缴存职工本人的银行账户内"。修改为"除职工死亡或者被宣告死亡、法院扣划、职工及配偶缴纳房款提取，可划入相应单位账户外，其他职工提取的住房公积金必须存入该缴存职工本人的银行账户内"。

（10）提取划款由"三个工作日内划款"，修改为"实时划款至系统支持银行卡内"。

（二）贷款方面：

1. **当年个人住房贷款最高贷款额度**。单身或单收入最高额度为25万元，双职工最高50万元。

2. **贷款条件等贷款政策调整情况**。

（1）取消单身、单收入职工找担保人的规定，收入稳定，且无不良信用记录的单身、单收入贷款申请人不再强制要求提供担保人担保，对于住房公积金管理中心认为无合法的经常性、稳定性收入或有非恶意不良信用记录的可视情况要求担保人提供担保，或适当降低贷款额度。

（2）有商业性贷款未还清的可以申请公积金贷款问题，在其他商业银行有借款未还清的（含法院判决离婚，但原共同借款未还清的）应视借款余额及还款额的多少，确定是否发放贷款及贷款额度。

（3）曾被人民法院强制执行提取住房公积金的，应视情节严重性，确定是否发放贷款及贷款额度，可视情况确定其是否具有担保人资格。

3. **当年住房公积金贷款利率执行标准**。1～5年2.75％，6～30年3.25％。

（三）当年服务改进情况：白山市住房公积金管理中心按照中央、省、市关于深化"放管服"改革的有关要求，以群众满意为发展方向，着力提升服务质量。

服务设施建设：为使基础数据和结算应用系统达到住房城乡建设部要求标准，2018年白山市住房公积金管理中心投入大量人力财力，完成从核心服务器到新型办公电脑设备一系列软硬件的升级换代。所有业务柜台都启用了智能化设备，包括高拍仪、指纹仪、身份证银行卡读取器等，实现申请材料电子化。柜面的智能化设备在方便市民办理业务的同时，也能在一定程度上达到防止骗提骗贷的作用，并增加多功能自助服务终端机，方便缴存职工自助查询打印。

服务手段提升：在"双贯标"工作顺利完成之后，住房公积金提取实行免填单、免复印件和无纸化电子档案管理模式，取消了住房公积金提取单位审核把关的环节，并接入全国住房公积金结算数据应用系统，实现住房公积金提取业务及时审核、实时到账功能，资金到账后，即刻收到短信提醒，节省时间，提高效率。同时，个别业务从线下办理转至线上办理，人不用到现场来就可以完成查询、部分缴存、部分提取业务，有效地满足了缴存单位和职工多元化、个性化服务需求。

综合服务平台建设取得决定性进展，在"互联网＋公积金服务"的技术和业务框架内，以移动终端为主要载体，建设一个功能齐全、使用便捷、服务高效、职工满意的平台。中心门户网站、手机APP、单位网厅、个人网厅、微信公众号、12329热线、12329短信一系列服务渠道相继开通。公积金业务从过去单一的现场办理转移到电脑、手机等现代化信息载体上，顺应了信息化时代的发展趋势，为全市缴存单位、缴存职工的业务办理、对账查询、咨询交流提供了更方便、更快捷、更多样的服务渠道。

（四）当年信息化建设情况：2018年1月核心业务系统上线运行，实现了信息系统的开发和对住房城乡建设部两个标准的贯彻落实，并顺利通过"双贯标"验收。各银行全部对接结算应用系统，中心账户全覆盖，做到业务账、资金账、财务账三账联动。在今后的信息化建设中将以科技创新为引领，全方位加强综合服务平台建设，使公积金的管理信息系统使用"更便捷"、服务"更智能"、运行"更安全"。

松原市住房公积金2018年年度报告

一、机构概况

（一）住房公积金管理委员会：住房公积金管理委员会有29名委员，2018年召开1次会议，审议通过的事项主要包括：《松原市住房公积金个人贷款管理办法》、《松原市住房公积金提取管理办法》、《松原市住房公积金缴存管理办法》、《松原市住房公积金管理中心稽核审计实施办法》、《松原市住房公积金管理中心关于住房公积金财务管理办法》、《松原市住房公积金管理中心2018年度增值收益分配方案》、《松原市住房公积金管理中心2018年预算情况的报告》、《关于市住房公积金管理中心银行账户变更和调整情况的报告》、《关于市住房公积金管理中心几年来贷款逾期情况的整改计划》、《松原市住房公积金2018年年度报告》。

（二）住房公积金管理中心：住房公积金管理中心为市政府直属不以营利为目的的财政全额拨款事业单位（公益一类），设9个科，4个管理部，2个分中心。从业人员89人，其中，在编58人，非在编31人。

吉林油田分中心为隶属于中国石油吉林油田公司不以盈利为目的正科级单位，设2个科。从业人员7人，全部为在编人员。

二、业务运行情况

（一）缴存：2018年，新开户单位400家，实缴单位3215家，净增单位292家；新开户职工1.14万人，实缴职工16.24万人，净增职工0.10万人；缴存额24.02亿元，同比增长16.04%。2018年末，缴存总额198.92亿元，同比增长13.73%；缴存余额92.29亿元，同比增长8.96%。

受委托办理住房公积金缴存业务的银行6家，比上年增加1家。

（二）提取：2018年，提取额16.44亿元，同比增长31.31%；占当年缴存额的68.44%，比上年增加7.98个百分点。2018年末，提取总额106.63亿元，同比增长18.22%。

（三）贷款：个人住房贷款最高额度60万元，其中，单缴存职工最高额度60万元，双缴存职工最高额度60万元。

2018年，发放个人住房贷款0.42万笔11.41亿元，同比分别增长42.99%、55.18%。其中，市中心发放个人住房贷款0.27万笔8.04亿元，油田分中心发放个人住房贷款0.15万笔3.37亿元。

2018年，回收个人住房贷款6.57亿元。其中，市中心3.99亿元，油田分中心2.58亿元。

2018年末，累计发放个人住房贷款4.80万笔84.19亿元，贷款余额48.56亿元，同比分别增长9.62%、15.68%、11.07%。个人住房贷款余额占缴存余额的52.62%，比上年增加1.00个百分点。

受委托办理住房公积金个人住房贷款业务的银行6家，比上年增加2家。

（四）资金存储：2018年末，住房公积金存款43.24亿元。其中，活期7.26亿元，1年（含）以下定期10.80亿元，1年以上定期25.18亿元。

（五）资金运用率：2018年末，住房公积金个人住房贷款余额、项目贷款余额和购买国债余额的总和占缴存余额的52.62%，比上年增加1.00个百分点。

三、主要财务数据

（一）业务收入：2018年，业务收入25965.16万元，同比增长10.92%。其中，市中心16123.37万元，油田分中心9841.79万元；存款利息11008.31万元，委托贷款利息14645.95万元，其他310.90万元。

（二）业务支出：2018年，业务支出13418.60万元，同比增长1.39%。其中，市中心6986.47万元，油田分中心6432.13万元；支付职工住房公积金利息13103.88万元，归集手续费0.08万元，委托贷款手续费313.92万元，其他0.72万元。

（三）增值收益：2018年，增值收益12546.55万元，同比增长23.31%。其中，市中心9136.89万元，油田分中心3409.66万元；增值收益率1.41%，比上年增加0.15个百分点。

（四）增值收益分配：2018年，提取贷款风险准备金7527.94万元，提取管理费用3042.32万元，提取城市廉租住房（公共租赁住房）建设补充资金1976.30万元。

2018年，上交财政管理费用2250.31万元。上缴财政城市廉租住房（公共租赁住房）建设补充资金1838.77万元。其中，市中心上缴519.57万元，油田分中心上缴（吉林油田住房建设管理办公室）1319.20万元。

2018年末，贷款风险准备金余额44078.11万元。累计提取城市廉租住房（公共租赁住房）建设补充资金17972.25万元。其中，市中心提取4248.61万元，油田分中心提取13723.64万元。

（五）管理费用支出：2018年，管理费用支出1148.67万元，同比下降42.85%。其中，人员经费650.98万元，公用经费94.79万元，专项经费402.90万元。

市中心管理费用支出663.96万元，其中，人员、公用、专项经费分别为529.12万元、56.84万元、78.00万元；油田分中心管理费用支出484.71万元，其中，人员、公用、专项经费分别为121.86万元、37.95万元、324.90万元。

四、资产风险状况

2018年末，个人住房贷款逾期额1950.16万元，逾期率4.02‰。其中，市中心6.13‰，油田分中心0.84‰。

个人贷款风险准备金按增值收益的60%提取。2018年，提取个人贷款风险准备金7527.94万元，未使用个人贷款风险准备金核销呆坏账。2018年末，个人贷款风险准备金余额44078.11万元，占个人住房贷款余额的9.08%，个人住房贷款逾期额与个人贷款风险准备金余额的比率为4.42%。

五、社会经济效益

（一）缴存业务：2018年，实缴单位数、实缴职工人数和缴存额同比分别增长9.99%、0.64%和16.04%。

缴存单位中，国家机关和事业单位占81.00%，国有企业占10.58%，城镇集体企业占0%，外商投资企业占0.12%，城镇私营企业及其他城镇企业占7.56%，民办非企业单位和社会团体占0.37%，其他占0.37%。

缴存职工中，国家机关和事业单位占42.38%，国有企业占49.31%，城镇集体企业占0%，外商投资企业占0.24%，城镇私营企业及其他城镇企业占7.75%，民办非企业单位和社会团体占0.29%，其他占0.03%；中、低收入占98.64%，高收入占1.36%。

新开户职工中，国家机关和事业单位占44.43%，国有企业占29.03%，城镇集体企业占0%，外商投资企业占1.13%，城镇私营企业及其他城镇企业占24.98%，民办非企业单位和社会团体占0.08%，其他占0.34%；中、低收入占99.64%，高收入占0.36%。

(二) 提取业务：2018年，4.54万名缴存职工提取住房公积金16.44亿元。

提取金额中，住房消费提取占71.32%（购买、建造、翻建、大修自住住房占32.17%，偿还购房贷款本息占37.67%，租赁住房占1.48%）；非住房消费提取占28.68%（离休和退休提取占22.50%，完全丧失劳动能力并与单位终止劳动关系提取占2.09%，户口迁出本市或出境定居占0.31%，其他占3.78%）。

提取职工中，中、低收入占98.01%，高收入占1.99%。

(三) 贷款业务：

1. **个人住房贷款**：2018年，支持职工购建房43.97万平方米，年末个人住房贷款市场占有率为23.17%，比上年增加0.17个百分点。通过申请住房公积金个人住房贷款，可节约职工购房利息支出19370.00万元。

职工贷款笔数中，购房建筑面积90（含）平方米以下占28.45%，90～144（含）平方米占64.64%，144平方米以上占6.91%。购买新房占65.88%（其中购买保障性住房占0%），购买二手房占34.12%。

职工贷款笔数中，单缴存职工申请贷款占50.68%，双缴存职工申请贷款占48.73%，三人及以上缴存职工共同申请贷款占0.59%。

贷款职工中，30岁（含）以下占29.87%，30岁～40岁（含）占32.49%，40岁～50岁（含）占30.56%，50岁以上占7.08%；首次申请贷款占91.28%，二次及以上申请贷款占8.72%；中、低收入占98.77%，高收入占1.23%。

2. **异地贷款**：2018年，发放异地贷款233笔6538.30万元。2018年末，发放异地贷款总额12172.90万元，异地贷款余额11207.19万元。

(四) 住房贡献率：2018年，个人住房贷款发放额、公转商贴息贷款发放额、项目贷款发放额、住房消费提取额的总和与当年缴存额的比率为96.29%，比上年增加17.48个百分点。

六、其他重要事项

(一) 当年机构及职能调整情况、受委托办理缴存贷款业务金融机构变更情况：一是2018年，我市住房公积金管理机构及职能无调整情况。二是2018年，我中心缴存业务金融机构由5家增至6家，目前是"工、农、中、建、交、光大"6家；贷款业务金融机构由4家增至6家，目前是"工、农、中、建、交、光大"6家。

(二) 当年住房公积金政策调整及执行情况：2018年6月20日召开了市住房公积金管理委员会会议，对原有的制度政策进行了调整、补充和完善。审议通过了新的《松原市住房公积金个人贷款管理办法》、《松原市住房公积金提取管理办法》、《松原市住房公积金缴存管理办法》、《松原市住房公积金管理中心稽核审计实施办法》、《松原市住房公积金财务管理办法》。同时，对原有银行账户进行了大幅度调整，由原来的29个合并为7个。当年新开一个交通银行账户，新增交通银行和光大银行为贷款业务结算银行。涉及政策调整的有，一是将原来缴存满12个月可以办理公积金业务调整为满6个月；二是将原来贷款额度最高不超过40万元调整为60万元；三是将购房仅限一年内可以贷款和提取，改为三年内；四是将贷款、提取仅限于本人使用，扩大到夫妻、子女、父母互用。五是贷款还清后，再次购房时可申请公积金贷款，执行首套房政策。六是公积金贷款利率执行中国人民银行规定利率，在还款期内如遇法定利率调整，于次年1月1日按相应利率档次执行。这些政策的调整充分体现了公积金互助性、共享性、优惠性，群众非常满意。

(三) 当年服务改进情况：2018年年初，按照住房城乡建设部、住房城乡建设厅相关文件要求，完成了双贯标工作并通过住房城乡建设部验收专家组验收，并给予高度评价。双贯标验收工作结束后，我们投入大量人力、物力进行综合服务平台建设。从6月份开始陆续进行各渠道测试工作，于年底前完成八大渠道所有功能上线，所有渠道通过综合服务平台后台管理系统完成统一发布，统一管理。通过综合服务平台建设的完成，方便了客户及时了解公积金政策，本人的公积金账户情况和贷款情况，像退休、离职等销户提取，职工可以通过手机APP或者网厅直接在家办理公积金提取业务；单位经办人员也可以通过网厅直接办理单位汇缴登记，基本信息变更等业务，做到了一次不跑。综合服务平台各渠道的开通，节约了客户的交通投入和时间投入，取得了良好的社会效益。

（四）当年信息化建设情况：2018年，我市住房公积金综合服务平台建设走在了全省先列。平台以互联网和移动终端为依托，将门户网站、网上服务大厅、自助终端、12329热线、手机短信、手机客户端、微信和微博八大服务渠道通过综合管理系统整合为一个规范、安全的公积金服务体系，承载业务查询、业务办理、信息发布和互动交流四大功能，满足了我市缴存职工多层次、个性化服务需求。

（五）当年住房公积金管理中心及职工所获荣誉情况：2018年，我中心职工获得市级先进个人共16人，其中9人获得市政府"先进个人"称号，6人获得市直党工委"优秀共产党员"称号，1人获得市直党工委"优秀党务工作者"称号。

（六）当年对违反《住房公积金管理条例》和相关法规行为进行行政处罚和申请人民法院强制执行情况：2018年，我中心下发了《松原市住房公积金贷款逾期催收暂行管理办法》，对贷款催收工作进行了全面梳理，明确了主体责任，细化了催收流程。我中心通过电话催收、下发催收通知书、走访职工单位、申请法院强制执行等多种方式，有效降低了贷款逾期率。截止年低，我中心清收1~2月逾期贷款180余万元；清收3~5月逾期贷款160余万元；清收6月以上（含）逾期40余万元；累计催收人次2000余人，累计电话催收2400余次．累计走访欠缴职工单位90余次，申请法院强制执行34人次，建立逾期人员档案170件，逾期6个月以上结清46人，其中，有18人逾期归零。

（七）当年对住房公积金管理人员违规行为的纠正和处理情况等：2018年，我中心开展了干部作风大整顿活动，并把活动作为改善工作作风，全面提升服务水平的一项常态化工作来抓。通过开展"五弊问题"查摆活动，让所有干部职工对自身存在的问题进行了全面的梳理。通过采取设立意见箱、召开座谈会、登门走访等方式向我市缴存职工和群众发出征求意见表600份，收回537份。针对征求到的如公积金使用门槛偏高、政策不宽松，服务手段单一，服务水平不高，服务不规范等22条问题，我们进行了认真梳理、归类，分别制定完成了破"五弊"清单。通过开展活动我们制定和完善了单位多项作风建设工作制度，进一步强化监督检查力度，有效提高了风险防控水平。

白城市住房公积金2018年年度报告

一、机构概况

（一）住房公积金管理委员会：住房公积金管理委员会有25名委员，2018年召开一次会议，审议通过的事项主要包括：白城市住房公积金管理中心 2018 年度预算执行情况和 2018 年度预算草案的报告。

（二）**住房公积金管理中心**：住房公积金管理中心为市政府不以营利为目的的公益性一类事业单位，设 8 个科，4 个管理部。从业人员 96 人，其中，在编 37 人，非在编 59 人。

二、业务运行情况

（一）**缴存**：2018 年，新开户单位 151 家，实缴单位 2364 家，净增单位 79 家；新开户职工 1.20 万人，实缴职工 10.47 万人，净增职工 0.66 万人；缴存额 9.14 亿元，同比增长 12.34%。2018 年末，缴存总额 59.63 亿元，同比增长 18.11%；缴存余额 30.50 亿元，同比增长 10.83%。

受委托办理住房公积金缴存业务的银行 4 家，与上年相同。

（二）**提取**：2018 年，提取额 6.16 亿元，同比增长 6.42%；占当年缴存额的 67.42%，比上年减少 3.75 个百分点。2018 年末，提取总额 29.13 亿元，同比增长 26.83%。

（三）**贷款**：个人住房贷款最高额度 70 万元，其中，单缴存职工最高额度 50 万元，双缴存职工最高额度 70 万元。

2018 年，发放个人住房贷款 0.29 万笔 7.91 亿元，同比分别增长 6.44%、18.37%。

2018 年，回收个人住房贷款 3.72 亿元。

2018 年末，累计发放个人住房贷款 3.68 万笔 50.29 亿元，贷款余额 27.51 亿元，同比分别增长 8.52%、18.65%、17.95%。个人住房贷款余额占缴存余额的 90.22%，比上年增加 5.45 个百分点。

受委托办理住房公积金个人住房贷款业务的银行 3 家，与上年相同。

（四）**资金存储**：2018 年末，住房公积金存款 2.98 亿元。其中，活期 0.98 亿元，1 年（含）以下定期 2.00 亿元。

（五）**资金运用率**：2018 年末，住房公积金个人住房贷款余额、项目贷款余额和购买国债余额的总和占缴存余额的 90.22%，比上年增加 5.45 个百分点。

三、主要财务数据

（一）**业务收入**：2018 年，业务收入 9014.51 万元，同比下降 2.05%。存款利息 1027.73 万元，委托贷款利息 7986.78 万元。

（二）**业务支出**：2018 年，业务支出 4770.60 万元，同比增长 13.06%。支付职工住房公积金利息 4371.04 万元，归集手续费 0.23 万元，委托贷款手续费 399.33 万元。

（三）**增值收益**：2018 年，增值收益 4243.91 万元，同比下降 14.85%。增值收益率 1.46%，比上年减少 0.48 个百分点。

（四）**增值收益分配**：2018 年，提取贷款风险准备金 418.62 万元，提取管理费用 1433.32 万元，提取城市廉租住房（公共租赁住房）建设补充资金 2391.97 万元。

2018 年，上交财政管理费用 1132.15 万元。上缴财政城市廉租住房（公共租赁住房）建设补充资金 3536.48 万元。

2018 年末，贷款风险准备金余额 2834.14 万元。累计提取城市廉租住房（公共租赁住房）建设补充资金 12045.33 万元。

（五）管理费用支出：2018 年，管理费用支出 1011.52 万元，同比下降 28.17%。其中，人员经费 647.82 万元，公用经费 188.32 万元，专项经费 175.38 万元。

四、资产风险状况

2018 年末，个人住房贷款逾期额 0 万元，逾期率 0‰。

个人贷款风险准备金是按年度住房公积金贷款余额的 1% 提取。2018 年，提取个人贷款风险准备金 418.62 万元，未使用个人贷款风险准备金核销呆坏账。2018 年末，个人贷款风险准备金余额 2834.14 万元，占个人住房贷款余额的 1.03%，个人住房贷款逾期额与个人贷款风险准备金余额的比率为 0%。

五、社会经济效益

（一）缴存业务：2018 年，实缴单位数、实缴职工人数和缴存额同比分别增长 3.46%、6.74% 和 12.34%。

缴存单位中，国家机关和事业单位占 77.03%，国有企业占 10.95%，城镇集体企业占 2.50%，外商投资企业占 0.72%，城镇私营企业及其他城镇企业占 3.47%，民办非企业单位和社会团体占 0.42%，其他占 4.91%。

缴存职工中，国家机关和事业单位占 71.17%，国有企业占 16.85%，城镇集体企业占 1.98%，外商投资企业占 2.32%，城镇私营企业及其他城镇企业占 1.37%，民办非企业单位和社会团体占 0.31%，其他占 6.00%；中、低收入占 99.53%，高收入占 0.47%。

新开户职工中，国家机关和事业单位占 65.85%，国有企业占 7.78%，城镇集体企业占 4.40%，外商投资企业占 2.75%，城镇私营企业及其他城镇企业占 2.41%，民办非企业单位和社会团体占 0.49%，其他占 16.32%；中、低收入占 99.89%，高收入占 0.11%。

（二）提取业务：2018 年，2.34 万名缴存职工提取住房公积金 6.16 亿元。

提取金额中，住房消费提取占 60.70%（购买、建造、翻建、大修自住住房占 30.45%，偿还购房贷款本息占 27.45%，租赁住房占 2.80%）；非住房消费提取占 39.30%（离休和退休提取占 24.03%，完全丧失劳动能力并与单位终止劳动关系提取占 2.06%，户口迁出本市或出境定居占 0.06%，其他占 13.15%）。

提取职工中，中、低收入占 99.25%，高收入占 0.75%。

（三）贷款业务：

1. **个人住房贷款**：2018 年，支持职工购建房 30.73 万平方米，年末个人住房贷款市场占有率为 35.21%，比上年增加 0.20 个百分点。通过申请住房公积金个人住房贷款，可节约职工购房利息支出 16597.55 万元。

职工贷款笔数中，购房建筑面积 90（含）平方米以下占 27.00%，90~144（含）平方米占 65.02%，144 平方米以上占 7.98%。购买新房占 45.83%，（其中购买保障性住房占 0%），购买二手房占 54.17%。

职工贷款笔数中，单缴存职工申请贷款占 33.43%，双缴存职工申请贷款占 66.13%，三人及以上缴存职工共同申请贷款占 0.44%。

贷款职工中，30 岁（含）以下占 30.69%，30 岁~40 岁（含）占 33.95%，40 岁~50 岁（含）占

25.92%，50岁以上占9.44%；首次申请贷款占83.03%，二次及以上申请贷款占16.97%；中、低收入占99.14%，高收入占0.86%。

2. **异地贷款**：2018年，发放异地贷款188笔5837.20万元。2018年末，发放异地贷款总额14088.40万元，异地贷款余额12645.58万元。

（四）**住房贡献率**：2018年，个人住房贷款发放额、公转商贴息贷款发放额、项目贷款发放额、住房消费提取额的总和与当年缴存额的比率为127.40%，比上年减少4.42个百分点。

六、其他重要事项

（一）**当年住房公积金政策调整及执行情况**：一是暂停受理异地缴存住房公积金职工的贷款申请。

二是暂停购买、建造、翻建、大修自住住房职工、父母、子女相互贷款、提取及偿还公积金贷款父母、子女相互提取。

三是职工购买、建造、翻建、大修自住住房，职工本人及其配偶在购建和大修住房一年内，可以凭有效证明材料，提取住房公积金账户内的存储余额或申请住房公积金贷款。

四是缴存职工购买自住住房申请公积金提取和贷款的，自筹资金（不少于购房总价30%的首付款）、提取金额和贷款金额三者之和不得超过所购住房总价款。

（二）**改进服务及综合平台建设情况**：一是对网站进行了改版升级，强化各栏目的宗旨作用，突出政务信息公开和人机交互，通过网站的告知、宣传、咨询、互动功能，使公积金网站成为舆论的阵地、告知的平台、互动的载体。

二是开办网厅业务。突出对公业务和个人业务两条腿走路，对公业务基本实现了全网厅办理。采取吉林安信数字证书或蚂蚁金服刷脸认证的方式登录网上营业厅，实现了除缴存开户外的其他对公业务全流程网厅办理。发放数字证书1000家。

三是打造优质客服热线12329。作为对外服务窗口，设置了3名客服岗位，负责接待群众的咨询、查询，月访问量在1500次左右。

四是发挥短信平台作用。通过推送短信发布告知、催缴、催还贷等短消息，建立起最直接的互动交流。月发布量在5万条左右。

五是开通手机客户端。通过手机APP和微信公众号，建立起与社会各界和群众间的互动和业务经办。

六是拓展自助终端功能。在办事大厅，设置了服务PC机和打印机，职工个人可自行操作登录网站、网厅办理业务。

延边朝鲜族自治州住房公积金2018年年度报告

一、机构概况

（一）**住房公积金管理委员会**：住房公积金管理委员会有35名委员，2018年召开一次会议，审议通过的事项主要包括：《关于调整延边州住房公积金管理委员会副主任的议案》、《州住房公积金管理中心关于2018年工作完成情况及2018年工作打算的报告》、《延边州财政局关于2018年全州住房公积金财务决算报告及2018年财务预算草案》、《关于2018年全州住房公积金各项计划指标执行情况说明及2018年各项计划指标草案的报告》、《关于修改〈延边州住房公积金归集提取管理办法〉和〈延边州个人住房公积金贷款管理办法〉的议案》、《延边州住房公积金2018年年度报告》。

（二）住房公积金管理中心：延边州住房公积金管理中心（以下简称"中心"）为直属于延边州人民政府不以营利为目的的公益一类事业单位，目前中心设11个处室，10个管理部。从业人员136人，其中，在编77人，非在编59人。

二、业务运行情况

（一）缴存：2018年，新开户单位315家，实缴单位3941家，净增单位101家；新开户职工1.89万人，实缴职工20.73万人，净增职工0.31万人；缴存额26.87亿元，同比增长7.26%。2018年末，缴存总额187.71亿元，同比增长16.71%；缴存余额97.73亿元，同比增长8.94%。

受委托办理住房公积金缴存业务的银行5家，与上年相同。

（二）提取：2018年，提取额18.86亿元，同比增长7.42%；占当年缴存额的70.16%，比上年增加0.10个百分点。2018年末，提取总额89.98亿元，同比增长26.51%。

（三）贷款：2018年个人住房贷款最高额度60万元，其中，单缴存职工最高额度50万元，双缴存职工最高额度60万元。

2018年，发放个人住房贷款0.62万笔17.26亿元，同比分别下降15.66%、12.99%。

2018年，回收个人住房贷款9.16亿元。

2018年末，累计发放个人住房贷款7.15万笔125.64亿元，贷款余额73.52亿元，同比分别增长9.53%、15.92%、12.37%。个人住房贷款余额占缴存余额的75.23%，比上年增加2.30个百分点。

受委托办理住房公积金个人住房贷款业务的银行7家，与上年相同。

（四）资金存储：2018年末，住房公积金存款25.59亿元。其中，活期0.07亿元，1年（含）以下定期6.60亿元，1年以上定期18.30亿元，其他（协定、通知存款等）0.62亿元。

（五）资金运用率：2018年末，住房公积金个人住房贷款余额、项目贷款余额和购买国债余额的总和占缴存余额的75.23%，比上年增加2.30个百分点。

三、主要财务数据

（一）业务收入：2018年，业务收入29977.02万元，同比增长4.28%。其中存款利息收入8021.61万元，委托贷款利息收入21936.98万元，其他收入18.43万元。

（二）业务支出：2018年，业务支出15141.51万元，同比增长10.45%。其中，支付职工住房公积金利息13940.42万元，归集手续费763.52万元，委托贷款手续费436.33万元，其他1.24万元。

（三）增值收益：2018年，增值收益14835.51万元，同比下降1.34%。增值收益率1.58%，比上年减少0.17个百分点。

（四）增值收益分配：2018年，提取贷款风险准备金8902.10万元，提取管理费用3600.41万元，提取城市廉租住房（公共租赁住房）建设补充资金2333.00万元。

2018年，上交财政管理费用2985.00万元。上缴财政城市廉租住房（公共租赁住房）建设补充资金3030.00万元。

2018年末，贷款风险准备金余额71892.68万元。累计提取城市廉租住房（公共租赁住房）建设补充资金13391.00万元。

（五）**管理费用支出**：2018年，管理费用支出2535.32万元，同比增长4.03%。其中，人员经费1392.77万元，公用经费102.52万元，专项经费1040.03万元。

四、资产风险状况

个人住房贷款：2018年末，个人住房贷款逾期额22.95万元，逾期率0.03‰。

个人贷款风险准备金按增值收益的60%提取。2018年，提取个人贷款风险准备金8902.10万元，未使用个人贷款风险准备金核销呆坏账。2018年末，个人贷款风险准备金余额71892.68万元，占个人住房贷款余额的9.78%，个人住房贷款逾期额与个人贷款风险准备金余额的比率为0.03%。

五、社会经济效益

（一）**缴存业务**：2018年，实缴单位数、实缴职工人数和缴存额同比分别增长2.63%、1.53%和7.26%。

缴存单位中，国家机关和事业单位占49.58%，国有企业占10.48%，城镇集体企业占2.61%，外商投资企业1.17%，城镇私营企业及其他城镇企业占28.70%，民办非企业单位和社会团体占1.24%，其他占6.22%。

缴存职工中，国家机关和事业单位占46.32%，国有企业占30.15%，城镇集体企业占2.06%，外商投资企业占1.63%，城镇私营企业及其他城镇企业占16.51%，民办非企业单位和社会团体占0.48%，其他占2.85%；中、低收入占99.80%，高收入占0.20%。

新开户职工中，国家机关和事业单位占30.44%，国有企业占11.25%，城镇集体企业占3.19%，外商投资企业占2.27%，城镇私营企业及其他城镇企业占30.07%，民办非企业单位和社会团体占0.99%，其他占21.79%；中、低收入占99.87%，高收入占0.13%。

（二）**提取业务**：2018年，5.45万名缴存职工提取住房公积金18.86亿元。

提取金额中，住房消费提取占70.20%（购买、建造、翻建、大修自住住房占33.16%，偿还购房贷款本息占35.29%，租赁住房占1.75%）；非住房消费提取占29.80%（离休和退休提取占25.27%，完全丧失劳动能力并与单位终止劳动关系提取占2.64%，户口迁出本市或出境定居占0.42%，其他占1.47%）。

提取职工中，中、低收入占100.00%。

（三）**贷款业务**：

1. **个人住房贷款**：2018年，支持职工购建房63.49万平方米，年末个人住房贷款市场占有率为30.37%，比上年减少1.79个百分点。通过申请住房公积金个人住房贷款，可节约职工购房利息支出27764.42万元。

职工贷款笔数中，购房建筑面积 90（含）平方米以下占 32.26%，90～144（含）平方米占 62.53%，144 平方米以上占 5.21%。购买新房占 63.99%，（其中购买保障性住房占 0%），购买存量商品住房占 36.01%。

职工贷款笔数中，单缴存职工申请贷款占 67.05%，双缴存职工申请贷款占 32.95%。

贷款职工中，30 岁（含）以下占 27.91%，30 岁～40 岁（含）占 35.36%，40 岁～50 岁（含）占 26.70%，50 岁以上占 10.03%；首次申请贷款占 86.74%，二次及以上申请贷款占 13.26%；中、低收入占 99.69%，高收入占 0.31%。

2. **异地贷款**：2018 年，发放异地贷款 296 笔 9223.80 万元。2018 年末，发放异地贷款总额 32862.40 万元，异地贷款余额 28437.51 万元。

（四）住房贡献率：2018 年，个人住房贷款发放额、公转商贴息贷款发放额、项目贷款发放额、住房消费提取额的总和与当年缴存额的比率为 113.47%，比上年减少 15.93 个百分点。

六、其他重要事项

（一）当年住房公积金政策调整及执行情况：2018 年单位和个人住房公积金缴存基数上限为 13662 元，基数下限：延吉市、珲春市和长白山为 1380 元，其他县（市）为 1280 元。在不超过缴存上限的前提下，有条件的缴存单位，将奖金、津贴、补贴等收入计入缴存基数，可以将重新核定后的差额部分进行补缴；提取政策上一是异地购房提取条件增加购房人户籍或工作地与购房地为同一城市的限制；二是离职提取条件变更为职工个人账户封存满半年；贷款政策方面本年住房公积金个人住房贷款最高额度未做调整，对账户余额可贷款倍数进行了调整，贷款金额由不超过账户余额的 30 倍调整为 20 倍；对贷款首付比例进行了调整，首次申请公积金贷款的，最低首付款比例为 20%，二次使用的，最低首付款比例为 30%；购买非普通自住住房，首次申请公积金贷款，最低首付款比例为 30%，二次使用的，最低首付款比例为 40%；对家庭还款能力的确定进行了调整，由 60% 调整为 50%；2018 年住房公积金存款利率没有变化，为 1.50%；2018 年公积金贷款利率没有变化，五年期以下（含五年）个人住房公积金贷款利率为 2.75%；五年期以上个人住房公积金贷款利率为 3.25%。

（二）当年服务改进情况：2018 年，我中心强化落实"只跑一次"改革和"放管服"工作，为缴存单位和职工提供更为便捷、优质的服务。首先通过简化提取审批环节、精简缴存贷款业务申请材料、缩减贷款审批时限、加强窗口"一窗受理、集成服务"、完善网上营业厅及微信平台、个人网厅、构建多位一体平台等手段，力求为缴存单位和职工提供更为便捷、优质、多样化的服务。其次进一步加强与相关部门的沟通协作，推动跨部门、跨行业信息互通，真正实现让信息多跑路，群众少跑腿的工作目标，有效提升公积金服务能力和水平。

（三）当年信息化建设情况：我中心顺利通过了"双贯标"工作的检查验收；完成了综合服务平台建设工作、核心业务系统和综合服务平台两套信息系统的信息安全等级保护三级测评备案工作和信息系统数据异地容灾备份工作。

（四）当年住房公积金管理中心及职工所获荣誉情况：我中心荣获"2015 年度～2018 年度全省文明建设先进单位"；延吉天池路管理部和珲春管理部在州直机关"五好党支部"创建活动中荣获优秀五好党支部；汪清管理部荣获"2018 年度汪清县先进单位"；南红梅荣获"2018 年度政务公开组织推动工作先进个人"。

2018 全国住房公积金年度报告汇编

黑龙江省

哈尔滨
齐齐哈尔市
鸡西市
鹤岗市
双鸭山市
大庆市
伊春市
佳木斯市
七台河市
牡丹江市
黑河市
绥化市
大兴安岭地区

黑龙江省住房公积金 2018 年年度报告

一、机构概况

(一) 住房公积金管理机构：全省共设 13 个设区城市住房公积金管理中心，1 个县级市公积金中心（绥芬河市住房公积金管理中心），1 个行业公积金中心（黑龙江省森工林区住房公积金管理中心，隶属于黑龙江省森工总局），3 个独立设置的分中心（其中，哈尔滨住房公积金管理中心省直分中心隶属黑龙江省机关事务管理局；哈尔滨住房公积金管理中心农垦分中心隶属黑龙江省农垦总局；哈尔滨住房公积金管理中心电力分中心隶属国网黑龙江省电力有限公司）。从业人员 1594 人，其中，在编 1093 人，非在编 501 人。

(二) 住房公积金监管机构：省住房城乡建设厅、财政厅和人民银行哈尔滨中心支行负责对本省住房公积金管理运行情况进行监督。省住房城乡建设厅设立住房公积金监管处，负责辖区住房公积金日常监管工作。

二、业务运行情况

(一) 缴存：2018 年，新开户单位 3478 家，实缴单位 39397 家，净增单位 1301 家；新开户职工 20.06 万人，实缴职工 287.37 万人，净增职工 5.69 万人；缴存额 396.50 亿元，同比增长 5.47%。2018 年末，缴存总额 3231.80 亿元，同比增长 13.98%；缴存余额 1379.18 亿元，同比增长 7.46%。

2018 年各地市缴存职工人数同去年对比情况见图 1。

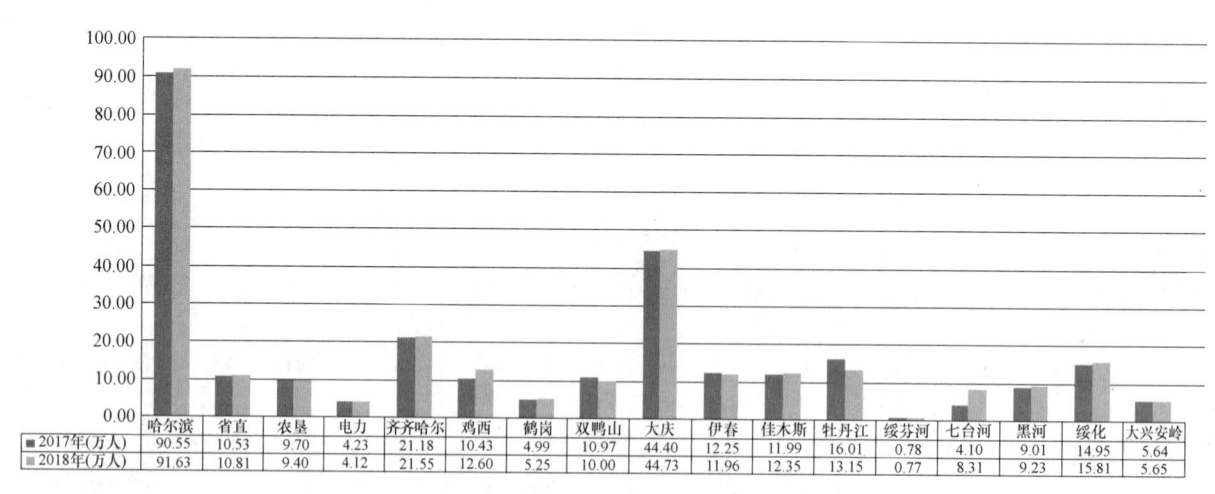

图 1　实缴职工人数统计对比图

(二) 提取：2018 年，提取额 300.69 亿元，同比增长 22.47%；占当年缴存额的 75.84%，比上年增加 10.53 个百分点。截至 2018 年末，累计提取总额 1852.62 亿元，同比增长 19.38%。

2018年各地市住房公积金提取额占当年缴存额的比重见图2。

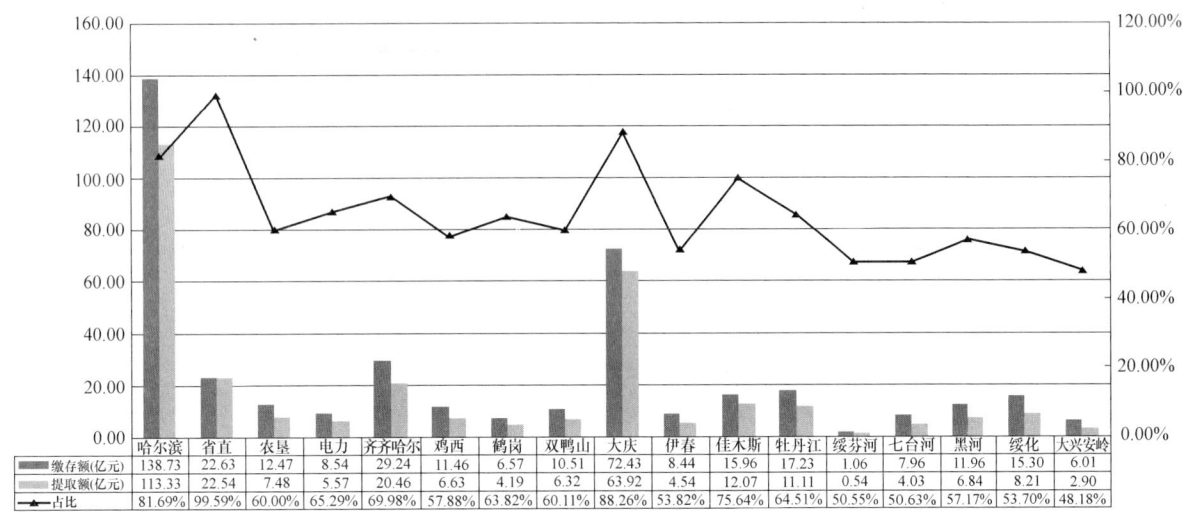

图 2　2018 年住房公积金提取额占当年缴存额比重表

(三) 贷款：2018 年，发放个人住房贷款 7.07 万笔 238.25 亿元，同比减少 5.35%、8.37%。回收个人住房贷款 134.38 亿元。

截至 2018 年末，累计发放个人住房贷款 86.89 万笔 1868.35 亿元，贷款余额 993.15 亿元，同比分别增长 8.86%、14.62%、11.68%。个人住房贷款余额占缴存余额的 72.01%，比上年增加 2.72 个百分点。

2018 年各地市住房公积金个贷率情况见图 3。

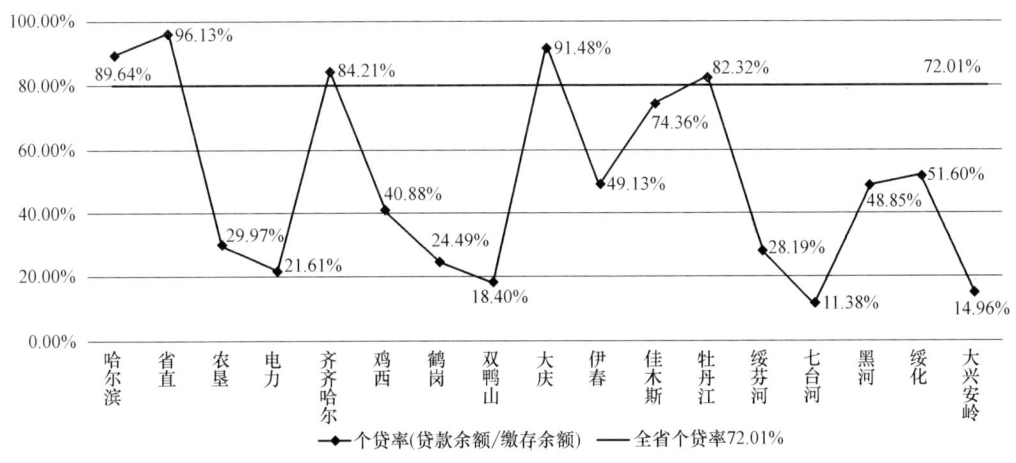

图 3　2018 年住房公积金个贷率情况表

2018 年各地市住房公积金资金使用率情况见图 4。

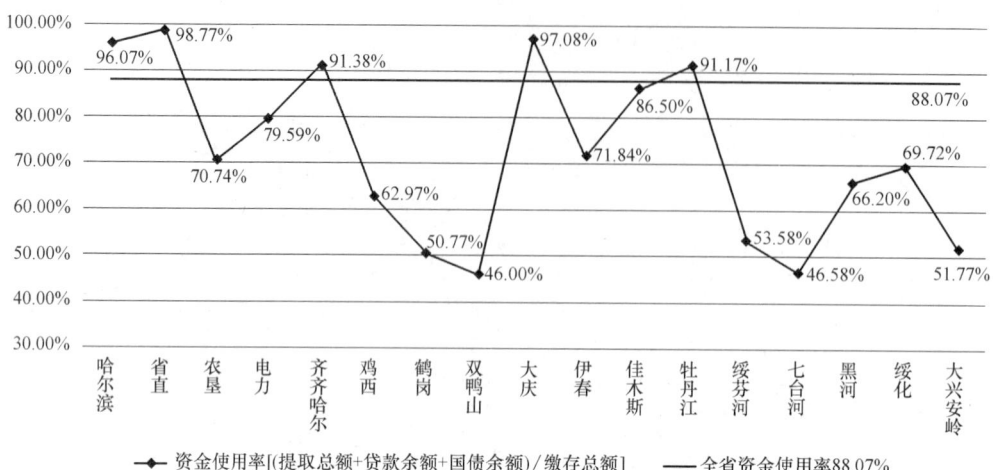

图 4 2018 年住房公积金资金使用率情况表

（四）购买国债：2018 年未购买国债。2018 年末，国债余额 0.50 亿元，比上年减少 5 亿元。

（五）资金存储：2018 年末，住房公积金存款 397.37 亿元。其中，活期 4.73 亿元，1 年（含）以下定期 264.24 亿元，1 年以上定期 113.41 亿元，其他（协定、通知存款等）14.99 亿元。

（六）资金运用率：2018 年末，住房公积金个人住房贷款余额、项目贷款余额和购买国债余额的总和占缴存余额的 72.05％，比上年增加 2.33 个百分点。

三、主要财务数据

（一）业务收入：2018 年，业务收入 407941.01 万元，同比增长 11.36％。其中，存款利息 103504.61 万元，委托贷款利息 299583.40 万元，国债利息 2267.80 万元，其他 2585.21 万元。

（二）业务支出：2018 年，业务支出 212480.31 万元，同比增长 10.77％。其中，支付职工住房公积金利息 198900.42 万元，归集手续费 1738.87 万元，委托贷款手续费 10721.99 万元，其他 1119.03 万元。

（三）增值收益：2018 年，增值收益 195460.69 万元，同比增长 12.00％；增值收益率 1.47％，较上年降低 0.1 个百分点。

（四）增值收益分配：2018 年，提取贷款风险准备金 11067.82 万元，提取管理费用 23699.36 万元，提取城市廉租住房（公共租赁住房）建设补充资金 160693.51 万元。

2018 年全省增值收益分配情况见图 5。

按照住房城乡建设部统计信息系统统计，2018 年上缴财政管理费用 25421.92 万元，上缴财政城市廉租住房（公共租赁住房）建设补充资金 89658.89 万元。

2018 年末，贷款风险准备金余额 330723.82 万元，累计提取城市廉租住房（公共租赁住房）建设补充资金 918937.64 万元。

（五）管理费用支出：2018 年，管理费用支出 25097.08 万元，同比增长 2.58％。其中，人员经费 14262.40 万元，公用经费 3363.16 万元，专项经费 7471.52 万元。

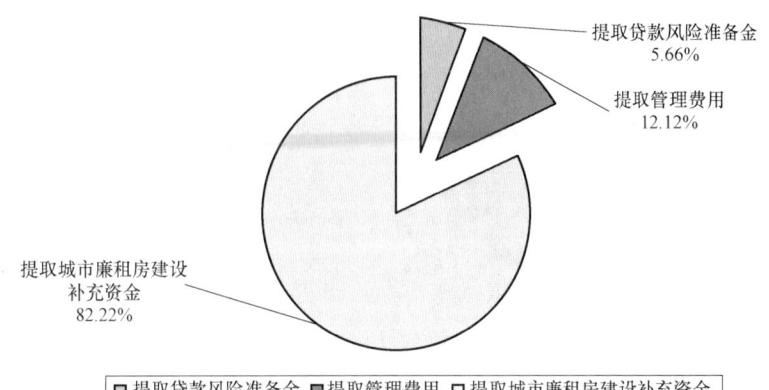

图 5 2018 年全省增值收益分配情况

四、资产风险状况

2018 年末，个人住房贷款逾期额 12147.18 万元，逾期率 1.2‰。

2018 年，提取个人贷款风险准备金 11067.82 万元，未使用个人贷款风险准备金核销呆坏账。2018 年末，个人贷款风险准备金余额 330723.82 万元，占个人贷款余额的 3.33%，个人贷款逾期额与个人贷款风险准备金余额的比率为 3.67%。

五、社会经济效益

（一）缴存业务：2018 年，实缴单位数、实缴职工人数和缴存额增长率分别为 3.42%、2.02% 和 5.47%。

缴存单位中，国家机关和事业单位占 54.47%，国有企业占 12.81%，城镇集体企业占 0.92%，外商投资企业占 1.98%，城镇私营企业及其他城镇企业占 20.86%，民办非企业单位和社会团体占 3.53%，个人自愿缴存占 0.28%，其他占 5.15%。

缴存职工中，国家机关和事业单位占 40.25%，国有企业占 29.69%，城镇集体企业占 1.32%，外商投资企业占 2.18%，城镇私营企业及其他城镇企业占 19.22%，民办非企业单位和社会团体占 3.82%，个人自愿缴存占 1.04%，其他占 2.48%；中、低收入占 98.99%，高收入占 1.01%。

新开户职工中，国家机关和事业单位占 36.96%，国有企业占 17.44%，城镇集体企业占 1.69%，外商投资企业占 2.91%，城镇私营企业及其他城镇企业占 27.76%，民办非企业单位和社会团体占 3.79%，个人自愿缴存占 5.68%，其他占 3.77%；中、低收入占 99.66%，高收入占 0.34%。

（二）提取业务：2018 年，81.04 万名缴存职工提取住房公积金 300.69 亿元。

提取金额中，住房消费提取占 70.57%（购买、建造、翻建、大修自住住房占 27.73%，偿还购房贷款本息占 40.49%，租赁住房占 2.01%，其他占 0.34%）；非住房消费提取占 29.43%（离休和退休提取占 24.18%，完全丧失劳动能力并与单位终止劳动关系提取占 2.12%，户口迁出所在市或出境定居占 0.46%，其他占 2.67%）。

提取职工中，中、低收入占 98.36%，高收入占 1.64%。

2018年全省住房公积金提取用途分类情况见图6。

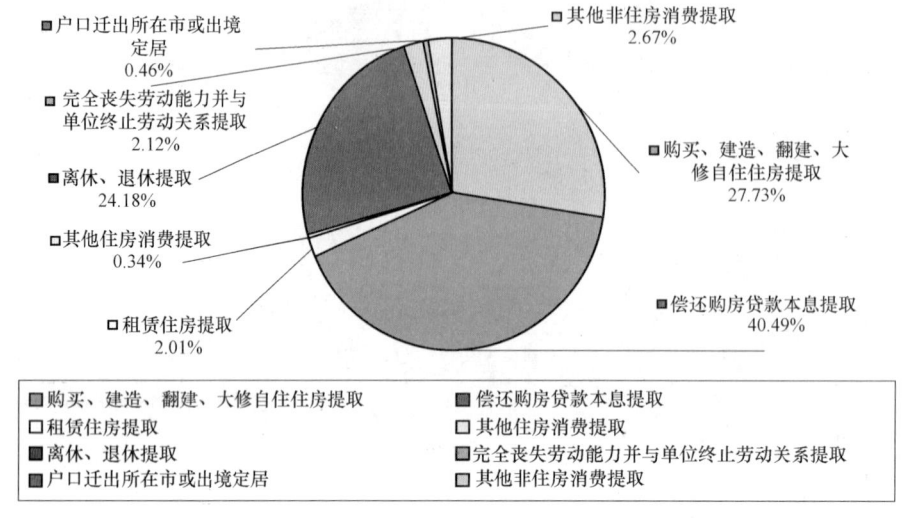

图6　2018年全省住房公积金提取用途分类情况

（三）贷款业务：

1. **个人住房贷款：** 2018年，支持职工购建房712.10万平方米。年末个人住房贷款市场占有率为26.40%，比上年同期减少0.99个百分点。通过申请住房公积金个人住房贷款，可节约职工购房利息支出382432.18万元。

职工贷款笔数中，购房建筑面积90（含）平方米以下占38.08%，90~144（含）平方米占54.36%，144平方米以上占7.56%。购买新房占49.48%（其中购买保障性住房占0.03%），购买存量商品房占50.13%，建造、翻建、大修自住住房占0.29%，其他占0.10%。

职工贷款笔数中，单缴存职工申请贷款占65.44%，双缴存职工申请贷款占34.37%，三人及以上缴存职工共同申请贷款占0.19%。

贷款职工中，30岁（含）以下占29.89%，30岁~40岁（含）占40.00%，40岁~50岁（含）占22.66%，50岁以上占7.45%；首次申请贷款占85.03%，二次及以上申请贷款占14.97%；中、低收入占98.99%，高收入占1.01%。

2. **异地贷款：** 2018年，发放异地贷款5911笔208022.20万元。2018年末，发放异地贷款总额828498.93万元，异地贷款余额567814.20万元。

（四）住房贡献率： 2018年，个人住房贷款发放额、公转商贴息贷款发放额、项目贷款发放额、住房消费提取额的总和与当年缴存额的比率为113.61%，比上年减少2.28个百分点。

六、其他重要事项

（一）信息化建设：

1. **全面完成住房公积金"双贯标"验收工作。** 为使各城市中心按计划完成"双贯标"工作，我省采取了实地敦促指导等方式，加快各中心"双贯标"任务的完成，经过省、市共同努力，于7月21日"双贯标"工作全部通过部省级联合验收。"双贯标"后，基础数据结构科学、完整，规范了账户设置，实现了业务驱动财务，财务驱动资金，三账联动实时平衡匹配，财务记账和对账自动化，做到日清日结，提高了工作效率。

2. **推进了住房公积金"两个平台"建设**。一是住房公积金异地转移接续平台。在2018年全面完成省和18个住房公积金管理中心异地转移接续平台接入国家平台的基础上，2018年哈尔滨等9个公积金中心完成转移接续平台直连上线工作。二是住房公积金综合服务平台。为使各中心综合服务平台建设不走弯路，并按要求时限完成任务，于11月6日在哈尔滨召开了综合服务平台验收会暨全省综合服务平台推进会议。哈尔滨、大庆市公积金中心综合服务平台通过国家验收，对各中心综合服务平台建设起到推进作用。"两个平台建设"使各中心服务效能大幅提升。2018年全省住房公积金转入业务办结4784笔、金额1.43亿元，转出业务5135笔、金额1.8亿元。

3. **完成了12329短信服务平台建设工作**。按住房城乡建设部要求在全国率先完成了12329短信平台建设工作，截至12月底，全省18个住房公积金中心均接入省厅12329短信服务平台，2018年共发送927.49万条服务信息。

（二）整顿行业作风，优化营商环境：

1. **制定了《住房公积金行业整顿作风建设优化营商环境考核细则》**（黑建发〔2018〕1号）。下发至各地住房公积金管理中心，对各公积金中心制度建设、政策落实、业务办理等七个方面工作提出量化考核标准，有效推动公积金行业整顿作风工作。

2. **取消了缴存登记业务**。按照国家"多证合一"改革工作要求，于2018年6月印发了《关于取消企业住房公积金缴存业务的通知》（黑建金〔2018〕7号），要求各公积金中心取消针对企业的住房公积金缴存登记业务，企业到工商部门办理工商登记注册业务即完成了住房公积金缴存登记业务，切实为企业提供方便。

3. **取消了身份证复印件**。为有效解决群众办事堵点问题，于2018年5月印发了《关于取消办理公积金业务提供身份证复印件的通知》（黑建金〔2018〕3号），进一步减少业务办理要件，方便办事群众。

（三）专项检查和督查工作：

1. **开展了"多证合一"落实情况专项检查**。2018年5月8日至29日组成检查组，对18个公积金中心、16个下辖管理机构"多证合一"政策宣传、人员培训、协同监管系统使用、业务办理流程及要件、办理时限进行了专项检查，对存在的问题提出整改意见。

2. **开展了住房公积金政策执行情况检查及风险隐患排查**。2018年8月2日至8日，组成检查组，对18个公积金中心政策执行情况及风险隐患进行了全面检查排查，并用电子化检查工具进行现场筛查，对反映出的疑似问题，逐条核查，对确实存在的问题查找原因，提出整改意见、落实责任部门、责任人、限时整改。

（四）2018年所获荣誉情况：

省级青年文明号

省直住房公积金管理中心

市级青年文明号

牡丹江市住房公积金管理中心

市级文明单位标兵

绥化市住房公积金管理中心

市级文明窗口单位

哈尔滨住房公积金管理中心

市级五一劳动奖章

牡丹江市住房公积金管理中心

市级"五一巾帼标兵"

齐齐哈尔市住房公积金管理中心

北大荒青年五四奖章集体

农垦住房公积金管理中心

（五）其他说明：黑龙江省森工林区住房公积金管理中心未纳入住房城乡建设部统计信息系统，因此，以上数据不包含该中心，该中心《2018年年度报告》已于2019年3月13日在中心官方网站对外披露。

哈尔滨住房公积金2018年年度报告

一、机构概况

（一）住房公积金管理委员会

住房公积金管理委员会有21名委员，2018年召开两次会议：

第一次会议审议通过的主要事项：1. 通报《关于调整哈尔滨市住房公积金管理委员会组成人员的通知》（代拟稿）；2. 审议2018年住房公积金归集使用计划执行情况；3. 审议2018年住房公积金归集使用计划及财务收支预算；4. 审议哈尔滨市住房公积金2018年度（信息披露）报告；5. 审议我市两家企业住房公积金缓缴事宜；6. 审议关于调整住房公积金个人贷款有关政策事宜；7. 审议新增偿还我市住房公积金分中心和商业银行住房贷款委托按月提取公积金业务事宜；8. 审议将民生银行哈尔滨分行纳入住房公积金业务委托银行名单事宜。

第二次会议审议通过的主要事项：1. 通报《住房公积金综合服务平台建设和应用情况》；2. 审议关于公积金中心与市房屋置业担保公司终止业务合作后有关事宜；3. 审议《关于严格执行〈关于改进住房公积金缴存机制进一步降低企业成本的通知〉的通知》；4. 审议关于住房公积金异地个人住房贷款有关政策事宜；5. 审议《关于严厉惩戒利用虚假手段提取住房公积金行为有关问题的通知》。

（二）住房公积金管理中心

哈尔滨住房公积金管理中心（以下简称"哈尔滨中心"）为直接隶属市政府不以营利为目的的独立事业单位，设十三个处（室），十五个办事处，一个分中心（铁路分中心）。此外，本年度报告中含自主管理独立运作的三个分中心（省直分中心、农垦分中心、电力分中心）数据。从业人员507人，其中，在编

309 人，非在编 198 人。

1. 哈尔滨中心：从业人员 325 人，其中，在编 198 人，非在编 127 人。
2. 省直分中心：从业人员 49 人，其中，在编 29 人，非在编 20 人。
3. 电力分中心：从业人员 65 人，其中，在编 58 人，非在编 7 人。
4. 农垦分中心：从业人员 68 人，其中，在编 24 人，非在编 44 人。

二、业务运行情况

（一）缴存：

2018 年，新开户单位 1532 家，实缴单位 13485 家，净增单位 851 家；新开户职工 8.13 万人，实缴职工 116.02 万人，净增职工 1.03 万人；缴存额 182.37 亿元，同比增长 3.69%。2018 年末，缴存总额 1476.14 亿元，同比增长 14.10%；缴存余额 539.61 亿元，同比增长 6.61%。其中：

1. **哈尔滨中心**。新开户单位 1451 家，实缴单位 11343 家，净增单位 805 家；新开户职工 7.15 万人，实缴职工 91.63 万人，净增职工 1.08 万人；缴存额 138.73 亿元，同比增长 5.25%。2018 年末，缴存总额 1081 亿元，同比增长 14.72%；缴存余额 410.03 亿元，同比增长 6.61%。受委托办理住房公积金缴存业务的银行 2 家，与上年相同。

2. **省直分中心**。新开户单位 45 家，实缴单位 1200 家，净增单位 21 家；新开户职工 0.48 万人，实缴职工 10.81 万人，净增职工 0.28 万人；缴存额 22.63 亿元，同比增长 3%。2018 年末，缴存总额 182.67 亿元，同比增长 14.15%；缴存余额 58.24 亿元，同比增长 0.15%。受委托办理住房公积金缴存业务的银行 2 家，与上年相同。

3. **电力分中心**。实缴单位 51 家，新开户职工 0.06 万人，实缴职工 4.12 万人，净增职工－0.1 万人；缴存额 8.54 亿元，同比增长－1.5%。2018 年末，缴存总额 110.71 亿元，同比增长 8.36%；缴存余额 28.83 亿元，同比增长 11.48%。受委托办理住房公积金缴存业务的银行 2 家，与上年相同。

4. **农垦分中心**。新开户单位 36 家，实缴单位 891 家，净增单位 25 家；新开户职工 0.44 万人，实缴职工 9.46 万人，净增职工－0.23 万人；缴存额 12.47 亿元，同比增长－7.15%。2018 年末，缴存总额 101.76 亿元，同比增长 13.97%；缴存余额 42.51 亿元，同比增长 13.27%。受委托办理住房公积金缴存业务的银行 3 家，与上年相同。

（二）提取： 2018 年，提取额 148.92 亿元，同比增长 23.64%；占当年缴存额的 81.66%，比上年增加 13.18 个百分点。2018 年末，提取总额 936.52 亿元，同比增长 18.91%。其中：

1. **哈尔滨中心**：提取额 113.33 亿元，同比增长 23.27%；占当年缴存额的 81.69%，比上年增加 11.95 个百分点。2018 年末，提取总额 670.97 亿元，同比增长 20.32%。

2. **省直分中心**。提取额 22.54 亿元，同比增长 31.51%；占当年缴存额的 99.60%，比上年增加 21.58 个百分点。2018 年末，提取总额 124.43 亿元，同比增长 22.12%。

3. **电力分中心**。提取额 5.57 亿元，同比增长 5.29%；占当年缴存额的 65.22%，比上年增加 4.21 个百分点。2018 年末，提取总额 81.87 亿元，同比增长 7.3%。

4. **农垦分中心**。提取额 7.48 亿元，同比增长 22.82%；占当年缴存额的 59.98%，比上年增加 14.63 个百分点。2018 年末，提取总额 59.25 亿元，同比增长 14.45%。

(三)贷款:

1. 个人住房贷款。个人住房贷款最高额度70万元,其中,单缴存职工最高额度50万元,双缴存职工最高额度70万元。

2018年,发放个人住房贷款2.54万笔107.64亿元,同比分别下降12.4%、19.12%。回收个人住房贷款53.64亿元。

2018年末,累计发放个人住房贷款27.60万笔761.67亿元,贷款余额442.52亿元,同比分别增长10.14%、16.46%、13.90%。个人住房贷款余额占缴存余额的82.01%,比上年增加5.25个百分点。

哈尔滨中心:受委托办理住房公积金个人住房贷款业务的银行10家,比上年增加1家。

省直分中心:受委托办理住房公积金个人住房贷款业务的银行2家,与上年相同。

电力分中心:受委托办理住房公积金个人住房贷款业务的银行3家,与上年相同。

农垦分中心:受委托办理住房公积金个人住房贷款业务的银行3家,与上年相同。

单位:万笔、亿元

项目	发放		回收额	余额	个人住房贷款率
	笔数	金额			
哈尔滨中心	2.16	90.07	44.09	367.56	89.64%
省直分中心	0.26	12.62	7.4	55.99	96.14%
农垦分中心	0.10	3.96	1.64	12.74	29.97%
电力分中心	0.02	0.99	0.51	6.23	21.61%
合计	2.54	107.64	53.64	442.52	82.01%

2. 住房公积金支持保障性住房建设项目贷款。2018年末,累计发放项目贷款40亿元,项目贷款余额0亿元。

(四)资金存储:2018年末,住房公积金存款103.44亿元。其中,活期0.14亿元,1年(含)以下定期71.68亿元,1年以上定期20.34亿元,其他(协定、通知存款等)11.28亿元。其中:

1. **哈尔滨中心**。住房公积金存款48.41亿元。其中,活期0.06亿元,1年(含)以下定期38.33亿元,其他(协定、通知存款等)10.02亿元。

2. **省直分中心**。住房公积金存款2.91亿元。其中,活期0.01亿元,1年(含)以下定期2亿元,其他(协定、通知存款等)0.9亿元。

3. **电力分中心**。住房公积金存款22.35亿元。其中,活期0.03亿元,1年(含)以下定期6.05亿元,1年以上定期16.09亿元,其他(协定、通知存款等)0.18亿元。

4. **农垦分中心**。住房公积金存款29.77亿元。其中,活期0.04亿元,1年(含)以下定期25.3亿元,1年以上定期4.25亿元,其他(协定、通知存款等)0.18亿元。

(五)资金运用率:2018年末,住房公积金个人住房贷款余额、项目贷款余额和购买国债余额的总和占缴存余额的82.01%,比上年增加5.25个百分点。其中:

1. 哈尔滨中心资金运用率89.64%,比上年增加6.03个百分点。

2. 省直分中心资金运用率96.14%,比上年增加8.83个百分点。

3. 电力分中心资金运用率21.61%，比上年下降0.63个百分点。

4. 农垦分中心资金运用率29.97%，比上年增加2.19个百分点。

三、主要财务数据

（一）业务收入：2018年，业务收入158848.39万元，同比增长12.13%。其中，存款利息26848.16万元，委托贷款利息131873.84万元，其他126.39万元。

1. 哈尔滨中心。业务收入125016.45万元，存款利息14395.77万元，委托贷款利息110620.68万元。

2. 省直分中心。业务收入16503.21万元，存款利息925.4万元，委托贷款利息15577.77万元，其他0.04万元。

3. 电力分中心。业务收入7758.99万元，存款利息5782.06万元，委托贷款利息1976.54万元，其他0.39万元。

4. 农垦分中心。业务收入9569.74万元，存款利息5744.93万元，委托贷款利息3698.85万元，其他125.96万元。

（二）业务支出：2018年，业务支出84694.68万元，同比增长10.53%。其中，支付职工住房公积金利息76221.84万元，归集手续费1499.94万元，委托贷款手续费5869.55万元，其他1103.35万元。

1. 哈尔滨中心。业务支出64900.34万元，支付职工住房公积金利息57780.14万元，归集手续费1062.17万元，委托贷款手续费5259.06万元，其他798.97万元。

2. 省直分中心。业务支出9909.14万元，支付职工住房公积金利息8731.6万元，归集手续费437.77万元，委托贷款手续费439.67万元，其他300.10万元。

3. 电力分中心。业务支出4250.75万元，支付职工住房公积金利息4173.55万元，委托贷款手续费76.89万元，其他0.31万元。

4. 农垦分中心。业务支出5634.45万元，支付职工住房公积金利息5536.55万元，委托贷款手续费93.93万元，其他3.97万元。

（三）增值收益：2018年，增值收益74153.71万元，同比增长14.03%。增值收益率1.42%，比上年增加0.06个百分点。其中：

1. 哈尔滨中心增值收益率1.52%，比上年增加0.12个百分点。

2. 省直分中心增值收益率1.14%，比上年减少0.18个百分点。

3. 电力分中心增值收益率1.26%，比上年减少0.38个百分点。

4. 农垦分中心增值收益率1.00%，比上年增加0.22个百分点。

（四）增值收益分配：2018年，提取贷款风险准备金1796.27万元，提取管理费用9387.68万元，提取城市廉租住房（公共租赁住房）建设补充资金62969.76万元。

2018年，上交财政管理费用11643.05万元，上缴财政城市廉租住房（公共租赁住房）建设补充资金18306.41万元。

2018年末，贷款风险准备金余额178554.27万元，累计提取城市廉租住房（公共租赁住房）建设补充资金326860.07万元。

单位：万元

项目	业务收入	业务支出	增值收益	增值收益	当年上缴廉租房建设补充资金	累计提取廉租房建设补充资金
哈尔滨中心	125016.45	64900.34	60116.11	60116.11	9681.75	237267.02
省直分中心	16503.21	9909.14	6594.07	6594.07	4835.57	46523.63
农垦分中心	9569.74	5634.45	3935.29	3935.29	226	13015.87
电力分中心	7758.99	4250.75	3508.24	3508.24	3563.09	30053.55
合计	158848.39	84694.68	74153.71	74153.71	18306.41	326860.07

（五）管理费用支出：2018年，管理费用支出9100.9万元，同比增长5.35%。其中，人员经费4390.78万元，公用经费1273.25万元，专项经费3436.87万元。其中：

1. **哈尔滨中心**。管理费用支出6093.98万元，其中，人员、公用、专项经费分别为3326.08万元、396.54万元、2371.36万元；

2. **省直分中心**。管理费用支出1290.21万元，其中，人员、公用、专项经费分别为402.96万元、404.61万元、482.64万元；

3. **农垦分中心**。管理费用支出1371.99万元，其中，人员、公用、专项经费分别为661.74万元、463.11万元、247.14万元；

4. **电力分中心**。管理费用支出344.72万元，其中，人员、公用、专项经费分别为0万元、8.99万元、335.73万元。

四、资产风险状况

（一）个人住房贷款：2018年末，个人住房贷款逾期额629.03万元，逾期率0.14‰。其中，哈尔滨中心个人住房贷款逾期额406.71万元，逾期率0.11‰，省直分中心个人住房贷款逾期额108.19万元，逾期率0.193‰，农垦分中心个人住房贷款逾期额114.13万元，逾期率0.9‰，电力分中心个人住房贷款逾期额0万元，逾期率0‰。

2018年，提取个人贷款风险准备金1796.27万元，使用个人贷款风险准备金核销呆坏账0万元。2018年末，个人贷款风险准备金余额168154.27万元，占个人住房贷款余额的3.8%，个人住房贷款逾期额与个人贷款风险准备金余额的比率为0.37%。

1. **哈尔滨中心**。2018年，提取个人贷款风险准备金0万元，使用个人贷款风险准备金核销呆坏账0万元。2018年末，个人贷款风险准备金余额142269.11万元，占个人住房贷款余额的3.87%，个人住房贷款逾期额与个人贷款风险准备金余额的比率为0.29%。

2. **省直分中心**。个人贷款风险准备金按贷款余额的1%提取。2018年，提取个人贷款风险准备金552.28万元，使用个人贷款风险准备金核销呆坏账0万元。2018年末，个人贷款风险准备金余额5598.79万元，占个人住房贷款余额的1%，个人住房贷款逾期额与个人贷款风险准备金余额的比率为1.93%。

3. **电力分中心**。2018年，提取个人贷款风险准备金0万元，使用个人贷款风险准备金核销呆坏账0万元。2018年末，个人贷款风险准备金余额8402.45万元，占个人住房贷款余额的13.49%，个人住房贷款逾期额与个人贷款风险准备金余额的比率为 0。

4. 农垦分中心。个人贷款风险准备金按贷款余额的 1% 提取。2018 年，提取个人贷款风险准备金 1273.99 万元，使用个人贷款风险准备金核销呆坏账 0 万元。2018 年末，个人贷款风险准备金余额 11883.92 万元，占个人住房贷款余额的 9.34%，个人住房贷款逾期额与个人贷款风险准备金余额的比率为 0.96%。

（二）支持保障性住房建设试点项目贷款：项目贷款风险准备金按贷款余额的 4% 提取。2018 年末，项目贷款风险准备金余额 10400 万元。

五、社会经济效益

（一）缴存业务：2018 年，实缴单位数、实缴职工人数和缴存额同比分别增长 6.74%、0.89% 和 3.69%。

缴存单位中，国家机关和事业单位占 36.39%，国有企业占 11.32%，城镇集体企业占 1.01%，外商投资企业占 4.56%，城镇私营企业及其他城镇企业占 33.97%，民办非企业单位和社会团体占 7.95%，其他占 4.8%。

缴存职工中，国家机关和事业单位占 28.69%，国有企业占 36.34%，城镇集体企业占 0.93%，外商投资企业占 3.7%，城镇私营企业及其他城镇企业占 19.3%，民办非企业单位和社会团体占 9.09%，其他占 1.95%；中低收入占 98.74%，高收入占 1.26%。

新开户职工中，国家机关和事业单位占 28.24%，国有企业占 16.82%，城镇集体企业占 0.63%，外商投资企业占 3.65%，城镇私营企业及其他城镇企业占 39.64%，民办非企业单位和社会团体占 8.39%，其他占 2.63%；中低收入占 98.8%，高收入占 1.2%。

1. 哈尔滨中心。2018 年，实缴单位数、实缴职工人数和缴存额同比分别增长 7.64%、1.19% 和 5.25%。

缴存单位中，国家机关和事业单位占 32.87%，国有企业占 8.58%，城镇集体企业占 1.16%，外商投资企业占 5.42%，城镇私营企业及其他城镇企业占 37.29%，民办非企业单位和社会团体占 9.27%，其他占 5.41%。

缴存职工中，国家机关和事业单位占 24.38%，国有企业占 34.08%，城镇集体企业占 1.14%，外商投资企业占 4.69%，城镇私营企业及其他城镇企业占 21.92%，民办非企业单位和社会团体占 11.48%，其他占 2.31%；中低收入占 98.6%，高收入占 1.4%。

新开户职工中，国家机关和事业单位占 26.97%，国有企业占 13.96%，城镇集体企业占 0.67%，外商投资企业占 4.14%，城镇私营企业及其他城镇企业占 42.17%，民办非企业单位和社会团体占 9.5%，其他占 2.59%；中低收入占 99.63%，高收入占 0.37%。

2. 省直分中心。2018 年，实缴单位数、实缴职工人数和缴存额同比分别增长 1.78%、2.66% 和 3%。

缴存单位中，国家机关和事业单位占 70%，国有企业占 4.08%，城镇集体企业占 0.25%，城镇私营企业及其他城镇企业占 23.09%，民办非企业单位和社会团体占 1.33%，其他占 1.25%。

缴存职工中，国家机关和事业单位占 76.97%，国有企业占 3.76%，城镇集体企业占 0.04%，城镇私营企业及其他城镇企业占 18.32%，民办非企业单位和社会团体占 0.24%，其他占 0.67%；中低收入占 99.97%，高收入占 0.03%。

新开户职工中，国家机关和事业单位占 59.79%，国有企业占 7.65%，城镇集体企业占 0.27%，城镇私营企业及其他城镇企业占 29.08%，民办非企业单位和社会团体占 0.21%，其他占 3%；中低收入占 98.53%，高收入占 1.47%。

3. 电力分中心。2018 年，实缴单位数与去年持平、实缴职工人数和缴存额同比分别下降 2.6% 和 1.5%。

缴存单位中，国有企业占 100%。

缴存职工中，国有企业占 100%，中低收入占 96.45%，高收入占 3.55%。

新开户职工中，国有企业占 100%，中低收入占 97.71%，高收入占 2.29%。

4. 农垦分中心。2018 年，实缴单位数增长 2.89%、实缴职工人数和缴存额同比分别下降 2.47% 和 7.15%。

缴存单位中，国家机关和事业单位占 37.93%，国有企业占 50.96%，城镇集体企业占 0.22%，城镇私营企业及其他城镇企业占 8.31%，民办非企业单位和社会团体占 0.56%，其他占 2.02%。

缴存职工中，国家机关和事业单位占 27.70%，国有企业占 67.62%，城镇集体企业占 0.35%，城镇私营企业及其他城镇企业占 3.52%，民办非企业单位和社会团体占 0.04%，其他占 0.77%；中低收入占 99.68%，高收入占 0.32%。

新开户职工中，国家机关和事业单位占 17.31%，国有企业占 65.6%，城镇集体企业占 0.45%，城镇私营企业及其他城镇企业占 13.61%，其他占 3.03%；中低收入占 99.89%，高收入占 0.11%。

（二）提取业务：2018 年，35.94 万名缴存职工提取住房公积金 148.92 亿元。

提取金额中，住房消费提取占 75.63%（购买、建造、翻建、大修自住住房占 30.69%，偿还购房贷款本息占 42.46%，租赁住房占 2.46%，其他占 0.02%）；非住房消费提取占 24.37%（离休和退休提取占 20.12%，完全丧失劳动能力并与单位终止劳动关系提取占 1.43%，户口迁出本市或出境定居占 0.42%，其他占 2.4%）。

提取职工中，中低收入占 97.96%，高收入占 2.04%。

1. 哈尔滨中心。2018 年，28.55 万名缴存职工提取住房公积金 113.33 亿元。

提取金额中，住房消费提取占 76%（购买、建造、翻建、大修自住住房占 28.99%，偿还购房贷款本息占 44.03%，租赁住房占 2.98%）；非住房消费提取占 24%（离休和退休提取占 19.55%，完全丧失劳动能力并与单位终止劳动关系提取占 1.56%，户口迁出本市或出境定居占 0.49%，其他占 2.40%）。

提取职工中，中低收入占 98.18%，高收入占 1.82%。

2. 省直分中心。2018 年，4.25 万名缴存职工提取住房公积金 22.54 亿元。

提取金额中，住房消费提取占 82.64%（购买、建造、翻建、大修自住住房占 32.26%，偿还购房贷款本息占 49.48%，租赁住房占 0.9%）；非住房消费提取占 17.36%（离休和退休提取占 14.83%，完全丧失劳动能力并与单位终止劳动关系提取占 1.64%，户口迁出本市或出境定居占 0.02%，其他占 0.87%）。

提取职工中，中低收入占 96.64%，高收入占 3.36%。

3. 电力分中心。2018 年，1.27 万名缴存职工提取住房公积金 5.57 亿元。

提取金额中，住房消费提取占63.83%（购买、建造、翻建、大修自住住房占47.34%，偿还购房贷款本息占16.35%，租赁住房占0.02%，其他占0.12%）；非住房消费提取占36.17%（离休和退休提取占32.87%，户口迁出本市或出境定居占0.02%，其他占3.28%）。

提取职工中，中低收入占95.11%，高收入占4.89%。

4. **农垦分中心**。2018年，1.87万名缴存职工提取住房公积金7.48亿元。

提取金额中，住房消费提取占57.66%（购买、建造、翻建、大修自住住房占39.29%，偿还购房贷款本息占16.92%，租赁住房占1.16%，其他占0.29%）；非住房消费提取占42.34%（离休和退休提取占35.11%，完全丧失劳动能力并与单位终止劳动关系提取占0.01%，户口迁出本市或出境定居占0.82%，其他占6.4%）。

提取职工中，中低收入占99.59%，高收入占0.41%。

（三）贷款业务：

1. **个人住房贷款**。2018年，支持职工购房252.82万平方米，年末个人住房贷款市场占有率为18.49%，比上年减少1.15个百分点。通过申请住房公积金个人住房贷款，预计可节约职工购房利息支出24.04亿元。

职工贷款笔数中，购房建筑面积90（含）平方米以下占39.56%，90～144（含）平方米占52.6%，144平方米以上占7.84%。购买新房占51.56%，购买存量商品住房占48.44%。

职工贷款笔数中，单缴存职工申请贷款占76.16%，双缴存职工申请贷款占23.79%，三人及以上缴存职工共同申请贷款占0.05%。

贷款职工中，30岁（含）以下占33.65%，30岁～40岁（含）占42.65%，40岁～50岁（含）占19.41%，50岁以上占4.29%；首次申请贷款90.64%，二次及以上申请贷款占9.36%；中低收入占99.17%，高收入占0.83%。

（1）哈尔滨中心。2018年，支持职工购房212.49万平方米。通过申请住房公积金个人住房贷款，预计可节约职工购房利息支出20.10亿元。

职工贷款笔数中，购房建筑面积90（含）平方米以下占40.38%，90～144（含）平方米占52.74%，144平方米以上占6.88%。购买新房占52.28%，购买存量商品住房占47.72%。

职工贷款笔数中，单缴存职工申请贷款占79.06%，双缴存职工申请贷款占20.94%。

贷款职工中，30岁（含）以下占34.17%，30岁～40岁（含）占42.05%，40岁～50岁（含）占19.63%，50岁以上占4.15%；首次申请贷款占91.23%，二次及以上申请贷款占8.77%；中低收入占99.57%，高收入占0.43%。

（2）省直分中心。2018年，支持职工购房27.69万平方米。通过申请住房公积金个人住房贷款，预计可节约职工购房利息支出2.94亿元。

职工贷款笔数中，购房建筑面积90（含）平方米以下占35.99%，90～144（含）平方米占49.37%，144平方米以上占14.64%。购买新房占36.56%，购买存量商品住房占63.44%。

职工贷款笔数中，单缴存职工申请贷款占70.07%，双缴存职工申请贷款占29.93%。

贷款职工中，30岁（含）以下占27.67%，30岁～40岁（含）占50.29%，40岁～50岁（含）占17.48%，50岁以上占4.56%；首次申请贷款占82.56%，二次及以上申请贷款占17.44%；中低收入占

97.43%，高收入占 2.57%。

(3) 电力分中心。2018 年，支持职工购房 2.41 万平方米。通过申请住房公积金个人住房贷款，预计可节约职工购房利息支出 0.02 亿元。

职工贷款笔数中，购房建筑面积 90（含）平方米以下占 8.84%，90~144（含）平方米占 75.35%，144 平方米以上占 15.81%。购买新房占 71.63%，购买存量商品住房占 28.37%。

职工贷款笔数中，单缴存职工申请贷款占 37.21%，双缴存职工申请贷款占 62.79%。

贷款职工中，30 岁（含）以下占 24.19%，30 岁~40 岁（含）占 31.63%，40 岁~50 岁（含）占 33.95%，50 岁以上占 10.23%；首次申请贷款占 97.21%，二次及以上申请贷款占 2.79%；中低收入占 92.09%，高收入占 7.91%。

(4) 农垦分中心。2018 年，支持职工购房 10.23 万平方米。通过申请住房公积金个人住房贷款，预计可节约职工购房利息支出 0.97 亿元。

职工贷款笔数中，购房建筑面积 90（含）平方米以下占 37.86%，90~144（含）平方米占 53.15%，144 平方米以上占 8.99%。购买新房占 70.93%，购买存量商品住房占 29.07%。

职工贷款笔数中，单缴存职工申请贷款占 38.06%，双缴存职工申请贷款占 60.74%，三人及以上缴存职工共同申请贷款占 1.2%。

贷款职工中，30 岁（含）以下占 40.16%，30 岁~40 岁（含）占 38.16%，40 岁~50 岁（含）占 16.59%，50 岁以上占 5.09%；首次申请贷款占 97.7%，二次及以上申请贷款占 2.3%；中低收入占 96.7%，高收入占 3.3%。

2. **异地贷款**：2018 年，发放异地贷款 2002 笔 89977.5 万元；2018 年末发放异地贷款总额 418952.53 万元，异地贷款余额 281240.45 万元。其中：

(1) 哈尔滨中心发放异地贷款 1868 笔 84553.9 万元；2018 年末发放异地贷款总额 400309.63 万元，异地贷款余额 266011.55 万元。

(2) 省直分中心发放异地贷款 43 笔 2013 万元；2018 年末发放异地贷款总额 12962 万元，异地贷款余额 10342.86 万元。

(3) 农垦分中心发放异地贷款 91 笔 3410.6 万元；2018 年末发放异地贷款总额 5680.9 万元，异地贷款余额 4886.04 万元。

3. **支持保障性住房建设试点项目贷款**。2018 年末，哈尔滨市累计试点项目 2 个，贷款额度 40 亿元，建筑面积 348 万平方米，可解决 3.39 万户中低收入职工家庭的住房问题。哈尔滨中心 2 个试点项目贷款资金已发放并已收回全部贷款本息。

（四）住房贡献率：2018 年，个人住房贷款发放额、公转商贴息贷款发放额、项目贷款发放额、住房消费提取额的总和与当年缴存额的比率为 120.78%，比上年减少 6.22 个百分点。

1. 哈尔滨中心住房贡献率 127%，比上年减少 12.74 个百分点。

2. 省直分中心住房贡献率 138.09%，比上年增加 7.23 个百分点。

3. 电力分中心住房贡献率 53.28%，比上年减少 7.27 个百分点。

4. 农垦分中心住房贡献率 66.32%，比上年增加 21.64 个百分点。

六、其他重要事项

（一）受委托办理缴存贷款业务金融机构变更情况：经哈尔滨市住房公积金管理委员会 2018 年第一次会议审议通过，将民生银行哈尔滨分行确定为哈尔滨住房公积金个人住房贷款受委托银行。

（二）当年住房公积金政策调整及执行情况：

1. **当年缴存政策调整情况**。2018 年住房公积金缴存基数上限为 16886 元，按照 2018 年全市城镇非私营单位在岗人员月平均工资的 3 倍确定；缴存基数下限没有调整，仍按照 2018 年度月最低工资标准确定。月缴存额上限调整为 4052 元。缴存比例为 5%～12%。

2. **当年个人住房贷款政策调整情况**。

（1）2018 年 3 月 30 日，哈尔滨市住房公积金管理委员会出台《关于恢复住房公积金个人贷款还贷能力系数的通知》（哈房公委发〔2018〕1 号），自 2018 年 4 月 15 日（含当日）开始，将个人贷款还贷能力系数由现行的 0.5 恢复至 0.4。

（2）2018 年 3 月 30 日，哈尔滨市住房公积金管理委员会出台《关于调整住房公积金异地贷款有关政策的通知》（哈房公委发〔2018〕2 号），自 2018 年 4 月 2 日（含当日）开始，在省直、铁路、电力、农垦分中心及省森工林区公积金中心缴存公积金的职工（主贷人），不再列入市中心异地贷款范围，由本行业公积金中心负责办理贷款业务。对在各分中心及省森工中心缴存公积金、作为共同还款人申请贷款的职工，中心各办事处正常办理。

（3）2018 年 6 月 20 日，哈尔滨市住房公积金管理委员会出台《关于调整住房公积金异地个人住房贷款有关政策的通知》（哈房公委发〔2018〕5 号）。具体事项包括：①全面落实国家住房公积金异地贷款政策，支持在哈尔滨市以外城市缴存住房公积金的职工购买我市住房，向我市公积金中心申请公积金贷款。②为防控我市住房公积金资金流动性风险，根据住房城乡建设部、财政部、人民银行《关于发展住房公积金个人住房贷款业务的通知》（建金〔2014〕148 号），将公积金个人住房贷款发放率（个人住房贷款余额/公积金缴存余额）85% 作为资金流动性风险监控指标值。当我市个人住房贷款发放率连续 6 个月高于 85%（含）时，我市公积金中心将暂停受理异地贷款申请；当我市个人住房贷款发放率连续 6 个月低于 85% 时，我市公积金中心将重新受理异地贷款申请。

（4）2018 年 10 月 16 日，哈尔滨住房公积金管理中心出台《关于调整住房公积金异地个人住房贷款有关政策的通知》（哈公积金发〔2018〕29 号），因我市个人住房贷款发放率连续 6 个月高于 85%（含），自 2018 年 10 月 22 日开始暂停公积金异地个人住房贷款业务。具体事项包括：①暂停受理拟在哈市购房、不在市公积金中心（含铁路分中心）缴存住房公积金职工（含主贷人及共同还款人）的异地贷款申请业务。②对在本通知执行之日前已经签订《商品房买卖合同书》或已办理存量房预约评估并已出具《告知书》的贷款申请，按原政策执行。

3. **当年住房公积金存贷款利率执行标准**。按照中国人民银行、住房城乡建设部、财政部《关于完善职工住房公积金账户存款利率形成机制的通知》（银发〔2016〕43 号），职工住房公积金账户存款利率，按一年期定期存款基准利率执行，目前为 1.5%。按照中国人民银行《关于下调金融机构人民币贷款和存款基准利率并进一步推进利率市场化改革的通知》（银发〔2015〕265 号），现行五年期以下（含五年）贷款利率为 2.75%，五年期以上贷款利率为 3.25%。

（三）当年服务改进情况：

1. 截至2018年末，我市公积金中心已开通门户网站、12329服务热线、12329短信、网上营业厅、自助服务终端、官方微博、手机APP和微信八大服务渠道，实现了业务查询、信息发布、业务办理、互动交流等线上服务。

2. 实施流程再造，实现网上贷款预申请、网上预约排队等功能，为职工贷款购房提供了便捷服务，受到办事职工好评。

3. 实现按月委托自动提取公积金偿还商业住房贷款和行业分中心公积金贷款，为缴存人提取公积金还贷提供便利服务。

（四）当年信息化建设情况：

1. 2018年11月，我市住房公积金综合服务平台开发建设完成，顺利通过住房城乡建设部和省住房城乡建设厅现场验收，被评为"优秀"等次。

2. 信息互联互通工作取得显著进展。市公积金中心与省人社厅、市住建局、市不动产中心等部门实现信息互联互通，积极完成与市里共享平台建设，实现与不动产、民政等部门信息共享。

3. 完成网上贷款预申请、网上预约排队开发和上线运行工作。

4. 信息安全建设达到国家等保三级标准，并通过检测和备案，确保了职工住房公积金信息及数据安全。

（五）当年所获荣誉情况：

1. 2018年1月，市公积金中心平房办事处被评为市级文明窗口单位。

2. 2018年5月，市公积金中心松北办事处被评为市直机关优秀青年集体。

3. 2018年6月，市公积金中心被评为市直机关"不忘初心跟党走"合唱比赛优秀组织奖。

齐齐哈尔市住房公积金2018年年度报告

一、机构概况

（一）**住房公积金管理委员会**：住房公积金管理委员会有16名委员，2018年召开三次会议，审议通过的事项主要包括：审议通过《齐齐哈尔市住房公积金个人住房贷款管理办法实施细则》、《齐齐哈尔市住房公积金归集管理办法》、《齐齐哈尔市住房公积金提取管理暂行规定实施细则》、《齐齐哈尔市住房公积金管理委员会关于调整齐齐哈尔市住房公积金政策的决定》、《齐齐哈尔市住房公积金管理中心逾期贷款催收管理办法》关于公积金政策调整的文件。

（二）**住房公积金管理中心**：住房公积金管理中心隶属市政府，是不以营利为目的的公益一类事业单位，设13个科室。从业人员87人，其中，在编30人，非在编57人。

二、业务运行情况

（一）**缴存**：2018年，新开户单位308家，实缴单位3746家，净增单位220家；新开户职工1.85万人，实缴职工 21.55 万人，净增职工 0.37 万人；缴存额 29.24 亿元，同比增长 12.2%。2018 年末，缴存总额 197.69 亿元，同比增长 17.37%；缴存余额 107.87 亿元，同比增长 8.86%。

受委托办理住房公积金缴存业务的银行 2 家。

（二）提取：2018 年，提取额 20.46 亿元，同比增长 51.78%；占当年缴存额的 69.97%，比上年增加 18.24 个百分点。2018 年末，提取总额 89.82 亿元，同比增长 29.52%。

（三）贷款：个人住房贷款。个人住房贷款最高额度 100 万元，其中，单缴存职工最高额度 100 万元，双缴存职工最高额度 100 万元。

2018 年，发放个人住房贷款 0.59 万笔 20.65 亿元，同比分别下降 6.35%、2.91%。

2018 年，回收个人住房贷款 10.12 亿元。

2018 年末，累计发放个人住房贷款 6.41 万笔 141.95 亿元，贷款余额 90.83 亿元，同比分别增长 10.14%、17.02%、13.11%。个人住房贷款余额占缴存余额的 84.20%，比上年增加 3.16 个百分点。

受委托办理住房公积金个人住房贷款业务的银行 4 家。

（四）资金存储：2018 年末，住房公积金存款 19.37 亿元。其中，活期 1.67 亿元，1 年（含）以下定期 10 亿元，1 年以上定期 7.7 亿元。

（五）资金运用率：2018 年末，住房公积金个人住房贷款余额、项目贷款余额和购买国债余额的总和占缴存余额的 84.2%，比上年增加 3.16 个百分点。

三、主要财务数据

（一）业务收入：2018 年，业务收入 32181.29 万元，同比增长 13.33%。存款利息 4356.64 万元，委托贷款利息 27752.26 万元，其他 72.39 万元。

（二）业务支出：2018 年，业务支出 16199.85 万元，同比增长 12.85%。支付职工住房公积金利息 15722.20 万元，委托贷款手续费 477.31 万元，其他 0.34 万元。

（三）增值收益：2018 年，增值收益 15981.44 万元，同比增长 13.81%。增值收益率 1.54%，比上年增加 0.02 个百分点。

（四）增值收益分配：2018 年，提取贷款风险准备金 1053.24 万元，提取管理费用 1362.97 万元，提取城市廉租房（公共租赁住房）建设补充资金 13565.23 万元。

2018 年，上交财政管理费用 1226.06 万元。上缴财政城市廉租房（公共租赁住房）建设补充资金 11444.75 万元。

2018 年末，贷款风险准备金余额 14012.46 万元。累计提取城市廉租房（公共租赁住房）建设补充资金 70881.11 万元。

（五）管理费用支出：2018 年，管理费用支出 1085.26 万元，同比下降 24.43%。其中：人员经费 685.09 万元，公用经费 164.86 万元，专项经费 235.31 万元。

四、资产风险状况

2018 年末，个人住房贷款逾期额 3350.11 万元。逾期率 3.69‰。

个人贷款风险准备金按当年新增贷款余额的 1% 提取。2018 年，提取个人贷款风险准备金 1053.24 万元。2018年末，个人贷款风险准备金余额12412.46万元，占个人住房贷款余额的1.37%，个人住房贷款逾期额与个人贷款风险准备金余额的比率为26.99%。

五、社会经济效益

（一）缴存业务：2018年，实缴单位数、实缴职工人数和缴存额同比分别增长6.24%、1.75%和12.2%。

缴存单位中，国家机关和事业单位占73.97%，国有企业占9.18%，城镇集体企业占0.46%，外商投资企业占1.02%，城镇私营企业及其他城镇企业占13.80%，民办非企业单位和社会团体占1.44%，其他占0.13%。

缴存职工中，国家机关和事业单位占56.58%，国有企业占25.62%，城镇集体企业占3.13%，外商投资企业占1.75%，城镇私营企业及其他城镇企业占10.57%，民办非企业单位和社会团体占0.51%，其他占1.84%；中、低收入占98.98%，高收入占1.02%。

新开户职工中，国家机关和事业单位占45.58%，国有企业占10.27%，城镇集体企业占7.54%，外商投资企业占3.91%，城镇私营企业及其他城镇企业占28.35%，民办非企业单位和社会团体占1.13%，其他占3.22%；中、低收入占99.74%，高收入占0.26%。

（二）提取业务：2018年，6.89万名缴存职工提取住房公积金20.46亿元。

提取的金额中，住房消费提取占55.45%（购买、建造、翻建、大修自住住房占9.52%，偿还购房贷款本息占44.23%，租赁住房占1.7%）；非住房消费提取占44.55%（离休和退休提取占32.78%，完全丧失劳动能力并与单位终止劳动关系提取占9.87%，户口迁出本市或出境定居占0.23%，其他占1.67%）。

提取职工中，中、低收入占98.90%，高收入占1.10%。

（三）贷款业务：

1. **个人住房贷款**。2018年，支持职工购建房59.52万平方米，年末个人住房贷款市场占有率为31.38%，比上年增加3.69个百分点。通过申请住房公积金个人住房贷款，可节约职工购房利息支出39768.85万元。

职工贷款笔数中，购房建筑面积90（含）平方米以下占36.09%，90～144（含）平方米占58.37%，144平方米以上占5.54%；购买新房占64.83%（其中购买保障性住房占0.41%），购买二手房占35.17%。

职工贷款笔数中，单缴存职工申请贷款占70.53%，双缴存职工申请贷款占29.47%。

贷款职工中，30岁（含）以下占24.99%，30岁～40岁（含）占37.29%，40岁～50岁（含）占23.87%，50岁以上占13.85%；首次申请贷款占93.81%，二次及以上申请贷款占6.19%；中、低收入占99%，高收入占1%。

2. **异地贷款**。2018年，发放异地贷款775笔30894.70万元。2018年末，发放异地贷款总额91120.50万元，异地贷款余额82012.28万元。

（四）住房贡献率：2018年，个人住房贷款发放额、住房消费提取额的总和与当年缴存额的比率为109.44%，比上年减少1.47个百分点。

六、其他重要事项

（一）政策调整及执行情况：

1. **修订出台缴存、提取、贷款三个实施细则**。为了规范本市住房公积金缴存、提取、贷款管理，进一步便民利民惠民，更好地维护缴存单位和职工合法权益；同时为了配合公积金管理新系统上线，切实推进住房公积金"双贯标"工作，按照住房城乡建设部《2018年住房公积金监管工作要点》关于加强政策执行监督的文件精神，结合本市实际，经管委会2018年4月20日会议审议通过，修订了《齐齐哈尔市住房公积金个人住房贷款管理办法实施细则》、《齐齐哈尔市住房公积金归集管理办法》、《齐齐哈尔市住房公积金提取管理暂行规定实施细则》，并于2018年5月1日正式实施。

2. **调整2018年度住房公积金缴存基数限额**。2018年调整住房公积金缴存基数上限按不超过本市统计部门规定的上一年职工月平均工资的3倍的要求，确定为13504元，缴存基数下限按上一年劳动部门规定的职工月最低工资标准，确定为1450元。

3. **合理调整贷款、提取政策**。根据《住房城乡建设部办公厅关于开展住房公积金政策执行情况检查及风险隐患排查的通知》，对本市公积金贷款、提取政策作出了部分调整。一是进一步规范了贷款申请条件、贷款比例、贷款期限以及贷款利率等，明确了贷款额度的计算标准、贷款资金的划拨方式，增加了缴存时限要求，将缴存人个人账户余额与贷款额度挂钩，不向全款购买住房的职工发放贷款，不允许将贷款资金直接划入借款人账户等限制条款等。二是取消重大疾病提取及非本市户口的离职提取，将与单位终止劳动关系的提取年限由公积金账户封存满两年调整为"半年"，此外，针对一套住宅一年内多次更名或以假离婚等骗提公积金的行为，在提取细则中也增加了相应的限制条款。通过一系列政策的调整，规范了行为，堵塞了漏洞，杜绝了骗提骗贷现象的发生，确保了住房公积金资金安全。

（二）服务改进情况：中心以服务百姓为焦点，以提升服务质量和群众满意度为根本，积极推行审批和服务事项"四办"。

1. **优化业务流程，实现"马上办"，使服务更高效**。继续对业务流程进行梳理再造，公积金建户、提取、贷款的审批流程，由过去的三级审批，变为前台受理、后台随机审批；借助政务云平台及各部门共享信息等措施支撑，精减各环节审批要件17项；离退休、下岗未就业、偿还公积金贷款的提取，做到"零材料"办理，即时审批，资金秒到账。

2. **缩短服务半径，实现"就近办"，让服务更便捷**。2018年陆续在各县（市）区政务服务中心开设公积金代办点，做到了百姓足不出县区即可办理公积金各项业务，极大地缩短了服务半径。原来由借款人垫付抵押登记费80元（到中心放款时再退给借款人），现在不再让百姓垫付，由两个单位之间结算，减少了环节，切实方便了借款人。

3. **拓宽服务渠道，实现"网上办"，助服务更智能**。为了拓展公积金便民服务渠道，积极推进"互联网+公积金"政务服务建设，打造了集12329热线、短信、自助终端、官方网站、网上营业厅、手机APP、官方微博、微信八大功能于一体的综合服务平台，我市公积金综合服务，形成了线上线下互补，窗口服务与自助服务结合的智能服务管理。

4. **改进服务方式，实现"一次办"，促服务更便民**。一是为了减少百姓跑腿，推行"一窗式"服务，中心实行了综合柜员制，一口收件、一口出件、一次办结；二是实现贷款自主管理，积极缩短公积金贷款申请链条，借助建设部的结算平台，实现公积金自主管理，取消了贷款合同签订、贷款发放、提前还款和结清过程的银行环节；积极协调不动产中心合署办公，无需百姓再到不动产中心办理抵押，实现贷款业务"最多跑一次"的目标；三是开展预约延时服务，充分利用现有的 12329 服务热线平台，增加电话预约功能，让为民服务"提前一公里"。四是推出延时服务，在业务高峰期，采取午休时间不休息，结账之后延长办公的方式，确保当天所有叫号业务全部办完，真正做到便民。

（三）信息化建设情况：

1. **核心系统成功上线**。2018 年中心加快推进信息化建设，仅利用半年时间，完成了系统需求分析、主体开发、基础信息采集、数据移行、系统测试及员工培训，5 月 1 日，由中心与河北神玥软件科技股份有限公司合作研发的住房公积金综合服务及管理云平台应用系统正式上线运行，实现了数据标准规范、流程优化明晰、资金实时结算、风险控制严密。

2. **"双贯标"顺利完成**。按照国家住房城乡建设部的统一部署，中心按照基础数据标准和结算应用系统接入标准，有序推进"双贯标"工作，确定贯标方案、成立领导小组，并多次召开专题会议推动工作进展，7 月 16 日，国家住房城乡建设部及省住房城乡建设厅联合组成的专家组，对我市公积金"双贯标"情况进行检查验收，中心以 95.19 的高分，高质量、高标准的通过验收，标志着我市公积金信息化管理水平实现了质的飞跃。通过开展双贯标系统建设工作，建立了规范的数据体系；优化了资金账户设置，通过住房城乡建设部结算平台与受托银行进行实时结算，实现了业务、资金和财务的三账联动，做到了资金实时监管，严密防控资金风险。

3. **信息共享逐步铺开**。11 月 1 日，中心顺利通过了综合服务平台的验收，按照《建设导则》要求，在开通八大服务渠道基础上，额外增设了鹤城在线 APP 城市服务渠道，建立了综合管理系统，对各渠道的部署运行进行统一管理；利用政务云平台的环境优势，建立综合服务平台安全保障体系，保证业务资金安全；通过政府的数据交换共享平台，与公安、不动产、民政等相关部门建立了信息共享，精简了业务受理要件，缩短了业务办理时间，切实做到了"让信息多跑路、百姓少跑腿"。

鸡西市住房公积金 2018 年年度报告

一、机构概况

（一）住房公积金管理委员会： 住房公积金管理委员会有 22 名委员，2018 年召开 1 次会议，审议通过的事项主要包括：《关于 2018 年度住房公积金归集和使用计划执行情况的报告》、《关于 2018 年度住房公积金归集和使用计划编制情况的报告》、《关于 2018 年度住房公积金增值收益分配方案的报告》、《关于 2018 年度经费预算和 2018 年度经费决算情况的报告》、《哈尔滨银行鸡西分行关于设立住房公积金委托银行账户及给予资金支持请示的意见》、《关于与受托银行深度合作的请示》、《关于提高个人住房公积金按揭贷款现房首付款比例的请示》和《鸡西市住房公积金 2018 年年度报告》。

（二）住房公积金管理中心：住房公积金管理中心为鸡西市人民政府直属，不以营利为目的的正处级事业单位，设10个科室，4个管理部。从业人员135人，其中，在编79人，非在编56人。

二、业务运行情况

（一）缴存：2018年，新开户单位71家，实缴单位1472家，净增单位10家；新开户职工0.65万人，实缴职工12.60万人，净增职工2.16万人；缴存额11.46亿元，同比增长0.85%。2018年末，缴存总额78.58亿元，同比增长17.07%；缴存余额49.22亿元，同比增长10.87%。

受委托办理住房公积金缴存业务的银行5家。

（二）提取：2018年，提取额6.63亿元，同比增长5.50%；占当年缴存额的57.88%，比上年增加2.60个百分点。2018年末，提取总额29.36亿元，同比增长29.18%。

（三）贷款：个人住房贷款最高额度50万元，其中，单缴存职工最高额度50万元，双缴存职工最高额度50万元。

2018年，发放个人住房贷款0.17万笔3.86亿元，同比分别下降24.02%、27.74%。

2018年，回收个人住房贷款4.53亿元。

2018年末，累计发放个人住房贷款3.69万笔49.32亿元，贷款余额20.12亿元，同比分别增长4.96%、8.50%、下降3.22%。个人住房贷款余额占缴存余额的40.88%，比上年减少5.95个百分点。

受委托办理住房公积金个人住房贷款业务的银行4家。

（四）资金存储：2018年末，住房公积金存款29.11亿元。其中，活期0.34亿元，1年（含）以下定期2.50亿元，1年以上定期26.27亿元。

（五）资金运用率：2018年末，住房公积金个人住房贷款余额占缴存余额的40.88%，比上年减少5.95个百分点。

三、主要财务数据

（一）业务收入：2018年，业务收入21885.52万元，同比增长97.53%。其中，存款利息15329.96万元，委托贷款利息6546.49万元，其他9.07万元。

（二）业务支出：2018年，业务支出10566.45万元，同比增长67.70%。其中，支付职工住房公积金利息10295.98万元，委托贷款手续费270.47万元。

（三）增值收益：2018年，增值收益11319.07万元，同比增长136.86%。增值收益率2.42%，比上年增加1.28个百分点。

（四）增值收益分配：2018年，提取贷款风险准备金19.07万元，提取管理费用1400万元，提取城市廉租住房（公共租赁住房）建设补充资金9900万元。

2018年，上交财政管理费用1400万元。上缴财政城市廉租住房（公共租赁住房）建设补充资金2950万元。

2018年末，贷款风险准备金余额4969.84万元。累计提取城市廉租住房（公共租赁住房）建设补充资金24785.40万元。

（五）管理费用支出：2018年，管理费用支出1604.47万元，同比增长11.28%。其中，人员经费

1139.34万元，公用经费53.59万元，专项经费411.54万元。

四、资产风险状况

2018年末，个人住房贷款逾期额439万元，逾期率2.18‰。

个人贷款风险准备金按不低于年度住房公积金贷款余额的1‰提取。2018年，提取个人贷款风险准备金19.07万元。2018年末，个人贷款风险准备金余额4969.84万元，占个人住房贷款余额的2.47%，个人住房贷款逾期额与个人贷款风险准备金余额的比率为8.83%。

五、社会经济效益

（一）缴存业务：2018年，实缴单位数、实缴职工人数和缴存额同比分别增长0.68%、20.74%和0.85%。

缴存单位中，国家机关和事业单位占69.29%，国有企业占17.32%，城镇集体企业占1.77%，外商投资企业占0.41%，城镇私营企业及其他城镇企业占4.35%，民办非企业单位和社会团体占4.96%，其他占1.90%。

缴存职工中，国家机关和事业单位占56.48%，国有企业占36.67%，城镇集体企业占1.82%，外商投资企业占0.48%，城镇私营企业及其他城镇企业占2.94%，民办非企业单位和社会团体占0.80%，其他占0.81%；中、低收入占97.11%，高收入占2.89%。

新开户职工中，国家机关和事业单位占39.53%，国有企业占40.37%，城镇集体企业占1.26%，外商投资企业占1.22%，城镇私营企业及其他城镇企业占7.93%，民办非企业单位和社会团体占2.32%，其他占7.37%；中、低收入占98.74%，高收入占1.26%。

（二）提取业务：2018年，3.75万名缴存职工提取住房公积金6.63亿元。

提取金额中，住房消费提取占51.25%（购买、建造、翻建、大修自住住房占20.58%，偿还购房贷款本息占28.42%，租赁住房占2.25%）；非住房消费提取占48.75%（离休和退休提取占40.90%，完全丧失劳动能力并与单位终止劳动关系提取占3.47%，户口迁出本市或出境定居占0.03%，其他占4.35%）。

提取职工中，中、低收入占90.74%，高收入占9.26%。

（三）贷款业务：

1. 个人住房贷款：2018年，支持职工购建房17.50万平方米，年末个人住房贷款市场占有率为37%，比上年减少0.88个百分点。通过申请住房公积金个人住房贷款，可节约职工购房利息支出38005.26万元。

职工贷款笔数中，购房建筑面积90（含）平方米以下占47.05%，90~144（含）平方米占46.59%，144平方米以上占6.36%。购买新房占58.46%，购买二手房占41.54%。

职工贷款笔数中，单缴存职工申请贷款占29.78%，双缴存职工申请贷款占69.31%，三人及以上缴存职工共同申请贷款占0.91%。

贷款职工中，30岁（含）以下占22.43%，30岁~40岁（含）占38.61%，40岁~50岁（含）占28.52%，50岁以上占10.44%；首次申请贷款占82.96%，二次及以上申请贷款占17.04%；中、低收入

占 95.58%，高收入占 4.42%。

2. **异地贷款**：2018 年，发放异地贷款 109 笔 2458.60 万元。2018 年末，发放异地贷款总额 20239.80 万元，异地贷款余额 6194.09 万元。

（四）**住房贡献率**：2018 年，个人住房贷款发放额、住房消费提取额的总和与当年缴存额的比率为 63.37%，比上年减少 6.73 个百分点。

六、其他重要事项

（一）当年机构及职能调整情况、受委托办理缴存贷款业务金融机构变更情况：

1. 在鸡西市机构改革过程中，市住房公积金管理中心更名为市住房公积金经办中心，并于 2018 年 12 月 17 日正式挂牌揭幕，标志着住房公积金工作职能由管理服务向经办服务转变，鸡西市住房公积金事业进入了新的历史发展阶段。

2. 受委托办理业务金融机构没有变化，与上年相同。

（二）当年住房公积金政策调整及执行情况：

1. **归集方面政策调整情况**。依据鸡西市统计局公布的鸡西市 2018 年在岗职工年平均工资 54626 元，确定 2018 年度住房公积金的缴存基数的上限为 13656 元，月缴存额上限为 3278 元；缴存基数下限为 1270 元，月缴存额下限为 128 元。

2. **提取方面政策调整情况**。

（1）优先支持在我市无自有住房职工提取住房公积金支付房租，职工可按季或半年或一年提取一次，提取金额由市公积金中心根据我市当地租金水平合理确定并及时调整。经测算，确定提取额度以家庭为单位一年不超过 13000 元/年。其中：鸡冠区租房提取上限为 13000 元/年，城子河区、恒山区、滴道区、梨树区、麻山区租房提取上限为 6000 元/年，鸡东县、密山市、虎林市租房提取上限为 10000 元/年。

（2）重点支持提取住房公积金在缴存地或户籍地购买首套普通住房和第二套改善型住房，防止提取住房公积金用于炒房投机。

（3）缴存职工与单位解除或终止劳动关系的，先办理个人账户封存。账户封存期间，在异地开立住房公积金账户并稳定缴存半年以上的，办理异地转移接续手续。未在异地继续缴存的，封存满半年后可提取。

（4）缴存职工提取申请材料齐全的，审核无误后即时办理。需对申请材料进一步核查的，在受理申请之日起 3 个工作日内办结。

（5）对同一人多次变更婚姻关系购房、多人频繁买卖同一套住房、异地购房尤其是非户籍地非缴存地购房、非配偶或非直系亲属共同购房等申请提取住房公积金的，市公积金中心要严格审核住房消费行为和证明材料的真实性。

（6）对违规提取住房公积金的缴存职工，市公积金中心将记载其失信记录，并随个人账户一并转移；对已提取资金的，责令限期全额退回，在一定期限内限制其住房公积金提取和贷款。对逾期仍不退回的，列为严重失信行为，并依法依规向相关管理部门报送失信信息，实施联合惩戒。机关、事业单位及国有企业缴存职工违规提取住房公积金情节严重的，向其所在单位通报。

3. 贷款方面政策调整情况。

（1）住房公积金贷款以家庭为单位，职工及其配偶均无尚未还清的住房公积金贷款，在其购房时可以申请公积金贷款。

（2）停止向已申请过二次及以上住房贷款（包括公积金贷款及商业贷款）的职工发放公积金贷款。

（3）公积金抵押贷款放款额度为不高于抵押房屋评估价格的60%~70%，且贷款额不超过购房金额的80%。

（4）办理公积金按揭贷款购买现房的首付款比例由原购房款的20%提高到30%。

（5）公积金贷款最高额度为50万元，职工公积金账户内余额不足3万元的贷款最高不能超过30万元；账户内余额超过3万元的贷款最高额度不超过其余额的10倍。

（6）取消缴存人夫妻或为其未婚子女在异地购买自住住房可申请办理抵押贷款政策。

（7）取消一年期个人公积金贷款。

（8）进城务工人员、自由职业人员缴存公积金的，满足贷款条件的可按规定申请住房公积金贷款。

（三）当年服务改进情况：

1. 按业务流程设置了政策咨询区、自助服务区和休息等候区等功能区域，安装了电子指示牌，增设了政策咨询台、服务导办台、账户查询机、叫号机、业务评价系统和书写台、眼镜架、医药箱、意见箱、投诉（举报）电话等便民服务设施。

2. 严格执行首问负责、一次告知、限时办结、AB角、责任追究、业务流程公开等窗口服务制度。全年办理延时服务219人次，预约服务289人次，上门服务5人次，12329服务热线解答咨询133139人次，群众满意度达99%。

3. 各窗口设置岗位牌，工作人员佩戴胸牌亮明身份。通过常规检查、暗访、宣传、教育、引导等多种形式，强化服务大厅工作人员劳动纪律、工作纪律和言行举止、衣着体态、服务态度等细节养成，及时纠正解决不规范服务行为和群众反映强烈的热点、难点问题。

4. 每周五下午组织窗口工作人员开展政策理论、业务操作、规章制度、行为规范、服务礼仪等业务知识培训，提升干部职工整体素质和为民服务的本领。

5. 持续深化"放管服"改革、"最多跑一次"改革，做好"多证合一"和"马上办、网上办、就近办、一次办"相关工作。共简化审核流程5项，精简审核要件11个，减少办理环节2个，取消各类无谓证明材料和复印件30余项。公积金3大类38项服务事项中，除抵押、按揭、商转公3项贷款业务因相关部门审核需5个工作日完成外，符合条件的其他业务均可做到即时办结、一次办结或网上办结，实现"最多跑一次"的事项达92.1%。

6. 开通了门户网站、政务服务网、网上营业厅、智慧城市"一号通"、手机APP、自助设备、微博、微信、12329客服热线8大综合服务渠道、1个咨询平台和业务二维码扫描功能，全面畅通了政策宣传、业务查询、表单下载、账户变动、办理进度、解疑答难、咨询投诉等网上办事的快捷通道，让"数据多跑路、职工少跑腿"。

（四）当年信息化建设情况：2018年1月16日，新一代公积金业务信息系统正式上线运行，标志着我市住房公积金经办服务工作迈入了"互联网+公积金"的新时代。按照住房城乡建设部"双贯标"标准要求，共建立29张数据表，392个数据项，使标准要求的公积金基础数据在采集、处理、存储和使用等方面得到全面应用。新系统接入银行结算数据应用系统实现自主核算,业务流程及功能拓展实行参数控制,实现了账户、业务、流程和资金风险全覆盖,做到实时监控账户动态。同时积极推进与房产、不动产、民政、公安、人民银行等单位联网互通和做好数据脱敏、备份及安全防护工作,有效提升了信息化建设整体水平和风险防控能力。并分别以93.86分和94.89分,两次全省名列前茅的综合评分通过省厅和住房城乡建设部"双贯标"工作检查验收。

(五)当年对违反《住房公积金管理条例》和相关法规行为进行行政处罚和申请人民法院强制执行情况:

1. 按照国家四部委和市政府《通知》要求,我们会同相关单位和部门,认真开展治理违规提取住房公积金清查工作,共发现7笔骗提公积金案件,其中3笔公安部门已立案,其余4笔已返还52.40万元。

2. 积极依法清收逾期贷款。对超过六期的恶意贷款逾期户开展法律诉讼,共向法院提起诉讼案件20件,涉案金额460余万元。对2018年法院执行收回的2处房产进行网上拍卖,收回资金29.10万元。

鹤岗市住房公积金2018年年度报告

一、机构概况

(一)住房公积金管理委员会:住房公积金管理委员会有29名委员,2018年召开1次会议,审议通过的事项主要包括:审议通过了2018年住房公积金增值收益分配方案和2018年住房公积金归集、使用计划执行情况,及2018年住房公积金归集、使用计划。

(二)住房公积金管理中心:住房公积金管理中心为隶属市人民政府不以营利为目的的参公管理事业单位,设9个科,6个管理部。从业人员59人,其中,在编49人,非在编10人。

二、业务运行情况

(一)缴存:2018年,新开户单位59家,实缴单位925家,净增单位13家;新开户职工0.7686万人,实缴职工5.247万人,净增职工0.257万人;缴存额6.57亿元,同比增长18.59%。2018年末,缴存总额58.26亿元,同比增长12.71%;缴存余额37.98亿元,同比增长6.66%。

受委托办理住房公积金缴存业务的银行2家,比上增加(减少)0家

(二)提取:2018年,提取额4.19亿元,同比增长8.55%;占当年缴存额的63.77%,比上年减少5.91个百分点。2018年末,提取总额20.27亿元,同比增长26.06%。

(三)贷款:

个人住房贷款:个人住房贷款最高额度60万元,其中,单缴存职工最高额度40万元,双缴存职工最高额度60万元。

2018年,发放个人住房贷款0.0640万笔1亿元,同比分别下降38.34%、50%。

2018年,回收个人住房贷款3.17亿元。

2018年末,累计发放个人住房贷款3.58万笔40.80亿元,贷款余额9.30亿元,同比分别增长

1.7%、2.51%、-18.92%。个人住房贷款余额占缴存余额的24.49%，比上年减少7.72个百分点。

受委托办理住房公积金个人住房贷款业务的银行3家

（四）资金存储：2018年末，住房公积金存款28.69亿元。其中，活期0.54亿元，1年（含）以下定期28.15亿元。

（五）资金运用率：2018年末，住房公积金个人住房贷款余额、项目贷款余额和购买国债余额的总和占缴存余额的24.49%，比上年减少7.72个百分点。

三、主要财务数据

（一）业务收入：2018年，业务收入9109.03万元，同比增长12.22%。存款利息5653.03万元，委托贷款利息3398.06万元，其他57.94万元。

（二）业务支出：2018年，业务支出5824.97万元，同比增长10.82%。支付职工住房公积金利息5659.53万元，委托贷款手续费165.44万元。

（三）增值收益：2018年，增值收益3284.06万元，同比增长14.81%。增值收益率0.89%，比上年增加0.06个百分点。

（四）增值收益分配：2018年，提取贷款风险准备金1970.44万元，提取管理费用872.50万元，提取城市廉租住房（公共租赁住房）建设补充资金441.12万元。

2018年，上交财政管理费用872.50万元。上缴财政城市廉租住房（公共租赁住房）建设补充资金441.12万元。

2018年末，贷款风险准备金余额13602.54万元。累计提取城市廉租住房（公共租赁住房）建设补充资金6640.12万元。

（五）管理费用支出：2018年，管理费用支出848.26万元，同比下降20.69%。其中，人员经费591.61万元，公用经费113.21万元，专项经费143.44万元。

市中心管理费用支出848.26万元，其中，人员、公用、专项经费分别为591.61万元、113.21万元、143.44万元。

四、资产风险状况

个人住房贷款：2018年末，个人住房贷款逾期额267.26万元，逾期率2.9‰。

个人贷款风险准备金按增值收益60%提取。2018年，提取个人贷款风险准备金1970.44万元，使用个人贷款风险准备金核销呆坏账0万元。2018年末，个人贷款风险准备金余额13602.54万元，占个人住房贷款余额的14.62%，个人住房贷款逾期额与个人贷款风险准备金余额的比率为1.96%。

五、社会经济效益

（一）缴存业务：2018年，实缴单位数、实缴职工人数和缴存额同比分别增长1.43%、5.15%和18.59%。

缴存单位中，国家机关和事业单位占78.7%，国有企业占13.73%，外商投资企业占0.22%，城镇私营企业及其他城镇企业占6.70%，民办非企业单位和社会团体占0.65%。

缴存职工中，国家机关和事业单位占63.57%，国有企业占32.08%，外商投资企业占0.64%，城镇私营企业及其他城镇企业占3.65%，民办非企业单位和社会团体占0.06%；中、低收入占99.51%，高收入占0.49%。

新开户职工中，国家机关和事业单位占41.67%，国有企业占49.53%，外商投资企业占3.29%，城镇私营企业及其他城镇企业占5.44%，民办非企业单位和社会团体占0.07%；中、低收入占99.97%，高收入占0.03%。

（二）**提取业务**：2018年，1.4367万名缴存职工提取住房公积金4.19亿元。

提取金额中，住房消费提取占38.04%（购买、建造、翻建、大修自住住房占22.89%，偿还购房贷款本息占9.81%，租赁住房占5.02%，其他占0.32%）；非住房消费提取占61.96%（离休和退休提取占55.33%，完全丧失劳动能力并与单位终止劳动关系提取占2.92%，户口迁出本市或出境定居占0.07%，其他占3.64%）。

提取职工中，中、低收入占98.38%，高收入占1.62%。

（三）**贷款业务**：

1. **个人住房贷款**。2018年，支持职工购建房7.17万平方米，年末个人住房贷款市场占有率为38.10%，比上年减少0.87个百分点。通过申请住房公积金个人住房贷款，可节约职工购房利息支出165.97万元。

职工贷款笔数中，购房建筑面积90（含）平方米以下占41.09%，90～144（含）平方米占40.78%，144平方米以上占18.13%。购买新房占19.53%（其中购买保障性住房占0%），购买二手房占80.47%，建造、翻建、大修自住住房占0%，其他占0%。

职工贷款笔数中，单缴存职工申请贷款占65%，双缴存职工申请贷款占34.84%，三人及以上缴存职工共同申请贷款占0.16%。

贷款职工中，30岁（含）以下占20.47%，30岁～40岁（含）占40.31%，40岁～50岁（含）占25.63%，50岁以上占13.59%；首次申请贷款占57.19%，二次及以上申请贷款占42.81%；中、低收入占99.38%，高收入占0.62%。

2. **异地贷款**。2018年，发放异地贷款16笔220.5万元。2018年末，发放异地贷款总额1212.50万元，异地贷款余额903.81万元。

（四）**住房贡献率**：2018年，个人住房贷款发放额、公转商贴息贷款发放额、项目贷款发放额、住房消费提取额的总和与当年缴存额的比率为39.39%，比上年减少20.52个百分点。

六、其他重要事项

（一）**当年住房公积金政策调整及执行情况**：当年住房公积金政策调整及执行情况：（1）当年缴存基数限额及确定方法、缴存比例等缴存政策调整情况：是2018年我市统计局发布的上一年城镇从业人员年平均工资为51787元，最高月缴存基数为12946.75元，最低月缴存基数为省政府公布的最低工资标准1450元；缴存比例是单位和个人缴存比例不应低于职工上年月平均工资的5%，不得高于职工上年月平均工资的12%。同一单位职工的缴存比例应一致。（2）当年提取政策调整情况是：办理提取业务取消身份证复印件；同一人多次变更婚姻关系购房、多人频繁买卖同一套住房提取公积金的，一年只允许提取一次；异地购房，要求产权为共同共有；与单位解除劳动关系的，由原来封存两年改为账户封存六个月，公积金可转移、无单位的可提取；转出凭条取消单位财务专用章、法人名章。（3）当年个人住房贷款最高贷款额度：2018年1月16日贷款最高额度为购房总价调整为80%放贷，并于2018年8月10日开始，贷款最高额度由最高40万元调整为单职工最高40万元，双职工最高可贷60万元。贷款条件等贷款政策调整情况是：2018年5月7日起取消贷款要件所要求的职工身份证复印件；2018年8月10日起三套房的认定标准调整为认贷又认房；2018年8月10日起，取消异地收据在我中心可贷款政策；2018年8月30日起车库及商服不允许抵押。2018年12月开展了自由职业者业务，满足条件可申请住房公积金贷款。当年住房公积金存贷款利率执行标准是：住房公积金存款利率1.5%；贷款五年期（含五年）利率2.75%，五年以上3.25%。

（二）当年服务改进情况：中心当年服务改进情况，包括服务网点、服务设施、服务手段有：深入开展了"四零"服务、建立特约上门服务、预约服务、延时服务制度；新增四台自动盖章查询机，增添了休息排椅、饮水机、为客户提供良好的休息环境；开展业务培训和礼仪培训，进一步提高服务水平；建立了贷款违约黑名单制度、与委托银行建立联合催缴公积金制度；为自由职业者及个体工商户开展公积金业务，开展了再造流程工作，进一步提高了服务效率。综合服务平台建设情况：网上大厅（单位网厅）新版上线，2018年已经开通单位网厅用户55个。利用公积金银行结算数据应用系统实时结算的优势，达到缴存单位在网上办理公积金核定、公积金托收划转、实时分配。方便公积金单位经办人员工作，不用多次跑中心，可以在网上办理业务，既规范了住房公积金的缴存流程，也为缴存单位提供了便捷的网上服务。

手机公积金APP的试用上线标志着我市公积金的互联网服务渠道建设进入快车道。手机APP是通过用户名密码、支付宝认证或面部识别认证，既方便又快捷，实现移动化办公、群众少跑路的目标。公积金缴存人可以在APP中查看最新的新闻公告、政策法规，查询个人账户信息，包括：缴存信息、提取信息、贷款信息，在业务办理模块可以完成退休提取、提前或部分结清贷款、按月对冲签约解约等功能。

（三）当年信息化建设情况：中心完成住房公积金"双贯标"建设工作，通过住房城乡建设部与省住房城乡建设厅联合验收组的验收。开展信息安全等级保护测评，通过了信息安全等级保护测评（三级），完成公安机关备案。打造了三级等保信息安全系统，确保中心数据信息的安全。

双鸭山市住房公积金2018年年度报告

一、机构概况

（一）住房公积金管理委员会：住房公积金管理委员会有20名委员，2018年召开1次会议，审议通过的事项主要包括：审议通过的事项主要包括：《双鸭山市住房公积金管理中心2018年工作总结及2018年工作思路》、《关于双鸭山市住房公积金2018年预算执行情况及2018年预算安排（草案）的报告》、《双鸭山市住房公积金管理中心关于住房公积金管理有关政策调整的请示》、《双鸭山市住房公积金管理中心关于信息化建设有关事宜的请示》、《双鸭山市住房公积金管理中心关于电厂住房公积金办事处搬迁更名事宜的请示》、《关于调整双鸭山市住房公积金管理委员会部分委员的建议》。

（二）住房公积金管理中心：住房公积金管理中心为市政府不以营利为目的的副处级事业单位，设11个处（科），6个管理部。从业人员91人，其中，在编62人，非在编29人。

二、业务运行情况

（一）缴存：2018年，新开户单位58家，实缴单位1387家，减少单位13家；新开户职工0.31万人，实缴职工10万人，减少职工0.97万人；缴存额10.51亿元，同比下降1.31%。2018年末，缴存总额75.6亿元，同比增长16.14%；缴存余额50.03亿元，同比增长9.14%。

受委托办理住房公积金缴存业务的银行6家，比上年增加2家。

（二）提取：2018年，提取额6.32亿元，同比增长36.79%；占当年缴存额的60.13%，比上年增加16.75个百分点。2018年末，提取总额25.57亿元，同比增长32.83%。

（三）贷款：个人住房贷款最高额度50万元，其中，单缴存职工最高额度40万元，双缴存职工最高额度50万元。

2018年，发放个人住房贷款0.13万笔1.69亿元，同比分别下降7.14%、21.03%，发放金额比上年下降0.45万元。2018年，回收个人住房贷款1.91亿元。

2018年末，累计发放个人住房贷款2.38万笔26.46亿元，贷款余额9.20亿元，同比分别增长5.78%、6.82%、－2.44%。个人住房贷款余额占缴存余额的18.39%，比上年减少2.18个百分点。

受委托办理住房公积金个人住房贷款业务的银行3家。

（四）资金存储：2018年末，住房公积金存款40.84亿元。其中，活期0.20亿元，1年（含）以下定期40.24亿元，1年以上定期0.40亿元。

（五）资金运用率：2018年末，住房公积金个人住房贷款余额、项目贷款余额和购买国债余额的总和占缴存余额的18.40%，比上年减少2.17个百分点。

三、主要财务数据

（一）业务收入：2018年，业务收入10759.48万元，同比增长19.95%。存款利息收入7776.04万元，委托贷款利息收入2976.81万元，其他收入6.63万元。

（二）业务支出：2018年，业务支出7336.85万元，同比增长11.43%。支付职工住房公积金利息7217.61万元，委托贷款手续费119.25万元。

（三）增值收益：2018年，增值收益3422.63万元，同比增长43.52%。增值收益率0.72%，比上年增加0.16个百分点。

（四）增值收益分配：2018年，提取管理费用702.37万元，提取城市廉租住房（公共租赁住房）建设补充资金2720.25万元。

2018年，上交财政管理费用702.37万元。上缴财政城市廉租住房（公共租赁住房）建设补充资金2720.25万元。

2018年末，贷款风险准备金余额1637.65万元。累计提取城市廉租住房（公共租赁住房）建设补充资金16902.56万元。

（五）管理费用支出： 2018 年，管理费用支出 807.08 万元，同比增长 0.5%。其中，人员经费 643.76 万元，公用经费 97.82 万元，专项经费 65.5 万元。

四、资产风险状况

2018 年末，个人住房贷款逾期额 122.66 万元，逾期率 1.33‰。

个人贷款风险准备金按贷款余额的 1% 提取。2018 年末，个人贷款风险准备金余额 1637.65 万元，占个人住房贷款余额的 1.78%，个人住房贷款逾期额与个人贷款风险准备金余额的比率为 7.49%。

五、社会经济效益

（一）缴存业务： 2018 年，实缴单位数、实缴职工人数和缴存额同比分别下降 0.92%、8.84% 和 1.31%。

缴存单位中，国家机关和事业单位占 80.03%，国有企业占 12.04%，城镇集体企业占 0.14%，外商投资企业占 0.14%，城镇私营企业及其他城镇企业占 4.76%，民办非企业单位和社会团体占 0.72%，其他占 2.17%。

缴存职工中，国家机关和事业单位占 40.70%，国有企业占 48.30%，城镇集体企业占 0.02%，外商投资企业占 0.06%，城镇私营企业及其他城镇企业占 8.89%，民办非企业单位和社会团体占 0.09%，其他占 1.94%；中、低收入占 99.41%，高收入占 0.59%。

新开户职工中，国家机关和事业单位占 40.92%，国有企业占 24.29%，城镇集体企业占 0.03%，外商投资企业占 0.22%，城镇私营企业及其他城镇企业占 29.32%，民办非企业单位和社会团体占 1.51%，其他占 3.71%；中、低收入占 99.74%，高收入占 0.26%。

（二）提取业务： 2018 年，3.58 万名缴存职工提取住房公积金 6.32 亿元。

提取金额中，住房消费提取占 40.5%（购买、建造、翻建、大修自住住房占 25.5%，偿还购房贷款本息占 11.99%，租赁住房占 3.01%）；非住房消费提取占 59.5%（离休和退休提取占 44.49%，完全丧失劳动能力并与单位终止劳动关系提取占 2.67%，户口迁出本市或出境定居占 0.05%，其他占 12.29%）。

提取职工中，中、低收入占 99.25%，高收入占 0.75%。

（三）贷款业务：

1. 个人住房贷款： 2018 年，支持职工购建房 13.59 万平方米，年末个人住房贷款市场占有率为 36.02%，比上年减少 13.22 个百分点。通过申请住房公积金个人住房贷款，可节约职工购房利息支出 617.03 万元。

职工贷款笔数中，购房建筑面积 90（含）平方米以下占 37.05%，90～144（含）平方米占 54.39%，144 平方米以上占 8.56%。购买新房占 39.65%，购买二手房占 60.35%。

职工贷款笔数中，单缴存职工申请贷款占 65.32%，双缴存职工申请贷款占 34.68%。

贷款职工中，30 岁（含）以下占 34.38%，30 岁～40 岁（含）占 31.70%，40 岁～50 岁（含）占 23.68%，50 岁以上占 10.24%；首次申请贷款占 77.46%，二次及以上申请贷款占 22.54%；中、低收入占 99.24%，高收入占 0.76%。

2. **异地贷款**：2018 年，发放异地贷款 67 笔 837 万元。2018 年末，发放异地贷款总额 2554 万元，异地贷款余额 2045 万元。

六、其他重要事项

(一) 当年住房公积金政策调整及执行情况：

1. **当年缴存基数限额及确定方法、缴存比例等缴存政策调整情况**。缴存基数上限以双鸭山市统计部门公布的上一年当地社平工资 3 倍为准，下限以双鸭山市人民政府公布的最低用工工资为准。2018 年上限为 13000 元/月、下限为 1450 元/月。2018 年缴存比例最高为 12%，最低为 5%。

2. **当年住房公积金提取政策调整情况**。经双鸭山市住房公积金管理委员会 2018 年第一次会议审议批准，提取政策作以下调整：

(1) 购买本市行政区域内政府棚改、拆迁住房可提取公积金。缴存职工在 2016 年 1 月 1 日至 2018 年 12 月 31 日期间购买纳入本市行政区域内政府棚改、拆迁项目住房的，未在公积金提取规定时限（一年）内获得增值税发票，提供拆迁安置补偿协议、搬迁验收单或入户通知单及缴款票据即可提取个人账户内的公积金余额，提取额度不超过补差款金额。

(2) 因历史遗留建设项目不动产登记问题，购房未取得税务票据，但已获取房屋所有权证的可提取公积金。2018 年 12 月 31 日以前，因历史遗留建设项目不动产登记问题，购房人未取得销售不动产统一发票或增值税普通发票，但经政府批准持购房合同、收据办理了房屋产权登记，并首次获取不动产权证书和税收缴款书的，可在 2018 年提取公积金。

符合此种情况的小区共 86 个，其中尖山区有 41 个小区，宝清县有 16 个小区，集贤县有 9 个小区，饶河县有 20 个小区。上述小区购房者已经取得销售不动产统一发票或增值税普通发票，但发票日期超过一年有效时限不在提取范围内。

(3) 取消"公积金贷款提取上一年度还款额偿还购房贷款本息"提取政策。我中心于 2018 年 12 月 19 日接入住房城乡建设部公积金银行结算数据应用系统，正式开展按月对冲还贷业务，同时于 2018 年 6 月 1 日起将停止办理公积金贷款提取上一年度还款额偿还购房贷款本息业务。

3. **当年住房公积金个人住房贷款政策调整情况**。2018 年，我市个人住房贷款最高贷款额度为 50 万元，其中单缴存职工最高额度 40 万，双缴存职工共同贷款最高额度 50 万。

经双鸭山市住房公积金管理委员会 2018 年第一次会议审议批准，调整了《双鸭山市住房公积金个人住房贷款管理实施细则》。

4. **当年住房公积金存贷款利率调整及执行情况**。当年职工住房公积金账户存款利率未作调整，按一年期定期存款基准利率 1.5% 执行。

当年住房公积金贷款利率未作调整。目前，贷款 1～5 年期执行 2.75% 的年利率，5 年期以上执行 3.25% 的年利率。

(二) **当年服务改进情况**：一是贯彻落实"多证合一"改革，通过省工商局协同监管系统获取企业信息，新建户企业零手续办理公积金缴存登记业务。二是精简办事流程，38 项住房公积金业务实现"最多跑一次"，其中 33 项业务实现即时办结。三是开展了缴存托收业务，190 家单位与"中心"、受托银行签订托收三方协议，方便了缴存单位，提高了归集管理效能。四是简化了提取、贷款办理要件，取消提取凭条、二手房购房协议、身份证复印件等要件，解决群众办事堵点问题。五是调整审批权限，办事处自主审批贷款，减少"中心"审批环节，缩短办事处贷款办理时限。六是实行"六时"工作法，延长周末服务时间，每周六上午市"中心"窗口正常办理汇缴、提取、贷款等业务，开通绿色通道，开展预约服务，努力营造便民利民、公开高效的服务环境。

（三）当年信息化建设情况： 一是"双贯标"建设高标准通过了住房城乡建设部和省住房城乡建设厅联合检查验收。二是加快综合服务平台建设，开通了自助终端、12329热线、12329短信平台、微信公众号、门户网站、网厅（个人版）、手机APP等服务渠道。三是加强信息共享，在"中心"市本级接入中国人民银行征信系统基础上，各办事处也接入个人征信平台。

大庆市住房公积金2018年年度报告

一、机构概况

（一）住房公积金管理委员会： 大庆市住房公积金管理委员会有25名委员，2018年召开2次会议，审议通过的事项主要包括：

《大庆市住房公积金2018年年度报告》、《关于2018年度大庆市住房公积金归集使用计划执行情况及2018年住房公积金归集使用计划草案的报告》、《关于2018年度大庆市住房公积金财务收支计划执行情况和2018年住房公积金财务收支计划草案的报告》、《关于2018年度大庆市调整住房公积金缴存基数和月缴存额有关事项说明的报告》、《大庆市住房公积金失信黑名单管理暂行办法》、《关于2018年大庆市住房公积金落实国家政策情况的报告》。

（二）住房公积金管理中心： 大庆市住房公积金管理中心为大庆市人民政府直属的不以营利为目的的事业单位，中心设9个科室，6个办事处。从业人员98人，其中，在编62人，非在编36人。

二、业务运行情况

（一）缴存： 2018年，新开户单位438家，实缴单位3668家，净增单位174家；新开户职工2.33万人，实缴职工44.73万人，净增职工0.33万人；缴存额72.43亿元，同比增长4.44%。

2018年末，缴存总额768.62亿元，同比增长10.4%；缴存余额263.66亿元，同比增长3.33%。

受委托办理住房公积金缴存业务的银行2家。

（二）提取： 2018年，提取额63.92亿元，同比增长17.35%；占当年缴存额的88.25%，比上年增加9.71个百分点。2018年末，提取总额504.95亿元，同比增长14.49%。

（三）贷款： 个人住房贷款最高额度60万元，其中，单缴存职工最高额度60万元，双缴存职工最高额度60万元。

2018年，发放个人住房贷款1.83万笔56.41亿元，同比分别增长11.59%、13.11%。

2018年，回收个人住房贷款32.87亿元。

2018年末，累计发放个人住房贷款21.3万笔511.45亿元，贷款余额241.19亿元，同比分别增加9.37%、12.4%、10.82%。个人住房贷款余额占缴存余额的91.48%，比上年增加6.17个百分点。

受委托办理住房公积金个人住房贷款业务的银行10家。

（四）国债：2018年，收回国债5亿元，至此购买的国债已全部回收。

（五）资金存储：2018年末，住房公积金存款24.09亿元。其中，活期0.05亿元，1年（含）以下定期17.5亿元，1年以上定期4.3亿元，其他（协定、通知存款等）2.24亿元。

（六）资金运用率：2018年末，住房公积金个人住房贷款余额、项目贷款余额和购买国债余额的总和占缴存余额的91.48%，比上年增加6.17个百分点。

三、主要财务数据

（一）业务收入：2018年，业务收入85403.76万元，同比下降2%。存款利息8367.39万元，委托贷款利息72684.12万元，国债利息2090万元，其他2262.25万元。

（二）业务支出：2018年，业务支出41118.03万元，同比增长5.3%。其中，支付职工住房公积金利息39037.79万元，归集手续费50.69万元，委托贷款手续费2029.55万元。

（三）增值收益：2018年，增值收益44285.73万元，同比下降7.93%。增值收益率1.7%，比上年减少0.23个百分点。

（四）增值收益分配：2018年，提取贷款风险准备金1600万元，提取管理费用2963万元，提取城市廉租住房（公共租赁住房）建设补充资金39722.73万元。

2018年，上交财政管理费用2963万元。上缴财政城市廉租住房（公共租赁住房）建设补充资金67007.07万元。

2018年末，贷款风险准备金余额72787.26万元。累计提取城市廉租住房（公共租赁住房）建设补充资金313901.8万元。

（五）管理费用支出：2018年，管理费用支出2776.31万元，同比下降20.55%。其中，人员经费1635.34万元，公用经费490.35万元，专项经费650.62万元。

四、资产风险状况

2018年末，个人住房贷款逾期额1780.52万元，逾期率0.74‰。

个人贷款风险准备金按贷款余额的1%提取。2018年，提取个人贷款风险准备金1600万元，未发生核销呆坏账。2018年末，个人贷款风险准备金余额72787.26万元，占个人住房贷款余额的3.02%，个人住房贷款逾期额与个人贷款风险准备金余额的比率为2.45%。

五、社会经济效益

（一）缴存业务：2018年，实缴单位数、实缴职工人数和缴存额同比分别增长4.98%、0.75%和4.44%。

缴存单位中，国家机关和事业单位占28.27%，国有企业占3.85%，城镇集体企业占0.87%，外商

投资企业占 0.68%，城镇私营企业及其他城镇企业占 51.2%，民办非企业单位和社会团体占 1.5%，其他占 13.63%。

缴存职工中，国家机关和事业单位占 20.37%，国有企业占 14.7%，城镇集体企业占 1.79%，外商投资企业占 0.67%，城镇私营企业及其他城镇企业占 56.46%，民办非企业单位和社会团体占 0.17%，其他占 5.84%；中、低收入占 99%，高收入占 1%。

新开户职工中，国家机关和事业单位占 10.2%，国有企业占 0.88%，城镇集体企业占 0.26%，外商投资企业占 0.77%，城镇私营企业及其他城镇企业占 37.09%，民办非企业单位和社会团体占 1.04%，其他占 49.76%；中、低收入占 99.97%，高收入占 0.03%。

（二）**提取业务**：2018 年，19.48 万名缴存职工提取住房公积金 63.92 亿元。

提取金额中，住房消费提取占 77.99%（购买、建造、翻建、大修自住住房占 30.69%，偿还购房贷款本息占 46.18%，租赁住房占 1.12%）；非住房消费提取占 22.01%（离休和退休提取占 18.66%，单位终止劳动关系提取占 1.46%，其他占 1.89%）。

提取职工中，中、低收入占 97.93%，高收入占 2.07%。

（三）**贷款业务**：

1. **个人住房贷款**。2018 年，支持职工购建房 181.8 万平方米，年末个人住房贷款市场占有率为 57.92%，比上年增加 0.44 个百分点。通过申请住房公积金个人住房贷款，可节约职工购房利息支出 9307.56 万元。

职工贷款笔数中，购房建筑面积 90（含）平方米以下占 41.82%，90～144（含）平方米占 50.11%，144 平方米以上占 8.07%。购买新房占 27.52%，购买二手房占 72.48%。

职工贷款笔数中，单缴存职工申请贷款占 67.12%，双缴存职工申请贷款占 32.39%，三人及以上缴存职工共同申请贷款占 0.49%。

贷款职工中，30 岁（含）以下占 30.81%，30 岁～40 岁（含）占 41.27%，40 岁～50 岁（含）占 21.87%，50 岁以上占 6.05%；首次申请贷款占 77.23%，二次及以上申请贷款占 22.77%；中、低收入占 99.34%，高收入占 0.66%。

2. **异地贷款**。2018 年，发放异地贷款 991 笔 41254 万元。2018 年末，发放异地贷款总额 136581.7 万元，异地贷款余额 98768.23 万元。

（四）**住房贡献率**：2018 年，个人住房贷款发放额、公转商贴息贷款发放额、项目贷款发放额、住房消费提取额的总和与当年缴存额的比率为 146.71%，比上年增加 10.4 个百分点。

六、其他重要事项

（一）当年机构及职能调整情况、受委托办理缴存贷款业务金融机构变更情况：2018 年大庆市住房公积金管理中心未有机构职能调整情况。

2018 年受委托办理缴存贷款业务的银行共计 10 家，受理网点共计 28 家。

（二）当年住房公积金政策调整及执行情况。

1. 归集提取方面

（1）大庆市住房公积金缴存基数每年调整一次。2018 年 7 月 1 日开始缴存基数调整工作，住房公积金缴存基数上限按照大庆市统计部门公布的上一年度全市城镇非私营单位就业人员平均工资的3倍确定，住房公积金缴存基数下限不得低于单位所在地上一年度最低工资标准。2018年月缴存基数上限为18645元，月缴存基数下限1680元。

缴存比例按月缴存基数5%～12%之间由缴存单位自住确定。

（2）按照建金〔2018〕46号《关于开展治理违规提取住房公积金工作的通知》要求"缴存职工与单位解除或终止劳动关系的，先办理个人账户封存。账户封存期间，在异地开立住房公积金账户并稳定缴存半年以上的，办理异地转移接续手续。未在异地继续缴存的，封存满半年后可提取。"大庆市在2018年7月份调整提取政策"缴存职工与单位解除或终止劳动关系，未在异地继续缴存的，封存半年后可办理住房公积金提取。"

2. 住房公积金贷款方面

（1）大庆市住房公积金最高贷款额度为60万元（含）；住房公积金贷款利率标准执行国家规定：

1～5年年利率为2.75%；

6～30年年利率为3.25%。

（2）2018年大庆市住房公积金贷款政策有以下几项调整：

① 严格以家庭为单位发放贷款；

② 贷款期限不得超过借款申请人及共同申请人法定退休年龄后5年；

③ 取消购房地非大庆的异地贷款。

（三）当年服务改进情况。

1. **服务网点**。中心现有服务网点28个，全面实行一窗办理，缴存人可就近办理住房公积金业务。

2. **服务设施**。2018年中心实时监控系统全面升级，便民服务柜、便民药箱等硬件服务设施已全部配备。

3. **服务手段**。2018年，中心所有服务网点全面推行"四零"服务，集中整治窗口服务问题，重塑业务流程，依托数据共享打通服务堵点：

（1）取消要件复印件，让群众"少跑路"。5月，中心取消所有业务要件复印件，依托电子档案系统，只需提供购房或贷款业务必备材料即可办理，将业务要件和办理手续应简尽简。

（2）业务链条缩至最短，实现了业务"网上办、马上办、就近办、一次办"。中心按照"前台综合受理、后台分类审批、统一窗口出证"的要求，将全部窗口柜面服务人员设为综合受理岗，实行"综合柜员"，所有公积金提取、贷款审批业务集中由后台审批完成，实现"一网通办"。

（3）依托数据共享，打通服务堵点。2018年12月12日，中心实现公积金贷款业务网上并联审批和数字化抵押，中心柜面受理、审核贷款抵押登记业务，不动产中心和房产局调取中心的电子档案，通过数据共享，完成数字化抵押审批，通过资金结算平台实现贷款发放"即时到账"，真正实现"一窗受理、一次办结"。

4. **综合服务平台建设及服务情况**。综合服务平台各服务渠道均在2018年之前完成建设，同时建立综合服务平台"综合管理系统"，2018年中心继续升级完善其功能。综合服务平台服务渠道服务内容符合《建设导则》要求，其中网上业务大厅、手机客户端具备业务办理服务，单位业务覆盖率达到百分之百，提取、贷款大部分业务类型均可以在互联网渠道自主办理，很好地贯彻落实国家"放管服"要求，使公积金业务进入"零跑动"时代。

（四）当年信息化建设情况，包括信息系统升级改造情况，基础数据标准贯彻落实和结算应用系统接入情况等。

1. **"双贯标"及综合服务平台建设情况**。2018年中心已经通过了国家住房城乡建设部"双贯标"部省两级验收。2018年11月7日，中心综合服务平台顺利通过国家住房城乡建设部、省住房城乡建设厅住房公积金监管处的部省两级验收。

2. **双向数据共享**。2018年8月中心开展"双向数据共享"工作，中心与市国土局共同进行各自软件接口开发，开展住房公积金贷款与不动产抵押登记联办，即：中心柜面受理、审核贷款抵押登记业务，不动产中心调取中心电子档案完成数字抵押平行审批，再通过资金结算平台实现贷款发放"即时到账"，实现了住房公积金贷款抵押业务融通。2018年12月12日，中心与国土部门业务联办及双向数据共享顺利完成。大庆市在全省率先实现了住房公积金贷款"一窗综合受理、一次即时办结"，二手房贷款抵押办理"零跑动"。

3. **软件升级**。2018年中心软件建设主要集中在住房公积金业务系统升级、综合服务平台完善各渠道服务功能和数据共享等方面。2018年，结算应用系统接口标准升级，结合中心业务需求，对原有4.0业务平台进行功能升级，升级到最新的"云平台系统"。中心于2018年12月开始着手升级工作，预计住房公积金业务系统及综合服务平台在2019年4月1日上线运行。

4. **数据互联互通建设**。按照市政府"群众少跑路，数据多跑路"的服务理念，依照市政府"数据共享平台"建设方案，中心承建了住房公积金数据共享平台，并于10月中旬成功上线，成为全市自建平台单位中首家成功上线的单位。

（五）当年住房公积金管理中心及职工所获荣誉情况，包括：文明单位（行业、窗口）、青年文明号、工人先锋号、五一劳动奖章（劳动模范）、三八红旗手（巾帼文明岗）、先进集体和个人等。

2018年中心所获荣誉：

贷款审批科获大庆市"五一"巾帼标兵岗称号；

2018年职工所获荣誉：

1. 东城办事处主任曲亚双获大庆市"十佳公仆"称号；
2. 信贷管理科科长孙斌获大庆市"三八红旗手"称号；
3. 原信贷管理科科长闫峰获"铁人式好干部"称号。

伊春市住房公积金2018年年度报告

一、机构概况

（一）**住房公积金管理委员会**：住房公积金管理委员会有20名委员，2018年召开1次会议，审议通过的事项主要包括：审议2018年住房公积金归集、使用计划执行情况的报告、批准2018年公积金归集、使用计划。

（二）住房公积金管理中心：住房公积金管理中心为伊春市人民政府不以营利为目的的公益一类事业单位，设办公室、财务科、风险合规科、资产保全科、信息管理科5个科室，下设中心、铁力、嘉荫、南岔、西林、带岭、五营、汤旺河、行政服务大厅9个管理部。从业人员62人，其中，在编51人，非在编11人。

二、业务运行情况

（一）缴存：2018年，新开户单位196家，实缴单位2102家，净增单位-130家；新开户职工1.23万人，实缴职工11.96万人，净增职工-0.29万人；缴存额8.44亿元，同比增长6.16%。年末，缴存总额51.99亿元，同比增长19.35%；缴存余额29.77亿元，同比增长15.08%。

受委托办理住房公积金缴存业务的银行2家，与上年持平。

（二）提取：2018年，提取额4.54亿元，同比增长29.34%；占当年缴存额的53.79%，比上年增加9.64个百分点。2018年末，提取总额22.23亿元，同比增长25.66%。

（三）贷款：2018年，个人住房贷款最高额度60万元，其中，单缴存职工最高额度60万元，双缴存职工最高额度60万元。

2018年，发放个人住房贷款0.15万笔，2.69亿元，同比分别下降34.78%、33.74%。

2018年，回收个人住房贷款3.26亿元。

2018年末，累计发放个人住房贷款2.55万笔31.19亿元，同比分别增长5.81%、9.44%、贷款余额14.62亿元，减少3.82%。个人住房贷款余额占缴存余额的49.11%，比上年减少9.65个百分点。

受委托办理住房公积金个人住房贷款业务的银行2家，与上年持平。

（四）购买国债：2018年末，国债余额0.50亿元，与上年持平。

（五）资金存储：2018年末，住房公积金存款14.85亿元。其中，活期0.02亿元，1年（含）以下定期11.26亿元，1年以上定期3.43亿元，协定存款0.14亿元。

（六）资金运用率：2018年末，住房公积金个人住房贷款余额和购买国债余额的总和占缴存余额的50.79%，比上年减少9.9个百分点。

三、主要财务数据

（一）业务收入：2018年，业务收入7202.32万元，同比增长22.78%。存款利息2130.80万元，委托贷款利息4876.27万元，国债利息177.70万元，其他17.55万元。

（二）业务支出：2018年，业务支出3948.28万元，同比增长14.82%。支付职工住房公积金利息3889.86万元，归集手续费0.44万元，委托贷款手续费56.84万元，其他1.14万元。

（三）增值收益：2018年，增值收益3254.04万元，同比增长34.07%。增值收益率1.17%，比上年增加0.14个百分点。

（四）增值收益分配：2018年，提取管理费用540.49万元，提取城市廉租住房（公共租赁住房）建设补充资金2713.55万元。

2018年，上交财政管理费用540.49万元。上缴财政城市廉租住房（公共租赁住房）建设补充资金

2713.55万元。

2018年末,贷款风险准备金余额1648.79万元。累计提取城市廉租住房(公共租赁住房)建设补充资金14329.94万元。

(五)管理费用支出:2018年,管理费用全口径支出775.93万元,(财政补助拨款235.44万元,从增值收益中列支540.49万元),同比增长30.74%。其中,人员经费565.93万元,公用经费70.92万元,专项经费139.08万元。

四、资产风险状况

2018年末,个人住房贷款逾期额1189.02万元,逾期率8.13‰。

2018年末,个人贷款风险准备金余额1648.79万元,占个人住房贷款余额的1.13%,个人住房贷款逾期额与个人贷款风险准备金余额的比率为72.11%。

五、社会经济效益

(一)缴存业务:2018年,实缴单位数、实缴职工人数和缴存额同比分别增长-5.82%、-2.37%和6.16%。

缴存单位中,国家机关和事业单位占58.47%,国有企业占35.40%,城镇集体企业占1.24%,外商投资企业占0.57%,城镇私营企业及其他城镇企业占2.47%,民办非企业单位和社会团体占0.38%,其他占1.47%。

缴存职工中,国家机关和事业单位占62.94%,国有企业占32.72%,城镇集体企业占0.43%,外商投资企业占0.97%,城镇私营企业及其他城镇企业占1.07%,民办非企业单位和社会团体占0.03%,其他占1.84%;中、低收入占98.44%,高收入占1.56%。

新开户职工中,国家机关和事业单位占48.66%,国有企业占34.33%,城镇集体企业占3.28%,外商投资企业占7.58%,城镇私营企业及其他城镇企业占5.38%,其他占0.77%;中、低收入占99.85%,高收入占0.15%。

(二)提取业务:2018年,1.47万名缴存职工提取住房公积金4.54亿元。

提取金额中,住房消费提取占63.50%(购买、建造、翻建、大修自住住房占28.47%,偿还购房贷款本息占32.04%,租赁住房占1.25%,其他占1.74%);非住房消费提取占36.50%(离休和退休提取占32.17%,完全丧失劳动能力并与单位终止劳动关系提取占1.07%,户口迁出本市或出境定居占0.03%,其他占3.23%)。

提取职工中,中、低收入占96.30%,高收入占3.70%。

(三)贷款业务:

1.个人住房贷款:2018年,支持职工购建房13.89万平方米,年末个人住房贷款市场占有率为65.30%,比上年减少1.13个百分点。通过申请住房公积金个人住房贷款,可节约职工购房利息支出460.54万元。

职工贷款笔数中,购房建筑面积90(含)平方米以下占48.85%,90~144(含)平方米占45.54%,144平方米以上占5.61%。购买新房占51.76%,购买二手房占34.05%,其他占14.19%。

职工贷款笔数中,单缴存职工申请贷款占64.12%,双缴存职工申请贷款占35.88%。

贷款职工中,30岁(含)以下占21.22%,30岁～40岁(含)占32.56%,40岁～50岁(含)占28.45%,50岁以上占17.77%;首次申请贷款占84.32%,二次及以上申请贷款占15.68%;中、低收入占97.23%,高收入占2.77%。

2. **异地贷款**:2018年,发放异地贷款39笔,844.80万元。2018年末,发放异地贷款总额23753.70万元,异地贷款余额1172.34万元。

(四)**住房贡献率**:2018年,个人住房贷款发放额、住房消费提取额的总和与当年缴存额的比率为66.02%,比上年减少13.23个百分点。

六、其他重要事项

(一)机构及职能调整情况

1. 将原承担提取、缴交职能的缴交科和承担贷款职能的信贷科整合为一个综合业务厅,开设6个综合业务柜台,实行综合柜员制。

2. 进驻行政资源中心,设立4个综合业务柜台,实行综合柜员制。

(二)政策调整及执行情况

1. 依据建金管〔2005〕5号文件,"缴存住房公积金的月工资基数,原则上不超过职工工作所在地市区城市统计部门公布上一年度职工月平均工资的2倍或3倍"的要求及统计部门公布的2018年伊春市城镇非私营单位从业人员平均工资为37791元,确定中心2018年住房公积金缴存基数不超过9447元;依据建金管〔2005〕5号文件,"单位和职工缴存比例不应低于5%,原则上不高于12%"的标准确定最低缴存比例为5%,最高缴存比例为12%;当年职工住房公积金账户存款利率未作调整,按一年期定期存款基准利率1.5%执行。

2. 贷款利率执行国家规定年利率标准,5年以下(含5年)2.75%,5年以上3.25%。

3. 增加"住房公积金账户余额提前偿还贷款本金"业务。

4. 提高"对冲还贷"提取额度,优化"对冲还贷"支付方式。

(三)当年服务改进情况

1. **实行综合柜员制**。打破旧有格局,实现全部业务"一柜办理"借助与银行、产权等多部门协同办公的便利条件,真正实现线下办事"只进一扇门",现场办理"最多跑一次"。

2. **提高服务能力,健全服务制度**。在服务方面,中心及各管理部业务大厅增设业务办理柜台和自助查询设备,极大地提高了业务办理效率,减少了职工等待时间;在制度方面,中心积极推行首问负责制、一次告知制、限时办结制和服务承诺制,对于有特殊困难的职工,开展延时服务和上门服务;工作人员统一着装、立牌上岗,努力做到"一看便知、一问便明、一查便懂、一办便成",办事效率大幅提高,赢得了广大缴交职工一致好评。

3. **提高信息化服务水平**。建成独立的门户网站、增设手机APP、微信公众号、个人网厅等线上服务渠道,为群众咨询和办理公积金业务提供方便,使广大缴交职工足不出户即可随时查询个人账户缴存、提取、贷款信息。截至2018年底,手机APP访问量已超过17000人次,微信公众平台关注人数超过20000人,真正实现服务"零"距离。

（四）信息化建设情况

2018年，中心完成了国家关于《住房公积金基础数据标准》和《接入住房公积金银行结算数据应用系统接口标准》的"双贯标"工作。4月初，新系统正式上线运行，7月通过住房城乡建设部的检查验收。

（五）其他需要披露的情况

1. **住房公积金业务统一核算，账户资金统一管理**。"双贯标"之前，中心区及下设7个管理部全部为单独核算公积金日常业务，业务资金单独管理，从年初开始，中心逐步上收各管理部业务资金，同时撤销管理部的银行账户，"双贯标"之后，财务实行统一核算模式，所有业务资金由中心统一管理和使用，资金往来结算全部从业务系统平台划转，实时接受住房城乡建设部的资金监管，有效地规避了资金风险，提高资金使用效率。

2. **业务办理实行通存、通取、通贷**。"双贯标"工作之前，中心区及各管理部按属地化办理汇缴和提取业务，贷款是以抵押房屋所在地为准，确定申请办理的管理部；"双贯标"之后，所有缴存、提取、贷款业务，均可在中心或下设的各管理部柜台办理。

3. **贷款由委托银行核算转变为自主核算**。贷款自主核算全面革新了业务办理模式，贷款发放、回收业务全部由中心发起，受托银行代扣，自主核算的全面铺开，有利于防范贷款风险，提升风险防控能力，最大限度地发挥住房公积金的效用，贷款职工也无须再跑银行，极大缩短了业务办理时间，为实现"数字化"公积金目标注入了强劲动力。

佳木斯市住房公积金2018年年度报告

一、机构概况

（一）**住房公积金管理委员会**：住房公积金管理委员会有27名委员，2018年召开一次年度工作会议，审议并通过《2018年度工作暨2018年工作安排的报告》、《住房公积金2018年年度报告》、《2018年年度住房公积金归集使用计划报告》等事项及住房公积金管理政策调整意见。

（二）**住房公积金管理中心**：住房公积金管理中心为隶属于市政府不以营利为目的的参照公务员管理的事业单位，内设14个科室，6个县（市）办事处。从业人员100人，其中，在编66人，非在编34人。

二、业务运行情况

（一）**缴存**：2018年，新开户单位228家，实缴单位2601家，净增单位127家；新开户职工0.9563万人，实缴职工12.3479万人，净增职工0.3615万人；缴存额15.96亿元，同比增长3.37%。2018年末，缴存总额116.3亿元，同比增长15.92%；缴存余额61.24亿元，同比增长6.78%。

受委托办理住房公积金缴存业务的银行4家，比上年减少1家。

（二）**提取**：2018年，提取额12.07亿元，同比增长33.22%；占当年缴存额的75.63%，比上年增加16.96个百分点。2018年末，提取总额55.06亿元，同比增长28.11%。

（三）**贷款**：个人住房贷款最高额度 70 万元，其中，单缴存职工最高额度 60 万元，双缴存职工最高额度 70 万元。

2018 年，发放个人住房贷款 0.4041 万笔 10.95 亿元，同比分别下降 11.25%、9.05%；回收个人住房贷款 6.87 亿元。

2018 年末，累计发放个人住房贷款 4.48 万笔 82.63 亿元，贷款余额 45.53 亿元，同比分别增长 9.9%、15.28%、9.82%。个人住房贷款余额占缴存余额的 74.35%，比上年增加 2.06 个百分点。

受委托办理住房公积金个人住房贷款业务的银行 5 家。

（四）**资金存储**：2018 年末，住房公积金存款 15.99 亿元。其中，活期 0.03 亿元，1 年（含）以下定期 0.1 亿元，1 年以上定期 15.43 亿元，其他（协定、通知存款等）0.43 亿元。

（五）**资金运用率**：2018 年末，住房公积金个人住房贷款余额和购买国债余额的总和占缴存余额的 74.35%，比上年增加 0.14 个百分点。

三、主要财务数据

（一）**业务收入**：2018 年，业务收入 18828.32 万元，同比增长 7.52%；存款利息 5245.73 万元，委托贷款利息 13578.7 万元，其他 3.89 万元。

（二）**业务支出**：2018 年，业务支出 9156.88 万元，同比增长 8.24%。支付职工住房公积金利息 8970.75 万元，委托贷款手续费 185.6 万元，其他 0.53 万元。

（三）**增值收益**：2018 年，增值收益 9671.45 万元，同比增长 6.86%，增值收益率 1.63%，比上年减少 0.04 个百分点。

（四）**增值收益分配**：2018 年，提取贷款风险准备金 611.58 万元，提取管理费用 1561.06 万元，提取城市廉租住房（公共租赁住房）建设补充资金 7498.81 万元。

2018 年，上交财政管理费用 1561 万元。上缴财政城市廉租住房（公共租赁住房）建设补充资金 1518.91 万元。

2018 年末，贷款风险准备金余额 6829.97 万元。累计提取城市廉租住房（公共租赁住房）建设补充资金 46288.72 万元。

（五）**管理费用支出**：2018 年，管理费用支出 2006 万元，同比增长 44.31%。其中，人员经费 1101 万元，公用经费 249 万元，专项经费用 656 万元。

四、资产风险状况

2018 年末，个人住房贷款逾期额 220.99 万元，逾期率 0.48‰。

个人贷款风险准备金按贷款余额的 1.5% 提取。2018 年，提取个人贷款风险准备金 611.64 万元。2018 年末，个人贷款风险准备金余额 6829.97 万元，占个人住房贷款余额的 1.5%，个人住房贷款逾期额与个人贷款风险准备金余额的比为 3.24%。

五、社会经济效益

（一）**缴存业务**：2018 年，实缴单位数、实缴职工人数和缴存额同比分别增长 5.13%、3.02%

和3.37%。

缴存单位中，国家机关和事业单位占72.20%，国有企业占8.42%，城镇集体企业占2.77%，外商投资企业占0.85%，城镇私营企业及其他城镇企业占11.80%，民办非企业单位和社会团体占0.73%，其他占3.23%。

缴存职工中，国家机关和事业单位占62.94%，国有企业占17.53%，城镇集体企业占4.31%，外商投资企业占1.47%，城镇私营企业及其他城镇企业占11.47%，民办非企业单位和社会团体占0.12%，其他占2.16%；中、低收入占99.98%，高收入占0.02%。

新开户职工中，国家机关和事业单位占53.93%，国有企业占10.66%，城镇集体企业占5.50%，外商投资企业占1.23%，城镇私营企业及其他城镇企业占25.02%，民办非企业单位和社会团体占0.30%，其他占3.36%；中、低收入占99.60%，高收入占0.40%。

（二）提取业务：2018年，3.15万名缴存职工提取住房公积金12.07亿元。

提取金额中，住房消费提取占66.61%（购买、建造、翻建、大修自住住房占28.6%，偿还购房贷款本息占37.08%，租赁住房占0.93%）；非住房消费提取占33.39%（离休和退休提取占27.56%，完全丧失劳动能力并与单位终止劳动关系提取占0.42%，户口迁出本市或出境定居占0.42%，其他占4.99%）。

提取职工中，中、低收入占99.98%，高收入占0.02%。

（三）贷款业务：

1. **个人住房贷款**。2018年，支持职工购建房42.48万平方米，年末个人住房贷款市场占有率为47.57%，比上年增加0.57个百分点。通过申请住房公积金个人住房贷款，可节约职工购房利息支出30509.29万元。

职工贷款笔数中，购房建筑面积90（含）平方米以下占31.13%，90~144（含）平方米占58.95%，144平方米以上占9.92%；购买新房占65.80%，购买二手房占34.20%。

职工贷款笔数中，单缴存职工申请贷款占39.32%，双缴存职工申请贷款占60.68%。

贷款职工中，30岁（含）以下占28.71%，30岁~40岁（含）占37.54%，40岁~50岁（含）占25.66%，50岁以上占8.09%；首次申请贷款占71.86%，二次及以上申请贷款占28.14%；中、低收入占99.85%，高收入占0.15%。

2. **异地贷款**。2018年，发放异地贷款466笔13101.70万元。2018年末，发放异地贷款总额54353.30万元，异地贷款余额37229.33万元。

（四）住房贡献率：2018年，个人住房贷款发放额、公转商贴息贷款发放额、项目贷款发放额、住房消费提取额的总和与当年缴存额的比率为118.98%，比上年增加0.85个百分点。

六、其他重要事项

（一）当年住房公积金政策调整及执行情况：2018年，本地住房公积金缴存基数的上限为我市统计部门公布的在岗职工上一年度月平均工资的3倍，上限金额为13395元，缴存基数的下限为我市统计部门公布的在岗职工上一年度月平均工资的60%，下限金额为2679元。

2018年住房公积金贷款利率无调整。当前执行利率1~5年为2.75%，6~30年为3.25%。

(二) 运营管理情况：

1. **优化营商环境，推进"放管服"改革向纵深发展**。认真贯彻落实"房子是用来住的，不是用来炒的"市场定位，以防范资金风险为核心，各项业务指标平稳增长。今年市中心统一优化业务要件，着力减少办事环节。目前，我们新推出的八项"零材料、零审批、零跑路"的业务已经正式上线，使业务办理由"最多跑一次"到"不用跑一次"。随着公积金网上业务的普及使用，各单位公积金经办人因对网上办理业务的操作不够了解，导致在办理网上业务过程中出现一些操作难题，因此我们举办相关业务培训，通过培训提高了办事效率，极大缩短了单位职工办理业务的时间。职工还可以在我市辖区内任何窗口办理相关业务，做到了通存、通取、通贷，着力践行"马上办、网上办、就近办、一次办"，推进线上线下融合发展，确保资金运作更加顺畅安全。

2. **依托"互联网＋公积金"新型服务模式，不断拓宽服务渠道**。2018年，我中心按照《住房公积金基础数据标准》、《住房公积金银行数据应用系统标准》的要求，对我市住房公积金管理信息系统进行再次设计、开发和建设，顺利通过了省住房城乡建设厅和国家住房城乡建设部对我市"双贯标"两级检查验收工作。一年来，我中心依托"互联网＋公积金"新型服务模式，不断拓宽服务渠道，建立互联网和移动终端为载体，涵盖网上业务大厅、官方网站、官方微信公众号、微信钱包中的城市服务、支付宝中的城市服务、手机短信、手机客户端（APP）与微信和支付宝分别合作，采用公安部"互联网＋"身份认证平台，通过人脸识别查询功能，也就是人们常说的"刷脸"。有效保证职工本人的身份认证问题，安全可靠。同时利用12329公积金服务热线、窗口设置个人征信报告自助查询打印机、自助查询终端及咨询服务台，形成了全方位自助服务渠道的住房公积金综合服务平台体系，实现了从人工到智能，从线下到线上的转变，进一步提升住房公积金服务效率和服务质量。

3. **各项工作取得优异成绩**。一是做为典型单位代表迎接省督导组工作检查，并做了题为"岗位践行为民承诺，服务助推转型发展"的发言，重点介绍"最多跑一次"、"四零"承诺制创建、"互联网＋政务服务"在我中心开展情况，得到了检查组和市领导的充分肯定和赞许。二是做为窗口单位迎接省人大常委会检查组等多家上级机关的工作检查和指导。三是我中心连续两年荣获市党政领导班子考评优秀单位荣誉称号，荣获第十一届全省职工职业道德建设先进班组。四是参加我市纪检委组织的"不忘初心、廉洁相伴"知识竞赛中获得一等奖和最佳组织奖。

七台河市住房公积金2018年年度报告

一、机构概况

（一）**住房公积金管理委员会**：住房公积金管理委员会有22名委员，2018年召开5次会议，审议通过的事项主要包括：《七台河市住房公积金2018年年度报告》、《2018年住房公积金归集、使用计划》、《七台河市港澳台同胞住房公积金缴存使用管理办法》、《七台河市住房公积金缴存管理办法》、2018年度职工住房公积金缴存基数等。

（二）住房公积金管理中心：住房公积金管理中心为隶属于市政府不以营利为目的的事业单位，设8个科室，2个管理部。从业人员54人，其中，在编35人，非在编19人。

二、业务运行情况

（一）缴存：2018年，新开户单位51家，实缴单位857家，净减少单位12家；新开户职工0.92万人，实缴职工8.3万人，净增职工4.2万人；缴存额7.96亿元，同比增长52%。2018年末，缴存总额51.68亿元，同比增长18%；缴存余额31.16亿元，同比增长14%。

受委托办理住房公积金缴存业务的银行2家，比上年减少2家。

（二）提取：2018年，提取额4.03亿元，同比增长5.5%；占当年缴存额的51%，比上年减少22个百分点。2018年末，提取总额20.52亿元，同比增长24%。

（三）贷款：个人住房贷款最高额度60万元，其中，单缴存职工最高额度60万元，双缴存职工最高额度60万元。

2018年，发放个人住房贷款0.06万笔，同比持平；发放个人住房贷款1.03亿元，同比下降13%。

2018年，回收个人住房贷款0.7亿元。2018年末，累计发放个人住房贷款0.72万笔贷款金额8.18亿元，贷款余额3.55亿元，同比分别增长9%、14%、10%。个人住房贷款余额占缴存余额的11%，同比持平。

受委托办理住房公积金个人住房贷款业务的银行2家，与上年相同。

（四）资金存储：2018年末，住房公积金存款27.6亿元。其中，活期0.002亿元，1年（含）以下定期18.13亿元，1年以上定期9.19亿元，其他（协定、通知存款等）0.274亿元。

（五）资金运用率：2018年末，住房公积金个人住房贷款余额、项目贷款余额和购买国债余额的总和占缴存余额的11%，同比持平。

三、主要财务数据

（一）业务收入：2018年，业务收入7105.29万元，同比增长16%。存款利息6049.41万元，委托贷款利息1055.3万元，其他0.58万元。

（二）业务支出：2018年，业务支出4354.28万元，同比增长9%。支付职工住房公积金利息4349.03万元，其他5.25万元。

（三）增值收益：2018年，增值收益2751.01万元，同比增长27%。增值收益率0.9%，比上年增加0.1个百分点。

（四）增值收益分配：2018年，提取贷款风险准备金1650.61万元，提取管理费用275.4万元；提取城市廉租住房（公共租赁住房）建设补充资金825万元。

2018年，上交财政管理费用516.43万元。上缴财政城市廉租住房（公共租赁住房）建设补充资金348万元。

2018年末，贷款风险准备金余额12482.13万元。累计提取城市廉租住房（公共租赁住房）建设补充资金4862.9万元。

（五）管理费用支出：2018年，管理费用支出710.76万元，同比增长56%。其中，人员经费413.7万元，公用经费48.06万元，专项经费249万元。

四、资产风险状况

2018年末,个人住房贷款逾期额19.14万元,逾期率0.54‰。

个人贷款风险准备金按增值收益的60%提取。2018年,提取个人贷款风险准备金1650.61万元。2018年末,个人贷款风险准备金余额12482.13万元,占个人住房贷款余额的35%,个人住房贷款逾期额与个人贷款风险准备金余额的比率为0.15%。

五、社会经济效益

(一)缴存业务:2018年,实缴单位数同比减少1.38%、实缴职工人数和缴存额同比分别增长102%和52%。

缴存单位中,国家机关和事业单位占81.56%,国有企业占10.04%,城镇集体企业占0.82%,外商投资企业占0.46%,城镇私营企业及其他城镇企业占3.62%,民办非企业单位和社会团体占0.82%,其他占2.68%。

缴存职工中,国家机关和事业单位占62.04%,国有企业占32.54%,城镇集体企业占0.68%,外商投资企业占0.12%,城镇私营企业及其他城镇企业占3.52%,民办非企业单位和社会团体占0.17%,其他占0.93%;中、低收入占99.67%,高收入占0.33%。

新开户职工中,国家机关和事业单位占72.85%,国有企业占16.59%,城镇集体企业占0.95%,外商投资企业占0.09%,城镇私营企业及其他城镇企业占7.47%,民办非企业单位和社会团体占0.25%,其他占1.8%;中、低收入占99.96%,高收入占0.04%。

(二)提取业务:2018年,1.13万名缴存职工提取住房公积金4.03亿元。

提取金额中,住房消费提取占50.62%(购买、建造、翻建、大修自住住房占39.99%,偿还购房贷款本息占9.99%,租赁住房占0.64%);非住房消费提取占49.38%(离休和退休提取占37.17%,完全丧失劳动能力并与单位终止劳动关系提取占6.64%,户口迁出本市或出境定居占1.98%,其他占3.59%)。

提取职工中,中、低收入占99.67%,高收入占0.33%。

(三)贷款业务:

1. 个人住房贷款。2018年,支持职工购建房5.46万平方米,年末个人住房贷款市场占有率为23.8%,比上年增加2.1个百分点。通过申请住房公积金个人住房贷款,可节约职工购房利息支出312万元。

职工贷款笔数中,购房建筑面积90(含)平方米以下占51%,90~144(含)平方米占44%,144平方米以上占5%;购买新房占28%,购买二手房占67%,其他占5%。

职工贷款笔数中,单缴存职工申请贷款占33.55%,双缴存职工申请贷款占66.28%,三人及以上缴存职工共同申请贷款占0.17%。

贷款职工中,30岁(含)以下占23.8%,30岁~40岁(含)占38.5%,40岁~50岁(含)占29.3%,50岁以上占8.4%;首次申请贷款占93.6%,二次及以上申请贷款占6.4%;中、低收入占99%,高收入占1%。

2. 异地贷款。2018年，发放异地贷款55笔990.4万元。2018年末，发放异地贷款总额3147.8万元，异地贷款余额2514.64万元。

（四）住房贡献率：2018年，个人住房贷款发放额、公转商贴息贷款发放额、项目贷款发放额、住房消费提取额的总和与当年缴存额的比率为64%，比上年增加10个百分点。

六、其他重要事项

（一）2018年，按我市统计部门公布的2018年全市城镇非私营单位在岗职工年平均工资52619.00元计算，单位和职工住房公积金缴存比例不应低于5%，不高于12%；住房公积金月缴存基数上限为13155.00元、月缴存额上限为3158.00元，月缴存基数下限为1450.00元、月缴存额下限为146.00元。

（二）为贯彻落实住房城乡建设部《住房公积金个人住房贷款业务规范》GB/T 51267—2018和《关于开展治理违规提取住房公积金工作的通知》（建金〔2018〕46号）等相关文件精神，进一步加强住房公积金业务规范管理，加大住房公积金对缴存职工自住住房消费的支持力度，结合我市住房公积金使用实际，经市住房公积金管理委员会审议通过，自2018年7月20日起对我市住房公积金使用政策进行部分调整。

1. 提高贷款最高额度。将住房公积金个人贷款最高额度由单职工最高20万元、双职工最高40万元统一调整为单笔贷款最高60万元。

2. 延长所购住房建成年限。将购买建成年限25年以内的自住住房可申请住房公积金个人贷款调整为住房公积金个人贷款期限加房屋已建成年限不超过50年。

3. 明确可办理贷款的购房时限。

（1）购一手房：增值税普通发票的日期在申请贷款日之前5年以内。

（2）购二手房：《不动产权证书》的登记日期在申请贷款日之前5年以内。

4. 增加可贷款额度计算方式。实行存贷挂钩机制，缴存职工个人可贷款额度按其住房公积金账户月均余额的15倍计算，可贷款额度低于5万元的，按照5万元确定；缴存职工住房公积金账户月均余额为申请贷款时近12个月（不含申请当月）的住房公积金账户月均余额（不含近12个月的一次性补缴），不足12个月的按实际月数计算。

5. 取消异地购房在本地贷款及装修贷款业务。

6. 取消重大疾病提取业务。取消以"本人及同一户籍家庭成员（仅限于配偶、父母、子女）患有重大疾病"为条件办理住房公积金提取业务。

7. 调整终止（解除）劳动关系提取条件。缴存职工与单位解除或终止劳动关系的，应先办理个人公积金账户封存；账户封存期间，在异地开立住房公积金账户的，办理异地转移接续手续；未在异地继续缴存的，封存满半年后可提取。

8. 新增异地购买自住住房提取条件。缴存职工或配偶在户籍所在地购买自住住房的，可以提取住房公积金账户余额。

（三）住房公积金综合服务平台于2018年11月建成使用，同步开通网站、微信、12329热线等七大服务渠道，建立网上营业厅和手机APP自助服务客户端，先期将退休提取公积金、终止（解除）劳动关系提取公积金、签约月冲还贷、贷款提前还本、贷款提前结清五类个人业务放置到线上自助办理。

（四）深化作风整顿优化营商环境，推进"放管服"改革，着力破解企业办事的难点和群众办事的堵点，加速流程再造，累计减材料14项、减时限4项、减环节8项，全面取消企业办理公积金缴存登记手续，职工办理任何公积金业务不需要提供身份证复印件。

牡丹江市住房公积金2018年年度报告

一、机构概况

（一）住房公积金管理委员会：牡丹江市住房公积金管理委员会有19名委员，2018年，召开1次会议，审议通过2018年度住房公积金归集、使用计划执行情况，并对其他重要事项进行决策，主要包括：《关于牡丹江市2018年住房公积金归集使用计划执行情况及2018年住房公积金归集使用计划的报告》、《牡丹江市2018年度住房公积金增值收益分配方案》、《关于向牡丹江市所属县（市）分配2016年廉租住房建设补充资金的请示》、《关于2018年管理费用预算执行情况及2018年管理费用预算的报告》、《牡丹江市住房公积金2018年年度报告》、《关于将哈尔滨银行、龙江银行、广发银行纳入我市住房公积金受委托贷款银行范围的请示》、《牡丹江市住房公积金缴存管理办法》、《牡丹江市住房公积金提取管理办法》、《牡丹江市住房公积金个人住房贷款管理办法》等议题。

（二）住房公积金管理中心：牡丹江市住房公积金管理中心为市政府直属不以营利为目的的自收自支事业单位，主要负责全市住房公积金的归集、管理、使用和会计核算。设15个科（室），8个办事处。从业人员152人，其中，在编83人，非在编69人。

二、业务运行情况

（一）缴存：2018年，新开户单位192家，实缴单位2737家，净增单位88家；新开户职工0.77万人，实缴职工13.15万人，净减职工2.86万人；缴存额17.23亿元，同比增长3.92%。2018年末，缴存总额124.67亿元，同比增长16.03%；缴存余额62.27亿元，同比增长10.9%。

受委托办理住房公积金缴存业务的银行2家。

（二）提取：2018年，提取额11.11亿元，同比减少9.82%；占当年缴存额的64.48%，比上年减少9.83个百分点。2018年末，提取总额62.41亿元，同比增长21.68%。

（三）贷款：

1. 个人住房贷款：个人住房贷款最高额度60万元。

2018年，发放个人住房贷款0.46万笔15.42亿元，同比分别下降2.13%、增长8.36%。

2018年，回收个人住房贷款6.06亿元。

2018年末，累计发放个人住房贷款4.21万笔82.63亿元，贷款余额51.26亿元，同比分别增长12.27%、22.94%、22.34%。个人住房贷款余额占缴存余额的82.32%，比上年增加7.7个百分点。

受委托办理住房公积金个人住房贷款业务的银行9家，比上年增加3家。

2. **住房公积金支持保障性住房建设项目贷款**：2018年末，累计发放项目贷款4.08亿元，回收项目贷款本金4.08亿元。

（四）**资金存储**：2018年末，住房公积金存款12.14亿元。其中，活期0.51亿元，1年（含）以下定期5.5亿元，1年以上定期6.13亿元。

（五）**资金运用率**：2018年末，住房公积金个人住房贷款余额、项目贷款余额和购买国债余额的总和占缴存余额的82.32%，比上年增加7.7个百分点。

三、主要财务数据

（一）**业务收入**：2018年，业务收入18343.82万元，同比增长14.24%。其中，存款利息3690.33万元，委托贷款利息14646.41万元，其他7.08万元。

（二）**业务支出**：2018年，业务支出9290.03万元，同比增长0.99%。其中，支付职工住房公积金利息8509.30万元，归集手续费192.73万元，委托贷款手续费582.78万元，其他5.22万元。

（三）**增值收益**：2018年，增值收益9053.79万元，同比增长32.02%。其中，增值收益率1.53%，比上年增加0.26个百分点。

（四）**增值收益分配**：2018年，提取贷款风险准备金1404万元，提取管理费用2350万元，提取城市廉租住房（公共租赁住房）建设补充资金5300万元。

2018年，上交财政管理费用1700万元。上缴财政城市廉租住房（公共租赁住房）建设补充资金3715万元。

2018年末，贷款风险准备金余额11433万元。累计提取城市廉租住房（公共租赁住房）建设补充资金41630万元。

（五）**管理费用支出**：2018年，管理费用支出2719.13万元，同比增长30.11%。其中，人员经费1260.90万元，公用经费552.36万元，专项经费905.87万元。

四、资产风险状况

（一）**个人住房贷款**：2018年末，个人住房贷款逾期额400万元，逾期率0.78‰。

个人贷款风险准备金按当年贷款余额的1.5%提取。2018年，提取个人贷款风险准备金1404万元。2018年末，个人贷款风险准备金余额9801万元，占个人住房贷款余额的1.91%，个人住房贷款逾期额与个人贷款风险准备金余额的比率为4.08%。

（二）**支持保障性住房建设试点项目贷款**：2018年末，项目贷款风险准备金余额1632万元。

五、社会经济效益

（一）**缴存业务**：2018年，实缴单位数、实缴职工人数和缴存额同比分别增长3.32%、17.86%和3.92%。

缴存单位中，国家机关和事业单位占56.45%，国有企业占10.78%，城镇集体企业占0.47%，外商投资企业占0.88%，城镇私营企业及其他城镇企业占8.66%，民办非企业单位和社会团体占1.5%，其他占21.26%。

缴存职工中，国家机关和事业单位占51.17%，国有企业占20.51%，城镇集体企业占0.51%，外商投资企业占3.29%，城镇私营企业及其他城镇企业占5.28%，民办非企业单位和社会团体占0.33%，其他占18.91%；中、低收入占100%。

新开户职工中，国家机关和事业单位占43.32%，国有企业占14%，城镇集体企业占0.03%，外商投资企业占2.59%，城镇私营企业及其他城镇企业占14.01%，民办非企业单位和社会团体占1.05%，其他占25%；中、低收入占100%。

（二）提取业务：2018年，3.63万名缴存职工提取住房公积金11.11亿元。

提取金额中，住房消费提取占63.98%（购买、建造、翻建、大修自住住房占13.32%，偿还购房贷款本息占41.20%，租赁住房占3.71%，其他占5.75%）；非住房消费提取占36.02%（离休和退休提取占32.10%，完全丧失劳动能力并与单位终止劳动关系提取占1.93%，户口迁出本市或出境定居占0.53%，其他占1.46%）。

提取职工中，中、低收入占100%。

（三）贷款业务：

1. 个人住房贷款：2018年，支持职工购建房46.71万平方米，年末个人住房贷款市场占有率为27.54%，比上年下降4.03个百分点。通过申请住房公积金个人住房贷款，可节约职工购房利息支出24757.69万元。

职工贷款笔数中，购房建筑面积90（含）平方米以下占30.91%，90~144（含）平方米占66.42%，144平方米以上占2.67%。购买新房占75.66%，购买二手房占24.34%。

职工贷款笔数中，单缴存职工申请贷款占42.07%，双缴存职工申请贷款占57.81%，三人及以上缴存职工共同申请贷款占0.12%。

贷款职工中，30岁（含）以下占29.1%，30岁~40岁（含）占37.11%，40岁~50岁（含）占25.06%，50岁以上占8.73%；首次申请贷款占90.83%，二次及以上申请贷款占9.17%；中、低收入占96.4%，高收入占3.6%。

2. 异地贷款：2018年，发放异地贷款321笔10335.8万元。2018年末，发放异地贷款总额24233.1万元，异地贷款余额21700.14万元。

3. 支持保障性住房建设试点项目贷款：2018年末，累计试点项目1个，贷款额度4.08亿元，建筑面积19.93万平方米，可解决3426户中低收入职工家庭的住房问题。1个试点项目贷款资金已发放并还清贷款本息。

（四）住房贡献率：2018年，个人住房贷款发放额、住房消费提取额的总和与当年缴存额的比率为130.47%，比上年减少7.77个百分点。

六、其他重要事项

（一）当年政策调整及执行情况：

1. 调整本市2018年度住房公积金缴存基数。自2018年7月1日起，市本级职工住房公积金的缴存基数上限由2016年月平均工资5065.00元核定调整为2018年月平均工资4980.50元，缴存基数上限为2018年月平均工资4980.50元的3倍1494.50元。县（市）缴存基数按照市统计局公布的月平均工资核定。

2. 2018年3月31日出台了《牡丹江市住房公积金缴存管理办法》和《牡丹江市住房公积金缴存实施细则》。

3. 2018年9月20日，为贯彻落实国家《住房公积金归集业务标准》和《牡丹江市住房公积金缴存管理办法》，重新制定出台了《牡丹江市住房公积金缴存实施细则》，2018年3月31日《牡丹江市住房公积金缴存实施细则》（牡公管规〔2018〕1号）同时废止。

4. 调整2018年住房公积金提取范围。2018年4月1日起取消了重大疾病、首付款、物业费、住宅维修基金、装修自住住房、突发事件造成家庭困难、服刑期超过法定退休年龄共7项提取规定。

5. 调整2018年住房公积金提取条件。新增单位欠缴住房公积金6个月、被纳入住房公积金"黑名单"、个人账户被法院强制冻结、购买第三套自住住房、解除劳动关系未满两年，不得提取住房公积金。

6. 简化2018年住房公积金提取手续。取消提取申请表，缴存人不必跑单位盖章，取消贷款结清证明、死亡户口注销证明、死亡登记注销户口簿、拆迁安置房预算外财务专用票据5项提取材料，房屋登记阅览表、房地产网备案合同查询打印页、房屋套数核查表等3项提取材料合并为房产信息查档核实表一项。

7. 调整2018年住房公积金提取时限。购买住房、建造、翻建、大修自住住房、偿还自住住房贷款本息业务提取时限由1年放宽至5年。租房提取由按年提取一次放宽至按季度或半年或1年提取一次。

8. 2018年3月31日出台《牡丹江市住房公积金个人住房贷款管理办法》，《牡丹江市住房公积金个人住房贷款办法》（牡公管委〔2013〕13号）同时废止。

9. 2018年8月20日出台《牡丹江市住房公积金贷款实施细则》。

（二）当年服务改进情况：

1. 建成标准化服务大厅，成立桥北办事处，购置东宁办事处业务用房，基本实现市内城区与县（市）服务网点全覆盖，全辖9个网点缴存、提取、贷款业务通办。

2. 依托产权信息联网核查、全国异地转移接续平台、新12329自助语音平台等信息化建设项目支撑，20项缴存、9项提取业务办理实现"只跑一次"。

3. 12329热线和网站受理业务7.31万人次，同比增长58.33%，受理投诉5人次，均按时满意办结，综合服务水平显著提高。

（三）当年信息化建设情况：按照住房城乡建设部信息化建设工作部署，中心"双贯标"新业务系统建成上线并顺利通过住房城乡建设部检查验收，综合服务平台上线试运行，协同办公、电子档案、线上审计等系统陆续投入使用，相继实现与林口、穆棱等县（市）产权部门系统联网核查，信息化建设有力地驱动了管理能力的创新和服务效率的提升，缴存和提取业务简化流程6项、精简要件13项，贷款业务简化流程1项、精简要件7项，开发企业项目备案简化流程4项、精简要件13项，大幅缩短业务办理时间，践行了"让数据多跑路，职工不跑路或少跑路"的发展初衷，全面提升我市住房公积金信息化管理能力和效率。新系统至今运行使用情况良好，全年业务总量98.77万笔，其中，柜面受理业务29.11万笔，综服平台访问量69.66万次，信息查询等业务已明显向网上办理方式转移。

（四）当年住房公积金管理中心及职工所获荣誉情况：

1. 荣获团市委授予的"牡丹江市青年文明号"荣誉称号。

2. 荣获农工党省委"社情民意信息工作"先进个人荣誉称号。
3. 荣获市直机关"最美女工匠"荣誉称号。
4. 荣获牡丹江市"五一劳动奖章"荣誉称号。
5. 荣获市直机关"第六届微型党课大赛"优秀奖。
6. 荣获市妇联授予的牡丹江市"巾帼建功标兵"荣誉称号。
7. 荣获团市委"优化营商环境青春岗位建功"辩论赛"最佳辩手"。
8. 荣获市直机关"第22届乒乓球比赛"女单亚军。

（五）申请人民法院强制执行情况：2018年催收个贷逾期，通过司法起诉追回逾期贷款74.2万元。

黑河市住房公积金2018年年度报告

一、机构概况

（一）住房公积金管理委员会：住房公积金管理委员会有24名委员，2018年召开1次会议，审议通过的事项主要包括：市住房公积金管理委员会委员名单；关于2018年住房公积金归集、使用计划执行情况和2018年归集、使用计划的报告；黑河市住房公积金2018年年度报告。

（二）住房公积金管理中心：住房公积金管理中心为隶属于黑河市人民政府不以营利为目的的公益一类事业单位，设7个科，6个管理部。从业人员79人，其中，在编57人，非在编22人。

二、业务运行情况

（一）缴存：2018年，新开户单位144家，实缴单位1890家，净增单位106家；新开户职工0.70万人，实缴职工9.23万人，净增职工0.20万人；缴存额11.96亿元，同比增长11.15%。2018年末，缴存总额86.55亿元，同比增长16.04%；缴存余额57.20亿元，同比增长9.84%。

受委托办理住房公积金缴存业务的银行3家，与上年持平。

（二）提取：2018年，提取额6.84亿元，同比增长41.77%；占当年缴存额的57.19%，比上年增加12.37个百分点。2018年末，提取总额29.36亿元，同比增长30.36%。

（三）贷款：个人住房贷款最高额度60万元，其中，单缴存职工最高额度45万元，双缴存职工最高额度60万元。

2018年，发放个人住房贷款0.27万笔7.47亿元，同比分别增长8.70%、17.27%。

2018年，回收个人住房贷款5.54亿元。

2018年末，累计发放个人住房贷款5.44万笔67.59亿元，贷款余额27.94亿元，同比分别增长5.20%、12.42%、7.41%。个人住房贷款余额占缴存余额的48.85%，比上年减少1.10个百分点。

受委托办理住房公积金个人住房贷款业务的银行3家，与上年持平。

（四）资金存储：2018年末，住房公积金存款29.72亿元。其中，活期0.55亿元，1年（含）以下定期 29.17 亿元。

（五）资金运用率：2018 年末，住房公积金个人住房贷款余额、项目贷款余额和购买国债余额的总和占缴存余额的 48.85%，比上年减少 1.10 个百分点。

三、主要财务数据

（一）业务收入：2018 年，业务收入 14837.24 万元，同比增长 4.32%。存款利息 5996.07 万元，委托贷款利息 8822.05 万元，其他 19.12 万元。

（二）业务支出：2018 年，业务支出 8397.59 万元，同比增长 10.79%。支付职工住房公积金利息 7965.42 万元，委托贷款手续费 429.98 万元，其他 2.19 万元。

（三）增值收益：2018 年，增值收益 6439.65 万元，同比下降 3.06%。增值收益率 1.13%，比上年减少 0.15 个百分点。

（四）增值收益分配：2018 年，提取贷款风险准备金 192.70 万元，提取管理费用 986.96 万元，提取城市廉租住房（公共租赁住房）建设补充资金 5259.99 万元。

2018 年，上交财政管理费用 1084.60 万元。上缴财政城市廉租住房（公共租赁住房）建设补充资金 5427.41 万元。

2018 年末，贷款风险准备金余额 3676.56 万元。累计提取城市廉租住房（公共租赁住房）建设补充资金 25201.46 万元。

（五）管理费用支出：2018 年，管理费用支出 957.42 万元，同比下降 14.03%。其中，人员经费 703.86 万元，公用经费 146.80 万元，专项经费 106.76 万元。

四、资产风险状况

2018 年末，个人住房贷款逾期额 411 万元，逾期率 1.47‰。

个人贷款风险准备金按当年贷款余额的 1% 提取。2018 年，提取个人贷款风险准备金 192.70 万元，未使用个人贷款风险准备金核销呆坏账。2018 年末，个人贷款风险准备金余额 3676.56 万元，占个人住房贷款余额的 1.32%，个人住房贷款逾期额与个人贷款风险准备金余额的比率为 11.18%。

五、社会经济效益

（一）缴存业务：2018 年，实缴单位数、实缴职工人数和缴存额同比分别增长 5.94%、2.48% 和 11.14%。

缴存单位中，国家机关和事业单位占 70.79%，国有企业占 11.27%，城镇集体企业占 0.53%，外商投资企业占 0.74%，城镇私营企业及其他城镇企业占 8.99%，民办非企业单位和社会团体占 1.38%，其他占 6.30%。

缴存职工中，国家机关和事业单位占 63.15%，国有企业占 21.03%，城镇集体企业占 0.85%，外商投资企业占 1.51%，城镇私营企业及其他城镇企业占 4.61%，民办非企业单位和社会团体占 0.37%，其他占 8.48%；中、低收入占 99.03%，高收入占 0.97%。

新开户职工中，国家机关和事业单位占 66.75%，国有企业占 11.51%，城镇集体企业占 0.63%，外

商投资企业占3.06%，城镇私营企业及其他城镇企业占9.43%，民办非企业单位和社会团体占0.20%，其他占8.42%；中、低收入占99.93%，高收入占0.07%。

（二）提取业务：2018年，1.48万名缴存职工提取住房公积6.84亿元。

提取金额中，住房消费提取占54.83%（购买、建造、翻建、大修自住住房占18.02%，偿还购房贷款本息占36.14%，租赁住房占0.67%）；非住房消费提取占45.17%（离休和退休提取占38.74%，其他占6.43%）。

提取职工中，中、低收入占97.76%，高收入占2.24%。

（三）贷款业务：

1. **个人住房贷款**：2018年，支持职工购建房30.59万平方米，年末个人住房贷款市场占有率为39.27%，比上年减少3.70个百分点。通过申请住房公积金个人住房贷款，可节约职工购房利息支出11247.73万元。

职工贷款笔数中，购房建筑面积90（含）平方米以下占19.20%，90~144（含）平方米占67.62%，144平方米以上占13.18%。购买新房占82.43%，购买二手房占17.57%。

职工贷款笔数中，单缴存职工申请贷款占98.18%，双缴存职工申请贷款占1.82%，无三人及以上缴存职工共同申请贷款。

贷款职工中，30岁（含）以下占26.50%，30岁~40岁（含）占34.43%，40岁~50岁（含）占28.13%，50岁以上占10.94%；首次申请贷款占78.04%，二次及以上申请贷款占21.96%；中、低收入占100%，无高收入群体申贷。

2. **异地贷款**：2018年，发放异地贷款40笔1063万元。2018年末，发放异地贷款总额1534万元，异地贷款余额1399.23万元。

（四）住房贡献率：2018年，个人住房贷款发放额、公转商贴息贷款发放额、项目贷款发放额、住房消费提取额的总和与当年缴存额的比率为93.77%，比上年增加12.73个百分点。

六、其他重要事项

信息化建设情况。2018年4月2日，完成业务管理系统"双贯标"升级改造工作并正式上线运行。5月通过黑龙江省住房城乡建设厅"双贯标"预检查验收。7月，通过国家住房城乡建设部"双贯标"检查验收。

绥化市住房公积金2018年年度报告

一、机构概况

（一）**住房公积金管理委员会**：住房公积金管理委员会有19名委员，2018年召开6次会议，审议通过的事项主要包括：《绥化市住房公积金管理中心关于呈报2018年工作总结和2018年工作要点的报告

（绥金管呈〔2018〕8号）》、《绥化市住房公积金管理中心 2018 年年度报告（绥金管呈〔2018〕9号）》、《绥化市住房公积金管理中心 2018 年归集使用计划及增值收益分配计划（绥金管呈〔2018〕10号）》、关于调整绥化市住房公积金管理委员会组成人员进行审议、《绥化市住房公积金管理中心关于法院强制扣划及冻结住房公积金相关情况的汇报（绥金管呈〔2018〕62号）》、《绥化市住房公积金管理中心 2018 年部门预算编制情况的汇报说明（绥金管呈〔2018〕64号）》、《关于申请建立工会组织的请示（绥金管呈〔2018〕77号）》等。

（二）住房公积金管理中心：住房公积金管理中心为隶属绥化市政府不以营利为目的的自筹自支事业单位，设 7 个科，9 个管理部。从业人员 120 人，其中，在编 70 人，非在编 50 人。

二、业务运行情况

（一）缴存：2018 年，新开户单位 150 家，实缴单位 3011 家，净增单位 -130 家；新开户职工 1.09 万人，实缴职工 15.81 万人，净增职工 0.86 万人；缴存额 15.30 亿元，同比增长 5.01%。2018 年末，缴存总额 100.37 亿元，同比增长 17.97%；缴存余额 62.78 亿元，同比增长 12.71%。

受委托办理住房公积金缴存业务的银行 2 家。

（二）提取：2018 年，提取额 8.21 亿元，同比增长 31.78%；占当年缴存额的 53.66%，比上年增加 10.9 个百分点。2018 年末，提取总额 37.59 亿元，同比增长 27.99%。

（三）贷款：个人住房贷款最高额度 90 万元，其中，单缴存职工最高额度 60 万元，双缴存职工最高额度 90 万元。

2018 年，发放个人住房贷款 0.35 万笔 8.7 亿元，同比分别增长 9.38%、11.68%。

2018 年，回收个人住房贷款 4.86 亿元。

2018 年末，累计发放个人住房贷款 3.83 万笔 54.21 亿元，贷款余额 32.39 亿元，同比分别增长 10.06%、19.12%、13.41%。个人住房贷款余额占缴存余额的 51.59%，比上年增加 0.32 个百分点。

受委托办理住房公积金个人住房贷款业务的银行 4 家。

（四）资金存储：2018 年末，住房公积金存款 30.36 亿元。其中，活期 0.05 亿元，1 年（含）以下定期 29.03 亿元，1 年以上定期 0.8 亿元，其他（协定、通知存款等）0.48 亿元。

（五）资金运用率：2018 年末，住房公积金个人住房贷款余额占缴存余额的 51.59%，比上年增加 0.32 个百分点。

三、主要财务数据

（一）业务收入：2018 年，业务收入 15571.87 万元，同比增长 7.57%。存款利息 5709.77 万元，委托贷款利息 9862.1 万元。

（二）业务支出：2018 年，业务支出 8178.92 万元，同比增长 6.56%。支付职工住房公积金利息 7692.21 万元，委托贷款手续费 485.98 万元，其他 0.73 万元。

（三）增值收益：2018 年，增值收益 7392.95 万元，同比增长 8.7%。增值收益率 1.24%，比上年减少 0.09 个百分点。

（四）增值收益分配：2018年，提取贷款风险准备金766.90万元，提取管理费用836.07万元，提取城市廉租住房（公共租赁住房）建设补充资金5789.98万元。

2018年，上交财政管理费用836.07万元。上缴财政城市廉租住房（公共租赁住房）建设补充资金10044.95万元。

2018年末，贷款风险准备金余额4763.67万元。累计提取城市廉租住房（公共租赁住房）建设补充资金18341.36万元。

（五）管理费用支出：2018年，管理费用支出836.07万元，同比下降38.81%。其中，人员经费811.6万元，公用经费24.47万元。

四、资产风险状况

个人住房贷款：2018年末，个人住房贷款逾期额3662.32万元，逾期率11.42‰。

个人贷款风险准备金按贷款余额净增额的2%提取。2018年，提取个人贷款风险准备金766.90万元。2018年末，个人贷款风险准备金余额4763.67万元，占个人住房贷款余额的1.48%，个人住房贷款逾期额与个人贷款风险准备金余额的比率为76.88%。

五、社会经济效益

（一）缴存业务：2018年，实缴单位数、实缴职工人数和缴存额同比分别增长－4.14%、5.75%和5.01%。

缴存单位中，国家机关和事业单位占75.39%，国有企业占13.48%，城镇集体企业占0.7%，外商投资企业占0.5%，城镇私营企业及其他城镇企业占6.74%，民办非企业单位和社会团体占0.4%，其他占2.79%。

缴存职工中，国家机关和事业单位占66.04%，国有企业占20.8%，城镇集体企业占1.46%，外商投资企业占2.03%，城镇私营企业及其他城镇企业占5.27%，民办非企业单位和社会团体占0.09%，其他占4.31%；中、低收入占100%。

新开户职工中，国家机关和事业单位占50.94%，国有企业占15.69%，城镇集体企业占2.53%，外商投资企业占1.46%，城镇私营企业及其他城镇企业占20.65%，民办非企业单位和社会团体占0.04%，其他占8.69%；中、低收入占100%。

（二）提取业务：2018年，6.25万名缴存职工提取住房公积金8.21亿元。

提取金额中，住房消费提取占62.5%（购买、建造、翻建、大修自住住房占25.64%，偿还购房贷款本息占33.07%，租赁住房占0.87%，其他占2.92%）；非住房消费提取占37.5%（离休和退休提取占30.47%，完全丧失劳动能力并与单位终止劳动关系提取占4.33%，其他占2.7%）。

提取职工中，中、低收入占99.64%，高收入占0.36%。

（三）贷款业务：

1. **个人住房贷款**：2018年，支持职工购建房35.85万平方米，年末个人住房贷款市场占有率为22.99%，比上年减少6.76个百分点。通过申请住房公积金个人住房贷款，可节约职工购房利息支出21668.57万元。

职工贷款笔数中，购房建筑面积 90（含）平方米以下占 32.79%，90～144（含）平方米占 61.89%，144 平方米以上占 5.32%。购买新房占 54.53%，购买二手房占 45.47%。

职工贷款笔数中，单缴存职工申请贷款占 33.96%，双缴存职工申请贷款占 65.84%，三人及以上缴存职工共同申请贷款占 0.2%。

贷款职工中，30 岁（含）以下占 19.55%，30 岁～40 岁（含）占 37.68%，40 岁～50 岁（含）占 29.95%，50 岁以上占 12.82%；首次申请贷款占 90.76%，二次及以上申请贷款占 9.24%；中、低收入占 99.74%，高收入占 0.26%。

2. **异地贷款**：2018 年，发放异地贷款 1002 笔 15491 万元。2018 年末，发放异地贷款总额 49091.8 万元，异地贷款余额 31607.85 万元。

（四）住房贡献率：2018 年，个人住房贷款发放额、住房消费提取额的总和与当年缴存额的比率为 90.39%，比上年增加 13.12 个百分点。

六、其他重要事项

（一）当年信息化建设情况：

1. **完成系统升级改造情况**。为充分响应国家大数据发展战略，加快公积金大数据部署，深化大数据应用，充分利用"互联网＋"技术，依照住房城乡建设部颁布的《综合服务平台建设导则》等相关要求，中心投入资金建设完成功能齐全、使用便捷、安全高效的住房公积金综合服务平台，并于 2018 年 12 月底投入使用，有效提升住房公积金服务效率和质量。

2. **基础数据标准贯彻落实情况**。中心于 2018 年 1 月初通过住房城乡建设部"双贯标"验收。中心严格按照《基础数据标准》的要求，修改 29 张核心数据表，建立了科学、合理、规范、实用的住房公积金业务数据体系，实现数据库描述和业务办理术语的统一，并实现与其他中心的互联互通。

3. **结算应用系统接入情况**。中心已经实现通过结算系统与银行接口贯标，提取业务和贷款发放全部做到实时交易，客户申请资金即刻到账。单位缴款实现了自动分配。

（二）当年缴存按照绥金管〔2018〕47 号文件《关于确定 2018 年绥化市住房公积金缴存基数和月缴存额上限以及相关要求的通知》执行，根据职工住房公积金缴存基数应为职工本人上一年度（自然年度）月平均工资，计算住房公积金缴存基数的工资，2018 年度缴存职工月工资基数上限为 11465 元，职工月缴存公积金额度上限 2750 元，职工个人和单位为职工匹配的公积金缴存额均不得超过 1375 元，住房公积金缴存比例不得低于 5%，不超过 12%。

（三）按照绥金管〔2018〕33 号文件，调整了 2 点内容：（1）与单位解除劳动合同关系且户口在本地的，取消两年提取限制，改为满半年未再就业就可提取。（2）取消转移提取，改为异地缴存满半年做转移接续手续再合并。同时出台了新的提取细则，绥金管〔2018〕71 号文件：《关于下发绥化市住房公积金提取管理实施细则的通知》。

（四）当年个人住房贷款最高贷款额度 90 万元，执行贷款利率 5 年以内（含 5 年）为 2.75%，5 年以上为 3.25%。

（五）对 24 笔逾期贷款进行了法律诉讼，申请了强制执行。

大兴安岭地区住房公积金 2018 年年度报告

一、机构概况

（一）住房公积金管理委员会：住房公积金管理委员会有 17 名委员，2018 年召开 1 次会议，审议通过的事项主要包括：《关于 2018 年住房公积金归集使用计划执行情况和 2018 年住房公积金归集使用计划的报告》、《2018 年增值收益分配方案》、《大兴安岭地区住房公积金 2018 年年度报告》、《大兴安岭地区港澳台同胞住房公积金实施办法》。

（二）住房公积金管理中心：住房公积金管理中心为大兴安岭地区行政公署不以营利为目的的参公事业单位，设 5 个科，下设 7 个办事网点，林业职工由林业局财务科代办，从业人员 36 人，其中，在编 11 人，非在编 25 人。

二、业务运行情况

（一）缴存：2018 年，新开户单位 40 家，实缴单位 1253 家，净增单位 11 家；新开户职工 0.33 万人，实缴职工 5.65 万人，净增职工 0.01 万人；缴存额 6.01 亿元，同比增长 9.27%。2018 年末，缴存总额 36.71 亿元，同比增长 19.58%；缴存余额 20.82 亿元，同比增长 17.63%。

（二）提取：2018 年，提取额 2.90 亿元，同比增长 38.76%；占当年缴存额的 48.25%，比上年增加 10.25 个百分点。2018 年末，提取总额 15.89 亿元，同比增长 22.23%。

（三）贷款：个人住房贷款最高额度 40 万元，其中，单缴存职工最高额度 30 万元，双缴存职工最高额度 40 万元。

2018 年，发放个人住房贷款 0.04 万笔 0.6 亿元，与上年持平。

2018 年，回收个人住房贷款 0.58 亿元。

2018 年末，累计发放个人住房贷款 0.48 万笔 6.14 亿元，贷款余额 3.11 亿元，同比分别增长 9.10%、10.83%、0.32%。个人住房贷款余额占缴存余额的 14.94%，比上年减少 2.54 个百分点。

受委托办理住房公积金个人住房贷款业务的银行两家家，为中国建设银行和中国工商银行。

（四）资金存储：2018 年末，住房公积金存款 17.17 亿元。其中，活期 0.6 亿元，1 年以上定期 16.57 亿元。

（五）资金运用率：2018 年末，住房公积金个人住房贷款余额、项目贷款余额和购买国债余额的总和占缴存余额的 14.94%，比上年减少 2.54 个百分点。

三、主要财务数据

（一）业务收入：2018 年，业务收入 6238.95 万元，同比增长 20.39%。存款利息 5253.41 万元，委托贷款利息 985.34 万元，其他 0.20 万元。

（二）**业务支出**：2018年，业务支出2657.73万元，同比增长1.88%，支付职工住房公积金利息2608.44万元，委托贷款手续费49.23万元，其他0.06万元。

（三）**增值收益**：2018年，增值收益3581.22万元，同比增长39.15%。增值收益率1.90%，比上年增加0.26个百分点。

（四）**增值收益分配**：2018年，提取贷款风险准备金3.7万元，提取管理费用265.38万元，提取城市廉租住房建设补充资金3312.15万元。

2018年，上交财政管理费用207.29万元。上缴财政城市廉租住房建设补充资金1910.89万元。

2018年末，贷款风险准备金余额3996.95万元。累计提取城市廉租住房建设补充资金5592.38万元。

（五）**管理费用支出**：2018年，管理费用支出555.64万元，同比增长118.45%。其中，人员经费201.5万元，公用经费44.89万元，专项经费309.25万元。

四、资产风险状况

2018年末，个人住房贷款逾期额6.13万元，逾期率0.2‰。

个人贷款风险准备金按贷款余额的2%提取。2018年，提取个人贷款风险准备金3.7万元，没有使用个人贷款风险准备金核销呆坏账。2018年末，个人贷款风险准备金余额3996.95万元，占个人住房贷款余额的12.84%，个人住房贷款逾期额与个人贷款风险准备金余额的比率为0.15%。

五、社会经济效益

（一）**缴存业务**：2018年，实缴单位数、实缴职工人数和缴存额同比分别增长0.89%、0.18%和9.27%。

缴存单位中，国家机关和事业单位占59.94%，国有企业占36.87%，外商投资企业占0.08%，城镇私营企业及其他城镇企业占2.15%，民办非企业单位和社会团体占0.56%，其他占0.4%。

缴存职工中，国家机关和事业单位占45.31%，国有企业占53.63%，外商投资企业占0.03%，城镇私营企业及其他城镇企业占0.85%，民办非企业单位和社会团体占0.05%，其他占0.13%；中、低收入占99.64%，高收入占0.36%。

新开户职工中，国家机关和事业单位占54.92%，国有企业占42.87%，外商投资企业占0.06%，城镇私营企业及其他城镇企业占1.72%，民办非企业单位和社会团体占0.03%，其他占0.4%；中、低收入占96.62%，高收入占3.38%。

（二）**提取业务**：2018年，0.74万名缴存职工提取住房公积金2.90亿元。

提取金额中，住房消费提取占57.04%（购买、建造、翻建、大修自住住房占33.87%，偿还购房贷款本息占22.17%，租赁住房占1%）；非住房消费提取占42.96%（离休和退休提取占37.30%，完全丧失劳动能力并与单位终止劳动关系提取占0.06%，户口迁出本市或出境定居占0.16%，其他5.44%）。

提取职工中，中、低收入占72.08%，高收入占27.92%。

（三）**贷款业务**：

1. **个人住房贷款**：2018年，支持职工购建房3.64万平方米，2018年末个人住房贷款市场占有率为45.61%，比上年减少1.25个百分点。通过申请住房公积金个人住房贷款，可节约职工购房利息支出

459.4万元。

职工贷款笔数中,购房建筑面积90(含)平方米以下占33.70%,90~144(含)平方米占61%,144平方米以上占5.30%。购买新房占28.41%,购买二手房占71.59%。

职工贷款笔数中,单缴存职工申请贷款占36.49%,双缴存职工申请贷款占63.51%。

贷款职工中,30岁(含)以下占28.41%,30岁~40岁(含)占34.82%,40岁~50岁(含)占22%,50岁以上占14.77%;首次申请贷款占93.04%,二次及以上申请贷款占6.96%;中、低收入占99.72%,高收入占0.28%。

2. **异地贷款**:2018年,发放异地贷款25笔500.20万元。2018年末,发放异地贷款总额1471.50万元,异地贷款余额681.91万元。

(四)住房贡献率:2018年,个人住房贷款发放额、公转商贴息贷款发放额、项目贷款发放额、住房消费提取额的总和与当年缴存额的比率为37.45%,比上年减少3.09个百分点。

六、其他重要事项

(一)缴存基数限额及确定方法:根据《住房公积金管理条例》(国务院令第350号)和建设部、财政部、中国人民银行《关于住房公积金管理若干具体问题的指导意见》(建金管〔2005〕5号)文件规定,按照今年6月大兴安岭地区行署统计局《2018年大兴安岭地区国民经济和社会发展统计公报》公布的相关数据,现将我区2018年职工住房公积金缴存基数上限作如下调整:2018年6月统计局公布,2018年全区城镇非私营在岗职工平均工资为47952元,确定2018年住房公积金缴存基数上限为2018年末全区城镇非私营在岗职工月平均工资的3倍11988元(47952元/年÷12个月×3倍)。

(二)信息化建设不断加强:加强了数据安全建设、网络安全建设;新系统建成前地林直和加区提取业务3天到账、其他县区局5天到账,2018年6月完成"双贯标"新系统建设后实现资金实时结算,提取"秒"到账;综合服务平台的搭建、与银行网络数据的共享拓宽了职工办事渠道,对中心管理水平、服务水平的提升具有重大意义。

(三)综合服务能力得到提升:进一步落实租房提取政策、完成异地转移接续平台的搭建,2018年8月1日,在省内公积金系统中率先全面实行综合柜员制办公,解决了过去办多项业务多个窗口排队的问题,既减少了职工排队次数和时间,又有效地提高了工作效率。实现了业务办理综合化、受理审批一体化、资金结算实时化、信息查询智能化、管理服务便民化。

(四)全力推行惠民举措:通过在中心办事大厅设置医疗箱、饮水机、公布服务流程、承诺制度上墙等举措最大程度服务办事职工,认真梳理审批事项和要件,进一步优化工作流程。年初以来,简化流程6个(审批表盖章、付款票据、审批表签字盖章、手工书写合同、单位缴存登记、个人开户证明)、精简要件10个(提取审批表、提取人身份证复印件、银行卡复印件、工资收入证明、贷款人身份证复印件、个人开户证明材料、开户单位登记表、组织机构代码证复印件、法人身份证复印件、开户经办人复印件);提取、贷款、归集业务分别缩短办理时间3天、4天、1天(提取业务由3个工作日缩短为实时到账、贷款业务由7个工作日缩短为3个、归集业务由2日办结缩短为1日)。

2018 全国住房公积金年度报告汇编

上海市

上海市住房公积金 2018 年年度报告

一、机构概况

（一）**住房公积金管理委员会**：上海市住房公积金管理委员会有 20 名委员，2018 年召开 2 次会议，审议并通过了《关于住房公积金 2018 年计划执行情况及 2018 年计划安排的报告》、《关于上海市住房公积金 2018 年年度报告编制说明的报告》、《关于本市提取住房公积金支付房租通过住房租赁公共服务平台核验租赁信息的报告》、《关于上海市住房公积金异地个人住房贷款管理暂行办法的报告》、《关于 2018 年度全市住房公积金缴存与执法检查情况以及 2018 年安排的报告》、《关于本市 2018 年度住房公积金基数调整有关事项的报告》、《关于本市既有多层住宅增设电梯可以提取使用住房公积金方案的报告》、《市住房公积金管委会 2018 年工作总结以及 2018 年工作计划》等，通报了《关于 2018 年本市住房公积金各项业务完成情况的报告》、《关于落实本市"一网通办"的工作方案有关情况的报告》等。

（二）**住房公积金管理中心**：上海市公积金管理中心（以下简称"中心"）为直属上海市政府不以营利为目的的独立的事业单位，设 13 个处室，16 个管理部。2018 年末，从业人员 304 人，其中，在编 217 人，非在编 87 人。

二、业务运行情况

（一）**缴存**：2018 年，新开户单位 5.66 万家，实缴单位 39.31 万家，净增单位 4.07 万家；新开户职工 100.17 万人，实缴职工 861.21 万人，净增职工 51.30 万人；缴存额 1305.20 亿元，同比增长 15.13%（图 1）。2018 年末，缴存总额 9554.03 亿元，同比增长 15.82%；缴存余额 4094.62 亿元，同比增长 14.43%。

受委托办理住房公积金缴存业务的银行 1 家。

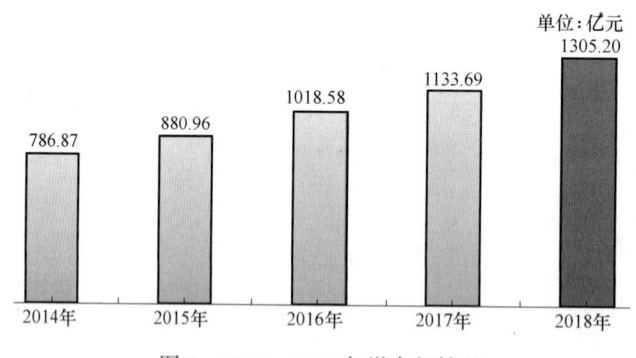

图 1　2014～2018 年缴存额情况

（二）**提取**：2018 年，提取额 788.96 亿元，同比增长 7.04%（图 2）；占当年缴存额的 60.45%，比上年减少 4.57 个百分点。2018 年末，提取总额 5459.41 亿元，同比增长 16.89%。

（三）**贷款**：

1. **个人住房贷款**：本市购买首套住房家庭最高贷款额度为 100 万元（个人为 50 万元），缴交补充公积金的最高贷款额度为 120 万元（个人为 60 万元）；本市购买第二套改善型住房家庭最高贷款额度为 80

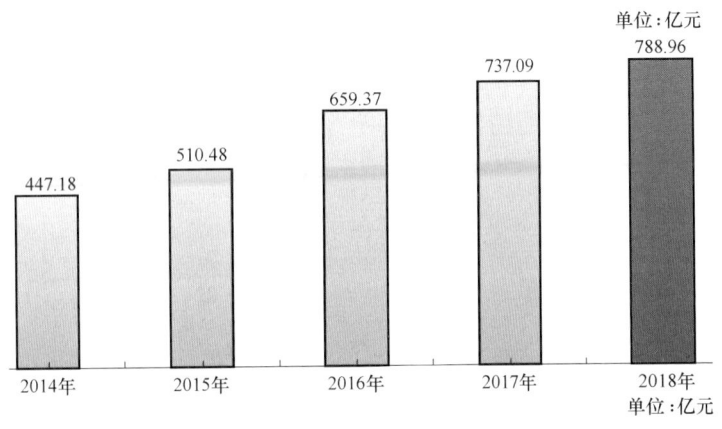

图 2　2014～2018 年提取额情况

万元（个人为 40 万元），缴交补充公积金的最高贷款额度为 100 万元（个人为 50 万元）。

2018 年，发放个人住房贷款 11.07 万笔 729.68 亿元（含贴息贷款置换 2.61 万笔 166.58 亿元），同比分别增长 19.29％、24.46％（图 3）；回收个人住房贷款 338.74 亿元。

2018 年末，累计发放个人住房贷款 254.15 万笔 7788.78 亿元，贷款余额 3921.96 亿元，同比分别增长 4.55％、10.34％、11.07％。个人住房贷款余额占缴存余额的 95.78％，比上年减少 2.9 个百分点。

受委托办理住房公积金个人住房贷款业务的银行 19 家。

2. 住房公积金支持保障性住房建设项目贷款： 2018 年，发放支持保障性住房建设项目贷款 0.46 亿元，回收项目贷款 3.40 亿元。2018 年末，累计发放项目贷款 97.15 亿元，项目贷款余额 4.26 亿元。

（四）融资： 2018 年未进行融资，归还 110 亿元。2018 年末，累计融资 217 亿元，融资余额为零。

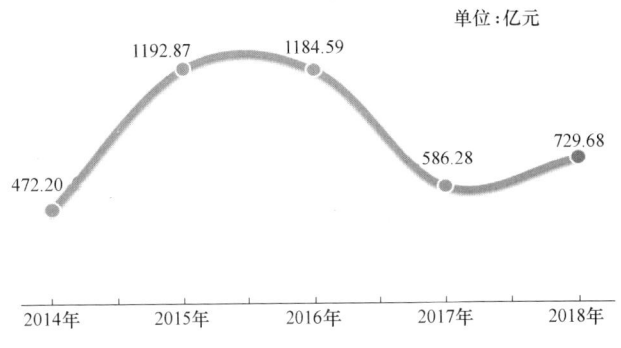

图 3　2014～2018 年住房公积金个人住房贷款发放额情况

（五）资产证券化： 2018 年末，个人住房贷款资产支持证券的未偿付贷款笔数为 10.10 万笔，本金余额为 219.63 亿元。

（六）住房公积金贴息贷款： 2018 年末，累计发放住房公积金贴息贷款 5.21 万笔 353.74 亿元，贴息贷款余额 53.90 亿元；当年贴息额 2.11 亿元。

（七）资金存储： 2018 年末，住房公积金存款 205.50 亿元，存款类型为其他（协定、通知、智能存款等）。

（八）资金运用率： 2018 年末，住房公积金个人住房贷款余额和项目贷款余额的总和占缴存余额的 95.89％，比上年减少 2.99 个百分点。

三、主要财务数据

（一）业务收入： 2018 年，业务收入 139.34 亿元，同比增长 13.55％。其中，存款利息 17.01 亿元，委托贷款利息 120.20 亿元，其他 2.13 亿元。

（二）业务支出：2018 年，业务支出 67.13 亿元，同比增长 9.62%。其中，支付职工住房公积金利息 58.22 亿元，归集手续费 2.66 亿元，委托贷款手续费 3.32 亿元，其他 2.93 亿元（含住房公积金贴息贷款利息支出 2.11 亿元）。

（三）增值收益：2018 年，增值收益 72.21 亿元。其中：

住房公积金增值收益 70.83 亿元，同比增长 17.19%。当年增值收益率 1.84%，比上年增加 0.05 个百分点。

城市廉租住房建设补充资金增值收益 1.38 亿元。

（四）增值收益分配：2018 年，提取贷款风险准备金 42.38 亿元，提取管理费用 1.30 亿元，提取城市廉租住房建设补充资金 28.53 亿元（含当年城市廉租住房建设补充资金增值收益 1.38 亿元）。

2018 年，上交财政管理费用 1.30 亿元。

2018 年末，贷款风险准备金余额 339.57 亿元。累计提取城市廉租住房建设补充资金 211.96 亿元。

（五）管理费用支出：2018 年，管理费用支出 1.32 亿元（含 2018 年预算延期至 2018 年执行的支出），同比下降 29.79%。其中，人员经费 0.63 亿元，公用经费 0.22 亿元，专项经费 0.47 亿元。

四、资产风险状况

（一）个人住房贷款：2018 年末，个人住房贷款逾期额 0.61 亿元，逾期率 0.1563‰。

个人贷款风险准备金按住房公积金增值收益的 60% 提取。2018 年，提取个人贷款风险准备金 42.50 亿元，当年未使用个人贷款风险准备金核销逾期贷款。2018 年末，个人贷款风险准备金余额 339.40 亿元，占个人住房贷款余额的 8.65%，个人住房贷款逾期额与个人贷款风险准备金余额的比率为 0.18%。

（二）支持保障性住房建设试点项目贷款：2018 年末，无项目贷款逾期情况。

项目贷款风险准备金按贷款余额的 4% 提取。由于 2018 年末项目贷款余额较上年末减少，故 2018 年按差额计提方式减少项目贷款风险准备金 0.12 亿元，当年未使用项目贷款风险准备金核销逾期贷款，项目贷款风险准备金余额 0.17 亿元，占项目贷款余额的 4%。

五、社会经济效益

（一）缴存业务：2018 年，实缴单位数、实缴职工人数和缴存额同比分别增长 11.54%、6.33% 和 15.13%。

缴存单位中，国家机关和事业单位占 2.34%，国有企业占 2.01%，城镇集体企业占 1.04%，外商投资企业占 6.29%，城镇私营企业及其他城镇企业占 86.56%，民办非企业单位和社会团体占 0.67%，其他占 1.09%。

缴存职工中，国家机关和事业单位占 18.51%，国有企业占 11.76%，城镇集体企业占 1.80%，外商

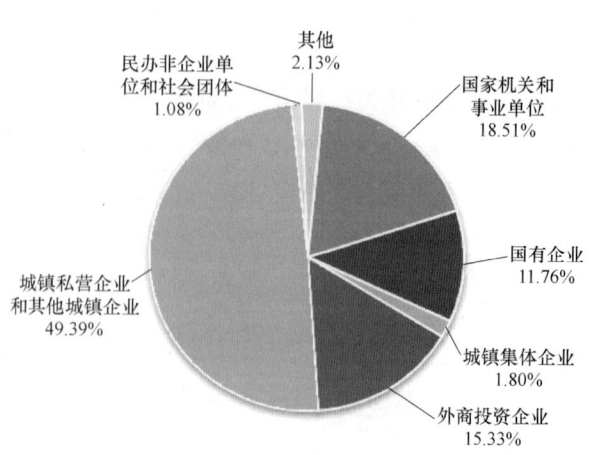

图 4　2018 年实缴职工按所在单位性质分类

投资企业占 15.33%，城镇私营企业及其他城镇企业占 49.39%，民办非企业单位和社会团体占 1.08%，其他占 2.13%（图4）；中、低收入占 89.22%，高收入占 10.78%。

新开户职工中，国家机关和事业单位占 18.95%，国有企业占 6.18%，城镇集体企业占 1.00%，外商投资企业占 12.45%，城镇私营企业及其他城镇企业占 57.16%，民办非企业单位和社会团体占 1.53%，其他占 2.73%；中、低收入占 98.19%，高收入占 1.81%。

（二）提取业务：2018年，262.22万名缴存职工提取住房公积金 788.96 亿元。

提取金额中，住房消费提取占 80.96%（偿还购房贷款本息占 67.05%，租赁住房占 8.58%，购买、建造、翻建、大修自住住房占 5.32%，其他占 0.01%）；非住房消费提取占 19.04%（离休和退休提取占 16.44%，完全丧失劳动能力并与单位终止劳动关系提取占 0.01%，户口迁出本市或出境定居占 1.98%，其他占 0.61%），见图5。

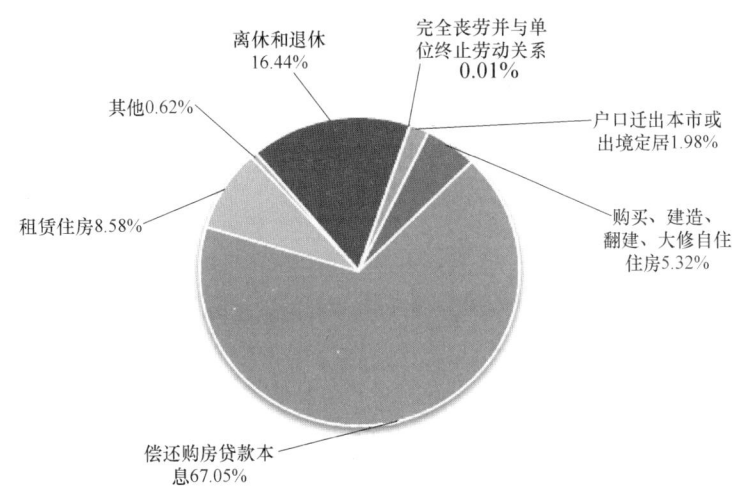

图5　2018年住房公积金提取额按提取原因分类

提取职工中，中、低收入占 83.64%，高收入占 16.36%。

（三）贷款业务：

1. **个人住房贷款**：2018年，支持职工购建房 870.41 万平方米，年末个人住房贷款市场占有率为 23.08%，比上年增加 1.01 个百分点。通过申请住房公积金个人住房贷款，在贷款合同约定的存续期内可节约职工购房利息支出 153.09 亿元。

职工贷款笔数中，购房建筑面积 90（含）平方米以下占 62.07%，90～144（含）平方米占 32.48%，144 平方米以上占 5.45%（图6）。购买新房占 28.51%（其中购买保障性住房 0.75%），购买二手房占 71.49%。

职工贷款笔数中，单缴存职工申请贷款占 31.31%，双缴存职工申请贷款占 68.20%，三人及以上缴存职工共同申请贷款占 0.49%。

贷款职工中，30岁（含）以下占 31.16%，30岁～40岁（含）占 54.59%，40岁～50岁（含）占 12.15%，50岁以上占 2.10%（图7）；首次申请贷款占 84.34%，二次及以上申请贷款占 15.66%；中、低收入占 91.05%，高收入占 8.95%。

2. **异地贷款**：2018年，发放异地贷款4笔330万元。2018年末，发放异地贷款总额330万元，异地贷款余额 329.23 万元。

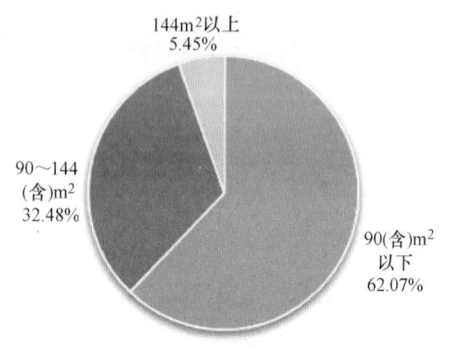
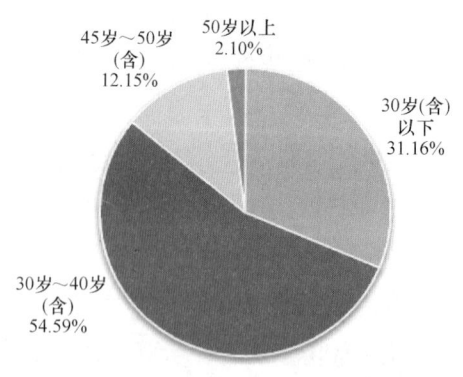

图 6　2018 年个人住房贷款职工贷款笔数按面积分类　　　图 7　2018 年个人住房贷款职工按年龄分类

3. **支持保障性住房建设试点项目贷款**：2018 年末，累计试点项目 15 个，贷款额度 119.82 亿元，建筑面积 229.90 万平方米，可解决 28061 户中低收入职工家庭的住房问题。14 个试点项目贷款资金已发放并还清贷款本息。

（四）住房贡献率：2018 年，个人住房贷款发放额、项目贷款发放额、住房消费提取额的总和与当年缴存额的比率为 104.88％，比上年减少 9.47 个百分点。

六、其他重要事项

（一）政策调整情况：

1. **调整 2018 年度住房公积金缴存基数和月缴存额上下限**。自 2018 年 7 月 1 日起，本市职工住房公积金的缴存基数由 2016 年月平均工资调整为 2018 年月平均工资。2018 年度职工本人和单位住房公积金缴存比例为各 5％ 至 7％，由单位自主确定；职工本人和单位补充住房公积金缴存比例为各 1％ 至 5％。2018 年度本市住房公积金月缴存额上下限如表 1 所示。

2018 年度上海市住房公积金月缴存额上下限　　　　表 1

类型	单位和个人缴存比例	月缴存额上限	月缴存额下限
住房公积金	各 7％	2996 元	322 元
	各 6％	2568 元	276 元
	各 5％	2140 元	230 元
补充住房公积金	各 5％	2140 元	/
	各 4％	1712 元	/
	各 3％	1284 元	/
	各 2％	856 元	/
	各 1％	428 元	/
自愿缴存住房公积金	10％～24％	5136 元	322 元

符合规定条件的生产经营困难企业，可以按照本市降低住房公积金缴存比例或缓缴住房公积金管理办法申请降低住房公积金缴存比例至 5％ 以下或缓缴住房公积金。

2. **调整租赁提取政策**。为培育和发展本市住房租赁市场，支持和方便具有真实租赁行为的职工提取住房公积金支付房租，2018年4月1日印发《关于本市提取住房公积金支付房租通过住房租赁公共服务平台核验租赁信息的通知》。经住房租赁公共服务平台办理网签备案的职工申请提取住房公积金支付房租的，每户家庭（含单身家庭）月提取金额不超过当月实际房租支出，最高月提取限额由2000元提高至3000元。

3. 推行公积金异地贷款政策。为进一步发挥住房公积金制度作用，支持缴存职工异地购房需求，出台《上海市住房公积金异地个人住房贷款管理暂行办法》并于9月1日起实施。外省市缴存职工在本市购买首套住房或者第二套改善型住房的，且符合本市其他公积金贷款条件的，可以在本市申请公积金贷款。

（二）改革创新情况：一是为缓解住宅专项维修资金续筹困难的矛盾，探索创新住房公积金提取业务品种，先行试点提取住房公积金续筹住宅专项维修资金，为住宅专项维修资金续筹进行有益补充。该提取业务于7月起试点运行。二是加强长三角区域合作，建立信息协查联动机制。为防范骗提套取住房公积金行为，确保资金安全，不断推进与外省市地区信息共享与合作。2018年在江浙沪三地跨地区信息互通协查基础上，新增安徽省作为信息共享合作成员。三是加快拓展查询渠道，为职工提供多元化信息查询方式。2018年与支付宝达成合作协议，开通"支付宝刷脸查公积金"业务，开启上海公积金刷脸时代，使查询更便捷；实现个人公积金信息查询服务事项接入本市"一网通办"总门户，可通过"随申办市民云"APP随时随地查询公积金；在全市17个管理部服务大厅增加自助服务设备，并在奉贤区行政服务中心率先试点接入自助服务设备，方便职工查询。

（三）优化营商环境情况：

1. 充分发挥"互联网＋公积金"服务特色，加快智慧公积金建设。为贯彻落实国家和本市"互联网＋政府服务"以及"放管服"改革、优化营商环境的要求，让信息多跑路，群众少跑腿，中心加快推进"互联网＋公积金"服务建设。一是完成上海住房公积金官网改版，让公积金服务更有温度。坚持从用户角度出发，整合网站栏目体系，优化流程界面，拓展服务品种，让企业和群众办事更方便、快捷、有效。二是开通单位业务办理网签功能，实现单位公积金业务足不出户，全程"网上办"。三是通过开通"多源实名认证"以及个人网签电子化，实现住房公积金租赁提取业务"不见面"审批，全流程在线办理。推行线上办理后，使该项提取业务的离柜率达到97％，网点排队人数大幅减少。

2. 推出利企便民措施，让办事更加便捷高效。一是根据上海市优化营商环境要求，制定《上海市公积金管理中心落实"放管服"改革要求，改善营商环境实施方案》。首批推出19项简化优化业务办理措施，涉及简化补缴、提取、单位账户设立等业务办理要件的10项，推行封存、租赁提取、单位网上业务综合服务协议签约等业务便利化办理方式的5项，优化贷款、提取、单位缴存网点变更等业务办理或审核流程的4项。二是为解决群众办事堵点问题，在办理住房公积金个人业务时取消职工提供身份证明材料复印件。

3. 持续优化服务方式，打造公积金服务品牌。一是采用多样化方式组织缴存单位培训。针对缴存单位的不同需求，完善集中和分散培训模式，并以常规班、专题班、专场班等多种形式组织培训。2018年共开设607期培训，4万余家单位参加。二是为提升窗口服务质量和水平，打造公积金服务品牌，开展"服务明星"评选和"同业务竞赛"活动，以促进公积金业务办理统一化和标准化，服务同质化和规范化。三是完成浦东新区、嘉定区、宝山区管理部的搬迁工作，改善服务环境，提升服务体验。

（四）扩覆和执法推进情况：2018年，全市住房公积金缴存情况执法检查进入第六年，中心持续通过多方联动与信息共享，共对 10.8 万家单位发出执法检查通知，通过执法检查直接实现的开户单位约 1.08 万家，增加缴存职工约 14.09 万人。同时，继续在《解放日报》、《劳动报》全文刊登执法检查通知、在上海公积金网上开设执法专栏，并通过上海公积金微信公众号做好执法检查启动的宣传工作。2018 年，中心针对违规侵权单位共立案 842 笔，当年结案 744 笔，通过立案查处直接为职工追回所欠住房公积金 1037.16 万元。全年发出《责令限期缴存通知书》164 份，《强制执行申请书》51 份。

（五）开展扫黑除恶专项斗争情况：2018 年，中心坚决贯彻落实上级部署，成立扫黑除恶专项斗争领导小组，印发《上海市公积金管理中心开展扫黑除恶专项斗争工作方案》，积极在本市住房公积金领域开展扫黑除恶专项斗争，基本遏制了违规提取乱象。一是将扫黑除恶专项斗争与日常管理工作相结合，以治理违规提取住房公积金乱象为抓手，以打击非法中介机构为重点，强化违规提取分析、预警机制，开展业务抽查，及时发现违规提取线索。二是加强宣传和查处力度，在住房公积金网站设立扫黑除恶专栏，公布举报邮箱和电话，同步做好政策法规宣传；查访、约谈涉嫌违规提取人员 50 余人次，督促 20 余人全额或部分退还违规提取的住房公积金，对 30 余名拒不退款的违规提取人员立案查处。三是积极联系本市住建委、公安、城管、房管、网信、通信等部门，召开专题联席会议，推动建立齐抓共管机制，各参会部门联合印发《关于治理本市违规提取住房公积金的通知》，并依据通知要求在各自领域针对房地产中介机构及各类违规广告信息开展整治工作。

（六）加强风险防范建设情况：一是根据住房城乡建设部、财政部、人民银行、公安部《关于开展治理违规提取住房公积金工作的通知》要求，制定并实施专项治理工作方案，强化提取风险管理。二是落实《上海市住房公积金个人住房贷款管理办法》，加强贷款信用审核，对接央行征信，将当前存在逾期尚未偿还、最近 5 年存在连续 6 期（含）或累计超过 12 期（含）、被纳入失信被执行人名单等情形的借款申请人列入不予贷款名单，严格控制贷款风险。三是贯彻落实住房城乡建设部《关于启用住房公积金电子化检查工具的通知》要求，利用信息化手段，开展政策执行情况检查和风险隐患排查，增强风险防控能力。

（七）信息化建设情况：2018 年，中心新系统一期应用（归集、提取、核算结算产品）开发完成，有效推进落实了两轮用户预测试、一轮用户测试，并同步完成了主要上线配套工作，形成了以上线方案为主的系列配套方案。同时，2018 年完成了基础数据贯标设计、开发，并进行了相关测试；结算通道开发完成，贯通了全部资金通道，实现了业务驱动资金，资金驱动财务的三账合一。各项工作的顺利开展为系统上线打下了坚实基础。

（八）荣誉获得情况：2018 年，中心及内设部门共获得省部级以上荣誉 5 项，分别为：中心荣获"上海市职工书屋示范点"称号，上海住房公积金网荣获"2018 年度中国政务网站领先奖"称号，上海公积金新媒体荣获"2018 年度中国优秀政务新媒体"称号，@上海公积金荣获 2018 年上海最佳政务新媒体荣誉称号，虹口区管理部 6 号窗口荣获"上海市优秀党员示范岗"称号。

2018 全国住房公积金年度报告汇编

江苏省

南京
无锡市
徐州市
常州市
苏州市
南通市
连云港市
淮安市
盐城市
扬州市
镇江市
泰州市
宿迁市

江苏省住房公积金 2018 年年度报告

一、机构概况

（一）住房公积金管理机构：全省共设 13 个设区城市住房公积金管理中心，8 个独立设置的分中心（其中，江苏省省级机关住房资金管理中心隶属江苏省省级机关事务管理局，江苏省监狱系统住房公积金管理部隶属江苏省监狱管理局，中国石化集团华东石油局住房公积金管理部隶属中国石化集团华东石油局，徐州矿务集团住房基金管理中心隶属徐州矿务集团有限公司，中国石化集团管道储运公司住房公积金管理中心隶属中国石化集团管道储运公司，大屯煤电（集团）有限责任公司住房公积金管理中心隶属大屯煤电（集团）有限责任公司，扬州市住房公积金管理中心仪化分中心隶属中国石化仪征化纤有限责任公司，江苏石油勘探局住房公积金管理中心隶属中国石化集团江苏石油勘探局有限公司）。从业人员 1865 人，其中，在编 1152 人，非在编 713 人。

（二）住房公积金监管机构：江苏省住房和城乡建设厅、财政厅和人民银行南京分行负责对本省住房公积金管理运行情况进行监督。江苏省住房和城乡建设厅设立住房公积金监管处，负责辖区住房公积金日常监管工作。

二、业务运行情况

（一）缴存：2018 年，新开户单位 57957 家，实缴单位 304166 家，净增单位 37719 家；新开户职工 221.19 万人，实缴职工 1321.58 万人，净增职工 89.23 万人；缴存额 1779.81 亿元，同比增长 13.91%。2018 年末，缴存总额 11793.06 亿元，同比增长 17.77%；缴存余额 4340.59 亿元，同比增长 12.74%。

（二）提取：2018 年，提取额 1289.39 亿元，同比增长 11.96%；占当年缴存额的 72.45%，比上年减少 1.25 个百分点。2018 年末，提取总额 7452.47 亿元，同比增长 20.92%。

（三）贷款：

1. 个人住房贷款：2018 年，发放个人住房贷款 23.82 万笔 948 亿元，同比增长 10.43%、26.76%。回收个人住房贷款 525.14 亿元。

2018 年末，累计发放个人住房贷款 303.28 万笔 7902.31 亿元，贷款余额 4173.49 亿元，同比分别增长 8.53%、13.63%、11.27%。个人住房贷款余额占缴存余额的 96.15%，比上年减少 1.26 个百分点。

2. 住房公积金支持保障性住房建设项目贷款：2018 年，回收项目贷款 0.54 亿元。2018 年末，累计发放项目贷款 10.583 亿元，项目贷款余额 1.08 亿元。

（四）购买国债：2018 年末，国债余额 0.58 亿元。

（五）融资：2018 年，融资 67.62 亿元，归还 179 亿元。2018 年末，融资总额 575.74 亿元，融资余额 185.35 亿元。

（六）资金存储：2018 年末，住房公积金存款 434.02 亿元。其中，活期 19.10 亿元，1 年（含）以下定期 157.91 亿元，1 年以上定期 47.37 亿元，其他（协定、通知存款等）209.64 亿元。

（七）资金运用率：2018 年末，住房公积金个人住房贷款余额、项目贷款余额和购买国债余额的总和占缴存余额的 96.19%，比上年减少 1.28 个百分点。

三、主要财务数据

（一）业务收入：2018 年，业务收入 1371480 万元，同比增长 9.41%。其中，存款利息 105178 万元，委托贷款利息 1263717 万元，国债利息 331 万元，其他 2254 万元。

（二）业务支出：2018 年，业务支出 787178 万元，同比增长 1.75%。其中，支付职工住房公积金利息 625162 万元，归集手续费 42590 万元，委托贷款手续费 41871 万元，其他 77555 万元。

（三）增值收益：2018 年，增值收益 587167 万元（泰州中心调增以前年度未分配收益 2865 万元），同比增长 22.37%；增值收益率 1.43%，比上年增加 0.11 个百分点。

（四）增值收益分配：2018 年，提取贷款风险准备金 288572 万元，提取管理费用 58302 万元，提取城市廉租住房（公共租赁住房）建设补充资金 236908 万元。

2018 年，上交财政管理费用 54661 万元，上缴财政城市廉租住房（公共租赁住房）建设补充资金 312725 万元。

2018 年末，贷款风险准备金余额 2085970 万元，累计提取城市廉租住房（公共租赁住房）建设补充资金 2023072 万元。

（五）管理费用支出：2018 年，管理费用支出 57840 万元，同比增长 4.5%。其中，人员经费 32147 万元，公用经费 5748 万元，专项经费 19945 万元。

四、资产风险状况

（一）个人住房贷款：2018 年末，个人住房贷款逾期额 3844 万元，逾期率 0.09‰。

2018 年，提取个人贷款风险准备金 288572 万元，使用个人贷款风险准备金核销呆坏账 0 万元，盐城中心使用个人贷款风险准备金 103.67 万元购买射阳管理部、响水管理部法院执行周转房，泰州中心收回已核销呆账，冲回风险准备金 244.04 万元。2018 年末，个人贷款风险准备金余额 2085417 万元，占个人贷款余额的 5%，个人贷款逾期额与个人贷款风险准备金余额的比率为 0.18%。

（二）住房公积金支持保障性住房建设项目贷款：2018 年末，逾期项目贷款 0 万元。

2018 年，提取项目贷款风险准备金 0 万元，使用项目贷款风险准备金核销呆坏账 0 万元。2018 年末，项目贷款风险准备金余额 553.2 万元，占项目贷款余额的 5.12%，项目贷款逾期额与项目贷款风险准备金余额的比率为 0。

五、社会经济效益

（一）缴存业务：2018 年，实缴单位数、实缴职工人数和缴存额增长率分别为 14.16%、7.24% 和 13.91%。

缴存单位中，国家机关和事业单位占 13.17%，国有企业占 3.89%，城镇集体企业占 1.4%，外商投资企业占 4.96%，城镇私营企业及其他城镇企业占 65.60%，民办非企业单位和社会团体占 1.84%，其他占 9.14%。

缴存职工中，国家机关和事业单位占 18.69%，国有企业占 9.91%，城镇集体企业占 1.52%，外商

投资企业占 17.79%，城镇私营企业及其他城镇企业占 40.93%，民办非企业单位和社会团体占 1.21%，其他占 9.95%；中、低收入占 97.36%，高收入占 2.64%。

新开户职工中，国家机关和事业单位占 6.80%，国有企业占 5.49%，城镇集体企业占 0.98%，外商投资企业占 22.41%，城镇私营企业及其他城镇企业占 51%，民办非企业单位和社会团体占 1.29%，其他占 12.03%；中、低收入占 96.86%，高收入占 3.14%。

（二）提取业务：2018 年，518.5 万名缴存职工提取住房公积金 1289.39 亿元。

提取金额中，住房消费提取占 84.55%（购买、建造、翻建、大修自住住房占 24.06%，偿还购房贷款本息占 54.35%，租赁住房占 4.11%，其他占 2.03%）；非住房消费提取占 15.45%（离休和退休提取占 11.48%，完全丧失劳动能力并与单位终止劳动关系提取占 1.42%，户口迁出所在市或出境定居占 0.48%，其他占 2.07%）。

提取职工中，中、低收入占 96.29%，高收入占 3.71%。

（三）贷款业务：

1. **个人住房贷款**：2018 年，支持职工购建房 2630 万平方米。年末个人住房贷款市场占有率为 12.75%，比上年同期减少 0.66 个百分点。通过申请住房公积金个人住房贷款，可节约职工购房利息支出 1226778 万元。

职工贷款笔数中，购房建筑面积 90（含）平方米以下占 34.54%，90~144（含）平方米占 56.67%，144 平方米以上占 8.79%。购买新房占 49.91%（其中购买保障性住房占 0.55%），购买二手房占 49.33%，建造、翻建、大修自住住房占 0.29%，其他占 0.47%。

职工贷款笔数中，单缴存职工申请贷款占 38.59%，双缴存职工申请贷款占 60.1%，三人及以上缴存职工共同申请贷款占 1.31%。

贷款职工中，30 岁（含）以下占 36.73%，30 岁~40 岁（含）占 39.47%，40 岁~50 岁（含）占 19.31%，50 岁以上占 4.49%；首次申请贷款占 84.73%，二次及以上申请贷款占 15.27%；中、低收入占 94.63%，高收入占 5.37%。

2. **异地贷款**：2018 年，发放异地贷款 2579 笔 94808 万元。2018 年末，发放异地贷款总额 357089 万元，异地贷款余额 294298 万元。

3. **公转商贴息贷款**：2018 年，发放公转商贴息贷款 6284 笔 204422 万元，支持职工购建房面积 76 万平方米。当年贴息额 42165 万元。2018 年末，累计发放公转商贴息贷款 162059 笔 5556785 万元，累计贴息 150123 万元。

4. **住房公积金支持保障性住房建设项目贷款**：2018 年末，全省有住房公积金试点城市 4 个，试点项目 6 个，贷款额度 37.4 亿元，建筑面积 99.76 万平方米，可解决 12513 户中低收入职工家庭的住房问题。3 个试点项目贷款资金已发放并还清贷款本息。

（四）住房贡献率：2018 年，个人住房贷款发放额、公转商贴息贷款发放额、项目贷款发放额、住房消费提取额的总和与当年缴存额的比率为 115.66%，比上年增加 3.7 个百分点。

六、其他重要事项

（一）当年住房公积金政策调整情况：落实住房城乡建设部等三部委《关于改进住房公积金缴存机制

进一步降低企业成本的通知》和住房城乡建设部《关于进一步落实住房公积金降成本政策的通知》要求，进一步规范公积金缴存比例。严格执行困难企业可降低比例或申请缓缴政策要求，切实降低企业成本，减轻企业资金压力。

（二）当年开展监督检查情况：开展全省住房公积金政策执行情况检查及风险隐患排查，推进电子化检查工具的应用，有效提升了检查效率和住房公积金管理工作水平。

（三）当年服务改进情况：全省住房公积金系统按照"放管服"改革的要求，大力推进便民服务马上办、网上办、就近办、一次办，以建设住房公积金综合服务平台为抓手，全面提升住房公积金服务水平。全省13个城市中心已初步完成住房公积金综合服务平台建设。

切实解决职工办理公积金业务中的痛点难点问题，印发《省住房城乡建设厅关于再次明确住房公积金业务办理中不得要求职工提供身份证明材料复印件的通知》，进一步减少职工办理住房公积金业务所需的要件。

（四）当年信息化建设情况：大力推进住房公积金双贯标工作，目前，全省13个城市中心、8个行业分中心已全部通过部省联合验收组验收。

稳妥推进全国住房公积金异地转移接续平台直连工作，8个城市中心实现直连接入全国住房公积金异地转移接续平台。

（五）当年住房公积金机构及从业人员所获荣誉情况：2018年，全省住房公积金系统获得：1个国家级、1个省部级、25个地市级文明单位（行业、窗口）；1个省部级、2个地市级青年文明号；22个省部级、45个地市级先进集体和个人；3个省部级工人先锋号；4个地市级五一劳动奖章（劳动模范）；21个省部级、59个地市级其他荣誉。

（六）其他需要披露的情况：根据住房城乡建设部《关于在全行业组织开展新市民住房问题专题调研的通知》要求，在全省范围组织开展新市民住房问题专题调研。初步摸清全省新市民基本情况、住房现状及需求、解决住房问题的制约因素，为进一步理清解决新市民住房问题思路，探索建立新型住房公积金制度提供第一手决策参考资料。

南京住房公积金2018年年度报告

一、机构概况

（一）**住房公积金管理委员会**：住房公积金管理委员会有22名委员，2018年召开一次会议，审议通过的事项主要包括：审阅了南京住房公积金管理中心关于2018年全市住房公积金工作情况和2018年工作打算的报告；审议并投票表决了管委会成员调整增补建议，2018住房公积金计划执行情况和2018年住房公积金计划安排建议，2018年住房公积金增值收益分配建议，南京住房公积金2018年年度报告，住房公积金提取和贷款政策调整建议，中国铁路上海局集团有限公司申请使用廉租住房建设补充资金等事项。

（二）**住房公积金管理中心**：南京住房公积金管理中心为南京市政府直属的不以营利为目的的自收自支事业单位，主要负责全市住房公积金的归集、管理、使用和会计核算。目前，中心内设办公室、归集管理处、贷款管理处、资金计划处、信息管理处、财务处、审计处、机关党委、组织人事处、客户服务处、稽查支队等11个职能处室；下设省级机关住房公积金管理分中心、铁路住房公积金分中心、江苏省监狱管理局住房公积金管理部、中国石化集团华东石油局住房公积金管理部等4个行业性分支机构，江宁分中心、浦口分中心、六合分中心、溧水分中心、高淳分中心等5个区域性分支机构。从业人员208人，其中，在编138人，非在编70人。目前，5个区域性分支机构和铁路住房公积金分中心已纳入南京住房公积金管理中心统一管理。

二、业务运行情况

（一）**缴存**：2018年，新开户单位8727家，实缴单位49181家，净增单位6741家；新开户职工34.55万人，实缴职工238.28万人，净增职工18.24万人；缴存额406.12亿元，同比增长16.82%。其中，南京中心本部实缴单位46036家，实缴职工209.09万人，缴存额314.76亿元；省级机关分中心实缴单位2965家，实缴职工20.54万人，缴存额67.72亿元；铁路分中心实缴单位146家，实缴职工6.82万人，缴存额18.68亿元；江苏省监狱管理局管理部实缴单位13家，实缴职工1.43万人，缴存额3.99亿元；华东石油局管理部实缴单位21家，实缴职工0.40万人，缴存额0.97亿元。

2018年末，缴存总额2752.62亿元，同比增长17.31%；缴存余额1065.42亿元，同比增长14.21%。

受委托办理住房公积金缴存业务的银行7家，较上年无变化。

（二）**提取**：2018年，提取额273.60亿元，同比增长10.70%；占当年缴存额的67.37%，比上年减少3.72个百分点。2018年末，提取总额1687.20亿元，同比增长19.36%。

（三）**贷款**：

1.**个人住房贷款**：个人住房贷款最高额度100万元，其中，单缴存职工最高额度50万元，双缴存职工最高额度100万元。

2018年，发放个人住房贷款4.51万笔215.87亿元，同比分别增长38.65%、85.52%。其中，南京中心本部发放个人住房贷款3.95万笔187.59亿元，省级机关分中心发放个人住房贷款0.35万笔19.6亿元，铁路分中心发放个人住房贷款0.17万笔7.16亿元，江苏省监狱管理局管理部发放个人住房贷款0.04万笔1.36亿元，华东石油局管理部发放个人住房贷款0.004万笔0.16亿元。

2018年，回收个人住房贷款113.34亿元。其中，南京中心本部92.81亿元，省级机关分中心13.88亿元，铁路分中心5.35亿元，江苏省监狱管理局管理部1.1亿元，华东石油局管理部0.20亿元。

2018年末，累计发放个人住房贷款65.29万笔1824.23亿元，贷款余额962.27亿元，同比分别增长7.42%、13.42%、11.93%。个人住房贷款余额占缴存余额的90.32%，比上年减少1.84个百分点。

受委托办理住房公积金个人住房贷款业务的银行21家，较上年无变化。

2.**住房公积金支持保障性住房建设项目贷款**：2018年，未发放支持保障性住房建设项目贷款，回收项目贷款0.54亿元。2018年末，累计发放项目贷款3亿元，项目贷款余额1.08亿元。

（四）**融资**：2018年无融资。截止2018年末，累计融资总额99.20亿元，融资余额为零。

（五）**资金存储**：2018年末，住房公积金存款123.07亿元。其中，活期1.75亿元，1年（含）以下定期42.80亿元，1年以上定期31.39亿元，其他（协定、通知存款等）47.13亿元。

南京中心本部住房公积金存款额39.74亿元。其中，活期0亿元，1年以内定期（含）32.6亿元，1年以上定期0亿元，其他（协议、协定、通知存款等）7.14亿元。

省级机关分中心住房公积金存款额66.26亿元。其中，活期0元，1年以内定期（含）9.09亿元，1年以上定期20.8亿元，其他（协议、协定、通知存款等）36.37亿元。

铁路分中心住房公积金存款额12.82亿元。其中，活期0亿元，1年以内定期（含）0.5亿元，1年以上定期9.86亿元，其他（协议、协定、通知存款等）2.46亿元。

江苏省监狱管理局管理部住房公积金存款额2.42亿元。其中，活期1.6亿元，1年以内定期（含）0亿元，1年以上定期0亿元，其他（协议、协定、通知存款等）0.82亿元。

华东石油局管理部住房公积金存款额1.83亿元。其中，活期0.15亿元，1年以内定期（含）0.61亿元，1年以上定期0.73亿元，其他（协议、协定、通知存款等）0.34亿元。

（六）**资金运用率**：2018年末，住房公积金个人住房贷款余额、项目贷款余额和购买国债余额的总和占缴存余额的90.42%，比上年减少1.91个百分点。其中，南京中心本部资金运用率97.52%。

三、主要财务数据

（一）**业务收入**：2018年，业务收入329647.25万元，同比增长11.10%。其中，南京中心261268.20万元，省级机关分中心48810.39万元，铁路分中心16057.00万元，省监狱系统管理部2793.96万元，华东石油局管理部717.70万元；存款利息36282.46万元，委托贷款利息293341.49万元，其他23.30万元。

（二）**业务支出**：2018年，业务支出177188.64万元，同比增长1.12%。其中，南京中心140150.12万元，省级机关分中心26703.69万元，铁路分中心8247.71万元，省监狱系统管理部1536.74万元，华东石油局管理部550.38万元；支付职工住房公积金利息151580.92万元，归集手续费11387.84万元，委托贷款手续费11926.69万元，其他2293.19万元。

（三）**增值收益**：2018年，增值收益152458.61万元，同比增长25.50%。其中，南京中心121118.08万元，省级机关分中心22106.70万元，铁路分中心7809.29万元，省监狱系统管理部1257.22万元，华东石油局管理部167.32万元；增值收益率1.53%，比上年增长0.05%个百分点。

（四）**增值收益分配**：2018年，提取贷款风险准备金78086.64万元，提取管理费用6116.71万元，提取城市廉租住房（公共租赁住房）建设补充资金68225.26万元。

2018年，上交财政管理费用4930.79万元。上缴财政城市廉租住房（公共租赁住房）建设补充资金44762.42万元。其中，南京中心上缴32762.42万元，铁路分中心上缴10000.00万元，省监狱系统管理部上缴2000.00万元。

2018年末，贷款风险准备金余额641657.81万元。累计提取城市廉租住房（公共租赁住房）建设补充资金545313.83万元。其中，南京中心提取366442.90万元，省级机关分中心提取155667.60万元，铁路分中心提取13222.93万元，省监狱系统管理部提取9827.63万元，华东石油局管理部提取152.77万元。

（五）**管理费用支出**：2018年，管理费用支出7629.38万元，同比增长16.72%。其中，人员经费4221.73万元，公用经费386.81万元，专项经费3020.84万元。

南京中心管理费用支出 5226.37 万元，其中，人员、公用、专项经费分别为 3132.73 万元、336.24 万元、1757.40 万元；省级机关分中心管理费用支出 1008.24 万元，其中，人员、公用、专项经费分别为 509.24 万元、9.78 万元、489.22 万元；铁路分中心管理费用支出 1238.72 万元，其中，人员、公用、专项经费分别为 510.76 万元、40.79 万元、687.17 万元；省监狱系统管理部管理费用支出 106.00 万元，其中，人员、公用、专项经费分别为 69.00 万元、0 万元、37.00 万元；华东石油局管理部管理费用支出 50.05 万元，其中，人员、公用、专项经费分别为 0 万元、0 万元、50.05 万元。

四、资产风险状况

2018 年末，个人住房贷款逾期额 1829.48 万元，逾期率 0.19‰。其中，南京中心本部 0.14‰、省级机关分中心 0.7‰、铁路分中心 0.005‰、江苏省监狱管理局管理部 0‰、华东石油局管理部 0‰。

个人贷款风险准备金按贷款余额的 1% 或增值收益的 60% 提取。2018 年，提取个人贷款风险准备金 78086.64 万元，未使用个人贷款风险准备金核销呆坏账。2018 年末，个人贷款风险准备金余额 641657.81 万元，占个人住房贷款余额的 6.67%，个人住房贷款逾期额与个人贷款风险准备金余额的比率为 0.29%。

五、社会经济效益

（一）**缴存业务**：2018 年，实缴单位数、实缴职工人数和缴存额同比分别增长 15.88%、8.29% 和 16.82%。

缴存单位中，国家机关和事业单位占 9.7%，国有企业占 5.17%，城镇集体企业占 1.58%，外商投资企业占 3.14%，城镇私营企业及其他城镇企业占 75.19%，民办非企业单位和社会团体占 1.34%，其他占 3.88%。

缴存职工中，国家机关和事业单位占 18.93%，国有企业占 13.55%，城镇集体企业占 1.15%，外商投资企业占 8.73%，城镇私营企业及其他城镇企业占 55.14%，民办非企业单位和社会团体占 0.78%，其他占 1.72%；中、低收入占 96.86%，高收入占 3.14%。

新开户职工中，国家机关和事业单位占 6.8%，国有企业占 8.34%，城镇集体企业占 0.87%，外商投资企业占 8.94%，城镇私营企业及其他城镇企业占 70.94%，民办非企业单位和社会团体占 1.27%，其他占 2.84%；中、低收入占 97.66%，高收入占 2.34%。

（二）**提取业务**：2018 年，98.83 万名缴存职工提取住房公积金 273.6 亿元。

提取金额中，住房消费提取占 81.63%（购买、建造、翻建、大修自住住房占 21.77%，偿还购房贷款本息占 50.54%，租赁住房占 9.32%）；非住房消费提取占 18.37%（离休和退休提取占 14.83%，完全丧失劳动能力并与单位终止劳动关系提取占 0.02%，户口迁出本市或出境定居占 2.2%，其他占 1.32%）。

提取职工中，中、低收入占 92.77%，高收入占 7.23%。

（三）**贷款业务**：

1. **个人住房贷款**：2018 年，支持职工购建房 357.43 万平方米，年末个人住房贷款市场占有率为 12.55%，比上年增加 1.77 个百分点。当年发放的住房公积金个人住房贷款，预计未来可节约职工购房利息支出南京中心本部619063万元，省级机关分中心24167.28万元。

职工贷款笔数中，购房建筑面积90（含）平方米以下占59.54%，90～144（含）平方米占38.05%，144平方米以上占2.41%。购买新房占32.53%（其中购买保障性住房占1.28%），购买二手房占67.47%。

职工贷款笔数中，单缴存职工申请贷款占41.5%，双缴存职工申请贷款占58.5%。

贷款职工中，30岁（含）以下占51.82%，30岁～40岁（含）占34.19%，40岁～50岁（含）占11.69%，50岁以上占2.3%；首次申请贷款占87.23%，二次及以上申请贷款占12.77%；中、低收入占98.87%，高收入占1.13%。

2. **异地贷款**：2018年，铁路分中心发放异地贷款1253.5万元。2018年末，发放异地贷款总额6639万元，异地贷款余额5000.5万元。

3. **公转商贴息贷款**：2018年，未发放公转商贴息贷款，当年贴息额2305.24万元。2018年末，累计发放公转商贴息贷款820255.43万元，累计贴息17157.1万元。

4. **支持保障性住房建设试点项目贷款**：2018年末，累计试点项目1个，贷款额度3亿元，建筑面积19.61万平方米，可解决3534户中低收入职工家庭的住房问题。

（四）**住房贡献率**：2018年，个人住房贷款发放额、公转商贴息贷款发放额、项目贷款发放额、住房消费提取额的总和与当年缴存额的比率为108.15%，比上年增加16.69个百分点。

六、其他重要事项

（一）**当年住房公积金政策调整及执行情况：**

1. **调整了年度缴存基数**。2018年度缴存基数为2018年度职工个人月平均工资，最高不超过市统计局公布的南京市2018年在岗职工月人均工资的3倍（25300元），最低不低于南京市2018年职工最低工资标准（2020元）。

2. **扩大了缴存比例浮动区间**。将缴存比例浮动区间由8%～12%调整为5%～12%，支持生产经营困难的企业在此区间内降低缴存比例，帮助企业降低成本。

3. **调整了租房提取额度**。自2018年4月1日起，将本市无房未婚职工每月提取住房公积金支付房租的限额从900元提高至1200元，已婚职工夫妻双方合计每月提取限额从1800元提高至2400元，进一步加大力度支持无房职工租房自住。

4. **调整住房公积金贷款额度**。将我市住房公积金贷款最高可贷额度，由30万元/人、夫妻双方60万元/户，调整为：购买首套自住住房最高可贷额度为50万元/人、夫妻双方100万元/户；购买第二套住房仍按原有规定执行。

5. **调整二套房公积金贷款认定标准**。将我市"第二套住房公积金贷款的发放对象，仅限于现有人均住房建筑面积低于本市平均水平的缴存职工家庭"的贷款条件中，"本市平均水平"的认定标准，由32平方米调整为40平方米。

（二）**当年服务改进情况：**

1. **推进公积金网上缴存、提取和集中代收业务**。截至2018年底，全市已有46713家缴存单位签订了网上缴存业务；办理网上离退休、租房提取业务20.88万笔，进一步方便广大职工办理公积金业务。

2. **缩短审批时限**。严格实行一日办结制,将住房公积金贷款终审时限压缩为1个工作日,从职工申请贷款之日起最快10个工作日完成贷款发放。

3. **开展公积金业务和服务工作专项培训**。邀请工商银行、电信公司等优质服务专家对中心服务窗口工作人员进行2场服务规范、服务技能等专项培训;组织7家归集业务承办银行柜面人员进行18场提取审核和业务操作培训;对530家缴存单位开展20场网上营业厅业务操作培训;组织21家公积金贷款业务承办银行开展贷款政策业务培训7场。

4. **推进信息联网共享**。与市房产局建立房产信息查询机制;与市政府信息共享平台建立婚姻信息查询机制;建立外地户籍信息交互查询机制;建立增值税发票查询机制。大大减少对职工提交资料的要求,显著提高办事效率,有效防范了骗提骗贷的违规行为。

5. **完善公积金综合服务平台**。利用服务平台,形成集柜面服务、"12329"公积金服务热线、网上办事大厅、微信、手机APP、微博等渠道于一体的服务体系。截至2018年12月底,共接听"12329"公积金服务热线457628个;中心门户网站访问量达157.4万余次;微信、手机客户端访问量1237万次;共向缴存职工发送服务类短信1738万条。

6. **提升柜面服务质量**。对中心二楼服务大厅进行功能优化,设置咨询投诉岗、服务等待区,以及归集、贷款、CA证书等业务办理窗口,设置社保信息查询机、个人征信自助查询机、公积金信息查询机等,方便职工"一站式"办理公积金业务;严格执行大厅巡查制度,做好大厅服务秩序管理,对值班人员开展定期培训;建立公积金服务窗口巡查制度,共走访分中心和承办银行服务窗口49个,覆盖了21家公积金业务承办银行,做到同管理、同监督、同考核。

7. **做好多平台信访服务工作**。落实《中心信访工作管理办法》,制定《中心信访办理规程》,严格来信来访相关事项办理。截至2018年12月底,共回复网络在线留言36073件;办结"12345"转办工单5653件;市和谐信访系统转办信访件27件,市长信箱转来群众信件50件,人大建议1件,全部按要求办结。

(三)当年信息化建设情况:

1. **保障业务运转**。2018年,南京住房公积金综合业务系统面向全市344家网点、2027名柜员以及6.94万单位、298.52万职工提供服务。系统业务覆盖率达100%,日均交易量74.68万笔,资金结算日均达5.09亿元,做到全年安全持续运行无重大差错发生,有效保障了公积金资金和数据的安全。

2. **按时完成住房城乡建设部"双贯标"项目建设并顺利通过验收**。按照住房城乡建设部的要求和中心工作部署,中心将"双贯标"项目建设列为中心的年度重点工作,经过半年多的建设,系统于2018年6月25日按期上线。通过此次"双贯标"系统优化升级,系统实现基础数据的标准化管理,并首次实现贷款放款和柜台还款业务的电子结算流程,进而实现中心资金结算的全业务电子化,在服务效率、资金管理、风险防控、信息安全等多方面均有质的提升。

3. **推进政务服务"一张网"建设**。按照省市"一张网"建设要求,中心已完成11个事项的"不见面"审批办理功能,实现离退休提取、租房提取和主城区购房提取公积金3项业务实现在线办理;将审批事项的办件过程和办理回执实时上传到"一张网"共享平台。中心与"江苏政务"APP进行对接实现公积金信息查询功能;与"我的南京"APP进行对接实现了租房提取功能,拓展了政务服务渠道,提高了服务水平。

4. **推进信息共享平台建设**。中心积极推进与房产、不动产、公安、民政、社保等共享信息对接工作。已实现民政婚姻、不动产房产套数、社保单位及个人缴存等信息共享。根据放管服要求,利用共享信息平台适时优化业务流程,为南京市推进高级人才服务、法院联动执法提供公积金相关信息查询功能,不断提高服务效率和质量。

5. 提升系统风险防控能力。顺利完成系统安全和性能保障项目建设任务,综合服务平台系统的安全防护达到了信息系统安全等级保护三级的要求。高分通过信息安全等级保护测评,核心系统符合安全等级保护三级要求;按计划开展一次系统单机故障的应急演练,通过演练检查核心系统双机机制运行情况;制定了《信息系统数据库权限及操作管理规定(试行)》,规范对系统运维人员数据维护的操作流程。

(四)当年住房公积金管理中心及职工所获荣誉情况:

1. 南京中心本部继续保持全国文明单位荣誉称号;
2. 南京中心本部服务大厅获全省住房城乡建设系统工人先锋号称号;
3. 南京中心本部"12329"服务热线荣获 2018 年度全省住房和城乡建设系统窗口单位优质服务竞赛活动先进集体;
4. 省级机关住房公积金管理分中心荣获省政务服务中心红旗窗口;
5. 南京中心本部董莉莉同志荣获 2018 年度全省住房城乡建设系统工会先进个人;
6. 南京中心本部李冰同志荣获全省住房城乡建设系统先进工作者;
7. 南京中心本部王一峰同志荣获全省住房和城乡建设行业优秀党务工作者;
8. 省级机关分中心徐晓明同志荣获省政务服务中心优秀首席代表;
9. 省级机关分中心钱宇同志荣获省政务服务中心先进个人。

(五)当年对违反《住房公积金管理条例》和相关法规行为进行行政处罚和申请人民法院强制执行情况:2018 年中心对 8 家单位不缴或少缴住房公积金违规行为,向南京市玄武区人民法院申请强制执行。

1. 对申请法院强制执行的江苏某环保工程科技有限公司、江苏某能源技术发展有限公司、南京某物业服务有限公司、南京某电器有限公司、深圳某科技有限公司南京分公司 5 家单位,法院均做出准予执行行政决定裁定,现已执行完毕。
2. 对申请法院强制执行的南京某物业服务有限公司、南京某人力资源有限公司、某电气集团有限公司 3 家单位,法院仍在执行中。

无锡市住房公积金 2018 年年度报告

一、机构概况

(一)**住房公积金管理委员会**:无锡市住房公积金管理委员会现有委员 25 名,2018 年共召开 2 次会议,审议通过的事项主要包括:《无锡市住房公积金管理中心 2018 年年度报告》、《无锡市 2018 年住房公积金财务收支计划执行情况和 2018 年住房公积金财务收支计划》、《无锡市委托提取住房公积金转账还贷暂行办法(修订稿)》、《关于规范和调整住房公积金若干缴存规定的通知》、《关于调整无锡市住房公积金有关政策的通知》、《关于调整住房公积金若干提取政策的通知》。

（二）住房公积金管理中心：住房公积金管理中心为直属于无锡市市政府不以营利为目的的独立全民事业单位，内设9个部室，下设5个分支机构。从业人员165人，其中在编82人，服务外包人员83人。

二、业务运行情况

（一）缴存：2018年，新开户单位13290家，实缴单位52431家，净增单位10154家；新开户职工27.73万人，实缴职工158.52万人，净增职工13.95万人；缴存额199.43亿元，同比增长17.27%。2018年末，缴存总额1344.68亿元，同比增长17.41%；缴存余额534.24亿元，同比增长12.14%。

受委托办理住房公积金缴存业务的银行8家，与上年相比无增减。

（二）提取：2018年，提取额141.61亿元，同比增长25.69%；占当年缴存额的71.01%，比上年增加4.76个百分点。2018年末，提取总额810.44亿元，同比增长21.17%。

（三）贷款：

1. **个人住房贷款**：个人住房贷款最高额度80万元，其中，单缴存职工最高额度50万元，双缴存职工最高额度80万元。

2018年，发放个人住房贷款3.71万笔158.18亿元，同比分别增长34.42%、60.07%。其中，市中心发放个人住房贷款2.02万笔88亿元，江阴分中心发放个人住房贷款0.81万笔33.27亿元，宜兴分中心发放个人住房贷款0.36万笔14.8亿元，锡山分中心发放个人住房贷款0.3万笔12.91亿元，惠山分中心发放个人住房贷款0.22万笔9.2亿元。

2018年，回收个人住房贷款83.07亿元。其中，市中心51.51亿元，江阴分中心13.96亿元，宜兴分中心6.31亿元，锡山分中心6.15亿元，惠山分中心5.14亿元。

2018年末，累计发放个人住房贷款34.51万笔1017.69亿元，贷款余额528.64亿元，同比分别增长12.05%、18.40%、20.64%。个人住房贷款余额占缴存余额的98.95%，比上年增加6.98个百分点。

受委托办理住房公积金个人住房贷款业务的银行14家，与上年相比无增减。

2. **住房公积金支持保障性住房建设项目贷款**：2018年，未发放支持保障性住房建设项目贷款，回收项目贷款0亿元。2018年末，累计发放项目贷款3亿元，项目贷款余额0亿元。

（四）资金存储：2018年末，住房公积金存款42.08亿元。其中，活期0.04亿元，1年（含）以下定期23.3亿元，1年以上定期0.84亿元，其他（协定、通知存款等）17.9亿元。

（五）资金运用率：2018年末，住房公积金个人住房贷款余额、项目贷款余额和购买国债余额的总和占缴存余额的98.95%，比上年增加6.98个百分点。

三、主要财务数据

（一）业务收入：2018年，业务收入167848.76万元，同比增长14.98%。其中，市中心97907.85万元，江阴分中心30623.4万元，宜兴分中心15875.6万元，锡山分中心12845.32万元，惠山分中心10596.59万元；存款利息13662.24万元，委托贷款利息153391.97万元，国债利息0万元，其他794.55万元。

（二）业务支出：2018年，业务支出90084.8万元，同比增长11.19%。其中，市中心52016.81万元，江阴分中心16417.66万元，宜兴分中心8903.51万元，锡山分中心6878.15万元，惠山分中心5868.67万元；支付职工住房公积金利息76906.42万元，归集手续费3177.86万元，委托贷款手续费

5501.88万元，其他4498.64万元。

（三）**增值收益**：2018年，增值收益77763.96万元，同比增长19.7%。其中，市中心45891.04万元，江阴分中心14205.74万元，宜兴分中心6972.09万元，锡山分中心5967.17万元，惠山分中心4727.92万元；增值收益率1.52%，比上年增加0.08个百分点。

（四）**增值收益分配**：2018年，提取贷款风险准备金46658.38万元，提取管理费用5655.25万元，提取城市廉租住房（公共租赁住房）建设补充资金25450.33万元。

2018年，上交财政管理费用5655.25万元。上缴财政城市廉租住房（公共租赁住房）建设补充资金20707.73万元。其中，市中心上缴13443.15万元，江阴分中心上缴3345.18万元，宜兴分中心1451.41万元，锡山分中心上缴1312.65万元，惠山分中心上缴1155.34万元。

2018年末，贷款风险准备金余额289912.58万元。累计提取城市廉租住房（公共租赁住房）建设补充资金258517.85万元。其中，市中心提取165738.09万元，江阴分中心提取48548.97万元，宜兴分中心提取20761.49万元，锡山分中心提取12218.65万元，惠山分中心提取11250.65万元。

（五）**管理费用支出**：2018年，管理费用支出5255.60万元，同比下降3.13%。其中，人员经费2676.15万元，公用经费1473.95万元，专项经费1105.5万元。

市中心管理费用支出2967.86万元，其中，人员、公用、专项经费分别为1382.64万元、866.07万元、719.15万元；江阴分中心管理费用支出651.46万元，其中，人员、公用、专项经费分别为468.54万元、166.4万元、16.52万元；宜兴分中心管理费用支出669.49万元，其中，人员、公用、专项经费分别为384.98万元、148.1万元、136.41万元；锡山分中心管理费用支出479.94万元，其中，人员、公用、专项经费分别为211.17万元、158.77万元、110万元；惠山分中心管理费用支出486.85万元，其中，人员、公用、专项经费分别为228.82万元、134.61万元、123.42万元。

四、资产风险状况

2018年末，个人住房贷款逾期额0万元，逾期率0‰。

个人贷款风险准备金按增值收益的60%提取。2018年，提取个人贷款风险准备金46658.38万元，使用个人贷款风险准备金核销呆坏账0万元。2018年末，个人贷款风险准备金余额289912.58万元，占个人住房贷款余额的5.48%，个人住房贷款逾期额与个人贷款风险准备金余额的比率为0%。

五、社会经济效益

（一）**缴存业务**：2018年，实缴单位数、实缴职工人数和缴存额同比分别增长24.02%、9.65%和17.27%。

缴存单位中，国家机关和事业单位占4.56%，国有企业占2.63%，城镇集体企业占2.53%，外商投资企业占4.48%，城镇私营企业及其他城镇企业占81.31%，民办非企业单位和社会团体占1.13%，其他占3.36%。

缴存职工中，国家机关和事业单位占10.73%，国有企业占9.80%，城镇集体企业占3.62%，外商投资企业占22.40%，城镇私营企业及其他城镇企业占50.58%，民办非企业单位和社会团体占0.81%，其他占2.06%；中、低收入占98.26%，高收入占1.74%。

新开户职工中，国家机关和事业单位占 2.29%，国有企业占 5.83%，城镇集体企业占 3.16%，外商投资企业占 22.56%，城镇私营企业及其他城镇企业占 63.43%，民办非企业单位和社会团体占 0.77%，其他占 1.96%；中、低收入占 99.63%，高收入占 0.37%。

（二）提取业务：2018 年，51.44 万名缴存职工提取住房公积金 141.61 亿元。

提取金额中，住房消费提取占 84.52%（购买、建造、翻建、大修自住住房占 38.21%，偿还购房贷款本息占 41.71%，租赁住房占 4.52%，其他占 0.08%）；非住房消费提取占 15.48%（离休和退休提取占 9.62%，完全丧失劳动能力并与单位终止劳动关系提取占 0%，户口迁出本市或出境定居占 3%，其他占 2.86%）。

提取职工中，中、低收入占 97.26%，高收入占 2.74%。

（三）贷款业务：

1. **个人住房贷款**：2018 年，支持职工购建房 406.79 万平方米，年末个人住房贷款市场占有率为 19.90%，比上年增加 0.79 个百分点。通过申请住房公积金个人住房贷款，可节约职工购房利息支出 460406.04 万元。

职工贷款笔数中，购房建筑面积 90（含）平方米以下占 36.64%，90~144（含）平方米占 51.19%，144 平方米以上占 12.17%。购买新房占 55.45%（其中购买保障性住房占 1.21%），购买二手房占 44.55%，建造、翻建、大修自住住房占 0%，其他占 0%。

职工贷款笔数中，单缴存职工申请贷款占 19.28%，双缴存职工申请贷款占 80.72%，三人及以上缴存职工共同申请贷款占 0%。

贷款职工中，30 岁（含）以下占 34.15%，30 岁~40 岁（含）占 41.11%，40 岁~50 岁（含）占 21.13%，50 岁以上占 3.61%；首次申请贷款占 81.68%，二次及以上申请贷款占 18.32%；中、低收入占 96.78%，高收入占 3.22%。

2. **异地贷款**：2018 年，发放异地贷款 827 笔 39386 万元。2018 年末，发放异地贷款总额 81980.6 万元，异地贷款余额 75125.78 万元。

3. **公转商贴息贷款**：2018 年，发放公转商贴息贷款 0 笔 0 万元，当年贴息额 5.04 万元。2018 年末，累计发放公转商贴息贷款 3131 笔 79629.3 万元，累计贴息 1851.37 万元。

4. **支持保障性住房建设试点项目贷款**：2018 年末，累计试点项目 1 个，贷款额度 3 亿元，建筑面积 6.35 万平方米，可解决 3973 户中低收入职工家庭的住房问题。1 个试点项目贷款资金已发放并还清贷款本息。

（四）**住房贡献率**：2018 年，个人住房贷款发放额、公转商贴息贷款发放额、项目贷款发放额、住房消费提取额的总和与当年缴存额的比率为 139.33%，比上年增加 27.27 个百分点。

六、其他重要事项

（一）当年住房公积金政策调整及执行情况：

1. **当年缴存基数限额及确定方法、缴存比例调整情况**。根据无锡市住房公积金管理委员会批复意见调整住房公积金缴存基数。2018 年 7 月起，根据上一年度全市城镇非私营单位在岗职工平均工资的 3 倍确定当年缴存基数上限为 21250 元，缴存基数下限按上年度最低工资标准 1890 元执行。

国家机关、各类事业单位，单位与职工缴存比例为各 12%；各类企业、民办非企业单位、社会团体及其他单位，单位与职工缴存比例一致，由单位在5%～12%之间自行确定。

上一年度为亏损的企业，经本企业职工代表大会或工会讨论通过，可向住房公积金管理中心申请缓缴住房公积金。缓缴住房公积金的企业，待经济效益好转后，应补缴缓缴部分。企业缓缴住房公积金的期限不得超过一年。超过一年需继续缓缴的，应提前1个月至住房公积金管理中心重新办理申请手续。

2. 当年提取政策调整情况。2018年，中心共调整提取业务政策4项，具体如下：

（1）2018年4月13日起，委托提取住房公积金转账还贷的对象调整为本市行政区域内缴存住房公积金且住房贷款本息尚未还清的借款人、配偶及参与还贷的直系亲属；还贷业务涵盖范围增加组合住房贷款还贷业务。

（2）2018年7月1日起，提高租住商品住房提取住房公积金支付房租的额度至每人每年12000元。

（3）2018年7月10日起，新增"解除或终止劳动关系提取"，职工与单位解除或终止劳动关系，且职工住房公积金账户封存满六个月（含）以上，可提取住房公积金。取消"离开本市提取"、"男职工年满45周岁，女职工年满40周岁，与单位终止劳动关系且未再就业提取"、"职工连续失业满三年且未再就业提取"、"职工办理个体工商登记并与单位终止劳动关系提取"。

（4）2018年12月7日起，购买自住住房提取同一套房屋累计金额不得超过购买自住住房支付的房屋总价；偿还购买、建造、大修自住住房贷款本息提取金额，同一笔贷款单次不得超过剩余贷款本息，累计不得超过贷款本息；"患重大疾病造成家庭生活困难提取"归入"遭遇突发事件或享受最低生活保障待遇提取"中，重大疾病参照我市医保规定的门诊特殊病种；购买自住住房提取、遭遇突发事件或享受最低生活保障待遇提取的对象调整为职工、配偶及其直系亲属。

3. 当年个人住房贷款最高贷款额度、贷款条件等贷款政策调整情况。2018年7月1日起，职工家庭首次使用住房公积金贷款购买自住住房的最高额度，借款人本人符合贷款条件的，由30万元调整为50万元；借款人及配偶均符合贷款条件的，由50万元调整为80万元。第二次公积金贷款最高额度仍按原规定执行。

4. 当年住房公积金存贷款利率调整及执行情况。2018年，职工住房公积金账户存款利率继续按照《中国人民银行、住房城乡建设部、财政部关于完善职工住房公积金账户存款利率形成机制的通知》（银发〔2016〕43号）规定，按照一年期定期存款基准利率执行。

住房公积金贷款利率继续按照《中国人民银行关于下调金融机构人民币贷款及存款基准利率并进一步推进利率市场化改革的通知》（银发〔2015〕325号）规定执行，五年期以下（含五年）住房公积金个人住房贷款利率为2.75%；五年期以上住房公积金个人住房贷款利率为3.25%。

（二）当年服务改进情况：

1. **服务平台协同发展**。根据住房城乡建设部建设综合服务平台的要求，中心多形式、全方位开通服务渠道，目前已形成集"12329"客服热线、免费短信、门户网站、网上营业厅、微信公众号于一体的服务体系。2018年，"12329"客服热线提供人工及自助语音服务72.71万个，满意率99.97%；免费短信平台受益职工数达到124.78万，覆盖实缴职工数的91.35%；中心门户网站发布各类信息407条，受理网上在线咨询2682件，答复及时率100%；网上营业厅签约单位达4.25万家，占实缴单位数的87.99%，覆盖缴存职工124.77万人，占实缴职工数的91.34%；"无锡公积金"微信公众号关注人数已突破102万，发送推文32次55篇。

2. **科技创新纵深突破**。2018年1月，中心微信端个人网上业务新增租房提取业务，全年共办理租房提取9.3万笔，提取公积金6.39亿元，是2018年全年租房提取业务量的5.8倍。12月，中心微信端个人网上业务又新增购房提取业务，为缴存职工提供更简便、更智能的用户体验。目前，中心微信端可全程在线办理退休提取、解除或终止劳动关系提取、委托还贷签、解约、租房提取、购房提取等业务，2018年共办理微信端个人业务24.99万笔，占同类业务量的90.35%，极大节约了职工的时间成本和精力损耗，进一步深化了"不见面审批"服务改革。

3. **信息资源深度互联**。根据江苏政务服务网建设要求，中心加强与市政务服务中心信息互联，目前已成功接入江苏政务APP，实现查询公积金功能。同时，中心进一步加强与银行的信息共享，扩大与银行的合作广度，新增南京银行、招商银行、华夏银行、工商银行、宜兴农商行5家银行开展公积金信用贷款业务，既支持了职工个人消费，缓解了小微企业融资难、融资贵的问题，又增强了制度吸引力，提高单位和职工缴存住房公积金的积极性。

（三）**当年信息化建设情况**：2018年3月中心通过住房城乡建设部《住房公积金基础数据标准》和《接入住房公积金银行结算数据应用系统接口标准》验收。验收通过后，中心又将无锡、江阴、宜兴3家农商行全部接入到住房城乡建设部结算应用系统中，实现了账户全覆盖。

2018年中心微信公众号新推出购房提取、终止劳动关系提取在线办理和组合贷款委托还贷签约解约业务，进一步提升了服务水平。

2018年中心对现有信息系统的部分网络安全设备进行更新及功能完善，实现交换机虚拟化、新增数据库审计系统、入侵检测系统、终端安全管理平台，升级漏洞扫描设备特征库，升级安全网关设备特征库，进一步提升系统防护水平。

（四）**当年住房公积金管理中心及职工所获荣誉情况**：2018年，中心全体员工凝心聚力，立足岗位，砥砺奋进，各项工作得到了广泛认可，收获了一系列集体及个人荣誉。

1. **集体荣誉**

江阴市政务服务中心公积金服务大厅被评为2018年度全省住房城乡建设系统优质服务窗口；

锡山分中心党支部被评为全省住房城乡建设行业先进基层党组织；

宜兴分中心分工会被评为2018年度全省住房城乡建设系统工会工作模范职工小家；

中心被评为2018年度无锡市信息安全等级保护工作先进单位；

中心被评为2018年无锡市内部审计工作成绩显著单位；

中心机关党支部被市政府办机关党委评为2016～2018年度先进基层党组织。

2. **个人荣誉**

王美被评为2018年度全省住房城乡建设系统先进工作者；

李峰珠被评为2018年度全省住房城乡建设系统优质服务明星；

华红斌被评为全省住房和城乡建设行业优秀党务工作者；

傅洪文、冯建新两位同志被评为全省住房和城乡建设行业优秀共产党员；

丁玲被评为市级机关2016～2018年度优秀党务工作者；

王方被市政府办机关党委评为2016～2018年度优秀党务工作者；

杨杨、杨真、杨阳、邓晓荣、张馨妹、金徐莉六位同志被市政府办机关党委评为2016～2018年度优秀共产党员。

（五）当年对违反《住房公积金管理条例》和相关法规行为进行行政处罚和申请人民法院强制执行情况：2018年，辖区内企业未发生违反《住房公积金管理条例》而受到中心行政处罚的情况；当年，我中心共有726起责令限期缴存住房公积金决定申请人民法院强制执行。

（六）其他需要披露的情况：中心与市住房城乡建设局、公安局等9部门联合发布《打击侵害群众利益违法违规行为规范房地产市场秩序专项行动实施方案》，重点打击投机炒房行为和房地产"黑中介"，文件发布至今，已查处5名违法违规人员。

中心与市住房城乡建设局等4部门联合发文层转《住房城乡建设部、财政部、人民银行、公安部关于开展治理违规提取住房公积金工作的通知》，不定期对租房、购房提取业务进行事后抽样核查，文件发布至今，共发现违规提取8笔，追回提取资金14.43万元。

中心与无锡市中级人民法院签订《公积金执行联动机制协议》，对利用虚假诉讼和执行恶意套取公积金的行为建立联动监督机制，形成了强有力的管控网络。

徐州市住房公积金2018年年度报告

一、机构概况

（一）住房公积金管理委员会：住房公积金管理委员会有31名委员，2018年召开1次会议，审议通过《市公积金中心2018年工作报告》、《2018年度徐州市住房公积金归集使用计划执行情况及2018年度住房公积金归集使用计划》、《徐州市住房公积金2018年年度报告》、《关于规范住房公积金缴存行为的汇报》。

（二）住房公积金管理中心：徐州市住房公积金管理中心为直属徐州市人民政府的不以营利为目的的自收自支事业单位，主要负责全市住房公积金的归集、管理、使用和会计核算。中心设13个处（科），7个管理部，3个分中心。从业人员217人，其中，在编146人，非在编71人。

二、业务运行情况

（一）缴存：2018年，新开户单位1018家，实缴单位7416家，净增单位-597家；新开户职工7.05万人，实缴职工60.13万人，净增职工1.07万人；缴存额103.24亿元，同比增长8.91%。2018年末，缴存总额819.82亿元，同比增长14.41%；缴存余额336.85亿元，同比增长6.52%。

受委托办理住房公积金缴存业务的银行19家。

（二）提取：2018年，提取额82.63亿元，同比增长14.05%；占当年缴存额的80.04%，比上年增加3.61个百分点。2018年末，提取总额482.97亿元，同比增长20.64%。

（三）贷款：个人住房贷款最高额度50万元，其中，单缴存职工最高额度40万元，双缴存职工最高额度50万元。

2018年，发放个人住房贷款1.49万笔，同比下降5.69%；贷款发放额46.13亿元，同比增长

0.77%。其中，市中心发放个人住房贷款1.42万笔44.19亿元，徐矿集团发放个人住房贷款0.03万笔0.87亿元，大屯煤电公司发放个人住房贷款0.04万笔1.07亿元，中石化管道公司发放个人住房贷款0万笔0亿元。

2018年，回收个人住房贷款37.83亿元。其中，市中心34.93亿元，徐矿集团1.49亿元，大屯煤电公司1.39亿元，中石化管道公司0.02亿元。

2018年末，累计发放个人住房贷款21.14万笔503.49亿元，贷款余额249.15亿元，同比分别增长7.58%、10.09%、3.45%。个人住房贷款余额占缴存余额的73.96%，比上年减少2.20个百分点。

受委托办理住房公积金个人住房贷款业务的银行9家。

（四）资金存储：2018年末，住房公积金存款96.04亿元。其中，活期0.38亿元，1年（含）以下定期32.42亿元，1年以上定期21.87亿元，其他（协定、通知存款等）41.37亿元。

（五）资金运用率：2018年末，住房公积金个人住房贷款余额、项目贷款余额和购买国债余额的总和占缴存余额的73.96%，比上年减少2.20个百分点。

三、主要财务数据

（一）业务收入：2018年，业务收入94502.07万元，同比增长6.48%。其中，市中心81122.66万元，徐矿集团7536.37万元，大屯煤电公司3669万元，中石化管道公司2174.04万元。存款利息16811.86万元，委托贷款利息77672.22万元，国债利息0万元，其他17.99万元。

（二）业务支出：2018年，业务支出52393.98万元，同比增长14.63%。其中，市中心45419.36万元，徐矿集团3257.05万元，大屯煤电公司2854.61万元，中石化管道公司862.96万元。支付职工住房公积金利息48055.75万元，归集手续费664.48万元，委托贷款手续费1108.71万元，其他2565.04万元。

（三）增值收益：2018年，增值收益42108.09万元，同比下降2.18%。其中，市中心35703.31万元，徐矿集团4279.32万元，大屯煤电公司814.39万元，中石化管道公司1311.07万元。增值收益率1.29%，比上年减少0.07个百分点。

（四）增值收益分配：2018年，提取贷款风险准备金1327.83万元，提取管理费用4882.68万元，提取城市廉租住房（公共租赁住房）建设补充资金34046.72万元。

2018年，上交财政管理费用4321.57万元。上缴财政城市廉租住房（公共租赁住房）建设补充资金30846.14万元。其中，市中心上缴29230.18万元，徐矿集团1615.96万元，大屯煤电公司0万元，中石化管道公司0万元。

2018年末，贷款风险准备金余额37062.55万元。累计提取城市廉租住房（公共租赁住房）建设补充资金234292.97万元。其中，市中心提取183059.13万元，徐矿集团51233.84万元，大屯煤电公司0万元，中石化管道公司0万元。

（五）管理费用支出：2018年，管理费用支出4855.25万元，同比下降8.32%。其中，人员经费3534.13万元，公用经费409.27万元，专项经费911.85万元。市中心管理费用支出4355.12万元。其中，人员经费3196.43万元，公用经费326.86万元，专项经费831.83万元；徐矿集团管理费用支出286.51万元。其中，人员经费226.49万元，公用经费58.44万元，专项经费1.58万元；大屯煤电公司管理费用支出211.51万元。其中，人员经费111.21万元，公用经费21.86万元，专项经费78.44万元；

中石化管道公司管理费用支出 2.11 万元。其中，人员经费 0 万元，公用经费 2.11 万元，专项经费 0 万元。

四、资产风险状况

2018 年末，个人住房贷款逾期额 39.85 万元，逾期率 0.016‰。其中，市中心 0.002‰，徐矿集团 0.089‰，大屯煤电公司 0.40‰，中石化管道公司 0。

个人贷款风险准备金按贷款余额的 1.5%（三家行业中心按照 1%）提取。2018 年，提取个人贷款风险准备金 1327.83 万元，使用个人贷款风险准备金核销呆坏账 0 万元。2018 年末，个人贷款风险准备金余额 37062.55 万元，占个人住房贷款余额的 1.49%，个人住房贷款逾期额与个人贷款风险准备金余额的比率为 0.11%。

五、社会经济效益

（一）**缴存业务**：2018 年，实缴单位数、实缴职工人数和缴存额同比分别增长－5.21%、2.02%、8.91%。

缴存单位中，国家机关和事业单位占 44.00%，国有企业占 13.59%，城镇集体企业占 2.21%，外商投资企业占 3.11%，城镇私营企业及其他城镇企业占 28.76%，民办非企业单位和社会团体占 2.01%，其他占 6.32%。

缴存职工中，国家机关和事业单位占 44.45%，国有企业占 25.03%，城镇集体企业占 1.55%，外商投资企业占 3.35%，城镇私营企业及其他城镇企业占 18.08%，民办非企业单位和社会团体占 0.98%，其他占 6.56%；中、低收入占 98.55%，高收入占 1.45%。

新开户职工中，国家机关和事业单位占 33.68%，国有企业占 13.74%，城镇集体企业占 1.07%，外商投资企业占 3.67%，城镇私营企业及其他城镇企业占 34.54%，民办非企业单位和社会团体占 2.83%，其他占 10.47%；中、低收入占 96.83%，高收入占 3.17%。

（二）**提取业务**：2018 年，21.24 万名缴存职工提取住房公积金 82.63 亿元。

提取金额中，住房消费提取占 69.99%（购买、建造、翻建、大修自住住房占 32.76%，偿还购房贷款本息占 37.22%，租赁住房占 0.01%）；非住房消费提取占 30.01%（离休和退休提取占 19.58%，完全丧失劳动能力并与单位终止劳动关系提取占 9.25%，户口迁出本市或出境定居占 0.01%，其他占 1.17%）。

提取职工中，中、低收入占 97.80%，高收入占 2.20%。

（三）**贷款业务**：

1. **个人住房贷款**：2018 年，支持职工购建房 317.17 万平方米，年末个人住房贷款市场占有率为 17.71%，比上年减少 3.61 个百分点。通过申请住房公积金个人住房贷款，可节约职工购房利息支出 76114.50 万元。

职工贷款笔数中，购房建筑面积 90（含）平方米以下占 24.14%，90～144（含）平方米占 71.08%，144 平方米以上占 4.78%。购买新房占 73.57%（其中购买保障性住房占 0%），购买二手房占 23.39%，建造、翻建、大修自住住房占 0%，其他占 3.04%。

职工贷款笔数中，单缴存职工申请贷款占25.07%，双缴存职工申请贷款占74.54%，三人及以上缴存职工共同申请贷款占0.39%。

贷款职工中，30岁（含）以下占25.42%，30岁～40岁（含）占40.66%，40岁～50岁（含）占27.81%，50岁以上占6.11%；首次申请贷款占77.03%，二次及以上申请贷款占22.97%；中、低收入占69.64%，高收入占30.36%。

2. **异地贷款**：2018年，发放异地贷款93笔2945.80万元。2018年末，发放异地贷款总额7372.80万元，异地贷款余额6738.77万元。

3. **公转商贴息贷款**：2018年，发放公转商贴息贷款0笔0万元，支持职工购建住房面积0万平方米，当年贴息额783.78万元。2018年末，累计发放公转商贴息贷款10766笔350444.80万元，累计贴息14773.91万元。

（四）**住房贡献率**：2018年，个人住房贷款发放额、公转商贴息贷款发放额、项目贷款发放额、住房消费提取额的总和与当年缴存额的比率为100.70%，比上年减少4.21个百分点。

六、其他重要事项

（一）**当年机构及职能调整情况、受委托办理缴存贷款业务金融机构变更情况**：2018年，中心机构及职能未做调整，新增渤海银行、江苏银行、邮储银行、交通银行、铜山农商行等作为缴存业务承办银行。

（二）**当年住房公积金政策调整及执行情况**：

1. **降低缴存比例**。2018年3月22日出台《关于明确企业申请降低住房公积金缴存比例或缓缴住房公积金审批程序的通知》（徐公积金委〔2018〕1号）。在今年年度公积金基数调整过程中，生产经营困难企业除可以降低缴存比例外，还可申请缓交住房公积金。审核批准14家企业降低缴存比例。

2. **基数调整**。2018年6月25日出台《关于调整2018年度住房公积金缴存基数的通知》（徐公积金委〔2018〕3号）；自2018年7月1日起，住房公积金缴存基数为职工本人2018年度月平均工资总额。2018年度职工住房公积金月缴存基数上限按17878元执行，下限参照职工养老保险最低缴费基数执行。

3. **新职工住房补贴发放方式调整**。2018年11月8日与市机关事务管理局等多部门联合出台《关于调整市级机关租金补贴和逐月住房补贴政策的通知》（徐事管〔2018〕40号）。自2019年1月开始，新职工逐月住房补贴发放方式由专户存储调整为随职工工资按月发放。

4. **提取政策调整**。根据住房城乡建设部等四部委《关于开展治理违规提取住房公积金工作的通知》（建金〔2018〕46号）文件要求，缴存职工与单位解除或终止劳动关系，未在异地继续缴存的，封存满半年后可提取。

我中心原丧失劳动能力、非本市户籍且户口在农村离职回原籍、男满50岁女满40岁下岗两年未就业和判刑等原因支取住房公积金的，均按文件要求执行。

（三）**当年服务改进情况**：

1. **智慧服务水平提档升级**。深化"放管服"改革，以流程优化再造为核心，进一步修订完善业务审批程序，简化办事环节，缩短办事时限，提高办事效率，编制完成离退休人员公积金提取等7类不见面审批事项清单；推出4.0版业务系统，稳步推进"两减一提"和"一网通办"；手机公积金APP开通余额查询、部分还本、逐月还贷、购房和退休提取等多项便民服务功能。截至2018年底，职工通过网上大厅和手机APP

办理归集业务 2512 笔，提取业务 9443 笔，偿还公积金贷款业务 17238 笔，离柜办理率逐月提升。

2. **营商环境建设稳步推进**。按照解放思想大讨论和全国一流营商环境建设部署要求，明确以"六个高质量发展"助力"五位一体"惠民公积金建设的工作思路，着力打造"公积金城乡一体化智能服务体系"服务品牌，建设涵盖网厅、手机 APP、微信公众号、短信平台和自助服务区等多渠道、智能化、立体式综合服务平台，实现公积金业务"手机移动办、网厅便捷办、柜面贴心办、乡镇自助办"；牢固树立"亲清营商"理念，落实企业减负政策，优化审批流程。凡企业申请降低缴存比例或缓缴的，由中心直接审批，不再报管委会审批；联合多家金融机构创新推出"公积金联融贷"项目，为有效破解我市中小企业融资难融资贵问题、助力民营经济发展做出了有益尝试。

（四）当年信息化建设情况：为确保通过"双贯标"验收，满足各项业务的发展要求，2018 年中心将原有的 3.5 版业务系统升级到"云平台"版本，并于 2018 年 7 月 2 日投入使用。利用现代科技手段，全面提升互联网渠道公积金服务水平，先后推出了单位版网厅、开发商版网厅、个人版网厅及手机公积金 APP，将互联网、大数据、云计算、人工智能与公积金业务深度融合，在全省率先实现绝大多数公积金业务"不见面办理"，打造出公积金智慧化服务新模式。9 月 5 日顺利通过住房城乡建设部双贯标验收。

（五）当年住房公积金管理中心及职工所获荣誉情况：中心被评为"全省住房城乡建设系统先进单位"、第六批"徐州市文明单位标兵"、"2018 年度全市网络安全等级保护工作先进单位"，"公积金城乡一体化智能服务体系"在 2018 年度市级机关营商环境服务品牌创建专项评比中获四星级服务品牌称号。

（六）当年对违反《住房公积金管理条例》和相关法规行为进行行政处罚和申请人民法院强制执行情况：2018 年归集执法立案 11 起，结案 4 起，共申请法院强制执行 2 起案件；另外，以协调处理方式（未立案）纠正 24 家单位不缴少缴欠缴行为。通过立案执法和协调处理，共计 28 家单位建制或补缴到位，新增开户人数 583 人，补缴 1626 人，增加月缴存金额 303 万元。

常州市住房公积金 2018 年年度报告

一、机构概况

（一）住房公积金管理委员会：住房公积金管理委员会有 22 名委员，2018 年召开 2 次会议，会议审议通过 2018 年度住房公积金归集使用和财务收支计划执行情况，并对其他重要事项进行了决策，包括：《关于阶段性适当降低企业住房公积金缴存比例政策期延长的通知》、关于贯彻《关于改进住房公积金缴存机制进一步降低企业成本的通知》的实施意见、《关于加强住房公积金提取管理的通知》等。

（二）住房公积金管理中心：住房公积金管理中心为隶属于常州市政府、不以营利为目的的公益一类事业单位，设 7 个管理处室，5 个办事处，3 个分中心。从业人员 179 人，其中，在编 85 人，非在编 94 人。

二、业务运行情况

（一）缴存：2018 年，新开户且已缴存的单位 4768 家，实缴单位 27885 家，净增单位 3924 家；新开户且已缴存的职工 15.11 万人，实缴职工 93.2 万人，净增职工 8.67 万人；缴存额 121.61 亿元，同比增 13.72%。2018 年末，缴存总额 808.13 亿元，同比增长 17.71%；缴存余额 308.62 亿元，同比增长 12.44%。

受委托办理住房公积金缴存业务的银行 7 家，与上年持平。

（二）提取：2018 年，提取额 87.47 亿元，同比增长 15.3%；占当年缴存额的 71.93%，比上年增加 0.75 个百分点。2018 年末，提取总额 499.51 亿元，同比增长 21.23%。

（三）贷款：个人住房贷款最高额度 60 万元，其中，单缴存职工最高额度 30 万元，双缴存职工最高额度 60 万元。

2018 年，发放个人住房贷款 2.35 万笔 94.76 亿元，同比分别增长 21.76%、31.85%。其中，市中心发放个人住房贷款 1.24 万笔 50.51 亿元，武进分中心发放个人住房贷款 0.62 万笔 25.02 亿元，金坛分中心发放个人住房贷款 0.22 万笔 8.46 亿元，溧阳分中心发放个人住房贷款 0.273 万笔 10.76 亿元。

2018 年，回收个人住房贷款 43.95 亿元，同比增长 7.59%。其中，市中心 26.36 亿元，武进分中心 9.48 亿元，金坛分中心 3.54 亿元，溧阳分中心 4.57 亿元。

2018 年末，累计发放个人住房贷款 24.23 万笔 620.92 亿元，贷款余额 322.21 亿元，同比分别增长 10.74%、18.01%、18.72%。个人住房贷款余额占缴存余额的 104.4%，比上年增加 5.52 个百分点。

受委托办理住房公积金个人住房贷款业务的银行 12 家，其中发生住房公积金贷款业务的银行 10 家，与上年持平。

（四）融资：2018 年，融资 14 亿元用于支持住房公积金贷款发放，归还 7.5 亿元。2018 年末，融资总额 21.5 亿元，融资余额 14 亿元。

（五）资金存储：2018 年末，住房公积金存款 5.76 亿元。其中，活期 95.86 万元，1 年（含）以下定期 0 亿元，1 年以上定期 0 亿元，其他（协定、通知存款等）5.75 亿元。

（六）资金运用率：2018 年末，住房公积金个人住房贷款余额、项目贷款余额和购买国债余额的总和占缴存余额的 104.40%，比上年增加 5.52 个百分点。

三、主要财务数据

（一）业务收入：2018 年，业务收入 98122.47 万元，同比增长 13.94%。其中，市中心 61345.17 万元，武进分中心 22324.14 万元，金坛分中心 6384.17 万元，溧阳分中心 8068.98 万元；存款利息 2129.88 万元，委托贷款利息 95976.93 万元，国债利息 0 万元，其他 15.65 万元。

（二）业务支出：2018 年，业务支出 67094.89 万元，同比增长 14.33%。其中，市中心 43685.08 万元，武进分中心 15379.66 万元，金坛分中心 3463.76 万元，溧阳分中心 4566.38 万元；支付职工住房公积金利息 59615.32 万元，归集手续费 2648.06 万元，委托贷款手续费 3684.66 万元，其他 1146.84 万元。

（三）增值收益：2018 年，增值收益 31027.58 万元，同比增长 13.10%。其中，市中心 17660.08 万元，武进分中心 6944.48 万元，金坛分中心 2920.41 万元，溧阳分中心 3502.61 万元；增值收益率 1.07%，比上年增加 0.01 个百分点。

（四）增值收益分配：2018 年，提取贷款风险准备金 5080.78 万元，提取管理费用 3868.74 万元，提取城市廉租住房（公共租赁住房）建设补充资金 22078.06 万元。

2018年，上交财政管理费用3868.74万元。上缴财政城市廉租住房（公共租赁住房）建设补充资金22489.52万元。其中，市中心上缴11451.21万元，武进分中心上缴4091.82万元，金坛分中心上缴2092.18万元，溧阳分中心上缴4863.31万元。

2018年末，贷款风险准备金余额75781.92万元。累计提取城市廉租住房（公共租赁住房）建设补充资金223999.72万元。其中，市中心提取146353.59万元，武进分中心提取39581.74万元，金坛分中心提取17020.59万元，溧阳分中心提取21043.80万元。

（五）管理费用支出：2018年，管理费用支出3868.74万元，同比增长17.05%。其中，人员经费2997.47万元，公用经费149.56万元，专项经费721.71万元。

四、资产风险状况

2018年末，未发生个人住房贷款逾期。

个人贷款风险准备金按贷款余额的1%提取。2018年，提取个人贷款风险准备金5080.78万元，使用个人贷款风险准备金核销呆坏账情况。2018年末，未发生个人贷款风险准备金余额75228.22万元，占个人住房贷款余额的2.33%，个人住房贷款逾期额与个人贷款风险准备金余额的比率为0。

五、社会经济效益

（一）缴存业务：2018年，实缴单位数、实缴职工人数和缴存额同比分别增长16.38%、10.26%和13.72%。

缴存单位中，国家机关和事业单位占7.12%，国有企业占0.5%，城镇集体企业占0.5%，外商投资企业占2.23%，城镇私营企业及其他城镇企业占89.19%，民办非企业单位和社会团体占0.41%，其他占0.05%。

缴存职工中，国家机关和事业单位占14.45%，国有企业占2.22%，城镇集体企业占0.38%，外商投资企业占10.39%，城镇私营企业及其他城镇企业占60.48%，民办非企业单位和社会团体占0.06%，个人缴存户占7.35%，其他占4.67%；中、低收入占98.49%，高收入占1.51%。

新开户职工中，国家机关和事业单位占4.47%，国有企业占1.16%，城镇集体企业占0.32%，外商投资企业占9.97%，城镇私营企业及其他城镇企业占66.74%，民办非企业单位和社会团体占0.05%，个人缴存户占13.19%，其他占4.1%；中、低收入占99.68%，高收入占0.32%。

（二）提取业务：2018年，35.25万名缴存职工提取住房公积金87.47亿元。

提取金额中，住房消费提取占81.09%（购买、建造、翻建、大修自住住房占20.8%，偿还购房贷款本息占55.95%，租赁住房占4.34%）；非住房消费提取占18.91%（离休和退休提取占9.18%，完全丧失劳动能力并与单位终止劳动关系提取占0.98%，户口迁出本市或出境定居占0.01%，其他占8.74%）。

提取职工中，中、低收入占97.89%，高收入占2.11%。

（三）贷款业务：

1. **个人住房贷款**。2018年，支持职工购建房154.8万平方米（期房），年末个人住房贷款市场占有率为20.56%，比上年减少2.63个百分点。通过申请住房公积金个人住房贷款，可节约职工购房利息支出22200万元。

职工贷款笔数中，购房建筑面积 90（含）平方米以下占 31.2%，90~144（含）平方米占 59.75%，144 平方米以上占 9.05%。购买新房占 47.98%，购买二手房占 52.01%，建造、翻建、大修自住住房占 0.01%。

职工贷款笔数中，单缴存职工申请贷款占 50.33%，双缴存职工申请贷款占 49.03%，三人及以上缴存职工共同申请贷款占 0.64%。

贷款职工中，30 岁（含）以下占 34.65%，30 岁~40 岁（含）占 39.95%，40 岁~50 岁（含）占 21.46%，50 岁以上占 3.94%；首次申请贷款占 83.52%，二次及以上申请贷款占 16.48%；中、低收入占 98.91%，高收入占 1.09%。

2. **公转商贴息贷款**。2018 年，发放公转商贴息额 11407.55 万元。2018 年末，累计发放公转商贴息贷款 39032 笔 1229456.8 万元，累计贴息 36161.76 万元。

3. **支持保障性住房建设试点项目贷款**。2018 年末，累计试点项目 1 个，贷款额度 4.4 亿元，建筑面积 11.02 万平方米，可解决 1751 户中低收入职工家庭的住房问题。该 1 个试点项目贷款资金已发放并还清贷款本息。

（四）住房贡献率：2018 年，个人住房贷款发放额、公转商贴息贷款发放额、项目贷款发放额、住房消费提取额的总和与当年缴存额的比率为 158.87%，比上年减少 3.34 个百分点。

六、其他重要事项

（一）住房公积金政策调整及执行情况：

1. **调整住房公积金缴存基数限额及缴存比例**。2018 年住房公积金缴存基数上限为 20980 元，比上年度增长 10.54%；常州市区缴存基数下限为 2020 元，溧阳市和金坛区 1850 元。全市各类企业的住房公积金缴存比例为单位和职工各 10%~12%，符合《关于阶段性适当降低企业住房公积金缴存比例的通知》（常公积金委〔2016〕1 号）规定的各类困难企业，可按规定程序申报降低缴存比例或缓缴；全市自由职业者、个体工商户等个人缴存者的住房公积金缴存比例统一为 20%。

2. **出台降低企业成本政策**。2018 年 7 月 13 日，中心出台《改进住房公积金缴存机制进一步降低企业成本的实施细则》，扩大住房公积金缴存比例的浮动区间，全市党政机关、事业单位、企业等各类缴存单位可在 5%~12% 区间内自主确定缴存比例，明确困难企业缴存比例最低可降至 1%。新开户单位在办理缴存登记时确定缴存比例，已缴存单位在基数调整时同时调整，一年调整一次，切实减轻企业非税负担，促进企业可持续发展。

3. **出台加强住房公积金提取管理政策**。2018 年 7 月 4 日，实施《关于加强住房公积金提取管理的通知》（常公积金委〔2018〕3 号），提高租房提取额度，职工租房提取住房公积金额度由每年不超过 9600 元提高到每年不超过 10800 元；明确缴存职工与单位解除或终止劳动关系的，应先办理个人账户封存；规范购房提取管理，严格审核住房消费行为和证明材料的真实性；全面推行提取资金直连支付，同时实施失信联合惩戒。

（二）当年服务改进情况：

1. **加快线上业务开发**。根据"一张网"建设要求，将涉及住房公积金 18 项业务中的 15 项实现网上办结，贷款申请、单位降比申请业务以网上预受理的方式方便职工办理。截至 12 月底，通过线上办理住房公积金单位业务达48.11万笔、个人业务23.65万笔，占单位业务量的87%和个人业务量的10%。提升12329热线服务体验，优化自助语音咨询内容和咨询方式，新增后台人工业务审核，既提升了服务水平又保障了职工个人信息的安全。

2. **优化业务办理流程**。通过合并表单、共享信息、减少签字环节等方式，取消了1卡5表，调整1个收件和1个签字，进一步精简提取、贷款业务流程，提升服务效率。推行住房公积金贷款业务线上预审核业务，缩短贷款业务办理时间一半以上。推行新的异地转移接续操作模式，我市住房公积金业务操作系统直接接入住房城乡建设部相关平台，取消原来人工审核录入操作环节，改为计算机系统调用，并自动进行判别审核，既提高了工作效率又有效保障了信息安全。

3. **坚持特色便民服务**。在做好柜面服务的同时，通过顶岗、轮流值班等方式，开展中午延时服务、周六便民服务、预约上门服务等特色服务4000余人次；加强12329服务热线的业务培训，提升话务接听质量，2018年转人工总量达到33.83万人次，同比增长15%，接通率98.9%；通过手机短信平台向职工发送电子对账单、政策宣传、贷款逾期提醒、满意度调查等服务短信76.54万条。

4. **主动公开信息情况**。开展全媒体宣传，营造良好舆论氛围，全年在报纸专栏、专版与新闻宣传60篇次，电视专题宣传累计40余集；发挥微信、微博、网站等新媒体渠道优势，推送各类政策宣传351篇次；与电视台合作制作的15集动漫宣传片在电视、网站及公交媒体滚动播出，宣传载体从常州媒体扩展到省电视台、住房城乡建设部《中国建设报》，强化宣传效果，扩大社会影响力。

（三）**当年住房公积金管理中心及职工所获荣誉情况**：2018年，中心先后荣获全省住建系统先进集体、先进基层党组织、窗口单位优质服务竞赛活动优质服务窗口，以及常州市2016~2018年五一巾帼标兵岗、市级机关信访工作绩效考核优秀单位等10余项省、市级荣誉，3位同志获得省、市表彰。

（四）**当年对违反《住房公积金管理条例》和相关法规行为进行行政处罚和申请人民法院强制执行情况**：2018年度，对1家单位进行行政处罚罚款1万元；对6家公司申请人民法院强制执行，申请执行款项合计2200415元，已执行到位款项209604元。

苏州市住房公积金2018年年度报告

一、机构概况

（一）**住房公积金管理委员会**：住房公积金管理委员会有14名委员，2018年召开2次会议：

1. 第三届十二次全体会议审议并批准了《关于苏州市2018年住房公积金归集使用计划执行情况和2018年住房公积金归集使用计划草案的报告》《关于苏州市2018年住房公积金财务收支计划执行情况和2018年住房公积金财务收支计划草案的报告》。同时，听取了《关于维护缴存职工购房贷款权益政策事项的报告》，书面审阅了《关于2018年度住房公积金业务的审计报告》和《关于2018年度住房公积金管理费用使用的审计报告》。

2. 第三届十三次全体会议听取和审议了《上半年住房公积金有关情况》及提请批准的有关事项。同时，追补审议批准了《关于开展治理违规提取住房公积金工作的实施意见》和《关于延长阶段性适当减低企业住房公积金缴存比例政策的实施意见》。

（二）苏州市住房公积金管理中心：住房公积金管理中心为苏州市政府不以营利为目的的公益一类事业单位，主要负责全市（不含工业园区）住房公积金的归集、管理、使用和会计核算。中心内设9个职能处室，在所辖四个县级市、五个区设置9个分中心和1个管理部。从业人员271人，其中，参公管理人员118人，公益性岗位人员70人，服务外包人员83人。

（三）苏州工业园区公积金：

1. 苏州工业园区管理委员会负责在工业园区行政区域内组织和推行社会保险（公积金）制度，研究决定园区社会保险（公积金）制度的重大事项和发展规划。

2. 苏州工业园区劳动和社会保障局负责实施工业园区行政区域内的社会保险制度和住房公积金制度。

3. 苏州工业园区社会保险基金和公积金管理中心负责工业园区行政区域内社会保险基金和公积金的管理，负责区内住房公积金的缴存、提取、贷款和基金管理，具体承办园区社会保险运行业务，负责社会保险登记、基金征缴、个人权益记录、社会保险待遇支付等工作。

二、业务运行情况

（一）缴存：2018年，新开户单位20051家（其中园区中心5081家），实缴单位91649家（其中园区中心22831家），净增单位19150家（其中园区中心4668家）；新开户职工81.36万人（其中园区中心14.10万人），实缴职工378.25万人（其中园区中心68.91万人），净增职工16.52万人（其中园区中心2.22万人）；缴存额444.34亿元（其中园区中心86.66亿元），同比增长13.49%。2018年末，缴存总额2679.64亿元（其中园区中心412.95亿元），同比增长19.88%；缴存余额853.19亿元（其中园区中心133.39亿元），同比增长17.11%。

受委托办理住房公积金缴存业务的银行6家，与上年相比无变化。

（二）提取：2018年，提取额319.69亿元（其中园区中心60.50亿元），同比增长10.57%；占当年缴存额的71.95%，比上年减少1.9个百分点。2018年末，提取总额1826.46亿元（其中园区中心279.56亿元），同比增长21.22%。

（三）贷款：

1. 个人住房贷款：个人住房贷款最高额度70万元。此外，购买套型建筑面积90平方米（含90平方米）以内的住房，且住房总价不超过110万元的职工，首次使用住房公积金贷款，贷款最高限额可计算至住房总价的80%。

首次使用住房公积金贷款的，借款申请人及共同借款申请人中有两人（含）以上共同参与计算可贷额度的，最高贷款额度为70万元；仅借款申请人参与计算可贷额度的，最高贷款额度为45万元。第二次使用住房公积金贷款的，借款申请人及共同借款申请人中有两人（含）以上共同参与计算可贷额度的，最高贷款额度为50万元；仅借款申请人参与计算可贷额度的，最高贷款额度为30万元。

2018年，发放个人住房贷款4.01万笔183.38亿元，同比分别增长63.67%、69.47%。其中，张家港分中心发放个人住房贷款0.34万笔、12.44亿元，常熟分中心发放个人住房贷款0.34万笔、12.52亿元，昆山分中心发放个人住房贷款0.92万笔、37.79亿元，太仓分中心发放个人住房贷款0.19万笔、9.02亿元，吴江分中心（含盛泽管理部）发放个人住房贷款0.26万笔、9.66亿元，吴中分中心发放个人住房贷款0.27万笔、11.19亿元，相城分中心发放个人住房贷款0.06万笔、2.66亿元，姑苏分中心发放个人住房贷款0.58万笔、27.77亿元，虎丘分中心发放个人住房贷款0.43万笔、20.61亿元，园区中心发放个人住房贷款0.62万笔、39.72亿元。

2018年，回收个人住房贷款83.98亿元。其中，张家港分中心9.30亿元，常熟分中心8.26亿元，昆山分中心17.06亿元，太仓分中心5.73亿元，吴江分中心（含盛泽管理部）5.62亿元，吴中分中心4.78亿元，相城分中心2.23亿元，姑苏分中心12.78亿元，虎丘分中心8.07亿元，园区中心10.15亿元。

2018年末，累计发放个人住房贷款47.62万笔（其中园区中心3.65万笔）、1438.77亿元（其中园区中心171.50亿元），贷款余额793.17亿元，同比分别增长9.20%、14.61%、14.33%。个人住房贷款余额占缴存余额的92.97%，比上年减少2.26个百分点。

受委托办理住房公积金个人住房贷款业务的银行16家，与上年相比无增减。

2. 住房公积金支持保障性住房建设项目贷款：2018年，未发放支持保障性住房建设项目贷款。2018年末，累计发放项目贷款3.2亿元，无项目贷款余额。

（四）**融资**：2018年，未发生融资，归还91.27亿元（其中园区中心2.93亿元）。2018年末，融资总额331.35亿元（其中园区中心35.16亿元），融资余额80.31亿元（其中园区中心26.72亿元）。

（五）**资金存储**：2018年末，住房公积金存款82.30亿元（其中园区中心15.07亿元）。其中，1年（含）以下定期6.7亿元，其他（协定、通知存款等）75.60亿元（其中园区中心1年（含）以下定期6.7亿元，其他8.37亿元）。

（六）**资金运用率**：2018年末，住房公积金个人住房贷款余额、项目贷款余额和购买国债余额的总和占缴存余额的92.97%，比上年减少2.26个百分点。

三、主要财务数据

（一）**业务收入**：2018年，业务收入256379.49万元，同比增长8.84%。其中，市中心（含姑苏分中心、虎丘分中心）57043.72万元，张家港分中心27608.76万元，常熟分中心26126.04万元，昆山分中心48447.70万元，太仓分中心16879.85万元，吴江分中心（含盛泽管理部）16240.98万元，吴中分中心15149.27万元，相城分中心6821.74万元，园区中心42061.43万元；存款利息收入19646.84万元（其中园区中心6546.82万元），委托贷款利息收入235761.33万元（其中园区中心35514.62万元），其他收入971.32万元。

（二）**业务支出**：2018年，业务支出156252.72万元，同比降低13.89%。其中，市中心（含姑苏分中心、虎丘分中心）36142.96万元，张家港分中心17056.65万元，常熟分中心15160.71万元，昆山分中心30392.12万元，太仓分中心11033.61万元，吴江分中心（含盛泽管理部）10544.46万元，吴中分中心9526.28万元，相城分中心4393.30万元，园区中心22002.63万元；住房公积金利息支出107781.44万元（其中园区中心16123.65万元），归集手续费用支出14399.60万元，委托贷款手续费支出9629.43万元（其中园区中心1775.73万元），其他支出24442.25万元（其中园区中心4103.25万元）。

（三）**增值收益**：2018年，增值收益100126.77万元，同比增长85.03%。其中，市中心（含姑苏分中心、虎丘分中心）20900.76万元，张家港分中心10552.11万元，常熟分中心10965.33万元，昆山分中心18055.59万元，太仓分中心5846.23万元，吴江分中心（含盛泽管理部）5696.52万元，吴中分中心5622.99万元，相城分中心2428.44万元，园区中心20058.80万元；增值收益率1.26%，比上年同期增加0.46个百分点。

（四）**增值收益分配**：2018年，提取贷款风险准备金55496.82万元（其中园区中心12035.28万元），提取管理费用11856.25万元，提取城市廉租住房（公共租赁住房）建设补充资金32773.71万元（其中园区中心8023.52万元）。

2018年，上交财政管理费用11856.25万元。上缴财政城市廉租住房（公共租赁住房）建设补充资金31487.09万元。其中，市中心（含姑苏分中心和虎丘分中心）上缴财政2073.40万元，张家港分中心上缴5819.76万元，常熟分中心上缴财政5290.25万元，昆山分中心上缴财政6191.82万元，太仓分中心上缴财政1564.84万元，吴江分中心（含盛泽管理部）上缴财政2595.71万元，吴中分中心上缴财政2016.91万元，相城分中心上缴财政998.29万元，园区中心上缴财政4936.11万元。

2018年末，贷款风险准备金余额249140.42万元（其中园区中心49366.99万元）。累计提取城市廉租住房（公共租赁住房）建设补充资金318103.83万元。其中，市中心（含姑苏分中心、虎丘分中心）提取108292.85万元，张家港分中心提取41979.62万元，常熟分中心提取41886.70万元，昆山分中心提取42988.26万元，太仓分中心提取15217.85万元，吴江分中心（含盛泽管理部）提取16924.08万元，吴中分中心提取13814.66万元，相城分中心提取4088.48万元，园区中心提取32911.33万元。

（五）**管理费用支出**：2018年，管理费用支出11191.76万元，同比减少2.28%。其中，人员经费4824.48万元，公用经费441.94万元，专项经费5925.34万元。

市中心（含姑苏分中心、虎丘分中心）管理费用支出5817.21万元，其中，人员、公用、专项经费分别为1988.63万元、178.92万元、3649.66万元；张家港分中心管理费用支出819.63万元，其中，人员、公用、专项经费分别为497.97万元、42.82万元、278.84万元；常熟分中心管理费用支出909.92万元，其中，人员、公用、专项经费分别为419.18万元、42.72万元、448.02万元；昆山分中心管理费用支出1005.52万元，其中，人员、公用、专项经费分别为468.98万元、41.62万元、494.92万元；太仓分中心管理费用支出609.39万元，其中，人员、公用、专项经费分别为366.31万元、36.11万元、206.97万元；吴江分中心（含盛泽管理部）管理费用支出920.29万元，其中，人员、公用、专项经费分别为500.21万元、45.19万元、374.89万元；吴中分中心管理费用支出649.30万元，其中，人员、公用、专项经费分别为356.95万元、29.27万元、263.08万元；相城分中心管理费用支出460.50万元，其中，人员、公用、专项经费分别为226.25万元、25.29万元、208.96万元。

四、资产风险状况

2018年末，个人住房贷款逾期额1.13万元，逾期率0.0002‰。其中，张家港分中心0‰，常熟分中心0‰，昆山分中心0‰，太仓分中心0‰，吴江分中心（含盛泽管理部）0‰，吴中分中心0‰，相城分中心0‰，姑苏分中心0.0005‰，虎丘分中心0.0007‰，园区中心0‰。

2018年，按当年住房公积金个人住房贷款净增额的3.0%提取个人贷款风险准备金55496.82万元（其中园区中心按当年增值收益的60%提取个人贷款风险准备金12035.28万元），使用个人贷款风险准备金核销呆坏账 0 万元。2018 年末，个人贷款风险准备金余额 249140.42 万元（其中园区中心 49366.99 万元），占个人住房贷款余额的 3.14%（其中园区中心 3.88%），个人住房贷款逾期额与个人贷款风险准备金余额的比率为 0.0005%。

五、社会经济效益

（一）**缴存业务**：2018 年，实缴单位数、实缴职工人数和缴存额同比分别增长 24.68%、10.31% 和 13.49%。

缴存单位中，国家机关和事业单位占 5.69%，国有企业占 1.44%，城镇集体企业占 0.98%，外商投资企业占 9.15%，城镇私营企业及其他城镇企业占 78.43%，民办非企业单位和社会团体占 2.38%，其他占 1.93%。

缴存职工中，国家机关和事业单位占 8.96%，国有企业占 3.67%，城镇集体企业占 1.08%，外商投资企业占 36.81%，城镇私营企业及其他城镇企业占 46.49%，民办非企业单位和社会团体占 1.17%，其他占 1.82%；中、低收入占 98.97%，高收入占 1.03%。

新开户职工中，国家机关和事业单位占 2.12%，国有企业占 1.59%，城镇集体企业占 0.46%，外商投资企业占 41.08%，城镇私营企业及其他城镇企业占 52.46%，民办非企业单位和社会团体占 0.97%，其他占 1.32%；中、低收入占 98.09%，高收入占 1.91%。

（二）**提取业务**：2018 年，109.84 万名（其中园区中心 31.02 万名）缴存职工提取住房公积金 319.69 亿元（其中园区中心 60.50 亿元）。

提取金额中，住房消费提取占 85.89%（购买、建造、翻建、大修自住住房占 21.94%，偿还购房贷款本息占 62.42%，租赁住房占 1.53%）；非住房消费提取占 14.11%（离休和退休提取占 6.17%，完全丧失劳动能力并与单位终止劳动关系提取占 0.02%，户口迁出本市或出境定居占 5.62%，其他占 2.30%）。

提取职工中，中、低收入占 96.47%，高收入占 3.53%。

（三）**贷款业务**：

1. **个人住房贷款**：2018 年，支持职工购建房 307.8 万平方米（其中园区中心 54.28 万平方米），年末个人住房贷款市场占有率为 9.19%，比上年增加 1.59 个百分点。通过申请住房公积金个人住房贷款，可节约职工购房利息支出 439034.03 万元（其中园区中心 88191.58 万元）。

职工贷款笔数中，购房建筑面积 90（含）平方米以下占 43.73%，90～144（含）平方米占 49.90%，144 平方米以上占 6.37%。购买新房占 31.55%（其中购买保障性住房占 0.31%），购买二手房占 68.30%，建造、翻建、大修自住住房占 0.15%，其他占 0%。

职工贷款笔数中，单缴存职工申请贷款占 60.23%，双缴存职工申请贷款占 39.30%，三人及以上缴存职工共同申请贷款占 0.47%。

贷款职工中，30 岁（含）以下占 38.39%，30 岁～40 岁（含）占 47.76%，40 岁～50 岁（含）占 12.61%，50 岁以上占 1.24%；首次申请贷款占 92.67%，二次及以上申请贷款占 7.33%；中、低收入占 94.67%，高收入占 5.33%。

2. **公转商贴息贷款**：2018 年，未发放公转商贴息贷款（含存量公转商，下同），当年贴息额

14269.55万元（其中园区中心3229.45万元）。2018年末，累计发放公转商贴息贷款43383笔、1543548.46万元，累计贴息47472.43万元（其中园区中心累计发放公转商贴息贷款7257笔、351560.01万元，累计贴息10554.34万元）。

3. **支持保障性住房建设试点项目贷款**：2018年末，累计试点项目3个，贷款额度20亿元，建筑面积62.78万平方米，可解决3255户中低收入职工家庭的住房问题。其中，1个试点项目贷款资金已发放并还清贷款本息。鉴于其余两个项目进展情况的实际，两项目不再申请发放住房公积金贷款，苏州利用住房公积金贷款支持保障性住房建设试点项目工作告一段落。

（四）住房贡献率：2018年，个人住房贷款发放额、公转商贴息贷款发放额、项目贷款发放额、住房消费提取额的总和与当年缴存额的比率为113.22%，比上年增加11.73个百分点。

六、其他重要事项

（一）当年住房公积金政策调整及执行情况：

1. **当年缴存基数限额及确定方法、缴存比例等缴存政策调整情况**

（1）缴存基数限额：2018年度，苏州住房公积金最高缴存基数为21900元，最低不得低于苏州各地人社部门公布的当地最低社保缴费基数，如职工工资基数确实低于当地最低社保缴费基数的，经住房公积金管理机构核准，按实缴存，但最低不得低于苏州市人力资源和社会保障局公布的当年度最低工资，即2020元。

（2）确定方法

最高限额：苏州市统计局公布的上一年度职工月平均工资的3倍；

最低限额：苏州市人力资源和社会保障局公布的当年度最低工资。

（3）缴存比例调整：2018年6月21日出台《关于延长阶段性适当降低企业住房公积金缴存比例政策的实施意见》（苏房金规〔2018〕4号）。新设立的单位办理住房公积金缴存登记，可在5%至12%区间内自主确定住房公积金缴存比例。

各级国家机关、各类事业单位、民办非企业单位、社会团体及其他单位：单位与职工各8%～12%。

2. **当年提取政策调整情况**。2018年，我中心统一了还贷提取留存金额，对办理归还各类住房贷款提取住房公积金（含委托提取业务）的职工，其个人住房公积金账户需至少按最新缴存基数留存一个月的缴存额（不含新职工补贴）。

缴存职工与单位解除或终止劳动关系的，在异地开立住房公积金账户并稳定缴存半年以上的，办理异地转移接续手续。封存满半年后，未在我市正常就业且未在异地继续缴存的外地户籍职工可以办理销户提取手续。

3. **当年个人住房贷款最高贷款额度、贷款条件等贷款政策调整情况**。2018年，规范了高层次人才享受住房公积金支持政策。与市人才办联合下发了《苏州市高层次人才享受住房公积金支持政策管理办法》，首次制定《享受住房公积金支持政策高层次人才目录》，实现了人才认定标准和享受优惠政策标准双统一。

（二）当年服务改进情况：2018年，我中心深化"不见面"改革，着力在技术上形成安全、稳定、持续的支撑体系，在服务上形成便捷、高效、创新的供给能力，在品牌上形成示范、巩固、深化的发展模式。

智慧集成，效率再提速。第三代公积金综合业务系统（一期）工程建成并上线运行，公积金信息系统对业务服务的引领保障作用大幅提升。顺利通过住房城乡建设部"双贯标"验收，职工提取转移公积金实现全国直连，积极融入全省政务服务"一张网"，大力推进与社保、国土、公安等部门的数据资源整合共享，以数据的无缝对接促进服务的有效衔接。

宽放善管，便利再升级。着力推进"互联网＋公积金"，拓展政务服务互联网应用渠道，推出手机客户端，4成以上个人业务实现了全程网上办理，超过1/3的提取业务从柜面转移至线上，变"只跑一次"为"一次都不用跑"。先后取消公积金纸质卡以及户籍、解除劳动关系、低保特困、退休等多项证明材料，建立以身份证号码为个人唯一认证码机制，实现信息的"一刷获取"，业务的"一证通办"。打造远程即时服务、"15分钟"实地服务和分中心大厅全业务服务的立体式服务体系，最大限度方便缴存单位和职工。

巩固优势，品牌再增色。积极开展文明行业创建，有效延展"公积金惠万家"服务品牌内涵，树立全市公积金行业的文明形象。基本建成"网站、微博、微信、12329、云服务平台、手机APP"多位一体的网上综合服务平台，年内，微信公众号回复职工咨询39.22万条，粉丝达130万人，云服务平台回复咨询4.82万条，12329热线接听电话143.3万次，"寒山闻钟"论坛回帖640件，公众监督栏目回复1474条，办理12345转办工单648件。组织公积金业务技能竞赛，开展惠民杯"流动红旗"双月评比，发挥先进示范引领作用。继续通过"神秘人"暗访、满意度专项调查、客户需求信息采集、服务质量点评会等特色举措，巩固提升全系统服务质量，不断满足群众的新期待新要求。

（三）当年信息化建设情况：

1. **全面落实住房城乡建设部"双贯标"工作要求**。以贯彻公积金基础数据标准、接入全国公积金统一结算平台、落实公积金信息系统技术规范为总体要求，成功上线苏州市第三代公积金综合业务系统。"全业务种类、全业务银行"按时顺利接入住房城乡建设部结算平台。

2. **优化信息系统运行环境**。按照住房城乡建设部公积金信息化建设的相关要求，对照金融信息系统标准，重建了中心主机房，按照数据应用"一地两中心"的部署，实现了住房公积金信息系统应用级灾备，进一步保障公积金数据资产的安全。

3. **强化网络安全管理**。升级了原有的运维安全审计、网络审计、日志审计、数据库审计等安全管理系统，实现了网络后台操作的全程留痕、信息追踪，系统安全风险防范能力进一步提升。

4. **努力推进部门数据互联共享，丰富"互联网＋"住房公积金应用**。实现了与人社、公安、住房城乡建设、工商等部门数据互联共享，拓展政务服务互联网应用渠道，推出手机客户端，多项业务实现在线办理和自助办理。借鉴学习成功先进经验，采用人脸识别、银行卡校验、手机验证码等多重交叉认证手段，破解实名身份认证的难题，为扩大公积金"不见面"审批服务奠定了技术基础。整合重建微信、APP、网厅、12329、自助终端等服务渠道，按照住房城乡建设部要求建成住房公积金综合服务管理平台。

（四）当年住房公积金管理中心及职工所获荣誉情况：

1. **集体**

（1）市中心被省人社厅、省住房城乡建设厅联合表彰为"全省住房城乡建设系统先进集体"。

（2）我中心被苏州市精神文明建设指导委员会评为2015～2018年度文明行业。

（3）张家港、常熟、昆山、太仓、吴江、吴中、相城、姑苏、虎丘9个分中心全部被苏州市精神文明建设指导委员会评为2015～2018年度文明单位。

（4）市中心机关党总支被市级机关工委评为"2018～2018年度苏州市市级机关学习型党组织示范点"。

（5）市中心机关党总支被市级机关工委评为"2018年度机关党建信息工作先进单位"。

（6）市中心在2018年度苏州市"便民杯"优质服务竞赛中，被考核认定为"优秀单位（群众满意）"。

（7）市中心团支部被共青团苏州市委员会评为"2018年度五四红旗团支部"。

（8）市中心在苏州市人民政府2018年度政府门户网站内容保障工作中荣获先进单位。

（9）姑苏分中心被江苏省建设工会工作委员会评为"模范职工小家"。

2. 个人

（1）吴建明同志被省人社厅和省住房城乡建设厅联合表彰为"全省住房城乡建设系统先进工作者"。

（2）范婷同志被中共江苏省住房和城乡建设行业委员会评为全省住房和城乡建设行业优秀党务工作者。

（3）姜岸同志被中共江苏省住房和城乡建设行业委员会评为全省住房和城乡建设行业优秀共产党员。

（4）朱建明同志荣获苏州市政府二等功奖励。

（5）许凤美同志被苏州市委市政府授予"苏州市劳动模范"荣誉称号。

（6）姚胜楠同志被江苏省住房和城乡建设系统职工劳动竞赛活动领导小组评为"优质服务明星"。

（7）程玲同志被苏州市总工会授予"苏州市五一劳动奖章"。

（8）柳雪琴同志被苏州市人民政府评为2018年度市政府门户网站内容保障工作先进个人。

（五）其他需要披露的情况：

1. 开展2018年度中低收入家庭购买保障性住房的公积金贷款贴息，全市共计办理贷款贴息775笔、163.15万元，户均贴息2105元。

2. 继续对长期未使用住房公积金的缴存职工实施奖励补贴机制，全年累计向4.39万名符合条件的职工实施奖励4033.95万元，人均享受补贴918.90元。

南通市住房公积金2018年年度报告

一、机构概况

（一）住房公积金管理委员会：住房公积金管理委员会有25名委员，2018年召开1次会议，审议通过的事项主要包括：

1. 审议《关于2018年住房公积金归集、使用计划执行情况和2018年住房公积金归集、使用计划的报告》。

2. 听取市财政局《2018年住房公积金资金审计情况的汇报》，审议《2018年度住房公积金财务报表审计情况说明书》和《2018年度住房公积金管理费用使用审计情况说明书》。

3. 审议《2018年住房公积金增值收益分配方案》。

4. 审议《南通市住房公积金管理中心 2018 年年度报告》。
5. 审议《关于在我市就业的港澳台同胞享有住房公积金待遇的通知》。
6. 审议住房公积金政策执行过程中的有关具体问题的答复口径。
7. 审议废止管委会发布的 5 份规范性文件。
8. 审议停止使用《住房公积金支取申请书》。

（二）**住房公积金管理中心**：住房公积金管理中心为市政府直属不以营利为目的的自收自支事业单位，设 10 个处（科），6 个管理部，5 个办事处。从业人员 123 人，其中，在编 98 人，非在编 25 人。

二、业务运行情况

（一）**缴存**：2018 年，新开户单位 2469 家，实缴单位 19025 家，净增单位 1395 家；新开户职工 15.52 万人，实缴职工 85.65 万人，净增职工 5.45 万人；缴存额 116.08 亿元，同比增长 12.71%。2018 年末，缴存总额 811.24 亿元，同比增长 16.70%；缴存余额 281.35 亿元，同比增长 9.99%。

受委托办理住房公积金缴存业务的银行 5 家，与上年相比无变化。

（二）**提取**：2018 年，提取额 90.51 亿元，同比增长 7.38%；占当年缴存额的 77.97%，比上年减少 3.87 个百分点。2018 年末，提取总额 529.89 亿元，同比增长 20.60%。

（三）**贷款**：个人住房贷款最高额度 40 万元，其中，单缴存职工最高额度 40 万元，双缴存职工最高额度 80 万元。

2018 年，发放个人住房贷款 1.81 万笔 74.42 亿元，同比分别增长 17.53%、25.94%。

2018 年，回收个人住房贷款 34.98 亿元。

2018 年末，累计发放个人住房贷款 25.07 万笔 606.16 亿元，贷款余额 322.08 亿元，同比分别增长 7.78%、14.00%、13.95%。个人住房贷款余额占缴存余额的 114.48%，比上年增加 3.98 个百分点。

受委托办理住房公积金个人住房贷款业务的银行 19 家，与上年相比无变化。

（四）**融资**：2018 年，融资 21.27 亿元，归还 7.7 亿元。2018 年末，融资总额 58.40 亿元，融资余额 45.22 亿元。

（五）**资金存储**：2018 年末，住房公积金存款 0 亿元。

（六）**资金运用率**：2018 年末，住房公积金个人住房贷款余额、项目贷款余额和购买国债余额的总和占缴存余额的 114.48%，比上年增加 3.98 个百分点。

三、主要财务数据

（一）**业务收入**：2018 年，业务收入 100079.41 万元，同比增长 10.54%。其中，存款利息 679.82 万元，委托贷款利息 99399.59 万元，国债利息 0 万元，其他 0 万元。

（二）**业务支出**：2018 年，业务支出 57283.32 万元，同比增长 11.73%。其中，支付职工住房公积金利息 40613.46 万元，归集手续费 2988.40 万元，委托贷款手续费 2619.65 万元，其他 11061.81 万元。

（三）**增值收益**：2018 年，增值收益 42796.09 万元，同比增长 8.99%。增值收益率 1.60%，比上年增加 0.01 个百分点。

（四）**增值收益分配**：2018 年，提取贷款风险准备金 25677.65 万元，提取管理费用 3128.07 万元，提取城市廉租住房（公共租赁住房）建设补充资金 13990.37 万元。

2018 年，上交财政管理费用 2976.21 万元。上缴财政城市廉租住房（公共租赁住房）建设补充资金 12735.47 万元。2018 年末，贷款风险准备金余额 227950.64 万元。累计提取城市廉租住房（公共租赁住房）建设补充资金 113549.87 万元。

（五）管理费用支出：2018 年，管理费用支出 3128.07 万元，同比增长 5.10%。其中，人员经费 2231.79 万元，公用经费 260.44 万元，专项经费 635.84 万元。

四、资产风险状况

2018 年末，个人住房贷款逾期额 753.89 万元，逾期率 0.23‰。

个人贷款风险准备金按增值收益的 60% 提取。2018 年，提取个人贷款风险准备金 25677.65 万元，使用个人贷款风险准备金核销呆坏账 0 万元。2018 年末，个人贷款风险准备金余额 227950.64 万元，占个人住房贷款余额的 7.08%，个人住房贷款逾期额与个人贷款风险准备金余额的比率为 0.33%。

五、社会经济效益

（一）缴存业务：2018 年，实缴单位数、实缴职工人数和缴存额同比分别增长 7.91%、6.80% 和 12.71%。

缴存单位中，国家机关和事业单位占 16.45%，国有企业占 2.04%，城镇集体企业占 0.72%，外商投资企业占 3.19%，城镇私营企业及其他城镇企业占 4.36%，民办非企业单位和社会团体占 3.46%，其他占 69.78%。

缴存职工中，国家机关和事业单位占 20.40%，国有企业占 6.76%，城镇集体企业占 1.44%，外商投资企业占 10.61%，城镇私营企业及其他城镇企业占 1.64%，民办非企业单位和社会团体占 1.42%，其他占 57.73%；中、低收入占 98.48%，高收入占 1.52%。

新开户职工中，国家机关和事业单位占 4.63%，国有企业占 2.07%，城镇集体企业占 0.64%，外商投资企业占 7.96%，城镇私营企业及其他城镇企业占 1.75%，民办非企业单位和社会团体占 1.25%，其他占 81.70%；中、低收入占 78.09%，高收入占 21.91%。

（二）提取业务：2018 年，26.96 万名缴存职工提取住房公积金 90.51 亿元。

提取金额中，住房消费提取占 79.82%（购买、建造、翻建、大修自住住房占 40.29%，偿还购房贷款本息占 39.49%，租赁住房占 0.04%，其他占 0%）；非住房消费提取占 20.18%（离休和退休提取占 11.48%，完全丧失劳动能力并与单位终止劳动关系提取占 0.02%，户口迁出本市或出境定居占 0.33%，其他占 8.35%）。

提取职工中，中、低收入占 95.92%，高收入占 4.08%。

（三）贷款业务：

1. 个人住房贷款：2018 年，支持职工购建房 266.22 万平方米，年末个人住房贷款市场占有率为 17.21%。通过申请住房公积金个人住房贷款，可节约职工购房利息支出 131329.33 万元。

职工贷款笔数中，购房建筑面积 90（含）平方米以下占 14.59%，90～144（含）平方米占 67.09%，144 平方米以上占 18.32%。购买新房占 55.59%（其中购买保障性住房占 0.006%），购买二手房占

43.48%，建造、翻建、大修自住住房占0%，其他占0.93%。

职工贷款笔数中，单缴存职工申请贷款占53.28%，双缴存职工申请贷款占43.97%，三人及以上缴存职工共同申请贷款占2.75%。

贷款职工中，30岁（含）以下占27.44%，30岁~40岁（含）占40.33%，40岁~50岁（含）占24.30%，50岁以上占7.93%；首次申请贷款占76.72%，二次及以上申请贷款占23.28%；中、低收入占98.79%，高收入占1.21%。

2. **异地贷款**：2018年，发放异地贷款650笔24251.6万元。2018年末，发放异地贷款总额63560.8万元，异地贷款余额56905.6万元（不含系统升级前数据）。

3. **公转商贴息贷款**：2018年，发放公转商贴息贷款0笔0万元，支持职工购建住房面积0万平方米，当年贴息额5567.81万元。2018年末，累计发放公转商贴息贷款14387笔613597.65万元，累计贴息14497.91万元。

（四）**住房贡献率**：2018年，个人住房贷款发放额、公转商贴息贷款发放额、项目贷款发放额、住房消费提取额的总和与当年缴存额的比率为126.35%，比上年减少15.87个百分点。

六、其他重要事项

（一）当年住房公积金政策调整及执行情况：

1. 当年缴存基数限额及确定方法、缴存比例等缴存政策调整情况

（1）缴存基数限额：2018年度，最高缴存基数为19935元，最低缴存基数为1890元。

（2）确定方法：最高不超过南通市统计局公布的市区2018年度职工月平均工资的3倍，最低不低于南通市劳动和社会保障局公布的最低月工资标准。

（3）缴存比例调整：各单位缴存比例为：单位与职工各8%~12%。已开户企业缴存住房公积金确有困难的（如：处于停产半停产状态的、发生严重亏损的、经依法批准缓缴养老和失业保险金的，及其他确有困难的情形），经本单位职工代表大会或者工会通过（没有建立职代会和工会组织的单位由所在区县级以上工会组织提出意见），并经南通市住房公积金管理中心审核，报住房公积金管理委员会批准后，可以降低缴存比例或者缓缴，但职工和单位的缴存比例均不得低于5%；待单位经济效益好转后，再提高缴存比例或者恢复缴存并补缴缓缴部分。对新开户设立账户的单位可按5%~12%执行。

2. 当年提取政策调整情况

（1）《关于住房公积金提取业务有关事项的通知》（通金管〔2018〕18号文）：自2018年4月1日起，职工办理住房公积金提取业务，不再需要提供《住房公积金支取申请书》，极大提升服务效能。

（2）《关于治理违规提取住房公积金工作的意见》（通金管〔2018〕42号文）：2018年7月9日起，规范改进提取政策，优化提取流程等，开展治理违规提取。

（3）当年贷款政策调整情况。2018年，我中心未发生贷款政策调整。

（4）当年住房公积金存贷款利率执行标准。住房公积金存款利率：职工缴存住房公积金按照1.5%付息；住房公积金贷款利率：五年期（含五年）以下为2.75%，五年期以上为3.25%。

（二）当年服务改进情况：

1. **规范服务标准**。2018年中心重新编写了公积金业务服务标准，简化并优化各项业务办理流程，确保了业务操作标准的统一性、正确性、精准性。起草了《南通市住房公积金管理中心政策执行过程中有关具体问题的答复口径》，已通过市住房公积金管理委员会审议。组织定期或不定期对各窗口单位的督促检查，对发现的问题及时整改，聘请市行风监督员随机抽查。两次组织承办银行公积金业务经办人员参加考试，合格后才能从事相应业务。

2. **加强政务公开**。高效办理政务热线、政府信箱、门户网站等流转的来电来件，全年12329电话总量284161个，人工电话接听量99235个，同比分别增长8.18%和2.95%。走进南通电台"民心专列·政风行风热线"栏目，积极听取回应市民诉求，着力解决热点难点问题。在南通公积金网站和政府网站主动发布预决算情况、各类项目招标中标公告，2018年年度报告和年度重点工作目标规划等，每月更新公积金月度缴存、贷款情况，在网站公开各类工作动态、政策文件等信息。

3. **完善政策规定，维护职工权益**。针对部分开发企业拒绝或变相拒绝职工使用公积金的情况，中心主动向市房管局汇报，制定了公积金按揭贷款楼盘预准入的措施，即从2018年2月起，南通市区内所有楼盘在领取预（销）售许可证前，开发企业必须先到公积金中心办理预准入审核，凭审核单由房管局发放许可证。该项举措有力维护了职工购房申请办理公积金贷款的权利。

4. **宣传造势，舆论先导**。继续开展年度公积金宣传月活动，借助各类媒介，多途径广泛宣传公积金政策法规和惠民措施，不断提升制度影响力和政策知晓度。利用南通广播电台、电视台、报纸等新闻媒体，向社会公开各项最新政策规定、业务流程；与市司法局合作，印发崇法报3万份，向广大市民宣传公积金缴存、提取、贷款等政策。

（三）**当年信息化建设情况**：陆续与南通大数据中心建立人社、民政、不动产登记等部门的信息共享机制，全面推进综合服务平台建设，截至年底，共有46万户职工完成银行直连绑卡，综合服务平台于12月份进入上线试运行阶段，开通了公积金网上服务大厅、微信、APP等渠道，并在网厅开通离退休提取业务。根据住房城乡建设部《住房公积金基础数据标准》、《住房公积金银行结算数据应用系统与公积金中心接口标准》的工作要求，制定周密的工作计划和实施方案，4月完成了基础数据贯标和接入银行结算系统软件开发工作，6月1日，"双贯标"信息系统上线运行，9月14日中心顺利通过了住房城乡建设部检查组对"双贯标"工作的检查验收。

（四）**当年住房公积金管理中心及职工所获荣誉情况**：

1. 工人先锋号省部级1个。
2. 先进集体和个人省部级5个。
3. 其他省部级3个。

（五）**当年对违反《住房公积金管理条例》和相关法规行为进行行政处罚和申请人民法院强制执行情况**：2018年，下发行政处罚决定4家，责令限期缴存5家，完成追缴公积金42.82万元。全年共下发督办通知42份，敦促各部门加强企业建制、基数调整和催缴挖潜相关工作。共处理"市长信箱"来件11起，12345政府热线转办298起；处理应建未建、缴存基数不足等投诉159笔；客服中心共受理信访事项382条。

（六）**其他需要披露的情况**：按照上级"确保首套、兼顾改善"的原则，今年对首次购房、面积在90平方米以下的贷款申请进行了梳理，优先发放贷款，放款等候时间比其他贷款缩短一半左右。我市公积金制度在支持中低收入群体、满足首套刚性需求中发挥了重要作用，体现了制度的公平性，也促进了房地产市场健康平稳发展。

连云港市住房公积金 2018 年年度报告

一、机构概况

（一）住房公积金管理委员会：连云港市住房公积金管理委员会有 23 名委员，2018 年召开第四届住房公积金管理委员会第一次会议，审议通过的事项主要包括：《连云港市住房公积金 2018 年度决算及 2018 年度预算的报告》、《连云港市住房公积金 2018 年年度报告》、《在连就业的港澳台同胞缴存使用住房公积金实施办法》等议案。

（二）住房公积金管理中心：连云港市住房公积金管理中心是直属于市政府的不以营利为目的的自收自支事业单位，设 7 个处室，6 个分中心。从业人员 98 人，其中，在编 62 人，非在编 36 人。

二、业务运行情况

（一）缴存：2018 年，新开户单位 1092 家，实缴单位 7388 家，净增单位 595 家；新开户职工 4.78 万人，实缴职工 37.13 万人，净增职工 0.41 万人；缴存额 53.48 亿元，同比增长 9.75%。2018 年末，缴存总额 357.59 亿元，同比增长 17.59%；缴存余额 144.51 亿元，同比增长 10.85%。

受委托办理住房公积金缴存业务的银行 8 家，与上年相同。

（二）提取：2018 年，提取额 39.33 亿元，同比增长 6.53%；占当年缴存额的 73.54%，比上年减少 2.22 个百分点。2018 年末，提取总额 213.08 亿元，同比增长 22.64%。

（三）贷款：

个人住房贷款最高额度 60 万元，其中，单缴存职工最高额度 30 万元，双缴存职工最高额度 60 万元。2018 年，发放个人住房贷款 0.54 万笔 18.39 亿元，同比分别下降 48.08%、49.51%。

2018 年，回收个人住房贷款 21.95 亿元。

2018 年末，累计发放个人住房贷款 11.31 万笔 292.6 亿元，贷款余额 136.38 亿元，同比分别增长 4.92%、6.71%、同比下降 2.54%。个人住房贷款余额占缴存余额的 94.37%，比上年减少 12.98 个百分点。

受委托办理住房公积金个人住房贷款业务的银行 6 家，与上年相同。

（四）融资：2018 年，未开展融资，归还融资 15.04 亿元。2018 年末，融资总额 21.55 亿元，融资余额为零。

（五）资金存储：2018 年末，住房公积金存款 18.47 亿元。其中，活期 0.06 亿元，1 年（含）以下定期 14.59 亿元，其他（协定、通知存款等）3.82 亿元。

（六）资金运用率：2018 年末，住房公积金个人住房贷款余额、项目贷款余额和购买国债余额的总和占缴存余额的 94.37%，比上年减少 12.98 个百分点。

三、主要财务数据

（一）业务收入：2018 年，业务收入 46870.6 万元，同比增长 2.62%。存款利息 2207.53 万元，委托贷款利息 44651.23 万元，其他 11.84 万元。

（二）业务支出：2018 年，业务支出 24638.35 万元，同比下降 5.67%。支付职工住房公积金利息 22349.72 万元，归集手续费 534 万元，委托贷款手续费 466 万元，其他 1288.63 万元。

（三）增值收益：2018 年，增值收益 22232.25 万元，同比增长 13.68%。增值收益率 1.62%，比上年增加 0.05 个百分点。

（四）增值收益分配：2018 年，提取贷款风险准备金 13573.92 万元，提取管理费用 3858.33 万元，提取城市廉租住房（公共租赁住房）建设补充资金 4800 万元。

2018 年，上交财政管理费用 3152.97 万元。上缴财政城市廉租住房（公共租赁住房）建设补充资金 4800 万元。

2018 年末，贷款风险准备金余额 87139.18 万元。累计提取城市廉租住房（公共租赁住房）建设补充资金 41755.95 万元。

（五）管理费用支出：2018 年，管理费用支出 2806.46 万元，同比下降 18.99%。其中，人员经费 1646.51 万元，公用经费 99.45 万元，专项经费 1060.5 万元。

四、资产风险状况

2018 年末，个人住房贷款逾期额 113 万元，逾期率 0.08‰。

个人贷款风险准备金按贷款余额的 1% 提取。2018 年，提取个人贷款风险准备金 13573.92 万元。2018 年末，个人贷款风险准备金余额 87139.18 万元，占个人住房贷款余额的 6.39%，个人住房贷款逾期额与个人贷款风险准备金余额的比率为 0.13%。

五、社会经济效益

（一）缴存业务：2018 年，实缴单位数、实缴职工人数和缴存额同比分别增长 8.76%、1.12% 和 9.75%。

缴存单位中，国家机关和事业单位占 27.3%，国有企业占 7.65%，城镇集体企业占 1.69%，外商投资企业占 1.91%，城镇私营企业及其他城镇企业占 54.56%，民办非企业单位和社会团体占 2.49%，其他占 4.4%。

缴存职工中，国家机关和事业单位占 29.42%，国有企业占 12.36%，城镇集体企业占 1.27%，外商投资企业占 3.58%，城镇私营企业及其他城镇企业占 49.68%，民办非企业单位和社会团体占 0.93%，其他占 2.76%；中、低收入占 96.78%，高收入占 3.22%。

新开户职工中，国家机关和事业单位占 14.63%，国有企业占 7.21%，城镇集体企业占 0.53%，外商投资企业占 3.93%，城镇私营企业及其他城镇企业占 67.91%，民办非企业单位和社会团体占 1.31%，其他占 4.48%；中、低收入占 99.59%，高收入占 0.41%。

（二）提取业务：2018 年，13.37 万名缴存职工提取住房公积金 39.33 亿元。

提取金额中，住房消费提取占 81.91%（购买、建造、翻建、大修自住住房占 18.13%，偿还购房贷款本息 63.39%，租赁住房占 0.39%）；非住房消费提取占 18.09%（离休和退休提取占 12.64%，完全丧失劳动能力并与单位终止劳动关系提取占 4.47%，户口迁出本市或出境定居占 0.4%，其他占 0.58%）。

提取职工中，中、低收入占 95.21%，高收入占 4.79%。

（三）贷款业务：

1. **个人住房贷款**：2018年，支持职工购建房60.1万平方米，年末个人住房贷款市场占有率为5.94%，比上年减少11.16%。通过申请住房公积金个人住房贷款，可节约职工购房利息支出59033.51万元。

职工贷款笔数中，购房建筑面积90（含）平方米以下占18.47%，90～144（含）平方米占75.67%，144平方米以上占5.86%。购买新房占61.22%（其中购买保障性住房占1.17%），购买二手房占38.78%。

职工贷款笔数中，单缴存职工申请贷款占63.58%，双缴存职工申请贷款占36.42%。

贷款职工中，30岁（含）以下占45.17%，30岁～40岁（含）占36.74%，40岁～50岁（含）占15.73%，50岁以上占2.36%；首次申请贷款占100%；中、低收入占98.81%，高收入占1.19%。

2. **异地贷款**：2018年，发放异地贷款207笔7173.5万元。2018年末，发放异地贷款总额20136.5万元，异地贷款余额16775万元。

（四）**住房贡献率**：2018年，个人住房贷款发放额、公转商贴息贷款发放额、项目贷款发放额、住房消费提取额的总和与当年缴存额的比率为94.61%，比上年减少41.69个百分点。

六、其他重要事项

（一）当年住房公积金政策调整及执行情况：

1. **当年缴存基数限额及确定方法、缴存比例调整情况**。2018年，本市住房公积金月缴存基数上限为19000元，依此设定单位和职工月缴存额上限各为2280元，合计为4560元；本市住房公积金月缴存基数下限为2750元，依此设定单位和职工月缴存额下限各为137.5元，合计275元。2018年，本市机关事业单位和职工住房公积金缴存比例仍各为12%；各类企业及其他经济组织单位和职工住房公积金缴存比例为5%～12%。

2. **当年提取政策调整情况**。出台《关于规范住房公积金使用政策的通知》（连房公积金〔2018〕36号），规范我市部分住房公积金使用政策。一是规范本人及家庭成员因重大疾病造成家庭生活特别困难提取住房公积金业务。重大疾病涉及的家庭成员明确为配偶和未成年子女，范围为《市政府办公室转发市总工会关于连云港市职工重大疾病和意外伤害互助保障计划的通知》（连政办发〔2018〕95号文）确认的"职工重大疾病互助保障范围"。二是对于退休、户口迁出本市、出境定居、死亡或者被宣告死亡等销户提取情形，应先办理个人账户封存手续，未封存的账户不能办理销户提取。三是不得使用住房公积金炒房投机，防止骗提骗贷。对同一人多次变更婚姻关系购房、多人频繁买卖同一套住房、非配偶或非直系亲属共同购房、直系亲属之间买卖住房的，不能提取住房公积金。四是赠与、继承、互换和互购住房的，不能提取住房公积金。五是延长购、建房和住房贷款结清提取时间，职工购买、建造、翻建、大修自住住房以及住房贷款结清时间在一年内的，可申请提取住房公积金。

3. **当年住房公积金存贷款利率调整及执行情况**。存款利率执行上，2018年没有变化，住房公积金存贷款利率均按照国家利率政策规定的基准利率执行，存款利率按一年期定期存款基准利率执行1.5%，五年以下（含五年）个人住房公积金贷款利率执行2.75%，五年以上个人住房公积金贷款利率执行3.25%。

4. **当年住房公积金个人住房贷款最高贷款额度调整情况**。2018年未做调整。目前本市个人住房贷款最高额度为60万元，其中，借款人双方正常缴存的最高额度60万元，借款人单方正常缴存的最高额度30万元。

(二)当年服务改进情况：2018年，深入推进公积金贯标服务提档升级，在公积金全系统开展6S标准化管理，实施对人规范化、对事流程化、对物规格化管理，通过"6S管理"文化引领职工养成良好习惯、提升员工综合素养，创造清净整洁、安全舒适、文明和谐的窗口服务环境，经验做法被市政务办在全市政务系统推广普及；邀请市产权管理处、市不动产登记中心专项服务窗口入驻住房公积金海州分中心服务大厅，将原有业务由串联审批变为并联审批，即三部门实现业务端口前移，部门信息共享，实现公积金贷款申请"一站式"办结。通过创新受理、抵押、审查等模式，主动开展代客户跑腿办理注销登记服务，实现公积金贷款从申请、审批、抵押、放款、还款、注销等全流程业务办理只跑一次。

(三)当年信息化建设情况：2018年，加快"互联网＋公积金"建设步伐，全面落实住房城乡建设部双贯标工作如期高质量完成，顺利通过住房城乡建设部、省住房城乡建设厅联合专家组验收。打造线上服务旗舰店，正式上线运行网上业务大厅，缴存单位可以在网厅直接办理个人账户设立、缴存、基数调整、基本信息变更等大部分业务。职工个人可以在网厅办理明细查询、贷款申请、提取办理、预约办理等个人业务。通过公积金微信公众号、个人网厅等多种途径，认证用户可在线办理直接提取还贷、退休提取等业务，实现手机"秒提"公积金。2018年全年公积金业务办理量达806万次，其中线上办理业务量为741万次，占到全部业务办理量的92%。

(四)当年住房公积金管理中心及职工所获荣誉情况：2018年，中心荣获江苏省住房城乡建设系统先进集体、创建全国文明城市工作先进单位；中心机关党委荣获江苏省住房和城乡建设行业先进基层党组织、2016～2018年度连云港市学习型党组织建设工作先进单位、市级机关先进基层党组织；赣榆分中心荣获2018～2018年度江苏省青年文明号；吴红同志荣获2015～2018年度连云港市劳动模范。

(五)当年对违反《住房公积金管理条例》和相关法规行为进行行政处罚和申请人民法院强制执行情况：2018年，中心大力打击骗提、骗贷、套取住房公积金的失信行为，全市共查处公积金失信案件63件，涉案金额共计466万元，涉案人员共计63人。按照规定对发现的骗提、骗贷、套取住房公积金行为，除责令退回所提款项外，暂停其5年提取和贷款资格，通报有关单位，同时作为失信信息录入信用信息系统，构成犯罪的，移送司法机关处理。2018年，共计63人因违反《住房公积金管理条例》和相关法规行为被计入住房公积金失信名单。

淮安市住房公积金2018年年度报告

一、机构概况

(一)决策机构。根据《住房公积金管理条例》规定，淮安市住房公积金管理委员会作为全市住房公积金管理的决策机构，现有委员30名。主要职责是依据有关法律、法规和政策，制定和调整住房公积金的具体管理措施；拟订住房公积金的具体缴存比例；确定住房公积金个人住房贷款最高贷款额度；审议住房公积金增值收益分配方案；审批住房公积金归集、使用计划及执行情况的报告。

（二）管理机构。根据《住房公积金管理条例》规定，淮安市住房公积金管理中心作为直属市政府的不以营利为目的的事业单位，主要负责全市住房公积金的归集、使用、管理和会计核算。内设7个职能部门：办公室（人事教育处）、监察室、归集执法处、贷款管理处、财务计划处、信息技术处、审计稽核处，下设2个服务网点：市区营业部、新区营业部，下设6个分支机构：淮阴、淮安、涟水、洪泽、盱眙、金湖分中心。

（三）承办机构。根据省住房城乡建设厅、省财政厅、人民银行南京分行《关于住房公积金若干具体问题指导意见》的有关规定，本市住房公积金缴存、提取、贷款金融业务分别委托中国建设银行股份有限公司淮安分行、中国工商银行股份有限公司淮安分行、中国银行股份有限公司淮安分行、中国农业银行股份有限公司淮安分行及其分支机构办理。

二、业务运行情况

（一）缴存：2018年，全市住房公积金开户单位5893家、开户职工52.37万人、缴存55.32亿元、同比增长11.82%；新增住房公积金开户单位749家、新增开户职工7.38万人，净增单位649家、净增职工3.69万人。截至2018年末，全市住房公积金缴存总额356.79亿元、缴存余额120.10亿元。

（二）提取：2018年，全市提取住房公积金41.54亿元，占当年住房公积金缴存额的75.09%，比上年同期增加0.2个百分点。截至2018年末，住房公积金提取总额236.69亿元。

（三）贷款：2018年，全市发放住房公积金个人住房贷款0.82万笔、26.20亿元，同比分别下降10.57%、8.87%，回收个人住房贷款19.74亿元。截至2018年末，全市累计发放住房公积金个人贷款10.65万笔、226.31亿元、贷款余额114.92亿元。住房公积金个人贷款率为95.68%，比上年同期下降6.33个百分点。

（四）购买国债：2018年未购买、兑付国债。年末国债余额979万元为以前年度使用住房公积金购买的国债，依据国家有关规定托管在华泰证券淮安营业部席位。

（五）资金存储：截至2018年末，全市住房公积金结余资金存款为11.19亿元。

（六）资金运用：截至2018年末，全市住房公积金运用率95.76%，比上年同期下降6.34个百分点。

三、主要财务数据

（一）业务收入：2018年，全市住房公积金业务收入38109.58万元，同比增长7.48%。其中：住房公积金利息收入2029.65万元、委托贷款利息收入35755.46万元、国家债券利息收入186.13万元、其他收入138.34万元。

（二）业务支出：2018年，全市住房公积金业务支出18745.87万元，同比增长22.08%。其中：缴存职工个人账户余额的利息支出17798.84万元、归集手续费支出793.51万元、委托贷款手续费支出92.40万元、贷款抵押登记费61.12万元。

（三）增值收益：2018年，全市住房公积金增值收益19363.71万元，同比下降3.67%；增值收益率1.70%，比上年同期下降0.31个百分点。

（四）增值收益分配：2018年，全市上缴财政公积金中心管理费用2009.97万元，上缴财政城市廉租房建设补充资金17353.74万元。截至2018年末，全市提取住房公积金个人贷款风险准备金25765.18万元，累计上缴城市廉租房建设补充资金 93208.64 万元。

（五）**管理费用**：2018 年，全市管理费用支出 2009.97 万元，同比下降 0.001%。其中：人员经费 1237.81 万元、公用经费 164.34 万元、专项经费 607.82 万元。

四、资产风险状况

2018 年末，住房公积金个人贷款逾期 1.15 万元，住房公积金个人贷款逾期率 0.001‰。截止 2018 年末，住房公积金个人贷款风险准备金余额为 25765.18 万元，住房公积金个人贷款风险准备金余额与住房公积金个人贷款余额的比率为 2.24%。

五、社会经济效益

（一）**缴存**：2018 年，住房公积金缴存职工按单位性质，国家机关和事业单位占 39.80%、国有企业占 16.06%、城镇集体企业占 1.19%、外商投资企业占 10.97%、城镇私营企业及其他城镇企业占 27.67%、民办非企业单位和社会团体占 1.82%、其他占 2.49%。

（二）**提取**：2018 年，职工提取住房公积金 41.54 亿元。其中住房消费提取占 84.65%（购买、建造、翻建、大修自住住房占 26.45%、偿还购房贷款本息占 58.17%、租赁住房占 0.03%）；账户销户提取占 14.46%（退休提取占 13.33%、完全丧失劳动能力并与单位终止劳动关系提取占 0.31%、不在本市继续工作户口迁出本市和出境定居提取占 0.82%）；家庭特困提取占 0.89%。

（三）**贷款**：2018 年全市支持职工购买住房 97.37 万平方米，带动住宅销售 62.36 亿元；职工通过使用住房公积金个人贷款，与商业性个人住房贷款利率相比节约利息支出 2024 万元。截止 2018 年末，全市住房公积金个人贷款余额占全市金融机构商品住房贷款余额的 10.47%。

住房公积金个人贷款所购住房中，90（含）m^2 以下占 17.43%，90～144（含）m^2 占 74.00%，144m^2 以上占 8.57%；新房占 77.39%，二手房占 22.61%。

（四）**住房贡献率**：2018 年，个人住房贷款发放额、住房消费提取额的总和与当年缴存额的比率为 110.92%。

六、其他重要事项

（一）**住房公积金管理委员会议事情况**：2018 年，市住房公积金管理委员会召开三届五次会议，会议审议 2018 年住房公积金归集、使用计划和计划执行情况，审议 2018 年度财务决算情况和 2018 年度财务预算报告，审议住房公积金管理中心工作报告，审议进城务工人员住房公积金建制缴存意见，研究住房公积金贷款相关政策。

（二）**住房公积金缴存政策执行情况**：

1. **住房公积金缴存基数**。2018 年，市住房公积金管理委员会依据《住房公积金管理条例》规定，调整了住房公积金缴存基数，住房公积金缴存基数为职工本人 2018 年工资总额除以 12，工资总额按照国家统计局规定列入工资总额统计的项目计算，主要包括：计时工资、计件工资、奖金、津贴补贴、加班加点工资、特殊情况下支付的工资。住房公积金缴存基数最高不超过市统计部门公布的上一年度职工月平均工资的 3 倍，最低不低于 2018 年市人社部门规定的职工最低社会保险费缴费基数。

2. **住房公积金缴存比例**。2018年，本市国家机关、事业单位住房公积金缴存比例单位和职工个人仍各为12%；为改进住房公积金缴存机制进一步降低企业成本，新建立住房公积金制度的企业可根据自身生产经营状况，在5%~12%之间自主确定住房公积金缴存比例。已建立住房公积金制度、生产经营困难的企业，经本单位职工代表大会或工会讨论通过，可按相关规定申请降低缴存比例或者缓缴住房公积金，降低后的单位和职工住房公积金缴存比例不得低于5%。

（三）住房公积金存贷款利率执行情况

1. **个人住房公积金账户存款利率**：根据中国人民银行、住房和城乡建设部、财政部印发《关于完善职工住房公积金账户存款利率形成机制的通知》（银发〔2016〕43号）的规定，个人住房公积金账户存款上年结转和当年归集均按一年期定期存款1.50%的基准利率执行。

2. **住房公积金个人住房贷款利率**：职工购买首套房、首次申请住房公积金贷款的，五年期以上个人住房公积金贷款利率为3.25%；五年期以下（含五年）个人住房公积金贷款利率为2.75%。职工购买第二套住房或首次贷款已结清第二次使用住房公积金贷款的，五年期以上个人住房公积金贷款利率为3.575%；五年期以下（含五年）个人住房公积金贷款利率为3.025%。

（四）**住房公积金个人贷款额度执行情况**：2018年，全市住房公积金个人贷款额度按照借款人的住房公积金账户存储余额、偿还贷款能力、购建住房价款，依据下列标准计算确定：贷款额度不超过申请贷款时住房公积金账户余额的15倍；购买首套住房的，贷款额度不超过应付房价款的70%，购买第二套住房或首次贷款已结清第二次使用住房公积金贷款的，不超过应付房价款的50%；贷款额度不超过市住房公积金管理委员规定的最高额度（双方连续、足额缴存住房公积金的为60万元；一方未缴或停缴3个月以上的为30万元）。

（五）**住房公积金亲民服务开展情况**：2018年，中心以"传承恩来精神、打造亲民中心"为主线，秉持"用心服务职工，用行创造价值"的服务理念，坚持把环节最少、服务更优作为服务标准，深化亲民服务内涵。组织开展提速增效行动，持续完善数据信息互联互通接口，打通信息"孤岛"，2个服务网点和6个分支机构全面实现抵押登记授权代理、他项权利证书电子证明，推动购房贷款5个工作日内办结；组织开展"减证便民"行动，清理业务办理要件，取消4项业务单位盖章环节，减少15项重复证明。组织开展"永不下班中心"行动，开发3D场景式网上服务大厅，拓展"淮安公积金"手机客户端功能，办事要件、账户余额、还款计划等鼠标问询、指尖查询。中心党总支荣获省级"先进基层党组织"，中心荣获市级"群众满意公共服务单位"，中心第二党支部荣获市级机关工委"星级党支部"，盱眙、金湖分中心分别荣获"优秀服务单位"和"年度红旗窗口单位"。

盐城市住房公积金2018年年度报告

一、机构概况

（一）**住房公积金管理委员会**：住房公积金管理委员会有21名委员，2018年召开1次会议，审议通

过的事项主要包括：1. 关于2018年度全市住房公积金归集、使用计划执行情况；2. 关于2018年工作任务；3. 关于2018年度全市住房公积金融资计划；4. 关于2018年度全市住房公积金增值收益分配方案；5. 关于我市住房公积金有关政策；6. 关于当前和今后一段时期我市住房公积金管理工作要求。

（二）住房公积金管理中心：住房公积金管理中心为盐城市政府不以营利为目的的参公事业单位，设10个处（科），9个管理部。从业人员138人，其中，在编97人，非在编41人。

二、业务运行情况

（一）缴存：2018年，新开户单位1262家，实缴单位12145家，净增单位1434家；新开户职工7.44万人，实缴职工55.76万人，净增职工3.3万人；缴存额67.18亿元，同比增长5.5%。2018年末，缴存总额428.58亿元，同比增长18.59%；缴存余额141.72亿元，同比增长10.92%。

受委托办理住房公积金缴存业务的银行5家，没有变动。

（二）提取：2018年，提取额53.24亿元，同比下降0.3%；占当年缴存额的79.25%，比上年减少4.61个百分点。2018年末，提取总额286.87亿元，同比增长22.79%。

（三）贷款：个人住房贷款最高额度40万元，其中，单缴存职工最高额度20万元，双缴存职工最高额度40万元。

2018年，发放个人住房贷款0.84万笔21.98亿元，同比分别下降47.38%、55%。其中，市区发放个人住房贷款0.45万笔11.36亿元，东台管理部发放个人住房贷款0.07万笔1.91亿元，大丰管理部发放个人住房贷款0.06万笔1.43亿元，建湖管理部发放个人住房贷款0.07万笔1.81亿元，射阳管理部发放个人住房贷款0.05万笔1.39亿元，滨海管理部发放个人住房贷款0.04万笔1.23亿元，阜宁管理部发放个人住房贷款0.06万笔1.8亿元，响水管理部发放个人住房贷款0.04万笔1.05亿元。

2018年，回收个人住房贷款25.89亿元。其中，市区14.64亿元，东台管理部2.07亿元，大丰管理部2.72亿元，建湖管理部1.32亿元，射阳管理部1.56亿元，滨海管理部1.56亿元，阜宁管理部1.1亿元，响水管理部0.92亿元。

2018年末，累计发放个人住房贷款15.35万笔316.6亿元，贷款余额177.35亿元，同比分别增加5.81%、7.46%、减少2.16%。个人住房贷款余额占缴存余额的125.14%，比上年减少16.72个百分点。

受委托办理住房公积金个人住房贷款业务的银行8家，无增减。

（四）购买国债：2018年，未购买（记账式、凭证式）国债。2018年末，国债余额0.49亿元，与上年同期持平。

（五）融资：2018年，融资8亿元，归还25.79亿元。2018年末，融资总额78.38亿元，融资余额29.87亿元。

（六）资金存储：2018年末，住房公积金存款5.28亿元。其中，活期0.01亿元，1年（含）以下定期1.86亿元，协定3.41亿元。

（七）资金运用率：2018年末，住房公积金个人住房贷款余额、项目贷款余额和购买国债余额的总和占缴存余额的125.49%，比上年减少16.76个百分点。

三、主要财务数据

（一）业务收入：2018年，业务收入51325万元，同比增长5.56%。其中，市区26904万元，东台管理部 5197 万元，大丰管理部 4612 万元，建湖管理部 3259 万元，射阳管理部 3478 万元，滨海管理部 3241 万元，阜宁管理部 2332 万元，响水管理部 2302 万元；存款利息 1852 万元，委托贷款利息 49329 万元，国债利息 145 万元，其他－1 万元。

（二）业务支出：2018 年，业务支出 34071 万元，同比下降 4.36%。其中，市区 18325 万元，东台管理部 2619 万元，大丰管理部 3329 万元，建湖管理部 2122 万元，射阳管理部 2248 万元，滨海管理部 1993 万元，阜宁管理部 2031 万元，响水管理部 1404 万元；支付职工住房公积金利息 20237 万元，归集手续费 3385 万元，委托贷款手续费 2946 万元，其他 7503 万元。

（三）增值收益：2018 年，增值收益 17254 万元，同比增长 32.73%。其中，市区 8579 万元，东台管理部 2578 万元，大丰管理部 1283 万元，建湖管理部 1137 万元，射阳管理部 1230 万元，滨海管理部 1248 万元，阜宁管理部 301 万元，响水管理部 898 万元。增值收益率 1.29%，比上年增加 0.23 个百分点。

（四）增值收益分配：2018 年，提取贷款风险准备金 9045 万元，提取管理费用 4209 万元，提取城市廉租住房建设补充资金 4000 万元。

2018 年，上交财政管理费用 4209 万元。上缴财政城市廉租住房建设补充资金 4000 万元。其中，市区上缴 2000 万元，东台管理部上缴 349 万元，大丰管理部上缴 348 万元，建湖管理部上缴 302 万元，射阳管理部上缴 302 万元，滨海管理部上缴 231 万元，阜宁管理部上缴 284 万元，响水管理部 184 万元。

2018 年末，贷款风险准备金余额 85171 万元。累计提取城市廉租住房建设补充资金 39215 万元。其中，市区提取 20860 万元，东台管理部提取 3537 万元，大丰管理部提取 2882 万元，建湖管理部提取 2830 万元，射阳管理部提取 2760 万元，滨海管理部提取 2207 万元，阜宁管理部提取 2504 万元，响水管理部提取 1635 万元。

（五）管理费用支出：2018 年，管理费用支出 4734 万元，同比增长 29.88%。其中，人员经费 2304 万元，公用经费 1099 万元，专项经费 1331 万元。

市区管理费用支出 3554 万元，其中，人员、公用、专项经费分别为 1461 万元、762 万元、1331 万元；东台管理部管理费用支出 179 万元，其中，人员、公用分别为 135 万元、44 万元；大丰管理部管理费用支出 160 万元，其中，人员、公用分别为 116 万元、44 万元；建湖管理部管理费用支出 191 万元，其中，人员、公用分别为 137 万元、54 万元；射阳管理部管理费用支出 164 万元，其中，人员、公用分别为 129 万元、35 万元；滨海管理部管理费用支出 174 万元，其中，人员、公用分别为 107 万元、67 万元；阜宁管理部管理费用支出 167 万元，其中，人员、公用分别为 117 万元、50 万元；响水管理部管理费用支出 145 万元，其中，人员、公用分别为 101 万元、44 万元。

四、资产风险状况

（一）个人住房贷款：2018 年末，个人住房贷款逾期额 85 万元，逾期率 0.048‰。

个人贷款风险准备金按增值收益的 60% 提取。2018 年，提取个人贷款风险准备金 9045 万元，使用个人贷款风险准备金 103.67 万元购买射阳管理部、响水管理部法院执行周转房。2018 年末，个人贷款风险准备金余额 85171 万元，占个人住房贷款余额的 4.8%，个人住房贷款逾期额与个人贷款风险准备金余额的比率为 0.1%。

（二）历史遗留风险资产：2018 年末，历史遗留风险资产余额 2.14 万元，比去年同期持平（2 笔机构成立前的 2.14 万元到期逾期贷款）。

五、社会经济效益

（一）**缴存业务**：2018 年，实缴单位数、实缴职工人数和缴存额同比分别增长 13.39%、6.29% 和 5.5%。

缴存单位中，国家机关和事业单位占 36.62%，国有企业占 12.25%，外商投资企业占 1.35%，城镇私营企业及其他城镇企业占 38.57%，民办非企业单位和社会团体占 3.98%，其他占 7.23%。

缴存职工中，国家机关和事业单位占 36.11%，国有企业占 14.98%，外商投资企业占 1.13%，城镇私营企业及其他城镇企业占 24.46%，民办非企业单位和社会团体占 4.4%，其他占 18.92%；中、低收入占 98.12%，高收入占 1.88%。

新开户职工中，国家机关和事业单位占 9.25%，国有企业占 11.58%，外商投资企业占 3.35%，城镇私营企业及其他城镇企业占 27.85%，民办非企业单位和社会团体占 5.95%，其他占 42.02%；中、低收入占 99.46%，高收入占 0.54%。

（二）**提取业务**：2018 年，18.35 万名缴存职工提取住房公积金 53.24 亿元。

提取金额中，住房消费提取占 85.42%（购买、建造、翻建、大修自住住房占 24.48%，偿还购房贷款本息占 59.62%，租赁住房占 0.38%，其他占 0.94%）；非住房消费提取占 14.58%（离休和退休提取占 10.64%，完全丧失劳动能力并与单位终止劳动关系提取占 0.01%，户口迁出本市或出境定居占 0.02%，其他占 3.91%）。

提取职工中，中、低收入占 97.48%，高收入占 2.52%。

（三）**贷款业务**：

1. **个人住房贷款**：2018 年，支持职工购建房 96.96 万平方米，年末个人住房贷款市场占有率为 15.2%，比上年增加 0.14 个百分点。通过申请住房公积金个人住房贷款，可节约职工购房利息支出 3650 万元。

职工贷款笔数中，购房建筑面积 90（含）平方米以下占 14.56%，90~144（含）平方米占 77.26%，144 平方米以上占 8.18%。购买新房占 64.01%（其中购买保障性住房占 0.05%），购买二手房占 29.58%，建造、翻建、大修自住住房占 6.41%。

职工贷款笔数中，单缴存职工申请贷款占 12.62%，双缴存职工申请贷款占 63.18%，三人及以上缴存职工共同申请贷款占 24.2%。

贷款职工中，30 岁（含）以下占 33.94%，30 岁~40 岁（含）占 34.61%，40 岁~50 岁（含）占 24.13%，50 岁以上占 7.32%；首次申请贷款占 98.16%，二次及以上申请贷款占 1.84%；中、低收入占 99.77%，高收入占 0.23%。

2. **异地贷款**：2018 年，发放异地贷款 289 笔 7107 万元。2018 年末，发放异地贷款总额 62559 万元，异地贷款余额 36817 万元。

3. **公转商贴息贷款**：2018 年，未发放公转商贴息贷款。2018 年末，累计发放公转商贴息贷款 1892 笔 37222 万元，累计贴息 125.57 万元。

（四）**住房贡献率**：2018 年，个人住房贷款发放额、公转商贴息贷款发放额、项目贷款发放额、住房

消费提取额的总和与当年缴存额的比率为111.97%，比上年减少36.94个百分点。

六、其他重要事项

（一）当年住房公积金政策调整及执行情况：

1. 当年缴存基数限额及确定方法、缴存比例调整情况。自2018年7月1日起，职工实际工资收入低于市政府公布执行的上年度月最低工资标准的，月缴存工资基数应按月最低工资标准执行（其中：市区、东台、大丰月最低工资标准为1720元，建湖、射阳、阜宁、滨海、响水最低工资标准为1520元）。

职工住房公积金月缴存工资基数上限为15500元。

城镇个体工商户及其雇佣人员、自由职业者的住房公积金月缴存工资基数不低于省政府公布的当年养老保险缴费基数下限（当年未公布的暂时按上年度公布的养老保险缴费基数下限执行）且不低于本人上年度的住房公积金缴存基数。

机关事业单位及其职工缴存比例为12%；企业（含企业化管理的自收自支事业单位）单位及其职工缴存比例仍为5%～12%。城镇个体工商户及其雇佣人员、自由职业者缴存比例一律为20%。

2. 当年住房公积金存贷款利率调整及执行情况。2018年住房公积金贷款利率未调整，住房公积金存款利率为1.1%；贷款利率为五年（含）以内2.75%，五年以上3.25%。

3. 当年住房公积金个人住房贷款最高贷款额度调整情况。2018年住房公积金个人住房贷款最高贷款额度未调整。仅一人符合贷款条件的，贷款额最高不超过20万元；二人或二人以上符合贷款条件的，贷款额最高不超过40万元。

4. 当年住房公积金其他政策调整及执行情况。

（1）支持在本市就业的港澳台同胞缴存住房公积金，并同等享有使用权利。

（2）贯彻落实国家四部门文件，切实维护住房公积金缴存职工购房贷款权益。

（3）延长我市减轻企业负担降低住房公积金缴存比例政策的执行期限至2020年4月30日。

（4）依法维护缴存职工权益，开展治理违规提取住房公积金工作，规范住房公积金提取相关政策，职工还贷提取住房公积金应优先用于偿还住房公积金贷款，个人账户上有盈余的，可以继续提取用于偿还商业性住房贷款。

（二）当年服务改进情况：2016年8月建成了集网站、网上业务大厅、12329热线、短信、微信公众号、微博公众号、手机APP七个渠道和综合管理系统。平台运行平稳，通过综合服务平台办理业务的比重在不断加大。2018年全年，综合服务平台共办理各类业务136898笔，其中支取111252笔，在线支取办理量占全年支取业务量的68.49%；缴存归集业务25646笔，在线缴存业务占全年归集总量的11.52%。综合服务平台已经实现职工足不出户随时随地办理公积金业务。强化咨询服务，12329热线业务呼入量280万人次，接通率98.15%，满意度99%，网上交流人数约3200万人次，转办12345公单900件，办结率100%，满意度100%。

（三）当年信息化建设情况：信息系统改造项目进展顺利，财务经费账、电子档案、稽核审计、行政执法等辅助功能模块均已上线。项目已于2018年11月30日通过了专家组验收。按照住房城乡建设部《住房公积金基础数据标准规范》要求，我中心于2018年年初制定了基础数据完善工作任务，职工个人基础数据完整度已从年初的不足20%提高到超过60%。接入住房城乡建设部异地转移接续平台，职工只跑一次即可办理住房公积金账户异地转移接续业务。接入省政务服务网，职工登陆一次即可一个平台一次办理多项政务服务事项。

（四）当年住房公积金管理中心及职工所获荣誉情况：盐城市住房公积金管理中心被市委市政府表彰为"2018年度市级机关部门（单位）综合考核优秀单位"，被评为"2018年度全市工会综合工作先进单位"，技术信息处被评为"2018年度政务服务网运用先进集体"，大丰管理部被江苏省总工会评为"江苏省五一巾帼示范岗"，滨海管理部被盐城市总工会授予"五一劳动奖状"，滨海管理部被共青团盐城市委员会评为"青年文明号"，滨海管理部支部委员会被评为"全省住房和城乡建设行业先进基层党组织"，东台管理部、阜宁管理部窗口被评为"江苏省住房和城乡建设系统窗口单位服务竞赛优质服务窗口"，建湖管理部被县委县政府授予"2018年目标任务综合考核综合先进奖"，阜宁管理部被县委县政府表彰为"2018年度目标任务考核综合先进集体"。

1名同志被省人力资源社会保障厅、省住房城乡建设厅表彰为"全省住房城乡建设系统先进工作者"，1名同志被评为"全省七五普法中期先进个人"，1名同志被评为"全省住房和城乡建设系统优秀共产党员"，1名同志被表彰为"履行机关党建工作责任好领导"，1名同志被表彰为"优秀机关党组织专职副书记"，1名同志被表彰为"2018年县三八红旗手"。

（五）当年对违反《住房公积金管理条例》和相关法规行为进行行政处罚和申请人民法院强制执行情况：2018年，经住房公积金重大违法案件审议小组会议决定，对大丰区、射阳县、阜宁县共计10家违反《住房公积金管理条例》和相关法规行为的企业制发了行政处罚决定书。

扬州市住房公积金2018年年度报告

一、机构概况

（一）住房公积金管理委员会：住房公积金管委会有28名成员。2018年召开1次会议，审议通过的事项主要包括：2018年度住房公积金归集、使用计划执行情况和2019年住房公积金归集、使用计划报告、2018年财务收支决算情况和2019年财务预算报告、财政审计情况报告、审计整改情况报告、扬州市住房公积金2018年年度报告。

（二）住房公积金管理中心：住房公积金管理中心为市政府不以营利为目的的自收自支事业单位，设5个处室、4个分中心、3个管理部，业务指导江苏油田分中心、仪征化纤分中心。从业人员157人，其中：在编110人，非在编47人。

二、业务运行情况

（一）缴存：2018年，新开户单位1283家，净增单位1243家，实缴单位11335家；新开户职工6.5万人，净增职工1.2万人，实缴职工57.5万人；缴存76.6亿元，同比增长18.7%，年度结息2.7亿元。

2018 年末，缴存总额 538.5 亿元，同比增长 17.3%；缴存余额 198.6 亿元，同比增长 10.1%。

受委托办理住房公积金缴存业务的银行共计 13 家。

（二）**提取**：2018 年，提取额 61.1 亿元，同比增长 16.5%；占当年缴存额的 79.8%，比上年下降 1.5 个百分点。2018 年末，提取总额 339.9 亿元，同比增长 21.9%。

（三）**贷款**：个人住房贷款最高额度为 35 万元，其中，单职工家庭最高额度 21 万元，双职工家庭最高额度 35 万元，二次贷款减半发放，禁止向三次发放。

2018 年，发放个人住房贷款 1.37 万笔 31.3 亿元，同比下降 1.3%、12.0%。其中，市中心发放个人住房贷款 1.3 万笔 29.3 亿元，仪征化纤分中心发放个人住房贷款 291 笔 8884 万元，江苏油田分中心发放个人住房贷款 301 笔 1.2 亿元。

2018 年，回收个人住房贷款 26.1 亿元。其中，市中心 24.1 亿元，仪征化纤分中心 0.98 亿元，江苏油田分中心 1.0 亿元。

2018 年末，累计发放个人住房贷款 16.8 万笔 372.0 亿元，贷款余额 195.2 亿元，同比增长 8.9%、9.2%、2.8%。个人住房贷款余额占缴存余额的 98.3%，比上年同期减少 7 个百分点。

受委托办理住房公积金个人住房贷款业务的银行共计 13 家。

（四）**资金存储**：2018 年末，住房公积金存款 25.9 亿元。其中，协定 8.9 亿元，一年（含）以下定期 7.6 亿元、一年以上定期 9.2 亿元，其他（活期、通知存款等）1751 万元。

（五）**资金运用率**：2018 年末，住房公积金个人住房贷款余额、项目贷款余额和购买国债余额的总和占缴存余额的 98.3%，比上年减少 7 个百分点，其中项目贷款余额和国债余额为零。

三、主要财务数据

（一）**业务收入**：2018 年，业务收入 6.8 亿元。其中，市中心 6.1 亿元，仪征化纤分中心 2764 万元，江苏油田分中心 4257 万元；存款利息 5122 万元，委托贷款利息 6.2 亿元，其他 705 万元。

（二）**业务支出**：2018 年，业务支出 3.8 亿元。其中，市中心 3.5 亿元，仪征化纤分中心 1274 万元，江苏油田分中心 2165 万元；支付职工住房公积金利息 3.4 亿元、归集手续费用 2116 万元、委托贷款手续费 2167 万元、其他 276 万元，各项业务支出均经市住房公积金管委会和财政部门审核批准。

（三）**增值收益**：2018 年，增值收益 3.0 亿元。其中，市中心 2.6 亿元，仪征化纤分中心 1490 万元，江苏油田分中心 2092 万元；增值收益率为 1.56%，同比下降 0.05 个百分点。

（四）**增值收益分配**：2018 年，提取贷款风险准备金 1.7 亿元，提取管理费用 4574 万元，提取城市廉租住房（公共租赁住房）建设补充资金 6556 万元。

2018 年，上交财政管理费用 5280 万元。上缴财政城市廉租住房（公共租赁住房）建设补充资金 6689 万元。其中，市中心上缴 5462 万元，仪征化纤分中心上缴 120 万元，江苏油田分中心上缴 1107 万元。

2018 年末，贷款风险准备金余额 11.9 亿元。累计提取城市廉租住房（公共租赁住房）建设补充资金 6.7 亿元。其中，市中心提取 5.3 亿元，仪征化纤分中心提取 1253 万元，江苏油田分中心提取 1.2 亿元。

（五）**管理费用支出**：2018 年，管理费用支出 4596 万元。其中，人员经费 2765 万元，公用经费 773 万元，专项经费 1058 万元。

市中心管理费用支出 3922 万元，人员、公用、专项经费分别为 2653 万元、220 万元、1049 万元；仪征化纤分中心管理费用支出548万元，人员、公用、专项经费分别为82万元、463万元、3万元；江苏油田分中心管理费用支出126万元，人员、公用、专项经费分别为30万元、90万元、6万元。

四、资产风险状况

2018年末，个人住房贷款逾期额158万元，逾期率0.08‰。其中，市中心0.09‰，仪征化纤分中心为0，江苏油田分中心为0。

个人贷款风险准备金：市中心按当年增值收益不低于60%提取，各分中心按当年贷款余额不低于1%提取。2018年，提取个人贷款风险准备金1.7亿元，使用个人贷款风险准备金核销呆坏账0万元。2018年末，个人贷款风险准备金余额为11.9亿元，占个人住房贷款余额的6.1%，个人住房贷款逾期额与个人贷款风险准备金余额的比率为0.13%。

五、社会经济效益

（一）**缴存业务**：2018年，实缴单位数、实缴职工人数和缴存额同比分别增长4.9%、1.8%和18.7%。

缴存单位中，国家机关和事业单位占28.9%，国有企业占7.4%，城镇集体企业占0.5%，外商投资企业占2.5%，民办非企业单位和社会团体占4.9%，城镇私营企业占16.8%，个人自愿缴存及其他占38.9%。

缴存职工中，国家机关和事业单位占24.2%，国有企业占14.7%，城镇集体企业占0.2%，外商投资企业占8.2%，民办非企业单位和社会团体占3.1%，城镇私营企业占15.4%，个人自愿缴存及其他占34.1%；中、低收入占99.2%，高收入占0.8%。

新开户职工中，国家机关和事业单位占9.0%，国有企业占6.1%，城镇集体企业占0.6%，外商投资企业占9.8%，民办非企业单位和社会团体占2.6%，城镇私营企业占27.5%，个人自愿缴存及其他占44.4%；中、低收入占99.9%，高收入占0.1%。

（二）**提取业务**：2018年，20.6万名缴存职工提取住房公积金61.1亿元。

提取金额中，住房消费提取占81.1%（购买、建造、翻建、大修自住住房占32.3%，偿还购房贷款本息占47.7%，租赁住房占0.4%，物业费占0.1%，其他占0.6%）；非住房消费提取占18.9%（离休和退休提取占12.5%，完全丧失劳动能力并与单位终止劳动关系提取占4.6%，户口迁出本市或出境定居占0.3%，其他占1.4%）。

提取职工中，中、低收入占98.6%，高收入占1.4%。

（三）**贷款业务**：2018年，支持职工购建房约150万平方米，年末个人住房贷款市场占有率为12.8%，比上年同期下降6个百分点。通过申请住房公积金个人住房贷款，可节约职工购房利息支出约5.9亿元。

职工贷款笔数中，购房建筑面积90（含）平方米以下占25.3%，90～144（含）平方米占67.2%，144平方米以上占7.5%。购买新房占65.1%，购买存量商品住房占31.2%，其他占3.6%。

职工贷款笔数中，单缴存职工申请贷款占23.4%，双缴存职工申请贷款占76.6%。

贷款职工中，30岁（含）以下占34.3%，30岁～40岁（含）占33.1%，40岁～50岁（含）占26.0%，50岁以上占6.6%；首次申请贷款占89.3%，二次申请贷款占10.5%，三次及以上0.2%；中、低收入占 99.5%，高收入占 0.5%。

2018 年末，累计发放公转商贴息贷款 4947 笔 15.98 亿元，累计贴息 4519 万元。

（四）**住房贡献率**：2018 年，个人住房贷款发放额、住房消费提取额的总和与当年缴存额的比率为 116.5%，比上年同期上升 0.9 个百分点。

六、其他重要事项

（一）**依规落实降低住房公积金缴存比例**：切实提高思想认识，进一步落实好住房城乡建设部关于企业降比缓缴的政策规定。下发扬金管〔2018〕21 号和 43 号文，将公积金缴存比例下限由 8% 调整至 5%，依规做好困难企业降比、缓缴工作，在降低实体经济成本工作中发挥作用。

（二）**执法工作全力推进，严查违提拒贷行为**：会同房管等部门开展执法检查，查处开发企业拒绝公积金贷款行为，维护公积金缴存人合法权益；开展违规提取专项治理工作。全年严格依法查处 4 起因拒贷公积金而引发的职工维权投诉，违规开发商的拒贷行为得到及时整改。今年以来，中心还加大了治理违规提取公积金的工作力度，全年查处违规提取行为 237 起，其中移交公安机关 8 起。

（三）**适时出台公积金缴存提取新政**：一是认真落实港澳台及符合条件外籍人员制度扩面工作。转发省住房城乡建设厅等五部门关于在内地（大陆）就业的港澳台同胞享有住房公积金待遇有关问题的通知，并认真落实相关工作。已为 8 名港澳台居民办理了住房公积金缴存登记并开设了个人账户。二是根据市政府文件要求，出台提取公积金支付既有住宅加装电梯费用政策，有力支持职工改善居住环境。

（四）**全面修订扬州市住房公积金缴存、提取、贷款管理实施细则**：通过内部讨论、部门征求意见、社会公开征求意见以及合法性、风险性、廉洁性审查评估，经住房公积金管委会四届二次会议审议批准自 2019 年 3 月 1 日起实施。

镇江市住房公积金 2018 年年度报告

一、机构概况

（一）**住房公积金管理委员会**：住房公积金管理委员会有 25 名委员，2018 年召开 1 次会议，审议通过的事项主要包括：镇江市住房公积金管理中心 2018 年工作报告及 2018 年住房公积金指标计划安排；同意实行住房公积金存贷比挂钩机制，提高住房公积金二次贷款的贷款条件，强化自由职业者住房公积金缴存管理，加强以挂靠单位方式申请贷款的管理；降低镇江市电子管厂、先进光电科技（镇江）有限公司两家单位的住房公积金缴存比例；增加广发银行镇江分行为住房公积金委托金融机构；加快住房公积金"互联网＋公积金"建设。

（二）**住房公积金管理中心**：住房公积金管理中心为直属镇江市人民政府不以营利为目的的依照国家公务员管理的副处级事业单位，内设 7 个处室（部门），下设 3 个分中心、1 个管理部。从业人员 153 人，其中，在编 66 人，非在编 87 人。

二、业务运行情况

（一）缴存：2018 年，新开户单位 1444 家，实缴单位 9516 家，净增单位 421 家；新开户职工 4.19 万人，实缴职工 36.30 万人，净增职工 0.61 万人；缴存额 51.29 亿元，同比增长 7.86%。2018 年末，缴存总额 389.94 亿元，同比增长 15.15%；缴存余额 130.34 亿元，同比增长 8.08%。

受委托办理住房公积金缴存业务的银行 5 家，与上年相同。

（二）提取：2018 年，提取额 41.55 亿元，同比增长 5.78%；占当年缴存额的 81.01%，比上年下降 1.6 个百分点。2018 年末，提取总额 259.60 亿元，同比增长 19.06%。

（三）贷款：个人住房贷款最高额度 50 万元，其中，单缴存职工最高额度 30 万元，双缴存职工最高额度 50 万元。

2018 年，发放个人住房贷款 0.73 万笔 22.78 亿元，同比分别下降 44.70%、45.50%。其中，市中心发放个人住房贷款 0.36 万笔 11.12 亿元，丹阳分中心发放个人住房贷款 0.15 万笔 4.47 亿元，句容分中心发放个人住房贷款 0.08 万笔 3.10 亿元，扬中分中心发放个人住房贷款 0.12 万笔 3.27 亿元，丹徒管理部发放个人住房贷款 0.02 万笔 0.82 亿元。

2018 年，回收个人住房贷款 19.32 亿元。其中，市中心 11.54 亿元，丹阳分中心 3.24 亿元，句容分中心 2.04 亿元，扬中分中心 1.75 亿元，丹徒管理部 0.75 亿元。

2018 年末，累计发放个人住房贷款 14.54 万笔 285.79 亿元，贷款余额 146.83 亿元，同比分别增长 5.29%、8.66%、2.42%。个人住房贷款余额占缴存余额的 112.65%，比上年减少 6.22 个百分点。

受委托办理住房公积金个人住房贷款业务的银行 15 家，与上年相同。

（四）购买国债：2018 年，购买国债 0 亿元，收回国债 0 亿元。2018 年末，国债余额 0 亿元，与上年相同。

（五）融资：2018 年，融资 22.85 亿元，归还 28.70 亿元。2018 年末，融资总额 60.55 亿元，融资余额 15.95 亿元。

（六）资金存储：2018 年末，住房公积金存款 9.83 亿元。其中，活期 6.11 亿元，1 年（含）以下定期 0 亿元，1 年以上定期 0 亿元，协定存款 3.72 亿元。

（七）资金运用率：2018 年末，住房公积金个人住房贷款余额和购买国债余额的总和占缴存余额的 112.65%，比上年减少 6.22 个百分点。

三、主要财务数据

（一）业务收入：2018 年，业务收入 48801.98 万元，同比增长 9.60%。其中，市中心 28847.51 万元，丹阳分中心 8595.97 万元，句容分中心 5189.56 万元，扬中分中心 4286.94 万元，丹徒管理部 1882 万元。存款利息 901.11 万元，委托贷款利息 47888.81 万元，国债利息 0 万元，其他 12.06 万元。

（二）业务支出：2018 年，业务支出 32231.67 万元，同比增长 18.11%。其中，市中心 20053.22 万元，丹阳分中心 4913.01 万元，句容分中心 4396.60 万元，扬中分中心 1919.63 万元，丹徒管理部 949.21 万元；支付职工住房公积金利息 18933.97 万元，归集手续费 820.78 万元，委托贷款手续费

1220.90 万元，其他 11256.02 万元。

（三）增值收益：2018 年，增值收益 16570.31 万元，同比下降 3.88%。其中，市中心 8794.28 万元，丹阳分中心 3682.97 万元，句容分中心 792.96 万元，扬中分中心 2367.31 万元，丹徒管理部 932.80 万元；增值收益率 1.32%，比上年减少 0.16 个百分点。

（四）增值收益分配：2018 年，提取贷款风险准备金 9912.86 万元，提取管理费用 3589.27 万元，提取城市廉租住房建设补充资金 3068.18 万元。

2018 年，上交财政管理费用 2983.86 万元。上缴财政城市廉租住房建设补充资金 2986.68 万元。其中，市中心上缴 1715.56 万元，丹阳分中心 1091.12 万元，句容分中心 100 万元，扬中分中心 80 万元。

2018 年末，贷款风险准备金余额 87899.38 万元。累计提取城市廉租住房建设补充资金 40341.86 万元。其中，市中心提取 26202.50 万元，丹阳分中心 11386.36 万元，句容分中心 900 万元，扬中分中心 293 万元，丹徒管理部 1560 万元。

（五）管理费用支出：2018 年，管理费用支出 3308.03 万元，同比下降 5.03%。其中，人员经费 1702.04 万元，公用经费 112.02 万元，专项经费 1493.97 万元。

市中心管理费用支出 1666.07 万元，其中，人员、公用、专项经费分别为 793.14 万元、28.81 万元、844.12 万元；丹阳分中心管理费用支出 436.96 万元，其中，人员、公用、专项经费分别为 249.37 万元、30.62 万元、156.97 万元；句容分中心管理费用支出 568.73 万元，其中，人员、公用、专项经费分别为 215.66 万元、16.74 万元、336.33 万元；扬中分中心管理费用支出 392.45 万元，其中，人员、公用、专项经费分别为 207.69 万元、28.21 万元、156.55 万元；丹徒管理部管理费用支出 243.82 万元，其中，人员、公用、专项经费分别为 236.18 万元、7.64 万元、0 万元。

四、资产风险状况

2018 年末，个人住房贷款逾期额 640.83 万元，逾期率 0.44‰。其中，市中心 0.67‰，丹阳分中心 0.03‰，句容分中心 0.23‰，扬中分中心 0.16‰，丹徒管理部 0.01‰。

个人贷款风险准备金按增值收益的 60% 提取。2018 年，提取个人贷款风险准备金 9912.86 万元，使用个人贷款风险准备金核销呆坏账 0 万元。2018 年末，个人贷款风险准备金余额 87899.38 万元，占个人住房贷款余额的 5.99%，个人住房贷款逾期额与个人贷款风险准备金余额的比率为 0.73%。

五、社会经济效益

（一）缴存业务：2018 年，实缴单位数、实缴职工人数和缴存额同比分别增长 4.63%、1.71% 和 7.86%。

缴存单位中，国家机关和事业单位占 27.88%，国有企业占 6.43%，城镇集体企业占 1.79%，外商投资企业占 2.46%，城镇私营企业及其他城镇企业占 38.18%，民办非企业单位和社会团体占 0%，其他占 23.26%。

缴存职工中，国家机关和事业单位占 35.80%，国有企业占 13.53%，城镇集体企业占 1.40%，外商投资企业占 6.14%，城镇私营企业及其他城镇企业占 19.64%，民办非企业单位和社会团体占 0%，其他占 23.49%；中、低收入占 98.44%，高收入占 1.56%。

新开户职工中，国家机关和事业单位占 19.41%，国有企业占 6.85%，城镇集体企业占 1.05%，外商投资企业占 7.34%，城镇私营企业及其他城镇企业占 29.57%，民办非企业单位和社会团体占 0%，其他占 35.78%；中、低收入占 99.79%，高收入占 0.21%。

（二）**提取业务**：2018 年，87.02 万名缴存职工提取住房公积金 41.55 亿元。

提取金额中，住房消费提取占 83.06%，购买、建造、翻建、大修自住住房占 29.63%，偿还购房贷款本息占 49.27%，租赁住房占 3.73%，其他占 0.43%；非住房消费提取占 16.94% 离休和退休提取占 12.73%，完全丧失劳动能力并与单位终止劳动关系提取占 0%（占比极小，此处忽略），户口迁出本市或出境定居占 1.47%，其他占 2.74%。

提取职工中，中、低收入占 98.26%，高收入占 1.74%。

（三）**贷款业务**

1. **个人住房贷款**：2018 年，支持职工购建房 90.69 万平方米，年末个人住房贷款市场占有率为 17.64%，比上年减少 1.06 个百分点。通过申请住房公积金个人住房贷款，可节约职工购房利息支出 63905.75 万元。

职工贷款笔数中，购房建筑面积 90（含）平方米以下占 15.52%，90～144（含）平方米占 66.62%，144 平方米以上占 17.86%。购买新房占 55.43%（其中购买保障性住房占 0%），购买二手房占 43.48%，建造、翻建、大修自住住房占 1.09%，其他占 0%。

职工贷款笔数中，单缴存职工申请贷款占 50.51%，双缴存职工申请贷款占 49.16%，三人及以上缴存职工共同申请贷款占 0.33%。

贷款职工中，30 岁（含）以下占 33.02%，30 岁～40 岁（含）占 37.97%，40 岁～50 岁（含）占 24.68%，50 岁以上占 4.33%；首次申请贷款占 82.41%，二次及以上申请贷款占 17.59%；中、低收入占 99.34%，高收入占 0.66%。

2. **异地贷款**：2018 年，发放异地贷款 140 笔 4283.80 万元。2018 年末，发放异地贷款总额 35591.60 万元，异地贷款余额 28727.33 万元。

3. **公转商贴息贷款**：2018 年，发放公转商贴息贷款 4653 笔 150130 万元，支持职工购建住房面积 56.75 万平方米，当年贴息额 1753.77 万元。2018 年末，累计发放公转商贴息贷款 6679 笔 210775.06 万元，累计贴息 2499.06 万元。

（四）**住房贡献率**：2018 年，个人住房贷款发放额、公转商贴息贷款发放额、住房消费提取额的总和与当年缴存额的比率为 140.97%，比上年减少 19.03 个百分点。

六、其他重要事项

（一）当年住房公积金政策调整及执行情况：

1. **允许港澳台职工缴存使用公积金**。自 2018 年 1 月 11 日起，凡在我市就业的港澳台同胞，可凭《港澳台居民居住证》按照《住房公积金管理条例》和相关政策规定在我市缴存住房公积金，缴存基数、缴存比例、账户转移均按我市现行政策规定办理。在我市缴存住房公积金的港澳台同胞，按我市现行政策规定、业务办理要求申请提取住房公积金账户余额；在我市购买自住住房的，享有申请住房公积金个人住房贷款的权利，贷款额度、贷款期限、贷款利率、办理要件、业务流程、操作规范均统一执行现行在职职工政策规定。

2. **强化自由职业者住房公积金缴存管理**。自 2018 年 4 月 1 日起，自由职业者申请公积金贷款后应正常按月缴存公积金用以归还公积金贷款，不得中断，如自由职业者自贷款发放后，未履行按月足额缴存公积金义务连续 3 个月（含）以上的，公积金中心将提前收回公积金贷款。

3. **实行住房公积金贷款存贷比挂钩机制**。自 2018 年 4 月 1 日起，按照公积金缴存职工的缴存年限，将缴存职工公积金可贷额度，与贷款职工家庭的公积金缴存账户余额合计以倍数方式挂钩。公积金缴存职工缴存年限未满一年的，公积金贷款额度不得超过贷款申请时申请人家庭公积金账户合计缴存余额的 8 倍；公积金缴存年限超过一年（含）不足两年的，公积金贷款额度不得超过贷款申请时申请人家庭公积金账户合计缴存余额的 10 倍；公积金缴存年限超过两年的不受缴存账户余额的限制，按照原有公积金贷款额度的计算方式确定可贷额度。

4. **调整住房公积金二次贷款条件**。自 2018 年 4 月 1 日起，申请公积金二次贷款的职工缴存时限由正常连续缴存公积金满 6 个月（含）以上提高到 12 个月（含）以上，且不得通过补缴等方式续缴公积金。

5. **加强对公积金缴存职工申请贷款的管理**。自 2018 年 4 月 1 日起，申请公积金贷款的缴存职工家庭应为与机关、企事业单位建立或形成劳动关系的从业人员，不得通过短期挂靠其他单位缴纳公积金的形式直接或间接套取公积金贷款。对公积金缴存未满一年的职工家庭（不含自由职业者），申请公积金贷款时应同时提供公积金管理部门认可的在职证明、劳动合同及缴纳社会保险的证明。

6. **调整优化租房提取政策**。自 2018 年 6 月 8 日起，适度提高在我市租住商品住房的可提取额度标准，在我市无自有住房的，未婚职工每月可提取额度最高不超过 800 元，已婚职工家庭每月可提取额度最高不超过 1600 元。提取住房公积金支付房租每年可申请办理一次，提取金额不超过 12 个月可提取额度，逾期未办理的不累计支付。

7. **支持提取住房公积金在缴存地或户籍地购买自住住房**。自 2018 年 6 月 8 日起，缴存职工在异地购买住房，购房所在地与缴存职工本人、共同购房配偶或直系亲属的住房公积金缴存地或户籍地一致的，可以申请使用住房公积金。

8. **规范办理住房公积金异地转移接续和离市销户提取**。自 2018 年 6 月 8 日起，缴存职工与单位解除或终止劳动关系的，先办理个人账户封存。账户封存期间，在异地开立住房公积金账户并稳定缴存半年以上的，办理异地转移接续手续；符合离市销户提取业务办理要求的，封存满半年后可全额提取住房公积金账户余额；我市接收异地转移接续转入的，应在我市缴存住房公积金半年以上。

9. **规范购房使用住房公积金**。自 2018 年 6 月 8 日起，缴存职工在婚姻关系存续期间单独购买住房的，只有购房人可以申请使用住房公积金。缴存职工所购房屋两年内存在重复交易行为的，领取《不动产权证书》两年后才可申请使用住房公积金。

10. **调整缴存比例和基数**。自 2018 年 7 月 1 日起，企业单位缴存比例为个人和单位各 10%，最高不超过 12%，缴存基数上限调整为 20600 元，下限为 1890 元。按照《关于规范和阶段性适当降低住房公积金缴存比例的通知》（镇公积金〔2016〕40 号）要求，对已办理缓缴或阶段性适当降低缴存比例的企业，继续延长其缓缴或降低缴存比例执行期至 2020 年 4 月 30 日。扩大住房公积金缴存比例浮动区间，住房公积金缴存比例下限为 5%，上限为 12%，新办理缴存登记的企业，可在此区间内自主确定缴存比例。已缴存的企业，生产经营困难的，可在上述区间内申请降低缴存比例或申请缓缴。

11. **继续实行住房公积金贷款计划控制及对"商转公"贷款进行贴息**。为保障住房公积金业务平稳有序运行，促进住房公积金贷款的可持续发展，自2018年11月1日起继续实行住房公积金贷款计划控制及"商转公"贷款贴息。根据每月资金归集、使用等综合因素制定每月放贷规模，实行总量计划控制，以受理先后顺序进行轮候，每月放贷量控制在计划规模内。对符合"商转公"条件的职工按照当期公积金贷款利率与当期商业贷款基准利率差额给予贴息。

12. **住房公积金贷款利率执行情况**。2018年我市住房公积金贷款利率按照中国人民银行规定的利率标准执行。首次贷款1~5年（含）年利率为2.75％，5年以上为3.25％，二次贷款利率上浮10％。

（二）当年服务改进情况：

1. **创新公积金贷款服务品种**。变委办为自办，实行民生、华夏、兴业银行公积金贷款"小委托"业务，与我市房地产开发商联合拓展公积金"小委托"按揭贷款业务运行模式，将委办银行"商转公"贷款贴息纳入公积金贷款"小委托"业务范围。2018年全年共受理公积金贷款"小委托"业务15笔，金额607.2万元，受理"商转公"贷款贴息业务1786笔，贴息金额约112万元。走进4家楼盘现场受理公积金贷款业务近350笔，金额近1.2亿元，实现"贷款到身边，服务零距离"。

2. **建设公积金综合服务平台**。在"江苏政务服务"APP上率先推出网上离退休提取业务，全年共办理4笔，金额27.69万元；成功上线公积金单位网上服务大厅，业务范围涵盖单位缴存、补缴、开户、封存、同城转移、基数调整等12项内容。2018年，全市共有777家单位签约办理各类业务3701笔，汇缴金额3433.83万元。同步开发公积金个人网厅、微信公众号、手机APP和自助终端等应用，完成个人线上签约、银行卡绑定、购房提取、房租物业费提取、还贷提取等10余项功能的开发和测试。

3. **提升公积金对外服务效能**。优化住房公积金贷款审批流程，明确了贷款审批时间和贷款抵押物评估时间，对住房公积金按揭贷款采取先放款后办理预抵押登记模式，加快放款速度。

缩短提取审核时限，缴存职工申请提取公积金材料齐全的，审核无误后即时办理，对异地购房等需对申请材料进一步核查的提取情形，规定了办理时限；优化升级"镇江市房产登记信息查询平台、不动产登记业务管理系统"，实现市区缴存职工名下住房买卖情况的即时查询；取消外市户籍证明、终止、解除劳动关系证明、偿还异地贷款联系函、商品房预（销）售许可证等证明事项，疏通群众办事赌点。

在公积金服务大厅新增自助业务办理终端与自助查询打印设备，放置公积金信息栏、服务指南架，张贴窗口等候条，提升群众办事体验。

4. **强化窗口人员服务能力**。实行轮岗交流机制，全年安排网点间轮岗1次；通过ISO 9001：2015质量管理体系认证复检；继续开展第三方检测，围绕服务规范、服务礼仪、服务环境等内容，定期开展培训和现场指导2次，实行"神秘人"监督12次，收到检测报告4份，切实提高住房公积金服务效能。

（三）当年信息化建设情况：

1. **信息化建设情况**。完成住房公积金基础数据标准贯标和结算应用系统接入工作，通过住房城乡建设部验收检查。公积金核心业务系统通过国家安全等级三级保护测评，保障缴存职工资金、账户信息安全。通过系统基础架构的持续优化改造、内外网互联互通和核心系统的容灾升级，提高信息系统运行的可持续性和业务连续性。加强信息安全防护和日常检查工作，确保公积金信息系统安全稳定运行。

2. **相关信息数据情况**。2018年共计发送短信59410条；截至2018年底，微信公众号累计关注人数3.5万人，发布信息61期132条；网站首页点击累计1782万人次，累计发布各类信息近2000条；累计发布 274 条微博；利用异地转移接续平台办理转移业务 801 笔，金额 2123.73 万元。

12329 公积金热线全年接听量 5.95 万人次，热线接通率达 91.63%，自助语音平台查询量超 8 万人次。全年接收 12345 政府热线转接电话 535 次，转接派单 238 件。开展满意度调查 1 次，问卷综合满意率为 96.50%，电话回访满意率为 100%。

(四) 当年住房公积金管理中心及职工所获荣誉情况：

1. 中心荣誉

镇江市住房公积金管理中心党支部荣获全省住房城乡建设行业先进基层党组织（苏建行党〔2018〕11 号）

镇江市住房公积金管理中心、扬中分中心荣获镇江市 2015~2018 年度文明单位（镇发〔2018〕31 号）

镇江市住房公积金城区客户服务部荣获 2018 年度市级机关"十佳群众满意窗口"称号（镇江市机关作风效能建设领导小组）

镇江市住房公积金城区客户服务部荣获全市"双美双优"示范服务大厅称号（镇创文办〔2019〕1 号）

镇江市住房公积金管理中心荣获 2018 年度政府法制工作突出集体（镇依法办〔2018〕11 号）

镇江市住房公积金管理中心荣获 2018 年度政务公开和政府网站运维先进集体（镇政办函〔2019〕16 号）

镇江市住房公积金管理中心荣获市财政局 2018 年度局属事业单位目标绩效管理考核优秀单位（镇财人〔2018〕6 号）

镇江市住房公积金管理中心荣获市财政局局属优秀单位（镇财人〔2018〕7 号）

镇江市住房公积金管理中心党总支部荣获市财政局先进基层党组织（镇财党委〔2019〕2 号）

2. 职工个人荣誉

居建荣获全省住房和城乡建设先进工作者（苏人社发〔2018〕110 号）

袁晨荣获 2018 年度全省住房和城乡建设系统窗口单位优质服务明星（苏建竞〔2018〕5 号）

吴垠荣获 2018 年度政府法制工作突出个人（镇依法办〔2018〕11 号）

司亚萍荣获 2018 年度全市政府系统优秀调研成果评选三等奖（镇政办函〔2018〕46 号）

孙媛媛、姚宁驰荣获 2018 年度政务公开和政府网站运维先进个人（镇政办函〔2019〕16 号）

朱贞、居建、龚婷婷、于安莉荣获 2018 年度市财政局考核优秀等次，唐广、吕慧为局嘉奖人员（镇财人〔2018〕4 号）

(五) 当年对违反《住房公积金管理条例》和相关法规行为进行行政处罚和申请人民法院强制执行情况：针对 8 家缴存单位欠缴少缴住房公积金的违规行为和 22 起住房公积金逾期贷款诉讼，申请人民法院强制执行，已有 3 家单位和 11 起住房公积金逾期贷款诉讼执行到位。

泰州市住房公积金 2018 年年度报告

一、机构概况

(一) 住房公积金管理委员会：市住房公积金管理委员会有 30 名委员，2018 年召开 1 次会议，审议通过的事项主要包括：2018年泰州市住房公积金工作情况和2018年工作计划、2018年泰州市住房公积金相关政策调整情况、泰州市住房公积金2018年年度报告。

（二）住房公积金管理中心：市住房公积金管理中心为泰州市政府直属的不以营利为目的的副处级（自收自支）事业单位，设8个处（科），2个管理部，4个分中心。从业人员104人，其中，在编51人，非在编53人。

二、业务运行情况

（一）缴存：2018年，新开户单位1132家，实缴单位6029家，净减单位2262家；新开户职工5.48万人，实缴职工40.27万人，净减职工1.25万人；缴存额52.51亿元，同比增长14.30%。2018年末，缴存总额343.64亿元，同比增长18.04%；缴存余额143.34亿元，同比增长11.26%。

受委托办理住房公积金缴存业务的银行9家，比上年增加0家。

（二）提取：2018年，提取额38.01亿元，同比增长8.14%，占当年缴存额的72.39%，比上年减少4.12个百分点。2018年末，提取总额200.31亿元，同比增长23.42%。

（三）贷款：个人住房贷款最高额度50万元，其中，单缴存职工最高额度30万元，双缴存职工最高额度50万元。

2018年，发放个人住房贷款1.11万笔、37.02亿元，同比分别增长11.00%、9.98%。其中，市中心发放个人住房贷款0.33万笔、11.35亿元，海陵管理部发放个人住房贷款0.03万笔、1.17亿元，高港管理部发放个人住房贷款0.07万笔、2.24亿元，靖江分中心发放个人住房贷款0.20万笔、6.07亿元，泰兴分中心发放个人住房贷款0.21万笔、7.13亿元，兴化分中心发放个人住房贷款0.10万笔、3.35亿元，姜堰分中心发放个人住房贷款0.17万笔、5.71亿元。

2018年，回收个人住房贷款20.36亿元。其中，市中心7.40亿元，海陵管理部0.81亿元，高港管理部0.88亿元，靖江分中心3.20亿元，泰兴分中心3.17亿元，兴化分中心2.16亿元，姜堰分中心2.74亿元。

2018年末，累计发放个人住房贷款11.97万笔、274.08亿元，贷款余额143.22亿元，同比分别增长10.22%、15.62%、13.17%。个人住房贷款余额占缴存余额的99.92%，比上年增加1.69个百分点。

受委托办理住房公积金个人住房贷款业务的银行19家，比上年增加0家。

（四）资金存储：2018年末，住房公积金存款14.05亿元。其中，活期3.70亿元，1年（含）以下定期6.10亿元，1年以上定期3.05亿元，其他（协定、通知存款等）1.20亿元。

（五）资金运用率：2018年末，住房公积金个人住房贷款余额、项目贷款余额和购买国债余额的总和占缴存余额的99.92%，比上年增加1.69个百分点。

三、主要财务数据

（一）业务收入：2018年，业务收入46189.77万元，同比增长1.41%。其中，市中心14085.09万元，海陵管理部2331.87万元，高港管理部2787.45万元，靖江分中心7990.54万元，泰兴分中心7747.27万元，兴化分中心5243.08万元，姜堰分中心6004.47万元。存款利息2781.64万元，委托贷款利息43366.81万元，国债利息0万元，其他41.32万元。

（二）业务支出：2018年，业务支出25794.01万元，同比增长5.46%。其中，市中心7628.35万元，海陵管理部1819.15万元，高港管理部1642.74万元，靖江分中心4049.07万元，泰兴分中心4623.05万元，兴化分中心2743.86万元，姜堰分中心3287.79万元。支付职工住房公积金利息20464.58万元，归集手续费0万元，委托贷款手续费0.16万元，其他5329.27万元。

（三）增值收益：2018年，增值收益20395.76万元，调整以前年度待分配增值收益2864.81万元，同比增长10.30%。其中，市中心6456.74万元，调整以前年度待分配增值收益257.13万元；海陵管理部512.72万元，调整以前年度待分配增值收益498.61万元；高港管理部1144.71万元，调整以前年度待分配增值收益308.75万元；靖江分中心3941.47万元，调整以前年度待分配增值收益573.79万元；泰兴分中心3124.22万元，调整以前年度待分配增值收益645.45万元；兴化分中心2499.22万元，调整以前年度待分配增值收益385.54万元；姜堰分中心2716.68万元，调整以前年度待分配增值收益195.54万元。增值收益率1.71%，比上年增加0个百分点。

（四）增值收益分配：2018年，提取贷款风险准备金18503.49万元，提取管理费用2777.08万元，提取城市廉租住房（公共租赁住房）建设补充资金1980.00万元。

2018年，上交财政管理费用2777.08万元。上缴财政城市廉租住房（公共租赁住房）建设补充资金1794.31万元。其中，市中心上缴420.00万元，海陵管理部上缴40.00万元，靖江分中心上缴400.00万元，泰兴分中心上缴412.87万元，兴化分中心上缴251.44万元，姜堰分中心上缴270.00万元。

2018年末，贷款风险准备金余额123049.97万元。累计提取城市廉租住房（公共租赁住房）建设补充资金20195.31万元。其中，市中心提取4730.31万元，海陵管理部提取1038.00万元，高港管理部提取161.00万元，靖江分中心提取4486.00万元，泰兴分中心提取4582.00万元，兴化分中心提取2545.00万元，姜堰分中心提取2653.00万元。

（五）管理费用支出：2018年，管理费用支出2777.08万元，同比增长14.35%。其中，人员经费1166.01万元，公用经费93.70万元，专项经费1517.37万元。

市中心管理费用支出1057.82万元，其中，人员、公用、专项经费分别为528.79万元、39.95万元、489.08万元；海陵管理部管理费用支出250.42万元，其中，人员、公用、专项经费分别为109.57万元、9.15万元、131.70万元；高港管理部管理费用支出117.97万元，其中，人员、公用、专项经费分别为42.29万元、5.44万元、70.24万元；靖江分中心管理费用支出335.76万元，其中，人员、公用、专项经费分别为150.77万元、11.57万元、173.42万元；泰兴分中心管理费用支出310.97万元，其中，人员、公用、专项经费分别为110.17万元、9.15万元、191.65万元；兴化分中心管理费用支出375.51万元，其中，人员、公用、专项经费分别为87.13万元、7.92万元、280.46万元；姜堰分中心管理费用支出328.63万元，其中，人员、公用、专项经费分别为137.29万元、10.52万元、180.82万元。

四、资产风险状况

2018年末，个人住房贷款逾期额146.47万元，逾期率0.02‰。其中，市中心0.02‰，海陵管理部0‰，高港管理部0‰，靖江分中心0.01‰，泰兴分中心0.04‰，姜堰分中心0‰，兴化分中心0.01‰。

个人贷款风险准备金按贷款余额的8.59%提取。2018年，提取个人贷款风险准备金18503.49万元，使用个人贷款风险准备金核销呆坏账0万元。2018年末，个人贷款风险准备金余额123049.97万元，占个人住房贷款余额的8.59%，个人住房贷款逾期额与个人贷款风险准备金余额比率为0.12%。

五、社会经济效益

（一）缴存业务：2018年，实缴单位数、实缴职工人数和缴存额同比分别减少27.28%、3.01%和增长14.30%。

缴存单位中，国家机关和事业单位占37.27%，国有企业占8.38%，城镇集体企业占4.08%，外商投资企业占4.98%，城镇私营企业及其他城镇企业占35.81%，民办非企业单位和社会团体占5.09%，其他占4.39%。

缴存职工中，国家机关和事业单位占31.39%，国有企业占10.02%，城镇集体企业占7.12%，外商投资企业占8.17%，城镇私营企业及其他城镇企业占35.81%，民办非企业单位和社会团体占2.21%，其他占5.28%；中、低收入占96.31%，高收入占3.69%。

新开户职工中，国家机关和事业单位占14.08%，国有企业占6.13%，城镇集体企业占2.76%，外商投资企业占8.96%，城镇私营企业及其他城镇企业占63.57%，民办非企业单位和社会团体占3.16%，其他占1.34%；中、低收入占99.45%，高收入占0.55%。

（二）提取业务：2018年，13.32万名缴存职工提取住房公积金38.01亿元。

提取金额中，住房消费提取占82.43%（购买、建造、翻建、大修自住住房占34.23%，偿还购房贷款本息占47.20%，租赁住房占0.66%，其他占0.34%）；非住房消费提取占17.57%（离休和退休提取占14.44%，完全丧失劳动能力并与单位终止劳动关系提取占0.01%，户口迁出本市或出境定居占0.01%，其他占3.11%）。

提取职工中，中、低收入占85.06%，高收入占14.94%。

（三）贷款业务：

1. **个人住房贷款**：2018年，支持职工购建房120.64万平方米，年末个人住房贷款市场占有率为10.94%，比上年减少8.94个百分点。通过申请住房公积金个人住房贷款，可节约职工购房利息支出58323.23万元。

职工贷款笔数中，购房建筑面积90（含）平方米以下占13.16%，90～144（含）平方米占71.3%，144平方米以上占15.54%。购买新房占70.4%（其中购买保障性住房占0.33%），购买二手房占29.57%，建造、翻建、大修自住住房占0.03%，其他占0%。

职工贷款笔数中，单缴存职工申请贷款占16.90%，双缴存职工申请贷款占81.53%，三人及以上缴存职工共同申请贷款占1.57%。

贷款职工中，30岁（含）以下占35.64%，30岁～40岁（含）占35.61%，40岁～50岁（含）占22.99%，50岁以上占5.76%；首次申请贷款占89.49%，二次及以上申请贷款占10.51%；中、低收入占94.48%，高收入占5.52%。

2. **异地贷款**：2018年，发放异地贷款0笔0万元。2018年末，发放异地贷款总额10425.2万元，异地贷款余额6872.83万元。

3. **公转商贴息贷款**：2018年，发放公转商贴息贷款1591笔53452.05万元，支持职工购建住房面积19.27万平方米，当年贴息额5346.63万元。2018年末，累计发放公转商贴息贷款15736笔511215.05万元，累计贴息 11061.63 万元。

（四）住房贡献率：2018 年，个人住房贷款发放额、公转商贴息贷款发放额、项目贷款发放额、住房消费提取额的总和与当年缴存额的比率为 153.08%，比上年减少 20.47 个百分点。

六、其他重要事项

（一）当年机构及职能调整情况、受委托办理缴存贷款业务金融机构变更情况：2018 年，机构及职能未作任何调整；2018 年我市缴存业务金融机构无变更，仍为 9 家；新增 0 家贷款业务金融机构，目前我市贷款业务金融机构共有 19 家。

（二）当年住房公积金政策调整及执行情况：当年缴存基数限额及确定方法、缴存比例等缴存政策调整情况：一是 2018 年 2 月 11 日起，在我市就业的港澳台同胞，提供《港澳居民来往内地通行证》或《台湾居民来往大陆通行证》、《台港澳人员就业证》，用人单位可以为其设立职工住房公积金账户。二是自 2018 年 7 月 1 日起，按职工本人 2018 年月平均工资调整职工住房公积金缴存基数。2018 年泰州市住房公积金缴存基数上限保持不变，为 18000 元；缴存基数下限保持不变，市区为 2328 元，靖江、泰兴、兴化为 2299 元。

当年提取政策调整情况：一是 2018 年 4 月 1 日起，首次住房公积金贷款提取首付比例由 20% 调整为 30%，二次住房公积金贷款提取首付比例由 20% 调整为 40%；加强提取业务审核，对同一人多次变更婚姻关系购房、多人频繁买卖同一套住房、异地购房尤其是非户籍地购房、非配偶或非直系亲属共同购房等申请提取住房公积金的，严格审核住房消费行为和证明材料的真实性，必要时限制此类提取；实施失信联合惩戒，对违规提取的缴存职工，记载其失信记录，并随个人账户一并转移；对已提取资金的，责令限期全额退回，限制一定期限内的住房公积金提取和贷款；逾期仍不退回的，列为严重失信行为，依法纳入社会信用体系"黑名单"，实施多部门联合惩戒；对机关、事业单位及国有企业缴存职工违规提取情节严重的，及时向纪检监察部门通报。二是从 2018 年 5 月 17 日起，委托按月提取住房公积金还贷业务由职工住房公积金账户余额达到当月月缴存额 12 倍才可申请办理，调整为职工在申请办理住房公积金贷款（含"公转商贴息贷款"）时，即可办理委托按月提取还贷业务预申请。

当年个人住房贷款最高贷款额度、贷款条件等贷款政策调整情况：一是 2018 年住房公积金最高贷款额度未作调整，仍为双职工缴存住房公积金的家庭，住房公积金贷款最高额度为 50 万元，只有一方符合贷款条件的最高贷款额度为 30 万元。二是从 2018 年 4 月 1 日起调整住房公积金可贷额度计算口径，具体为"住房公积金月缴存额×12×贷款期限"，其中贷款期限由计算到退休后五年调整为退休当年。三是从 2018 年 11 月 14 日起，科技创新创业人才在本市购买自住住房申请住房公积金贷款的，其可贷额度按本市住房公积金贷款计算口径测算后，适当上浮，其中"两院"院士、国家"万人计划"专家、省"双创人才"、市"双创计划"等顶尖及领军人才，分别提高至我市最高限额的 1.5 至 4 倍不等。

当年住房公积金存贷款利率执行标准等：2018 年，泰州市住房公积金管理中心执行的存款利率标准为《中国人民银行、住房城乡建设部、财政部关于完善职工住房公积金账户存款利率形成机制的通知》（银发〔2016〕43 号）的规定，住房公积金存款上年结转和当年缴存均按一年期定期存款 1.5% 的基准利率执行；执行的贷款利率标准为《中国人民银行关于下调金融机构人民币贷款和存款基准利率并进一步推进利率市场化改革的通知》（银发〔2015〕265 号），5 年期以下（含五年）住房公积金贷款年利率为 2.75%，5 年期以上至 30 年（含）的住房公积金贷款年利率为 3.25%。

（三）当年服务改进情况：一是 36 项住房公积金业务实现"最多跑一次"。包括住房公积金提取的 20 项业务、住房公积金 6 种形式的贷款申请业务、单位及职工个人相关信息变更的 4 项业务、职工本地及异地转移的 3 项业务及单位住房公积金开户、封存的 3 项业务等 36 项住房公积金业务实现"最多跑一次"。二是全面建成住房公积金综合服务平台。单位网厅和个人网厅分别于 9 月和 12 月正式上线运行，实现了近 40 余项业务实时办结，全面提升了我市住房公积金服务效率和质量。三是 20 项住房公积金业务实现"不见面审批"。结合网上业务大厅，与江苏省电子政务办、泰州市电子政务中心密切合作，在江苏政务手机 APP 上完成了 20 项住房公积金业务的"不见面审批"，同时开辟"公积金提取"栏目。四是进一步完善其他综合服务渠道。泰州市住房公积金管理中心和泰州市人社部门通过数据共享，在全市 2000 余台社保自助查询一体机上开发了公积金查询功能，并部署到每个分中心、管理部、村镇、街道，实现公积金和社保信息一站式查询。五是加强 12329 短信工作，全年共发送各类公积金政策宣传和业务办理短信 500 多万条，广大职工能够及时了解公积金各项政策动态，掌握业务办理进度和资金到账情况。

（四）当年信息化建设情况：一是极开展住房公积金双贯标工作，对信息系统、基础数据、业务办理、财务核算等方面进行了大量完善和整改，对全市 7 万多个职工重复账户进行了并户，解决了多年遗留的历史问题，全市 19 家承办银行全部接入公积金银行结算应用系统。2018 年 6 月 1 日，双贯标工作顺利通过住房城乡建设部验收，同时双贯标建设项目被评为 2018 年度泰州市信息化应用优秀工程二等奖。二是综合服务平台建设全面推进。重点开展以网上业务大厅为主体的综合服务平台建设，大力推进"互联网+公积金"和"不见面审批"，通过政府大数据交换共享实现"数据多跑路、群众少跑腿"，极大地方便了广大职工办理各项公积金业务。率先完成直连模式接入全国住房公积金异地转移接续平台。2018 年 5 月在全省率先实现直连模式接入，解决了 Web 方式接入带来的操作繁琐、时间长、易出错的问题。三是完成机房升级改造。泰州市住房公积金管理中心机房自 2007 年投入使用已超过 10 年，机房设施严重老化，存在较大安全隐患。为确保信息系统安全可靠运行，对机房老旧设备进行更新改造，同时将原附属楼数据备份机房升级为容灾机房。四是加强信息系统和网络安全建设。按照《网络安全法》和《住房公积金信息系统建设导则》规定，中心根据等保三级测评报告，对信息系统安全隐患进行了整改，完善了各项管理制度，增加了技防措施，确保了系统、网络、信息和资金安全。

（五）当年住房公积金管理中心及职工所获荣誉情况，包括：2018 年，中心先后获得 2015～2018 年度泰州市文明单位、项目大提升项目招引先进单位三等奖，中心党总支微党课《用"五零"守"初心"》获得市委组织部表彰为优秀"微党课"教案，"泰州市住房公积金信息系统双贯标"项目荣获泰州市信息化应用优秀工程二等奖，营业部获得江苏省住房城乡建设系统先进集体、泰州市政务服务中心优质服务分中心等；中心职工陈亚中获得江苏省住房和城乡建设行业优秀共产党员，刘芹获得江苏省住房城乡建设系统先进工作者，景忠获得 2018 年度市级机关优秀党务工作者，胡文获得泰州市第五届第四批"我最喜爱的共产党员"称号，盛凯获得泰州市政务信息化应用先进个人、泰州市数据共享开放工作先进个人，殷爱华获得全市政务服务先进个人，邵彦人获得全市项目大突破项目招引先进个人，陈静获得市级机关部门（单位）优秀人事干部，张蕾获得全市最美志愿者、2018 年度市级机关优秀共产党员、2018 年度泰州市优秀共青团干部，郭宝华撰写的《围绕新生代主力军增强工会工作新能量》获得江苏省住房公积金行业工会工作理论研究会研究文章评审一等奖，韩梅撰写的《用家庭档案留住时光》荣获"档案见证泰州改革开放"征文活动一等奖等。

（六）当年对违反《住房公积金管理条例》和相关法规行为进行行政处罚和申请人民法院强制执行情况：2018年共立案查处2起，其中1起作出行政处罚决定，另一起因当事人单位在通知整改期限内纠正了违法行为，免予行政处罚决定。

宿迁市住房公积金2018年年度报告

一、机构概况

（一）住房公积金管理委员会：住房公积金管理委员会有19名委员，2018年召开3次会议，审议通过2018年度住房公积金归集、使用计划情况，并对其他重要事项进行决策，主要包括：1.关于向社会披露《宿迁市住房公积金管理中心2018年年度报告》；2.关于银行融资及使用授信贷款的请示；3.关于2018年增值收益分配建议；4.关于分配2018年度城市廉租住房建设补充资金的请示。

（二）住房公积金管理中心：住房公积金管理中心为直属市政府不以营利为目的的自收自支事业单位，设6个科室，6个管理部。从业人员63人，其中，在编38人，非在编25人。

二、业务运行情况

（一）缴存：2018年，新开户单位673家，实缴单位4273家，净增单位448家；新开户职工4.1万人，实缴职工28.32万人；缴存额29.91亿元，同比增长14.09%。2018年末，缴存总额161.83亿元，同比增长22.66%；缴存余额82.29亿元，同比增长15.45%。

受委托办理住房公积金缴存业务的银行6家，与上年持平。

（二）提取：2018年，提取额18.90亿元，同比增长20.20%；占当年缴存额的63.19%，比上年增加3.17个百分点。2018年末，提取总额79.54亿元，同比增长31.15%。

（三）贷款：个人住房贷款最高额度50万元，其中，单缴存职工最高额度25万元，双缴存职工最高额度50万元。

2018年，发放个人住房贷款5364笔17.53亿元，同比分别下降31.05%、22.62%。

2018年，回收个人住房贷款9.98亿元。

2018年末，累计发放个人住房贷款4.74万笔123.61亿元，贷款余额81.99亿元，同比分别增长12.86%、16.53%、10.16%。个人住房贷款余额占缴存余额的99.63%，比上年减少4.79个百分点。

受委托办理住房公积金个人住房贷款业务的银行3家，与上年持平。

（四）融资：2018年，融资1.5亿元，归还3亿元。2018年末，融资总额4亿元，融资余额0亿元。

（五）资金存储：2018年末，住房公积金存款0.3亿元。其中，活期0.01亿元，其他协定存款0.29亿元。

（六）资金运用率：2018年末，住房公积金个人住房贷款余额、项目贷款余额和购买国债余额的总和占缴存余额的99.63%，比上年减少4.79个百分点。

三、主要财务数据

（一）**业务收入**：2018年，业务收入25578.65万元，同比增长14.29％。存款利息593.81万元，委托贷款利息24983.34万元，其他1.5万元。

（二）**业务支出**：2018年，业务支出13049.10万元，同比增长11.97％。支付职工住房公积金利息11621.65万元，归集手续费19.63万元，委托贷款手续费517.75万元，其他890.07万元。

（三）**增值收益**：2018年，增值收益12529.55万元，同比增长17.12％。增值收益率1.62％，比上年增加0.02个百分点。

（四）**增值收益分配**：2018年，提取贷款风险准备金8198万元，提取管理费用1775.52万元，提取城市廉租住房（公共租赁住房）建设补充资金2556.03万元。

2018年，上交财政管理费用1271万元。

2018年末，贷款风险准备金余额36338.82万元。累计提取城市廉租住房（公共租赁住房）建设补充资金22296.91万元。

（五）**管理费用支出**：2018年，管理费用支出1663.14万元，同比增长44.97％。其中，人员经费1032.98万元，公用经费112.39万元，专项经费517.77万元。

四、资产风险状况

2018年末，个人住房贷款逾期额75.07万元，逾期率0.09‰。

个人贷款风险准备金按贷款余额的1％提取。2018年，提取个人贷款风险准备金8198万元，使用个人贷款风险准备金核销呆坏账0元。2018年末，个人贷款风险准备金余额36338.82万元，占个人住房贷款余额的4.43％，个人住房贷款逾期额与个人贷款风险准备金余额的比率为0.21％。

五、社会经济效益

（一）**缴存业务**：2018年，实缴单位数、实缴职工人数和缴存额同比分别增长5.95％、-3.24％和14.09％。

缴存单位中，国家机关和事业单位占45.75％，国有企业占8.94％，城镇集体企业占1.76％，外商投资企业占0.75％，城镇私营企业及其他城镇企业占32.13％，民办非企业单位和社会团体占0.28％，其他占10.39％。

缴存职工中，国家机关和事业单位占33.59％，国有企业占16.63％，城镇集体企业占1.64％，外商投资企业占2.90％，城镇私营企业及其他城镇企业占27.46％，民办非企业单位和社会团体占1.74％，其他占16.04％；中、低收入占100％，高收入占0％。

新开户职工中，国家机关和事业单位占11.61％，国有企业占48.27％，城镇集体企业占2.08％，外商投资企业占2.28％，城镇私营企业及其他城镇企业占35.05％，民办非企业单位和社会团体占0.16％，其他占0.55％；中、低收入占100％，高收入占0％。

（二）**提取业务**：2018年，9.69万名缴存职工提取住房公积金18.9亿元。

提取金额中，住房消费提取占83.03％（购买、建造、翻建、大修自住住房占22％，偿还购房贷款本息占60.53％，租赁住房占0.5％）；非住房消费提取占16.97％（离休和退休提取占12.7％，完全丧失劳动能力并与单位终止劳动关系提取占1.42％，户口迁出本市或出境定居占0.09％，其他占2.76％）。

提取职工中，中、低收入占100%，高收入占0%。

（三）**贷款业务**：

1. **个人住房贷款**。2018年，支持职工购建房123.06万平方米，年末个人住房贷款市场占有率为6.14%，比上年减少3.07个百分点。通过申请住房公积金个人住房贷款，可节约职工购房利息支出47754.35万元。

职工贷款笔数中，购房建筑面积90（含）平方米以下占21.68%，90~144（含）平方米占61.58%，144平方米以上占16.74%。购买新房占59.68%（其中购买保障性住房占0%），购买二手房占40.32%，建造、翻建、大修自住住房占0%，其他占0%。

职工贷款笔数中，单缴存职工申请贷款占39.71%，双缴存职工申请贷款占60.29%，三人及以上缴存职工共同申请贷款占0%。

贷款职工中，30岁（含）以下占18.08%，30岁~40岁（含）占42.9%，40岁~50岁（含）占20.6%，50岁以上占18.42%；首次申请贷款占70.75%，二次及以上申请贷款占29.25%；中、低收入占100%，高收入占0%。

2. **异地贷款**。2018年，发放异地贷款343笔8407.1万元。2018年末，发放异地贷款总额73180.41万元，异地贷款余额69508.51万元。

3. **公转商贴息贷款**。2018年，发放公转商贴息贷款0笔0万元，当年贴息额0.1万元。2018年末，累计发放公转商贴息贷款40笔840.08万元，累计贴息3.41万元。

（四）**住房贡献率**：2018年，个人住房贷款发放额、公转商贴息贷款发放额、项目贷款发放额、住房消费提取额的总和与当年缴存额的比率为111.08%，比上年减少26.35个百分点。

六、其他重要事项

（一）**当年机构及职能调整情况、受委托办理缴存贷款业务金融机构变更情况**：2018年，市住房公积金成立市直管理部，主要负责市直住房公积金归集、提取和贷款等业务。

缴存、贷款业务金融机构无变化。

（二）**当年住房公积金政策调整及执行情况**：

1. **缴存基数限额及确定方法、缴存比例等缴存政策调整情况**。2018年度，宿迁市住房公积金缴存基数最高工资限额为14935元，最低限额为不低于市人力资源和社会保障部门公布的最低工资标准，即1400元，新入职职工最低限额按新公布最低工资1620元计算；

确定方法：

最高限额：宿迁市统计局公布的上一年度在职职工月平均工资的3倍；

最低限额：宿迁市人力资源和社会保障局公布的上年最低工资和当年最低工资。

缴存比例：

国家机关、事业单位：单位与职工各12%；

各类企业及其他单位：单位和职工各5%~12%；

为规范缴存业务，我市出台了《关于阶段性降低住房公积金缴存比例进一步降低企业成本的通知》（宿公积金委〔2018〕2号）。

2. **当年提取政策调整情况**。为规范提取业务，我市出台了《关于进一步规范我市住房公积金提取等业务政策的通知》（宿公积金委〔2018〕3号）。

3. **当年个人住房贷款最高贷款额度、贷款条件等贷款政策调整情况**。2018年度，宿迁市住房公积金管理中心个人住房公积金贷款最高额度没有变化，仍执行原标准，即：单职工最高贷款额度25万元，双职工家庭最高贷款额度50万元；

为规范贷款业务，我市出台了《关于停止向购买第三套及以上住房的缴存职工家庭发放住房公积金个人住房贷款的通知》（宿公积金委〔2018〕1号）。

4. **当年住房公积金存贷款利率执行标准**。2018年度，贷款利率没有调整，仍执行原贷款利率，即五年以内（含）贷款2.75%，五年以上贷款利率3.25%。

（三）**当年服务改进情况**：一是"不见面"网上办理深入推进。住房公积金缴存登记、降比缓缴、提取审核、贷款审核等4大项20子项权力事项，全部实现网上"不见面"办理，目前网上申请住房公积金办件量达到业务总量的30%以上。二是八大服务平台日益成熟。中心的门户网站、网上大厅、自助终端、服务热线、手机短信、手机客户端、官方微信、官方微博等八大服务平台逐步完善，已经成为缴存职工了解政策、办理部分业务的重要渠道。三是办事流程不断优化。自2018年5月起，中心先后取消了身份证明复印件、个人信用信息查询报告等证明材料，进一步精简审批要件；提取住房公积金可直接将提取的金额划入预留的银行卡，即刻到账，既安全又方便，进一步提高了办事效率。

（四）**当年信息化建设情况**：

1. **全力推进"智慧公积金"项目**。2018年1月，"智慧公积金"项目开始进场实施。经过近6个月的开发、联调、测试，缴存、提取、贷款、财务等一期项目于2018年6月30日正式上线运行。

（1）建立标准系统平台。一是按照住房城乡建设部《住房公积金基础数据标准》等文件要求建立基础数据、结算平台和各种报表，全面满足上级"双贯标"验收的各种要求。二是按照财政部、国家档案局《会计档案管理办法》和《中华人民共和国电子签名法》等法律法规的要求收集、制作、整理、传递、存储电子回单，形成规范的电子业务档案和会计档案。三是借鉴商业银行的运作模式设计软件架构、功能、流程和界面，为网上大厅、官方微信、手机终端、自助终端等服务渠道功能统一化奠定基础。

（2）建立数据共享机制。以大数据应用为前提，从数据获取、分析、存储、应用四个方面入手，全面驱动中心管理和服务转型升级。目前，中心已获取公安、民政、人社、房管、不动产、编办、经信、银联、银行等16家单位数据接口，前期先做网页版查询功能，然后再做软件嵌入式开发。

（3）建立电子业务模式。借助摄像头、手写屏、扫描仪等影像采集设备，运用电子签名、防伪水印等技术手段，在客户签名、资料收集、回单制作、凭证传递、档案整理等环节实现全方位无纸化办公。目前，缴存、提取、贷款等业务办理结果由客户使用柜外清进行签名确认，并由中心加入电子签名后以PDF形式长期存储，财务记账凭证所需附件不再需要银行通过人工纸质形式进行传递，改由经过数字签名的电子回单代替。

（4）建立安全管理机制。一是在柜面运用人脸识别技术，将系统人证比对作为业务办理必备环节，严防冒名顶替行为的发生。二是借助住房城乡建设部结算应用系统，实现资金类业务全覆盖。中心所有存款账户、委托贷款账户、增值收益账户全部在住房城乡建设部结算应用系统中注册，各种资金类业务全部通过住房城乡建设部结算应用系统进行线上交易，缴存、提取、贷款等核心业务全部按照业务驱动资金并据此进行会计核算的原则进行处理。

2. 顺利通过住房城乡建设部"双贯标"验收。 住房公积金基础数据是分析公积金业务运行的重要依据。中心严格依据住房和城乡建设部发布的《住房公积金基础数据标准》JGJ/T 320—2014，制定基础数据标准贯标实施方案，开发中心的住房公积金业务管理信息系统。

基础数据"贯标"通过在生产数据库中建立标准数据库实体表的方式实现，包括 29 张数据表、394 个数据项、241 个代码项，使标准要求的公积金基础数据在采集、处理和存储、使用等方面得到全面应用，最终实现业务系统"完全贯标"。基础数据标准的贯彻，使中心信息系统数据结构更加科学、规范，使中心信息数据更加完整，提升了中心信息化建设整体水平。

2018 年 9 月初，住房城乡建设部专家组来我中心开展"双贯标"检查验收。专家组经过听取汇报、现场核查、资料抽查、集中合议等环节后，对我中心信息化建设和"双贯标"工作给予了充分肯定，一致同意我中心通过"双贯标"验收，并给出了全省最高分的综合评定。

（五）当年住房公积金管理中心及职工所获荣誉情况：2018 年，中心先后获得江苏省住房城乡建设系统"先进集体""工人先锋号"等荣誉称号，市直管理部被市行政审批局、市政务服务管理办公室评为 2018 年度市级政务服务"十佳窗口"，先后被评为"红旗窗口"4 次，宿城管理部先后被评为"先进窗口"8 次，宿豫管理部被评为"优质服务窗口"1 次，泗阳管理部先后被评为"红旗窗口"4 次，泗洪管理部先后被评为"优质服务窗口"9 次。

2018 全国住房公积金年度报告汇编

浙江省

杭州
宁波市
温州市
嘉兴市
湖州市
绍兴市
金华市
衢州市
舟山市
台州市
丽水市

浙江省住房公积金 2018 年年度报告

一、机构概况

(一)住房公积金管理机构：全省共设 11 个设区城市住房公积金管理中心，另设省直单位住房公积金管理中心，16 个独立设置的分中心(其中，北仑、镇海、象山、宁海、余姚、慈溪、奉化分中心隶属宁波市中心，嘉善、海盐、海宁、平湖、桐乡分中心隶属嘉兴市中心，常山、开化、龙游、江山分中心隶属衢州市中心)。从业人员 1888 人，其中，在编 994 人，非在编 894 人。

(二)住房公积金监管机构：省住房和城乡建设厅、财政厅和人民银行杭州中心支行负责对本省住房公积金管理运行情况进行监督。省住房和城乡建设厅设立住房公积金监管处，负责辖区住房公积金日常监管工作。

二、业务运行情况

(一)缴存：2018 年，新开户单位 44159 家，实缴单位 227677 家，净增单位 32268 家；新开户职工 160.9 万人，实缴职工 800.6 万人，净增职工 84.3 万人；缴存额 1388.8 亿元，同比增长 16.6%。2018 年末，缴存总额 9379.9 亿元，同比增长 17.4%；缴存余额 3176 亿元，同比增长 10.8%。

(二)提取：2018 年，提取额 1079.6 亿元，同比增长 14.6%；占当年缴存额的 77.7%，比上年减少 1.4 个百分点。2018 年末，提取总额 6203.9 亿元，同比增长 21.1%。

(三)贷款：

1. 个人住房贷款：2018 年，发放个人住房贷款 12.6 万笔 561.5 亿元，同比下降 3.8%、9.8%。回收个人住房贷款 340.2 亿元。

2018 年末，累计发放个人住房贷款 177.1 万笔 5617.5 亿元，贷款余额 3123.8 亿元，同比分别增长 7.6%、11.1%、7.6%。个人住房贷款余额占缴存余额的 98.4%，比上年减少 2.8 个百分点。

2. 住房公积金支持保障性住房建设项目贷款：截至 2018 年底，累计发放项目贷款 14.9 亿元，所有项目贷款本息已经结清。

(四)购买国债：2018 年，我省无购买国债情况。

(五)融资：2018 年，融资 103.9 亿元，归还 144.4 亿元。年末，融资总额 453.4 亿元，融资余额 110.6 亿元。

(六)资金存储：2018 年末，住房公积金存款 203.1 亿元。其中，活期 3.4 亿元，1 年(含)以下定期 38.7 亿元，1 年以上定期 2 亿元，其他(协定、通知存款等)159 亿元。

(七)资金运用率：2018 年末，住房公积金个人住房贷款余额、项目贷款余额和购买国债余额的总和占缴存余额的 98.4%，比上年减少 2.8 个百分点。

三、主要财务数据

(一)业务收入：2018 年，业务收入 1051468.9 万元，同比增长 8.3%。其中，存款利息 70412.9 万元，委托贷款利息976849.6万元，国债利息0万元，其他4206.4万元。

（二）**业务支出**：2018年，业务支出611864.9万元，同比增长8.3%。其中，支付职工住房公积金利息453329.2万元，归集手续费6082.8万元，委托贷款手续费39710.8万元，其他112742.1万元。

（三）**增值收益**：2018年，增值收益439604万元，同比增长8.3%；增值收益率1.5%，与上年持平。

（四）**增值收益分配**：2018年，提取贷款风险准备金244063万元，提取管理费用43325.2万元，提取城市廉租住房（公共租赁住房）建设补充资金152215.7万元。

2018年，上交财政管理费用42666.9万元，上缴财政城市廉租住房（公共租赁住房）建设补充资金178370.6万元。

2018年末，贷款风险准备金余额2227384.8万元，累计提取城市廉租住房（公共租赁住房）建设补充资金1348198.4万元。

（五）**管理费用支出**：2018年，管理费用支出54446.6万元，同比增长11%。其中，人员经费29427万元，公用经费5049.2万元，专项经费19970.4万元。

四、资产风险状况

（一）**个人住房贷款**：2018年末，个人住房贷款逾期额2518.1万元，逾期率0.08‰。

2018年，提取个人贷款风险准备金244063万元，使用个人贷款风险准备金核销呆坏账904.3万元。2018年末，个人贷款风险准备金余额2224807万元，占个人贷款余额的7.1%，个人贷款逾期额与个人贷款风险准备金余额的比率为0.11%。

（二）**住房公积金支持保障性住房建设项目贷款**：2018年末，未发生逾期项目贷款。2018年末，项目贷款风险准备金余额2577.8万元。

五、社会经济效益

（一）**缴存业务**：2018年，实缴单位数、实缴职工人数和缴存额增长率分别为16.5%、11.8%和16.6%。

缴存单位中，国家机关和事业单位占14.4%，国有企业占4.3%，城镇集体企业占1.6%，外商投资企业占2%，城镇私营企业及其他城镇企业占66.5%，民办非企业单位和社会团体占2.6%，其他占8.6%。

缴存职工中，国家机关和事业单位占22.5%，国有企业占11.6%，城镇集体企业占1.3%，外商投资企业占5.8%，城镇私营企业及其他城镇企业占49%，民办非企业单位和社会团体占1.6%，其他占8.2%；中、低收入占97.7%，高收入占2.3%。

新开户职工中，国家机关和事业单位占7.4%，国有企业占6.7%，城镇集体企业占1%，外商投资企业占6.1%，城镇私营企业及其他城镇企业占66.6%，民办非企业单位和社会团体占1.5%，其他占10.7%；中、低收入占97.1%，高收入占2.9%。

（二）**提取业务**：2018年，302万名缴存职工提取住房公积金1079.6亿元。

提取金额中，住房消费提取占84%（购买、建造、翻建、大修自住住房占27.1%，偿还购房贷款本息占 50.6%，租赁住房占 6.2%，其他占 0.1%）；非住房消费提取占 16%（离休和退休提取占 9.8%，完全丧失劳动能力并与单位终止劳动关系提取占 1.1%，户口迁出所在市或出境定居占 1.9%，其他占 3.2%）。

提取职工中，中、低收入占 92.4%，高收入占 7.6%。

（三）**贷款业务**：

1. **个人住房贷款**：2018 年，支持职工购建房 1581.7 万平方米。年末个人住房贷款市场占有率为 13.5%，比上年同期减少 2.1 个百分点。通过申请住房公积金个人住房贷款，可节约职工购房利息支出 1217777.9 万元。

职工贷款笔数中，购房建筑面积 90（含）平方米以下占 32.6%，90～144（含）平方米占 55%，144 平方米以上占 12.4%。购买新房占 54.1%（其中购买保障性住房占 0.8%），购买二手房占 45.8%，建造、翻建、大修自住住房占 0.1%。

职工贷款笔数中，单缴存职工申请贷款占 44.1%，双缴存职工申请贷款占 55.8%，三人及以上缴存职工共同申请贷款占 0.1%。

贷款职工中，30 岁（含）以下占 34.4%，30 岁～40 岁（含）占 41.7%，40 岁～50 岁（含）占 19.2%，50 岁以上占 4.7%；首次申请贷款占 85.2%，二次及以上申请贷款占 14.8%；中、低收入占 94.7%，高收入占 5.3%。

2. **异地贷款**：2018 年，发放异地贷款 5387 笔 245894.3 万元。2018 年末，发放异地贷款总额 915469.1 万元，异地贷款余额 756883.7 万元。

3. **公转商贴息贷款**：2018 年，发放公转商贴息贷款 6943 笔 344353.8 万元，支持职工购建房面积 94.5 万平方米。当年贴息额 55677.7 万元。2018 年末，累计发放公转商贴息贷款 114104 笔 5882547.3 万元，累计贴息 150680.6 万元。

4. **住房公积金支持保障性住房建设项目贷款**：2018 年末，全省有住房公积金试点城市 4 个，试点项目 10 个，贷款额度 14.9 亿元，建筑面积 101.7 万平方米，可解决 12415 户中低收入职工家庭的住房问题。所有试点项目贷款资金已发放并还清贷款本息。

（四）**住房贡献率**：2018 年，个人住房贷款发放额、公转商贴息贷款发放额、项目贷款发放额、住房消费提取额的总和与当年缴存额的比率为 108.2%，比上年减少 21 个百分点。

六、其他重要事项

（一）**当年住房公积金政策调整情况**：缴存对象上，将港澳台同胞同等纳入住房公积金制度范围，并开展新市民住房问题专项调研。缴存政策上，允许缴存企业在规定上下限区间范围内，自主确定缴存比例，进一步降低企业负担。使用政策上，按照省委省政府打造高水平建设人才强省要求，进一步放宽高层次人才住房公积金提取、贷款政策。

（二）**当年开展专项监督检查情况**：省住房和城乡建设厅会同省财政厅组织开展了 2018 年度住房公积金专项监督检查，对湖州、绍兴、衢州、台州、丽水等 5 个设区市住房公积金管理中心（含所属分中心）及省直住房公积金管理中心的财务管理、会计核算、政策法规执行情况等方面实施了现场督查。省住房和城乡建设厅对全省 12 家住房公积金管理中心，全面开展了住房公积金政策执行情况检查及风险隐患排查。

（三）当年服务改进情况：全面深化"最多跑一次"改革，全省取消了办理住房公积金提取和贷款业务所需的身份证明材料复印件，11项民生事项实现了"一证通办"（占公积金全部民生事项的64.7%），8个事项实现了全程网上办理，公积金无房提取、离退休提取等多个事项实现了"浙里办"上"刷脸"办理。

（四）信息化建设情况。以推进住房公积金互联网和移动终端服务为重点，在全国率先建成上线了住房公积金省级综合服务平台。全省各住房公积金管理中心信息系统已全部通过住房和城乡建设部"双贯标"验收，实现异地转移接续以直连方式接入全国平台，进一步提升了住房公积金规范化、标准化管理水平。

（五）当年住房公积金机构及从业人员所获荣誉情况。宁波、温州、嘉兴、绍兴市中心及永嘉、苍南、德清分中心获得或保持省级文明单位称号，义乌市中心荣获"浙江省巾帼文明岗"，温州市中心获得浙江省"工人先锋号"称号。此外，获得地市级以上先进单位、个人称号及其他荣誉59个。

杭州住房公积金2018年年度报告

一、机构概况

（一）住房公积金管理委员会：住房公积金管理委员会有30名委员，2018年召开1次会议，审议通过2018年住房公积金计划执行情况和2018年住房公积金计划草案；表决同意对平安银行股份有限公司杭州分行实施委贷银行退出，取消其委贷银行资格；表决同意增设杭州农信系统所辖商业银行（余杭农商行、富阳农商行、桐庐农商行、建德农商行、临安农商行、淳安农商行）为住房公积金委贷银行，分别与所在区、县（市）分中心建立合作关系开展委贷业务，实行统一委贷账户资金结算。

（二）住房公积金管理中心：住房公积金管理中心为杭州市政府直属的不以营利为目的的参照公务员法管理的事业单位，设7个处、8个分中心、1个省直中心。从业人员317人，其中，在编170人，非在编147人。

二、业务运行情况

（一）缴存：2018年，新开户单位19618家，实缴单位84833家，净增单位14779家；新开户职工60.8万人，实缴职工278.9万人，净增职工33.4万人；缴存额518.6亿元，同比增长19.9%。2018年末，缴存总额3333.7亿元，同比增长18.4%；缴存余额1015.5亿元，同比增长11.6%。

受委托办理住房公积金缴存业务的银行5家，比上年无增减。

（二）提取：2018年，提取额413.4亿元，同比增长12.4%；占当年缴存额的79.7%，比上年减少5.3个百分点。2018年末，提取总额2318.2亿元，同比增长21.7%。

（三）贷款：

1. **个人住房贷款**。个人住房贷款最高额度100万元，其中，单缴存职工最高额度50万元，双缴存职工最高额度 100 万元。

2018 年，发放个人住房贷款 3.3 万笔 180.9 亿元，同比分别增长 6.5%、9.1%；回收个人住房贷款 85.7 亿元。

2018 年末，累计发放个人住房贷款 44.1 万笔 1694.2 亿元，贷款余额 961.8 亿元，同比分别增长 8.1%、12.0%、11.0%。个人住房贷款余额占缴存余额的 94.7%，比上年减少 0.5 个百分点。

受委托办理住房公积金个人住房贷款业务的银行 27 家，比上年增加 6 家，分别为余杭农商行、富阳农商行、桐庐农商行、建德农商行、临安农商行和淳安农商行见表 1。

2018 年全市个人住房贷款发放回收情况表　　　　　　表 1

单位	发放笔数（万笔）	发放金额（亿元）	回收金额（亿元）
市中心	1.2	69.3	34.1
省直中心	0.6	35.2	22.3
萧山分中心	0.4	21.5	7.7
余杭分中心	0.3	17.5	5.9
富阳分中心	0.2	10.9	3.8
临安分中心	0.1	5.2	3.0
建德分中心	0.2	9.9	2.9
桐庐分中心	0.1	3.2	2.0
淳安分中心	0.1	6.4	2.2
铁路分中心	0.1	1.8	1.8
合计	3.3	180.9	85.7

2. 住房公积金支持保障性住房建设项目贷款。2018 年末，累计发放项目贷款 7.0 亿元，项目贷款余额为 0。

（四）融资：2018 年，融资及归还金额为 0。2018 年末，融资总额 5.0 亿元，均为个人住房贷款不出表的资产证券化融资，融资余额为 0。

（五）资金存储：2018 年末，住房公积金存款 65.7 亿元。其中，活期 0.2 亿元，1 年（含）以下定期 8.3 亿元，1 年以上定期 0 亿元，其他（协定、通知存款等）57.2 亿元。

（六）资金运用率：2018 年末，住房公积金个人住房贷款余额、项目贷款余额和购买国债余额的总和占缴存余额的 94.7%，比上年减少 0.5 个百分点。

三、主要财务数据

（一）业务收入：2018 年，业务收入 313973.4 万元，同比增长 7.8%。其中，存款利息 20620.6 万元，委托贷款利息 293345.8 万元，国债利息 0 万元，其他 7.0 万元。

（二）业务支出：2018 年，业务支出 181051.2 万元，同比增长 5.0%。其中，支付职工住房公积金利息 143841.1 万元，归集手续费 4509.3 万元，委托贷款手续费 14646.0 万元，其他 18054.8 万元。

（三）增值收益：2018 年，增值收益 132922.2 万元，同比增长 11.9%。其中，增值收益率 1.4%，比上年无增减。

(四)增值收益分配：2018年，提取贷款风险准备金67859.9万元，提取管理费用7421.3万元，提取城市廉租住房（公共租赁住房）建设补充资金57641.0万元。

2018年，上交财政管理费用6921.7万元。上缴财政城市廉租住房（公共租赁住房）建设补充资金93850.4万元。

2018年末，贷款风险准备金余额579237.7万元。累计提取城市廉租住房（公共租赁住房）建设补充资金594011.6万元。

(五)管理费用支出：2018年，管理费用支出10343.8万元，同比增长9.9%。其中，人员经费4565.6万元，公用经费1112.1万元，专项经费4666.1万元。相关汇总表见表2~表4。

2018年全市住房公积金资产负债表（单位：万元） 表2

项目	年初数	年末数	项目	年初数	年末数
资产：			负债：		
住房公积金存款	514109.9	657232.9	住房公积金	9103200.5	10154968.0
增值收益存款	612108.0	613636.6	应付利息	66978.7	73333.5
应收利息	5001.1	4220.1	专项应付款	109311.3	73601.5
其他应收款	14491.8	14004.1	其中：城市廉租住房建设补充资金	106433.9	70224.6
委托贷款	8665337.5	9617567.1	其他应付款	19383.9	25606.1
逾期贷款	108.2	86.0	负债合计	9298874.4	10327509.1
国家债券	0.0	0.0			
			净资产：		
			贷款风险准备	512282.1	579237.7
			待分配增值收益	0.0	0.0
			净资产合计	512282.1	579237.7
资产总计	9811156.5	10906746.8	负债及净资产总计	9811156.5	10906746.8

2018年全市住房公积金增值收益及其分配表（单位：万元） 表3

单位	业务收入	业务支出	增值收益	提取贷款风险准备金	提取管理费用	城市廉租住房(公共租赁住房)建设补充资金		
						当年提取	当年上缴	累计提取
市中心	143238.6	91580.3	51658.3	16374.4	1417.6	33866.3	36476.5	302895.4
省直中心	85426.1	44501.3	40924.8	24863.2	5313.4	10748.2	29913.2	160585.6
萧山分中心	28460.0	17258.0	11202.0	6783.6	0.0	4418.4	6658.8	44597.3
余杭分中心	20629.5	11814.0	8815.5	7311.6	0.0	1503.9	4236.1	16679.1
富阳分中心	13303.3	7688.4	5614.9	3552.6	0.0	2062.3	395.7	15889.0
临安分中心	8177.4	4856.1	3321.3	1051.0	472.5	1797.8	0.0	9043.3
建德分中心	8397.1	4756.0	3641.1	3437.6	203.5	0.0	950.4	12872.1
桐庐分中心	5822.2	3714.0	2108.2	2108.2	0.0	0.0	0.0	6241.7
淳安分中心	6173.0	3778.5	2394.5	2346.9	0.0	47.6	0.0	6791.9
铁路分中心	6927.1	3685.5	3241.6	30.8	14.3	3196.5	15219.7	18416.2
合计	313973.4	181051.2	132922.2	67859.9	7421.3	57641.0	93850.4	594011.6

注：全市范围内调剂资金的利息收支及内部收支分摊金额在全市业务收入、业务支出汇总时合并计算。

2018 年全市管理费用实际支出情况表（单位：万元）　　　　表 4

单位	人员经费	公用经费	专项经费	管理费用合计
市中心	1191.2	250.5	1212.0	2653.7
省直中心	723.8	361.4	1833.2	2918.4
萧山分中心	516.7	242.3	100.4	859.4
余杭分中心	481.2	51.1	520.1	1052.4
富阳分中心	291.8	42.4	122.1	456.3
临安分中心	285.5	39.7	147.3	472.5
建德分中心	277.0	32.4	72.0	381.4
桐庐分中心	241.8	21.4	500.5	763.7
淳安分中心	196.8	24.9	119.2	340.9
铁路分中心	359.8	46.0	39.3	445.1
合计	4565.6	1112.1	4666.1	10343.8

注：当年管理费用不列入增值收益分配的有：市中心及铁路分中心的人员经费和公用经费、市中心的部分专项经费（67.0 万元）、建德分中心的部分人员经费和公用经费（177.9 万元）以及萧山、余杭、富阳、桐庐、淳安分中心的所有管理费用。不列入增值收益分配的管理费用均由当地财政在预算内安排。

四、资产风险状况

个人住房贷款：2018 年末，个人住房贷款逾期额 538.6 万元，逾期率 0.056‰。其中，市中心 0.070‰，省直中心 0.066‰，萧山分中心 0.012‰，富阳分中心 0.014‰，临安分中心 0.055‰，桐庐分中心 0.071‰，铁路分中心 0.307‰，余杭、建德和淳安分中心均为 0。

个人贷款风险准备金按住房公积金个人住房贷款余额的 5‰差额提取（其中：省直中心按个人住房贷款余额的 1‰提取）。2018 年，提取贷款风险准备金 67859.9 万元，未使用个人贷款风险准备金核销呆坏账。2018 年末，贷款风险准备金余额 579237.7 万元（含流动性风险准备金 22840.7 万元），占个人住房贷款余额的 6.0‰，个人住房贷款逾期额与贷款风险准备金余额的比率为 0.1%。

五、社会经济效益

（一）缴存业务：2018 年，实缴单位数、实缴职工人数和缴存额同比分别增长 21.1%、13.6%和 19.9%。

缴存单位中，国家机关和事业单位占 6.4%，国有企业占 1.9%，城镇集体企业占 0.3%，外商投资企业占 1.2%，城镇私营企业及其他城镇企业占 86.1%，民办非企业单位和社会团体占 0.9%，其他占 3.2%。

缴存职工中，国家机关和事业单位占 13.8%，国有企业占 8.9%，城镇集体企业占 0.1%，外商投资企业占 4.8%，城镇私营企业及其他城镇企业占 68.1%，民办非企业单位和社会团体占 0.2%，其他占 4.1%；中、低收入占 97.7%，高收入占 2.3%。

新开户职工中，国家机关和事业单位占 3.4%，国有企业占 6.1%，城镇集体企业占 0.1%，外商投资企业占 4.5%，城镇私营企业及其他城镇企业占 81.5%，民办非企业单位和社会团体占 0.2%，其他占 4.2%；中、低收入占 99.0%，高收入占 1.0%（表 5）。

2018年全市住房公积金缴存分类情况表　　　　　　　　　　　　　　　　　　　　表5

类别		缴存单位（家）	占比(%)	缴存职工（万人）	占比(%)	新开户职工（万人）	占比(%)
单位性质	国家机关和事业单位	5453	6.4	38.5	13.8	2.1	3.4
	国有企业	1623	1.9	24.7	8.9	3.7	6.1
	城镇集体企业	209	0.3	0.2	0.1	0.1	0.1
	外商投资企业	999	1.2	13.3	4.8	2.7	4.5
	城镇私营企业及其他城镇企业	73066	86.1	190.1	68.1	49.6	81.5
	民办非企业单位和社会团体	744	0.9	0.6	0.2	0.1	0.2
	其他	2739	3.2	11.5	4.1	2.5	4.2
	合计	84833	100.0	278.9	100.0	60.8	100.0
收入水平	中、低收入	—	—	272.6	97.7	60.2	99.0
	高收入	—	—	6.3	2.3	0.6	1.0
	合计	—	—	278.9	100.0	60.8	100.0

注：中、低收入为收入低于或等于2018年杭州市社会平均工资的3倍；高收入为收入高于2018年杭州市社会平均工资的3倍。

（二）提取业务：2018年，132.1万名缴存职工提取住房公积金413.4亿元。

提取金额中，住房消费提取占88.1%（购买、建造、翻建、大修自住住房占12.5%，偿还购房贷款本息占62.7%，租赁住房占12.9%）；非住房消费提取占11.9%（离休和退休提取占7.9%，完全丧失劳动能力并与单位终止劳动关系提取占0.0%，户口迁出本市或出境定居占3.0%，其他占1.0%）。

提取职工中，中、低收入占92.0%，高收入占8.0%（表6）。

2018年全市住房公积金提取分类情况表　　　　　　　　　　　　　　　　　　　　表6

类别		人数（万人）	占比(%)	金额（亿元）	占比(%)
住房消费提取	购买、建造、翻建、大修自住住房	5.4	4.1	51.6	12.5
	偿还贷款本息	62.6	47.4	259.2	62.7
	租赁住房	53.7	40.7	53.5	12.9
	其他	0.0	0.0	0.0	0.0
	小计	121.7	92.2	364.3	88.1
非住房消费提取	离休和退休	2.7	2.0	32.8	7.9
	完全丧失劳动能力并与单位终止劳动关系	0.0	0.0	0.0	0.0
	户口迁出本市或出境定居	6.6	5.0	12.4	3.0
	其他	1.1	0.8	3.9	1.0
	小计	10.4	7.8	49.1	11.9
合计		132.1	100.0	413.4	100.0

续表

类别		人数(万人)	占比(%)	金额(亿元)	占比(%)
收入水平	中、低收入	127.9	96.8	380.5	92.0
	高收入	4.2	3.2	32.9	8.0
	合计	132.1	100.0	413.4	100.0

注：1. 户口迁出本市或出境定居提取包括非本地户籍职工终止劳动关系后未在本地重新就业。

2. 非住房消费提取中的其他提取包括本地户籍职工终止劳动关系后未重新就业满5年或者男性年满50周岁、女性年满45周岁；享受最低生活保障；死亡或宣告死亡。

3. 中、低收入为收入低于或等于2018年杭州市社会平均工资的3倍；高收入为收入高于2018年杭州市社会平均工资的3倍。

（三）贷款业务：

1. **个人住房贷款**：2018年，支持职工购建房406.1万平方米，年末个人住房贷款市场占有率为13.9%（年末个人住房贷款市场占有率＝年末住房公积金个人贷款余额÷年末商业性和住房公积金个人贷款余额总和，含公转商贴息贷款），比上年减少0.6个百分点。通过申请住房公积金个人住房贷款，可节约职工购房利息支出431469.0万元。

职工贷款笔数中，购房建筑面积90（含）平方米以下占48.5%，90～140（含）平方米占42.4%，140平方米以上占9.1%。购买新房占57.6%（其中购买保障性住房占3.0%），购买二手房占42.4%。

职工贷款笔数中，单缴存职工申请贷款占51.5%，双缴存职工申请贷款占48.5%。

贷款职工中，30岁（含）以下占42.4%，30岁～40岁（含）占39.4%，40岁～50岁（含）占15.1%，50岁以上占3.1%；首次申请贷款占87.9%，二次及以上申请贷款占12.1%；中、低收入占93.9%，高收入占6.1%（表7）。

2018年全市住房公积金个人住房贷款分类情况表　　表7

分类方式	类别	发放笔数（万笔）	占比(%)	金额(亿元)	占比(%)
房屋类型	新房	1.9	57.6	102.1	56.4
	其中:保障性住房	0.1	3.0	2.7	1.5
	二手房	1.4	42.4	78.8	43.6
	建造、翻建、大修自住住房	0.0	0.0	0.0	0.0
	其他	0.0	0.0	0.0	0.0
房屋建筑面积	90平方米(含)以下	1.6	48.5	84.9	46.9
	90～140平方米(含)	1.4	42.4	82.6	45.7
	140平方米以上	0.3	9.1	13.4	7.4
贷款种类	纯公积金贷款	0.9	27.3	51.1	28.2
	组合贷款	2.4	72.7	129.8	71.8
购贷次数	首次	2.9	87.9	160.6	88.8
	二次及以上	0.4	12.1	20.3	11.2

续表

分类方式	类别	发放笔数（万笔）	占比(%)	金额(亿元)	占比(%)
贷款职工	单缴存职工	1.7	51.5	68.8	38.0
	双缴存职工	1.6	48.5	112.0	61.9
	三人及以上缴存职工	0.0	0.0	0.1	0.1
贷款人年龄	30岁（含）以下	1.4	42.4	71.7	39.7
	30岁~40岁（含）	1.3	39.4	77.3	42.7
	40岁~50岁（含）	0.5	15.1	25.7	14.2
	50岁以上	0.1	3.1	6.2	3.4
收入水平	中、低收入	3.1	93.9	172.3	95.2
	高收入	0.2	6.1	8.6	4.8

注：中、低收入为收入低于或等于2018年杭州市社会平均工资的3倍；高收入为收入高于2018年杭州市社会平均工资的3倍。

2. **异地贷款**：2018年，发放异地贷款1092笔83110.7万元。2018年末，发放异地贷款总额303123.6万元，异地贷款余额266350.9万元。

3. **公转商贴息贷款**：2018年，发放公转商贴息贷款（为增量公转商）30笔1175.5万元，支持职工购建住房面积0.4万平方米，当年贴息额17345.9万元。2018年末，累计发放公转商贴息贷款（含存量公转商）27161笔1433798.0万元，累计贴息57994.8万元。

4. **支持保障性住房建设试点项目贷款**：2018年末，累计试点项目3个，贷款额度7.0亿元，建筑面积56.9万平方米，可解决6511户中低收入职工家庭的住房问题。3个试点项目贷款资金已发放并还清贷款本息。

（四）**住房贡献率**：2018年，个人住房贷款发放额、公转商贴息贷款发放额、项目贷款发放额、住房消费提取额的总和与当年缴存额的比率为105.1%，比上年减少11.4个百分点。

六、其他重要事项

（一）**当年机构及职能调整情况、受委托办理缴存贷款业务金融机构变更情况**：2018年，机构及职能未进行调整，受委托办理住房公积金个人住房贷款业务的银行中，对应分中心所属区域增设余杭农商行、富阳农商行、桐庐农商行、建德农商行、临安农商行和淳安农商行六家银行。此外，具体承办行中，市中心减少平安银行杭州分行，省直中心增设杭州联合银行解放路支行。

（二）**当年住房公积金政策调整及执行情况**：

1. **当年缴存基数限额及确定方法、缴存比例等缴存政策调整情况**。住房公积金缴存基数为职工本人上年度月平均工资，职工工资口径、缴存额计算规则未作调整。缴存基数设定上限和下限，实行"控高保低"。缴存基数上限1至6月为21980元（按2016年杭州市职工平均工资87921元/12的3倍确定），7月起缴存基数上限调整为24311元（按2018年杭州市职工平均工资97243元/12的3倍确定）。缴存基数下限1至6月为2010元（按2018年杭州市最低月工资标准确定），其中：临安分中心为1800元，建德、桐庐和淳安分中心为1660元，四个分中心均按2018年当地最低月工资标准确定。企业单位缴存比例自7月起由原单位和个人各12%调整至5%~12%；机关、事业单位缴存比例政策不变。

贯彻落实住房城乡建设部等五部委关于在内地（大陆）就业的港澳台同胞享有住房公积金待遇的政策，制定出台《关于在杭州就业的港澳台同胞缴存使用住房公积金有关事项的通知》（杭房公委〔2018〕1号）和《关于在省直建缴单位就业的港澳台同胞缴存使用住房公积金有关事项的通知》（省直公发〔2018〕11号），分别自2018年1月和4月起在杭州就业的港澳台同胞均可按规定缴存、使用住房公积金，并实行与杭州市缴存职工一致的政策规定。

贯彻落实住房城乡建设部等三部委关于改进住房公积金缴存机制、进一步降低企业成本的要求，制定出台《关于改进住房公积金缴存机制进一步降低企业成本的通知》（杭房公委〔2018〕9号），自2018年7月起结合年度调整工作实施，内容包括：阶段性降低企业缴存比例、严格执行缴存基数上限规定、进一步提高降比缓缴审批效率等。

2. **当年提取政策调整情况**。贯彻落实住房城乡建设部等四部委关于开展治理违规提取住房公积金工作的通知，结合规范改进和防范流动性不足要求，制定出台《关于规范改进住房公积金提取政策的通知》（杭房公委〔2018〕10号、省直公发〔2018〕18号），自2018年7月起实施，内容包括对异地购房提取的限制、规范职工与单位终止劳动关系提取、无房租赁提取、直系亲属提取等。

贯彻落实省建设厅关于进一步落实高层次人才安居相关政策的通知，制定出台《关于进一步落实高层次人才住房公积金优惠政策的通知》（杭房公委〔2018〕11号、省直公发〔2018〕19号），自2018年7月起实施。

贯彻落实杭州市政府有关文件精神，制定出台《关于做好既有住宅加装电梯提取住房公积金有关工作的通知》（杭公积金〔2018〕41号、省直公发〔2018〕23号），自2018年8月起实施。

3. **当年个人住房贷款最高贷款额度、贷款条件等贷款政策调整情况**。2018年7月起，对高层次人才在我市购买自住普通商品住房申请公积金贷款，申贷缴存时限缩短为3个月，贷款额度可按家庭当期最高贷款限额上浮50%确定。其余贷款额度、贷款条件、首付款比例等贷款政策均未调整。

4. **当年住房公积金存贷款利率执行标准**。2018年，职工住房公积金存款利率按一年期整存整取定期存款基准利率1.50%执行。年度结息日为每年的6月30日。

个人住房公积金贷款利率，贷款5年（含）之内的基准年利率为2.75%，5年以上的基准年利率为3.25%；第二套房贷款利率按基准利率的1.1倍执行。贷款期限在1年（含）以内的，执行合同利率，遇法定利率调整时不作调整；贷款期限在1年以上的，遇法定利率调整时，自调整的次年1月1日起，按调整后的利率执行。

（三）当年服务改进情况：

1. **深化"最多跑一次"改革**。2018年，根据省市工作部署，进一步加大"最多跑一次"改革力度，按照省"八统一"指导目录，梳理比对调整公积金"最多跑一次"办事事项，完成规范办事指南和标准化手册梳理工作。

2. **网点建设情况**。2018年，新增杭州银行服务网点4个、城区行政服务中心进驻网点4个，实现城区行政服务中心缴存提取办理全覆盖，满足客户"就近办"需要，并在所有进驻城区行政服务中心实行双休日服务便民举措。

3. **贷款审批便民服务**。2018年，联合有关部门全面开展拒贷整治工作，维护缴存职工的贷款权益，多部门联合制定出台《关于维护住房公积金缴存职工购房贷款权益的实施意见》（杭公积金〔2018〕7号）

和《关于开展拒绝职工使用住房公积金贷款购房问题专项整治行动的通知》（杭公积金〔2018〕8号）。市中心落实"一次告知、七日审核、二日核准、证到放款"要求；进一步减少贷款申请材料，实施不动产登记电子证照信息共享，贷款全流程平均办理时效由原来2个月缩短至30天左右；7月起开展公积金贷款抵押登记"全程网办"试点工作，贷款全部流程最快一周以内就可完成。省直中心深化信贷"一站式"审批服务，研究出台《信贷服务大厅管理办法》，实现纯公积金贷款1个工作日审批和商品房纯公积金贷款2个工作日放款。房屋抵押登记费取消"中介—银行—中心"的支付环节，将中心所承担的费用直接转入个人贷款还款账户。

4. 综合服务平台建设情况。2018年，为助推杭州打造移动办事之城，提取、提前还贷等9项业务作为"杭州办事"手机APP、综合自助办事服务机可办事项；杭州中心网厅全新改版覆盖全部30个服务事项，16个事项可以"跑零次"办理；全国首创推出支付宝刷脸提取公积金服务，中央电视台和其他新闻媒体予以宣传报道；新增"杭州办事服务"APP等5个移动办事服务渠道。

（四）**当年信息化建设情况**：2018年，贯彻落实《住房公积金基础数据标准》和《住房公积金银行结算应用系统标准》，全面完成住房公积金"双贯标"任务并通过省住房城乡建设厅、住房城乡建设部验收；完成住房公积金综合服务平台建设并通过省住房城乡建设厅验收；完成中心业务系统与浙江政务网市县平台及省综合服务平台的实时联通，实现住房公积金业务办理在浙江政务网上"一窗受理"，公积金业务办理涉及到的职工住房情况、社保参保情况查询实现杭州市全域信息共享；市中心完成跨行资金管理平台（CBS）所有银行的上线运行；省直中心制定出台公积金风险分析及防控措施和信息安全管理工作方案。

（五）**当年住房公积金管理中心及职工所获荣誉情况**：

1. 单位荣誉。市中心获"2018年度省住房城乡建设系统目标责任制考核优秀单位"、"2018年度杭州市数据资源管理工作先进团队"、"杭州市机关党员志愿服务先进集体"；市中心市民之家办事窗口被授予"最美办事窗口"；省直中心党总支被省直机关工委授予"先进基层党组织"称号，《建立公积金"网上办、掌上办"数字化服务平台，让数据多跑路、群众少跑腿》项目被省直机关工委评为"2018年省直机关最佳服务项目"十佳案例；余杭分中心微信公众号被省建设厅评为年度"十佳政务新媒体"。

2. 职工荣誉。省直中心主任应金龙被省总工会授予"浙江省五一劳动奖章"；建德分中心副主任胡水珍被评为"杭州市巾帼建功标兵"；铁路分中心主任陈姗玫被评为"杭州市直机关党员志愿服务优秀志愿者"。

（六）**当年对违反《住房公积金管理条例》和相关法规行为进行行政处罚和申请人民法院强制执行情况**：2018年，制定出台《杭州市住房公积金行政执法操作细则（试行）》（杭公积金〔2018〕59号）、《杭州省直单位住房公积金管理中心失信行为管理办法（试行）》（省直公发〔2018〕27号），加大失信黑名单管理和联合惩戒力度，开展与人民银行征信平台的联网对接，全国率先在支付宝负面记录栏目披露公积金失信信息并同步扣减芝麻信用分，联合惩戒新模式基本构建。杭州公积金信用建设相关经验和做法被《光明日报》等多家媒体宣传报道。全市（不含省直）全年共受理职工投诉立案374起，走访调查涉案企业416家。通过行政调解，企业和职工协商解决纠纷364起，占总案件的86%。制发责令整改决定98起，申请法院强制执行12起，通过执法共结案424起，为职工追回欠缴公积金332.8万元；组织对全市272家劳动密集型企业进行公积金缴存情况专项检查，其中杭州主城区范围重点向149家未全员建制的物业公司发送自查整改通知。省直中心向109家购房信息所在地公积金中心寄发协助查询函，查实违规骗提职工

95 人，追回骗提金额 829.3 万元。

（七）其他需要披露的情况：

1. 2018 年，共实施 19 次存款竞争性存放招投标，合计资金 93.3 亿元。

2. 中心组织机构、政策资讯、委托银行、服务网点、业务流程、短信对账、微博微信、支付宝、网上办事大厅及其他信息公开内容详见全市公积金机构网站（市中心网址：www.hzgjj.gov.cn，各分中心和省直中心的网址见市中心和省直中心网站链接）。

宁波市住房公积金 2018 年年度报告

一、机构概况

（一）**住房公积金管理委员会**：宁波市住房公积金管理委员会有 29 名委员，2018 年召开 1 次会议，审议通过的事项主要包括：《宁波市住房公积金 2018 年归集使用计划执行情况和 2018 年归集使用计划安排的报告》、《关于调整宁波市住房公积金贷款和提取有关政策的建议》。通过书面征询委员审议的事项有：《宁波市住房公积金 2018 年年度报告》。

（二）**住房公积金管理中心**：宁波市住房公积金管理中心为宁波市政府直属，不以营利为目的实行参照公务员法管理的事业单位，主要负责全市住房公积金的归集、管理、使用和会计核算。中心设 8 个部室，7 个分中心。从业人员 195 人，其中，在编 122 人，非在编 73 人。

二、业务运行情况

（一）**缴存**：2018 年，新开户单位 6833 家，实缴单位 35454 家，净增单位 4661 家；新开户职工 32.94 万人，实缴职工 147.45 万人，净增职工 15.00 万人；缴存额 232.81 亿元，同比增长 13.66%。2018 年末，缴存总额 1629.47 亿元，同比增长 16.67%；缴存余额 508.87 亿元，同比增长 11.08%。

受委托办理住房公积金缴存业务的银行 3 家，与上年无增减。

（二）**提取**：2018 年，提取额 182.07 亿元，同比增长 11.03%；占当年缴存额的 78.21%，比上年减少 1.85 个百分点。2018 年末，提取总额 1120.60 亿元，同比增长 19.40%。

（三）**贷款**：

1. **个人住房贷款**。个人住房贷款最高额度 60 万元，其中，单缴存职工最高额度 60 万元，双缴存职工最高额度 60 万元。

2018 年，发放个人住房贷款 2.28 万笔 102 亿元，同比分别增长 28.61%、9.66%。其中，市中心发放个人住房贷款 1 万笔 48.65 亿元，镇海分中心发放个人住房贷款 0.19 万笔 8.44 亿元，北仑分中心发放个人住房贷款 0.36 万笔 15.16 亿元，奉化分中心发放个人住房贷款 0.09 万笔 3.17 亿元，余姚分中心发放个人住房贷款 0.19 万笔 7.22 亿元，慈溪分中心发放个人住房贷款 0.3 万笔 13.05 亿元，宁海分中心发放个人住房贷款 0.08 万笔 3.2 亿元，象山分中心发放个人住房贷款 0.07 万笔 3.11 亿元。

2018年，回收个人住房贷款54.66亿元。其中，市中心28.67亿元，镇海分中心4.56亿元，北仑分中心7.65亿元，奉化分中心1.71亿元，余姚分中心3.61亿元，慈溪分中心4.77亿元，宁海分中心1.93亿元，象山分中心1.76亿元。

2018年末，累计发放个人住房贷款26.31万笔878.67亿元，贷款余额478.70亿元，同比分别增长9.49%、13.13%、10.97%。个人住房贷款余额占缴存余额的94.07%，比上年降低0.09个百分点。

受委托办理住房公积金个人住房贷款业务的银行10家，比上年增加了4家。

2. 住房公积金支持保障性住房建设项目贷款。2018年末，累计发放项目贷款6亿元，均已到期收回，项目贷款余额为零。

（四）**融资**：2018年末，融资总额14.04亿元，融资余额为零。

（五）**资金存储**：2018年末，住房公积金存款32.92亿元。其中，活期0.27亿元，1年（含）以下定期10.58亿元，1年以上定期0.07亿元，其他（协定、通知存款等）22.00亿元。

（六）**资金运用率**：2018年末，住房公积金个人住房贷款余额、项目贷款余额和购买国债余额的总和占缴存余额的94.07%，比上年降低0.09个百分点。

三、主要财务数据

（一）**业务收入**：2018年，业务收入162560.26万元，同比增长9.94%。其中，市中心84102.29万元，镇海分中心12928.49万元，北仑分中心21993.00万元，奉化分中心4991.86万元，余姚分中心10428.75万元，慈溪分中心16294.57万元，宁海分中心5895.41万元，象山分中心5925.89万元；存款利息14350.97万元，委托贷款利息148202.90万元，国债利息为零，其他6.39万元。

（二）**业务支出**：2018年，业务支出102341.44万元，同比增长11.24%。其中，市中心55344.66万元，镇海分中心7690.83万元，北仑分中心13800.89万元，奉化分中心3440.78万元，余姚分中心6676.71万元，慈溪分中心8459.50万元，宁海分中心3341.93万元，象山分中心3586.14万元；支付职工住房公积金利息71754.23万元，归集手续费1521.22万元，委托贷款手续费7573.17万元，其他21492.82万元。

（三）**增值收益**：2018年，增值收益60218.82万元，同比增长7.79%。其中，市中心28757.63万元，镇海分中心5237.66万元，北仑分中心8192.11万元，奉化分中心1551.08万元，余姚分中心3752.04万元，慈溪分中心7835.07万元，宁海分中心2553.48万元，象山分中心2339.75万元；增值收益率1.25%，比上年减少0.03个百分点。

（四）**增值收益分配**：2018年，提取贷款风险准备金36131.29万元，提取管理费用3064.54万元，提取城市廉租住房（公共租赁住房）建设补充资金21022.99万元。

2018年，上交财政管理费用3049.26万元。上缴财政城市廉租住房（公共租赁住房）建设补充资金19586.14万元。其中，市中心上缴（宁波市财政局）11183.95万元，镇海分中心上缴（宁波市镇海区财政局）1274.48万元，北仑分中心上缴（宁波市北仑区财政局）2486.95万元，奉化分中心上缴（宁波市奉化区财政局）460.27万元，余姚分中心上缴（余姚市财政局）862.49万元，慈溪分中心上缴（慈溪市财政局）2022.90万元，宁海分中心上缴（宁海县财政局）738.59万元，象山分中心上缴（象山县财政局）556.51万元。

2018年末，贷款风险准备金余额379164.32万元。累计提取城市廉租住房（公共租赁住房）建设补充资金198278.26万元。其中，市中心提取119438.16万元，镇海分中心提取17722.95万元，北仑分中心提取21825.53万元，奉化分中心提取3365.02万元，余姚分中心提取10553.70万元，慈溪分中心提取15137.99万元，宁海分中心提取4925.44万元，象山分中心提取5309.47万元。

（五）管理费用支出： 2018年，管理费用支出8991.24万元。其中，人员经费4494.75万元，公用经费623.98万元，专项经费3872.51万元。全市管理费用支出同比增长24.05%，其中，市中心同比减少1.23%。

市中心管理费用支出1918.18万元，其中，人员、公用、专项经费分别为1194.97万元、329.28万元、393.93万元；镇海分中心管理费用支出525.59万元，其中，人员、公用、专项经费分别为358.24万元、39.86万元、127.49万元；北仑分中心管理费用支出3391.70万元，其中，人员、公用、专项经费分别为663.07万元、64.83万元、2663.80万元；奉化分中心管理费用支出499.64万元，其中，人员、公用、专项经费分别为377.37万元、47.90万元、74.37万元；余姚分中心管理费用支出565.38万元，其中，人员、公用、专项经费分别为424.85万元、34.72万元、105.81万元；慈溪分中心管理费用支出600.21万元，其中，人员、公用、专项经费分别为459.95万元、51.50万元、88.76万元；宁海分中心管理费用支出591.08万元，其中，人员、公用、专项经费分别为339.58万元、48.09万元、203.41万元；象山分中心管理费用支出899.46万元，其中，人员、公用、专项经费分别为676.72万元、7.80万元、214.94万元。

四、资产风险状况

（一）个人住房贷款： 2018年末，个人住房贷款逾期额553.33万元，逾期率0.12‰。其中市中心0.17‰，镇海分中心为0.02‰，北仑分中心为0.06‰，奉化分中心为0.30‰，余姚分中心为零，慈溪分中心为0.07‰，宁海分中心为零，象山分中心为零。

个人贷款风险准备金按增值收益的60%提取。2018年，提取个人贷款风险准备金36131.29万元，使用个人贷款风险准备金核销呆坏账为零。2018年末，个人贷款风险准备金余额377146.54万元，占个人住房贷款余额的7.88%，个人住房贷款逾期额与个人贷款风险准备金余额的比率为0.15%。

（二）支持保障性住房建设试点项目贷款： 2018年，使用项目贷款风险准备金核销呆坏账为零，项目贷款风险准备金余额2018.78万元。

五、社会经济效益

（一）缴存业务： 2018年，实缴单位数、实缴职工人数和缴存额同比分别增长15.14%、11.33%和13.66%。

缴存单位中，国家机关和事业单位占12.56%，国有企业占3.98%，城镇集体企业占1.05%，外商投资企业占3.81%，城镇私营企业及其他城镇企业占43.79%，民办非企业单位和社会团体占4.86%，其他占29.95%。

缴存职工中，国家机关和事业单位占16.90%，国有企业占11.68%，城镇集体企业占1.11%，外商投资企业占9.99%，城镇私营企业及其他城镇企业占32.62%，民办非企业单位和社会团体占3.11%，

其他占 24.59%；中、低收入占 98.37%，高收入占 1.63%。

新开户职工中，国家机关和事业单位占 4.50%，国有企业占 5.19%，城镇集体企业占 0.6%，外商投资企业占 9.58%，城镇私营企业及其他城镇企业占 48.34%，民办非企业单位和社会团体占 3.79%，其他占 28%；中、低收入占 89.33%，高收入占 10.67%。

（二）**提取业务**：2018 年，47.51 万名缴存职工提取住房公积金 182.07 亿元。

提取金额中，住房消费提取占 84.38%（购买、建造、翻建、大修自住住房占 36.61%，偿还购房贷款本息占 47.15%，租赁住房占 0.62%）；非住房消费提取占 15.62%〔离休和退休提取占 8.55%，完全丧失劳动能力并与单位终止劳动关系提取占 2.86%，户口迁出本市或出境定居占 0.07%，其他占 4.14%（主要为失业满五年、死亡、外地转移及个人账户合并等原因的提取）〕。

提取职工中，中、低收入占 98.37%，高收入占 1.63%。

（三）**贷款业务**：

1. **个人住房贷款**。2018 年，支持职工购建房 229.42 万平方米，年末个人住房贷款市场占有率为 11.27%，比上年减少 1.43 个百分点。通过申请住房公积金个人住房贷款，可节约职工购房利息支出 221848.87 万元。

职工贷款笔数中，购房建筑面积 90（含）平方米以下占 32.42%，90～144（含）平方米占 58.1%，144 平方米以上占 9.48%。购买新房占 46.71%（其中购买保障性住房占 0%），购买二手房占 53.28%，建造、翻建、大修自住住房占 0.01%。

职工贷款笔数中，单缴存职工申请贷款占 66.12%，双缴存职工申请贷款占 33.71%，三人及以上缴存职工共同申请贷款占 0.17%。

贷款职工中，30 岁（含）以下占 42.79%，30 岁～40 岁（含）占 41.48%，40 岁～50 岁（含）占 13.95%，50 岁以上占 1.78%；首次申请贷款占 87.73%，二次及以上申请贷款占 12.27%；中、低收入占 87.13%，高收入占 12.87%。

2. **异地贷款**。2018 年，发放异地贷款 594 笔 28062.37 万元。2018 年末，发放异地贷款总额 84063.24 万元，异地贷款余额 75523.42 万元。

3. **公转商贴息贷款**。2018 年，发放公转商贴息贷款 102347.20 万元，支持职工购建住房面积 48.46 万平方米，当年贴息额 20322.72 万元。2018 年末，累计发放公转商贴息贷款 42518 笔 2476118.30 万元，累计贴息 51634.23 万元。

4. **支持保障性住房建设试点项目贷款**。2018 年末，累计试点项目 3 个，贷款额度 6 亿元，建筑面积 25.34 万平方米，可解决 3121 户中低收入职工家庭的住房问题。3 个试点项目贷款资金已发放并还清贷款本息。

（四）**住房贡献率**：2018 年，个人住房贷款发放额、公转商贴息贷款发放额、项目贷款发放额、住房消费提取额的总和与当年缴存额的比率为 114.20%。

六、其他重要事项

（一）**当年机构及职能调整情况、受委托办理缴存贷款业务金融机构变更情况**：2018 年，根据《宁波市住房公积金管理中心关于象山分中心要求增加归集银行的批复》（甬房金管〔2018〕55 号）文件精神，象山分中心增加中国工商银行股份有限公司宁波象山支行为受委托办理缴存业务金融机构。

2018年，根据《关于扩大宁波市住房公积金（提取、贷款）业务承办银行的通知》（甬房公办〔2018〕4号）文件精神，市中心增加宁波鄞州农村商业银行股份有限公司、中信银行股份有限公司宁波分行、上海浦东发展银行股份有限公司宁波分行、中国邮政储蓄银行股份有限公司宁波分行为提取、贷款业务承办银行；镇海分中心增加宁波镇海农村商业银行股份有限公司、中国邮政储蓄银行股份有限公司宁波镇海区支行为提取、贷款业务承办银行；北仑分中心增加中信银行股份有限公司宁波北仑支行、宁波北仑农村商业银行股份有限公司为提取、贷款业务承办银行；奉化分中心增加中信银行股份有限公司宁波奉化支行、宁波奉化农村商业银行股份有限公司为提取、贷款业务承办银行；慈溪分中心增加宁波慈溪农村商业银行股份有限公司为提取、贷款业务承办银行；宁海分中心增加中信银行股份有限公司宁波宁海支行、宁波宁海农村商业银行股份有限公司为提取、贷款业务承办银行；象山分中心增加象山县农村信用合作联社、中信银行股份有限公司宁波象山支行、上海浦东发展银行宁波象山支行为提取、贷款业务承办银行。

（二）当年住房公积金政策调整及执行情况：

1. 当年缴存政策调整情况。2018年1月30日，市住房公积金管理委员会办公室转发《关于在内地（大陆）就业的港澳台同胞享有住房公积金待遇有关问题的意见》，明确在甬港澳台同胞享有与宁波市缴存职工同等住房公积金待遇。2018年7月19日，市住房公积金管理委员会办公室等三部门联合转发《关于改进住房公积金缴存机制进一步降低企业成本的通知》，调整完善缴存政策，严格执行缴存基数上限规定，允许缴存单位在规定的上下限区间范围内自主确定缴存比例，不再履行报批手续。

2. 当年缴存基数限额及确定方法、缴存比例等情况。我市严格执行省住房城乡建设厅等三部门《关于改进住房公积金缴存机制进一步降低企业成本的通知》精神，2018年缴存基数上限为宁波市2018年度职工月平均工资的3倍，即24420元，下限为2018年度宁波市市区职工最低工资标准，即2010元。单位和个人按职工本人2018年度月平均工资的5%～12%的比例缴存住房公积金（同一单位职工适用同一缴存比例）。住房公积金月缴存额=缴存基数×（单位缴存比例+个人缴存比例）。职工缴存基数统一按照国家统计局《关于工资总额组成的规定》计算。

3. 当年提取政策调整情况。2018年6月28日，市住房公积金管理委员会办公室转发省住房城乡建设厅《关于进一步落实高层次人才安居相关政策的通知》，自2018年7月1日起，高层次人才租赁普通自住住房的，允许每年按实际支付的房租提取本人及配偶的住房公积金。高层次人才购买自住普通商品住房的，允许提取住房公积金直接支付首付。购买自住普通商品住房没有申请公积金贷款的，自购房之日起3年内可每年提取本人及配偶的住房公积金。

2018年8月29日，市住房公积金管理委员会办公室印发《关于规范住房公积金贷款和提取有关政策的批复》，取消"已至法定婚龄（男年满22周岁，女年满20周岁）购房人在购买首套自住住房时，将其父母纳入住房公积金提取人范围"的规定，执行"职工购买、建造自住住房或者翻建、大修自住住房所需资金，提取本人住房公积金账户中存储余额尚不足的，可以提取其配偶、父母、子女的住房公积金账户内的存储余额"的规定。

4. 当年个人住房贷款最高贷款额度、贷款条件等贷款政策调整情况。市住房公积金管理委员会办公室印发《关于规范住房公积金贷款和提取有关政策的批复》，自2018年8月29日起，借款人贷款偿还期限可延至借款人法定退休年龄后五年，最长贷款期限为30年。

市住房公积金管理委员会办公室转发省住房城乡建设厅《关于进一步落实高层次人才安居相关政策的通知》，自2018年6月28日起，高层次人才购买自住普通商品住房申请公积金贷款的，申贷缴存时限可缩短为3个月，贷款额度可按当地家庭当期最高贷款额度上浮50%确定。

市住房城乡建设委员会等四部门转发上级《关于维护住房公积金缴存职工购房贷款权益的通知》，自2018年1月25日起，对限制、阻挠、拒绝或变相拒绝购房人使用住房公积金贷款购房的房地产开发企业和销售中介机构，要责令整改。对违规情节严重、拒不整改的，应予以通报、公开曝光以及暂停商品房楼盘网签。

奉化分中心根据《关于调整住房公积金贷款额度的通知》，自2018年7月3日起，职工按规定连续缴存住房公积金满2年，首次申请住房公积金贷款购买首套自住住房的，住房公积金最高贷款额度从60万元调整为40万元；职工按规定连续缴存住房公积金满6个月，第二次申请住房公积金贷款或购买第二套房申请住房公积金贷款，最高额度从40万元调整为20万元。

宁海分中心根据《关于调整住房公积金贷款额度的通知》，自2018年8月9日起，职工按规定连续缴存住房公积金满2年，首次申请住房公积金贷款购买首套自住住房的，住房公积金贷款最高额度从60万元调整为40万元；职工按规定连续缴存住房公积金满6个月，第二次申请住房公积金贷款或购买第二套住房申请住房公积金贷款的，贷款最高额度从40万元调整为25万元。

5. 当年住房公积金存贷款利率执行标准。 2018年住房公积金存款利率按照一年期定期存款基准利率1.5%执行。年度结息日为6月30日。

当年住房公积金贷款利率未作调整。首套房贷款，1~5年（含5年）期执行2.75%的年利率，5年（不含5年）期以上执行3.25%的年利率；拥有1套住房且尚未结清商业性贷款，为改善居住条件再次申请住房公积金贷款购买第2套住房，贷款利率执行不低于同期首套房住房公积金贷款利率的1.1倍。

（三）当年服务改进情况： 市公积金中心坚持以"人民为中心"的发展思想，不忘初心、牢记使命，以"最多跑一次"改革为契机，不断改进住房公积金服务水平，有效增强了广大缴存职工的改革获得感。完成网上办事大厅的升级改造，提高了缴存职工体验度；全市住房公积金业务全面落实"八统一"标准规范，有效提升标准化规范化服务水平；群众办理业务不需提供身份证复印件，为群众办事提供方便；投入运行自助查询一体机，提高智能服务水平；住房公积金业务承办银行从6家扩大到10家，为"就近办"、"马上办"创造条件；大力推行"三声、四心、五个一样"的服务准则，打造温馨服务窗口。各分中心对标进位、攻坚克难，创新推出了一系列便民服务举措。如镇海分中心在办事大厅设置督导岗和服务引导岗；北仑分中心按照高标准加强办事大厅现场管理；奉化分中心实行全面回访制度；余姚分中心协调承办银行进驻窗口，实现借款人从贷款申请、抵押办理到放款整个环节的"最多跑一次"；慈溪分中心实行午休值班制度；宁海分中心创建了网上虚拟办事大厅；象山分中心加大了延伸服务网点向乡镇覆盖建设力度。

（四）当年信息化建设情况： 市公积金中心大力推进政府部门间的数据共享工作，信息孤岛得到有效打通，"最多跑一次"改革取得显著成效。目前，中心从省、市两级数据平台获取各类数据共享接口共计23个，涉及11家单位，以上共享数据已全部应用到住房公积金业务，实现23项事项网上办理，11项业务"一证通办"，为缴存职工提供更便捷、更优质服务。进一步优化网上办理渠道，住房公积金提前还贷、离休和退休提取住房公积金、住房公积金年度验审等21项办事事项实现了网上办理"零跑腿"，缴存单位通过网上办事大厅办理的业务量达到全部缴存业务量的80%；宁波市住房公积金综合服务平台经住房城乡建设部验收组检查验收，评定为优秀，中心成为全国首家综合服务平台建设达标优秀单位。此外，中心积极完成了省住房城乡建设厅住房公积金"互联网＋综合服务平台"接入工作，实现宁波住房公积金业务在浙江省政务服务网以及"浙里办"APP移动端上的办理。

（五）当年住房公积金管理中心及职工所获荣誉情况：2018年，市公积金中心通过市级文明单位复评，获评省级文明单位，并获得全省住房城乡建设系统宣传工作先进集体、省市两级目标责任制考核优秀单位、市海员建设工会重点工作考核一等奖、市住建局团工委优秀共青团组织等荣誉，涌现出了全省住房城乡建设系统宣传工作先进个人林丹姝、市海员建设工会五星级优秀工会工作者滕萧羽、市行政审批和公共资源交易系统服务标兵郑凤和胡海英等。各分中心比学赶超、勇争一流，广泛开展了文明单位、文明窗口、文明行业等各类创建活动，显著提升了我市住房公积金行业管理服务水平。如：北仑分中心被评为全市住房公积金窗口服务工作先进单位；宁海分中心被评为全市住房公积金目标管理考核优秀单位、复评保留市级文明单位荣誉等等。

（六）当年依法行政情况：市公积金中心坚持依法行政，通过"宣传发动、典型带动、部门联动、执法促动"的"四动"工作法，扩面执法实现了新突破；开展"住房公积金宣传月"系列活动，采取上门宣讲、现场咨询、举办专项活动等多种宣传形式，提高住房公积金制度的社会认知度；加强与市经信委、市人社局、市统计局、市市场监督管理局等部门的合作，建立信息共享长效机制；严格执行《宁波市住房公积金失信名单管理规定》，积极推进诚信体系建设；贯彻落实住房公积金年度验审制度，并合力推进企业上市"凤凰计划"；妥善处理职工来信来访，做到事事有回音，件件有着落；坚持在推进"扫黑除恶"专项斗争上下功夫，深化"四个着力"、坚持"四个加强"，切实打好专项斗争主动仗，努力实现综合治理有新作为、新成效。

温州市住房公积金2018年年度报告

一、机构概况

（一）住房公积金管理委员会：温州市住房公积金管理委员会有25名委员、13名特邀委员，2018年召开1次会议，审议通过的事项主要包括：温州市2017年住房公积金归集及使用计划执行情况和2018年住房公积金归集及使用计划；温州市2017年住房公积金业务收支、增值收益分配决算和2018年住房公积金业务收支、增值收益分配预算；温州市住房公积金管理中心关于提请审议进一步调整我市住房公积金若干业务政策规定的建议；关于温州市住房公积金2017年年度报告审议情况的报告。

（二）住房公积金管理中心：温州市住房公积金管理中心为温州市人民政府直属的不以营利为目的的参照公务员法管理正处级事业单位，设5个处室，3个管理部，8个分中心。从业人员257人，其中，在编119人，非在编138人。

二、业务运行情况

（一）缴存：2018 年，新开户单位 2792 家，实缴单位 20549 家，净增单位 2070 家；新开户职工 11.47 万，实缴职工 66.52 万人，净增职工 7.54 万人；缴存额 116.57 亿元，同比增长 11.27%。2018 年末，缴存总额 853.37 亿元，同比增长 15.82%；缴存余额 365.04 亿元，同比增长 6.88%。

（二）提取：2018 年，提取额 93.08 亿元，同比增长 18.63%；占当年缴存额的 79.85%，比上年增加 4.96 个百分点。2018 年末，提取总额 488.33 亿元，同比增长 23.55%。

（三）贷款：个人住房贷款最高额度 70 万元，其中，单缴存职工最高额度 50 万元，双缴存职工最高额度 70 万元。

2018 年，发放个人住房贷款 1.06 万笔 56.64 亿元，同比分别下降 9.30%、11.07%。其中，市中心发放个人住房贷款 0.42 万笔 24.32 亿元，乐清分中心发放个人住房贷款 0.11 万笔 7.38 亿元，瑞安分中心发放个人住房贷款 0.11 万笔 6.70 亿元，永嘉分中心发放个人住房贷款 0.09 万笔 5.32 亿元，洞头分中心发放个人住房贷款 0.03 万笔 1.25 亿元，文成分中心发放个人住房贷款 0.02 万笔 1.07 亿元，平阳分中心发放个人住房贷款 0.12 万笔 4.46 亿元，泰顺分中心发放个人住房贷款 0.04 万笔 1.31 亿元，苍南分中心发放个人住房贷款 0.12 万笔 4.83 亿元。

2018 年，回收个人住房贷款 35.17 亿元，同比增加 6.95%。其中，市中心 16.35 亿元，乐清分中心 3.64 亿元，瑞安分中心 3.78 亿元，永嘉分中心 2.10 亿元，洞头分中心 0.60 亿元，文成分中心 0.83 亿元，平阳分中心 2.61 亿元，泰顺分中心 1.84 亿元，苍南分中心 3.42 亿元。

2018 年末，累计发放个人住房贷款 18.89 万笔 614.86 亿元，贷款余额 359.88 亿元，同比分别增长 5.94%、10.15%、6.35%。个人住房贷款余额占缴存余额的 98.59%，比上年减少 0.49 个百分点。

（四）资金存储：2018 年末，住房公积金存款 7.62 亿元。其中，活期 0.27 亿元，1 年（含）以下定期 0 亿元，1 年以上定期 0 亿元，其他（协定、通知存款等）7.35 亿元。

（五）资金运用率：2018 年末，住房公积金个人住房贷款余额、项目贷款余额和购买国债余额的总和占缴存余额的 98.59%，比上年减少 0.49 个百分点。

三、主要财务数据

（一）业务收入：2018 年，业务收入 121734.51 万元（剔除内部调剂资金利息收支后为 119714.33 万元），同比增长 6.99%。其中，市中心 55897.54 万元，乐清分中心 15107.06 万元，瑞安分中心 14611.93 万元，永嘉分中心 8311.89 万元，洞头分中心 1770.35 万元，文成分中心 2781.84 万元，平阳分中心 7698.14 万元，泰顺分中心 3823.11 万元，苍南分中心 11732.65 万元；存款利息 5669.90 万元，委托贷款利息 114035.23 万元，国债利息 0 万元，其他 2029.38 万元（剔除内部调剂资金利息收支后为 9.19 万元）。

（二）业务支出：2018 年，业务支出 64275.26 万元（剔除内部调剂资金利息收支后为 62255.08 万元），同比增长 11.67%。其中，市中心 30345.30 万元，乐清分中心 7426.02 万元，瑞安分中心 7446.43 万元，永嘉分中心 4273.01 万元，洞头分中心 1020.18 万元，文成分中心 1370.47 万元，平阳分中心 4599.05 万元，泰顺分中心 1956.89 万元，苍南分中心 5837.91 万元；支付职工住房公积金利息 53516.18

万元，归集手续费 21.63 万元，委托贷款手续费 1348.67 万元，其他 9388.78 万元（剔除内部调剂资金利息收支后为 7368.60 万元）。

（三）**增值收益**：2018 年，增值收益 57459.25 万元，同比增长 2.34%。其中，市中心 25552.24 万元，乐清分中心 7681.04 万元，瑞安分中心 7165.50 万元，永嘉分中心 4038.88 万元，洞头分中心 750.17 万元，文成分中心 1411.37 万元，平阳分中心 3099.09 万元，泰顺分中心 1866.22 万元，苍南分中心 5894.74 万元；增值收益率 1.63%，比上年减少 0.07 个百分点。

（四）**增值收益分配**：2018 年，提取贷款风险准备金 24985.80 万元，提取管理费用 4768.62 万元，提取城市廉租住房（公共租赁住房）建设补充资金 27704.83 万元。

2018 年，上交财政管理费用 4768.62 万元。上缴财政城市廉租住房（公共租赁住房）建设补充资金 24653.61 万元。其中，市中心上缴 15239.38 万元，乐清分中心上缴乐清市财政局 1639.29 万元，瑞安分中心上缴瑞安市财政局 1460.00 万元，永嘉分中心上缴永嘉县财政局 1000.00 万元，洞头分中心上缴洞头区财政局 71.76 万元，文成分中心上缴文成县财政局 670.00 万元，平阳分中心上缴平阳县财政局 981.19 万元，泰顺分中心上缴泰顺县财政局 325.00 万元，苍南分中心上缴苍南县财政局 3266.99 万元。

2018 年末，贷款风险准备金余额 227019.80 万元。累计提取城市廉租住房（公共租赁住房）建设补充资金 211014.86 万元。其中，市中心提取 122091.44 万元，乐清分中心提取 20920.60 万元，瑞安分中心提取 23976.17 万元，永嘉分中心提取 9105.29 万元，洞头分中心提取 1372.76 万元，文成分中心提取 3326.85 万元，平阳分中心提取 9712.60 万元，泰顺分中心提取 1974.96 万元，苍南分中心提取 18534.19 万元。

（五）**管理费用支出**：2018 年，管理费用支出 4973.73 万元，同比增长 10.89%。其中，人员经费 2911.05 万元，公用经费 768.74 万元，专项经费 1293.94 万元。

市中心管理费用支出 2240.24 万元，其中，人员、公用、专项经费分别为 1340.35 万元、207.38 万元、692.51 万元；乐清分中心管理费用支出 524.04 万元，其中，人员、公用、专项经费分别为 258.71 万元、19.16 万元、246.17 万元；瑞安分中心管理费用支出 460.49 万元，其中，人员、公用、专项经费分别为 253.58 万元、25.98 万元、180.93 万元；永嘉分中心管理费用支出 308.56 万元，其中，人员、公用、专项经费分别为 190.12 万元、23.74 万元、94.70 万元；洞头分中心管理费用支出 227.49 万元，其中，人员、公用、专项经费分别为 172.79 万元、32.54 万元、22.16 万元；文成分中心管理费用支出 224.34 万元，其中，人员、公用、专项经费分别为 144.80 万元、79.54 万元、0.00 万元；平阳分中心管理费用支出 309.77 万元，其中，人员、公用、专项经费分别为 189.20 万元、103.44 万元、17.13 万元；泰顺分中心管理费用支出 312.00 万元，其中，人员、公用、专项经费分别为 170.00 万元、134.00 万元、8.00 万元；苍南分中心管理费用支出 366.80 万元，其中，人员、公用、专项经费分别为 191.50 万元、142.96 万元、32.34 万元。

四、资产风险状况

2018 年末，个人住房贷款逾期额 511.00 万元，逾期率 0.142‰。其中，市中心 0.204‰，乐清分中心 0.183‰，瑞安分中心 0.152‰，永嘉分中心 0.000‰，洞头分中心 0.000‰，文成分中心 0.000‰，平阳分中心 0.000‰，泰顺分中心 0.000‰，苍南分中心 0.097‰。

个人贷款风险准备金按贷款余额的 6.31% 提取。2018 年，提取个人贷款风险准备金 24985.80 万元，使用个人贷款风险准备金核销呆坏账 0.00 万元。2018 年末，个人贷款风险准备金余额 227019.80 万元，占个人住房贷款余额的 6.31%，个人住房贷款逾期额与个人贷款风险准备金余额的比率为 0.23%。

五、社会经济效益

（一）**缴存业务**：2018 年，实缴单位数、实缴职工人数和缴存额同比分别增长 11.20%、12.78% 和 11.27%。

缴存单位中，国家机关和事业单位占 20.88%，国有企业占 3.60%，城镇集体企业占 0.88%，外商投资企业占 0.56%，城镇私营企业及其他城镇企业占 65.87%，民办非企业单位和社会团体占 1.20%，其他占 7.01%。

缴存职工中，国家机关和事业单位占 36.26%，国有企业占 10.74%，城镇集体企业占 0.66%，外商投资企业占 1.08%，城镇私营企业及其他城镇企业占 45.69%，民办非企业单位和社会团体占 0.30%，其他占 5.27%；中、低收入占 99.97%，高收入占 0.03%。

新开户职工中，国家机关和事业单位占 12.43%，国有企业占 6.48%，城镇集体企业占 0.13%，外商投资企业占 1.25%，城镇私营企业及其他城镇企业占 73.08%，民办非企业单位和社会团体占 0.25%，其他占 6.38%；中、低收入占 99.76%，高收入占 0.24%。

（二）**提取业务**：2018 年，24.39 万名缴存职工提取住房公积金 93.08 亿元。

提取金额中，住房消费提取占 79.86%（购买、建造、翻建、大修自住住房占 37.38%，偿还购房贷款本息占 36.03%，租赁住房占 6.44%，其他占 0.01%）；非住房消费提取占 20.14%（离休和退休提取占 11.82%，完全丧失劳动能力并与单位终止劳动关系提取占 0.01%，户口迁出本市或出境定居占 0.01%，其他占 8.30%）。

提取职工中，中、低收入占 99.89%，高收入占 0.11%。

（三）**贷款业务**：

1. **个人住房贷款**：2018 年，支持职工购建房 127.02 万平方米，年末个人住房贷款市场占有率为 16.36%，比上年增加 2.07 个百分点。通过申请住房公积金个人住房贷款，可节约职工购房利息支出 111298.11 万元。

职工贷款笔数中，购房建筑面积 90（含）平方米以下占 21.47%，90～144（含）平方米占 61.29%，144 平方米以上占 17.24%。购买新房占 48.61%（其中购买保障性住房占 0.49%），购买二手房占 51.36%，建造、翻建、大修自住住房占 0.03%，其他占 0%。

职工贷款笔数中，单缴存职工申请贷款占 46.80%，双缴存职工申请贷款占 53.20%，三人及以上缴存职工共同申请贷款占 0.00%。

贷款职工中，30 岁（含）以下占 23.79%，30 岁～40 岁（含）占 44.59%，40 岁～50 岁（含）占 27.54%，50 岁以上占 4.08%；首次申请贷款占 84.56%，二次及以上申请贷款占 15.44%；中、低收入占 99.90%，高收入占 0.10%。

2. **异地贷款**：2018 年，发放异地贷款 201 笔 10053.60 万元。2018 年末，发放异地贷款总额 29112.80 万元，异地贷款余额 26948.06 万元。

3. 公转商贴息贷款：2018年，发放公转商贴息贷款4025笔224132.80万元，支持职工购建住房面积39.60万平方米，当年贴息额7694.09万元。2018年末，累计发放公转商贴息贷款12418笔691197.50万元，累计贴息13268.49万元。

（四）住房贡献率：2018年，个人住房贷款发放额、公转商贴息贷款发放额、项目贷款发放额、住房消费提取额的总和与当年缴存额的比率为131.58%，比上年减少12.22个百分点。

六、其他重要事项

（一）当年机构及职能调整情况、受委托办理缴存贷款业务金融机构变更情况：

1. **当年机构及职能调整情况**。温州市住房公积金管理中心增设审计稽核处，主要承担住房公积金审计稽核工作。同时，按照"撤一建一"要求，将人事处调整到办公室挂牌。

温州市住房公积金管理中心办公地址，搬迁至市会展路1288号市民中心B幢6楼。鹿城管理部，搬迁至市会展路1268号市民中心A幢二楼；龙湾管理部，搬迁至市龙湾区永中街道府后路77号龙湾区行政服务中心东裙楼三楼；瑞安分中心窗口，搬迁至瑞安市文庄路777号瑞安市行政审批中心一楼；苍南分中心窗口，搬迁至苍南县灵溪镇春晖路99号苍南县行政审批服务中心二楼。

2. **受委托办理缴存贷款业务金融机构变更情况**。温州市住房公积金受委托办理缴存业务的银行3家，办理贷款业务的银行13家，没有发生变化。

（二）当年住房公积金政策调整及执行情况：

1. **当年缴存基数限额及确定方法、缴存比例等缴存政策调整情况**。

2018年度住房公积金缴存工资基数按职工本人2017年月平均工资确定，缴存工资基数不低于2017年全市职工月平均工资的60%，不得超过2017年全年职工平均工资的3倍。

2018年度全市住房公积金缴存比例下限为5%，上限为12%。机关、事业单位、社会团体缴存比例按12%执行。企业、民办非企业缴存单位可在5%至12%区间内，自主确定住房公积金缴存比例，不再履行报批手续。

2. **当年个人住房贷款最高贷款额度、贷款条件等贷款政策调整情况**。

（1）个人住房公积金贷款最高额度和最低（保底）额度的确定由原按借款人职工家庭确定单一额度方式调整为按职工家庭借款人及配偶双人缴存、单人缴存住房公积金两种情形分别确定。

——借款人及配偶双方缴存住房公积金的，市区、各县（市、区）个人住房公积金贷款最高额度、最低（保底）额度分别调整如下：

① 市区（鹿城区、龙湾区、瓯海区）、乐清、瑞安最高额度由80万元调整为70万元、最低（保底）额度由35万元调整为25万元。

② 永嘉最高额度由80万元调整为60万元，洞头、文成最高额度仍保持60万元，永嘉、洞头、文成等最低（保底）额度分别由原35万元、30万元、35万元统一调整为20万元。

③ 平阳、泰顺、苍南最高额度仍保持50万元、最低（保底）额度由原25万元调整为20万元。

——借款人单方缴存住房公积金的，市区、各县（市、区）个人住房公积金贷款最高额度、最低（保底）额度分别调整如下：

① 市区（鹿城区、龙湾区、瓯海区）、乐清、瑞安等住房公积金贷款最高额度由原80万调整为50万

元、最低（保底）额度由35万调整为20万元。

② 永嘉、洞头、文成等住房公积金贷款最高额度分别由原80万元、60万元、60万元统一调整为40万元，最低（保底）额度分别由原35万元、30万元、35万元统一调整为15万元。

③ 平阳、泰顺、苍南等住房公积金贷款最高额度由原50万元调整为30万元、最低（保底）额度由原25万元调整为15万元。

（2）贷款额度计算方法，原"以缴存余额乘以倍数计算贷款额度"调整为"以近一年住房公积金月平均余额乘以按缴存时限确定的倍数计算贷款额度"。计算公式为：贷款额度＝借款人近一年的住房公积金月平均余额×按缴存时限确定的倍数＋配偶近一年的住房公积金月平均余额×按缴存时限确定的倍数（贷款额度计算至千元，取千元整数）。

① 月平均余额是指职工申请个人住房公积金贷款时近12个月的月均余额（不足12个月的按实际月数计算）。

② 缴存时限倍数的确定，以缴存时限小于等于12个月为4倍作为基准，缴存时限每增加12个月倍数增加1倍，最高增至10倍（缴存时限倍数的确定见附表）。

③ 原异地缴存职工转移到我市继续缴存的，可依职工的申请，根据全国异地转移接续平台的信息，将异地缴存的时间予以确定缴存时限倍数。

（3）首付比例，缴存职工家庭购买、建造、翻建、大修首套自住住房，申请个人住房公积金贷款的，贷款首付款比例由原不得低于20%调整为不得低于30%。缴存职工家庭已拥有1套自住住房，为改善居住条件购买、建造、翻建、大修家庭第二套自住住房申请个人住房公积金贷款的，贷款首付款比例由原不得低于30%调整为不得低于50%。

（4）职工家庭贷款次数控制。职工家庭购买、建造、翻建、大修自住住房已使用个人住房公积金贷款（含公转商贴息贷款、异地个人住房公积金贷款）2次的，暂停其第3次个人住房公积金贷款的申请。2018年6月1日前已获得过个人住房公积金贷款的（含已结清的），均计算为1次贷款次数。

① 有关条款中"已获得过个人住房公积金贷款"是指已登记审核通过的个人住房公积金贷款（含公转商贴息贷款）。

② 职工已在本市开具过异地贷款缴存证明的，在我市申请个人住房公积金贷款时应核查异地贷款（含公转商贴息贷款）的发放情况后予以认定贷款次数。

③ 职工持异地贷款缴存证明来我市购房申请个人住房公积金贷款的（含公转商贴息贷款），根据缴存地出具的异地缴存证明上的贷款次数和本市已获得过的贷款次数予以认定贷款次数。

3. **当前住房公积金贷款利率执行标准情况**。5年期以下（含5年）的个人住房公积金贷款年利率继续执行2.75%；5年期以上的个人住房公积金贷款年利率继续执行3.25%。

（三）**当年服务改进情况**：温州市住房公积金开通了住房公积金综合服务平台，涵盖网站、网厅、12329短信、12329热线、微信、手机APP、自助终端、微博等八大渠道，实现了住房公积金4大类、30项业务100%实现网上办理；实现了住房公积金业务可通过浙里办APP、省政务服务网、支付宝APP、瓯E办自助终端等渠道办理；同步实现了线上打印的住房公积金缴存和异地贷款缴存证明自带电子印章，可以直接使用。

（四）**当年信息化建设情况**：温州市是省综合服务平台建设项目的试点城市之一。9月份，温州市住房公积金综合服务平台建设项目，以全省第一高分通过了省建设厅专家组的综合验收。

6月，温州市住房公积金电子档案系统正式上线试运行，实现了窗口资料一次拍照重复使用，方便群众办理住房公积金业务。建成了可视化运维平台，实现了年度报告、贷款、归集、提取和资金需求等五方面的可视化转换，为决策提供信息支撑和分析。

（五）当年住房公积金管理中心及职工所获荣誉情况：温州市住房公积金管理中心荣获"省级文明单位"、"省建设系统目标责任制考核优秀单位"、"省住房和城乡建设系统十佳政务新媒体"、"市级先进基层党组织"、"市机关党建工作优秀单位"称号。温州市住房公积金管理中心业务管理处荣获"省级工人先锋号"称号；永嘉分中心、苍南分中心荣获"省级文明单位"称号；瑞安分中心、平阳分中心荣获"省级五四红旗团支部"称号；乐清分中心、瑞安分中心、永嘉分中心、平阳分中心、泰顺分中心、苍南分中心等在当地荣获"目标责任制考核优秀单位"称号。

（六）当年对违反《住房公积金管理条例》和相关法规行为进行行政处罚和申请人民法院强制执行情况：对不按规定为职工办理住房公积金账户设立手续的乐清一家单位依法进行行政处罚，并申请法院强制执行。

嘉兴市住房公积金 2018 年年度报告

一、机构概况

（一）住房公积金管理委员会：住房公积金管理委员会有 29 名委员，2018 年 3 月、9 月共召开 2 次全体会议，审议通过的事项主要包括《2018 年度嘉兴市住房公积金决算报告和 2018 年度嘉兴市住房公积金预算草案》、《嘉兴市住房公积金 2018 年年度报告》、《嘉兴就业的港澳台同胞缴存使用住房公积金暂行办法》、《关于调整我市住房公积金提取政策的建议》。

（二）住房公积金管理中心：嘉兴市住房公积金管理中心（以下简称"市中心"）为市政府直属的不以营利为目的参照公务员法管理的事业单位，主要负责全市住房公积金的归集、使用、管理和会计核算。市中心内设办公室、稽核财务科、归集管理科、使用管理科、资产保全科 5 个职能科室，在嘉善、平湖、海盐、海宁和桐乡设 5 个分中心，其资金独立核算，实行分账管理，并对当地政府负责。从业人员 120 人，其中，在编 84 人，非在编 36 人。

二、业务运行情况

（一）缴存：2018 年，新开户单位 2706 家，实缴单位 19435 家，净增单位 1816 家；新开户职工 11.19 万人，实缴职工 63.98 万人，净增职工 5.35 万人；缴存额 98.76 亿元，同比增长 13.22%。2018 年末，缴存总额 665.42 亿元，同比增长 17.43%，缴存余额 225.79 亿元，同比增长 11.30%。

受委托办理住房公积金缴存业务的银行 9 家，与去年比无变化。

（二）提取：2018 年，提取额 75.84 亿元，同比增长 25.48%；占当年缴存额的 76.79%，比上年增加 7.5 个百分点。2018 年末，提取总额 439.64 亿元，同比增长 20.85%。

（三）**贷款**：个人住房贷款最高额度 60 万元，其中，单缴存职工最高额度 30 万元，双缴存职工最高额度 60 万元。

2018 年，发放个人住房贷款 0.78 万笔 23.37 亿元，同比分别下降 2.82%、11.90%。其中，市中心 0.33 万笔 9.56 亿元，嘉善县分中心 0.06 万笔 1.68 亿元，平湖市分中心 0.12 万笔 3.84 亿元，海盐县分中心 0.12 万笔 3.39 亿元，海宁市分中心 0.07 万笔 2.31 亿元，桐乡市分中心 0.08 万笔 2.59 亿元。

2018 年，回收个人住房贷款 27.16 亿元。其中，市中心 11.45 亿元，嘉善县分中心 2.16 亿元，平湖市分中心 3.27 亿元，海盐县分中心 3.22 亿元，海宁市分中心 3.39 亿元，桐乡市分中心 3.67 亿元。

2018 年末，累计发放个人住房贷款 17.15 万笔 381.95 亿元，同比分别增长 4.78%、6.52%。贷款余额 193.73 亿元，同比下降 1.92%，个人住房贷款余额占缴存余额的 85.80%，比上年同期减少 11.56 个百分点。

受委托办理住房公积金个人住房贷款业务的银行 16 家，与去年比无变化。

（四）**融资**：2018 年融资 3.50 亿元，归还 12.8 亿元。2018 年末，融资总额 66.95 亿元，融资余额 0 亿元。

（五）**资金存储**：2018 年末，住房公积金存款 34.98 亿元。其中，活期 0.34 亿元，1 年（含）以下定期 18.01 亿元，1 年以上定期 1.50 亿元，其他（协定、通知存款等）15.13 亿元。

（六）**资金运用率**：2018 年末，住房公积金个人住房贷款余额、项目贷款余额和购买国债余额的总和占缴存余额的 85.80%，比上年同期减少 11.56 个百分点。

三、主要财务数据

（一）**业务收入**：2018 年，业务收入 70327.58 万元，同比增长 0.30%。其中，市中心 29285.19 万元，嘉善县分中心 5894.36 万元，平湖市分中心 8713.38 万元，海盐县分中心 7938.67 万元，海宁市分中心 9215.55 万元，桐乡市分中心 9280.43 万元；存款利息 7833.45 万元，委托贷款利息 62492.81 万元，国债利息 0 万元，其他 1.32 万元。

（二）**业务支出**：2018 年，业务支出 36633.05 万元，同比下降 11.89%。其中，市中心 15066.10 万元，嘉善县分中心 3192.09 万元，平湖市分中心 4963.09 万元，海盐县分中心 4044.73 万元，海宁市分中心 4616.69 万元，桐乡市分中心 4750.35 万元；支付职工住房公积金利息 32164.76 万元，归集手续费 0.01 万元，委托贷款手续费 2774.81 万元，其他 1693.47 万元。

（三）**增值收益**：2018 年，增值收益 33694.53 万元，同比增长 18.05%。其中，市中心 14219.09 万元，嘉善县分中心 2702.27 万元，平湖市分中心 3750.29 万元，海盐县分中心 3893.94 万元，海宁市分中心 4598.86 万元，桐乡市分中心 4530.08 万元；增值收益率 1.58%，比上年增加 0.07 个百分点。

（四）**增值收益分配**：2018 年，提取贷款风险准备金 20927.67 万元，提取管理费用 3692.40 万元，提取城市廉租房（公共租赁住房）建设补充资金 9074.46 万元。

2018 年，上交财政管理费用 3692.40 万元。上缴财政城市廉租房（公共租赁住房）建设补充资金 6057.70 万元。其中，市中心上缴 1646.85 万元；各分中心上缴至当地财政部门，嘉善县分中心上缴 870.22 万元，平湖市分中心上缴 382.41 万元，海盐县分中心上缴 1037.33 万元，海宁市分中心上缴

1088.10万元，桐乡市分中心上缴1032.79万元。

2018年末，贷款风险准备金余额177886.23万元。累计提取城市廉租房（公共租赁住房）建设补充资金67425.06万元。其中，市中心提取24945.37万元，嘉善县分中心提取5908.84万元，平湖市分中心提取9226.52万元，海盐县分中心提取9016.25万元，海宁市分中心提取8316.49万元，桐乡市分中心提取10011.59万元。

（五）管理费用支出：2018年，管理费用支出3984.89万元，同比增长7.27%。其中，人员经费2708.46万元，公用经费565.15万元，专项经费711.28万元。

市中心管理费用支出1355.06万元，其中，人员、公用、专项经费分别为693.75万元、239.08万元、422.23万元；嘉善县分中心管理费用支出346.09万元，其中，人员、公用、专项经费分别为253.11万元、22.98万元、70.00万元；平湖市分中心管理费用支出524.53万元，其中，人员、公用、专项经费分别为391.85万元、40.77万元、91.91万元；海盐县分中心管理费用支出475.45万元，其中，人员、公用、专项经费分别为362.98万元、53.32万元、59.15万元；海宁市分中心管理费用支出783.54万元，其中，人员、公用、专项经费分别为650.06万元、65.49万元、67.99万元；桐乡市分中心管理费用支出500.22万元，其中，人员、公用、专项经费分别为356.71万元、143.51万元、0万元。

四、资产风险状况

2018年末，个人住房贷款逾期额159.48万元，逾期率0.082‰。其中，市中心0.034‰，嘉善县分中心0.596‰，平湖市分中心0.001‰，海盐县0.003‰，海宁市分中心0‰，桐乡市分中心0.180‰。

个人贷款风险准备金按增值收益的60%提取（其中市中心经财政部门同意，按65%提取）。2018年，提取个人贷款风险准备金20927.66万元，使用个人贷款风险准备金核销呆坏账0万元。2018年末，个人贷款风险准备金余额为177886.23万元，占个人住房贷款余额的9.18%，个人住房贷款逾期额与个人贷款风险准备金余额的比率为0.09%。

五、社会经济效益

（一）缴存业务：2018年，实缴单位数、实缴职工人数和缴存额同比分别增长10.31%、9.12%和13.22%。

缴存单位中，国家机关和事业单位占14.80%，国有企业占5.75%，城镇集体企业占2.92%，外商投资企业占4.72%，城镇私营企业及其他城镇企业占59.52%，民办非企业单位和社会团体占3.78%，其他占8.51%。

缴存职工中，国家机关和事业单位占20.41%，国有企业占11.02%，城镇集体企业占2.39%，外商投资企业占14.06%，城镇私营企业及其他城镇企业占42.20%，民办非企业单位和社会团体占2.32%，其他占7.60%；中、低收入占96.70%，高收入占3.30%。

新开户职工中，国家机关和事业单位占12.19%，国有企业占4.40%，城镇集体企业占1.05%，外商投资企业占15.78%，城镇私营企业及其他城镇企业占54.63%，民办非企业单位和社会团体占1.72%，其他占10.23%；中、低收入占99.65%，高收入占0.35%。

（二）提取业务：2018年，21.32万名缴存职工提取住房公积金75.84亿元。

提取金额中，住房消费提取占 81.08%（购买、建造、翻建、大修自住住房占 38.89%，偿还购房贷款本息占 40.66%，租赁住房占 1.42%，其他占 0.11%）；非住房消费提取占 18.92%（离休和退休提取占 9.41%，完全丧失劳动能力并与单位终止劳动关系、户口迁出本市或出境定居占 0.01%，其他占 9.50%）。

提取职工中，中、低收入占 94.75%，高收入占 5.25%。

（三）**贷款业务**：

1. **个人住房贷款**。2018 年，支持职工购建房 84.57 万平方米，年末个人住房贷款市场占有率为 10.45%，比上年减少 2.36 个百分点。通过申请住房公积金个人住房贷款，可节约职工购房利息支出 58311.44 万元。

职工贷款笔数中，购房建筑面积 90（含）平方米以下占 34.72%，90～144（含）平方米占 57.83%，144 平方米以上占 7.45%。购买新房占 34.68%（其中购买保障性住房占 1.01%），购买二手房占 64.90%，建造、翻建、大修自住住房占 0.42%。

职工贷款笔数中，单缴存职工申请贷款占 44.84%，双缴存职工申请贷款占 54.83%，三人及以上缴存职工共同申请贷款占 0.33%。

贷款职工中，30 岁（含）以下占 25.78%，30 岁～40 岁（含）占 51.46%，40 岁～50 岁（含）占 18.66%，50 岁以上占 4.10%；首次申请贷款占 89.28%，二次及以上申请贷款占 10.72%；中、低收入占 96.73%，高收入占 3.27%。

2. **异地贷款**。2018 年，发放异地贷款 278 笔 8159.40 万元。2018 年末，发放异地贷款总额 65769.55 万元，异地贷款余额 46626.30 万元。

（四）**住房贡献率**：2018 年，个人住房贷款发放额、公转商贴息贷款发放额、项目贷款发放额、住房消费提取额的总和与当年缴存额的比率为 85.93%，比上年减少 1.26 个百分点。

六、其他重要事项

（一）**管委会人员调整情况**：本年度因领导调动、分工调整等原因，住房公积金管委会调整了 3 位委员，新增 3 位委员根据公积金管委会章程行使委员职责。

（二）**住房公积金政策调整及执行情况**：

1. **基数调整**。本年度全市职工月缴存基数按照职工本人上一年度月平均工资总额确定，最低不低于市统计部门公布的 2018 年度职工月平均工资的 60%，其中确有困难的单位，必须经职工代表大会或工会讨论通过决议，并经当地住房公积金管理中心核准，可按当地市政府公布的企业最低工资标准确定；最高原则上不超过当地统计部门公布的 2018 年度职工月平均工资的 3 倍。缴存比例为机关、事业单位 12%，企业单位 5%～12%。

2. **政策调整**。2018 年 4 月 3 日出台《嘉兴就业的港澳台同胞缴存使用住房公积金的暂行办法》（嘉公积金〔2018〕18 号）。

2018 年 9 月 25 日出台《关于我市调整住房公积金提取政策的通知》（嘉公积金〔2018〕42 号）。

（三）**信息化建设情况**：

1. **高起点推进"一网通办"**。顺利推进业务平台建设，成功通过住房城乡建设部公积金综合服务平台、"双贯标"验收，公积金综合服务平台成为新标准下全国首家通过住房城乡建设部验收的市级公积金中心。实现公积金业务系统直连接入全国住房公积金异地转移接续平台。如期与省政务服务网对接，除省厅规定的不宜网办事项外，其余23项全部开通网上办事和移动办事，涉跑事项"五星级"比例达到100%，业务受理离柜率近70%。"浙政钉"实现全员覆盖，内部通知等文件流转、信息传送均通过政务钉钉进行，钉钉日均活跃率不断提升，已接近100%。

2. 全方位突破"一证通办"。加快推进数据共享，根据办事事项分类，认真梳理共享数据需求，61项外部单位提供数据项已全部获取，省厅规定的11项公积金民生事项均已实现"一证通办"，"一证通办"事项占公积金民生事项比例达65%。认真贯彻落实"八统一"要求，确保申请材料只减不增。及时更新涉跑事项办事指南，全部取消办理业务复印件，职工办理业务时只需提供原件，申请材料现场扫描，为"最多跑一次"事项电子化归档、数字档案运用等工作打下了良好的基础。取消提取申请表，利用电子印章，职工自助打印公积金证明。

（四）优化服务情况：全面提升、优化服务，多网点助推"全市通办"。升级打造公积金延伸网点服务圈，延伸网点业务占比不断攀升，接近60%。延伸网点受理全部公积金提取、贷款业务，"就近跑一次"事项达17项。全省率先与建行、不动产登记部门合署对外服务，贷款、办证全流程业务一厅办结，市中心与建行合作先进经验在浙江日报刊登。开通嘉兴公积金微信公众号、手机公积金APP，用户人数超15万。年末微信公众号关注人数达5.8万人，较年初增长4.4万人，实现随时预约、精准预约，提前告知办理时限，减少排队等待时间。

（五）本年度荣誉获得情况：省级文明单位。

（六）其他事项：2018年度全市通过公积金资金竞争性存放招投标资金达15.28亿元，累计26.36亿元。

湖州市住房公积金2018年年度报告

一、机构概况

（一）住房公积金管理委员会：住房公积金管理委员会有28名委员，2019年1月召开1次会议，审议通过的事项主要包括：湖州市2018年住房公积金计划执行情况及财务决算和2019年计划及财务预算的报告、关于湖州市2018年度住房公积金增值收益分配方案、湖州市住房公积金资金竞争性存放实施细则（修订稿）、湖州市住房公积金受托银行招投标实施细则（修订稿）、关于取消使用住房公积金支付首付款的通知、湖州市住房公积金2018年年度报告。

（二）住房公积金管理中心：住房公积金管理中心为市政府直属不以营利为目的的参照公务员法管理事业单位，设6个处室，1个直属业务部、2个管理部、3个分中心以及1个缴存托管服务中心。从业人员141人，其中，在编61人，非在编80人。

二、业务运行情况

（一）缴存：2018年，新开户单位2922家，实缴单位16570家，净增单位2150家；新开户职工8.51万人，实缴职工42.74万人，净增职工5.05万人；缴存额55.37亿元，同比增长14.84%。2018年末，缴存总额399.36亿元，同比增长16.10%；缴存余额148.41亿元，同比增长11.48%。

受委托办理住房公积金缴存业务的银行9家，与上年保持一致。

（二）提取：2018年，提取额40.09亿元，同比增长9.42%；占当年缴存额的72.40%，比上年减少3.59个百分点。2018年末，提取总额250.95亿元，同比增长19.01%。

（三）贷款：

1. 个人住房贷款。个人住房贷款最高额度50万元，其中，单缴存职工最高额度40万元，双缴存职工最高额度50万元。

2018年，发放个人住房贷款6746笔24.32亿元，同比分别下降24.59%、26.01%。其中，市本级发放个人住房贷款3674笔13.41亿元，德清县分中心发放个人住房贷款448笔1.70亿元，长兴县分中心发放个人住房贷款1622笔5.47亿元，安吉县分中心发放个人住房贷款1002笔3.74亿元。

2018年，回收个人住房贷款17.82亿元。其中，市本级8.48亿元，德清县分中心2.68亿元，长兴县分中心3.55亿元，安吉县分中心3.11亿元。

2018年末，累计发放个人住房贷款111426笔300.24亿元，贷款余额163.67亿元，同比分别增长6.44%、8.81%、4.14%。个人住房贷款余额占缴存余额的110.28%，比上年减少7.78个百分点。表外个人住房贷款率达到123.50%。

受委托办理住房公积金个人住房贷款业务的银行12家，比上年增加1家。

2. 住房公积金支持保障性住房建设项目贷款。2018年，未发放支持保障性住房建设项目贷款，未回收项目贷款。2018年末，累计发放项目贷款1.70亿元，项目贷款余额0亿元。

（四）融资：2018年，融资0.98亿元，归还5.60亿元。2018年末，融资总额42.42亿元，融资余额16.32亿元。

（五）资金存储：2018年末，住房公积金存款5.41亿元。其中，活期0.16亿元，其他（协定、通知存款等）5.25亿元。

（六）资金运用率：2018年末，住房公积金个人住房贷款余额、项目贷款余额和购买国债余额的总和占缴存余额的110.28%，比上年减少7.78个百分点。

三、主要财务数据

（一）业务收入：2018年，业务收入53513.11万元，同比增长6.58%。其中，市本级27004.99万元，德清县分中心8504.91万元，长兴县分中心9603.20万元，安吉县分中心8400.01万元。存款利息1616.80万元，委托贷款利息51892.61万元，其他3.70万元。

（二）业务支出：2018年，业务支出31176.21万元，同比增长6.62%。其中，市本级15449.54万元，德清县分中心4722.43万元，长兴县分中心5516.54万元，安吉县分中心5487.70万元；支付职工住房公积金利息21542.78万元，归集手续费8.40万元，委托贷款手续费1397.09万元，其他8227.94

万元。

（三）**增值收益**：2018年，增值收益22336.90万元，同比增长6.53%。其中，市本级11555.45万元，德清县分中心3782.48万元，长兴县分中心4086.66万元，安吉县分中心2912.31万元；增值收益率1.59%，比上年减少0.05个百分点。

（四）**增值收益分配**：2018年，提取贷款风险准备金13402.14万元，提取管理费用3472.08万元，提取城市廉租住房（公共租赁住房）建设补充资金5462.68万元。

2018年，上交财政管理费用3546.96万元。上缴财政2018年度城市廉租住房（公共租赁住房）建设补充资金5110.60万元。其中，市本级上缴2810.60万元，德清县分中心上缴971.41万元，长兴县分中心上缴663.10万元，安吉县分中心上缴665.49万元。

2018年末，贷款风险准备金余额111807.44万元（包括项目贷款风险准备金560万元）。累计提取城市廉租住房（公共租赁住房）建设补充资金44509.48万元。其中，市本级提取20578.17万元，德清县分中心提取9356.01万元，长兴县分中心提取8842.83万元，安吉县分中心提取5732.47万元。

（五）**管理费用支出**：2018年，管理费用支出5449.60万元，同比增长15.66%。其中，人员经费2185.01万元，公用经费177万元，专项经费3087.59万元。

市本级管理费用支出3359.41万元，其中，人员、公用、专项经费分别为1211.46万元、104.38万元、2043.57万元，专项经费中包含基建支出1442.45万元；德清县分中心管理费用支出1168.95万元，其中人员、公用、专项经费分别为381.15万元、19.35万元、768.45万元，专项经费中包含公转商贷款利差财政贴息627万元；长兴县分中心管理费用支出426.14万元，其中人员、公用、专项经费分别为321.56万元、29.50万元、75.08万元；安吉县分中心管理费用支出495.10万元，其中人员、公用、专项经费分别为270.84万元、23.77万元、200.49万元。

四、资产风险状况

2018年末，个人住房贷款未发生逾期，逾期率为0。

个人贷款风险准备金按增值收益的60%提取。2018年，提取个人贷款风险准备金13402.14万元，未使用个人贷款风险准备金核销呆坏账。2018年末，个人贷款风险准备金余额111247.44万元，占个人住房贷款余额的6.80%，个人住房贷款逾期额与个人贷款风险准备金余额的比率为0%。

五、社会经济效益

（一）**缴存业务**：2018年，实缴单位数、实缴职工人数和缴存额同比分别增长14.91%、13.41%和14.84%。

缴存单位中，国家机关和事业单位占11.54%，国有企业占5.96%，城镇集体企业占4.48%，外商投资企业占3.02%，城镇私营企业及其他城镇企业占71.12%，民办非企业单位和社会团体占3.84%，其他占0.04%。

缴存职工中，国家机关和事业单位占21.76%，国有企业占15.30%，城镇集体企业占2.65%，外商投资企业占7.14%，城镇私营企业及其他城镇企业占46.16%，民办非企业单位和社会团体占4.67%，其他占2.32%；中、低收入占98.22%，高收入占1.78%。

新开户职工中，国家机关和事业单位占6.28%，国有企业占9.85%，城镇集体企业占0.94%，外商投资企业占8.79%，城镇私营企业及其他城镇企业占68.94%，民办非企业单位和社会团体占0.61%，其他占4.59%；中、低收入占99.56%，高收入占0.44%。

（二）提取业务：2018年，11.73万名缴存职工提取住房公积金40.09亿元。

提取金额中，住房消费提取占80.28%（购买、建造、翻建、大修自住住房占38.46%，偿还购房贷款本息占41.27%，租赁住房占0.44%，其他占0.11%）；非住房消费提取占19.72%（离休和退休提取占13.76%，完全丧失劳动能力并与单位终止劳动关系提取占0.97%，户口迁出本市或出境定居占3.92%，其他占1.07%）。

提取职工中，中、低收入占96.87%，高收入占3.13%。

（三）贷款业务：

1. **个人住房贷款**。2018年，支持职工购建房77.99万平方米，年末个人住房贷款市场占有率为18.66%，比上年减少5.68个百分点。通过申请住房公积金个人住房贷款，可节约职工购房利息支出69501.36万元。

职工贷款笔数中，购房建筑面积90（含）平方米以下占29.23%，90~144（含）平方米占57.56%，144平方米以上占13.21%。购买新房占56.83%（其中购买保障性住房0.04%），购买二手房占43.05%，建造、翻建、大修自住住房占0.12%。

职工贷款笔数中，单缴存职工申请贷款占21.08%，双缴存职工申请贷款占78.92%。

贷款职工中，30岁（含）以下占29.05%，30岁~40岁（含）占40.34%，40岁~50岁（含）占23.60%，50岁以上占7.01%；首次申请贷款占76.12%，二次及以上申请贷款占23.88%；中、低收入占96.95%，高收入占3.05%。

2. **异地贷款**。2018年，发放异地贷款336笔13918万元。2018年末，发放异地贷款总额98355.80万元，异地贷款余额57371.86万元。

3. **公转商贴息贷款**。2018年，发放公转商贴息贷款15笔613.70万元，支持职工购建住房面积0.17万平方米，当年贴息额2415.75万元。2018年末，累计发放公转商贴息贷款10463笔371069.50万元，累计贴息5912.93万元。

4. **支持保障性住房建设试点项目贷款**。2018年末，累计试点项目3个，贷款额度1.70亿元。其中，棚户区改造安置用房项目1个0.90亿元，公共租赁住房项目2个0.80亿元。建筑面积11.70万平方米，可解决1476户中低收入职工家庭的住房问题。3个试点项目贷款资金已发放并还清贷款本息。

（四）住房贡献率：2018年，个人住房贷款发放额、公转商贴息贷款发放额、项目贷款发放额、住房消费提取额的总和与当年缴存额的比率为102.17%，比上年减少27.59个百分点。

六、其他重要事项

（一）当年机构及职能调整情况、受委托办理缴存贷款业务金融机构变更情况：2018年，机构及职能未作调整。全市受委托办理住房公积金缴存业务金融机构未发生变化；市中心增设兴业银行为委贷银行，全市受委托办理住房公积金贷款业务增加一家金融机构。

(二)当年住房公积金政策调整及执行情况：

1. **当年缴存基数限额及确定方法、缴存比例等缴存政策调整情况**。2018年，湖州市统计局公告：2018年度我市职工月平均工资为5949元。公积金中心确认2018年度全市职工住房公积金月工资基数按3570元（职工平均工资的60%）以上执行，最低不得低于当地最低工资标准。各缴存单位在此基础上进行年度调整，2018年，全市缴存单位调整完成率达到96.61%，全市缴存职工调整完成率达到97.05%。

扩大住房公积金缴存比例浮动区间。缴存单位住房公积金缴存比例下限由原来的8%调整到5%，缴存单位可在5%～12%区间范围内，自主确定住房公积金缴存比例。生产经营困难的企业可申请缴存比例降至低于5%下限或者缓缴。

2. **当年提取政策调整情况**。租赁商品房提取住房公积金提供的"缴存地查询的本人及配偶无房证明"由中心数据共享获取，职工仅需提供身份证办理提取。每月提取额均不超出职工当月缴存额的60%，且市区（含吴兴区）每人提取金额最高不超过1000元/月，其他县区最高不超过800元/月。

非本市户籍或户口迁出本市，与单位解除或终止劳动关系的，在异地未重新就业的封存满半年提取，并取消收取单位解除或终止劳动关系证明；本市户籍的缴存职工失业后未重新就业、辞职、开除、被判处刑罚等类型均统一合并为与单位解除或终止劳动关系，且住房公积金账户封存满两年可以提取住房公积金，同时取消失业证明。

3. **当年个人住房贷款最高贷款额度、贷款条件等贷款政策调整情况**。2018年，贷款政策未作调整。

4. **当年住房公积金存贷款利率执行标准**。2018年，职工住房公积金存款利率按一年期整存整取定期存款基准利率1.5%执行。年度结息日为每年的6月30日。

个人住房公积金贷款利率，贷款5年（含）之内的基准年利率为2.75%，5年以上的基准年利率为3.25%；第二套贷款利率按基准利率的1.1倍执行。贷款期限在1年（含）以内的，执行合同利率，遇法定利率调整时不作调整；贷款期限在1年以上的，遇法定利率调整时，自调整的次年1月1日起，按调整后的利率执行。

(三)当年服务改进情况：

1. **"最多跑一次"改革**。全市公积金业务四大类三十个子项已100%实现"跑一次"，73.33%实现"跑零次"；"一网通办、一窗通办、一城通办"实现率100%，省定11个"一证通办"民生事项已100%完成。

2. **服务网点建设**。全市16个银行网点开通了公积金服务，真正实现了送服务到基层，全面打造了"家门口"的公积金。

3. **服务方式优化**。在全市业务窗口率先实现公积金业务"无差别全科受理"模式，涉及缴存、提取、贷款三大类29个事项（除年度验审为专窗受理），实现了"一次取号、一窗受理、一套标准、一网通办、一次办结"模式；取消了楼盘保证金制度，为企业减负4000多万元；降低了楼盘配套公积金门槛，缩短了企业资金回流周期；楼盘配套从受理到核准缩减至10个工作日内完成。

4. **综合服务平台建设**。顺利完成了综合服务平台建设验收工作，并作为省厅三个试点城市之一，率先完成了省住房公积金互联网+综合服务平台PC端和手机APP试运行工作。

(四)当年信息化建设情况： 2018年，"最多跑一次"政务改革方面，中心完成"一窗受理"业务系统与政务服务网的挂接。信息共享方面，中心主要与市大数据管理局和上级主管部门积极对接，针对业务所需的个人身份证、婚姻、养老保险、房产合同、不动产权证、契税、伤残等信息进行接口申请。共享数据引用位居市级单位前列。内部风险防范方面，电子化检查工具于 7 月份开始启用，加强对住房公积金风险隐患的排查。

（五）当年住房公积金管理中心所获荣誉情况：

1. 中心申报省住房城乡建设厅"最美建设集体"，进入了全省 15 强，获提名奖；
2. 在省住房城乡建设厅 2018 年度目标责任制考核中评为优秀等次；
3. 获全省建设系统"打破信息孤岛实现数据共享"年度目标责任制考核优秀单位；
4. 被市委市政府评为"最多跑一次"改革先进集体；
5. 中心机关第二支部被评为"市先进基层党组织"；
6. 德清县分中心荣获省级"文明单位"；
7. 南浔区管理部荣获市级"最美窗口"；
8. 直属业务部被评为"政务服务示范窗口"；
9. 中心微信公众号被省住房城乡建设厅评为"年度十佳政务新媒体"；
10. 全市公积金系统实现了市级文明单位和市级工人先锋号"大满贯"；
11. 申报了全国"三八红旗集体"，已获省级推荐。

（六）其他需要披露的情况：2018 年，为全市城镇低收入住房公积金贷款家庭贴息 518 户，贴息金额 115.07 万元。

绍兴市住房公积金 2018 年年度报告

一、机构概况

（一）住房公积金管理委员会：住房公积金管理委员会有 21 名委员，2018 年召开 1 次会议，审议通过的事项主要包括：2018 年度住房公积金归集、使用计划，在绍就业的港澳台同胞缴存使用住房公积金实施办法，关于商业性资金使用情况的报告。

（二）住房公积金管理中心：住房公积金管理中心为直属于绍兴市人民政府不以营利为目的的参照公务员法管理的事业单位，设 6 个处，1 个管理部，5 个分中心。从业人员 129 人，其中，在编 87 人，非在编 42 人。

二、业务运行情况

（一）缴存：2018 年，新开户单位 1910 家，实缴单位 11571 家，净增单位 1315 家；新开户职工 109374 人，实缴职工 517542 人，净增职工 41582 人；缴存额 86.67 亿元，同比增长 20.7%。2018 年末，缴存总额 592.35 亿元，同比增长 17.1%；缴存余额 208.78 亿元，同比增长 12.0%。

受委托办理住房公积金缴存业务的银行 3 家，比上年增加 0 家。

（二）提取：2018 年，提取额 64.24 亿元，同比增长 20.6%；占当年缴存额的 74.1%，比上年减少

0.1个百分点。2018年末，提取总额383.58亿元，同比增长20.1%。

（三）贷款：

1. **个人住房贷款**。个人住房贷款最高额度60万元，其中，单缴存职工最高额度40万元，双缴存职工最高额度60万元。

2018年，发放个人住房贷款10282笔、39.29亿元，同比分别增长2.2%、下降5.9%。其中，市中心发放个人住房贷款2504笔、10.55亿元，柯桥分中心发放个人住房贷款1501笔、6.37亿元，上虞分中心发放个人住房贷款1851笔、6.12亿元，诸暨分中心发放个人住房贷款2297笔、9.47亿元，嵊州分中心发放个人住房贷款1433笔、4.52亿元，新昌分中心发放个人住房贷款696笔、2.26亿元。

2018年，回收个人住房贷款23.22亿元。其中，市中心7.39亿元，柯桥分中心2.87亿元，上虞分中心3.92亿元，诸暨分中心4.3亿元，嵊州分中心2.54亿元，新昌分中心2.2亿元。

2018年末，累计发放个人住房贷款115071笔、353.96亿元，贷款余额200.6亿元，同比分别增长9.8%、12.5%、8.7%。个人住房贷款余额占缴存余额的96.1%，比上年减少2.9个百分点。

受委托办理住房公积金个人住房贷款业务的银行11家，比上年增加0家。

2. **住房公积金支持保障性住房建设项目贷款**。2018年末，累计发放项目贷款0.2亿元，项目贷款余额0亿元。

（四）**融资**：2018年，融资1.7亿元，归还8.4亿元。2018年末，融资总额26.9亿元，融资余额1.7亿元。

（五）**资金存储**：2018年末，住房公积金存款11.31亿元。其中，活期0.56亿元，1年（含）以下定期1.55亿元，1年以上定期0亿元，其他（协定、通知存款等）9.2亿元。

（六）**资金运用率**：2018年末，住房公积金个人住房贷款余额、项目贷款余额和购买国债余额的总和占缴存余额的96.1%，比上年减少2.9个百分点。

三、主要财务数据

（一）**业务收入**：2018年，业务收入66151.81万元，同比增长9.0%。其中，市中心21650.29万元，柯桥分中心9619.56万元，上虞分中心10091.79万元，诸暨分中心12819.77万元，嵊州分中心6126.5万元，新昌分中心5843.9万元；存款利息收入3824.73万元，委托贷款利息收入62268.28万元，国债利息收入0万元，其他收入58.8万元。

（二）**业务支出**：2018年，业务支出38376.42万元，同比增长6.5%。其中，市中心12473.32万元，柯桥分中心5160.34万元，上虞分中心6064.58万元，诸暨分中心8499.00万元，嵊州分中心3280.47万元，新昌分中心2898.71万元；住房公积金利息支出29351.67万元，归集手续费用支出0.5万元，委托贷款手续费支出2349.48万元，其他支出6674.77万元。

（三）**增值收益**：2018年，增值收益27775.39万元，同比增长12.7%。其中，市中心9176.98万元，柯桥分中心4459.22万元，上虞分中心4027.21万元，诸暨分中心4320.76万元，嵊州分中心2846.03万元，新昌分中心2945.19万元；增值收益率1.42%，比上年同期增加0.03个百分点。

（四）**增值收益分配**：2018年，提取贷款风险准备金16665.24万元，提取管理费用4282.11万元，提取城市廉租住房（公共租赁住房）建设补充资金6828.04万元。

2018 年，上缴财政管理费用 4282.11 万元。上缴财政城市廉租住房（公共租赁住房）建设补充资金 5787.77 万元。其中，市中心上缴 1897.22 万元，柯桥分中心上缴 898.00 万元，上虞分中心上缴 356.07 万元，诸暨分中心上缴 1187.65 万元，嵊州分中心上缴 823.53 万元，新昌分中心上缴 625.3 万元。

2018 年末，贷款风险准备金余额 151470.51 万元。累计提取城市廉租住房（公共租赁住房）建设补充资金 53582.08 万元。其中，市中心提取 17990.86 万元，柯桥分中心提取 7739.39 万元，上虞分中心提取 6911.11 万元，诸暨分中心提取 11266.93 万元，嵊州分中心提取 5262.06 万元，新昌分中心提取 4411.73 万元。

（五）管理费用支出：2018 年，管理费用支出 4660.91 万元，同比增长 14.1%。其中，人员经费 2874.78 万元，公用经费 291.23 万元，专项经费 1494.9 万元。市中心管理费用支出 1535.57 万元，其中，人员、公用、专项经费分别为 932.59 万元、90.22 万元、512.76 万元；柯桥分中心管理费用支出 713.69 万元，其中，人员、公用、专项经费分别为 466.67 万元 45.21 万元、201.81 万元；上虞分中心管理费用支出 846.71 万元，其中，人员、公用、专项经费分别为 353.45 万元、64.24 万元、429.02 万元；诸暨分中心管理费用支出 603.85 万元，其中，人员、公用、专项经费分别为 467.42 万元、24.41 万元、112.02 万元；嵊州分中心管理费用支出 424.94 万元，其中，人员、公用、专项经费分别为 269.43 万元、34.96 万元、120.55 万元；新昌分中心管理费用支出 536.15 万元，其中，人员、公用、专项经费分别为 385.22 万元、32.19 万元、118.74 万元。

四、资产风险状况

2018 年末，个人住房贷款逾期额 270.43 万元，逾期率 0.13‰。其中，市中心 0.31‰，柯桥分中心 0.07‰，上虞分中心 0‰，诸暨分中心 0.13‰，嵊州分中心 0.01‰，新昌分中心 0‰。

个人贷款风险准备金按增值收益的 60% 提取。2018 年，提取个人贷款风险准备金 16665.24 万元，使用个人贷款风险准备金核销呆坏账 0 万元。2018 年末，个人贷款风险准备金余额 151470.51 万元，占个人住房贷款余额的 7.55%，个人住房贷款逾期额与个人贷款风险准备金余额的比率为 0.18%。

五、社会经济效益

（一）缴存业务：2018 年，实缴单位数、实缴职工人数和缴存额同比分别增长 12.8%、8.7% 和 20.7%。

缴存单位中，国家机关和事业单位占 18.9%，国有企业占 6.8%，城镇集体企业占 2.8%，外商投资企业占 2.0%，城镇私营企业及其他城镇企业占 56.9%，民办非企业单位和社会团体占 2.6%，其他占 10.0%。

缴存职工中，国家机关和事业单位占 26.7%，国有企业占 15.3%，城镇集体企业占 3.8%，外商投资企业占 4.1%，城镇私营企业及其他城镇企业占 44.6%，民办非企业单位和社会团体占 1.7%，其他占 3.8%；中、低收入占 94.3%，高收入占 5.7%。

新开户职工中，国家机关和事业单位占 11.1%，国有企业占 8.9%，城镇集体企业占 2.8%，外商投资企业占 4.0%，城镇私营企业及其他城镇企业占 56.7%，民办非企业单位和社会团体占 1.8%，其他占 14.7%；中、低收入占 97.9%，高收入占 2.1%。

（二）提取业务：2018年，154498名缴存职工提取住房公积金64.24亿元。

提取金额中，住房消费提取占81.1%（购买、建造、翻建、大修自住住房占36.5%，偿还购房贷款本息占43.00%，租赁住房占1.6%，其他占0%）；非住房消费提取占18.9%（离休和退休提取占11.8%，完全丧失劳动能力并与单位终止劳动关系提取占0.6%，户口迁出本市或出境定居占0.002%，其他占6.5%）。

提取职工中，中、低收入占90.6%，高收入占9.4%。

（三）贷款业务：

1. **个人住房贷款**：2018年，支持职工购建房135.38万平方米，年末个人住房贷款市场占有率为13.34%，比上年减少2.38个百分点。通过申请住房公积金个人住房贷款，可节约职工购房利息支出41533.73万元。

职工贷款笔数中，购房建筑面积90（含）平方米以下占19.8%，90~144（含）平方米占57.7%，144平方米以上占22.5%。购买新房占58.7%（其中购买保障性住房占0%），购买二手房占41.2%，建造、翻建、大修自住住房占0.1%，其他占0%。

职工贷款笔数中，单缴存职工申请贷款占48.2%，双缴存职工申请贷款占51.5%，三人及以上缴存职工共同申请贷款占0.3%。

贷款职工中，30岁（含）以下占27.7%，30岁~40岁（含）占45.9%，40岁~50岁（含）占21.0%，50岁以上占5.4%；首次申请贷款占84.1%，二次及以上申请贷款占15.9%；中、低收入占91.4%，高收入占8.6%。

2. **异地贷款**：2018年，发放异地贷款795笔27660.47万元。2018年末，发放异地贷款总额88142.05万元，异地贷款余额75334.63万元。

3. **公转商贴息贷款**：2018年，发放公转商贴息贷款0笔、0万元，支持职工购建住房面积0万平方米，当年贴息额4269.7万元。2018年末，累计发放公转商贴息贷款8332笔、358512万元，累计贴息9685.0万元。

4. **支持保障性住房建设试点项目贷款**：2018年末，累计试点项目1个，贷款额度0.2亿元，建筑面积7.8万平方米，可解决1307户中低收入职工家庭的住房问题。1个试点项目贷款资金已发放并还清贷款本息。

（四）住房贡献率：2018年，个人住房贷款发放额、公转商贴息贷款发放额、项目贷款发放额、住房消费提取额的总和与当年缴存额的比率为105.5%，比上年减少21.9个百分点。

六、其他重要事项

（一）当年机构及职能调整情况、受委托办理缴存贷款业务金融机构变更情况：

1. 2018年，绍兴市住房公积金管理中心内设机构政治处由信息管理处挂牌调整为单设，信息管理处更名为信息科技处，公积金归集、信贷管理处整合设立为信贷归集处，相应职能均作了调整。

2. 缴存贷款业务金融机构未发生变更。

（二）当年住房公积金政策调整及执行情况：

1. 根据《住房公积金管理条例》（国务院令第350号）及市住房公积金管理委员会《关于规范住房公

积金缴存工资基数的通知》（绍住金管〔2007〕2号）的相关规定，按市统计局公布的绍兴市2018年度职工年平均工资75266元计，核定全市职工每月住房公积金单位和个人最高缴存额分别为3764元，最低分别为189元；个人托管缴存职工每月住房公积金最高缴存额为4516元，最低为604元。

2. 根据人民银行和住房城乡建设部相关文件规定，2018年住房公积金存款利率按一年期定期存款利率1.50%计息；贷款利率，五年期以上个人住房公积金贷款利率3.25%，五年期以下（含五年）个人住房公积金贷款利率2.75%。

3. 根据市住房公积金管理委员会办公室《关于调整住房公积金贷款首付款比例标准的通知》（绍住金管办〔2018〕3号）规定，2018年8月10日起，职工家庭首次申请使用住房公积金贷款，最低首付款比例由现行的20%提高到30%；首次已结清的职工家庭第二次申请使用住房公积金贷款，最低首付款比例由现行的30%提高到40%。

4. 根据市住房公积金管理委员会办公室《关于进一步明确有关业务政策问题的通知》（绍住金管办〔2018〕4号）规定，缴存职工在既有产权住宅加装电梯时，可提取本人及其配偶住房公积金账户余额，提取金额不超过发票开具之日的住房公积金账户余额，提取总额不超过职工本人家庭所支付的加装电梯费用。缴存职工使用住房公积金贷款购买装配式建筑的新建商品房，住房公积金贷款可贷额度在市住房公积金管理委员会确定的限额范围内最高可上浮20%；购买新建成品住宅的，可按成品住宅成交总价计算确定贷款额度。

（三）当年服务改进情况：

1. 中心围绕我市"一窗办、全城办、一证办、移动办"工作，全面深化住房公积金"最多跑一次"改革，一方面依托部门数据共享和住房公积金综合服务平台，实现所有业务"一窗办"、30项业务"全市办"、16项业务"一证办"、6项单位业务和7项个人业务"移动办"，另一方面依托省政务服务平台开通30个公积金服务事项申请办件功能，并同步开通"浙里办"移动办事服务渠道，逐步从"最多跑一次"向"一次都不跑"推进。

2. 建设完成人民银行征信系统接入项目，为今后办事群众申请公积金贷款时直接在公积金中心联网查询个人征信情况开通了渠道。

（四）当年信息化建设情况： 2018年6月，完成住房城乡建设部《住房公积金基础数据标准》《住房公积金银行结算数据应用系统与公积金中心接口标准》（简称"双贯标"）和综合服务平台建设工作，并以高分"双优"的成绩通过了住房城乡建设部"双贯标"和综合服务平台验收。

（五）当年住房公积金管理中心及职工所获荣誉情况： 2018年1月，被浙江省住房和城乡建设厅评为2018年度目标责任制考核优秀单位；

2018年1月，通过浙江省文明单位复评；

2018年1月，被市财政局评为2018年度市级政府非税收入执收先进单位称号，鲁华颖同志获评先进个人称号；

2018年1月，《借助新版业务管理系统重构工作流程—市公积金中心实现住房公积金贷款审批发放"最多跑一次"》获评2018年度绍兴市级部门"最多跑一次"改革优秀案例；

2018年2月，被市委市政府评为2018年度工作目标责任制考核优秀单位；

2018年2月，被绍兴市行政服务中心评为2018年度最佳分中心；

2018年3月,获得2018年度全市党委系统信息工作先进单位称号,张英同志获评先进个人称号;

2018年3月,获评2018年度省住房和城乡建设部门信息宣传工作优秀单位;

2018年7月,葛伟峰同志获评2018年度全市"剿灭劣V类水"工作突出贡献个人称号。

(六)当年对违反《住房公积金管理条例》和相关法规行为进行行政处罚和申请人民法院强制执行情况:2018年,中心依据《浙江省住房公积金条例》第三十九条、《绍兴市住房公积金行政执法实施办法》第十三条、《绍兴市住房公积金骗提套取行为处理暂行办法》第十二条的规定,对当事人朱某琴等6人以虚假材料骗提本人住房公积金的违法行为进行了查处,给予"冻结违法行为人个人住房公积金账户三年"的处理。

金华市住房公积金2018年年度报告

一、机构概况

(一)住房公积金管理委员会:金华市住房公积金管理委员会有23名委员,2018年召开一次会议,审议通过的事项主要包括:《关于2018年度全市住房公积金年度预算执行情况的报告》、《关于2018年度全市住房公积金增值收益分配方案的报告》、《关于2018年度全市住房公积金收支计划的报告》、《关于2018年度全市住房公积金管理机构经费收支计划的报告》、《关于金华市本级单位住房资金2018年度预算执行情况及2018年度收支计划的报告》、《金华市住房公积金个人住房贷款办法》修改稿和《金华市住房公积金2018年年度报告》。

(二)住房公积金管理中心:金华市住房公积金管理中心为直属市人民政府不以营利为目的的参照公务员管理的事业单位,设4个处室,2个管理部,6个分中心。从业人员191人,其中,在编64人,非在编127人。

二、业务运行情况

(一)缴存:2018年,新开户单位2354家,实缴单位13055家,净增单位1978家;新开户职工7.2万人,实缴职工46.45万人,净增职工2.85万人;缴存额80.01亿元,同比增长16.51%。2018年末,缴存总额549.99亿元,同比增长17.02%;缴存余额214.66亿元,同比增长10.9%。

受委托办理住房公积金缴存业务的银行5家,与上年相同。

(二)提取:2018年,提取额58.91亿元,同比增长14.34%;占当年缴存额的73.63%,比上年减少1.4个百分点。2018年末,提取总额335.33亿元,同比增长21.31%。

(三)贷款:个人住房贷款最高额度100万元(义乌市),其中,单缴存职工最高额度60万元,双缴存职工最高额度100万元。

2018年,发放个人住房贷款6548笔28.17亿元,同比分别下降41.18%、47.29%。其中,市中心发放个人住房贷款1313笔3.70亿元,婺城管理部发放个人住房贷款219笔0.69亿元,金东管理部发放个人住房贷款240笔0.73亿元，兰溪分中心发放个人住房贷款520笔1.45亿元，东阳分中心发放个人住房贷款1064笔4.52亿元，义乌市中心发放个人住房贷款1085笔9.46亿元，永康分中心发放个人住房贷款1032笔3.97亿元，浦江分中心发放个人住房贷款366笔1.49亿元，武义分中心发放个人住房贷款451笔1.33亿元，磐安分中心发放个人住房贷款258笔0.83亿元。

2018年，回收个人住房贷款27.12亿元。其中，市中心7.79亿元，婺城管理部0.75亿元，金东管理部0.48亿元，兰溪分中心1.99亿元，东阳分中心2.78亿元，义乌市中心6.55亿元，永康分中心3.05亿元，浦江分中心1.55亿元，武义分中心1.15亿元，磐安分中心1.03亿元。

2018年末，累计发放个人住房贷款13.07万笔396.42亿元，贷款余额213.06亿元，同比分别增长5.32%、7.65%、0.50%。个人住房贷款余额占缴存余额的99.25%，比上年减少10.28个百分点。

受委托办理住房公积金个人住房贷款业务的银行10家，与上年相同。

(四)融资：2018年，融资17.57亿元，归还33.37亿元。2018年末，融资总额64.40亿元，融资余额11.32亿元。

(五)资金存储：2018年末，住房公积金存款15.43亿元。其中，活期0.64亿元，1年以上定期0.35亿元，其他（协定、通知存款等）14.44亿元。

(六)资金运用率：2018年末，住房公积金个人住房贷款余额、项目贷款余额和购买国债余额的总和占缴存余额的99.25%，比上年减少10.28个百分点。

三、主要财务数据

(一)业务收入：2018年，业务收入74824.17万元，同比增长6.71%。其中，市中心21892.81万元，婺城管理部1934.98万元，金东管理部1396.05万元，兰溪分中心5417.42万元，东阳分中心8821.58万元，义乌市中心15190.53万元，永康分中心9347.68万元，浦江分中心4661.99万元，武义分中心3445.35万元，磐安分中心2715.78万元；存款利息8108.91万元，委托贷款利息66711.07万元，国债利息0万元，其他4.19万元。

(二)业务支出：2018年，业务支出40878.92万元，同比增长8.09%。其中，市中心12874.55万元，婺城管理部930.91万元，金东管理部715.49万元，兰溪分中心3326.49万元，东阳分中心4399.60万元，义乌市中心8321.59万元，永康分中心4384.69万元，浦江分中心2338.99万元，武义分中心1689.65万元，磐安分中心1896.96万元；支付职工住房公积金利息31610.90万元，归集手续费0.01万元，委托贷款手续费3120.52万元，其他6147.49万元。

(三)增值收益：2018年，增值收益33945.25万元，同比增长5.09%。其中，市中心9018.26万元，婺城管理部1004.07万元，金东管理部680.56万元，兰溪分中心2090.93万元，东阳分中心4421.98万元，义乌市中心6868.94万元，永康分中心4962.99万元，浦江分中心2323万元，武义分中心1755.70万元，磐安分中心818.82万元；增值收益率1.67%，比上年减少0.07个百分点。

(四)增值收益分配：2018年，提取贷款风险准备金20367.15万元，提取管理费用3461.64万元，提取城市廉租住房（公共租赁住房）建设补充资金10116.46万元。

2018年，上交财政管理费用3461.59万元。上缴财政城市廉租住房（公共租赁住房）建设补充资金9888.22万元。其中，市中心上缴（金华市财政局）2851.19万元，婺城管理部上缴（婺城区财政局）

148.27万元，金东管理部上缴（金东区财政局）152.46万元，兰溪分中心上缴（兰溪市财政局）384.50万元，东阳分中心上缴（东阳市财政局）1351.03万元，义乌市中心上缴（义乌市财政局）2109.02万元，永康分中心上缴（永康市财政局）1487.89万元，浦江分中心上缴（浦江县财政局）666.76万元，武义分中心上缴（武义县财政局）439.59万元，磐安分中心上缴（磐安县财政局）297.51万元。

2018年末，贷款风险准备金余额207673.66万元。累计提取城市廉租住房（公共租赁住房）建设补充资金59450.20万元。其中，市中心提取20823.63万元，婺城管理部提取1148.97万元，金东管理部提取1009.68万元，兰溪分中心提取4707.88万元，东阳分中心提取6675.92万元，义乌市中心提取9590.93万元，永康分中心提取8128.98万元，浦江分中心提取3292.16万元，武义分中心提取2749.10万元，磐安分中心提取1322.95万元。

（五）**管理费用支出**：2018年，管理费用支出3142.65万元，同比增长6.15%。其中，人员经费2190.19万元，公用经费293.82万元，专项经费658.64万元。

市中心管理费用支出694.17万元，其中，人员、公用、专项经费分别为425.11万元、35.42万元、233.64万元；婺城管理部管理费用支出172.82万元，其中，人员、公用、专项经费分别为109.16万元、16.07万元、47.59万元；金东管理部管理费用支出145.29万元，其中，人员、公用、专项经费分别为119.82万元、19.62万元、5.85万元；兰溪分中心管理费用支出333.86万元，其中，人员、公用、专项经费分别为231.97万元、7.90万元、93.99万元；东阳分中心管理费用支出265.88万元，其中，人员、公用、专项经费分别为168.24万元、79.10万元、18.54万元；义乌市中心管理费用支出677.44万元，其中，人员、公用、专项经费分别为427.72万元、21.39万元、228.33万元；永康分中心管理费用支出243.69万元，其中，人员、公用、专项经费分别为204.71万元、32.08万元、6.90万元；浦江分中心管理费用支出264.28万元，其中，人员、公用、专项经费分别为223.46万元、27.32万元、13.50万元；武义分中心管理费用支出166.73万元，其中，人员、公用、专项经费分别为136.15万元、25.18万元、5.40万元；磐安分中心管理费用支出178.49万元，其中，人员、公用、专项经费分别为143.85万元、29.74万元、4.90万元。

四、资产风险状况

2018年末，个人住房贷款逾期额47.85万元，逾期率0.0225‰。其中，市中心0.0838‰，永康分中心0.0031‰，婺城管理部、金东管理部、兰溪分中心、东阳分中心、义乌市中心、浦江分中心、武义分中心、磐安分中心逾期率为0。

个人贷款风险准备金按增值收益的60%提取。2018年，提取个人贷款风险准备金20367.15万元，使用个人贷款风险准备金核销呆坏账0万元。2018年末，个人贷款风险准备金余额207673.66万元，占个人住房贷款余额的9.75%，个人住房贷款逾期额与个人贷款风险准备金余额的比率为0.02%。

五、社会经济效益

（一）**缴存业务**：2018年，实缴单位数、实缴职工人数和缴存额同比分别增长17.86%、6.54%和16.51%。

缴存单位中，国家机关和事业单位占24.59%，国有企业占5.74%，城镇集体企业占6.61%，外商

投资企业占 1.39%，城镇私营企业及其他城镇企业占 56.31%，民办非企业单位和社会团体占 4.89%，其他占 0.47%。

缴存职工中，国家机关和事业单位占 37.38%，国有企业占 11.19%，城镇集体企业占 4.12%，外商投资企业占 2.20%，城镇私营企业及其他城镇企业占 36.94%，民办非企业单位和社会团体占 2.67%，其他占 5.50%；中、低收入占 97.61%，高收入占 2.39%。

新开户职工中，国家机关和事业单位占 17.66%，国有企业占 7.1%，城镇集体企业占 7.36%，外商投资企业占 4.79%，城镇私营企业及其他城镇企业占 54.25%，民办非企业单位和社会团体占 2.71%，其他占 6.13%；中、低收入占 98.61%，高收入占 1.39%。

（二）提取业务：2018 年，15.69 万名缴存职工提取住房公积金 58.91 亿元。

提取金额中，住房消费提取占 78.11%（购买、建造、翻建、大修自住住房占 35.37%，偿还购房贷款本息占 39.78%，租赁住房占 2.96%，其他占 0%）；非住房消费提取占 21.89%（离休和退休提取占 13.86%，完全丧失劳动能力并与单位终止劳动关系提取占 3.43%，户口迁出本市或出境定居占 4.28%，其他占 0.32%）。

提取职工中，中、低收入占 94.54%，高收入占 5.46%。

（三）贷款业务：

1. **个人住房贷款**。2018 年，支持职工购建房 81 万平方米，年末个人住房贷款市场占有率为 14.48%，比上年减少 3.13 个百分点。通过申请住房公积金个人住房贷款，可节约职工购房利息支出 44502.36 万元。

职工贷款笔数中，购房建筑面积 90（含）平方米以下占 31.61%，90~144（含）平方米占 49.62%，144 平方米以上占 18.77%。购买新房占 50.41%（其中购买保障性住房占 1.19%），购买二手房占 47.86%，建造、翻建、大修自住住房占 1.73%，其他占 0%。

职工贷款笔数中，单缴存职工申请贷款占 22.36%，双缴存职工申请贷款占 77.64%，三人及以上缴存职工共同申请贷款占 0%。

贷款职工中，30 岁（含）以下占 30.44%，30 岁~40 岁（含）占 41.57%，40 岁~50 岁（含）占 22.14%，50 岁以上占 5.85%；首次申请贷款占 81.49%，二次及以上申请贷款占 18.51%；中、低收入占 96.04%，高收入占 3.96%。

2. **异地贷款**。2018 年，发放异地贷款 390 笔 18538.30 万元。2018 年末，发放异地贷款总额 89940.40 万元，异地贷款余额 68864.67 万元。

3. **公转商贴息贷款**。2018 年，发放公转商贴息贷款 112 笔 3259.20 万元，支持职工购建住房面积 1.06 万平方米，当年贴息额 181.05 万元。2018 年末，累计发放公转商贴息贷款 4162 笔 147502.70 万元，累计贴息 1135.93 万元。

（四）住房贡献率：2018 年，个人住房贷款发放额、公转商贴息贷款发放额、项目贷款发放额、住房消费提取额的总和与当年缴存额的比率为 93.13%，比上年减少 49 个百分点。

六、其他重要事项

（一）**贯彻落实上级工作部署，不断完善住房公积金政策**：按照住房城乡建设部、财政部、人民银行

《关于改进住房公积金缴存机制进一步降低企业成本的通知》要求，确定住房公积金缴存工资基数最高不超过21852元，经营困难的单位及职工，可按不低于1800元标准按实确定。住房公积金缴存比例最高不超过12%，为减少企业负担，企业可适当降低缴存比例，最低不低于5%。

2018年，修订了《金华市住房公积金个人住房贷款办法》；出台了高层次人才住房公积金贷款优惠政策。

（二）深化"最多跑一次"改革，服务事项办理更加便捷：一是推进办事事项全程网办。通过与浙江政务服务网对接，完善公积金网办业务的功能设置，申请人可通过登录政务服务网办理公积金业务。二是加快信息共享工作，推进民生事项办事"一证通办"。完成与省、市数据平台对接及全市数据共享接口对接和应用系统改造，充分应用全省信息共享资源，实现公积金民生事项零证明材料办理。三是综合服务平台建设于2018年10月26日通过省建设厅验收，完善了12329热线、12329短信、门户网站、网上大厅、自助终端、手机APP、官方微信等渠道建设。职工足不出户，即可实现从申请直至业务顺利办结。

（三）积极推进信息化建设工作，公积金管理水平再上新台阶：贯彻落实住房城乡建设部《住房公积金基础数据标准》和《接入住房公积金银行结算数据应用系统接口标准》（以下简称"双贯标"）工作要求，2018年6月13日，顺利通过了住房城乡建设部住房公积金"双贯标"工作验收。"双贯标"建设工作，加快了住房公积金信息化建设，提高了风险防控能力，进一步提升了服务水平和管理效率。

（四）加强队伍建设，创建工作取得新成效：义乌市中心荣获"浙江省巾帼文明岗"，浦江分中心荣获"金华市三八红旗集体"，磐安分中心荣获金华市"工人先锋号"，市中心被评为金华市档案工作先进单位。

衢州市住房公积金2018年年度报告

一、机构概况

（一）**住房公积金管理委员会**：衢州市住房公积金管理委员会有29名委员，2018年召开1次会议，审议通过的事项主要包括：1.听取《衢州市住房公积金2018年度工作情况和2018年度工作安排的报告》；2.审议《衢州市住房公积金2018年年度报告》；3.审议《关于衢州市2018年度住房公积金计划执行情况和2018年度收支计划的报告（草案）》；4.审议《关于做好2018年度全市机关、事业单位住房公积金缴存工资基数调整的通知（草案）》和《关于做好2018年度全市企业单位住房公积金缴存工资基数调整和年度验审工作的通知（草案）》。

（二）**住房公积金管理中心**：衢州市住房公积金管理中心为直属市人民政府不以营利为目的的副县级参公事业单位，设6个科室，3个管理部，4个分中心。2018年末从业人员120人，其中，在编52人，非在编68人。

二、2018年业务运行情况

（一）**缴存**：新开户单位597家，实缴单位4931家，净增单位265家；新开户职工3.35万人，实缴职工 20.88 万人，净增职工 2.05 万人；缴存额 44.17 亿元，同比增长 18.16%。2018 年末，缴存总额 299.65 亿元，同比增长 17.29%；缴存余额 90.66 亿元，同比增长 11.54%。

受委托办理住房公积金缴存业务的银行 5 家，与上年比无变化。

（二）**提取**：提取额 34.79 亿元，同比增长 18.62%；占当年缴存额的 78.76%，比上年增加 0.3 个百分点。2018 年末，提取总额 208.99 亿元，同比增长 19.97%。

（三）**贷款**：个人住房贷款最高额度 50 万元，其中，单缴存职工最高额度 30 万元，双缴存职工最高额度 50 万元。

2018 年，发放个人住房贷款 0.71 万笔 25.05 亿元，同比分别下降 6.58%、25.29%。其中，市本级发放个人住房贷款 0.38 万笔 12.96 亿元，龙游分中心发放个人住房贷款 0.11 万笔 3.97 亿元，江山分中心发放个人住房贷款 0.09 万笔 3.3 亿元，常山分中心发放个人住房贷款 0.07 万笔 2.47 亿元；开化分中心发放个人住房贷款 0.06 万笔 2.35 亿元。

2018 年，回收个人住房贷款 13.81 亿元。其中，市本级 7.8 亿元，龙游分中心 1.84 亿元，江山分中心 1.71 亿元，常山分中心 1.18 亿元，开化分中心 1.28 亿元。

2018 年末，累计发放个人住房贷款 9.22 万笔 222.04 亿元，贷款余额 114.53 亿元，同比分别增长 8.34%、12.72%、10.88%。个人住房贷款余额占缴存余额的 126.33%，比上年减少 0.75 个百分点。

受委托办理住房公积金个人住房贷款业务的银行 18 家，比上年增加 5 家。

（四）**融资**：融资 28.49 亿元，其中：存量续贷 24.08 亿元，新增授信融资 4.41 亿元。归还融资 24.08 亿元。2018 年末，融资总额 67.01 亿元，融资余额 28.49 亿元。

（五）**资金存储**：2018 年末，住房公积金存款 6.34 亿元。其中，活期 0.11 亿元，1 年（含）以下定期 0 亿元，1 年以上定期 0 亿元，其他（协定、通知存款等）6.23 亿元。

（六）**资金运用率**：2018 年末，住房公积金个人住房贷款余额、项目贷款余额和购买国债余额的总和占缴存余额的 126.33%，比上年减少 0.75 个百分点。

三、2018 年主要财务数据

（一）**业务收入**：业务收入 41486.48 万元，同比增长 20.53%。其中，市本级 24625.64 万元，龙游分中心 5016.55 万元，江山分中心 5320.35 万元，常山分中心 3145.24 万元，开化分中心 3378.7 万元；存款利息 2108.56 万元，委托贷款利息 35392.69 万元，国债利息 0 万元，其他 3985.23 万元。

（二）**业务支出**：业务支出 30077.85 万元，同比增长 41.2%。其中，市本级 18804.14 万元，龙游分中心 3445.21 万元，江山分中心 3427.1 万元，常山分中心 2014.01 万元，开化分中心 2387.39 万元；支付职工住房公积金利息 12985.6 万元，归集手续费 0.09 万元，委托贷款手续费 1764.93 万元，其他 15327.23 万元。

（三）**增值收益**：增值收益 11408.63 万元，同比下降 13.03%。其中，市本级 5821.5 万元，龙游分中心 1571.34 万元，江山分中心 1893.25 万元，常山分中心 1131.23 万元，开化分中心 991.31 万元；增值收益率 1.32%，比上年减少 0.38 个百分点。

（四）**增值收益分配**：提取贷款风险准备金 6845.17 万元，提取管理费用 2868.97 万元，提取城市廉租住房（公共租赁住房）建设补充资金 1694.49 万元。

2018年，上交财政管理费用2826.26万元。上缴财政城市廉租住房（公共租赁住房）建设补充资金1676.31万元，其中：市本级上缴市财政局716.95万元，龙游分中心上缴龙游县财政局187.8万元，江山分中心上缴江山市财政局444.33万元，常山分中心上缴常山县财政局65.39万元，开化分中心上缴开化县财政局261.84万元。

2018年末，贷款风险准备金余额77088.39万元。累计提取城市廉租住房（公共租赁住房）建设补充资金21903.64万元，其中：市本级提取12235.22万元，龙游分中心提取1894.31万元，江山分中心提取3812.44万元，常山分中心提取1999.89万元，开化分中心提取1961.78万元。

（五）管理费用支出：2018年，管理费用支出2876.01万元，同比增长5.98%。其中，人员经费1300.82万元，公用经费322.89万元，专项经费1252.3万元。

市本级管理费用支出1721.65万元，其中，人员、公用、专项经费分别为613.24万元、84.11万元、1024.3万元；龙游分中心管理费用支出283.13万元，其中，人员、公用、专项经费分别为154.33万元、128.8万元、0万元；江山分中心管理费用支出282.34万元，其中，人员、公用、专项经费分别为155.23万元、0万元、127.11万元；常山分中心管理费用支出251.57万元，其中，人员、公用、专项经费分别为144.51万元、11.98万元、95.08万元；开化分中心管理费用支出337.32万元，其中，人员、公用、专项经费分别为233.51万元、98万元、5.81万元。

四、资产风险状况

2018年末，个人住房贷款逾期额123.02万元，逾期率0.11‰。其中，市本级0.06‰，龙游分中心0.31‰，江山分中心0‰，常山分中心0.36‰，开化分中心0‰。

个人贷款风险准备金按增值收益的60%提取。2018年，提取个人贷款风险准备金6845.17万元，使用个人贷款风险准备金核销呆坏账0万元。2018年末，个人贷款风险准备金余额77088.39万元，占个人住房贷款余额的6.73%，个人住房贷款逾期额与个人贷款风险准备金余额的比率为0.16%。

五、社会经济效益

（一）缴存业务：2018年，实缴单位数、实缴职工人数和缴存额同比分别增长5.68%、10.89%和18.16%。

缴存单位中，国家机关和事业单位占32.39%，国有企业占9.55%，城镇集体企业占1.12%，外商投资企业占0.95%，城镇私营企业及其他城镇企业占44.17%，民办非企业单位和社会团体占6.2%，其他占5.62%。

缴存职工中，国家机关和事业单位占36.7%，国有企业占19.88%，城镇集体企业占2.47%，外商投资企业占3.46%，城镇私营企业及其他城镇企业占29.91%，民办非企业单位和社会团体占2.2%，其他占5.38%；中、低收入占99.41%，高收入占0.59%。

新开户职工中，国家机关和事业单位占10.74%，国有企业占7.76%，城镇集体企业占0.84%，外商投资企业占4.21%，城镇私营企业及其他城镇企业占58.61%，民办非企业单位和社会团体占2.32%，其他占15.52%；中、低收入占99.84%，高收入占0.16%。

（二）提取业务：2018年，7.3万名缴存职工提取住房公积金34.79亿元。

提取金额中，住房消费提取占83.57%（购买、建造、翻建、大修自住住房占41.4%，偿还购房贷款本息占41.23%，租赁住房占0.94%，其他占0%）；非住房消费提取占16.43%（离休和退休提取占11.85%，完全丧失劳动能力并与单位终止劳动关系提取占2.2%，户口迁出本市或出境定居占0%，其他占2.38%）。

提取职工中，中、低收入占99.19%，高收入占0.81%。

（三）贷款业务：

1. **个人住房贷款**。2018年，支持职工购建房79.56万平方米，年末个人住房贷款市场占有率为17.48%，比上年减少7.81个百分点。通过申请住房公积金个人住房贷款，可节约职工购房利息支出49697.67万元。

职工贷款笔数中，购房建筑面积90（含）平方米以下占22.31%，90～144（含）平方米占68.14%，144平方米以上占9.55%。购买新房占58.81%（其中购买保障性住房占0%），购买二手房占41.15%，建造、翻建、大修自住住房占0.04%，其他占0%。

职工贷款笔数中，单缴存职工申请贷款占27.69%，双缴存职工申请贷款占72.31%，三人及以上缴存职工共同申请贷款占0%。

贷款职工中，30岁（含）以下占37.29%，30岁～40岁（含）占33.01%，40岁～50岁（含）占22.79%，50岁以上占6.91%；首次申请贷款占79.78%，二次及以上申请贷款占20.22%；中、低收入占99.04%，高收入占0.96%。

2. **异地贷款**。2018年，发放异地贷款633笔20605.9万元。2018年末，发放异地贷款总额47140.9万元，异地贷款余额46093.68万元。

3. **公转商贴息贷款**。2018年，发放公转商贴息贷款35笔785.5万元，支持职工购建住房面积0.34万平方米，当年贴息额291.89万元。2018年末，累计发放公转商贴息贷款834笔26701.67万元，累计贴息644.27万元。

（四）**住房贡献率**：2018年，个人住房贷款发放额、公转商贴息贷款发放额、项目贷款发放额、住房消费提取额的总和与当年缴存额的比率为122.71%，比上年减少38.1个百分点。

六、其他重要事项

（一）当年机构及职能调整、受委托办理缴存贷款业务金融机构变更情况

1. 2018年机构及职能未作调整。

2. 受委托办理缴存贷款业务金融机构变更情况：一是2018年缴存业务金融机构没有发生变更。二是2018年中心委托贷款银行新增5家：衢江农商银行、龙游农商行、江山农商行、常山农商行、开化农商行。

（二）当年住房公积金政策调整及执行情况

1. **缴存政策**。当年缴存基数限额：上限不超过24240元（2018年度市区城镇在岗职工月均工资8080元的3倍）控制，单方最高月缴存额为2909元。下限不低于1660元（市政府规定的最低工资标准1660元），单方最低月缴存额为83元。

2. **提取政策**。职工在缴存地公积金中心有未结清公积金贷款的，仅限于偿还该笔公积金贷款（含公

积金组合贷款）的还贷提取，不得再以购房和偿还其他商业住房贷款等名义提取公积金。

高层次租赁普通自住住房的，允许每年按实际支付的房租提取本人及配偶的住房公积金；高层次人才购买自住普通商品住房的，允许提取住房公积金直接支付首付。高层次人才购买自住普通商品住房的，在支付定金和签定认购协议书后，允许提取住房公积金直接划转至房开企业用于支付所购商品住房首付款；高层次人才购买自住普通商品住房没申请公积金贷款的，自购房之日起3年内可每年提取本人及配偶的住房公积金，但合计提取额不能超过所购房款总额。

3. 贷款政策。

贷款额度调整：下调贷款额度，夫妻双方缴存职工每户最高贷款额度为50万元，单方缴存职工每户最高贷款额度为30万元。最低可贷款额度为每户20万元。

延长公积金再次贷款间隔时间：借款人还清公积金贷款后再次申请公积金贷款的，其申请贷款距上次还清贷款时间间隔不少于12个月。

适当提高公积金缴存年限较长职工贷款额度：连续正常缴存公积金10年以上，且未曾使用过公积金贷款的，每户可贷款额度上浮10万元。提高后贷款额仍不得超过调整后的最高限额。

高层次人才连续足额缴存公积金满3个月，购买自住普通商品住房可申请公积金贷款；高层次人才申请公积金贷款可享受优先办理，如公积金资金紧张，放贷实行轮候机制时可享受优先放款。

（三）当年服务改进情况

1. 实现了公积金业务全市域通办、开通7×24小时不间断线上业务，使公积金业务办理更方便、更快捷。

2. 成功接入全国住房公积金异地转移接续平台。符合条件的职工可以直接办理公积金转移业务，简化了业务手续，提高了住房公积金服务效率。

3. 中心营业大厅新增智能机器人，向办事群众提供智能交互咨询、业务查询办理等功能，极大的提升中心智能化服务水平。

4. 升级并推广运用住房公积金综合服务平台2.0。

（四）当年信息化建设情况

1. 上线运行"双贯标"新系统，完成了住房城乡建设部"双贯标"的验收工作。中心严格对照住房公积金基础数据标准，新系统相关数据库表名、字段名及字段长度，均按照标准编写。

2. 4月17日，公安部组织的公积金业务"身份证网证"全国试点单位现场发布会在衢州召开，衢州公积金中心成为全国首批试点单位。

3. 新上线智能化便民服务应用系统项目，促进公积金中心基础设施环境转型升级，顺应信息技术快速发展；充分利用互联网、大数据、人工智能等先进技术，实现住房金融数据的资源共享，实现业务办理便捷化、智能化、移动化和标准化；让数据"多跑路"、群众和企业"少跑腿"甚至"不跑腿"。

（五）当年住房公积金中心及职工所获荣誉情况

1. 衢州市住房公积金中心荣获省建设厅2018年度目标责任制考核考评"优秀单位"；

2. 衢州市住房公积金中心市直管理部荣获省住房城乡建设厅2018年度"最美建设集体"；

3. 衢州市住房公积金中心荣获衢州市"活力新衢州、美丽大花园"建设"先锋战队"；

4. 衢州市住房公积金中心荣获衢州市2018年度"群众最满意窗口"；

5. 衢州市住房公积金中心荣获衢州市2018年度市直机关"最佳满意单位"；

6. 衢州市住房公积金中心荣获衢州市第三届数据挖掘大赛创意奖；
7. 衢州市住房公积金中心荣获首届衢州市"衢州有礼·职工风采"礼仪技能竞赛二等奖；
8. 衢州市住房公积金中心程晓敏同志荣获2018年度衢州市"五一劳动奖章"。

舟山市住房公积金2018年年度报告

一、机构概况

（一）**住房公积金管理委员会**：住房公积金管理委员会有24名委员，2018年召开两次会议，审议通过的事项主要包括：1.《舟山市住房公积金2017年年度报告》、《2018年度全市住房公积金归集、使用计划的报告》、《2018年度住房公积金增值收益分配方案的报告》、《2018年调用风险准备金的报告》；2.《舟山市住房公积金提取管理办法（修改意见稿）》；3.《舟山市高层次人才实行住房公积金优惠政策实施细则》；4.《规范调整公积金提取、贷款相关政策》。

（二）**住房公积金管理中心**：住房公积金管理中心为（市政府直属）不以营利为目的的（参照公务员管理）事业单位，设四个处（科），0个管理部，四个分中心。从业人员82人，其中，在编48人，非在编34人。

二、业务运行情况

（一）**缴存**：2018年，新开户单位515家，实缴单位3482家，净增单位167家；新开户职工1.62万人，实缴职工14.71万人，净增职工0.81万人；缴存额30.41亿元，同比增长8.45%。2018年末，缴存总额217.10亿元，同比增长16.29%；缴存余额72.28亿元，同比增长8.81%。

受委托办理住房公积金缴存业务的银行10家，比上年增加（减少）0家。

（二）**提取**：2018年，提取额24.57亿元，同比增长10.83%；占当年缴存额的80.80%，比上年增加1.73个百分点。2018年末，提取总额144.83亿元，同比增长20.43%。

（三）**贷款**：个人住房贷款最高额度60万元，其中，单缴存职工最高额度60万元，双缴存职工最高额度60万元。

2018年，发放个人住房贷款0.53万笔18.51亿元，同比分别下降19.70%、34.06%。其中，市中心发放个人住房贷款0.36万笔13.16亿元，定海区分中心发放个人住房贷款0.02万笔0.79亿元，普陀区分中心发放个人住房贷款0.06万笔2.02亿元，岱山县分中心发放个人住房贷款0.05万笔1.62亿元，嵊泗县分中心发放个人住房贷款0.03万笔0.92亿元。

2018年，回收个人住房贷款10.98亿元。其中，市中心6.67亿元，定海区分中心1.09亿元，普陀区分中心1.65亿元，岱山县分中心1.01亿元，嵊泗县分中心0.56亿元。

2018年末，累计发放个人住房贷款5.60万笔155.87亿元，贷款余额88.14亿元，同比分别增长10.45%、13.48%、9.35%。个人住房贷款余额占缴存余额的121.94%，比上年增加0.60个百分点。

受委托办理住房公积金个人住房贷款业务的银行 10 家，比上年增加（减少）0 家。

（四）**融资**：2018 年，融资 20.01 亿元，归还 17.81 亿元。2018 年末，融资总额 42.97 亿元，融资余额 18.64 亿元。

（五）**资金存储**：2018 年末，住房公积金存款 3.52 亿元。其中，活期 0.06 亿元，1 年（含）以下定期 0.15 亿元，1 年以上定期 0.10 亿元，其他（协定、通知存款等）3.21 亿元。

（六）**资金运用率**：2018 年末，住房公积金个人住房贷款余额、项目贷款余额和购买国债余额的总和占缴存余额的 121.94%，比上年增加 0.60 个百分点。

三、主要财务数据

（一）**业务收入**：2018 年，业务收入 28897 万元，同比增长 19.04%。其中，市中心 17820 万元，定海区分中心 2904 万元，普陀区分中心 4331 万元，岱山县分中心 2331 万元，嵊泗县分中心 1511 万元；存款利息 1277 万元，委托贷款利息 27603 万元，国债利息 0 万元，其他 17 万元。

（二）**业务支出**：2018 年，业务支出 21059 万元，同比增长 27.86%。其中，市中心 14726 万元，定海区分中心 1551 万元，普陀区分中心 2853 万元，岱山县分中心 1204 万元，嵊泗县分中心 725 万元；支付职工住房公积金利息 10407 万元，归集手续费 3 万元，委托贷款手续费 1303 万元，其他 9346 万元。

（三）**增值收益**：2018 年，增值收益 7838 万元，同比增长 0.42%。其中，市中心 3094 万元，定海区分中心 1353 万元，普陀区分中心 1478 万元，岱山县分中心 1127 万元，嵊泗县分中心 786 万元；增值收益率 1.14%，比上年减少 0.09 个百分点。

（四）**增值收益分配**：2018 年，提取贷款风险准备金 4703 万元，提取管理费用 2231 万元，提取城市廉租住房（公共租赁住房）建设补充资金 904 万元。

2018 年，上交财政管理费用 2246 万元。上缴财政城市廉租住房（公共租赁住房）建设补充资金 876 万元。其中，市中心上缴 471 万元，定海区分中心上缴 167 万元，普陀区分中心上缴 175 万元，岱山县分中心上缴 40 万元，嵊泗县分中心上缴 23 万元。

2018 年末，贷款风险准备金余额 56417 万元。累计提取城市廉租住房（公共租赁住房）建设补充资金 13213 万元。其中，市中心提取 8973 万元，定海区分中心提取 944 万元，普陀区分中心提取 2645 万元，岱山县分中心提取 383 万元，嵊泗县分中心提取 268 万元。

（五）**管理费用支出**：2018 年，管理费用支出 2022 万元，同比增长 6.48%。其中，人员经费 1248 万元，公用经费 248 万元，专项经费 526 万元。

市中心管理费用支出 985 万元，其中，人员、公用、专项经费分别为 493 万元、85 万元、407 万元；定海区分中心管理费用支出 224 万元，其中，人员、公用、专项经费分别为 162 万元、14 万元、48 万元；普陀区分中心管理费用支出 395 万元，其中，人员、公用、专项经费分别为 297 万元、85 万元、13 万元；岱山县分中心管理费用支出 230 万元，其中，人员、公用、专项经费分别为 173 万元、28 万元、29 万元；嵊泗县分中心管理费用支出 188 万元，其中，人员、公用、专项经费分别为 123 万元、36 万元、29 万元。

四、资产风险状况

2018 年末，个人住房贷款逾期额 15 万元，逾期率 0.017‰。其中，市中心 0.226‰，定海区分中心

0‰，普陀区分中心 0.130‰，岱山县分中心 0.103‰，嵊泗县分中心 0‰。

个人贷款风险准备金按（增值收益）的 60% 提取。2018 年，提取个人贷款风险准备金 4703 万元，使用个人贷款风险准备金核销呆坏账 0 万元。2018 年末，个人贷款风险准备金余额 56417 万元，占个人住房贷款余额的 6.40%，个人住房贷款逾期额与个人贷款风险准备金余额的比率为 0.0266%。

五、社会经济效益

（一）**缴存业务**：2018 年，实缴单位数、实缴职工人数和缴存额同比分别增长 5.04%、5.82% 和 8.48%。

缴存单位中，国家机关和事业单位占 36.70%，国有企业占 9.53%，城镇集体企业占 0%，外商投资企业占 0.29%，城镇私营企业及其他城镇企业占 44.92%，民办非企业单位和社会团体占 1.84%，其他占 6.72%。

缴存职工中，国家机关和事业单位占 38.79%，国有企业占 15.89%，城镇集体企业占 0%，外商投资企业占 0.58%，城镇私营企业及其他城镇企业占 40.30%，民办非企业单位和社会团体占 0.24%，其他占 4.20%；中、低收入占 100%，高收入占 0%。

新开户职工中，国家机关和事业单位占 17.65%，国有企业占 14.26%，城镇集体企业占 0%，外商投资企业占 0.74%，城镇私营企业及其他城镇企业占 62.75%，民办非企业单位和社会团体占 1.21%，其他占 3.39%；中、低收入占 100%，高收入占 0%。

（二）**提取业务**：2018 年，6.96 万名缴存职工提取住房公积金 24.57 亿元。

提取金额中，住房消费提取占 79.70%（购买、建造、翻建、大修自住住房占 28.92%，偿还购房贷款本息占 48.63%，租赁住房占 2.15%，其他占 0%）；非住房消费提取占 20.30%（离休和退休提取占 11.17%，完全丧失劳动能力并与单位终止劳动关系提取占 0%，户口迁出本市或出境定居占 0.36%，其他占 8.77%）。

提取职工中，中、低收入占 100%，高收入占 0%。

（三）**贷款业务**：

1. **个人住房贷款**。2018 年，支持职工购建房 54.09 万平方米，年末个人住房贷款市场占有率为 13.87%，比上年减少 1.4 个百分点。通过申请住房公积金个人住房贷款，可节约职工购房利息支出 61100 万元。

职工贷款笔数中，购房建筑面积 90（含）平方米以下占 37.44%，90~144（含）平方米占 56.29%，144 平方米以上占 6.27%。购买新房占 69.83%（其中购买保障性住房占 0%），购买二手房占 30.17%，建造、翻建、大修自住住房 0%，其他占 0%。

职工贷款笔数中，单缴存职工申请贷款占 31.56%，双缴存职工申请贷款占 68.18%，三人及以上缴存职工共同申请贷款占 0.26%。

贷款职工中，30 岁（含）以下占 30.30%，30 岁~40 岁（含）占 37.07%，40 岁~50 岁（含）占 24.22%，50 岁以上占 8.41%；首次申请贷款占 82.88%，二次及以上申请贷款占 17.12%；中、低收入占 100%，高收入占 0%。

2. **异地贷款**。2018 年，发放异地贷款 446 笔 16084 万元。2018 年末，发放异地贷款总额 48386 万元,异地贷款余额 42058 万元。

3. **公转商贴息贷款**。2018 年,发放公转商贴息贷款 1 笔 60 万元,支持职工购建住房面积 0.01 万平方米,当年贴息额 1323.24 万元。2018 年末,累计发放公转商贴息贷款 3018 笔 137152 万元,累计贴息 4203 万元。

（四）**住房贡献率**：2018 年,个人住房贷款发放额、公转商贴息贷款发放额、项目贷款发放额、住房消费提取额的总和与当年缴存额的比率为 125.25%,比上年减少 40.63 个百分点。

六、其他重要事项

（一）当年住房公积金政策调整及执行情况：

1. **缴存政策调整情况**。2018 年度职工住房公积金缴存基数为职工个人 2017 年度月平均工资。根据"控高保低"政策规定,调整后的缴存基数下限为 3055 元（2017 年舟山市社保缴费最低标准为 3055 元）,上限为 23256 元（2017 年舟山市区城镇在岗职工月平均工资 7752 元的 3 倍）。缴存比例最低为 5%,最高为 12%。

2. **提取政策调整情况**。取消自住住房装修费提取；缴存职工与单位解除或终止劳动关系,账户封存期间,在异地开立住房公积金账户并稳定缴存半年以上的,才可办理异地转移接续手续；未在异地继续缴存的非本市户籍职工,封存满半年后可提取；与所在单位终止劳动关系造成家庭生活严重困难的可提取住房公积金；同一套住房在短期内多次连续交易,频繁转换产权人的,以发生购房提取住房公积金事项后间隔不足 12 个月（含 12 个月）交易又产生新的提取事项的不予受理。

3. **贷款政策调整情况**。停止向购买第三套及以上住房缴存职工家庭发放住房公积金贷款；大修自住住房可申请住房公积金贷款。

（二）当年服务改进情况：2018 年,重点推进综合服务平台建设,加快微信公众号、公积金 APP、政务服务 APP 等移动端应用开发升级,引入支付宝实名认证刷脸功能,在多个移动端渠道实现提取、提前还款等业务在线办理,在政务服务网上同步实现 26 项单位和个人业务在线办理。完成业务信息系统数据共享,实现了与房管、国土、社保等 12 个部门 20 项的数据共享,同时实现了全部 11 个民生事项"一证通办"。将业务系统与市一窗受理平台进行对接,全市公积金业务统一实现"无差别一窗受理"。在全市共设立了 50 个延伸网点,延伸服务已经基本涵盖了我市常住人口较多、缴存人员较集中的乡镇和海岛,切实解决了服务群众"最后一公里"。积极与不动产部门沟通,将二手房贷款房屋抵押、注销环节前移至中心窗口,确保客户在贷款申请和结清时将所有环节一次办结。通过与市人行协商,在市本级、定海公积金窗口和办件量较大的延伸网点部署征信自助查询机,方便客户即时获取征信报告。全面构建了中心"一证办""一网办""移动办""一窗办""就近办""顺畅办"的"六位一体"服务网络。

台州市住房公积金 2018 年年度报告

一、机构概况

（一）**住房公积金管理委员会**：住房公积金管理委员会有 26 名委员,2018 年召开 1 次会议,审议通过的事项主要包括:《台州市住房公积金 2018 年年度报告》、《2018 年住房公积金增值收益及分配情况》、《2018 年台州市住房公积金计划执行情况和 2018 年住房公积金归集使用计划》、《关于增加住房公积金业务受托银行的报告》、《关于调整住房公积金个人住房贷款有关政策的通知》以及新修改的《台州市住房公积金缴存管理实施细则》、《台州市住房公积金提取管理实施细则》、《台州市自由职业者个人缴存和使用住房公积金管理办法》、《台州市住房公积金委托按月提取还贷管理办法》、《台州市租房提取住房公积金管理办法》等。

(二)住房公积金管理中心:住房公积金管理中心为直属市政府的不以营利为目的的参照管理事业单位,设 4 个处,9 个分中心。从业人员 198 人,其中,在编 110 人,非在编 88 人。

二、业务运行情况

(一)缴存:2018 年,新开户单位 3299 家,实缴单位 11739 家,净增单位 2848 家;新开户职工 9.50 万人,实缴职工 47.42 万人,净增职工 5.11 万人;缴存额 86.30 亿元,同比增长 17.82%。2018 年末,缴存总额 557.65 亿元,同比增长 18.31%;缴存余额 222.18 亿元,同比增长 12.93%。受委托办理住房公积金缴存业务的银行 6 家,比上年增加 1 家。

(二)提取:2018 年,提取额 60.86 亿元,同比增长 21.59%;占当年缴存额的 70.53%,比上年增加 2.19 个百分点。2018 年末,提取总额 335.47 亿元,同比增长 22.16%。

(三)贷款:个人住房贷款最高额度 50 万元,其中,单缴存职工最高额度 30 万元,双缴存职工最高额度 50 万元。

2018 年,发放个人住房贷款 1.13 万笔 42.99 亿元,同比分别下降 1.56%、18.02%。其中,市中心发放个人住房贷款 0.18 万笔 6.94 亿元,椒江分中心发放个人住房贷款 0.15 万笔 5.25 亿元,黄岩分中心发放个人住房贷款 0.12 万笔 4.76 亿元,路桥分中心发放个人住房贷款 0.05 万笔 1.64 亿元,临海分中心发放个人住房贷款 0.17 万笔 6.64 亿元,温岭分中心发放个人住房贷款 0.10 万笔 4.33 亿元,玉环分中心发放个人住房贷款 0.09 万笔 3.31 亿元,天台分中心发放个人住房贷款 0.11 万笔 4.27 亿元,仙居分中心发放个人住房贷款 0.07 万笔 2.69 亿元,三门分中心发放个人住房贷款 0.09 万笔 3.16 亿元。

2018 年,回收个人住房贷款 24.47 亿元。其中,市中心 3.82 亿元,椒江分中心 3.39 亿元,黄岩分中心 2.29 亿元,路桥分中心 2.07 亿元,临海分中心 3.37 亿元,温岭分中心 3.32 亿元,玉环分中心 1.86 亿元,天台分中心 1.68 亿元,仙居分中心 1.21 亿元,三门分中心 1.46 亿元。

2018 年末,累计发放个人住房贷款 12.99 万笔 397.80 亿元,贷款余额 226.48 亿元,同比分别增长 9.50%、12.12%、8.91%。个人住房贷款余额占缴存余额的 101.93%,比上年减少 3.77 个百分点。

受委托办理住房公积金个人住房贷款业务的银行 6 家,比上年增加 1 家。

(四)融资:2018 年,融资 8.15 亿元,归还 11.63 亿元。2018 年末,融资总额 45.15 亿元,融资余额 16.27 亿元。

(五)资金存储:2018 年末,住房公积金存款 17.59 亿元。其中,活期 0.53 亿元,1 年(含)以下定期 0 亿元,1 年以上定期 0 亿元,其他(协定、通知存款等)17.06 亿元。

(六)资金运用率:2018 年末,住房公积金个人住房贷款余额、项目贷款余额和购买国债余额的总和占缴存余额的 101.93%,比上年减少 3.77 个百分点。

三、主要财务数据

（一）**业务收入**：2018 年，业务收入 75128.10 万元，同比增长 11.90%。其中，市中心 11646.78 万元，椒江分中心 10110.36 万元，黄岩分中心 6620.96 万元，路桥分中心 6339.05 万元，临海分中心 9947.65 万元，温岭分中心 10893.52 万元，玉环分中心 6154.15 万元，天台分中心 5391.23 万元，仙居分中心 4102.97 万元，三门分中心 3921.43 万元；存款利息 2707.10 万元，委托贷款利息 72414.68 万元，国债利息 0 万元，其他 6.32 万元。

（二）**业务支出**：2018 年，业务支出 40764.29 万元，同比增长 10.33%。其中，市中心 7746.73 万元，椒江分中心 5975.36 万元，黄岩分中心 3401.44 万元，路桥分中心 3145.74 万元，临海分中心 5362.55 万元，温岭分中心 5190.94 万元，玉环分中心 3036.14 万元，天台分中心 2584.53 万元，仙居分中心 2051.85 万元，三门分中心 2269.01 万元；支付职工住房公积金利息 31500.51 万元，归集手续费 11.34 万元，委托贷款手续费 2121.86 万元，其他 7130.58 万元。

（三）**增值收益**：2018 年，增值收益 34363.81 万元，同比增长 13.83%。其中，市中心 3900.05 万元，椒江分中心 4135.01 万元，黄岩分中心 3219.52 万元，路桥分中心 3193.31 万元，临海分中心 4585.10 万元，温岭分中心 5702.58 万元，玉环分中心 3118.01 万元，天台分中心 2806.69 万元，仙居分中心 2051.12 万元，三门分中心 1652.42 万元；增值收益率 1.64%，比上年增加 0.02 个百分点。

（四）**增值收益分配**：2018 年，提取贷款风险准备金 21591.17 万元，提取管理费用 4438.83 万元，提取城市廉租住房（公共租赁住房）建设补充资金 8333.81 万元。

2018 年，上交财政管理费用 4224.37 万元。上缴财政城市廉租住房（公共租赁住房）建设补充资金 7579.61 万元。其中，市中心上缴本级财政 920.11 万元，椒江分中心上缴当地财政 775.66 万元，黄岩分中心上缴当地财政 559.30 万元，路桥分中心上缴当地财政 753.92 万元，临海分中心上缴当地财政 874.51 万元，温岭分中心上缴当地财政 1775.30 万元，玉环分中心上缴当地财政 836.25 万元，天台分中心上缴当地财政 634.07 万元，仙居分中心上缴当地财政 355.09 万元，三门分中心上缴当地财政 95.4 万元。

2018 年末，贷款风险准备金余额 168034.69 万元。累计提取城市廉租住房（公共租赁住房）建设补充资金 60578.18 万元。其中，市中心累计提取 6352.89 万元，椒江分中心累计提取 9618.24 万元，黄岩分中心提取 5081.98 万元，路桥分中心提取 4907.64 万元，临海分中心提取 9426.63 万元，温岭分中心提取 13734.34 万元，玉环分中心提取 5014.35 万元，天台分中心提取 4055.15 万元，仙居分中心提取 1479.46 万元，三门分中心提取 907.50 万元。

（五）**管理费用支出**：2018 年，管理费用支出 4950.58 万元，同比下降 6.56%。其中，人员经费 2996.94 万元，公用经费 461.95 万元，专项经费 1491.69 万元。

市中心管理费用支出 899.17 万元，其中，人员、公用、专项经费分别为 582.28 万元、119.21 万元、197.68 万元；椒江分中心管理费用支出 546.53 万元，其中，人员、公用、专项经费分别为 277.92 万元、40.89 万元、227.72 万元；黄岩分中心管理费用支出 523.83 万元，其中，人员、公用、专项经费分别为 363.05 万元、45.68 万元、115.1 万元；路桥分中心管理费用支出 396.51 万元，其中，人员、公用、专项经费分别为 227.63 万元、61.88 万元、107 万元；临海分中心管理费用支出 500.15 万元，其中，人员、公用、专项经费分别为 358.0 万元、28.7 万元、113.45 万元；温岭分中心管理费用支出 415.23 万元，其中，人员、公用、专项经费分别为 283 万元、31.23 万元、101 万元；玉环分中心管理费用支出 557.68 万元，其中，人员、公用、专项经费分别为 178.78 万元、55.58 万元、323.32 万元；天台分中心管理费用支出 397.62 万元，其中，人员、公用、专项经费分别为 273.81 万元、31 万元、92.81 万元；仙居分中心管理费用支出 407.77 万元，其中，人员、公用、专项经费分别为 245.77 万元、29.59 万元、132.41 万元；三门分中心管理费用支出 306.09 万元，其中，人员、公用、专项经费分别为 206.7 万元、18.19 万元、81.2 万元。

四、资产风险状况

2018 年末，个人住房贷款逾期额 165.18 万元，逾期率 0.073‰。其中，市中心 0.068‰，椒江分中心 0，黄岩分中心 0，路桥分中心 0，临海分中心 0.122‰，温岭分中心 0.001‰；玉环分中心 0.459‰，天台分中心 0，仙居分中心 0.147‰，三门分中心 0。

个人贷款风险准备金按不低于增值收益的 60% 提取。2018 年，提取个人贷款风险准备金 21591.17 万元，使用个人贷款风险准备金核销呆坏账 0 万元。2018 年末，个人贷款风险准备金余额 168034.69 万元，占个人住房贷款余额的 7.42%，个人住房贷款逾期额与个人贷款风险准备金余额的比率为 0.10%。

五、社会经济效益

（一）**缴存业务**：2018 年，实缴单位数、实缴职工人数和缴存额同比分别增长 32.03%、12.09% 和 17.82%。

缴存单位中，国家机关和事业单位占 24.39%，国有企业占 8.99%，城镇集体企业占 1.75%，外商投资企业占 1.06%，城镇私营企业及其他城镇企业占 49.06%，民办非企业单位和社会团体占 3.99%，其他占 10.76%。

缴存职工中，国家机关和事业单位占 33.55%，国有企业占 16.16%，城镇集体企业占 1.09%，外商投资企业占 2.56%，城镇私营企业及其他城镇企业占 41.91%，民办非企业单位和社会团体占 2.95%，其他占 1.78%；中、低收入占 94.04%，高收入占 5.96%。

新开户职工中，国家机关和事业单位占 9.95%，国有企业占 10.69%，城镇集体企业占 1.67%，外商投资企业占 3.52%，城镇私营企业及其他城镇企业占 68.41%，民办非企业单位和社会团体占 3.06%，其他占 2.7%；中、低收入占 99.11%，高收入占 0.89%。

（二）**提取业务**：2018 年，14.56 万名缴存职工提取住房公积金 60.86 亿元。

提取金额中，住房消费提取占 78.2%（购买、建造、翻建、大修自住住房占 29.0%，偿还购房贷款本息占 46.7%，租赁住房占 2.16%，其他占 0.34%）；非住房消费提取占 21.8%（离休和退休提取占 11.63%，完全丧失劳动能力并与单位终止劳动关系提取占 4.17%，户口迁出本市或出境定居占 5.56%，其他占 0.44%）。

提取职工中，中、低收入占 89.35%，高收入占 10.65%。

（三）**贷款业务**：

1. **个人住房贷款**。2018 年，支持职工购建房 141.13 万平方米，年末个人住房贷款市场占有率为

15.38%，比上年减少 1.63 个百分点。通过申请住房公积金个人住房贷款，可节约职工购房利息支出 84966 万元。

职工贷款笔数中，购房建筑面积 90（含）平方米以下占 15.9%，90～144（含）平方米占 58.67%，144 平方米以上占 25.43%。购买新房占 63.80%（其中购买保障性住房占 0.14%），购买二手房占 36.20%，建造、翻建、大修自住住房占 0%，其他占 0%。

职工贷款笔数中，单缴存职工申请贷款占 22.38%，双缴存职工申请贷款占 77.62%，三人及以上缴存职工共同申请贷款占 0%。

贷款职工中，30 岁（含）以下占 26.99%，30 岁～40 岁（含）占 43.87%，40 岁～50 岁（含）占 23.36%，50 岁以上占 5.78%；首次申请贷款占 84.17%，二次及以上申请贷款占 15.83%；中、低收入占 96.20%，高收入占 3.80%。

2. **异地贷款**。2018 年，发放异地贷款 484 笔 15466.6 万元。2018 年末，发放异地贷款总额 46665.80 万元，异地贷款余额 38774.76 万元。

3. **公转商贴息贷款**。2018 年，发放公转商贴息贷款 347 笔 11979.9 万元，支持职工购建住房面积 4.5 万平方米，当年贴息额 2630.8 万元。2018 年末，累计发放公转商贴息贷款 4853 笔 225897.6 万元，累计贴息 6071.14 万元。

(四) **住房贡献率**：2018 年，个人住房贷款发放额、公转商贴息贷款发放额、项目贷款发放额、住房消费提取额的总和与当年缴存额的比率为 106.36%，比上年减少 25.99 个百分点。

六、其他重要事项

(一) **当年机构及职能无变化**，受委托办理缴存贷款业务金融机构新增台州农信银行。

(二) **政策调整情况**：调整缴存政策。修订《缴存管理实施细则》、《自由职业者个人缴存和使用住房公积金管理办法》，从制度上规范公积金缴存行为。出台《在台州市就业的港澳台同胞缴存使用住房公积金实施办法》，将在我市就业的港澳台同胞纳入制度覆盖范围。联合印发《关于落实改进住房公积金缴存机制进一步降低企业成本的通知》，减轻企业负担。

加强提取管理。修订《提取管理实施细则》、《按月提取还贷管理办法》及《租房提取住房公积金管理办法》，简化提取要件，缩短审批流程。出台《关于进一步落实高层次人才住房公积金优惠政策的通知》，解决高层次人才安居问题。联合印发《关于进一步深入开展治理违规提取住房公积金工作的通知》，严防骗提行为。

调整贷款政策。出台《关于调整住房公积金个人住房贷款有关政策的通知》、《关于调整住房公积金贷款和提取相关政策的通知》，两次调整住房公积金贷款政策。在额度控制上，职工家庭最高贷款额度从 60 万元降到 50 万元；从不超过所购房屋总价的 80% 降到 70%、60%；职工不得申请三次及以上住房公积金贷款，在结清首次公积金贷款后 12 个月内不得再次申请贷款；家庭成员（含未成年子女）在工作及户口所在地有 2 套及以上住房的，不得申请贷款等，有力贯彻"房住不炒"总要求。

(三) **服务改进情况**：按照"最多跑一次"、"让数据多跑路、群众少跑腿"的总体思路，着力在住房公积金办理上减条件、减材料、减环节，积极打造公积金互联网+综合服务平台，努力拓展服务手段，提高服务效率。开通全市 264 家公积金业务延伸网点，实现全市所有县市主城区及 129 个乡镇全覆盖，打通惠企惠民服务的"最后一公里"。积极主动做好"一证通办"试点工作。建立完善门户网站、网上办事大厅、12329热线、12329短信、手机APP和自助查询机等服务渠道的综合服务平台，实现信息查询、信息发布、互动交流等线上服务以及缴存、提取、贷款等公积金业务线上办理。协调个人信用报告自助查询机进驻市行政服务中心24小时自助服务区，启用电子印章系统等。以上举措努力实现职工办理公积金业务"零跑腿"，群众满意度和获得感明显提升。

（四）信息化建设情况：构建综合服务平台，实现渠道统一管控。根据经济适用、稳定可靠、安全高效、多样化和可扩展的原则，遵循五个"统一"服务标准，整合网上办事大厅、手机APP、微信公众号等12大渠道应用服务，优化业务系统，推进数据互联共享，实现业务网上办理，同时为领导科学决策提供有效依据。

建设电子影像档案系统，简化申报材料。按照电子化建设要求，推进业务系统和电子影像档案系统一体化，实现业务档案电子化查询和重复利用，进一步减少业务办理中的一些材料和证明。

（五）所获荣誉情况：1.我中心获2018年度省住房城乡建设厅宣传工作"先进集体"荣誉。2.精心制作的公积金宣传微电影《家》，获第三届平安中国微电影微视频动漫比赛"最佳微电影奖"和亚洲微电影金海棠"优秀作品奖"。

（六）执法运行机制日趋完善：印发《深入推进扫黑除恶专项斗争工作实施方案》，建立骗取防范长效机制，2018年共发现168起骗提公积金案件，目前已查处92起。出台《台州市住房公积金行政处罚裁量标准细化表》，规范行政处罚裁量权制度，推进公开公平公正执法。制定《2018年度"双随机"抽查工作计划》，规范执法程序，提高监管效能。

丽水市住房公积金2018年年度报告

一、机构概况

（一）住房公积金管理委员会：丽水市住房公积金管理委员会由25名成员组成，2018年3月召开管委会第十三次成员会议，会议听取了市住房公积金管理中心2018年度工作情况和2018年度工作思路的汇报，审议通过了《2018年度丽水市住房公积金财务收支决算》、《2018年度丽水市住房公积金财务收支预算》和《丽水市住房公积金2018年年度报告》。

（二）住房公积金管理中心：丽水市住房公积金管理中心是直属市政府不以营利为目的参照公务员法管理的事业单位，主要负责全市住房公积金的归集、提取、使用记载，承办住房公积金管理委员会决定的其他事项。内设综合处（审计稽核处）、归集管理处、使用管理处、计划财务处四个职能处室，下设青田、缙云、遂昌、松阳、云和、庆元、景宁、龙泉八个分中心。从业人员142人，其中，在编78人，非在编64人。

二、业务运行情况

（一）缴存：2018年，新开户单位613家，实缴单位6058家，净增单位219家；新开户职工3.47万人，实缴职工 19.76 万人，净增职工 2.92 万人；缴存额 39.16 亿元，同比增长 14.6%。2018 年末，缴存总额 281.84 亿元，同比增长 16.1%；缴存余额 103.88 亿元，同比增长 7.6%。

受委托办理住房公积金缴存业务的银行 6 家，包括建行、工行、农行、中行、农商银行和邮政储蓄银行，与上年持平。

（二）提取：2018 年，提取额 31.78 亿元，同比增长 10.7%，占当年缴存额的 81.1%，比上年减少 2.9 个百分点。2018 年末，提取总额 177.96 亿元，同比增长 21.7%。

（三）贷款：个人住房贷款最高额度 80 万元。A~D 类高层次人才夫妻双方缴存住房公积金的贷款限额 80 万元，一方缴存住房公积金的贷款限额 50 万元；一般职工夫妻双方缴存住房公积金的贷款限额 50 万元，一方缴存住房公积金的贷款限额 25 万元。

2018 年，发放个人住房贷款 0.50 万笔 20.30 亿元，同比分别下降 22.0%、36.0%。

2018 年，回收个人住房贷款 20.09 亿元，同比增长 44.4%，扣除存量公转商贴息贷款出表核算 5.86 亿元，实际收回贷款 14.23 亿元，同比增长 2.2%。

2018 年末，累计发放个人住房贷款 7.17 万笔 221.47 亿元，贷款余额 123.30 亿元，同比分别增长 7.5%、10.1%、0.2%。个人住房贷款余额占缴存余额的 118.7%，比上年下降 8.9 个百分点（表1）。

2018 年全市贷款发放回收情况表　　　　表1

单位	发放笔数(笔)	发放金额(万元)	回收金额(万元)	贷款余额(万元)
市中心	2192	86381	126093	521572
青田分中心	478	25403	12232	130073
缙云分中心	439	17224	12893	126655
遂昌分中心	377	14777	11148	92752
松阳分中心	377	16322	6765	79548
云和分中心	201	7627	6802	52711
庆元分中心	242	9441	6850	72056
景宁分中心	293	11359	6884	63583
龙泉分中心	424	14490	11252	94015
合计	5023	203024	200919	1232965

受委托办理住房公积金个人住房贷款业务的银行 9 家，与上年持平，包括建行、工行、农行、中行、交行、浦发银行、中信银行、农商行和浙商银行。

（四）融资：2018 年，融资 23.50 亿元，归还 30.67 亿元。2018 年末，融资总额 78.56 亿元，融资余额 17.95 亿元。

（五）资金存储：2018 年末，住房公积金存款 2.22 亿元。其中，活期 0.24 亿元，1 年（含）以下定期 0.05 亿元，1 年以上定期 0 亿元，其他（协定、通知存款等）1.93 亿元。

（六）资金运用率：2018 年末，住房公积金个人住房贷款余额、项目贷款余额和购买国债余额的总和占缴存余额的 118.7%，比上年下降 8.9 个百分点。

三、主要财务数据

（一）业务收入：2018 年，业务收入 44893 万元，同比增长 5.1%。其中存款利息收入 2295 万元，委托贷款利息收入 42490 万元，其他收入 108 万元。

（二）**业务支出**：2018 年，业务支出共计 27251 万元，同比增长 8.2%。其中住房公积金利息支出 14655 万元，归集手续费用支出 7 万元，委托贷款手续费支出 1311 万元，其他支出 11278 万元（其中：银行授信贷款利息支出 10666 万元）。

（三）**增值收益**：2018 年，住房公积金增值收益 17642 万元，同比增长 0.4%。增值收益率 1.77%，比上年同期减少 0.1 个百分点（表2）。

2018 年全市增值收益情况表（单位：万元） 表2

机构名称	业务收入	业务支出	其中:职工账户余额利息支出	增值收益及分配
市中心	19942	16512	4879	3430
青田分中心	4333	1550	1427	2783
缙云分中心	4382	1980	1806	2402
遂昌分中心	3220	1617	1303	1603
松阳分中心	2609	1157	1109	1452
云和分中心	1924	886	803	1038
庆元分中心	2604	1071	939	1533
景宁分中心	2636	1085	1016	1551
龙泉分中心	3243	1393	1373	1850
合计	44893	27251	14655	17642

（四）**增值收益分配**：2018 年，提取贷款风险准备金 10585 万元，提取管理费用 3623 万元，提取城市廉租住房（公共租赁住房）建设补充资金 3434 万元（表3）。

2018 年全市增值收益及分配情况表（单位：万元） 表3

机构名称	增值收益额	当年提取财政管理费用	上缴财政城市廉租房建设补充资金	年末风险准备金余额	累计提取城市廉租房建设补充资金
市中心	3430	843	511	28575	7779
青田分中心	2783	489	6654	11525	2764
缙云分中心	2402	480	459	11201	2797
遂昌分中心	1603	292	352	7703	3188
松阳分中心	1452	243	346	6748	2385
云和分中心	1038	299	123	5175	570
庆元分中心	1533	313	300	5931	1600
景宁分中心	1551	294	275	6016	1668
龙泉分中心	1850	370	274	8711	1483
合计	17642	3623	3304	91585	24232

2018 年，上交财政管理费用 3648 万元。上缴财政城市廉租住房（公共租赁住房）建设补充资金 3304 万元。

2018 年末，贷款风险准备金余额 91585 万元。累计提取城市廉租住房（公共租赁住房）建设补充资金 24232 万元。

（五）管理费用支出：2018年，管理费用支出3051万元，同比增长6.9%。其中，人员经费1952万元，公用经费184万元，专项经费915万元（表4）。

2018年全市管理费用支出情况表（单位：万元）　　　　　表4

机构名称	人员经费	公用经费	专项经费	管理费用支出合计
市中心	478	61	307	846
青田分中心	187	12	63	262
缙云分中心	143	13	99	255
遂昌分中心	185	22	60	267
松阳分中心	138	11	76	225
云和分中心	209	26	91	326
庆元分中心	137	18	71	226
景宁分中心	189	6	78	273
龙泉分中心	286	15	70	371
合计	1952	184	915	3051

四、资产风险状况

截至2018年底，逾期个人住房贷款134.1万元，个人住房贷款逾期率0.0109%。其中，市中心0.0075%，青田分中心0.0003%，缙云分中心0%，遂昌分中心0.0404%，松阳分中心0%，云和分中心0%，庆元分中心0.0426%，景宁分中心0%，龙泉分中心0.0281%。

个人住房贷款风险准备金按增值收益的60%提取，当年未使用个人住房贷款风险准备金，个人住房贷款风险准备金余额91585万元，个人住房贷款风险准备金余额与个人住房贷款余额的比率为7.4%，个人住房贷款逾期额与个人住房贷款风险准备金余额的比率为0.15%。

五、社会经济效益

（一）缴存业务：2018年，住房公积金实缴单位数、实缴职工数和缴存额增长率分别为3.8%、17.3%、14.6%。

缴存单位中，国家机关和事业单位占43.7%，国有企业占8.8%，城镇集体企业占1.7%，外商投资企业占0.3%，城镇私营企业及其他城镇企业占40.1%，民办非企业单位和社会团体占2.2%，其他占3.2%。

缴存职工中，国家机关和事业单位占50.6%，国有企业占16.5%，城镇集体企业占2.3%，外商投资企业占0.9%，城镇私营企业及其他城镇企业占22.8%，民办非企业单位和社会团体占1.1%，其他占5.8%；中、低收入占99.2%，高收入占0.8%。

新开户职工中，国家机关和事业单位占28.9%，国有企业占11.7%，城镇集体企业占3.5%，外商投资企业占1.8%，城镇私营企业及其他城镇企业占49.8%，民办非企业单位和社会团体占1.5%，其他占2.8%；中、低收入占99.3%，高收入占0.7%。

（二）提取业务：2018年，4.99万名缴存职工提取住房公积金31.78亿元。

提取金额中，住房消费提取占81.3%（购买、建造、翻建、大修自住住房提取占34.9%，偿还购房贷款本息提取占45.3%，租赁住房提取占1.0%，其他提取占0.1%）；非住房消费提取占18.7%（离休和退休提取占13.5%，完全丧失劳动能力并与单位终止劳动关系提取占1.6%，户口迁出本市或出境定居提取占2.8%，其他提取占0.8%）。

提取职工中，中、低收入占99.8%，高收入占0.02%。

（三）贷款业务：

1. **个人住房贷款**：2018年，支持职工购建房70.96万平方米，年末个人住房贷款市场占有率为20.6%，比上年减少15.9个百分点，主要原因是为了降低个人贷款风险，实行了存量公转商贴息贷款出表核算5.86亿元，从而使得住房公积金新增贷款额有较大幅度下降。通过申请住房公积金个人住房贷款，可节约职工购房利息支出43549万元。

职工贷款笔数中，购房建筑面积90（含）平方米以下占21.5%，90~144（含）平方米占63.5%，144平方米以上占15.0%。购买新房占58.7%，购买存量商品住房占41.3%，建造、翻建、大修自住住房占0%。

职工贷款笔数中，单缴存职工申请贷款占30.6%，双缴存职工申请贷款占69.4%。

贷款职工中，30岁（含）以下占15.4%，30岁~40岁（含）占40.3%，40岁~50岁（含）占31.4%，50岁以上占12.9%；首次申请贷款占69.4%，二次及以上申请贷款占30.6%；中、低收入占95.5%，高收入占4.5%。

2. **异地贷款**：2018年，发放异地缴存职工贷款138笔4235万元。2018年末，发放异地缴存职工贷款总额14769万元，异地贷款余额12937万元。

3. **公转商贴息贷款**：2018年，本市无公转商贴息贷款，余额为零。2018年末，累计发放公转商贴息贷款345笔14598万元，累计贴息131万元。

（四）住房贡献率：2018年，个人住房贷款发放额、公转商贴息贷款发放额、项目贷款发放额、住房消费提取额的总和与当年缴存额的比率为117.8%，比上年减少43个百分点。

六、其他重要事项

（一）当年机构及职能调整情况、受委托办理缴存贷款业务金融机构变更情况：

1. **当年机构及职能调整情况**。2018年机构及职能未进行调整。
2. **受委托办理缴存贷款业务金融机构变更情况**。2018年受委托办理住房公积金缴存业务的银行6家，2018年受委托办理住房公积金个人住房贷款业务的银行9家，均与上年持平。

（二）当年住房公积金政策调整及执行情况：

1. **当年缴存基数限额及确定方法、缴存比例等缴存政策调整情况**。控高保低严格：2018年7月开展住房公积金缴存基数调整，住房公积金缴存基数按职工本人2018年平均月工资，职工工资按照国家统计局规定的工资总额口径计算，实行"控高保低"政策。缴存额下限按2018年当地最低月工资标准确定为300元，缴存额上限按当地统计局提供的在岗职工2018年月平均工资的3倍确定为6214元。

缴存比例规范：全市住房公积金缴存比例为单位和个人各5%至12%，如单位经营困难，经职工代表大会或者工会讨论通过，可以申请缓缴或降低缴存比例至5%以下。

2. **当年缴存政策的调整**。2018年2月出台了《在丽就业的港澳台同胞缴存使用住房公积金实施办法的通知》，将港澳台同胞纳入住房公积金制度覆盖范围，明确港澳台同胞与大陆同胞享受同等待遇。2018年7月出台了《关于进一步落实丽水市高层次人才住房公积金优惠政策的通知》，允许高层次人才达到国家法定退休年龄后，仍继续工作的，缴存住房公积金至解除工作聘用合同或劳动合同止。将具有外国国籍的高层次人才纳入缴存范围。2018年7月出台了《关于调整丽水市住房公积金政策的通知》，扩大住房公积金缴存比例浮动区间，缴存单位可在5%～12%区间内，自主确定住房公积金缴存比例，简化申请缴存比例降至低于5%下限和缓缴的办理流程。

3. **当年提取政策调整情况**。2018年7月执行的《关于进一步落实丽水市高层次人才住房公积金优惠政策的通知》，允许高层次人才凭借商品房买卖合同提取住房公积金直接支付首付，购房三年内每年提取住房公积金一次，调高租房提取限额至1200元。2018年7月起执行《关于调整我市住房公积金政策的通知》，提高丽水市住房公积金租房提取额度，调整与单位终止劳动关系提取条件，简化提取手续，免收各类复印件，并加大了对违规提取住房公积金的惩戒力度。

4. **当年个人住房贷款最高贷款额度、贷款条件等贷款政策调整情况**。2018年1月起执行《关于调整我市住房公积金贷款政策的通知》，缴存职工申请个人住房公积金贷款，实际可贷额度由不超过贷款申请人夫妻双方近12月住房公积金账户月均余额的15倍调整为10倍；夫妻双方缴存住房公积金的，贷款最高限额由60万调整为50万，一方缴存住房公积金的，贷款最高限额由30万调整为25万。在丽水市行政区域内缴存住房公积金的第一至四类高层次人才，夫妻双方缴存住房公积金的，贷款最高限额由90万调整为80万，高层次人才一方缴存住房公积金的，贷款最高限额由60万调整为50万；第五类高层次人才，夫妻双方缴存住房公积金的，住房公积金贷款最高限额由70万调整为60万，高层次人才一方缴存住房公积金的，住房公积金贷款最高限额由50万调整为40万。暂停办理"商转公"业务，限定多次使用公积金贷款时间间隔，职工家庭首次住房公积金贷款结清1年内，不得申请住房公积金贷款；职工家庭二次以上住房公积金贷款结清3年内，不得申请住房公积金贷款。

5. **当年住房公积金存贷款利率执行标准**。个人住房公积金存款利率：根据中国人民银行、住房城乡建设部、财政部2016年2月印发的《关于完善职工住房公积金账户存款利率形成机制的通知》，职工住房公积金账户存款利率，统一按一年期定期存款基准利率1.5%执行，年度结息日为每年的6月30日。

个人住房公积金贷款利率：个人住房公积金贷款5年（含）以下的基准年利率为2.75%，5年以上的基准年利率为3.25%；第二套住房个人住房公积金贷款利率按基准利率的1.1倍执行。当年发放的贷款，实行合同利率，遇法定利率调整时调整；存量贷款，遇法定利率调整时，于次年1月1日起，按相应利率档次执行新的利率标准。

（三）当年服务改进情况：

1. **服务网点拓展与提升**。全面实行服务网点"无差别全科受理"，深化"最多跑一次"改革，缙云分中心在壶镇设立了公积金业务网点，实现了我市公积金业务向乡镇延伸；市中心与8个分中心全部进驻各政府行政服务中心。积极争取不动产登记信息、商品房买卖合同备案登记信息、职工退休状态信息、个人征信信息、契税完税信息等公共数据的联通共享。截至目前，我省住房城乡建设厅要求年底前实现"一证通办"的11个民生事项中，已有11个事项实现"一证通办"，9个事项实现"全域一证通办"。

2. **服务流程的改进**。通过组合贷款中的公积金贷款和商业银行个人按揭贷款两部分贷款一并受理、同步流转，银行、不动产登记部门、公积金管理机构协同联动，后续格式合同和法律文件面签手续移至贷款受理环节签字等有效举措，实现住房公积金组合贷款全流程办理只跑一次、一地办结。对贷款提前还款办理方式进行优化调整，借款人只需持身份证到贷款所在地住房公积金服务大厅，办理提前还贷审批手续即可，借款人全部或部分提前还款不再收取违约金。

3. **服务技术提升**。全市住房公积金服务窗口上线电子影像采集系统，全面免收复印件，打通了各项业务档案从窗口第一手采集到后台管理的通道，极大方便了单位和职工办理各项公积金业务，节约了办事成本，缩短了办事时间。推行行政机关事业单位使用单位公务卡按月托收业务，实现缴存托收"一签永逸"。缴存单位与管理中心签订单位公务卡按月托收协议后，管理中心通过结算应用系统按月发起托收并自动完成缴存记账，数据全程在线办理，大大提升了住房公积金缴存效率和实效性。

4. **融资渠道创新**。管理中心及时关注业务运行情况及存量资金状况，继续实行全市资金系统内调剂，做好多银行授信贷款资金的发放、还款、续贷工作。积极探索存量"公转商"贴息贷款的资金融入模式，当年新增了存量公转商贴息贷款出表核算融资渠道。为减少资金流动性风险，降低我市较高的个人住房公积金贷款比率，2018年压缩银行授信贷款2.0亿元，2018年末银行授信贷款资金余额17.95亿元。

5. **综合服务平台建设**。完善"互联网＋住房公积金"建设，整合优化各服务渠道，统一对外数据共享接口，上线综合服务平台，并通过了住房城乡建设部验收。升级短信平台，推出贷款放款、还款、逾期短信提醒业务。全面推广单位版住房公积金网上办事大厅，实现"浙里办"APP和浙江政务服务网与业务系统对接，个人缴存、提取、贷款信息实时查询，提取和提前还款业务"指尖办理"、缴存职工账户动态消息提醒等功能。

6. **综合服务水平提升**。"12329"住房公积金服务热线整合并入12345政务服务咨询热线；"12329"短信服务平台与省"12329"短信服务平台对接，月短信发送量19万条；完善浙江政务服务网丽水市住房公积金缴存职工账户信息及行政权力事项公开查询。全年门户网站各栏目发布信息142条，主动公开政府信息37件，通过统一政务咨询投诉举报平台答复留言127件，丽水问政直通车答复网民留言12件，各综合服务平台累计提供客服32万人次，网络投诉咨询回复率100%。

（四）当年信息化建设情况：

1. **业务系统升级改造**。2018年11月，丽水市住房公积金业务管理系统升级版本上线运行，按住房城乡建设部数据和结算要求进行优化，提升了系统安全，优化了数据资源。贷款核算方式由银行核算转为中心核算，为建设综合服务平台，深化公积金各项服务功能打下了坚实基础，目前系统运行稳定高效。

2. **基础数据标准贯彻落实**。丽水市住房公积金业务管理系统严格遵照住房城乡建设部颁布的基础数据标准进行设计，数据项名称、数据类型、长度以及取值范围均与标准一致，并确保所有基础数据表、数据项均以实体表方式存在。贯彻落实住房城乡建设部数据要求，对缴存单位基础信息进行核查，并对部分信息进行了补录与修正；规范职工住房公积金账户管理，开展个人多账户合户办理，无身份证信息账户补录及清理工作；梳理补录贷款材料信息，总共完成清理补录三万余条，公积金业务数据质量有效提升。

3. **结算应用系统接入情况**。丽水市住房公积金所有承办银行账户均已接入结算应用系统，所有结算账户均已在结算应用系统中登记并在银行完成签约。缴存、提取、贷款、资金划转等实现结算应用系统全覆盖，通过接入全国住房公积金结算应用系统，管理中心实现了所有资金业务线上联机实时结算，资金管控得到进一步加强,资金使用效率大大提升。2018年末,全市累计通过结算应用系统完成的资金结算业务75万笔(含批量业务),结算资金总量达93.5亿元。

(五)当年住房公积金管理中心及职工所获荣誉情况:市中心获得"最多跑一次"改革先进集体、法治政府建设优秀单位、"先进基层党组织"等荣誉称号,云和分中心获得"市级文明单位"称号,龙泉、青田、缙云、遂昌、松阳、景宁、云和分中心服务窗口分别获得五星级窗口、红旗窗口、先进窗口、五星级示范岗、服务明星等荣誉称号,市中心和分中心五位同志受到市级政府部门的各种嘉奖。

(六)当年对违反《住房公积金管理条例》和相关法规行为进行行政处罚和申请人民法院强制执行情况:开展违规提取住房公积金专项治理工作,严厉打击机构和个人通过伪造证明材料、虚构住房消费等手段骗提住房公积金的行为,全年发现骗提案件38起,金额299.8万元,对使用虚假材料提取住房公积金的职工,除通报其单位纪检部门,还予以三年内不得提取公积金,五年内不得申请公积金贷款的惩戒。收集非法中介线索,移交公安部门处理。加大对不良贷款处置力度,及时通过法院诉讼及其他法律手段回收贷款本息,全市共收回逾期贷款和处置不良贷款14笔金额460.81万元,住房公积金个人贷款逾期率降至历史最低水平。

(七)其他情况:

1. **档案达标情况**。制订档案工作发展长远规划和年度计划,每年将档案管理工作纳入中心内部工作目标责任制考核内容,明确档案管理的工作任务和档案人员的岗位责任,对档案管理人员实行定期培训制度。落实档案管理专项经费,建立了较为完善的有效的工作机制和管理体制,修订了一系列住房公积金档案管理制度。2018年,遂昌分中心、缙云分中心通过省一级档案达标验收,市本级通过档案一级达标复评。至此,全市有4个单位档案管理达到省一级。

2. **资金阳光管控**。规范大额资金管理,将住房公积金银行账户纳入市财政局资金监管系统,对管理中心资金的运行进行实时监控和管理。积极开展住房公积金存量资金竞争性存放工作,2018年开展资金竞争性存放招标8次,涉及资金3.41亿。

2018 全国住房公积金年度报告汇编

安徽省

合肥
芜湖市
蚌埠市
淮南市
马鞍山市
淮北市
铜陵市
安庆市
黄山市
滁州市
阜阳市
宿州市
六安市
亳州市
池州市
宣城市

安徽省住房公积金 2018 年年度报告

一、机构概况

（一）住房公积金管理机构：全省共设 16 个设区城市住房公积金管理中心，5 个独立设置的分中心。从业人员 1311 人，其中，在编 793 人，非在编 518 人。

（二）住房公积金监管机构：安徽省住房和城乡建设厅、财政厅和人民银行合肥中心支行负责对本省住房公积金管理运行情况进行监督。省住房和城乡建设厅设立住房公积金监管处，负责辖区住房公积金日常监管工作。

二、业务运行情况

（一）缴存：2018 年，全省新开户单位 7271 家，实缴单位 60237 家，净增单位 3786 家；新开户职工 65.84 万人，实缴职工 428.88 万人，净增职工 23.5 万人；缴存住房公积金 603.67 亿元，同比增长 10.50%。2018 年末，累计缴存总额 4790.9 亿元，同比增长 14.42%；缴存余额 1625.65 亿元，同比增长 7.44%。

（二）提取：2018 年，提取住房公积金 491.1 亿元，同比增长 11.15%，占当年缴存额的 81.35%，比上年增加 0.47 个百分点。2018 年末，累计提取总额 3165.29 亿元，同比增长 18.37%。

（三）贷款：

1. **个人住房贷款**。2018 年，发放个人住房贷款 9.31 万笔、295.20 亿元，同比分别下降 4.69%和增长 2.83%。回收个人住房贷款 209.71 亿元。

2018 年末，累计发放个人住房贷款 125.67 万笔、2780.76 亿元，贷款余额 1617.63 亿元，同比分别增长 8.00%、11.88%和 5.58%。个人住房贷款余额占缴存余额 99.51%，比上年减少 1.75 个百分点。

2. **住房公积金支持保障性住房建设项目贷款**。2018 年，未发放支持保障性住房建设项目贷款，回收项目贷款 0.5 亿元。2018 年末，全省累计发放项目贷款 37.94 亿元，项目贷款余额 1 亿元。

（四）购买、兑付国债：2018 年，未购买（记账式、凭证式）国债，兑付国债 1 亿元。截至 2018 年末，国债余额为零。

（五）融资：2018 年，融资 48.95 亿元，归还 66.41 亿元。2018 年末，累计融资总额 399.24 亿元，融资余额 145.06 亿元。

（六）资金存储：2018 年末，住房公积金存款 176.95 亿元。其中，活期 4.42 亿元，1 年（含）以下定期 53.64 亿元，1 年以上定期 31.71 亿元，其他（协定、通知存款等）87.18 亿元。

（七）资金运用率：2018 年末，住房公积金个人住房贷款余额、项目贷款余额和购买国债余额的总和占缴存余额的 99.57%，比上年减少 1.79 个百分点。

三、主要财务数据

（一）业务收入：2018 年，业务收入 562900.15 万元，同比增长 3.76%。其中，存款利息 53409.62

万元，委托贷款利息 492554.05 万元，国债利息 418 万元，其他 16518.48 万元。

（二）**业务支出**：2018 年，业务支出 310369.4 万元，同比下降 0.09%。其中，支付职工住房公积金利息 238388.51 万元，归集手续费 4646.18 万元，委托贷款手续费 19994.14 万元，其他 47340.57 万元。

（三）**增值收益**：2018 年，增值收益 252530.75 万元，同比增长 8.92%；增值收益率 1.61%，比上年增加 0.02 个百分点。

（四）**增值收益分配**：2018 年，提取贷款风险准备金 39741.83 万元、提取管理费用 48207.53 万元，提取城市廉租住房（公共租赁住房）建设补充资金 164993.06 万元。

2018 年，上交财政管理费用 48377.17 万元，上缴财政城市廉租住房（公共租赁住房）建设补充资金 186850.93 万元。

2018 年末，贷款风险准备金余额 544231.08 万元，累计提取城市廉租住房（公共租赁住房）建设补充资金 994100.74 万元。

（五）**管理费用支出**：2018 年，管理费用支出 45217.46 万元，同比增长 7.09%，其中，人员经费 15923.25 万元，公用经费 2995.98 万元，专项经费 26298.23 万元。

四、资产风险状况

（一）**个人住房贷款**：2018 年末，个人住房贷款逾期额 4094.61 万元，逾期率 0.25‰。

2018 年，提取个人贷款风险准备金 39741.83 万元，未发生使用个人贷款风险准备金核销呆坏账。2018 年末，个人贷款风险准备金余额 530659.1 万元，占个人贷款余额的 3.28%，个人贷款逾期额与个人贷款风险准备金余额的比率为 0.77%。

（二）**住房公积金支持保障性住房建设项目贷款**：2018 年末，无逾期项目贷款，项目贷款风险准备金余额 13571.98 万元。

五、社会经济效益

（一）**缴存业务**：2018 年，实缴单位数、实缴职工人数和缴存额增长率分别为 6.71%、5.80% 和 10.50%。

缴存单位中，国家机关和事业单位占 46.50%，国有企业占 13.45%，城镇集体企业占 1.51%，外商投资企业占 1.83%，城镇私营企业及其他城镇企业占 27.23%，民办非企业单位和社会团体占 2.44%，其他占 7.04%。

缴存职工中，国家机关和事业单位占 37.01%，国有企业占 27.64%，城镇集体企业占 1.45%，外商投资企业占 4.00%，城镇私营企业及其他城镇企业占 23.45%，民办非企业单位和社会团体占 1.49%，其他占 4.96%；中、低收入占 98.38%，高收入占 1.62%。

新开户职工中，国家机关和事业单位占 20.68%，国有企业占 13.22%，城镇集体企业占 1.07%，外商投资企业占 4.22%，城镇私营企业及其他城镇企业占 50.93%，民办非企业单位和社会团体占 2.81%，其他占 7.07%；中、低收入占 98.44%，高收入占 1.56%。

（二）**提取业务**：2018 年，162.80 万名缴存职工提取住房公积金 491.1 亿元。

提取金额中，住房消费提取占 79.02%（购买、建造、翻建、大修自住住房占 30.19%，偿还购房贷

款本息占 47.31%，租赁住房占 1.15%，其他占 0.37%）；非住房消费提取占 20.98%（离休和退休提取占 16.41%，完全丧失劳动能力并与单位终止劳动关系提取占 1.78%，户口迁出所在市或出境定居占 0.90%，其他占 1.89%）。

提取职工中，中、低收入占 96.74%，高收入占 3.26%。

（三）贷款业务：

1. **个人住房贷款**。2018 年，支持职工购建房 1025.18 万平方米。年末个人住房贷款市场占有率为 13.72%，比上年同期减少 2.02 个百分点。通过申请住房公积金个人住房贷款，可节约职工购房利息支出 563991.28 万元。

职工贷款笔数中，购房建筑面积 90（含）平方米以下占 21.14%，90~144（含）平方米占 72.85%，144 平方米以上占 6.01%。购买新房占 70.68%（其中购买保障性住房占 0.04%），购买二手房占 28.92%，建造、翻建、大修自住住房占 0.02%，其他占 0.38%。

职工贷款笔数中，单缴存职工申请贷款占 50.16%，双缴存职工申请贷款占 49.83%，三人及以上缴存职工共同申请贷款占 0.01%。

贷款职工中，30 岁（含）以下占 33.44%，30 岁~40 岁（含）占 34.50%，40 岁~50 岁（含）占 24.06%，50 岁以上占 8.00%；首次申请贷款占 79.64%，二次及以上申请贷款占 20.36%；中、低收入占 97.58%，高收入占 2.42%。

2. **异地贷款**。2018 年，发放异地贷款 6107 笔、158912.54 万元。2018 年末，发放异地贷款总额 1311696.28 万元，异地贷款余额 912332.07 万元。

3. **公转商贴息贷款**。2018 年，发放公转商贴息贷款 369 笔 9534.67 万元，支持职工购建房面积 4.14 万平方米。当年贴息额 2574.07 万元。2018 年末，累计发放公转商贴息贷款 11436 笔 290299.34 万元，累计贴息 8310.63 万元。

4. **住房公积金支持保障性住房建设项目贷款**。2018 年末，全省共有住房公积金支持保障性住房建设项目贷款试点城市 4 个，试点项目 33 个，贷款额度 40.78 亿元，建筑面积 697.26 万平方米，可解决 72763 户中低收入职工家庭的住房问题。32 个试点项目贷款资金已发放并还清贷款本息。

（四）**住房贡献率**：2018 年，个人住房贷款发放额、公转商贴息贷款发放额、项目贷款发放额、住房消费提取额的总和与当年缴存额的比率为 113.34%，比上年减少 3.88 个百分点。

六、其他重要事项

（一）当年住房公积金政策调整情况：

1. 安徽省住房城乡建设厅、安徽省财政厅、中国人民银行合肥中心支行、安徽省国土资源厅转发《住房城乡建设部财政部中国人民银行国土资源部关于维护住房公积金缴存职工购房贷款权益的通知》（建金〔2018〕5 号）。

2. 安徽省住房城乡建设厅印发《关于住房公积金业务办理不再由缴存职工提供身份证复印件的通知》（建金函〔2018〕1199 号）。

3. 安徽省住房城乡建设厅、安徽省财政厅、中国人民银行合肥中心支行、安徽省公安厅转发《住房城乡建设部财政部中国人民银行公安部关于开展治理违规提取住房公积金工作的通知》（建金〔2018〕

85号）。

4. 安徽省住房城乡建设厅、安徽省财政厅、中国人民银行合肥中心支行转发《住房城乡建设部财政部人民银行关于改进住房公积金缴存机制进一步降低企业成本的通知》（建金〔2018〕87号）。

（二）当年开展监督检查情况：

1. **开展全省2018年度住房公积金业务管理工作考核**。2018年会同安徽省财政厅、审计厅、中国人民银行合肥中心支行，完成了对全省16个城市住房公积金管理中心和5个分中心的业务管理工作考核，并对考核结果进行通报。

2. **启用住房公积金电子化检查工具**。按照住房城乡建设部统一部署，2018年7月启用了住房公积金电子化检查工具，建立了城市中心按月巡检、省级监管部门按季抽检的工作机制，提高住房公积金管理、监督的针对性和有效性。

3. **开展全省住房公积金政策执行情况检查及风险隐患排查**。按照住房城乡建设部办公厅关于开展住房公积金政策执行情况检查及风险隐患排查的通知（建金函〔2018〕1577号）要求，全省住房公积金管理中心和分中心开展了住房公积金政策执行情况及风险隐患自查，省住房城乡建设厅对自查结果组织了全面检查。

（三）**当年服务改进情况**：全省16个设区城市住房公积金管理中心和省直分中心，均已接入安徽省政务服务网——"皖事通"。缴存职工通过手机APP客户端进入皖事通所在城市政务服务网厅，办理住房公积金的便民服务事项。实现了网上、掌上住房公积金服务，提高业务办理离柜率，方便缴存职工办事。

（四）**当年信息化建设情况**：截至2018年，全省16个设区城市住房公积金管理中心、5个分中心全部完成住房公积金基础数据标准贯标验收。

（五）**当年住房公积金机构及从业人员所获荣誉情况**：2018年，全省住房公积金行业加强精神文明建设，分别获省部级和地市级文明单位5个和12个；荣获国家级青年文明号2个，省部级2个、地市级2个；荣获省部级工人先锋号1个；荣获省部级三八红旗手1个，地市级5个；荣获省部级先进集体和个人9个，地市级49个；其他省部级荣誉15个，地市级22个。

合肥住房公积金2018年年度报告

一、机构概况

（一）**住房公积金管理委员会**：住房公积金管理委员会有29名委员，2018年召开一次会议，审议通过2018年度住房公积金归集、使用计划执行情况和2018年计划草案的报告。审议通过2018年住房公积金增值收益分配情况和2018年增值收益计划分配方案的报告。

（二）**住房公积金管理中心**：住房公积金管理中心为直属合肥市人民政府不以营利为目的的公益二类事业单位，主要负责全市住房公积金的归集、管理、使用和会计核算。中心设9个处室，4个管理部，3个分中心。其中，省直住房公积金管理中心为独立法人，隶属安徽省机关事务管理局（省委省政府接待办）。从业人员 195 人，其中，在编 110 人，非在编 85 人。

二、业务运行情况

（一）缴存：2018 年，新开户单位 2735 家，实缴单位 14323 家，净增单位 2020 家；新开户职工 31.55 万人，实缴职工 127.57 万人，净增职工 12.78 万人；缴存额 184.08 亿元，同比增长 17.13%。2018 年末，缴存总额 1310.46 亿元，同比增长 16.34%；缴存余额 423.36 亿元，同比增长 12.71%。

受委托办理住房公积金缴存业务的银行 4 家，与上年相同。

（二）提取：2018 年，提取额 136.34 亿元，同比增长 18.03%；占当年缴存额的 74.07%，比上年增加 0.57 个百分点。2018 年末，提取总额 887.11 亿元，同比增长 18.16%。

（三）贷款：个人住房贷款最高额度 55 万元，其中，单缴存职工最高额度 45 万元，双缴存职工最高额度 55 万元。

2018 年，发放个人住房贷款 1.64 万笔 72.09 亿元，同比分别增长 78.26%、96.16%。其中，市中心发放个人住房贷款 1.31 万笔 57.09 亿元，省直分中心发放个人住房贷款 0.33 万笔 15 亿元。

2018 年，回收个人住房贷款 50.75 亿元。其中，市中心 38.17 亿元，省直分中心 12.58 亿元。

2018 年末，累计发放个人住房贷款 27.34 万笔 735.22 亿元，贷款余额 425.30 亿元，同比分别增长 6.38%、10.87%、5.29%。个人住房贷款余额占缴存余额的 100.46%，比上年减少 7.08 个百分点。

受委托办理住房公积金个人住房贷款业务的银行 15 家，与上年相同。

（四）购买国债：2018 年未购买国债，兑付国债 1 亿元，2018 年末，国债余额 0 亿元。（比上年减少 1 亿元）。

（五）融资：2018 年，归还 16.72 亿元。2018 年末，融资总额 172.98 亿元，融资余额 29.99 亿元。其中，市中心融资总额 153.53 亿元，融资余额 29.99 亿元；省直分中心融资总额 19.45 亿元，融资余额 0 亿元。

（六）资金存储：2018 年末，住房公积金存款 31.87 亿元。其中，活期 0.37 亿元，1 年（含）以下定期 10.05 亿元，1 年以上定期 0 亿元，其他（协定存款）21.45 亿元。

（七）资金运用率：2018 年末，住房公积金个人住房贷款余额、项目贷款余额和购买国债余额的总和占缴存余额的 100.46%，比上年减少 7.35 个百分点。

三、主要财务数据

（一）业务收入：2018 年，业务收入 128586.22 万元，同比下降 0.58%。其中，市中心 96354.95 万元，省直分中心 32231.27 万元；存款利息 6019.66 万元，委托贷款利息 122132.47 万元，国债利息 418 万元，其他 16.09 万元。

（二）业务支出：2018 年，业务支出 71781.71 万元，同比下降 14.44%。其中，市中心 56078.57 万元，省直分中心 15703.14 万元；支付职工住房公积金利息 60040.26 万元，归集手续费 1733.82 万元，委托贷款手续费 6051.03 万元，其他 3956.60 万元（其中市中心融资借款的利息支出 3656.49 万元）。

（三）增值收益：2018 年，增值收益 56804.51 万元，同比增长 25%。其中，市中心 40276.38 万元，省直分中心 16528.13 万元；增值收益率 1.42%，比上年增加 0.14 个百分点。

（四）增值收益分配：2018 年，提取管理费用 4688.34 万元，提取城市廉租住房（公共租赁住房）建设补充资金 52116.17 万元。

2018 年，上交财政管理费用 4673.06 万元。上缴财政城市廉租住房（公共租赁住房）建设补充资金 57029.31 万元。其中，市中心上缴 44329.33 万元，省直分中心上缴 12699.98 万元。

2018 年末，贷款风险准备金余额 129696.73 万元。累计提取城市廉租住房（公共租赁住房）建设补充资金 270898.89 万元。其中，市中心提取 195410.69 万元，省直分中心提取 75488.20 万元。

（五）管理费用支出：2018 年，管理费用支出 4761.72 万元，同比增长 17.75%。其中，人员经费 2476.91 万元，公用经费 271.60 万元，专项经费 2013.21 万元。

市中心管理费用支出 3300.17 万元，其中，人员、公用、专项经费分别为 1688.16 万元、148.76 万元、1463.25 万元；省直分中心管理费用支出 1461.55 万元，其中，人员、公用、专项经费分别为 788.75 万元、122.84 万元、549.96 万元。

四、资产风险状况

2018 年末，个人住房贷款逾期额和逾期率均为零。个人贷款风险准备金按贷款余额的 1% 提取。2018 年，未提取个人贷款风险准备金，未使用个人贷款风险准备金核销呆坏账。2018 年末，个人贷款风险准备金余额 129696.73 万元，占个人住房贷款余额的 3.05%，个人住房贷款逾期额与个人贷款风险准备金余额的比率为零。

五、社会经济效益

（一）缴存业务：2018 年，实缴单位数、实缴职工人数和缴存额同比分别增长 16.42%、11.13% 和 17.13%。

缴存单位中，国家机关和事业单位占 24.81%，国有企业占 13.51%，城镇集体企业占 0.68%，外商投资企业占 2.76%，城镇私营企业及其他城镇企业占 55.24%，民办非企业单位和社会团体占 2.90%，其他占 0.10%。

缴存职工中，国家机关和事业单位占 21.88%，国有企业占 25.59%，城镇集体企业占 0.45%，外商投资企业占 4.87%，城镇私营企业及其他城镇企业占 45.35%，民办非企业单位和社会团体占 1.82%，其他占 0.04%；中、低收入占 98.31%，高收入占 1.69%。

新开户职工中，国家机关和事业单位占 10.42%，国有企业占 13.33%，城镇集体企业占 0.31%，外商投资企业占 4.38%，城镇私营企业及其他城镇企业占 69.48%，民办非企业单位和社会团体占 2.06%，其他占 0.02%；中、低收入占 99.41%，高收入占 0.59%。

（二）提取业务：2018 年，42.33 万名缴存职工提取住房公积金 136.34 亿元。

提取金额中，住房消费提取占 82.36%（购买、建造、翻建、大修自住住房占 23.42%，偿还购房贷款本息占 56.42%，租赁住房占 2.52%）；非住房消费提取占 17.64%（离休和退休提取占 13.17%，完全丧失劳动能力并与单位终止劳动关系提取占 0.66%，户口迁出本市或出境定居占 1.99%，其他占 1.82%）。

提取职工中，中、低收入占 97.33%，高收入占 2.67%。

(三) 贷款业务:

1. **个人住房贷款**。2018年,支持职工购建房155.01万平方米,年末个人住房贷款市场占有率为10.08%,比上年减少0.41个百分点。通过申请住房公积金个人住房贷款,可节约职工购房利息支出148368.87万元。

职工贷款笔数中,购房建筑面积90(含)平方米以下占40.58%,90~144(含)平方米占56.58%,144平方米以上占2.84%。购买新房占57.40%,购买二手房占42.60%。

职工贷款笔数中,单缴存职工申请贷款占40.93%,双缴存职工申请贷款占59.05%,三人及以上缴存职工共同申请贷款占0.02%。

贷款职工中,30岁(含)以下占47.74%,30岁~40岁(含)占35.15%,40岁~50岁(含)占13.31%,50岁以上占3.80%;首次申请贷款占87.82%,二次及以上申请贷款占12.18%;中、低收入占98.02%,高收入占1.98%。

2. **异地贷款**。2018年,发放异地贷款59笔2300.70万元。2018年末,发放异地贷款总额339567.84万元,异地贷款余额182279.42万元。

(四) 住房贡献率:
2018年,个人住房贷款发放额、公转商贴息贷款发放额、项目贷款发放额、住房消费提取额的总和与当年缴存额的比率为100.16%,比上年增加16.64个百分点。

六、其他重要事项

(一) 当年住房公积金政策调整及执行情况:
2018年继续贯彻执行规范和阶段性降低缴存比例政策,住房公积金缴存比例保持5%~12%。2018年7月1日至2019年6月30日,职工住房公积金月缴存基数上限为20182元,下限按现行的合肥市最低工资标准1550元/月执行。缴存单位在7、8两个月调整缴存基数。

(二) 当年服务改进情况:

1. **深化服务理念,提升服务水平**。一是转方式。开通单位版网上业务系统,通过网上可以办理缴存业务。二是增功能。优化异地办理流程。对异地购房、贷款提取业务,目前不能实现现场核查的,实行对要件资料进行留置审核,采取申请人签名承诺、中心异地核查等方式,最大限度地减少缴存职工往返的次数。省直分中心于12月手机APP已实现刷脸认证登录、退休与纯公积金贷款支取功能。三是减环节。调整住房公积金贷款初审模式,将中心初审,银行面签,合并为银行统一初审,中心后台审核的模式,客户只需在银行柜面一次受理完贷款初审业务。四是精材料。取消职工办理提取需要提供《提取申请表》,将便民利民落到实处。以实际行动诠释了"完美服务,从心开始"的服务理念。

2. **加强内控管理,防范违规行为**。一是加强制度建设,经管委会审议通过出台了《骗提套取行为处理暂行办法》,为依法行政打下制度基础。二是积极开展业务实时稽核,进一步加强对提取、贷款审核的监管力度。三是完成省厅住房公积金政策执行及风险隐患专项检查,起草《住房公积金政策执行及风险隐患自查情况的报告》,按要求梳理、对可能存在的风险隐患疑点逐一排查,切实防患于未然。

3. **强化资金管理,确保安全增值**。一是为进一步加强资金管理,提高资金使用效率,修订了《资金管理办法》,以"双贯标"为契机,对银行账户进行了清理撤并,对所有活期存款户均签订协定存款协议,提高资金收益。二是为防范住房公积金资金流动性风险，维持住房公积金资金供求平衡，制定了《关于贯彻落实〈安徽省住房公积金资金流动性风险预警机制实施办法〉的实施意见》，加强银行账户资金管理，提高资金监控和调度的时效性。

4. **发挥平台作用，让数据多跑路**。根据住房城乡建设部建设综合服务平台和市政府办公厅关于"互联网＋政务服务"平台建设和"一网一门一次"的要求，积极对接，多形式、全方位开通服务渠道，2018年中心网站个人查询系统正式接入安徽政务服务网。目前已形成"12329"热线、免费短信、门户网站、网上营业厅和微信公众号五位一体的服务体系。同时积极与在市数据资源局的支持下，申请建立了信息数据共享机制。实现信息数据对接，减少住房公积金业务办理要件，让"数据多跑路、百姓少跑腿"。

5. **专项整治取得实效**。为维护缴存职工购房贷款的权益，加大对房地产开发企业拒绝缴存职工使用住房公积金贷款购房行为的整治力度，根据四部委《关于维护住房公积金缴存职工购房贷款权益的通知》（建金〔2018〕246号）文件精神，中心与房产局、国土局联合出台了关于《贯彻住房和城乡建设部等四部门〈维护住房公积金缴存职工购房贷款权益的通知〉的实施意见》、与房产局联合印发了《关于开展合肥市拒绝职工使用住房公积金贷款购房问题专项整治行动的通知》。专项整治行动的开展，有效的规范开发企业销售行为，切实维护了缴存职工合法权益，有效发挥住房公积金制度作用。

6. **抓党建强廉政**。深入推进"两学一做"学习教育常态化、制度化，把学习宣传贯彻习近平新时代中国特色社会主义思想、党的十九大精神作为首要政治任务，引导党员干部读原著、学原文、悟原理，提高政治站位，坚定理想信念，在思想上、政治上、行动上与以习近平总书记为核心的党中央保持高度一致。

（三）当年信息化建设情况：

1. **高度重视网络安全建设工作，强调日常维护、安全防范和定期自查工作**。一是做好门户网站与数据安全的检查工作。按期对中心网站、重要信息系统开展安全检查。在重要系统建设中，广泛使用国产信息技术设备，确保信息系统安全。将服务器与其他计算机之间设置经公安部认证的防火墙，并与国内专业网络安全公司合作，保障信息系统正常运行。二是做好住房公积金数据电子化检查工作。根据住房城乡建设部《关于启用住房公积金电子化检查工具的通知》（建金督函〔2018〕116号）文件要求，完善内部风险防控体系建设，增强风险防控能力。三是做好维保工作。通过与维保单位的合作，将服务器、核心存储等关键设备进行了原厂维保，从而保证各设备的性能、安全、稳定性都处于最佳状态，确保系统稳定运转。

2. **通过"双贯标"验收**。年初将住房城乡建设部"双贯标"确定为今年信息化建设的重要工作，制定"双贯标"工作的方案，经过努力，一次性通过住房城乡建设部"双贯标"检查验收专家组的验收。

（四）**当年住房公积金管理中心及职工所获荣誉情况**：2018年管理中心获得安徽省第十一届文明单位、并以全省总分最高的成绩第十二次获省级"住房公积金管理先进单位"、合肥市第十四届文明单位、合肥市依法行政先进单位、合肥市依法行政示范单位、合肥市预算管理综合考评优秀部门、机关党委获市直机关党建工作"好"的党组织、团总支获市直机关共青团工作先进集体。省直分中心荣获全省住房公积金业务管理工作"优秀"单位。

芜湖市住房公积金 2018 年年度报告

一、机构概况

（一）住房公积金管理委员会：住房公积金管理委员会有 29 名委员，2018 年召开 2 次会议，审议通过的事项主要包括：

1. 关于 2018 年度住房公积金工作总结及 2018 年计划安排的报告；
2. 芜湖市住房公积金管理中心 2018 年度住房公积金收支及管理情况审计报告；
3. 芜湖市住房公积金 2018 年年度报告；
4. 关于动用住房公积金贷款风险准备金周转的请示；
5. 关于 2018 年各县区、经开区住房公积金扩面工作目标任务安排的汇报；
6. 关于修订《芜湖市进城务工农民缴存住房公积金及住房贷款管理办法》的汇报；
7. 关于调整提取住房公积金支付房租政策的汇报；
8. 关于调整芜湖市住房公积金缴存比例和 2018 年度缴存基数的汇报；
9. 关于住房公积金流动性风险及政策调整建议的汇报；
10. 关于修订《芜湖市住房公积金"公转商"贴息贷款实施办法》的汇报；
11. 芜湖市住房公积金管理委员会委员调整情况的报告；
12. 关于同意安徽金鼎锅炉股份有限公司申请缓缴住房公积金的备案报告。

（二）住房公积金管理中心：住房公积金管理中心为直属芜湖市人民政府的不以营利为目的的公益一类事业单位，设 5 个科，4 个管理部，1 个管理处，2 个办事处。从业人员 100 人，其中，在编 46 人，非在编 54 人。

二、业务运行情况

（一）缴存：2018 年，新开户单位 548 家，实缴单位 4098 家，净增单位 350 家；新开户职工 4.77 万人，实缴职工 43.14 万人，净增职工 0.23 万人；缴存额 48.20 亿元，同比增长 14.81%。2018 年末，缴存总额 356.71 亿元，同比增长 15.62%；缴存余额 121.22 亿元，同比增长 10.86%。

受委托办理住房公积金缴存业务的银行 3 家，与上年持平。

（二）提取：2018 年，提取额 36.32 亿元，同比增长 22.91%；占当年缴存额的 75.35%，比上年增加 4.96 个百分点。2018 年末，提取总额 235.49 亿元，同比增长 18.24%。

（三）贷款：

1. **个人住房贷款**。个人住房贷款最高额度 50 万元，其中，单缴存职工最高额度 30 万元，双缴存职工最高额度 50 万元。

2018 年，发放个人住房贷款 0.99 万笔 28.17 亿元，同比分别下降 0.83%、增长 5.47%。

2018 年，回收个人住房贷款 21.60 亿元。

2018 年末，累计发放个人住房贷款 11.69 万笔 237.20 亿元，贷款余额 131.57 亿元，同比分别增长

9.25%、13.48%、5.25%。个人住房贷款余额占缴存余额的108.54%，比上年减少5.78个百分点。

受委托办理住房公积金个人住房贷款业务的银行16家，与上年持平。

2. **住房公积金支持保障性住房建设项目贷款**。2018年，发放支持保障性住房建设项目贷款0亿元，回收项目贷款0.5亿元。2018年末，累计发放项目贷款4.5亿元，项目贷款余额1亿元。

（四）**融资**：2018年，融资12.24亿元，归还9.53亿元。年末，融资总额70.72亿元，融资余额34.19亿元。

（五）**资金存储**：2018年末，住房公积金存款12.46亿元。其中，协定存款12.46亿元。

（六）**资金运用率**：2018年末，住房公积金个人住房贷款余额、项目贷款余额和购买国债余额的总和占缴存余额的109.36%，比上年减少6.34个百分点。

三、主要财务数据

（一）**业务收入**：2018年，业务收入58502.23万元，同比增长6.16%；存款利息2686.41万元，委托贷款利息42815.30万元，其他13000.52万元。

（二）**业务支出**：2018年，业务支出32247.62万元，同比增长3.79%；支付职工住房公积金利息17613.65万元，归集手续费34.27万元，委托贷款手续费1926.22万元，其他12673.48万元。

（三）**增值收益**：2018年，增值收益26254.61万元，同比增长9.23%。增值收益率2.29%，比上年减少0.04个百分点。

（四）**增值收益分配**：2018年，提取贷款风险准备金0万元，提取管理费用14627.59万元，提取城市廉租住房（公共租赁住房）建设补充资金11627.02万元。

2018年，上交财政管理费用16666.76万元。上缴财政城市廉租住房（公共租赁住房）建设补充资金7869.36万元。

2018年末，贷款风险准备金余额45298.93万元。累计提取城市廉租住房（公共租赁住房）建设补充资金72589.25万元。

（五）**管理费用支出**：2018年，管理费用支出14627.59万元，同比下降2.74%。其中，人员经费764.05万元，公用经费69.58万元，专项经费13793.96万元。

四、资产风险状况

（一）**个人住房贷款**：2018年末，个人住房贷款逾期额137.3万元，逾期率0.1‰。

个人贷款风险准备金按贷款余额的1%提取。2018年，提取个人贷款风险准备金0万元，使用个人贷款风险准备金核销呆坏账0万元。2018年末，个人贷款风险准备金余额43498.93万元，占个人住房贷款余额的3.31%，个人住房贷款逾期额与个人贷款风险准备金余额的比率为0.32%。

（二）**支持保障性住房建设试点项目贷款**：2018年，提取项目贷款风险准备金0万元，使用项目贷款风险准备金核销呆坏账0万元，项目贷款风险准备金余额1800万元，占项目贷款余额的18%。

五、社会经济效益

（一）**缴存业务**：2018年，实缴单位数、实缴职工人数和缴存额同比分别增长9.34%、0.54%

和 14.82%。

缴存单位中，国家机关和事业单位占 33.41%，国有企业占 12.35%，城镇集体企业占 1.02%，外商投资企业占 2.95%，城镇私营企业及其他城镇企业占 39.95%，民办非企业单位和社会团体占 2.29%，其他占 8.03%。

缴存职工中，国家机关和事业单位占 22.09%，国有企业占 25.85%，城镇集体企业占 0.72%，外商投资企业占 10.42%，城镇私营企业及其他城镇企业占 31.87%，民办非企业单位和社会团体占 0.89%，其他占 8.16%；中、低收入占 99.99%，高收入占 0.01%。

新开户职工中，国家机关和事业单位占 13.36%，国有企业占 8.39%，城镇集体企业占 0.40%，外商投资企业占 6.65%，城镇私营企业及其他城镇企业占 57.67%，民办非企业单位和社会团体占 2.63%，其他占 10.9%；中、低收入占 100%，高收入占 0%。

（二）提取业务：2018 年，10.26 万名缴存职工提取住房公积金 36.32 亿元。

提取金额中，住房消费提取占 80.69%（购买、建造、翻建、大修自住住房占 31.27%，偿还购房贷款本息占 48.85%，租赁住房占 0.03%，其他占 0.54%）；非住房消费提取占 19.31%（离休和退休提取占 12.62%，完全丧失劳动能力并与单位终止劳动关系提取占 4.87%，户口迁出本市或出境定居占 0.55%，其他占 1.27%）。

提取职工中，中、低收入占 100%，高收入占 0%。

（三）贷款业务：

1. **个人住房贷款**。2018 年，支持职工购建房 114.40 万平方米，年末个人住房贷款市场占有率为 14.42%，比上年减少 3.18 个百分点。通过申请住房公积金个人住房贷款，可节约职工购房利息支出 45559.18 万元。

职工贷款笔数中，购房建筑面积 90（含）平方米以下占 20.61%，90～144（含）平方米占 72.39%，144 平方米以上占 7.00%。购买新房占 76.30%，购买二手房占 23.70%。

职工贷款笔数中，单缴存职工申请贷款占 62.24%，双缴存职工申请贷款占 37.76%。

贷款职工中，30 岁（含）以下占 31.85%，30 岁～40 岁（含）占 36.82%，40 岁～50 岁（含）占 22.95%，50 岁以上占 8.38%；首次申请贷款占 79.57%，二次及以上申请贷款占 20.43%；中、低收入占 97.27%，高收入占 2.73%。

2. **异地贷款**。2018 年，发放异地贷款 407 笔 10338.10 万元。2018 年末，发放异地贷款总额 110562.50 万元，异地贷款余额 81664.75 万元。

3. **公转商贴息贷款**。2018 年，未发放公转商贴息贷款，当年贴息额 377.78 万元。2018 年末，累计发放公转商贴息贷款 2165 笔 48100 万元，累计贴息 2325 万元。

4. **支持保障性住房建设试点项目贷款**。2018 年末，累计试点项目 4 个，贷款额度 4.5 亿元，建筑面积 123.06 万平方米，可解决 18751 户中低收入职工家庭的住房问题。3 个试点项目贷款资金已发放并还清贷款本息。

（四）住房贡献率：2018 年，个人住房贷款发放额、公转商贴息贷款发放额、项目贷款发放额、住房消费提取额的总和与当年缴存额的比率为 119.24%，比上年增加 1.13 个百分点。

六、其他重要事项

（一）当年住房公积金政策调整及执行情况：

1. 当年缴存基数限额及确定方法、缴存比例等缴存政策调整情况。2018年住房公积金缴存基数是按照职工本人上年度月平均工资总额来确定，月缴存基数最高不超过统计部门公布的上一年度城镇非私营单位就业人员月平均工资的3倍、最低不得低于2018年度芜湖市月最低工资标准。即：2018年芜湖市单位职工住房公积金月缴存基数上限为16722元，月缴存基数下限为1350元。缴存比例为5%~12%。

2. 提取政策。调整了提取住房公积金支付房租政策：将提取周期从半年一次调整为每季度一次；提取标准未婚（单身）从每月最高700元调整为800元、已婚家庭从原来每月最高1000调整为1300元。

简化了离（退）休提取住房公积金证明材料：已达到法定离（退）休年龄，且已办理离（退）休手续的，提供：身份证、申请人银行卡；未达到法定离（退）休年龄，但已办理离（退）休手续的，提供：离（退）休批复或离（退）休证、身份证、申请人银行卡。

3. 修订印发了《芜湖市进城务工农民缴存住房公积金及住房贷款管理办法》，着力保障和改善民生，建立公开规范的住房公积金制度，解决进城务工农民购房需求，推进城镇化步伐。

（二）当年服务改进情况：

1. 认真贯彻落实芜湖市委市政府关于"最多跑一次"改革工作要求，将权力事项全部纳入"最多跑一次"项目，立足实际，自我革新，规范流程，精简手续，提升网上办理深度。

一是推进服务平台建设。通过安徽政务服务网芜湖政务服务旗舰店等政府门户网站公开办理环节、办理材料、各办事窗口咨询服务电话及常见问题解答，并在办事大厅显眼位置摆放办事指南，融合线上线下，使群众和企业能够一次性获得详细、有效、充分的办事信息。

二是完善公积金基础信息。按照加强信息化建设，推动"互联网＋公积金"改革的要求，深化住房公积金业务"双贯标"，拓展网上业务办理，中心对各缴存单位和职工个人信息数据进行一次全面补充完善。实现单位个人银行账户资金直联直付，更好地服务广大公积金缴存单位和职工。

三是优化流程，提高服务效率。聚焦群众意见较大、认可度不高、获得感不明显的"最多跑一次"事项，查摆问题，补齐短板，整改落实，确保"最多跑一次"落到实处。对住房公积金贷款和提取业务流程进行全面梳理，进一步简化优化流程，减少相关证明材料15项。取消了单位开具《住房公积金提取申请书》，符合提取条件的网上提取申请，可直接支付到个人账户。实施缴存人住房公积金自动转移，满足缴存人足不出户办理住房公积金业务，实现服务"零距离"。

2. 开展标准化服务活动，全面提升服务质效。

一是建立窗口轮流值班制度。领导班子成员带班，机关科室人员轮流值班，以普通办事群众身份到办事大厅体验"最多跑一次"事项办理过程，现场解决问题，与群众面对面开展"零距离"服务，方便办事群众。

二是开展品牌创建活动。以开展"青年文明号"开放周活动为载体，简化服务流程、美化服务环境、细化服务措施、提升服务效能，大力开展"公积金，惠万家"服务品牌创建活动，提高社会影响力，改善窗口形象，实现公积金服务标准化。

（三）当年住房公积金管理中心及职工所获荣誉情况：

1. 2018年3月6日市公积金管理中心开发区办事处被住房城乡建设厅表彰为第三批"全省住房城乡建设系统学雷锋活动示范点"，王莹同志被评为学雷锋先进个人《关于命名第三批全省住房城乡建设系统学雷锋活动示范点和岗位学雷锋标兵的决定》（建会函〔2018〕486号）。

2. 2018年2月11日，市公积金管理中心江北管理处晋珊被评为优秀工作人员、十佳服务之星——《关于表彰2018年度优秀服务窗口和优秀工作人员的决定》（芜政服〔2018〕5号）、《关于命名2018年度"十佳服务窗口""十佳服务之星"的决定》（芜政服〔2018〕6号）。

3. 2018年5月18日，市公积金管理中心被市委、市政府评为综治工作优秀单位——《中共芜湖市委、芜湖市政府关于2018年度全市综治工作（平安建设）目标管理考评结果的通报》（芜〔2018〕106号）。

4. 2018年7月，中心获得省住房城乡建设厅，财政厅2018年度住房公积金业务管理工作考核"优秀"等次——《关于2018年度住房公积金业务管理工作考核结果的通报》（建金〔2018〕113号）。

5. 2018年9月，中心获得安徽省建设学习型党组织工作领导小组办公室颁发的《关于印发安徽省第五批学习型党组织建设工作示范点名单的通知》（皖学办字〔2018〕2号）。

（四）2018年，市住房公积金中心加大各类住房公积金业务内审稽核工作，当年查处骗提住房公积金38笔，涉及金额256.87万元；骗贷1笔，金额50万元。

蚌埠市住房公积金2018年年度报告

一、机构概况

（一）**住房公积金管理委员会**：住房公积金管理委员会有26名委员，2018年召开2次会议，审议通过的事项主要包括：

第三届第十一次会议通过两项议题：1. 我市住房公积金2018年度报告；2. 2018年度增值收益分配意见。

第四届第一次会议通过四项议题：1. 审议第四届管委会人员名单；2. 我市住房公积金资金运行情况报告；3. 关于暂停受理异地公积金贷款的意见；4. 关于申请授权审批调整住房公积金比例及缓缴的报告。

（二）**住房公积金管理中心**：住房公积金管理中心为市政府直属不以营利为目的公益二类事业单位，设6个科，3个管理部。从业人员66人，其中，在编27人，非在编39人。

二、业务运行情况

（一）**缴存**：2018年，新开户单位339家，实缴单位2854家，净增单位227家；新开户职工2.60万人，实缴职工18.80万人，净增职工0.92万人；缴存额24.02亿元，同比增长9.23%。2018年末，缴存总额204.30亿元，同比增长13.32%；缴存余额72.82亿元，同比增长6.81%。

受委托办理住房公积金缴存业务的银行 3 家，与上年相同。

（二）**提取**：2018 年，提取额 19.38 亿元，同比增长 8.57%；占当年缴存额的 80.68%，比上年减少 0.51 个百分点。2018 年末，提取总额 131.48 亿元，同比增长 17.29%。

（三）**贷款**：个人住房贷款最高额度 40 万元，其中，单缴存职工最高额度 20 万元，双缴存职工最高额度 40 万元。

2018 年，发放个人住房贷款 0.57 万笔 12.79 亿元，同比分别下降 17.39%、34.24%。

2018 年，回收个人住房贷款 9.14 亿元。

2018 年末，累计发放个人住房贷款 6.53 万笔 132.41 亿元，贷款余额 85.07 亿元，同比分别增长 9.56%、10.69%、4.48%。个人住房贷款余额占缴存余额的 116.82%，比上年减少 2.59 个百分点。

受委托办理住房公积金个人住房贷款业务的银行 8 家，与上年相同。

（四）**融资**：2018 年，融资 7.45 亿元，归还 9.01 亿元。2018 年末，融资总额 33.45 亿元，融资余额 17.44 亿元。

（五）**资金存储**：2018 年末，住房公积金存款 6.61 亿元。其中，活期 0.19 亿元，其他（协定、通知存款等）6.42 亿元。

（六）**资金运用率**：2018 年末，住房公积金个人住房贷款余额、项目贷款余额和购买国债余额的总和占缴存余额的 116.82%，比上年减少 2.59 个百分点。

三、主要财务数据

（一）**业务收入**：2018 年，业务收入 28718.70 万元，同比增长 8.67%。其中，存款利息 1915.79 万元，委托贷款利息 26802.82 万元，其他 0.09 万元。

（二）**业务支出**：2018 年，业务支出 21446.30 万元，同比增长 20.22%。其中，支付职工住房公积金利息 10608.48 万元，委托贷款手续费 1857.15 万元，其他 8980.67 万元。

（三）**增值收益**：2018 年，增值收益 7272.40 万元，同比下降 15.33%。增值收益率 1.03%，比上年减少 0.27 个百分点。

（四）**增值收益分配**：2018 年，提取管理费用 1296.40 万元，提取城市廉租住房（公共租赁住房）建设补充资金 5976 万元。

2018 年，上交财政管理费用 1000 万元。上缴财政城市廉租住房（公共租赁住房）建设补充资金 7063 万元。

2018 年末，贷款风险准备金余额 27843.10 万元。累计提取城市廉租住房（公共租赁住房）建设补充资金 38605 万元。

（五）**管理费用支出**：2018 年，管理费用支出 2492.68 万元，同比增长 143.02%。其中，人员经费 794.10 万元，公用经费 445.41 万元，专项经费 1253.17 万元。

四、资产风险状况

2018 年末，个人住房贷款逾期额 178.59 万元，逾期率 0.21‰。

个人贷款风险准备金按贷款余额的 1% 提取。2018 年，未提取个人贷款风险准备金，未使用个人贷款风险准备金核销呆坏账。2018年末，个人贷款风险准备金余额27843.10万元，占个人住房贷款余额的3.27%，个人住房贷款逾期额与个人贷款风险准备金余额的比率为0.64%。

五、社会经济效益

（一）**缴存业务**：2018年，实缴单位数、实缴职工人数和缴存额同比分别增长8.64%、5.15%和9.23%。

缴存单位中，国家机关和事业单位占49.47%，国有企业占12.37%，城镇集体企业占1.61%，外商投资企业占1.93%，城镇私营企业及其他城镇企业占11.95%，民办非企业单位和社会团体占2.70%，其他占19.97%。

缴存职工中，国家机关和事业单位占44.79%，国有企业占23.04%，城镇集体企业占2.30%，外商投资企业占2.80%，城镇私营企业及其他城镇企业占8.05%，民办非企业单位和社会团体占1.26%，其他占17.76%；中、低收入占97.78%，高收入占2.22%。

新开户职工中，国家机关和事业单位占31.23%，国有企业占15.19%，城镇集体企业占2.06%，外商投资企业占2.86%，城镇私营企业及其他城镇企业占18.57%，民办非企业单位和社会团体占2.20%，其他占27.89%；中、低收入占99.61%，高收入占0.39%。

（二）**提取业务**：2018年，6.46万名缴存职工提取住房公积金19.38亿元。

提取金额中，住房消费提取占76.46%（购买、建造、翻建、大修自住住房占21.90%，偿还购房贷款本息占50.56%，租赁住房占3.18%，其他占0.82%）；非住房消费提取占23.54%（离休和退休提取占17.72%，完全丧失劳动能力并与单位终止劳动关系提取占1.88%，户口迁出本市或出境定居占1.76%，其他占2.18%）。

提取职工中，中、低收入占96.95%，高收入占3.05%。

（三）**贷款业务**：

1. **个人住房贷款**。2018年，支持职工购建房63.24万平方米，年末个人住房贷款市场占有率为13.18%，比上年减少2.77个百分点。通过申请住房公积金个人住房贷款，可节约职工购房利息支出23172.95万元。

职工贷款笔数中，购房建筑面积90（含）平方米以下占15.33%，90~144（含）平方米占81.27%，144平方米以上占3.40%。购买新房占86.31%，购买二手房占13.69%。

职工贷款笔数中，单缴存职工申请贷款占64.55%，双缴存职工申请贷款占35.45%。

贷款职工中，30岁（含）以下占39.92%，30岁~40岁（含）占32.42%，40岁~50岁（含）占21.46%，50岁以上占6.20%；首次申请贷款占88.77%，二次及以上申请贷款占11.23%；中、低收入占98.63%，高收入占1.37%。

2. **异地贷款**。2018年，发放异地贷款1199笔17257.40万元。2018年末，发放异地贷款总额55494.40万元，异地贷款余额45316.30万元。

（四）**住房贡献率**：2018年，个人住房贷款发放额、公转商贴息贷款发放额、项目贷款发放额、住房消费提取额的总和与当年缴存额的比率为114.95%，比上年减少38.06个百分点。

六、其他重要事项

(一) 当年住房公积金政策调整及执行情况：

1. **当年缴存基数限额及确定方法、缴存比例等缴存政策调整情况。**（1）延长阶段性适当降低企业住房公积金缴存比例政策的期限。我市2016年出台的阶段性适当降低住房公积金缴存比例的政策，延长执行至2020年4月30日。（2）严格控制住房公积金缴存基数上限。我市住房公积金缴存基数，最高不得超过我市统计部门公布的上一年度职工月平均工资的3倍。（3）扩大住房公积金缴存比例浮动区间。我市住房公积金缴存比例浮动区间为5%～12%。单位设立住房公积账户时，单位可在住房公积金缴存比例区间内自主选择。（4）提高企业降低住房公积金缴存比例和缓缴的审批效率。企业缴存确有困难的，经本企业职工代表大会或工会讨论通过，并经市住房公积金管理中心审核后（审批时限不得超过10个工作日），可以降低缴存比例或者缓缴，待企业经济效益好转后，再提高缴存比例或者恢复缴存并补缴缓缴部分。最低缴存比例不得低于5%。

2. **当年提取政策调整情况。**住房公积金账户封存期间，在异地开立住房公积金账户并稳定缴存半年以上的，可办理异地转移接续手续。未在新单位继续缴存的，封存满半年后可办理住房公积金账户销户手续。

3. **个人住房贷款方面。**2018年度，我市住房公积金贷款政策未做调整。

2018年我市公积金个贷发放比上年下降的主要原因：一是鉴于房价过快上涨及住房公积金资金不足的压力，2018年10月起，我市公积金贷款政策收紧，首付提高，额度降低；二是2018年度，我市新建商品住房交易户数总量与上年基本持平，本市缴存职工住房多数得到改善后购房占比有所下降，外地非缴存居民来蚌购房增加；三是银行商业贷款额度不足，造成组合贷款发放略有延缓。贷款金额减幅高于户数16.62个百分点，主要是贷款额度降低，户均贷款额下降。

(二) 当年服务改进情况：

1. 进一步加强"互联网+公积金"建设，提供精细化、便捷化服务。不断深入推进以门户网站为基础并涵盖网上大厅、微博、微信、手机APP、短信等渠道的综合服务平台建设，提升政务服务智慧化水平。目前已实现100%单位缴存业务网上申报，单位经办人员不出办公室就可以完成汇缴、补缴、封存、停缴、启封、年度基数调整、单位基本信息修改等网上业务。

2. 进一步推进信息共享和资源整合，让信息多跑路，百姓少跑路。接入人行征信系统，征信查询可以有效减少办事材料，提高办事效率，进一步防范利用虚假资料骗提的违规行为。

3. 优化住房公积金办理流程与服务，积极拓展个人网上业务办理功能，打造网上营业厅的"公积金旗舰店"，推进"网上办、不见面、一趟清"的工作理念，实现了职工办理业务从脚尖到指尖的转变。工作效率明显提高，深受职工好评。

4. 开展业务专项培训，提升柜面服务质量。根据政策调整及时梳理优化服务流程，修订完善服务指引，根据培训计划不间断开展各类学习培训。努力打造一只具有先进理念、素质过硬、业务熟练的优秀为民服务窗口。

(三) 当年信息化建设情况：按照省市对互联网+政务服务的工作要求，紧紧围绕公积金工作实际，以科技引领、信息支撑为基本定位，夯实信息化基础，深化信息化应用，强化网络信息安全，努力提升全

中心信息化应用水平和创新能力,加快推进中心信息化建设。主要体现在以下几个方面:

1. 信息化提升了服务效能和水平。按照政府"一网通办"和企业群众办事"只进一扇门""最多跑一次"的要求,实现了网上服务大厅与政务服务网的统一认证和对接,不需要二次登录和认证。让缴存单位和缴存职工登录政务服务网就可以在线办理公积金中心所有在线业务。真正实现了让群众少跑腿,让数据多跑路的目标。市里专门给我们建立了政务旗舰店。目前法人业务实现了100%在线办理。个人业务的开放数量也是全省领先。目前公积金中心月均办理50000件,在全市的办件量一直名列前茅。

2. 信息安全进一步提升。按照公安部信息安全等级保护要求。组织对信息系统按照信息系统等级保护(三级)标准进行了测评。并根据测评结果,对查出问题进行了建设整改。添置了核心的信息安全设备、加固了网络边界,完善了信息制度,增配了管理人员。确保了资金和数据安全。

3. 根据新的信息系统等级保护(三级)要求,完善了机房管理制度,加强了机房日常维护与管理,并按照要求定期开展应急演练。

4. 按月报送给人行公积金缴存数据,市中心及三县铺通了线路并保证用户查询的相关技术支持。

5. 为完成省厅的综合服务平台建设工作,2018年实现了12329短信开通使用,目前短信应用范围为公积金提取、贷款短信提醒和网上用户注册的认证。

(四)当年住房公积金管理中心及职工所获荣誉情况:2018年,市公积金中心获安徽省级文明单位、安徽省卫生先进单位、蚌埠市双拥模范单位等称号;业务服务中心获安徽省巾帼文明岗称号;业务服务中心获全市"十佳科室"称号。柏杨获全市"十佳科长"称号。

淮南市住房公积金2018年年度报告

一、机构概况

(一)住房公积金管理委员会:住房公积金管理委员会有29名委员,2018年召开两次会议,审议通过的事项主要包括:1.调整管委会成员;2.《淮南市2018年住房公积金归集、使用计划执行情况及2018年工作计划的报告》;3.《淮南市2018年度住房公积金财务报告》;4.《淮南市2018年度住房公积金增值收益分配方案》;5.《淮南市住房公积金2018年1~10月归集、使用情况报告》;6.《关于上缴2018年廉租房(公共租赁住房)补充资金的报告》。

(二)住房公积金管理中心:住房公积金管理中心为直属淮南市人民政府不以营利为目的的自收自支事业单位,设9个科(室),2个管理部和1个县分中心、1个矿业集团分中心。从业人员84人,其中,在编64人,非在编20人。

二、业务运行情况

(一)缴存:2018年,新开户单位282家,实缴单位3421家,净增单位270家;新开户职工1.96万人,实缴职工26.56万人,净增职工0.16万人;缴存额39.15亿元,同比增长4.57%。2018年末,缴存总额 452.10 亿元，同比增长 9.48%；缴存余额 143.85 亿元，同比增长 0.93%。

受委托办理住房公积金缴存业务的银行 5 家，本年度无变化。

(二) **提取**：2018 年，提取额 37.82 亿元，同比增长 2.26%；占当年缴存额的 96.60%，比上年减少 2.17 个百分点。2018 年末，提取总额 308.26 亿元，同比增长 13.98%。

(三) **贷款**：

1. **个人住房贷款**。个人住房贷款最高额度 50 万元，其中，单缴存职工最高额度 40 万元，双缴存职工最高额度 50 万元。

2018 年，发放个人住房贷款 0.68 万笔 21.47 亿元，同比分别下降 6.85%、增长 2.73%。其中，市中心发放个人住房贷款 0.42 万笔 13.82 亿元，矿业集团分中心发放个人住房贷款 0.26 万笔 7.65 亿元。2018 年，回收个人住房贷款 15.38 亿元。其中，市中心 9.75 亿元，矿业集团分中心 5.63 亿元。

2018 年末，累计发放个人住房贷款 9.82 万笔 214.26 亿元，贷款余额 109.18 亿元，同比分别增长 7.44%、11.13%、5.91%。个人住房贷款余额占缴存余额的 75.90%，比上年增加 3.56 个百分点。

受委托办理住房公积金个人住房贷款业务的银行 8 家，本年度无变化。

2. **住房公积金支持保障性住房建设项目贷款**。截至 2018 年末，累计发放项目贷款 26.87 亿元，已全部回收。

(四) **资金存储**：2018 年末，住房公积金存款 34.50 亿元。其中，活期 0.76 亿元，1 年（含）以下定期 17.44 亿元，1 年以上定期 11.35 亿元，其他（协定、通知存款等）4.95 亿元。

(五) **资金运用率**：2018 年末，住房公积金个人住房贷款余额、项目贷款余额和购买国债余额的总和占缴存余额的 75.90%，比上年增加 3.56 个百分点。

三、主要财务数据

(一) **业务收入**：2018 年，业务收入 43055.09 万元，同比下降 4.82%。其中，市中心 24888.08 万元，矿业集团分中心 18167.01 万元；存款利息 9150.98 万元，委托贷款利息 33903.56 万元，其他 0.55 万元。

(二) **业务支出**：2018 年，业务支出 24880.38 万元，同比下降 0.90%。其中，市中心 13503.62 万元，矿业集团分中心 11376.76 万元；支付职工住房公积金利息 22259.54 万元，归集手续费 223.44 万元，委托贷款手续费 1822.62 万元，其他 574.78 万元。

(三) **增值收益**：2018 年，增值收益 18174.71 万元，同比下降 9.70%。其中，市中心 11384.46 万元，矿业集团分中心 6790.25 万元；增值收益率 1.27%，比上年减少 0.14 个百分点。

(四) **增值收益分配**：2018 年，提取贷款风险准备金 0 万元，提取管理费用 1277.49 万元，提取城市廉租住房（公共租赁住房）建设补充资金 16897.22 万元。

2018 年，上交财政管理费用 1551.73 万元。上缴财政城市廉租住房（公共租赁住房）建设补充资金 25478.87 万元。其中，市中心上缴 11405.25 万元，矿业集团分中心上缴 14073.62 万元。

2018 年末，贷款风险准备金余额 66488.95 万元。累计提取城市廉租住房（公共租赁住房）建设补充资金 124355.96 万元。其中，市中心提取 64502.13 万元，矿业集团分中心 59853.83 万元。

(五) **管理费用支出**：2018 年，管理费用支出 1699.93 万元，同比降低 9.15%。其中，人员经费

1161.28万元，公用经费41.94万元，专项经费496.71万元。

市中心管理费用支出1143.95万元，其中，人员、公用、专项经费分别为706.30万元、32.94万元、404.71万元；矿业集团分中心管理费用支出555.98万元，其中，人员、公用、专项经费分别为454.98万元、9万元、92万元。

四、资产风险状况

（一）个人住房贷款：2018年末，个人住房贷款逾期额为零，逾期率0‰。

个人贷款风险准备金按贷款余额的1%提取。当年使用个人贷款风险准备金核销0万元，个人贷款风险准备金余额为56942.15万元，个人贷款风险准备金余额与个人贷款余额的比率为5.22%，个人贷款逾期额与个人贷款风险准备金余额的比率为0%。

（二）支持保障性住房建设试点项目贷款：2018年末，项目贷款已全部回收。项目贷款风险准备金按贷款余额的4%提取。项目贷款风险准备金余额9546.8万元。

五、社会经济效益

（一）缴存业务：2018年，实缴单位数、实缴职工人数和缴存额同比分别增长8.57%、0.61%和4.57%。

缴存单位中，国家机关和事业单位占46.04%，国有企业占16.25%，城镇集体企业占4.47%，外商投资企业占1.26%，城镇私营企业及其他城镇企业占27.3%，民办非企业单位和社会团体占2.28%，其他占2.4%。

缴存职工中，国家机关和事业单位占27.30%，国有企业占55.15%，城镇集体企业占2.48%，外商投资企业占0.94%，城镇私营企业及其他城镇企业占9.5%，民办非企业单位和社会团体占3.19%，其他占1.44%；中、低收入占98.66%，高收入占1.34%。

新开户职工中，国家机关和事业单位占16.46%，国有企业占35.01%，城镇集体企业占1.53%，外商投资企业占1.62%，城镇私营企业及其他城镇企业占21.2%，民办非企业单位和社会团体占5.6%，其他占18.58%；中、低收入占99.99%，高收入占0.01%。

（二）提取业务：2018年，9.20万名缴存职工提取住房公积金37.82亿元。

提取金额中，住房消费提取占70.5%（购买、建造、翻建、大修自住住房占27.24%，偿还购房贷款本息占42.03%，租赁住房占0.33%，其他占0.9%）；非住房消费提取占29.5%（离休和退休提取占24.43%，完全丧失劳动能力并与单位终止劳动关系提取占2.94%，户口迁出本市或出境定居占0.09%，其他占2.04%）。

提取职工中，中、低收入占98.23%，高收入占1.77%。

（三）贷款业务：

1. 个人住房贷款。2018年，支持职工购建房70.82万平方米，年末个人住房贷款市场占有率为27.34%，比上年减少5.98个百分点。通过申请住房公积金个人住房贷款，可节约职工购房利息支出60372.11万元。

职工贷款笔数中，购房建筑面积90（含）平方米以下占25.39%，90~144（含）平方米占70.07%，

144 平方米以上占 4.54%。购买新房占 59.44%（其中购买保障性住房占 0%），购买二手房占 40.56%。

职工贷款笔数中，单缴存职工申请贷款占 63.06%，双缴存职工申请贷款占 36.94%。

贷款职工中，30 岁（含）以下占 30.45%，30 岁～40 岁（含）占 38.25%，40 岁～50 岁（含）占 24.61%，50 岁以上占 6.69%；首次申请贷款占 78.7%，二次及以上申请贷款占 21.3%；中、低收入占 99.33%，高收入占 0.67%。

2. **异地贷款**。2018 年，发放异地贷款 750 笔 23279.20 万元。2018 年末，发放异地贷款总额 90088.80 万元，异地贷款余额 82775.04 万元。

3. **支持保障性住房建设试点项目贷款**。2018 年末，累计试点项目 23 个，贷款额度 27.38 亿元，建筑面积 484.4 万平方米，可解决 46170 户中低收入职工家庭的住房问题。23 个试点项目贷款资金已发放并全部回收。

（四）**住房贡献率**：2018 年，个人住房贷款发放额、公转商贴息贷款发放额、项目贷款发放额、住房消费提取额的总和与当年缴存额的比率为 122.95%，比上年减少 2.75 个百分点。

六、其他重要事项

（一）**机构职能调整情况**：经选址、购买、装修后，我中心下属毛集管理部于 2018 年 5 月 29 日由凤台县新集镇搬迁至毛集区毛集镇正式运营。

（二）**当年住房公积金政策调整及执行情况**：自 2018 年 1 月 1 日起我市住房公积金贷款最高额度由 55 万元下调到 50 万元、取消住房公积金装修贷款及装修提取业务、取消我市职工异地购房本地房抵押的贷款政策、暂停期房商业贷款转公积金贷款业务、严格限制住房公积金贷款发放次数、调整非首套房购房首付款比例。按照市统计局公布的 2018 年度在岗职工人均工资标准，确定 2018 年度我市住房公积金缴存基数上限为 16405 元，单位和职工住房公积金缴存额上限各为 1968.6 元/月，从 2018 年 7 月 1 日起执行。

（三）**开展"公积金提升年"主题活动**：根据市中心开展"抓规范、练内功、提效能"三年行动计划的总体安排，2018 年为全市住房公积金系统的"公积金提升年"，经过动员、部署、自查、整改、研讨等各项工作的开展，我市住房公积金各项工作得到显著提升。

（四）**当年获得荣誉情况**：中心在 2018 年先后被市委、市政府评为"2018 年度目标管理绩效考核先进单位"、"2018 年度保密工作协作组目标考核优秀组长单位"、"2018 年度市级部门决算先进单位"、"2018 年度市级部门预算编制先进单位"。中心党组书记、主任李长安同志在市管领导班子和领导干部综合考核工作中连续三年均被评为"优秀"等次，记个人三等功一次。

马鞍山市住房公积金 2018 年年度报告

一、机构概况

（一）**住房公积金管理委员会**：住房公积金管理委员会有 26 名委员，2018 年，共召开两次全体会议，审议通过2018年度住房公积金归集、使用计划执行情况，并对其他重要事项进行决策，主要包括：审议通过了2018年年度报告和2018年计划安排；通过了《关于部分委员因岗位变动调整情况报告》；审议通过了市县廉租房建设补充资金分配方案；审议并原则通过了《关于调整住房公积金使用政策的通知》；研究了长期停缴户的处置问题；会议听取了2018年度及2018年1～9月县区载体单位住房公积金归集扩面考核情况的通报；审议通过了《亚星锚链（马鞍山）有限公司等单位申请请降低缴存比例或缓缴的备案报告》；审议并一致通过了《2018年度住房公积金缴存比例和基数调整方案》。

（二）住房公积金管理中心：住房公积金管理中心为直属马鞍山市人民政府不以营利为目的的自收自支事业单位，主要负责全市住房公积金的归集、管理、使用和会计核算。中心内设7个科室，3个管理部，1个分中心。从业人员63人，其中，在编45人，非在编18人。

二、业务运行情况

（一）缴存：2018年，新开户单位277家，实缴单位2713家，净增单位236家；新开户职工2.13万人，实缴职工21.53万人，净增职工1.28万人；当年缴存额36.16亿元，同比增长12.54%。2018年末，缴存总额318.75亿元，同比增长12.80%；缴存余额95.96亿元，同比增长7.49%。

受委托办理住房公积金缴存业务的银行10家，与上年同比增加8家。

（二）提取：2018年，提取额29.47亿元，同比增长9.47%；占当年缴存额的81.50%，比上年同期减少2.28个百分点。2018年末，提取总额222.79亿元，同比增长15.24%。

（三）贷款：个人住房贷款最高额度45万元，其中，单缴存职工最高额度30万元，双缴存职工最高额度45万元。

2018年，发放个人住房贷款0.61万笔16.48亿元，贷款笔数同比下降3.17%、贷款金额同比增长0.55%。其中，市中心发放个人住房贷款0.49万笔13.21亿元，马钢分中心发放个人住房贷款0.12万笔3.27亿元。

2018年，回收个人住房贷款14.25亿元。其中，市中心10.55亿元，马钢分中心3.70亿元。

2018年末，累计发放个人住房贷款9.47万笔176.03亿元，贷款余额87.67亿元，同比分别增长6.88%、10.33%、2.61%。个人住房贷款余额占缴存余额的91.36%，比上年减少4.35个百分点。

受委托办理住房公积金个人住房贷款业务的银行12家，与上年同比没有增加。

（四）融资：2018年，融资1亿元，归还3.7亿元。2018年末，融资总额9.25亿元，融资余额1亿元。

（五）资金存储：2018年末，住房公积金存款额11.89亿元。其中，活期0.40亿元，1年（含）以下定期6.08亿元，1年以上定期0.4亿元，其他（协定、通知存款等）5.01亿元。

（六）资金运用率：2018年末，住房公积金个人住房贷款余额、项目贷款余额和购买国债余额的总和占缴存余额的91.36%，比上年减少4.35个百分点。

三、主要财务数据

（一）业务收入：2018年，业务收入29865.36万元，同比增长2.37%。其中，市中心21393.90万元，马钢分中心8471.46万元；存款利息1894.28万元，委托贷款利息27968.26万元，其他2.82万元。

（二）业务支出：2018年，业务支出13747.97万元，同比增长15.49%。其中，市中心8728.16万元，马钢分中心5019.81万元；支付职工住房公积金利息10990.91万元，归集手续费用556.96万元，委托贷款手续费839.34万元，其他1360.76万元。

（三）增值收益：2018年，增值收益16117.39万元，同比下降6.67%。其中，市中心12665.74万元，马钢分中心3451.65万元；增值收益率1.76%，比上年下降0.22个百分点。

（四）增值收益分配：2018年，提取贷款风险准备金4691.64万元，提取管理费用1629万元，提取城市廉租房（公共租赁住房）建设补充资金9796.75万元。

2018年，上交财政管理费用1718.31万元。上缴财政城市廉租住房（公共租赁住房）建设补充资金15350.82万元。其中，市中心上缴9484.83万元，马钢分中心上缴5865.99万元。

2018年末，贷款风险准备金余额26489.81万元。累计提取城市廉租住房（公共租赁住房）建设补充资金71265.47万元。其中，市中心提取43241.43万元，马钢分中心提取28024.04万元。

（五）管理费用支出：2018年，管理费用支出2063.47万元，同比增长19.89%。其中，人员经费986.10万元，公用经费299.20万元，专项经费778.17万元。

市中心管理费用支出1640.13万元，其中，人员、公用、专项经费分别为727.86万元、271.20万元、641.07万元；马钢分中心管理费用支出423.34万元，其中，人员、公用、专项经费分别为258.24万元、28万元、137.10万元。

四、资产风险状况

2018年末，逾期个人住房贷款逾期额17.16万元，逾期率为十万分之一点九六。其中，市中心逾期率为十万分之一点九六。

2018年，提取个人贷款风险准备金4691.64万元。使用个人贷款风险准备金核销呆坏账0万元，2018年末，个人贷款风险准备金余额26489.81万元，占个人贷款余额的3.02%，个人贷款逾期额与个人贷款风险准备金余额的比率为万分之六点四八。

五、社会经济效益

（一）缴存业务：2018年，实缴单位数、实缴职工人数和缴存额同比分别增长9.53%、6.32%和12.54%。

缴存单位中，国家机关和事业单位占40.10%，国有企业占12.97%，城镇集体企业占1.18%，外商投资企业占3.10%，城镇私营企业及其他城镇企业占14.30%，民办非企业单位和社会团体占2.51%，其他占25.84%。

缴存职工中，国家机关和事业单位占27.34%，国有企业占39.18%，城镇集体企业占3.07%，外商投资企业占4.29%，城镇私营企业及其他城镇企业占9.44%，民办非企业单位和社会团体占0.88%，其他占15.80%；中、低收入占97.01%，高收入占2.99%。

新开户职工中，国家机关和事业单位占12.26%，国有企业占12.23%，城镇集体企业占3.11%，外商投资企业占8.56%，城镇私营企业及其他城镇企业占22.82%，民办非企业单位和社会团体占2.32%，其他占38.70%；中、低收入占99.80%，高收入占0.20%。

（二）提取业务：2018年，6.92万名缴存职工提取住房公积金29.47亿元。

提取的金额中，住房消费提取占76.36%（购买、建造、翻建、大修自住住房占30.79%，偿还购房贷款本息占45.25%，租赁住房占0.30%，其他0.02%）；非住房消费提取占23.64%（离退休提取占18.62%，完全丧失劳动能力并与单位终止劳动关系提取占2.76%，户口迁出本市或出境定居占1.17%，其他占1.09%）。

提取职工中，中、低收入占96.85%，高收入占3.15%。

（三）贷款业务：

1. 个人住房贷款。2018年，支持职工购建房67.55万平方米，年末个人住房贷款市场占有率为22.28%，比上年减少4.27个百分点。通过申请住房公积金个人住房贷款，可节约职工购房利息支出9059.51万元。

职工贷款笔数中，购房建筑面积90（含）平方米以下占23.46%，90～144（含）平方米占68.17%，144平方米以上占8.37%；购买新房占49.47%，购买二手房占50.41%，其他0.12%。

职工贷款笔数中，单缴存职工申请贷款占60.39%，双缴存职工申请贷款占39.61%。

贷款职工中，30岁（含）以下占33.66%，30岁～40岁（含）占33.39%，40岁～50岁（含）占25.62%，50岁以上占7.33%；首次申请贷款占78.76%，二次及以上申请贷款占21.24%；中、低收入占99.56%，高收入占0.44%。

2. 异地贷款。2018年，发放异地贷款675笔15833.70万元。2018年末，发放异地贷款总额67765.20万元，异地贷款余额60681.27万元。

（四）住房贡献率：2018年，个人住房贷款发放额、公转商贴息贷款发放额、项目贷款发放额、住房消费提取额的总和与当年缴存额的比率为107.81%，比上年同期减少8.70个百分点。

六、其他重要事项

（一）当年住房公积金政策调整及执行情况：

1. 缴存基数限额及确定方法、缴存比例调整情况。2018年，根据国务院《住房公积金管理条例》和住房城乡建设部、财政部、人民银行《关于改进住房公积金缴存机制进一步降低企业成本的通知》（建金〔2018〕45号）等文件精神，我市出台了《关于调整2018年度住房公积金缴存比例和基数的通知》，对我市2018年度缴存单位住房公积金缴存工资基数进行了调整，明确调整对象、主要内容、办理方式、步骤、时间以及其他相关要求。

2018年，我市职工住房公积金缴存基数上限按不超过本市上年职工社会平均工资3倍的要求确定为19087元，单位和个人月缴存额不得高于我市规定最高缴存封顶额（最高缴存封顶额为缴存基数最高限额乘以我市规定的最高缴存比例）。缴存基数下限为我市最低工资标准1350元。个体工商户、自由职业等个人缴存者，最高月缴存额为4582元，最低月缴存额136元。住房公积金缴存比例下限由7%调整为5%，上限12%不变。

2. 住房公积金存贷款利率调整及执行情况。中心严格按照中国人民银行、住房城乡建设部、财务部印发的《关于完善职工住房公积金账户存款利率形成机制的通知》（银发〔2016〕43号）规定，对职工住房公积金账户存款利率，不论是上年结转还是当年归集，统一按一年期定期存款利率1.5%计息。

3. 住房公积金个人住房提取政策调整情况。 为防范骗提套取住房公积金的行为，制定了《关于进一步深入开展治理违规使用住房公积金工作的通知》，规定在异地购房：本人或配偶及其父母或子女在购房所在地工作或是户籍在该地，需提供购房合同、不动产登记证、购房全额发票；规范利用二手房反复交易套取住房公积金行为。两年内购买同一套住房申请提取住房公积金的，即前后两次交易的契税缴纳时间必须满 24 个月，不满 24 个月再次交易的，购房人不得提取住房公积金；明确贷款次数的认定。公积金贷款次数认定以家庭为单位（含婚前和婚后贷款），借款人及配偶贷款次数合并计算。对夫妻婚姻存续期间合并计算有过 2 次住房公积金贷款记录，离异未满 1 年的职工不予受理公积金贷款申请；严格账户封存手续。缴存职工与单位解除或终止劳动关系的，先办理个人账户封存。账户封存期间，在异地开立住房公积金账户并稳定半年以上的，办理异地转移接续手续。未在异地（马鞍山市行政区域外）继续缴存的，封存期满 6 个月的方可提取。

（二）当年服务改进情况：

1. 持续发力推动"互联网＋政务服务"落地显效。 中心按照"互联网＋政务服务"建设要求，全力深化住房公积金领域"放管服"改革。一是推进办理程序"瘦身"。公积金汇缴业务全部网办；公积金贷款时限缩短为三到五天，公积金提取无需单位开具提取单，提取款项秒级到账；业务办理模式升级为全市通存通兑，实现完全无纸化办理。二是推进服务宣传到位。9 月初，组织对全市 800 余家企事业单位开展网上汇缴业务的集中培训。9 月 3 日举办了"互联网＋公积金"新闻发布会，现场介绍并操作演示了住房公积金综合服务平台多项功能。三是推进办理区域"扫盲"。将业务办理网点进行延伸，开设工行、建行 2 家公积金业务代办试点，全市业务办理点增至 8 个。

2. 不断提高窗口文明水平。 进一步深化中心省文明行业优质服务品牌"阳光智慧公积金，微笑服务伴你行"建设，中心严格执行服务承诺制、首问负责制等各项制度，不断推进服务趋于规范化、标准化、人性化。在 2018 年全省住房公积金业务管理考核工作中再次被评为"优秀"等次。

（三）当年信息化建设情况： 2018 年，中心信息化建设工作稳步推进。自 2018 年对中心业务系统升级改造后，通过对系统不断优化、完善，根据双贯标验收检查组提出的整改意见进行整改，目前系统运行平稳。同时，认真贯彻落实中央、省、市"放管服"改革精神，紧跟"互联网＋"发展新形势，根据《住房公积金综合服务平台建设导则》，不断更新信息化理念，对中心已建综合服务平台进行了升级改造，遵循经济适用、稳定可靠、安全高效、多样化和可拓展的原则，以互联网和移动互联网为载体，充分利用大数据、云计算等主流技术手段，实现了业务办理从人工到智能、从线下到线上、从限时到随时的服务转变，进一步简化了办理流程，提升了办事效率，优化了服务质量，单位网上实时缴存公积金、"掌上公积金"双"刷脸"操作等一项项创新举措也给广大缴存职工带来了诸多便利。在此同时，全面与政务服务网对接，实现了网上事项全覆盖。2018 年 10 月 25 日，以优秀等次通过了部省联合检查组的验收，成为安徽省首家通过综合服务平台验收的单位，真正实现缴存业务全程线上办理，提取等业务大部分线上预约及办理，充分发挥互联网优势，加强数据共联共享，住房公积金"全程网办"、"一次办结"和"一次不用跑"步入现实。

为了保障业务系统与综合服务平台安全稳定运行，经市政府批准，给予了 378 万元的信息安全建设专项资金，对中心网络边界部署安全设备，加强对日志、数据库方面的审计，部署终端管理系统，建立核心数据异地容灾备份，核心设备采取冗余机制，并由第三方专业机构进行等级保护三级测评。

（四）当年住房公积金管理中心及职工所获荣誉情况： 本年度，我中心获得省级青年文明号、省住房城乡建设厅学雷锋示范岗称号；被市妇联授予巾帼文明岗、市"三八"红旗集体称号；中心业务大厅获市政务服务中心红旗窗口称号；中心机关党支部获 2018 年度市直机关优秀党组织，获全市"不忘初心、牢记使命-最美微党课"二等奖；中心职工万霞获全市"新时代、新理论、新作为—理论微宣讲"第一名。

（五）其他需要披露的事项：

1. **科学防控保障公积金资金健康运行**。一是加强风险防控。建立住房公积金风险防控动态防控体系，重点针对跨行调度资金及财务核算进行监督审查，顺利完成了中心业务自主核算后首个年度的住房公积金年度结息工作。二是构建资金风险防控体系。通过公积金综合服务平台及时监控跟踪资金使用状况，对住房公积金数据进行实时备份，构建三级等保体系。三是加强贷款逾期管理，进一步优化了贷前、贷中、贷后管理流程，制定了《住房公积金个人贷款逾期保证金线下转账扣划业务流程》，并组织开展线下住房公积金个人贷款逾期保证金扣划工作。

2. **多措并举推进征缴扩面趋于深入**。一是严格落实住房公积金扩面目标考核制度，合理制定了 2018 年扩面指标，定期召开扩面进度通报会，加强对载体单位扩面考核。二是加强与各载体单位和人社、财政部门的协调联动，积极促进新版劳动合同中缴存住房公积金条款的落实工作。

3. **双向互动促使行政执法突破瓶颈**。中心加强内外双向互动，努力推动住房公积金执法难问题的破局。内部方面，进一步加强内审稽核力度，拟定了《关于进一步深入开展治理违规提取住房公积金工作的通知》，开展住房公积金政策执行情况专项稽核。外部方面，联合市住建委，继续在区、县开展"拒绝职工使用住房公积金贷款购房问题"的专项整治活动，实施联合失信惩戒制度。

淮北市住房公积金 2018 年年度报告

一、机构概况

（一）**住房公积金管理委员会**：住房公积金管理委员会有 25 名委员，2018 年召开 3 次会议，审议通过的事项主要包括：

（1）淮北市住房公积金管理中心 2018 年度归集、使用执行情况报告；

（2）淮北市住房公积金管理中心淮北矿业集团分中心 2018 年度归集、使用执行情况报告；

（3）淮北市住房公积金管理中心皖北煤电集团分中心 2018 年度归集、使用执行情况报告；

（4）淮北市住房公积金管理中心 2018 年度增值收益分配方案；

（5）淮北市住房公积金管理中心淮北矿业集团分中心 2018 年度增值收益分配方案；

（6）淮北市住房公积金管理中心皖北煤电集团分中心 2018 年度增值收益分配方案；

（7）淮北市住房公积金管理中心 2018 年度归集、使用计划；

（8）淮北市住房公积金管理中心淮北矿业集团分中心 2018 年度归集、使用计划；

（9）淮北市住房公积金管理中心皖北煤电集团分中心 2018 年度归集、使用计划；

（10）淮北市住房公积金 2018 年年度报告；

（11）淮北市住房公积金管理中心关于进一步规范我市住房公积金贷款政策的意见；

（12）淮北市住房公积金管理中心个人封存账户清理工作的意见；

（13）淮北市住房公积金管理中心关于进一步规范我市住房公积金贷款政策的意见；

（14）皖北煤电集团公司提交的《关于住房公积金缴纳事项的请示》。

（二）**住房公积金管理中心**：住房公积金管理中心隶属淮北市人民政府，是不以营利为目的的自收自支的事业单位，下设4个科、1个管理部、2个分中心。从业人员67人，其中，在编48人，非在编19人。

二、业务运行情况

（一）**缴存**：2018年，新开户单位159家，实缴单位1237家，净增单位113家；新开户职工0.83万人，实缴职工19.31万人，净减职工0.65万人；缴存额28.01亿元，同比下降5.82%。2018年末，缴存总额316.31亿元，同比增长9.72%；缴存余额104.99亿元，同比增长0.01%。

受委托办理住房公积金缴存业务的银行2家，无变化。

（二）**提取**：2018年，提取额28亿元，同比增长16.86%；占当年缴存额的99.96%，比上年增加19.4个百分点。2018年末，提取总额211.32亿元，同比增长15.27%。

（三）**贷款**：个人住房贷款最高额度50万元，其中，单缴存职工最高额度40万元，双缴存职工最高额度50万元。

2018年，发放个人住房贷款0.47万笔14.92亿元，同比分别增长42.42%、63.96%。其中，市中心发放个人住房贷款0.32万笔11.06亿元，淮矿分中心发放个人住房贷款0.12万笔3.08亿元，皖北分中心发放个人住房贷款0.03万笔0.78亿元。

2018年，回收个人住房贷款10.72亿元。其中，市中心4.07亿元，淮矿分中心5.07亿元，皖北分中心1.58亿元。

2018年末，累计发放个人住房贷款6.76万笔137.53亿元，贷款余额81.01亿元，同比分别增长7.47%、12.18%、5.48%。个人住房贷款余额占缴存余额的77.16%，比上年增加4个百分点。

受委托办理住房公积金个人住房贷款业务的银行9家，无变化。

（四）**资金存储**：2018年末，住房公积金存款26.02亿元。其中，活期1.22亿元，1年（含）以下定期10.77亿元，1年以上定期11.91亿元，其他（协定、通知存款等）2.12亿元。

（五）**资金运用率**：2018年末，住房公积金个人住房贷款余额、项目贷款余额和购买国债余额的总和占缴存余额的77.16%，比上年增加4个百分点。

三、主要财务数据

（一）**业务收入**：2018年，业务收入30260.34万元，同比增长2.17%。其中，市中心13088.81万元，淮矿分中心12847.31万元，皖北分中心4324.22万元；存款利息4906.14万元，委托贷款利息25310.8万元，国债利息0万元，其他43.4万元。

（二）**业务支出**：2018年，业务支出16916.42万元，同比增长13.53%。其中，市中心6392.76万元，淮矿分中心7847.31万元，皖北分中心2676.35万元；支付职工住房公积金利息16183.57万元，归集手续费53.33万元，委托贷款手续费678.81万元，其他0.71万元。

（三）**增值收益**：2018年，增值收益13343.92万元，同比下降9.33%。其中，市中心6696.06万元，淮矿分中心5000万元，皖北分中心1647.86万元；增值收益率1.27%，比上年减少0.17个百分点。

（四）**增值收益分配**：2018年，提取贷款风险准备金0万元，提取管理费用2945.65万元，提取城市廉租住房（公共租赁住房）建设补充资金10398.27万元。

2018年，上交财政管理费用5148.92万元。上缴财政城市廉租住房（公共租赁住房）建设补充资金9568.24万元。其中，市中心上缴5496.01万元，淮矿分中心上缴2800万元，皖北分中心上缴1272.23万元。

2018年末，贷款风险准备金余额20274.46万元。累计提取城市廉租住房（公共租赁住房）建设补充资金74919.02万元。其中，市中心提取31738.19万元，淮矿分中心提取35897.96万元，皖北分中心提取7282.87万元。

（五）**管理费用支出**：2018年，管理费用支出2087.36万元，同比增长6.95%。其中，人员经费1039.64万元，公用经费162.38万元，专项经费885.34万元。

市中心管理费用支出1082.24万元，其中，人员、公用、专项经费分别为433.22万元、26.73万元、622.29万元；淮矿分中心管理费用支出673.44万元，其中，人员、公用、专项经费分别为398.47万元、74.23万元、200.74万元；皖北分中心管理费用支出331.68万元，其中，人员、公用、专项经费分别为207.95万元、61.42万元、62.31万元。

四、资产风险状况

2018年末，个人住房贷款逾期额1648.41万元，逾期率2.03‰。其中，市中心0‰，淮矿分中心3.96‰，皖北分中心3.66‰。

个人贷款风险准备金按贷款余额的1%提取。2018年，提取个人贷款风险准备金0万元，使用个人贷款风险准备金核销呆坏账0万元。2018年末，个人贷款风险准备金余额20274.46万元，占个人住房贷款余额的2.5%，个人住房贷款逾期额与个人贷款风险准备金余额的比率为8.13%。

五、社会经济效益

（一）**缴存业务**：2018年，实缴单位数、实缴职工人数和缴存额同比分别增长10.05%、下降3.25%、下降5.82%。

缴存单位中，国家机关和事业单位占41.63%，国有企业占23.53%，城镇集体企业占2.99%，外商投资企业占2.02%，城镇私营企业及其他城镇企业占17.38%，民办非企业单位和社会团体占2.34%，其他占10.11%。

缴存职工中，国家机关和事业单位占22.72%，国有企业占66.13%，城镇集体企业占1.03%，外商投资企业占2.57%，城镇私营企业及其他城镇企业占4.78%，民办非企业单位和社会团体占0.47%，其他占2.3%；中、低收入占98.42%，高收入占1.58%。

新开户职工中，国家机关和事业单位占19.3%，国有企业占27.45%，城镇集体企业占1.75%，外商投资企业占9.15%，城镇私营企业及其他城镇企业占24.51%，民办非企业单位和社会团体占5.83%，其他占12.01%；中、低收入占99.53%，高收入占0.47%。

（二）**提取业务**：2018年，8.19万名缴存职工提取住房公积金28亿元。

提取金额中，住房消费提取占 69.54%（购买、建造、翻建、大修自住住房占 33.44%，偿还购房贷款本息占 35.99%，租赁住房占 0.08%，其他占 0.03%）；非住房消费提取占 30.46%（离休和退休提取占 21.07%，完全丧失劳动能力并与单位终止劳动关系提取占 3.11%，户口迁出本市或出境定居占 0.17%，其他占 6.11%）。

提取职工中，中、低收入占 98.5%，高收入占 1.5%。

（三）贷款业务：

1. **个人住房贷款**。2018 年，支持职工购建房 49.87 万平方米，年末个人住房贷款市场占有率为 35.43%，比上年减少 6.19 个百分点。通过申请住房公积金个人住房贷款，可节约职工购房利息支出 26427.76 万元。

职工贷款笔数中，购房建筑面积 90（含）平方米以下占 22.89%，90～144（含）平方米占 72.86%，144 平方米以上占 4.25%。购买新房占 53.19%（其中购买保障性住房占 0%），购买二手房占 40.28%，建造、翻建、大修自住住房占 0%，其他占 6.53%。

职工贷款笔数中，单缴存职工申请贷款占 48.29%，双缴存职工申请贷款占 51.71%，三人及以上缴存职工共同申请贷款占 0%。

贷款职工中，30 岁（含）以下占 32.86%，30 岁～40 岁（含）占 39.96%，40 岁～50 岁（含）占 23.57%，50 岁以上占 3.61%；首次申请贷款占 90.62%，二次及以上申请贷款占 9.38%；中、低收入占 98.94%，高收入占 1.06%。

2. **异地贷款**。2018 年，发放异地贷款 1154 笔 38408.7 万元。2018 年末，发放异地贷款总额 254562 万元，异地贷款余额 156080.65 万元。

（四）**住房贡献率**：2018 年，个人住房贷款发放额、公转商贴息贷款发放额、项目贷款发放额、住房消费提取额的总和与当年缴存额的比率为 122.81%，比上年增加 33.88 个百分点。

六、其他重要事项

（一）2018 年 7 月住房公积金缴存基数上限从 13475 元上调至 15093 元，按统计部门提供的上年月平均工资的三倍来确定的缴存基数。缴存比例根据《淮北市人民政府关于规范和阶段性当降低住房公积金缴存比例的通知》（淮政秘〔2016〕117 号）文件，最低按 5%最高按 12%来执行。

（二）9 月 1 日，为进一步加强网络安全，中心对现行系统的网络安全等级保护进行了测评，测评结果显示中心现行系统符合网络安全等级保护二级相关标准，并取得了淮北市公安局网安支队的网络安全等级保护二级备案证明。

铜陵市住房公积金 2018 年年度报告

一、机构概况

（一）**住房公积金管理委员会**：住房公积金管理委员会有 21 名委员，2018 年召开二次会议，审议通

过的事项主要包括:

1. 审议通过《关于铜陵市 2018 年住房公积金归集使用计划执行情况和 2018 年住房公积金归集使用计划(草案)的报告》;
2. 审议通过《铜陵市 2018 年住房公积金增值收益分配方案》;
3. 审议通过《铜陵市住房公积金 2018 年年度报告》;
4. 审议通过《铜陵市住房公积金提取管理办法》、《铜陵市住房公积金贷款管理办法》、《铜陵市住房公积金归集管理办法》等。

(二)住房公积金管理中心:铜陵市住房公积金管理中心为铜陵市人民政府直属不以营利为目的的公益一类事业单位。设 6 个科,2 个管理部。从业人员 38 人,其中,在编 26 人,非在编 12 人。

二、业务运行情况

(一)缴存:2018 年,新开户单位 198 家,实缴单位 2673 家,净增单位 229 家;新开户职工 0.8 万人,实缴职工 14.45 万人,净增职工 0.17 万人;缴存额 20.24 亿元,同比下降 26.13%(剔除上年枞阳划入影响,同比实际增长 8.95%)。2018 年末,缴存总额 170.47 亿元,同比增长 13.47%;缴存余额 53.80 亿元,同比增长 2.77%。

受委托办理住房公积金缴存业务的银行 5 家。

(二)提取:2018 年,提取额 18.78 亿元,同比增长 22.11%(剔除上年枞阳划入影响,同比实际增长 16.68%);占当年缴存额的 92.79%,比上年增加 36.64 个百分点(剔除上年枞阳划入影响,同比实际增加 6.14 个百分点)。2018 年末,提取总额 116.67 亿元,同比增长 19.18%。

(三)贷款:个人住房贷款最高额度 40 万元,其中,单缴存职工最高额度 30 万元,双缴存职工最高额度 40 万元。

2018 年,发放个人住房贷款 0.43 万笔 11.85 亿元,同比分别下降 35.82%、21.78%(剔除上年枞阳划入影响,同比实际分别增长 19.44%,20.48%)。

2018 年,回收个人住房贷款 6.59 亿元。

2018 年末,累计发放个人住房贷款 4.04 万笔 83.64 亿元,贷款余额 49.72 亿元,同比分别增长 11.6%、16.49%、11.86%。个人住房贷款余额占缴存余额的 92.42%,比上年增加 7.51 个百分点。

受委托办理住房公积金个人住房贷款业务的银行 5 家。

(四)资金存储:2018 年末,住房公积金存款 5.07 亿元。其中,1 年(含)以下定期 0.36 亿元,1 年以上定期 1 亿元,其他(协定、通知存款等)3.71 亿元。

(五)资金运用率:2018 年末,住房公积金个人住房贷款余额、项目贷款余额和购买国债余额的总和占缴存余额的 92.42%,比上年增加 7.51 个百分点。

三、主要财务数据

(一)业务收入:2018 年,业务收入 16995.59 万元,同比增长 9.46%。存款利息 1688.69 万元,委托贷款利息 15304.71 万元,其他 2.19 万元。

(二)业务支出:2018 年,业务支出 9467.13 万元,同比增长 3.29%。其中,支付职工住房公积金利息 7881.23 万元，归集手续费 300.35 万元，委托贷款手续费 161.31 万元，其他 1124.24 万元。

（三）**增值收益**：2018 年，增值收益 7528.45 万元，同比增长 18.36%。增值收益率 1.43%，比上年增加 0.10 个百分点。

（四）**增值收益分配**：2018 年，提取管理费用 798.87 万元，提取城市廉租住房（公共租赁住房）建设补充资金 6729.59 万元。

2018 年，上缴财政城市廉租住房（公共租赁住房）建设补充资金 5630.78 万元。

2018 年末，贷款风险准备金余额 16387.78 万元。累计提取城市廉租住房（公共租赁住房）建设补充资金 33392.41 万元。

（五）**管理费用支出**：2018 年，管理费用支出 984.85 万元，同比增加 58.96%（枞阳县管理部并入影响）。其中，人员经费 545.19 万元，公用经费 159.24 万元，专项经费 280.42 万元。

四、资产风险状况

2018 年末，个人住房贷款逾期额 2.91 万元，逾期率 0.006‰。

个人贷款风险准备金按增值收益的 60% 提取。2018 年末，个人贷款风险准备金余额 16387.78 万元，占个人住房贷款余额的 3.3%，个人住房贷款逾期额与个人贷款风险准备金余额的比率为 0.02%。

五、社会经济效益

（一）**缴存业务**：2018 年，实缴单位数、实缴职工人数同比分别增长 9.37%、1.19%、缴存额同比下降 26.13%（剔除上年枞阳划入影响，同比实际增长 8.95%）。

缴存单位中，国家机关和事业单位占 39.73%，国有企业占 16.16%，城镇集体企业占 0.37%，外商投资企业占 0.6%，城镇私营企业及其他城镇企业占 8.19%，民办非企业单位和社会团体占 1.05%，其他占 33.9%。

缴存职工中，国家机关和事业单位占 40.39%，国有企业占 36.77%，城镇集体企业占 0.63%，外商投资企业占 1.93%，城镇私营企业及其他城镇企业占 5.65%，民办非企业单位和社会团体占 0.54%，其他占 14.09%；中、低收入占 98.2%，高收入占 1.8%。

新开户职工中，国家机关和事业单位占 30.95%，国有企业占 16.93%，城镇集体企业占 0.69%，外商投资企业占 0.13%，城镇私营企业及其他城镇企业占 23.99%，民办非企业单位和社会团体占 4.29%，其他占 23.02%；中、低收入占 99.24%，高收入占 0.76%。

（二）**提取业务**：2018 年，9.28 万名缴存职工提取住房公积金 18.78 亿元。

提取金额中，住房消费提取占 83.03%（购买、建造、翻建、大修自住住房占 40.31%，偿还购房贷款本息占 41.26%，租赁住房占 0.59%，其他占 0.87%）；非住房消费提取占 16.97%（离休和退休提取占 15.22%，完全丧失劳动能力并与单位终止劳动关系提取占 0.7%，户口迁出本市或出境定居占 0.27%，其他占 0.78%）。

提取职工中，中、低收入占 97.6%，高收入占 2.4%。

（三）**贷款业务**：

1. **个人住房贷款**。2018 年，支持职工购建房 42.83 万平方米，年末个人住房贷款市场占有率为

27.89%，比上年下降 1.46 个百分点。通过申请住房公积金个人住房贷款，可节约职工购房利息支出 27087 万元。

职工贷款笔数中，购房建筑面积 90（含）平方米以下占 30.14%，90～144（含）平方米占 67.58%，144 平方米以上占 2.28%。购买新房占 68.26%（其中购买保障性住房占 0.5%），购买二手房占 31.74%。

职工贷款笔数中，单缴存职工申请贷款占 30.4%，双缴存职工申请贷款占 69.6%。

贷款职工中，30 岁（含）以下占 28.28%，30 岁～40 岁（含）占 31.03%，40 岁～50 岁（含）占 28.33%，50 岁以上占 12.36%；首次申请贷款占 78.86%，二次及以上申请贷款占 21.14%；中、低收入占 98.9%，高收入占 1.10%。

2. 异地贷款。2018 年，发放异地贷款 266 笔 7269.6 万元。2018 年末，发放异地贷款总额 21688.4 万元，异地贷款余额 18719.89 万元。

3. 公转商贴息贷款。2018 年，未新发放公转商贴息贷款，当年贴息额 574.12 万元。2018 年末，累计发放公转商贴息贷款 4575 笔 108126.56 万元，累计贴息 3901.33 万元。

（四）住房贡献率：2018 年，个人住房贷款发放额、公转商贴息贷款发放额、项目贷款发放额、住房消费提取额的总和与当年缴存额的比率为 135.62%，比上年增长 33.91 个百分点。

六、其他重要事项

（一）当年住房公积金政策调整及执行情况：

1. 出台缴存、提取和贷款三个管理办法。为进一步发挥保障和改善民生功能，加强本市住房公积金缴存、提取、贷款管理，更好地维护缴存单位和职工合法权益，《铜陵市住房公积金提取管理办法》、《铜陵市住房公积金贷款管理办法》、《铜陵市住房公积金归集管理办法》在向全社会公开征求意见后，经管委会第二届十一次会议审议通过，于 2018 年 10 月 23 日正式施行。

2. 当年缴存基数限额及确定方法。按照 2018 年本市在职职工月平均工资（5495 元）的 300% 确定本市 2018 年度住房公积金最高月缴存工资基数为 16486 元，按照 2018 年本市在职职工月平均工资（5495 元）的 60% 确定本市 2018 年度住房公积金最低月缴存工资基数为 3297 元。

3. 公积金贷款政策调整情况。一是实施差别化信贷政策。有效引导和支持居民自住和改善性需求，遏制投资投机购房，重点支持职工购买首套自住住房或第二套改善型住房提取及贷款，并就一套房、二套房的认定及既"认房"又"认贷"标准作了进一步明确的界定。二是调整商品住宅项目公积金贷款有关政策。在保证公积金贷款风险可控的前提下，规定商品住宅项目取得《商品房预售许可证》后（原要求项目结顶），符合个人住房公积金贷款条件的购房人，可以申请办理个人住房公积金贷款。

（二）当年服务改进情况：一是加强窗口规范化管理，严格执行首问负责制、一次性告知制、限时办结制等制度。二是围绕群众办事最多跑一趟，重新规划了公积金贷款流程，大大简化了公积金提取要件，按照市政务中心的要求，落实公积金提取、贷款"一窗受理"改革。三是加大政务公开力度，充分利用中心网站、微信、微博等新媒体宣传公积金政策，及时回应市民论坛、中心网站留言内容；坚持"一把手"上"行风热线"，倾听群众诉求，接受职工行风监督，近距离解答职工关心的问题，全年共计参加"行风热线"5 次。四是主动与市级平台进行数据对接，实现互联互通，信息共享，积极推动人民银行个人征信系统延伸至我中心业务服务窗口。

（三）当年信息化建设情况：一是加强组织领导。成立了中心信息化暨"互联网＋政务服务"工作领导小组，负责谋划中心年度信息化工作思路，研究"互联网＋政务服务"及智慧城市工作部署，制定信息化项目建设、管理与营运标准，规范流程并组织实施，加强对信息建设的领导与监督。二是积极推进"互联网＋政务服务"工作。认真梳理了二十七项与公积金管理和服务相关的权利服务清单，并按规范要求录入。研究制定了业务系统、拟建的综合服务平台与市平台对接方案，正在积极组织实施。全面清理并审定与公积金管理服务有关的信息共享诉求，并积极与市级平台数据对接，推动互联互通，信息共享。三是规范高效地推动信息化项目建设。对拟建的综合服务平台等项目，从功能设计、服务渠道、安全保障等方面进行周密谋划。讨论并制定初步方案，按法定程序积极推进，目前正在组织项目招标工作。对续建项目从法定程序、质量工期、合同管理等方面严格加以管控，推动项目又好又快的建设，实现项目建设的预期目标。四是推进智慧城市标准化建设。按照市智慧城市建设总体部署，中心从信息管理制度、人员配备、项目建设、项目管理与营运等方面建章立制，并制定具体实施细则、考核标准，按照责任分工层层落实，纳入中心年度目标考核，以健全的机制和有效的监督推进中心智慧城市标准化建设。

（四）当年所获荣誉情况：2018年，铜陵市住房公积金管理中心先后荣获全省住房城乡建设系统学雷锋活动示范点称号、市党政机关目标管理绩效考核优秀等次、市"行风热线"工作优秀单位、市直机关党的工作责任制目标考核优秀单位以及双招双引工作考核优秀单位，1人荣获全省住房城乡建设系统岗位学雷锋标兵称号。

安庆市住房公积金2018年年度报告

一、机构概况

（一）**住房公积金管理委员会**：住房公积金管理委员会有23名委员，2018年召开了2次会议，审议通过的事项主要包括：听取并审议《安庆市住房公积金2018年年度报告》；听取并审议《2018年度住房公积金归集使用计划执行情况和2018年度归集使用计划的报告》；听取并审议《2018年度住房公积金增值收益分配方案》；听取并审议《关于继续盘活存量住房公积金贷款风险准备金的建议》；听取并审议《关于确定进城务工等灵活就业人员住房公积金贷款担保机构的建议》；听取并审议《关于延长阶段性降低住房公积金缴存比例的意见》等。

（二）**住房公积金管理中心**：住房公积金管理中心为直属市政府领导的不以营利为目的的公益一类事业单位，设7个科（室），5个管理部，2个分中心。从业人员113人，其中，在编68人，非在编45人。

二、业务运行情况

（一）**缴存**：2018年，新开户单位200家，实缴单位3689家，实缴单位减少149家（剔除上年枞阳划出影响，净增单位188家）；新开户职工1.32万人，实缴职工20.75万人，实缴职工减少1.18万人

（剔除上年枞阳划出影响，净增职工 0.36 万人）；缴存额 36.25 亿元，同比增长 7.22%（剔除上年枞阳划出影响，同比增长 9.78%）。2018 年末，缴存总额 286.3 亿元，同比增长 14.5%；缴存余额 103.87 亿元，同比增长 6.87%。

受委托办理住房公积金缴存业务的银行 3 家，同上年。

（二）提取：2018 年，提取额 29.56 亿元，同比下降 17.22%（剔除枞阳划出影响，同比增长 16.46%）；占当年缴存额的 81.54%，比上年减少 24.08 个百分点（剔除枞阳划出影响，同比增长 4.65 个百分点）。2018 年末，提取总额 182.43 亿元，同比增长 19.34%。

（三）贷款：个人住房贷款最高额度 45 万元，其中，单缴存职工最高额度 35 万元，双缴存职工最高额度 45 万元。

2018 年，发放个人住房贷款 0.69 万笔 21.02 亿元，同比分别下降 8%、7.44%（剔除枞阳划出影响，同比分别下降 5.72%、5.65%）。

2018 年，回收个人住房贷款 14.24 亿元。

2018 年末，累计发放个人住房贷款 10.06 万笔 189.32 亿元，贷款余额 98.4 亿元，同比分别增长 7.48%、12.49%、7.4%。个人住房贷款余额占缴存余额的 94.73%，比上年增加 0.46 个百分点。

受委托办理住房公积金个人住房贷款业务的银行 9 家，比上年增加 1 家。

（四）融资：2018 年，融资 0.71 亿元，归还 0 亿元。2018 年末，融资总额 3.48 亿元，融资余额 3.48 亿元。

（五）资金存储：2018 年末，住房公积金存款 9.97 亿元。其中，活期 0.21 亿元，协定存款 9.76 亿元。

（六）资金运用率：2018 年末，住房公积金个人住房贷款余额、项目贷款余额和购买国债余额的总和占缴存余额的 94.73%，比上年增加 0.46 个百分点。

三、主要财务数据

（一）业务收入：2018 年，业务收入 35257.12 万元，同比增长 7.2%。其中，存款利息 4338.85 万元，委托贷款利息 30918.27 万元。

（二）业务支出：2018 年，业务支出 21633.32 万元，同比增长 8.03%。其中，支付职工住房公积金利息 17844.4 万元，归集手续费 1741.44 万元，委托贷款手续费 1548.41 万元，其他 499.07 万元。

（三）增值收益：2018 年，增值收益 13623.8 万元，同比增长 5.89%；增值收益率 1.36%，比上年增加 0.03 个百分点。

（四）增值收益分配：2018 年，提取贷款风险准备金 8174.28 万元，提取管理费用 2228.37 万元，提取城市廉租住房（公共租赁住房）建设补充资金 3221.15 万元。

2018 年，上交财政管理费用 2228.37 万元，上缴财政城市廉租住房（公共租赁住房）建设补充资金 3317.71 万元。

2018 年末，贷款风险准备金余额 52145.47 万元，累计提取城市廉租住房（公共租赁住房）建设补充资金 38915.17 万元。

（五）管理费用支出：2018 年，管理费用支出 2120.28 万元，同比增长 9.68%。其中，人员经费

1233.47万元，公用经费189.82万元，专项经费696.99万元。

四、资产风险状况

2018年末，个人住房贷款逾期额360.25万元，逾期率0.37‰。

个人贷款风险准备金按增值收益的60%提取。2018年，提取个人贷款风险准备金8174.28万元，未使用个人贷款风险准备金核销呆坏账。2018年末，个人贷款风险准备金余额52145.47万元，占个人住房贷款余额的5.3%，个人住房贷款逾期额与个人贷款风险准备金余额的比率为0.69%。

五、社会经济效益

（一）**缴存业务**：2018年，实缴单位数、实缴职工人数和缴存额，同比分别减少3.88%、减少5.38%、增加7.22%（剔除上年枞阳划出影响，同比分别增长4.47%、3.02%和9.78%）。

缴存单位中，国家机关和事业单位占66.19%，国有企业占12.58%，城镇集体企业占1.08%，外商投资企业占1.36%，城镇私营企业及其他城镇企业占6.78%，民办非企业单位和社会团体占2.14%，其他占9.87%。

缴存职工中，国家机关和事业单位占55.18%，国有企业占23.86%，城镇集体企业占1.19%，外商投资企业占1.42%，城镇私营企业及其他城镇企业占4.48%，民办非企业单位和社会团体占0.63%，其他占13.24%；中、低收入占96.04%，高收入占3.96%。

新开户职工中，国家机关和事业单位占19.14%，国有企业占31.78%，城镇集体企业占0.98%，外商投资企业占4.5%，城镇私营企业及其他城镇企业占21.91%，民办非企业单位和社会团体占8.41%，其他占13.28%；中、低收入占96.03%，高收入占3.97%。

（二）**提取业务**：2018年，7万名缴存职工提取住房公积金29.56亿元。

提取金额中，住房消费提取占77.36%（购买、建造、翻建、大修自住住房占32.74%，偿还购房贷款本息占43.91%，租赁住房占0.58%，其他占0.13%）；非住房消费提取占22.64%（离休和退休提取占19.89%，户口迁出本市或出境定居占1.06%，其他占1.69%）。

提取职工中，中、低收入占96.25%，高收入占3.75%。

（三）**贷款业务**：

1. 个人住房贷款。2018年，支持职工购建房82.68万平方米，年末个人住房贷款市场占有率为20.61%，比上年减少1.89个百分点。通过申请住房公积金个人住房贷款，可节约职工购房利息支出33,232.07万元。

职工贷款笔数中，购房建筑面积90（含）平方米以下占14.86%，90~144（含）平方米占77.23%，144平方米以上占7.91%。购买新房占66.27%，购买二手房占33.6%，建造、翻建、大修自住住房占0.13%。

职工贷款笔数中，单缴存职工申请贷款占21.08%，双缴存职工申请贷款占78.92%。

贷款职工中，30岁（含）以下占26.89%，30岁~40岁（含）占29.91%，40岁~50岁（含）占29.6%，50岁以上占13.6%；首次申请贷款占22.18%，二次及以上申请贷款占77.82%；中、低收入占96.04%，高收入占3.96%。

2. 异地贷款。2018年，发放异地贷款35笔1049.2万元。2018年末，发放异地贷款总额36031.4万元，异地贷款余额29619.38万元。

3. 公转商贴息贷款。2018年，未发放公转商贴息贷款，当年贴息额638.54万元。2018年末，累计发放公转商贴息贷款1523笔49888.77万元，累计贴息732.86万元。

（四）住房贡献率：2018年，个人住房贷款发放额、公转商贴息贷款发放额、项目贷款发放额、住房消费提取额的总和与当年缴存额的比率为121.1%，比上年减少19.93个百分点。

六、其他重要事项

（一）当年机构及职能调整情况、受委托办理缴存贷款业务金融机构变更情况：根据国家区划调整要求，2018年5月11日，原安庆市住经房公积金管理中心枞阳县管理部正式划归铜陵市住房公积金管理中心管辖。

（二）当年住房公积金政策调整及执行情况：根据住房公积金管理相关规定，住房公积金月缴存基数不得超过统计部门公布的上一年度职工月平均工资的3倍，我市市统计部门公布的2018年度城镇非私营单位在岗职工年平均工资为58310元。据此，2018年度我市住房公积金缴存基数上限为14578元，下限为我市现行最低工资标准1250元。单位和职工住房公积金缴存比例仍不低于5%，不得超过12%。本年未出台新的提取和贷款政策。

（三）当年服务改进情况：按照便民高效的原则，推进窗口标准化管理，设置15个服务窗口，配齐配强窗口工作人员，配备自助触摸查询机、叫号系统、扫描仪、身份证识别仪，提高群众办事效率。8家公积金业务受托银行，全部进驻政务服务中心，提供一站式服务，实现公积金业务"最多跑一次"。根据"减证便民"专项行动要求，对公积金政务服务事项申请材料进行清理，梳理政务服务事项30件、申请材料145项，直接取消和实现信息共享后取消申请材料75项，申请材料精简比例51.7%。进一步优化贷款流程，实行贷款自主核算，全面取消资料复印件，确需留存的，由中心窗口工作人员自行复印。积极助力棚改，开通绿色通道，开展白加黑、5＋2工作制度，畅通联系沟通机制，随时与各区棚改指挥部及户口认证部门联系，确保各棚改项目户口集中认证工作的顺利进行，2018年共为棚改户职工出具公积金缴存证明21283份，为申请保障房职工开具公积金缴存证明5635份。

（四）当年信息化建设情况：在顺利完成住房公积金信息系统升级改造，并通过"双贯标"部省联合验收的基础上，全面接入全国住房公积金银行结算应用系统，与各受托银行直联，实时账户余额查询，职工提取当场办结、秒级到账。成功接入全国住房公积金异地转移接续平台，职工异地调动，实现个人住房公积金"账随人走，钱随账走"。大力推进公积金综合服务平台建设，进一步拓展门户网站、网上大厅、自助终端、服务热线、手机短信、手机客户端、微信、微博等公积金服务渠道。扎实开展贷款自主核算工作，当年中行、交行、中信、安庆农商行、太湖农商行公积金贷款已成功实现自主核算，大大提高了贷款发放效率。根据《网络安全法》等文件要求，按照三级等级保护标准，对住房公积金管理信息系统开展等保测评和定级备案，及时查找漏洞，确保信息系统安全运行。

（五）当年住房公积金管理中心及职工所获荣誉情况：2018年，安庆市住房公积金政务中心窗口先后荣获全省政务服务系统最佳窗口，全省住房城乡建设系统第二批学雷锋示范点称号，市政务服务中心优秀窗口称号，巾帼文明岗称号。安庆市住房公积金管理中心先后获市综合治理优秀单位、政务信息先进单位、党建工作先进单位称号，1人获市优秀科长称号，1人获市五一巾帼标兵称号，1人获市优秀党员称号、1人获市网络工作先进个人称号等。

黄山市住房公积金2018年年度报告

一、机构概况

（一）住房公积金管理委员会：住房公积金管理委员会有26名委员，2018年召开2次会议，审议通过的事项主要包括：

1. 黄山市2018年度住房公积金归集、使用、增值收益及分配计划执行情况；审议并通过了2018年年度报告；

2. 黄山市住房公积金2018年住房公积金归集、使用、增值收益计划及增值收益分配方案；

3. 各区县政府和市级园区管委会2018年住房公积金扩面工作目标任务；

4. 由市公积金中心会同有关部门转发并实施《关于在内地（大陆）就业的港澳台同胞享有住房公积金待遇有关问题的意见》。

5. 转发并贯彻落实省住房城乡建设厅等部门转发住房城乡建设部等部门《关于开展治理违规提取住房公积金工作的通知》和《关于改进住房公积金缴存机制进一步降低企业成本的通知》的意见。

（二）住房公积金管理中心：黄山市住房公积金管理中心为直属市政府不以营利为目的的自收自支事业单位，主要负责全市住房公积金的归集、管理、使用和会计核算。中心设6个科室、6个管理部。从业人员64人，其中，在编45人，非在编19人。

二、业务运行情况

（一）缴存：2018年，新开户单位172家，实缴单位2981家，因进行了单位账户的清理并户，净减少单位335家；新开户职工1.04万人，实缴职工10.14万人，净增职工0.11万人；缴存额14.79亿元，同比增长12.47％。2018年末，缴存总额123.58亿元，同比增长13.61％；缴存余额38.37亿元，同比增长3.67％。

受委托办理住房公积金缴存业务的银行2家，与上年持平。

（二）提取：2018年，提取额13.43亿元，同比增长8.39％；占当年缴存额的90.8％，比上年下降3.45个百分点。2018年末，提取总额85.21亿元，同比增长18.73％。

（三）贷款：个人住房贷款最高额度45万元，其中，单缴存职工最高额度35万元，双缴存职工最高额度45万元。

2018年，发放个人住房贷款0.27万笔7.4亿元，同比分别下降22.86％、下降24.8％。2018年，回收个人住房贷款5.39亿元。2018年末，累计发放个人住房贷款3.65万笔69.51亿元，贷款余额37.82

亿元，同比分别增长7.99%、11.91%、5.61%。个人住房贷款余额占缴存余额的98.57%，比上年增加1.81个百分点。受委托办理住房公积金个人住房贷款业务的银行8家，与上年持平。

（四）融资：2018年，融资1亿元，归还1亿元。2018年末，融资总额2.3亿元，融资余额0亿元。

（五）资金存储：2018年末，住房公积金存款2.88亿元。其中，活期0.04亿元，1年以上定期0.38亿元，其他协定存款2.46亿元。

（六）资金运用率：2018末，住房公积金个人住房贷款余额、项目贷款余额和购买国债余额的总和占缴存余额的98.57%，比上年增加1.81个百分点。

三、主要财务数据

（一）业务收入：2018年，业务收入13896.76万元，同比下降10.83%。存款利息1908.18万元，委托贷款利息11988.58万元。

（二）业务支出：2018年，业务支出5333.87万元，同比下降33.94%。支付职工住房公积金利息4592.25万元，委托贷款手续费502.59万元，其他239.03万元。

（三）增值收益：2018年，增值收益8562.89万元，同比增长14.02%。增值收益率2.28%，比上年增加0.24个百分点。

（四）增值收益分配：2018年，提取贷款风险准备金0万元，提取管理费用2101.62万元，提取城市廉租住房（公共租赁住房）建设补充资金6461.27万元。

2018年，上交财政管理费用2001.62万元。上缴财政城市廉租住房（公共租赁住房）建设补充资金6305.9万元。2018年末，贷款风险准备金余额9876.24万元。累计提取城市廉租住房（公共租赁住房）建设补充资金26477.34万元。

（五）管理费用支出：2018年，管理费用支出2028.02万元，同比增长70.18%。其中，人员经费539.59万元（含基本工资、津贴补贴、绩效工资、社会保障费、住房公积金及退休人员工资等），公用经费68.83万元（含办公、水电、劳务、印刷、宣传、交通、会议、培训、物业管理和维修费等），专项经费1419.6万元（含信息化和综合服务平台建设等）。

四、资产风险状况

2018年末，个人住房贷款逾期额111.93万元，逾期率0.3‰。个人贷款风险准备金按贷款余额的1%提取。2018年，未提取个人贷款风险准备金，未使用个人贷款风险准备金核销呆坏账。2018年末，个人贷款风险准备金余额9876.24万元，占个人住房贷款余额的2.61%，个人住房贷款逾期额与个人贷款风险准备金余额的比率为1.13%。

五、社会经济效益

（一）缴存业务：2018年，实缴单位数、实缴职工人数和缴存额同比分别减少10.1%、增长1.14%和增长12.47%。实缴单位数减少是由于进行了单位账户的清理并户。

缴存单位中，国家机关和事业单位占57.8%，国有企业占14.56%，城镇集体企业占1.14%，外商投资企业占0.91%，城镇私营企业及其他城镇企业占19.89%，民办非企业单位和社会团体占2.18%，

其他占 3.52%。

缴存职工中，国家机关和事业单位占 55.49%，国有企业占 21.06%，城镇集体企业占 1.87%，外商投资企业占 1.44%，城镇私营企业及其他城镇企业占 14.56%，民办非企业单位和社会团体占 3%，其他占 2.58%；中、低收入占 98.93%，高收入占 1.07%。

新开户职工中，国家机关和事业单位占 39.81%，国有企业占 19.97%，城镇集体企业占 0.94%，外商投资企业占 1.93%，城镇私营企业及其他城镇企业占 28.26%，民办非企业单位和社会团体占 6.01%，其他占 3.08%；中、低收入占 99.5%，高收入占 0.5%。

（二）提取业务：2018 年，2.86 万名缴存职工提取住房公积金 13.43 亿元。

提取金额中，住房消费提取占 81.34%（购买、建造、翻建、大修自住住房占 42.69%，偿还购房贷款本息占 37.19%，租赁住房占 1.46%，其他占 0%）；非住房消费提取占 18.66%（离休和退休提取占 14.91%，完全丧失劳动能力并与单位终止劳动关系提取占 1.5%，户口迁出本市或出境定居占 0.08%，其他占 2.17%）。

提取职工中，中、低收入占 98.71%，高收入占 1.29%。

（三）贷款业务：

1. **个人住房贷款**。2018 年，支持职工购建房 31.86 万平方米，年末个人住房贷款市场占有率为 15.93%，比上年减少 3.79 个百分点。通过申请住房公积金个人住房贷款，可节约职工购房利息支出 11473.06 万元。

职工贷款笔数中，购房建筑面积 90（含）平方米以下占 18.8%，90～144（含）平方米占 68.63%，144 平方米以上占 12.57%。购买新房占 66.63%（其中购买保障性住房占 0%），购买二手房占 33.3%，建造、翻建、大修自住住房占 0.07%。

职工贷款笔数中，单缴存职工申请贷款占 61.03%，双缴存职工申请贷款占 38.93%，三人及以上缴存职工共同申请贷款占 0.04%。

贷款职工中，30 岁（含）以下占 30.37%，30 岁～40 岁（含）占 30.66%，40 岁～50 岁（含）占 27.81%，50 岁以上占 11.16%；首次申请贷款占 80.05%，二次及以上申请贷款占 19.95%；中、低收入占 99.41%，高收入占 0.59%。

2. **异地贷款**。2018 年，发放异地贷款 94 笔 2298 万元。2018 年末，发放异地贷款总额 29250.1 万元，异地贷款余额 23295.64 万元。

（四）住房贡献率：2018 年，个人住房贷款发放额、公转商贴息贷款发放额、项目贷款发放额、住房消费提取额的总和与当年缴存额的比率为 123.86%，比上年下降 24.33 个百分点。

六、其他重要事项

（一）当年住房公积金政策调整及执行情况：

1. 缴存基数限额及确定方法、缴存比例调整情况。根据《住房公积金管理条例》（国务院令第 350 号）及住房公积金管理有关规定，我市每年对住房公积金的缴存比例和缴存基数及月缴额的上、下限进行调整。

目前黄山市住房公积金缴存比例下限为 5%，上限为 12%，缴存单位可在 5%至 12%区间内，自主确定住房公积金缴存比例；依据黄山市统计局公布的上一年度我市城镇非私营单位在岗职工年平均工资3倍测算后调整当年住房公积金月缴存基数上限及月缴额上限；依据上一年度我市职工基本养老保险最低缴费基数测算调整当年住房公积金月缴存基数下限及月缴额下限。2018年7月1日至2019年6月30日，我市职工住房公积金月缴存基数上限为17167元，单位和个人住房公积金月缴存额上限分别为2060元；住房公积金月缴存基数下限为3065元，单位和个人住房公积金月缴存额下限分别为153元。

2. 支持港澳台同胞实行与我市内地（大陆）职工一致的政策缴存住房公积金，已缴存的港澳台同胞与我市内地（大陆）职工同等享有使用权利。

3. 当年提取政策调整情况。缴存职工在缴存城市或户籍城市购买普通住房（不含别墅、商业用房、商住两用房、办公用房、地下室、储物间、车库等）的可提取本人及其配偶的住房公积金一次，提取额不超过首付款；不再受理缴存职工及其配偶在非缴存城市和非户籍城市的异地新购房提取和偿还异地新购房贷款提取。棚改被征收人选择货币化安置且购买住房的，购房合同价款不超过被征收房屋货币补偿金额（不含临时安置补助费、搬迁费、附属设施补偿费、按时签约和按时搬迁奖励）的，不能办理住房公积金贷款和提取；购房合同价款超过被征收房屋货币补偿的自付部分可申请住房公积金贷款和提取。棚改被征收人购买安置保障房的，可提取本人及其配偶的住房公积金，提取额度不超过扣除购房券或被征收房屋补偿资金后的自付部分。

4. 当年贷款政策调整情况。暂停办理商业性个人住房贷款转住房公积金贷款业务和住房公积金异地贷款业务。缴存职工家庭首次申请住房公积金贷款，夫妻双方符合贷款条件的，贷款限额为45万元，单方贷款限额为35万元。缴存职工家庭第二次申请住房公积金贷款，夫妻双方符合贷款条件的，最高限额为35万元，单方符合贷款条件的，最高限额为25万元。

5. 住房公积金存贷款利率执行情况。根据人民银行有关人民币存贷款利率调整的通知规定，当年归集的个人住房公积金存款利率为0.35%，上年结转的个人住房公积金存款利率为1.35%；五年期以下（含五年）、五年期以上个人住房公积金贷款利率分别按2.75%、3.25%执行。

（二）当年服务改进情况：深化"放管服"改革，大力实施住房公积金服务"一网、一门、一次"改革，推进"互联网+公积金服务"。出台了黄山市住房公积金服务"最多跑一次"改革工作方案，实现了市本级所有对外服务项目100%进驻政务服务大厅办理，并协调联动受委托银行同时进驻，推进了住房公积金"一站式"集成服务，实现了符合政策、材料齐全的办理事项"最多跑一次、一次就办成"；同时，切实开展"减证便民"专项行动，自我加压，实施管理服务创新，切实推进减材料、减环节，将贷款审批时限压缩三分之一、审批环节压缩四分之一，取消了所有业务身份证复印件和提取业务全部复印件，精简材料比例高达68%；切实推行"一网通办"，住房公积金单位缴存类业务基本实现了网上在线办理，个人类业务部分实现"零跑腿""不见面审批"，切实做到让"数据多跑路、群众少跑腿"，不断提升服务效能，提高了办事群众的获得感和满意度。

（三）当年信息化建设情况：在2018年12月顺利通过住房城乡建设部和省厅联合组织的"双贯标"考核验收的基础上，持续完善和优化了住房公积金综合业务管理信息系统，加强黄山市住房公积金综合服务平台和全国住房公积金异地转移接续平台"两个平台"建设，实现了异地转移接续平台直联，建成了住房公积金综合服务平台，搭建了住房公积金官网、网上办事大厅、12329服务热线、12329服务短信、微信公众号、手机APP、自助查询机等"六位一体"的智慧公积金服务渠道；还完成了与黄山市不动产、房管等部门的信息共享，完成了与人民银行征信系统联网，新增了人脸识别等生物识别技术应用和电子签章应用，完成了与安徽政务服务网和皖事通 APP 的对接，切实推进了住房公积金服务"一网通办"。

（四）当年住房公积金管理中心及职工所获荣誉：

1. **集体荣誉**。2018 年度全省住房公积金业务管理工作考核"优秀"等次、第三批全省住房城乡建设系统学雷锋活动示范点（资金使用科）、机关档案工作目标管理省一级单位、2018 年度市政府目标管理绩效考核优秀单位、2018 年度领导班子综合考核"好"等次、2018 年度全市档案行政执法督查优秀单位、市政务服务中心 2018 年度最佳服务窗口、2018 年度全市拥军优属合格单位。

2. **个人荣誉**。汪秀美同志荣获全省住房城乡建设系统岗位学雷锋标兵、孙湘英同志荣获 2018 年度黄山市政务服务中心最美服务之星、吴旭芳和吴爱武同志分别荣获黄山市政务服务中心 2018 年第三、四季度"最美服务之星"、李兴彪同志荣获 2018 年度休宁县优秀共产党员称号。

（五）其他需要披露的情况： 2018 年，黄山市住房公积金管理中心深入贯彻落实国家有关政策规定和省、市政府《关于进一步加强住房公积金管理工作的意见》，积极改革创新，主动担当作为，首次将缴存住房公积金纳入了黄山市《劳动合同》格式文本，写入黄山市机关事业单位编外聘用人员管理办法；首次将在黄山市就业的大学生村干部、"三支一扶"和特岗人员等群体纳入了缴存范围，并基本实现了全覆盖；首次将扩面工作纳入到市政府对区县政府和有关管委会的目标管理绩效考核内容，并下达了扩面任务；联合有关部门制发了《关于民办非企业单位、社会团体等建立住房公积金制度的通知》和《关于劳务派遣人员建缴住房公积金的通知》，出台了《关于规范市直机关、事业单位住房公积金缴存有关事项的通知》；实施精准扩面，制发了《黄山市住房公积金精准扩面实施方案》和《"单位不按规定建立住房公积金制度问题"专项整治方案》，有力推进了住房公积金扩面归集，规范了住房公积金缴存管理。同时，坚持全市资金统筹调度，加大组合贷款力度，拓宽资金来源，借入市财政间隙资金 1 亿元，较好地保障了缴存职工基本住房消费资金需求；主动会同有关部门开展房地产企业拒绝住房公积金贷款问题专项督查，切实维护了缴存职工权益。

滁州市住房公积金 2018 年年度报告

一、机构概况

（一）住房公积金管理委员会： 住房公积金管理委员会有 25 名委员，2018 年召开 2 次会议，审议通过的事项主要包括：《关于滁州市住房公积金 2018 年归集使用计划执行情况和 2018 年归集使用计划的报告》、《关于滁州市住房公积金 2018 年预算执行情况和 2018 年收支预算的报告》、《滁州市住房公积金 2018 年度增值收益分配方案》、《关于调整 2018 年度滁州市住房公积金最高缴存额和最低缴存额的意见》、《关于调整和规范住房公积金缴存使用政策的意见》、《滁州市住房公积金受托银行业务评价暂行办法》等。

（二）住房公积金管理中心： 住房公积金管理中心为直属于滁州市人民政府的不以营利为目的的正处级事业单位，设 7 个科，5 个管理部，1 个分中心。从业人员 89 人，其中，在编 54 人，非在编 35 人。

二、业务运行情况

（一）**缴存**：2018年，新开户单位747家，实缴单位4380家，净增单位570家；新开户职工4.10万人，实缴职工24.29万人，净增职工2.69万人；缴存额30.64亿元，同比增长13.53%。2018年末，缴存总额225.11亿元，同比增长15.76%；缴存余额70.57亿元，同比增长5.98%。

受委托办理住房公积金缴存业务的银行2家，与上年持平。

（二）**提取**：2018年，提取额26.66亿元，同比增长5.92%；占当年缴存额的87.01%，比上年减少6.25个百分点。2018年末，提取总额154.55亿元，同比增长20.86%。

（三）**贷款**：

1. **个人住房贷款**。个人住房贷款最高额度30万元，其中，单缴存职工最高额度20万元，双缴存职工最高额度30万元。

2018年，发放个人住房贷款0.64万笔19.94亿元，同比分别下降11.11%、5.14%。

2018年，回收个人住房贷款11.43亿元。

2018年末，累计发放个人住房贷款6.65万笔145亿元，贷款余额90.53亿元，同比分别增长10.65%、15.94%、10.38%。个人住房贷款余额占缴存余额的128.28%，比上年增加5.10个百分点。

受委托办理住房公积金个人住房贷款业务的银行10家，与上年持平。

2. **住房公积金支持保障性住房建设项目贷款**。截至2018年底，累计发放的项目贷款2.57亿元，已全部提前还清。

（四）**融资**：2018年，融资11.29亿元，归还4.95亿元。2018年末，融资总额30.99亿元，融资余额21.04亿元。

（五）**资金存储**：2018年末，住房公积金存款4.75亿元。其中，活期0.05亿元，其他（协定）4.70亿元。

（六）**资金运用率**：2018年末，住房公积金个人住房贷款余额、项目贷款余额和购买国债余额的总和占缴存余额的128.28%，比上年增加5.10个百分点。

三、主要财务数据

（一）**业务收入**：2018年，业务收入33801.06万元，同比增长18.89%。存款利息2491.44万元，委托贷款利息28356.31万元，其他2953.31万元。

（二）**业务支出**：2018年，业务支出17258.05万元，同比增长6.94%。支付职工住房公积金利息7693.99万元，委托贷款手续费933.08万元，其他8630.98万元。

（三）**增值收益**：2018年，增值收益16543.01万元，同比增长34.59%。增值收益率2.44%，比上年增加0.56个百分点。

（四）**增值收益分配**：2018年，提取贷款风险准备金9053万元，提取管理费用5990.01万元，提取城市廉租住房（公共租赁住房）建设补充资金1500万元。

2018年，上交财政管理费用4592万元。上缴财政城市廉租住房（公共租赁住房）建设补充资金9400万元。

2018年末，贷款风险准备金余额26318.89万元。累计提取城市廉租住房（公共租赁住房）建设补充资金27723万元。

（五）**管理费用支出**：2018年，管理费用支出4458.57万元，同比下降6.34%。其中，人员经费1285.48万元，公用经费401.67万元，专项经费2771.42万元（其中含融资财政贴息2660万元）。

四、资产风险状况

（一）**个人住房贷款**：2018年末，个人住房贷款逾期额39.69万元，逾期率0.044‰。

个人贷款风险准备金按贷款余额的1%提取。2018年，提取个人贷款风险准备金9053万元，当年未使用个人贷款风险准备金核销呆坏账。2018年末，个人贷款风险准备金余额25417.71万元，占个人住房贷款余额的2.81%，个人住房贷款逾期额与个人贷款风险准备金余额的比率为0.16%。

（二）**支持保障性住房建设试点项目贷款**：2018年末，无逾期项目贷款。目前，项目贷款风险准备金余额为901.18万元，当年未使用项目贷款风险准备金。

五、社会经济效益

（一）**缴存业务**：2018年，实缴单位数、实缴职工人数和缴存额同比分别增长14.96%、12.45%和13.52%。

缴存单位中，国家机关和事业单位占47.10%，国有企业占12.01%，城镇集体企业占1.46%，外商投资企业占2.65%，城镇私营企业及其他城镇企业占27.99%，民办非企业单位和社会团体占4.38%，其他占4.41%。

缴存职工中，国家机关和事业单位占41.84%，国有企业占17.27%，城镇集体企业占0.75%，外商投资企业占7.55%，城镇私营企业及其他城镇企业占24.79%，民办非企业单位和社会团体占1.92%，其他占5.88%；中、低收入占98.93%，高收入占1.07%。

新开户职工中，国家机关和事业单位占16.37%，国有企业占7.43%，城镇集体企业占0.74%，外商投资企业占8.91%，城镇私营企业及其他城镇企业占52.93%，民办非企业单位和社会团体占3.63%，其他占9.99%；中、低收入占89.84%，高收入占10.16%。

（二）**提取业务**：2018年，8.81万名缴存职工提取住房公积金26.66亿元。

提取金额中，住房消费提取占85.26%（购买、建造、翻建、大修自住住房占37.68%，偿还购房贷款本息占43.79%，租赁住房占1.06%，其他占2.73%）；非住房消费提取占14.74%（离休和退休提取占12.76%，完全丧失劳动能力并与单位终止劳动关系提取占1.09%，户口迁出本市或出境定居占0.36%，其他占0.53%）。

提取职工中，中、低收入占82.59%，高收入占17.41%。

（三）**贷款业务**：

1. **个人住房贷款**。2018年，支持职工购建房77.99万平方米，年末个人住房贷款市场占有率为11.62%，比上年减少3.05个百分点。通过申请住房公积金个人住房贷款，可节约职工购房利息支出32100万元。

职工贷款笔数中，购房建筑面积90（含）平方米以下占8.87%，90～144（含）平方米占80.34%，

144 平方米以上占 10.79%。购买新房占 87.56%，购买二手房占 11.79%，其他占 0.65%。

职工贷款笔数中，单缴存职工申请贷款占 55.18%，双缴存职工申请贷款占 44.82%。

贷款职工中，30 岁（含）以下占 29.52%，30 岁～40 岁（含）占 31.91%，40 岁～50 岁（含）占 28.82%，50 岁以上占 9.75%；首次申请贷款占 80.84%，二次及以上申请贷款占 19.16%；中、低收入占 88.60%，高收入占 11.40%。

2. 异地贷款。2018 年，发放异地贷款 472 笔 15066.10 万元。2018 年末，发放异地贷款总额 88143 万元，异地贷款余额 72750.80 万元。

3. 支持保障性住房建设试点项目贷款。2018 年末，累计试点项目 2 个，贷款额度 4.90 亿元，建筑面积 20.44 万平方米，可解决 1664 户中低收入职工家庭的住房问题。2 个试点项目贷款资金已发放并还清贷款本息。

（四）住房贡献率：2018 年，个人住房贷款发放额、公转商贴息贷款发放额、住房消费提取额的总和与当年缴存额的比率为 139.28%，比上年减少 18 个百分点。

六、其他重要事项

（一）当年机构调整情况：根据《住房公积金管理条例》有关规定，滁州市人民政府办公室于 2018 年 6 月印发《关于聘任第四届市住房公积金管理委员会组成人员的通知》（滁政办秘〔2018〕86 号），聘任了第四届管委会成员。新一届管委会成员 25 人。

（二）当年住房公积金政策调整情况：

1. 根据《滁州市住房公积金缴存管理办法》，住房公积金最高缴存基数不超过上年度城镇非私营单位在岗职工月平均工资的三倍，住房公积金最低缴存基数不低于上年度滁州市城镇私营企业就业人员月平均工资的 40%，住房公积金缴存比例为上年职工月平均工资的 5%～12%。据此，确定 2018 年单位和职工住房公积金最高月缴存额各为 2080 元，从 2018 年元月 1 日起执行。

2. 职工住房公积金账户存款利率，按一年期定期存款基准利率执行。住房公积金贷款利率按照中国人民银行规定执行。

3. 根据市住房公积金管理委员会《关于加强流动性管理实施风险预警机制的预案》等规定，经市住房公积金管理委员会批准，自 2018 年 5 月 1 日起启动流动性风险三级预警机制，暂停"公转商"贷款、异地贷款业务，实行贷款"轮候"发放。

4. 经市住房公积金管理委员会研究决定，自 2018 年 7 月 3 日起适度调整和规范全市住房公积金使用政策，家庭成员 1 人缴存住房公积金的最高贷款额调整为 20 万元、2 人及以上缴存住房公积金的最高贷款额调整为 30 万元，同时调整首付比例，并实施限制住房公积金用于非自住类住房消费等措施。

5. 2018 年 6 月 1 日印发《滁州市提取住房公积金支付既有住宅增设电梯个人分摊费用实施细则》，允许提取住房公积金支付既有住宅增设电梯个人分摊费用。

6. 市住房公积金管理委员会授权市住房公积金管理中心对生产经营困难企业申请降低住房公积金缴存比例或缓缴事项进行审批。

（三）当年服务改进情况：一是规范窗口服务行为。严格执行窗口服务承诺和窗口工作人员服务规范，规范服务用语、改进服务态度、提升服务效率，坚持首问负责制、限时办结制、和责任追究制。

二是改进窗口服务措施。将业务审批工作由中心科室前移至行政服务中心大厅，线下业务办理做到"只进一扇门、最多跑一次"，大力推行"一口清、一柜办"，从"一岗多能"到"一岗全能"，切实方便办事群众。

（四）**当年信息化建设情况**：一是推进住房公积金综合服务平台网上服务大厅建设，单位汇缴业务和部分个人提取业务实现网上办理；二是加强部门联网，大力实践"互联网＋公积金服务"；三是进一步丰富12329短信服务平台功能。实现自动推送个人缴存、提取、贷款短消息，方便群众及时了解业务办理进程；四是使用电子化检查工具，定期对政策执行情况和风险点进行排查，消除风险隐患；五是在两家银行推进住房公积金贷款市县统一自主核算试点。

（五）**当年住房公积金管理中心及职工所获荣誉情况**：

1. **单位荣誉**。市住房公积金管理中心业务服务科（窗口）被滁州市委市政府授予"先进集体"、被滁州市政府授予"红旗窗口"、被省效能办、省数据资源管理局、省委党校授予全省政务服务系统"最佳服务窗口"、被省住房城乡建设厅授予全省住房城乡建设系统"学雷锋活动示范点"、被市效能办授予"社会满意窗口"、被市妇联授予"市巾帼文明岗"、被市文明办授予"文明窗口"等荣誉。

定远县管理部窗口荣获定远县效能办授予的"事关民生企事业单位"优秀单位荣誉称号；全椒县管理部窗口荣获全椒县政务中心授予的2018年度"红旗窗口"称号。

2. **个人荣誉**。1位同志荣获团市委、市人社局"全市青年岗位能手"称号；1位同志荣获市妇联"巾帼建功标兵"称号；3位同志荣获市文明办"微笑大使"称号。

阜阳市住房公积金2018年年度报告

一、机构概况

（一）**住房公积金管理委员会**：住房公积金管理委员会有14名委员，2018年召开2次会议，审议通过的事项主要包括：《阜阳市住房公积金2018年归集使用计划执行情况和2018年归集使用计划》、《阜阳市住房公积金2018年度增值收益分配方案》、《阜阳市住房公积金2018年度决算和2018年度预算》、2018年年度报告和2018年前三季度运营情况等。

（二）**住房公积金管理中心**：住房公积金管理中心为直属市政府不以营利为目的的独立核算事业单位，设6个科，5个管理部。从业人员62人，其中，在编51人，非在编11人。

二、业务运行情况

（一）**缴存**：2018年，新开户单位294家，实缴单位4066家，净增单位293家；新开户职工2.99万人，实缴职工27.24万人，净增职工2.05万人；缴存额33.22亿元，同比增16.28%。2018年末，缴存总额231.15亿元，同比增长16.78%；缴存余额106.58亿元，同比增长8.87%。

受委托办理住房公积金缴存业务的银行4家，比上年增加0家。

（二）提取：2018年，提取额24.53亿元，同比增长13.46%；占当年缴存额的73.84%，比上年减少1.83个百分点。2018年末，提取总额124.56亿元，同比增长24.52%。

（三）贷款：个人住房贷款最高额度40万元，其中，单缴存职工最高额度30万元，双缴存职工最高额度40万元。

2018年，发放个人住房贷款0.56万笔18.13亿元，同比分别下降30.86%、30.51%。

2018年，回收个人住房贷款12.65亿元。

2018年末，累计发放个人住房贷款7.1万笔187.07亿元，贷款余额132.06亿元，同比分别增长8.73%、10.73%、4.33%。个人住房贷款余额占缴存余额的123.91%，比上减少5.39个百分点。

受委托办理住房公积金个人住房贷款业务的银行12家，比上年增加0家。

（四）融资：2018年，融资1.55亿元，归还4.15亿元。2018年末，融资总额38.04亿元，融资余额24.61亿元。

（五）资金存储：2018年末，住房公积金存款0.92亿元。均以协定存款形式存储。

（六）资金运用率：2018年末，住房公积金个人住房贷款余额、项目贷款余额和购买国债余额的总和占缴存余额的123.91%，比上年减少5.39个百分点。

三、主要财务数据

（一）业务收入：2018年，业务收入37631.14万元，同比增长7.58%。存款利息2362.53万元，委托贷款利34795.41万元，其他473.2万元。

（二）业务支出：2018年，业务支出22102.87万元，同比增长6.18%。支付职工住房公积金利息18378.71万元，归集手续费2.57万元，委托贷款手续费751.21万元，其他2970.38万元。

（三）增值收益：2018年，增值收益15528.27万元，同比增长9.64%。增值收益率1.51%，比上年增加0.01个百分点。

（四）增值收益分配：2018年，提取贷款风险准备9316.96万元，提取管理费用1460万元，提取城市廉租住房（公共租赁住房）建设补充资金4751.31万元。

2018年，上交财政管理费用1600万元。上缴财政城市廉租住房（公共租赁住房）建设补充资金12563.15万元。

2018年末，贷款风险准备金余额27274.95万元。累计提取城市廉租住房（公共租赁住房）建设补充资金60833.65万元。

（五）管理费用支出：2018年，管理费用支出1385.62万元，同比增长41.27%。其中，人员经费1107.55万元，公用经费159.78万元，专项经费118.29万元。

四、资产风险状况

2018年末，个人住房贷款逾期额303.4万元，逾期率0.23‰。

个人贷款风险准备金按增值收益的60%提取。2018年，提取个人贷款风险准备金9316.96万元。2018年末，个人贷款风险准备金余额27274.95万元，占个人住房贷款余额2.07%，个人住房贷款逾期额与个人贷款风险准备金余额的比率为1.11%。

五、社会经济效益

(一) 缴存业务：2018年，实缴单位数、实缴职工人数和缴存额同比分别增长7.76%、8.13%和16.28%。

缴存单位中，国家机关和事业单位占73.02%，国有企业占9.69%，城镇集体企业占2.39%，外商投资企业占0.37%，城镇私营企业及其他城镇企业占11.09%，民办非企业单位和社会团体占0%，其他占3.44%。

缴存职工中，国家机关和事业单位占65.99%，国有企业占19.27%，城镇集体企业占1.49%，外商投资企业占0.49%，城镇私营企业及其他城镇企业占10.4%，民办非企业单位和社会团体占0%，其他占2.36%；中、低收入占98.8%，高收入占1.2%。

新开户职工中，国家机关和事业单位占55.8%，国有企业占13.33%，城镇集体企业占0.34%，外商投资企业占0.45%，城镇私营企业及其他城镇企业占22.66%，民办非企业单位和社会团体占0%，其他占7.42%；中、低收入占99.59%，高收入占0.41%。

(二) 提取业务：2018年，9.2万名缴存职工提取住房公积金24.53亿元。

提取金额中，住房消费提取占74.07%（购买、建造、翻建、大修自住住房占30.67%，偿还购房贷款本息占42.15%，租赁住房占0.88%，其他占0.37%）；非住房消费提取占25.93%（离休和退休提取占19.73%，完全丧失劳动能力并与单位终止劳动关系提取占2.89%，户口迁出本市或出境定居占0.11%，其他占3.2%）。

提取职工中，中、低收入占98.15%，高收入占1.85%。

(三) 贷款业务：

1. 个人住房贷款。2018年，支持职工购建房66.29万平方米，年末个人住房贷款市场占有率为15.07%，比上年减少3.91个百分点。通过申请住房公积金个人住房贷款，可节约职工购房利息支出30662.24万元。

职工贷款笔数中，购房建筑面积90（含）2平方米以下占6.39%，90～144（含）平方米占88.64%，144平方米以上占4.97%。购买新房占90.82%（其中购买保障性住房占0%），购买二手房占9.18%，建造、翻建、大修自住住房0%，其他占0%。

职工贷款笔数中，单缴存职工申请贷款占23.04%，双缴存职工申请贷款占76.96%，三人及以上缴存职工共同申请贷款占0%。

贷款职工中，30岁（含）以下占22.52%，30岁～40岁（含）占33.37%，40岁～50岁（含）占31.06%，50岁以上占13.05%；首次申请贷款占90.82%，二次及以上申请贷款占9.18%；中、低收入占98.44%，高收入占1.56%。

2. 异地贷款。2018年，发放异地贷款26笔967万元。2018年末，发放异地贷款总额20685.1万元，异地贷款余额17819.51万元。

(四) 住房贡献率：2018年，个人住房贷款发放额、公转商贴息贷款发放额、项目贷款发放额、住房消费提取额的总和与当年缴存额的比率为109.29%，比上年减少39.38个百分点。

六、其他重要事项

（一）当年受委托办理贷款业务金融机构变更情况：2018年，受委托办理贷款业务的银行12家，比上年增加0家。

（二）当年住房公积金政策调整及执行情况

1. **缴存**。阜阳市统计局发布数据，上年度阜阳市非私营单位在岗职工年平均工资为57010元，依据住房公积金月缴存基数不超过月平均工资的3倍计算，当年缴存基数上限为14252元，下限按最低工资标准1250元/月计算，缴存比例为5%～12%，调整后执行时间为2018年7月1日。

2. **贷款**。出台《阜阳市住房公积金二手房贷款操作细则（试行）》，简化了程序，缴存职工可以凭不动产交易中心签订的资金监管协议和备案交合同申请贷款，所贷款项打入资金监管账户。

细则规定，夫妻双方离婚后，对名下房产互相交易的，离婚后一年以内的购房行为不予受理贷款。

（三）当年服务改进情况：优化服务流程，增设提取自助服务区，严格执行"一次性告知"、"延时服务"、"责任倒追"等制度，所有业务实现让缴存职工只跑一次，用实际行动践行"马上就办，办就办好"，用饱满的热情，温馨的服务打造优质、和谐的窗口形象。

发布《关于住房公积金业务办理不再由缴存职工提供身份证复印件的通知》，自2018年5月15日起，在办理住房公积金提取和贷款等业务时，可实现信息共享的材料不再要求缴存人提供复印件、工资收入证明等材料，确需复印的，由业务窗口免费代为办理；发布《关于取消提取住房公积金单位审核环节相关问题的通知》，自2018年6月21日起，缴存职工办理住房公积金提取业务时，不再要求提供单位审核意见，深入推进"放管服"改革，进一步落实"减证便民"精神。

积极推进"不见面审批"，全流程网上办理，目前网上可办率已达100%。同时，中心将进一步实现与公安、民政等部门数据共享，落实与不动产登记部门数据信息对接，建立与相关客户、贷款合作银行、业务单位等交流平台，实现"一网通办、只进一扇门、最多跑一次"。

2018年，中心加快综合服务平台建设，完成网上服务厅与安徽政务服务网的对接，成功入驻安徽政务服务网阜阳厅。网站日均访问量2000多人次，微信关注用户达10万多人，APP下载用户达4000多人，"12329"每月发送职工缴存、提取等信息12万多条。下半年中心开通了网上缴存和提取业务，截至12月底，签约网办业务的单位232家，办理网上提取的职工976人，极大推进了住房公积金"互联网+政务"工作的开展。

（四）当年信息化建设情况：2018年，中心公积金业务系统和公积金结算应用系统全年运行良好，8月份顺利通过全国住房公积金基础数据"双贯标"工作。

为提高系统的安全性，我中心立项信息安全三级等保项目并报公安机关网监部门备案。采购了一批网络安全设备及备份一体机，上线了设备监控系统、日志审计系统和新一代网络版杀毒软件，能做到实时查看数据库运行情况及客户端操作情况，对网络恶意攻击、网络病毒能及时做出防范、清除。截至目前该项目正在稳步推进中。

（五）当年所获荣誉情况：2018年，我中心被省住房城乡建设厅命名为全省住房城乡建设系统学雷锋活动示范点，张学进同志被命名为岗位学雷锋标兵。

我中心临泉县管理部被县政府授予"临泉县三八红旗集体"荣誉称号。

（六）积极回应关切，维护职工权益：认真做好咨询、信访工作。2018年，中心处理市政府网站"百姓热线"咨询500件左右，回复率100%。受理省住房城乡建设厅、市委市政府督查室、市信访局转来的各类信访督办项20件左右，中心认真处理后在最短时间内及时予以回应，做到了无信访积案、无闹访事件、无重复信访发生，获得了上级部门好评，受到市委督查室发文表彰。

切实维护缴存职工合法权益。针对社会反映强烈的部分开发企业拒绝公积金贷款行为，按照国家四部委关于维护住房公积金缴存职工购房贷款权益的通知精神，中心及时联合市房地产部门对企业进行约谈，监督不得或变相拒绝职工使用公积金贷款，并要求在楼盘销售现场公示"不拒绝购房人使用住房公积金贷款的书面承诺"，切实保障缴存职工购房权益。

宿州市住房公积金2018年年度报告

一、机构概况

（一）住房公积金管理委员会：住房公积金管理委员会有25名委员，2018年召开两次会议，审议通过的事项主要包括：

1. 2018年宿州市住房公积金管理委员会第一次全体委员（扩大）会议，审议通过了市公积金中心提请管委会审议的《宿州市住房公积金管理中心2018年年度报告》、《关于编制2018年住房公积金归集、使用计划和增值收益分配方案的意见》、《关于2018年商业银行融资的意见》等有关事项。

2. 2018年宿州市住房公积金管理委员会第二次全体委员（扩大）会议，审议并通过了《关于调整2018年宿州市住房公积金缴存基数的意见》。

（二）住房公积金管理中心：住房公积金管理中心为市政府直属不以营利为目的的公益类事业单位，设8个科室，5个管理部。从业人员132人，其中在编67人，非在编65人。

二、业务运行情况

（一）缴存：2018年，新开户单位299家，实缴单位2695家，净增单位140家；新开户职工2.12万人，实缴职工15.74万人，净增职工0.43万人；缴存额22.37亿元，同比增长8.28%。2018年末，缴存总额160.86亿元，同比增长16.15%；缴存余额68.14亿元，同比增长9.44%。

受委托办理住房公积金缴存业务的银行9家，比上年增加3家。

（二）提取：2018年，提取额16.49亿元，同比增长1.6%；占当年缴存额的73.71%，比上年减少4.85个百分点。2018年末，提取总额92.72亿元，同比增长21.63%。

（三）贷款：个人住房贷款最高额度50万元，其中，单缴存职工最高额度30万元，双缴存职工最高额度50万元。

2018年，发放个人住房贷款0.39万笔11.88亿元，同比分别（下降）31.58%、30.89%。

2018年，回收个人住房贷款7.73亿元。

2018年末，累计发放个人住房贷款4.64万笔100.48亿元，贷款余额67.55亿元，同比分别增长9.18%、13.41%、6.55%。个人住房贷款余额占缴存余额的99.13%，比上年减少2.68个百分点。

受委托办理住房公积金个人住房贷款业务的银行7家。

（四）**融资**：2018年，融资2.1亿元，归还7.13亿元。2018年末，融资总额17.48亿元，融资余额3.48亿元。

（五）**资金存储**：2018年末，住房公积金存款8.69亿元。其中，活期0.09亿元，1年（含）以下定期0亿元，1年以上定期1.05亿元，其他（协定、通知存款等）7.55亿元。

（六）**资金运用率**：2018年末，住房公积金个人住房贷款余额、项目贷款余额和购买国债余额的总和占缴存余额的99.13%，比上年减少2.68个百分点。

三、主要财务数据

（一）**业务收入**：2018年，业务收入28485.32万元，同比增长11.33%。其中，存款利息7457.54万元，委托贷款利息21027.78万元，国债利息0万元，其他0万元。

（二）**业务支出**：2018年，业务支出12952.65万元，同比下降7.06%。其中，支付职工住房公积金利息10060.67万元，归集手续费0万元，委托贷款手续费477.17万元，其他2414.81万元。

（三）**增值收益**：2018年，增值收益15532.68万元，同比增长33.34%。其中，增值收益率2.39%，比上年增加0.43个百分点。

（四）**增值收益分配**：2018年，提取贷款风险准备金6755.34万元，提取管理费用2431.47万元，提取城市廉租住房（公共租赁住房）建设补充资金6345.87万元。

2018年，上交财政管理费用2482.53万元。上缴财政城市廉租住房（公共租赁住房）建设补充资金2840万元。

2018年末，贷款风险准备金余额24609.13万元。累计提取城市廉租住房（公共租赁住房）建设补充资金17021.66万元。

（五）**管理费用支出**：2018年，管理费用支出2482.53万元，同比增长32.55%。其中，人员经费1534.76万元，公用经费436.88万元，专项经费510.89万元。

四、资产风险状况

2018年末，个人住房贷款逾期额232.02万元，逾期率0.34‰。

个人贷款风险准备金贷款余额的1%提取。2018年，提取个人贷款风险准备金6755.34万元，使用个人贷款风险准备金核销呆坏账0万元。2018年末，个人贷款风险准备金余额24609.13万元，占个人住房贷款余额的3.64%，个人住房贷款逾期额与个人贷款风险准备金余额的比率为0.94%。

五、社会经济效益

（一）**缴存业务**：2018年，实缴单位数、实缴职工人数和缴存额同比分别增长5.48%、2.81%和8.28%。

缴存单位中，国家机关和事业单位占 64.75%，国有企业占 13.95%，城镇集体企业占 0.71%，外商投资企业占 1.15%，城镇私营企业及其他城镇企业占 7.98%，民办非企业单位和社会团体占 2.04%，其他占 9.42%。

缴存职工中，国家机关和事业单位占 69.32%，国有企业占 16.16%，城镇集体企业占 0.62%，外商投资企业占 1.16%，城镇私营企业及其他城镇企业占 4.2%，民办非企业单位和社会团体占 0.63%，其他占 7.91%；中、低收入占 98.51%，高收入占 1.49%。

新开户职工中，国家机关和事业单位占 48.85%，国有企业占 11.49%，城镇集体企业占 0.59%，外商投资企业占 2.38%，城镇私营企业及其他城镇企业占 8.07%，民办非企业单位和社会团体占 2.53%，其他占 26.09%；中、低收入占 99.36%，高收入占 0.64%。

（二）提取业务：2018 年，5.53 万名缴存职工提取住房公积金 16.49 亿元。

提取金额中，住房消费提取占 75.93%（购买、建造、翻建、大修自住住房占 32.67%，偿还购房贷款本息占 42.48%，租赁住房占 0.29%，其他占 0.49%）；非住房消费提取占 24.07%（离休和退休提取占 21%，完全丧失劳动能力并与单位终止劳动关系提取占 2.03%，户口迁出本市或出境定居占 0.05%，其他占 0.99%）。

提取职工中，中、低收入占 97.7%，高收入占 2.3%。

（三）贷款业务：

1. **个人住房贷款**。2018 年，支持职工购建房 45.67 万平方米，年末个人住房贷款市场占有率为 14.49%，比上年减少 2.73 个百分点。通过申请住房公积金个人住房贷款，可节约职工购房利息支出 24477.34 万元。

职工贷款笔数中，购房建筑面积 90（含）平方米以下占 14.05%，90~144（含）平方米占 80.13%，144 平方米以上占 5.82%。购买新房占 83.93%（其中购买保障性住房占 0%），购买二手房占 16.07%，建造、翻建、大修自住住房占 0%，其他占 0%。

职工贷款笔数中，单缴存职工申请贷款占 67.24%，双缴存职工申请贷款占 32.76%，三人及以上缴存职工共同申请贷款占 0%。

贷款职工中，30 岁（含）以下占 21.56%，30 岁~40 岁（含）占 40.79%，40 岁~50 岁（含）占 30.97%，50 岁以上占 6.68%；首次申请贷款占 91.4%，二次及以上申请贷款占 8.6%；中、低收入占 98.8%，高收入占 1.2%。

2. **异地贷款**。2018 年，发放异地贷款 121 笔 3102.8 万元。2018 年末，发放异地贷款总额 66389.2 万元，异地贷款余额 30283.41 万元。

3. **公转商贴息贷款**。2018 年，发放公转商贴息贷款笔 0 万元，支持职工购建住房面积 0 万平方米，当年贴息额 142.29 万元。2018 年末，累计发放公转商贴息贷款 689 笔 15016.65 万元，累计贴息 265.94 万元。

（四）住房贡献率：2018 年，个人住房贷款发放额、公转商贴息贷款发放额、项目贷款发放额、住房消费提取额的总和与当年缴存额的比率为 109.1%，比上年减少 43.35 个百分点。

六、其他重要事项

（一）当年住房公积金缴存基数限额及确定方法、缴存比例缴存政策调整情况：单位缴存的住房公积金月工资基数最低不得低于我市劳动部门公布的最低月工资标准 1250 元；最高不超过我市统计部门公布的上年度职工月平均工资的 3 倍为 14715 元。职工和单位住房公积金的缴存比例不得低于 5%，最高不超过 12%。当年提取政策调整情况：一是 5 月 14 日政策调整：1. 缴存职工在办理住房公积金提取、贷款等业务时，不再要求个人提供身份证复印件；2. 取消无房职工租住商品住房提取住房公积金提供房屋租赁合同，只需提供由房产管理部门核对出具的无房证明。二是 6 月 21 日政策调整：住房公积金缴存职工在办理内部转移（市内跨县区）、提取、委托划转住房公积金偿还贷款业务时，取消职工申请单位审核盖章。

住房公积金单方最高贷款额度上限为 30 万元，夫妻双方最高贷款额度上限为 50 万元；用于改善居住条件第二次申请住房公积金贷款的，最低首付款比例由 30% 调整至 40%，执行中国人民银行规定的基准利率 1.1 倍；申请住房公积金贷款不再要求缴存职工提供身份证复印件。

（二）当年服务改进情况：中心设置六个服务网点，配备咨询台、取号机、自助查询机、休息椅、饮水机等设备设施，为职工营造温馨优美办事环境。在服务手段上：1. 深化"互联网＋政务服务"改革，圆满完成政府公共服务清单、权责清单、行政权力中介服务事项清单等梳理编制工作。优化精减办事流程，实现行政审批项目削减率超过 52% 以上，专门制定住房公积金服务"最多跑一次"改革工作方案，形成政务服务一体化管理新模式。2. 举办政策业务、岗位技能、职业道德等培训，重点提升各服务网点一线员工素能。3. 有效落实限时办结制、预约制、上门服务制等效能建设制度，树政务服务公积金窗口好形象。

逐步完成了以搭建门户网站、网上业务大厅、自助终端、12329 热线、12329 短信、手机客户端、官方微信、官方微博八种服务渠道的综合服务平台建设，网上即可办理公积金查询，窗口预约服务等，未来即将开通全部网厅业务。

（三）信息化建设情况：住房公积金基础数据标准贯彻落实和住房公积金结算应用系统接入即"双贯标"工作已于 2018 年 12 月份顺利通过住房城乡建设部、厅专家组检查验收；2018 年 12 月电子档案系统顺利上线，进一步提升了中心档案资料管理水平，实现了信息化与档案管理的相结合；逐步加强与政务中心内多家单位间的信息共享、完善信息共享机制，利用"大数据"优势，优化了服务流程，提高了服务水平，方便了群众办事；建立健全了信息安全防护体系，中心不断加强机房软硬件环境建设，完善信息安全及应急处理机制，确保业务系统的运行及数据安全。

（四）当年住房公积金管理中心及职工所获荣誉情况：市中心荣获"宿州市年度双拥优秀单位"。砀山县管理部荣获"宿州市劳动竞赛先进集体"、"第四批宿州市学雷锋活动示范点"，砀山县管理部窗口荣获宿州市 40 家"最佳服务窗口"。市中心行政审批服务科科长赵瑜荣获"第四批宿州市岗位学雷锋标兵"。

六安市住房公积金 2018 年年度报告

一、机构概况

（一）住房公积金管理委员会：住房公积金管理委员会有 39 名委员，2018 年召开 2 次会议，审议通

过的事项主要包括：

1. 六安市住房公积金 2018 年年度报告。
2. 关于 2018 年住房公积金增值收益分配方案。
3. 2018 年住房公积金归集和使用计划。
4. 中央、省属驻六安市单位的住房公积金缴存上限执行与当地相同政策。
5. 取消六住房委〔2018〕4 号文件精神，恢复办理住房公积金异地贷款。
6. 住房公积金异地贷款额度参照本市职工执行。

（二）住房公积金管理中心：住房公积金管理中心为市政府直属的不以营利为目的的公益二类事业单位，设 9 个科室，7 个管理部。从业人员 84 人，其中，在编 45 人，非在编 39 人。

二、业务运行情况

（一）缴存：2018 年开户单位 204 家，实缴单位 2862 家，净减少单位 817 家；新开户职工 2.99 万人，实缴职工 20.06 万人，净减少职工 0.67 万人；缴存额 29.07 亿元，同比增长 16.23%。2018 年末，缴存总额 201.63 亿元，同比增长 16.85%；缴存余额 79.80 亿元，同比增长 5.49%。

受委托办理住房公积金缴存业务的银行 5 家，与上年持平。

（二）提取：2018 年，提取额 24.92 亿元，同比增长 24.72%；占当年缴存额的 85.72%，比上年增加 5.83 个百分点。2018 年末，提取总额 121.83 亿元，同比增长 25.71%。

（三）贷款：

1. **个人住房贷款**。个人住房贷款最高额度 60 万元，其中，单缴存职工最高额度 40 万元，双缴存职工最高额度 60 万元。

2018 年，发放个人住房贷款 0.29 万笔，9.59 亿元，同比分别下降 40.82%、37.97%。

2018 年，回收个人住房贷款 9.34 亿元。

2018 年末，累计发放个人住房贷款 5.25 万笔 119.99 亿元，贷款余额 78.12 亿元，同比分别增长 5.85%、8.69%、0.32%。个人住房贷款余额占缴存余额的 97.89%，比上年减少 5.06 个百分点。

受委托办理住房公积金个人住房贷款业务的银行 8 家，与上年持平。

2. **住房公积金支持保障性住房建设项目贷款**。2018 年末，累计发放项目贷款 4 亿元，项目贷款余额 0 亿元。

（四）资金存储：2018 年末，住房公积金存款 9.70 亿元。其中，活期 0.12 亿元，1 年（含）以下定期 3.24 亿元，1 年以上定期 5.56 亿元，其他（协定、通知存款等 0.78 亿元）。

（五）资金运用率：2018 年末，住房公积金个人住房贷款余额、项目贷款余额和购买国债余额的总和占缴存余额的 97.89%，比上年减少 5.06 个百分点。

三、主要财务数据

（一）业务收入：2018 年，业务收入 28199.96 万元，同比增长 3.87%，存款利息 2492.90 万元，委托贷款利息 25682.71 万元，国债利息 0 万元，其他 24.35 万元。

（二）业务支出：2018 年，业务支出 13361.23 万元，同比增长 0.94%。支付职工住房公积金利息

12412.19万元，归集手续费0万元，委托贷款手续费777.61万元，其他171.43万元。

（三）增值收益：2018年，增值收益14838.73万元，同比增长6.67%。增值收益率1.89%，比上年减少0.03个百分点。

（四）增值收益分配：2018年，提取贷款风险准备金7807.83万元，提取管理费用4091.52万元，提取城市廉租住房（公共租赁住房）建设补充资金2939.38万元。

2018年，上交财政管理费用2113.78万元。上缴财政城市廉租住房（公共租赁住房）建设补充资金3786.22万元。

2018年末，贷款风险准备金余额44417.28万元。累计提取城市廉租住房建设补充资金26673.94万元。

（五）管理费用支出：2018年，管理费用支出1770.22万元，同比下降40.72%。其中，人员经费779万元，公用经费40.09万元，专项经费951.13万元。

四、资产风险状况

（一）个人住房贷款：2018年末，个人住房贷款逾期额653.73万元，逾期率0.84‰。

个人贷款风险准备金按贷款余额的1%提取。2018年，提取个人贷款风险准备金7807.83万元，使用个人贷款风险准备金核销呆坏账0万元。2018年末，个人贷款风险准备金余额43093.28万元，占个人住房贷款余额的5.52%，个人住房贷款逾期额与个人贷款风险准备金余额的比率为1.52%。

（二）支持保障性住房建设试点项目贷款：2018年，提取项目贷款风险准备金0万元，使用项目贷款风险准备金核销呆坏账0万元，项目贷款风险准备金余额1324万元，占项目贷款余额的0%。

五、社会经济效益

（一）缴存业务：2018年，实缴单位数、实缴职工人数和缴存额同比分别减少22.21%、3.23%和增长16.23%。

缴存单位中，国家机关和事业单位占63.63%，国有企业占12.58%，城镇集体企业占4.29%，外商投资企业占1.47%，城镇私营企业及其他城镇企业占9.68%，民办非企业单位和社会团体占2.27%，其他占6.08%。

缴存职工中，国家机关和事业单位占65.42%，国有企业占14.19%，城镇集体企业占5.68%，外商投资企业占2.10%，城镇私营企业及其他城镇企业占6.01%，民办非企业单位和社会团体占2.71%，其他占3.89%；中、低收入占99.69%，高收入占0.31%。

新开户职工中，国家机关和事业单位占55.82%，国有企业占8.82%，城镇集体企业占6.76%，外商投资企业占2.18%，城镇私营企业及其他城镇企业占10.90%，民办非企业单位和社会团体占7.91%，其他占7.61%；中、低收入占99.92%，高收入占0.08%。

（二）提取业务：2018年，18.78万名缴存职工提取住房公积金24.92亿元。

提取金额中，住房消费提取占79.63%（购买、建造、翻建、大修自住住房占31.46%，偿还购房贷款本息占47.35%，租赁住房占0.75%，其他占0.07%）；非住房消费提取占20.37%（离休和退休提取占17.29%，完全丧失劳动能力并与单位终止劳动关系提取占2.15%，户口迁出本市或出境定居占

0.08%，其他占 0.85%）。

提取职工中，中、低收入占 99.81%，高收入占 0.19%。

（三）**贷款业务**：

1. **个人住房贷款**。2018 年，支持职工购建房 34.87 万平方米，年末个人住房贷款市场占有率为 10.27%，比上年减少 2.63 个百分点。通过申请住房公积金个人住房贷款，可节约职工购房利息支出 21848 万元。

职工贷款笔数中，购房建筑面积 90（含）平方米以下占 9.76%，90～144（含）平方米占 82.90%，144 平方米以上占 7.34%。购买新房占 88.79%（其中购买保障性住房占 0%），购买二手房占 11.21%，建造、翻建、大修自住住房占 0%，其他占 0%。

职工贷款笔数中，单缴存职工申请贷款占 46.55%，双缴存职工申请贷款占 53.45%，三人及以上缴存职工共同申请贷款占 0%。

贷款职工中，30 岁（含）以下占 21.59%，30 岁～40 岁（含）占 30.52%，40 岁～50 岁（含）占 35.86%，50 岁以上占 12.03%；首次申请贷款占 85.90%，二次及以上申请贷款占 14.10%；中、低收入占 99.31%，高收入占 0.69%。

2. **异地贷款**。2018 年，发放异地贷款 175 笔 4498.64 万元。2018 年末，发放异地贷款总额 47563.14 万元，异地贷款余额 39123.87 万元。

3. **支持保障性住房建设试点项目贷款**。2018 年末，累计试点项目 4 个，贷款额度 4 亿元，建筑面积 69.36 万平方米，可解决 6178 户中低收入职工家庭的住房问题。3 个试点项目贷款资金已发放并还清贷款本息。

（四）**住房贡献率**：2018 年，个人住房贷款发放额、公转商贴息贷款发放额、项目贷款发放额、住房消费提取额的总和与当年缴存额的比率为 101.26%，比上年减少 23.49 个百分点。

六、其他重要事项

（一）**政策调整情况**：

1. 出台缴存、提取和贷款办法：为适应住房公积金发展改革要求，进一步发挥保障和改善民生作用。《六安市个人自愿缴存使用住房公积金暂行办法》、《六安市住房公积金异地贷款实施细则（修订版）》在向社会公开征求意见后，经管委会审议通过于当年实施。

2. 调整 2018 年六安市住房公积金缴存上限的通知，根据六安市市区城镇非私营单位在岗平均工资测算，2018 年六安市月缴存基数上限调整为 15751 元，月缴存额上限调整为 3780 元，同时要求中央、省属驻六安市单位的住房公积金缴存上限执行与当地相同政策。

3. 为加强住房公积金贷款管理，防范和控制贷款风险，提升贷后管理水平，印发《六安市住房公积金贷款后期管理制度（试行）》。

（二）**服务改进情况**：

1. 认真落实国务院、省政府加强住房公积金管理通知精神，市人民政府办公室印发《关于进一步加强住房公积金管理工作的实施意见》，强化缴存管理，依法维护缴存人权益。

2. 积极贯彻国务院"放管服"改革要求，简化办事流程，印发《关于住房公积金业务不再由缴存职工提供身份证的通知》。

3. 为维护住房公积金缴存人的合法权益，充分发挥住房公积金制度的政策性保障作用，与市住建委联合发文《六安市住房公积金管理中心、六安市住房和城乡建设委员会关于维护住房公积金缴存职工购房贷款权益的通知》。

4. 规范缴存职工与单位解除或终止劳动关系办理公积金业务，缩短了封存期限，方便了办事群众。

5. 在全市公积金系统开展"作风大排查、大整改活动"提升服务水平，强化服务意识，让"最多跑一次"落地生根。

（三）信息化建设情况：一是全市集中开展住房公积金基础数据大清理，建立规范管理的长效机制，实现住房公积金管理规范化、科学化。二是积极探索住房公积金服务新方式，住房公积金网上业务大厅（单位版）上线运行，全市共组织了20余场次的网厅使用培训会；三是发布了六安住房公积金手机APP，开通了六安住房公积金微信公众号。四是开发了住房公积金电子档案管理系统。

（四）当年所获荣誉情况：2018年，六安市住房公积金管理中心共获荣誉包括：中共六安市委、六安市人民政府表彰2018年度市直效能建设"合格"单位、2018年"社会评窗口（基层所队）"群众满意窗口，省住房城乡建设厅表彰2018年住房公积金业务管理"合格"等次单位，中共六安市直机关工委表彰六安市直第九届文明单位，市人民政府政务服务中心表彰2018年度市政务服务中心"红旗窗口"，六安市拥军优属拥政爱民工作委员会表彰2018年度双拥先进单位，六安市选派选聘工作领导组表彰全市第六批选派帮扶工作先进单位，六安市劳动竞赛委员会、六安市总工会等部门联合表彰2018年度六安市职工劳动和技能竞赛优秀组织单位等。

亳州市住房公积金2018年年度报告

一、机构概况

（一）住房公积金管理委员会：住房公积金管理委员会有27名委员，2018年召开2次会议，审议通过的事项主要包括：

1. 审议通过2018年度全市住房公积金归集、使用计划执行情况。

2. 审议通过2018年度全市住房公积金增值收益分配方案。

3. 审议通过2018年全市住房公积金归集、使用计划。

4. 审议通过《亳州市住房公积金2018年年度报告（审议稿）》。

5. 审议通过《2018年亳州市住房公积金流动性风险防控实施方案（审议稿）》。

6. 审议通过《亳州市住房公积金提取管理办法（审议稿）》和《亳州市住房公积金贷款管理办法（审议稿）》。

7. 审议通过《关于提高我市住房公积金月缴存最高限额的通知》。

8. 审议通过《亳州市住房公积金骗提套取行为处理暂行办法（草案）》

9. 审议通过《亳州市困难企业申请住房公积金缓缴或降低缴存比例管理办法》。

（二）住房公积金管理中心：住房公积金管理中心为隶属于亳州市人民政府不以营利为目的的自收自支事业单位，设6个科，3个管理部。从业人员46人，其中，在编31人，非在编15人。

二、业务运行情况

（一）缴存：2018年，新开户单位238家，实缴单位2575家，净增单位222家；新开户职工2.28万人，实缴职工14.46万人，净增职工1.94万人；缴存额23.46亿元，同比增长14.77%。2018年末，缴存总额158.23亿元，同比增长17.40%；缴存余额64.44亿元，同比增长9.09%。

受委托办理住房公积金缴存业务的银行8家，与上年一致。

（二）提取：2018年，提取额18.09亿元，同比增长14.28%；占当年缴存额的77.11%，比上年减少0.34个百分点。2018年末，提取总额93.80亿元，同比增长23.89%。

（三）贷款：个人住房贷款最高额度40万元，其中，单缴存职工最高额度30万元，双缴存职工最高额度40万元。

2018年，发放个人住房贷款0.31万笔9.16亿元，同比分别下降24.39%、19.15%。

2018年，回收个人住房贷款7.24亿元。

2018年末，累计发放个人住房贷款3.91万笔89.44亿元，贷款余额58.68亿元，同比分别增长8.31%、11.41%、3.40%。个人住房贷款余额占缴存余额的91.06%，比上年减少5.01个百分点。

受委托办理住房公积金个人住房贷款业务的银行7家，与上年一致。

（四）融资：2018年，融资0亿元，归还1.5亿元。2018年末，融资余额0亿元。

（五）资金存储：2018年末，住房公积金存款8.42亿元。其中，活期0.10亿元，1年（含）以下定期4.7亿元，1年以上定期0亿元，其他（协定、通知存款等）3.62亿元。

（六）资金运用率：2018年末，住房公积金个人住房贷款余额、项目贷款余额和购买国债余额的总和占缴存余额的91.06%，比上年减少5.01个百分点。

三、主要财务数据

（一）业务收入：2018年，业务收入20756.34万元，同比下降2.74%。其中，存款利息1871.95万元，委托贷款利息18882.43万元，国债利息0万元，其他1.96万元。

（二）业务支出：2018年，业务支出10222.89万元，同比增长11.74%。其中，支付职工住房公积金利息9463.92万元，归集手续费0万元，委托贷款手续费758.20万元，其他0.77万元。

（三）增值收益：2018年，增值收益10533.45万元，同比下降13.61%。增值收益率1.70%，比上年减少0.46个百分点。

（四）增值收益分配：2018年，提取贷款风险准备金0万元，提取管理费用1039万元，提取城市廉租住房（公共租赁住房）建设补充资金9906.11万元（含以前年度待分配增值收益411.66万元）。

2018年，上交财政管理费用1039万元。上缴财政城市廉租住房（公共租赁住房）建设补充资金11331.60万元。

2018年末，贷款风险准备金余额11390.33万元。累计提取城市廉租住房（公共租赁住房）建设补充资金48335.91万元。

（五）管理费用支出：2018年，管理费用支出611.48万元，同比下降13.63%。其中，人员经费466.76万元，公用经费110.76万元，专项经费33.96万元。

四、资产风险状况

2018年末，个人住房贷款逾期额193.42万元，逾期率0.33‰。

个人贷款风险准备金按贷款余额的1%提取。2018年，提取个人贷款风险准备金0万元，使用个人贷款风险准备金核销呆坏账0万元。2018年末，个人贷款风险准备金余额11390.33万元，占个人住房贷款余额的1.94%，个人住房贷款逾期额与个人贷款风险准备金余额的比率为1.7%。

五、社会经济效益

（一）缴存业务：2018年，实缴单位数、实缴职工人数和缴存额同比分别增长9.43%、15.50%和14.77%。

缴存单位中，国家机关和事业单位占63.77%，国有企业占14.45%，城镇集体企业占1.98%，外商投资企业占0.93%，城镇私营企业及其他城镇企业占10.99%，民办非企业单位和社会团体占2.17%，其他占5.71%。

缴存职工中，国家机关和事业单位占59.01%，国有企业占21.76%，城镇集体企业占5.06%，外商投资企业占1.32%，城镇私营企业及其他城镇企业占6.47%，民办非企业单位和社会团体占1.31%，其他占5.07%；中、低收入占95.24%，高收入占4.76%。

新开户职工中，国家机关和事业单位占51%，国有企业占13.59%，城镇集体企业占5.42%，外商投资企业占1.35%，城镇私营企业及其他城镇企业占12.81%，民办非企业单位和社会团体占4.39%，其他占11.44%；中、低收入占87.15%，高收入占12.85%。

（二）提取业务：2018年，9.41万名缴存职工提取住房公积金18.09亿元。

提取金额中，住房消费提取占80.57%（购买、建造、翻建、大修自住住房占36.01%，偿还购房贷款本息占44.44%，租赁住房占0.12%，其他占0%）；非住房消费提取占19.43%（离休和退休提取占15.05%，完全丧失劳动能力并与单位终止劳动关系提取占0.88%，户口迁出本市或出境定居占0.07%，其他占3.43%）。

提取职工中，中、低收入占90.05%，高收入占9.95%。

（三）贷款业务：

1. **个人住房贷款**。2018年，支持职工购建房37.21万平方米，年末个人住房贷款市场占有率为12.60%，比上年减少3.8个百分点。通过申请住房公积金个人住房贷款，可节约职工购房利息支出28220万元。

职工贷款笔数中，购房建筑面积90（含）平方米以下占1.70%，90～144（含）平方米占91.02%，144平方米以上占7.28%。购买新房占96.13%（其中购买保障性住房占0%），购买二手房占3.87%，建造、翻建、大修自住住房占0%，其他占0%。

职工贷款笔数中,单缴存职工申请贷款占 55.28%,双缴存职工申请贷款占 44.72%,三人及以上缴存职工共同申请贷款占 0%。

贷款职工中,30 岁(含)以下占 28.43%,30 岁～40 岁(含)占 38.82%,40 岁～50 岁(含)占 25.31%,50 岁以上占 7.44%;首次申请贷款占 86.72%,二次及以上申请贷款占 13.28%;中、低收入占 93.90%,高收入占 6.10%。

2. **异地贷款**。2018 年,发放异地贷款 26 笔 826 万元。2018 年末,发放异地贷款总额 17537 万元,异地贷款余额 15283.92 万元。

(四)**住房贡献率**:2018 年,个人住房贷款发放额、公转商贴息贷款发放额、项目贷款发放额、住房消费提取额的总和与当年缴存额的比率为 101.15%,比上年减少 16.31 个百分点。

六、其他重要事项

(一)**当年机构及职能调整情况、受委托办理缴存贷款业务金融机构变更情况**:2018 年亳州市住房公积金管理中心机构及职能无变化。受托办理住房公积缴存业务的银行 8 家,受托办理住房公积金个人住房贷款业务的银行 7 家,均与上年保持一致。

(二)**当年住房公积金政策调整及执行情况**:

1. **归集政策调整情况**。2018 年我市住房公积金个人月缴存最高限额由 1400 调整为 1600 元,职工所在单位以相应金额给予补贴;2018 年缴存比例继续执行职工和单位的住房公积金缴存比例均不得低于 5%;有条件的单位可以根据各自实际情况提高缴存比例,但最高比例均不得超过 12%。

2. **贷款政策调整情况**。修订《亳州市住房公积金贷款管理办法》,住房公积金贷款期限最长由 25 年调整为 30 年,住房公积金贷款最高额度、贷款条件和利率执行标准不变。

3. **提取政策调整情况**。调整了《亳州市住房公积金提取管理办法》,一是简化了租房提取要件,由原来须提供本人及配偶名下无房产的证明、房产部门登记备案的租房合同、婚姻证明、房租发票或者收据,削减为只提供本人及配偶名下无房产的证明;二是职工因购买、建造、翻建、大修等自住住房支取公积金政策方面:支取时限由事项发生之日起一年以内调整为二年以内。本市购房提取简化要件,只需提供首付款收据就可以申请办理;三是与单位终止劳动关系未就业提取公积金政策方面:与单位终止劳动关系满 2 年未就业提取公积金调整为满 6 个月未就业就可提取公积金;四是退休提取公积金政策方面:退休职工达到法定退休年龄,公积金账户处于封存状态,可凭本人身份证申请办理;五是为了支持本市棚户区改造工作,增加了拆迁还原安置住房提取公积金项目。提供拆迁还原住房找补差价票据,拆迁还原协议、拆迁安置结算单可申请提取公积金。

4. **当年住房公积金存贷款利率执行情况**。

存款利率:与各受托银行签订协定存款协议,协定存款利率按 1.495% 执行,部分银行利率上浮按 1.61% 执行。住房公积金一年期定期存款利率按 2.1% 执行,部分银行利率上浮按 2.295% 执行。

贷款利率:按照中国人民银行规定利率执行,年利率:5 年以上 3.25%、5 年以下(含 5 年)2.75%,二套房住房公积金贷款利率上浮 10%。首付比例:首套房不低于 20%;二套房和二手房首付不低于 50%。

(三)**当年服务改进情况**:利用市政府大数据的"融",做好公积金管理服务的"用",优化"互联网+公积金"综合服务平台业务流程，在业务办理"一张网""上一次"的基础上，大力推进"减证便民"，主动取消申请资料106项，申请资料精简了76.2%，赢得缴存职工广泛赞誉。

（四）当年信息化建设情况：与安徽政务服务网和"皖事通"手机APP深度融合，创新推出声纹认证查询公积金业务。实现缴存人住房公积金线上自助转移，满足缴存人足不出户办理住房公积金业务，实现政务服务"一张网"。

（五）当年住房公积金管理中心及职工所获荣誉情况：

1. 2018年度被共青团安徽省委员会、安徽省住房和城乡建设厅评为2018年度省级青年文明号；

2. 2018年度被市委市政府评为2018年效能考核优秀单位；

3. 2018年度被安徽省总工会评为"工人先锋号"称号；

4. 2018年度被评为全省住房建设系统学雷锋活动示范点；同时被省住建系统评为第三批雷锋标兵1人；

5. 2018年度被安徽省直机关加强效能建设领导小组办公室、安徽省数据资源局（政务服务局）、安徽省委党校（安徽行政学院）评为最佳服务窗口；同时2人被评为最佳服务之星；

6. 2018年度被亳州市委组织部、亳州市委非公工委评为优秀党建指导员1人。

（六）其他需要披露的情况：

1. 加强风险防控和科学管理，推进各项工作的落实。中心以排查风险廉政控制点为切入点，完善全市住房公积金业务操作规程和各项资金监管办法，严格执行公积金内部管控规定，强化廉政风险防控管理，提高风险防范意识，规范楼盘准入，强化贷后管理，有效控制逾期贷款率，防范贷款风险。通过加强统计管理和分析，提高公积金工作的前瞻性和科学性。

2. 突出做好民办教育机构扩面工作。围绕住房公积金归集扩面、企业减负、保障职工权益三个方面的"最大公约数"，持续改进住房公积金归集扩面工作，确保企业缴的起，职工能受益。风华教育集团、黉学中学等一批民办教育机构纷纷建立住房公积金制度。仅风华教育集团新增缴存人数，就达600余人。

3. 把"新市民"群体纳入住房公积金缴存范围。今年以来，全市已有148名个体工商户、灵活就业人员缴存了住房公积金，已为18名个体工商户、灵活就业人员发放贷款金额达482万元，"新市民"更多人群享有住房公积金相关权益，充分发挥了住房公积金在促进住房消费、保障住房民生方面的积极作用。

4. 新制定《亳州市住房公积金管理中心稽核监督工作方案》，稽核科负责具体实施稽核监督，日常业务稽核和定期稽核相结合，加强对规章制度执行情况和公积金各项业务办理流程进行稽核审计；扩大稽核业务覆盖面及核查深度，重点对财务管理、抵押权证管理等深入稽核，定期开展对受托银行进行业务考核，以内部稽核促规范，防范和化解公积金风险，切实保障住房公积金安全运行。

池州市住房公积金2018年年度报告

一、机构概况

（一）住房公积金管理委员会：住房公积金管理委员会有23名委员，2018年召开2次会议，审议通

过的事项主要包括：

1. 2018年度住房公积金年度报告；
2. 2018年度住房公积金归集和使用计划执行情况的报告；
3. 2018年度住房公积金决算；
4. 2018年度住房公积金增值收益分配方案；
5. 2018年度住房公积金归集、使用计划；
6. 2018年度住房公积金预算；
7. 关于在增值收益中列支专项管理费用的请示；
8. 池州市进城务工人员、城市个体工商户等自由职业者住房公积金缴存和使用管理办法；
9. 关于调整2018年度住房公积金缴存基数及缴存额上下限的通知；
10. 关于申请授予住房公积金降比和缓缴业务审批权的请示；
11. 关于调整我市住房公积金使用政策的建议。

（二）住房公积金管理中心：住房公积金管理中心为直属市人民政府不以营利为目的的参照公务员法管理的事业单位，设6个科室，4个管理部。从业人员45人，其中，在编21人，非在编24人。

二、业务运行情况

（一）缴存：2018年，新开户单位145家，实缴单位1907家，净增单位81家；新开户职工0.97万人，实缴职工8.16万人，净增职工0.36万人；缴存额12.10亿元，同比增长13.19%。2018年末，缴存总额94.99亿元，同比增长14.60%；缴存余额30.31亿元，同比增长7.37%。

受委托办理住房公积金缴存业务的银行5家，与上年相同。

（二）提取：2018年，提取额10.03亿元，同比增长12.95%；占当年缴存额的82.89%，比上年减少0.18个百分点。2018年末，提取总额64.69亿元，同比增长18.35%。

（三）贷款：个人住房贷款最高额度45万元，其中，单缴存职工最高额度35万元，双缴存职工最高额度45万元。

2018年，发放个人住房贷款0.21万笔6.00亿元，同比分别增长75%、75.95%。

2018年，回收个人住房贷款3.92亿元。

2018年末，累计发放个人住房贷款2.86万笔52.66亿元，贷款余额27.94亿元，同比分别增长7.92%、12.88%、8.04%。个人住房贷款余额占缴存余额的92.18%，比上年增加0.58个百分点。

受委托办理住房公积金个人住房贷款业务的银行10家，与上年相同。

（四）融资：2018年末，融资总额2亿元，融资余额0亿元。

（五）资金存储：2018年末，住房公积金存款2.37亿元。其中，活期0.21亿元，1年（含）以下定期1亿元，1年以上定期0.06亿元，其他（协定、通知存款等）1.10亿元。

（六）资金运用率：2018年末，住房公积金个人住房贷款余额、项目贷款余额和购买国债余额的总和占缴存余额的92.18%，比上年增加0.58个百分点。

三、主要财务数据

（一）业务收入：2018年，业务收入10777.22万元，同比增长13.92%。其中，存款利息2044.63万元,委托贷款利息8732.59万元。

(二) **业务支出**:2018年,业务支出5547.13万元,同比下降10.13%。其中,支付职工住房公积金利息5182.00万元,委托贷款手续费365.03万元,其他0.10万元。

(三) **增值收益**:2018年,增值收益5230.09万元,同比增长59.05%。增值收益率1.80%,比上年增加0.6个百分点。

(四) **增值收益分配**:2018年,提取贷款风险准备金1750.61万元,提取管理费用609.48万元,提取城市廉租住房(公共租赁住房)建设补充资金2870.00万元。

2018年,上交财政管理费用568.37万元。上缴财政城市廉租住房(公共租赁住房)建设补充资金2720万元。

2018年末,贷款风险准备金余额14832.61万元。累计提取城市廉租住房(公共租赁住房)建设补充资金11924.19万元。

(五) **管理费用支出**:2018年,管理费用支出652.25万元,同比下降5.93%。其中,人员经费504.00万元,公用经费95.71万元,专项经费52.54万元。

四、资产风险状况

2018年末,个人住房贷款逾期额24.11万元,逾期率0.09‰。

个人贷款风险准备金按不低于贷款余额的1%提取。2018年,提取个人贷款风险准备金1750.61万元。2018年末,个人贷款风险准备金余额14832.61万元,占个人住房贷款余额的5.31%,个人住房贷款逾期额与个人贷款风险准备金余额的比率为0.16%。

五、社会经济效益

(一) **缴存业务**:2018年,实缴单位数、实缴职工人数和缴存额同比分别增长4.44%、4.62%和13.19%。

缴存单位中,国家机关和事业单位占58.57%,国有企业占13.48%,城镇集体企业占1.26%,外商投资企业占0.94%,城镇私营企业及其他城镇企业占21.66%,民办非企业单位和社会团体占1.36%,其他占2.73%。

缴存职工中,国家机关和事业单位占50.97%,国有企业占24.47%,城镇集体企业占1.26%,外商投资企业占1.54%,城镇私营企业及其他城镇企业占20.19%,民办非企业单位和社会团体占0.42%,其他占1.15%;中、低收入占98.70%,高收入占1.30%。

新开户职工中,国家机关和事业单位占35.91%,国有企业占15.27%,城镇集体企业占0.23%,外商投资企业占1.43%,城镇私营企业及其他城镇企业占44.80%,民办非企业单位和社会团体占0.82%,其他占1.54%;中、低收入占99.71%,高收入占0.29%。

(二) **提取业务**:2018年,3.13万名缴存职工提取住房公积金10.03亿元。

提取金额中,住房消费提取占81.66%(购买、建造、翻建、大修自住住房占36.82%,偿还购房贷款本息占44.71%,租赁住房占0.13%);非住房消费提取占18.34%(离休和退休提取占13.75%,完全丧失劳动能力并与单位终止劳动关系提取占2.58%,户口迁出本市或出境定居占1.2%,其他占 0.81%）。

提取职工中，中、低收入占 98.54%，高收入占 1.46%。

(三) 贷款业务：

1. **个人住房贷款**。2018 年，支持职工购建房 22.36 万平方米，年末个人住房贷款市场占有率为 13.32%，比上年减少 1.83 个百分点。通过申请住房公积金个人住房贷款，可节约职工购房利息支出 10857.55 万元。

职工贷款笔数中，购房建筑面积 90（含）平方米以下占 17.22%，90~144（含）平方米占 72.28%，144 平方米以上占 10.50%。购买新房占 66.81%（其中购买保障性住房占 0.62%），购买二手房占 33.19%。

职工贷款笔数中，单缴存职工申请贷款占 67.15%，双缴存职工申请贷款占 32.85%。

贷款职工中，30 岁（含）以下占 34.82%，30 岁~40 岁（含）占 36.07%，40 岁~50 岁（含）占 21.92%，50 岁以上占 7.19%；首次申请贷款占 83.93%，二次及以上申请贷款占 16.07%；中、低收入占 98.85%，高收入占 1.15%。

2. **异地贷款**。2018 年，发放异地贷款 294 笔 7613.5 万元。2018 年末，发放异地贷款总额 26737.8 万元，异地贷款余额 22194.74 万元。

3. **公转商贴息贷款**。2018 年，发放公转商贴息贷款 169 笔 4532.1 万元，支持职工购建住房面积 1.99 万平方米，当年贴息额 559.26 万元。2018 年末，累计发放公转商贴息贷款 1852 笔 52618.8 万元，累计贴息 757.67 万元。

(四) **住房贡献率**：2018 年，个人住房贷款发放额、公转商贴息贷款发放额、项目贷款发放额、住房消费提取额的总和与当年缴存额的比率为 121.00%，比上年减少 21.47 个百分点。

六、其他重要事项

(一) 当年住房公积金政策调整及执行情况：

1. 根据国务院《住房公积金管理条例》规定，单位与职工缴存住房公积金的月工资基数，原则上不应超过市统计部门公布的上一年度职工月平均工资的 3 倍。2018 年，池州市住房公积金管理中心依据市统计局《统计年鉴》提供的数据，测算出本市单位职工缴存的住房公积金单位补贴部分最高金额为每月不超过 1812 元，并及时予以调整。

2. 认真贯彻落实市政府《关于进一步加强住房公积金管理工作的实施意见》，要求各用人单位要将为职工缴纳住房公积金的事项列入劳动合同和劳务派遣合同格式文本条款，并为在职职工按月足额缴纳住房公积金。

3. 出台实施《池州市进城务工人员、个体工商户等自由职业者住房公积金缴存和使用管理办法》，将有稳定就业的进城务工人员和个体工商户等自由职业者纳入住房公积金制度范围。

4. 缴存职工家庭首次申请住房公积金贷款购买自住住房，夫妻双方正常缴存住房公积金的，贷款最高限额为 45 万元；一方正常缴存住房公积金的，贷款最高限额为 35 万元。缴存职工家庭第二次申请住房公积金贷款购买自住住房，夫妻双方正常缴存住房公积金的，贷款最高限额为 35 万元；一方正常缴存住房公积金的，贷款最高限额为 25 万元。缴存职工使用住房公积金贷款购买自住住房，最低首付比例为

20%，贷款利率按照中国人民银行规定住房公积金贷款利率执行。住房公积金贷款最长年限为30年，男女职工还款年龄均计算至65周岁。

（二）当年服务改进情况：2018年，池州市住房公积金管理中心深入学习贯彻习近平新时代中国特色社会主义思想和党的十九大精神，从牢树"四个意识"、践行"两个维护"的高度，切实转变工作作风，规范服务行为，提高服务质量，提升办事效率。建立健全作风效能建设工作领导小组，研究制定单位作风效能建设工作计划。突出抓好离岗告知制度、首问负责制度、一次性告知制度、限时办结制度、服务承诺制度、AB岗制度、机关考勤制度等制度的建立完善，持之以恒抓好制度贯彻落实，全力打造群众满意、党委政府放心的为民服务窗口。秉承"优质、高效、便捷、人性"的服务理念，坚持"爱岗敬业、求实创新、文明服务、贴心为民"，扎实开展"三服务（阳光服务、微笑服务、星级服务）、当先锋"活动，以"服务好、效率高、业务精、环境优"为目标，践行群众办事"只进一扇门"、"最多跑一次"。坚持便民利民，优化办事流程，转变工作作风，提升服务质量和服务效能，拓展互联网综合服务渠道，将门户网站迁入市政府网站群，实现政府信息公开、办事指南和政务服务的同源发布，建设"双微"服务渠道，做好舆情的宣传和引导，优化12329平台，方便职工任意号码拨打热线均能快速接通，为住房公积金缴存职工提供更好更优的服务。在工作中严格遵守职业道德和服务纪律，全程营造轻松、愉悦、舒心的住房公积金服务环境，赢得住房公积金中心在职工心中的满意度，在社会上的美誉度。

（三）当年信息化建设情况：一是认真落实省市部署，梳理办理流程，落实网上办事，深化网上办理深度，将省市核定的4个其他依申请类权力事项和27个公共服务事项全部在安徽省政务服务网上办理，实现住房公积金服务事项"应上尽上"。二是推进网上业务办理一体化信息系统与政务服务平台融合发展，住房公积金业务办理直接通过政务服务一网受理，做到服务标准统一、功能互补，通过整合接入的方式，实现住房公积金线下业务办理系统和省政务平台的无缝衔接。目前，在安徽省政务服务网上注册的用户可直接查询住房公积金缴存及贷款信息，实现住房公积金信息的便捷查询；网上注册的单位用户可实现网上汇缴。三是实施标准化受理，推行住房公积金业务网上申请、网上办理和网上反馈。四是借助跨部门信息共享平台，探索推行网上审批，实现群众办事"最多跑一次"。五是推进住房公积金贷款自主核算，2018年徽商银行池州分行、光大银行池州分行、交通银行池州分行和邮储银行池州分行等四家承办银行贷款实现自主核算。六是住房公积金综合服务平台建设加快，网上办事大厅、微信、微博、12329短信等8个渠道初步建成试运营。公积金服务大厅系直接面向群众服务的窗口，通过设置服务指南宣传手册、政务公开栏、12329热线电话、信息网站等向群众提供优质服务，提高了工作效率。

（四）当年住房公积金管理中心及职工所获荣誉情况：一是2018年5月，池州住房公积金管理中心获得省住房城乡建设厅、省财政厅2018年度住房公积金业务管理工作考核"优秀"等次。二是2018年6月市政府专门发文，对池州公积金中心予以全市通报表扬。三是2018年6月，市委、市政府授予池州公积金中心"池州市第八届文明单位"称号。四是2018年1月，池州公积金中心党支部被市直工委命名为"市直机关（事业）单位示范型党组织"。五是2018年6月，池州公积金中心党支部被市直工委授予"2016~2018年度市直机关先进基层党组织"称号。六是2018年11月，市双拥工委通报命名池州公积金中心"2018年度双拥优秀单位"。七是2018年5月，市中心综合服务大厅被池州团市委命名为"青年文明号"。八是2018年1月，池州公积金中心档案管理工作通过考核验收达省一级档案管理标准，2018年度档案工作年检评价为"四星级单位"。

宣城市住房公积金 2018 年年度报告

一、机构概况

（一）住房公积金管理委员会：住房公积金管理委员会有 27 名委员，2018 年召开 2 次会议。3 月 15 日会议审议通过《宣城市 2017 年度住房公积金归集使用计划执行情况和 2018 年度住房公积金归集使用计划》、《宣城市住房公积金 2017 年年度报告》、《2017 年城市廉租住房（公共租赁住房）建设补充资金分配方案》；10 月 30 日会议听取了市住房公积金管理中心《关于今年以来主要工作情况的汇报》，审议了《市住房公积金管理中心关于缓解资金流动性紧张的工作方案》，同意调整异地购房公积金支取政策。

（二）住房公积金管理中心：住房公积金管理中心为市人民政府直属不以营利为目的的全额拨款事业单位，设 5 个科、6 个管理部。从业人员 63 人，其中在编 45 人、非在编 18 人。

二、业务运行情况

（一）缴存：2018 年，新开户单位 434 个，实缴单位 3763 个，净增单位 336 个；新开户职工 3.39 万人，实缴职工 16.68 万人，净增职工 2.88 万人；缴存额 21.91 亿元，同比增长 14.53%。2018 年末，缴存总额 179.95 亿元，同比增长 13.86%；缴存余额 47.57 亿元，同比增长 1.34%。

受委托办理住房公积金缴存业务的银行 4 家，与上年相同。

（二）提取：2018 年，提取额 21.28 亿元，同比增长 7.1%；占当年缴存额的 97.12%，比上年减少 6.75 个百分点。2018 年末，提取总额 132.38 亿元，同比增长 19.15%。

（三）贷款：个人住房贷款最高额度 40 万元，其中，单缴存职工最高额度 40 万元，双缴存职工最高额度 40 万元。

2018 年，发放个人住房贷款 0.56 万笔 14.31 亿元，同比分别下降 3.45%、8.09%。

2018 年，回收个人住房贷款 9.34 亿元。

2018 年末，累计发放个人住房贷款 5.9 万笔 111 亿元，贷款余额 57.01 亿元，同比分别增长 10.49%、14.8%、9.55%。个人住房贷款余额占缴存余额的 119.84%，比上年增加 8.98 个百分点。

受委托办理住房公积金个人住房贷款业务的银行 13 家，比上年增加 1 家。

（四）融资：2018 年，融资 11.61 亿元，归还 8.72 亿元。2018 年末，融资总额 18.55 亿元，融资余额 9.83 亿元。

（五）资金存储：2018 年末，住房公积金存款 0.83 亿元。其中，活期 0.66 亿元，其他（协定、通知存款等）0.17 亿元。

（六）资金运用率：2018 年末，住房公积金个人住房贷款余额、项目贷款余额和购买国债余额的总和占缴存余额 119.84%，比上年增加 8.98 个百分点。

三、主要财务数据

（一）业务收入：2018 年，业务收入 18111.70 万元，同比增长 8.74%。其中，存款利息 179.65 万元，委托贷款利息 17932.05 万元。

（二）**业务支出**：2018 年，业务支出 11469.86 万元，同比增长 24.48%。其中，支付职工住房公积金利息 7182.74 万元，归集手续费 0 万元，委托贷款手续费 544.36 万元，其他 3742.76 万元（其中含银行融资利息 3458.35 万元、存量"公转商"贷款贴息 282.08 万元）。

（三）**增值收益**：2018 年，增值收益 6641.84 万元，同比下降 10.75%。增值收益率 1.41%，比上年减少 0.17 个百分点。

（四）**增值收益分配**：2018 年，提取贷款风险准备金 0 万元，提取管理费用 992.72 万元，提取城市廉租住房（公共租赁住房）建设补充资金 5649.12 万元。

2018 年，上交财政管理费用 992.72 万元。上缴财政城市廉租住房（公共租赁住房）建设补充资金 6595.97 万元。

2018 年末，贷款风险准备金余额 8694.25 万元。累计提取城市廉租住房（公共租赁住房）建设补充资金 42362.05 万元。

（五）**管理费用支出**：2018 年，管理费用支出 990.89 万元，同比增长 19.85%。其中，人员经费 705.37 万元，公用经费 43.09 万元，专项经费 242.43 万元。

四、资产风险状况

2018 年末，个人住房贷款逾期额 191.69 万元，逾期率 0.34‰。

个人贷款风险准备金按年末贷款余额的 1% 提取补足。2018 年，提取个人贷款风险准备金 0 万元，使用个人贷款风险准备金核销呆坏账 0 万元。2018 年末，个人贷款风险准备金余额 8694.25 万元，占个人住房贷款余额的 1.53%，个人住房贷款逾期额与个人贷款风险准备金余额的比率为 2.22%。

五、社会经济效益

（一）**缴存业务**：2018 年，实缴单位数、实缴职工人数和缴存额同比分别增长 9.8%、20.87% 和 14.53%。

缴存单位中，国家机关和事业单位占 50.92%，国有企业占 13.07%，城镇集体企业占 1.04%，外商投资企业占 0.98%，城镇私营企业及其他城镇企业占 27.85%，民办非企业单位和社会团体占 3.85%，其他占 2.29%。

缴存职工中，国家机关和事业单位占 45.21%，国有企业占 13.17%，城镇集体企业占 1.22%，外商投资企业占 3.72%，城镇私营企业及其他城镇企业占 32.85%，民办非企业单位和社会团体占 2.88%，其他占 0.95%；中、低收入占 98.8%，高收入占 1.2%。

新开户职工中，国家机关和事业单位占 19.59%，国有企业占 2.9%，城镇集体企业占 0.5%，外商投资企业占 2.81%，城镇私营企业及其他城镇企业占 71.47%，民办非企业单位和社会团体占 1.62%，其他占 1.11%；中、低收入占 99.54%，高收入占 0.46%。

（二）**提取业务**：2018 年，5.44 万名缴存职工提取住房公积金 21.28 亿元。

提取金额中，住房消费提取占 82.67%（购买、建造、翻建、大修自住住房占 37.69%，偿还购房贷款本息占 44.64%，租赁住房占 0.34%，其他占 0%）；非住房消费提取占 17.33%（离休和退休提取占

14.78%，完全丧失劳动能力并与单位终止劳动关系提取占 1.36%，户口迁出本市或出境定居占 0.43%，其他占 0.76%）。

提取职工中，中、低收入占 98.02%，高收入占 1.98%。

（三）贷款业务：

1. **个人住房贷款**。2018 年，支持职工购建房 62.53 万平方米，年末个人住房贷款市场占有率为 11.53%，比上年下降 1.8 个百分点。通过申请住房公积金个人住房贷款，可节约职工购房利息支出 31073.64 万元。

职工贷款笔数中，购房建筑面积 90（含）平方米以下占 15.64%，90～144（含）平方米占 77.42%，144 平方米以上占 6.94%。购买新房占 73.97%，购买二手房占 25.96%，建造、翻建、大修自住住房占 0.07%。

职工贷款笔数中，单缴存职工申请贷款占 64.31%，双缴存职工申请贷款占 35.69%。

贷款职工中，30 岁（含）以下占 37.4%，30 岁～40 岁（含）占 31.61%，40 岁～50 岁（含）占 23.01%，50 岁以上占 7.98%；首次申请贷款占 81.49%，二次及以上申请贷款占 18.51%；中、低收入占 99.57%，高收入占 0.43%。

2. **异地贷款**。2018 年，发放异地贷款 354 笔 8803.9 万元。2018 年末，发放异地贷款总额 39630.4 万元，异地贷款余额 34443.48 万元。

3. **公转商贴息贷款**。2018 年，发放公转商贴息贷款 200 笔 5002.57 万元，支持职工购建住房面积 2.15 万平方米，当年贴息额 282.08 万元。2018 年末，累计发放公转商贴息贷款 632 笔 16548.56 万元，累计贴息 327.83 万元。

（四）住房贡献率：2018 年，个人住房贷款发放额、公转商贴息贷款发放额、项目贷款发放额、住房消费提取额的总和与当年缴存额的比率为 147.9%，比上年减少 25.55 个百分点。

六、其他重要事项

（一）当年机构及职能调整情况、受委托办理缴存贷款业务金融机构变更情况：2018 年，受委托办理住房公积金缴存业务的银行 4 家，与上年相同；受委托办理住房公积金个人住房贷款业务的银行 13 家，分别是：工行、建行、农行、中行、徽行、交行、浦发行、邮储银行、皖南农商行、郎溪农商行、泾县农商行、绩溪农商行、宁国农商行。新增 1 家：宁国农商行。

（二）当年住房公积金政策调整及执行情况：

1. **住房公积金缴存政策调整**。从 2018 年 1 月 1 日起调整我市住房公积金月缴存额上、下限标准。月缴存额上限：根据宣城市统计局公布的数据，2017 年度宣城市区城镇非私营单位在岗人员年平均工资为 74140 元，即月平均工资为 6178 元。按照月缴存工资基数不高于上一年度月平均工资 3 倍的规定，我市 2018 年度职工住房公积金月缴存基数上限为 18534 元，缴存比例不得高于 12%。单位及个人月缴存额均不得高于 2224 元，月缴存总额上限为 4448 元；月缴存额下限：职工住房公积金的月缴存工资基数为职工本人上一年月平均工资，最低缴存基数不得低于本年度社保基金缴纳基数。缴存比例不得低于 5%。

自 2018 年 7 月 1 日起受权审批困难企业减缓缴住房公积金的申请。

2. **住房公积金提取和贷款政策调整**。自 2018 年 11 月 1 日起，不再受理缴存职工及其配偶在市外非户籍城市的异地新购住房提取和偿还异地新购住房贷款提取。商品房以房管部门备案时间为准，二手房以税务发票时间为准。

3. **住房公积金存贷款利率执行标准**。2018年住房公积金存贷款利率未作调整。目前执行的是，职工住房公积金账户存款利率统一按一年期定期存款基准利率（1.50%）执行；五年期以上个人住房公积金贷款利率为3.25%，五年期以下（含五年）个人住房公积金贷款利率为2.75%。

（三）当年服务改进情况：

1. **努力建设综合服务平台**。充分汲取借鉴省内外先进经验，主动与相关职能部门联系对接，以"互联网＋政务服务"住房公积金综合服务平台建设为抓手，强力推进系列改革。9月17日下午，举行市"互联网＋政务服务"住房公积金综合服务平台建设暨"一张网一个门，百姓办事不求人"新闻发布会。9月18日正式开通互联网线上24小时申办各项住房公积金业务，在全市第一个实现了自办系统与政务服务系统的无缝对接，通过互联网全面受理公积金业务。截至12月31日（运行3个月），网上受理业务2.22万件，占全部业务的78.68%，办结率为100%。

2. **积极支持市政府"一扇门"改革工作**。我们牢固树立服务大局、服务群众意识，坚决贯彻落实8月13日市政府第10次市长工作例会和8月20日深化政务服务"一扇门"改革工作推进会会议精神，扎实推进窗口全面进驻市政务服务中心工作。我们克服政务中心窗口不足的困难，在成熟实施综合柜员和"一张网"工作的基础上，整合原大厅9个窗口为3个。9月25日，中心营业部窗口全部进驻政务服务中心并有序开展工作。公积金窗口应市政务服务中心的要求，在两次搬迁过程中克服各种不利因素正常开展各项业务工作。旌德管理部、宁国管理部相继进驻当地政务服务大厅。至此，我市住房公积金中心所有窗口均全部进驻当地政务服务中心。

3. **持续完善线下服务**。5月份起，我们陆续回收各商业银行贷款数据，实施公积金贷款的自主核算、直接放贷，包括提前还款、变更还款年限和卡号在内的公积金放款和贷后各项业务等，由公积金窗口直接办理，借款人不需要再往返银行和公积金中心。5月15日起，我们精减各项业务办理要件，在全市首先做到了政务服务的"零复印"；12月14日，全市公积金窗口工作人员全部完成综合柜员的上岗考核。全市全面实行一窗受理的综合柜员制度，每个公积金窗口均可办理公积金缴存、提取、贷款、划转、查询、变更等线下业务，帮助指导缴存单位和缴存职工使用电脑、手机客户端，注册、登录安徽政务服务网查询公积金和线上办理公积金提取业务。

4. **多渠道公开信息**。我们开通和完善公积金中心官方微信、微博、网站、网上办事大厅、12329服务热线、短信提醒、自助查询终端等，向缴存职工公开住房公积金信息，落实职工对住房公积金的"知情权、监督权"和"建议权"。2018年中心官方微信发布信息286条，是2017年的6.65倍；1.04万人订阅，是2017年的5.08倍；微博发布信息67条，71人关注；网站发布信息536条，访问234.58万次，收到、办结留言356条；12329服务热线共接听电话6.07万次，其中人工服务3.45万次；给公积金贷款人发送短信41.97万条。

（四）**当年信息化建设情况**：2018年，我们转变贷款管理模式，省内率先做到标准统一和直接放贷。我们紧跟住房城乡建设部、住房城乡建设厅工作要求步伐，在完成"双贯标"验收的基础上，将住房公积金贷款基础数据由原来的委托银行管理模式转换为自主核算模式。2018年完成所有10家合作银行涉及30787户58.89亿元存量贷款的转换，在全省第一个实现了自主核算模式在管理上的集中审批和直接放贷：一条渠道审批、一条渠道发放、一条渠道回收贷款，实现了标准统一、放款快捷、回收有效。

（五）当年住房公积金管理中心及职工所获荣誉情况：2018年全市住房公积金队伍形象进一步提升。市政府召开"互联网＋政务服务"暨公积金综合服务平台建设新闻发布会后，中心的网办业务被《安徽日报》、《新安晚报》、安徽广播电视台、《市场星报》、《安徽经济报》、《宣城日报》、宣城广播电视台、搜狐网、安徽网、安徽财经网等主流媒体集中宣传。住房公积金管理中心党支部2017年度被市直工委评为先进党支部；中心领导班子和市管干部在2017年度综合考核中被评定为"好"等次；卞宗兰同志被市政府办机关党委授予优秀党员；《服务职工零距离——安徽宣城深化智慧服务 打造亮丽名片》登上了《中国建设报》头版；营业部被团市委评为2017～2018年度青年文明号、3次被市政务服务中心评为"双月红旗窗口"；骆珍珍同志被市政府办评为第3季度"政办之星"，牛童同志荣获2018年度"全省住房城乡建设系统岗位学雷锋标兵"、"宣城市岗位学雷锋标兵"称号，牛童、丁怡同志入选2018年度安徽省总工会"学习雷锋好榜样"；广德分中心荣获2018年度"全省住房城乡建设系统学雷锋活动示范点"荣誉称号，2次被县政务服务中心评为"季度优秀窗口"，胡菊辉同志、戴宁同志获2018年度民主评议党员"优秀"等级、浦继纯同志获2018年度"优秀共产党员"称号；宁国管理部荣获宁国市政务服务中心2018年度"和谐共进奖"，被宁国论坛网友点赞"服务态度特别好，在那办事特舒心"；绩溪管理部2次被县政务服务中心评为"季度优秀窗口"；郎溪管理部陈启伟、王竞、方冉、潘菊花同志各获得2次县政务服务中心"服务之星"荣誉称号；旌德管理部宋阳同志获县政务服务中心第二季度先进个人。

（六）其他需要披露的情况：

1. 2018年归集扩面成效显著。为保障劳动者合法权益，多渠道实现、多层次保障住房需求，将2018年定为住房公积金归集扩面攻坚年。群策群力、紧盯关键、抓主抓重，实现了工作思路、工作方法的根本转变，工作效率、归集数额明显提高。2018年新增缴存单位434家，是中心成立以来累计缴存单位的12.8%，其中，市区新增单位150家；净增缴存人数2.88万人，其中，宁国净增缴存人数1.33万人；归集公积金21.91亿元，创近3年来的新高，与降低缴存比例之前的2015年历史最高点基本持平。从城区到乡镇、从机关事业单位到各类企业和社会组织，全市住房公积金制度有条不紊地扩面推行，已成为一项受益人员多、社会影响广的住房保障制度。

一是依托多渠道宣传，扩大公积金知晓度。将电视、报刊、广播等传统媒体和网站、微信、微博等新媒体的优势有机融合，充分抓住"两会"、全省外经贸政策宣讲及业务培训会、银企对接会、企业家年会以及各类人才招聘会等平台，开展针对性的现场宣传活动，大力宣传住房公积金惠民政策和服务举措，扩大住房公积金的社会知晓度。在4月份集中宣传月活动中，与电视台共同制作了《共圆住房梦》宣传短片，在市县电视台黄金时段滚动播放；分别在《安徽工人日报》和《宣城日报》刊登《一点一滴公积金全心全意为人民》和《新时代 新使命 住房公积金助圆安居梦》、《做好群众的基金管家（两会专版）》等宣传文章；多渠道向全市企业主送上《致全市企业家一封信》和《公积金宣传手册》。各管理部与银行、开发商合作，多种形式与途径大力宣传住房公积金制度，有力地推动了多家企业将住房公积金制度的落实提上工作日程。

二是积极登门拜访，争取社会支持最大化。从年初开始，深入贯彻落实《宣城市人民政府办公室关于进一步加强住房公积金管理工作的实施意见》，先后赴各县市区政府、市经济技术开发区管委会、高新技术开发区以及政法、人社、工商、工会和金融系统等部门，与单位主要领导或分管领导沟通，着重宣传

《住房公积金管理条例》和市政府出台的一系列举措，最大限度争取重视与支持，充分发挥"协同作战"能力，有力助推了住房公积金制度的扩面。

三是主动服务企业，努力营造最优营商环境。主动安排工作人员到企业宣传公积金制度利好政策，指导公积金相关业务的申办；积极对接招商引资单位，做好职工住房公积金转移和服务的准备；改进住房公积金缴存机制进一步降低企业成本，困难企业可申请降低缴存比例或者缓缴，授权我中心可直接审批困难企业降低缴存比例或缓缴业务，审批时限减少到10个工作日内；对网办缴存的流程再优化，各缴存单位可足不出户通过安徽省政务服务网统一法人用户办理网上缴存申报业务。

四是畅通民意诉求，切实维护职工合法权益。通过"12345"市长热线、"政民互动"、"12329"公积金热线、电子信箱和开门接访等渠道，受理、处理反映未缴公积金的民意诉求。2018年，我们累计处理涉及住房公积金缴存的职工投诉15件，向有关单位下达责令改正通知书5份，督促相关单位完成补缴欠缴，联合房管部门协调解决个别开发商拒绝职工使用公积金贷款的不规范行为，督促机关事业单位为聘用职工建缴公积金。

五是强化法治思维，加大公积金归集执法力度。聘请安徽明泉律师事务所律师为法律顾问，参与公积金重大事项的决策以及重要规范性文件的起草审查，进一步规避法律风险，维护单位合法权益；加强对单位职工的法律知识培训，积极参加全省统一组织的行政执法资格考试，确保执法人员持证上岗，目前我中心在编45位职工中，已有27人取得行政执法资格；厚植责任意识，严格依法公布权责清单，落实"双随机，一公开"，接受社会监督；进一步规范2018年度公积金缴存年审工作，着重对各缴存单位参缴人数的审核，对年审单位的相关责任做出提醒。送审单位有聘用人员或通过劳务派遣用工而未建缴公积金的，一律告知其改正或书面承诺整改限期，否则年审不予通过。

六是开展专项调研，了解新市民缴存公积金意愿。为贯彻落实中央经济工作会议提出"以满足新市民住房需求为主要出发点、以建立租购并举的住房制度为主要方向"，探索住房公积金有效支持新市民解决住房问题，我们于3月30日至4月26日开展专题调研并形成分析报告。此次调研为国家即将开展的公积金制度改革提供了基层参考，也在一定程度上提高了住房公积金制度的社会认知度。

2. 2018年资金管理更加规范。充分发挥职能作用，在促进房地产市场健康发展、改善职工住房条件的同时，主要资金指标呈现持续稳定增长态势，归集额、提取额、个贷发放额、社会效益实现持续增长。为进一步规范住房公积金的资金管理，一年来不断加强内部稽核监督职能，开展集中查处骗提骗贷和回头看活动，常年紧抓逾期贷款催收工作，有力防范和打击了失信行为，进一步保障了资金安全；同时开源节流，加强财务管理，盘活存量资金，进一步提升了资金使用效益。

一是加强内审，保障资金安全规范。以防范风险为主线，以业务合规性检查为抓手，变事后稽核为全过程监控，紧紧围绕住房公积金主营业务进行重点监督。坚持"正人先正己""打铁先得自身硬"的要求，制定实施《宣城市住房公积金内部稽核暂行规定》、《宣城市住房公积金提取、贷款失信行为管理暂行规定》、《宣城市住房公积金缴存、提取、贷款业务事中事后监管细则》和《宣城市公积金中心内部职工及其直系亲属贷款报告回避制度》等制度，在推进稽核工作制度化、业务操作规范化的同时，加强内部职工贷款管理，建立健全有效的贷款监督机制，防范可能出现的道德和业务风险。

二是重拳出击，严厉查处失信行为。为保障缴存职工的合法权益，维护住房公积金的正常管理秩序，"重拳"出击严厉查处各项失信行为。3月份开展了一次查处骗提骗贷住房公积金专项整治行动，共查处伪造异地购房合同、备案登记证明、税务发票以及婚姻证明等失信行为5起，涉及金额76.9万元。对已造成骗提骗贷住房公积金事实的，限令规定期限内全额退款；对贷款未发放的，终止办理贷款审批行为，同时将失信人信息列入市公积金诚信系统"黑名单"公示和市公积金中心信用"黑名单"管理，取消其2~5年使用住房公积金提取和贷款资格；对诱导、参与、协助缴存人骗提骗贷住房公积金的中介失信行为在中心门户网站公开曝光；与宣州区公安分局西林派出所建立联动工作机制，打击使用虚假证件骗取骗贷住房公积金的犯罪行为。11月份又开展了为期1个月的专项治理违规骗取住房公积金"回头看"行动，共检查了全市5~10月份办理完成的公积金提取业务共计2809笔，未发现成功骗取、套取住房公积金的现象。

三是强化贷后管理，依法打击"老赖"行为。坚持法治引领，采取送达律师催收函、法律诉讼和开发企业连带责任等多管齐下措施，聚焦不良贷款催收回款工作，收效明显。全市回收逾期贷款350万元，其中市区回收163.36万元，年底逾期率为0.12‰，创历史新低。其中1笔因房屋拆迁造成抵押物灭失的逾期贷款，我们积极对接拆迁办和不动产中心，成功追回了该笔贷款逾期部分4.9万元。

四是开源节流，有效盘活存量资金。自2016年下半年以来，随着城市建设的大发展和房价的持续上升，职工使用住房公积金的积极性空前高涨，公积金存量结余资金快速释放。为缓解资金的流动性不足，满足职工住房贷款资金的需求，我们一方面执行公积金管委会的决议，在银行筹措短期融资；一方面厉行节约，全力推进综合柜员制，2018年减少银行归集手续费支出250万元；实施受托银行综合考核，根据考核结果支付贷款手续费，在规范受托银行办理公积金业务的同时，节约贷款手续费352万元；完成公积金贷款的自主核算，依托"冲还贷"业务的开展，在确保不出现支付风险的前提下，降低每月预留的备付金额度，2018年底公积金专户备付金较年初降低1.38亿元，按银行短期融资利率计算，每年可节约资金成本600余万元。

2018 全国住房公积金年度报告汇编

福建省

福州
厦门市
莆田市
三明市
泉州市
漳州市
南平市
龙岩市
宁德市

福建省住房公积金 2018 年年度报告

一、机构概况

（一）住房公积金管理机构：全省共设 9 个设区城市住房公积金管理中心和 1 个平潭综合实验区住房公积金管理中心，省会城市福州另设有三个住房公积金管理机构（其中福建省直单位住房公积金管理中心隶属福建省机关事务管理局、福州住房公积金管理中心铁路分中心隶属中国铁路南昌局集团有限公司、福州住房公积金管理中心福建省能源集团分中心隶属福建省能源集团有限责任公司）。全省从业人员 924 人，其中，在编 612 人，非在编 312 人。

（二）住房公积金监管机构：福建省住房和城乡建设厅、财政厅和人民银行福州中心支行负责对本省住房公积金管理运行情况进行监督。福建省住房和城乡建设厅设立住房公积金监管处，负责辖区住房公积金日常监管工作。

二、业务运行情况

（一）缴存：2018 年，新开户单位 18901 家，实缴单位 115167 家，净增单位 9835 家；新开户职工 79.76 万人，实缴职工 403.99 万人，净增职工 29.97 万人；缴存额 591.53 亿元，同比增长 12.94%。2018 年末，缴存总额 4122.35 亿元，同比增长 16.75%；缴存余额 1554.61 亿元，同比增长 13.06%。

（二）提取：2018 年，提取额 411.98 亿元，同比增长 12.40%；占当年缴存额的 69.65%，比上年减少 0.33 个百分点。2018 年末，提取总额 2567.73 亿元，同比增长 19.11%。

（三）贷款：2018 年，发放个人住房贷款 5.7 万笔 269.08 亿元，同比分别下降 1.39%、增长 10.47%。回收个人住房贷款 160.75 亿元。

2018 年末，累计发放个人住房贷款 96.43 万笔 2572.98 亿元，贷款余额 1481.9 亿元，同比分别增长 6.28%、11.68%、7.89%。个人住房贷款余额占缴存余额的 95.32%，比上年减少 4.57 个百分点。

（四）购买国债：2018 年，未购买国债。当年未兑付、转让、收回国债，国债余额 0.48 亿元，与上年同期保持不变。

（五）融资：2018 年，融资 17.3 亿元，归还 45.35 亿元。2018 年末，融资总额 241.38 亿元，融资余额 75.30 亿元。

（六）资金存储：2018 年末，住房公积金存款 169.96 亿元。其中，活期 16.55 亿元，1 年（含）以下定期 83.45 亿元，1 年以上定期 0.56 亿元，其他（协定、通知存款等）69.4 亿元。

（七）资金运用率：2018 年末，住房公积金个人住房贷款余额、项目贷款余额和购买国债余额的总和占缴存余额的 95.35%，比上年减少 4.57 个百分点。

三、主要财务数据

（一）业务收入：2018 年，业务收入 494789.12 万元，同比增长 7%。其中，存款利息 36542.90 万元，委托贷款利息 457915.35 万元，国债利息 152.40 万元，其他 178.47 万元。

（二）**业务支出**：2018 年，业务支出 291411.61 万元，同比增长 6.69%。其中，支付职工住房公积金利息 214773.7 万元，归集手续费 12197.23 万元，委托贷款手续费 13273.81 万元，其他 51166.87 万元。

（三）**增值收益**：2018 年，增值收益 203377.51 万元，同比增长 7.45%；增值收益率 1.39%，比上年减少 0.07 个百分点。

（四）**增值收益分配**：2018 年，提取贷款风险准备金 46258.54 万元，提取管理费用 13561.22 万元，提取城市廉租住房（公共租赁住房）建设补充资金 143557.75 万元。

2018 年，上交财政管理费用 12410.56 万元，上缴财政城市廉租住房（公共租赁住房）建设补充资金 128643.04 万元。

2018 年末，贷款风险准备金余额 610011.17 万元，累计提取城市廉租住房（公共租赁住房）建设补充资金 985019.78 万元。

（五）**管理费用支出**：2018 年，管理费用支出 19688.22 万元，同比增长 17.32%。其中，人员经费 10753.10 万元，公用经费 1230.10 万元，专项经费 7705.02 万元。

四、资产风险状况

（一）**个人住房贷款**：2018 年末，个人住房贷款逾期额 3021.04 万元，逾期率 0.2‰。

2018 年，提取个人贷款风险准备金 46258.53 万元，使用个人贷款风险准备金核销呆坏账 0 万元。2018 年末，个人贷款风险准备金余额 606951.17 万元，占个人贷款余额的 4.1%，个人贷款逾期额与个人贷款风险准备金余额的比率为 0.5%。

（二）**住房公积金支持保障性住房建设项目贷款**：我省项目贷款于 2015 年已全部结清，无项目贷款逾期情况，全省项目贷款风险准备金余额为 3060 万元，其中厦门贷款风险准备金余额 1840 万元，福州贷款风险准备金余额 1220 万元。

五、社会经济效益

（一）**缴存业务**：2018 年，实缴单位数、实缴职工人数和缴存额增长率分别为 9.33%、8.01% 和 12.94%。

缴存单位中，国家机关和事业单位占 18.42%，国有企业占 10.17%，城镇集体企业占 2.74%，外商投资企业占 3.62%，城镇私营企业及其他城镇企业占 46.37%，民办非企业单位和社会团体占 2.89%，其他占 15.79%。

缴存职工中，国家机关和事业单位占 27.28%，国有企业占 25.02%，城镇集体企业占 1.53%，外商投资企业占 8.98%，城镇私营企业及其他城镇企业占 23.94%，民办非企业单位和社会团体占 2.31%，其他占 10.94%；中、低收入占 96.72%，高收入占 3.28%。

新开户职工中，国家机关和事业单位占 10.77%，国有企业占 17.50%，城镇集体企业占 1.28%，外商投资企业占 9.50%，城镇私营企业及其他城镇企业占 44.05%，民办非企业单位和社会团体占 2.42%，其他占 14.48%；中、低收入占 99.09%，高收入占 0.91%。

（二）**提取业务**：2018 年，137.15 万名缴存职工提取住房公积金 411.98 亿元。

提取金额中，住房消费提取占77.36%（购买、建造、翻建、大修自住住房占26.03%，偿还购房贷款本息占49.52%，租赁住房占1.74%，其他占0.07%）；非住房消费提取占22.64%（离休和退休提取占12.33%，完全丧失劳动能力并与单位终止劳动关系提取占4.95%，户口迁出所在市或出境定居占0.16%，其他占5.20%）。

提取职工中，中、低收入占95.07%，高收入占4.93%。

（三）**贷款业务**：

1. **个人住房贷款**。2018年，支持职工购建房611.73万平方米。年末个人住房贷款市场占有率为12.28%，比上年同期减少0.34个百分点。通过申请住房公积金个人住房贷款，可节约职工购房利息支出820192.66万元。

职工贷款笔数中，购房建筑面积90（含）平方米以下占31.87%，90～144（含）平方米占61.71%，144平方米以上占6.42%。购买新房占72.65%（其中购买保障性住房占2.5%），购买二手房占27.06%，建造、翻建、大修自住住房占0.16%，其他占0.13%。

职工贷款笔数中，单缴存职工申请贷款占44.74%，双缴存职工申请贷款占55%，三人及以上缴存职工共同申请贷款占0.26%。

贷款职工中，30岁（含）以下占32.79%，30岁～40岁（含）占38.69%，40岁～50岁（含）占21.63%，50岁以上占6.89%；首次申请贷款占84.84%，二次及以上申请贷款占15.16%；中、低收入占94.41%，高收入占5.59%。

2. **异地贷款**。2018年，发放异地贷款1848笔89760.8万元。2018年末，发放异地贷款总额251210万元，异地贷款余额217831.27万元。

3. **公转商贴息贷款**。2018年，发放公转商贴息贷款12426笔481097.68万元，支持职工购建房面积128.89万平方米。当年贴息额18713.93万元。2018年末，累计发放公转商贴息贷款45364笔2113139.58万元，累计贴息37705.11万元。

（四）**住房贡献率**：2018年，个人住房贷款发放额、公转商贴息贷款发放额、项目贷款发放额、住房消费提取额的总和与当年缴存额的比率为107.50%，比上年减少7.97个百分点。

六、其他重要事项

（一）**进一步规范住房公积金缴存工作**：2018年1月15日，省住房城乡建设厅、省财政厅、人民银行福州中心支行、省政府港澳事务办公室、省政府台湾事务办公室联合转发住房城乡建设部等5部门《关于在内地（大陆）就业的港澳台同胞享有住房公积金待遇有关问题的意见》（闽建金〔2018〕1号），指导各地及时贯彻实施，保证在内地（大陆）就业的港澳台同胞在缴存、使用住房公积金上与当地职工享受同等待遇。5月18日，省住房城乡建设厅、省财政厅、人民银行福州中心支行转发住房城乡建设部等三部委《关于改进住房公积金缴存机制进一步降低企业成本的通知》（闽建金〔2018〕3号），切实规范住房公积金月缴存基数上限至当地社平工资的3倍，扩大缴存比例浮动空间，缴存单位可在5%～12%的区间内自主确认缴存比例，减轻企业负担。

（二）**强化住房公积金风险防控**：高度重视资金流动性风险，密切监测各地流动性情况，指导各地加强风险防范，采取有效措施切实降低个贷使用率。经过一年努力，全省个贷使用率继续稳步下降，从年初的99.89%下降至目前的95.32%，下降了4.57个百分点。同时，密切跟踪个贷逾期额变化情况，督促逾期额较高或增长较快的公积金管理中心采取有效措施降低逾期额。

（三）创新年度督查工作：积极创新年度督查工作方式，组织各地以交叉互查的方式对全省住房公积金管理中心工作情况开展现场检查，并在检查结束后对检查情况进行全省通报。创新的交叉互查方式让各地通过检查相互交流、学习，有力地推动了各公积金中心提高管理效率，提升服务水平。

（四）全面推进新版公积金系统上线：全力推进新版住房公积金综合管理信息系统在各公积金中心上线，全省全面通过住房城乡建设部住房公积金"双贯标"验收。新系统按照"数据集中"的架构建设，实现全省统一运维和统一管理，并且采用自主核算模式对接全国结算应用系统实现资金实时结算，使全省住房公积金资金管控、服务水平和管理效能得到大幅提升。

（五）深化住房公积金综合服务平台建设：进一步完善网上办事大厅功能实现缴存、离职提取等业务网办化，整合12329短信、手机APP客户端、微信等多种服务渠道，对接"闽政通APP"，初步建立"统一登录、多渠道办理"的综合服务平台体系。

（六）持续加强精神文明创建：2018年全省全系统创建地市级以上文明单位8个，工人先锋号2个，三八红旗手1个，先进集体和个人1个，其他类荣誉称号16个。其中，省部级荣誉称号5个，地市级荣誉称号23个。

福州住房公积金2018年年度报告

一、机构概况

（一）住房公积金管理委员会：第二届福州住房公积金管理委员会有25名委员，2018年共召开1次全体成员会议，3次主任委员办公会议，审议通过的事项主要包括：1.《福州市住房公积金2018年年度报告》；2.《关于调整部分管委会委员的报告》；3. 各中心《2018年住房公积金计划执行情况和2018年住房公积金计划（草案）的报告》；4.《在榕就业的港澳台同胞住房公积金缴存使用实施办法》（榕公积管委〔2018〕1号）；5.《关于调整2018年度福州住房公积金缴存基数的通知》（榕公积管委〔2018〕2号）；6.《关于降低企业成本支持住房刚性需求及治理违规提取住房公积金的通知》（榕公积管委〔2018〕3号）；7.《关于提高长乐区缴存职工支付房租提取住房公积金额度的通知》（榕公积管委〔2018〕4号）；8.《关于在榕外国高端人才服务"一卡通"持卡人享受住房公积金支持政策的通知》（榕公积管委〔2018〕5号）。

（二）住房公积金管理中心：

1. 福州住房公积金管理中心为直属于市政府不以营利为目的的参照公务员法管理的正处级事业单位，主要负责全市住房公积金的归集、管理、使用和会计核算。目前中心内设8个处，下设9个管理部。从业人员156人，其中，在编89人，非在编67人。

2. 福建省直单位住房公积金管理中心隶属于福建省机关事务管理局，是不以营利为目的的参照公务员法管理的正处级事业单位,主要负责在榕省属单位和中央驻榕单位住房公积金的归集、管理、使用和会计核算。目前中心设 5 个部(科),从业人员 47 人,其中,在编 18 人,非在编 29 人。

3. 福州住房公积金管理中心铁路分中心为隶属于中国铁路南昌局集团有限公司的不以营利为目的的正处级国有企业单位,主要负责中国铁路南昌局集团有限公司福建省境内所属各单位、合资铁路公司、铁路集体经济企业以及其他委托单位住房公积金归集、管理、使用和会计核算。分中心设 5 个科室,从业人员 15 人,其中,在编 15 人,非在编 0 人。

4. 福州住房公积金管理中心能源分中心隶属于福建省能源集团有限责任公司,是不以营利为目的机构属性单位,主要负责福建省内能源集团公司所属职工住房公积金归集、管理、使用和会计核算。目前中心设 4 个处(科),从业人员 9 人,其中,在编 9 人,非在编 0 人。

二、业务运行情况

(一)缴存:2018 年,新开户单位 3811 家,实缴单位 22326 家,净增单位 3053 家;新开户职工 22.53 万人,实缴职工 100.88 万人,净增职工 11.05 万人;缴存额 170.74 亿元,同比增长 13.33%。至 2018 年末,累计缴存总额 1190.11 亿元,同比增长 16.75%;累计缴存余额 442.72 亿元,同比增长 14.60%。

受委托办理住房公积金缴存业务的银行 6 家,分别是建设银行、工商银行、中国银行、农业银行、兴业银行、福州农村商业银行。

(二)提取:2018 年,提取额 114.35 亿元,同比增长 8.27%;占当年缴存额的 66.97%,比上年减少 3.13 个百分点。至 2018 年末,累计提取总额 747.39 亿元,同比增长 18.06%。

(三)贷款:

1. **个人住房贷款**。个人住房贷款最高额度 80 万元,其中,单职工最高额度 50 万元,双职工最高额度 80 万元。

2018 年,发放个人住房贷款 1.46 万笔 65.74 亿元,同比分别增长 7.32%、11.65%。其中,福州中心发放个人住房贷款 0.87 万笔 37.67 亿元,省直中心发放个人住房贷款 0.45 万笔 23.29 亿元,铁路分中心发放个人住房贷款 0.12 万笔 4.09 亿元,能源分中心发放个人住房贷款 0.02 万笔 0.69 亿元。

2018 年,回收个人住房贷款 36.15 亿元。其中,福州中心 17.56 亿元,省直中心 15.27 亿元,铁路分中心 2.47 亿元,能源分中心 0.85 亿元。

至 2018 年末,累计发放个人住房贷款 18.33 万笔 628.70 亿元,贷款余额 394.70 亿元,同比分别增长 8.66%、11.68%、8.11%。个人住房贷款余额占缴存余额的 89.15%,比上年减少 5.35 个百分点。

受委托办理住房公积金个人住房贷款业务的银行 7 家,分别是建设银行、工商银行、农业银行、中国银行、交通银行、兴业银行、福州农村商业银行。

2. **住房公积金支持保障性住房建设项目贷款**。2018 年,未发放支持保障性住房建设项目贷款,至 2018 年末,累计发放项目贷款 4.15 亿元,已于 2013 年 5 月全部回收。

(四)融资:至 2018 年末,累计融资总额 24.95 亿元,融资余额 0 亿元。

(五)资金存储:2018 年末,住房公积金存款 53.00 亿元。其中,活期 11.44 亿元,1 年(含)以下定期 33.70 亿元,1 年以上定期 0.36 亿元,其他(协定、通知存款等)7.50 亿元。

（六）资金运用率：2018 年末，住房公积金个人住房贷款余额、项目贷款余额和购买国债余额的总和占缴存余额的 89.15%，比上年减少 5.35 个百分点。

三、主要财务数据

（一）业务收入：2018 年，业务收入 130326.17 万元，同比增长 10.16%。其中，福州中心 66944.27 万元，省直中心 51864.67 万元，铁路分中心 9271.04 万元，能源分中心 2246.19 万元；存款利息 9080.22 万元，委托贷款利息 121245.32 万元，国债利息 0 万元，其他 0.63 万元。

（二）业务支出：2018 年，业务支出 73217.53 万元，同比增长 4.28%。其中，福州中心 37797.35 万元，省直中心 30464.03 万元，铁路分中心 4537.35 万元，能源分中心 418.80 万元；支付职工住房公积金利息 60858.85 万元，归集手续费 4904.11 万元，委托贷款手续费 4222.73 万元，其他 3231.85 万元。

（三）增值收益：2018 年，增值收益 57108.65 万元，同比增长 18.74%。其中，福州中心 29146.93 万元，省直中心 21400.64 万元，铁路分中心 4733.69 万元，能源分中心 1827.39 万元；增值收益率 1.38%，比上年增加 0.06 个百分点。

（四）增值收益分配：2018 年，提取贷款风险准备金 13868.99 万元，提取管理费用 1676 万元，提取城市廉租住房（公共租赁住房）建设补充资金 41563.66 万元。

2018 年，上交财政管理费用 700 万元。上缴财政城市廉租住房（公共租赁住房）建设补充资金 35913.17 万元。其中，福州中心上缴 22634.42 万元，省直中心上缴 13278.75 万元，铁路分中心上缴 0 万元，能源分中心上缴 0 万元。

2018 年末，贷款风险准备金余额 165125.10 万元。累计提取城市廉租住房（公共租赁住房）建设补充资 293418.29 万元。其中，福州中心提取 137100.39 万元，省直中心提取 131502.89 万元，铁路分中心提取 19800.72 万元，能源分中心提取 5014.29 万元。

（五）管理费用支出：2018 年，管理费用支出 5291.22 万元，同比增长 25.61%，按支出项目可分为：

1. 人员经费 2681.85 万元，同比增长 11.82%，占管理费用总增量的 26.28%。其中：福州中心增长 10.14%，省直中心增长 13.02%，铁路中心增长 11.55%，能源中心增长 28.81%。

2. 公用经费 341.81 万元，同比减少 1.33%。

3. 专项经费 2267.56 万元，同比增长 54.51%，占管理费用总增量的 74.14%。其中："房屋构建费用"750 万元，比增 201.25%，为福州中心福清管理部购买办公用房费用；房屋租赁费用下降 9.43%；12329 综合服务平台费用下降 38.15%；信息系统建设维护费用下降 9.03%。

如同时剔除 2018、2018 年度"房屋构建费用"影响，则 2018 年度管理费用支出同比下降 4.66%，支出控制情况良好。

按中心可分为：

1. 福州中心管理费用支出 3798.58 万元，其中，人员、公用、专项经费分别为 1610.38 万元、187.36 万元、2000.84 万元；

2. 省直中心管理费用支出 690.39 万元，其中，人员、公用、专项经费分别为 524.65 万元、64.44 万元、101.30 万元；

3. 铁路分中心管理费用支出 473.07 万元，其中，人员、公用、专项经费分别为 395.31 万元、31.14

万元、46.62 万元；

4. 能源分中心管理费用支出 329.18 万元，其中，人员、公用、专项经费分别为 151.51 万元、58.87 万元、118.80 万元。

四、资产风险状况

（一）**个人住房贷款**：2018 年末，个人住房贷款逾期额 712.47 万元，逾期率 0.181‰。其中，福州中心 0.101‰，省直中心 0.193‰，铁路分中心 0.330‰，能源分中心 1.822‰。

个人贷款风险准备金的计提按照《福建省省财政厅关于进一步规范住房公积金财务管理有关问题的通知》（闽财综〔2011〕88 号）文件规定执行，由各中心分别提取。2018 年，提取个人贷款风险准备金 13868.99 万元，使用个人贷款风险准备金核销呆坏账 0 万元。2018 年末，个人贷款风险准备金余额 163905.10 万元，占个人住房贷款余额的 4.15%，个人住房贷款逾期额与个人贷款风险准备金余额的比率为 0.43%，低于全国平均水平。

（二）**支持保障性住房建设试点项目贷款**：2018 年，提取项目贷款风险准备金 0 万元，使用项目贷款风险准备金核销呆坏账 0 万元，项目贷款风险准备金余额 1220 万元。

五、社会经济效益

（一）**缴存业务**：2018 年，实缴单位数、实缴职工人数和缴存额同比分别增长 15.84%、12.30% 和 13.33%。

缴存单位中，国家机关和事业单位占 21.43%，国有企业占 9.52%，城镇集体企业占 1.33%，外商投资企业占 1.84%，城镇私营企业及其他城镇企业占 51.47%，民办非企业单位和社会团体占 4.17%，其他占 10.24%。

缴存职工中，国家机关和事业单位占 26.77%，国有企业占 31.40%，城镇集体企业占 0.54%，外商投资企业占 4.56%，城镇私营企业及其他城镇企业占 25.82%，民办非企业单位和社会团体占 2.69%，其他占 8.22%；中、低收入占 96.42%，高收入占 3.58%。

新开户职工中，国家机关和事业单位占 13.09%，国有企业占 23.75%，城镇集体企业占 0.50%，外商投资企业占 5.29%，城镇私营企业及其他城镇企业占 42.91%，民办非企业单位和社会团体占 2.76%，其他占 11.70%；中、低收入占 98.55%，高收入占 1.45%。

（二）**提取业务**：2018 年，32.19 万名缴存职工提取住房公积金 114.35 亿元。

提取金额中，住房消费提取占 76.13%（购买、建造、翻建、大修自住住房占 25.17%，偿还购房贷款本息占 50.48%，租赁住房占 0.46%，其他占 0.02%）；非住房消费提取占 23.87%（离休和退休提取占 13.26%，完全丧失劳动能力并与单位终止劳动关系提取占 9.11%，户口迁出本市或出境定居占 0.08%，其他占 1.42%）。

提取职工中，中、低收入占 95.23%，高收入占 4.77%。

（三）**贷款业务**：

1. **个人住房贷款**。2018 年，支持职工购建房 148.20 万平方米，年末个人住房贷款市场占有率为 11.26%，比上年增加 0.03 个百分点。通过申请住房公积金个人住房贷款，可节约职工购房利息支出

150097.85万元。

职工贷款笔数中，购房建筑面积90（含）平方米以下占37.71%，90~144（含）平方米占57.39%，144平方米以上占4.90%。购买新房占83.01%（其中购买保障性住房占2.80%），购买二手房占16.99%，建造、翻建、大修自住住房占0%，其他占0%。

职工贷款笔数中，单缴存职工申请贷款占40.50%，双缴存职工申请贷款占59.49%，三人及以上缴存职工共同申请贷款占0.01%。

贷款职工中，30岁（含）以下占35.86%，30岁~40岁（含）占36.98%，40岁~50岁（含）占20.70%，50岁以上占6.46%；首次申请贷款占80.15%，二次及以上申请贷款占19.85%；中、低收入占94.96%，高收入占5.04%。

2. **异地贷款**。2018年，发放异地贷款120笔4990.60万元。2018年末，发放异地贷款总额37815.00万元，异地贷款余额27196.11万元。

3. **公转商贴息贷款**。2018年，发放公转商贴息贷款0笔0万元，支持职工购建住房面积0万平方米，当年贴息额2645.38万元。至2018年末，累计发放公转商贴息贷款10257笔504380.80万元，累计贴息9086.60万元。

4. **支持保障性住房建设试点项目贷款**。2018年，未发放支持保障性住房建设项目贷款，至2018年末，累计发放项目贷款4.15亿元，已于2013年5月全部回收。

（四）**住房贡献率**：2018年，个人住房贷款发放额、公转商贴息贷款发放额、项目贷款发放额、住房消费提取额的总和与当年缴存额的比率为89.48%，比上年减少11.11个百分点。

六、其他重要事项

（一）**当年住房公积金政策调整情况**：4月25日，福州住房公积金管理委员会印发《在榕就业的港澳台同胞住房公积金缴存使用实施办法》（榕公积管委〔2018〕1号），明确在榕就业的港澳台同胞享受与我市其他缴存职工同等公积金待遇。

6月28日，福州住房公积金管理管委会印发《关于调整2018年度福州住房公积金缴存基数的通知》（榕公积管委〔2018〕2号），7月起在福州地区缴存住房公积金的单位及其职工住房公积金最高月缴存基数为18783元，最低月缴存基数按照福建省人民政府公布最新公布的福州市最低工资标准。

6月28日，福州住房公积金管理管委会印发《关于降低企业成本支持住房刚性需求及治理违规提取住房公积金的通知》（榕公积管委〔2018〕3号），调整部分公积金政策：一是缴存方面，职工公积金缴存上限不得超过福州上年度职工月平均工资的3倍，对单位的缓缴审批不得超过10个工作日，各单位可根据自身实际在5%~12%之间选择调整住房公积金缴存比例；二是提取方面，五城区及长乐区职工每月最高可提取公积金1000元、六县市职工每月最高可提取800元用于支付租住商品住房房租，职工与单位终止劳动合同可办理公积金异地转移接续或在账户封存6个月后未再就业的可申请提取公积金，同一套住房在12个月内只能办理1次购房提取住房公积金手续，职工在省外购建自住住房或偿还住房贷款本息申请提取住房公积金除提交购建自住住房或偿还住房贷款本息所需材料外还应提供职工本人或其配偶在购房所在地的户籍证明、住房公积金缴存证明、社保缴交证明、工资薪酬税单等材料之一作为户籍所在地或工作所在地证明；三是贷款方面，加大对刚需职工购房支持力度，首次申请住房公积金贷款且名下无房的职工家庭，不受住房公积金资金流动性因素的限制，最高贷款额度双职工 80 万元、单职工 50 万元。

2018 年 12 月 7 日，福州住房公积金管理管委会印发《关于在榕外国高端人才服务"一卡通"持卡人享受住房公积金支持政策的通知》（榕公积管委〔2018〕5 号），规定在福州市行政区域范围内工作的外国高端人才服务"一卡通"持卡人，在缴存、提取住房公积金方面享受与我市其他缴存职工同等待遇。

（二）当年存贷款利率执行标准：5 年期以下（含）个人住房公积金贷款利率为 2.75%，5 年期以上个人住房公积金贷款利率为 3.25%；个人住房公积金存款利率为 1.5%。

（三）提升服务管理水平：各住房公积金管理机构"放管服"改革成效显著，简化办事材料，福州中心全面取消提取、贷款业务身份证复印件材料，省直中心全面取消 20 类提取业务 59 种提取材料复印件。压缩住房公积金贷款办理时限，从审批到放款效率大幅提升。福州中心全面助力市委市政府 2018 年为民办实事项目，缴存职工可在 E 福州 APP 和全市 100 个社区查询个人公积金账户信息。省直中心在"商转公"业务中创新推出组合贷款，首创住房二次抵押，解决了职工自筹大额资金结清原商业性贷款的困难。

（四）加快推进信息化建设：全省统一的住房公积金综合管理信息系统在福州各住房公积金管理机构成功上线，实现数据标准和资金结算"双贯标"，公积金服务进一步加速提质，公积金各种提取资金实现"秒到账"，职工无需再到窗口二次排队。其中，福州中心 20 项业务实现全市通办，单位大部分归集业务、职工退休提取和个人账户查询等 17 项业务实现全程网办。省直中心引入云桌面系统，在大学城等 4 个省直职工集中区开通远程自助终端，方便职工查询和打印缴存证明，对接入驻闽政通 APP 平台，开启职工自助办理新便捷通道。

（五）当年获得荣誉情况：2018 年福州中心被省文明办评为 2015～2018 年省级文明单位，被推荐为全省住房和城乡建设系统先进集体，闽清管理部荣获"省工人先锋号"，中心党建品牌"小微工作法"荣获市直机关优秀党建品牌，城区管理部荣获"福州市三八红旗手集体"、被市民（行政）服务中心管委会评为 11 次标兵窗口，闽侯、连江管理部荣获市"五一先锋岗"荣誉称号。

2018 年省直中心被省直文明办评为省直机关第十三届（2015～2018 年度）文明单位。

（六）加强行政执法力度：2018 年福州中心加大对住房公积金骗取骗贷行为的惩处力度，对 128 起骗取骗贷当事人作出处理决定，涉及违法问题的 42 名公职人员移送市纪委驻城乡建委纪检组，3 起移送公安机关（已刑拘 1 人），行政立案 40 起，向违规企业作出了 16 份决定书，向鼓楼区法院申请强制执行 1 起，共为 30 名职工补缴了住房公积金。

厦门市住房公积金 2018 年年度报告

一、机构概况

（一）住房公积金管理委员会：住房公积金管理委员会有 28 名委员，2018 年召开 1 次会议，审议通过的事项主要包括：《厦门市住房公积金 2018 年年度报告》、《关于厦门市住房公积金管理运行情况的报告》、《关于审议厦门市 2018 年度住房公积金决算的请示》、《关于审议厦门市 2018 年度住房公积金归集使用计划执行情况的请示》、《厦门市 2018 年度住房公积金增值收益分配方案》、《关于审议厦门市 2018 年度住房公积金预算的请示》、《关于调整 2018 年度厦门市住房公积金缴存额上下限事项的建议》、《关于推出厦门市住房公积金若干举措的建议》、《关于批准平安银行股份有限公司厦门分行等三家银行承办住房公积金业务的建议》。

（二）住房公积金管理中心：厦门市住房公积金管理中心为直属厦门市人民政府不以营利为目的的参照公务员法管理事业单位，内设 7 个科，1 个管理部，从业人员 63 人，其中在编人员 48 人，非在编人员 15 人。

二、业务运行情况

（一）缴存：2018 年，新开户单位 7813 家，实缴单位 36335 家，净增单位 4595 家；新开户职工 23.32 万人，实缴职工 114.86 万人，净增职工 7.18 万人；缴存额 150.40 亿元，同比增长 16.14%。2018 年末，缴存总额 982.41 亿元，同比增长 18.08%；缴存余额 354.00 亿元，同比增长 15.55%。

受委托办理住房公积金缴存业务的银行 7 家，与上年保持不变（2018 年新准入银行未正式开办业务）。

（二）提取：2018 年，提取额 102.76 亿元，同比增长 18.98%，占当年缴存额的 68.32%，比上年增加 1.63 个百分点。2018 年末，提取总额 628.41 亿元，同比增长 19.55%。

（三）贷款：

1. **个人住房贷款**。个人住房贷款最高额度 120 万元，其中，单缴存职工最高贷款额度 120 万元，双缴存职工最高贷款额度 120 万元。

2018 年，发放个人住房贷款 0.92 万笔 74.10 亿元，同比分别增长 155.56%、231.54%。

2018 年，回收个人住房贷款 27.98 亿元。

截至 2018 年末，累计发放个人住房贷款 16.43 万笔 572.22 亿元，贷款余额 321.42 亿元，同比分别增长 5.93%、14.88%、16.75%。个人住房贷款余额占缴存余额的 90.80%，比上年增加 0.94 个百分点。

受委托办理住房公积金个人住房贷款业务的银行 9 家，与上年保持不变。

2. **住房公积金支持保障性住房建设项目贷款**。2018 年，未发放支持保障性住房建设项目贷款，无回收项目贷款。截至 2018 年末，累计发放项目贷款 4.6 亿元，已全部收回，无项目贷款余额。

（四）融资：2018 年，当年未新增融资，归还 2 亿元。截至 2018 年末，融资总额 51.30 亿元，融资余额 11.30 亿元。

（五）资金存储：截至 2018 年末，住房公积金存款 49.40 亿元。其中，活期 0.05 亿元，1 年（含）以下定期 26.10 亿元，1 年以上定期 0.2 亿元，协定存款 23.05 亿元。

（六）资金运用率：截至 2018 年末，住房公积金个人住房贷款余额、项目贷款余额和购买国债余额的总和占缴存余额的 90.80%，比上年增加了 0.94 个百分点。

三、主要财务数据

（一）业务收入：2018 年，业务收入 106628.48 万元，同比增长 7.05%。其中，存款利息 11792.22 万元，委托贷款利息 94810.90 万元，其他 25.36 万元。

（二）业务支出：2018 年，业务支出 60531.03 万元，同比增长 8.92%。其中，支付职工住房公积金利息 46155.74 万元，归集手续费 2522.41 万元，委托贷款手续费 2663.51 万元，贴息支出 6133.85 万元，融资借款利息支出 866.88 万元，其他支出 2188.64 万元。

（三）增值收益：2018 年，增值收益 46097.45 万元，同比增长 4.69%。增值收益率 1.40%，比上年减少 0.15 个百分点。

（四）增值收益分配：2018 年，提取贷款风险准备金 15341.68 万元，提取管理费用 2263.61 万元，提取城市廉租住房（公共租赁住房）建设补充资金 28492.16 万元。

2018 年，上交财政管理费用 2122.06 万元。上缴财政城市廉租住房（公共租赁住房）建设补充资金 41912.34 万元。

截至 2018 年末，贷款风险准备金余额 130408.64 万元。累计提取城市廉租住房（公共租赁住房）建设补充资金 247648.01 万元。

（五）管理费用支出：2018 年，管理费用支出 2163.49 万元，同比增长 8.13%。其中，人员经费 1528.14 万元，公用经费 255.81 万元，专项经费 379.54 万元。

四、资产风险状况

（一）个人住房贷款：截至 2018 年末，个人住房贷款逾期额 162.97 万元，逾期率 0.051‰。

本年度个人贷款风险准备金按贷款余额的 0.48% 提取。2018 年，提取个人贷款风险准备金 15341.68 万元，未使用个人贷款风险准备金核销呆坏账。2018 年末，个人贷款风险准备金余额 128568.64 万元，占个人住房贷款余额的 4%，个人住房贷款逾期额与个人贷款风险准备金余额的比率为 0.13%。

（二）支持保障性住房建设试点项目贷款：截至 2018 年末，项目贷款已全部结清，无项目贷款逾期情况。

当年未计提项目贷款风险准备金，未使用贷款风险准备金核销项目贷款，项目贷款风险准备金余额为 1840 万元。

五、社会经济效益

（一）缴存业务：2018 年，实缴单位数、实缴职工人数和缴存额同比分别增长 14.48%、6.67% 和 16.14%。

缴存单位中，国家机关和事业单位占 3.95%，国有企业占 4.98%，城镇集体企业占 0.52%，外商投资企业占 6.2%，城镇私营企业及其他城镇企业占 53.03%，民办非企业单位和社会团体占 2.14%，其他占 29.18%。

缴存职工中，国家机关和事业单位占 11.7%，国有企业占 17.74%，城镇集体企业占 1.1%，外商投资企业占 19.89%，城镇私营企业及其他城镇企业占 23.53%，民办非企业单位和社会团体占 1.61%，其他占 24.43%；中、低收入占 93.8%，高收入占 6.2%。

新开户职工中，国家机关和事业单位占 4.69%，国有企业占 12.85%，城镇集体企业占 0.64%，外商投资企业 19.25%，城镇私营企业及其他城镇企业占 33.19%，民办非企业单位和社会团体占 1.83%，其他占 27.55%；中、低收入 98.74%，高收入 1.26%。

（二）**提取业务**：2018年，38.73万名缴存职工提取住房公积金102.76亿元。

提取金额中，住房消费提取占80.95%（购买、建造、翻建、大修自住住房占20.06%，偿还购房贷款本息占56.11%，租赁住房占4.62%，其他占0.16%）；非住房消费提取占19.05%（离休和退休提取占7.22%，完全丧失劳动能力并与单位终止劳动关系提取占0.94%，户口迁出本市或出境定居占9.68%，其他占1.21%）。

提取职工中，中、低收入占88.35%，高收入占11.65%。

（三）**贷款业务**：

1. **个人住房贷款**。2018年，支持职工购建房85.20万平方米，年末个人住房贷款市场占有率为10.5%，比上年增加1.42个百分点。通过申请住房公积金个人住房贷款，可节约职工购房利息支出305053.77万元。

职工贷款笔数中，购房建筑面积90（含）平方米以下占52.49%，90~144（含）平方米占43.96%，144平方米以上占3.55%。购买新房占43.97%（其中购买保障性住房占7.19%），购买二手房占55.74%，建造、翻建、大修自住住房占0.03%，其他占0.26%。

职工贷款笔数中，单缴存职工申请贷款占56.94%，双缴存职工申请贷款占43.06%。

贷款职工中，30岁（含）以下占26.92%，30岁~40岁（含）占55.17%，40岁~50岁（含）占14.55%，50岁以上占3.36%；首次申请贷款占87.54%，二次及以上申请贷款占12.46%；中、低收入占75.79%，高收入占24.21%。

2. **异地贷款**。2018年，发放异地贷款330笔28685万元。2018年末，发放异地贷款总额59195.90万元，异地贷款余额55401.56万元。

3. **公转商贴息贷款**。2018年，未发放公转商贴息贷款。当年贴息额6132.02万元。截至2018年末，累计发放公转商贴息贷款7858笔495426.40万元，累计贴息15825.40万元。

4. **支持保障性住房建设试点项目贷款**。截至2018年末，累计试点项目2个，贷款额度4.6亿元，建筑面积50.6万平方米，可解决8602户中低收入职工家庭的住房问题。2个试点项目贷款资金已发放并还清贷款本息。

（四）**住房贡献率**：2018年，个人住房贷款发放额、公转商贴息贷款发放额、项目贷款发放额、住房消费提取额的总和与当年缴存额的比率为104.58%，比上年增加25.08个百分点。

六、其他重要事项

（一）**当年机构及职能调整情况、受委托办理缴存贷款业务金融机构变更情况**：2018年，机构及职能未调整。经市住房公积金管理委员会审议，同意平安银行和光大银行承办住房公积金贷款业务，同意交通银行承办住房公积金缴存业务。

（二）**当年住房公积金政策调整及执行情况**：

1. 缴存政策调整情况。

（1）缴存基数限额。严格贯彻落实《住房城乡建设部、财政部、人民银行关于改进住房公积金缴存机制进一步降低企业成本的通知》（建金〔2018〕45号）精神，我市2018年度住房公积金缴存基数上限严格按照不超过我市统计部门公布的上一年度职工月平均工资的3倍计算，凡超过的，一律予以规范调整。

我市2018年度（2018年7月1日至2019年6月30日）住房公积金月缴存基数一律不得高于2018年我市职工月平均工资的3倍（18864元），一律不得低于2018年12月份我市月最低工资标准1700元。

（2）缴存比例。我市2018年度（2018年7月1日至2019年6月30日），缴存单位可在5%至12%的区间内自主确定缴存比例。单位申请降低缴存比例的，经本单位职工（代表）大会或工会讨论通过，并经市住房公积金管理中心审核后实施。

（3）自2018年6月2日起，自由职业者和个体工商户可自愿缴存住房公积金。缴存基数为个人上一年度月平均收入，缴存比例可在10%～24%的范围内选择确定。自由职业者和个体工商户办理住房公积金提取和贷款时，与我市其他缴存住房公积金的在职职工执行相同政策。

2. 提取政策调整情况。 自2018年6月2日起，职工购买、建造、翻建、大修自住住房或偿还住房贷款本息申请提取住房公积金时，仅需提供个人身份证明、购房或还贷材料，无需提交本人或配偶在房屋所在地的户籍证明或工作证明；职工的父母、子女在我市首次购买住房，职工本人及配偶可提取住房公积金用于支付购房款；开办提取住房公积金按月结合按年自动还贷业务。职工可申请每月按不高于月还贷额自动提取住房公积金偿还贷款本息、每年1月5日自动提取账户余额提前偿还贷款本金。原已办理提取住房公积金按月自动还贷或按年自动还贷业务的职工，可到受委托银行申请办理变更手续；与中心签订战略信息共享协议的银行可办理提取住房公积金自动偿还住房按揭贷款业务；无房职工租住商品住房提取住房公积金支付房租由原来每月不超过800元提高到每月不超过1000元。租住社会保障性租赁房和公共租赁住房的，承租人月提取总额不超过当月实际房租支出。

3. 贷款政策调整情况。 自2018年6月2日起，职工家庭首次申请住房公积金贷款的，最高贷款额度为120万元；职工家庭第二次申请住房公积金贷款的，最高贷款额度为100万元；外地缴存住房公积金的职工，在我市购买自住住房可申请住房公积金贷款；购买新建商品住房的购房时间以提交商品房买卖合同网签时间为准，购买二手住房的购房时间以市不动产登记中心收件时间为准。

4. 当年住房公积金存贷款利率执行情况。

（1）存款利率。职工住房公积金账户存款利率为一年期定期存款基准利率，即1.5%。

（2）贷款利率。首次住房公积金贷款的，5年期以下（含五年）住房公积金贷款利率为2.75%，5年期以上住房公积金贷款利率为3.25%；第二次住房公积金贷款的，利率上浮10%。

（三）当年服务改进情况：

1. **深化"互联网＋政务服务"。** 大力推行住房公积金业务网上办理，让职工体验网购般的便捷服务，2018年全年通过APP办理提取业务达31154笔，通过自助查询机打印证明121958份，通过微信公众号查询信息400万次，共有8320家单位通过网厅查询、办理缴存业务11938次。

2. **积极落实市政府审批服务"马上办、网上办、就近办、一次办"的具体要求，进一步提升缴存职工获得感。** 住房公积金服务窗口靠前服务，为购买保障性住房职工提供公积金余额查询、购房提取、公积金贷款和自动还贷"一条龙"服务，实现办理住房公积金业务"最多跑一趟"、"只进一扇门"。2018年共受理购买保障性住房的职工公积金提取近900笔，公积金贷款400余笔，为该部份购房职工提供"量身定制"的服务。

3. **进一步落实"放管服"改革，精简办事材料。** 2018年8月起，中心服务窗口正式启用高拍仪，全面取消复印件，职工申请办理公积金提取业务时无需携带复印件，工作人员将职工提供的材料拍摄存档即可。此举减少职工办理公积金业务所携带的材料，化繁为简，也减轻了企业和职工的办事成本。

4. 对权责清单进行合并和删减。 本着高效、便民原则，将原有的 39 份办事指南减少至 26 份办事指南，并及时更新二维码。

5. 推行住房公积金贷款合同免费邮寄到家的服务。 2018 年起，住房公积金贷款职工办理贷款手续后，无需二次到公积金中心或银行领取借款合同，在填写地址信息后，公积金中心将委托快递公司将借款合同寄到借款人手中，借款人无须承担任何费用，实现公积金贷款"最多跑一趟"。

6. 推行职工平板机自助办理模式。 在服务大厅增设自助平板机，职工可以在引导员的帮助下，在自助平板机上办理多项提取业务，省却大厅办事高峰期间的排队等候时间。

（四）当年信息化建设情况：

1. 新一代住房公积金双贯标系统顺利投产、稳健运行

（1）完成需求。第一季度进一步组织"双贯标"新系统开发需求论证，完善需求。指导业务受委托银行，分批次开展数据清理与补录工作。

（2）开发软件。5 月底前，完成系统软件开发，多次召集各受委托银行会议，部署数据初始化、银行系统对接及上线演练等工作任务，协调各行对接好住房城乡建设部结算应用系统。

（3）组织测试。6 月初至 8 月底，按照业务模块详细分类，制定了缴存、提取、贷款、财务四大类数百个功能点测试详单，严格规定测试时间节点，落实分工到各业务责任人；先后组织了 4 轮数据初始化导入演练及核对，保证数据移植顺利。

（4）上线运行。利用中秋节假期（9 月 21 日~24 日）时间窗口部署"双贯标"新系统，该系统于 9 月 25 日正式投产上线运行。

（5）接受验收。10 月 9 日、16 日分别通过省住房城乡建设厅、住房城乡建设部住房公积金贯标工作联合检查验收组验收。检查验收组一行充分肯定了厦门公积金"多维服务拓渠道、共享数据减材料、系统秒批提效率、转变方式秒到账、筑牢屏障守底线"的工作成效。

2. 住房公积金综合服务平台新增功能、拓展渠道

（1）5 月，厦门公积金 APP 个人版新增用于公用安卓平板的"二维码刷脸登录"功能，在市政务大厅开通平板电脑自助受理渠道。

（2）7 月完成自助终端设备新增台胞证识别嵌入式改造。

（3）11 月，完成"综合服务平台运维"项目招标，12 月初，确定 APP、网厅功能升级改造需求。

（4）12 月完成 e 政务对接工作，在全市 e 政务自助终端上实现公积金信息查询、证明打印等功能。同步加强与 i 厦门自助终端和市民卡 APP 对接工作。

3. 住房公积金信息安全工作不断推进，稳步提升

（1）完成核心系统网络安全加固，接受市公安局网安支队完成业务系统三级等级保护备案抽查。

（2）更新交换机硬件、新增防火墙和数据库安全审计设备，完成核心网络安全设备更新。

（五）当年住房公积金管理中心及职工所获荣誉情况：2018 年，中心信息科被厦门市总工会评为"工人先锋号"。

莆田市住房公积金 2018 年年度报告

一、机构概况

(一) 住房公积金管理委员会：住房公积金管理委员会有 23 名委员，2018 年共召开 1 次全体成员会议，5 次主任委员办公会议，审议通过 2018 年度住房公积金归集使用计划执行情况及 2018 年度预算、公积金委托金融业务受托银行年度考评细则，并对其他重要事项进行决策，主要包括关于调整 2018 年公积金缴存基数、房租提取公积金额度、贷款年限及贷款额度测算方法等相关事项。

(二) 住房公积金管理中心：住房公积金管理中心为直属莆田市人民政府不以营利为目的的事业单位，设 6 个科，4 个管理部。从业人员 61 人，其中，在编 42 人，非在编 19 人。

二、业务运行情况

(一) 缴存：2018 年，新开户单位 689 家，实缴单位 4870 家，净减单位 413 家；新开户职工 3.66 万人，实缴职工 20.0 万人，净增职工 1.4 万人；缴存额 25.4 亿元，同比增长 10.92%。2018 年末，缴存总额 177 亿元，同比增长 16.75%；缴存余额 81.08 亿元，同比增长 16.28%。

受委托办理住房公积金缴存业务的银行 4 家，与上年相同。

(二) 提取：2018 年，提取额 14.04 亿元，同比下降 7.02%；占当年缴存额的 55.28%，比上年减少 10.66 个百分点。2018 年末，提取总额 95.91 亿元，同比增长 17.15%。

(三) 贷款：个人住房贷款最高额度 55 万元，其中，单缴存职工最高额度 45 万元，双缴存职工最高额度 55 万元。

2018 年，发放个人住房贷款 7 笔 0.03 亿元，同比分别下降 98.70%、98.90%。

2018 年，回收个人住房贷款 6.44 亿元。

2018 年末，累计发放个人住房贷款 3.97 万笔 106.92 亿元，贷款余额 66.92 亿元，同比分别增长 0.02%、0.03%、−8.74%。个人住房贷款余额占缴存余额的 82.54%，比上年减少 22.62 个百分点。

受委托办理住房公积金个人住房贷款业务的银行 5 家，与上年相同。

(四) 融资：2018 年，融资 0 亿元，归还 5.5 亿元。2018 年末，融资总额 17.5 亿元，融资余额 0 亿元。

(五) 资金存储：2018 年末，住房公积金存款 15.55 亿元。其中，活期（含协定存款）1.20 亿元，1 年（含）以下定期 14.35 亿元。

(六) 资金运用率：2018 年末，住房公积金个人住房贷款余额、项目贷款余额和购买国债余额的总和占缴存余额的 82.54%，比上年减少 22.62 个百分点。

三、主要财务数据

(一) 业务收入：2018 年，业务收入 24556.84 万元，同比下降 4.92%。其中，存款利息 1643.91 万元，委托贷款利息 22910.61 万元，其他 2.32 万元。

（二）业务支出：2018年，业务支出14372.22万元，同比增长1.61%。其中，支付职工住房公积金利息11303.93万元，归集手续费557.42万元，委托贷款手续费571.62万元，其他1939.25万元。

（三）增值收益：2018年，增值收益10184.62万元，同比下降12.83%。增值收益率1.36%，比上年减少0.41个百分点。

（四）增值收益分配：2018年，提取贷款风险准备金0万元（原因是已提足），提取管理费用933.35万元，提取城市廉租住房（公共租赁住房）建设补充资金9251.27万元。

2018年，上交财政管理费用787.39万元，上缴财政城市廉租住房（公共租赁住房）建设补充资金10740.91万元。

2018年末，贷款风险准备金余额30142.09万元。累计提取城市廉租住房（公共租赁住房）建设补充资金50447.41万元。

（五）管理费用支出：2018年，管理费用支出1039.31万元，同比增长10.27%。其中，人员经费704.45万元，公用经费67.16万元，专项经费267.70万元。

四、资产风险状况

2018年末，个人住房贷款逾期额24.50万元，逾期率0.04‰。

到2018年末，个人贷款风险准备金已提足未再提取，使用个人贷款风险准备金核销呆坏账0万元。2018年末，个人贷款风险准备金余额30142.09万元，占个人住房贷款余额的4.50%，个人住房贷款逾期额与个人贷款风险准备金余额的比率为0.08%。

五、社会经济效益

（一）缴存业务：2018年，实缴单位数、实缴职工人数和缴存额同比分别增长-7.82%、2.09%和10.92%。

缴存单位中，国家机关和事业单位占33.57%，国有企业占8.93%，城镇集体企业占1.62%，外商投资企业占2.14%，城镇私营企业及其他城镇企业占38.2%，民办非企业单位和社会团体占3.98%，其他占11.56%。

缴存职工中，国家机关和事业单位占38.67%，国有企业占17.07%，城镇集体企业占1.85%，外商投资企业占10.87%，城镇私营企业及其他城镇企业占21.60%，民办非企业单位和社会团体占1.25%，其他占8.69%；中、低收入占98.03%，高收入占1.97%。

新开户职工中，国家机关和事业单位占14.56%，国有企业占14.11%，城镇集体企业占2.27%，外商投资企业占8.76%，城镇私营企业及其他城镇企业占41.20%，民办非企业单位和社会团体占1.84%，其他占17.26%；中、低收入占99.69%，高收入占0.31%。

（二）提取业务：2018年，4.39万名缴存职工提取住房公积金14.04亿元。

提取金额中，住房消费提取占72.65%（购买、建造、翻建、大修自住住房占22.87%，偿还购房贷款本息占49.61%，租赁住房占0.17%，其他占0%）；非住房消费提取占27.35%（离休和退休提取占18.36%，完全丧失劳动能力并与单位终止劳动关系提取占6.86%，户口迁出本市或出境定居占0%，其他占2.13%）。

提取职工中，中、低收入占91.03%，高收入占8.97%。

（三）贷款业务：

1. **个人住房贷款**。2018年，支持职工购建房0.09（含贴息26.71）万平方米，年末个人住房贷款市场占有率为10.72%（含贴息15.36%）。通过申请住房公积金个人住房贷款，可节约职工购房利息支出78.07（含贴息26081.81）万元。

职工贷款笔数中，购房建筑面积90（含）平方米以下占0%，90～144（含）平方米占85.71%，144平方米以上占14.29%。购买新房占100%（其中购买保障性住房占0%），购买二手房占0%，建造、翻建、大修自住住房占0%，其他占0%。

职工贷款笔数中，单缴存职工申请贷款占42.86%，双缴存职工申请贷款占57.14%，三人及以上缴存职工共同申请贷款占0%。

贷款职工中，30岁（含）以下占42.86%，30岁～40岁（含）占14.29%，40岁～50岁（含）占14.29%，50岁以上占28.56%；首次申请贷款占85.71%，二次及以上申请贷款占14.29%；中、低收入占100%，高收入占0%。

2. **公转商贴息贷款**。2018年，发放公转商贴息贷款2512笔105065.6万元，支持职工购建住房面积26.62万平方米，当年贴息额2927.62万元。2018年末，累计发放公转商贴息贷款7046笔320388.10万元，累计贴息3734.52万元。

（四）**住房贡献率**：2018年，个人住房贷款发放额、公转商贴息贷款发放额、项目贷款发放额、住房消费提取额的总和与当年缴存额的比率为81.67%，比上年减少52.89个百分点。

六、其他重要事项

（一）**2018年缴存基数限额及确定方法、缴存比例等缴存政策调整情况**：2018年7～8月期间，单位办理基数调整，月缴工资基数上限：单位及其职工最高月缴存基数为2018年莆田市社平工资4947元的3倍为14841元。月缴存工资基数下限：市本级、城厢区、荔城区、涵江区、秀屿区、湄洲湾北岸、湄洲岛辖区单位及其职工的最低月缴存工资基数为1500元，仙游县辖区的单位及其职工的最低月缴存工资基数为1380元。缴存比例为5%～12%。

（二）**2018年住房公积金提取、贷款政策调整情况**：为贯彻落实中央"房子是用来住的，不是用来炒的"精神及住房城乡建设部、财政部、人民银行、公安部等联合下发的建金〔2018〕45号、46号、省住房城乡建设厅监管处下发的闽建金〔2018〕4号等文件要求，中心根据我市实际情况，报请住房公积金管委会研究同意调整住房公积金政策，一是精准调控，保障我市房地产稳健发展。采取提高无房职工支付房租提取额、首套优先审批、优先放贷、贷款期限按借款申请人的年龄认定、职工购买二手房申请公积金贷款（含"公转商"贴息），取消买卖双方及银行签订的房地产交易资金托管业务开户通知书（托管协议），贷款金额直接转入卖方名下账户、开通逐月冲还贷等政策，严格落实差别化的房地产信贷调控政策，着力解决首次购买刚性购房需求，保障我市职工合理住房消费需求。全面开展"公转商"贴息贷款，保障放款规模，促进我市房地产市场平稳健康发展。二是精准保障，促进我市人才交流。支持港澳台同胞在莆缴存公积金，提升对山区专业技术人才和军转干部的保障水平，开通审批服务绿色通道，可享受公积金贷款优先审批的待遇。三是政策惠民，推进宜居港城建设。出台了关于贯彻落实《莆田市人民政府办公室关于加快发展装配式建筑的实施意见》（莆房金业管〔2018〕3号）的通知。缴存职工在本市辖区内购买装配式商品房时给予优惠政策。对于既有住宅增设电梯的缴存职工，其本人及配偶可申请提取住房公积金余额用于支付增设电梯的费用。并扩大重大疾病报销提取范围，由原来的17种增加到32种。四是抓好落实，积极帮扶实体经济。对非公企业实行"低门槛进入，逐步到位"的缴存政策，积极配合困难企业办理降低缴存比例业务，切实帮助企业降本减负和增强企业发展活力。

（三）2018年住房公积金存贷款利率执行标准及个人住房贷款最高贷款额度：5年期以下（含）个人住房公积金贷款利率为2.75%，5年期以上个人住房公积金贷款利率为3.25%；个人住房公积金存款利率为1.5%。个人住房公积金贷款最高额度单职工45万元、双职工55万元。

（四）2018年服务改进情况：中心积极探索服务新举措新办法，简化手续，进一步优化流程。一是中心率先以新版住房公积金系统为依托，在材料齐全的情况下，中心所有审批业务100%实现"最多跑一趟"和"一趟不用跑"的目标。二是推出便民措施，5月起，符合提取条件的缴存职工可就近、就便自主选择管理部办理公积金提取转移业务，实现"全城通办"，同时全面开展"逐月和逐年冲还贷"业务，切实减轻住房公积金贷款职工还款压力；对职工建造、翻建、大修自住住房办理提取业务，取消收取工程预算书；对购买二手房办理贷款业务，取消收取房地产交易资金托管业务开户通知书。

（五）2018年信息化建设情况：中心勇于担责，积极主动向省住房城乡建设厅申请首家试点上线福建省住房公积金综合管理信息系统（暨莆田市住房公积金"双贯标"工作），该项工作被市委、市政府列为市2018年全面深化改革重点项目之一。6月5日，我市住房公积金"双贯标"工作以总分111.4分高分通过住房城乡建设部的验收，我市成为福建省第一家通过"双贯标"工作验收的城市，为全省其他12家中心、分中心信息系统顺利上线和双贯标验收打下了良好的基础，获得了省住房城乡建设厅领导"勇于创新、敢于担当，做了好的表率"的批示肯定。

（六）2018年中心所获荣誉情况：2018年中心被中共福建省委、福建省人民政府授予"第十三届（2015～2018年度）文明单位"称号。

（七）2018年对违反《住房公积金管理条例》等相关法规行为进行行政处罚和申请人民法院强制执行情况：2018年中心结合"双随机、一公开"检查，加大行政执法检查力度，对全市住房公积金缴存单位进行抽查，全年共抽查560家缴存单位，对16家未按时缴存公积金的单位发出《住房公积金催缴通知书》，督促其及时为职工缴纳公积金，努力做到应缴尽缴，维护职工合法权益。同时建立贷款逾期台账，抓紧催收，在律师团队的业务指导和直接参与下，对逾期贷款对象采取电话告知、发函催收、上门劝说、单位介入、法律诉讼，直至强制执行等办法，取得良好成效。今年以来，全市强制扣款偿还23人次，申请法院起诉追讨14人，法院判决9人并申请执行1人，逾期金额由年初的51.63万元下降至24.50万元，下降52.55%。

三明市住房公积金2018年年度报告

一、机构概况

（一）住房公积金管理委员会：住房公积金管理委员会有24名委员，2018年召开1次全体会议，审议通过了2018年度住房公积金归集、使用计划执行情况和2018年计划，并对其他重要事项进行决策，主要包括审议通过了《三明市2018年住房公积金增值收益分配方案》、关于部分调整住房公积金提取政策的议案、关于职工使用住房公积金贷款购买装配式建筑商品房有关政策的议案、关于新增住房公积金委托业务承办银行的议案和关于部分调整住房公积金最高贷款额度的议案；召开1次主任办公会议，审议通过了《关于调整2018年度住房公积金缴存标准的通知》。

（二）住房公积金管理中心：住房公积金管理中心为直属市人民政府不以营利为目的的财政全额拨款副处级事业单位，设5个科，11个管理部。从业人员81人，其中，在编59人，非在编22人。

二、业务运行情况

（一）缴存：2018年，新开户单位842家，实缴单位7240家，净增单位209家；新开户职工3.79万人，实缴职工24.51万人，净增职工2.94万人；缴存额34.29亿元，同比增长8.93%。2018年末，缴存总额269.13亿元，同比增长14.60%；缴存余额99.80亿元，同比增长9.54%。

受委托办理住房公积金缴存业务的银行4家，与上年持平。

（二）提取：2018年，提取额25.61亿元，同比增长11.35%；占当年缴存额的74.69%，比上年增加1.63个百分点。2018年末，提取总额169.33亿元，同比增长17.82%。

（三）贷款：职工家庭第一次申请住房公积金贷款的双职工最高贷款额度50万元，单职工最高贷款额度35万元。职工家庭第二次申请住房公积金贷款的双职工最高贷款额度45万元、单职工最高贷款额度30万元。

2018年，发放个人住房贷款0.18万笔6.24亿元，同比分别下降73.91%、73.97%。

2018年，回收个人住房贷款13.45亿元。

2018年末，累计发放个人住房贷款10.36万笔192.49亿元，同比分别增长1.81%、3.35%。贷款余额100.07亿元，同比下降6.72%。个人住房贷款余额占缴存余额的100.27%，比上年减少17.47个百分点。

受委托办理住房公积金个人住房贷款业务的银行5家，与上年持平。

（四）融资：2018年，当年融资额4.70亿元，当年归还17.37亿元。2018年末，融资总额39.10亿元，融资余额5.40亿元。

（五）资金存储：2018年末，住房公积金存款7.52亿元。其中，活期0.16亿元，其他（协议、协定、通知存款等）7.36亿元。

（六）资金运用率：2018年末，住房公积金个人住房贷款余额、项目贷款余额和购买国债余额的总和占缴存余额的100.27%，比上年减少17.47个百分点。

三、主要财务数据

（一）业务收入：2018年，业务收入34234.72万元，同比下降0.33%。存款利息收入574.40万元，增值收益利息收入619.96万元，委托贷款利息收入33006.82万元，其他收入33.54万元，无国债利息收入。

（二）**业务支出**：2018年，业务支出21105.65万元，同比下降6.53%。支付职工住房公积金利息14202.32万元，归集手续费883.22万元，委托贷款手续费927.88万元，其他支出5092.23万元。

（三）**增值收益**：2018年，增值收益13129.07万元，同比增长11.58%。增值收益率1.38%，比上年增加0.02个百分点。

（四）**增值收益分配**：2018年，未提取贷款风险准备金，提取管理费用1277.31万元，提取城市廉租房（公共租赁住房）建设补充资金11851.76万元。

2018年，上交财政管理费用1277.31万元。上缴财政的城市廉租房（公共租赁住房）建设补充资金5384.69万元。

2018年末，贷款风险准备金余额42910.33万元。累计提取城市廉租房（公共租赁住房）建设补充资金63420.49万元。

（五）**管理费用支出**：2018年，管理费用支出1152.23万元，同比下降8.53%。其中，人员经费1008.64万元，公用经费107.15万元，专项经费36.44万元。

四、资产风险状况

2018年末，个人住房贷款逾期额563.02万元，逾期率0.56%。

2018年，未提取个人贷款风险准备金，无个人贷款风险准备金核销呆坏账。2018年末，个人贷款风险准备金余额为42910.33万元，占个人贷款余额的4.29%，个人住房贷款逾期额与个人贷款风险准备金余额的比率为1.31%。

五、社会经济效益

（一）**缴存业务**：2018年，实缴单位数、实缴职工人数和缴存额同比分别增长2.97%、13.62%和8.93%。

缴存单位中，国家机关和事业单位占23.76%，国有企业占19.94%，城镇集体企业占1.46%，外商投资企业占0.36%，城镇私营企业及其他城镇企业占26.92%，民办非企业单位和社会团体占3.14%，其他占24.42%。

缴存职工中，国家机关和事业单位占27.56%，国有企业占40.61%，城镇集体企业占1.08%，外商投资企业占0.47%，城镇私营企业及其他城镇企业占15.36%，民办非企业单位和社会团体占2.28%，其他占12.64%。中、低收入占99.62%，高收入占0.38%。

新开户职工中，国家机关和事业单位占14.95%，国有企业占26.71%，城镇集体企业占0.76%，外商投资企业占0.47%，城镇私营企业及其他城镇企业占30.19%，民办非企业单位和社会团体占3.27%，其他占23.65%。中、低收入占99.81%，高收入占0.19%。

（二）**提取业务**：2018年，8.52万名缴存职工提取住房公积金25.61亿元。

提取的金额中，住房消费提取占60.91%（购买、建造、翻建、大修自住住房占31.01%，偿还购房贷款本息占29.24%，租赁住房占0.33%，其他占0.33%）；非住房消费提取占39.09%（离休和退休提取占17.70%，完全丧失劳动能力并与单位终止劳动关系提取占4.93%，户口迁出本市或出境定居占0.07%，其他占16.39%）。

提取职工中，中、低收入占99.63%，高收入占0.37%。

（三）贷款业务：

1. **个人住房贷款**。2018年，支持职工购建房20.95万平方米，年末个人住房贷款市场占有率为23.85%，比上年下降4.63个百分点。通过申请住房公积金个人住房贷款，可节约职工购房利息支出18533.72万元。

职工贷款笔数中，购房建筑面积90（含）平方米以下占28.54%，90～144（含）平方米占63.27%，144平方米以上占8.19%；购买新房占49.76%（其中购买保障性住房占2.88%），购买二手房占49.53%，建造、翻建、大修自住住房占0.71%。

职工贷款笔数中，单缴存职工申请贷款占38.20%，双缴存职工申请贷款占60.77%，三人及以上缴存职工共同申请贷款占1.03%。

贷款职工中，30岁（含）以下占28.27%，30岁～40岁（含）占32.50%，40岁～50岁（含）占31.90%，50岁以上占7.33%；首次申请贷款占82.47%，二次申请贷款占17.53%；中、低收入占99.78%，高收入占0.22%。

2. **异地贷款**。2018年，未发放异地贷款。2018年末，发放异地贷款总额15136.20万元，异地贷款余额14328.99万元。

3. **公转商贴息贷款**。2018年，发放公转商贴息贷款6363笔228319.26万元，支持职工购建住房面积64.39万平方米，当年贴息额1860.92万元。2018年末，累计发放公转商贴息贷款7308笔261840.86万元，累计贴息1866.06万元。

（四）**住房贡献率**：2018年，个人住房贷款发放额、公转商贴息贷款发放额、项目贷款发放额、住房消费提取额的总和与当年缴存额的比率为130.26%，比上年同期减少29.58个百分点。

六、其他重要事项

（一）当年住房公积金政策调整及执行情况：

1. **缴存方面**。明确缴存工资基数按上一年度1月1日至12月31日月平均工资执行，规范缴存管理；通过延长优惠政策期限（适当降低缴存比例）、规范缴存基数上限、扩大缴存比例浮动区间、提高审批效率（降低缴存比例和缓缴）等措施，改进缴存机制进一步降低企业成本负担。

2. **提取方面**。本市缴存职工与单位解除或终止劳动关系的，办理个人账户封存后，视不同情况办理异地转移接续手续或封存满6个月提取住房公积金；职工购买本市新建商品住房且不需申请住房公积金贷款，对该套住房的首次购房提取申请，除可转入售房方账户外，还可比照购买二手住房提取规定执行，将住房公积金提取额转入职工账户。

3. **贷款方面**。一是职工首次申请住房公积金贷款的，市区最高贷款额度调整为双职工55万元、单职工 40 万元；其他各县（市）最高贷款额度维持不变，即双职工 50 万元、单职工 35 万元。职工第二次申请住房公积金贷款的，最高贷款额度维持不变，即双职工 45 万元、单职工 30 万元。二是职工使用住房公积金贷款购买装配式建筑商品住房的，可享受贷款最高额度上浮 20%、优先发放贷款的优惠。即首次申请贷款的最高额度为：市区双、单职工分别为 66 万元、48 万元，其他县（市）双、单职工分别为 60 万元、42 万元；第二次申请贷款的最高额度为双、单职工分别为 54 万元、36 万元。

（二）当年缴存基数限额及确定方法、缴存比例调整情况：2018 年 7 月调整住房公积金缴存基数，缴存基数上限：最高月缴存工资基数为 2018 年度三明市城镇单位在岗职工月平均工资 5962 元的 3 倍即 17886 元；缴存基数下限：最低月缴存工资基数为 2018 年度三明市城镇单位在岗职工月平均工资 5962 元的 0.3 倍，即 1788 元。缴存比例为 5%～12%。

（三）当年住房公积金存贷款利率调整及执行情况：2018 年未调整住房公积金存贷款利率。个人住房公积金存款利率为一年期定期存款基准利率即 1.5%；5 年期以下（含）个人住房公积金贷款利率为 2.75%，5 年期以上个人住房公积金贷款利率为 3.25%。

（四）当年服务改进情况：积极响应市委、市政府部署要求，坚持"中心转思路，职工少跑路"的服务理念，继推行周末无休、一窗办结后，进一步深化"放管服"改革，不断提升服务水平。

1. **转移业务更便捷**。在接入全国异地转移接续平台基础上，进一步改进转移业务流程，对辖区内跨管理部转移业务，由必须在转出地办理优化为可自行选择在转入或转出地办理，极大方便了缴存职工。

2. **贷款办理更高效**。减少贷款审批环节与时限，8 月 15 日起，贷款审批环节由 6 个减少为 4 个，贷款审批时限由法定的 15 个工作日减少为 7 个工作日。

3. **留存材料更简化**。5 月 3 日起，职工提取住房公积金或申请贷款不需提供身份证复印件，申请材料需留存身份证复印件的，由管理部或受托银行自行复印留存。

4. **服务平台更完善**。进一步优化完善中心网站、12329 热线服务、自助查询服务、微信公众号和 12329 短信服务等综合服务平台，同时借助 12345 政务平台等媒介，加强与群众交流沟通，倾听意见建议，解决疑难问题，接受社会各界的监督，不断提升服务效能。截至 2018 年底，累计发送 12329 短信服务 462.71 万条，中心网站累计点击量达 2742.68 万人次，12329 热线服务 44.01 万人次（人工服务 15.12 万人次，自助服务 28.89 万人次），5.79 万人关注微信公众号，及时答复网站提问 354 个，答复率 100%。

（五）当年信息化建设情况：贯彻落实住房城乡建设部"双贯标"要求，新版住房公积金业务系统年底试运行，建立了数据规范标准体系，推动了自主核算体系建设，加快了业务处理效率，提取业务全部做到实时交易，资金即时到账；继续跟进三明市"数据汇聚平台"、"一网通办"等项目，参与信息汇聚共享，优化服务流程；加强信息安全工作，做好安全防范，保障系统正常运行。

（六）新增住房公积金业务承办机构情况：经市住房公积金管理委员会审议通过，福建省农村信用社联合社三明办事处下辖的 11 家行社、中信银行股份有限公司三明分行获得了住房公积金归集和委托贷款业务承办资格。截至 2018 年末，上述银行尚未正式开办住房公积金归集和委托贷款业务。

（七）加强风险防控情况：通过推进公转商贴息贷款、完善资金管理制度、加强资金动态管理，及时归还外部融资，化解资金风险；针对贷后停缴住房公积金的行为，开展专项治理行动，通过大数据筛选排查、及时研究对策进行催缴续缴，同时修订借款合同、出具告知书，堵塞贷款漏洞；针对部分职工多次变更婚姻关系购房等异常提取申请的行为，完善制度、严把审核关，有效防范违规提取。

泉州市住房公积金2018年年度报告

一、机构概况

（一）住房公积金管理委员会：住房公积金管理委员会有28名委员，2018年召开1次会议，审议通过的事项主要包括：2018年住房公积金管理服务工作及决算情况报告、2018年泉州市住房公积金归集和使用计划（预算）、部署全年工作任务。

（二）住房公积金管理中心：为直属市政府不以营利为目的的参照公务员法管理事业单位，主要负责全市住房公积金的归集、管理、使用和会计核算。中心设6个科室，11个派驻管理部。从业人员112人，其中，在编83人，非在编29人。

二、业务运行情况

（一）缴存：2018年，新开户单位3390家，实缴单位20488家，净增单位3390家；新开户职工10.17万人，实缴职工48.70万人，净增职工0.6万人；缴存额79.87亿元，同比增长12.10%。2018年末，缴存总额573.11亿元，同比增长16.19%；缴存余额214.66亿元，同比增长12.32%。

受委托办理住房公积金缴存业务的银行2家，与去年保持不变。

（二）提取：2018年，提取额56.33亿元，同比增长10.26%；占当年缴存额的70.53%，比上年减少1.18个百分点。2018年末，提取总额358.45亿元，同比增长18.64%。

（三）贷款：个人住房贷款最高额度60万元，其中，单缴存职工最高额度40万元，双缴存职工最高额度60万元。

2018年，发放个人住房贷款1.08万笔48.23亿元，同比分别下降22.86%、25.33%。2018年，回收个人住房贷款27.12亿元。

2018年末，累计发放个人住房贷款13.21万笔412.02亿元，贷款余额249.16亿元，同比分别增长8.99%、13.25%、9.26%。个人住房贷款余额占缴存余额的116.07%，比上年减少3.26个百分点。

受委托办理住房公积金个人住房贷款业务的银行5家，与去年保持不变。

（四）融资：2018年，融资8亿元，归还12.54亿元。2018年末，融资总额74.7亿元，融资余额42.60亿元。

（五）资金存储：2018年末，住房公积金存款9.88亿元。其中，活期1.75亿元，其他（协定、通知存款等）8.13亿元。

（六）资金运用率：2018年末，住房公积金个人住房贷款余额、项目贷款余额和购买国债余额的总和占缴存余额的116.07%，比上年减少3.26个百分点。

三、主要财务数据

（一）业务收入：2018年，业务收入83073.21万元，同比增长11.03%。存款利息5826.08万元，委托贷款利息 77247.13 万元。

（二）**业务支出**：2018 年，业务支出 57899.67 万元，同比增长 9.50%。支付职工住房公积金利息 33752.83 万元，归集手续费 1135.15 万元，委托贷款手续费 2228.19 万元，其他 20783.50 万元。

（三）**增值收益**：2018 年，增值收益 25173.54 万元，同比增长 14.71%。增值收益率 1.25%，比上年增加 0.04 个百分点。

（四）**增值收益分配**：2018 年，提取贷款风险准备金 8442.11 万元，提取管理费用 1795.61 万元，提取城市廉租住房（公共租赁住房）建设补充资金 14935.82 万元。

2018 年，上交财政管理费用 1659.30 万元。上缴财政城市廉租住房（公共租赁住房）建设补充资金 4811.33 万元。

2018 年末，贷款风险准备金余额 99663.90 万元。累计提取城市廉租住房（公共租赁住房）建设补充资金 109413.97 万元。

（五）**管理费用支出**：2018 年，管理费用支出 1795.61 万元，同比增长 12.50%。其中，人员经费 1330.34 万元，公用经费 111.97 万元，专项经费 353.30 万元。

四、资产风险状况

2018 年末，个人住房贷款逾期额 491.82 万元，逾期率 0.20‰。

个人贷款风险准备金按（贷款余额）的 4% 提取。2018 年，提取个人贷款风险准备金 8442.11 万元。2018 年末，个人贷款风险准备金余额 99663.90 万元，占个人住房贷款余额的 4%，个人住房贷款逾期额与个人贷款风险准备金余额的比率为 0.49%。

五、社会经济效益

（一）**缴存业务**：2018 年，实缴单位数、实缴职工人数和缴存额同比分别增长 6.18%、1.25% 和 12.10%。

缴存单位中，国家机关和事业单位占 11.81%，国有企业占 11.71%，城镇集体企业占 8.87%，外商投资企业占 3.91%，城镇私营企业及其他城镇企业占 51.77%，民办非企业单位和社会团体占 0.89%，其他占 11.04%。

缴存职工中，国家机关和事业单位占 36.51%，国有企业占 27.06%，城镇集体企业占 4.23%，外商投资企业占 6.17%，城镇私营企业及其他城镇企业占 21.73%，民办非企业单位和社会团体占 1.58%，其他占 2.72%；中、低收入占 97.04%，高收入占 2.96%。

新开户职工中，国家机关和事业单位占 9.50%，国有企业占 10.44%，城镇集体企业占 3.29%，外商投资企业占 7.46%，城镇私营企业及其他城镇企业占 65.04%，民办非企业单位和社会团体占 1.01%，其他占 3.26%；中、低收入占 99.6%，高收入占 0.4%。

（二）**提取业务**：2018 年，20.78 万名缴存职工提取住房公积金 56.33 亿元。

提取金额中，住房消费提取占 83.56%（购买、建造、翻建、大修自住住房占 36.11%，偿还购房贷款本息占 47.41%，租赁住房占 0.04%）；非住房消费提取占 16.44%（离休和退休提取占 10.23%，完全丧失劳动能力并与单位终止劳动关系提取占 4.85%，户口迁出本市或出境定居占 0.02%，其他占1.34%)。

提取职工中，中、低收入占98.67%，高收入占1.33%。

(三)贷款业务：

1. **个人住房贷款**。2018年，支持职工购建房129.16万平方米，年末个人住房贷款市场占有率为14.81%，比上年减少1.79个百分点。通过申请住房公积金个人住房贷款，可节约职工购房利息支出141294.78万元。

职工贷款笔数中，购房建筑面积90（含）平方米以下占18.78%，90～144（含）平方米占73.45%，144平方米以上占7.77%。购买新房占86.08%（其中购买保障性住房占0.12%），购买二手房占13.92%。

职工贷款笔数中，单缴存职工申请贷款占32.47%，双缴存职工申请贷款占67.53%。

贷款职工中，30岁（含）以下占42.72%，30岁～40岁（含）占34.96%，40岁～50岁（含）占18.43%，50岁以上占3.89%；首次申请贷款占92.64%，二次及以上申请贷款占7.36%；中、低收入占99.48%，高收入占0.52%。

2. **异地贷款**。2018年，发放异地贷款858笔39465.7万元。2018年末，发放异地贷款总额100250.5万元，异地贷款余额85021.75万元。

3. **公转商贴息贷款**。2018年，发放公转商贴息贷款1196笔54025.4万元，支持职工购建住房面积12.62万平方米，当年贴息额13.33万元。2018年末，累计发放公转商贴息贷款1196笔54025.4万元，累计贴息13.33万元。

(四)住房贡献率：2018年，个人住房贷款发放额、公转商贴息贷款发放额、项目贷款发放额、住房消费提取额的总和与当年缴存额的比率为126.06%，比上年减少23.43个百分点。

六、其他重要事项

(一) 2018年住房公积金政策调整及执行情况：

1. **当年缴存基数限额及确定方法**。根据市统计局统计公布的2018年度全市城镇非私营单位在岗职工年平均工资，2018年我市职工住房公积金最高月缴存工资基数为15313元，职工住房公积金月缴存额上限标准为3676元。

根据省政府关于我省最低工资标准文件精神，2018年市直、鲤城区、丰泽区、洛江区、泉港区、石狮市、晋江市、南安市、惠安县（含台商投资区）的住房公积金最低月缴存工资基数为其最低月工资标准1500元，职工住房公积金月缴存额下限标准为150元；2018年安溪县、永春县、德化县的住房公积金最低月缴存工资基数为其最低月工资标准1380元，职工住房公积金月缴存额下限标准为138元。

缴存住房公积金的月工资基数，不得高于职工工作地所在设区城市统计部门公布的上一年度职工月平均工资的3倍。凡超过3倍的，从2018年7月1日起一律予以规范调整。

2. **当年住房公积金政策调整及执行情况**

（1）根据住房城乡建设部、财政部、中国人民银行、国务院港澳事务办公室、国务院台湾事务办公室《关于在内地（大陆）就业的港澳台同胞享有住房公积金待遇有关问题的意见》（建金〔2018〕237号）文件精神，及时制订我市关于在内地（大陆）就业的港澳台同胞享有住房公积金待遇的具体实施办法，通过明确缴存范围、突出享有同等待遇、简化办理要件、细化材料说明、设置温馨提示服务等措施,为在我市就业的港澳台籍职工提供同等、高效、便捷的住房公积金服务,促进港澳台职工更好地融入内地(大陆)的经济社会发展。

(2)根据住房城乡建设部、财政部、人民银行《关于改进住房公积金缴存机制进一步降低企业成本的通知》(建金〔2018〕45号),住房城乡建设部、财政部、人民银行、公安部《关于开展治理违规提取住房公积金工作的通知》(建金〔2018〕46号)文件精神,制订我市具体实施意见,规范缴存基数上限、延续缴存比例浮动区间、提高降缓缴审批效率、规范改进提取政策、优化提取审核流程、实施失信联合惩戒,降低实体经济成本,减轻企业非税负担,开展治理违规提取住房公积金工作,保证住房公积金制度稳健运行,依法维护缴存职工权益。

(3)制订我市住房公积金贴息贷款实施意见,从8月10日起在市区试点开展贴息贷款业务,并逐步推广到全市,为今后进一步缓解住房公积金资金流动性压力,拓宽贷款资金来源,满足缴存职工合理的住房融资需求建立了长效机制。

(二)2018年住房公积金服务改进情况:进一步深化"放管服"改革,对业务流程和材料进行再压缩再简化,取消缴存登记、个人账户开立纸质材料,优化个人账户并户操作,简化死亡提取证明材料、按揭项目备案材料,着力提升服务效率。将"最多跑一趟"所有事项办事指南制作成二维码,职工只需要通过手机进行扫描,就能详细了解各项业务办事指南,具体到受理时限、申请材料、办事流程等信息,办事效率显著提高。

(三)2018年住房公积金信息化建设情况:印发《关于加强管理中心门户网站信息报送工作的通知》,并对中心网站的部分栏目进行整改和完善,进一步加强住房公积金门户网站的建设和管理,提升网站的政务公开、服务社会和新闻宣传作用。与泉州市房屋交易中心开通信息共享渠道,实现职工购房信息资源共享。

(四)2018年住房公积金管理中心及职工所获荣誉情况:2018年,市管理中心获评第十三届省级"文明单位"称号,南安市管理部荣获"市级优秀平安单位"称号,惠安县管理部荣获县级"文明单位"称号。

漳州市住房公积金2018年年度报告

一、机构概况

(一)住房公积金管理委员会:住房公积金管理委员会有29名委员,2018年召开2次会议,审议通过的事项主要包括:听取并审议市住房公积金管理中心关于2018年工作情况、信息披露报告、2018年工作思路报告,2018年漳州市住房公积金收支决算和2018年住房公积金预算的报告;明确列入住房公积金汇、补缴基数工资总额的组成部分。

（二）住房公积金管理中心：住房公积金管理中心为市住建局不以营利为目的的公益一类事业单位，设8个科，13个管理部。从业人员118人，其中，在编69人，非在编49人。

二、业务运行情况

（一）缴存：2018年，新开户单位773家，实缴单位6610家；新开户职工5.71万人，实缴职工27.19万人，净增职工1.45万人；缴存额40.90亿元，同比增长16%。2018年末，缴存总额277.16亿元，同比增长17.31%；缴存余额108.02亿元，同比增长14.11%。

受委托办理住房公积金缴存业务的银行3家，与上年持平。

（二）提取：2018年，提取额27.55亿元，同比增长14.74%；占当年缴存额的67.36%，比上年减少0.74个百分点。2018年末，提取总额169.15亿元，同比增长19.46%。

（三）贷款：个人住房贷款最高额度80万元，其中，单缴存职工最高额度40万元，双缴存职工最高额度80万元。

2018年，发放个人住房贷款0.49万笔20.7亿元，同比分别增长250%、232.26%。

2018年，回收个人住房贷款10.67亿元。

2018年末，累计发放个人住房贷款7.9万笔162.9亿元，贷款余额89.22亿元，同比分别增长6.61%、14.56%、12.67%。个人住房贷款余额占缴存余额的82.60%，比上年减少1.06个百分点。

受委托办理住房公积金个人住房贷款业务的银行5家，与上年持平。

（四）购买国债：2018年，未购买国债。2018年末，国债余额0.48亿元，与上年持平。

（五）资金存储：2018年末，住房公积金存款20.27亿元。其中，活期1.41亿元，1年（含）以下定期8.73亿元，其他（协定等）10.13亿元。

（六）资金运用率：2018年末，住房公积金个人住房贷款余额、项目贷款余额和购买国债余额的总和占缴存余额的83.04%，比上年减少1.12个百分点。

三、主要财务数据

（一）业务收入：2018年，业务收入29343.67万元，同比增长2.13%。其中存款利息1918.15万元，增值收益利息702.59万元，委托贷款利息26570.39万元，国债利息152.40万元，其他0.14万元。

（二）业务支出：2018年，业务支出18179.22万元，同比增长29.42%。其中支付职工住房公积金利息11487.11万元，归集手续费927.44万元，委托贷款手续费754.46万元，其他5010.21万元。

（三）增值收益：2018年，增值收益11164.45万元，同比下降23.97%。增值收益率1.10%，比上年减少0.56个百分点。

（四）增值收益分配：2018年，提取贷款风险准备金1624.05万元，提取管理费用1855.66万元，提取城市廉租住房（公共租赁住房）建设补充资金7684.74万元。

2018年，上交财政管理费用2115万元。上缴财政城市廉租住房（公共租赁住房）建设补充资金12569.5万元。

2018年末，贷款风险准备金余额35687.79万元。累计提取城市廉租住房（公共租赁住房）建设补充资金54577.32万元。

（五）管理费用支出：2018 年，管理费用支出 1793.60 万元，同比下降 7.32%。其中，人员经费 1281.18 万元，公用经费 146.29 万元，专项经费 366.13 万元。

四、资产风险状况

2018 年末，个人住房贷款逾期额 108.95 万元，逾期率 0.122‰。

个人贷款风险准备金按贷款余额的 0.18% 提取。2018 年，提取个人贷款风险准备金 1624.05 万元，当年未使用个人贷款风险准备金核销呆坏账。2018 年末，个人贷款风险准备金余额 35687.79 万元，占个人住房贷款余额的 4%，个人住房贷款逾期额与个人贷款风险准备金余额的比率为 0.31%。

五、社会经济效益

（一）缴存业务：2018 年，实缴单位数、实缴职工人数和缴存额同比分别减少 6.55%、增长 5.63% 和增长 16%。

缴存单位中，国家机关和事业单位占 40.55%，国有企业占 12.6%，城镇集体企业占 1.47%，外商投资企业占 3.4%，城镇私营企业及其他城镇企业占 36.98%，民办非企业单位和社会团体占 4.64%，其他占 0.36%。

缴存职工中，国家机关和事业单位占 40.92%，国有企业占 20.54%，城镇集体企业占 0.82%，外商投资企业占 8.37%，城镇私营企业及其他城镇企业占 25.98%，民办非企业单位和社会团体占 3.08%，其他占 0.29%；中、低收入占 99.88%，高收入占 0.12%。

新开户职工中，国家机关和事业单位占 14.27%，国有企业占 19.68%，城镇集体企业占 0.8%，外商投资企业占 11.26%，城镇私营企业及其他城镇企业占 49.51%，民办非企业单位和社会团体占 4.08%，其他占 0.40%；中、低收入占 99.87%，高收入占 0.13%。

（二）提取业务：2018 年，10.54 万名缴存职工提取住房公积金 27.55 亿元。

提取金额中，住房消费提取占 79.27%（购买、建造、翻建、大修自住住房占 24.36%，偿还购房贷款本息占 53.55%，租赁住房占 1.29%，其他占 0.07%）；非住房消费提取占 20.73%（离休和退休提取占 14.16%，完全丧失劳动能力并与单位终止劳动关系提取占 5.3%，户口迁出本市或出境定居占 0.57%，其他占 0.7%）。

提取职工中，中、低收入占 99.84%，高收入占 0.16%。

（三）贷款业务：

1. 个人住房贷款。2018 年，支持职工购建房 56.52 万平方米，年末个人住房贷款市场占有率为 8.55%，比上年减少 0.36 个百分点。通过申请住房公积金个人住房贷款，可节约职工购房利息支出 92713.34 万元。

职工贷款笔数中，购房建筑面积 90（含）平方米以下占 19.66%，90~144（含）平方米占 70.51%，144 平方米以上占 9.83%。购买新房占 82.04%（其中购买保障性住房占 0%），购买二手房占 16.76%，建造、翻建、大修自住住房占 1.2%。

职工贷款笔数中，单缴存职工申请贷款占 47.82%，双缴存职工申请贷款占 51.67%，三人及以上缴存职工共同申请贷款占 0.51%。

贷款职工中，30岁（含）以下占29.82%，30岁~40岁（含）占37.02%，40岁~50岁（含）占24.59%，50岁以上占8.57%；首次申请贷款占82.87%，二次及以上申请贷款占17.13%；中、低收入占99.81%，高收入占0.19%。

2. **公转商贴息贷款**。2018年，发放公转商贴息贷款2156笔88912.4万元，支持职工购建住房面积24.31万平方米，当年贴息额5009.11万元。2018年末，累计发放公转商贴息贷款11288笔462878.7万元，累计贴息6993.65万元。

（四）**住房贡献率**：2018年，个人住房贷款发放额、公转商贴息贷款发放额、项目贷款发放额、住房消费提取额的总和与当年缴存额的比率为125.73%，比上年减少45.9个百分点。

六、其他重要事项

（一）**当年住房公积金政策调整及执行情况**：

1. **当年缴存基数限额及确定方法、缴存比例调整情况**。从2018年7月1日起，上限标准：缴存比例为12%、缴存基数按月平均工资的3倍计算为16620元（5540×3倍），月缴存额（包括个人及单位缴存部分）由上年的3664元调整为3988元；中央驻闽单位最高缴存基数由平均工资的5倍调整为3倍，与地方单位一致。下限标准：缴存比例为5%，缴存基数芗城区、龙文区、龙海市、漳浦县、长泰县、东山县、招商局漳州开发区1500元，月缴存额调整为150元，云霄县、诏安县、南靖县、平和县、华安县缴存基数1380元，月缴存额调整为138元。

2. **当年住房公积金存贷款利率调整及执行情况**。2018年住房公积金存贷款利率未调整。职工住房公积金账户存款利率按一年期定期存款基准利率1.5%执行；住房公积金贷款年利率为：5年（含）以下2.75%，5年以上3.25%。

3. **住房公积金政策调整情况**。2018年未对我市住房公积金政策进行调整。

（二）**当年服务改进情况**：推动"放管服"改革工作。进一步简化住房公积金使用审核流程，积极开展住房公积金业务网上咨询，精简业务办理材料，如取消填写"住房公积金提取申请表"、合并账户不再提供调动证明或辞职和就业证明、申请住房公积金贷款可不再提供工资收入证明，减免办理要件，梳理优化业务流程，职工本人到前台办理住房公积金业务，不需再提供身份证复印件，进一步梳理证明事项，减少客户提供证明材料。

（三）**当年信息化建设情况**：完成"三级等保"备案。2018年10月，住房公积金信息业务系统及门户网站的三级安全等级经漳州市公安局核定备案，进一步保证住房公积金信息业务系统及公积金门户网站的安全。

稳步推进"双贯标"工作。为进一步提升住房公积金信息化建设水平和风险防控能力，提高住房公积金服务水平和管理效率，与各受托银行签订《住房公积金支付结算业务合作协议书》，开展新系统升级的计划，对相关业务进行测试，为确保新系统上线后，住房公积金业务平稳开展，安排归集、提取、信贷、财务等多次实际模拟环境的测试，11月30顺利完成数据转换，12月3日正式对外运用新系统办理业务，为"双贯标"奠定基础。

（四）**当年住房公积金管理中心及职工所获荣誉情况**：

1. 漳州市住房公积金管理中心被中共漳州市委市直机关工委、漳州市直机关文明委授予"2015~2018年度市直机关文明单位"。

2. 漳州市住房公积金管理中心被漳州市精神文明建设指导委员会授予"2015～2018年度五星级行业星级示范窗口"。

3. 漳州市住房公积金管理中心芗城管理部被漳州市精神文明建设指导委员会授予"2015～2018年度四星级行业星级示范窗口"。

4. 漳州市住房公积金管理中心芗城管理部被漳州市芗城区行政服务中心管理委员会评为"2018年度红旗窗口"。

5. 漳州市住房公积金管理中心长泰管理部被中共长泰县委、长泰县人民政府授予"2015～2018年度县级文明单位"。

南平市住房公积金2018年年度报告

一、机构概况

（一）**住房公积金管理委员会**：住房公积金管理委员会有26名委员，2018年召开1次会议，审议通过的事项主要包括：南平市住房公积金管理中心《关于2018年度住房公积金决算和2018年度预算编制的报告》、市财政局《关于南平市住房公积金2018年度决算情况和2018年度预算（计划）草案的审核意见》、调整南平市住房公积金管理委员会成员、明确云谷小区公积金贷款政策、明确云谷小区共同购房的住房公积金贷款问题、调整我市行政事业单位住房公积金缴存基数等。

（二）**住房公积金管理中心**：住房公积金管理中心为直属南平市人民政府不以营利为目的的财政核拨事业单位，主要负责全市住房公积金的归集、管理、使用和会计核算。中心设6个科，10个管理部。从业人员85人，其中，在编57人，非在编28人。

二、业务运行情况

（一）**缴存**：因统计口径调整，2018年，新开户单位252家，实缴单位4374家（不含当年未缴存单位），比上年减少1235家；新开户职工2.41万人，实缴职工19.25万人，净增职工1.60万人；缴存额25.82亿元（不含未分解至个人账户金额），同比下降0.19%。2018年末，缴存总额202.08亿元，同比增长14.65%；缴存余额82.99亿元，同比增长8.58%。

受委托办理住房公积金缴存业务的银行4家，与上年一致。

（二）**提取**：2018年，提取额19.26亿元，同比增长4.90%；占当年缴存额的74.59%，比上年增加3.62个百分点。2018年末，提取总额119.09亿元，同比增长19.29%。

（三）**贷款**：个人住房贷款最高额度45万元，其中，单缴存职工最高额度35万元，双缴存职工最高额度45万元。

2018年，发放个人住房贷款0.57万笔17.97亿元，同比分别与上年持平、增长2.69%。2018年，回收个人住房贷款 8.95 亿元。2018 年末，累计发放个人住房贷款 6.79 万笔 135.95 亿元，贷款余额 80.55 亿元，同比分别增长 9.16%、15.23%、12.61%。个人住房贷款余额占缴存余额的 97.06%，比上年增加 3.47 个百分点。

受委托办理住房公积金个人住房贷款业务的银行 5 家，与上年一致。

（四）融资：2018 年，融资 1.10 亿元，归还 0 亿元。2018 年末，融资总额 2.23 亿元，融资余额 1.10 亿元。

（五）资金存储：2018 年末，住房公积金存款 5.88 亿元。其中，活期 0.15 亿元，1 年（含）以下定期 0 亿元，1 年以上定期 0 亿元，协定存款 5.73 亿元。

（六）资金运用率：2018 年末，住房公积金个人住房贷款余额、项目贷款余额和购买国债余额的总和占缴存余额的 97.06%，比上年增加 3.47 个百分点。

三、主要财务数据

（一）业务收入：2018 年，业务收入 26327.60 万元，同比增长 12.27%。其中，存款利息 1325.33 万元，委托贷款利息 25001.81 万元，国债利息 0 万元，其他 0.46 万元。

（二）业务支出：2018 年，业务支出 13474.36 万元，同比增长 11.39%。其中，支付职工住房公积金利息 12117.99 万元，归集手续费 452.94 万元，委托贷款手续费 691.47 万元，其他 211.96 万元。

（三）增值收益：2018 年，增值收益 12853.24 万元，同比增长 13.21%。增值收益率 1.63%，比上年增加 0.05 个百分点。

（四）增值收益分配：2018 年，提取贷款风险准备 3608.66 万元，提取管理费用 1018.45 万元，提取城市廉租住房（公共租赁住房）建设补充资金 8226.13 万元。

2018 年，上交财政管理费用 1018.45 万元。上缴财政城市廉租住房（公共租赁住房）建设补充资金 6597.02 万元。

2018 年末，贷款风险准备金余额 32220.20 万元。累计提取城市廉租住房（公共租赁住房）建设补充资金 54272.81 万元。

（五）管理费用支出：2018 年，管理费用支出 997.97 万元，同比增长 0.84%。其中，人员经费 628.68 万元，公用经费 34.86 万元，专项经费 334.43 万元。

四、资产风险状况

2018 年末，个人住房贷款逾期额 474.59 万元，逾期率 0.5892‰。

个人贷款风险准备金按年末贷款余额的 0.45% 提取。2018 年，提取个人贷款风险准备金 3608.66 万元，使用个人贷款风险准备金核销呆坏账 0 万元。2018 年末，个人贷款风险准备金余额 32220.20 万元，占个人住房贷款余额的 4%，个人住房贷款逾期额与个人贷款风险准备金余额的比率为 1.47%。

五、社会经济效益

（一）缴存业务：因统计口径调整，2018 年，实缴单位数、实缴职工人数和缴存额同比分别下降 22.02%、增长 9.07% 和下降 0.19%。

缴存单位中，国家机关和事业单位占56.06%，国有企业占13.87%，城镇集体企业占1.28%，外商投资企业占0.48%，城镇私营企业及其他城镇企业占22.89%，民办非企业单位和社会团体占3.91%，其他占1.51%。

缴存职工中，国家机关和事业单位占49.31%，国有企业占22.82%，城镇集体企业占0.49%，外商投资企业占0.43%，城镇私营企业及其他城镇企业占25.81%，民办非企业单位和社会团体占0.77%，其他占0.37%；中、低收入占99.23%，高收入占0.77%。

新开户职工中，国家机关和事业单位占29.99%，国有企业占16.28%，城镇集体企业占0.73%，外商投资企业占0.68%，城镇私营企业及其他城镇企业占48.66%，民办非企业单位和社会团体占1.35%，其他占2.31%；中、低收入占99.61%，高收入占0.39%。

（二）提取业务：2018年，5.73万名缴存职工提取住房公积金19.26亿元。

提取金额中，住房消费提取占68.90%（购买、建造、翻建、大修自住住房占26.52%，偿还购房贷款本息占42.19%，租赁住房占0.19%，其他占0%）；非住房消费提取占31.10%（离休和退休提取占23.30%，完全丧失劳动能力并与单位终止劳动关系提取占2.60%，户口迁出本市或出境定居占2.04%，其他占3.16%）。

提取职工中，中、低收入占97.20%，高收入占2.80%。

（三）贷款业务：

1. **个人住房贷款**。2018年，支持职工购建房59.20万平方米，年末个人住房贷款市场占有率为17.67%，比上年减少0.21个百分点。通过申请住房公积金个人住房贷款，可节约职工购房利息支出33810.24万元。

职工贷款笔数中，购房建筑面积90（含）平方米以下占28.35%，90~144（含）平方米占67.92%，144平方米以上占3.73%。购买新房占68.04%（其中购买保障性住房占0%），购买二手房占30.96%，建造、翻建、大修自住住房占0.14%，其他占0.86%。

职工贷款笔数中，单缴存职工申请贷款占52.45%，双缴存职工申请贷款占47.21%，三人及以上缴存职工共同申请贷款占0.34%。

贷款职工中，30岁（含）以下占29.33%，30岁~40岁（含）占34.10%，40岁~50岁（含）占24.33%，50岁以上占12.24%；首次申请贷款占87.22%，二次及以上申请贷款占12.78%；中、低收入占99.35%，高收入占0.65%。

2. **异地贷款**。2018年，发放异地贷款315笔9781.50万元。2018年末，发放异地贷款总额20001.20万元，异地贷款余额18839.55万元。

3. **公转商贴息贷款**。2018年，发放公转商贴息贷款13笔458万元，支持职工购建住房面积0.15万平方米，当年贴息额0万元。2018年末，累计发放公转商贴息贷款13笔485万元，累计贴息0万元。

（四）住房贡献率。2018年，个人住房贷款发放额、公转商贴息贷款发放额、项目贷款发放额、住房消费提取额的总和与当年缴存额的比率为121.16%，比上年增加6.16个百分点。

六、其他重要事项

（一）切实改进完善缴存机制：一是广泛开展政策宣传。在全市范围开展政策宣传月、新市民住房问题调研、"走企业、进社区"等宣传活动，定期组织工作人员深入缴存单位、合作楼盘现场开展政策咨询、业务办理"一站式"服务，全年共开展现场服务53余次，年末全市单位账户总数达4374家，个人账户总数19.25万户，制度覆盖面不断扩大。二是加强住房公积金缴存机制建设。严格执行住房公积金缴存控高保低政策，切实规范缴存基数上限，扩大缴存比例5%至12%的浮动区间。三是调整我市行政事业单位缴存基数。经管委会全体成员会议研究，明确从2019年起将合并后的绩效管理奖和经市人社局批准的事业单位其他奖励性绩效工资纳入年工资总额作为基数计提住房公积金，预计将为全市行政事业单位增加公积金收入约5300万元。

（二）**切实保障职工住房需求**：一是购房还贷成为主要提取方式。围绕"房住不炒"和"租购并举"的定位，全年购租房还贷提取13.27亿元，占比从上年的66.71%上升到68.90%，有效减轻了职工购房还款压力，进一步支持了职工住房消费。二是住房公积金贷款继续向中低收入家庭倾斜。全年支持职工购建房59.35万平方米，可节约职工购房利息支出3.38亿元。职工贷款笔数中，购买144㎡以内的占比96.27%、中低收入者占比99.35%，有效支持刚需和改善型购房群体。三是持续推进异地贷款业务。全年发放异地贷款315笔、9781.50万元，累计发放异地贷款20001.20万元、余额18839.55万元，有力支持缴存职工异地购房需求。四是推出贴息贷款业务。为缓解资金流动紧张问题，全年大额资金调拨33笔、2.31亿元，主动与工、建行联系，四季度在建阳、邵武、建瓯等个贷使用率较高的管理部率先开办住房公积金贴息贷款业务。

（三）**精简业务办理流程**：从群众关注度高、实施难度大的痛点堵点着手，优化业务办理，取消职工本人身份证复印件、营业执照、年度财务报告等多项材料，下放提高缴存比例审批权限，规范购房提取、解除劳动关系提取、调整缴存比例等办理条件及要件，降低了职工办事门槛。同时，根据新版系统在各项业务的流程和权限分工要求，进一步整合中心和各受托银行的业务审批流程，与住房城乡建设部银行结算系统互联，实现提取业务资金"秒到账"，人员增减、账户封存、区内转移等部分归集业务直接由承办银行办理，受到办事群众的广泛赞誉。

（四）**信息化服务优化升级**：始终把公积金信息化建设作为规范管理、提升服务、为民便民的一个重要举措。2018年，中心开展数据查询平台和三级等保建设并通过省测评中心测评及市网安办备案证明。在前期做了大量准备工作基础上，顺利上线新版住房公积金综合服务信息系统并通过部、省两级检查验收，开通门户网站、网上办事大厅、12329服务热线、12329服务短信、手机APP、微信公众号、自助服务终端七大服务渠道，信息查询更加方便快捷，办事效率和群众满意度显著提升。全年接听12329服务热线咨询电话2.61万人次、发送12329服务短信93.10万条、回复12345政务热线信件54封和主任信箱信件46封、答复网上咨询202条、发布政策法规及工作动态等信息89篇、微信公众号关注人数1.50万人、自新版系统上线后微信公众号访问量达13万余人次、自助查询机访问量达3.8万人次，为办事群众提供更为便捷高效的自助服务。

（五）**扎实开展扫黑除恶专项斗争**：中心切实把扫黑除恶专项斗争作为当前重要政治任务来抓，召开专题会议深入学习党中央、省、市关于开展扫黑除恶专项斗争的决策部署，重点打击骗取、骗贷等违法违规行为，建立联络人、工作动态反馈、线索信息报告等工作制度，做到中心本级和县市管理部同部署、同落实，切实加强对扫黑除恶专项斗争的全面领导。2018年，全市共追回骗提资金14笔、151.42万元，摸排涉黑涉恶线索4条，营造风清气正的住房公积金管理生态。

（六）加强风险防控体系建设：一是严肃治理违规提取住房公积金行为。通过规范改进提取政策、优化审核流程、实施失信惩戒、加强内控管理、建立信息共享、开展跨地协查、广泛宣传警示等方式，重点对伪造结婚证、伪造异地不动产证、一套住房一年内频繁交易、利用虚假单位转移公积金等骗取套取行为进行查处，保障住房公积金制度稳健运行，依法维护缴存职工权益。二是全面抓好逾期贷款催收工作。建立中心、受托银行贷后管理及逾期贷款催收协调联动机制，采取"一户一策"具体措施催收逾期贷款，通过电话告知、短信催收、上门催收、扣划个人账户还款、提起法律诉讼等多种方式，防范贷款连续逾期问题发生。2018年，中心扣划个人账户还款56人、41.86万元，起诉法院未执行9人、195.23万元，法院判决未执行11人、182.71万元，法院判决已执行3笔、71.99万元。三是强化审计督查力度。围绕住房公积金的各项业务，以改善管理、防范风险、堵塞漏洞为目的开展工作。配合市财政局委托武夷会计师事务所对2018年度住房公积金收支决算及经费收支情况进行全面审计，密切监测贷款逾期风险和资金流动性风险，紧扣业务发展与日常管理，深入查找风险高发点，促进内部管理水平的提高。

（七）持续深化文明创建：全面开展文明单位创建活动，召开动员大会、制定工作规划及实施细则、年度工作要点，规范服务标准，健全服务制度。积极选树宣传先进典型，评选5个先进管理部和11名优秀个人，光泽管理部被南平市妇联评为"南平市三八红旗集体"。组织干部职工74人次开展"慈善一日捐""母亲健康1+1爱心募捐""春蕾助学""无偿献血"等义务奉献活动，与解放社区开展文明共建活动，积极参与帮扶济困和环境卫生整治等志愿服务工作，安排党员参加市直机关"学习新思想、建功新时代"演讲比赛获优秀奖，展示了良好的文明服务形象。

龙岩市住房公积金2018年年度报告

一、机构概况

（一）住房公积金管理委员会：住房公积金管理委员会有24名委员，2018年召开1次会议，审议通过的事项主要包括：龙岩市住房公积金2018年年度报告、2018年度住房公积金归集使用计划执行情况及增值收益分配方案、2018年度住房公积金归集使用计划、开通提取住房公积金按月冲还贷业务和对人才实行住房公积金特殊支持政策的建议、交通银行龙岩分行和邮储银行承办住房公积金相关业务等议案。

（二）住房公积金管理中心：住房公积金管理中心为直属于市人民政府不以营利为目的的全额拨款事业单位，设7个科室，6个管理部。从业人员79人，其中，在编47人，非在编32人。

二、业务运行情况

（一）缴存：2018年，新开户单位703家，实缴单位5635家，净增单位378家；新开户职工2.65万人，实缴职工22.11万人，净增职工1.98万人；缴存额30.79亿元，同比增长9.16%。2018年末，缴存总额237.29亿元，同比增长14.91%；缴存余额80.01亿元，同比增长5.02%。

受委托办理住房公积金缴存业务的银行4家，比上年增加（减少）0家。

（二）**提取**：2018年，提取额26.96亿元，同比增长19.43%；占当年缴存额的87.58%，比上年增加7.51个百分点。

2018年末，提取总额157.29亿元，同比增长20.69%。

（三）**贷款**：个人住房贷款最高额度45万元，其中，单缴存职工最高额度35万元，双缴存职工最高额度45万元。

2018年，发放个人住房贷款4173笔13.99亿元，同比分别下降26.44%、28.75%。

2018年，回收个人住房贷款15.47亿元。

2018年末，累计发放个人住房贷款108264笔184.04亿元，贷款余额90.41亿元，同比分别增长4.01%、8.23%、下降1.61%。个人住房贷款余额占缴存余额的113.01%，比上年减少7.61个百分点。

受委托办理住房公积金个人住房贷款业务的银行5家，比上年增加（减少）0家。

（四）**融资**：2018年，融资3.5亿元，归还7.59亿元。2018年末，融资总额30.35亿元，融资余额14.9亿元。

（五）**资金存储**：2018年末，住房公积金存款5.09亿元。其中，活期0.24亿元，1年（含）以下定期0亿元，1年以上定期0亿元，其他（协定、通知存款等）4.85亿元。

（六）**资金运用率**：2018年末，住房公积金个人住房贷款余额、项目贷款余额和购买国债余额的总和占缴存余额的113.01%，比上年减少7.61个百分点。

三、主要财务数据

（一）**业务收入**：2018年，业务收入31204.47万元，同比增长1.78%。存款利息1352.93万元，委托贷款利息29848.31万元，其他3.23万元。

（二）**业务支出**：2018年，业务支出17628.67万元，同比下降0.71%。支付职工住房公积金利息11444.36万元，归集手续费323.23万元，委托贷款手续费572.32万元，其他5288.76万元。

（三）**增值收益**：2018年，增值收益13575.8万元，同比增长5.2%。增值收益率1.73%，比上年减少0.03个百分点。

（四）**增值收益分配**：2018年，提取贷款风险准备金338.74万元，提取管理费用1296.46万元，提取城市廉租住房（公共租赁住房）建设补充资金11940.60万元。

2018年，上交财政管理费用1296.46万元。上缴财政城市廉租住房（公共租赁住房）建设补充资金5491.12万元。

2018年末，贷款风险准备金余额38071.53万元。累计提取城市廉租住房（公共租赁住房）建设补充资金59212.53万元。

（五）**管理费用支出**：2018年，管理费用支出4010.69万元，同比增长54.12%。其中，人员经费770.96万元，公用经费86.41万元，专项经费3153.32万元（含财政返还授信贷款贴息支出2607.93万元）。

四、资产风险状况

2018年末，个人住房贷款逾期额392.18万元，逾期率0.43‰。

个人贷款风险准备金按贷款余额的1%提取。2018年，提取个人贷款风险准备金338.74万元，使用个人贷款风险准备金核销呆坏账0万元。2018年末，个人贷款风险准备金余额38071.53万元，占个人住房贷款余额的4.21%，个人住房贷款逾期额与个人贷款风险准备金余额的比率为1.03%。

五、社会经济效益

（一）**缴存业务**：2018年，实缴单位数、实缴职工人数和缴存额同比分别增长7.19%、9.84%和9.16%。

缴存单位中，国家机关和事业单位占26.51%，国有企业占19.34%，城镇集体企业占3.98%，外商投资企业占2.93%，城镇私营企业及其他城镇企业占35.53%，民办非企业单位和社会团体占6.46%，其他占5.25%。

缴存职工中，国家机关和事业单位占28.59%，国有企业占35.49%，城镇集体企业占3.67%，外商投资企业占3.75%，城镇私营企业及其他城镇企业占15.14%，民办非企业单位和社会团体占8.67%，其他占4.69%；中、低收入占99.32%，高收入占0.68%。

新开户职工中，国家机关和事业单位占9.96%，国有企业占33.23%，城镇集体企业占1.07%，外商投资企业占2.24%，城镇私营企业及其他城镇企业占27.94%，民办非企业单位和社会团体占9.77%，其他占15.79%；中、低收入占99.86%，高收入占0.14%。

（二）**提取业务**：2018年，8.14万名缴存职工提取住房公积金26.96亿元。

提取金额中，住房消费提取占81.56%（购买、建造、翻建、大修自住住房占33.62%，偿还购房贷款本息占45.63%，租赁住房占2.22%，其他占0.09%）；非住房消费提取占18.44%（离休和退休提取占12.03%，完全丧失劳动能力并与单位终止劳动关系提取占3.56%，户口迁出本市或出境定居占0.63%，其他占2.22%）。

提取职工中，中、低收入占99.2%，高收入占0.8%。

（三）**贷款业务**：

1. **个人住房贷款**。2018年，支持职工购建房49.35万平方米，年末个人住房贷款市场占有率为17.54%，比上年减少4.63个百分点。通过申请住房公积金个人住房贷款，可节约职工购房利息支出32341.7万元。

职工贷款笔数中，购房建筑面积90（含）平方米以下占24.54%，90~144（含）平方米占64.24%，144平方米以上占11.22%。购买新房占67.07%（其中购买保障性住房占0%），购买二手房占32.93%，建造、翻建、大修自住住房占0%，其他占0%。

职工贷款笔数中，单缴存职工申请贷款占43.25%，双缴存职工申请贷款占54.76%，三人及以上缴存职工共同申请贷款占1.99%。

贷款职工中，30岁（含）以下占19.94%，30岁~40岁（含）占33.81%，40岁~50岁（含）占32.18%，50岁以上占14.07%；首次申请贷款占78.1%，二次及以上申请贷款占21.9%；中、低收入占98.99%，高收入占1.01%。

2. **异地贷款**。2018年，发放异地贷款0笔0万元。2018年末，发放异地贷款总额4143万元，异地贷款余额3009.58万元。

3. 公转商贴息贷款。2018年，发放公转商贴息贷款69笔2364.9万元，支持职工购建住房面积0.64万平方米，当年贴息额18.88万元。2018年末，累计发放公转商贴息贷款103笔3500.2万元，累计贴息19.06万元。

（四）住房贡献率：2018年，个人住房贷款发放额、公转商贴息贷款发放额、项目贷款发放额、住房消费提取额的总和与当年缴存额的比率为117.64%，比上年减少15.69个百分点。

六、其他重要事项

（一）规范住房公积金缴存基数和比例：龙岩市所有单位及个人缴存住房公积金的月工资基数，不得高于龙岩市统计局公布的2018年度全市在职职工月平均工资的3倍16053元，凡超过3倍的，一律予以规范调整。月缴存基数下限原则上不得低于我市人社部门公布的最低工资标准，市本级、新罗区最低月缴存工资基数1500元；漳平市、永定区、上杭县最低月缴存工资基数1380元；武平县、长汀县、连城县最低月缴存工资基数1280元。缴存比例为单位和职工各5%～12%，单位可在5%～12%内自主确定缴存比例。

（二）严格执行住房公积金存贷款利率标准：2018年存贷款利率未调整：职工住房公积金账户存款利率按一年期定期存款基准利率1.5%执行；住房公积金贷款年利率为：5年（含）以下2.75%，5年以上3.25%。第二次申请公积金贷款的利率，按同期公积金贷款基准利率的1.1倍执行。

（三）当年住房公积金政策调整情况：

1. 根据省住房城乡建设厅等五部门《关于在内地（大陆）就业的港澳台同胞享有住房公积金待遇有关问题的通知》（闽建金〔2018〕1号）要求，将在我市就业的港澳台同胞纳入自愿缴存范围，在岩就业港澳台居民在公积金缴存、使用方面与本市职工享受同等待遇。

2. 2018年4月1日开通了提取住房公积金按月冲还贷业务。

3. 2018年4月26日印发《龙岩市高层次人才住房公积金特殊政策的通知》，对在岩工作的各类高层次人才在执行我市住房公积金政策基础上，实行一系列包括贷款门槛降低、提高贷款额度、优先放款等特殊支持政策。

4. 2018年9月10日印发《关于进一步规范住房公积金部分提取政策的通知》，规范离职提取，明确缴存职工与单位解除或终止劳动关系，未建立新的劳动关系，且在我市无未结清住房公积金贷款的，封存满半年后方可提取。

（四）当年服务改进情况：一是全面进驻行政服务中心，切实做到"只进一扇门"。2018年初，中心城区审批服务全面进驻市行政服务中心受理，同时协商中、农、工、建、兴5家受托银行一并进驻，采取业务联办方式，办理住房公积金查询、归集、提取、住房公积金委托贷款和组合贷款等业务，实行一站式服务。连城管理部、漳平管理部也在年内陆续进驻当地行政服务中心，实现"只进一扇门"，"一窗受理、集成服务"。

二是优化再造业务流程，推行"最多跑一次"。以行政审批标准化改革为契机，共梳理完成4个主项30个子项的办事事项，所有事项的办理，在资料齐全、符合法定受理条件时均已实现"最多跑一次"要求。

三是倾力打造"指尖"住房公积金，推进"一网通办"。将住房公积金的"缴、提、贷、还"四大主营 30 项业务，全部纳入全市 50 万用户实名认证的"e 龙岩"服务平台，实现"无纸申请"，全流程网办，申请人通过拍照上传资料即可完成办理。另外，通过"e 龙岩"免费发放的个人数字证书，单位法人可通过电子签名授权给经办人在手机上办理单位公积金业务，实现了全市公积金缴存单位和职工均可在"e 龙岩"微信公众号和移动客户端办结各类公积金业务，真正实现了"移动办"、"随时办"。

四是借力数据共享，实现"一证通办"。通过市数据汇聚平台与民政、工商、不动产、住房城乡等部门间数据共享，已有"无房职工提取"、"购买商品住房提取"、"购买二手住房提取""偿还住房公积金贷款本金"等 4 个子项业务实现"一证通办"，群众仅凭身份证信息就能在"e 龙岩"办理相关事项。

（五）当年信息化建设情况：2018 年 8 月 1 日，新版住房公积金综合信息系统在我市正式上线运行，实现与住房城乡建设部结算系统直联，新系统全面优化了住房公积金归集、提取、贷款、会计核算等模块的管理模式，在基础数据规范、业务处理能力、资金结算效率、资金的安全管理和对外服务水平等方面都得到了大幅提升。2018 年 10 月 17 日，新系统贯彻落实《住房公积金基础数据标准》、《住房公积金银行结算数据应用系统与公积金中心接口标准》工作顺利通过住房城乡建设部验收，龙岩市住房公积金管理中心成为省内继莆田、厦门后第三家通过"双贯标"验收的单位。

（六）所获荣誉：2018 年，龙岩市住房公积金管理中心荣获龙岩市第十三届市级文明单位荣誉称号。

宁德市住房公积金 2018 年年度报告

一、机构概况

（一）住房公积金管理委员会：住房公积金管理委员会有 28 名委员，2018 年召开 1 次会议，审议通过的事项主要包括：《宁德市住房公积金管理中心 2018 年工作情况及 2018 年工作计划》《宁德市住房公积金 2018 年年度报告》《宁德市住房公积金 2018 年财务收支情况的报告》《宁德市住房公积金 2018 年度增值收益分配方案》《宁德市住房公积金 2018 年财务收支及增值收益预算》《宁德市住房公积金管理中心关于调整住房公积金贷款和提取等有关规定的请示》《宁德市住房公积金管理中心关于编制 2018 年度住房公积金归集和使用计划的请示》《宁德市个人住房公积金贷款楼盘备案管理办法》。

（二）住房公积金管理中心：住房公积金管理中心为宁德市人民政府不以营利为目的的参照公务员法管理的事业单位，内设 6 个科室，10 个办事处（营业部）。从业人员 97 人，其中，在编 71 人，非在编 26 人。

二、业务运行情况

（一）缴存：2018 年，新开户单位 544 家，实缴单位 4521 家，净增单位 215 家；新开户职工 5.12 万人，实缴职工 24.68 万人，净增职工 2.55 万人；缴存额 29.52 亿元，同比增长 15.78%。2018 年末，缴存总额 193.28 亿元，同比增长 18.03%；缴存余额 83.36 亿元，同比增长 9.06%。

受委托办理住房公积金缴存业务的银行 5 家，与上年一致。

（二）提取：2018年，提取额22.60亿元，同比增长25.44%；占当年缴存额的76.55%，比上年增加5.90个百分点。2018年末，提取总额109.92亿元，同比增长25.88%。

（三）贷款：个人住房贷款最高额度60万元，其中，单缴存职工最高额度35万元，双缴存职工最高额度60万元。

2018年，发放个人住房贷款0.55万笔21.21亿元，同比分别下降11.58%、21.09%。

2018年，回收个人住房贷款14.00亿元。

2018年末，累计发放个人住房贷款8.43万笔168.76亿元，贷款余额82.36亿元，同比分别增长7.04%、14.37%、9.60%。个人住房贷款余额占缴存余额的98.79%，比上年增加0.48个百分点。

受委托办理住房公积金个人住房贷款业务的银行4家，与上年一致。

（四）资金存储：2018年末，住房公积金存款2.35亿元。其中，活期0.15亿元，1年（含）以下定期0.57亿元，1年以上定期0亿元，其他（协定、通知存款等）1.63亿元。

（五）资金运用率：2018年末，住房公积金个人住房贷款余额、项目贷款余额和购买国债余额的总和占缴存余额的98.79%，比上年增加0.48个百分点。

三、主要财务数据

（一）业务收入：2018年，业务收入26633.57万元，同比增长9.59%。其中，存款利息1603.12万元，委托贷款利息25028.71万元，国债利息0万元，其他1.74万元。

（二）业务支出：2018年，业务支出13607.36万元，同比增长9.06%。其中，支付职工住房公积金利息12377.67万元，归集手续费394.32万元，委托贷款手续费574.47万元，其他260.90万元。

（三）增值收益：2018年，增值收益13026.21万元，同比增长10.16%。其中，增值收益率1.63%，比上年增加0.02个百分点。

（四）增值收益分配：2018年，提取贷款风险准备金2882.05万元，提取管理费用1215.16万元，提取城市廉租住房（公共租赁住房）建设补充资金8929.00万元。

2018年，上交财政管理费用1215.16万元。上缴财政城市廉租住房（公共租赁住房）建设补充资金5143万元。

2018年末，贷款风险准备金余额32940.83万元。累计提取城市廉租住房（公共租赁住房）建设补充资金50124.45万元。

（五）管理费用支出：2018年，管理费用支出1214.49万元，同比增长18.68%。其中，人员经费721.32万元，公用经费76.73万元，专项经费416.44万元。

四、资产风险状况

2018年末，个人住房贷款逾期额90.54万元，逾期率0.11‰。

个人贷款风险准备金按贷款余额的0.35%提取。2018年，提取个人贷款风险准备金2882.05万元，使用个人贷款风险准备金核销呆坏账0万元。2018年末，个人贷款风险准备金余额32940.82万元，占个人住房贷款余额的4.00%，个人住房贷款逾期额与个人贷款风险准备金余额的比率为0.29%。

五、社会经济效益

（一）缴存业务：2018年，实缴单位数、实缴职工人数和缴存额同比分别增加6.35%、11.57%和15.78%。

缴存单位中，国家机关和事业单位占46.01%，国有企业占13.58%，城镇集体企业占1.97%，外商投资企业占0.82%，城镇私营企业及其他城镇企业占32.98%，民办非企业单位和社会团体占3.03%，其他占1.61%。

缴存职工中，国家机关和事业单位占39.16%，国有企业占17.42%，城镇集体企业占2.20%，外商投资企业占1.29%，城镇私营企业及其他城镇企业占37.57%，民办非企业单位和社会团体占1.14%，其他占1.22%；中、低收入占99.21%，高收入占0.79%。

新开户职工中，国家机关和事业单位占11.59%，国有企业占10.92%，城镇集体企业占4.32%，外商投资企业占1.29%，城镇私营企业及其他城镇企业占68.20%，民办非企业单位和社会团体占1.22%，其他占2.46%；中、低收入占99.56%，高收入占0.44%。

（二）提取业务：2018年，7.53万名缴存职工提取住房公积金22.60亿元。

提取金额中，住房消费提取占72.69%（购买、建造、翻建、大修自住住房占21.46%，偿还购房贷款本息占48.05%，租赁住房占3.18%，其他占0%）；非住房消费提取占27.31%（离休和退休提取占14.94%，完全丧失劳动能力并与单位终止劳动关系提取占4.64%，户口迁出本市或出境定居占0.46%，其他占7.27%）。

提取职工中，中、低收入占99.05%，高收入占0.95%。

（三）贷款业务：

1. **个人住房贷款**。2018年，支持职工购建房61.43万平方米，年末个人住房贷款市场占有率为14.81%，比上年降低1.7个百分点。通过申请住房公积金个人住房贷款，可节约职工购房利息支出44308万元。

职工贷款笔数中，购房建筑面积90（含）平方米以下占29.36%，90~144（含）平方米占62.75%，144平方米以上占7.89%。购买新房占74.27%（其中购买保障性住房占5.15%），购买存量商品住房占25.61%，建造、翻建、大修自住住房占0.13%，其他占0%。

职工贷款笔数中，单缴存职工申请贷款占52.84%，双缴存职工申请贷款占47.16%，三人及以上缴存职工共同申请贷款占0%。

贷款职工中，30岁（含）以下32.78%，30岁~40岁（含）占35.02%，40岁~50岁（含）占25.12%，50岁以上7.08%；首次申请贷款占82.07%，二次及以上申请贷款占17.93%；中、低收入占98.86%，高收入占1.14%。

2. **异地贷款**。2018年，发放异地贷款225笔6838万元。2018年末，发放异地贷款总额11576.2万元，异地贷款余额11130.52万元。

（四）住房贡献率：2018年，个人住房贷款发放额、公转商贴息贷款发放额、项目贷款发放额、住房消费提取额的总和与当年缴存额的比率为127.94%，比上年减少28.37个百分点。

六、其他重要事项

(一)当年缴存基数限额及确定方法、缴存比例调整情况：2018年度住房公积金缴存工资基数为职工本人上一年度（2018年7月1日至2018年6月30日）的月平均工资。计算住房公积金的工资基数以国家统计局发布的《关于工资总额组成的规定》的内容为准。

2018年7月调整住房公积金缴存基数限额：宁德市所有缴存单位及其职工最高月缴存基数为17167元；缴存单位及其职工最低月缴存基数为1280元。

2018年度，缴存单位及其员工的住房公积金缴存比例为各5%~12%。

今后每年职工住房公积金缴存工资基数的调整时间由原来的每年1月份改为每年7月份，一年一调。

(二)当年住房公积金存贷款利率执行情况：2018年住房公积金账户存款利率为1.50%。

2018年，住房公积金贷款年利率为：5年（含）以下2.75%，5年以上3.25%。

(三)当年住房公积金个人住房贷款最高贷款额度调整情况：2018年4月1日起，在各县（市、区）中心城区内购买、建造、翻建、大修自住住房的，双职工缴存住房公积金的家庭最高贷款额度调整为60万元，单职工缴存住房公积金的家庭最高贷款额度调整为35万元。

(四)当年住房公积金政策调整及执行情况：

1. **提取方面**。(1) 2018年4月1日起，调整支付房租提取条件。职工连续足额缴存住房公积金满3个月，本人及配偶在缴存城市无自有住房且租住商品住房的，间隔满12个月可申请提取一次住房公积金用于支付房租。(2) 2018年4月1日起，放宽住房公积金提取条件。特殊病症中的恶性肿瘤、重症尿毒症、器官移植、危重病抢救等申请提取公积金的，本人可依据县级以上医院特殊病症诊断证明和住院证明先申请提取其公积金账户余额的70%资金作为治疗应急费用，待其提供医疗有效费用证明后，可再次申请提取本人的公积金账户余额，但累计提取金额不超过个人实际负担部分。(3) 2018年5月5日起，各办事处（营业部）在办理提取、贷款业务时，不得要求办事群众提供身份证复印件。(4) 2018年10月8日起，各办事处（营业部）公积金服务窗口全面受理住房公积金贷款（含公积金组合贷款）逐月冲还贷业务。

2. **贷款方面**。(1) 调整购买二手房贷款申请模式。购买二手房的借款申请人，应在房屋买卖交易过户前申请公积金贷款，审批的贷款资金直接转入卖方账户。原二手房贷款申请模式暂定保留执行1年。(2) 取消楼盘年度贷款规模审批已备案的楼盘项目，年度贷款规模不再进行审批，各办事处（营业部）可在当年贷款总规模中统筹调整使用。(3) 2018年4月1日起，调整差别化公积金贷款政策。在同一城区内，职工家庭第一次（不含信用担保贷款，下同）申请使用住房公积金贷款购买第一套住房的，首付比例不低于30%；在同一城区内，职工家庭第二次申请使用住房公积金贷款或购买第二套住房的，首付比例不低于50%；停止向同一城区内第三次（及以上）使用住房公积金贷款或购买第三套（及以上）住房的职工家庭发放贷款。(4) 2018年8月1日至2020年12月31日，居民购买采用装配式建造的商品住宅，符合公积金贷款条件的，贷款额度可上浮20%；贷款额度上浮后每户不超过我市规定的最高贷款额度，即单职工贷款额度最高不超过35万元，双职工贷款额度最高不超过60万元；对购买采用装配式建造且全装修的商品住宅的购房者，可按全装修商品住宅总价款确定公积金贷款额度。

(五)深化"放管服"改革，提升服务效能：

1. **推行新的二手房公积金贷款模式**。将过去需在过户并办理产权证后才可申请公积金贷款改为过户前即可申请；贷款资金由转入买方账户改为转入卖方账户；公积金贷款额度不足时，可由商业银行配套组合贷款，满足购房职工资金需求。

2. **贯彻为民服务理念，提升群众幸福感**。发生四种重大疾病的职工，可先行提取账户70%的资金用于治病应急，充分体现了住房公积金以人为本的人文关怀。

3. **化解办事"痛点堵点"，提升服务满意度**。一是我中心先后四次出台简化业务办理规定，共取消归集类收件1项、贷款类收件5项、提取类收件15项。如：取消企业开户提供营业执照及法人身份证；取消到龄退休提取提供退休证明；取消各类提取提供身份证复印件；取消提供家庭困难证明等。二是业务办理按照"一窗受理、集成服务、一柜办结"的模式，整合中心和银行的业务审核流程，与银行结算系统实现互联，职工办理提取业务无需再跑银行办理转账，在窗口就实现直接提取"秒级到账"。三是推出"逐月冲还贷"业务，贷款职工可在"逐月冲还贷""逐年冲还贷"和"提前偿还贷款本金"三种方式中选择，通过帮助职工使用公积金，大幅减轻职工购房的压力，解决职工"资金缺"的难点。

4. **下放审批权限，提升审批效率**。授权受托银行审核、审批开发企业个人住房公积金贷款的楼盘备案申请；取消楼盘贷款规模审批事项。

5. **降低企业负担，提高建缴积极性**。进一步规范住房公积金缴存工作、降低企业运营成本。原住房公积金缴存基数按上一年度平均工资5倍缴存的单位，将一律下调至3倍。申请新开户的缴存单位可在5%～12%的上限区间内，自主确定住房公积金缴存比例。已开户缴存住房公积金的企业，经济效益差、缴存住房公积金确有困难的，由单位职工代表大会或工会讨论通过，经市住房公积金管理中心批准后，可降低缴存比例或缓缴住房公积金，但最低住房公积金缴存比例不得低于5%。

6. **开通容缺办理绿色通道，提升企业认可度**。助推"新宁德"投资环境建设，为入驻宁德的新能源、上汽集团、宁德市核电、大唐火电等企业开通容缺绿色通道，提供"一对一"上门服务。2018年1月，我中心在行政服务中心二楼增设新能源服务窗口，专门办理支取房租提取、离职提取、异地转移接续等业务；为解决窗口拥堵问题，派专人到新能源公司上门收件，既方便了新能源职工办理业务，又让其他办理业务的缴存职工无需过长时间地排队等候。

7. **加大宣传力度，提高公众认知度**。通过开展公积金政策宣传月、"走企业、跑乡镇、进社区"活动以及在市区公交车内投放车椅背后广告等活动，抢占政策宣传"制高点"。

（六）信息建设转型升级，提升服务体验：

1. **全省首推微信提取公积金**。针对4万多新能源公司员工提取公积金的需求，我中心于2018年2月全省首个推出在微信公众号提取公积金业务，以"线上受理、后台分流、集成服务"模式，实现在手机上提取公积金，让信息多"跑路"，群众"少跑腿"，办事"不见面"，审批"不拥堵"。全年共受理微信提取业务1.9万多笔，极大缓解了窗口压力，方便了办事群众。

2. **增加服务渠道**。2018年11月，在官网新增办事大厅功能，客户登录后不仅可以查询到个人缴存账户和贷款账户最新的数据信息，还可申请办理离职提取、退休提取等业务；实现了职工公积金账户变动实时发送12329信息、贷款还款短信提醒等功能。

2018 全国住房公积金年度报告汇编

江西省

南昌

景德镇市

萍乡市

九江市

新余市

鹰潭市

赣州市

吉安市

宜春市

抚州市

上饶市

江西省住房公积金2018年年度报告

一、机构概况

(一) 住房公积金管理机构：全省共设11个设区城市住房公积金管理中心，2个独立设置的分中心（其中，省直分中心隶属南昌住房公积金管理中心，铁路分中心隶属南昌住房公积金管理中心）。从业人员1271人，其中，在编753人，非在编518人。

(二) 住房公积金监管机构：省住房城乡建设厅、省财政厅和人民银行南昌中心支行负责对本省住房公积金管理运行情况进行监督。省住房城乡建设厅设立住房公积金监管处，负责辖区住房公积金日常监管工作。

二、业务运行情况

(一) 缴存：2018年，新开户单位3561家，实缴单位47046家，净增单位2397家；新开户职工33.32万人，实缴职工267.98万人，净增职工9.78万人；缴存额392.23亿元，同比增长13.06%。2018年末，缴存总额2363.86亿元，同比增长19.89%；缴存余额1184.31亿元，同比增长14.01%。

(二) 提取：2018年，提取额246.66亿元，同比增长22.34%；占当年缴存额的62.87%，比上年增加4.77个百分点。2018年末，提取总额1179.55亿元，同比增长26.44%。

(三) 贷款：

1. 个人住房贷款。2018年，发放个人住房贷款4.97万笔174.12亿元，同比下降19.45%、18.4%。回收个人住房贷款119.05亿元。

2018年末，累计发放个人住房贷款72.64万笔1706.65亿元，贷款余额1066.05亿元，同比分别增长7.34%、11.36%、5.45%。个人住房贷款余额占缴存余额的90.01%，比上年减少7.32个百分点。

2. 住房公积金支持保障性住房建设项目贷款。2018年，发放支持保障性住房建设项目贷款0亿元，回收项目贷款0.63亿元。2018年末，累计发放项目贷款6.79亿元，项目贷款余额0.77亿元。

(四) 融资：2018年，融资6亿元，归还53.36亿元。2018年末，融资总额171.28亿元，融资余额15.96亿元。

(五) 资金存储：2018年末，住房公积金存款139.54亿元。其中，活期16.2亿元，1年（含）以下定期34.83亿元，1年以上定期57.15亿元，其他（协定、通知存款等）31.36亿元。

(六) 资金运用率：2018年末，住房公积金个人住房贷款余额、项目贷款余额和购买国债余额的总和占缴存余额的90.08%，比上年减少7.38个百分点。

三、主要财务数据

(一) 业务收入：2018年，业务收入389892.68万元，同比增长6.49%。其中，存款利息38390.23万元，委托贷款利息337204.63万元，国债利息0万元，其他14297.82万元。

(二) 业务支出：2018年，业务支出200842.8万元，同比增长0.13%。其中，支付职工住房公积金利息169852.98万元，归集手续费13.73万元，委托贷款手续费12662.04万元，其他18314.05万元。

（三）增值收益：2018年，增值收益189049.89万元，同比增长14.21%；增值收益率1.7%，比上年持平。

（四）增值收益分配：2018年，提取贷款风险准备金29543.25万元，提取管理费用24090.44万元，提取城市廉租住房（公共租赁住房）建设补充资金135847.38万元。

2018年，上交财政管理费用20560.79万元，上缴财政城市廉租住房（公共租赁住房）建设补充资金117881.86万元。

2018年末，贷款风险准备金余额237303.45万元，累计提取城市廉租住房（公共租赁住房）建设补充资金783819.86万元。

（五）管理费用支出：2018年，管理费用支出26049.91万元，同比增长19.58%。其中：人员经费15543.24万元，公用经费3910.2万元，专项经费6596.47万元。

四、资产风险状况

（一）个人住房贷款：2018年末，个人住房贷款逾期额3796.93万元，逾期率0.4‰。

2018年，提取个人贷款风险准备金29543.24万元，使用个人贷款风险准备金核销呆坏账0万元。2018年末，个人贷款风险准备金余额236743.45万元，占个人贷款余额的2.22%，个人贷款逾期额与个人贷款风险准备金余额的比率为1.6%。

（二）住房公积金支持保障性住房建设项目贷款：2018年末，逾期项目贷款0万元，逾期率为0‰。

2018年，提取项目贷款风险准备金0万元，使用项目贷款风险准备金核销呆坏账0万元。2018年末，项目贷款风险准备金余额560万元，占项目贷款余额的7.27%，项目贷款逾期额与项目贷款风险准备金余额的比率为0%。

五、社会经济效益

（一）缴存业务：2018年，实缴单位数、实缴职工人数和缴存额增长率分别为5.37%、3.79%和13.06%。

缴存单位中，国家机关和事业单位占61.86%，国有企业占12.48%，城镇集体企业占1.56%，外商投资企业占1.59%，城镇私营企业及其他城镇企业占15.67%，民办非企业单位和社会团体占3.38%，其他占3.46%。

缴存职工中，国家机关和事业单位占50%，国有企业占23.98%，城镇集体企业占1.16%，外商投资企业占4.47%，城镇私营企业及其他城镇企业占13.79%，民办非企业单位和社会团体占4.02%，其他占2.58%；中、低收入占98.1%，高收入占1.9%。

新开户职工中，国家机关和事业单位占28.22%，国有企业占18.28%，城镇集体企业占1.23%，外商投资企业占6.65%，城镇私营企业及其他城镇企业占34.67%，民办非企业单位和社会团体占5.54%，其他占5.41%；中、低收入占82.42%，高收入占17.58%。

（二）提取业务：2018年，80.58万名缴存职工提取住房公积金246.66亿元。

提取金额中，住房消费提取占73.21%（购买、建造、翻建、大修自住住房占26.73%，偿还购房贷款本息占44.65%，租赁住房占1.17%，其他占0.66%）；非住房消费提取占26.79%（离休和退休提取

占 21.03%，完全丧失劳动能力并与单位终止劳动关系提取占 2.99%，户口迁出所在市或出境定居占 0.97%，其他占 1.8%）。

提取职工中：中、低收入占 95.38%，高收入占 4.62%。

（三）贷款业务：

1. **个人住房贷款**。2018 年，支持职工购建房 627.9 万平方米。年末个人住房贷款市场占有率为 19.42%，比上年同期减少 5.14 个百分点。通过申请住房公积金个人住房贷款，可节约职工购房利息支出 303038.8 万元。

职工贷款笔数中，购房建筑面积 90（含）平方米以下占 12.69%，90~144（含）平方米占 75.78%，144 平方米以上占 11.53%。购买新房占 76.09%（其中购买保障性住房占 0.69%），购买二手房占 23.03%，建造、翻建、大修自住住房占 0.08%，其他占 0.8%。

职工贷款笔数中，单缴存职工申请贷款占 42.06%，双缴存职工申请贷款占 57.91%，三人及以上缴存职工共同申请贷款占 0.03%。

贷款职工中，30 岁（含）以下占 32.55%，30 岁~40 岁（含）占 33.54%，40 岁~50 岁（含）占 25.36%，50 岁以上占 8.55%；首次申请贷款占 86.53%，二次及以上申请贷款占 13.47%；中、低收入占 96.16%，高收入占 3.84%。

2. **异地贷款**。2018 年，发放异地贷款 1652 笔 46338.4 万元。2018 年末，发放异地贷款总额 363798.5 万元，异地贷款余额 300294.14 万元。

3. **公转商贴息贷款**。2018 年，发放公转商贴息贷款 44 笔 1728 万元，支持职工购建房面积 0.47 万平方米。当年贴息额 2347.39 万元。2018 年末，累计发放公转商贴息贷款 5931 笔 219844.40 万元，累计贴息 4771.06 万元。

4. **住房公积金支持保障性住房建设项目贷款**。2018 年末，全省有住房公积金试点城市 2 个，试点项目 6 个，贷款额度 6.79 亿元，建筑面积 68.18 万平方米，可解决 11652 户中低收入职工家庭的住房问题。5 个试点项目贷款资金已发放并还清贷款本息。

（四）**住房贡献率**：2018 年，个人住房贷款发放额、公转商贴息贷款发放额、项目贷款发放额、住房消费提取额的总和与当年缴存额的比率为 90.47%，比上年减少 15.89 个百分点。

六、其他重要事项

（一）**当年住房公积金政策调整情况**：省级层面未对住房公积金使用政策做调整。

（二）**当年开展监督检查情况**：

1. 6 月下旬，对九江和鹰潭管理中心进行了住房公积金廉政风险防控专项检查。重点在全面落实风险防控工作部署、长效机制建立、全面排查风险隐患、制定风险防控措施，以及近 2 年审计发现问题的整改情况进行了检查。

2. 11 月上旬至中旬，围绕目标完成、信息化建设、简政便民、业务稽核、审计整改、宣传报道 6 个方面，组成 4 个督导小组对全省 13 个管理中心进行了业务专项督导检查。

（三）**当年服务改进情况**：印发了《江西省住房和城乡建设系统改进作风、简政便民、服务发展十项措施》的通知（赣建法〔2018〕24 号）；

1. **统一业务办理清单**。根据住房公积金贷款和提取情形，全省统一了14项业务办理资料清单目录，今后不论是南昌还是赣州，不论是市区还是县城，只要办理贷款和提取手续都按同一个清单办理，清单之外无材料。

2. **精简优化业务材料**。针对不同业务类型，全面精简优化业务办理中需要缴存职工提供的材料。不仅取消了收入证明、未婚证明、还款承诺、诚信保证书等证件的原件，而且取消了所有材料的复印件。

3. **缩短业务办理时限**。对符合政策、资料齐全的贷款申请，审核由10个工作日缩短为5~8个工作日；审核通过且具备贷款发放条件的由5个工作日缩短为及时发放。对符合政策、资料齐全的提取申请，审核时间由3个工作日缩短到现场完成；资金到账时间也由原24小时内缩短为立即到账（秒到）。

4. **业务办理方式的多样化**。缴存职工可以通过"赣服通"、微信、手机APP、网上大厅等便捷方式办理住房公积金提取等业务，极大满足了缴存职工"掌上办"、"随时办"、"异地办"的需求。

（四）当年信息化建设情况：

1. 全省各住房公积金管理中心按照"双贯标"工作要求，先后四批通过住房部"双贯标"专家组的验收。

2. 在全省范围内实现了与公安、民政部门间的信息共享，对打击骗提、骗贷等违规现象，提供了甄别手段。与其他部门间的信息共享工作也在有序推进中。

3. 全省各住房公积金管理中心全面推进住房公积金综合服务平台建设，将在2019年陆续建成并投入使用。

（五）当年住房公积金机构及从业人员所获荣誉情况：全省各住房公积金管理中心共获得12项文明单位（行业、窗口）；2项青年文明号称号；1项先进集体和个人。其中：新余和吉安获得省部级文明单位；南昌、景德镇、赣州、宜春、抚州、上饶获得地市级文明单位。吉安获得省部级青年文明号、抚州获得地市级青年文明号。上饶获得先进集体和个人。

（六）当年对住房公积金管理人员违规行为的纠正和处理情况等：对上饶玉山住房公积金骗贷案涉案相关人员依法移送司法部门处置，对上饶市住房公积金管理中心有关人员进行了问责处理。

南昌住房公积金2018年年度报告

一、机构概况

（一）**住房公积金管理委员会**：住房公积金管理委员会有29名委员，2018年召开1次会议，审议通过南昌住房公积金管理中心2018年度住房公积金归集、使用执行情况和2018年度住房公积金归集、使用计划，审议通过市财政部门关于南昌住房公积金管理中心2018年度会计决算审核报告和关于2018年专项经费预算审核意见的通知，以及市审计部门关于南昌住房公积金管理中心2018年度财务收支情况审计报告。

（二）**住房公积金管理中心**：南昌住房公积金管理中心（以下简称"管理中心"）为直属南昌市人民政府不以营利为目的的全额拨款事业单位，主要负责全市住房公积金的归集、管理、使用和会计核算。管理中心设七个科室、五个县（区）办事处及省直、铁路两个分中心。从业人员170人（含分中心），其中，在编101人，非在编69人。

二、业务运行情况

（一）**缴存**：2018年，新开户单位1189家，实缴单位9857家，净增单位938家；新开户职工10.98万人，实缴职工75.98万人，净增职工3.73万人；缴存额134.55亿元，同比增长13.65%。2018年末，缴存总额861.79亿元，同比增长18.50%；缴存余额354.66亿元，同比增长11.11%。

受委托办理住房公积金缴存业务的银行2家，与上年持平。

（二）**提取**：2018年，提取额99.08亿元，同比增长25.77%；占当年缴存额的73.64%，比上年增加7.10个百分点。2018年末，提取总额507.13亿元，同比增长24.28%。

（三）**贷款**：个人住房贷款最高额度60万元，其中，单缴存职工最高额度50万元，双缴存职工最高额度60万元。

2018年，发放个人住房贷款5766笔22.63亿元，同比分别下降36.70%、34.23%。其中，市中心发放个人住房贷款2999笔、11.95亿元，省直分中心发放个人住房贷款974笔、4.22亿元，铁路分中心发放个人住房贷款1793笔、6.46亿元。

2018年，回收个人住房贷款38.44亿元。其中，市中心22.20亿元，省直分中心11.92亿元，铁路分中心4.32亿元。

2018年末，累计发放个人住房贷款18.55万笔、530.71亿元，同比分别增长3.17%、4.45%。贷款余额295.40亿元，同比下降5.08%。个人住房贷款余额占缴存余额的83.29%，比上年减少14.21个百分点。

受委托办理住房公积金个人住房贷款业务的银行10家，比上年增加1家。

（四）**融资**：2018年，融资0亿元，归还19.59亿元。2018年末，融资总额52.59亿元，融资余额0亿元。

（五）**资金存储**：2018年末，住房公积金存款62.38亿元。其中，活期0.37亿元，1年（含）以下定期29.30亿元，1年以上定期14.74亿元，其他（协定、通知存款等）17.97亿元。

（六）**资金运用率**：2018年末，住房公积金个人住房贷款余额、项目贷款余额和购买国债余额的总和占缴存余额的83.29%，比上年减少14.21个百分点。

三、主要财务数据

（一）**业务收入**：2018年，业务收入116999.74万元，同比增长1.75%。其中，市中心67449.79万元，省直分中心33118.19万元，铁路分中心16431.76万元；存款利息12886.74万元，委托贷款利息99567.62万元，其他4545.38万元。

（二）**业务支出**：2018年，业务支出59045.87万元，同比下降7.46%。其中，市中心35683.49万元，省直分中心16115.16万元，铁路分中心7247.22万元；支付职工住房公积金利息50415.31万元，委托贷款手续费4990.98万元，其他3639.58万元。

（三）**增值收益**：2018年，增值收益57953.87万元，同比增长13.23%。其中，市中心31766.30万元，省直分中心17003.03万元，铁路分中心9184.54万元；增值收益率1.70%，与上年持平。

（四）**增值收益分配**：2018年，提取贷款风险准备金428.04万元，提取管理费用4172.01万元，提取城市廉租住房（公共租赁住房）建设补充资金 53353.82 万元。

2018 年，上交财政管理费用 4172.01 万元。上缴财政城市廉租住房（公共租赁住房）建设补充资金 39496.62 万元。其中，市中心上缴 26476.51 万元，省直分中心上缴江西省财政厅财政专户 13020.11 万元，铁路分中心上缴 0 万元。

2018 年末，贷款风险准备金余额 72621.35 万元。累计提取城市廉租住房（公共租赁住房）建设补充资金 317982.55 万元。其中，市中心提取 172875.94 万元，省直分中心提取 90279.35 万元，铁路分中心提取 54827.26 万元。

（五）管理费用支出：2018 年，管理费用支出 4856.43 万元，同比增长 20.86%。其中，人员经费 3050.66 万元，公用经费 487.50 万元，专项经费 1318.27 万元。

市中心管理费用支出 2111.91 万元，其中，人员、公用、专项经费分别为 1431.64 万元、237.32 万元、442.95 万元；省直分中心管理费用支出 1917.12 万元，其中，人员、公用、专项经费分别为 1121.23 万元、170.80 万元、625.09 万元；铁路分中心管理费用支出 827.40 万元，其中，人员、公用、专项经费分别为 497.79 万元、79.38 万元、250.23 万元。

四、资产风险状况

2018 年末，个人住房贷款逾期额 99.00 万元，逾期率 0.03‰。其中，市中心 0.03‰，省直分中心 0.04‰，铁路分中心 0.001‰。

个人贷款风险准备金按新增贷款余额的 2% 提取。2018 年，提取个人贷款风险准备金 428.04 万元，使用个人贷款风险准备金核销呆坏账 0 万元。2018 年末，个人贷款风险准备金余额 72621.35 万元，占个人住房贷款余额的 2.46%，个人住房贷款逾期额与个人贷款风险准备金余额的比率为 0.14%。

五、社会经济效益

（一）缴存业务：2018 年，实缴单位数、实缴职工人数和缴存额同比分别增长 10.52%、5.16% 和 13.65%。

缴存单位中，国家机关和事业单位占 31.28%，国有企业占 19.58%，城镇集体企业占 2.79%，外商投资企业占 3.07%，城镇私营企业及其他城镇企业占 35.43%，民办非企业单位和社会团体占 5.70%，其他占 2.15%。

缴存职工中，国家机关和事业单位占 31.27%，国有企业占 35.84%，城镇集体企业占 1.08%，外商投资企业占 7.65%，城镇私营企业及其他城镇企业占 18.56%，民办非企业单位和社会团体占 4.72%，其他占 0.88%；中、低收入占 95.56%，高收入占 4.44%。

新开户职工中，国家机关和事业单位占 13.01%，国有企业占 25.68%，城镇集体企业占 1.22%，外商投资企业占 9.95%，城镇私营企业及其他城镇企业占 38.44%，民办非企业单位和社会团体占 9.67%，其他占 2.03%；中、低收入占 99.38%，高收入占 0.62%。

（二）提取业务：2018 年，27.72 万名缴存职工提取住房公积金 99.08 亿元。

提取金额中，住房消费提取占 81.11%（购买、建造、翻建、大修自住住房占 31.36%，偿还购房贷款本息占 47.65%，租赁住房占 2.10%）；非住房消费提取占 18.89%（离休和退休提取占 15.44%，完全丧失劳动能力并与单位终止劳动关系提取占0.68%，户口迁出本市或出境定居占2.15%，其他占0.62%）。

提取职工中，中、低收入占94.19%，高收入占5.81%。

（三）贷款业务：

1. **个人住房贷款**。2018年，支持职工购建房58.39万平方米，年末个人住房贷款市场占有率为3.26%，比上年减少2.12个百分点。通过申请住房公积金个人住房贷款，可节约职工购房利息支出50500.71万元。

职工贷款笔数中，购房建筑面积90（含）平方米以下占26.60%，90~144（含）平方米占67.88%，144平方米以上占5.52%。购买新房占75.79%，购买二手房占24.21%。

职工贷款笔数中，单缴存职工申请贷款占73.86%，双缴存职工申请贷款占26.05%，三人及以上缴存职工共同申请贷款占0.09%。

贷款职工中，30岁（含）以下占43.91%，30岁~40岁（含）占31.76%，40岁~50岁（含）占17.79%，50岁以上占6.54%；首次申请贷款占99.25%，二次及以上申请贷款占0.75%；中、低收入占98.37%，高收入占1.63%。

2. **异地贷款**。2018年，发放异地贷款17笔、789万元。2018年末，发放异地贷款总额12246.50万元，异地贷款余额9594.90万元。

3. **公转商贴息贷款**。2018年，发放公转商贴息贷款44笔、1728万元，支持职工购建住房面积0.47万平方米，当年贴息额2347.39万元。2018年末，累计发放公转商贴息贷款5931笔、219844.40万元，累计贴息4771.06万元。

（四）**住房贡献率**：2018年，个人住房贷款发放额、公转商贴息贷款发放额、项目贷款发放额、住房消费提取额的总和与当年缴存额的比率为76.67%，比上年减少13.79个百分点。

六、其他重要事项

1. 按照"控高保低"原则确定我市2018年度住房公积金月缴存额上限为4362元（含单位、个人两部分），下限为260元（含单位、个人两部分），缴存比例按单位、个人各12%执行，并下发通知督促单位及时办理职工住房公积金缴存额调整。

2. 调整住房公积金提取政策。一是调整职工购房提取申请时间，将职工购房提取申请时间由原来的购房之日起一年内调整为二年内；二是放宽购房提取协议转换时限。对2013年7月（含）后签订了三年购房提取协议的，只要符合转换N年购房提取协议条件的，都可以办理协议转换。

3. 出台住房公积金贷款扶持政策。对购买星级绿色建筑标识的商品房住宅申请住房公积金贷款的职工，实施贷款扶持政策。具体为：购买二星级绿色建筑标识的商品房住宅的，贷款额度可以上浮10%；购买三星级以上绿色建筑标识的商品房住宅的，贷款额度可以上浮20%。

4. 切实深化"放管服"改革。根据《江西省住房和城乡建设系统改进作风、简政便民、服务发展十项措施》的要求，管理中心积极践行改革创新，对原有业务流程和业务要件进行全面优化精简、大胆创新、先行先试，在全省率先推行"互联网+"业务模式，多措并举，提升效能，进一步打造良好的政务服务形象。

（1）精简办事材料。为贯彻落实《国家发展和改革委员会关于请全力以赴解决群众办事堵点问题加快实现政务服务"一网通办"的通知》（发改电〔2018〕200号）精神，管理中心进一步简化办理公积金贷款及提取业务的材料，2018年5月10日起，职工办理公积金贷款及提取业务时，不需要提供身份证复印件。2018年5月21日起，职工申请提取住房公积金时不再需要填写《提取申请书》及单位审核盖章。管理中心通过与房产部门、不动产部门进行信息核验的方式，2018年8月7日起，职工申请住房公积金租房提取时，不需再提供无房产证明材料。

（2）推出公积金微信提取业务。管理中心积极探索"互联网+"形势下的新型服务模式，于2018年8月21日在全省率先推出住房公积金微信提取业务，一次性推出购房、租房等12类提取业务通过微信进行办理，让职工无论身处何地，都可轻松办理公积金提取和信息查询。经统计，截止2018年末管理中心微信公众号关注人数达36万人，日均访问人数突破6千人次。共办理微信提取业务21999笔，提取业务离柜率提高28个百分点，达到62%，柜台业务的办理等候时间进一步缩短，群众满意度不断提高。

（3）实现住房公积金贷款申请"一次不跑"。自2018年11月1日起，管理中心在全省率先推出微信申请存量房（二手房）公积金贷款功能，全面实现贷款申请"一次不跑"。购买商品房申请贷款的职工，在购房的同时，可由开发企业通过管理中心网上业务大厅提出申请；购买存量房（二手房）申请贷款的职工，可通过关注"南昌住房公积金"微信公众号，提出申请。管理中心后台利用与公安、民政、房屋管理等部门的信息共享，对贷款进行网上审核、网上办结，让职工"一次不跑"办好公积金贷款。

（4）实行统一清单管理。按照省住房城乡建设厅办理住房公积金贷款和提取业务资料清单的要求，立即安排部署，进一步规范业务办理，在全省率先落实到位，严格做到清单之外无任何材料。

5. 取消收取职工二手房抵押登记费。从2018年8月起，在办理住房公积金贷款办理抵押登记时，将原由贷款职工承担的住房公积金贷款的抵押登记费改由管理中心承担，在住房公积金业务支出中列支。此项措施推出后，职工办理住房公积金贷款实现"零负担"，进一步减轻了职工的经济负担。

6. 完成数据"双贯标"，信息数据管理体系更加规范。2018年5月8日，住房城乡建设部住房公积金贯标工作检查验收组，对管理中心贯彻落实住房城乡建设部《住房公积金基础数据标准》及接入全国住房公积金银行结算数据应用系统工作情况进行了检查验收，并一致同意南昌住房公积金管理中心通过双贯标验收。南昌管理中心成为我省第一家通过双贯标验收的管理中心。"双贯标"后，管理中心在基础数据规范、业务处理能力、资金结算效率、资金安全管理和对外服务水平等方面都得到了极大提高，实现了提取资金"秒级"到账。

景德镇市住房公积金2018年年度报告

一、机构概况

（一）**住房公积金管理委员会**：住房公积金管理委员会有24名委员，2018年召开一次会议，审议通过的事项主要包括:《关于提请开办住房公积金组织贷款的请示》。

(二)住房公积金管理中心:住房公积金管理中心为(市政府)不以营利为目的(自收自支)事业单位,设7个科,3个管理部。从业人员111人,其中,在编56人,非在编55人。

二、业务运行情况

(一)缴存:2018年,新开户单位57家,实缴单位1551家,净增单位43家;新开户职工0.54万人,实缴职工10.61万人,净增职工0.43万人;缴存额14.5亿元,同比增长12.73%。2018年末,缴存总额86.29亿元,同比增长20.2%;缴存余额45.95亿元,同比增长16.26%。

受委托办理住房公积金缴存业务的银行9家。

(二)提取:2018年,提取额8.07亿元,同比增长1.28%;占当年缴存额的55.68%,比上年减少6个百分点。2018年末,提取总额40.34亿元,同比增长25.02%。

(三)贷款:个人住房贷款最高额度50万元,其中,单缴存职工最高额度35万元,双缴存职工最高额度50万元。

2018年,发放个人住房贷款0.24万笔8.03亿元,同比分别下降39.87%、33.91%。其中,市中心发放个人住房贷款0.1万笔3.51亿元,乐平办事处发放个人住房贷款0.07万笔2.34亿元,浮梁办事处发放个人住房贷款0.07万笔2.17亿元。

2018年,回收个人住房贷款4.35亿元。其中,市中心2.62亿元,乐平办事处1.13亿元,浮梁办事处0.6亿元。

2018年末,累计发放个人住房贷款3.09万笔63.06亿元,贷款余额38.85亿元,同比分别增长8.57%、15.21%、11.39%。个人住房贷款余额占缴存余额的84.55%,比上年减少3个百分点。

受委托办理住房公积金个人住房贷款业务的银行7家。

(四)资金存储:2018年末,住房公积金存款8.17亿元。其中,活期4.65亿元,1年(含)以下定期2.18亿元,1年以上定期1.34亿元。

(五)资金运用率:2018年末,住房公积金个人住房贷款余额、项目贷款余额和购买国债余额的总和占缴存余额的84.55%,比上年减少3个百分点。

三、主要财务数据

(一)业务收入:2018年,业务收入12375.25万元,同比增长5.1%。其中,存款利息-26.73万元,委托贷款利息11850.36万元,其他551.63万元。

(二)业务支出:2018年,业务支出6734.79万元,支付职工住房公积金利息6459.48万元,归集手续费0.15万元,委托贷款手续费88.91万元,其他186.25万元。

(三)增值收益:2018年,增值收益5640.46万元,同比增长4.87%。

(四)增值收益分配:2018年,提取贷款风险准备金397.33万元,提取管理费用1548.53万元,提取城市廉租住房(公共租赁住房)建设补充资金3694.6万元。

2018年,上交财政管理费用1500万元。上缴财政城市廉租住房(公共租赁住房)建设补充资金

2770.83万元。

2018年末贷款风险准备金余额3885.07万元。累计提取城市廉租住房（公共租赁住房）建设补充资金20466.43万元。

（五）**管理费用支出**：2018年，管理费用支出1548.53万元，同比下降10.17%。其中，人员经费1008.07万元，公用经费445.26万元，专项经费95.2万元。

四、资产风险状况

2018年末，个人住房贷款逾期额191.06万元，逾期率0.49‰。其中，市中心0.02‰，乐平1.94‰，浮梁0.08‰。

个人贷款风险准备金按（贷款余额或增值收益）的1%提取。2018年，提取个人贷款风险准备金397.33万元。2018年末，个人贷款风险准备金余额3885.07万元，占个人住房贷款余额的1%，个人住房贷款逾期额与个人贷款风险准备金余额的比率为4.92%。

五、社会经济效益

（一）**缴存业务**：2018年，实缴单位数、实缴职工人数和缴存额同比分别增长2.85%、4.22%和12.73%。

缴存单位中，国家机关和事业单位占70.92%，国有企业占8.64%，城镇集体企业占0.2%，外商投资企业占0.64%，城镇私营企业及其他城镇企业占16.83%，民办非企业单位和社会团体占0.13%，其他占2.64%。

缴存职工中，国家机关和事业单位占47.27%，国有企业占27.12%，城镇集体企业占0.14%，外商投资企业占0.54%，城镇私营企业及其他城镇企业占22.44%，民办非企业单位和社会团体占0.01%，其他占2.47%；中、低收入占99.53%，高收入占0.47%。

新开户职工中，国家机关和事业单位占18.06%，国有企业占17.87%，城镇集体企业占0.02%，外商投资企业占1.01%，城镇私营企业及其他城镇企业占57.86%，其他占5.18%；中、低收入占99.98%，高收入占0.02%。

（二）**提取业务**：2018年，2.08万名缴存职工提取住房公积金8.07亿元。

提取金额中，住房消费提取占70.52%（购买、建造、翻建、大修自住住房占38.24%，偿还购房贷款本息占31.49%，租赁住房占0.79%）；非住房消费提取占29.48%（离休和退休提取占23.24%，完全丧失劳动能力并与单位终止劳动关系提取占4.78%，户口迁出本市或出境定居占0.39%，其他占1.07%）。

提取职工中，中、低收入占97.28%，高收入占2.72%。

（三）**贷款业务**：

1. **个人住房贷款**。2018年，支持职工购建房31.86万平方米，年末个人住房贷款市场占有率为8.39%，比上年减少11个百分点。通过申请住房公积金个人住房贷款，可节约职工购房利息支出约12830.18万元。

职工贷款笔数中，购房建筑面积 90（含）平方米以下占 12.68%，90~144（含）平方米占 79.97%，144 平方米以上占 7.35%。购买新房占 87.48%，购买二手房占 12.27%，建造、翻建、大修自住住房占 0.25%。

职工贷款笔数中，单缴存职工申请贷款占 41.01%，双缴存职工申请贷款占 58.99%。

贷款职工中，30 岁（含）以下占 33.25%，30 岁~40 岁（含）占 33.09%，40 岁~50 岁（含）占 24.88%，50 岁以上占 8.78%；首次申请贷款占 84.2%，二次及以上申请贷款占 15.8%；中、低收入占 99.88%，高收入占 0.12%。

2. **异地贷款**。2018 年，发放异地贷款 172 笔 5655.3 万元。2018 年末，发放异地贷款总额 25205.7 万元，异地贷款余额 22279.4 万元。

（四）**住房贡献率**：2018 年，个人住房贷款发放额、公转商贴息贷款发放额、项目贷款发放额、住房消费提取额的总和与当年缴存额的比率为 96.68%，比上年减少 25 个百分点。

六、其他重要事项

（一）**当年住房公积金政策调整及执行情况**：自 2018 年 7 月 1 日起，住房公积金单位和个人月缴存额上限调整为 3432 元（单位 1716 元、个人 1716 元），单位和个人月缴存额下限调整为 286 元（单位 143 元、个人 143 元）。

（二）**当年服务改进情况**：

1. **简政放权**。今年 8 月，根据省厅文件精神，制定出台了我市《关于进一步改进作风、简政便民、服务发展有关措施的通知》。一是简化材料。将不涉及业务风险原件证明材料以及全部复印件材料一并取消，实行清单式管理。二是压缩时限。对符合政策、资料齐全的公积金贷款申请，审核时间由 10 个工作日缩短为 5 个工作日；审核通过且具备贷款发放条件的由 5 个工作日缩短为及时发放；对符合政策、资料齐全的公积金提取申请，审核时间由 3 个工作日缩短到现场完成；资金到账时间由原 24 小时缩短为立即到账（秒到）。三是统一清单。统一全市办理住房公积金贷款和提取业务资料清单，清单之外无需提交任何资料。

2. **一次不跑**。在"双贯标"系统带动下，今年已开通支付宝、手机短信、手机公积金 APP、微信公众号、服务热线、公积金网厅等全方位公积金查询服务。并且已开通终止劳动关系提取、退休提取、按月对冲还贷业务通过"手机公积金 APP"和"公积金网厅"自助办理，实现业务办理"一次不跑"。

（三）**当年信息化建设情况**：2018 年 10 月，景德镇市住房公积金"双贯标"工作通过住房城乡建设部、省住房城乡建设厅住房公积金贯标工作联合检查验收组验收。

（四）**当年住房公积金管理中心及职工所获荣誉情况**：2018 年度景德镇市住房公积金管理中心荣获四项荣誉，分别是：

1. 2018 年度市级文明单位；
2. 2018 年度公共机构节能工作优秀市直单位；
3. 2018 年度人口和计划生育工作先进单位；
4. 2018 年度全市社会治安综合治理目标管理先进单位。

萍乡市住房公积金 2018 年年度报告

一、机构概况

（一）住房公积金管理委员会：萍乡市住房公积金管理委员会现有 23 名委员，2018 年召开 2 次全体会议，审议通过的事项主要包括：《萍乡市住房公积金 2018 年年度报告》、《关于调整萍乡市住房公积金 2018 年度缴存基数标准的方案》、《萍乡市住房公积金缴存管理办法（讨论稿）》、《萍乡市住房公积金提取实施办法（讨论稿）》、《关于萍乡市职工个人住房公积金贷款实施办法（讨论稿）》、《关于住房公积金银行存款实行利率招标的请示》、《有关银行申请承办住房公积金委托贷款资格的请示》、《萍乡市住房公积金管理中心关于调整萍乡市职工 2018 年度住房公积金缴存限额的请示》、《萍乡市住房公积金管理中心关于调整职工住房贷款政策的建议》、《萍乡市住房公积金中心关于向商业银行申请流动资金贷款授信的请示》。

（二）住房公积金管理中心：萍乡市住房公积金管理中心为直属萍乡市人民政府不以营利为目的的自收自支事业单位，设 7 个科，4 个管理部（县区办事处），1 个分中心。从业人员 80 人，其中，在编 64 人，非在编 16 人。

二、业务运行情况

（一）缴存：2018 年，新开户单位 115 家，实缴单位 1746 家，净增单位 178 家；新开户职工 0.93 万人，实缴职工 10.65 万人，净增职工 0.39 万人；缴存额 15.60 亿元，同比增长 15.13%。2018 年末，缴存总额 86.26 亿元，同比增长 22.08%；缴存余额 47.44 亿元，同比增长 10.76%。

受委托办理住房公积金缴存业务的银行 6 家，比上年增加（减少）0 家。

（二）提取：2018 年，提取额 10.99 亿元，同比增长 63.30%；占当年缴存额的 70.45%，比上年增长 20.78 个百分点。2018 年末，提取总额 38.81 亿元，同比增长 39.45%。

（三）贷款：个人住房贷款最高额度 55 万元，其中，单缴存职工最高额度 40 万元，双缴存职工最高额度 55 万元。

2018 年，发放个人住房贷款 0.4333 万笔 15.98 亿元，同比分别增长 83.45%、52.06%。其中，市中心发放个人住房贷款 0.3037 万笔 11.79 亿元，芦溪办事处发放个人住房贷款 0.0571 万笔 1.98 亿元，上栗办事处发放个人住房贷款 0.0302 万笔 0.90 亿元，莲花办事处发放个人住房贷款 0.0242 万笔 0.84 亿元，湘东办事处发放个人住房贷款 0.0181 万笔 0.47 亿元。

2018 年，回收个人住房贷款 3.43 亿元。其中，市中心 2.71 亿元，芦溪办事处 0.27 亿元，上栗办事处 0.16 亿元，莲花办事处 0.20 亿元，湘东办事处 0.09 亿元。

2018 年末，累计发放个人住房贷款 2.7122 万笔 59.01 亿元，贷款余额 42.99 亿元，同比分别增长 19.01%、37.11%、41.18%。个人住房贷款余额占缴存余额的 90.61%，比上年增加 19.52 个百分点。

受委托办理住房公积金个人住房贷款业务的银行 7 家，比上年增加（减少）0 家。

（四）融资：2018 年，融资 2 亿元，归还 0 亿元。2018 年末，融资总额 2 亿元，融资余额 2 亿元。

（五）资金存储：2018 年末，住房公积金存款 7.10 亿元。其中，活期 3.32 亿元，1 年（含）以下定期 0 亿元，1 年以上定期 3.78 亿元，其他（协定、通知存款等）0 亿元。

（六）**资金运用率**：2018 年末，住房公积金个人住房贷款余额、项目贷款余额和购买国债余额的总和占缴存余额的 90.61%，比上年增加 19.52 个百分点。

三、主要财务数据

（一）**业务收入**：2018 年，业务收入 15428.36 万元，同比增长 15.58%。其中，存款利息 3566.09 万元，委托贷款利息 11860.48 万元，国债利息 0 万元，其他 1.79 万元。

（二）**业务支出**：2018 年，业务支出 7842.36 万元，同比增长 18.13%。其中，支付职工住房公积金利息 7247.47 万元，归集手续费 0 万元，委托贷款手续费 590.06 万元，其他 4.83 万元。

（三）**增值收益**：2018 年，增值收益 7586 万元，同比增长 13.06%。

（四）**增值收益分配**：2018 年，提取贷款风险准备金 600 万元，提取管理费用 1300 万元，提取城市廉租住房（公共租赁住房）建设补充资金 5924 万元。未分配增值收益 0 万元。

2018 年，上交财政管理费用 1300 万元。上缴财政城市廉租住房（公共租赁住房）建设补充资金 5838 万元。

2018 年末，贷款风险准备金余额 2605 万元。累计提取城市廉租住房（公共租赁住房）建设补充资金 32403.52 万元。

（五）**管理费用支出**：2018 年，管理费用支出 1512.63 万元，同比增长 3.75%。其中，人员经费 1101.52 万元，公用经费 244.44 万元，专项经费 166.67 万元。

四、资产风险状况

2018 年末，个人住房贷款逾期额 97.75 万元，逾期率 0.2‰。

个人贷款风险准备金按贷款余额的 1% 提取。2018 年，提取个人贷款风险准备金 600 万元，使用个人贷款风险准备金核销呆坏账 0 万元。2018 年末，个人贷款风险准备金余额 2605 万元，占个人住房贷款余额的 0.61%，个人住房贷款逾期额与个人贷款风险准备金余额的比率为 3.75%。

五、社会经济效益

（一）**缴存业务**：2018 年，实缴单位数、实缴职工人数和缴存额同比分别增长 11.35%、3.8% 和 7.22%。

缴存单位中，国家机关和事业单位占 70.22%，国有企业占 8.88%，城镇集体企业占 1.37%，外商投资企业占 0.97%，城镇私营企业及其他城镇企业占 8.25%，民办非企业单位和社会团体占 1.89%，其他占 8.42%。

缴存职工中，国家机关和事业单位占 59.37%，国有企业占 24.13%，城镇集体企业占 0.70%，外商投资企业占 1.06%，城镇私营企业及其他城镇企业占 7.20%，民办非企业单位和社会团体占 0.90%，其他占 6.64%；中、低收入占 99.05%，高收入占 0.95%。

新开户职工中，国家机关和事业单位占 39%，国有企业占 11.53%，城镇集体企业占 1.10%，外商投资企业占 3.25%，城镇私营企业及其他城镇企业占 22.34%，民办非企业单位和社会团体占 3.02%，其他占19.76%；中、低收入占99.78%，高收入占0.22%。

（二）提取业务：2018年，2.69万名缴存职工提取住房公积金10.99亿元。

提取金额中，住房消费提取占70.26%（购买、建造、翻建、大修自住住房占39.11%，偿还购房贷款本息占31.12%，租赁住房占0.03%，其他占0%）；非住房消费提取占29.74%（离休和退休提取占25.31%，完全丧失劳动能力并与单位终止劳动关系提取占2.79%，户口迁出本市或出境定居占0.04%，其他占1.60%）。

提取职工中，中、低收入占97.14%，高收入占2.86%。

（三）贷款业务：

1. **个人住房贷款**。2018年，支持职工购建房57万平方米，年末个人住房贷款市场占有率为37.64%，比上年增长8.85个百分点。通过申请住房公积金个人住房贷款，可节约职工购房利息支出42000万元。

职工贷款笔数中，购房建筑面积90（含）平方米以下占7.48%，90~144（含）平方米占67.64%，144平方米以上占24.88%。购买新房占85.14%（其中购买保障性住房占_0_%），购买存量商品住房占12.09%，建造、翻建、大修自住住房占0.16%，其他占2.61%。

职工贷款笔数中，单缴存职工申请贷款占19.89%，双缴存职工申请贷款占80.08%，三人及以上缴存职工共同申请贷款占0.02%。

贷款职工中，30岁（含）以下占27.86%，30岁~40岁（含）占39.14%，40岁~50岁（含）占25.75%，50岁以上占7.25%；首次申请贷款占90.88%，二次及以上申请贷款占9.12%；中、低收入占99.70%，高收入占0.30%。

2. **异地贷款**。2018年，发放异地贷款133笔4675.70万元。2018年末，发放异地贷款总额13286.00万元，异地贷款余额11915.70万元。

（四）住房贡献率：2018年，个人住房贷款发放额、公转商贴息贷款发放额、项目贷款发放额、住房消费提取额的总和与当年缴存额的比率为151.92%，比上年增加42.10个百分点。

六、其他重要事项

（一）当年住房公积金政策调整及执行情况：

1. 提取实施办法新增2条款。

① 缴存职工与单位终止劳动关系的，先办理个人账户封存。其间在异地开立住房公积金账户并稳定缴存的，通过全国住房公积金转移接续平台办理转移接续手续。未在异地继续缴存的，封存满半年后方可提取。② 对违规提取的缴存职工，住房公积金管理中心要记载其失信记录，并随个人账户一并转移；对已提取资金的，要责令限期全额退回，限制一定期限内的（5年）住房公积金提取和贷款。逾期仍不退回，列为严重失信行为，依法纳入社会信用体系"黑名单"，实施多部门联合惩戒。对机关、事业单位及国有企业缴存职工违规提取情节严重的，要向其单位纪检部门通报。

2. 2018年度缴存基数、限额调整，由2900元/月/人提高到3688元/月/人，最低缴存额由135元/月/人调整为168元/月/人。

3. 贷款管理办法新增2条款。① 实行单双职工贷款额度差别化。借款人夫妇双方缴存公积金的，贷款最高额度按原有规定执行，单职工贷款最高额度下调为 40 万元；②职工购、建住房公积金使用额度的调整。首套住房提取公积金与贷款之和不超过房款总额的 80%，二套房提取公积金与贷款之和不超过房款总额的 70%。

（二）当年服务改进情况：中心综合服务平台建设工作稳步推进，2018 年 1 月开始陆续上线网上办事大厅、支付宝、手机 APP、微信公众号及江西省公共政务"赣服通"小程序等"互联网＋公积金"查询服务。

（三）当年信息化建设情况：按照住房城乡建设部《关于贯彻落实住房公积金基础数据标准的通知》（建办金〔2014〕51 号）文件及住房城乡建设部《关于推广住房公积金银行结算数据应用系统的通知》（建金信函〔2015〕5 号）文件要求，积极贯彻落实"住房公积金基础数据标准"和"住房公积金银行结算数据应用系统公积金中心接口标准"（简称"双贯标"），在市财政局、公积金中心全体干部职工和软件公司的开发实施人员的共同努力下，经过两个多月的人机磨合，2018 年 9 月 11 日新系统正式上线运行。新的公积金信息综合服务平台系统自上线以来运行正常、平稳，符合住房城乡建设部"双贯标"建设要求，2018 年 5 月 11 日中心"双贯标"信息系统以高分顺利通过了住房城乡建设部与省住房城乡建设厅专家组的联合验收。

（四）当年住房公积金管理中心及职工所获荣誉情况：综合治理工作先进单位、信访工作综合先进单位。

九江市住房公积金 2018 年年度报告

一、机构概况

（一）住房公积金管理委员会：住房公积金管理委员会有 25 名委员。

（二）住房公积金管理中心：住房公积金管理中心为九江市住房保障和房产管理局下属的不以营利为目的的自收自支事业单位，中心内设 8 个科室，14 个办事处。从业人员 147 人，其中，在编 80 人，非在编 67 人。

二、业务运行情况

（一）缴存：2018 年，新开户单位 401 家，实缴单位 5510 家，净增单位 371 家；新开户职工 3.25 万人，实缴职工 31.54 万人，净增职工 0.16 万人；缴存额 35.07 亿元，同比增长 13.35%。2018 年末，缴存总额 218.23 亿元，同比增长 19.15%；缴存余额 102.32 亿元，同比增长 13.83%。

受委托办理住房公积金缴存业务的银行 3 家，与上年相同。

（二）提取：2018 年，提取额 22.64 亿元，同比增长 19.60%；占当年缴存额的 64.56%，比上年增加 3.38 个百分点。2018 年末，提取总额 115.91 亿元，同比增长 24.27%。

（三）贷款：

1. **个人住房贷款**。个人住房贷款最高额度 35 万元，其中，单缴存职工最高额度 25 万元，双缴存职工最高额度 35 万元。

2018 年，发放个人住房贷款 0.67 万笔 16.13 亿元，同比分别下降 23.86％、25.36％。其中，市中心发放个人住房贷款 0.30 万笔 8.25 亿元，浔阳办事处发放个人住房贷款 0.05 万笔 1.17 亿元，修水县办事处发放个人住房贷款 0.06 万笔 1.33 亿元，武宁县办事处发放个人住房贷款 0.03 万笔 0.62 亿元，永修县办事处发放个人住房贷款 0.04 万笔 0.83 亿元，共青城市办事处发放个人住房贷款 0.02 万笔 0.46 亿元，德安县办事处发放个人住房贷款 0.02 万笔 0.38 亿元，庐山市办事处发放个人住房贷款 0.01 万笔 0.30 亿元，柴桑区办事处发放个人住房贷款 0.05 万笔 0.97 亿元，都昌县办事处发放个人住房贷款 0.02 万笔 0.48 亿元，湖口县办事处发放个人住房贷款 0.02 万笔 0.50 亿元，彭泽县办事处发放个人住房贷款 0.02 万笔 0.35 亿元，瑞昌市办事处发放个人住房贷款 0.03 万笔 0.49 亿元。

2018 年，回收个人住房贷款 13.11 亿元。其中，市中心 6.89 亿元，浔阳办事处 1.21 亿元，修水县办事处 0.84 亿元，武宁县办事处 0.43 亿元，永修县办事处 0.52 亿元，共青城市办事处 0.27 亿元，德安县办事处 0.27 亿元，庐山市办事处 0.35 亿元，柴桑区办事处 0.38 亿元，都昌县办事处 0.44 亿元，湖口县办事处 0.75 亿元，彭泽县办事处 0.26 亿元，瑞昌市办事处 0.50 亿元。

2018 年末，累计发放个人住房贷款 8.14 万笔 165.91 亿元，贷款余额 87.67 亿元，同比分别增长 8.97％、10.77％、3.57％。个人住房贷款余额占缴存余额的 85.68％，比上年减少 8.49 个百分点。

受委托办理住房公积金个人住房贷款业务的银行 6 家，与上年相同。

2. **住房公积金支持保障性住房建设项目贷款**。2018 年末，累计发放项目贷款 3.79 亿元，项目贷款余额 0 亿元。

（四）**融资**：2018 年末，融资总额 9.92 亿元，融资余额 0 亿元。

（五）**资金存储**：2018 年末，住房公积金存款 17.62 亿元。其中，活期 2.91 亿元，1 年（含）以下定期 4.35 亿元，1 年以上定期 10.36 亿元，其他（协定、通知存款等）0 亿元。

（六）**资金运用率**：2018 年末，住房公积金个人住房贷款余额、项目贷款余额和购买国债余额的总和占缴存余额的 85.68％，比上年减少 8.49 个百分点。

三、主要财务数据

（一）**业务收入**：2018 年，业务收入 33665.28 万元，同比增长 10.20％。存款利息 3792.34 万元，委托贷款利息 27615.06 万元，国债利息 0 万元，其他 2257.88 万元。

（二）**业务支出**：2018 年，业务支出 17734.81 万元，同比增长 17.71％。支付职工住房公积金利息 16084.88 万元，归集手续费 0 万元，委托贷款手续费 1342.33 万元，其他 307.60 万元。

（三）**增值收益**：2018 年，增值收益 15930.47 万元，同比增长 2.89％。增值收益率 1.66％，比上年减少 0.19 个百分点。

（四）**增值收益分配**：2018 年，提取贷款风险准备金 302.57 万元，提取管理费用 1821.98 万元，提取城市廉租住房（公共租赁住房）建设补充资金 13805.92 万元。

2018 年，上交财政管理费用 1821.98 万元。上缴财政城市廉租住房（公共租赁住房）建设补充资金 13529.96 万元，全部为市中心上缴。

2018 年末，贷款风险准备金余额 14423.79 万元。累计提取城市廉租住房（公共租赁住房）建设补充

资金 78346.81 万元。全部由市中心提取。

（五）管理费用支出：2018 年，管理费用支出 2338.45 万元，同比增长 37.81%。其中，人员经费 1465.8 万元，公用经费 394.92 万元，专项经费 477.73 万元。

市中心管理费用支出 2182.83 万元，其中，人员、公用、专项经费分别为 1377.89 万元、332.23 万元、472.71 万元；浔阳办事处管理费用支出 10.46 万元，其中，人员、公用、专项经费分别为 5.73 万元、4.56 万元、0.17 万元；庐山市办事处管理费用支出 12.48 万元，其中，人员、公用、专项经费分别为 6.39 万元、3.71 万元、2.38 万元；共青城市办事处管理费用支出 10.25 万元，其中，人员、公用、专项经费分别为 6.01 万元、4.24 万元、0 万元；德安县办事处管理费用支出 7.83 万元，其中，人员、公用、专项经费分别为 5.11 万元、2.72 万元、0 万元；永修县办事处管理费用支出 11.18 万元，其中，人员、公用、专项经费分别为 6.36 万元、4.82 万元、0 万元；武宁县办事处管理费用支出 13.57 万元，其中，人员、公用、专项经费分别为 6.64 万元、6.75 万元、0.18 万元；修水县办事处管理费用支出 32.45 万元，其中，人员、公用、专项经费分别为 17.54 万元、12.62 万元、2.29 万元；柴桑区办事处管理费用支出 7.88 万元，其中，人员、公用、专项经费分别为 5.28 万元、2.6 万元、0 万元；彭泽县办事处管理费用支出 8.26 万元，其中，人员、公用、专项经费分别为 5.73 万元、2.53 万元、0 万元；湖口县办事处管理费用支出 10.23 万元，其中，人员、公用、专项经费分别为 4.6 万元、5.63 万元、0 万元；都昌县办事处管理费用支出 12.85 万元，其中，人员、公用、专项经费分别为 8.06 万元、4.79 万元、0 万元；瑞昌市办事处管理费用支出 11.38 万元，其中，人员、公用、专项经费分别为 6.43 万元、4.95 万元、0 万元；庐山风景区办事处管理费用支出 6.8 万元，其中，人员、公用、专项经费分别为 4.03 万元、2.77 万元、0 万元。

四、资产风险状况

2018 年末，个人住房贷款逾期额 93.36 万元，逾期率 0.1‰。其中，市中心 0.1‰，浔阳办事处 0‰，修水县办事处 0‰，武宁县办事处 0.4‰，永修县办事处 0‰，共青城市办事处 0‰，德安县办事处 0‰，庐山市办事处 0‰，柴桑区办事处 0‰，都昌县办事处 0‰，湖口县办事处 0.5‰，彭泽县办事处 0‰，瑞昌市办事处 0‰。个人贷款风险准备金按贷款余额的 1% 提取。2018 年，提取个人贷款风险准备金 302.57 万元，使用个人贷款风险准备金核销呆坏账 0 万元。2018 年末，个人贷款风险准备金余额 14423.79 万元，占个人住房贷款余额的 1.65%，个人住房贷款逾期额与个人贷款风险准备金余额的比率为 0.65%。

五、社会经济效益

（一）缴存业务：2018 年，实缴单位数、实缴职工人数和缴存额同比分别增长 7.2%、0.5% 和 13.4%。

缴存单位中，国家机关和事业单位占 70.4%，国有企业占 13.3%，城镇集体企业占 1.0%，外商投资企业占 1.7%，城镇私营企业及其他城镇企业占 10%，民办非企业单位和社会团体占 1%，其他占 2.6%。

缴存职工中，国家机关和事业单位占 45.2%，国有企业占 20.8%，城镇集体企业占 0.7%，外商投资企业占 3.8%，城镇私营企业及其他城镇企业占 11.0%，民办非企业单位和社会团体占 16.9%，其他占1.6%；中、低收入占97.8%，高收入占2.2%。

新开户职工中，国家机关和事业单位占35.3%，国有企业占13.1%，城镇集体企业占2.7%，外商投资企业占7.5%，城镇私营企业及其他城镇企业占34.2%，民办非企业单位和社会团体占0.9%，其他占6.3%；中、低收入占99.2%，高收入占0.8%。

（二）**提取业务**：2018年，7.84万名缴存职工提取住房公积金22.64亿元。

提取金额中，住房消费提取占75.9%（购买、建造、翻建、大修自住住房占25.3%，偿还购房贷款本息占50.5%，租赁住房占0.1%，其他占0%）；非住房消费提取占24.1%（离休和退休提取占18.7%，完全丧失劳动能力并与单位终止劳动关系提取占4.4%，户口迁出本市或出境定居占0.3%，其他占0.7%）。

提取职工中，中、低收入占96.5%，高收入占3.5%。

（三）**贷款业务**：

1. **个人住房贷款**。2018年，支持职工购建房97.14万平方米，年末个人住房贷款市场占有率为9.27%，比上年减少6.34个百分点。通过申请住房公积金个人住房贷款，可节约职工购房利息支出27860.20万元。

职工贷款笔数中，购房建筑面积90（含）平方米以下占11.6%，90~144（含）平方米占80.9%，144平方米以上占7.5%。购买新房占81.2%（其中购买保障性住房占4.8%），购买二手房占18.8%，建造、翻建、大修自住住房占0%，其他占0%。

职工贷款笔数中，单缴存职工申请贷款占57.4%，双缴存职工申请贷款占42.6%，三人及以上缴存职工共同申请贷款占0%。

贷款职工中，30岁（含）以下占33.7%，30岁~40岁（含）占32.1%，40岁~50岁（含）占26.1%，50岁以上占8.1%；首次申请贷款占72.6%，二次及以上申请贷款占27.4%；中、低收入占97.5%，高收入占2.5%。

2. **异地贷款**。2018年，发放异地贷款229笔5042.8万元。2018年末，发放异地贷款总额70961.40万元，异地贷款余额57939.9万元。

3. **支持保障性住房建设试点项目贷款**。2018年末，累计试点项目3个，贷款额度3.79亿元，建筑面积42.95万平方米，可解决7304户中低收入职工家庭的住房问题。3个试点项目贷款资金已发放并还清贷款本息。

（四）**住房贡献率**：2018年，个人住房贷款发放额、公转商贴息贷款发放额、项目贷款发放额、住房消费提取额的总和与当年缴存额的比率为95.03%，比上年减少19.97个百分点。

六、其他重要事项

（一）当年住房公积金政策调整及执行情况

1. **调整缴存限额**。依据2018年度九江市在岗职工月平均工资及九江市最低工资标准计算，2018年度九江市住房公积金缴存额上限为3716元/月（单位和职工合计），缴存额下限为158元/月（单位和职工合计）。

2. **简化办事要件**。依据"放管服"改革和《关于印发〈江西省住房城乡建设系统改进作风、简政便民、服务发展十项措施〉的通知》文件要求，2018年，对单位和职工办理住房公积金业务从流程和要件上进行了优化简化：

（1）规范简化贷款、提取等14项业务办事要件。

（2）取消单位办理住房公积金缴存登记业务需提供各项资料的复印件；取消职工办理提取、贷款和本市内"账户合并"业务时单位盖章。

（3）取消职工办理提取、贷款业务时需提供身份证等各类办事要件复印件，由市住房公积金管理中心核对资料原件，并通过高拍仪等设备留存原件电子档案，不再要求提供纸质资料。

（4）取消职工提供贷款收入证明，根据住房公积金月缴存基数和缴存比例推算职工月工资收入，以此计算月偿还能力；取消填写《住房公积金提取申请表》和《贷款申请书》，改由职工在住房公积金管理中心提供的制式表格上签字确认。

（5）职工退休且账户已封存的，凭身份证即可销户提取住房公积金。

（二）当年服务改进情况

1. **开通12329短信告知服务**。2018年5月，开通12329住房公积金服务热线短信告知服务，首批短信类别包括：个人手机验证、提取住房公积金、开设个人公积金账户、公积金贷款发放、公积金贷款扣款成功、公积金贷款扣款失败、个人账户年度结息等7项。

2. **升级优化自助查询设备**。对自助查询设备进行了升级优化，职工通过身份证识别，即可查询缴存、贷款、还贷等信息，能够直接开具带有公章的公积金缴存、贷款结清等证明。

3. **"手机公积金"APP上线**。2018年11月13日，"手机公积金"APP客户端正式上线运行。职工除可查询个人账户信息、缴存明细、贷款还款数据等基础数据外，还可办理偿还购房贷款本息提取、退休提取、提前还款提取、按月提取签约等业务。

4. **设立城市服务窗口**。2018年12月12日，市住房公积金管理中心在中心城区的工商银行和建设银行设立了首批4个城市服务窗口，方便住房公积金提取业务"就近办"。

（三）当年信息化建设情况

1. **系统升级改造**。按照住房城乡建设部《基础数据标准》，2018年，市住房公积金管理中心对应用系统和数据库进行重新开发、升级，4月初新系统上线运行，并接入全国统一的住房公积金银行结算数据应用系统，实现了住房公积金业务的即时结算。将委托银行发放的个人贷款数据全部平移至市住房公积金中心业务系统，贷款由委托模式改为自主模式，实现了"让数据多跑路，让职工少跑路"。

2. **通过住房城乡建设部"双贯标"验收**。2018年9月18日，我市住房公积金"双贯标"工作通过了住房城乡建设部和江西省住房城乡建设厅联合检验组的检查验收。

（四）其他需要披露的情况

1. **接受专项审计情况**。2018年，九江市住房公积金管理中心接受了江西省审计厅民生资金专项审计、江西省住房城乡建设厅住房公积金业务检查、九江市人大民主评议等专项审计检查，针对反馈的问题，市住房公积金管理中心及时采取措施，年底前基本整改到位。

2. **开展扫黑除恶专项活动情况**。自2018年5月以来，由稽核科牵头，重点集中对"非法中介协助缴存职工以虚假手段违规提取住房公积金、骗取住房公积金贷款、收取高额手续费等涉黑涉恶问题"开展排查整治。截至12月底，共排查出10笔业务涉嫌违规，追回骗提资金59.3万元。

3. 开展新市民住房问题调研情况。2018年4月，根据住房城乡建设部《关于在全行业组织开展新市民住房问题专题调研的通知》要求，以湖口县和共青城市为调研样本采集县（市），市住房公积金管理中心组织实施该调研项目并撰写上报了《改革公积金制度保障新市民安居》的调研报告。

新余市住房公积金2018年年度报告

一、机构概况

（一）住房公积金管理委员会：住房公积金管理委员会有19名委员，2018年召开1次会议，审议通过的事项主要包括：2018年度公积金归集使用计划、2018年度公积金增值收益分配方案、公积金使用政策调整和综合服务平台建设事项。

（二）住房公积金管理中心：住房公积金管理中心为隶属于市政府不以营利为目的的社会公益类事业单位，设6个科室，1个办事处。从业人员32人，其中，在编29人，非在编3人。

二、业务运行情况

（一）缴存：2018年，新开户单位102家，实缴单位1090家，净增单位74家；新开户职工0.79万人，实缴职工9.12万人，净增职工0.19万人；缴存额12.78亿元，同比增长15.97%。2018年末，缴存总额80.55亿元，同比增长18.86%；缴存余额36.59亿元，同比增长18.68%。受委托办理住房公积金缴存业务的银行2家，当年无变化。

（二）提取：2018年，提取额7.01亿元，同比下降11.15%；占当年缴存额的54.85%，比上年减少16.73个百分点。2018年末，提取总额43.95亿元，同比增长18.98%。

（三）贷款：个人住房贷款最高额度50万元，其中，单缴存职工最高额度50万元，双缴存职工最高额度50万元。

2018年，发放个人住房贷款0.23万笔6.87亿元，同比分别下降14.81%、13.04%。回收个人住房贷款3.1亿元。

2018年末，累计发放个人住房贷款2.32万笔47.32亿元，贷款余额29.11亿元，同比分别增长11%、16.98%、14.88%。个人住房贷款余额占缴存余额的79.56%，比上年减少2.64个百分点。受委托办理住房公积金个人住房贷款业务的银行9家，当年无变化。

（四）资金存储：2018年末，住房公积金存款7.07亿元。其中，活期0.57亿元，1年（含）以下定期1.5亿元，1年以上定期5亿元。

（五）资金运用率：2018年末，住房公积金个人住房贷款余额、项目贷款余额和购买国债余额的总和占缴存余额的79.56%，比上年减少2.64个百分点。

三、主要财务数据

（一）业务收入：2018年，业务收入10879.81万元，同比下降0.65%，其中，存款利息1755.08万元，委托贷款利息 8923.88 万元，其他 200.85 万元。

（二）业务支出：2018 年，业务支出 4887.58 万元，同比增长 15.28%。其中，支付职工住房公积金利息 4550.99 万元，委托贷款手续费 328.84 万元，其他 7.75 万元。

（三）增值收益：2018 年，增值收益 5992.23 万元，同比下降 10.72%，增值收益率 1.79%，比上年减少 0.56 个百分点。

（四）增值收益分配：2018 年，提取贷款风险准备金 752.71 万元，提取管理费用 445.9 万元，提取城市廉租住房（公共租赁住房）建设补充资金 4793.61 万元。

2018 年，上交财政管理费用 445.9 万元。上缴财政城市廉租住房（公共租赁住房）建设补充资金 5102.16 万元。

2018 年末，贷款风险准备金余额 5820.92 万元。累计提取城市廉租住房（公共租赁住房）建设补充资金 29735.77 万元。

（五）管理费用支出：2018 年，管理费用支出 882.09 万元，同比增长 4.09%。其中，人员经费 486.53 万元，公用经费 144.09 万元，专项经费 251.47 万元。

四、资产风险状况

个人住房贷款：2018 年末，个人住房贷款逾期额 27.34 万元，逾期率 0.09‰。

个人贷款风险准备金按贷款余额的 2% 提取。2018 年，提取个人贷款风险准备金 752.71 万元，当年无核销呆坏账。2018 年末，个人贷款风险准备金余额 5820.92 万元，占个人住房贷款余额的 2%，个人住房贷款逾期额与个人贷款风险准备金余额的比率为 0.47%。

五、社会经济效益

（一）缴存业务：2018 年，实缴单位数、实缴职工人数和缴存额同比分别增长 7.28%、2.13% 和 15.97%。

缴存单位中，国家机关和事业单位占 51.43%，国有企业占 22.93%，城镇集体企业占 2.53%，外商投资企业占 3.37%，城镇私营企业及其他城镇企业占 15.57%，民办非企业单位和社会团体占 2.47%，其他占 1.69%。

缴存职工中，国家机关和事业单位占 29.78%，国有企业占 49.84%，城镇集体企业占 0.79%，外商投资企业占 6.56%，城镇私营企业及其他城镇企业占 9.28%，民办非企业单位和社会团体占 3.46%，其他占 0.28%；中、低收入占 95.46%，高收入占 4.54%。

新开户职工中，国家机关和事业单位占 17.71%，国有企业占 18.01%，城镇集体企业占 0.11%，外商投资企业占 18.26%，城镇私营企业及其他城镇企业占 31.02%，民办非企业单位和社会团体占 14.46%，其他占 0.43%；中、低收入占 99.33%，高收入占 0.67%。

（二）提取业务：2018 年，2.55 万名缴存职工提取住房公积金 7.01 亿元。

提取金额中，住房消费提取占 68.86%（购买、建造、翻建、大修自住住房占 33.19%，偿还购房贷款本息占 34.54%，租赁住房占 1.13%）；非住房消费提取占 31.14%（离休和退休提取占 23.2%，完全丧失劳动能力并与单位终止劳动关系提取占 4.31%，户口迁出本市或出境定居占 0.39%，其他占 3.25%)。

提取职工中，中、低收入占 94.39%，高收入占 5.61%。

(三) 贷款业务：

1. **个人住房贷款**。2018 年，支持职工购建房 28.65 万平方米，年末个人住房贷款市场占有率为 14.73%，比上年增加 0.09 个百分点。通过申请住房公积金个人住房贷款，可节约职工购房利息支出 26913 万元。

职工贷款笔数中，购房建筑面积 90 (含) 平方米以下占 12.63%，90～144 (含) 平方米占 71.79%，144 平方米以上占 15.58%。购买新房占 73.54%，购买二手房占 26.46%。

职工贷款笔数中，单缴存职工申请贷款占 22.52%，双缴存职工申请贷款占 77.48%。

贷款职工中，30 岁 (含) 以下占 25.34%，30 岁～40 岁 (含) 占 37.46%，40 岁～50 岁 (含) 占 27.44%，50 岁以上占 9.72%；首次申请贷款占 89.55%，二次及以上申请贷款占 10.45%；中、低收入占 95.72%，高收入占 4.28%。

2. **异地贷款**。2018 年，发放异地贷款 297 笔 6852.5 万元。2018 年末，发放异地贷款总额 31293.8 万元，异地贷款余额 26874.02 万元。

(四) **住房贡献率**：2018 年，个人住房贷款发放额、公转商贴息贷款发放额、项目贷款发放额、住房消费提取额的总和与当年缴存额的比率为 91.56%，比上年减少 36.02 个百分点。

六、其他重要事项

(一) 当年住房公积金政策调整及执行情况：

1. **缴存基数限额调整情况**。2018 年住房公积金月缴存上限为 4094 元，月缴存下限为 296 元，住房公积金缴存比例不低于 5%，不高于 12%。

2. **提取政策调整情况**。调整了购房、偿还住房贷款提取直系亲属公积金政策，提取人限定为房屋产权共有人。

3. **贷款政策调整情况**。公积金贷款实行"认贷又认房"政策，停止发放第三套及以上住房贷款。调整了贷款首付比例，首套房最低首付款比例提高为 30%，二套房最低首付比例提高为 40%，且贷款利率上浮 10%。调整了公积金贷款最高额度，贷款最高额度从 60 万元调整到 50 万元。暂停了省外缴存职工在本市申请公积金贷款。

住房公积金存贷款利率执行标准。公积金存款利率：当年归集和上年结转的公积金统一按一年期定期存款基准利率 1.50% 执行。公积金贷款利率：五年期以下为 2.75%，五年期以上为 3.25%。

(二) **当年服务改进情况**：全力推进了"放管服"改革、简政便民工作，通过减材料、减环节、减时间，推进了服务水平的不断提升。实行午休、双休照常上班制度，提供错时延时服务。取消替代了一部分证明材料，取消了办事资料复印件，向社会公布了办事资料清单，取消了公积金提取单位盖章、公积金贷款单位收入盖章和开发商担保盖章等流程，设立了委托银行派驻柜台，实现公积金贷款只进一扇门就能办结，减少了群众跑腿环节。

(三) **当年信息化建设情况**：通过了住房城乡建设部"双贯标"验收，加快推进了综合服务平台建设，开通了 12329 公积金短信服务，完成了网上服务大厅、手机 APP 系统开发，将服务向互联网、手机等介质延伸。建设了贷款自主核算系统，改变了贷款核算依托委托银行的管理模式，实现了自主核算、自主管理。

（四）当年所获荣誉情况：2018年中心先后获省文明单位、市精神文明建设先进单位、机关党建先进单位、党员示范单位等荣誉称号。

鹰潭市住房公积金2018年年度报告

一、机构概况

（一）住房公积金管理委员会：住房公积金管理委员会有25名委员，管委会审议通过2018年度住房公积归集、使用计划执行情况，并对其他重要事项进行决策。

（二）住房公积金管理中心：鹰潭市住房公积金管理中心为市政府直属不以营利为目的的公益一类事业单位，主要负责全市住房公积金的归集、管理、使用、和会计核算。目前中心内设4个科室，3个办事处，从业人员50人，其中，在编35人，非在编15人。

二、业务运行情况

（一）缴存：2018年，新开户单位83家，实缴单位1237；新开户职工0.49万人，实缴职工6.29万人；当年缴存额9.54亿元，同比增长1.49%。截至2018年底，缴存总额65.56亿元，缴存余额33.02亿元，分别同比增长17%、9.85%。

受委托办理住房公积金缴存业务的银行3家，与上年相同。

（二）提取：2018年，提取额6.58亿元，同比增长26.54%；占当年缴存额的68.97%，比上年增长13.65个百分点。截至2018年底，提取总额32.55亿元，同比增长25.34%。

（三）贷款：个人住房贷款最高额度70万元，其中，单缴存职工最高额度50万元，双缴存职工最高额度70万元。

2018年，发放个人住房贷款2356笔7.74亿元，同比分别增长4.11%、10.57%。其中，市中心发放个人住房贷款1148笔4.12亿元，贵溪办事处发放个人住房贷款748笔2.15亿元，余江办事处发放个人住房贷款457笔1.46亿元，龙虎山办事处发放个人住房贷款3笔114万元。

2018年，回收个人住房贷款4.03亿元。其中，市中心2.33亿元，贵溪办事处1.22亿元，余江办事处0.48亿元。

2018年末，累计发放个人住房贷款1.97万笔46.95亿元，贷款余额29.64亿元，同比分别增长13.21%、19.78%、14.31%。个人住房贷款余额占缴存余额的89.76%，比上年增加3.5个百分点。

受委托办理住房公积金个人住房贷款业务的银行7家，分别为：建设银行、中国银行、农业银行、工商银行、江西银行、九江银行、邮政储蓄银行，其中九江银行、邮政储蓄银行为2018年新增受委托办理住房公积金个人住房贷款业务的银行。

（四）融资：2018 年，融资 0 亿元，归还 1.15 亿元。2018 年末，融资总额 4.55 亿元，融资余额 0 亿元。

（五）资金存储：2018 年末，住房公积金存款 3.91 亿元。其中，活期 0.5 亿元，1 年以上定期 3.41 亿元。

（六）资金运用率：2018 年末，住房公积金个人住房贷款余额、项目贷款余额和购买国债余额的总和占缴存余额的 89.7%，比上年增加 3.5 个百分点。

三、主要财务数据

（一）业务收入：2018 年，业务收入 11644.97 万元，同比增长 3.6%。其中，市中心 6508.48 万元，贵溪办事处 3878.36 万元，余江办事处 1258.13 万元，存款利息 2020.65 万元，增值收益存款利息 1.48 万元，委托贷款利息 8857.51 万元，其他 765.33 万元。

（二）业务支出：2018 年，业务支出 5750.82 万元，同比下降 1.9%。其中，市中心 3013.06 万元，贵溪办事处 2101.35 万元，余江办事处 636.41 万元，支付职工住房公积金利息 4796.46 万元，归集手续费 0 万元，委托贷款手续费 185.15 万元，短期借款利息支出 107.39 万元，其他 661.82 万元。

（三）增值收益：2018 年，增值收益 5894.15 万元，同比增长 9.52%。其中，市中心 3495.42 万元，贵溪办事处 1777.01 万元，余江办事处 621.72 万元，增值收益率 1.87%，比上年减少 0.05 个百分点。

（四）增值收益分配：2018 年，提取贷款风险准备金 370.71 万元，提取管理费用 1479.8 万元，提取城市廉租住房（公共租赁住房）建设补充资金 4043.64 万元。

2018 年，上交财政管理费用 1479.8 万元。上缴财政城市廉租住房（公共租赁住房）建设补充资金 4043.64 万元。

2018 年末，贷款风险准备金余额 2963.53 万元。累计提取城市廉租住房（公共租赁住房）建设补充资金 25379.65 万元。

（五）管理费用支出：2018 年，管理费用支出 1321.58 万元，同比增长 32.49%。其中，人员经费 495.03 万元，公用经费 217.54 万元，专项经费 609.01 万元。

市中心管理费用支出 1094.02 万元，其中，人员、公用、专项经费分别为 341.5 万元、143.51 万元、609.01 万元；贵溪办事处管理费用支出 123.09 万元，其中，人员、公用、专项经费分别为 79.29 万元、43.8 万元、0 万元；余江办事处管理费用支出 82.05 万元，其中，人员、公用、专项经费分别为 58.48 万元、23.57 万元、0 万元；龙虎山办事处管理费用支出 22.42 万元，其中，人员、公用、专项经费分别为 15.76 万元、6.66 万元、0 万元。

四、资产风险状况

截至 2018 年底，个人住房贷款逾期额 0.81 万元，逾期率为 0.0027‰。

2018 年，提取个人贷款风险准备金 370.71 万元，使用个人贷款风险准备金核销呆坏账 0 万元。2018 年末，个人贷款风险准备金余额 2963.53 万元，个人住房贷款逾期额与个人贷款风险准备金余额的比率为 0.27‰。

五、社会经济效益

（一）**缴存业务**：2018年，缴存单位中，国家机关和事业单位占68.15%，国有企业占9.7%，外商投资企业占1.37%，城镇私营企业及其他城镇企业占12.77%，民办非企业单位和社会团体占2.34%，其他占5.67%。

缴存职工中，国家机关和事业单位占54.62%，国有企业占29.33%，外商投资企业占1.49%，城镇私营企业及其他城镇企业占8.55%，民办非企业单位和社会团体0.62%，其他占5.39%；中、低收入占98.26%，高收入占1.74%。

新开户职工中，国家机关和事业单位占31.18%，国有企业占18.82%，外商投资企业占4.23%，城镇私营企业及其他城镇企业占33.98%，民办非企业单位和社会团体占2.08%，其他占9.71%；中、低收入占99.41%，高收入占0.59%。

（二）**提取业务**：2018年，27575名缴存职工提取住房公积金6.58亿元。

提取金额中，住房消费提取占69.77%（购买、建造、翻建、大修自住住房占33.21%，偿还购房贷款本息占35.03%，租赁住房占1.53%，）；非住房消费提取占30.23%（离休和退休提取占24.07%，完全丧失劳动能力并与单位终止劳动关系提取占2.95%，户口迁出本市或出境定居占0.97%，其他占2.24%）。

提取职工中，中、低收入占96.71%，高收入占3.29%。

（三）**贷款业务**：

1. **个人住房贷款**。2018年，支持职工购建房28.6万平方米，年末个人住房贷款市场占有率为23.9%，比上年减少18.57个百分点。通过申请住房公积金个人住房贷款，可节约职工购房利息支出24779.87万元。

职工贷款笔数中，购房建筑面积90（含）平方米以下占16.13%，90~144（含）平方米占72.75%，144平方米以上占11.12%。购买新房占72.2%，其他占27.8%。

职工贷款笔数中，单缴存职工申请贷款占25.13%，双缴存职工申请贷款占74.87%。

贷款职工中，30岁（含）以下占37.1%，30岁~40岁（含）占34.34%，40岁~50岁（含）占21.22%，50岁以上占7.34%；首次申请贷款占91.64%，二次及以上申请贷款占8.36%；中、低收入占99.91%，高收入占0.09%。

2. **异地贷款**。2018年，发放异地贷款354笔11553.6万元。截至2018年底，发放异地贷款总额25533.5万元，异地贷款余额23593.3万元。

（四）**住房贡献率**：2018年，个人住房贷款发放额、公转商贴息贷款发放额、项目贷款发放额、住房消费提取额的总和与当年缴存额的比率为150.15%，比上年增加20.42个百分点。

六、其他重要事项

（一）当年机构及职能调整情况、受委托办理缴存贷款业务金融机构变更情况：

1. 当年无机构及职能调整情况。

2. 2018年新增受委托办理住房公积金个人住房贷款业务的银行2家：九江银行、邮政储蓄银行。

（二）当年住房公积金存贷款利率调整及执行情况：

1. 2018年住房公积金存款利率调整及执行情况。2018年住房公积金存款利率未调整，执行原利率。即统一按一年期基准利率1.5%。

2. 2018年住房公积金贷款利率调整及执行情况。2018年住房公积金贷款利率未调整，执行原利率。即5年（含）及以下贷款利率为2.75%，5年以上贷款利率为3.25%。

（三）2018年公积金政策及执行情况：

1. **缴存方面。**

缴存基数限额及确定方法、缴存比例调整情况。以我市统计局2018年度职工月平均工资数据计算为依据，确定2018年鹰潭市职工住房公积金月缴存额（含单位、个人两部分）最高原则上不超过3938元，最低不得低于312元。

2. **贷款方面。**

开通按月对冲住房公积金偿还贷款业务。为切实支持缴存职工个人住房消费，减轻住房公积金借款职工的还款压力，支持缴存职工个人住房消费，经2018年度市住房公积金管理委员会全体会议研究决定，自2018年9月1日起开通按月对冲住房公积金偿还贷款业务。

（四）信息化建设情况：

1. **更换核心业务系统。** 2018年4月8日我"中心"的新业务系统正式上线，新系统启用后，具有多种核算并存、贷款自主核算、财务自动处理、机控能力增强、数据实时交换、业务实时到账、档案电子化等优点，职工办理部分业务从最多跑一次到一次不跑。

2. **综合服务平台建设。**

（1）手机APP。手机APP上线后，不仅能查询缴存、提取、贷款等详细信息，还能办理离职提取、退休提取、更改手机号码、贷款进度、签约对冲还贷、提前还本、提前结清、手机审批（中心工作人员审批业务）等，截至目前，为全省13家公积金管理中心中最早开通手机APP办理业务，并开通业务最多的"中心"。

（2）城市服务与赣服通。打开支付宝进入城市服务刷一刷脸就能知晓自己的公积金详细信息。鹰潭公积金的缴存、提取、贷款等业务查询随江西省赣服通第一批上线。

（3）公积金网上业务大厅。公积金网上业务大厅含单位网厅、开发商网厅、个人网厅，相应的单位、开发商及缴存职工都可以在网上办理已经开放的业务。

（4）12329热线和12329短信。职工拨打12329热线电话后，可咨询相关业务；职工在中心办理业务发生资金变动后都会以短信通知形式告知。

（5）自助终端。鹰潭公积金在市便民服务中心、市公积金管理中心办事大厅、贵溪公积金办事大厅、余江公积金办事大厅都放置了自助终端查询机，缴存职工在自助查询机刷身份证后可以查询自己的公积金详细信息。

（6）鹰潭公积金官方微信、官方网站、官方微博均已开通。

（7）全省第一批开通异地转移接续直连。以往在我市办理异地转移接续业务，缴存职工需到市住房公积金管理中心柜台提交异地转入申请资料，受理柜台再将资料移交市住房公积金管理中心异地转移接续操作岗，异地转移接续操作人员再以Web方式登录平台操作受理业务。

此次以直连方式接入平台后，缴存职工到市住房公积金管理中心柜台提交异地转移申请资料后，柜台受理人员可通过核心业务系统即时办理转入申请，异地公积金中心收到信息，支付资金后即可办结。直连模式大大提高了工作效率，降低了办事成本，有效提升缴存职工满意度。

双贯标及数据共享。2018年10月份住房城乡建设部"双贯标"（《关于贯彻住房公积金基础数据标准》、《住房公积金银行结算数据应用系统与公积金中心接口标准》）专家组对鹰潭公积金的"双贯标"情况进行了考核验收，专家组成员一致认可鹰潭公积金"双贯标"工作，鹰潭公积金"双贯标"工作项目以高分通过验收。

为切实打造"智慧公积金"，我"中心"正在与有关部门一起开发接口，推动建立与人行征信系统、不动产登记、房产交易、公安身份认证等数据共享，提升管理服务现代化水平。

（五）当年住房公积金管理中心及职工所获荣誉情况： 2018年，我中心在保持公积金事业稳步健康发展的同时，其他各项事业也获得了可喜的成绩。精神文明创建工作方面，继续保留了全国文明单位的荣誉；绩效管理荣获全市良好；社会治安综合治理荣获全市优秀；公共机构节能荣获全市先进；行政服务工作荣获全市优秀专业服务大厅；群众体育荣获全市气排球协作赛优秀；计划生育荣获月湖区先进。

赣州市住房公积金2018年年度报告

一、机构概况

（一）**住房公积金管理委员会**：住房公积金管理委员会有24名委员，2018年召开1次全体会议，审议通过的事项主要包括：《2018年工作总结和2018年工作计划》的报告、《关于公布赣州市住房公积金2018年年度报告的请示》、《关于要求审批2018年住房公积金资金运营计划的请示》、《关于确定2018年我市住房公积金缴存比例及缴存基数的请示》和《关于在我市就业的港澳同胞缴存使用住房公积金有关事项的通知》。

（二）**住房公积金管理中心**：住房公积金管理中心为直属于市政府、由市财政局代管不以营利为目的的副县级自收自支事业单位，主要负责全市住房公积金的归集、管理、使用和会计核算。中心设6个科室，18个办事处。从业人员193人，其中，在编118人，非在编75人。

二、业务运行情况

（一）**缴存**：2018年，新开户单位679家，实缴单位7563家，净增单位674家；新开户职工6.38万人，实缴职工39.02万人，净增职工5.4万人；缴存额47.4亿元，同比增长8.29%。2018年末，缴存总额291.22亿元，同比增长19.44%；缴存余额172.89亿元，同比增长11.72%。

受委托办理住房公积金缴存业务的银行5家，比上年增加（减少）0家。

（二）提取：2018年，提取额29.26亿元，同比增长19.97%；占当年缴存额的61.73%，比上年增加6.01个百分点。2018年末，提取总额118.32亿元，同比增长32.84%。

（三）贷款：个人住房贷款最高额度中心城区50万元，其他县（市）40万元，双缴存职工最高额度50万元。

2018年，发放个人住房贷款0.59万笔21.99亿元，同比分别下降27.16%、28.6%。

2018年，回收个人住房贷款16.87亿元。

2018年末，累计发放个人住房贷款12.84万笔270.41亿元，贷款余额183.33亿元，同比分别增长4.82%、8.85%、2.87%。个人住房贷款余额占缴存余额的106.04%，比上年减少9.12个百分点。

受委托办理住房公积金个人住房贷款业务的银行6家，比上年增加（减少）0家。

（四）融资：2018年，融资0亿元，归还16.41亿元。2018年末，融资总额48.4亿元，融资余额11.96亿元。

（五）资金存储：2018年末，住房公积金存款0亿元。其中，活期0亿元，1年（含）以下定期0亿元，1年以上定期0亿元，其他（协定、通知存款等）0亿元。

（六）资金运用率：2018年末，住房公积金个人住房贷款余额、项目贷款余额和购买国债余额的总和占缴存余额的106.04%，比上年减少9.12个百分点。

三、主要财务数据

（一）业务收入：2018年，业务收入60703.09万元，同比增长3.48%。存款利息1241.51万元，委托贷款利息58481.58万元，国债利息0万元，其他980万元。

（二）业务支出：2018年，业务支出38814.43万元，同比下降4.66%。支付职工住房公积金利息25276.98万元，归集手续费0万元，委托贷款手续费2928.21万元，其他10609.24万元。

（三）增值收益：2018年，增值收益21888.66万元，同比增长21.97%。增值收益率1.16%，比上年减少0.08个百分点。

（四）增值收益分配：2018年，提取贷款风险准备金666.33万元，提取管理费用3878万元，提取城市廉租住房（公共租赁住房）建设补充资金17344.33万元。

2018年，上交财政管理费用3878万元。上缴财政城市廉租住房（公共租赁住房）建设补充资金9419.95万元。

2018年末，贷款风险准备金余额18493.30万元。累计提取城市廉租住房（公共租赁住房）建设补充资金89890.13万元。

（五）管理费用支出：2018年，管理费用支出4137.89万元，同比增长32.66%。其中，人员经费2679.10万元，公用经费493.80万元，专项经费964.99万元。

四、资产风险状况

2018年末，个人住房贷款逾期额240.11万元，逾期率0.13‰。

个人贷款风险准备金按（贷款余额或增值收益）的1%提取。2018年，提取个人贷款风险准备金

666.33万元,使用个人贷款风险准备金核销呆账 0 万元。2018 年末,个人贷款风险准备金余额 18493.29 万元,占个人住房贷款余额的 1%,个人住房贷款逾期额与个人贷款风险准备金余额的比率为 1.3%。

五、社会经济效益

(一)缴存业务:2018 年,实缴单位数、实缴职工人数和缴存额同比分别增长 6.97%、5.37% 和 8.29%。

缴存单位中,国家机关和事业单位占 62.79%,国有企业占 11.91%,城镇集体企业占 0.78%,外商投资企业占 0.3%,城镇私营企业及其他城镇企业占 13.65%,民办非企业单位和社会团体占 8.37%,其他占 2.2%。

缴存职工中,国家机关和事业单位占 61.17%,国有企业占 19.55%,城镇集体企业 1.07%,外商投资企业占 0.77%,城镇私营企业及其他城镇企业占 13.92%,民办非企业单位和社会团体占 2.29%,其他占 1.23%;中、低收入占 99.99%,高收入占 0.01%。

新开户职工中,国家机关和事业单位占 34.92%,国有企业占 19.39%,城镇集体企业占 1.13%,外商投资企业占 1.83%,城镇私营企业及其他城镇企业占 33.8%,民办非企业单位和社会团体占 5.99%,其他 2.94%;中、低收入占 99.98%,高收入占 0.02%。

(二)提取业务:2018 年,14.85 万名缴存职工提取住房公积金 29.26 亿元。

提取金额中,住房消费提取占 71.49%(购买、建造、翻建、大修自住住房占 17.35%,偿还购房贷款本息占 53.38%,租赁住房占 0.76%,其他占 0%);非住房消费提取占 28.51%(离休和退休提取占 23.96%,完全丧失劳动能力并与单位终止劳动关系提取占 0.76%,户口迁出本市或出境定居 0.53%,其他占 3.26%)。

提取职工中,中、低收入占 99.98%,高收入占 0.02%。

(三)贷款业务:

1. 个人住房贷款。2018 年,支持职工购建房 73.29 万平方米,年末个人住房贷款市场占有率为 1.73%,比上年减少 14.98 个百分点。通过申请住房公积金个人住房贷款,可节约职工购房利息支出 43829.32 万元。

职工贷款笔数中,购房建筑面积 90(含)平方米以下占 8.52%,90~144(含)平方米占 75.30%,144 平方米以上占 16.18%。购买新房占 63.33%(其中购买保障性住房占 0.02%),购买存量商品住房 36.02%,其他 0,建造、翻建、大修自住住房占 0.65%。

职工贷款笔数中,单缴存职工申请贷款占 59.1%,双缴存职工申请贷款占 40.9%,三人及以上缴存职工共同申请贷款占 0%。

贷款职工中,30 岁(含)以下占 41.17%,30 岁~40 岁(含)占 32.44%,40 岁~50 岁(含)占 19.74%,50 岁以上占 6.65%;首次申请贷款占 96.03%,二次及以上申请贷款占 3.97%;中、低收入占 100%,高收入占 0%。

2. 异地贷款。2018 年,发放异地贷款 0 笔 0 万元。2018 年末,发放异地贷款总额 20884.4 万元,异地贷款余额11331.3万元。

（四）住房贡献率：2018年，个人住房贷款发放额、公转商贴息贷款发放额、项目贷款发放额、住房消费提取额的总和与当年缴存额的比率为90.52%，比上年减少19.81个百分点。

六、其他重要事项

（一）当年住房公积金政策调整及执行情况：

1. 当年缴存基数限额及确定方法、缴存比例等缴存政策调整情况。当年缴存基数限额及确定方法：①住房公积金的月缴存基数按上一年度职工月平均工资总额核定（月工资总额按照国家统计部门规定的工资总额计算），但最高不超过本市统计部门公布的上一年度职工月平均工资的3倍，最低缴存基数及缴存额下限按上一年度职工月平均工资的60%确定的标准执行。中心城区（含南康区、赣县区）月缴存基数上限为14676元，下限为2935元，月缴存额上限为3522（含单位、个人两部分，下同），下限为294元；其他县（市）月缴存基数上限为12726元，下限为2545元，月缴存额上限为3054元，下限为254元。②城镇个体工商户月缴存住房公积金的工资基数，按照缴存人上一年度月平均纳税收入计算。

当年缴存比例：我市行政、事业单位住房公积金缴存比例按单位和个人各为12%执行，其他单位住房公积金缴存比例可根据单位实际情况按单位和个人各为5%至12%执行。

缴存政策调整情况：①支持在我市就业的港澳台同胞缴存住房公积金。已缴存住房公积金的港澳台同胞，与我市缴存职工同等享有提取个人住房公积金、申请住房公积金个人贷款等权利。②单位缴存住房公积金确有困难的，经本单位职工代表大会或工会讨论后，可向单位所在地办事处提出降低住房公积金缴存比例、缓缴住房公积金申请。

2. 当年提取政策调整情况。2018年5月，取消目前办理跨归集点转移业务中使用的纸质版《职工住房公积金转移通知书》和职工身份证复印件，全面实现我市住房公积金办理个人业务"零盖章"；规定与单位解除或终止劳动关系名义提取的，封存满半年后方可提取。

2018年8月，新增了享受城镇居民最低生活保障提取。

3. 当年个人住房贷款最高贷款、贷款条件等贷款政策调整情况。个人住房贷款最高额度与上一年度相同：中心城区个人住房贷款最高额度50万元，其中单缴存职工最高额度40万元，或按计算公式计算可贷金额；其他县（市）个人住房贷款最高额度40万元，其中单缴存职工最高额度30万元，或按计算公式计算可贷金额。

2018年2月，要求房地产开发企业办理预售许可证及商业贷款楼盘准入、备案时，应同时到各办事处办理住房公积金贷款楼盘预准入手续，签订《赣州市住房公积金住房贷款预准入承诺书》。对存在限制、阻挠、拒绝购房人使用住房公积金贷款的房地产企业进行约谈通报、记录信用档案，责令其限期改正。

4. 当年住房公积金贷款利率执行标准。住房公积金贷款利率按照中国人民银行规定利率执行。贷款年限1~5年的，按年息2.75%执行，贷款年限6~30年的，按年息3.25%执行。

（二）当年住房公积金管理中心及职工所获荣誉情况：荣获"赣州市第九届文明单位"、"社会治安综合治理先进单位"；1人被评为"2018年度脱贫攻坚优秀驻村工作队员"。

吉安市住房公积金2018年年度报告

一、机构概况

（一）住房公积金管理委员会：住房公积金管理委员会有26名委员，2018年召开1次会议，审议通过的事项主要包括：审议通过2018年度住房公积金归集、使用计划执行情况，并对其他重要事项进行决策，主要包括审议了2018年住房公积金增值分配方案、审议调整了部分管理政策、审议通过了2018年住房公积金缴存基数比例、审议通过了2018年归集使用计划等。

（二）住房公积金管理中心：住房公积金管理中心为不以营利为目的参照公务员管理的事业单位，设4个科室，11个办事处。从业人员114人，其中，在编72人，非在编42人。

二、业务运行情况

（一）缴存：2018年，新开户单位273家，实缴单位6180家，净增单位4家；新开户职工2.55万人，实缴职工21.45万人，净减职工1.31万人；缴存额29.22亿元，同比增长4.4%。2018年末，缴存总额175.8亿元，同比增长19.93%；缴存余额99.11亿元，同比增长15.55%。

受委托办理住房公积金缴存业务的银行11家，未新增银行。

（二）提取：2018年，提取额15.87亿元，同比增长21.95%；占当年缴存额的54.31%，比上年增加7.79个百分点。2018年末，提取总额76.7亿元，同比增长26.11%。

（三）贷款：个人住房贷款最高额度50万元，其中，单缴存职工最高额度50万元，双缴存职工最高额度50万元。

2018年，发放个人住房贷款0.48万笔18.62亿元，同比分别下降36%、31.17%（表1）。

个人住房贷款对比 表1

办事处名称	全年贷款发放笔数（笔）	全年贷款发放金额（万元）	全年贷款回收额（万元）
市本级	1634	67019.20	47197.40
井冈山市	249	8550.80	3218.03
吉安县	276	9469.20	5323.35
新干县	158	6315.80	4125.60
永丰县	96	3775.10	3553.87
峡江县	289	10879.10	2441.92
吉水县	387	15847.20	5102.72
泰和县	435	15645.00	6792.71
万安县	127	4909.50	5582.95
遂川县	575	21716.90	5450.06
安福县	238	8991.60	5921.53
永新县	377	13041.10	3762.62
合计	4841	186160.50	98472.76

2018年末，累计发放个人住房贷款7.06万笔147.96亿元，贷款余额104.31亿元，同比分别增长7.29％、14.4％、9.18％。个人住房贷款余额占缴存余额的105.25％，比上年减少6.16个百分点。

受委托办理住房公积金个人住房贷款业务的银行7家，无新增。

(四) 融资：2018年，融资4亿元，归还13.8亿元。2018年末，融资总额44.07亿元，融资余额2亿元。

(五) 资金存储：2018年末，住房公积金存款2.66亿元。其中，活期2.26亿元，1年（含）以下定期0亿元，1年以上定期0.4亿元，其他（协定、通知存款等）0亿元。

(六) 资金运用率：2018年末，住房公积金个人住房贷款余额、项目贷款余额和购买国债余额的总和占缴存余额的105.25％，比上年减少6.15个百分点。

三、主要财务数据

(一) 业务收入：2018年，业务收入35696.69万元，同比增长13.75％。其中，存款利息749.39万元，委托贷款利息32304.9万元，国债利息0万元，其他2642.4万元。

(二) 业务支出：2018年，业务支出17151.31万元，同比下降3.82％。其中，支付职工住房公积金利息14345.46万元，归集手续费0万元，委托贷款手续费412.62万元，其他2393.23万元。

(三) 增值收益：2018年，增值收益18545.38万元，同比增长36.87％。其中，增值收益率1.87％，比上年增加0.14个百分点。

(四) 增值收益分配：2018年，提取贷款风险准备金10431.35万元，提取管理费用1639.25万元，提取城市廉租住房（公共租赁住房）建设补充资金6474.78万元。

2018年，上交财政管理费用1700万元。上缴财政城市廉租住房（公共租赁住房）建设补充资金2294.67万元。

2018年末，贷款风险准备金余额44676.46万元。累计提取城市廉租住房（公共租赁住房）建设补充资金37895.37万元。

(五) 管理费用支出：2018年，管理费用支出1914.31万元，同比增长18.5％。其中，人员经费1422.95万元，公用经费422.92万元，专项经费68.44万元。

四、资产风险状况

2018年末，个人住房贷款逾期额9.54万元，逾期率0.009‰。

个人贷款风险准备金按贷款余额的1％提取。2018年，提取个人贷款风险准备金10431.35万元，使用个人贷款风险准备金核销呆坏账0万元。2018年末，个人贷款风险准备金余额44676.46万元，占个人住房贷款余额的4.28％，个人住房贷款逾期额与个人贷款风险准备金余额的比率为0.02％。

五、社会经济效益

(一) 缴存业务：2018年，实缴单位数、实缴职工人数同比分别下降21.96％、5.77％和和缴存额同比增长4.4％。

缴存单位中，国家机关和事业单位占74.16％，国有企业占6.89％，城镇集体企业占1.12％，外商投资企业占0.58％，城镇私营企业及其他城镇企业占7.1％，民办非企业单位和社会团体占2.07％，其他占 8.08%。

缴存职工中，国家机关和事业单位占 58.13%，国有企业占 13.04%，城镇集体企业占 1.72%，外商投资企业占 3.6%，城镇私营企业及其他城镇企业占 11.27%，民办非企业单位和社会团体占 2.44%，其他占 9.8%；中、低收入占 99.39%，高收入占 0.61%。

新开户职工中，国家机关和事业单位占 26.1%，国有企业占 4.93%，城镇集体企业占 1.21%，外商投资企业占 6.13%，城镇私营企业及其他城镇企业占 35.62%，民办非企业单位和社会团体占 5.19%，其他占 20.82%；中、低收入占 99.8%，高收入占 0.2%。

（二）提取业务：2018 年，5.24 万名缴存职工提取住房公积金 15.87 亿元。

提取金额中，住房消费提取占 68.62%（购买、建造、翻建、大修自住住房占 22.18%，偿还购房贷款本息占 46.12%，租赁住房占 0.32%，其他占 0%）；非住房消费提取占 31.38%（离休和退休提取占 25.08%，完全丧失劳动能力并与单位终止劳动关系提取占 2.27%，户口迁出本市或出境定居占 2.9%，其他占 1.13%）。

提取职工中，中、低收入占 99.25%，高收入占 0.75%。

（三）贷款业务：

1. 个人住房贷款。2018 年，支持职工购建房 64.23 万平方米，年末个人住房贷款市场占有率为 7.34%，比上年减少 13.74 个百分点。通过申请住房公积金个人住房贷款，可节约职工购房利息支出 61075.84 万元。

职工贷款笔数中，购房建筑面积 90（含）平方米以下占 7.93%，90～144（含）平方米占 80.38%，144 平方米以上占 11.69%。购买新房占 81.45%（其中购买保障性住房占 0%），购买二手房占 18.55%。

职工贷款笔数中，单缴存职工申请贷款占 20.68%，双缴存职工申请贷款占 79.3%，三人及以上缴存职工共同申请贷款占 0.02%。

贷款职工中，30 岁（含）以下占 36.44%，30 岁～40 岁（含）占 32.02%，40 岁～50 岁（含）占 25.12%，50 岁以上占 6.42%；首次申请贷款占 65.63%，二次及以上申请贷款占 34.37%；中、低收入占 99.28%，高收入占 0.72%。

2. 异地贷款。2018 年，发放异地贷款 188 笔 3631.2 万元。年末，发放异地贷款总额 81919.6 万元，异地贷款余额 69304.16 万元。

（四）住房贡献率：2018 年，个人住房贷款发放额、公转商贴息贷款发放额、项目贷款发放额、住房消费提取额的总和与当年缴存额的比率为 100.99%，比上年减少 42.17 个百分点。

六、其他重要事项

（一）当年住房公积金政策调整及执行情况：

1. 当年缴存基数限额及确定方法、缴存比例等缴存政策调整情况。根据吉安市统计局公布的在岗职工平均工资标准，确定我市 2018 年度职工月平均工资为 4676 元。我市 2018 年度职工住房公积金月缴存额上限为 3368 元、下限为 282 元（含单位、个人部分）。

2. 当年提取政策调整情况。

（1）增加租房提取频次。在工作地无房的缴存职工租赁公租房、普通商品房用于本人居住的，正常缴交 3 个月后，提取住房公积金支付房租的频次由每年一次增加到每 3 个月一次。

（2）调离本市不再提取。缴存职工调离本市行政区域的不再销户提取住房公积金，其在本市的住房公积金账户余额应当通过全国住房公积金转移接续平台转入调入单位为其开立的住房公积金账户。

（3）职工与所在单位解除、终止劳动关系，未重新就业且封存满六个月后，方可办理销户提取住房公积金。

（4）职工完全或者部分丧失劳动能力，每年可以提取一次住房公积金。未与单位解除劳动关系的，办理非销户提取，个人账户须保留不低于 5000 元余额；与单位解除劳动关系的，办理销户提取。办理业务时，职工需提供残疾人证或县级以上劳动鉴定部门出具的伤病职工劳动能力鉴定证明文件。

（5）职工或其配偶享受城镇居民最低生活保障，每年可以提取一次住房公积金，提取额度不得超过上一年的低保补助金额，个人账户须保留不低于 5000 元余额。

（6）职工本人、职工配偶或其子女患有慢性肾衰竭（尿毒症）、恶性肿瘤、再生障碍性贫血、慢性重型肝炎、心脏瓣膜置换手术、冠状动脉旁路手术、颅内肿瘤开颅摘除手术、重大器官移植手术、主动脉手术等九种重大疾病，每年可以提取一次住房公积金，提取额度不得超过个人当年承担医疗费用的总和，个人账户须保留不低于 5000 元余额。个人承担的医疗费用确定：刷卡结算的，以发票标明的自费的金额；未刷卡结算的，以医保（保险公司）报销后的回执单标明的自费金额。

（7）按照省厅"十项措施"的要求，统一规范了提取材料。取消了提取业务中的无房证明、离职证明、死亡证明。

3. 当年个人住房贷款最高贷款额度、贷款条件等贷款政策调整情况。

（1）2018 年个人住房贷款最高贷款额度 50 万元。

（2）贷款手续做如下变更：取消贷款资料中的身份证、户口、婚姻证明的复印件；贷款申请表由中心信息系统打印；取消单位出具的收入证明；取消房屋评估；贷款抵押登记费由中心承担，职工免交。

4. 当年住房公积金存贷款利率执行标准。住房公积金存款利率执行 1.5%。

住房公积金贷款利率执行五年（含）以下 2.75%，五年以上 3.25%。

（二）**当年服务改进情况**：2018 年 10 月，完成综合服务平台建设。截至 2019 年 1 月门户网站、网上业务大厅、短信、12329 热线、手机客户端、微信服务号、自助终端 7 大服务渠道均建成并上线。各服务渠道除业务办理外，信息发布、信息查询、互动交流功能均已开通。

（三）**当年信息化建设情况：**

1. **核心业务系统上线，顺利通过住房城乡建设部"双贯标"验收。**系统建设一期核心业务系统归集、提取、贷款、财务核算、资金实时结算等模块完成需求分析、开发、测试、培训各环节的工作，于 6 月 11 日正式上线。9 月 19 日通过住房城乡建设部专家组"双贯标"验收。

2. **开展信息系统等级保护测评认证工作。**按照《住房公积金信息系统技术规范》中安全管理的要求开展信息系统等级保护三级测评认证工作。2018 年 10 月 26 日完成信息系统等级保护测评认证服务的招标工作。12 月完成系统初步测评。

（四）**当年住房公积金管理中心所获荣誉情况：**

1. 省级青年文明号。
2. 省级文明单位。

3. 政务服务工作优秀市直单位。
4. 全市社会治安综合治理目标管理优秀市直单位。
5. 公共机构节能工作优秀市直单位。

宜春市住房公积金 2018 年年度报告

一、机构概况

（一）住房公积金管理委员会：住房公积金管理委员会有 17 名委员，2018 年召开 1 次会议，审议通过的事项主要包括：1. 明确宜春市行政区域内工作调动住房公积金只转移不支取；2. 关于提取后再次申请公积金贷款的问题；3. 关于信贷政策调整的问题；4. 关于住房公积金综合服务系统建设的问题。

（二）住房公积金管理中心：住房公积金管理中心为直属市政府的不以营利为目的的自收自支的事业单位，设 5 个处（科），9 个县市办事处。从业人员 98 人，其中，在编 55 人，非在编 43 人。

二、业务运行情况

（一）缴存：2018 年，新开户单位 186 家，实缴单位 4010 家，净增单位 76 家；新开户职工 2.98 万人，实缴职工 26.59 万人，净增职工 3.81 万人；缴存额 35.24 亿元，同比增长 24.17%。2018 年末，缴存总额 186.88 亿元，同比增长 23.24%；缴存余额 90.86 亿元，同比增长 18.60%。

受委托办理住房公积金缴存业务的银行 6 家，比上年增加 2 家。

（二）提取：2018 年，提取额 20.99 亿元，同比增长 7.53%；占当年缴存额的 59.56%，比上年减少 9.22 个百分点。2018 年末，提取总额 96.02 亿元，同比增长 27.98%。

（三）贷款：个人住房贷款最高额度 50 万元，其中，单缴存职工最高额度 50 万元，双缴存职工最高额度 50 万元。

2018 年，发放个人住房贷款 0.52 万笔 18.10 亿元，同比分别下降 10.34%、7.56%。其中，市中心发放个人住房贷款 0.1 万笔 3.64 亿元，袁州区发放个人住房贷款 0.11 万笔 3.57 亿元，丰城办事处发放个人住房贷款 0.06 万笔 2.31 亿元，高安办事处发放个人住房贷款 0.06 万笔 2.28 亿元，樟树办事处发放个人住房贷款 0.06 万笔 2.11 亿元，上高办事处发放个人住房贷款 0.04 万笔 1.35 亿元，万载办事处发放个人住房贷款 0.03 万笔 1.00 亿元，宜丰办事处发放个人住房贷款 0.01 万笔 0.16 亿元，奉新办事处发放个人住房贷款 0.02 万笔 0.55 亿元，铜鼓办事处发放个人住房贷款 0.01 万笔 0.23 亿元，靖安办事处发放个人住房贷款 0.02 万笔 0.90 亿元。

2018 年，回收个人住房贷款 8.67 亿元。其中，市中心 2.58 亿元，袁州区 0.73 亿元，丰城办事处 1.66 亿元，高安办事处 1.03 亿元，樟树办事处 0.71 亿元，上高办事处 0.60 亿元，万载办事处 0.41 亿元，宜丰办事处 0.25 亿元，奉新办事处 0.27 亿元，铜鼓办事处 0.19 亿元，靖安办事处 0.24 亿元。

2018 年末，累计发放个人住房贷款 6.26 万笔 124.51 亿元，贷款余额 81.82 亿元，同比分别增长

9.06%、17.01%、13.03%。个人住房贷款余额占缴存余额的90.06%，比上年减少4.44个百分点。

受委托办理住房公积金个人住房贷款业务的银行10家，比上年增加0家。

（四）**资金存储**：2018年末，住房公积金存款13.62亿元。其中，活期0.06亿元，1年（含）以下定期0亿元，1年以上定期0.17亿元，其他（协定、通知存款等）13.39亿元。

（五）**资金运用率**：2018年末，住房公积金个人住房贷款余额、项目贷款余额和购买国债余额的总和占缴存余额的90.06%，比上年减少4.44个百分点。

三、主要财务数据

（一）**业务收入**：2018年，业务收入27249.05万元，同比增长9.06%。其中，市中心8162.39万元，袁州区2494.59万元，丰城办事处5090.71万元，高安办事处3205.54万元，樟树办事处2397.31万元，上高办事处1832.33万元，万载办事处1213.47万元，宜丰办事处656.89万元，奉新办事处934.86万元，铜鼓办事处417.44万元，靖安办事处843.52万元；存款利息1553.05万元，委托贷款利息25330.25万元，国债利息0万元，其他365.75万元。

（二）**业务支出**：2018年，业务支出12459.45万元，同比增长14.66%。其中，市中心2026.84万元，袁州区955.68万元，丰城办事处2551.46万元，高安办事处1716.29万元，樟树办事处1267.05万元，上高办事处1043.40万元，万载办事处815.79万元，宜丰办事处626.64万元，奉新办事处635.52万元，铜鼓办事处383.77万元，靖安办事处437.01万元；支付职工住房公积金利息12147.14万元，归集手续费1.57万元，委托贷款手续费178.43万元，其他132.31万元。

（三）**增值收益**：2018年，增值收益14789.60万元，同比增长4.75%。其中，市中心6135.56万元，袁州区1538.91万元，丰城办事处2539.24万元，高安办事处1489.24万元，樟树办事处1130.26万元，上高办事处788.94万元，万载办事处397.69万元，宜丰办事处30.25万元，奉新办事处299.34万元，铜鼓办事处33.66万元，靖安办事处406.51万元；增值收益率1.77%，比上年减少0.19个百分点。

（四）**增值收益分配**：2018年，提取贷款风险准备金8182.30万元，提取管理费用2126.94万元，提取城市廉租住房（公共租赁住房）建设补充资金4480.36万元。

2018年，上交财政管理费用2384.89万元。上缴财政城市廉租住房（公共租赁住房）建设补充资金13712.98万元。其中，市中心上缴13712.98万元。

2018年末，贷款风险准备金余额35915.79万元。累计提取城市廉租住房（公共租赁住房）建设补充资金47380.69万元。其中，市中心提取47380.69万元。

（五）**管理费用支出**：2018年，管理费用支出2126.94万元，同比增长18.34%。其中，人员经费1345.74万元，公用经费279.61万元，专项经费501.59万元。

市中心管理费用支出1947.74万元，其中，人员、公用、专项经费分别为1302.49万元、172.96万元、472.29万元；丰城办事处管理费用支出25.01万元，其中，人员、公用、专项经费分别为7.98万元、17.03万元、0万元；高安办事处管理费用支出17.53万元，其中，人员、公用、专项经费分别为5.63万元、10.89万元、1.01万元；樟树办事处管理费用支出29.82万元，其中，人员、公用、专项经费分别为5.36万元、13.47万元、10.99万元；上高办事处管理费用支出18.78万元，其中，人员、公用、专项经费分别为3.41万元、15.37万元、0万元；万载办事处管理费用支出30.90万元，其中，人员、公用、专项经费分别为 5.95 万元、9.06 万元、15.89 万元；宜丰办事处管理费用支出 14.58 万元，其中，人员、公用、专项经费分别为 3.72 万元、10.86 万元、0 万元；奉新办事处管理费用支出 14.41 万元，其中，人员、公用、专项经费分别为 4.17 万元、10.24 万元、0 万元；铜鼓办事处管理费用支出 13.58 万元，其中，人员、公用、专项经费分别为 4.29 万元、9.29 万元、0 万元；靖安办事处管理费用支出 14.59 万元，其中，人员、公用、专项经费分别为 2.74 万元、10.44 万元、1.41 万元。

四、资产风险状况

2018 年末，个人住房贷款逾期额 273.44 万元，逾期率 0.3‰。其中，市中心 0.4‰，袁州区 0.4‰，丰城办事处 0.2‰，高安办事处 0.1‰，樟树办事处 0.2‰，上高办事处 0.4‰，万载办事处 0.3‰，宜丰办事处 0.3‰，奉新办事处 1.2‰，铜鼓办事处 0.6‰，靖安办事处 0.4‰。

个人贷款风险准备金按贷款余额的 1% 提取。2018 年，提取个人贷款风险准备金 8182.3 万元，使用个人贷款风险准备金核销呆坏账 0 万元。2018 年末，个人贷款风险准备金余额 35915.79 万元，占个人住房贷款余额的 4.39%，个人住房贷款逾期额与个人贷款风险准备金余额的比率为 0.76%。

五、社会经济效益

（一）**缴存业务**：2018 年，实缴单位数、实缴职工人数和缴存额同比分别增长 1.93%、16.73% 和 24.17%。

缴存单位中，国家机关和事业单位占 63.07%，国有企业占 13.44%，城镇集体企业占 3.99%，外商投资企业占 1.32%，城镇私营企业及其他城镇企业占 13.67%，民办非企业单位和社会团体占 0.92%，其他占 3.59%。

缴存职工中，国家机关和事业单位占 53.13%，国有企业占 18.89%，城镇集体企业占 1.49%，外商投资企业占 9.85%，城镇私营企业及其他城镇企业占 13.16%，民办非企业单位和社会团体占 0.7%，其他占 2.78%；中、低收入占 99.19%，高收入占 0.81%。

新开户职工中，国家机关和事业单位占 36.68%，国有企业占 17.39%，城镇集体企业占 0.55%，外商投资企业占 13.03%，城镇私营企业及其他城镇企业占 19.77%，民办非企业单位和社会团体占 0.95%，其他占 11.63%；中、低收入占 99.85%，高收入占 0.15%。

（二）**提取业务**：2018 年，6.86 万名缴存职工提取住房公积金 20.99 亿元。

提取金额中，住房消费提取占 60.97%（购买、建造、翻建、大修自住住房占 24.92%，偿还购房贷款本息占 35.51%，租赁住房占 0.54%，其他占 0.00%）；非住房消费提取占 39.03%（离休和退休提取占 23.84%，完全丧失劳动能力并与单位终止劳动关系提取占 10.03%，户口迁出本市或出境定居占 3.69%，其他占 1.47%）。

提取职工中，中、低收入占 92.28%，高收入占 7.72%。

（三）**贷款业务**：

1. **个人住房贷款**。2018 年，支持职工购建房 65.92 万平方米，年末个人住房贷款市场占有率为 12.08%，比上年减少 2.92 个百分点。通过申请住房公积金个人住房贷款，可节约职工购房利息支出 52417 万元。

职工贷款笔数中，购房建筑面积 90（含）平方米以下占 7.55%，90~144（含）平方米占 76.84%，144 平方米以上占 15.61%。购买新房占 82.97%（其中购买保障性住房占 0.00%），购买二手房占 17.03%，建造、翻建、大修自住住房占 0.00%，其他占 0.00%。

职工贷款笔数中，单缴存职工申请贷款占 20.91%，双缴存职工申请贷款占 79.09%，三人及以上缴存职工共同申请贷款占 0.00%。

贷款职工中，30 岁（含）以下占 23.07%，30 岁~40 岁（含）占 32.16%，40 岁~50 岁（含）占 30.33%，50 岁以上占 14.44%；首次申请贷款占 83.24%，二次及以上申请贷款占 16.76%；中、低收入占 98.95%，高收入占 1.05%。

2. **异地贷款**。2018 年，发放异地贷款 0 笔 0 万元。2018 年末，发放异地贷款总额 11401.20 万元，异地贷款余额 9432.12 万元。

(四) **住房贡献率**：2018 年，个人住房贷款发放额、公转商贴息贷款发放额、项目贷款发放额、住房消费提取额的总和与当年缴存额的比率为 87.68%，比上年减少 31.98 个百分点。

六、其他重要事项

(一) 2018 年，我市住房公积金规定月缴存额上限、下限：中央、省属驻宜各单位职工住房公积金最高月缴存额参照南昌市标准为 4362 元/月（含单位、个人部分）。市直各单位、县（市、区）各单位职工住房公积金最高月缴存额为 3856 元/月（含单位、个人部分）。各单位职工最低月缴存额为 310 元/月（含单位、个人部分）。

(二) 2018 年，我市住房公积金中心荣获市级文明工作先进单位，市公积金中心大厅荣获文明规范服务示范窗口。

(三) 2018 年 11 月完成住房公积金信息系统"双贯标"核心业务上线工作。

抚州市住房公积金 2018 年年度报告

一、机构概况

(一) **住房公积金管理委员会**：住房公积金管理委员会有 21 名委员，2018 年召开 1 次会议，审议通过的事项主要包括：1.《抚州市住房公积金 2018 年度归集和使用计划执行情况暨 2018 年工作计划的报告》；2.《抚州市住房公积金 2018 年年度报告》；3.《关于调整我市住房公积金使用管理几项规定的请示》；4.《关于对全市住房公积金职工月缴存额上、下限统一执行标准适时调整、公布予以授权的请示》。

(二) **住房公积金管理中心**：住房公积金管理中心为直属市人民政府不以营利为目的的事业单位，设 6 个科，11 个县区办事处。从业人员 121 人，其中，在编 59 人，非在编 62 人。

二、业务运行情况

(一) **缴存**：2018 年，新开户单位 198 家，实缴单位 3523 家，净增单位 163 家；新开户职工 2.0 万人，实缴职工 14.58 万人，净增职工 0.76 万人；缴存额 25.27 亿元，同比增长 33.28%。2018 年末，缴存总额 118.60 亿元，同比增长 27.12%；缴存余额 78.21 亿元，同比增长 21.20%。

受委托办理住房公积金缴存业务的银行 12 家，比上年增加 5 家。

(二) 提取：2018 年，提取额 11.59 亿元，同比增长 29.50%；占当年缴存额的 45.99%，比上年增加 0.99 个百分点。2018 年末，提取总额 40.38 亿元，同比增长 40.26%。

(三) 贷款：个人住房贷款最高额度 50 万元，其中，单缴存职工最高额度 40 万元，双缴存职工最高额度 50 万元。

2018 年，发放个人住房贷款 0.49 万笔 18.79 亿元，同比分别下降 7.55%、6.70%。

2018 年，回收个人住房贷款 7.32 亿元。

2018 年末，累计发放个人住房贷款 4.36 万笔 99.51 亿元，贷款余额 67.38 亿元，同比分别增长 11.79%、23.31%、20.49%。个人住房贷款余额占缴存余额的 86.15%，比上年减少 0.5 个百分点。

受委托办理住房公积金个人住房贷款业务的银行 3 家，比上年增加 0 家。

(四) 资金存储：2018 年末，住房公积金存款 12.94 亿元。其中，活期 4.41 亿元，1 年（含）以下定期 1.91 亿元，1 年以上定期 6.62 亿元，其他（协定、通知存款等）0 亿元。

(五) 资金运用率：2018 年末，住房公积金个人住房贷款余额、项目贷款余额和购买国债余额的总和占缴存余额的 86.15%，比上年减少 0.5 个百分点。

三、主要财务数据

(一) 业务收入：2018 年，业务收入 24964.48 万元，同比增长 7.4%。其中，存款利息 4755.87 万元，委托贷款利息 19803.83 万元，国债利息 0 万元，其他 404.78 万元。

(二) 业务支出：2018 年，业务支出 12023.07 万元，同比增长 17.44%。其中，支付职工住房公积金利息 10984.26 万元，归集手续费 0 万元，委托贷款手续费 941.17 万元，其他 97.64 万元。

(三) 增值收益：2018 年，增值收益 12941.42 万元，同比下降 0.43%。其中，增值收益率 1.63%，比上年减少 0.47 个百分点。

(四) 增值收益分配：2018 年，提取贷款风险准备金 4566.70 万元，提取管理费用 2930.49 万元，提取城市廉租住房（公共租赁住房）建设补充资金 5444.23 万元。

2018 年，上交财政管理费用 3123.06 万元。上缴财政城市廉租住房（公共租赁住房）建设补充资金 5444.23 万元。

2018 年末，贷款风险准备金余额 24784.13 万元。累计提取城市廉租住房（公共租赁住房）建设补充资金 28555.95 万元。

(五) 管理费用支出：2018 年，管理费用支出 2392.11 万元，同比增长 20.88%。其中，人员经费 1352.09 万元，公用经费 232.46 万元，专项经费 807.56 万元。

市中心管理费用支出 2392.11 万元，其中，人员、公用、专项经费分别为 1352.09 万元、232.46 万元、807.56 万元。

四、资产风险状况

2018 年末，个人住房贷款逾期额 163.77 万元，逾期率 0.24‰。

个人贷款风险准备金按贷款余额的 1‰ 提取。2018 年,提取个人贷款风险准备金 4566.7 万元,使用个人贷款风险准备金核销呆坏账 0 万元。2018 年末,个人贷款风险准备金余额 24784.13 万元,占个人住房贷款余额的 4‰,个人住房贷款逾期额与个人贷款风险准备金余额的比率为 0.66%。

五、社会经济效益

(一)**缴存业务**:2018 年,实缴单位数、实缴职工人数和缴存额同比分别增长 4.85%、5.54% 和 33.28%。

缴存单位中,国家机关和事业单位占 78.17%,国有企业占 9.40%,城镇集体企业占 0.23%,外商投资企业占 0.43%,城镇私营企业及其他城镇企业占 8.54%,民办非企业单位和社会团体占 0.99%,其他占 2.24%。

缴存职工中,国家机关和事业单位占 69.71%,国有企业占 15.02%,城镇集体企业占 0.68%,外商投资企业占 0.35%,城镇私营企业及其他城镇企业占 13.24%,民办非企业单位和社会团体占 0.29%,其他占 0.71%;中、低收入占 99.98%,高收入占 0.02%。

新开户职工中,国家机关和事业单位占 52.01%,国有企业占 11.87%,城镇集体企业占 0.07%,外商投资企业占 0.49%,城镇私营企业及其他城镇企业占 33.39%,民办非企业单位和社会团体占 1.18%,其他占 0.99%;中、低收入占 99.92%,高收入占 0.08%。

(二)**提取业务**:2018 年,2.69 万名缴存职工提取住房公积金 11.59 亿元。

提取金额中,住房消费提取占 63.09%(购买、建造、翻建、大修自住住房占 25.37%,偿还购房贷款本息占 74.34%,租赁住房占 0.29%,其他占 0%);非住房消费提取占 36.91%(离休和退休提取占 87.47%,完全丧失劳动能力并与单位终止劳动关系提取占 4.01%,户口迁出本市或出境定居占 3.76%,其他占 4.76%)。

提取职工中,中、低收入占 95.93%,高收入占 4.07%。

(三)**贷款业务**:

1. **个人住房贷款**。2018 年,支持职工购建房 56.81 万平方米,年末个人住房贷款市场占有率为 13.95%,比上年减少 0.23 个百分点。通过申请住房公积金个人住房贷款,可节约职工购房利息支出 64516.72 万元。

职工贷款笔数中,购房建筑面积 90(含)平方米以下占 12.33%,90~144(含)平方米占 81.05%,144 平方米以上占 6.62%。购买新房占 71.18%(其中购买保障性住房占 0%),购买二手房占 24.78%,建造、翻建、大修自住住房占 0%,其他占 4.04%。

职工贷款笔数中,单缴存职工申请贷款占 21.87%,双缴存职工申请贷款占 77.93%,三人及以上缴存职工共同申请贷款占 0.20%。

贷款职工中,30 岁(含)以下占 30.48%,30 岁~40 岁(含)占 30.04%,40 岁~50 岁(含)占 30.09%,50 岁以上占 9.39%;首次申请贷款占 90.93%,二次及以上申请贷款占 9.07%;中、低收入占 97.35%,高收入占 2.65%。

2. **异地贷款**。2018 年,发放异地贷款 84 笔 2901.30 万元。2018 年末,发放异地贷款总额 25686.90 万元,异地贷款余额 21586.22 万元。

(四)住房贡献率：2018年，个人住房贷款发放额、公转商贴息贷款发放额、项目贷款发放额、住房消费提取额的总和与当年缴存额的比率为101.35%，比上年减少12.05个百分点。

六、其他重要事项

（一）为加强管理和优化窗口服务，市中心在2018年5月份，对信贷科、归集科职能调整，将原分属两个科室的工作人员与科室剥离，集中负责市本级窗口业务的受理，科室专门负责业务的审核监督，实行了管办分离。

（二）根据住房城乡建设部、省住房城乡建设厅文件精神，针对我市实际情况，经抚州市住房公积金管理委员会2018年第1次全体会议审议批准，从2018年4月1日起，对全市住房公积金贷款、提取的几项管理规定进行了调整：

信贷方面：停止省外异地住房公积金个人住房贷款的发放；将第二次住房公积金贷款的首付比例从30%提高到40%；缴存职工还清商业或公积金房贷后，再次申请公积金贷款需在6个月以后；申请贷款购建、大修自住房的土地性质必须是已办理了政府出让手续的用地。提取方面：停止省外异地购房、还房贷的提取；禁止非配偶或非直系亲属共同购房的提取；取消房产非共同产权人和非直系亲属共同购房、还房贷的提取。

经市住房公积金管理委员会授权后，2018年6月，市中心依据统计部门数据，向社会公布了我市2018年度职工月缴存住房公积金上、下限统一执行标准，即：最高上限3572元/月，最低下限298元/月。

2018年全市住房公积金存贷款利率继续严格执行中国人民银行公布规定的利率。

（三）贯彻国务院、省、市人民政府放管服改革要求，落实省住房城乡建设厅《改进作风、简政便民、服务发展十项措施》，全市住房公积金业务办理实行了统一清单管理，取消证明事项17项，减少资料提供13项，简化了办事程序和手续，方便了群众。同时，全市住房公积金管理机构执行工作日中午、节假日全天延时、错时工作机制。

继续推进县区公积金机构服务场地的建设，2018年新购置临川区办事处服务场所，完成了资溪县办事处所购服务场所的装修进驻，改善了服务条件，优化了服务环境。

（四）按照住房城乡建设部信息管理系统建设的规定和要求，通过前期积极准备和获得批准后，在2018年7月份启动新系统的升级改造项目建设。经过紧张周密的工作，新系统在11月14日上线试运行，于2018年12月20日，以全省第三、总分94.37的高分，顺利通过住房城乡建设部专家组"双贯标"验收，并同步实现了自主核算、自主贷款发放、提取实时到账、按月冲抵还贷等新的业务功能。

（五）在防控逾期贷款风险上，通过法律、行政等手段，追回老赖型逾期贷款3笔。市中心建立了失信黑名单管理制度，先后将9名失信人员列入黑名单进行差别化管理。

配合市、县区人民法院强制执行划扣案件105笔，划扣资金681.89万元；冻结当事人公积金账户106个。

（六）2018年度，市中心被评为市级文明单位、全市社会治安综合治理目标管理优秀单位、全市公共机构节能优秀单位、市直机关党建工作目标管理考核优秀单位，并被授予全市青年文明号称号。

上饶市住房公积金2018年年度报告

一、机构概况

（一）住房公积金管理委员会：住房公积金管理委员会有27名委员，2018年召开两次会议，审议通过的事项主要包括：上饶市住房公积金2018年年度报告，听取了"双贯标"工作进展情况汇报，研究确定了2018年上饶市住房公积金缴存上下限标准，研究了住房公积金综合服务平台建设有关事项，研究出台了实行按月提取还贷政策，改选了部分管委会委员。

（二）住房公积金管理中心：住房公积金管理中心为上饶市人民政府不以营利为目的的参照公务员管理的事业单位，设9个科，13个管理部，1个分中心。从业人员176人，其中，在编89人，非在编87人。

二、业务运行情况

（一）缴存：2018年，新开户单位278家，实缴单位4779家，净增单位160家；新开户职工2.43万人，实缴职工22.15万人，净增职工0.87万人；缴存额33.07亿元，同比增长5.12%。2018年末，缴存总额192.68亿元，同比增长20.72%；缴存余额123.26亿元，同比增长17.66%。

受委托办理住房公积金缴存业务的银行16家，比上年增加10家。

（二）提取：2018年，提取额14.57亿元，同比增长43.83%；占当年缴存额的44.06%，比上年增加11.86个百分点。2018年末，提取总额69.42亿元，同比增长26.56%。

（三）贷款：

1. 个人住房贷款。个人住房贷款最高额度50万元，不区分单缴存职工和双缴存职工。

2018年，发放个人住房贷款0.49万笔18.95亿元，同比分别下降12.28%、20.94%。

2018年，回收个人住房贷款9.87亿元。

2018年末，累计发放个人住房贷款5.48万笔151.29亿元，贷款余额105.54亿元，同比分别增长10.04%、14.32%、9.41%。个人住房贷款余额占缴存余额的85.64%，比上年减少6.73个百分点。

受委托办理住房公积金个人住房贷款业务的银行10家，比上年增加1家。

2. 住房公积金支持保障性住房建设项目贷款。2018年，发放支持保障性住房建设项目贷款0亿元，回收项目贷款0.63亿元。2018年末，累计发放项目贷款3亿元，项目贷款余额0.77亿元。

（四）融资：2018年，融资0亿元，归还2.41亿元。2018年末，融资总额14.3亿元，融资余额0亿元。

（五）资金存储：2018年末，住房公积金存款16.98亿元。其中，活期1.53亿元，1年（含）以下定期0亿元，1年以上定期15.45亿元，其他（协定、通知存款等）0亿元。

（六）资金运用率：2018年末，住房公积金个人住房贷款余额、项目贷款余额和购买国债余额的总和占缴存余额的86.18%，比上年减少7.23个百分点。

三、主要财务数据

（一）业务收入：2018年，业务收入40486.79万元，同比增长15.64%。其中，存款利息6052.57万元，委托贷款利息32609.16万元，国债利息0万元，其他1825.06万元。

（二）业务支出：2018年，业务支出18405.97万元，同比下降2.78%。其中，支付职工住房公积金利息17544.53万元，归集手续费12万元，委托贷款手续费675.35万元，其他174.09万元。

（三）增值收益：2018年，增值收益22080.82万元，同比增长37.32%。增值收益率1.93%，比上年增加0.23个百分点。

（四）增值收益分配：2018年，提取贷款风险准备金2845.2万元，提取管理费用2747.54万元，提取城市廉租住房（公共租赁住房）建设补充资金16488.08万元。

2018年，上交财政管理费用2747.54万元。上缴财政城市廉租住房（公共租赁住房）建设补充资金16488.08万元。

2018年末，贷款风险准备金余额11114.12万元。累计提取城市廉租住房（公共租赁住房）建设补充资金75982.98万元。

（五）管理费用支出：2018年，管理费用支出3018.95万元，同比增长19.21%。其中，人员经费1135.74万元，公用经费547.67万元，专项经费1335.74万元。

四、资产风险状况

（一）个人住房贷款：2018年末，个人住房贷款逾期额2603.7万元，逾期率2.46‰。

个人贷款风险准备金按贷款余额的1%提取。2018年，提取个人贷款风险准备金2845.2万元，使用个人贷款风险准备金核销呆坏账0万元。2018年末，个人贷款风险准备金余额10554.12万元，占个人住房贷款余额的1%，个人住房贷款逾期额与个人贷款风险准备金余额的比率为24.67%。

（二）支持保障性住房建设试点项目贷款：2018年，提取项目贷款风险准备金0万元，使用项目贷款风险准备金核销呆坏账0万元，项目贷款风险准备金余额560万元，占项目贷款余额的7.27%。

五、社会经济效益

（一）缴存业务：2018年，实缴单位数、实缴职工人数和缴存额同比分别增长3.46%、4.09%和5.34%。

缴存单位中，国家机关和事业单位占76.9%，国有企业占12.39%，城镇集体企业占0.73%，外商投资企业占0.13%，城镇私营企业及其他城镇企业占8.7%，民办非企业单位和社会团体占0.42%，其他占0.73%。

缴存职工中，国家机关和事业单位占64.57%，国有企业占24.89%，城镇集体企业占0.6%，外商投资企业占0.05%，城镇私营企业及其他城镇企业占9.36%，民办非企业单位和社会团体占0.27%，其他占0.26%；中、低收入占75.5%，高收入占24.5%。

新开户职工中，国家机关和事业单位占42.74%，国有企业占11.75%，城镇集体企业占1.79%，外商投资企业占0.28%，城镇私营企业及其他城镇企业占40.69%，民办非企业单位和社会团体占1.55%，

其他占1.2%；中、低收入占95.9%，高收入占4.1%。

（二）**提取业务**：2018年，5.25万名缴存职工提取住房公积金14.57亿元。

提取金额中，住房消费提取占59.63%（购买、建造、翻建、大修自住住房占11.87%，偿还购房贷款本息占45.15%，租赁住房占0.86%，其他占2.13%）；非住房消费提取占40.37%（离休和退休提取占33.47%，完全丧失劳动能力并与单位终止劳动关系提取占4.71%，户口迁出本市或出境定居占0.06%，其他占1.75%）。

提取职工中，中、低收入占74.03%，高收入占25.97%。

（三）**贷款业务**：

1. **个人住房贷款**。2018年，支持职工购建房66.21万平方米，年末个人住房贷款市场占有率为16.43%，比上年减少1.93个百分点。通过申请住房公积金个人住房贷款，可节约职工购房利息支出58407.69万元。

职工贷款笔数中，购房建筑面积90（含）平方米以下占8.63%，90~144（含）平方米占77.9%，144平方米以上占13.47%。购买新房占64.59%（其中购买保障性住房占0%），购买二手房占31.38%，建造、翻建、大修自住住房占0.18%，其他占3.85%。

职工贷款笔数中，单缴存职工申请贷款占59.52%，双缴存职工申请贷款占40.48%。

贷款职工中，30岁（含）以下占26.24%，30岁~40岁（含）占35.71%，40岁~50岁（含）占28.93%，50岁以上占9.12%；首次申请贷款占90.78%，二次及以上申请贷款占9.22%；中、低收入占73.76%，高收入占26.24%。

2. **异地贷款**。2018年，发放异地贷款150笔5880.7万元。2018年末，发放异地贷款总额45379.5万元，异地贷款余额36362.36万元。

3. **支持保障性住房建设试点项目贷款**。2018年末，累计试点项目3个，贷款额度3亿元，建筑面积25.22万平方米，可解决4348户中低收入职工家庭的住房问题。3个试点项目贷款资金已发放，3个试点项目贷款资金已还清贷款本息。

（四）**住房贡献率**：2018年，个人住房贷款发放额、公转商贴息贷款发放额、项目贷款发放额、住房消费提取额的总和与当年缴存额的比率为83.61%，比上年减少10.67个百分点。

六、其他重要事项

（一）**当年机构及职能调整情况、受委托办理缴存贷款业务金融机构变更情况**：2018年，市住房公积金管理中心没有机构及职能调整情况。为了进一步调动银行在提升住房公积金服务水平方面的积极性，方便广大职工办理住房公积金金融业务，增加了光大银行上饶分行他九江银行上饶分行为我市住房公积金金融业务承办银行为我市住房公积金金融业务承办银行。目前，两家银行上饶分行已开展业务。

（二）**当年住房公积金政策调整及执行情况**：调整上饶市住房公积金缴存上、下限，调整后，我市职工住房公积金最高月缴存上限为3502元（含单位、个人两部分），中央、省驻饶单位职工住房公积金最高月缴存上限参照南昌市在职职工年平均工资计算为4362元（含单位、个人两部分），我市职工住房公积金月缴存下限为486元（含单位、个人两部分）。继续严格执行了根据住房城乡建设部、发改委、财政部、人民银行《关于规范和阶段性适当降低住房公积金缴存比例的通知》。调整了部分住房公积金提取政策，除销户提取外，将原有提取后需要保留个人住房公积金账户一年余额的规定统一调整为只保留 100 元余额；全面开通按月对冲业务。严格执行了央行《关于完善职工住房公积金存款利率形成机制的通知》，将职工个人账户中的住房公积金存款利率统一调整为一年期定期存款利率计息。

（三）当年服务改进情况：深入贯彻《关于印发〈江西省住房城乡建设系统改进作风、简政便民、服务发展十项措施〉的通知》（赣建法〔2018〕24 号），按照应简尽简、能简尽简的原则，简化办事流程和环节，大力减少申报材料，大幅度压缩办结时限，增加服务频次和时间，实行统一清单管理，根据公积金贷款和提取业务，分别制定了 18 个清单，并在市政府和市中心有关网站上进行了公开，取消了收入证明、未婚证明、还款承诺、诚信保证书、终止劳动关系证明、死亡证明、医疗报销证明、离退休证明等材料。按照"放管服"改革要求，加强信息共享建设，已实现了与民政、公安有关信息的查询；接入了市管局社会信用系统；与人民银行个人征信系统的对接工作进一步加快，人民银行已经批准我市住房公积金接入人民银行征信系统并签订了相关协议，目前正在开发相关接口；在全省率先实现由不动产中心授权在住房公积金服务大厅开设不动产抵押登记专窗，并正常开展业务。

（四）当年信息化建设情况：根据国家住房城乡建设部的统一部署和要求，今年以来，安排全系统开展了基础数据清理，对数据进行标准化采集，与各合作银行信贷数据进行了三次核对。5 月初，新住房公积金业务系统上线试运行，完成了基础数据和信贷数据的导入和银行结算平台的接入，到 6 月底，各项业务实现了新老系统平稳对接，10 月 24 日，住房城乡建设部"双贯标"工作验收组一致通过了我市"双贯标"工作。档案规范化整理和数字化工作也紧锣密鼓推进，已经全面有序展开。高拍仪、多功能键盘等相关设备全部采购到位并投入使用。

（五）当年住房公积金管理中心及职工所获荣誉情况：上饶市住房公积金管理中心市直分中心、上饶县管理部、弋阳县管理部、经开区管理部、余干县管理部荣获上饶市文明单位，马红同志喜获江西省首届"优秀巾帼志愿者"荣誉称号，徐伟烨、陈飞两名同志荣获全市"优秀共产党员"称号。

（六）当年对住房公积金管理人员违规行为的纠正和处理情况等：对玉山住房公积金骗贷案涉案人员依法移送司法部门处置；对违纪违规的 21 人进行了严肃问责。对其他 5 起违反纪律作风问题进行了严肃处理。

2018 全国住房公积金年度报告汇编

山东省

济南
青岛市
淄博市
枣庄市
东营市
烟台市
潍坊市
济宁市
泰安市
威海市
日照市
莱芜市
临沂市
德州市
聊城市
滨州市
菏泽市

山东省住房公积金 2018 年年度报告

一、机构概况

（一）住房公积金管理机构：全省共设 17 个设区城市住房公积金管理中心（含原莱芜市住房公积金管理中心），4 个独立设置的分中心（其中，济南住房公积金管理中心山东电力集团分中心隶属国网山东省电力公司，济南住房公积金管理中心济南铁路分中心隶属中国铁路济南局集团有限公司，东营市住房公积金管理中心胜利油田分中心隶属中国石化集团胜利石油管理局有限公司，原莱芜市住房公积金管理中心莱钢分中心隶属莱芜钢铁集团有限公司）。从业人员 2738 人，其中在编 1610 人，非在编 1128 人。

（二）住房公积金监管机构：省住房城乡建设厅、省财政厅和人民银行济南分行负责对全省住房公积金管理运行情况进行监督。省住房城乡建设厅设立住房公积金监管处，负责全省住房公积金日常监管工作。

二、业务运行情况

（一）缴存：2018 年，新开户单位 23415 家，实缴单位 148004 家，净增单位 18155 家；新开户职工 106.71 万人，实缴职工 938.76 万人，净增职工 44.7 万人；缴存额 1197.21 亿元，同比增长 14.89%。2018 年末，缴存总额 8054.97 亿元，同比增长 17.46%；缴存余额 3448.7 亿元，同比增长 11.26%（图 1）。

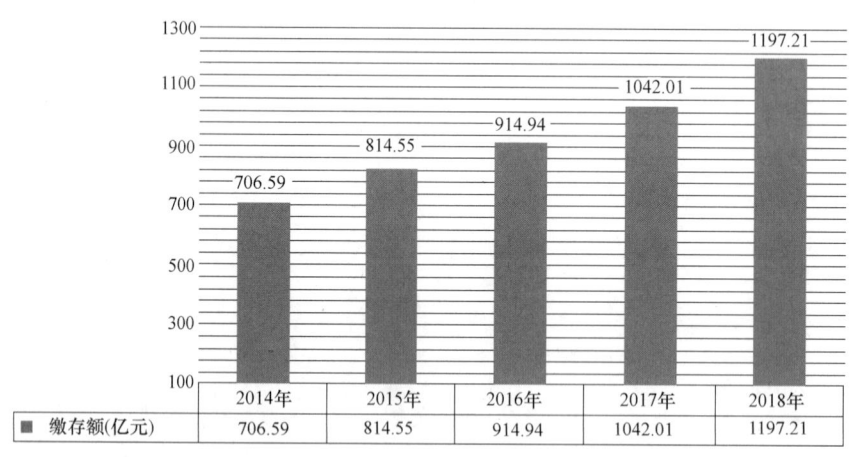

图 1　2014～2018 年全省住房公积金缴存情况图

（二）提取：2018 年，提取额 848.15 亿元，同比增长 19.06%；占当年缴存额的 70.84%，比上年增加 2.47 个百分点。2018 年末，提取总额 4606.27 亿元，同比增长 22.57%（图 2）。

（三）贷款：

1. 个人住房贷款。2018 年，发放个人住房贷款 17.48 万笔 616.57 亿元，同比下降 8.43%、6.42%。回收个人住房贷款 329.93 亿元。

2018 年末，累计发放个人住房贷款 201.46 万笔 4847.01 亿元，贷款余额 2875.76 亿元，同比分别增

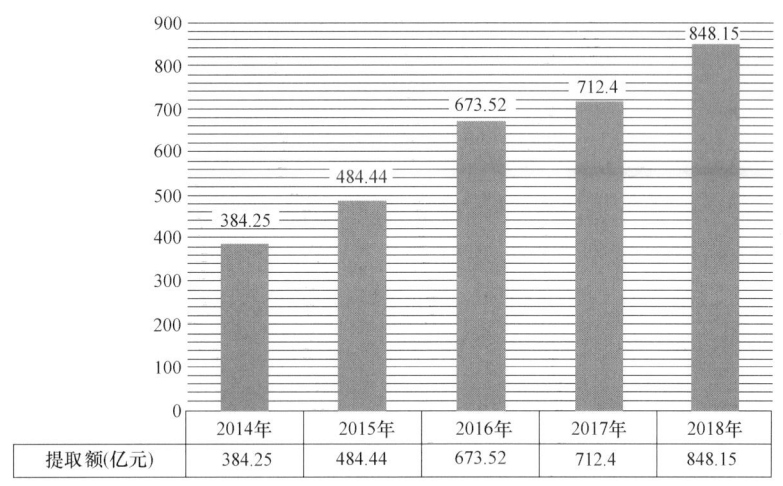

图 2　2014～2018 年全省住房公积金提取情况图

长 9.5%、14.57%、11.07%。个人住房贷款余额占缴存余额的 83.39%，比上年减少 0.14 个百分点（图 3）。

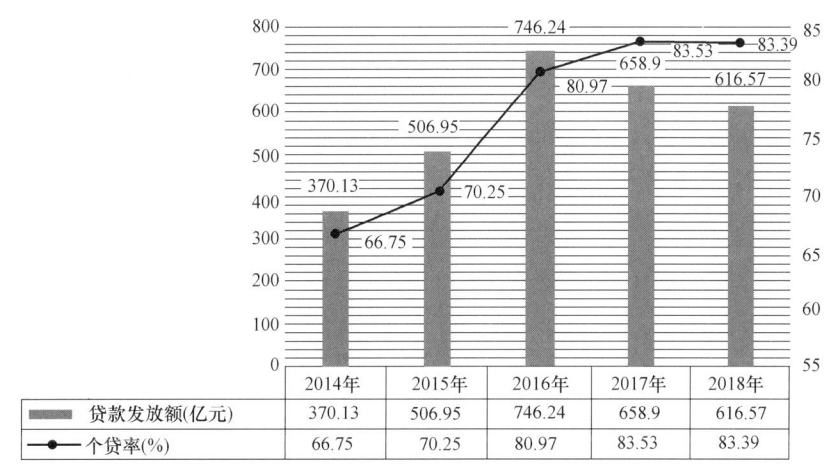

图 3　2014～2018 年全省住房公积金贷款情况图

2. 住房公积金支持保障性住房建设项目贷款。2018 年，未发放支持保障性住房建设项目贷款，回收项目贷款 0.19 亿元。2018 年末，累计发放项目贷款 23.20 亿元，已全部结清。

（四）购买国债：2018 年，未购买国债，未兑付、转让、收回国债，国债余额 0.34 亿元，比上年同期持平。

（五）资金存储：2018 年末，住房公积金存款 612.33 亿元。其中，活期 14.28 亿元，1 年（含）以下定期 141.71 亿元，1 年以上定期 219.82 亿元，其他（协定、通知存款等）236.52 亿元。

（六）资金运用率：2018 年末，住房公积金个人住房贷款余额、项目贷款余额和购买国债余额的总和占缴存余额的 83.4%，比上年减少 0.15 个百分点。

三、主要财务数据

（一）业务收入：2018 年，业务收入 1059016.85 万元，同比增长 9.88%。其中，存款利息收入

165927.46万元，委托贷款利息889791.32万元，其他3298.07万元。

（二）业务支出：2018年，业务支出544882.01万元，同比增长6.65%。其中，支付职工住房公积金利息492032.58万元，归集手续费用13263.01万元，委托贷款手续费35070.29万元，其他4516.13万元。

（三）增值收益：2018年，增值收益514134.84万元，同比增长13.52%；增值收益率1.56%，比上年增加0.02个百分点。

（四）增值收益分配：2018年，提取贷款风险准备金55568.31万元，提取管理费用56275.35万元，提取城市廉租住房（公共租赁住房）建设补充资金402291.18万元。

2018年，上交财政管理费用45061.95万元，上缴财政城市廉租住房（公共租赁住房）建设补充资金290900.25万元。

2018年末，贷款风险准备金余额576745.83万元，累计提取城市廉租住房（公共租赁住房）建设补充资金2548762.2万元。

（五）管理费用支出：2018年，管理费用支出54267.55万元，同比下降4.54%。其中，人员经费22895.29万元，公用经费11826.1万元，专项经费19546.16万元。

四、资产风险状况

（一）个人住房贷款：2018年末，个人住房贷款逾期额8339.95万元，逾期率0.29‰。

2018年，提取个人贷款风险准备金57278.31万元，使用个人贷款风险准备金核销呆坏账-3.57万元。2018年末，个人贷款风险准备金余额576745.83万元，占个人贷款余额的2.01%，个人贷款逾期额与个人贷款风险准备金余额的比率为1.45%。

（二）住房公积金支持保障性住房建设项目贷款：2018年末，无逾期项目贷款。

2018年，冲回以前年度提取的项目贷款风险准备金1710万元，未使用项目贷款风险准备金核销呆坏账。2018年末，项目贷款已全部结清。

五、社会经济效益

（一）缴存业务：2018年，实缴单位数、实缴职工人数和缴存额增长率分别为13.98%、5%和14.89%。

缴存单位中，国家机关和事业单位占24.62%，国有企业占11.65%，城镇集体企业占4.05%，外商投资企业占3.91%，城镇私营企业及其他城镇企业占43.49%，民办非企业单位和社会团体占2.88%，其他占9.4%（图4）。

缴存职工中，国家机关和事业单位29.89%，国有企业占25.16%，城镇集体企业占4.77%，外商投资企业占6.13%，城镇私营企业及其他城镇企业占24.76%，民办非企业单位和社会团体占1.8%，其他占7.49%；中、低收入占97.68%，高收入占2.32%（图5）。

新开户职工中，国家机关和事业单位13.22%，国有企业占16.49%，城镇集体企业占5.81%，外商投资企业占7.84%，城镇私营企业及其他城镇企业占41.37%，民办非企业单位和社会团体占3.12%，其他占12.15%；中、低收入占99.44%，高收入占0.56%（图6）。

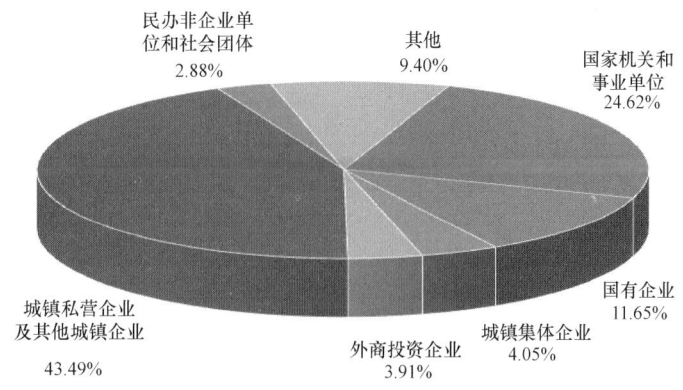

图 4 2018 年缴存单位按单位性质分类占比图

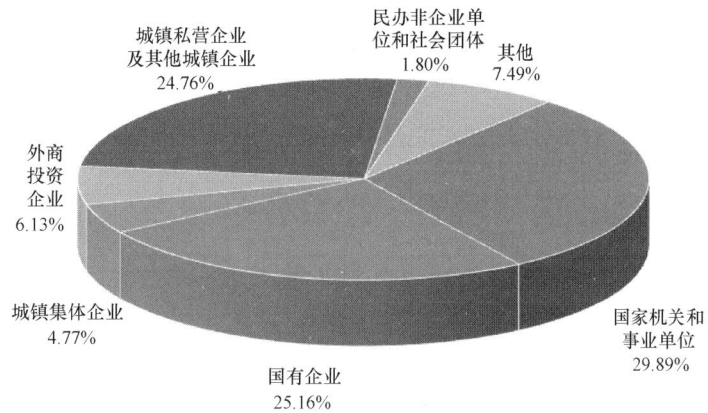

图 5 2018 年实缴职工人数按所在单位性质分类占比图

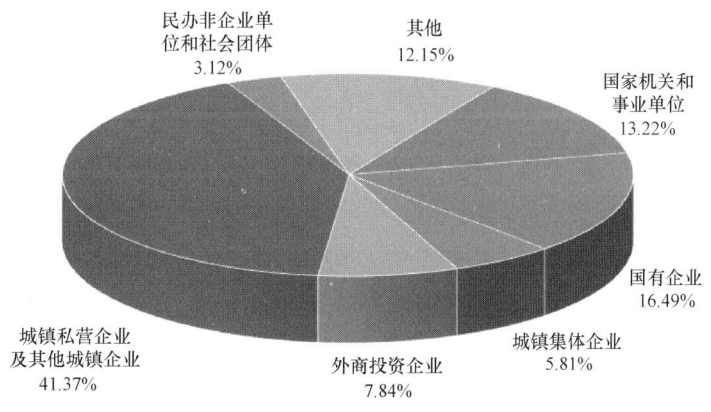

图 6 2018 年新开户职工人数按所在单位性质分类占比图

（二）提取业务：2018 年，338.2 万名缴存职工提取住房公积金 848.15 亿元。

提取金额中，住房消费提取占 79.33%（购买、建造、翻建、大修自住住房占 29.23%，偿还购房贷款本息占 43.88%，租赁住房占 1.79%，其他占 4.43%）；非住房消费提取占 20.67%（离休和退休提取占 16.28%，完全丧失劳动能力并与单位终止劳动关系提取占 1.43%，户口迁出所在市或出境定居占 0.46%，其他占 2.5%），如图 7 所示。

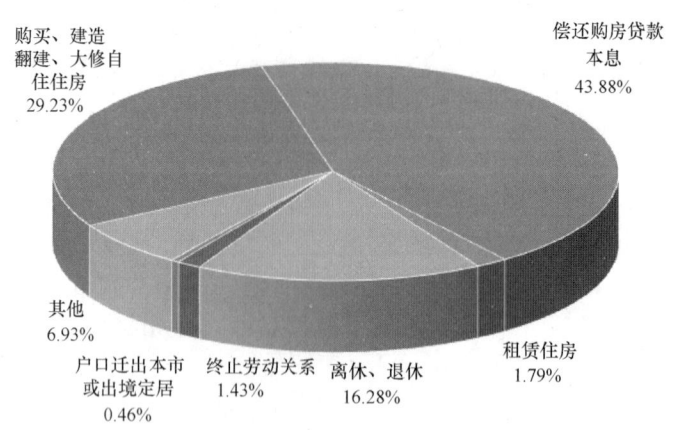

图 7　2018 年提取额按提取原因分类占比图

提取职工中，中、低收入占 95.19%，高收入占 4.81%。

(三) **贷款业务**：

1. **个人住房贷款**。2018 年，支持职工购建房 2157.58 万平方米。年末个人住房贷款市场占有率为 15.52%，比上年同期减少 0.51 个百分点。通过申请住房公积金个人住房贷款，可节约职工购房利息支出 1329146.56 万元。

职工贷款笔数中，购房建筑面积 90（含）平方米以下占 14%，90~144（含）平方米占 67%，144 平方米以上占 19%；购买新房占 79.47%（其中购买保障性住房占 0.34%），购买二手房占 19.94%，其他占 0.59%。

职工贷款笔数中，单职工申请贷款占 37.68%，双职工申请贷款占 62.16%，三人及以上缴存职工共同申请贷款占 0.16%。

贷款职工中，30 岁（含）以下占 25.91%，30 岁~40 岁（含）占 40.36%，40 岁~50 岁（含）占 25.85%，50 岁以上占 7.88%；首次申请贷款占 80.96%，二次及以上申请贷款占 19.04%；中、低收入占 97.32%，高收入占 2.68%。

2. **异地贷款**。2018 年，发放异地贷款 6207 笔 223281.8 万元。2018 年末，发放异地贷款总额 1070307.41 万元，异地贷款余额 885019.61 万元。

3. **公转商贴息贷款**。2018 年，发放公转商贴息贷款 1703 笔 52028.48 万元，支持职工购建房面积 22.35 万平方米。当年贴息额 4195.42 万元。2018 年末，累计发放公转商贴息贷款 15393 笔 494928.8 万元，累计贴息 9507.61 万元。

4. **住房公积金支持保障性住房建设项目贷款**。2018 年末，全省累计有住房公积金试点城市 4 个，试点项目 22 个，贷款额度 23.2 亿元，建筑面积共 172.77 万平方米，可解决 22297 户中低收入职工家庭的住房问题。22 个试点项目贷款资金已发放并还清贷款本息。

(四) **住房贡献率**：2018 年，个人住房贷款发放额、公转商贴息贷款发放额、项目贷款发放额、住房消费提取额的总和与当年缴存额的比率为 108.14%，比上年减少 11.5 个百分点。

六、其他重要事项

(一) **住房公积金政策调整情况**：组织开展了住房公积金支持新市民解决住房问题专题调研，全省 17

市（包括原莱芜市）在强制缴存的基础上，全面建立了自愿缴存机制。将允许职工使用住房公积金贷款列为楼盘网签的必备条件，切实维护职工合法权益。延长阶段性适当降低企业住房公积金缴存比例政策至2020年4月30日，助力企业降成本。

（二）服务改进情况：深化放管服改革，优化营商环境，印发了《关于深化"一次办好"改革加强和改进住房公积金服务工作的意见》，提出精简办理要件、优化业务流程、推进异地可办、实现网上可办以及确保风险可控等5个方面的具体意见。印发了《关于进一步推进住房公积金单位缴存登记事项纳入"多证合一"改革的通知》，实现企业缴存开户一证认可。疏解群众办事堵点，印发了《关于办理住房公积金提取贷款和房产过户业务取消身份证明材料复印件的通知》，取消了办理业务身份证明材料复印件。

（三）信息化建设情况：积极推行"互联网＋政务服务"，贯彻执行住房公积金基础数据"双贯标"工作和综合服务平台建设基本完成。印发了《关于加快推进住房公积金管理中心接入征信系统的通知》，推动公积金中心业务系统与人民银行征信系统对接，方便群众少跑腿。

（四）开展监督检查情况：组织开展了全省住房公积金政策执行情况检查及风险隐患排查，采用电子化检查工作，实施月度巡检、季度抽检，推进住房公积金运行政策合规、管理规范、防控有力。

（五）深入开展文明行业创建"标准建设年"活动：认真贯彻落实业务管理、服务体系、信息化建设等方面的13件国家标准规范，建立地方标准规范30余件。积极选树先进典型，评选了20个文明服务示范窗口、100名文明服务标兵，充分发挥典型示范带头作用。济宁、泰安中心分别荣获"全国巾帼文明岗"、"全国青年文明号"荣誉称号。全省所有住房公积金管理中心全部被命名为省级文明单位，实现了全行业"省级文明单位"全覆盖。

济南住房公积金 2018 年年度报告

一、机构概况

（一）住房公积金管理委员会：住房公积金管理委员会有29名委员。2018年召开一次会议，审议通过《关于住房公积金2018年计划执行情况和2018年计划安排的报告》；《济南市住房公积金2018年年度报告》；《关于修订〈济南市个人住房公积金贷款管理办法〉的汇报》；《关于修订〈济南市住房公积金提取管理实施细则〉的汇报》。

（二）住房公积金管理中心：住房公积金管理中心为直属济南市政府的不以营利为目的的参公事业单位，主要负责全市住房公积金的归集、管理和会计核算。中心设7个处，2个分中心。从业人员143人，其中，在编81人，非在编62人。

二、业务运行情况

（一）缴存：2018年，新开户单位4602家，实缴单位22763家，净增单位3175家；新开户职工

17.79 万人,实缴职工 143.08 万人,净增职工 6.67 万人;缴存额 228.17 亿元,同比增长 14.7%。2018 年末,缴存总额 1602.14 亿元,同比增长 16.61%;缴存余额 654.92 亿元,同比增长 9.81%。

受委托办理住房公积金缴存业务的银行 5 家,与上年持平。

(二)提取:2018 年,提取额 169.65 亿元,同比增长 12.84%;占当年缴存额的 74.35%,比上年减少 1.23 个百分点。2018 年末,提取总额 947.22 亿元,同比增长 21.82%。

(三)贷款:个人住房贷款最高额度 60 万元,其中,仅有一人缴存公积金的职工家庭最高额度 30 万元,两人及以上缴存公积金的职工家庭最高额度 60 万元。

2018 年,发放个人住房贷款 1.91 万笔 78.7 亿元,同比分别下降 5.45%、6.48%。其中,市中心发放个人住房贷款 1.79 万笔 74.01 亿元,电力分中心发放个人住房贷款 0.02 万笔 0.75 亿元,铁路分中心发放个人住房贷款 0.1 万笔 3.94 亿元。

2018 年,回收个人住房贷款 52.86 亿元。其中,市中心 47.53 亿元,电力分中心 1.79 亿元,铁路分中心 3.54 亿元。

2018 年末,累计发放个人住房贷款 26.44 万笔 830.75 亿元,贷款余额 477.28 亿元,同比分别增长 7.79%、10.46%、5.72%。个人住房贷款余额占缴存余额的 72.88%,比上年减少 2.81 个百分点。

受委托办理住房公积金个人住房贷款业务的银行 14 家,与上年持平。

(四)资金存储:2018 年末,住房公积金存款 178.31 亿元。其中,活期 0.12 亿元,1 年(含)以下定期 6.65 亿元,1 年以上定期 78.66 亿元,其他(协定、通知存款、大额存单等)92.88 亿元。

(五)资金运用率:2018 年末,住房公积金个人住房贷款余额、项目贷款余额和购买国债余额的总和占缴存余额的 72.93%,比上年减少 2.82 个百分点。

三、主要财务数据

(一)业务收入:2018 年,业务收入 203176.09 万元,同比增长 13.28%。其中,市中心 155088.34 万元,电力分中心 18239.64 万元,铁路分中心 29848.11 万元;存款利息 52392.38 万元,委托贷款利息 150609.45 万元,国债利息 0 万元,其他 174.26 万元。

(二)业务支出:2018 年,业务支出 108571.41 万元,同比增长 8.27%。其中,市中心 84890.66 万元,电力分中心 9023.62 万元,铁路分中心 14657.13 万元;支付职工住房公积金利息 94326.21 万元,归集手续费 7245.59 万元,委托贷款手续费 6924.56 万元,其他 75.05 万元。

(三)增值收益:2018 年,增值收益 94604.68 万元,同比增长 19.62%。其中,市中心 70197.68 万元,电力分中心 9216.02 万元,铁路分中心 15190.98 万元;增值收益率 1.51%,比上年增加 0.14 个百分点。

(四)增值收益分配:2018 年,提取贷款风险准备金 4550.46 万元,提取管理费用 2558 万元,提取城市廉租住房(公共租赁住房)建设补充资金 87496.22 万元。

2018 年,上交财政管理费用 1637.5 万元。上缴财政城市廉租住房(公共租赁住房)建设补充资金 45964.07 万元。

2018 年末,贷款风险准备金余额 96135.97 万元。累计提取城市廉租住房(公共租赁住房)建设补充资金 554688.17 万元。其中,市中心提取 386564.42 万元,电力分中心提取 72450.25 万元,铁路分中心提取 95673.5 万元。

（五）**管理费用支出**：2018 年，管理费用支出 2895.24 万元，同比下降 11.91%。其中，人员经费 1362.64 万元，公用经费 117.13 万元，专项经费 1415.47 万元。

市中心管理费用支出 2635.01 万元，其中，人员、公用、专项经费分别为 1240.34 万元、96.24 万元、1298.43 万元；电力分中心管理费用支出 114.38 万元，均为专项经费；铁路分中心管理费用支出 145.85 万元，其中，人员、公用、专项经费分别为 122.3 万元、20.89 万元、2.66 万元。

四、资产风险状况

2018 年末，个人住房贷款逾期额 1142.89 万元，逾期率 0.24‰。其中，市中心 0.23‰，电力分中心 0.24‰，铁路分中心 0.3‰。

个人贷款风险准备金按贷款余额的 2% 提取。2018 年，提取个人贷款风险准备金 4550.46 万元，收回已核销的个人贷款 3.57 万元。2018 年末，个人贷款风险准备金余额 96135.97 万元，占个人住房贷款余额的 2.01%，个人住房贷款逾期额与个人贷款风险准备金余额的比率为 1.19%。

五、社会经济效益

（一）**缴存业务**：2018 年，实缴单位数、实缴职工人数和缴存额同比分别增长 16.21%、4.89% 和 14.7%。

缴存单位中，国家机关和事业单位占 8.87%，国有企业占 6.91%，城镇集体企业占 7.62%，外商投资企业占 1.53%，城镇私营企业及其他城镇企业占 71.35%，民办非企业单位和社会团体占 3.32%，其他占 0.4%。

缴存职工中，国家机关和事业单位占 17.98%，国有企业占 28.96%，城镇集体企业占 10.35%，外商投资企业占 3.59%，城镇私营企业及其他城镇企业占 36.41%，民办非企业单位和社会团体占 2.6%，其他占 0.11%；中、低收入占 95.19%，高收入占 4.81%。

新开户职工中，国家机关和事业单位占 9.48%，国有企业占 12.37%，城镇集体企业占 14.19%，外商投资企业占 2.97%，城镇私营企业及其他城镇企业占 57.4%，民办非企业单位和社会团体占 3.33%，其他占 0.26%；中、低收入占 99.22%，高收入占 0.78%。

（二）**提取业务**：2018 年，56.58 万名缴存职工提取住房公积金 169.65 亿元。

提取金额中，住房消费提取占 80.69%（购买、建造、翻建、大修自住住房占 30.41%，偿还购房贷款本息占 47.09%，租赁住房占 2.11%，其他占 1.08%）；非住房消费提取占 19.31%（离休和退休提取占 15.76%，完全丧失劳动能力并与单位终止劳动关系提取占 0.57%，户口迁出本市或出境定居占 0.84%，其他占 2.14%）。

提取职工中，中、低收入占 89.58%，高收入占 10.42%。

（三）**贷款业务**：

1. **个人住房贷款**。2018 年，支持职工购建房 211.79 万平方米，年末个人住房贷款市场占有率为 15.1%，比上年减少 1.4 个百分点。通过申请住房公积金个人住房贷款，可节约职工购房利息支出 178563.58 万元。

职工贷款笔数中，购房建筑面积 90（含）平方米以下占 19.4%，90～144（含）平方米占 68.74%，144 平方米以上占 11.86%。购买新房占 73.16%（其中购买保障性住房占 0.04%），购买二手房占 26.82%，建造、翻建、大修自住住房占 0%，其他占 0.02%。

职工贷款笔数中，单缴存职工申请贷款占 49.16%，双缴存职工申请贷款占 50.75%，三人及以上缴存职工共同申请贷款占 0.09%。

贷款职工中，30 岁（含）以下占 35.97%，30 岁～40 岁（含）占 38.49%，40 岁～50 岁（含）占 18.66%，50 岁以上占 6.88%；首次申请贷款占 59.43%，二次及以上申请贷款占 40.57%；中、低收入占 94.98%，高收入占 5.02%。

2. 异地贷款。2018 年，发放异地贷款 834 笔 40865.4 万元。2018 年末，发放异地贷款总额 212462.7 万元，异地贷款余额 169377.31 万元。

3. 支持保障性住房建设试点项目贷款。2018 年未发放保障性住房项目贷款。累计试点项目 2 个，累计发放额度 10 亿元，截至 2014 年已收回贷款本息。

（四）住房贡献率：2018 年，个人住房贷款发放额、公转商贴息贷款发放额、项目贷款发放额、住房消费提取额的总和与当年缴存额的比率为 94.49%，比上年减少 7.06 个百分点。

六、其他重要事项

（一）机构调整情况：按照企业分离社会职能的要求，2018 年济南住房公积金管理中心济钢分中心并入济南住房公积金管理中心。

（二）住房公积金政策调整及执行情况：

1. **缴存基数的执行情况**。

（1）2018 年度个人所得税税前扣除最高住房公积金月缴存基数为 17550 元。按照济南市统计局提供的 2018 年度全市（含中央属、省属、市属、县属及以下）法人单位在岗职工平均工资 5850 元的 3 倍计算。

（2）按照山东省人民政府公布的《关于公布全省最低工资标准的通知》（鲁政字〔2018〕80 号）规定，2018 年度最低住房公积金月缴存基数分为两档，单位住所地为历下区、市中区、槐荫区、天桥区、历城区的最低住房公积金月缴存基数为 1910 元；单位住所地为长清区、章丘区、平阴县、济阳县、商河县的最低住房公积金月缴存基数为 1730 元。

2. **缴存比例执行情况**。所有缴存单位的缴存比例均符合不低于 5%，不高于 12% 的要求。按照住房城乡建设部、财政部、人民银行《关于改进住房公积金缴存机制进一步降低企业成本的通知》（建金〔2018〕45 号）的要求，允许企业自主确定住房公积金缴存比例。

（三）提取政策调整情况：

1. 支付房租和物业费均为每年提取一次。仅凭无房证明提取公积金，每人每次提取最高额度由 7200 元提高至 9600 元；增加提供房屋租赁备案证明及完税发票据实提取公积金支付房租政策，职工和配偶提取额度合计不超过实际支付金额且上限不超过 36000 元。

2. 物业费提取额度由原每人每年 1000 元提高至 1200 元。

（四）服务改进情况：

1. 公积金服务大厅与市政务服务中心公积金窗口均设立综合受理窗口，实行综合柜员制，建立"前台统一受理、后台分类审批、统一窗口出件"的政务服务模式。

2. 中信银行、齐鲁银行、兴业银行、北京银行、民生银行、招商银行、光大银行七家贷款银行开通了商贷按月委托提取公积金业务。

3. 推出"你不用跑我来跑"服务方式，缴存单位可在线申请网上营业厅数字证书，中心审核制作后邮寄给单位。

4. 在济南住房公积金中心本部缴存住房公积金的职工办理公积金提取、提前还贷、借款人基本信息变更等业务，公积金缴存单位办理个人账户同城转移等业务，均可在网上操作完成，网上办理业务种类超过90%。

（五）信息化建设情况：

1. 全省首批完成住房城乡建设部基础数据标准贯彻落实和结算应用系统接入暨"双贯标"验收工作，确立了公积金标准数据体系，对公积金业务全账户、全业务、全流程覆盖，公积金资金、业务和财务信息的自动匹配、每笔资金留痕，实时监督全部资金交易动态。

2. 完成公积金综合服务平台建设。网站、网厅、12329热线、微信公众号等服务渠道全面上线运行，依托线上线业务高度融合，实现业务办理的掌上即时办、线下快速办。综合服务平台项目获得"智慧泉城示范项目"称号。

3. 圆满完成市政务云国产密码应用试点任务，数字证书、电子签章等技术在缴存单位身份认证、用户回执加盖印章等业务全面应用。

（六）所获荣誉：

1. 公积金中心保持省文明单位称号。

2. 公积金服务大厅保持省级青年文明号、省级工人先锋号、市工人先锋号称号。

3. 公积金中心1人获得市道德模范称号。

（七）行政处罚及申请法院强制执行情况：2018年，对2家未办理住房公积金缴存登记的单位作出行政处罚决定；对涉及7家单位的14起欠缴住房公积金案件申请法院强制执行。

青岛市住房公积金2018年年度报告

一、机构概况

（一）住房公积金管理委员会：青岛市住房公积金管委会有委员23名，当年召开管委会全体会议1次，审议通过2018年度住房公积金归集、使用计划执行情况，并对其他重要事项进行决策，主要包括审议通过了《关于我市2018年住房公积金工作开展情况和2018年工作要点的汇报》《青岛市住房公积金2018年年度报告》《2018年住房公积金财务报告》和《关于调整我市缴存提取住房公积金政策有关情况的汇报》。

（二）住房公积金管理中心：青岛市住房公积金管理中心为直属青岛市人民政府的不以营利为目的的自收自支事业单位，主要负责全市住房公积金的归集、管理、使用和会计核算等工作。内设9个处室，下设10个管理处，分别是：办公室、组织人事处、风险管理与内审处、会计处、贷款处、归集处、科技信息处、法律事务处、服务管理处、市南管理处、市北管理处、李沧管理处、崂山管理处、黄岛管理处、城阳管理处、即墨管理处、胶州管理处、平度管理处、莱西管理处。从业人员320人，其中，在编225人，非在编95人。

二、业务运行情况

（一）住房公积金缴存情况：2018年，新开户单位7704家，实缴单位45352家，净增单位5207家；新开户职工21.49万人，实缴职工163.35万人，净增职工11.61万人；缴存额213.11亿元，同比增长9.23%。2018年末，缴存总额1620.41亿元，同比增长15.14%；缴存余额567.84亿元，同比增长8.89%。

受委托办理住房公积金缴存业务的银行5家，与上年相比，无变化。

（二）住房公积金提取情况：2018年，提取额166.75亿元，同比增长11.22%；占当年缴存额的78.25%，比上年增加1.41个百分点。

2018年末，提取总额1052.56亿元，同比增长18.82%。

（三）住房公积金贷款情况：

1. **个人住房贷款**。个人住房贷款最高额度60万元，其中，单缴存职工最高额度36万元，双缴存职工最高额度60万元。

2018年，发放个人住房贷款1.10万笔40.20亿元，同比分别下降32.10%、27.97%。

2018年，回收个人住房贷款44.68亿元。

2018年末，累计发放个人住房贷款31.71万笔801.33亿元，贷款余额439.20亿元，同比分别增长3.59%、5.28%、-1.01%。个人住房贷款余额占缴存余额的77.35%，比上年减少7.73个百分点。

受委托办理住房公积金个人住房贷款业务的银行13家，与上年相比，无变化。

2. **住房公积金支持保障性住房建设项目贷款**。2018年，未发放支持保障性住房建设项目贷款。截至2018年底，累计发放项目贷款4.60亿元，已于2014年6月全部回收。

（四）资金存储：2018年末，住房公积金存款132.35亿元。其中，活期0.01亿元，1年（含）以下定期46.35亿元，1年以上定期57.06亿元，其他（协定、通知存款等）28.93亿元。

（五）资金运用率：2018年末，住房公积金个人住房贷款余额、项目贷款余额和购买国债余额的总和占缴存余额的77.35%，比上年减少7.73个百分点。

三、主要财务数据

（一）业务收入：2018年，业务收入172268.43万元，同比增长9.21%。其中，存款利息29138.66万元，委托贷款利息143117.86万元，其他11.91万元。

（二）业务支出：2018年，业务支出82348.28万元，同比增长8.82%。其中，支付职工住房公积金利息82044.65万元，归集手续费160.84万元，委托贷款手续费45.00万元，其他97.79万元。

（三）增值收益：2018年，增值收益89920.15万元，同比增长9.58%。增值收益率1.65%，比上年增加0.01个百分点。

（四）增值收益分配：2018年，未提取贷款风险准备金，提取管理费用9966.12万元，提取城市廉租住房（公共租赁住房）建设补充资金79954.03万元。

2018年，上交财政管理费用9966.12万元，上缴城市廉租住房（公共租赁住房）建设补充资金70742.40万元。

2018年末，贷款风险准备金余额88735.43万元。累计提取城市廉租住房（公共租赁住房）建设补充资金549159.16万元。

（五）管理费用支出：2018年，管理费用支出8416.28万元，同比增长15.51%。其中，人员经费4171.99万元，同比增长3.27%；公用经费4244.29万元，同比增长30.75%。人员经费增长主要原因是政策性普调工资，公用经费增长主要原因是本年度新增公积金综合交易系统"双贯标"升级改造等项目支出。

四、资产风险状况

（一）个人住房贷款：2018年末，个人住房贷款逾期额978.43万元，逾期率0.22‰。

个人贷款风险准备金按贷款余额的2%提取。2018年，未提取个人贷款风险准备金，未发生使用个人贷款风险准备金核销呆坏账情况。2018年末，个人贷款风险准备金余额88735.43万元，占个人住房贷款余额的2.02%，个人住房贷款逾期额与个人贷款风险准备金余额的比率为1.10%。

（二）住房公积金支持保障性住房建设项目贷款：保障性住房建设贷款项目已于2014年6月全部按期收回。

五、社会经济效益

（一）缴存业务：2018年，实缴单位数、实缴职工人数和缴存额同比分别增长12.97%、7.65%和9.23%。

缴存单位中，国家机关和事业单位占8.36%，国有企业占8.23%，城镇集体企业占2.19%，外商投资企业占7.53%，城镇私营企业及其他城镇企业占60.05%，民办非企业单位和社会团体占2.81%，其他占10.83%。

缴存职工中，国家机关和事业单位占18.53%，国有企业占23.64%，城镇集体企业占3.13%，外商投资企业占13.24%，城镇私营企业及其他城镇企业占29.16%，民办非企业单位和社会团体占1.84%，其他占10.46%；中、低收入占96.61%，高收入占3.39%。

新开户职工中，国家机关和事业单位占5.84%，国有企业占14.60%，城镇集体企业占3.80%，外商投资企业占12.47%，城镇私营企业及其他城镇企业占45.59%，民办非企业单位和社会团体占2.98%，其他占14.72%；中、低收入占99.43%，高收入占0.57%。

（二）提取业务：2018年，52.18万名缴存职工提取住房公积金166.75亿元。

提取金额中，住房消费提取占79.93%（购买、建造、翻建、大修自住住房占26.40%，偿还购房贷款本息占53.05%，租赁住房占0.48%）；非住房消费提取占20.07%（离休和退休提取占14.14%，完全丧失劳动能力并与单位终止劳动关系提取占1.37%，户口迁出本市或出境定居占4%，其他占0.56%）。

提取职工中，中、低收入占93.69%，高收入占6.31%。

（三）贷款业务：

1. **个人住房贷款**。2018年，支持职工购建房118.50万平方米，年末个人住房贷款市场占有率为10.30%，比上年减少1.68个百分点。通过申请住房公积金个人住房贷款，可节约职工购房利息支出71599.52万元。

职工贷款笔数中，购房建筑面积90（含）平方米以下占24.91%，90~144（含）平方米占70.28%，144平方米以上占4.81%。购买新房占87.39%（其中购买保障性住房占3.82%），购买存量商品住房占12.61%。

职工贷款笔数中，单缴存职工申请贷款占55.86%，双缴存职工申请贷款占44.14%。

贷款职工中，30岁（含）以下占26.01%，30岁~40岁（含）占39.81%，40岁~50岁（含）占25.93%，50岁以上占8.25%；首次申请贷款占87.64%，二次及以上申请贷款占12.36%；中、低收入占96.04%，高收入占3.96%。

2. **异地贷款**。2018年，发放异地贷款212笔8223.00万元。

2018年末，发放异地贷款总额31396.50万元，异地贷款余额28072.52万元。

3. **住房公积金支持保障性住房建设项目贷款**。截至2018年底，本市累计有住房公积金试点项目1个，属经济适用房项目，贷款额度4.60亿元，建筑面积共15.44万平方米，可解决1843户中低收入职工家庭的住房问题，该试点项目本息已于2014年6月全部按期收回。

（四）住房贡献率。2018年，个人住房贷款发放额、住房消费提取额的总和与当年缴存额的比率为81.41%，比上年减少10.44个百分点。

六、其他重要事项

（一）当年住房公积金政策调整及执行情况：

1. **当年缴存政策调整情况**。一是将在我市就业的港澳台同胞纳入住房公积金制度覆盖范围。与我市用人单位形成劳动（聘用）关系的港澳台同胞，在与用人单位协商一致的基础上，可按月缴存住房公积金。二是明确我市住房公积金缴存基数上下限。住房公积金缴存基数不得低于我市上一年度月平均最低工资标准，不得高于我市统计部门公布的上一年度城镇非私营单位在岗职工月平均工资的3倍。

2. **当年缴存基数限额及确定方法**。自2018年7月1日起，本市职工住房公积金缴存基数由2016年职工月平均工资调整为2018年职工月平均工资。2018年度住房公积金缴存基数上限为本市2018年城镇非私营单位在岗职工月平均工资的3倍，即20884.74元。2018年度各（区）市住房公积金缴存基数下限分别按照本市上一年度月平均最低工资标准确定，其中市南区、市北区、黄岛区、崂山区、李沧区、城阳区为1768.33元，即墨区、胶州市、平度市、莱西市为1602.5元。单位和职工各自的住房公积金缴存比例不应低于5%，最高不得超过12%。单位和职工住房公积金月缴存额上限，各不得超过2506元。单位和职工住房公积金月缴存额下限，市南区、市北区、黄岛区、崂山区、李沧区、城阳区分别为88元，即墨区、胶州市、平度市、莱西市分别为80元。

3. **当年提取政策调整情况**。一是调整我市租赁住房提取住房公积金额度。提供本市房屋产权登记管理部门出具的本人及配偶在本市无自有产权住房证明原件的,每人每次提取金额由不超过6000元,调整为不超过8400元。职工实际年房租支出超过8400元的,提供本市房屋产权登记管理部门出具的本人及配偶在本市无自有产权住房证明原件、房产管理部门出具的房屋租赁备案证明原件、房租发票原件的,可按实际房租支出提取,职工及配偶每月最高可提取额度不得超过2500元。二是规范我市异地转移接续政策。异地缴存职工将账户余额转移到我市时,须在我市住房公积金管理中心设立住房公积金账户并稳定缴存半年以上。异地缴存职工将账户余额转移到我市后,不再继续缴存,以户籍迁出本市或户籍不在本市,且与本市单位终止劳动关系并离开本市、农村进城务工人员与单位终止劳动关系的原因申请提取住房公积金时,须住房公积金账户转入我市半年以上。

4. 当年住房公积金存贷款利率调整及执行情况。当年住房公积金存贷款利率未作调整。

目前,首次贷款1~5年期执行2.75%的年利率,5年期以上执行3.25%的年利率;二次贷款利率按照首次贷款利率的1.1倍执行。

(二)当年服务改进情况:一是优化办事流程。根据中心工作实际和未来发展规划,研究梳理中心对外公共服务事项,通过合并、取消和新增,将原来的92项公共服务事项精简为49项依申请公开公共服务事项。截至2018年底,49项对外公开的公共服务事项全部实现"一次办好"。

二是精简办事材料。全面推进办事材料"大瘦身",优化了7项贷款业务和22项归集业务,精简企业营业执照、个人户口簿、解除劳动关系证明、房屋平面图等办理要件共34件。职工办理6项归集业务和全部贷款业务不再提供身份证复印件。

三是提升服务水平。为实现服务规范化、标准化、便捷化,建立标准化服务示范点,出台营业大厅工作人员服务标准,实现业务流程统一、答复口径统一、服务规范统一,开展服务窗口专项整治工作,加大"首问负责制"、"一次性"告知制度执行力度。为群众提供一对一"帮办代办"服务,免费为职工邮寄贷款材料,让职工跑更少的腿。推行"综合柜员制",通过整合大厅业务服务窗口,调整业务办理流程,合理配置工作岗位,设置机动、流动窗口,实现办理业务"一站式"办结。

(三)当年信息化建设情况:一是认真贯彻住房城乡建设部工作要求,提高信息化水平,结合公积金综合交易系统升级工作,积极开展"双贯标"工作。

二是联合银行推出个人网银查询公积金功能,年内与工商银行、邮政储蓄银行、招商银行三家银行联合推出个人网银查询公积金功能,目前业务已经上线。

三是充分利用银行网点多的优势,探索将单位公积金业务办理延伸至合作银行,目前在全市工商银行网点可办理单位小额托收公积金签约业务。

四是在省内率先开通住房公积金网厅聚合支付,支持自由职业者缴存、个人公积金还款等业务,在现有联名卡结算基础之上,新增个人银联卡、微信、支付宝等手机扫码支付模式,为广大职工提供更加便捷的结算手段。

五是积极推进"零跑腿"事项,不断丰富网厅办理功能,新增个人专业版网厅刷脸注册、专业版密码找回、网上预约、单位账户注销登记、终止劳动关系自助提取等6项办理功能,零跑腿网办率同比增长37%。

(四)当年住房公积金管理中心及职工所获荣誉情况:2018年度,青岛市住房公积金管理中心经过复查被山东省精神文明建设委员会授予"省级文明单位"称号,被青岛市政务服务和公共资源交易管理办公室评为"2018年第一季度专业分大厅示范窗口单位"、"2018年第三季度专业分大厅示范窗口单位"、"2018年第四季度专业分大厅示范窗口单位"。所属崂山管理处被山东省住房和城乡建设厅评为"省住房公积金行业文明服务示范窗口"。

本年度青岛市住房公积金管理中心12名职工被山东省住房城乡建设厅授予"全省住房公积金行业文明服务标兵"称号。

每季度都有3名职工被青岛市政务服务和公共资源交易管理办公室评为当季度服务标兵，6名职工被评为"2018年度服务标兵"。1名职工被中共青岛市委评为优秀共产党员。1名职工被共青团青岛市委评为优秀共青团干部。

（五）当年对违反《住房公积金管理条例》和相关法规行为进行行政处罚和申请人民法院强制执行情况： 2018年，对违反《住房公积金管理条例》和相关法规的行为进行行政处罚立案93件，申请人民法院强制执行46件。共为780名职工追缴住房公积金880.97万元。

淄博市住房公积金2018年年度报告

一、机构概况

（一）住房公积金管理委员会： 住房公积金管理委员会有39名委员，2018年召开一次会议，审议通过的事项主要包括：一、会议审议通过了《淄博市住房公积金2018年筹集使用计划执行情况的报告》、《淄博市住房公积金2018年年度报告》和《淄博市住房公积金2018年度筹集使用计划》。二、研究调整了我市住房公积金相关政策。三、对下一步住房公积金管理工作提出了要求：一是积极做好住房公积金制度推广工作；二是不断完善住房公积金使用政策；三是加强住房公积金运营风险防范；四是强化住房公积金管理运营服务信息技术建设；五是进一步提升为民服务水平等。

（二）住房公积金管理中心： 住房公积金管理中心为淄博市人民政府直属的不以营利为目的的独立的事业单位，设2个分中心、8个科室、10个管理部。从业人员161人，其中，在编92人，合同用工人员69人。

二、业务运行情况

（一）缴存： 2018年，新开户单位1178家，实缴单位7305家，净增单位1090家；新开户职工6.67万人，实缴职工59.08万人，净增职工3.6万人；缴存额62.71亿元，同比增长7.6%。2018年末，缴存总额442.31亿元，同比增长16.52%；缴存余额236.36亿元，同比增长9.08%。

受委托办理住房公积金缴存业务的银行10家，较上年无变化。

（二）提取： 2018年，提取额43.04亿元，同比增长29.6%；占当年缴存额的68.63%，比上年增加11.65个百分点。2018年末，提取总额205.95亿元，同比增长26.42%。

（三）贷款：

1. **个人住房贷款**。个人住房贷款最高额度 60 万元，其中，单缴存职工最高额度 60 万元，双缴存职工最高额度 60 万元。

2018 年，发放个人住房贷款 0.96 万笔 36.8 亿元，同比分别下降 17.24％、18.29％。

2018 年，回收个人住房贷款 19.49 亿元。

2018 年末，累计发放个人住房贷款 13.34 万笔 320.3 亿元，贷款余额 211.46 亿元，同比分别增长 7.75％、12.98％、8.91％。个人住房贷款余额占缴存余额的 89.47％，比上年减少 0.13 个百分点。

受委托办理住房公积金个人住房贷款业务的银行 10 家，较上年无变化。

2. **住房公积金支持保障性住房建设项目贷款**。2018 年，未发放支持保障性住房建设项目贷款。2018 年末，累计发放项目贷款 5.68 亿元，已全部收回，无项目贷款余额。

（四）**资金存储**：2018 年末，住房公积金存款 24.9 亿元。其中，活期 5.95 亿元，1 年（含）以下定期 6.3 亿元，1 年以上定期 12.65 亿元。

（五）**资金运用率**：2018 年末，住房公积金个人住房贷款余额、项目贷款余额和购买国债余额的总和占缴存余额的 89.47％，比上年减少 0.13 个百分点。

三、主要财务数据

（一）**业务收入**：2018 年，业务收入 70635.72 万元，同比增长 7.36％。其中：存款利息 4915.05 万元，委托贷款利息 65714.43 万元，其他 6.24 万元。

（二）**业务支出**：2018 年，业务支出 40019.12 万元，同比增长 18.47％。其中：支付职工住房公积金利息 36209.77 万元，归集手续费 1378.34 万元，委托贷款手续费 2426.48 万元，其他 4.53 万元。

（三）**增值收益**：2018 年，增值收益 30616.6 万元，同比下降 4.37％。增值收益率 1.35％，比上年减少 0.21 个百分点。

（四）**增值收益分配**：2018 年，提取个人贷款风险准备金 3375 万元，提取管理费用 4500 万元，提取城市廉租住房（公共租赁住房）建设补充资金 22741.6 万元。

2018 年，上交 2018 年度财政管理费用 4500 万元。上缴 2018 年度财政城市廉租住房（公共租赁住房）建设补充资金 22014.52 万元。

2018 年末，贷款风险准备金余额 42293 万元。累计提取城市廉租住房（公共租赁住房）建设补充资金 160935.12 万元。

（五）**管理费用支出**：2018 年，管理费用支出 3571.28 万元，同比下降 11.68％。其中，人员经费 1561.95 万元，公用经费 203.58 万元，专项经费 1805.75 万元（主要包括住房公积金业务信息系统建设维护费，12329 综合服务平台建设、运维费，住房公积金服务大厅房屋租赁费）。

四、资产风险状况

（一）**个人住房贷款**：2018 年末，个人住房贷款逾期额 522.74 万元，逾期率 0.25‰。

个人贷款风险准备金按贷款余额的 2％提取。2018 年，提取个人贷款风险准备金 3375 万元，未使用个人贷款风险准备金核销呆坏账。2018 年末，个人贷款风险准备金余额为 42293 万元，占个人住房贷款余额的 2%，个人住房贷款逾期额与个人贷款风险准备金余额的比率为 1.24%。

（二）支持保障性住房建设试点项目贷款：2018 年末，项目贷款已全部结清，无逾期。2018 年，提取项目贷款风险准备金－1634 万元，未使用项目贷款风险准备金核销呆坏账，项目贷款风险准备金余额为 0。

五、社会经济效益

（一）缴存业务：2018 年，实缴单位数、实缴职工人数和缴存额同比分别增长 17.54%、6.49% 和 7.6%。

缴存单位中，国家机关和事业单位占 29.54%，国有企业占 9.2%，城镇集体企业占 4.3%，外商投资企业占 2.4%，城镇私营企业及其他城镇企业占 40.77%，民办非企业单位和社会团体占 3.71%，其他占 10.08%。

缴存职工中，国家机关和事业单位占 23.53%，国有企业占 25.73%，城镇集体企业占 7.68%，外商投资企业占 4.44%，城镇私营企业及其他城镇企业占 29.66%，民办非企业单位和社会团体占 2.2%，其他占 6.76%；中、低收入占 99.63%，高收入占 0.37%。

新开户职工中，国家机关和事业单位占 10.92%，国有企业占 14.22%，城镇集体企业占 7.7%，外商投资企业占 3.94%，城镇私营企业及其他城镇企业占 56.05%，民办非企业单位和社会团体占 3.75%，其他占 3.42%；中、低收入占 99.93%，高收入占 0.07%。

（二）提取业务：2018 年，17.36 万名缴存职工提取住房公积金 43.04 亿元。

提取的金额中，住房消费提取占 67.61%（购买、建造、翻建、大修自住住房占 23.81%，偿还购房贷款本息占 42.14%，租赁住房占 1.5%，其他占 0.16%）；非住房消费提取占 32.39%（离休和退休提取占 27.14%，完全丧失劳动能力并与单位终止劳动关系提取占 3.14%，户口迁出本市或出境定居占 0.93%，其他占 1.18%）。

提取职工中，中、低收入占 99.38%，高收入占 0.62%。

（三）贷款业务：

1. **个人住房贷款**。2018 年，支持职工购建房 106.91 万平方米，年末个人住房贷款市场占有率为 25.5%，比上年增加 0.3 个百分点。通过申请住房公积金个人住房贷款，可节约职工购房利息支出 87983.15 万元。

职工贷款笔数中，购房建筑面积 90（含）平方米以下占 22.17%，90～144（含）平方米占 67.08%，144 平方米以上占 10.75%；购买新房占 49%（其中购买保障性住房占 1.7%），购买二手房占 51%，无建造、翻建、大修自住住房贷款。

职工贷款笔数中，单缴存职工申请贷款占 65.75%，双缴存职工申请贷款占 34.19%，三人及以上缴存职工共同申请贷款占 0.06%。

贷款职工中，30 岁（含）以下占 32.61%，30 岁～40 岁（含）占 42.92%，40 岁～50 岁（含）占 19.54%，50 岁以上占 4.93%；首次申请贷款占 88.68%，二次及以上申请贷款占 11.32%；中、低收入占 99.32%，高收入占 0.68%。

2. **异地贷款**。2018 年，发放异地贷款 485 笔、19053.1 万元。2018 年末，发放异地贷款总额

55481.3万元，异地贷款余额49841.7万元。

3. **支持保障性住房建设试点项目贷款**。2018年末，累计试点项目12个，贷款额度5.68亿元，建筑面积56.38万平方米，可解决6777户中低收入职工家庭的住房问题。12个试点项目贷款资金已发放并还清贷款本息。

（四）**住房贡献率**：2018年，个人住房贷款发放额、公转商贴息贷款发放额、项目贷款发放额、住房消费提取额的总和与当年缴存额的比率为105.08%，比上年减少12.96个百分点。

六、其他重要事项

（一）**当年机构及职能调整情况、受委托办理缴存贷款业务金融机构变更情况**：2018年，机构及职能无调整。我市受委托办理缴存贷款业务的金融机构共10家，分别是建设银行、工商银行、农业银行、中国银行、交通银行、齐商银行、青岛银行、邮储银行、中信银行和威海银行。

（二）**当年住房公积金政策调整及执行情况**：

1. 缴存基数调整情况。缴存住房公积金的月工资基数不得超过我市统计部门公布的上一年度职工月平均工资的3倍。凡超过3倍的，一律予以规范调整。2018年我市住房公积金月缴存基数最高不超过16756.74元（我市统计部门公布的2018年度在岗职工月平均工资为5585.58元）。最低月缴存基数按各区县最低工资标准确定。根据山东省人民政府公布的全省最低工资标准，张店区、淄川区、临淄区为1910元，博山区、周村区、桓台县为1730元，高青县、沂源县为1550元。任何单位不得等额、定额缴存住房公积金。

2. 缴存比例调整情况。严格执行控高保低政策。住房公积金缴存比例下限为5%，最高不得超过12%。缴存单位可在5%至12%之间自主确定住房公积金缴存比例。生产经营困难的企业，经职工代表大会或工会讨论通过，可申请降低住房公积金缴存比例或者缓缴。

3. 当年缴存、提取政策调整情况。一是根据相关文件要求，将个体工商户和自由职业者纳入住房公积金缴存范围。在我市就业的港澳台同胞，按照规定缴存住房公积金。将符合我市住房公积金缴存条件、到农村创业创新的农民工、中高等院校毕业生、退役士兵和科技人员等返乡下乡人员纳入缴存范围。二是提高租房提取住房公积金额度。三是既有住宅加装电梯可按规定提取住房公积金。

4. 当年个人住房贷款最高贷款额度政策调整情况。调整我市住房公积金贷款最高额度：职工购买首套房申请住房公积金贷款的，最高贷款额度为60万元。职工购买二套房申请住房公积金贷款，夫妻双方均连续正常缴存住房公积金的，及家庭直系亲属合力贷款的，最高贷款额度为50万元；仅一方连续正常缴存住房公积金，最高贷款额度为40万元。

5. 当年住房公积金贷款利率，执行五年期以下（含五年）个人住房公积金贷款利率2.75%，五年期以上个人住房公积金贷款利率3.25%。所购房屋为第二套住房的住房公积金个人贷款利率不得低于同期首套住房公积金个人贷款利率的1.1倍。

（三）**当年服务改进情况**：中心在深入推进"一次办好"改革中，不断落实住房城乡建设部关于住房公积金信息化工作的要求，落实"零跑腿"和"只跑一次"事项要求，努力推行"不见面审批"公共服务事项。一是实现了网上查询、预约、咨询和业务办理。二是着力建设住房公积金综合服务平台，将微信公众号、手机APP、网上服务厅、12329热线和短信全部纳入统一管理，实现全网公积金数据政策查询和短消息推送的完全同步和一致。三是圆满完成市政府各项督办任务，包括中心机关互联网迁电子政务外网，业务系统迁电子政务外网，业务系统与政务服务中心平台对接、与资源共享平台对接，手机 APP 与省政务平台对接，张店、沂源、高青搬家到政务服务中心的网络迁移工作。

（四）当年信息化建设情况：信息化建设实现大跨步发展，打通了多项信息壁垒，高分通过了"双贯标"验收，实现了同多个部门的信息共享。个人网厅和单位网厅陆续上线，极大地方便了职工群众。

（五）当年住房公积金管理中心及职工所获荣誉情况：2018 年，集体荣誉上：中心获省级"文明单位"、市直机关"先锋单位"，被评为市直机关"优秀服务品牌"；齐鲁分中心、市直管理部获省级"文明服务示范窗口"；张店管理部、周村管理部、桓台管理部获省级"青年文明号"；9 家管理部获市级"青年文明号"。个人荣誉上：两名同志获省级"先进个人"。

（六）当年对违反《住房公积金管理条例》和相关法规行为进行行政处罚和申请人民法院强制执行情况：2018 年行政处罚案件 1 例，申请人民法院强制执行 1 例。

（七）当年对住房公积金管理人员违规行为的纠正和处理情况：2018 年没有发生对住房公积金管理人员违规行为的纠正和处理情况。

枣庄市住房公积金 2018 年年度报告

一、机构概况

（一）住房公积金管理委员会：住房公积金管理委员会有 27 名委员，2018 年召开 1 次会议，审议通过的事项主要包括：《关于 2018 年住房公积金计划执行情况和 2018 年住房公积金计划编制情况的报告》、《枣庄市住房公积金 2018 年年度报告》、《关于调整住房公积金政策的通知》、《枣庄市住房公积金管理委员会第十四次全体会议决议》（草案）。

（二）住房公积金管理中心：住房公积金管理中心为直属枣庄市人民政府不以营利为目的的全额事业单位，设 5 个科，6 个管理部，2 个分中心，2 个分理处。从业人员 112 人，其中，在编 46 人，非在编 66 人。

二、业务运行情况

（一）缴存 2018 年，新开户单位 496 家，实缴单位 3196 家，净增单位 403 家；新开户职工 2.82 万人，实缴职工 26.83 万人，净增职工 1.09 万人；缴存额 37.72 亿元，同比增长 15.32%。2018 年末，缴存总额 256.13 亿元，同比增长 17.27%；缴存余额 113.37 亿元，同比增长 7.55%。

受委托办理住房公积金缴存业务的银行 5 家，比上年增加 0 家。

（二）提取：2018 年，提取额 29.76 亿元，同比增长 25.31%；占当年缴存额的 78.90%，比上年增加 6.29 个百分点。2018 年末，提取总额 142.76 亿元，同比增长 26.34%。

（三）贷款：个人住房贷款最高额度50万元，其中，单缴存职工最高额度30万元，双缴存职工最高额度50万元。

2018年，发放个人住房贷款0.75万笔24.52亿元，同比分别增长13.64%、16.71%。

2018年，回收个人住房贷款12.87亿元。

2018年末，累计发放个人住房贷款7.53万笔166.65亿元，贷款余额100.28亿元，同比分别增长11.23%、17.25%、13.16%。个人住房贷款余额占缴存余额的88.45%，比上年增加4.38个百分点。

受委托办理住房公积金个人住房贷款业务的银行5家，比上年增加0家。

（四）资金存储：2018年末，住房公积金存款17.35亿元。其中，活期2.57亿元，1年（含）以下定期5.95亿元，1年以上定期8.83亿元，其他（协定、通知存款等）0亿元。

（五）资金运用率：2018年末，住房公积金个人住房贷款余额、项目贷款余额和购买国债余额的总和占缴存余额的88.45%，比上年增加4.38个百分点。

三、主要财务数据

（一）业务收入：2018年，业务收入34954.33万元，同比增长9.22%。存款利息4402.36万元，委托贷款利息30548.96万元，国债利息0万元，其他3.01万元。

（二）业务支出：2018年，业务支出22254.01万元，同比增长8.05%。支付职工住房公积金利息16754.46万元，归集手续费1774.13万元，委托贷款手续费1527.18万元，其他2198.24万元。

（三）增值收益：2018年，增值收益12700.32万元，同比增长11.34%。增值收益率1.16%，比上年增加0.05个百分点。

（四）增值收益分配：2018年，提取贷款风险准备金2330.60万元，提取管理费用2641.73万元，提取城市廉租住房（公共租赁住房）建设补充资金7727.99万元。

2018年，上交财政管理费用2641.73万元。上缴财政城市廉租住房（公共租赁住房）建设补充资金7363.22万元。

2018年末，贷款风险准备金余额20055.58万元。累计提取城市廉租住房（公共租赁住房）建设补充资金87706.43万元。

（五）管理费用支出：2018年，管理费用支出2205.60万元，同比下降6.75%。其中，人员经费870.57万元，公用经费566.33万元，专项经费768.70万元。

四、资产风险状况

2018年末，个人住房贷款逾期额109.76万元，逾期率0.11‰。

个人贷款风险准备金按（贷款余额或增值收益）的2%提取。2018年，提取个人贷款风险准备金2330.60万元，使用个人贷款风险准备金核销呆坏账0万元。2018年末，个人贷款风险准备金余额20055.58万元，占个人住房贷款余额的2%，个人住房贷款逾期额与个人贷款风险准备金余额的比率为0.55%。

五、社会经济效益

（一）缴存业务：2018年，实缴单位数、实缴职工人数和缴存额同比分别增长14.43%、4.23%

和15.32%。

缴存单位中，国家机关和事业单位占45.36%，国有企业占12.58%，城镇集体企业占2.10%，外商投资企业占1.35%，城镇私营企业及其他城镇企业占7.98%，民办非企业单位和社会团体占2.75%，其他占27.88%。

缴存职工中，国家机关和事业单位占40.51%，国有企业占34.75%，城镇集体企业占0.87%，外商投资企业占1.81%，城镇私营企业及其他城镇企业占5.90%，民办非企业单位和社会团体占0.51%，其他占15.65%；中、低收入占99.01%，高收入占0.99%。

新开户职工中，国家机关和事业单位占31.55%，国有企业占26.46%，城镇集体企业占1.24%，外商投资企业占2.59%，城镇私营企业及其他城镇企业占5.63%，民办非企业单位和社会团体占2.19%，其他占30.34%；中、低收入占99.72%，高收入占0.28%。

（二）提取业务：2018年，7.96万名缴存职工提取住房公积金29.76亿元。

提取金额中，住房消费提取占76.67%（购买、建造、翻建、大修自住住房占27.03%，偿还购房贷款本息占49.62%，租赁住房占0.01%，其他占0.01%）；非住房消费提取占23.33%（离休和退休提取占20.60%，完全丧失劳动能力并与单位终止劳动关系提取占0.6%，户口迁出本市或出境定居占0%，其他占2.13%）。

提取职工中，中、低收入占98.69%，高收入占1.31%。

（三）贷款业务：

1. 个人住房贷款。2018年，支持职工购建房97.83万平方米，年末个人住房贷款市场占有率为24.75%，比上年减少1.7个百分点。通过申请住房公积金个人住房贷款，可节约职工购房利息支出36203.38万元。

职工贷款笔数中，购房建筑面积90（含）平方米以下占9.52%，90~144（含）平方米占70.13%，144平方米以上占20.35%。购买新房占77.47%（其中购买保障性住房占0%），购买二手房占21.08%，建造、翻建、大修自住住房占0%，其他占1.45%。

职工贷款笔数中，单缴存职工申请贷款占53.29%，双缴存职工申请贷款占46.71%，三人及以上缴存职工共同申请贷款占0%。

贷款职工中，30岁（含）以下占18.54%，30岁~40岁（含）占38.67%，40岁~50岁（含）占30.11%，50岁以上占12.68%；首次申请贷款占86.12%，二次及以上申请贷款占13.88%；中、低收入占98.60%，高收入占1.4%。

2. 异地贷款。2018年，发放异地贷款353笔10639万元。2018年末，发放异地贷款总额44221.91万元，异地贷款余额36399.33万元。

3. 公转商贴息贷款。2018年，发放公转商贴息贷款6笔206万元，支持职工购建住房面积0.07万平方米，当年贴息额2197.69万元。2018年末，累计发放公转商贴息贷款5009笔160773.8万元，累计贴息4987.43万元。

（四）住房贡献率：2018年，个人住房贷款发放额、公转商贴息贷款发放额、项目贷款发放额、住房消费提取额的总和与当年缴存额的比率为125.56%，比上年减少14.85个百分点。

六、其他重要事项

（一）当年机构及职能调整情况、受委托办理缴存贷款业务金融机构变更情况：当年中心机构及职能无变化。2018年9月，中心内部增设稽查科。

受委托办理缴存贷款业务金融机构无变化。

（二）当年住房公积金政策调整及执行情况：

1. 当年缴存基数限额及确定方法、缴存比例调整情况。

（1）按照国务院《住房公积金管理条例》，2018年6月15日印发《关于确定我市2018年度住房公积金执行"控高保低"缴存标准的通知》（枣住公〔2018〕47号），对我市2018年度住房公积金执行"控高保低"缴存标准予以确定。

（2）当年职工缴存住房公积金的月工资基数：最高是14588元/月，最低是1550元/月；缴存比例：单位和个人分别是5%～12%；月缴存额：最高3501.12元/月，最低155元/月。

2. 当年提取政策调整情况。为进一步规范提取业务办理，根据我市公积金运行实际情况，简化业务程序，保证资金安全，2018年4月27日印发了《关于调整住房公积金贷后提取和按年提取的通知》枣住公〔2018〕31号，取消住房公积金贷后提取和按年提取。

3. 当年个人住房贷款最高贷款额度、贷款条件等贷款政策调整情况。住房公积金最高贷款额度：双缴存职工最高额度50万元，单缴存职工最高额度30万元；正常连续缴存6个月，可申请住房公积金贷款，最长贷款年限不超过30年。

贷款政策调整

（1）为防范住房公积金流动性风险，规范住房公积金管理，保障住房公积金平稳运行，根据上级相关文件规定和《关于贯彻执行〈山东省人民政府办公厅关于完善公积金管理体制扩大住房消费的指导意见〉的意见》（枣住公管〔2015〕3号），结合我市实际，2018年3月19日印发了《关于调整住房公积金政策的通知》（枣住公管〔2018〕2号），文件规定除执行市政府出台的异地贷款优惠政策以外，其他异地贷款暂停。

（2）为防范贷款风险，保证资金安全，根据住房城乡建设部办公厅《关于住房公积金政策执行情况检查及风险隐患排查的通知》（建办〔2018〕284号）和住房城乡建设部《住房公积金个人住房贷款业务规范》GB/T 51267—2018有关要求，结合我市实际，2018年10月23日印发了《关于规范住房公积金个人贷款相关业务的通知》（枣住公〔2018〕65号），对部分住房公积金个人贷款业务进一步规范：一是停止受理购买自住住房已经付清房款的购房职工提交的住房公积金贷款申请；二是购买自住住房申请办理公积金贷款的，贷款资金应当划转至售房单位（售房人）在银行开设的账户内，不得直接划转至借款人个人账户；三是取消为父母子女购房的住房公积金贷款业务；四是调整借款人还贷能力的认定标准：将借款人月还款额不低于借款人、配偶月收入合计的30%，不高于70%，调整为借款人月还款额不高于借款人、配偶月收入合计的60%。

4. **当年住房公积金存贷款利率执行标准。**

严格执行中国人民银行、住房城乡建设部、财政部《关于完善职工住房公积金账户存款利率形成机制的通知》，公积金存款利率统一按照一年期定期存款基准利率即1.5%执行；个人住房公积金贷款利率：5

年以下（含 5 年）是 2.75%，5 年以上是 3.25%。

（三）当年服务改进情况：2018 年，中心开展了"提质增效转作风"和"执行力大讨论"活动，不断深化"放管服"改革，努力推进"一次办好"，服务水平明显提升。一是加强服务网点建设，逐步实现"就近跑"。积极推进新网点建设工作，2018 年新启用光明路市中管理部服务大厅和台儿庄管理部服务大厅，峄城管理部的服务大厅装修已启动，并部分进驻峄城区政务服务中心。高新区服务大厅选址已完成。薛城管理部确定搬迁至薛城区政务服务中心办公。二是加强硬件设施建设。新启用的服务大厅均按照"省级文明行业服务窗口标准"逐一配全、配齐服务设施，配备了自助查询机、自助服务终端、叫号机、室内政策宣传显示屏、室外宣传条屏等硬件设备，规划设置了填单区、客户等待区、客户接待室。通过优化美化亮化环境，使公积金真正成为"文明之家"。三是推进减证便民。加大精简证明，简化要件力度，取消了包括养老保险证明、收入证明在内的 11 项证明事项；优化流程，提速增效。提取审批由原来的 3 级和 2 级简化为 2 级和 1 级，贷款审批时限由 10 个工作日缩短到 2.8 个工作日。大大缩短了公积金业务办理时间。真正实现"最多跑一次＋就近跑一次＋零跑腿＋兜底服务"新模式。四是对建立"综合柜员制"进行了全员业务规范培训、测试。对全体业务工作人员进行了多次全面专题轮训并进行了严格测试，通过率 100%。全面提高了工作人员的综合素质和业务水平，为综合柜员制的实行奠定了基础，进一步提升了规范服务水平。五是不断优化多种服务渠道。服务于缴存职工和缴存单位的门户网站、网上服务厅、微博、微信、支付宝、手机 APP、短信、12329 语音服务热线、自助服务终端共计 9 个互联网服务渠道全部支持上线运行，逐步实行网上业务办理模式，网上业务办理量明显提高。

（四）当年信息化建设情况：

1. **借鉴外地市"双贯标"检查验收经验，合理提出软件开发需求，整改完善信息系统功能**。针对存在的问题，及时向中心领导汇报，结合其他地市的"双贯标"验收经验制定整改措施，完善信息系统功能。6 月中旬市中心组织 10 余人赴石家庄对接软件开发需求，包括双贯标验收前需整改处理的问题、综合服务平台、党建模块、OA 办公模块、内部稽核审计模块、会计报表、业务报表和电子监察系统。

2. **贯彻落实基础数据标准，安全接入住房城乡建设部结算应用系统**。自 2018 年 12 月上线双贯标系统至今，公积金业务涉及的主要功能模块都已稳定运行，如归集、提取、贷款、财务、资金、异地转移接续等。经过双贯标系统建设，市中心实现了会计核算集中统一核算，精简了资金账户，实现了与住房城乡建设部资金结算平台的直连对接，实现了贷款的直连拨付和回收，实现了提取的即时到账，实现了个人住房公积金异地转移接续，具备了推行综合柜员制度的条件。

3. **高分通过住房城乡建设部"双贯标"验收**。

2018 年 7 月 3 日，枣庄中心"双贯标"信息系统顺利通过住房城乡建设部专家组验收，取得了 110.13 分的成绩，成为全省第一批通过住房城乡建设部验收的单位，标志我市住房公积金信息系统建设工作已走在全省前列。

4. **借助"互联网＋住房公积金"，打造住房公积金综合服务平台，更好服务缴存职工**。按照住房城乡建设部"互联网＋公积金"建设要求，积极建设中心住房公积金综合服务平台。目前，中心住房公积金网站、网上服务厅、微博、微信、支付宝、手机 APP、短信、12329 服务热线、自助服务终端 9 个服务渠道，以及住房公积金业务手机移动审批共计 10 个互联网服务渠道全部上线运行，我中心的互联网＋住房公积金服务能力和水平，已经处于国内一线水平。

（五）当年住房公积金管理中心及职工所获荣誉情况：2018年，中心荣获"山东省档案工作科学化管理先进单位"、"枣庄市工人先锋号"。继续保持"省级文明单位"、"市级文明单位"荣誉称号。山亭管理部被评为"全省住房城乡建设系统精神文明创建优胜单位"，枣矿分中心被评为"全省住房公积金行业文明服务窗口"，薛城管理部被评为"枣庄市巾帼文明岗"。中心今年提前超额完成招商引资任务，排名位居市直部门前列，在本年度政风行风评议工作中，中心位列经济和社会管理类30个部门中第四名，取得了中心有史以来的最好成绩。

2018年，1人被评选为"全省住房城乡建设系统精神文明创建优胜个人"，5人被评选为"全省住房公积金行业文明服务标兵"，1人荣获"枣庄市三八红旗手"，1人荣获"枣庄市城乡妇女岗位建功标兵"。

东营市住房公积金2018年年度报告

一、机构概况

（一）**住房公积金管理委员会**：市住房公积金管理委员会有25名委员，2018年召开1次会议，审议通过2018年度住房公积金归集、使用计划执行情况，并对其他重要事项进行决策，主要包括：

1. 审议市住房公积金管理中心（含胜利油田分中心）2018年度工作报告。

2. 审议市住房公积金管理中心（含胜利油田分中心）2018年计划执行情况和2018年计划草案的报告。

3. 审议市住房公积金管理中心（含胜利油田分中心）2018年年度报告。

（二）**住房公积金管理中心**：市住房公积金管理中心（以下简称市中心）为市政府不以营利为目的全额事业单位，设6个科，6个管理部，1个分中心。从业人员72人，其中，在编38人，非在编34人。

胜利油田分中心为中国石化胜利油田不以营利为目的的企业单位，设6个科，13个管理部。从业人员449人，其中，在编156人，非在编293人。

二、业务运行情况

（一）**缴存**：2018年，新开户单位590家，实缴单位3259家，净增单位568家；新开户职工2.57万人，实缴职工37.89万人，净增职工1.26万人；缴存额57.39亿元，同比增长3.87%。2018年末，缴存总额572.76亿元，同比增长11.14%；缴存余额146.74亿元，同比下降8.87%。其中：

市中心新开户单位574家，实缴单位3129家，净增单位552家；新开户职工2.51万人，实缴职工19.65万人，净增职工1.82万人；缴存额26.18亿元，同比增长8.19%。年末，缴存总额181.76亿元，同比增长16.83%；缴存余额66.8亿元，同比增长9.52%。受委托办理住房公积金缴存业务的银行3家，与上年相比无变化。

胜利油田分中心新开户单位16家，实缴单位130家，净增单位16家；新开户职工0.06万人，实缴职工18.24万人，净增职工-0.56万人；缴存额31.21亿元，同比增长0.52%。2018年末，缴存总额391亿元，同比增长8.67%；缴存余额79.94亿元，同比下降20.09%。受委托办理住房公积金缴存业务的银行2家，与上年相比无变化。

（二）提取：2018年，提取额71.68亿元，同比增长16.6%；占当年缴存额的124.9%，比上年增加13.64个百分点。2018年末，提取总额426.02亿元，同比增长20.23%。其中：

市中心提取额20.38亿元，同比增长33.83%；占当年缴存额的77.83%，比上年增加14.91个百分点。2018年末，提取总额114.96亿元，同比增长21.55%。

胜利油田分中心提取额51.3亿元，同比增长10.94%；占当年缴存额的164.4%，比上年增加15.44个百分点。2018年末，提取总额311.07亿元，同比增长19.75%。

（三）贷款：市中心个人住房贷款最高额度40万元，其中，单缴存职工最高额度20万元，双缴存职工最高额度40万元。胜利油田分中心个人住房贷款最高额度50万元，其中，单缴存职工最高额度30万元，双缴存职工最高额度50万元。

2018年，发放个人住房贷款0.83万笔24.54亿元，同比分别下降4.6%、13.26%。其中，市中心发放个人住房贷款0.42万笔11.53亿元，胜利油田分中心发放个人住房贷款0.41万笔13.01亿元。

2018年，回收个人住房贷款14.84亿元。其中，市中心8亿元，胜利油田分中心6.84亿元。

2018年末，累计发放个人住房贷款10.45万笔188.99亿元，贷款余额102.36亿元，同比分别增长8.63%、14.92%、10.47%。个人住房贷款余额占缴存余额的69.76%，比上年增加12.22个百分点。其中：

市中心累计发放个人住房贷款6.05万笔112.19亿元，贷款余额62.09亿元，同比分别增长7.42%、11.45%、6.02%。个人住房贷款余额占缴存余额的92.94%，比上年减少3.07个百分点。受委托办理住房公积金个人住房贷款业务的银行7家，比上年增加1家。

胜利油田分中心累计发放个人住房贷款4.4万笔76.8亿元，贷款余额40.27亿元，同比分别增长10.25%、20.4%、18.1%。个人住房贷款余额占缴存余额的50.38%，比上年增加16.29个百分点。受委托办理住房公积金个人住房贷款业务的银行7家，与上年相比无变化。

（四）资金存储：2018年末，住房公积金存款49.24亿元。其中，活期0.03亿元，1年（含）以下定期4.4亿元，1年以上定期1.55亿元，其他（协定、通知存款等）43.26亿元。其中：

市中心住房公积金存款6.5亿元。其中，活期0.029亿元，1年（含）以下定期4.4亿元，其他（协定、通知存款等）2.07亿元。

胜利油田分中心住房公积金存款42.74亿元。其中，活期0.004亿元，1年以上定期1.55亿元，其他（协定、通知存款等）41.19亿元。

（五）资金运用率：2018年末，住房公积金个人住房贷款余额、项目贷款余额和购买国债余额的总和占缴存余额的69.76%，比上年增加12.22个百分点。其中：

市中心住房公积金个人住房贷款余额、项目贷款余额和购买国债余额的总和占缴存余额的92.94%，比上年减少3.07个百分点。

胜利油田分中心住房公积金个人住房贷款余额、项目贷款余额和购买国债余额的总和占缴存余额的

50.38%，比上年增加 16.29 个百分点。

三、主要财务数据

（一）业务收入：2018 年，业务收入 53253.54 万元，同比下降 10.11%。其中，市中心 21206.45 万元，胜利油田分中心 32047.09 万元；存款利息 20847.47 万元，委托贷款利息 32084.85 万元，其他 321.22 万元。

（二）业务支出：2018 年，业务支出 24928.72 万元，同比下降 11.28%。其中，市中心 12061.27 万元，胜利油田分中心 12867.45 万元；支付职工住房公积金利息 22388.65 万元，归集手续费 1139.01 万元，委托贷款手续费 1385.76 万元，其他 15.3 万元。

（三）增值收益：2018 年，增值收益 28324.82 万元，同比下降 9.06%。其中，市中心 9145.18 万元，胜利油田分中心 19179.64 万元；增值收益率 1.85%，比上年减少 0.06 个百分点。

（四）增值收益分配：2018 年，提取贷款风险准备金 1939.58 万元，提取管理费用 4586.46 万元，提取城市廉租住房（公共租赁住房）建设补充资金 21798.78 万元。

2018 年，上交财政管理费用 800 万元。上缴财政城市廉租住房（公共租赁住房）建设补充资金 4535.5 万元。其中，市中心上缴 4535.5 万元。

2018 年末，贷款风险准备金余额 20472.17 万元。累计提取城市廉租住房（公共租赁住房）建设补充资金 215559.03 万元。其中，市中心提取 43460.64 万元，胜利油田分中心提取 172098.39 万元。

（五）管理费用支出：2018 年，管理费用支出 4689.29 万元，同比增长 26.13%。其中，人员经费 648.17 万元，公用经费 2867.19 万元，专项经费 1173.93 万元。

市中心管理费用支出 1078.42 万元，其中，人员、公用、专项经费分别为 648.17 万元、67.36 万元、362.89 万元；胜利油田分中心管理费用支出 3610.87 万元，其中，人员、公用、专项经费分别为 0 万元、2799.83 万元、811.04 万元。

四、资产风险状况

2018 年末，个人住房贷款逾期额 3.66 万元，逾期率 0.004‰。

个人贷款风险准备金按贷款余额的 2% 提取。2018 年，提取个人贷款风险准备金 1939.58 万元，使用个人贷款风险准备金核销呆坏账 0 万元。年末，个人贷款风险准备金余额 20472.17 万元，占个人住房贷款余额的 2%，个人住房贷款逾期额与个人贷款风险准备金余额的比率为 0.02%。

五、社会经济效益

（一）缴存业务：2018 年，实缴单位数、实缴职工人数和缴存额同比分别增长 25.2%、6.79% 和 3.87%。其中：市中心实缴单位数、实缴职工人数和缴存额同比分别增长 25.71%、17.81% 和 8.19%。胜利油田分中心实缴单位数、实缴职工人数和缴存额同比分别增长 14.04%、-2.97% 和 0.52%。

缴存单位中，国家机关和事业单位占 31.54%，国有企业占 12.37%，城镇集体企业占 0.8%，外商投资企业占 1.04%，城镇私营企业及其他城镇企业占 30.87%，民办非企业单位和社会团体占 2.21%，其他占 21.17%。

缴存职工中，国家机关和事业单位占 19.54%，国有企业占 53.96%，城镇集体企业占 0.35%，外商投资企业占 0.64%，城镇私营企业及其他城镇企业占 14.68%，民办非企业单位和社会团体占 0.53%，其他占 10.3%；中、低收入占 98.88%，高收入占 1.12%。

新开户职工中，国家机关和事业单位占 10.64%，国有企业占 7.19%，城镇集体企业占 0.41%，外商投资企业占 2.33%，城镇私营企业及其他城镇企业占 42.1%，民办非企业单位和社会团体占 1.02%，其他占 36.31%；中、低收入占 99.86%，高收入占 0.14%。

（二）提取业务：2018 年，21.74 万名缴存职工提取住房公积金 71.68 亿元。

提取金额中，住房消费提取占 89.32%（购买、建造、翻建、大修自住住房占 43.91%，偿还购房贷款本息占 19.94%，租赁住房占 3.61%，其他占 21.86%）；非住房消费提取占 10.68%（离休和退休提取占 9.12%，完全丧失劳动能力并与单位终止劳动关系提取占 0.7%，户口迁出本市或出境定居占 0.36%，其他占 0.5%）。

提取职工中，中、低收入占 98.54%，高收入占 1.46%。

（三）贷款业务：

1. **个人住房贷款**：2018 年，支持职工购建房 117.94 万平方米，年末个人住房贷款市场占有率为 16.72%，比上年减少 6.46 个百分点。通过申请住房公积金个人住房贷款，可节约职工购房利息支出 18169.34 万元。

职工贷款笔数中，购房建筑面积 90（含）平方米以下占 12.59%，90~144（含）平方米占 54.12%，144 平方米以上占 33.29%。购买新房占 74.62%（其中购买保障性住房占 0%），购买二手房占 25.38%，建造、翻建、大修自住住房占 0%，其他占 0%。

职工贷款笔数中，单缴存职工申请贷款占 15.81%，双缴存职工申请贷款占 82.8%，三人及以上缴存职工共同申请贷款占 1.39%。

贷款职工中，30 岁（含）以下占 23.47%，30 岁~40 岁（含）占 39.44%，40 岁~50 岁（含）占 30.96%，50 岁以上占 6.13%；首次申请贷款占 87.07%，二次及以上申请贷款占 12.93%；中、低收入占 98.74%，高收入占 1.26%。

2. **异地贷款**：2018 年，发放异地贷款 28 笔 659 万元。2018 年末，发放异地贷款总额 2288 万元，异地贷款余额 2014.55 万元。

（四）住房贡献率：2018 年，个人住房贷款发放额、公转商贴息贷款发放额、项目贷款发放额、住房消费提取额的总和与当年缴存额的比率为 154.32%，比上年增加 4.44 个百分点。其中：市中心为 111.25%，比上年同期下降 14.37 个百分点。胜利油田分中心为 190.46%，比上年同期增加 21.66 个百分点。

六、其他重要事项

市中心：

（一）当年机构及职能调整情况、受委托办理缴存贷款业务金融机构变更情况：本年度新增 1 家住房公积金受托银行。

（二）当年住房公积金政策调整及执行情况：

1. **当年缴存基数限额及确定方法、缴存比例等缴存政策调整情况**：依据《东营市住房公积金归集管理办法》和东营市统计局公布的2018年度我市城镇在岗职工年平均工资标准，公布了我市2018年度住房公积金缴存基数、比例、缴存额上下限标准。缴存基数上限为19236元，缴存基数下限为1910元。月缴存额上限为4618元，即单位、个人各不高于2309元；月缴存额下限为192元，即单位和个人各不低于96元。

2. **当年归集提取政策调整情况**：一是为扩大缴存范围，支持多样化缴存方式，印发了《东营市个体工商户、自由职业者住房公积金缴存及使用管理办法（暂行）》。二是为支持职工租房消费，满足无房职工需求，出台了《关于完善职工提取住房公积金支付房屋租赁费政策的通知》，对租房提取政策作出了调整，提高了提取额度，规范了租赁年度的核定。三是为维护住房公积金管理秩序，防范资金风险，保障职工合法权益，制定了《关于开展治理违规提取住房公积金工作的通知》，加强购房提取审核，规范解除劳动关系提取，严厉打击违规提取公积金行为。五是为帮助企业减负担降成本，继续执行困难企业降低缴存比例及缓缴的政策。

3. **当年个人住房贷款最高贷款额度、贷款条件等贷款政策调整情况**：一是推行"冲还贷"业务。借款职工可委托东营市住房公积金管理中心自动提取本人住房公积金账户内可用余额，通过内部转账的方式直接抵还其每月应还贷款本息。二是调整贷款额度计算方式，贷款额度计算公式调整为月缴存额×剩余工作月数×1.5。三是规范附加担保。除异地贷款外，申请贷款不再附加担保。四是允许变更担保方式。借款职工在正常还款期间，可将担保方式由自然人担保变更为房产抵押，抵押物为贷款所购住房。

4. **当年住房公积金存贷款利率执行标准情况**：2018年度存贷款利率按中国人民银行公布的利率标准确定。目前执行情况：（1）存款利率：1.5%。（2）贷款利率：首套房5年（含）以内贷款利率2.75%，5年以上贷款利率3.25%；二套房住房公积金贷款利率执行同期首套个人公积金贷款利率的1.1倍。

（三）**当年服务改进情况**：一是认真落实"一次办好"。全面简化业务流程，制定了管理规范、服务规范、制度规范，取消了单位证明、银行流水等材料，实行了电子影像档案，实现"一证办理"，不再要求提供复印件。推行综合柜员首问负责、一次告知、马上就办、限时办结制。全面推行"冲还贷"业务，全年办理冲还贷还款1.85亿元。目前归集、提取、异地转移接续业务已全部实现一次办好。二是积极推进"一门一窗一线"。年内开发区、东营区、河口区管理部均已进驻市、区政务服务大厅，公积金热线归并至市政务热线，实现"一线连通"，6个管理部大厅全面整合窗口功能，实行综合柜员制，公积金缴存、提取、转移和提前还款等业务均实现了一窗受理。三是全面打造综合服务新平台。新上线的业务信息系统实现了住房公积金业务全市通办，形成了线上线下相融合的一体化政务服务，建设了集网站、网厅、手机APP、微信公众号、服务热线等7大渠道于一体的综合服务平台，积极推进网办业务，开通了退休提取、提前还贷等4项个人网办业务，让职工足不出户就可以办理业务，为民服务水平不断提高。

（四）**当年信息化建设情况**："互联网＋公积金"信息系统于2018年1月11日正式上线运行，实现了全市业务办理统一标准、银行账户统一监管、资金线上统一调拨、财务会计统一核算，缴存实时到账、提取实时入账、贷款实时拨付、信息实时更新，建立起了数据同城同库、服务同城同规、业务同城通办的管理机制，初步实现了"让信息多跑路"，"让职工少跑腿"的目标。同时中心加强基础数据建设，高标准运行系统参数和流程规则，7月5日以96.17分全省第一名的成绩顺利通过

"双贯标"工作检查验收。

（五）当年住房公积金管理中心及职工所获荣誉情况：2018年中心获得全省住房城乡建设系统先进集体，全市政务公开考核优秀等次，开发区管理部被评选为全省住房公积金行业文明服务示范窗口，被市总工会授予工人先锋号称号，第一党支部被评为先进基层党组织；1名职工被授予全省住房城乡建设系统先进个人，2名职工荣获省住房公积金行业文明服务标兵，9名职工被市委组织部和市人社局考核为优秀等次，2名职工被市妇联分别评为巾帼建功标兵、妇女儿童工作先进个人。

胜利油田分中心：

（一）当年住房公积金政策调整及执行情况：

1. 当年缴存基数限额及确定方法、缴存比例等缴存政策调整情况：2018年度缴存基数为职工本人2018年度月平均工资，职工月平均工资低于省直管企业平均工资60%的，按60%计算缴存基数；超过省直管企业300%的，按300%计算缴存基数。单位和职工住房公积金月缴存基数上限为18598元，缴存基数的下限为3720元。职工和单位住房公积金缴存比例均不得低于5%、高于12%。

2. 当年提取政策调整情况：取消租房、购房提取次数限制，停止住房装修提取，租房提取额度上调至3万元/人·年。

3. 当年个人住房贷款最高贷款额度、贷款条件等贷款政策调整情况：

（1）单缴存职工家庭最高贷款额度30万元。

（2）缴存职工申请住房公积金贷款限定自取得有效购房凭证之日起一年内。

（3）实行差别化信贷政策：购买首套商品房申请个人住房公积金贷款的，首付款比例不低于30%，利率为国家规定的住房公积金个人贷款基准利率；购买第二套商品房申请个人住房公积金贷款的，首付款比例不低于40%，利率为同期首套商品房公积金个人住房贷款利率的1.1倍；不得向购买第三套及以上商品房或者两次使用住房公积金贷款的缴存职工发放住房公积金个人住房贷款。

（4）规范商品房贷款资金支付方式：商品房贷款资金划入售房单位（售房人）银行账户，不得划入借款人账户（商转公贷款除外）。

（5）逐步在德州、烟台、济南等地开通住房公积金异地贷款，以异地银行委托方式，跨地区进行资金发放和抵押登记。

4. 当年住房公积金存贷款利率执行标准：按国家规定，存款利率按一年期定期存款基准利率执行，2018年为1.50%；贷款五年期（含）以下2.75%，五年期以上3.25%，购买第二套商品房申请个人住房公积金贷款的利率为同期首套商品房公积金个人住房贷款利率的1.1倍。

（二）当年服务改进情况：

1. 完善服务网点：新增设测井管理部、纯梁服务部2个便民服务网点。

2. 实行"通提通贷"：4月份在全油田范围内开启了提取、贷款业务"通办"，各服务网点逐步推行可直接办理缴存、账户管理等业务，单位和个人可在各网点直接办结的业务达33项。

3. 简化办理要件：所有提取业务不再收取资料复印件，油田无房职工租房提取、物业费提取等"零资料"办理。

4. 开展文明创建活动：按省厅要求深入开展住房公积金文明行业创建暨优质服务竞赛活动、"四比四赛"劳动立功竞赛活动，弘扬了行业精神，展示了精神风貌，宣传了惠民政策，提升了服务质效。

（三）当年信息化建设情况：

1. 业务系统"双贯标"在全省第一批通过验收。
2. 推进综合服务平台建设拓宽服务渠道，正在运行的服务渠道包括12329热线、12329短信平台、公积金网站、手机APP（胜利管家），网上大厅、移动终端服务试点运行。

（四）当年住房公积金管理中心及职工所获荣誉情况： 2018年度被评为胜利油田优秀基层党组织；2018年度荣获山东省住房公积金文明服务标兵（2名）。

烟台市住房公积金2018年年度报告

一、机构概况

（一）住房公积金管理委员会：住房公积金管理委员会有22名委员，2018年召开1次会议，审议通过了《烟台市住房公积金2018年年度报告（审议稿）》、《烟台市住房公积金2018年财务收支计划（审议稿）》。

（二）住房公积金管理中心：住房公积金管理中心为市政府直属正处级公益一类财政拨款事业单位，主要负责全市住房公积金的归集、管理、使用和会计核算。中心设9个科室，7个管理部，7个分中心。从业人员172人，其中，在编160人，非在编12人。

二、业务运行情况

（一）缴存：2018年，新开户单位1037家，实缴单位10337家，净增单位601家；新开户职工9.48万人，实缴职工82.48万人，净增职工2.28万人；缴存额92.84亿元，同比增长11.11%。截至2018年末，缴存总额606.34亿元，同比增长18.08%；缴存余额263.02亿元，同比增长9.11%。

受委托办理住房公积金缴存业务的银行7家，比上年增加4家。

（二）提取：2018年，提取额70.87亿元，同比增长30.78%；占当年缴存额的76.34%，比上年增加11.49个百分点。截至2018年末，提取总额343.32亿元，同比增长26.01%。

（三）个人住房贷款：个人住房贷款最高额度45万元，其中，双职工家庭最高额度45万元，单职工家庭最高额度45万元。

2018年，发放个人住房贷款1.3万笔45.21亿元，同比分别下降13.33%、12.94%。回收个人住房贷款20.11亿元。截至2018年末，累计发放个人住房贷款14.81万笔369.14亿元，贷款余额252.92亿元，同比分别增长9.62%、13.96%、11.02%。个人住房贷款余额占缴存余额的96.16%，比上年增加1.65个百分点。受委托办理住房公积金个人住房贷款业务的银行7家。

（四）资金存储：截至2018年末，住房公积金存款12.37亿元。其中，1年（含）以下定期8亿元，1年以上定期0.15亿元，协定存款4.22亿元。

（五）资金运用率：截至 2018 年末，住房公积金个人住房贷款余额、项目贷款余额和购买国债余额的总和占缴存余额的 96.16%，比上年增加 1.65 个百分点。

三、主要财务数据

（一）业务收入：2018 年，业务收入 86023.60 万元，同比增长 12.15%。其中，存款利息 7439.33 万元，委托贷款利息 78584.27 万元。

（二）业务支出：2018 年，业务支出 46379 万元，同比增长 11.1%。其中，支付职工住房公积金利息 41833.86 万元，归集手续费 631.79 万元，委托贷款手续费 3913.35 万元。

（三）增值收益：2018 年，增值收益 39644.60 万元，同比增长 13.42%。增值收益率 1.54%，比上年增加 0.04 个百分点。

（四）增值收益分配：2018 年，提取贷款风险准备金 5015.37 万元，提取管理费用 1557.76 万元，提取城市廉租住房（公共租赁住房）建设补充资金 33071.47 万元。

2018 年，上交财政管理费用 1557.76 万元。上缴财政城市廉租住房（公共租赁住房）建设补充资金 33071.47 万元。截至 2018 年末，贷款风险准备金余额 50599.13 万元。累计提取城市廉租住房（公共租赁住房）建设补充资金 178637.78 万元。

（五）管理费用支出：2018 年，管理费用支出 3767.78 万元，同比下降 7.69%。其中，人员经费 2545.89 万元，公用经费 559.37 万元，专项经费 662.52 万元。

四、资产风险状况

2018 年末，个人住房贷款逾期额 3695.4 万元，逾期率 1.46‰。

个人贷款风险准备金按贷款余额的 2% 提取。2018 年，提取个人贷款风险准备金 5015.37 万元，2018 年末，个人贷款风险准备金余额 50599.13 万元，占个人住房贷款余额的 2%，个人住房贷款逾期额与个人贷款风险准备金余额的比率为 7.3%。

五、社会经济效益

（一）缴存业务：2018 年，实缴单位数、实缴职工人数和缴存额同比分别增长 6.17%、2.84% 和 11.11%。

缴存单位中，国家机关和事业单位占 32.48%，国有企业占 32.5%，城镇集体企业占 0.7%，外商投资企业占 7.87%，城镇私营企业及其他城镇企业占 24.85%，民办非企业单位和社会团体占 1.6%。

缴存职工中，国家机关和事业单位占 24.25%，国有企业占 25.73%，城镇集体企业占 0.81%，外商投资企业占 16.84%，城镇私营企业及其他城镇企业占 31.35%，民办非企业单位和社会团体占 1.02%；中、低收入占 98.66%，高收入占 1.34%。

新开户职工中，国家机关和事业单位占 9.83%，国有企业占 37.11%，城镇集体企业占 0.6%，外商投资企业占 27.65%，城镇私营企业及其他城镇企业占 22.48%，民办非企业单位和社会团体占 2.33%；中、低收入占 99.78%，高收入占 0.22%。

（二）提取业务：2018 年，22.47 万名缴存职工提取住房公积金 70.87 亿元。

提取金额中，住房消费提取占80.2%（购买、建造、翻建、大修自住住房占18.08%，偿还购房贷款本息占61.21%，租赁住房占0.89%，其他占0.02%）；非住房消费提取占19.8%（离休和退休提取占14.25%，完全丧失劳动能力并与单位终止劳动关系提取占0.15%，户口迁出本市或出境定居占0.01%，其他占5.39%）。

提取职工中，中、低收入占97.86%，高收入占2.14%。

（三）贷款业务：

1. **个人住房贷款：** 2018年，支持职工购建房136.41万平方米，年末个人住房贷款市场占有率为21.92%，比上年减少1.08个百分点。通过申请住房公积金个人住房贷款，可节约职工购房利息支出105，384万元。

职工贷款笔数中，购房建筑面积90（含）平方米以下占27.74%，90~144（含）平方米占65.85%，144平方米以上占6.41%。购买新房占90.09%，购买二手房占9.91%。

职工贷款笔数中，单缴存职工申请贷款占34.87%，双缴存职工申请贷款占64.22%，三人及以上缴存职工共同申请贷款占0.91%。

贷款职工中，30岁（含）以下占38.41%，30岁~40岁（含）占35.61%，40岁~50岁（含）占20.54%，50岁以上占5.44%；首次申请贷款占65.92%，二次及以上申请贷款占34.08%；中、低收入占99.88%，高收入占0.12%。

2. **异地贷款：** 2018年，发放异地贷款332笔12051万元。年末，发放异地贷款总额99057万元，异地贷款余额90856.12万元。

（四）住房贡献率： 2018年，个人住房贷款发放额、住房消费提取额的总和与当年缴存额的比率为109.92%，比上年同期减少2.26个百分点。

六、其他重要事项

（一）当年机构及职能调整情况、受委托办理缴存业务金融机构变更情况。

1. 职能调整情况。根据《中共烟台市委烟台市人民政府关于烟台市市级机构改革涉及的事业单位机构改革实施意见》（烟发〔2018〕38号）文件精神，将烟台市住房公积金管理中心承担的行政职能划归烟台市财政局机关。

2. 受委托办理缴存业务银行由上年的3家调整为7家。

（二）当年提取政策调整情况。

1. 贯彻落实《关于进一步规范和完善全省住房公积金管理的通知》（鲁建金字〔2018〕7号）文件要求，职工连续足额缴存住房公积金满3个月，本人及配偶在我市行政区域无自由产权住房且租赁住房的，可提取夫妻双方住房公积金支付房租；在我市无房租赁提取政策（烟住〔2015〕24号）基础上，无房职工承租本市商品住房，同时提供我市房地产管理部门出具的房屋租赁备案证明及完税发票原件的，可按实际房租支取提取，但职工及配偶每月合计最高可提取额度不得超过2000元，单身不得超过1000元。

2. 贯彻落实住房城乡建设部等四部门《关于开展治理违规提取住房公积金工作的通知》（建金〔2018〕46号）精神，我市规范了异地转移接续政策；明确缴存职工与单位解除或终止劳动关系的，先办理个人账户封存，封存满6个月后符合相关条件可以提取。取消了"购买自住住房且未办理住房公积金贷款的，提取父母子女住房公积金"提取条件，恢复成职工本人及配偶提取。

（三）当年缴存基数限额及确定方法、缴存比例调整情况。

1. 2018年1月1日～2018年6月30日：烟台市行政区域内职工住房公积金最高缴存基数为16055元；最低缴存基数莱阳市、栖霞市、海阳市、长岛县为1640元，市直及其他县市区均为1810元（《关于确定2018年度住房公积金最高、最低缴存基数的通知》烟住〔2018〕20号）。

2. 2018年7月1日～2018年12月31日：烟台市行政区域内职工住房公积金最高缴存基数为17255元；最低缴存基数莱阳市、栖霞市、海阳市、长岛县为1730元，市直及其他县市区均为1910元（《关于确定2018年度住房公积金最高、最低缴存基数的通知》烟住〔2018〕26号）。

3. 现缴存比例执行标准：单位和职工缴存比例不低于5%，不高于12%。

（四）当年服务改进情况。

1. **拓展为民服务渠道**。2018年上线网上营业厅、微信公众号和手机APP三项服务渠道。截至年末，中心已按照住房城乡建设部综合服务平台的建设标准，建成开通八项服务渠道。

2. **推进"一次办好"提升服务便利化水平**。通过中心官方网站、业务大厅电子显示屏、服务指南、墙上看板、设立咨询窗口，颗粒化分解业务，根据拆无可拆、分无可分原则，将业务进行颗粒化分解为29项，并逐项制作了服务指南，方便办事群众了解相关政策、业务流程和办理手续，使群众少跑腿，满足"一次办好"的工作要求。

3. **积极开展服务标准化建设工作**。制定了《烟台市住房公积金管理中心服务标准化建设实施方案》，以强化服务意识、完善服务制度、丰富服务举措、优化服务环境为目标，结合工作实际，秉承以人为本的服务理念，重点建设岗位设置标准化、窗口业务流程标准化、窗口服务设施配备标准化、政务公开标准化、接待服务标准化和监督管理标准化六个方面。

4. **优化制度简化手续**。制定出台了《烟台市个体工商户、自由职业者住房公积金缴存使用管理办法（试行）》，弥补了个体工商户和自由职业者无法享受住房公积金制度优惠的空缺。全面梳理办事申请材料，简化办事手续，农业户口解除劳动合同提取业务中取消了村委会开具的农村集体经济组织成员证明；各项业务办理手续中取消了身份证复印件。

（五）当年信息化建设情况。

1. 2018年5月业务系统正式接入全国住房公积金结算应用系统平台。2018年11月份，中心正式通过住房城乡建设部专家组验收。

2. 完成中心政务信息资源数据共享提供及外部信息资源数据申请工作。2018年4月底完成了共享数据提供方的接口开发与部署工作，目前中心共开发发布接口服务6个。属于全市7家率先完成开发部署的单位之一。

3. 电子档案系统上线试运行。2018年8月底完成了电子档案系统开发、测试工作，现已在市中心上线试运行。

4. 推进综合服务平台建设。中心正在建设以"互联网+"为导向，以移动终端为主要载体，拓展服务渠道，加快建设功能齐全、使用便捷、服务高效、职工满意的住房公积金综合服务平台。综合服务平台主要由服务渠道、数据接口、综合管理系统和安全保障体系四个部分组成，承担业务办理、信息查询、信息发布和互动交流等四类服务功能。

（六）当年住房公积金管理中心及职工所获荣誉情况：中心荣获 2018 年度"省级文明单位"；栖霞分中心获"全省住房城乡建设系统精神文明创建优胜单位"；李杰和贺立云被评为"全省住房城乡建设系统精神文明创建优胜个人"；中心综合服务大厅被评为"全省住房公积金行业文明服务示范窗口"；岳少鹏、王厚锋、崔晓倩、门勇良、司晓燕、林春辉、孔艳霞、张荣发被评为"全省住房公积金行业文明服务标兵"；芝罘管理部获得"烟台市文明单位。"

（七）当年对违反《住房公积金管理条例》和相关法规行为进行行政处罚和申请人民法院强制执行情况：2018 年对违反《住房公积金管理条例》和相关法规共申请人民法院强制执行 3 起案件，其中：1 起撤回，1 起庭外和解，1 起通过法院诉讼解决，共为 12 名职工追回欠缴住房公积金 7.93 万元，维护了职工的合法权益。

潍坊市住房公积金 2018 年年度报告

一、机构概况

（一）住房公积金管理委员会：住房公积金管理委员会有 29 名委员，2018 年召开 1 次会议，审议通过的事项主要包括：《潍坊市住房公积金管理工作报告》、《潍坊市住房公积金 2018 年年度报告》、《潍坊市住房公积金 2018 年归集使用计划执行情况报告》、《潍坊市住房公积金 2018 年增值收益分配方案》、《潍坊市住房公积金 2018 年归集计划》、《住房公积金政策调整方案》。

（二）住房公积金管理中心：住房公积金管理中心为隶属于潍坊市人民政府不以营利为目的的全额拨款事业单位，设 8 个分中心，8 个管理部，8 个科室。从业人员 234 人，其中，在编 169 人，非在编 65 人。

二、业务运行情况

（一）缴存：2018 年，新开户单位 1048 家，实缴单位 7459 家，净增单位 768 家；新开户职工 8.14 万人，实缴职工 65.03 万人，净增职工 4.29 万人；缴存额 69.78 亿元，同比增长 12.37%。2018 年末，缴存总额 457.71 亿元，同比增长 17.99%；缴存余额 205.98 亿元，同比增长 12.92%。

受委托办理住房公积金缴存业务的银行 5 家，与上年一致。

（二）提取：2018 年，提取额 46.22 亿元，同比增长 33.35%；占当年缴存额的 66.24%，比上年增加 10.43 个百分点。2018 年末，提取总额 251.72 亿元，同比增长 22.49%。

（三）贷款：个人住房贷款最高额度 40 万元，其中，单缴存职工最高额度 35 万元，双缴存职工最高额度 40 万元。

2018 年，发放个人住房贷款 1.5 万笔 46.18 亿元，同比分别增长 4.17%、7.65%。

2018 年，回收个人住房贷款 20.53 亿元。

2018年末，累计发放个人住房贷款12.72万笔284.48亿元，贷款余额186.96亿元，同比分别长13.37%、19.38%、15.9%。个人住房贷款余额占缴存余额的90.77%，比上年增加2.34个百分点。

受委托办理住房公积金个人住房贷款业务的银行17家，比上年减少1家。

（四）资金存储：2018年末，住房公积金存款21.74亿元。其中，活期0.04亿元，1年（含）以下定期14.14亿元，1年以上定期0.95亿元，其他（协定、通知存款等）6.61亿元。

（五）资金运用率：2018年末，住房公积金个人住房贷款余额、项目贷款余额和购买国债余额的总和占缴存余额的90.77%，比上年增加2.34个百分点。

三、主要财务数据

（一）业务收入：2018年，业务收入60380.54万元，同比增长10.16%。存款利息4053.78万元，委托贷款利息56183.4万元，国债利息收入0.00万元，其他143.36万元。

（二）业务支出：2018年，业务支出26870.83万元，同比下降2.38%。支付职工住房公积金利息28936.09万元，归集手续费-4876.65万元，委托贷款手续费2809.17万元，其他2.22万元。

（三）增值收益：2018年，增值收益33509.71万元，同比增长22.8%。增值收益率1.73%，比上年增加0.12个百分点。

（四）增值收益分配：2018年，提取贷款风险准备5130.02万元，提取管理费用5300万元，提取城市廉租住房（公共租赁住房）建设补充资金23079.69万元。

2018年，上交财政管理费用5300.00万元。上缴财政城市廉租住房（公共租赁住房）建设补充资金16846.73万元。

2018年末，贷款风险准备金余额37392.68万元。累计提取城市廉租住房（公共租赁住房）建设补充资金98685.58万元。

（五）管理费用支出：2018年，管理费用支出5137.32万元，同比增长1.16%。其中，人员经费2522.76万元，公用经费209.47万元，专项经费2405.09万元。

四、资产风险状况

2018年末，个人住房贷款逾期额463.65万元，逾期率0.25‰。

个人贷款风险准备金按（贷款余额）的2%提取。2018年，提取个人贷款风险准备金5130.02万元。2018年末，个人贷款风险准备金余额37392.68万元，占个人住房贷款余额的2%，个人住房贷款逾期额与个人贷款风险准备金余额的比率为1.24%。

五、社会经济效益

（一）缴存业务：2018年，实缴单位数、实缴职工人数和缴存额同比分别增长11.48%、7.06%和12.37%。

缴存单位中，国家机关和事业单位占36.55%，国有企业占9.24%，城镇集体企业占2.10%，外商投资企业占2.24%，城镇私营企业及其他城镇企业占20.43%，民办非企业单位和社会团体占2.65%，其他占26.79%。

缴存职工中，国家机关和事业单位占 37.64%，国有企业占 16.33%，城镇集体企业占 1.60%，外商投资企业占 6.65%，城镇私营企业及其他城镇企业占 18.03%，民办非企业单位和社会团体占 2.03%，其他占 17.72%；中、低收入占 98.82%，高收入占 1.18%。

新开户职工中，国家机关和事业单位占 12.92%，国有企业占 9.87%，城镇集体企业占 2.38%，外商投资企业占 10.86%，城镇私营企业及其他城镇企业占 27.59%，民办非企业单位和社会团体占 4.13%，其他占 32.25%；中、低收入占 99.74%，高收入占 0.26%。

（二）提取业务：2018 年，53.27 万名缴存职工提取住房公积金 46.22 亿元。

提取金额中，住房消费提取占 77.17%（购买、建造、翻建、大修自住住房占 31.31%，偿还购房贷款本息占 44.98%，租赁住房占 0.43%，其他占 0.45%）；非住房消费提取占 22.83%（离休和退休提取占 17.83%，完全丧失劳动能力并与单位终止劳动关系提取占 3.18%，户口迁出本市或出境定居占 0.37%，其他占 1.45%）。

提取职工中，中、低收入占 99.96%，高收入占 0.04%。

（三）贷款业务：

1. **个人住房贷款**：2018 年，支持职工购建 211.12 万平方米，年末个人住房贷款市场占有率为 12.89%，比上年增加 0.26 个百分点。通过申请住房公积金个人住房贷款，可节约职工购房利息支出 64556.56 万元。

职工贷款笔数中，购房建筑面积 90（含）平方米以下占 7.39%，90~144（含）平方米占 69.8%，144 平方米以上占 22.81%。购买新房 82.23%（其中购买保障性住房占 0%），购买二手房占 17.77%，建造、翻建、大修自住住房占 0%，其他占 0%。

职工贷款笔数中，单缴存职工申请贷款占 56.91%，双缴存职工申请贷款占 43.09%，三人及以上缴存职工共同申请贷款占 0%。

贷款职工中，30 岁（含）以下占 14.02%，30 岁~40 岁（含）占 44.26%，40 岁~50 岁（含）占 30.27%，50 岁以上占 11.45%；首次申请贷款占 87.24%，二次及以上申请贷款占 12.76%；中、低收入占 98.83%，高收入占 1.17%。

2. **异地贷款**：2018 年，发放异地贷款 456 笔 14720 万元。2018 年末，发放异地贷款总额 45338.7 万元，异地贷款余额 41647.23 万元。

（四）住房贡献率：2018 年，个人住房贷款发放额、公转商贴息贷款发放额、项目贷款发放额、住房消费提取额的总和与当年缴存额的比率为 117.3%，比上年增长 5.07 个百分点。

六、其他重要事项

（一）当年机构及职能调整情况、受委托办理缴存贷款业务金融机构变更情况

1. 2018 年 4 月，由于市住房公积金管理委员会部分组成人员工作变动，为便于工作开展，经委员会成员所在单位同意，对市住房公积金管理委员会组成人员中的 8 位进行了调整；2018 年 10 月，根据市委办市府办《关于清理规范市级议事协调机构的通知》（潍办发电〔2018〕210 号），精减住房公积金管理委员会组成人员 10 位。

2. 受委托办理缴存业务金融机构无变更，办理贷款业务金融机构减少 1 家。

（二）当年住房公积金政策调整及执行情况

1. **当年缴存基数限额及确定方法、缴存比例等缴存政策调整情况**。单位应以职工本人上一年度月平均工资作为缴存基数，并不得超过上限和低于下限。职工本人上一年度月平均工资低于下限的以下限为缴存基数，高于上限的以上限为缴存基数。2018年度我市住房公积金月缴存基数上限为17034元，下限为1910元。单位、职工缴存比例，最高不得超过各12%、最低不低于各5%。

2. **当年提取政策调整情况**。为深入贯彻落实党的十九大报告关于"房子是用来住的、不是用来炒的"的总体要求，更好地发挥住房公积金制度的互助性和公平性，重点支持城镇职工刚性住房需求，促进我市房地产业持续健康发展，经潍坊市住房公积金管理委员会研究决定，自2018年8月20日起，对我市部分住房公积金政策进行调整：

一是恢复购买自住住房可以提取家庭成员住房公积金的政策（简称亲情提取）。职工及其配偶、父母、子女（以下称家庭成员）购买自住住房，在取得有效购房凭证1年内，可一次性提取本人及家庭成员的住房公积金（家庭成员中已使用过住房公积金贷款的借款人及配偶不能提取），提取金额不得超过购房款总额，除配偶外的家庭成员按本政策提取后此套住房不能申请住房公积金贷款。

二是恢复无房职工每年可按固定额度办理租房提取的政策。职工连续足额缴存住房公积金满3个月，本人、配偶及18周岁以下子女在潍坊市无自有住房，租住商品住房用于自住的，如不能提供住房城乡建设部门出具的《房屋租赁登记备案证明》及完税发票的，每年职工及其配偶可按固定额度办理租房提取，提取住房公积金总额不得超过8000元；能提供住房城乡建设部门出具的《房屋租赁登记备案证明》及完税发票的，按材料所载明的实际房租金额提取。

三是新增既有多层住宅增设电梯提取住房公积金。职工符合《潍坊市中心城区既有多层住宅增设电梯管理暂行办法》（潍政办发〔2018〕6号）或所在县市区政府及相关部门出台的同类办法（规定），且在办法（规定）实施期内经相关部门审批增设电梯的，可在电梯使用注册登记之日起12个月内申请提取房屋所有权人及其配偶的住房公积金，申请金额不得超过扣除补助后个人实际承担费用。出资增设电梯的房屋所有权人及其配偶有未结清住房公积金贷款，或有公积金中心规定的其他不得提取情形的不能办理该提取业务。

四是调整缴存职工与单位解除或终止劳动关系提取住房公积金的时间限制。缴存职工与单位解除或终止劳动关系的，应先办理个人账户封存手续。未在本地或异地继续缴存的，封存满半年后可申请提取住房公积金。

五是调整偿还住房公积金贷款提取政策。有尚未偿清住房公积金贷款的，职工及配偶可通过办理逐月提取还贷、提取住房公积金提前部分还款或提前全部还清的方式直接冲减贷款本金或本息。即本人及配偶账户内住房公积金只能用于冲抵贷款本息。职工在办理提前部分还款或提前全部还清贷款业务时，需要使用本人及其配偶账户内住房公积金冲减贷款本金的，每次冲减贷款本金金额应不少于2万元（提前全部还清的除外）。

六是明确购买公寓提取住房公积金相关条件。

3. **贷款政策调整**。2018年8月20日调整部分贷款政策：（1）调整借款人家庭月工资收入的认定方法，借款人可用于偿还贷款的月收入以信息管理系统中住房公积金缴存基数计算。（2）执行双方缴存与单方缴存的差别化信贷政策。（3）借款人所购房屋建筑面积在144（含）平方米以内的首套房且首次住房公积金贷款、首付款按比例缴纳、贷款期限达到最大可贷年限、申请前公积金账户余额充足，因月还款额占家庭月收入规定比例计算可贷额度不足25（单方缴存20）万元的，贷款额度上限按照25（单方缴存20）万元计算。（4）被列入"住房公积金失信黑名单"的职工5年内不得办理公积金提取和申请公积金贷款。（5）不予向申请人配偶在异地或部队有未还清住房公积金贷款的发放公积金贷款。（6）不予向已经两次使用住房公积金贷款的缴存职工（含配偶）发放公积金贷款。（7）不予向付清全款购买房屋的缴存职工发放公积金贷款。（8）暂停向借款人或配偶信用不良记录（包括住房公积金贷款）有一方连续超过3次或借款人及配偶的不良记录有一方累计超过6次和信用卡逾期欠款的（包括商业住房贷款、消费贷款等）缴存职工发放公积金贷款。（9）暂停住房公积金贷款年限延长至借款申请人法定退休年龄后5年的政策（县处级女干部或具有高级职称的女性高级专业技术人员可延长至60岁）。（10）对不及时办理住房公积金贷款期转现手续（期房预抵押转现房正式抵押）的借款人及配偶的住房公积金提取进行限制。（11）调整异地贷款政策：取消借款人需拥有潍坊市户籍的贷款条件；取消申请异地贷款的须选择1名保证人或与住房公积金管理机构签订协议的担保公司承担连带责任保证的贷款条件。

4. 当年住房公积金存贷款利率执行标准。基准利率：首套房1～5年（含5年）为2.75％，5～30年为3.25％；二套房在基准利率上上浮10％，即1～5年（含5年）为3.025％，5～30年为3.575％。

（三）当年服务改进情况

1. 完善综合服务平台功能。通过网站、网上服务厅、12329热线、短信、微信等多种渠道，为单位和职工提供便捷服务。

2. 成功上线"住房公积金管理信息系统（贯标版）"，实现与所有受委托银行联网支付结算，职工提取公积金实时到账，使公积金服务水平更高效快捷。

3. 主城区（9个区）不动产数据引入公积金核心业务系统，直接可在柜台查询和核查不动产数据。昌邑分中心实现在综合服务大厅不动产抵押登记业务"一站式"办理，有效提高了公积金业务的办事效率。

4. "互联网＋银行"模式实现银行与公积金数据信息共享，职工可通过银行端服务平台足不出户办理公积金业务，真正实现"零跑腿"。

5. 实现统一身份认证，职工通过省政务平台认证登录，可办理公积金查询等业务。

6. 积极参与大数据平台建设，将公积金数据纳入政务大数据，为今后政务大数据的有效利用奠定基础。

（四）当年信息化建设情况

1. 高分通过"双贯标"项目验收。市公积金中心"住房公积金管理信息系统（贯标版）"正式上线，统一了基础数据标准和接口标准，受委托银行接入住房城乡建设部住房公积金银行结算数据应用系统，实现与受委托银行的联网支付结算、实时获取银行结算数据，资金管理上对银行账户、资金调拨与结算进行统一，有效提升了全市住房公积金管理服务水平。同时，基础信息完成整改，为进一步拓展住房公积金服务渠道奠定了基础。

2. 积极建设公积金综合服务平台。充分利用"互联网＋"技术，建设集"手机APP、门户网站、网上营业厅、微信公众号、微博、12329热线、12329短信、自助终端"八大服务渠道于一体的"互联网＋住房公积金"综合服务平台。

3. 成功对接省公积金监管处的短信平台。按照省公积金建管处的要求，将市住房公积金的每月短信推送到省平台统一发送,实现省市级短信整合。

4. 成功对接省政务平台。与省政府政务身份验证平台对接,实现通过省政务平台认证登录,可办理公积金查询等业务;实现公积金业务"一次办好"事项清单和"服务指南"挂接省政务平台。

5. 成功对接潍坊市市政府政务平台。实现在行政服务中心工作的单位办件量自动上报,减少了工作人员手动报送的工作量。

6. 完成主城区(9个区)不动产部门业务数据接入公积金业务管理系统,各个业务网点实现与不动产数据互联互通,提高公积金业务的办理效率。以昌邑分中心为"一次办好"改革试点,引进当地不动产业务数据,实现了在昌邑分中心综合服务大厅不动产抵押登记业务"一站式"办理。

7. 完成高密分中心机房改造,机房工作环境得到改善。

8. "互联网＋商业银行"模式助力公积金"一次办好"改革。与3家银行实现信息共享,利用公积金数据同步交换平台,对已接入银行实现网上办理公积金业务。利用工商银行数据共享平台,完成与工商银行网上提取公积金偿还购房贷款项目,实现办理该业务"零跑腿"。

9. 积极配合潍坊市大数据平台建设。完成并上报公积金需求确认项,按潍坊市政府办公室要求,向智慧办牵头建设的大数据平台,规划整理并开放了指定目录的60%。

(五)当年住房公积金管理中心及职工所获荣誉情况

1. 根据鲁建金字〔2018〕4号文件,青州分中心服务窗口被表彰为全省住房公积金行业文明服务示范窗口;8名一线工作人员被表彰为全省住房公积金行业文明服务标兵。

2. 根据鲁建办字〔2018〕46号文件,高密分中心被评为全省住房城乡建设系统精神文明创建优胜单位;青州分中心1名同志被评为全省住房城乡建设系统精神文明创建优胜个人。

3. 根据潍政办字〔2018〕46号文件,潍坊市住房公积金管理中心被评为2018年度全市政务公开工作先进单位;1名同志被评为先进个人。

4. 根据潍办字〔2018〕37号文件,1名同志被评为2018年度全市政务服务热线工作先进个人。

5. 根据潍直工发〔2018〕103号,潍坊市住房公积金管理中心被市直机关工委表彰为2018"健康潍坊"体育健身先进单位,1名同志被评为先进个人。

6. 根据潍直工发〔2018〕105号文件,寿光分中心1名同志、安丘分中心1名同志被表彰为2018年度市直机关"岗位建功标兵"。

7. 根据潍政办字〔2018〕30号文件,1名同志被评为2018年度全市政府系统政务信息工作先进个人。

8. 根据潍宣办字〔2018〕4号文件,潍坊市住房公积金管理中心被评为潍坊市思想政治工作示范点和政治关爱之家。

9. 根据潍直工发〔2018〕66号文件,机关第一党支部被评为潍坊市直机关先进党组织;1名同志被评为潍坊市直机关优秀共产党员。

10. 根据潍妇发〔2018〕9号文件,寒亭(经济)管理部被评为潍坊市巾帼建功先进集体、市直管理部缴存提取岗被评为潍坊市巾帼文明岗、滨海管理部1名同志被评为潍坊市巾帼建功标兵。

11. 在潍坊市直机关庆祝建市70周年歌咏比赛活动中,潍坊市住房公积金管理中心被潍坊市委宣传部、市直机关工委、市总工会评为"先进单位"。

12. 在第35届潍坊国际风筝会"潍柴英致杯"中获市直部门组团体二等奖、最佳巨型风筝奖;在省公积金协会举办的"住房公积金杯"乒乓球比赛中获优秀组织奖。

济宁市住房公积金 2018 年年度报告

一、机构概况

（一）**住房公积金管理委员会**：住房公积金管理委员会有 25 名委员，2018 年召开 1 次会议，审议通过的事项主要包括：

1. 听取 2018 年住房公积金管理工作汇报。

2. 审议 2018 年度住房公积金归集、贷款、增值收益计划、《济宁市住房公积金 2018 年年度报告》、2018 年度住房公积金增值收益分配方案和 2018 年度廉租住房补充资金分配方案。

3. 审议住房公积金管理中心对部分分支机构进行更名、将缴纳住房公积金列入劳动合同示范文本，并依据按照国家有关规定，适时、适度调整住房公积金相关使用政策。

（二）**住房公积金管理中心**：住房公积金管理中心为直属市政府不以营利为目的的县级全额预算管理事业单位，设 9 个处（科），12 个管理部，4 个分中心。从业人员 91 人，其中，在编 91 人，非在编 0 人。

二、业务运行情况

（一）**缴存**：2018 年，新开户单位 1233 家，实缴单位 9034 家，净增单位 1065 家；新开户职工 5.07 万人，实缴职工 57 万人，净增职工 0.35 万人；缴存额 76.6 亿元，同比增长 16.8%。2018 年末，缴存总额 519.69 亿元，同比增长 17.29%；缴存余额 231.7 亿元，同比增长 6.59%。

受委托办理住房公积金缴存业务的银行 6 家，较上年没有变化。

（二）**提取**：2018 年，提取额 62.28 亿元，同比增长 37.91%；占当年缴存额的 81.31%，比上年增加 12.45 个百分点。2018 年末，提取总额 288 亿元，同比增长 27.59%。

（三）**贷款**：个人住房贷款最高额度 40 万元，其中，单缴存职工最高额度 40 万元，双缴存职工最高额度 40 万元。

2018 年，发放个人住房贷款 1.61 万笔 51.51 亿元，同比分别增长 8.05%、11.93%。

2018 年，回收个人住房贷款 31.76 亿元。

2018 年末，累计发放个人住房贷款 15.94 万笔 370.14 亿元，贷款余额 224.93 亿元，同比分别增长 11.16%、16.17%、9.63%。个人住房贷款余额占缴存余额的 97.08%，比上年增加 2.69 个百分点。

受委托办理住房公积金个人住房贷款业务的银行 15 家，比上年增加 1 家（新增委托办理住房公积金个人住房贷款业务的银行为青岛银行股份有限公司济宁分行）。

（四）**资金存储**：2018 年末，住房公积金存款 12.48 亿元。其中，活期 0 亿元，1 年（含）以下定期 0.81 亿元，1 年以上定期 4.19 亿元，其他（协定、通知存款等）7.48 亿元。

（五）资金运用率：2018 年末，住房公积金个人住房贷款余额、项目贷款余额和购买国债余额的总和占缴存余额的 97.08%，比上年增加 2.69 个百分点。

三、主要财务数据

（一）业务收入：2018 年，业务收入 76072.58 万元，同比增长 10.18%。其中，存款利息 3223.94 万元，委托贷款利息 70285.38 万元，国债利息 0 万元，其他 2563.26 万元。

（二）业务支出：2018 年，业务支出 41486.88 万元，同比增长 7.33%。其中，支付职工住房公积金利息 34313.98 万元，归集手续费 3669.68 万元，委托贷款手续费 3503.22 万元，其他 0 万元。

（三）增值收益：2018 年，增值收益 34585.70 万元，同比增长 13.8%。其中，增值收益率 1.52%，比上年增加 0.07 个百分点。

（四）增值收益分配：2018 年，提取贷款风险准备金 3950.71 万元，提取管理费用 4195.07 万元，提取城市廉租住房（公共租赁住房）建设补充资金 26439.92 万元。

2018 年，上交财政管理费用 4195.07 万元。上缴财政城市廉租住房（公共租赁住房）建设补充资金 18057.52 万元。

2018 年末，贷款风险准备金余额 44986.38 万元。累计提取城市廉租住房（公共租赁住房）建设补充资金 135377.38 万元。

（五）管理费用支出：2018 年，管理费用支出 4974.74 万元，同比下降 32.25%。其中，人员经费 1176.54 万元，公用经费 84.99 万元，专项经费 3713.21 万元。

四、资产风险状况

2018 年末，个人住房贷款逾期额 322.04 万元，逾期率 0.14‰。

个人贷款风险准备金按贷款余额的 2% 提取。2018 年，提取个人贷款风险准备金 3950.71 万元，使用个人贷款风险准备金核销呆坏账 0 万元。2018 年末，个人贷款风险准备金余额 44986.38 万元，占个人住房贷款余额的 2%，个人住房贷款逾期额与个人贷款风险准备金余额的比率为 0.72%。

五、社会经济效益

（一）缴存业务：2018 年，实缴单位数、实缴职工人数和缴存额同比分别增长 13.36%、0.62% 和 16.8%。

缴存单位中，国家机关和事业单位占 31.25%，国有企业占 26.21%，城镇集体企业占 10.9%，外商投资企业占 2.44%，城镇私营企业及其他城镇企业占 13.7%，民办非企业单位和社会团体占 4.02%，其他占 11.48%。

缴存职工中，国家机关和事业单位占 34.9%，国有企业占 34.21%，城镇集体企业占 6.32%，外商投资企业占 1.45%，城镇私营企业及其他城镇企业占 7.25%，民办非企业单位和社会团体占 1.23%，其他占 14.64%；中、低收入占 98.67%，高收入占 1.33%。

新开户职工中，国家机关和事业单位占 22.5%，国有企业占 14.2%，城镇集体企业占 1.34%，外商投资企业占 2.1%，城镇私营企业及其他城镇企业占 31.37%，民办非企业单位和社会团体占 1.12%，其他占 27.37%；中、低收入占 99.78%，高收入占 0.22%。

（二）**提取业务**：2018 年，32.61 万名缴存职工提取住房公积金 62.28 亿元。

提取金额中，住房消费提取占 77.54%（购买、建造、翻建、大修自住住房占 35.7%，偿还购房贷款本息占 37.69%，租赁住房 4.15%，其他占 0%）；非住房消费提取占 22.46%（离休和退休提取占 17.13%，完全丧失劳动能力并与单位终止劳动关系提取占 0.01%，户口迁出本市或出境定居占 1.07%，其他占 4.25%）。

提取职工中，中、低收入占 97.33%，高收入占 2.67%。

（三）**贷款业务**：

1. **个人住房贷款**：2018 年，支持职工购建房 198.28 万平方米，年末个人住房贷款市场占有率为 37.88%，比上年减少 0.12 个百分点。通过申请住房公积金个人住房贷款，可节约职工购房利息支出 132912 万元。

职工贷款笔数中，购房建筑面积 90（含）平方米以下占 11.37%，90～144（含）平方米占 70.43%，144 平方米以上占 18.20%。购买新房占 80.36%（其中购买保障性住房占 1.87%），购买二手房占 19.64%，建造、翻建、大修自住住房占 0%，其他占 0%。

职工贷款笔数中，单缴存职工申请贷款占 16.04%，双缴存职工申请贷款占 83.96%，三人及以上缴存职工共同申请贷款占 0%。

贷款职工中，30 岁（含）以下占 25.68%，30 岁～40 岁（含）占 42.02%，40 岁～50 岁（含）占 25.06%，50 岁以上占 7.24%；首次申请贷款占 86.06%，二次及以上申请贷款占 13.94%；中、低收入占 98.27%，高收入占 1.73%。

2. **异地贷款**：2018 年，发放异地贷款 0 笔 0 万元。2018 年末，发放异地贷款总额 55761.6 万元，异地贷款余额 40391.78 万元。

3. **公转商贴息贷款**：2018 年，发放公转商贴息贷款 145 笔 4199.48 万元，支持职工购建住房面积 1.82 万平方米，当年贴息额 0 万元。2018 年末，累计发放公转商贴息贷款 6195 笔 183484 万元，累计贴息 1242.33 万元。

（四）**住房贡献率**：2018 年，个人住房贷款发放额、公转商贴息贷款发放额、项目贷款发放额、住房消费提取额的总和与当年缴存额的比率为 130.84%，比上年减少 8 个百分点。

六、其他重要事项

（一）**当年机构及职能调整情况、受委托办理缴存贷款业务金融机构变更情况**：我市依据《济宁市个人住房公积金贷款受托银行准入管理暂行办法》，2018 年新增 1 家贷款受托银行，为青岛银行股份有限公司济宁分行，截至 2018 年底，受委托办理住房公积金个人住房贷款业务的银行 15 家。

（二）**当年住房公积金政策调整及执行情况**：

1. 出台了《关于优化部分住房公积金使用政策的通知》，调整了部分提取政策，取消了《住房公积金提取申请书》、《委托提取还贷申请表》、身份证明复印件等材料，简化了提取业务流程，为职工提供更多便利。

2. 为支持个体工商户、自由职业者改善家庭居住条件，扩大住房公积金制度覆盖面，中心出台了

《济宁市个体工商户、自由职业者住房公积金缴存管理办法》及相应的政策解读，取消了缴纳社保这一条件，进一步降低了缴存门槛。

3. 出台了《济宁市住房公积金提取管理办法》及配套的政策解读。结合我市实际，出台《济宁市住房公积金管理中心归集、提取业务操作规程》，对归集、提取业务涉及的各项材料、业务流程进行详细梳理。

4. 重新修订了《济宁市委托提取住房公积金归还个人住房公积金贷款管理办法》，降低了委托按月业务办理条件，减轻了职工的还贷压力，为职工办理住房公积金提取还贷业务提供更为方便快捷的途径。

5. 结合我市资金运行情况及贷款政策执行情况，出台《关于调整住房公积金个人住房贷款部分政策的通知》（济住字〔2018〕65号），针对第二次申请公积金贷款的借款人增加了房屋套数认定条件、调整提前偿还贷款政策。

6. 公积金存贷款利率按照中国人民银行和住房和城乡建设部有关规定执行。贷款期限为1年的，按照合同利率执行；贷款期限在1年以上的，还款期内如遇贷款利率调整，于次年1月1日起按调整后的利率执行。

（三）当年服务改进情况：

1. 下发《关于严明窗口工作纪律严肃工作作风的通知》和《关于规范工作期间使用手机的规定》，并严格落实《服务大厅规范服务标准》、《窗口服务规范》、《工作纪律七做到、七不准》，把服务职工群众作为工作的重要抓手，推行态度、语言、仪表、行为、纪律、环境六种基本服务规范。

2. 制定了《窗口工作人员服务标准》、《住房公积金贷款业务标准》和《住房公积金归集业务标准》，将各类住房公积金国家和省级标准要求编辑成书，初步建成具有中心特色的服务标准体系。

3. 购置了915m^2的汶上管理部新服务场所并投入使用。完善大厅服务功能，统一设置咨询台、服务台、资料窗，配备了饮水机、水杯、老花镜、签字笔等，统一摆放业务流程说明书和办事指南手册，打造大厅窗口"7S"服务管理模式，构建济宁特色规范化、标准化、人性化的公积金服务大厅。努力打造便民高效的12329综合服务平台。

4. 围绕"智慧公积金"工作线推进综合服务平台建设，升级网上业务大厅等服务渠道功能。对接支付宝城市服务，建立实名认证体系，实现了支付宝城市服务、网上营业厅和手机APP客户端刷脸认证功能。住房公积金缴存、提取、贷款等信息查询和委托签约、冲还贷、租房提取、退休提取等高频业务均实现了线上办理。

（四）当年信息化建设情况：2018年10月，我单位"双贯标"工作高分通过住房城乡建设部专家组的检查验收。

（五）当年住房公积金管理中心及职工所获荣誉情况：2018年度我单位通过了省级文明单位、市级文明单位、市级文明机关复审，城区第三管理部、曲阜市分中心被评为全省住房公积金行业文明服务示范窗口，徐宗刚、肖杨、宋凡广、徐坤、刘盼、周利强、郭凤、郑玲玲被评为全省住房公积金行业文明服务标兵；王凤勤荣获2018年度综合考核先进个人嘉奖；孔儒荣获济宁市创建国家卫生城市先进个人嘉奖；曲阜市分中心荣获全省住房城乡建设系统精神文明创建优胜单位；桂洋荣获全省住房城乡建设系统精神文明创建优胜个人。

泰安市住房公积金 2018 年年度报告

一、机构概况

（一）**住房公积金管理委员会**：住房公积金管理委员会有 28 名委员，2018 年召开 1 次会议，审议通过的事项主要包括：《关于 2018 年全市住房公积金工作完成情况及 2018 年工作计划的报告》。

（二）**住房公积金管理中心**：住房公积金管理中心为直属泰安市政府的不以营利为目的的全额事业单位，设 8 个科，6 个管理部，2 个分中心。从业人员 125 人，其中，在编 62 人，非在编 63 人。

二、业务运行情况

（一）**缴存**：2018 年，新开户单位 495 家，实缴单位 4946 家，净增单位 1050 家；新开户职工 4.45 万人，实缴职工 44.76 万人，净增职工 2.56 万人；缴存额 48.60 亿元，同比增长 44.77%。2018 年末，缴存总额 280.98 亿元，同比增长 20.91%；缴存余额 117.86 亿元，同比增长 23.93%。

受委托办理住房公积金缴存业务的银行 7 家，比上年增加 0 家。

（二）**提取**：2018 年，提取额 25.84 亿元，同比增长 5.81%；占当年缴存额的 53.17%，比上年减少 19.55 个百分点。2018 年末，提取总额 163.12 亿元，同比增长 18.82%。

（三）**贷款**：

1. **个人住房贷款**：个人住房贷款最高额度 60 万元，其中，单缴存职工最高额度 30 万元，双缴存职工最高额度 60 万元。

2018 年，发放个人住房贷款 0.73 万笔 26.35 亿元，同比分别增长 14.06%、15.37%。

2018 年，回收个人住房贷款 10.19 亿元。

2018 年末，累计发放个人住房贷款 7.96 万笔 165.96 亿元，贷款余额 96.29 亿元，同比分别增长 9.94%、18.87%、20.17%。个人住房贷款余额占缴存余额的 81.70%，比上年减少 2.56 个百分点。

受委托办理住房公积金个人住房贷款业务的银行 5 家，与上年相比无变化。

2. **住房公积金支持保障性住房建设项目贷款**：2018 年，发放支持保障性住房建设项目贷款 0 亿元，回收项目贷款 0.19 亿元。2018 年末，累计发放项目贷款 2.92 亿元，项目贷款余额 0 亿元。

（四）**资金存储**：2018 年末，住房公积金存款 23.03 亿元。其中，活期 0.01 亿元，1 年（含）以下定期 4.10 亿元，1 年以上定期 13.57 亿元，其他（协定、通知存款等）5.35 亿元。

（五）**资金运用率**：2018 年末，住房公积金个人住房贷款余额、项目贷款余额和购买国债余额的总和占缴存余额的 81.70%，比上年减少 2.76 个百分点。

三、主要财务数据

（一）**业务收入**：2018 年，业务收入 33909.27 万元，同比增长 12.04%。存款利息 5106.77 万元，委托贷款利息 28789.55 万元，国债利息 0 万元，其他 12.95 万元。

（二）业务支出：2018 年，业务支出 17035.73 万元，同比增长 14.52%。支付职工住房公积金利息 15582.07 万元，归集手续费 11.78 万元，委托贷款手续费 1438.73 万元，其他 3.14 万元。

（三）增值收益：2018 年，增值收益 16873.54 万元，同比增长 9.63%。增值收益率 1.63%，比上年减少 0.07 个百分点。

（四）增值收益分配：2018 年，提取贷款风险准备金 3156.27 万元，提取管理费用 2700 万元，提取城市廉租住房（公共租赁住房）建设补充资金 11017.26 万元。

2018 年，上交财政管理费用 2700 万元。上缴财政城市廉租住房（公共租赁住房）建设补充资金 8846.17 万元。

2018 年末，贷款风险准备金余额 19257.67 万元。累计提取城市廉租住房（公共租赁住房）建设补充资金 115477.43 万元。

（五）管理费用支出：2018 年，管理费用支出 2170.03 万元，同比下降 41.31%。其中，人员经费 897.26 万元，公用经费 74.65 万元，专项经费 1198.12 万元。

四、资产风险状况

（一）个人住房贷款：2018 年末，个人住房贷款逾期额 203.17 万元，逾期率 0.21‰。

个人贷款风险准备金按贷款余额的 2% 提取。2018 年，提取个人贷款风险准备金 3232.27 万元，使用个人贷款风险准备金核销呆坏账 0 万元。2018 年末，个人贷款风险准备金余额 19257.67 万元，占个人住房贷款余额的 2%，个人住房贷款逾期额与个人贷款风险准备金余额的比率为 1.06%。

（二）支持保障性住房建设试点项目贷款：2018 年末，逾期项目贷款 0 万元，逾期率 0‰。

项目贷款风险准备金按贷款余额的 4% 提取。2018 年，提取项目贷款风险准备金 -76 万元。

五、社会经济效益

（一）缴存业务：2018 年，实缴单位数、实缴职工人数和缴存额同比分别增长 26.95%、6.07% 和 44.77%。

缴存单位中，国家机关和事业单位占 44.54%，国有企业占 7.12%，城镇集体企业占 3.40%，外商投资企业占 1.07%，城镇私营企业及其他城镇企业占 28.02%，民办非企业单位和社会团体占 1.15%，其他占 14.7%。

缴存职工中，国家机关和事业单位占 35.57%，国有企业占 29.71%，城镇集体企业占 3.21%，外商投资企业占 1.49%，城镇私营企业及其他城镇企业占 18.80%，民办非企业单位和社会团体占 0.48%，其他占 10.74%；中、低收入占 93.66%，高收入占 6.34%。

新开户职工中，国家机关和事业单位占 14.66%，国有企业占 44.06%，城镇集体企业占 3.01%，外商投资企业占 0.90%，城镇私营企业及其他城镇企业占 29.43%，民办非企业单位和社会团体占 1.83%，其他占 6.11%；中、低收入占 95.57%，高收入占 4.43%。

（二）提取业务：2018 年，12.77 万名缴存职工提取住房公积金 25.84 亿元。

提取金额中，住房消费提取占 77.20%（购买、建造、翻建、大修自住住房占 36.64%，偿还购房贷款本息占 30.49%，租赁住房占 7.40%，其他占 2.67%）；非住房消费提取占 22.80%（离休和退休提取占 19.12%，完全丧失劳动能力并与单位终止劳动关系提取占 2.48%，户口迁出本市或出境定居占

0.01%，其他占1.19%）。

提取职工中，中、低收入占88.26%，高收入占11.74%。

（三）贷款业务

1. **个人住房贷款**：2018年，支持职工购建房84.75万平方米，年末个人住房贷款市场占有率为13.30%，比上年减少0.54个百分点。通过申请住房公积金个人住房贷款，可节约职工购房利息支出7685.28万元。

职工贷款笔数中，购房建筑面积90（含）平方米以下占12%，90～144（含）平方米占75.01%，144平方米以上占12.99%。购买新房占81%（其中购买保障性住房占0%），购买二手房占19%。

职工贷款笔数中，单缴存职工申请贷款占12%，双缴存职工申请贷款占88%，三人及以上缴存职工共同申请贷款占0%。

贷款职工中，30岁（含）以下占24%，30岁～40岁（含）占43%，40岁～50岁（含）占24.99%，50岁以上占8.01%；首次申请贷款占81%，二次及以上申请贷款占19%；中、低收入占83.01%，高收入占16.99%。

2. **异地贷款**：2018年，发放异地贷款865笔27121.40万元。2018年末，发放异地贷款总额48900.40万元，异地贷款余额44777万元。

3. **支持保障性住房建设试点项目贷款**：2018年末，累计试点项目7个，贷款额度2.92亿元，建筑面积20.6万平方米，可解决2580户中低收入职工家庭的住房问题。7个试点项目贷款资金已发放并还清贷款本息。

（四）住房贡献率：2018年，个人住房贷款发放额、公转商贴息贷款发放额、项目贷款发放额、住房消费提取额的总和与当年缴存额的比率为95.27%，比上年减少32.63个百分点。

六、其他重要事项

（一）当年机构及职能调整情况、受委托办理缴存贷款业务金融机构变更情况：

1. 泰安市住房公积金管理中心内设综合科、征管科、计财科、信贷科、法规审计科、信息技术科、服务管理科、机关党委等职能科室，下设6个县市区管理部、2个矿业集团分中心。市中心对各管理部、分中心实行"四统一"管理，即统一决策、统一管理、统一制度、统一核算。

2. 本年度缴存贷款业务金融机构没有变更。

（二）当年住房公积金政策调整及执行情况：

1. 当年缴存基数限额及确定方法、缴存比例等缴存政策调整情况：

（1）月缴存工资基数上下限。根据泰安市统计局提供的2018年泰安市在岗职工平均工资及《山东省人民政府关于公布全省最低工资标准的通知》（鲁政字〔2018〕80号），2018年度泰安行政区内职工住房公积金月缴存工资基数上限14918元，月缴存工资基数下限为：泰山区、新泰市、肥城市1730元，岱岳区、宁阳县、东平县1550元。（2）月缴存额上下限。根据《关于调整住房公积金缴存比例的通知》（泰财住房〔2013〕4号）规定，我市住房公积金单位和个人的缴存比例各为12%，因此，2018年度泰安行政区内职工住房公积金最高月缴存额单位和职工分别为1790元；最低月缴存额单位和职工分别为：泰山区、新泰市、肥城市208元，岱岳区、宁阳县、东平县186元。

2. 当年提取政策调整情况：根据《关于开展住房公积金政策执行情况检查及风险隐患排查的通知》（建办金函〔2018〕284号）要求，结合我市实际，对职工因家庭成员患重大疾病造成生活困难、子女在大学（含研究生、留学生）就读期间所缴学杂费提取住房公积金，自2018年7月1日起停止执行《关于停止家庭成员患重大疾病及职工子女上大学学杂费提取住房公积金的通知》。（泰公积金〔2018〕28号）。

3. 当年个人住房贷款最高贷款额度、贷款条件等贷款政策调整情况：

（1）当年最高贷款额度单职工30万元，双职工60万元。（2）为落实"放管服"改革要求，推出多项住房公积金贷款新政，主要有：《关于住房公积金贷款房产抵押变更操作流程的通知》、《关于住房公积金贷款担保方式由自然人保证变更为房产抵押操作流程的通知》、《关于对个人住房公积金贷款相关政策进行调整规范的通知》、《关于办理住房公积金贷款业务取消身份证明材料复印件的通知》、《关于维护住房公积金缴存职工购房贷款权益的实施意见》、《关于补充完善泰安市住房公积金贷审会有关内容的通知》和《泰安市高层次人才首次购房办理公积金贷款实施细则》。

（三）**当年服务改进情况**：落实"放管服"改革要求，制定《关于进一步提升服务水平，优化营商环境的意见》，实施了综合柜员制改革，减少了审批环节，提高了工作效率。进一步加快中心综合服务平台建设，做好了迎接住房城乡建设部及省住房城乡建设厅验收的准备。中心服务工作得到广大职工的普遍好评，市政协对住房公积金工作进行了视察。"情系千万家，圆您安居梦"继续保持"十佳服务品牌"荣誉称号。

（四）**当年信息化建设情况**：按照住房城乡建设部、省住房城乡建设厅关于"双贯标"工作的部署要求，加强组织领导，积极配合联动，保证了新系统的顺利转换和各项业务的正常开展，7月份顺利通过住房城乡建设部与省住房城乡建设厅联合专家验收组的检查验收，成为我省第一批通过验收的单位之一。同时按照市委、市政府要求，加快推进中心政务信息系统整合共享，推进接入省统一身份认证平台，积极推进接入人行征信系统，加强信息系统运维管理，保障了中心系统硬件及网络安全。

（五）**当年住房公积金管理中心及职工所获荣誉情况**：当年中心获得"省级文明单位"、"市级无烟单位"、"市直机关十佳服务品牌"、"省住房城乡建设厅文明创建优胜单位"、"全省住房公积金行业文明示范窗口"等荣誉称号。

威海市住房公积金2018年年度报告

一、机构概况

（一）**住房公积金管理委员会**：住房公积金管理委员会有25名委员，2018年召开1次会议，审议通过2018年度住房公积金归集使用计划执行情况和2018年度住房公积金归集使用计划，并对其他重要事项进行决策，主要包括调整住房公积金管理委员会委员、调整部分住房公积金贷款政策等。

（二）**住房公积金管理中心**：住房公积金管理中心为直属市政府不以营利为目的的独立的事业单位，

设11个科，8个管理部。从业人员154人，其中，在编67人，非在编87人。

二、业务运行情况

（一）缴存：2018年，新开户单位689家，实缴单位5623家，净增单位411家；新开户职工4.36万人，实缴职工36.44万人，净增职工1.51万人；缴存额39.46亿元，同比增长12.45%。2018年末，缴存总额264.61亿元，同比增长17.53%；缴存余额132.59亿元，同比增长13.45%。

受委托办理住房公积金缴存业务的银行3家，与上年相比无变化。

（二）提取：2018年，提取额23.74亿元，同比增长17.52%；占当年缴存额的60.16%，比上年增加2.59个百分点。2018年末，提取总额132.03亿元，同比增长21.93%。

（三）贷款：

个人住房贷款：个人住房贷款最高额度50万元，其中，单缴存职工最高额度30万元，双缴存职工最高额度50万元。

2018年，发放个人住房贷款0.76万笔25亿元，同比分别下降21.98%、26.88%。

2018年，回收个人住房贷款12.77亿元。

2018年末，累计发放个人住房贷款8.5万笔208.04亿元，贷款余额123.73亿元，同比分别增长9.82%、13.65%、10.96%。个人住房贷款余额占缴存余额的93.32%，比上年减少2.09个百分点。

受委托办理住房公积金个人住房贷款业务的银行7家，与上年相比无变化。

（四）资金存储：2018年末，住房公积金存款11.15亿元。其中，活期0.15亿元，1年以上定期0.04亿元，其他（协定、通知存款等）10.96亿元。

（五）资金运用率：2018年末，住房公积金个人住房贷款余额占缴存余额的93.32%，比上年减少2.09个百分点。

三、主要财务数据

（一）业务收入：2018年，业务收入40648.34万元，同比增长13.59%。存款利息1580.87万元，委托贷款利息39067.06万元，其他0.41万元。

（二）业务支出：2018年，业务支出21711.92万元，同比增长9.24%。支付职工住房公积金利息18816.90万元，归集手续费738.89万元，委托贷款手续费2101.11万元，其他55.02万元。

（三）增值收益：2018年，增值收益18936.42万元，同比增长19.03%。增值收益率1.52%，比上年增加0.06个百分点。

（四）增值收益分配：2018年，提取贷款风险准备金2444.62万元，提取管理费用2746万元，提取城市廉租住房（公共租赁住房）建设补充资金13745.80万元。

2018年，上交财政管理费用3519万元。上缴财政城市廉租住房（公共租赁住房）建设补充资金7901.55万元。

2018年末，贷款风险准备金余额24746.05万元。累计提取城市廉租住房（公共租赁住房）建设补充资金60463.83万元。

（五）管理费用支出：2018年，管理费用支出3145.74万元，同比下降9.37%。其中，人员经费

1191.05 万元，公用经费 430.20 万元，专项经费 1524.49 万元。

四、资产风险状况

2018 年末，个人住房贷款逾期额 97.34 万元，逾期率 0.08‰。

个人贷款风险准备金按贷款余额 2% 提取。2018 年，提取个人贷款风险准备金 2444.62 万元。2018 年末，个人贷款风险准备金余额 24746.05 万元，占个人住房贷款余额的 2%，个人住房贷款逾期额与个人贷款风险准备金余额的比率 0.39%。

五、社会经济效益

（一）缴存业务：2018 年，实缴单位数、实缴职工人数和缴存额同比分别增长 7.89%、4.32% 和 12.45%。

缴存单位中，国家机关和事业单位占 31.12%，国有企业占 4.61%，城镇集体企业占 2.37%，外商投资企业占 4.93%，城镇私营企业及其他城镇企业占 53.85%，民办非企业单位和社会团体占 0.89%，其他占 2.23%。

缴存职工中，国家机关和事业单位占 24.90%，国有企业占 9.08%，城镇集体企业占 3.57%，外商投资企业占 11.35%，城镇私营企业及其他城镇企业占 49.7%，民办非企业单位和社会团体占 0.39%，其他占 1.01%；中、低收入占 96.02%，高收入占 3.98%。

新开户职工中，国家机关和事业单位占 10.46%，国有企业占 4.32%，城镇集体企业占 2.03%，外商投资企业占 14.12%，城镇私营企业及其他城镇企业占 66.94%，民办非企业单位和社会团体占 0.46%，其他占 1.67%；中、低收入占 99.48%，高收入占 0.52%。

（二）提取业务：2018 年，10.59 万名缴存职工提取住房公积金 23.74 亿元。

提取金额中，住房消费提取占 73.35%（购买、建造、翻建、大修自住住房占 19.33%，偿还购房贷款本息占 53.53%，租赁住房占 0.49%）；非住房消费提取占 26.65%（离休和退休提取占 19.52%，完全丧失劳动能力并与单位终止劳动关系提取占 0.01%，户口迁出本市或出境定居占 0.01%，其他占 7.11%）。

提取职工中，中、低收入占 93.37%，高收入占 6.63%。

（三）贷款业务：

1. 个人住房贷款：2018 年，支持职工购建房 86.10 万平方米，年末个人住房贷款市场占有率为 16.70%，比上年减少 1.5 个百分点。通过申请住房公积金个人住房贷款，可节约职工购房利息支出 56202.11 万元。

职工贷款笔数中，购房建筑面积 90（含）平方米以下占 27.03%，90~144（含）平方米占 54.92%，144 平方米以上占 18.05%。购买新房占 79.17%，购买二手房占 20.83%。

职工贷款笔数中，单缴存职工申请贷款占 27.09%，双缴存职工申请贷款占 72.91%，没有三人及以上缴存职工共同申请贷款的。

贷款职工中，30 岁（含）以下占 27.82%，30 岁~40 岁（含）占 40.28%，40 岁~50 岁（含）占 25.31%，50 岁以上占 6.59%；首次申请贷款占 90.65%，二次及以上申请贷款占 9.35%；中、低收入占

95.67%，高收入占 4.33%。

2. **异地贷款**：2018年，发放异地贷款 26 笔 796 万元。2018 年末，发放异地贷款总额 32238.20 万元，异地贷款余额 27336.66 万元。

（四）**住房贡献率**：2018年，个人住房贷款发放额、住房消费提取额的总和与当年缴存额的比率为107.47%，比上年减少 34.33 个百分点。

六、其他重要事项

（一）当年住房公积金政策调整及执行情况：

1. **当年缴存基数限额及确定方法、缴存比例等缴存政策调整情况**。2018 年度职工住房公积金缴存基数按照职工本人 2018 年度月平均工资总额核定，下限不低于威海市最低工资标准，上限不高于威海市 2018 年度职工月平均工资的 3 倍。具体执行标准：最高缴存基数 15586 元，最低缴存基数 1910 元。

2018 年度职工和单位分别缴存住房公积金的比例不低于 8%，最高不高于 12%。缴存确有困难的单位，经本单位职工代表大会或工会会员代表讨论通过，可申请降低缴存比例，原则不低于 5%，待单位经济效益好转后，再提高缴存比例或者补缴。

2. **扩大缴存范围情况**。个体工商户和自由职业者新纳入了缴存范围，在本市社保机构正常连续缴纳社会保险一年以上的个体工商户及自由职业者，可自愿申请建立住房公积金账户，享有与其他缴存人员同等权利。

3. **贷款政策调整情况**。5 月 23 日，发布了《关于调整住房公积金部分贷款政策的通知》（威住〔2018〕7 号），规定全市执行统一贷款政策，并暂停发放商业贷款转公积金贷款，首次住房公积金贷款结清后再次申请需间隔 3 年以上，单职工申请公积金贷款最高不超过 30 万元，二手房房龄超过 6 年（含）的每增加 10 年贷款最高限额相应下浮 10%。

4. **当年住房公积金存贷款利率执行标准**。2018年，职工住房公积金账户存款利率按照一年期定期存款基准利率执行。住房公积金贷款利率为五年以下 2.75%，五年以上 3.25%。

（二）**当年服务改进情况**：中心积极践行"以人民为中心"的发展思想，不断深化"一次办好"改革，提取业务先后取消身份证复印件、退休证明、无房证明、租房合同和收据、失业证年审证明、单位终止劳动关系证明等 6 项申请资料，49 项服务事项中有 47 项实现"只跑一次腿"，有 21 项实现"全市通办"。各市区服务大厅牢固树立服务永无止境的理念，积极开展"文明行业"创建活动，工作经验在全省物业服务和住房公积金文明行创建工作试点推进会议上进行了交流推广。

（三）当年信息化建设情况：

1. **"双贯标"建设通过住房城乡建设部验收**。按照住房城乡建设部"双贯标"建设要求，对核心系统的基础数据进行规范、完善，保证数据标准符合住房城乡建设部贯标要求，同时对七家委托银行的结算渠道进行整合，统一接入到住房城乡建设部结算平台。

2. **完成单位网厅升级改造**。为进一步方便单位办理缴款业务，新开通了网厅直付和自动匹配入账业务，缴存单位任选一家网上银行即可完成缴款操作。

（四）**当年住房公积金管理中心及职工所获荣誉情况**：2018 年市住房公积金管理中心通过省级文明单位复核；市区管理部通过国家级青年文明号复核，并被授予全省住房公积金行业文明服务示范窗口；高区、荣成、文登 3 个管理部被授予省级青年文明号；市区、高区、荣成 3 个管理部被授予省级巾帼文明岗；经区、乳山、石岛 3 个管理部和客户服务中心被授予市级青年文明号；经区、文登、乳山、石岛 4 个管理部被授予市级巾帼文明岗；5 名工作人员被评为全省住房公积金行业文明服务标兵。

日照市住房公积金 2018 年年度报告

一、机构概况

（一）**住房公积金管理委员会**：住房公积金管委会有 31 名委员，2018 年召开 1 次会议，审议通过的事项主要包括：《关于日照市 2018 年住房公积金归集、使用计划执行情况和 2018 年工作计划的报告》、《2018 年住房公积金预算执行情况的报告》、《2018 年住房公积金增值收益分配建议的报告》、《日照市住房公积金 2018 年年度报告》4 个报告。

（二）**住房公积金管理中心**：日照市住房公积金管理中心为市政府直属管理的不以营利为目的全额事业单位，设 4 个科，6 个管理部。从业人员 86 人，其中，在编 50 人，非在编 36 人。

二、业务运行情况

（一）**缴存**：2018 年，新开户单位 422 家，实缴单位 3605 家，净增单位 549 家；新开户职工 3.15 万人，实缴职工 21.59 万人，净增职工 1.57 万人；缴存额 33.11 亿元，同比增长 17.49%。2018 年末，缴存总额 184.77 亿元，同比增长 21.82%；缴存余额 85.23 亿元，同比增长 16.87%。

受委托办理住房公积金缴存业务的银行 5 家，和上年比较没有增减变化。

（二）**提取**：2018 年，提取额 20.81 亿元，同比增长 15.87%；占当年缴存额的 62.85%，比上年减少 0.87 个百分点。2018 年末，提取总额 99.55 亿元，同比增长 26.44%。

（三）**贷款**：在本市东港区、日照经济技术开发区和山海天旅游度假区范围内购房的，个人住房贷款最高额度为 50 万元。其中，双职工家庭最高额度 50 万元，单职工家庭最高额度 30 万元；在本市其他区县范围内购房的，个人住房贷款最高额度为 40 万元，其中，双职工家庭最高额度 40 万元，单职工家庭最高额度 25 万元。

2018 年，发放个人住房贷款 0.68 万笔 19.52 亿元，分别同比增加 7.94%、1.30%。

2018 年，回收个人住房贷款 8.23 亿元。

2018 年末，累计发放个人住房贷款 5.71 万笔 119.37 亿元，贷款余额 78.23 亿元，同比分别增长 13.52%、19.55%、16.87%。个人住房贷款余额占缴存余额的 91.79%，比上年增加 0.01 个百分点。

受委托办理住房公积金个人住房贷款业务的银行 5 家，和上年比较没有增减变化。

（四）**资金存储**：2018 年末，住房公积金存款额 7.26 亿元。其中，活期 2.06 亿元，1 年（含）以下定期 5.20 亿元。

（五）资金运用率：2018年末，住房公积金个人住房贷款余额、项目贷款余额和购买国债余额的总和占缴存余额的91.79%，比上年增加0.01个百分点。

三、主要财务数据

（一）业务收入：2018年，业务收入25676.72万元，同比增加1.75%。其中，存款利息1962.94万元，委托贷款利息23713.66万元，其他0.12万元。

（二）业务支出：2018年，业务支出15116.73万元，同比增加20.36%。其中，支付职工住房公积金利息11933.32万元，委托贷款手续费1185.68万元，贴息补贴1997.73万元。

（三）增值收益：2018年，增值收益10559.99万元，同比减少16.69%。增值收益率1.33%，比上年同期减少0.52个百分点。

（四）增值收益分配：2018年，提取贷款风险准备金2259.00万元，提取管理费用1200.46万元，提取城市廉租房（公共租赁住房）建设补充资金7100.52万元。

2018年，上交财政管理费用591.23万元。上缴财政城市廉租房（公共租赁住房）建设补充资金9684.19万元。

2018年末，贷款风险准备金余额15646.12万元。累计提取城市廉租房（公共租赁住房）建设补充资金43069.16万元。

（五）管理费用支出：2018年，管理费用支出1236.36万元，同比增长7.35%。其中，人员经费566.97万元，公用经费100.20万元，专项经费569.19万元。

四、资产风险状况

2018年末，个人住房贷款逾期额12.33万元。个人住房贷款逾期率0.02‰。

2018年，提取个人贷款风险准备金2259.00万元。2018年末，个人贷款风险准备金余额15646.12万元，占个人住房贷款余额的2%，个人贷款逾期额与个人贷款风险准备金余额的比率为0.08%。

五、社会经济效益

（一）缴存业务：2018年，实缴单位数、实缴职工人数和缴存额增长率分别为17.96%、7.84%和17.49%。

缴存单位中，国家机关和事业单位占41.41%，国有企业占14.31%，城镇集体企业占2.30%，外商投资企业占0.06%，城镇私营企业及其他城镇企业占23.80%，民办非企业单位和社会团体占11.35%，其他占6.77%。

缴存职工中，国家机关和事业单位占34.97%，国有企业占24.68%，城镇集体企业占1.11%，外商投资企业占0.13%，城镇私营企业及其他城镇企业占18.68%，民办非企业单位和社会团体占15.28%，其他占5.14%。中低收入占98.18%，高收入占1.82%。

新开户职工中，国家机关和事业单位占12.90%，国有企业占21.04%，城镇集体企业占1.41%，外商投资企业占0.08%，城镇私营企业及其他城镇企业占39.52%，民办非企业单位和社会团体占17.09%，其他占7.96%。中低收入占99.64%，高收入占0.36%。

(二)提取业务：2018年，6.81万名缴存职工提取住房公积金20.81亿元。

提取的金额中，住房消费提取占85.19%（购买、建造、翻建、大修自住住房占27.68%，偿还购房贷款本息占55.82%，租赁住房、缴物业费和住宅专项维修资金等住房消费占1.69%）；非住房消费提取占14.81%（离休和退休提取占11.02%，完全丧失劳动能力并与单位终止劳动关系提取占3.53%，其他非住房消费提取占0.26%）。

提取职工中，中、低收入占97.27%，高收入占2.73%。

(三)贷款业务：

1. **个人住房贷款**：2018年，支持职工购建房83.44万平方米，年末个人住房贷款市场占有率为15.75%，比上年同期减少1.29个百分点。通过申请个人住房贷款，为职工节省购房利息支出32943.33万元。

住房公积金贷款所购住房套数中，90（含）m^2以下占11.65%，90~144（含）m^2占68.04%，144m^2以上占20.31%；购买新房占76.80%，购买存量商品住房占23.20%。

职工贷款笔数中，单缴存职工申请贷款占61.45%，双缴存职工申请贷款占38.55%。

公积金贷款职工中，30岁（含）以下占20.09%，30岁~40岁（含）占42.11%，40岁~50岁（含）占30.79%，50岁以上占7.02%；首次申请贷款占83.72%，二次及以上申请贷款占16.28%；中、低收入占97.95%，高收入占2.05%。

2. **公转商贴息贷款**：2018年，发放公转商贴息贷款1552笔47623.00万元，支持职工购建住房面积20.47万平方米，当年贴息额1997.73万元。累计发放贴息贷款4189笔150671.00万元，累计贴息额3277.85万元。

(四)住房贡献率：2018年，个人住房公积金贷款发放额、公转商贴息贷款发放额、项目贷款发放额、住房消费提取额的总和与当年缴存额的比率为126.88%，比上年减少25.07%。

六、其他重要事项

(一)当年机构及职能调整情况、受委托办理缴存贷款业务金融机构变更情况：

1. **公积金管理机构及职能变化情况**。2018年没有发生变化。
2. **缴存贷款业务金融机构变更情况**。缴存业务、贷款业务委托银行为建行、工行、中行、农行、日照银行5家银行，2018年无变化。

(二)当年住房公积金政策调整及执行情况：为贯彻落实中央对房地产市场的宏观调控政策，进一步降低企业生产经营成本，适应广大缴存职工的利益诉求，充分发挥住房公积金的住房保障作用，对9项政策进行了调整。

1. 停止发放公转商贴息贷款，公积金贷款实行轮候发放制度，优先保障基本住房消费需求，实现了差别化信贷政策调整平稳过渡。
2. 持续落实企业阶段性适当降低住房公积金缴存比例的政策，最低5%，最高12%比例延期执行到2020年4月份。
3. 调整住房公积金缴存基数上、下限。2018年7月1日至2019年6月30日住房公积金月缴存基数最高限额由上一公积金年度的14774元调整为15855元，最低限额由1640元调整为1730元。

4. 建立个体工商户和自由职业者缴存公积金制度，扩大政策惠及面。

5. 规范楼盘网签程序。会同市县房管部门，楼盘出售严格执行先公积金贷款准入后网签购房程序，确保购房职工住房公积金贷款需求。

6. 取消"职工本人或直系亲属患重大疾病"提取情形，所有可提取情形均按上级文件规定进行规范。

7. 公积金账户异地转移先封存后办理。非本市户口职工或职工调离本市提取，增加账户封存满半年后办理限制，堵塞不良中介利用便民政策跨地市骗提套取行为。

8. 增加租房提取类型，提供无房证明即可按年定额（12000元）提取。

9. 提高租房提取额度，能提供《房屋租赁合同登记备案证明》和房租完税票据的每年最高提取额度从12000元提高到24000元。

（三）当年服务改进情况：在保证资金管理安全规范的前提下，本着"能减则减、不能减则代办"的原则，简化了办事程序和手续，主要涉及以下9个方面。

1. 取消《提取申请表》，职工提取公积金只需在支付凭证上签字确认，实现表证合一。

2. 取消退休提取证明材料，实行"零材料"办理。

3. 取消第2次归还商贷提取证明材料，实行"零材料"办理。

4. 取消物业费提取证明材料，实行"零材料"办理。

5. 取消公积金贷款身份证复印件，改为公积金中心窗口人员代为复印的方式办理。

6. 取消公积金贷款购房合同复印件等证明材料复印件，改为留存电子档案和公积金中心向开发商收取购房合同原件的方式办理。

7. 改进按月还贷提取办法，合并借款人夫妻双方收款账户，配偶所提取资金可直接打入借款人还款卡，更加方便职工还款。

8. 配置自助查询打印一体机，自助查询打印出具加盖印章的"职工缴存证明"、"贷款还款明细"、"异地贷款缴存证明"、"贷款结清证明"4类证明。

9. 改变会计核算方式，在全市实现归集、提取、贷款业务"全市通办"。

（四）当年信息化建设情况：

一是2018年日照公积金中心在省内第一批次通过住房城乡建设部"双贯标"项目验收。二是为深化落实"放管服"和"一次办好"改革，推进"互联网＋公积金"业务，为单位和职工提供更加便捷高效的服务，公积金中心升级改造了住房公积金综合信息管理系统，并于2018年11月正式上线运行。系统升级后，取得的主要成效有以下几个方面：

1. 实现了方便快捷办理业务的目标。职工通过手机公积金APP，可足不出户、7×24小时随时随地办理缴存明细、贷款信息等9类公积金信息查询，以及购买商品房、物业费、离退休3类公积金提取业务。

2. 达到了快速高效服务职工的要求。与人民银行、房管、不动产登记、民政、公安、工商、编办等部门实现信息资源共享，系统直接调取共享数据进行核查和审批，减少办事要件，节省业务处理时间。

3. 实现了资金安全规范运作。接入和使用全国住房公积金银行应用结算系统，覆盖全业务、全账户，业务驱动资金、资金驱动财务，全流程封闭式运作，资金管理更加安全规范。

4. 发挥了数据资产的社会效益。一是与建行、中信等 10 余家银行合作开展"网络贷""点贷"等在线贷款，实现公积金数据资产增值服务；二是联动民政精准救助、联动审计为保障性安居工程跟踪、审计提供服务；三是联动省市平台推动一站式服务，推进日照智慧城市建设；四是支持诚信体系建设，单位和个人公积金缴存情况纳入人民银行征信范围。

（五）当年住房公积金管理中心及职工所获荣誉情况：2018 年市公积金中心顺利通过省级文明单位复查，各科室、管理部先后新获得省级荣誉 8 个；市级荣誉 16 个。

（六）其他需要披露的情况：严格落实扫黑除恶专项斗争工作，严厉打击违规提取住房公积金行为，2018 年查实公积金违规提取案件 2 件，追回违规提取资金 114700 元；向当地公安机关报送违规提取住房公积金线索 2 起，已成功抓获一名犯罪嫌疑人，目前此案正在调查处理中。

莱芜市住房公积金 2018 年年度报告

一、机构概况

（一）**住房公积金管理委员会**：住房公积金管理委员会有 32 名委员，2018 年召开了 3 次会议，审议通过的事项主要包括：1. 审议并通过《莱芜市住房公积金 2018 年年度报告》；2. 调整规范优化住房公积金缴存使用政策和办事流程；3. 调整住房公积金归集、提取、贷款实施细则。

（二）**住房公积金管理中心**：住房公积金管理中心为直属莱芜市人民政府的不以营利为目的的全额事业单位，设 5 个科，2 个管理部，1 个分中心。市中心（含管理部）从业人员 33 人，其中，在编 24 人，非在编 9 人；莱钢分中心从业人员 11 人。

二、业务运行情况

（一）**缴存**：2018 年，新开户单位 130 家，实缴单位 1100 家，净增单位 130 家；新开户职工 0.71 万人，实缴职工 9.88 万人，净减少职工 0.27 万人；缴存额 16.34 亿元，同比增长 9%。2018 年末，缴存总额 124.91 亿元，同比增长 15.05%；缴存余额 47.12 亿元，同比增长 19.84%。

受委托办理住房公积金缴存业务的银行 8 家，比上年增加 1 家。

（二）**提取**：2018 年，提取额 8.53 亿元，同比下降 4.37%；占当年缴存额的 52.20%，比上年减少 7.31 个百分点。2018 年末，提取总额 77.79 亿元，同比增长 12.33%。

（三）**贷款**：个人住房贷款最高额度 40 万元，其中，市中心单缴存职工最高额度 40 万元，双缴存职工最高额度 40 万元；莱钢分中心单职工最高额度 30 万元，双职工最高额度 40 万元。

2018 年，发放个人住房贷款 2699 笔 9.09 亿元，同比分别增长 3.57%、减少 2.05%。其中，市中心发放个人住房贷款 2008 笔 7.09 亿元，莱钢分中心发放个人住房贷款 691 笔 2.00 亿元。

2018 年，回收个人住房贷款 3.22 亿元。其中，市中心 2.46 亿元，莱钢分中心 0.76 亿元。

2018年末，累计发放个人住房贷款2.57万笔51.45亿元，贷款余额25.09亿元，同比分别增长12.22%、21.49%、30.13%。个人住房贷款余额占缴存余额的53.25%，比上年增加4.22个百分点。

受委托办理住房公积金个人住房贷款业务的银行5家，与上年相比没有变动。

（四）**资金存储**：2018年末，住房公积金存款23.24亿元。其中，活期1.55亿元，1年（含）以下定期18.85亿元，1年以上定期0.2亿元，其他（协定、通知存款等）2.64亿元。

（五）**资金运用率**：2018年末，住房公积金个人住房贷款余额、项目贷款余额和购买国债余额的总和占缴存余额的53.25%，比上年增加4.22个百分点。

三、主要财务数据

（一）**业务收入**：2018年，业务收入11022.08万元，同比增长37.73%。其中，市中心6492.62万元，莱钢分中心4529.46万元；存款利息3504.89万元，委托贷款利息7411.18万元，其他106.01万元。

（二）**业务支出**：2018年，业务支出6955.90万元，同比增长44.48%。其中，市中心3694.99万元，莱钢分中心3260.91万元；支付职工住房公积金利息6615.60万元，委托贷款手续费328.73万元，其他11.57万元。

（三）**增值收益**：2018年，增值收益4066.18万元，同比增长27.54%。其中，市中心2797.63万元，莱钢分中心1268.55万元；增值收益率0.93%，比上年增加0.04个百分点。

（四）**增值收益分配**：2018年，提取贷款风险准备金926.49万元，提取管理费用1031.96万元，提取城市廉租住房（公共租赁住房）建设补充资金2107.73万元。

2018年，上交财政管理费用911万元。上缴财政城市廉租住房（公共租赁住房）建设补充资金141.46万元，全部为市中心上缴。

2018年末，贷款风险准备金余额5020.46万元。累计提取城市廉租住房（公共租赁住房）建设补充资金14038.03万元。其中，市中心提取7808.33万元，莱钢分中心提取6229.70万元。

（五）**管理费用支出**：2018年，管理费用支出1514.27万元，同比增长62.71%。其中，人员经费509.24万元，公用经费140.45万元，专项经费864.58万元。

市中心管理费用支出1156.37万元，其中，人员、公用、专项经费分别为355.52万元、102.85万元、698万元；莱钢分中心管理费用支出357.90万元，其中，人员、公用、专项经费分别为153.72万元、37.60万元、166.58万元。

四、资产风险状况

2018年末，个人住房贷款逾期额60.50万元，逾期率0.24‰。其中，市中心0.10‰，莱钢分中心0.77‰。

个人贷款风险准备金按（贷款余额或增值收益）的2%提取。2018年，提取个人贷款风险准备金926.49万元，未使用个人贷款风险准备金核销呆坏账。2018年末，个人贷款风险准备金余额5020.46万元，占个人住房贷款余额的2%，个人住房贷款逾期额与个人贷款风险准备金余额的比率为1.2%。

五、社会经济效益

（一）**缴存业务**：2018年，实缴单位数、实缴职工人数和缴存额同比分别增长13.40%、-2.66%和9%。

缴存单位中,国家机关和事业单位占 50.54%,国有企业占 18.82%,城镇集体企业占 1.91%,外商投资企业占 1.27%,城镇私营企业及其他城镇企业占 23.73%,民办非企业单位和社会团体占 1.64%,其他占 2.09%。

缴存职工中,国家机关和事业单位占 35.89%,国有企业占 48.88%,城镇集体企业占 2.11%,外商投资企业占 1.14%,城镇私营企业及其他城镇企业占 10.06%,民办非企业单位和社会团体占 0.18%,其他占 1.74%;中、低收入占 98.12%,高收入占 1.88%。

新开户职工中,国家机关和事业单位占 32.05%,国有企业占 25.22%,城镇集体企业占 4.01%,外商投资企业占 2.07%,城镇私营企业及其他城镇企业占 35.86%,民办非企业单位和社会团体占 0.79%;中、低收入占 99.18%,高收入占 0.82%。

(二)提取业务:2018 年,6.91 万名缴存职工提取住房公积金 8.53 亿元。

提取金额中,住房消费提取占 73.44%(购买、建造、翻建、大修自住住房占 44.90%,偿还购房贷款本息占 47.36%,租赁住房占 3.26%,其他占 4.48%);非住房消费提取占 26.56%(离休和退休提取占 74.61%,完全丧失劳动能力并与单位终止劳动关系提取占 2.97%,其他占 22.42%)。

提取职工中,中、低收入占 97.31%,高收入占 2.69%。

(三)贷款业务:

1. 个人住房贷款:2018 年,支持职工购建房 32.57 万平方米,年末个人住房贷款市场占有率为 19.25%,比上年减少 0.44 个百分点。通过申请住房公积金个人住房贷款,可节约职工购房利息支出 22251.01 万元。

职工贷款笔数中,购房建筑面积 90(含)平方米以下占 7.41%,90~144(含)平方米占 67.99%,144 平方米以上占 24.60%。购买新房占 64.28%,购买二手房占 35.27%,其他占 0.45%。

职工贷款笔数中,单缴存职工申请贷款占 34.31%,双缴存职工申请贷款占 65.69%,无三人及以上缴存职工共同申请贷款。

贷款职工中,30 岁(含)以下占 18.30%,30 岁~40 岁(含)占 42.65%,40 岁~50 岁(含)占 28.53%,50 岁以上占 10.52%;首次申请贷款占 46.87%,二次及以上申请贷款占 53.13%;中、低收入占 96.04%,高收入占 3.96%。

2. 异地贷款:2018 年,发放异地贷款 266 笔 9196.80 万元。2018 年末,发放异地贷款总额 43930 万元,异地贷款余额 20402.43 万元。

(四)住房贡献率:2018 年,个人住房贷款发放额、公转商贴息贷款发放额、项目贷款发放额、住房消费提取额的总和与当年缴存额的比率为 94%,比上年减少 4.89 个百分点。

六、其他重要事项

(一)受委托办理缴存业务金融机构变更情况:新增威海市商业银行受托办理住房公积金缴存业务。

(二)住房公积金政策调整及执行情况:

1. 缴存基数限额及缴存比例。2018 年单位和职工月缴存住房公积金基数最低不低于最低月工资标准 1730 元,最高基数不高于统计部门公布的上年度在职职工月平均工资 4978.33 元的 3 倍即 14935 元。缴存比例不得低于各 5%,不得高于各 12%。各单位比例调整时市住房公积金管理中心审批。

2. 规范提取政策。取消原大病、住房公共维修基金提取业务，重点支持租房、购房提取，推行住房公积金按月冲还贷业务。

3. 规范贷款政策。允许正常还款期间变更担保方式，可以将保证人更换，也可以担保方式由保证人变更为房产抵押，抵押物为贷款所购住房；贷款月还款额不超过借款人家庭月收入的50%调整为60%；取消父母给子女买房贷款或子女给父母买房贷款。

（三）服务改进情况：

1. 新建中心服务大厅，改善了服务环境，实现了公积金业务全市通办。

2. 简化业务办理要件，提取、贷款业务不再提供相关材料复印件。

3. 优化业务流程。提取业务实现即时办理，即时到账；贷款业务流程实现贷款资料网上传输、分级审核，在公积金服务大厅实现"一站式"办理。

4. 加快综合服务平台建设，2018年11月，部署上线网厅、网站、微信、手机APP、自助终端、12329短信等服务渠道，综合服务平台建设完成，实现公积金手机查询更方便，网上业务办理更便捷。

（四）信息化建设情况：2018年6月中心新信息系统建设完成并上线，基础数据标准贯彻落实和结算应用系统接入两项工作全部完成。实现了按月冲还贷、提取"秒"到账、网上审批等功能，方便群众业务办理；通过业务驱动资金，资金驱动财务，三账联动，自动匹配等功能，提高了资金管控水平。2018年9月，中心信息系统通过了"双贯标"住房城乡建设部、省住房城乡建设厅联合验收，综合打分列全省首位。

（五）所获荣誉情况：市中心被莱芜市文明委员会评为市级文明单位，莱钢分中心被莱钢集团评为十佳文明窗口、巾帼建功岗。

临沂市住房公积金2018年年度报告

一、机构概况

（一）住房公积金管理委员会：住房公积金管理委员会有33名委员，2018年召开一次会议，审议通过的事项主要包括：《2018年度临沂市住房公积金工作报告》、《临沂市住房公积金管理委员会2018年第一次全体会议决议（草案）》和2018年度住房公积金归集、使用计划。

（二）住房公积金管理中心：住房公积金管理中心为隶属市政府的不以营利为目的的正县级事业单位，设7个委室（机关党委、综合科、计会科、贷款管理科、征管科、督查科、业务科），11个管理部（兰山、罗庄、河东、郯城、兰陵、沂南、平邑、费县、蒙阴、莒南、临沭），1个分中心（沂水）。从业人员107人，其中，在编83人，非在编24人。

二、业务运行情况

（一）缴存：2018年，新开户单位816家，实缴单位6103家，净增单位690家；新开户职工6.74万人，实缴职工60.92万人，净增职工0.18万人；缴存额89.40亿元，同比增长29.02%。2018年末，缴存总额 412.84 亿元，同比增长 27.64%；缴存余额 218.37 亿元，同比增长 31.90%。

受委托办理住房公积金缴存业务的银行 6 家，与上年一致。

（二）提取： 2018 年，提取额 36.59 亿元，同比增长 8.51%；占当年缴存额的 40.93%，比上年减少 7.73 个百分点。2018 年末，提取总额 194.48 亿元，同比增长 23.17%。

（三）贷款： 个人住房贷款最高额度 50 万元，其中，单缴存职工最高额度 50 万元，双缴存职工最高额度 50 万元。

2018 年，发放个人住房贷款 1.71 万笔 72.74 亿元，同比分别下降 26.29%、16.90%。

2018 年，回收个人住房贷款 36.50 亿元。

2018 年末，累计发放个人住房贷款 17.19 万笔 394 亿元，贷款余额 184.83 亿元，同比分别增长 11.05%、22.64%、24.39%。个人住房贷款余额占缴存余额的 84.64%，比上年减少 5.11 个百分点。

受委托办理住房公积金个人住房贷款业务的银行 5 家，与上年一致。

（四）资金存储： 2018 年末，住房公积金存款 36.76 亿元。其中，活期 0.29 亿元，1 年（含）以下定期 5.27 亿元，1 年以上定期 8.35 亿元，其他（协定、通知存款等）22.85 亿元。

（五）资金运用率： 2018 年末，住房公积金个人住房贷款余额、项目贷款余额和购买国债余额的总和占缴存余额的 84.64%，比上年减少 5.11 个百分点。

三、主要财务数据

（一）业务收入： 2018 年，业务收入 65145.57 万元，同比增长 13.34%。其中，存款利息 8734.19 万元，委托贷款利息 56376.66 万元，其他 34.72 万元。

（二）业务支出： 2018 年，业务支出 28580.53 万元，同比下降 25.14%。其中，支付职工住房公积金利息 23914.84 万元，归集手续费 1858.11 万元，委托贷款手续费 2806.67 万元，其他 0.91 万元。

（三）增值收益： 2018 年，增值收益 36565.04 万元，同比增长 89.46%。增值收益率 1.88%，比上年增加 0.55 个百分点。

（四）增值收益分配： 2018 年，提取贷款风险准备金 7247.38 万元，提取管理费用 1824.54 万元，提取城市廉租住房（公共租赁住房）建设补充资金 27493.12 万元。

2018 年，上交财政管理费用 1824.54 万元。上缴财政城市廉租住房（公共租赁住房）建设补充资金 9265.13 万元。

2018 年末，贷款风险准备金余额 36965.72 万元。累计提取城市廉租住房（公共租赁住房）建设补充资金 111253.78 万元。

（五）管理费用支出： 2018 年，管理费用支出 1866.56 万元，同比下降 8.05%。其中，人员经费 1340.28 万元，公用经费 186.96 万元，专项经费 339.32 万元。

四、资产风险状况

2018 年末，无个人住房贷款逾期额。

个人贷款风险准备金按贷款余额的 2% 提取。2018 年，提取个人贷款风险准备金 7247.38 万元，使用个人贷款风险准备金核销呆坏账 0 万元。2018 年末，个人贷款风险准备金余额 36965.72 万元，占个人住房贷款余额的2%，个人住房贷款逾期额与个人贷款风险准备金余额的比率为0%。

五、社会经济效益

（一）缴存业务：2018年，实缴单位数、实缴职工人数和缴存额同比分别增长12.75%、0.30%和29.02%。

缴存单位中，国家机关和事业单位占41.34%，国有企业占9.85%，城镇集体企业占9.13%，外商投资企业占1.19%，城镇私营企业及其他城镇企业占32.18%，民办非企业单位和社会团体占1.54%，其他占4.77%。

缴存职工中，国家机关和事业单位占43.71%，国有企业占16.62%，城镇集体企业占13.47%，外商投资企业占2.12%，城镇私营企业及其他城镇企业占19.80%，民办非企业单位和社会团体占0.59%，其他占3.69%；中、低收入占99.21%，高收入占0.79%。

新开户职工中，国家机关和事业单位占16.16%，国有企业占12.33%，城镇集体企业占18.08%，外商投资企业占2.10%，城镇私营企业及其他城镇企业占42.82%，民办非企业单位和社会团体占1.12%，其他占7.39%；中、低收入占99.81%，高收入占0.19%。

（二）提取业务：2018年，15.12万名缴存职工提取住房公积金36.59亿元。

提取金额中，住房消费提取占78.22%（购买、建造、翻建、大修自住住房占24.34%，偿还购房贷款本息占50.97%，租赁住房占0.99%，其他占1.92%）；非住房消费提取占21.78%（离休和退休提取占15.90%，完全丧失劳动能力并与单位终止劳动关系提取占2.80%，户口迁出本市或出境定居占0.06%，其他占3.02%）。

提取职工中，中、低收入占99.06%，高收入占0.94%。

（三）贷款业务：

1. 个人住房贷款：2018年，支持职工购建房245.52万平方米，年末个人住房贷款市场占有率为10.01%，比上年减少1.16个百分点。通过申请住房公积金个人住房贷款，可节约职工购房利息支出215224.01万元。

职工贷款笔数中，购房建筑面积90（含）平方米以下占6.02%，90～144（含）平方米占50.42%，144平方米以上占43.56%。购买新房占77.85%（其中购买保障性住房占0.01%），购买二手房占16.99%，建造、翻建、大修自住住房占0%，其他占5.16%。

职工贷款笔数中，单缴存职工申请贷款占54.76%，双缴存职工申请贷款占45.24%，无三人及以上缴存职工共同申请贷款。

贷款职工中，30岁（含）以下占22.65%，30岁～40岁（含）占39.31%，40岁～50岁（含）占28.62%，50岁以上占9.42%；首次申请贷款占82.78%，二次及以上申请贷款占17.22%；中、低收入占99.05%，高收入占0.95%。

2. 异地贷款：2018年，发放异地贷款0笔0万元。2018年末，发放异地贷款总额114697万元，异地贷款余额80,063.87万元。

（四）住房贡献率：2018年，个人住房贷款发放额、公转商贴息贷款发放额、项目贷款发放额、住房消费提取额的总和与当年缴存额的比率为113.38%，比上年减少48.85个百分点。

六、其他重要事项

（一）当年住房公积金政策调整及执行情况：

1. **缴存政策调整情况：** 自2018年7月1日起，临沂市职工住房公积金月缴存基数按照本人2018年度月平均工资总额核定。2018年度住房公积金最高月缴存基数为15860元；最低月缴存基数市辖区为1730元，九县为1550元。单位和职工住房公积金缴存比例不得低于各5%，不得高于各12%。困难企业经职工代表大会或工会讨论通过，并在本单位内部公示后，可向市住房公积金管理中心申请降低缴存比例或缓缴，市住房公积金管理中心自收到申请之日起，10个工作日内审批完毕。2018年12月28日，印发了《关于在临沂市就业的港澳台同胞缴存使用住房公积金有关事项的通知》，在我市就业的港澳台同胞，均可按照《住房公积金管理条例》和相关政策的规定缴存住房公积金。缴存基数、缴存比例、办理流程等实行与我市缴存职工一致的政策规定。

2. **提取政策调整情况：** 2018年5月1日起，取消"因重大疾病导致家庭生活严重困难"这一提取规定。2018年6月19日，市住房公积金管理委员会印发《关于开展治理违规提取住房公积金工作的通知》，规范改进提取政策，优先支持缴存职工提取住房公积金支付房租，重点支持提取住房公积金在缴存地或户籍地购买首套普通住房和改善型住房，防止提取住房公积金用于炒房投机。缴存职工与单位解除或终止劳动关系的，先办理个人账户封存。账户封存期间，在异地开立住房公积金账户并稳定缴存半年以上的，办理异地转移接续手续。未在异地继续缴存的，封存满半年后可提取。缴存职工提取申请材料齐全的，审核无误后即时办理。需对申请材料进一步核查的，自受理提取申请之日起3个工作日内办结。2018年8月14日，推出住房公积金贷款按月冲还贷业务。8月17日，进一步简化提取还贷手续。其中，偿还住房公积金贷款的，无需再提供贷款余额证明；偿还商业性住房贷款的，无需再提供个人住房借款合同。

3. **贷款政策调整情况：** 经市住房公积金管理委员会审议，自2018年1月1日起，对部分住房公积金贷款政策作出调整：一是调整住房公积金贷款首付比例，首次申请住房公积金贷款的，最低首付比例由20%调整为30%；第二次申请住房公积金贷款的，最低首付比例由20%调整为40%。二是恢复倍数法确定贷款额度，住房公积金贷款额度不得高于借款申请人及配偶住房公积金账户正常缴存余额的15倍。三是异地住房公积金贷款政策暂停执行，在临沂市范围内没有缴存住房公积金，在我市购房的，不再受理其住房公积金贷款申请。

对照住房城乡建设部《住房公积金个人住房贷款业务规范》，修订完善了《临沂市住房公积金个人住房贷款管理办法实施细则》。按照市委、市政府《关于做好人才支撑新旧动能转换工作的实施意见》（临发〔2018〕12号）精神，自2018年5月1日起，实施了《临沂市高层次人才住房公积金贷款实施细则》，择业期（毕业3年内）来临沂市工作的博士在市内购买首套房的，自缴存住房公积金当月起即可申请住房公积金贷款，贷款额度最高可放宽到限额的4倍。其他贷款政策未作调整。

4. **存贷款利率执行标准情况：** 当年存贷款利率未作调整。职工住房公积金账户存款利率，按一年期定期存款基准利率1.5%执行。首次贷款的，五年期以下（含五年）执行2.75%的年利率，五年期以上执行3.25%的年利率。二次贷款利率按照首次贷款利率的1.1倍执行。

（二）当年服务改进情况： 以深化"放管服"改革为抓手，创新住房公积金"整链条"办理模式，市直服务大厅及12个县区分支机构全部入驻政务服务中心，设立综合受理窗口，与人民银行、人社、民政、国土、房产等部门建立了信息共享机制，实现一窗受理、一站服务、一次办好。

突出文明行业创建"标准建设年"主题，全面落实业务管理、服务体系、信息化建设等方面的8项标准规范、4项导则指引、1项制度规定，对业务流程进行了梳理优化。先后取消身份证复印件、跨县区提取还贷等证明材料8项，向社会公布提取、贷款等"一次办好"事项18项，并统一印制了缴存、提取、贷款业务手册和服务指南，在窗口配置了影像设备、自助查询机等便民设施，文明行业创建不断走向纵深。全年办结网站留言1890件；处理12345热线事务3366件。

（三）当年信息化建设情况：按照住房城乡建设部"双贯标"要求，成立工作领导小组，历经前期调研、程序开发、数据转换、功能测试、人员培训等多个阶段，5月4日成功上线新一代住房公积金综合管理信息系统（即LYG系统）。在基础数据贯标方面，LYG系统严格按照住房城乡建设部颁布的基础数据标准进行设计，库表以29张基础数据表、394个基础数据项为核心进行扩展设计，数据项名称、数据类型、长度以及取值范围均与标准一致，并确保所有基础数据表、数据项均落地为物理表物理字段。在资金结算方面，严格按照《住房公积金银行结算数据应用系统与公积金中心接口标准》，进行了对应的接口开发，完成了上线要求的单笔支付、单笔收款、批量支付、跨行单笔、批量、资金调拨、定期活期转换等一系列共20多种交易，上线后做到了实时交易，资金结算实时到账。同时，以直联方式接入了全国住房公积金异地转移接续平台，异地转移业务信息与资金信息同步交接，实现了"账随人走，钱随账走"。9月6日，临沂市"双贯标"工作一次性通过住房城乡建设部检查验收。同时，开发建设了网上营业厅、自助终端、手机APP等住房公积金综合服务平台，信息化建设取得新成效。

（四）当年住房公积金管理中心及职工所获荣誉情况：市住房公积金管理中心顺利通过省级文明单位复查验收。被评为全市依法行政工作先进集体、"富民兴临"先锋单位、第一书记工作先进单位、政务信息工作先进单位。业务科（市直服务大厅）、兰山区管理部被评为全省住房公积金行业文明示范窗口；河东区管理部被评为全省住房城乡建设系统精神文明创建优胜单位、市直巾帼文明岗。

中心有6人被评为全省住房公积金行业文明服务标兵，4人分别被评为全省住房城乡建设系统精神文明创建优胜个人、市三八红旗手、全市政务信息工作先进个人、市直巾帼建功标兵。

德州市住房公积金2018年年度报告

一、机构概况

（一）住房公积金管理委员会：住房公积金管理委员会有27名委员2018年召开2次会议，审议通过的事项主要包括：住房公积金管理中心2018年归集使用计划、2018年管理工作计划。

（二）住房公积金管理中心：住房公积金管理中心为（市政府直属的）不以营利为目的的参公事业单位，设5个处（科），12个管理部，0个分中心。从业人员107人，其中，在编70人，非在编37人。

二、业务运行情况

（一）缴存：2018年，新开户单位1143家，实缴单位5538家，净增单位1025家；新开户职工4.16

万人，实缴职工 37.6 万人，净增职工 2.38 万人；缴存额 35.21 亿元，同比增长 21.88%。2018 年末，缴存总额 174.02 亿元，同比增长 25.37%；缴存余额 100.87 亿元，同比增长 16.38%。

受委托办理住房公积金缴存业务的银行 5 家，与上年比无变化。

(二) 提取：2018 年，提取额 21.06 亿元，同比增长 41.34%；占当年缴存额的 59.81%，比上年增加 8.24 个百分点。2018 年末，提取总额 73.16 亿元，同比增长 40.31%。

(三) 贷款：

个人住房贷款：个人住房贷款最高额度 40 万元，其中，单缴存职工最高额度 30 万元，双缴存职工最高额度 40 万元。

2018 年，发放个人住房贷款 0.94 万笔 28.87 亿元，同比分别增长 5.62%、16.36%。

2018 年，回收个人住房贷款 12.52 亿元。

2018 年末，累计发放个人住房贷款 5.53 万笔 135.59 亿元，贷款余额 87.89 亿元，同比分别增长 20.48%、27.06%、22.85%。个人住房贷款余额占缴存余额的 87.14%，比上年增加 4.6 个百分点。

受委托办理住房公积金个人住房贷款业务的银行 9 家，比上年增加 3 家。

(四) 资金存储：2018 年末，住房公积金存款 15.63 亿元。其中，活期 1.47 亿元，1 年（含）以下定期 8.33 亿元，1 年以上定期 5.83 亿元。

(五) 资金运用率：2018 年末，住房公积金个人住房贷款余额、项目贷款余额和购买国债余额的总和占缴存余额的 87.14%，比上年增加 4.6 个百分点。

三、主要财务数据

(一) 业务收入：2018 年，业务收入 29439.35 万元，同比增长 10%。存款利息 3981.79 万元，委托贷款利息 25436.39 万元，国债利息 0 万元，其他 21.17 万元。

(二) 业务支出：2018 年，业务支出 14975.44 万元，同比增长 17.84%。其中，支付职工住房公积金利息 14197.96 万元，归集手续费 0 万元，委托贷款手续费 727.5 万元，其他 49.97 万元。

(三) 增值收益：2018 年，增值收益 14463.92 万元，同比增长 2.90%。增值收益率 1.54%，比上年减少 0.23 个百分点。

(四) 增值收益分配：2018 年，提取贷款风险准备金 3270.79 万元，提取管理费用 1649.12 万元，提取城市廉租住房（公共租赁住房）建设补充资金 9544.01 万元。

2018 年，上交财政管理费用 1068 万元。上缴财政城市廉租住房（公共租赁住房）建设补充资金 10059.03 万元。

2018 年末，贷款风险准备金余额 17578.22 万元。累计提取城市廉租住房（公共租赁住房）建设补充资金 51441.84 万元。

(五) 管理费用支出：2018 年，管理费用支出 1679.2 万元，同比增长 24.19%。其中，人员经费 893.57 万元，公用经费 73.92 万元，专项经费 711.71 万元。

四、资产风险状况

个人住房贷款：2018 年末，个人住房贷款逾期额 102.68 万元，逾期率 0.12‰。

个人贷款风险准备金按（贷款余额）的 2% 提取。2018 年，提取个人贷款风险准备金 3270.79 万元。2018 年末，个人贷款风险准备金余额 17578.22 万元，占个人住房贷款余额的 2%，个人住房贷款逾期额与个人贷款风险准备金余额的比率为 0.58%。

五、社会经济效益

（一）缴存业务：2018 年，实缴单位数、实缴职工人数和缴存额同比分别增长 22.71%、6.76% 和 21.88%。

缴存单位中，国家机关和事业单位占 46.39%，国有企业占 15.76%，城镇集体企业占 2.99%，外商投资企业占 0.67%，城镇私营企业及其他城镇企业占 28.72%，民办非企业单位和社会团体占 3.58%，其他占 1.89%。

缴存职工中，国家机关和事业单位占 45.06%，国有企业占 25.26%，城镇集体企业占 2.22%，外商投资企业占 1.57%，城镇私营企业及其他城镇企业占 21.51%，民办非企业单位和社会团体占 2.11%，其他占 2.27%；中、低收入占 99.64%，高收入占 0.36%。

新开户职工中，国家机关和事业单位占 28.48%，国有企业占 15.29%，城镇集体企业占 2.99%，外商投资企业占 2.31%，城镇私营企业及其他城镇企业占 44.08%，民办非企业单位和社会团体占 3.77%，其他占 3.08%；中、低收入占 99.92%，高收入占 0.08%。

（二）提取业务：2018 年，9.58 万名缴存职工提取住房公积金 21.06 亿元。

提取金额中，住房消费提取占 73.87%（购买、建造、翻建、大修自住住房占 35.41%，偿还购房贷款本息占 35.72%，租赁住房占 2.74%，其他占 0%）；非住房消费提取占 26.13%（离休和退休提取占 20.73%，完全丧失劳动能力并与单位终止劳动关系提取占 3.05%，户口迁出本市或出境定居占 0.88%，其他占 1.47%）。

提取职工中，中、低收入占 99.55%，高收入占 0.45%。

（三）贷款业务：

1. 个人住房贷款：2018 年，支持职工购建房 114.64 万平方米，年末个人住房贷款市场占有率为 12.83%，比上年减少 0.27 个百分点。通过申请住房公积金个人住房贷款，可节约职工购房利息支出 86183 万元。

职工贷款笔数中，购房建筑面积 90（含）平方米以下占 12.52%，90～144（含）平方米占 74.15%，144 平方米以上占 13.33%。购买新房占 82.38%，购买二手房占 17.62%。

职工贷款笔数中，单缴存职工申请贷款占 16.88%，双缴存职工申请贷款占 83.12%。

贷款职工中，30 岁（含）以下占 24.74%，30 岁～40 岁（含）占 40.03%，40 岁～50 岁（含）占 27.61%，50 岁以上占 7.62%；首次申请贷款占 61.65%，二次及以上申请贷款占 38.35%；中、低收入占 99.47%，高收入占 0.53%。

2. 异地贷款：2018 年，发放异地贷款 442 笔 12896 万元。2018 年末，发放异地贷款总额 38480 万元，异地贷款余额 31495 万元。

（四）住房贡献率：2018 年，个人住房贷款发放额、公转商贴息贷款发放额、项目贷款发放额、住房消费提取额的总和与当年缴存额的比率为 126.18%，比上年增加 1.39 个百分点。

六、其他重要事项

（一）缴存政策：2018年度德州市住房公积金最高月缴存基数为17469元，最低月缴存基数为1550元。最高缴存基数根据市统计局提供的我市2018年度全部在岗职工平均工资数据，按月平均工资3倍计算，最低缴存基数按照山东省人民政府公布的我市2018年度月最低工资标准。

提取政策：租房提取提供职工身份证、工作所在地不动产管理部门出具的无自有产权住房证明，每年提取一次，每人每月最高提取600元；能提供房产管理部门出具的房屋租赁备案证明、房租发票的，可按实际房租支出提取。取消原"离开本市提取"，职工调离本市工作，封存账户后在异地开立个人账户的，办理异地转移接续手续。调整原解除劳动合同关系提取时限（本地户籍职工封存后一年，外地户籍职工封存后即时提取），职工与单位解除或终止劳动关系，个人账户封存后，在异地开立住房公积金账户并稳定缴存半年以上的，办理异地转移接续手续。未在异地继续缴存的，封存满半年后提取。

（二）一次办好改革减证便民。一是规范业务流程。形成"一次办好"业务清单、申请材料清单等文件，整理各类模板84类，方便职工办理业务。二是压缩业务时限。提取资金秒到账。贷款借款合同前置，职工提交资料时就可预签、办理抵押手续，审批时限压缩到10个工作日。三是创新业务政策。推出二手房抵押贷款业务，全程代办抵押手续；放开提前还款限制，实现随时还、任意还、就近还。目前主城区提取、贷款实现通办，各县市区个人担保贷款、提取实现全市通办。我市改革成效被山东电视台、德州电视台多次报道，并被市深改办作为典型向上级申报。

（三）信息化建设提速增效。基础数据平台、资金结算平台通过了住房城乡建设部专家组验收，资金、业务、财务实现三账联动，效率大幅提升；向人行递交了联网申请，已经通过环境测试、人员考试，正在进行接口开发。与市政务信息资源共享平台数据对接完成，有力推动信息共享工作。住房公积金信息系统网络安全顺利通过三级等保测评，获得公安部门核发的信息系统安全保护等级证书。综合服务平台建设进入测试阶段，微信公众号全面升级，增加了实时查询功能。

（四）德州市综合考评二等奖，省级文明单位，全省住房城乡建设系统精神文明创建优胜单位，2名同志被评为全省住房城乡建设系统精神文明创建优胜个人。2个管理部被评为全省住房公积金行业文明服务示范窗口，4名同志荣获文明服务标兵称号。

聊城市住房公积金2018年年度报告

一、机构概况

（一）住房公积金管理委员会：住房公积金管理委员会共有28名委员，2018年召开1次会议，审议通过的事项主要包括：《2018年度住房公积金增值收益分配方案》、《聊城市住房公积金2018年年度报告》、《聊城市住房公积金个体工商户和自由职业者缴存使用管理办法》、《关于调整住房公积金贷款、提取有关政策的通知》等。

（二）住房公积金管理中心：聊城市住房公积金管理中心为直接隶属市政府不以营利为目的的正县级公益一类事业单位，设6个处（科），9个管理部。从业人员107人，其中，在编39人，非在编68人。

二、业务运行情况

（一）缴存：2018年，新开户单位565家，实缴单位4366家，净增单位359家；新开户职工3.10万人，实缴职工38.61万人，净增职工1.43万人；缴存额32.19亿元，同比增长14.56%。2018年末，缴存总额202.96亿元，同比增长18.85%；缴存余额122.21亿元，同比增长11.91%。

受委托办理住房公积金缴存业务的银行4家，无变化。

（二）提取：2018年，提取额19.18亿元，同比增长20.48%；占当年缴存额的59.58%，比上年增加2.93个百分点。2018年末，提取总额80.75亿元，同比增长31.15%。

（三）贷款：个人住房贷款最高额度50万元，其中，单缴存职工最高额度50万元，双缴存职工最高额度50万元。

2018年，发放个人住房贷款0.8万笔30.20亿元，同比分别减少13.04%、0.40%。

2018年，回收个人住房贷款12.62亿元。

2018年末，累计发放个人住房贷款11.11万笔185.58亿元，贷款余额98.88亿元，同比分别增长7.86%、19.44%、21.62%。个人住房贷款余额占缴存余额的80.91%，比上年增加6.46个百分点。

受委托办理住房公积金个人住房贷款业务的银行4家，无变化。

（四）资金存储：2018年末，住房公积金存款24.27亿元。其中，活期0.02亿元，1年（含）以下定期1.89亿元，1年以上定期20.17亿元，其他（协定、通知、存款等）2.19亿元。

（五）资金运用率：2018年末，住房公积金个人住房贷款余额占缴存余额的80.91%，比上年增加6.46个百分点。

三、主要财务数据

（一）业务收入：2018年，业务收入37112.26万元，同比增长10.51%。其中，存款利息8228.88万元，委托贷款利息28883.38万元。

（二）业务支出：2018年，业务支出17148.48万元，同比增长7.62%。支付职工住房公积金利息17116.67万元；归集支付归集手续费596.09万元，冲抵往年预提未支付手续费3981.07万元，预提全年归集手续费1520.50万元；委托贷款手续费1893.72万元，其他2.57万元。

（三）增值收益：2018年，增值收益19963.78万元，同比增长13.12%。增值收益率1.72%，比上年增加0.01个百分点。

（四）增值收益分配：2018年，提取当年贷款风险准备金3512.65万元，提取当年管理费用4078.13万元，提取城市廉租住房（公共租赁住房）建设补充资金12373万元。

2018年，上交财政2018年公积金管理费用1404.89万元。上缴财政2018年城市廉租住房（公共租赁住房）建设补充资金12483万元。

2018年末，贷款风险准备金余额19776.53万元。累计提取城市廉租住房（公共租赁住房）建设补充资金88793.60万元。

（五）管理费用支出：2018年，管理费用支出1591.35万元，同比下降13.51%。其中，人员经费691.35万元，公用经费740.38万元，专项经费159.62万元。

四、资产风险状况

2018年末，个人住房贷款逾期额475.35万元，逾期率0.48‰。

个人贷款风险准备金按贷款余额的2%提取。2018年，提取个人贷款风险准备金3512.65万元。2018年末，个人贷款风险准备金余额19776.53万元，占个人住房贷款余额的2%，个人住房贷款逾期额与个人贷款风险准备金余额的比率为2.40%。

五、社会经济效益

（一）缴存业务：2018年，实缴单位数、实缴职工人数和缴存额同比分别增长8.96%、3.85%和14.56%。

缴存单位中，国家机关和事业单位占41.80%，国有企业占8.22%，城镇集体企业占7.10%，外商投资企业占0.73%，城镇私营企业及其他城镇企业占15.25%，民办非企业单位和社会团体占0.98%，其他占25.92%。

缴存职工中，国家机关和事业单位占43.30%，国有企业占14.75%，城镇集体企业占3.93%，外商投资企业占1.12%，城镇私营企业及其他城镇企业占20.01%，民办非企业单位和社会团体占0.40%，其他占16.49；中、低收入占99.86%，高收入占0.14%。

新开户职工中，国家机关和事业单位占23.31%，国有企业占7.11%，城镇集体企业占4.51%，外商投资企业占1.34%，城镇私营企业及其他城镇企业占21.02%，民办非企业单位和社会团体占2.06%，其他占40.65%；中、低收入占99.97%，高收入占0.03%。

（二）提取业务：2018年，4.64万名缴存职工提取住房公积金19.18亿元。

提取金额中，住房消费提取占72.76%（购买、建造、翻建、大修自住住房占32.98%，偿还购房贷款本息占27.42%，租赁住房占1%，其他占11.36%）；非住房消费提取占27.24%（离休和退休提取占20.8%，完全丧失劳动能力并与单位终止劳动关系提取占5.04%，户口迁出本市或出境定居占0.43%，其他占0.97%）。

提取职工中，中、低收入占99.39%，高收入占0.61%。

（三）贷款业务：

1. 个人住房贷款：2018年，支持职工购建房99.46万平方米，年末个人住房贷款市场占有率为24%，比上年增加5.31个百分点。通过申请住房公积金个人住房贷款，可节约职工购房利息支出82990.77万元。

职工贷款笔数中，购房建筑面积90（含）平方米以下占9.20%，90~144（含）平方米占67.83%，144平方米以上占22.97%。购买新房占82.22%，购买二手房占17.78%。

职工贷款笔数中，单缴存职工申请贷款占16.12%，双缴存职工申请贷款占83.66%，三人及以上缴存职工共同申请贷款占0.22%。

贷款职工中，30岁（含）以下占27.09%，30岁~40岁（含）占41.95%，40岁~50岁（含）占

25.09%，50 岁以上占 5.87%；首次申请贷款占 90.26%，二次及以上申请贷款占 9.74%；中、低收入占 94.55%，高收入占 5.45%。

2. **异地贷款**：2018 年，发放异地贷款 667 笔 25703.30 万元。2018 年末，发放异地贷款总额 63161.60 万元，异地贷款余额 57660.53 万元。

（四）**住房贡献率**：2018 年，个人住房贷款发放额、住房消费提取额的总和与当年缴存额的比率为 137.19%，比上年减少 27.40 个百分点。

六、其他重要事项

（一）当年缴存基数限额及确定方法、缴存比例调整情况：

1. **当年公积金最高缴存基数和最低缴存基数**。本市职工住房公积金最高缴存基数为聊城市统计局公布的 2018 年度在岗职工月平均工资的 3 倍，即 15008.4 元；最低缴存基数为 2018 年 4 月 26 日《山东省人民政府关于公布全省最低工资标准的通知》，聊城市所辖县（市、区）月最低工资标准，即 1550 元。月工资额未超过月平均工资 3 倍的，以实际工资额计算住房公积金月缴存额。

2. **月缴存额上下限**。2018 年度住房公积金月缴存额上限为 3602.01 元。计算公式：$5002.8 \times 3 \times 12\% + 5002.8 \times 3 \times 12\% = 3602.01$ 元。

2018 年度住房公积金月缴存额下限为 155 元。计算公式：$1550 \times 5\% + 1550 \times 5\% = 155$ 元。

3. **住房公积金缴存比例**。2018 年度住房公积金缴存比例：最低为单位和个人各 5%，二者相加共 10%；最高为单位和个人各 12%，二者相加共 24%，自 2018 年 7 月 1 日起按此规定执行。

（二）**当年提取政策调整情况**：为落实住房城乡建设部、财政部、人民银行《关于放宽提取住房公积金支付房租条件的通知》（建金〔2015〕19 号）、住房城乡建设部、财政部、人民银行、公安部《关于开展治理违规提取住房公积金工作的通知》（建金〔2018〕46 号）和山东省住房和城乡建设厅、财政厅、中国人民银行济南分行《关于进一步规范和完善全省住房公积金管理的通知》（鲁建金字〔2018〕7 号）要求，结合我市实际情况，制定《聊城市提取住房公积金支付房租实施细则》。本市职工连续足额缴存住房公积金满 3 个月，本人及配偶在缴存城市无自有住房且租住公共租赁住房或商品住房的，可提取夫妻双方住房公积金支付房租。

（三）**当年个人住房贷款最高贷款额度及政策调整情况**：住房公积金贷款额度为 50 万元。职工家庭夫妇有一方正常连续缴存住房公积金，符合我市贷款办法规定条件且具备偿还能力，即可申请住房公积金贷款最高额度 50 万元。取消职工家庭夫妇单方与双方缴存住房公积金申请贷款额度的差别。住房公积金贷款年限提高至 25 年，其中：住房公积金房产抵押贷款年限提高至 25 年，住房公积金保证贷款年限为 15 年。住房公积金贷款年限放宽至法定退休年龄后 5 年。

调整部分住房公积金贷款政策。一是实行差别化信贷政策。住房公积金缴存职工家庭使用住房公积金贷款购买首套普通自住房的，首付款比例不得低于 30%。拥有一套住房并已结清住房公积金贷款购买普通自住住房的，首付款比例不得低于 40%，购买第二套房的贷款利率为同期首套住房公积金贷款利率的 1.1 倍。不得向已办理两次住房公积金贷款的缴存职工家庭发放住房公积金贷款。二是停止住房公积金圆梦亲情贷款业务。三是开通商贷+公积金贷款组合贷业务。为给广大职工提供更加多样化的贷款服务，支持职工住房消费，结合我市实际，聊城市住房公积金管理中心联合承办住房公积金贷款的商业银行开展住房公积金个人组合贷款业务。住房公积金贷款额度由公积金中心确定，商业银行个人住房贷款额度由受托银行确定。首套房贷款：住房公积金贷款金额＋商业性个人住房贷款金额合计数最高不能超过抵押物价值的70%；二套房贷款：住房公积金贷款金额＋商业性个人住房贷款金额合计数最高不能超过抵押物价值的60%（贷款额度根据国家政策变化调整）。

（四）当年住房公积金存贷款利率调整及执行情况：目前，5年以下（含5年）住房公积金贷款年利率为2.75%，5年以上住房公积金贷款年利率为3.25%。

根据中国人民银行、住房城乡建设部、财政部印发《关于完善职工住房公积金账户存款利率形成机制的通知》（银发〔2016〕43号），自2016年2月21日起，将职工住房公积金账户存款利率，由现行按照归集时间执行活期和三个月存款基准利率，调整为统一按一年期定期存款基准利率1.50%执行。

（五）当年服务改进情况：高度重视，大力推进住房公积金"一次办好"改革工作。一是领导重视，提供强力保障。市住房公积金管理中心坚持"流程再造提效率，健全网络优服务"的工作思路，形成了"主要领导亲自抓、分管领导具体抓"，一级抓一级、层层抓落实的良好工作机制，将工作目标、工作措施、工作进度、工作任务分解到位、落实到人，有力地促进了住房公积金"一次办好"改革任务的完成。二是强宣传，营造浓厚氛围。积极利用网站、公众号、综合服务平台、公积金服务大厅电子显示屏等媒体，宣传"一次办好"有关规定，从群众关心的视角亮措施、晒亮点，提高办事群众认同感和获得感。三是强机制，落实服务措施。按照"一次办好"要求，持续推进公积金政策改革，把用落实惠民政策到位情况作为公积金"一次办好"改革的评价标准，开展了"四个一"活动，梳理"一次办好"的事项清单，健全"一次办好"服务网络，创新"一次办好"服务模式，推进"一次办好"减证便民措施。

提升服务，改善公积金服务大厅软硬件设施。增设公积金服务大厅引导员，强化服务大厅导服功能，合理设置服务窗口，完善了自助服务、便民服务设施设备，从7月初开始所有到大厅来办理公积金业务的人员，需要提供的纸质材料，均由大厅工作人员帮助免费提供复印，需要查询的信息由大厅引导员在公积金服务终端服务查询机上帮助查询，提升服务便民化。进一步精减材料、优化环节、细化标准、压缩时限，印制服务指南、明白纸，所需材料、办理流程、承诺时限等，全部上墙，公开透明。

解放思想，不断创新住房公积金"一次办好"举措。在公积金"一次办好"创新改革过程中，公积金中心对各项业务要件进行彻底梳理和简化，做到"简无可简、放无可放"，大力减少盖章、审核、备案、确认等环节和手续。通过延伸服务靠前一步、方便服务一次办结、窗口服务一步到位的举措，提升效能、优化服务，让群众有了实实在在的获得感。2018年聊城市住房公积金莘县管理部荣获山东省住房公积金行业文明服务示范窗口，4人荣获山东省住房公积金行业文明服务标兵。

（六）当年信息化建设情况：按照省市新旧动能转换的要求，认真整合公积金信息系统，住房公积金信息化建设日趋完善。一是开通了公积金12329人工服务热线。热线自开通以来，系统共受理了10万余次政策咨询，不断提高了住房公积金管理的服务水平，形成了有效的社会监督，维护了缴存职工合法权益。二是在全省率先完成了住房城乡建设部"双贯标"验收。7月份，住房城乡建设部"双贯标"检查组通过听取汇报、业务系统运行测试、后台数据现场检测，经过检查、质询、答疑和评议等环节，对我市"双贯标"给予了高度评价。三是在全省率先完成了公积金综合服务平台建设。建立了住房公积金综合服务平台，通过网上服务大厅、12329短信、自助服务终端、手机客户端、官方微信等多种服务渠道，在信息查询、业务办理、信息发布、互动交流中的满足广大缴存职工个性化需求，拓宽了服务的渠道，全面提高了服务水平。四是完成了公积金电子档案建设。在住房公积金信息系统改造的基础上，我中心加大电子档案系统建设力度，实现了公积金数据信息完全共享。五是落实市政府关于信息资源共享要求。8月初将市住房公积金机房搬迁至开发区移动机房，由市信息化服务中心统一管理，为信息资源共享交换，数据互通支撑做好前期的准备。

（七）当年行政执法情况：2018年对违反《住房公积金管理条例》和相关法规的行为进行了执法，共下发了70份催建催缴通知书。

滨州市住房公积金2018年年度报告

一、机构概况

（一）住房公积金管理委员会：住房公积金管理委员会有25名委员，2018年度召开一次会议，审议通过的事项主要包括：听取市住房公积金管理中心2018年工作报告和市财政局、市银监分局对住房公积金和受托商业银行监管情况的汇报，研究审议2018年住房公积金归集使用计划执行情况及2018年归集使用计划的报告和市住房公积金管理中心提请审议的有关问题。

（二）住房公积金管理中心：住房公积金管理中心为滨州市人民政府不以营利为目的事业单位，设9个科，9个管理部。从业人员101人，其中，在编61人，非在编40人。

二、业务运行情况

（一）缴存：2018年，新开户单位515家，实缴单位3919家，净增单位354家；新开户职工2.45万人，实缴职工22.61万人，净增职工1.03万人；缴存额28.95亿元，同比增长23.19%。2018年末，缴存总额153.13亿元，同比增长23.31%；缴存余额89.07亿元，同比增长15.59%。

受委托办理住房公积金缴存业务的银行4家，与上年持平。

（二）提取：2018年，提取额16.94亿元，同比增长47.95%；占当年缴存额的58.51%，比上年增加9.79个百分点。2018年末，提取总额64.06亿元，同比增长35.92%。

（三）贷款：个人住房贷款最高额度50万元，其中，单缴存职工最高额度50万元，双缴存职工最高额度50万元。

2018年，发放个人住房贷款0.51万笔21.48亿元，同比分别下降12.07%、7.45%。

2018年，回收个人住房贷款8.96亿元。

2018年末，累计发放个人住房贷款5.26万笔128.60亿元，贷款余额79.34亿元，同比分别增长10.74%、20.05%、18.74%。个人住房贷款余额占缴存余额的89.08%，比上年增加2.37个百分点。

受委托办理住房公积金个人住房贷款业务的银行4家，与上年持平。

（四）资金存储：2018年末，住房公积金存款10.60亿元。其中，活期0.01亿元，1年（含）以下定期2.47亿元，1年以上定期7.62亿元，其他（协定、通知存款等）0.50亿元。

（五）资金运用率：2018年末，住房公积金个人住房贷款余额、项目贷款余额和购买国债余额的总和占缴存余额的89.08%，比上年增加2.37个百分点。

三、主要财务数据

（一）业务收入：2018年，业务收入27593.10万元，同比增长17.50%。存款利息4146.77万元，委托贷款利息23446.33万元，国债利息0万元，其他0万元。

（二）业务支出：2018年，业务支出15251.28万元，同比增长18.77%。支付职工住房公积金利息12686.15万元，归集手续费1390.74万元，委托贷款手续费1172.32万元，其他2.07万元。

（三）增值收益：2018年，增值收益12341.81万元，同比增长15.96%。增值收益率1.47%，比上年减少0.02个百分点。

（四）增值收益分配：2018年，提取贷款风险准备金2504.13万元，提取管理费用2150.00万元，提取城市廉租住房（公共租赁住房）建设补充资金7687.68万元。

2018年，上交财政管理费用1400.00万元。上缴财政城市廉租住房（公共租赁住房）建设补充资金5990.63万元。

2018年末，贷款风险准备金余额15867.30万元。累计提取城市廉租住房（公共租赁住房）建设补充资金41920.59万元。

（五）管理费用支出：2018年，管理费用支出1924.08万元，同比增长6.32%。其中，人员经费1107.86万元，公用经费58.99万元，专项经费757.22万元。

四、资产风险状况

个人住房贷款：2018年末，个人住房贷款逾期额118.99万元，逾期率0.15‰。

个人贷款风险准备金按贷款余额的2%提取。2018年，提取个人贷款风险准备金2504.13万元，使用个人贷款风险准备金核销呆坏账0万元。2018年末，个人贷款风险准备金余额15867.30万元，占个人住房贷款余额的2.00%，个人住房贷款逾期额与个人贷款风险准备金余额的比率为0.75‰。

五、社会经济效益

（一）缴存业务：2018年，实缴单位数、实缴职工人数和缴存额同比分别增长9.93%、4.77%和23.19%。

缴存单位中，国家机关和事业单位占45.37%，国有企业占12.27%，城镇集体企业占3.39%，外商投资企业占1.51%，城镇私营企业及其他城镇企业占18.78%，民办非企业单位和社会团体占2.68%，其他占16%。

缴存职工中，国家机关和事业单位占47.51%，国有企业占16.01%，城镇集体企业占2.01%，外商投资企业占3.34%，城镇私营企业及其他城镇企业占15.17%，民办非企业单位和社会团体占1.90%，其他占14.06%；中、低收入占99.32%，高收入占0.68%。

新开户职工中，国家机关和事业单位占16.14%，国有企业占10.81%，城镇集体企业占4.88%，外商投资企业占5.16%，城镇私营企业及其他城镇企业占38.04%，民办非企业单位和社会团体占4.95%，

其他占 20.02%；中、低收入占 99.81%，高收入占 0.19%。

（二）提取业务：2018 年，4.31 万名缴存职工提取住房公积金 16.94 亿元。

提取金额中，住房消费提取占 75.46%（购买、建造、翻建、大修自住住房占 23.23%，偿还购房贷款本息占 50.78%，租赁住房占 1.45%，其他占 0%）；非住房消费提取占 24.54%（离休和退休提取占 18.90%，完全丧失劳动能力并与单位终止劳动关系提取占 3.95%，户口迁出本市或出境定居占 0.90%，其他占 0.79%）。

提取职工中，中、低收入占 99.02%，高收入占 0.98%。

（三）贷款业务：

1. **个人住房贷款**：2018 年，支持职工购建房 67.51 万平方米，年末个人住房贷款市场占有率为 20.25%，比上年减少 3.95 个百分点。通过申请住房公积金个人住房贷款，可节约职工购房利息支出 70884 万元。

职工贷款笔数中，购房建筑面积 90（含）平方米以下占 4.71%，90～144（含）平方米占 73.07%，144 平方米以上占 22.22%。购买新房占 82.51%（其中购买保障性住房占 0.18%），购买二手房占 17.04%，建造、翻建、大修自住住房占 0%，其他占 0.45%。

职工贷款笔数中，单缴存职工申请贷款占 12.82%，双缴存职工申请贷款占 87.18%，三人及以上缴存职工共同申请贷款占 0%。

贷款职工中，30 岁（含）以下占 25.57%，30 岁～40 岁（含）占 42.94%，40 岁～50 岁（含）占 25.23%，50 岁以上占 6.26%；首次申请贷款占 94.27%，二次及以上申请贷款占 5.73%；中、低收入占 99.51%，高收入占 0.49%。

2. **异地贷款**：2018 年，发放异地贷款 363 笔 15257 万元。2018 年末，发放异地贷款总额 35708 万元，异地贷款余额 33286 万元。

（四）住房贡献率：2018 年，个人住房贷款发放额、公转商贴息贷款发放额、项目贷款发放额、住房消费提取额的总和与当年缴存额的比率为 118.34%，比上年减少 15.22 个百分点。

六、其他重要事项

（一）当年住房公积金政策调整及执行情况：

1. **当年缴存基数限额及确定方法。**我市按照"控高保低"的原则确定每年住房公积金的缴存基数限额，并及时发布了《关于公布 2018 年度缴存住房公积金工资基数标准的通知》（滨住金发〔2018〕36 号）。

（1）2018 年度职工住房公积金最高缴存基数为市统计部门公布的上年度职工月平均工资的 3 倍，为 16188 元。职工月平均工资超过以上限额的，最高按 16188 元为住房公积金缴存工资基数；月工资未超过 16188 元的，以实际工资额计算住房公积金缴存工资基数。

（2）2018 年度职工住房公积金最低缴存基数为《山东省人民政府关于公布全省最低工资标准的通知》（鲁政字〔2018〕80 号）公布的市直及各县区的最低工资标准。2018 年度滨州市惠民县、阳信县、无棣县、沾化区行政区域内职工最低工资缴存基数为 1550 元，市直、滨城区、开发区、高新区、北海新区、博兴县和邹平县行政区域内职工住房公积金最低缴存工资基数为 1730 元。职工月工资低于该限额的，以该限额为住房公积金月缴存工资基数;工资高于该限额的,以实际工资额计算住房公积金月缴存工资基数。

(3) 联合市财政局发布了《关于调整市直机关事业单位住房公积金计提基数的通知》(滨财综字〔2018〕17号)对市直机关事业单位住房公积金工资基数进行了调整。

2. 缴存比例调整情况。 根据国务院《住房公积金管理条例》(国务院令第350号)和《山东省人民政府办公厅关于进一步加强住房公积金管理工作的意见》(鲁政办字〔2014〕10号)要求,我市住房公积金缴存单位和职工住房公积金的缴存比例均不得低于各5%,不得高于各12%。

(1) 2018年度由于各县区经济财力不同代发单位缴存比例也有所不同。其中:市直、滨城区、高新区、经济开发区、惠民县、阳信县、无棣县、北海新区、博兴县、邹平县财政代发单位缴存比例为单位、个人各12%;沾化区财政代发单位缴存比例为单位、个人各8%。

(2) 企业单位缴存比例参照机关事业单位的缴存比例执行。

(二)当年服务改进情况:2018年我市坚持以全省公积金行业文明创建及标准建设年活动为契机,深入推进服务网点、服务设施建设,不断丰富服务手段,加快推进综合服务平台建设。有6家管理部入驻各级政务服务中心,为阳信管理部租赁了新的服务大厅,基础设施,办公条件得到了极大改善。

综合服务平台建设方面,2018年度重点推进了综合服务平台建设工作,截至年底,实现了不同渠道的服务管理,具体包括网厅、微信、手机客户端、网站、12329短信、12329热线、自助终端、微博八个渠道,可通过以上渠道办理公积金信息查询、相关证明材料的打印、提取业务等。

(三)当年信息化建设情况:我中心顺利完成了双贯标工作的验收,在数据管理规范、业务处理能力、资金结算效率、资金安全管理等方面有了明显的提升。一是按照《住房公积金基础数据标准》要求,从底层重新设计生产数据库,确保表结构、数据项、数据代码均符合数据标准要求,通过对业务系统进行升级,全面落实了《住房公积金基础数据标准》,提高了管理水平;二是信息系统采用直联接口模式接入全国统一的住房公积金银行结算数据应用系统,结算数据准确传递,资金收付实时结算,资金运作过程控制,资金变动逐笔匹配。

(四)当年住房公积金管理中心及职工所获荣誉情况:2018年中心成功创建为省级文明单位,全省文明行业创建现场会在我市召开,中心被省住房城乡建设厅表彰为精神文明建设优胜单位,赵文丽等四名干部职工被省住房城乡建设厅表彰为全省文明行业服务标兵,市直机关管理部被住房城乡建设厅授予全省公积金行业文明示范窗口。

菏泽市住房公积金2018年年度报告

一、机构概况

(一)住房公积金管理委员会:住房公积金管理委员会有32名委员,2018年召开1次会议,审议通过的事项主要包括:《2018年度住房公积金增值收益分配方案》、《调整2018年度住房公积金归集使用计划》、《开展使用银行授信发放住房公积金贷款》、《公积金贴息贷款》、《个人住房公积金贷款实行轮候制度》、《暂停住房公积金异地贷款政策》及《放款住房公积金提取政策》。

（二）住房公积金管理中心：住房公积金管理中心为市政府不以营利为目的的全额事业单位，设8个科，11个管理部。从业人员153人，其中，在编85人，非在编68人。

二、业务运行情况

（一）缴存：2018年，新开户单位752家，实缴单位4099家，净增单位622家；新开户职工3.55万人，实缴职工31.62万人，净增职工2.02万人；缴存额35.64亿元，同比增长23.41%。2018年末，缴存总额179.25亿元，同比增长24.82%；缴存余额115.47亿元，同比增长21.46%。

受委托办理住房公积金缴存业务的银行9家，比上年增加2家。

（二）提取：2018年，提取额15.24亿元，同比增长25.02%；占当年缴存额的42.76%，比上年增加0.55个百分点。2018年末，提取总额63.78亿元，同比增长31.40%。

（三）贷款：个人住房贷款最高额度50万元，其中，单缴存职工最高额度30万元，双缴存职工最高额度50万元。

2018年，发放个人住房贷款1.12万笔35.67亿元，同比分别增长0.9%、10.50%。

2018年，回收个人住房贷款7.72亿元。

2018年末，累计发放个人住房贷款4.69万笔126.64亿元，贷款余额106.09亿元，同比分别增长31.37%、39.20%、35.77%。个人住房贷款余额占缴存余额的91.88%，比上年增加9.69个百分点。

受委托办理住房公积金个人住房贷款业务的银行9家，比上年增加2家。

（四）资金存储：2018年末，住房公积金存款11.65亿元。其中，1年（含）以下定期3.0亿元，其他（协定、通知存款等）8.65亿元。

（五）资金运用率：2018年末，住房公积金个人住房贷款余额、项目贷款余额和购买国债余额的总和占缴存余额的91.88%，比上年增加9.69个百分点。

三、主要财务数据

（一）业务收入：2018年，业务收入31705.32万元，同比增长11.3%。存款利息2166.07万元，委托贷款利息29538.53万元，其他0.72万元。

（二）业务支出：2018年，业务支出15247.74万元，同比增长19.66%。支付职工住房公积金利息14361.39万元，归集手续费5.24万元，委托贷款手续费881.12万元。

（三）增值收益：2018年，增值收益16457.58万元，同比增长4.54%。增值收益率1.56%，比上年减少0.25个百分点。

（四）增值收益分配：2018年，提取贷款风险准备金5589.24万元，提取管理费用3590万元，提取城市廉租住房（公共租赁住房）建设补充资金7278.34万元。

2018年，上交财政管理费用2450万元。上缴财政城市廉租住房（公共租赁住房）建设补充资金7933.66万元。

2018年末，贷款风险准备金余额21217.42万元。累计提取城市廉租住房（公共租赁住房）建设补充

资金 39921.29 万元。

（五）管理费用支出：2018 年，管理费用支出 3482.44 万元，同比增长 3.56%。其中，人员经费 837.2 万元，公用经费 1168 万元，专项经费 1477.24 万元。

四、资产风险状况

2018 年末，个人住房贷款逾期额 74.97 万元，逾期率 0.07‰。

个人贷款风险准备金按贷款余额的 2% 提取。2018 年，提取个人贷款风险准备金 5589.24 万元。2018 年末，个人贷款风险准备金余额 21217.42 万元，占个人住房贷款余额的 2%，个人住房贷款逾期额与个人贷款风险准备金余额的比率为 0.35%。

五、社会经济效益

（一）缴存业务：2018 年，实缴单位数、实缴职工人数和缴存额同比分别增长 17.89%、6.82% 和 23.41%。

缴存单位中，国家机关和事业单位占 58.18%，国有企业占 9.54%，城镇集体企业占 1.68%，外商投资企业占 0.71%，城镇私营企业及其他城镇企业占 20.35%，民办非企业单位和社会团体占 2.42%，其他占 7.12%。

缴存职工中，国家机关和事业单位占 66.23%，国有企业占 13.08%，城镇集体企业占 1.51%，外商投资企业占 1.32%，城镇私营企业及其他城镇企业占 10.84%，民办非企业单位和社会团体占 0.66%，其他占 6.36%；中、低收入占 99.58%，高收入占 0.42%。

新开户职工中，国家机关和事业单位占 28.55%，国有企业占 10.97%，城镇集体企业占 2.41%，外商投资企业占 2.06%，城镇私营企业及其他城镇企业占 32.50%，民办非企业单位和社会团体占 2.11%，其他占 21.40%；中、低收入占 99.92%，高收入占 0.08%。

（二）提取业务：2018 年，3.3 万名缴存职工提取住房公积金 15.24 亿元。

提取金额中，住房消费提取占 71.34%（购买、建造、翻建、大修自住住房占 22.39%，偿还购房贷款本息占 47.3%，租赁住房占 1.58%，其他占 0.07%）；非住房消费提取占 28.66%（离休和退休提取占 25.44%，完全丧失劳动能力并与单位终止劳动关系提取占 1.38%，户口迁出本市或出境定居占 0.72%，其他占 1.12%）。

提取职工中，中、低收入占 99.45%，高收入占 0.55%。

（三）贷款业务：

1. 个人住房贷款：2018 年，支持职工购建房 144.83 万平方米，年末个人住房贷款市场占有率为 16.62%，比上年增加 2.56 个百分点。通过申请住房公积金个人住房贷款，可节约职工购房利息支出 59411.52 万元。

职工贷款笔数中，购房建筑面积 90（含）平方米以下占 4.23%，90～144（含）平方米占 78.99%，144 平方米以上占 16.78%。购买新房占 97.20%，购买二手房占 2.80%。

职工贷款笔数中，单缴存职工申请贷款占 19.07%，双缴存职工申请贷款占 80.86%，三人及以上缴存职工共同申请贷款占 0.07%。

贷款职工中，30 岁（含）以下占 21.91%，30 岁～40 岁（含）占 38.03%，40 岁～50 岁（含）占 30.57%，50 岁以上占 9.49%；首次申请贷款占 98.97%，二次及以上申请贷款占 1.03%；中、低收入占 99.48%，高收入占 0.52%。

2. **异地贷款**：2018 年，发放异地贷款 878 笔 26100.8 万元。2018 年末，发放异地贷款总额 147184.5 万元，异地贷款余额 131397.58 万元。

（四）住房贡献率：2018 年，个人住房贷款发放额、公转商贴息贷款发放额、项目贷款发放额、住房消费提取额的总和与当年缴存额的比率为 130.58%，比上年减少 11.90 个百分点。

六、其他重要事项

（一）当年住房公积金政策调整及执行情况：

1. **当年缴存政策调整情况**：本市 2018 年度住房公积金缴存基数限额：按不超过菏泽市统计部门公布的 2018 年度本市职工月平均工资的三倍标准，确定 2018 年度缴存基数上限为 17418 元，单位和个人最高月缴存额分别为 2091 元。菏泽中心缴存基数下限执行《山东省人民政府关于公布全省最低工资标准的通知》（鲁政字〔2018〕80 号）公布的最低工资标准 1550 元，单位和个人最低月缴存额分别为 78 元。2018 年度住房公积金缴存比例，全市单位和职工住房公积金缴存比例分别不低于 5%，不高于 12%。

2. **当年提取政策调整情况**：适时出台住房公积金缴存提取新政。一是认真落实符合条件的个体工商户和自由职业者人员制度扩面工作。及时办理了住房公积金缴存登记并开设个人账户。二是适时提高住房公积金租房提取额度，及时调整租房提取住房公积金政策。租赁菏泽城区商品住房的，当年提取额度提高到 15000 元；租赁菏泽县（区）商品住房的，当年提取额度提高到 12000 元，有力支持职工改善居住环境。

3. **当年住房贷款政策调整情况：**

（1）认真落实《菏泽市人才新政 30 条》。对我市引进的全日制硕士研究生以上的高学历人才，在我市申请住房公积金贷款时，除要符合我市住房公积金贷款所要求的一般条件外，明确了以下优惠政策：借款人在我市开户并足额缴存公积金一个月后即可申请公积金贷款，不受"开户并按月足额连续缴存住房公积金 6 个月（含）以上"条件的限制。按规定比例交付首付款（现阶段我市公积金贷款首付款比例首套商品房为 30%、二手房为 40%）后，剩余款项（不含储藏室、车位款）可执行菏泽市公积金贷款最高标准，即：单身或单职工缴存家庭最高可贷 30 万元，夫妻双方均正常缴存家庭最高可贷 50 万元。公积金贷款额度不与个人缴存余额挂钩。

（2）加强防骗贷措施。针对个别为了获得公积金贷款资格，贷前只按申请贷款条件的最低要求月数缴存，贷款申请一经审批即不再缴存或无正当理由连续断缴公积金 6 个月以上的职工，公积金中心有权提前收回贷款。对催缴后拒不执行，情节较轻的，将其纳入公积金征信系统；情节较重的，将其个人缴存信息上传至人民银行征信系统；情节严重的，列入公积金系统黑名单并上传至人民银行征信系统。

（3）放宽了使用个人住房公积金余额进行冲抵还贷的条件。将原来的个人账户余额须满足归还 12 个月的贷款本息改为只要足够归还 1 个月贷款本息，即可申请办理冲还贷业务。

（二）当年服务改进情况：

1. **安装地税局二手房房产价格评估系统**。为推进二手房贷款工作全面展开，中心与地税局就公积金贷款二手房房产价格评估达成业务合作，通过数据共享，中心业务人员登录地税局二手房房产价格评估系统，可及时直观地了解二手房房产价格，不仅保证了贷款业务的顺利进行，更增加了业务透明度，方便了客户办理业务。

2. **设立不动产登记窗口**。2018年1月，我中心和不动产登记中心就不动产抵押登记业务达成合作。中心在大厅设立不动产登记窗口，引入不动产抵押登记业务，将登记抵押手续前置，预审预录，待贷款手续完成后，即可补录相关手续，完成不动产登记。并且住房公积金贷款的房屋抵押登记费由我中心统一支付，使客户不仅节省了费用支出，而且无需"折返跑"、免受"奔波苦"，真正意义上实现了只跑一趟的一站式服务。

3. **网厅业务办理**。基于云3.0操作系统下，同步更新的网站进一步丰富了网上业务大厅，增加了多项网上办理功能。目前网厅包括个人信息查询、离退休支取、物业管理费提取、出国定居提取、贷款进度查询以及月对冲办理等模块，基本实现了业务自助办理。接下来的工作中，会持续推出一些新的网厅业务以进一步完善网厅功能。

4. **住房公积金APP和微信公众号**。为进一步补充公积金业务智能查询办理方式，拓宽智能服务渠道，中心继开通网厅功能之后，依次推出住房公积金APP和微信公众号"菏泽市住房公积金"，着力打造精品"指尖"服务。APP和微信公众号均支持移动端查询个人基本信息，并且同步展示网站"政策法规""通知公告""便民服务"模块内容。目前，APP和微信公众号的更多服务内容正在开发中。

（三）当年信息化建设情况：为提高公积金业务平台质量，保证服务水平，中心对公积金业务系统进行云3.0改造升级。改造后的云3.0版本业务系统于2018年10月成功上线，功能上更满足中心的业务需求，在拓展"智能"业务方面也起到了推动作用。实现了基础数据标准贯彻落实和结算应用系统接入，以高分顺利通过了住房城乡建设部的"双贯标"验收。

自业务系统升级云3.0以来，我中心积极加强关于综合服务平台的建设工作。在渠道开通方面，除微博外，我中心已开通其他全部的七个渠道，并在日常业务运营中取得了不错的效果；在功能方面，我中心结合软件开发公司，积极探讨适合我中心开展的各项"智慧"业务，并逐步上线落实；在安全、服务、运维方面，我中心不断完善各项制度和升级各项技术，以保障信息安全为前提，以提高服务质量为重心，追求"人"、"技"合作，狠抓"人防"、"技防"。

（四）当年住房公积金管理中心及职工所获荣誉情况：

一是菏泽市住房公积金管理中心2018年省级精神文明单位复查合格。二是菏泽市住房公积金管理中心市直管理部被省住房城乡建设厅评为"全省住房城乡建设系统精神文明创建优胜单位"。三是菏泽市住房公积金管理中心单县管理部服务大厅被省住房城乡建设厅评为"全省住房公积金行业文明服务示范窗口"。四是菏泽市住房公积金管理中心四名同志被山东省住房和城乡建设厅评为"全省住房公积金行业文明服务标兵"。五是2018年3月24日，菏泽市住房公积金管理中心代表队参加菏泽市第一届妇女运动会，获"优秀组织奖"。六是2018年7月12日，菏泽市住房公积金管理中心组织代表队参加了省住房公积金协会组织的全省住房公积金系统乒乓球比赛，荣获"道德风尚奖"。

2018 全国住房公积金年度报告汇编

河南省

郑州　　三门峡市
开封市　南阳市
洛阳市　商丘市
平顶山市　信阳市
安阳市　周口市
鹤壁市　驻马店市
新乡市　济源市
焦作市
濮阳市
许昌市
漯河市

河南省住房公积金 2018 年年度报告

一、机构概况

（一）住房公积金管理机构：全省（区）共设 18 个设区城市住房公积金管理中心，9 个直管县（市）住房公积金管理中心，11 个独立设置的分中心（其中，河南省省直机关住房资金管理中心隶属河南省机关事务管理局，郑州住房公积金管理中心省电力分中心隶属国网河南省电力公司，郑州住房公积金管理中心铁路分中心隶属中国铁路郑州局集团有限公司，河南省煤炭行业住房资金管理中心隶属河南省工业和信息化委员会，郑州住房公积金管理中心黄委会管理部隶属黄河水利委员会机关服务局，洛阳市住房公积金管理中心铁路分中心隶属中国铁路郑州局集团有限公司，焦作煤业（集团）有限责任公司住房公积金管理中心隶属焦作煤业（集团）有限责任公司，中原石油勘探局住房公积金管理中心隶属中原石油勘探局有限公司，三门峡市住房公积金管理中心义煤集团分中心隶属义马煤业集团股份有限公司，南阳市住房公积金管理中心河南油田分中心隶属河南石油勘探局有限公司，永城市住房公积金管理中心永煤分中心隶属永城煤电控股集团有限公司）。从业人员 2221 人，其中，在编 1300 人，非在编 921 人。

（二）住房公积金监管机构：河南省住房和城乡建设厅、河南省财政厅和中国人民银行郑州中心支行负责对本省住房公积金管理运行情况进行监督。河南省住房和城乡建设厅设立住房公积金监督管理处，负责辖区住房公积金日常监管工作。

二、业务运行情况

（一）缴存：2018 年，新开户单位 7179 家，实缴单位 76025 家，净增单位 580 家；新开户职工 80.35 万人，实缴职工 654.43 万人；缴存额 701.39 亿元，同比增长 16.19%。2018 年末，缴存总额 4562.08 亿元，同比增长 18.17%；缴存余额 2210.23 亿元，同比增长 15.85%。

（二）提取：2018 年，提取额 398.93 亿元，同比增长 19.37%；占当年缴存额的 56.65%，比上年增加 1.6 个百分点。2018 年末，提取总额 2351.86 亿元，同比增长 16.96%。

（三）贷款：

1. 个人住房贷款：2018 年，发放个人住房贷款 9.97 万笔 310.55 亿元，同比增长 -2.5%、2.1%。回收个人住房贷款 154.52 亿元。

2018 年末，累计发放个人住房贷款 119.13 万笔 2664.26 亿元，贷款余额 1699.33 亿元，同比分别增长 9.1%、13.19%、10.11%。个人住房贷款余额占缴存余额的 76.88%，比上年减少 4 个百分点。

2. 住房公积金支持保障性住房建设项目贷款：2018 年，发放支持保障性住房建设项目贷款 0 亿元，回收项目贷款 0 亿元。2018 年末，累计发放项目贷款 10.58 亿元，项目贷款余额 0 亿元。

（四）融资：2018 年，融资 5.63 亿元，归还 8.94 亿元。2018 年末，融资总额 36.85 亿元，融资余额 3.92 亿元。

（五）资金存储：2018 年末，住房公积金存款 460.17 亿元。其中，活期 33.12 亿元，1 年（含）以下定期 223.25 亿元，1 年以上定期 121.18 亿元，其他（协定、通知存款等）1.25 亿元。

（六）资金运用率：2018年末，住房公积金个人住房贷款余额、项目贷款余额和购买国债余额的总和占缴存余额的76.89%，比上年减少4个百分点。

三、主要财务数据

（一）业务收入：2018年，业务收入64.03亿元，同比增长12.14%。其中，存款利息11.56亿元，委托贷款利息52.44亿元，国债利息0亿元，其他0.02亿元。

（二）业务支出：2018年，业务支出35.96亿元，同比增长17.29%。其中，支付职工住房公积金利息32.3亿元，归集手续费0.73亿元，委托贷款手续费2.3亿元，其他0.64亿元。

（三）增值收益：2018年，增值收益28.06亿元，同比增长4.9%；增值收益率1.4%，比上年减少0.1个百分点。

（四）增值收益分配：2018年，提取贷款风险准备金9.31亿元，提取管理费用4.17亿元，提取城市廉租住房（公共租赁住房）建设补充资金14.58亿元。

2018年，应上交财政管理费用4.11亿元，实缴4.31亿元，应上缴财政城市廉租住房（公共租赁住房）建设补充资金14.98亿元，实缴12.51亿元。

2018年末，贷款风险准备金余额76.22亿元，累计提取城市廉租住房（公共租赁住房）建设补充资金94.29亿元。

（五）管理费用支出：2018年，管理费用支出3.97亿元，同比增长7.9%。其中，人员经费1.9亿元，公用经费0.55亿元，专项经费1.52亿元。

四、资产风险状况

（一）个人住房贷款：2018年末，个人住房贷款逾期额0.95亿元，逾期率0.6‰。

2018年，提取个人贷款风险准备金9.43亿元，使用个人贷款风险准备金核销呆坏账0亿元。2018年末，个人贷款风险准备金余额76.14亿元，占个人贷款余额的4.5%，个人贷款逾期额与个人贷款风险准备金余额的比率为1.24%。

（二）住房公积金支持保障性住房建设项目贷款：年末，逾期项目贷款0亿元，逾期率为0‰。

2018年，提取项目贷款风险准备金-0.11亿元，使用项目贷款风险准备金核销呆坏账0亿元。2018年末，项目贷款风险准备金余额0.08亿元，占项目贷款余额的60%，项目贷款逾期额与项目贷款风险准备金余额的比率为0%。

五、社会经济效益

（一）缴存业务：2018年，实缴单位数、实缴职工人数和缴存额增长率分别为0.77%、-11%和16.19%。

缴存单位中，国家机关和事业单位占55.3%，国有企业占11.97%，城镇集体企业占1.62%，外商投资企业占1.38%，城镇私营企业及其他城镇企业占19.44%，民办非企业单位和社会团体占2.07%，其他占7.98%。

缴存职工中，国家机关和事业单位占43.64%，国有企业占27.2%，城镇集体企业占2.79%，外商投资企业占3.77%，城镇私营企业及其他城镇企业占10.79%，民办非企业单位和社会团体占2.69%，

其他占 8.09%；中、低收入占 95.88%，高收入占 4.12%。

新开户职工中，国家机关和事业单位占 22.1%，国有企业占 15.62%，城镇集体企业占 1.93%，外商投资企业占 11.28%，城镇私营企业及其他城镇企业占 29.89%，民办非企业单位和社会团体占 4.07%，其他占 11.67%；中、低收入占 98.64%，高收入占 1.36%。

（二）**提取业务**：2018 年，166.52 万名缴存职工提取住房公积金 398.93 亿元。

提取金额中，住房消费提取占 70.98%（购买、建造、翻建、大修自住住房占 35.64%，偿还购房贷款本息占 32.83%，租赁住房占 1.58%，其他占 0.84%）；非住房消费提取占 29%（离休和退休提取占 21.11%，完全丧失劳动能力并与单位终止劳动关系提取占 4.82%，户口迁出所在市或出境定居占 0.68%，其他占 1.65%）。

提取职工中，中、低收入占 97.2%，高收入占 2.8%。

（三）**贷款业务**：

1. **个人住房贷款**：2018 年，支持职工购建房 1206.74 万平方米。年末个人住房贷款市场占有率为 12.57%，比上年同期减少 2 个百分点。通过申请住房公积金个人住房贷款，可节约职工购房利息支出 52.14 亿元。

职工贷款笔数中，购房建筑面积 90（含）平方米以下占 15.77%，90～144（含）平方米占 73.71%，144 平方米以上占 10.52%。购买新房占 82.9%（其中购买保障性住房占 1.41%），购买二手房占 15.81%，建造、翻建、大修自住住房占 0.09%，其他占 1.18%。

职工贷款笔数中，单缴存职工申请贷款占 35.84%，双缴存职工申请贷款占 64.02%，三人及以上缴存职工共同申请贷款占 0.14%。

贷款职工中，30 岁（含）以下占 23.29%，30 岁～40 岁（含）占 41.4%，40 岁～50 岁（含）占 27.51%，50 岁以上占 7.81%；首次申请贷款占 92.31%，二次及以上申请贷款占 7.59%；中、低收入占 97.76%，高收入占 2.24%。

2. **异地贷款**：2018 年，发放异地贷款 8912 笔 28.48 亿元。2018 年末，发放异地贷款总额 150.19 亿元，异地贷款余额 114.89 亿元。

3. **公转商贴息贷款**：2018 年，发放公转商贴息贷款 29 笔 0.06 亿元，支持职工购建房面积 2480 万平方米。当年贴息额 0.42 亿元。2018 年末，累计发放公转商贴息贷款 2.25 万笔 60.06 亿元，累计贴息 1.67 亿元。

（四）**住房贡献率**：2018 年，个人住房贷款发放额、公转商贴息贷款发放额、项目贷款发放额、住房消费提取额的总和与当年缴存额的比率为 84.66%，比上年减少 7 个百分点。

六、其他重要事项

（一）**当年开展监督检查情况**：我们组织专业力量，对焦作、济源、漯河、南阳四个城市 7 家住房公积金管理机构的住房公积金归集、管理和使用情况进行了内部审计。审计重点是最近三个年度，相关数据采集到住房公积金制度建立时，并对重要事项进行了必要的延伸和追溯。审计发现的问题，涉及制度建设、会计财务管理、归集提取、个人住房贷款、信息化建设、服务规范 6 大类，共 134 个具体问题。针对发现的部分主要问题，分别采取下达整改通知、约谈等措施，督促整改，有效管控风险。

（二）当年服务改进情况：学习浙江经验，梳理全省住房公积金"最多跑一次"事项及"三级十同"标准，重点做了以下工作：一是专题调研。按照省政府的统一工作部署，成立专题调研组，赴浙江学习借鉴住房公积金"最多跑一次"改革经验。二是集中攻关。抽调郑州、洛阳、安阳、周口等7个管理机构的15名业务骨干，组成工作专班。三是集中研究起草了《河南省加快推进住房公积金网上办理实施方案》《河南省住房公积金网上办理共享数据清单》《河南省住房公积金对外共享数据清单》和《河南省住房公积金业务"网上办"考核办法》《河南省住房公积金审批服务事项"三级十同"清单》《河南省住房公积金标准化工作规程》《河南省住房公积金业务办事指南》和《河南省住房公积金数据对接接口规范》等1＋2＋5文件。《河南省加快推进住房公积金网上办理实施方案》于10月24日以省"放管服"领导小组名义印发实施。四是制定出台《河南省住房公积金业务"网上办"考核办法》等五个配套文件，于12月4日以省住房城乡建设厅名义印发各地实施。

（三）当年信息化建设情况：

1. **强力推进全省住房公积金双贯标工作**。采取建立台账、重点督导、月度通报等措施，推进全省"双贯标"工作。到2018年底，已完成对全省29家住房公积金管理机构的双贯标检查验收工作。

2. **开展数据灾备系统恢复演练**。依托河南省信息数据容灾备份中心，以平顶山、驻马店为试点开展数据灾备系统恢复演练，确保各地灾备工作正常运行，保障各项业务数据完整安全。

3. **运行全国住房公积金异地转移接续平台**。按照"互联网＋政务服务"要求，充分利用全国公积金异地转移接续平台接收职工办理异地转移接续业务申请，通过让信息多跑路实现职工少跑腿，切实减轻职工负担，达到"账随人走，钱随账走"的公积金"全国漫游"的目标。1~12月，全省通过平台办理转入业务12736笔，涉及金额3.07亿元；办理转出业务9390笔，涉及金额2.42亿元。

4. **推进综合服务平台建设**。指导各地推进网站、网上业务大厅、自助终端、12329热线、12329短信、微博、手机APP、微信等服务渠道建设，探索实行业务网上办理、业务自助办理，减轻柜面压力，提升客户体验度。目前，洛阳、焦作基本建成平台（主要服务渠道和综合管理系统基本建成），其他管理机构建成了部分服务渠道。其中，建成门户网站的有33家，建成服务热线的有37家（其中开封、邓州、鹿邑仅限本地拨打12329），建成自助终端的有22家，建成官方微信的有20家，建成官方微博的有19家，建成手机短信的有29家。

（四）当年住房公积金机构及从业人员所获荣誉情况：10个中心获得文明单位（行业、窗口）、3个中心获得青年文明号、2个中心获得工人先锋号、4个中心获得五一劳动奖章（劳动模范）、3个中心获得三八红旗手（巾帼文明岗）等。

郑州住房公积金2018年年度报告

一、机构概况

（一）**住房公积金管理委员会**：郑州住房公积金管理委员会有23名委员。2018年3月28日，召开第

41次会议，审议通过了《郑州住房公积金2018年年度报告》、《郑州住房公积金2018年度财务收支决算执行情况及2018年归集、使用计划》、《郑州住房公积金管理中心关于增加办理住房公积金业务银行的请示》、《郑州住房公积金管理中心关于经开区办事大厅所需租金有关事项的请示》、《郑州住房公积金管理中心省电力分中心关于利用廉租住房建设补充资金支持国网河南电力公司公租房购房的请示》，并调整了部分委员。

（二）住房公积金管理中心：郑州住房公积金管理中心（以下简称郑州中心）为直属郑州市政府不以营利为目的的财政全供事业单位，主要负责全市住房公积金的归集、管理、使用和会计核算。中心设12个处室，7个管理部，2个分中心。从业人员266人，其中，在编115人，非在编151人。

此外，郑州地区还有河南省省直机关住房资金管理中心（以下简称省直机关中心）、郑州住房公积金管理中心铁路分中心（以下简称铁路分中心）、郑州住房公积金管理中心省电力分中心（以下简称省电力分中心）、河南省煤炭行业住房资金管理中心（以下简称省煤炭中心）、郑州住房公积金管理中心黄委会管理部（以下简称黄委会管理部），负责省直及行业系统的住房公积金管理工作。

二、业务运行情况

（一）缴存：2018年，新开户单位1688家，实缴单位16977家，净增单位1666家；新开户职工36.63万人，实缴职工193.02万人，净增职工8.7万人；缴存额234.55亿元，同比增长16.60%。2018年末，缴存总额1572.21亿元，同比增长17.53%；缴存余额676.59亿元，同比增长13.63%（图1、图2）。

受委托办理住房公积金缴存业务的银行11家，比上年增加3家。

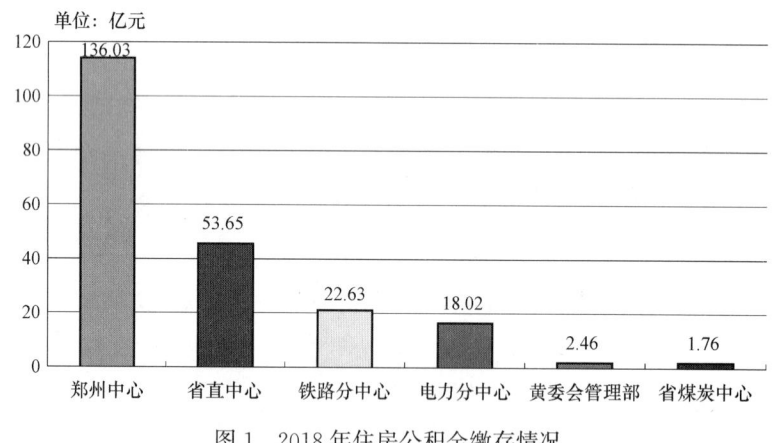

图1　2018年住房公积金缴存情况

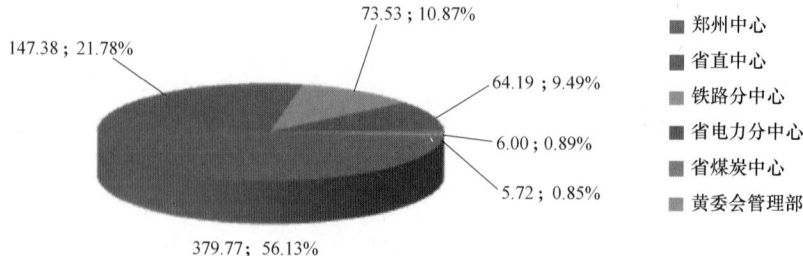

图2　2018年住房公积金缴存余额情况（单位：亿元）

(二)提取：2018年，提取额153.42亿元，同比增长23.99%；占当年缴存额的65.4%，比上年增加3.89个百分点。2018年末，提取总额895.61亿元，同比增长20.67%（图3）。

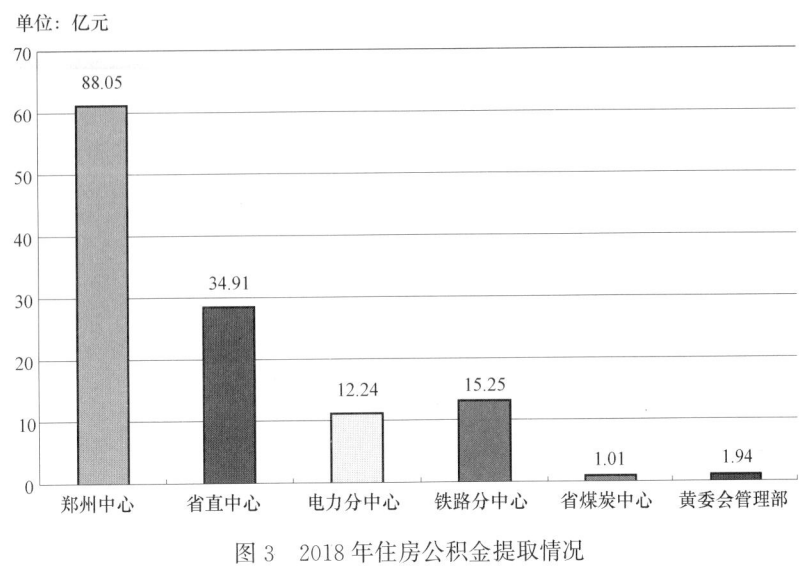

图3　2018年住房公积金提取情况

(三)贷款：个人住房贷款最高额度60万元，其中，单缴存职工最高额度40万元，双缴存职工最高额度60万元。

2018年，发放个人住房贷款1.33万笔50.87亿元，因受国家对房地产市场的调控，同比分别下降14.27%、7.89%。其中，郑州中心发放个人住房贷款0.88万笔32.91亿元；省直机关中心发放0.19万笔7.09亿元；铁路分中心发放0.12万笔4.93亿元；省电力分中心发放0.13万笔5.25亿元；省煤炭中心发放0.01万笔0.48亿元；黄委会管理部发放0.004万笔0.21亿元。

2018年，回收个人住房贷款23.24亿元。其中，郑州中心4.88亿元；省直机关中心8.29亿元；铁路分中心5.52亿元；省电力分中心4.13亿元；省煤炭中心0.39亿元；黄委会管理部0.03亿元。

截至2018年底，累计发放个人住房贷款29.98万笔815.98亿元，贷款余额510.55亿元，同比分别增长4.6%、6.65%、5.72%。个人住房贷款率为75.46%，比上年同期减少5.64个百分点（图4~图6）。

受委托办理住房公积金个人住房贷款业务的银行10家，比上年增加1家。

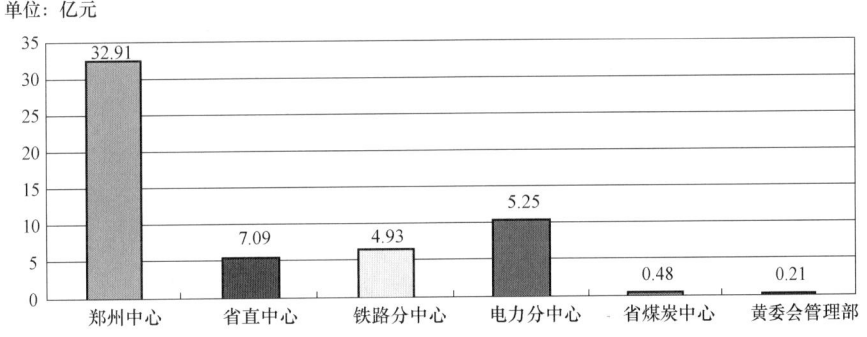

图4　2018年住房公积金个人住房贷款发放额

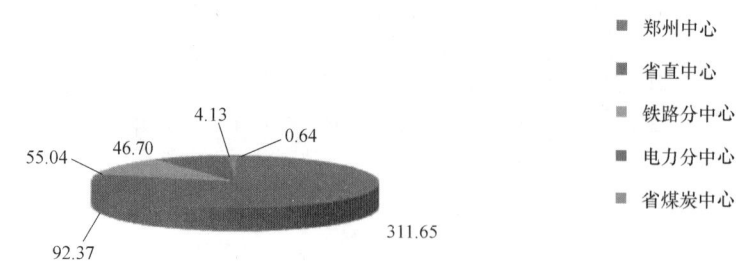

图5　2018年个人住房公积金贷款余额情况（单位：亿元）

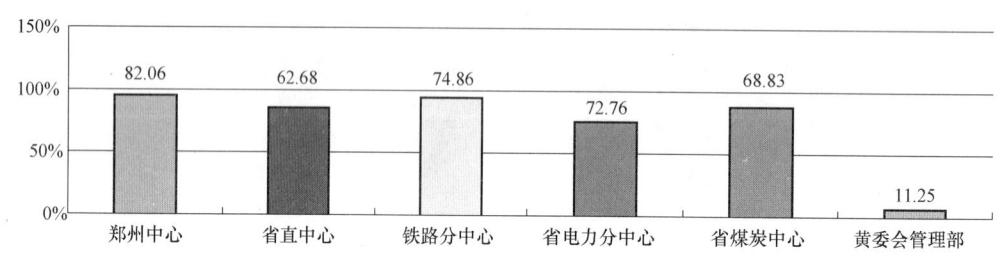

图6　2018年住房公积金个人住房贷款使用率情况

（四）融资：2018年，郑州中心向灵活就业人员发放贴息贷款29笔610.2万元。郑州中心回收公转商贷款19.82亿元，截至2018年末，融资总额47.92亿元，其中郑州中心45.42亿元（包括流动资金贷款6亿元和公转商贷款39.42亿元）；省电力分中心2.50亿元。郑州中心融资余额（公转商贷款）11.7亿元。

（五）资金存储：2018年末，住房公积金存款174.48亿元。其中，活期3.07亿元，1年（含）以下定期123.05亿元，1年以上定期22.68亿元，其他（协定、通知存款等）25.68亿元（图7）。

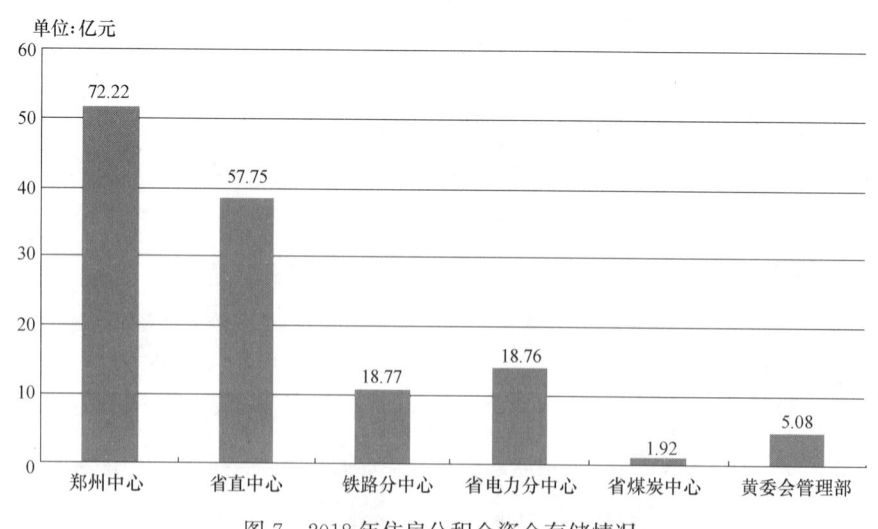

图7　2018年住房公积金资金存储情况

（六）资金运用率：2018年末，住房公积金个人住房贷款余额、项目贷款余额和购买国债余额的总和占缴存余额的75.46%，比上年减少5.64个百分点（图8）。

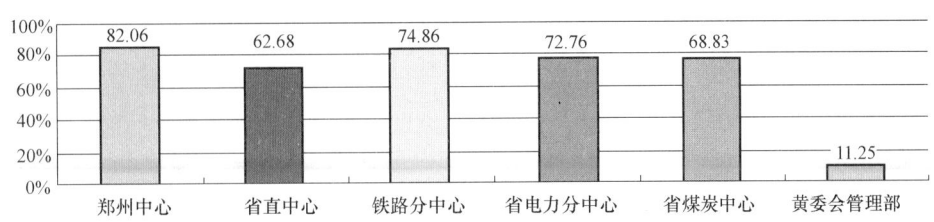

图 8　2018 住房公积金资金运用率情况

三、主要财务数据

（一）业务收入：2018 年，业务收入 193557.51 万元，同比增长 10.91％。其中，郑州中心 108568.25 万元；省直机关中心 39666.27 万元；铁路分中心 22367.37 万元；省电力分中心 19676.65 万元；省煤炭中心 1870.04 万元；黄委会管理部 1408.93 万元。业务收入总额中，存款利息收入 26189.73 万元；委托贷款利息收入 162000.76 万元；增值收益利息收入 5360.51 万元；其他收入 6.51 万元。

（二）业务支出：2018 年，业务支出 114176.99 万元，同比增长 14.66％。其中，郑州中心 67856.14 万元；省直机关中心 23098.86 万元；铁路分中心 11225.53 万元；省电力分中心 10247.73 万元；省煤炭中心 934.91 万元；黄委会管理部 813.82 万元。业务支出总额中，住房公积金利息支出 98354.77 万元，归集手续费支出 5449.46 万元，委托贷款手续费支出 8861.94 万元，其他支出 1510.82 万元。

（三）增值收益：2018 年当年实现增值收益 79380.52 万元，同比增长 5.94％。其中，郑州中心 40712.11 万元；省直机关中心 16567.41 万元；铁路分中心 11141.84 万元；省电力分中心 9428.92 万元；省煤炭中心 935.13 万元；黄委会管理部 595.11 万元；增值收益率 1.59％，比上年增加 0.25 个百分点（图 9）。

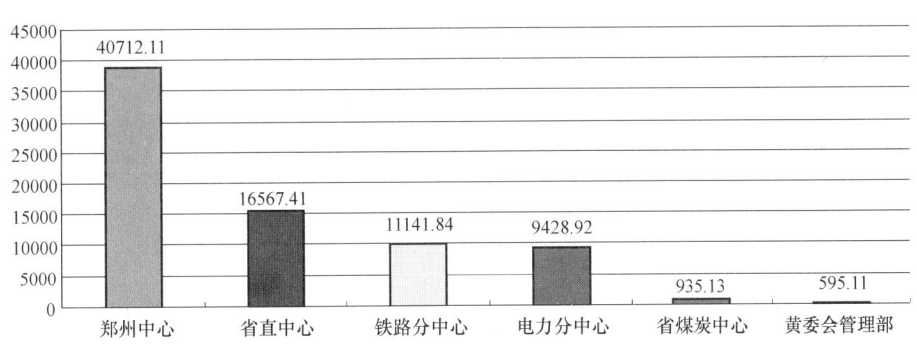

图 9　2018 年住房公积金增值收益情况

（四）增值收益分配：2018 年，待分配增值收益 79380.52 万元。提取贷款风险准备金 18674.06 万元，提取管理费用 8041.03 万元，提取城市廉租住房（公共租赁住房）建设补充资金 52665.43 万元。

2018 年，上缴财政管理费用 5673.23 万元。其中，郑州中心上缴财政管理费用 3940.23 万元；省直机关中心上缴财政管理费用 1107 万元；省电力分中心上缴财政管理费用 626 万元。

2018 年，上缴财政城市廉租住房（公共租赁住房）建设补充资金 72887.87 万元。郑州中心上缴城市廉租住房建设补充资金 38168.26 万元；省直机关中心上缴城市廉租住房建设补充资金 5276.24 万元；铁路分中心上缴城市廉租住房建设补充资金 10954.57 万元；省电力分中心上缴城市廉租住房建设补充资金 18488.80 万元。

2018年末，贷款风险准备金余额198281.15万元。郑州中心贷款风险准备金余额38408.1万元。

2018年末，累计提取城市廉租住房（公共租赁住房）建设补充资金394915.02万元。其中，郑州中心提取250900.77万元，省直机关中心提取76509.71万元，铁路分中心提取42293.07万元，电力分中心提取25115.84万元，省煤炭中心提取95.63万元。

（五）管理费用支出：2018年，管理费用支出7590.08万元，同比减少5.84%。其中，人员经费3174.79万元，公用经费1503.52万元，专项经费2911.77万元。

郑州中心管理费用支出4369.56万元，其中，人员、公用、专项经费分别为1820.21万元、513.45万元、2035.9万元；省直机关中心管理费用支出1117.20万元，其中，人员、公用、专项经费分别为636.87万元、55.9万元、424.43万元；铁路分中心管理费用支出703.49万元，其中，人员、公用、专项经费分别为449.25万元、150.68万元、103.56万元；省电力分中心管理费用支出625.84万元，全部为公用经费支出；省煤炭中心管理费用支出644.9万元，其中，人员、公用、专项经费分别为146.07万元、150.95万元、347.88万元；黄委会管理部管理费用支出129.09万元，其中，人员经费支出122.4万元、公用经费支出6.69万元。

四、资产风险状况

（一）个人住房贷款：2018年末，个人住房贷款逾期额814.19万元，逾期率0.16‰。其中，郑州中心0.13‰，省直机关中心0.09‰，铁路分中心0.59‰，电力分中心0.04‰。

个人贷款风险准备金按新增贷款余额的1%提取。2018年，提取个人贷款风险准备金18674.06万元。2018年末，个人贷款风险准备金余额197761.15万元，占个人住房贷款余额的3.87%，个人住房贷款逾期额与个人贷款风险准备金余额的比率为0.41%。

（二）支持保障性住房建设试点项目贷款：截至2018年底，贷款全部收回。项目贷款风险准备金按贷款余额的4%提取，项目贷款风险准备金余额为520万元。

五、社会经济效益

（一）缴存业务：2018年，实缴单位数、实缴职工人数和缴存额同比分别增长10.88%、4.74%和16.6%。

缴存单位中，国家机关和事业单位占28.86%，国有企业占20.72%，城镇集体企业占0.8%，外商投资企业占1.68%，城镇私营企业及其他城镇企业占33.28%，民办非企业单位和社会团体占2.18%，其他占12.48%（图10）。

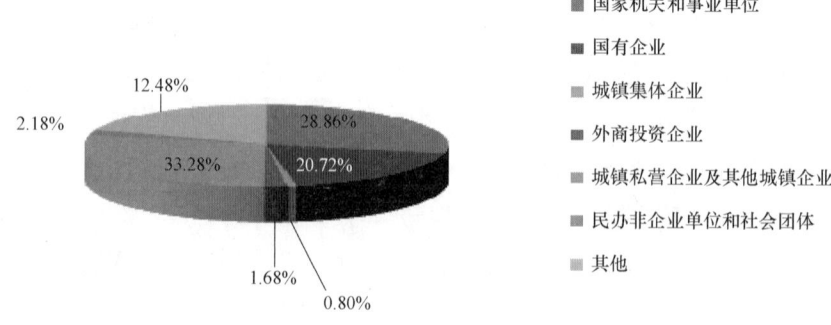

图10 2018年缴存单位性质构成情况

缴存职工中，国家机关和事业单位占 27.71%，国有企业占 31.99%，城镇集体企业占 3.34%，外商投资企业占 5.74%，城镇私营企业及其他城镇企业占 10.96%，民办非企业单位和社会团体占 6.26%，其他占 14%；中、低收入占 96.68%，高收入占 3.32%（图 11）。

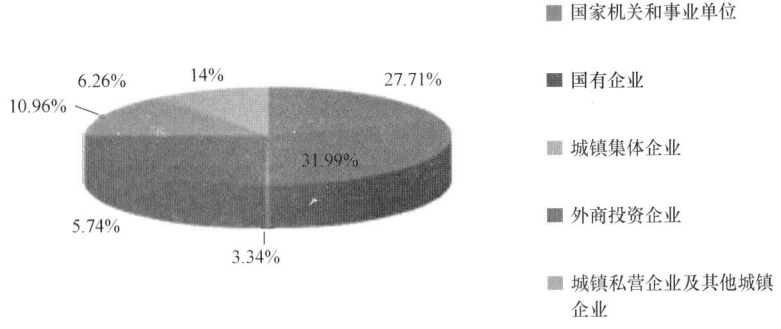

图 11　2018 年缴存职工单位性质构成情况

新开户职工中，国家机关和事业单位占 7.45%，国有企业占 19.50%，城镇集体企业占 0.76%，外商投资企业占 19.26%，城镇私营企业及其他城镇企业占 34.83%，民办非企业单位和社会团体占 3.76%，其他占 14.44%；中、低收入占 98.57%，高收入占 1.43%（图 12）。

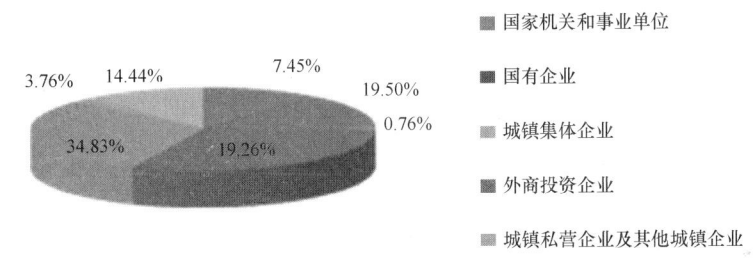

图 12　2018 年新开户缴存职工单位性质构成情况

（二）提取业务：2018 年，共有 43.98 万名缴存职工提取住房公积金 153.42 亿元。

提取金额中，住房消费提取占 74.45%（购买、建造、翻建、大修自住住房占 47.04%，偿还购房贷款本息占 26.63%，租赁住房占 0.77%，其他占 0.01%）；非住房消费提取占 25.55%（离休和退休提取占 16.34%，完全丧失劳动能力并与单位终止劳动关系提取占 6.22%，户口迁出本市或出境定居占 1.69%，其他占 1.30%）。提取职工中，中、低收入占 94.95%，高收入占 5.05%（图 13）。

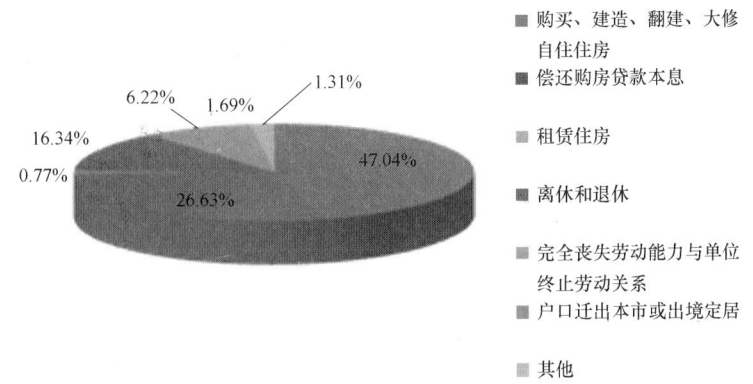

图 13　2018 年缴存职工提取原因分类情况

(三) 贷款业务：

1. **个人住房贷款**：2018年，支持职工购建房139.86万平方米，年末个人住房贷款市场占有率为14.71%，比上年增加0.79个百分点。通过申请住房公积金个人住房贷款，可节约职工购房利息支出102,245.1万元。

职工贷款笔数中，购房建筑面积90（含）平方米以下占30.17%，90～144（含）平方米占59.71%，144平方米以上占10.12%。购买新房占84.63%（其中购买保障性住房占1.84%），购买存量商品住房占15.37%（图14）。

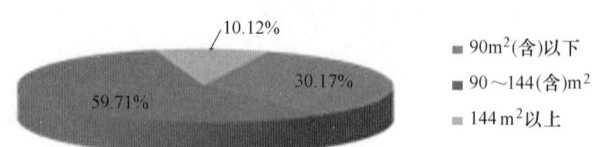

图14 2018年公积金个人住房贷款户型分类情况

职工贷款笔数中，单缴存职工申请贷款占76.33%，双缴存职工申请贷款占23.67%。

贷款职工中，30岁（含）以下占28.28%；30岁～40岁（含）占42.60%；40岁～50岁（含）占23.22%；50岁以上占5.90%。首次申请贷款占91.05%；二次及以上申请贷款占8.95%。中、低收入占94.78%，高收入占5.22%（图15）。

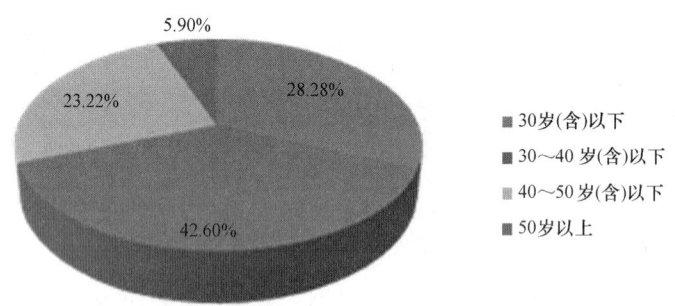

图15 2018年公积金个人住房贷款职工年龄分类占比情况

2. **异地贷款**：2018年，发放异地贷款2097笔41285万元。2018年末，发放异地贷款总额574271.04万元，异地贷款余额384257.13万元。

3. **公转商贴息贷款**：2018年，发放公转商贴息贷款29笔610.2万元，支持职工购建住房面积0.25万平方米，当年贴息额2887.86万元。2018年末，累计发放公转商贴息贷款15886笔419548.88万元，累计贴息12346.83万元。

(四) **住房贡献率**：2018年，个人住房贷款发放额、公转商贴息贷款发放额、项目贷款发放额、住房消费提取额的总和与当年缴存额的比率为70.38%，比上年同期减少3.44个百分点。

六、其他重要事项

(一) 当年机构及职能调整情况、受委托办理缴存贷款业务金融机构变更情况：2018年省电力分中心增加了中国银行为贷款业务受托银行。

(二)当年住房公积金政策调整及执行情况：

1. 住房公积金缴存基数限额及确定方法、缴存比例情况、当年提取政策调整情况。

（1）郑州中心、省直机关中心、铁路分中心、省煤炭中心、黄委会管理部2018年度住房公积金缴存基数执行不超过郑州市统计局公布的2018年度职工月平均工资的三倍，确定2018年度缴存基数上限为17625元，月缴存额上限为4230元；省电力分中心2018年度住房公积金缴存基数执行不超过郑州市统计局公布的2018年度郑州市职工月平均工资的三倍，确定2018年度缴存基数上限为17625元，月缴存额3256元。郑州中心、省直机关中心、省煤炭中心、黄委会管理部缴存基数下限执行郑州市最低工资标准1720元，月缴存额下限为172元；铁路分中心缴存基数下限执行郑州市最低工资标准1720元，月缴存额下限为412元；省电力分中心缴存基数下限执行南阳市最低工资标准1450元，月缴存额下限为157元。

（2）2018年度，郑州中心、省直机关中心、省煤炭中心、省电力分中心住房公积金缴存比例为单位和职工个人各5%～12%；铁路分中心住房公积金缴存比例为单位和职工各12%；黄委会管理部住房公积金缴存比例为单位和职工各10%～12%。

（3）郑州中心、省电力分中心按照住房城乡建设部有关要求，针对与单位解除劳动关系的离职人员办理支取业务，调整为封存满六个月后，即能办理销户支取；省电力分中心取消了因职工本人或直系亲属患九种重大疾病可提取住房公积金的有关规定；黄委会管理部自11月10日起，执行缴存职工异地买房可以支取公积金的规定。

2. 住房公积金存、贷款利率执行情况。

（1）2018年职工住房公积金账户存款利率，仍然统一按照一年期定期存款基准利率1.50%执行。

（2）2018年住房公积金个人住房贷款利率未调整，继续执行中国人民银行发布的五年以内2.75%、五年以上3.25%的利率。

3. 住房公积金个人住房贷款最高贷款额度、贷款条件调整情况。郑州中心2018年度最高贷款额度未作调整，仍为60万元，还款能力按月还款额不超过家庭收入的60%认定，单笔贷款额度依据借款人家庭住房公积金缴存账户余额核定，个人住房贷款政策的其他内容未进行调整。黄委会管理部2018年度对贷款额度作了调整，将单缴存职工最高贷款额度从50万元调整为60万元，双缴存职工最高贷款额度仍为60万元，还款能力按月还款额不超过家庭收入的50%认定。

（三）当年服务改进情况：郑州中心不断深化"放管服"改革，推进审批服务便民化，以"最多跑一次"改革为抓手，加快推进公积金业务网上办理。一是入驻郑州市政务服务中心、二七区政务服务中心办事大厅；增加郑州银行和华夏银行2家代办网点。目前，市区共设办事大厅5个、银行代办网点5个，提取业务支持建设银行等十一家银行的一类银行卡办理。二是将业务办理时间调整为每月所有工作日。职工可以通过中心网站、微信公众号、支付宝等途径网上预约办理提取、贷款业务，将网上预约数量增加到近700个。三是持续推进"减证便民"，推行"容缺受理"机制，减少申办材料21项，7项业务可提供身份证一证办理。2018年，市区大厅共受理业务23万件，集体件预约办理1371件。四是12329客服热线2018年度全年电话总量750944个，平均每天3237个，人工接听热线131472个，平均每天566个，接通率87%，满意率94.51%。处理网络回复4205帖，微博平台发送信息462条，心通桥市长信箱限时回复率、办结率均为100%。

省直机关中心开始启用经三路服务大厅，引入智能柜员机、自动预约叫号系统等服务设施，并开通了微信自助查询系统。

省电力分中心增加了地市贷款业务办理服务网点，由缴存单位所在地受托银行办理公积金贷款业务。

省煤炭中心更新了网站页面，优化模块功能，新增网上预约功能；更新了中心业务系统，实现了支取公积金快速到账。

（四）当年信息化建设情况：郑州中心完善了微信服务平台。

郑州中心、省直机关中心、郑铁分中心、省电力分中心、省煤炭中心、黄委会管理部均进行了信息系统升级改造，通过了住房城乡建设部"双贯标"检查验收。

（五）当年住房公积金管理中心及职工所获荣誉情况：郑州中心获郑州市人民政府办公厅"放管服"改革工作先进单位、郑州市人民政府2018年度依法行政工作先进集体。

省电力分中心荣获了全省住建系统文明单位称号。

（六）当年对违反《住房公积金管理条例》和相关法规行为进行行政处罚和申请人民法院强制执行情况：郑州中心依据《行政强制法》相关规定，对郑州公建物业服务有限公司申请中原区人民法院强制执行。

开封市住房公积金2018年年度报告

一、机构概况

（一）住房公积金管理委员会：开封住房公积金管理委员会有23名委员，2018年召开4次会议，审议通过的事项主要包括：《兰考县住房公积金管理中心关于"双贯标"检查验收的请示》、《兰考县住房公积金管理中心关于贯彻《关于改进住房公积金缴存机制进一步降低企业成本的通知》的实施意见相关通知》、《兰考县住房公积金管理中心关于调整住房公积金提取相关政策的通知》、《兰考县住房公积金管理中心关于调整住房公积金个人贷款相关规定的通知》、《2018年度住房公积金增值收益分配方案》。

（二）住房公积金管理中心：开封住房公积金管理中心为直属于开封市人民政府不以营利为目的的自收自支事业单位，设13个处（科），4个管理部。从业人员106人，其中，在编95人，非在编11人。

二、业务运行情况

（一）缴存：2018年，新开户单位380家，实缴单位2890家，净增单位245家；新开户职工3.27万人，实缴职工22.11万人，净增职工1.76万人；缴存额17.52亿元，同比增长28.35%。2018年末，缴存总额96.81亿元，同比增长22.10%；缴存余额58.10亿元，同比增长22.53%。

受委托办理住房公积金缴存业务的银行7家，比上年（减少）0家。

（二）提取：2018年，提取额6.84亿元，同比增长30.49%；占当年缴存额的38.93%，比上年增加0.51个百分点。2018年末，提取总额38.70亿元，同比增长21.46%。

（三）贷款：个人住房贷款最高额度50万元，其中，单缴存职工最高额度50万元，双缴存职工最高额度50万元。

2018年，发放个人住房贷款0.12万笔3.42亿元，同比分别下降30.55%、33.90%。其中，市中心发放个人住房贷款0.08万笔2.56亿元，兰考发放个人住房贷款0.04万笔0.86亿元。

2018年，回收个人住房贷款3.75亿元。其中，市中心3.31亿元，兰考0.44亿元。

2018年末，累计发放个人住房贷款2.98万笔57.62亿元，贷款余额38.53亿元，同比分别增长4.13%、6.31%、-0.85%。个人住房贷款余额占缴存余额的66.31%，比上年减少15.64个百分点。

受委托办理住房公积金个人住房贷款业务的银行6家，比上年增加1家。

（四）资金存储：2018年末，住房公积金存款20.36亿元。其中，活期5.31亿元，1年（含）以下定期7.25亿元，1年以上定期6.55亿元，其他（协定、通知存款等）1.25亿元。

（五）资金运用率：2018年末，住房公积金个人住房贷款余额、项目贷款余额和购买国债余额的总和占缴存余额的66.31%，比上年减少15.64个百分点。

三、主要财务数据

（一）业务收入：2018年，业务收入15959.94万元，同比增长20.64%。其中，市中心14386.24万元，兰考1573.7万元；存款利息3155.42万元，委托贷款利息12804.31万元，国债利息0万元，其他0.22万元。

（二）业务支出：2018年，业务支出11602.86万元，同比增长68.15%。其中，市中心10779.69万元，兰考823.17万元；支付职工住房公积金利息10953.83万元，归集手续费0万元，委托贷款手续费646.34万元，其他2.69万元。

（三）增值收益：2018年，增值收益4357.09万元，同比下降31.16%。其中，市中心3606.56万元，兰考750.53万元；增值收益率0.84%，比上年减少0.62个百分点。

（四）增值收益分配：2018年，提取贷款风险准备金1757.6万元，提取管理费用2596.55万元，提取城市廉租住房（公共租赁住房）建设补充资金2.93万元。

2018年，上交财政管理费用1936.61万元。上缴财政城市廉租住房（公共租赁住房）建设补充资金557.70万元。其中，市中心上缴557.70万元，兰考上缴（收缴单位）0万元。

2018年末，贷款风险准备金余额17592.86万元。累计提取城市廉租住房（公共租赁住房）建设补充资金12732.09万元。其中，市中心提取12579.16万元，兰考提取152.93万元。

（五）管理费用支出：2018年，管理费用支出1568.94万元，同比增长12.53%。其中，人员经费732.19万元，公用经费73.33万元，专项经费763.42万元。

市中心管理费用支出1328.48万元，其中，人员、公用、专项经费分别为664.19万元、21.33万元、642.96万元；兰考管理费用支出240.46万元，其中，人员、公用、专项经费分别为68万元、52万元、120.46万元。

四、资产风险状况

2018年末，个人住房贷款逾期额86.67万元，逾期率0.22‰。其中，市中心0.06‰，兰考1.66‰。个人贷款风险准备金按（贷款余额）的1%提取。2018年，提取个人贷款风险准备金1757.6万元，使用个人贷款风险准备金核销呆坏账 0 万元。2018 年末，个人贷款风险准备金余额 17592.86 万元，占个人住房贷款余额的 4.57%，个人住房贷款逾期额与个人贷款风险准备金余额的比率为 0.49%。

五、社会经济效益

（一）缴存业务：2018 年，实缴单位数、实缴职工人数和缴存额同比分别增长 10.69%、13.14% 和 28.35%。

缴存单位中，国家机关和事业单位占 49.83%，国有企业占 18.37%，城镇集体企业占 8.79%，外商投资企业占 9.03%，城镇私营企业及其他城镇企业占 5.29%，民办非企业单位和社会团体占 0.66%，其他占 8.03%。

缴存职工中，国家机关和事业单位占 49.71%，国有企业占 17.92%，城镇集体企业占 12.32%，外商投资企业占 11.48%，城镇私营企业及其他城镇企业占 5.15%，民办非企业单位和社会团体占 1.84%，其他占 1.58%；中、低收入占 86.80%，高收入占 13.20%。

新开户职工中，国家机关和事业单位占 29.12%，国有企业占 16.94%，城镇集体企业占 16.76%，外商投资企业占 10.92%，城镇私营企业及其他城镇企业占 15.81%，民办非企业单位和社会团体占 9.45%，其他占 1%；中、低收入占 95.32%，高收入占 4.68%。

（二）提取业务：2018 年，3.04 万名缴存职工提取住房公积金 6.84 亿元。

提取金额中，住房消费提取占 66.38%（购买、建造、翻建、大修自住住房占 16.92%，偿还购房贷款本息占 48%，租赁住房占 1.04%，其他占 0.42%）；非住房消费提取占 33.62%（离休和退休提取占 27.30%，完全丧失劳动能力并与单位终止劳动关系提取占 2.52%，户口迁出本市或出境定居占 1.79%，其他占 2.01%）。

提取职工中，中、低收入占 87.75%，高收入占 12.25%。

（三）贷款业务：

1. **个人住房贷款**：2018 年，支持职工购建房 16.90 万平方米，年末个人住房贷款市场占有率为 7.39%，比上年减少 3.45 个百分点。通过申请住房公积金个人住房贷款，可节约职工购房利息支出 20289.08 万元。

职工贷款笔数中，购房建筑面积 90（含）平方米以下占 15.82%，90~144（含）平方米占 68.44%，144 平方米以上占 15.74%。购买新房占 73.52%（其中购买保障性住房占 0%），购买二手房占 16.07%，建造、翻建、大修自住住房占 0%，其他占 10.41%。

职工贷款笔数中，单缴存职工申请贷款占 30.63%，双缴存职工申请贷款占 69.37%，三人及以上缴存职工共同申请贷款占 0%。

贷款职工中，30 岁（含）以下占 23.01%，30 岁~40 岁（含）占 39.68%，40 岁~50 岁（含）占 24.03%，50 岁以上占 13.28%；首次申请贷款占 85.62%，二次及以上申请贷款占 14.38%；中、低收入占 82.83%，高收入占 17.17%。

2. **异地贷款**：2018 年，发放异地贷款 44 笔 1034.2 万元。2018 年末，发放异地贷款总额 2227.2 万元，异地贷款余额 2132.92 万元。

（四）住房贡献率：2018 年，个人住房贷款发放额、公转商贴息贷款发放额、项目贷款发放额、住房消费提取额的总和与当年缴存额的比率为 45.31%，比上年减少 17.35 个百分点。

六、其他重要事项

（一）开封市

1. **攻坚克难，顺利完成住房公积金 G 系统上线工作**：为满足我市住房公积金业务办理需求，拓宽住房公积金服务渠道，提升服务效率和服务水平。根据市政府和省住房城乡建设厅相关要求，市公积金中心联合建设银行开封分行上线住房公积金 G 系统，实现住房公积金业务操作系统的更新换代。按照上级要求，6 月底完成系统调试上线相关工作，中心面对时间紧任务重的现实情况，按照时间节点倒逼工作进度，全体干部职工上下齐心、迎难而上，半年多来，充分利用下班时间和节假日，经过共同努力，住房公积金 G 系统经历了系统开发与测试、硬件采购与安装、数据转化、模拟演练、人员培训等多个阶段，先后完成 5 轮数据转换、10000 多条人员身份信息、1000 多个单位社会信用代码收集录入和近 10000 户多账户的合并工作。在最终攻坚阶段，为全力保障系统按时上线，中心与系统设备供应商加班加点，仅用 4 天时间，就完成了硬件设备的到场安装等工作，创造了上线该系统公积金中心的最快纪录。2018 年 7 月 1 日，G 系统正式上线。上线后，我市住房公积金在资金管理方面实现了"三统一"，即银行账户统一监管、资金统一调拨、财务统一核算，业务办理方面实现了提取秒到账、数据实时传送、账户实时监控等功能，管理水平全面提升，服务更加高效便捷，得到了全市广大缴存单位和职工的广泛认可。

2. **迎难而上，顺利通过住房城乡建设部"双贯标"验收工作**：根据住房城乡建设部办公厅《关于进一步加快住房公积金基础数据标准贯彻落实和结算应用系统接入工作的通知》（建金办〔2018〕74 号）文件的要求，市公积金中心借助新系统上线技术优势，组织中心全体干部职工，充分利用下班后和周末时间，将市中心原有业务数据进行全面梳理，对存在的各项问题分类汇总，补充完善了单位法人、缴存职工证件号码、单位名称、单位统一社会信用代码、个人多账户合并、贷款信息等基础数据信息 3 万多条，并按住房城乡建设部公积金账户设置要求，共清理注销中心银行账户 14 个，保留增值户 1 个。同时，积极与市建行和软件开发企业进行沟通对接，协力推进"双贯标"各项工作。市公积金中心于 12 月 27 日顺利通过住房城乡建设部"双贯标"验收工作，为住房公积金管理工作打下了坚实的基础。

3. **深化"放管服"改革，优化提升服务效能**：市公积金中心按照中央、省市关于"放管服"改革要求，深化落实"三级十同"相关规定，并结合我市实际，对公积金各项业务实施优化调整。一是按照省公积金监管处"三级十同"相关要求，市公积金中心对我市住房公积金提取政策进行了调整，并新增了还贷首次支取可冲抵首付款等多项公积金惠民政策，充分体现了住房公积金的互助性和保障性原则，有效缓解了购房职工的资金压力；二是依托新系统上线技术优势，借助市民之家平台，引入不动产数据专线，在办理各类住房公积金支取业务时，不再需要业务办理群众提供相关证明材料或往返多趟，实现了现场查询，前台一次性办结，极大地节约了缴存职工的业务办理时限；三是按照市"放管服"改革工作办公室相关要求，市公积金中心积极与市人社局加强沟通协调，逐步推进职工退休审批数据共享，退休职工在市人社局办理完退休手续后，市公积金中心按照接收到的退休审批情况自动办理，退休人员公积金账户的封存提取业务，真正实现让退休职工"零跑趟"的工作目标；四是按照市政府相关要求，市中心所辖祥符区、尉氏县、杞县管理部分别入驻各县区行政服务中心，打通服务群众的"最后一公里"，真正实现"一个窗口办事"的目标。

4. **完善管理体制建设，推进公积金制度覆盖**：按照省市相关文件要求，市公积金中心积极开展对通许县公积金管理机构的接收工作，多次将有关情况向市委市政府做专题汇报，并由市政府召集市县两级相关部门，组织召开专题会议，确定了通许县公积金管理机构的接收方案。市公积金中心按照会议议定事项，积极与各方进行沟通协调，完成了对通许县公积金的人员和业务的全面接收工作，并开展了对通许县接收人员的新系统专项业务培训。通许县管理部于 12 月在通许县正式开展住房公积金业务，并加强各项政策的宣传力度，让通许县广大缴存职工享受公积金制度带来的实惠。

5. **适时调整贷款政策，满足职工贷款需求**：为充分发挥公积金的住房保障作用，满足职工合理贷款需求，市公积金中心结合我市实际对贷款政策进行调整。一是根据《住房公积金管理条例》相关规定，结合开封市住房公积金资金余额情况，经市公积金管委会同意后，市公积金中心于今年 9 月份在全市开展住房公积金异地贷款业务，户籍地在开封行政区域内的异地正常缴存职工，可在开封申请住房公积金贷款，以满足异地缴存公积金职工的住房贷款需求，保障职工合法权益，助力开封房地产市场发展；二是为满足职工日益增长的贷款需求，市公积金中心不断开发个人组合贷款业务，在与市建行、中原银行合作的基础上，又相继与市农行签订了《个人住房组合贷款业务合作协议》，进一步拓宽了职工贷款的资金渠道；三是为进一步减轻职工住房贷款还款压力，市公积金中心依托新公积金操作系统上线的技术优势，加强与市建行和软件开发企业的合作，试点推行住房公积金冲还贷业务，以逐步取代全市缴存职工还贷支取公积金业务，减少群众业务办理次数，进一步提高服务质量，提升广大缴存职工的满意度。

6. **当年缴存基数限额及确定方法、缴存比例调整情况**：2018 年 7 月调整住房公积金缴存基数，缴存基数上限按不超过本市上年职工社会月平均工资 3 倍的要求确定为 12978 元，公积金缴存上限为 3114 元，缴存比例为 5%～12%。

7. **强化制度宣传，推进公积金归集扩面**：市公积金中心多措并举加强住房公积金政策宣传工作，提升住房公积金的社会影响力。一是利用门户网站、报刊、电视、微信、微博等媒介，将新政策、新动态、新内容及时地对外公布；二是按照《住房公积金管理条例》的有关规定，市公积金中心积极与市财政沟通对接，大力宣传住房公积金的各项惠民政策，经市政府批示同意，全市财政供给单位公积金缴存比例由原来的 10% 提高到 12%，使更多职工享受到公积金的惠民政策；三是按照《住房公积金管理条例》相关规定，及时在市公积金中心官方网站及对外服务窗口，公示、发放 2018 年度调整基数比例的通知，使全市缴存单位和职工能够及时了解公积金制度，自觉维护自身利益。

8. **严控管理风险，确保资金安全运作**：一是根据住房城乡建设部、财政部、人民银行、公安部联合下发《关于开展治理违规提取住房公积金工作的通知》（建金〔2018〕46 号）文件要求，市公积金中心进一步规范公积金提取手续，强化公积金提取核查，有效防范了伪造合同、发票等骗取住房公积金的行为发生，市公积金中心对违规提取人员个人信息记入公积金"黑名单"系统，五年内取消住房公积金提取和贷款资格，同时对违规骗提行为报公安部门处理，切实维护缴存职工的合法权益；二是为进一步防范公积金贷款风险，市公积金中心组织专人，对市内开发企业已备案楼盘进行摸底调研，参照房地产预售许可证开具的日期，确定相关楼盘准予办理公积金贷款的期限，并对长期停工楼盘，暂停其办理住房公积金贷款，以确保公积金资金安全；三是加强业务审核管理，维护正常公积金运行秩序。中心开展了对全市人力资源公司公积金缴存业务的专项核查工作，对存在问题的人力资源公司，组织工作人员上门进行核查落实，有效防范骗贷行为的发生；四是各县管理部实行零余额账户管理，保障公积金资金稳健、有序、安全运行。

9. **用好用足各项政策，切实维护职工合法权益**：一是高标准严要求，完成新市民住房问题专题调研工作。按照住房城乡建设部《关于在全行业组织开展新市民住房问题专题调研的通知》(建金政函〔2018〕28号)和省住房城乡建设厅《关于组织开展新市民住房问题专题调研的通知》(豫建金管〔2018〕10号)文件要求，中心高度重视，结合自身工作实际，制定下发了《关于印发新市民住房问题专题调研实施方案》(汴住金管〔2018〕27号)，成立了调研工作领导小组，明确了责任分工，历时半个月，调查访问了近400个样本点，有效提高了调查数据的准确性，高标准按时完成了调查工作；二是根据住房城乡建设部、财政部、中国人民银行、国土资源部联合下发《关于维护住房公积金缴存职工购房贷款权益的通知》(建金〔2018〕246号)文件精神，中心按照通知相关要求，明确了该项工作的任务和目标，设置了业务咨询台，同时在中心网站和市民之家网站公布了投诉受理电话，安排专人负责，受理相关投诉举报，维护住房公积金缴存职工合法权益；三是根据《河南省住房城乡建设厅等部门转发关于在内地（大陆）就业的港澳台同胞享有住房公积金待遇有关问题的意见》(豫建金管〔2018〕2号)文件精神，中心联合市住房城乡建设局、市财政局、人行开封支行、外事侨务办公室、台湾事务办公室等部门制定并转发了相关通知，促进了港澳台同胞更好的融入本市的经济社会发展，进一步发挥住房公积金制度对本市就业港澳台同胞的住房保障作用；四是市中心联合市住房城乡建设局等十三个部门共同印发了《关于在全市开展打击侵害群众利益违法违规行为治理房地产乱象专项行动的通知》，并集中对城区房地产开发企业及房地产经纪机构进行联合检查，对包括"限制、阻挠、拒绝购房人使用住房公积金贷款"等房地产违法违规现象进行打击、整治。

(二) 兰考

1. 机构名称由兰考县住房制度改革资金管理中心变为兰考县住房公积金管理中心，受委托办理存贷款业务机构增加两家分别是中原银行股份有限公司兰考县支行、郑州银行金水东路支行。

2. 缴存方面：未变化，继续执行国家相关政策。

提取方面增加：(1) 解除劳动关系的提取，职工本人及配偶无未结清住房公积金贷款，本人无公积金贷款担保时，需要先办理个人账户封存。账户封存期间，在异地开立公积金账户并稳定缴存半年以上的，办理异地转移接续手续。未在异地继续缴存公积金的，封存半年后可以申请提取住房公积金。(2) 租赁住房提取方面：职工连续足额缴存住房公积金满3个月，本人及配偶在我县无自有住房且租赁住房的，可以提取夫妻双方住房公积金。且申请人住房公积金账户为非公积金贷款担保状态。

贷款额度方面：夫妇一方正常缴存公积金的，申请贷款最高额为33万元，夫妇双方正常缴存公积金的职工，申请贷款最高额为36万元。

3. 当年服务改进情况。

一站式办公：综合服务大厅提供限时服务。综合服务平台已于2018年12月19日建成并投入使用，其他网络载体正在建设中。

4. 当年信息化建设情况。

信息系统升级改造进行行中，基础数据标准已达标，结算应用系统已接入，双贯标验收工作已得顺利验收，并通过验收。

5. 当年住房公积金管理中心及职工所获荣誉情况，包括：文明单位（行业、窗口）、青年文明号、工人先锋号、五一劳动奖章（劳动模范）、三八红旗手（巾帼文明岗）、先进集体和个人等。

我中心有3人获得河南省住房和城乡建设厅"住房公积金管理工作先进个人"称号。

洛阳市住房公积金 2018 年年度报告

一、机构概况

（一）住房公积金管理委员会：住房公积金管委会有 25 名成员，2018 年，召开 1 次全体会议，会议表决：免去闫晓峰、李晓东、王亚伟、吉建宾、谢敬佩、韩冰 6 名同志管委会委员；增选赵书政、梁志宏、刘红、孙军、张现祥、张继伟 6 名同志为管委会委员；会议听取了《洛阳市住房公积金管理中心 2018 年度工作报告》；会议审议批准了《洛阳市住房公积金 2018 年年度报告》、《洛阳市 2018 年度住房公积金收支决算和 2018 年度住房公积金收支预算情况的报告》；会议原则同意中原银行洛阳分行承办我市住房公积金金融业务；原则通过了《关于在洛就业的港澳台同胞缴存使用住房公积金实施办法》；通报了《洛阳市住房公积金管理中心关于 2018 年度单位降低缴存比例或缓交住房公积金情况的报告》。

（二）住房公积金管理中心：洛阳市住房公积金管理中心为市政府不以营利为目的的参照公务员管理的事业单位，主要负责全市住房公积金的归集、管理、使用和会计核算。中心内设 6 个科（室）和机关党总支，下设市区营业部，下辖 10 个管理部，1 个分中心。从业人员 175 人，其中，在编 77 人，非在编 98 人。

二、业务运行情况

（一）缴存：2018 年，新开户单位 706 家，实缴单位 6682 家，净增单位 422 家；新开户职工 4.14 万人，实缴职工 55.38 万人，净增职工 2.87 万人。缴存额 66.59 亿元，同比增长 11.5%。2018 年末，缴存总额 478.85 亿元，同比分别增长 16.2%、缴存余额 203.57 亿元，同比分别增长 10.1%。

受委托办理住房公积金缴存业务的银行 14 家，比上年增加 1 家。

（二）提取：2018 年，全年提取 47.92 亿元，同比增长 15.6%；占当年缴存额的比率 72.0%，比上年同期增加 2.6 个百分点。2018 年末，提取总额 275.28 亿元，同比增长 21.1%。

（三）贷款：

1. 个人住房贷款：市中心个人住房贷款最高额度为 40 万元，双缴存职工家庭与单缴存职工家庭最高额度相同。铁路分中心个人住房贷款最高贷款额度为 60 万元，双缴存职工家庭与单缴存职工家庭最高额度相同。

2018 年，发放个人住房贷款 1.03 万笔 29.51 亿元，同比分别增长 2.0%、2.6%。其中，市中心发放个人住房贷款 0.92 万笔 26.02 亿元，铁路分中心发放个人住房贷款 0.11 万笔 3.49 亿元。

2018 年，回收个人住房贷款 22.23 亿元，其中，市中心 20.39 亿元，铁路分中心 1.84 亿元。

2018 年末，累计发放个人住房贷款 13.63 万笔 304.72 亿元，贷款余额 177.49 亿元，同比分别增长 8.2%、10.7%、4.3%。个人住房贷款余额占缴存余额的 87.2%，比上年减少 4.9 个百分点。

受委托办理住房公积金个人住房贷款业务的银行 7 家，比上年无增减。

2. 住房公积金支持保障性住房建设项目贷款：2018 年末，累计发放项目贷款 8.00 亿元，项目贷款余额为零。

（四）**融资**：2018年当年未融资。2018年末，融资总额6.40亿元，融资余额0亿元。

（五）**资金存储**：2018年末，住房公积金存款29.72亿元。其中，活期0.10亿元，1年以内定期（含）16.34亿元，1年以上定期5.25亿元，其他（协定、通知存款等）8.03亿元。

（六）**资金运用率**：2018年末，住房公积金个人住房贷款余额、项目贷款余额和购买国债余额的总和占缴存余额的87.2%，比上年减少4.9个百分点。

三、主要财务数据

（一）**业务收入**：2018年，业务收入63808.67万元，同比增长8.3%。其中，市中心56990.08万元，铁路分中心6818.59万元。存款利息收入7511.43万元，委托贷款利息收入56291.15万元，其他收入6.09万元。

（二）**业务支出**：2018年，业务支出32302.99万元，同比增长5.9%。其中，市中心29245.01万元，铁路分中心3057.98万元。支付职工住房公积金利息29481.86万元，归集手续费用98.87万元，委托贷款手续费1659.90万元，其他支出1062.36万元。

（三）**增值收益**：2018年，增值收益31505.68万元，同比增长10.8%。其中，市中心27745.07万元，铁路分中心3760.61万元。增值收益率1.6%，与上年同期持平。

（四）**增值收益分配**：2018年，提取贷款风险准备金18367.53万元，提取管理费用2766.74万元，提取城市廉租住房（公共租赁住房）建设补充资金10371.41万元。

2018年，市中心上交财政管理费用1903.35万元。上缴城市廉租住房（公共租赁住房）建设补充资金13278.09万元。其中，市中心上缴财政城市廉租住房（公共租赁住房）建设补充资金9464.78万元，铁路分中心上缴中国铁路郑州局集团有限公司城市廉租住房（公共租赁住房）建设补充资金3813.31万元。

2018年末，贷款风险准备金余额138774.40万元，累计提取城市廉租住房（公共租赁住房）建设补充资金74505.72万元。其中，市中心提取67960.17万元，铁路分中心提取6545.55万元。

（五）**管理费用支出**：2018年，管理费用支出2449.93万元，同比增长14.4%。其中，人员经费1498.67万元，公用经费161.71万元，专项经费789.55万元。

市中心管理费用支出1883.59万元，其中，人员、公用、专项经费分别为1224.98万元、64.06万元、594.55万元；铁路分中心管理费用支出566.34万元，其中，人员、公用、专项经费分别为273.69万元、97.65万元、195.00万元。

四、资产风险状况

个人住房贷款：2018年末，个人住房贷款逾期贷款余额47.97万元，其中，市中心无逾期贷款，铁路分中心逾期贷款余额47.97万元。

个人贷款风险准备金，市中心按增值收益的60%提取，铁路分中心按贷款余额的1%提取。2018年，提取个人贷款风险准备金18367.53万元，未使用个人贷款风险准备金核销呆坏账。2018年末，个人贷款风险准备金余额为138774.40万元，占个人住房贷款余额的7.8%。

五、社会经济效益

（一）**缴存业务**：2018年，实缴单位数、实缴职工人数和缴存额同比分别增长6.7%、5.5%和11.5%。

缴存单位中，国家机关和事业单位占42.1%，国有企业占14.7%，城镇集体企业占1.7%，外商投资企业占1.3%，城镇私营企业及其他城镇企业占23.7%，民办非企业单位和社会团体占3.5%，其他占13.0%。

缴存职工中，国家机关和事业单位占32.0%，国有企业占38.1%，城镇集体企业占1.4%，外商投资企业占3.4%，城镇私营企业及其他城镇企业占15.8%，民办非企业单位和社会团体占1.5%，其他占7.8%。

新开户职工中，国家机关和事业单位占16.1%，国有企业占29.1%，城镇集体企业占1.3%，外商投资企业占5.3%，城镇私营企业及其他城镇企业占35.6%，民办非企业单位和社会团体占4.4%，其他占8.2%；中、低收入占100%，高收入群体占0%。

（二）**提取业务**：2018年，25.94万名缴存职工提取住房公积金110.52万笔47.92亿元。

提取的金额中，住房消费提取占73.7%（购买、建造、翻建、大修自住住房占29.5%，偿还购房贷款本息占43.6%，租赁住房占0.5%，其他占0.1%）；非住房消费提取占26.3%（离休和退休提取占18.8%，完全丧失劳动能力并与单位终止劳动关系提取占5.1%，户口迁出本市或出境定居占0.2%，其他占2.2%）。

提取职工中，中、低收入占99.8%，高收入占0.2%。

（三）**贷款业务**：

1. **个人住房贷款**：2018年，支持职工购建房119.19万平方米，年末个人住房贷款市场占有率为20.5%，比上年同期降低1.5个百分点。通过申请住房公积金个人住房贷款，可节约职工购房利息支出56432.35万元。

职工贷款笔数中，购房建筑90（含）m^2以下占21.8%，90～144（含）m^2占67.6%，144m^2以上占10.6%；购买新房占80.9%，（其中购买保障性住房占11.9%），购买二手房占19.1%。

职工贷款笔数中，单缴存职工申请贷款占31.1%，双缴存职工申请贷款占68.9%，三人及以上缴存职工共同申请贷款占0%。

贷款职工中，30岁（含）以下占23.8%，30岁～40岁（含）占39.5%，40岁～50岁（含）占27.8%，50岁以上占8.9%；首次申请贷款占86.5%，二次及以上申请贷款占13.5%；中、低收入占99.9%，高收入占0.1%。

2. **异地贷款**：2018年，发放省内异地贷款358笔10670.10万元。2018年末，发放省内异地贷款总额82718.05万元，省内异地贷款余额50545.73万元。

3. **支持保障性住房建设试点项目贷款**：2018年末，累计试点项目9个，贷款额度8.70亿元。均为经济适用房项目。建筑面积121.60万平方米，可解决13511户中低收入职工家庭的住房问题。9个试点项目贷款资金已全部发放完毕，并于2016年7月全部还清贷款本息。

（四）**住房贡献率**：2018年，个人住房贷款发放额、项目贷款发放额、住房消费提取额的总和与当年缴存额的比率为97.3%，比上年同期减少4.5个百分点。

六、其他重要事项

（一）2018年新增中原银行洛阳分行为受委托办理公积金业务银行。中心对住房公积金银行账户进行合并清理，实现在一家委托银行只保留一个住房公积金账户。

（二）洛阳市住房公积金管理中心荣获2018年度河南省洛阳市网络问政平台《百姓呼声》群众诉求办理先进单位。

（三）2018年6月下旬调整住房公积金缴存基数，缴存基数上限按不超过本市上年职工社会平均工资3倍的要求确定为14140元，市区（含吉利区）、新安县、栾川县、偃师市月最低工资标准1720元；伊川县、孟津县、宜阳县、洛宁县、嵩县、汝阳县月最低工资标准1570元，缴存比例为5%~12%。

（四）2018年中心完成云平台运行监控子系统和电子档案子系统搭建，以及三账查询、会计辅助核算、法院冻结等功能部署。以"互联网+政务服务"为导向，基于自有数据信息，先后推出了退休提取、离职提取、提前还贷、贷款额度计算、还款账户变更和异地转移接续申请等个人网厅线上业务。与市不动产管理机构建立了部门协查机制。

（五）当年住房公积金业务政策调整情况：

1. 按国务院、住房城乡建设部要求，经市住房公积金管委会审议通过，出台《关于在洛就业的港澳台同胞缴存使用住房公积金实施办法》（洛管委会〔2018〕1号），4月16印发实施，将在内地就业的港澳台同胞纳入制度保障范围。按照住房城乡建设部和军委后勤保障部（军后才〔2018〕527号）要求，出台《住洛军队文职人员缴存使用住房公积金管理办法》（洛房公积金〔2018〕36号），12月19日印发实施，对军队文职人员建立住房公积金制度予以规范。以上人员住房公积金缴存使用按照当地缴存职工现行政策实行。

2. 根据住房城乡建设部、财政部、人民银行《关于改进住房公积金缴存机制进一步企业成本的通知》（建金〔2018〕45号）精神，出台《落实住房城乡建设部、财政部、人民银行〈关于改进住房公积金缴存机制进一步企业成本的通知〉的通知》（洛房公积金〔2018〕24号），6月22日印发实施。

3. 根据住房城乡建设部、财政部、人民银行、公安部四部委《关于开展治理违规提取住房公积金工作的通知》（建金〔2018〕46号）精神，为保证住房公积金制度健康运行，坚决打击违规提取住房公积金行为，中心联合市财政局、人行、公安局出台《关于开展治理违规提取住房公积金工作的通知》（洛房公积金〔2018〕27号），8月28日印发实施。

4. 2018年5月推出《二手房住房公积金组合贷款服务指南》，开展二手房住房公积金组合贷款业务。拓展了公积金个人贷款渠道，满足职工贷款需求。

（六）当年服务改进情况：

1. 根据省、市扫黑除恶专项斗争工作方案，中心开展了严厉打击公积金违规提取和非法中介工作。上报市扫黑除恶办公室违法中介线索共3类5条，查实确认虚假资料违规提取32起，并实施了相应的信用处罚。

2. 按照省市"三级十同""一网通办"工作要求，结合进驻"市民之家"平台，认真梳理业务目录、优化审批流程，规范业务办理，清理证明材料，实现了服务事项"一号申请、一窗受理、一网通办"。

3. 严格落实"放管服"改革，2018年5月出台《关于落实"放管服"优化服务的通知》，全面取消资料复印件，对多次办理同一事项的业务无需重复提交资料，对需要证明的相关事项由申请人提供改为中心函证查询，共减少归并申请材料 31 种。

平顶山市住房公积金 2018 年年度报告

一、机构概况

（一）住房公积金管理委员会：平顶山市住房公积金管理委员会有 23 名委员，2018 年召开 3 次会议，审议通过的事项主要包括：《关于同意平顶山市 2018 年住房公积金归集、使用计划执行情况及 2018 年住房公积金归集、使用计划报告的决议（草案）》、《关于住房公积金受托银行代办住房公积金业务的通知》（草案）、《关于进一步规范住房公积金贷款业务的通知》（草案）、《在平顶山市就业的港澳台同胞缴存使用住房公积金实施办法》（草案）、《关于加快推进互联网＋公积金业务的实施意见》（草案）、《关于授权市住房公积金管理中心审批降低缴存比例和缓缴住房公积金进一步降低企业成本的通知》（草案）、《关于转换住房公积金个人委托贷款核算模式的决定（草案）》、《关于同意开展住房公积金电子化审计工作的决定（草案）》、《关于调整平顶山市住房置业担保股份有限公司住房公积金贷款担保业务的决议（草案）》、《关于进一步加强住房公积金网络安全和信息化工作的意见（草案）》。

（二）住房公积金管理中心：住房公积金管理中心为直属平顶山市人民政府的不以营利为目的的独立的事业单位，设 6 个科，10 个管理部，1 个分中心。从业人员 158 人，其中，在编 98 人，非在编 60 人。另辖内含汝州市住房公积金管理中心，从业人员 30 人，其中，在编 11 人，非在编 19 人。

二、业务运行情况

（一）缴存：2018 年，新开户单位 279 家，实缴单位 3642 家，净增单位 196 家；新开户职工 2.66 万人，实缴职工 38.68 万人，净增职工 1.82 万人；缴存额 36.4 亿元，同比增长 20.42％。2018 年末，缴存总额 299.38 亿元，同比增长 13.84％；缴存余额 155.35 亿元，同比增长 9.21％。

平顶山市受委托办理住房公积金缴存业务的银行 7 家。汝州市受委托办理住房公积金缴存业务的银行 8 家，比上年增加 1 家。

（二）提取：2018 年，提取额 23.31 亿元，同比增长 17.31％；占当年缴存额的 64.03％，比上年减少 1.69 个百分点。2018 年末，提取总额 144.03 亿元，同比增长 19.31％。

（三）贷款：

1. 个人住房贷款：个人住房贷款最高额度 55 万元，其中，单缴存职工最高额度 55 万元，双缴存职工最高额度 55 万元。汝州市个人住房贷款最高额度 45 万元。

2018 年，发放个人住房贷款 0.88 万笔 27.73 亿元，同比分别增长 16.27％、25.9％。其中，市中心发放个人住房贷款 0.61 万笔 20.07 亿元，平煤分中心发放个人住房贷款 0.19 万笔 5.09 亿元，汝州市发放个人住房贷款 0.08 万笔 2.57 亿元。

2018 年，回收个人住房贷款 9.99 亿元。其中，市中心 6.61 亿元，平煤分中心 2.61 亿元，汝州市 0.77 亿元。

2018 年末，累计发放个人住房贷款 7.92 万笔 154.58 亿元，贷款余额 107.12 亿元，同比分别增长 12.5％、21.86％、19.84％。个人住房贷款余额占缴存余额的 68.96％，比上年增加 6.12 个百分点。

平顶山市受委托办理住房公积金个人住房贷款业务的银行 6 家。汝州市受委托办理住房公积金个人住房贷款业务的银行 4 家，比上年增加 1 家。

2. 住房公积金支持保障性住房建设项目贷款：2018 年，中心未发放支持保障性住房建设项目贷款。2018 年末，累计发放项目贷款 0.68 亿元，目前该项目贷款已全额收回本息。

（四）资金存储：2018 年末，住房公积金存款 52.07 亿元。其中，活期 0.46 亿元，1 年（含）以下定期 2.25 亿元，1 年以上定期 40.87 亿元，其他（协定、通知存款等）8.49 亿元。

（五）资金运用率：2018 年末，住房公积金个人住房贷款余额、项目贷款余额和购买国债余额的总和占缴存余额的 68.96％，比上年增加 6.12 个百分点。

三、主要财务数据

（一）业务收入：2018 年，业务收入 43941.45 万元，同比增长 17.33％。其中，市中心 25416.85 万元，平煤分中心 15359.63 万元，汝州市 3164.97 万元；存款利息 11678.32 万元，委托贷款利息 32223.61 万元，其他 39.52 万元。

（二）业务支出：2018 年，业务支出 22133.37 万元，同比增长 5.58％。其中，市中心 11978.64 万元，平煤分中心 8757.01 万元，汝州市 1397.72 万元；支付职工住房公积金利息 21318.41 万元，委托贷款手续费 811.73 万元，其他 3.23 万元。

（三）增值收益：2018 年，增值收益 21808.08 万元，同比增长 32.25％。其中，市中心 13438.21 万元，平煤分中心 6602.62 万元，汝州市 1767.25 万元；增值收益率 1.46％，比上年增加 0.24 个百分点。

（四）增值收益分配：2018 年，提取贷款风险准备金 12204.59 万元，提取管理费用 3336.04 万元，提取城市廉租住房（公共租赁住房）建设补充资金 6267.45 万元。

2018 年，上交财政管理费用 2067.05 万元。上缴财政城市廉租住房（公共租赁住房）建设补充资金 4811.45 万元。其中，市中心上缴 3194.67 万元，平煤分中心上缴（收缴单位）1596.78 万元，汝州市上缴 20 万元。

说明：上交财政的管理费用和城市廉租房建设补充资金是 2018 年度的提取额，在 2018 年初上交财政；提取的管理费用和城市廉租房建设补充资金是 2018 年当年提取额，此款项要在 2019 年年初上交财政。

2018 年末，贷款风险准备金余额 78210.06 万元。累计提取城市廉租住房（公共租赁住房）建设补充资金 41384.95 万元。其中，市中心提取 23950.51 万元，平煤分中心提取 17042.84 万元，汝州市提取 391.6 万元。

（五）管理费用支出：2018 年，管理费用支出 2903.5 万元，同比增长 1.5％。其中，人员经费 1543.41 万元，公用经费 872.56 万元，专项经费 487.53 万元。

市中心管理费用支出 1853.02 万元，其中，人员、公用、专项经费分别为 1167.81 万元、535.77 万元、149.44 万元；平煤分中心管理费用支出 804.88 万元，其中，人员、公用、专项经费分别为 292.77

万元、174.02 万元、338.09 万元；汝州市管理费用支出 245.6 万元，其中，人员经费 82.83 万元，公用经费 162.77 万元。

四、资产风险状况

（一）**个人住房贷款**：2018 年末，个人住房贷款逾期额 604.1 万元，逾期率 0.56‰。其中，市中心 0.29‰，平煤分中心 1.43‰，汝州市 0.11‰。

平顶山市个人住房公积金贷款风险准备金按增值收益的 60% 提取，汝州市住房公积金个人贷款风险准备金按贷款余额的 1% 提取。2018 年，提取个人贷款风险准备金 12204.59 万元。2018 年末，个人贷款风险准备金余额 77986.06 万元，占个人住房贷款余额的 7.28%，个人住房贷款逾期额与个人贷款风险准备金余额的比率为 0.77%。

（二）**支持保障性住房建设试点项目贷款**：2018 年，项目贷款风险准备金余额 224 万元。目前我市项目贷款已全额收回本息，余额为零，不再计提项目贷款风险准备金。

五、社会经济效益

（一）**缴存业务**：2018 年，实缴单位数、实缴职工人数和缴存额同比分别增长 5.69%、4.94% 和 20.42%。

缴存单位中，国家机关和事业单位占 68.41%，国有企业占 10.33%，城镇集体企业占 0.91%，外商投资企业占 1.82%，城镇私营企业及其他城镇企业占 11.41%，民办非企业单位和社会团体占 0.68%，其他占 6.44%。

缴存职工中，国家机关和事业单位占 37.83%，国有企业占 46.58%，城镇集体企业占 0.56%，外商投资企业占 2.33%，城镇私营企业及其他城镇企业占 10.62%，民办非企业单位和社会团体占 0.11%，其他占 1.97%；中、低收入占 96.77%，高收入占 3.23%。

新开户职工中，国家机关和事业单位占 22.47%，国有企业占 31.81%，城镇集体企业占 0.93%，外商投资企业占 1.52%，城镇私营企业及其他城镇企业占 21.26%，民办非企业单位和社会团体占 0.53%，其他占 21.48%；中、低收入占 99.31%，高收入占 0.69%。

（二）**提取业务**：2018 年，6.23 万名缴存职工提取住房公积金 23.31 亿元。

提取金额中，住房消费提取占 64.87%（购买、建造、翻建、大修自住住房占 27.73%，偿还购房贷款本息占 33.17%，租赁住房占 3.97%）；非住房消费提取占 35.13%（离休和退休提取占 30.45%，户口迁出本市或出境定居占 0.25%，其他占 4.43%）。

提取职工中，中、低收入占 98.4%，高收入占 1.6%。

（三）**贷款业务**：

1. **个人住房贷款**：2018 年，支持职工购建房 105.64 万平方米，年末个人住房贷款市场占有率为 31.06%，比上年减少 0.95 个百分点。通过申请住房公积金个人住房贷款，可节约职工购房利息支出 53464.91 万元。

职工贷款笔数中，购房建筑面积 90（含）平方米以下占 18.42%，90~144（含）平方米占 69.47%，144 平方米以上占 12.11%。购买新房占 81.49%（其中购买保障性住房占 1.13%），购买二手房占

18.05%，建造、翻建、大修自住住房占0.01%，其他占0.45%。

职工贷款笔数中，单缴存职工申请贷款占24.91%，双缴存职工申请贷款占73.97%，三人及以上缴存职工共同申请贷款占1.12%。

贷款职工中，30岁（含）以下占23.11%，30岁～40岁（含）占45.59%，40岁～50岁（含）占25.47%，50岁以上占5.83%；首次申请贷款占93.14%，二次及以上申请贷款占6.86%；中、低收入占95.99%，高收入占4.01%。

2. 异地贷款：2018年，发放异地贷款662笔22249.6万元。2018年末，发放异地贷款总额48715.85万元，异地贷款余额44653.32万元。

3. 支持保障性住房建设试点项目贷款：2018年末，累计试点项目1个，贷款额度0.68亿元，建筑面积22.45万平方米，可解决1902户中低收入职工家庭的住房问题。目前该试点项目贷款资金已发放并还清贷款本息。

（四）住房贡献率：2018年，个人住房贷款发放额、公转商贴息贷款发放额、项目贷款发放额、住房消费提取额的总和与当年缴存额的比率为117.72%，比上年减少3.12个百分点。

六、其他重要事项

（一）当年住房公积金政策调整及执行情况

1. 2018年度我市住房公积金缴存基数上限为13119元，按照平顶山市统计部门公布的2018年度全市（不含汝州）在岗职工月平均工资的3倍确定。2018年度缴存基数下限分别为1720元（市区、舞钢市、石龙区）、1570元（宝丰县、郏县）、1420元（鲁山县、叶县），按照平顶山市人力资源和社会保障部门确定的2018年度职工最低工资标准确定。

2. 当年印发了《关于贯彻落实平顶山市居住证实施办法的通知》及《在平顶山市就业的港澳台同胞缴存使用住房公积金实施办法》，推动在平顶山市行政区域内就业的居住证持有人及港澳台同胞同等享有缴存使用住房公积金权利。

3. 取消装修和物业费提取，规范偿还住房贷款和解除劳动关系提取，新增享受城镇最低生活保障提取。

4. 按照平顶山市住房公积金管理委员会《关于授权市住房公积金管理中心审批降低缴存比例和缓缴住房公积金进一步降低企业成本的通知》，将阶段性适当降低企业住房公积金缴存比例政策延长至2020年4月30日，审批时限不超过10个工作日。

5. 缴存职工在平顶山市行政区域以外城市就业并正常缴存住房公积金，户籍地在本市行政区域内，购买本市普通自住住房，可以本次所购住房作抵押申请住房公积金贷款。

6. 在本市缴存住房公积金的职工，到本市行政区域以外购房、申请住房公积金贷款，市住房公积金管理中心负责审核职工缴存和使用公积金情况，中心配合出具《异地贷款职工住房公积金缴存使用证明》，取消无购房网签合同或不动产权登记的住房公积金贷款。

（二）当年服务改进情况

1. 服务网点拓展：2018年，中心积极开展住房公积金延伸服务，鼓励和支持各住房公积金业务受托银行参与住房公积金服务网点建设，代办住房公积金业务，在市区和石龙区共核准了10家住房公积金业务承办银行网点，同时在市行政审批服务大厅设置住房公积金提取、贷款业务办理窗口，全市缴存职工可就近到各服务网点办理住房公积金查询、登记、缴存、转移、提取、贷款等业务，办事效率不断提高，服务效能实现新提升。

2. **业务流程精简**：规范业务流程，减少审批环节，压缩审批时限，提取业务的审批时限由3个工作日压缩为即时审批，贷款业务的审批时限由10个工作日压缩为3个工作日。深化"放管服"改革，推出住房公积金业务办理全面取消复印件流程政策，缴存职工到中心各营业网点不用再提供任何复印件材料即可办理所有业务。

3. **综合服务提升**：开展住房公积金服务进楼盘、进企业活动，主动上门为购房职工集中办理住房公积金提取、贷款手续，避免职工多跑腿，提高缴存职工满意度。充分发挥12329住房公积金服务热线的沟通桥梁作用，2018年，12329服务热线共接听人工咨询（35017）人次，自助语音咨询（45690）人次。

（三）当年信息化建设情况

1. 在贯彻落实住房公积金基础数据标准和资金实时结算接口标准（简称"双贯标"）基础上，上线风险隐患防控系统，不断提升工作质量和数据质量；开展信息系统安全等级测评，提升网络安全防护能力。

2. 上线住房公积金G系统Q3版本，将住房公积金贷款模式由委托银行核算正式转换为中心业务系统自主核算，厘清与受托银行的业务边界，实现缴存、提取、贷款和结息等业务由中心核算，完成市中心与平煤分中心业务系统及数据库整合工作。

3. 成功接入新版全国住房公积金结算应用系统和转移接续平台，进一步完善系统功能，规范业务办理。稳步推进综合服务平台建设，使中心网站、网上业务大厅、微信、微博、手机APP的服务功能进一步增强。

4. 建立健全住房公积金信息共享机制，积极对接全市"互联网＋政务服务"数据平台，让数据多跑路，让群众少跑腿。

（四）当年住房公积金管理中心及职工所获荣誉情况

1. 省级荣誉称号：2018年，中心荣获"全省住房城乡建设系统先进集体"、"全省住房城乡建设系统全局性重大任务攻坚突出贡献单位"、"全省住房公积金工作表现突出单位"荣誉称号。

2. 市级荣誉称号：2018年，中心荣获"全市经济社会发展目标考评先进单位"、"全市政务公开工作先进单位"、"全市公文处理工作先进单位和全市市长热线工作先进单位"、"全市公共机构节能工作先进单位"荣誉称号。

安阳市（含滑县）住房公积金2018年年度报告

一、机构概况

（一）**住房公积金管理委员会**：安阳市住房公积金管理委员会有28名委员，2018年召开1次会议，审议通过的事项主要包括：审议通过了《2018年安阳市住房公积金归集、使用计划执行情况及2018年住房公积金归集、使用计划》、《安阳市住房公积金 2018 年决算报告及 2018 年预算报告》、《安阳市住房公积金 2018 年增值收益分配方案》、《安阳市住房公积金 2018 年年度报告》、《安阳市自主缴存者住房公积金缴存使用意见》、《安阳市住房公积金异地贷款实施细则》、《关于洛阳银行安阳分行申请开设住房公积金专用账户开展住房公积金业务的请示》。

滑县住房公积金管理委员会有 15 名委员，2018 年召开管委会审议通过的事项主要包括：《滑县住房公积金 2018 年年度报告》并对 2018 年归集、提取、贷款等各项调整事项进行决策。

（二）住房公积金管理中心：安阳市住房公积金管理中心为市政府直属的不以营利为目的的财政全供事业单位，目前设 11 个科，6 个管理部。从业人员 100 人，其中，在编 52 人，非在编（劳务派遣）48 人。

滑县住房公积金管理中心为隶属于滑县人民政府的不以营利为目的的财政全供事业单位，主要负责全县住房公积金的核算、管理工作，承办全县住房公积金的业务办理等相关服务。内设 6 个科室。

二、业务运行情况

（一）缴存：2018 年，新开户单位 232 家，实缴单位 3416 家，净增单位 145 家；新开户职工 2.15 万人，实缴职工 23.93 万人，净增职工 1.55 万人；缴存额 29.12 亿元，同比增长 25.3%。2018 年末，缴存总额 198.47 亿元，同比增长 17.2%；缴存余额 83.28 亿元，同比增长 19.0%。

市中心受委托办理住房公积金缴存业务的银行 12 家，比上年增加（减少）0 家。滑县中心受委托办理住房公积金缴存业务的银行 3 家，比上年增加 2 家。

（二）提取：2018 年，提取额 15.84 亿元，同比增长 33.3%；占当年缴存额的 54.4%，比上年增加 3.3 个百分点。2018 年末，提取总额 115.19 亿元，同比增长 15.9%。

（三）贷款：

1. **个人住房贷款**：市中心个人住房贷款最高额度 40 万元，其中，单缴存职工最高额度 30 万元，双缴存职工最高额度 40 万元。滑县中心个人住房贷款额度最高额度 45 万元，不分单双职工。

2018 年，发放个人住房贷款 0.32 万笔 9.13 亿元，同比分别下降 31.9%、26.1%。其中，市中心发放个人住房贷款 0.25 万笔 6.80 亿元，滑县中心发放个人住房贷款 726 万笔 2.33 亿元。

2018 年，回收个人住房贷款 9.56 亿元。其中，市中心 8.42 亿元，滑县中心 1.14 亿元。

2018 年末，累计发放个人住房贷款 5.71 万笔 114.18 亿元，贷款余额 58.28 亿元，同比分别下降 6.1%、8.7%、0.8%。个人住房贷款余额占缴存余额的 70.0%，比上年减少 13.9 个百分点。

市中心受委托办理住房公积金个人住房贷款业务的银行 10 家，比上年增加 3 家。

滑县中心受委托办理住房公积金个人住房贷款业务的银行 4 家，比上年增加 2 家。

2. **住房公积金支持保障性住房建设项目贷款**：2018 年，发放支持保障性住房建设项目贷款 0 亿元，回收项目贷款 0 亿元。2018 年末，市中心累计发放项目贷款 0.30 亿元，项目贷款余额 0 亿元。

（四）融资：2018 年末，融资总额 3.34 亿元，融资余额 0 亿元。

（五）资金存储：2018 年末，住房公积金存款 26.20 亿元。其中，活期 0.03 亿元，1 年（含）以下定期 5.55 亿元，1 年以上定期 13.38 亿元，其他（协定、通知存款等）7.24 亿元。

（六）资金运用率：2018 年末，住房公积金个人住房贷款余额、项目贷款余额和购买国债余额的总和占缴存余额的 70.0%，比上年减少 13.9 个百分点。

三、主要财务数据

（一）**业务收入**：2018 年，业务收入 25484.55 万元，同比增长 17.1%。其中，市中心 22667.98 万元，滑县中心 2816.57 万元；存款利息 6105.03 万元，委托贷款利息 19377.15 万元，国债利息 0 万元，其他 2.37 万元。

（二）**业务支出**：2018 年，业务支出 12690.21 万元，同比增长 12.3%。其中，市中心 11380.25 万元，滑县中心 1309.96 万元；支付职工住房公积金利息 11559.15 万元，归集手续费 285.54 万元，委托贷款手续费 835.73 万元，其他 9.79 万元。

（三）**增值收益**：2018 年，增值收益 12794.34 万元，同比增长 22.3%。其中，市中心 11287.73 万元，滑县中心 1506.61 万元；增值收益率 1.7%，比上年增加 0.1 个百分点。

（四）**增值收益分配**：2018 年，提取贷款风险准备金 1339.91 万元，提取管理费用 1492.66 万元，提取城市廉租住房（公共租赁住房）建设补充资金 9961.77 万元。

2018 年，上交财政管理费用 1518.13 万元。上缴财政城市廉租住房（公共租赁住房）建设补充资金 2980.40 万元。其中，市中心上缴 2283.06 万元，滑县中心上缴（收缴单位）697.34 万元。

2018 年末，贷款风险准备金余额 48055.20 万元。累计提取城市廉租住房（公共租赁住房）建设补充资金 27005.68 万元。其中，市中心提取 23970.55 万元，滑县中心提取 3035.13 万元。

（五）**管理费用支出**：2018 年，管理费用支出 1209.18 万元，同比下降 2.74%。其中，人员经费 717.20 万元，公用经费 311.73 万元，专项经费 180.25 万元。

市中心管理费用支出 1102.30 万元，其中，人员、公用、专项经费分别为 679.18 万元、264.87 万元、158.25 万元；滑县中心管理费用支出 106.88 万元，其中，人员、公用、专项经费分别为 38.02 万元、46.86 万元、22.00 万元。

四、资产风险状况

（一）**个人住房贷款**：2018 年末，个人住房贷款逾期额 107.11 万元，逾期率 0.18‰。其中，市中心 0.13‰，滑县 0.55‰。

个人贷款风险准备金按（贷款余额或增值收益）的 1% 提取。2018 年，提取个人贷款风险准备金 1339.91 万元，使用个人贷款风险准备金核销呆坏账 0 万元。2018 年末，个人贷款风险准备金余额 47971.60 万元，占个人住房贷款余额的 8.2%，个人住房贷款逾期额与个人贷款风险准备金余额的比率 0.2%。

（二）**支持保障性住房建设试点项目贷款**：2018 年，项目贷款风险准备金余额 83.60 万元。

五、社会经济效益

（一）**缴存业务**：2018 年，实缴单位数、实缴职工人数和缴存额同比分别增长 4.6%、7.1% 和 25.3%。

缴存单位中，国家机关和事业单位占 71.1%，国有企业占 10.3%，城镇集体企业占 1.1%，外商投资企业占 0.6%，城镇私营企业及其他城镇企业占 11.3%，民办非企业单位和社会团体占 1.1%，其他占 4.5%。

缴存职工中，国家机关和事业单位占 57.5%，国有企业占 27.5%，城镇集体企业占 1.5%，外商投资企业占 1.1%，城镇私营企业及其他城镇企业占 7.8%，民办非企业单位和社会团体占 0.8%，其他占 3.8%；中、低收入占 98.3%，高收入占 1.7%。

新开户职工中，国家机关和事业单位占 41.4%，国有企业占 16.2%，城镇集体企业占 1.1%，外商投资企业占 2.6%，城镇私营企业及其他城镇企业占 24.0%，民办非企业单位和社会团体占 1.8%，其他占 12.9%；中、低收入占 99.9%，高收入占 0.1%。

（二）提取业务：2018 年，6.72 万名缴存职工提取住房公积金 15.84 亿元。

提取金额中，住房消费提取占 77.8%（购买、建造、翻建、大修自住住房占 21.2%，偿还购房贷款本息占 50.8%，租赁住房占 1.3%，其他占 4.5%）；非住房消费提取占 22.2%（离休和退休提取占 19.5%，完全丧失劳动能力并与单位终止劳动关系提取占 1.8%，户口迁出本市或出境定居占 0.3%，其他占 0.6%）。

提取职工中，中、低收入占 98.2%，高收入占 1.8%。

（三）贷款业务：

1. **个人住房贷款**：2018 年，支持职工购建房 42.99 万平方米，年末个人住房贷款市场占有率为 12.3%，比上年减少 1.3 个百分点。通过申请住房公积金个人住房贷款，可节约职工购房利息支出 18505.97 万元。

职工贷款笔数中，购房建筑面积 90（含）平方米以下占 4.8%，90～144（含）平方米占 74.4%，144 平方米以上占 20.8%。购买新房占 93.4%（其中购买保障性住房占 0.2%），购买二手房占 6.6%，建造、翻建、大修自住住房占 0%，其他占 0%。

职工贷款笔数中，单缴存职工申请贷款占 52.4%，双缴存职工申请贷款占 47.6%，三人及以上缴存职工共同申请贷款占 0%。

贷款职工中，30 岁（含）以下占 18.9%，30 岁～40 岁（含）占 45.3%，40 岁～50 岁（含）占 30%，50 岁以上占 5.8%；首次申请贷款占 92.2%，二次及以上申请贷款占 7.8%；中、低收入占 99%，高收入占 1.0%。

2. **异地贷款**：2018 年，发放异地贷款 98 笔 2819 万元。2018 年末，发放异地贷款总额 10933.3 万元，异地贷款余额 8964.49 万元。

3. **支持保障性住房建设试点项目贷款**：2018 年末，市中心累计试点项目 1 个，贷款额度 0.30 亿元，建筑面积 13.11 万平方米，可解决 118 户中低收入职工家庭的住房问题。1 个试点项目贷款资金已发放并还清贷款本息。

（四）**住房贡献率**：2018 年，个人住房贷款发放额、公转商贴息贷款发放额、项目贷款发放额、住房消费提取额的总和与当年缴存额的比率为 73.7%，比上年减少 17.9 个百分点。

六、其他重要事项

（一）当年机构及职能调整情况、受委托办理缴存贷款业务金融机构变更情况。

1. **当年机构及职能调整情况**。安阳市住房公积金管理中心行政处罚权划入城市管理和综合执法部门。

2. 受委托办理缴存贷款业务金融机构变更情况。

市中心受委托办理缴存业务的金融机构为：中国工商银行、中国农业银行、中国银行、中国建设银行、交通银行、中原银行、中信银行、招商银行、广发银行、中国邮政储蓄银行、浦发银行、安阳商都农商银行；受委托办理住房公积金个人贷款业务的金融机构为：中国工商银行、中国农业银行、中国银行、中国建设银行、交通银行、中原银行、中信银行，新增招商银行、广发银行和中国邮政储蓄银行。

滑县中心当年缴存业务金融机构为：中国农业银行、中国银行、中国邮政储蓄银行；受托办理个人住房公积金贷款业务的金融机构为：中国农业银行、中国银行、中国邮政储蓄银行和中信银行。

（二）当年住房公积金政策调整及执行情况。

1. 市中心当年缴存基数限额及确定方法、缴存比例等缴存政策调整情况。 2018 年度住房公积金缴存基数为职工本人 2018 年度月平均工资。根据市统计部门提供的 2018 年度相关数据，确定 2018 年度全市住房公积金缴存基数的上限为 12774 元。住房公积金缴存基数下限安阳市区为 1720 元；林州市、安阳县、汤阴县为 1570 元；内黄县为 1420 元。

2018 年度住房公积金月缴存额上限为 3066 元。住房公积金月缴存额下限安阳市区为 172 元；林州市、安阳县、汤阴县为 158 元；内黄县为 142 元。各缴存单位的住房公积金缴存比例限定在 5% 至 12% 以内。

2. 滑县当年住房公积金政策调整及执行情况。 2018 年滑县中心出台《关于 2018 年度住房公积金缴存基数（比例）调整的通知》（滑公积金〔2018〕35 号）文件，住房公积金缴存基数（比例）调整时间由原来的当年 1 月 1 日起到 12 月 31 日更改为当年 7 月 1 日起至 12 月 31 日。

当年单位缴存比例最高不超过 12%，最低不低于 5%，自主缴存职工缴存比例为 20%。

3. 当年提取政策调整情况。

（1）市中心根据住房城乡建设部、财政部、人民银行、公安部《关于开展治理违规提取住房公积金工作的通知》（建金〔2018〕46 号）规定：缴存职工与单位解除或终止劳动关系的，应先办理个人账户封存。账户封存期间，在异地开立住房公积金账户并稳定缴存半年以上的，办理异地转移接续手续。未在异地继续缴存的，封存满半年后可提取。

（2）根据《河南省住房公积金审批服务事项"三级十同"清单》相关规定，为了进一步简化住房公积金提取业务手续，提高办事效率，提升服务质量，自 2018 年 12 月 18 日起，缴存职工提取住房公积金时，不再提供《安阳市住房公积金提取申请书》。

（3）滑县中心当年办理"冲还贷"业务仅需提供身份证原件，取消婚姻证明材料和户口簿，且不需要提供复印件。

4. 当年个人住房贷款最高贷款额度、贷款条件等贷款政策调整情况。 市中心当年个人住房贷款最高贷款额度、贷款条件等贷款政策未作调整。

滑县中心当年个人住房公积金贷款最高贷款额度没有调整，仍为 45 万元，且不区分夫妻单双方缴存。二手房贷款首付比例由 30% 调整为 40%，最长贷款期限由 20 年调整为 15 年。

5. 当年住房公积金存贷款利率执行标准。 当年住房公积金存款利率执行按照《关于完善职工住房公积金账户存款利率形成机制的通知》（银发〔2016〕43 号）文件要求执行一年期定期存款基准利率 1.5%，贷款利率按照《中国人民银行决定下调存贷款基准利率并降低存款准备金率》的通知要求，五年以下

（含）2.75%，五年以上 3.25%。

（三）市中心当年服务改进情况。

1. **完善服务网点建设工作**。2018 年 5 月，市区管理二部和内黄县管理部完成了整体搬迁并对外办公。

2. **持续推进中心服务大厅"三化"建设**。全力推进硬件设施人性化、服务礼仪标准化、管理责任具体化建设。一是各管理部按照"前台综合受理、后台分类审批、窗口统一出件"要求，进一步规划设置咨询引导区、综合受理服务区、自助服务区、服务监督台等多种便民设施，各种物品标识清晰、明确、齐全；二是积极推进服务标准化，明确岗位职责，严肃工作纪律，严格执行首问责任制、一次告知制、服务承诺制等工作制度，开展一条龙、一站式服务；三是设置"网络办理引导专员"。针对职工首次网上办理住房公积金业务不熟悉网络页面、业务办理速度慢等情况，在自助服务区配置专人，现场讲解，引导职工通过网络自主办理住房公积金业务。

3. **与不动产中心联网查询信息**。实现与安阳市不动产档案系统对接，在公积金柜面窗口即可查询个人房产信息。避免缴存职工往返公积金中心和不动产交易大厅开具房产证明。

4. **做好"一网通办"前提下"最多跑一次"改革工作**。全力推进住房公积金业务网上办理工作，按照"一网、一门、一次"要求，市住房公积金中心已实现住房公积金信息系统与省网上政务服务平台网络通、数据通、业务通。在省政务服务平台注册的用户，可以直接登录到住房公积金网上服务大厅，办理住房公积金业务。推出"自助办理转账还款"等 21 项网上业务办理事项，实现住房公积金业务网上可办率达到 70% 目标。在中心网站、APP、微信公众号等大力宣传推广"住房公积金个人网上服务大厅"自助办理转账还款等网上办理业务，推动实现职工办理"冲还贷业务"等业务零跑趟。

5. **综合服务平台建设基本完善**。住房公积金网上服务大厅、微信、自助终端、门户网站、短信平台、12329 服务热线、手机 APP、微博等八大服务渠道畅通健全。支付宝城市服务，利用"人脸识别"技术，实现"刷脸"认证免密码登录公积金账户，缴存职工可以随时查询自己的账户情况。

（四）当年信息化建设情况。

1. **贯彻落实"双贯标"要求，提升现代化服务能力**。7 月 10 日，市中心顺利通过了住房城乡建设部和省住房城乡建设厅对贯彻落实《住房公积金基础数据标准》和《接入住房公积金银行结算数据应用系统接口标准》的检查验收。住房公积金归集、提取、贷款等所有业务类型的资金交易均通过住房城乡建设部银行结算应用系统实现线上办理；达到业务、财务、银行"三账一体化管理"，业务凭证自动生成，银行流水自动对账。

2. **启动信息安全等级保护工作**。市中心依据《信息安全等级保护管理办法》等文件精神，积极落实对信息系统安全等级状况开展等级测评工作，推动住房公积金信息系统达到三级等保要求，2018 年 7 月，启动住房公积金电子化检查工作，坚持每月电子化检查，每月报送电子检查报告，促使全市住房公积金 IT 系统运维管理和技术防护水平明显提升。

3. 2018 年，滑县中心按照住房城乡建设部、省住房城乡建设厅关于贯彻住房公积金基础数据标准要求，成功接入住房公积金结算应用平台，顺利完成住房城乡建设部和省住房城乡建设厅公积金"双贯标"验收工作。实现了公积金提取秒到账，贷款发放、回收全部自动化，业务账、财务账和银行流水实现实时动态平衡，有效提升了公积金信息化管理水平，提高了中心风险防控能力，保障了中心资金安全。

按照住房城乡建设部要求，2019 年综合服务平台建设完成，"一网通办"工作基本实现。

（五）当年住房公积金管理中心及职工所获荣誉情况。 2018年，安阳市住房公积金管理中心管理部主任魏沛同志，被评为河南省住房城乡建设系统先进工作者。

2018年滑县中心荣获省级卫生先进单位、安阳市五一劳动奖状、县级文明单位标兵荣誉称号。

（六）当年对违反《住房公积金管理条例》和相关法规行为进行行政处罚和申请人民法院强制执行情况。 2018年，滑县中心已申请个人住房公积金贷款的借款人卢某某，因连续多次逾期，情节严重，中心按照《住房公积金管理条例》和相关法规，向滑县人民法院申请强制执行，追回逾期贷款。市中心无此情况。

鹤壁市住房公积金2018年年度报告

一、机构概况

（一）住房公积金管理委员会：住房公积金管理委员会有25名委员，2018年召开4次会议，审议通过的事项主要包括：《关于批复住房公积金2018年年度报告的通知》、《关于批复住房公积金2018年增值收益分配的通知》、《调整住房公积金楼盘准入政策》、《放开鹤煤公司职工贷款政策》、《鹤壁市住房公积金管理中心2018年以来工作开展情况》等。

（二）住房公积金管理中心：住房公积金管理中心为市人民政府不以营利为目的的财政全供事业单位，设6个科室，3个管理部，1个分中心。从业人员75人，其中，在编37人，雇佣劳务派遣人员38人。

二、业务运行情况

（一）缴存：2018年新开户单位142家，实缴单位1840家，净增单位134家；新开户职工1.86万人，实缴职工11.95万人，净增职工0.79万人；缴存额10.42亿元，同比增长21.20%。2018年末，缴存总额82.87亿元，同比增长14.38%；缴存余额34.91亿元，同比增长13.75%。

受委托办理住房公积金缴存业务的银行7家，2018年缴存业务的银行没有变化。

（二）提取：2018年提取额6.20亿元，同比增长31.68%；占当年缴存额的59.49%，比上年增加4.73个百分点。2018年末，提取总额47.97亿元，同比增长14.84%。

（三）贷款：单、双缴存职工最高贷款额度50万元。

2018年发放个人住房贷款0.14万笔3.95亿元，同比分别下降45.49%、43.38%。其中，市中心发放个人住房贷款0.13万笔3.69亿元，分中心发放个人住房贷款0.01万笔0.26亿元。

2018年回收个人住房贷款4.93亿元。其中，市中心4.10亿元，分中心0.83亿元。

2018年末累计发放个人住房贷款3.75万笔57.59亿元，贷款余额27.94亿元，同比分别增长4.01%、7.36%、-3.39%。个人住房贷款余额占缴存余额的80.04%，比上年减少14.20个百分点。

受委托办理住房公积金个人住房贷款业务的银行4家，2018年贷款业务的银行没有变化。

（四）资金存储：2018年末住房公积金存款7.95亿元。其中，活期0.02亿元，1年以上定期0.88亿元,其他(协定、通知存款等)7.05亿元。

(五)资金运用率：2018年末住房公积金个人住房贷款余额占缴存余额的80.04%，比上年减少14.20个百分点。

三、主要财务数据

(一)业务收入：2018年业务收入11441.32万元，同比增长16.44%。其中，市中心8564.63万元，分中心2876.69万元；存款利息2052.44万元，委托贷款利息9384.13万元，其他（委托贷款逾期罚息）4.75万元。

(二)业务支出：2018年业务支出6057.12万元，同比增长6.13%。其中，市中心4597.02万元，分中心1460.10万元；支付职工住房公积金利息5046.70万元，委托贷款手续费460.45万元，其他549.97万元。

(三)增值收益：2018年增值收益5384.20万元，同比增长30.73%。其中，市中心3967.61万元，分中心1416.59万元；增值收益率1.64%，比上年增加0.21个百分点。

(四)增值收益分配：2018年提取贷款风险准备金3230.52万元，提取管理费用1600万元，提取城市廉租住房（公共租赁住房）建设补充资金553.68万元。

2018年上交财政管理费用1613万元。上缴财政城市廉租住房（公共租赁住房）建设补充资金34.48万元，其中市中心上缴31.29万元，分中心上缴3.19万元。

2018年末贷款风险准备金余额26853.59万元。累计提取城市廉租住房（公共租赁住房）建设补充资金6888.44万元，其中市中心提取3042.22万元，分中心提取3846.22万元。

(五)管理费用支出：2018年管理费用支出1218.19万元，同比增长36.98%。其中，人员经费518万元，公用经费318.13万元，专项经费382.06万元。

市中心管理费用支出831.44万元，其中人员、公用、专项经费分别为364.25万元、265.43万元、201.76万元；分中心管理费用支出386.75万元，其中人员、公用、专项经费分别为153.75万元、52.70万元、180.30万元。

四、资产风险状况

2018年末，个人住房贷款逾期额109.26万元，逾期率0.39‰。其中：市中心0.22‰，分中心1.14‰。个人贷款风险准备金按增值收益的60%提取。2018年提取个人贷款风险准备金3230.52万元。2018年末个人贷款风险准备金余额26853.59万元，占个人住房贷款余额的9.61%，个人住房贷款逾期额与个人贷款风险准备金余额的比率为0.41%。

五、社会经济效益

(一)缴存业务：2018年实缴单位数、实缴职工人数和缴存额同比分别增长7.48%、22.21%和21.20%。

缴存单位中，国家机关和事业单位占55.54%，国有企业占11.31%，城镇集体企业占1.41%，外商投资企业占0.76%，城镇私营企业及其他城镇企业占28.10%，民办非企业单位和社会团体占2.34%，

其他占 0.54%。

缴存职工中，国家机关和事业单位占 29.44%，国有企业占 31.28%，城镇集体企业占 1.44%，外商投资企业占 8.35%，城镇私营企业及其他城镇企业占 24.41%，民办非企业单位和社会团体占 4.46%，其他占 0.62%；中、低收入占 99.13%，高收入占 0.87%。

新开户职工中，国家机关和事业单位占 15.10%，国有企业占 10.89%，城镇集体企业占 1.19%，外商投资企业占 24.70%，城镇私营企业及其他城镇企业占 29.18%，民办非企业单位和社会团体占 14.68%，其他占 4.26%；中、低收入占 99.75%，高收入占 0.25%。

（二）提取业务：2018 年 2.24 万名缴存职工提取住房公积金 6.20 亿元。

提取金额中，住房消费提取占 69.73%（购买、建造、翻建、大修自住住房占 26.29%，偿还购房贷款本息占 42.45%，租赁住房占 0.99%）；非住房消费提取占 30.27%（离休和退休提取占 16.79%，完全丧失劳动能力并与单位终止劳动关系提取占 3.82%，户口迁出本市或出境定居占 0.35%，其他占 9.31%）。

提取职工中，中、低收入占 98.48%，高收入占 1.52%。

（三）贷款业务：

1. 个人住房贷款：2018 年支持职工购建房 16.75 万平方米，年末个人住房贷款市场占有率为 16.82%，比上年减少 4.39 个百分点。通过申请住房公积金个人住房贷款，可节约职工购房利息支出 6869.32 万元。

职工贷款笔数中，购房建筑面积 90（含）平方米以下占 15.24%，90～144（含）平方米占 77.77%，144 平方米以上占 6.99%。购买新房占 65.10%，购买二手房占 34.90%。

职工贷款笔数中，单缴存职工申请贷款占 18.84%，双缴存职工申请贷款占 81.16%。

贷款职工中，30 岁（含）以下占 26.34%，30 岁～40 岁（含）占 42.66%，40 岁～50 岁（含）占 26.18%，50 岁以上占 4.82%；首次申请贷款占 91.14%，二次及以上申请贷款占 8.86%；中、低收入占 98.75%，高收入占 1.25%。

2. 异地贷款：2018 年发放异地贷款 74 笔 1865.10 万元。2018 年末，发放异地贷款总额 10773.70 万元，异地贷款余额 7010.62 万元。

3. 公转商贴息贷款：2018 年末，累计发放公转商贴息贷款 854 笔 23364.04 万元，累计贴息 321.75 万元。

（四）住房贡献率：2018 年个人住房贷款发放额、公转商贴息贷款发放额、住房消费提取额的总和与当年缴存额的比率为 79.38%，比上年减少 52.41 个百分点。

六、其他重要事项

（一）机构及职能保持稳定：当年机构及职能无调整，受委托办理缴存贷款业务金融机构无变更。

（二）适时调整贷款政策，住房保障功能更加凸显：2018 年来，按照"保一限二禁三"的原则，支持基本住房需求，适时调整贷款政策，有效提高公积金住房保障功能。当年我市住房公积金缴存比例最低 5%，最高 12%，缴存基数上限是上一年度统计部门公布的社会平均工资 3868 元的三倍。在政策调整方面，为切实提高住房公积金的住房保障功能，将职工购买首套普通住房申请贷款的，最高贷款额度由 25

万元提高到 50 万元，月还款额不超过家庭收入的 50%提高到 60%，贷款额度不再受住房公积金账户余额 15 倍限制。存贷款利率没有调整，职工住房公积金账户存款利率统一按一年期定期利率 1.50%执行；住房公积金贷款五年以上利率为 3.25%，五年期以下利率为 2.75%，二套房贷款利率执行基准利率的 1.1 倍。

（三）深化"放管服"改革，服务质量明显提高：为广大缴存者提供高效、便捷、优质的服务，是窗口工作的出发点和落脚点，中心认真贯彻落实"放管服"改革要求，以便民、优质、高效为目标，实现"四办"（立即办、马上办、办得好、办得快）。一是优化服务流程，简化办理要件。取消所有业务办理的纸质材料复印件；将单位缴存登记、灵活就业人员开户等业务原来的科室审批权限下放到服务大厅，提高办理效率。二是提升服务理念，优化服务方式。但在未完全实现"一网通"的情况下，中心为群众提供帮办代办服务，由工作人员代替贷款申请人定期到房产交易、不动产登记等部门查询房屋套数证明，减少群众跑腿次数。三是依托互联网+，提升服务效能。建成 12329 服务热线、公积金网站、微信公众号、手机APP、个人网厅和单位网厅等多样化的综合服务平台，目前实现 18 项业务网上一次性办结，服务项目涵盖住房公积金查询、归集、提取、贷款等，全面提升服务效能。四是从柜台走出来，创新服务形式。为将"一网通办"前提下"最多跑一次"改革落到实处，中心开设了手机体验区和网厅办理区，"网络办理引导员"走出柜台，引导职工通过网络自主办理业务。

（四）以信息化建设为抓手，提升管理效能：一是主动升级软件，满足管理需求。为更好推进中心信息化建设，增加住房公积金便民性、安全性，中心对信息系统进行了升级改造，同年 4 月完成项目招标，9 月接入结算应用系统正式上线运行，新系统在涵盖旧系统功能的基础上，增加了月冲还贷模块、催缴催建模块、风控模块、逾期管理模块、电子档案模块，规范了住房公积金业务管理，提升了信息系统可扩展性，为综合服务平台建设打下良好基础。二是顺利通过"双贯标"验收，各项管理更规范。2018 年将"双贯标"建设列为年度工作重点，专班领导、层层推进、全力落实，紧抓信息化系统升级的契机，全面梳理缴存单位、职工基础信息，自 2018 年 6 月起至 10 月，通过纸质档案查询、督促缴存单位完善、通知个人核对等手段，完成个人、单位基础信息采集和导入工作，实现基础数据贯标，同年 9 月，新信息系统接入结算应用平台，并顺利通过绿灯测试，投入运行，实现结算应用系统贯标；"双贯标"建设完成后，中心严格对照住房城乡建设部"双贯标"验收要求，自查自纠，先后组织人员对财务银行账户、业务流程、核心信息系统、互联网系统进行梳理，收集整理相关资料，于 11 月 16 日顺利通过住房城乡建设部"双贯标"验收。

（五）强化内部审核，风险防控能力不断增强：一是利用先进的电子化检查手段，及时对办理的业务进行"体检"，确保住房公积金"肌体健康"，并以行业内审为契机，提前自查整改。二是以扫黑除恶为契机，重拳打击行业黑恶势力。按照上级扫黑除恶工作要求，中心全面梳理了 2010 年以来发生的典型案件，发现并查处了 5 起骗提违规行为，同时与相关部门开展维护职工贷款权益联合执法活动，治理了 3 起开发商拒绝职工使用住房公积金贷款典型案例，有效净化了住房公积金行业环境。三是整治开发企业拒绝贷款。中心以部分项目小区为典型案例，采取上门宣讲政策和沟通协调、联合房管部门下发整改通知书等措施，及时完成楼盘准入，有力维护了 30 余户缴存职工的贷款权益。

（六）扩面催缴，缴存工作实现新突破：中心继续深入贯彻落实扩大住房公积金制度受益范围有关文件精神，扩大制度覆盖面，使更多职工享受到制度的"红利"。一是通过发放政策宣传彩页、设置咨询台向群众讲解住房公积金政策，提高群众对住房公积金的认知度，在人员比较集中的广场、会展中心、大型社区等开展实地宣传10余次，辖区范围内的乡镇、街道办事处开展政策宣传20次。同时利用鹤壁日报、电视台、广场液晶显示屏、中心网站微博微信等开展宣传。二是对各行业进行调研后，制定了缴存扩面工作方案，确定私立学校、私立医院、非公有制企业为重点扩面行业范围。细化扩面措施，以点带面推动扩面工作，以重点行业为突破点，按照先易后难、先大后小，低标准进入、逐步到位的原则，积极引导重点行业全员建立住房公积金制度。

新乡市住房公积金2018年年度报告

一、机构概况

（一）**住房公积金管理委员会**：住房公积金管理委员会有25名委员，2018年召开1次会议，审议通过的事项主要包括：《关于提高公积金贷款风险准备金提取比例的请示》、《住房公积金2018年增值收益分配方案》、《新乡市住房公积金2018年年度报告》、《新乡市自主缴存者住房公积金缴存与使用管理实施细则》、《关于修改"与单位终止劳动关系后未重新就业满一年"提取办法的建议》、《新乡市住房公积金管理中心关于管委会对中心进行授权的申请》、《关于调整住房公积金个人住房贷款相关政策的建议》。

省直管长垣县住房公积金管理委员会有15名委员，2018年召开1次会议，审议通过的事项主要包括：审议通过了2018年度报告；审议通过了《长垣县进城务工农民、个体工商户、自由职业者住房公积金缴存使用细则》；审议通过了《长垣县港澳台同胞缴存使用住房公积金实施办法》；审议通过了《关于调整住房公积金提取、贷款相关政策的通知》。

（二）**住房公积金管理中心**：住房公积金管理中心为不以营利为目的的（财政全供事业单位）事业单位，设6个处（科），7个管理部。从业人员70人，其中，在编43人，非在编27人。

省直管长垣县住房公积金管理中心为隶属长垣县人民政府不以营利为目的的财政全供事业单位，设6个科。从业人员16人，其中，在编5人，非在编11人。

二、业务运行情况

（一）**缴存**：2018年，新开户单位356家，实缴单位3361家，净增单位238家；新开户职工3.43万人，实缴职工28.77万人，净增职工0.63万人；缴存额27.18亿元，同比增长12.6%。2018年末，缴存总额169.23亿元，同比增长19.1%；缴存余额91.05亿元，同比增长17%。

受委托办理住房公积金缴存业务的银行3家，比上年增加0家。

（二）**提取**：2018年，提取额13.95亿元，同比增长27.3%；占当年缴存额的51%，比上年增加5.6个百分点。2018年末，提取总额78.18亿元，同比增长21.7%。

（三）**贷款**：个人住房贷款最高额度55万元，其中，单缴存职工最高额度30万元，双缴存职工最高额度55万元。

2018年，发放个人住房贷款0.48万笔15.10亿元，同比分别（下降）19.9%、14.4%。其中，市中心发放个人住房贷款0.42万笔13.44亿元，长垣县中心发放个人住房贷款0.06万笔1.66亿元。

2018年，回收个人住房贷款6.47亿元。其中，市中心6.04亿元，长垣县中心0.43亿元。

2018年末，累计发放个人住房贷款4.49万笔106.70亿元，贷款余额81.33亿元，同比分别增长11.8%、16.5%、11.9%。个人住房贷款余额占缴存余额的89.3%，比上年（减少）4.1个百分点。

受委托办理住房公积金个人住房贷款业务的银行3家，比上年增加（减少）0家。

（四）融资：2018年末，融资总额10.9亿元，融资余额0亿元。

（五）资金存储：2018年末，住房公积金存款14.36亿元。其中，活期1.57亿元，1年（含）以下定期4.5亿元，1年以上定期0.7亿元，其他（协定、通知存款等）7.59亿元。

（六）资金运用率：2018年末，住房公积金个人住房贷款余额、项目贷款余额和购买国债余额的总和占缴存余额的89.3%，比上年减少4.1个百分点。

三、主要财务数据

（一）业务收入：2018年，业务收入27090.87万元，同比增长3.7%。其中，市中心25162.13万元，长垣县中心1928.74万元，存款利息2008.67万元，委托贷款利息25082.18万元，国债利息0万元，其他0.02万元。

（二）业务支出：2018年，业务支出13706.50万元，同比增长13.4%。其中，市中心12998.81万元，长垣县中心707.69万元，支付职工住房公积金利息12465.74万元，归集手续费5.61万元，委托贷款手续费1234.11万元，其他1.04万元。

（三）增值收益：2018年，增值收益13606.85万元，同比（下降）3.2%。其中，市中心12163.32万元，长垣县中心1443.53万元，增值收益率1.6%，比上年（减少）0.4个百分点。

（四）增值收益分配：2018年，提取贷款风险准备金2385.14万元，提取管理费用1951.03万元，提取城市廉租住房（公共租赁住房）建设补充资金9270.67万元。

2018年，上交财政管理费用1921.13万元。上缴财政城市廉租住房（公共租赁住房）建设补充资金10973.46万元。其中，市中心上缴10802.91万元，长垣县中心上缴170.55万元，2018年末，贷款风险准备金余额26667.40万元。累计提取城市廉租住房（公共租赁住房）建设补充资金53558.39万元，其中，市中心提取51478.82万元，长垣县中心提取2079.57万元。

（五）管理费用支出：2018年，管理费用支出1388.83万元，同比增长44.6%。其中，人员经费685.71万元，公用经费52.89万元，专项经费650.23万元。

市中心管理费用支出1224.98万元，其中，人员、公用、专项经费分别为627.26万元、26.83万元、570.89万元；长垣县中心管理费用支出163.85万元，其中，人员、公用、专项经费分别为58.45万元、26.06万元、79.34万元。

四、资产风险状况

2018年末，个人住房贷款逾期额63.75万元，逾期率0.08‰。其中，市中心0.08‰，长垣县中心0‰。个人贷款风险准备金按（贷款余额）的3%提取。2018年，提取个人贷款风险准备金2385.14万元，使用个人贷款风险准备金核销呆坏账 0 万元。2018 年末，个人贷款风险准备金余额 26667.40 万元，占个人住房贷款余额的 3.3%，个人住房贷款逾期额与个人贷款风险准备金余额的比率为 0.2%。

五、社会经济效益

（一）**缴存业务**：2018 年，实缴单位数、实缴职工人数和缴存额同比分别增长 7.6%、2.3% 和 13.3%。

缴存单位中，国家机关和事业单位占 59.6%，国有企业占 8.8%，城镇集体企业占 1.4%，外商投资企业占 0.5%，城镇私营企业及其他城镇企业占 7.3%，民办非企业单位和社会团体占 2.6%，其他占 19.8%。

缴存职工中，国家机关和事业单位占 54.4%，国有企业占 19.2%，城镇集体企业占 0.4%，外商投资企业占 1.6%，城镇私营企业及其他城镇企业占 3.9%，民办非企业单位和社会团体占 1.2%，其他占 19.3%；中、低收入占 99%，高收入占 1%。

新开户职工中，国家机关和事业单位占 32.8%，国有企业占 17.3%，城镇集体企业占 0.3%，外商投资企业占 0.5%，城镇私营企业及其他城镇企业占 11.9%，民办非企业单位和社会团体占 3%，其他占 34.2%；中、低收入占 99.4%，高收入占 0.6%。

（二）**提取业务**：2018 年，5.37 万名缴存职工提取住房公积金 13.95 亿元。

提取金额中，住房消费提取占 64.2%（购买、建造、翻建、大修自住住房占 22.9%，偿还购房贷款本息占 38.2%，租赁住房占 2.9%，其他占 0.2%）；非住房消费提取占 35.8%（离休和退休提取占 27.3%，完全丧失劳动能力并与单位终止劳动关系提取占 6%，户口迁出本市或出境定居占 0.5%，其他占 2%）。

提取职工中，中、低收入占 98.8%，高收入占 1.2%。

（三）**贷款业务**：

1. **个人住房贷款**：2018 年，支持职工购建房 63.37 万平方米，年末个人住房贷款市场占有率为 12%，比上年（减少）1.4 个百分点。通过申请住房公积金个人住房贷款，可节约职工购房利息支出 30856.50 万元。

职工贷款笔数中，购房建筑面积 90（含）平方米以下占 10.3%，90~144（含）平方米占 79.3%，144 平方米以上占 10.4%。购买新房占 82.2%（其中购买保障性住房占 0%），购买存量商品住房占 17.8%，建造、翻建、大修自住住房占 0%，其他占 0%。

职工贷款笔数中，单缴存职工申请贷款占 22.8%，双缴存职工申请贷款占 77.2%，三人及以上缴存职工共同申请贷款占 0%。

贷款职工中，30 岁（含）以下占 31.5%，30 岁~40 岁（含）占 42.7%，40 岁~50 岁（含）占 21.8%，50 岁以上占 4%；首次申请贷款占 93.8%，二次及以上申请贷款占 6.2%；中、低收入占 99.7%，高收入占 0.3%。

2. **异地贷款**：2018 年，发放异地贷款 552 笔 17017.50 万元。2018 年末，发放异地贷款总额 66585.30 万元，异地贷款余额 61811.65 万元。

（四）**住房贡献率**：2018 年，个人住房贷款发放额、公转商贴息贷款发放额、项目贷款发放额、住房

消费提取额的总和与当年缴存额的比率为 88.5%，比上年（减少）14.6 个百分点。

六、其他重要事项

（一）当年住房公积金政策调整及执行情况：

新乡市公积金业务调整情况：

（1）按照《河南省住房和城乡建设厅关于印发河南省住房城乡建设系统省市县三级审批服务事项通用目录的通知》（豫建〔2018〕129 号）要求，新乡市住房公积金管理中心严格对照《"三级十同"清单》内容进行梳理，并上报《新乡市审批服务事项清单》，于 2018 年 9 月 25 日与河南省政务服务平台链接后开始执行。新的审批服务事项共 33 项，其中缴存业务 14 项，包括：单位缴存登记；单位缴存信息变更；单位缴存登记注销；个人账户设立；个人账户转移；个人账户封存；个人账户启封；汇（补）缴；错账调整；缴存比例、缴存基数调整；降低缴存比例和缓缴；个人信息变更；个人账户合并；灵活就业人员缴存登记。提取业务 14 项，包括：购买自住住房提取住房公积金；购买二手自住住房提取住房公积金；建造、翻建、大修自住住房提取住房公积金；退休提取住房公积金；完全丧失劳动能力，并与单位终止劳动关系提取住房公积金；出境定居提取住房公积金；户口迁出本省行政区域提取住房公积金；偿还住房公积金贷款本息提取住房公积金；偿还商贷本息提取住房公积金；租赁自住住房提取住房公积金；死亡或者被宣告死亡提取住房公积金；享受城镇最低生活保障提取住房公积金；与所在单位终止劳动关系未重新就业且封存满半年提取住房公积金；其他情形提取住房公积金。

（2）按照《新乡市人民政府办公室关于进一步扩大住房公积金制度受益范围的实施意见》（新政办〔2018〕104 号）规定："全市住房公积金缴存基数不得高于本市上一年度职工平均工资的 3 倍，不得低于本市（县）上年度最低工资标准；最高缴存比例为 12%，最低缴存比例为 5%。"按我市 2018 年在岗职工平均工资 4074 元，确定工资基数申报的全市最高限额为 4074 元的三倍，即 12222 元。按新乡市人民政府新政文〔2018〕9 号文公布的 2018 年新乡市最低工资标准，确定工资基数申报的最低限额市本级为 1900 元，辉县市、新乡县为 1700 元，卫辉市、获嘉县、原阳县、封丘县、延津县为 1500 元；控高限低后，2018 年共有 2253 个单位，182475 名职工变更了缴存基数；90 个单位，12040 名职工变更了缴存比例，当年缴存基数和比例无一例超标。

（3）2018 年对照《"三级十同"清单》内容进行梳理，调整业务四项：借款人提供首付款收据与契税票，改为提供首付款发票；取消"购买商品房住房公积金贷款"自然人担保方式；异地缴存职工不再提供劳动合同、社保缴费情况证明；贷款审批时间由原来 10 个工作日压缩到 7 个工作日。

（4）经新乡市住房公积金管委会审批通过，住房公积金个人住房贷款最高额度由 55 万元调整为："夫妻双方按时连续足额缴存住房公积金的，贷款最高额度 55 万元；单方按时连续足额缴存住房公积金的，贷款最高额度 30 万元。"

长垣县公积金业务调整情况：

（1）2018 年 6 月 13 日，按照国务院《住房公积金管理条例》、住房城乡建设部《关于住房公积金管理若干具体问题的指导意见》（建金管〔2005〕5 号）文件精神，依据我县统计部门提供的 2018 年度全县职工年平均工资标准，调整我县住房公积金的缴存基数最低标准为 1867 元，最高为 11204 元；单方缴存比例最低为 5%，最高为 12%；自主缴存者缴存比例为 16%；并及时下发《关于核定 2018 年度住房公积金缴存比例和基数的通知》。

（2）中心制定出台了《长垣县进城务工农民、个体工商户、自由职业者住房公积金缴存使用细则》和《长垣县港澳台同胞缴存使用住房公积金实施办法》。

（3）为进一步凸显住房公积金的住房保障作用，中心认真研究制定，并经县住房公积金管理委员会二届一次会议表决通过，将住房公积金提取、贷款政策作如下调整：

一是取消因职工本人或直系亲属患九种重大疾病可提取住房公积金的有关规定。

二是取消关于装修、修缮提取住房公积金的相关规定。

三是取消住房公积金装修贷款相关政策。

四是调整职工三年内所购自住房无住房贷款可申请住房公积金贷款政策，时间由原来的"三年"缩短为"一年"，即职工一年内所购住房无住房贷款可申请住房公积金贷款，操作规范不变，仍按原来的操作规范执行。

五是提高住房公积金贷款额度。为提高中低收入职工家庭的住房消费的能力，切实解决缴存职工购房困难，鉴于我县商品房价格的不断攀升，将住房公积金贷款最高贷款额度由原来的40万提高至50万。

六是严格实施差别化贷款政策。按照河南省住房和城乡建设厅在全省住房公积金2018年监管工作要点提出"保一控二禁三"的指导思想，结合我县实际，提高二套房首付比例，具体为：所购住房面积≤$144m^2$，首付比例为30%；$144m^2$＜购房面积≤$180m^2$，首付比例调整为40%；购房面积大于$180m^2$，不支持住房公积金贷款。

（二）当年服务改进情况：

新乡市服务改进情况：

（1）公积金网点服务设施及服务手段情况：根据豫建住保〔2011〕10号文件精神，为了更好地服务广大公积金缴存职工，新乡市住房公积金管理中心为各县（市）管理站购买营业网点用房，改善服务环境。七县市管理站服务网点建设和设施已于2018年全部结束，并全部搬迁完毕，总面积2475.89平方米，实现了统一门牌、标识，在各服务大厅均设置叫号机、查询机、配备休息座椅、饮水机、写字台、老花镜、便民箱、报刊架等服务设施，并在大厅显眼位置配置LED屏滚动播出各项政策制度及办理流程，为办事群众提供方便，确保了各县（市）管理站办公环境和服务环境的进一步优化。

（2）综合服务平台建设情况：2018年，中心住房公积金审批服务事项网上可办率达到89%，超额完成了省厅规定的住房公积金审批服务事项网上可办率达到40%的要求和标准。

中心与市房管局实现了房产查询和备案合同信息共享，办事群众不用再到房管局开具房产查询证明，在中心窗口就可以查询到，减少了群众往返排队之苦。由于公积金提取和信贷业务需要本人一类银行卡，为了方便群众办事，受托银行已经可以直接在中心业务大厅为办事群众办理一类银行卡。

按照市12345社会公共服务热线平台建设工作部署要求，中心12345热线于2018年9月29日正式开通，中心指定专人负责处理12345热线咨询投诉。

我中心网厅、APP、微信等便民服务手段陆续投入使用，丰富了缴存职工查询渠道，下一步我们将加快综合服务平台建设，尽快开通业务办理。

长垣县服务改进情况：

为了适应新业务的需要，并通过与中国建设银行进行沟通协调，中国建设银行同意将六楼大厅提供给中心，作为公积金业务服务大厅使用。8月中旬，新业务系统上线之日顺利搬至六楼大厅。虽然业务繁忙，但整个大厅井然有序，大厅实现了"一站式服务"、"综合柜员制"，公积金业务实现了"最多跑一次"的要求，更喜人的是随着新业务的上线，公积金提取已实现了实时到账；公积金缴存方式也实现了托收模式，进一步方便了广大缴存职工和单位经办人员。

（三）当年信息化建设情况：

新乡市信息化建设情况：

2018年，我中心将"双贯标"（基础数据标准贯标和结算应用系统接入贯标）工作作为中心年度重点工作事项推进。组织召开了13次"双贯标"工作推进会和2次受托银行工作协调会，9月完成中心业务系统、网络与云平台对接工作，并组织各县（市）管理站业务骨干及相关工作人员进行了4天业务政策和上机实操培训，正式上线后"双贯标"新业务系统运行平稳有序。11月13日，我市"双贯标"工作通过部省联合验收组的国家验收。

长垣县信息化建设情况：

"双贯标"是住房公积金行业2018年的重点工作，按照住房城乡建设部和省住房城乡建设厅对"双贯标"项目完成时限要求，中心领导班子多次召开专题会议，安排部署"双贯标"推进工作，通过近半年的辛苦努力，"双贯标"工作顺利通过了住房城乡建设部及省厅联合验收，省部验收专家均并给予高度评价。

（四）当年住房公积金管理中心及职工所获荣誉情况：2018年新乡市住房公积金管理中心荣获"省级卫生单位"称号；荣获市级文明单位。

2018年长垣县住房公积金管理中心被授予"省级卫生单位"称号；中心业务服务大厅分别被授予"巾帼文明岗"，"三八红旗集体""县级青年文明号"称号，侯迪同志被授予"三八红旗手"荣誉称号。

（五）其他需要披露的情况：经新乡市住房公积金管委会审议通过，新乡市住房公积金各县管理站2016年前计提的应付银行归集手续费216.73万元；辉县、新乡县管理机构2006年上划时应付县房管局人员工资5.75万元，两项合计222.48万元，调入"廉租住房建设补充资金"。

焦作市住房公积金2018年年度报告

一、机构概况

（一）住房公积金管理委员会：住房公积金管理委员会有25名委员，2018年召开1次会议，审议通过的事项主要包括：

1. 宣读《关于调整焦作市住房公积金管理委员会第三届委员会委员的通知》。
2. 听取《市住房公积金管理中心关于住房公积金管理和使用情况的报告》。
3. 审议《焦作市住房公积金管理中心2018年年度报告》。
4. 审议《焦作市住房公积金管理中心2018年度增值收益分配方案》。
5. 审议《焦作市住房公积金管理中心2018年收支预算草案》。

6. 审议《关于调整住房公积金月冲还贷有关政策的通知》。

(二)住房公积金管理中心：市住房公积金管理中心为直属市政府领导的不以营利为目的财政全供事业单位,内设10个科室,8个县(市)区管理部,从业人员109人,其中,在编66人,非在编43人;焦煤中心设3个科,从业人员14人,其中,在编14人。

二、业务运行情况

(一)缴存：2018年,新开户单位327家,实缴单位3948家,净增单位176家;新开户职工1.91万人,实缴职工27.45万人,净增职工1.85万人;缴存额25.36亿元,同比增长5.14%。2018年末,缴存总额174.9亿元,同比增长16.96%;缴存余额90.66亿元,同比增长16.89%。

受委托办理住房公积金缴存业务的银行4家,比上年增加0家。

(二)提取：2018年,提取额12.26亿元,同比下降12.3%;占当年缴存额的48.34%,比上年减少9.62个百分点。2018年末,提取总额84.24亿元,同比增长17.03%。

(三)贷款：个人住房贷款最高额度50万元,其中,单缴存职工最高额度50万元,双缴存职工最高额度50万元。

2018年,发放个人住房贷款0.52万笔15.55亿元,同比分别下降29.73%、27.91%。其中,市中心发放个人住房贷款0.49万笔14.95亿元,焦煤中心发放个人住房贷款0.02万笔0.6亿元。

2018年,回收个人住房贷款8.06亿元。其中,市中心7.45亿元,焦煤中心0.61亿元。

2018年末,累计发放个人住房贷款7.07万笔136.43亿元,贷款余额86.93亿元,同比分别增长7.94%、12.86%、9.44%。个人住房贷款余额占缴存余额的95.89%,比上年减少6.52个百分点。

受委托办理住房公积金个人住房贷款业务的银行8家,比上年增加0家。

(四)融资：2018年,融资2.5亿元,归还7.7亿元。2018年末,融资总额16.2亿元,融资余额0亿元。

(五)资金存储：2018年末,住房公积金存款8.65亿元。其中,活期5.99亿元,1年(含)以下定期0亿元,1年以上定期0.05亿元,其他(协定、通知存款等)2.61亿元。

(六)资金运用率：2018年末,住房公积金个人住房贷款余额、项目贷款余额和购买国债余额的总和占缴存余额的95.89%,比上年减少6.52个百分点。

三、主要财务数据

(一)业务收入：2018年,业务收入26433.06万元,同比增长0.99%。其中,市中心24890.36万元,焦煤中心1542.7万元;存款利息765.39万元,委托贷款利息25643.23万元,国债利息0万元,其他24.44万元。

(二)业务支出：2018年,业务支出15364.41万元,同比增长6.68%。其中,市中心13849.74万元,焦煤中心1514.67万元;支付职工住房公积金利息12614.9万元,归集手续费1061.83万元,委托贷款手续费616.65万元,其他1071.03万元。

(三)增值收益：2018年,增值收益11068.66万元,同比减少5.97%。其中,市中心11040.62万元,焦煤中心28.04万元;增值收益率1.31%,比上年减少0.31个百分点。

（四）增值收益分配：2018年，提取贷款风险准备金2824.55万元，提取管理费用2636.14万元，提取城市廉租住房（公共租赁住房）建设补充资金6266.55万元。

2018年，上交财政管理费用2949.64万元。上缴城市廉租住房（公共租赁住房）建设补充资金4271.99万元。其中，市中心上缴财政城市廉租住房（公共租赁住房）4271.99万元。

2018年末，贷款风险准备金余额26415.39万元。累计提取城市廉租住房（公共租赁住房）建设补充资金37190.27万元。其中，市中心提取34595.06万元，焦煤中心提取2595.21万元。

（五）管理费用支出：2018年，管理费用支出2493.73万元，同比增长4.5%。其中，人员经费1078.31万元，公用经费152.29万元，专项经费1263.13万元。

市中心管理费用支出2314.23万元，其中，人员、公用、专项经费分别为924.4万元、132.5万元、1257.33万元；焦煤中心管理费用支出179.5万元，其中，人员、公用、专项经费分别为153.91万元、19.79万元、5.8万元。

四、资产风险状况

个人住房贷款：2018年末，个人住房贷款逾期额413.91万元，逾期率0.48‰。其中，市中心0.5‰，焦煤中心0‰。

个人贷款风险准备金按贷款余额的3.22%提取。2018年，提取个人贷款风险准备金2824.55万元，使用个人贷款风险准备金核销呆坏账0万元。2018年末，个人贷款风险准备金余额26415.39万元，占个人住房贷款余额的3.04%，个人住房贷款逾期额与个人贷款风险准备金余额的比率为1.57%。

五、社会经济效益

（一）缴存业务：2018年，实缴单位数、实缴职工人数和缴存额同比分别增长4.67%、7.23%和5.14%。

缴存单位中，国家机关和事业单位占60.06%，国有企业占9.40%，城镇集体企业占3.39%，外商投资企业占0.63%，城镇私营企业及其他城镇企业占20.72%，民办非企业单位和社会团体占2.68%，其他占3.12%。

缴存职工中，国家机关和事业单位占41.24%，国有企业占27.2%，城镇集体企业占7.94%，外商投资企业占1.1%，城镇私营企业及其他城镇企业占14.95%，民办非企业单位和社会团体占1.11%，其他占6.46%；中、低收入占98.74%，高收入占1.26%。

新开户职工中，国家机关和事业单位占25.68%，国有企业占17.31%，城镇集体企业占5.31%，外商投资企业占1.17%，城镇私营企业及其他城镇企业占28.77%，民办非企业单位和社会团体占3.53%，其他占18.23%；中、低收入占99.82%，高收入占0.18%。

（二）提取业务：2018年，7.43万名缴存职工提取住房公积金12.26亿元。

提取金额中，住房消费提取占64.29%（购买、建造、翻建、大修自住住房占27.76%，偿还购房贷款本息占36.14%，租赁住房占0.18%，其他占0.21%）；非住房消费提取占35.71%（离休和退休提取占27.65%，完全丧失劳动能力并与单位终止劳动关系提取占5.27%，户口迁出本市或出境定居占1.44%，其他占1.35%）。

提取职工中，中、低收入占 95.82%，高收入占 4.18%。

（三）贷款业务：

1. **个人住房贷款：** 2018 年，支持职工购建房 62.7 万平方米，2018 年末个人住房贷款市场占有率为 29.98%，比上年减少 3.35 个百分点。通过申请住房公积金个人住房贷款，可节约职工购房利息支出 23037.13 万元。其中，市中心共发放 4938 笔住房公积金贷款，贷款金额 14.95 亿元，以贷款 5 年期以上利率计算住房公积金贷款利率（3.25%）较同期商业性个人住房贷款利率（按商业性个人住房贷款基准利率 4.9% 为准）低 1.65 个百分点，通过申请住房公积金个人住房贷款，市中心可节约职工购房利息支出 22058.2 万元，人均可节约职工购房利息支出 4.47 万元；焦煤中心可节约职工购房利息支出 978.93 万元。

职工贷款笔数中，购房建筑面积 90（含）平方米以下占 12.45%，90~144（含）平方米占 75.47%，144 平方米以上占 12.08%。购买新房占 83.89%（其中购买保障性住房占 0%），购买二手房占 14.27%，建造、翻建、大修自住住房占 0.04%，其他占 1.8%。

职工贷款笔数中，单缴存职工申请贷款占 19.66%，双缴存职工申请贷款占 80.34%，三人及以上缴存职工共同申请贷款占 0%。

贷款职工中，30 岁（含）以下占 20.57%，30 岁~40 岁（含）占 42.54%，40 岁~50 岁（含）占 29.94%，50 岁以上占 6.95%；首次申请贷款占 89.55%，二次及以上申请贷款占 10.45%；中、低收入占 98.66%，高收入占 1.34%。

2. **异地贷款：** 2018 年，发放异地贷款 61 笔 1655.5 万元。2018 年末，发放异地贷款总额 49003.8 万元，异地贷款余额 38088.72 万元。

（四）住房贡献率： 2018 年，个人住房贷款发放额、公转商贴息贷款发放额、项目贷款发放额、住房消费提取额的总和与当年缴存额的比率为 92.39%，比上年减少 39.91 个百分点。

六、其他重要事项

2018 年我中心自我拉高标杆，瞄准全省、全国一流目标，发扬敢为人先精神，坚持创新驱动，独创焦作公积金管理六部法，推进标准化建设，努力打造金字服务招牌。实现了从管理型中心向服务型中心转变，从粗放化向精细化转变。进一步完善了以行政审批、风险控制、优质服务、现场管理、监督考核、安全应急六大类 138 项的《焦作市住房公积金标准体系》，中心上上下下焕发出勃勃生机，各项工作全面提升，业务指标快速增长，制度效用显著发挥。

（一）缴存基数、缴存比例调整工作：

1. 按照住房公积金月缴存基数原则上不得超过统计部门公布的上一年度职工月平均工资三倍的意见，依据市统计局公布的我市 2018 年在岗职工平均工资 50976 元，确定 2018 年度住房公积金的月缴存基数的上限为 12744 元，月缴存额上限为 3058 元；住房公积金缴存基数下限依照焦作市 2018 年度最低工资标准，焦作市区、沁阳市、孟州市为 1720 元，月缴存额下限 172 元；修武县、武陟县、博爱县、温县为 1570 元，月缴存额下限为 158 元。

2. 2018 年度自主缴存者月缴存基数上限为 12744 元，月缴存额上限为 3058 元；月缴存基数下限为 4248 元，月缴存额下限为 424 元。

（二）建立"放管服"长效工作机制：

1. 取消不必要的证明事项，实行"四个一律"，即，不具有法律法规依据的一律取消，能通过个人现有证照来证明的一律取消，能采取申请人书面承诺方式解决的一律取消，能通过网络核验的一律取消，共取消不必要的证明事项21项，不合理的循环证明和反复证明彻底清理。

2. 精简业务流程，中心将住房公积金业务流程分类梳理、登记，编制了部门权利清单和责任清单、办理流程和业务指导书，使审批工作有了标准依据。防止业务办理的随意性，既提高了业务办理的质量和效率，也堵塞了不给好处不办事，给了好处乱办事的漏洞。截至目前，共有35项住房公积金行政审批事项，其中32项已实现"最多跑一次"，占所有审批事项的91%。

（三）综合服务平台及信息化建设情况：

1. 中心现已开通渠道有门户网站、网上服务大厅、自助终端、12329热线、手机短信、手机客户端、微信和微博八大服务渠道并创建24小时自助终端服务大厅等，通过多渠道以方便群众服务群众。

2. 2018年中心实现核心业务系统改造升级，将所有业务按照系统标准化流程进行，环环相扣，缺一不可；中心不断加强与相关部门的协调，建立外联信息平台，与房地产交易系统、人民银行征信、社保系统、个人身份核查等系统联网，建设数据共享信息平台，通过部门授权，实现业务协同和联网审批，提高公积金业务办理效率，让"数据网上行，群众少跑腿"，用信息技术支撑起让群众"最多跑一趟"的目标；2018年我中心与不动产中心签署协议，将申请公积金贷款时不动产抵押登记前移至住房公积金窗口，实现群众办理不动产抵押登记和注销抵押登记"零跑腿"。

（四）2018年我中心接受河南省住房公积金内审专家审计，中心积极配合审计要求，提供审计资料，全面充分地展示了中心各项工作成果，中心各项工作均得到了充分肯定。

（五）2018年中心荣获"全国巾帼建功先进集体"、"全国五四红旗团支部"，1人荣获河南省五一劳动奖章，1人荣获市三八红旗手的荣誉。

（六）2018年我中心对违反《住房公积金管理条例》和相关法规行为送达法律文件30余份，行政执法催缴6家重点企业，催缴人数410人，开户当月缴存金额104646元；行政执法催缴5家规模企业，补缴金额863473元。通过行政执法维护了职工的合法权益，促进了住房公积金事业的持续健康发展。

（七）2018年我中心严格落实《住房城乡建设部、财政部、人民银行关于改进住房公积金缴存机制进一步降低企业成本的通知》（建金〔2018〕45号）和《关于开展治理违规提取住房公积金工作的通知》（建金〔2018〕46号）精神。

一方面切实降低实体经济成本，减轻企业非税负担，改进住房公积金缴存机制，积极深入企业，通过座谈走访等形式，了解企业经营情况，因地制宜对不同企业进行归集缴存指导，制定不同的缴存方案，切实为企业减负。

另一方面按照"房子是用来住的，不是用来炒的"定位及建立租购并举住房制度的精神，规范改进住房公积金提取政策，优化提取审核流程，实施失信联合惩戒，加强内部风险管理，同时推进与相关部门信息共享，建立跨地协查机制，加强宣传引导，对涉嫌伪造及使用虚假证明材料的组织和个人开展集中治理工作，及时向公安等部门移交问题线索，严肃依法惩治，切实保证了住房公积金制度稳健运行，依法维护了缴存职工的权益。

濮阳市住房公积金 2018 年年度报告

一、机构概况

（一）住房公积金管理委员会：住房公积金管理委员会有 25 名委员，2018 年召开 2 次会议，审议通过的事项主要包括：《关于 2018 年归集使用计划执行情况及 2018 年归集使用计划安排的报告》、《2018 年住房公积金增值收益分配方案》、《濮阳市住房公积金 2018 年年度报告》、《关于解决县（区）管理部办公及业务用房购建费用事项的报告》、《关于部分调整住房公积金使用政策的报告》。

（二）住房公积金管理中心：住房公积金管理中心为直属濮阳市人民政府的不以营利为目的的全供事业单位，主要负责全市住房公积金的归集、管理、使用和会计核算。中心设 5 个科，6 个管理部，1 个分中心。从业人员 96 人，其中，在编 66 人，非在编 30 人。

二、业务运行情况

（一）缴存：2018 年，新开户单位 266 家，实缴单位 2921 家，净增单位 198 家；新开户职工 1.93 万人，实缴职工 26.84 万人，净增职工 0.25 万人；缴存额 31.12 亿元，同比增长 7.7%。2018 年末，缴存总额 250.92 亿元，同比增长 14.2%；缴存余额 91.85 亿元，同比增长 12.9%。

受委托办理住房公积金缴存业务的银行 6 家，比上年增加 0 家。

（二）提取：2018 年，提取额 20.66 亿元，同比增长 11.9%；占当年缴存额的 66.4%，比上年增加 2.5 个百分点。2018 年末，提取总额 159.07 亿元，同比增长 14.9%。

（三）贷款：

个人住房贷款最高额度 45 万元，其中，单缴存职工最高额度 45 万元，双缴存职工最高额度 45 万元。

2018 年，发放个人住房贷款 0.75 万笔 22.50 亿元，同比分别增长 4.2%、11.3%。其中，市中心发放个人住房贷款 0.51 万笔 14.53 亿元，中原油田分中心发放个人住房贷款 0.24 万笔 7.97 亿元。

2018 年，回收个人住房贷款 10.39 亿元。其中，市中心 6.74 亿元，中原油田分中心 3.65 亿元。

2018 年末，累计发放个人住房贷款 6.73 万笔 132.89 亿元，贷款余额 82.85 亿元，同比分别增长 12.6%、20.4%、17.1%。个人住房贷款余额占缴存余额的 90.2%，比上年增加 3.3 个百分点。

受委托办理住房公积金个人住房贷款业务的银行 6 家，比上年增加 0 家。

（四）资金存储：2018 年末，住房公积金存款 11.43 亿元。其中，活期 0.01 亿元，1 年（含）以下定期 4.49 亿元，1 年以上定期 2.59 亿元，其他（协定、通知存款等）4.34 亿元。

（五）资金运用率：2018 年末，住房公积金个人住房贷款余额、项目贷款余额和购买国债余额的总和占缴存余额的 90.2%，比上年增加 3.3 个百分点。

三、主要财务数据

（一）业务收入：2018 年，业务收入 27557.24 万元，同比增长 10.8%。其中，市中心 16249.28 万元，中原油田分中心 11307.96 万元；存款利息 2172.24 万元，委托贷款利息 24830.70 万元，国债利息 0

万元，其他 12.57 万元。

（二）**业务支出**：2018 年，业务支出 13977.96 万元，同比增长 8.4%。其中，市中心 7894.50 万元，中原油田分中心 6083.46 万元；支付职工住房公积金利息 12842.80 万元，归集手续费 0 万元，委托贷款手续费 1123.34 万元，其他 11.82 万元。

（三）**增值收益**：2018 年，增值收益 13579.28 万元，同比增长 13.4%。其中，市中心 8354.78 万元，中原油田分中心 5224.50 万元；增值收益率 1.6%，比上年增加 0 个百分点。

（四）**增值收益分配**：2018 年，提取贷款风险准备金 7988.28 万元，提取管理费用 814.40 万元，提取城市廉租住房（公共租赁住房）建设补充资金 4776.60 万元。

2018 年，上交财政管理费用 1188.00 万元。上缴财政城市廉租住房（公共租赁住房）建设补充资金 1430.92 万元。其中，市中心上缴 1430.92 万元。

2018 年末，贷款风险准备金余额 46469.23 万元。累计提取城市廉租住房（公共租赁住房）建设补充资金 32543.12 万元。其中，市中心提取 14576.32 万元，中原油田分中心提取 17966.80 万元。

（五）**管理费用支出**：2018 年，管理费用支出 1805.47 万元，同比增长 18.8%。其中，人员经费 1054.90 万元，公用经费 395.49 万元，专项经费 355.08 万元。

市中心管理费用支出 724.66 万元，其中，人员、公用、专项经费分别为 516.95 万元、207.71 万元、0 万元；中原油田分中心管理费用支出 1080.81 万元，其中，人员、公用、专项经费分别为 537.95 万元、187.78 万元、355.08 万元。

四、资产风险状况

2018 年末，个人住房贷款逾期额 1635.00 万元，逾期率 1.97‰。其中，市中心 2.61‰，中原油田分中心 0.95‰。

个人贷款风险准备金按（贷款余额或增值收益）的 60% 提取。2018 年，提取个人贷款风险准备金 7988.28 万元，使用个人贷款风险准备金核销呆坏账 0 万元。2018 年末，个人贷款风险准备金余额 46469.23 万元，占个人住房贷款余额的 5.6%，个人住房贷款逾期额与个人贷款风险准备金余额的比率为 3.5%。

五、社会经济效益

（一）**缴存业务**：2018 年，实缴单位数、实缴职工人数和缴存额同比分别增长 7.3%、0.9% 和 7.7%。

缴存单位中，国家机关和事业单位占 53.2%，国有企业占 12.7%，城镇集体企业占 2.7%，外商投资企业占 0.4%，城镇私营企业及其他城镇企业占 27.0%，民办非企业单位和社会团体占 0.9%，其他占 3.1%。

缴存职工中，国家机关和事业单位占 38.8%，国有企业占 34.4%，城镇集体企业占 2.0%，外商投资企业占 0.3%，城镇私营企业及其他城镇企业占 18.8%，民办非企业单位和社会团体占 0.2%，其他占 5.5%；中、低收入占 99.5%，高收入占 0.5%。

新开户职工中，国家机关和事业单位占 23.0%，国有企业占 7.5%，城镇集体企业占 1.0%，外商投资企业占 0.7%，城镇私营企业及其他城镇企业占 26.6%，民办非企业单位和社会团体占 7.9%，其他占 33.3%；中、低收入占 99.3%，高收入占 0.7%。

（二）提取业务：2018 年，13.8 万名缴存职工提取住房公积金 20.66 亿元。

提取金额中，住房消费提取占 79.2%（购买、建造、翻建、大修自住住房占 44.9%，偿还购房贷款本息占 32.1%，租赁住房占 1.2%，其他占 1.0%）；非住房消费提取占 20.8%（离休和退休提取占 16.4%，完全丧失劳动能力并与单位终止劳动关系提取占 3.4%，户口迁出本市或出境定居占 0.1%，其他占 0.9%）。

提取职工中，中、低收入占 97.6%，高收入占 2.4%。

（三）贷款业务：

1. **个人住房贷款**：2018 年，支持职工购建房 94.68 万平方米，年末个人住房贷款市场占有率为 28.6%，比上年减少 2.7 个百分点。通过申请住房公积金个人住房贷款，可节约职工购房利息支出 52385.30 万元。

职工贷款笔数中，购房建筑面积 90（含）平方米以下占 13.5%，90～144（含）平方米占 79.8%，144 平方米以上占 6.7%。购买新房占 77.7%（其中购买保障性住房占 0%），购买二手房占 16.0%，建造、翻建、大修自住住房占 0%，其他占 6.3%。

职工贷款笔数中，单缴存职工申请贷款占 32.0%，双缴存职工申请贷款占 68.0%，三人及以上缴存职工共同申请贷款占 0%。

贷款职工中，30 岁（含）以下占 29.3%，30 岁～40 岁（含）占 40.8%，40 岁～50 岁（含）占 25.7%，50 岁以上占 4.2%；首次申请贷款占 93.8%，二次及以上申请贷款占 6.2%；中、低收入占 97.9%，高收入占 2.1%。

2. **异地贷款**：2018 年，发放异地贷款 1246 笔 39188.60 万元。2018 年末，发放异地贷款总额 98734.30 万元，异地贷款余额 84414.78 万元。

（四）**住房贡献率**：2018 年，个人住房贷款发放额、公转商贴息贷款发放额、项目贷款发放额、住房消费提取额的总和与当年缴存额的比率为 124.9%，比上年 122.7 增加 2.2 个百分点。

六、其他重要事项

（一）当年住房公积金政策调整及执行情况。

1. **缴存基数限额及确定方法、缴存比例等缴存政策调整情况**。根据国务院《住房公积金管理条例》（国务院令第 350 号）、《河南省住房公积金管理条例》及建设部、财政部、中国人民银行《关于住房公积金管理若干具体问题的指导意见》（建金管〔2005〕5 号）和《濮阳市住房公积金缴存管理办法》（濮政〔2007〕52 号）的有关规定，结合濮阳市实际，于 7 月 1 日至 8 月 31 日进行核定。2018 度，单位和个人住房公积金缴存比例最低为 5%，最高均不得高于 12%。住房公积金缴存基数的确定，按照国家统计局《关于工资总额组成的规定》（统制字〔1990〕1 号）执行，以职工个人 2018 年 1 月 1 日至 12 月 31 日的月平均工资为基数。按照住房公积金月缴存基数原则上不得超过统计部门公布的上一年度职工平均工资三倍的意见，2018 年全市城镇非私营单位在岗职工年平均工资为 51319 元，平均每月工资收入为 4276.58 元，确定 2018 年度住房公积金月缴存基数上限为 12829.74 元，单位和职工个人住房公积金月缴存总额上限为

3080元；缴存基数的下限按照濮阳市最低工资标准执行，市区月缴存基数的下限为1570元，月缴存总额下限为157元，濮阳县、清丰县、南乐县、范县、台前县月缴存基数下限为1420元，月缴存总额下限为142元。

自主缴存人员缴存住房公积金缴存比例为20%，根据濮阳市统计部门公布的2018年城镇居民家庭每人年收入为29210元，确定住房公积金月缴存基数上限为2434元，住房公积金月缴存额上限为487元。

2. 使用政策调整情况。为应对我市住房公积金资金流动性不足，资金使用率、个贷率长期居高不下的现状，进一步体现住房公积金制度的公平性、互助性以及缴存义务与使用权利的对应关系，经我市住房公积金管理委员会第二十次会议审议通过，我中心对住房公积金部分使用政策进行了阶段性调整。一是自2019年1月1日起，将购房提取年限恢复到《濮阳市住房公积金提取管理办法》所规定的"购买、建造、翻建或者大修自住住房不超过一年的"。二是自2019年1月1日起暂停受理异地缴存人在我市的住房公积金贷款申请，待个贷率降至85%以下并能持续12个月以上低于85%时，再根据届时上级相关规定执行。判断依据以《异地贷款职工住房公积金缴存使用证明》开具日期为准。三是有条件受理全装修住宅的住房公积金贷款申请。自2019年1月1日起，有条件受理全装修住宅的住房公积金贷款申请。对于购房合同中明确约定装修费用具体数额的，受理贷款申请时按照合同中房屋总价款减去装修费用计算"房价总额"；对于购房合同中未明确约定装修费用具体数额的，受理贷款申请时按照合同中房屋总价款的70%计算"房价总额"。四是试行开展"组合贷款"业务。为解决缴存年限偏短、缴存额度偏低的缴存人单靠住房公积金贷款无法满足购房需求的问题，以市建行为试点，于2019年1月1日起在市城区范围内试行开展"住房公积金个人住房组合贷款"业务。该业务暂时只针对同时在我中心和市建行备案签约的楼盘和符合市建行个人住房贷款规定的二手房，且申请人首付款不低于房屋总价款的30%。

（二）服务工作改进成绩显著。住房公积金综合服务平台建设取得巨大进展，我中心现已建成12329服务热线、12329手机短信、门户网站、网上服务大厅、微信公众号、手机APP客户端、支付宝城市服务等多项服务渠道。2018年度12329服务热线自主语音查询13万余人次，12329手机短信发送21万余条，门户网站访问量52万余人次，网上服务大厅7万余人次，微信公众号订阅量达5千余人次。我中心的住房公积金综合服务平台建设已初步建成，承载着信息查询、业务办理、信息发布、互动交流等功能，为缴存单位和缴存职工提供了更加便捷、高效、安全的住房公积金服务。包括服务网点、服务设施、服务手段、综合服务平台建设和其他网络载体建设服务情况等。

（三）信息化建设又上新台阶。对住房公积金业务管理系统进行全面优化升级，圆满完成贯彻落实《住房公积金基础数据标准》和《接入住房公积金银行结算数据应用系统接口标准》（简称"双贯标"）工作，高分通过住房城乡建设部"双贯标"检查验收专家组验收。实现中心新老业务系统的平稳切换，29张业务表394个数据项全部符合住房公积金基础数据标准要求；中心全业务、全流程、全账户对接住房城乡建设部结算应用系统；加强了业务资金交易的管理，实现统一核算下的业务、资金、财务的三账联动机制；依托信息管理系统，优化梳理了业务流程，全面启用电子档案扫描程序；进行了多次历史数据清理，清除近8000个封存账户，完善补全了近六万余条基础信息。初步具备"通存、通兑、通贷、通还"能力，建设了一套功能齐全、运行高效的住房公积金综合业务管理系统。

（四）当年住房公积金管理中心及职工所获荣誉情况。包括：省级文明单位、职工郭笑翀同志获得省级五一劳动奖章。

许昌市住房公积金2018年年度报告

一、机构概况

（一）**住房公积金管理委员会**：住房公积金管理委员会有26名委员，2018年召开1次会议，审议通过了2018年住房公积金归集使用计划执行情况及2018年归集使用计划，并对简化住房公积金贷款办理手续、授权中心审批降低住房公积金缴存比例或缓缴住房公积金等重要事项进行了决策。

（二）**住房公积金管理中心**：许昌市住房公积金管理中心为直属市政府的事业单位，主要负责全市住房公积金的归集、管理、使用和会计核算。中心内设7个科室，下设7个管理部。从业人员78人，其中，在编44人，非在编34人。

二、业务运行情况

（一）**缴存**：2018年，新开户单位348家，实缴单位2652家，净增单位273家；新开户职工2.88万人，实缴职工20.79万人，净增职工1.41万人；缴存额25.51亿元，同比增长13.8%。2018年末，缴存总额144.09亿元，同比增长21.5%；缴存余额70.29亿元，同比增长15.4%。

受委托办理住房公积金缴存的银行9家。

（二）**提取**：2018年，提取额16.11亿元，同比增长17%；占当年缴存额的63.2%，比上年增加1.8个百分点。2018年末，提取总额73.80亿元，同比增长27.9%。

（三）**贷款**：个人住房贷款最高额度50万元。2018年，发放个人住房贷款0.38万笔16.28亿元，同比分别下降14.5%、0.7%。回收个人住房贷款7.86亿元。

2018年末，累计发放个人住房贷款4.10万笔109.26亿元，贷款余额68.46亿元，同比分别增长10.2%、17.5%、14%。

受委托办理住房公积金个人住房贷款业务的银行9家。

（四）**融资**：2018年，融资1亿元，归还1亿元。2018年末，融资总额9亿元，融资余额为零。

（五）**资金存储**：2018年末，住房公积金存款2.43亿元。其中，活期0.57亿元，协定1.86亿元。

（六）**资金运用率**：2018年末，住房公积金个人住房贷款余额占缴存余额的97.4%，比上年减少1.2个百分点。

三、主要财务数据

（一）**业务收入**：2018年，业务收入21987.34万元，同比增长3.6%。存款利息收入1448.32万元，委托贷款利息收入20538.48万元，其他收入0.54万元。

（二）**业务支出**：2018年，业务支出16138.52万元，同比增长67%。职工住房公积金利息支出14058.46万元，委托贷款手续费支出1003.41万元，其他支出1076.65万元。

（三）**增值收益**：2018年，增值收益5848.82万元，同比下降49.4%。增值收益率0.9%，比上年减少1.2个百分点。

（四）**增值收益分配**：2018年，提取贷款风险准备金2524.51万元，提取管理费用1033.86万元，提取城市廉租住房建设补充资金2290.45万元。

2018年，上交市财政公积金中心管理费用1683.15万元。上缴市财政城市廉租住房建设补充资金7060.82万元。

2018年末，贷款风险准备金余额25062.08万元。累计提取城市廉租住房建设补充资金30834.17万元。

（五）**管理费用支出**：2018年，管理费用支出1742.14万元，同比增长120.2%。其中，人员经费792.18万元，公用经费59.90万元，"双贯标"系统建设及配套设施等专项经费890.06万元。

四、资产风险状况

2018年末，个人住房贷款逾期额215.43万元，逾期率0.31‰。个人贷款风险准备金按年度贷款余额的3%提取。2018年，提取个人贷款风险准备金2524.51万元，没有使用个人贷款风险准备金核销呆坏账。2018年末，个人贷款风险准备金余额25062.08万元，占个人住房贷款余额的3.7%，个人住房贷款逾期额与个人贷款风险准备金余额的比率为0.9%。

五、社会经济效益

（一）**缴存业务**：2018年，实缴单位数、实缴职工人数和缴存额同比分别增长71.8%、23.3%、13.8%。

缴存单位中，国家机关和事业单位占57.5%，国有企业占10.6%，城镇集体企业占2.6%，外商投资企业占1.8%，城镇私营企业及其他城镇企业占26.2%，民办非企业单位和社会团体占1.1%，其他占0.2%。

缴存职工中，国家机关和事业单位占51.3%，国有企业占18.3%，城镇集体企业占1.8%，外商投资企业占0.9%，城镇私营企业及其他城镇企业占25.9%，民办非企业单位和社会团体占0.8%，其他占1%；中、低收入占100%。

新开户职工中，国家机关和事业单位占35.1%，国有企业占8.1%，城镇集体企业占0.9%，外商投资企业占1.3%，城镇私营企业及其他城镇企业占50.8%，民办非企业单位和社会团体占2.9%，其他占0.9%；中、低收入占100%。

（二）**提取业务**：2018年，9.48万名缴存职工提取住房公积金16.11亿元。

提取金额中，住房消费提取占72.2%（购买、建造、翻建、大修自住住房占31.9%，偿还购房贷款本息占32.3%，租赁住房占1.8%，其他占6.2%）；非住房消费提取占27.8%（离休和退休提取占17.5%，完全丧失劳动能力并与单位终止劳动关系提取占3.3%，户口迁出本市或出境定居占0.02%，其他占6.98%）。

提取职工中，中、低收入占100%。

（三）**贷款业务**：

1. **个人住房贷款**：2018年，支持职工购建房48万平方米，年末个人住房贷款市场占有率为15.2%，比上年减少4.8个百分点。通过申请住房公积金个人住房贷款，可节约职工购房利息支出16415.80万元。

职工贷款笔数中，购房建筑面积 90（含）平方米以下占 11.5%，90~144（含）平方米占 78.1%，144 平方米以上占 10.4%。购买新房占 92.8%，购买二手房占 7.2%。

职工贷款笔数中，单缴存职工申请贷款占 37.4%，双缴存职工申请贷款占 62.6%。

贷款职工中，30 岁（含）以下占 13.4%，30 岁~40 岁（含）占 43.7%，40 岁~50 岁（含）占 32.8%，50 岁以上占 10.1%；首次申请贷款占 93.2%，二次及以上申请贷款占 6.8%；中、低收入占 99.8%，高收入占 0.2%（均为异地贷款）。

2. **异地贷款：** 2018 年，发放异地贷款 133 笔 2292.10 万元。2018 年末，发放异地贷款总额 47169.20 万元，异地贷款余额 41868.56 万元。

3. **公转商贴息贷款：** 2018 年，没有发放公转商贴息贷款。2018 年末，累计发放公转商贴息贷款 2887 笔 86860.27 万元，累计贴息 2234.94 万元。2018 年末，公转商贴息贷款余额为零。

（四）**住房贡献率：** 2018 年，个人住房贷款发放额、公转商贴息贷款发放额、住房消费提取额的总和与当年缴存额的比率为 112%，比上年减少 14.6 个百分点。

六、其他重要事项

（一）当年住房公积金政策调整及执行情况：

1. **缴存及提取政策调整：** 扩大制度受益范围。按照住房城乡建设部、财政部、人民银行等五部门《关于在内地（大陆）就业的港澳台同胞享有住房公积金待遇有关问题的意见》（建金〔2018〕237 号）要求，2018 年 4 月 27 日，中心印发《关于在我市就业港澳台同胞缴存使用住房公积金的通知》（许公积金〔2018〕9 号），支持港澳台同胞住房公积金缴存和贷款业务。2018 年 10 月 30 日，中心印发《关于调整住房公积金有关政策的通知》（许公积金〔2018〕31 号），在全市范围内全面推行灵活就业人员自主缴存住房公积金，支持自主缴存职工提取本人及配偶住房公积金用于租赁、购买自住住房及申请住房公积金个人住房贷款。

规范改进缴存机制。按照住房城乡建设部、财政部、人民银行《关于改进住房公积金缴存机制进一步降低企业成本的通知》（建金〔2018〕45 号）要求和市第二届公积金管委会第五次会议精神，规范住房公积金缴存基数上限和下限，扩大住房公积金缴存比例浮动区间，生产经营困难的企业降缴存比例或缓缴的由中心直接审批，提高审批效率，降低企业成本。

优化完善提取政策。按照住房城乡建设部、财政部、人民银行、公安部《关于开展治理违规提取住房公积金工作的通知》（建金〔2018〕46 号）和"放管服"改革要求，2018 年 6 月 8 日、10 月 30 日，中心分别印发《关于调整住房公积金使用有关政策的通知》（许公积金〔2018〕16 号）、《关于调整住房公积金有关政策的通知》（许公积金〔2018〕31 号），优化完善提取政策，重点支持缴存职工租、购基本住房需求。

2. **缴存基数、限额、比例政策调整：** 当年住房公积金缴存基数上限为 13317 元，下限为：市区、魏都区、建安区、长葛市 1720 元，禹州市、鄢陵县、襄城县 1570 元。

缴存比例为 5% 到 12%。

3. **贷款政策调整及存贷款利率执行标准：** 为贯彻落实市第二届管委会第五次会议精神，2018 年 4 月，中心印发《关于进一步简化贷款办理有关事项的通知》（许公积金〔2018〕8 号），明确办理住房公积金贷款的楼盘销售项目，取得《商品房预售许可证》后即可申请使用住房公积金个人住房贷款。

2018年，我市住房公积金个人住房贷款最高额度为50万元。

住房公积金存款利率为1.5%。

住房公积金贷款利率：五年期（含五年）以下为2.75%，五年期以上为3.25%；二套房贷款利率上浮10%。

（二）当年服务改进情况：一是优化流程简化手续。对照省住房城乡建设厅"三级十同"清单目录，梳理我市住房公积金审批服务事项目录清单，完善归集、提取和贷款操作规程及服务指南，为缴存单位和办事群众提供清晰指引。同时，推进"五减一优"（减环节、减材料、减时限、减费用、减中介、优流程），优化流程，简化手续，柜面业务综合受理，贷款三级审批，提取二级复核，取消所有纸质材料复印件及不必要的证明材料，办理材料压减44.7%，资金交易实时结算，贷款办理时限大幅缩减，大大提高服务效率。二是加快推进"信息共享"。深入推进"一网通办"前提下"最多跑一次"改革，中心及各县（市、区）管理部实体大厅完成电子政务外网全覆盖，基础数据信息以实时接口方式与市政务云平台进行了挂接，实现了对外数据的实时共享；成功与全国公积金异地转移接续平台直连，使群众办事更加高效便捷。三是多措并举优化服务。加强业务培训，提高业务技能和服务水平。以业务系统"双贯标"为契机，扩展业务系统信息化便民服务功能，增加网厅、手机APP、官方微信、支付宝、自助终端和微博等渠道，中心30个审批服务事项实现"最多跑一次"，其中10项实现网上办理"一次不用跑"，4项实现"一证通办"，网上可办率达到97%，办结率达到80%以上。

（三）当年信息化建设情况：

1. **完成系统"双贯标"**。按照住房城乡建设部业务系统"双贯标"要求，中心精心组织，认真实施，完成了新业务系统的开发、测试、部署，综合服务平台功能扩展，精心校验迁移8家受托银行的全量历史贷款数据，接入全国资金结算平台，保证了历史数据准确完整，核算模式平稳转换。2018年6月，新老系统安全切换，新系统上线平稳运行。10月16日，中心业务系统顺利通过住房城乡建设部、省住房城乡建设厅联合检查验收。

2. **完善综合服务平台**。按照住房城乡建设部"综合服务平台"建设要求，结合中心实际，坚持综合服务平台与核心业务系统同步开发建设，不断拓展完善系统功能，大大提高了我市公积金管理服务信息化水平，核心业务"线上线下同步运行"，实现"缴存自动分摊，提取实时到账，还贷系统对冲"；资金运行"业务驱动资金，系统管控风险"，实现"业务、资金、财务"三账合一自动平衡；便民服务实现"马上办、网上办、一次办、就近办"。

3. **加强网络安全防护**。按照《住房公积金信息系统技术规范》要求，我中心住房公积金综合业务系统依托市政务云平台，从整体网络架构、资源分配、安全防护、准入控制、运维管理等方面进行整体规划部署，建设基于CDP的实时灾备系统，实现业务系统数据及电子档案数据的同城灾备。部署终端审计和CA认证系统，采取短信验证、生物识别等方式加强访问认证控制，顺利通过"三级等保"测评，实现系统运行环境标准化，确保系统安全稳定运行。

（四）当年住房公积金管理中心及职工所获荣誉情况：中心荣获"2018年度许昌市巾帼建功先进集体"荣誉称号。

（五）当年对违反《住房公积金管理条例》和相关法规行为进行行政处罚和申请人民法院强制执行情

况：2018年，按照住房城乡建设部、财政部、人民银行、公安部《关于开展治理违规提取住房公积金工作的通知》（建金〔2018〕46号）要求，中心积极开展骗提套取住房公积金问题治理工作，采取责令限期全额退回，并按规定列入黑名单，限制其5年内住房公积金使用权利，情节严重的，将其违规行为通报至所在单位等方式，加大失信惩戒力度，依法维护缴存职工权益，当年全市追回骗提套取资金120.30万元。

漯河市住房公积金2018年年度报告

一、机构概况

（一）住房公积金管理委员会：住房公积金管理委员会有28名委员，2018年召开1次会议，审议通过的事项主要包括《漯河市住房公积金管理中心2018年工作报告》、《漯河市住房公积金管理中心2018年年度报告》、《漯河市住房公积金管理中心2018年年度决算和2018年年度预算方案》、《漯河市住房公积金管理中心关于调整我市住房公积金有关使用规定的报告》。

（二）住房公积金中心：住房公积金中心为直属漯河市人民政府管理的不以营利为目的的财政全供事业单位，设10个科（室），2个管理部。从业人员74人，其中，在编74人，非在编0人。

二、业务运行情况

（一）缴存：2018年，新开户单位300家，实缴单位2311家，减少单位84家；新开户职工1.93万人，实缴职工16.52万人，净增职工－6.71万人；缴存额14.96亿元，同比增长14.46%。2018年末，缴存总额83.15亿元，同比增长21.94%；缴存余额52.7亿元，同比增长17.06%。

受委托办理住房公积金缴存业务的银行网点13家，比上年增加2家。

（二）提取：2018年，提取额7.28亿元，同比增长39.46%；占当年缴存额的48.66%，比上年增加8.72个百分点。2018年末，提取总额30.45亿元，同比增长31.42%。

（三）贷款：个人住房贷款最高额度40万元，其中，单缴存职工最高额度30万元，双缴存职工最高额度40万元。

2018年，发放个人住房贷款0.65万笔15.75亿元，同比分别增加103.13%、107.51%，其中发放公积金贷款0.37万笔9.45亿元，公转商贴息贷款回购0.28万笔6.3亿元。

2018年，回收个人住房贷款6.22亿元。

2018年末，累计发放个人住房贷款4.27万笔76.54亿元，贷款余额46.03亿元，同比分别增长17.96%、25.91%、26.11%。个人住房贷款余额占缴存余额的87.34%，比上年增加6.27个百分点。

受委托办理住房公积金个人住房贷款业务的银行网点10家，与上年相同。

（四）融资：2018年，融资0亿元，归还0亿元。2018年末，融资总额5亿元，融资余额0亿元。

（五）资金存储：2018年末，住房公积金存款7.65亿元。其中，活期0.36亿元，1年（含）以下定期6.19亿元，1年以上定期0亿元，其他（协定、通知存款等）1.1亿元。

（六）**资金运用率**：2018 年末，住房公积金个人住房贷款余额、项目贷款余额和购买国债余额的总和占缴存余额的 87.34%，比上年增加 6.27 个百分点。

三、主要财务数据

（一）**业务收入**：2018 年，业务收入 15210.16 万元，同比增长 14.40%。存款利息 1996.90 万元，委托贷款利息 13153.52 万元，国债利息 0 万元，其他 59.74 万元。

（二）**业务支出**：2018 年，业务支出 9474.96 万元，同比增长 13.88%。支付职工住房公积金利息 7525.74 万元，归集手续费 360.39 万元，委托贷款手续费 664.52 万元，其他 924.31 万元。

（三）**增值收益**：2018 年，增值收益 5735.2 万元，同比增长 15.26%。增值收益率 1.18%，比上年减少 0.04 个百分点。

（四）**增值收益分配**：2018 年，提取贷款风险准备金 1000 万元，提取管理费用 2735.2 万元，提取城市廉租住房（公共租赁住房）建设补充资金 2000 万元。

2018 年，上交财政管理费用 2515 万元。上缴财政城市廉租住房（公共租赁住房）建设补充资金 2172.78 万元。

2018 年末，贷款风险准备金余额 4707.39 万元。累计提取城市廉租住房（公共租赁住房）建设补充资金 20048.55 万元。

（五）**管理费用支出**：2018 年，管理费用支出 2655.85 万元，同比增长 34.48%。其中，人员经费 1087.61 万元，公用经费 97.02 万元，专项经费 1471.22 万元。

四、资产风险状况

2018 年末，个人住房贷款逾期额 464.7 万元，逾期率 1.01‰。

个人贷款风险准备金按贷款余额的 1% 提取。2018 年，提取个人贷款风险准备金 1000 万元，使用个人贷款风险准备金核销呆坏账 0 万元。2018 年末，个人贷款风险准备金余额 4707.39 万元，占个人住房贷款余额的 1.02%，个人住房贷款逾期额与个人贷款风险准备金余额的比率为 9.87%。

五、社会经济效益

（一）**缴存业务**：2018 年，实缴单位数、实缴职工人数和缴存额同比分别增长 -3.51%、-28.88% 和 14.46%。

缴存单位中，国家机关和事业单位占 55.21%，国有企业占 7.79%，城镇集体企业占 2.12%，外商投资企业占 2.77%，城镇私营企业及其他城镇企业占 14.76%，民办非企业单位和社会团体占 5.02%，其他占 12.33%。

缴存职工中，国家机关和事业单位占 50.82%，国有企业占 10.5%，城镇集体企业占 2.72%，外商投资企业占 8.03%，城镇私营企业及其他城镇企业占 8.81%，民办非企业单位和社会团体占 1.7%，其他占 17.42%；中、低收入占 99%，高收入占 1%。

新开户职工中，国家机关和事业单位占 35.93%，国有企业占 5.8%，城镇集体企业占 4.23%，外商投资企业占 10.37%，城镇私营企业及其他城镇企业占 14.42%，民办非企业单位和社会团体占 3.1%，

其他占26.15%；中、低收入占99.88%，高收入占0.12%。

（二）**提取业务**：2018年，2.43万名缴存职工提取住房公积金7.28亿元。

提取金额中，住房消费提取占68.3%（购买、建造、翻建、大修自住住房提取占29.48%，偿还购房贷款本息提取占38.6%，租赁住房提取占0.05%，其他提取占0.17%）；非住房消费提取占31.7%（离休和退休提取占21.51%，完全丧失劳动能力并与单位终止劳动关系提取占0%，户口迁出本市或出境定居提取占0.54%，其他提取占9.65%）。

提取职工中，中、低收入占97.15%，高收入占2.85%。

（三）**贷款业务**：

1. **个人住房贷款**：2018年，支持职工购建房73.94万平方米，年末个人住房贷款市场占有率为18.41%，比上年下降1.07个百分点。通过申请住房公积金个人住房贷款（含回购贴息贷款），可节约职工购房利息支出2598.75万元。

职工贷款笔数中（含回购贴息贷款），购房建筑面积90（含）平方米以下占16.84%，90~144（含）平方米占77.38%，144平方米以上占5.78%。购买新房占77.85%（其中购买保障性住房占0%），购买二手房占21.62%，建造、翻建、大修自住住房占0.03%，其他占0.5%。

职工贷款笔数中（含回购贴息贷款），单缴存职工申请贷款占33.12%，双缴存职工申请贷款占66.88%，三人及以上缴存职工共同申请贷款占0%。

贷款职工中（含回购贴息贷款），30岁（含）以下占35.55%，30岁~40岁（含）占41.34%，40岁~50岁（含）占20.04%，50岁以上占3.07%；首次申请贷款占95.21%，二次及以上申请贷款占4.79%；中、低收入占98.31%，高收入占1.69%。

2. **异地贷款**：2018年，发放异地贷款807笔19366.84万元。2018年末，发放异地贷款总额45112.14万元，异地贷款余额38614.98万元。

3. **公转商贴息贷款**：2018年，未发放公转商贴息贷款，并且公转商贴息贷款全部回购。2018年末，累计发放公转商贴息贷款2869笔70846万元，累计贴息1748.04万元。

（四）**住房贡献率**：2018年，个人住房贷款发放额、公转商贴息贷款发放额、项目贷款发放额、住房消费提取额的总和与当年缴存额的比率为138.5%，比上年增加30.54个百分点。

六、其他重要事项

（一）当年机构及职能调整情况、受委托办理缴存贷款业务金融机构变更情况。

1. **机构及职能调整情况**：漯河市住房公积金中心内设机构10个，分别是办公室、财务科、行政审批服务科、财产保全科、信息中心、档案科、稽核审计科、执法室、城区管理一部、城区管理二部；经办网点2个，分别是临颍县住房公积金管理部和舞阳县住房公积金管理部。

2. **缴存贷款业务金融机构变更情况**：本市2018年受委托办理住房公积金缴存业务的银行网点有13家，包括中行漯河铁东开发区支行、中行漯河郾城支行、中行漯河交通路支行、中行漯河临颍县支行、农行漯河临颍县支行、中原银行漯河分行、中原银行临颍县支行、中行漯河舞阳县支行、建行漯河嵩山路支行、建行漯河黄山路支行、邮政储蓄银行漯河分行、召陵区农村信用联社、民生银行漯河分行。本市2018年受委托办理住房公积金贷款业务的银行网点有10家，包括工行营业部、建行黄山路支行、中行交通路支行、中原银行郾城支行、邮储银行沙北支行、农行黄河路支行、中行舞阳县支行、中行临颍县支行、农行临颍县支行、中原银行临颍县支行。

(二)当年住房公积金政策调整及执行情况。

1. **当年缴存基数限额及确定方法、缴存比例等缴存政策调整情况**:2018年度住房公积金月缴存工资基数为职工本人当年月平均工资,职工月平均工资应按照国家统计局规定列入工资总额统计的项目计算。根据住房公积金月缴存基数原则上不得超出统计部门公布的上一年度在岗职工月平均工资3倍的规定,2018年度漯河市在岗职工年均工资50681元,据此确定2018年度住房公积金月缴存工资基数的上限为12670元,根据单位和个人住房公积金缴存比例均不得超过12%的规定,住房公积金月缴存额的上限设为3040.8;根据2018年度漯河市在岗职工年均工资的60%计算,住房公积金月缴存基数的下限为2534元,根据单位和个人住房公积金缴存比例均不得低于5%的规定,住房公积金月缴存额的下限设为253.4元。2018年度漯河住房公积金缴存比例为单位和职工个人各5%~12%。

根据《漯河市进城务工人员、个体工商户、自由职业人员住房公积金缴存与使用管理暂行办法》,2018年5月起,进城务工人员、个体工商户、自由职业人员纳入住房公积金缴存范围,按照自愿原则,自主缴存,月缴存基数及月缴存额必须在上下限标准范围内。

2. **当年提取政策调整情况**:(1)取消因患九种重大疾病可提取住房公积金业务;(2)职工本人或配偶在我市行政区域外的户口所在地购买自住住房可提取本人账户内的余额;(3)提取住房公积金偿还住房贷款的,凭身份证即可办理,不再提供任何资料;(4)取消跨县区办理公积金缴存、提取业务的限制;(5)个人可以自助在网厅办理退休、解除劳动关系提取业务,实行"零材料、零跑腿"办理,不再提供退休证和解除劳动关系证明;(6)将"职工与原单位解除或终止劳动关系,账户封存后即可提取公积金"调整为"职工与单位解除或终止劳动关系,账户封存满半年,可提取公积金";(7)职工申请将我市行政区域外缴存的住房公积金转入我市的,转入前应在我市设立住房公积金账户,并连续缴存住房公积金半年以上方可提取。

3. **当年个人住房贷款最高贷款额度、贷款条件等贷款政策调整情况**:2018年贷款额度无调整,双职工家庭夫妻双方连续足额缴存住房公积金的,最高贷款额度为40万元,单职工家庭一方连续足额缴存住房公积金的,最高贷款额度为30万元。

贷款人退休年龄的认定相关调整规定:男职工退休年龄统一认定为60周岁;女职工退休年龄统一认定为55周岁,其中副处级以上女干部退休年龄可延长至60周岁。

家庭购买住房套数的认定相关调整规定:申请人2018年1月1日后购房且住房契税税率为4%(1%、1.5%、2%)以下的,审核时可直接认定为首套或二套住房:其中契税税率为1.5%的,视为首套住房;契税税率为2%的,视为二套住房,不需查档;契税税率为1%的和商业住房贷款转公积金贷款的,需查档以确认住房套数。

贷款担保调整情况相关规定:房屋用途与土地性质不一致的,不得作为申请住房公积金贷款的抵押物。

4. **当年住房公积金存贷款利率执行标准**:根据人民银行公布的存贷款基准利率、《人民币利率管理规定》(银发〔1999〕77号)、《关于完善职工住房公积金账户存款利率形成机制的通知》、《住房公积金条例》等相关规定,2018年上年结转和当年缴存住房公积金存款统一按一年期定期存款基准利率(1.5%)

计算存款利息。2018年住房公积金贷款首套房执行基准利率，二套房利率上浮10%执行。住房公积金贷款利率，五年以下（含五年）贷款基准利率为2.75%，五年以上（至30年）贷款基准利率为3.25%。

（三）当年服务改进情况。漯河市住房公积金中心服务改进情况：（1）精简要件，公积金新系统通过与国土部门信息互联互通来审核审验贷款资料，并利用契税税票记载信息及不动产查询系统查询申请人住房套数，贷款申请人不再提供查档证明等不必要的材料；（2）优化流程，通过与国土部门积极协调，整合担保抵押业务窗口，变原来上下楼往返跑多次为一站受理、一次办结，手续齐全，最多跑一次即可完成公积金贷款全部事项；（3）开通按月对冲还贷，可按月从申请人个人住房公积金账户中足额提取公积金归还当月住房公积金贷款本息；（4）可同时使用还款银行卡和公积金账户余额提前还款或提前结清公积金贷款；（5）公积金提取业务实现资金"秒"到账；（6）部分业务实现了零材料和零跑腿。退休、终止劳动关系、冲还贷签约、住房公积金贷款提前还本或提前结清、借款人还款账号变更业务，不再提供材料，通过网厅可自助办理；（7）各项业务实现了就近办理，公积金提取、转移、缴存业务实现了跨县区办理，打破了原来的区域办理业务的限制；（8）职工调往异地工作，需转移公积金时，只需在调入地申请转入，即可实现"账随人走，钱随账走"；（9）缴存单位资金转账业务即转即到账，实现了实时计入职工账户；（10）借款人出现死亡、判刑、账户被法院冻结、其他特殊情况造成借款人本人无法还款的，借款人账户可变更为他人账户进行还贷。

（四）当年信息化建设情况。漯河市住房公积金中心信息化建设情况：（1）圆满完成了"双贯标"建设任务，通过开展"双贯标"工作，实现贷款发放和回收由中心自主核算，极大地提高了工作效率，同时实现了个人账户资金按月冲还住房公积金贷款，给广大用户提供了极大的方便；（2）创造性地完成了"公转商"贴息贷款的批量回购工作，在面临诸多困难的情况下，通过打破常规、多方协调，在较短时间内完成了三家银行2830笔6.3亿元"公转商"贴息贷款回购工作；（3）加强了机房建设，对机房电源线路进行了全面整治；并增添和升级了部分硬件设备，对服务器资源进行了优化，对网络进行了安全加固，对机房监控进行了升级改造；（4）重新构建了中心网络环境，完成了从电子政务内网办公到电子政务外网办公的转变；（5）完成了"一网通办"工作任务，实现了向省政务网推送办件数据，向数据共享平台推送数据，并对照"三级十同"要求，完成了中心门户网站和省政务服务网全部事项的梳理工作，实现了14个事项的在线办理功能，"一网通办"、"零跑腿"办结率达到48%，完成了省住房城乡建设厅要求的任务。

（五）当年住房公积金中心及职工所获荣誉情况。漯河市住房公积金中心及职工所获主要荣誉：（1）河南省爱国运动委员会授予中心"省级卫生先进单位"；（2）河南省建设工会授予中心"河南省2018年度全省住建系统工会工作先进单位"；（3）漯河市爱国卫生运动委员会授予中心"无烟单位"；（4）中心被漯河市信用体系建设领导小组办公室授予"信用建设先进单位"；（5）马红正荣获河南省住房城乡建设厅"河南省建设劳动奖章"；（6）齐月梅荣获河南省住房和城乡建设系统春晚演出"最佳领队奖"；（7）张燕荣获河南省住房城乡建设厅"河南省建设五一巾帼奖章"；（8）中心窗口被漯河市行政服务中心党组授予"十佳红旗窗口"、被漯河市文明办授予"群众满意窗口"；（9）漯河市总工会授予中心"十佳职工之家"、"先进工会女职工委员会"；（10）赵红杰荣获市总工会"漯河市五一劳动奖章"。

三门峡市住房公积金 2018 年年度报告

一、机构概况

(一) 住房公积金管理委员会：三门峡市住房公积金管理委员会有 22 名委员，2018 年，审议通过 2018 年度三门峡市住房公积金归集、使用计划执行情况，并对其他重要事项进行决策，主要包括《三门峡市住房公积金 2019 年度预算报告》、《三门峡市住房公积金 2018 年度增值收益分配方案》、《三门峡市住房公积金 2018 年年度报告》等。

(二) 住房公积金管理中心：三门峡市住房公积金管理中心为直属市政府的不以营利为目的的财政全供事业单位。目前中心设 6 个科室，2 个营业部，5 个管理部和 1 个分中心。市中心从业人员 64 人，其中，在编 32 人，非在编 32 人。分中心从业人员 17 人。

二、业务运行情况

(一) 缴存：2018 年，新开户单位 176 家，实缴单位 2467 家，净增单位 0 家；新开户职工 1.29 万人，实缴职工 17.78 万人，比上年减少 0.31 万人；缴存额 18.98 亿元，同比增长 8.33%。2018 年末，缴存总额 137.96 亿元，同比增长 15.95%；缴存余额 63.95 亿元，同比增长 18.36%。

受委托办理住房公积金缴存业务的银行 8 家，较上年无变化。

(二) 提取：2018 年，提取额 9.07 亿元，同比下降 25.17%；占当年缴存额的 47.79%，比上年减少 21.39 个百分点。2018 年末，提取总额 74.01 亿元，同比增长 13.93%。

(三) 贷款：个人住房贷款最高额度 40 万元，其中，单缴存职工最高额度 40 万元，双缴存职工最高额度 40 万元。

2018 年，发放个人住房贷款 3276 笔 10.46 亿元，同比分别下降 7.48%、5.94%。

2018 年，回收个人住房贷款 3.82 亿元。

2018 年末，累计发放个人住房贷款 2.51 万笔 59.45 亿元，贷款余额 45.6 亿元，同比分别增长 15.14%、21.35%、17.01%。个人住房贷款余额占缴存余额的 71.31%，比上年减少 0.82 个百分点。

受委托办理住房公积金个人住房贷款业务的银行 7 家，较上年无变化。

(四) 融资：2018 年，融资 1.02 亿元，归还 0.22 亿元。2018 年末，融资总额 5.97 亿元，融资余额 0.8 亿元。

(五) 资金存储：2018 年末，住房公积金存款 11.37 亿元。其中，活期 0.13 亿元，1 年（含）以下定期 3.42 亿元，1 年以上定期 3.09 亿元，其他（协定、通知存款等）4.73 亿元。

(六) 资金运用率：2018 年末，住房公积金个人住房贷款余额、项目贷款余额和购买国债余额的总和占缴存余额的 71.31%，比上年减少 0.82 个百分点。

三、主要财务数据

(一) 业务收入：2018 年，业务收入 20046.95 万元（市中心 16517.82 万元，义煤集团分中心

3529.13万元），同比增长9.81%。其中：存款利息5308.68万元，委托贷款利息14735.74万元，其他2.53万元。

（二）业务支出：2018年，业务支出12209.66万元（市中心9669.18万元，义煤集团分中心2540.48万元），同比增长10%。其中：支付职工住房公积金利息11494万元，委托贷款手续费704.01万元，其他11.65万元。

（三）增值收益：2018年，增值收益7837.29万元（市中心6848.64万元，义煤集团分中心988.65万元），同比增长9.53%。增值收益率1.18%，比上年减少0.21个百分点。

（四）增值收益分配：2018年，提取贷款风险准备金4830.2万元，提取管理费用1411.82万元，提取城市廉租住房（公共租赁住房）建设补充资金1595.27万元。

2018年，上交财政管理费用1500万元，其中市中心上交1500万元；上交财政城市廉租住房（公共租赁住房）建设补充资金985.51万元，其中市中心上交985.51万元。

2018年末，贷款风险准备金余额19040.82万元。累计提取城市廉租住房（公共租赁住房）建设补充资金29689.95万元。

（五）管理费用支出：2018年，管理费用支出1498.87万元，同比增长70.59%。其中，人员经费519.01万元，公用经费59.82万元，专项经费920.04万元。

市中心管理费用支出1378.68万元，其中人员、公用、专项经费分别是434.8万元、25.88万元和918万元。义煤集团分中心管理费用支出120.19万元，其中人员、公用、专项经费分别是84.21万元、33.94万元和2.04万元。

四、资产风险状况

2018年末，个人住房贷款逾期额116.29万元，逾期率0.26‰。

个人贷款风险准备金按贷款余额的1%提取。2018年，提取个人贷款风险准备金4830.2万元，使用个人贷款风险准备金核销呆坏账0万元。2018年末，个人贷款风险准备金余额19040.82万元，占个人住房贷款余额的4.17%，个人住房贷款逾期额与个人贷款风险准备金余额的比率为0.61%。

五、社会经济效益

（一）缴存业务：2018年，实缴单位数同比减少8.56%、实缴职工人数同比减少1.71%，缴存额同比增长8.33%。

缴存单位中，国家机关和事业单位占66.52%，国有企业占18.36%，城镇集体企业占1.05%，外商投资企业占0.77%，城镇私营企业及其他城镇企业占10.34%，民办非企业单位和社会团体占0.89%，其他占2.07%。

缴存职工中，国家机关和事业单位占41.42%，国有企业占50.28%，城镇集体企业占0.59%，外商投资企业占0.51%，城镇私营企业及其他城镇企业占6.39%，民办非企业单位和社会团体占0.28%，其他占0.53%；中、低收入占99.99%，高收入占0.01%。

新开户职工中，国家机关和事业单位占33.27%，国有企业占38.67%，城镇集体企业占1.59%，外商投资企业占1.47%，城镇私营企业及其他城镇企业占17.52%，民办非企业单位和社会团体占2.79%，

其他占4.69%；中、低收入占100%，高收入占0%。

（二）提取业务：2018年，7.02万名缴存职工提取住房公积金9.07亿元。

提取金额中，住房消费提取占60.97%（购买、建造、翻建、大修自住住房占33.71%，偿还购房贷款本息占18.48%，租赁住房占8.78%，其他占0%）；非住房消费提取占39.03%（离休和退休提取占28.38%，完全丧失劳动能力并与单位终止劳动关系提取占5.44%，户口迁出本市或出境定居占0.06%，其他占5.15%）。

提取职工中，中、低收入占99.96%，高收入占0.04%。

（三）贷款业务：

1. **个人住房贷款**：2018年，支持职工购建房33.48万平方米，年末个人住房贷款市场占有率为53.47%，比上年减少0.11个百分点。通过申请住房公积金个人住房贷款，可节约职工购房利息支出36572.14万元。

职工贷款笔数中，购房建筑面积90（含）平方米以下占12.94%，90~144（含）平方米占70.18%，144平方米以上占16.88%。购买新房占91.48%（其中购买保障性住房占0%），购买存量商品住房占8.52%，建造、翻建、大修自住住房占0%，其他占0%。

职工贷款笔数中，单缴存职工申请贷款占30.01%，双缴存职工申请贷款占69.99%，三人及以上缴存职工共同申请贷款占0%。

贷款职工中，30岁（含）以下占21.49%，30岁~40岁（含）占39.78%，40岁~50岁（含）占27.53%，50岁以上占11.2%；首次申请贷款占96.15%，二次及以上申请贷款占3.85%；中、低收入占100%，高收入占0%。

2. **异地贷款**：2018年，发放异地贷款218笔7322.4万元。2018年末，发放异地贷款总额35907.8万元，异地贷款余额34281.31万元。

（四）**住房贡献率**：2018年，个人住房贷款发放额、公转商贴息贷款发放额、项目贷款发放额、住房消费提取额的总和与当年缴存额的比率为102.9%，比上年减少10.32个百分点。

六、其他重要事项

（一）当年住房公积金政策调整及执行情况

1. **当年缴存基数限额及确定方法、缴存比例等缴存政策调整情况**：2018年，根据"控高保低"政策规定，职工住房公积金的缴存基数上限为14301元，职工本人和单位住房公积金的月缴存额上限均为1717元，住房公积金月缴存额上限为3434元。职工住房公积金的缴存基数下限为1720元，职工本人和单位的月缴存额下限均不低于86元，住房公积金月缴存额下限为172元。

三门峡市本级财政供给单位职工本人和单位住房公积金缴存比例为各12%；市本级差供事业单位、自收自支事业单位可参照上述标准执行；各县（市、区）相同性质单位职工本人和单位住房公积金缴存比例可参照上述标准执行；其他单位职工本人和单位住房公积金缴存比例仍为各5%~12%。缴存住房公积金确有困难的单位，可申请降低缴存比例（职工及单位缴存比例各不低于5%）或缓缴住房公积金。

7月1日，《三门峡市自由职业者住房公积金缴存使用暂行管理办法》正式实施，明确将灵活就业人员、个体工商户及其雇佣人员纳入缴存范围。

2. **当年提取政策调整情况：**一是将五年期限购房支取的条件调整为三年期限购房支取；取消直系亲属购房支取的政策。二是取消商业贷款提取，将公积金贷款提取额度降为每年提取金额不超过当年应偿还住房公积金贷款本息总额。三是将租房提取的额度降低为缴存职工及其配偶每年最高可支取9600元。

3. **当年个人住房贷款最高贷款额度、贷款条件等贷款政策调整情况：**一是将申请贷款条件从正常连续足额缴存6个月以上延长至12个月以上；增加借款人违约时的贷款利率；偿还力的核定从家庭月收入合计的60%降为50%。二是调整贷款首付款比例，首套房最低为30%，二套房最低为40%。三是调整贷款额度，由原来最高限额不超过50万降为按照其公积金账户余额的20倍计算，且最高限额不超过40万元。四是取消异地缴存职工在户籍地购房申请公积金贷款的业务。五是调整二手住房贷款比例，贷款额度审批时按照合同交易价格或契税价格（遵循就低不就高的原则）的70%核定，且最高不超过贷款限额。六是取消未缴存公积金的借款人利用已缴存公积金直系亲属的名义申请公积金贷款的业务。七是调整商转公业务，申请商业贷款的公积金缴存者需凭2年内购房合同或《不动产登记证》转申请住房公积金贷款。八是允许正常偿还贷款本息一年以上的借款人还贷期间申请一次部分提前还款。

4. **当年住房公积金存贷款利率执行标准：**根据《中国人民银行、住房城乡建设部、财政部关于完善职工住房公积金账户存款利率形成机制的通知》（银发〔2016〕43号）的规定，个人住房公积金存款实行统一利率结息；上年结转和当年缴存的统一按结息日人民银行挂牌公告的一年期定期存款基准利率计算，至2018年12月31日，最新的利率为1.5%；年度结息日为每年的6月30日。

（二）当年服务改进情况

1. **服务设施、服务手段改进情况：**一是不断完善硬件设施，设立专门客户等待区，提供饮用水、空调、无线网络、自助充电设备、便民服务箱等，为群众提供更为舒适的办事环境。二是设立专门的学雷锋志愿服务站，提供业务指引、咨询、资料复印等服务，营造良好的服务氛围。三是以推进住房公积金行业系统审批服务事项"三级十同"工作为契机，重新归并业务类型，优化业务流程，减少业务办理期限。目前，归集类业务中的转移、合户业务减少了1个环节，提取类业务减少了2个环节，资金实现即时到账，贷款类业务减少了1个环节，群众所需办事时间大大缩短。

2. **综合服务平台建设情况：**中心在所有业务均已实现"最多跑一次"的基础上，加快建设集12329热线、12329短信、门户网站、网上业务大厅、手机APP、官方微信等服务渠道为一体的综合服务平台，缴存职工足不出户便可查询本人账户信息、明细账、贷款信息、贷款进度等。退休提取、离职提取等业务可通过网上业务大厅、微信、手机APP等自助办理，实现"一次都不跑"。

（三）当年信息化建设情况

1. **信息系统升级改造情况：**中心申请专项费用350万元公开招标采购业内先进的住房公积金业务信息系统，对原系统基础数据进行全面筛查和清理、开展新业务系统集成测试和用户测试、将中心承办银行所有账户接入结算应用系统、开展托收业务等。同时根据三门峡市智慧城市建设工作要求，将全部业务系统、数据库迁移至政务大数据平台，纳入全市统一信息化管理。

2. **基础数据标准落实情况：**按照住房城乡建设部和省住房城乡建设厅基础数据双贯标工作的要求，中心前期进行了大量的基础数据双贯标准备工作。11月12日，中心顺利且高分通过住房城乡建设部、省住房城乡建设厅部省联合检查验收组贯标验收，标志着中心公积金管理达到国家行业标准规范，信息化建设工作进入新时代。

南阳市住房公积金 2018 年年度报告

一、机构概况

（一）住房公积金管理委员会：住房公积金管理委员会有 41 名委员（其中，南阳市 27 名，邓州市 14 名）。2018 年召开 1 次会议。审议通过的事项主要包括：回顾总结了 2018 年我市住房公积金工作，对 2018 年工作进行安排部署；同意上调邓州市住房公积金贷款额度；审议了《邓州市住房公积金贷款管理办法》、《邓州市住房公积金提取管理办法》、《邓州市住房公积金归集管理办法》、《邓州市灵活就业人员住房公积金缴存使用管理办法》，经法制部门进一步把关后印发实施；会议批准了邓州市住房公积金管理中心 2018 年度工作和 2019 年工作要点及收支预算情况的报告。

（二）住房公积金管理中心：住房公积金管理中心为直属南阳市政府的不以营利为目的的独立的事业单位，设 9 个科，12 个管理部，1 个分中心。从业人员 155 人，其中，在编 102 人，非在编 53 人。

二、业务运行情况

（一）缴存：2018 年，新开户单位 345 家，实缴单位 5004 家，净增单位－297 家；新开户职工 3.93 万人，实缴职工 41.96 万人，净增职工－4.85 万人；缴存额 40.88 亿元，同比增长 22.69%。2018 年末，缴存总额 244.58 亿元，同比增长 20.06%；缴存余额 152.87 亿元，同比增长 19.53%。

受委托办理住房公积金缴存业务的银行 11 家，比上年增加 0 家。

（二）提取：2018 年，提取额 15.89 亿元，同比增长 18.32%；占当年缴存额的 38.87%，比上年减少 1.43 个百分点。2018 年末，提取总额 91.7 亿元，同比增长 20.96%。

（三）贷款：个人住房贷款最高额度 50 万元，其中，单缴存职工最高额度 40 万元，双缴存职工最高额度 50 万元。

2018 年，发放个人住房贷款 0.7 万笔 20.52 亿元，同比分别增长 7.82%、14.18%。其中，市中心发放个人住房贷款 0.64 万笔 18.7 亿元，油田分中心发放个人住房贷款 0.02 万笔 0.66 亿元，邓州中心发放个人住房贷款 0.04 万笔 1.16 亿元。

2018 年，回收个人住房贷款 8.69 亿元。其中，市中心 7.53 亿元，油田分中心 0.67 亿元，邓州中心 0.49 亿元。

2018 年末，累计发放个人住房贷款 6.98 万笔 131.47 亿元，贷款余额 84.89 亿元，同比分别增长 9.15%、18.50%、16.16%。个人住房贷款余额占缴存余额的 53.91%，比上年减少 3.29 个百分点。

受委托办理住房公积金个人住房贷款业务的银行 13 家，比上年增加 2 家。

（四）资金存储：2018 年末，住房公积金存款 70.16 亿元。其中，活期 8.62 亿元，1 年（含）以下定期 61.54 亿元。

（五）资金运用率：2018 年末，住房公积金个人住房贷款余额、项目贷款余额和购买国债余额的总和占缴存余额的 55.95%，比上年减少 1.65 个百分点。

三、主要财务数据

（一）业务收入：2018年，业务收入40171.94万元，同比增长27.59%。其中，市中心32051.22万元，油田分中心5873.88万元，邓州中心2246.84万元；存款利息15662.63万元，委托贷款利息24311.16万元，国债利息0万元，其他198.15万元。

（二）业务支出：2018年，业务支出21238.52万元，同比增长8.14%。其中，市中心17142.28万元，油田分中心2902.66万元，邓州中心1193.58万元；支付职工住房公积金利息20125.94万元，归集手续费0.2万元，委托贷款手续费1045.09万元，其他67.29万元。

（三）增值收益：2018年，增值收益18933.42万元，同比增长59.84%。其中，市中心14908.94万元，油田分中心2971.22万元，邓州中心1053.26万元；增值收益率1.36%，比上年增加0.34个百分点。

（四）增值收益分配：2018年，提取贷款风险准备金1498.63万元，提取管理费用2688.38万元，提取城市廉租住房（公共租赁住房）建设补充资金14746.41万元。

2018年，上交财政管理费用2023万元。上缴财政城市廉租住房（公共租赁住房）建设补充资金8332.57万元。其中，市中心上缴8180.23万元，油田分中心上缴（收缴单位）0万元，邓州中心上缴（收缴单位）152.34万元。

2018年末，贷款风险准备金余额17018.58万元。累计提取城市廉租住房（公共租赁住房）建设补充资金64325.25万元。其中，市中心提取53676.38万元，油田分中心提取8590.56万元，邓州中心提取2058.31万元。

（五）管理费用支出：2018年，管理费用支出2883.19万元，同比下降36.46%。其中，人员经费1120.46万元，公用经费237.66万元，专项经费1525.07万元。

市中心管理费用支出1868.7万元，其中，人员、公用、专项经费分别为805.93万元、99.38万元、963.39万元；油田分中心管理费用支出594.81万元，其中，人员、公用、专项经费分别为235.12万元、56.51万元、303.18万元；邓州中心管理费用支出419.68万元，其中，人员、公用、专项经费分别为79.41万元、81.77万元、258.5万元。

四、资产风险状况

2018年末，个人住房贷款逾期额3274.13万元，逾期率3.8‰。其中，市中心2.4‰，油田分中心0.9‰，邓州分中心21.5‰。

个人贷款风险准备金按贷款余额的1%提取。2018年，提取个人贷款风险准备金1498.63万元，使用个人贷款风险准备金核销呆坏账0万元。2018年末，个人贷款风险准备金余额16951.75万元，占个人住房贷款余额的1.99%，个人住房贷款逾期额与个人贷款风险准备金余额的比率为1.93%。

五、社会经济效益

（一）缴存业务：2018年，实缴单位数、实缴职工人数和缴存额同比分别增长－5.34%、－9.97%和22.69%。

缴存单位中，国家机关和事业单位占73.08%，国有企业占5.64%，城镇集体企业占0.82%，外商投资企业占0.1%，城镇私营企业及其他城镇企业占4.6%，民办非企业单位和社会团体占1.92%，其他占13.84%。

缴存职工中，国家机关和事业单位占59.22%，国有企业占14.28%，城镇集体企业占1.09%，外商投资企业占0.04%，城镇私营企业及其他城镇企业占8.12%，民办非企业单位和社会团体占1.58%，其他占15.67%；中、低收入占99.79%，高收入占0.21%。

新开户职工中，国家机关和事业单位占45.44%，国有企业占7.88%，城镇集体企业占2.46%，外商投资企业占0.05%，城镇私营企业及其他城镇企业占21.03%，民办非企业单位和社会团体占2.53%，其他占20.61%；中、低收入占99.65%，高收入占0.35%。

（二）**提取业务**：2018年，5.97万名缴存职工提取住房公积金15.89亿元。

提取金额中，住房消费提取占56.34%（购买、建造、翻建、大修自住住房占37.5%，偿还购房贷款本息占14.52%，租赁住房占1.48%，其他占2.84%）；非住房消费提取占43.66%（离休和退休提取占36.78%，完全丧失劳动能力并与单位终止劳动关系提取占4.18%，户口迁出本市或出境定居占0.53%，其他占2.17%）。

提取职工中，中、低收入99.04%，高收入占0.96%。

（三）**贷款业务**：

1. **个人住房贷款**：2018年，支持职工购建房88.02万平方米，年末个人住房贷款市场占有率为20.71%，比上年增加5.21个百分点。通过申请住房公积金个人住房贷款，可节约职工购房利息支出6373.11万元。

职工贷款笔数中，购房建筑面积90（含）平方米以下占13.4%，90~144（含）平方米占73.03%，144平方米以上占13.57%。购买新房74.79%（其中购买保障性住房占0%），购买二手房占24.2%，建造、翻建、大修自住住房占1%，其他占0.01%。

职工贷款笔数中，单缴存职工申请贷款占12.77%，双缴存职工申请贷款占87.23%，三人及以上缴存职工共同申请贷款占0%。

贷款职工中，30岁（含）以下占26.45%，30岁~40岁（含）占41.75%，40岁~50岁（含）占25.19%，50岁以上占6.61%；首次申请贷款占93.59%，二次及以上申请贷款占6.41%；中、低收入占98.38%，高收入占1.62%。

2. **异地贷款**：2018年，发放异地贷款1081笔30911.2万元。2018年末，发放异地贷款总额48176.6万元，异地贷款余额44777.44万元。

（四）**住房贡献率**：2018年，个人住房贷款发放额、公转商贴息贷款发放额、项目贷款发放额、住房消费提取额的总和与当年缴存额的比率为85.43%，比上年减少8.87个百分点。

六、其他重要事项

（一）**住房公积金政策调整及执行情况**：按照国务院、河南省两级《住房公积金管理条例》之规定，南阳市2018年住房公积金的月缴存基数上限调整为13026元，油田分中心为19302元；月缴存基数下限南阳市城区和油田为1570元，各县为1420元。

缴存职工与单位解除或终止劳动关系的，先办理个人账户封存。账户封存期间，在异地开立住房公积金账户并稳定缴存半年以上的，办理异地转移接续手续。未在异地继续缴存的，封存半年后可提取。提取新规于2018年7月1日开始实行。

邓州中心公积金个人贷款额度由30万元提高至40万元，夫妻双方贷款额度由40万元提高至50万元。出台了《邓州市住房公积金贷款管理办法》、《邓州市住房公积金提取管理办法》、《邓州市住房公积金归集管理办法》、《邓州市灵活就业人员住房公积金缴存使用管理办法》。

（二）公积金服务改进情况：一是高标准建设了市中心综合服务大厅，建筑面积1500平方米，内设"归集提取管理、信贷审批管理、资金支付核算、综合业务受理、合作协作平台、业务拓展空间、客户客人等待、自主自助办理""八大"区域，引入建行房地产金融服务部和一个支行进驻合署办公，形成了"一站式"办公、"一条龙"服务格局。集中建设了县区级综合服务大厅，大厅均设在各县区新城区，建筑面积在200平方米以上。为实现规范化、标准化，实行了"logo统一，背景墙统一、办公器具统一、广告宣传统一、服务标准统一"的"五统一"布置。2018年，市县区13个综合服务大厅和管理部全部搬入新址办公。服务大厅配备了自助机、自助终端、叫号机、茶水机、雨具架、儿童座椅、轮椅等必要的便民服务设施，极大地方便了办事群众。

二是引进了国内比较先进的公积金管理"G"系统，建设了南阳市一流机房，配备运行和备用小型机4台，在100公里以外的西峡装配了灾备机房和小型机1台。在中心机房、省厅机房和灾备机房建立了数据备份系统。"G"系统的引进降低了运行风险，提高了工作效率，归集、提取、贷款、支付核算等业务日趋正规，资金管理风险大大降低，财务凭证自然生成，提取达到了秒到账，系统潜在效能逐步凸显，真正实现了用"无情"的电脑、系统约束"有情"人脑的管理目标。

三是引进建设了综合服务平台和网上服务大厅，投资150多万元购置了软硬件设备，完善了网络安全保护等级评审及必要的设备配置，依次开通了网上咨询、查询、微信、微博及投诉回复等业务。建设了南阳市住房公积金远程教育和会议视频系统，实现了一般会议不出县区，紧急会议即时召开，学习培训市县联动，督查指导线上直通，打造了快捷的网络平台。

（三）信息化建设工作：实现了基础数据和结算系统达到住房城乡建设部统一标准，并顺利通过了住房城乡建设部和省厅的验收；积极完善综合服务平台建设，开通了网上业务咨询、查询、投诉和微信、微博功能；完成了住房公积金异地转移接续平台直连，全年共办理转入业务223笔579.31万元，转出业务189笔399.07万元；设立"12329"服务中心，由外包改为自主运行，大幅度提升了服务质量；按照政府办要求，完成了与政务服务平台的链接，实行专人负责，确保了信息畅通。

（四）获得荣誉情况：南阳市住房公积金管理中心及职工2018年所获荣誉情况：河南省级文明单位，河南省巾帼文明岗，河南省住房公积金工作先进个人5名，南阳市绩效考评先进单位，南阳市依法行政考核优秀单位，南阳市综治和平安建设工作考评优秀单位，南阳市直工委表彰先进党支部1个、优秀党员及党务工作者3名。

河南油田分中心及职工所获荣誉情况：河南油田十佳文明窗口。

（五）人员违规行为的纠正和处理情况：利用监督执纪"四种形态"，对违规违纪失职的党员干部启动问责程序，书面检查、通报批评、诫勉谈话、党政警告7人次。

商丘市住房公积金2018年年度报告

一、机构概况

（一）住房公积金管理委员会：

商丘中心：住房公积金管理委员会有28名委员，2018年召开2次会议，审议通过的事项主要包括：《关于2018年度增值收益情况及分配意见的请示》、《关于调整住房公积金使用政策的通知》、《关于调整受托银行管理模式和增加受托银行数量的通知》、《关于成立住房公积金受托银行调整管理模式和增加受托银行数量工作领导小组的通知》等。

永城中心：住房公积金管理委员会有19名委员，2018年召开1次会议，审议通过的事项主要包括：《2018年度住房公积金归集和使用计划》、《2018年度住房公积金缴存基数、比例及有关事项核定方案》、《永城市住房公积金2018年度信息披露报告》、《关于调整住房公积金贷款有关政策的报告》、《2018年度住房公积金增值收益及分配方案》、《关于增加住房公积金业务委托银行的报告》。

（二）住房公积金管理中心： 商丘市住房公积金管理中心为市政府直属不以营利为目的的公益一类事业单位，设6个科，9个管理部，1个分中心。从业人员81人，其中，在编51人，非在编30人。

永城中心：永城市住房公积金管理中心为市政府直属不以营利为目的的公益性事业单位，设7个科，1个管理部，1个分中心。从业人员18人，其中，在编13人，非在编5人。

永城中心永煤分中心：永城市住房公积金管理中心永煤分中心隶属永城市住房公积金管理中心不以营利为目的的公益一类事业单位，设3个科，从业人员10人，在编10人，没有非在编人员。

二、业务运行情况

（一）缴存： 2018年，新开户单位284家，实缴单位3360家，净增单位238家；新开户职工2.52万人，实缴职工30.09万人，净增职工1.74万人；缴存额29.93亿元，同比增长20.49%。2018年末，缴存总额158.13亿元，同比增长23.34%；缴存余额99.46亿元，同比增长25.77%。

商丘中心，受委托办理住房公积金缴存业务的银行2家，和上年相同。

永城中心，受委托办理住房公积金缴存业务的银行7家，比上年增加2家。

永城中心永煤分中心，受委托办理住房公积金缴存业务的银行1家，和上年相同。

（二）提取： 2018年，提取额9.53亿元，同比增长18.83%；占当年缴存额的31.84%，比上年减少0.45个百分点。2018年末，提取总额58.67亿元，同比增长19.42%。

（三）贷款：

商丘中心：个人住房贷款最高额度50万元，其中，单缴存职工最高额度30万元，双缴存职工最高额度50万元。

永城中心：个人住房贷款最高额度40万元，其中，单缴存职工最高额度40万元，双缴存职工最高额度40万元。

永城中心永煤分中心：个人住房贷款最高额度40万元，其中，单缴存职工最高额度40万元，双缴存职工最高额度 40 万元。

2018 年，发放个人住房贷款 0.43 万笔 12.43 亿元，同比分别下降 34.85％、29.61％。其中，商丘中心发放个人住房贷款 0.38 万笔 10.92 亿元，永城中心发放个人住房贷款 0.04 万笔 1.21 亿元，永城中心永煤分中心发放个人住房贷款 0.01 万笔 0.3 亿元。

2018 年，回收个人住房贷款 6.25 亿元。其中，商丘中心 5.47 亿元，永城中心亿 0.49 元，永城中心永煤分中心 0.29 亿元。

2018 年末，累计发放个人住房贷款 4.39 万笔 90.41 亿元，贷款余额 66.41 亿元，同比分别增长 11.14％、15.95％、10.28％。个人住房贷款余额占缴存余额的 66.77％，比上年减少 17.13 个百分点。

商丘中心：受委托办理住房公积金个人住房贷款业务的银行 3 家，和上年相同。

永城中心：受委托办理住房公积金个人住房贷款业务的银行 3 家，和上年相同。

永城中心永煤分中心：受委托办理住房公积金个人住房贷款业务的银行 1 家，和上年相同。

（四）资金存储：2018 年末，住房公积金存款 36.01 亿元。其中，活期 4.28 亿元，1 年（含）以下定期 25.55 亿元，1 年以上定期 3.9 亿元，协定存款 2.28 亿元。

（五）资金运用率：2018 年末，住房公积金个人住房贷款余额、项目贷款余额和购买国债余额的总和占缴存余额的 66.77％，比上年减少 17.13 个百分点。

三、主要财务数据

（一）业务收入：2018 年，业务收入 27629.22 万元，同比增长 2.8％。其中，商丘中心 22578.97 万元，永城中心 2075.89 万元，永城中心永煤分中心 2974.36 万元；存款利息 6941.45 万元，委托贷款利息 20687.1 万元，国债利息 0 万元，其他 0.67 万元。

（二）业务支出：2018 年，业务支出 14042.44 万元，同比增长 28.6％。其中，商丘中心 11537.55 万元，永城中心 1185.1 万元，永城中心永煤分中心 1319.79 万元；支付职工住房公积金利息 12866.68 万元，归集手续费 1.14 万元，委托贷款手续费 1173.28 万元，其他 1.33 万元。

（三）增值收益：2018 年，增值收益 13586.78 万元，同比下降 14.85％。其中，商丘中心 11041.42 万元，永城中心 890.79 万元，永城中心永煤分中心 1654.57 万元；增值收益率 1.34％，比上年减少 0.6 个百分点。

（四）增值收益分配：2018 年，提取贷款风险准备金 2084.96 万元，提取管理费用 1125.11 万元，提取城市廉租住房（公共租赁住房）建设补充资金 10376.71 万元。

2018 年，上交财政管理费用 1435.9 万元。上缴财政城市廉租住房（公共租赁住房）建设补充资金 8113.1 万元。其中，商丘中心 7723.1 万元，永城中心 390 万元，永城中心永煤分中心 0 万元。

2018 年末，贷款风险准备金余额 14848.84 万元。累计提取城市廉租住房（公共租赁住房）建设补充资金 39698.2 万元。其中，商丘中心提取 35776.2 万元，永城中心提取 1400 万元，永城中心永煤分中心提取 2522 万元。

（五）管理费用支出：2018 年，管理费用支出 1788.95 万元，同比上升 5.57％。其中，人员经费 1060.65 万元，公用经费 312.1 万元，专项经费 416.2 万元。

商丘中心管理费用支出 1428.38 万元，其中，人员、公用、专项经费分别为 886.7 万元、252.41 万元、289.27万元；永城中心管理费用支出138.15万元，其中，人员、公用、专项经费分别为0万元、48.99万元、89.16万元；永城中心永煤分中心管理费用支出222.42万元，其中，人员、公用、专项经费分别为173.95万元、10.7万元、37.77万元。

四、资产风险状况

2018年末，个人住房贷款逾期额127.64万元，逾期率0.19‰。其中，商丘中心0.08‰，永城中心1.41‰，永城中心永煤分中心0‰。

商丘中心个人贷款风险准备金按不低于年度住房公积金贷款余额的1%核定。2018年，提取个人贷款风险准备金961.42万元，使用个人贷款风险准备金核销呆坏账0万元。2018年末，个人贷款风险准备金余额9857.3万元，占个人住房贷款余额的1.77%，个人住房贷款逾期额与个人贷款风险准备金余额的比率为0.5%。

永城中心个人贷款风险准备金按贷款余额的1%提取。2018年，提取个人贷款风险准备金130.79万元，使用个人贷款风险准备金核销呆坏账0万元。2018年末，个人贷款风险准备金余额710.97万元，占个人住房贷款余额的1.37%，个人住房贷款逾期额与个人贷款风险准备金余额的比率为10.33%。

永城中心永煤分中心个人贷款风险准备金按增值收益的60%提取。2018年，提取个人贷款风险准备金992.74万元，使用个人贷款风险准备金核销呆坏账0万元。2018年末，个人贷款风险准备金余额4280.57万元，占个人住房贷款余额的19.49%，个人住房贷款逾期额与个人贷款风险准备金余额的比率为0%。

五、社会经济效益

（一）缴存业务：2018年，实缴单位数、实缴职工人数和缴存额同比分别增长7.62%、6.14%和20.49%。

缴存单位中，国家机关和事业单位占65.12%，国有企业占13.51%，城镇集体企业占1.01%，外商投资企业占0.83%，城镇私营企业及其他城镇企业占16.43%，民办非企业单位和社会团体占0.84%，其他占2.26%。

缴存职工中，国家机关和事业单位占61.71%，国有企业占25.91%，城镇集体企业占0.9%，外商投资企业占0.8%，城镇私营企业及其他城镇企业占8.69%，民办非企业单位和社会团体占0.89%，其他占1.1%；中、低收入占99.5%，高收入占0.5%。

新开户职工中，国家机关和事业单位占38.07%，国有企业占16.59%，城镇集体企业占0.43%，外商投资企业占2.16%，城镇私营企业及其他城镇企业占28.35%，民办非企业单位和社会团体占3.37%，其他占11.03%；中、低收入占99.96%，高收入占0.04%。

（二）提取业务：2018年，3.14万名缴存职工提取住房公积金9.53亿元。

提取金额中，住房消费提取占68.3%（购买、建造、翻建、大修自住住房占18.72%，偿还购房贷款本息占45.2%，租赁住房占4.23%，其他占0.15%）；非住房消费提取占31.7%（离休和退休提取占19.79%，完全丧失劳动能力并与单位终止劳动关系提取占6.77%，户口迁出本市或出境定居占0.21%，其他占4.93%）。

提取职工中，中、低收入占 98.77%，高收入 1.23%。

（三）贷款业务：

1. 个人住房贷款：2018 年，支持职工购建房 58.11 万平方米，年末个人住房贷款市场占有率为 18.8%，比上年减少 19.92 个百分点。通过申请住房公积金个人住房贷款，可节约职工购房利息支出 14833.16 万元。

职工贷款笔数中，购房建筑面积 90（含）平方米以下占 11.91%，90～144（含）平方米占 77.16%，144 平方米以上占 10.93%。购买新房占 82.28%（其中购买保障性住房占 0%），购买二手房占 17.56%，建造、翻建、大修自住住房占 0.16%，其他占 0%。

职工贷款笔数中，单缴存职工申请贷款占 28.74%，双缴存职工申请贷款占 71.26%，三人及以上缴存职工共同申请贷款占 0%。

贷款职工中，30 岁（含）以下占 16.02%，30 岁～40 岁（含）占 47.01%，40 岁～50 岁（含）占 31.34%，50 岁以上占 5.62%；首次申请贷款占 91.02%，二次及以上申请贷款占 8.99%；中、低收入占 99.47%，高收入占 0.53%。

2. 异地贷款：2018 年，发放异地贷款 353 笔 9450.1 万元。2018 年末，发放异地贷款总额 60044 万元，异地贷款余额 58096.93 万元。

（四）住房贡献率： 2018 年，个人住房贷款发放额、公转商贴息贷款发放额、项目贷款发放额、住房消费提取额的总和与当年缴存额的比率为 61.74%，比上年减少 41.64 个百分点。

六、其他重要事项

商丘中心：

（一）当年机构及职能调整情况

1. 主要任务

（1）编制、执行住房公积金的归集、使用计划。

（2）负责记载职工住房公积金的缴存、提取、使用等情况。

（3）负责住房公积金的核算。

（4）审批住房公积金的提取、使用。

（5）负责住房公积金的保值和归还。

（6）编制住房公积金归集、计划执行情况的报告。

（7）承办市住房公积金管理委员会决策的其他事项。

2. 内设机构及派出机构

市住房公积金管理中心机构规格相当于正处级，为市政府直属事业单位，经费实行财政全额拨款。内设机构 6 个：办公室、计划财务科、归集科、信贷科、审计稽核科、信息技术科。下设 10 个服务网点：市直管理部、梁园区管理部、睢阳区管理部、夏邑县管理部、虞城县管理部、柘城县管理部、宁陵县管理部、睢县管理部、民权县管理部、神火分中心。

中心网站：http://www.sqgjj.com。

永城中心：缴存银行增加中原银行及中信银行。

（二）当年住房公积金政策调整及执行情况

1. 缴存政策调整情况

商丘中心：根据《商丘市住房公积金管理中心关于调整 2018 年度住房公积金缴存基数和缴存比例的通知》（商公积金〔2018〕37 号），2018 年度缴存基数、限额及比例做出了如下调整：个人及单位缴存比例为 5%～12%（自主缴存为 10%～24%），缴存基数最高 13064 元（自主缴存 5225.7 元），缴存基数最低为 1570 元（自主缴存为 3483.8 元），具体缴存金额由相应基数乘相应比例。根据《商丘市住房公积金管理委员会关于调整住房公积金使用有关规定的通知》（商公积金委〔2018〕6 号）和《商丘市住房公积金管理委员会关于调整住房公积金使用政策的通知》（商公积金委〔2018〕3 号），困难企业降低住房公积金缴存比例或缓缴的审批，由原来的市住房公积金管理委员会审批改为由市住房公积金管理中心进行审批；取消灵活就业人员缴存住房公积金对于户籍的限制条件。

永城中心：根据《永城市住房公积金归集管理办法》、《河南省统计年鉴 2016》和河南省人民政府《河南省关于调整最低工资标准的通知》（豫政〔2018〕29 号），2018 年度缴存基数、限额及比例做出了如下调整：个人及单位缴存比例为 5%～12%，缴存基数最高 12090 元，缴存基数最低为 1570 元，具体缴存金额由相应基数乘相应比例。

永城中心永煤分中心：根据《河南统计年鉴 2018》公布的数字，确定缴存基数上限为 12090 元，单位和个人月缴上限均为 1451 元，合计不得超过 2902 元。

2. 提取政策调整情况

商丘中心：缴存职工个人账户封存半年后即可办理转移或提取；停止办理装修、维修（大修除外）和支付普通自住住房物业管理费提取住房公积金业务；租赁自住住房需提供市、县（市）住房城乡建设（房产）部门开具的房屋租赁登记备案证明；购买自住住房，购房地须为夫妻任一方缴存地或户籍地。

永城中心永煤分中心：购买自住住房提供购房合同（已备案）及发票或者房产证及契税完税凭证由三年内调整为一年以内，取消原政策中"装修自住住房"和"永煤内部房"提取公积金的规定，增加"完全丧失劳动能力，并与单位终止劳动关系的"支取规定。

3. 贷款政策调整情况

商丘中心：住房公积金缴存人（含配偶）申请住房公积金贷款时，以住房公积金缴存基数认定申请人收入；借款人可随时向中心申请提前还款，可一次性结清贷款本息或提前偿还部分贷款本金（每次还款额不得少于 5 万元）；异地缴存职工在我市购房申请住房公积金贷款的，与本地贷款职工享有同等贷款权益；根据河南省住房城乡建设厅"三级十同"要求，取消住房公积金保证人保证担保方式贷款；贷款到期期限由申请人（含共同申请人）法定退休时间延长至退休后 5 年。

永城中心：取消个人住房贷款申请人、配偶和保证人单位证明；住房公积金贷款担保方式在现有保证人担保和房产抵押担保的基础上，增加期房抵押担保；公积金贷款最长期限不能超过 30 年，且不得超过职工或配偶的法定退休年龄；住房公积金借款人及配偶有商业住房贷款或其他贷款的，贷款的月还款额需合并计算，最高不得超过借款人家庭月收入的 50%；按照"保一限二禁三"原则，二套房最低首付款比例由 30% 调整到 40%。

永城中心永煤分中心：当年个人住房贷款最高贷款额度由 50 万调整为 40 万；公积金贷款最长期限不能超过 30 年，且不得超过职工或配偶的法定退休年龄；住房公积金借款人及配偶有商业住房贷款或其他贷款的，贷款的月还款额需合并计算，最高不得超过借款人家庭月收入的50%；按照"保一限二禁三"原则，一套房最低首付款比例由20%调整至30%，二套房最低首付比例由30%调整至40%。

（三）当年服务改进情况

商丘中心：一是以"双贯标"为契机，积极与省、市有关部门对接，实现了"网络通、数据通、业务通"，广大缴存职工可登录市政务服务网办理住房公积金业务；将市直管理部业务服务大厅整体搬迁至市行政服务中心，市直、一体化示范区业务实现了"一门进"目标。

二是对照省"三级十同"标准，对原有的业务操作规范和网上审批服务事项进行全面梳理、修订和完善，印发了《业务规范汇编》，实现了24项归集、提取业务在材料齐全情况下"最多跑一次"、所有公积金业务在全市范围内就近办理。

三是持续提升"互联网＋公积金"信息化服务水平。坚持多样化需求设计，满足不同人群对住房公积金业务网上办理的要求，推出了网上服务大厅、自助查询及打印终端、门户网站、手机公积金APP、微博等多个服务渠道，部分业务实现"零"跑路。

四是积极开展工作人员服务和业务培训，严格执行首问负责、一次性告知、限时办结、责任追究等制度，及时回复网上留言和客户投诉。

永城中心：及时调整个人住房贷款、提取政策，在国家政策规定的范围内，进一步细化措施，缩短办事流程，提高工作效率，做到应提尽提、应贷尽贷，方便职工使用住房公积金解决住房问题。深入推进"放管服"改革，积极开展"减证便民"行动，切实做好政务服务事项"一次性办妥"、"一网通办"工作，做到让数据多跑路，让群众少跑腿。扎实推进"互联网＋政务服务"，将"一网通办"前提下"最多跑一次"改革与全面提升住房公积金管理服务水平紧密结合起来，切实提高干部职工对住房公积金服务改革的获得感和认同感。

加快推进住房公积金综合服务平台建设工作，充分发挥已建成的住房公积金12329热线、短信平台、职工住房公积金查询卡、查询机、住房公积金网站和手机APP等作用，形成住房公积金信息服务一体化网络格局，让职工信息查询、政策咨询更便利。

按照省"一网通办"工作要求，通过对标"三级十同"目录，统一网上办理事项，梳理对外共享数据清单等，中心业已完成与河南政务服务网的对接互联，实现了网络通、数据通、业务通。认真做好数据容灾备份，充分发挥住房公积金异地转移接续平台作用，不断提升住房公积金信息化、科学化管理水平。

永城中心永煤分中心：完成了综合服务平台建设实施计划的制定、完成了综合服务平台的需求分析、设计和确定工作。

（四）当年信息化建设情况

商丘中心：中心完成了住房公积金业务信息管理系统招标，并严格按照住房城乡建设部颁布的《住房公积金基础数据标准》和《住房公积金信息技术规范》要求，组织开展业务信息管理系统建设。完善、修正、补全了基础数据，建立了规范的基础数据体系；开发并接入了全国统一的住房公积金结算应用平台，实现了资金实时结算，提高了结算效率；同时开发并接入了全国统一的住房公积金异地转移接续平台，实现了信息共享，只需要在转入地申请即可办理住房公积金异地转移业务。2018年下半年，中心与"商丘市智慧城市—政务服务平台"整合了网络资源，实现了网通；业务系统数据与"商丘市智慧城市—政务服务平台"动态对接，实现了数据通。中心依托"商丘市智慧城市--政务服务平台"部署了新的住房公积金业务信息管理系统，业务系统于 2018 年 7 月 8 日正式上线运行，10 月 18 日通过住房城乡建设部和省住房城乡建设厅联合检查组"双贯标"工作验收。同时，中心以新业务信息管理系统上线为契机，根据住房城乡建设部和省住房城乡建设厅文件要求，以人民为中心，积极推进住房公积金综合服务平台建设，构建"互联网＋公积金"服务大格局，深化"放管服改革"。

永城中心：全力以赴做好公积金基础数据标准贯标和接入全国住房公积金结算应用系统"双贯标"建设工作，并于 12 月 11 日一次成功通过了部省联合检查验收组的验收，"双贯标"建设的落实，进一步规范了住房公积金信息系统数据体系，完善了缴存单位和职工基础数据，提高了住房公积金信息资源的组织利用水平。

永城中心永煤分中心：完成了住房公积金信息系统的基础数据标准贯标和结算应用系统接入工作、于 11 月 30 日正式上线运行"双贯标"信息系统。

（五）当年住房公积金管理中心及职工所获荣誉情况

商丘中心：2018 年市级文明单位标兵、河南省建设五一巾帼奖状、青年文明号。

（六）当年对违反《住房公积金管理条例》和相关法规行为进行行政处罚和申请人民法院强制执行情况

商丘中心：依据国务院《住房公积金管理条例》第三十七条规定，截至 2018 年 12 月 31 日，我中心对商丘市回民中学做出了 5 万元的行政处罚决定，对商丘市第三人民医院做出了 5 万元的行政处罚决定，均处罚到位。无申请人民法院强制执行案件。

信阳市住房公积金 2018 年年度报告

一、机构概况

（一）住房公积金管理委员会：住房公积金管理委员会有 25 名委员，2018 年召开 1 次会议，审议通过的事项主要包括：

1. 《2018 年度住房公积金增值收益分配方案》。
2. 《信阳市住房公积金 2018 年年度报告》（信息披露报告）。
3. 《关于建立住房公积金贷款防控机制的建议》。
4. 关于增加浦发银行信阳分行、洛阳银行信阳分行为我市住房公积金委托行的建议。

（二）住房公积金管理中心：住房公积金管理中心为市政府直属不以营利为目的的财政全供正处级事业单位，设 7 个科室，10 个管理部。从业人员 85 人，其中，在编 49 人，非在编 36 人。

二、业务运行情况

（一）缴存：2018 年，新开户单位 186 家，实缴单位 4955 家，净增单位 186 家；新开户职工 2.11 万人，实缴职工 25.37 万人，净增职工 0.72 万人；缴存额 29.83 亿元，同比增长 23.57％。2018 年末，缴存总额 144.09 亿元，同比增长 26.11%；缴存余额 86.62 亿元，同比增长 21.86%。

受委托办理住房公积金缴存业务的银行 7 家，比上年增加 1 家。

（二）提取：2018 年，提取额 14.29 亿元，同比增长 64.09%；占当年缴存额的 47.91%，比上年增加 11.8 个百分点。2018 年末，提取总额 57.48 亿元，同比增长 33.09%。

（三）贷款：个人住房贷款最高额度 50 万元，其中，单缴存职工最高额度 40 万元，双缴存职工最高额度 50 万元。

2018 年，发放个人住房贷款 0.31 万笔 10.18 亿元，同比分别下降 13.67%、13.66%。2018 年，回收个人住房贷款 5.81 亿元。2018 年末，累计发放个人住房贷款 3.74 万笔 86.87 亿元，贷款余额 61.87 亿元，同比分别增长 8.95%、13.27%、7.59%。个人住房贷款余额占缴存余额的 71.43%，比上年减少 9.46 个百分点。

受委托办理住房公积金个人住房贷款业务的银行 4 家，比上年增加（减少）0 家。

（四）资金存储：2018 年末，住房公积金存款 25.53 亿元。其中，活期 1.76 亿元，1 年（含）以下定期 16.5 亿元，1 年以上定期 7.27 亿元，其他（协定、通知存款等）0 亿元。

（五）资金运用率：2018 年末，住房公积金个人住房贷款余额、项目贷款余额和购买国债余额的总和占缴存余额的 71.43%，比上年减少 9.46 个百分点。

三、主要财务数据

（一）业务收入：2018 年，业务收入 21950.43 万元，同比增长 12.81%。存款利息 2481.82 万元，委托贷款利息 19322.77 万元，国债利息 0 万元，其他 145.84 万元。

（二）业务支出：2018 年，业务支出 14349.44 万元，同比增长 56.5%。支付职工住房公积金利息 13647.8 万元，归集手续费 0 万元，委托贷款手续费 691.33 万元，其他 10.31 万元。

（三）增值收益：2018 年，增值收益 7600.99 万元，同比下降 26.12%。增值收益率 0.96%，比上年减少 0.66 个百分点。

（四）增值收益分配：2018 年，提取贷款风险准备金 873.39 万元，提取管理费用 2892.88 万元，提取城市廉租住房（公共租赁住房）建设补充资金 3834.72 万元。

2018 年，上交财政管理费用 6317.35 万元。上缴财政城市廉租住房（公共租赁住房）建设补充资金 2627.2 万元。

2018 年末，贷款风险准备金余额 13014.79 万元。累计提取城市廉租住房（公共租赁住房）建设补充资金 21954.26 万元。

（五）管理费用支出：2018 年，管理费用支出 2280.52 万元，同比增长 12.32%。其中，人员经费 1216.08 万元，公用经费 400.59 万元，专项经费 663.85 万元。

市中心管理费用支出 2280.52 万元，其中，人员、公用、专项经费分别为 1216.08 万元、400.59 万元、663.85 万元。

四、资产风险状况

2018 年末，个人住房贷款逾期额 383.25 万元，逾期率 0.62‰。

个人贷款风险准备金按（贷款余额）的2%提取。2018年，提取个人贷款风险准备金873.39万元，使用个人贷款风险准备金核销呆坏账0万元。2018年末，个人贷款风险准备金余额13014.79万元，占个人住房贷款余额的2.1%，个人住房贷款逾期额与个人贷款风险准备金余额的比率为2.94%。

五、社会经济效益

（一）缴存业务：2018年，实缴单位数、实缴职工人数和缴存额同比分别增长9.94%、2.94%和23.57%。

缴存单位中，国家机关和事业单位占78.51%，国有企业占9.31%，城镇集体企业占0.45%，外商投资企业占0.34%，城镇私营企业及其他城镇企业占7.84%，民办非企业单位和社会团体2.53%，其他占1.02%。

缴存职工中，国家机关和事业单位占77.84%，国有企业占15.34%，城镇集体企业占0.12%，外商投资企业占0.54%，城镇私营企业及其他城镇企业占5.7%，民办非企业单位和社会团体占0.12%，其他占0.34%；中、低收入占92.67%，高收入占7.33%。

新开户职工中，国家机关和事业单位占58.97%，国有企业占7.54%，城镇集体企业占0.8%，外商投资企业占0.09%，城镇私营企业及其他城镇企业占25.64%，民办非企业单位和社会团体占3.94%，其他占3.02%；中、低收入占96.15%，高收入占3.85%。

（二）提取业务：2018年，4.7万名缴存职工提取住房公积金14.29亿元。

提取金额中，住房消费提取占62.54%（购买、建造、翻建、大修自住住房占9.32%，偿还购房贷款本息占84.03%，租赁住房占6.65%，其他占0%）；非住房消费提取占37.46%（离休和退休提取占93.2%，完全丧失劳动能力并与单位终止劳动关系提取占4.15%，户口迁出本市或出境定居占2.54%，其他占0.11%）。

提取职工中，中、低收入占96.43%，高收入占3.57%。

（三）贷款业务：

1. **个人住房贷款**：2018年，支持职工购建房36.45万平方米，年末个人住房贷款市场占有率为12.93%，比上年减少1.51个百分点。通过申请住房公积金个人住房贷款，可节约职工购房利息支出23462.47万元。

职工贷款笔数中，购房建筑面积90（含）平方米以下占10.92%，90~144（含）平方米占79.4%，144平方米以上占9.68%。购买新房占87.16%（其中购买保障性住房占0%），购买二手房占12.84%，建造、翻建、大修自住住房占0%，其他占0%。

职工贷款笔数中，单缴存职工申请贷款占18.94%，双缴存职工申请贷款占81.06%，三人及以上缴存职工共同申请贷款占0%。

贷款职工中，30岁（含）以下占12.33%，30岁~40岁（含）占40.56%，40岁~50岁（含）占38.17%，50岁以上占8.94%；首次申请贷款占95.27%，二次及以上申请贷款占4.73%；中、低收入占96.34%，高收入占3.66%。

2. **异地贷款**：2018年，发放异地贷款29笔880万元。2018年末，发放异地贷款总额13657.27万元，异地贷款余额12652.42万元。

(四)住房贡献率：2018年，个人住房贷款发放额、公转商贴息贷款发放额、项目贷款发放额、住房消费提取额的总和与当年缴存额的比率为64.09%，比上年增加减少4.34个百分点。

六、其他重要事项

(一)当年住房公积金政策调整及执行情况：

1. 关于调整住房公积金缴存基数的通知（信房金字〔2018〕48号）。自2018年7月起，将全市住房公积金最高缴存基数由目前的11353元调整为12503元，住房公积金最高月缴存额调整为单位个人各1500元；住房公积金最低缴存基数市直（包括浉河、平桥及各管理区）仍为1570元，各县仍为1420元，住房公积金最低月缴存额市直为单位各79元，各县为单位个人各71元。

当年缴存比例：无变化。

2. 根据上级主管部门有关文件规定，重新修订了《信阳市个人住房公积金贷款管理办法》和《信阳市住房公积金提取管理办法》，进一步规范了我市住房公积金管理工作。重新修订了信阳市《关于进一步规范楼盘备案工作的通知》，规范住房公积金贷款楼盘准入标准。

(二)当年服务改进情况：

1. 服务手段：开展了文明优质服务培训，聘请第三方对窗口服务水平进行了暗访。通过暗访反馈、及时整改，窗口服务水平得到显著提升。

2. 我中心2018年度新的系统业务管理系统成功上线后，提取业务实现秒到账，优化了业务流程，真正做到了让办事群众少跑路。新系统上线后，中心正在全面推进综合服务平台的建设工作，全面开展网厅、官网、微信、微博等多渠道网络载体的建设工作。

(三)当年信息化建设情况：2018年度完成了历史数据的清理工作，新业务信息管理系统升级改造顺利上线。完成了住房城乡建设部要求的基础数据及资金结算应用系统建设工作。并顺利通过了住房城乡建设部和省住房城乡建设厅联合验收组"双贯标"验收。

周口市住房公积金2018年年度报告

一、机构概况

(一)住房公积金管理委员会：周口市住房公积金管理委员会有34名委员，2018年召开1次会议，审议通过的事项主要包括：

1.《周口市住房公积金管理中心2018年住房公积金归集、使用计划执行情况》。

2.《周口市住房公积金管理中心2018年住房公积金归集、使用计划》。

3.《周口市住房公积金2018年年度报告》。

4.《在周口就业的港澳台同胞缴存使用住房公积金实施办法》。

5.《关于进一步规范住房公积金缴存工作的通知》。

(二) 住房公积金管理中心：周口市住房公积金管理中心是直属于周口市人民政府不以营利为目的的全供事业单位，设 7 个科室，11 个管理部，1 个分中心。从业人员 91 人，其中，在编 59，非在编 32 人。

二、业务运行情况

(一) 缴存：2018 年，新开户单位 598 家，实缴单位 3705 家，净增单位 598 家；新开户职工 3.57 万人，实缴职工 30.83 万人，净增职工 2.56 万人；缴存额 22.09 亿元，同比增长 19.25%。2018 年末，缴存总额 108.89 亿元，同比增长 25.43%；缴存余额 68.15 亿元，同比增长 28.39%。

受委托办理住房公积金缴存业务的银行 7 家，比上年增加 0 家。

(二) 提取：2018 年，提取额 7.01 亿元，同比下降 10.29%；占当年缴存额的 31.72%，比上年减少 10.45 个百分点。2018 年末，提取总额 40.74 亿元，同比增长 20.79%。

(三) 贷款：个人住房贷款最高额度 45 万元，其中，单缴存职工最高额度 45 万元，双缴存职工最高额度 45 万元。

2018 年，发放个人住房贷款 0.61 万笔 18.83 亿元，同比分别增长 18.20%、30.79%。

2018 年，回收个人住房贷款 4.11 亿元。

2018 年末，累计发放个人住房贷款 2.93 万笔 74.89 亿元，贷款余额 59.51 亿元，同比分别增长 26.39%、33.59%、32.86%。个人住房贷款余额占缴存余额的 87.32%，比上年增加 2.94 个百分点。

受委托办理住房公积金个人住房贷款业务的银行 5 家，比上年增加 0 家。

(四) 资金存储：2018 年末，住房公积金存款 9.45 亿元。其中，活期 0.34 亿元，1 年（含）以下定期 7.72 亿元，1 年以上定期 0.7 亿元，其他（协定、通知存款等）0.69 亿元。

(五) 资金运用率：2018 年末，住房公积金个人住房贷款余额、项目贷款余额和购买国债余额的总和占缴存余额的 87.32%，比上年增加 2.94 个百分点。

三、主要财务数据

(一) 业务收入：2018 年，业务收入 18489.88 万元，同比增长 26.26%。存款利息 1968.28 万元，委托贷款利息收入 16519.46 万元，其他收入 2.14 万元。

(二) 业务支出：2018 年，业务支出 9631.35 万元，同比增长 19.59%。支付职工住房公积金利息 9028.85 万元，归集手续费 0.35 万元，委托贷款手续费 583.18 万元，其他支出 18.97 万元。

(三) 增值收益：2018 年，增值收益 8858.53 万元，同比增长 34.42%。增值收益率 1.48%，比上年增加 0.11 个百分点。

(四) 增值收益分配：2018 年，提取贷款风险准备金 5506.57 万元，提取管理费用 2268 万元，提取城市廉租住房（公共租赁住房）建设补充资金 1083.96 万元。

2018 年，上交财政管理费用 1707.8 万元。上缴财政城市廉租住房（公共租赁住房）建设补充资金 1021.97 万元。

2018 年末，贷款风险准备金余额 25655.81 万元。累计提取城市廉租住房（公共租赁住房）建设补充资金 5026.28 万元。

(五) 管理费用支出：2018 年，管理费用支出 1551.44 万元，同比增长 15.82%。其中，人员经费

810.64 万元，公用经费 174.27 万元，专项经费 566.53 万元。

市中心管理费用支出 1315.13 万元，其中，人员、公用、专项经费分别为 752.47 万元、136.55 万元、426.11 万元。鹿邑中心管理费用支出 236.3 万元，其中，人员、公用、专项经费分别为 58.17 万元、37.72 万元、140.42 万元。

四、资产风险状况

（一）个人住房贷款：2018 年末，个人住房贷款逾期额 200.89 万元（其中：历史遗留逾期贷款额 143 万元），逾期率 0.33‰。

个人贷款风险准备金按增值收益的 60% 提取。2018 年，提取个人贷款风险准备金 5506.57 万元，使用个人贷款风险准备金核销呆坏账 0 万元。2018 年末，个人贷款风险准备金余额 25655.81 万元，占个人住房贷款余额的 4.31%，个人住房贷款逾期额与个人贷款风险准备金余额的比率为 0.78%。

（二）历史遗留风险资产：2018 年末，历史遗留风险资产余额 143 万元，比上年减少 60 万元，历史遗留风险资产回收率 29.55%。

五、社会经济效益

（一）缴存业务：2018 年，实缴单位数、实缴职工人数和缴存额同比分别增长 7.73%、－10.27% 和 19.25%。

缴存单位中，国家机关和事业单位占 71.25%，国有企业占 10.31%，城镇集体企业占 1.08%，外商投资企业占 0.5%，城镇私营企业及其他城镇企业占 15.83%，民办非企业单位和社会团体占 0.39%，其他占 0.64%。

缴存职工中，国家机关和事业单位占 68.28%，国有企业占 14.96%，城镇集体企业占 4.43%，外商投资企业占 1.27%，城镇私营企业及其他城镇企业占 5.63%，民办非企业单位和社会团体占 0.51%，个人自愿缴存占 2.58%，其他占 2.34%；中、低收入占 69.17%，高收入占 30.83%。

新开户职工中，国家机关和事业单位占 46.45%，国有企业占 11.34%，城镇集体企业占 2.61%，外商投资企业占 2.3%，城镇私营企业及其他城镇企业占 26.22%，民办非企业单位和社会团体占 0.09%，个人自愿缴存占 10.73%，其他占 0.26%；中、低收入占 99.72%，高收入占 0.28%。

（二）提取业务：2018 年，2.86 万名缴存职工提取住房公积金 7.01 亿元。

提取金额中，住房消费提取占 57.99%（购买、建造、翻建、大修自住住房占 36.25%，偿还购房贷款本息占 20.37%，租赁住房占 1.12%，自住住房物业费占 0.25%）；非住房消费提取占 42.01%（离休和退休提取占 34.66%，完全丧失劳动能力并与单位终止劳动关系提取占 2.73%，户口迁出本市或出境定居占 0.73%，死亡或宣告死亡占 1.23%，其他占 2.66%）。

提取职工中，中、低收入占 99.01%，高收入占 0.99%。

（三）贷款业务：

1. **个人住房贷款**：2018 年，支持职工购建房 78.47 万平方米，年末个人住房贷款市场占有率为 41.33%，比上年增加 0.27 个百分点。通过申请住房公积金个人住房贷款，可节约缴存人员购房利息支出 58949.16 万元。

职工贷款笔数中，购房建筑面积90（含）平方米以下占7.75%，90~144（含）平方米占84.51%，144平方米以上占7.74%。购买新房占81.33%，购买二手房占18.67%。

职工贷款笔数中，单缴存职工申请贷款占25.29%，双缴存职工申请贷款占74.71%。

贷款职工中，30岁（含）以下占28.15%，30岁~40岁（含）占45.23%，40岁~50岁（含）占21.69%，50岁以上占4.93%；首次申请贷款占98.58%，二次及以上申请贷款占1.42%；中、低收入占97.55%，高收入占2.45%。

2. **异地贷款**：2018年，发放异地贷款918笔27328.5万元。2018年末，发放异地贷款总额62991.1万元，异地贷款余额59999.83万元。

（四）**住房贡献率**：2018年，个人住房贷款发放额、公转商贴息贷款发放额、项目贷款发放额、住房消费提取额的总和与当年缴存额的比率为116.98%，比上年减少3个百分点。

六、其他重要事项

（一）**政策调整及执行情况**：一是结合我市实际，出台了《关于印发〈在周口就业的港澳台同胞缴存使用住房公积金实施办法〉的通知》，明确来周口就业的港、澳、台同胞可凭护照、台胞证、回乡证或通行证等证照开户缴存、使用住房公积金。为规范住房公积金委托金融业务，提高住房公积金委托金融业务绩效，出台了《周口市住房公积金委托金融业务考核办法》、《关于印发〈周口市住房公积金管理中心关于扫黑除恶专项斗争工作方案〉的通知》等一系列新政。二是为规范住房公积金业务，出台了《调整〈住房公积金提取实施细则〉的通知》、《关于进一步明确住房公积金业务办理有关事项的通知》。

（二）**住房公积金缴存限额**：周口市统计部门公布的2018年度周口市在岗职工平均工资为50259元，根据相关规定，住房公积金月缴存基数最高不应高于职工工作地设区城市上一年度职工月平均工资3倍，最低不应低于职工工作地设区城市上一年度职工月平均工资的80%。2018年住房公积金年度月缴存基数上限为12565元，单位和职工个人月缴存总额上限为3016元；住房公积金月缴存基数的下限为2513元，单位和职工个人月缴存总额下限为252元。确有困难的单位，经职工代表大会或者工会讨论通过，并经市住房公积金管理中心核准，可按周口市最低工资标准（1570元/月）确定。

（三）**住房公积金缴存比例**：2018年度周口市住房公积金缴存比例不应高于12%且不应低于5%。同一单位职工的缴存比例应一致，单位缴存比例和职工缴存比例一致。单位缴存住房公积金确有困难的，可申请降低缴存比例，单位申请降低缴存比例的，应经本单位职工代表大会或者工会讨论通过，并经市住房公积金管理中心审核，报市住房公积金管理委员会审批，降低缴存比例期满后，单位应将缴存比例恢复到规定标准。

（四）**住房公积金贷款**：当年个贷最高额度为45万元。购买首套住房的，首付款比例不得低于房价总额的20%，贷款利率5年以上3.25%（年利率），5年以下2.75%（年利率）；购买二套住房首付款比例不得低于房价总额的30%，且利率上浮10%；三套及以上住房贷款不予受理。

（五）**"放管服"改革情况**：积极打造智能化公积金服务大厅，在公积金服务大厅设置自助查询终端、自助打印终端、LED显示屏、排队叫号机等智能服务设备，将智能设备与审批网络服务相结合，涵盖公积金账户查询、业务线上办理、业务凭据打印、网厅体验、信息发布等功能；全面推行"一次办、网上办、马上办、就近办"四办改革，按照"减材料"、"减流程"、"减时限"和"零费用"要求，对各项业务资料、办理流程、办理时限进行再"瘦身",将长期以来的"要证明"转变为"信用承诺",取消公积金缴存、提取、贷款各环节的证明材料、复印件、申请表等24项办理要件,较之前业务办理减少要件75%以上。

(六)信息化建设情况:一是以优异成绩通过部省"双贯标"联合验收。先后完成公积金基础数据标准贯标工作和结算应用系统接入工作,公积金提取业务实现"秒级"到账,公积金贷款实现全面自主核算,会计核算实现日清日结。二是率先在全省公积金行业开通个人网上业务。充分运用"互联网+政务服务",结合周口公积金实际,打造了集网上服务大厅、微信、手机APP等8位一体的周口公积金综合信息服务平台,实现业务在线办理、查询、咨询的信息化服务功能,全市缴存人员可随时随地一键式网上自助办理相关公积金业务,真正实现了业务办理"零跑腿",切实解决了"最后一公里"问题。

(七)年内获得荣誉:

1. 市委、市政府授予"综合考评优秀县处级领导班子";
2. 市综合考评工作领导小组授予"市管领导班子综合考评优秀等次";
3. 市委、市政府命名"市级文明单位";
4. 省住房城乡建设厅授予"住房公积金工作表现突出单位";
5. 市直工委授予"先进党总支部";
6. 市直工委授予"共产党员先锋岗"(城区两个综合服务大厅各一);
7. 市总工会授予"五一巾帼标兵岗";
8. 市妇联授予"周口市三八红旗集体";
9. 市妇联颁发"喜迎省运会巾帼在行动"优秀组织奖;
10. 市文明办等4部门评为"周口百名爱心单位"。

驻马店市(含新蔡县)住房公积金2018年年度报告

一、机构概况

(一)住房公积金管理委员会:驻马店市住房公积金管理委员会有29名委员,2018年召开2次会议,审议通过了以下重要事项:2018年3月30日,四届一次会议审议通过了《驻马店市住房公积金2018年度归集使用计划执行情况及2018年度归集使用计划报告》、《驻马店市住房公积金2018年年度报告》、《关于我市两家企业申请降低缴存比例的报告》。2018年7月27日,四届二次会议审议通过了《关于授权驻马店市住房公积金管理中心审批降低住房公积金缴存比例和缓缴工作的报告》、《关于在洛阳银行驻马店分行、郑州银行驻马店分行开设住房公积金账户的报告》。

新蔡县住房公积金管理委员会有32名委员,2018年召开1次会议,审议通过的事项主要包括:规范调整住房公积金综合服务平台、扩大住房公积金缴存覆盖收益面、规范管理自由职业缴存者、公积金新的贷款及针对自由职业者和异地缴存者的贷款政策、支取政策调整等。

(二)住房公积金管理中心:驻马店市住房公积金管理中心(以下简称"中心")为直属驻马店市人民

政府的不以营利为目的的全供事业单位，设8个科，10个管理部。从业人员106人，其中，在编56人，非在编50人。

新蔡县住房公积金管理中心为新蔡县政府直管的不以营利为目的的社会公共服务类事业单位，设5个股室，从业人员17人，其中，在编9人，非在编8人。

二、业务运行情况

（一）住房公积金缴存：2018年，新开户单位314家，实缴单位4061家，净增单位121家；新开户职工2.77万人，实缴职工28.58万人，净增职工1.43万人；缴存额29.95亿元，同比增长12.59%。

2018年末，缴存总额156.78亿元，同比增长23.75%；缴存余额90.29亿元，同比增长21.02%。

受委托办理住房公积金缴存业务的银行10家，比上年增加2家。

（二）住房公积金提取：2018年，提取额14.32亿元，同比增长40.12%；占当年缴存额的47.81%，比上年增加9.39个百分点。

2018年末，提取总额66.49亿元，同比增长27.60%。

（三）住房公积金贷款：驻马店市个人住房贷款最高额度50万元，其中，单缴存职工最高额度40万元，双缴存职工最高额度50万元。

2018年，发放个人住房贷款0.676万笔20.07亿元，同比分别增长39.67%、63.84%。

2018年，回收个人住房贷款10.21亿元。

2018年末，累计发放个人住房贷款5.48万笔110.11亿元，贷款余额66.51亿元，同比分别增长14.17%、22.29%、17.41%。个人住房贷款余额占缴存余额的73.66%，比上年减少2.27个百分点。

受委托办理住房公积金个人住房贷款业务的银行9家，比上年增加2家。

（四）资金存储：2018年末，住房公积金存款25.97亿元。其中，活期3.56亿元，1年（含）以下定期0亿元，1年以上定期22.26亿元，其他（协定、通知存款等）0.15亿元。

（五）资金运用率：2018年末，住房公积金个人住房贷款余额、项目贷款余额和购买国债余额的总和占缴存余额的73.66%，比上年减少2.27个百分点。

三、主要财务数据

（一）业务收入：2018年，业务收入28130.49万元，同比增长20.14%。其中，存款利息8761.63万元，委托贷款利息19367.68万元，国债利息0万元，其他1.18万元。

（二）业务支出：2018年，业务支出12891.97万元，同比增长19.73%。其中，支付职工住房公积金利息12348.76万元，归集手续费0万元，委托贷款手续费498.17万元，其他45.04万元。

（三）增值收益：2018年，增值收益15238.52万元，同比增长20.48%。其中，增值收益率1.86%，比上年减少0.05个百分点。

（四）增值收益分配：2018年，提取贷款风险准备金6650.58万元，提取管理费用2208万元，提取城市廉租住房建设补充资金6379.94万元。

2018年，上交财政管理费用2153.09万元。上缴财政城市廉租住房建设补充资金4830.09万元。

2018年末，贷款风险准备金余额31475万元。累计提取城市廉租住房建设补充资金26148.94万元。

（五）管理费用支出：2018年，管理费用支出1636.60万元，同比增长33.40%。其中，人员经费1047.85万元，公用经费261.79万元，专项经费326.96万元。

四、资产风险状况

2018年末，个人住房贷款逾期额12.143万元，逾期率0.018‰。

个人贷款风险准备金按贷款余额的1%提取。2018年，提取个人贷款风险准备金6650.58万元，使用个人贷款风险准备金核销呆坏账0万元。2018年末，个人贷款风险准备金余额31475万元，占个人住房贷款余额的4.54%，个人住房贷款逾期额与个人贷款风险准备金余额的比率为0.04%。

五、社会经济效益

（一）缴存业务：2018年，实缴单位数、实缴职工人数和缴存额同比分别增长3.07%、10.78%和12.59%。

缴存单位中，国家机关和事业单位占71.21%，国有企业占6.60%，城镇集体企业占2.21%，外商投资企业占1.85%，城镇私营企业及其他城镇企业占14.58%，民办非企业单位和社会团体占2.61%，其他占0.94%。

缴存职工中，国家机关和事业单位占65.80%，国有企业占14.54%，城镇集体企业占4.12%，外商投资企业占1.79%，城镇私营企业及其他城镇企业占7.76%，民办非企业单位和社会团体占1.22%，其他占4.77%；中、低收入占93.72%，高收入占6.28%。

新开户职工中，国家机关和事业单位占19.52%，国有企业占9.98%，城镇集体企业占4.38%，外商投资企业占3.63%，城镇私营企业及其他城镇企业占47.54%，民办非企业单位和社会团体占2.86%，其他占12.09%；中、低收入占97.24%，高收入占2.76%。

（二）提取业务：2018年，11.85万名缴存职工提取住房公积金14.32亿元。

提取金额中，住房消费提取占74.79%（购买、建造、翻建、大修自住住房占21.99%，偿还购房贷款本息占42.18%，租赁住房占1.96%，其他占8.66%）；非住房消费提取占25.21%（离休和退休提取占21.72%，完全丧失劳动能力并与单位终止劳动关系提取占1.66%，户口迁出本市或出境定居占0.65%，其他占1.18%）。

提取职工中，中、低收入占91.22%，高收入占8.78%。

（三）贷款业务：

1. **个人住房贷款**：2018年，支持职工购建房83.05万平方米，年末个人住房贷款市场占有率为13.89%，比上年减少2.26个百分点。通过申请住房公积金个人住房贷款，可节约职工购房利息支出55802.8万元。

职工贷款笔数中，购房建筑面积90（含）平方米以下占10.83%，90～144（含）平方米占78.20%，144平方米以上占10.97%。购买新房占97.10%（其中购买保障性住房占0.81%），购买二手房占2.90%，建造、翻建、大修自住住房占0%，其他占0%。

职工贷款笔数中，单缴存职工申请贷款占50.12%，双缴存职工申请贷款占45.18%，三人及以上缴存职工共同申请贷款占4.70%。

贷款职工中，30 岁（含）以下占 23.33％，30 岁～40 岁（含）占 47.87％，40 岁～50 岁（含）占 23.08％，50 岁以上占 5.72％；首次申请贷款占 93.76％，二次及以上申请贷款占 6.24％；中、低收入占 97.17％，高收入占 2.83％。

2. **异地贷款**：2018 年，发放异地贷款 456 笔 8538.20 万元。2018 年末，发放异地贷款总额 45750.50 万元，异地贷款余额 34621.14 万元。

（四）**住房贡献率**：2018 年，个人住房贷款发放额、公转商贴息贷款发放额、项目贷款发放额、住房消费提取额的总和与当年缴存额的比率为 102.77％，比上年增加 28.30 个百分点。

六、其他重要事项

（一）**机构及职能调整情况、受委托办理缴存贷款业务金融机构变更情况**：1 月份撤销监察室，纪检监察工作由驻马店市纪委监察委派驻市城市管理局纪检监察组负责；11 月份设立行政审批服务科，负责住房公积金行政审批服务工作。

受委托办理住房公积金缴存业务的银行 10 家，比上年增加 2 家。

（二）**住房公积金政策调整及执行情况**：2018 年驻马店市住房公积金缴存基数上限按照不超过本市上年职工月平均工资 3 倍的要求，确定为 12450 元，缴存基数下限按上年度最低工资标准 1700 元执行，缴存比例为 5％～12％。2018 年，市直和各县区财政供养单位缴存比例为 12％。2018 年开展了住房公积金组合贷款业务。

（三）**服务改进情况**：2018 年，驻马店公积金中心以"服务提升年"活动为抓手，不断深化"一网通办"前提下"最多跑一次"改革，推进审批服务便民化。一是简化业务办理。出台《驻马店市住房公积金管理中心关于简化住房公积金业务办理手续的通知》，多方面整合业务流程，简化业务办理环节和要件，提升便民化服务水平。二是开展综合服务平台建设。目前驻马店市住房公积金综合服务平台的八大服务渠道已经上线完成，并进行具体业务需求及验收标准制定完善，力争实现全省第一批验收。三是积极推进"一网通办"。进一步完善中心权力清单、责任清单和行政职权运行流程图，结合《河南省住房公积金审批服务事项"三级十同"清单》等文件，合理梳理驻马店市住房公积金系统"三级十同"标准，并于省厅规定时限前，全部对接到省政务服务网平台。通过与软件开发公司积极对接，率先实现统一认证平台登录，在全省同行业首家做到住房公积金全部单位业务和部分个人业务网上可办。

（四）**信息化建设情况**：2018 年，将住房公积金业务系统升级至与互联网全面融合的云平台版本。目前，住房公积金业务管理系统核心业务升级完成，网上营业厅与手机 APP 相继开通办理业务。

济源市住房公积金 2018 年年度报告

一、机构概况

（一）**住房公积金管理委员会**：住房公积金管理委员会有 21 名委员，2018 年召开 2 次会议，审议通

过的事项主要包括：

1. 济源市住房公积金管理中心 2018 年年度报告。
2. 济源公积金 2018 年度决算及 2018 年度预算报告。
3. 济源市住房公积金管理中心 2018 年工作总结 2018 年工作计划。
4. 关于重新开通物业费提取业务的申请。
5. 召开换届会议，推举产生管委会主任、副主任。
6. 济源市住房公积金管理委员会章程。
7. 济源市住房公积金管理中心关于 2018 年工作开展情况的报告。
8. 济源市住房公积金管理中心关于调整贷款风险准备金提取比例的申请。
9. 济源市住房公积金管理中心关于综合服务大厅信息化提升和公积金互联网、业务内网网络安全加固的申请。

（二）住房公积金管理中心：住房公积金管理中心为直属于市政府不以营利为目的的财政全供事业单位，设 5 个科室，0 个管理部，0 个分中心。从业人员 37 人，其中，在编 14 人，非在编 23 人。

二、业务运行情况

（一）缴存：2018 年，新开户单位 228 家，实缴单位 1234 家，净增单位 154 家；新开户职工 1.12 万人，实缴职工 11.06 万人，净增职工 0.21 万人；缴存额 6.27 亿元，同比增长 0.16%。2018 年末，缴存总额 42.41 亿元，同比增长 17.35%；缴存余额 28.04 亿元，同比增长 11.23%。

受委托办理住房公积金缴存业务的银行 6 家，比上年增加 0 家。

（二）提取：2018 年，提取额 3.44 亿元，同比增长 72%；占当年缴存额的 54.86%，比上年增加 22.91 个百分点。2018 年末，提取总额 14.37 亿元，同比增长 31.47%。

（三）贷款：个人住房贷款最高额度 40 万元，其中，单缴存职工最高额度 25 万元，双缴存职工最高额度 40 万元。

2018 年，发放个人住房贷款 0.24 万笔 6 亿元，同比分别增长 71.43%、79.1%。其中，市中心发放个人住房贷款 0.24 万笔 6 亿元，2018 年，回收个人住房贷款 2.36 亿元。其中，市中心 2.36 亿元。

2018 年末，累计发放个人住房贷款 2.01 万笔 35.57 亿元，贷款余额 22 亿元，同比分别增长 13.56%、23.46%、19.83%。个人住房贷款余额占缴存余额的 78.46%，比上年增加 5.66 个百分点。

受委托办理住房公积金个人住房贷款业务的银行 5 家，比上年增加 0 家。

（四）资金存储：2018 年末，住房公积金存款 6.53 亿元。其中，活期 0.04 亿元，1 年（含）以下定期 1.39 亿元，1 年以上定期 4.7 亿元，其他（协定、通知存款等）0.40 亿元。

（五）资金运用率：2018 年末，住房公积金个人住房贷款余额、项目贷款余额和购买国债余额的总和占缴存余额的 78.46%，比上年增加 5.66 个百分点。

三、主要财务数据

（一）业务收入：2018 年，业务收入 8230.19 万元，同比增长 16.3%。其中，市中心 8230.19 万元；存款利息 1934.06 万元，委托贷款利息 6295.23 万元，国债利息 0 万元，其他 0.9 万元。

（二）**业务支出**：2018年，业务支出5968.53万元，同比增长78.54%。其中，市中心5968.53万元；支付职工住房公积金利息5668.88万元，归集手续费0万元，委托贷款手续费298.04万元，其他1.61万元。

（三）**增值收益**：2018年，增值收益2261.66万元，同比下降39.43%。其中，市中心2261.66万元；增值收益率0.85%，比上年减少0.76个百分点。

（四）**增值收益分配**：2018年，提取贷款风险准备金315.02万元，提取管理费用42.379万元，提取城市廉租住房（公共租赁住房）建设补充资金1904.27万元。

2018年，上交财政管理费用642.379万元。上缴财政城市廉租住房（公共租赁住房）建设补充资金2989.15万元。其中，市中心上缴2989.15万元。

2018年末，贷款风险准备金余额2142.76万元。累计提取城市廉租住房（公共租赁住房）建设补充资金18028.73万元。其中，市中心提取18028.73万元。

（五）**管理费用支出**：2018年，管理费用支出642.379万元，同比增长33.9%。其中，人员经费218.77万元，公用经费34.569万元，专项经费389.04万元。

市中心管理费用支出642.379万元，其中，人员、公用、专项经费分别为218.77万元、34.569万元、389.04万元。

四、资产风险状况

2018年末，个人住房贷款逾期额568.04万元，逾期率2.58‰。其中，市中心2.58‰。

个人贷款风险准备金按贷款余额的1%提取。2018年，提取个人贷款风险准备金315.01万元，使用个人贷款风险准备金核销呆坏账0万元。2018年末，个人贷款风险准备金余额2142.76万元，占个人住房贷款余额的0.98%，个人住房贷款逾期额与个人贷款风险准备金余额的比率为27.87%。

五、社会经济效益

（一）**缴存业务**：2018年，实缴单位数、实缴职工人数和缴存额同比分别增长14.26%、1.94%和0.16%。

缴存单位中，国家机关和事业单位占36.87%，国有企业占5.1%，城镇集体企业占0.81%，外商投资企业占0.16%，城镇私营企业及其他城镇企业占33.47%，民办非企业单位和社会团体占8.27%，其他占15.32%。

缴存职工中，国家机关和事业单位占20.67%，国有企业占10.53%，城镇集体企业占1.39%，外商投资企业占32.35%，城镇私营企业及其他城镇企业占23.72%，民办非企业单位和社会团体占3.94%，其他占7.4%；中、低收入占99.65%，高收入占0.35%。

新开户职工中，国家机关和事业单位占7.89%，国有企业占3.91%，城镇集体企业占1.35%，外商投资企业占33.09%，城镇私营企业及其他城镇企业占40.19%，民办非企业单位和社会团体占5.37%，其他占8.2%；中、低收入占99.91%，高收入占0.09%。

（二）**提取业务**：2018年，1.59万名缴存职工提取住房公积金3.44亿元。

提取金额中，住房消费提取占57.16%（购买、建造、翻建、大修自住住房占25.42%，偿还购房贷

款本息占 30.21%，租赁住房占 1.53%，其他占 0%）；非住房消费提取占 42.84%（离休和退休提取占 22.37%，完全丧失劳动能力并与单位终止劳动关系提取占 16.28%，户口迁出本市或出境定居占 0.57%，其他占 3.62%）。

提取职工中，中、低收入占 99.38%，高收入占 0.62%。

（三）贷款业务：

1. **个人住房贷款**：2018 年，支持职工购建房 29.66 万平方米，年末个人住房贷款市场占有率为 40.42%，比上年增加 9.46 个百分点。通过申请住房公积金个人住房贷款，可节约职工购房利息支出 998.98 万元。

职工贷款笔数中，购房建筑面积 90（含）平方米以下占 8.92%，90~144（含）平方米占 75.8%，144 平方米以上占 15.29%。购买新房占 71.42%（其中购买保障性住房占 0%），购买二手房占 28.15%，建造、翻建、大修自住住房占 0.43%，其他占 0%。

职工贷款笔数中，单缴存职工申请贷款占 57.49%，双缴存职工申请贷款占 42.51%，三人及以上缴存职工共同申请贷款占 0%。

贷款职工中，30 岁（含）以下占 37.88%，30 岁~40 岁（含）占 43.44%，40 岁~50 岁（含）占 16.43%，50 岁以上占 2.25%；首次申请贷款占 93.46%，二次及以上申请贷款占 6.54%；中、低收入占 99.49%，高收入占 0.51%。

2. **异地贷款**：2018 年，发放异地贷款 88 笔 2338 万元。2018 年末，发放异地贷款总额 6461.8 万元，异地贷款余额 5574.28 万元。

（四）住房贡献率：2018 年，个人住房贷款发放额、公转商贴息贷款发放额、项目贷款发放额、住房消费提取额的总和与当年缴存额的比率为 127.08%，比上年增加 67.97 个百分点。

六、其他重要事项

（一）当年机构及职能调整情况、受委托办理缴存贷款业务金融机构变更情况：2018 年 11 月 7 日，召开了全市住房公积金管理委员会第四届委员会换届大会暨四届一次会议，会议推举产生了管委会新一届领导机构。

（二）当年住房公积金政策调整及执行情况：2018 年 4 月 17 日出台了《关于在济就业的港澳台同胞缴存使用住房公积金的通知》；2018 年 3 月 19 日出台了《济源市住房公积金提取管理办法》、《济源市个人住房公积金贷款管理办法》；2018 年 5 月 8 日出台了《关于调整部分二手房贷款政策的通知》；2018 年 6 月 3 日出台了《住房公积金提取工作管理制度》；2018 年 6 月 8 日出台了《关于调整 2018 年度住房公积金缴存基数的通知》；2018 年 7 月 27 日出台了《济源市住房公积金逾期贷款管理办法》；2018 年 8 月 26 日出台了《济源市住房公积金失信黑名单管理实施细则（试行）》；2018 年 8 月 27 日出台了《关于调整部分贷款业务规定的通知》；2018 年 12 月 24 日出台了《关于调整规范二手房贷款相关政策和办理流程的通知》。

（三）当年服务改进情况：将提取条件中的封存年限由五年压缩到半年；精简提取业务办理流程，合并复核岗和审批岗权限，将办理时限由原来两天压缩至即时到账；已完成"三级十同"建设并录入河南政务服务网；已完成 12329 语音、短信、网站、微信、微博、自助服务终端、支付宝等渠道的建设，网厅正在建设中。

（四）当年信息化建设情况：一是实现档案管理电子化。归集、提取业务实现原件扫描，直接录入业务系统，不再向缴存单位和职工收取纸质复印件等资料；二是与支付宝平台合作。中心将部分业务接入支付宝城市服务平台，"刷脸"绑定公积金账户，查询个人缴存、贷款、最近一次提取信息等服务；三是上线住房公积金微网站。依托中心官方网站将中心概况、政务公开、政策法规、账户查询等核心内容移植到微网站；四是实现全部贷款业务自主核算；五是向市政府申请专项经费40万元，用于购置部署公积金数据库审计系统；六是完成"双贯标"工作。10月19日，住房城乡建设部、省住房城乡建设厅"双贯标"验收组专家莅临中心检查指导工作，原则上通过了中心的"双贯标"工作验收。

（五）当年住房公积金管理中心及职工所获荣誉情况：市级文明单位、省级先进个人2名，市级先进个人2名。

2018

Annual Report for National Housing Provident Funds 2018

全国住房公积金年度报告汇编

（下册）

住房和城乡建设部住房公积金监管司 主编

中国建筑工业出版社

目　　录

上　　册

全国住房公积金 2018 年年度报告 ··· 2
北京住房公积金 2018 年年度报告 ··· 16
天津市住房公积金 2018 年年度报告 ·· 22
河北省住房公积金 2018 年年度报告 ·· 28
　石家庄住房公积金 2018 年年度报告 ·· 31
　唐山市住房公积金 2018 年年度报告 ·· 37
　秦皇岛市住房公积金 2018 年年度报告 ··· 41
　邯郸市住房公积金 2018 年年度报告 ·· 44
　邢台市住房公积金 2018 年年度报告 ·· 49
　保定市住房公积金 2018 年年度报告 ·· 53
　张家口市住房公积金 2018 年年度报告 ··· 59
　承德市住房公积金 2018 年年度报告 ·· 62
　沧州市住房公积金 2018 年年度报告 ·· 66
　廊坊市住房公积金 2018 年年度报告 ·· 72
　衡水市住房公积金 2018 年年度报告 ·· 76
山西省住房公积金 2018 年年度报告 ·· 80
　太原住房公积金 2018 年年度报告 ··· 84
　大同市住房公积金 2018 年年度报告 ·· 90
　阳泉市住房公积金 2018 年年度报告 ·· 94
　长治市住房公积金 2018 年年度报告 ·· 99
　晋城市住房公积金 2018 年年度报告 ·· 104
　朔州市住房公积金 2018 年年度报告 ·· 108
　晋中市住房公积金 2018 年年度报告 ·· 115
　运城市住房公积金 2018 年年度报告 ·· 119

忻州市住房公积金 2018 年年度报告	123
临汾市住房公积金 2018 年年度报告	127
吕梁市住房公积金 2018 年年度报告	131

内蒙古自治区住房公积金 2018 年年度报告 …… 136

呼和浩特住房公积金 2018 年年度报告	139
包头市住房公积金 2018 年年度报告	144
乌海市住房公积金 2018 年年度报告	149
赤峰市住房公积金 2018 年年度报告	153
通辽市住房公积金 2018 年年度报告	156
鄂尔多斯市住房公积金 2018 年年度报告	160
呼伦贝尔市住房公积金 2018 年年度报告	164
巴彦淖尔市住房公积金 2018 年年度报告	169
乌兰察布市住房公积金 2018 年年度报告	173
兴安盟住房公积金 2018 年年度报告	176
锡林郭勒盟住房公积金 2018 年年度报告	180
阿拉善盟住房公积金 2018 年年度报告	184
满洲里市住房公积金 2018 年年度报告	187

辽宁省住房公积金 2018 年年度报告 …… 192

沈阳住房公积金 2018 年年度报告	195
大连市住房公积金 2018 年年度报告	205
鞍山市住房公积金 2018 年年度报告	212
抚顺市住房公积金 2018 年年度报告	215
本溪市住房公积金 2018 年年度报告	219
丹东市住房公积金 2018 年年度报告	223
锦州市住房公积金 2018 年年度报告	226
营口市住房公积金 2018 年年度报告	230
阜新市住房公积金 2018 年年度报告	235
辽阳市住房公积金 2018 年年度报告	240
盘锦市住房公积金 2018 年年度报告	243
铁岭市住房公积金 2018 年年度报告	246
朝阳市住房公积金 2018 年年度报告	249
葫芦岛市住房公积金 2018 年年度报告	252

吉林省住房公积金 2018 年年度报告 …… 258

长春住房公积金 2018 年年度报告 …… 261

吉林市住房公积金 2018 年年度报告 …… 270

四平市住房公积金 2018 年年度报告 …… 274

辽源市住房公积金 2018 年年度报告 …… 278

通化市住房公积金 2018 年年度报告 …… 281

白山市住房公积金 2018 年年度报告 …… 284

松原市住房公积金 2018 年年度报告 …… 288

白城市住房公积金 2018 年年度报告 …… 292

延边朝鲜族自治州住房公积金 2018 年年度报告 …… 295

黑龙江省住房公积金 2018 年年度报告 …… 300

哈尔滨住房公积金 2018 年年度报告 …… 306

齐齐哈尔市住房公积金 2018 年年度报告 …… 316

鸡西市住房公积金 2018 年年度报告 …… 320

鹤岗市住房公积金 2018 年年度报告 …… 325

双鸭山市住房公积金 2018 年年度报告 …… 328

大庆市住房公积金 2018 年年度报告 …… 332

伊春市住房公积金 2018 年年度报告 …… 336

佳木斯市住房公积金 2018 年年度报告 …… 340

七台河市住房公积金 2018 年年度报告 …… 343

牡丹江市住房公积金 2018 年年度报告 …… 347

黑河市住房公积金 2018 年年度报告 …… 351

绥化市住房公积金 2018 年年度报告 …… 353

大兴安岭地区住房公积金 2018 年年度报告 …… 357

上海市住房公积金 2018 年年度报告 …… 362

江苏省住房公积金 2018 年年度报告 …… 370

南京住房公积金 2018 年年度报告 …… 373

无锡市住房公积金 2018 年年度报告 …… 379

徐州市住房公积金 2018 年年度报告 …… 385

常州市住房公积金 2018 年年度报告 …… 389

苏州市住房公积金 2018 年年度报告 …… 393

南通市住房公积金 2018 年年度报告 …… 400

连云港市住房公积金 2018 年年度报告 …… 405

淮安市住房公积金 2018 年年度报告 …… 408

盐城市住房公积金 2018 年年度报告 411
扬州市住房公积金 2018 年年度报告 416
镇江市住房公积金 2018 年年度报告 419
泰州市住房公积金 2018 年年度报告 425
宿迁市住房公积金 2018 年年度报告 431

浙江省住房公积金 2018 年年度报告 438
杭州住房公积金 2018 年年度报告 441
宁波市住房公积金 2018 年年度报告 450
温州市住房公积金 2018 年年度报告 456
嘉兴市住房公积金 2018 年年度报告 462
湖州市住房公积金 2018 年年度报告 466
绍兴市住房公积金 2018 年年度报告 471
金华市住房公积金 2018 年年度报告 476
衢州市住房公积金 2018 年年度报告 480
舟山市住房公积金 2018 年年度报告 485
台州市住房公积金 2018 年年度报告 488
丽水市住房公积金 2018 年年度报告 493

安徽省住房公积金 2018 年年度报告 502
合肥住房公积金 2018 年年度报告 505
芜湖市住房公积金 2018 年年度报告 510
蚌埠市住房公积金 2018 年年度报告 514
淮南市住房公积金 2018 年年度报告 518
马鞍山市住房公积金 2018 年年度报告 521
淮北市住房公积金 2018 年年度报告 526
铜陵市住房公积金 2018 年年度报告 529
安庆市住房公积金 2018 年年度报告 533
黄山市住房公积金 2018 年年度报告 537
滁州市住房公积金 2018 年年度报告 541
阜阳市住房公积金 2018 年年度报告 545
宿州市住房公积金 2018 年年度报告 549
六安市住房公积金 2018 年年度报告 552
亳州市住房公积金 2018 年年度报告 556
池州市住房公积金 2018 年年度报告 560

| 宣城市住房公积金 2018 年年度报告 | 565 |

福建省住房公积金 2018 年年度报告 574

福州住房公积金 2018 年年度报告	577
厦门市住房公积金 2018 年年度报告	582
莆田市住房公积金 2018 年年度报告	588
三明市住房公积金 2018 年年度报告	591
泉州市住房公积金 2018 年年度报告	596
漳州市住房公积金 2018 年年度报告	599
南平市住房公积金 2018 年年度报告	603
龙岩市住房公积金 2018 年年度报告	607
宁德市住房公积金 2018 年年度报告	611

江西省住房公积金 2018 年年度报告 618

南昌住房公积金 2018 年年度报告	621
景德镇市住房公积金 2018 年年度报告	625
萍乡市住房公积金 2018 年年度报告	629
九江市住房公积金 2018 年年度报告	632
新余市住房公积金 2018 年年度报告	637
鹰潭市住房公积金 2018 年年度报告	640
赣州市住房公积金 2018 年年度报告	644
吉安市住房公积金 2018 年年度报告	648
宜春市住房公积金 2018 年年度报告	652
抚州市住房公积金 2018 年年度报告	655
上饶市住房公积金 2018 年年度报告	659

山东省住房公积金 2018 年年度报告 664

济南住房公积金 2018 年年度报告	669
青岛市住房公积金 2018 年年度报告	673
淄博市住房公积金 2018 年年度报告	678
枣庄市住房公积金 2018 年年度报告	682
东营市住房公积金 2018 年年度报告	687
烟台市住房公积金 2018 年年度报告	693
潍坊市住房公积金 2018 年年度报告	697
济宁市住房公积金 2018 年年度报告	703
泰安市住房公积金 2018 年年度报告	707

威海市住房公积金 2018 年年度报告	710
日照市住房公积金 2018 年年度报告	714
莱芜市住房公积金 2018 年年度报告	718
临沂市住房公积金 2018 年年度报告	721
德州市住房公积金 2018 年年度报告	725
聊城市住房公积金 2018 年年度报告	728
滨州市住房公积金 2018 年年度报告	733
菏泽市住房公积金 2018 年年度报告	736
河南省住房公积金 2018 年年度报告	**742**
郑州住房公积金 2018 年年度报告	745
开封市住房公积金 2018 年年度报告	754
洛阳市住房公积金 2018 年年度报告	760
平顶山市住房公积金 2018 年年度报告	764
安阳市（含滑县）住房公积金 2018 年年度报告	768
鹤壁市住房公积金 2018 年年度报告	774
新乡市住房公积金 2018 年年度报告	778
焦作市住房公积金 2018 年年度报告	783
濮阳市住房公积金 2018 年年度报告	788
许昌市住房公积金 2018 年年度报告	792
漯河市住房公积金 2018 年年度报告	796
三门峡市住房公积金 2018 年年度报告	801
南阳市住房公积金 2018 年年度报告	805
商丘市住房公积金 2018 年年度报告	809
信阳市住房公积金 2018 年年度报告	815
周口市住房公积金 2018 年年度报告	818
驻马店市（含新蔡县）住房公积金 2018 年年度报告	822
济源市住房公积金 2018 年年度报告	825

下　　册

湖北省住房公积金 2018 年年度报告	**832**
武汉住房公积金 2018 年年度报告	835
黄石市住房公积金 2018 年年度报告	840
十堰市住房公积金 2018 年年度报告	844

宜昌市住房公积金 2018 年年度报告	849
襄阳市住房公积金 2018 年年度报告	853
鄂州市住房公积金 2018 年年度报告	856
荆门市住房公积金 2018 年年度报告	860
孝感市住房公积金 2018 年年度报告	864
荆州市住房公积金 2018 年年度报告	868
黄冈市住房公积金 2018 年年度报告	871
咸宁市住房公积金 2018 年年度报告	876
随州市住房公积金 2018 年年度报告	879
恩施土家族苗族自治州住房公积金 2018 年年度报告	884
仙桃市住房公积金 2018 年年度报告	887
潜江市住房公积金 2018 年年度报告	890
天门市住房公积金 2018 年年度报告	893
神农架林区住房公积金 2018 年年度报告	897

湖南省住房公积金 2018 年年度报告 902
长沙住房公积金 2018 年年度报告	905
株洲市住房公积金 2018 年年度报告	910
湘潭市住房公积金 2018 年年度报告	915
衡阳市住房公积金 2018 年年度报告	919
邵阳市住房公积金 2018 年年度报告	923
岳阳市住房公积金 2018 年年度报告	926
常德市住房公积金 2018 年年度报告	930
张家界市住房公积金 2018 年年度报告	934
益阳市住房公积金 2018 年年度报告	938
郴州市住房公积金 2018 年年度报告	941
永州市住房公积金 2018 年年度报告	945
怀化市住房公积金 2018 年年度报告	950
娄底市住房公积金 2018 年年度报告	956
湘西土家族苗族自治州住房公积金 2018 年年度报告	959

广东省住房公积金 2018 年年度报告 964
广州住房公积金 2018 年年度报告	968
韶关市住房公积金 2018 年年度报告	972
深圳市住房公积金 2018 年年度报告	976

珠海市住房公积金 2018 年年度报告	981
汕头市住房公积金 2018 年年度报告	985
佛山市住房公积金 2018 年年度报告	989
江门市住房公积金 2018 年年度报告	993
湛江市住房公积金 2018 年年度报告	998
茂名市住房公积金 2018 年年度报告	1002
肇庆市住房公积金 2018 年年度报告	1006
惠州市住房公积金 2018 年年度报告	1011
梅州市住房公积金 2018 年年度报告	1016
汕尾市住房公积金 2018 年年度报告	1021
河源市住房公积金 2018 年年度报告	1024
阳江市住房公积金 2018 年年度报告	1028
清远市住房公积金 2018 年年度报告	1033
东莞市住房公积金 2018 年年度报告	1036
中山市住房公积金 2018 年年度报告	1040
潮州市住房公积金 2018 年年度报告	1044
揭阳市住房公积金 2018 年年度报告	1047
云浮市住房公积金 2018 年年度报告	1050

广西壮族自治区住房公积金 2018 年年度报告 ········· 1056

南宁住房公积金 2018 年年度报告	1061
柳州市住房公积金 2018 年年度报告	1069
桂林市住房公积金 2018 年年度报告	1073
梧州市住房公积金 2018 年年度报告	1077
北海市住房公积金 2018 年年度报告	1081
防城港市住房公积金 2018 年年度报告	1085
钦州市住房公积金 2018 年年度报告	1089
贵港市住房公积金 2018 年年度报告	1094
玉林市住房公积金 2018 年年度报告	1098
百色市住房公积金 2018 年年度报告	1103
贺州市住房公积金 2018 年年度报告	1108
河池市住房公积金 2018 年年度报告	1112
来宾市住房公积金 2018 年年度报告	1116
崇左市住房公积金 2018 年年度报告	1120

海南省住房公积金 2018 年年度报告 ············ 1126
重庆市住房公积金 2018 年年度报告 ············ 1132
四川省住房公积金 2018 年年度报告 ············ 1138
    成都住房公积金 2018 年年度报告 ············ 1141
    自贡市住房公积金 2018 年年度报告 ············ 1147
    攀枝花市住房公积金 2018 年年度报告 ············ 1151
    泸州市住房公积金 2018 年年度报告 ············ 1154
    德阳市住房公积金 2018 年年度报告 ············ 1158
    绵阳市住房公积金 2018 年年度报告 ············ 1162
    广元市住房公积金 2018 年年度报告 ············ 1166
    遂宁市住房公积金 2018 年年度报告 ············ 1169
    内江市住房公积金 2018 年年度报告 ············ 1172
    乐山市住房公积金 2018 年年度报告 ············ 1175
    南充市住房公积金 2018 年年度报告 ············ 1179
    眉山市住房公积金 2018 年年度报告 ············ 1182
    宜宾市住房公积金 2018 年年度报告 ············ 1186
    广安市住房公积金 2018 年年度报告 ············ 1190
    达州市住房公积金 2018 年年度报告 ············ 1194
    雅安市住房公积金 2018 年年度报告 ············ 1198
    巴中市住房公积金 2018 年年度报告 ············ 1201
    资阳市住房公积金 2018 年年度报告 ············ 1205
    阿坝藏族羌族自治州住房公积金 2018 年年度报告 ············ 1209
    甘孜藏族自治州住房公积金 2018 年年度报告 ············ 1212
    凉山彝族自治州住房公积金 2018 年年度报告 ············ 1216
贵州省住房公积金 2018 年年度报告 ············ 1222
    贵阳住房公积金 2018 年年度报告 ············ 1225
    六盘水市住房公积金 2018 年年度报告 ············ 1230
    遵义市住房公积金 2018 年年度报告 ············ 1233
    安顺市住房公积金 2018 年年度报告 ············ 1237
    毕节市住房公积金 2018 年年度报告 ············ 1241
    铜仁市住房公积金 2018 年年度报告 ············ 1244
    黔西南布依族苗族自治州住房公积金 2018 年年度报告 ············ 1248
    黔东南苗族侗族自治州住房公积金 2018 年年度报告 ············ 1251

黔南布依族苗族自治州住房公积金2018年年度报告……………………………………………… 1254

云南省住房公积金2018年年度报告……………………………………………………………… 1260
　昆明住房公积金2018年年度报告…………………………………………………………………… 1264
　曲靖市住房公积金2018年年度报告………………………………………………………………… 1269
　玉溪市住房公积金2018年年度报告………………………………………………………………… 1273
　保山市住房公积金2018年年度报告………………………………………………………………… 1278
　昭通市住房公积金2018年年度报告………………………………………………………………… 1283
　丽江市住房公积金2018年年度报告………………………………………………………………… 1287
　普洱市住房公积金2018年年度报告………………………………………………………………… 1292
　临沧市住房公积金2018年年度报告………………………………………………………………… 1296
　楚雄彝族自治州住房公积金2018年年度报告……………………………………………………… 1300
　红河哈尼族彝族自治州住房公积金2018年年度报告……………………………………………… 1304
　文山壮族苗族自治州住房公积金2018年年度报告………………………………………………… 1308
　西双版纳傣族自治州住房公积金2018年年度报告………………………………………………… 1311
　大理白族自治州住房公积金2018年年度报告……………………………………………………… 1314
　德宏傣族景颇族自治州住房公积金2018年年度报告……………………………………………… 1318
　怒江傈僳族自治州住房公积金2018年年度报告…………………………………………………… 1321
　迪庆藏族自治州住房公积金2018年年度报告……………………………………………………… 1324

西藏自治区住房公积金2018年年度报告………………………………………………………… 1330
　拉萨住房公积金2018年年度报告…………………………………………………………………… 1334
　日喀则市住房公积金2018年年度报告……………………………………………………………… 1336
　昌都市住房公积金2018年年度报告………………………………………………………………… 1339
　山南市住房公积金2018年年度报告………………………………………………………………… 1343
　那曲市住房公积金2018年年度报告………………………………………………………………… 1345
　阿里地区住房公积金2018年年度报告……………………………………………………………… 1349
　林芝市住房公积金2018年年度报告………………………………………………………………… 1351

甘肃省住房公积金2018年年度报告……………………………………………………………… 1356
　兰州住房公积金2018年年度报告…………………………………………………………………… 1359
　嘉峪关市住房公积金2018年年度报告……………………………………………………………… 1368
　金昌市住房公积金2018年年度报告………………………………………………………………… 1374
　白银市住房公积金2018年年度报告………………………………………………………………… 1378
　天水市住房公积金2018年年度报告………………………………………………………………… 1384
　武威市住房公积金2018年年度报告………………………………………………………………… 1388

张掖市住房公积金 2018 年年度报告……1392
平凉市住房公积金 2018 年年度报告……1397
酒泉市住房公积金 2018 年年度报告……1400
庆阳市住房公积金 2018 年年度报告……1404
定西市住房公积金 2018 年年度报告……1407
陇南市住房公积金 2018 年年度报告……1411
临夏回族自治州住房公积金 2018 年年度报告……1414
甘南州住房公积金 2018 年年度报告……1417

陕西省住房公积金 2018 年年度报告……1424
西安住房公积金 2018 年年度报告……1427
铜川市住房公积金 2018 年年度报告……1432
宝鸡市住房公积金 2018 年年度报告……1435
咸阳市住房公积金 2018 年年度报告……1439
渭南市住房公积金 2018 年年度报告……1443
延安市住房公积金 2018 年年度报告……1447
汉中市住房公积金 2018 年年度报告……1451
榆林市住房公积金 2018 年年度报告……1457
安康市住房公积金 2018 年年度报告……1462
商洛市住房公积金 2018 年年度报告……1465

青海省住房公积金 2018 年年度报告……1470
西宁住房公积金 2018 年年度报告……1473
海东市住房公积金 2018 年年度报告……1479
海北藏族自治州住房公积金 2018 年年度报告……1481
黄南藏族自治州住房公积金 2018 年年度报告……1485
海南藏族自治州住房公积金 2018 年年度报告……1487
果洛藏族自治州住房公积金 2018 年年度报告……1491
玉树藏族自治州住房公积金 2018 年年度报告……1494
海西蒙古族藏族自治州住房公积金 2018 年年度报告……1497

宁夏回族自治区住房公积金 2018 年年度报告……1502
银川住房公积金 2018 年年度报告……1505
石嘴山市住房公积金 2018 年年度报告……1511
吴忠市住房公积金 2018 年年度报告……1516
固原市住房公积金 2018 年年度报告……1519

中卫市住房公积金 2018 年年度报告 ………………………………………………………… 1522

新疆维吾尔自治区住房公积金 2018 年年度报告 …………………………………………… 1528
乌鲁木齐住房公积金 2018 年年度报告 ……………………………………………………… 1533
克拉玛依市住房公积金 2018 年年度报告 …………………………………………………… 1537
吐鲁番市住房公积金 2018 年年度报告 ……………………………………………………… 1540
哈密市住房公积金 2018 年年度报告 ………………………………………………………… 1544
昌吉回族自治州住房公积金 2018 年年度报告 ……………………………………………… 1548
博尔塔拉蒙古自治州住房公积金 2018 年年度报告 ………………………………………… 1552
巴音郭楞蒙古自治州住房公积金 2018 年年度报告 ………………………………………… 1555
阿克苏地区住房公积金 2018 年年度报告 …………………………………………………… 1559
克孜勒苏柯尔克孜自治州住房公积金 2018 年年度报告 …………………………………… 1563
喀什地区住房公积金 2018 年年度报告 ……………………………………………………… 1566
和田地区住房公积金 2018 年年度报告 ……………………………………………………… 1570
伊犁哈萨克自治州住房公积金 2018 年年度报告 …………………………………………… 1573
塔城地区住房公积金 2018 年年度报告 ……………………………………………………… 1577
阿勒泰地区住房公积金 2018 年年度报告 …………………………………………………… 1580

新疆生产建设兵团住房公积金 2018 年年度报告 …………………………………………… 1586

索引 ………………………………………………………………………………………………… 1589

2018 全国住房公积金年度报告汇编

湖北省

武汉	荆州市
黄石市	黄冈市
十堰市	咸宁市
宜昌市	随州市
襄阳市	恩施土家族苗族自治州
鄂州市	仙桃市
荆门市	潜江市
孝感市	天门市
	神农架林区

湖北省住房公积金2018年年度报告

一、机构概况

（一）住房公积金管理机构：全省共设17个设区城市住房公积金管理中心，5个独立设置的分中心。从业人员2182人，其中，在编1361人，非在编821人。

（二）住房公积金监管机构：省住房和城乡建设厅、省财政厅和人民银行武汉分行负责对本省住房公积金管理运行情况进行监督。省住房和城乡建设厅设立住房公积金监管处，负责辖区住房公积金日常监管工作。

二、业务运行情况

（一）缴存：2018年，新开户单位9808家，实缴单位70252家，净增单位1930家；新开户职工60.32万人，实缴职工470.11万人，净增职工18.29万人；缴存额762.66亿元，同比增长14.36%。2018年末，缴存总额4796.68亿元，同比增长18.91%；缴存余额2307.1亿元，同比增长13.94%。

（二）提取：2018年，提取额480.32亿元，同比增长16.3%；占当年缴存额的62.98%，比上年增加1.05个百分点。2018年末，提取总额2489.58亿元，同比增长23.91%。

（三）贷款：

1. **个人住房贷款**：2018年，发放个人住房贷款9.72万笔，同比下降10.71%，发放个人住房贷款360.42亿元，同比增长2.5%。回收个人住房贷款206.39亿元。

2018年末，累计发放个人住房贷款125.09万笔3020.73亿元，贷款余额1793.36亿元，同比分别增长8.43%、13.55%、9.4%。个人住房贷款余额占缴存余额的77.73%，比上年减少3.23个百分点。

2. **住房公积金支持保障性住房建设项目贷款**：2018年，发放支持保障性住房建设项目贷款0亿元，回收项目贷款0亿元。2018年末，累计发放项目贷款7.3亿元，项目贷款余额0亿元。

（四）购买国债：2018年，购买（记账式、凭证式）国债0亿元，兑付、转让、收回国债0.02亿元。2018年末，国债余额0.25亿元，比上年减少0.02亿元。

（五）融资：2018年，融资0亿元，归还6.09亿元。2018年末，融资总额191.15亿元，融资余额12.85亿元。

（六）资金存储：2018年末，住房公积金存款599.93亿元。其中，活期49.37亿元，1年（含）以下定期227.03亿元，1年以上定期283.67亿元，其他（协定、通知存款等）39.86亿元。

（七）资金运用率：2018年末，住房公积金个人住房贷款余额、项目贷款余额和购买国债余额的总和占缴存余额的77.74%，比上年减少3.24个百分点。

三、主要财务数据

（一）业务收入：2018年，业务收入71.54亿元，同比增长6.59%。其中，存款利息15.45亿元，委托贷款利息55.83亿元，国债利息0.01亿元，其他0.25亿元。

（二）业务支出：2018年，业务支出36.63亿元，同比下降1.72%。其中，支付职工住房公积金利息

33.18亿元，归集手续费1.21亿元，委托贷款手续费2.15亿元，其他0.09亿元。

（三）**增值收益**：2018年，增值收益34.91亿元，同比增长16.95%；增值收益率1.61%，比上年增加0.04个百分点。

（四）**增值收益分配**：2018年，提取贷款风险准备金5.37亿元，提取管理费用7.02亿元，提取城市廉租住房（公共租赁住房）建设补充资金22.6亿元。

2018年，上交财政管理费用6.57亿元，上缴财政城市廉租住房（公共租赁住房）建设补充资金19.65亿元。

2018年末，贷款风险准备金余额45.63亿元，累计提取城市廉租住房（公共租赁住房）建设补充资金132.72亿元。

（五）**管理费用支出**：2018年，管理费用支出64558.56万元，同比增长23.05%。其中，人员经费28861.88万元，公用经费6698.22万元，专项经费28998.46万元。

四、资产风险状况

（一）**个人住房贷款**：2018年末，个人住房贷款逾期额7821.65万元，逾期率0.43‰。

2018年，提取个人贷款风险准备金5.37亿元，使用个人贷款风险准备金核销呆坏账0万元。2018年末，个人贷款风险准备金余额45.55亿元，占个人贷款余额的2.54%，个人贷款逾期额与个人贷款风险准备金余额的比率为1.72%。

（二）**住房公积金支持保障性住房建设项目贷款**：2018年末，项目贷款风险准备金余额820万元。

五、社会经济效益

（一）**缴存业务**：2018年，实缴单位数、实缴职工人数和缴存额增长率分别为2.82%、1.03%和14.36%。

缴存单位中，国家机关和事业单位占44.5%，国有企业占11.62%，城镇集体企业占1.75%，外商投资企业占3.67%，城镇私营企业及其他城镇企业占29.58%，民办非企业单位和社会团体占5.03%，其他占3.85%。

缴存职工中，国家机关和事业单位占36.18%，国有企业占26.56%，城镇集体企业占1.9%，外商投资企业占9.51%，城镇私营企业及其他城镇企业占19.92%，民办非企业单位和社会团体占3.32%，其他占2.61%；中、低收入占92.61%，高收入占7.39%。

新开户职工中，国家机关和事业单位占17.07%，国有企业占16.29%，城镇集体企业占1.74%，外商投资企业占13.41%，城镇私营企业及其他城镇企业占40.79%，民办非企业单位和社会团体占4.43%，其他占6.27%；中、低收入占98.72%，高收入占1.28%。

（二）**提取业务**：2018年，128.02万名缴存职工提取住房公积金480.32亿元。

提取金额中，住房消费提取占74.33%（购买、建造、翻建、大修自住住房占25.66%，偿还购房贷款本息占44.87%，租赁住房占2.78%，其他占1.02%）；非住房消费提取占25.67%（离休和退休提取占20.37%，完全丧失劳动能力并与单位终止劳动关系提取占2.95%，户口迁出所在市或出境定居占0.33%，其他占2.02%）。

提取职工中，中、低收入占 78.7%，高收入占 21.3%。

(三) 贷款业务：

1. **个人住房贷款**：2018 年，支持职工购建房 1111.63 万平方米。2018 年末，个人住房贷款市场占有率为 18.45%，比上年同期增加 1.15 个百分点。通过申请住房公积金个人住房贷款，可节约职工购房利息支出 76.43 亿元。

职工贷款笔数中，购房建筑面积 90（含）平方米以下占 18.94%，90~144（含）平方米占 71.52%，144 平方米以上占 9.54%。购买新房占 75.11%（其中购买保障性住房占 0.1%），购买二手房占 21.6%，建造、翻建、大修自住住房占 0.93%，其他占 2.36%。

职工贷款笔数中，单缴存职工申请贷款占 39.61%，双缴存职工申请贷款占 57.9%，三人及以上缴存职工共同申请贷款占 2.49%。

贷款职工中，30 岁（含）以下占 31.33%，30 岁~40 岁（含）占 34.75%，40 岁~50 岁（含）占 24.92%，50 岁以上占 9%；首次申请贷款占 90.5%，二次及以上申请贷款占 9.5%；中、低收入占 93.38%，高收入占 6.62%。

2. **异地贷款**：2018 年，发放异地贷款 5402 笔 17.15 亿元。2018 年末，发放异地贷款总额 68.33 亿元，异地贷款余额 47.43 亿元。

3. **公转商贴息贷款**：2018 年，发放公转商贴息贷款 47 笔 1241.51 万元，支持职工购建房面积 5284.45 平方米。当年贴息额 164.74 万元。2018 年末，累计发放公转商贴息贷款 1046 笔 30022.41 万元，累计贴息 164.74 万元。

4. **住房公积金支持保障性住房建设项目贷款**：2018 年末，全省共有住房公积金试点城市 4 个，试点项目 4 个，贷款额度 7.3 亿元，建筑面积 97.43 万平方米，可解决 12406 户中低收入职工家庭的住房问题。4 个试点项目贷款资金已发放并还清贷款本息。

(四) **住房贡献率**：2018 年，个人住房贷款发放额、公转商贴息贷款发放额、项目贷款发放额、住房消费提取额的总和与当年缴存额的比率为 94.09%，比上年减少 4.88 个百分点。

六、其他重要事项

(一) **当年住房公积金政策调整情况**：围绕打造"千亿公积金"目标，规范调整缴存政策，开展针对性扩面行动，制度覆盖面稳步扩大。一是规范缴存业务，转发住房城乡建设部、财政部、中国人民银行《关于改进住房公积金缴存机制进一步降低企业成本的通知》（鄂建〔2018〕17 号），落实降比缓缴政策，减轻企业负担；二是实施"扩面工程"，有针对性地开展归集扩面行动计划，将非公企业职工、企业"三制"（合同制、派遣制、聘用制）人员纳入制度范围；三是探索建立自愿缴存机制，将个体工商户、自由职业者纳入缴存范围，增加职工获得感；四是开展新市民住房问题等专题调研，组织全省 17 个市州中心，366 名调研员，历时 40 天开展调研活动，收集样本 7708 个，初步掌握新市民住房状况、经济情况、公积金缴纳意愿等情况，为完善新市民缴存使用政策建立基础。

(二) **当年开展监督检查情况**：围绕打造"安全公积金"目标，不断完善风险防控体系，开展专项整治行动，确保资金使用安全。一是开展年度管理工作考核，印发《关于对 2018 年度住房公积金管理工作进行检查考核的通知》（鄂建函〔2018〕356 号），在全省开展年度目标任务、廉政风险防控、提升服务质效"三合一"的年度考核检查；二是开展"拒贷"专项整治，转发《住房城乡建设部、财政部、中国人民银行、国土资源部关于维护住房公积金缴存职工购房贷款权益的通知》（鄂建文〔2018〕4号），开展专项整治行动，缴存职工权益得到保障；三是开展打击骗提骗贷行动，转发《住房城乡建设部、财政部、人民银行、公安部关于开展治理违规提取住房公积金工作的通知》（鄂建函〔2018〕579号），结合扫黑除恶专项斗争工作，开展专项整治行动，骗提骗贷行为得到有效遏制；四是开展政策执行情况专项检查，印发《关于做好启用住房公积金电子化检查工具进行风险排查工作的通知》（鄂建函〔2018〕720号），启用电子化检查工具，对各地政策执行情况与风险隐患进行排查。

（三）当年服务改进情况：按照"放管服"改革要求，围绕强管理提效能工作目标，提高服务质量，办事效率和服务水平明显提升，部分地区单位网上业务覆盖率达95％以上；印发《关于住房公积金业务办理不再由缴存职工提供身份证复印件的通知》（鄂建办〔2018〕166号），清理堵点问题，取消办理公积金业务需提供身份证复印件，优化业务流程；宣传工作持续推进，政策知晓度明显提高，《人民日报》、《中国建设报》、《湖北日报》有多篇报道。

（四）当年信息化建设情况：围绕打造"指尖上的公积金"目标，加大信息化建设力度，推动行业信息化水平上台阶。一是"双贯标"工作全面完成，截至2018年10月底，全省22个中心（分中心）已全部通过住房城乡建设部验收，行业信息化水平明显提高；二是综合服务平台建设稳步推进，各市州综合服务平台基本建成，随州等3个城市通过住房城乡建设部验收，大多数市州中心已开通全省统一的12329短信及热线服务；三是异地转移接续平台平稳运行，全省22个中心（分中心）已全面接入，在全国范围内实现"账随人走，钱随账走"。

（五）当年住房公积金机构及从业人员所获荣誉情况：

1. **获得集体荣誉**。2018年，全省共计获得13个文明单位（行业、窗口）。其中，省部级2个，地市级11个；省部级青年文明号1个。

2. **获得个人荣誉**。地市级五一劳动奖章（劳动模范）3个；地市级三八红旗手（巾帼文明岗）2个；先进集体和个人称号41个。其中，省部级16个，地市级31个；获得其他荣誉26个。其中，省部级11个，地市级15个。

武汉住房公积金2018年年度报告

一、机构概况

（一）**住房公积金管理委员会**：住房公积金管理委员会有27名委员，2018年召开1次会议，审议通过的事项主要包括：《关于调整部分管委会委员的建议》、《关于调整管委会副主任委员的建议》、《武汉住房公积金2018年度归集使用和财务收支计划执行情况及2018年度归集使用和财务收支计划（草案）》、《2018年武汉住房公积金财务收支预算建议》、《市财政局关于2018年武汉住房公积金财务收支及管理费用预算的审核意见》、《武汉住房公积金2018年度报告》、《关于优化住房公积金个人住房贷款政策的建议》、《武汉住房公积金个人贷款管理办法》、《武汉住房公积金缴存管理办法》、《武汉住房公积金提取管理办法》。

(二) 住房公积金管理中心：住房公积金管理中心为武汉市政府直属不以营利为目的的正局级事业单位，设6个处，10个分中心。从业人员286人。其中，在编156人，非在编130人。

二、业务运行情况

(一) 缴存：2018年，新开户单位4533家，实缴单位27224家，净增单位3248家；新开户职工33.46万人，实缴职工220.47万人，净增职工15.16万人；缴存额375.30亿元，同比增长14.72%。2018年末，缴存总额2460.21亿元，同比增长18%；缴存余额1116.97亿元，同比增长13.64%。

受委托办理住房公积金缴存业务的银行17家，与上年持平。

(二) 提取：2018年，提取额241.26亿元，同比增长12.47%；占当年缴存额的64.28%，比上年减少1.29个百分点。2018年末，提取总额1343.25亿元，同比增长21.89%。

(三) 贷款：

1. 个人住房贷款：个人住房贷款最高额度70万元，其中，单缴存职工最高额度70万元，双缴存职工最高额度70万元。

2018年，发放个人住房贷款3.07万笔、140.35亿元，发放笔数同比下降3.46%、发放金额同比增长14.63%。

2018年，回收个人住房贷款101.11亿元。

2018年末，累计发放个人住房贷款55.81万笔、1654.89亿元，贷款余额922.53亿元，同比分别增长5.81%、9.27%、4.44%。个人住房贷款余额占缴存余额的82.59%，比上年减少7.27个百分点。

受委托办理住房公积金个人住房贷款业务的银行18家，比上年减少1家。

2. 住房公积金支持保障性住房建设项目贷款：2018年末，累计发放项目贷款4亿元，项目贷款余额0元。

(四) 购买国债：2018年，购买国债0元，转让国债0元。2018年末，国债余额0.25亿元，与上年持平。

(五) 融资：2018年，融资0元，归还2.27亿元。2018年末，融资总额111.16亿元，融资余额12.85亿元。

(六) 资金存储：2018年末，住房公积金存款236.78亿元。其中，活期0.33亿元，1年（含）以下定期162.53亿元，1年以上定期65.58亿元，其他（协定、通知存款等）8.34亿元。

(七) 资金运用率：2018年末，住房公积金个人住房贷款余额、项目贷款余额和购买国债余额的总和占缴存余额的82.61%，比上年减少7.28个百分点。

三、主要财务数据

(一) 业务收入：2018年，业务收入336307.26万元，同比增长10.49%。存款利息44718.49万元，委托贷款利息291431.54万元，国债利息94.30万元，其他62.93万元。

(二) 业务支出：2018年，业务支出196268.13万元，同比增长7.89%。支付职工住房公积金利息168035.43万元，归集手续费13877.30万元，委托贷款手续费14345.65万元，其他9.75万元。

(三) 增值收益：2018年，增值收益140039.13万元，同比增长14.35%。增值收益率1.33%，比上年增加 0.01 个百分点。

（四）增值收益分配：2018 年，提取贷款风险准备金 21053.20 万元，提取管理费用 15640.71 万元（2018 年结余资金抵拨 3307.07 万元，2018 年档案库房款 4923.60 万元），提取城市廉租住房（公共租赁住房）建设补充资金 103345.22 万元。

2018 年，上交财政管理费用 15640.71 万元。上缴财政城市廉租住房（公共租赁住房）建设补充资金 98301.25 万元。

2018 年末，贷款风险准备金余额 252439.48 万元。累计提取城市廉租住房（公共租赁住房）建设补充资金 725039.06 万元。

（五）管理费用支出：2018 年，管理费用支出 9098.82 万元，同比下降 12.22%。其中，人员经费 4140.95 万元，公用经费 1056.49 万元，专项经费 3901.38 万元。

四、资产风险状况

（一）个人住房贷款：2018 年末，个人住房贷款逾期额 2501.68 万元，逾期率 0.27‰。

个人贷款风险准备金按贷款余额的 0.23% 提取。2018 年，提取个人贷款风险准备金 21053.20 万元，使用个人贷款风险准备金核销呆坏账 0 元。2018 年末，个人贷款风险准备金余额 251839.48 万元，占个人住房贷款余额的 2.73%，个人住房贷款逾期额与个人贷款风险准备金余额的比率为 0.99%。

（二）支持保障性住房建设试点项目贷款：2018 年，项目贷款风险准备金余额 600 万元。

五、社会经济效益

（一）缴存业务：2018 年，实缴单位数、实缴职工人数和缴存额同比分别增长 13.55%、7.38% 和 14.72%。

缴存单位中，国家机关和事业单位占 17.96%，国有企业占 11.74%，城镇集体企业占 2.38%，外商投资企业占 7.81%，城镇私营企业及其他城镇企业占 54.16%，民办非企业单位和社会团体占 5.81%，其他占 0.14%。

缴存职工中，国家机关和事业单位占 20.60%，国有企业占 29.25%，城镇集体企业占 2.83%，外商投资企业占 15.99%，城镇私营企业及其他城镇企业占 28.16%，民办非企业单位和社会团体占 3.07%，其他占 0.10%；中、低收入占 91.28%，高收入占 8.72%。

新开户职工中，国家机关和事业单位占 7.77%，国有企业占 17.01%，城镇集体企业占 2.15%，外商投资企业占 18.66%，城镇私营企业及其他城镇企业占 50.13%，民办非企业单位和社会团体占 4.19%，其他占 0.09%；中、低收入占 98.81%，高收入占 1.19%。

（二）提取业务：2018 年，64.95 万名缴存职工提取住房公积金 241.26 亿元。

提取金额中，住房消费提取占 76.18%（购买、建造、翻建、大修自住住房占 16.82%，偿还购房贷款本息占 55.09%，租赁住房占 4.26%，其他占 0.01%）；非住房消费提取占 23.82%（离休和退休提取占 18.65%，完全丧失劳动能力并与单位终止劳动关系提取占 0.94%，户口迁出本市或出境定居占 0.10%，其他占 4.13%）。

提取职工中，中、低收入占 72.75%，高收入占 27.25%。

（三）贷款业务：

1. **个人住房贷款：** 2018 年，支持职工购建房 313.21 万平方米，年末个人住房贷款市场占有率为 15.69%，比上年增加 0.5 个百分点。通过申请住房公积金个人住房贷款，可节约职工购房利息支出 464630.64 万元。

职工贷款笔数中，购房建筑面积 90（含）平方米以下占 33.65%，90～144（含）平方米占 62.20%，144 平方米以上占 4.15%。购买新房占 67.55%（其中购买保障性住房占 0%），购买二手房占 31.21%，建造、翻建、大修自住住房占 0%，其他占 1.24%。

职工贷款笔数中，单缴存职工申请贷款占 42.86%，双缴存职工申请贷款占 57.14%，三人及以上缴存职工共同申请贷款占 0%。

贷款职工中，30 岁（含）以下占 42.19%，30 岁～40 岁（含）占 40.66%，40 岁～50 岁（含）占 13.80%，50 岁以上占 3.35%；首次申请贷款占 93.92%，二次及以上申请贷款占 6.08%；中、低收入占 94.50%，高收入占 5.50%。

2. **异地贷款：** 2018 年，发放异地贷款 79 笔 4132.70 万元。2018 年末，发放异地贷款总额 5369.20 万元，异地贷款余额 5095.87 万元。

3. **支持保障性住房建设试点项目贷款：** 2018 年末，累计试点项目 1 个，贷款额度 4 亿元，建筑面积 52.87 万平方米，可解决 6600 户中低收入职工家庭的住房问题。试点项目贷款资金已发放并还清贷款本息。

（四）住房贡献率： 2018 年，个人住房贷款发放额、公转商贴息贷款发放额、项目贷款发放额、住房消费提取额的总和与当年缴存额的比率为 86.36%，比上年减少 0.86 个百分点。

六、其他重要事项

（一）当年机构及职能调整情况、受委托办理缴存贷款业务金融机构变更情况：当年住房公积金管理机构及职能无调整，受委托办理缴存业务的金融机构无变更。受委托办理贷款业务的金融机构减少 1 家，因平安银行智能化门店改革，暂停平安银行武汉分行受托发放住房公积金个人住房贷款业务资格。

（二）当年住房公积金政策调整及执行情况：

1. 住房公积金存贷款利率执行情况。2018 年 6 月 30 日年度结息，当年新增和上年结转的公积金利率未进行调整，仍按结息日挂牌公告的一年期定期存款利率 1.50% 执行。当年住房公积金销户提取按当日挂牌的公积金存款利率执行。

当年住房公积金贷款利率未进行调整，五年期以下（含五年）贷款年利率仍按 2.75% 执行，五年期以上贷款年利率仍按 3.25% 执行。2018 年各阶段新发放的贷款按发放日挂牌的公积金贷款利率执行。

2. 根据住房城乡建设部等部门《关于改进住房公积金缴存机制进一步降低企业成本的通知》（建金〔2018〕45 号）的规定，将 2018 年武汉地区的企业单位住房公积金缴存比例下限由 8% 调整为 5%，企业可在 5% 至 12% 区间内，自主确定住房公积金缴存比例。非企业单位住房公积金缴存比例继续执行现行 8%～12% 的政策。

2018 年武汉地区最低缴存基数：中心城区内每月不得低于 1750 元，新城区每月不得低于 1500 元。

3. 根据住房城乡建设部等部门关于开展治理违规提取住房公积金工作的要求，提请市政府办公厅转发了《关于开展治理违规提取住房公积金工作的实施方案》，协同公安、城管等部门联合治理违规骗取住房公积金行为；根据住房城乡建设部等部门关于维护住房公积金缴存职工购房贷款权益的要求，协同市房管局等部门联合开展拒办公积金贷款专项治理行动，拒办公积金贷款现象明显好转。

4. 根据国务院《住房公积金管理条例》、《武汉住房公积金管理条例》以及国家、省、市有关规定，结合武汉地区实际，修订出台了缴存、提取、贷款三大业务管理办法，并制定了实施细则及业务指南，增强了政策统一性、资金安全性、服务便捷性和使用公平性。

5. 坚持"房子是用来住的，不是用来炒的"定位，实施差异化的最高贷款限额政策，将首套房基准贷款额度调至 70 万元，二套房基准贷款额度调整为 50 万元（不再扣减首次已使用过的住房公积金贷款额度），并设立流动性调节系数，根据个贷率情况动态调整最高贷款额度，每半年公布一次。从而有效防控了资金流动性风险，大幅提高了职工家庭购买刚性基本住房的支付能力。

(三) 当年服务改进情况：

1. **优化住房租赁提取服务**。依托市住房租赁交易服务平台，在确保公积金业务政策统一、数据安全、真实租赁的情况下，对已办理租赁合同网签备案的缴存职工，提供按月扣划住房公积金支付房租服务，实现了租房和提取"一网通办"，减轻了缴存职工租房压力。

2. **大力推进政务服务"四办"**。按照"放管服"改革和优化营商环境的要求，全面梳理住房公积金审批服务事项，逐项编制政务服务事项证照清单、样表清单、一次性告知书和审查要点，细化量化审查标准，促进"一次办""马上办"；新增设 23 个住房公积金经办银行网点，方便缴存单位及职工"就近办"；新推出 9 项提取业务（包括不动产权证提取、按月租房提取、公租房提取以及 6 类销户提取）"网上办"，缴存职工可在网站、微博、微信服务号、支付宝生活号、12329 热线、短信、APP、网厅、自助终端、云端武汉、汉口银行手机银行、招商银行手机银行、工行融 e 联等 13 个互联网平台办理住房公积金业务。截至 2018 年底，单位网上业务开通率达 96.60%，个人网上业务注册率达 62.47%。

3. **加强政策服务宣传**。建立武汉公积金官网、APP、"武汉公积金"微信公众号、支付宝生活号、微博等多位一体的信息发布渠道，积极以多种形式、从多角度进行解读，让住房公积金政策惠民利民。2018 年，武汉住房公积金微信公众号荣获"2018 年度中国优秀政务新媒体奖"、"2018 年湖北十佳政务微信（市州）"，武汉公积金网站荣获"2018 年度中国政务网站优秀奖"。

(四) 当年信息化建设情况：

1. **完成了核心业务系统升级切换**。将原有 IBM 小型机更换为华为超融合服务器，将核心系统数据库从 IBM 公司的 DB2 数据库（进口）切换到国产达梦数据库，降低了设备的购置和维护成本，增强了系统运行的安全性、稳定性和快捷性，提升了服务体验。

2. **通过了住房城乡建设部"双贯标"验收**。按照住房城乡建设部的工作部署，完成了基础数据贯标和接入结算应用平台工作，一致性通过了部省联合检查组验收，提高了信息数据的标准化、规范化水平，增强了资金调拨的及时性。

3. **不断优化信息联网共享机制**。将人民银行征信查询系统、民政部门婚姻信息系统、不动产信息系统、房产信息系统、工商登记系统等单位的联网核查功能，融合到公积金业务系统的提取、贷款业务流程中，推动实现"全程网办、全网办结"。

(五) 当年住房公积金管理中心及职工所获荣誉情况：武汉住房公积金管理中心获评 2018 年度"武汉

市级文明单位"、"武汉市社会治安综合治理优胜单位"、"全市政务信息工作优胜单位"。

下辖省直、江夏、汉口等3个分中心，分别荣获所在区双评议"十优满意单位"。

从业人员有1人评为省级先进个人，24人评为市级先进个人。

（六）**当年行政处罚和强制执行情况**：2018年10月，向湖北武汉华江物业有限公司下达了《行政处理决定书》〔武公中行处字（2018）第1号〕，责令该单位为职工补缴住房公积金。

黄石市住房公积金2018年年度报告

一、机构概况

（一）**住房公积金管理委员会**：住房公积金管理委员会有23名委员，2018年召开1次会议，审议通过的事项主要包括：《黄石市住房公积金管理工作情况报告》、关于《黄石市住房公积金2018年预算执行情况和2018年预算》的报告、《黄石市住房公积金2018年年度报告》、《关于调整住房公积金使用政策遏制投机防范风险的建议》。

（二）**住房公积金管理中心**：住房公积金管理中心为直属于市人民政府不以营利为目的的独立的公益类事业单位，设6个科（室），4个管理部，1个分中心、1个办事处。从业人员73人，其中，在编65人，非在编8人。

二、业务运行情况

（一）**缴存**：2018年，新开户单位406家，实缴单位2810家，净增单位-71家；新开户职工2.32万人，实缴职工18.36万人，净增职工-0.09万人；缴存额25.44亿元，同比增长8.99%。2018年末，缴存总额178.96亿元，同比增长16.57%；缴存余额98.3亿元，同比增长8.4%。

受委托办理住房公积金缴存业务的银行11家，与上年无变化。

（二）**提取**：2018年，提取额17.82亿元，同比增长18.98%；占当年缴存额的70.05%，比上年增加5.88个百分点。2018年末，提取总额80.67亿元，同比增长28.35%。

（三）**贷款**：

1. **个人住房贷款**：个人住房贷款最高额度60万元，其中，单缴存职工最高额度50万元，双缴存职工最高额度60万元。

2018年，发放个人住房贷款0.64万笔25.04亿元，同比分别增长-9.37%、0.11%。其中，市中心发放个人住房贷款0.43万笔17.51亿元，大冶分中心发放个人住房贷款0.12万笔4.5亿元，阳新办事处发放个人住房贷款0.09万笔3.03亿元。

2018年，回收个人住房贷款9.46亿元。其中，市中心6.94亿元，大冶分中心1.64亿元，阳新办事处0.88亿元。

2018年末，累计发放个人住房贷款6万笔140.73亿元，贷款余额90.16亿元，同比分别增长

11.88%、21.64%、20.89%。个人住房贷款余额占缴存余额的91.72%，比上年增加9.48个百分点。

受委托办理住房公积金个人住房贷款业务的银行7家，比上年增加1家。

2. **住房公积金支持保障性住房建设项目贷款**：2018年末，累计发放项目贷款0.4亿元，项目贷款余额0亿元。

（四）融资：2018年末，融资总额1亿元，融资余额0亿元。

（五）资金存储：2018年末，住房公积金存款15.76亿元。其中，活期0.22亿元，1年（含）以下定期5.18亿元，1年以上定期5.85亿元，其他（协定、通知存款等）4.51亿元。

（六）资金运用率：2018年末，住房公积金个人住房贷款余额、项目贷款余额和购买国债余额的总和占缴存余额的91.72%，比上年增加9.48个百分点。

三、主要财务数据

（一）业务收入：2018年，业务收入30611.09万元，同比下降18.03%。其中，存款利息3330.62万元，委托贷款利息27280.47万元，国债利息0万元，其他0万元。

（二）业务支出：2018年，业务支出10409.4万元，同比下降54.82%。其中，支付职工住房公积金利息9583.57万元，归集手续费1.5万元，委托贷款手续费549.28万元，其他5.05万元。

（三）增值收益：2018年，增值收益20201.69万元，同比增长41.2%。其中，增值收益率2.11%，比上年增加0.49个百分点。

（四）增值收益分配：2018年，按市财政部门审核意见分配。其中：提取风险准备金1558万元，提取管理费用1950万元，提取城市廉租住房（公共租赁住房）建设补充资金16693.69万元。

2018年，上交财政管理费用1800万元。上缴财政城市廉租住房（公共租赁住房）建设补充资金12507.19万元。其中，市中心上缴11317.19万元，大冶分中心上缴金库740万元，阳新办事处上缴金库450万元。

2018年末，贷款风险准备金余额33636.55万元。累计提取城市廉租住房（公共租赁住房）建设补充资金66364.93万元。其中，市中心提取59634.93万元，大冶分中心提取4203万元，阳新办事处提取2527万元。

（五）管理费用支出：2018年，继续实行"大财务统一核算"模式，全年管理费用支出1961.04万元，同比增长11.14%。其中，人员经费1309.79万元，公用经费299.45万元，专项经费351.8万元。

四、资产风险状况

2018年末，个人住房贷款逾期额0万元，逾期率0‰。

个人贷款风险准备金按当年新增贷款余额的1%提取。2018年，提取个人贷款风险准备金1558万元，使用个人贷款风险准备金核销呆坏账0万元。2018年末，个人贷款风险准备金余额33636.55万元，占个人住房贷款余额的3.73%（以前年度按照当年实现增值收益的60%计提风险准备金或按年末个人住房贷款余额的1%）。

五、社会经济效益

（一）缴存业务：2018年，实缴单位数、实缴职工人数和缴存额同比分别增长-2.46%、-0.49%

和 8.99%。

缴存单位中，国家机关和事业单位占 50.21%，国有企业占 9.71%，城镇集体企业占 2.21%，外商投资企业占 1.47%，城镇私营企业及其他城镇企业占 27.39%，民办非企业单位和社会团体占 5.18%，其他占 3.83%。

缴存职工中，国家机关和事业单位占 35.49%，国有企业占 25.31%，城镇集体企业占 1.13%，外商投资企业占 14.53%，城镇私营企业及其他城镇企业占 21.22%，民办非企业单位和社会团体占 1.02%，其他占 1.3%；中、低收入占 97%，高收入占 3%。

新开户职工中，国家机关和事业单位占 21.84%，国有企业占 7.86%，城镇集体企业占 1.1%，外商投资企业占 20.45%，城镇私营企业及其他城镇企业占 43.49%，民办非企业单位和社会团体占 2.38%，其他占 2.88%；中、低收入占 99.61%，高收入占 0.39%。

（二）提取业务：2018 年，5.44 万名缴存职工提取住房公积金 17.82 亿元。

提取金额中，住房消费提取占 68.85%（购买、建造、翻建、大修自住住房占 16.63%，偿还购房贷款本息占 49.8%，租赁住房占 0.17%，其他占 2.25%）；非住房消费提取占 31.15%（离休和退休提取占 25.42%，完全丧失劳动能力并与单位终止劳动关系提取占 0.36%，户口迁出本市或出境定居占 0.4%，其他占 4.98%）。

提取职工中，中、低收入占 94.1%，高收入占 5.9%。

（三）贷款业务：

1. 个人住房贷款：2018 年，支持职工购建房 77.65 万平方米，年末个人住房贷款市场占有率为 29.1%，比上年减少 3.1 个百分点。通过申请住房公积金个人住房贷款，可节约职工购房利息支出 4122.39 万元。

职工贷款笔数中，购房建筑面积 90（含）平方米以下占 8.56%，90～144（含）平方米占 79.3%，144 平方米以上占 12.14%。购买新房占 88.33%（其中购买保障性住房占 0.13%），购买二手房占 11.67%，建造、翻建、大修自住住房占 0%，其他占 0%。

职工贷款笔数中，单缴存职工申请贷款占 16.34%，双缴存职工申请贷款占 72.11%，三人及以上缴存职工共同申请贷款占 11.55%。

贷款职工中，30 岁（含）以下占 25.69%，30 岁～40 岁（含）占 34.46%，40 岁～50 岁（含）占 31.9%，50 岁以上占 7.95%；首次申请贷款占 85.91%，二次及以上申请贷款占 14.09%；中、低收入占 93.01%，高收入占 6.99%。

2. 异地贷款：2018 年，发放异地贷款 288 笔 10557 万元。年末，发放异地贷款总额 33549.5 万元，异地贷款余额 29505.18 万元。

3. 支持保障性住房建设试点项目贷款：2018 年末，累计试点项目 1 个，贷款额度 0.4 亿元，建筑面积 16.7 万平方米，可解决 2800 户中低收入职工家庭的住房问题。1 个试点项目贷款资金已发放并还清贷款本息。

（四）住房贡献率：2018 年，个人住房贷款发放额、公转商贴息贷款发放额、项目贷款发放额、住房消费提取额的总和与当年缴存额的比率为 146.57%，比上年减少 24.76 个百分点。

六、其他重要事项

（一）当年机构及职能调整情况、受委托办理缴存贷款业务金融机构变更情况：当年新增受委托办理缴存贷款业务金融机构1个，黄石市邮政储蓄银行2018年度公开招标中标后，本年度正式在大冶分中心及阳新办事处办理个人住房贷款委托业务。

（二）当年住房公积金政策调整及执行情况：

1. **当年缴存基数限额确定方法、缴存比例调整情况**：缴存基数的确定方法：国家机关及事业单位职工住房公积金月缴存基数不得高于上年度我市城镇职工月平均工资的3倍（2018年度我市城镇职工月平均工资为4067元/月），省及以上直管单位超标准缴存公积金的需向市住房公积金管理中心提交其主管部门的相关文件。单位职工住房公积金月缴存基数在我市城镇职工月平均工资3倍以内的免征个人所得税，超出部分并入职工个人当期的工资、薪金收入，按照（财税〔2006〕10号）规定计征个人所得税。依据《湖北省人民政府关于调整全省最低工资标准的通知》规定，2018年度我市在岗职工住房公积金最低缴存基数为1380元。

2. **当年住房公积金存贷款利率调整及执行情况**：严格执行中国人民银行公布的公积金存贷款利率。目前，我市公积金执行央行公布的存款基准利率，上年结转部分和当年新增的活期缴存额均按一年期定存利率1.5%计息。贷款基准利率：5年以下贷款年利率2.75%，5年以上贷款年利率3.25%。二套房贷款利率执行同期同档次基准利率上浮10%。

3. **当年住房公积金使用政策情况**：市住房公积金管理委员会四届二次会议审议通过《关于调整住房公积金使用政策遏制投机防范风险的意见》

一是限制住房投机行为。购房人在异地购房，但不能提供购房地户籍或就业证明（缴纳社保一年以上）的，不得使用我市住房公积金贷款。

借款申请人（含配偶及未成年子女）在购房地、公积金缴存地拥有两套住房及以上的，不得使用我市住房公积金贷款。

借款申请人（含配偶）在我市使用住房公积金贷款累计已达到两次及以上的，再次申请住房公积金贷款，需与上笔住房公积金贷款结清时间间隔一年以上。

二是强化贷款风险防控。实行存贷挂钩。按照贷款权利和缴存义务对等的原则，借款申请人申请住房公积金贷款额度不得超过借款申请人（包括共同还款人，即配偶、父母、子女）住房公积金账户余额的15倍（不超过我市最高贷款限额），余额不足1万元的按1万元计算。

调整首付比例和贷款利率。借款申请人（含配偶）使用过住房公积金贷款，再次购房申请住房公积金贷款的首付款比例不得低于30%；借款申请人（含配偶及未成年子女）购买第二套住房申请使用住房公积金贷款的，首付款比例不得低于30%，且贷款利率不得低于同期首套住房公积金个人住房贷款利率的1.1倍。

（三）当年服务改进情况：群众服务中严格落实首问负责制、一次性告知、限时办结等制度，加强日常服务监督检查，对发现的问题及时督促整改，提高了住房公积金社会满意度；在网站、报刊上及时对住房公积金新政进行解答，扩大了政策的知晓度；通过与市不动产登记中心协调，2018年春节前夕个贷中心成功恢复了"一站式"办公，同时大冶分中心12月搬入大冶市市民之家，与各窗口单位集中办公，最大程度减少办事群众的往返奔波。

（四）当年信息化建设情况：中心加快推进"互联网＋"，拓宽服务渠道，让百姓少跑腿、信息多跑路，2018年9月成为全省第一批通过住房城乡建设部"住房公积金综合服务平台"验收的单位。缴存职工足不出户可利用网上业务大厅、微信公众号、支付宝、手机APP等方式查询个人住房公积金；通过资金结算平台与银行对接，职工办理提取业务实时到账；积极打通信息壁垒，与民政、工商、房产等部门互联，借助信息共享，让群众少跑路，更加便捷的办理业务；全面推行网上审批，缩短了贷款和提取业务周期，减少了群众办理业务时间；缴存单位可以通过网厅办理绝大部分业务，基本上足不出户就可以完成80%以上公积金相关业务办理；个人和开发商都可以通过线上申请公积金个人住房贷款，为办理贷款的职工提供了极大便利。

（五）当年住房公积金管理中心及职工所获荣誉情况：2018年4月，阳新办事处获得2018年度黄石市"五一劳动奖状"光荣称号。

十堰市住房公积金2018年年度报告

一、机构概况

（一）住房公积金管理委员会：住房公积金管理委员会有19名委员，2018年未召开会议。

（二）住房公积金管理中心：住房公积金中心为市政府直属不以营利为目的的正县级事业单位，设6个处（科），3个管理部，1个分中心。从业人员225人，其中，在编136人，非在编89人。

二、业务运行情况

（一）缴存：2018年，新开户单位480家，实缴单位3989家，净增单位318家；新开户职工1.93万人，实缴职工24.91万人，减少职工1.22万人；缴存额41.04亿元，同比增长17.39%。2018年末，缴存总额274.02亿元，同比增长17.62%；缴存余额138.13亿元，同比增长14.31%。

受委托办理住房公积金缴存业务的银行12家。

（二）提取：2018年，提取额23.75亿元，同比增长8.70%；占当年缴存额的57.87%，比上年减少4.63个百分点。2018年末，提取总额135.89亿元，同比增长21.18%。

（三）贷款：个人住房贷款最高额度70万元，其中，单缴存职工最高额度70万元，双缴存职工最高额度70万元。

2018年，发放个人住房贷款0.67万笔23.49亿元，同比贷款笔数下降1.47%、贷款额增长10.59%。其中，市中心发放个人住房贷款0.57万笔19.84亿元，东风中心发放个人住房贷款0.1万笔3.65亿元。

2018年，回收个人住房贷款7.81亿元。其中，市中心6.58亿元，东风中心1.23亿元。

2018年末，累计发放个人住房贷款5.13万笔111.66亿元，贷款余额75.88亿元，同比分别增长

15.02%、26.64%、26.05%。个人住房贷款余额占缴存余额的54.93%，比上年增加8.39个百分点。

受委托办理住房公积金个人住房贷款业务的银行6家，与上年无变化。

（四）融资：2018年末，融资总额亿元，融资余额2018亿元。

（五）资金存储：2018年末，住房公积金存款63.35亿元。其中，活期0.67亿元，1年（含）以下定期14.46亿元，1年以上定期44.76亿元，其他（协定、通知存款等）3.46亿元。

（六）资金运用率：2018年末，住房公积金个人住房贷款余额、项目贷款余额和购买国债余额的总和占缴存余额的54.93%，比上年增加8.39个百分点。

三、主要财务数据

（一）业务收入：2018年，业务收入43122.47万元，同比增长12.87%。其中，市中心36538.07万元，东风分中心6584.40万元；存款利息21264.94万元，委托贷款利息21857.11万元，国债利息0万元，其他0.42万元。

（二）业务支出：2018年，业务支出21146.42万元，同比增长15.06%。其中，市中心17183.76万元，东风分中心3962.66万元；支付职工住房公积金利息20380.02万元，归集手续费－286.25万元，委托贷款手续费1049.94万元，其他2.72万元。

（三）增值收益：2018年，增值收益21976.05万元，同比增长10.84%。其中，市中心19354.31万元，东风分中心2621.74万元；增值收益率1.17%，比上年减少0.58个百分点。

（四）增值收益分配：2018年，提取贷款风险准备金2688.31万元，提取管理费用3360.69万元，提取城市廉租住房（公共租赁住房）建设补充资金15927.04万元。

2018年，上交财政管理费用2401.65万元。上缴财政城市廉租住房（公共租赁住房）建设补充资金7972.51万元。其中，市中心上缴7109.42万元，东风分中心上缴（收缴单位）863.09万元。

2018年末，贷款风险准备金余额22938.50万元。累计提取城市廉租住房（公共租赁住房）建设补充资金74640.87万元。其中，市中心提取59969.91万元，东风分中心提取14670.96万元。

（五）管理费用支出：2018年，管理费用支出3642.30万元，同比增长13.32%。其中，人员经费2308.32万元，公用经费833.29万元，专项经费500.69万元。

市中心管理费用支出3227.66万元，其中，人员、公用、专项经费分别为2029.18万元、812.53万元、385.95万元；东风分中心管理费用支出414.64万元，其中，人员、公用、专项经费分别为279.14万元、20.76万元、114.74万元。

四、资产风险状况

2018年末，个人住房贷款逾期额613.82万元，逾期率0.81‰。其中，市中心0.81‰，东风分中心0‰。

个人贷款风险准备金按（贷款余额或增值收益）的1%提取。2018年，提取个人贷款风险准备金2688.31万元，使用个人贷款风险准备金核销呆坏账0万元。2018年末，个人贷款风险准备金余额22938.50万元，占个人住房贷款余额的3.02%，个人住房贷款逾期额与个人贷款风险准备金余额的比率为 2.68%。

五、社会经济效益

（一）**缴存业务**：2018 年，实缴单位数、实缴职工人数和缴存额同比分别增长 8.10%、5% 和 18.64%。

缴存单位中，国家机关和事业单位占 63.15%，国有企业占 6.07%，城镇集体企业占 1.1%，外商投资企业占 0.65%，城镇私营企业及其他城镇企业占 13.39%，民办非企业单位和社会团体占 14.77%，其他占 0.88%。

缴存职工中，国家机关和事业单位占 45.36%，国有企业占 25.85%，城镇集体企业占 1.23%，外商投资企业占 0.74%，城镇私营企业及其他城镇企业占 6%，民办非企业单位和社会团体占 18.70%，其他占 2.11%；中、低收入占 97.3%，高收入占 2.70%。

新开户职工中，国家机关和事业单位占 52.21%，国有企业占 9.33%，城镇集体企业占 1.64%，外商投资企业占 2.22%，城镇私营企业及其他城镇企业占 6.08%，民办非企业单位和社会团体占 13.12%，其他占 15.40%；中、低收入占 99.58%，高收入占 0.42%。

（二）**提取业务**：2018 年，5.30 万名缴存职工提取住房公积金 23.75 亿元。

提取金额中，住房消费提取占 77.85%（购买、建造、翻建、大修自住住房占 28.81%，偿还购房贷款本息占 47.74%，租赁住房占 1%，其他占 0.03%）；非住房消费提取占 22.15%（离休和退休提取占 14.11%，完全丧失劳动能力并与单位终止劳动关系提取占 3.04%，户口迁出本市或出境定居占 0.19%，其他占 4.80%）。

提取职工中，中、低收入占 91.98%，高收入占 8.02%。

（三）**贷款业务**：

1. **个人住房贷款**：2018 年，支持职工购建房 74.69 万平方米，年末个人住房贷款市场占有率为 24.20%，比上年增加（减少）3.42 个百分点。通过申请住房公积金个人住房贷款，可节约职工购房利息支出 40582.84 万元。

职工贷款笔数中，购房建筑面积 90（含）平方米以下占 17.55%，90~144（含）平方米占 77.55%，144 平方米以上占 4.90%。购买新房占 76.93%（其中购买保障性住房占 0%），购买二手房占 22.49%，建造、翻建、大修自住住房占 0.01%，其他占 0.57%。

职工贷款笔数中，单缴存职工申请贷款占 45.21%，双缴存职工申请贷款占 54.25%，三人及以上缴存职工共同申请贷款占 0.54%。

贷款职工中，30 岁（含）以下占 31.94%，30 岁~40 岁（含）占 33.94%，40 岁~50 岁（含）占 24.25%，50 岁以上占 9.87%；首次申请贷款占 92.34%，二次及以上申请贷款占 7.66%；中、低收入占 97.27%，高收入占 2.73%。

2. **异地贷款**：2018 年，发放异地贷款 389 笔 16566 万元。2018 年末，发放异地贷款总额 42745 万元，异地贷款余额 35232.21 万元。

（四）**住房贡献率**：2018 年，个人住房贷款发放额、公转商贴息贷款发放额、项目贷款发放额、住房消费提取额的总和与当年缴存额的比率为 96.93%，比上年减少 9.53 个百分点。

六、其他重要事项

（一）当年机构及职能调整情况、受委托办理缴存贷款业务金融机构变更情况：2018年7月成立机关党委、机关纪委，撤销机关党总支。

受委托办理缴存贷款业务金融机构无变更。

（二）当年住房公积金政策调整及执行情况：

1. 单位新开户的提供缴存单位基本信息表、缴存职工明细表；新市民等个人开户的提供缴存开户信息表、缴存职工二代身份证；职工办理转移合户时取消转出单位、转入单位盖章。

2. 取消购买商品房、二手房、拆迁安置房、集资房、自建房既提又贷。

3. 取消住房公积金装修提取、装修贷款。

4. 缴存职工二套房提取住房公积金的，提取额不得超过账户余额的70%。

5. 缴存职工为本人或子女、父母异地购房提取住房公积金的，购房人应根据购房人的实际情况提供以下任意一项证明：购房所在地户籍证明、购房所在地工作单位证明、子女就读学校证明、子女就业单位证明。

6. 缴存职工申请住房公积金提取或贷款的，必须在签订购房协议一年以内办理。

7. 个人缴存户、异地缴存职工申请住房公积金贷款的，需提供一名在十堰市辖区内正常缴存住房公积金且无住房贷款（含商业贷款和住房公积金贷款）、无抵（质）押的职工为担保人，若担保人需使用公积金或其他原因，可更换担保人。

8. 与单位解除或终止劳动关系的缴存职工和不再继续缴存的新市民，应及时办理个人账户封存，账户封存时间为6个月，在异地开立住房公积金账户并稳定缴存6个月以上的，方可办理异地转移接续手续，未在异地继续缴存的，封存满6个月后可办理提取。

9. 住房公积金缴存人提前部分还款提取住房公积金的，必须遵守所签订的《承诺函》，否则将按照《承诺函》的约定和国务院《住房公积金管理条例》的规定给予处罚。

10. 加强与公安、通信、城管、网信等部门联系，全面清理违规提取住房公积金的有关信息，依法关停发布违规提取住房公积金信息的网站和涉嫌违法电话。对违规提取住房公积金的中介机构和其他组织，依法予以查处。对涉嫌伪造及使用购房合同、发票、不动产权证书、结婚证等虚假证明材料的组织和个人，要及时向公安等部门移交问题线索，严肃依法惩治。

本通知自2018年8月1日起执行。

（三）当年服务改进情况：2018年9月，管理中心将住房公积金贷款由原来的银行委托管理模式转换为自主核算模式，管理中心负责贷款的开户、放款、回收、征信、还款计划生成等业务办理。管理中心与受托银行建立专线联网，开展公积金月冲还贷、一次性划转住房公积金、结清住房公积金贷款本息等业务。

2018年，管理中心先后4次调整缴存、提取、贷款实施细则，分别从业务描述、办理流程、办理要件、注意事项、办理时限等方面予以规范。8月份，管理中心制定了《关于印发证明事项清理工作的实施方案》，在业务办理过程中取消了商业贷款结清、户口注销、购房所在地户籍、购房所在地工作单位证明、子女就读学校证明等材料。

管理中心业务大厅配备叫号系统、滚动电子屏幕，设有咨询台，挑选懂业务、责任心强的人员担任咨询员，及时提供咨询服务，做好业务指导。提供便民服务设施，备有笔、纸张、老花镜、医药箱、雨伞等物件，以备办事群众之需。设置展示台，放置服务指南、宣传资料、业务表格。等候区配备休息座椅、饮水机、纸杯供办事群众使用，坚持服务用语规范，做到"来有迎声、问有答声、走有送声"，前台服务人员仪容仪表端庄，行为举止文明，做到了"接待热心、解释耐心、办事细心、接受意见虚心"，严格落实首问负责制、一次性告知制、限时办结制、责任追究制和服务承诺制。

（四）当年信息化建设情况：新一代住房公积金信息系统已于2018年7月9日正式上线运行，十堰住房公积金信息化建设站在了新起点，迈向了新时代。2018年10月管理中心完成了基础数据采集、需求编写、数据转换、系统研发、测试改进等工作，"双贯标"工作顺利通过住房城乡建设部联合检查组验收。

一是全面完成"双贯标"工作。管理中心对照《住房公积金基础数据标准》和《住房公积金银行结算数据应用系统与公积金中心接口标准》，完成了基础数据采集、需求编写、数据转换、系统研发、测试改进等工作，对原有机房设备进行了升级改造，购置了多项多功能网络安全防护设备，构建了全方位的信息网络安全防护体系。二是住房公积金管理翻开新篇章。通过"双贯标"后，管理中心实现了资金提取实时到账，住房公积金服务水平实现了提档升级。为全市广大缴存职工提供了更优质、更便捷的服务，切实做到了"账户资金规范管理、业务流程统一管理、档案资料统一管理、系统入口统一管理"。三是信息化助力服务多渠道建设。管理中心完成了网上营业厅、微信、短信、12329服务热线、手机APP、官方网站等多功能于一体的综合服务平台建设，着力打造了"互联网＋公积金"的服务模式。

（五）当年住房公积金管理中心及职工所获荣誉情况：

1. 2018年1月19日，湖北省委授予十堰住房公积金管理中心2015～2016年度省级文明单位称号。

2. 2018年1月23日，湖北省住房和城乡建设厅授予十堰住房公积金管理中心为全省住房公积金信息报送优秀单位，授予武当山办事处、竹溪办事处、郧阳办事处为信息报送优秀办事处。

3. 2018年1月31日，十堰市"魅力中国城"竞演准备（十竞发〔2018〕1号）文件授予十堰住房公积金管理中心党组成员、副主任涂洪勇"魅力中国城"竞演活动突出贡献先进个人称号。

4. 2018年3月8日，市精神文明办授予朱艳芳"2018年度十堰市网络文明传播工作优秀志愿者"荣誉称号。

5. 2018年3月12日，市委授予十堰住房公积金管理中心"2018年全市党委信息工作突出单位"荣誉称号。授予郑丽君"2018年全市党委信息工作突出个人"荣誉称号。

6. 2018年3月27日，市政府办授予郑丽君"2018年度全市住房信息公开工作先进个人"荣誉称号。

7. 2018年4月8日，市委办授予十堰住房公积金管理中心"2018年度市直单位综合目标考评"合格单位。

8. 2018年4月23日，市法治办授予十堰住房公积金管理中心领导班子"2018年度法治十堰建设优秀领导班子"荣誉称号。

9. 2018年5月2日，市委办授予十堰住房公积金管理中心"2018年度法治十堰建设绩效考核优秀领导班子"荣誉称号。

10. 2018年5月6日，市委授予十堰住房公积金管理中心"2018年度社会治安综合治理先进单位"荣誉称号。

11. 2018年6月27日，市直机关工委授予郑丽君"市直机关优秀党务工作者"荣誉称号。

12. 2018年8月17日，市委授予十堰住房公积金管理中心"2016~2018年度市直机关党建工作合格单位"荣誉称号。

13. 2018年12月10日，市档案局授予十堰住房公积金管理中心"2018年度市直及驻市档案工作达标先进单位"荣誉称号。

14. 2018年12月14日，市档案局授予十堰住房公积金管理中心"2018年十堰市直档案执法检查年检优秀单位"荣誉称号。

15. 2018年12月14日，法治十堰建设领导小组授予中心党组书记、主任胡建明同志"2018年度党政负责人法治建设工作优秀"荣誉称号。

宜昌市住房公积金2018年年度报告

一、机构概况

（一）**住房公积金管理委员会**：宜昌市住房公积金管理委员会有21名委员，2018年召开2次会议，审议通过的事项主要包括：

1. 审议并批准《关于2018年宜昌市住房公积金归集、使用、效益计划执行情况与2018年计划（草案）的报告》。

2. 审议并批准《宜昌住房公积金2018年年度报告》。

3. 审议并批准《宜昌市住房公积金个人住房贷款管理办法》、《宜昌市住房公积金委托提取偿还贷款办法》、《宜昌市住房公积金缴存管理办法》、《宜昌市住房公积金提取管理办法》。

4. 改选部分委员。

（二）**住房公积金管理中心**：宜昌住房公积金管理中心为市政府直属的不以营利为目的的公益二类事业单位，设14个科室，9个县市区营业部，2个分中心。从业人员231人，其中，在编141人，非在编90人。

二、业务运行情况

（一）**缴存**：2018年，新开户单位1616家，实缴单位5585家，净增单位－36家；新开户职工4.18万人，实缴职工34.35万人，净增职工－2.95万人；缴存额56.24亿元，同比增长9.97％。2018年末，缴存总额362.17亿元，同比增长18.38％；缴存余额151.19亿元，同比增长11.69％。

受委托办理住房公积金缴存业务的银行13家，比上年增加3家。

（二）**提取**：2018年，提取额40.41亿元，同比增长28.04％；占当年缴存额的71.85％，比上年增加10.14个百分点。2018年末，提取总额210.99亿元，同比增长23.69％。

（三）**贷款**：个人住房贷款最高额度50万元，其中，单缴存职工最高额度40万元，双缴存职工最高额度 50 万元。

2018 年，发放个人住房贷款 5635 笔 18.6 亿元，同比分别下降 29.68%、33.81%。其中，市中心发放个人住房贷款 4928 笔 16.13 亿元，三峡分中心发放个人住房贷款 235 笔 0.9 亿元，葛洲坝分中心发放个人住房贷款 472 笔 1.57 亿元。

2018 年，回收个人住房贷款 15.14 亿元。其中，市中心 13.06 亿元，三峡分中心 0.94 亿元，葛洲坝分中心 1.14 亿元。

2018 年末，累计发放个人住房贷款 9.17 万笔 202.79 亿元，贷款余额 127.4 亿元，同比分别增长 6.63%、10.1%、2.78%。个人住房贷款余额占缴存余额的 84.26%，比上年减少 7.31 个百分点。

受委托办理住房公积金个人住房贷款业务的银行 8 家，与上年持平。

（四）**融资**：2018 年未融资，归还 3.5 亿元。2018 年末，融资总额 22.2 亿元，融资余额为零。

（五）**资金存储**：2018 年末，住房公积金存款 27.85 亿元。其中，活期 0.04 亿元，1 年（含）以下定期 3.83 亿元，1 年以上定期 13.03 亿元，其他（协定、通知存款等）10.95 亿元。

（六）**资金运用率**：2018 年末，住房公积金个人住房贷款余额、项目贷款余额和购买国债余额的总和占缴存余额的 84.26%，比上年减少 7.31 个百分点。

三、主要财务数据

（一）**业务收入**：2018 年，业务收入 51123.71 万元，同比下降 4.6%。其中，市中心 42448 万元，三峡分中心 2555.91 万元，葛洲坝分中心 6119.8 万元；存款利息 9362.79 万元，委托贷款利息 41630.19 万元，其他 130.73 万元。

（二）**业务支出**：2018 年，业务支出 18226.19 万元，同比下降 39.9%。其中，市中心 14239.52 万元，三峡分中心 1606.34 万元，葛洲坝分中心 2380.33 万元；支付职工住房公积金利息 19802.63 万元，归集手续费 －2552.65 万元，委托贷款手续费 629.08 万元，其他 347.13 万元。

（三）**增值收益**：2018 年，增值收益 32897.52 万元，同比增长 41.43%。其中，市中心 28208.48 万元，三峡分中心 949.57 万元，葛洲坝分中心 3739.47 万元。增值收益率 2.29%，比上年增加 0.45 个百分点。

（四）**增值收益分配**：2018 年，提取贷款风险准备金 346.26 万元，提取管理费用 10315.62 万元，提取城市廉租住房建设补充资金 22364.34 万元。

2018 年，上交财政管理费用 9573.39 万元。上缴财政城市廉租住房建设补充资金 15598.3 万元。其中，市中心上缴 10713.96 万元，三峡分中心上缴中国长江三峡集团有限公司 440.41 万元，葛洲坝分中心上缴中国葛洲坝集团有限公司宜昌基地管理局 4443.93 万元。

2018 年末，贷款风险准备金余额 13693.72 万元。累计提取城市廉租住房建设补充资金 101204.63 万元。其中，市中心提取 85106.39 万元，三峡分中心提取 5141.5 万元，葛洲坝分中心提取 10956.74 万元。

（五）**管理费用支出**：2018 年，管理费用支出 11054.93 万元，同比增长 62.62%。其中，人员经费 5091.71 万元，公用经费 606.37 万元，专项经费 5356.85 万元。

市中心管理费用支出 9683.78 万元，其中，人员、公用、专项经费分别为 3912.78 万元、551.69 万元、5219.31 万元；三峡分中心管理费用支出 320.65 万元，其中，人员、公用、专项经费分别为 209.6

万元、18.35万元、92.7万元；葛洲坝分中心管理费用支出1050.5万元，其中，人员、公用、专项经费分别为969.33万元、36.33万元、44.84万元。

四、资产风险状况

（一）个人住房贷款：2018年末，个人住房贷款逾期额45.14万元，逾期率0.04‰。其中，市中心0.04‰，三峡分中心无逾期，葛洲坝分中心0.06‰。

个人贷款风险准备金按贷款余额的1%提取。2018年，提取个人贷款风险准备金346.26万元。2018年末，个人贷款风险准备金余额13473.72万元，占个人住房贷款余额的1.06%，个人住房贷款逾期额与个人贷款风险准备金余额的比率为0.34‰。

（二）支持保障性住房建设试点项目贷款：2018年末，项目贷款风险准备金余额220万元。

五、社会经济效益

（一）缴存业务：2018年，实缴单位数、实缴职工人数同比分别下降0.64%、7.92%，缴存额同比增长9.97%。

缴存单位中，国家机关和事业单位占44.99%，国有企业占25.69%，城镇集体企业占1.13%，外商投资企业占0.88%，城镇私营企业及其他城镇企业占6.89%，民办非企业单位和社会团体占4.48%，其他占15.94%。

缴存职工中，国家机关和事业单位占33.17%，国有企业占41.23%，城镇集体企业占0.71%，外商投资企业占3.32%，城镇私营企业及其他城镇企业占6.35%，民办非企业单位和社会团体占5.6%，其他占9.62%；中、低收入占97.92%，高收入占2.08%。

新开户职工中，国家机关和事业单位占14.19%，国有企业占39.18%，城镇集体企业占0.94%，外商投资企业占5.88%，城镇私营企业及其他城镇企业占15.05%，民办非企业单位和社会团体占3.76%，其他占21%；中、低收入占99.75%，高收入占0.25%。

（二）提取业务：2018年，10.65万名缴存职工提取住房公积金40.41亿元。

提取金额中，住房消费提取占76.74%（购买、建造、翻建、大修自住住房占33.1%，偿还购房贷款本息占41.09%，租赁住房占2.5%，其他占0.05%）；非住房消费提取占23.26%（离休和退休提取占17.79%，完全丧失劳动能力并与单位终止劳动关系提取占0.32%，户口迁出本市或出境定居占0.99%，其他占4.16%）。

提取职工中，中、低收入占86.31%，高收入占13.69%。

（三）贷款业务：

1. 个人住房贷款：2018年，支持职工购建房65.23万平方米，年末个人住房贷款市场占有率为19.66%，比上年减少4.65个百分点。通过申请住房公积金个人住房贷款，可节约职工购房利息支出22735.15万元。

职工贷款笔数中，购房建筑面积90（含）平方米以下占12.85%，90~144（含）平方米占79.2%，144平方米以上占7.95%。购买新房占83.82%（其中购买保障性住房占0%），购买二手房占15.92%，建造、翻建、大修自住住房占0.1%，其他占0.16%。

职工贷款笔数中，单缴存职工申请贷款占37.68%，双缴存职工申请贷款占60.76%，三人及以上缴存职工共同申请贷款占1.56%。

贷款职工中，30岁（含）以下占37.55%，30岁~40岁（含）占32.01%，40岁~50岁（含）占25.32%，50岁以上占5.12%；首次申请贷款占69.26%，二次及以上申请贷款占30.74%；中、低收入占94.69%，高收入占5.31%。

2. 异地贷款：2018年，发放异地贷款241笔8085.6万元。2018年末，发放异地贷款总额231475.1万元，异地贷款余额100751.82万元。

（四）住房贡献率：2018年，个人住房贷款发放额、公转商贴息贷款发放额、项目贷款发放额、住房消费提取额的总和与当年缴存额的比率为88.21%，比上年减少12.17个百分点。

六、其他重要事项

（一）当年机构及职能调整情况、受委托办理缴存贷款业务金融机构变更情况：2018年，市中心机构及职能未调整。市中心共委托13家商业银行办理住房公积金缴存业务。为方便缴存职工办理业务，新增中国邮政储蓄银行股份有限公司、中国光大银行股份有限公司、广发银行股份有限公司3家商业银行；委托8家商业银行办理住房公积金个人住房贷款业务，与上年持平。委托办理缴存贷款业务金融机构均经宜昌市住房公积金管理委员会审议通过。

（二）当年住房公积金政策调整及执行情况：

1. 调整2018年度住房公积金月缴存额上下限。全市缴存职工住房公积金月缴存额上限调至3660元，月缴存额下限调至150元，缴存比例保持5%~12%（单边）不变。全市灵活就业人员住房公积金月缴存额上限调至3660元，月缴存额下限调至400元，缴存比例为20%（双边）。

2. 2018年5月，将原个贷率超过85%的宜昌城区、夷陵区、秭归县三地实行贷款发放轮候政策调整为以上三地首套首贷刚需直接受理并按程序及时放款，不轮候；二手房贷款证到即放，现房贷款见产权证明单放款，不轮候；期房轮候期一般不超过3个月。

3. 住房公积金存贷款利率。当年新增的职工住房公积金和上年结转的职工住房公积金存款利率为1.5%。首套房贷款利率五年以下（含五年）为2.75%，五年以上为3.25%，二套房均上浮10%。

（三）当年服务改进情况：2018年，市中心依托市政务信息共享平台，实现住房公积金业务系统与房管、不动产、人行、民政、社保、公安、总工会、市民卡中心等多部门信息互联互通，减少群众办事需提供的多项证明材料，群众办事"只进一扇门"。持续开展"减证便民"行动，取消个人业务身份证明材料复印件、提取及委托扣划申请书等，避免单位和群众办事因要件不全来回奔波。按照应简尽简原则，对缴存单位使用公章、职工账户转移手续、个人住房公积金账户合并程序等业务办理流程进行再梳理、再精简，进一步方便单位和群众办事。积极下放审批权限，将原由中心审批的困难企业灵活缴交、基数调整等权限，全部下放至营业部直接办理，提高办事效率。牢固树立"以人民为中心"理念，通过创新服务方式，推行限时办结制、延时办理制、要件容缺制、缺件替代制、交叉稽核制，不断提升办事群众获得感、满意度。市中心本级综合服务大厅顺利购置，当阳营业部基本建成。

（四）当年信息化建设情况：自主开发新一代住房公积金信息系统，公积金业务全市通办。该系统以93.9的全省最高分通过住房城乡建设部"双贯标"验收。自主开发新一代综合服务平台，为缴存单位和职工提供了 7×24 小时全天候、跨地域、零跑腿的服务。单位网上办事大厅业务覆盖率达 97%，其中行政事业单位全部业务实现网上办理；个人网上服务渠道扩展至微信、APP 等 11 种，提供信息查询功能 10 种，业务办理功能 27 种，真正实现公积金业务"网上办、掌上办"。在全省率先实现公积金异地转移接续直连，缴存人可通过多种网上渠道自助提交异地转入申请，资金当日到账。升级上线 12329 住房公积金服务热线，人工语音提供业务咨询、投诉建议、回访调查等服务，自助语音提供账户信息查询、政策及业务指南查询等服务。人工语音服务日均接待群众咨询 192 人次，满意率达 99.36%。上线 12329 短信服务，账户变更、业务办理进度和结果均通过短信实时通知缴存人。

（五）当年获得荣誉情况：2018 年，市中心被市综治委表彰为 2018 年度综治工作（平安建设）考评优胜单位，被市文明办确认为 2018 年市级文明单位，被市委表彰为 2018 年度市直机关党建工作先进单位和 2018 年度市直"群众满意机关"。市中心创作的微电影、微党课在全市"三微"评比中获得优秀奖。一马路营业部被市委宣传部评为宜昌市学雷锋活动示范点。

涂海军被市直机关工委授予"优秀党务工作者"称号。陆海蓉被市委宣传部评为"宜昌市最美志愿者"。李明被评为宜昌市"最美读书人"。郑爱妮、张瑜萍、高亮在全市学《党章》知识竞赛中获得一等奖。熊志澜在市直机关第五届综合技能大赛暨计算机应用比武中获得第一名。

（六）当年对违反《住房公积金管理条例》和相关法规行为进行行政处罚和申请人民法院强制执行情况：2018 年，市中心进一步规范行政执法，维护职工合法权益。一是坚持依法决策、依法行政。落实法律顾问制度，聘请湖北百思特律师事务所余威威律师为法律顾问。对 12 起逾期贷款提起法律诉讼，已结案 11 起。二是开展"双随机一公开"执法。在县市区同步启动"双随机一公开"执法，把全市 846 家企业、133 名执法人员纳入省级平台抽查对象信息库，随机抽取 65 名执法人员分成 13 个执法小组对 45 家企业进行抽查。执法对象比 2018 年增加 213.33%，执法人员增加 160%。对 3 家未及时建立公积金制度的企业下达《责令限期办理通知书》。对 2018 年度双随机执法检查单位——宜昌力华混凝土有限公司处以罚款 3.4 万元，并将失信企业名单上传至宜昌市信用信息公共服务平台。三是积极摸排线索。以打击骗提、骗贷公积金等违法违规行为为重点，全面开展线索摸排工作。针对重大疾病提取公积金业务量增长异常情况，通过开展业务自查和大数据比对，共查出伪造重大疾病证明材料提取业务 24 笔。向骗提职工所在单位发出告知函，责令退还骗提资金并作出书面检查。将 6 名未作出回应的骗提职工相关线索移交公安部门，由派出所立案处理。

襄阳市住房公积金 2018 年年度报告

一、机构概况

（一）住房公积金管理委员会：襄阳住房公积金管理委员会有 23 名委员，2018 年 6 月召开第十四次会议，审议了《关于 2018 年工作情况和 2018 年工作计划安排的报告》、《关于 2018 年住房公积金增值收益分配的议案》、《关于 2018 年住房公积金归集和使用计划的议案》、《关于调整襄阳市住房公积金归集政策的议案》、《关于调整住房公积金提取政策的议案》。

（二）住房公积金管理中心：襄阳住房公积金管理中心是直属襄阳市人民政府领导不以营利为目的的正县级事业单位，中心内设 7 个科室，下设 2 个管理部和 7 个办事处。从业人员 199 人，其中，在编 91 人，非在编 108 人。

二、业务运行情况

（一）缴存：2018 年，新开户单位 364 家，实缴单位 4798 家，净增单位 209 家；新开户职工 35956 人，实缴职工 312527 人，净增职工 3800 人；缴存额 44.12 亿元，同比增长 18.73%。2018 年末，缴存总额 260.75 亿元，同比增长 20.37%；缴存余额 131.69 亿元，同比增长 17.92%。

受委托办理住房公积金缴存业务的银行 15 家，与上年相比无变化。

（二）提取：2018 年，提取额 24.11 亿元，同比增长 30.82%；占当年缴存额的 54.65%，比上年增加 5 个百分点。2018 年末，提取总额 129.06 亿元，同比增长 22.97%。

（三）贷款：个人住房贷款最高额度 60 万元，其中，单缴存职工最高额度 60 万元，双缴存职工最高额度 60 万元。

2018 年，发放个人住房贷款 5106 笔 18.18 亿元，发放笔数同比下降 1.05%，发放金额同比增长 5.51%。其中，市中心发放个人住房贷款 2417 笔 9.69 亿元，襄城发放个人住房贷款 37 笔 0.15 亿元，樊城发放个人住房贷款 257 笔 1.13 亿元，襄州发放个人住房贷款 258 笔 1.07 亿元，南漳发放个人住房贷款 356 笔 1 亿元，宜城发放个人住房贷款 441 笔 1.37 亿元，谷城发放个人住房贷款 467 笔 1.19 亿元，枣阳发放个人住房贷款 340 笔 1.08 亿元，老河口发放个人住房贷款 350 笔 0.99 亿元，保康发放个人住房贷款 183 笔 0.51 亿元。

2018 年，回收个人住房贷款 10.13 亿元。其中，市中心回收 6.84 亿元，襄城回收 0.30 亿元，樊城回收 0.35 亿元，襄州回收 0.50 亿元，南漳回收 0.38 亿元，宜城回收 0.38 亿元，谷城回收 0.43 亿元，枣阳回收 0.44 亿元，老河口回收 0.29 亿元，保康回收 0.22 亿元。

2018 年末，累计发放个人住房贷款 57730 笔 142.69 亿元，贷款余额 99.92 亿元，同比分别增长 9.70%、14.60%、8.76%。个人住房贷款余额占缴存余额的 75.88%，比上年减少 6 个百分点。

受委托办理住房公积金个人住房贷款业务的银行 4 家，与上年相比无变化。

（四）资金存储：2018 年，中心与工行、农行、中行、建行、交行、农商行、邮储银行、中信银行、兴业银行、招商银行、湖北银行共十一家银行签订了协定存款协议。截至 2018 年末，住房公积金存款 40.41 亿元。其中，活期与协定存款 15.48 亿元，1 年（含）以下定期 7.08 亿元，1 年以上定期 17.85 亿元。

（五）资金运用率：2018 年末，住房公积金个人住房贷款余额、项目贷款余额和购买国债余额的总和占缴存余额的 75.88%，比上年减少 6 个百分点。

三、主要财务数据

（一）业务收入：2018 年，业务收入 38371 万元，同比增长 5.37%。其中，存款利息 7455 万元，委托贷款利息 30902 万元，其他 14 万元。

(二) 业务支出：2018年，业务支出19690万元，同比增长4.10%。其中，支付职工住房公积金利息18525万元，归集手续费1万元，委托贷款手续费1154万元，其他10万元。

(三) 增值收益：2018年，增值收益18681万元，同比增长6.75%。增值收益率1.54%，比上年减少0.16个百分点。

(四) 增值收益分配：2018年，提取贷款风险准备金1673万元，提取管理费用3805万元，提取城市廉租住房（公共租赁住房）建设补充资金13203万元。

2018年，上交财政管理费用3831万元。上缴财政城市廉租住房（公共租赁住房）建设补充资金12800万元。

2018年末，贷款风险准备金余额9992万元。累计提取城市廉租住房（公共租赁住房）建设补充资金83219万元。其中，市中心提取55128.15万元，襄城提取1416.72万元，樊城提取2057.26万元，襄州提取6831.01万元，南漳提取3020.37万元，宜城提取3173.11万元，谷城提取4216.90万元，枣阳提取2983.25万元，老河口提取2263.18万元，保康提取2129.05万元。

(五) 管理费用支出：2018年，管理费用支出9149.89万元，同比增长93.85%。其中，人员经费1720.73万元，公用经费210.86万元，专项经费7218.30万元。专项经费中，枣阳服务大厅购置费780.89万元，信息系统建设维护费及软件正版化费用115.91万元，襄城、樊城服务大厅购置费5379.07万元，公积金业务发展费942.43万元。

四、资产风险状况

个人住房贷款：2018年末，个人住房贷款逾期额542万元，逾期率0.54‰。

个人贷款风险准备金按贷款余额的1%提取。2018年，提取个人贷款风险准备金1673万元，使用个人贷款风险准备金核销呆坏账0万元。2018年末，个人贷款风险准备金余额9992万元，占个人住房贷款余额的1%，个人住房贷款逾期额与个人贷款风险准备金余额的比率为5.42%。

五、社会经济效益

(一) 缴存业务：2018年，实缴单位数、实缴职工人数和缴存额同比分别增长4.55%、1.23%和18.73%。

缴存单位中，国家机关和事业单位占65.03%，国有企业占10.02%，城镇集体企业占0.88%，外商投资企业占2%，城镇私营企业及其他城镇企业占10.34%，民办非企业单位和社会团体占2.67%，其他占9.06%。

缴存职工中，国家机关和事业单位占47.48%，国有企业占24.49%，城镇集体企业占0.38%，外商投资企业占4.71%，城镇私营企业及其他城镇企业占11.33%，民办非企业单位和社会团体占2.04%，其他占9.57%；中、低收入占92.88%，高收入占7.12%。

新开户职工中，国家机关和事业单位占24.24%，国有企业占16.16%，城镇集体企业占0.51%，外商投资企业占5.03%，城镇私营企业及其他城镇企业占27.01%，民办非企业单位和社会团体占7.64%，其他占19.41%；中、低收入占98.16%，高收入占1.84%。

(二) 提取业务：2018年，66399名缴存职工提取住房公积金24.11亿元。

提取金额中，住房消费提取占 73.42%（购买、建造、翻建、大修自住住房占 31.33%，偿还购房贷款本息占 39.84%，租赁住房占 1.37%，其他占 0.88%）；非住房消费提取占 26.58%（离休和退休提取占 22.01%，完全丧失劳动能力并与单位终止劳动关系提取占 2.90%，户口迁出本市或出境定居占 0.41%，其他占 1.26%）。

提取职工中，中、低收入占 88.30%，高收入占 11.70%。

（三）贷款业务：

1. **个人住房贷款**：2018 年，支持职工购建房 614736 平方米，年末个人住房贷款市场占有率为 20.24%，比上年减少 2 个百分点。通过申请住房公积金个人住房贷款，可节约职工购房利息支出 88895 万元。

职工贷款笔数中，购房建筑面积 90（含）平方米以下占 10.95%，90～144（含）平方米占 80.55%，144 平方米以上占 8.50%。购买新房占 75.60%，购买二手房占 24.40%。

职工贷款笔数中，单缴存职工申请贷款占 21.95%，双缴存职工申请贷款占 77.91%，三人及以上缴存职工共同申请贷款占 0.14%。

贷款职工中，30 岁（含）以下占 20.27%，30 岁～40 岁（含）占 35.41%，40 岁～50 岁（含）占 34.45%，50 岁以上占 9.87%；首次申请贷款占 94.28%，二次及以上申请贷款占 5.72%；中、低收入占 91.99%，高收入占 8.01%。

2. **异地贷款**：2018 年，发放异地贷款 454 笔 15302 万元。2018 年末，发放异地贷款总额 46697 万元，异地贷款余额 43356 万元。

（四）**住房贡献率**：2018 年，个人住房贷款发放额、公转商贴息贷款发放额、项目贷款发放额、住房消费提取额的总和与当年缴存额的比率为 81.32%，比上年减少 1 个百分点。

六、其他重要事项

2018 年 7 月 1 日起，我市住房公积金归集政策作了如下调整：

1. 为与统计部门公布上一年度职工平均工资统计数据时间（公布时间为每年 6 月）同步，将住房公积金缴存基数和比例核定时间由每年的 1 月 1 日调整为每年的 7 月 1 日。

2. 全市住房公积金缴存基数由 2016 年职工个人月均工资总额，调整为 2018 年职工个人月均工资总额。职工工资总额按照国家统计部门规定的工资总额计算口径核定。缴存基数最低不得低于 1550 元，最高不得超过 16692 元。城镇个体工商户和灵活就业人员的住房公积金缴存参照执行。

3. 缴存比例由上一年度 8%～12%，调整为 5%～12%（企业可在此区间自主确定）。

鄂州市住房公积金 2018 年年度报告

一、机构概况

（一）**住房公积金管理委员会**：住房公积金管理委员会有 22 名委员，2018 年召开 1 次会议，审议通

过的事项主要包括：《鄂州市2018年住房公积金管理工作报告》、《鄂州市2018年度住房公积金制度执行情况报告》、《鄂州市住房公积金信用管理办法》、《关于调整住房公积金有关政策的通知》及《在内地（大陆）就业的港澳台同胞住房公积金缴存使用办法》。

（二）住房公积金管理中心：鄂州住房公积金管理中心为直属鄂州市政府不以营利为目的的全额拨款参公管理事业单位，设5个处（科），从业人员24人（在编14人，非在编10人）。未设管理部和分中心。

二、业务运行情况

（一）缴存：2018年，新开户单位88家，实缴单位895家，净增单位63家；新开户职工0.77万人，实缴职工7.02万人，净增职工－0.17万人；缴存额10.34亿元，同比增长19.93%。2018年末，缴存总额69.61亿元，同比增长17.46%；缴存余额32.25亿元，同比增长10.20%。

受委托办理住房公积金缴存业务的银行8家，与上年无变化。

（二）提取：2018年，提取额7.35亿元，同比增长15.93%；占当年缴存额的71.13%，比上年减少2.40个百分点。2018年末，提取总额37.35亿元，同比增长24.5%。

（三）贷款：个人住房贷款最高额度50万元，其中，单缴存职工最高额度50万元，双缴存职工最高额度50万元。

2018年，发放个人住房贷款0.19万笔6.08亿元，同比分别下降20.8%、10.24%。2018年，回收个人住房贷款4.38亿元。

2018年末，累计发放个人住房贷款2.70万笔51.25亿元，贷款余额22.92亿元，同比分别增长7.85%、13.46%、8.06%。个人住房贷款余额占缴存余额的71.06%，比上年减少1.44个百分点。

受委托办理住房公积金个人住房贷款业务的银行5家，与上年无变化。

（四）资金存储：2018年末，住房公积金存款10.33亿元。其中，活期1.86亿元，1年（含）以下定期0亿元，1年以上定期7.71亿元，其他（协定、通知存款等）0.76亿元。

（五）资金运用率：2018年末，住房公积金个人住房贷款余额、项目贷款余额和购买国债余额的总和占缴存余额的71.06%，同比减少1.44个百分点。

三、主要财务数据

（一）业务收入：2018年，业务收入12063.76万元，同比增长5.66%。其中，存款利息4908.85万元，委托贷款利息7121.98万元，国债利息0万元，其他32.93万元。

（二）业务支出：2018年，业务支出4678.72万元，同比下降1%。其中，支付职工住房公积金利息4317.57万元，归集手续费5万元，委托贷款手续费356.01万元，其他0.14万元。

（三）增值收益：2018年，增值收益7197.58万元，同比增长9.76%。增值收益率2.34%，比上年减少0.01个百分点。

（四）增值收益分配：2018年，提取贷款风险准备金4318.58万元，提取管理费用1059.49万元，提取城市廉租住房（公共租赁住房）建设补充资金1819.51万元。

2018年，上交财政管理费用1121.34万元。上缴财政城市廉租住房（公共租赁住房）建设补充资金1501.66万元。

2018年末，贷款风险准备金余额25800.58万元。累计提取城市廉租住房（公共租赁住房）建设补充资金8282.23万元。

（五）管理费用支出：2018年，管理费用支出1525.48万元，同比增长53.9%。其中，人员经费354.49万元，公用经费53.8万元，专项经费1120.19万元。

中心管理费用支出1525.48万元，其中，人员、公用、专项经费分别为354.49万元、53.8万元、1120.19万元。

四、资产风险状况

2018年末，个人住房贷款逾期额173.34万元，逾期率0.76‰。

个人贷款风险准备金按增值收益的60%提取。2018年，提取个人贷款风险准备金4318.58万元，使用个人贷款风险准备金核销呆坏账0万元。2018年末，个人贷款风险准备金余额25800.58万元，占个人住房贷款余额的11.26%，个人住房贷款逾期额与个人贷款风险准备金余额的比率为0.67%。

五、社会经济效益

（一）缴存业务：2018年，实缴单位数、实缴职工人数和缴存额同比分别增长7.57%、-2.41%和19.93%。

缴存单位中，国家机关和事业单位占54.75%，国有企业占13.74%，城镇集体企业占0%，外商投资企业占1.34%，城镇私营企业及其他城镇企业占23.24%，民办非企业单位和社会团体占2.24%，其他占4.69%。

缴存职工中，国家机关和事业单位占39.19%，国有企业占30.9%，城镇集体企业占0%，外商投资企业占8.52%，城镇私营企业及其他城镇企业占19.31%，民办非企业单位和社会团体占0.33%，其他占1.76%；中、低收入占93.55%，高收入占6.45%。

新开户职工中，国家机关和事业单位占15.95%，国有企业占5.76%，城镇集体企业占0%，外商投资企业占27.86%，城镇私营企业及其他城镇企业占41.14%，民办非企业单位和社会团体占1.21%，其他占8.08%；中、低收入占99.23%，高收入占6.45%。

（二）提取业务：2018年，2.07万名缴存职工提取住房公积金7.35亿元。

提取金额中，住房消费提取占73.11%（购买、建造、翻建、大修自住住房30.05%，偿还购房贷款本息占41.66%，租赁住房占1.4%）；非住房消费提取占26.89%（离休和退休提取占21.93%，完全丧失劳动能力并与单位终止劳动关系提取占0.57%，户口迁出本市或出境定居占0.69%，其他占3.7%）。

提取职工中，中、低收入占91.14%，高收入占8.86%。

（三）贷款业务：

1. 个人住房贷款：2018年，支持职工购建房21.2万平方米，年末个人住房贷款市场占有率为11.02%，比上年减少3.28个百分点。通过申请住房公积金个人住房贷款，可节约职工购房利息支出11292.85万元。

职工贷款笔数中，购房建筑面积90（含）平方米以下占28.91%，90~144（含）平方米占62.28%，

144平方米以上占8.81%。购买新房占58.19%（其中购买保障性住房占0%），购买二手房占41.81%，建造、翻建、大修自住住房占0%，其他占0%。

职工贷款笔数中，单缴存职工申请贷款占25.39%，双缴存职工申请贷款占74.4%，三人及以上缴存职工共同申请贷款占0.21%。

贷款职工中，30岁（含）以下占23.99%，30岁～40岁（含）占33.99%，40岁～50岁（含）占34.61%，50岁以上占7.41%；首次申请贷款占79.69%，二次及以上申请贷款占20.31%；中、低收入占93.16%，高收入占6.84%。

2. **异地贷款**：2018年，发放异地贷款161笔5513.74万元。2018年末，发放异地贷款总额15297万元，异地贷款余额13818.93万元。

（四）住房贡献率：2018年，个人住房贷款发放额、公转商贴息贷款发放额、项目贷款发放额、住房消费提取额的总和与当年缴存额的比率为108.60%，比上年减少24.66个百分点。

六、其他重要事项

2018年中心根据业务发展需要，按照相应职能将内设机构由综合科、计划财务科、归集科、贷款科、资产保全科等五个科室变更为综合科、计划财务科、科技信息科、政策法规科、综合服务大厅等五个科室。受委托办理缴存贷款业务金融机构无变更情况。

2018年住房公积金缴存基数仍沿用2018年度缴存基数确定方法。以职工上年度月平均工资作为月缴存基数，月缴存基数原则上不得高于上年度我市社平工资的三倍（以统计部门公布的数据为准）。2018年鄂州地区在岗职工的住房公积金最低月缴基数不得低于1380元。月缴存比例执行政策为：职工和单位的住房公积金缴存比例均不得低于8%；有条件的单位可以根据各自的实际情况提高缴存比例，但最高比例均不得超过12%。根据住房城乡建设部、财政部、人民银行《关于改进住房公积金缴存机制进一步降低企业成本的通知》（建金〔2018〕45号）的规定，缴存住房公积金确有困难的单位，经本单位职工代表大会讨论通过并形成申请降低缴存比例或缓缴职工住房公积金的书面决议，连同上年及近三个月财务报表，报中心审核，经住房公积金管理委员会授权中心审批，中心批准后，可以降低缴存比例或缓缴，待单位经济效益好转后补缴。

住房公积金提取政策略有修改：将《鄂州市住房公积金提取管理暂行办法》（鄂公管委〔2018〕1号）第四条第三款"与单位终止劳动关系，且男性满五十周岁，女性满四十五周岁的；"修改为："缴存职工与单位解除或终止劳动关系的，先办理个人账户封存。账户封存期间，在异地开立住房公积金账户并稳定缴存半年以上的，办理异地转移接续手续。未在异地继续缴存的，封存满半年后可提取。"

实施差异化的最高贷款政策。职工购买首套自住住房的，住房公积金贷款最高限额由现行的40万元提高到50万元。购买首套自住住房的认定：借款人职工家庭（包括借款人、配偶及未成年子女）在鄂州市房产主管部门的房屋信息系统和不动产信息系统中无住房信息（或查询的房屋信息与申请公积金贷款所购房屋为同一套住房的），且鄂州住房公积金管理信息系统记录和商业银行信息系统记录系首次个人住房贷款的。职工购买二套及以上自住住房的，住房公积金贷款最高限额仍为40万元。

住房公积金存贷款利率执行情况：2018年客户住房公积金销户提取，中心均按提取当日人民银行挂牌一年期定期存款利率进行结算。6月30日结息，当年新增和上年结转的公积金存款利率按结息日当天人民银行挂牌一年期存款利率1.5%执行。2018年国家未对公积金贷款利率进行调整，中心对贷款五年期以下（含五年）客户利率仍按中国人民银行挂牌年息2.75%执行，五年以上按中国人民银行挂牌年息3.25%执行。

根据住房城乡建设部、财政部、中国人民银行、国土资源部联合印发了《关于维护住房公积金缴存职工购房贷款权益的通知》（建金〔2018〕246号）的精神，中心政策法规科开展专项行动，严厉打击开发企业拒绝公积金贷款行为，2018年已采取上门执法的方式督促三家开发企业按客户要求办理公积金贷款。

2018年，我们以"马上办、一次办、网上办"为目标，深入推进"放管服"改革。取消各类证明材料17项，88家缴存单位公积金缴存实现委托代扣、网上办理，职工办理公积金提取和贷款可实时交易，申请资金当场"秒级"到账，实现了汇缴实时到账、提取实时到卡、贷款实时发放、资金实时调拨、账户实时监管、业务实时结算，受到广大公积金缴存职工普遍称赞；全面开通12329服务热线、12329手机短信、门户网站、网上业务大厅、自助终端、手机客户端、官方微信、官方微博、支付宝城市服务等住房公积金综合服务平台，综合服务平台建设一次通过住房城乡建设部验收，鄂州成为全省首批三家率先通过验收的城市之一。今年投资建设的标准化服务大厅、标准化机房基本建成，咨询台、排队叫号机、自助查询机、自助打印机、等候休息、饮水机、无障碍通道等各种服务设施一应俱全，办事群众"幸福感"明显增强。

2018年度中心获评"湖北省档案管理特级单位"、"鄂州市文明单位"、"鄂州市综合治理先进单位"、"鄂州市巾帼文明岗"四项省、市级光荣称号；从业人员一人被评为市级先进个人。

荆门市住房公积金2018年年度报告

一、机构概况

（一）**住房公积金管理委员会**：住房公积金管理委员会有19名委员，2018年召开了1次会议，审议通过的事项主要包括：2018年度住房公积金归集使用计划执行情况（荆门市住房公积金2018年年度报告）；2018年度住房公积金归集使用计划；调整中心城区住房公积金提取和个贷使用政策。

（二）**住房公积金管理中心**：住房公积金管理中心为直属于市政府不以营利为目的的正县级事业单位，设7个科室，4个办事处，1个管理部，1个分中心。从业人员186人，其中，在编99人，非在编87人。

二、业务运行情况

（一）**缴存**：2018年，新开户单位298家，实缴单位3391家，净增单位149家；新开户职工2.05万人，实缴职工17.28万人，净增职工0.7万人；缴存额26.78亿元，同比增长9.44%。2018年末，缴存总额170.87亿元，同比增长18.59%；缴存余额86.63亿元，同比增长12.51%。

受委托办理住房公积金缴存业务的银行6家，与上年持平。

（二）**提取**：2018年，提取额17.13亿元，同比增长24.58%；占当年缴存额的63.97%，比上年增加 7.78 个百分点。2018 年末，提取总额 84.23 亿元，同比增长 25.55％。

（三）**贷款**：个人住房贷款最高额度 50 万元，其中，单缴存职工最高额度 30 万元，双缴存职工最高额度 50 万元。

2018 年，发放个人住房贷款 0.63 万笔 18.14 亿元，同比分别下降 7.35％、增长 2.32％。其中，市中心发放个人住房贷款 0.59 万笔 16.93 亿元，沙洋监狱分中心发放个人住房贷款 0.04 万笔 1.21 亿元。

2018 年，回收个人住房贷款 8.5 亿元。其中，市中心 7.73 亿元，沙洋监狱分中心 0.77 亿元。

2018 年末，累计发放个人住房贷款 6.94 万笔 113 亿元，贷款余额 71.14 亿元，同比分别增长 9.98％、19.12％、15.67％。个人住房贷款余额占缴存余额的 82.12％，比上年增加 2.25 个百分点。

受委托办理住房公积金个人住房贷款业务的银行 4 家，与上年持平。

（四）**融资**：2018 年，融资 0 元，归还 0 亿元。2018 年末，融资总额 3.7 亿元，融资余额 0 亿元。

（五）**资金存储**：2018 年末，住房公积金存款 20.71 亿元。其中，活期 0.07 亿元，1 年（含）以下定期 2.2 亿元，1 年以上定期 14.32 亿元，其他（协定、通知存款等）4.12 亿元。

（六）**资金运用率**：2018 年末，住房公积金个人住房贷款余额占缴存余额的 82.12％，比上年增加 2.25 个百分点。

三、主要财务数据

（一）**业务收入**：2018 年，业务收入 32320.37 万元，同比增长 14.84％。其中，市中心 30397.94 万元，沙洋监狱分中心 1922.43 万元；存款利息收入 9983.80 万元，委托贷款利息收入 22323.05 万元，其他收入 13.52 万元。

（二）**业务支出**：2018 年，业务支出 16703.50 万元，同比增长 13.18％。其中，市中心 15763.94 万元，沙洋监狱分中心 939.56 万元；支付职工住房公积金利息 15726.02 万元，手续费和其他支出 977.48 万元。

（三）**增值收益**：2018 年，增值收益 15616.87 万元，同比增长 16.67％。其中，市中心 14634 万元，沙洋监狱分中心 982.87 万元；增值收益率 1.90％，比上年增加 0.04 个百分点。

（四）**增值收益分配**：2018 年，提取贷款风险准备金 1355.25 万元，提取管理费用 6139.80 万元，提取城市廉租住房（公共租赁住房）建设补充资金 9639.39 万元。

2018 年，上交财政管理费用 6139.80 万元。上缴财政城市廉租住房（公共租赁住房）建设补充资金 8873.03 万元。其中，市中心上缴 8873.03 万元。

2018 年末，贷款风险准备金余额 12844.32 万元。累计提取城市廉租住房（公共租赁住房）建设补充资金 36632.51 万元。其中，市中心提取 30297.49 万元，沙洋监狱分中心提取 6335.02 万元。

（五）**管理费用支出**：2018 年，管理费用支出 6468.71 万元，同比增长 60.29％。其中，人员经费 3165.50 万元，公用经费 380.82 万元，专项经费 2922.39 万元（含基本建设项目经费 1720.95 万元）。

市中心管理费用支出 6363.65 万元，其中，人员、公用、专项经费分别为 3129.24 万元、368.57 万元、2865.84 万元；沙洋监狱分中心管理费用支出 105.06 万元，其中，人员、公用、专项经费分别为 36.26 万元、12.25 万元、56.55 万元。

四、资产风险状况

2018年末,个人住房贷款逾期额899.13万元,逾期率1.26‰。其中,市中心1.34‰,沙洋监狱分中心无逾期。

2018年,提取个人贷款风险准备金1355.25万元,使用个人贷款风险准备金核销呆坏账0万元。2018年末,个人贷款风险准备金余额12844.32万元,占个人住房贷款余额的1.81%,个人住房贷款逾期额与个人贷款风险准备金余额的比率为8.31%。

五、社会经济效益

(一)缴存业务：2018年,实缴单位数、实缴职工人数和缴存额同比分别增长4.60%、4.22%和9.44%。

缴存单位中,国家机关和事业单位占57.95%,国有企业占10.47%,城镇集体企业占0.94%,外商投资企业占0.29%,城镇私营企业及其他城镇企业占24.21%,民办非企业单位和社会团体占3.86%,其他占2.28%。

缴存职工中,国家机关和事业单位占46.55%,国有企业占21.91%,城镇集体企业占1.26%,外商投资企业占0.43%,城镇私营企业及其他城镇企业占28.35%,民办非企业单位和社会团体占1.2%,其他占0.3%；中、低收入占99.38%,高收入占0.62%。

新开户职工中,国家机关和事业单位占21.11%,国有企业占13.77%,城镇集体企业占0.66%,外商投资企业占0.8%,城镇私营企业及其他城镇企业占54.30%,民办非企业单位和社会团体占4.68%,其他占4.68%；中、低收入占99.88%,高收入占0.12%。

(二)提取业务：2018年,4.25万名缴存职工提取住房公积金17.13亿元。

提取金额中,住房消费提取占70.87%(购买、建造、翻建、大修自住住房占40.57%,偿还购房贷款本息占28.84%,租房和支付物业管理费占1.4%,其他占0.06%);非住房消费提取占29.13%(退休提取占23%,完全丧失劳动能力并与单位终止劳动关系提取占3.44%,户口迁出本市或出境定居占0.12%,其他占2.57%)。

提取职工中,中、低收入占99.14%,高收入占0.86%。

(三)贷款业务：

1.个人住房贷款：2018年,支持职工购建房74.28万平方米,年末个人住房贷款市场占有率为30.05%,比上年减少1.52个百分点。通过申请住房公积金个人住房贷款,可节约职工购房利息支出2.43亿元。

职工贷款笔数中,购房建筑面积90(含)平方米以下占13.81%,90~144(含)平方米占79.62%,144平方米以上占6.57%。购买新房占93.46%,购买存量商品住房占4.67%,建造、翻建、大修自住住房占0.02%,其他占1.85%。

职工贷款笔数中,单缴存职工申请贷款占60.90%,双缴存职工申请贷款占37.22%,三人及以上缴存职工共同申请贷款占1.88%。

贷款职工中,30岁(含)以下占33.93%,30岁~40岁(含)占31.09%,40岁~50岁(含)占

25.21%，50岁以上占9.77%；首次申请贷款占87.43%，二次及以上申请贷款占12.57%；中、低收入占98.97%，高收入占1.03%。

2. **异地贷款**：2018年，发放异地贷款884笔25950.50万元。2018年末，发放异地贷款总额63856.50万元，异地贷款余额62041.50万元。

（四）住房贡献率：2018年，个人住房贷款发放额、住房消费提取额的总和与当年缴存额的比率为113.07%，比上年减少0.32个百分点。

六、其他重要事项

（一）当年住房公积金政策调整及执行情况：

1. **缴存基数限额及确定方法、缴存比例等缴存政策调整情况**：住房公积金缴存基数上限为统计部门公布的上一年度职工月平均工资的3倍，最低不低于上年度全市最低工资标准。缴存比例继续执行单位和个人最高各为12%，最低各为5%。将2016年12月出台的适当降低企业住房公积金缴存比例政策期限延长至2020年4月30日。

2. **当年提取政策调整情况**：暂停缴存职工家庭代际（父母、子女）购房提取业务；缩短缴存职工与单位解除或终止劳动关系提取住房公积金账户封存时间，由一年缩短至半年；提高租房提取住房公积金上限至12000元/年。

3. **当年个人住房贷款最高贷款额度、贷款条件等贷款政策调整情况**：住房公积金个人贷款最高额度由40万元提高到50万元。单职工缴存住房公积金的家庭贷款额度上限30万元，双职工缴存住房公积金的家庭贷款额度上限50万元。

根据住房公积金个贷使用率调整房屋套数认定标准，建立流动性风险调控机制，当个贷使用率达85%以上时，房屋套数认定标准为职工及配偶在本地购房的住房公积金提取与贷款次数（含商业银行贷款）之和。暂停缴存职工家庭代际（父母、子女）购房贷款业务。

4. **当年住房公积金存贷款利率执行标准情况**：根据《中国人民银行、住房城乡建设部、财政部关于完善职工住房公积金账户存款利率形成机制的通知》（银发〔2016〕43号）、《中国人民银行关于下调金融机构人民币贷款和存款基准利率并进一步推进利率市场化改革的通知》（银发〔2015〕265号），自2016年2月21日起本市将职工住房公积金账户存款利率调整为统一按一年定期存款基准利率执行，现存款利率为1.5%。从2015年8月26日起本市执行的住房公积金五年期以下（含五年）贷款利率为2.75%，五年期以上贷款利率为3.25%。

（二）当年服务改进情况：加强窗口建设，举办礼仪培训，钟祥和京山两个办事处服务窗口改造升级，优化服务环境。取消业务要件复印要求，所有业务实现零收费。接入全国住房公积金异地转移接续平台，实现"账随人走、钱随账走"。加快推动与市智慧办大数据对接，实现房产、公安、民政等职能部门信息共享应用，实时准确审核业务真实性，提高业务办理效率。

（三）当年信息化建设情况：落实住房城乡建设部《住房公积金信息化建设导则》和《住房公积金综合服务平台导则》要求，完成贷款数据迁移，住房公积金贷款数据由中心核算管理，建设网站、网厅、微信、手机APP、自助查询终端、12329热线和短信七大服务平台，加强信息系统三级等保建设，确保信息安全。

（四）当年住房公积金管理中心及职工所获荣誉情况：

1. **集体荣誉**：中心荣获 2016~2018 年度市级文明单位、招商引资先进单位、综治目标管理考评先进单位、档案工作目标管理省特级单位、履职尽责综合考评优秀等次、市直机关"优秀机关党建品牌"；城区办事处获市直机关职工职业道德建设先进单位、市直机关优质服务窗口。

2. **个人荣誉**：石化管理部赵维维同志获市直机关优秀服务标兵。

孝感市住房公积金2018年年度报告

一、机构概况

（一）**住房公积金管理委员会**：住房公积金管理委员会有22名委员，2018年召开1次会议，审议通过的事项主要包括《孝感住房公积金2018年年度报告》、《孝感住房公积金管理中心关于2018年度住房公积金归集使用计划执行情况和2018年度归集使用计划的报告》、《孝感住房公积金管理中心2018年住房公积金增值收益分配方案》、《孝感住房公积金管理中心关于2018年度财务收支决算与2018年度财务收支预算的报告》等报告。并对其他重要事项进行决策，主要包括：审议批准了《孝感住房公积金流动性风险防控暂行办法》、《孝感市进城务工人员、个体工商户、自由职业人员建立住房公积金制度的暂行规定》、《关于部分调整我市住房公积金使用政策的通知》、《孝感市个人住房公积金贷款合作楼盘管理实施办法》4个规范性文件。

（二）**住房公积金中心**：住房公积金中心为不以营利为目的的事业单位，设5个科室，1个营业部，7个办事处。从业人员194人。其中，在编167人，非在编27人。

二、业务运行情况

（一）**缴存**：2018年，新开户单位242家，实缴单位3322家，净增单位242家；新开户职工1.68万人，实缴职工19万人，净增职工0.71万人；缴存额28.51亿元，同比增长14％。2018年末，缴存总额159.61亿元，同比增长22％；缴存余额88.32亿元，同比增长18％。

受委托办理住房公积金缴存业务的银行11家，与上年相同。

（二）**提取**：2018年，提取额14.73亿元，同比增长23％。占当年缴存额52％，比上年增加4个百分点。2018年末，提取总额71.29亿元，同比增长27％。

（三）**贷款**：个人住房贷款最高额度50万元，其中，单缴存职工最高额度50万元，双缴存职工最高额度50万元。

2018年，发放个人住房贷款3324笔10.54亿元，同比分别下降32％、19％。其中，市本级发放个人住房贷款1020笔3.36亿元。

2018年，回收个人住房贷款6.3亿元。其中，市本级回收2.24亿元。

2018年末，累计发放个人住房贷款44629笔89.21亿元，贷款余额59.37亿元，同比分别增长8％、

13%、8%。个人住房贷款余额占缴存余额的 67%,比上年减少 7 个百分点。

受委托办理住房公积金个人住房贷款业务的银行 9 家,与上年相同。

(四)融资:2018 年未发生融资。2018 年末,融资总额 10.178 亿元,融资余额 0 亿元。

(五)资金存储:2018 年末,住房公积金存款 29.78 亿元。其中,活期 6.65 亿元,1 年(含)以下定期 5.81 亿元,1 年以上定期 16.12 亿元,其他(协定、通知存款等)1.2 亿元。

(六)资金运用率:2018 年末,住房公积金个人住房贷款余额、项目贷款余额和购买国债余额的总和占缴存余额的 67%,比上年减少 7 个百分点。

三、主要财务数据

(一)业务收入:2018 年,业务收入 25576 万元,同比增长 12%。(其中,市本级业务收入 8657 万元);存款利息 6513 万元,委托贷款利息 18993 万元,其他 70 万元。

(二)业务支出:2018 年,业务支出 12958 万元,同比增长 9%。(其中,市本级 4072 万元);支付职工住房公积金利息 12892 万元,委托贷款手续费 45 万元,其他 21 万元。

(三)增值收益:2018 年,增值收益 12618 万元,同比增长 16%。其中,市本级 4585 万元;增值收益率 1.55%,比上年减少 0.05 个百分点。

(四)增值收益分配:2018 年的增值收益,提取贷款风险准备金 834 万元,提取管理费用 3867 万元,提取城市廉租住房(公共租赁住房)建设补充资金 7917 万元。

2018 年,上交财政管理费用 4121 万元。上缴财政城市廉租住房(公共租赁住房)建设补充资金 4858 万元。其中,市本级上缴 3172 万元。

2018 年末,贷款风险准备金余额 10073 万元。累计提取城市廉租住房(公共租赁住房)建设补充资金 40541 万元。其中,市本级提取 25236 万元。

(五)管理费用支出:2018 年,管理费用支出 2911 万元,同比下降 30%。其中,人员经费 2079 万元,公用经费 198 万元,专项经费 634 万元。

市本级管理费用支出 649 万元,其中,人员、公用、专项经费分别为 361 万元、48 万元、240 万元。

四、资产风险状况

2018 年末,个人住房贷款逾期额 830 万元,逾期率 1.4‰。其中,市中心 1.2‰。

个人贷款风险准备金按贷款余额的 1%提取。2018 年,提取个人贷款风险准备金 834 万元,使用个人贷款风险准备金核销呆坏账 0 万元。2018 年末,个人贷款风险准备金余额 10073 万元,占个人住房贷款余额 1.7%,个人住房贷款逾期额与个人贷款风险准备金余额的比率为 8.2%。

五、社会经济效益

(一)缴存业务:2018 年,实缴单位数、实缴职工人数和缴存额同比分别增长 18%、4%和 14%。

缴存单位中,国家机关和事业单位占 71%,国有企业占 9.6%,城镇集体企业占 0.8%,外商投资企业占 1.6%,城镇私营企业及其他城镇企业占 5.5%,民办非企业单位和社会团体占 1.2%,其他占 10.3%。

缴存职工中，国家机关和事业单位占58%，国有企业占20%，城镇集体企业占0.8%，外商投资企业占4.9%，城镇私营企业及其他城镇企业占8.2%，民办非企业单位和社会团体占0.1%，其他占8%；中、低收入占99.75%，高收入占0.25%。

新开户职工中，国家机关和事业单位占27%，国有企业占10%，城镇集体企业占0.4%，外商投资企业占16.5%，城镇私营企业及其他城镇企业占21%，民办非企业单位和社会团体占0.9%，其他占24.2%；中、低收入占99.73%，高收入占0.27%。

（二）提取业务：2018年，3.73万名缴存职工提取住房公积金14.73亿元。

提取金额中，住房消费提取占64%（购买、建造、翻建、大修自住住房占25.6%，偿还购房贷款本息占38%，租赁住房占0.4%）；非住房消费提取占36%（离休和退休提取28.4%，完全丧失劳动能力并与单位终止劳动关系提取占3.4%，户口迁出本市或出境定居占0.7%，其他占3.5%）。

提取职工中，中、低收入占99.3%，高收入占0.7%。

（三）贷款业务：

1. **个人住房贷款**：2018年，支持职工购建房37.79万平方米，年末个人住房贷款市场占有率为16.4%，比上年下降4.6个百分点。通过申请住房公积金个人住房贷款，可节约职工购房利息支出2400万元。

职工贷款笔数中，购房建筑面积90（含）平方米以下占13.6%，90～144（含）平方米占80.6%，144平方米以上占5.8%。购买新房占73.7%，购买存量商品住房占26%，其他占0.3%。

职工贷款笔数中，单缴存职工申请贷款占57.5%，双缴存职工申请贷款占42.3%，三人及以上缴存职工共同申请贷款占0.2%。

贷款职工中，30岁（含）以下占21%，30岁～40岁（含）占32%，40岁～50岁（含）占35%，50岁以上占11%；首次申请贷款占95%，二次及以上申请贷款占5%；中、低收入占99.8%，高收入占0.2%。

2. **异地贷款**：2018年，发放异地贷款120笔3205万元。2018年末，发放异地贷款总额21953万元，异地贷款余额18741万元。

（四）住房贡献率：2018年，个人住房贷款发放额、公转商贴息贷款发放额、项目贷款发放额、住房消费提取额的总和与当年缴存额的比率为70%，比上年减少8个百分点。

六、其他重要事项

（一）当年缴存基数限额及确定方法、缴存比例调整情况：

《关于调整2018年度住房公积金缴存额度的通知》（孝公管委发〔2018〕5号）规定：2018年度职工住房公积金月缴存基数应按2018年度职工本人月平均工资（即职工2018年度工资总额÷12）核定。核定我市各地2018年度职工住房公积金月缴存额度上下限为：每月最高缴存限额孝感城区（含孝南）职工个人和单位每月合计不超过5440元，汉川不超过4008元，应城不超过3316元，云梦不超过2962元，安陆不超过3150元，大悟不超过3810元，孝昌不超过2760元；最低缴存额孝感城区（含孝南）职工个人和单位每月合计不低于412元，汉川不低于366元，应城不低于373元，云梦不低于354元，安陆不低于337元，大悟不低于364元，孝昌不低于329元。

省级及以上直管单位住房公积金缴存限额可以参照上级主管部门有关规定执行。

新市民（进城务工人员、个体工商户和自由职业人员）自行逐月缴存住房公积金，其住房公积金月缴存额的计算公式为：

月缴存额＝上一年度月平均收入×缴存比例×2（不能提供有效收入证明的，以人社局公布的平均工资水平核定）

新市民缴存人员缴存比例为5%～12%，缴存人月实际缴存额，不得超出当年中心公布的上下限标准。

（二）当年住房公积金政策调整及执行情况：2018年孝感住房公积金中心先后印发《孝感住房公积金流动性风险防控暂行办法》、《孝感市进城务工人员、个体工商户、自由职业人员建立住房公积金制度的暂行规定》、《孝感市住房公积金管理委员会关于部分调整我市住房公积金使用政策的通知》等文件，对我市住房公积金使用政策进行调整。通过设立五级风险等级管理，对我市公积金业务运行过程中发生的资金供求矛盾采取相应对策措施；面向"新市民"，扩大公积金制度覆盖面，保障每位职工的权益；适度放宽家庭代际互助，认房认贷，可取可贷。新增了本市就业的大学生和引进人才申请住房公积金贷款的政策支持，"首套""本地"贷款额度核定未达到30万元的，统一按30万元核定，为城市注入了新鲜血液，也拉动了本地住房消费。

（三）当年服务改进情况：孝感住房公积金中心主动投身"放管服"改革大潮，在"互联网+"上狠下功夫。（1）清理历史数据，为配合"网上公积金"、"指尖公积金"的需要，以建设部"电子化检查工具"为着力点，中心成立专班，对公积金基础数据信息进行全面清理，逐个单位、每个职工的信息进行核实，将离散数据和不合规信息逐步转换成结构化数据，为下一步线上办理业务及各部门数据共享打下坚实的基础。（2）梳理业务环节中的风险点，以数据共享核验化解业务风险。中心陆续与民政、房管、地税、人社、编办、工商等部门签署数据共享协议。已建立包括房产信息、婚姻信息、法人信息在内的数据共享机制，最大防范业务风险，在数据共享上做加法，在业务办理要件上做减法。（3）进一步推进"综合服务平台建设"。2018年中心多次召开主任办公会、业务研讨会等，谋划平台建设的工作方案、采购办法、建设方案等。2018年对网站进行了优化，中心网站即将迁移至市网站群平台，实现网站集约化；2018年实现了与省12329热线的对接、省12329短信的对接，12329热线日均50个电话，12329短信年总量百万多条。孝感住房公积金管理中心按照上级统一要求，已于2018年6月接入《全国住房公积金异地转移接续平台》，累计办理全国公积金转移200余笔，实现了公积金"账随人走"的全国"漫游"功能。

（四）当年信息化建设情况：孝感住房公积金中心按照统一要求，已于2018年4月通过住房城乡建设部和省住房城乡建设厅联合检查组的"双贯标"验收。实现双贯标后，业务系统29张表、394个数据项全部达到行业标准，财务收支完全依托"银行结算系统"进行支付，并且实现"秒级到账"。2018年4月起中心遵循专家组意见，进行了业务流程优化、建立公积金联络员制度、建立公积金信用制度等，进一步提高服务水平和服务质量。

（五）当年对违反《住房公积金管理条例》和相关法规行为进行行政处罚和申请人民法院强制执行情况：加强违规提取住房公积金的法律风险和责任的宣传，依法依规追回2人的骗提资金。

荆州市住房公积金2018年年度报告

一、机构概况

（一）住房公积金管理委员会：市住房公积金管理委员会有24名委员，2019年召开1次会议，审议的事项主要包括：

1. 荆州住房公积金2018年计划执行情况暨2019年计划任务的报告。
2. 荆州住房公积金2018年增值收益分配方案的报告。
3. 荆州市住房公积金2018年年度报告。

（二）住房公积金管理中心：荆州住房公积金管理中心为直属市政府不以营利为目的的独立事业单位，内设8个科室及8个县（市、区）办事处，全市从业人员156人，其中，在编101人，非在编55人。

二、业务运行情况

（一）缴存：2018年，新开户单位309家，实缴单位3973家，净增单位297家；新开户职工2.33万人，实缴职工22.74万人，净增职工1.06万人；当年缴存额34.24亿元，同比增长13.56%。2018年末，累计缴存总额201.68亿元，同比增长20.45%；缴存余额99.43亿元，同比增长14.62%。

受委托办理住房公积金缴存业务的银行7家，与上年比无变化

（二）提取：2018年，提取额21.57亿元，同比增长12.99%；占当年缴存额的63.00%，比上年减少0.31个百分点。2018年末，累计提取总额102.27亿元，同比增长26.73%。

（三）贷款：个人住房贷款最高额度45万元，其中，单缴存职工最高额度40万元，双缴存职工最高额度45万元。

2018年，发放个人住房贷款5557笔17.58亿元，同比分别下降18.04%、15.86%。其中，中心本级发放个人住房贷款1288笔4.33亿元，各县（市）办事处共发放个人住房贷款4269笔13.25亿元。

2018年，回收个人住房贷款8.53亿元。其中，中心本级4.10亿元，各县市办事处共计4.43亿元。

2018年末，累计发放个人住房贷款58624笔114.77亿元，贷款余额72.29亿元，同比分别增长10.47%、18.09%、14.31%。个人住房贷款余额占缴存余额的72.7%，比上年增加0.7个百分点。

受委托办理住房公积金个人住房贷款业务的银行6家，与上年比没有增加。

（四）资金存储：2018年末，全市住房公积金存款30.67亿元。其中，活期2.53亿元，1年（含）以下定期5.25亿元，1年以上定期19.32亿元，其他（协定存款）3.57亿元。

（五）资金运用率：2018年末，住房公积金个人住房贷款余额占缴存余额的72.70%，比上年增加0.7个百分点。

三、主要财务数据

（一）业务收入：2018年，全市业务收入30381.38万元，同比增长9.55%。其中，中心本级业务收

入 12102.61 万元，各县市区办事处业务收入 18278.77 万元；全市业务收入中，存款利息收入 8154.50 万元，委托贷款利息收入 22135.15 万元，国债利息收入 0 万元，其他收入 91.73 万元。

（二）**业务支出**：2018 年，全市业务支出 14974.18 万元，同比增长 6.60%。其中，中心本级业务支出 6216.65 万元，各县市区办事处业务支出 8757.53 万元；全市业务支出中，支付职工住房公积金利息 14006.22 万元，归集手续费支出 237.71 万元，委托贷款手续费支出 730.25 万元。

（三）**增值收益**：2018 年全市实现公积金增值收益 15407.21 万元，同比增长 12.58%。其中，中心本级 5885.96 万元，各县市区办事处 9521.25 万元；增值收益率 1.65%，比上年减少 0.05 个百分点。

（四）**增值收益分配**：2018 年，将 2018 年实现的增值收益 13685.60 万元进行分配，其中提取贷款风险准备金 475.68 万元，提取管理费用 2966.73 万元，提取城市廉租住房（公共租赁住房）建设补充资金 10243.19 万元。

2018 年，实际上交财政管理费用 2966.73 万元。上缴财政城市廉租住房（公共租赁住房）建设补充资金 10243.19 万元。其中，中心本级上缴 4688.60 万元，各县市区办事处上缴 5554.59 万元。

2018 年末，贷款风险准备金余额 6522.79 万元。全市累计提取城市廉租住房（公共租赁住房）建设补充资金 5.84 亿元。其中，中心本级提取 3.17 亿元，各县市区办事处提取 2.67 亿元。

（五）**管理费用支出**：2018 年，管理费用支出 3520.67 万元，同比增长 29.78%。其中，人员经费 1436.12 万元，公用经费 211.87 万元，专项经费 1872.68 万元。增长部分主要是监利县办事处当年服务场所新建专项投入增加所致。

中心本级管理费用支出 1020.77 万元，较上年减少 10.51%。其中，人员、公用、专项经费分别为 619.94 万元、93.84 万元、306.99 万元；各县市区办事处管理费用支出 2499.90 万元，其中，人员、公用、专项经费分别为 816.18 万元、118.03 万元、1565.69 万元。

四、资产风险状况

2018 年末，全市个人住房贷款逾期额 500.83 万元，逾期率 0.69‰。

个人贷款风险准备金按贷款余额的 1% 提取。2018 年，实际提取个人贷款风险准备金 475.68 万元，使用个人贷款风险准备金核销呆坏账 0 万元。2018 年末，全市个人贷款风险准备金余额 6522.79 万元，占个人住房贷款余额的 0.90%，个人住房贷款逾期额与个人贷款风险准备金余额的比率为 7.68%。

五、社会经济效益

（一）**缴存业务**：2018 年，实缴单位数、实缴职工人数和缴存额同比分别增长 −30.70%、−25.05% 和 13.56%。

缴存单位中，国家机关和事业单位占 67.28%，国有企业占 9.06%，城镇集体企业占 0.83%，外商投资企业占 1.28%，城镇私营企业及其他城镇企业占 15.78%，民办非企业单位和社会团体占 1.13%，其他占 4.64%。

缴存职工中，国家机关和事业单位占 57.82%，国有企业占 13.55%，城镇集体企业占 0.76%，外商投资企业占 4.91%，城镇私营企业及其他城镇企业占 20.11%，民办非企业单位和社会团体占 0.33%，其他占 2.52%。中、低收入占 96.70%，高收入占 3.3%。

新开户职工中，国家机关和事业单位占32.75%，国有企业占7.41%，城镇集体企业占0.47%，外商投资企业占7.05%，城镇私营企业及其他城镇企业占38.32%，民办非企业单位和社会团体占0.65%，其他占13.35%；中、低收入占99.57%，高收入占0.43%。

（二）提取业务：2018年，5.81万名缴存职工提取住房公积金21.57亿元。提取职工中，住房消费提取占78.98%（购买、建造、翻建、大修自住住房占68.51%，偿还购房贷款本息占24.08%，租赁住房6.48%，其他占0.93%）；非住房消费提取占21.02%（离休和退休提取占67.53%，完全丧失劳动能力并与单位终止劳动关系提取占19.38%，户口迁出本市或出境定居占7.70%，其他占5.39%）。

提取职工中，中、低收入占94.91%，高收入占5.09%。

（三）贷款业务：

1. 个人住房贷款：2018年，支持职工购建房65.40万平方米，年末个人住房贷款市场占有率为16.10%，比上年同期减少22.90个百分点。通过申请住房公积金个人住房贷款，可节约职工购房利息支出5.98亿元。

职工贷款笔数中，购房建筑面积90（含）平方米以下占15.04%，90～144（含）平方米占78.37%，144平方米以上占6.59%。购买新房占79.86%（其中购买保障性住房占0%），购买二手房占13.32%，建造、翻建、大修自住住房占0.11%，其他占6.71%。

职工贷款笔数中，单职工申请贷款占24.53%，双职工申请贷款占75.44%，三人及以上共同申请贷款占0.03%。

贷款职工中，30岁（含）以下占23.99%，30岁～40岁（含）占31.79%，40岁～50岁（含）占32.41%，50岁以上占11.81%；首次申请贷款占89.87%，二次及以上申请贷款占10.13%；中、低收入占97.19%，高收入占2.81%。

2. 异地贷款：2018年发放异地贷款0笔。年末，累计发放异地贷款总额23237.90万元，异地贷款余额22278.40万元。

（四）住房贡献率：2018年，个人住房贷款发放额与住房消费提取额之和与当年缴存额的比率为114.31%，比上年减少18.33个百分点。

六、其他重要事项

1. 荆州中心于2016年完成公积金"基础数据贯标"和"资金结算应用系统接入"，并通过住房城乡建设部验收。在此基础上，荆州中心建成了公积金多渠道服务平台，开通了支付宝查询、住房公积金手机APP、微信公众号、12329服务热线、网上个人服务大厅、自助查询终端和短信等七大服务渠道。各服务渠道查询的数据均为实时数据，为全市缴存职工提供全面贴心的公积金信息查询、业务指南和政策咨询等多项服务，深受广大公积金缴存职工好评。截至2018年12月底，全年为职工发送缴存、提取、贷款和结息等短信息263万多条。微信公众号关注人数近10万，今年共发布文章100余篇。手机APP注册人数近3000人。特别是2018年6月14日开通支付宝"刷脸"查询以来，访问量持续走高，成为最受欢迎的服务渠道之一。

2. 2018年，荆州中心积极推进"放管服"改革，优化办事流程，简化办理要件，切实解决群众反映的难点、堵点问题，努力实现公积金业务"一次办、就近办、简化办、网上办"，获得社会各界和广大群众的好评。当年在市政府组织的"放管服"改革第三方测评中，得分排名列28个市直测评部门的第5名。

3. 2018年实现增值收益15407.21万元，将在2019年经荆州市住房公积金管理委员会会议审议通过后，进行分配。分配方案为：提取贷款风险准备金783.67万元，提取管理费用2755.24万元，提取并上缴城市廉租住房（公共租赁住房）建设补充资金11868.30万元。

黄冈市住房公积金2018年年度报告

一、机构概况

（一）住房公积金管理委员会：住房公积金管理委员会有15名委员，2018年召开了一次全体会议，审议通过的事项主要包括：《2018年度工作情况及2018年工作计划的报告》、《2018年度财务收支决算和2018年度预算情况的报告》、《黄冈住房公积金提取暂行办法（2018版）》、《黄冈住房公积金委托贷款暂行办法（2018版）》、《2018年度黄冈市住房公积金缴存"限高保低"标准》及《黄冈住房公积金2018年年度报告》。

（二）住房公积金中心：住房公积金中心为直属黄冈市人民政府的不以营利为目的的参照公务员管理事业单位，设5个科（室），10个办事处。从业人员211人，其中，在编145人，非在编66人。

二、业务运行情况

（一）缴存：2018年，新开户单位417家，实缴单位4549家，净增单位343家；新开户职工23528人，实缴职工216938人，净增职工73人；缴存额37.78亿元，同比增长19.85%。2018年末，缴存总额199.69亿元，同比增长23.34%；缴存余额112.87亿元，同比增长18.72%。

受委托办理住房公积金缴存业务的银行7家，与上年无变化。

（二）提取：2018年，提取额19.98亿元，同比增加6.84%；占当年缴存额的52.88%，比上年减少6.46个百分点。2018年末，提取总额86.82亿元，同比增长29.91%。

（三）贷款：个人住房贷款最高额度40万元，其中，单缴存职工最高额度40万元，双缴存职工最高额度40万元。

2018年，发放个人住房贷款7693笔23.48亿元，同比分别下降28.52%、20.15%。

2018年，回收个人住房贷款10.21亿元。

2018年末，累计发放个人住房贷款62571笔119.07亿元，贷款余额81.20亿元，同比分别增长14.02%、24.56%、19.52%。个人住房贷款余额占缴存余额的71.94%，比上年增加0.48个百分点。

受委托办理住房公积金个人住房贷款业务的银行6家，与上年无变化。

（四）资金存储：2018年末，住房公积金存款37.72亿元。其中，活期8.13亿元，1年（含）以下定期9.97亿元，1年以上定期19.62亿元，其他（协定、通知存款等）0亿元。

（五）资金运用率：2018年末，住房公积金个人住房贷款余额、项目贷款余额和购买国债余额的总和占缴存余额的 71.94%，比上年增加 0.48 个百分点。

三、主要财务数据

（一）业务收入：2018 年，业务收入 36725.03 万元，同比下降 9.31%。存款利息 11496.64 万元，委托贷款利息 24784.33 万元，国债利息 0 万元，其他 444.06 万元。

（二）业务支出：2018 年，业务支出 13874.53 万元，同比下降 32.41%。支付职工住房公积金利息 12909.25 万元，归集手续费 257.74 万元，委托贷款手续费 680.38 万元，其他 27.16 万元。

（三）增值收益：2018 年，增值收益 22850.49 万元，同比增长 14.43%。增值收益率 2.19%，比上年同期减少 0.03 个百分点。

（四）增值收益分配：2018 年，提取贷款风险准备金 9959.24 万元，提取管理费用 7715.71 万元，提取城市廉租房（公共租赁住房）建设补充资金 5175.54 万元。

2018 年，上交财政管理费用 6207.35 万元。上缴财政的城市廉租房（公共租赁住房）建设补充资金 6737.31 万元。其中，市中心上缴 1603 万元。

2018 年末，贷款风险准备金余额 30401.97 万元。累计提取城市廉租房（公共租赁住房）建设补充资金 21450.92 万元。

（五）管理费用支出：2018 年，管理费用支出 4241.61 万元，同比增加 8.25%。其中，人员经费 2214.77 万元，公用经费 753.23 万元，专项经费 1273.61 万元。

市中心管理费用支出 714.57 万元，人员、公用、专项经费分别为 181.87 万元、42.35 万元、490.35 万元。

四、资产风险状况

2018 年末，个人住房贷款逾期额 450.59 万元，逾期率 0.55‰。其中，市中心 0.03%。

个人贷款风险准备金按不低于新增个人住房公积金贷款余额的 1% 提取。2018 年，提取个人贷款风险准备金 9959.24 万元，使用个人贷款风险准备金核销呆坏账 0 万元。2018 年末，个人贷款风险准备金余额 30401.97 万元，占个人住房贷款余额的 3.74%，个人住房贷款逾期额与个人贷款风险准备金余额的比率为 1.48%。

五、社会经济效益

（一）缴存业务：2018 年，实缴单位数、实缴职工人数和缴存额同比分别增长 8.15%、0.03% 和 19.85%。

缴存单位中，国家机关和事业单位占 72.92%，国有企业占 9.69%，城镇集体企业占 1.60%，外商投资企业占 0.44%，城镇私营企业及其他城镇企业占 10.77%，民办非企业单位和社会团体占 2.53%，其他占 2.04%。

缴存职工中，国家机关和事业单位占 70.62%，国有企业占 13.96%，城镇集体企业占 2.08%，外商投资企业占 1.52%，城镇私营企业及其他城镇企业占 10.11%，民办非企业单位和社会团体占 0.90%，其他占 0.81%。中、低收入占 90.49%，高收入群体占 9.51%。

新开户职工中，国家机关和事业单位占44.56％，国有企业占10.97％，城镇集体企业占2.89％，外商投资企业占2.75％，城镇私营企业及其他城镇企业占31.92％，民办非企业单位和社会团体占2.58％，其他占4.34％；中、低收入占96.99％，高收入占3.01％。

（二）提取业务：2018年，45679名缴存职工提取住房公积金19.98亿元。

提取金额中，住房消费提取占66.44％（购买、建造、翻建、大修自住住房占29.24％，偿还购房贷款本息占31.94％，租赁住房占0.96％，其他占4.31％）；非住房消费提取占33.56％（离休和退休提取占26.09％，完全丧失劳动能力并与单位终止劳动关系提取占2.33％，户口迁出本市或出境定居占0.96％，其他占4.18％）。

提取职工中，中、低收入占89.22％，高收入占10.78％。

（三）贷款业务：

1. **个人住房贷款**：2018年，支持职工购建房105.44万平方米，年末个人住房贷款市场占有率为20.83％，比上年下降13.67个百分点。通过申请住房公积金个人住房贷款，可节约职工购房利息支出11788.48万元。

职工贷款笔数中，购房建筑面积90（含）平方米以下占9.81％，90～144（含）平方米占71.17％，144平方米以上占19.02％；购买新房占66.26％（其中购买保障性住房占0.10％），购买存量商品住房占15.21％，建造、翻建、大修自住住房占7.06％，其他占11.47％。

职工贷款笔数中，单缴存职工申请贷款占43.90％，双缴存职工申请贷款占45.91％，三人及以上缴存职工共同申请贷款占10.19％。

贷款职工中，30岁（含）以下占21.15％，30岁～40岁（含）占29.94％，40岁～50岁（含）占31.00％，50岁以上占17.91％；首次申请贷款占88.70％，二次及以上申请贷款占11.30％；中、低收入占85.19％，高收入群体占14.81％。

2. **异地贷款**：2018年，发放异地贷款326笔8696.30万元。2018年末，发放异地贷款总额43799.20万元，异地贷款余额25299.50万元。

（四）**住房贡献率**：2018年，个人住房贷款发放额、公转商贴息贷款发放额、项目贷款发放额、住房消费提取额的总和与当年缴存额的比率为97.29％，比上年同期减少40.32个百分点。

六、其他重要事项

（一）**当年机构及职能调整情况、受委托办理缴存贷款业务金融机构变更情况**：2018年，机构和职能无调整；受委托办理住房公积金缴存业务的银行为工、农、中、建、交、农商、邮储7家银行，比上年减少了招商银行1家；受委托办理住房公积金贷款业务的银行为工、农、中、建、交、农商6家银行，无变更。

（二）**当年住房公积金政策调整及执行情况**：

当年缴存基数限额及确定方法、缴存比例等缴存政策调整情况：2018年度黄冈市单位对职工住房公积金每月缴存补贴上限为1766元，下限为180元（进城务工人员、个体工商户、自由职业者可参照执行）；我市住房公积金缴存比例为5％～12％之间。

当年提取政策调整情况：

(1) 缩短购房提取申请时限。将原规定 5 年内的购房可申请公积金提取调整为 3 年内。

(2) 提高购房首付款比例。原政策规定新房（含一套房、二套房）首付款比例最低为 20%，二手房首付比例最低为 30%，新政策统一为 30%。

(3) 规范支取次数。取消购建房二次支取，同一套房购建房只能支取一次。

(4) 进一步界定代际互助范围。修订后确定代际互助提取的范围为"父母为子女购房"，已婚子女购房支取选择一方的父母实行代际互助。同一套房代际互助支取一次性办理，支取金额之和不突破房屋总价。

(5) 取消了装修支取使用政策。

(6) 取消省外购房提取（子女在工作地代际互助的除外）。

当年个人住房贷款最高贷款额度、贷款条件等贷款政策调整情况：

(1) 进一步明确贷款对象。一是贷款对象必须是在公积金信息系统中具有唯一的正常缴存账户；二是异地缴存职工在黄冈购房，必须是黄冈本地户籍，已婚夫妻至少有一方为黄冈本地户籍。

(2) 进一步规范贷款条件。一是在黄冈缴存公积金的，购房地与公积金缴存地不一致时，必须到本人或配偶的公积金缴存地申请贷款。二是借款人月还款额不超过本人及配偶月收入的 50%。三是代际互助限定父母为子女购房，且已婚夫妻只能选择一方的父母进行代际互助。四是提高首付款比例，首套房和二套房最低首付比例均为 30%。

(3) 合理确定支取和贷款额度。同一套住房，本人及配偶、父母的公积金支取和贷款的额度之和不超房价总额的 70%。

(4) 进城务工人员、个体工商户、自由职业者、异地缴存职工贷款的最高限额调整为 20 万元。

(5) 设定贷款额度计算公式，进一步防范资金风险，避免为操作。参考公式为：（贷款人缴存余额＋配偶缴存余额）×1.5＋（借款人月缴存额＋配偶月缴存额）×12 月×（法定退休年龄－现年龄）×1.5。

(6) 缩短购房贷款申请时限。将原规定 5 年内的购房可申请公积金贷款调整为 3 年内。

(7) 恢复贷款担保人制度。进城务工人员、个体工商户、自由职业者、异地缴存职工办理贷款时，至少提供一名具有担保资格的自然人作为担保人。

(8) 降低贷款保证金比例。将贷款保证金由 5%～10%降低至 3%。

(9) 合理确定抵押物价值。首套房和二套房均不超过房屋交易价格的 70%。

(10) 科学设定提前还款时限。将原规定可随时申请提前还款改为从贷款发放之日起满一年后。

(11) 取消了装修贷款使用政策。

当年住房公积金存贷款利率执行标准：2018 年，职工住房公积金账户存款利率统一为 1.50%；公积金贷款利率为：五年以上公积金贷款年利率 3.25%，五年及以下公积金贷款年利率 2.75%。

（三）当年服务改进情况：

1. **服务大厅实行综合柜员制**。中心服务大厅全面推行综合柜员制，按照"管办分离、前台受理、后台审批"的原则，采取"定岗位、定人员、定职责、定流程"的步骤，实现综合柜员制模式。综合柜员席位配置高清拍摄仪、多功能键盘等设备，统一负责公积金业务受理，实现了业务办理综合化、受理审批一体化。

2. **升级大厅服务设施**。对服务大厅进行装修升级改造，新配置叫号机、显示屏、自助查询机、多媒体应用系统、导询台、填单台、等候椅等 20 余项硬件设施，配备便民雨伞架、手机充电站、医药急救箱、针线包、饮水机、免费无线 WIFI、微信扫码模型等便民服务设备。

3. **优化业务办事流程**。以住房城乡建设部"双贯标"建设为契机，对缴存、提取、贷款、财务和监管稽核等 8 大类 23 项公积金业务逐项研究，制定了《住房公积金业务操作指南（试行）》，精简优化业务流程 17 项，下放审批权限 7 项，公积金支取由三级审批减少为一级审批，其中退休支取无需审批，公积金贷款由四级审批减少为二级审批，群众"最多跑一次"业务达 22 项，占 95%，极大地提高了公积金业务办理效率。

4. **精减办理证照资料**。整合优化各类表单、凭证 13 类 100 余项，减少受理要件资料 36 件；推进窗口服务无纸化，服务大厅窗口配备了信息查询、拍摄仪、服务评价器等服务终端；各类业务申请表、业务审批表、借款合同、借据等 20 余项表单均由系统自动生成并打印，无需职工手工填写。

5. **移动审批实时结算**。业务受理与审批可实现每笔业务的"点对点"即时审批，同时，通过平板电脑随时随地实现掌上移动审批。财务结算应用系统与各商业银行相关业务均搭建起实时直连结算通道，覆盖全账户、全业务、全流程，摒弃过去以支票、网银等传统支付方式，实现资金拨付网上实时结算，提取办理秒级到账。

6. **信息互联互通**。建立全市业务数据大平台，停止运行各县市区办事处 11 套独立的软件系统，实现全市业务系统、业务规则和业务操作流程的统一。创新业务服务渠道，开发建设综合服务平台，完成门户网站、网上服务大厅、自助终端、微信、微博、手机客户端、12329 短信、12329 服务热线 8 个服务渠道上线使用运行。推动数据信息共享，完成与民政、工商、国税、人行、人社、房产、不动产、公安等八家单位信息共享衔接工作。

（四）当年信息化建设情况：黄冈住房公积金"双贯标"项目自 2018 年 11 月 7 日正式启动施工建设，历时 5 个月项目已全面完成建设，新的业务系统上线正常运行，缴存、支取、贷款、财务等各项业务通过住房城乡建设部银行结算系统实现线上实时办理办结。基础数据贯标妥善处理了历史不合规数据，合并办事处内部多账户 1426 户、合并跨办事处多账户 5127 户、补录完善 2291 家缴存单位不合规信息、查实补录证件号码不合规 26165 户、处理借款合同不合规信息 1578 笔。接入结算应用系统实现了与市工、农、中、建、交、农商、邮储银行等七家受托银行公积金业务结算的全覆盖。2018 年 4 月 27 日，住房城乡建设部"双贯标"验收组来我中心对"双贯标"工作进行了检查验收，一致同意我中心通过"双贯标"验收。黄冈中心对照住房城乡建设部"双贯标"检查验收指出的问题，对业务流程、要件资料、软件操作等方面的问题逐一进行梳理，认真进行整改，三个问题已于 2018 年 5 月底全部整改到位，并及时向省公积金监管处报备整改情况。

（五）当年住房公积金中心及职工所获荣誉情况：2018 年，罗田、武穴两个办事处被省委省政府授予省级文明单位；武穴办事处被省委省政府授予湖北省青年文明号；市中心、黄州办事处、团风办事处、英山办事处获得市级文明单位；红安办事处获得当地县级文明单位；麻城、黄梅两个办事处分别荣获当地"七一"表彰先进基层党组织，罗田办事处荣获当地"基层党组织先进集体"和"黄冈市三八红旗集体"；市中心汪功松同志被评为市委"七一"表彰优秀共产党员。

（六）当年对违反《住房公积金管理条例》和相关法规行为进行行政处罚和申请人民法院强制执行情况：团风办事处于 2016 年 4 月发放两笔房屋预售抵押贷款，已出现未还贷款现象，造成了严重逾期；经办事处党组研究，决定2018年4月起诉，并要求借款人解除借款关系归还贷款；2018年8月20日，法院判决书生效，目前还在强制执行中。罗田办事处贷款职工蔡东平未按时还款申请人民法院强制执行。

咸宁市住房公积金2018年年度报告

一、机构概况

（一）住房公积金管理委员会：住房公积金管理委员会有20名委员，2018年召开1次会议，审议通过的事项主要包括：

1. 《咸宁市灵活就业人员住房公积金缴存、使用管理办法（试行）》。
2. 市住房公积金落实两孩配套政策方案。
3. 暂停异地公积金缴存职工（本市行政区域外缴存职工）贷款业务。
4. 停止发放本市行政区域以外的异地购房贷款。
5. 取消自住住房在装修提取。
6. 公开招标住房公积金归集业务受托银行。
7. 理顺住房公积金市县管理体制。

（二）住房公积金管理中心：住房公积金管理中心为咸宁市人民政府不以营利为目的的参照公务员法管理的事业单位，设3个科，6个管理部。从业人员111人，其中，在编74人，非在编37人。

二、业务运行情况

（一）缴存：2018年，新开户单位255家，实缴单位2343家，净增单位122家；新开户职工1.53万人，实缴职工14.91万人，净增职工3.71万人；缴存额20.32亿元，同比增长19.67%。2018年末，缴存总额104.56亿元，同比增长24.12%；缴存余额62.85亿元，同比增长15.36%。

受委托办理住房公积金缴存业务的银行16家，与上年无变化。

（二）提取：2018年，提取额11.95亿元，同比增长20.70%；占当年缴存额的58.81%，比上年增加（减少）0.52个百分点。2018年末，提取总额41.71亿元，同比增长40.15%。

（三）贷款：个人住房贷款最高额度40.00万元，其中，单缴存职工最高额度30.00万元，双缴存职工最高额度40.00万元。

2018年，发放个人住房贷款0.44万笔11.62亿元，同比分别增长15.79%、14.15%。其中，市中心发放个人住房贷款0.18万笔4.87亿元，咸安区发放个人住房贷款0.06万笔1.60亿元，嘉鱼县发放个人住房贷款0.03万笔0.79亿元，赤壁市发放个人住房贷款0.08万笔2.06亿元，通城县发放个人住房贷款0.02万笔0.54亿元，崇阳县发放个人住房贷款0.03万笔0.82亿元，通山县发放个人住房贷款0.04万笔0.94亿元。

2018年，回收个人住房贷款7.29亿元。其中，市中心2.61亿元，咸安区0.75亿元，嘉鱼县0.67亿元，赤壁市1.36亿元，通城县0.54亿元，崇阳县0.76亿元，通山县0.60亿元。

2018 年末，累计发放个人住房贷款 4.60 万笔 67.26 亿元，贷款余额 36.99 亿元，同比分别增长 10.84%、20.88%、13.26%。个人住房贷款余额占缴存余额的 58.85%，比上年减少 10.05 个百分点。

受委托办理住房公积金个人住房贷款业务的银行 8 家，与上年无变化。

（四）**购买国债**：2018 年末，国债余额 0.00 亿元，比上年减少 0.02 亿元。

（五）**融资**：2018 年末，融资总额 3.90 亿元，融资余额 0.00 亿元。

（六）**资金存储**：2018 年末，住房公积金存款 26.80 亿元。其中，活期 5.27 亿元，1 年（含）以下定期 6.17 亿元，1 年以上定期 15.36 亿元，其他（协定、通知存款等）0.00 亿元。

（七）**资金运用率**：2018 年末，住房公积金个人住房贷款余额、项目贷款余额和购买国债余额的总和占缴存余额的 58.85%。

三、主要财务数据

（一）**业务收入**：2018 年，业务收入 22281.58 万元，同比增长 7.04%。其中，市中心 6928.07 万元，咸安区 2425.72 万元，嘉鱼县 2551.29 万元，赤壁市 3626.25 万元，通城县 2699.02 万元，崇阳县 1787.41 万元，通山县 2263.82 万元；存款利息 11013.45 万元，委托贷款利息 11156.11 万元，国债利息 54.10 万元，其他 57.92 万元。

（二）**业务支出**：2018 年，业务支出 9793.61 万元，同比增长 2.29%。其中，市中心 3477.01 万元，咸安区 1261.64 万元，嘉鱼县 1075.65 万元，赤壁市 954.66 万元，通城县 1037.00 万元，崇阳县 969.25 万元，通山县 1018.40 万元；支付职工住房公积金利息 8180.31 万元，归集手续费用 606.71 万元，委托贷款手续费 499.49 万元，其他 507.10 万元。

（三）**增值收益**：2018 年，增值收益 12487.97 万元，同比增长 11.08%。其中，市中心 3451.07 万元，咸安区 1164.14 万元，嘉鱼县 1475.64 万元，赤壁市 2671.50 万元，通城县 1662.03 万元，崇阳县 818.17 万元，通山县 1245.42 万元；增值收益率 2.13%，比上年同期减少 0.06 个百分点。

（四）**增值收益分配**：2018 年，提取贷款风险准备金 2199.83 万元，提取管理费用 4206.31 万元，提取城市廉租住房（公共租赁住房）建设补充资金 5625.44 万元。

2018 年，上交财政管理费用 3256.57 万元。上缴财政的城市廉租房（公共租赁住房）建设补充资金 4412.86 万元。其中，市中心上缴 800.96 万元，咸安区上缴 20.00 万元，嘉鱼县上缴 684.00 万元，赤壁市上缴 1309.46 万元，通城县上缴 150.00 万元，崇阳县上缴 1093.92 万元，通山县上缴 354.52 万元。

2018 年末，贷款风险准备金余额 8683.56 万元。累计提取城市廉租房（公共租赁住房）建设补充资金 14328.51 万元。其中，市中心提取 3538.83 万元。

（五）**管理费用支出**：2018 年，管理费用支出 2791.53 万元，同比增长 21.17%。其中，人员经费 1129.53 万元，公用经费 645.93 万元，专项经费 1016.07 万元。

其中市中心本级管理费用支出 960.65 万元，其中，人员、公用、专项经费分别为 273.68 万元、281.60 万元、405.37 万元；咸安办事处管理费用支出 228.00 万元，其中，人员、公用、专项经费分别为 128.00 万元、80.00 万元、20.00 万元；嘉鱼办事处管理费用支出 124.82 万元，其中，人员、公用、专项经费分别为 88.16 万元、36.66 万元、0.00 万元；赤壁办事处管理费用支出 420.78 万元，其中，人员、公用、专项经费分别为 297.55 万元、21.24 万元、101.99 万元；通城办事处管理费用支出 272.78 万元，其中，人员、公用、专项经费分别为 97.14 万元、98.73 万元、76.91 万元；崇阳办事处管理费用支出

520.00万元，其中，人员、公用、专项经费分别为147.00万元、73.00万元、300.00万元；通山办事处管理费用支出264.50万元，其中，人员、公用、专项经费分别为98.00万元、54.70万元、111.80万元。

四、资产风险状况

2018年末，个人住房贷款逾期额650.00万元。逾期率1.76‰。其中，市中心0.35‰；咸安区0.78‰；嘉鱼县1.40‰；赤壁市0.71‰；通城县7.57‰；崇阳县4.20‰；通山县0.72‰。

个人贷款风险准备金按（贷款余额）的1%提取。2018年，提取个人贷款风险准备金2199.83万元，使用个人贷款风险准备金核销呆坏账0.00万元，2018年末，个人贷款风险准备金余额8683.56万元，占个人住房贷款余额的2.35%，个人住房贷款逾期额与个人贷款风险准备金余额的比率为7.49%。

五、社会经济效益

（一）缴存业务： 2018年，实缴单位数、实缴职工人数和缴存额同比分别增长5.49%、33.09%和19.67%。

缴存单位中，国家机关和事业单位占62.74%，国有企业占10.29%，城镇集体企业占0.94%，外商投资企业占0.55%，城镇私营企业及其他城镇企业占8.67%，民办非企业单位和社会团体占1.54%，其他占15.27%。

缴存职工中，国家机关和事业单位占59.17%，国有企业占16.19%，城镇集体企业占1.69%，外商投资企业占1.42%，城镇私营企业及其他城镇企业占7.32%，民办非企业单位和社会团体占0.90%，其他占13.31%；中、低收入占70.76%，高收入占29.24%。

新开户职工中，国家机关和事业单位占30.84%，国有企业占9.84%，城镇集体企业占1.76%，外商投资企业占1.31%，城镇私营企业及其他城镇企业占14.57%，民办非企业单位和社会团体占7.69%，其他占33.99%；中、低收入占93.60%，高收入占6.40%。

（二）提取业务： 2018年，5.83万名缴存职工提取住房公积金11.95亿元。

提取金额中，住房消费提取占71.05%（购买、建造、翻建、大修自住住房占31.80%，偿还购房贷款本息占36.82%，租赁住房占1.08%，其他占1.35%）；非住房消费提取占28.95%（离休和退休提取占21.59%，完全丧失劳动能力并与单位终止劳动关系提取占2.00%，户口迁出本市或出境定居占0.00%，其他占5.36%）。

提取职工中，中、低收入占38.21%，高收入占61.79%。

（三）贷款业务：

1. 个人住房贷款： 2018年，支持职工购建房38.82万平方米，年末个人住房贷款市场占有率为30.77%，比上年增加9.23个百分点。通过申请住房公积金个人住房贷款，可节约职工购房利息支出1973.67万元。

职工贷款笔数中，购房建筑面积90（含）平方米以下占11.44%，90~144（含）平方米占73.12%，144平方米以上占15.44%。购买新房占61.49%（其中购买保障性住房占0.00%），购买二手房占37.59%，建造、翻建、大修自住住房占0.00%，其他占0.92%。

职工贷款笔数中，单缴存职工申请贷款占26.77%，双缴存职工申请贷款占62.67%，三人及以上缴存职工共同申请贷款占10.56%。

贷款职工中，30岁（含）以下占31.79%，30岁～40岁（含）占34.70%，40岁～50岁（含）占24.04%，50岁以上占9.47%；首次申请贷款占87.22%，二次及以上申请贷款占12.78%；中、低收入占100.00%，高收入占0.00%。

2. **异地贷款**：2018年，发放异地贷款1028笔26585.50万元。2018年末，发放异地贷款总额52190.00万元，异地贷款余额28703.03万元。

（四）住房贡献率：2018年，个人住房贷款发放额、公转商贴息贷款发放额、项目贷款发放额、住房消费提取额的总和与当年缴存额的比率为98.96%，比上年增加0.52个百分点。

六、其他重要事项

（一）当年住房公积金政策调整及执行情况：

1. 咸公积金管〔2018〕1号，《咸宁市灵活就业人员住房公积金缴存、使用管理办法（试行）》。

2. 咸公积金〔2018〕8号，咸公积金市住房公积金落实两孩配套政策方案。

3. 咸公积金〔2018〕6号，暂停异地公积金缴存职工（本市行政区域外缴存职工）贷款业务；停止发放本市行政区域以外的异地购房贷款；取消自住住房在装修提取。

咸公积金〔2018〕5号文件，根据湖北省最低工资标准确定，2018年度我市住房公积金的月缴存基数不得低于1380.00元。根据咸宁市统计局公布上一年度职工月平均工资3倍标准确定2018年度我市住房公积金的月最高缴存额为4024.00元（单位、个人各半）。缴存比例为10%，同时允许有条件单位在此比例上提高1～2个百分点，有困难的单位可下调1～5个百分点。

当年住房公积金存贷款利率及最高贷款额度等未进行调整，住房公积金贷款利率仍然按五年以上公积金贷款利率3.25%、五年及以下公积金贷款利率为年利率2.75%；个人住房贷款最高贷款额度仍然按双职工家庭最高额度40.00万元，单职工家庭最高额度30.00万元。

（二）当年服务改进情况：2018年嘉鱼办事处购建了独立产权办公与服务场所，工程建设接近完工，市中心及各办事处结合新的公积金管理业务系统需要都更新了电脑、打印机、高拍仪等办公设备。

2018年完成综合服务平台的建设并通过省级验收。

（三）当年信息化建设情况：

1. 信息安全等级保护3级第一阶段整改投入213.78万元，项目已完工验收。

2. 网上营业厅及柜面无纸化建设项目投入273.98万元，项目已完工验收。

3. 数字化档案馆及档案数字化处理项目投入28.00万元，项目尚在建设之中。

4. 基础数据标准贯彻落实和结算应用系统接入工作已完成。

随州市住房公积金2018年年度报告

一、机构概况

（一）住房公积金管理委员会：住房公积金管理委员会有20名委员，2018年召开1次会议，审议通

过的事项主要包括：

1. 原则同意随州住房公积金管理中心工作报告。
2. 原则同意随州住房公积金管理中心《2018年财务决算报告》和《2018年财务预算报告》。
3. 原则同意随州住房公积金管理中心提交的《关于调整住房公积金贷款最高额度有关事项的建议》，修改完善后按程序报批，以管委会文件印发执行。
4. 批准同意《关于提请市住房公积金管理委员会授权随州住房公积金管理中心审批降低住房公积金缴存比例和缓缴的报告》。

2018年2月13日印发《关于2018年度住房公积金缴存有关事项的通知》（随公管委〔2018〕1号）；2018年6月6日印发《关于调整住房公积金最高贷款额度等有关事项的通知》（随公管委〔2018〕2号）。

（二）**住房公积金管理中心**：住房公积金管理中心为直属随州市人民政府不以营利为目的的公益二类事业单位，设6个科室，1个直属营业部，2个办事处。从业人员39人，其中，在编22人，非在编17人。

二、业务运行情况

（一）**缴存**：2018年，新开户单位166家，实缴单位1962家，净增单位85家；新开户职工1.05万人，实缴职工8.09万人，净增职工0.36万人；缴存额10.67亿元，同比增长12.79%。2018年末，缴存总额54.17亿元，同比增长24.53%；缴存余额31.30亿元，同比增长15.50%。

受委托办理住房公积金缴存业务的银行8家，与上年相比没有变化。

（二）**提取**：2018年，提取额6.47亿元，同比增长39.14%；占当年缴存额的60.64%，比上年增加11.49个百分点。2018年末，提取总额22.88亿元，同比增长39.51%。

（三）**贷款**：个人住房贷款最高额度45万元，其中，单缴存职工最高额度45万元，双缴存职工最高额度45万元。

2018年，发放个人住房贷款0.30万笔8.57亿元，同比分别下降3.23%、增长2.76%。

2018年，回收个人住房贷款3.44亿元。

2018年末，累计发放个人住房贷款1.68万笔39.36亿元，贷款余额28.19亿元，同比分别增长21.74%、27.83%、22.19%。个人住房贷款余额占缴存余额的90.06%，比上年增加4.93个百分点。

受委托办理住房公积金个人住房贷款业务的银行5家，与上年相比没有变化。

（四）**融资**：2018年，未融资，归还融资额0.32亿元。2018年末，融资总额7.74亿元，融资余额0亿元。

（五）**资金存储**：2018年末，住房公积金存款4.14亿元。其中，活期0.04亿元，1年以下定期2.60亿元，协定存款1.50亿元。

（六）**资金运用率**：2018年末，住房公积金个人住房贷款余额、项目贷款余额和购买国债余额的总和占缴存余额的90.06%，比上年增加4.93个百分点。

三、主要财务数据

（一）**业务收入**：2018年，业务收入9186.67万元，同比下降0.31%。存款利息794.02万元，委托贷款利息 8392.65 万元。

（二）**业务支出**：2018 年，业务支出 4286.45 万元，同比下降 6.81％。支付职工住房公积金利息 4277.45 万元，其他 9 万元。

（三）**增值收益**：2018 年，增值收益 4900.22 万元，同比增长 6.16％。增值收益率 1.70％，比上年减少 0.19 个百分点。

（四）**增值收益分配**：2018 年，提取贷款风险准备金 2819.09 万元，提取管理费用 1120 万元，提取城市廉租住房（公共租赁住房）建设补充资金 500 万元。

2018 年，上交财政管理费用 1129 万元。上缴财政城市廉租住房（公共租赁住房）建设补充资金 500 万元。

2018 年末，贷款风险准备金余额 10187.68 万元。累计提取城市廉租住房（公共租赁住房）建设补充资金 6896.95 万元。

（五）**管理费用支出**：2018 年，管理费用支出 1085.79 万元，同比增长 20.73％。其中，人员经费 508.01 万元，公用经费 54.58 万元，专项经费 523.20 万元。

四、资产风险状况

2018 年末，个人住房贷款逾期额 127.08 万元，逾期率 0.45‰。

个人贷款风险准备金按贷款余额的 1％提取。2018 年，提取个人贷款风险准备金 2819.09 万元，使用个人贷款风险准备金核销呆坏账 0 万元。2018 年末，个人贷款风险准备金余额 10187.68 万元，占个人住房贷款余额的 3.61％，个人住房贷款逾期额与个人贷款风险准备金余额的比率为 1.25％。

五、社会经济效益

（一）**缴存业务**：2018 年，实缴单位数、实缴职工人数和缴存额同比分别增长 4.53％、4.63％和 12.73％。

缴存单位中，国家机关和事业单位占 65.04％，国有企业占 7.75％，城镇集体企业占 0.51％，外商投资企业占 1.33％，城镇私营企业及其他城镇企业占 17.38％，民办非企业单位和社会团体占 7.70％，其他占 0.29％。

缴存职工中，国家机关和事业单位占 56.51％，国有企业占 17.32％，城镇集体企业占 0.47％，外商投资企业占 3.46％，城镇私营企业及其他城镇企业占 18.31％，民办非企业单位和社会团体占 1.50％，其他占 2.43％；中、低收入占 96.52％，高收入占 3.48％。

新开户职工中，国家机关和事业单位占 28.53％，国有企业占 9.06％，城镇集体企业占 0.03％，外商投资企业占 4.48％，城镇私营企业及其他城镇企业占 43.51％，民办非企业单位和社会团体占 2.13％，其他占 12.26％；中、低收入占 95.81％，高收入占 4.19％。

（二）**提取业务**：2018 年，2.22 万名缴存职工提取住房公积金 6.47 亿元。

提取金额中，住房消费提取占 73.18％（购买、建造、翻建、大修自住住房占 31.85％，偿还购房贷款本息占 40.54％，租赁住房占 0.46％，其他占 0.33％）；非住房消费提取占 26.82％（离休和退休提取占 22.82％，完全丧失劳动能力并与单位终止劳动关系提取占 2.10％，户口迁出本市或出境定居占

0.88%，其他占 1.02%）。

提取职工中，中、低收入占 88.88%，高收入占 11.12%。

（三）贷款业务：

1. **个人住房贷款**：2018 年，支持职工购建房 38.61 万平方米，年末个人住房贷款市场占有率为 13%。比上年减少 3.04 个百分点。通过申请住房公积金个人住房贷款，可节约职工购房利息支出 12954 万元。

职工贷款笔数中，购房建筑面积 90（含）平方米以下占 10.10%，90~144（含）平方米占 73.59%，144 平方米以上占 16.31%。购买新房占 63.45%（其中购买保障性住房占 0%），购买二手房占 33.89%，建造、翻建、大修自住住房占 0%，其他占 2.66%。

职工贷款笔数中，单缴存职工申请贷款占 65.32%，双缴存职工申请贷款占 34.65%，三人及以上缴存职工共同申请贷款占 0.03%。

贷款职工中，30 岁（含）以下占 19.85%，30 岁~40 岁（含）占 33.30%，40 岁~50 岁（含）占 33.07%，50 岁以上占 13.78%；首次申请贷款占 93.93%，二次及以上申请贷款占 6.07%；中、低收入占 92.55%，高收入占 7.45%。

2. **异地贷款**：2018 年，发放异地贷款 634 笔 18488.10 万元。2018 年末，发放异地贷款总额 62443.88 万元，异地贷款余额 50605.72 万元。

3. **公转商贴息贷款**：2018 年，发放公转商贴息贷款 47 笔 1241.51 万元，支持职工购建住房面积 0.53 万平方米，当年贴息额 164.74 万元。2018 年末，累计发放公转商贴息贷款 1046 笔 30022.41 万元，累计贴息 164.74 万元。

（四）**住房贡献率**：2018 年，个人住房贷款发放额、公转商贴息贷款发放额、项目贷款发放额、住房消费提取额的总和与当年缴存额的比率为 125.89%，比上年减少 27.59 个百分点。

六、其他重要事项

（一）当年机构及职能调整情况、受委托办理缴存贷款业务金融机构变更情况：当年住房公积金管理机构及职能无调整；受委托办理缴存业务的金融机构减少了 4 家，分别是：工行广水支行营业部、工行随县支行、建行应山支行、建行随县支行；受委托办理贷款金融机构不变。

（二）当年住房公积金政策调整及执行情况：

1. **住房公积金缴存基数及比例**。住房公积金缴存基数原则上不得低于省政府明确的当地上年度职工最低月工资标准，不得超过我市统计部门公布的上年度职工月平均工资的 3 倍。缴存比例不得低于单位和个人各 5%，不得高于单位和个人各 12%。

2. **住房公积金缴存基数的计算口径**。缴存单位 2018 年度职工住房公积金的月缴存基数为 2018 年度年工资总额除以 12。职工月平均工资标准以职工所在地统计部门公布的数据为准；职工养老保险最低缴费基数以职工所在地人社部门公布的数据为准。

3. **住房公积金月缴存额上下限**。住房公积金月缴存额等于月缴存基数乘以缴存比例。2018 年我市住房公积金月缴存额上限暂明确为：市城区（含曾都区、随州高新区、市直、垂直单位）3090 元（单位和个人缴存数合计）。随县（含大洪山风景名胜区）2850 元（单位和个人缴存数合计），广水市 2800 元（单位和个人缴存数合计）。月缴存额下限定为：市城区140元（单位和个人缴存数合计），随县、广水市130元（单位和个人缴存数合计）。对2018年度未达到月缴存额上限的单位职工，可执行补充住房公积金制度。国家、省委、省政府、市委、市政府批准的各项政策性奖金可以作为补缴住房公积金的缴存基数，按12%的比例补缴单位缴存的住房公积金。

4. **调整最高贷款额度**。最高贷款额度调整为首套房45万元，二套房30万元。可贷额度由现行的按照不超过职工本人及配偶公积金账户余额10倍计算，调整至20倍。

5. **规范贷款受理条件**。缴存职工家庭在城镇购买自住住房，从购房合同备案之日起二年以内，可以凭相关材料申请办理公积金贷款。取消之前"缴存职工家庭在城镇购买自住住房，从购房合同备案之日起二年以内或不动产权证签发之日起一年以内，可以凭相关材料申请办理公积金贷款"的规定。

6. **规范提取使用业务**。暂停缴存地或户籍地以外地区购房提取（含偿还商业性住房贷款提取）和贷款（含商业性住房贷款转公积金贷款）业务。取消装修自住住房提取住房公积金和贷款业务；取消患重大疾病提取住房公积金业务。缴存职工与单位解除或终止劳动关系的，先办理个人账户封存。账户封存期间，在异地开立住房公积金账户并稳定缴存半年以上的，办理异地转移接续手续。未在异地继续缴存的，封存满半年后可提取。

7. **住房公积金存贷款利率**。存款年利率1.5%。贷款利率：五年以内（含五年）年利率2.75%，五年以上年利率3.25%。

（三）当年服务改进情况：

1. **细化措施，推进线上线下业务融合发展**。随州住房公积金管理中心根据平时收集到群众反映的问题，进一步细化服务措施，方便群众办事。针对单位专管员在网上未及时办理缴存业务时，其单位职工个人不能办理住房公积金提取或贷款的情况，在业务系统中增加弹出框，提醒单位专管员，从根本上解决问题。同时在住房公积金专管员QQ群、楼盘专管员微信群等发布"重要提示"。

2. **实现"一站式"服务**。与市不动产登记局联网对接，将不动产局办理抵押登记窗口引入公积金中心营业厅，使贷款职工在营业厅办完贷款手续的同时，办理抵押、预抵押转正式抵押受理业务，实现了一站式服务、一门式办结。

3. **推动业务"网上办"**。2018年9月，随州住房公积金管理中心综合服务平台顺利通过住房城乡建设部和省住房城乡建设厅验收，开通了门户网站、网上业务大厅、自助终端、服务热线、手机短信、手机客户端、官方微信和官方微博等八种服务渠道，实现公积金缴存、提取、贷款线下业务向线上迁移，线上"零资料、零审批、零跑腿"办结，解决了群众办事"最后一公里"问题，当年已有23项业务可以实现网上自助办结。

4. **住房公积金业务办理实现"零复印件"**。为进一步方便职工办理业务，提高服务质量，随州住房公积金管理中心2018年12月11日印发了"关于全面取消业务办理材料复印件等有关事项的通知"，全面取消了提取、贷款、个人信息修改、转移并户等业务办理材料复印件，包括身份证、户口簿、结婚证等身份证明及关系证明材料复印件，退休证、购房合同、发票、不动产权证等证明提取或贷款事由的材料复印件。

（四）信息化建设情况：

1. **优化了住房城乡建设部银行结算平台**。在实现工、农、中、建、农商、邮储行结算平台上线的基础上,加快与交通银行、湖北银行的合作,实现住房公积金结算银行的全覆盖。

2. 推进部门外联。完成征信数据的前期测试,通过了北京征信信息中心的一期现场验收,启动了与工商银行、建设银行、农业银行的关于客户贷款数据共享事项。实现与不动产管理局、房产查询系统联网,已开通数据查询功能,运行正常。

3. 升级异地备份系统。对广水异地备份机房进行升级改造,提高了信息安全保障。

4. 对中心网站、网上营业厅进行了改版升级。

(五)当年住房公积金管理中心及职工所获荣誉情况:2018年,随州住房公积金管理中心获得市直单位党建工作优胜单位、市领导班子履职尽责(责任目标)考核优胜单位、市级文明单位、社会治安综合治理优胜单位等荣誉;档案工作目标管理达到省一级;直属营业部获市"巾帼文明岗"称号。

恩施土家族苗族自治州住房公积金2018年年度报告

一、机构概况

(一)住房公积金管理委员会:住房公积金管理委员会有25名委员,2018年召开1次会议,审议通过的事项主要包括:1.同意《州住房公积金管理委员会六届一次全会工作报告》。2.同意《恩施州2018年住房公积金归集使用及增值收益计划(草案)》《恩施州2016年度住房公积金归集使用、资产负债及增值收益计划执行情况的报告(草案)》。3.同意《关于对我州住房公积金个人贷款、提取相关政策进行调整的请示》事项。政策调整共7项,一是取消住房公积金装修贷款;二是开展武陵山龙山来凤经济协作示范区住房公积金异地贷款试点业务,期间暂停州内其他异地贷款业务;三是贷款资金必须全额拨付到售房单位(售房人)或者建房、修房承担方在银行开设的账户内;四是将购建住房申请住房公积金贷款和提取业务的相关资料年限由原来的3年缩短为1年;五是合理确定贷款额度。夫妻双方均为州内正常缴存住房公积金职工的最高贷款额度为50万元,夫妻双方仅有一方(含单身职工)为州内正常缴存住房公积金职工的最高贷款额度为40万元,且申请住房公积金贷款金额和提取住房公积金账户余额之和不得超过合同总额的80%,同时建立可贷额度与缴交基数、账户余额和缴存时间挂钩的机制;六是严格执行二套房政策,明确二套房认定标准。购买第二套住房的首付比例调整为30%,贷款利率在基准利率的基础上上调10%;购买第三套及以上住房的不得申请住房公积金贷款。二套房按照"认贷不认房"的原则予以认定(以即将上线运行的住房公积金新核心业务系统中的贷款数据为准,历史数据归零)。七是缴存职工与单位解除或终止劳动关系的,先办理个人账户封存。账户封存期间,在异地开立住房公积金账户并稳定缴存半年以上的,办理异地转移接续手续。未在异地继续缴存的,封存满半年后可提取。

(二)住房公积金管理中心:住房公积金管理中心为直属恩施州人民政府不以营利为目的的正县级事业单位,设8个科室,1个直属营业部部,8个县市办事处。从业人员130人,其中,在编68人,非在编62人。

二、业务运行情况

(一)缴存:2018年,新开户单位350家,实缴单位3001家,净增单位219家;新开户职工1.4万人，实缴职工 14.31 万人，净增职工 0.78 万人；缴存额 29.86 亿元，同比增长 13.41%。2018 年末，缴存总额 149.27 亿元，同比增长 25%；缴存余额 81.25 亿元，同比增长 15.58%。

受委托办理住房公积金缴存业务的银行 7 家，与上年无变化。

（二）**提取**：2018 年，提取额 18.91 亿元，同比增长 23.51%；占当年缴存额的 63.33%，比上年增加 5.17 个百分点。2018 年末，提取总额 68.02 亿元，同比增长 38.51%。

（三）**贷款**：个人住房贷款最高额度 50 万元，其中，单缴存职工最高额度 40 万元，双缴存职工最高额度 50 万元。

2018 年，发放个人住房贷款 0.71 万笔 27.95 亿元，同比分别增长 1.43%、27.74%。

2018 年，回收个人住房贷款 9.04 亿元。

2018 年末，累计发放个人住房贷款 7.31 万笔 117.67 亿元，贷款余额 69.5 亿元，同比分别增长 10.76%、31.15%、37.38%。个人住房贷款余额占缴存余额的 85.54%，比上年增加 13.58 个百分点。

受委托办理住房公积金个人住房贷款业务的银行 5 家，与上年无变化。

（四）**资金存储**：2018 年末，住房公积金存款 12.97 亿元。其中，活期 5.51 亿元，1 年（含）以下定期 0 亿元，1 年以上定期 7.46 亿元，其他（协定、通知存款等）0 亿元。

（五）**资金运用率**：2018 年末，住房公积金个人住房贷款余额、项目贷款余额和购买国债余额的总和占缴存余额的 85.54%，比上年增加 13.58 个百分点。

三、主要财务数据

（一）**业务收入**：2018 年，业务收入 22882.18 万元，同比增长 13.53%。存款利息 3391.29 万元，委托贷款利息 19476.28 万元，国债利息 0 万元，其他 14.61 万元。

（二）**业务支出**：2018 年，业务支出 11403.21 万元，同比增长 12.32%。支付职工住房公积金利息 11346.86 万元，归集手续费 0 万元，委托贷款手续费 56 万元，其他 0.35 万元。

（三）**增值收益**：2018 年，增值收益 11478.97 万元，同比增长 14.75%。增值收益率 1.53%，比上年增加 0.02 个百分点。

（四）**增值收益分配**：2018 年，提取贷款风险准备金 1890.97 万元，提取管理费用 5200 万元，提取城市廉租住房（公共租赁住房）建设补充资金 4388 万元。

2018 年，上交财政管理费用 5200 万元。上缴财政城市廉租住房（公共租赁住房）建设补充资金 3409.6 万元。

2018 年末，贷款风险准备金余额 6949.81 万元。累计提取城市廉租住房（公共租赁住房）建设补充资金 25125.60 万元。

（五）**管理费用支出**：2018 年，管理费用支出 4357.56 万元，同比增长 4.49%。其中，人员经费 2270.56 万元，公用经费 832.56 万元，专项经费 1254.44 万元。

四、资产风险状况

2018 年末，个人住房贷款逾期额 24.05 万元，逾期率 0.03‰。

个人贷款风险准备金按贷款余额的 1% 提取。2018 年，提取个人贷款风险准备金 1890.97 万元，使用个人贷款风险准备金核销呆坏账 0 万元。2018 年末,个人贷款风险准备金余额 6949.81 万元,占个人住房贷款余额的 1%,个人住房贷款逾期额与个人贷款风险准备金余额的比率为 0.35%。

五、社会经济效益

(一)**缴存业务**：2018 年,实缴单位数、实缴职工人数和缴存额同比分别增长 7.9%、3.47% 和 13.41%。

缴存单位中,国家机关和事业单位占 60.88%,国有企业占 8.8%,城镇集体企业占 0.83%,外商投资企业占 0.3%,城镇私营企业及其他城镇企业占 20.09%,民办非企业单位和社会团体占 7.36%,其他占 1.74%。

缴存职工中,国家机关和事业单位占 67.53%,国有企业占 15.87%,城镇集体企业占 0.48%,外商投资企业占 0.18%,城镇私营企业及其他城镇企业占 11.99%,民办非企业单位和社会团体占 2.52%,其他占 1.43%；中、低收入占 83.12%,高收入占 16.88%。

新开户职工中,国家机关和事业单位占 44.2%,国有企业占 8.8%,城镇集体企业占 0.94%,外商投资企业占 0.65%,城镇私营企业及其他城镇企业占 33.61%,民办非企业单位和社会团体占 6%,其他占 5.8%；中、低收入占 98.08%,高收入占 1.92%。

(二)**提取业务**：2018 年,3.77 万名缴存职工提取住房公积金 18.91 亿元。

提取金额中,住房消费提取占 79.58%(购买、建造、翻建、大修自住住房占 35.38%,偿还购房贷款本息占 41.29%,租赁住房占 1.9%,其他占 1.01%)；非住房消费提取占 20.42%(离休和退休提取占 18.15%,完全丧失劳动能力并与单位终止劳动关系提取占 0.23%,户口迁出本市或出境定居占 0.23%,其他占 1.81%)。

提取职工中,中、低收入占 76.29%,高收入占 23.71%。

(三)**贷款业务**：

1. **个人住房贷款**：2018 年,支持职工购建房 97.85 万平方米,年末个人住房贷款市场占有率为 25.82%,比上年增加 3.82 个百分点。通过申请住房公积金个人住房贷款,可节约职工购房利息支出 4611 万元。

职工贷款笔数中,购房建筑面积 90(含)平方米以下占 5.52%,90~144(含)平方米占 67.85%,144 平方米以上占 26.63%。购买新房占 95.87%(其中购买保障性住房占 0.04%),购买二手房占 0.32%,建造、翻建、大修自住住房占 3.81%,其他占 0%。

职工贷款笔数中,单缴存职工申请贷款占 29.74%,双缴存职工申请贷款占 69.58%,三人及以上缴存职工共同申请贷款占 0.68%。

贷款职工中,30 岁(含)以下占 23.61%,30 岁~40 岁(含)占 29.92%,40 岁~50 岁(含)占 31.37%,50 岁以上占 15.1%；首次申请贷款占 100%,二次及以上申请贷款占 0%；中、低收入占 78.5%,高收入占 21.5%。

2. **异地贷款**：2018 年,发放异地贷款 358 笔 14105.3 万元。2018 年末,发放异地贷款总额 18263.8 万元,异地贷款余额 17553.83 万元。

(四)**住房贡献率**：2018 年,个人住房贷款发放额、公转商贴息贷款发放额、项目贷款发放额、住房消费提取额的总和与当年缴存额的比率为 146.27%，比上年增加 13.69 个百分点。

六、其他重要事项

1. 恩施州住房公积金中心 2018 年月缴存上限调整为 4732 元，缴存下限 200 元、缴存比例 5%～12%。政策调整共七项，一是取消住房公积金装修贷款；二是开展武陵山龙山来凤经济协作示范区住房公积金异地贷款试点业务，期间暂停州内其他异地贷款业务；三是贷款资金必须全额拨付到售房单位（售房人）或者建房、修房承担方在银行开设的账户内；四是将购建住房申请住房公积金贷款和提取业务的相关资料年限由原来的 3 年缩短为 1 年；五是合理确定贷款额度，夫妻双方均为州内正常缴存住房公积金职工的最高贷款额度为 50 万元，夫妻双方仅有一方（含单身职工）为州内正常缴存住房公积金职工的最高贷款额度为 40 万元，且申请住房公积金贷款金额和提取住房公积金账户余额之和不得超过合同总额的 80%，同时建立可贷额度与缴交基数、账户余额和缴存时间挂钩的机制；六是严格执行二套房政策，明确二套房认定标准；购买第二套住房的首付比例调整为 30%，贷款利率在基准利率的基础上上调 10%；购买第三套及以上住房的不得申请住房公积金贷款；二套房按照"认贷不认房"的原则予以认定（以即将上线运行的住房公积金新核心业务系统中的贷款数据为准，历史数据归零）；七是缴存职工与单位解除或终止劳动关系的，先办理个人账户封存；账户封存期间，在异地开立住房公积金账户并稳定缴存半年以上的，办理异地转移接续手续；未在异地继续缴存的，封存满半年后可提取。

2. 2018 年，中心投入 465 万元用于咸丰县办事处购置营业厅。

3. 2018 年，中心共计投入 790 万元，用于"云平台＋手机公积金"综合服务及管理系统建设项目。

仙桃市住房公积金 2018 年年度报告

一、机构概况

（一）**住房公积金管理委员会**：住房公积金管理委员会有 12 名委员，2018 年召开 1 次会议，审议通过的事项主要包括：《仙桃住房公积金管理中心 2018 年年度报告》、《2018 年度住房公积金归集、使用计划执行情况及 2018 年住房公积金归集、使用计划报告》、《关于 2018 年度住房公积金增值收益分配的报告》、《仙桃市住房公积金缴存实施细则》、《仙桃市住房公积金提取实施细则》、《仙桃市住房公积金个人住房贷款实施细则》。

（二）**住房公积金管理中心**：住房公积金管理中心为直属仙桃市政府管理不以营利为目的的参公事业单位，设 5 个科。从业人员 26 人，其中，在编 18 人，非在编 8 人。

二、业务运行情况

（一）**缴存**：2018 年，新开户单位 99 家，实缴单位 778 家，减少单位 103 家；新开户职工 0.59 万人，实缴职工 4.78 万人，净减职工 0.06 万人；缴存额 5.41 亿元，同比增长 10.63%。2018 年末，缴存总额 31.19 亿元，同比增长 20.99%；缴存余额 15.64 亿元，同比增长 11.55%。

受委托办理住房公积金缴存业务的银行 8 家，与上年无变化。

（二）提取：2018 年，提取额 3.79 亿元，同比增长 41.4%；占当年缴存额的 70.06%，比上年增加 15.25 个百分点。2018 年末，提取总额 15.54 亿元，同比增长 32.14%。

（三）贷款：个人住房贷款最高额度 40 万元，其中，单缴存职工最高额度 40 万元，双缴存职工最高额度 40 万元。

2018 年，发放个人住房贷款 0.09 万笔 2.95 亿元，同比分别增长 0%、34.09%。

2018 年，回收个人住房贷款 0.98 亿元。

2018 年末，累计发放个人住房贷款 0.83 万笔 11.56 亿元，贷款余额 7.09 亿元，同比分别增长 12.16%、34.11%、38.48%。个人住房贷款余额占缴存余额的 45.33%，比上年增加 8.81 个百分点。

受委托办理住房公积金个人住房贷款业务的银行 4 家，比上年增加 1 家。

（四）资金存储：2018 年末，住房公积金存款 8.56 亿元。其中，活期 0.04 亿元，1 年（含）以下定期 0 亿元，1 年以上定期 8.04 亿元，其他（协定、通知存款等）0.48 亿元。

（五）资金运用率：2018 年末，住房公积金个人住房贷款余额、项目贷款余额和购买国债余额的总和占缴存余额的 45.33%，比上年增加 8.81 个百分点。

三、主要财务数据

（一）业务收入：2018 年，业务收入 5103.06 万元，同比增长 8.35%。其中，存款利息 3093.33 万元，委托贷款利息 2009.73 万元。

（二）业务支出：2018 年，业务支出 2269.33 万元，同比增长 6.46%。支付职工住房公积金利息 2220.48 万元，归集手续费 3.48 万元，委托贷款手续费 45.18 万元，其他 0.19 万元。

（三）增值收益：2018 年，增值收益 2833.73 万元，同比增长 9.92%。增值收益率 1.81%，比上年降低 0.03 个百分点。

（四）增值收益分配：2018 年，提取贷款风险准备金 708.78 万元，提取管理费用 408.73 万元，提取城市廉租住房（公共租赁住房）建设补充资金 1716.22 万元。

2018 年，上交财政管理费用 384.43 万元。上缴财政城市廉租住房（公共租赁住房）建设补充资金 1681.86 万元。

2018 年末，贷款风险准备金余额 3236.11 万元。累计提取城市廉租住房（公共租赁住房）建设补充资金 11234.24 万元。

（五）管理费用支出：2018 年，管理费用支出 694.15 万元，同比下降 0.70%。其中，人员经费 289.10 万元，公用经费 107.70 万元，专项经费 297.35 万元。

四、资产风险状况

2018 年末，个人住房贷款逾期额 0 万元，逾期率 0‰。

个人贷款风险准备金按贷款余额的 1% 提取。2018 年，提取个人贷款风险准备金 708.78 万元，使用个人贷款风险准备金核销呆坏账 0 万元。2018 年末，个人贷款风险准备金余额 3236.11 万元，占个人住房贷款余额的4.57%,个人住房贷款逾期额与个人贷款风险准备金余额的比率为0%。

五、社会经济效益

(一)**缴存业务**:2018年,实缴单位数、实缴职工人数和缴存额同比分别减少11.69%、1.24%和增加10.63%。

缴存单位中,国家机关和事业单位占61.18%,国有企业占7.71%,城镇集体企业占0.39%,外商投资企业占3.34%,城镇私营企业及其他城镇企业占21.34%,民办非企业单位和社会团体占1.93%,其他占4.11%。

缴存职工中,国家机关和事业单位占61.04%,国有企业占10.92%,城镇集体企业占0.12%,外商投资企业占6.16%,城镇私营企业及其他城镇企业占17.07%,民办非企业单位和社会团体占2.46%,其他占2.23%;中、低收入占97.14%,高收入占2.86%。

新开户职工中,国家机关和事业单位占25.58%,国有企业占9.06%,城镇集体企业占0.13%,外商投资企业占11.92%,城镇私营企业及其他城镇企业占35.35%,民办非企业单位和社会团体占12.61%,其他占5.35%;中、低收入占99.34%,高收入占0.66%。

(二)**提取业务**:2018年,0.93万名缴存职工提取住房公积金3.79亿元。

提取金额中,住房消费提取占75.73%(购买、建造、翻建、大修自住住房占54.26%,偿还购房贷款本息占44.95%,租赁住房占0.70%,其他占0.09%);非住房消费提取占24.27%(离休和退休提取占80.43%,完全丧失劳动能力并与单位终止劳动关系提取占10.87%,户口迁出本市或出境定居占5.43%,其他占3.27%)。

提取职工中,中、低收入占95.04%,高收入占4.96%。

(三)**贷款业务**:

1.**个人住房贷款**:职工贷款笔数中,购房建筑面积90(含)平方米以下占7.22%,90~144(含)平方米占83.31%,144平方米以上占9.47%。

职工贷款笔数中,单缴存职工申请贷款占25.03%,双缴存职工申请贷款占71.70%,三人及以上缴存职工共同申请贷款占3.27%。

贷款职工中,30岁(含)以下占25.60%,30岁~40岁(含)占39.00%,40岁~50岁(含)占24.80%,50岁以上占10.60%;首次申请贷款占90.76%,二次及以上申请贷款占9.24%;中、低收入占91.09%,高收入占8.91%。

2.**异地贷款**:2018年,发放异地贷款126笔4377.9万元。2018年末,发放异地贷款总额10742.7万元,异地贷款余额9851.54万元。

(四)**住房贡献率**:2018年,个人住房贷款发放额、公转商贴息贷款发放额、项目贷款发放额、住房消费提取额的总和与当年缴存额的比率为124.58%,比上年增加37.85个百分点。

六、其他重要事项

1.2018年公积金缴存基数下限为1380元,缴存额下限为138元;缴存基数上限11091元,缴存额上限2662元。公积金贷款额度最高为40万元。

2. 本地户籍、本地缴存公积金、本地购买 144 平方米以下，首套住房，公积金贷款额度最高可上浮 20%。在异地缴存公积金，在仙桃购房的，贷款最高额度由 40 万元暂下调至 20 万元，且不支持代际间互助。

3. 取消装修贷款政策。

4. 将不动产抵押权登记费在公积金管理费用中列支。

5. 放开网厅缴存权限，在限高保底范围内，可自由调整基数和汇补缴，可在网厅上办理，公积金管理中心不再审批。

6. 外籍和港澳台同胞可缴存住房公积金。

7. 个人开户取消缴存社保一年的限制条件，可签订三方协议开展银行托收业务。

8. 租房提取金额由 8000 元暂提高至 10000 元。

潜江市住房公积金 2018 年年度报告

一、机构概况

（一）**住房公积金管理委员会**：住房公积金管理委员会有 9 名委员，2018 年召开 1 次会议，审议通过的事项主要包括：《市住房公积金管理中心 2018 年工作报告》、《市住房公积金管理中心 2018 年住房公积金归集使用计划执行情况的报告》、《2018 年住房公积金归集和使用计划的报告》、《2018 年住房公积金增值收益分配方案》、《市住房公积金管理中心 2018 年管理费用预算方案》、《市住房公积金管理中心关于公积金贷款、提取政策调整方案》、《潜江市住房公积金 2018 年年度报告》，并听取了市住房公积金管理中心 2018 年工作情况汇报。

（二）**住房公积金管理中心**：住房公积金管理中心为市政府直属不以营利为目的的事业单位，设 3 个科，1 个分中心。从业人员 45 人，其中，在编 32 人，非在编 13 人。

二、业务运行情况

（一）**缴存**：2018 年，新开户单位 66 家，实缴单位 754 家，净增单位 33 家；新开户职工 0.5746 万人，实缴职工 7.1181 万人，净增职工 −0.0819 万人；缴存额 10.64 亿元，同比增长 17.49%。2018 年末，缴存总额 85.75 亿元，同比增长 14.17%；缴存余额 39.84 亿元，同比增长 7.34%。

受委托办理住房公积金缴存业务的银行 7 家，比上年增加 1 家。

（二）**提取**：2018 年，提取额 7.92 亿元，同比增长 22.98%；占当年缴存额的 74.44%，比上年增加 4.21 个百分点。2018 年末，提取总额 45.91 亿元，同比增长 20.85%。

（三）**贷款**：个人住房贷款最高额度 60 万元，其中，单缴存职工最高额度 60 万元，双缴存职工最高额度 60 万元。

2018 年，发放个人住房贷款 0.093 万笔 2.48 亿元，同比分别下降 27.46%、增长 10.71%。其中，市中心发放个人住房贷款 0.0701 万笔 1.63 亿元，分中心 1 发放个人住房贷款 0.0229 万笔 0.85 亿元。

2018 年，回收个人住房贷款 2.261 亿元。其中，市中心 1.085 亿元，分中心 11.176 亿元。

2018 年末，累计发放个人住房贷款 1.5768 万笔 25.44 亿元，贷款余额 14.93 亿元，同比分别增长 6.27%、10.8%、1.49%。个人住房贷款余额占缴存余额的 37.48%，比上年减少 2.15 个百分点。

受委托办理住房公积金个人住房贷款业务的银行 7 家，比上年增加 1 家。

（四）资金存储：2018 年末，住房公积金存款 27.85 亿元。其中，活期 1.52 亿元，1 年（含）以下定期 1.1 亿元，1 年以上定期 24.37 亿元，其他（协定、通知存款等）0.86 亿元。

（五）资金运用率：2018 年末，住房公积金个人住房贷款余额、项目贷款余额和购买国债余额的总和占缴存余额的 37.48%，比上年减少 2.15 个百分点。

三、主要财务数据

（一）业务收入：2018 年，业务收入 12975.04 万元，同比增长 15.54%。其中，市中心 5142.73 万元，分中心 17832.31 万元；存款利息 8023.89 万元，委托贷款利息 4951.15 万元，国债利息 0 万元，其他 0 万元。

（二）业务支出：2018 年，业务支出 5869.25 万元，同比增长 6.23%。其中，市中心 2297.24 万元，分中心 13572.01 万元；支付职工住房公积金利息 5661.40 万元，归集手续费 0 万元，委托贷款手续费 207.27 万元，其他 0.58 万元。

（三）增值收益：2018 年，增值收益 7105.78 万元，同比增长 24.55%。其中，市中心 2845.49 万元，分中心 14260.29 万元；增值收益率 1.85%，比上年增加 0.26 个百分点。

（四）增值收益分配：2018 年，提取贷款风险准备金 1461.51 万元，提取管理费用 967.87 万元，提取城市廉租住房（公共租赁住房）建设补充资金 4676.40 万元。

2018 年，上交财政管理费用 672 万元。上缴财政城市廉租住房（公共租赁住房）建设补充资金 4460.16 万元。其中，市中心上缴 871.87 万元，分中心上缴 3588.29 万元。

2018 年末，贷款风险准备金余额 6536.03 万元。累计提取城市廉租住房（公共租赁住房）建设补充资金 37063.91 万元。其中，市中心提取 3461.77 万元，分中心提取 33602.14 万元。

（五）管理费用支出：2018 年，管理费用支出 1230.34 万元，同比增长 10.66%。其中，人员经费 504.41 万元，公用经费 158.47 万元，专项经费 567.46 万元。

市中心管理费用支出 657.97 万元，其中，人员、公用、专项经费分别为 315.96 万元、37.07 万元、304.94 万元；分中心 1 管理费用支出 572.37 万元，其中，人员、公用、专项经费分别为 188.45 万元、121.40 万元、262.52 万元。

四、资产风险状况

2018 年末，个人住房贷款逾期额 328.45 万元，逾期率 2.2‰。其中，市中心 1.7‰，分中心 12.4‰。

个人贷款风险准备金按贷款余额的 4% 提取（市中心）。2018 年，提取个人贷款风险准备金 1461.51 万元，使用个人贷款风险准备金核销呆坏账 0 万元。2018 年末，个人贷款风险准备金余额 6536.03 万元，占个人住房贷款余额的 4.38%，个人住房贷款逾期额与个人贷款风险准备金余额的比率为 5.03%。

五、社会经济效益

（一）缴存业务：2018年，实缴单位数、实缴职工人数和缴存额同比分别增长4.58%、下降1.14%和增长16.03%。

缴存单位中，国家机关和事业单位占49.6%，国有企业占16.18%，城镇集体企业占15.65%，外商投资企业占0.66%，城镇私营企业及其他城镇企业占12.6%，民办非企业单位和社会团体占5.04%，其他占0.27%。

缴存职工中，国家机关和事业单位占25.13%，国有企业占60.28%，城镇集体企业占6.35%，外商投资企业占0.6%，城镇私营企业及其他城镇企业占7.25%，民办非企业单位和社会团体占0.38%，其他占0.01%；中、低收入占97.88%，高收入占2.12%。

新开户职工中，国家机关和事业单位占22.9%，国有企业占15.59%，城镇集体企业占9.07%，外商投资企业占0.99%，城镇私营企业及其他城镇企业占50.49%，民办非企业单位和社会团体占0.66%，其他占0.3%；中、低收入占99.67%，高收入占0.33%。

（二）提取业务：2018年，1.1597万名缴存职工提取住房公积金7.92亿元。

提取金额中，住房消费提取占69.40%（购买、建造、翻建、大修自住住房占50.57%，偿还购房贷款本息占18.68%，租赁住房占0.14%，其他占0.01%）；非住房消费提取占30.60%（离休和退休提取占26.72%，完全丧失劳动能力并与单位终止劳动关系提取占2.28%，户口迁出本市或出境定居占0.33%，其他占1.27%）。

提取职工中，中、低收入占93.13%，高收入占6.87%。

（三）贷款业务：2018年，支持职工购建房7.48万平方米，年末个人住房贷款市场占有率为20.58%，比上年增加8.83个百分点。通过申请住房公积金个人住房贷款，可节约职工购房利息支出771.28万元。

职工贷款笔数中，购房建筑面积90（含）平方米以下占16.34%，90～144（含）平方米占71.40%，144平方米以上占12.26%。购买新房占61.4%（其中购买保障性住房占0%），购买二手房占9.46%，建造、翻建、大修自住住房占0%，其他占29.14%。

职工贷款笔数中，单缴存职工申请贷款占63.76%，双缴存职工申请贷款占36.24%，三人及以上缴存职工共同申请贷款占0%。

贷款职工中，30岁（含）以下占19.57%，30岁～40岁（含）占27.85%，40岁～50岁（含）占40.11%，50岁以上占12.47%；首次申请贷款占77.31%，二次及以上申请贷款占22.69%；中、低收入占94.41%，高收入占5.59%。

（四）住房贡献率：2018年，个人住房贷款发放额、公转商贴息贷款发放额、项目贷款发放额、住房消费提取额的总和与当年缴存额的比率为74.95%，比上年增加3.82个百分点。

六、其他重要事项

（一）当年机构及职能调整情况、受委托办理缴存贷款业务金融机构变更情况：2018年，中心机构及职能未调整；受委托办理缴存贷款业务金融机构增加湖北银行1家。

（二）当年住房公积金政策调整及执行情况：

2018年，我市住房公积金缴存基数最高限额为：按照"缴存住房公积金的月工资基数最高不得超过市统计部门公布的上一年度职工月平均工资的3倍，最低不得低于市人社部门规定的上一年度职工最低月工资标准"的要求，我市2018年度住房公积金缴存基数最高上限为11387元，最低下限为1380元。缴存比例由6%~12%，调整为5%~12%。

2018年，我市市中心对住房公积金个贷、提取有关政策进行了调整。（1）调整期房按揭贷款额度。期房按揭贷款最高额度由40万元调整为50万元；（2）调整二手房贷款额度。购买二手房抵押贷款额度由20万元提高到30万元；（3）开通异地贷款业务。异地缴存住房公积金职工在潜江市范围内购房，可申请住房公积金贷款，按照我市期房按揭贷款和二手房贷款政策执行；（4）开通个人住房组合贷款。申请住房公积金期房按揭贷款的职工，在办理贷款时，若公积金贷款额度不能满足购房需求，不足部分，可同时向商业银行申请办理个人住房商业性贷款；（5）实行一次购买多次提取。缴存职工5年内所购住房，可提取本人及配偶公积金账户内余额。同一住房实行多次提取（每年可提一次，最多可提5次），但提取总额不得超过实际发生的住房支出；（6）调整账户封存提取时限。缴存职工与单位解除或终止劳动关系的，先办理个人账户封存，账户封存期间，在异地开立住房公积金账户并稳定缴存半年以上的，办理异地转移接续手续；未在异地继续缴存的，封存半年后可提取。

2018年，中心严格按照中国人民银行有关住房公积金存贷款利率规定，适时进行调整。

（三）当年服务改进情况：

2018年综合服务平台建设情况：综合服务平台8大渠道中，网上服务大厅、微信、12329热线、12329短信、服务终端、微博已上线运行，网站、手机APP正在建设中，同时，正在对网上服务大厅、微信进行升级改造。

（四）当年信息化建设情况： 2018年，基础数据标准贯彻落实和结算应用系统接入已全面完成。

（五）当年住房公积金管理中心及职工所获荣誉情况： 2018年，中心荣获潜江市"文明单位"称号，以及市级个人三八红旗手。

天门市住房公积金2018年年度报告

一、机构概况

（一）住房公积金管理委员会： 住房公积金管理委员会有13名委员，2018年召开2次会议，审议通过的事项主要包括：《关于调整2018年住房公积金缴存政策相关情况的通知》和《关于强化公积金贷款管理工作责任的通知》以及《关于进一步强化住房公积金缴存、提取管理的通知》。

（二）住房公积金管理中心： 住房公积金管理中心直属市政府，是不以营利为目的参照公务员法管理的事业单位，设6个科室，1个直属分中心。从业人员35人，其中，在编26人，非在编9人。

二、业务运行情况

（一）**缴存**：2018年，新开户单位82家，实缴单位620家，净增单位82家；新开户职工4018人，实缴职工31372人，净增职工1282人；缴存额4.19亿元，同比减少8.32%。2018年末，缴存总额26.69亿元，同比增长18.62%；缴存余额15.69亿元，同比增长15.05%。

受委托办理住房公积金缴存业务的银行7家，与往年持平。

（二）**提取**：2018年，提取额2.14亿元，同比增长8.08%；占当年缴存额的51.07%，比上年增加7.74个百分点。2018年末，提取总额10.99亿元，同比增长24.18%。

（三）**贷款**：个人住房贷款最高额度40万元，其中，单缴存职工最高额度40万元，双缴存职工最高额度40万元。

2018年，发放个人住房贷款1311笔4.59亿元，同比分别减少3.89%和增长21.75%。

2018年，回收个人住房贷款1.12亿元。

2018年末，累计发放个人住房贷款7778笔15.25亿元，贷款余额11.42亿元，同比分别增长20.27%、43.06%、43.83%。个人住房贷款余额占缴存余额的72.79%，比上年增加14.58个百分点。

受委托办理住房公积金个人住房贷款业务的银行7家，与上年持平。

（四）**资金存储**：2018年末，住房公积金存款4.45亿元。其中，活期371.7万元，1年（含）以下定期2000万元，1年以上定期35100万元，其他（协定、通知存款等）7016.91万元。

（五）**资金运用率**：2018年末，住房公积金个人住房贷款余额占缴存余额的72.79%，比上年增加14.58个百分点。

三、主要财务数据

（一）**业务收入**：2018年，业务收入4825.27万元，同比增长24.69%。其中，存款利息1704.63万元，委托贷款利息3120.64万元。

（二）**业务支出**：2018年，业务支出2224.33万元，同比增长19.38%。其中，支付职工住房公积金利息2099.51万元，委托贷款手续费124.82万元。

（三）**增值收益**：2018年，增值收益2600.94万元，同比增长29.61%。增值收益率1.62%，比上年增加0.37个百分点。

（四）**增值收益分配**：2018年，提取贷款风险准备金0万元，提取管理费用1525.72万元，提取城市廉租住房（公共租赁住房）建设补充资金1075.22万元。

2018年，上交财政管理费用1015.6万元。上缴财政城市廉租住房（公共租赁住房）建设补充资金991.08万元。

2018年末，贷款风险准备金余额1330.76万元。累计提取城市廉租住房（公共租赁住房）建设补充资金4619.05万元。

（五）**管理费用支出**：2018年，管理费用支出698.34万元，同比下降19.64%。其中，人员经费305.75万元，公用经费242.36万元，专项经费150.23万元。

四、资产风险状况

2018年末，个人住房贷款逾期额153.22万元，逾期率1.34‰。

个人贷款风险准备金按贷款余额的1%提取。2018年，提取个人贷款风险准备金0万元，使用个人贷款风险准备金核销呆坏账0万元。2018年末，个人贷款风险准备金余额1330.76万元，占个人住房贷款余额的1.17%，个人住房贷款逾期额与个人贷款风险准备金余额的比率为11.51%。

五、社会经济效益

（一）**缴存业务**：2018年，实缴单位数、实缴职工人数和缴存额同比分别增长12.52%、4.26%和减少8.32%。

缴存单位中，国家机关和事业单位占70.65%，国有企业占6.77%，城镇集体企业占1.13%，外商投资企业占2.09%，城镇私营企业及其他城镇企业占14.84%，民办非企业单位和社会团体占3.39%，其他占1.13%。

缴存职工中，国家机关和事业单位占70.91%，国有企业占15.03%，城镇集体企业占0.21%，外商投资企业占2.66%，城镇私营企业及其他城镇企业占6.27%，民办非企业单位和社会团体占4.67%，其他占0.25%；中、低收入占99.82%，高收入占0.18%。

新开户职工中，国家机关和事业单位占45.32%，国有企业占20.56%，城镇集体企业占3.81%，外商投资企业占1.94%，城镇私营企业及其他城镇企业占4.45%，民办非企业单位和社会团体占19.54%，其他占4.38%；中、低收入占100%，高收入占0%。

（二）**提取业务**：2018年，6236名缴存职工提取住房公积金2.14亿元。

提取金额中，住房消费提取占64.61%（购买、建造、翻建、大修自住住房占27.59%，偿还购房贷款本息占36.53%，租赁住房占0.49%）；非住房消费提取占35.39%（离休和退休提取占30.93%，完全丧失劳动能力并与单位终止劳动关系提取占0.16%，户口迁出本市或出境定居占2.78%，其他占1.52%）。

提取职工中，中、低收入占76.3%，高收入占23.7%。

（三）**贷款业务**：

1. **个人住房贷款**：2018年，支持职工购建房17.64万平方米，年末个人住房贷款市场占有率为9.79%，比上年减少4.73个百分点。通过申请住房公积金个人住房贷款，可节约职工购房利息支出7673.16万元。

职工贷款笔数中，购房建筑面积90（含）平方米以下占12.59%，90～144（含）平方米占79.56%，144平方米以上占7.85%。购买新房占92.22%，购买二手房占1.14%，建造、翻建、大修自住住房占2.75%，其他占3.89%。

职工贷款笔数中，单缴存职工申请贷款占68.65%，双缴存职工申请贷款占31.35%。

贷款职工中，30岁（含）以下占14.26%，30岁～40岁（含）占11.67%，40岁～50岁（含）占39.51%，50岁以上占34.56%；首次申请贷款占95.42%，二次及以上申请贷款占4.58%；中、低收入占100%，高收入占0%。

2. 异地贷款：2018年，发放异地贷款352笔11597.8万元。2018年末，发放异地贷款总额11597.8万元，异地贷款余额11522.8万元。

（四）住房贡献率：2018年，个人住房贷款发放额、公转商贴息贷款发放额、项目贷款发放额、住房消费提取额的总和与当年缴存额的比率为142.5%，比上年增加24.08个百分点。

六、其他重要事项

（一）当年机构及职能调整情况、受委托办理缴存贷款业务金融机构变更情况：2018年，中心报请市政府批准成立了公积金直属分中心，受委托办理缴存贷款业务的金融机构也没有变化。

（二）当年住房公积金政策调整及执行情况：2018年，中心按照深化供给侧结构性改革的要求，出台了《天门市住房公积金缴存管理办法》等文件，住房公积金制度覆盖延伸到了民企、社会团体职工、个体工商户、自由职业者、灵活就业人员、城市居住证持有人、在中心城区就读高职高专年满18周岁学生、进城务工农民工、农业转移人口等新市民群体，并通过降低缴存门槛，细化缴存流程，开设新市民缴存专户，使政策落地落细。

为厚实公积金缴存使用规模，中心积极开展缴存扩面行动，结合实际开展了"面对面、听期盼"大走访、招商亲商大出访、建缴服务大拜访、新市民调研大面访活动（即"四合一"大联访），深入企业，深入楼盘，深入基层，开展大走访、大调研、大服务。通过上门服务、靠前指导，积极宣传住房公积金政策，全面推进职工住房公积金账户的建立和缴存。目前，已走访企业400多家，调研新市民1000余人次，发放政策宣传资料5000余份，下发催建催缴通知书100余份，切实做到了宣传前移、缴存前移、服务前移，群众满意度明显提升。

贷款方便，优化政策措施，充分发挥公积金促进经济发展的服务功能。按照深化供给侧结构性改革和"放管服"改革的要求，我们印发了《关于强化公积金贷款管理工作责任的通知》和《关于进一步强化住房公积金缴存、提取管理责任的通知》等文件，加快推出公积金金融产品，不断创新贷款抵押方式，由单一公积金质押担保调整为质押担保、抵押担保和保证担保等多种方式；推出了商业贷款转公积金贷款、以不动产抵押申请公积金贷款的可以先提后贷等措施。

（三）当年服务改进情况：2018年，中心报请市政府批准成立了公积金直属分中心，增设了新的营业大厅，扩大了服务场所面积，改善了服务环境，制定了营业部工作人员管理考核办法，规范工作人员服务标准，按照"人员向大厅集中、审批向大厅集中、职能向大厅集中、权限向大厅集中"的原则，加快公积金审批制度改革，简化审批流程，精简审批要件，实行限时办结，初步实现了群众办理业务"只进一扇门，最多跑一次"。同时，积极开展创建"青年文明号"、"优质服务窗口"和创建全市"十优满意单位"活动，树立品牌标杆意识，服务质效得到明显提升。

（四）当年信息化建设情况：基础贯标工作成效彰显。按照省厅部署和要求，中心加快信息化建设，着力推进智能服务，完成了公积金基础数据标准化、银行结算数据应用系统与公积金中心接口标准化（"双贯标"）建设，并顺利通过住房城乡建设部检查验收。住房公积金管理初步实现了财务自主核算、账户统一监管、银行数据直连、资金秒级到账、平台充分共享、运转安全稳定。公积金业务初步实现了由柜台办理向平台办理转变、由群众跑腿向数据跑路转变、由纸质档案向电子档案转变。

综合服务平台进展顺利。已完成网上办事大厅、短信、12329热线、微信、微博、手机APP、门户网站、自助查询终端等基本建设,已正式上线运行。平台建设完成后,将实现各类业务网上申请、办理,并可让群众足不出户办成大部分公积金业务,进一步提高办理时效性和便捷度,力争做到"大厅空空荡荡,网上热热闹闹"。

(五)当年对违反《住房公积金管理条例》和相关法规行为进行行政处罚和申请人民法院强制执行情况:将公积金失信信息纳入公积金管理系统、社会诚信系统,在制定了《单位和个人公积金贷款失信行为管理办法》之后,又建立了公共信用信息黑名单制度,从源头防范化解了潜在风险。开展了"两清"(清理逾期贷款、清理个人征信),切实加强每一笔贷款的贷前审查、贷中审核、贷后监管;对每一笔逾期贷款严格实行包案清收、专班清收、电话催收、短信催收、信函催收、律师催收、依法划扣等措施,有效保证了资金回收。清理贷款档案 2200 多份,下发催收通知 91 笔,督收逾期贷款资金 178.68 万元。

神农架林区住房公积金 2018 年年度报告

一、机构概况

(一)住房公积金管理委员会:住房公积金管理委员会有 9 名委员,2018 年召开 1 次会议,审议通过的事项主要包括:《神农架林区住房公积金 2018 年年度报告》、《神农架林区 2018 年住房公积金归集使用计划的报告》、《神农架林区住房公积金 2018 年增值收益分配方案》、《神农架林区住房公积金提取管理暂行办法》等。

(二)住房公积金管理中心:住房公积金管理中心为直属林区人民政府不以营利为目的的公益一类事业单位,设 4 个科室。从业人员 10 人,其中在编 6 人,非在编 4 人。

二、业务运行情况

(一)缴存:2018 年,新开户单位 37 家,实缴单位 258 家,净减单位 88 家;新开户职工 764 人,实缴职工 0.7 万人,减少职工 995 人;缴存额 1.71 亿元,同比增长 29.5%。2018 年末,缴存总额 7.46 亿元,同比增长 30.87%;缴存余额 4.75 亿元,同比增长 19.35%。

受委托办理住房公积金缴存业务的银行 7 家。

(二)提取:2018 年,提取额 1 亿元,同比增长 85.19%;占当年缴存额的 58.5%,比上年增加 15.9 个百分点。2018 年末,提取总额 2.71 亿元,同比增长 58.48%。

(三)贷款:个人住房贷款最高额度 40 万元,其中,单缴存职工最高额度 10 万元,双缴存职工最高额度 40 万元。

2018 年,发放个人住房贷款 292 笔 7991 万元,同比分别下降 21%、16.67%。2018 年,回收个人住房贷款 6400 万元。

2018年末，累计发放个人住房贷款2316笔4.1亿元，贷款余额2.44亿元，同比分别增长14.43%、22.75%、5.17%。个人住房贷款余额占缴存余额的51.36%，比上年减少6.84个百分点。

受委托办理住房公积金个人住房贷款业务的银行1家。

（四）**资金存储**：2018年末，住房公积金存款2.39亿元。其中，活期0.99亿元，1年（含）以下定期0.64亿元，1年以上定期0.76亿元。

（五）**资金运用率**：2018年末，住房公积金个人住房贷款余额、项目贷款余额和购买国债余额的总和占缴存余额的51.41%，比上年减少6.88个百分点。

三、主要财务数据

（一）**业务收入**：2018年，业务收入1402.72万元，同比增长56.12%。存款利息668.76万元，委托贷款利息732.4万元，其他1.56万元。

（二）**业务支出**：2018年，业务支出1164.55万元，同比增长187.67%。支付职工住房公积金利息1164.47万元，其他0.08万元。

（三）**增值收益**：2018年，增值收益238.17万元，同比下降51.76%。增值收益率2.7%，比上年增加1.36个百分点。

（四）**增值收益分配**：2018年，提取贷款风险准备金15万元，提取管理费用200万元，提取城市廉租住房建设补充资金23.17万元。

2018年，上交财政管理费用420万元。上缴财政城市廉租住房建设补充资金23.17万元。

2018年末，贷款风险准备金余额247.59万元。累计提取城市廉租住房建设补充资金139.48万元。

（五）**管理费用支出**：2018年，管理费用支出123.29万元，同比下降22.94%。其中，人员经费32.92万元，公用经费52.37万元，专项经费38万元。

四、资产风险状况

2018年末，个人住房贷款无逾期。个人贷款风险准备金按贷款余额的1%提取。2018年，提取个人贷款风险准备金15万元。2018年末，个人贷款风险准备金余额247.59万元，占个人住房贷款余额的1%，个人住房贷款逾期额与个人贷款风险准备金余额的比率为零。

五、社会经济效益

（一）**缴存业务**：2018年，实缴单位数同比增长17.8%、实缴存额同比增长29.5%。

缴存单位中，国家机关和事业单位占63.15%，国有企业占22.87%，城镇集体企业占8.14%，城镇私营企业及其他城镇企业占8.91%，民办非企业单位和社会团体占1.16%，其他占3.5%。

缴存职工中，国家机关和事业单位占63.15%，国有企业占24.14%，城镇集体企业占5.17%，城镇私营企业及其他城镇企业占6.26%，民办非企业单位和社会团体占0.14%，其他占1.14%；高收入占16.61%，中、低收入占83.39%。

新开户职工中，国家机关和事业单位占45.68%，国有企业占32.07%，城镇集体企业占2.36%，城镇私营企业及其他城镇企业占17.8%，民办非企业单位和社会团体占0.13%，其他占1.96%；中、低收入占 93.06%，高收入占 6.94%。

（二）提取业务：2018 年，1713 名缴存职工提取住房公积金 10014.4 万元。

提取金额中，住房消费提取占 79.78%（购买、建造、翻建、大修自住住房占 31.51%，偿还购房贷款本息占 68.27%，租赁住房占 0.04%，其他占 0.18%）；非住房消费提取占 20.22%（离休和退休提取占 73.69%，完全丧失劳动能力并与单位终止劳动关系提取占 18.45%，户口迁出本市或出境定居占 3.08%，其他占 4.78%）。

提取职工中，中、低收入占 73.20%，高收入占 26.8%。

（三）贷款业务：2018 年，支持职工购建房 3.82 万平方米，年末个人住房贷款市场占有率为 42%，比上年减少 30.15 个百分点。通过申请住房公积金个人住房贷款，可节约职工购房利息支出 454.36 万元。

职工贷款笔数中，购房建筑面积 90（含）平方米以下占 14.04%，90~144（含）平方米占 72.26%，144 平方米以上占 13.7%。购买新房占 59%，购买二手房占 25%，建造、翻建、大修自住住房占 16%。

职工贷款笔数中，单缴存职工申请贷款占 13.36%，双缴存职工申请贷款占 77.74%，三人及以上缴存职工共同申请贷款占 8.9%。

贷款职工中，30 岁（含）以下占 22.26%，30 岁~40 岁（含）占 23.97%，40 岁~50 岁（含）占 41.78%，50 岁以上占 11.99%；首次申请贷款占 82.88%，二次及以上申请贷款占 17.12%；中、低收入占 76.37%，高收入占 23.63%。

（四）住房贡献率：2018 年，个人住房贷款发放额、公转商贴息贷款发放额、项目贷款发放额、住房消费提取额的总和与当年缴存额的比率为 89%，比上年减少 12.67 个百分点。

六、其他重要事项

（一）2018 年受委托办理缴存贷款业务金融机构变更情况：神农架林区缴存业务金融机构为林区建行、林区工行、林区农行、林区中行、林区农商银行、林区邮政储蓄银行、林区楚农商村镇银行；贷款业务金融机构为林区农行。

（二）2018 年住房公积金政策调整及执行情况：

1. 2018 年缴存基数限额及确定方法、缴存比例调整情况。依照林区统计局发布的 2018 年全区在岗职工年平均工资 3 倍计算，2018 年度全区缴存职工月缴存额上限为 2660 元；根据省人民政府《关于调整全省最低工资标准的通知》（鄂政发〔2018〕44 号）文件精神，2018 年度全区缴存职工月缴存额下限为 130 元；林区行政事业单位、中央、省属驻神农架林区的企业、事业单位和实行垂直管理的部门按上一年月平均工资总额的 12% 执行；其他单位按上一年月平均工资总额的 5%~12% 执行。

2. 2018 年住房公积金存贷款利率调整及执行情况。根据中国人民银行、住房城乡建设部、财政部印发《关于完善职工住房公积金账户存款利率形成机制的通知》（银发〔2016〕43 号）要求，2018 年神农架林区职工住房公积金账户存款利率统一按一年期定期存款基准利率 1.50% 执行。

2018 年住房公积金贷款利率未作调整。首套房仍按五年期以上个人住房公积金贷款利率 3.25%，五年期以下（含五年）个人住房公积金贷款利率 2.75% 执行。

3. 2018 年住房公积金个人住房贷款最高贷款额度调整情况。神农架林区住房公积金最高贷款额度为 40 万元。

(三) 2018 年服务改进情况:

1. 完善住房公积金查询平台。缴存职工可通过网站、微信公众号、热线、终端查询通道实时查询相关政策和个人缴存、贷款、还贷情况。

2. 为保障缴存职工合法权益,方便跨设区城市就业人员办理住房公积金转移接续业务,中心于 6 月正式接入全国住房公积金异地转移接续平台,实现了住房公积金在全国范围内"账随人走,钱随账走",提高了服务的便捷性和时效性。

(四) 2018 年信息化建设情况: 2018 年中心按照住房城乡建设部、省住房城乡建设厅关于贯彻《住房公积金基础数据标准》的要求,稳步推进住房公积金基础数据标准和与银行实时结算数据标准"双贯标"工作。于 10 月 17 日正式通过住房城乡建设部、省住房城乡建设厅检查验收。实现了住房公积金支取、贷款秒级到账,取得了预期效果。

2018 全国住房公积金年度报告汇编

湖南省

长沙
株洲市
湘潭市
衡阳市
邵阳市
岳阳市
常德市
张家界市
益阳市
郴州市
永州市
怀化市
娄底市
湘西土家族苗族自治州

湖南省住房公积金 2018 年年度报告

一、机构概况

(一) 住房公积金管理机构：全省共设 14 个设区城市住房公积金管理中心，2 个独立设置的分中心（其中，湖南省直单位住房公积金管理分中心隶属湖南省机关事务管理局，长沙住房公积金管理中心铁路分中心，隶属长沙住房公积金管理中心）。从业人员 1910 人，其中，在编 1258 人，非在编 652 人。

(二) 住房公积金监管机构：湖南省住房和城乡建设厅、财政厅和人民银行长沙中心支行负责对本省住房公积金管理运行情况进行监督。省住房和城乡建设厅设立住房公积金监管办，负责辖区住房公积金日常监管工作。

二、业务运行情况

(一) 缴存：2018 年，新开户单位 8310 家，实缴单位 67818 家，净增单位 7237 家；新开户职工 59.79 万人，实缴职工 434.44 万人，净增职工 28.96 万人；缴存额 603.29 亿元，同比增长 13.73%。2018 年末，缴存总额 3797.75 亿元，同比增长 18.89%；缴存余额 1862.63 亿元，同比增长 14.87%。

(二) 提取：2018 年，提取额 362.23 亿元，同比增长 15.18%；占当年缴存额的 60.04%，比上年增加 0.76 个百分点。2018 年末，提取总额 1935.12 亿元，同比增长 23.03%。

(三) 贷款：

1. 个人住房贷款：2018 年，发放个人住房贷款 11.71 万笔 427.12 亿元，同比增长 1.07%、13.27%。回收个人住房贷款 169.81 亿元。

2018 年末，累计发放个人住房贷款 126.34 万笔 2639.11 亿元，贷款余额 1672.82 亿元，同比分别增长 10.22%、19.31%、18.18%。个人住房贷款余额占缴存余额的 89.81%，比上年增加 2.52 个百分点。

2. 住房公积金支持保障性住房建设项目贷款：2018 年，发放支持保障性住房建设项目贷款 0 亿元，回收项目贷款 0.4 亿元。2018 年末，累计发放项目贷款 26.74 亿元，项目贷款余额 0 亿元。

(四) 融资：2018 年，融资 40.96 亿元，归还 21.38 亿元。2018 年末，融资总额 101.46 亿元，融资余额 33.51 亿元。

(五) 资金存储：2018 年末，住房公积金存款 271.54 亿元。其中，活期 17.53 亿元，1 年（含）以下定期 26.28 亿元，1 年以上定期 173.91 亿元，其他（协定、通知存款等）53.82 亿元。

(六) 资金运用率：2018 年末，住房公积金个人住房贷款余额、项目贷款余额和购买国债余额的总和占缴存余额的 89.81%，比上年增加 2.49 个百分点。

三、主要财务数据

(一) 业务收入：2018 年，业务收入 582136.96 万元，同比增长 13.82%。其中，存款利息 77311.05 万元，委托贷款利息 503205.27 万元，国债利息 0 万元，其他 1620.63 万元。

(二) 业务支出：2018 年，业务支出 291110.07 万元，同比增长 16.76%。其中，支付职工住房公积金利息 265331.29 万元，归集手续费 1963.37 万元，委托贷款手续费 8358.19 万元，其他 15457.22 万元。

（三）增值收益：2018 年，增值收益 291026.89 万元，同比增长 11.02%；增值收益率 1.67%，比上年减少 0.06 个百分点。

（四）增值收益分配：2018 年，提取贷款风险准备金 53074.42 万元，提取管理费用 52997.32 万元，提取城市廉租住房（公共租赁住房）建设补充资金 185217.02 万元。

2018 年，上交财政管理费用 47938.45 万元，上缴财政城市廉租住房（公共租赁住房）建设补充资金 182545.35 万元。

2018 年末，贷款风险准备金余额 345552.48 万元，累计提取城市廉租住房（公共租赁住房）建设补充资金 1162766.57 万元。

（五）管理费用支出：2018 年，管理费用支出 55615.83 万元，同比下降 1.13%。其中，人员经费 26935.28 万元，公用经费 7842.93 万元，专项经费 20837.62 万元。

四、资产风险状况

（一）个人住房贷款：2018 年末，个人住房贷款逾期额 1371.42 万元，逾期率 0.082‰。

2018 年，提取个人贷款风险准备金 53234.43 万元，使用个人贷款风险准备金核销呆坏账 0 万元。2018 年末，个人贷款风险准备金余额 345552.48 万元，占个人贷款余额的 2%，个人贷款逾期额与个人贷款风险准备金余额的比率为 0.37%。

（二）住房公积金支持保障性住房建设项目贷款：2018 年末，逾期项目贷款 0 万元，逾期率为 0‰。

2018 年，提取项目贷款风险准备金 -160 万元，使用项目贷款风险准备金核销呆坏账 0 万元。2018 年末，项目贷款风险准备金余额 0 万元，占项目贷款余额的 0%，项目贷款逾期额与项目贷款风险准备金余额的比率为 0%。

五、社会经济效益

（一）缴存业务：2018 年，实缴单位数、实缴职工人数和缴存额增长率分别为 11.95%、7.14% 和 13.73%。

缴存单位中，国家机关和事业单位占 50.04%，国有企业占 10.50%，城镇集体企业占 0.82%，外商投资企业占 1.05%，城镇私营企业及其他城镇企业占 25.35%，民办非企业单位和社会团体占 4.26%，其他占 7.98%。

缴存职工中，国家机关和事业单位占 44.75%，国有企业占 21.93%，城镇集体企业占 0.78%，外商投资企业占 3.54%，城镇私营企业及其他城镇企业占 20.79%，民办非企业单位和社会团体占 2.31%，其他占 5.90%；中、低收入占 98.46%，高收入占 1.54%。

新开户职工中，国家机关和事业单位占 20.29%，国有企业占 12.58%，城镇集体企业占 0.84%，外商投资企业占 5.14%，城镇私营企业及其他城镇企业占 42.33%，民办非企业单位和社会团体占 4.52%，其他占 14.31%；中、低收入占 99.21%，高收入占 0.79%。

（二）提取业务：2018 年，161.31 万名缴存职工提取住房公积金 362.23 亿元。

提取金额中，住房消费提取占 72.82%（购买、建造、翻建、大修自住住房占 25.71%，偿还购房贷

款本息占 46.26%，租赁住房占 0.76%，其他占 0.09%）；非住房消费提取占 27.18%（离休和退休提取占 19.83%，完全丧失劳动能力并与单位终止劳动关系提取占 3.92%，户口迁出所在市或出境定居占 0.59%，其他占 2.84%）。

提取职工中，中、低收入占 98.39%，高收入占 1.61%。

（三）贷款业务：

1. **个人住房贷款**：2018 年，支持职工购建房 1407.88 万平方米。年末个人住房贷款市场占有率为 13.94%，比上年同期减少 0.49 个百分点。通过申请住房公积金个人住房贷款，可节约职工购房利息支出 674259.93 万元。

职工贷款笔数中，购房建筑面积 90（含）平方米以下占 13.19%，90～144（含）平方米占 73.27%，144 平方米以上占 13.54%。购买新房占 83.60%（其中购买保障性住房占 0.07%），购买二手房占 14.33%，建造、翻建、大修自住住房占 0.62%，其他占 1.45%。

职工贷款笔数中，单缴存职工申请贷款占 44.17%，双缴存职工申请贷款占 55.72%，三人及以上缴存职工共同申请贷款占 0.11%。

贷款职工中，30 岁（含）以下占 36.50%，30 岁～40 岁（含）占 37.31%，40 岁～50 岁（含）占 21.31%，50 岁以上占 4.88%；首次申请贷款占 91.63%，二次及以上申请贷款占 8.17%；中、低收入占 98.28%，高收入占 1.72%。

2. **异地贷款**：2018 年，发放异地贷款 9655 笔 342917 万元。2018 年末，发放异地贷款总额 1076013.96 万元，异地贷款余额 779740.39 万元。

3. **公转商贴息贷款**：2018 年，发放公转商贴息贷款 626 笔 14655.63 万元，支持职工购建房面积 2.09 万平方米。当年贴息额 1242.61 万元。2018 年末，累计发放公转商贴息贷款 4877 笔 123937.74 万元，累计贴息 2552.06 万元。

4. **住房公积金支持保障性住房建设项目贷款**：2018 年末，全省有住房公积金试点城市 3 个，试点项目 16 个，贷款额度 26.74 亿元，建筑面积 267.75 万平方米，可解决 23323 户中低收入职工家庭的住房问题。16 个试点项目贷款资金已发放并还清贷款本息。

（四）**住房贡献率**：2018 年，个人住房贷款发放额、公转商贴息贷款发放额、项目贷款发放额、住房消费提取额的总和与当年缴存额的比率为 114.77%，比上年减少 1.04 个百分点。

六、其他重要事项

（一）**当年住房公积金政策调整情况**：2018 年 2 月，湖南省住房和城乡建设厅印发《湖南省住房公积金提取管理办法》（湘建金〔2018〕45 号）和《湖南省住房公积金个人住房贷款管理办法》（湘建金〔2018〕48 号）。

（二）**当年开展监督检查情况**：全省开展了住房公积金系统"风险防控年"活动。2018 年 7 月和 10 月，利用电子化检查工具对全省 15 个市州住房公积金管理中心（分中心）开展两次政策执行情况检查和风险隐患排查。

（三）**当年服务改进情况**：全面落实国务院"放管服"改革和"四办"精神，以群众办事"只跑一次、一次不跑"为目标，拓宽服务渠道，优化服务流程，精简办理资料，提高服务效率。截至 2018 年 12 月底,全省有 12 个市州住房公积金管理中心开通了网上服务大厅,10 个市州中心开通了网上单位汇缴业务,7 个市州中心开通了退休、还贷、租房等网上提取业务,4 个市州中心开通了提前还贷、对冲签约等网上贷款业务,极大方便了缴存职工。

(四)当年信息化建设情况:全面推进"双贯标"工作,全省 14 个市州均通过了部、省"双贯标"联合验收。完善全省住房公积金综合服务平台,在住房公积金服务热线和短消息服务的基础上,完成了省级平台网站、微信、微博等服务渠道的搭建,并已和各市州相应开通的服务渠道进行跳转链接。

(五)当年住房公积金机构及从业人员所获荣誉情况。文明单位 28 个,其中国家级 3 个,省部级 6 个,地市级 19 个;青年文明号 8 个,其中省部级 2 个,地市级 6 个;省部级三八红旗手(巾帼文明岗)1 个;先进集体和个人 49 个,其中省部级 5 个,地市级 44 个;其他荣誉称号 18 个,其中国家级 1 个,省部级 4 个,地市级 13 个。

(六)其他需要披露的情况:

1. 开展新市民住房问题调研。为助力新市民在城市安家落户,在全省组织进行了新市民住房问题调研,制定调研方案,编写调研指导手册,广泛开展调研,形成了详实的调研报告,为推进新市民建制打下良好的基础。

2. 严厉查处拒绝住房公积金贷款楼盘和机构。贯彻落实《住房城乡建设部 财政部 中国人民银行 国土资源部关于维护住房公积金缴存职工购房贷款权益的通知》精神,开展了专项整治行动,有效遏制了开发商拒贷行为,维护了缴存职工贷款权益。

3. 开展了治理违规提取住房公积金工作。联合相关部门开展联合执法行动,全省共查处提供违规提取服务的中介机构、组织 12 个,关停网站、电话 2 个,向公安部门移交问题线索并立案调查 36 件,有效打击了违规提取住房公积金行为。

长沙住房公积金 2018 年年度报告

一、机构概况

(一)住房公积金管理委员会:住房公积金管理委员会有 27 名委员,2018 年召开 2 次会议,审议通过的事项主要包括:《长沙市住房公积金 2017 年年度报告》、《2017 年度长沙住房公积金增值收益分配方案报告》、《长沙市降低住房公积金缴存比例或缓缴住房公积金审批办法》、《关于进一步优化住房公积金贷款和提取政策有关问题的通知》等。

(二)住房公积金管理中心:住房公积金管理中心为直属长沙市人民政府,不以营利为目的的正县级事业单位,设 11 个处(科),9 个管理部,1 个省直分中心,1 个铁路分中心。从业人员 272 人,其中,在编 162 人,非在编 110 人。

二、业务运行情况

(一)缴存:2018 年,新开户单位 4354 家,实缴单位 19265 家,净增单位 3458 家;新开户职工

31.09万人，实缴职工154.19万人，净增职工16.77万人；缴存额204.2亿元，同比增长15.83％。2018年末，缴存总额1272.77亿元，同比增长19.11％；缴存余额630.64亿元，同比增长15.47％。

受委托办理住房公积金缴存业务的银行6家，与上年无变化。

（二）提取：2018年，提取额119.69亿元，同比增长24.68％；占当年缴存额的58.61％，比上年增加4.51个百分点。2018年末，提取总额642.13亿元，同比增长22.91％。

（三）贷款：

1. **个人住房贷款**：个人住房贷款最高额度60万元，其中，单缴存职工最高额度60万元，双缴存职工最高额度60万元。

2018年，发放个人住房贷款3.04万笔138.83亿元，同比分别增长11.76％、24.72％。其中，市中心发放个人住房贷款2.28万笔102.04亿元，省直分中心发放个人住房贷款0.76万笔36.79亿元。

2018年，回收个人住房贷款44.08亿元。其中，市中心28.2亿元，省直分中心15.88亿元。

2018年末，累计发放个人住房贷款29.31万笔819.5亿元，贷款余额554.75亿元，同比分别增长11.63％、20.39％、20.60％。个人住房贷款余额占缴存余额的87.96％，比上年增加3.73个百分点。

受委托办理住房公积金个人住房贷款业务的银行11家，比上年增加1家。

2. **住房公积金支持保障性住房建设项目贷款**：2018年，回收项目贷款0.4亿元。2018年末，累计发放项目贷款21.08亿元，项目贷款余额0亿元。

（四）资金存储：2018年末，住房公积金存款89.76亿元。其中，活期0.22亿元，1年（含）以下定期2.45亿元，1年以上定期71.17亿元，其他（协定、通知存款等）15.92亿元。

（五）资金运用率：2018年末，住房公积金个人住房贷款余额、项目贷款余额和购买国债余额的总和占缴存余额的87.96％，比上年增加3.66个百分点。

三、主要财务数据

（一）业务收入：2018年，业务收入188893.66万元，同比增长18.18％。其中，市中心119665.28万元，省直分中心69228.38万元；存款利息24346.05万元，委托贷款利息164547.61万元。

（二）业务支出：2018年，业务支出100092.02万元，同比增长18％。其中，市中心61741.53万元，省直分中心38350.49万元；支付职工住房公积金利息89247.15万元，归集手续费1555.34万元，委托贷款手续费5957.27万元，其他3332.26万元。

（三）增值收益：2018年，增值收益88801.64万元，同比增长18.29％。其中，市中心57923.75万元，省直分中心30877.89万元；增值收益率1.5％，比上年增加0.03个百分点。

（四）增值收益分配：2018年，提取贷款风险准备金18790.27万元，提取管理费用10060.85万元，提取城市廉租住房（公共租赁住房）建设补充资金59950.52万元。

2018年，上交财政管理费用6764.85万元。上缴财政城市廉租住房（公共租赁住房）建设补充资金54611.06万元。其中，市中心上缴35221.44万元，省直分中心上缴19389.62万元。

2018年末，贷款风险准备金余额110951.12万元。累计提取城市廉租住房（公共租赁住房）建设补充资金440050.62万元。其中，市中心提取268321.61万元，省直分中心提取171729.01万元。

（五）管理费用支出：2018年，管理费用支出11028.83万元，同比下降7.53％。其中，人员经费

3887.15 万元，公用经费 421.01 万元，专项经费 6720.67 万元。

市中心管理费用支出 5257.99 万元，其中，人员、公用、专项经费分别为 2768.15 万元、108.14 万元、2381.7 万元；省直分中心管理费用支出 5770.84 万元，其中，人员、公用、专项经费分别为 1119 万元、312.87 万元、4338.97 万元。

四、资产风险状况

（一）**个人住房贷款**：2018 年末，无个人住房贷款逾期。

个人贷款风险准备金按贷款余额的 2% 提取。2018 年，提取个人贷款风险准备金 18950.26 万元，未使用个人贷款风险准备金核销呆坏账。2018 年末，个人贷款风险准备金余额 110951.12 万元，占个人住房贷款余额的 2%，个人住房贷款逾期额与个人贷款风险准备金余额的比率为 0%。

（二）**支持保障性住房建设试点项目贷款**：2018 年，提取项目贷款风险准备金－160 万元，未使用项目贷款风险准备金核销呆坏账，项目贷款风险准备金余额 0 万元。

五、社会经济效益

（一）**缴存业务**：2018 年，实缴单位数、实缴职工人数和缴存额同比分别增长 21.87%、12.20% 和 15.83%。

缴存单位中，国家机关和事业单位占 19.18%，国有企业占 8.72%，城镇集体企业占 0.2%，外商投资企业占 1.8%，城镇私营企业及其他城镇企业占 48.64%，民办非企业单位和社会团体占 5.74%，其他占 15.72%。

缴存职工中，国家机关和事业单位占 21.23%，国有企业占 25.19%，城镇集体企业占 0.12%，外商投资企业占 5.68%，城镇私营企业及其他城镇企业占 35.28%，民办非企业单位和社会团体占 2.84%，其他占 9.66%；中、低收入占 98.58%，高收入占 1.42%。

新开户职工中，国家机关和事业单位占 6.55%，国有企业占 13.08%，城镇集体企业占 0.07%，外商投资企业占 5.82%，城镇私营企业及其他城镇企业占 53.68%，民办非企业单位和社会团体占 4.24%，其他占 16.56%；中、低收入占 99.67%，高收入占 0.33%。

（二）**提取业务**：2018 年，45.61 万名缴存职工提取住房公积金 119.69 亿元。

提取金额中，住房消费提取占 79.12%（购买、建造、翻建、大修自住住房占 5.51%，偿还购房贷款本息占 70.88%，租赁住房占 2.69%，其他占 0.04%）；非住房消费提取占 20.88%（离休和退休提取占 4%，完全丧失劳动能力并与单位终止劳动关系提取占 12.89%，户口迁出本市或出境定居占 0.82%，其他占 3.17%）。

提取职工中，中、低收入占 98.16%，高收入占 1.84%。

（三）**贷款业务**：

1. **个人住房贷款**：2018 年，支持职工购建房 231.78 万平方米，年末个人住房贷款市场占有率为 13.94%，比上年增加 6.47 个百分点。通过申请住房公积金个人住房贷款，可节约职工购房利息支出 295189.02 万元。

职工贷款笔数中，购房建筑面积 90（含）平方米以下占 21.68%，90～144（含）平方米占 71.14%，

144 平方米以上占 7.18%。购买新房占 80.11%（其中购买保障性住房占 0%），购买二手房占 15.19%，其他占 4.7%。

职工贷款笔数中，单缴存职工申请贷款占 47.11%，双缴存职工申请贷款占 52.74%，三人及以上缴存职工共同申请贷款占 0.15%。

贷款职工中，30 岁（含）以下占 50.98%，30 岁～40 岁（含）占 37.52%，40 岁～50 岁（含）占 9.86%，50 岁以上占 1.64%；首次申请贷款占 96.16%，二次及以上申请贷款占 3.84%；中、低收入占 99.35%，高收入占 0.65%。

2. **异地贷款**：2018 年，发放异地贷款 1840 笔 90289.3 万元。2018 年末，发放异地贷款总额 423831.9 万元，异地贷款余额 232539.41 万元。

3. **支持保障性住房建设试点项目贷款**：2017 年末，累计试点项目 10 个，贷款额度 21.08 亿元，建筑面积 197.53 万平方米，可解决 17706 户中低收入职工家庭的住房问题。10 个试点项目贷款资金已发放并还清贷款本息。

（四）**住房贡献率**：2018 年，个人住房贷款发放额、公转商贴息贷款发放额、项目贷款发放额、住房消费提取额的总和与当年缴存额的比率为 114.36%，比上年增加 11.72 个百分点。

六、其他重要事项

（一）**当年机构及职能调整情况、受委托办理缴存贷款业务金融机构变更情况**：2018 年，省直分中心增加住房公积金委托贷款承办行 1 家，为中信银行股份有限公司长沙分行。

（二）**当年住房公积金政策调整及执行情况**：

1. **缴存基数与缴存比例调整情况**：2018 年，长沙市单位和职工住房公积金月缴存基数为职工本人上一年度月平均工资，即上年度全年税前总收入（包括工资、奖金、年终绩效奖励和各种津补贴）除以 12 之金额。职工住房公积金缴存基数原则上最高不超过长沙市统计局公布的上一年度职工月平均工资的 3 倍，超出部分缴存的住房公积金计入个人当月的工资收入，并按规定缴交个人所得税。月缴存基数不得低于我市人力资源和社会保障部门发布的 2017 年度最低月工资标准（芙蓉区、天心区、岳麓区、开福区、雨花区、望城区、长沙高新区、长沙经开区最低工资标准 1580 元/月，长沙县、浏阳市、宁乡市最低工资标准为 1430 元/月）。根据长沙市统计局公布的"2017 年长沙市城镇在岗职工年平均工资为 85187 元"计算，2017 年度长沙市城镇职工月平均工资为 7099 元。因此，2018 年职工住房公积金月最高缴存基数为 21279 元。

2018 年，长沙市单位和职工住房公积金最低缴存比例为 8%，最高缴存比例为 12%。凡住房公积金缴存比例高于 12%的，一律予以规范调整，不得超过 12%。

2. **政策调整情况**：为积极配合我市"反炒房"攻坚战，同时严控贷款资金风险，经市管委会审议通过，中心及时调整业务政策。

6 月 29 日，发布《关于调整住房公积金业务政策有关事项的通知》（长金管委〔2018〕4 号），一是严格执行贷款额度与缴存额度挂钩的规定，取消原有最低可贷 20 万元的规定；二是规定职工购买家庭第二套住房申请住房公积金贷款首付比例不得低于 60%，不再区分职工家庭首套房是否有住房贷款或贷款已结清；三是暂停支持单身职工购买第二套住房申请住房公积金贷款；四是暂停支持在异地缴存住房公积金的职工购买第二套房申请住房公积金贷款；五是职工家庭已有住房公积金贷款结清后需间隔12个月才能再次申请住房公积金贷款；六是职工申请住房公积金贷款时，已注销的全部房产套数纳入家庭房产套数计算。

10月24日，发布《关于调整住房公积金贷款政策有关问题的通知》（长金管委〔2018〕5号），暂停异地贷款业务办理（不含缴存在铁路分中心的职工），并将浏阳市、宁乡市纳入《关于调整住房公积金业务政策有关事项的通知》（长金管委〔2018〕4号）政策执行范围。

12月27日，发布《关于进一步优化住房公积金贷款和提取政策有关问题的通知》（长金管委〔2018〕8号），一是优化住房公积金贷款可贷额度计算方式，将个人贷款额与缴存额紧密挂钩，可贷额度按照借款人夫妻双方在市公积金中心缴存的住房公积金账户余额之和的n倍计算，住房公积金贷款额度与我市个人住房贷款率挂钩，倍数n在12-20倍之间浮动。当个贷率低于75%时，可贷额度是职工夫妻双方账户余额的20倍；当个贷率高于95%时，可贷额度为职工夫妻双方余额的12倍。二是将职工申请住房公积金贷款时住房公积金正常缴存时限由"6个月以上"调整为"12个月以上"；三是加强借款申请人信用把关，申请人或其配偶个人信用信息中存在单笔贷款或贷记卡连续逾期超过6期记录、累计逾期超过24期记录（助学贷款除外）任一情形的、被列入失信人员名单等严重失信行为的将不予贷款；四是不再支持职工家庭在非户籍地非缴存地购买、建造、翻建、大修自住房及偿还上述住房贷款本息的提取以及暂停本市区域外就医的重大疾病提取和重大灾害提取（不含缴存在铁路分中心的职工）；五是进一步精简了提取资料，职工与用人单位解除或终止劳动关系申请提取住房公积金时无需提供离职证明，偿还本中心住房公积金贷款申请提取本人住房公积金无需提供配偶身份证和结婚证。

3. **利率调整情况**：存款利率：职工住房公积金账户存款利率，按一年期定期存款基准利率执行。

贷款利率：1～5年（含）以下2.75%，5年以上3.25%。

（三）当年服务改进情况：

1. **推进业务"进园区"**：7月，在浏阳经开区增设住房公积金试点网点，推进业务"进园区"；11月，浏阳市管理部入驻浏阳市市民之家。目前，岳麓区、望城区、宁乡市、浏阳市管理部均进驻当地政务中心或市民之家，进一步方便缴存单位及职工就近或一站式办理住房公积金业务。

2. **推进业务"网上办"**：拓宽网上业务办理范围，推进租房提取等高频业务上线办结，同时，支持微信公众号"刷脸"认证办结提取业务。2018年，个人业务方面，通过网上业务大厅个人版、手机APP在线办结提取3.7万笔4.48亿元；单位业务方面，通过网上业务大厅单位版在线办结汇缴、开户、信息变更等业务32.76万笔。全国异地转移接续平台全年受理业务9727笔，同比增长117.65%；办结8269笔，同比增长113.39%。

3. **推进服务"零距离"**：积极参加"问政长沙"，并借助12329服务热线、12345市民热线、主任信箱、微信公众号等服务渠道，主动回应市民关切，及时解决群众诉求。回复处理12345市民热线工单636件、12329热线工单337件、回复网络问政信件557封。中心微信公众号关注量超46万人，网上服务厅注册超13万个（含单位和个人），手机APP注册2.9万人。12329热线累计接听业务咨询、查询电话211.5万个，满意率达到99.61%。

（四）当年信息化建设情况：

1. 进一步优化系统功能。推进实现公积金余额冲抵公积金贷款余额功能，将以前还款划拨业务全部升级为按月对冲还贷方式，方便公积金贷款客户归还贷款。

2. 完成视频会议系统和行政执法谈话室建设。

3. 积极运用住房城乡建设部电子化检查工具，对信息系统业务进行规范，对基础数据进行全面整理。

4. 根据市政府工作安排，积极参与市政务云、互联网＋政务服务、我的长沙 APP 等建设。

（五）当年住房公积金管理中心及职工所获荣誉情况：全面推进"职工之家"建设，获得"全国模范职工之家"荣誉称号；连续十五年获得"湖南省住房公积金业务管理工作优秀单位"；被评为市委网络问政留言办理工作优秀单位、市直机关团青工作先进单位以及全市政务信息工作优秀单位；天心区管理部荣获湖南省"文明窗口单位"荣誉称号；岳麓区管理部被评为市政务服务中心"先进窗口"。

（六）当年对违反《住房公积金管理条例》和相关法规行为进行行政处罚和申请人民法院强制执行情况：建立了联合执法机制，与市住建委、工商、税务等 7 部门开展联合执法，对 120 余家楼盘及房产中介机构进行了集中整治，有效遏制楼盘开发商企业拒绝公积金贷款及组合贷款的违规现象；与市公安局联合下发《关于开展打击非法中介违规提取住房公积金工作的通知》，有效打击骗提骗贷行为。

全年共处理 12329、12345、主任信箱、市长信箱等各类投诉 800 余起，处理信访件 7 起；下发各类执法文书 146 份，其中催建催缴通知书 62 份，责令整改通知书 57 份，行政处理意见告知书 10 份，行政处理决定书 7 份；全年申请法院强制执行 7 起，打击骗提行为近百起，追回及阻止骗提金额超 1100 万元。

株洲市住房公积金 2018 年年度报告

一、机构概况

（一）**住房公积金管理委员会**：住房公积金管理委员会有 23 名委员，2018 年召开 1 次会议，审议通过的事项主要包括：

选举株洲市第四届住房公积金管理委员会主任委员、副主任委员；

审议《株洲市住房公积金管理中心 2017 年度工作计划执行情况暨 2018 年度工作计划报告》；

审议《株洲市住房公积金 2017 年年度报告》；

审议《株洲市住房公积金 2017 年度财务情况公告》；

审议《2017 年度株洲市住房公积金增值收益分配方案》；

听取《株洲市住房公积金管理中心关于对三届五次管委会会议监管意见整改情况的报告》；

听取《株洲市财政局关于 2017 年度住房公积金监管情况的报告》；

听取《株洲市审计局关于株洲市 2017 年度住房公积金归集、管理、使用审计情况的报告》；

听取《中国人民银行株洲市中心支行关于对 2017 年度株洲市住房公积金账户监督情况的报告》；

听取《中国银行业监督管理委员会株洲银监分局关于对 2017 年度株洲市住房公积金受托银行监管情况的报告》；

审议《关于调整购（建）房使用住房公积金政策的议案》；

审议《关于将醴陵管理部进驻"双创"服务中心及将获批预算用于购置及装修芦淞管理部业务用房的议案》；

审议《关于12329运营相关费用及抵押权登记费列入业务成本的议案》；

审议《关于将企业降低缴存比例和缓缴审批权授予株洲市住房公积金管理中心的议案》；

审议《株洲市住房公积金管理中心工作目标管理考核办法》；

审议《株洲市住房公积金使用审查委员会议事规则》。

（二）**住房公积金管理中心**：住房公积金管理中心为直属于市人民政府的不以营利为目的的正处级公益一类事业单位，设9个科室，8个管理部。从业人员128人，其中，在编81人，非在编47人。

二、业务运行情况

（一）**缴存**：2018年，新开户单位424家，实缴单位3490家，净增单位340家；新开户职工2.93万人，实缴职工27.27万人，净增职工0.65万人；缴存额42.47亿元，同比增长8.35%。2018年末，缴存总额300.28亿元，同比增长16.47%；缴存余额135亿元，同比增长15.11%。

受委托办理住房公积金缴存业务的银行6家，比上年相比无变化。

（二）**提取**：2018年，提取额24.74亿元，同比下降9.83%；占当年缴存额的58.26%，比上年减少11.75个百分点。2018年末，提取总额165.28亿元，同比增长17.6%。

（三）**贷款**：个人住房贷款最高额度60万元，其中，单缴存职工最高额度40万元，双缴存职工最高额度60万元。

2018年，发放个人住房贷款0.6897万笔25.31亿元，同比分别增长－16.05%、0.89%。

2018年，回收个人住房贷款12.41亿元。

2018年末，累计发放个人住房贷款9.05万笔204.98亿元，贷款余额117.85亿元，同比分别增长8.25%、14.11%、12.29%。个人住房贷款余额占缴存余额的87.30%，比上年减少2.19个百分点。

受委托办理住房公积金个人住房贷款业务的银行6家，与上年相比无变化。

（四）**资金存储**：2018年末，住房公积金存款19.04亿元。其中，活期2.81亿元，1年（含）以下定期1.1亿元，1年以上定期15.13亿元。

（五）**资金运用率**：2018年末，住房公积金个人住房贷款余额、项目贷款余额和购买国债余额的总和占缴存余额的87.30%，比上年减少2.19个百分点。

三、主要财务数据

（一）**业务收入**：2018年，业务收入42224.99万元，同比增长12.22%。其中，存款利息6340.23万元，委托贷款利息35672.73万元，其他212.03万元。

（二）**业务支出**：2018年，业务支出19888.82万元，同比增长11.43%。支付职工住房公积金利息18799.59万元，归集手续费0万元，委托贷款手续费156.99万元，其他932.24万元。

（三）**增值收益**：2018年，增值收益22336.18万元，同比增长12.93%。增值收益率1.78%，比上年增加0.06个百分点。

（四）增值收益分配：2018 年，提取贷款风险准备金 2580.76 万元，提取管理费用 3479.89 万元，提取城市廉租住房（公共租赁住房）建设补充资金 16275.53 万元。

2018 年，上交财政管理费用 3479.89 万元。上缴财政城市廉租住房（公共租赁住房）建设补充资金 16275.53 万元。

2018 年末，贷款风险准备金余额 23570.61 万元。累计提取城市廉租住房（公共租赁住房）建设补充资金 109802.07 万元。

（五）管理费用支出：2018 年，管理费用支出 3201.40 万元，同比下降 35.38%。其中，人员经费 1749.84 万元，公用经费 1079.72 万元，专项经费 371.84 万元。

四、资产风险状况

2018 年末，个人住房贷款逾期额 0 万元，逾期率 0‰。

个人贷款风险准备金按贷款余额的 2% 提取。2018 年，提取个人贷款风险准备金 2580.76 万元，使用个人贷款风险准备金核销呆坏账 0 万元。2018 年末，个人贷款风险准备金余额 23570.61 万元，占个人住房贷款余额的 2%，个人住房贷款逾期额与个人贷款风险准备金余额的比率为 0%。

五、社会经济效益

（一）缴存业务：2018 年，实缴单位数、实缴职工人数和缴存额同比分别增长 10.79%、2.44% 和 8.35%。

缴存单位中，国家机关和事业单位占 44.93%，国有企业占 14.38%，城镇集体企业占 0.80%，外商投资企业占 1.12%，城镇私营企业及其他城镇企业占 28.19%，民办非企业单位和社会团体占 3.50%，其他占 7.08%。

缴存职工中，国家机关和事业单位占 39.21%，国有企业占 34.93%，城镇集体企业占 0.36%，外商投资企业占 1.44%，城镇私营企业及其他城镇企业占 15.75%，民办非企业单位和社会团体占 1.22%，其他占 7.09%；中、低收入占 97.40%，高收入占 2.6%。

新开户职工中，国家机关和事业单位占 21.93%，国有企业占 28.20%，城镇集体企业占 0.08%，外商投资企业占 1.21%，城镇私营企业及其他城镇企业占 34.87%，民办非企业单位和社会团体占 2.27%，其他占 11.44%；中、低收入占 99.89%，高收入占 0.11%。

（二）提取业务：2018 年，8.55 万名缴存职工提取住房公积金 24.74 亿元。

提取金额中，住房消费提取占 68.86%（购买、建造、翻建、大修自住住房占 17.07%，偿还购房贷款本息占 51.28%，租赁住房占 0.5%，其他占 0%）；非住房消费提取占 31.14%（离休和退休提取占 23.57%，完全丧失劳动能力并与单位终止劳动关系提取占 0%，户口迁出本市或出境定居占 1.03%，其他占 6.5%）。

提取职工中，中、低收入占 96.86%，高收入占 3.14%。

（三）贷款业务：

1. **个人住房贷款**：2018 年，支持职工购建房 84.19 万平方米，年末个人住房贷款市场占有率为 17.99%，比上年减少 3.59 个百分点。通过申请住房公积金个人住房贷款，可节约职工购房利息支出

76493.50万元。

职工贷款笔数中，购房建筑面积90（含）平方米以下占11.95%，90~144（含）平方米占73.05%，144平方米以上占15.01%。购买新房占83.73%（其中购买保障性住房占0%），购买二手房占16.05%，建造、翻建、大修自住住房占0.22%，其他占0%。

职工贷款笔数中，单缴存职工申请贷款占65.58%，双缴存职工申请贷款占34.32%，三人及以上缴存职工共同申请贷款占0.1%。

贷款职工中，30岁（含）以下占43.06%，30岁~40岁（含）占34.93%，40岁~50岁（含）占19.55%，50岁以上占2.46%；首次申请贷款占84.85%，二次及以上申请贷款占15.15%；中、低收入占92.74%，高收入占7.26%。

2. **异地贷款**：2018年，发放异地贷款586笔19762.7万元。2018年末，发放异地贷款总额71726.0万元，异地贷款余额58363.75万元。

（四）住房贡献率：2018年，个人住房贷款发放额、公转商贴息贷款发放额、项目贷款发放额、住房消费提取额的总和与当年缴存额的比率为99.72%，比上年减少18.65个百分点。

六、其他重要事项

（一）当年住房公积金政策调整及执行情况：

1. **当年缴存基数限额及确定方法、缴存比例等缴存政策调整情况**：中心根据国务院《住房公积金管理条例》和三部委《关于住房公积金管理若干具体问题的指导意见》，以上年度本市职工社会平均工资为当年住房公积金缴存基数，最高缴存基数不超过市统计局公布的上年度全市在岗职工人均月工资的3倍。

2018年3~4月、7~8月，本市进行住房公积金年审工作，根据测算，规定缴存上限为3684元（单位和职工个人缴交合计），下限为240元（单位和职工个人缴交合计）。缴存比例为5%~12%，允许经营困难的企业在5%~12%的范围内，申请适当降低缴存比例。

年内，中心按程序同意6家企业降低缴存比例，共少缴2001.48万元。

2. **当年提取政策调整情况：**

一是设置非销户提取保底额。非销户类提取的，提取人账户至少保留12个月月缴存额。单位欠缴公积金3个月以上，暂停办理职工个人非销户类提取业务。

二是明确非自住普通住宅不予提取。商住两用房和套内面积大于180平方米或层高高于3.5米的住宅，不得提取住房公积金。

三是明确结清提取时间和条件。结清商业银行住房贷款和异地公积金贷款的房屋权利人，凭结清证明，限在3个月内办理。

四是暂停办理省外商业银行住房贷款提取业务。

3. **当年个人住房贷款政策调整情况：**

一是提高贷款额度。将夫妻双方均在株洲行政区域内正常缴存住房公积金的，最高可贷款额度由50万元提高到60万元。

二是放宽人才优惠政策。在株洲辖区内缴存的，高层次人才个人最高贷款额度为60万元，首套房公积金贷款首付比例为20%。已结清的异地住房公积金贷款不计入公积金贷款次数。

三是设定公积金冲本办理时间。公积金冲本还款限在结清或提前结清贷款时办理。

四是调整按月对冲办理条件。按月对冲还贷，借款人、共同借款人公积金账户余额之和须大于12个月的月还款额。

五是明确婚前共同还款人条件。婚前贷款，婚后增加为共同借款人，必须是共有产权人。

4. 当年住房公积金存贷款利率执行标准：

5年以内：一贷2.75%；二贷3.025%。

5年以上：一贷3.25%；二贷3.575%。

（二）当年服务改进情况：

1. 抓改革、提效能，全面实现"最多跑一次"。 2018年，我们以落实市委、市政府"最多跑一次"改革为抓手，想群众之所想、急群众之所急，大刀阔斧地革新信息技术、精简办事流程，在全市率先实现所有业务办理"最多跑一次"，"五趟变一趟、资金秒到账"成为了公积金服务的崭新名片，株洲中心办事效率在全省同行业领跑。

一是提高效率实现"马上办"。提取业务只需取1次号，进1次窗，交1次件，通过进一步强化与银行的结算数据对接，实现了"一窗受理、当场办结、即时到账"，审批时限从5个工作日缩短到5分钟，职工离柜款项即到账。对符合贷款政策、资料齐全且合规有效的二手房贷款申请，做到了从贷款受理到审批完成当场办结不超过2小时，且抵押到位后优先发放，大大减轻了借款人资金压力。

二是窗口服务实现"一站办"。贷款业务在引入不动产、银行、担保公司服务窗口，接入不动产、人民银行、公安、民政等部门基础信息查询系统基础上，实现了公积金、银行、不动产、担保公司等多部门的集成服务，将以前职工往返跑五六次才能办好的贷款业务，全部集中到了住房公积金服务大厅，资料齐全2天即可完成审批并放款，全部手续一次性办结。

三是信息升级实现"网上办"。中心在已开通的门户网站、网上业务大厅、自助终端、服务热线、手机短信、手机客户端、官方微信等服务渠道的基础上，着力完善并推广单位网上服务大厅，实现单位业务"零跑路"。归集业务开通网上办事功能，截止2018年底，已有1650家缴存单位通过住房公积金网上服务大厅，实现了在线办理开户、基数调整、汇缴等归集相关业务，做到了归集"一次也不跑"。贷款业务开通了个人住房公积金贷款网上服务大厅，77家市区开发商开通网厅贷款受理业务，期房全面实现网上申请、线上审批，开发企业和借款人只需到中心一次性签订合同、办理抵押，真正做到了"最多跑一次"。

四是精简资料实现"轻松办"。在限时办结的同时，中心严格按照"化繁为简，电子留存"的原则，进一步规范了办事流程，废止了一批证明材料，精简了一批审批材料，归档了一批电子材料。归集类业务中11项业务取消纸质资料收件，另外2项业务最多也只收取2项资料；14个类别的提取业务，全部取消收取纸质资料；贷款业务减少收取借款人身份证、结婚证、开发企业资金收款账户等11大项资料。

2. 优服务、转作风，全力打造"优质服务年"。 为切实提高新形势下服务群众的工作能力，2018年，中心部署开展"优质服务年"系列活动，推出一系列便民、利民、惠民、为民举措，带来了服务质量水平的大提升、窗口作风形象的大转变。

一是优化服务环境。2018年，中心根据全市"最多跑一次"改革统一布局，于12月18日进驻株洲市民中心，住房公积金作为政务服务的重要内容之一，实现与其他行政审批和公共服务事项的集成办理和审批，满足群众全方位需求。2018年，中心还完成了荷塘管理部购置装修工程，新服务大厅交通便利、设施齐全，已于12月初投入使用，大大改善了原租用大厅的服务条件，可为职工提供更加优质高效的服务。

二是提升服务水平。2018年，中心在服务窗口大力践行服务承诺、限时办结、首问责任、一次性告知等服务制度的同时，创新性地引入了前台服务6S管理体系，制定了柜面规范化服务标准，推行窗口工作人员文明用语和行为规范，开展了业务知识闭卷考试和服务礼仪竞赛。中心组织前台工作人员业务培训4次、住房公积金专管员业务知识培训4期、法律知识专题培训1期，窗口服务规范化水平大幅提升。

三是实行服务零收费。2018年，中心继续对办事的职工实行零收费：在取消了担保服务费每户2800元，取消了二手房贷款评估费每户1200元基础上，进一步取消了抵押权登记费每户80元，这些费用全部改由中心从业务经费中支出。中心档案查询、资料复印不仅全部免费，而且还安排了专人服务。

（三）当年信息化建设情况：2018年，中心在已通过"双贯标"验收的核心业务系统内，通过接口直联方式，全面无缝对接上线全国住房公积金异地转移接续平台，简化职工异地转移手续，提高异地转移时效，做到信息与资金的同步转移。另外，中心大力推动信息互联互通，实现了与不动产登记中心数据共享，购房提取信息与不动产登记中心实现互动；实现民政婚姻登记信息的数据共享，有效预防了骗提骗贷。

（四）当年住房公积金管理中心及职工所获荣誉情况：2018年，株洲市住房公积金管理中心获评株洲市文明单位；株洲市住房公积金管理中心石峰管理部获评省级青年文明号，天元管理部获评市级青年文明号。

（五）当年对住房公积金管理人员违规行为的纠正和处理情况等：2018年，中心在内部稽核中发现业务操作违规行为两起，分别是：天元管理部违反提取政策，为已使用住房公积金购买过三套住房的职工，办理还商贷提取8.5万元；荷塘管理部办理的一户购房提取11.5万元，提取职工非房屋权利人。

依据《株洲市住房公积金管理中心内部稽核办法》第六章第二十四条规定，对违规办理业务的提取经办人、复核人分别扣发200元、200元绩效奖金。

湘潭市住房公积金2018年年度报告

一、机构概况

（一）住房公积金管理委员会：住房公积金管理委员会有19名委员，2018年召开2次会议，审议通过的事项主要包括：汇报2017年工作总结及2018年工作计划；2017年度住房公积金增值收益及其分配方案；2018年住房公积金归集使用计划；关于调整外部融资利率标准的方案；关于规范我市住房公积金贷款政策的请示；关于确定2018年度湘潭市住房公积金最高和最低月缴存额的请示。

（二）住房公积金管理中心：市住房公积金管理中心是隶属于湘潭市人民政府办公室管理的公益一类事业单位，设8个处（科），3个管理部。从业人员81人，其中，在编41人，非在编40人。

二、业务运行情况

（一）缴存：2018年，新开户单位235家，实缴单位2142家，净增单位151家；新开户职工1.5万人，实缴职工17.09万人，净增职工0.08万人；缴存额27.03亿元，同比增长10.87%。2018年末，缴存总额203.41亿元，同比增长15.32%；缴存余额69.31亿元，同比增长7.91%。

受委托办理住房公积金缴存业务的银行4家，与上年无变化。

（二）提取：2018年，提取额21.94亿元，同比增长14.75%；占当年缴存额的81.17%，比上年增加2.74个百分点。2018年末，提取总额134.09亿元，同比增长19.56%。

（三）贷款：

1. 个人住房贷款：个人住房贷款最高额度50万元，其中，单缴存职工最高额度40万元，双缴存职工最高额度50万元。

2018年，发放个人住房贷款0.86万笔28.41亿元，同比分别增长19.44%、32.63%。

2018年，回收个人住房贷款14.48亿元（包括出让"公转商"融资贷款）。

2018年末，累计发放个人住房贷款7.64万笔134.3亿元，贷款余额78.59亿元，同比分别增长12.68%、26.82%、21.54%。个人住房贷款余额占缴存余额的113.38%，比上年增加12.71个百分点。

受委托办理住房公积金个人住房贷款业务的银行4家，与上年无变化。

2. 住房公积金支持保障性住房建设项目贷款：2018年末，累计发放项目贷款1.1亿元，项目贷款余额0亿元。

（四）融资：2018年，融资20.08亿元，归还6亿元。2018年末，融资总额29.6亿元，融资余额14.08亿元。

（五）资金存储：2018年末，住房公积金存款5.76亿元。其中，活期0.57亿元，1年（含）以下定期0亿元，1年以上定期0亿元，其他（协定书、通知存款等）5.19亿元。

（六）资金运用率：2018年末，住房公积金个人住房贷款余额、项目贷款余额和购买国债余额的总和占缴存余额的113.38%，比上年增加12.71个百分点。

三、主要财务数据

（一）业务收入：2018年，业务收入24244.85万元，同比增长14.66%。存款利息723.45万元，委托贷款利息23519.1万元，国债利息0万元，其他2.3万元。

（二）业务支出：2018年，业务支出14398.52万元，同比增长38.7%。元；支付住房公积金利息10113.61万元，筹资利息2362.65万元，归集手续费0万元，委托贷款手续费99.79万元，其他1822.47万元。

（三）增值收益：2018年，增值收益9846.33万元，同比下降8.52%。增值收益率1.48%，比上年减少0.26个百分点。

（四）增值收益分配：2018年，提取贷款风险准备金3875.93万元，提取管理费用2029.61万元，提取城市廉租住房（公共租赁住房）建设补充资金3940.79万元。

2018年，上交财政管理费用2029.61万元。上缴财政城市廉租住房（公共租赁住房）建设补充资金

3940.79万元。

2018年末，贷款风险准备金余额16807.88万元。累计提取城市廉租住房（公共租赁住房）建设补充资金60793.8万元。

（五）管理费用支出：2018年，管理费用支出2707.27万元，同比增长51.75%。其中，人员经费643.35万元，公用经费706.29万元，专项经费1357.63万元。

四、资产风险状况

2018年末，个人住房贷款逾期额14.78万元，逾期率0.019‰。

个人贷款风险准备金按贷款余额的2%提取。2018年，提取个人贷款风险准备金3875.93万元，使用个人贷款风险准备金核销呆坏账0万元。2018年末，个人贷款风险准备金余额16807.88万元，占个人住房贷款余额的2%，个人住房贷款逾期额与个人贷款风险准备金余额的比率为0.0879%。

五、社会经济效益

（一）缴存业务：2018年，实缴单位数、实缴职工人数和缴存额同比分别增长7.58%、0.47%和10.87%。

缴存单位中，国家机关和事业单位占53.92%，国有企业占13.91%，城镇集体企业占1.21%，外商投资企业占2.33%，城镇私营企业及其他城镇企业占25.12%，民办非企业单位和社会团体占2.71%，其他占0.79%。

缴存职工中，国家机关和事业单位占43.83%，国有企业占32.58%，城镇集体企业占0.37%，外商投资企业占3.73%，城镇私营企业及其他城镇企业占12.58%，民办非企业单位和社会团体占1.35%，其他占5.55%；中、低收入占97.34%，高收入占2.66%。

新开户职工中，国家机关和事业单位占23.27%，国有企业占10.8%，城镇集体企业占0.34%，外商投资企业占11.53%，城镇私营企业及其他城镇企业占35.65%，民办非企业单位和社会团体占2.91%，其他占15.5%；中、低收入占99.14%，高收入占0.86%。

（二）提取业务：2018年，8.47万名缴存职工提取住房公积金21.94亿元。

提取金额中，住房消费提取占80.81%（购买、建造、翻建、大修自住住房占33.25%，偿还购房贷款本息占47.04%，租赁住房占0.52%，其他占0%）；非住房消费提取占19.19%（离休和退休提取占15.57%，完全丧失劳动能力并与单位终止劳动关系提取占2.50%，户口迁出本市或出境定居占0.46%，其他占0.66%）。

提取职工中，中、低收入占96.79%，高收入占3.21%。

（三）贷款业务：

1. 个人住房贷款：2018年，支持职工购建房107.31万平方米，年末个人住房贷款市场占有率为23.72%，比上年减少2.07个百分点。通过申请住房公积金个人住房贷款，可节约职工购房利息支出4687.22万元。

职工贷款笔数中，购房建筑面积90（含）平方米以下占10.52%，90～144（含）平方米占74.81%，144平方米以上占14.67%。购买新房占83.91%（其中购买保障性住房占0.95%），购买二手房占

16.05%，建造、翻建、大修自住住房占 0.03%，其他占 0%。

职工贷款笔数中，单缴存职工申请贷款占 50.45%，双缴存职工申请贷款占 49.03%，三人及以上缴存职工共同申请贷款占 0.52%。

贷款职工中，30 岁（含）以下占 26.6%，30 岁～40 岁（含）占 38.14%，40 岁～50 岁（含）占 28.65%，50 岁以上占 6.6%；首次申请贷款占 83.18%，二次及以上申请贷款占 16.82%；中、低收入占 96.19%，高收入占 3.81%。

2. **异地贷款**：2018 年，发放异地贷款 1019 笔 28654.7 万元。2018 年末，发放异地贷款总额 70674.12 万元，异地贷款余额 61196.58 万元。

3. **支持保障性住房建设试点项目贷款**：2018 年末，累计试点项目 1 个，贷款额度 1.1 亿元，建筑面积 4.25 万平方米，可解决 386 户中低收入职工家庭的住房问题。1 个试点项目贷款资金已发放并还清贷款本息。

（四）**住房贡献率**：2018 年，个人住房贷款发放额、公转商贴息贷款发放额、项目贷款发放额、住房消费提取额的总和与当年缴存额的比率为 186.27%，比上年增加 19.55 个百分点。

六、其他重要事项

（一）**当年住房公积金政策调整及执行情况**：2018 年我市单位和职工个人住房公积金最高月缴存额分别为 1888 元，合计最高月缴存额为 3776 元；单位和职工个人住房公积金最低月缴存额分别为 100 元，合计最低月缴存额为 200 元，与 2017 年持平。

2018 年我市调整了住房公积金个人住房贷款政策，从 8 月 1 日开始执行，具体内容如下：一是职工家庭首次购自住房且首次申请住房公积金个人住房贷款的，住房建筑面积在 144 平方米（含）以下的首付比例不低于 20%；住房建筑面积在 144 平方米以上的首付款比例不低于 30%。贷款利率按住房公积金贷款基准利率执行。二是职工家庭购买第二套自住房或第二次

申请住房公积金个人住房贷款的，首付款比例不低于 40%，贷款利率按住房公积金贷款基准利率的 1.1 倍执行。如申请住房公积金和商业银行组合贷款，住房公积金个人住房贷款额度最高不超过组合贷款额度 50%，且不违反可贷额度相关规定。三是停止向购买第三套及以上自住房或第三次及以上申请住房公积金个人住房贷款的职工家庭发放住房公积金个人住房贷款。

（二）**当年服务改进情况**：

1. **便民服务不断升级**：一是 2018 年我中心率先在全省公积金系统建立了数据共享平台，与省民政厅、省公安厅以及市人社、住建、不动产登记、人民银行、税务、工商等 13 个部门联网，建立数据共享机制，可核查住房公积金申办人的婚姻登记、低保、大病医疗、户籍身份信息、房产备案、不动产登记、征信、增值税发票、企业信用等方面信息，初步构建了省、市、县三级跨部门的信息查询机制，基本实现了数据共享全覆盖，实现了让"数据多跑路，让群众少跑腿"的初衷。二是 33 项服务事项率先实现了"最多跑一次"。2018 年 6 月，湘潭市全面推行"马上就办、最多跑一次"改革，我中心作为"马上就办、最多跑一次"改革的重点部门，率先推进。在全市第一批"马上就办、最多跑一次"事项公布前，除职工死亡、被宣告死亡提取住房公积金外，其他涉及住房公积金缴存、提取的服务事项提前实现了"最多跑一次"，服务事项实现"最多跑一次"完成率居于全市前列。迄今，我们基本实现了住房公积金汇缴、提取、

提前还贷、贷款账务查询和信息变更等业务"一号申请、一窗受理、一次办结",切实解决了企业和群众办事难、办事慢、多头跑、来回跑等问题。三是与委托银行和不动产登记中心联合办公。中心创新工作方式,与委托银行和不动产登记中心联合办公,实现住房公积金贷款"一站式"办理,成为全省公积金系统最先实现三部门同在公积金服务大厅联合办公的中心,大大方便办事群众。

2. **综合服务平台建设进展**:中心完成了公积金网厅的招标、建设工作,目前正在完善系统并完成了部分单位的培训工作,即将推广使用。

(三) 当年信息化建设情况:

1. 中心完成了电子档案系统的采购工作,2019年将完成建设工作,届时将全面实现资料的电子档案管理。

2. 加强信息系统的安全管理,完成了信息系统安全保护等级(三级)的建设工作,并通过了公安部门的验收。

3. 根据住房城乡建设部的工作要求,完成了业务系统与住房公积金异地转移接续平台的直联工作。

(四) **当年住房公积金管理中心及职工所获荣誉情况**:湖南省民政与公积金数据共享中心,湖南省2017年度优秀会员单位,湖南省住房公积金课题研究成果"一等奖",湘潭市2017年度绩效考核一类单位,湘潭市2017年度预算绩效考核优秀单位,湘潭市2017年度法治政府建设"优秀单位",湘潭市"青年文明号"。

衡阳市住房公积金2018年年度报告

一、机构概况

(一) **住房公积金管理委员会**:住房公积金管理委员会有29名委员,2018年召开1次会议,审议通过的事项主要包括:《衡阳市住房公积金管理委员会关于2017年度衡阳市住房公积金增值收益分配方案》、《关于2017年度衡阳市住房公积金归集、使用执行情况及2018年度归集、使用计划安排情况的报告》、《衡阳市住房公积金管理委员会关于调整住房公积金相关政策的暂行规定》。

(二) **住房公积金管理中心**:住房公积金管理中心为直属衡阳市人民政府的不以营利为目的的正处级事业单位,主要负责全市住房公积金的归集、管理、使用和会计核算。目前中心内设9个科室,下设2个营业部和8个管理部。从业人员149人,其中,在编115人,非在编34人。

二、业务运行情况

(一) **缴存**:2018年,新开户单位385家,实缴单位3989家,净增单位385家;新开户职工2.87万人,实缴职工31.16万人,净增职工0.26万人;缴存额42.99亿元,同比增长30.98%。2018年末,缴存总额247.42亿元,同比增长21.03%;缴存余额113.47亿元,同比增长18.61%。

受委托办理住房公积金缴存业务的银行8家,与上年相比无变化。

（二）提取：2018年，提取额25.19亿元，同比下降2.54%；占当年缴存额的58.59%，比上年减少20.15个百分点。2018年末，提取总额133.95亿元，同比增长23.16%。

（三）贷款：

个人住房贷款：个人住房贷款最高额度50万元，其中，单缴存职工最高额度50万元，双缴存职工最高额度50万元。

2018年，发放个人住房贷款0.85万笔29.47亿元，同比分别下降16.18%、7.67%。

2018年，回收个人住房贷款11.17亿元。

2018年末，累计发放个人住房贷款8.18万笔165.62亿元，贷款余额102.77亿元，同比分别增长11.62%、21.65%、21.66%。个人住房贷款余额占缴存余额的90.58%，比上年增加2.28个百分点。

受委托办理住房公积金个人住房贷款业务的银行7家，和上年相比无变化。

（四）融资：2018年，融资0亿元，归还2亿元。2018年末，融资总额7.5亿元，融资余额0亿元。

（五）资金存储：2018年末，住房公积金存款15.92亿元。其中，活期1.66亿元，1年（含）以下定期0.55亿元，1年以上定期13.71亿元。

（六）资金运用率：2018年末，住房公积金个人住房贷款余额、项目贷款余额和购买国债余额的总和占缴存余额的90.58%，比上年增加2.28个百分点。

三、主要财务数据

（一）业务收入：2018年，业务收入36419.49万元，同比增长8.38%。存款利息5806.53万元，委托贷款利息30435.61万元，其他177.35万元。

（二）业务支出：2018年，业务支出16463.02万元，同比增长7.37%。支付职工住房公积金利息15904.42万元，委托贷款手续费153.34万元，其他405.26万元。

（三）增值收益：2018年，增值收益19956.47万元，同比增长9.23%。增值收益率1.91%，比上年减少0.04个百分点。

（四）增值收益分配：2018年，提取贷款风险准备金3659.94万元，提取管理费用3023.55万元，提取城市廉租住房（公共租赁住房）建设补充资金13534.85万元。

2018年，上交财政管理费用3023.55万元。上缴财政城市廉租住房（公共租赁住房）建设补充资金10540.11万元。

2018年末，贷款风险准备金余额20554.70万元。累计提取城市廉租住房（公共租赁住房）建设补充资金85099.42万元。

（五）管理费用支出：2018年，管理费用支出3313.74万元，同比增长15.47%。其中，人员经费2025.55万元，公用经费246.37万元，专项经费1041.82万元。

四、资产风险状况

2018年末，个人住房贷款逾期额289.71万元，逾期率0.28‰。

个人贷款风险准备金按贷款余额的2%提取。2018年，提取个人贷款风险准备金3659.94万元，使用个人贷款风险准备金核销呆坏账 0 万元。2018 年末，个人贷款风险准备金余额 20554.70 万元，占个人住房贷款余额的 2%，个人住房贷款逾期额与个人贷款风险准备金余额的比率为 1.41%。

五、社会经济效益

（一）缴存业务：2018 年，实缴单位数、实缴职工人数和缴存额同比分别增长 8.46%、4.07% 和 30.98%。

缴存单位中，国家机关和事业单位占 68.94%，国有企业占 7.19%，外商投资企业占 0.98%，城镇私营企业及其他城镇企业占 18.63%，民办非企业单位和社会团体占 0.93%，其他占 3.33%。

缴存职工中，国家机关和事业单位占 56.00%，国有企业占 12.50%，外商投资企业占 5.90%，城镇私营企业及其他城镇企业占 21.16%，民办非企业单位和社会团体占 2.04%，其他占 2.40%；中、低收入占 97.38%，高收入占 2.62%。

新开户职工中，国家机关和事业单位占 38.08%，国有企业占 8.05%，外商投资企业占 5.08%，城镇私营企业及其他城镇企业占 33.72%，民办非企业单位和社会团体占 0.50%，其他占 14.57%；中、低收入占 99.52%，高收入占 0.48%。

（二）提取业务：2018 年，8.63 万名缴存职工提取住房公积金 25.19 亿元。

提取金额中，住房消费提取占 74.74%（购买、建造、翻建、大修自住住房占 32.30%，偿还购房贷款本息占 39.71%，租赁住房占 2.73%）；非住房消费提取占 25.26%（离休和退休提取占 20.78%，完全丧失劳动能力并与单位终止劳动关系提取占 0.30%，户口迁出本市或出境定居占 0.02%，其他占 4.16%）。

提取职工中，中、低收入占 96.35%，高收入占 3.65%。

（三）贷款业务：

1. 个人住房贷款：2018 年，支持职工购建房 109.37 万平方米，年末个人住房贷款市场占有率为 21.47%，比上年增加 1.84 个百分点。通过申请住房公积金个人住房贷款，可节约职工购房利息支出 43842.94 万元。

职工贷款笔数中，购房建筑面积 90（含）平方米以下占 13.70%，90~144（含）平方米占 75.73%，144 平方米以上占 10.57%。购买新房占 97.58%（其中购买保障性住房占 0%），购买二手房占 1.69%，建造、翻建、大修自住住房占 0.73%。

职工贷款笔数中，单缴存职工申请贷款占 25.46%，双缴存职工申请贷款占 74.54%，三人及以上缴存职工共同申请贷款占 0%。

贷款职工中，30 岁（含）以下占 28.70%，30 岁~40 岁（含）占 39.61%，40 岁~50 岁（含）占 26.18%，50 岁以上占 5.51%；首次申请贷款占 88.80%，二次及以上申请贷款占 11.20%；中、低收入占 96.21%，高收入占 3.79%。

2. 异地贷款：2018 年，发放异地贷款 514 笔 14672.00 万元。2018 年末，发放异地贷款总额 33051.00 万元，异地贷款余额 29083.20 万元。

（四）住房贡献率：2018 年，个人住房贷款发放额、公转商贴息贷款发放额、项目贷款发放额、住房消费提取额的总和与当年缴存额的比率为 112.35%，比上年减少 47.31 个百分点。

六、其他重要事项

(一)当年缴存基数限额及确定方法、缴存比例调整情况：凡在我市缴存的单位，其单位和职工住房公积金缴存比例各为5%～12%之间，即单位和职工月缴存比例最低不得低于各5%，最高不得高于各12%。其单位和职工住房公积金最高月缴存额之和不得超过3488元/月，最低月缴存额之和不得低于154元/月。

(二)当年住房公积金政策调整及执行情况：

1. 职工购买、建造、翻建或大修普通自住住房，两年内可申请使用住房公积金，但申请使用总金额不得超过购买、建造、翻建或大修普通自住住房总价款。最高贷款额不超过50万元。

2. 支持职工购买首套自住住房，提高职工购买第二套住房使用住房公积金贷款首付款比例，禁止职工购买第三套及以上或第三次及以上使用住房公积金。职工购买首套自住住房申请使用住房公积金的，可享有提取和贷款的政策，贷款最低首付款比例为购房总价款的30%。职工购买第二套住房申请使用住房公积金的，只享有提取或者贷款其中一项政策，贷款最低首付款比例为购房总价款的50%，贷款利率上浮10%。

3. 停止执行以下政策规定：

(1) 同一套房再一次贷款。

(2) 同一套房再提取。

4. 调整提取住房公积金偿还商业银行住房贷款政策，仅限于年度提取或偿还商业银行住房贷款尾款。

(三)当年服务改进情况：

1. 中心新业务系统于2018年1月正式上线，新系统的支取办理更加便捷、高效，现在缴存职工办理提取业务都能实现实时到个人账户，同时有短信提醒，提升了住房公积金的整体服务能力。

2. 2018年我中心开启了智慧服务新时代：

(1) 开启公积金"刷脸时代"。自2018年4月起，全市公积金客户可在支付宝的城市服务，直接进行刷脸认证查询个人的公积金账户信息。

(2) 开启公积金业务"指尖时代"。自2018年10月起，"手机公积金"APP公积金业务上线试运行。目前，已开通"离退休、解除劳动关系或者完全丧失劳动力"两大类型公积金提取业务，提前还本、提前结清、月对冲签约/解约"公积金贷款管理业务以及新增/修改手机号码"等公积金业务。

(3) 开启公积金"不见面时代"。自2018年12月起，面向全市缴存单位推出网上业务办理系统——衡阳市住房公积金管理中心网上服务大厅单位版（简称"单位网厅"），单位经办人领取CA证书后，通过单位网厅便可办理"单位信息变更、基数调整、汇补缴、单位信息查询、缴存人登记、缴存人信息变更、缴存人状态变更、缴存人信息查询"八大类公积金业务。

(四)当年信息化建设情况：2018年度，我中心信息化建设硕果累累，在业务系统升级改造、银行数据共建共通、政务信息数据共享等多方面成绩突出。2018年1月，4.0业务系统正式上线运行；6月，正式开展单位汇缴托收业务，目前已有61家单位开通了托收业务；同月，实现了与市住房城乡建设局联网，可查询全市房产信息；并于6月20日，我中心顺利通过住房城乡建设部"双贯标"工作检查验收；12月，实现了与省民政厅联网，可查询全省范围内登记的婚姻信息。

邵阳市住房公积金2018年年度报告

一、机构概况

（一）住房公积金管理委员会：住房公积金管理委员会有28名委员，2018年召开2次会议，审议通过的事项主要包括：审批通过了中心2018年度归集、使用计划；审议通过了住房公积金2017年度公报；审议通过了2018年度经费预算；审议通过了北塔管理部装修经费预算；审议通过《邵阳市住房公积金个人住房贷款实施细则》；审议通过双清管理部于2019年3月正式运营，北塔管理部于2019年1月按程序启动工程装修、10月底前正式运营。

（二）住房公积金管理中心：住房公积金管理中心为直属市人民政府的不以营利为目的的独立的事业单位，设10个科室，10个管理部。从业人员139人，其中，在编132人，非在编7人。

二、业务运行情况

（一）缴存：2018年，新开户单位240家，实缴单位4303家，净增单位110家；新开户职工2.37万人，实缴职工21.31万人，净增职工0.45万人；缴存额33.98亿元，同比增长13%。2018年末，缴存总额190.61亿元，同比增长22%；缴存余额114.66亿元，同比增长15%。

受委托办理住房公积金缴存业务的银行12家，与上年无变化。

（二）提取：2018年，提取额18.6亿元，同比增长28%；占当年缴存额的55%，比上年增加7个百分点。2018年末，提取总额75.95亿元，同比增长32%。

（三）贷款：个人住房贷款最高额度50万元。

2018年，发放个人住房贷款0.69万笔23.04亿元，同比分别下降17%、6%。2018年，回收个人住房贷款10.81亿元。

2018年末，累计发放个人住房贷款7.98万笔156.81亿元，贷款余额98.86亿元，同比分别增长9%、17%、14%。个人住房贷款余额占缴存余额的86%，比上年减少1个百分点。

受委托办理住房公积金个人住房贷款业务的银行6家，比上年增加1家。

（四）资金存储：2018年末，住房公积金存款17.26亿元。其中，活期4.21亿元，1年（含）以下定期0亿元，1年以上定期13.05亿元。

（五）资金运用率：2018年末，住房公积金个人住房贷款余额、项目贷款余额和购买国债余额的总和占缴存余额的86%，比上年减少1个百分点。

三、主要财务数据

（一）业务收入：2018年，业务收入35836.49万元，同比增长15%。其中，存款利息5431.17万元，委托贷款利息30116.89万元，国债利息0万元，其他288.43万元。

（二）业务支出：2018年，业务支出16324.15万元，同比增长10%。其中，支付职工住房公积金利息15818.95万元，归集手续费0万元，委托贷款手续费504.56万元，其他0.64万元。

（三）增值收益：2018年，增值收益19512.34万元，同比增长19%。其中，增值收益率1.8%，比上年增加 0 个百分点。

（四）**增值收益分配**：2018 年，提取贷款风险准备金 2446.16 万元，提取管理费用 5580.18 万元，提取城市廉租住房（公共租赁住房）建设补充资金 11486 万元。

2018 年，上交财政管理费用 5580.18 万元。上缴财政城市廉租住房（公共租赁住房）建设补充资金 9284 万元。

2018 年末，贷款风险准备金余额 19772.25 万元。累计提取城市廉租住房（公共租赁住房）建设补充资金 57902 万元。

（五）**管理费用支出**：2018 年，管理费用支出 5672.52 万元，同比增长 42.63%。其中，人员经费 2427.02 万元，公用经费 808.6 万元，专项经费 2436.9 万元。管理费用增长较大的原因主要是购买、装修双清和北塔两个管理部服务大厅，导致专项经费大幅增加。

四、资产风险状况

2018 年末，个人住房贷款逾期额 21.81 万元，逾期率 0‰。

个人贷款风险准备金按贷款余额的 2% 提取。2018 年，提取个人贷款风险准备金 2446.16 万元，使用个人贷款风险准备金核销呆坏账 0 万元。2018 年末，个人贷款风险准备金余额 19772.25 万元，占个人住房贷款余额的 2%。

五、社会经济效益

（一）**缴存业务**：2018 年，实缴单位数、实缴职工人数和缴存额同比分别增长 3%、2% 和 13%。

缴存单位中，国家机关和事业单位占 79.76%，国有企业占 8.18%，城镇集体企业占 0.65%，外商投资企业占 0.23%，城镇私营企业及其他城镇企业占 8.32%，民办非企业单位和社会团体占 1.28%，其他占 1.58%。

缴存职工中，国家机关和事业单位占 72.83%，国有企业占 16.46%，城镇集体企业占 0.84%，外商投资企业占 3.19%，城镇私营企业及其他城镇企业占 5.2%，民办非企业单位和社会团体占 1.16%，其他占 0.32%；中、低收入占 99.7%，高收入占 0.3%。

新开户职工中，国家机关和事业单位占 57.44%，国有企业占 10.21%，城镇集体企业占 2.06%，外商投资企业占 6.44%，城镇私营企业及其他城镇企业占 13.75%，民办非企业单位和社会团体占 9.32%，其他占 0.78%；中、低收入占 99.54%，高收入占 0.46%。

（二）**提取业务**：2018 年，5.86 万名缴存职工提取住房公积金 18.6 亿元。

提取金额中，住房消费提取占 74.96%（购买、建造、翻建、大修自住住房占 28.48%，偿还购房贷款本息占 46.41%，租赁住房占 0.03%，其他占 0.04%）；非住房消费提取占 25.04%（离休和退休提取占 22.19%，完全丧失劳动能力并与单位终止劳动关系提取占 1.83%，户口迁出本市或出境定居占 0.78%，其他占 0.24%）。

提取职工中，中、低收入占 99.89%，高收入占 0.11%。

（三）**贷款业务**：

1. **个人住房贷款**：2018 年，支持职工购建房 82.72 万平方米，年末个人住房贷款市场占有率为

38.2%，比上年增加 2 个百分点。通过申请住房公积金个人住房贷款，可节约职工购房利息支出 43596 万元。

职工贷款笔数中，购房建筑面积 90（含）平方米以下占 5.63%，90~144（含）平方米占 61.5%，144 平方米以上占 32.87%。购买新房占 88.6%（其中购买保障性住房占 0%），购买二手房占 7.17%，建造、翻建、大修自住住房占 4.23%，其他占 0%。

职工贷款笔数中，单缴存职工申请贷款占 23.21%，双缴存职工申请贷款占 76.79%，三人及以上缴存职工共同申请贷款占 0%。

贷款职工中，30 岁（含）以下占 22.37%，30 岁~40 岁（含）占 40.28%，40 岁~50 岁（含）占 27.86%，50 岁以上占 9.49%；首次申请贷款占 84.29%，二次及以上申请贷款占 15.71%；中、低收入占 98.82%，高收入占 1.18%。

2. **异地贷款**：2018 年，发放异地贷款 175 笔 5393 万元。2018 年末，发放异地贷款总额 17212 万元，异地贷款余额 15891 万元。

（四）住房贡献率：2018 年，个人住房贷款发放额、公转商贴息贷款发放额、项目贷款发放额、住房消费提取额的总和与当年缴存额的比率为 109%，比上年减少 9 个百分点。

六、其他重要事项

（一）当年机构及职能调整变化情况：为了方便缴存职工办理贷款业务，中心 2018 年新增加长沙银行为贷款承办银行。

（二）当年住房公积金政策调整及执行情况：

1. **缴存政策调整情况**：2018 年 8 月 27 日，出台《关于调整 2018 年度住房公积金缴存比例与缴存基数的通知》对全市缴存比例及缴存基数进行调整。按照市统计局公布的邵阳市 2017 年度全市在岗职工工资标准（年平均工资 58665 元，月平均工资 4889 元），从 2018 年 1 月 1 日起，我市 2018 年度个人住房公积金月最高缴存基数为 14667 元，最高月缴存额为 1760 元，单位配套补贴最高每月为 1760 元，职工月缴存总额（包括单位部分和个人部分）不得超过 3520 元；按照人社局规定的全市最低工资标准，确定职工最低单位和个人月缴存额为 64 元，职工月缴存总额不得低于 128 元。

2. **贷款最高限额 50 万元。当年贷款政策调整情况**：取消 2015 年 11 月 13 日中心下发的《关于＜调整住房公积金使用有关政策和加强服务工作的操作细则＞的补充意见》第五条异地贷款的风险防控关于"异地贷款借款人需在提供本地房屋作抵押的基础上，增加一名本地住房公积金缴存人作保证人"的规定，改为"异地住房公积金缴存人申请住房公积金贷款可选择本地房屋作抵押或本地住房公积金缴存人作保证"。

3. **当年住房公积金存贷款利率执行标准**：职工住房公积金账户存款利率统一按一年期定期存款基准利率执行，目前为 1.50%。当前执行的住房公积金贷款利率，1~5 年（含 5 年）为 2.75%；5~30 年（含 30 年）为 3.25%。

（三）当年服务改进情况：通过调整异地贷款抵押担保方式、制定港澳台同胞缴存使用住房公积金办法、联合部门出台维护缴存职工购房贷款权益意见，政策层面确保缴存职工权益不缺位；通过深化"放管服"、"互联网＋"和"四办"改革上发力，实现"减证便民"办件手续再瘦身，审批提速让提取"秒"到账,推行"窗口前移"特色服务、"数据多跑路",让群众"最多跑一次";在打造"驻可看、行可观、视野之内皆文明"的文明建设阵地的同时,注重加强服务环境升级,大厅配备老花镜、雨伞、针线包、创可贴、红花油、速效救心丸等贴心小物件,从细节体现温暖,打造宾至如归的服务环境。

(四) **当年信息化建设情况**:已通过全国住房公积金基础数据贯标和资金结算平台"双贯标"验收,成功接入全国异地转移接续平台。

(五) **当年住房公积金管理中心及职工所获荣誉情况**:中心荣获全省住房公积金管理工作优秀单位、市直机关党建工作优秀单位、市绩效考核优秀单位、市社会管理综合治理工作先进单位、市社会管理综合治理平安单位、2018年度全市党委办公室"三精三高"主题活动先进单位、市"五四红旗团委"、市食品安全示范单位、市人口和计划生育工作先进单位、有两篇论文分别获全市"学习贯彻习近平新时代中国特色社会主义思想征文活动"一、二等奖,城区管理部获得全市窗口行业"十大最美服务窗口",邵阳县管理部被评为县党风廉政建设先进单位,绥宁县管理部连续五年获得县绩效考核先进单位,新邵、邵阳县、隆回、邵东管理部连续三年获得县绩效考核先进单位,邵东县管理部连续两年获得"全县脱贫攻坚综合绩效考评优秀单位",并获"2018年度县优化经济发展环境先进单位";新宁县管理部获得县文明绩效考核三等奖,绥宁管理部被评为县综合治理先进单位。贷款科王国平同志家庭荣获全市最美平安家庭,行政科黄梽同志荣获全市综治工作先进个人,邵东县管理部王富平同志获县2018年度绩效考核评估突出贡献奖并记"三等功",办公室马军同志获全市党委办公室"三精三高"主题活动先进个人。

岳阳市住房公积金2018年年度报告

一、机构概况

(一) **住房公积金管理委员会**:住房公积金管理委员会有37名委员,2018年召开1次会议,审议通过的事项主要包括:

1.《岳阳市2017年度住房公积金归集、使用计划执行情况的报告》。

2.《岳阳市住房公积金2017年年度报告》。

3.《关于核定2017年岳阳市住房公积金增值收益分配方案的请示》。

4.《关于调整岳阳市住房公积金部分贷款政策的请示》。

5.《关于重新发布〈岳阳市住房公积金行政执法管理办法〉的请示》。

6.《关于推行住房公积金个人组合贷款的请示》。

7.《关于将企业降低缴存比例和缓缴审批权授予岳阳市住房公积金管理中心的请示》。

(二) **住房公积金管理中心**:住房公积金管理中心为直属市人民政府归口市政府办公室管理的不以营利为目的的副处级事业单位(机构属性自收自支),设8个科室,11个管理部,1个执法稽查大队,1个城区贷款服务处。从业人员202人,其中,在编124人,非在编78人。

二、业务运行情况

（一）缴存：2018年，新开户单位498家，实缴单位4575家，净增单位320家；新开户职工3.22万人，实缴职工26.84万人，净增职工0.63万人；缴存额36.95亿元，同比增长4.67%。2018年末，缴存总额248.49亿元，同比增长17.47%；缴存余额132.31亿元，同比增长16.54%。

受委托办理住房公积金缴存业务的银行14家，比上年增加0家。

（二）提取：2018年，提取额18.17亿元，同比下降12.43%；占当年缴存额的49.17%，比上年减少9.61个百分点。2018年末，提取总额116.18亿元，同比增长18.54%。

（三）贷款：

1. 个人住房贷款：个人住房贷款最高额度60万元，其中，单缴存职工最高额度60万元，双缴存职工最高额度60万元。

2018年，发放个人住房贷款0.64万笔25.07亿元，同比分别下降30.43%、19.90%。

2018年，回收个人住房贷款11.20亿元。

2018年末，累计发放个人住房贷款7.72万笔167.50亿元，贷款余额113.07亿元，同比分别增长9.04%、17.60%、13.99%。个人住房贷款余额占缴存余额的85.46%，比上年减少1.91个百分点。

受委托办理住房公积金个人住房贷款业务的银行7家，比上年增加1家。

2. 住房公积金支持保障性住房建设项目贷款：2018年末，累计发放项目贷款4.56亿元，项目贷款余额0亿元。

（四）融资：2018年，融资1.4亿元，归还3.6亿元。2018年末，融资总额18.1亿元，融资余额0亿元。

（五）资金存储：2018年末，住房公积金存款20.53亿元。其中，活期0.05亿元，1年（含）以下定期0亿元，1年以上定期17.95亿元，其他（协定、通知存款等）2.53亿元。

（六）资金运用率：2018年末，住房公积金个人住房贷款余额、项目贷款余额和购买国债余额的总和占缴存余额的85.46%，比上年减少1.91个百分点。

三、主要财务数据

（一）业务收入：2018年，业务收入43660.62万元，同比下降1.89%。存款利息7851.62万元，委托贷款利息35805.32万元，国债利息0万元，其他3.68万元。

（二）业务支出：2018年，业务支出18960.62万元，同比增长12.17%。其中，支付职工住房公积金利息18282.86万元，归集手续费0万元，委托贷款手续费0万元，其他677.76万元。

（三）增值收益：2018年，增值收益24700万元，同比下降10.51%。增值收益率2%，比上年减少0.58个百分点。

（四）增值收益分配：2018年，提取贷款风险准备金2774万元，提取管理费用4572.86万元，提取城市廉租住房（公共租赁住房）建设补充资金17353.14万元。

2018年，上交财政管理费用2810万元。上缴财政城市廉租住房（公共租赁住房）建设补充资金17872.15万元。

2018年末,贷款风险准备金余额22614.01万元。累计提取城市廉租住房(公共租赁住房)建设补充资金90610.53万元。

(五)管理费用支出:2018年,管理费用支出3518.09万元,同比增长7.71%。其中,人员经费2011.56万元,公用经费1140万元,专项经费366.53万元。

四、资产风险状况

2018年末,个人住房贷款逾期额95.27万元,逾期率0.08‰。

个人贷款风险准备金按贷款余额的2%提取。2018年,提取个人贷款风险准备金2774万元,使用个人贷款风险准备金核销呆坏账0万元。2018年末,个人贷款风险准备金余额22614.01万元,占个人住房贷款余额的2%,个人住房贷款逾期额与个人贷款风险准备金余额的比率为0.42‰。

五、社会经济效益

(一)缴存业务:2018年,实缴单位数、实缴职工人数和缴存额同比分别增长7.52%、2.4%和4.67%。

缴存单位中,国家机关和事业单位占58.23%,国有企业占8.33%,城镇集体企业占1.99%,外商投资企业占1.38%,城镇私营企业及其他城镇企业占17.25%,民办非企业单位和社会团体占4.8%,其他占8.02%。

缴存职工中,国家机关和事业单位占54.84%,国有企业占21.72%,城镇集体企业占2.1%,外商投资企业占1.52%,城镇私营企业及其他城镇企业占10.96%,民办非企业单位和社会团体占3.90%,其他占4.96%;中、低收入占98.35%,高收入占1.65%。

新开户职工中,国家机关和事业单位占32.3%,国有企业占8.93%,城镇集体企业占3.74%,外商投资企业占2.2%,城镇私营企业及其他城镇企业占25.5%,民办非企业单位和社会团体占11.36%,其他占15.97%;中、低收入占99.03%,高收入占0.97%。

(二)提取业务:2018年,5.26万名缴存职工提取住房公积金18.17亿元。

提取金额中,住房消费提取占64.61%(购买、建造、翻建、大修自住住房占20.85%,偿还购房贷款本息占40.85%,租赁住房占2.91%,其他占0%);非住房消费提取占35.39%(离休和退休提取占30.18%,完全丧失劳动能力并与单位终止劳动关系提取占3.13%,户口迁出本市或出境定居占0.81%,其他占1.27%)。

提取职工中,中、低收入占94.88%,高收入占5.12%。

(三)贷款业务:

1.个人住房贷款:2018年,支持职工购建房80.21万平方米,年末个人住房贷款市场占有率为26.72%,比上年减少4.93个百分点。通过申请住房公积金个人住房贷款,可节约职工购房利息支出41603万元。

职工贷款笔数中,购房建筑面积90(含)平方米以下占10.23%,90~144(含)平方米占77.12%,144平方米以上占12.65%。购买新房占68.58%(其中购买保障性住房占0%),购买存量商品住房占31.42%,建造、翻建、大修自住住房占0%,其他占0%。

职工贷款笔数中，单缴存职工申请贷款占 31.23%，双缴存职工申请贷款占 68.77%，三人及以上缴存职工共同申请贷款占 0%。

贷款职工中，30 岁（含）以下占 31.07%，30 岁～40 岁（含）占 39.90%，40 岁～50 岁（含）占 24.72%，50 岁以上占 4.31%；首次申请贷款占 90.13%，二次及以上申请贷款占 9.87%；中、低收入占 98.58%，高收入占 1.42%。

2. **异地贷款**：2018 年，发放异地贷款 872 笔 34427.5 万元。2018 年末，发放异地贷款总额 93611 万元，异地贷款余额 80323.7 万元。

3. **支持保障性住房建设试点项目贷款**：2018 年末，累计试点项目 5 个，贷款额度 4.56 亿元，建筑面积 65.97 万平方米，可解决 5231 户中低收入职工家庭的住房问题。5 个试点项目贷款资金已发放并还清贷款本息。

（四）**住房贡献率**：2018 年，个人住房贷款发放额、公转商贴息贷款发放额、项目贷款发放额、住房消费提取额的总和与当年缴存额的比率为 99.62%，比上年减少 31.98 个百分点。

六、其他重要事项

（一）**当年机构及职能调整情况、受委托办理缴存贷款业务金融机构变更情况**：2018 年经市编办批准，管理中心撤销综合科，设立办公室和人事教育科，将项目贷款科更名为客户服务科。

为贯彻落实市委市政府"最多跑一次"改革要求，根据市"最多跑一次"领导小组的工作部署和安排，经中心主任办公会研究，于 2018 年 9 月 17 日将市直管理部和岳阳楼区管理部的贷款业务整合一起进驻到政务服务中心办事大厅办公。

2018 年受托办理缴存业务的金融机构未发生变化。

2018 年办理住房公积金贷款个人扣款的金融机构新增 1 家湖南岳阳农村商业银行。

（二）**当年住房公积金政策调整及执行情况**：

当年缴存政策调整情况

主要调整内容：1. 根据岳住委〔2018〕5 号批复文件对企业降低缴存比例与缓缴的审批权由原来的管委会直接下放到管理中心。

2. 取消中央、直属单位、国有股份制银行等单位原享有的不超过 4668 元的缴存标准，按照我市 2018 年最新缴存标准缴存。

2018 年我市缴存标准为：根据管委会批复执行，最低不低于 458 元，最高不超过 3294 元。另根据《关于规范和阶段性适当降低住房公积金缴存比例的通知》文件精神，缴存困难企业可向管理中心申请降低缴存标准和比例，但最低缴存标准不得低于 276 元。确定标准是根据 2017 年度岳阳市职工月平均工资的三倍乘以相应的缴存比例。

当年贷款政策调整情况

主要调整内容：1. 当年个人住房公积金贷款最高贷款额度无变化。

2. 当年个人住房公积金贷款利率无变化。

3. 根据《关于调整我市住房公积金部分贷款政策的通知》岳住委〔2018〕4 号文件对职工购（建）本市范围内第二套房或申请第二次公积金贷款，由原来的购房首付比例 30%，调整到购房首付比例不低于

50%；最高贷款额度不超过购房款的70%，调整到最高贷款额度不超过购房款的50%且不得超过岳阳市住房公积金管委会规定的最高限额。

4. 对异地缴存住房公积金的职工在本市范围内购（建）首套住房，申请办理住房公积金个人住房抵押贷款，借款申请人及配偶双方中任一方的工作地或户籍所在地须为岳阳市辖区范围内。

5. 2018年正式开通岳阳市住房公积金个人组合贷款业务，其组合贷款承办银行3家，分别为：建设银行、交通银行、湖南岳阳农村商业银行。

（三）当年服务改进情况：

1. "住房公积金综合服务平台"已顺利上线。

2. 个人版及单位版网上营业厅基本建设完成，正在进行测试。

3. 微信公众号、网上营业厅的建设工作也基本完成，进入测试阶段。

4. 与政务服务中心办事大厅和岳阳市政务服务统一平台完成了数据对接，使广大市民登录政务服务网就能查询到公积金的缴存等各类信息。

5. 实现与城区房产（不动产）、民政部门数据的信息共享。

（四）当年信息化建设情况：去年底完成了业务系统的升级改造和基础数据"双贯标"验收，并顺利接入了数据结算应用系统，今年的主要工作是完善新业务系统的各项功能，按照上级文件要求完善和规范数据以及业务操作流程。

（五）当年住房公积金管理中心及职工所获荣誉情况：2018年度全市住房公积金管理工作取得新成效，被授予"全省住房公积金管理先进单位"。

（六）当年对违反《住房公积金管理条例》和相关法规行为进行行政处罚和申请人民法院强制执行情况：

1. 申请法院对岳化医院股份有限公司欠缴公积金2750062元强制执行划扣。

2. 对平江县某卫生院职工邱某、邓某夫妻两人使用虚假资料在公积金骗取贷款20万元进行约谈并追回全部贷款，给予冻结其夫妻两人公积金三年内不得申请贷款和提取的处罚。

3. 2018年我中心发现骗提公积金案18起，其中骗提成功的8起，合计金额607300元，报送公安机关后收回金额265900元，3人被刑拘，两人退钱后取保候审。

常德市住房公积金2018年年度报告

一、机构概况

（一）市住房公积金管理委员会：我市住房公积金管理委员会有33名委员，2018年3月召开了市住房公积金管委会三届四次全体会议，审议通过的事项主要包括：《2017年全市住房公积金年度报告及2018年住房公积金运作计划》、《关于将民生银行常德分行和广发银行常德分行纳入住房公积金归集业务办理银行的建议》、《关于适当调整住房公积金提取范围的建议》。

（二）市住房公积金管理中心：市住房公积金管理中心为直属市人民政府不以营利为目的的公益一类事业单位，设8个科室，11个管理部。从业人员151人，其中，在编109人，非在编42人。

二、业务运行情况

（一）缴存：2018年，新开户单位351家，实缴单位4770家，净增单位256家；新开户职工2.75万人，实缴职工28.49万人，净增职工1.43万人；缴存额39.09亿元，同比增长9.5%。2018年末，缴存总额260.04亿元，同比增长17.69%；缴存余额119.23亿元，同比增长11.20%。

受委托办理住房公积金缴存业务的银行13家，比上年增加2家。

（二）提取：2018年，提取额27.07亿元，同比增长19.88%；占当年缴存额的69.27%，比上年增加6.02个百分点。2018年末，提取总额140.81亿元，同比增长23.81%。

（三）贷款：个人住房贷款最高额度50万元，其中，单缴存职工最高额度40万元，双缴存职工最高额度50万元。

2018年，发放个人住房贷款0.9358万笔31.96亿元，同比分别增长26.31%、34.17%。

2018年，回收个人住房贷款11.61亿元。

2018年末，累计发放个人住房贷款8.1387万笔180.89亿元，贷款余额117.80亿元，同比分别增长12.99%、21.45%、20.87%。个人住房贷款余额占缴存余额的98.80%，比上年增加7.90个百分点。

受委托办理住房公积金个人住房贷款业务的银行4家，和上年比没有变化。中心未开展住房公积金支持保障性住房建设项目贷款。

（四）融资：2018年，融资16.40亿元，归还9.10亿元。2018年末，融资总额39.88亿元，融资余额15.90亿元。

（五）资金存储：2018年末，住房公积金存款20.37亿元。其中，活期0.02亿元，1年（含）以下定期0亿元，1年以上定期11.43亿元，其他（协定、通知存款等）8.92亿元。

（六）资金运用率：2018年末，住房公积金个人住房贷款余额、项目贷款余额和购买国债余额的总和占缴存余额的98.80%，比上年增加7.90个百分点。

三、主要财务数据

（一）业务收入：2018年，业务收入40412.29万元，同比增长16.76%。存款利息5678.20万元，委托贷款利息34725.73万元，国债利息0万元，其他8.36万元。

（二）业务支出：2018年，业务支出22299.84万元，同比增长19.61%。支付职工住房公积金利息17085.44万元，归集手续费0万元，委托贷款手续费0万元，其他5214.40万元。

（三）增值收益：2018年，增值收益18112.46万元，同比增长13.45%。增值收益率1.6%，比上年增加0.01个百分点。

（四）增值收益分配：2018年，提取贷款风险准备金4068.80万元，提取管理费用3427.20万元，提取城市廉租住房（公共租赁住房）建设补充资金10616.46万元。

2018年，上交财政管理费用3427.20万元。上缴财政城市廉租住房（公共租赁住房）建设补充资金10616.46万元。

2018年末，贷款风险准备金余额23560.14万元。累计提取城市廉租住房（公共租赁住房）建设补充资金24694.79万元。

（五）管理费用支出： 2018年，管理费用支出3427.20万元，同比下降57.14%。其中，人员经费1603.51万元，公用经费941.20万元，专项经费882.49万元。

四、资产风险状况

2018年末，个人住房贷款逾期额15.50万元，逾期率0.013‰。

个人贷款风险准备金按贷款余额的2%提取。2018年，提取个人贷款风险准备金4068.80万元，使用个人贷款风险准备金核销呆坏账0万元。2018年末，个人贷款风险准备金余额23560.14万元，占个人住房贷款余额的2%，个人住房贷款逾期额与个人贷款风险准备金余额的比率为0.066%。

五、社会经济效益

（一）缴存业务： 2018年，实缴单位数、实缴职工人数和缴存额同比分别增长5.67%、5.27%和9.5%。

缴存单位中，国家机关和事业单位占46.94%，国有企业占9.16%，城镇集体企业占0.73%，外商投资企业占0.90%，城镇私营企业及其他城镇企业占17.02%，民办非企业单位和社会团体占5.43%，其他占19.82%。

缴存职工中，国家机关和事业单位占52.65%，国有企业占17.38%，城镇集体企业占0.78%，外商投资企业占2.83%，城镇私营企业及其他城镇企业占16.36%，民办非企业单位和社会团体占1.95%，其他占8.05%；中、低收入占99.24%，高收入占0.76%。

新开户职工中，国家机关和事业单位占29.98%，国有企业占7.40%，城镇集体企业占0.48%，外商投资企业占7.67%，城镇私营企业及其他城镇企业占38.76%，民办非企业单位和社会团体占4.13%，其他占11.58%；中、低收入占99.96%，高收入占0.04%。

（二）提取业务： 2018年，7.94万名缴存职工提取住房公积金27.07亿元。

提取金额中，住房消费提取占71.05%（购买、建造、翻建、大修自住住房占49.39%，偿还购房贷款本息占49.79%，租赁住房占0.78%，其他占0.04%）；非住房消费提取占28.95%（离休和退休提取占73.47%，完全丧失劳动能力并与单位终止劳动关系提取占9.61%，户口迁出本市或出境定居占0.06%，其他占16.86%）。

提取职工中，中、低收入占99.31%，高收入占0.69%。

（三）贷款业务：

1. 个人住房贷款： 2018年，支持职工购建房155.94万平方米，年末个人住房贷款市场占有率为21.50%，比上年减少3.09个百分点。通过申请住房公积金个人住房贷款，可节约职工购房利息支出3677.83万元。

职工贷款笔数中，购房建筑面积90（含）平方米以下占11.71%，90~144（含）平方米占79.02%，144平方米以上占9.27%。购买新房占84.67%（其中购买保障性住房占0%），购买二手房占15.06%，建造、翻建、大修自住住房占0.06%，其他占0.21%。

职工贷款笔数中,单缴存职工申请贷款占26.17%,双缴存职工申请贷款占73.83%,三人及以上缴存职工共同申请贷款占0%。

贷款职工中,30岁(含)以下占29.75%,30岁～40岁(含)占34.87%,40岁～50岁(含)占29.25%,50岁以上占6.13%;首次申请贷款占89.96%,二次及以上申请贷款占10.04%;中、低收入占99.65%,高收入占0.35%。

2. 异地贷款:2018年,发放异地贷款767笔25836.50万元。2018年末,发放异地贷款总额64526.94万元,异地贷款余额47289.08万元。

(四)住房贡献率:2018年,个人住房贷款发放额、公转商贴息贷款发放额、项目贷款发放额、住房消费提取额的总和与当年缴存额的比率为130.98%,比上年增加21.43个百分点。

六、其他重要事项

(一)受委托办理缴存贷款业务金融机构变更情况:

1. 经市住房公积金管委会三届四次全会审议,2018年我市新增了2家办理缴存业务的委托银行:广发银行常德分行、民生银行常德分行。

2. 2018年,我市受委托办理住房公积金贷款业务金融机构和上年无变化。

(二)当年缴存基数限额及确定方法、缴存比例等缴存政策调整情况:

根据常德市武陵区统计局提供的武陵区(含市直)2017年度在岗人员月平均工资(5885元)的3倍确定最高缴存基数,规定月缴存总额不得超过4238元(5885元×3×12%=2119元,2119元×2=4238元),最低不得低于200元。缴存比例仍为5%～12%之间。

(三)当年提取政策调整情况:

经市住房公积金管委会三届四次全会审议,2018年我市提取政策进行了细微调整:

1. 取消"子女就学提取住房公积金"的规定。

2. 取消"职工调离常德市行政区域可以提取住房公积金"的规定。职工调离常德市行政区域须通过全国异地转移接续平台转移职工个人住房公积金。

(四)当年个人住房贷款最高贷款额度及贷款政策调整情况:

1. 2018年住房公积金最高贷款额双职工缴存户为50万元,单职工缴存户为40万元,最高贷款额度与2017年一样,无调整情况。

2. 取消了住房公积金贷款贴息政策。《常德市财政局关于公布规范性文件清理结果的通告》中规定废止《常德市住房公积金贷款贴息管理暂行办法的通知》(常财发〔2015〕10号),取消了住房公积金贷款贴息政策。

(五)当年住房公积金存贷款利率执行标准:2018年,住房公积金存贷款利率无调整。职工住房公积金账户存款利率按一年期定期存款利率执行。贷款利率:5年以下(含5年)的年利率为2.75%,5年以上的年利率为3.25%。

(六)当年服务改进情况:

1. 窗口服务改进情况:充分利用数据共享成果,减少所需资料,压缩了审批环节,简化办事流程,实现了群众办事"最多跑一次"。优化服务大厅布置,配备相关便民设施,改善了管理部服务大厅环境。

做出了窗口服务承诺，窗口提取业务当场办结，资金实时到账；贷款审批时限为5个工作日，从审批通过到放款时限为10个工作日。办理所有业务实行零收费服务，不允许中介代办。

2. **信息化服务情况**：中心搭建了综合服务管理平台，建设了门户网站、网上业务大厅、自助终端、服务热线、手机短信、手机客户端、官方微信、官方微博八种服务渠道。大力推广网厅业务，单位网厅可自助办理80%归集缴存业务，归集业务网上办理率可达到83.4%。多种渠道实现缴存者的快捷查询需求，实现了月对冲还贷、提前还贷、离退休提取等业务自助办理。接入全省12329服务热线，全年接听3万多个咨询电话，为缴存职工免费发送各种业务短信313万多条。

（七）**当年信息化建设情况**：

1. **实现了由地方标准向国家标准的转变**。2018年1月24日顺利通过住房城乡建设部和住房城乡建设厅双贯标检查验收组的专项验收，10月通过市电子政务办的现场竣工评审，11月通过市财政局项目结算评审，建立住房公积金综合业务管理系统，统一集中数据库管理，提高了公积金基础数据质量，促进了公积金各项业务流程和业务要素的规范。

2. **实现了由重项目建设到重安全管理的转变**。中心获得了信息安全三级等保备案证书，发放3300个CA证书，加强缴存单位网厅业务操作的安全管理，完成了核心业务系统和综合服务平台在云计算中心的部署。实施了异地实时备份，确保了中心数据安全和资金安全。

3. **实现了由信息孤岛向数据共享的转变**。做好了与市数据共享中心数据共享预备工作，婚姻关系、离退休信息、单位信息基本实现共享。开通接入了省级共享查询系统，逐步打通了跨部门数据共享通道，提高了数据共享利用水平，为中心各项业务"最多跑一次"提供了信息技术支撑。

（八）**当年市住房公积金管理中心及职工所获荣誉情况**：2018年，常德市住房公积金管理中心被省住房城乡建设厅、财政厅评为"业务管理工作优秀单位"，荣获了"市级文明单位"、"全市绩效评估良好单位"、"全市优化经济发展环境工作优秀单位"、"全市脱贫攻坚工作驻村帮扶优秀单位""全市综治管理工作优秀单位"、"全市档案管理先进单位"、"全市优秀网站"荣誉称号，直属管理部获评"省级文明窗口单位"，武陵管理部获评"省级巾帼文明岗"。

张家界市住房公积金2018年年度报告

一、机构概况

（一）**住房公积金管理委员会**：住房公积金管理委员会有19名委员，2018年召开1次会议，审议通过的事项主要包括：审议《2017年住房公积金归集使用计划执行情况的报告和2018年住房公积金归集使用计划》、审议拟披露的《张家界市住房公积金2017年年度报告》、审议《关于调整住房公积金缴存、提取和贷款相关政策的通知》。

（二）**住房公积金管理中心**：住房公积金管理中心为张家界市人民政府办公室不以营利为目的的事业单位，设4个科，5个管理部。从业人员45人，其中，在编27人，非在编18人。

二、业务运行情况

（一）缴存：2018年，新开户单位214家，实缴单位2189家，净增单位214家；新开户职工0.82万人，实缴职工7.1万人，净增职工0.82万人；缴存额11.83亿元，同比增长20%。2018年末，缴存总额70.67亿元，同比增长20.11%；缴存余额29.28亿元，同比增长22.36%。

受委托办理住房公积金缴存业务的银行8家，与上年相同。

（二）提取：2018年，提取额6.49亿元，同比增长7.8%；占当年缴存额的55%，比上年减少6个百分点。2018年末，提取总额41.39亿元，同比增长18.6%。

（三）贷款：个人住房贷款最高额度50万元，其中，单缴存职工最高额度30万元，双缴存职工最高额度50万元。

2018年，发放个人住房贷款0.18万笔6.19亿元，同比分别下降13.6%、10%。

2018年，回收个人住房贷款2.43亿元。

2018年末，累计发放个人住房贷款2.06万笔37.41亿元，贷款余额24.14亿元，同比分别增长9.57%、19.83%、18.45%。个人住房贷款余额占缴存余额的82.45%，比上年减少2.7个百分点。

受委托办理住房公积金个人住房贷款业务的银行5家，与上年相同。

（四）资金存储：2018年末，住房公积金存款6.23亿元。其中，活期0.89亿元，1年（含）以下定期1.93亿元，1年以上定期3.1亿元，其他（协定、通知存款等）0.31亿元。

（五）资金运用率：2018年末，住房公积金个人住房贷款余额、项目贷款余额和购买国债余额的总和占缴存余额的82%，比上年减少3个百分点。

三、主要财务数据

（一）业务收入：2018年，业务收入8643.83万元，同比下降2%。存款利息1538.73万元，委托贷款利息7103.95万元，其他收入1.15万元。

（二）业务支出：2018年，业务支出3961.31万元，同比增长31%。支付职工住房公积金利息3960.76万元，其他支出0.55万元。

（三）增值收益：2018年，增值收益4682.52万元，较上年收益上升1.3%。增值收益率1.7%，比上年减少0.3个百分点。

（四）增值收益分配：2018年，提取贷款风险准备金652.86万元，提取管理费用1105万元，提取城市廉租住房（公共租赁住房）建设补充资金2924.66万元。

2018年，上交财政管理费用1105万元。上缴财政城市廉租住房（公共租赁住房）建设补充资金4194.91万元。

2018年末，贷款风险准备金余额4737.51万元。累计提取城市廉租住房（公共租赁住房）建设补充资金16212.87万元。

（五）管理费用支出：2018年，管理费用支出1303万元，同比下降4.6%。其中，人员经费633.75万元，公用经费313.53万元，专项经费355.72元。

四、资产风险状况

2018年末,个人住房贷款逾期额15.59万元,逾期率0.065‰。

个人贷款风险准备金按贷款余额的2%提取。2018年,提取个人贷款风险准备金652.86万元,未使用个人贷款风险准备金核销呆坏账。2018年末,个人贷款风险准备金余额4737.51万元,占个人住房贷款余额的2%,个人住房贷款逾期额与个人贷款风险准备金余额的比率为0.33%。

五、社会经济效益

(一)缴存业务：2018年,实缴单位数、实缴职工人数和缴存额同比分别增长10.84%、12.67%和20.3%。

缴存单位中,国家机关和事业单位占75%,国有企业占9%,城镇集体企业占4%,城镇私营企业及其他城镇企业占11%,其他占1%。

缴存职工中,国家机关和事业单位占63%,国有企业占23%,城镇集体企业占7%,城镇私营企业及其他城镇企业占4%,其他占3%;中、低收入占95%,高收入占5%。

新开户职工中,国家机关和事业单位占49%,国有企业占17%,城镇集体企业占17%,城镇私营企业及其他城镇企业占16%,其他占1%;中、低收入占77%,高收入占23%。

(二)提取业务：2018年,1.8万名缴存职工提取住房公积金6.49亿元。

提取金额中,住房消费提取占72.88%(购买、建造、翻建、大修自住住房占43.77%,偿还购房贷款本息占27.83%,租赁住房占1.28%);非住房消费提取占27.12%(离休和退休提取占17.72%,完全丧失劳动能力并与单位终止劳动关系提取占2.53%,户口迁出本市或出境定居占1.38%,其他占5.49%)。

提取职工中,中、低收入占94%,高收入占6%。

(三)贷款业务：

1. **个人住房贷款**：2018年,支持职工购建房22.72万平方米,年末个人住房贷款市场占有率为20.39%,比上年增加2.16个百分点。通过申请住房公积金个人住房贷款,可节约职工购房利息支出10385.42万元。

职工贷款笔数中,购房建筑面积90(含)平方米以下占10%,90~144(含)平方米占74%,144平方米以上占16%。购买新房占91%,购买二手房占5%,建造、翻建、大修自住住房占4%。

职工贷款笔数中,单缴存职工申请贷款占35%,双缴存职工申请贷款占65%。

贷款职工中,30岁(含)以下占11%,30岁~40岁(含)占39%,40岁~50岁(含)占38%,50岁以上占12%;首次申请贷款占82%,二次及以上申请贷款占18%;中、低收入占98%,高收入占2%。

2. **异地贷款**：2018年,发放异地贷款122笔2397.8万元。2018年末,发放异地贷款总额9734.9万元,异地贷款余额8640.31万元。

(四)住房贡献率：2018年,个人住房贷款发放额、公转商贴息贷款发放额、项目贷款发放额、住房消费提取额的总和与当年缴存额的比率为92.32%,比上年减少23.11个百分点。

六、其他重要事项

(一) 当年住房公积金政策调整及执行情况：

1. **缴存基数限额及确定方法、缴存比例等缴存政策调整情况**：住房公积金缴存基数按职工本人上一年度月平均工资收入核定，其中最高限额为不超过张家界市统计局公布的在岗职工当年月平均工资5324元的3倍计算，单位和个人合计最高缴存额不超过3834元，最低缴存额不低于200元，缴存比例为5%~12%。

2. **提取政策调整情况**：职工提取住房公积金取消单位盖章。凡租房提取公积金的，额度由每年不超过1.2万元/年上调至1.5万元/年；凡本市范围内职工单位发生变动的，个人账户转移合并只需凭新单位开户账户即可办理。

3. **个人住房贷款最高贷款额度、贷款条件等政策调整情况**：在职职工连续缴纳住房公积金满6个月（含）以上的，即可申请住房公积金个人住房贷款，贷款最高额为50万元。

实行"保一限二禁三"差别化贷款政策。房屋套数认定以不动产中心出具的房屋套数为准。对首次购买普通商品房的职工家庭，申请个人住房公积金贷款，首付比例不低于30%，实行基准贷款利率；对已拥有一套住房的职工家庭，申请住房公积金个人住房贷款的首付比例不得低于40%，且贷款利率为首套住房公积金个人住房贷款利率的1.1倍；暂停发放第三套以上（含第三套）个人住房公积金贷款。

4. **当年住房公积金存贷款利率执行标准**：

（1）住房公积金存款利率。严格执行中国人民银行的相关规定，当年归集的个人住房公积金存款和上年结转的个人住房公积金存款利率统一按一年期定期存款基准利率执行，目前为1.50%。

（2）住房公积金贷款利率。个人住房公积金贷款5年（含）之内的基准年利率为2.75%，5年以上的基准年利率为3.25%，遇法定利率调整时调整；存量贷款遇法定利率调整时，于次年1月1日起，按相应利率档次执行新的利率标准。

(二) 当年服务改进情况：

1. **善服务网点**。为进一步方便广大干部职工办理业务，全市住房公积金业务全部实现大厅一站式办理。职工可以通过大厅前台、终端查询机、微信公众号等多种方式查询住房公积金归集、贷款等业务。

2. **简化办事程序**。实现"最多跑一次"，凡符合提取条件的职工办理提取业务的，只需持身份证及相关材料在业务大厅现场填写申请表即可，取消单位盖章等前置环节；凡因退休、死亡、工作调动等原因办理提取业务的，只要资料真实齐全，实行立等提取，当天到账；凡职工偿还商业住房按揭贷款提取住房公积金的，在首次提取时提供证明材料后全部扫描存档备查，以后办理同一业务只需提供身份证和还款流水证明即可。

(三) **当年信息化建设情况**：继续巩固"双贯标"成果，完成公积金系统升级，结算应用系统功能进一步完善，归集、提取等业务已实现自主核算；对中心门户网站进行升级改造，提高中心网站的安全性；推进"互联网+"服务创新，完善中心微信公众号，职工可通过微信公众号查询缴存、贷款等相关信息。

(四) **当年住房公积金管理中心及职工所获荣誉情况**：荣获全省住建系统2018年度单项工作突出单位、2018届省级文明单位、市直机关党支部"五化"建设优秀党支部、市级综治先进单位、全市部门决算先进单位、获得省志愿服务组织联合会及市文明办授予褒奖证书。

益阳市住房公积金 2018 年年度报告

一、机构概况

(一) 住房公积金管理委员会：住房公积金管理委员会有 41 名委员，2018 年召开 1 次会议，审议通过的事项是：2017 年度住房公积金预算执行、决算审核、增值收益分配和 2018 年住房公积金年度预算报告。

(二) 住房公积金管理中心：住房公积金管理中心为直属益阳市人民政府的不以营利为目的的公益类事业单位，设 4 个管理科室，9 个管理部（营业部），1 个办事处。从业人员 84 人，其中，在编 26 人，非在编 58 人。

二、业务运行情况

(一) 缴存：2018 年，新开户单位 208 家，实缴单位 2714 家，净增单位 178 家；新开户职工 3.12 万人，实缴职工 20.74 万人，净增职工 1.43 万人；缴存额 28.88 亿元，同比增长 12.18%。2018 年末，缴存总额 173.31 亿元，同比增长 19.99%；缴存余额 79.28 亿元，同比增长 13.11%。

受委托办理住房公积金缴存业务的银行 9 家，与上年无变化。

(二) 提取：2018 年，提取额 19.69 亿元，同比增长 23.90%；占当年缴存额的 68.18%，比上年增加 6.45 个百分点。2018 年末，提取总额 94.03 亿元，同比增长 26.48%。

(三) 贷款：个人住房贷款最高额度 35 万元，其中，单缴存职工最高额度 35 万元，双缴存职工最高额度 35 万元。2018 年，发放个人住房贷款 0.96 万笔 24.03 亿元，同比分别增长 4.23%、11.52%。2018 年，回收个人住房贷款 10.69 亿元。2018 年末，累计发放个人住房贷款 8.79 万笔 144.99 亿元，贷款余额 85.89 亿元，同比分别增长 12.27%、19.86%、18.38%。个人住房贷款余额占缴存余额的 108.33%，比上年增加 4.82 个百分点。

受委托办理住房公积金个人住房贷款业务的银行 2 家，与上年无变化。

(四) 融资：2018 年，融资 3.08 亿元，归还 0.69 亿元。2018 年末，融资总额 5.08 亿元，融资余额 3.53 亿元。

(五) 资金存储：2018 年末，住房公积金存款 3.64 亿元。其中，活期 0.15 亿元，1 年（含）以下定期 0.7 亿元，其他（协定、通知存款等）2.79 亿元。

(六) 资金运用率：2018 年末，住房公积金个人住房贷款余额、项目贷款余额和购买国债余额的总和占缴存余额的 108.33%，比上年增加 4.82 个百分点。

三、主要财务数据

(一) 业务收入：2018 年，业务收入 26141.67 万元，同比增长 18.19%。其中，存款利息 214.46 万元，委托贷款利息 25927.21 万元。

（二）**业务支出**：2018年，业务支出14015.89万元，同比增长21.62%。其中，支付职工住房公积金利息11491.25万元，归集手续费109.89万元，委托贷款手续费833.71万元，其他1581.04万元。

（三）**增值收益**：2018年，增值收益12125.78万元，同比增长14.45%。其中，增值收益率1.63%，比上年减少0.01个百分点。

（四）**增值收益分配**：2018年，提取贷款风险准备金2074.70万元，提取管理费用4000万元，提取城市廉租住房（公共租赁住房）建设补充资金6051.09万元。

2018年，上交财政管理费用4000万元。上缴财政城市廉租住房（公共租赁住房）建设补充资金5537.95万元。2018年末，贷款风险准备金余额18036.82万元。累计提取城市廉租住房（公共租赁住房）建设补充资金48707.62万元。

（五）**管理费用支出**：2018年，管理费用支出4402.58万元，同比增长34.88%。其中，人员经费1933.25万元，公用经费281.14万元，专项经费2188.19万元。

四、资产风险状况

2018年末，个人住房贷款逾期额112.36万元，逾期率0.13‰。个人贷款风险准备金按贷款余额的2.10%提取。2018年，提取个人贷款风险准备金2074.70万元，使用个人贷款风险准备金核销呆坏账0万元。2018年末，个人贷款风险准备金余额18036.82万元，占个人住房贷款余额的2.10%，个人住房贷款逾期额与个人贷款风险准备金余额的比率为0.62%。

五、社会经济效益

（一）**缴存业务**：2018年，实缴单位数、实缴职工人数和缴存额同比分别增长7.02%、7.43%和12.18%。

缴存单位中，国家机关和事业单位占49.89%，国有企业占9.65%，城镇集体企业占1.29%，外商投资企业占0.99%，城镇私营企业及其他城镇企业占24.02%，民办非企业单位和社会团体占13.12%，自由职业者占0.04%，其他占1.00%。

缴存职工中，国家机关和事业单位占53.08%，国有企业占12.06%，城镇集体企业占2.11%，外商投资企业占0.88%，城镇私营企业及其他城镇企业占17.76%，民办非企业单位和社会团体占2.02%，自由职业者占11.73%，其他占0.36%；中、低收入占98.68%，高收入占1.32%。

新开户职工中，国家机关和事业单位占24.28%，国有企业占3.70%，城镇集体企业占0.97%，外商投资企业占1.48%，城镇私营企业及其他城镇企业占36.64%，民办非企业单位和社会团体占4.10%，自由职业者占28.02%，其他占0.81%；中、低收入占99.43%，高收入占0.57%。

（二）**提取业务**：2018年，9.02万名缴存职工提取住房公积金19.69亿元。

提取金额中，住房消费提取占75.69%（购买、建造、翻建、大修自住住房占22.75%，偿还购房贷款本息占52.76%，租赁住房占0.18%）；非住房消费提取占24.31%（离休和退休提取占19.63%，完全丧失劳动能力并与单位终止劳动关系提取占2.76%，户口迁出本市或出境定居占0.68%，其他占1.24%）。

提取职工中，中、低收入占98.29%，高收入占1.71%。

(三) 贷款业务：

1. **个人住房贷款**：2018 年，支持职工购建房 112.73 万平方米，年末个人住房贷款市场占有率为 34.82%，比上年减少 2.87 个百分点。通过申请住房公积金个人住房贷款，可节约职工购房利息支出 45218.15 万元。

职工贷款笔数中，购房建筑面积 90（含）平方米以下占 11.40%，90～144（含）平方米占 79.75%，144 平方米以上占 8.85%。购买新房占 78.45%，购买二手房占 21.55%。

职工贷款笔数中，单缴存职工申请贷款占 74.69%，双缴存职工申请贷款占 25.31%。

贷款职工中，30 岁（含）以下占 36.73%，30 岁～40 岁（含）占 36.75%，40 岁～50 岁（含）占 20.56%，50 岁以上占 5.96%；首次申请贷款占 93.72%，二次及以上申请贷款占 6.18%；中、低收入占 99.26%，高收入占 0.74%。

2. **异地贷款**：2018 年，发放异地贷款 823 笔 21278.20 万元。2018 年末，累计发放异地贷款总额 54608.40 万元，异地贷款余额 52327.47 万元。

3. **公转商贴息贷款**：2018 年，发放公转商贴息贷款 14428.63 万元，支持职工购建住房面积 1.95 万平方米，当年贴息额 534.74 万元。2018 年末，累计发放公转商贴息贷款 2558 笔 54265.74 万元，累计贴息 1050.05 万元。

(四) **住房贡献率**：2018 年，个人住房贷款发放额、公转商贴息贷款发放额、项目贷款发放额、住房消费提取额的总和与当年缴存额的比率为 139.80%，比上年增加 2.48 个百分点。

六、其他重要事项

(一) **机构职能及业务承办银行调整情况**：2018 年，住房公积金管理机构及职能未发生调整、新增沅江市农商银行和桃江县农商银行 2 家商业银行办理组合贷款业务。

(二) **住房公积金政策调整及执行情况**：

1. **缴存基数限额**。上限 15189 元，下限 3037.8 元。

2. **确定方法**。缴存基数上、下限原则上不超过和不低于益阳统计部门公布的上一年度职工月平均工资（5063 元）的 3 倍和 60%。

3. **缴存比例**。与 2017 年度一致，仍为 5%～12%。

4. **当年提取政策调整情况**。取消了"职工本人或配偶罹患重大疾病提取"政策；调整了无房户支付房租提取额度，每次夫妻双方提取额合计不超过 6000 元，每半年办理一次。

5. **当年个人住房贷款最高贷款额度、贷款条件等贷款政策调整情况**。最高贷款额度与 2017 年一致，仍为 35 万元。贷款政策根据国家相关文件精神以及益阳实际情况进行了调整。调整了个人贷款的连续足额缴存期限，职工（含灵活就业人员）连续足额缴存住房公积金 6 个月（含）以上且缴存状态正常的，可申请住房公积金个人住房贷款。提高了贷款首付比例，贷款首付比例不低于 30%。降低了组合贷款面积控制标准，中心城区（含资阳区、赫山区、高新区）购买住房单元建筑面积大于 105 平方米（含）的，其他区县（市）购买住房单元建筑面积大于 115 平方米（含）的，实行组合贷款。

6. **当年住房公积金存贷款利率执行标准**。职工住房公积金账户存款利率按一年期定期存款基准利率（1.5%）执行。住房公积金个人住房贷款 5 年期内（含）贷款年利率为 2.75%，5 年期以上贷款年利率为

3.25%。第二次住房公积金贷款利率上浮 10%。

(三)服务改进情况：

1. 完成高新区管理部与市营业部的分设，完成高新区管理部和安化管理部办公场地的搬迁和标准化建设。

2. 上线了财政缴存直连系统，财政单位住房公积金缴存实现秒级到账；自助贷款系统实现合作楼盘全覆盖，职工申请个人住房贷款办事更便捷。

(四)信息化建设情况：住房公积金管理系统完成招标投标程序，并进入实质建设阶段。如期完成基础数据标准工作并按要求接入了结算应用系统。

(五)住房公积金管理中心及职工所获荣誉情况：继续保持全国文明单位荣誉称号，荣获益阳市文明标兵单位、益阳市社会治安综合治理先进单位。

(六)对违反《住房公积金管理条例》和相关法规行为进行行政处罚和申请人民法院强制执行情况：2018 年 8 月 15 日，向湖南新马制衣有限公司送达《行政处罚决定书》。同年 12 月，该企业实现 407 名职工开户缴存。

郴州市住房公积金 2018 年年度报告

一、机构概况

(一)住房公积金管理委员会：住房公积金管理委员会有 23 名委员，2018 年召开 1 次会议，审议通过的事项主要包括：《关于郴州市住房公积金管理委员会成员调整情况的报告》、《关于〈郴州市住房公积金管理中心 2018 年度住房资金财务收支计划〉审核意见的说明》、《郴州市住房公积金 2017 年年度报告》、《2018 年郴州市住房公积金管理工作要点》。

(二)住房公积金管理中心：郴州市住房公积金管理中心为隶属于市人民政府不以营利为目的的自收自支事业单位，设 7 个科，12 个管理部。从业人员 160 人，其中，在编 84 人，非在编 76 人。

二、业务运行情况

(一)缴存：2018 年，新开户单位 301 家，实缴单位 4171 家，净增单位 237 家；新开户职工 2.24 万人，实缴职工 22.46 万人，净增职工 0.46 万人；缴存额 33.41 亿元，同比增长 7.64%。2018 年末，缴存总额 211.68 亿元，同比增长 18.74%；缴存余额 110.29 亿元，同比增长 12.62%。

受委托办理住房公积金缴存业务的银行 14 家，比上年减少 1 家，注销了华夏银行住房公积金专户。

(二)提取：2018 年，提取额 21.04 亿元，同比增长 31.83%；占当年缴存额的 62.98%，比上年增加 11.56 个百分点。2018 年末，提取总额 101.39 亿元，同比增长 26.19%。

(三)贷款：个人住房贷款最高额度 60 万元，其中，单缴存职工最高额度 50 万元，双缴存职工最高额度 60 万元。

2018年，发放个人住房贷款0.67万笔22.86亿元，同比分别增长19.64%、50.69%。其中，市直管理部发放个人住房贷款0.2万笔7.36亿元，北湖区管理部发放个人住房贷款0.09万笔3.43亿元，苏仙区管理部发放个人住房贷款0.06万笔2.24亿元，资兴市管理部发放个人住房贷款0.04万笔1.36亿元，桂阳县管理部发放个人住房贷款0.06万笔1.68亿元，宜章县管理部发放个人住房贷款0.06万笔1.98亿元，永兴县管理部发放个人住房贷款0.03万笔0.94亿元，嘉禾县管理部发放个人住房贷款0.02万笔0.66亿元，临武县管理部发放个人住房贷款0.03万笔1.02亿元，汝城县管理部发放个人住房贷款0.03万笔0.82亿元，桂东县管理部发放个人住房贷款0.02万笔0.67亿元，安仁县管理部发放个人住房贷款0.03万笔0.70亿元。

2018年，回收个人住房贷款9.06亿元。其中，市直管理部2.62亿元，北湖区管理部0.75亿元，苏仙区管理部0.72亿元，资兴市管理部0.71亿元，桂阳县管理部0.92亿元，宜章县管理部0.81亿元，永兴县管理部0.6亿元，嘉禾县管理部0.41亿元，临武县管理部0.41亿元，汝城县管理部0.55亿元，桂东县管理部0.23亿元，安仁县管理部0.33亿元。

2018年末，累计发放个人住房贷款7.97万笔142.96亿元，贷款余额88.31亿元，同比分别增长9.18%、19.03%、18.52%。个人住房贷款余额占缴存余额的80.07%，比上年增加3.98个百分点。

受委托办理住房公积金个人住房贷款业务的银行5家，与上年一致。

(四) **融资**：2018年未融资。年末融资总额1.3亿元，融资余额为零。

(五) **资金存储**：2018年末，住房公积金存款23.91亿元。其中，活期0.14亿元，1年（含）以下定期12.14亿元，1年以上定期6.19亿元，其他（协定、通知存款等）5.44亿元。

(六) **资金运用率**：2018年末，住房公积金个人住房贷款余额、项目贷款余额和购买国债余额的总和占缴存余额的80.07%，比上年增加3.98个百分点。

三、主要财务数据

(一) **业务收入**：2018年，业务收入32909.71万元，同比增长12.85%。其中，市本级3729.64万元，市直管理部8639.48万元，北湖区管理部2751.36万元，苏仙区管理部2482.35万元，资兴市管理部2215.81万元，桂阳县管理部2865.53万元，宜章县管理部2643.24万元，永兴县管理部1590.42万元，嘉禾县管理部1231.38万元，临武县管理部1216.97万元，汝城县管理部1579.07万元，桂东县管理部804.22万元，安仁县管理部1160.24万元；存款利息6744.04万元，委托贷款利息26088.67万元，国债利息零万元，其他77万元。

(二) **业务支出**：2018年，业务支出16470.18万元，同比增长22.72%。其中市本级792.25万元，市直管理部4646.63万元，北湖区管理部966.9万元，苏仙区管理部947.96万元，资兴市管理部1678.09万元，桂阳县管理部1747.26万元，宜章县管理部1219.61万元，永兴县管理部1062.43万元，嘉禾县管理部723.57万元，临武县管理部768.23万元，汝城县管理部744.12万元，桂东县管理部447.29万元，安仁县管理部725.84万元；支付职工住房公积金利息15666.14万元，归集手续费为零，委托贷款手续费为零，其他804.04万元。

(三) **增值收益**：2018年，增值收益16439.53万元，同比增长4.43%。其中市本级2937.39万元，市直管理部3992.86万元，北湖区管理部1784.46万元，苏仙区管理部1534.39万元，资兴市管理部

537.71 万元，桂阳县管理部 1118.27 万元，宜章县管理部 1423.63 万元，永兴县管理部 527.99 万元，嘉禾县管理部 507.81 万元，临武县管理部 448.73 万元，汝城县管理部 834.96 万元，桂东县管理部 356.93 万元，安仁县管理部 434.40 万元；增值收益率 1.59%，比上年减少 0.16 个百分点。

（四）**增值收益分配**：2018 年，提取贷款风险准备金 2759.76 万元，提取管理费用 3571.62 万元，提取城市廉租住房（公共租赁住房）建设补充资金 10108.14 万元。

2018 年，上交财政管理费用 3571.62 万元。上缴财政城市廉租住房（公共租赁住房）建设补充资金 12821.11 万元。全部由市本级统一上缴。

2018 年末，贷款风险准备金余额 17662.64 万元。累计提取城市廉租住房（公共租赁住房）建设补充资金 74569.4 万元。贷款风险准备金和城市廉租住房建设补充资金由市本级统一提取，不需各管理部自行提取。

（五）**管理费用支出**：2018 年，管理费用支出 3290.24 万元，同比下降 2.69%。其中，人员经费 2581.25 万元，公用经费 183.2 万元，专项经费 525.79 万元。

中心管理费用实行统一核算，管理部公用、专项经费实行报账制度。2018 年，市本级管理费用支出 2869.18 万元，其中，人员、公用、专项经费分别为 2581.25 万元、85.65 万元、202.28 万元；12 个管理部管理费用支出 421.06 万元，其中，人员经费由市中心统一列支，公用、专项经费分别为 97.55 万元、323.51 万元。

四、资产风险状况

2018 年末，个人住房贷款逾期额 81.76 万元，逾期率 0.09‰。其中，市直管理部 0.28‰，宜章县管理部 0.01‰，嘉禾县管理部 0.12‰，其他管理部逾期率均为零。

个人贷款风险准备金按增值收益的 2% 提取。2018 年，提取个人贷款风险准备金 2759.76 万元，未使用个人贷款风险准备金核销呆坏账。2018 年末，个人贷款风险准备金余额 17662.64 万元，占个人住房贷款余额的 2%，个人住房贷款逾期额与个人贷款风险准备金余额的比率为 0.46%。

五、社会经济效益

（一）**缴存业务**：2018 年，实缴单位数、实缴职工人数和缴存额同比分别增长 4.07%、4% 和 7.62%。

缴存单位中，国家机关和事业单位占 68.40%，国有企业占 10.07%，城镇集体企业占 1.13%，外商投资企业占 0.72%，城镇私营企业及其他城镇企业占 12.08%，民办非企业单位和社会团体占 4.29%，其他占 3.31%。

缴存职工中，国家机关和事业单位占 61.34%，国有企业占 24.85%，城镇集体企业占 0.85%，外商投资企业占 1.18%，城镇私营企业及其他城镇企业占 7.61%，民办非企业单位和社会团体占 1.52%，其他占 2.65%；中、低收入占 99.04%，高收入占 0.96%。

新开户职工中，国家机关和事业单位占 41.07%，国有企业占 20.01%，城镇集体企业占 0.69%，外商投资企业占 3.38%，城镇私营企业及其他城镇企业占 24.83%，民办非企业单位和社会团体占 2.18%，其他占 7.84%；中、低收入占 96.94%，高收入占 3.06%。

(二) 提取业务：2018年，5.51万名缴存职工提取住房公积金21.04亿元。

提取金额中，住房消费提取占69.93%（购买、建造、翻建、大修自住住房占33.02%，偿还购房贷款本息占36.66%，租赁住房占0.25%，其他占0%）；非住房消费提取占30.07%（离休和退休提取占20.97%，完全丧失劳动能力并与单位终止劳动关系提取占2.77%，户口迁出本市或出境定居占3.74%，其他占2.59%）。

提取职工中，中、低收入占97.83%，高收入占2.17%。

(三) 贷款业务：

1. **个人住房贷款**：2018年，支持职工购建房83.98万平方米，年末个人住房贷款市场占有率为27.2%，比上年增加4.85个百分点。通过申请住房公积金个人住房贷款，可节约职工购房利息支出47862.52万元。

职工贷款笔数中，购房建筑面积90（含）平方米以下占12.25%，90~144（含）平方米占72.65%，144平方米以上占15.1%。购买新房占92.08%（其中购买保障性住房占0%），购买二手房占7.69%，建造、翻建、大修自住住房占0.23%。

职工贷款笔数中，单缴存职工申请贷款占29.93%，双缴存职工申请贷款占70.07%，三人及以上缴存职工共同申请贷款占0%。

贷款职工中，30岁（含）以下占35.16%，30岁~40岁（含）占35.92%，40岁~50岁（含）占24.26%，50岁以上占4.66%；首次申请贷款占99.97%，二次及以上申请贷款占0.03%；中、低收入占99%，高收入占1%。

2. **异地贷款**：2018年，发放异地贷款803笔28224万元。2018年末，发放异地贷款总额51075万元，异地贷款余额47166.85万元。

(四) 住房贡献率：2018年，个人住房贷款发放额、公转商贴息贷款发放额、项目贷款发放额、住房消费提取额的总和与当年缴存额的比率为131.41%，比上年增加48.43个百分点。

六、其他重要事项

(一) 当年机构及职能调整情况、受委托办理缴存贷款业务金融机构变更情况：2018年市中心机构及职能未发生变化，受托办理缴存贷款业务的金融机构中注销了华夏银行的住房公积金专户，停止了华夏银行的缴存款业务。

(二) 当年住房公积金政策调整及执行情况：

1. **当年缴存基数限额及确定方法、缴存比例等缴存政策调整情况**。2018年我市行政、事业单位及职工个人住房公积金缴存比例统一调整为各12%。其他单位缴存比例为各5%~12%，具体比例由各单位根据实际情况确定。非公企业参照执行。职工本人上年度全年税前总收入金额（包括工资、奖金、年终绩效奖励和各种津补贴）除以12个月之金额为住房公积金月缴存基数。根据住房公积金缴存基数相关规定和郴州市统计局公布的上年度全市在岗职工月平均工资测算，2018年度我市单位和职工个人住房公积金月缴存额最高上限各为1824元，即两者合计不得超过3648元。为维护低收入职工的合法权益，严格执行"控高保低"政策。根据郴州市人力资源和社会保障局公布的上年度月最低工资标准测算，2018年我市住房公积金月缴存额下限为128元，即单位和职工个人月缴存额均不得低于64元。

2. **当年提取政策调整情况**。享受城镇最低生活保障的可提取公积金；缴存人或其配偶、子女、缴存人的父母患有以下九种重大疾病：（1）慢性肾衰竭（尿毒症）、（2）恶性肿瘤、（3）再生障碍性贫血、（4）慢性重型肝炎、（5）心脏瓣膜置换手术、（6）冠状动脉旁路手术、（7）颅内肿瘤开颅摘除手术、（8）重大器官移植手术、（9）主动脉手术等，并造成家庭生活特别困难的可提取缴存人账户内的存储余额；规定缴存人有骗提骗贷住房公积金行为的三年内不得提取住房公积金；制定了《郴州市灵活就业人员缴存和使用住房公积金管理办法》。

3. **当年个人住房贷款最高贷款额度、贷款条件等贷款政策调整情况**。贷款政策进行了部分调整，住房公积金贷款的最高额度为双缴职工60万元，单缴职工50万元，贷款期限最长为30年，计算还款最长年限一般不得超过国家法定退休年龄。对贷款审核资料也进行了简化，工资收入可以按职工住房公积金缴交基数推算认定，原则上不再提供工资证明。如客户对推定存疑或有特殊需要，可自行提供银行工资流水单作认定依据；《贷款申请清册表》取消单位盖章；办证时间在两年内（含两年）的不动产权证可通过契税发票进行价值认定，不需再评估抵押价值。

4. **当年住房公积金存贷款利率执行标准**。贷款年利率五年以上3.25%，五年以下（含五年）2.75%。

（三）**当年服务改进情况**：深化"一次办结"改革工作，坚持梳理流程与审批放权相结合，大幅优化办事流程，提高办事效率；深化"减证便民"专项行动，精简申请资料，先后两次共取消证明材料52项，极大的方便了办事群众；认真贯彻住房城乡建设部相关建设导则和标准，遵循经济适用、稳定可靠、安全高效、多样化和可扩展的原则，继续完善综合服务平台功能，拓展电子渠道查询与交易功能，郴州公积金互联网+政务服务平台和网上大厅全面上线运行，推动公积金服务事项网上办，做到"应上尽上、全程在线"，进一步优化网上办事大厅服务功能，借助互联网为群众提供了越来越多的便捷服务；建成了集12329热线、12329短信、网上大厅、门户网站、官方微信、手机APP、自助终端多种服务的综合服务平台，达到住房城乡建设部住房公积金信息化建设规范要求和标准，满足中心自主管理和运作的全部要求。

（四）**当年信息化建设情况**：2018年，郴州公积金业务管理系统（G系统）顺利通过住房城乡建设部"双贯标"验收，电子档案系统全面上线，为我市深化"放管服"、"一次办结"等改革提供支撑和保障，有力地提升了综合管理、服务水平和工作效率。

（五）**当年住房公积金管理中心及职工所获荣誉情况**：2018年荣获郴州市平安单位，政务服务优秀单位，综治先进单位；郴州市住房公积金管理中心市直管理部获评湖南省住房城乡建设系统2018年度公积金管理先进集体和郴州市巾帼建功先进集体；郴州市住房公积金管理中心资兴市管理部获评资兴市一站式办结优秀单位；2018年获市政府考核先进个人13人，市政府三等功1人。

永州市住房公积金2018年年度报告

一、机构概况

（一）**住房公积金管理委员会**：永州市住房公积金管理委员会有32名委员，2018年召开一次会议，审议通过的事项主要包括：2017年度住房公积金归集、使用计划执行情况和2018年度住房公积金归集、使用计划；市住房公积金2017年年度报告；市住房公积金2017年预算执行情况和2018年预算草案。并对其他重要事项进行决策，主要包括：适当调整住房公积金缴存使用政策，调整住房公积金手续费提取和使用政策，调整永州市中心城区住房公积金委托贷款银行及资金预警机制，调整市住房公积金管理中心内聘人员工资薪酬水平，增加光大银行为市住房公积金业务受托银行。

（二）住房公积金管理中心：永州市住房公积金管理中心为直属于市政府不以营利为目的的副处级事业单位，主要负责全市住房公积金的归集、提取、贷款发放与回收，以及资金核算与保值等工作。中心内设综合管理科、资金归集科、资金营运科、法规稽查科、财务核算科、信息管理科、资金结算科、人事科等8个科室，下设1个直属营业部和冷水滩管理部、零陵管理部、祁阳管理部、东安管理部、双牌管理部、道县管理部、江永管理部、江华管理部、宁远管理部、新田管理部、蓝山管理部等11个县区管理部。从业人员169人，其中，在编88人，非在编81人。

二、业务运行情况

（一）缴存：2018年，新开户单位414家，实缴单位4858家，净增单位86家；新开户职工2.44万人，实缴职工25.05万人，净增职工0.76万人；缴存额31.08亿元，同比增长13.6%。2018年末，缴存总额182.05亿元，同比增长20.59%；缴存余额100.95亿元，同比增长15.06%。

受委托办理住房公积金缴存业务的银行8家，比上年增加1家。

（二）提取：2018年，提取额17.87亿元，同比增长24.1%；占当年缴存额的57.5%，比上年增加4.87个百分点。2018年末，提取总额81.11亿元，同比增长28.26%。

（三）贷款：个人住房贷款最高额度45万元，其中，单缴存职工最高额度45万元，双缴存职工最高额度45万元。

2018年，发放个人住房贷款0.7万笔25.32亿元，同比分别增长4.48%、15.09%。其中，直属营业部发放个人住房贷款0.17万笔7.37亿元，冷水滩管理部发放个人住房贷款0.07万笔2.61亿元，零陵管理部发放个人住房贷款0.14万笔5亿元，祁阳管理部发放个人住房贷款0.05万笔1.65亿元，东安管理部发放个人住房贷款0.04万笔1.06亿元，双牌管理部发放个人住房贷款0.01万笔0.35亿元，道县管理部发放个人住房贷款0.04万笔1.28亿元，江永管理部发放个人住房贷款0.03万笔0.76亿元，江华管理部发放个人住房贷款0.06万笔2亿元，宁远管理部发放个人住房贷款0.05万笔1.9亿元，新田管理部发放个人住房贷款0.03万笔0.9亿元，蓝山管理部发放个人住房贷款0.01万笔0.44亿元。

2018年，回收个人住房贷款9.13亿元。其中，市直属营业部2.5亿元，冷水滩管理部0.78亿元，零陵管理部1.19亿元，祁阳管理部0.65亿元，东安管理部0.58亿元，双牌管理部0.24亿元，道县管理部0.49亿元，江永管理部0.3亿元，江华管理部0.72亿元，宁远管理部0.76亿元，新田管理部0.38亿元，蓝山管理部0.54亿元。

2018年末，累计发放个人住房贷款8.47万笔145.12亿元，贷款余额91.97亿元，同比分别增长9.01%、21.14%、21.35%。个人住房贷款余额占缴存余额的91.1%，比上年增加4.72个百分点。

受委托办理住房公积金个人住房贷款业务的银行9家，比上年增加1家。

（四）**资金存储**：2018年末，住房公积金存款12.99亿元。其中，活期0.67亿元，1年（含）以下定期1.17亿元，1年以上定期3.83亿元，其他（协定、通知存款等）7.32亿元。

（五）**资金运用率**：2018年末，住房公积金个人住房贷款余额、项目贷款余额和购买国债余额的总和占缴存余额的91.1%，比上年增加4.72个百分点。

三、主要财务数据

（一）**业务收入**：2018年，业务收入29832.69万元，同比增长11.31%。其中，存款利息1917.39万元，委托贷款利息27698.32万元，国债利息0万元，其他216.98万元。

（二）**业务支出**：2018年，业务支出15172.58万元，同比增长14.58%。其中，支付职工住房公积金利息14266.24万元，归集手续费174.6万元，委托贷款手续费138.49万元，其他593.25万元。

（三）**增值收益**：2018年，增值收益14660.11万元，同比增长8.11%。其中，增值收益率1.56%，比上年减少0.11个百分点。

（四）**增值收益分配**：2018年，提取贷款风险准备金3206.61万元，提取管理费用3122万元，提取城市廉租住房（公共租赁住房）建设补充资金8331.5万元。

2018年，上交财政管理费用3122万元。上缴财政城市廉租住房（公共租赁住房）建设补充资金6985万元。

2018年末，贷款风险准备金余额18364.51万元。累计提取城市廉租住房（公共租赁住房）建设补充资金33594.63万元。

（五）**管理费用支出**：2018年，管理费用支出3018.96万元，同比下降6.21%。其中，人员经费2072.86万元，公用经费550.62万元，专项经费395.48万元。

四、资产风险状况

2018年末，个人住房贷款逾期额126.77万元，逾期率0.14‰。其中，市直属营业部0.25‰，冷水滩管理部0.18‰，零陵管理部0.13‰，祁阳管理部0.01‰，东安管理部0.05‰，双牌管理部0.29‰，道县管理部0.05‰，江永管理部0.06‰，江华管理部0.03‰，宁远管理部0.08‰，新田管理部0.03‰，蓝山管理部0.22‰。

个人贷款风险准备金按贷款余额的2%提取。2018年，提取个人贷款风险准备金3206.61万元，使用个人贷款风险准备金核销呆坏账0万元。2018年末，个人贷款风险准备金余额18364.51万元，占个人住房贷款余额的2%，个人住房贷款逾期额与个人贷款风险准备金余额的比率为0.69%。

五、社会经济效益

（一）**缴存业务**：2018年，实缴单位数、实缴职工人数和缴存额同比分别增长12.12%、6.14%和13.6%。

缴存单位中，国家机关和事业单位占65.25%，国有企业占8.15%，城镇集体企业占1.03%，外商投资企业占0.62%，城镇私营企业及其他城镇企业占16.88%，民办非企业单位和社会团体占4.24%，其他占3.83%。

缴存职工中，国家机关和事业单位占 65.47%，国有企业占 14.63%，城镇集体企业占 0.72%，外商投资企业占 4.77%，城镇私营企业及其他城镇企业占 9.6%，民办非企业单位和社会团体占 2.6%，其他占 2.21%；中、低收入占 98.42%，高收入占 1.58%。

新开户职工中，国家机关和事业单位占 41%，国有企业占 8%，城镇集体企业占 0.2%，外商投资企业占 12%，城镇私营企业及其他城镇企业占 27%，民办非企业单位和社会团体占 6.5%，其他占 5.3%；中、低收入占 99.86%，高收入占 0.14%。

（二）提取业务：2018 年，5.42 万名缴存职工提取住房公积金 17.87 亿元。

提取金额中，住房消费提取占 72.58%（购买、建造、翻建、大修自住住房占 33%，偿还购房贷款本息占 39.28%，租赁住房占 0.3%，其他占 0%）；非住房消费提取占 27.42%（离休和退休提取占 22.7%，完全丧失劳动能力并与单位终止劳动关系提取占 1.58%，户口迁出本市或出境定居占 0.05%，其他占 3.09%）。

提取职工中，中、低收入占 97.86%，高收入占 2.14%。

（三）贷款业务：

1. **个人住房贷款**：2018 年，支持职工购建房 95.01 万平方米，年末个人住房贷款市场占有率为 28.54%，比上年减少 4.25 个百分点。通过申请住房公积金个人住房贷款，可节约职工购房利息支出 4182 万元。

职工贷款笔数中，购房建筑面积 90（含）平方米以下占 4.07%，90~144（含）平方米占 74.48%，144 平方米以上占 21.45%。购买新房占 94.08%（其中购买保障性住房占 0%），购买二手房占 4.88%，建造、翻建、大修自住住房占 1.04%，其他占 0%。

职工贷款笔数中，单缴存职工申请贷款占 67.14%，双缴存职工申请贷款占 32.86%，三人及以上缴存职工共同申请贷款占 0%。

贷款职工中，30 岁（含）以下占 32.05%，30 岁~40 岁（含）占 38.73%，40 岁~50 岁（含）占 22.12%，50 岁以上占 7.1%；首次申请贷款占 91.36%，二次及以上申请贷款占 8.64%；中、低收入占 99.57%，高收入占 0.43%。

2. **异地贷款**：2018 年，发放异地贷款 1267 笔 43740 万元。2018 年末，发放异地贷款总额 89986 万元，异地贷款余额 83365.45 万元。

3. **公转商贴息贷款**：2018 年，发放公转商贴息贷款 0 笔 0 万元，支持职工购建住房面积 0 万平方米，当年贴息额 403.5 万元。2018 年末，累计发放公转商贴息贷款 1059 笔 35807.4 万元，累计贴息 1194.14 万元。

（四）住房贡献率：2018 年，个人住房贷款发放额、公转商贴息贷款发放额、项目贷款发放额、住房消费提取额的总和与当年缴存额的比率为 123.2%，比上年增加 4.41 个百分点。

六、其他重要事项

（一）当年机构及职能调整情况、受委托办理缴存贷款业务金融机构变更情况：2018 年，永州市住房公积金管理中心机构及职能未做调整；受委托办理住房公积金缴存、贷款业务金融机构新增一家，即光大银行。

（二）当年住房公积金政策调整及执行情况：

1. 当年缴存基数限额及确定方法、缴存比例等缴存政策调整情况

最高、最低缴存额：严格按照市住房公积金管理委员会二届八次会议纪要及相关规定执行，即：（1）2018 年 1~6 月，市住房公积金月缴存额为单位和个人最高均不得高于 1574 元/月，最低均不得低于 57 元/月；（2）2018 年 7~12 月，市住房公积金月缴存额为单位和个人最高均不得高于 1686 元/月，最低均不得低于 64 元/月。

缴存比例：2018 年度住房公积金缴存比例单位和个人最低均不得低于 5%，最高均不得高于 12%。

2. 当年提取政策调整情况

（1）调整租房提取公积金月最高限额。职工连续足额缴存住房公积金满 3 个月，在永州市行政区域内现工作地无自有住房且租赁住房自住的，可申请提取夫妻双方住房公积金支付房租。职工租住公共租赁住房的，每年提取额为房租实际发生额；租住商品住房的，不得超过每月 1200 元。

（2）取消建房面积上限按 300m² 计算的规定。缴存职工建房使用住房公积金的，其建房面积按建设工程规划许可证（建设工程施工许可证）上载明的实际建筑面积计算。取消"根据造价部门公布的建房成本价格乘以 300 平方米（低于 300 平方米的按实际计算）再加上土地价格合计计算支取和贷款总金额"的规定。

（3）规范同一套住房多次交易购房提取的行为。对同一套住房发生购房提取住房公积金行为后，6 个月内（含 6 个月）再次发生交易的，不予提取住房公积金。

3. 当年个人住房贷款最高贷款额度、贷款条件等贷款政策调整情况

（1）取消单独质押担保方式。取消借款人单独用住房公积金账户余额和有价证券、存单等凭证作质押的担保方式，住房公积金贷款担保以所购住房抵押为主，当抵押物不足值的，可将本人及配偶住房公积金账户余额一并质押，质押金额为抵押物不足值部分。

（2）调整建房评估对象和范围。严格执行永金管委〔2016〕3 号关于新房、二手房、一年以上的商品房的评估对象、范围和价值，对用自建住房（门面）作抵押物的，可以依据当地政府、税务部门公布的住宅均价或建房成本认定抵押物价值，如借款人对认定的价值有异议的可以申请评估，费用由借款人自行承担。

4. 当年住房公积金存贷款利率执行标准等

（1）当年住房公积金存款利率执行情况：根据中国人民银行、住房城乡建设部、财政部印发《关于完善职工住房公积金账户存款利率形成机制的通知》（银发〔2018〕43 号）的规定，2018 年住房公积金存款利率统一执行 1.50%。

（2）当年住房公积金贷款利率执行情况：根据《中国人民银行关于下调金融机构人民币贷款和存款基准利率并进一步推进利率市场化改革的通知》（银发〔2015〕325 号）的规定，2018 年住房公积金贷款利率执行 5 年以下（含 5 年）2.75%，5 年以上 3.25%；二次住房公积金贷款，贷款利率按基准利率的 1.1 倍执行。

（三）当年服务改进情况：严格执行一次告知制、首问负责制、限时办结制和服务承诺制等服务制度，并结合实际推出了周六上午照常上班服务制、延迟下班服务制、预约上门服务制等特色服务。重新制定、修改和完善了住房公积金业务办理实施细则、操作规程和操作手册，优化推出"住房公积金＋建设银行"

组合贷款，大幅优化、简化和压缩住房公积金业务办理流程、要件和资料等。以群众办事"只跑一次、一次不跑"为目标，主动适应和融入"互联网＋政务服务"，住房公积金归集、提取业务办理事项全部进驻市政务服务一体化平台。联合市不动产登记中心推出"公积金＋不动产"主题套餐服务，对住房公积金个人住房贷款业务及其涉及的相关不动产登记业务，采取"联合办公、共同受理、共同办理"的模式，实现在住房公积金业务大厅"只进一扇门"、"只跑一次"的目标。

（四）当年信息化建设情况：上线运行住房公积金新业务操作系统，顺利通过住房城乡建设部"双贯标"验收，推出住房公积金手机APP，筹备搭建住房公积金综合服务平台，通过网上营业厅、手机APP、微博、微信、12329热线、自助客户端等渠道推出网上业务办理和查询，实现单位缴存业务、个人提取业务网上办理，开发商业务网上申报，按月对冲还贷业务网上签约，提高住房公积金业务离柜率。

（五）当年住房公积金管理中心及职工所获荣誉情况：中心获2017年度市优化经济环境先进（满意）单位、市社会治安综合治理先进单位和市文明标兵单位。中心四个党支部均考评为2017年度市"五化"建设优秀党支部，二支部评为2018年市"五化"建设示范党支部。所属江华管理部获省"文明窗口单位"；祁阳、江永、江华管理部获市"巾帼文明岗"；东安、祁阳、双牌、道县、江永管理部获市"青年文明号"；东安管理部获市、县两级"五四红旗团支部"。零陵管理部获2017年度零陵区经济社会发展综合考核"先进单位"，双牌管理部获双牌县"最美机关"。蒋慕蓉获省"湖南诚信好青年"、市"青年岗位能手"和东安县"优秀团干"，赵小玉、谭玮获市"巾帼建功标兵"，涂梽茳、唐超获市"青年岗位能手"，唐超、谭玮获市"优秀团干"，罗卿、蒋青石获市"优秀团员"，朱鑫、胡俊磊获市"青年志愿者优秀个人"，涂梽茳获江华县"脱贫攻坚先进个人"，唐丽娟获零陵区"脱贫攻坚先进个人"，刘建华获江华县"农村危房改造工作先进个人"。

（六）当年对住房公积金管理人员违规行为的纠正和处理情况等：2018年度，中心不断加大和创新业务稽核方式、手段和覆盖面，及时查处、纠正和整改违规行为、不规范操作问题，全年共开展了3次业务现场稽核、465卷提取业务抽样送审稽核和5.4万余笔网上稽核，发布了5个业务稽核通报和1个专项稽核通报，对发现的问题及时进行了交办和督促整改，对相关责任人进行了处罚，对极个别管理部还进行了业务整顿和中心主任约谈。

怀化市住房公积金2018年年度报告

一、机构概况

（一）住房公积金管理委员会。怀化市住房公积金管理委员会（以下简称管委会）有27名委员，2018年召开两次会议。3月22日召开的四届三次会议审议通过的事项主要包括：《关于2017年住房公积金管理工作情况和2018年工作设想汇报》、《关于2017年住房公积金归集使用与增值收益计划执行情况及2018

年计划预算的审核意见》、《怀化市住房公积金 2017 年年度报告》和《关于严厉打击住房公积金骗取骗贷行为的通知》；11 月 12 日召开的四届四次会议审议通过的事项主要包括：《关于 2018 年 1～10 月全市住房公积金管理工作情况汇报》、《关于市住房公积金管理中心 2018 年度预算调整和 2019 年专项资金预算项目立项的审核意见》和《关于〈怀化市住房公积金管理委员会章程〉修改情况说明》。

（二）住房公积金管理中心。住房公积金管理中心为怀化市人民政府的不以营利为目的的自收自支事业单位，设 7 个科室，13 个管理部。从业人员 125 人，其中，在编 86 人，非在编 39 人。

二、业务运行情况

（一）缴存：2018 年，新开户单位 210 家，实缴单位 5673 家，净增单位 205 家；新开户职工 18147 人，实缴职工 218340 人，净增职工 8431 人；缴存额 26.99 亿元，同比增长 7.27%。2018 年末，缴存总额 170.83 亿元，同比增长 18.77%；缴存余额 90.25 亿元，同比增长 12.12%。

受委托办理住房公积金缴存业务的银行 8 家，与上年一样。

（二）提取：2018 年，提取额 17.25 亿元，同比增长 20.8%；占当年缴存额的 63.92%，比上年增加 7.17 个百分点。2018 年末，提取总额 80.58 亿元，同比增长 27.20%。

（三）贷款：个人住房贷款最高额度 50 万元，其中，单缴存职工最高额度 50 万元，双缴存职工最高额度 50 万元。

2018 年，发放个人住房贷款 5841 笔 19.27 亿元，同比分别增长 3.81%、17.29%。

2018 年，回收个人住房贷款 9.41 亿元。

2018 年末，累计发放个人住房贷款 77577 笔 135.71 亿元，贷款余额 83.89 亿元，同比分别增长 8.15%、16.56%、13.32%。个人住房贷款余额占缴存余额的 92.94%，比上年增加 0.97 个百分点。

受委托办理住房公积金个人住房贷款业务的银行 7 家，与上年一样。

（四）资金存储：2018 年末，住房公积金存款 8.13 亿元。其中，活期 5.90 亿元，1 年（含）定期 2.23 亿元。

（五）资金运用率：2018 年末，住房公积金个人住房贷款余额、项目贷款余额和购买国债余额的总和占缴存余额的 92.94%，比上年增加 0.97 个百分点。

三、主要财务数据

（一）业务收入：2018 年，业务收入 29304.76 万元，同比增长 14.16%。其中，存款利息 3018.92 万元，委托贷款利息 26284.09 万元，其他 1.75 万元。

（二）业务支出：2018 年，业务支出 13157.08 万元，同比增长 14.05%。其中，支付职工住房公积金利息 13143.79 万元，其他 13.29 万元。

（三）增值收益：2018 年，增值收益 16147.68 万元，同比增长 14.25%。2019 年增值收益率为 1.92%，比上年增加 0.02 个百分点。

（四）增值收益分配：2018 年，提取贷款风险准备金 1971.68 万元，提取管理费用 2959.39 万元，提取城市廉租住房（公共租赁住房）建设补充资金 11216.61 万元。

2018 年，上交财政管理费用 2256.21 万元。上缴财政城市廉租住房（公共租赁住房）建设补充资金

8941.29万元。

2018年末，贷款风险准备金余额16777.89万元。累计提取城市廉租住房（公共租赁住房）建设补充资金58590.26万元。

（五）**管理费用支出**：2018年，管理费用实际支出3228.15万元，同比增长3.04%。其中，人员经费1801.42万元，公用经费549.72万元，专项经费877.01万元。

四、资产风险状况

2018年末，个人住房贷款逾期额90.87万元，逾期率0.108‰。

个人贷款风险准备金按（贷款余额或增值收益）的2%提取。2018年，提取个人贷款风险准备金1971.68万元，使用个人贷款风险准备金核销呆坏账0万元。2018年末，个人贷款风险准备金余额16777.89万元，占个人住房贷款余额的2%，个人住房贷款逾期额与个人贷款风险准备金余额的比率为0.55%。

五、社会经济效益

（一）**缴存业务**：2018年，实缴单位数、实缴职工人数和缴存额同比分别增长3.75%、22.1%和7.27%。

缴存单位中，国家机关和事业单位占60.59%，国有企业占24.15%，城镇集体企业占0.33%，外商投资企业占0.21%，城镇私营企业及其他城镇企业占8.73%，民办非企业单位和社会团体占3.21%，其他占2.79%。

缴存职工中，国家机关和事业单位占71.11%，国有企业占15.76%，城镇集体企业占0.17%，外商投资企业占0.46%，城镇私营企业及其他城镇企业占5.89%，民办非企业单位和社会团体占4.15%，个人自愿缴存和其他占2.44%；中、低收入占98.26%，高收入占1.74%。

新开户职工中，国家机关和事业单位占44.03%，国有企业占7.1%，城镇集体企业占0.45%，外商投资企业占0.78%，城镇私营企业及其他城镇企业占20.64%，民办非企业单位和社会团体占7.91%，个人自愿缴存和其他占19.08%；中、低收入占99.67%，高收入占0.33%。

（二）**提取业务**：2018年，58224名缴存职工提取住房公积金17.23亿元。

提取金额中，住房消费提取占74.53%（购买、建造、翻建、大修自住住房占26.46%，偿还购房贷款本息占47.72%，租赁住房占0.35%，其他占0%）；非住房消费提取占25.47%（离休和退休提取占20.41%，完全丧失劳动能力并与单位终止劳动关系提取占3.71%，户口迁出本市或出境定居占0.41%，其他占0.93%）。

提取职工中，中、低收入占98.29%，高收入占1.71%。

（三）**贷款业务**：

1. **个人住房贷款**：2018年，支持职工购建房75.13万平方米，年末个人住房贷款市场占有率为21.35%，比上年减少2.89个百分点。通过申请住房公积金个人住房贷款，可节约职工购房利息支出34914.07万元。

职工贷款笔数中，购房建筑面积90（含）平方米以下占8.26%，90～144（含）平方米占77.54%，144平方米以上占14.2%。购买新房占88.14%（其中购买保障性住房占0%），购买二手房占11.64%，

建造、翻建、大修自住住房占 0.22%。

职工贷款笔数中,单缴存职工申请贷款占 35.11%,双缴存职工申请贷款占 64.33%,三人及以上缴存职工共同申请贷款占 0.56%。

贷款职工中,30 岁(含)以下占 38.98%,30 岁～40 岁(含)占 33.04%,40 岁～50 岁(含)占 23.8%,50 岁以上占 4.18%;首次申请贷款占 89.01%,二次及以上申请贷款占 10.99%;中、低收入占 99.33%,高收入占 0.67%。

2. 异地贷款:2018 年,发放异地贷款 149 笔 5263 万元。2018 年末,发放异地贷款总额 16040.5 万元,异地贷款余额 10155.78 万元。

(四)住房贡献率:2018 年,个人住房贷款发放额、公转商贴息贷款发放额、项目贷款发放额、住房消费提取额的总和与当年缴存额的比率为 118.98%,比上年增加 13.39 个百分点。

六、其他重要事项

(一)当年住房公积金政策调整及执行情况:

1. 缴存基数限额调整情况及确定方法。

(1)缴存基数限额。经怀化市住房公积金管理委员会批准,同意自 2018 年起扩大住房公积金缴存比例浮动区间,全市住房公积金缴存比例浮动区间为 5%～12%,缴存单位可在此区间内自主确定住房公积金缴存比例;同意缴存限额标准,2018 年度怀化市在岗职工住房公积金最高月缴存额为 3724 元;市直、鹤城区、中方县在岗职工住房公积金最低月缴存额为 128 元;沅陵县、辰溪县、溆浦县、麻阳县、新晃县、芷江县、洪江市、洪江区、会同县、靖州县、通道县等 11 个县市区在岗职工住房公积金最低月缴存额为 114 元。

(2)缴存基数确定方法。我市职工住房公积金缴存基数由怀化市住房公积金管理中心每年核准调整一次。职工月缴存基数按照职工本人上年度全年税前总收入额(包括工资、奖金、年终绩效奖励和各种津补贴)除以 12 个月的方式核算确定,但目前我市暂未将奖金纳入缴存基数核算。个体工商户、自由职业者等新市民住房公积金缴存基数为其上一年度月平均收入,且不得低于上年度怀化市统计部门公布的在岗职工月平均工资额、不得高于上年度怀化市统计部门公布的在岗职工月平均工资额的 3 倍。缴存比例按 10%至 24%申报。

(3)规范全市银行业机构职工月缴存基数。按照《关于规范和阶段性适当降低住房公积金缴存比例的通知》(湘建金〔2016〕124 号)、《湖南省住房和城乡建设厅关于规范湖南省银行业机构职工住房公积金缴存的通知》(湘建金〔2018〕30 号),全面规范了银行业机构职工住房公积金缴存,自 2018 年 7 月 1 日起,对驻怀中央、省属的所有单位的月缴存基数一律按不得突破当地统计部门对外公布的月平均工资的 3 倍执行,并在业务管理系统内进行了预警设置,做到系统自动控制,杜绝人为干预。

2. 缴存比例调整情况。2018 年度怀化市单位和职工住房公积金缴存比例执行 5%～12%的标准;2018 年,全市共有 2 个县调整了缴存比例,即辰溪县将财政供养人员缴存比例由 7%提高至 12%,会同县由 12%下调至 10%。

3. 当年提取政策调整情况。

(1)正常提取,主要依据 2018 年 3 月 14 日在《怀化日报》公开发布的《怀化市住房公积金管理中心关于印发〈怀化市住房公积金缴存管理办法〉等管理办法的通知》(怀市公积金发〔2018〕7 号)中的

《怀化市住房公积金提取管理办法》。

（2）租房提取，对无房缴存职工租赁自住提取标准，主要依据《怀化市人民政府办公室关于促进住房消费的实施意见》（怀政办发〔2016〕37号），即未婚单身在市城区租房每月最高提取700元，其他县市区租房每月最高提取600元，已婚缴存职工（含配偶）在市城区租房每月最高提取1300元，其他县市区租房每月最高提取1200元。

（3）调整部分提取政策，为保障刚性住房需求和改善性住房需求，中心于2018年9月29日适时出台《关于调整住房公积金使用有关政策的通知》，从10月1日起，对第一次使用住房公积金购、建第一套住房解决刚性需求的，可以又取又贷，只提取不贷款的，可多次提取购房缴存人本人、配偶及直系亲属的住房公积金，但多次提取总额不得超过总房价；第二次使用住房公积金购、建第二套住房解决改善性需求的，只取不贷或只贷不取，提取住房公积金的只限于多次提取购房缴存人本人和配偶的住房公积金余额，多次提取总额不得超过总房价；首次购建房提取相关资料，第二次提取时依然适用，每年可办理一次。停止第三套次使用住房公积金购建房贷款、提取住房公积金；同一年度内不办理不同房屋的提取业务。自贷款后第二个还款月起，可以申请住房公积金按月冲抵，冲抵还贷只限于使用夫妻双方的住房公积金，且需确保冲抵人的住房公积金缴存账户内每月至少留存6个月缴存额。

4. 当年个人住房贷款最高贷款额度、贷款条件等贷款政策调整情况。自2017年1月起，中心将最高可贷额度上调至50万元，2018年最高贷款额度保持不变；贷款条件主要依据2018年3月14日在《怀化日报》公开发布的《怀化市住房公积金管理中心关于印发〈怀化市住房公积金缴存管理办法〉等管理办法的通知》（怀市公积金发〔2018〕7号）中的《怀化市住房公积金个人住房贷款管理办法》。

5. 存贷利率调整及执行情况。住房公积金存款利率严格执行中国人民银行、住房和城乡建设部、财政部印发《关于完善职工住房公积金账户存款利率形成机制的通知》（银发〔2016〕43号）规定，统一按一年期定期存款基准利率1.5%执行。个人住房公积金住房贷款利率严格按国家规定执行，即贷款期限5年以下（含5年）的按年利率2.75%执行，5年以上的按年利率3.25%执行；二套房贷在基准利率基础上上浮10%。

（二）当年服务改进情况：

一是持续完善服务网点环境。中心全面改善了服务网点办公服务环境，各管理部服务窗口硬件设施严格按照住房城乡建设部和发改委（建标162-2012）文件规定标准建设。目前，中心机关及11个管理部办公楼全部按照规定的建设标准要求完成装修并搬迁入住，全市除麻阳、洪江市外全部入住新办公服务场所，中心及13个管理部全部按照住房城乡建设部相关要求配备标准化机房及相关软硬件设施，统一了标识，全面实行了标准化建设、规范化管理，服务环境得到全面改善，文明服务实现了全域提质。二是持续优化提升文明服务。中心在持续严抓一次性告知、首问负责、限时办结、延时服务、上门服务、集中服务、预约服务等文明服务制度执行的同时，结合实际对柜台"6+6"服务礼仪流程实行了动态优化、完善，将"站相迎、笑相问、双手接、快准办、双手递、站相送"的流程优化为"举手迎、笑相问、双手接、快准办、双手递、目相送"，让员工便于操作、让群众倍感亲切，更好地提升了服务效率。同时以推行"8S"现场管理为抓手，围绕精益现场、精益流程、精益礼仪、精益服务"四个精益"，突出人、物、事、环境"四位一体"，做到人员业务精益到位、物品摆放精益定位、环境优美精益品位、服务优质高效满意。通过实行值班领导每周不少于2次日常巡查、内务定位管理常态化巡查，创新出台《怀化市住房公积金管理中心关于推行"神秘人"制度的通知》、《怀化市住房公积金管理中心工作人员轻微违规行为24分制》，外聘"神秘人"不定期明察暗访、突击检查等措施，进一步加强了对全员作风和服务的全过程内部监管。三是持续健全综合服务平台，全面推进"最多跑一次"。进一步加强与公安、民政、房产、不动产、社保、税务、工商等相关部门的沟通协作和信息联网共享，与省民政厅实现了联网，实现跨部门、跨行业信息互联互通。持续深入推进了"互联网＋住房公积金服务"，全面梳理公布了行政权力事项目录及实施清单，目前事项清理完成率、实施清单发布率、事项网上可办率、实现共享目录比率均达到100%。结合广大缴存人诉求，开通了手机公积金APP及个人版、单位版、开发商版网上业务大厅，实现了微信查询公积金，加快了建设网上服务大厅并完善相关功能，加强了多渠道政民互动。同时，按照《湖南省人民政府办公厅印发〈关于全面推行"马上办网上办就近办一次办"改革深入推进审批服务便民化实施方案〉的通知》、《中共怀化市委办公室怀化市人民政府办公室关于印发〈怀化市深化"放管服"改革优化经济发展环境整治方案〉的通知》及《中共怀化市委办公室怀化市人民政府办公室关于印发〈怀化市深化"最多跑一次"改革实施方案〉的通知》精神，中心印发了《怀化市住房公积金管理中心落实"最多跑一次"改革实施方案》，目前清理中心"最多跑一次"事项清单共30项，其中已实现"最多跑一次27项"、"就近办"9项、"马上办"25项、"网上办"11项。

（三）当年信息化建设情况：2018年以来，按照（建金〔2016〕14号）文件要求，中心围绕"全力提升现代智能支撑和打造综合服务平台"精准发力。一是进一步完善了"四个平台建设"。进一步加强与住房城乡建设部异地转移接续平台、银行实时结算平台、省12329综合服务平台、"智慧怀化"大数据平台"四个平台建设"精准对接，进一步完善了功能，安排了微信平台联络员，加入全国联络员微信群。二是全面接入住房城乡建设部银行结算系统。目前每笔业务交易成功后，以银行到账通知为业务记账依据，系统能根据银行交易流水号，自动匹配交易记录，自动记业务账，实时生成财务凭证，从而实现业务账、财务账、资金账三账合一，从原来分类管理实现提升到综合柜员管理。三是进一步优化升级改造业务信息系统。中心坚持以问题为导向，以最新标准为准绳，以落实"双贯标"整改和电子化检查整改要求为契机，望闻问切查原因，严格整改纠偏差，持续优化防风险，对基础数据、提取类、贷款类、财务管理类等相关系统操作和功能进行了规范优化，所有业务实行"机控"管理，减少人为干预，全程实现通透式管理。

（四）当年住房公积金管理中心及职工所获荣誉情况：2018年，中心继续保持了"全国文明单位"荣誉称号，沅陵县管理部继续保持了"省青年文明号"荣誉称号。

（五）当年对违反《住房公积金管理条例》和相关法规行为进行行政处罚和申请人民法院强制执行情况：全年共依法处理相关诉讼案件12起，其中逾期贷款案件2起，法院强制执行扣划提出执行异议及复议案件5起，应诉案件1起，申请优先受偿债权登记案件4起，积极主动协助法院办理符合提取条件扣划及查询案件。

（六）当年对住房公积金管理人员违规行为的纠正和处理情况等：全年中心对13个管理部和相关业务科室开展了2次日常业务全面稽核，对稽核发现的问题严格按照《怀化市住房公积金管理中心工作人员工作过错责任追究办法》进行纠错问责，切实做到了防微杜渐；下发稽核报告28份，下达整改意见86条，纠正5类违规行为，问责处罚了10人次，对4人次违反作风建设规定的现象给予了内部通报批评。

娄底市住房公积金 2018 年年度报告

一、机构概况

（一）住房公积金管理委员会：住房公积金管理委员会有 29 名委员，2018 年召开 1 次会议，审议通过的事项主要包括：审议并通过了市住房公积金管委会办公室关于调整和充实市住房公积金管委会部分委员的建议方案，听取并审议了市住房公积金管理中心关于 2017 年工作情况和 2018 年工作安排的汇报，听取了监管小组 2017 年全市住房公积金工作管理监督情况的汇报，并就有关工作进行了研究和决策。会议决定了 2018 年要完成的各项经济指标任务。会议强调 2018 年的市住房公积金管理工作要更加注重的几个方面：一是更加注重资金安全和风险防控能力。二是更加注重资金归集的扩面提量。三是更加注重住房公积金资金使用效益的提高。四是更加注重做实住房公积金管理委员会和监管小组的职能。

（二）住房公积金管理中心：住房公积金管理中心为直属市人民政府的不以营利为目的的自收自支事业单位，设 8 个科，7 个管理部，从业人员 109 人，其中，在编 61 人，非在编 48 人。

二、业务运行情况

（一）缴存：2018 年，新开户单位 252 家，实缴单位 2687 家，净增单位 226 家；新开户职工 1.68 万人，实缴职工 18.34 万人，净增职工 0.9 万人；缴存额 24.38 亿元，同比增长 21.59%。2018 年末，缴存总额 154.21 亿元，同比增长 18.78%；缴存余额 75.9 亿元，同比增长 17.54%。

受委托办理住房公积金缴存业务的银行 7 家，与上年持平。

（二）提取：2018 年，提取额 13.05 亿元，同比下降 3.22%；占当年缴存额的 53.54%，比上年减少 13.73 个百分点。2018 年末，提取总额 78.31 亿元，同比增长 20.02%。

（三）贷款：个人住房贷款最高额度 50 万元，其中，单缴存职工最高额度 50 万元，双缴存职工最高额度 50 万元。

2018 年，发放个人住房贷款 0.51 万笔 16.26 亿元，同比分别下降 4.86%、增长 6.03%。其中，市中心发放个人住房贷款 0.51 万笔 16.26 亿元。

2018 年，回收个人住房贷款 7.47 亿元。其中，市中心 7.47 亿元。

2018 年末，累计发放个人住房贷款 7.83 万笔 116.22 亿元，贷款余额 63.39 亿元，同比分别增长 6.95%、16.25%、16.09%。个人住房贷款余额占缴存余额的 83.52%，比上年减少 1.05 个百分点。

受委托办理住房公积金个人住房贷款业务的银行 7 家，同比减少 1 家。

（四）资金存储：2018 年末，住房公积金存款 15.46 亿元。其中，活期 0.22 亿元，1 年（含）以下定期 1.5 亿元，1 年以上定期 10.67 亿元，其他（协定、通知存款等）3.07 亿元。

（五）资金运用率：2018 年末，住房公积金个人住房贷款余额、项目贷款余额和购买国债余额的总和占缴存余额的 83.52%，比上年减少 1.05 个百分点。

三、主要财务数据

（一）业务收入：2018 年，业务收入 23248.13 万元，同比增长 18.05%。其中，市中心 23248.13 万元；存款利息 3901.88 万元，委托贷款利息 19346.25 万元，国债利息 0 万元，其他 0 万元。

（二）业务支出：2018 年，业务支出 10562.41 万元，同比下降 2.55%。其中，市中心 10562.41 万元；支付职工住房公积金利息 9851.6 万元，归集手续费 121.88 万元，委托贷款手续费 514.03 万元，其他 74.89 万元。

（三）增值收益：2018 年，增值收益 12685.72 万元，同比增长 43.27%。其中，市中心 12685.72 万元；增值收益率 1.81%，比上年增加 0.37 个百分点。

（四）增值收益分配：2018 年，提取贷款风险准备金 2635.63 万元，提取管理费用 2576 万元，提取城市廉租住房（公共租赁住房）建设补充资金 7474.09 万元。

2018 年，上交财政管理费用 2576 万元。上缴财政城市廉租住房（公共租赁住房）建设补充资金 7474.09 万元。其中，市中心上缴 7474.09 万元。

2018 年末，贷款风险准备金余额 19018.20 万元。累计提取城市廉租住房（公共租赁住房）建设补充资金 45914.8 万元。其中，市中心提取 45914.80 万元。

（五）管理费用支出：2018 年，管理费用支出 3014.32 万元，同比增长 26.29%。其中，人员经费 1925.39 万元，公用经费 427.96 万元，专项经费 660.97 万元。

市中心管理费用支出 3014.32 万元，其中，人员、公用、专项经费分别为 1925.39 万元、427.96 万元、660.97 万元。

四、资产风险状况

2018 年末，个人住房贷款逾期额 352.63 万元，逾期率 0.6‰。其中，市中心 0.6‰。

个人贷款风险准备金按贷款余额的 3% 提取。2018 年，提取个人贷款风险准备金 2635.64 万元，使用个人贷款风险准备金核销呆坏账 0 万元。2018 年末，个人贷款风险准备金余额 19018.20 万元，占个人住房贷款余额的 3%，个人住房贷款逾期额与个人贷款风险准备金余额

五、社会经济效益

（一）缴存业务：2018 年，实缴单位数、实缴职工人数和缴存额同比分别增长 51.98%、29.51% 和 21.59%。

缴存单位中，国家机关和事业单位占 66.65%，国有企业占 10.64%，城镇集体企业占 2.23%，外商投资企业占 0.52%，城镇私营企业及其他城镇企业占 8.60%，民办非企业单位和社会团体占 1.53%，其他占 9.83%。

缴存职工中，国家机关和事业单位占 56.63%，国有企业占 23.93%，城镇集体企业占 3.91%，外商投资企业占 0.52%，城镇私营企业及其他城镇企业占 9.84%，民办非企业单位和社会团体占 0.58%，其他占 4.59%；中、低收入占 98.56%，高收入占 1.44%。

新开户职工中，国家机关和事业单位占 28.89%，国有企业占 21.60%，城镇集体企业占 4.17%，外

商投资企业占 1.79%，城镇私营企业及其他城镇企业占 23.45%，民办非企业单位和社会团体占 2.68%，其他占 17.42%；中、低收入占 99.20%，高收入占 0.80%。

（二）提取业务：2018 年，4.08 万名缴存职工提取住房公积金 13.05 亿元。

提取金额中，住房消费提取占 73.56%（购买、建造、翻建、大修自住住房占 42.27%，偿还购房贷款本息占 30.41%，租赁住房占 0.88%，其他占 0%）；非住房消费提取占 26.44%（离休和退休提取占 21.71%，完全丧失劳动能力并与单位终止劳动关系提取占 2.94%，户口迁出本市或出境定居占 0.57%，其他占 1.22%）。

提取职工中，中、低收入占 95.38%，高收入占 4.62%。

（三）贷款业务：

1. **个人住房贷款**：2018 年，支持职工购建房 117.10 万平方米，年末个人住房贷款市场占有率为 29.79%，比上年减少 3.21 个百分点。通过申请住房公积金个人住房贷款，可节约职工购房利息支出 2668.73 万元。

职工贷款笔数中，购房建筑面积 90（含）平方米以下占 9.19%，90~144（含）平方米占 63.56%，144 平方米以上占 27.25%。购买新房占 22%（其中购买保障性住房占 0%），购买二手房占 72%，建造、翻建、大修自住住房占 3%，其他占 3%。

职工贷款笔数中，单缴存职工申请贷款占 24.04%，双缴存职工申请贷款占 75.96%，三人及以上缴存职工共同申请贷款占 0%。

贷款职工中，30 岁（含）以下占 21.36%，30 岁~40 岁（含）占 40.21%，40 岁~50 岁（含）占 28.67%，50 岁以上占 9.76%；首次申请贷款占 98.33%，二次及以上申请贷款占 1.67%；中、低收入占 88%，高收入占 12%。

2. **异地贷款**：2018 年，发放异地贷款 568 笔 18644 万元。年末，发放异地贷款总额 50173 万元，异地贷款余额 44559.01 万元。

（四）住房贡献率：2018 年，个人住房贷款发放额、公转商贴息贷款发放额、项目贷款发放额、住房消费提取额的总和与当年缴存额的比率为 105%，比上年减少 23.71 个百分点。

六、其他重要事项

1. 2018 年住房公积金信息管理系统升级，并无缝对接电子档案系统。

2. 在管理中心贷款次数由原来的不限制调整为不超过 2 次；第 2 套房首付款比例由原来的 20% 提高到 40%。

3. 当年缴存基数限额及确定方法、缴存比例调整情况。

（1）缴存基数。2018 年住房公积金缴存基数为职工本人上一年度月平均工资，即职工上一年度个人工资总额（包括工资、奖金、年终绩效奖励和各种津补贴）除以 12 个月的金额，最高不得超过市统计局公布的上一年度全市在岗职工月平均工资的 3 倍（13326 元），最低不得低于上一年度的娄底市最低工资标准（1130 元）。凡超过 3 倍的，一律予以规范调整，在上下限范围内的据实计算，低于娄底市最低工资标准的按最低工资标准计算。

（2）缴存比例。根据《住房城乡建设部、财政部、人民银行关于改进住房公积金缴存机制进一步降低企业成本的通知》（建金〔2018〕45号）要求，2018年，单位和职工住房公积金缴存比例下限分别为5％，上限分别最高不得超过12％。单位和职工的住房公积金缴存比例应当相同，同一单位的职工住房公积金缴存比例应当相同。

（3）月缴存额。住房公积金月缴存额＝月缴存基数×单位缴存比例＋月缴存基数×职工缴存比例。住房公积金月缴存额计算到元（单位和个人部分均逢分逢角进元，不能为小数）。

（4）2018年度我市职工住房公积金月最高缴存额为3200元，即单位和个人月缴存额均不得超过1600元。最低合计不得低于114元。

湘西土家族苗族自治州住房公积金2018年年度报告

一、机构概况

（一）**住房公积金管理委员会**：住房公积金管理委员会有27名委员，2018年召开2次会议，审议通过的事项主要包括：《关于2018年委员变动及调整建议情况的报告》、《州住房公积金管理中心工作报告》、《湘西自治州住房公积金2017年年度报告》、《湘西自治州住房公积金管理中心2017年预算执行情况与2018年预算草案审查结果的报告》、《关于2017年各县市政府、湘西经开区管委会和州住房公积金管理中心考核情况的通报》、《关于与湖南长银担保投资有限公司解除合作的重大事项报告》、《2018年湘西州住房公积金管理责任目标任务书》、《湘西自治州住房公积金管理中心关于规范和调整住房公积金贷款若干政策的通知》、《湘西自治州住房公积金管理中心主任王敏工作汇报》等。

（二）**住房公积金管理中心**：住房公积金管理中心为湘西土家族苗族自治州人民政府办公室管理，不以营利为目的的自收自支事业单位，设10个处（科），10个管理部。从业人员103人，其中，在编65人，非在编38人。

二、业务运行情况

（一）**缴存**：2018年，新开户单位224家，实缴单位2992家，净增单位17家；新开户职工9483人，实缴职工12.58万人，净增职工0.5万人；缴存额20.02亿元，同比增长15.02％。2018年末，缴存总额111.96亿元，同比增长21.78％；缴存余额62.05亿元，同比增长16.05％。

受委托办理住房公积金缴存业务的银行8家。

（二）**提取**：2018年，提取额11.44亿元，同比增长40.2％；占当年缴存额的57.14％，比上年增加10.27个百分点。2018年末，提取总额49.92亿元，同比增长29.76％。

（三）**贷款**：个人住房贷款最高额度35万元，其中，单缴存职工最高额度35万元，双缴存职工最高额度35万元。

2018年，发放个人住房贷款3932笔11.1亿元，同比分别增长5.76％、7.87％。其中，吉首市地区发放个人住房贷款1836笔5.43亿元，龙山县发放个人住房贷款285笔0.86亿元，永顺县发放个人住房贷款658笔1.68亿元，保靖县发放个人住房贷款170笔0.48亿元，花垣县发放个人住房贷款261笔0.71

亿元，凤凰县发放个人住房贷款 333 笔 0.92 亿元，泸溪县发放个人住房贷款 262 笔 0.71 亿元，古丈县发放个人住房贷款 127 笔 0.31 亿元。

2018 年，回收个人住房贷款 5.84 亿元。其中，吉首市地区 3.32 亿元，龙山县 0.44 亿元，永顺县 0.43 亿元，保靖县 0.33 亿元，花垣县 0.29 亿元，凤凰县 0.41 亿元，泸溪县 0.36 亿元，古丈县 0.26 亿元。

2018 年末，累计发放个人住房贷款 5.44 万笔 87.08 亿元，贷款余额 51.53 亿元，同比分别增长 7.94%、14.61%、11.37%。个人住房贷款余额占缴存余额的 83.05%，比上年减少 3.48 个百分点。

受委托办理住房公积金个人住房贷款业务的银行 8 家，比上年增加 4 家。

（四）**资金存储**：2018 年末，住房公积金存款 12.52 亿元。其中，活期 383.15 万元，1 年（含）以下定期 2.5 亿元，1 年以上定期 7.67 亿元，其他（协定、通知存款等）2.32 亿元。

（五）**资金运用率**：2018 年末，住房公积金个人住房贷款余额、项目贷款余额和购买国债余额的总和占缴存余额的 83.05%，比上年减少 3.48 个百分点。

三、主要财务数据

（一）**业务收入**：2018 年，业务收入 20363.76 万元，同比增长 22.5%。其中，吉首市地区 8625.97 万元，龙山县 1262.77 万元，永顺县 1227.24 万元，保靖县 944.74 万元，花垣县 808.52 万元，凤凰县 1629 万元，泸溪县 941.17 万元，古丈县 539.26 万元，资金结算科 4385.08 万元；存款利息 3772.13 万元，委托贷款利息 15933.78 万元，国债利息 0 万元，其他 657.84 万元。

（二）**业务支出**：2018 年，业务支出 9343.62 万元，同比增长 32.45%。其中，吉首市地区 1471.02 万元，龙山县 642.65 万元，永顺县 452.78 万元，保靖县 263.22 万元，花垣县 335.53 万元，凤凰县 395.26 万元，泸溪县 320.14 万元，古丈县 186.92 万元，资金结算科 5276.1 万元；支付职工住房公积金利息 9336.83 万元，归集手续费 1.66 万元，委托贷款手续费 0 万元，其他 5.13 万元。

（三）**增值收益**：2018 年，增值收益 11020.14 万元，同比增长 15.15%。其中，吉首市地区 7154.94 万元，龙山县 620.12 万元，永顺县 774.46 万元，保靖县 681.51 万元，花垣县 472.99 万元，凤凰县 1233.75 万元，泸溪县 621.03 万元，古丈县 352.34 万元，资金结算科－891 万元；增值收益率 1.91%，比上年减少 0.06 个百分点。

（四）**增值收益分配**：2018 年，提取贷款风险准备金 1577.33 万元，提取管理费用 3489.16 万元，提取城市廉租住房（公共租赁住房）建设补充资金 5953.65 万元。

2018 年，上交财政管理费用 3489.16 万元。上缴财政城市廉租住房（公共租赁住房）建设补充资金 5864.59 万元。

2018 年末，贷款风险准备金余额 13124.22 万元。累计提取城市廉租住房（公共租赁住房）建设补充资金 16223.76 万元。

（五）**管理费用支出**：2018 年，管理费用支出 4489.53 万元，同比增长 52.65%。其中，人员经费 1639.38 万元，公用经费 193.57 万元，专项经费 2656.58 万元。

四、资产风险状况

2018 年末，个人住房贷款逾期额 154.39 万元，逾期率 0.3‰。其中，吉首地区 0.287‰，龙山县

0.00‰，永顺县 0.296‰，保靖县 0.256‰，花垣县 0.592‰，凤凰 0.162‰，泸溪县 0.018‰，古丈县 1.778‰。

个人贷款风险准备金按贷款净增额的 3% 提取。2018 年，提取个人贷款风险准备金 1577.33 万元，使用个人贷款风险准备金核销呆坏账 0 万元。2018 年末，个人贷款风险准备金余额 13124.22 万元，占个人住房贷款余额的 2.55%，个人住房贷款逾期额与个人贷款风险准备金余额的比率为 1.18%。

五、社会经济效益

（一）**缴存业务**：2018 年，实缴单位数、实缴职工人数和缴存额同比分别增长 1.15%、3.97% 和 14.99%。

缴存单位中，国家机关和事业单位占 72.83%，国有企业占 8.66%，城镇集体企业占 0.43%，外商投资企业占 0.23%，城镇私营企业及其他城镇企业占 15.04%，民办非企业单位和社会团体占 2.24%，个人自愿缴存占 0.03%，其他占 0.54%。

缴存职工中，国家机关和事业单位占 73.54%，国有企业占 15.52%，城镇集体企业占 0.46%，外商投资企业占 0.28%，城镇私营企业及其他城镇企业占 8.45%，民办非企业单位和社会团体占 1.23%，个人自愿缴存占 0.28%，其他占 0.24%；中、低收入占 98.07%，高收入占 1.93%。

新开户职工中，国家机关和事业单位占 43.18%，国有企业占 13.33%，城镇集体企业占 1.89%，外商投资企业占 1.9%，城镇私营企业及其他城镇企业占 35.25%，民办非企业单位和社会团体占 3.68%，个人自愿缴存占 0.55%，其他占 0.22%；中、低收入占 99.76%，高收入占 0.24%。

（二）**提取业务**：2018 年，39.67 万名（人次）缴存职工提取住房公积金 11.44 亿元。

提取金额中，住房消费提取占 76.9%（购买、建造、翻建、大修自住住房占 35.29%，偿还购房贷款本息占 64.48%，租赁住房占 0.23%，其他占 0%）；非住房消费提取占 23.1%（离休和退休提取占 80.45%，完全丧失劳动能力并与单位终止劳动关系提取占 6.72%，户口迁出本市或出境定居占 0.02%死亡或宣告死亡占 3.37%，其他占 9.44%）。

提取职工中，中、低收入占 99.77%，高收入占 0.23%。

（三）**贷款业务**：

1. **个人住房贷款**：2018 年，支持职工购建房 49.69 万平方米，年末个人住房贷款市场占有率为 35.23%，比上年减少 9.03 个百分点。通过申请住房公积金个人住房贷款，可节约职工购房利息支出 19939.53 万元。

职工贷款笔数中，购房建筑面积 90（含）平方米以下占 11.9%，90~144（含）平方米占 71.54%，144 平方米以上占 16.56%。购买新房占 80.21%（其中购买保障性住房占 0%），购买二手房占 18.29%，建造、翻建、大修自住住房占 1.5%，其他占 0%。

职工贷款笔数中，单缴存职工申请贷款占 64.14%，双缴存职工申请贷款占 35.86%，三人及以上缴存职工共同申请贷款占 0%。

贷款职工中，30 岁（含）以下占 27.47%，30 岁~40 岁（含）占 38.02%，40 岁~50 岁（含）占 27.62%，50 岁以上占 6.89%；首次申请贷款占 89.32%，二次及以上申请贷款占 10.68%；中、低收入占 98.98%，高收入占 1.02%。

2. **异地贷款**：2018年，发放异地贷款150笔4334.3万元。2018年末，发放异地贷款总额10746.2万元，异地贷款余额8838.8万元。

3. **公转商贴息贷款**：2018年，发放公转商贴息贷款16笔227万元，支持职工购建住房面积0.14万平方米，当年贴息额304.37万元。2018年末，累计发放公转商贴息贷款1260笔33864.6万元，累计贴息307.87万元。

（四）**住房贡献率**：2018年，个人住房贷款发放额、公转商贴息贷款发放额、项目贷款发放额、住房消费提取额的总和与当年缴存额的比率为99.5%，比上年减少8.43个百分点。

六、其他重要事项

（一）**当年机构及职能调整情况、受委托办理缴存贷款业务金融机构变更情况**：2018年3月《关于州住房公积金管理中心调整内设机构的批复》（州编办发〔2018〕32号）核准资金营运科更名为政策法规科、贷款发放科更名为贷款审批科、资金结算科更名为资金管理科、法规稽查科更名为内部审计科、同时增设人事科和贷后管理科，由此我中心内设科室调整为办公室、人事科等10个科室。

（二）**当年住房公积金政策调整及执行情况**：

1. 汇缴政策：住房公积金最高月缴存额由最高缴存基数和最高缴存比例确定。最高缴存基数为上一年度全州在岗职工月平均工资的3倍，最高缴存比例为12%。上年度，全州在岗职工月平均工资为5170元，其3倍为15510元，故2018年住房公积金单位和职工最高月缴额之和为3724元。个体工商户和自由职业者最低月缴存额仍为966元，最高月缴存额与全州机关、事业、国有企业单位职工相同，即3724元。中心仍保留200元作为最低月缴存额；

2. 提取政策：因工作关系转出本州的自2018年1月1日起不得提取住房公积金。偿还贷款本息，增加"偿还公转商贷款本息"和"偿还异地公积金贷款本息"两项；

3. 贷款政策：最高贷款额度保持35万元不变。第2次申请住房公积金贷款的首付比例由20%提高到40%等2017年调整的贷款政策不变；

4. 住房公积金按人民银行一年期定期存款基准利率为职工计息，目前为1.5%；住房公积金贷款利率5年期以内（含）按照2.75%计息，5年期以上按照3.25%计息，第二次贷款按同档利率上浮10%计息不变。

（三）**当年服务改进情况**：2018年中心以"五大转变"为理念，以"九大创新"为目标，推出大厅智能服务机器人、设置自助网点、启用自助终端、实现移动办公、推行二手房贷款，打造完成了网上业务大厅、门户网站、官方微信、官方微博、手机短信、手机客户端（APP）、12329服务热线、自助服务终端八大服务渠道的住房公积金综合服务平台服务体系。

（四）**当年信息化建设情况**：2017年底中心接入结算应用系统并于2018年2月完成信息系统升级改造、正式上线使用，于2018年6月通过住房城乡建设部"双贯标"验收。

（五）**当年住房公积金管理中心及职工所获荣誉情况**：中心被评为2017年度州级文明标兵单位；永顺县管理部被省住房城乡建设厅评为2018年度工作突出先进单位。

（六）**其他需要披露的情况**：因中心执行"四统一、三集中"即统一管理、统一制度、统一调度、统一分配、会计集中核算、资金集中支付、财务集中管理，业务收入、业务支出、上交财政管理费用和贷款风险准备金各项指标均未分配到各县市区（管理部）。

2018 全国住房公积金年度报告汇编

广东省

广州	梅州市
韶关市	汕尾市
深圳市	河源市
珠海市	阳江市
汕头市	清远市
佛山市	东莞市
江门市	中山市
湛江市	潮州市
茂名市	揭阳市
肇庆市	云浮市
惠州市	

广东省住房公积金 2018 年年度报告

一、机构概况

（一）住房公积金管理机构：全省共设 21 个设区城市住房公积金管理中心，7 个独立设置的分中心（其中，广州铁路分中心隶属广州住房公积金管理中心；河源源城区分中心、紫金县分中心、龙川县分中心、连平县分中心、和平县分中心、东源县分中心隶属河源市住房公积金管理中心）。从业人员 2296 人，其中，在编 1162 人，非在编 1134 人。

（二）住房公积金监管机构：省住房城乡建设厅、财政厅和人民银行广州分行负责对本省住房公积金管理运行情况进行监督。省住房城乡建设厅设立住房公积金监管处，负责辖区住房公积金日常监管工作。

二、业务运行情况

（一）缴存：2018 年，新开户单位 77016 家，实缴单位 374559 家，净增单位 57174 家；新开户职工 370.78 万人，实缴职工 1910.83 万人，净增职工 155.87 万人；缴存额 2292.04 亿元，同比增长 12.62%。2018 年末，缴存总额 15262.45 亿元，同比增长 17.67%；缴存余额 5271.39 亿元，同比增长 12.98%。

（二）提取：2018 年，提取额 1686.48 亿元，同比增长 15.66%；占当年缴存额的 73.58%，比上年增加 1.93 个百分点。2018 年末，提取总额 9991.06 亿元，同比增长 20.31%。

（三）贷款：

1. 个人住房贷款：2018 年，发放个人住房贷款 15.79 万笔 750.81 亿元，同比增长 4.70%、13.54%。回收个人住房贷款 354.85 亿元。

2018 年末，累计发放个人住房贷款 177.61 万笔 6042.37 亿元，贷款余额 3825.57 亿元，同比分别增长 9.76%、14.19%、11.55%。个人住房贷款余额占缴存余额的 72.57%，比上年减少 0.93 个百分点。

2. 住房公积金支持保障性住房建设项目贷款：2018 年，发放支持保障性住房建设项目贷款 0.00 亿元，回收项目贷款 0.05 亿元。2018 年末，累计发放项目贷款 3.55 亿元，项目贷款余额 0.00 亿元。

（四）购买国债：2018 年，购买（记账式、凭证式）国债 7 亿元，（兑付、转让、收回）国债 0.64 亿元。2018 年末，国债余额 10.39 亿元，比上年增加 6.36 亿元。

（五）融资：2018 年，融资 3.70 亿元，归还 5.23 亿元。2018 年末，融资总额 16.96 亿元，融资余额 9.39 亿元。

（六）资金存储：2018 年末，住房公积金存款 1489.59 亿元。其中，活期 24.56 亿元，1 年（含）以下定期 341.85 亿元，1 年以上定期 977.32 亿元，其他（协定、通知存款等）145.86 亿元。

（七）资金运用率：2018 年末，住房公积金个人住房贷款余额、项目贷款余额和购买国债余额的总和占缴存余额的 72.77%，比上年减少 0.82 个百分点。

三、主要财务数据

（一）业务收入：2018 年，业务收入 1638388.88 万元，同比增长 9.92%。其中，存款利息

458536.33万元,委托贷款利息1177298.12万元,国债利息1634.51万元,其他919.92万元。

(二) **业务支出**: 2018年,业务支出886179.46万元,同比增长12.84%。其中,支付职工住房公积金利息761038.44万元,归集手续费56205.98万元,委托贷款手续费53816.83万元,其他15118.21万元。

(三) **增值收益**: 2018年,增值收益752209.42万元,同比增长6.66%;增值收益率1.51%,比上年减少0.1个百分点。

(四) **增值收益分配**: 2018年,提取贷款风险准备金194146.23万元,提取管理费用59310.27万元,提取城市廉租住房（公共租赁住房）建设补充资金499048.92万元。

2018年,上交财政管理费用55952.12万元,上缴财政城市廉租住房（公共租赁住房）建设补充资金456953.67万元（根据各公积金中心上报数汇总）。

2018年末,贷款风险准备金余额1392952.8万元。累计提取城市廉租住房（公共租赁住房）建设补充资金3313897.61万元。

(五) **管理费用支出**: 2018年,管理费用支出68429.41万元,同比增长6.23%。其中,人员经费27667.80万元,公用经费3471.16万元,专项经费37290.45万元。

四、资产风险状况

(一) **个人住房贷款**: 2018年末,个人住房贷款逾期额12015.03万元,逾期率0.31‰。

2018年,提取个人贷款风险准备金194146.23万元。2018年末,个人贷款风险准备金余额1392952.80万元,占个人住房贷款余额的3.64%,个人住房贷款逾期额与个人贷款风险准备金余额的比率为0.86%。

(二) **历史遗留风险资产**: 2018年末,历史遗留风险资产余额2978.98万元,与上年末相同。

五、社会经济效益

(一) **缴存业务**: 2018年,实缴单位数、实缴职工人数和缴存额同比分别增长16.66%、增长6.84%和增长12.62%。

缴存单位中,国家机关和事业单位占10.89%,国有企业占3.37%,城镇集体企业占1.03%,外商投资企业占6.66%,城镇私营企业及其他城镇企业占67.79%,民办非企业单位和社会团体占3.52%,其他占6.74%。

缴存职工中,国家机关和事业单位占16.78%,国有企业占9.19%,城镇集体企业占1.18%,外商投资企业占18.85%,城镇私营企业及其他城镇企业占46.23%,民办非企业单位和社会团体占2.01%,其他占5.76%;中、低收入占93.83%,高收入占6.17%。

新开户职工中,国家机关和事业单位占4.94%,国有企业占5.27%,城镇集体企业占0.84%,外商投资企业占19.86%,城镇私营企业及其他城镇企业占60.15%,民办非企业单位和社会团体占2.49%,其他占6.45%;中、低收入占98.69%,高收入占1.31%。

(二) **提取业务**: 2018年,773.71万名缴存职工提取住房公积金1686.48亿元。

提取金额中，住房消费提取占 85.56%（购买、建造、翻建、大修自住住房占 16.20%，偿还购房贷款本息占 49.61%，租赁住房占 15.07%，其他占 4.68%）；非住房消费提取占 14.44%（离休和退休提取占 8.34%，完全丧失劳动能力并与单位终止劳动关系提取占 0.33%，户口迁出本市或出境定居占 1.99%，其他占 3.78%）。

提取职工中，中、低收入占 92.43%，高收入占 7.57%。

（三）贷款业务：

1. **个人住房贷款：** 2018 年，支持职工购建房 1935.25 万平方米，年末个人住房贷款市场占有率为 9.12%，比上年同期减少 0.3 个百分点。通过申请住房公积金个人住房贷款，可节约职工购房利息支出 1689977.05 万元。

职工贷款笔数中，购房建筑面积 90（含）平方米以下占 38.24%，90～144（含）平方米占 51.60%，144 平方米以上占 10.16%。购买新房占 53.97%（其中购买保障性住房占 0.83%），购买存量商品住房占 44.16%，建造、翻建、大修自住住房占 0.04%，其他占 1.83%。

职工贷款笔数中，单缴存职工申请贷款占 48.21%，双缴存职工申请贷款占 51.62%，三人及以上缴存职工共同申请贷款占 0.17%。

贷款职工中，30 岁（含）以下占 29.28%，30 岁～40 岁（含）占 46.73%，40 岁～50 岁（含）占 19.74%，50 岁以上占 4.25%；首次申请贷款占 88.31%，二次及以上申请贷款占 11.69%；中、低收入占 90.05%，高收入占 9.95%。

2. **异地贷款：** 2018 年，发放异地贷款 9176.00 笔 343716.54 万元。2018 年末，发放异地贷款总额 1472306.13 万元，异地贷款余额 1063674.23 万元。

3. **公转商贴息贷款：** 2018 年，发放公转商贴息贷款 1891.00 笔 100808.50 万元，支持职工购建住房面积 22.74 万平方米，当年贴息额 13311.05 万元。2018 年末，累计发放公转商贴息贷款 35616.00 笔 1499905.40 万元，累计贴息 30112.45 万元。

（四）住房贡献率： 2018 年，个人住房贷款发放额、公转商贴息贷款发放额、项目贷款发放额、住房消费提取额的总和与当年缴存额的比率为 96.15%，比上年减少 0.15 个百分点。

六、其他重要事项

（一）当年住房公积金政策调整情况（下发文件名称、文号）

1.《广东省住房和城乡建设厅转发住房城乡建设部办公厅关于进一步加快住房公积金基础数据标准贯彻落实和结算应用系统接入工作的通知》（粤建金〔2018〕6 号）。

2.《广东省住房和城乡建设厅 广东省财政厅 中国人民银行广州分行 广东省国土资源厅转发住房城乡建设部等四部门关于维护住房公积金缴存职工购房贷款权益的通知》（粤建金〔2018〕14 号）。

3.《广东省住房和城乡建设厅 广东省财政厅 中国人民银行广州分行 广东省人民政府港澳事务办公室广东省人民政府台湾事务办公室 转发住房城乡建设部等五部门关于在内地（大陆）就业的港澳台同胞享有住房公积金待遇有关问题意见的通知》（粤建金〔2018〕22 号）。

4.《广东省住房和城乡建设厅 广东省财政厅 广东省公安厅 中国人民银行广州分行转发住房城乡建设部等四部门关于开展治理违规提取住房公积金工作的通知》（粤建金〔2018〕115 号）。

5.《广东省住房和城乡建设厅 广东省财政厅 中国人民银行广州分行转发住房城乡建设部等三部门关于改进住房公积金缴存机制进一步降低企业成本的通知》（粤建金〔2018〕122号）。

6.《广东省住房和城乡建设厅关于印发住房公积金领域涉黑涉恶问题专项整治工作方案的通知》（粤建金〔2018〕162号）。

（二）当年开展专项监督检查（整治）情况

1. **开展了拒绝职工使用住房公积金贷款购房问题查处**。2018年，省住房城乡建设厅为贯彻落实住房城乡建设部等四部门联合印发的《关于维护住房公积金缴存职工购房贷款权益的通知》（建金〔2018〕246号），组织各地开展了一系列联合查处工作：结合实际制订具体贯彻落实措施；畅通渠道，优化住房公积金贷款业务流程，压缩贷款审批时限；通过销售现场巡查、快速响应投诉举报线索等方式，联合各市住建等部门集中查处损害职工住房公积金贷款权益的问题。

2. **开展了违规提取住房公积金治理**。2018年，省住房城乡建设厅为贯彻落实住房城乡建设部等四部门印发《关于开展治理违规提取住房公积金工作的通知》（建金〔2018〕46号），组织各地开展了治理违规提取住房公积金工作：明确我省住房公积金提取政策界限；各地可结合实际阶段性停止实施异地购房提取等违规提取行为；各地对失信行为实施联合惩戒，并在住房公积金领域开展扫黑除恶治乱行动，打击骗提骗贷行为。

3. **开展了政策执行情况检查及风险隐患排查**。2018年，省住房城乡建设厅为贯彻落实住房城乡建设部《关于开展住房公积金政策执行情况检查及风险隐患排查的通知》（建办金函〔2018〕284号），组织各地开展了检查排查工作：各地住房公积金管理中心按照对照表逐项自查；省住房城乡建设厅组成7个检查组，利用国家住房公积金电子检查工具，对全省进行全面检查排查，堵塞风险漏洞，消除风险隐患。

（三）当年服务改进情况

1. **开展了"群众办事百项堵点疏解行动"推广工作**。2018年，省住房城乡建设厅印发了《关于取消身份证明材料复印件作为住房公积金提取和贷款业务办理要件的通知》（粤建金函〔2018〕1082号），自2018年5月20日起，我省缴存职工的身份证材料复印件不再作为办理住房公积金提取和贷款等个人业务的要件，确需留存身份证复印件的，由住房公积金管理中心自行复印，不得收取缴存职工费用。

2. **接入了"粤省事"小程序**。2018年，省住房城乡建设厅根据省政府"数字政府"建设工作部署，组织有条件的广州、深圳、佛山、梅州、河源、湛江、茂名、江门、肇庆和云浮等10个城市住房公积金业务接入"粤省事"政务服务平台。全省合计上线50余个办理事项，其中住房公积金个人信息查询业务量较大，仅广州一市"缴存明细查询"和"缴存信息查询"两项业务查询量，就排名全平台业务查询量前十。

（四）当年信息化建设情况

1. **启动升级省级住房公积金监管系统**。2018年，省住房城乡建设厅为增强数据采集和交换的安全性、提高年度报告数据的准确性、增加省级信息综合管理。对"省级住房公积金监管系统"原系统进行二期升级改造：数据采集与交换等子系统升级；新增年度报告子系统；新增信息门户子系统。

2. **加快推进"双贯标"工作**。2018年，省住房城乡建设厅按照住房城乡建设部关于贯彻基础数据标准和银行结算应用系统与公积金管理中心接口标准（简称"双贯标"）要求，在上年已有5个城市住房公积金管理中心通过贯标验收的基础上,继续组织各地开展"双贯标"工作,截至12月末,新增珠海、阳江、梅州、清远、东莞和江门共6个城市住房公积金管理中心的"双贯标"工作顺利通过部省联合检查验收。

3. **积极开展综合服务平台建设**。2018年,省住房城乡建设厅按照《住房城乡建设部关于加快建设住房公积金综合服务平台的通知》(建金〔2016〕14号)要求,在上年已有7个城市住房公积金管理中心通过省级验收的基础上,继续组织各地陆续开通综合服务平台所需的8大服务渠道,部分城市住房公积金管理中心运用"互联网"理念,还创新性地开通了数字证书认证、微信"刷脸认证"、支付宝城市服务、自助终端自助签约等业务或渠道,推进了业务"少跑路"或"零跑动"。截至12月末,新增清远和梅州2个城市住房公积金管理中心的综合服务平台建设工作顺利通过省级检查验收。

广州住房公积金2018年年度报告

一、机构概况

(一)**住房公积金管理委员会**:广州市住房公积金管理委员会有30名委员,2018年召开1次会议,审议通过的事项主要包括:《广州住房公积金管理中心流动性风险管理办法》、《广州市住房公积金缴存管理办法》、《广州市住房公积金提取管理办法》、《广州市住房公积金2018年年度报告》等。

(二)**住房公积金管理中心**:广州住房公积金管理中心为直属于广州市人民政府不以营利为目的的公益一类事业单位,设10个部(室)、4个办事处、1个分中心、8个管理部。从业人员560人,其中,在编213人,非在编347人。

二、业务运行情况

(一)**缴存**:2018年,新开户单位22517家,实缴单位90385家,净增单位16744家;新开户职工86.76万人,实缴职工461.53万人,净增职工36.43万人;缴存额763.39亿元,同比增长12.55%。2018年末,缴存总额5929.24亿元,同比增长14.78%;缴存余额1623.54亿元,同比增长10.15%。

受委托办理住房公积金缴存业务的银行14家,与上年相同。

(二)**提取**:2018年,提取额613.80亿元,同比增长10.02%;占当年缴存额的80.41%,比上年减少1.84个百分点。2018年末,提取总额4305.69亿元,同比增长16.63%。

(三)**贷款**:个人住房贷款最高额度100万元,其中,单缴存职工最高额度60万元,双缴存职工最高额度100万元。

2018年,发放个人住房贷款2.50万笔156.73亿元,同比分别下降22.47%、19.77%。

2018年,回收个人住房贷款128.84亿元。

2018年末,累计发放个人住房贷款52.19万笔2207.64亿元,贷款余额1210.50亿元,同比分别增长5.03%、7.64%、2.36%。个人住房贷款余额占缴存余额的74.56%,比上年减少5.67个百分点。

受委托办理住房公积金个人住房贷款业务的银行 17 家，与上年相同。

（四）**购买国债**：2018 年，购买记账式国债 7 亿元。2018 年末，国债余额 9 亿元，比上年增加 7 亿元。

（五）**资金存储**：2018 年末，住房公积金存款 411.9 亿元。其中，活期 0.04 亿元，1 年（含）以下定期 144.6 亿元，1 年以上定期 225.5 亿元，其他（协定、通知存款等）41.76 亿元。

（六）**资金运用率**：2018 年末，住房公积金个人住房贷款余额、项目贷款余额和购买国债余额的总和占缴存余额的 75.11%，比上年减少 5.26 个百分点。

三、主要财务数据

（一）**业务收入**：2018 年，业务收入 505365.73 万元，同比增长 7.77%。其中，市中心 491087.42 万元，分中心 14278.31 万元；存款利息 112610.04 万元，委托贷款利息 391820.53 万元，国债利息 912.76 万元，其他 22.40 万元。

（二）**业务支出**：2018 年，业务支出 267867.93 万元，同比增长 10.28%。其中，市中心 260106.00 万元，分中心 7761.93 万元；支付职工住房公积金利息 223440.94 万元，归集手续费 16800.50 万元，委托贷款手续费 19291.67 万元，其他 8334.82 万元。

（三）**增值收益**：2018 年，增值收益 237497.80 万元，同比增长 5.08%。其中，市中心 230981.42 万元，分中心 6516.38 万元；增值收益率 1.53%，比上年减少 0.07 个百分点。

（四）**增值收益分配**：2018 年，提取贷款风险准备金 8366.80 万元，提取管理费用 14029.09 万元，提取城市廉租住房（公共租赁住房）建设补充资金 215101.91 万元。

2018 年，上交财政管理费用 13094.68 万元。上缴财政城市廉租住房（公共租赁住房）建设补充资金 196336.87 万元。其中，市中心上缴 190453.27 万元，分中心上缴 5883.60 万元。

2018 年末，贷款风险准备金余额 363150.47 万元。累计提取城市廉租住房（公共租赁住房）建设补充资金 1605704.76 万元。其中，市中心提取 1556245.78 万元，分中心提取 49458.98 万元。

（五）**管理费用支出**：2018 年，管理费用支出 20134.69 万元，同比下降 4.12%。其中，人员经费 6709.96 万元，公用经费 552.62 万元，专项经费 12872.11 万元。

市中心管理费用支出 17455.26 万元，其中，人员、公用、专项经费分别为 4930.73 万元、400.82 万元、12123.71 万元；广铁分中心管理费用支出 906.53 万元，其中，人员、公用、专项经费分别为 621.35 万元、32.46 万元、252.72 万元；从化办事处管理费用支出 270.41 万元，其中，人员、公用、专项经费分别为 188.97 万元、25.59 万元、55.85 万元；增城办事处管理费用支出 459.17 万元，其中，人员、公用、专项经费分别为 307.59 万元、27.96 万元、123.62 万元；番禺办事处管理费用支出 516.96 万元，其中，人员、公用、专项经费分别为 361.40 万元、32.24 万元、123.32 万元；花都办事处管理费用支出 526.36 万元，其中，人员、公用、专项经费分别为 299.91 万元、33.55 万元、192.90 万元。

四、资产风险状况

（一）**个人住房贷款**：2018 年末，个人住房贷款逾期额 5753.80 万元，逾期率 0.475‰。

个人贷款风险准备金按贷款余额的 3% 提取。2018 年，提取个人贷款风险准备金 8366.80 万元，未使用个人贷款风险准备金核销呆账。2018年末,个人贷款风险准备金余额363150.47万元,占个人住房贷款余额的3%,个人住房贷款逾期额与个人贷款风险准备金余额的比率为1.58%。

(二)**历史遗留风险资产**:2018年末,历史遗留风险资产余额2978.98万元,与上年末相同。

五、社会经济效益

(一)**缴存业务**:2018年,实缴单位数、实缴职工人数和缴存额同比分别增长22.74%、8.57%和12.55%。

缴存单位中,国家机关和事业单位占7.14%,国有企业占1.39%,城镇集体企业占0.26%,外商投资企业占6.13%,城镇私营企业及其他城镇企业占78.01%,民办非企业单位和社会团体占3.75%,其他占3.32%。

缴存职工中,国家机关和事业单位占15.53%,国有企业占5.94%,城镇集体企业占0.63%,外商投资企业占16.04%,城镇私营企业及其他城镇企业占56.13%,民办非企业单位和社会团体占2.33%,其他占3.40%;中、低收入占96.12%,高收入占3.88%。

新开户职工中,国家机关和事业单位占5.47%,国有企业占2.97%,城镇集体企业占0.33%,外商投资企业占13.76%,城镇私营企业及其他城镇企业占66.24%,民办非企业单位和社会团体占2.52%,其他占8.71%;中、低收入占99.41%,高收入占0.59%。

(二)**提取业务**:2018年,246.80万人次提取住房公积金613.80亿元。

提取金额中,住房消费提取占86.97%(购买、建造、翻建、大修自住住房占12.02%,偿还购房贷款本息占63.66%,租赁住房占11.28%,其他占0.01%);非住房消费提取占13.03%(离休和退休提取占8.44%,户口迁出本市或出境定居占3.45%,其他占1.14%)。

提取职工中,中、低收入占92.49%,高收入占7.51%。

(三)**贷款业务**:

1. **个人住房贷款**:2018年,支持职工购建房217.03万平方米,年末个人住房贷款市场占有率为14.3%,比上年减少1.37个百分点。通过申请住房公积金个人住房贷款,可节约职工购房利息支出325758.87万元。

职工贷款笔数中,购房建筑面积90(含)平方米以下占55.76%,90~144(含)平方米占42.94%,144平方米以上占1.30%。购买新房占27.48%,购买二手房占72.52%。

职工贷款笔数中,单缴存职工申请贷款占71.54%,双缴存职工申请贷款占28.45%,三人及以上缴存职工共同申请贷款占0.01%。

贷款职工中,30岁(含)以下占39.74%,30岁~40岁(含)占45.84%,40岁~50岁(含)占12.45%,50岁以上占1.97%;首次申请贷款占69.72%,二次及以上申请贷款占30.28%;中、低收入占91.32%,高收入占8.68%。

2. **异地贷款**:2018年,发放异地贷款202笔13053.10万元。2018年末,发放异地贷款总额61205.80万元,异地贷款余额50637.85万元。

3. **公转商贴息贷款**:2018年,发放公转商贴息贷款988笔62405.00万元,支持职工购建住房面积11.93万平方米,当年贴息额8259.57万元。2018年末,累计发放公转商贴息贷款14934笔958827.50万元,累计贴息 16865.31 万元。

(四) 住房贡献率:2018 年,个人住房贷款发放额、公转商贴息贷款发放额、住房消费提取额的总和与当年缴存额的比率为 91.28%,比上年减少 14.12 个百分点。

六、其他重要事项

(一) 当年住房公积金政策调整及执行情况:

1. **当年缴存基数限额及确定方法、缴存比例等缴存政策调整情况**:我中心于 2018 年 6 月 19 日印发《广州住房公积金管理中心关于 2018—2019 年度住房公积金缴存有关问题的通知》(穗公积金中心〔2018〕26 号),规定自 2018 年 7 月 1 日起我市住房公积金缴存基数上限从本市上一年度职工月平均工资的 5 倍降至 3 倍。

2. **当年缴存、提取政策调整情况**:2018 年 7 月,我中心印发《广州住房公积金管理中心关于治理违规提取住房公积金工作的实施意见》,明确限制提取住房公积金用于炒房或其他投机行为,对伪造证明材料、虚构住房消费行为等手段违规提取住房公积金的情形进行打击,维护了住房公积金管理秩序。

2018 年 12 月,我中心结合广州市实际印发《广州市住房公积金缴存管理办法》及《广州市住房公积金提取管理办法》,并于 2019 年 1 月 1 日起正式实施。

3. **当年贷款政策调整情况**:2018 年 3 月,我中心印发《广州住房公积金个人购房贷款实施办法》,规定申请贷款时,本市户籍职工连续足额缴存住房公积金 1 年以上(含),非本市户籍职工连续足额缴存住房公积金 2 年以上(含);持广州市人才绿卡的非本市户籍职工申请住房公积金贷款的,享有本市户籍职工待遇。

2018 年 4 月,中心发布《关于退役军人申请住房公积金贷款有关问题的通知》,对退役军人申请住房公积金贷款问题进行明确。

2018 年 7 月,中心发布《关于实施广清住房公积金互贷新政的通知》,从支持广州住房公积金缴存职工在清远就业购房贷款,扩大到支持广清两地住房公积金缴存职工在清远购房贷款。

2018 年 9 月,中心发布《关于贯彻落实〈关于机关事业单位县处级女干部和具有高级职称的女性专业技术人员退休年龄问题的通知〉的通知》,对相关人员退休年龄作出了界定,借款人年龄与贷款期限之和不超过退休年龄后 5 年且不超过 70 年。

(二) 当年服务改进情况:通过信息化建设使业务办理更智能化、自主化。

1. 完成中心微信公众号、APP2.0 改造升级工作。APP 推出自愿缴存账户封存、自愿缴存账户启封、自愿缴存汇缴、自愿缴存补缴等功能,微信公众号 APP 推出无房提取的二次提取申请、贴息贷款还款明细查询和贴息贷款进度查询等多项便民新功能。

2. 接入省政府"粤省事"微信小程序。按照上级要求,接入省政府"粤省事"微信小程序,为缴存职工办理住房公积金业务提供了更加便捷的途径。

3. 大力拓展外单位信息数据对接共享工作,通过联网共享,实现让信息多跑路、让群众少跑腿。

(三) 当年信息化建设情况:

1. 顺利完成第二代住房公积金业务系统项目建设。中心第二代住房公积金业务系统正式投入使用,网上办事大厅升级改造建设与新系统配套建设,已同步上线。

2. 顺利完成新机房租赁项目建设。中心新机房已正式投入使用。

3. 顺利完成新版门户网站建设。中心新版门户网站已于2018年11月28日正式发布上线。

4. 顺利完成自愿缴存系统二期项目建设。中心已完成提取部分（自愿缴存提取）、贷款部分（贷前、贷后）和冲还贷部分涉及到归集系统、贷款系统、财务系统的全部改造，自愿缴存系统正式上线启用。

（四）当年住房公积金管理中心及职工所获荣誉情况：黄埔管理部被评为2016－2018年度"广东省青年文明号"、荔湾管理部被评为"广州市星级党支部"和2018年度"广州市青年文明号标兵"、从化办事处被评为2018年度"广州市青年文明号"。杨秀华被评为"广州市三八红旗手"、贺丹丹被评为"广州市优秀共青团员"。

（五）当年对违反《住房公积金管理条例》和相关法规行为进行行政处罚和申请人民法院强制执行情况：2018年，全年就单位未依法设立住房公积金账户共立案督缴2421宗，比上年增长41.83%，对44个单位进行行政处罚，申请法院强制执行29宗。

2018年，全年就职工投诉单位未依法缴存住房公积金案件立案24548宗，比上年增长89.62%，向单位发出《责令限期办理决定书》15372份，成功追缴未依法缴存的住房公积金2.11亿元，申请法院强制执行3738宗。

（六）当年对住房公积金管理人员违规行为的纠正和处理情况等：对广铁分中心一名工作人员违纪违规行为进行立案调查，根据调查结果给予"双开"处分。

韶关市住房公积金2018年年度报告

一、机构概况

（一）住房公积金管理委员会：住房公积金管理委员会有29名委员，2018年召开1次会议，审议通过的事项主要包括：《韶关市住房公积金2018年年度报告》、《关于2018年度韶关市住房公积金财务收支预算的审核意见》、《韶关市住房公积金缴存管理规定》、《韶关市住房公积金提取管理规定》、《韶关市住房公积金个人住房贷款管理规定》、《关于住房公积金贷款额度有关问题的建议》。

（二）住房公积金管理中心：住房公积金管理中心为市政府直属（住管局代管）不以营利为目的的参照公务员管理公益一类事业单位，设4个科，8个管理部。从业人员99人，其中，在编48人，非在编51人。

二、业务运行情况

（一）缴存：2018年，新开户单位573家，实缴单位4462家，净增单位423家；新开户职工3.14万人，实缴职工22.42万人，净增职工1.15万人；缴存额35.83亿元，同比增加13.12%。2018年末，缴存总额284.59亿元，同比增加14.40%；缴存余额85.41亿元，同比增加8.23%。

受委托办理住房公积金缴存业务的银行7家。

(二) 提取：2018年，提取额29.33亿元，同比增加9.44%；占当年缴存额的81.87%，比上年减少2.75个百分点。2018年末，提取总额199.18亿元，同比增加17.27%。

(三) 贷款：个人住房贷款最高额度40.00万元，其中，单缴存职工最高额度25.00万元，双缴存职工最高额度40.00万元。

2018年，发放个人住房贷款0.55万笔16.07亿元，同比分别减少8.85%、15.43%。

2018年末，累计发放个人住房贷款6.50万笔120.41亿元，贷款余额81.06亿元，同比分别增加9.25%、15.41%、12.01%。个人住房贷款余额占缴存余额的94.91%，比上年增加3.20个百分点。

受委托办理住房公积金个人住房贷款业务的银行9家。

(四) 资金存储：2018年末，住房公积金存款6.35亿元。其中，活期0.02亿元，1年以上定期6.28亿元，其他（协定、通知存款等）0.05亿元。

(五) 资金运用率：2018年末，住房公积金个人住房贷款余额、项目贷款余额和购买国债余额的总和占缴存余额的94.91%，比上年增加3.20个百分点。

三、主要财务数据

(一) 业务收入：2018年，业务收入28034.45万元，同比减少2.63%。其中，存款利息2850.00万元，委托贷款利息25184.23万元，其他0.22万元。

(二) 业务支出：2018年，业务支出13785.84万元，同比增加15.24%。其中，支付职工住房公积金利息12529.74万元，委托贷款手续费1256.10万元。

(三) 增值收益：2018年，增值收益14248.61万元，同比减少15.32%。增值收益率1.71%，比上年增加0.47个百分点。

(四) 增值收益分配：2018年，提取贷款风险准备金869.19万元，提取管理费用1907.75万元，提取城市廉租住房（公共租赁住房）建设补充资金11471.67万元。

2018年，上交财政管理费用1907.75万元。上缴2018年度财政城市廉租住房（公共租赁住房）建设补充资金14366.39万元。

2018年末，贷款风险准备金余额8105.94万元。累计提取城市廉租住房（公共租赁住房）建设补充资金93281.88万元。

(五) 管理费用支出：2018年，管理费用支出1720.98万元，同比增加15.39%。其中，人员经费838.09万元，公用经费114.79万元，专项经费768.10万元。

四、资产风险状况

2018年末，个人住房贷款逾期额328.77万元，逾期率0.4056‰。

个人贷款风险准备金按贷款余额的1.00%提取。2018年，提取个人贷款风险准备金869.19万元。2018年末，个人贷款风险准备金余额8105.94万元，占个人住房贷款余额的1.00%，个人住房贷款逾期额与个人贷款风险准备金余额的比率为4.06%。

五、社会经济效益

(一) 缴存业务：2018年，实缴单位数、实缴职工人数和缴存额同比分别增加10.47%、5.43%

和13.12%。

缴存单位中，国家机关和事业单位占42.67%，国有企业占11.21%，城镇集体企业占1.52%，外商投资企业占1.93%，城镇私营企业及其他城镇企业占33.01%，民办非企业单位和社会团体占2.98%，其他占6.68%。

缴存职工中，国家机关和事业单位占44.28%，国有企业占27.48%，城镇集体企业占0.45%，外商投资企业占3.10%，城镇私营企业及其他城镇企业占16.84%，民办非企业单位和社会团体占0.84%，其他占7.01%；中、低收入占97.50%，高收入占2.50%。

新开户职工中，国家机关和事业单位占19.66%，国有企业占14.27%，城镇集体企业占0.39%，外商投资企业占4.34%，城镇私营企业及其他城镇企业占44.12%，民办非企业单位和社会团体占1.29%，其他占15.93%；中、低收入占99.80%，高收入占0.20%。

（二）**提取业务**：2018年，8.04万名缴存职工提取住房公积金29.33亿元。

提取金额中，住房消费提取占81.25%（购买、建造、翻建、大修自住住房占26.27%，偿还购房贷款本息占54.28%，租赁住房占0.18%，其他占0.52%）；非住房消费提取占18.75%（离休和退休提取占16.30%，完全丧失劳动能力并与单位终止劳动关系提取占0.03%，户口迁出本市或出境定居占0.39%，其他占2.03%）。

提取职工中，中、低收入占96.10%，高收入占3.90%。

（三）**贷款业务**：

1. **个人住房贷款**：2018年，支持职工购建房73.67万平方米，年末个人住房贷款市场占有率为18.44%，比上年增加1.89个百分点。通过申请住房公积金个人住房贷款，可节约职工购房利息支出32912.33万元。

职工贷款笔数中，购房建筑面积90（含）平方米以下占5.40%，90～144（含）平方米占74.26%，144平方米以上占20.34%。购买新房占85.24%，购买存量商品住房占14.76%。

职工贷款笔数中，单缴存职工申请贷款占57.60%，双缴存职工申请贷款占42.09%，三人及以上缴存职工共同申请贷款占0.31%。

贷款职工中，30岁（含）以下占31.75%，30岁～40岁（含）占31.63%，40岁～50岁（含）占29.28%，50岁以上占7.34%；首次申请贷款占90.13%，二次及以上申请贷款占9.87%；中、低收入占98.64%，高收入占1.36%。

2. **异地贷款**：2018年，发放异地贷款85.00笔2538.80万元。2018年末，发放异地贷款总额9526.37万元，异地贷款余额8543.10万元。

（四）**住房贡献率**：2018年，个人住房贷款发放额、公转商贴息贷款发放额、项目贷款发放额、住房消费提取额的总和与当年缴存额的比率为111.38%，比上年减少18.01个百分点。

六、其他重要事项

（一）**当年住房公积金政策调整及执行情况**：

1. **缴存基数调整情况**。根据韶关市住房公积金管理委员会《关于2018年度住房公积金缴存调整工作的通知》，住房公积金缴存基数为职工个人2018年度月平均工资，不高于本市2018年城镇非私营单位在岗职工月平均工资的3倍，不低于本市最低工资标准。2018年7月1日至2019年6月30日，本市住房公积金缴存基数上限为16434元，下限为1410元。最高缴存比例为12%，最低缴存比例为5%。

2. **提取政策调整情况**。一是加大租房提取支持力度，提取住房公积金用于支付房租的额度由300元/月/人提高至400元/月/人。二是明确异地购房提取申请条件，异地购房申请提取住房公积金的，房屋所在地限于缴存人或其配偶的户籍所在地或工作所在地。

3. **当年利率执行标准**。归集的个人住房公积金存款利率为1.5%，上年结转的个人住房公积金存款利率为1.5%。五年期以上个人住房公积金贷款利率为3.25%，五年期以下（含五年）个人住房公积金贷款利率为2.75%。

（二）当年服务改进情况：

1. **完善窗口设施**。服务窗口增设银行卡刷卡机和身份证识别设备，职工办理业务时无需人工录入、反复核对，可通过刷身份证、银行卡直接调取个人信息和银行账户信息，简化业务申请材料，缩短业务办理时间，提高服务质量和效率。

2. **整合服务渠道**。根据政府规范服务热线的管理要求，在保留公积金服务热线"12329"的基础上，将公积金服务热线"12329"并入政务服务热线"12345"，为群众提供24小时标准化服务。

3. **创新还贷模式**。开展公积金冲还贷业务，改变原来"先提取后还贷"的模式，职工偿还住房公积金贷款时不必再提前筹措资金，可以直接利用现有的个人住房公积金账户的余额，冲抵个人的住房公积金贷款，有效减轻职工还贷压力。

4. **加强骗提套取管理**。开展打击利用虚假资料骗提住房公积金专项宣传行动，号召广大群众积极参与扫黑除恶专项斗争，向公积金骗提骗贷行为"亮剑"行动。进一步加强和改进外地购房提取审核。对骗提者列入"黑名单"，自确定骗取行为属实之日起5年内，涉事职工不得提取和办理公积金贷款。加强源头治理。落实"房住不炒"政策，暂停职工非缴存地或户籍地购房提取公积金。

5. **加强资金风险防控**。起草并经住房公积金管理委员会办公室印发了《韶关市住房公积金资金流动性风险防控方案》，对住房公积金业务运行情况和资金供需趋势进行必要监测和综合分析，对不同的个贷率阶段适时采取不同的收紧提取政策、调整贷款政策等相应对策措施，加强资金流动性风险防控。

（三）当年信息化建设情况：

1. **深调研，稳步推进信息化建设**。组织开展"公积金业务系统升级改造项目二期"建设调研，广泛征集二期项目建设需求，并结合实际对我市公积金业务流程及网厅服务事项等进行梳理，为网上办事大厅、手机APP、"粤省事"接口等二期项目建设奠定基础。

2. **防风险，切实加强业务数据监管**。接入广东省住房城乡建设厅住房公积金监管平台，成为全省第二个纳入省住房城乡建设厅监管平台监管的城市，省厅可对我市公积金业务进行实时监控，提高了风险防控水平。加强系统控制，在贷款系统中按照业务规范设置相应控制参数，运用贷款公式限定额度，确保贷款额度与借款人的还贷款能力相匹配。启用了住房公积金贷款逾期管理系统，健全公积金中心、受委托银行贷款贷后管理及逾期贷款催收协调联动机制。

3. **保安全，逐步完善备份系统建设**。对公积金数据备份系统进行升级，实现数据实时增量备份，定时全量备份至本地服务器及磁带库永久保存，每天全量将数据备份至同城异地备份中心，与省公积金备份中心对接，实现数据异地备份，切实提高数据安全性。

（四）当年所获荣誉情况：2018年3月市住房公积金管理中心和翁源办事处分别被授予市"巾帼文明岗"荣誉称号，11月市住房公积金管理中心被评为"岗村联动示范单位"。

（五）当年行政执法情况：2018年，受理职工投诉单位未缴存住房公积金案件42宗，对其中40宗进行立案处理，发出《核查通知书》40份、《责令限期办理补缴决定书》14份，办结案件15宗，通过行政执法为14职工依法追缴住房公积金427764.54元。分批次向未建缴住房公积金的单位发放催缴通知书4011份。

深圳市住房公积金2018年年度报告

一、机构概况

（一）深圳市住房公积金管理委员会：深圳市住房公积金管理委员会为深圳市住房公积金管理的决策机构，由市政府分管市领导担任管委会主任，现有委员21名，主要由职工代表、单位代表和政府职能部门负责人及有关专家组成。

住房公积金管理委员会主要职责为依据有关法律、法规和政策，制定和调整住房公积金的具体管理措施，并监督实施；拟订住房公积金的具体缴存比例；审批住房公积金年度归集、使用计划及计划执行情况的报告；审批住房公积金年度财务收支预算、决算；审批住房公积金增值收益分配方案；审批住房公积金呆坏账核销申请；审议住房公积金年度公报以及需要决策的其他事项等。

2018年召开1次会议，审议通过《深圳市住房公积金制度实施情况报告》、《深圳市住房公积金2018年运行情况及2018年归集使用和财务收支计划》、《深圳市住房公积金管理中心关于拆迁安置项目回迁住房申请住房公积金贷款有关问题的请示》、《深圳市住房公积金管理中心关于2018年选定住房公积金归集银行有关事项的请示》等议题。

（二）深圳市住房公积金管理中心：深圳市住房公积金管理中心为市政府直属，由市住房和建设局代管，不以营利为目的的经费自理事业单位，为深圳市法定机构试点单位，主要负责全市住房公积金的归集、管理、使用和会计核算。中心内设综合管理部、人力资源部、政策法规部、计划财务部、归集管理部、贷款管理部、审计稽核部、互联网应用发展部、信息管理部和事务受理部10个部门，下设福田管理部、宝安管理部和龙岗管理部3个管理部，从业人员227人。

二、业务运行情况

（一）缴存：2018年，新开户单位（不含尚未缴存）30759家，实缴单位155797家，净增单位22030家；新开户职工（不含尚未缴存）127.03万人，实缴职工648.86万人，净增职工42.89万人；缴存额636.80亿元，同比增长12.34%，见图1。

截至2018年底，累计缴存总额3112.23亿元，同比增长25.72%；缴存余额1598.66亿元，同比增长16.96%。

受委托办理住房公积金缴存业务的银行7家，与上年相同。

（二）**提取**：2018年，提取额404.99亿元，同比增长36.74%；占当年缴存额的63.60%，比上年增加11.35个百分点，见图2。

截至2018年底，累计提取总额1513.57亿元，同比增长36.53%。

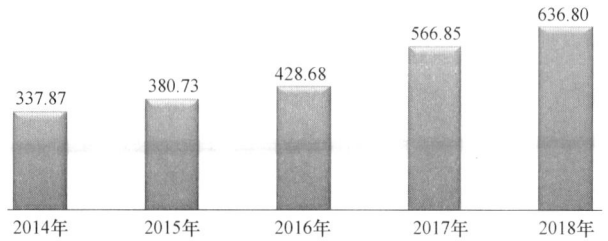

图1　2014～2018年缴存额情况（单位：亿元）

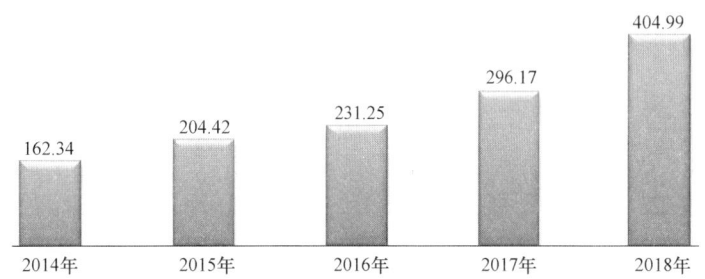

图2　2014～2018年提取额情况（单位：亿元）

（三）**贷款**：个人住房贷款最高额度90万元，其中，单缴存职工最高额度50万元，双缴存职工最高额度90万元。

2018年，发放个人住房贷款3.81万笔、253.59亿元，同比分别增长35.10%、39.54%，见图3。

2018年，回收个人住房贷款62.17亿元。

截至2018年底，累计发放个人住房贷款19.67万笔、1169.53亿元，贷款余额956.38亿元，同比分别增长24.06%、27.69%、25.02%。个人住房贷款余额占缴存余额的59.82%，比上年增加3.86个百分点。

受委托办理住房公积金个人住房贷款业务的银行10家，与上年相同。

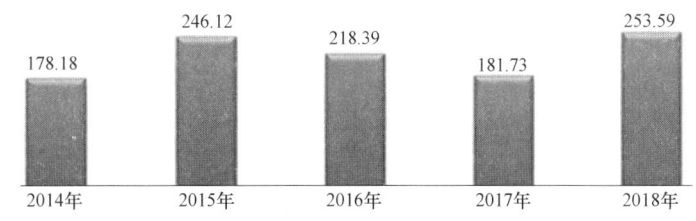

图3　2014～2018年住房公积金个人住房贷款发放情况（单位：亿元）

（四）**资金存储**：2018年底，住房公积金存款647.75亿元。其中，活期存款46.79亿元（普通活期存款0.01亿元，协定存款46.78亿元），1年以上定期600.96亿元。

（五）**资金运用率**：2018年底，住房公积金个人住房贷款余额占缴存余额的59.82%，比上年同期增加3.86个百分点。

三、主要财务数据

（一）**业务收入**：2018年，业务收入515872.49万元，同比增长13.32%。其中，存款利息

237037.82 万元，委托贷款利息 278834.67 万元。

（二）**业务支出**：2018 年，业务支出 248507.69 万元，同比增长 21.37%。其中，支付职工住房公积金利息 225027.96 万元，归集手续费 12145.48 万元，委托贷款手续费 11205.37 万元，其他 128.88 万元。

（三）**增值收益**：2018 年，增值收益 267364.80 万元，同比增长 6.74%。增值收益率 1.80%，比上年减少 0.24 个百分点。

（四）**增值收益分配**：2018 年，计提贷款风险准备金 160418.88 万元，计提管理费用 10069.39 万元，计提公共租赁住房等保障性住房建设资金 96876.53 万元。

2018 年，上交财政管理费用 10069.39 万元。上缴财政 2018 年度公共租赁住房等保障性住房建设资金 90366.22 万元。

截至 2018 年底，贷款风险准备金余额 713255.29 万元。累计提取公共租赁住房等保障性住房建设资金 396276.99 万元。

（五）**管理费用支出**：2018 年，当年管理费用支出 9987.65 万元，同比增长 3.48%。其中，人员工资、社会保险、住房公积金、年金等人员经费 4176.65 万元，公用经费 233.94 万元，办公场所租金、物业管理费、电费、业务开展经费以及行政执法经费等专项经费 5577.06 万元。

四、资产风险状况

2018 年底，个人住房贷款逾期额 238.53 万元，逾期率 0.02‰。

个人贷款风险准备金按增值收益的 60% 提取。2018 年，提取个人贷款风险准备金 160418.88 万元，使用个人贷款风险准备金核销呆坏账 0 万元。2018 年底，个人贷款风险准备金余额 713255.29 万元，占个人住房贷款余额的 7.46%，个人住房贷款逾期额与个人贷款风险准备金余额的比率为 0.03%。

五、社会经济效益

（一）**缴存业务**：2018 年，实缴单位数、实缴职工人数和缴存额同比分别增长 16.47%、7.08% 和 12.34%。

缴存单位中，国家机关和事业单位占 1.70%，国有企业占 2.73%，城镇集体企业占 0.48%，外商投资企业占 7.11%，城镇私营企业及其他城镇企业占 75.78%，民办非企业单位和社会团体占 3.27%，其他占 8.93%。

缴存职工中，国家机关和事业单位占 3.61%，国有企业占 11.99%，城镇集体企业占 1.17%，外商投资企业占 23.28%，城镇私营企业及其他城镇企业占 48.22%，民办非企业单位和社会团体占 2.10%，其他占 9.63%；

新开户职工中，国家机关和事业单位占 1.54%，国有企业占 7.67%，城镇集体企业占 0.91%，外商投资企业占 24.95%，城镇私营企业及其他城镇企业占 55.95%，民办非企业单位和社会团体占 2.68%，其他占 6.30%；

（二）**提取业务**：2018 年，227.05 万名缴存职工提取住房公积金 404.99 亿元。

提取金额中，住房消费提取占 88.81%（购买、建造、翻建、大修自住住房占 12.41%，偿还购房贷款本息占 26.26%，租赁住房占 34.17%，其他占 15.97%）；非住房消费提取占 11.19%（离休和退休提取占 5.27％，完全丧失劳动能力并与单位终止劳动关系提取占 0.02％，户口迁出本市或出境定居占 0.24％，其他占 5.66％）。

（三）贷款业务：

1. **个人住房贷款**：2018 年，支持职工购建房 305.12 万平方米，年末个人住房贷款市场占有率为 7.38％，比上年增加 0.7 个百分点。通过申请住房公积金个人住房贷款，可节约职工购房利息支出 726654.49 万元。

职工贷款笔数中，购房建筑面积 90（含）平方米以下占 80.64％，90~144（含）平方米占 17.21％，144 平方米以上占 2.15％。

职工申请贷款品种中，商业贷款转公积金贷款占 61.87％，二手房贷款占 27.41％，新房贷款占 7.40％，保障性住房贷款占 3.32％。

职工贷款笔数中，单缴存职工申请贷款占 43.18％，双缴存职工申请贷款占 56.64％，三人及以上缴存职工共同申请贷款占 0.18％。

贷款职工中，30 岁（含）以下占 26.86％，30 岁~40 岁（含）占 58.97％，40 岁~50 岁（含）占 12.59％，50 岁以上占 1.58％；首次申请贷款占 94.40％，二次及以上申请贷款占 5.60％。

2. **异地贷款**：2018 年，发放异地贷款 234 笔、16235.10 万元。截至 2018 年底，发放异地贷款总额 37128.30 万元，异地贷款余额 34700.29 万元。

（四）**住房贡献率**：2018 年，个人住房贷款发放额、住房消费提取额的总和与当年缴存额的比率为 96.30％，比上年增加 18.47 个百分点。

六、其他重要事项

（一）当年住房公积金政策调整及执行情况：

1. **缴存政策调整情况**。

（1）根据《住房城乡建设部 财政部 人民银行 公安部关于开展治理违规提取住房公积金工作的通知》（建金〔2018〕46 号）要求，中心调整个人账户异地转入业务办理条件：自 2018 年 7 月 1 日起，申请个人账户异地转入的职工应在本市设立住房公积金账户并稳定缴存住房公积金满 6 个月。

（2）根据《住房城乡建设部 财政部 人民银行关于改进住房公积金缴存机制进一步降低企业成本的通知》等文件精神，中心调整缴存基数上限：自 2018 年 7 月 1 日起，各住房公积金缴存单位调整后的缴存基数不得超过本市统计部门公布的 2018 年全市在岗职工月平均工资的 3 倍（即不超过 25044 元）。

2. **贷款政策调整情况**。根据市政府办公厅印发的《深圳市人民政府办公厅转发市规划国土委等单位关于进一步加强房地产调控促进房地产市场平稳健康发展的通知》（深府办规〔2018〕9 号）要求，中心对住房公积金贷款部分申请条件进行调整：自 2018 年 7 月 31 日起，购房人离婚两年内申请住房公积金贷款（含商转公贷款）的，贷款首付款比例不低于 70％；若购房人无房贷记录且能提供离婚前家庭无住房证明的，贷款首付款比例不低于 30％；若购房人无房贷记录且能提供离婚前家庭仅有一套住房证明的，贷款首付比例不低于 50％。

（二）当年服务优化情况：

1. **"互联网＋公积金服务"应用实现两项全国首创**。一是全国同行业内首推住房公积金账户线上直接关联银行卡服务。截至2018年底，已有470多万职工使用支付宝"刷脸"功能并绑定住房公积金账户。二是全国同行业内首推与归集银行合作利用STM智能终端办理多项住房公积金业务，例如建行STM上可自助签订服务协议，极大地节省了职工的业务办理时间。

2. **住房公积金"掌上"服务功能继续升级**。深圳公积金服务正式接入"粤省事"小程序，首次推出缴存证明自助打印服务；公积金服务接入市统一政务服务平台"i深圳"APP，进一步丰富了职工的线上自助服务体验。截至2018年底，中心微信公众号关注人数突破374万人。

3. **精简业务办理材料和要求，实现多项业务"零跑路"**。积极贯彻落实"放管服"改革要求，中心16项服务事项被纳入全市首批100个"不见面审批"服务事项清单，并在全市得到宣传推广；同时，进一步减少了住房公积金贷款的业务办理资料，对于直系亲属关系证明材料、存量房公积金贷款租赁合同、承租人身份证、承租人放弃优先购买权声明、信用卡和贷款当前逾期的还款凭证、申请人身份证复印件等，均在业务受理过程中予以了减免，将住房公积金贷款业务办理资料再次压缩了20%。通过优化在线办理平台业务办理功能，新增终止还贷委托提取协议等3项自助业务，实现全程"零跑路"；与市电子政务资源中心实现数据共享，可在线验证职工户籍迁出证明、低保证明等证照信息，取消户籍迁出销户提取、享受最低生活保障提取等六项提取业务的证明材料，并取消所有缴存、提取业务收取身份证复印件的要求，进一步降低职工办事成本。

4. **下放归集提取业务，进一步拓宽业务受理渠道**。将异地购房提取（有按揭贷款）、低保提取等四项业务从中心管理部下放至31家归集银行网点办理，职工可直接选择就近的银行网点预约办理业务，进一步降低了职工办理业务的时间成本。

（三）**当年信息化建设情况**：2018年，中心围绕"建标准、打基础"的指导思路，夯实信息系统基础设施，确保信息系统安全生产，持续优化提升系统对外服务能力。

1. **切实落实住房城乡建设部"双贯标"工作，实现系统标准化、结算统一化**。为贯彻落实住房城乡建设部相关要求，实现系统标准化、结算统一化，中心全力推进"双贯标"项目。截至2018年底，"双贯标"的系统升级改造基本完成，提前开展基础数据贯标的部署上线工作。

2. **夯实信息化基础设施，向职工持续提供便捷高效的住房公积金服务**。为保证系统安全运行，中心对部分老旧且故障率较高的基础设施进行改造升级，并完成配套的主机操作系统、应用系统升级切换。此外，对网络安全防护系统进行改造加固，确保信息网络安全、稳定，满足互联网业务需求。

3. **全力推进渠道整合，提高渠道运维效率**。按照住房城乡建设部相关要求，建设投产综合服务平台，实现了微信小程序等互联网渠道业务的后台一体化运营，集中监控管理，提高渠道运维效率，降低成本。

4. **加强系统运行维护工作，确保职工账户资金和信息安全**。完成本年度住房公积金系统的信息安全等级保护三级测评工作，加强对互联网应用系统的24小时监控，提高了住房公积金系统应用突发问题的响应处理能力。

（四）**当年对违反《住房公积金管理条例》和相关法规行为进行行政处罚和申请人民法院强制执行情况**：2018年本市住房公积金缴存执法案件立案18979件，结案4550件，为4000多名投诉职工追缴了住房公积金；对1家单位作出行政处罚决定；申请法院强制执行案件1891件，切实维护了我市住房公积金缴存职工的合法权益。

（五）**当年所获荣誉情况**：

1. 2018年1月，在市网信办指导、市网络媒体协会举办的"2018年度深圳市优秀政务新媒体评选"活动中，荣获"年度最佳民生服务新媒体"。

2. 2018年4月，在南方报业传媒集团主办的深圳政务新媒体颁奖盛典上，荣获"最佳大数据公共服务奖"。

3. 2018年5月，在第十二届深圳市网络文化奖评选中，中心微信公众号荣获"年度十佳政务自媒体"，"支付宝城市服务－深圳公积金服务"荣获年度技术创新奖二等奖（全市仅2件作品获得该奖项）。

4. 2018年9月，中心档案综合管理通过评级审查，荣获"省特级档案综合管理单位"称号。

5. 2018年11月，中心福田管理部、宝安管理部、龙岗管理部均荣获共青团深圳市委员会授予的"2018－2018年度深圳市青年文明号"荣誉称号。

6. 2018年11月，在中央宣传部、中央改革办、中央党史和文献研究院、国家发改委、商务部、新华社、中央军委政治工作部、北京市在国家博物馆联合举办的"伟大的变革——庆祝改革开放40周年大型展览"上，由中心员工拍摄的窗口工作人员微笑服务照片，作为全国住房公积金行业的唯一代表图片在大展上展出。

7. 2018年12月，在由南方日报举办的"将改革进行到底——2018深圳改革榜单颁奖典礼"上，中心公积金服务智慧应用荣获"2018深圳改革智慧奖"。

珠海市住房公积金2018年年度报告

一、机构概况

（一）住房公积金管理委员会：住房公积金管理委员会有25名委员，2018年召开1次会议，审议通过的事项主要包括：2018年住房公积金归集使用计划执行情况报告、2018年住房公积金增值收益分配方案、2018年住房公积金归集使用计划。

（二）住房公积金管理中心：住房公积金管理中心为珠海市政府直属管理不以营利为目的的公益一类事业单位，设5个科，5个管理部。从业人员91人，其中，在编25人，非在编66人。

二、业务运行情况

（一）缴存：2018年，新开户单位1650家，实缴单位6809家，净增单位418家；新开户职工17.78万人，实缴职工67.99万人，净增职工13.00万人；缴存额75.65亿元，同比增加14.17%。2018年末，缴存总额576.40亿元，同比增加15.11%；缴存余额108.68亿元，同比增加10.29%。

受委托办理住房公积金缴存业务的银行5家，与上年持平。

（二）提取：2018年，提取额65.51亿元，同比增加27.19%；占当年缴存额的86.59%，比上年增加8.86个百分点。2018年末，提取总额467.72亿元，同比增加16.29%。

（三）贷款：个人住房贷款最高额度50万元，其中，单缴存职工最高额度30万元，双缴存职工最高额度 50 万元。

2018 年，发放个人住房贷款 0.63 万笔 15.10 亿元，同比分别增加 27.86%、增加 281.04%。

2018 年，回收个人住房贷款 7.78 亿元。

2018 年末，累计发放个人住房贷款 8.01 万笔 153.52 亿元，贷款余额 79.69 亿元，同比分别增加 8.57%、增加 10.91%、增加 10.11%。个人住房贷款余额占缴存余额的 73.32%，比上年减少 0.12 个百分点。

受委托办理住房公积金个人住房贷款业务的银行 15 家，与上年持平。

（四）购买国债：2018 年，没有购买记账式、凭证式国债，没有兑付、转让、收回国债。2018 年末，国债余额 1 亿元，与上年持平。

（五）资金存储：2018 年末，住房公积金存款 37.07 亿元。其中，1 年（含）以下定期 30.85 亿元，1 年以上定期 0.50 亿元，其他（协定、通知存款等）5.72 亿元。

（六）资金运用率：2018 年末，住房公积金个人住房贷款余额、项目贷款余额和购买国债余额的总和占缴存余额的 74.24%，比上年减少 0.22 个百分点。

三、主要财务数据

（一）业务收入：2018 年，业务收入 32360.58 万元，同比增加 21.03%。存款利息 7421.02 万元，委托贷款利息 24612.07 万元，国债利息 327.00 万元，其他 0.49 万元。

（二）业务支出：2018 年，业务支出 26409.15 万元，同比增加 1.17%。支付职工住房公积金利息 22762.87 元，归集手续费 2548.76 万元，委托贷款手续费 1097.41 万元，其他 0.11 万元。

（三）增值收益：2018 年，增值收益 5951.43 万元，同比减少 42.94%。增值收益率 0.58%，比上年减少 0.57 个百分点。

（四）增值收益分配：2018 年，提取贷款风险准备金 3868.43 万元，提取管理费用 1300 万元，提取城市廉租住房（公共租赁住房）建设补充资金 783 万元。

2018 年，上交财政管理费用 2350 万元。上缴财政城市廉租住房（公共租赁住房）建设补充资金 778.92 万元。

2018 年末，贷款风险准备金余额 79297.77 万元。累计提取城市廉租住房（公共租赁住房）建设补充资金 15384.94 万元。

（五）管理费用支出：2018 年，管理费用支出 2982.60 万元，同比增加 2.51%。其中，人员经费 1004.88 万元，公用经费 155.71 万元，专项经费 1822.01 万元。

四、资产风险状况

个人住房贷款：2018 年末，个人住房贷款逾期额 253.58 万元，逾期率 0.3182‰。

个人贷款风险准备金按增值收益的 65% 提取。2018 年，提取个人贷款风险准备金 3868.43 万元。2018 年末，个人贷款风险准备金余额 79297.77 万元，占个人住房贷款余额的 9.95%，个人住房贷款逾期额与个人贷款风险准备金余额的比率为 0.32%。

五、社会经济效益

(一) 缴存业务：2018年，实缴单位数、实缴职工人数和缴存额同比分别增加4.48%、增加14.28%和增加14.17%。

缴存单位中，国家机关和事业单位占12.91%，国有企业占3.13%，城镇集体企业占0.75%，外商投资企业占5.02%，城镇私营企业及其他城镇企业占72.06%，民办非企业单位和社会团体占1.97%，其他占4.16%。

缴存职工中，国家机关和事业单位占5.36%，国有企业占4.94%，城镇集体企业占0.27%，外商投资企业占22.99%，城镇私营企业及其他城镇企业占60.44%，民办非企业单位和社会团体占1.13%，其他占4.87%；中、低收入占99.89%，高收入占0.11%。

新开户职工中，国家机关和事业单位占0.56%，国有企业占1.99%，城镇集体企业占0.21%，外商投资企业占13.71%，城镇私营企业及其他城镇企业占77.84%，民办非企业单位和社会团体占0.78%，其他占4.91%；中、低收入占100%，高收入占0%。

(二) 提取业务：2018年，35.13万名缴存职工提取住房公积金65.51亿元。

提取金额中，住房消费提取占62.19%（购买、建造、翻建、大修自住住房占14.35%，偿还购房贷款本息占29.44%，租赁住房占18.40%，其他占0.00%）；非住房消费提取占37.81%（离休和退休提取占5.22%，完全丧失劳动能力并与单位终止劳动关系提取占0.89%，户口迁出本市或出境定居占3.19%，其他占28.51%）。

提取职工中，中、低收入占99.73%，高收入占0.27%。

(三) 贷款业务：

1. 个人住房贷款：2018年，支持职工购建房62.19万平方米，年末个人住房贷款市场占有率为4.53%，比上年减少6.48个百分点。通过申请住房公积金个人住房贷款，可节约职工购房利息支出45283.44万元。

职工贷款笔数中，购房建筑面积90（含）平方米以下占41.72%，90～144（含）平方米占56.08%，144平方米以上占2.20%。购买新房占65.22%，购买存量商品住房占34.78%。

职工贷款笔数中，单缴存职工申请贷款占39.7%，双缴存职工申请贷款占59.97%，三人及以上缴存职工共同申请贷款占0.33%。

贷款职工中，30岁（含）以下占35.24%，30岁～40岁（含）占48.14%，40岁～50岁（含）占14.61%，50岁以上占2.01%；首次申请贷款占94.02%，二次及以上申请贷款占5.98%；中、低收入占85.80%，高收入占14.20%。

2. 异地贷款：2018年，发放异地贷款228笔5511万元。2018年末，发放异地贷款总额92873万元，异地贷款余额31965万元。

3. 公转商贴息贷款：2018年，没有发放公转商贴息贷款，当年贴息额3529.20万元。2018年末，累计发放公转商贴息贷款16028笔385506万元，累计贴息9898.51万元。

(四) 住房贡献率：2018年，个人住房贷款发放额、公转商贴息贷款发放额、项目贷款发放额、住房消费提取额的总和与当年缴存额的比率为73.80%，比上年减少12.40个百分点。

六、其他重要事项

(一) 当年住房公积金政策调整及执行情况:

1. **缴存基数限额及确定方法、缴存比例调整情况**。2018年度珠海市企业职工缴存住房公积金的月工资基数不得超过20253元,月缴存额上限为4860元;月工资基数不得低于1720元,月缴存额下限为172元。根据建金〔2018〕45号提出的"延长阶段性适当降低企业住房公积金缴存比例政策的期限,继续延长执行期至2020年4月30日。缴存住房公积金的月工资基数,不得高于职工工作地所在设区城市统计部门公布的上一年度职工月平均工资的3倍。住房公积金缴存比例下限为5%,上限由各地区按照《住房公积金管理条例》规定的程序确定,最高不得超过12%"要求,2018年珠海市社平工资是6751元,2018年珠海市最低工资标准1720元。2018年度月缴存上限标准为4860元(单位的月缴存基数上限20253元(6751×3)×单位的缴存比例上限12%+个人的月缴存基数上限20253元(6751×3)×个人的缴存比例上限12%);月缴存下限标准为172元(单位的月缴存下限1720元×单位的缴存比例下限5%+个人的月缴存下限1720元×个人的缴存比例下限5%)。

2. **缴存政策调整情况**。将新市民、港澳台同胞等群体纳入缴存范围,2018年5月30日制定出台《珠海市住房公积金管理中心关于港澳台同胞缴存使用住房公积金的实施细则》(珠房金字〔2018〕24号),促进港澳台同胞更好地融入国家经济社会发展大局,与内地缴存职工享有同等的住房公积金待遇和权益。

3. **提取政策调整情况**。根据《住房城乡建设部 财政部 人民银行 公安部关于开展治理违规提取住房公积金工作的通知》(建金〔2018〕46号),制定《珠海市住房公积金管理中心关于住房公积金账户转移及销户提取业务的补充通知》(珠房金函〔2018〕90号),要求所有本市户籍人员因失业原因支取住房公积金、外地户籍来珠务工人员因离职返回原籍原因支取住房公积金的,需在个人住房公积金账户封存满半年后方可办理销户提取。

4. **贷款政策调整情况**。落实"珠海英才计划",2018年5月21日制定出台《珠海市住房公积金管理中心关于高层次人才申请住房公积金贷款的操作细则》(珠房金字〔2018〕23号),对顶尖、一、二、三类高层次人才提供贷款额度5倍的优惠政策。

5. **住房公积金存贷款利率调整及执行情况**。严格执行央行2015年10月24日起贷款利率,五年及以下个人住房公积金贷款利率为2.75%,五年以上个人住房公积金贷款利率为3.25%。按照2016年2月17日人民银行、住房城乡建设部、财政部印发的《关于完善职工住房公积金账户存款利率形成机制的通知》,支付给缴存职工的利息从原来三个月存款基准利率计付,调整为按一年期定期存款基准利率计付。

(二) 当年服务改进情况:

1. **服务设施**。引入高拍仪、多功能键盘等设备,通过扫描、存档,经办人员可随时调取相应的电子档案,中心管理和业务经办逐步实现"无纸化",进一步提高业务办结效率,推进纸质材料电子档案化和银行结算系统化,有效提高资料存储的安全性、查阅复核的便捷性。

2. **服务手段**。一是所有公共服务事项全部纳入我市首批"全城通办"事项清单,45%的职工分流到就近管理部、银行网点办理业务。开具缴存证明、办理异地转入、缴存信息提供及复核实现"一证通办"。二是开通微信及支付宝"双刷脸"认证登录模式,免去到柜台实名认证的手续;实现24小时全天候网上服务大厅和微信公众号办理公积金缴存查询及提取业务,资金划拨秒到账。三是通过接入住房城乡建设部银行结算数据应用系统，实现公积金提取业务当场受理、审批、办结并"秒"到账的一柜办结模式，公积金提取业务由原先的 2 个工作日到账提速为"秒到账"。四是开通公积金提取到账、贷款审批发放和扣款提醒等免费短信提醒服务。五是开通住房公积金对冲还贷业务，办理了住房公积金贷款的职工，在偿还贷款的过程中，使用借款人缴存的住房公积金来冲抵月还款额。

3. **信息共享**。一是积极推进"互联网＋公积金"，与招商银行珠海分行、农业银行珠海分行、中信银行珠海分行、工商银行珠海分行和建设银行珠海分行等合作银行完成了关于公积金及银行数据交换协议的签订工作。二是与不动产登记中心实现联网，利用共享房产数据，推行租房提取住房公积金"一次不用跑"。缴存职工可 24 小时全天候线上办理租房提取，由系统自动识别匹配职工房产信息并完成提取审核，资金划拨"秒"到账。

（三）当年信息化建设情况："双贯标"工作与新一代住房公积金系统建设同步开发、同步进行。2018 年 12 月 28 日，新一代住房公积金信息系统正式上线运行，实现了数据应用云端化、监控管理智能化、公积金业务标准化、财务管理自动化、互联网服务移动化。2018 年 6 月 11 日，通过省住房城乡建设厅对"双贯标"工作的初步检查验收，6 月 25 日通过住房城乡建设部、省住房城乡建设厅联合验收组对"双贯标"工作的检查验收。

（四）当年住房公积金管理中心及职工所获荣誉情况：

1. "住房公积金异地转移实现全国漫游"获珠海市行政服务创新成果一等奖。
2. 2018 年 6 月获评珠海市直机关首批基层党组织标准化建设示范单位。

（五）当年对违反《住房公积金管理条例》和相关法规行为进行行政处罚和申请人民法院强制执行情况：2018 年针对骗提骗贷住房公积金行为下发 31 份处理情况通报。

（六）其他需要披露的情况：2018 年 5 月 30 日，珠海市九届人大常委会第十三次会议审议通过《关于 2016 年至 2018 年度住房公积金管理使用情况的报告》。

汕头市住房公积金 2018 年年度报告

一、机构概况

（一）住房公积金管理委员会：住房公积金管理委员会有 25 名委员，2018 年召开 1 次会议，审议通过的事项主要包括：（住房公积金归集、提取执行情况，并对其他重要事项进行决策）。

（二）住房公积金管理中心：汕头市住房公积金管理中心为市政府直属不以营利为目的副处级公益一类事业单位，设置 6 个副科级内设机构及 4 个分支机构。从业人员 49 人，其中，在编 49 人。

二、业务运行情况

（一）缴存：2018 年，新开户单位 582 家，实缴单位 4531 家，净增单位 407 家；新开户职工 3.65 万人，实缴职工 27.74 万人，净增职工 1.18 万人；缴存额 40.34 亿元，同比增加 7.87％。2018 年末，缴存总额 307.59 亿元,同比增加 15.09%;缴存余额 110.96 亿元,同比增加 9.88%。

受委托办理住房公积金缴存业务的银行 5 家。

(二)提取:2018 年,提取额 30.37 亿元,同比减少 16.49%;占当年缴存额的 75.28%,比上年减少 21.96 个百分点。2018 年末,提取总额 196.63 亿元,同比增加 18.26%。

(三)贷款:个人住房贷款最高额度 70 万元,其中,单缴存职工最高额度 40 万元,双缴存职工最高额度 70 万元。

2018 年,发放个人住房贷款 0.38 万笔,发放金额 16.42 亿元,同比分别减少 36.52%、减少 36.26%。

2018 年,回收个人住房贷款 9.33 亿元。

2018 年末,累计发放个人住房贷款 3.64 万笔,发放金额 133.02 亿元,贷款余额 97.04 亿元,同比分别增加 11.52%、增加 14.08%、增加 7.88%。个人住房贷款余额占缴存余额的 87.46%,比上年减少 1.62 个百分点。

受委托办理住房公积金个人住房贷款业务的银行 10 家,比上年增加 1 家。

(四)融资:2018 年归还融资 1 亿元。2018 年末融资余额为零。

(五)资金存储:2018 年末,住房公积金存款 13.91 亿元。其中,活期 0.03 亿元,1 年(含)以下定期 8.60 亿元,1 年以上定期 0.40 亿元,其他(协定、通知存款等)4.88 亿元。

(六)资金运用率:2018 年末,住房公积金个人住房贷款余额、项目贷款余额和购买国债余额的总和占缴存余额的 87.46%,比上年减少 1.62 个百分点。

三、主要财务数据

(一)业务收入:2018 年,业务收入 41421.77 万元,同比减少 10.57%。其中,存款利息 11506.19 万元,委托贷款利息 29914.83 万元,其他 0.75 万元。

(二)业务支出:2018 年,业务支出 18012.92 万元,同比减少 7.74%。其中,支付职工住房公积金利息 15386.13 万元,归集手续费 1046.71 万元,委托贷款手续费 1463.13 万元,其他 116.95 万元。

(三)增值收益:2018 年,增值收益 23408.85 万元,同比减少 12.64%。增值收益率 2.22%,比上年减少 0.44 个百分点。

(四)增值收益分配:2018 年,提取贷款风险准备金 708.85 万元,提取管理费用 920.10 万元,提取城市廉租住房(公共租赁住房)建设补充资金 21779.90 万元。

2018 年,上交财政管理费用 1123.17 万元。上缴财政城市廉租住房(公共租赁住房)建设补充资金 23971.23 万元。

截至 2018 年末,贷款风险准备金余额 9704.33 万元。累计提取城市廉租住房(公共租赁住房)建设补充资金 112991.55 万元。

(五)管理费用支出:2018 年管理费用支出 1244.36 万元,同比增加 6.82%。其中,人员经费 736.52 万元,公用经费 50.01 万元,专项经费 457.83 万元。

四、资产风险状况

2018 年末,个人住房贷款逾期额 24.83 万元,逾期率 0.0256‰。

个人贷款风险准备金按贷款余额1%提取。2018年,提取个人贷款风险准备金708.85万元,本年度未使用个人贷款风险准备金核销呆坏账。2018年末,个人贷款风险准备金余额9704.33万元,占个人住房贷款余额的1.00%,个人住房贷款逾期额与个人贷款风险准备金余额的比率为0.26%。

五、社会经济效益

(一)**缴存业务**：2018年,实缴单位数、实缴职工人数和缴存额同比分别增加9.87%、增加4.42%和增加7.87%。

缴存单位中,国家机关和事业单位占34.38%,国有企业占7.68%,城镇集体企业占0.51%,外商投资企业占1.32%,城镇私营企业及其他城镇企业占49.44%,民办非企业单位和社会团体占1.59%,其他占5.08%。

缴存职工中,国家机关和事业单位占45.27%,国有企业占16.60%,城镇集体企业占0.44%,外商投资企业占1.52%,城镇私营企业及其他城镇企业占33.94%,民办非企业单位和社会团体占0.90%,其他占1.33%;中、低收入占97.35%,高收入占2.65%。

新开户职工中,国家机关和事业单位占13.51%,国有企业占9.31%,城镇集体企业占0.26%,外商投资企业占3.03%,城镇私营企业及其他城镇企业占67.47%,民办非企业单位和社会团体占0.97%,其他占5.45%;中、低收入占99.34%,高收入占0.66%。

(二)**提取业务**：2018年,13.65万名缴存职工提取住房公积金30.37亿元。

提取金额中,住房消费提取占79.21%(购买、建造、翻建、大修自住住房占34.49%,偿还购房贷款本息占33.40%,租赁住房占8.77%,其他占2.55%);非住房消费提取占20.79%(离休和退休提取占16.79%,完全丧失劳动能力并与单位终止劳动关系提取占0.02%,户口迁出本市或出境定居占3.31%,其他占0.67%)。提取职工中,中、低收入占96.51%,高收入占3.49%。

(三)**贷款业务**：

1. **个人住房贷款**：2018年,支持职工购建房37.00万平方米,年末个人住房贷款市场占有率为19.88%,比上年减少7.94个百分点。通过申请住房公积金个人住房贷款,可节约职工购房利息支出29012.32万元。

职工贷款笔数中,购房建筑面积90(含)平方米以下占17.39%,90～144(含)平方米占62.00%,144平方米以上占20.61%。购买新房占74.36%(无购买保障性住房情况),购买存量商品住房占25.64%。

职工贷款笔数中,单缴存职工申请贷款占59.23%,双缴存职工申请贷款占40.77%。

贷款职工中,30岁(含)以下占23.06%,30岁~40岁(含)占38.11%,40岁~50岁(含)占31.38%,50岁以上占7.45%;首次申请贷款占92.71%,二次及以上申请贷款占7.29%;中、低收入占88.27%,高收入占11.73%。

2. **异地贷款**：2018年,发放异地贷款247笔11002万元。2018年末,发放异地贷款总额52063万元,异地贷款余额46529.02万元。

3. **公转商贴息贷款**：2018年,发放公转商贴息贷款722笔32661万元,支持职工购建住房面积8.81万平方米,当年贴息额100.51万元。2018年末,累计发放公转商贴息贷款740笔33471万元,累计贴息

100.91万元。

(四) 住房贡献率：2018年，个人住房贷款发放额、公转商贴息贷款发放额、项目贷款发放额、住房消费提取额的总和与当年缴存额的比率为108.43%，比上年减少41.18个百分点。

六、其他重要事项

(一) 当年机构及职能调整情况、受委托办理缴存贷款业务金融机构变更等情况：根据《印发汕头市住房公积金管理中心机构编制方案》（汕机编发〔2018〕7号），汕头市住房公积金管理中心机构为市政府直属事业单位，公益一类，副处级。设置6个副科级内设机构及4个分支机构。

2018年度受委托办理贷款业务金融机构增加中国民生银行汕头分行，其他没有变化。

(二) 当年住房公积金政策调整及执行等情况：

1. 结合我市住房公积金存量资金、房地产市场实际情况，市住房公积金管理中心借鉴省内其他城市做法，经征求市住房公积金管委会全体委员意见后提请市法制局审核通过，并报请市住房公积金管委会领导审发，向各有关单位印发了《汕头市住房公积金管理委员会关于印发〈关于住房公积金支持我市房地产市场发展有关问题的意见〉的通知》（汕房金管〔2018〕1号），对住房公积金提取、个贷政策等有关政策进行调整，明确委贷职责，严格业务考核，建立健全资金风险防控机制。

2. 加大力度推进"公转商"贷款贴息业务。2018年5月份开始，我中心加大公转商贷款贴息业务推进力度，并经市政府同意将我市住房公积金2018年度"公转商"贴息贷款15亿元额度使用时限延长至2019年底。

3. 当年缴存基数限额及确定方法、缴存比例调整情况。

根据国家三部委《关于改进住房公积金缴存机制进一步降低企业成本的通知》（建金〔2018〕45号）及《汕头市住房公积金归集管理办法》（汕房金管〔2016〕1号）的规定，按照市统计局提供的2018年度我市（含区县）在岗职工月平均工资5156.00元的数据，中心发布了《关于调整二〇一八年度汕头市职工住房公积金最高缴存额有关问题的通知》（汕房金通〔2018〕21号），确定我市（含区县）2018年度（2018年7月1日至2019年6月30日）职工最高缴存基数为15468元（我市上一年在岗职工月平均工资的3倍，即5156.00元×3），职工个人缴存和单位为职工缴存的住房公积金月最高缴存额各为1856元（最高缴存基数×最高缴存比例，即15468.00元×12%）。

4. 根据住房城乡建设部《关于进一步落实住房公积金降成本政策的通知》要求，自2018年11月起，我市住房公积金缴存单位可在5%至12%（含12%）之间自主确定缴存比例，缴存单位在缴存期间如需变更缴存比例的，可直接到缴存银行办理缴存比例变更手续，无需再经市住房公积金中心审核。

5. 适时出台住房公积金归集、提取、个贷政策调整措施，保障住房公积金管理运作持续稳定。市住房公积金管委会印发了《汕头市住房公积金管理委员会关于印发〈汕头市住房公积金管理委员会关于汕头市住房公积金归集管理办法〉的通知》（汕房金管〔2018〕3号）、《汕头市住房公积金管理委员会关于印发〈汕头市住房公积金管理委员会关于汕头市住房公积金提取管理办法〉的通知》（汕房金管〔2018〕4号）、《汕头市住房公积金管理委员会关于印发〈汕头市住房公积金管理委员会关于汕头市住房公积金贷款管理办法〉的通知》（汕房金管〔2018〕5号）、《汕头市住房公积金管理委员会关于印发〈汕头市住房公积金管理委员会关于汕头市个人住房公积金贷款转商业贴息贷款实施办法〉的通知》（汕房金管〔2018〕6

号）以及《汕头市住房公积金管理委员会关于印发〈汕头市住房公积金管理委员会关于汕头市个人住房公积金贷款信用管理若干规定（试行）〉的通知》（汕房金管〔2018〕7号），并进行了政务公开。

（三）当年服务改进情况。

1. 提高市公积金管理中心工作效能，提升为民服务质量。

根据市委市政府作风建设工作的要求，结合我市打造"法治化、国际化、便利化营商环境"三年行动计划部署，通过对标先进、学习借鉴省内其他公积金中心经验做法，市公积金中心在作风建设上下功夫，打造优良营商环境，提升为民服务质量。

公积金贷款业务从受理开始的审核时限实现2个工作日办结；中心城区范围内在建设银行和工商银行的个人住房公积金贷款业务委托银行直接收件，并办理受理和初审的有关手续，贷款业务受理实现闭环管理，职工由跑两次变为跑一次，方便职工办事。

2. 通过住房公积金自主管理信息系统与各业务受托银行联网连线办理住房公积金业务，将服务窗口前移，把符合授权条件的归集、提取业务授权受托银行办理，同样立等办结，减少了职工办件往返的次数。

3. 积极落实一门式一网式政府服务模式改革任务。

中心于2018年5月将"单位缴存登记业务"等4项先行进驻市行政服务中心办事大厅，在完成政务服务系统和内部审批系统对接和测试工作后，将于2019年将中心城区办理的住房公积金及住房资金有关事项共三大类57项全面进驻市行政服务中心办事大厅，委托行政服务中心综合服务窗口受理，市公积金中心另外派员进驻行政服务中心，作为后台审核人员，尽力为群众提供高效便捷的服务。

（四）当年信息化建设情况。根据住房城乡建设部、省住房城乡建设厅关于"双贯标"推进工作要求，中心在2018年下半年积极推进落实住房城乡建设部关于基础数据标准与结算应用系统对接改造工作，按"双贯标"工作要求对信息系统进行重新建设。

佛山市住房公积金2018年年度报告

一、机构概况

（一）住房公积金管理委员会：住房公积金管理委员会有24名委员，2019年召开第十八次会议，审议通过的事项主要包括：

1. 《2018年度住房公积金财务和管理情况报告》。
2. 《2018年度住房公积金增值收益分配预案》。
3. 《关于继续实施给予年结转的职工住房公积金补贴的提议》。
4. 佛山市住房公积金抵押贷款工作情况。
5. 《关于对"骗提"住房公积金人员适度限制其提取使用住房公积金的提议》。
6. 《关于确认承办住房公积金贷款业务提供相应金融服务银行的提议》。

7.《关于维持租房和无房提取住房公积金标准的提议》。

（二）住房公积金管理中心：佛山市住房公积金管理中心为直属于佛山市人民政府的不以营利为目的的事业单位，内设6个科室、4个管理部。从业人员81人，其中，在编57人，非在编24人。

二、业务运行情况

（一）缴存：2018年，新开户单位3255家，实缴单位13358家，净增单位3079家；新开户职工23.43万人，净增职工20.70万人；开设住房公积金个人明细的职工累计182.32万名，缴存职工（保有量）151.83万名；缴存额136.85亿元，同比增长11.29%。2018年末，缴存总额934.54亿元，比上一年末增长17.16%；缴存余额279.45亿元，比上一年末增长14.05%。

（二）提取：2018年，提取额102.42亿元，同比增长13.76%，占当年缴存额的74.84%，比上年增加1.62个百分点。年末，提取总额655.10亿元，比上一年末增长18.53%。

（三）贷款：

1. **个人住房贷款**：个人住房贷款最高额度40万元，其中，单缴存职工最高额度40万元，双缴存职工最高额度80万元。

2018年，发放个人住房贷款0.91万笔40.81亿元，同比分别增长37.93%、45.30%。

2018年，回收个人住房贷款22.37亿元。

2018年末，累计发放个人住房贷款13.86万笔396.77亿元，贷款余额246.04亿元，分别比上一年末增长7.05%、11.47%、8.11%。个人住房贷款余额占缴存余额的88.04%，比上年减少4.85个百分点。

受委托提供住房公积金金融服务的银行5家，与上年持平。

2. **住房公积金支持保障性住房项目贷款**：2018年，回收项目贷款0.05亿元。至此，该项目贷款本息全部结清。

（四）资金存储：2018年末，住房公积金存款33.44亿元。其中，活期2.55亿元，1年（含）以下定期30.89亿元。

（五）资金运用率：2018年末，住房公积金个人住房贷款余额占缴存余额的88.04%，比上年减少4.86个百分点。

三、主要财务数据

（一）业务收入：2018年，业务收入80042.87万元，同比增长6.79%。其中，存款利息4501.45万元，委托贷款利息75538.65万元，其他2.77万元。

（二）业务支出：2018年，业务支出61529.93万元，同比增长22.60%。其中，支付职工住房公积金利息33334.94万元，支付职工年结转后住房公积金存款补贴24876.16万元，归集手续费498.25万元，委托贷款手续费2816.86万元，其他3.73万元。

（三）增值收益：2018年，增值收益18512.94万元，同比下降25.26%，增值收益率0.71%，比上年减少0.38个百分点。

（四）增值收益分配：2018年，提取贷款风险准备金574.00万元，提取并上交财政管理费用2800万元整。上缴财政城市廉租住房（公共租赁住房）建设补充资金 15138.94 万元。

2018 年 3 月，上交财政 2018 年度管理费用 2800 万元、上缴财政 2018 年度城市廉租住房（公共租赁住房）建设补充资金 21970.4 万元。

2018 年末，贷款风险准备金余额 24700 万元整。累计提取城市廉租住房（公共租赁住房）建设补充资金 162695.78 万元。

（五）管理费用支出：2018 年，管理费用支出 3088.33 万元，同比增长 11.72%。其中，人员经费 1444.54 万元、公用经费 111.89 万元、专项经费 1531.90 万元。

四、资产风险状况

2018 年末，个人住房贷款逾期额 579.68 万元，逾期率 0.236‰。

个人贷款风险准备金按贷款余额的 1% 提取。2018 年，提取个人贷款风险准备金 574.00 万元，使用个人贷款风险准备金核销呆坏账 0 元。2018 年末，个人贷款风险准备金余额 24700 万元整，占个人住房贷款余额的 1%，个人住房贷款逾期额与个人贷款风险准备金余额的比率为 2.35%。

五、社会经济效益

（一）缴存业务：2018 年，实缴单位数、实缴职工人数分别比上一年增长 29.95%、15.78%，2018 年缴存额同比增长 11.29%。

缴存单位中，国家机关和事业单位占 13.97%，国有企业占 4.25%，城镇集体企业占 1.08%，外商投资企业占 6.19%，城镇私营企业及其他城镇企业占 3.72%，股份制企业（含有限责任公司）占 60.18%，民办非企业单位和社会团体占 5.11%，其他占 5.50%。（注：单位分类，按机构代码证或工商登记证书的分类核定）

缴存职工中，国家机关和事业单位占 20.82%，国有企业占 1.80%，城镇集体企业占 0.69%，外商投资企业占 16.40%，城镇私营企业及其他城镇企业占 16.44%，股份制企业（含有限责任公司）占 39.94%，民办非企业单位和社会团体占 1.84%，其他占 1.31%，自由职业者占 0.76%；中、低收入占 91.86%，高收入占 8.14%。

新开户职工中，国家机关和事业单位占 0.1%，国有企业占 0.2%，城镇集体企业占 0.0%，外商投资企业占 7.81%，城镇私营企业及其他城镇企业占 71.12%，股份制企业（含有限责任公司）占 14.54%，民办非企业单位和社会团体占 4.16%，其他占 0.01%，自由职业者占 2.06%；中、低收入占 91.86%，高收入占 8.14%。

（二）提取业务：2018 年，56.06 万名缴存职工提取住房公积金 102.42 亿元。

2018 年，职工提取住房公积金购建住房新增 3.58 万套、面积 411.39 万平方米；至 2018 年末，职工提取住房公积金购建住房累计 37.91 万套、面积共 4323.32 万平方米。

提取金额中，住房消费提取占 90.65%（购买、建造、翻建、大修自住住房占 23.87%，偿还购房贷款本息占 59.46%，租赁住房占 7.31%，其他占 0%）；非住房消费提取占 9.35%（退休提取占 6.58%，完全丧失劳动能力并与单位终止劳动关系提取占 0.00%（小于 0.005%），出境定居提取占 1.34%，转移到市外的占 1.42%）。

提取职工中,中、低收入占84.86%,高收入占15.14%。

(三)贷款业务:

1. **个人住房贷款**:2018年,支持职工购建房92.87万平方米、历年累计1435.66万平方米。年末个人住房贷款市场占有率为6.43%,比上年减少0.83个百分点。通过申请住房公积金个人住房贷款,可节约职工购房利息支出76195.03万元。

职工贷款笔数中,购房建筑面积90(含)平方米以下占31.02%,90~144(含)平方米占68.98%。购买新房占62.22%,购买二手房占37.78%,建造、翻建、大修自住住房占0%,其他占0%。

职工贷款笔数中,单缴存职工申请贷款占70.77%,双缴存职工申请贷款占29.23%,三人及以上缴存职工共同申请贷款占0%。

贷款职工中,30岁(含)以下占15.46%,30岁~40岁(含)占46.85%,40岁~50岁(含)占29.53%,50岁以上占8.17%;首次申请贷款占100%;中、低收入占82.06%,高收入占17.94%。

2. **异地贷款**:2018年,发放异地贷款675笔(976名)33756.45万元。2018年末,发放异地贷款总额319917.14万元,异地贷款余额165533.96万元。

(四)**住房贡献率**:2018年,个人住房贷款发放额、住房消费提取额的总和与当年缴存额的比率为97.67%,比上年增加9.28个百分点。

六、其他重要事项

(一)**委托业务服务考核情况**。为市住房公积金业务提供金融服务的委托银行5家,分别是建设银行佛山市分行、工商银行佛山分行、中国银行佛山分行、农业银行佛山分行、交通银行佛山分行,与上年没有变化。经市住房公积金管理委员会审议决定后,市住房公积金管理中心与委托银行签订委托服务协议,按照《佛山市住房公积金业务承办银行准入标准和退出制度》等要求,对其服务情况进行考核登记。考核内容按服务质量、管理质量和网络管理质量三类15项指标,对应切合"出错响应"条件的宗数与相应项目业务量之比率,反映服务质量。

2018年的考核情况按次序如下:交通银行佛山分行0.00%、中国银行佛山分行0.06%、工商银行佛山分行0.28%、农业银行佛山分行0.32%、建设银行佛山市分行0.40%,年度总"出错率"0.21%。(详见附件2)

住房公积金贷款受理办理时间,从承办银行受理职工贷款申请至资金划入开发商(或出售方)账户止,共5个环节,合计平均用时36.54天。

(二)**配合国家供给侧改革工作,规范住房公积金缴存,为企业减负**。2018年,根据《关于改进住房公积金缴存机制、进一步降低企业成本的通知》(建金〔2018〕45号)文件要求,改进住房公积金缴存机制,对影响企业成本的住房公积金缴存,其计缴基数控制在市统计部门公布的在岗职工年(月)平均工资3倍以内。2018年,这项工作累计为企业减负1.55亿元。

根据《住房公积金管理条例》第二十条规定,缴存住房公积金有困难并经单位职代会审议通过,经市住房公积金管理委员会审议同意降低缴存比例的企业,2018年新增17家,加上2018年同意降低缴存比例并延续至2018年的企业,合计42家企业,涉及职工人数59291名。按同口径测算,共为42家企业于2018年度减负2.14亿元。

(三) 住房公积金政策调整及执行情况。 2018年，根据上级有关文件精神主要对两项工作作了相应调整，一是对影响企业成本的住房公积金缴存作了相对"限高"（详见上述第（三）点），二是响应国家"租购并举"政策，提取政策向租赁住房倾斜，并取得显著效果。2018年，租赁（含租房提取和无房提取）提取住房公积金标准大幅提高，提取人数从2018年的4.64万名增长为2018年的13.99万名，同比增长201.51%；提取金额从1.99亿元增长到7.49亿元，同比增长276.38%。

(四) 继续实施给予年结转后的职工住房公积金存款补贴。 2018年，补贴率为1.2%/年。当年，除根据国家和央行规定向个人住房公积金存款给予一年定期利率（1.5%/年）计息3.33亿元外，另支付年结转后的职工住房公积金存款补贴2.49亿元。佛山市从2015年实施给予年结转后的职工住房公积金存款补贴，截至2018年底，累计给予职工补贴6.64亿元。

(五) 服务改进和信息化建设。 通过改造网络系统、提升系统功能，加强与其他部门数据交换等工作，试行住房公积金业务"双零"服务，即职工申办业务"零跑动"、"零提交辅助材料"。按照广东省"通用目录事项"住房公积金面向社会的业务33项，实现或基本实现19项住房公积金业务"双零"服务，另有5项"单零"服务。

2018年，办结各项住房公积金业务共266.29万宗。其中，网上申办办结的114.43万宗，占全部业务的42.97%。各项业务中，网上申办办结的占比为：职工开设个人明细占58.88%，缴存额年度调整占21%，个人明细封存占76.59%，个人明细转移占63.97%，提取占79.77%。

(六) 加强住房公积金行政执法力度，维护职工合法权益。 根据职工实名申告或群众来信提供的有效证据，2018年执法情况如下：

行政强制：立案711宗，涉及被欠缴少缴职工8.20万名。结案643宗；其中，单位补缴的453宗，法院强制执行的38宗，个人撤诉的150宗，中止的2宗。

行政处罚：责令整改的1049宗，作出处罚的13宗。

职工或单位不服市住房公积金管理中心行政处理决定或行政处罚，提起行政复议的9宗；提起行政诉讼，一审31宗，二审29宗。行政复议、行政诉讼，均为市住房公积金管理中心胜诉。

(七) 开展扫黑除恶专项行动，参与房地产市场乱象专项整顿。 2018年4月，通过自查发现"骗提"住房公积金重要线索，并将该线索及时提交市纪委监委以及司法机关处理，对涉及"骗提"住房公积金的人员，市住房公积金管理中心已向人民法院提起诉讼进行追讨。另外，市住房公积金管理中心与市住建、国土、公安、工商等部门联合对房地产市场乱象进行专项整顿，重点针对受委托银行拒绝公积金贷款的现象进行检查和整顿，维护职工合法权益。至目前为止，未发现有这类现象。

江门市住房公积金2018年年度报告

一、机构概况

(一) 住房公积金管理委员会： 住房公积金管理委员会有24名委员，2018年召开2次会议，审议通过的事项主要包括：关于江门市 2018 年度住房公积金归集、使用指导计划执行情况报告；关于江门市 2018 年度住房公积金增值收益分配方案；关于江门市住房公积金 2018 年年度报告；关于江门市 2018 年度住房公积金归集、使用指导计划；关于延长《江门市提取住房公积金支付房租实施细则（试行）》有效期的请示；关于修订《江门市住房公积金管理办法》的请示；关于修订《江门市住房公积金缴存管理办法》的请示；关于修订《江门市住房公积金提取管理办法》的请示；《关于调整存量房住房公积金贷款部分规定的请示》；《关于授权审批企业降低住房公积金缴存比例和缓缴的请示》。

（二）住房公积金管理中心：市住房公积金管理中心为直属市政府，由市住房城乡建设局代管的不以营利为目的的参公事业单位，设 5 个部，5 个管理部。从业人员 82 人，其中，在编 45 人，非在编 37 人。

二、业务运行情况

（一）缴存：2018 年，新开户单位 1095 家，实缴单位 7014 家，净增单位 875 家；新开户职工 6.41 万人，实缴职工 37.65 万人，净增职工 3.76 万人；缴存额 49.42 亿元，同比增长 3.76％。2018 年末，缴存总额 416.12 亿元，同比增长 13.48％；缴存余额 112.87 亿元，同比增长 6.26％。

受委托办理住房公积金缴存业务的银行 7 家，比上年减少 1 家。

（二）提取：2018 年，提取额 42.76 亿元，同比下降 4.34％；提取额占当年缴存额的 86.54％，比上年减少 7.32 个百分点；2018 年末，提取总额 303.25 亿元，同比增长 16.42％。

（三）贷款：个人住房贷款最高额度 50 万元，其中，单缴存职工最高额度 25 万元，双缴存职工最高额度 50 万元。

2018 年，发放个人住房贷款 0.41 万笔 13.31 亿元，同比分别下降 28.97％、30.73％。其中，市中心发放个人住房贷款 0.13 万笔 4.14 亿元，新会管理部发放个人住房贷款 0.10 万笔 3.56 亿元，台山管理部发放个人住房贷款 0.05 万笔 1.41 亿元，开平管理部发放个人住房贷款 0.05 万笔 1.51 亿元，鹤山管理部发放个人住房贷款 0.04 万笔 1.39 亿元，恩平管理部发放个人住房贷款 0.04 万笔 1.30 亿元。

2018 年，回收个人住房贷款 12.28 亿元。其中，市中心 4.66 亿元，新会管理部 2.98 亿元，台山管理部 1.44 亿元，开平管理部 1.57 亿元，鹤山管理部 1.01 亿元，恩平管理部 0.62 亿元。

2018 年末，累计发放个人住房贷款 8.17 万笔 179.77 亿元，贷款余额 104.80 亿元，同比分别增长 5.34％、7.99％、0.99％。个人住房贷款余额占缴存余额的 92.84％，比上年减少 4.85 个百分点。

受委托办理住房公积金个人住房贷款业务的银行 13 家，比上年减少 1 家。

（四）融资：2018 年，归还融资 0.54 亿元。2018 年末，融资总额 1.39 亿元，融资余额 0 亿元。

（五）资金存储：2018 年末，住房公积金存款 10.92 亿元。其中，活期 0.93 亿元，1 年（含）以下定期 4.66 亿元，其他（协定、通知存款等）5.33 亿元。

（六）资金运用率：2018 年末，住房公积金个人住房贷款余额、项目贷款余额和购买国债余额的总和占缴存余额的 92.84％，比上年减少 4.85 个百分点。

三、主要财务数据

（一）业务收入：2018 年，业务收入 35238.56 万元，同比增长 3.11％。其中，市中心 13863.54 万元，新会管理部 8072.20 万元，台山管理部 4190.47 万元，开平管理部 4490.10 万元，鹤山管理部

2602.42 万元，恩平管理部 2019.83 万元；存款利息 881.16 万元，委托贷款利息 34357.39 万元，其他 0.01 万元。

（二）业务支出：2018 年，业务支出 20407.66 万元，同比增长 4.10%。其中，市中心 8135.78 万元，新会管理部 4599.88 万元，台山管理部 2399.79 万元，开平管理部 2535.21 万元，鹤山管理部 1548.16 万元，恩平管理部 1188.84 万元；支付职工住房公积金利息 16334.78 万元，归集手续费 2117.18 万元，委托贷款手续费 1704.44 万元，其他 251.26 万元。

（三）增值收益：2018 年，增值收益 14830.90 万元，同比增长 1.78%。其中，市中心 5727.76 万元，新会管理部 3472.32 万元，台山管理部 1790.68 万元，开平管理部 1954.89 万元，鹤山管理部 1054.26 万元，恩平管理部 830.99 万元；增值收益率 1.36%，比上年减少 0.03 个百分点。

（四）增值收益分配：2018 年，提取贷款风险准备金 77.28 万元，提取管理费用 1760.77 万元，提取城市廉租住房（公共租赁住房）建设补充资金 12992.85 万元。

2018 年，上交财政管理费用 1690.38 万元。上缴财政城市廉租住房（公共租赁住房）建设补充资金 12092.48 万元。其中，市中心上缴 4356.84 万元，新会管理部上缴 3042.86 万元，台山管理部上缴 1487.35 万元，开平管理部上缴 1817.11 万元，鹤山管理部上缴 806.29 万元，恩平管理部上缴 582.03 万元。

2018 年末，贷款风险准备金余额 10479.51 万元。累计提取城市廉租住房（公共租赁住房）建设补充资金 103273.14 万元。其中，市中心提取 35672.08 万元，新会管理部提取 23552.69 万元，台山管理部提取 12890.26 万元，开平管理部提取 15824.96 万元，鹤山管理部提取 9732.51 万元，恩平管理部提取 5600.64 万元。

（五）管理费用支出：2018 年，管理费用支出 1686.24 万元，同比增长 42.10%。其中，人员经费 1006.98 万元，公用经费 78.64 万元，专项经费 600.62 万元。

市中心管理费用支出 985.49 万元，其中，人员、公用、专项经费分别为 509.15 万元、31.08 万元、445.26 万元；新会管理部管理费用支出 186.47 万元，其中，人员、公用、专项经费分别为 119.47 万元、6.00 万元、61.00 万元；台山管理部管理费用支出 164.15 万元，其中，人员、公用、专项经费分别为 121.7 万元、5.24 万元、37.21 万元；开平管理部管理费用支出 121.68 万元，其中，人员、公用、专项经费分别为 83.84 万元、9.93 万元、27.91 万元；鹤山管理部管理费用支出 137.15 万元，其中，人员、公用、专项经费分别为 126.72 万元、5.43 万元、5.00 万元；恩平管理部管理费用支出 91.3 万元，其中，人员、公用、专项经费分别为 46.10 万元、20.96 万元、24.24 万元。

四、资产风险状况

2018 年末，个人住房贷款逾期额 200.01 万元，逾期率 0.19‰。其中，市中心 0.19‰，新会管理部 0.3‰，开平管理部 0.36‰，鹤山管理部 0.01‰。

个人贷款风险准备金按贷款余额的 1% 核定提取。2018 年，提取个人贷款风险准备金 77.28 万元。2018 年末，个人贷款风险准备金余额 10479.51 万元，占个人住房贷款余额的 1%，个人住房贷款逾期额与个人贷款风险准备金余额的比率为 1.91%。

五、社会经济效益

（一）**缴存业务**：2018年，实缴单位数、实缴职工人数和缴存额同比分别增长14.25%、11.08%和3.76%。

缴存单位中，国家机关和事业单位占28.14%，国有企业占11.35%，城镇集体企业占5.02%，外商投资企业占6.74%，城镇私营企业及其他城镇企业占42.44%，民办非企业单位和社会团体占4.09%，其他占2.22%。

缴存职工中，国家机关和事业单位占33.19%，国有企业占13.41%，城镇集体企业占2.27%，外商投资企业占20.71%，城镇私营企业及其他城镇企业占26.98%，民办非企业单位和社会团体占1.20%，其他占2.24%；中、低收入占95.93%，高收入占4.07%。

新开户职工中，国家机关和事业单位占15.22%，国有企业占7.24%，城镇集体企业占3.45%，外商投资企业占24.00%，城镇私营企业及其他城镇企业占45.95%，民办非企业单位和社会团体占1.39%，其他占2.75%；中、低收入占99.31%，高收入占0.69%。

（二）**提取业务**：2018年，13.61万名缴存职工提取住房公积金42.76亿元。

提取金额中，住房消费提取占83.72%（购买、建造、翻建、大修自住住房占20.09%，偿还购房贷款本息占60.90%，租赁住房占2.15%，其他占0.58%）；非住房消费提取占16.28%（离休和退休提取占10.10%，完全丧失劳动能力并与单位终止劳动关系提取占1.43%，户口迁出本市或出境定居占2.13%，其他占2.62%）。

提取职工中，中、低收入占92.60%，高收入占7.40%。

（三）**贷款业务**：

1. **个人住房贷款**：2018年，支持职工购建房44.62万平方米，年末个人住房贷款市场占有率为9.25%，比上年减少1.85个百分点。通过申请住房公积金个人住房贷款，可节约职工购房利息支出23570.21万元。

职工贷款笔数中，购房建筑面积90（含）平方米以下占18.13%，90～144（含）平方米占71.4%，144平方米以上占10.47%。购买新房占87.41%，购买二手房占12.59%。

职工贷款笔数中，单缴存职工申请贷款占54.14%，双缴存职工申请贷款占45.43%，三人及以上缴存职工共同申请贷款占0.43%。

贷款职工中，30岁（含）以下占29.95%，30岁～40岁（含）占42.47%，40岁～50岁（含）占23.63%，50岁以上占3.95%；首次申请贷款占84.95%，二次及以上申请贷款占15.05%；中、低收入占95.56%，高收入占4.44%。

2. **异地贷款**：2018年，发放异地贷款488笔14771.2万元。2018年末，发放异地贷款总额92976.2万元，异地贷款余额71708.71万元。

3. **公转商贴息贷款**：2018年，发放公转商贴息贷款181笔5742.5万元，支持职工购建住房面积2万平方米，当年贴息额248.55万元。2018年末，累计发放公转商贴息贷款668笔22478.2万元，累计贴息299.91万元。

4. **支持保障性住房建设试点项目贷款**：2018年末，累计试点项目3个，贷款额度3.3亿元，建筑面积 18.32 万平方米，可解决 2320 户中低收入职工家庭的住房问题。3 个试点项目贷款资金已发放并还清贷款本息。

（四）住房贡献率：2018 年，个人住房贷款发放额、公转商贴息贷款发放额、项目贷款发放额、住房消费提取额的总和与当年缴存额的比率为 100.54%，比上年减少 19.31 个百分点。

六、其他重要事项

（一）**当年受委托办理缴存贷款业务金融机构变更情况。** 2018 年，江门新会农村商业银行股份有限公司和江门融和农村商业银行股份有限公司合并组建为江门农村商业银行股份有限公司，合并组建后的江门农村商业银行股份有限公司继续办理我市的住房公积金归集和贷款业务。

（二）**当年住房公积金政策调整及执行情况。**

1. **当年缴存政策调整情况。** 根据《住房城乡建设部、财政部、人民银行关于改进住房公积金缴存机制进一步降低企业成本的通知》（建金〔2018〕45 号）和《广东省住房和城乡建设厅、广东省财政厅、中国人民银行广州分行转发住房城乡建设部等三部门关于改进住房公积金缴存机制进一步降低企业成本的通知》（粤建金〔2018〕122 号）规定，公布了《关于 2018 年度住房公积金缴存调整有关问题的通知》（江房金字〔2018〕88 号），从 2018 年 7 月 1 日起，开展 2018 年度住房公积金缴存调整工作。

2018 年度我市住房公积金缴存基数为 2018 年度职工本人月平均工资，且不能超过规定的限额。住房公积金缴存基数下限为 1550 元，上限为 18849.25 元。职工 2018 年月平均工资在上下限之间的，按实计缴，高于缴存基数上限的按缴存基数上限计缴。

2. **当年提取政策调整情况。** 2018 年，修订了《江门市住房公积金管理办法》《江门市住房公积金提取管理办法》和《江门市住房公积金缴存管理办法》三份办法。2018 年 8 月 16 日发布修订后的三份办法，9 月 1 日正式执行。

3. **当年贷款政策调整情况。** 调整存量房住房公积金个人住房贷款部分规定。从 2018 年 7 月 27 日起，购买存量房（框架结构），竣工时间超过 30 年的，住房公积金个人住房贷款首付款比例由不低于评估价与交易价较高者的 55% 调整为不低于评估价与交易价较高者的 50%，竣工时间在 10 年（含）以内的，住房公积金个人住房贷款期限从最长 20 年调整为 25 年。

4. **当年住房公积金存贷款利率执行标准。** 2018 年，我市住房公积金存款利率没有调整，按一年期定期存款基准利率（1.50%）执行。

2018 年，我市住房公积金个人住房贷款利率没有调整，5 年期（含）以下贷款年利率为 2.75%，5 年期以上至 30 年（含）的贷款年利率为 3.25%。首套房贷款利率按照中国人民银行公布的基准利率执行，第二套房贷款利率按照同期首套房贷款利率上浮 10% 执行。

（三）**当年服务改进情况。** 从 2018 年 2 月 23 日起，住房公积金个人住房贷款审批时间从原来的 15 个工作日缩短至 10 个工作日。

2018 年 4 月，接入了"粤省事"微信小程序，缴存职工可以通过"粤省事"微信小程序刷脸查询本人住房公积金缴存情况。9 月 10 日双贯标系统上线后，群众只需要到开办公积金业务的银行网点，跑一次就可以办成业务。部分银行网点提供延时服务、双休日服务，方便了办事群众。

（四）**当年信息化建设情况。** 2018 年，按照住房城乡建设部双贯标要求进行了信息系统改造，12 月

25 日通过了住房城乡建设部住房公积金贯标工作检查验收组的验收。

湛江市住房公积金 2018 年年度报告

一、机构概况

（一）住房公积金管理委员会：

市住房公积金管理委员会有 25 名委员，2018 年召开 1 次会议，审议通过的事项主要包括：

1. 市住房公积金管理工作报告。
2. 《2018 年湛江市住房公积金归集使用计划》。
3. 《关于住房公积金增值收益分配及城市廉（公）租住房建设补充资金安排的请示》。
4. 《关于调整 2018 年度住房公积金缴存基数的通知》。
5. 《在湛江就业的港澳台同胞缴存使用住房公积金实施办法》。
6. 《关于调整优化住房公积金贷款政策的通知》。
7. 《关于湛江市高层次人才住房公积金贷款政策有关问题的通知》。
8. 《关于调整优化住房公积金提取使用政策的通知》。
9. 《关于加强住房公积金诚信黑名单管理有关问题的通知》。
10. 关于《湛江市住房公积金 2018 年年度报告》的情况说明。

（二）住房公积金管理中心：

市住房公积金管理中心为市政府直属的不以营利为目的的参公事业单位，主要负责全市住房公积金的归集、管理、使用和会计核算等。中心内设综合科、财务科、筹集科、贷款科 4 个科室以及雷州、廉江、吴川、徐闻、遂溪 5 个办事处，办事处为市住房公积金管理中心派出机构，分别负责各县（市）住房公积金管理工作。从业人员 102 人，其中，在编 57 人，非在编 41 人，借用银行人员 4 人。

二、业务运行情况

（一）缴存：2018 年，新开户单位 1009 家，实缴单位 8059 家，净增单位 789 家；新开户职工 3.79 万人，实缴职工 35.35 万人，净增职工 0.65 万人；缴存额 55.87 亿元，同比增长 12.10%。2018 年末，缴存总额 411.88 亿元，同比增长 15.69%；缴存余额 154.55 亿元，同比增长 12.09%。

受委托办理住房公积金缴存业务的银行 6 家，对比上年没有变化。

（二）提取：2018 年，提取额 39.20 亿元，同比减少 4.07%；占当年缴存额的 70.16%，比上年减少 11.83 个百分点。2018 年末，提取总额 257.33 亿元，同比增长 17.97%。

（三）贷款：个人住房贷款最高额度 40.00 万元（精装房 45 万元），其中，单缴存职工最高额度 20.00 万元（精装房 23 万元），双缴存职工最高额度 40.00 万元（精装房 45 万元）。

2018 年，发放个人住房贷款 0.81 万笔 22.04 亿元，同比分别减少 19.98%、20.77%。

2018年，回收个人住房贷款14.62亿元。

2018年末，累计发放个人住房贷款8.50万笔217.12亿元，贷款余额136.70亿元，同比分别增长10.56%、11.30%和5.73%。个人住房贷款余额占缴存余额的88.45%，比上年减少5.32个百分点。

受委托办理住房公积金个人住房贷款业务的银行9家，比上年增加1家。

（四）**购买国债**：2018年，市住房公积金管理中心没有购买国债，收回国债0.49亿元。2018年末，国债余额0.00亿元，比上年减少0.49亿元。

（五）**资金存储**：2018年末，住房公积金存款20.22亿元。其中，活期5.32亿元，1年（含）以下定期14.90亿元。

（六）**资金运用率**：2018年末，我市住房公积金资金运用率为88.45%，比上年减少5.67个百分点。

三、主要财务数据

（一）**业务收入**：2018年，业务收入45980.58万元，同比增长9.19%。其中，存款利息2765.28万元，委托贷款利息43047.22万元，国债利息168.08万元。

（二）**业务支出**：2018年，业务支出26837.94万元，同比增长16.55%。其中，支付职工住房公积金利息22048.55万元，归集手续费2634.51万元，委托贷款手续费2154.16万元，其他0.72万元。

（三）**增值收益**：2018年，增值收益19142.64万元，同比增长0.32%。增值收益率1.32%，比上年减少0.11个百分点。

（四）**增值收益分配**：2018年，提取贷款风险准备金741.44万元，提取管理费用2482.96万元，提取城市廉租住房（公共租赁住房）建设补充资金15918.24万元。

2018年，上交财政管理费用2482.96万元。上缴财政城市廉租住房（公共租赁住房）建设补充资金15787.40万元。

2018年末，贷款风险准备金余额13669.85万元。累计提取城市廉租住房（公共租赁住房）建设补充资金111514.66万元。

（五）**管理费用支出**：2018年，管理费用支出2559.98万元，同比增长32.96%（新增部分主要用于新一代住房公积金信息管理系统等信息化建设）。其中，人员经费893.57万元，公用经费121.80万元，专项经费1544.61万元（主要用于新一代住房公积金信息管理系统建设及档案信息化建设、设备更新等）。

四、资产风险状况

2018年末，个人住房贷款逾期额419.01万元，逾期率0.3065‰。

个人贷款风险准备金按贷款余额的1.00%提取。2018年，提取个人贷款风险准备金741.44万元。2018年末，个人贷款风险准备金余额13669.85万元，占个人住房贷款余额的1.00%，个人住房贷款逾期额与个人贷款风险准备金余额的比率为3.07%。

五、社会经济效益

（一）**缴存业务**：2018年，实缴单位数、实缴职工人数和缴存额同比分别增长10.85%、1.87%和12.10%。

缴存单位中，国家机关和事业单位占34.25%，国有企业占8.58%，城镇集体企业占6.49%，外商投资企业占1.54%，城镇私营企业及其他城镇企业占42.23%，民办非企业单位和社会团体占3.93%，其他占2.98%。

缴存职工中，国家机关和事业单位占48.06%，国有企业占29.02%，城镇集体企业占2.18%，外商投资企业占2.80%，城镇私营企业及其他城镇企业占15.99%，民办非企业单位和社会团体占1.83%，其他占0.12%；中、低收入占95.50%，高收入占4.50%。

新开户职工中，国家机关和事业单位占22.51%，国有企业占12.13%，城镇集体企业占2.27%，外商投资企业占3.63%，城镇私营企业及其他城镇企业占54.88%，民办非企业单位和社会团体占4.12%，其他占0.46%；中、低收入占99.48%，高收入占0.52%。

（二）提取业务：2018年，11.39万名缴存职工提取住房公积金39.20亿元。

提取金额中，住房消费提取占74.90%（购买、建造、翻建、大修自住住房占31.37%，偿还购房贷款本息占43.51%，租赁住房占0.02%，其他占0.00%）；非住房消费提取占25.10%（离休和退休提取占18.61%，完全丧失劳动能力并与单位终止劳动关系提取占0.10%，户口迁出本市或出境定居占0.86%，其他占5.53%）。

提取职工中，中、低收入占91.89%，高收入占8.11%。

（三）贷款业务：

1. **个人住房贷款**：2018年，支持职工购建房93.72万平方米，年末个人住房贷款市场占有率为20.62%，比上年减少4.87个百分点。通过申请住房公积金个人住房贷款，可节约职工购房利息支出61916.31万元。

职工贷款笔数中，购房建筑面积90（含）平方米以下占15.05%，90~144（含）平方米占74.59%，144平方米以上占10.36%。购买新房占86.47%（其中购买保障性住房占0.01%），购买存量商品住房占13.52%，建造、翻建、大修自住住房占0.01%。

职工贷款笔数中，单缴存职工申请贷款占20.75%，双缴存职工申请贷款占79.25%。

贷款职工中，30岁（含）以下占24.43%，30岁~40岁（含）占35.97%，40岁~50岁（含）占31.12%，50岁以上占8.48%；首次申请贷款占92.02%，二次及以上申请贷款占7.98%；中、低收入占94.02%，高收入占5.98%。

2. **异地贷款**：2018年，发放异地贷款66.00笔1814.00万元。2018年末，发放异地贷款总额100632.60万元，异地贷款余额68007.74万元。

（四）住房贡献率：2018年，个人住房贷款发放额、住房消费提取额的总和与当年缴存额的比率为92.00%，比上年减少28.78个百分点。

2018年用于住房消费的住房公积金513971.88万元，比上年减少87958.82万元。

六、其他重要事项

（一）当年机构及职能调整情况、受委托办理缴存贷款业务金融机构变更情况。2018年，本市受委托办理住房公积金缴存业务的银行共计六家；受委托办理住房公积金贷款业务的银行共计九家，比上年增加一家。

（二）当年住房公积金政策调整及执行情况。

1. **住房公积金缴存基数限额及确定方法。**本缴存年度（2018年7月1日至2019年6月30日）的缴存月工资基数不得低于本市的最低月工资标准（1410元），不得高于工作地所在城市统计部门公布的上一年度职工月平均工资的3倍，即月缴存工资基数的上限分别为：湛江市区18877元；廉江市14277元；雷州市10226元；吴川市12836元；遂溪县13380元；徐闻县12722元。工资总额按国家统计局《关于工资总额组成的规定》（统制字〔1990〕1号）计算。

2. **住房公积金提取政策调整情况。**2018年8月20日印发《关于调整优化住房公积金提取使用政策的通知》（湛公积金委〔2018〕6号）对住房公积金提取业务进行规范优化，涉及申请条件、办事资料等十二条内容，于2018年9月1日起施行。

3. **住房公积金贷款额度、条件及政策调整情况。**2018年9月6日印发《关于调整优化住房公积金贷款政策的通知》（湛公积金委〔2018〕7号），建立贷款额度调整机制，每季末根据住房公积金个人住房贷款率，调整贷款额度等，于2018年9月20日起施行。

4. **住房公积金存贷款利率执行标准。**市住房公积金中心存贷款利率按中国人民银行规定执行。住房公积金个人住房贷款期限为1至5年（含5年）的，贷款年利率为2.75%；贷款期限为5年以上的，贷款年利率为3.25%。

（三）当年服务改进情况。

1. **中心服务网点及途径。**市住房公积金中心及其办事处服务网点、时间及电话见表。

湛江市住房公积金中心及其办事处服务信息

序号	网点名称	地点	服务时间	咨询电话
1	市中心	湛江市赤坎区海滨大道北193号	上午：8：30-12：00 下午：2：30-6：00	3365773
2	雷州办事处	雷州市群众大道008号建行二、四楼	上午：8：30-12：00 下午：2：30-6：00	8813745
3	廉江办事处	廉江市南市路33号建行二楼	上午：8：30-11：00 下午：2：30-5：30	6662366
4	吴川办事处	吴川市人民东路建行大厦三楼	上午：8：30-12：00 下午：2：30-5：30	5579131
5	遂溪办事处	遂溪县遂城镇府前路45号	上午：8：30-12：00 下午：2：30-5：30	7770663
6	徐闻办事处	徐闻县徐城镇红旗二路228号建行二楼	上午：8：30-12：00 下午：2：30-5：30	4865222

中心网站：http://www.zjzfgjj.gov.cn，服务热线：12329。

网上服务：网上查询、办理业务；服务热线、短信、微信、微博等。

2. **住房公积金业务及服务创新情况。**

（1）积极推进政策普惠，充分发挥保障作用。出台缴存新政，扩大缴存范围，港澳台同胞可以轻松缴存住房公积金；出台提取"新十二条"，对住房公积金提取业务进行规范优化；出台高层次人才贷款政策，放宽准入条件，提高贷款额度，鼓励高层次人才入湛安居乐业；出台贷款新政，建立科学性、前瞻性强的政策调整机制，保障资金安全，充分发挥住房公积金保障作用。

（2）主动作为，全面优化服务成效。主动服务、担当作为已成为我们的工作习惯。坚持预约服务、上门服务、延时服务、志愿者服务；实行到开发楼盘及服务单位开展政策业务培训、预约集中收件服务。只要办事群众需要，只要办事群众方便，市住房公积金管理中心随时可以把服务窗口前移、延伸、拓展。2018年，到湛江皇冠城等20个楼盘集中上门办理贷款业务453笔；预约办件服务1445人次，办理提取业务5582件；为恒兴东山花园、美地花园等58个楼盘开展集中培训销售人员537人次。

（3）多措并举，全面深化"放管服"改革。简政放权，深化审批改革，实行"一站式、一门式"服务，就近办理服务，服务质量提速增效；全力推进信息化建设，实现服务群众"最多跑一次"，实现与广东省政务民生服务的集合入口"粤省事小程序"的对接，住房公积金服务更智能，更简便。我市住房公积金服务逐步实现信息化、智能化、科学化。

（四）当年信息化建设情况。 2018年，为适应住房公积金业务发展新需求，稳步推进信息化建设换代升级，建设新一代住房公积金信息管理系统。完成了信息化发展规划建设、系统集成安装；业务系统开发建设等，实现了住房公积金电子化检查工具进行住房公积金系业务数据的基础数据标准自检完善，完成了历史数据的分析、整理、迁移等实施工作；完成了住房城乡建设部银行结算数据应用系统和异地转移接续系统的建成使用。

（五）当年住房公积金管理中心及职工所获荣誉情况。 2018年，市住房公积金管理中心被评为广东省五一劳动奖状、广东省青年文明号、广东省学雷锋活动示范点、湛江市第二届先进志愿服务组织、优秀志愿服务队、湛江市先进窗口、湛江市国家安全人民防线先进单位，荣获"湛江市宣传思想文化工作创新案例三等奖"。

（六）当年对违反《住房公积金管理条例》和相关法规行为进行行政处罚和申请人民法院强制执行情况。 2018年，市住房公积金管理中心对违反《住房公积金管理条例》规定的不办理住房公积金缴存登记以及不为职工办理住房公积金账户设立手续的广东半岛集团有限公司，向湛江经济技术开发区人民法院申请强制执行罚款4万元。

茂名市住房公积金2018年年度报告

一、机构概况

（一）住房公积金管理委员会：市住房公积金管理委员会有21名委员，2018年，召开了两次全体会议，审议通过《茂名市2018年度住房公积金归集、使用计划执行情况报告》、《茂名市2018年度住房公积金归集和使用计划》、《茂名市2018年度住房公积金增值收益分配方案》、《茂名市住房公积金2018年年度报告》、《茂名市住房公积金缴存管理办法》、《茂名市住房公积金个人购房贷款管理办法》、《茂名市住房公积金提取管理办法》、《茂名市住房公积金行政执法工作细则》、《茂名市住房公积金行政处罚自由裁量权规定》、《茂名市住房公积金归集提取业务受托银行考核暂行办法》，以及调整住房公积金有关使用政策和继续开展贷款融资解决资金流动性不足等相关事项。

（二）**住房公积金管理中心**：住房公积金管理中心为直属市人民政府不以营利为目的的参照公务员管理的副处级事业单位，设6个科，4个管理部。从业人员93人，其中，在编50人，非在编43人。

二、业务运行情况

（一）**缴存**：2018年，新开户单位422家，实缴单位4606家，净增单位423家；新开户职工2.30万人，实缴职工25.49万人，净增职工1.57万人；缴存额38.56亿元，同比增长14.26%。2018年末，缴存总额272.47亿元，同比增长16.49%；缴存余额107.71亿元，同比增长8.48%。

受委托办理住房公积金缴存业务的银行7家，与上年相同。

（二）**提取**：2018年，提取额30.14亿元，同比增长9.12%；占当年缴存额的78.16%，比上年减少3.68个百分点。2018年末，提取总额164.76亿元，同比增长22.39%。

（三）**贷款**：个人住房贷款最高额度35万元，其中，单缴存职工最高额度20万元，双缴存职工最高额度35万元。

2018年，发放个人住房贷款0.67万笔20.62亿元，同比分别下降10.26%、9.85%。2018年，回收个人住房贷款9.96亿元。

2018年末，累计发放个人住房贷款6.08万笔160.72亿元，贷款余额103.63亿元，同比分别增长12.32%、14.72%、11.47%。个人住房贷款余额占缴存余额的96.21%，比上年增加2.58个百分点。

受委托办理住房公积金个人住房贷款业务的银行7家，与上年相同。

（四）**购买国债**：2018年，没有购买国债，没有兑付国债。2018年末，国债余额0.3亿元，与上年相同。

（五）**融资**：2018年，没有开展融资，归还0.35亿元。2018年末，融资总额2.33亿元，融资余额为0。

（六）**资金存储**：2018年末，住房公积金存款6.14亿元。其中，活期0.02亿元，1年以上定期0.89亿元，其他（协定、通知存款等）5.23亿元。

（七）**资金运用率**：2018年末，住房公积金个人住房贷款余额和购买国债余额的总和占缴存余额的96.49%，比上年增加2.56个百分点。

三、主要财务数据

（一）**业务收入**：2018年，业务收入34440.90万元，同比增长3.40%。存款利息收入1961.37万元，委托贷款利息收入32339.13万元，国债利息收入140.40万元，无其他收入。

（二）**业务支出**：2018年，业务支出17895.69万元，同比增长6.60%。支付职工住房公积金利息支出15613.42万元，归集手续费支出710.93万元，委托贷款手续费支出1544.70万元，其他支出26.64万元。

（三）**增值收益**：2018年，增值收益16545.21万元，同比增长0.15%。增值收益率1.60%，比上年减少0.1个百分。

（四）**增值收益分配**：2018年，提取贷款风险准备金2132.21万元，提取管理费用1464万元，提取城市廉租住房（公共租赁住房）建设补充资金 12949 万元。

2018 年，上交财政管理费用 1493 万元。上缴财政城市廉租住房（公共租赁住房）建设补充资金 10555.57 万元。

2018 年末，贷款风险准备金余额 20725.78 万元。累计提取城市廉租住房（公共租赁住房）建设补充资金 97394.26 万元。

（五）管理费用支出：2018 年，管理费用支出 2424.20 万元，同比增长 22.51%。其中，人员经费 1134.12 万元，公用经费 293.72 万元，专项经费 996.36 万元。

四、资产风险状况

2018 年末，个人住房贷款逾期额 178.52 万元，逾期率 0.17‰。

个人贷款风险准备金按贷款余额的 2.00% 提取。2018 年，提取个人贷款风险准备金 2132.21 万元，当年未使用个人贷款风险准备金核销。2018 年末，个人贷款风险准备金余额 20725.78 万元，占个人住房贷款余额的 2.00%，个人住房贷款逾期额与个人贷款风险准备金余额的比率为 0.86%。

五、社会经济效益

（一）缴存业务：2018 年，实缴单位数、实缴职工人数和缴存额同比分别增长 10.11%、6.56% 和 14.26%。

缴存单位中，国家机关和事业单位占 66.00%，国有企业占 7.71%，城镇集体企业占 1.47%，外商投资企业占 3.28%，城镇私营企业及其他城镇企业占 14.18%，民办非企业单位和社会团体占 1.43%，其他占 5.93%。

缴存职工中，国家机关和事业单位占 63.85%，国有企业占 12.31%，城镇集体企业占 1.97%，外商投资企业占 3.95%，城镇私营企业及其他城镇企业占 9.20%，民办非企业单位和社会团体占 0.46%，其他占 8.26%；中、低收入占 99.97%，高收入占 0.03%。

新开户职工中，国家机关和事业单位占 29.07%，国有企业占 8.50%，城镇集体企业占 0.78%，外商投资企业占 3.76%，城镇私营企业及其他城镇企业占 37.95%，民办非企业单位和社会团体占 2.96%，其他占 16.98%；中、低收入占 100%。

（二）提取业务：2018 年，7.80 万名缴存职工提取住房公积金 30.14 亿元。

提取金额中，住房消费提取占 79.64%（购买、建造、翻建、大修自住住房占 37.63%，偿还购房贷款本息占 41.64%，租赁住房占 0.24%，其他占 0.13%）；非住房消费提取占 20.36%（离休和退休提取占 16.73%，完全丧失劳动能力并与单位终止劳动关系提取占 2.34%，户口迁出本市或出境定居占 0.54%，其他占 0.75%）。

提取职工中，中、低收入占 99.93%，高收入占 0.07%。

（三）贷款业务：

1. 个人住房贷款：2018 年，支持职工购建房 90.03 万平方米，年末个人住房贷款市场占有率为 18.01%，比上年减少 3.19 个百分点。通过申请住房公积金个人住房贷款，可节约职工购房利息支出 39504.57 万元。

职工贷款笔数中，购房建筑面积 90（含）平方米以下占 4.37%，90～144（含）平方米占 68.75%，144 平方米以上占 26.88%。购买新房占 89.87%，购买二手房占 10.13%。

职工贷款笔数中，单缴存职工申请贷款占 16.24%，双缴存职工申请贷款占 82.46%，三人及以上缴存职工共同申请贷款占 1.30%。

贷款职工中，30 岁（含）以下占 25.32%，30 岁～40 岁（含）占 37.76%，40 岁～50 岁（含）占 29.79%，50 岁以上占 7.13%；首次申请贷款占 92.24%，二次及以上申请贷款占 7.76%；中、低收入占 99.01%，高收入占 0.99%。

2. **异地贷款**：2018 年，发放异地贷款 363 笔 9492.60 万元。2018 年末，发放异地贷款总额 63563.90 万元，异地贷款余额 53847.63 万元。

（四）住房贡献率：2018 年，个人住房贷款发放额、住房消费提取额的总和与当年缴存额的比率为 115.72%，比上年减少 19.31 个百分点。

六、其他重要事项

（一）当年住房公积金政策调整及执行情况：

1. 调整缴存基数限额。根据国务院《住房公积金管理条例》（国务院令第 350 号）、《住房城乡建设部、财政部、人民银行关于改进住房公积金缴存机制进一步降低企业成本的通知》（建金〔2018〕45 号）、《广东省人民政府关于调整我省企业职工最低工资标准的通知》（粤府函〔2018〕187 号）等有关规定，按照市统计局提供的 2018 年度市直及各区、县级市在岗职工月平均工资数据的 3 倍，确定了 2018 年度我市市区（含市直、茂南区、电白区，下同）以及各县级市住房公积金缴存基数上限分别为：市区 20391 元、信宜 14399 元、高州 16793 元、化州 13481 元。全市缴存基数不低于 1410 元。

2. 调整住房公积金贷款政策。为有效化解我市住房公积金资金流动性风险，减轻贷款资金压力，根据《广东省住房和城乡建设厅关于印发〈广东省住房公积金资金流动性风险预警和管理的指导意见〉的通知》（粤建金〔2018〕252 号），及时对我市住房公积金贷款政策进行调整。

（1）降低住房公积金个人住房贷款额度。两人（含）以上申请住房公积金贷款购买同一套普通自住住房最高贷款额度由 45 万元调整为 35 万元，一人申请住房公积金贷款最高贷款额度由 30 万元调整为 20 万元，贷款最高额度不能超过职工住房公积金账户余额的 5 倍。

（2）取消住房公积金贷款最低起贷额度。

（3）借款人还款额不得超过家庭收入的 50%。

（4）调整住房公积金个人住房贷款申请条件。暂停受理异地缴存住房公积金的职工申请贷款，与我市签订业务合作协议的城市（肇庆市、云浮市、阳江市、湛江市、北海市、钦州市、防城港市、海口市、儋州市、玉林市）缴存住房公积金的职工除外。第一套住房公积金贷款还清满一年后才能申请第二套住房公积金贷款。对已有一笔住房公积金贷款且已离异的职工家庭，在该笔公积金贷款结清前，离异的夫妻双方均不得再次申请公积金贷款。

（5）根据住房公积金资金运行情况，必要时轮候发放贷款。

（二）当年服务改进情况：

1. 落实"放管服"改革要求，简化业务要件，提高服务效率。单位办理缴存业务不再收取经办人

（专管员）和职工身份证复印件；个体工商户办理开户不再收取《社会保险综合申报表》或在职职工证明；职工申请住房公积金贷款无需提供个人身份证复印件，只需提供身份证原件给受理窗口人员扫描打印或复印留存；取消职工提供的收入证明，职工收入情况一律按照职工住房公积金月缴存额及缴存比例推算；《茂名市住房公积金借款申请审批表》不再需要申请人填写提交，改为由受理窗口人员录入系统后打印给申请人当面签字确认。

2. 进驻"粤省事"移动民生服务平台。中心认真贯彻落实上级关于"数字政府"改革建设工作部署，积极与市政管办沟通协调，与技术开发公司密切配合，及时做好系统接口开发，使公积金服务成为我市第一批进驻"粤省事"移动民生服务平台单位。市民通过下载"粤省事·好心茂名"微信小程序，即可足不出户查询个人公积金、公积金缴存明细、提取明细、贷款明细、贷款进度、个人还款计划等相关信息。

3. 加强服务窗口建设。按照公积金业务全面进驻市行政服务中心的工作部署，认真规划服务窗口建设，改善服务环境和服务条件，加强窗口人员的业务培训，整合业务服务窗口，实行综合柜员制，提高服务效率。

4. 进一步发挥在线客户服务平台作用，全年为职工提供热线电话服务 11076 人次，网上答复 151 件，提供语音服务 12375 人次。

（三）当年信息化建设情况：

1. 进一步抓好住房公积金综合信息管理系统建设。继续优化核心业务系统、网厅系统、手机 APP；新建稽核系统、绩效考核系统、行政执法系统、电子印章、考试系统等；积极推进住房城乡建设部异地转移接续平台接入、人行征信系统接入等工作，全面提高我市住房公积金信息化管理和服务工作。

2. 做好政务信息系统整合共享工作。按照上级推进"互联网＋政务服务"及政务信息化工程建设规划工作总体部署，紧紧围绕广东省"数字政府"改革建设需要，加快推进政务信息系统整合共享，大力提升政务服务能力，完成了政务信息资源目录系统梳理，理清了数据，明确了可共享的信息资源，同时注册了省数据统一平台"开放广东"，按照公共数据开放要求，向社会开放了部分公积金信息。

3. 完成远程容灾项目建设。为积极应对可能发生的人为风险和自然灾害，避免发生信息系统瘫痪，确保业务正常开展，年内顺利完成了远程容灾项目建设，进一步提升了中心信息化安全保障水平。

（四）当年对违反《住房公积金管理条例》和相关法规行为进行行政处罚和申请人民法院强制执行情况：针对部分单位不按规定建立住房公积金制度或停缴的现象，先后向 11 家企业发出限期办理、行政执法调查、责令改正通知书，执行行政检查 10 宗，行政处罚 1 起。

肇庆市住房公积金2018年年度报告

一、机构概况

（一）**住房公积金管理委员会**：住房公积金管理委员会有 21 名委员，2018 年召开 1 次会议，审议通过的事项主要包括：

1.《肇庆市住房公积金贷款资金困难应对方案（征求意见稿）》。

2.《肇庆市住房公积金贷款资金困难应对方案实施办法（征求意见稿）》。

3.《关于报备2018年度肇庆市住房公积金管理中心预算安排情况的函》。

（二）住房公积金管理中心：住房公积金管理中心为直属肇庆市人民政府的不以营利为目的的参公事业单位，设业务部、贷款部、综合部、财务部、稽核内审部、政策法规部、信息部、档案部、12329热线部共9个部室，下设鼎湖、高要、四会、广宁、德庆、封开、怀集、高新区8个住房公积金管理部。从业人员131人，其中，在编43人，非在编88人。

二、业务运行情况

（一）**缴存**：2018年，新开户单位445家，实缴单位3952家，净增单位345家；新开户职工3.46万人，实缴职工24.92万人，净增职工1.64万人；缴存额34.65亿元，同比增长16.08%。2018年末，缴存总额221.24亿元，同比增长18.57%；缴存余额69.54亿元，同比增长6.33%。

受委托办理住房公积金缴存业务的银行15家，银行数量与去年持平。

（二）**提取**：2018年，提取额30.5亿元，同比上升12.3%；占当年缴存额的88.02%，比上年减少2.97个百分点。2018年末，提取总额151.7亿元，同比增长25.17%。

（三）**贷款**：个人住房贷款最高额度28万元，其中，单缴存职工最高额度28万元，双缴存职工最高额度56万元。

2018年，发放个人住房贷款0.54万笔14.92亿元，同比分别增长18.18%、17.34%。其中，市中心发放个人住房贷款0.18万笔6.31亿元，鼎湖管理部发放个人住房贷款0.05万笔1.20亿元，高要管理部发放个人住房贷款0.03万笔0.93亿元，四会管理部发放个人住房贷款0.03万笔0.94亿元，广宁管理部发放个人住房贷款0.07万笔1.71亿元，怀集管理部发放个人住房贷款0.07万笔1.37亿元，封开管理部发放个人住房贷款0.05万笔1.03亿元，德庆管理部发放个人住房贷款0.05万笔1.11亿元，高新管理部发放个人住房贷款0.01万笔0.3亿元。

2018年，回收个人住房贷款6.69亿元。其中，市中心3.19亿元，鼎湖管理部0.31亿元，高要管理部0.54亿元，四会管理部0.84亿元，广宁管理部0.43亿元，怀集管理部0.41亿元，封开管理部0.46亿元，德庆管理部0.38亿元，高新管理部0.19亿元。

2018年末，累计发放个人住房贷款5.54万笔114.84亿元，贷款余额78.31亿元，同比分别增长10.8%、14.93%、11.74%。个人住房贷款余额占缴存余额的112.61%，比上年增加5.45个百分点。

受委托办理住房公积金个人住房贷款业务的银行14家。

（四）**融资**。2018年，融资3.7亿元，归还0.31亿元。2018年末，融资总额9.70亿元，融资余额9.39亿元。

（五）**资金存储**。2018年末，住房公积金存款1.97亿元。其中，活期0.05亿元，1年（含）以下定期0亿元，1年以上定期0亿元，其他（协定、通知存款等）1.92亿元。

（六）**资金运用率**。2018年末，住房公积金个人住房贷款余额、项目贷款余额和购买国债余额的总和占缴存余额的112.61%，比上年增加5.45个百分点。

三、主要财务数据

（一）业务收入。 2018 年，业务收入 25420.47 万元，同比增长 19.96%。存款利息 403.32 万元，委托贷款利息 25000.41 万元，国债利息 0 万元，其他 16.74 万元。

（二）业务支出。 2018 年，业务支出 17378.93 万元，同比增长 26.89%。支付职工住房公积金利息 10113.40 万元，归集手续费 1677.75 万元，委托贷款手续费 1249.80 万元，其他 4337.98 万元。

（三）增值收益。 2018 年，增值收益 8041.54 万元，同比增长 7.29%。增值收益率 1.2%，比上年增加 0.03 个百分点。

（四）增值收益分配： 2018 年，提取贷款风险准备金 822.89 万元，提取管理费用 1663.97 万元，提取城市廉租住房（公共租赁住房）建设补充资金 5554.68 万元。

2018 年，上交财政管理费用 1663.97 万元。上缴财政城市廉租住房（公共租赁住房）建设补充资金 3059.63 万元。

2018 年末，贷款风险准备金余额 7830.66 万元。累计提取城市廉租住房（公共租赁住房）建设补充资金 48022.04 万元。

（五）管理费用支出。 2018 年，管理费用支出 2054.54 万元，同比下降 10.75%。其中，人员经费 794.53 万元，公用经费 91.19 万元，专项经费 1168.82 万元。

四、社会经济效益

（一）缴存业务： 2018 年，实缴单位数、实缴职工人数和缴存额同比分别增长 9.53%、6.72% 和 16.08%。

缴存单位中，国家机关和事业单位占 44.68%，国有企业占 14.94%，城镇集体企业占 2.88%，外商投资企业占 0.87%，城镇私营企业及其他城镇企业占 22.4%，民办非企业单位和社会团体占 2.7%，其他占 11.53%。

缴存职工中，国家机关和事业单位占 47.02%，国有企业占 18.56%，城镇集体企业占 1.58%，外商投资企业占 2.51%，城镇私营企业及其他城镇企业占 21.04%，民办非企业单位和社会团体占 0.26%，其他占 9.03%；中、低收入占 98.01%，高收入占 1.99%。

新开户职工中，国家机关和事业单位占 18.04%，国有企业占 9.9%，城镇集体企业占 0.58%，外商投资企业占 1.7%，城镇私营企业及其他城镇企业占 32.76%，民办非企业单位和社会团体占 0.18%，其他占 36.84%；中、低收入占 99.65%，高收入占 0.35%。

（二）提取业务： 2018 年，10.76 万名缴存职工提取住房公积金 30.5 亿元。

提取金额中，住房消费提取占 87.26%（购买、建造、翻建、大修自住住房占 13.56%，偿还购房贷款本息占 71.05%，租赁住房占 2.64%，其他占 0.01%）；非住房消费提取占 12.74%（离休和退休提取占 10.1%，完全丧失劳动能力并与单位终止劳动关系提取占 0.01%，户口迁出本市或出境定居占 1.03%，其他占 1.6%）。

提取职工中，中、低收入占 97.12%，高收入占 2.88%。

（三）贷款业务：

1. **个人住房贷款**：2018年，支持职工购建房64.23万平方米，年末个人住房贷款市场占有率为10.98%，比上年增加7.14个百分点。通过申请住房公积金个人住房贷款，可节约职工购房利息支出2611万元。

职工贷款笔数中，购房建筑面积90（含）平方米以下占10.49%，90～144（含）平方米占78.68%，144平方米以上占10.83%。购买新房占76.19%（其中购买保障性住房占0.03%），购买二手房占23.81%，建造、翻建、大修自住住房占0%，其他占0%。

职工贷款笔数中，单缴存职工申请贷款占65.84%，双缴存职工申请贷款占29.06%，三人及以上缴存职工共同申请贷款占5%。

贷款职工中，30岁（含）以下占33.73%，30岁～40岁（含）占37.21%，40岁～50岁（含）占22.59%，50岁以上占6.47%；首次申请贷款占93.93%，二次及以上申请贷款占6.07%；中、低收入占91.61%，高收入占8.39%。

2. **异地贷款**：2018年，发放异地贷款784笔19785.2万元。2018年末，发放异地贷款总额65727.9万元，异地贷款余额58668.19万元。

（四）住房贡献率：2018年，个人住房贷款发放额、公转商贴息贷款发放额、项目贷款发放额、住房消费提取额的总和与当年缴存额的比率为119.86%，比上年减少19.95个百分点。

五、其他重要事项

（一）当年机构及职能调整情况、受委托办理缴存贷款业务金融机构变更情况。 肇庆市住房公积金管理中心内设9个职能部门，下辖8个县（市）区管理部，分别为：鼎湖管理部、高要管理部、四会管理部、广宁管理部、德庆管理部、封开管理部、怀集管理部、高新区管理部。

受委托办理住房公积金个人住房贷款业务的银行14家。

（二）当年住房公积金政策调整及执行情况。

1. 2018年缴存基数限额及确定方法、缴存比例调整情况。

（1）缴存基数：住房公积金缴存基数为职工本人上一年度月平均工资，且月缴存基数不得超过肇庆市统计部门公布的2018年度职工月平均工资的3倍。2018年度我市城镇在岗职工月平均工资最高为6144.42元，2018年度住房公积金月缴存基数最高限额为：6144.42×3＝18433.26元。

（2）缴存比例：根据相关文件规定，目前我市的住房公积金缴存比例是职工上一年度月平均工资的5%～12%。

2. 2018年住房公积金存贷款利率调整及执行情况。

（1）退休提取条件。

① 职工住房公积金账户已处于封存状态。

② 职工男性满60周岁、女性满50周岁（以身份证记载信息为准；职工男性未满60周岁、女性未满50周岁办理退休提取，仍需提供退休证明或劳动部门相关证明）。

（2）支持提取住房公积金支付房租。

缴存职工本人及配偶、未婚子女在我市行政区域内均无自有产权住房且租赁住房的，每半年可提取一次。

(3)规范改进住房公积金提取政策,限制提取住房公积金用于炒房或其他投机行为。

① 同一个人三次以上(含三次)变更婚姻关系购房的、或同一套住房,一年内产权变更两次以上(含两次)的、或非户籍地且非缴存地购房的,暂停受理提取申请。

② 严格审核非配偶或非直系亲戚共同购房申请提取住房公积金的资格。

(4)严格落实住房公积金转移接续有关政策。

缴存职工异地调动工作的或非本市户籍与单位解除(终止)劳动关系的,先办理个人账户封存。账户封存期间,在异地开立住房公积金账户的,办理异地转移接续手续。未在异地继续缴存的,封存满半年后可提取。

(5)实施失信联合惩戒。

对一些机构和个人通过伪造证明材料、虚构住房消费行为等手段违规提取住房公积金的,要记载其失信记录,并随职工个人账户一并转移;对已提取资金的,责令限期全额退回,在一定期限内限制其住房公积金提取和贷款。机关、事业单位及国有企业缴存职工违规提取住房公积金情节严重的,要向其所在单位通报。

3. 2018年个人住房贷款最高贷款额度、贷款条件等贷款政策调整情况。按照2018年公积金的收支情况,设定我市公积金提取最低红线基数为1亿元,即当公积金存款账户余额低于1亿元(含1亿元)时进行排序等候放款,以优先保障我市公积金缴存职工提取公积金的需求。根据公积金提取额的变化,公积金最低提取红线基数可进行调整,新的基数经市住房公积金管理委员会审议通过后公告执行。

对我市异地公积金贷款政策进行调整。当我市公积金个贷率超过90%(含90%)时,中心暂停异地公积金贷款业务,不受理非本市缴存职工的异地公积金贷款申请,以保障本市公积金缴存人的权益。当个贷率回落至90%以下,中心应及时公告异地公积金贷款业务情况,恢复办理异地公积金贷款业务。

4. 2018年住房公积金存贷款利率执行标准。2018年住房公积金的存贷款利率仍执行《中国人民银行关于下调金融机构人民币贷款和存款基准利率并进一步推进利率市场化改革的通知》(银发〔2015〕265号)的标准。其中,五年期以下(含五年)贷款利率为2.75%;五年期以上贷款利率为3.25%。

(三)当年服务改进情况。

1. 服务网点变化情况。按照"只进一扇门"、"一窗通办"的相关要求,我中心于2018年9月10日进驻市行政服务中心。在进驻后我中心实现了"一窗通办"、微信预约等功能,取消原分岗位办理的设置,统一采用综合业务岗,每个窗口都可受理所有公积金业务。

2. 网络载体建设服务情况。为配合推进我市"数字政府"建设,落实高频服务事项进驻粤省事小程序,目前我中心已将6个公积金查询事项(缴存信息、缴存明细、贷款还款信息、贷款信息、贷款进度查询、提取进度)进驻小程序,并对6个查询事项进行功能优化,为老百姓提供统一住房公积金信息查询服务。

(四)当年住房公积金管理中心及职工所获荣誉情况。我中心叶子扬同志获得肇庆市府办党委关于"学报告、学党章、学指示批示"知识竞赛"优秀个人"荣誉。

(五)其他需要披露的情况。

1. 加强对资金风险防控和信息安全的防控力度,保障资金和信息安全。近几年由于我市房地产市场发展较快和国家去库存政策的影响,我市职工购房提取公积金和使用公积金贷款的需求激增,使得我市住房公积金从2016年开始连续三年出现资金净流出状态，资金收支严重不平衡，资金流动性风险在不断增大。2018年3月，为缓解住房公积金资金紧张的矛盾，经肇庆市住房公积金管理委员会批准，我中心向商业银行借入三年期流动资金9.701亿元，目前已归还流贷本金0.1595亿元，并支付流贷利息0.4614亿元。今年7月，经市管委会同意，印发了《关于进一步优化住房公积金抵押贷款流程》，明确了当公积金存款余额低于1亿元时，进行排序等候放款和当个贷率高于90%时，暂停异地公积金贷款业务。

2. 深入推进扫黑除恶专项斗争工作。根据广东省住房和城乡建设厅《关于做好迎接中央扫黑除恶专项斗争督导相关准备工作的紧急通知》（粤建市函〔2018〕1669号）文件精神，中心主要领导多次组织召开"扫黑除恶"相关会议，布置具体任务，并成立扫黑除恶专项斗争领导小组；设立扫黑除恶畅通信箱举报渠道；成立专项督导组，主要领导及分管领导多次对各管理部进行工作督导，将督导作为深入推进扫黑除恶专项斗争的重要抓手；通过新媒体加大宣传力度等。

3. 开展政务新媒体常态化宣传，宣传效果显著。充分利用报刊、电视、新媒体等，定期在电视、报刊、线上新媒体等宣传我市公积金政策，今年更将媒体宣传范围扩大至我市各县（市）区。

通过在新媒体上发布公积金工作动态推文和制作生动有趣动漫小视频，大力宣传住房公积金的惠民政策。在腾讯新闻APP、PC端腾讯大粤网肇庆频道以刊登工作新闻的形式对甲方工作成果进行推广宣传。

举办"肇庆市住房公积金公益宣传日"活动，现场向广大群众解读公积金政策，讲解住房公积金相关业务具体办理程序，公积金的查询、提取、贷款等相关规定，接受群众咨询，为群众解惑答疑，与市民面对面服务，零距离沟通。

在端州区公交线路推送宣传短片。通过在公交车上播放公积金宣传小短片，大力普及住房公积金政策知识。

在市内供销社"菜篮子"社区配送柜广告位制作投放公积金宣传广告牌。

惠州市住房公积金2018年年度报告

一、机构概况

（一）住房公积金管理委员会：住房公积金管理委员会有32名委员，2018年召开1次会议，审议通过的事项主要包括：审议住房公积金管理政策；审议住房公积金归集、使用计划；审议住房公积金增值收益分配；住房公积金管理情况汇报；审议住房公积金结余转存定期计划、惠州市住房公积金流动性风险管理办法、增加住房公积金贷款受委托银行、审核购买服务项目、聘请行政执法归集缴存专项工作专业律师团队、惠州市住房公积金综合服务平台建设。

（二）住房公积金管理中心：住房公积金管理中心为直属市人民政府不以营利为目的的参公管理事业单位，设4个科，6个管理部。从业人员78人，其中，在编53人，非在编25人。

二、业务运行情况

（一）缴存：2018年，新开户单位1274家，实缴单位6819家，净增单位594家；新开户职工18.98

万人，实缴职工 63.60 万人，净增职工 2.95 万人；缴存额 72.59 亿元，同比增加 13.55%。2018 年末，缴存总额 467.84 亿元，同比增加 18.37%；缴存余额 165.58 亿元，同比增加 13.48%。

受委托办理住房公积金缴存业务的银行 10 家，比上年增加 0 家。

（二）**提取**：2018 年，提取额 52.92 亿元，同比增加 15.30%；占当年缴存额的 72.90%，比上年增加 1.11 个百分点。2018 年末，提取总额 302.26 亿元，同比增加 21.22%。

（三）**贷款**：个人住房贷款最高额度 60.00 万元，其中，单缴存职工最高额度 40.00 万元，双缴存职工最高额度 60.00 万元。

2018 年，发放个人住房贷款 0.70 万笔 26.59 亿元，同比分别增加 51.81%、增加 89.01%。

2018 年，回收个人住房贷款 12.73 亿元。

2018 年末，累计发放个人住房贷款 9.14 万笔 199.62 亿元，贷款余额 122.24 亿元，同比分别增加 8.24%、增加 15.37%、增加 12.79%。个人住房贷款余额占缴存余额的 73.82%，比上年减少 0.45 个百分点。

受委托办理住房公积金个人住房贷款业务的银行 18 家，比上年增加 0 家。

（四）**资金存储**：2018 年末，住房公积金存款 43.35 亿元。其中，活期 0.19 亿元，1 年（含）以下定期 20.70 亿元，1 年以上定期 21.74 亿元，其他（协定、通知存款等）0.73 亿元。

（五）**资金运用率**：2018 年末，住房公积金个人住房贷款余额、项目贷款余额和购买国债余额的总和占缴存余额的 73.82%，比上年减少 0.45 个百分点。

三、主要财务数据

（一）**业务收入**：2018 年，业务收入 48150.62 万元，同比增加 8.08%。其中存款利息 11424.83 万元，委托贷款利息 36725.78 万元。

（二）**业务支出**：2018 年，业务支出 27065.53 万元，同比增加 4.17%。其中支付职工住房公积金利息 22090.04 万元，归集手续费 2955.77 万元，委托贷款手续费 1836.29 万元，其他 183.43 万元。

（三）**增值收益**：2018 年，增值收益 21085.09 万元，同比增加 13.57%。增值收益率 1.35%，比上年增加 0.00 个百分点。

（四）**增值收益分配**：2018 年，提取贷款风险准备金 3685.09 万元，提取管理费用 2400.00 万元，提取城市廉租住房（公共租赁住房）建设补充资金 15000.00 万元。

2018 年，上交财政管理费用 2400.00 万元。上缴财政城市廉租住房（公共租赁住房）建设补充资金 12000.00 万元。

2018 年末，贷款风险准备金余额 26629.35 万元。累计提取城市廉租住房（公共租赁住房）建设补充资金 100247.00 万元。

（五）**管理费用支出**：2018 年，管理费用支出 2397.11 万元，同比增加 24.85%。其中，人员经费 1294.44 万元，公用经费 155.12 万元，专项经费 947.55 万元。

四、资产风险状况

2018 年末，个人住房贷款逾期额 450.94 万元，逾期率 0.37‰。

个人贷款风险准备金按贷款余额1.45%提取。2018年，提取个人贷款风险准备金3685.09万元，使用个人贷款风险准备金核销呆坏账0.00万元。2018年末，个人贷款风险准备金余额26629.35万元，占个人住房贷款余额的2.18%，个人住房贷款逾期额与个人贷款风险准备金余额的比率为1.69%。

五、社会经济效益

（一）缴存业务：2018年，实缴单位数、实缴职工人数和缴存额同比分别增加9.54%、增加4.87%和增加13.55%。

缴存单位中，国家机关和事业单位占25.66%，国有企业占5.63%，城镇集体企业占2.09%，外商投资企业占9.06%，城镇私营企业及其他城镇企业占49.76%，民办非企业单位和社会团体占6.63%，其他占1.17%。

缴存职工中，国家机关和事业单位占23.29%，国有企业占6.27%，城镇集体企业占0.77%，外商投资企业占21.41%，城镇私营企业及其他城镇企业占45.06%，民办非企业单位和社会团体占2.53%，其他占0.67%；中、低收入占98.34%，高收入占1.66%。

新开户职工中，国家机关和事业单位占3.62%，国有企业占3.17%，城镇集体企业占0.19%，外商投资企业占29.92%，城镇私营企业及其他城镇企业占59.98%，民办非企业单位和社会团体占2.31%，其他占0.81%；中、低收入占99.81%，高收入占0.19%。

（二）提取业务：2018年，28.60万名缴存职工提取住房公积金52.92亿元。

提取金额中，住房消费提取占81.10%（购买、建造、翻建、大修自住住房占29.05%，偿还购房贷款本息占48.95%，租赁住房占1.75%，其他占1.34%）；非住房消费提取占18.90%（离休和退休提取占8.64%，完全丧失劳动能力并与单位终止劳动关系提取占0.00%，户口迁出本市或出境定居占0.01%，其他占10.25%）。

提取职工中，中、低收入占97.21%，高收入占2.79%。

（三）贷款业务：

1. **个人住房贷款**：2018年，支持职工购建房67.78万平方米，年末个人住房贷款市场占有率为4.40%，比上年减少0.55个百分点。通过申请住房公积金个人住房贷款，可节约职工购房利息支出53891.58万元。

职工贷款笔数中，购房建筑面积90（含）平方米以下占14.17%，90~144（含）平方米占76.25%，144平方米以上占9.58%。购买新房占81.53%（其中购买保障性住房占0.00%），购买存量商品住房占13.86%，建造、翻建、大修自住住房占0.00%，其他占4.60%。

职工贷款笔数中，单缴存职工申请贷款占62.02%，双缴存职工申请贷款占37.98%，三人及以上缴存职工共同申请贷款占0.00%。

贷款职工中，30岁（含）以下占35.11%，30岁~40岁（含）占39.74%，40岁~50岁（含）占20.60%，50岁以上占4.56%；首次申请贷款占66.19%，二次及以上申请贷款占33.81%；中、低收入占95.33%，高收入占4.67%。

2. **异地贷款**：2018年，发放异地贷款620.00笔23767.00万元。2018年末，发放异地贷款总额82233.00万元，异地贷款余额64826.15万元。

（四）住房贡献率：2018年，个人住房贷款发放额、公转商贴息贷款发放额、项目贷款发放额、住房消费提取额的总和与当年缴存额的比率为95.75%，比上年增加17.18个百分点。

六、其他重要事项

（一）当年机构及职能调整情况、受委托办理缴存贷款业务金融机构变更情况。

1. **机构职能调整情况**：2018年，我市未调整住房公积金管理机构及职能，住房公积金管理中心内设综合计划、归集督查、支取贷款3个科和惠城管理部，下设博罗、惠阳、惠东、龙门、大亚湾、仲恺6个县区派出分支机构（管理部）。

2. **缴存贷款业务金融机构变更情况**：缴存贷款业务金融机构数量无增减，受委托办理住房公积金缴存业务的银行和受委托办理住房公积金个人住房贷款业务的银行分别有10家和18家，承办住房公积金缴存和贷款业务。

（二）当年住房公积金政策调整及执行情况。

1. **当年缴存基数限额及确定方法、缴存比例等缴存政策调整情况**：2018汇缴年度，我市住房公积金最高月缴存基数为20682元（即惠州市统计部门公布的2018年度市直在岗职工月平均工资6894元的3倍），住房公积金月缴存最高限额为4964元。月工资（实行年薪制的按月均分）未超过以上限额的，以实际工资额计算住房公积金月缴存基数和月缴存额；月工资超过以上限额的，最高以上述限额为住房公积金月缴存基数；国家和省驻惠单位可根据实际情况，参照上级规定的缴存基数计算住房公积金的月缴存额。

住房公积金缴存比例为5%～12%，单位住房公积金缴存比例高于12%的，一律予以规范调整，不得超过12%。

单位和职工每月缴存住房公积金的缴存基数，为职工本人上年度工资总额（包括计时工资、计件工资、奖金、津贴补贴、加班加点工资、特殊情况下支付的工资）的月平均数。

职工本人上一年度月平均工资低于我市社保最低缴费标准的，单位必须提供召开职工代表大会（或工会）的会议决议书，职工本人必须在《人员变更清册》中签名确认，同时单位出具承诺书，承诺所提供的资料真实、有效，否则将承担补缴的法律责任，同时将列入失信单位名单。

2. **当年提取政策调整情况**：贯彻落实住房城乡建设部会同财政部、人民银行、公安部印发《关于开展治理违规提取住房公积金工作的通知》（建金〔2018〕46号）文件精神，调整离职提取政策，原则上必须通过全国异地转移接续平台转移个人住房公积金，但由于全国公积金缴存没有共享机制，无法实时查询异地公积金的缴存情况，所以离职提取调整为离职职工个人账户必须封存满半年后方可办理销户提取。

3. **当年个人住房贷款最高贷款额度、贷款条件等贷款政策调整情况**：自2018年1月1日起，我市住房公积金贷款购买首套商品房个人最高额度由原来的30万元提高到40万元，夫妻双方共同贷款最高额度由原来的50万元提高到60万元；使用住房公积金贷款购买二套房个人最高额度由原来的20万元提高到30万元，夫妻双方共同贷款最高额度由原来的40万元提高到50万元。

4. **当年住房公积金存贷款利率执行标准等**：2018年住房公积金贷款利率未调整。按人民银行2016年2月21日公布的职工住房公积金账户存款利率，按一年期定期存款基准利率执行。

（三）当年服务改进情况。

1. **着力破解贷款慢难题**。通过召开银行行长工作研讨会、协调房管部门派驻办理公积金贷款一站式服务、建立公积金贷款全流程跟踪机制等举措，有效提升了贷款放款速度。历史遗留的566笔超3个月的公积金贷款已全部清零，现所有公积金贷款业务均在规定时限内完成，甚至比同类贷款业务更快捷。贷款慢的问题基本得以解决，取得了历史性的突破。

2. **着力破解拒贷难题**。联合多部门制定实施《关于维护住房公积金缴存职工购房贷款权益的实施意见》、组成市场联合检查组开展专项整治行动、召开执行情况座谈会等一系列措施，拒绝公积金贷款问题的解决取得了突破性进展：目前惠州市绝大部分开发企业都支持住房公积金贷款，按照要求提供了不拒绝购房人使用住房公积金贷款的书面承诺，并在楼盘销售现场予以公示。从舆情来看，该类案件的信访和投诉也大幅减少，用人单位和缴存职工的好评度和满意度正逐步回升。

3. **着力提升机关服务水平**。积极响应、贯彻落实住房城乡建设部、省住房城乡建设厅的最新政策要求，取消了离职证明和低保证明等要件，进一步深化"放管服"改革，通过优化审批流程、压缩审批时限、提高住房公积金贷款额度、增加更多受委托银行可办理自动划扣还房贷等，建成全方位多层次服务渠道，不断提升服务效能，切实转变职能，充分发挥住房公积金惠民生促发展作用。

4. **稳步推进综合服务平台建设**。管委会2018年工作会议同意由惠州农商银行援建惠州市住房公积金综合服务平台，确定了力争在2019年上半年建成运行的重大目标，确定了系统维护和升级费用由各归集银行共同承担，对承担综合服务平台建设的惠州农商银行给予适度公积金业务支持的共建模式。

（四）当年信息化建设情况。

1. **推进系统建设**。推进惠州市住房公积金运营与监管系统改造升级。项目方案经过了经信局审核，专家评审，9月底完成公开招投标工作，由中标方华信永道（北京）科技股份有限公司（牵头人）惠州市天威网络科技有限公司（联合体成员）联合体负责实施。中心对照《住房公积金基础数据标准》，及时与银行、缴存单位等部门协调配合，抓紧补充完善数据；通过购买律师服务的方式组建律师团队有针对性的对数据不完善的企业开展收据收集工作，同时顺利完成了与各承办银行的数据移植工作，确保了贷款数据的完整性。12月26日开始对系统进行了测试，经过调试、测试和上机实际操作等环节，2019年1月8日完成测试并于1月9日正式上线核心系统，2月20日、2月27日依次通过省住房和城乡建设厅、住房和城乡建设部"双贯标"验收。

2. **规范管理网站**。认真落实"五公开"，2018年，中心通过网站和政府信息公开平台主动公开政务信息400条，处理依申请公开信息申请1条。做好政策解读工作，2018年解读了4份政策文件。落实国务院办公厅《政府网站发展指引》，进一步规范中心网站管理，加强对中心网站的日常监管，全面提升中心网站信息发布、在线服务和互动交流水平。中心网站安全等级高，防护能力强。

（五）当年住房公积金管理中心及职工所获荣誉情况。年初启动了市级"青年文明号"创建活动，以创"一流服务质量、一流管理水平、一流人才队伍、一流工作业绩"为目标，于9月12日召开了创号动员会，举行了"服务承诺"授牌仪式，在中心服务大厅、各办公楼层和办公室张贴了标语口号和服务承诺牌，营造了积极、蓬勃向上的浓厚创建氛围，扎实组织开展创建活动。同时通过成立团支部强化组织领导、与工会联动开展红花湖、西湖徒步活动等方式，活跃了中心干部职工工作生活环境，进一步凝聚了中心广大干部职工，塑造了中心青年干部职工队伍积极、向上的正面形象。

（六）当年对违反《住房公积金管理条例》和相关法规行为进行行政处罚和申请人民法院强制执行情况。修改印发了《惠州市住房公积金行政处罚自由裁量权适用规则》，规范了相关执法文书。加大经费投入,高标准组建律师团队,扎实开展公积金缴存情况大检查,主动上门为企业及职工解答住房公积金疑虑,全面排查、上门执法,积极处理职工投诉,督促企业、单位依法依规建制缴存。2018年,我市企业职工实名投诉企业未依法缴存住房公积金事件22起,已处理完毕18起,共发出责令整改通知4份,没有发生因违法或者执法不当引发群体性事件的情形。

(七)其他需要披露的情况。中心组织机构、政策资讯、服务网点、业务指南及其他信息公开内容详见中心网站(http://www.hzgjj.cn/)。

梅州市住房公积金2018年年度报告

一、机构概况

(一)住房公积金管理委员会:住房公积金管理委员会有23名委员,2018年书面征求委员意见1次,书面征求了《梅州市住房公积金缴存管理规定》、《梅州市住房公积金贷款管理规定》及《梅州市住房公积金提取管理规定》3个草案。

(二)住房公积金管理中心:住房公积金管理中心为梅州市人民政府直属不以营利为目的的参公事业单位,设3个科室,8个分理处。从业人员111人,其中,在编63人,非在编48人。

二、业务运行情况

(一)缴存:2018年,新开户单位320家,实缴单位3843家,净增单位293家;新开户职工1.64万人,实缴职工24.16万人,净增职工0.15万人;缴存额30.94亿元,同比增长13.39%。2018年末,缴存总额189.97亿元,同比增长19.45%;缴存余额75.57亿元,同比增长11.09%。

受委托办理住房公积金缴存业务的银行8家,比上年增加0家。

(二)提取:2018年,提取额23.39亿元,同比增长23.94%;占当年缴存额的75.61%,比上年增加6.44个百分点。2018年末,提取总额114.41亿元,同比增长25.7%。

(三)贷款:个人住房贷款最高额度30万元,其中,单方缴存职工最高额度20万元,双方缴存职工最高额度30万元。

2018年,发放个人住房贷款0.5394万笔13.53亿元,同比分别增长12.42%、9.31%。其中,市中心发放个人住房贷款0.1456万笔3.71亿元,梅江区发放个人住房贷款0.0185万笔0.52亿元,梅县区发放个人住房贷款0.055万笔1.40亿元,兴宁市发放个人住房贷款0.0422万笔1.02亿元,大埔县发放个人住房贷款0.061万笔1.54亿元,丰顺县发放个人住房贷款0.0791万笔2.02亿元,五华县发放个人住房贷款0.0623万笔1.51亿元,蕉岭县发放个人住房贷款0.052万笔1.24亿元,平远县发放个人住房贷款0.0237万笔0.57亿元。

2018年,回收个人住房贷款7.78亿元。其中,市中心2.70亿元,梅江区0.28亿元,梅县区0.92亿元,兴宁市0.94亿元,大埔县0.82亿元,丰顺县0.63亿元,五华县0.59亿元,蕉岭县0.49亿元,平远县 0.41 亿元。

2018 年末，累计发放个人住房贷款 5.58 万笔 108.97 亿元，贷款余额 64.99 亿元，同比分别增长 10.70%、14.18%、9.71%。个人住房贷款余额占缴存余额的 86%，比上年减少 3.01 个百分点。

受委托办理住房公积金个人住房贷款业务的银行 8 家。

（四）**融资**：2018 年，融资 0 亿元，归还 1 亿元。2018 年末，累计融资总额 1.5 亿元，融资余额 0 亿元。

（五）**资金存储**：2018 年末，住房公积金存款 13.25 亿元。其中，活期 9.85 亿元，1 年（含）以下定期 1.93 亿元，1 年以上定期 1.47 亿元。

（六）**资金运用率**：2018 年末，住房公积金个人住房贷款余额、项目贷款余额和购买国债余额的总和占缴存余额的 86%，比上年减少 3.01 个百分点。

三、主要财务数据

（一）**业务收入**：2018 年，业务收入 21710.03 万元，同比增长 10.21%。其中，市中心 7835.89 万元，梅江区 947.75 万元，梅县区 2646.53 万元，兴宁市 2437.20 万元，大埔县 1537.54 万元，丰顺县 1849.57 万元，五华县 1942.62 万元，蕉岭县 1465.02 万元，平远县 1047.91 万元；存款利息 1511.88 万元，委托贷款利息 20193.91 万元，其他 4.24 万元。

（二）**业务支出**：2018 年，业务支出 11165.06 万元，同比下降 17.71%。其中，市中心 4500.35 万元，梅江区 482.27 万元，梅县区 1847.28 万元，兴宁市 885.77 万元，大埔县 353.02 万元，丰顺县 1520.60 万元，五华县 1332.63 万元，蕉岭县 567.56 万元，平远县－324.42 万元；支付职工住房公积金利息 7777.95 万元，归集手续费 858.61 万元，委托贷款手续费 1086.60 万元，其他 1441.90 万元。

（三）**增值收益**：2018 年，增值收益 10544.97 万元，同比增长 71.96%。其中，市中心 3335.55 万元，梅江区 465.47 万元，梅县区 799.25 万元，兴宁市 1551.44 万元，大埔县 1184.52 万元，丰顺县 328.97 万元，五华县 609.99 万元，蕉岭县 897.46 万元，平远县 1372.32 万元；增值收益率 1.35%，比上年增加 0.48 个百分点。

（四）**增值收益分配**：2018 年，提取贷款风险准备金 1773.10 万元，提取管理费用 1403.34 万元，提取城市廉租住房（公共租赁住房）建设补充资金 7368.52 万元。

2018 年，上交财政管理费用 1369.86 万元。上缴财政城市廉租住房（公共租赁住房）建设补充资金 2966.60 万元。其中，市中心上缴（梅州市财政局）1270.14 万元，梅江区上缴（梅江区财政局）119.15 万元，梅县区上缴（梅县区财政局）459.01 万元，兴宁市上缴（兴宁市财政局）290.52 万元，大埔县上缴（大埔县财政局）347.91 万元，丰顺县上缴（丰顺县财政局）195.35 万元，五华县上缴（五华县财政局）135.52 万元，蕉岭县上缴（蕉岭县财政局）144 万元，平远县上缴（平远县财政局）5 万元。

2018 年末，贷款风险准备金余额 12625.71 万元。累计提取城市廉租住房（公共租赁住房）建设补充资金 42808.85 万元。其中，市中心提取 23872.82 万元，梅江区提取 1135.47 万元，梅县区提取 5699.76 万元，兴宁市提取 3841.25 万元，大埔县提取 2100.97 万元，丰顺县提取 1382.15 万元，五华县提取 1779.47，蕉岭县提取 2475.22 万元，平远县提取 521.74 万元。

（五）**管理费用支出**：2018 年，管理费用支出 1183.69 万元，同比下降 15.84%。其中，人员经费

716.07万元，公用经费202.16万元，专项经费265.46万元。

市中心管理费用支出388.93万元，其中，人员、公用、专项经费分别为202.4万元、40.41万元、146.12万元；梅江区管理费用支出101.52万元，其中，人员、公用经费分别为79.86万元、21.66万元；梅县区管理费用支出153.62万元，其中，人员、公用、专项经费分别为133万元、6.8万元、13.82万元；兴宁市管理费用支出128.66万元，其中，人员、公用、专项经费分别为88.54万元、15.99万元、24.13万元；大埔县管理费用支出116.99万元，其中，人员、公用经费分别为86.43万元、30.56万元；丰顺县管理费用支出48.52万元，其中，人员、公用、专项经费分别为24.49万元、16.24万元、7.79万元；五华县管理费用支出86.00万元，其中，人员、公用、专项经费分别为15万元、28万元、43.00万元；蕉岭县管理费用支出75.30万元，其中，人员、公用、专项经费分别为37万元、37.7万元、0.60万元；平远县管理费用支出84.15万元，其中，人员、公用、专项经费分别为49.35万元、4.8万元、30.00万元。

四、资产风险状况

2018年末，个人住房贷款逾期额1.99万元，逾期率0.003‰。其中，市中心0.003‰。

个人贷款风险准备金按贷款余额或增值收益的1%提取。2018年，提取个人贷款风险准备金1773.10万元。2018年末，个人贷款风险准备金余额12625.71万元，占个人住房贷款余额的1.94%，个人住房贷款逾期额与个人贷款风险准备金余额的比率为0.02%。

五、社会经济效益

（一）**缴存业务**：2018年，实缴单位数、实缴职工人数和缴存额同比分别增长9.08%、7.25%和13.39%。

缴存单位中，国家机关和事业单位占48.53%，国有企业占8.62%，城镇集体企业占6.87%，外商投资企业占19.92%，城镇私营企业及其他城镇企业占10.91%，民办非企业单位和社会团体占0.29%，其他占4.86%。

缴存职工中，国家机关和事业单位占45.49%，国有企业占3.93%，城镇集体企业占6.97%，外商投资企业占14.72%，城镇私营企业及其他城镇企业占21.11%，民办非企业单位和社会团体占0.46%，其他占7.32%；中、低收入占98%，高收入占2%。

新开户职工中，国家机关和事业单位占51.65%，国有企业占9.76%，城镇集体企业占4.87%，外商投资企业占20.92%，城镇私营企业及其他城镇企业占8.20%，民办非企业单位和社会团体占0.28%，其他占4.32%；中、低收入占98.87%，高收入占1.13%。

（二）**提取业务**：2018年，7.1万名缴存职工提取住房公积金23.39亿元。

提取金额中，住房消费提取占81.58%（购买、建造、翻建、大修自住住房占21.98%，偿还购房贷款本息占58.48%，租赁住房占0.06%，其他占1.06%）；非住房消费提取占18.42%（离休和退休提取占13.18%，完全丧失劳动能力并与单位终止劳动关系提取占2.36%，户口迁出本市或出境定居占0.5%，其他占2.38%）。

提取职工中，中、低收入占96.81%，高收入占3.19%。

（三）贷款业务：

1. 个人住房贷款：2018年，支持职工购建房71.65万平方米，年末个人住房贷款市场占有率为10.12%。通过申请住房公积金个人住房贷款，可节约职工购房利息支出2232.96万元。

职工贷款笔数中，购房建筑面积90（含）平方米以下占12.29%，90~144（含）平方米占69.69%，144平方米以上占18.02%。购买新房占82.35%，购买二手房占17.65%。职工贷款笔数中，单缴存职工申请贷款占19.99%，双缴存职工申请贷款占80.01%。

贷款职工中，30岁（含）以下占28.75%，30岁~40岁（含）占42.53%，40岁~50岁（含）占21.95%，50岁以上占6.77%；首次申请贷款占77.24%，二次及以上申请贷款占22.76%；中、低收入占98.16%，高收入占1.84%。

2. 异地贷款：2018年，发放异地贷款300笔5479.8万元。2018年末，发放异地贷款总额10546.3万元，异地贷款余额10238.95万元。

3. 公转商贴息贷款：2018年，公转商贴息贷款贴息额1173.22万元。2018年末，累计发放公转商贴息贷款3246笔99622.7万元，累计贴息2947.81万元。

（四）住房贡献率：2018年，个人住房贷款发放额、公转商贴息贷款发放额、项目贷款发放额、住房消费提取额的总和与当年缴存额的比率为75.61%，比上年增加6.44个百分点。

六、其他重要事项

（一）当年住房公积金政策调整及执行情况。

1. 2018年住房公积金政策调整及执行情况：一是继续执行《省市供给侧结构性改革总体方案及五个行动计划》精神，"按市统计局公布的2018年梅州市在岗职工（含劳务派遣人员）平均工资核算出住房公积金缴存基数上限和严格执行本地区最低工资基数为住房公积金缴存基数下限。二是继续规范缴存比例。继续对缴存比例高于12%的单位予以规范调整，执行最低为5%缴存比例，最高为12%缴存比例。

2. 2018年个人住房贷款最高贷款额度、贷款条件等贷款政策调整情况。为进一步加强住房公积金资金风险防控，确保住房公积金资金安全，自2018年1月1日起，调整了全市住房公积金的贷款最高额度：全市单方缴存、夫妻双方缴存的职工申请住房公积金贷款最高贷款限额调整为20万元、30万元。

3. 当年住房公积金存贷款利率执行标准。根据《中国人民银行、住房城乡建设部、财政部关于完善职工住房公积金账户存款利率形成机制的通知》（银发〔2016〕43号），将职工住房公积金账户存款利率，由按照归集时间执行活期、三个月存款基准利率，调整为统一按一年期定期存款基准利率执行。

2018年，我市住房公积金个人住房贷款利率没有调整，继续执行《广东省住房和城乡建设厅转发住房城乡建设部关于按照中国人民银行规定实施住房公积金存款利率调整的通知》（粤建金〔2015〕215）精神，5年期（含）以下贷款年利率为2.75%，5年期以上至30年（含）的贷款年利率为3.25%。首套房贷款利率按照中国人民银行公布的基准利率执行，第二套房贷款年利率按照同期首套房贷款利率上浮10%执行。

（二）当年服务改进情况。2018年，梅州市住房公积金管理中心进一步简化业务办理流程，为办事群众提供优质高效的服务。一是业务办理网点大幅增加。在原来只有市直和各县（市、区）分理处9个办事网点的基础上，利用全市统一业务系统的便利条件充分发挥银行网点多的优势，新增51个银行网点为住房公积金的办事窗口,使缴存单位和缴存职工办理业务有了更多选择。二是工作效率大幅提升。单位缴存业务从以前通过线下缴款的方式向签约托收直接通过全国结算应用平台按月划扣的线上缴款方式转变。单位经办人员通过我中心网上营业厅申报缴款业务以后直接由我中心业务系统扣款,解决单位经办人员足不出办公室就可轻松办理住房公积金相关业务的问题。缴存职工提取住房公积金还贷可选择"两个签约"方式进行提取还贷,即签订按月划扣到指定账户和签约账户内对冲还贷业务。实现一次签约直到住房公积金贷款还清,解决了以前委托银行按月提取还贷不及时、签约时间短的限制条件。三是群众满意度大幅攀升。新的业务系统上线以后,缴存职工到办事大厅线下办理提取只需出具身份证和银行储蓄卡及相关材料,审核通过后直接通过全国住房公积金结算应用平台将所提取资金实时划入个人储蓄卡里面,实现资金"秒到账",解决了以前群众提取住房公积金需到银行排队的麻烦,得到了办事群众的赞誉和充分的肯定。四是资金监管更到位。新系统上线后全市所有的住房公积金业务均需通过全国住房公积金结算应用平台,由该平台统一进行资金结算,从而达到所有资金业务均可由国家监管部门实时监管的目的,进一步防范资金风险的发生。

(三)当年信息化建设情况。梅州市住房公积金管理中心把加强公积金信息网络建设作为近年的工作重点,目前已形成了省级平台(全省政务服务网、粤省事小程序)、微信公众号、网上办事大厅、柜台网点服务四位一体的业务服务体系。

1. **新一代住房公积金业务系统顺利上线**。2018年我中心通过转换业务管理模式,成功实现住房城乡建设部业务系统"双贯标"要求,正式接入住房城乡建设部全国住房公积金业务数据结算应用系统,实现全业务流程纳入全国住房公积金监管平台,每笔资金有相应业务对应的"业务驱动资金带动财务"的管理模式,进一步简化业务办理流程,为办事群众提供优质高效的服务。

2. **推动实体政务大厅向网上办事大厅延伸**。目前我中心已构建了实体政务大厅、网上办事大厅、微信公众号、手机APP等多种形式相结合的公共服务平台,逐步实现让广大缴存单位和缴存职工"足不出户"就可在线上办理相关住房公积金业务的工作目标。

3. **切实做好政务服务平台集约化改造提升工作**。推进政务信息系统互联互通,打通孤岛信息,是"放管服"改革和深化营商环境综合改革重要内容。我中心高度重视对接工作,安排专人负责组织实施,进一步梳理进驻统一申办受理平台的事项所对应市级自建业务系统,完成市级部门自建业务系统改造提升,并与市统一申办受理平台和省统一身份认证平台对接,打破传统体制制约,突破技术难关,切实打破部门自建系统信息孤岛,解决重复录入等问题,完成政务服务平台集约化改造提升,实现政务服务"一网通办"。同时按照市委市政府建设数字政府的号召,我中心率先对接粤省事小程序,提供缴存账户信息和缴存明细的查询业务,下一步将开通在线办理的其他业务。

(四)当年住房公积金管理中心及职工所获荣誉情况。2018年,梅州市住房公积金管理中心及职工没有获得文明单位、先进集体及三八红旗手等荣誉称号。

(五)当年对违反《住房公积金管理条例》和相关法规行为进行行政处罚和申请人民法院强制执行情况。2018年,梅州市住房公积金管理中心共发现8起违规提取住房公积金的行业乱象,目前8起利用虚假材料套取住房公积金的职工均已责令其退回套取资金,并根据《梅州市住房公积金管理委员会关于三届三次全体委员会议有关决议事项的通知》(梅市公积金委〔2018〕1号)规定,将其列入住房公积金系统黑名单,五年内不得使用住房公积金。同时将职工套取相关情况书面通报其所在单位。目前,我市暂未发现住房公积金行业涉黑、涉恶的情况。没有违反《住房公积金管理条例》和相关法规行为进行行政处罚和申请人民法院强制执行情况。

汕尾市住房公积金2018年年度报告

一、机构概况

（一）**住房公积金管理委员会**：汕尾市住房公积金管理委员会有22名委员，2018年召开1次会议，审议通过的事项主要包括：

1. 《汕尾市住房公积金管理委员会章程》、《汕尾市住房公积金管理暂行办法》、《汕尾市住房公积金缴存管理实施细则》、《汕尾市住房公积金提取管理实施细则》、《汕尾市住房公积金贷款管理暂行办法》、《汕尾市住房公积金业务会计核算实施细则》、《汕尾市住房公积金稽核工作管理规定》7个规范性文件。

2. 增补汕尾市住房公积金管理委员会委员事项。

3. 汕尾市住房公积金管理委员会秘书长人选。

4. 增加受托办理住房公积金业务承办银行。

（二）**住房公积金管理中心**：汕尾市住房公积金管理中心为市政府直属，委托市住房城乡建设部门管理不以营利为目的的参公事业单位，暂设5个内设机构，4个管理部。从业人员60人，其中，在编29人，非在编31人。

二、业务运行情况

（一）**缴存**：2018年，新开户单位90家，实缴单位1400家，净增单位31家；新开户职工1.40万人，实缴职工9.86万人，净增职工0.55万人；缴存额12.39亿元，同比增加18.14%。2018年末，缴存总额73.00亿元，同比增加20.43%；缴存余额26.12亿元，同比增加19.16%。

受委托办理住房公积金缴存业务的银行5家。

（二）**提取**：2018年，提取额8.19亿元，同比增加12.06%；占当年缴存额的66.09%，比上年减少3.58个百分点。2018年末，提取总额46.87亿元，同比增加21.16%。

（三）**贷款**：个人住房贷款最高额度50.00万元，其中，单缴存职工最高额度30.00万元，双缴存职工最高额度50.00万元。

2018年，发放个人住房贷款0.21万笔5.04亿元，同比分别减少10.61%、减少5.65%。

2018年末，累计发放个人住房贷款0.81万笔17.36亿元，贷款余额15.53亿元，同比分别增加35.95%、增加40.89%、增加35.26%。个人住房贷款余额占缴存余额的59.46%，比上年增加7.08个百分点。

受委托办理住房公积金个人住房贷款业务的银行5家。

（四）资金存储：2018年末，住房公积金存款10.41亿元。其中，活期1.02亿元，1年（含）以下定期0.46亿元，1年以上定期7.10亿元，其他（协定、通知存款等）1.83亿元。

（五）资金运用率：2018年末，住房公积金个人住房贷款余额、项目贷款余额和购买国债余额的总和占缴存余额的59.46%，比上年增加7.08个百分点。

三、主要财务数据

（一）业务收入：2018年，业务收入6104.94万元，同比增加24.55%。其中，存款利息1867.45万元，委托贷款利息4235.46万元，国债利息0.00万元，其他2.03万元。

（二）业务支出：2018年，业务支出3316.89万元，同比增加2.84%。其中，支付职工住房公积金利息3095.15万元，归集手续费87.06万元，委托贷款手续费134.01万元，其他0.67万元。

（三）增值收益：2018年，增值收益2788.06万元，同比增加66.31%。其中，增值收益率1.18%，比上年增加0.66个百分点。

（四）增值收益分配：2018年，提取贷款风险准备金1450.32万元，提取管理费用1633.73万元，没有提取城市廉租住房（公共租赁住房）建设补充资金。

2018年，上交财政管理费用627.20万元。上缴财政城市廉租住房（公共租赁住房）建设补充资金238.35万元。

2018年末，贷款风险准备金余额6508.53万元。累计提取城市廉租住房（公共租赁住房）建设补充资金1219.98万元。

（五）管理费用支出：2018年，管理费用支出526.45万元，同比增加13.31%。其中，人员经费314.03万元，公用经费110.80万元，专项经费101.62万元。

四、资产风险状况

2018年末，个人住房贷款逾期额0.81万元，逾期率0.0052‰。

个人贷款风险准备金按增值收益的60%提取。2018年，提取个人贷款风险准备金1450.32万元，没有使用个人贷款风险准备金核销呆坏账。2018年末，个人贷款风险准备金余额6508.53万元，占个人住房贷款余额的4.19%，个人住房贷款逾期额与个人贷款风险准备金余额的比率为0.01%。

五、社会经济效益

（一）缴存业务：2018年，实缴单位数、实缴职工人数和缴存额同比分别增加2.26%、增加5.92%和增加18.14%。

缴存单位中，国家机关和事业单位占72.78%，国有企业占20.29%，城镇集体企业占1.29%，外商投资企业占0.71%，城镇私营企业及其他城镇企业占3.57%，民办非企业单位和社会团体占1.36%。

缴存职工中，国家机关和事业单位占73.15%，国有企业占21.37%，城镇集体企业占0.83%，外商投资企业占3.10%，城镇私营企业及其他城镇企业占0.90%，民办非企业单位和社会团体占0.65%；中、低收入占89.62%，高收入占10.38%。

新开户职工中，国家机关和事业单位占48.47%，国有企业占41.06%，城镇集体企业占5.63%，外

商投资企业占 0.60%，城镇私营企业及其他城镇企业占 4.06%，民办非企业单位和社会团体占 0.17%，其他占 0.01%；中、低收入占 94.84%，高收入占 5.16%。

（二）提取业务：2018 年，3.26 万名缴存职工提取住房公积金 8.19 亿元。

提取金额中，住房消费提取占 81.48%（购买、建造、翻建、大修自住住房占 38.88%，偿还购房贷款本息占 38.35%，租赁住房占 3.33%，其他占 0.92%）；非住房消费提取占 18.52%（离休和退休提取占 12.70%，完全丧失劳动能力并与单位终止劳动关系提取占 0.17%，户口迁出本市或出境定居占 0.07%，其他占 5.58%）。

提取职工中，中、低收入占 91.66%，高收入占 8.34%。

（三）贷款业务：

1. **个人住房贷款**：2018 年，支持职工购建房 20.27 万平方米，年末个人住房贷款市场占有率为 7.09%，比上年减少 46.79 个百分点。通过申请住房公积金个人住房贷款，可节约职工购房利息支出 1961.00 万元。

职工贷款笔数中，购房建筑面积 90（含）平方米以下占 6.61%，90～144（含）平方米占 57.93%，144 平方米以上占 35.46%。购买新房占 74.67%（没有购买保障性住房贷款），购买存量商品住房占 14.54%，建造、翻建、大修自住住房占 0.05%，其他占 10.74%。

职工贷款笔数中，单缴存职工申请贷款占 42.35%，双缴存职工申请贷款占 57.65%，没有三人及以上缴存职工共同申请贷款。

贷款职工中，30 岁（含）以下占 21.15%，30 岁～40 岁（含）占 43.95%，40 岁～50 岁（含）占 25.89%，50 岁以上占 9.01%；首次申请贷款占 100.00%，没有二次及以上申请贷款；中、低收入占 85.27%，高收入占 14.73%。

2. **异地贷款**：2018 年，发放异地贷款 46.00 笔 823.50 万元。2018 年末，发放异地贷款总额 2483.50 万元，异地贷款余额 1967.58 万元。

（四）**住房贡献率**：2018 年，个人住房贷款发放额、公转商贴息贷款发放额、项目贷款发放额、住房消费提取额的总和与当年缴存额的比率为 94.52%，比上年减少 15.05 个百分点。

六、其他重要事项

（一）**当年机构及职能调整情况**：根据《关于住房公积金管理机构调整工作的实施意见》（建房改〔2002〕150 号）和《关于调整汕尾市公积金管理体制机构设置和人员编制等事项的通知》（汕机编〔2018〕71 号）精神，撤销各县（市、区）6 个县级住房公积金管理中心，其住房公积金业务收归市住房公积金管理中心管理，设立市城区、海丰县、陆丰市、陆河县住房公积金管理部。管理部的资产、增值收益、管理费用和各项业务工作，由市公积金管理中心统一管理。在市公积金中心的授权下，办理住房公积金归集、支付等有关业务。

（二）**当年住房公积金政策调整及执行情况**：根据《住房公积金管理条例》（国务院令第 350 号）和住房城乡建设部、财政部、人民银行《关于改进住房公积金缴存机制进一步降低企业成本的通知》（建金〔2018〕45 号）的规定，我市 2018 年度调整了住房公积金缴存比例和缴存基数。单位及个人的住房公积金缴存比例下限各为 5%，上限各为 12%。单位可以根据自身实际情况在规定的缴存比例下限和上限区间内自行选择合适的缴存比例。住房公积金缴存基数不得高于本市统计部门公布的 2018 年度在岗职工月平均工资的 3 倍（市直最高月缴存基数为 16890 元；县（市、区）最高月缴存基数为 14202 元）。缴存基数不得低于本市现行最低工资标准 1410 元。

（三）当年信息化建设情况：为了稳步推进住房公积金信息系统"双贯标"工作，自 2018 年 6 月起，我中心先后组织业务人员到中山、东莞、韶关、梅州、揭阳相关等兄弟市学习沟通，集思广益，吸收先行地区的经验，结合本市实际，提出建议方案。2018 年 12 月中旬完成了"双贯标"信息系统管理软件的招投标工作。12 月 14 日，在市政府和公积金管委会重视下，市公积金中心组织召开了"双贯标"信息系统建设紧急动员会，正式启动系统建设工作。12 月 18 至 22 日，市中心组织相关人员前往中标单位四川久远银海软件公司总部就住房公积金"双贯标"系统业务需求做进一步的沟通，经过细致充分的讨论沟通，市公积金中心与久远银海软件公司就公积金归集、提取、贷款、财务等子系统及政策查询、综合服务、电子档案等产品需求达成一致意见，完成了需求确认工作。2018 年 12 月底完成贯标数据与原银行数据的比对测试，顺利实现了新老数据的迁移转换，为基础数据标准贯彻落实和结算应用系统接入打下基础。

河源市住房公积金 2018 年年度报告

一、机构概况

（一）住房公积金管理委员会：住房公积金管理委员会有 30 名委员，2018 年召开 1 次会议，审议通过的事项主要包括：《2018 年住房公积金归集、使用及增值收益使用情况的报告》、《2018 年年度报告》、《河源市 2018 年住房公积金归集、使用及增值收益使用计划的报告》。

（二）住房公积金管理中心：住房公积金管理中心为直属于市政府不以营利为目的的参照公务员管理事业单位，内设 4 个科，6 个县（区）中心。全市从业人员 105 人，其中，在编 67 人，非在编 38 人。

二、业务运行情况

（一）缴存：2018 年，新开户单位 457 家，实缴单位 2644 家，净增单位 24 家；新开户职工 3.79 万人，实缴职工 15.04 万人；新增缴存额 20.36 亿元，同比增加 8.18%。2018 年末，累计缴存总额 134.78 亿元，同比增加 17.79%；缴存余额 44.09 亿元，同比增加 11.61%。

受委托办理住房公积金缴存业务的银行 5 家。

（二）提取：2018 年，提取额 15.77 亿元，同比增加 10.93%；占当年缴存额的 77.47%，比上年增加 1.93 个百分点。2018 年末，提取总额 90.69 亿元，同比增加 21.05%。

（三）贷款：个人住房贷款最高额度 40.00 万元，其中，单缴存职工最高额度 30.00 万元，双缴存职工最高额度 40.00 万元。

2018 年，发放个人住房贷款 2211 笔 6.35 亿元，同比分别减少 19.98%、减少 14.63%。其中，市中心发放个人住房贷款 777 笔 2.51 亿元，源城区发放个人住房贷款 127 笔 0.39 亿元，东源县发放个人住房贷款 172 笔 0.49 亿元，和平县发放个人住房贷款 346 笔 0.98 亿元，龙川县发放个人住房贷款 245 笔 0.64 亿元，紫金县发放个人住房贷款 243 笔 0.60 亿元，连平县发放个人住房贷款 301 笔 0.74 亿元。

2018 年，回收个人住房贷款 4.12 亿元。其中，市中心 1.58 亿元，源城区 0.25 亿元，东源县 0.39 亿元，和平县 0.49 亿元，龙川县 0.58 亿元，紫金县 0.44 亿元，连平县 0.39 亿元。

2018 年末，累计发放个人住房贷款 3.46 万笔 63.88 亿元，贷款余额 34.33 亿元，同比分别增加 6.82%、增加 11.04%、增加 6.94%。个人住房贷款余额占缴存余额的 77.86%，比上年减少 3.40 个百分点。

受委托办理住房公积金个人住房贷款业务的银行 5 家。

（四）资金存储：2018 年末，住房公积金存款 9.21 亿元。其中，活期 3.22 亿元，1 年（含）以下定期 1.40 亿元，1 年以上定期 2.00 亿元，其他（协定、通知存款等）2.59 亿元。

（五）资金运用率：2018 年末，住房公积金个人住房贷款余额、项目贷款余额和购买国债余额的总和占缴存余额的 77.86%，比上年减少 3.40 个百分点。

三、主要财务数据

（一）业务收入：2018 年，业务收入 12244.75 万元，同比增加 11.21%。其中，市中心 4683.14 万元，源城区 786.32 万元，东源县 1045.49 万元，和平县 1337.45 万元，龙川县 1919.19 万元，紫金县 1437.56 万元，连平县 1035.60 万元；存款利息 1278.17 万元，委托贷款利息 10965.18 万元，其他 1.40 万元。

（二）业务支出：2018 年，业务支出 7333.98 万元，同比增加 21.39%。其中，市中心 2608.32 万元，源城区 582.50 万元，东源县 560.60 万元，和平县 834.48 万元，龙川县 1336.63 万元，紫金县 587.55 万元，连平县 823.90 万元；支付职工住房公积金利息 6261.92 万元，归集手续费 560.31 万元，委托贷款手续费 511.65 万元，其他 0.1 万元。

（三）增值收益：2018 年，增值收益 4910.77 万元，同比减少 1.18%。其中，市中心 2074.82 万元，源城区 203.81 万元，东源县 484.89 万元，和平县 502.98 万元，龙川县 582.57 万元，紫金县 850 万元，连平县 211.70 万元；增值收益率 1.17%，比上年减少 0.16 个百分点。

（四）增值收益分配：2018 年，提取贷款风险准备金 342.08 万元，提取管理费用 2873.13 万元，提取城市廉租住房（公共租赁住房）建设补充资金 1695.56 万元。

2018 年，上交财政管理费用 1220.02 万元。上缴财政城市廉租住房（公共租赁住房）建设补充资金 958.52 万元。其中，源城区上缴 165.15 万元，东源县上缴 454.89 万元，和平县上缴 502.99 万元，龙川县上缴 205.51 万元，紫金县上缴 850 万元。

2018 年末，贷款风险准备金余额 6117.10 万元。累计提取城市廉租住房（公共租赁住房）建设补充资金 11205.61 万元。

（五）管理费用支出：2018 年，管理费用支出 1545.73 万元，同比减少 58.34%。其中，人员经费 845.00 万元，公用经费 220.33 万元，专项经费 480.40 万元。

市中心管理费用支出 605.12 万元，其中，人员、公用、专项经费分别为 181.16 万元、40.96 万元、383 万元；源城区管理费用支出 204.21 万元，其中，人员、公用、专项经费分别为 173.76 万元、22.45

万元、8万元；东源县管理费用支出149.45万元，其中，人员、公用、专项经费分别为88.35万元、18.70万元、42.40万元；和平县管理费用支出222.20万元，其中，人员、公用、专项经费分别为163.80万元、11.40万元、47万元；龙川县管理费用支出45.50万元，其中，人员、公用经费分别为35.50万元、10万元；紫金县管理费用支出166.14万元，其中，人员、公用经费分别为127.14万元、39万元；连平县管理费用支出153.11万元，其中，人员、公用经费分别为75.29万元、77.82万元。

四、资产风险状况

2018年末，个人住房贷款逾期额413.16万元，逾期率1.2037‰。其中，市中心0.19‰，源城区3.17‰，东源县0.58‰，和平县2.86‰，龙川县2.65‰，紫金县0.10‰，连平县2.44‰。

个人贷款风险准备金按贷款余额的1.00%提取。2018年，提取个人贷款风险准备金342.08万元，未使用个人贷款风险准备金核销呆坏账。2018年末，个人贷款风险准备金余额6117.10万元，占个人住房贷款余额的1.78%，个人住房贷款逾期额与个人贷款风险准备金余额的比率为6.75%。

五、社会经济效益

（一）**缴存业务**：2018年，实缴单位数、实缴职工人数和缴存额同比分别增加0.92%、减少0.96%和增加8.18%。

缴存单位中，国家机关和事业单位占64.64%，国有企业占10.70%，城镇集体企业占0.98%，外商投资企业占1.89%，城镇私营企业及其他城镇企业占16.15%，民办非企业单位和社会团体占1.93%，其他占3.71%。

缴存职工中，国家机关和事业单位占58.93%，国有企业占13.86%，城镇集体企业占2.63%，外商投资企业占4.23%，城镇私营企业及其他城镇企业占13.16%，民办非企业单位和社会团体占1.49%，其他占5.70%；中、低收入占88.34%，高收入占11.66%。

新开户职工中，国家机关和事业单位占14.74%，国有企业占10.14%，城镇集体企业占6.67%，外商投资企业占1.58%，城镇私营企业及其他城镇企业占30.88%，民办非企业单位和社会团体占0.65%，其他占35.34%；中、低收入占80.34%，高收入占19.66%。

（二）**提取业务**：2018年，4.32万名缴存职工提取住房公积金15.77亿元。

提取金额中，住房消费提取占80.97%（购买、建造、翻建、大修自住住房占37.62%，偿还购房贷款本息占42.81%，租赁住房占0.25%，其他占0.28%）；非住房消费提取占19.03%（离休和退休提取占11.20%，完全丧失劳动能力并与单位终止劳动关系提取占4.02%，户口迁出本市或出境定居占0.70%，其他占3.11%）。

提取职工中，中、低收入占88.98%，高收入占11.02%。

（三）**贷款业务**：

1. **个人住房贷款**：2018年，支持职工购建房28.43万平方米，年末个人住房贷款市场占有率为6.92%，比上年减少1.45个百分点。通过申请住房公积金个人住房贷款，可节约职工购房利息支出5663.69万元。

职工贷款笔数中，购房建筑面积90（含）平方米以下占7.06%，90～144（含）平方米占65.80%，

144平方米以上占27.14％。购买新房占72.37％，购买存量商品住房占25.19％，建造、翻建、大修自住住房占2.44％。

职工贷款笔数中，单缴存职工申请贷款占41.70％，双缴存职工申请贷款占58.30％。

贷款职工中，30岁（含）以下占27.50％，30岁~40岁（含）占41.56％，40岁~50岁（含）占19.63％，50岁以上占11.31％；首次申请贷款占77.93％，二次及以上申请贷款占22.07％；中、低收入占89.42％，高收入占10.58％。

2. **异地贷款**：2018年，没有发放异地贷款。2018年末，发放异地贷款总额1485.00万元，异地贷款余额255.00万元。

（四）**住房贡献率**：2018年，个人住房贷款发放额、公转商贴息贷款发放额、项目贷款发放额、住房消费提取额的总和与当年缴存额的比率为93.92％，比上年减少7.42个百分点。

六、其他重要事项

（一）当年住房公积金政策调整及执行情况。

1. **2018年缴存政策调整情况**。根据《住房公积金管理条例》（国务院令第350号）、《住房城乡建设部、财政部、人民银行关于改进住房公积金缴存机制进一步降低企业成本的通知》（建金〔2018〕45号）及广东省的相关规定，经市住房公积金管理委员会同意，职工住房公积金缴存基数调整为2018年度职工个人月平均工资。缴存基数不低于本市最低工资标准1410元，不高于缴存所在地2018年度城镇非私营单位在岗职工月平均工资的3倍，市直及各县区缴存基数上限分别为：市中心15863元，源城区14397元，东源县14696元，和平县14582元，龙川县15451元，紫金县15100元，连平县14530元。单位及个人的住房公积金缴存比例下限各为5％，上限为12％。

2. **2018年提取政策调整情况**。根据《住房城乡建设部、财政部、人民银行、公安部关于开展治理违规提取住房公积金工作的通知》（建金〔2018〕46号）规定，职工与单位解除或终止劳动关系的，先办理个人账户封存。账户封存期间，在异地开立住房公积金账户并稳定缴存半年以上的，办理异地转移接续手续。未在异地继续缴存的，封存满半年后才可提取。

3. **2018年住房公积金存贷款利率执行标准**。根据《中国人民银行、住房城乡建设部、财政部关于完善职工住房公积金账户存款利率形成机制的通知》（银发〔2016〕43号），职工住房公积金账户存款利率按一年期定期存款基准利率执行。

2018年，我市住房公积金个人住房贷款利率没有调整，继续执行《广东省住房和城乡建设厅转发住房城乡建设部关于按照中国人民银行规定实施住房公积金存款利率调整的通知》（粤建金〔2015〕215）精神，5年期（含）以下贷款年利率为2.75％，5年期以上的贷款年利率为3.25％。首套房贷款利率按照中国人民银行公布的基准利率执行，第二套房贷款年利率按照同期首套房贷款利率上浮10％执行。

（二）当年服务改进情况。

1. **启用新业务大厅**。为适应业务发展需要，进一步提高办事效率，为群众提供更加便捷高效的服务，市住房公积金管理中心对原有业务大厅进行了修缮改造，于2018年1月16日正式启用。

2. **大力推行"一站式受理、一站式办结"**。市直业务承办银行进驻市住房公积金管理中心业务大厅，住房公积金缴存、提取、贷款等业务实行"一站式受理、一站式办结"模式。

3. 拓宽服务渠道。建立了包含微信、网站、网上办事大厅、手机APP、12329服务热线、短信、查询终端等7个服务渠道的综合服务平台，并接入"粤省事"移动民生服务平台，为缴存单位和职工提供多渠道、多样化的服务。

（三）当年信息化建设情况。按照住房城乡建设部、省住房城乡建设厅住房公积金"双贯标"要求，建设完成河源市住房公积金信息管理系统，于2018年6月6日在市本级正式上线运行，并接入住房城乡建设部住房公积金结算应用系统，与受托银行实现了实时结算。

（四）当年住房公积金管理中心及职工所获荣誉情况。2018年，住房公积金管理中心及职工没有获得文明单位、先进集体及三八红旗手等荣誉称号。

阳江市住房公积金2018年年度报告

一、机构概况

（一）住房公积金管理委员会：住房公积金管理委员会有28名委员，2018年召开2次会议，审议通过的事项主要包括：

1. 《阳江市住房公积金2018年年度报告》。
2. 房地产开发商办理公积金贷款需签订《贷款项目（楼盘）合作协议》预留贷款保证金。
3. 保留公积金二套房贷款条件之一：根据首套房的人均居住面积数据核定。
4. 缴存职工因建造自住住房已取得《不动产权证书》的，不能办理公积金贷款。
5. 购买已认定为装配式建筑项目的商品住房申请公积金贷款的贷款额度可上浮15%。
6. 《阳江市住房公积金管理中心2019年度管理经费预算》。
7. 《阳江市住房公积金2019年归集、使用计划》。
8. 暂停受理异地公积金贷款（北部湾九市及粤西五市已签订互认互贷协议的除外）等有关问题。

（二）住房公积金管理中心：住房公积金管理中心为阳江市人民政府不以营利为目的的公益一类事业单位，设5个内设部门，3个管理部。从业人员44人，其中，在编27人，非在编17人。

二、业务运行情况

（一）缴存：2018年，新开户单位234家，实缴单位2720家，净增单位215家；新开户职工1.70万人，实缴职工13.90万人，净增职工0.49万人；缴存额17.89亿元，同比增加2.80%。2018年末，缴存总额117.24亿元，同比增加18.01%；缴存余额45.28亿元，同比增加8.23%。

受委托办理住房公积金缴存业务的银行10家，比上年减少15家。

（二）提取：2018年，提取额14.45亿元，同比增加11.84%；占当年缴存额的80.76%，比上年增加6.53个百分点。2018年末，提取总额71.96亿元，同比增加25.13%。

（三）贷款：个人住房贷款最高额度35万元，其中，单缴存职工最高额度25万元，双缴存职工最高额度35万元。

2018年,发放个人住房贷款0.37万笔9.77亿元,同比分别增加21.98%、增加22.88%。

2018年,回收个人住房贷款4.08亿元。

2018年末,累计发放个人住房贷款2.66万笔63.35亿元,贷款余额42.52亿元,同比分别增加16.09%、增加18.23%、增加15.43%。个人住房贷款余额占缴存余额的93.89%,比上年增加5.86个百分点。

受委托办理住房公积金个人住房贷款业务的银行10家,比上年减少17家。

(四)资金存储:2018年末,住房公积金存款3.72亿元。其中,活期0.04亿元,1年(含)以下定期0.6亿元,1年以上定期2.50亿元,其他(协定、通知存款等)0.58亿元。

(五)资金运用率:2018年末,住房公积金个人住房贷款余额、项目贷款余额和购买国债余额的总和占缴存余额的93.89%,比上年增加5.86个百分点。

三、主要财务数据

(一)业务收入:2018年,业务收入14331.87万元,同比增加18.49%。存款利息1530.07万元,委托贷款利息12799.72万元,其他2.08万元。

(二)业务支出:2018年,业务支出7597.88万元,同比增长6.18%。支付职工住房公积金利息6509.75万元,归集手续费535.84万元,委托贷款手续费552.23万元,其他0.06万元。

(三)增值收益:2018年,增值收益6734.00万元,同比增加36.32%,增值收益率1.56%,比上年增加0.32个百分点。

(四)增值收益分配:2018年,提取贷款风险准备金568.27万元,提取管理费用1317.42万元,提取城市廉租住房(公共租赁住房)建设补充资金4848.31万元。

2018年,上交财政管理费用839.42万元。上缴财政城市廉租住房(公共租赁住房)建设补充资金3693.58万元。

2018年末,贷款风险准备金余额4251.74万元。累计提取城市廉租住房(公共租赁住房)建设补充资金26854.34万元。

(五)管理费用支出:2018年,管理费用支出890.79万元,同比增加1.72%。其中,人员经费466.74万元,公用经费105.51万元,专项经费318.54万元。

四、资产风险状况

2018年末,个人住房贷款逾期额87.62万元,逾期率0.2061‰。

个人贷款风险准备金按贷款余额的1%提取。2018年,提取个人贷款风险准备金568.27万元,使用个人贷款风险准备金核销呆坏账0万元。2018年末,个人贷款风险准备金余额4251.74万元,占个人住房贷款余额的1%,个人住房贷款逾期额与个人贷款风险准备金余额的比率为2.06%。

五、社会经济效益

(一)缴存业务:2018年,实缴单位数、实缴职工人数和缴存额同比分别增加8.58%、增加3.65%

和增加 2.80%。

缴存单位中，国家机关和事业单位占 54.34%，国有企业占 16%，城镇集体企业占 1.91%，外商投资企业占 2.02%，城镇私营企业及其他城镇企业占 21.54%，民办非企业单位和社会团体占 2.54%，其他占 1.65%。

缴存职工中，国家机关和事业单位占 59.01%，国有企业占 14.35%，城镇集体企业占 1.72%，外商投资企业占 1.83%，城镇私营企业及其他城镇企业占 19.32%，民办非企业单位和社会团体占 2.29%，其他占 1.48%；中、低收入占 86.42%，高收入占 13.58%。

新开户职工中，国家机关和事业单位占 54.25%，国有企业占 16.01%，城镇集体企业占 1.92%，外商投资企业占 2.04%，城镇私营企业及其他城镇企业占 21.56%，民办非企业单位和社会团体占 2.55%，其他占 1.67%；中、低收入占 84.84%，高收入占 15.16%。

（二）**提取业务**：2018 年，5.53 万名缴存职工提取住房公积金 14.45 亿元。

提取金额中，住房消费提取占 83.01%（购买、建造、翻建、大修自住住房占 38.61%，偿还购房贷款本息占 43.38%，租赁住房占 1.02%，其他占 0%）；非住房消费提取占 16.99%（离休和退休提取占 12.20%，完全丧失劳动能力并与单位终止劳动关系提取占 3.38%，户口迁出本市或出境定居占 0.88%，其他占 0.53%）。

提取职工中，中、低收入占 87.21%，高收入占 12.79%。

（三）**贷款业务**：

1. **个人住房贷款**：2018 年，支持职工购建房 50.97 万平方米，年末个人住房贷款市场占有率为 7.92%，比上年减少 0.78 个百分点。通过申请住房公积金个人住房贷款，可节约职工购房利息支出 31266.31 万元。

职工贷款笔数中，购房建筑面积 90（含）平方米以下占 10.26%，90~144（含）平方米占 67.98%，144 平方米以上占 21.76%。购买新房占 81.17%（其中购买保障性住房占 0%），购买存量商品住房占 18.48%，建造、翻建、大修自住住房占 0.35%，其他占 0%。

职工贷款笔数中，单缴存职工申请贷款占 29.56%，双缴存职工申请贷款占 70.44%。

贷款职工中，30 岁（含）以下占 34.95%，30 岁~40 岁（含）占 40.96%，40 岁~50 岁（含）占 21.51%，50 岁以上占 2.57%；首次申请贷款占 98.32%，二次及以上申请贷款占 1.68%；中、低收入占 84.86%，高收入占 15.14%。

2. **异地贷款**：2018 年，发放异地贷款 902 笔 22210.09 万元。2018 年末，发放异地贷款总额 26372.39 万元，异地贷款余额 25706.68 万元。

（四）**住房贡献率**：2018 年，个人住房贷款发放额、公转商贴息贷款发放额、项目贷款发放额、住房消费提取额的总和与当年缴存额的比率为 121.63%，比上年增加 18.15 个百分点。

六、其他重要事项

（一）**当年受委托办理缴存贷款业务金融机构变更情况**。2018 年我市调整撤并银行账户 19 个，由原来 29 个银行账户撤并为 10 个。

(二)当年住房公积金政策调整及执行情况。

1. **当年缴存基数限额及确定方法、缴存比例等缴存政策调整情况。**2018年调整住房公积金缴存基数，缴存基数以职工上年度月平均工资为标准（阳江市统计局公布的2018年在岗职工月平均工资4963元/月）。职工个人缴存和单位为职工缴存的住房公积金最高缴存额各不得超过1787元。困难企业的缴存基数可按广东省公布的三、四类城市最低工资标准1410元执行，最低缴存额各不得低于70.50元。缴存比例为5%—12%。

2. **当年提取政策调整情况。**

（1）提高租房提取额度：职工租住商品住房的，提取额度按照不高于职工月缴存额（单位＋个人）的70%且最高不超过600元计算，符合条件的夫妻双方可分别申请提取。

（2）规范提取条件：一是重点支持提取住房公积金在缴存地或户籍地购买首套普通住房和第二套改善型住房。对购买第三套（或更多）住房的，不予提取住房公积金（以中心系统数据为依据，计算套数从2018年1月新系统上线后的信息数据为准）；二是对于同一人在12个月内多次（3次或以上）变更婚姻关系购房和多人6个月内频繁买卖同一套住房3次或以上的，不予提取住房公积金；三是职工异地购房的，非户籍地非缴存地购房、非配偶或非直系亲属共同购房的，不予提取住房公积金；四是缴存职工与单位解除或终止劳动关系的，先办理个人账户封存。账户封存期间，在异地开立住房公积金账户并稳定缴存半年以上的，办理异地转移接续手续。未在异地继续缴存的，封存满半年后可提取；尚有公积金贷款余额未还清的，不可办理销户提取，可按正常归还本息规定审批提取，提取后公积金余额不足壹仟元的，可同时办理公积金个人账户结清销户。

3. **当年个人住房贷款最高贷款额度、贷款条件等贷款政策调整情况。**

（1）个人贷款最高额度为25万元，夫妻双方同时申请贷款最高额度为35万元。

（2）根据阳江市统计局公布的2018年全市在岗职工月平均工资4963元/月的标准，凡职工月缴存额低于496元（含496元）以下的，个人贷款最高额度20万元，夫妻双方同时申请贷款最高额度30万元。

（3）根据广东省2018年公布的四类城市最低工资标准1410元/月，对职工月缴存额在141元（含141元）以下的，个人贷款最高额度15万元，夫妻双方同时申请贷款最高额度25万元。

夫妻双方申请公积金贷款，公积金月缴额不一致的，以最高一方月缴额为标准审批贷款额。

4. **当年住房公积金存贷款利率执行标准情况。**2018年我市住房公积金个人住房贷款利率没有调整，5年期（含）以下贷款年利率为2.75%；6年期（含）以上贷款年利率为3.25%。首套房贷款利率按照中国人民银行公布的基准利率执行，第二套房贷款年利率按照同期首套房贷款利率上浮10%执行。

(三)当年服务改进情况。

1. 2018年我中心通过转换业务管理模式，成功实现住房城乡建设部业务系统"双贯标"要求，正式接入住房城乡建设部全国住房公积金业务数据结算应用系统，实现全业务流程纳入全国住房公积金监管平台，每笔资金有相应业务对应的"业务驱动资金带动财务"的管理模式，进一步简化业务办理流程，为办事群众提供优质高效的服务。

2. 2018年我中心不断推出便民利民服务措施，一是单位每月缴存以"委托扣款"的形式缴存住房公积金；二是职工提取公积金以"委托提取按月还贷"形式提取住房公积金；三是创新还贷模式。开展公积金冲还贷业务，改变原来"先提取后还贷"的模式，职工偿还住房公积金贷款时不必再提前筹措资金，可以直接利用现有的个人住房公积金账户的余额，冲抵个人的住房公积金贷款，有效减轻职工还贷压力。三是提取业务实行同城化管理，职工可在我市任一办事大厅办理公积金的缴存、提取业务；四是通过住房城乡建设部银行结算数据应用系统，实现公积金提取业务一站式办妥，即时到账，无需再跑到银行取款；五是贷款发放只需提供抵押证明材料到公积金中心，中心通过在住房城乡建设部结算系统上发指令发放贷款，不需要贷款申请人到公积金中心开具支票再跑到银行办理放款；六是通过住房城乡建设部的资金结算系统，资金实时到账，极大方便了缴存职工，提高了办事效率，也方便了房地产开发企业。

3. 微信平台增设了绑定用户便可实时查询公积金缴存基数及明细、账户余额、公积金贷款进度、公积金贷款还款明细等服务功能。

4. 为使我市住房公积金的对外服务渠道更加便利化、智能化、互联网化，我中心根据我市的实际情况拟好《阳江市住房公积金2018年综合服务平台建设方案》，于10月18日公开招标，由四川久远银海软件股份有限公司中标开发建设，预计建设完成时间是2019年2月份。

5. 一是业务办理网点大幅增加。在原来只有市直和各县（市、区）分理处9个办事网点的基础上，利用全市统一业务系统的便利条件充分发挥银行网点多的优势，新增51个银行网点为住房公积金的办事窗口，使缴存单位和缴存职工办理业务有了更多选择。二是工作效率大幅提升。单位缴存业务从以前通过线下缴款的方式向签约托收直接通过全国结算应用平台按月划扣的线上缴款方式转变。单位经办人员通过我中心网上营业厅申报缴款业务以后直接由我中心业务系统扣款，解决单位经办人员足不出办公室就可轻松办理住房公积金相关业务的问题。缴存职工提取住房公积金还贷可选择"两个签约"方式进行提取还贷，即签订按月划扣到指定账户和签约账户内对冲还贷业务。实现一次签约直到住房公积金贷款还清，解决了以前委托银行按月提取还贷不及时、签约时间短的限制条件。三是群众满意度大幅攀升。新的业务系统上线以后，缴存职工到办事大厅线下办理提取只需出具身份证和银行储蓄卡及相关材料，审核通过后直接通过全国住房公积金结算应用平台将所提取资金实时划入个人储蓄卡里面，实现资金"秒到账"，解决了以前群众提取住房公积金需到银行排队的麻烦，得到了办事群众的赞誉和充分的肯定。四是资金监管更到位。新系统上线后全市所有的住房公积金业务均需通过全国住房公积金结算应用平台，由该平台统一进行资金结算，从而达到所有资金业务均可由国家监管部门实时监管的目的，进一步防范资金风险的发生。

（四）当年信息化建设情况。

1. 2018年1月8日，我中心双贯标系统正式上线，落实了住房城乡建设部"双贯标"要求，也方便了缴存单位和缴存职工办理缴存、提取、贷款等业务。新系统的成功上线，促进了我市住房公积金业务数据的科学化、规范化，提高了住房公积金信息化建设水平和风险防控能力，进一步提高我市住房公积金行业的服务水平和管理效率。

2. 2018年6月，我中心"双贯标"系统顺利通过住房城乡建设部、省住房城乡建设厅专家验收组的验收。

（五）其他需要披露的情况。中心组织机构、政策资讯、服务网点、业务指南及其他信息公开内容详见中心网站（http：//www.yjgjj.cn）。

清远市住房公积金 2018 年年度报告

一、机构概况

（一）住房公积金管理委员会： 住房公积金管理委员会有 30 名委员，2018 年召开 1 次会议，审议通过的事项主要包括：2018 年住房公积金运作情况、增值收益分配方案以及拟向社会公布的 2018 年住房公积金年度公报，并对调整住房公积金贷款首付比例以及在清远市就业的港澳台同胞住房公积金缴存使用实施办法等重大问题进行了决策表决。7 月又以书面征求意见的形式向管委会提交了三项议题，一是 2018 年度住房公积金缴存基数调整工作方案，二是调整住房公积金缴存业务相关规定，三是开展治理违规提取住房公积金工作，三项议题均达到全体委员三分之二以上通过。管委会的民主科学决策，为我市住房公积金业务的规范运作夯实基础。

（二）住房公积金管理中心： 住房公积金管理中心为市财政局不以营利为目的的参公事业单位，设 6 个处（科），8 个管理部，0 个分中心。从业人员 86 人，其中，在编 61 人，非在编 25 人。

二、业务运行情况

（一）缴存： 2018 年，新开户单位 297 家，实缴单位 3121 家，净增单位 184 家；新开户职工 4.24 万人，实缴职工 24.08 万人，净增职工 2.14 万人；缴存额 38.95 亿元，同比增加 12.04％。2018 年末，缴存总额 260.70 亿元，同比增加 17.56％；缴存余额 86.64 亿元，同比增加 13.49％。

受委托办理住房公积金缴存业务的银行 5 家，比上年增加 0 家。

（二）提取： 2018 年，提取额 28.65 亿元，同比增加 7.62％；占当年缴存额的 73.56％，比上年减少 3.02 个百分点。2018 年末，提取总额 174.06 亿元，同比增加 19.70％。

（三）贷款： 个人住房贷款最高额度 40.00 万元，其中，单缴存职工最高额度 30.00 万元，双缴存职工最高额度 40.00 万元。

2018 年，发放个人住房贷款 0.37 万笔 11.39 亿元，同比分别减少 32.56％、减少 36.27％。

2018 年，回收个人住房贷款 8.13 亿元。

2018 年末，累计发放个人住房贷款 4.92 万笔 120.59 亿元，贷款余额 75.74 亿元，同比分别增加 8.14％、增加 10.43％、增加 4.50％。个人住房贷款余额占缴存余额的 87.42％，比上年减少 7.52 个百分点。

受委托办理住房公积金个人住房贷款业务的银行 10 家，比上年减少 1 家。

（四）融资： 2018 年，融资 0.00 亿元，归还 2.04 亿元。2018 年末，融资总额 2.04 亿元，融资余额 0.00 亿元。

（五）资金存储： 2018 年末，住房公积金存款 12.98 亿元。其中，活期 0.01 亿元，1 年（含）以下定期 3.75 亿元，1 年以上定期 4.14 亿元，其他（协定、通知存款等）5.08 亿元。

（六）资金运用率： 2018 年末，住房公积金个人住房贷款余额、项目贷款余额和购买国债余额的总和占缴存余额的 87.42％，比上年减少 7.52 个百分点。

三、主要财务数据

（一）业务收入：2018年，业务收入27799.72万元，同比增加11.91%。存款利息3264.53万元，委托贷款利息24379.18万元，国债利息0.00万元，其他156.01万元。

（二）业务支出：2018年，业务支出17209.56万元，同比增加26.32%。支付职工住房公积金利息14207.72万元，归集手续费1513.47万元，委托贷款手续费1218.67万元，其他269.70万元。

（三）增值收益：2018年，增值收益10590.16万元，同比减少5.59%。增值收益率1.30%，比上年增加－0.23个百分点。

（四）增值收益分配：2018年，提取贷款风险准备金0.00万元（贷款风险准备金余额42567.06万元，已达规定额度，本年不需计提贷款风险准备金），提取管理费用1803.65万元，提取城市廉租住房（公共租赁住房）建设补充资金8786.51万元。

2018年，上交财政管理费用1533.93万元。上缴财政城市廉租住房（公共租赁住房）建设补充资金2953.16万元。

2018年末，贷款风险准备金余额42567.06万元。累计提取城市廉租住房（公共租赁住房）建设补充资金23060.01万元。

（五）管理费用支出：2018年，管理费用支出2276.92万元，同比增加24.75%。其中，人员经费1142.56万元，公用经费94.48万元，专项经费1039.88万元。

四、资产风险状况

2018年末，个人住房贷款逾期额443.60万元，逾期率0.5857‰。

2018年，贷款风险准备金余额已达规定额度，本年不需计提贷款风险准备金。使用个人贷款风险准备金核销呆坏账0.00万元。2018年末，个人贷款风险准备金余额42567.06万元，占个人住房贷款余额的5.62%，个人住房贷款逾期额与个人贷款风险准备金余额的比率为1.04%。

五、社会经济效益

（一）缴存业务：2018年，实缴单位数、实缴职工人数和缴存额同比分别增加6.26%、增加9.74%和增加12.04%。

缴存单位中，国家机关和事业单位占52.99%，国有企业占5.70%，城镇集体企业占0.80%，外商投资企业占2.15%，城镇私营企业及其他城镇企业占33.90%，民办非企业单位和社会团体占4.01%，其他占0.45%。

缴存职工中，国家机关和事业单位占45.98%，国有企业占5.12%，城镇集体企业占0.55%，外商投资企业占10.97%，城镇私营企业及其他城镇企业占35.17%，民办非企业单位和社会团体占1.53%，其他占0.68%；中、低收入占96.60%，高收入占3.40%。

新开户职工中，国家机关和事业单位占13.48%，国有企业占4.39%，城镇集体企业占0.67%，外商投资企业占16.44%，城镇私营企业及其他城镇企业占58.56%，民办非企业单位和社会团体占

5.31%，其他占1.15%；中、低收入占99.64%，高收入占0.36%。

（二）提取业务：2018年，8.62万名缴存职工提取住房公积金28.65亿元。

提取金额中，住房消费提取占84.63%（购买、建造、翻建、大修自住住房占5.72%，偿还购房贷款本息占76.50%，租赁住房占0.08%，其他占2.33%）；非住房消费提取占15.37%（离休和退休提取占11.06%，完全丧失劳动能力并与单位终止劳动关系提取占0.34%，户口迁出本市或出境定居占0%，其他占3.97%）。

提取职工中，中、低收入占92.67%，高收入占7.33%。

（三）贷款业务：

1. 个人住房贷款：2018年，支持职工购建房43.21万平方米，年末个人住房贷款市场占有率为9.45%，比上年减少1.42个百分点。通过申请住房公积金个人住房贷款，可节约职工购房利息支出22740.58万元。

职工贷款笔数中，购房建筑面积90（含）平方米以下占12.21%，90~144（含）平方米占75.75%，144平方米以上占12.04%。购买新房占93.01%（其中购买保障性住房占0.00%），购买存量商品住房占6.99%，建造、翻建、大修自住住房占0.00%，其他占0.00%。

职工贷款笔数中，单缴存职工申请贷款占68.19%，双缴存职工申请贷款占31.81%，三人及以上缴存职工共同申请贷款占0.00%。

贷款职工中，30岁（含）以下占37.92%，30岁~40岁（含）占33.78%，40岁~50岁（含）占22.55%，50岁以上占5.75%；首次申请贷款占99.24%，二次及以上申请贷款占0.76%；中、低收入占98.43%，高收入占1.57%。

2. 异地贷款：2018年，发放异地贷款613.00笔25675.80万元。2018年末，发放异地贷款总额74085.20万元，异地贷款余额67580.39万元。

（四）住房贡献率：2018年，个人住房贷款发放额、住房消费提取额的总和与当年缴存额的比率为91.50%，比上年减少25.22个百分点。

六、其他重要事项

（一）当年机构调整情况：2018年5月3日，七届第20次市政府常务会议审议通过了我中心提请的关于我市住房公积金管理机构实行"四统一"管理的方案，并于5月18日以市政府名义向全市印发了该方案，6月1日开始我市正式实行全市住房公积金管理机构"四统一"管理，即统一决策、统一管理、统一制度、统一核算，各县（市、区）住房公积金资金全部纳入市中心账户。此后实现了全市资金统筹运用，发挥沉淀资金使用效益，各地区放贷轮候时间明显加快，释放了资金活力。同时集中资金力量支持我市保障性住房改造建设，通过市级统筹分配，充分发挥住房保障调节功能。

（二）当年住房公积金政策调整及执行情况：

1. 当年缴存政策调整情况。从2018年1月起全市缴存住房公积金的月缴存基数按职工本人2018年度的月平均工资总额核定（实行年薪制的按月均分），月缴存基数不得低于本市现行的最低月工资标准（1410元），不得超过我市统计部门公布的上一年度非私营单位在职职工月平均工资的3倍，即20841元。

2. 当年提取政策调整情况。一是缴存职工在非本人及配偶的缴存地或户籍地购房的，不得申请购房提取住房公积金。二是同一套住房在 12 个月内交易两次或两次以上的，该套房屋不得用于申请购房提取住房公积金。三是缴存职工与单位解除或终止劳动关系的，应先办理个人账户封存。账户封存期间，在异地开立住房公积金账户并稳定缴存 6 个月以上的，办理异地转移接续手续；未在异地继续缴存的，封存满 6 个月后方可申请销户提取。

3. **当年个人住房贷款政策调整情况**。2018 年 7 月 11 日起，我市住房公积金个人住房贷款最低首付比例调整，购买首套自住住房或拥有一套住房并已结清商业性购房贷款的，贷款首付款比例从不低于 20％调整为不低于 30％；拥有一套住房但未结清相应商业性购房贷款的，首付款比例从不低于 30％调整为不低于 50％。同时贷款年限延迟到法定退休后 5 年。

（三）**当年服务改进情况**：

1. 重新修订《清远市住房公积金委托金融业务考核办法》（以下简称《考核办法》），与原《考核办法》相比，有三大亮点：一是新《考核办法》全面采用信息化系统自动统计数据，提高了考核参考指标的科学性与客观性。二是年度考核改为季度考核，增加了考核次数，使考核更为常规化，更有利于服务质量的提升。三是将考核结果与委托手续费直接挂钩，能者多得，不能者少得，最大化发挥激励效果。

2. 2018 年 12 月 19 日，我市住房公积金综合服务平台顺利通过省住房城乡建设厅验收。我中心综合服务平台在已有住房公积金信息系统的基础上，建立了以互联网和移动终端为载体，形成了集网站、网上办事大厅、微信公众号、自助查询机、手机短信平台、12329 服务热线以及服务机器人"八位一体"的服务体系，逐步实现了从人工到智能、从线下到线上的转变，从"智能型"到"智慧型"的迈进升级。截至 2019 年 2 月，网站日平均访问量为 129 次；微信公众号关注人数达 145553 人，推送 112 篇文章，激活账户用户数 120729 人；短消息发送量 284.6 万条；网厅个人版访问量 48595 人次；网厅单位用户数 90 户。

（四）**当年信息化建设情况**：2018 年，为深入推进信息化建设工作，我中心下大力气组织推进"双贯标"建设，通过不懈努力，我市住房公积金信息管理系统以 91.57 分高规格通过了"双贯标"检查专家验收组的检查验收，这标志着我市住房公积金管理中心建设的住房公积金基础数据信息和银行结算数据应用系统达到行业标准。

东莞市住房公积金 2018 年年度报告

一、机构概况

（一）**住房公积金管理委员会**：东莞市住房公积金管理委员会有 23 名委员，2018 年召开四届一次会议，审议通过的事项主要包括：《东莞市住房公积金 2018 年执行情况和 2018 年预算草案的报告》（送审稿）、《2018 年度住房公积金归集使用计划》（送审稿）、《关于调整我市个人住房公积金贷款部分政策的请示》（送审稿）。

（二）**住房公积金管理中心**：东莞市住房公积金管理中心为直属东莞市政府不以营利为目的的公益一类事业单位，设 6 个科、5 个办事处。从业人员 78 人，其中，在编 65 人，非在编 13 人。

二、业务运行情况

（一）缴存：2018年，新开户单位9347家，实缴单位41621家，净增单位8129家；新开户职工45.42万人，实缴职工171.12万人，净增职工19.39万人；缴存额126.7亿元，同比增长16.34%。

2018年末，缴存总额856.46亿元，同比增长17.36%；缴存余额314.95亿元，同比增长15.36%。

受委托办理住房公积金缴存业务的银行8家，比上年增加0家。

（二）提取：2018年，提取额84.77亿元，同比增长13.71%；占当年缴存额的66.90%，比上年减少1.55个百分点。2018年末，提取总额541.51亿元，同比增长18.56%。

（三）贷款：个人住房贷款最高额度120万元，其中，已取消单/双职工区分，购买首套自住住房，贷款最高额度为120万元，购买第二套自住住房，贷款最高额度为80万元。2018年，发放个人住房贷款0.81万笔54.75亿元，同比分别增长86.38%、140.73%。

2018年，回收个人住房贷款16.77亿元。

2018年末，累计发放个人住房贷款8.46万笔325.53亿元，贷款余额186.53亿元，同比分别增长10.62%、20.22%、25.57%。个人住房贷款余额占缴存余额的59.23%，比上年增加4.82个百分点。

受委托办理住房公积金个人住房贷款业务的银行18家，比上年增加1家。

（四）资金存储：2018年末，住房公积金存款132.58亿元。其中，活期0.08亿元，1年（含）以下定期68.33亿元，1年以上定期48.65亿元，其他（协定、通知存款等）15.52亿元。

（五）资金运用率：2018年末，住房公积金个人住房贷款余额、项目贷款余额和购买国债余额的总和占缴存余额的59.23%，比上年增加4.82个百分点。

三、主要财务数据

（一）业务收入：2018年，业务收入86302.19万元，同比增长16.43%。存款利息33304.38万元，委托贷款利息52310.39万元，其他687.42万元。

（二）业务支出：2018年，业务支出53688.56万元，同比增长9.31%。支付职工住房公积金利息45192.75万元，归集手续费5875.96万元，委托贷款手续费2616.03万元，其他3.82万元。

（三）增值收益：2018年，增值收益32613.63万元，同比增长30.42%。增值收益率1.11%，比上年增加0.14个百分点。

（四）增值收益分配：2018年，提取贷款风险准备金3797.92万元，提取管理费用3945.57万元，提取城市廉租住房（公共租赁住房）建设补充资金24870.14万元。

2018年，上交财政管理费用3799.80万元。上缴财政城市廉租住房（公共租赁住房）建设补充资金20720.48万元。

2018年末，贷款风险准备金余额18653.27万元。累计提取城市廉租住房（公共租赁住房）建设补充资金214770.45万元。

（五）管理费用支出：2018年，管理费用支出3802.65万元，同比增长14.24%。其中，人员经费2051.18万元，公用经费246.52万元，专项经费1504.95万元。

四、资产风险状况

2018年末,个人住房贷款逾期额422.15万元,逾期率0.23‰。

个人贷款风险准备金按贷款余额的1%提取。2018年,提取个人贷款风险准备金3797.92万元。2018年末,个人贷款风险准备金余额18653.27万元,占个人住房贷款余额的1%,个人住房贷款逾期额与个人贷款风险准备金余额的比率为2.26%。

五、社会经济效益

(一)缴存业务:2018年,实缴单位数、实缴职工人数和缴存额同比分别增长24.27%、12.78%和16.34%。

缴存单位中,国家机关和事业单位占6.62%,国有企业占0.89%,城镇集体企业占1.06%,外商投资企业占9.61%,城镇私营企业及其他城镇企业占69.74%,民办非企业单位和社会团体占4.25%,其他占7.83%。

缴存职工中,国家机关和事业单位占11.15%,国有企业占3.94%,城镇集体企业占1.25%,外商投资企业占27.58%,城镇私营企业及其他城镇企业占48.62%,民办非企业单位和社会团体占2.88%,其他占4.58%;中、低收入占96.56%,高收入占3.44%。

新开户职工中,国家机关和事业单位占2.76%,国有企业占2.5%,城镇集体企业占0.79%,外商投资企业占28.59%,城镇私营企业及其他城镇企业占59.88%,民办非企业单位和社会团体占2.47%,其他占3.01%;中、低收入占99.45%,高收入占0.55%。

(二)提取业务:2018年,59.74万名缴存职工提取住房公积金84.77亿元。

提取金额中,住房消费提取占89.94%(购买、建造、翻建、大修自住住房占2.01%,偿还购房贷款本息占52.35%,租赁住房占22.58%,其他占13.00%);非住房消费提取占10.06%(离休和退休提取占5.87%,完全丧失劳动能力并与单位终止劳动关系提取占0.70%,户口迁出本市或出境定居占2.38%,其他占1.11%)。

提取职工中,中、低收入占92.89%,高收入占7.11%。

(三)贷款业务:

1. **个人住房贷款**:2018年,支持职工购建房82.26万平方米,年末个人住房贷款市场占有率为5.70%,比上年增加1.43个百分点。通过申请住房公积金个人住房贷款,可节约职工购房利息支出114227.87万元。

职工贷款笔数中,购房建筑面积90(含)平方米以下占28.11%,90~144(含)平方米占66.96%,144平方米以上占4.93%。购买新房占56.56%(其中购买保障性住房占0%),购买二手房占20.05%,建造、翻建、大修自住住房占0%,其他占23.39%。

职工贷款笔数中,单缴存职工申请贷款占18.72%,双缴存职工申请贷款占81.28%,三人及以上缴存职工共同申请贷款占0%。

贷款职工中,30岁(含)以下占21.12%,30岁~40岁(含)占58.74%,40岁~50岁(含)占17.65%,50岁以上占2.49%;首次申请贷款占93.48%,二次及以上申请贷款占6.52%;中、低收入占

82.23%，高收入占 17.77%。

2. 异地贷款：2018 年，发放异地贷款 1077 笔 67397.6 万元。2018 年末，发放异地贷款总额 169084.56 万元，异地贷款余额 141980.92 万元。

(四) 住房贡献率：2018 年，个人住房贷款发放额、公转商贴息贷款发放额、项目贷款发放额、住房消费提取额的总和与当年缴存额的比率为 103.38%，比上年增加 22.39 个百分点。

六、其他重要事项

(一) 当年受委托办理缴存贷款业务金融机构变更情况。

2018 年，减少 1 家贷款银行，即中国光大银行股份有限公司东莞分行；新增 2 家贷款银行，分别为广州银行股份有限公司东莞分行、民生银行股份有限公司东莞分行。

(二) 当年住房公积金政策调整及执行情况。

1. 2018 年，缴存基数限额确定方法、缴存比例未发生调整，缴存比例仍然是 5%～12%。缴存基数上限则由 22995 元调整为 27391 元；2018 年 7 月 3 日起，缴存基数下限则由 1510 元调整为 1720 元。

2. 2018 年，贷款政策发生以下调整：一是取消港澳台人员使用公积金贷款限制，支持港澳台同胞缴存并同等享受贷款权利；二是取消单/双职工区分，购买首套自住住房，贷款最高额度为 120 万元，购买第二套自住住房，贷款最高额度为 80 万元。三是住房公积金贷款每月还款与家庭收入的比例由不超过 55% 提升至不超过 60%。四是缴存职工使用住房公积金贷款购买第二套自住住房，最低首付款比例由 30% 提升至 40%。五是商转公贷款选择以贷冲贷方式的，收款账户可提供广东省内（除深圳市）开设的个人有效人民币活期储蓄账户。

(三) 当年服务改进情况。

1. **服务手段方面**。贯彻落实"放管服"，规范业务管理，完成"十统一"清单标准化梳理；落实减证便民，取消了身份证复印件、死亡证明、户口注销证明等 5 项证明材料。

2. **综合服务平台建设方面**。我中心以互联网和移动终端为依托，将门户网站、网上服务大厅、12329 短信、微信公众号、自助终端等服务渠道通过综合管理系统整合为一个规范、安全的公积金服务体系，承载业务查询、业务办理、信息发布和互动交流四大功能。2018 年，各平台业务量如下：门户网站访问总量 446 万人次；中心网厅业务办理量 20.8 万笔，其中缴存业务 15.9 万笔，提取业务 4.9 万笔；12329 热线接听总量近 20 万通，月均接听 1.67 万通；12329 短信总量 628.6 万条，其中发送短信量 602.9 万条，接收短信量 25.7 万条，短信业务办理量 16.1 万笔；微信公众号粉丝关注量超 96 万人，业务办理量 47.9 万笔；自助终端访问总量 0.4 万人次，业务办理量 79 笔。

(四) 当年信息化建设情况。

1. **提升业务网办率**。改造网上办事大厅，新增个人及开发商贷款信息查询功能。与建设银行联合推出智慧柜员机，职工"刷脸"即可开通公积金自助服务，2018 年，智慧柜员机办理业务量达 27.5 万笔，占总业务量的 9%。目前我市缴存业务可通过网上办事大厅或自动托收方式办理。贷款业务 85% 以上可通过代办机构申请实现零跑动。提取业务实现线上自助办理或线下立等可取。

2. **深化信息互联共享**。在全省率先实现公积金"转移接续平台直连功能"，2018 年通过直连功能办理异地转移业务达 5000 多笔。年内顺利通过公积金基础数据贯标和成功接入公积金银行结算数据应用系统接口,即通过住房城乡建设部"双贯标"验收,进一步畅通与全国其他中心互联互通的信息渠道,往后公积金提取和贷款均能实现实时交易,职工申请资金当场"秒级"到账。

(五)当年住房公积金管理中心及职工所获荣誉情况。

1. 2018年度广东省"巾帼文明岗"单位(中心)。
2. 2018年度全市保密工作先进单位(综合科)。
3. 2018年度全市党内规范性文件备案工作先进单位(综合科)。
4. 2018年度保密工作先进工作者(个人)。
5. 2018年度全市党内规范性文件备案工作先进工作者(个人)。

(六)当年对违反《住房公积金管理条例》和相关法规行为进行行政处罚和申请人民法院强制执行情况。2018年,我中心共对7家企业作出行政处罚,合计35万元;申请人民法院强制执行369宗。

中山市住房公积金2018年年度报告

一、机构概况

(一)**住房公积金管理委员会**:住房公积金管理委员会有17名委员,2018年召开1次会议,审议通过的事项主要包括:《中山市住房公积金2018年年度报告(信息披露)》、《中山市住房公积金归集业务银行考核评分结果(2018年度)》、《中山市住房公积金贷款业务银行考核评分结果(2018年度)》、《关于奖励住房公积金归集银行的请示》、《延长大病医疗提取住房公积金的时间至该社保年度结束的一年内》、《新增同一套房产一年内只能以一次房产交易申请提取住房公积金限制》、《新增阶梯式租房提取住房公积金政策》和《撤销对中心缓缴及降低缴存比例等审批的授权改由管委会依法进行审批》共八个事项。

(二)**住房公积金管理中心**:住房公积金管理中心为直属市政府不以营利为目的的公益一类事业单位,设4个科室5个办事处,0个管理部,0个分中心。从业人员82人,其中,在编29人,非在编53人。

二、业务运行情况

(一)**缴存**:2018年,新开户单位2018家,实缴单位7130家,净增单位1594家;新开户职工11.63万人,实缴职工46.70万人,净增职工6.08万人;缴存额50.76亿元,同比增长22.30%。2018年末,缴存总额324.48亿元,同比增长18.54%;缴存余额116.82亿元,同比增长19.60%。

受委托办理住房公积金缴存业务的银行8家,比上年增加0家。

(二)**提取**:2018年,提取额31.61亿元,同比增长15.30%;占当年缴存额的62.28%,比上年减少3.78个百分点。2018年末,提取总额207.66亿元,同比增长17.96%。

(三)**贷款**:个人住房贷款最高额度96万元,其中,单缴存职工最高额度40万元,双缴存职工最高额度80万元,属于中山市高层次人才或"新三百"计划培育的骨干企业中,属于中委〔2010〕7号文列入《中山市培养引进人才紧缺适用人才导向目录》,具有大学本科及以上学历的人员;取得中级及以上专业技术职称的人员；获得高级工及以上职业资格证书的人员；具有特殊技能、在我市工作满1年（以在我市参加社会保险时间为准）且表现优秀的人员，凭市人力资源和社会保障局开具的《中山市紧缺适用高层次人才证》或《中山市紧缺适用人才证明》，申请首套住房贷款时，最高可上浮20%的贷款额度。

2018年，发放个人住房贷款0.3万笔13.21亿元，同比分别增长129.31%、168.69%。

2018年，回收个人住房贷款8.07亿元。

2018年末，累计发放个人住房贷款4.14万笔116.94亿元，贷款余额60.46亿元，同比分别增长7.76%、12.74%、9.30%。个人住房贷款余额占缴存余额的51.75%，比上年减少4.88个百分点。

受委托办理住房公积金个人住房贷款业务的银行16家，比上年增加0家。

（四）**资金存储**：2018年末，住房公积金存款56.70亿元。其中，1年（含）以下定期0.23亿元，1年以上定期54.82亿元，其他（协定、通知存款等）1.65亿元。

（五）**资金运用率**：2018年末，住房公积金个人住房贷款余额、项目贷款余额和购买国债余额的总和占缴存余额的51.75%，比上年减少4.88个百分点。

三、主要财务数据

（一）**业务收入**：2018年，业务收入36074.76万元，同比增长19.11%。存款利息17823.98万元，委托贷款利息18250.78万元。

（二）**业务支出**：2018年，业务支出18849.62万元，同比增长17.37%。支付职工住房公积金利息16179.17万元，归集手续费1962.52万元，委托贷款手续费707.68万元，其他0.25万元。

（三）**增值收益**：2018年，增值收益17225.14万元，同比增长21.07%。增值收益率1.60%，比上年增加0.03个百分点。

（四）**增值收益分配**：2018年，提取贷款风险准备金514.60万元，提取管理费用2385.72万元，提取城市廉租住房（公共租赁住房）建设补充资金14324.82万元。

2018年，上交财政管理费用2336.92万元。上缴财政城市廉租住房（公共租赁住房）建设补充资金12235.74万元。

2018年末，贷款风险准备金余额6046.02万元。累计提取城市廉租住房（公共租赁住房）建设补充资金76419.53万元。

（五）**管理费用支出**：2018年，管理费用支出2434.86万元，同比增长6.18%。其中，人员经费928.30万元，公用经费200.27万元，专项经费1306.29万元。

四、资产风险状况

2018年末，个人住房贷款逾期额680.59万元，逾期率1.1257‰。

个人贷款风险准备金按（贷款余额或增值收益）的1%提取。2018年，提取个人贷款风险准备金514.60万元，使用个人贷款风险准备金核销呆坏账0万元。

2018年末，个人贷款风险准备金余额6046.02万元，占个人住房贷款余额的1%，个人住房贷款逾期额与个人贷款风险准备金余额的比率为11.26%。

五、社会经济效益

（一）**缴存业务**：2018年，实缴单位数、实缴职工人数和缴存额同比分别增长28.79%、14.97%和22.30%。

缴存单位中，国家机关和事业单位占11.14%，国有企业占3.72%，城镇集体企业占1.02%，外商投资企业占10.63%，城镇私营企业及其他城镇企业占59.02%，民办非企业单位和社会团体占3.98%，其他占10.49%。

缴存职工中，国家机关和事业单位占18.10%，国有企业占12.46%，城镇集体企业占0.76%，外商投资企业占27.73%，城镇私营企业及其他城镇企业占37.49%，民办非企业单位和社会团体占1.76%，其他占1.70%；中、低收入占93.85%，高收入占6.15%。

新开户职工中，国家机关和事业单位占5.76%，国有企业占6.25%，城镇集体企业占0.41%，外商投资企业占32.92%，城镇私营企业及其他城镇企业占50.13%，民办非企业单位和社会团体占1.58%，其他占2.95%；中、低收入占99.41%，高收入占0.59%。

（二）**提取业务**：2018年，16.64万名缴存职工提取住房公积金31.61亿元。

提取金额中，住房消费提取占88.47%（购买、建造、翻建、大修自住住房占7.03%，偿还购房贷款本息占74.71%，租赁住房占5.69%，其他占1.03%）；非住房消费提取占11.53%（离休和退休提取占8.21%，完全丧失劳动能力并与单位终止劳动关系提取占0.17%，户口迁出本市或出境定居占0.07%，其他占3.09%）。

提取职工中，中、低收入占89.50%，高收入占10.50%。

（三）**贷款业务**：

1. **个人住房贷款**：2018年，支持职工购建房29.72万平方米，年末个人住房贷款市场占有率为3.55%，比上年减少0.1个百分点。通过申请住房公积金个人住房贷款，可节约职工购房利息支出26151.52万元。

职工贷款笔数中，购房建筑面积90（含）平方米以下占36.43%，90～144（含）平方米占61.42%，144平方米以上占2.15%。购买新房占28.41%（其中购买保障性住房占0%），购买二手房占71.59%，建造、翻建、大修自住住房占0%，其他占0%。

职工贷款笔数中，单缴存职工申请贷款占70.95%，双缴存职工申请贷款占29.05%，三人及以上缴存职工共同申请贷款占0%。

贷款职工中，30岁（含）以下占45.56%，30岁～40岁（含）占43.11%，40岁～50岁（含）占10.57%，50岁以上占0.76%；首次申请贷款占91.24%，二次及以上申请贷款占8.76%；中、低收入占91.35%，高收入占8.65%。

2. **异地贷款**：2018年，发放异地贷款666笔29180.30万元。2018年末，发放异地贷款总额113102.87万元，异地贷款余额77981.05万元。

（四）**住房贡献率**：2018年，个人住房贷款发放额、公转商贴息贷款发放额、项目贷款发放额、住房消费提取额的总和与当年缴存额的比率为81.13%，比上年增加11.06个百分点。

六、其他重要事项

（一）当年住房公积金政策调整及执行情况。

1. **缴存政策**：根据国务院《住房公积金管理条例》（国务院令第350号），住房城乡建设部、财政部、人民银行《关于改进住房公积金缴存机制进一步降低企业成本的通知》（建金〔2018〕45号）及我省有关规定，2018年汇缴年度我市住房公积金最高月缴存基数从市统计局公布城镇非私营单位在岗职工月平均工资的5倍降低为3倍，自2018年7月份开始实施。

2018年12月，印发《中山市个人自愿缴存使用住房公积金办法》，我市的自由职业者、个体工商户雇主及其雇佣人员以及在本市就业的台港澳人员、外国人可以自愿缴存住房公积金，办法自2019年1月1日起实施。

2. **提取政策**：一是为减轻大病家庭的生活负担，2018年4月，我市大病医疗提取住房公积金的提取时间延长为"可以在该社保年度内或该社保年度结束的一年内提取住房公积金"；二是增设对同一套房产多次交易提取的次数进行限制，同一套房产一年内只能以一次房产交易申请提取住房公积金；三是为加大对缴存职工租房需求的支持力度，自2018年5月起对在本市无房产的职工家庭实行阶梯式租房提取政策。

3. **贷款政策**：2018年8月，修订《中山市住房公积金个人住房贷款实施细则》，优化完善贷款条件。

住房公积金缴存和贷款利率按照央行个人住房公积金存贷基准利率执行。其他政策维持不变。

（二）当年服务改进情况。 中心建立包含微信、微博、网站、网上服务、手机APP、12329服务热线、短信、查询终端等8个服务渠道的综合服务平台，并于2018年12月通过省厅验收。截至2018年底，"中山公积金"微信公众号关注人数达20.5万人，月均访问和使用量超15万人次；官方网站每年100%回应群众咨询1300多条；9个缴存单位服务QQ群每天即时解答缴存业务问题100多条；短信服务平台为全市缴存职工、贷款职工免费发送提醒短信超450万条；12329热线接入业务咨询电话超过10万人次，在中山政务服务热线中咨询量稳居第二，为群众提供多元化不间断信息化服务支持。

（三）当年信息化建设情况。 2018年12月，中心"双贯标"工作通过住房城乡建设部和省住房城乡建设厅的联合检查验收，2018全年，系统运作良好，积累大量经验，年内业务骨干多次被抽调到湖南、山东、安徽、河北和广东省等地市（区）开展"双贯标"检查验收工作。

2018年5月，中心对自助查询机进行了全新升级，新增了个人缴存明细打印、积分入学缴存证明打印、单位汇缴单打印、入账凭证打印等个人和单位常用业务功能。

2018年8月，中心开发并上线"中山公积金"微信公众号"刷脸认证"服务，办事群众可以通过移动设备自助人脸识别登录网厅办理业务。

（四）当年住房公积金管理中心及职工所获荣誉情况。 2018年3月，中心审批服务办公室获省妇女联合会授予省级"巾帼文明岗"荣誉称号。

（五）当年对违反《住房公积金管理条例》和相关法规行为进行行政处罚和申请人民法院强制执行情况。 2018年，我中心受理了职工投诉单位要求缴存和补缴住房公积金的案件共计3068个；共发出《责令缴存住房公积金决定书》共1486份；向法院提出强制申请的案件有161件。

（六）其他需要披露的情况。 按照要求，本年个人住房贷款逾期额统计口径发生变动。

潮州市住房公积金 2018 年年度报告

一、机构概况

（一）**住房公积金管理委员会**：住房公积金管理委员会有 27 名委员，2018 年召开 1 次会议，审议通过的事项主要包括：

1. 关于我市住房公积金年增值收益的分配方案。
2. 关于 2018 年度商业银行公积金业务考核情况的通报。
3. 关于严厉打击骗提套取住房公积金行为的建议。
4. 关于 2018 年潮州市住房公积金业务受托银行考核的方案。

（二）**住房公积金管理中心**：住房公积金管理中心为潮州市人民政府不以营利为目的的参照公务员法管理事业单位，设 4 个科，2 个管理部。从业人员 32 人，其中，在编 20 人，非在编 12 人。

二、业务运行情况

（一）**缴存**：2018 年，新开户单位 161 家，实缴单位 1913 家，净增单位 53 家；新开户职工 1.42 万人，实缴职工 9.66 万人，净增职工 0.47 万人；缴存额 13.88 亿元，同比增加 8.76%。2018 年末，缴存总额 101.61 亿元，同比增加 15.83%；缴存余额 34.64 亿元，同比增加 14.30%。

受委托办理住房公积金缴存业务的银行 6 家，比上年增加 1 家。

（二）**提取**：2018 年，提取额 9.55 亿元，同比增加 33.37%；占当年缴存额的 68.78%，比上年增加 12.69 个百分点。2018 年末，提取总额 66.98 亿元，同比增加 16.63%。

（三）**贷款**：个人住房贷款最高额度 60.00 万元，其中，单缴存职工最高额度 60.00 万元，双缴存职工最高额度 60.00 万元。

2018 年，发放个人住房贷款 0.27 万笔 12.61 亿元，同比分别增加 68.48%、增加 91.00%。

2018 年，回收个人住房贷款 2.37 亿元。

2018 年末，累计发放个人住房贷款 1.10 万笔 40.82 亿元，贷款余额 32.42 亿元，同比分别增加 32.32%、44.70%、46.15%。个人住房贷款余额占缴存余额的 93.60%，比上年增加 20.39 个百分点。

受委托办理住房公积金个人住房贷款业务的银行 9 家，比上年无增减。

（四）**购买国债**：2018 年，兑付国债 0.15 亿元。2018 年末，国债余额 0.10 亿元，比上年减少 0.15 亿元。

（五）**资金存储**：2018 年末，住房公积金存款 2.22 亿元。其中，1 年（含）以下定期 1.40 亿元，其他（协定、通知存款等）0.82 亿元。

（六）**资金运用率**：2018 年末，住房公积金个人住房贷款余额、项目贷款余额和购买国债余额的总和占缴存余额的 93.87%，比上年增加 19.85 个百分点。

三、主要财务数据

（一）**业务收入**：2018 年，业务收入 9667.24 万元，同比减少 7.37%；存款利息 782.31 万元，委托贷款利息 8798.66 万元，国债利息 86.27 万元。

（二）业务支出：2018 年，业务支出 4086.51 万元，同同比减少 43.76%；支付职工住房公积金利息 3138.41 万元，归集手续费 688.39 万元，委托贷款手续费 258.63 万元，其他 1.08 万元。

（三）增值收益：2018 年，增值收益 5580.73 万元，同比增加 76.09%；增值收益率 1.72%，比上年增加 0.58 个百分点。

（四）增值收益分配：2018 年，提取贷款风险准备金 1023.66 万元，提取管理费用 817.38 万元，提取城市廉租住房（公共租赁住房）建设补充资金 3739.70 万元。

2018 年，上交财政管理费用 817.38 万元。上缴财政城市廉租住房（公共租赁住房）建设补充资金 2053.51 万元。

2018 年末，贷款风险准备金余额 4069.70 万元。累计提取城市廉租住房（公共租赁住房）建设补充资金 12353.79 万元。

（五）管理费用支出：2018 年，管理费用支出 817.38 万元，同比增加 83.26%。其中，人员经费 335.22 万元，公用经费 20.25 万元，专项经费 461.91 万元。

四、资产风险状况

2018 年末，个人住房贷款逾期额 379.00 万元，逾期率 1.1691‰。

个人贷款风险准备金按贷款余额的 1% 提取。2018 年，提取个人贷款风险准备金 1023.66 万元，使用个人贷款风险准备金核销呆坏账 0.00 万元。2018 年末，个人贷款风险准备金余额 4069.70 万元，占个人住房贷款余额的 1.26%，个人住房贷款逾期额与个人贷款风险准备金余额的比率为 9.31%。

五、社会经济效益

（一）缴存业务：2018 年，实缴单位数、实缴职工人数和缴存额同比分别增加 2.85%、5.08% 和 8.76%。

缴存单位中，国家机关和事业单位占 52.74%，国有企业占 14.17%，城镇集体企业占 22.69%，外商投资企业占 3.97%，城镇私营企业及其他城镇企业占 6.22%，民办非企业单位和社会团体占 0.21%。

缴存职工中，国家机关和事业单位占 51.12%，国有企业占 16.15%，城镇集体企业占 23.99%，外商投资企业占 1.02%，城镇私营企业及其他城镇企业占 7.50%，民办非企业单位和社会团体占 0.22%；中、低收入占 96.46%，高收入占 3.54%。

新开户职工中，国家机关和事业单位占 39.49%，国有企业占 19.00%，城镇集体企业占 11.82%，外商投资企业占 1.00%，城镇私营企业及其他城镇企业占 27.00%，民办非企业单位和社会团体占 1.69%；中、低收入占 98.00%，高收入占 2.00%。

（二）提取业务：2018 年，2.51 万名缴存职工提取住房公积金 9.55 亿元。

提取金额中，住房消费提取占 84.62%（购买、建造、翻建、大修自住住房占 55.73%，偿还购房贷款本息占 28.67%，租赁住房占 0.22%）；非住房消费提取占 15.38%（离休和退休提取占 11.74%，完全丧失劳动能力并与单位终止劳动关系提取占 0.96%，户口迁出本市或出境定居占 2.39%，其他占 0.29%）。

提取职工中，中、低收入占 93.95%，高收入占 6.05%。

（三）**贷款业务：**

1. **个人住房贷款：** 2018 年，支持职工购建房 37.55 万平方米，年末个人住房贷款市场占有率为 24.98%，比上年减少 12.76 个百分点。通过申请住房公积金个人住房贷款，可节约职工购房利息支出 37378.11 万元。

职工贷款笔数中，购房建筑面积 90（含）平方米以下占 3.98%，90~144（含）平方米占 60.69%，144 平方米以上占 35.33%。购买新房占 93.90%，其他占 6.10%。

职工贷款笔数中，单缴存职工申请贷款占 20.27%，双缴存职工申请贷款占 79.73%。

贷款职工中，30 岁（含）以下占 24.84%，30 岁~40 岁（含）占 41.06%，40 岁~50 岁（含）占 29.23%，50 岁以上占 4.87%；首次申请贷款占 97.62%，二次及以上申请贷款占 2.38%；中、低收入占 94.98%，高收入占 5.02%。

2. **异地贷款：** 2018 年，发放异地贷款 287 笔 13622.00 万元。2018 年末，发放异地贷款总额 23780.00 万元，异地贷款余额 21882.58 万元。

（四）**住房贡献率：** 2018 年，个人住房贷款发放额、公转商贴息贷款发放额、项目贷款发放额、住房消费提取额的总和与当年缴存额的比率为 144.44%，比上年增加 50.58 个百分点。

六、其他重要事项

1. 2018 年无机构及职能调整情况、新增办理住房公积金委托归集业务银行 1 个，为交通银行股份有限公司潮州分行。

2. 2018 年，我市继续执行住房公积金月缴存基数不得超过市统计部门公布的 2018 年度在岗职工月平均工资的 3 倍，缴存比例最低 5% 最高 12%；自 2018 年 7 月 20 日起，对职工异地购房材料申请支取住房公积金的，中心收取购房材料复印件并通过异地协查机制进行材料真伪辨认，候异地权威发证部门核实后再通知申请职工进行支取业务办理；2018 年个人住房贷款最高贷款额度和贷款条件等贷款政策无调整；住房公积金存款利率为 1.5%，贷款利率为贷款 5 年以下 2.75%，贷款 5 年以上为 3.25%。

3. 我市住房公积金目前已实现了门户网站、网上业务大厅、12329 服务热线、微信公众号及微博等 5 种服务渠道。

4. 按照住房城乡建设部关于贯彻落实住房公积金基础数据标准和统一接入结算应用系统的要求，我中心于 2018 年正式启动符合"双贯标"要求的新一代信息系统建设工作，2018 年 10 月通过公开招标投标确定项目承建公司并于 11 月正式入场启动项目建设，截至 2018 年 12 月底，新一代业务系统开发基本完成，数据迁移基本完成，并已搭建测试环境，向住房城乡建设部提交了资金结算平台联合测试申请。新系统计划于 2019 年 1 月份正式上线运行。

5. 为落实国务院和省简政放权、放管结合、优化服务的总体要求，8 月 6 日起我市住房公积金管理中心开办住房公积金委托划转还贷业务，即委托银行从借款人和共同借款人（包括配偶或产权共有人）的住房公积金账户中提取住房公积金，用于偿还贷款本息。

6. 自 2018 年 10 月 1 日起，我市对住房公积金贷款借款人及其家庭成员（共同借款人）工资收入认定作出调整：

(1) 借款人及其配偶有缴存住房公积金的，工资收入以最近年度公积金缴存基数为准，同时取消单位提供的工资收入证明。

(2) 借款人配偶一方未缴存住房公积金的，但最近 6 个月有缴纳社保的以其缴纳社保工资基数为准，提供社保缴纳证明，不再提供工资收入证明。

(3) 借款人配偶一方既未缴存住房公积金，最近 6 个月也未缴纳社保的，一律不予认定工资收入。

揭阳市住房公积金 2018 年年度报告

一、机构概况

（一）住房公积金管理委员会：住房公积金管理委员会有 23 名委员，管委会审核同意 2018 年度住房公积金归集、使用计划执行情况（住房公积金归集、使用和增值收益分配情况）。

（二）住房公积金管理中心：住房公积金管理中心为（直属市人民委托市住建局）不以营利为目的的参照公务员管理事业单位，中心设综合、业务、财务 3 个部，4 个管理部。从业人员 44 人，其中，在编 31 人，非在编 13 人。

二、业务运行情况

（一）缴存：2018 年，新开户单位 43 家，实缴单位 1833 家，净增单位 64 家；新开户职工 1.25 万人，实缴职工 15.29 万人，净增职工－0.12 万人；缴存额 20.99 亿元，同比增长 6.93%。2018 年末，缴存总额 146.14 亿元，同比增长 16.77%；缴存余额 63.93 亿元，同比增长 14.65%。

受委托办理住房公积金缴存业务的银行 3 家，与上年相同。

（二）提取：2018 年，提取额 12.82 亿元，同比增长 7.19%；占当年缴存额的 61.08%，比上年增加 0.14 个百分点。2018 年末，提取总额 82.21 亿元，同比增长 18.48%。

（三）贷款：个人住房贷款最高额度 45 万元，其中，单缴存职工最高额度 30 万元，双缴存职工最高额度 45 万元。

2018 年，发放个人住房贷款 0.52 万笔 17.80 亿元，同比分别增长 43.25%、40.49%。

2018 年，回收个人住房贷款 3.85 亿元。

2018 年末，累计发放个人住房贷款 2.33 万笔 68.05 亿元，贷款余额 53.40 亿元，同比分别增长 28.41%、35.44%、35.39%。个人住房贷款余额占缴存余额的 83.52%，比上年增加 12.80 个百分点。

受委托办理住房公积金个人住房贷款业务的银行 7 家，比上年增加 1 家。

（四）资金存储：2018 年末，住房公积金存款 10.53 亿元。其中，活期 0.83 亿元，1 年（含）以下定期 8.37 亿元，1 年以上定期 0.37 亿元，其他（协定、通知存款等）0.96 亿元。

（五）资金运用率：2018 年末，住房公积金个人住房贷款余额占缴存余额的 83.52%，比上年增加 12.80 个百分点。

三、主要财务数据

（一）业务收入：2018年，业务收入17976.31万元，同比增长24.28%。存款利息3104.36万元，委托贷款利息14848.60万元，其他23.35万元。

（二）业务支出：2018年，业务支出9418.94万元，同比增长30.08%。支付职工住房公积金利息8402.6万元，归集手续费545.59万元，委托贷款手续费454.68万元，其他16.07万元。

（三）增值收益：2018年，增值收益8557.37万元，同比增长18.47%。增值收益率1.33%，比上年减少0.04个百分点。

（四）增值收益分配：2018年，提取贷款风险准备金1395.72万元，提取管理费用1146.51万元，提取城市廉租住房（公共租赁住房）建设补充资金6015.14万元。

2018年，上交财政管理费用1146.51万元。上缴财政城市廉租住房（公共租赁住房）建设补充资金5584.93万元。

2018年末，贷款风险准备金余额7981.04万元。累计提取城市廉租住房（公共租赁住房）建设补充资金28453.01万元。

（五）管理费用支出：2018年，管理费用支出1216.39万元，同比增长67.65%。其中，人员经费423.46万元，公用经费280.46万元，专项经费512.47万元。

四、资产风险状况

2018年末，个人住房贷款逾期额0.00万元，逾期率0.00‰。

个人贷款风险准备金按新增贷款余额的1%提取。2018年，提取个人贷款风险准备金1395.72万元，使用个人贷款风险准备金核销呆坏账0.00万元。2018年末，个人贷款风险准备金余额7981.04万元，占个人住房贷款余额的1.49%，个人住房贷款逾期额与个人贷款风险准备金余额的比率为0.00%。

五、社会经济效益

（一）缴存业务：2018年，实缴单位数、实缴职工人数和缴存额同比分别增长3.62%、－0.71%和6.93%。

缴存单位中，国家机关和事业单位占64.21%，国有企业占10.42%，城镇集体企业占1.04%，外商投资企业占0.11%，城镇私营企业及其他城镇企业占8.07%，民办非企业单位和社会团体占1.20%，其他占14.95%。

缴存职工中，国家机关和事业单位占67.80%，国有企业占10.06%，城镇集体企业占1.47%，外商投资企业占0.09%，城镇私营企业及其他城镇企业占3.12%，民办非企业单位和社会团体占0.43%，其他占17.03%；中、低收入占79.03%，高收入占20.97%。

新开户职工中，国家机关和事业单位占33.25%，国有企业占13.89%，城镇集体企业占0.53%，外商投资企业占0.70%，城镇私营企业及其他城镇企业占21.21%，民办非企业单位和社会团体占0.41%，其他占30.01%；中、低收入占89.09%，高收入占10.91%。

（二）提取业务：2018年，2.65万名缴存职工提取住房公积金12.82亿元。

提取金额中，住房消费提取占76.13%（购买、建造、翻建、大修自住住房占47.07%，偿还购房贷款本息占28.66%，租赁住房占0.40%）；非住房消费提取占23.87%（离休和退休提取占11.98%，完全丧失劳动能力并与单位终止劳动关系提取占3.43%，户口迁出本市或出境定居占7.56%，其他占0.90%）。

提取职工中，中、低收入占69.06%，高收入占30.94%。

（三）**贷款业务**：

1. **个人住房贷款**：2018年，支持职工购建房373.23万平方米，年末个人住房贷款市场占有率为28.20%，比上年增加6.38个百分点。通过申请住房公积金个人住房贷款，可节约职工购房利息支出29370万元。

职工贷款笔数中，购房建筑面积90（含）平方米以下占1.56%，90～144（含）平方米占42.89%，144平方米以上占55.55%。购买新房占95.88%，其他占4.12%。

职工贷款笔数中，单缴存职工申请贷款占50.00%，双缴存职工申请贷款占49.79%，三人及以上缴存职工共同申请贷款占0.21%。

贷款职工中，30岁（含）以下占17.38%，30岁～40岁（含）占41.59%，40岁～50岁（含）占32.87%，50岁以上占8.16%；首次申请贷款占97.96%，二次及以上申请贷款占2.04%；中、低收入占55.46%，高收入占44.54%。

2. **异地贷款**：2018年，发放异地贷款639笔19385.00万元。2018年末，发放异地贷款总额29479.00万元，异地贷款余额27925.00万元。

（四）**住房贡献率**：2018年，个人住房贷款发放额、住房消费提取额的总和与当年缴存额的比率为131.33%，比上年增加20.44个百分点。

六、其他重要事项

（一）当年机构职能调整情况、缴存贷款业务金融机构变更情况。2018年，揭阳市住房公积金管理中心延续上年的机构及职能设置，没有作出调整；归集银行没有变化，贷款银行新增1家。

（二）当年住房公积金政策调整及执行情况。

1. **缴存基数调整和缴存比例情况**：自2018年7月1日起，单位和职工缴存住房公积金的月工资基数上限13986；省及以上直属单位可参照上级规定基数标准缴存住房公积金。调整后的缴存住房公积金的月工资基数下限原则上不得低于1410元；住房公积金缴存比例上限12%，下限5%。

2. **当年住房公积金存贷款利率及执行情况**：按照《关于完善职工住房公积金账户存款利率形成机制的通知》（银发〔2016〕43号）规定，职工住房公积金账户存款利率统一按一年期定期存款基准利率执行。

根据中国人民银行人民币贷款利率的规定，住房公积金贷款利率为：五年以下（含五年）为2.75%，五年以上为3.25%。

3. **当年住房公积金个人住房贷款最高贷款额度情况**：对职工连续足额缴存住房公积金2年以上，首次使用住房公积金贷款购买普通商品住房的职工，公积金贷款个人最高可贷额度30万元、二人45万元。

4. 规范改进提取政策：

(1) 规范多套住房提取时限，防止同一套房在同一年内频繁交易过户提取。

(2) 严格审核异地购房提取住房公积金资格。

(3) 严格账户封存手续。

（三）当年服务改进情况。

1. 简化身份证明材料复印件作为住房公积金提取和贷款业务办理要件。

2. 完善全国住房公积金转移接续平台建设。职工只需向转入地中心提出申请，不用到转出地办理，即可轻松实现住房公积金"账随人走，钱随账走"，更好地便民利民。

3. 继续支持改善性购房需求。在异地就业缴存住房公积金在揭阳市辖区内购买自住住房的，符合我市贷款条件，可持就业地住房公积金中心开具的缴存证明，向我市公积金管理中心申请住房公积金个人住房贷款。

（四）当年信息化建设情况。 按照住房公积金基础数据规范标准贯彻落实和结算系统接入工作要求，启动符合"双贯标"要求的新一代信息系统建设。新系统计划2019年2月份正式上线运行。

云浮市住房公积金 2018 年年度报告

一、机构概况

（一）住房公积金管理委员会： 住房公积金管理委员会有 25 名委员，2018 年召开 1 次会议，审议通过的事项主要包括：《云浮市 2018 年度住房公积金归集和使用计划执行情况》、《云浮市 2018 年度城市廉租住房建设补充资金分配方案》、《云浮市 2018 年度住房公积金增值收益分配方案》、《2018 年度住房公积金归集和使用计划》、《关于贯彻落实广东省住房和城乡建设厅等四部门开展治理违规提取住房公积金工作通知的实施意见》、《云浮市住房公积金贷款业务二级预警补充通告》、《云浮市住房公积金流动性风险管理三级预警应急预案》、《关于印发〈云浮市住房公积金个人住房贷款轮候发放制度（试行）〉的通知》共 8 项议题。

（二）住房公积金管理中心： 住房公积金管理中心为云浮市人民政府办公室下属不以营利为目的，参照公务员法管理的事业单位，设 3 个科，4 个管理部。从业人员 65 人，其中，在编 29 人，非在编 36 人。

二、业务运行情况

（一）缴存： 2018 年，新开户单位 468 家，实缴单位 2542 家，净增单位 461 家；新开户职工 1.57 万人，实缴职工 13.62 万人，净增职工 1.03 万人；缴存额 19.24 亿元，同比增加 26.44%。2018 年末，缴存总额 123.94 亿元，同比增加 18.38%；缴存余额 46.40 亿元，同比增加 9.20%。

受委托办理住房公积金缴存业务的银行 4 家，与上年相同。

（二）提取： 2018 年，提取额 15.33 亿元，同比增加 26.65%；占当年缴存额的 79.69%，比上年增加 0.14 个百分点。2018 年末，提取总额 77.54 亿元，同比增加 24.65%。

（三）**贷款**：个人住房贷款最高额度35.00万元，其中，单缴存职工最高额度25.00万元，双缴存职工最高额度35.00万元。

2018年，发放个人住房贷款0.3万笔10.16亿元，发放贷款金额增加37.05%。2018年，回收个人住房贷款4.54亿元。2018年末，累计发放个人住房贷款2.86万笔63.91亿元，贷款余额43.29亿元，同比分别增加10.51%、增加18.89%、增加14.90%。个人住房贷款余额占缴存余额的93.28%，比上年增加4.63个百分点。

受委托办理住房公积金个人住房贷款业务的银行6家，与上年相同。

（四）**资金存储**：2018年末，住房公积金存款4.47亿元。其中，活期0.03亿元，1年（含）以下定期0.00亿元，1年以上定期0.00亿元，其他（协定、通知存款等）4.44亿元。

（五）**资金运用率**：2018年末，住房公积金个人住房贷款余额、项目贷款余额和购买国债余额的总和占缴存余额的93.28%，比上年增加4.63个百分点。

三、主要财务数据

（一）**业务收入**：2018年，业务收入13848.04万元，同比增加11.25%。存款利息706.72万元，委托贷款利息13141.32万元。

（二）**业务支出**：2018年，业务支出7813.24万元，同比增加3.73%。支付职工住房公积金利息6714.10万元，归集手续费442.38万元，委托贷款手续费656.71万元，其他0.05万元。

（三）**增值收益**：2018年，增值收益6034.80万元，同比增加22.76%。增值收益率1.36%，比上年增加0.17个百分点。

（四）**增值收益分配**：2018年，提取贷款风险准备金1015.52万元，提取管理费用1185.79万元，提取城市廉租住房（公共租赁住房）建设补充资金3833.49万元。

2018年，上交财政管理费用1185.79万元。上缴财政城市廉租住房（公共租赁住房）建设补充资金3833.49万元。2018年末，贷款风险准备金余额6583.69万元。累计提取城市廉租住房（公共租赁住房）建设补充资金31930.62万元。

（五）**管理费用支出**：2018年，管理费用支出1304.13万元，同比增加24.97%。其中，人员经费410.97万元，公用经费30.95万元，专项经费862.21万元。

四、资产风险状况

2018年末，个人住房贷款逾期额363.56万元，逾期率0.8399‰。个人贷款风险准备金按（贷款余额）的1.00%提取。2018年，提取个人贷款风险准备金1015.52万元，使用个人贷款风险准备金核销呆坏账0.00万元。2018年末，个人贷款风险准备金余额6583.69万元，占个人住房贷款余额的1.52%，个人住房贷款逾期额与个人贷款风险准备金余额的比率为5.52%。

五、社会经济效益

（一）**缴存业务**：2018年，实缴单位数、实缴职工人数和缴存额同比分别减少10.71%、增加17.14%和增加26.44%。

缴存单位中，国家机关和事业单位占 32.70%，国有企业占 9.40%，城镇集体企业占 0.98%，外商投资企业占 1.69%，城镇私营企业及其他城镇企业占 17.03%，民办非企业单位和社会团体占 4.01%，其他占 34.19%。

缴存职工中，国家机关和事业单位占 36.46%，国有企业占 9.35%，城镇集体企业占 0.30%，外商投资企业占 4.64%，城镇私营企业及其他城镇企业占 16.66%，民办非企业单位和社会团体占 1.53%，其他占 31.06%；中、低收入占 97.99%，高收入占 2.01%。

新开户职工中，国家机关和事业单位占 16.57%，国有企业占 5.26%，城镇集体企业占 0.22%，外商投资企业占 13.01%，城镇私营企业及其他城镇企业占 22.77%，民办非企业单位和社会团体占 1.94%，其他占 40.23%；中、低收入占 99.74%，高收入占 0.26%。

（二）提取业务：2018 年，4.47 万名缴存职工提取住房公积金 15.33 亿元。

提取金额中，住房消费提取占 84.97%（购买、建造、翻建、大修自住住房占 41.17%，偿还购房贷款本息占 43.73%，租赁住房占 0.00%，其他占 0.06%）；非住房消费提取占 15.03%（离休和退休提取占 10.94%，完全丧失劳动能力并与单位终止劳动关系提取占 1.56%，户口迁出本市或出境定居占 0.93%，其他占 1.60%）。

提取职工中，中、低收入占 96.96%，高收入占 3.04%。

（三）贷款业务：

1. **个人住房贷款**：2018 年，支持职工购建房 49.71 万平方米，年末个人住房贷款市场占有率为 15.49%，比上年减少 2.22 个百分点。通过申请住房公积金个人住房贷款，可节约职工购房利息支出 1674.86 万元。

职工贷款笔数中，购房建筑面积 90（含）平方米以下占 4.56%，90~144（含）平方米占 71.83%，144 平方米以上占 23.61%。购买新房占 88.40%（其中购买保障性住房占 0.00%），购买存量商品住房占 0.22%，建造、翻建、大修自住住房占 0.00%，其他占 11.38%。职工贷款笔数中，单缴存职工申请贷款占 41.16%，双缴存职工申请贷款占 57.44%，三人及以上缴存职工共同申请贷款占 1.40%。贷款职工中，30 岁（含）以下占 35.66%，30 岁~40 岁（含）占 37.72%，40 岁~50 岁（含）占 22.84%，50 岁以上占 3.78%；首次申请贷款占 87.55%，二次及以上申请贷款占 12.45%；中、低收入占 99.41%，高收入占 0.59%。

2. **异地贷款**：2018 年，发放异地贷款 353.00 笔 8216.00 万元。2018 年末，发放异地贷款总额 32044.40 万元，异地贷款余额 24188.44 万元。

（四）住房贡献率：2018 年，个人住房贷款发放额、公转商贴息贷款发放额、项目贷款发放额、住房消费提取额的总和与当年缴存额的比率为 120.48%，比上年减少 0.42 个百分点。

六、其他重要事项

（一）当年机构及职能调整情况、受委托办理缴存贷款业务金融机构变更情况。经云浮市住房公积金管理委员会同意，增值收益账户由农业发展银行云浮市分行按规范调整至农业银行云浮分行。

（二）当年住房公积金政策调整及执行情况。当年涉及归集政策调整的：《关于公布 2018 年度云浮市住房公积金月缴最低额、基准额和最高额的通知》、《关于做好 2018 年度云浮市住房公积金缴存调整工作的通知》。

当年涉及提取政策调整的：《关于贯彻落实广东省住房和城乡建设厅等四部门开展治理违规提取住房公积金工作通知的实施意见》。

当年涉及贷款政策调整的：《云浮市住房公积金贷款业务二级预警补充通告》、关于印发《云浮市住房公积金个人住房贷款轮候发放制度（试行）》的通知。

（三）当年服务改进情况。

1. **开通还贷委托提取业务**。为进一步简化办事环节，提高服务效率，方便缴存职工，自2月1日起开通住房公积金还贷委托提取业务的功能，在贷款期限内每年由中心系统自动核算借款人、共同借款人或其配偶中的还款金额，然后将还贷提取的住房公积金直接划转到其个人银行账户（简称"委托提取"），缴存职工无需每年再到我中心业务柜台办理还贷提取业务，截至12月31日，全市共办理6243笔还贷委托提取业务，大大方便了职工办事。

2. **实行住房公积金个人住房贷款轮候发放制度**。为防范和控制我市住房公积金资金流动性风险，确保住房公积金提取和贷款业务平稳、安全开展，保障广大职工住房公积金贷款需求，根据《广东省住房和城乡建设厅关于印发〈广东省住房公积金资金流动性风险预警和管理的指导意见〉的通知》（粤建金管〔2018〕252号）和《关于印发〈关于调整云浮市住房公积金个人住房贷款有关政策规定〉的通知》（云房金〔2016〕26号）等有关规定，及时发布《云浮市住房公积金贷款业务二级预警通告》，对我市住房公积金个人住房贷款率超过90%的县（市、区）实行贷款发放轮候制度，并按要求在信息系统设置了贷款轮候发放功能，在贷款放款时严格按照贷款轮候号的先后顺序进行放款，确保住房公积金贷款轮候发放工作公开、透明、规范，以便社会公众及时掌握轮候情况，消除不必要的疑虑。

3. **开通12329短信服务平台和微信公众号自助查询功能**。自3月31日起向全市缴存住房公积金职发送住房公积金个人账户资金变动、住房公积金贷款还款及相关政策等短信服务，进一步提升住房公积金服务水平；"云浮公积金"微信公众号自助查询功能于6月4日起恢复运行，进一步拓宽住房公积金信息查询渠道，方便广大缴存职工查询住房公积金个人信息。

4. **启用住房公积金联名卡**。为给广大职工提供更准确便捷的住房公积金账户信息查询、打印及提取等服务，市中心和建行云浮市分行联合研发了住房公积金联名卡，将公积金龙卡储蓄账户与住房公积金个人账户进行关联，主要以服务住房公积金缴存人、简化公积金业务操作流程为目的，具有住房公积金账户查询、提取、还贷以及个人储蓄、结算和消费等功能，充分利用合作银行的网络和服务资源优势，使我市住房公积金的管理和服务得以优化、延伸和拓展。

5. **开通住房公积金贷款对冲还贷以及变更还款方式等业务**。2018年12月17日，市中心开通住房公积金贷款对冲还贷以及变更贷款还款方式等业务，为群众提供优质高效便捷的服务。

6. **部署中心机房整体搬迁**。按照市中心的工作部署，中心机房于6月16日起搬迁至中国移动机房，为部署做好此项工作，提前做好相关的工作准备，包括新机房的选址、布线安装，旧机房的设备配置备份，制定具体的搬迁方案，确保搬迁工作的顺利有序开展。

（四）当年信息化建设情况。我中心已完成基础数据标准和结算标准，并继续按上级要求继续完善我市住房公积金信息系统的功能。继续对升级改造后的住房公积金信息系统进行查漏补缺，优化信息系统的归集、贷款、财务、资金结算等功能，在系统的运行过程中，不断优化流程，提高工作效率。

2018 全国住房公积金年度报告汇编

广西壮族自治区

南宁
柳州市
桂林市
梧州市
北海市
防城港市
钦州市
贵港市
玉林市
百色市
贺州市
河池市
来宾市
崇左市

广西壮族自治区住房公积金2018年年度报告

一、机构概况

（一）**住房公积金管理机构**：全区共设14个设区市住房公积金管理中心、1个独立设置的分中心（南宁住房公积金管理中心区直分中心，隶属广西壮族自治区机关事务管理局）。从业人员1354人，其中，在编人员724人，非在编人员630人。

（二）**住房公积金监管机构**：广西壮族自治区住房和城乡建设厅、财政厅和中国人民银行南宁中心支行负责对全区住房公积金管理运行情况进行监督。广西壮族自治区住房和城乡建设厅设立住房公积金监管处，负责全区住房公积金日常监管工作。

二、业务运行情况

（一）**缴存情况**：2018年全区住房公积金新开户单位5225家，实缴单位52796家，净增单位2253家；新开户职工37.47万人，实缴职工290.18万人，净增职工10.36万人；缴存额424.54亿元，同比增长12.42%。截至2018年末，累计缴存总额2927.72亿元，同比增长16.96%；累计缴存余额1112.15亿元，同比增长11.67%。

（二）**提取情况**：2018年全区住房公积金提取额308.32亿元，同比增长18.53%，占当年缴存额的72.62%，比2018年增加3.74个百分点。截至2018年末，累计提取总额1815.57亿元，同比增长20.46%。

（三）**贷款情况**：

1. **个人住房贷款**：2018年，全区发放住房公积金个人住房贷款5万笔、163.2亿元，同比分别下降25.32%和27.42%。回收个人住房贷款83.19亿元。

截至2018年末，累计发放个人住房贷款66.68万笔、1443.64亿元，贷款余额959.25亿元，同比分别增长8.11%、12.75%和9.1。个人住房贷款余额占缴存余额的86.25%，比2018年下降2.03个百分点。

2. **住房公积金支持保障性住房建设项目贷款**：2018年全区住房公积金未发放支持保障性住房建设项目贷款，截至2018年末，累计发放支持保障性住房建设项目贷款2.26亿元，项目贷款已全部回收。

（四）**融资情况**：2018年，全区住房公积金融资5.02亿元，归还8.6亿元。截至2018年末，融资总额14.02亿元，融资余额3.92亿元。

（五）**资金存储情况**：截至2018年末，全区住房公积金存款185.53亿元。其中，活期20.1亿元，1年（含）以下定期68.32亿元，1年以上定期49.16亿元，其他（协定、通知存款等）47.95亿元。

（六）**资金运用率情况**：截至2018年末，住房公积金个人住房贷款余额、项目贷款余额和购买国债余额的总和占缴存余额的86.25%，比2018年下降2.03个百分点。

三、主要财务数据

（一）**业务收入情况**：2018 年全区住房公积金业务收入 33.85 亿元，同比增长 11.68%。其中，存款利息收入 4.05 亿元、同比下降 10.23%，委托贷款利息收入 29.76 亿元、同比增长 15.39%，其他收入（逾期贷款罚息收入）412.78 万元、同比增长 2.88 倍。

（二）**业务支出情况**：2018 年全区住房公积金业务支出 16.65 亿元，同比增长 12.54%。其中，支付职工住房公积金利息 14.61 亿元、同比增长 11.42%，归集手续费 2250.36 万元、同比增长 3.68%，委托贷款手续费 1.41 亿元、同比增长 10.91%，其他（融资费用）4112.44 万元、同比增长 1.07 倍。

（三）**增值收益情况**：2018 年全区住房公积金增值收益 17.2 亿元，同比增长 10.85%；增值收益率 1.63%，比 2018 年下降 0.02 个百分点。

（四）**增值收益分配情况**：2018 年全区住房公积金提取贷款风险准备金 3.48 亿元、同比下降 17.09%，提取管理费用 2.95 亿元、同比增长 4.72%，提取城市廉租住房（公共租赁住房）建设补充资金 10.77 亿元、同比增长 26.5%。

2018 年全区住房公积金上缴财政管理费用 2.91 亿元，上缴财政城市廉租住房（公共租赁住房）建设补充资金 9.06 亿元。

截至 2018 年末，贷款风险准备金余额 32.18 亿元，累计提取城市廉租住房（公共租赁住房）建设补充资金 72.19 亿元。

（五）**管理费用支出情况**：2018 年全区住房公积金管理费用支出 2.89 亿元，同比增长 8.5%。其中，人员经费 1.03 亿元，公用经费 2292.45 万元，专项经费 1.63 亿元。

四、资产风险状况

截至 2018 年末，全区住房公积金个人住房贷款逾期额 6230.21 万元，逾期率为 0.6‰。

2018 年全区住房公积金提取个人贷款风险准备金 3.48 亿元，使用个人贷款风险准备金核销呆坏账为零。截至 2018 年末，个人贷款风险准备金余额 32.14 亿元，占个人贷款余额的 3.35%，个人贷款逾期额与个人贷款风险准备金余额的比率为 1.94%。

五、社会经济效益

（一）**缴存业务情况**：2018 年全区住房公积金实缴单位数、实缴职工人数和缴存额增长率分别为 4.46%、3.7% 和 12.42%。

缴存单位中，国家机关和事业单位占 56.24%，国有企业占 14%，城镇集体企业占 1.72%，外商投资企业占 1.64%，城镇私营企业及其他城镇企业占 21.47%，民办非企业单位和社会团体占 2.59%，其他占 2.34%。

缴存职工中，国家机关和事业单位占 52.96%，国有企业占 24.5%，城镇集体企业占 1.49%，外商投资企业占 3.43%，城镇私营企业及其他城镇企业占 15.09%，民办非企业单位和社会团体占 0.75%，其他占 1.78%；中、低收入群体占 98.43%，高收入群体占 1.57%。

新开户职工中，国家机关和事业单位占 32.43%，国有企业占 20.52%，城镇集体企业占 1.64%，外

商投资企业占7.17%，城镇私营企业及其他城镇企业占32.37%，民办非企业单位和社会团体占1.40%，其他占4.47%；中、低收入群体占99.08%，高收入群体占0.92%。

（二）提取业务情况：2018年全区共有106.15万名缴存职工提取住房公积金308.32亿元。

提取金额中，住房消费提取占78%（购买、建造、翻建、大修自住住房占33.79%，偿还购房贷款本息占38.24%，租赁住房占4.63%，其他占1.33%）；非住房消费提取占22%（离休和退休提取占15.88%，完全丧失劳动能力并与单位终止劳动关系提取占3.81%，户口迁出所在市或出境定居占0.53%，其他占1.78%）。

提取职工中，中、低收入群体占97.65%，高收入群体占2.35%。

（三）贷款业务：

1. 个人住房贷款情况：2018年全区住房公积金贷款支持职工购建房607.78万平方米。年末个人住房贷款市场占有率为10.06%，比2018年同期减少5.41个百分点。通过申请住房公积金个人住房贷款，可节约职工购房利息支出37.33亿元。

职工贷款笔数中，购房建筑面积90（含）平方米以下占16.6%，90~144（含）平方米占72.18%，144平方米以上占11.22%。购买新房占79.43%（其中购买保障性住房占2.65%），购买二手房占18.71%，建造、翻建、大修自住住房占1.86%。单缴存职工申请贷款占50.98%，双缴存职工申请贷款占48.61%，三人及以上缴存职工共同申请贷款占0.41%。

贷款职工中，30岁（含）以下占31.59%，30岁~40岁（含）占40.81%，40岁~50岁（含）占22.3%，50岁以上占5.3%；首次申请贷款占93.03%，二次及以上申请贷款占6.97%；中、低收入群体占98.24%，高收入群体占1.76%。

2. 异地贷款情况：2018年全区住房公积金发放异地贷款3113笔、10.03亿元。截至2018年末，累计发放异地贷款总额38.88亿元，异地贷款余额34.51亿元。

3. 公转商贴息贷款情况：2018年全区住房公积金发放公转商贴息贷款724笔、2.21亿元，支持职工购建房面积9.24万平方米，贴息额1127.9万元。截至2018年末，累计发放公转商贴息贷款9147笔、15.6亿元，累计贴息5750.62万元。

4. 住房公积金支持保障性住房建设项目贷款情况：截至2018年末，全区共有住房公积金支持保障性住房建设试点城市3个，试点项目4个，贷款额度2.26亿元，建筑面积21.33万平方米，可解决1993户中低收入职工家庭的住房问题。4个试点项目贷款资金已发放并还清贷款本息。

（四）住房贡献率情况：2018年全区住房公积金个人住房贷款发放额（163.2亿元）、公转商贴息贷款发放额（2.21亿元）、住房消费提取额（240.49亿元）的总和（405.9亿元）与当年缴存额（424.54亿元）的比率为95.61%，比2018年减少19.07个百分点。

六、其他重要事项

（一）年内住房公积金政策调整情况：

1. 港澳台同胞纳入住房公积金制度。2018年1月26日，自治区住房城乡建设厅、财政厅、人民银行南宁中心支行、自治区港澳办、自治区台办联合转发《住房城乡建设部等五部门关于在内地（大陆）就业的港澳台同胞享有住房公积金待遇有关问题的意见的通知》（桂建金管〔2018〕2号），将港澳台同胞纳入住房公积金制度，区直分中心、柳州、百色、贺州公积金中心已率先开展港澳台同胞缴存业务。

2. **进一步降低企业成本**。2018年5月25日，自治区住房城乡建设厅、财政厅、人民银行南宁中心支行转发《住房城乡建设部、财政部、人民银行关于改进住房公积金缴存机制进一步降低企业成本的通知》（桂建金管〔2018〕11号），将降低企业住房公积金缴存比例政策再延长两年，企业可结合自身经济效益状况在5%~12%范围内自主确定当年住房公积金缴存比例；企业降低缴存比例和缓缴住房公积金手续由住房公积金管理委员会授权住房公积金管理中心审批。2018年5月以来，全区有928家单位继续执行阶段性适当降低企业缴存比例政策，新增自主下调缴存比例单位221家，规范缴存基数超上限单位80家，共为企业减少成本1.16亿元。

（二）年内开展专项监督检查情况：

1. **积极维护职工购房贷款权益**。2018年2月11日，自治区住房城乡建设厅、财政厅、人民银行南宁中心支行、国土厅联合转发《住房城乡建设部等四部门关于维护住房公积金缴存职工购房贷款权益的通知》（桂建金管〔2018〕4号），从提高住房公积金贷款办理效率、加强房地产开发企业销售监管和制度保障三个方面，切实维护住房公积金缴存职工贷款权益。2018年，全区共受理楼盘拒绝和抵制公积金贷款投诉举报40起，查处、纠正存在拒绝和抵制住房公积金贷款违规行为的楼盘21个，有力地维护了缴存职工的购房贷款权益。

2. **开展违规提取住房公积金治理**。2018年6月12日，自治区住房城乡建设厅、财政厅、人民银行南宁中心支行、公安厅转发《住房城乡建设部等四部门关于开展治理违规提取住房公积金工作的通知》，清理调整现行政策，一是加大住房公积金支持住房租赁力度，二是规范离职提取，三是取消装修提取住房公积金政策；要求各地要结合实际，制定本地区违规提取住房公积金等失信行为管理办法，建立与公安、通信、城管执法、网信等部门的联合工作机制，集中开展整治违规提取住房公积金专项行动。经过整治，全区违规办理住房公积金行为得到有效遏制，违规行为有所下降。

3. **开展年度监督和考核**。2018年6~9月，自治区住房城乡建设厅通过政府采购，以委托会计师事务所进行审计检查的方式，对全区15个公积金中心2018年度住房公积金内部控制情况开展现场审计监督。针对审计发现的问题，自治区住房城乡建设厅下发监督检查意见书，提出整改意见。此外，自治区住房城乡建设厅和自治区财政厅对各公积金中心2018年度业务和管理情况进行了考核，全面、客观地评价各公积金中心业务发展和管理情况。

4. **开展政策执行情况和风险隐患排查**。2018年7月，自治区住房城乡建设厅组成4个检查组，对全区15个公积金中心开展住房公积金政策执行情况和风险隐患排查情况进行复核检查，纠正和调整与国家法律法规和规定不相符的政策；查找风险隐患，加强整改，推进住房公积金风险防控体系建设。

5. **启动电子化检查**。2018年7月，自治区住房城乡建设厅转发住房城乡建设部住房公积金监管司《关于启用住房公积金电子化检查工具的通知》（建金督函〔2018〕116号），全面启用电子化检查工具。通过对各公积金中心业务系统进行电子化检查，发现疑点数据，倒查业务，查找风险隐患。2018年12月，自治区住房城乡建设厅对梧州、防城港、贵港、玉林、百色、贺州、来宾等7市公积金中心电子化检查工作情况进行实地抽查。截至2018年12月底，全区15个公积金中心已全部启用电子化检查工具，按月开展业务数据电子巡检。

(三)年内改进服务情况:

1. **加快住房公积金综合服务平台建设**。2018年,全区各地加快住房公积金综合服务平台建设,提升服务水平。截至2018年底,河池、贵港、区直、防城港、钦州、百色、南宁、梧州、来宾9个公积金中心已基本建成综合服务平台,南宁、钦州、防城港、贵港、河池、区直、百色等公积金中心已开通《住房公积金综合服务平台建设导则》中的全部8种服务渠道。据统计,全区全年12329热线接听101万次,推送12329短信1410万条,门户网站访问量842万次,网上大厅业务办理1410万笔,自助终端使用32万次,手机APP使用135万次,推送官方微信639万条、官方微博9359条,为缴存职工掌握住房公积金缴存使用情况、及时跟进业务办理进度、了解住房公积金政策提供了优质高效的服务。

2. **取消住房公积金业务材料复印件**。2018年5月11日,自治区住房城乡建设厅下发了《关于简化住房公积金提取和贷款业务办理所需身份证明材料的通知》(桂建金管〔2018〕9号),取消住房公积金业务身份证明复印件,并根据《自治区人民政府办公厅关于着力破解群众办事证明材料堵点问题的通知》要求,取消住房公积金业务办理所有材料的复印件,改由公积金中心利用电子影像设备留存资料信息,一次录入多次使用,切实减轻群众办事负担。

3. **推进住房公积金"一事通办"改革**。2018年12月28日,自治区住房城乡建设厅下发《关于推进住房公积金业务"一事通办"改革的通知》(桂建金管〔2018〕24号),全面加强和改进住房公积金服务:一是业务办理材料全面减负,共取消30项住房公积金业务办理材料。二是打通业务流程痛点堵点,将住房公积金提取流程简化为二级审批;前置房地产开发企业阶段性担保手续。三是业务办理时限提速,贷款审批由原来10个工作日缩减为5个工作日,已实现不动产抵押登记自助办理的在15个工作日内办结放款手续;未实现不动产抵押登记自助办理20个工作日内办结放款手续。受托银行要在3个工作日内完成借款合同签订用印和抵押登记报送手续。移交委贷资料、领取抵押权证、通知放款、发放贷款等环节时限为上一流程办结后1个工作日。

(四)年内信息化建设情况:

1. **全面完成"双贯标"工作**。2018年,自治区住房城乡建设厅进一步加大工作力度,通过召开工作推进会、月度通报、实地检查指导等方式,全力推进住房公积金基础数据标准贯标和推广接入住房公积金结算应用系统(双贯标)工作。截至2018年12月底,全区15个公积金中心均已通过住房城乡建设部"双贯标"验收,全面完成"双贯标"工作任务。

2. **推进数据共享**。2018年,自治区住建房城乡建设厅继续完善住房公积金监管信息系统,督促各公积金中心开发数据抽取接口,加强数据抽查核对,严把数据质量关。2018年10月,自治区住房城乡建设厅印发《关于开展全区住房公积金业务信息共享的通知》(桂建金管〔2018〕20号),全区住房公积金中心缴存、提取、贷款信息互查互认,区内住房公积金业务数据实现共享;接入自治区数据共享平台,实现工商登记、民政婚姻信息共享。

(五)年内住房公积金机构及从业人员所获荣誉情况:2018年,1个公积金中心保留第五届全国文明单位称号,2个公积金中心获得省部级"文明单位"称号,2个公积金中心获得地市级"文明单位"称号;1个公积金中心获得"广西工人先锋号"荣誉称号;1个公积金中心获得"全国三八红旗集体"称号。共有25个集体和个人获得先进集体和个人称号,其中,省部级8个,地市级17个。此外,全区15个中心共获得其他荣誉7项。

南宁住房公积金 2018 年年度报告

一、机构概况

（一）住房公积金管理委员会

1. **南宁住房公积金管理委员会**：南宁住房公积金管理委员会有 29 名委员，2018 年召开 1 次会议，审议通过的事项主要包括：审批南宁市 2018 年度住房公积金制度执行情况报告、审议 2018 年度住房公积金财务收支决算和 2018 年度财务收支预算报告、审批 2018 年住房公积金归集运用计划、审批调整部分住房公积金提取政策、在邕就业的港澳台同胞享有住房公积金待遇有关问题以及南宁住房公积金提取业务实施细则。

2. **南宁住房公积金管理中心区直分中心（以下简称区直分中心）管理委员会**：自治区直属单位住房制度改革委员会承担区直单位住房公积金管理委员会职能，并将区直分中心纳入其统一管理，现有委员 18 名。2018 年，审议通过住房公积金归集使用计划执行情况报告、增值收益分配方案、年度财务报告、住房公积金年度报告，并对住房公积金归集使用计划、单位降低缴存比例或缓缴申请、住房公积金缴存基数上下限、自愿缴存住房公积金实施办法等重要事项进行决策。

（二）住房公积金管理中心

1. **南宁住房公积金管理中心**：南宁住房公积金管理中心为直属南宁市人民政府不以营利为目的的参照公务员管理的事业单位，设 7 个科室，2 个服务部，6 个营业部，6 个管理部，1 个分中心（铁路分中心）。从业人员 192 人，其中，在编 112 人，非在编 80 人。

2. **区直分中心**：区直分中心 2018 年年初至 12 月 8 日直属自治区人民政府办公厅管理，12 月 8 日后转隶自治区机关事务管理局管理，为不以营利为目的的公益二类事业单位，主要负责区直和中直驻邕单位住房公积金的归集、管理、使用和会计核算。中心内设 5 个科和 2 个服务部，即综合科、业务科、财务科、稽核科、信息科和政务中心服务部、东葛服务部。从业人员 106 人，其中，在编人员 31 人，非在编人员 75 人。

二、业务运行情况

（一）缴存

1. **南宁住房公积金管理中心缴存**：2018 年，新开户单位 1717 家，实缴单位 10162 家，净增单位 1141 家；新开户职工 10.65 万人，实缴职工 64.75 万人，净增职工 6.52 万人；缴存额 85.57 亿元，同比增长 16.23%。2018 年末，缴存总额 579.57 亿元，同比增长 17.32%；缴存余额 223.97 亿元，同比增长 11.36%。

受委托办理住房公积金缴存业务的银行 7 家，与上年相比无变化。

2. **区直分中心缴存**：2018 年，新开户单位 296 家，实缴单位 2,507 家，净增单位 227 家；新开户职工 3.49 万人，实缴职工 24.02 万人，净增职工 1.95 万人；缴存额 55.09 亿元，同比增长 15.45%。2018 年末，缴存总额 374.90 亿元，同比增长 17.23%；缴存余额 141.83 亿元，同比增长 11.67%。

受委托办理住房公积金缴存业务的银行9家，与上年相同。

（二）提取

1. **南宁住房公积金管理中心提取**：2018年，提取额62.73亿元，同比增长24.81%；占当年缴存额的73.31%，比上年增加5.05个百分点。2018年末，提取总额355.60亿元，同比增长21.42%。

2. **区直分中心提取**：2018年，提取额40.27亿元，同比增长20.69%；占当年缴存额的73.10%，比上年增加3.18个百分点。2018年末，提取总额233.07亿元，同比增长20.89%。

（三）贷款

1. **个人住房贷款**

（1）南宁住房公积金管理中心个人住房贷款：个人住房贷款最高额度60万元，其中，单缴存职工最高额度60万元，双缴存职工最高额度60万元。

2018年，发放个人住房贷款0.49万笔18.51亿元，同比分别下降47.31%、57.19%。其中，市中心发放个人住房贷款0.33万笔12.77亿元，分中心发放个人住房贷款0.16万笔5.74亿元。

2018年，回收个人住房贷款14.96亿元。其中，市中心12.37亿元，铁路分中心2.59亿元。

2018年末，累计发放个人住房贷款11.54万笔261.90亿元，贷款余额170.57亿元，同比分别增长4.43%、7.60%、2.13%。个人住房贷款余额占缴存余额的76.16%，比上年减少6.88个百分点。

受委托办理住房公积金个人住房贷款业务的银行7家，与上年相比无变化。

（2）区直分中心个人住房贷款：个人住房贷款最高额度60万元，其中，单缴存职工最高额度60万元，双缴存职工最高额度60万元。

2018年，发放个人住房贷款0.22万笔10.09亿元，同比分别下降58.24%、55.80%。回收个人住房贷款9.94亿元。累计发放个人住房贷款5.76万笔170.41亿元，贷款余额116.03亿元，同比分别增长3.98%、6.29%、0.13%。个人住房贷款余额占缴存余额的81.81%，比上年减少9.43个百分点。

受委托办理住房公积金个人住房贷款业务的银行9家，与上年相同。

2. **住房公积金支持保障性住房建设项目贷款**

南宁住房公积金管理中心住房公积金支持保障性住房建设项目贷款：2018年末，累计发放项目贷款1.10亿元，项目贷款余额0亿元。

（四）资金存储

1. **南宁住房公积金管理中心资金存储**：2018年末，住房公积金存款60.74亿元。其中，活期1.52亿元，1年（含）以下定期34.83亿元，1年以上定期16.94亿元，其他（协定、通知存款等）7.45亿元。

2. **区直分中心资金存储**：2018年末，住房公积金存款27.759亿元。其中，活期0.009亿元，1年（含）以下定期8.90亿元，1年以上定期6.26亿元，其他（协定、通知存款等）12.59亿元。

（五）资金运用率

1. **南宁住房公积金管理中心资金运用率**：2018年末，住房公积金个人住房贷款余额、项目贷款余额和购买国债余额的总和占缴存余额的76.16%，比上年减少6.88个百分点。

2. **区直分中心资金运用率**：2018年末，住房公积金个人住房贷款余额、项目贷款余额和购买国债余额的总和占缴存余额的81.81%，比上年减少9.43个百分点。

三、主要财务数据

（一）业务收入

1. **南宁住房公积金管理中心业务收入**：2018年，业务收入65704.09万元，同比增长7.16%。其中，市县合计52733.48万元，铁路分中心12970.61万元；来源包括存款利息10997.82万元，委托贷款利息54704.30万元，国债利息0万元，其他1.97万元。

2. **区直分中心业务收入**：2018年，业务收入42486.01万元，同比增长12.24%。存款利息5150.99万元，委托贷款利息37329.21万元，国债利息0万元，其他5.81万元。

（二）业务支出

1. **南宁住房公积金管理中心业务支出**：2018年，业务支出24513.28万元，同比增长4.53%。其中，市县合计18276.15万元，铁路分中心6237.13万元；用于支付职工住房公积金利息21755.46万元，归集手续费0万元，委托贷款手续费2735.31万元，其他22.51万元。

2. **区直分中心业务支出**：2018年，业务支出23586.31万元，同比增长11.91%。支付职工住房公积金利息20133.02万元，归集手续费1582.24万元，委托贷款手续费1866.75万元，其他4.30万元。

（三）增值收益

1. **南宁住房公积金管理中心增值收益**：2018年，增值收益41190.81万元，同比增长8.79%。其中，市县合计34457.33万元，铁路分中心6733.48万元；增值收益率1.94%，比上年减少0.05个百分点。

2. **区直分中心增值收益**：2018年，增值收益18899.71万元，同比增长12.66%。增值收益率1.41%，比上年增加0.01个百分点。

（四）增值收益分配

1. **南宁住房公积金管理中心增值收益分配**：2018年，提取贷款风险准备金483.09万元，提取管理费用4757.84万元，提取城市廉租住房（公共租赁住房）建设补充资金35949.87万元。

2018年，上交财政管理费用4393.79万元。上缴财政城市廉租住房（公共租赁住房）建设补充资金29664.33万元。其中，市县合计上缴当地财政局24498.34万元，铁路分中心上缴中国铁路南宁局集团有限公司5165.99万元。

2018年末，贷款风险准备金余额29594.18万元。累计提取城市廉租住房（公共租赁住房）建设补充资金215050.41万元，其中，市县合计提取171042.48万元，铁路分中心提取44007.93万元。

2. **区直分中心收益分配**：2018年，提取贷款风险准备金0万元，提取管理费用2910.51万元，提取城市廉租住房（公共租赁住房）建设补充资金15989.20万元。上交财政管理费用2910.51万元。上缴财政城市廉租住房（公共租赁住房）建设补充资金10030.86万元。截至2018年底，贷款风险准备金余额34763.97万元，累计提取城市廉租住房（公共租赁住房）建设补充资金115051.75万元。

（五）管理费用支出

1. **南宁住房公积金管理中心管理费用支出**：2018年，管理费用支出4730.32万元，同比下降28.99%。其中，人员经费1340.08万元，公用经费276.13万元，专项经费3114.11万元。

市中心管理费用支出3858.62万元，其中，人员、公用、专项经费分别为1020.92万元、207.40万元、2630.30万元；铁路分中心管理费用支出871.70万元，其中，人员、公用、专项经费分别为319.16

万元、68.73万元、483.81万元。

2. **区直分中心管理费用支出**：2018年，管理费用支出2825.02万元，同比增长15.12%。其中，人员经费916.97万元，公用经费697.03万元，专项经费1211.02万元。

四、资产风险状况

（一）个人住房贷款

1. **南宁住房公积金管理中心个人住房贷款**：2018年末，个人住房贷款逾期额821.63万元，逾期率0.48‰。其中，市中心0.49‰，分中心0.44‰。

个人贷款风险准备金按2018年度住房公积金个人贷款余额增加部分的1%提取。2018年，提取个人贷款风险准备金483.09万元，使用个人贷款风险准备金核销呆坏账0万元。2018年末，个人贷款风险准备金余额29154.18万元，占个人住房贷款余额的1.71%，个人住房贷款逾期额与个人贷款风险准备金余额的比率为2.82%。

2. **区直分中心个人住房贷款**：2018年末，个人住房贷款逾期额506.96万元，逾期率0.437‰。个人贷款风险准备金按贷款余额的1%提取。2018年，提取个人贷款风险准备金0万元，使用个人贷款风险准备金核销呆坏账0万元。2018年末，个人贷款风险准备金余额34763.97万元，占个人住房贷款余额的3%，个人住房贷款逾期额与个人贷款风险准备金余额的比率为1.46%。

（二）支持保障性住房建设试点项目贷款

南宁住房公积金管理中心支持保障性住房建设试点项目贷款：2018年，项目贷款风险准备金余额440万元，项目贷款余额为0。

五、社会经济效益

（一）缴存业务

1. **南宁住房公积金管理中心缴存业务**：2018年，实缴单位数、实缴职工人数和缴存额同比分别增长12.65%、11.19%和16.23%。

缴存单位中，国家机关和事业单位占41.82%，国有企业占9.48%，城镇集体企业占1.09%，外商投资企业占2.71%，城镇私营企业及其他城镇企业占42.32%，民办非企业单位和社会团体占1.94%，其他占0.64%。

缴存职工中，国家机关和事业单位占38.74%，国有企业占28.00%，城镇集体企业占0.90%，外商投资企业占7.29%，城镇私营企业及其他城镇企业占24.26%，民办非企业单位和社会团体占0.71%，其他占0.10%；中、低收入占98.77%，高收入占1.23%。

新开户职工中，国家机关和事业单位占19.02%，国有企业占16.84%，城镇集体企业占0.50%，外商投资企业占14.43%，城镇私营企业及其他城镇企业占47.43%，民办非企业单位和社会团体占1.34%，其他占0.44%；中、低收入占98.03%，高收入占1.97%。

2. **区直分中心缴存业务**：2018年，实缴单位数、实缴职工人数和缴存额同比分别增长9.96%、8.80%和15.45%。

缴存单位中，国家机关和事业单位占27.44%，国有企业占35.82%，城镇集体企业占1.91%，外商

投资企业占1.32%，城镇私营企业及其他城镇企业占26.69%，民办非企业单位和社会团体占5.74%，其他占1.08%。

缴存职工中，国家机关和事业单位占41.77%，国有企业占35.86%，城镇集体企业占1.19%，外商投资企业占1.29%，城镇私营企业及其他城镇企业占18.81%，民办非企业单位和社会团体占0.76%，其他占0.32%；中、低收入占97.24%，高收入占2.76%。

新开户职工中，国家机关和事业单位占19.23%，国有企业占35.28%，城镇集体企业占1.13%，外商投资企业占1.03%，城镇私营企业及其他城镇企业占40.06%，民办非企业单位和社会团体占1.40%，其他占1.87%；中、低收入占99.42%，高收入占0.58%。

（二）提取业务

1. **南宁住房公积金管理中心提取业务**：2018年，25.91万名缴存职工提取住房公积金62.73亿元。

提取金额中，住房消费提取占76.90%（购买、建造、翻建、大修自住住房占28.50%，偿还购房贷款本息占38.36%，租赁住房占9.34%，其他占0.70%）；非住房消费提取占23.10%（离休和退休提取占15.90%，完全丧失劳动能力并与单位终止劳动关系提取占5.26%，户口迁出本市或出境定居占0%，其他占1.94%）。

提取职工中，中、低收入占99.24%，高收入占0.76%。

2. **区直分中心提取业务**：2018年，8.82万名缴存职工提取住房公积金40.27亿元。

提取金额中，住房消费提取占81.90%（购买、建造、翻建、大修自住住房占35.90%，偿还购房贷款本息占42.27%，租赁住房占1.84%，其他占1.89%）；非住房消费提取占18.10%（离休和退休提取占13.18%，完全丧失劳动能力并与单位终止劳动关系提取占3.07%，户口迁出本市或出境定居占1.27%，其他占0.58%）。提取职工中，中、低收入占92%，高收入占8%。

（三）贷款业务

1. 个人住房贷款

（1）南宁住房公积金管理中心个人住房贷款：2018年，支持职工购建房53.68万平方米，年末个人住房贷款市场占有率为6.17%，比上年减少0.75个百分点。通过申请住房公积金个人住房贷款，可节约职工购房利息支出46065.75万元。

职工贷款笔数中，购房建筑面积90（含）平方米以下占31.12%，90～144（含）平方米占64.01%，144平方米以上占4.87%。购买新房占77.09%（其中购买保障性住房占4.24%），购买二手房占13.16%，建造、翻建、大修自住住房占9.75%，其他占0%。

职工贷款笔数中，单缴存职工申请贷款占57.29%，双缴存职工申请贷款占42.71%，三人及以上缴存职工共同申请贷款占0%。

贷款职工中，30岁（含）以下占42.37%，30岁～40岁（含）占36.76%，40岁～50岁（含）占16.57%，50岁以上占4.30%；首次申请贷款占97.37%，二次及以上申请贷款占2.63%；中、低收入99.59%，高收入占0.41%。

（2）区直分中心个人住房贷款：2018年，支持职工购建房24.19万平方米，年末个人住房贷款市场占有率为4.20%，比上年减少0.84个百分点。通过申请住房公积金个人住房贷款，可节约职工购房利息支出22983.51万元。

职工贷款笔数中，购房建筑面积 90（含）平方米以下占 29.33%，90~144（含）平方米占 62.06%，144 平方米以上占 8.61%。购买新房占 76.61%（其中购买保障性住房占 1.13%），购买二手房占 23.39%。

职工贷款笔数中，单缴存职工申请贷款占 34.41%，双缴存职工申请贷款占 65.59%。

贷款职工中，30 岁（含）以下占 28.56%，30 岁~40 岁（含）占 50.86%，40 岁~50 岁（含）占 16.36%，50 岁以上占 4.22%；首次申请贷款占 87.85%，二次及以上申请贷款占 12.15%；中、低收入占 99.68%，高收入占 0.32%。

2. 异地贷款

（1）南宁住房公积金管理中心异地贷款：2018 年，发放异地贷款 8 笔 377.2 万元。2018 年末，发放异地贷款总额 36974.4 万元，异地贷款余额 33107.8 万元。

（2）区直分中心异地贷款：2018 年，发放异地贷款 37 笔 1828.30 万元。2018 年末，累计发放异地贷款总额 19014.90 万元，异地贷款余额 12680.41 万元。

3. 公转商贴息贷款

区直分中心商贴息贷款：2018 年，发放公转商贴息贷款 8 笔 383.90 万元，支持职工购建住房面积 1179.69 平方米，当年贴息额 3.30 万元。2018 年末，累计发放公转商贴息贷款 8 笔 383.90 万元，累计贴息 3.30 万元。

4. 支持保障性住房建设试点项目贷款

南宁住房公积金管理中心支持保障性住房建设试点项目贷款：2018 年末，累计试点项目 1 个，贷款额度 1.10 亿元，建筑面积 12.72 万平方米，可解决 1081 户中低收入职工家庭的住房问题。1 个试点项目贷款资金已发放并还清贷款本息。

（四）住房贡献率

1. 南宁住房公积金管理中心住房贡献率：2018 年，个人住房贷款发放额 18.51 亿元、公转商贴息贷款发放额 0 亿元、项目贷款发放额 0 亿元、住房消费提取额 48.24 亿元的总和与当年缴存额 85.57 亿元的比率为 78.01%，比上年减少 33.73 个百分点。

2. 区直分中心住房贡献率：2018 年，个人住房贷款发放额、公转商贴息贷款发放额、项目贷款发放额、住房消费提取额的总和与当年缴存额的比率为 78.25%，比上年减少 26.87 个百分点。

六、其他重要事项

（一）当年住房公积金政策调整及执行情况

1. 南宁住房公积金管理中心当年住房公积金政策调整及执行情况

（1）2018 年，南宁住房公积金管理中心缴存基数限额及确定方法、缴存比例调整及执行情况：2018 年住房公积金月缴存工资基数，不应超过职工工作所在设区城市统计部门公布的上一年度职工月平均工资的 3 倍。据此，以南宁市统计局公布的南宁市 2018 年度在岗职工月平均工资 6290 元为基准数值，确定 2018 年度住房公积金月缴存基数最高不得超过 18870 元。企业可结合自身经济效益状况在 5%~12% 范围内自主调整确定住房公积金缴存比例，其他缴存单位的住房公积金缴存比例仍各为 12%。单位和职工个人住房公积金月缴存额上限各为 2057 元，月缴存额下限各为 70 元。

（2）2018年，南宁住房公积金管理中心住房公积金存款利率调整及执行情况：根据中国人民银行、住房城乡建设部、财政部印发《关于完善职工住房公积金账户存款利率形成机制的通知》，职工住房公积金账户存款利率统一按一年期定期存款基准利率执行。

（3）根据《自治区住房城乡建设厅、财政厅、人民银行南宁中心支行、公安厅转发住房城乡建设部等四部门关于开展治理违规提取住房公积金工作的通知》（桂建金管〔2018〕13号），从2018年6月30日起南宁住房公积金管理中心取消装修提取住房公积金业务。

2. 区直分中心当年住房公积金政策调整及执行情况

（1）区直分中心缴存基数限额及确定方法、缴存比例调整按照《广西住房公积金业务管理规范》（桂建金管〔2011〕26号）和《自治区住房城乡建设厅、财政厅、人民银行南宁中心支行转发住房城乡建设部财政部人民银行关于改进住房公积金缴存机制进一步降低企业成本的通知》（桂建金管〔2018〕11号）等有关规定执行，职工缴存住房公积金的月工资基数不超过单位所在设区城市统计部门公布的上一年度职工月平均工资的3倍，继续执行阶段性适当降低企业住房公积金缴存比例政策，缴存比例最高不超过12%。根据有关规定及南宁市统计局提供的数据，并经报自治区人民政府同意，区直分中心确定2018年度缴存基数上限为26876元，缴存基数下限为1400元。根据《自治区住房城乡建设厅、财政厅、人民银行南宁中心支行关于印发〈广西个人自愿缴存住房公积金管理办法〉的通知》（桂建发〔2018〕9号）等有关规定，并经报自治区人民政府同意，城镇个体工商户及其雇用人员、自由职业者等以非全日制、临时性和弹性工作及其他灵活形式就业的人员或在南宁就业的海外引进人才、港澳台同胞可自愿缴存住房公积金。根据《自治区住房城乡建设厅、财政厅、人民银行南宁中心支行、自治区港澳办、自治区台办转发住房城乡建设部等五部门关于在内地（大陆）就业的港澳台同胞享有住房公积金待遇有关问题的意见的通知》（桂建金管〔2018〕2号）精神，在南宁就业的港澳台同胞可缴存使用住房公积金。

（2）根据《自治区住房城乡建设厅、财政厅、人民银行南宁中心支行、公安厅转发住房城乡建设部等四部门关于开展治理违规提取住房公积金工作的通知》（桂建金管〔2018〕13号）要求，区直分中心取消装修提取住房公积金政策；对缴存职工与单位解除或终止劳动关系的，在异地开立住房公积金账户并稳定缴存半年以上的，办理异地转移手续，如未在异地继续缴存的，封存满半年后可提取。

（3）区直分中心个人住房公积金贷款最高额度为60万元。住房公积金存贷款利率按中国人民银行挂牌利率执行。职工住房公积金账户存款利率按一年期定期存款基准利率执行，现行利率为1.5%。个人住房公积金贷款利率，五年期（含）以下现行贷款利率为2.75%，五年期以上现行贷款利率为3.25%。

（二）当年服务改进情况

1. 南宁住房公积金管理中心当年服务改进情况

（1）拓展电子化服务渠道。2018年，管理中心完成综合服务平台建设并投入使用，实现网站、微信、自助服务终端、服务热线、手机短信等平台同步管理。综合服务平台建成后，管理中心官方网站办事大厅、微信个人网厅、支付宝APP、爱南宁APP均可查询个人住房公积金缴存使用情况，办理离职、退休、租房等提取业务和贷款预申请业务；缴存单位可使用单位网厅办理缴存人员变更、汇缴补缴、基数调整、信息查询打印等日常归集业务。官方网站、微信和微博每月推送新的政策动态，并在网站、微信公布实时业务排队情况，优化分流办理业务的职工，减少等待时间，提高办事效率。

（2）完善服务基础设施建设工作。

① 完成南宁住房公积金管理中心铁路分中心项目建设，并于 2018 年 2 月正式投入使用，铁路分中心正式搬迁入驻，地址为：南宁市青秀区枫林路 26 号。

② 管理中心贷款服务部于 2018 年 9 月 10 日进驻南宁市民中心，与同在市民中心的良庆营业部共同办公，实现了在市民中心办理住房公积金归集、提取、贷款业务的全覆盖。搬迁后地址为：南宁市良庆区玉洞大道 33 号南宁市民中心 D 座 5 楼。

③ 管理中心青秀营业部于 2018 年 10 月 22 日搬迁至南宁市青秀区长湖路 18 号中天世纪花园 A 区一层 19－1 号和 A 区二层 3、4 号。

④ 管理中心对良庆、江南、西乡塘等部分服务网点自助查询终端进行了更换和升级，使服务设备功能更完善，信息保护更安全。

（3）加强网点人员素能培训与管理。2018 年 11 月，管理中心举办了两期服务素能培训班，对近 100 名窗口工作人员进行公务礼仪、沟通与协调方面的服务培训，提高了工作人员的服务水平。同时，通过制定《南宁住房公积金管理中心关于对业务服务网点工作时间使用手机有关规定的通知》等管理制度，进一步规范窗口工作人员的服务行为。

2. 区直分中心当年服务改进情况

区直分中心严格贯彻落实"放管服"改革和"一事通办"改革要求，提升服务效能。一是以精神文明创建为契机，设"学雷锋活动示范点"、"青年文明号"及"巾帼文明岗"，加大培训力度，通过亮身份、亮岗位、亮承诺，提高办理效率和透明度。二是完善服务大厅配套设施，设立便民休息场所，提供休闲阅读服务。三是开展"对冲还贷"业务，减轻职工还款压力。四是精简材料要件，办理住房公积金业务时无需再提供材料复印件。五是优化业务流程，缩短办结时限，推行签字确认制，避免职工重复填写。六是建设住房公积金综合服务平台，推广网上服务大厅，方便职工"足不出户"办理业务。七是推进手机 APP、微信、支付宝、微博等渠道建设，方便职工多渠道查询、办理业务。

（三）当年信息化建设情况

1. 南宁住房公积金管理中心当年信息化建设情况

（1）南宁住房公积金综合业务系统项目建设情况。该项目于 2016 年 12 月开始建设，于 2018 年 7 月正式上线运行，各系统总体运行平稳。主要包括综合服务平台、主体核算业务管理平台（含归集、提取、贷款、财务、结算、冲还贷等核心业务系统及网厅、微信后期升级改造）；内管平台（含行政执法管理系统、办公自动化系统、内部审计稽核系统等）已完成部分建设内容并上线。预计 2019 年完成项目建设。

（2）2018 年 10 月 17 日，住房城乡建设部"双贯标"检查验收专家组对管理中心贯彻落实《住房公积金基础数据标准》和《接入住房公积金银行结算数据应用系统接口标准》（简称"双贯标"）进行检查验收，同意管理中心信息管理系统通过"双贯标"验收。

（3）2018 年 12 月完成接入广西壮族自治区住房和城乡建设厅"广西住房公积金监管信息系统"工作。

（4）2018 年，管理中心加强数据共享应用协调工作，已实现个人征信、房产、婚姻、法人等信息联网协查。

2. 区直分中心当年信息化建设情况

一是与自治区电子政务共享平台数据信息、公安部门人口基础数据信息、民政部门婚姻登记信息、南宁市房产部门房产信息、人民银行征信信息共享，实现多渠道数据实时交互和业务协同。二是区直分中心业务系统与自治区住房城乡建设厅监管系统对接，提升住房公积金管理和服务水平。三是区直分中心自主研发个人自愿缴存住房公积金业务模块，在全区住房公积金行业中率先与各金融机构合作开展个人自愿缴存业务，帮助新市民群体在广西购房实现安居乐业。四是区直分中心自建的智能云排队系统于2018年12月上线使用，推出微信预约办理服务，进一步提高服务效能，有效解决办事群众排队难题。

（四）当年住房公积金管理中心及职工所获荣誉情况

1. 南宁住房公积金管理中心获荣誉情况

2018年12月，南宁住房公积金管理中心良庆营业部、归集科科长何珊珊分别被广西壮族自治区住房和城乡建设厅、广西壮族自治区人力资源和社会保障厅授予集体二等功与个人二等功。2018年12月，南宁住房公积金管理中心被南宁市爱国卫生运动委员会评为卫生先进单位。2018年12月，南宁住房公积金管理中心铁路分中心被南宁市财政局评为2018年度市本级财务部门决算工作二等奖。

2. 区直分中心获荣誉情况

2018年，区直分中心荣获中宣部授予"全国学雷锋活动示范点"称号，获全国妇联授予"全国三八红旗集体"称号，获自治区政务服务中心"2018年度政务服务工作先进单位"、"2018年度群众最满意政务服务窗口"、"2018年度政务服务信息报送优秀单位"称号，在自治区住房城乡建设厅和财政厅组织的2018年业务管理工作考核被评为优秀等次。获自治区财政厅2018年区直部门整体支出绩效考评优秀等次、2018年度全区行政事业单位国有资产报告工作和行政事业单位经管资产报告及自然资源国有资产报告试点工作通报表扬、2018年度部门预算编制工作考核三等奖。2018年，1名同志在自治区人民政府办公厅开展的2018年度党支部书记年度考核中被评为优秀等次，5名同志获自治区人民政府办公厅授予"优秀党员"称号。多名同志在各种文体比赛中获奖。

（五）当年对违反《住房公积金管理条例》和相关法规行为进行行政处罚和申请人民法院强制执行情况

1. 2018年，南宁住房公积金管理中心作出行政处罚案件0件，申请人民法院强制执行案件4件。通过行政执法促进建缴人数798人，补缴金额15.04万元。

2. 2018年1月5日，区直分中心依法对违反《住房公积金管理条例》和相关法规行为的广西安全生产科学研究院向南宁市青秀区人民法院申请强制执行，并递交《执行申请书》和相关证据材料，南宁市青秀区人民法院已受理。

柳州市住房公积金2018年年度报告

一、机构概况

（一）住房公积金管理委员会：住房公积金管理委员会有27名委员，2018年召开2次会议，审议通过的事项主要包括：《柳州市住房公积金2018年年度工作报告》、《2018年度柳州市住房公积金增值收益分配方案》、《2018年柳州市住房公积金归集使用计划》、《柳州市住房公积金管理委员会章程（修订稿）》、《柳州市个人自愿缴存住房公积金管理办法（试行）》、《关于提取住房公积金支付房租政策调整的请示》。

（二）住房公积金管理中心：住房公积金管理中心为（直属柳州市人民政府）不以营利为目的的（独立的参公）事业单位，设9个处（科），6个管理部。从业人员127人，其中，在编82人，非在编45人。

二、业务运行情况

（一）缴存：2018年，新开户单位391家，实缴单位4076家，净减单位532家；新开户职工4.13万人，实缴职工33.31万人，净增职工1.15万人；缴存额49.12亿元，同比增长7.87%。2018年末，缴存总额395.70亿元，同比增长14.17%；缴存余额125.26亿元，同比增长9.60%。

受委托办理住房公积金缴存业务的银行9家，比上年增加（减少）0家。

（二）提取：2018年，提取额38.15亿元，同比增长9%；占当年缴存额的77.67%，比上年增加0.81个百分点。2018年末，提取总额270.44亿元，同比增长16.42%。

（三）贷款：

1. 个人住房贷款：个人住房贷款最高额度60万元，其中，单缴存职工最高额度60万元，双缴存职工最高额度60万元。

2018年，发放个人住房贷款0.50万笔19.46亿元（本年发放额调减0.12亿元，本年实际发放额19.58亿元；本年发放笔数调减0.0181万笔，本年实际发放笔数0.5147万笔），同比分别下降30.40%、23.84%。

2018年，回收个人住房贷款8.39亿元（本年回收额调减0.12亿元，本年实际回收额8.51亿元）。

2018年末，累计发放个人住房贷款8.15万笔171.62亿元，贷款余额108.65亿元，同比分别增长6.49%、12.79%、11.34%。个人住房贷款余额占缴存余额的86.74%，比上年增加1.35个百分点。

受委托办理住房公积金个人住房贷款业务的银行6家，比上年增加（减少）0家。

2. 住房公积金支持保障性住房建设项目贷款：2018年，发放支持保障性住房建设项目贷款0亿元，回收项目贷款0亿元。2018年末，累计发放项目贷款1.009亿元，项目贷款余额0亿元。

（四）资金存储：2018年末，住房公积金存款19.67亿元。其中，活期0.01亿元，1年（含）以下定期3.6亿元，1年以上定期8.19亿元，其他（协定、通知存款等）7.87亿元。

（五）资金运用率：2018年末，住房公积金个人住房贷款余额、项目贷款余额和购买国债余额的总和占缴存余额的86.74%，比上年增加1.35个百分点。

三、主要财务数据

（一）业务收入：2018年，业务收入39792.29万元，同比增长8.99%。其中，存款利息6167.46万元，委托贷款利息33620.30万元，国债利息0万元，其他4.53万元。

（二）业务支出：2018年，业务支出19593.17万元，同比增长15.59%。其中，支付职工住房公积金利息17684.17万元，归集手续费0万元，委托贷款手续费1623.08万元，其他285.92万元。

（三）增值收益：2018年，增值收益20199.12万元，同比增长3.27%。其中，增值收益率1.67%，比上年减少0.1个百分点。

（四）增值收益分配：2018 年，提取贷款风险准备金 1958.23 万元，提取管理费用 3432.37 万元，提取城市廉租住房（公共租赁住房）建设补充资金 14808.52 万元。

2018 年，上交财政管理费用 3432.37 万元。上缴财政城市廉租住房（公共租赁住房）建设补充资金 13924.95 万元。

2018 年末，贷款风险准备金余额 23874.42 万元。累计提取城市廉租住房（公共租赁住房）建设补充资金 116212.14 万元。

（五）管理费用支出：2018 年，管理费用支出 3227.94 万元，同比增长 49.62%。其中，人员经费 1239.10 万元，公用经费 205.91 万元，专项经费 1782.93 万元。

四、资产风险状况

2018 年末，个人住房贷款逾期额 452.29 万元，逾期率 0.42‰。

个人贷款风险准备金按发放个人贷款额的 1% 提取。2018 年，提取个人贷款风险准备金 1958.23 万元，使用个人贷款风险准备金核销呆坏账 0 万元。2018 年末，个人贷款风险准备金余额 23874.42 万元，占个人住房贷款余额的 2.2%，个人住房贷款逾期额与个人贷款风险准备金余额的比率为 1.89%。

五、社会经济效益

（一）缴存业务：2018 年，实缴单位数、实缴职工人数和缴存额同比分别增长 －11.55%、3.59% 和 7.87%。

缴存单位中，国家机关和事业单位占 43.13%，国有企业占 25.37%，城镇集体企业占 0.98%，外商投资企业占 1.82%，城镇私营企业及其他城镇企业占 19.90%，民办非企业单位和社会团体占 3.46%，其他占 5.34%。

缴存职工中，国家机关和事业单位占 38.26%，国有企业占 38.94%，城镇集体企业占 0.52%，外商投资企业占 2.79%，城镇私营企业及其他城镇企业占 14.80%，民办非企业单位和社会团体占 0.62%，其他占 4.07%；中、低收入占 95.46%，高收入占 4.54%。

新开户职工中，国家机关和事业单位占 30.44%，国有企业占 27.16%，城镇集体企业占 0.26%，外商投资企业占 3.19%，城镇私营企业及其他城镇企业占 30.50%，民办非企业单位和社会团体占 0.70%，其他占 7.75%；中、低收入占 99.65%，高收入占 0.35%。

（二）提取业务：2018 年，11.86 万名缴存职工提取住房公积金 38.15 亿元。

提取金额中，住房消费提取占 78.60%（购买、建造、翻建、大修自住住房占 34.45%，偿还购房贷款本息占 41.67%，租赁住房占 0.82%，其他占 1.66%）；非住房消费提取占 21.40%（离休和退休提取占 13.66%，完全丧失劳动能力并与单位终止劳动关系提取占 5.78%，户口迁出本市或出境定居占 0.01%，其他占 1.95%）。

提取职工中，中、低收入占 92.90%，高收入占 7.10%。

（三）贷款业务：

1. 个人住房贷款：2018 年，支持职工购建房 56.09 万平方米，年末个人住房贷款市场占有率为 12.09%，比上年减少 1.48 个百分点。通过申请住房公积金个人住房贷款，可节约职工购房利息支出

48762.86万元。

职工贷款笔数中，购房建筑面积90（含）平方米以下占31.31%，90～144（含）平方米占61.72%，144平方米以上占6.97%。购买新房占77.91%（其中购买保障性住房占4.41%），购买二手房占21.93%，建造、翻建、大修自住住房占0.16%，其他占0%。

职工贷款笔数中，单缴存职工申请贷款占57.65%，双缴存职工申请贷款占42.35%，三人及以上缴存职工共同申请贷款占0%。

贷款职工中，30岁（含）以下占30.83%，30岁～40岁（含）占40.70%，40岁～50岁（含）占22.86%，50岁以上占5.61%；首次申请贷款占87.64%，二次及以上申请贷款占12.36%；中、低收入占94.52%，高收入占5.48%。

2. 异地贷款：2018年，发放异地贷款205笔8305.50万元。2018年末，发放异地贷款总额38308.20万元，异地贷款余额36532.90万元。

3. 支持保障性住房建设试点项目贷款：2018年末，累计试点项目2个，贷款额度1.27亿元，建筑面积7.17万平方米，可解决748户中低收入职工家庭的住房问题。2个试点项目贷款资金已发放并还清贷款本息。

（四）住房贡献率：2018年，个人住房贷款发放额、公转商贴息贷款发放额、项目贷款发放额、住房消费提取额的总和与当年缴存额的比率为100.66%，比上年减少16.99个百分点。

六、其他重要事项

（一）当年机构及职能调整情况、受委托办理缴存贷款业务金融机构变更情况。2018年，中心在城区增设了中山东路营业部，对外承办住房公积金缴存、提取、个贷业务；2018年受委托办理缴存贷款业务金融机构未发生变更。

（二）当年住房公积金政策调整及执行情况。

1. 2018年，柳州市职工住房公积金月缴存额上限由2018年的3614元调整为3898元，月缴存额下限为168元（市区）、130元（五县）；2018年度柳州市企业职工正常住房公积金缴存比例为5%～12%，其他单位正常住房公积缴存比例仍为8%～12%，具体缴存比例由各单位根据实际情况在上述标准范围内自行确定；灵活就业人员可以自愿的原则参加住房公积金缴存，缴存比率为10%～24%，缴存上限、下限按全市统一标准执行。

2. 2018年，租房提取住房公积金金额上限（已婚家庭户）由1000元/月提高至1200元/月，统一了市、县区上限标准。

3. 2018年，个人住房贷款最高贷款额度从70万元调整至60万元；贷款条件由连续正常缴存6个月调整为连续正常缴存12个月；职工家庭第二次申办住房公积金贷款的，贷款利率为同期首套住房公积金个人住房贷款利率的1.1倍；职工家庭在柳州市区内已购买拥有2套及以上商品住房，再次在柳州市区购买商品住房的，不再受理其住房公积金贷款申请。

（三）当年服务改进情况。2018年，中心在城区增设了中山东路营业部，对外承办住房公积金缴存、提取、个贷业务；在建设银行、工商银行、交通银行、农业银行等委托银行市区及县域开设了9个还贷业务代办网点，方便群众就近办理还贷提取。调整提取住房公积金支付结算方式，由原提取公积金需先转至单位账户再由单位给付职工个人，调整为直接转入职工个人银行卡，职工办理提取业务实现当日到账；综合服务平台建设渠道建设方面，除原有的网站、12329热线外，中心在直属服务网点设置了自助服务终端，缴存职工可自助查询、打印个人账务信息，新增业务办结手机短信通知，网上业务大厅、移动手持终端等服务于2019年推出。

（四）当年信息化建设情况。 经立项、招标采购、开发等流程，中心信息业务系统于2018年11月上线，完成了核心业务系统改造，新系统贯彻落实了《住房公积金基础数据标准》，接入了住房城乡建设部结算应用系统，12月18日，通过住房城乡建设部"双贯标"工作验收。中心核心系统升级改造及双贯标工作的完成，为管理和服务模式转变提升提供了有效保障，为深入推进放管服改革打下了坚实基础。

桂林市住房公积金2018年年度报告

一、机构概况

（一）住房公积金管理委员会：住房公积金管理委员会有24名委员，2018年召开1次会议，审议通过的事项主要包括：《关于调整第三届住房公积金管理委员会委员的请示》、《桂林市住房公积金管理中心2018年上半年工作总结及下半年工作计划》、《桂林市住房公积金管理中心2018年度决算情况报告》及《2018年住房公积金年度预算编制情况报告》、《桂林市住房公积金管理中心偿还银行借款（短期融资）资金方案的请示》、《桂林市个人自愿缴存使用住房公积金实施办法（试行）》、《桂林市住房公积金管理中心关于调整公积金提取业务政策的通知》、《桂林市住房公积金管理中心关于计提金融大厦装修装饰专项资金及相关货物设备资金的请示》，通报桂林市住房公积金业务银行账户开户情况。

（二）住房公积金管理中心：住房公积金管理中心为直属于桂林市人民政府不以营利为目的参照公务员法管理的事业单位，设10个处（科），12个管理部。从业人员118人，其中，在编82人，非在编36人。

二、业务运行情况

（一）缴存：2018年，新开户单位2470家，（其中：10月份新系统上线调整单位账户数2031，实际新开户439家），实缴单位5633家，净减单位3家；新开户职工5.66万人，（其中：10月份新系统上线调整了个人账户数2.67万人，实际新开户2.99万人），实缴职工29.96万人，净增职工2.33万人；缴存额41.13亿元，同比增长10.04%。2018年末，缴存总额321.77亿元，同比增长14.66%；缴存余额125.2亿元，同比增长10.21%。

受委托办理住房公积金缴存业务的银行9家，比上年增加（减少）0家。

（二）提取：2018年，提取额29.54亿元，同比增长10.88%；占当年缴存额的71.8%，比上年增加0.54个百分点。2018年末，提取总额196.56亿元，同比增长17.68%。

（三）贷款：个人住房贷款最高额度40万元，其中，单缴存职工最高额度40万元，双缴存职工最高额度40万元。

2018年，发放个人住房贷款5990笔17.94亿元，同比分别下降46.37%、44.87%。

2018年，回收个人住房贷款12.65亿元。

2018年末，累计发放个人住房贷款10.08万笔196.43亿元，贷款余额116.43亿元，同比分别增长6.33%、10.05%、4.76%。个人住房贷款余额占缴存余额的92.99%，比上年减少4.84个百分点。

受委托办理住房公积金个人住房贷款业务的银行8家，比上年增加（减少）0家。

（四）融资：2018年，融资0亿元，归还6亿元。2018年末，融资总额0亿元，融资余额0亿元。

（五）资金存储：2018年末，住房公积金存款11.67亿元。其中，活期0.09亿元，1年（含）以下定期5.1亿元，1年以上定期0亿元，其他（协定、通知存款等）6.48亿元。

（六）资金运用率：2018年末，住房公积金个人住房贷款余额、项目贷款余额和购买国债余额的总和占缴存余额的92.99%，比上年减少4.84个百分点。

三、主要财务数据

（一）业务收入：2018年，业务收入38677.03万元，同比增长13.08%。存款利息1651.99万元，委托贷款利息37000.04万元，国债利息0万元，其他收入（逾期贷款利息）25万元。

（二）业务支出：2018年，业务支出21161.6万元，同比增长16.65%。支付职工住房公积金利息17741.86万元，归集手续费0万元，委托贷款手续费1857.56万元，其他（融资贷款利息等）1562.18万元。

（三）增值收益：2018年，增值收益17515.43万元，同比增长9.05%。增值收益率1.46%，比上年下降0.03个百分点。

（四）增值收益分配：2018年，提取贷款风险准备金0万元，提取管理费用1817.58万元，提取城市廉租住房（公共租赁住房）建设补充资金15697.85万元。

2018年，上交财政管理费用1850万元。上缴财政城市廉租住房（公共租赁住房）建设补充资金14650.81万元。

2018年末，贷款风险准备金余额12969.7万元。累计提取城市廉租住房（公共租赁住房）建设补充资金123515.31万元。

（五）管理费用支出：2018年，管理费用支出1817.58万元，同比增长27.55%。其中，人员经费1035.94万元，公用经费161.20万元，专项经费620.44万元。

四、资产风险状况

2018年末，个人住房贷款逾期额135.64万元，逾期率0.117‰。

个人贷款风险准备金按（贷款余额）的1%提取。2018年，提取个人贷款风险准备金0万元，使用个人贷款风险准备金核销呆坏账0万元。2018年末，个人贷款风险准备金余额12969.7万元，占个人住房贷款余额的1.11%，个人住房贷款逾期额与个人贷款风险准备金余额的比率为1.05%。

五、社会经济效益

（一）缴存业务：2018年，实缴单位数、实缴职工人数和缴存额同比分别下降0.05%、增长8.42%和增长10.04%。

缴存单位中，国家机关和事业单位占 58.42%，国有企业占 10.69%，城镇集体企业占 2.31%，外商投资企业占 0.89%，城镇私营企业及其他城镇企业占 23.79%，民办非企业单位和社会团体占 1.56%，其他占 2.34%。

缴存职工中，国家机关和事业单位占 53.41%，国有企业占 19.02%，城镇集体企业占 2.74%，外商投资企业占 2.64%，城镇私营企业及其他城镇企业占 18.85%，民办非企业单位和社会团体占 1.17%，其他占 2.17%；中、低收入占 98.64%，高收入占 1.36%。

新开户职工中，国家机关和事业单位占 32.94%，国有企业占 15.12%，城镇集体企业占 7.95%，外商投资企业占 7.4%，城镇私营企业及其他城镇企业占 28.26%，民办非企业单位和社会团体占 1.06%，其他占 7.27%；中、低收入占 99.8%，高收入占 0.2%。

（二）提取业务：2018 年，9.9 万名缴存职工提取住房公积金 29.54 亿元。

提取金额中，住房消费提取占 72.02%（购买、建造、翻建、大修自住住房占 30.47%，偿还购房贷款本息占 41.25%，租赁住房占 0.3%，其他占 0%）；非住房消费提取占 27.98%（离休和退休提取占 22.33%，完全丧失劳动能力并与单位终止劳动关系提取占 2.75%，户口迁出本市或出境定居占 0.58%，其他占 2.32%）。

提取职工中，中、低收入占 98.07%，高收入占 1.93%。

（三）贷款业务：

1. **个人住房贷款**：2018 年，支持职工购建房 69.11 万平方米，年末个人住房贷款市场占有率为 17.41%，比上年减少 3.1 个百分点。通过申请住房公积金个人住房贷款，可节约职工购房利息支出 31607.33 万元。

职工贷款笔数中，购房建筑面积 90（含）平方米以下占 30.62%，90~144（含）平方米占 60.23%，144 平方米以上占 9.15%。购买新房占 60.37%（其中购买保障性住房占 0%），购买二手房占 39.63%，建造、翻建、大修自住住房占 0%，其他占 0%。

职工贷款笔数中，单缴存职工申请贷款占 91.27%，双缴存职工申请贷款占 8.53%，三人及以上缴存职工共同申请贷款占 0.2%。

贷款职工中，30 岁（含）以下占 21.42%，30 岁~40 岁（含）占 44.79%，40 岁~50 岁（含）占 25.76%，50 岁以上占 8.03%；首次申请贷款占 98.91%，二次及以上申请贷款占 1.09%；中、低收入占 98.6%，高收入占 1.4%。

2. **异地贷款**：2018 年，发放异地贷款 6 笔 179.3 万元。2018 年末，发放异地贷款总额 6422.1 万元，异地贷款余额 6102.89 万元。

（四）住房贡献率：2018 年，个人住房贷款发放额、公转商贴息贷款发放额、项目贷款发放额、住房消费提取额的总和与当年缴存额的比率为 95.33%，比上年减少 45.47 个百分点。

六、其他重要事项

（一）当年住房公积金政策调整及执行情况：

1. 当年缴存基数限额及确定方法、缴存比例等缴存政策调整情况：

（1）2018 年 6 月 19 日公布《关于调整 2018 年度桂林市住房公积金缴存基数及月缴存额上限的通知》

（市公积金〔2018〕12号），我市2018年度住房公积金缴存基数最高不超过本市2018年度在岗职工年平均工资65694元的3倍，即：16424元，缴存比例最高为12%。

（2）2018年12月26日公布关于印发《桂林市个人自愿缴存住房公积金实施办法（试行）》的通知（市公积金〔2018〕26号）。

（3）2018年12月26日公布《关于在我市就业的港澳台同胞缴存使用住房公积金有关问题的通知》（市公积金〔2018〕27号）。

（4）2018年12月26日公布《关于获得在中国永久居留资格的外国人缴存住房公积金有关事项的通知》（市公积金〔2018〕28号）。

2. **当年提取政策调整情况：**

2018年7月30日公布《关于调整住房公积金有关提取政策的通知》（市公积金〔2018〕14号）文件，调整住房公积金有关提取政策如下：

（1）取消装修提取住房公积金政策。

（2）取消申请租住商品住房提取公积金时需提供房屋租赁合同和租金缴纳证明的规定。

（3）对于缴存职工与单位解除或终止劳动关系的，先办理个人账户封存。账户封存期间，在异地开立住房公积金账户并稳定缴存半年以上的，办理异地转移接续手续。未在异地继续缴存的，封存满半年后可提取。

3. **当年个人住房贷款最高贷款额度、贷款条件等贷款政策调整情况：** 个人住房贷款最高额度40万元，其中，单缴存职工最高额度40万元，双缴存职工最高额度40万元。最高贷款额度、贷款条件等贷款政策当年无调整。

4. **当年住房公积金存贷款利率执行标准：** 申请贷款年限在5年内，贷款利率2.75%，申请贷款年限在5年以上，贷款利率3.25%，当年无调整。

（二）当年服务改进情况： 住房公积金缴存登记和提取审批"现场办结"，实现提取公积金实时到账，大桂林范围内支取手续通办，住房公积金贷款的审批时限缩短为5个工作日，申请时可签订空白合同，放款后可邮寄放款材料，基本实现"最多跑一次"。编制"政务办事一次性告知（限时办结）"、"最多跑一次"清单标准，将政务服务事项逐项录入全区数据标准化平台V2.0及自治区政务服务通用软件新系统V4.0，通过全区一体化政务服务平台向社会公开。全面开展"减证便民"专项行动，建立容缺受理政务服务事项清单。开通门户网站、12329热线、12329短信等业务服务网络载体。

（三）当年信息化建设情况： 今年8月，我中心业务系统正式部署上桂林市政务云；9月，实现了我中心资金结算平台的接入、贯标工作要求；11月通过住房城乡建设部"双贯标"验收，标志着我中心建设的住房公积金基础数据信息和银行结算数据应用系统达到行业标准；目前中心已具备综合服务管理平台、门户网站、网上业务大厅、12329热线、12329短信等对外服务渠道，初步具备了办理公积金线上业务的条件，预计2019年内可完成住房城乡建设部关于综合服务平台及对外服务渠道的上线和验收的有关要求。

（四）当年住房公积金管理中心及职工所获荣誉情况：

1. 获得全区住房城乡建设系统记二等功集体；刘娅丹同志获得全区住房城乡建设系统记二等功个人。

2. 获得2018年度档案年检优秀单位。

3. 卫承刚同志获得2016～2018年度全市"美丽广西"乡村建设（扶贫）工作优秀贫困村党组织第一书记。

4. 刘香荣同志2015年、2016年、2018年连续三年年度考核等次优秀，记三等功一次。

梧州市住房公积金2018年年度报告

一、机构概况

（一）**住房公积金管理委员会**：住房公积金管理委员会有25名委员，2018年召开2次会议，审议通过的事项主要包括：

1. 《梧州市住房公积金管理中心对骗提骗贷行为的处理办法（暂行）的请示》。
2. 《关于制订梧州市个人自愿缴存住房公积金业务实施细则的请示》。
3. 《住房公积金2018年年度报告》。
4. 《2018年梧州市住房公积金归集使用计划》。
5. 《梧州市住房公积金管理委员会章程（修改版）》。
6. 《住房公积金2018年预算》。
7. 《2018年度梧州市住房公积金增值收益分配方案》。
8. 《核定住房公积金借款申请人还款能力有关事项的暂行规定》。
9. 《关于提高符合人才优先发展计划条件的职工最高贷款额的请示》。

（二）**住房公积金管理中心**：住房公积金管理中心为直属梧州市人民政府不以营利为目的的财政全额拨款事业单位，设8个科，4个管理部，0个分中心。从业人员85人，其中，在编38人，非在编47人。

二、业务运行情况

（一）**缴存**：2018年，新开户单位278家，实缴单位3140家，净增单位115家；新开户职工1.94万人，实缴职工13.72万人，净减职工3.18万人；缴存额17.30亿元，同比增长9.61%。2018年末，缴存总额121.98亿元，同比增长16.53%；缴存余额49.94亿元，同比增长11.18%。

受委托办理住房公积金缴存业务的银行9家，比上年增加（减少）0家。

（二）**提取**：2018年，提取额12.28亿元，同比增长24.98%；占当年缴存额的70.98%，比上年增加8.75个百分点。2018年末，提取总额72.03亿元，同比增长20.53%。

（三）**贷款**：个人住房贷款最高额度32万元，其中，单缴存职工最高额度32万元，双缴存职工最高额度32万元。

2018年，发放个人住房贷款0.31万笔7.79亿元，同比分别下降4.25%、增长0.81%。2018年，回收个人住房贷款3.57亿元。

2018年末，累计发放个人住房贷款4.09万笔69.96亿元，贷款余额39.72亿元，同比分别增长

8.09%、12.53%、11.89%。个人住房贷款余额占缴存余额的 79.52%，比上年增加 0.51 个百分点。

受委托办理住房公积金个人住房贷款业务的银行 8 家，比上年减少 1 家。

（四）资金存储：2018 年末，住房公积金存款 11.00 亿元。其中，活期 0.02 亿元，1 年（含）以下定期 5.14 亿元，1 年以上定期 2.81 亿元，其他（协定、通知存款等）3.03 亿元。

（五）资金运用率：2018 年末，住房公积金个人住房贷款余额、项目贷款余额和购买国债余额的总和占缴存余额的 79.52%，比上年增加 0.51 个百分点。

三、主要财务数据

（一）业务收入：2018 年，业务收入 14181.63 万元，同比增长 12.79%。其中，存款利息 2166.84 万元，委托贷款利息 11971.70 万元，国债利息 0 万元，其他 43.09 万元。

（二）业务支出：2018 年，业务支出 8424.84 万元，同比增长 12.47%。其中，支付职工住房公积金利息 7091.97 万元，归集手续费 333.74 万元，委托贷款手续费 596.23 万元，其他 402.90 万元。

（三）增值收益：2018 年，增值收益 5756.79 万元，同比增长 13.26%。增值收益率 1.22%，比上年减少 0.08 个百分点。

（四）增值收益分配：2018 年，提取贷款风险准备金 0 万元，提取管理费用 1915.23 万元，提取城市廉租住房（公共租赁住房）建设补充资金 3841.56 万元。

2018 年，上交财政管理费用 2231.33 万元。上缴财政城市廉租住房（公共租赁住房）建设补充资金 3363.75 万元。

2018 年末，贷款风险准备金余额 9238.03 万元。累计提取城市廉租住房（公共租赁住房）建设补充资金 21164.79 万元。

（五）管理费用支出：2018 年，管理费用支出 1965.15 万元，同比增长 54.27%。其中，人员经费 421.14 万元，公用经费 34.97 万元，专项经费 1509.04 万元。

四、资产风险状况

2018 年末，个人住房贷款逾期额 203.38 万元，逾期率 0.51‰。

个人贷款风险准备金按贷款余额的 1% 提取。2018 年，提取个人贷款风险准备金 0 万元，使用个人贷款风险准备金核销呆坏账 0 万元。2018 年末，个人贷款风险准备金余额 9238.03 万元，占个人住房贷款余额的 2.33%，个人住房贷款逾期额与个人贷款风险准备金余额的比率为 2.20%。

五、社会经济效益

（一）缴存业务：2018 年，实缴单位数、实缴职工人数和缴存额同比分别增长 3.80%、减少 18.81% 和增长 9.61%。

缴存单位中，国家机关和事业单位占 61.91%，国有企业占 9.30%，城镇集体企业占 1.34%，外商投资企业占 1.24%，城镇私营企业及其他城镇企业占 21.78%，民办非企业单位和社会团体占 1.24%，其他（含个人自愿缴存）占 3.19%。

缴存职工中，国家机关和事业单位占 59.04%，国有企业占 15.03%，城镇集体企业占 1.37%，外商

投资企业占 4.15%，城镇私营企业及其他城镇企业占 18.05%，民办非企业单位和社会团体占 0.27%，其他（含个人自愿缴存）占 2.09%；中、低收入占 98.93%，高收入占 1.07%。

新开户职工中，国家机关和事业单位占 41.58%，国有企业占 8.59%，城镇集体企业占 2.58%，外商投资企业占 5.74%，城镇私营企业及其他城镇企业占 36.34%，民办非企业单位和社会团体占 0.69%，其他（含个人自愿缴存）占 4.48%；中、低收入占 99.64%，高收入占 0.36%。

（二）提取业务：2018 年，4.69 万名缴存职工提取住房公积金 12.28 亿元。

提取金额中，住房消费提取占 76.61%（购买、建造、翻建、大修自住住房占 34.01%，偿还购房贷款本息占 38.54%，租赁住房占 1.13%，其他占 2.93%）；非住房消费提取占 23.39%［离休和退休提取占 17.37%，完全丧失劳动能力并与单位终止劳动关系提取占 2.79%，户口迁出本市或出境定居占 1.18%，其他（包含死亡提取）占 2.05%］。

提取职工中，中、低收入占 98.46%，高收入占 1.54%。

（三）贷款业务：

1. **个人住房贷款**：2018 年，支持职工购建房 38.97 万平方米，年末个人住房贷款市场占有率为 14.47%，比上年减少 2.66 个百分点。通过申请住房公积金个人住房贷款，可节约职工购房利息支出 27187.09 万元。

职工贷款笔数中，购房建筑面积 90（含）平方米以下占 10.90%，90～144（含）平方米占 76.02%，144 平方米以上占 13.08%。购买新房占 86.04%（其中购买保障性住房占 0%），购买二手房占 13.50%，建造、翻建、大修自住住房占 0.46%，其他占 0%。

职工贷款笔数中，单缴存职工申请贷款占 25.90%，双缴存职工申请贷款占 71.26%，三人及以上缴存职工共同申请贷款占 2.84%。

贷款职工中，30 岁（含）以下占 25.87%，30 岁～40 岁（含）占 43.07%，40 岁～50 岁（含）占 24.11%，50 岁以上占 6.95%；首次申请贷款占 92.10%，二次及以上申请贷款占 7.90%；中、低收入占 98.69%，高收入占 1.31%。

2. **异地贷款**：2018 年，发放异地贷款 435 笔 10412.40 万元。2018 年末，发放异地贷款总额 20007.70 万元，异地贷款余额 16454.31 万元。

（四）住房贡献率：2018 年，个人住房贷款发放额、公转商贴息贷款发放额、项目贷款发放额、住房消费提取额的总和与当年缴存额的比率为 99.42%，比上年增加 2.02 个百分点。

六、其他重要事项

（一）当年住房公积金政策调整及执行情况。

1. 当年缴存基数限额及确定方法、缴存比例等缴存政策调整情况：2018 年度梧州市住房公积金最高缴存比例为 12%，职工月缴存基数上限为统计部门公布的上年度梧州市职工月平均工资的 3 倍。根据统计部门提供的数据，设定 2018 年度梧州市全辖区职工月缴存基数上限为 15352.67 元，单位和个人的住房公积金月缴存额上限各为 1843 元，合计为 3686 元。

2018 年度梧州市住房公积金最低缴存比例为 5%，根据广西壮族自治区人民政府公布的 2018 年梧州市最低工资标准，设定 2018 年梧州市全辖区职工最低缴存基数为 1680 元，单位和个人的住房公积金月缴存额下限各为 84 元，合计为 168 元。

2. 贯彻执行国家和自治区关于在内地（大陆）就业的港澳台同胞享有住房公积金待遇有关问题文件精神，支持在我市就业的港澳台同胞缴存住房公积金，并与我市缴存职工同等享有提取个人住房公积金、申请住房公积金个人住房贷款等权利。

3. 当年提取政策调整情况：（1）优先支持提取住房公积金支付房租，重点支持提取住房公积金在缴存地或户籍地购买首套普通住房和第二套改善型住房。（2）缴存职工与单位解除或终止劳动关系的，先办理个人账户封存。账户封存期间，在异地开立住房公积金账户并稳定缴存半年以上的，办理异地转移接续手续。未在缴存地继续缴存住房公积金的，封存满半年后可办理提取。（3）从 2018 年 6 月 28 日起取消装修提取住房公积金政策。

4. 当年住房公积金个人住房贷款最高贷款额度调整情况：落实梧州市委关于进一步推动人才优先发展的若干措施，经市人才办确定的引进人才，住房公积金贷款最高贷款额度调整为 40 万元。

5. 贯彻执行住房城乡建设部等四部门关于维护住房公积金缴存职工购房贷款权益的文件精神，制定了包括部门分工联动、投诉渠道、处理程序、惩戒措施等内容的实施意见，确保有诉可查、有查必果，切实保障缴存职工贷款权益。

6. 当年住房公积金存贷款利率无调整。

（二）当年服务改进情况。

1. 积极落实《广西推进"一事通办"改革的若干措施》的相关要求，加快推进信息共享和业务协同工作。2018 年 10 月，住房公积金管理中心与梧州市房地产交易中心签订了《房产信息系统技术合作服务协议》，通过共享职工购房信息，不但可以有效的杜绝职工以虚假的购房资料骗提住房公积金，而且简化了职工提取所需证明材料。凡是可以通过信息共享获取的，一律不再要求申请人提交。

2. 不断优化提取审核流程，将住房公积金提取流程由原来的三级审批调整为二级审批。职工申请提取时，经提取业务经办人员初审、复核无误后，提取金额即可通过住房公积金结算平台到达职工账户，缩短提取资金到账时间，为广大缴存职工提供更加优质、便捷的服务。

3. 开展个人自愿缴存住房公积金工作。2018 年 5 月起，我市开展了个人自愿缴存住房公积金业务。非全日制、临时性和弹性工作等灵活形式就业的人员，如城镇个体工商户及其雇用人员、自由职业者等符合条件的人员均可在我中心办理自愿缴存住房公积金业务。截至 2018 年 12 月，共有 623 名职工通过个人自愿缴存设立了住房公积金账户。

4. 住房公积金综合服务平台按照《住房公积金综合服务平台建设导则》要求建设开发，现已正式上线启用，正常开通了网上业务大厅、微信、APP 及网上缴存、支取等功能及个人短信服务，增加了网上办理贷款的服务渠道，实现了让"信息多跑路，群众少跑腿"等多手段结合的便民措施。离退休（达到法定退休年龄）、离职的职工可在中心网厅、微信公众号及手机 APP 办理提取住房公积金业务，无需提交、上传任何提取资料，方便快速，优化了业务流程、精简了提取申请材料。

5. 开通了住房公积金冲还贷业务（目前仅限在交通银行办理的公积金贷款），职工仅凭身份证到住房公积金管理中心归集管理科或计划信贷科即可开通冲还贷业务，每月自动从职工住房公积金账户中划扣公积金偿还贷款，无需职工再到中心办理提取业务，为缴存职工提供了更多元化、更优质便民的服务。

6. 优化住房公积金贷款流程，由受委托银行派员进驻中心业务前台受理贷款业务，实现贷款申请时一并预签借款合同和抵押合同,加快了职工办理住房公积金贷款的速度。

(三)当年信息化建设情况。2018年3月,住房公积金信息化建设升级、"双贯标"项目的开发工作正式启动,根据《住房公积金综合服务平台建设导则》的要求,严格按照住房城乡建设部"基础数据标准"和"银行结算应用系统"接入的规范认真贯彻执行。2018年6月,我市成功接入全国住房公积金结算应用系统,且该业务系统在线运行期间情况良好。2018年10月,我市住房公积金业务应用系统中心业务管理系统通过了住房城乡建设部的"双贯标"统一验收。目前,住房公积金管理中心正加快开发进度,对业务系统升级的各项功能模块进行开发调试,实现住房公积金信息化建设,更好地为民服务。

(四)2018年住房公积金管理中心继续保留"自治区文明单位"荣誉称号。

(五)当年对违反《住房公积金管理条例》和相关法规行为进行行政处罚和申请人民法院强制执行情况。2018年住房公积金管理中心对全辖区尚未建立住房公积金制度的28家企业发出了《办理住房公积金缴存登记建议书》,并对其中20家发出了《限期办理通知书》;对已建立住房公积金制度但逾期不缴或者少缴的212家企业发出《缴存住房公积金建议书》,并对其中18家发出了《限期缴存通知书》。全年共对72家企业进行了立案处理。

北海市住房公积金2018年年度报告

一、机构概况

(一)住房公积金管理委员会:住房公积金管理委员会有21名委员,2018年召开2次会议,审议通过的事项主要包括:《关于2018年住房公积金缴存使用计划执行情况及2018年住房公积金缴存使用计划的报告》、《关于2018年住房公积金增值收益分配方案执行情况及2018年增值收益分配计划方案的报告》、《北海市住房公积金2018年年度报告》、《北海市个人自愿缴存住房公积金实施办法》(试行)以及关于调整租房提取住房公积金额度的有关问题等。

(二)住房公积金管理中心:住房公积金管理中心为直属市人民政府不以营利为目的的副县(处)级参公管理事业单位,设5个科,2个管理部。从业人员56人,其中,在编39人,非在编17人。

二、业务运行情况

(一)缴存:2018年,新开户单位201家,实缴单位2077家,净增单位88家;新开户职工1.65万人,实缴职工9.80万人,净增职工0.52万人;缴存额12.86亿元,同比增长13.60%。2018年末,缴存总额92.28亿元,同比增长16.19%;缴存余额37.75亿元,同比增长11.62%。

受委托办理住房公积金缴存业务的银行6家,比上年增加(减少)0家。

(二)提取:2018年,提取额8.93亿元,同比增长26.04%;占当年缴存额的69.44%,比上年增加6.9个百分点。2018年末,提取总额54.52亿元,同比增长19.56%。

(三)贷款:个人住房贷款最高额度50万元,其中,单缴存职工最高额度50万元,双缴存职工最高额度 50 万元。

2018 年，发放个人住房贷款 1738 笔 5.59 亿元，同比分别下降 29.38%、24.76%。

2018 年，回收个人住房贷款 2.97 亿元。

2018 年末，累计发放个人住房贷款 22747 笔 49.85 亿元，贷款余额 32.10 亿元，同比分别增长 8.27%、12.63%、8.89%。个人住房贷款余额占缴存余额的 85.02%，比上年减少 2.14 个百分点。

受委托办理住房公积金个人住房贷款业务的银行 5 家，比上年增加（减少）0 家。

（四）资金存储：2018 年末，住房公积金存款 6.21 亿元。其中，活期 0.01 亿元，1 年（含）以下定期 0.11 亿元，1 年以上定期 4.77 亿元，其他（协定、通知存款等）1.32 亿元。

（五）资金运用率：2018 年末，住房公积金个人住房贷款余额、项目贷款余额和购买国债余额的总和占缴存余额的 85.02%，比上年减少 2.14 个百分点。

三、主要财务数据

（一）业务收入：2018 年，业务收入 12376.15 万元，同比增长 12.83%。其中，存款利息 2504.34 万元，委托贷款利息 9870.42 万元，国债利息 0 万元，其他 1.39 万元。

（二）业务支出：2018 年，业务支出 5872.62 万元，同比增长 5.99%。其中，支付职工住房公积金利息 5105.97 万元，归集手续费 0 万元，委托贷款手续费 493.59 万元，其他 273.06 万元（其中，公转商贴息支出 271.86 万元）。

（三）增值收益：2018 年，增值收益 6503.53 万元，同比增长 19.81%。增值收益率 1.81%，比上年增加 0.11 个百分点。

（四）增值收益分配：2018 年，提取贷款风险准备金 3902.12 万元，提取管理费用 1374.11 万元，提取城市廉租住房（公共租赁住房）建设补充资金 1227.30 万元。

2018 年，上交财政管理费用 1366.96 万元。上缴财政城市廉租住房（公共租赁住房）建设补充资金 632.27 万元。

2018 年末，贷款风险准备金余额 27284.92 万元。累计提取城市廉租住房（公共租赁住房）建设补充资金 4047.69 万元。

（五）管理费用支出：2018 年，管理费用支出 1357.66 万元，同比增长 23.51%。其中，人员经费 681.16 万元，公用经费 91.91 万元，专项经费 584.59 万元。

四、资产风险状况

2018 年末，个人住房贷款逾期额 289.61 万元，逾期率 0.9‰。

个人贷款风险准备金按增值收益的 60% 提取。2018 年，提取个人贷款风险准备金 3902.12 万元，使用个人贷款风险准备金核销呆坏账 0 万元。2018 年末，个人贷款风险准备金余额 27284.92 万元，占个人住房贷款余额的 8.50%，个人住房贷款逾期额与个人贷款风险准备金余额的比率为 1.06%。

五、社会经济效益

（一）缴存业务：2018 年，实缴单位数、实缴职工人数和缴存额同比分别增长 4.42%、5.49%

和 13.60%。

缴存单位中，国家机关和事业单位占 59.17%，国有企业占 10.54%，城镇集体企业占 1.54%，外商投资企业占 2.17%，城镇私营企业及其他城镇企业占 20.03%，民办非企业单位和社会团体占 1.16%，其他占 5.39%。

缴存职工中，国家机关和事业单位占 52.05%，国有企业占 21.09%，城镇集体企业占 2.04%，外商投资企业占 5.75%，城镇私营企业及其他城镇企业占 14.45%，民办非企业单位和社会团体占 0.53%，其他占 4.09%；中、低收入占 99.24%，高收入占 0.76%。

新开户职工中，国家机关和事业单位占 25.29%，国有企业占 18.27%，城镇集体企业占 0.89%，外商投资企业占 12.84%，城镇私营企业及其他城镇企业占 29.65%，民办非企业单位和社会团体占 2.68%，其他占 10.38%；中、低收入占 99.92%，高收入占 0.08%。

(二) **提取业务**：2018 年，3.39 万名缴存职工提取住房公积金 8.93 亿元。

提取金额中，住房消费提取占 73.98%（购买、建造、翻建、大修自住住房占 29.47%，偿还购房贷款本息占 37.57%，租赁住房占 5.41%，其他占 1.53%）；非住房消费提取占 26.02%（离休和退休提取占 19.63%，完全丧失劳动能力并与单位终止劳动关系提取占 4.70%，户口迁出本市或出境定居占 0%，其他占 1.69%）。

提取职工中，中、低收入占 98.78%，高收入占 1.22%。

(三) **贷款业务**：

1. **个人住房贷款**：2018 年，支持职工购建房 19.94 万平方米，年末个人住房贷款市场占有率为 8.93%，比上年减少 0.14 个百分点。通过申请住房公积金个人住房贷款，可节约职工购房利息支出 13038.16 万元。

职工贷款笔数中，购房建筑面积 90（含）平方米以下占 29.23%，90~144（含）平方米占 58.29%，144 平方米以上占 12.48%。购买新房占 63.18%（其中购买保障性住房占 0%），购买二手房占 36.82%，建造、翻建、大修自住住房占 0%，其他占 0%。

职工贷款笔数中，单缴存职工申请贷款占 35.85%，双缴存职工申请贷款占 63.81%，三人及以上缴存职工共同申请贷款占 0.34%。

贷款职工中，30 岁（含）以下占 32.16%，30 岁~40 岁（含）占 41.37%，40 岁~50 岁（含）占 20.89%，50 岁以上占 5.58%；首次申请贷款占 92.87%，二次及以上申请贷款占 7.13%；中、低收入占 99.08%，高收入占 0.92%。

2. **异地贷款**：2018 年，发放异地贷款 126 笔 4129.20 万元。2018 年末，发放异地贷款总额 17817.07 万元，异地贷款余额 16401.34 万元。

3. **公转商贴息贷款**：2018 年，发放公转商贴息贷款 0 笔 0 万元，支持职工购建住房面积 0 万平方米，当年贴息额 271.86 万元。2018 年末，累计发放公转商贴息贷款 1606 笔 28573.52 万元，累计贴息 1768.75 万元。

(四) **住房贡献率**：2018 年，个人住房贷款发放额、公转商贴息贷款发放额、项目贷款发放额、住房消费提取额的总和与当年缴存额的比率为 94.83%，比上年减少 17.38 个百分点，下降的主要原因是个人住房贷款发放额减少。

六、其他重要事项

（一）当年住房公积金政策调整及执行情况：

1. 2018年度，北海市住房公积金缴存基数限额：上限为15156元，按统计部门公布的上一年度职工月平均工资的3倍来确定；下限为1680元，根据《广西壮族自治区人民政府关于调整全区职工最低工资标准的通知》（桂政发〔2018〕6号）精神，按2018年度北海市的最低工资标准来确定。

2. 2018年企业缴存比例调整情况：中心继续认真贯彻落实自治区及北海市关于降低实体经济企业成本工作的部署要求，根据《广西壮族自治区关于降低实体经济企业成本若干措施的意见》（桂政发〔2016〕20号）、《北海市人民政府进一步做好北海市降低实体经济企业成本工作的通知》（北政发〔2016〕32号）、《转发住房城乡建设部财政部人民银行关于改进住房公积金缴存机制进一步降低企业成本的通知》（桂建金管〔2018〕11号）相关规定，将住房公积金缴存企业的最低缴存比例降至5%。

3. 2018年度住房公积金提取政策调整情况：2018年6月27日起，停止受理装修提取住房公积金业务；缴存职工与单位解除或终止劳动关系的，先办理个人账户封存，账户封存期间，在异地开立了住房公积金账户并稳定缴存半年以上的，办理异地转移接续手续，未在异地继续缴存的，封存满半年后可办理销户提取。2018年7月1日起，调整租房提取额度，市本级（含海城区、银海区、铁山港区）缴存职工，未婚职工600元/月·户，已婚职工1200元/月·户；合浦县缴存职工，未婚职工500元/月·户，已婚职工1000元/月·户。

4. 利率按当年人民银行通知的住房公积金存贷款利率执行。

（二）当年服务改进情况： 积极推进住房公积金综合服务平台建设，2018年，12329服务热线累计收到信息查询、政策咨询和其他互动交流约2.24万人次，12329短信平台共推送消息约91.4万条，为缴存职工及时掌握住房公积金账户情况，准确了解最新公积金政策提供了优质高效的服务。

（三）当年信息化建设情况： 经过2年多的开发筹备和运行测试，2018年10月底，中心顺利通过了住房城乡建设部关于贯彻落实住房公积金基础数据标准和银行结算数据应用系统接入（以下简称"双贯标"）工作的检查验收。"双贯标"系统的上线，实现了提取实时到账、贷款实时发放、资金实时调拨等功能，同时，贷款审批的时限从原来10个工作日内压缩至5个工作日内，进一步提升对外服务水平。

（四）当年住房公积金管理中心及职工所获荣誉情况： 2018年，北海市住房公积金管理中心服务窗口被继续认定为广西壮族自治区级青年文明号。

（五）当年对违反《住房公积金管理条例》和相关法规行为进行行政处罚和申请人民法院强制执行情况： 中心严格按照《广西住房公积金业务管理规范》的规定程序受理投诉，及时解释跟踪落实，对于干部职工提出的合法权益，能积极与单位沟通，尽力做好协调工作，努力化解社会矛盾，全年接待、处理来访来电20余次。2018年，接到投诉举报2件，目前1件办结，1件按规定程序进行处理当中。对不按时缴存或少缴住房公积金的单位及时发出《限期缴存通知书》30份，另对尚未建立住房公积金制度的单位发出《限期办理通知书》32份，并对在限期内未前来办理登记手续的单位通过市政府门户网站中心站点予以公示。2018年度通过行政执法促建单位有13个，促建人数442人。本年度没有申请人民法院强制执行的案件。

对部分单位职工违反《住房公积金管理条例》规定，通过提交虚假材料等不正当手段骗提住房公积金的情况，中心依据与市监察局、市纠风办联合下发的《关于防范和严厉打击住房公积金骗取、骗贷行为有关事项的通知》，及时遏制公积金骗提、骗贷的违规行为。通过查处本年度收到退回骗提总额11.65万元。

2018年，根据住房城乡建设部等四部门以及自治区住房城乡建设厅四部门关于维护住房公积金缴存职工购房贷款权益的通知精神，与北海市住房城乡建设局不定期开展了数次维权专项整治行动，用明察暗访的方式实地走访检查了职工反映的几大楼盘项目，对发现的2个楼盘项目存在拒绝职工使用公积金贷款的行为由住房城乡建设部门责令其限期进行整改。目前已整改项目1个，未整改项目1个。

防城港市住房公积金2018年年度报告

一、机构概况

（一）住房公积金管理委员会：住房公积金管理委员会有25名委员，2018年召开2次会议，审议通过的事项主要包括：审议2018年度住房公积金归集、使用计划、审议2018年住房公积金增值收益分配情况、审议拟向社会公布的2018年住房公积金财务报告议案、审议2018年住房公积金归集、使用计划、审议2018年防城港市住房公积金年度报告、审议关于请求审议防城港市关于推进机关事业单位建立编外职工住房公积金制度的议案、审议关于请求审议《防城港市自愿缴存住房公积金实施办法（试行）》的议案、审议关于请求审议《防城港市住房公积金骗提套取失信行为管理办法（试行）》的议案、审议关于请求审议《防城港市在内地（大陆）就业的港澳台同胞住房公积金缴存使用实施细则（试行）》的议案。

（二）住房公积金管理中心：住房公积金管理中心为防城港市人民政府不以营利为目的的参照公务员管理的副处级事业单位，设4个科室，2个管理部，2个办事处。从业人员57人，其中，在编20人，非在编37人。

二、业务运行情况

（一）缴存：2018年，新开户单位230家，实缴单位1852家，净增单位140家；新开户职工0.82万人，实缴职工6.08万人，净增职工0.05万人；缴存额8.74亿元，同比增长16.20%。2018年末，缴存总额61.84亿元，同比增长16.47%；缴存余额20.75亿元，同比增长12.71%。

受委托办理住房公积金缴存业务的银行6家，比上年增加（减少）0家。

（二）提取：2018年，提取额6.41亿元，同比增长9.31%；占当年缴存额的73.25%，比上年减少4.61个百分点。2018年末，提取总额41.09亿元，同比增长18.47%。

（三）贷款：个人住房贷款最高额度48万元，其中，单缴存职工最高额度48万元，双缴存职工最高额度48万元。

2018年，发放个人住房贷款0.14万笔3.94亿元，同比分别下降5.49%、1.90%。

2018年，回收个人住房贷款1.56亿元。

2018年末，累计发放个人住房贷款1.27万笔25.79亿元，贷款余额17.37亿元，同比分别增长

12.35%、18.05%、15.86%。个人住房贷款余额占缴存余额的83.71%，比上年增加2.28个百分点。

受委托办理住房公积金个人住房贷款业务的银行5家，比上年增加1家。

（四）资金存储：2018年末，住房公积金存款3.78亿元。其中，活期0.21亿元，1年（含）以下定期3.11亿元，1年以上定期0亿元，其他（协定、通知存款等）0.46亿元。

（五）资金运用率：2018年末，住房公积金个人住房贷款余额、项目贷款余额和购买国债余额的总和占缴存余额的83.71%，比上年增加2.28个百分点。

三、主要财务数据

（一）业务收入：2018年，业务收入6020.57万元，同比增长13.35%。存款利息780.39万元，委托贷款利息5211.26万元，国债利息0万元，其他28.92万元。

（二）业务支出：2018年，业务支出3156.50万元，同比增长10.24%。支付职工住房公积金利息2894.45万元，归集手续费0万元，委托贷款手续费261.08万元，其他0.97万元。

（三）增值收益：2018年，增值收益2864.07万元，同比增长16.98%。增值收益率1.49%，比上年增加0.09个百分点。

（四）增值收益分配：2018年，提取贷款风险准备金1736.71万元，提取管理费用815.98万元，提取城市廉租住房（公共租赁住房）建设补充资金311.38万元。

2018年，上交财政管理费用1616.58万元。上缴财政城市廉租住房（公共租赁住房）建设补充资金148.67万元。

2018年末，贷款风险准备金余额10222.29万元。累计提取城市廉租住房（公共租赁住房）建设补充资金4025.82万元。

（五）管理费用支出：2018年，管理费用支出897.36万元，同比增长1.28%。其中，人员经费309.76万元，公用经费77.80万元，专项经费509.80万元。

四、资产风险状况

2018年末，个人住房贷款逾期额1635.23万元，逾期率9.42‰。

个人贷款风险准备金按贷款余额的1%提取。2018年，提取个人贷款风险准备金1736.71万元，使用个人贷款风险准备金核销呆坏账0万元。2018年末，个人贷款风险准备金余额10222.29万元，占个人住房贷款余额的5.89%，个人住房贷款逾期额与个人贷款风险准备金余额的比率为16%。

五、社会经济效益

（一）缴存业务：2018年，实缴单位数、实缴职工人数和缴存额同比分别增长8.18%、0.85%和16.20%。

缴存单位中，国家机关和事业单位占66.36%，国有企业占15.23%，城镇集体企业占0%，外商投资企业占0.65%，城镇私营企业及其他城镇企业占14.36%，民办非企业单位和社会团体占1.13%，其他占2.27%。

缴存职工中，国家机关和事业单位占50.99%，国有企业占35.04%，城镇集体企业占0%，外商投资企业占2.17%，城镇私营企业及其他城镇企业占9.49%，民办非企业单位和社会团体占0.33%，其他占1.98%；中、低收入占99.78%，高收入占0.22%。

新开户职工中，国家机关和事业单位占39.38%，国有企业占34.51%，城镇集体企业占0%，外商投资企业占1.62%，城镇私营企业及其他城镇企业占20.94%，民办非企业单位和社会团体占1.01%，其他占2.54%；中、低收入占99.96%，高收入占0.04%。

（二）提取业务：2018年，1.99万名缴存职工提取住房公积金6.41亿元。

提取金额中，住房消费提取占82.04%（购买、建造、翻建、大修自住住房占18.75%，偿还购房贷款本息占40.13%，租赁住房占12.35%，其他占10.81%）；非住房消费提取占17.96%（离休和退休提取占11.29%，完全丧失劳动能力并与单位终止劳动关系提取占3.75%，户口迁出本市或出境定居占0%，其他占2.92%）。

提取职工中，中、低收入占99.42%，高收入占0.58%。

（三）贷款业务：

1. **个人住房贷款**：2018年，支持职工购建房17.30万平方米，年末个人住房贷款市场占有率为10.03%，比上年减少0.34个百分点。通过申请住房公积金个人住房贷款，可节约职工购房利息支出7142.14万元。

职工贷款笔数中，购房建筑面积90（含）平方米以下占11.98%，90～144（含）平方米占72.88%，144平方米以上占15.14%。购买新房占81.21%（其中购买保障性住房占0%），购买二手房占16.86%，建造、翻建、大修自住住房占0.22%，其他占1.71%。

职工贷款笔数中，单缴存职工申请贷款占71.94%，双缴存职工申请贷款占27.92%，三人及以上缴存职工共同申请贷款占0.14%。

贷款职工中，30岁（含）以下占47.20%，30岁～40岁（含）占34.15%，40岁～50岁（含）占14.78%，50岁以上占3.87%；首次申请贷款占96.99%，二次及以上申请贷款占3.01%；中、低收入占99.50%，高收入占0.50%。

2. **异地贷款**：2018年，发放异地贷款148笔4846万元。2018年末，发放异地贷款总额16653万元，异地贷款余额15949.68万元。

（四）住房贡献率：2018年，个人住房贷款发放额、公转商贴息贷款发放额、项目贷款发放额、住房消费提取额的总和与当年缴存额的比率为105.17%，比上年减少13.57个百分点。

六、其他重要事项

（一）当年机构及职能调整情况、受委托办理缴存贷款业务金融机构变更情况：2018年，机构及职能未作调整。中心增加广西北部湾银行股份有限公司防城港支行为委贷银行。

（二）当年住房公积金政策调整及执行情况：

1. **缴存政策调整情况**：2018年5月4日，根据《住房公积金管理条例》（国务院令第350号），自治区住房城乡建设厅、财政厅、人民银行南宁中心支行《关于印发〈广西个人自愿缴存住房公积金管理办法〉的通知》，中心出台《防城港市自愿缴存住房公积金实施办法（试行）》（防金委通〔2018〕3号），将以非全日制、临时性和弹性工作等灵活形式就业的人员（不包括外籍及港、澳、台人员），符合年满18周岁,且男性未满60周岁、女性未满55周岁的,及在本市辖区(含东兴市、上思县)居住(包括户籍地在农村的居民),可按照本办法自愿缴存住房公积金。

2018年6月29日,根据国务院《住房公积金管理条例》和《广西住房公积金业务管理规范》,中心发布《关于设定防城港市2018年度住房公积金月缴存额上、下限的通知》(防金管通〔2018〕17号),实行控高保低,明确了2018年度本市的缴存基数确定方法及缴存限额、缴存比例。

2018年11月22日,根据住房城乡建设部、财政部、中国人民银行、国务院港澳事务办公室、国务院台湾事务办公室《关于在内地(大陆)就业的港澳台同胞享有住房公积金待遇有关问题的意见》、自治区住房城乡建设厅等五部门《转发〈关于在内地(大陆)就业的港澳台同胞享有住房公积金待遇有关问题的意见〉的通知》(桂建金管〔2018〕2号)文件精神,中心出台《防城港市关于在内地(大陆)就业的港澳台同胞住房公积金缴存使用实施办法》,将在本市(含上思县、东兴市,下同)就业的台、港、澳同胞纳入缴存对象范围。

2. 提取政策调整情况: 2018年6月30日,根据《自治区住房城乡建设厅、财政厅、人行、公安厅转发住房城乡建设部等四部门关于开展治理违规提取住房公积金工作的通知》(桂建金管〔2018〕13号)要求,停止装修提取住房公积金政策。

2018年11月22日,根据《住房城乡建设部、财政部、人民银行、公安部关于开展治理违规提取住房公积金工作的通知》(建金〔2018〕46号),中心按照"房子是用来住的,不是用来炒的"的定位,结合本市实际情况,优先支持提取住房公积金支付房租,提取额度应根据当地租金水平合理确定并及时调整,将"单身职工每月租房最高可提取450元,家庭户职工每月租房最高可提取810元",调整为"单身职工每月租房最高可提取750元,家庭户职工每月租房最高可提取1500元"。

3. 贷款政策调整情况: 2018年11月22日,经管委会同意发布《关于进一步加大防城港市住房公积金支持住房消费力度的通知》,调整申请住房公积金贷款时购房合同备案时限将"购买一手住房的,应在备案1年内提出贷款申请"贷款政策调整为"购买一手住房的,贷款申请人可在购房合同备案3年内提出贷款申请"。当个贷率达到或超过90%时,再调整为"购买一手住房的,应在备案1年内提出贷款申请"。

(三)当年服务优化情况: 2018年,防城港中心着力推进"放管服"改革,持续优化营商环境,不断转变管理思路、优化服务方式、提升服务质效,以服务促管理、树形象、促发展,将广大住房公积金缴存职工的利益放在第一位,不断创新服务形式,提升服务质量,优化我市住房公积金营商环境。一是简化材料,提高办事效率。2018年初印发《关于全面精简、调整办理公积金业务材料的通知》(防金管通〔2018〕2号),共精简10项公积金业务流程及材料要件13份。二是以优化我市营商环境及解决群众办事堵点问题为契机,对照《权责清单》,认真梳理《服务指南》,职工办理业务不再需要提供任何材料的复印件,《住房公积金提取、转移申请表》不再需要加盖单位公章。三是积极推广网上业务,让群众少跑路,通过推广住房公积金网上业务大厅,鼓励缴存单位、职工在网上办理公积金缴存、提取、贷款等业务,提升业务网上办理覆盖率,让群众获得实实在在的实惠。

(四)当年信息化建设情况: 一是我中心于2018年12月系统通过住房城乡建设部的"双贯标"验收工作后,有力推动了公积金业务数据体系科学化、标准化、规范化,为内部数据共享和外部业务联动打下来基础。二是中心已向全市全面推行网上开通单位信息变更、缴存基数调整、职工个人账户设立、账户封存、账户启封、汇缴、补缴、账户同城转移、离职提取、公积金还贷提取、退休提取、贷款网上预审、贷款进度查询业务等多项业务网上办理功能。

（五）当年住房公积金管理中心及职工所获荣誉情况：

1. 2018年第3季度公积金政务服务窗口被评为"优秀窗口"。

2. 2018年第3季公积金政务服务窗口劳一苹同志被评为"服务之星"。

3. 2018年第4季度公积金政务服务窗口被评为"优秀窗口"。

（六）当年对违反《住房公积金管理条例》和相关法规行为进行行政处罚和申请人民法院强制执行情况：2018年我中心向法院申请执行公积金个人住房贷款借款合同纠纷案件10宗。

钦州市住房公积金2018年年度报告

一、机构概况

（一）**住房公积金管理委员会**：住房公积金管理委员会有22名委员，2018年召开2次会议，审议通过的事项主要包括：《关于审定住房公积金有关业务事项的请示》、《钦州市住房公积金2018年年度报告》、《钦州市个人自愿缴存住房公积金实施办法》、《关于转发自治区住房城乡建设厅等四部门关于维护住房公积金缴存职工购房贷款权益的通知》、《关于请求授权审批降低住房公积金缴存比例、缓缴住房公积金的请示》、《关于规范和改进住房公积金使用政策的通知》、《2018年度住房公积金增值收益计提公共租赁住房补助资金分配方案》。

（二）**住房公积金管理中心**：住房公积金管理中心为钦州市人民政府直属的、不以营利为目的的、参照公务员法管理的事业单位，设5个科，5个管理部。从业人员62人，其中，在编33人，非在编29人。

二、业务运行情况

（一）**缴存**：2018年，新开户单位214家，实缴单位2530家，净增单位147家；新开户职工1.61万人，实缴职工13.52万人，净增职工0.82万人；缴存额17.57亿元，同比增长17.53%。2018年末，缴存总额104.05亿元，同比增长20.32%；缴存余额44.22亿元，同比增长13.34%。

受委托办理住房公积金缴存业务的银行8家，比上年增加0家。

（二）**提取**：2018年，提取额12.37亿元，同比增长27.90%；占当年缴存额的70.37%，比上年增加5.7个百分点。2018年末，提取总额59.83亿元，同比增长26.06%。

（三）**贷款**：个人住房贷款最高额度35万元，其中，单缴存职工最高额度28万元，双缴存职工最高额度35万元。

2018年，发放个人住房贷款0.35万笔9.33亿元，同比分别增长4.02%、7.04%。

2018年，回收个人住房贷款3.16亿元。

2018年末，累计发放个人住房贷款2.78万笔57.17亿元，贷款余额43.28亿元，同比分别增长14.36%、19.52%、16.65%。个人住房贷款余额占缴存余额的97.87%，比上年增加2.77个百分点。

受委托办理住房公积金个人住房贷款业务的银行 8 家,比上年增加 0 家。

(四)融资:2018 年,融资 0.5 亿元,归还 0.2 亿元。2018 年末,融资总额 0.5 亿元,融资余额 0.3 亿元。

(五)资金存储:2018 年末,住房公积金存款 3.06 亿元。其中,活期 3.06 亿元。

(六)资金运用率:2018 年末,住房公积金个人住房贷款余额、项目贷款余额和购买国债余额的总和占缴存余额的 97.87%,比上年增加 2.77 个百分点。

三、主要财务数据

(一)业务收入:2018 年,业务收入 14653.45 万元,同比增长 13.43%。存款利息 1464.01 万元,委托贷款利息 13188.98 万元,国债利息 0 万元,其他 0.46 万元。

(二)业务支出:2018 年,业务支出 7186.26 万元,同比增长 22.18%。支付职工住房公积金利息 6340.02 万元,归集手续费 75 万元,委托贷款手续费 678.78 万元,其他(融资利息)92.46 万元。

(三)增值收益:2018 年,增值收益 7467.19 万元,同比增长 6.12%。增值收益率 1.78%,比上年减少 0.12 个百分点。

(四)增值收益分配:2018 年,提取贷款风险准备金 4328.44 万元,提取管理费用 1018.46 万元,提取城市廉租住房(公共租赁住房)建设补充资金 2120.29 万元。

2018 年,上交财政管理费用 883.90 万元。上缴财政城市廉租住房(公共租赁住房)建设补充资金 2441.00 万元。

2018 年末,贷款风险准备金余额 21136.47 万元。累计提取城市廉租住房(公共租赁住房)建设补充资金 14723.24 万元。

(五)管理费用支出:2018 年,管理费用支出 919.46 万元,同比下降 16.27%。其中,人员经费 473.99 万元,公用经费 61.4 万元,专项经费 384.07 万元。

四、资产风险状况

2018 年末,个人住房贷款逾期额 156.99 万元,逾期率 0.36‰。

个人贷款风险准备金按贷款余额的 1% 提取。2018 年,提取个人贷款风险准备金 4328.44 万元,使用个人贷款风险准备金核销呆坏账 0 万元。2018 年末,个人贷款风险准备金余额 21136.47 万元,占个人住房贷款余额的 4.88%,个人住房贷款逾期额与个人贷款风险准备金余额的比率为 0.74%。

五、社会经济效益

(一)缴存业务:2018 年,实缴单位数、实缴职工人数和缴存额同比分别增长 6.17%、6.42% 和 17.53%。

缴存单位中,国家机关和事业单位占 64.58%,国有企业占 6.21%,城镇集体企业占 3.68%,外商投资企业占 0.36%,城镇私营企业及其他城镇企业占 22.45%,民办非企业单位和社会团体占 2.29%,个人自愿缴存占 0.03%,其他占 0.4%。

缴存职工中,国家机关和事业单位占 62.89%,国有企业占 15.59%,城镇集体企业占 3.19%,外商投资企业占 1.04%，城镇私营企业及其他城镇企业占 16.56%，民办非企业单位和社会团体占 0.45%，个人自愿缴存占 0.18%，其他占 0.1%；中、低收入占 98.65%，高收入占 1.35%。

新开户职工中，国家机关和事业单位占 37.49%，国有企业占 10.77%，城镇集体企业占 5.93%，外商投资企业占 3.34%，城镇私营企业及其他城镇企业占 39.64%，民办非企业单位和社会团体占 1.11%，个人自愿缴存占 1.52%，其他占 0.2%；中、低收入占 99.52%，高收入占 0.48%。

（二）提取业务：2018 年，4.94 万名缴存职工提取住房公积金 12.37 亿元。

提取金额中，住房消费提取占 78.38%（购买、建造、翻建、大修自住住房占 35.68%，偿还购房贷款本息占 38.45%，租赁住房占 3.81%，其他占 0.44%）；非住房消费提取占 21.62%（离休和退休提取占 13.71%，完全丧失劳动能力并与单位终止劳动关系提取占 6.86%，其他占 1.05%）。

提取职工中，中、低收入占 98.06%，高收入占 1.94%。

（三）贷款业务：

1. 个人住房贷款：2018 年，支持职工购建房 43.08 万平方米，年末个人住房贷款市场占有率为 17.12%，比上年减少 1.19 个百分点。通过申请住房公积金个人住房贷款，可节约职工购房利息支出 20906.94 万元。

职工贷款笔数中，购房建筑面积 90（含）平方米以下占 7.76%，90～144（含）平方米占 85.69%，144 平方米以上占 6.55%。购买新房占 90.62%（其中购买保障性住房占 4.21%），购买二手房占 9.24%，建造、翻建、大修自住住房占 0.14%。

职工贷款笔数中，单缴存职工申请贷款占 31.63%，双缴存职工申请贷款占 67.77%，三人及以上缴存职工共同申请贷款占 0.60%。

贷款职工中，30 岁（含）以下占 43.45%，30 岁～40 岁（含）占 35.49%，40 岁～50 岁（含）占 17.80%，50 岁以上占 3.26%；首次申请贷款占 97.17%，二次及以上申请贷款占 2.83%；中、低收入占 99.80%，高收入占 0.2%。

2. 异地贷款：2018 年，发放异地贷款 33 笔 842.70 万元。2018 年末，发放异地贷款总额 13668.45 万元，异地贷款余额 8097.85 万元。

（四）住房贡献率：2018 年，个人住房贷款发放额、公转商贴息贷款发放额、项目贷款发放额、住房消费提取额的总和与当年缴存额的比率为 108.29%，比上年减少 1.06 个百分点。

六、其他重要事项

（一）当年住房公积金政策调整及执行情况：

1. 当年缴存基数限额及确定方法、缴存比例调整情况：2018 年 6 月 20 日，根据《关于印发〈广西住房公积金业务管理规范〉的通知》（桂建金管〔2011〕26 号）第 3.1.3 条"缴存基数不应超过设区城市统计部门公布的上一年度职工月平均工资的 3 倍，缴存比例最高不得高于经批准的本城市的最高缴存比例"规定，印发《关于调整钦州市 2018 年住房公积金月缴存额上下限的通知》（钦市金管规〔2018〕1 号），调整住房公积金缴存基数上限为 14365 元；缴存基数下限按上年度本市最低工资标准 1724 元执行；缴存比例为 5%～12%。

2. 住房公积金存贷款利率调整及执行情况：根据《中国人民银行、住房城乡建设部、财政部关于完善职工住房公积金账户存款利率形成机制的通知》(银发〔2016〕43号),自2016年2月21日起,将职工住房公积金账户存款利率,由按归集时间执行活期、三个月存款基准利率,调整为统一按一年期定期存款基准利率执行;5年期(含)以下的住房公积金个人贷款年利率为2.75%,5年期以上至30年(含)的贷款年利率为3.25%。

3. **住房公积金个人住房贷款最高贷款额度调整情况**:根据钦州市住房公积金管理委员会《关于调整住房公积金政策支持职工住房消费的通知》(钦市金管委字〔2014〕2号),借款人及其配偶双方均正常缴存住房公积金的,最高贷款额度为35万元;单方正常缴存住房公积金的,最高贷款额度为28万元。

4. **当年住房公积金政策调整情况:**

(1) 2018年1月16日,根据《广西住房公积金业务管理规范》(桂建金管〔2011〕26号)、《自治区住房和城乡建设厅财政厅中国人民银行南宁中心支行关于适时调整住房公积金政策确保房地产市场平稳健康发展的通知》(桂建金管〔2018〕11号)的规定,结合我市实际情况,并经市住房公积金管理委员会同意,适时调整住房公积金使用政策;印发《关于适时调整住房公积金使用政策的通知》(钦市金管委字〔2018〕1号)。

(2) 2018年4月3日,根据《自治区住房城乡建设厅财政厅人民银行南宁中心支行关于印发〈广西个人自愿缴存住房公积金管理办法〉的通知》(桂建发〔2018〕9号)精神,印发《钦州市个人自愿缴存住房公积金实施办法》(钦市金管委规〔2018〕1号)。

(3) 2018年4月3日,印发《钦州市住房公积金管理委员会转发自治区住房城乡建设厅等四部门关于维护住房公积金缴存职工购房贷款权益的通知》(钦市金管委规〔2018〕2号)。

(4) 2018年6月20日,印发《关于调整钦州市2018年住房公积金月缴存额上下限的通知》(钦市金管规〔2018〕1号)。

(5) 2018年8月8日,印发《钦州市住房公积金管理中心住房公积金失信人管理暂行办法(试行)》(钦市金管字〔2018〕38号)。

(6) 2018年11月5日,为贯彻落实自治区住房城乡建设厅桂建金管〔2018〕8号、桂建金管〔2018〕9号、桂建金管〔2018〕13号等文件精神,进一步规范和改进住房公积金使用政策,经市住房公积金管理委员会2018年第二次会议审议通过,印发《钦州市住房公积金管理委员会关于规范和改进住房公积金使用政策的通知》(钦市金管委规〔2018〕3号)。

(二)当年服务改进情况:

1. 根据自治区住房城乡建设厅等四部门印发的《广西个人自愿缴存住房公积金管理办法》(桂建发〔2018〕9号)精神,为深入推进新型城镇化建设,进一步扩大住房公积金制度覆盖面,印发了《钦州市个人自愿缴存住房公积金实施办法》,提请市住房公积金管理委员会审议通过后于2018年4月3日起实施,缴存比例为20%,缴存额上限按照中心当年公布的标准执行。全年共有245人办理了个人自愿缴存住房公积金业务。

2. 进一步加大住房公积金使用力度政策,支持农民工等新市民购买新建普通商品住房,住房公积金贷款审批时间压缩至6个工作日。从2018年6月起,委托中国银行钦州分行和中国建设银行钦州分行分别在钦州港和永福东大街各设立一个住房公积金提取业务便民服务点,切实提高缴存职工对住房公积金业务的满意度和获得感。

3. 加强建缴催缴。5月2日至6月30日，继续以"圆梦百姓安居，服务钦州建设"为主题，深入贯彻"最多跑一次"提升到"一次不跑"改革要求，在全市范围开展住房公积金政策法规宣传活动，发放宣传资料17000多份、宣传环保袋6000个、小扇子5000把，35个银行网点电子屏幕滚动播放宣传标语148条，13家房地产企业悬挂宣传横幅18条，期间全市新增缴存单位214个，实际新开户缴存职工5978人。5月16日参加钦州市第六届政务公开日，设置咨询台和宣传展板，接待群众咨询20多人次，发放宣传资料400份，现场解答群众关心关注的热点问题40多个。年内发出催建通知书25份，催缴通知书71份。

4. 自2018年7月起接入全国住房公积金异地转移接续平台办理住房公积金异地转移业务，年内全国异地转移平台办理转出业务497笔1386.47万元，办理转入业务695笔1512.64万元。

5. 落实"放管服"和"一事通办"改革要求，重新修订和审核确认了政务办事"一次性告知""最多跑一次"和"一次不用跑"三张事项清单，对住房公积金缴存登记业务实行容缺受理，进一步提升业务审批效率。

6. 建成"住房公积金互联网＋"信息系统。该系统是区内首个采用政务云服务方式进行搭建的住房公积金信息系统平台，其中，"政府云平台＋手机公积金"APP是广西首批实现刷脸登录、掌上提取的手机APP应用服务，让职工办业务实现住房公积金管理效能和公共服务效率"双提升"。系统建设推进情况在2018年全区住房公积金工作会议上作了经验交流。个人版网上大厅、微信公众号、手机APP已实现"偿还贷款本息提取""离退休提取""出境定居提取""丧失劳动能力提取"和"终止劳动关系提取"等业务线上办理功能，手机APP还支持"签解约按月对冲还贷"功能；单位版网厅实现90%以上的归集业务线上办理功能；上线电子印章服务，职工可以自行登录网上服务大厅打印各类证明材料，在线生成并自动加盖电子印章，生成序列号通过服务端口链接验证电子证明材料真伪，全年共打印各类证明29658份。此外，通过12329短信、微信公众号、手机APP实时推送业务办理信息，在微信和支付宝的城市服务中开通信息查询，极大地方便职工核对和查询信息，12329热线电话全年呼叫总量42578通。目前，综合服务平台注册人数达100521人，占全市缴存职工人数的70%；深入各县区举办住房公积金网上服务大厅单位版操作培训班9期（共培训缴存单位专管员2300人次，现场发放培训手册2300份，其他宣传资料12500份），单位版网厅注册单位2188个，占缴存单位的75%，受理各类业务21932人次，开展业务数量居于全区各市公积金中心前列；微信公众号关注人数94795人，位于钦州市政务微信排行榜前列，受理提取业务5025笔；手机APP累计受理月对冲还贷业务1848笔，受理提取业务2353笔。中心门户网站获自治区人民政府门户网站2018年第三、第四季度政府网站红黑榜单的红榜，属全区住房公积金中心两家红榜之一。2018年12月起与中国交通银行钦州分行在全区率先成功实现银行商业性个人住房贷款数据共享，提升业务办理效率，优化住房公积金服务水平。

7. 2018年通过钦州市政务信息公开平台、住房公积金网站、微信、微博、手机APP等途径主动公开政府信息599条，主动向钦州市民服务中心、档案馆、图书馆等政府信息查阅场所推送政府信息45条。

8. 2018年钦州市住房公积金信息推送在其他媒体登载的记录为：中国建设报5次，钦州日报22次，北部湾晨报29次；住房城乡建设部官网1次，自治区住房城乡建设厅官网9次；钦州电视台8次。

（三）当年信息化建设情况：钦州市"住房公积金互联网＋"信息系统30个功能模块基本建成，归集、提取、信贷、财务等核心业务和8项服务渠道（官网、官微、官博、网厅、手机APP、热线、短信和自助终端）以及外围子系统的日常业务正常开展。该系统于 2018 年 11 月通过政府采购评审专家库专家验收组的验收。

（四）当年住房公积金管理中心及职工所获荣誉情况：钦州市住房公积金管理中心荣获全区住房城乡建设系统记二等功集体。

贵港市住房公积金 2018 年年度报告

一、机构概况

（一）住房公积金管理委员会：住房公积金管理委员会有 19 名委员，2018 年召开二次会议，审议通过的事项主要包括：

2018 年 1 月 18 日，第一次会议：

1. 关于贵港市住房公积金管理中心 2018 年工作总结及 2018 年工作思路（含 2018 年归集使用计划执行情况报告）的议题。

2. 关于贵港市住房公积金管理中心 2018 年年度报告（含 2018 年度财务报告及增值收益分配情况）的议题。

3. 关于贵港市 2018 年住房公积金归集使用计划的议题。

4. 关于贵港市 2018 年度住房公积金月缴存额上下限的议题。

5. 关于我市住房公积金提取和贷款政策的调整的议题。

6. 关于《贵港市住房公积金网上业务管理办法》的议题。

7. 关于《贵港市个人自愿缴存住房公积金管理实施细则》的议题。

2018 年 12 月 7 日第二次会议：

审议并通过了《贵港市住房公积金管理中心关于住房公积金个人住房组合贷款暂行办法》（送审稿）的议题。

（二）住房公积金管理中心：住房公积金管理中心为（隶属于市政府）不以营利为目的的（参公）事业单位，设 7 个处（科），4 个管理部。从业人员 61 人，其中，在编 46 人，非在编 15 人。

二、业务运行情况

（一）缴存：2018 年，新开户单位 212 家，实缴单位 2879 家，净增单位 88 家；新开户职工 1.47 万人，实缴职工 14.29 万人，净增职工 0.65 万人；缴存额 18.01 亿元，同比增长 12%。2018 年末，缴存总额 110.87 亿元，同比增长 19.39%；缴存余额 44.11 亿元，同比增长 10.28%。

受委托办理住房公积金缴存业务的银行 6 家，比上年增加 0 家。

（二）提取：2018 年，提取额 13.9 亿元，同比增长 22.73%；占当年缴存额的 77.15%，同比增加 6.75 个百分点。2018 年末，提取总额 66.76 亿元，同比增长 26.3%。

（三）贷款：个人住房贷款最高额度 40 万元，其中，单缴存职工最高额度 40 万元，双缴存职工最高额度 40 万元。

2018 年，发放个人住房贷款 0.1279 万笔，共 4.18 亿元，分别同比下降 33.39%、30.51%。

2018 年，回收个人住房贷款 3.33 亿元。

2018 年末，累计发放个人住房贷款 2.5955 万笔，共 52.64 亿元，贷款余额 35.28 亿元，分别同比增长 5.18%、8.63%、2.47%。个人住房贷款余额占缴存余额的 79.97%，同比减少 6.12 个百分点。

受委托办理住房公积金个人住房贷款业务的银行 5 家，比上年增加（减少）0 家。

（四）资金存储：2018 年末，住房公积金存款 10.53 亿元。其中，活期 2.93 亿元，1 年（含）以下定期 6.90 亿元，1 年以上定期 0.7 亿元，其他（协定、通知存款等）0 亿元。

（五）资金运用率：2018 年末，住房公积金个人住房贷款余额、项目贷款余额和购买国债余额的总和占缴存余额的 79.97%，比上年减少 6.12 个百分点。

三、主要财务数据

（一）业务收入：2018 年，业务收入 13630.07 万元，同比增长 5.29%。存款利息 2427.22 万元，委托贷款利息 11202.21 万元，国债利息 0 万元，其他（逾期贷款罚息收入）0.64 万元。

（二）业务支出：2018 年，业务支出 7213.86 万元，同比下降 2.18%。支付职工住房公积金利息 6092.58 万元，归集手续费 173.58 万元，委托贷款手续费 496.45 万元，其他（公转商贴息）451.25 万元。

（三）增值收益：2018 年，增值收益 6416.21 万元，同比增长 15.18%。增值收益率 1.505%，同比增加 0.055 个百分点。

（四）增值收益分配：2018 年，提取贷款风险准备金 411.91 万元，提取管理费用 1646.24 万元，提取城市廉租住房（公共租赁住房）建设补充资金 4358.06 万元。

2018 年，上交财政管理费用 1285.87 万元。上缴财政城市廉租住房（公共租赁住房）建设补充资金 841.61 万元（2018 年增值收益 5570.64 万元，其中：计提贷款风险准备金 3443.16 万元；管理费用 1285.87 万元；廉租住房建设补充资金 841.61 万元）。

2018 年末，贷款风险准备金余额 21204 万元。累计提取城市廉租住房（公共租赁住房）建设补充资金 12121.24 万元。

（五）管理费用支出：2018 年，管理费用支出 1247.88 万元，同比下降 29.64%。其中，人员经费 634.82 万元，公用经费 60.8 万元，专项经费 552.26 万元。

四、资产风险状况

2018 年末，个人住房贷款逾期额 13.02 万元，逾期率 0.037‰。个人贷款风险准备金按当年增量贷款余额的 1% 提取。2018 年，提取个人贷款风险准备金 411.91 万元，使用个人贷款风险准备金核销呆坏账 0 万元。2018 年末，个人贷款风险准备金余额 21204 万元，占个人住房贷款余额的 6.01%，个人住房贷款逾期额与个人贷款风险准备金余额的比率为 0.06%。

五、社会经济效益

（一）**缴存业务**：2018年，实缴单位数、实缴职工人数和缴存额分别同比增长3.15%、4.8%和12.04%。

缴存单位中，国家机关和事业单位占71.6%，国有企业占6.7%，城镇集体企业占1.98%，外商投资企业占0.79%，城镇私营企业及其他城镇企业占11.64%，民办非企业单位和社会团体占1.56%，其他占5.73%。

缴存职工中，国家机关和事业单位占68.83%，国有企业占9.68%，城镇集体企业占3.81%，外商投资企业占3.95%，城镇私营企业及其他城镇企业占4.78%，民办非企业单位和社会团体占1.22%，其他占7.73%；中、低收入占100%，高收入占0%。

新开户职工中，国家机关和事业单位占41.36%，国有企业占6.32%，城镇集体企业占3.52%，外商投资企业19.62%，城镇私营企业及其他城镇企业占16.35%，民办非企业单位和社会团体占2.72%，其他占10.11%；中、低收入占100%。

（二）**提取业务**：2018年，5.48万名缴存职工提取住房公积金13.9亿元。

提取金额中，住房消费提取占80.07%（购买、建造、翻建、大修自住住房占33.59%，偿还购房贷款本息占34.78%，租赁住房占9.31%，其他占2.39%）；非住房消费提取19.93%（离休和退休提取占15.2%，完全丧失劳动能力并与单位终止劳动关系提取占2.09%，户口迁出本市或出境定居占1.61%，其他占1.03%）。

提取职工中，中、低收入占99.99%，高收入占0.01%。

（三）**贷款业务**：

1. **个人住房贷款**：2018年，支持职工购建房15.55万平方米，年末个人住房贷款市场占有率为9.72%，同比减少3.03个百分点。通过申请住房公积金个人住房贷款，可节约职工购房利息支出15373.87万元。

职工贷款笔数中，购房建筑面积90（含）平方米以下占10.71%，90～144（含）平方米占81.39%，144平方米以上占7.9%。购买新房占82.56%（其中购买保障性住房3.67%），购买二手房占16.73%，建造、翻建、大修自住住房占0.39%，其他占0.32%。

职工贷款笔数中，单缴存职工申请贷款占28.62%，双缴存职工申请贷款占69.58%，三人及以上缴存职工共同申请贷款占1.8%。

贷款职工中，30岁（含）以下占43.16%，30岁～40岁（含）占36.20%，40岁～50岁（含）占17.51%，50岁以上占3.13%；首次申请贷款占97.5%，二次及以上申请贷款占2.5%；中、低收入占99.92%，高收入占0.08%。

2. **异地贷款**：2018年，发放异地贷款49笔1621.6万元。2018年末，发放异地贷款总额17407.6万元，异地贷款余额14781.23万元。

3. **公转商贴息贷款**：2018年，发放公转商贴息贷款716笔21754.3万元，支持职工购建住房面积9.12万平方米，当年贴息额450.77万元。2018年末，累计发放公转商贴息贷款1744笔48758.4万元，累计贴息510.49万元。

(四)住房贡献率：2018年，个人住房贷款发放额、公转商贴息贷款发放额、项目贷款发放额、住房消费提取额的总和与当年缴存额的比率为97.05%，同比减少10.36个百分点。

六、其他重要事项

(一)当年缴存基数限额及确定方法、缴存比例调整情况：本市当年公积金缴存基数限额及确定方法，根据《关于设定贵港市2018年住房公积金月缴存额上下限的通知》(贵金管字〔2018〕30号)的规定：一是2018年度，贵港市住房公积金缴存比例最高为12%，职工住房公积金月缴存工资基数上限额度为贵港市统计部门公布的上年度贵港市在岗职工月平均工资的3倍，(计算公式如下：61245元÷12个月×3≈15311元，15311元×12%≈1837元，1837元×2=3674元)，故设定贵港市2018年单位和个人月住房公积金缴存基数上限为15311元；2018年单位和个人月住房公积金缴存额上限各为1837元；月缴存额合计上限为3674元。二是确定2018年度贵港市职工住房公积金缴存基数下限为：贵港市为1450元、桂平市为1300元、平南县为1300元。

(二)当年提取政策调整情况：

时间：2018年2月1日

1. 申请提取住房公积金的职工，应当符合《住房公积金管理条例》、《广西住房公积金业务管理规范》等有关法规文件规定的提取条件，提供的材料必须合法真实，并对其提供材料的真实性负责。如职工提供虚假材料骗提住房公积金的，住房公积金管理中心有权没收其提交的材料，责令追回骗提资金，取消其自违规行为被发现之日起至全额退回骗提资金期间以及之后3年内提取和贷款资格，将骗提信息作为不良信用记录纳入"黑名单"管理并提交人民银行纳入金融信用信息基础数据库。同时，住房公积金管理中心可以将有关情况书面通报职工所在单位。对涉嫌违法犯罪的，移交司法机关依法追究刑事责任。

2. 职工调出贵港市辖区外的广西其他住房公积金管理辖区内工作的，不得办理销户提取，应当将其住房公积金转到新缴存地。

3. 未结清住房公积金贷款的职工，其住房公积金账户的留存余额不得低于6个月的月缴存额。

时间：2018年7月2日

1. 提高我市住房租赁提取住房公积金额度，具体为：

(1) 职工租赁公共住房的，按照实际住房支出全额提取；

(2) 租住商品房的，分已婚、未婚两种情况。已婚提取额度按照租金由原来的800元/月提高至1000元/月；未婚提取额度按照租金400元/月提高至600元/月。

2. 缴存职工与单位解除或终止劳动关系的，缴存单位应当为职工办理住房公积金个人账户封存手续。账户封存期间，在异地开立住房公积金账户并稳定缴存半年以上的，职工可以申请办理异地转移接续手续；如职工未在异地继续缴存住房公积金的，封存满半年且职工声明未在异地开立住房公积金账户的，可以申请办理提取业务。

3. 取消住房公积金装修提取业务。

(三)当年服务改进情况：

1. 严格依照2018年5月14日《广西壮族自治区人民政府办公厅关于着力破解群众办事证明材料堵点问题的通知》及《自治区住房城乡建设厅关于简化住房公积金提取和贷款业务办理所需身份证明材料的

通知》文件要求，于2018年5月15日起，在办理提取、贷款和归集业务时，不再要求职工及缴存单位提供复印件，只需其提供原件进行核验。全面清理烦扰企业和群众的各类无谓证明，并减少盖章、审核、备案、确认、告知等各种繁琐环节和手续。着力清理完成破解群众堵点问题，切实提高了服务效能。如期编制完成"一次性告知"、"最多跑一次"、"一次不用跑"3张清单和"一事通办"、"八统一"责任清单工作。缩短办事时限，减少跑动次数，做到让办事群众最多跑一次，实现和各地市公积金行业"八统一"，及时清理"其他材料"、"有关材料"、"相关证明"等不明确的材料。目前，中心的办理时限均在法定的1/2以下。

2. 在归集业务方面：中心新一代住房公积金综合业务系统上线运行以来，接入了住房城乡建设部实时结算平台，并建立了公积金网上办事大厅，实现了公积金汇缴和补缴业务"一次不用跑"，各单位专管员能自主在网厅做业务，并且开展了个人自愿缴存业务，将灵活就业人员纳入住房公积金制度。网厅的建设方便了缴存单位专管员办理缴存业务，提高了办事效率，新业务的开展方便了更多人群享受公积金制度，提高了住房公积金制度的覆盖率。

玉林市住房公积金2018年年度报告

一、机构概况

（一）**住房公积金管理委员会**：住房公积金管理委员会有25名委员，2018年召开1次会议，审议通过的事项主要包括：玉林市财政局关于《关于请求审议批复玉林市住房公积金管理中心2018年度增值收益分配方案的请示》、《关于请求审议批复玉林市住房公积金管理委员会2018年经费预算的请示》、《关于请求审议批复玉林市住房公积金管理中心2018年经费预算的请示》，玉林市住房公积金管理中心《玉林市住房公积金2018年年度预算的请示》、《关于制定2018年住房公积金归集使用计划的请示》、《2018年住房公积金制度执行工作报告》、《玉林市住房公积金2018年财务报告》、《玉林市住房公积金管理新政策》、《玉林市个人自愿缴存住房公积金实施办法（试行）》、《玉林市住房公积金管理中心2018年住房公积金融资方案》

（二）**住房公积金管理中心**：玉林市住房公积金管理中心为玉林市政府直属不以营利为目的的参公事业单位，设8个科室，7个管理部，无分中心。从业人员102人，其中，在编44人，非在编58人。

二、业务运行情况

（一）**缴存**：2018年，新开户单位320家，实缴单位3872家，净增单位317家；新开户职工3.00万人，实缴职工19.82万人，净增职工－2.72万人；缴存额28.09亿元，同比增长11.38%。2018年末，缴存总额177.61亿元，同比增长18.79%；缴存余额79.58亿元，同比增长13.79%。

受委托办理住房公积金缴存业务的银行7家，比上年增加（减少）0家。

（二）**提取**：2018年，提取额18.45亿元，同比增长11.88%；占当年缴存额的65.67%，比上年增加 0.30 个百分点。2018 年末，提取总额 98.03 亿元，同比增长 23.18%。

（三）**贷款**：个人住房贷款最高额度 40 万元，其中，单缴存职工最高额度 40 万元，双缴存职工最高额度 40 万元。

2018 年，发放个人住房贷款 0.51 万笔 17.13 亿元，同比分别下降 1.42%、增长 1.58%。

2018 年，回收个人住房贷款 5.28 亿元。2018 年末，累计发放个人住房贷款 4.07 万笔 101.14 亿元，贷款余额 76.98 亿元，同比分别增长 14.27%、20.39%、18.20%。个人住房贷款余额占缴存余额的 96.73%，比上年增加 3.6 个百分点。

受委托办理住房公积金个人住房贷款业务的银行 6 家，比上年增加（减少）0 家。

（四）**资金存储**：2018 年末，住房公积金存款 5.93 亿元。其中，活期 0.01 亿元，1 年（含）以下定期 0 亿元，1 年以上定期 0 亿元，其他（协定、通知存款等）5.92 亿元。

（五）**资金运用率**：2018 年末，住房公积金个人住房贷款余额、项目贷款余额和购买国债余额的总和占缴存余额的 96.73%，比上年增加 3.6 个百分点。

三、主要财务数据

（一）**业务收入**：2018 年，业务收入 24665.64 万元，同比增长 14.13%。存款利息 1514.29 万元，委托贷款利息 23151.33 万元，国债利息 0 万元，其他 0.02 万元。

（二）**业务支出**：2018 年，业务支出 12582.34 万元，同比增长 13.93%。支付职工住房公积金利息 11307.42 万元，归集手续费 0 万元，委托贷款手续费 1264.73 万元，其他 10.19 万元。

（三）**增值收益**：2018 年，增值收益 12083.30 万元，同比增长 14.33%。增值收益率 1.61%，比上年增加 0.03 个百分点。

（四）**增值收益分配**：2018 年，提取贷款风险准备金 7249.98 万元，提取管理费用 1766.13 万元，提取城市廉租住房（公共租赁住房）建设补充资金 3067.19 万元。

2018 年，上交财政管理费用 1735.25 万元。上缴财政城市廉租住房（公共租赁住房）建设补充资金 3050.76 万元。

2018 年末，贷款风险准备金余额 45836.51 万元。累计提取城市廉租住房（公共租赁住房）建设补充资金 22531.06 万元。

（五）**管理费用支出**：2018 年，管理费用支出 1766.13 万元，同比增长 50.10%。其中，人员经费 836.74 万元，公用经费 109.52 万元，专项经费 819.87 万元。

四、资产风险状况

2018 年末，个人住房贷款逾期额 80.66 万元，逾期率 0.105‰。

个人贷款风险准备金按增值收益的 60% 提取。2018 年，提取个人贷款风险准备金 7249.98 万元，使用个人贷款风险准备金核销呆坏账 0 万元。2018 年末，个人贷款风险准备金余额 45836.51 万元，占个人住房贷款余额的 5.95%，个人住房贷款逾期额与个人贷款风险准备金余额的比率为 0.18%。

五、社会经济效益

（一）**缴存业务**：2018 年，实缴单位数、实缴职工人数和缴存额同比分别增长 8.92%、-12.08%

和11.38%。

缴存单位中,国家机关和事业单位占63.77%,国有企业占28.20%,城镇集体企业占1.78%,外商投资企业占0.54%,城镇私营企业及其他城镇企业占2.51%,民办非企业单位和社会团体占0.41%,其他占2.79%。

缴存职工中,国家机关和事业单位占68.13%,国有企业占24.59%,城镇集体企业占2.02%,外商投资企业占1.44%,城镇私营企业及其他城镇企业占1.31%,民办非企业单位和社会团体占0.08%,其他占2.43%;中、低收入占98.92%,高收入占1.08%。

新开户职工中,国家机关和事业单位占44.94%,国有企业占39.95%,城镇集体企业占1.77%,外商投资企业占2.85%,城镇私营企业及其他城镇企业占1.62%,民办非企业单位和社会团体占0.37%,其他占8.50%;中、低收入占98.13%,高收入占1.87%。

(二)提取业务:2018年,5.6741万名缴存职工提取住房公积金18.45亿元。

提取金额中,住房消费提取占73.89%(购买、建造、翻建、大修自住住房占41.07%,偿还购房贷款本息占32.17%,租赁住房占0.65%,其他占0%);非住房消费提取占26.11%(离休和退休提取占16.77%,完全丧失劳动能力并与单位终止劳动关系提取占5.44%,户口迁出本市或出境定居占2.43%,其他占1.47%)。

提取职工中,中、低收入占98.19%,高收入占1.81%。

(三)贷款业务:

1. **个人住房贷款**:2018年,支持职工购建房63.28万平方米,年末个人住房贷款市场占有率为15.66%,比上年减少3个百分点。通过申请住房公积金个人住房贷款,可节约职工购房利息支出37695.14万元。

职工贷款笔数中,购房建筑面积90(含)平方米以下占6.71%,90~144(含)平方米占84.35%,144平方米以上占8.94%。购买新房占93.95%(其中购买保障性住房占0%),购买二手房占5.75%,建造、翻建、大修自住住房占0.20%,其他占0.10%。

职工贷款笔数中,单缴存职工申请贷款占65.80%,双缴存职工申请贷款占34.20%,三人及以上缴存职工共同申请贷款占0%。

贷款职工中,30岁(含)以下占27.27%,30岁~40岁(含)占41.09%,40岁~50岁(含)占26.17%,50岁以上占5.47%;首次申请贷款占95.75%,二次及以上申请贷款占4.25%;中、低收入占96.97%,高收入占3.03%。

2. **异地贷款**:2018年,发放异地贷款673笔23201.10万元。2018年末,发放异地贷款总额71971.70万元,异地贷款余额68130.79万元。

(四)住房贡献率:2018年,个人住房贷款发放额、公转商贴息贷款发放额、项目贷款发放额、住房消费提取额的总和与当年缴存额的比率为109.51%,比上年减少9.02个百分点。

六、其他重要事项

(一)当年机构及职能调整情况、受委托办理缴存贷款业务金融机构变更情况:2018年1月玉林市机构编制委员会同意增设客服管理科,为相当正科级内设机构;增加内设机构正科级领导职数1名,副科级领导职数2名，增加全额拨款事业编制3名。2018年5月28日，玉林市住房公积金管理委员会同意新增桂林银行玉林分行代理玉林市住房公积金金融业务。

(二) 当年住房公积金政策调整及执行情况：

1. 2018年住房公积金缴存政策的调整情况

(1) 缴存基数自2018年7月1日起，本市住房公积金缴存基数由2016年职工本人月平均工资，调整为2018年职工本人月平均工资。工资总额按照国家统计部门规定的列入工资总额的组成项目计算。

(2) 缴存基数上下限：

① 缴存基数最高不应超过职工工作地所在设区城市统计部门公布的上一年度职工平均工资的3倍。根据玉林市统计局提供的2018年在岗职工年平均工资60901元，计算出2018年度住房公积金缴存基数上限为60901×3÷12≈15225元。

② 2018年度玉林市住房公积金缴存基数不得低于玉林市现行最低工资标准。

(3) 月缴存额上下限：

① 2018年度单位和个人住房公积金缴存比例各为最高12%。

② 2018年度住房公积金月缴存额＝职工本人2018年月平均工资×个人住房公积金缴存比例＋职工本人2018年月平均工资×单位住房公积金缴存比例。同一单位职工的缴存比例一致、个人住房公积金缴存比例和单位住房公积金缴存比例一致。

③ 2018年度单位和个人住房公积金月缴存额上限均为15225×12%＝1827元，合计为3654元。

④ 住房公积金缴存比例下限为5%，目前玉林市的最低工资标准为1450元，据此计算出2018年度单位和个人住房公积金月缴存额下限均为1450×5%≈73元，合计为146元（如最低工资标准调整，住房公积金缴存基数及缴存额下限随之调整）。

2. 2018年提取政策调整情况

(1) 充分发挥制度的普惠、公平、互助原则。凡申请住房公积金贷款的借款人，应连续正常缴存住房公积金12个月以上。凡享受住房公积金贷款的借款人，在未结清住房公积金贷款前，其住房公积金账户至少应留存12个月的月缴存额。

(2) 确保刚性和改善性住房提取。缴存住房公积金个人或其配偶在缴存地或工作地（户籍地）因购建自住房所产生的费用（房款、偿还贷款本息）可提取其账户内住房公积金。停止第三套房及以上的住房公积金提取。

(3) 提高租住商品房的月提取额。提高《玉林市住房公积金管理委员会关于办理租房提取住房公积金业务的通知》（玉市金管委〔2015〕22号）规定的租房提取额度。将"市区内单职工月最高提取额不得超500元，双职工月最高提取额不得超900元，县（市、区）单职工月最高提取不得超300元，双职工月最高提取额不得超500元"，统一调整为"玉林辖区内单职工月最高提取额为800元，双职工月最高提取额为1300元"。

3. 2018年个人住房贷款最高贷款额度、贷款条件等贷款政策调整情况

(1) 加大住房公积金流动性风险防控。2018年7月1日起，停止受理住房公积金异地贷款和商转公业务。停止购建第三套及以上住房或申请第三次及以上的住房公积金贷款。

(2) 实行实际贷款额与缴存额挂钩原则。2018年7月1日起，单笔住房公积金贷款最高额度为40万

元,根据具体借款人住房公积金账户余额(夫妻双方及共同申请人可合并计算)的3.5倍加上从贷款之日起至法定退休年限止缴存住房公积金总额(按贷款当时缴存标准)的0.8倍计算。计算公式为:贷款额度=住房公积金账户余额×3.5倍+住房公积金月缴存额(元)×12(月)×距法定退休年限(年)×0.8倍。

(3)实施差别化的住房信贷政策。2018年个人住房公积金贷款利率为五(含)年期以下2.75%,五年期以上3.25%。2018年7月1日起,购建第二套住房或第二次申请住房公积金贷款时,贷款利率调整为同期住房公积金个人住房贷款利率的1.1倍。

(三)当年服务改进情况:

1. 服务第一,打造一支"忠诚、精干、为民"的干部队伍

新的时代,新的使命。我们需要一支"对党忠诚、精干内行、用心为民"的干部队伍,打造服务新境界。

(1)全面提升队伍向心力。积极开展"转变作风、优化服务"大行动,以"讲政治、讲纪律、讲道德、讲团结、讲执行"为教育核心,切实提高全体党员、全体干部职工的责任感、使命感。

(2)全面提升队伍凝聚力。积极开展"共产党员先锋岗"、"广西工人先锋号"岗号联创活动,倡导共产党员带头佩戴红绶带,亮身份、亮承诺,"热心、贴心、舒心"服务群众,不断提升干部队伍乐于奉献的"精、气、神"。

(3)全面提升队伍执行力。积极倡导"一个岗位、一面旗帜;一声问候、一份满意;一脸微笑、一片和谐""六个一"服务理念的玉林公积金人精神,主动服务、微笑服务、贴心服务,营造良好的服务氛围。

有了强有力的干部队伍保证,玉林公积金取得了丰硕的成果,为百姓实现住房安居梦做出了积极贡献。

2. 效能第一,打造一部百姓住房圆梦"直通车"

大道至简,效能第一。我们坚持问题导向,直面群众"热点、难点、堵点",全面深化"放管服"改革,敢担当,勇作为,从简政放权和优化流程入手,实干为本,运用"互联网+"技术,精心打造"安全高效、一事通办、群众满意"的玉林住房公积金"直通车"。

(1)精心设定目标。为打破传统"跑腿模式",提升管理水平,以通过住房城乡建设部"双贯标"验收、打造玉林智慧公积金"八位一体"综合服务平台新模式为目标,实现"让数据多跑路,群众少跑腿"、"最多跑一趟"升级为"一次不用跑"。

(2)精简优化流程。积极开展"优化服务流程,提升服务质量"大讨论。从"晒家底、优流程、缩时间、高效能"四个环节入手,对照"权责清单"推进简政放权:清理废止过时无效文件15份,减少事前审批事项10项;主动全面下放中心领导审批权,前台直接审批,实时办结;压缩贷款业务办理时限,审批时间由10个工作日缩减为5个工作日;开展"减证便民"大行动,按"一证、一事、一网"通办要求"瘦身"资料。

(3)信息化强力支撑。根据精简优化后的业务需求,我们精心组织技术攻关,克服技术难题,争取多方支持,以时不我待的紧迫感,成功搭建了新一代智慧公积金信息平台,与中国人民银行总行征信系统无缝对接,核心系统自主核算、征信数据自主报送同步进行,顺利通过了住房城乡建设部"双贯标"验收,实现了公积金归集"刷脸开户"、提取"秒到账"、还贷"直对冲",实现了与7家商业银行贷款信息共享,商贷零材料提取"实时到账",实现了 24 小时全天候"不见面审批","让数据多跑路,群众少跑腿","最多跑一次"升级为"一次不用跑",住房公积金服务效能大大提升。

3. 创新第一,打造一个"八位一体"智慧公积金新模式

开拓创新,奋发有为。面对新形势,玉林公积金人树立"要么就不做,要做就做最好"的创新理念,奋力打造"八位一体"智慧公积金新模式。

(1)放管结合,创新管理模式。理顺管理体制,强化监管,实现"统一决策、统一管理、统一制度、统一核算",取消管理部银行子账户 50 多个,实现资金高效安全运转。推进管运分离,公积金归集、提取、个贷业务严格按照流程由前台运作,管理层负责监督。管理新模式不仅简化了业务办理流程,群众办事更加高效,还提高了业务的可控性、可监督性,资金安全更有保障。

(2)拓展思路,创新业务模式。依托市两新组织党建工作平台,把公积金制度深入到中小企业和个人,创造性地破解了公积金扩面大难题;推行公积金个人自愿缴存,使自由就业人员与职工一样享受同等"国民平等待遇";推行"个贷额度计算法",使公积金个贷业务更公开、透明、便捷。

(3)营造和谐,创新服务模式。个人业务只需提供个人身份证即可实时办理,实施"四零"创新举措。"零填单",群众办业务不需再填单,由系统自动打印,个人签字确认即可。"零复印",个人业务一律不需再提交复印件,只提供原件核查,中心扫描存档。"零存量",个人业务即来即办、实时办结,不拖延、不积压。"零跑腿",充分运用"互联网+"技术,通过中心网站、网厅、微信、手机 APP、触摸屏自助终端、12329 热线、12329 短信、市民卡一卡通等"八位一体"综合服务平台,实现数据共享,随时随地网上办业务。

(四)当年信息化建设情况:通过了住房城乡建设部"双贯标"验收,在全区率先真正实现了与中国人民银行总行征信系统同步无缝对接,公积金核心系统自主核算、征信自主报送,打造了"安全高效、一事通办、群众满意"的智慧公积金"直通车"新模式,得到了社会各方的高度认可。

(五)当年住房公积金管理中心及职工所获荣誉情况:我管理中心综合服务大厅获广西壮族自治区总工会授予"广西工人先锋号"荣誉称号;谢宗文同志荣获全区住房城乡建设系统记二等功个人;荣获玉林市绩效考核一等奖;承担住房城乡建设部关于新市民住房情况调研任务圆满完成。玉林智慧公积金"直通车"新模式先后在广西电视台"优化营商环境先进典型"、"改革开放 40 周年,广西壮族自治区成立 60 周年重大成就"系列节目展播。

百色市住房公积金 2018 年年度报告

一、机构概况

(一)住房公积金管理委员会:住房公积金管理委员会有 12 名委员,2018 年,召开 3 次全体会议。第一次管委会会议审议并通过:2018 年百色市住房公积金管理工作报告、百色市住房公积金管理中心 2018 年度住房公积金归集和使用计划方案、百色市住房公积金管理中心 2018 年度住房公积金增值收益分

配方案、百色市住房公积金管理中心2016年决算批复情况及2018年度部门预算草案、百色市住房公积金管理中心2018年年度报告的请示、关于对各业务受托银行2016年度住房公积金业务考核情况的报告、《关于推行住房公积金个人组合贷款业务的通知》,审议了关于要求审议《百色市个人自愿缴存住房公积金实施办法（试行）》的请示；第二次管委会会议审议并通过：《关于调整百色市2018年度住房公积金缴存上下限额度的通知》、《关于进一步规范市本级住房公积金计提和缴存管理的通知》、《百色市个人自愿缴存住房公积金实施办法（试行）》；第三次管委会会议审议并通过：关于百色市碧桂园·城央府项目申请准入公积金贷款的请示、关于百色市住房公积金管理中心2019年部门预算（草案）的请示、关于确定个人自愿缴存住房公积金业务受托银行的请示、《关于调整百色市个人住房公积金贷款政策的通知》

（二）住房公积金管理中心：百色市住房公积金管理中心为直属市人民政府不以营利为目的的独立的参照公务员法管理的副处级事业单位，主要负责全市住房公积金的归集、管理、使用和会计核算。目前中心内设综合科、归集管理科、计划信贷科、财务科、档案信息管理科、法规稽查科、资金提取科等7个科，下设右江、田阳、田东、平果、德保、靖西、那坡、凌云、乐业、田林、隆林、西林、平果铝等13个管理部。从业人员106人，其中，在编45人，非在编61人。

二、业务运行情况

（一）缴存：2018年，实缴单位3647家，新开户单位192家，净增单位138家；实缴职工17.17万人，新开户职工1.62万人，净增职工0.50万人；当年缴存额28.07亿元，同比增长14.86%。

截至2018年底，缴存总额179.21亿元，缴存余额67.63亿元，同比分别增长18.57%、15.37%。

受委托办理住房公积金缴存业务的银行8家，比上年增加0家。

（二）提取：2018年，当年提取额19.06亿元，同比增长14.38%，占当年缴存额的比率67.90%，比上年减少0.28个百分点。截至2018年底，提取总额111.58亿元，同比增长20.60%。

（三）贷款：个人住房贷款最高额度45万元，其中，双职工家庭最高额度45万元，单职工家庭最高额度45万元。

2018年，发放个人住房贷款0.36万笔11.87亿元，同比下降32.63%、35.02%。减少的原因主要是百色市热门地段优质房源减少。

2018年，回收个人住房贷款4.60亿元。

截至2018年底，累计发放个人住房贷款3.39万笔80.85亿元，贷款余额60.60亿元，同比分别增长11.72%、17.20%、13.62%。个人住房贷款余额占缴存余额的89.60%，比上年减少1.38个百分点。

受委托办理住房公积金个人住房贷款业务的银行7家，比上年增加0家。

（四）资金存储：2018年末，住房公积金存款额8.39亿元。其中，活期7.71亿元，1年（含）以下定期0.23亿元，1年以上定期0.45亿元，其他（协议、协定、通知存款等）0亿元。

（五）资金运用率：2018年末，住房公积金个人住房贷款余额、项目贷款余额和购买国债余额的总和占缴存余额的89.60%，比上年减少1.38个百分点。

三、主要财务数据

（一）业务收入：2018年，业务收入18963.58万元，同比增长8.94%。存款利息304.17万元，委托贷款利息 18650.91 万元，国债利息 0 万元，其他 8.50 万元。

（二）业务支出：2018 年，业务支出 10018.86 万元，同比增长 19.10%。支付职工住房公积金利息 9462.24 万元，归集手续费 85.81 万元，委托贷款手续费 466.37 万元，其他 4.44 万元。

（三）增值收益：2018 年，增值收益 8944.72 万元，同比下降 0.57%。减少的原因是定期利息收入减少。增值收益率 1.41%，比上年减少 0.24 个百分点。

（四）增值收益分配：2018 年，提取贷款风险准备金 737.45 万元，提取管理费用 2298.10 万元，提取城市廉租住房（公共租赁住房）建设补充资金 5909.17 万元。

2018 年，上交财政管理费用 2406.83 万元。上缴财政的城市廉租房（公共租赁住房）建设补充资金 6542.53 万元。其中 4949.36 万元为上缴 2018 年增值收益，4000 万元为上缴 2018 年增值收益。

2018 年末，贷款风险准备金余额 6071.14 万元。累计提取城市廉租住房（公共租赁住房）建设补充资金 40576.70 万元。

（五）管理费用支出：2018 年，管理费用支出 1233.01 万元，同比下降 26.53%。其中，人员经费 254.30 万元，公用经费 190.01 万元，专项经费 788.70 万元。

四、资产风险状况

（一）个人住房贷款：2018 年末，个人住房贷款逾期额 959.83 万元，逾期率 1.58‰。

个人贷款风险准备金按贷款余额的 1% 提取。2018 年，提取个人贷款风险准备金 737.45 万元，使用个人贷款风险准备金核销呆账坏账 0 万元。2018 年末，个人贷款风险准备金余额 6060.14 万元。占个人住房贷款余额的 1%，个人贷款逾期额与个人贷款风险准备金余额的比率为 15.84%。

（二）支持保障性住房建设试点项目贷款：2018 年，提取项目贷款风险准备金 0 万元，使用项目贷款风险准备金核销呆坏账 0 万元，项目贷款风险准备金余额 11 万元。

五、社会经济效益

（一）缴存业务：2018 年，实缴单位数、实缴职工人数和缴存额同比分别增长 3.93%、2.97% 和 14.86%。

缴存单位中，国家机关和事业单位占 72.66%，国有企业占 10.53%，城镇集体企业占 1.02%，外商投资企业占 0.27%，城镇私营企业及其他城镇企业占 11.68%，民办非企业单位和社会团体占 1.59%，其他占 2.25%。

缴存职工中，国家机关和事业单位占 68.61%，国有企业占 19.38%，城镇集体企业占 0.71%，外商投资企业占 0.50%，城镇私营企业及其他城镇企业占 7.71%，民办非企业单位和社会团体占 1.77%，其他占 1.32%；中、低收入占 98.57%，高收入占 1.43%。

新开户职工中，国家机关和事业单位占 52.99%，国有企业占 19.66%，城镇集体企业占 0.66%，外商投资企业占 0.59%，城镇私营企业及其他城镇企业占 15.53%，民办非企业单位和社会团体占 2.71%，其他占 7.86%；中、低收入占 99.73%，高收入占 0.27%。

（二）提取业务：2018 年，6.74 万名缴存职工提取住房公积金 19.06 亿元。

提取金额中，住房消费提取占 78.41%（购买、建造、翻建、大修自住住房占 42.14%，偿还购房贷

款本息占 32.24%，租赁住房占 3.80%，其他占 0.23%）；非住房消费提取占 21.59%（离休和退休提取占 17.67%，完全丧失劳动能力并与单位终止劳动关系提取占 1.88%，户口迁出本市或出境定居占 0%，其他占 2.04%）。

提取职工中，中、低收入占 98.10%，高收入占 1.90%。

（三）**贷款业务**：

1. **个人住房贷款**：2018 年，支持职工购建房 46.94 万平方米，年末个人住房贷款市场占有率为 26.46%，比上年减少 0.9 个百分点。通过申请住房公积金个人住房贷款，可节约职工购房利息支出 22716.40 万元。

职工贷款笔数中，购房建筑面积 90（含）平方米以下占 2.87%，90～144（含）平方米占 78.85%，144 平方米以上占 18.28%。购买新房占 88.92%（其中购买保障性住房占 0%），购买二手房占 9.28%，建造、翻建、大修自住住房占 1.12%，其他占 0.68%。

职工贷款笔数中，单缴存职工申请贷款占 51.41%，双缴存职工申请贷款占 48.59%，三人及以上缴存职工共同申请贷款占 0%。

贷款职工中，30 岁（含）以下占 32.50%，30 岁～40 岁（含）占 39.43%，40 岁～50 岁（含）占 23.88%，50 岁以上占 4.19%；首次申请贷款占 94.04%，二次及以上申请贷款占 5.96%；中、低收入占 99.63%，高收入占 0.37%。

2. **异地贷款**：2018 年末，发放异地贷款总额 24097.10 万元，异地贷款余额 19877.31 万元。

3. **住房公积金支持保障性住房建设项目贷款**：2018 年末，累计试点项目 1 个，贷款额度 0.15 亿元，建筑面积共 1.4 万平方米，可解决 164 户中低收入职工家庭的住房问题。1 个试点项目贷款资金已发放并还清贷款本息。

（四）**住房贡献率**：2018 年，个人住房贷款发放额、公转商贴息贷款发放额、项目贷款发放额、住房消费提取额的总和与当年缴存额的比率为 95.51%，比上年减少 35.19 个百分点。

六、其他重要事项

（一）**2018 年缴存基数限额及确定方法、缴存比例调整情况**：为加强住房公积金缴存管理，严格执行国家"控高保低"政策，依据住房公积金有关政策规定，印发了《百色市住房公积金管理委员会关于调整百色市 2018 年度住房公积金缴存上下限额度的通知》（百金管委〔2018〕2 号）文件。

一是单位和职工缴存住房公积金以职工本人上一年度月平均工资作为缴存工资基数。百色市 2018 年在岗职工月平均工资为 5211 元，单位和个人缴存额上限各为 1876 元。职工上一年度月均工资达不到 1450 元的职工，缴存工资基数最低按 1450 元扣缴。即：单位和个人月缴存额下限各为 73 元。二是住房公积金缴存基数每年调整一次，每年 7 月开始进行调整（当年 7 月 1 日至次年 6 月 30 日为一个公积金年度）。

（二）**2018 年住房公积金存贷款利率调整及执行情况**：2018 年，职工个人及家庭首次申请住房公积金贷款，贷款利率按同期中国人民银行公布的住房公积金个人住房贷款利率执行；第二次申请住房公积金贷款，贷款利率调整为同期住房公积金个人住房贷款利率的 1.1 倍。

（三）**推行住房公积金个人住房组合贷款业务情况**：2018 年 2 月，为更好地满足缴存职工购房融资需求，充分发挥住房公积金制度保障作用，结合百色市实际，制定出台了《百色市住房公积金管理委员会关于推行住房公积金个人住房组合贷款业务的通知》，从2018年2月26日起，借款人在购买、建造自住住房时，申请个人住房公积金贷款后仍不足所需资金，需办理住房公积金金融业务的商业银行以个人住房贷款予以补充而形成组合发放的贷款。组合贷款的办理遵循自愿原则，由借款人根据需要自愿申请。组合贷款中个人住房公积金贷款的额度由市住房公积金管理中心根据相关规定确定，原则上不高于抵押物价值的80%。商业性个人住房贷款的额度由受托银行根据各自贷款办法减除个人住房公积金贷款额度后自行确定。组合贷款中的个人住房公积金贷款和商业性个人住房贷款，分别按各自政策规定的利率计收利息；遇国家利率调整时，分别按照各自政策规定调整利率。组合贷款中个人住房公积金贷款和商业性个人住房贷款期限，最短不低于1年（含1年），最长不超过30年，由市住房公积金管理中心根据政策规定商受托银行确定。

（四）**进一步规范市本级住房公积金计提和缴存管理**：一是明确机关事业单位在职人员基数组成部分。二是细化缴存标准。职工住房公积金的月缴存额分别财政、职工本人月缴存基数乘以财政、职工住房公积金缴存比例；新参加工作的职工从参加工作的第二个月开始缴存住房公积金，月缴存额为职工本人当月上述基数构成乘以职工住房公积金缴存比例；单位新调入的职工从调入单位发放工资之日起缴存住房公积金，月缴存额为职工本人当月工资乘以职工住房公积金缴存比例。三是调整单位新调入职工计算住房公积金缴存基数方式，新调入职工可选择原单位核定的月缴存额继续缴存或以调入当月发放工资作为基数核算。

（五）**贯彻自愿缴存办法政策情况**：2018年7月24日，为深入推进新型城镇化建设，进一步扩大住房公积金制度覆盖面，结合百色市实际，制定《百色市个人自愿缴存住房公积金实施办法（试行）》。办法明确：一是在百色市辖区内居住的年满18周岁且未达到国家法定退休年龄的遵纪守法、诚实守信的以非全日制、临时性和弹性工作等灵活形式就业的人员，可自愿缴存住房公积金。二是自愿缴存人员可持个人自愿缴存住房公积金申请表、个人身份证、个人户口簿或居住证到公积金中心相关业务科室或所属县（市、区）管理部申请办理住房公积金缴存业务。三是自愿缴存人员的缴存申请经公积金中心审核通过后，与公积金中心签订《住房公积金自愿缴存协议》，约定缴存金额、缴存方式、双方的权利和义务等内容。四是公积金中心为自愿缴存人员设立个人住房公积金明细账户，发放住房公积金缴存凭证。自愿缴存人员应当按月将住房公积金月缴存额缴交至公积金中心在银行开设的专户，公积金中心收到自愿缴存人员缴存的住房公积金后，将相应的款项计入自愿缴存人员个人住房公积金明细账户。五是自愿缴存人员连续欠缴、停缴住房公积金超过3个月的，账户自动封存。自愿缴存人员连续正常缴存时间自缴存启封月份起重新计算。六是自愿缴存人员进入单位就业，且单位统一缴存的，应当办理转移合并手续，转移合并后按在职职工缴存住房公积金规定管理。七是自愿缴存人员连续正常缴存住房公积金24个月（含）以上，符合住房公积金贷款条件的，可申请住房公积金贷款。贷款条件按照国家、自治区和百色市有关规定执行。自愿缴存人员的贷款额度按多存多贷、长存多贷原则确定，与自愿缴存人员的连续缴存时间、缴存余额、月缴存额、剩余缴存年限及额度贡献因素挂钩。自愿缴存职工有住房公积金个人贷款余额的，须结清后方能办理销户提取。

（六）**2018年住房公积金个人住房贷款政策调整情况**：为认真贯彻落实住房城乡建设部、财政部、中国人民银行《关于切实提高住房公积金使用效率的通知》（建金〔2015〕150号）要求，更加合理使用住房公积金，支持缴存职工解决住房困难问题，充分发挥住房公积金住房保障作用，结合我市房地产市场形势，2018年12月，百色市印发《百色市住房公积金管理委员会关于调整百色市个人住房公积金贷款政策的通知》。

一是延长贷款偿还期限。贷款偿还期限为借款人申请贷款时年龄至借款人法定退休年龄后5年，最长贷款期限为30年。二是适当调整贷款条件。建造住房申请贷款时限为取得住房城乡建设部门批准的《建设工程规划许可证》三年内并建造一层（含）以上房屋主体结构。职工在申请住房公积金贷款时，应已连续正常缴存住房公积金12个月（含）以上（从贷款申请时往前推算）。职工出现迟缴、补缴住房公积金2个月（含）以内的，或因工作调动、机构改革、单位改制、财补配套等导致迟缴、补缴住房公积金超2个月的，经市住房公积金管理中心审核同意，可视为连续正常缴存。其他迟缴、补缴行为视为不正常缴存，不予以贷款。借款人家庭月收入根据借款人及配偶住房公积金月缴存额推算，借款人配偶连续欠缴住房公积金超3个月或公积金账户处于封存状态的，配偶住房公积金不作为计算家庭月收入的依据。

（七）2018年业务服务用房落实情况：为给全市广大缴存职工营造一个良好的服务环境，确保住房公积金各项工作正常、高效运转，更好地发展我市住房公积金的事业，提升住房公积金行业形象，按照住房城乡建设部"形象统一、制度统一、流程统一"的标准化管理要求，管理中心按先易后难的顺序逐步解决13个管理部业务服务用房问题。2018年，解决了西林、田阳、田东管理部的业务用房问题。截至2018年底，百色市住房公积金管理中心已解决9个管理部的业务用房问题。

（八）2018年信息化建设情况：2018年，百色市住房公积金管理中心按照"互联网＋公积金"的理念，持续加大信息化建设的投入，助推住房公积金便民服务，把信息化建设工作推上了新的台阶。一是完成"双贯标"建设工作，全面落实住房城乡建设部关于数据标准和全国住房公积金结算应用系统的要求，加快对业务信息系统全面升级，实现与业务受托银行实时结算结算，银行、业务、财务三账自动匹配对账入账，资金管理更透明理安全。最终以高分顺利通过了住房城乡建设部和自治区住房城乡建设厅组织的联合检查验收。二是完成涵盖八大服务渠道的综合服务平台的建设，即住房公积金12329服务热线、短信平台、门户网站、网上业务大厅、微信、手机APP（安卓版）、自助终端、微博等，为全市缴存单位和职工提供方便快捷的公积金查询、线上业务办理、实时咨询互动、政策信息发布、短信通知提醒等服务，实现个人提取业务即时到账，单位缴存业务、变更业务"足不出户"即可办理，目前个人注册用户达到32725人，单位网厅办理业务达1335个单位，网站访问量突破10万人次。三是完成全国住房公积金异地转移接续平台接入接口开发工作，解决调动职工转移公积金调进调出两边跑的辛苦。四是配合完成全区住房公积金监管系统升级改造工作，实现动态监控、规范管理等功能。

贺州市住房公积金2018年年度报告

一、机构概况

（一）住房公积金管理委员会：住房公积金管理委员会有24名委员，2018年召开2次全体会议，审议通过2018年住房公积金归集、使用计划，并对其他重要事项进行决策，主要包括：《贺州市住房公积金

2018年年度报告》、《2018年贺州市住房公积金增值收益分配方案》以及邮储银行贺州分行请求开立住房公积金账户的问题。

（二）住房公积金管理中心：住房公积金管理中心为市人民政府直属的不以营利为目的的参照公务员管理事业单位，设7个科，5个管理部。从业人员62人，其中，在编29人，非在编33人。

二、业务运行情况

（一）缴存：2018年，新开户单位353家，实缴单位2531家，净增单位328家；新开户职工1.25万人，实缴职工9.01万人，净增职工0.33万人；缴存额13.37亿元，同比增长8.61%。2018年末，缴存总额77.51亿元，同比增长20.85%；缴存余额35.10亿元，同比增长12.81%。

受委托办理住房公积金缴存业务的银行7家，比上年增加1家。

（二）提取：2018年，提取额9.39亿元，同比增长54.91%；占当年缴存额的比率70.20%，比上年增加20.97个百分点。2018年末，提取总额42.41亿元，同比增长28.42%。

（三）贷款：个人住房贷款最高额度35万元，其中，单职工家庭最高额度35万元，双职工家庭最高额度35万元。

2018年，发放个人住房贷款0.32万笔9.85亿元，同比增长35.53%、增长43.42%。

2018年，回收个人住房贷款3.09亿元。

2018年末，累计发放个人住房贷款2.56万笔48.52亿元，贷款余额32.37亿元，同比分别增长14.29%、25.47%、26.37%。个人住房贷款余额占缴存余额的92.22%，比上年增加9.91个百分点。

受委托办理住房公积金个人住房贷款业务的银行4家，比上年增加0家。

（四）融资：2018年，融资0.92亿元，归还0亿元。2018年末，融资总额0.92亿元，融资余额0.92亿元。

（五）资金存储：2018年末，住房公积金存款4.69亿元。其中，活期1.90亿元，1年以内定期（含）0亿元，1年以上定期2.79亿元。

（六）资金运用率：2018年末，住房公积金个人住房贷款余额、项目贷款余额和购买国债余额的总和占缴存余额的92.22%，比上年增加9.91个百分点。

三、主要财务数据

（一）业务收入：2018年，业务收入11094.41万元，同比增长9.12%。存款利息收入1747.36万元，委托贷款利息收入9185.78万元，国债利息收入0万元，其他收入161.27万元。

（二）业务支出：2018年，业务支出5073.75万元，同比增长15.25%。其中，支付职工住房公积金利息4604.50万元，归集手续费用支出0万元，委托贷款手续费支出464.82万元，其他支出4.43万元。

（三）增值收益：2018年，增值收益6020.66万元，同比增长4.44%。增值收益率1.81%，比上年减少0.25个百分点。

（四）增值收益分配：2018年，提取贷款风险准备金3612.40万元，提取管理费用787.72万元，提取城市廉租房（公共租赁住房）建设补充资金1620.54万元。

2018年，上交财政管理费用787.72万元。上缴财政的城市廉租房（公共租赁住房）建设补充资金

884.00万元。

2018年末，贷款风险准备金余额20371.86万元。累计提取城市廉租房（公共租赁住房）建设补充资金7025.88万元。

（五）管理费用支出：2018年，管理费用支出781.45万元，同比下降41.40%。其中，人员经费382.12万元，公用经费132.60万元，专项经费266.73万元。

四、资产风险状况

2018年末，个人住房贷款逾期额107.75万元，个人住房贷款逾期率0.33‰。

个人贷款风险准备金按增值收益的60%提取。2018年，提取个人贷款风险准备金3612.40万元，使用个人贷款风险准备金核销呆坏账0万元，2018年末，个人贷款风险准备金余额为20371.86万元，占个人住房贷款余额的6.29%，个人贷款逾期额与个人贷款风险准备金余额的比率为0.53%。

五、社会经济效益

（一）缴存业务：2018年，实缴单位数、实缴职工人数和缴存额同比分别增长14.89%、3.80%和8.61%。

缴存单位中，国家机关和事业单位占52.07%，国有企业占13.79%，城镇集体企业占0.40%，外商投资企业占0.99%，城镇私营企业及其他城镇企业占26.99%，民办非企业单位和社会团体占2.96%，其他占2.80%。

缴存职工中，国家机关和事业单位占64.42%，国有企业占17.07%，城镇集体企业占1.01%，外商投资企业占2.78%，城镇私营企业及其他城镇企业占11.99%，民办非企业单位和社会团体占2.30%，其他占0.43%；中、低收入占99.70%，高收入占0.30%。

（二）提取业务：2018年，3.22万名缴存职工提取住房公积金9.39亿元。

提取的金额中，住房消费提取占79.83%（购买、建造、翻建、大修自住住房占36.98%，偿还购房贷款本息占35.53%，租赁住房占5.52%，其他1.80%）；非住房消费提取占20.17%（离休和退休提取占16.69%，完全丧失劳动能力并与单位终止劳动关系提取占1.84%，户口迁出本市或出境定居占0.73%，其他占0.91%）。提取职工中，中、低收入占99.53%，高收入占0.47%。

（三）贷款业务：

1. **个人住房贷款**：2018年，支持职工购建房43.30万平方米，年末个人住房贷款市场占有率为32.87%，比上年减少4.91个百分点。通过申请住房公积金个人住房贷款，可节约职工购房利息支出26096.86万元。

职工贷款笔数中，购房建筑面积90（含）平方米以下占3.52%，90～144（含）平方米占81.80%，144平方米以上占14.68%。购买新房占90.84%（其中购买保障性住房占0.03%），购买二手房占8.54%，建造、翻建、大修自住住房占0.62%，其他占0%。

职工贷款笔数中，单缴存职工申请贷款占28.68%，双缴存职工申请贷款占71.32%，三人及以上缴存职工共同申请贷款占0%。

贷款职工中，30岁（含）以下占27.00%，30岁～40岁（含）占39.28%，40岁～50岁（含）占

30.55%，50岁（含）以上占3.17%；首次申请贷款占91.71%，二次及以上申请贷款占8.29%；中、低收入占99.06%，高收入占0.94%。

2. **异地贷款**：2018年，发放异地贷款423笔13910.60万元。2018年末，发放异地贷款总额28686.90万元，异地贷款余额24790.60万元。

（四）住房贡献率：2018年，个人住房贷款发放额、公转商贴息贷款发放额、项目贷款发放额、住房消费提取额的总和与当年缴存额的比率为129.70%，比上年增加36.74个百分点。

六、其他重要事项

（一）机构及职能调整情况、缴存贷款业务金融机构变更情况：2018年缴存业务金融机构增加1家，为中国邮政储蓄银行贺州市分行。

（二）当年住房公积金政策调整及执行情况：

1. **当年住房公积金政策调整及执行情况**。

（1）与市住房和城乡建设局、财政局、国土资源局、人民银行贺州市中心支行联合印发《关于维护住房公积金缴存职工购房贷款权益的通知》（贺金管发〔2018〕19号），提高贷款办理和抵押登记效率，严格委贷业务考核，加强销售行为管理，公开业务办理流程，进一步规范房地产市场秩序，净化房地产市场环境。

（2）印发《关于调整住房公积金提取政策的通知》（贺金管发〔2018〕23号），缴存职工与单位解除或终止劳动关系的，先办理个人账户封存，从2018年6月29日起取消装修提取住房公积金政策。

（3）印发《调整提取住房公积金支付房租额度的通知》（贺金管发〔2018〕31号），从2018年9月1日起租住商品住房的，职工本人及配偶提取住房公积金额度合计不高于9600元/年。

（4）印发《关于暂停受理异地贷款业务申请的通知》（贺金管发〔2018〕32号），从2018年9月1日起，在全市范围内暂停受理住房公积金异地贷款业务申请，重点支持本市职工在缴存地购买首套普通住房和第二套改善型住房公积金贷款。

（5）印发《关于实行住房公积金个人住房贷款存贷挂钩的通知》（贺金管发〔2018〕35号），从2018年11月1日起，对我市住房公积金个人住房贷款可贷额度实行存贷挂钩，可贷额度＝缴存职工（以家庭户计）住房公积金账户缴存余额之和×30倍，不高于按照房屋总价款的比例确定的贷款限额，同时不得超出我市规定的住房公积金最高贷款额度。

2. **当年缴存基数限额及确定方法**。按照市统计部门公布的2018年贺州市辖区内城镇非私营单位在岗职工年平均工资为65799元，确定2018年贺州市单位和职工个人住房公积金月缴存额上限各为1973.97元，合计为3947.94。按照贺州市2018年职工最低工资标准1450元，确定贺州市2018年度单位和职工个人住房公积金月缴存额下限各为72.5元，合计为145元。

3. **当年缴存比例调整情况**。我市经批准的住房公积金缴存比例为5%～12%，没有调整。

4. **当年住房公积金存贷款利率调整及执行情况**。职工住房公积金账户存款按结息日挂牌公告的1年期定期存款基准利率计息执行。住房公积金贷款基准利率五年以下（含五年）年利率2.75%，五年以上年利率3.25%。

5. **当年住房公积金个人住房贷款最高贷款额度调整情况等**。2018年，我市住房公积金个人住房贷款最高贷款额度为 35 万元，没有调整。

（三）当年服务改进情况：

1. **服务网点改进情况**。2018 年，八步、平桂、钟山、富川、昭平管理部的服务网点没有调整变化；2018 年 12 月 25 日，市本级归集、提取、信贷业务大厅搬迁至贺州市市民服务中心二楼 C 区公积金服务区（八步区太白西路 161 号）对外办公服务。

2. **服务设施情况**。市本级归集、提取、信贷业务大厅搬迁到市民服务中心二楼 C 区公积金服务区对外办公服务，统一设置排队叫号机、查询机、政策滚动宣传栏和业务办理流程图。

3. **服务手段改进情况**。2018 年，受托银行继续派出 17 名工作人员进驻市民服务中心公积金服务区和各管理部营业大厅承办信贷、归集业务，全面提高服务效率。

4. **综合服务平台建设情况**。2018 年，继续加强住房公积金综合服务平台建设，基本建立了网站、服务热线、短信、自助终端、微信、网上业务大厅、手机 APP 7 种服务渠道。

5. **其他网络载体建设服务情况**。2018 年，中心网站共发布信息 769 条，其中：党建新闻 286 条、中心工作动态 102 条，业内动态 291 条，信息公开信息 31 条、通知公告 23 条，政策法规 12 条，法治专栏 24 条。

（四）当年信息化建设情况：2018 年，按住房城乡建设部"双贯标"验收整改要求，基本完成云平台信息管理系统升级改造工作，核心业务系统正式上线运行。

（五）当年住房公积金管理中心及职工所获荣誉情况：2018 年，何红华同志荣获全区住房城乡建设系统记二等功荣誉称号，杨海同志被评为 2018 年度贺州市直机关"十佳党小组组长"荣誉称号。

（六）当年对违反《住房公积金管理条例》和相关法规行为进行行政处罚和申请人民法院强制执行情况：2018 年，共发出《催建通知书》20 份、《催缴通知书》20 份；对 1 家公司申请法院强制执行。

河池市住房公积金 2018 年年度报告

一、机构概况

（一）住房公积金管理委员会

河池住房公积金管理委员会有 22 名委员，2018 年召开 1 次会议，审议通过的事项主要包括：

1. 《2018 年全市住房公积金管理工作完成情况和 2018 年工作计划报告》。
2. 《2018 年度住房公积金财务预算执行情况和 2018 年住房公积金财务预算报告》。
3. 《河池住房公积金管理中心 2018 年增值收益分配方案》。
4. 《河池住房公积金管理中心 2018 年住房公积金归集、使用计划的报告》。
5. 《河池市住房公积金 2018 年年度报告》。

（二）住房公积金管理中心

河池住房公积金管理中心为隶属于河池市人民政府不以营利为目的的参照公务员管理事业单位，设 7

个科室，11个管理部。从业人员87人，其中，在编53人，非在编34人。

二、业务运行情况

（一）缴存：2018年，新开户单位169家，实缴单位3095家，净增单位127家；新开户职工1.15万人，实缴职工15.10万人，净增职工0.58万人；缴存额23.91亿元，同比增长12.84%。2018年末，缴存总额144.63亿元，同比增长19.80%；缴存余额55亿元，同比增长14.51%。

受委托办理住房公积金缴存业务的银行6家，比上年增加1家。

（二）提取：2018年，提取额16.93亿元，同比增长23.99%；占当年缴存额的70.84%，比上年增加6.37个百分点。2018年末，提取总额89.62亿元，同比增长23.29%。

（三）贷款：个人住房贷款最高额度50万元，其中，单缴存职工最高额度40万元，双缴存职工最高额度50万元。

2018年，发放个人住房贷款0.3989万笔13.01亿元，同比分别增长7.32%、27.22%。

2018年，回收个人住房贷款4.46亿元。

2018年末，累计发放个人住房贷款3.3263万笔70.92亿元，贷款余额49.48亿元，同比分别增长13.63%、22.46%、20.88%。个人住房贷款余额占缴存余额的89.97%，比上年增加4.74个百分点。

受委托办理住房公积金个人住房贷款业务的银行4家，比上年增加0家。

（四）资金存储：2018年末，住房公积金存款6.93亿元。其中，活期0.05亿元，1年（含）以下定期0.4亿元，1年以上定期3.65亿元，其他（协定、通知存款等）2.83亿元。

（五）资金运用率：2018年末，住房公积金个人住房贷款余额、项目贷款余额和购买国债余额的总和占缴存余额的89.97%，比上年增加4.74个百分点。

三、主要财务数据

（一）业务收入：2018年，业务收入16648.37万元，同比增长21.32%。其中，存款利息1990.65万元，委托贷款利息14623.18万元，国债利息0万元，其他34.54万元。

（二）业务支出：2018年，业务支出7878.59万元，同比增长14.54%。其中，支付职工住房公积金利息7420.71万元，委托贷款手续费454.05万元，其他支出3.83万元。

（三）增值收益：2018年，增值收益8769.78万元，同比增长28.14%。增值收益率1.67%，比上年同期增加0.16个百分点。

（四）增值收益分配：2018年，提取贷款风险准备金4948.39万元，提取管理费用3057.11万元，提取城市廉租房（公共租赁住房）建设补充资金764.28万元。

2018年，上交财政2018年度提取的管理费用2200.32万元，上缴财政城市廉租住房（公共租赁住房）建设补充资金550.08万元。

2018年末，贷款风险准备金余额23660.13万元。累计提取城市廉租住房（公共租赁住房）建设补充资金6751.40万元。

（五）管理费用支出：2018年，中心市本级及11个县（区）管理费用支出4353.21万元，同比增长193.03%。其中，人员经费649.48万元，公用经费82.66万元，专项经费3621.07万元。

四、资产风险状况

2018年末,个人住房贷款逾期额58.11万元,逾期率0.1174‰。

个人贷款风险准备金按贷款余额的1%提取。2018年,提取个人贷款风险准备金4948.39万元,使用个人贷款风险准备金核销呆坏账0万元。2018年末,个人贷款风险准备金余额23660.13万元,占个人住房贷款余额的4.78%,个人住房贷款逾期额与个人贷款风险准备金余额的比率为0.25%。

五、社会经济效益

(一)**缴存业务**:2018年,实缴单位数、实缴职工人数和缴存额同比分别增长4.28%、4%和12.84%。

缴存单位中,国家机关和事业单位占74.22%,国有企业占8.79%,城镇集体企业占0.97%,外商投资企业占0.13%,城镇私营企业及其他城镇企业占12.99%,民办非企业单位和社会团体占1.55%,其他占1.35%。

缴存职工中,国家机关和事业单位占72.58%,国有企业占15.56%,城镇集体企业占0.17%,外商投资企业占0.29%,城镇私营企业及其他城镇企业占9.59%,民办非企业单位和社会团体占0.43%,其他占1.38%;中、低收入占99.58%,高收入占0.42%。

新开户职工中,国家机关和事业单位占63.88%,国有企业占8.43%,城镇集体企业占1.10%,外商投资企业占0.36%,城镇私营企业及其他城镇企业占19.73%,民办非企业单位和社会团体占1.56%,其他占4.94%;中、低收入占99.90%,高收入占0.10%。

(二)**提取业务**:2018年,5.54万名缴存职工提取住房公积金16.93亿元。

提取的金额中,住房消费提取占81.67%(购买、建造、翻建、大修自住住房占40.51%,偿还购房贷款本息占31.94%,租赁住房占7.84%,其他占1.38%);非住房消费提取占18.33%(离休和退休提取占14.28%,完全丧失劳动能力并与单位终止劳动关系提取占1.94%,户口迁出本市或出境定居占0.54%,其他占1.57%)。

提取职工中,中、低收入占99.41%,高收入占0.59%。

(三)**贷款业务**:

1. **个人住房贷款**。2018年,支持职工购建房60.79万平方米,年末个人住房贷款市场占有率约为30.75%,比上年同期增加0.57个百分点。通过申请住房公积金个人住房贷款,可节约职工购房利息支出24505.06万元。

职工贷款笔数中,购房建筑面积90(含)平方米以下占7.02%,90~144(含)平方米占66.73%,144平方米以上占26.25%。购买新房占73.93%(其中购买保障性住房占12.63%),购买二手房占18.98%,建造、翻建、大修自住住房占7.09%,其他占0%。

职工贷款笔数中,单缴存职工申请贷款占23.44%,双缴存职工申请贷款占75.28%,三人及以上缴存职工共同申请贷款占1.28%。

贷款职工中,30岁(含)以下占25.67%,30岁~40岁(含)占40.99%,40岁~50岁(含)占24.34%,50岁以上占9%;首次申请贷款占92.58%,二次及以上申请贷款占7.42%;中、低收入占

95.96%，高收入占4.04%。

2. **异地贷款**。2018年，发放异地贷款419笔13549.20万元。2018年末，发放异地贷款总额29250.50万元，异地贷款余额26709.81万元。

(四) **住房贡献率**：2018年，个人住房贷款发放额、公转商贴息贷款发放额、项目贷款发放额、住房消费提取额的总和与当年缴存额的比率为112.27%，比上年增长11.23个百分点。

六、其他重要事项

(一) **当年机构及职能调整情况、受委托办理缴存贷款业务金融机构变更情况**：2018年，我中心没有机构及职能调整情况发生。2018年2月河池住房公积金管理委员会同意将柳州银行河池分行列为住房公积金金融业务试委托银行。

(二) **当年住房公积金政策调整及执行情况**：

1. **2018年河池市住房公积金缴存基数上限**。根据广西壮族自治区住房制度改革委员会《关于调整住房公积金缴存政策的通知》(桂房改〔2011〕50号)规定，单位和职工住房公积金缴存基数最高不能超过职工工作所在城市统计部门公布的上一年度职工月均工资的3倍，住房公积金缴存比例最高不能超过12%。2018年全市住房公积金月缴存工资基数上限为16521元，单位和个人的住房公积金月缴存额上限各为1983元，合计不能超过3966元。

2. **2018年河池市住房公积金缴存基数下限**。根据广西壮族自治区人民政府《关于调整全区职工最低工资标准的通知》(桂政发〔2015〕13号)和自治区住房制度改革委员会《关于调整住房公积金缴存政策的通知》(桂房改〔2011〕50号)规定，2018年河池市本级、金城江区和宜州区住房公积金月缴存工资基数下限为1450元，单位和个人的住房公积金月缴存额下限各为73元，合计不能低于146元；其他县为1300元，单位和个人的住房公积金月缴存额下限各为65元，合计不能低于130元。

3. **缴存比例调整情况**。2018年，我市住房公积金缴存比例政策没有调整，单位和职工的住房公积金缴存比例最低为5%，最高为12%。

4. **当年提取政策调整情况**。根据《自治区住房城乡建设厅、财政厅、人民银行南宁中心支行、公安厅转发住房城乡建设部等四部门关于开展治理违规提取住房公积金工作的通知》(桂建金管〔2018〕13号)规定，2018年6月29日，我中心下发了《关于对离职职工办理住房公积金有关事项进行调整的通知》(河金管委〔2018〕43号)，自2018年7月1日起，缴存职工与单位解除或终止劳动关系后，先办理个人账户封存。封存期间，在河池辖区内继续缴存的应办理内部转移手续，在河池辖区外继续缴存的应办理异地转移手续，未继续缴存住房公积金的，封存满半年（含）后即可办理销户提取。所有缴存职工统一按该规定执行，不再区分非城镇户口从业人员、合同期限在一年（含）以内的短期用工和非广西户籍人员。

5. **当年个人住房贷款最高贷款额度、贷款条件等贷款政策调整情况**。2018年，我市个人住房贷款最高贷款额度、贷款条件等政策没有调整，单缴存职工最高贷款额度40万元，双缴存职工最高贷款额度50万元，贷款最长期限30年。

6. **当年住房公积金存贷款利率执行标准等**。2018年，国家没有对个人住房公积金存款、贷款利率进行调整，我中心按照中国人员银行最新公布的住房公积金存款、贷款利率执行，其中：个人住房公积金存款年利率为1.50%；个人住房公积金贷款利率五年以下（含五年）年利率为2.75%，五年以上年利率为3.25%。

(三)当年服务改进情况:

1. **服务网点和服务设施建设情况**。2018年12月,我中心罗城管理部的服务大厅正式投入使用,该管理部全体人员从中国工商银行罗城县支行办公楼搬迁到位于罗城县东门镇凤凰大道的新服务大厅进行办公。此外,我中心进一步完善了宜州管理部和罗城管理部的视频监控设施,并增加了排队叫号系统等服务设施,大大改善了宜州管理部、罗城管理部的服务环境和服务能力。

2. **综合服务平台建设情况**。2018年6月,我中心就已经完成了包含门户网站、网上业务大厅、自助终端、手机客户端、官方微信、官方微博八大服务渠道内的住房公积金综合服务平台建设工作。2018年6月,我中心按照住房城乡建设部下发的《关于印发住房公积金综合服务平台验收工作流程和评分标准的通知》(建金服函〔2018〕70号)要求,对已建成的综合服务平台进行进一步的功能完善,目前改造工作已经基本完成,近期将逐步上线各项业务办理功能。

(四)当年信息化建设情况:

1. **信息化建设情况**。为贯彻落实国务院、自治区深化政务"放管服"的要求,实现"一事通办"、"一网办通",我中心在2018年进行了贷款征信数据生成接口、贷款征信数据报数系统、异地转移接续平台直连接口、电子签章平台及其系统支撑平台、OA系统、云桌面系统等项目建设。

2. **基础数据标准贯彻落实和结算应用系统接入情况**。我中心已于2016年4月27日全面完成基础数据标准贯彻落实和结算应用系统接入工作,并通过了住房城乡建设部和自治区住房城乡建设厅的联合验收,是全国第14个、广西第1个通过"双贯标"工作验收的中心。

(五)**当年住房公积金管理中心及职工所获荣誉情况**:2018年,我中心被自治区住房和城乡建设厅、人社厅评为全区住房建设系统集体二等功称号;被自治区住房和城乡建设厅、自治区财政厅评为2018年度全区住房公积金业务管理工作优秀单位(已连续9年被评为全区住房公积金业务管理工作优秀单位);被广西建设工会评为中心工会展板自治区住房城乡建设厅工会三等奖;被市政务服务监督管理办公室评为2018年度政务服务先进集体;被都安县脱贫攻坚指挥部评为2016—2018年全县脱贫攻坚工作"先进定点帮扶单位";被市人口和计划生育领导小组评为河池市人口计生工作先进单位;陈美玲同志被市政务服务监督管理办公室评为2018年第二季度政务"服务之星";崔海莲同志被市政务服务监督管理办公室评为2018年第三季度政务"服务之星"。

来宾市住房公积金2018年年度报告

一、机构概况

(一)**住房公积金管理委员会**:住房公积金管理委员会有21名委员,2018年召开2次会议。2018年1月29日会议审议通过如下事项:

1. 关于住房公积金个人贷款额与职工住房公积金缴存额挂钩问题。
2. 关于暂停住房公积金异地贷款业务问题。

3. 关于提高住房公积金个人贷款第二次购房贷款首付比例问题。

4. 关于缴存单位申请缓缴住房公积金问题。

5. 关于拨付各县（市、区）城市廉租住房建设补充资金问题。

6. 关于武宣县财政局请求减免市住房公积金管理中心其他住房建设资金贷款利息问题。

7. 关于授权住房公积金管理中心每年定期调整住房公积金缴存基数及月缴存额上下限问题。

8. 关于暂停装修提取住房公积金问题。

9. 关于合山市管理部财务账进行调整问题。

2018年7月31日会议审议通过如下事项：

1. 关于2018年度住房公积金归集使用计划执行情况的报告、2018年度住房公积金增值收益分配实施方案、2018年度住房公积金财务报告问题。

2. 关于《来宾市住房公积金管理中心2018年度住房公积金财务预算收支计划》及《来宾市2018年度住房公积金归集使用计划》问题。

3. 关于《来宾市个人自愿缴存住房公积金实施办法》（试行）。

4. 关于授权来宾市住房公积金管理中心审批降低住房公积金缴存比例或者缓缴的问题。

5. 关于办理华锡集团棚户区改造异地安置暨来冶生活区新三区职工安居工程住房公积金异地贷款的问题。

6. 关于对来宾市住房公积金采用购买服务方式确定新业务管理系统进行托管的问题。

7. 关于明确全市财政拨款单位按月为职工缴存住房公积金的问题。

8. 关于调整来宾市住房公积金有关提取政策问题。

（二）住房公积金管理中心：住房公积金管理中心为来宾市人民政府直属不以营利为目的的参公副处级事业单位，设6个科，6个管理部。从业人员72人，其中，在编32人，非在编40人。

二、业务运行情况

（一）缴存：2018年，新开户单位189家，实缴单位2,218家，净减单位92家；新开户职工1.03万人，实缴职工9.70万人，净增职工0.50万人；缴存额13.53亿元，同比增长7.02%。2018年末，缴存总额99.55亿元，同比增长15.73%；缴存余额31.08亿元，同比增长9.09%。

受委托办理住房公积金缴存业务的银行6家，比上年减少0家。

（二）提取：2018年，提取额10.94亿元，同比增长5.55%；占当年缴存额的80.84%，比上年减少1.12个百分点。2018年末，提取总额68.47亿元，同比增长19.02%。

（三）贷款：个人住房贷款最高额度35万元，其中，单缴存职工最高额度35万元，双缴存职工最高额度35万元。

2018年，发放个人住房贷款0.28万笔6.86亿元，同比分别增长14.80%、16.16%。

2018年，回收个人住房贷款2.76亿元。

2018年末，累计发放个人住房贷款2.54万笔41.90亿元，贷款余额28.09亿元，同比分别增长12.19%、19.58%、17.09%。个人住房贷款余额占缴存余额的90.38%，比上年增加6.18个百分点。

受委托办理住房公积金个人住房贷款业务的银行5家，比上年减少0家。

（四）资金存储：2018年末，住房公积金存款3.69亿元。其中，活期1.09亿元，1年以上定期2.60亿元。

（五）资金运用率：2018年末，住房公积金个人住房贷款余额、项目贷款余额和购买国债余额的总和占缴存余额的90.38%，比上年增加6.18个百分点。

三、主要财务数据

（一）业务收入：2018年，业务收入10009.64万元，同比增长17.74%。存款利息1374.11万元，委托贷款利息8538.90万元，国债利息0万元，其他96.63万元。

（二）业务支出：2018年，业务支出4982.78万元，同比增长14.11%。支付职工住房公积金利息4390.20万元，归集手续费0万元，委托贷款手续费415.95万元，其他176.63万元。

（三）增值收益：2018年，增值收益5026.86万元，同比增长21.58%。增值收益率1.71%，比上年增加0.19个百分点。

（四）增值收益分配：2018年，提取贷款风险准备金2809.20万元，提取管理费用1077.60万元，提取城市廉租住房（公共租赁住房）建设补充资金1140.06万元。

2018年，上交财政管理费用1250.54万元。上缴财政城市廉租住房（公共租赁住房）建设补充资金3461.94万元。

2018年末，贷款风险准备金余额15852.55万元。累计提取城市廉租住房（公共租赁住房）建设补充资金12295.55万元。

（五）管理费用支出：2018年，管理费用支出1037.79万元，同比增加8.49%。其中，人员经费652.53万元，公用经费69.99万元，专项经费315.27万元。

四、资产风险状况

2018年末，个人住房贷款逾期额153.22万元，逾期率0.545‰。

个人贷款风险准备金按贷款余额的1%提取。2018年，提取个人贷款风险准备金2809.20万元，使用个人贷款风险准备金核销呆坏账0万元。2018年末，个人贷款风险准备金余额15852.55万元，占个人住房贷款余额的5.64%，个人住房贷款逾期额与个人贷款风险准备金余额的比率为0.97%。

五、社会经济效益

（一）缴存业务：2018年，实缴单位数、实缴职工人数和缴存额同比分别降低3.98%、增长5.40%和增长7.02%。

缴存单位中，国家机关和事业单位占73.76%，国有企业占11.32%，城镇集体企业占1.44%，外商投资企业占0.41%，城镇私营企业及其他城镇企业占11.14%，民办非企业单位和社会团体占0.41%，其他占1.52%。

缴存职工中，国家机关和事业单位占66.35%，国有企业占21.15%，城镇集体企业占0.94%，外商投资企业占0.88%，城镇私营企业及其他城镇企业占8.92%，民办非企业单位和社会团体占0.06%，其他占0.70%；中、低收入占99.27%，高收入占0.73%。

新开户职工中，国家机关和事业单位占57.09%，国有企业占12.36%，城镇集体企业占2.04%，外商投资企业占1.51%，城镇私营企业及其他城镇企业占25.08%，民办非企业单位和社会团体占0.07%，其他占1.85%；中、低收入占99.89%，高收入占0.11%。

（二）**提取业务**：2018年，4.48万名缴存职工提取住房公积金10.94亿元。

提取金额中，住房消费提取占81.05%（购买、建造、翻建、大修自住住房占33.70%，偿还购房贷款本息占38.04%，租赁住房占7.33%，其他占1.98%）；非住房消费提取占18.95%（离休和退休提取占14.92%，完全丧失劳动能力并与单位终止劳动关系提取占0.93%，户口迁出本市或出境定居占0.43%，其他占2.68%）。

提取职工中，中、低收入占99.01%，高收入占0.99%。

（三）**贷款业务**：

1. **个人住房贷款**：2018年，支持职工购建房25.39万平方米，年末个人住房贷款市场占有率为23.87%，比上年降低8.45个百分点。通过申请住房公积金个人住房贷款，可节约职工购房利息支出12706.18万元。

职工贷款笔数中，购房建筑面积90（含）平方米以下占8.55%，90～144（含）平方米占80.37%，144平方米以上占11.08%。购买新房占77.15%（其中购买保障性住房占0%），购买存量商品住房占22.27%，建造、翻建、大修自住住房占0.58%，其他占0%。

职工贷款笔数中，单缴存职工申请贷款占63.92%，双缴存职工申请贷款占36.04%，三人及以上缴存职工共同申请贷款0.04%。

贷款职工中，30岁（含）以下占35.93%，30岁～40岁（含）占38.65%，40岁～50岁（含）占20.61%，50岁以上占4.81%；首次申请贷款占93.19%，二次及以上申请贷款占6.81%；中、低收入占99.27%，高收入占0.73%。

2. **异地贷款**：2018年，发放异地贷款180笔4061.60万元。2018年末，发放异地贷款总额24484.60万元，异地贷款余额22887.30万元。

（四）**住房贡献率**：2018年，个人住房贷款发放额、公转商贴息贷款发放额、项目贷款发放额、住房消费提取额的总和与当年缴存额的比率为116.22%，比上年增加3.55个百分点。

六、其他重要事项

1. 根据来宾市统计局提供的来宾市职工2018年度月平均工资确定2018年度的最高缴存基数为16038元，最低限为1450元，缴存比例为5%～12%。

2. "双贯标"系统正式运行并高分通过检查验收。2018年6月4日，我中心正式上线全新的业务系统，顺利实现了新老系统数据的迁移转换，成功接入了住房城乡建设部全国统一的住房公积金银行结算数据运用系统；10月18日，住房城乡建设部检查验收组到我中心开展"双贯标"检查验收工作，我中心"双贯标"以高分通过验收，目前分数位于全区之首，获得住房城乡建设部专家组的高度评价。"双贯标"工作的成功建设，进一步提升了住房公积金工作效率和服务水平，实现了"让信息多跑路，群众少跑腿"目标。

3. 继续改进和完善服务。

（1）在已开通12329短信、微信、手机APP上线运行外，今年还实现了"一证一卡"现场办理，住房公积金提取"秒"到账。利用高拍仪、扫描仪、复印机等电子影像设备留存身份信息，纳入业务管理档案，需要时可以调取，缴存人无需再次提供相关证件只需出示身份证签字即可。

（2）改进贷款服务环节和质量。住房公积金个人贷款办理减少了审批时间，从原来8天到现在5天，同时银行进驻市公积金中心业务大厅实行"一站式"办理，公积金贷款申请面签与借款合同预签同步进行，职工办理贷款只跑一次；实现公积金中心网点办理提前还款业务，不用再往返银行；开展"按月对冲还贷"业务，解决贷款职工因逾期还贷而影响个人信用和往返跑银行存款还贷等问题。

4. 2018年度，我中心对来宾市不足额、不按时或不缴存住房公积金的单位发出了《限期缴存通知书》，各单位在接到通知书后都能积极进行整改，我中心未申请人民法院强制执行。

崇左市住房公积金2018年年度报告

一、机构概况

（一）住房公积金管理委员会：住房公积金管理委员会有27名委员，2018年召开3次会议，审议通过的事项主要包括：

1. 崇左市公积金2018年年度报告。
2. 崇左市住房公积金2018年年度财务报告。
3. 崇左市2018年度住房公积金归集、使用计划执行情况。
4. 崇左市住房公积金2018年度增值收益分配方案。
5. 崇左市2018年度住房公积金归集、使用计划。
6. 崇左市2018年住房公积金月缴存额上下限。
7. 《关于向商业银行融资解决住房公积金流动性紧张问题的请示》。
8. 《关于调整我市部分住房公积金政策的请示》。
9. 《关于申请住房公积金电子档案信息管理系统经费的请示》。
10. 《崇左市个人自愿缴存住房公积金实施办法（试行）》。

（二）住房公积金管理中心：住房公积金管理中心为直属市人民政府不以营利为目的的参照公务员管理事业单位，设5个科，6个管理部。其中，在编35人，非在编23人。

二、业务运行情况

（一）缴存：2018年，新开户单位24家，实缴单位2577家，净增单位24家；新开户职工0.65万人，实缴职工9.92万人，净增职工0.38万人；缴存额12.17亿元，同比增长1.93%。2018年末，缴存总额86.25亿元，同比增长16.43%；缴存余额30.71亿元，同比增长11.53%。

受委托办理住房公积金缴存业务的银行6家，比上年增加0家。

（二）**提取**：2018年，提取额8.99亿元，同比增长14.32%；占当年缴存额的73.90%，比上年增加8.01个百分点。2018年末，提取总额55.54亿元，同比增长19.32%。

（三）**贷款**：个人住房贷款最高额度45万元，其中，单缴存职工最高额度45万元，双缴存职工最高额度45万元。

2018年，发放个人住房贷款0.24万笔7.66亿元，同比分别下降13.32%、11.58%。

2018年，回收个人住房贷款2.45亿元。

2018年末，累计发放个人住房贷款2.24万笔44.54亿元，贷款余额32.31亿元，同比分别增长11.85%、20.76%、19.23%。个人住房贷款余额占缴存余额的105.21%，比上年增加6.79个百分点。

受委托办理住房公积金个人住房贷款业务的银行5家，比上年增加0家。

（四）**融资**：2018年，融资2.7亿元，归还1.5亿元。年末，融资总额4.2亿元，融资余额2.7亿元。

（五）**资金存储**：2018年末，住房公积金存款1.48亿元。其中，活期1.48亿元。

（六）**资金运用率**：2018年末，住房公积金个人住房贷款余额、项目贷款余额和购买国债余额的总和占缴存余额的105.21%，比上年增加6.79个百分点。

三、主要财务数据

（一）**业务收入**：2018年，业务收入9629.15万元，同比增长35.03%。其中，存款利息250.20万元，委托贷款利息9378.95万元，国债利息0万元，其他0万元。

（二）**业务支出**：2018年，业务支出5302.81万元，同比增长28.81%。其中，支付职工住房公积金利息4086.22万元，归集手续费0万元，委托贷款手续费399.22万元，其他817.37万元。

（三）**增值收益**：2018年，增值收益4326.34万元，同比增长43.53%。其中，增值收益率1.49%，比上年增加0.3个百分点。

（四）**增值收益分配**：2018年，提取贷款风险准备金2595.80万元，提取管理费用798万元，提取城市廉租住房（公共租赁住房）建设补充资金932.54万元。

2018年，上交财政管理费用793万元。上缴财政城市廉租住房（公共租赁住房）建设补充资金412.71万元。

2018年末，贷款风险准备金余额19761.06万元。累计提取城市廉租住房（公共租赁住房）建设补充资金6846.55万元。

（五）**管理费用支出**：2018年，管理费用支出773.15万元，同比下降35.50%。其中，人员经费493.00万元，公用经费40.52万元，专项经费239.62万元。

四、资产风险状况

2018年末，个人住房贷款逾期额655.89万元，逾期率2.03‰。

个人贷款风险准备金按增值收益的60%提取。2018年，提取个人贷款风险准备金2595.80万元，使用个人贷款风险准备金核销呆坏账0万元。2018年末，个人贷款风险准备金余额19761.06万元，占个人住房贷款余额的6.12%，个人住房贷款逾期额与个人贷款风险准备金余额的比率为3.32%。

五、社会经济效益

(一) 缴存业务: 2018年, 实缴单位数、实缴职工人数和缴存额同比分别增长0.94%、3.99%和1.93%。

缴存单位中, 国家机关和事业单位占48.12%, 国有企业占15.64%, 城镇集体企业占6.79%, 外商投资企业占9.12%, 城镇私营企业及其他城镇企业占3.41%, 民办非企业单位和社会团体占15.76%, 其他占1.16%。

缴存职工中, 国家机关和事业单位占67.18%, 国有企业占17.18%, 城镇集体企业占3.72%, 外商投资企业占5.04%, 城镇私营企业及其他城镇企业占5.99%, 民办非企业单位和社会团体占0.48%, 其他占0.41%; 中、低收入占98.69%, 高收入占1.31%。

新开户职工中, 国家机关和事业单位占63.54%, 国有企业占19.34%, 城镇集体企业占9.49%, 外商投资企业占5.38%, 城镇私营企业及其他城镇企业占1.64%, 民办非企业单位和社会团体占0.47%, 其他占0.14%; 中、低收入占98.26%, 高收入占1.74%。

(二) 提取业务: 2018年, 3.52万名缴存职工提取住房公积金8.99亿元。

提取金额中, 住房消费提取占79.62% (购买、建造、翻建、大修自住住房占33.45%, 偿还购房贷款本息占39.02%, 租赁住房占6.89%, 其他占0.26%); 非住房消费提取占20.38% (离休和退休提取占15.44%, 完全丧失劳动能力并与单位终止劳动关系提取占1.03%, 户口迁出本市或出境定居占0%, 其他占3.91%)。

提取职工中, 中、低收入占99.50%, 高收入占0.50%。

(三) 贷款业务:

1. 个人住房贷款: 2018年, 支持职工购建房30.18万平方米, 年末个人住房贷款市场占有率为22.65%, 比上年减少1.16个百分点。通过申请住房公积金个人住房贷款, 可节约职工购房利息支出16532.45万元。

职工贷款笔数中, 购房建筑面积90(含)平方米以下占10.48%, 90~144(含)平方米占80.97%, 144平方米以上占8.55%。购买新房占72.42% (其中购买保障性住房占7.28%), 购买二手房占25.52%, 建造、翻建、大修自住住房占2.06%, 其他占0%。

职工贷款笔数中, 单缴存职工申请贷款占38.48%, 双缴存职工申请贷款占61.52%, 三人及以上缴存职工共同申请贷款占0%。

贷款职工中, 30岁(含)以下占32.46%, 30岁~40岁(含)占46.74%, 40岁~50岁(含)占18.86%, 50岁以上占1.94%; 首次申请贷款占70.86%, 二次及以上申请贷款占29.14%; 中、低收入占97.94%, 高收入占2.06%。

2. 异地贷款: 2018年, 发放异地贷款371笔13065万元。2018年末, 发放异地贷款总额23986.70万元, 异地贷款余额22563.78万元。

(四) 住房贡献率: 2018年, 个人住房贷款发放额、公转商贴息贷款发放额、项目贷款发放额、住房消费提取额的总和与当年缴存额的比率为121.78%, 比上年减少2.95个百分点。

六、其他重要事项

(一)当年住房公积金政策调整及执行情况:

1. **确定缴存上、下限额**:根据《广西壮族自治区住房制度改革委员会关于调整住房公积金缴存比例的通知》(桂房改〔2011〕50号)规定,住房公积金缴存比例最高为12%,单位和职工缴存住房公积金以职工本人上一年度平均工资作为基数,最高不应超过职工工作所在设区城市统计部门公布的上一年度职工平均工资的3倍。崇左市统计部门公布的2018年崇左市城镇非私营单位在岗职工年平均工资为59250元。据此,崇左市2018年度单位和职工住房公积金缴存基数上限各为14812元;月缴存额上限各为1777元($59250 \div 12 \times 3 \times 12\% = 1777$),合计3554元。

2018年度崇左市区(含江州区)单位和个人住房公积金月最低缴存基数为1450元,月缴存额下限各为72元($1450 \times 5\% = 72$),合计144元;崇左市6个县(市)单位和个人月最低工资基数为1300元,月缴存额下限各为65元($1300 \times 5\% = 65$),合计130元。

2. **政策调整**:根据《自治区住房城乡建设厅、财政厅、中国人民银行南宁中心支行关于适时调整住房公积金政策确保房地产市场平稳健康发展的通知》(桂建金管〔2018〕11号)有关要求:"各地要充分结合当地房地产市场形势和住房公积金使用情况,因地制宜、因城施策调整住房公积金政策。房价上涨过快的城市,可适当调整贷款条件、首付比例、贷款额度和利率,实施差别化的住房信贷政策,采取有效措施遏制投资投机性购房贷款需求。"以及《自治区住房城乡建设厅、财政厅、人民银行南宁中心支行、公安厅转发住房城乡建设部等四部门关于开展治理违规提取住房公积金工作的通知》(桂建金管〔2018〕13号)有关要求:"各地要于2018年6月底前,根据《通知》关于规范和改进住房公积金提取政策的要求清理调整现行政策,并按照住房城乡建设部住房公积金监管司《关于湖南、广西、江西住房公积金行业落实"放管服"改革情况的通知》(建金服函〔2018〕49号)要求,取消装修提取住房公积金政策",为切实加强流动性风险防控,拟对我市住房公积金政策作出如下调整:(1)取消住房公积金装修提取业务;(2)取消"在住房定(认)购书签订之日起1年内以支付所购一手自有产权住房首付款为事由提取住房公积金业务";(3)提取住房公积金偿还住房贷款,由原来的"不限制房屋套数"调整为"偿还购建自有产权住房贷款本息的,仅允许以一套住房的贷款材料提取";(4)租赁住房租金最高提取额度,由原来的"租赁住房租金的最高提取额不得超过家庭收入的50%。"调整为"租赁住房租金的提取额度要根据当地租金水平合理确定并及时调整,每户每月租房提取最高不超过1000元/月";(5)调整住房公积金贷款套数的认定标准。认定住房贷款套数标准由原来的"只认定住房公积金贷款套数"调整为"认贷"(即指职工个人征信报告中反映的未结清或已结清的住房商业贷款及住房公积金贷款的次数)。凡是已办理有2次(含2次)以上住房贷款的职工,不能再申请住房公积金个人住房公积金;(6)调整第二套住房贷款的首付款比例。办理第二套住房贷款的,购房首付款比例由原来的20%调整为30%。

3. **当年贷款最高额度**:2018年在南宁市区购房的贷款最高额度是40万元,在崇左市(含各县、市、区)购房的贷款最高额度是45万元。

4. **当年住房公积金存贷款利率执行标准**:2018年,应付给职工的住房公积金利率(当年缴存和上年结转)仍是1.5%;住房公积金5年(含)以下贷款年利率2.75%,5年以上贷款年利率3.25%。

(二)当年服务改进情况:2018年,我中心以政务公开活动、上门为企业服务方式宣传住房公积金政策，同时通过网站、手机 APP、微信公众号等服务手段进一步扩大宣传公积金信息。2018 年 12 月我中心新增电子档案管理系统，正在进行测试，预计 2019 年 6 月启用。2018 年我中心已开通 12329 热线、12329 短信、网站、手机 APP、微信公众号、自助终端等综合服务平台渠道，微博和网厅服务渠道暂未开通。

（三）当年信息化建设情况： 2018 年 10 月 16 日我中心以优异成绩通过住房城乡建设部"双贯标"验收。经过市住房公积金管理委员会批准，我中心投入 58 万元开发建设电子档案管理系统，将于 2019 年 6 月正式启用。

（四）其他需要披露的情况： 2018 年来，针对全市公积金住房贷款规模加速发展现状，我中心审时度势，准确分析和研判全市房产市场形势和资金运行状况，加强风险科学管控，将融资作为一项重点保障措施全力推进。2018 年 11 月市住房公积金管理委员会批准我中心向商业银行融资 3 亿元，2018 年 12 月完成了融资资金 2 亿元，满足了广大职工购房贷款需求，降低流动性风险，确保资金安全运行。

2018 全国住房公积金年度报告汇编

海南省

海南省住房公积金 2018 年年度报告

一、机构概况

(一) 住房公积金管理机构：全省设 1 个住房公积金管理局，没有独立设置的分中心。从业人员 258 人，其中，在编 218 人，非在编 40 人。

(二) 住房公积金监管机构：省住房和城乡建设厅、省财政厅、人民银行海口中心支行和海南银保监局负责对本省住房公积金管理运行情况进行监督。省住房和城乡建设厅设立住房公积金监管处，负责辖区住房公积金日常监管工作。

二、业务运行情况

(一) 缴存：2018 年，新开户单位 5360 家，实缴单位 25454 家，净增单位 1838 家；新开户职工 12.92 万人，实缴职工 104.52 万人，净增职工 4.94 万人；缴存额 121.91 亿元，同比增长 10.00%。2018 年末，缴存总额 826.83 亿元，同比增长 17.30%；缴存余额 389.65 亿元，同比增长 14.81%。

(二) 提取：2018 年，提取额 71.66 亿元，同比下降 14.33%；占当年缴存额的 58.78%，比上年减少 16.70 个百分点。2018 年末，提取总额 437.18 亿元，同比增长 19.60%。

(三) 贷款：

1. **个人住房贷款**：2018 年，发放个人住房贷款 1.15 万笔 46.51 亿元，同比下降 39.47%、41.52%。回收个人住房贷款 29.22 亿元。

2018 年末，累计发放个人住房贷款 16.27 万笔 449.79 亿元，贷款余额 322.13 亿元，同比分别增长 7.53%、11.53%、5.67%。个人住房贷款余额占缴存余额的 82.67%，比上年减少 7.15 个百分点。

2. **住房公积金支持保障性住房建设项目贷款**：2018 年，未发放支持保障性住房建设项目贷款。我省项目贷款已全部回收结清。

(四) 资金存储：2018 年末，住房公积金存款 85.32 亿元。其中，活期 0.05 亿元，1 年（含）以下定期 43.34 亿元，1 年以上定期 28.71 亿元，其他（协定、通知存款等）13.22 亿元。

(五) 资金运用率：2018 年末，住房公积金个人住房贷款余额、项目贷款余额和购买国债余额的总和占缴存余额的 82.67%，比上年减少 7.15 个百分点。

三、主要财务数据

(一) 业务收入：2018 年，业务收入 118319.62 万元，同比增长 14.35%。其中，存款利息 14997.38 万元，委托贷款利息 103322.22 万元，无国债利息，其他 0.02 万元。

(二) 业务支出：2018 年，业务支出 62916.50 万元，同比增长 20.74%。其中，支付职工住房公积金利息 55454.14 万元，归集手续费 1438.96 万元，委托贷款手续费 5,997.46 万元，其他 25.94 万元。

(三) 增值收益：2018 年，增值收益 55403.12 万元，同比增长 7.87%；增值收益率 1.51%，比上年减少 0.09 个百分点。

（四）增值收益分配：2018 年，提取贷款风险准备金 33241.87 万元，提取管理费用 5687.36 万元，提取城市廉租住房建设补充资金 16473.89 万元。

2018 年，上交财政管理费用 6238.74 万元，上缴财政城市廉租住房建设补充资金 14227.05 万元。

2018 年末，贷款风险准备金余额 152806.08 万元，自 2011 年起累计提取城市廉租住房建设补充资金 117472.79 万元。

（五）管理费用支出：2018 年，管理费用支出 5615.58 万元，同比下降 0.81%。其中，人员经费 3329.71 万元，公用经费 544.28 万元，专项经费 1,741.59 万元。

四、资产风险状况

（一）个人住房贷款：2018 年末，个人住房贷款逾期额 174.55 万元，逾期率 0.054‰。

2018 年，提取个人贷款风险准备金 33241.87 万元，未使用个人贷款风险准备金核销。2018 年末，个人贷款风险准备金余额 152010.08 万元，占个人贷款余额的 4.72%，个人贷款逾期额与个人贷款风险准备金余额的比率为 0.11%。

（二）住房公积金支持保障性住房建设项目贷款：截至 2018 年底，无逾期项目贷款。

2018 年，未提取项目贷款风险准备金，未使用项目贷款风险准备金核销，2018 年末，项目贷款风险准备金余额 796.00 万元。

五、社会经济效益

（一）缴存业务：2018 年，实缴单位数、实缴职工人数和缴存额增长率分别为 7.70%、3.59% 和 10.00%。

缴存单位中，国家机关和事业单位占 26.93%，国有企业占 6.11%，城镇集体企业占 1.60%，外商投资企业占 0.84%，城镇私营企业及其他城镇企业占 55.25%，民办非企业单位和社会团体占 6.07%，其他占 3.20%。

缴存职工中，国家机关和事业单位占 33.17%，国有企业占 15.71%，城镇集体企业占 1.81%，外商投资企业占 2.41%，城镇私营企业及其他城镇企业占 41.32%，民办非企业单位和社会团体占 4.70%，其他占 0.88%；中、低收入占 99.08%，高收入占 0.92%。

新开户职工中，国家机关和事业单位占 10.47%，国有企业占 8.03%，城镇集体企业占 1.40%，外商投资企业占 2.76%，城镇私营企业及其他城镇企业占 67.96%，民办非企业单位和社会团体占 6.93%，其他占 2.45%；中、低收入占 98.34%，高收入占 1.66%。

（二）提取业务：2018 年，27.76 万名缴存职工提取住房公积金 71.66 亿元。

提取金额中，住房消费提取占 77.43%（购买、建造、翻建、大修自住住房占 30.06%，偿还购房贷款本息占 56.94%，租赁住房占 13.00%，无其他）；非住房消费提取占 22.57%（离休和退休提取占 85.60%，完全丧失劳动能力并与单位终止劳动关系提取占 0.12%，户口迁出所在市或出境定居占 0.05%，其他占 14.23%）。

提取职工中，中、低收入占 96.13%，高收入占 3.87%。

（三）贷款业务：

1. 个人住房贷款： 2018年，支持职工购建房119.29万平方米。年末个人住房贷款市场占有率为9.13%，比上年同期减少2.83个百分点。通过申请住房公积金个人住房贷款，可节约职工购房利息支出102571.26万元。

职工贷款笔数中，购房建筑面积90（含）平方米以下占35.55%，90~144（含）平方米占58.79%，144平方米以上占5.66%。购买新房占93.11%（其中购买保障性住房占21.55%），购买二手房占6.41%，建造、翻建、大修自住住房占0.48%，无其他。

职工贷款笔数中，单缴存职工申请贷款占28.65%，双缴存职工申请贷款占69.69%，三人及以上缴存职工共同申请贷款占1.66%。

贷款职工中，30岁（含）以下占29.43%，30岁~40岁（含）占37.69%，40岁~50岁（含）占23.73%，50岁以上占9.15%；首次申请贷款占80.72%，二次及以上申请贷款占19.28%；中、低收入占96.32%，高收入占3.68%。

2. 异地贷款： 2018年，发放异地贷款142笔6043.00万元。2018年末，发放异地贷款总额25346.30万元，异地贷款余额20158.63万元。

（四）住房贡献率： 2018年，个人住房贷款发放额、公转商贴息贷款发放额、项目贷款发放额、住房消费提取额的总和与当年缴存额的比率为96.93%，比上年减少29.12个百分点。

六、其他重要事项

（一）当年住房公积金政策调整情况： 2018年4月20日，出台《关于调整住房公积金有关政策的通知》（琼公积金贷〔2018〕60号），调整公积金贷款首套房首付款比例；2018年5月24日，下发《关于印发〈海南省住房公积金管理局住房公积金业务操作规程〉的通知》（琼公积金法〔2018〕90号），规范贷款业务操作，提高服务质量；2018年9月27日，出台《关于调整和规范住房公积金业务办理要件的通知》（琼公积金法〔2018〕175号），运用共享数据，简化贷款受理要件。

（二）当年开展监督检查情况： 为切实履行监督职责，进一步加强住房公积金管理，海南省住房公积金管理局结合上线后管理模式的转变及业务发展需要，完成《海南省住房公积金管理局直属管理局考核暂行办法》（琼公积金法〔2018〕94号）的修订印发，组织对全系统20个直属管理局开展年度考核工作；全年完成了对保亭、万宁、屯昌、洋浦、省直、文昌6个直属管理局的内部审计工作，并通过稽核系统对2018年5月至2018年11月期间的大部分归集、提取、贷款业务进行稽核，核查落实整改情况，确保资金安全管理和业务办理合法合规。

（三）当年服务改进情况： 2018年，海南省住房公积金管理局以"放管服"改革为重点，进一步抓管理、防风险、优服务、提效益，文明服务水平得到明显提升，群众办事满意度不断提高，各项服务工作行有规范、做有标准。一方面，加快推进住房公积金"不见面审批"改革，优化了一批缴存、提取、贷款等业务审批事项，推动解决了身份证明办事堵点问题。2018年11月以来，"不见面审批"办件量累计达202万件，33项"不见面审批"事项占总事项的80.00%，其中，对风险可控的退休提取、偿还住房公积金贷款本息提取、对冲还贷、住房公积金贷款提前部分/全部还款等业务可通过系统自主一步办结，实现资金实时到账，提升了群众办事便利度，降低了群众办事成本。另一方面，加强服务软硬件建设，深化与相关部门间数据资源共享，逐步建成集网厅、手机 APP、微信、短信、12345 热线、门户网站、自助终端机、柜面八大渠道于一体的综合服务平台。此外，海南省住房公积金管理局积极与海口市人民政府"椰城市民云"APP、支付宝等第三方平台对接，共享查询数据，进一步拓宽服务渠道，办事群众对多元化服务平台办理业务表示满意和认同。同时，进一步规范干部文明服务工作，督促干部严格执行首问责任制、一次性告知制、限时办结制、服务大厅综合岗位管理制度，提升了住房公积金文明办公和文明服务形象，最大限度方便群众办理各类业务。

（四）当年信息化建设情况：2018 年度，海南省住房公积金管理局在已建成使用的"住房公积金'互联网＋'信息系统"的基础上，积极响应国务院"放管服"政策要求，通过不断对系统进行优化，简化办事流程、精简办事材料；同时积极进行信息资源共享渠道建设，当前已经完成从省住房城乡建设厅、省民政厅、省税务局等三部门接收信息资源，形成了与省财政厅、省市场监督管理局、省住房城乡建设厅、省民政厅、省税务局、省扶贫办、"一张审批网"、"椰城市民云"等部门或部门应用间的信息资源共享交换通道。

（五）当年住房公积金机构及从业人员所获荣誉情况：洋浦局优化服务窗口软硬件建设，荣获洋浦经济开发区政务服务中心 2018 年度"优秀窗口单位"称号。

2018 全国住房公积金年度报告汇编

重庆市

重庆市住房公积金 2018 年年度报告

一、机构概况

（一）市住房公积金管理委员会： 市住房公积金管理委员会有 38 名委员，2018 年召开 1 次全体会议，审议通过了《关于调整住房公积金管委会委员的请示》、《2018 年度住房公积金管理工作情况报告》、《2018 年度住房公积金缴存使用计划执行情况及 2018 年度缴存使用计划》、《重庆市住房公积金 2018 年年度报告》、《关于授权市住房公积金管理中心开展规范性文件备案审查的请示》。

（二）市住房公积金管理中心： 市住房公积金管理中心是不以营利为目的的公益性事业单位，设 10 个处室，4 个主城办事处，31 个分中心。从业人员 579 人，其中，在编 336 人，非在编 243 人。

二、业务运行情况

（一）缴存： 2018 年，新开户单位 5088 家，实缴单位 34847 家，净增单位 4226 家；新开户职工 33.22 万人，实缴职工 257.91 万人，净增职工 20.27 万人；缴存额 379.90 亿元，同比增长 12.50%。2018 年末，缴存总额 2483.24 亿元，同比增长 18.06%；缴存余额 975.10 亿元，同比增长 9.18%。受委托办理住房公积金缴存业务的银行 5 家，相比上年无增减。

（二）提取： 2018 年，提取额 297.93 亿元，同比增长 28.56%；占当年缴存额的 78.42%，比上年增加 9.79 个百分点。2018 年末，提取总额 1508.15 亿元，同比增长 24.62%。

（三）贷款：

1. **个人住房贷款：** 个人住房贷款最高额度 60 万元，其中，单缴存职工最高额度 40 万元，双缴存职工最高额度 60 万元。

2018 年，发放个人住房贷款 5.45 万笔 194.64 亿元（其中，自有资金发放个人住房贷款 5.34 万笔 190.55 亿元，利用银行资金发放住房公积金贴息贷款 0.11 万笔 4.09 亿元），同比分别下降 31.45%、31.35%。回收个人住房贷款 95.60 亿元。

2018 年末，累计发放个人住房贷款 59.79 万笔 1627.36 亿元（其中，自有资金累计发放个人住房贷款 54.12 万笔 1430.94 亿元，利用银行资金累计发放住房公积金贴息贷款 5.67 万笔 196.42 亿元），贷款余额 1133.39 亿元（其中，自有资金贷款余额 966.64 亿元，住房公积金贴息贷款余额 166.75 亿元），同比分别增长 10.03%、13.59%、8.16%。个人住房贷款余额占缴存余额的 99.13%，比上年增加 1.53 个百分点。受委托办理住房公积金个人住房贷款业务的银行 16 家，相比上年无增减。

2. **住房公积金支持保障性住房建设项目贷款：** 2018 年，未发放、回收保障性住房建设项目贷款。2018 年末，累计发放项目贷款 30.00 亿元，无项目贷款余额。

（四）融资： 2018 年，未融资，归还融资额 15.00 亿元。2018 年末，融资总额 33.46 亿元，融资余额 5.00 亿元。

（五）资金存储： 2018 年末，住房公积金存款 13.46 亿元。其中，活期存款 0.04 亿元，协定存款 13.42 亿元。

（六）资金运用率：2018年末，住房公积金个人住房贷款余额、项目贷款余额和购买国债余额的总和占缴存余额的99.13%，比上年增加1.53个百分点。

三、主要财务数据

（一）业务收入：2018年，业务收入308560.76万元，同比增长11.32%。其中，存款利息13454.79万元，委托贷款利息295076.73万元，其他29.24万元。

（二）业务支出：2018年，业务支出188319.05万元，同比增长14.18%。其中，支付职工住房公积金利息168274.96万元，归集手续费2018.89万元，委托贷款手续费15339.90万元，其他2686.30万元。

（三）增值收益：2018年，增值收益120241.71万元，同比增长7.10%；增值收益率1.29%，比上年减少0.04个百分点。

（四）增值收益分配：2018年，提取贷款风险准备金9569.19万元，提取管理费用24305.00万元，提取城市廉租住房建设补充资金86367.52万元。

2018年，上交财政管理费用22028.00万元（其中，清缴2018年度增值收益分配的管理费用2028.00万元，预缴2018年增值收益分配的管理费用20000.00万元）。上缴财政城市廉租房建设补充资金93312.21万元（其中，清缴2018年度增值收益分配的廉租房建设补充资金33312.21万元，预缴2018年增值收益分配的廉租房建设补充资金60000.00万元）。

2018年末，贷款风险准备金余额306439.41万元，累计提取城市廉租住房建设补充资金498175.22万元。

（五）管理费用支出：2018年，管理费用支出24709.18万元，同比增长44.12%。其中，人员经费7004.56万元，公用经费2509.48万元，专项经费15195.14万元（主要为服务网点建设费、信息系统建设费等）。

四、资产风险状况

2018年末，个人住房贷款逾期额1370.40万元，逾期率0.14‰。

个人贷款风险准备金按个贷余额的1%提取。2018年，提取个人贷款风险准备金9569.19万元，当年无个人贷款核销。2018年末，个人贷款风险准备金余额306439.41万元，占个人贷款余额的3.17%，个人贷款逾期额与个人贷款风险准备金余额的比率为0.45%。

五、社会经济效益

（一）缴存业务：2018年，实缴单位数、实缴职工人数和缴存额增长率分别为8.57%、4.67%和12.50%。

缴存单位中，国家机关和事业单位占36.87%，国有企业占9.23%，城镇集体企业占1.25%，外商投资企业占2.62%，城镇私营企业及其他城镇企业占45.76%，民办非企业单位和社会团体占2.08%，其他占2.19%。

缴存职工中，国家机关和事业单位占30.76%，国有企业占18.52%，城镇集体企业占0.62%，外商投资企业占5.26%，城镇私营企业及其他城镇企业占34.28%，民办非企业单位和社会团体占0.84%，

其他占 9.72%；中、低收入占 98.02%，高收入占 1.98%。

新开户职工中，国家机关和事业单位占 10.39%，国有企业占 11.28%，城镇集体企业占 0.60%，外商投资企业占 7.96%，城镇私营企业及其他城镇企业占 50.36%，民办非企业单位和社会团体占 1.40%，其他占 18.01%；中、低收入占 99.67%，高收入占 0.33%。

（二）提取业务：2018 年，81.77 万名缴存职工提取住房公积金 297.93 亿元。

提取金额中，住房消费提取占 78.85%（购买、建造、翻建、大修自住住房占 9.06%，偿还购房贷款本息占 69.09%，租赁住房占 0.64%，其他占 0.06%）；非住房消费提取占 21.15%（离休和退休提取占 12.67%，完全丧失劳动能力并与单位终止劳动关系提取占 2.76%，户口迁出所在市或出境定居占 0.21%，其他占 5.51%）。

提取职工中，中、低收入占 96.65%，高收入占 3.35%。

（三）贷款业务：

1. 个人住房贷款：2018 年，支持职工购建房 550.13 万平方米（其中，住房公积金自有资金贷款支持职工购建房 539.67 万平方米，贴息贷款支持职工购建房 10.46 万平方米）。年末个人住房贷款市场占有率为 12.20%（其中，住房公积金自有资金市场占有率为 10.41%，贴息贷款市场占有率为 1.79%），比上年同期减少 1.27 个百分点。通过申请住房公积金个人住房贷款，可节约职工购房利息支出 45.84 亿元（其中，住房公积金自有资金个贷节约利息支出 44.72 亿元，贴息贷款节约利息支出 1.12 亿元）。

职工贷款笔数中，购房建筑面积 90（含）平方米以下占 32.22%，90～144（含）平方米占 64.64%，144 平方米以上占 3.14%。购买新房占 80.21%（其中购买保障性住房占 0.16%），购买二手房占 19.79%。

职工贷款笔数中，单缴存职工申请贷款占 88.37%，双缴存职工申请贷款占 11.63%。

贷款职工中，30 岁（含）以下占 50.16%，30 岁～40 岁（含）占 29.35%，40 岁～50 岁（含）占 16.26%，50 岁以上占 4.23%；首次申请贷款占 96.05%，二次及以上申请贷款占 3.95%；中、低收入占 99.43%，高收入占 0.57%。

2. 异地贷款：2018 年，发放异地贷款 577 笔 19703.65 万元。2018 年末，发放异地贷款总额 306095.25 万元，异地贷款余额 262586.14 万元。

3. 公转商贴息贷款：2018 年，发放公转商贴息贷款 1103 笔 40893.80 万元，支持职工购建房面积 10.46 万平方米。当年贴息额 24099.17 万元。2018 年末，累计发放公转商贴息贷款 56710 笔 1964237.03 万元，累计贴息 63591.98 万元。

4. 住房公积金支持保障性住房建设项目贷款：2018 年末，累计试点项目 4 个，贷款额度 30.00 亿元，建筑面积 459 万平方米，可解决 7.4 万户中低收入职工家庭的住房问题。2016 年末，已全部收回试点项目贷款本息。

（四）住房贡献率：2018 年，个人住房贷款发放额、公转商贴息贷款发放额、项目贷款发放额、住房消费提取额的总和与当年缴存额的比率为 113.07%，比上年减少 24.85 个百分点。

六、其他重要事项

（一）当年住房公积金政策调整情况：2018 年度月缴存基数上限不超过市统计局 2018 年公布的 2018

年度城镇非私营单位在岗职工月平均工资 3 倍，月缴存基数下限不得低于重庆市人力资源和社会保障局公布的我市现行最低工资标准。

（二）当年开展监督检查情况：一是认真开展专项治理，以整治违规提取住房公积金、开发商拒绝职工使用住房公积金贷款等行业乱象为重点，联合公安机关等市级部门，建立联动机制，全年共向公安机关移交违规提取违法线索近 20 件，对相关违法中介予以立案审查；对 5 家拒绝职工使用公积金贷款的开发企业采取了行政强制措施。二是按照市纪委监委"民生监督试点"要求，认真开展住房公积金领域专项整治工作。三是接受原市国土房管局党组安排的巡察监督，并扎实开展整改工作。四是常态化开展内部审计和检查、抽查工作，当年对 11 个分中心负责人进行了任期经济责任审计。

（三）当年服务改进情况：以"更好地服务缴存人"为目标，持续改进和完善服务。一是拓展线上服务渠道及内容。服务渠道方面，在原有门户网站、"重庆公积金中心"微信公众号、12329 住房公积金服务热线、12329 短信等服务渠道的基础上，新增网上服务大厅、"重庆公积金"手机 APP、自助终端、微博、渝快办 APP、支付宝城市服务等，线上服务渠道增加到 10 个，并实现"一渠道注册，全渠道通用"；服务内容方面，实现了贷款、提取、账户异地转入业务办理进度在线查询和电子签章验真等便民服务，同时，还推出在线自助办结业务近 20 项。二是提升线下窗口服务质量。通过加大考核力度，以服务专项整治、电话问卷调查、神秘人暗访、服务巡查等为抓手，形成全方位的线下柜面考核体系，并进一步加强服务大厅智能化建设，提升服务满意度。

（四）当年信息化建设情况：以服务和安全为导向，全面完成新系统建设和上线工作。一是在确保业务不停办的前提下，多措并举保障新系统于 2018 年 8 月平稳上线，采用云计算、大数据、人脸识别、数字水印等新技术手段，通过与银行数据直联，实现业务、资金和财务三账联动，拓宽互联网服务渠道，全面提升住房公积金管理服务信息化水平，并高分通过住房城乡建设部住房公积金"双贯标"和综合服务平台两项验收。二是与市公安局、民政局、不动产登记部门等多家机构联网，实现身份、婚姻、房屋产权等信息实时协查，减少业务办理纸质要件，保障业务数据的真实性，实现"让数据多跑路、让职工少跑腿"的服务目标。三是完善信息安全管理制度，开展全系统信息安全检查、培训和应急演练工作，保障缴存职工个人信息安全，完成新系统三级等保测评工作。

（五）当年住房公积金机构及从业人员所获荣誉情况：2018 年市住房公积金管理中心下属 5 个分中心获重庆市"巾帼文明岗"称号；1 个分中心获重庆市"三八红旗集体"称号。

（六）当年对违反《住房公积金管理条例》和相关法规行为进行行政处罚和申请人民法院强制执行情况：2018 年市住房公积金管理中心共受理违反《住房公积金管理条例》和相关法规行为的案件 535 件，其中，立案前处理整改 455 件，立案查处 80 件。依法申请人民法院强制执行 1 件。

2018 全国住房公积金年度报告汇编

四川省

成都	眉山市
自贡市	宜宾市
攀枝花市	广安市
泸州市	达州市
德阳市	雅安市
绵阳市	巴中市
广元市	资阳市
遂宁市	阿坝藏族羌族自治州
内江市	甘孜藏族自治州
乐山市	凉山彝族自治州
南充市	

四川省住房公积金 2018 年年度报告

一、机构概况

（一）住房公积金管理机构：全省共设 21 个设区城市住房公积金管理中心，3 个独立设置的分中心（其中，四川省省级住房公积金管理中心隶属四川省机关事务管理局，四川石油管理局住房公积金管理中心隶属四川石油管理局有限公司，中国工程物理研究院住房公积金管理中心隶属中国工程物理研究院）。从业人员 2405 人，其中，在编 1305 人，非在编 1100 人。

（二）住房公积金监管机构：省住房和城乡建设厅、省财政厅和人民银行成都分行负责对全省住房公积金管理运行情况进行监督。省住房和城乡建设厅设立住房公积金监管处，负责辖区住房公积金日常监管工作。

二、业务运行情况

（一）缴存：2018 年，新开户单位 18328 家，实缴单位 115678 家，净增单位 12001 家；新开户职工 90.35 万人，实缴职工 662.60 万人，净增职工 64.53 万人；缴存额 987.84 亿元，同比增长 12.51%。2018 年末，缴存总额 6405.58 亿元，同比增长 18.23%；缴存余额 2754.70 亿元，同比增长 13.71%。

（二）提取：2018 年，提取额 655.62 亿元，同比增长 16.06%；占当年缴存额的 66.37%，比上年增加 2.03 个百分点。2018 年末，提取总额 3650.88 亿元，同比增长 21.89%。

（三）贷款：

1. **个人住房贷款**：2018 年，发放个人住房贷款 13.05 万笔 472.48 亿元，同比下降 8.12%、增长 1.69%。回收个人住房贷款 251.93 亿元。

2018 年末，累计发放个人住房贷款 148.46 万笔 3552.41 亿元，贷款余额 2291.96 亿元，同比分别增长 9.64%、15.34%、10.65%。个人住房贷款余额占缴存余额的 83.20%，比上年减少 2.35 个百分点。

2. **住房公积金支持保障性住房建设项目贷款**：2018 年，发放支持保障性住房建设项目贷款 0 亿元，回收项目贷款 0.98 亿元。2018 年末，累计发放项目贷款 32.69 亿元，项目贷款余额 0 亿元。

（四）融资：2018 年，融资 28.02 亿元，归还 38.43 亿元。2018 年末，融资总额 147.72 亿元，融资余额 24.68 亿元。

（五）资金存储：2018 年末，住房公积金存款 537.40 亿元。其中，活期 19.43 亿元，1 年（含）以下定期 97.45 亿元，1 年以上定期 309.02 亿元，其他（协定、通知存款等）111.50 亿元。

（六）资金运用率：2018 年末，住房公积金个人住房贷款余额、项目贷款余额和购买国债余额的总和占缴存余额的 83.20%，比上年减少 2.35 个百分点。

三、主要财务数据

（一）业务收入：2018 年，业务收入 855835.50 万元，同比增长 14.19%。其中，存款利息 148237.88 万元，委托贷款利息 707215.79 万元，国债利息 0 万元，其他 381.83 万元。

（二）业务支出：2018年，业务支出425986.55万元，同比增长16.21%。其中，支付职工住房公积金利息386203.96万元，归集手续费471.88万元，委托贷款手续费26424.85万元，其他12885.87万元。

（三）增值收益：2018年，增值收益429848.95万元，同比增长12.26%；增值收益率1.67%，与上年减少0.02个百分点。

（四）增值收益分配：2018年，提取贷款风险准备金110169.85万元，提取管理费用73710.72万元，提取城市廉租住房（公共租赁住房）建设补充资金245968.38万元。

2018年，上交财政管理费用71712.56万元，上缴财政城市廉租住房（公共租赁住房）建设补充资金163287.30万元。

2018年末，贷款风险准备金余额816417.66万元，累计提取城市廉租住房（公共租赁住房）建设补充资金1535496.57万元。

（五）管理费用支出：2018年，管理费用支出65986.37万元，同比增长9.66%。其中，人员经费29795.90万元，公用经费5096.18万元，专项经费31094.29万元。

四、资产风险状况

（一）个人住房贷款：2018年末，个人住房贷款逾期额3815.55万元，逾期率0.17‰。

2018年，提取个人贷款风险准备金110169.85万元，使用个人贷款风险准备金核销呆坏账0万元。2018年末，个人贷款风险准备金余额807703.26万元，占个人贷款余额的3.52%，个人贷款逾期额与个人贷款风险准备金余额的比率为0.47%。

（二）住房公积金支持保障性住房建设项目贷款：2018年末，逾期项目贷款0万元，逾期率为0‰。

2018年，提取项目贷款风险准备金0万元，使用项目贷款风险准备金核销呆坏账0万元。2018年末，项目贷款风险准备金余额8714.40万元。

五、社会经济效益

（一）缴存业务：2018年，实缴单位数、实缴职工人数和缴存额增长率分别为11.58%、10.79%和12.51%。

缴存单位中，国家机关和事业单位占41.50%，国有企业占7.99%，城镇集体企业占0.81%，外商投资企业占1.30%，城镇私营企业及其他城镇企业占41.89%，民办非企业单位和社会团体占2.41%，其他占4.10%。

缴存职工中，国家机关和事业单位占37.86%，国有企业占16.94%，城镇集体企业占1.15%，外商投资企业占4.64%，城镇私营企业及其他城镇企业占33.69%，民办非企业单位和社会团体占1.43%，其他占4.29%；中、低收入占95.76%，高收入占4.24%。

新开户职工中，国家机关和事业单位占20.35%，国有企业占9.26%，城镇集体企业占0.68%，外商投资企业占7.71%，城镇私营企业及其他城镇企业占53.66%，民办非企业单位和社会团体占2.42%，其他占5.92%；中、低收入占98.88%，高收入占1.12%。

（二）提取业务：2018年，221.83万名缴存职工提取住房公积金655.62亿元。

提取金额中，住房消费提取占77.24%（购买、建造、翻建、大修自住住房占26.59%，偿还购房贷

款本息占 48.90%，租赁住房占 1.50%，其他占 0.25%）；非住房消费提取占 22.76%（离休和退休提取占 16.69%，完全丧失劳动能力并与单位终止劳动关系提取占 1.48%，户口迁出所在市或出境定居占 1.62%，其他占 2.97%）。

提取职工中，中、低收入占 91.44%，高收入占 8.56%。

(三) 贷款业务：

1. **个人住房贷款**：2018 年，支持职工购建房 1326.52 万平方米。年末个人住房贷款市场占有率为 17.82%，比上年同期减少 1.35 个百分点。通过申请住房公积金个人住房贷款，可节约职工购房利息支出 873004.18 万元。

职工贷款笔数中，购房建筑面积 90（含）平方米以下占 28.69%，90～144（含）平方米占 65.64%，144 平方米以上占 5.67%。购买新房占 76.04%（其中购买保障性住房占 0.43%），购买二手房占 22.70%，建造、翻建、大修自住住房占 0.04%，其他占 1.22%。

职工贷款笔数中，单缴存职工申请贷款占 51.93%，双缴存职工申请贷款占 47.99%，三人及以上缴存职工共同申请贷款占 0.08%。

贷款职工中，30 岁（含）以下占 37.65%，30 岁～40 岁（含）占 35.18%，40 岁～50 岁（含）占 22.07%，50 岁以上占 5.10%；首次申请贷款占 86.38%，二次及以上申请贷款占 13.62%；中、低收入占 96.77%，高收入占 3.23%。

2. **异地贷款**：2018 年，发放异地贷款 14561 笔 500739.50 万元。2018 年末，发放异地贷款总额 2207082.16 万元，异地贷款余额 1639007.98 万元。

3. **公转商贴息贷款**：2018 年，发放公转商贴息贷款 1 笔 38 万元，支持职工购建房面积 0.01 万平方米。当年贴息额 2481.34 万元。2018 年末，累计发放公转商贴息贷款 5965 笔 185649.49 万元，累计贴息 6694.36 万元。

4. **住房公积金支持保障性住房建设项目贷款**：2018 年末，全省有住房公积金试点城市 4 个，试点项目 43 个，贷款额度 32.69 亿元，建筑面积 284.26 万平方米，37319 户中低收入职工家庭解决住房问题或改善住房条件。43 个试点项目贷款资金已发放并还清贷款本息。

(四) **住房贡献率**：2018 年，个人住房贷款发放额、公转商贴息贷款发放额、项目贷款发放额、住房消费提取额的总和与当年缴存额的比率为 99.10%，比上年减少 4.49 个百分点。

六、其他重要事项

(一) **着力抓好风险管控**。2018 年初，针对部分市（州）个贷率较高的情况，省住房和城乡建设厅印发《关于进一步加强住房公积金流动性风险防控工作的通知》，明确要求采取有力措施，扭转个贷率持续上升趋势，有效缓解流动性紧张状况。同时，约谈了部分市（州）。从年底数据看，全省及流动性紧张的市（州），个贷率均有比较明显的下降，流动性风险得到有效控制。

(二) **开展新市民住房问题专题调研**。3 月至 4 月历时 40 余天，采取随机面访形式，对全省 21 个市（州）、45 个县（市、区）新市民住房问题进行了专题调研，取得 10916 个有效样本数据。通过广泛调研、数据汇总、统计分析，形成了解决城镇就业人员尤其是新市民居住问题的基本认识，为解决新市民住房问题提供了数据支撑。

（三）开展"两查"工作。按照住房城乡建设部办公厅《关于开展住房公积金政策执行情况检查及风险隐患排查的通知》（简称"两查"工作）要求，6月到9月历时3个半月，省住房和城乡建设厅通过转发文件、召开会议、开展培训，组织5个检查组，重点对全省24个市（州、单位）住房公积金政策执行情况6大类20种违规行为和风险隐患排查6大类39种风险行为进行了全面检查，进一步规范了住房公积金管理，减少了风险隐患。

（四）开展治理违规提取工作。根据住房城乡建设部、财政部、人民银行、公安部《关于开展治理违规提取住房公积金工作的通知》要求，省住房和城乡建设厅牵头，协调省财政厅、中国人民银行成都分行、省公安厅联合转发了文件，并提出了"清理规范提取政策、全面排查违规提取、建立失信惩戒制度、推进网上审批办理、全面开展专项检查"的工作要求。全省各地及时开展工作，整治提取乱象。及时调整政策，优先支持提取住房公积金支付房租，合理确定并及时调整提取额度。重点支持提取住房公积金用于在缴存地或户籍地购买首套普通住房和第二套改善型住房，限制非住房消费提取。完善修订岗位职责，加强岗位制约，强化内控稽核防范，着力提高虚假材料鉴别能力。

（五）全面完成试点工作。2018年5月，成都利用住房公积金贷款支持保障性住房建设试点工作（简称试点工作）顺利完成，按期足额全部收回试点项目贷款本息9.32亿元，完成保障房建设12954套，提前2年完成项目贷款试点工作任务。成都试点工作的完成，标志着全省（成都、攀枝花、德阳和南充四个试点城市）自2009年以来的第一、第二批试点工作全面完成。全省共完成43个试点项目、总投资32.69亿元，建设保障房37319套。

（六）全面完成异地转移接续平台直连接入工作。截至2018年12月底，全省完成全国住房公积金异地转移接续平台直连工作。这项工作的完成，为跨省、跨市（州）工作调动的缴存职工转移住房公积金账户资金提供了便捷的通道，方便了职工。全年共发生41308笔异地转移业务（其中转入21716笔、转出19592笔），转移资金12.226亿元（其中转入6.506亿元、转出5.720亿元），全省资金流入0.785亿元。

（七）综合服务平台初显成效。2018年，全省各地住房公积金管理中心在全国率先建成公积金综合服务平台，2018年各中心按照要求加强了平台的体验和使用，服务缴存职工的作用初步显现。全省全年全行业，12329热线接听2989089次；推送12329短信17545954条，门户网站访问量8224841次，网上大厅业务办理33775440笔，自助终端使用1193662次，手机APP使用18409290次，推送官方微信43778375条、官方微博43218条。

（八）开展创先争优活动。2018年，全省住房公积金系统获得文明单位（行业、窗口）8个、五一劳动奖章（劳动模范）1个、三八红旗手（巾帼文明岗）4个、先进集体和个人等127个。

成都住房公积金2018年年度报告

一、机构概况

（一）住房公积金管理委员会：成都住房公积金管理委员会有31名委员，2018年召开2次会议，审议通过的事项主要包括：《成都住房公积金 2018 年年度报告》、《成都住房公积金管理中心关于 2018 年住房公积金计划执行及增值收益分配情况和 2018 年计划及增值收益分配预案的审议事项》、《成都住房公积金管理中心关于修订〈成都住房公积金租房提取业务管理办法（试行）〉的审议事项》、《成都住房公积金管理中心关于支持"蓉城人才绿卡"持卡人办理住房公积金业务的审议事项》、《成都住房公积金管理中心省级分中心 2018 年计划执行情况和 2018 年计划》、《成都住房公积金管理中心关于修订〈成都住房公积金缴存管理办法〉的审议事项》、《成都住房公积金管理中心关于修订〈成都住房公积金个人住房贷款管理办法〉的审议事项》。此外，通过书面征求全体委员意见的方式表决通过了《关于调整住房公积金提取相关政策进一步开展治理违规提取工作的审议事项》。

（二）住房公积金管理中心：成都住房公积金管理中心（以下简称"市中心"）为成都市政府直属不以营利为目的正局级公益二类事业单位，设 11 个内设机构，20 个管理部，3 个分中心。从业人员 495 人，其中，在编 158 人，非在编 337 人。四川省省级住房公积金管理中心（以下简称"省级分中心"）、四川石油管理局住房公积金管理中心（以下简称"石油分中心"）加挂成都住房公积金管理中心分中心牌子，独立运作。省级分中心设 6 个科，从业人员 45 人，其中，在编 24 人，非在编 21 人。石油分中心设 2 个科，从业人员 13 人，均为在编人员。

二、业务运行情况

（一）缴存：2018 年，新开户单位 12345 家，实缴单位 53517 家，净增单位 9665 家；新开户职工 55.65 万人，实缴职工 338.90 万人，净增职工 48.92 万人；缴存额 451.64 亿元，同比增长 13.97%。2018 年末，缴存总额 2957.12 亿元，同比增长 18.03%；缴存余额 1179.69 亿元，同比增长 14.86%。

受委托办理住房公积金缴存业务的银行 7 家，比上年增加 1 家。

（二）提取：2018 年，提取额 299.01 亿元，同比增长 13.04%；占当年缴存额的 66.21%，比上年减少 0.54 个百分点。2018 年末，提取总额 1777.42 亿元，同比增长 20.22%。

（三）贷款：

1. **个人住房贷款**：个人住房贷款最高额度 70 万元，其中，单缴存职工最高额度 40 万元，双缴存职工最高额度 70 万元。

2018 年，发放个人住房贷款 3.42 万笔 143.59 亿元，同比分别增长 1.18%、17.09%。其中，市中心发放个人住房贷款 2.85 万笔 117.34 亿元，省级分中心发放个人住房贷款 0.57 万笔 26.11 亿元，石油分中心发放个人住房贷款 34 笔 0.14 亿元。

2018 年，回收个人住房贷款 92.77 亿元。其中，市中心 80.41 亿元，省级分中心 12.24 亿元，石油分中心 0.12 亿元。

2018 年末，累计发放个人住房贷款 50.43 万笔 1456.40 亿元，贷款余额 932.15 亿元，同比分别增长 7.28%、10.94%、5.77%。个人住房贷款余额占缴存余额的 79.02%，比上年减少 6.79 个百分点。

受委托办理住房公积金个人住房贷款业务的银行 14 家，比上年增加 1 家。

2. **住房公积金支持保障性住房建设项目贷款**：2018 年，未发放支持保障性住房建设项目贷款，回收项目贷款 0.98 亿元。2018 年末，累计发放项目贷款 8.98 亿元，项目贷款余额 0 亿元。

（四）融资：2018 年无新增融资，无融资余额，历史融资总额 34 亿元。

（五）资金存储：2018 年末，住房公积金存款 268.19 亿元。其中，活期 0.11 亿元，1 年（含）以下定期 40.46 亿元，1 年以上定期 165.28 亿元，其他（协定、通知存款等）62.34 亿元。

（六）资金运用率：2018 年末，住房公积金个人住房贷款余额、项目贷款余额和购买国债余额的总和占缴存余额的 79.02%，比上年减少 6.89 个百分点。

三、主要财务数据

（一）业务收入：2018 年，业务收入 354230.58 万元，同比增长 14.43%。其中，市中心 301115.66 万元，省级分中心 47119.77 万元，石油分中心 5995.15 万元；存款利息 61645.34 万元，委托贷款利息 292551.23 万元，其他 34.01 万元。

（二）业务支出：2018 年，业务支出 176477.30 万元，同比增长 13.87%。其中，市中心 148124.92 万元，省级分中心 24072.47 万元，石油分中心 4279.91 万元；支付职工住房公积金利息 166264.72 万元，归集手续费 230.30 万元，委托贷款手续费 6932.16 万元，个人贷款担保费 2932.79 万元，公转商贷款贴息 113.09 万元，其他 4.24 万元。

（三）增值收益：2018 年，增值收益 177753.28 万元，同比增长 15.00%。其中，市中心 152990.74 万元，省级分中心 23047.30 万元，石油分中心 1715.24 万元；增值收益率 1.61%，比上年增加 0.01 个百分点。

（四）增值收益分配：2018 年，提取贷款风险准备金 17672.33 万元，提取管理费用 18345.50 万元，提取城市廉租住房（公共租赁住房）建设补充资金 141735.45 万元。

2018 年，上交财政管理费用 18311.27 万元。上缴财政城市廉租住房（公共租赁住房）建设补充资金 70795.38 万元。其中，市中心上缴财政 64490.03 万元，省级分中心上缴财政 6305.35 万元。

2018 年末，贷款风险准备金余额 205415.99 万元。累计提取城市廉租住房（公共租赁住房）建设补充资金 834368.68 万元。其中，市中心提取 766643.84 万元，省级分中心提取 57770.88 万元，石油分中心提取 9953.96 万元。

（五）管理费用支出：2018 年，管理费用支出 18234.68 万元，同比增长 8.25%。其中，人员经费 10420.83 万元，公用经费 1985.90 万元，专项经费 5827.95 万元。

市中心管理费用支出 16771.68 万元，其中，人员、公用、专项经费分别为 9769.28 万元、1881.68 万元、5120.72 万元；省级分中心管理费用支出 1463.00 万元，其中，人员、公用、专项经费分别为 651.55 万元、104.22 万元、707.23 万元；石油分中心管理费用由中国石油西南油气田分公司负担。

四、资产风险状况

（一）个人住房贷款：2018 年末，个人住房贷款逾期额 835.68 万元，逾期率 0.09‰。其中，市中心 0.09‰，省级分中心 0.07‰，石油分中心 0‰。

个人贷款风险准备金计提：市中心按当年新增个人贷款余额的 1% 提取，省级分中心按增值收益的 60% 提取，石油分中心按年度贷款余额的 1% 提取。2018 年，提取个人贷款风险准备金 17672.33 万元，未使用个人贷款风险准备金核销呆坏账。2018 年末，个人贷款风险准备金余额 201927.99 万元，占个人住房贷款余额的 2.17%，个人住房贷款逾期额与个人贷款风险准备金余额的比率为 0.41%。

（二）支持保障性住房建设试点项目贷款：2018年，试点项目贷款均已还清，未使用项目贷款风险准备金核销呆坏账。2018年末，项目贷款风险准备金余额3488万元。

五、社会经济效益

（一）缴存业务：2018年，实缴单位数、实缴职工人数和缴存额同比分别增长22.04%、16.87%和13.97%。

缴存单位中，国家机关和事业单位占11.03%，国有企业占3.40%，城镇集体企业占0.41%，外商投资企业占1.69%，城镇私营企业及其他城镇企业占76.83%，民办非企业单位和社会团体占2.90%，其他占3.74%。

缴存职工中，国家机关和事业单位占17.56%，国有企业占12.37%，城镇集体企业占0.51%，外商投资企业占7.41%，城镇私营企业及其他城镇企业占55.65%，民办非企业单位和社会团体占1.69%，其他占4.81%；中、低收入占93.96%，高收入占6.04%。

新开户职工中，国家机关和事业单位占6.83%，国有企业占5.80%，城镇集体企业占0.11%，外商投资企业占9.56%，城镇私营企业及其他城镇企业占71.54%，民办非企业单位和社会团体占2.03%，其他占4.13%；中、低收入占98.72%，高收入占1.28%。

（二）提取业务：2018年，102.42万名缴存职工提取住房公积金299.01亿元。

提取金额中，住房消费提取占78.97%（购买、建造、翻建、大修自住住房占27.34%，偿还购房贷款本息占50.72%，租赁住房占0.91%）；非住房消费提取占21.03%（离休和退休提取占13.61%，完全丧失劳动能力并与单位终止劳动关系提取占1.24%，户口迁出本市或出境定居占3.42%，其他占2.76%）。

提取职工中，中、低收入占88.23%，高收入占11.77%。

（三）贷款业务：

1. **个人住房贷款**：2018年，支持职工购建房352.29万平方米，年末个人住房贷款市场占有率为13.46%，比上年减少0.53个百分点。通过申请住房公积金个人住房贷款，可节约职工购房利息支出343303.53万元。

职工贷款笔数中，购房建筑面积90（含）平方米以下占32.16%，90~144（含）平方米占62.45%，144平方米以上占5.39%。购买新房占69.76%（其中购买保障性住房占0.30%），购买二手房占30.24%。

职工贷款笔数中，单缴存职工申请贷款占64.89%，双缴存职工申请贷款占35.08%，三人及以上缴存职工共同申请贷款占0.03%。

贷款职工中，30岁（含）以下占45.44%，30岁~40岁（含）占38.49%，40岁~50岁（含）占14.04%，50岁以上占2.03%；首次申请贷款占92.75%，二次及以上申请贷款占7.25%；中、低收入占92.57%，高收入占7.43%。

2. **异地贷款**：2018年，发放异地贷款1889笔64731.50万元。2018年末，发放异地贷款总额528102.51万元，异地贷款余额342204.87万元。

3. **公转商贴息贷款**：2018年，未发放公转商贴息贷款，当年贴息额113.09万元。2018年末，累计发放公转商贴息贷款419笔13352.20万元，累计贴息205.86万元。

4. 支持保障性住房建设试点项目贷款： 2018年末，累计试点项目7个，贷款额度8.98亿元，建筑面积76.85万平方米，可解决12945户中低收入职工家庭的住房问题。7个试点项目贷款本息均已回收完毕。

（四）住房贡献率： 2018年，个人住房贷款发放额、公转商贴息贷款发放额、项目贷款发放额、住房消费提取额的总和与当年缴存额的比率为84.08%，比上年减少1.24个百分点。

六、其他重要事项

（一）当年机构及职能调整情况、受委托办理缴存贷款业务金融机构变更情况

市中心、省级分中心和石油分中心当年机构及职能均无调整。

石油分中心新增昆仑银行办理缴存贷款业务。

（二）当年住房公积金政策调整及执行情况

归集方面：印发了《关于2018年住房公积金缴存比例及缴存基数执行标准的通知》《成都住房公积金管理委员会关于授权审批缴存单位降低缴存比例和缓缴住房公积金申请的通知》《成都住房公积金差异化缴存比例操作规程（试行）》《关于在蓉就业的港澳台同胞缴存使用住房公积金的通知》《成都住房公积金管理委员会办公室关于调整住房公积金提取相关政策的通知》；修订了《成都住房公积金缴存管理办法》《成都住房公积金缴存管理办法实施细则》《成都住房公积金租房提取业务管理办法》。

贷款方面：印发了《关于"蓉城人才绿卡"持卡人办理住房公积金业务相关事项的通知》；修订了《成都住房公积金个人住房贷款管理办法》。

（三）当年服务改进情况

市中心：持续改善窗口服务环境，新建和改造蒲江、大邑、金堂、龙泉驿、温江、双流、郫都7个智能化服务大厅；增加主城区提取业务办理窗口，将贷款业务受理延伸到11个银行网点；实现全辖网点排号信息实时在线公示，群众可自主择优选择办理网点；12329服务热线人工坐席扩充至42个，平台系统全面改造升级，转人工接通率达94.49%；全面完成省政府一体化政务服务平台成都公积金旗舰店建设；32项公共服务事项网上办理率从65.63%提高到84.38%；12项提取业务实现"在线预审"；深入推进"家门口的公积金"服务，在5家归集协办银行670个业务网点1700余台智慧服务终端机上实现多种公积金业务自助办理；首发接入"天府市民云"，助力打造成都智慧城市便民服务总入口；完成数据防泄密系统部署，全行业首家率先实现门户网站、手机APP、微信查询个人信息数据泄漏的安全防护；完成网厅、智慧终端等服务渠道的功能优化。

省级分中心：一是推进省政府一体化政务服务平台建设，在全省公积金行业率先实现平台业务办理，服务事项"最多跑一次"办理和网上办理比例分别达94%和82%，充分发挥出省政府办公厅平台建设试点单位的示范带动作用。二是再造业务流程，全面推行"一号申请、一窗通办"服务事项集中办理；开展午间"延时服务"，保证群众办事不断档；持续开展"减证便民"行动，全面清理并相继取消14项证明材料。三是做好公积金服务标准化建设，规范公共服务事项标准，将标准体现的规范化、精细化、制度化融入到日常服务中，被省政府列为公共服务示范模本，为依法依规办事提供法律保障和制度约束。

石油分中心：一是落实"放管服"改革，简化职工提取办理要件和流程，能通过系统核定的，不再要

求职工提供身份证、结婚证等复印件。二是针对油气田一线职工，组织银行到基层现场开展贷款"一站式"服务。三是实现单位线上缴存业务办理100%，职工在单位之间调动，线上办理100%。

（四）当年信息化建设情况

市中心：一是推进信息化治理咨询工作。完成《业务模式及信息化现状报告》、《业务蓝图规划报告》、《信息化蓝图规划报告》和《新一代一体化信息系统建设项目需求方案》等阶段性成果。二是优化和完善现行系统功能。完成"蓉城人才绿卡"持卡人缴存、租房提取和贷款功能开发；完成港澳台职工申请贷款功能开发。三是推动数据共享机制建设。完成公民身份信息、工商登记信息、民政婚姻信息数据实时共享联查。四是进一步巩固完善贯标成果。完成住房城乡建设部异地转移接续直联平台系统建设和住房城乡建设部住房公积金结算应用系统接口升级。五是加强信息安全体系建设和防护。完成数据库审计设备部署，实现数据访问的过程审计；完成中心七大系统的等保测评、同城灾备恢复演练等安全保障工作，确保零事故发生。六是扎实做好系统维护和保障。积极协调移动、联通和电信，完成工行、招行、民生、兴业、成农商、成都银行等银行双线热备改造。

省级分中心：一是拓展"互联网+公积金"服务功能，积极打造"掌上公积金"，实现归集核心业务及退休、租房提取业务全程网办，并开通贷款、提取业务网上预约预审、贷款审批进度查询等服务，线上线下功能互补、融合发展。二是深化大数据创新运用，依托社保数据广和全的特点，拓宽制度覆盖面和减少业务办理要件。三是依托省政府政务一体化平台技术优势和数据覆盖面广的特点，逐步扩大跨部门数据共享广度与深度，满足公积金服务的数据共享需求，在提升办事效率的同时，实现廉洁审批、阳光服务。

石油分中心：按时接入省政府一体化政务服务平台，职工查询添新渠道。综合服务平台功能进一步提升，职工异地转移接续，单位资金归集、职工公积金提取支付实时结算，跨设区城市油气田单位和职工住房公积金业务办理更方便。

（五）当年住房公积金管理中心及职工所获荣誉情况

市中心：获得四川省住房城乡建设厅"2018年度住房城乡建设工作目标绩效考核公积金管理类先进单位"第一名；获得成都市人民政府办公厅"2018年全市网络理政工作先进单位"；获得成都市档案局"2018年全市档案工作先进单位"；获得"'天府市民云'公积金查询服务项目2018年度十佳市民口碑服务"；获得成都企业信用评估与诚信评价协会"2018年度成都信用创建先进单位"；第二、三分中心被成都市总工会命名为"工人先锋号"称号。

省级分中心：获得省机关事务管理局"2018年度绩效管理先进单位"；获得四川省住房城乡建设厅"2018年度绩效考核一等奖"；获得省直机关工委颁发的"先进党组织"称号；成功创建"省级机关文明单位"；1名职工被省直机关工委认定为四川省劳模待遇。

石油分中心：获得四川省住房城乡建设厅授予的"2018年度住房公积金缴存扩面工作先进单位"称号；获得四川省住房城乡建设厅"2018年度住房城乡建设工作目标绩效考核先进单位公积金管理类二等奖"。职工个人获奖情况：优秀党务工作者1人、优秀党员2人，公司表彰先进7人，四川省房地产协会表彰先进1人。

（六）当年对违反《住房公积金管理条例》和相关法规行为进行行政处罚和申请人民法院强制执行情况

2018年，对违反《住房公积金管理条例》进行行政处罚的案件共计13件，申请人民法院强制执行的案件共计 17 件。

自贡市住房公积金 2018 年年度报告

一、机构概况

（一）住房公积金管理委员会：住房公积金管理委员会有 18 名委员，2018 年召开 1 次会议，审议通过的事项主要包括：《关于调整住房公积金缴存使用政策相关问题》、《2018 年度住房公积金归集使用计划及收支预算执行情况和 2018 年度归集使用计划及财务收支预算》、《自贡市住房公积金 2018 年年度报告》等 3 个议题。

（二）住房公积金管理中心：住房公积金管理中心为市政府直属的、不以营利为目的的公益二类事业单位，设 6 个科（室），5 个管理部。从业人员 85 人，其中，在编 48 人，非在编 37 人。

二、业务运行情况

（一）缴存：2018 年，新开户单位 278 家，实缴单位 2525 家，净增单位 220 家；新开户职工 1.4 万人，实缴职工 13.47 万人，净增职工 0.82 万人；缴存额 22.09 亿元，同比增长 10.87%。2018 年末，缴存总额 142.8 亿元，同比增长 18.3%；缴存余额 65.45 亿元，同比增 11.88%。

受委托办理住房公积金缴存业务的银行 2 家，比上年增加 0 家。

（二）提取：2018 年，提取额 15.14 亿元，同比增长 20.73%；占当年缴存额的 68.53%，比上年增加 5.59 个百分点。2018 年末，提取总额 77.35 亿元，同比增长 24.34%。

（三）贷款：个人住房贷款最高额度 50 万元，其中，单缴存职工最高额度 40 万元，双缴存职工最高额度 50 万元。

2018 年，发放个人住房贷款 0.44 万笔 15.8 亿元，同比分别下降 11.57%、6.96%。

2018 年，回收个人住房贷款 8.73 亿元。

2018 年末，累计发放个人住房贷款 5.34 万笔 109.86 亿元，贷款余额 66.84 亿元，同比分别增长 9%、16.79%、11.83%。个人住房贷款余额占缴存余额的 102.11%，比上年减少 0.05 个百分点。

受委托办理住房公积金个人住房贷款业务的银行 4 家，比上年增加 0 家。

（四）融资：2018 年，融资 3.2 亿元，归还 2.22 亿元。2018 年末，融资总额 6.74 亿元，融资余额 2.43 亿元。

（五）资金存储：2018 年末，住房公积金存款 1.07 亿元。其中，活期 0.01 亿元，其他（协定、通知存款等）1.06 亿元。

（六）资金运用率：2018 年末，住房公积金个人住房贷款余额、项目贷款余额和购买国债余额的总和占缴存余额的 102.11%，比上年减少 0.05 个百分点。

三、主要财务数据

（一）业务收入：2018年，业务收入21940.62万元，同比增长9.76%。其中，存款利息1044万元，委托贷款利息20889.72万元，其他6.9万元。

（二）业务支出：2018年，业务支出10777.83万元，同比增长16.24%。其中，支付职工住房公积金利息8664.43万元，委托贷款手续费988.33万元，其他1125.07万元。

（三）增值收益：2018年，增值收益11162.79万元，同比增长4.16%。其中，增值收益率1.81%，比上年减少0.14个百分点。

（四）增值收益分配：2018年，提取贷款风险准备金706.8万元，提取管理费用1725.49万元，提取城市廉租住房（公共租赁住房）建设补充资金8730.5万元。

2018年，上交财政管理费用1725.49万元。上缴财政城市廉租住房（公共租赁住房）建设补充资金8321.81万元。

2018年末，贷款风险准备金余额21593.73万元。累计提取城市廉租住房（公共租赁住房）建设补充资金56594.62万元。

（五）管理费用支出：2018年，管理费用支出1558.57万元，同比增长14.9%。其中，人员经费822.29万元，公用经费82.45万元，专项经费653.83万元。

四、资产风险状况

2018年末，个人住房贷款逾期额17.33万元，逾期率0.026‰。

个人贷款风险准备金按当年新增贷款余额的1%提取。2018年，提取个人贷款风险准备金706.8万元，使用个人贷款风险准备金核销呆坏账0万元。2018年末，个人贷款风险准备金余额21593.73万元，占个人住房贷款余额的3.23%，个人住房贷款逾期额与个人贷款风险准备金余额的比率为0.08%。

五、社会经济效益

（一）缴存业务：2018年，实缴单位数、实缴职工人数和缴存额同比分别增长9.54%、6.48%和10.87%。

缴存单位中，国家机关和事业单位占62.78%，国有企业占8.59%，城镇集体企业占1.07%，外商投资企业占1.19%，城镇私营企业及其他城镇企业占15.6%，民办非企业单位和社会团体占2.14%，其他占8.63%。

缴存职工中，国家机关和事业单位占57.64%，国有企业占17.13%，城镇集体企业占1.3%，外商投资企业占1.36%，城镇私营企业及其他城镇企业占12.17%，民办非企业单位和社会团体占0.9%，其他占9.5%；中、低收入占99.63%，高收入占0.37%。

新开户职工中，国家机关和事业单位占49.53%，国有企业占11.39%，城镇集体企业占0.55%，外商投资企业占1.53%，城镇私营企业及其他城镇企业占19.98%，民办非企业单位和社会团体占2.94%，其他占14.08%；中、低收入占99.89%，高收入占0.11%。

（二）提取业务：2018年，4.45万名缴存职工提取住房公积金15.14亿元。

提取金额中，住房消费提取占 71.02%（购买、建造、翻建、大修自住住房占 15.09%，偿还购房贷款本息占 55.74%，租赁住房占 0.19%）；非住房消费提取占 28.98%（离休和退休提取占 20.5%，其他占 8.48%）。

提取职工中，中、低收入占 99.55%，高收入占 0.45%。

(三) **贷款业务：**

1. **个人住房贷款：** 2018 年，支持职工购建房 45.07 万平方米，年末个人住房贷款市场占有率为 20.36%，比上年减少 3.36 个百分点。通过申请住房公积金个人住房贷款，可节约职工购房利息支出 28247.12 万元。

职工贷款笔数中，购房建筑面积 90（含）平方米以下占 28.06%，90～144（含）平方米占 70.04%，144 平方米以上占 1.9%。购买新房占 89.45%，购买二手房占 10.55%。

职工贷款笔数中，单缴存职工申请贷款占 60.6%，双缴存职工申请贷款占 39.4%。

贷款职工中，30 岁（含）以下占 36.18%，30 岁～40 岁（含）占 31.05%，40 岁～50 岁（含）占 24.81%，50 岁以上占 7.96%；首次申请贷款占 79.18%，二次及以上申请贷款占 20.82%；中、低收入占 100%。

2. **异地贷款：** 2018 年，发放异地贷款 291 笔 9580.4 万元。2018 年末，发放异地贷款总额 31571.8 万元，异地贷款余额 28332.01 万元。

(四) **住房贡献率：** 2018 年，个人住房贷款发放额、公转商贴息贷款发放额、项目贷款发放额、住房消费提取额的总和与当年缴存额的比率为 120.18%，比上年减少 9.37 个百分点。

六、其他重要事项

(一) **当年住房公积金政策调整及执行情况：**

1. **缴存政策调整情况：** 按照《自贡市住房公积金缴存管理实施细则》规定，2018 年缴存基数限额：上限为 22216 元；下限为 1650 元。全市缴存比例为 7%～12%，无变化。

2. **提取政策调整情况：**

（1）取消提取住房公积金提前还清住房公积金贷款需要间隔 12 个月的限制。

（2）限制同一套住房短期内多次交易提取住房公积金。

3. **贷款政策调整情况：**

（1）严格实行认房认贷政策。

（2）严格执行差别化信贷政策。

（3）暂停"商转公"贷款。

（4）职工家庭两次住房公积金贷款应间隔 12 个月及以上。

（5）异地缴存职工最高贷款额度由 50 万元调整为 30 万元。

（6）调整住房公积金贷款放款条件，贷款发放实行轮候制。

4. **住房公积金存贷款利率执行标准：**

（1）存款利率。职工住房公积金账户存款利率为一年期定期存款基准利率，目前为 1.5%。

（2）贷款利率。2018 年个人住房公积金贷款利率年内未调整，即：五年以下（含五年）为 2.75%，五年以上为 3.25%。

(二) 当年服务改进情况：

1. 精简办理手续： 实现与不动产登记信息联网查询，充分共享房产大数据，公积金贷款申请资料由原来的两本减少至一本，由12页减少至3页，填写项由34项减少为15项，取消了户口簿等6项复印材料，办理手续极大简化。积极服务缴存单位，简化单位开户资料，公积金开户"三张表变一张表"，所有业务取消身份证复印件。

2. 优化业务流程： 公积金管理系统与银行结算系统实时无缝对接，实现提取资金"秒到账"。提前还清公积金贷款实现一站式受理，一次办结。"最多跑一次"服务事项实现率达100%。

3. 增强"网办"能力： 公积金汇补缴、离退休辞职提取、贷款保证金缴交及退付等业务实现全程网办，公积金业务网办率达84%。开设"7×24小时自助服务专区"，形成"线上线下"服务互动，有效解决缴存单位和职工窗口排队时间长、来回跑路、操作疑难不能及时得到解答等难题。2018年门户网站访问量32.99万人次；自助终端访问量1.18万人次，微信公众号关注人数达6.39万人，访问量91.28万人次。

4. 完善平台建设：

一是加快12329服务热线与政务服务热线的融合。12329公积金服务热线并入自贡市12345政务服务热线。12329服务热线全年共受理电话咨询和人工在线咨询6484笔，受理各类投诉及建议62条。

二是强化短信服务。自2018年6月起，除每月定期向全市缴存职工发送上月账户变动通知短信以外，在重要业务办理节点增加短信通知功能，帮助服务对象及时了解业务办理进度，提升用户对公积金服务的满意度。累计发送通知短信174.77万条。

三是推进异地转移接续平台建设。中心于2018年8月完成异地转移接续平台接口开发并嵌入核心业务系统，减少了异地转移业务信息传递中转环节，显著提升办理效率。截至2018年末，共累计办理异地转移业务241笔，其中转出办结47笔，转入办结194笔。

四是推进四川政务服务网一体化平台建设。在全省率先完成省政府政务服务网25项公共服务事项的录入并对外公布。

(三) 当年信息化建设情况：

1. 完成核心业务系统升级： 2018年5月，顺利完成核心业务系统升级。实现公积金"三账合一"，由业务驱动资金，资金驱动财务，确保业务、资金、财务自动匹配相符。

2. 贯彻落实公积金基础数据标准： 不断巩固公积金"贯标"工作成果，组织单位经办人按照《公积金基础数据标准》不断完善单位和职工的基础信息，公积金基础数据的缺失率和错误率明显降低，有效规范数据标准，便于今后的数据采集及分析。

3. 全面使用结算应用系统： 住房城乡建设部结算应用系统运行平稳，2018年10月，完成住房城乡建设部结算应用平台2.0版的升级，进一步提升结算应用平台运行效率。一是调整报文头交易码标识，便于出现异常情况时，及时查找相应报文，定位故障点；二是新增6位备用字段，增强结算应用系统适应性；三是优化结算应用系统交易响应时间，减少通讯堵塞，提高处理能力。

4. 加强信息系统安全建设： 完成了三级等保安全一期工程项目整体建设，有效提升了核心业务系统和综合服务平台的安全性和稳定性。

(四) 当年住房公积金管理中心及职工所获荣誉情况： 自贡中心2018年被评为省住房城乡建设目

标绩效考核先进单位,成功创建省级"三八红旗"集体,荣获市级"五一"劳动奖状、市直机关工委"五好党支部"称号。各有一名职工分别荣获自贡市委"优秀党务工作者"、自贡市直机关工委"优秀党员"称号。

攀枝花市住房公积金2018年年度报告

一、机构概况

(一)住房公积金管理委员会:住房公积金管理委员会有25名委员,2018年召开2次会议,审议通过的事项主要包括:审议通过2018年度住房公积金归集、使用计划执行情况及2018年工作计划,并对其他重要事项进行决策,主要包括调整住房公积金使用办法、增值收益分配等议案。

(二)住房公积金管理中心:攀枝花市住房公积金管理中心为直属于攀枝花市人民政府不以营利为目的的全额拨款事业单位,主要负责全市住房公积金的归集、管理、使用和会计核算。设7个科(室),5个管理部。从业人员55人,其中,在编46人,非在编9人。

二、业务运行情况

(一)缴存:2018年,新开户单位259家,实缴单位1795家,净增单位110家;新开户职工1.04万人,实缴职工14.46万人,净增职工-0.68万人;缴存额23.16亿元,同比增长16.73%。2018年末,缴存总额198.67亿元,同比增长13.20%;缴存余额79.79亿元,同比增长10.45%。

受委托办理住房公积金缴存业务的银行7家,与上年相同。

(二)提取:2018年,提取额15.62亿元,同比下降1.64%;占当年缴存额的67.44%,比上年减少12.6个百分点。2018年末,提取总额118.88亿元,同比增长15.12%。

(三)贷款:

1. 个人住房贷款:个人住房贷款最高额度60万元,其中,单缴存职工最高额度40万元,双缴存职工最高额度60万元。2018年,发放个人住房贷款0.35万笔11.30亿元,同比分别下降17.7%、9.8%。

2018年,回收个人住房贷款7.85亿元。

2018年末,累计发放个人住房贷款5.38万笔99.41亿元,贷款余额56.01亿元,同比分别增长6.96%、12.82%、6.56%。个人住房贷款余额占缴存余额的70.20%,比上年减少2.56个百分点。

受委托办理住房公积金个人住房贷款业务的银行9家,比上年增加1家。

2. 住房公积金支持保障性住房建设项目贷款:2018年末,累计发放项目贷款9.66亿元,项目贷款余额0亿元。

(四)资金存储:2018年末,住房公积金存款23.92亿元。其中,活期0亿元,1年(含)以下定期1.80亿元,1年以上定期19.10亿元,其他(协定、通知存款等)3.02亿元。

(五)资金运用率:2018年末,住房公积金个人住房贷款余额、项目贷款余额和购买国债余额的总和占缴存余额的 70.2%，比上年减少 2.56 个百分点。

三、主要财务数据

（一）**业务收入**：2018 年，业务收入 26250.23 万元，同比增长 0.53%。其中，存款利息 8773.99 万元，委托贷款利息 17475.24 万元，国债利息 0 万元，其他 1.00 万元。

（二）**业务支出**：2018 年，业务支出 12855.76 万元，同比增长 8.90%。其中，支付职工住房公积金利息 11448.02 万元，归集手续费 176.72 万元，委托贷款手续费 618.92 万元，其他 612.10 万元。

（三）**增值收益**：2018 年，增值收益 13394.47 万元，同比下降 6.38%。增值收益率 1.77%，比上年减少 0.30 个百分点。

（四）**增值收益分配**：2018 年，提取贷款风险准备金 8036.68 万元，提取管理费用 1498.41 万元，提取城市廉租住房（公共租赁住房）建设补充资金 3859.38 万元。

2018 年，上交财政管理费用 1169.18 万元。上缴财政城市廉租住房（公共租赁住房）建设补充资金 4552.99 万元。

2018 年末，贷款风险准备金余额 73783.83 万元。累计提取城市廉租住房（公共租赁住房）建设补充资金 34547.74 万元。

（五）**管理费用支出**：2018 年，管理费用支出 1266.08 万元，同比下降 10.92%。其中，人员经费 878.08 万元，公用经费 77 万元，专项经费 311 万元。

四、资产风险状况

（一）**个人住房贷款**：2018 年末，个人住房贷款逾期额 85.73 万元，逾期率 0.15‰。

个人贷款风险准备金按增值收益的 60% 提取。2018 年，提取个人贷款风险准备金 8036.68 万元，使用个人贷款风险准备金核销呆坏账 0 万元。2018 年末，个人贷款风险准备金余额 72377.43 万元，占个人住房贷款余额的 12.92%，个人住房贷款逾期额与个人贷款风险准备金余额的比率为 0.12%。

（二）**支持保障性住房建设试点项目贷款**：2018 年，项目贷款风险准备金余额 1406.40 万元。无项目贷款余额，无项目贷款逾期余额。

五、社会经济效益

（一）**缴存业务**：2018 年，实缴单位数、实缴职工人数和缴存额同比分别增长 6.53%、－4.48% 和 16.73%。

缴存单位中，国家机关和事业单位占 52.31%，国有企业占 12.14%，城镇集体企业占 0.45%，外商投资企业占 0.22%，城镇私营企业及其他城镇企业占 15.93%，民办非企业单位和社会团体占 2.17%，其他占 16.78%。

缴存职工中，国家机关和事业单位占 38.03%，国有企业占 49.21%，城镇集体企业占 0.47%，外商投资企业占 0.09%，城镇私营企业及其他城镇企业占 8.05%，民办非企业单位和社会团体占 0.37%，其他占 3.78%；中、低收入占 95.85%，高收入占 4.15%。

新开户职工中，国家机关和事业单位占 40.76%，国有企业占 14.77%，城镇集体企业占 2.65%，外

商投资企业占0.13%，城镇私营企业及其他城镇企业占24.89%，民办非企业单位和社会团体占1.88%，其他占14.92%；中、低收入占99.61%，高收入占0.39%。

（二）**提取业务**：2018年，4.26万名缴存职工提取住房公积金15.62亿元。

提取金额中，住房消费提取占73.23%（购买、建造、翻建、大修自住住房占41.65%，偿还购房贷款本息占55.56%，租赁住房占2.36%，其他占0.43%）；非住房消费提取占26.77%（离休和退休提取占84.49%，完全丧失劳动能力并与单位终止劳动关系提取占5.49%，户口迁出本市或出境定居占0%，其他占10.02%）。

提取职工中，中、低收入占94.94%，高收入占5.06%。

（三）**贷款业务**：

1. **个人住房贷款**：2018年，支持职工购建房27.53万平方米，年末个人住房贷款市场占有率为59.33%，比上年增加3.33个百分点。通过申请住房公积金个人住房贷款，可节约职工购房利息支出14505.79万元。

职工贷款笔数中，购房建筑面积90（含）平方米以下占15.55%，90~144（含）平方米占42.07%，144平方米以上占42.38%。购买新房占70.11%（其中购买保障性住房占0%），购买二手房占29.89%，建造、翻建、大修自住住房占0%，其他占0%。

职工贷款笔数中，单缴存职工申请贷款占28.07%，双缴存职工申请贷款占71.82%，三人及以上缴存职工共同申请贷款占0.11%。

贷款职工中，30岁（含）以下占22.78%，30岁~40岁（含）占29.87%，40岁~50岁（含）占36.64%，50岁以上占10.71%；首次申请贷款占77.71%，二次及以上申请贷款占22.29%；中、低收入占94.74%，高收入占5.26%。

2. **异地贷款**：2018年，发放异地贷款491笔11249万元。2018年末，发放异地贷款总额28342.87万元，异地贷款余额28342.87万元。

3. **支持保障性住房建设试点项目贷款**：2018年末，累计试点项目17个，贷款额度9.66亿元，建筑面积78.25万平方米，可解决9393户中低收入职工家庭的住房问题。17个试点项目贷款资金已发放并还清贷款本息。

（四）**住房贡献率**：2018年，个人住房贷款发放额、公转商贴息贷款发放额、项目贷款发放额、住房消费提取额的总和与当年缴存额的比率为98.14%，比上年减少14.29个百分点。

六、其他重要事项

（一）当年住房公积金政策调整及执行情况：

1. **住房公积金政策调整情况**：2018年8月对住房公积金使用办法进行了调整。（1）不得向购买第三套及以上住房缴存职工家庭发放住房公积金个人贷款。不得向已使用过两次及以上住房公积金个人住房贷款（含异地贷款）的职工家庭发放住房公积金个人贷款；（2）核查异地缴存职工的住房贷款情况，对已使用过两次及以上住房公积金个人住房贷款（含异地贷款）的职工家庭，无论贷款是否已结清，不得受理其贷款申请；核查本市缴存职工的住房贷款情况，对已使用过两次及以上住房公积金个人住房贷款（含异地贷款）的职工家庭，无论贷款是否已结清，不得出具缴存使用证明；（3）住房公积金的缴存需同时符合以下两个条件：单位和职工缴存比例不得低于5%，不得超过12%；缴存住房公积金的月工资基数，不超过统计部门公布的上一年度职工月平均工资的3倍，不得低于市政府公布的最低工资标准。

2. **缴存基数与比例**。2018年全市单位和职工个人住房公积金缴存比例为各5%～12%。单位和职工个人月缴存基数上限22648元，月缴存基数下限1650元。

3. **最高贷款额度**。2018年个人住房贷款最高额度60万元，其中，单缴存职工最高额度40万元，双缴存职工最高额度60万元。

4. **利率**。2018年，职工住房公积金账户存款按一年期定期基准利率1.5%计息；贷款5年期以内（含5年）利率2.75%，5年期以上利率是3.25%。

（二）推出系列便民措施：

1. **业务办理实现了最多只跑一次**。按照"两集中、两到位"要求，完善了中心授权，将县（区）管理部入驻当地政务服务中心，住房公积金缴存、提取、贷款业务全部下沉到政务服务中心，实现一个门进，一次性办结所有公积金业务，在网上自助办理住房公积金（离）退休提取和偿还住房公积金贷款提取，真正实现了职工群众办理住房公积金业务最多只跑一次。

2. **简化要件**。取消申报材料的复印件。缴存职工办理住房公积金提取和贷款业务时，只带原件无需提供复印件，确因业务需要由各服务窗口复印或扫描打印；取消《提取申请表》。职工本人到公积金各服务窗口办理提取业务无需提供《提取申请表》，业务办理完毕后在《提取业务确认单》上签字确认。单位经办人员办理批量提取时无需提供《提取申请表》，提供加盖单位行政公章的《提取清册》，业务办理完毕后在《批量提取业务确认单》上签字确认。

3. **提高效率**。针对建立信息共享机制、加快抵押登记办理速度等问题，攀枝花公积金中心积极与不动产登记中心、房管局、各受托银行协商，与市财政、人行、国土、住建局联合印发了《关于维护缴存职工购房贷款权益的实施意见》。实现了住房公积金提取当天办结。贷款受理、审核当场办结，贷款审批2个工作日办结，办理抵押登记、发放贷款20个工作日办结。

（三）**信息化建设情况**：攀枝花市住房公积金信息系统实现了与省政务服务一体化平台联网。完成了29项服务事项的认领、录入和网办业务的协调。2018年底，实现所有29项公积金业务均在网上办理，并做好了与省、市政务服务一体化平台的联网对接准备。综合服务平台将已经推出了短信服务、门户网站、自助查询、12329语音、微信、微博、手机APP、网上业务大厅8个服务渠道。异地转移接续平台已经接入住房城乡建设部统一的平台，正常开展异地转移接续工作，实现"账随人走、钱随账走"，方便缴存职工跨省、跨市办理公积金业务。

泸州市住房公积金2018年年度报告

一、机构概况

（一）**住房公积金管理委员会**：住房公积金管理委员会有20名委员，2018年召开2次会议，审议通

过的事项主要包括：《泸州市住房公积金2018年计划执行情况与2018年计划安排的报告》（草案）、《泸州市住房公积金管理中心关于加强住房公积金信贷额度计划管控工作的议案》和《泸州市住房公积金2018年计划执行情况（年度报告）与2019年计划安排的报告》（草案）等。

（二）住房公积金管理中心：住房公积金管理中心为泸州市财政局下属不以营利为目的的全额拨款事业单位，设7个部室，6个管理部，0个分中心。从业人员111人，其中，在编55人，非在编56人。

二、业务运行情况

（一）缴存：2018年，新开户单位793家，实缴单位3600家，净增单位412家；新开户职工4.13万人，实缴职工23.56万人，净增职工1.59万人；缴存额35.50亿元，同比增长13.20%。2018年末，缴存总额209.85亿元，同比增长20.37%；缴存余额84.24亿元，同比增长15.13%。受委托办理住房公积金缴存业务的银行10家，比上年增加0家。

（二）提取：2018年，提取额24.44亿元，同比增长43.34%；占当年缴存额的68.85%，比上年增加14.48个百分点。2018年末，提取总额125.61亿元，同比增长24.16%。

（三）贷款：个人住房贷款最高额度40万元，其中，单缴存职工最高额度30万元，双缴存职工最高额度40万元。

2018年，发放个人住房贷款0.31万笔9.38亿元，同比分别下降59.21%、67.17%。

2018年，回收个人住房贷款7.91亿元。

2018年末，累计发放个人住房贷款4.55万笔118.49亿元，贷款余额90.84亿元，同比分别增长7.31%、8.60%、1.64%。个人住房贷款余额占缴存余额的107.83%，比上年减少14.31个百分点。

受委托办理住房公积金个人住房贷款业务的银行7家，比上年增加0家。

（四）融资：2018，融资8.15亿元，归还15.86亿元。2018年末，融资总额50.98亿元，融资余额13.18亿元。

（五）资金存储：2018年末，住房公积金存款8.78亿元。其中，活期0.14亿元，其他（协定、通知存款等）8.64亿元。

（六）资金运用率：2018年末，住房公积金个人住房贷款余额、项目贷款余额和购买国债余额的总和占缴存余额的107.83%，比上年减少14.31个百分点。

三、主要财务数据

（一）业务收入：2018年，业务收入32362.28万元，同比增长13.47%。其中，存款利息2731.31万元，委托贷款利息29620.43万元，国债利息0万元，其他10.54万元。

（二）业务支出：2018年，业务支出12230.43万元，同比增长21.67%。其中，支付职工住房公积金利息10716.17万元，归集手续费0万元，委托贷款手续费1481.02万元，其他33.24万元。

（三）增值收益：2018年，增值收益20131.85万元，同比增长9%。增值收益率2.59%，比上年减少0.22个百分点。

2018年，上交财政管理费用12948.50万元（含融资费用10306万元）。上缴财政城市廉租住房（公共租赁住房）建设补充资金1555.80万元。

2018年末,贷款风险准备金余额26447.64万元。累计提取城市廉租住房(公共租赁住房)建设补充资金25706.48万元。

(四)管理费用支出:2018年,管理费用支出12948.50万元(含融资费用10306万元),同比下降0.40%。其中,人员经费758.39万元,公用经费47.31万元,专项经费12142.80万元(含融资费用10306万元,其中信用借款利息支出8613.32万元,贴息贷款贴息1692.68万元)。

四、资产风险状况

2018年末,个人住房贷款逾期额84.16万元,逾期率0.09‰。

个人贷款风险准备金按当年新增贷款发放额的6%提取。2018年,提取个人贷款风险准备金5627.55万元,使用个人贷款风险准备金核销呆坏账0万元。2018年末,个人贷款风险准备金余额26447.64万元,占个人住房贷款余额的2.91%,个人住房贷款逾期额与个人贷款风险准备金余额的比率为0.32%。

五、社会经济效益

(一)缴存业务:2018年,实缴单位数、实缴职工人数和缴存额同比分别增长12.92%、7.24%和13.2%。

缴存单位中,国家机关和事业单位占61.08%,国有企业占12.83%,城镇集体企业占1.06%,外商投资企业占0.47%,城镇私营企业及其他城镇企业占19.42%,民办非企业单位和社会团体占1.97%,其他占3.17%。

缴存职工中,国家机关和事业单位占55.25%,国有企业占22.85%,城镇集体企业占1.05%,外商投资企业占0.26%,城镇私营企业及其他城镇企业占16.97%,民办非企业单位和社会团体占1.10%,其他占2.52%;中、低收入占92.89%,高收入占7.11%。

新开户职工中,国家机关和事业单位占36.83%,国有企业占14.25%,城镇集体企业占1.55%,外商投资企业占0.51%,城镇私营企业及其他城镇企业占37.90%,民办非企业单位和社会团体占1.80%,其他占7.16%;中、低收入占97.44%,高收入占2.56%。

(二)提取业务:2018年,7.39万名缴存职工提取住房公积金24.44亿元。

提取金额中,住房消费提取占79.87%(购买、建造、翻建、大修自住住房占36.04%,偿还购房贷款本息占43.06%,租赁住房占0.74%,其他占0.03%);非住房消费提取占20.13%(离休和退休提取占15.21%,完全丧失劳动能力并与单位终止劳动关系提取占0%,户口迁出本市或出境定居占0%,其他占4.92%)。提取职工中,中、低收入占89.44%,高收入占10.56%。

(三)贷款业务:

1. **个人住房贷款**:2018年,支持职工购建房33.42万平方米,年末个人住房贷款市场占有率为17.21%,比上年减少4.24个百分点。通过申请住房公积金个人住房贷款,可节约职工购房利息支出16144.39万元。

职工贷款笔数中,购房建筑面积90(含)平方米以下占21.48%,90~144(含)平方米占75.29%,144平方米以上占3.23%。购买新房占83.19%(其中购买保障性住房占0%),购买二手房占16.81%,

建造、翻建、大修自住住房占0%，其他占0%。

职工贷款笔数中，单缴存职工申请贷款占59.28%，双缴存职工申请贷款占40.40%，三人及以上缴存职工共同申请贷款占0.32%。

贷款职工中，30岁（含）以下占47.01%，30岁～40岁（含）占30.39%，40岁～50岁（含）占18.54%，50岁以上占4.06%；首次申请贷款占96.45%，二次及以上申请贷款占3.55%；中、低收入占97.86%，高收入占2.14%。

2. **异地贷款**：2018年，发放异地贷款432笔12696.7万元。2018年末，发放异地贷款总额89399万元，异地贷款余额77803.36万元。

3. **公转商贴息贷款**：2018年，发放公转商贴息贷款1笔38万元，支持职工购建住房面积0.01万平方米，当年贴息额2018.18万元。2018年末，累计发放公转商贴息贷款3803笔139251.4万元，累计贴息5338.66万元。

（四）**住房贡献率**：2018年，个人住房贷款发放额、公转商贴息贷款发放额、项目贷款发放额、住房消费提取额的总和与当年缴存额的比率为81.41%，比上年减少51.75个百分点。

六、其他重要事项

（一）**当年住房公积金政策调整及执行情况**：

1. **当年缴存基数限额及确定方法**：2018年度泸州市职工住房公积金月缴存基数上限为26547元，缴存基数下限按《泸州市人民政府关于调整全市最低工资标准的通知》（泸市府发〔2015〕39号）规定执行，即：2018年度职工住房公积金月缴存基数下限为1380元。缴存基数限额的确定按照《四川省住房公积金缴存管理办法》（川建发〔2007〕72号）第十五条规定执行，即缴存住房公积金的月工资基数，不得低于缴存人工作地所在设区城市政府劳动部门规定的上一年度职工最低月工资标准，不得超过缴存人工作地所在设区城市统计部门公布的上一年度职工月平均工资的三倍。

2. **当年缴存比例范围及缴存、提取政策调整情况**：2018年度泸州市单位及职工个人住房公积金缴存比例不得低于5%，不得高于12%。2018年度其他缴存政策及提取政策暂无调整。

3. **当年个人住房贷款最高贷款额度、贷款条件等贷款政策调整情况**：2018年度泸州市住房公积金最高贷款额度及贷款条件等贷款政策未作调整，与2018年度贷款政策无变化。

4. **当年住房公积金存贷款利率执行标准**：2018年度住房公积金贷款利率未作调整，与2018年度无变化。根据中国人民银行2015年10月24日公布的公积金贷款利率标准，现行5年以上公积金贷款年利率3.25%，5年以下（含5年）公积金贷款年利率2.75%。第二套住房公积金贷款利率按同期首套住房贷款利率的1.1倍执行。

（二）**当年服务改进情况**：2018年度泸州中心不断维护和完善中心网站、网上公积金查询、网络问政等综合服务平台和渠道，截至2018年底，网站访问量累计80万人次；网站投诉建议类问题累计325人次；宣传部下属"泸州新闻网"（即网络问政）的网友问政累计1175条，满意度平均99%以上。自综合服务平台上线以来，微信累计关注近12万人次、微博累计关注173条、手机APP注册累计3万人次、12329短信累计发送56.5万条，网上服务大厅累计16.83万人注册查询个人公积金，12329热线电话累计7万人次。完成省政务服务网上全面梳理公共服务事项共33项，其中32项可实现"最多跑一次"，比例高达 96.97%；28 项可网上办理，比例达到 85%。完成与全国住房公积金异地转移接续平台的对接，方便职工在转入地住房公积金管理中心就近办理业务，避免职工在转入地和转出地往返奔波，实现了异地之间转移业务的"最多跑一次"。中心主动作为，在市不动产登记中心支持下，给予中心全市不动产信息查询端口，彻底解决辖区内公积金业务查房跑路的问题。

（三）当年信息化建设情况：

1. **信息系统等级改造情况**：一是优化业务系统硬件环境建设，加强安全防护措施，保障业务系统和综合服务平台安全稳定运行；二是根据政策变化和业务发展需要，不断优化和完善业务系统功能，为缴存职工和单位提供更加高效、优质的服务。

2. **基础数据标准贯彻落实情况**：在 2016 年度完成基础数据库贯标工作基础上，不断完善、补充历史基础数据信息。

3. **结算应用系统接入情况**：已完成 8 家业务合作银行接入住房公积金银行结算数据应用系统，实现资金实时结算；逐步开展银行直联接口结算和其他关联业务，以补充住房城乡建设部结算系统功能，已上线 3 家银行，其他银行正逐步推进中。

（四）当年住房公积金管理中心及职工所获荣誉情况：泸州市住房公积金管理中心获得"2018 年度四川省住房城乡建设目标绩效考核先进单位"荣誉称号，一位同志获得"中国泸州人才发展大会组织工作先进个人"荣誉称号。

德阳市住房公积金 2018 年年度报告

一、机构概况

（一）**住房公积金管理委员会**：住房公积金管理委员会有 21 名委员，2018 年 3 月召开四届三次会议，审议通过的事项主要包括：《德阳市 2018 年度住房公积金财务收支决算和 2018 年度住房公积金财务收支预算编制情况的报告》、《德阳市住房公积金 2018 年年度报告》、《德阳市住房公积金管理中心 2018 年度城市廉租住房建设补充资金分配方案》《德阳市住房公积金管理中心关于 2018 年暂停计提贷款风险准备金的建议》。

（二）**住房公积金管理中心**：住房公积金管理中心为政府直属的不以营利为目的的自收自支事业单位，"中心"设 8 个科室，6 个管理部。从业人员 128 人，其中，在编 74 人，非在编 54 人。

二、业务运行情况

（一）**缴存**：2018 年，新开户单位 473 家，实缴单位 3332 家，净增单位 406 家；新开户职工 2.13 万人，实缴职工 22.73 万人，净增职工 2.4 万人；缴存额 34.68 亿元，同比增长 8.27%。年末，缴存总额 286.76 亿元，同比增长 13.75%；缴存余额 111.31 亿元，同比增长 9.08%。

受委托办理住房公积金缴存业务的银行 4 家，与上年一致。

（二）**提取**：2018年，提取额25.41亿元，同比增长7.99％；占当年缴存额的73.27％，比上年减少0.19个百分点。2018年末，提取总额175.45亿元，同比增长16.94％。

（三）**贷款**：

1. **个人住房贷款**：个人住房贷款最高额度50万元，其中，单缴存职工最高额度40万元，双缴存职工最高额度50万元。

2018年，发放个人住房贷款0.58万笔19.40亿元，同比分别下降10.92％、1.71％。

2018年，回收个人住房贷款10.93亿元。2018年末，累计发放个人住房贷款6.70万笔143.73亿元，贷款余额92.96亿元，同比分别增长9.66％、15.60％、10.02％。个人住房贷款余额占缴存余额的83.51％，比上年增加0.71个百分点。

受委托办理住房公积金个人住房贷款业务的银行5家，与上年一致。

2. **住房公积金支持保障性住房建设项目贷款**：2018年末，累计发放项目贷款9.85亿元，项目贷款余额0亿元。

（四）**融资**：2018年末，融资总额3.8亿元，融资余额0亿元。

（五）**资金存储**：2018年末，住房公积金存款18.54亿元。其中，活期0.12亿元，1年（含）以下定期6.49亿元，1年以上定期9.39亿元，协定存款2.54亿元。

（六）**资金运用率**：2018年末，住房公积金个人住房贷款余额、项目贷款余额和购买国债余额的总和占缴存余额的83.51％，比上年增加0.71个百分点。

三、主要财务数据

（一）**业务收入**：2018年，业务收入34269.53万元，同比增长8.01％。存款利息5291.84万元，委托贷款利息28975.12万元，国债利息0万元，其他2.57万元。

（二）**业务支出**：2018年，业务支出17486.41万元，同比增长11.72％。支付职工住房公积金利息15986.48万元，归集手续费0万元，委托贷款手续费1449.26万元，其他50.67万元。

（三）**增值收益**：2018年，增值收益16783.12万元，同比增长4.40％。增值收益率1.58％，比上年减少0.07个百分点。

（四）**增值收益分配**：2018年，提取贷款风险准备金0万元，提取管理费用2399.00万元，提取城市廉租住房（公共租赁住房）建设补充资金14384.12万元。

2018年，上交财政管理费用2399.00万元。上缴财政城市廉租住房（公共租赁住房）建设补充资金13847.54万元。

2018年末，贷款风险准备金余额43551.26万元。累计提取城市廉租住房（公共租赁住房）建设补充资金84622.04万元。

（五）**管理费用支出**：2018年，管理费用支出2117.80万元，同比增长6.6％。其中，人员经费1568.54万元，公用经费142.56万元，专项经费406.70万元。

四、资产风险状况

（一）**个人住房贷款**：2018年末，个人住房贷款逾期额52.93万元，逾期率0.06‰。

个人贷款风险准备金按贷款余额1%提取。2018年，提取个人贷款风险准备金0万元，使用个人贷款风险准备金核销呆坏账0万元。2018年末，个人贷款风险准备金余额39731.26万元，占个人住房贷款余额的4.27%，个人住房贷款逾期额与个人贷款风险准备金余额的比率为0.13%。

（二）支持保障性住房建设试点项目贷款：2018年，项目贷款风险准备金余额3820万元，项目贷款逾期额与项目贷款风险准备金余额的比率为0%。

五、社会经济效益

（一）缴存业务：2018年，实缴单位数、实缴职工人数和缴存额同比分别增长13.88%、11.81%和8.27%。

缴存单位中，国家机关和事业单位占55.37%，国有企业占11.13%，城镇集体企业占1.11%，外商投资企业占2.04%，城镇私营企业及其他城镇企业占24.67%，民办非企业单位和社会团体占2.34%，其他占3.34%。

缴存职工中，国家机关和事业单位占41.09%，国有企业占29.55%，城镇集体企业占1.52%，外商投资企业占3.76%，城镇私营企业及其他城镇企业占18.34%，民办非企业单位和社会团体占1.10%，其他占4.64%；中、低收入占96.20%，高收入占3.80%。

新开户职工中，国家机关和事业单位占40.21%，国有企业占14.42%，城镇集体企业占1.28%，外商投资企业占3.55%，城镇私营企业及其他城镇企业占33.68%，民办非企业单位和社会团体占2.57%，其他占4.29%；中、低收入占99.42%，高收入占0.58%。

（二）提取业务：2018年，8.40万名缴存职工提取住房公积金25.41亿元。

提取金额中，住房消费提取占70.96%（购买、建造、翻建、大修自住住房占18.69%，偿还购房贷款本息占50.76%，租赁住房占1.51%，其他占0%）；非住房消费提取占29.04%（离休和退休提取占24.36%，完全丧失劳动能力并与单位终止劳动关系提取占0.04%，户口迁出本市或出境定居占0%，其他占4.64%）。

提取职工中，中、低收入占95.97%，高收入占4.03%。

（三）贷款业务：

1. **个人住房贷款**：2018年，支持职工购建房67.75万平方米，年末个人住房贷款市场占有率为27.27%，比上年减少3.63个百分点。通过申请住房公积金个人住房贷款，可节约职工购房利息支出24962.59万元。

职工贷款笔数中，购房建筑面积90（含）平方米以下占14.86%，90~144（含）平方米占75.69%，144平方米以上占9.45%。购买新房占77.83%（其中购买保障性住房占0.65%），购买二手房占22.17%。

职工贷款笔数中，单缴存职工申请贷款占27.61%，双缴存职工申请贷款占72.39%。

贷款职工中，30岁（含）以下占31.51%，30岁~40岁（含）占35.35%，40岁~50岁（含）占24.75%，50岁以上占8.39%；首次申请贷款占73.98%，二次及以上申请贷款占26.02%；中、低收入占97.67%，高收入占2.33%。

2. **异地贷款**：2018年，发放异地贷款942笔29227.80万元。2018年末，发放异地贷款总额

104662.70万元，异地贷款余额73379.42万元。

3. **支持保障性住房建设试点项目贷款**：2018年末，累计试点项目15个，贷款额度9.85亿元，建筑面积81.56万平方米，可解决9262户中低收入职工家庭的住房问题。截至2018年末，所有试点项目贷款资金已发放并还清贷款本息。

（四）住房贡献率：2018年，个人住房贷款发放额、公转商贴息贷款发放额、项目贷款发放额、住房消费提取额的总和与当年缴存额的比率为107.91%，比上年减少10.08个百分点。

六、其他重要事项

（一）当年住房公积金缴存政策调整及执行情况：根据国务院《住房公积金管理条例》（国务院令第350号）、《四川省住房公积金缴存管理办法》（川建发〔2012〕32号）、《四川省人民政府关于调整德阳市住房公积金缴存比例和基数的批复》（川府函〔2009〕214号）以及《德阳市统计局关于2018年全市城镇全部单位就业人员平均工资的公告》（德统计发〔2018〕20号）、《德阳市人民政府关于调整全市最低工资标准的通知》（德府发〔2015〕38号）等文件精神，将2018年度全市住房公积金月缴存基数上限调整为19926元，下限调整为1380元。住房公积金缴存比例为5%至12%，单位与职工个人按相同比例缴存。

（二）当年贷款政策调整情况：2018年，"中心"按照"保障刚需、支持改善、遏制投机、防范风险"的原则，以"房住不炒"精神为指导调整了部分住房公积金使用政策，对过热的房地产市场形成了抑制作用。一是个人住房贷款最高贷款额度调整为双职工缴存50万元，单职工缴存40万元；二是将二套房贷款最低首付款比例由20%调整为30%，恢复二套房贷款利率上浮10%，不受理第三套及以上的住房公积金贷款申请；三是实行贷款额与缴存时间、征信逾期情况挂钩；四是将二手房贷款最高年限由原来的30年调整为20年。

（三）当年住房公积金存贷款利率执行标准：根据中国人民银行、住房城乡建设部、财政部印发《关于完善职工住房公积金账户存款利率形成机制的通知》（银发〔2016〕43号），我市职工住房公积金账户存款利率，统一按一年期定期存款基准利率1.5%执行。根据人民银行公布的基准利率，住房公积金五年期及以下贷款年利率为2.75%，五年期以上贷款年利率为3.25%。

（四）当年服务改进情况：1. 落实"放管服"改革，进一步简化办事流程，缩短办结时限。一是退休、离职提取实现"零材料"；二是取消委托办理加盖单位公章；三是精简购房提取资料要件；四是取消贷款申请人提供的单位收入证明；五是贷款审批办理时限由15个工作日压缩到10个工作日。

2. 以"互联网+"为导向，以移动终端为主要载体，推出支付宝城市服务，为全市住房公积金缴存职工提供更为便捷的住房公积金查询功能，拓展了住房公积金服务渠道，提高了服务效率。

（五）当年信息化建设情况：

1. 根据《住房城乡建设部关于加快建设住房公积金综合服务平台的通知》（建金〔2016〕14号）要求，搭建综合服务系统，与"中心"业务系统无缝对接，向全辖住房公积金缴存人提供多渠道的实时的公积金数据及资讯服务。依次完成了网站、微信、短信、热线、自助终端、网厅等服务渠道与综合服务平台的接口对接和整合工作。截至2018年末，全市住房公积金网站访问量接近100万次，微信公众号关注人数超过7万人，微信访问量超过300万次，年均发送短信超过80万条。

2. 完成住房公积金异地转移接续平台直连接入，实现"账随人走、钱随账走"，满足缴存职工跨设区城市快捷转移住房公积金账户的需求，更方便职工在转入地公积金中心就近办理业务，避免职工在转入地和转出地往返奔波。

绵阳市住房公积金 2018 年年度报告

一、机构概况

（一）住房公积金管理委员会：住房公积金管理委员会有 27 名委员，2018 年召开第十六次会议，审议通过的事项主要包括：《关于 2018 年住房公积金执行情况和 2018 年计划的报告》、《绵阳市住房公积金 2018 年年度报告》、《关于提请审议 2018 年度住房公积金增值收益分配方案的报告》、《在绵阳市就业的港澳台同胞和获得在中国永久居留资格的外国人缴存使用住房公积金的管理办法》、《绵阳市住房公积金缴存管理办法》、《绵阳市住房公积金提取转移管理办法》、《绵阳市住房公积金贷款管理办法》和《关于管理部、分中心内部业务授权管理办法》。

（二）住房公积金中心：住房公积金中心为绵阳市人民政府直属不以营利为目的的公益一类事业单位，设 7 个科室，10 个管理部，1 个分中心。从业人员 174 人，其中，在编 106 人，非在编 68 人。

二、业务运行情况

（一）缴存：2018 年，新开户单位 479 家，实缴单位 4916 家，净增单位 262 家；新开户职工 4.28 万人，实缴职工 31.34 万人，净增职工 3.39 万人；缴存额 49.52 亿元，同比增长 5.84%。2018 年末，缴存总额 333.25 亿元，同比增长 17.45%；缴存余额 153.71 亿元，同比增长 12.34%。

受委托办理住房公积金缴存业务的银行 13 家，比上年增加 1 家。

（二）提取：2018 年，提取额 32.63 亿元，同比增长 11.36%；占当年缴存额的 65.91%，比上年增加 3.27 个百分点。2018 年末，提取总额 179.53 亿元，同比增长 22.22%。

（三）贷款：个人住房贷款最高额度 60 万元，其中，单缴存职工最高额度 60 万元，双缴存职工最高额度 60 万元。

2018 年，发放个人住房贷款 0.95 万笔 34.87 亿元，同比分别增长－5.51%、10.63%。其中，市中心发放个人住房贷款 0.92 万笔 33.54 亿元，第 1 分中心发放个人住房贷款 0.03 万笔 1.33 亿元。

2018 年，回收个人住房贷款 14.22 亿元。其中，市中心 13.91 亿元，第 1 分中心 0.31 亿元。

2018 年末，累计发放个人住房贷款 8.73 万笔 184.79 亿元，贷款余额 114.27 亿元，同比分别增长 12.28%、23.26%、22.06%。个人住房贷款余额占缴存余额的 74.34%，比上年增加 5.92 个百分点。

受委托办理住房公积金个人住房贷款业务的银行 13 家，比上年增加 1 家。

（四）资金存储：2018 年末，住房公积金存款 40.61 亿元。其中，活期 3.65 亿元，1 年（含）以下定期 5.45 亿元，1 年以上定期 26.26 亿元，其他（协定、通知存款等）5.25 亿元。

（五）资金运用率：2018年末，住房公积金个人住房贷款余额、项目贷款余额和购买国债余额的总和占缴存余额的74.34%，比上年增加5.92个百分点。

三、主要财务数据

（一）业务收入：2018年，业务收入51926.34万元，同比增长30.12%。其中，市中心47460.51万元，第1分中心4465.83万元；存款利息17859.67万元，委托贷款利息33998.55万元，其他68.12万元。

（二）业务支出：2018年，业务支出26070.62万元，同比增长44.42%。其中，市中心23848.33万元，第1分中心2222.29万元；支付职工住房公积金利息24327.58万元，归集手续费63.00万元，委托贷款手续费1599.62万元，其他80.42万元。

（三）增值收益：2018年，增值收益25855.72万元，同比增长18.31%。其中，市中心23612.18万元，第1分中心2243.54万元；增值收益率1.80%，比上年增加0.06个百分点。

（四）增值收益分配：2018年，提取贷款风险准备金3309.06万元，提取管理费用5136.00万元，提取城市廉租住房（公共租赁住房）建设补充资金17410.66万元。

2018年，上交财政管理费用2636.00万元。上缴财政城市廉租住房（公共租赁住房）建设补充资金7700.36万元。其中，市中心上缴7700.36万元。

2018年末，贷款风险准备金余额60510.82万元。累计提取城市廉租住房（公共租赁住房）建设补充资金54888.71万元。其中，市中心提取46704.94万元，第1分中心提取8183.77万元。

（五）管理费用支出：2018年，管理费用支出3247.65万元，同比增长5.30%。其中，人员经费1669.36万元，公用经费167.33万元，专项经费1410.96万元。

市中心管理费用支出2888.69万元，其中，人员、公用、专项经费分别为1362.67万元、138.86万元、1387.16万元；第1分中心管理费用支出358.96万元，其中，人员、公用、专项经费分别为306.69万元、28.47万元、23.80万元。

四、资产风险状况

2018年末，个人住房贷款逾期额925.30万元，逾期率0.81‰。其中，市中心0.84‰，第1分中心0.00‰。

个人贷款风险准备金按新增贷款余额的1%提取。2018年，提取个人贷款风险准备金3309.06万元。2018年末，个人贷款风险准备金余额60510.82万元，占个人住房贷款余额的5.30%，个人住房贷款逾期额与个人贷款风险准备金余额的比率为1.53%。

五、社会经济效益

（一）缴存业务：2018年，实缴单位数、实缴职工人数和缴存额同比分别增长5.63%、12.14%和5.84%。

缴存单位中，国家机关和事业单位占56.47%，国有企业占10.01%，城镇集体企业占0.90%，外商投资企业占0.83%，城镇私营企业及其他城镇企业占17.00%，民办非企业单位和社会团体占1.64%，

其他占 13.15％。

缴存职工中，国家机关和事业单位占 47.61％，国有企业占 26.55％，城镇集体企业占 0.65％，外商投资企业占 1.84％，城镇私营企业及其他城镇企业占 12.13％，民办非企业单位和社会团体占 1.01％，其他占 10.21％；中、低收入占 98.63％，高收入占 1.37％。

新开户职工中，国家机关和事业单位占 33.68％，国有企业占 14.16％，城镇集体企业占 0.76％，外商投资企业占 5.84％，城镇私营企业及其他城镇企业占 23.76％，民办非企业单位和社会团体占 1.64％，其他占 20.16％；中、低收入占 99.74％，高收入占 0.26％。

（二）提取业务：2018 年，8.08 万名缴存职工提取住房公积金 32.63 亿元。

提取金额中，住房消费提取占 72.98％（购买、建造、翻建、大修自住住房占 28.11％，偿还购房贷款本息占 42.34％，租赁住房占 2.53％）；非住房消费提取占 27.02％（离休和退休提取占 20.00％，完全丧失劳动能力并与单位终止劳动关系提取占 3.70％，户口迁出本市或出境定居占 1.91％，其他占 1.41％）。

提取职工中，中、低收入占 98.25％，高收入占 1.75％。

（三）贷款业务：

1. **个人住房贷款**：2018 年，支持职工购建房 103.93 万平方米，年末个人住房贷款市场占有率为 21.94％，比上年减少 4.39 个百分点。通过申请住房公积金个人住房贷款，可节约职工购房利息支出 58955.31 万元。

职工贷款笔数中，购房建筑面积 90（含）平方米以下占 27.20％，90～144（含）平方米占 68.10％，144 平方米以上占 4.70％。购买新房占 70.78％（其中购买保障性住房占 0.10％），购买二手房占 28.79％，建造、翻建、大修自住住房占 0.01％，其他占 0.42％。

职工贷款笔数中，单缴存职工申请贷款占 62.57％，双缴存职工申请贷款占 37.43％。

贷款职工中，30 岁（含）以下占 38.83％，30 岁～40 岁（含）占 36.35％，40 岁～50 岁（含）占 21.32％，50 岁以上占 3.50％；首次申请贷款占 90.06％，二次及以上申请贷款占 9.94％；中、低收入占 98.69％，高收入占 1.31％。

2. **异地贷款**：2018 年，发放异地贷款 1719 笔 62702.70 万元。2018 年末，发放异地贷款总额 182773.86 万元，异地贷款余额 152882.98 万元。

（四）**住房贡献率**：2018 年，个人住房贷款发放额、公转商贴息贷款发放额、项目贷款发放额、住房消费提取额的总和与当年缴存额的比率为 118.52％，比上年增加 2.81 个百分点。

六、其他重要事项

（一）当年机构及职能调整情况、受委托办理缴存贷款业务金融机构变更情况。根据中共绵阳市委机构编制委员会《关于调整绵阳市住房公积金管理中心机构编制的批复》（绵编发〔2018〕38 号）精神，新增 1 个分支机构直属管理部，2018 年 10 月正式挂牌成立，且高新区公积金代办点移交直属管理部统一管理。新增 1 家受托金融机构平安银行。

（二）当年住房公积金政策调整及执行情况。

1. **缴存政策调整情况**：将我市就业的港澳台同胞和外国人纳入住房公积金缴存范围。

2. **提取政策调整情况**：因安县撤县设立安州区，将安州区租房提取金额由1万元提高到1.5万元。

3. **贷款政策调整情况**：（1）申请条件。由购买、建造、翻建、大修自住住房2年内调整为1年内。且购房合同按揭信息必须注明"公积金贷款"，不受理一次性付款或分期付款购买合作楼盘房屋公积金贷款申请。（2）贷款购房面积。由适当放宽公积金贷款购房面积的限制调整为最大不得超过200m²。（3）异地公积金贷款户籍。由未限制调整为缴存职工或者配偶户籍属于绵阳行政区内。（4）个人征信认定标准。由2年以内调整为5年以内，贷款客户信用风险等级分类正常类、关注类、禁入类3类。（5）贷款额度计算公式。增加了缴存时间系数，缴存时间6~12个月系数0.7，13~24个月系数0.8，25个月（含）以上1。（6）贷款期限。临近退休5年内借款人，具有偿还能力，个人信用良好，且能有效实施贷后管理，可适当放宽至退休后1~5年，最长不超过5年。

（三）**当年服务改进情况**。2018年，市中心深入推进"放管服"改革，全面贯彻落实服务型政府要求，精简单位盖章、身份证复印件、个人收入证明等业务办理手续，不断规范业务流程和审贷制度，实现公积金还贷再次提取和退休提取"零资料"办理。进一步深化完善首问责任、延时服务、上门服务等制度，畅通绿色通道。梳理和公开服务事项，全面执行服务指南，受理审查标准化，实现业务办理"最多跑一次"，全面提升住房公积金服务水平。

（四）**当年信息化建设情况**。以"互联网＋服务"为导向，实现公积金业务由"线下"向"线上"的转变，不断扩大网办事项范围，逐步实现网上运行、动态监管。与工行合作推出"e缴费"自助缴存，开启了住房公积金网上缴存新模式。不断完善平台建设，形成了门户网站、网上业务大厅、自助终端、服务热线、手机短信、手机客户端、官方微信和官方微博等八大服务渠道。

（五）**当年住房公积金中心及职工所获荣誉情况**。2018年度住房城乡建设工作目标绩效考核先进单位一等奖、全省住房公积金综合服务平台建设先进单位、全省2018年度住房公积金信息报送工作先进单位、全省2018年度住房公积金逾期管理工作先进单位、2018年度绵阳城区文明城市建设工作先进单位、2018年度全市党委系统信息工作先进单位、2018年度全市政务服务工作先进单位、2018年度全市审计监督工作先进单位、2018年度全市政府系统办公室工作绩效评价表扬单位、2018年度全市政务信息目标任务完成工作先进单位、2018年度全市电子政务建设工作先进集体。

（六）**当年对违反《住房公积金管理条例》和相关法规行为进行行政处罚和申请人民法院强制执行情况**。深入开展"扫黑除恶"，严厉打击骗提、骗贷。全年查处并办结6起骗提、骗贷行为。向住房公积金贷款逾期个人和所在单位寄送了《逾期贷款催收函》，对个别逾期严重的贷款职工送达律师函共计30封，法律诉讼立案3起，进入执行阶段的1起。

（七）**其他需要披露的情况**。绵阳中心在全省首创中小企业住房公积金信用贷的基础上，从服务企业到服务个人，从线下申请到线上操作，主动谋划，推进住房公积金信用贷全面提速。去年6月，省工行在绵阳举办了个人住房公积金信用贷产品首发仪式。目前，已有4家金融机构与我中心达成住房公积金信用贷项目合作。截至去年底，累计为中小企业提供住房公积金信用贷款71户、6475万元，其中：军民融合企业38户、1970万元；累计为缴存职工提供住房公积金个人信用贷款8007人、4.6亿元。同时，新吸引279户中小企业主动为3805名职工建立了住房公积金制度。住房公积金信用贷对解决民营企业融资难融资贵、拉动绵阳消费提供了重要的资金支持。

广元市住房公积金2018年年度报告

一、机构概况

（一）住房公积金管理委员会：住房公积金管理委员会有27名委员，2018年召开1次会议，审议通过的事项主要包括：市住房公积金管理中心工作报告、2018年度住房公积金增值收益分配方案、关于《广元市港澳台同胞住房公积金缴存使用管理办法》的议案和关于调整部分住房公积金提取、贷款政策的议案。

（二）住房公积金管理中心：住房公积金管理中心为市政府直属不以营利为目的的正县级事业单位，设6个科室，8个管理部。从业人员74人，其中，在编52人，非在编22人。

二、业务运行情况

（一）缴存：2018年，新开户单位140家，实缴单位2815家，净增单位77家；新开户职工1.16万人，实缴职工13.55万人，净增职工0.49万人；缴存额20.50亿元，同比增长7.14%。2018年末，缴存总额122.91亿元，同比增长20.02%；缴存余额75.07亿元，同比增长14.44%。

受委托办理住房公积金缴存业务的银行8家，比上年增加0家。

（二）提取：2018年，提取额11.03亿元，同比增长34.76%；占当年缴存额的53.80%，比上年增加11.02个百分点。2018年末，提取总额47.84亿元，同比增长29.96%。

（三）贷款：个人住房贷款最高额度70万元，其中，单缴存职工最高额度50万元，双缴存职工最高额度70万元。

2018年，发放个人住房贷款0.46万笔15.04亿元，同比分别增长21.05%、34.39%。

2018年，回收个人住房贷款5.99亿元。

2018年末，累计发放个人住房贷款3.09万笔72.53亿元，贷款余额50.37亿元，同比分别增长17.49%、26.16%、21.87%。个人住房贷款余额占缴存余额的67.10%，比上年增加4.1个百分点。

受委托办理住房公积金个人住房贷款业务的银行4家，比上年增加0家。

（四）资金存储：2018年末，住房公积金存款26.61亿元。其中，活期1.0亿元，1年（含）以下定期4.45亿元，1年以上定期21.16亿元。

（五）资金运用率：2018年末，住房公积金个人住房贷款余额、项目贷款余额和购买国债余额的总和占缴存余额的67.10%，比上年增加4.1个百分点。

三、主要财务数据

（一）业务收入：2018年，业务收入17349.59万元，同比增长12.19%。其中，存款利息2699.88万元，委托贷款利息14646.49万元，国债利息0万元，其他3.22万元。

（二）业务支出：2018年，业务支出10304.97万元，同比增长18.19%。其中，支付职工住房公积金利息9635.61万元，归集手续费0万元，委托贷款手续费660.82万元，其他8.54万元。

（三）增值收益：2018年，增值收益7044.62万元，同比增长4.43%。其中，增值收益率1%，比上年减少0.13个百分点。

（四）增值收益分配：2018年，提取贷款风险准备金5037.46万元，提取管理费用1200万元，提取城市廉租住房（公共租赁住房）建设补充资金807.16万元。

2018年，上交财政管理费用2533万元。上缴财政城市廉租住房（公共租赁住房）建设补充资金2079.77万元。

2018年末，贷款风险准备金余额24720.14万元。累计提取城市廉租住房（公共租赁住房）建设补充资金22787.78万元。

（五）管理费用支出：2018年，管理费用支出1265.12万元，同比下降14.84%。其中，人员经费833.64万元，公用经费115.98万元，专项经费315.5万元。

四、资产风险状况

2018年末，个人住房贷款逾期额129.76万元，逾期率0.26‰。

个人贷款风险准备金按贷款余额的1%提取。2018年，提取个人贷款风险准备金5037.46万元，使用个人贷款风险准备金核销呆坏账0万元。2018年末，个人贷款风险准备金余额24720.14万元，占个人住房贷款余额的4.91%，个人住房贷款逾期额与个人贷款风险准备金余额的比率为0.52%。

五、社会经济效益

（一）缴存业务：2018年，实缴单位数、实缴职工人数和缴存额同比分别增长2.81%、3.76%和7.14%。

缴存单位中，国家机关和事业单位占83.27%，国有企业占3.20%，城镇集体企业占0.57%，外商投资企业占6.25%，城镇私营企业及其他城镇企业占5.22%，民办非企业单位和社会团体占0.53%，其他占0.96%。

缴存职工中，国家机关和事业单位占84.25%，国有企业占4.99%，城镇集体企业占0.55%，外商投资企业占4.28%，城镇私营企业及其他城镇企业5.02%，民办非企业单位和社会团体占0.15%，其他占0.76%；中、低收入占98.46%，高收入占1.54%。

新开户职工中，国家机关和事业单位占64.95%，国有企业占4.11%，城镇集体企业占0.64%，外商投资企业占12.38%，城镇私营企业及其他城镇企业15.40%，民办非企业单位和社会团体占1.06%，其他占1.45%；中、低收入占99.37%，高收入占0.63%。

（二）提取业务：2018年，6.52万名缴存职工提取住房公积金11.03亿元。

提取金额中，住房消费提取占65.01%（购买、建造、翻建、大修自住住房占18.13%，偿还购房贷款本息占44.63%，租赁住房占0.75%，其他占1.5%）；非住房消费提取占34.99%（离休和退休提取占28.19%，完全丧失劳动能力并与单位终止劳动关系提取占2.99%，户口迁出本市或出境定居占0%，其他占3.81%）。

提取职工中，中、低收入占98.46%，高收入占1.54%。

(三) 贷款业务：

1. **个人住房贷款**：2018年，支持职工购建房49.97万平方米，年末个人住房贷款市场占有率为32.32%，比上年减少3.76个百分点。通过申请住房公积金个人住房贷款，可节约职工购房利息支出26273.40万元。

职工贷款笔数中，购房建筑面积90（含）平方米以下占18.48%，90～144（含）平方米占74.59%，144平方米以上占6.93%。购买新房占70.94%（其中购买保障性住房占0%），购买二手房占19.18%，建造、翻建、大修自住住房占0.02%，其他占9.86%。

职工贷款笔数中，单缴存职工申请贷款占21.42%，双缴存职工申请贷款占78.58%，三人及以上缴存职工共同申请贷款占0%。

贷款职工中，30岁（含）以下占34.51%，30岁～40岁（含）占30.34%，40岁～50岁（含）占27.63%，50岁以上占7.52%；首次申请贷款占96.79%，二次及以上申请贷款占3.21%；中、低收入占98.11%，高收入占1.89%。

2. **异地贷款**：2018年，发放异地贷款753笔22966万元。2018年末，发放异地贷款总额49628万元，异地贷款余额43549.99万元。

(四) 住房贡献率：2018年，个人住房贷款发放额、公转商贴息贷款发放额、项目贷款发放额、住房消费提取额的总和与当年缴存额的比率为108.31%，比上年增加24.02个百分点。

六、其他重要事项

(一) 当年住房公积金政策调整及执行情况：2018年，全市各行政、企、事业单位住房公积金缴交工资基数上限不超过上一年度全市城镇全部就业人员月平均工资（以市统计局公布标准）3倍，即为：15829元；缴存基数下限按上一年度最低工资标准执行，即为：1650元；缴存比例为5%～12%，单位和个人为1：1同比例缴存。严格遵照并执行中国人民银行存款利率1.5%，住房公积金贷款利率仍然保持不变，5年期（含）以下贷款年利率为2.75%，5年期以上至30年（含）的贷款利率为3.25%。出台《广元市港澳台同胞住房公积金缴存使用管理办法》，取消住房公积金装修提取及贷款政策，对临近退休职工贷款期限由退休后10年调整为5年，住房公积金贷款最高限额双职工（夫妻双方均缴纳住房公积金）由100万元调整为70万元，单职工（仅本人缴纳住房公积金）由60万元调整为50万元。

(二) 当年服务改进情况：2018年，服务窗口立足"互联网＋"，充分运用信息化技术，深化住房公积金领域"放管服"改革，高标准建成全市公积金综合服务平台。认真落实"马上办、认真办、限时办"工作制度，严格执行首问责任制和限时办结制，公开效能服务承诺，优化办事流程。继续深化"热心、公心、细心、耐心、诚心"的"五心"服务理念，开展好"预约服务"、"上门服务""延时服务"。制定发布《关于进一步优化营商环境实施方案》、《公共服务事项办理指南》，加快接入全省一体化政务服务平台建设，12329电话热线、短信、网厅、网站、微信、微博、手机APP、自助查询等八个服务平台稳定运行，切实推进业务办理的高效、快捷、便民。全市公积金业务32项，其中有29项实现"最多跑一次"占90%，全程网办的事项达到50%。重服务、抓创新、促发展的20余条经验被《中国建设报》、《住房公积金研究》和省住房城乡建设厅专刊推广。

（三）当年信息化建设情况：2018年，公积金信息化建设取得新突破。完成中心数据机房动力环境达标建设，实现全天24小时无人值守，所有设备安全稳定运行。新增配备了安全网闸、数据库审计、入侵监测、专业防火墙等一系列网络安全设备，有效防范了网络攻击的危害，实现数据集中云处理、档案云调用、安全云管理、电脑云桌面。全国公积金异地转移接续平台于12月24日正式接入，并稳定运行，真正实现了"账随人走、钱随账走"，极大方便了异地办事群众。

（四）当年住房公积金管理中心及职工所获荣誉情况：继续保持"省级文明单位"称号，荣获全省住房城乡建设工作目标绩效考核优秀单位、广元市三八红旗集体等荣誉，广元市委表彰优秀领导干部2人，广元市三八红旗手1人。《立足"互联网+"广元市着力优化住房公积金服务》工作经验被省政府推进职能转变协调小组办公室编发《简报》在全省推广。

遂宁市住房公积金2018年年度报告

一、机构概况

（一）住房公积金管理委员会：住房公积金管理委员会有25名委员，2018年召开2次会议，审议通过的事项主要包括：《2018年住房公积金归集使用计划执行情况和增值收益分配方案》、《2018年住房公积金归集使用计划》、《遂宁市住房公积金2018年年度报告》及《遂宁市住房公积金2018年年度报告解读》、《2018年度遂宁市住房公积金稽核工作报告》、《关于适当调整我市住房公积金提取使用政策的建议》、《关于落实"放宽企业降低缴存比例和缓缴条件"有关政策的建议》、《关于全市住房公积金集中核算后廉租房建设补充资金分配办法的建议》、《中国银行遂宁分行关于开立大英县住房公积金管理中心账户的请示》、《成都农商银行遂宁分行关于成为住房公积金贷款受托行的请示》、中国建设银行遂宁分行《关于开办"公积金惠民贷"的请示》、中国工商银行遂宁分行《关于为住房公积金客户提供"金闪借"金融服务的请示》、中国农业银行遂宁分行《关于个人公积金自助小额消费贷款业务直连上线的请示》、《关于异地缴存职工与本地缴存职工享受同等贷款政策的建议》、《关于加强住房公积金信息安全系统建设的建议》。

（二）住房公积金管理中心：住房公积金管理中心为市政府办代管的不以营利为目的的财政全额拨款副县级事业单位，设6个处（科），5个管理部。从业人员41人，其中，在编27人，非在编14人。

二、业务运行情况

（一）缴存：2018年，新开户单位252家，实缴单位2201家，净增单位172家；新开户职工1.9万人，实缴职工12.41万人，净增职工0.5万人；缴存额18.68亿元，同比增长22.15%。2018年末，缴存总额94.34亿元，同比增长24.68%；缴存余额51.31亿元，同比增长17.83%。

受委托办理住房公积金缴存业务的银行6家，比上年增加0家。

（二）提取：2018年，提取额10.91亿元，同比增长22.63%；占当年缴存额的58.43%，比上年增加 0.23 个百分点。2018 年末，提取总额 43.04 亿元，同比增长 33.97%。

（三）**贷款**：个人住房贷款最高额度 40 万元，其中，单缴存职工最高额度 35 万元，双缴存职工最高额度 40 万元。

2018 年，发放个人住房贷款 0.31 万笔 9.16 亿元，同比分别下降 35.31%、35.78%。

2018 年，回收个人住房贷款 6.45 亿元。

2018 年末，累计发放个人住房贷款 3.25 万笔 71.13 亿元，贷款余额 44.47 亿元，同比分别增长 10.6%、14.78%、6.49%。个人住房贷款余额占缴存余额的 86.68%，比上年减少 9.23 个百分点。

受委托办理住房公积金个人住房贷款业务的银行 7 家，比上年增加 0 家。

（四）**融资**：2018 年，我中心无新增融资，归还 1 亿元。2018 年末，融资余额 0 亿元。

（五）**资金存储**：2018 年末，住房公积金存款 8.01 亿元。其中，活期 0.75 亿元，1 年（含）以下定期 4.19 亿元，1 年以上定期 1.35 亿元，其他（协定、通知存款等）1.72 亿元。

（六）**资金运用率**：2018 年末，住房公积金个人住房贷款余额、项目贷款余额和购买国债余额的总和占缴存余额的 86.68%，比上年减少 9.23 个百分点。

三、主要财务数据

（一）**业务收入**：2018 年，业务收入 15320.42 万元，同比增长 13.75%。存款利息 1209.98 万元，委托贷款利息 14110.43 万元，国债利息 0 万元，其他 0 万元。

（二）**业务支出**：2018 年，业务支出 8008.5 万元，同比增长 15.91%；支付职工住房公积金利息 7219.02 万元，归集手续费 0 万元，委托贷款手续费 705.52 万元，其他 83.95 万元。

（三）**增值收益**：2018 年，增值收益 7311.92 万元，同比增长 11.48%。增值收益率 1.57%，比上年减少 0.08 个百分点。

（四）**增值收益分配**：2018 年，提取贷款风险准备金 2928.82 万元，提取管理费用 383.1 万元，提取城市廉租住房（公共租赁住房）建设补充资金 4000 万元。

2018 年，上交财政管理费用 398 万元。上缴财政城市廉租住房（公共租赁住房）建设补充资金 2800 万元。

2018 年末，贷款风险准备金余额 17292.44 万元。累计提取城市廉租住房（公共租赁住房）建设补充资金 21550.18 万元。

（五）**管理费用支出**：2018 年，管理费用支出 398 万元，同比增长 28.39%。其中，人员经费 67 万元，公用经费 262.03 万元，专项经费 68.97 万元。

四、资产风险状况

2018 年末，个人住房贷款逾期额 13.36 万元，逾期率 0.03‰。

个人贷款风险准备金按贷款余额的 3.20% 提取。2018 年，提取个人贷款风险准备金 2928.82 万元，使用个人贷款风险准备金核销呆坏账 0 万元。2018 年末，个人贷款风险准备金余额 17292.44 万元，占个人住房贷款余额的 3.89%，个人住房贷款逾期额与个人贷款风险准备金余额的比率为 0.08%。

五、社会经济效益

（一）**缴存业务**：2018年，实缴单位数、实缴职工人数和缴存额同比分别增长8.48%、4.2%和22.15%。

缴存单位中，国家机关和事业单位占67.88%，国有企业占8.41%，城镇集体企业占1.68%，外商投资企业占0.95%，城镇私营企业及其他城镇企业占15.54%，民办非企业单位和社会团体占3.77%，其他占1.77%。

缴存职工中，国家机关和事业单位占59.44%，国有企业占17.21%，城镇集体企业占1.54%，外商投资企业占2.3%，城镇私营企业及其他城镇企业占15.17%，民办非企业单位和社会团体占2.15%，其他占2.19%；中、低收入占98.59%，高收入占1.41%。

新开户职工中，国家机关和事业单位占37.27%，国有企业占9.69%，城镇集体企业占3.58%，外商投资企业占6.41%，城镇私营企业及其他城镇企业占32.24%，民办非企业单位和社会团体占5.43%，其他占5.38%；中、低收入占99.74%，高收入占0.26%。

（二）**提取业务**：2018年，2.84万名缴存职工提取住房公积金10.91亿元。

提取金额中，住房消费提取占75.42%（购买、建造、翻建、大修自住住房占26.84%，偿还购房贷款本息占46.25%，租赁住房占2.33%，其他占0%）；非住房消费提取占24.58%（离休和退休提取占18.76%，完全丧失劳动能力并与单位终止劳动关系提取占0.51%，户口迁出本市或出境定居占0.07%，其他占5.24%）。

提取职工中，中、低收入占98%，高收入占2%。

（三）**贷款业务**：

1. **个人住房贷款**：2018年，支持职工购建房32.59万平方米，年末个人住房贷款市场占有率为15.49%，比上年减少7.04个百分点。通过申请住房公积金个人住房贷款，可节约职工购房利息支出13713.54万元。

职工贷款笔数中，购房建筑面积90（含）平方米以下占32.02%，90~144（含）平方米占64.19%，144平方米以上占3.79%。购买新房占77.6%（其中购买保障性住房占0%），购买二手房占22.4%，建造、翻建、大修自住住房占0%，其他占0%。

职工贷款笔数中，单缴存职工申请贷款占68.11%，双缴存职工申请贷款占31.89%，三人及以上缴存职工共同申请贷款占0%。

贷款职工中，30岁（含）以下占36.84%，30岁~40岁（含）占36.87%，40岁~50岁（含）占22.24%，50岁以上占4.05%；首次申请贷款占93.8%，二次及以上申请贷款占6.2%；中、低收入占99.26%，高收入占0.74%。

2. **异地贷款**：2018年，发放异地贷款342笔9128.2万元。2018年末，发放异地贷款总额67157万元，异地贷款余额42451.96万元。

（四）**住房贡献率**：2018年，个人住房贷款发放额、公转商贴息贷款发放额、项目贷款发放额、住房消费提取额的总和与当年缴存额的比率为93.12%，比上年减少45.53个百分点。

六、其他重要事项

（一）**当年机构及职能调整情况、受委托办理缴存贷款业务金融机构变更情况**：2018年新增中国银行遂宁分行大英支行办理住房公归集、贷款业务。新增成都农商银行遂宁分行为贷款受托银行。

（二）**当年住房公积金政策调整及执行情况**：2018年，我市住房公积金最高缴存基数为15322元/月，根据我市市平工资5107元/月的三倍来确定的，最低缴存基数为1380元/月，根据我市人力资源和社会保障局公布的最低工资标准来确定的，最高缴存比例为单位与个人各12%，最低缴存比例为单位与个人各5%。从2018年5月1日起，我市适当调整了提取政策，一是停止执行"父母出资为没有住房公积金的子女买房可以提取住房公积金"政策；二是缴存职工家庭在缴存所在地或户籍所在地以外购买住房，不能提取住房公积金"，非配偶或非直系亲属共同购房的，不受理住房公积金贷款申请，也不办理住房公积金提取；三是偿还住房公积金贷款的，可签订委托按年提取协议进行委托按年提取。未签订委托按年提取协议的，如在最近12个月内没有还款逾期的，可提取夫妻双方的住房公积金，资金可直接划入职工个人账户，夫妻双方总共提取金额不超过12个月还款本息之和；四是缴存职工与单位终止劳动关系的，先办理个人账户封存，期间在异地开立住房公积金账户并稳定缴存的，通过全国住房公积金转移接续平台办理转移接续手续，未在异地继续缴存的，封存满半年后方可提取。从2018年10月起，我市适当调整贷款政策，规定异地缴存职工与本地缴存职工享受同等贷款政策。

（三）**当年服务改进情况**：2018年，中心大力推动放管服改革，一是进一步精简办事手续，优化提取审批流程。缴存职工办理公积金提取业务不再提供身份证复印件、不再需要单位盖章，审核无误后资金直接划给职工个人账户，离柜到账。二是认真梳理完善《公共服务事项》，共梳理住房公积金服务事项18条，其中"最多跑一次"事项达90%。三是开展委托按年提取偿还住房公积金贷款业务，贷款职工只需与中心签订委托按年提取协议，以后每年定期将提取款项划至职工个人账户。

（四）**当年住房公积金管理中心及职工所获荣誉情况**：2018遂宁市住房公积金管理中心被省住房城乡建设厅评为2018度住房城乡建设工作目标绩效考核先进单位；中共遂宁市住房公积金中心支部委员会被市政府机关党委评为2018年度优秀基层党组织；2名同志被市政府机关党委评为2018年度优秀共产党员；1名同志被市政府机关党委评为2018年度优秀党务工作者；1名同志被市政府办公室评为2018年全市政府系统办公室工作先进个人。

内江市住房公积金2018年年度报告

一、机构概况

（一）**住房公积金管理委员会**：住房公积金管理委员会有18名委员，2018年召开一次会议，审议通过的事项主要包括：审议市住房公积金管理中心《关于调整住房公积金缴存基数时间的请示》、审议市财政局《关于分配内江市住房公积金管理中心2018年增值收益的通知》和《关于下达内江市住房公积金管理中心 2018 年管理费用支出预算的通知》。

（二）住房公积金管理中心：住房公积金管理中心为市政府委托市财政局代管不以营利为目的的副县级事业单位，设 4 个科，5 个管理部。从业人员 74 人，其中，在编 46 人，非在编 28 人。

二、业务运行情况

（一）缴存：2018 年，新开户单位 131 家，实缴单位 2076 家，净增单位 96 家；新开户职工 2.1179 万人，实缴职工 13.37 万人，净增职工 0.8703 万人；缴存额 21.76 亿元，同比增长 31.13%。2018 年末，缴存总额 129.26 亿元，同比增长 20.25%；缴存余额 66.96 亿元，同比增长（下降）14.74%。

受委托办理住房公积金缴存业务的银行 8 家，比上年增加 1 家。

（二）提取：2018 年，提取额 13.16 亿元，同比增长 29.90%；占当年缴存额的 60.48%，比上年减少 0.57 个百分点。2018 年末，提取总额 62.30 亿元，同比增长 26.79%。

（三）贷款：个人住房贷款最高额度 60 万元，其中，单缴存职工最高额度 40 万元，双缴存职工最高额度 60 万元。

2018 年，发放个人住房贷款 0.46 万笔 16.49 亿元，同比分别增长 9.67%、24.91%。

2018 年，回收个人住房贷款 6.27 亿元。

2018 年末，累计发放个人住房贷款 3.25 万笔 86.51 亿元，贷款余额 65.38 亿元，同比分别增长 16.38%、23.55%、18.53%。个人住房贷款余额占缴存余额的 97.64%，比上年增加 3.12 个百分点。

受委托办理住房公积金个人住房贷款业务的银行 6 家，比上年增加 1 家。

（四）资金存储：2018 年末，住房公积金存款 4.54 亿元。其中，活期 3.41 亿元，1 年（含）以下定期 1.05 亿元，1 年以上定期 0.08 亿元，其他（协定、通知存款等）0 亿元。

（五）资金运用率：2018 年末，住房公积金个人住房贷款余额、项目贷款余额和购买国债余额的总和占缴存余额的 97.64%，比上年增加 3.12 个百分点。

三、主要财务数据

（一）业务收入：2018 年，业务收入 20438.99 万元，同比增长 17.24%。存款利息 936.17 万元，委托贷款利息 19499.75 万元，国债利息 0 万元，其他 3.07 万元。

（二）业务支出：2018 年，业务支出 10372.83 万元，同比增长 18.03%。支付职工住房公积金利息 9395.74 万元，归集手续费 1.85 万元，委托贷款手续费 975.14 万元，其他 0.1 万元。

（三）增值收益：2018 年，增值收益 10066.16 万元，同比增长 16.44%。增值收益率 1.60%，比上年增加 0.04 个百分点。

（四）增值收益分配：2018 年，提取贷款风险准备金 1021.78 万元，提取管理费用 7114.10 万元，提取城市廉租住房（公共租赁住房）建设补充资金 1930.28 万元。

2018 年，上交财政管理费用 6600 万元。上缴财政城市廉租住房（公共租赁住房）建设补充资金 1192.25 万元。

2018 年末，贷款风险准备金余额 6538 万元。累计提取城市廉租住房（公共租赁住房）建设补充资金 5765.97 万元。

（五）**管理费用支出**：2018年，管理费用支出1394.48万元，同比下降42.58%。其中，人员经费745.74万元，公用经费74.43万元，专项经费574.31万元。

四、资产风险状况

2018年末，个人住房贷款逾期额12.66万元，逾期率0.02‰。

个人贷款风险准备金按（贷款余额或增值收益）的1‰提取。2018年，提取个人贷款风险准备金1021.78万元，使用个人贷款风险准备金核销呆坏账0万元。2018年末，个人贷款风险准备金余额6538万元，占个人住房贷款余额的1%，个人住房贷款逾期额与个人贷款风险准备金余额的比率为0.19%。

五、社会经济效益

（一）**缴存业务**：2018年，实缴单位数、实缴职工人数和缴存额同比分别增长4.85%、6.96%和31.13%。

缴存单位中，国家机关和事业单位占74.04%，国有企业占4.67%，城镇集体企业占0.24%，外商投资企业占0.39%，城镇私营企业及其他城镇企业占9.39%，民办非企业单位和社会团体占1.97%，其他占9.3%。

缴存职工中，国家机关和事业单位占67.12%，国有企业占5.22%，城镇集体企业占0.08%，外商投资企业占5.03%，城镇私营企业及其他城镇企业占11.45%，民办非企业单位和社会团体占0.75%，其他占10.35%；中、低收入占99.38%，高收入占0.62%。

新开户职工中，国家机关和事业单位占36.04%，国有企业占5.24%，城镇集体企业占0.42%，外商投资企业占26.74%，城镇私营企业及其他城镇企业占8.45%，民办非企业单位和社会团体占2.49%，其他占20.62%；中、低收入占99.69%，高收入占0.31%。

（二）**提取业务**：2018年，4.37万名缴存职工提取住房公积金13.16亿元。

提取金额中，住房消费提取占68.17%（购买、建造、翻建、大修自住住房占10.16%，偿还购房贷款本息占56.49%，租赁住房占1.52%，其他占0‰）；非住房消费提取占31.83%（离休和退休提取占28.05%，完全丧失劳动能力并与单位终止劳动关系提取占0.17%，户口迁出本市或出境定居占1.66%，其他占1.95%）。

提取职工中，中、低收入占99.28%，高收入占0.72%。

（三）**贷款业务**：

1. **个人住房贷款**：2018年，支持职工购建房46.42万平方米，年末个人住房贷款市场占有率为19.6%，比上年减少0.02个百分点。通过申请住房公积金个人住房贷款，可节约职工购房利息支出20000万元。

职工贷款笔数中，购房建筑面积90（含）平方米以下占32.06%，90~144（含）平方米占65.73%，144平方米以上占2.21%。购买新房占90.81%（其中购买保障性住房占0%），购买二手房占9.19%，建造、翻建、大修自住住房占0%，其他占0%。

职工贷款笔数中，单缴存职工申请贷款占67.86%，双缴存职工申请贷款占32.14%，三人及以上缴存职工共同申请贷款占0%。

贷款职工中，30岁（含）以下占37.88%，30岁~40岁（含）占30.04%，40岁~50岁（含）占23.7%，50岁以上占8.38%；首次申请贷款占91.31%，二次及以上申请贷款占8.69%；中、低收入占99.61%，高收入占0.39%。

2. **异地贷款**：2018年，发放异地贷款71笔2328.10万元。2018年末，发放异地贷款总额14369.3万元，异地贷款余额12200.97万元。

（四）住房贡献率：2018年，个人住房贷款发放额、公转商贴息贷款发放额、项目贷款发放额、住房消费提取额的总和与当年缴存额的比率为116.99%，比上年减少6.18个百分点。

六、其他重要事项

2018年，内江市住房公积金管理中心机构职能无调整，内江市住房公积金管理中心于2018年1月调整住房公积金缴存基数，确定缴存基数上限为16027元/月，缴存基数下限为1380元/月，缴存比例无变化，依然为5%~12%。本年住房贷款最高额度为双职工60万，单职工40万，贷款条件及贷款政策无变化；本年住房公积金贷款利率五年以下为2.75%，五年以上为3.25%。

中心本年获得荣誉情况如下：

"荣获2018年省建设厅目标任务考核二等奖"、"荣获2018年全省住房公积金统计工作先进单位"、"荣获2018年度市级单位部门决算工作考核先进单位"、"荣获2018年度预算绩效管理考核良好等次"。

本年无对违反《公积金管理条例》和相关法规行为进行行政处罚和申请人民法院强制执行情况，无对住房公积金管理人员违规行为的纠正和处理情况。

乐山市住房公积金2018年年度报告

一、机构概况

（一）住房公积金管理委员会：住房公积金管理委员会有18名委员，2018年召开2次全体委员会议，审议通过的事项主要包括：2018年3月6日召开了2018年度第一次全体委员会议，会议听取了乐山市住房公积金管理中心《关于2018年度工作情况和2018年重点工作安排的报告》；审议了《乐山市住房公积金2018年年度报告》、《乐山市住房公积金管理中心2018年归集、使用、增值收益计划》、《乐山市住房公积金管理中心关于调整住房公积金贷款风险准备金计提比例的请示》、《乐山市住房公积金管理中心关于在四川省农村信用社联合社乐山办事处开设委托贷款账户的请示》和《乐山市住房公积金骗提套取行为处理办法（试行）》。2018年8月15日召开了2018年度第二次全体委员会议，会议听取了乐山市住房公积金管理中心《2018年上半年工作总结及下半年工作计划》和《关于开展住房公积金政策执行情况检查及风险隐患排查情况的汇报》；审议了乐山市住房公积金管理委员会《关于规范我市住房公积金缴存有关政策的通知（送审稿）》《关于规范我市住房公积金贷款有关政策的通知（送审稿）》《乐山市住房公积金提取管理细则（修订稿）》和《乐山市住房公积金个人住房贷款管理细则（修订稿）》。

(二）住房公积金管理中心：住房公积金管理中心为市政府直属不以营利为目的的独立的事业单位。设 6 个科，11 个管理部，0 个分中心。从业人员 145 人，其中，在编 42 人，非在编 103 人。

二、业务运行情况

（一）缴存：2018 年，新开户单位 380 家，实缴单位 4958 家，净增单位 201 家；新开户职工 2.38 万人，实缴职工 22.40 万人，净增职工 1.12 万人；缴存额 33.64 亿元，同比增长 7.09%。2018 年末，缴存总额 239.46 亿元，同比增长 16.35%；缴存余额 97.04 亿元，同比增长 10.54%。

受委托办理住房公积金缴存业务的银行 9 家，比上年增加（减少）0 家。

（二）提取：2018 年，提取额 24.39 亿元，同比增长 26.06%；占当年缴存额的 72.50%，比上年增加 10.92 个百分点。2018 年末，提取总额 142.42 亿元，同比增长 20.66%。

（三）贷款：个人住房贷款最高额度 50 万元，其中，单缴存职工最高额度 40 万元，双缴存职工最高额度 50 万元。

2018 年，发放个人住房贷款 0.60 万笔 21.05 亿元，同比分别增长 8.07%、30.67%。

2018 年，回收个人住房贷款 12.84 亿元。

2018 年末，累计发放个人住房贷款 7.05 万笔 148.48 亿元，贷款余额 87.52 亿元，同比分别增长 9.36%、16.52%、10.35%。个人住房贷款余额占缴存余额的 90.19%，比上年减少 0.15 个百分点。

受委托办理住房公积金个人住房贷款业务的银行 7 家，比上年增加（减少）0 家。

（四）资金存储：2018 年末，住房公积金存款 14.42 亿元。其中，活期 0 亿元，1 年（含）以下定期 10 亿元，1 年以上定期 0.5 亿元，其他（协定、通知存款等）3.92 亿元。

（五）资金运用率：2018 年末，住房公积金个人住房贷款余额、项目贷款余额和购买国债余额的总和占缴存余额的 90.19%，比上年减少 0.15 个百分点。

三、主要财务数据

（一）业务收入：2018 年，业务收入 29513.64 万元，同比增长 14.59%。其中，存款利息 2475.90 万元，委托贷款利息 27037.07 万元，国债利息 0 万元，其他 0.67 万元。

（二）业务支出：2018 年，业务支出 15139.61 万元，同比增长 10.81%。其中，支付职工住房公积金利息 13897.54 万元，归集手续费 0 万元，委托贷款手续费 1081.38 万元，其他 160.69 万元。

（三）增值收益：2018 年，增值收益 14374.03 万元，同比增长 18.86%。增值收益率 1.56%，比上年增加 0.09 个百分点。

（四）增值收益分配：2018 年，提取贷款风险准备金 2462.37 万元，提取管理费用 1994.27 万元，提取城市廉租住房（公共租赁住房）建设补充资金 9917.39 万元。

2018 年，上交财政管理费用 1994.27 万元。上缴财政城市廉租住房（公共租赁住房）建设补充资金 9917.39 万元。

2018 年末，贷款风险准备金余额 18843.77 万元。累计提取城市廉租住房（公共租赁住房）建设补充资金 58235.56 万元。

（五）管理费用支出：2018 年，管理费用支出 2985.94 万元，同比下降 13.88%。其中，人员经费

1545.68万元，公用经费392.66万元，专项经费1047.60万元。

四、资产风险状况

2018年末，个人住房贷款逾期额45.56万元，逾期率0.052‰。

个人贷款风险准备金按当年增加贷款余额的3%提取。2018年，提取个人贷款风险准备金2462.37万元，使用个人贷款风险准备金核销呆坏账0万元。2018年末，个人贷款风险准备金余额18843.77万元，占个人住房贷款余额的2.15%，个人住房贷款逾期额与个人贷款风险准备金余额的比率为0.24%。

五、社会经济效益

（一）**缴存业务**：2018年，实缴单位数、实缴职工人数和缴存额同比分别增长4.23%、5.28%和7.09%。

缴存单位中，国家机关和事业单位占55.61%，国有企业占17.97%，城镇集体企业占0.50%，外商投资企业占1.59%，城镇私营企业及其他城镇企业占19.12%，民办非企业单位和社会团体占2.64%，其他占2.57%。

缴存职工中，国家机关和事业单位占46.21%，国有企业占21.78%，城镇集体企业占0.91%，外商投资企业占4.26%，城镇私营企业及其他城镇企业占22.41%，民办非企业单位和社会团体占2.99%，其他占1.44%；中、低收入占96.26%，高收入占3.74%。

新开户职工中，国家机关和事业单位占39.23%，国有企业占11.33%，城镇集体企业占1.34%，外商投资企业占3.77%，城镇私营企业及其他城镇企业占35.33%，民办非企业单位和社会团体占4.12%，其他占4.89%；中、低收入占96.35%，高收入占3.65%。

（二）**提取业务**：2018年，20.18万人次缴存职工提取住房公积金24.39亿元。

提取金额中，住房消费提取占74.02%（购买、建造、翻建、大修自住住房占11.45%，偿还购房贷款本息占60.96%，租赁住房占1.34%，其他占0.27%）；非住房消费提取占25.98%（离休和退休提取占20.69%，完全丧失劳动能力并与单位终止劳动关系提取占3.94%，户口迁出本市或出境定居占0.50%，其他占0.85%）。

提取职工中，中、低收入占79.36%，高收入占20.64%。

（三）**贷款业务**：

1. **个人住房贷款**：2018年，支持职工购建房61.00万平方米，年末个人住房贷款市场占有率为22.58%，比上年减少2.27个百分点。通过申请住房公积金个人住房贷款，可节约职工购房利息支出3505.99万元。

职工贷款笔数中，购房建筑面积90（含）平方米以下占37.50%，90～144（含）平方米占58.28%，144平方米以上占4.22%。购买新房占79.03%（其中购买保障性住房占0%），购买二手房占20.97%，建造、翻建、大修自住住房占0%，其他占0%。

职工贷款笔数中，单缴存职工申请贷款占52.29%，双缴存职工申请贷款占47.71%，三人及以上缴存职工共同申请贷款占0%。

贷款职工中，30 岁（含）以下占 30.95%，30 岁~40 岁（含）占 34.20%，40 岁~50 岁（含）占 25.44%，50 岁以上占 9.41%；首次申请贷款占 73.82%，二次及以上申请贷款占 26.18%；中、低收入占 94.27%，高收入占 5.73%。

2. **异地贷款**：2018 年，发放异地贷款 811 笔 27518.40 万元。2018 年末，发放异地贷款总额 89689.88 万元，异地贷款余额 29923.95 万元。

（四）**住房贡献率**：2018 年，个人住房贷款发放额、公转商贴息贷款发放额、项目贷款发放额、住房消费提取额的总和与当年缴存额的比率为 116.24%，比上年增加 17.38 个百分点。

六、其他重要事项

（一）**当年住房公积金管理制度制定情况**：2018 年 1 月市住房公积金管理中心印发了《乐山市个人住房公积金贷款合作项目评审办法》；3 月市住房公积金管理委员会制定出台了《乐山市住房公积金骗提套取行为处理办法（试行）》；8 月市住房公积金管理委员会修订了《乐山市住房公积金个人住房贷款管理细则》和《乐山市住房公积金提取管理细则》。

（二）**当年住房公积金政策执行情况**：

1. **当年缴存政策调整情况**：按照市政府公布的 2018 年最低月工资标准和市统计局公布的 2018 年国有单位年平均工资计算，我市职工 2018 年~2019 年度（2018 年 7 月 1 日起至 2019 年 6 月 30 日止）月缴存基数下限为 1650 元、上限为 18896 元，职工、单位月缴存额最低各为 83 元、最高各为 2267 元。

从 2018 年 1 月起，将在我市就业的港澳台同胞纳入住房公积金缴存使用范围，在住房公积金的缴存、提取、贷款适用政策、申请条件、办理流程等方面与我市职工一致。

2. **当年贷款政策调整情况**：从 2018 年 9 月 1 日起，住房公积金贷款的发放对象为购买首套或第二套普通自住住房的缴存职工，停止向购买第三套及以上住房的缴存职工发放个人住房贷款。取消异地缴存职工申请住房公积金贷款需由本地缴存职工提供担保的要求。

（三）**当年信息化建设情况**：中心以最大程度利企便民为出发点，推进市级部门信息互通，大力推广网厅业务办理，融合线上线下服务方式。年初开通了贷款网厅，开发商对贷款申请预录入、预约办理时间，中心对贷款资料进行预审，缩短了现场办理时间，提高了窗口办理效率。6 月开通了归集网厅，单位用户可通过网厅自主修改单位及职工基础信息，自主办理公积金归集缴存业务，实现了归集业务线上办理。接入了住房城乡建设部公积金专网、公积金异地接续平台和四川省一体化政务服务平台。与市住保局、市不动产登记中心建立了联网协查机制，实现了数据共享。

（四）**当年中心及职工所获荣誉情况**：

1. 获省住房城乡建设厅 2018 年度住房公积金缴存扩面工作先进单位。

2. 获省住房城乡建设厅 2018 年度目标绩效考核二等奖。

3. 获住房城乡建设部、省住房城乡建设厅综合服务平台建设检查验收组住房公积金综合服务平台建设先进单位。

4. 获乐山市人民政府政务服务中心优秀窗口。

5. 1 人次获 2018 年度心连心服务热线办理工作先进个人。

南充市住房公积金 2018 年年度报告

一、机构概况

（一）**住房公积金管理委员会**：住房公积金管理委员会有 25 名委员，2018 年召开一次会议，审议通过的事项主要包括：《南充市住房公积金 2018 年年度报告》、《关于 2018 年住房公积金增值收益分配的报告》、《关于 2018 年机构经费决算及 2018 年度机构经费预算的报告》、《关于 2018 年度住房公积金缴存和使用计划的报告》等。

（二）**住房公积金管理中心**：住房公积金管理中心为直属市人民政府不以营利为目的的独立的全额拨款事业单位，设 7 个科室，10 个管理部。从业人员 93 人，其中，在编 79 人，非在编 14 人。

二、业务运行情况

（一）**缴存**：2018 年，新开户单位 449 家，实缴单位 4752 家，净增单位 80 家；新开户职工 1.91 万人，实缴职工 22.45 万人，净增职工 0.80 万人；缴存额 35.99 亿元，同比增长 11.25%。2018 年末，缴存总额累计 213.36 亿元，同比增长 20.29%；缴存余额 88.73 亿元，同比增长 13.83%。

受委托办理住房公积金缴存业务的银行 6 家，比上年增加（减少）0 家。

（二）**提取**：2018 年，提取额 25.21 亿元，同比增长 27.07%；占当年缴存额的 70.05%，比上年增加 8.72 个百分点。2018 年末，提取总额累计 124.63 亿元，同比增长 25.36%。

（三）**贷款**：

1. **个人住房贷款**：个人住房贷款最高额度 40 万元，其中，单缴存职工最高额度 35 万元，双缴存职工最高额度 40 万元。

2018 年，发放个人住房贷款 0.43 万笔 11.10 亿元，同比分别下降 23.21%、30.54%。

2018 年，回收个人住房贷款 8.37 亿元。

2018 年末，累计发放个人住房贷款 5.72 万笔 114.95 亿元，贷款余额 74.50 亿元，同比分别增长 8.13%、10.69%、3.79%。个人住房贷款余额占缴存余额的 83.96%，比上年减少 8.12 个百分点。

受委托办理住房公积金个人住房贷款业务的银行 4 家，比上年增加（减少）0 家。

2. **住房公积金支持保障性住房建设项目贷款**：2018 年末，累计发放项目贷款 4.20 亿元，项目贷款余额 0 亿元。

（四）**融资**：2018 年末，融资总额 1.43 亿元，融资余额 0 亿元。

（五）**资金存储**：2018 年末，住房公积金存款 14.01 亿元。其中，活期 0.03 亿元，1 年（含）以下定期 1 亿元，1 年以上定期 12.80 亿元，其他（协定、通知存款等）0.18 亿元。

（六）**资金运用率**：2018 年末，住房公积金个人住房贷款余额、项目贷款余额和购买国债余额的总和占缴存余额的 83.96%，比上年减少 8.12 个百分点。

三、主要财务数据

（一）业务收入：2018 年，业务收入 27882.43 万元，同比增长 19.05%。其中，存款利息 4041.95 万元，委托贷款利息 23835.71 万元，国债利息 0 万元，其他 4.77 万元。

（二）业务支出：2018 年，业务支出 12707.51 万元，同比增长 19.50%。其中，支付职工住房公积金利息 11431.78 万元，归集手续费 0 万元，委托贷款手续费 1245.55 万元，其他 30.18 万元。

（三）增值收益：2018 年，增值收益 15174.92 万元，同比增长 18.68%。增值收益率 1.86%，比上年增加 0.02 个百分点。

（四）增值收益分配：2018 年，提取贷款风险准备金 9104.95 万元，提取管理费用 2805.13 万元，提取城市廉租住房（公共租赁住房）建设补充资金 3264.84 万元。

2018 年，上交财政管理费用 2791.31 万元。上缴财政城市廉租住房（公共租赁住房）建设补充资金 2781.43 万元。

2018 年末，贷款风险准备金余额 44174.49 万元。累计提取城市廉租住房（公共租赁住房）建设补充资金 33331.95 万元。

（五）管理费用支出：2018 年，管理费用支出 2972.55 万元，同比增长 45.18%（增幅较大主要因为购建规范化档案用房）。其中，人员经费 1416.49 万元，公用经费 92.74 万元，专项经费 1463.32 万元。

四、资产风险状况

2018 年末，个人住房贷款逾期额 197.03 万元，逾期率 0.26‰。

个人贷款风险准备金按增值收益的 60% 提取。2018 年，提取个人贷款风险准备金 9104.95 万元，使用个人贷款风险准备金核销呆坏账 0 万元。2018 年末，个人贷款风险准备金余额 44174.49 万元，占个人住房贷款余额的 5.93%，个人住房贷款逾期额与个人贷款风险准备金余额的比率为 0.45%。

五、社会经济效益

（一）缴存业务：2018 年，实缴单位数、实缴职工人数和缴存额同比分别增长 1.71%、3.70% 和 11.25%。

缴存单位中，国家机关和事业单位占 72.56%，国有企业占 7.95%，城镇集体企业占 0.17%，外商投资企业占 0.63%，城镇私营企业及其他城镇企业占 13.95%，民办非企业单位和社会团体占 3.72%，其他占 1.02%。

缴存职工中，国家机关和事业单位占 69.39%，国有企业占 16.82%，城镇集体企业占 0.05%，外商投资企业占 0.81%，城镇私营企业及其他城镇企业占 11.67%，民办非企业单位和社会团体占 0.73%，其他占 0.53%；中、低收入占 100%，高收入占 0%。

新开户职工中，国家机关和事业单位占 45.76%，国有企业占 10.43%，城镇集体企业占 0.02%，外商投资企业占 1.16%，城镇私营企业及其他城镇企业占 39.29%，民办非企业单位和社会团体占 2.21%，其他占 1.13%；中、低收入占 100%，高收入占 0%。

（二）提取业务：2018年，8.02万名缴存职工提取住房公积金25.21亿元。

提取金额中，住房消费提取占81.07%（购买、建造、翻建、大修自住住房占38.09%，偿还购房贷款本息占40.81%，租赁住房占2.17%，其他占0%）；非住房消费提取占18.93%（离休和退休提取占16.09%，完全丧失劳动能力并与单位终止劳动关系提取占1.71%，户口迁出本市或出境定居占0%，其他占1.13%）。

提取职工中，中、低收入占100%，高收入占0%。

（三）贷款业务：

1. **个人住房贷款**：2018年，支持职工购建房43.16万平方米，年末个人住房贷款市场占有率为12.79%，比上年减少4.96个百分点。通过申请住房公积金个人住房贷款，可节约职工购房利息支出18026.14万元。

职工贷款笔数中，购房建筑面积90（含）平方米以下占26.15%，90～144（含）平方米占71.69%，144平方米以上占2.16%。购买新房占90.48%（其中购买保障性住房占0%），购买二手房占9.52%，建造、翻建、大修自住住房占0%，其他占0%。

职工贷款笔数中，单缴存职工申请贷款占67.19%，双缴存职工申请贷款占32.81%，三人及以上缴存职工共同申请贷款占0%。

贷款职工中，30岁（含）以下占34.24%，30岁～40岁（含）占37.08%，40岁～50岁（含）占23.12%，50岁以上占5.56%；首次申请贷款占92.87%，二次及以上申请贷款占7.13%；中、低收入占100%，高收入占0%。

2. **异地贷款**：2018年，发放异地贷款340笔8732.20万元。2018年末，发放异地贷款总额81904.40万元，异地贷款余额63415.98万元。

3. **支持保障性住房建设试点项目贷款**：2018年末，累计试点项目4个，贷款额度4.20亿元，建筑面积47.60万平方米，可解决5676户中低收入职工家庭的住房问题。4个试点项目贷款资金已发放并还清贷款本息。

（四）住房贡献率：2018年，个人住房贷款发放额、公转商贴息贷款发放额、项目贷款发放额、住房消费提取额的总和与当年缴存额的比率为87.64%，比上年减少11.75个百分点。

六、其他重要事项

（一）机构及职能调整情况、缴存贷款业务金融机构变更情况：2018年，中心新成立市直属管理部，全面推行"管办分离"的管理模式，构建了中心各科负责制度体系建设和监督指导，各管理部负责前台业务办理的新机制，进一步明确辖区业务分管范围。

缴存贷款业务金融机构无调整变更。

（二）当年住房公积金政策调整及执行情况：

1. 缴存比例及缴存基数限额。

全市住房公积金缴存比例为5%～12%，单位和个人同比例缴存。

最低限额不得低于本市上一年度职工最低月工资标准1380元。最高限额不得超过本市上一年度职工月平均工资的三倍，即15585元。

2. **当年政策调整**。

2018年4月1日起，经管委会批准，对首套房和二套房贷款首付比例适度提高。

2018年12月1日起，经管委会批准，适度调整购房提取区域，进一步明确购房提取对象，并规范关联交易提取和贷款。

（三）**当年服务改进情况：**

1. **改进服务方式**。全面梳理住房公积金缴存、提取、贷款业务26项公共服务事项，将个人信息查询、缴存证明、缴存明细、还贷明细等业务实行网上办理；梳理24项线下公共服务事项，积极推进"容缺后补"、"简证便民"，努力实现业务"一网一门一次"办结。

2. **优化服务质量**。制定完善着装制度，严格执行文明服务规范；高标准建设直属管理部服务大厅，规范标识标牌，配置自助服务终端、自助叫号系统等设施，全面推行政策公开、流程公开、受理公开、结果公开；重点优化缴存业务，推行"自主缴存、先核后缴"模式；全面优化贷款业务，开通楼盘按揭专员、贷款职工数据共享渠道，禁止银行诱导开卡，开展借款合同免费寄递服务，允许他人代办还贷业务。

3. **提升服务效率**。加快推进业务系统升级改造，为业务管理提质增效提供坚强的智力支撑、数据支撑和技术支撑。让数据"多跑路"使百姓"少跑腿"，积极提高业务办理离柜率、网上办结率，努力促进公积金业务办理由柜面到网上、由人工到智能的转变。大力推行"按月对冲还贷"业务，全面实现公积金贷款"一次签订，自动还款"。全年全市"按月对冲"38.22万人次。

（四）**当年信息化建设情况：**

1. 积极改造更新软硬件，确保中心业务内网与监管系统、结算系统联网正常运行。全面推进中心业务系统改造升级。

2. 依托现代信息技术，全方位开通门户网站、网上服务大厅、自助服务终端、12329服务热线、手机APP、短信、微信公众号等服务渠道，全市住房公积金综合服务平台建设成功通过部、省检查验收。

（五）**当年对违反《住房公积金管理条例》和相关法规行为进行行政处罚和申请人民法院强制执行情况**：2018年，狠抓扫黑除恶治乱，严格坚持已提取公积金业务"七回查"，严厉打击骗提骗贷行为，动态曝光骗提套取人员，追回骗提资金71万元，净化了发展环境。

眉山市住房公积金2018年年度报告

一、机构概况

（一）**住房公积金管理委员会**：眉山市住房公积金管理委员会有25名委员，2018年召开1次会议，审议通过的事项主要包括：《关于2018年增值收益分配方案的报告》、《关于按照成都市标准确定我市公积金最高缴存基数及明确将公车补助和公积金单位补助部分纳入缴存基数计算口径的请示》、《关于增加眉山农村商业银行股份有限公司为业务合作银行的请示》、《眉山市住房公积金2018年年度报告》。

(二)住房公积金管理中心:住房公积金管理中心为市政府直属不以营利为目的的自收自支事业单位,设8个科室,7个管理部。从业人员82人,其中,在编48人,非在编34人。

二、业务运行情况

(一)缴存:2018年,新开户单位227家,实缴单位2952家,净增单位14家;新开户职工2.26万人,实缴职工13.88万人,净增职工0.64万人;缴存额24.91亿元,同比增长19.97%。2018年末,缴存总额135.33亿元,同比增长22.55%;缴存余额57.55亿元,同比增长16.94%。

受委托办理住房公积金缴存业务的银行2家,比上年增加(减少)0家。

(二)提取:2018年,提取额16.57亿元,同比增长9.33%;占当年缴存额的66.53%,比上年减少6.48个百分点。2018年末,提取总额77.78亿元,同比增长27.07%。

(三)贷款:个人住房贷款最高额度35万元,其中,单缴存职工最高额度35万元,双缴存职工最高额度35万元。

2018年,发放个人住房贷款0.4万笔11.63亿元,同比分别下降43.73%、38.64%。

2018年,回收个人住房贷款8.2亿元。

2018年末,累计发放个人住房贷款4.40万笔93.45亿元,贷款余额62.94亿元,同比分别增长10.08%、14.22%、5.77%。个人住房贷款余额占缴存余额的109.38%,比上年减少11.55个百分点。

受委托办理住房公积金个人住房贷款业务的银行12家,比上年增加(减少)0家。

(四)融资:2018年,融资9.02亿元,归还13.4亿元。2018年末,融资总额31.57亿元,融资余额7.37亿元。

(五)资金存储:2018年末,住房公积金存款2.45亿元。其中,活期0.03亿元,1年(含)以下定期0亿元,1年以上定期0亿元,其他(协定、通知存款等)2.42亿元。

(六)资金运用率:2018年末,住房公积金个人住房贷款余额、项目贷款余额和购买国债余额的总和占缴存余额的109.38%,比上年减少11.55个百分点。

三、主要财务数据

(一)业务收入:2018年,业务收入20585.89万元,同比增长17.48%;存款利息383.09万元,委托贷款利息20200.52万元,国债利息0万元,其他2.28万元。

(二)业务支出:2018年,业务支出12419.51万元,同比增长19.48%;支付职工住房公积金利息7987.69万元,归集手续费0万元,委托贷款手续费807.37万元,其他3624.45万元(其中融资贷款利息支出3622.75万元,清算费用1.7万元)。

(三)增值收益:2018年,增值收益8166.38万元,同比增长14.57%;增值收益率1.53%,比上年增加(减少)0个百分点。

(四)增值收益分配:2018年,提取贷款风险准备金2722.13万元,提取管理费用3592.51万元,提取城市廉租住房(公共租赁住房)建设补充资金1851.74万元。

2018年,上交财政管理费用4059.06万元。上缴财政城市廉租住房(公共租赁住房)建设补充资金2407.49万元。

2018年末，贷款风险准备金余额8673.08万元。累计提取城市廉租住房（公共租赁住房）建设补充资金27366.45万元。

（五）管理费用支出：2018年，管理费用支出3565.69万元，同比增长16.92%。其中，人员经费1249.65万元，公用经费121.85万元，专项经费2194.19万元。

四、资产风险状况

2018年末，个人住房贷款逾期额40.44万元，逾期率0.06‰。

个人贷款风险准备金按增值收益的33.33%提取。2018年，提取个人贷款风险准备金2722.13万元，使用个人贷款风险准备金核销呆坏账0万元。2018年末，个人贷款风险准备金余额8673.08万元，占个人住房贷款余额的1.38%，个人住房贷款逾期额与个人贷款风险准备金余额的比率为0.47%。

五、社会经济效益

（一）缴存业务：2018年，实缴单位数、实缴职工人数和缴存额同比分别增长0.48%、4.81%和19.97%。

缴存单位中，国家机关和事业单位占63.58%，国有企业占8.3%，城镇集体企业占0.68%，外商投资企业占0.88%，城镇私营企业及其他城镇企业占20.77%，民办非企业单位和社会团体占1.86%，其他占3.93%。

缴存职工中，国家机关和事业单位占52.05%，国有企业占19.24%，城镇集体企业占1.69%，外商投资企业占1.94%，城镇私营企业及其他城镇企业占20.9%，民办非企业单位和社会团体占1.28%，其他占2.9%；中、低收入占97.42%，高收入占2.58%。

新开户职工中，国家机关和事业单位占33.07%，国有企业占13.76%，城镇集体企业占0.4%，外商投资企业占1.71%，城镇私营企业及其他城镇企业占42.69%，民办非企业单位和社会团体占2.13%，其他占6.24%；中、低收入占99.43%，高收入占0.57%。

（二）提取业务：2018年，5.54万名缴存职工提取住房公积金16.57亿元。

提取金额中，住房消费提取占82.16%（购买、建造、翻建、大修自住住房占27.67%，偿还购房贷款本息占52.75%，租赁住房占1.74%，其他占0%）；非住房消费提取占17.84%（离休和退休提取占12.85%，完全丧失劳动能力并与单位终止劳动关系提取占2.17%，户口迁出本市或出境定居占1.57%，其他占1.25%）。

提取职工中，中、低收入占97.2%，高收入占2.8%。

（三）贷款业务：

1. **个人住房贷款**：2018年，支持职工购建房39.47万平方米，年末个人住房贷款市场占有率为17.82%，比上年减少4.29个百分点。通过申请住房公积金个人住房贷款，可节约职工购房利息支出32589.11万元。

职工贷款笔数中，购房建筑面积90（含）平方米以下占44.5%，90～144（含）平方米占50.79%，144平方米以上占4.71%。购买新房占75.67%（其中购买保障性住房占0%），购买二手房占24.33%，建造、翻建、大修自住住房占0%，其他占0%。

职工贷款笔数中，单缴存职工申请贷款占75.77%，双缴存职工申请贷款占24.23%，三人及以上缴存职工共同申请贷款占0%。

贷款职工中，30岁（含）以下占38.05%，30岁~40岁（含）占34.67%，40岁~50岁（含）占23.06%，50岁以上占4.22%；首次申请贷款占83.61%，二次及以上申请贷款占16.39%；中、低收入占99.03%，高收入占0.97%。

2. **异地贷款**：2018年，发放异地贷款1182笔34289.7万元。2018年末，发放异地贷款总额170145万元，异地贷款余额125127.06万元。

3. **公转商贴息贷款**：2018年，发放公转商贴息贷款0笔0万元，支持职工购建住房面积0万平方米，当年贴息额350.07万元。2018年末，累计发放公转商贴息贷款1743笔33045.89万元，累计贴息1149.84万元。

（四）**住房贡献率**：2018年，个人住房贷款发放额、公转商贴息贷款发放额、项目贷款发放额、住房消费提取额的总和与当年缴存额的比率为101.37%，比上年减少50.92个百分点。

六、其他重要事项

（一）当年机构及职能调整情况、受委托办理缴存贷款业务金融机构变更情况：眉山农村商业银行股份有限公司从2018年12月份起与中心开展融资合作，于2018年1月经管委会审批同意新增为住房公积金贷款业务委托银行。

（二）当年住房公积金政策调整及执行情况：

1. **当年缴存政策调整情况**：按照成眉一体化发展部署，2018年全市住房公积金缴存基数限额参照成都市标准执行，缴存基数上限为22302元，缴存基数下限为1650元。继续执行经营困难企业阶段性降低缴存比例或缓缴政策，同时，眉山市住房公积金管理委员会已于2018年6月将企业降低住房公积金缴存比例和缓缴的审批权限授权给市住房公积金管理中心。

从2018年1月起，将在我市就业的港澳台同胞纳入住房公积金缴存范围，在住房公积金的缴存、提取、贷款适用政策、申请条件、办理流程等方面与我市职工一致；对市人才办认定的高层次人才单独制定公积金优惠政策。

2. **当年提取政策调整情况**：从2018年3月，除职工本人及直系亲属户籍地或工作地自住住房消费提取外，不再支持眉山市范围以外的住房消费类提取；职工调入城市已接入全国住房公积金异地转移接续平台的，必须通过转移接续平台办理转移手续。从2018年7月起，允许我市职工在既有住宅增设电梯并投入使用后，提取不超过实际分摊金额的住房公积金用于增设电梯费用。从2018年10月起，职工办理解除或终止劳动关系提取，需账户封存满半年后方可办理；租房提取的最高额度上调为15000元；患重大疾病到异地就医后要提取住房公积金的，需在原有资料基础上补充提供本地医保部门的异地就医备案证明。

3. **当年贷款政策调整情况**：自2018年6月25日起，职工申请住房公积金再交易房贷款，市住房公积金管理中心不再派人对所交易房屋进行现场察看。从2018年10月起，缴存职工再次申请住房公积金贷款时间必须与前次住房公积金贷款结清时间间隔半年（含）以上；借款申请人的个人信用报告中个人贷款五年内连续逾期6期（含）及以上的，累计逾期12期（含）及以上的，不予贷款；缴存职工购买再交易住房申请住房公积金个人住房贷款时间应在《不动产权证》过户半年以内办理。

（三）当年服务改进情况：

1. **服务网点的变化**：2018年8月初，眉山市住房公积金管理中心彭山管理部从原办公地点搬迁至彭山区学院南路1号"锦江·大学城"一期商业步行街2号楼二楼建设银行彭山支行新址。

2. **服务手段的变化**：2018年9月，推出8类零资料提取业务，包括：偿还上年度住房公积金贷款本息提取，偿还上年度商业贷款本息提取，离退休提取，解除劳动关系提取，被判处刑罚并被单位解除劳动关系提取，出国出境定居提取，租房提取，农籍职工提取。同时，提供委托提取对冲还贷、授权按月提取偿还个人住房商业贷款两项业务的线上签约服务和提前偿还全部（及部分）住房公积金贷款的线上自助还款业务。

3. **资料精简的情况**：从2018年10月份起，职工提前偿还个人住房商业贷款的，不再提供近三期还款记录；职工建造（翻建）具有产权的自住住房支取住房公积金的，不再提供规划土地部门出具的国有土地使用权证、规划许可证、施工许可证；职工购买再交易房提取的，不再提供购房协议原件；职工购买再交易住房申请公积金个人住房贷款的，不再提供过户前产权证、房产买卖协议、收据原件及卖方任何资料；开发企业申请贷款合作只需提供房地产开发企业资质证书、国有土地使用证、商品房预售许可证、项目平面图和开展住房公积金贷款业务的申请，同一楼盘再次申请只需提供商品房预售许可证。

（四）当年信息化建设情况：对现有综合业务管理系统、综合服务平台进行升级改造，为线上业务提供技术支撑；2018年10月上线手写板电子签名，实现柜面无纸化签名和数字化存储；2018年12月份推出人脸识别服务，扩展了公积金信息系统身份认证体系，保障了职工的信息安全；2018年12月，与工商银行眉山分行合作推出"金闪借"信用贷项目，职工可利用住房公积金缴存数据在线申请办理个人无抵押无担保消费信用贷款，最高可贷30万元。

（五）当年住房公积金管理中心及职工所获荣誉情况：

1. **眉山市住房公积金管理中心所获荣誉情况**：2018年，眉山市住房公积金管理中心被省住房城乡建设厅评为2018年度住房城乡建设工作目标绩效考核先进单位——住房公积金管理类一等奖，被眉山市委、市政府评为2018年全面深化改革工作先进集体、2018年新型城镇化工作先进集体、第八届（眉山）东坡文化节暨首届四川音乐周筹办工作先进集体，被眉山市委办、市政府办评为2018年度推进全市"基本解决执行难"工作先进集体。

2. **眉山市住房公积金管理中心职工所获荣誉情况**：2018年，中心职工被眉山市委、市政府联合表彰4人次，被市委表彰3人次，被市委办、市政府办表彰4人次，被市政府办表彰1人次。

宜宾市住房公积金2018年年度报告

一、机构概况

（一）**住房公积金管理委员会**：住房公积金管理委员会有25名委员，2018年召开1次会议，审议通

过的事项主要包括：通报了第四届管委会成员组成名单、《宜宾市住房公积金 2018 年年度报告》及解读披露情况、宜宾市住房公积金 2018 年上半年工作情况、《关于确定 2018 年度住房公积金缴存基数上限的通知》；审议并通过《关于 2018 年度宜宾市住房公积金制度执行情况的报告》、《关于 2018 年住房公积金归集使用计划建议报告》、《关于调整住房公积金使用政策的通知》等议案。

（二）住房公积金管理中心：住房公积金管理中心为直属宜宾市人民政府的不以营利为目的的自收自支事业单位，设 8 个科室，11 个管理部。从业人员 130 人，其中，在编 70 人，非在编 60 人。

二、业务运行情况

（一）缴存：2018 年，新开户单位 816 家，实缴单位 4612 家，净增单位 331 家；新开户职工 2.28 万人，实缴职工 24.27 万人，净增职工 0.51 万人；缴存额 41.33 亿元，同比增长 5.97％。2018 年末，缴存总额 286.69 亿元，同比增长 16.84％；缴存余额 126.08 亿元，同比增长 8.14％。

受委托办理住房公积金缴存业务的银行 9 家，比上年增加（减少）0 家。

（二）提取：2018 年，提取额 31.84 亿元，同比增长 21.20％；占当年缴存额的 77.04％，比上年增加 9.68 个百分点。2018 年末，提取总额 160.61 亿元，同比增长 24.73％。

（三）贷款：个人住房贷款最高额度 40 万元，其中，单缴存职工最高额度 25 万元，双缴存职工最高额度 40 万元。

2018 年，发放个人住房贷款 0.77 万笔 25.71 亿元，同比分别下降 20.62％、15.98％。

2018 年，回收个人住房贷款 17.06 亿元。

2018 年末，累计发放个人住房贷款 10.80 万笔 206.95 亿元，贷款余额 119.72 亿元，同比分别增长 7.78％、14.18％、7.79％。个人住房贷款余额占缴存余额的 94.95％，比上年减少 0.31 个百分点。

受委托办理住房公积金个人住房贷款业务的银行 7 家，比上年增加（减少）0 家。

（四）资金存储：2018 年末，住房公积金存款 9.93 亿元。其中，活期 0.11 亿元，1 年（含）以下定期 4 亿元，1 年以上定期 3.3 亿元，其他（协定、通知存款等）2.52 亿元。

（五）资金运用率：2018 年末，住房公积金个人住房贷款余额、项目贷款余额和购买国债余额的总和占缴存余额的 94.95％，比上年减少 0.31 个百分点。

三、主要财务数据

（一）业务收入：2018 年，业务收入 41256.13 万元，同比增长 13.43％。存款利息 3680.30 万元，委托贷款利息 37562.92 万元，国债利息 0 万元，其他 12.91 万元。

（二）业务支出：2018 年，业务支出 20247.01 万元，同比增长 9.61％。支付职工住房公积金利息 18347.44 万元，归集手续费 0 万元，委托贷款手续费 1875.90 万元，其他 23.67 万元。

（三）增值收益：2018 年，增值收益 21009.12 万元，同比增长 17.37％。增值收益率 1.73％，比上年增加 0.11 个百分点。

（四）增值收益分配：2018 年，提取贷款风险准备金 11971.96 万元，提取管理费用 2107.14 万元，提取城市廉租住房（公共租赁住房）建设补充资金 6930.02 万元。

2018 年，上交财政管理费用 2107.14 万元。上缴 2018 年度提取的财政城市廉租住房（公共租赁住房）建设补充资金3532.76万元。

2018年末，贷款风险准备金余额73855.52万元。累计提取城市廉租住房（公共租赁住房）建设补充资44663.87万元。

（五）管理费用支出：2018年，管理费用支出2662.11万元，同比下降18.33%。其中，人员经费1465.80万元，公用经费90.68万元，专项经费1105.63万元。

四、资产风险状况

2018年末，个人住房贷款逾期额57.25万元，逾期率0.05‰。

个人贷款风险准备金按贷款余额的1%提取。2018年，提取个人贷款风险准备金11971.96万元，使用个人贷款风险准备金核销呆坏账0万元。2018年末，个人贷款风险准备金余额73855.52万元，占个人住房贷款余额的6.17%，个人住房贷款逾期额与个人贷款风险准备金余额的比率为0.08%。

五、社会经济效益

（一）缴存业务：2018年，实缴单位数、实缴职工人数和缴存额同比分别增长7.73%、2.15%和5.98%。

缴存单位中，国家机关和事业单位占51.13%，国有企业占42.78%，城镇集体企业占0.17%，外商投资企业占0%，城镇私营企业及其他城镇企业占0.76%，民办非企业单位和社会团体占1.21%，其他占3.95%。

缴存职工中，国家机关和事业单位占51.49%，国有企业占42.63%，城镇集体企业占0.16%，外商投资企业占0%，城镇私营企业及其他城镇企业占0.65%，民办非企业单位和社会团体占1.22%，其他占3.85%；中、低收入占98.56%，高收入占1.44%。

新开户职工中，国家机关和事业单位占34.23%，国有企业占49.98%，城镇集体企业占0.31%，外商投资企业占0%，城镇私营企业及其他城镇企业占0.56%，民办非企业单位和社会团体占4.58%，其他占10.34%；中、低收入占99.56%，高收入占0.44%。

（二）提取业务：2018年，8.82万名缴存职工提取住房公积金31.84亿元。

提取金额中，住房消费提取占79.61%（购买、建造、翻建、大修自住住房占14.75%，偿还购房贷款本息占61.01%，租赁住房占1.66%，其他占2.19%）；非住房消费提取占20.39%（离休和退休提取占16.66%，完全丧失劳动能力并与单位终止劳动关系提取占0%，户口迁出本市或出境定居占0.33%，其他占3.40%）。

提取职工中，中、低收入占99.18%，高收入占0.82%。

（三）贷款业务：

1. **个人住房贷款**：2018年，支持职工购建房80.76万平方米，年末个人住房贷款市场占有率为22.84%，比上年减少3.30个百分点。通过申请住房公积金个人住房贷款，可节约职工购房利息支出35831.78万元。

职工贷款笔数中，购房建筑面积90（含）平方米以下占31.76%，90~144（含）平方米占64.89%，144平方米以上占3.35%。购买新房占80.85%（其中购买保障性住房占0.10%），购买二手房占

19.15%，建造、翻建、大修自住住房占 0%，其他占 0%。

职工贷款笔数中，单缴存职工申请贷款占 25.55%，双缴存职工申请贷款占 74.45%，三人及以上缴存职工共同申请贷款占 0%。

贷款职工中，30 岁（含）以下占 34.52%，30 岁～40 岁（含）占 32.13%，40 岁～50 岁（含）占 27.25%，50 岁以上占 6.10%；首次申请贷款占 71.60%，二次及以上申请贷款占 28.40%；中、低收入占 99.28%，高收入占 0.72%。

2. **异地贷款**：2018 年，发放异地贷款 143 笔 4339.60 万元。2018 年末，发放异地贷款总额 46175.70 万元，异地贷款余额 9896.54 万元。

(四) 住房贡献率：2018 年，个人住房贷款发放额、公转商贴息贷款发放额、项目贷款发放额、住房消费提取额的总和与当年缴存额的比率为 123.53%，比上年减少 7.85 个百分点。

六、其他重要事项

(一) 住房公积金存贷业务金融机构变化情况：2018 年撤销住房公积金金融机构账户 1 个，即中信银行结算户。归集业务仍由 9 家银行办理，无改变，分别是工商银行、农业银行、建设银行、中国银行、商业银行、兴业银行、交通银行、中信银行、邮储银行。

(二) 当年住房公积金政策调整及执行情况：

1. **缴存比例及缴存基数限额**。现有 4612 个缴存单位严格执行《住房公积金管理条例》的规定，单位和个人缴存比例均无超过 12%，低于 5% 的情况。我市最高月缴存基数 17986 元，最低 1650 元。

2. **提取政策调整情况**。目前提取业务种类 13 种，取消装修提取、调出市外提取、子女购房使用父母公积金提取，调整辞职提取，限制第三套及以上购房提取。

3. **个人住房贷款最高贷款额度、贷款条件等贷款政策调整情况**。

（1）贷款政策调整情况。

① 实行差别化贷款政策。实行住房公积金贷款间隔期，间隔期为 24 个月；不再向购买第三套及以上住房的缴存职工家庭发放住房公积金贷款。

② 调整还贷能力系数。住房公积金贷款借款人还贷能力系数由月收入的 60% 调整为 50%。

③ 取消开展商业住房贷款转住房公积金贷款业务。

④ 调整提取住房公积金后申请贷款时间间隔，缴存职工家庭已办理住房公积金提取后，需连续缴足缴存住房公积金满 12 个月方可申请住房公积金贷款。

⑤ 住房公积金贷款资金须划入售房单位（售房人）或建房、修房承担方在银行开设的账户。

（2）住房公积金存贷款利率执行标准。严格执行人民银行、住房城乡建设部、财政部《关于完善职工住房公积金账户存款利率形成机制通知》，公积金存款利率统一按一年定期存款基准利率执行，目前为 1.5%。个人住房公积金贷款利率五年以下（含五年）2.75%，五年以上 3.25%。

（3）住房公积金贷款额度执行标准。调整住房公积金贷款最高额度，双缴存职工最高贷款额度由 50 万元调至 40 万元，单缴存职工最高贷款额度由 30 万元调至 25 万元。

(三) 服务改进情况：

1. **推行"管运分离"模式**。把所有业务办理工作和业务经办人员集中到服务大厅，让科室着重于业务的"管",管理部着重于业务的"运",使住房公积金决策、运作、监督相对分离,努力实现优化配置、科学管理、强管强运。进一步改善办公服务条件,已有7个区县管理部进驻所在区县政务服务中心。在全市区县管理部所有运营窗口全面实行住房公积金业务办理综合柜员制,着力打破前台经办工作中的条块分割现象,将原来按业务分设的窗口,优化整合为综合柜员窗口,实现每一位前台受理岗位对住房公积金缴存、提取、贷款业务的综合办理,整合人力资源,提高办事效率,提升服务水平。

2. **进一步完善综合服务平台**。按照《住房公积金综合服务平台建设导则》的要求,以服务缴存职工为宗旨,进一步拓展网上办理事项,减少职工资料的提供,优化网上办事大厅、手机 APP、微信、微博等 8 个服务渠道的统一管理,提升服务效能和服务水平。

3. **建设省一体化政务服务平台**。积极落实全省一体化政务服务平台建设要求,认领公共服务事项 22 项,其中"网上办理"事项 18 项,占办理事项的 82%,"全程网办"事项 11 项,占比 50%,"最多跑一次"事项 22 项,占比 100%。同时,在全市率先建成一体化政务服务平台部门旗舰店。

(四)信息化建设情况:信息系统升级改造情况。市公积金中心信息系统持续升级完善,按照统一规划、分步实施的原则,于 2018 年 11 月进一步完善了综合服务平台功能和服务事项;在核心业务系统中增加了电子档案审批子系统,提高业务审批的积极性和安全性;开发相关数据接口,实现了与全国住房公积金异地转移接续平台的直连。我市住房公积金系统的进一步优化,取得了良好的社会效益。

(五)住房公积金管理中心及职工所获荣誉情况:

1. 市公积金中心继续保持省委、省政府"文明单位"称号;荣获省住房城乡建设厅 2018 年度信息报送和贷款逾期管理先进单位;荣获省住房城乡建设厅 2018 年度住房城乡建设工作目标绩效考核二等奖;我中心档案工作规范化管理由省三级标准直接达到省一级标准。

2. 市公积金中心荣获市委办公室"大学习、大讨论、大调研"活动先进集体、荣获市委办 2018 年度党委信息工作先进单位、市政府办 2018 年度全市政务信息先进单位、荣获市政府办 2018 年度市政府系统办公室工作目标绩效考核先进集体、荣获 2018 年度"阳光政务政风行风热线"优秀上线单位、荣获 2018 年度民主评议政风行风工作优秀单位等市级先进单位 18 项,14 人荣获先进个人。

3. 2018 年,市公积金中心全面超额完成各项目标任务,实现增值收益 2.1 亿元,获得市政府领导对我中心工作的高度肯定。

广安市住房公积金 2018 年年度报告

一、机构概况

(一)住房公积金管理委员会:住房公积金管理委员会有 28 名委员,2018 年召开 2 次会议,审议通过的事项主要包括:第一次会议审议通过《广安市住房公积金 2018 年度归集、使用财务收支执行及 2018 年度归集、使用财务收支计划情况》、《广安市住房公积金 2018 年年度报告》。第二次会议审议通过《关于进一步规范改进住房公积金管理工作的意见》、《广安市住房公积金失信行为惩戒实施办法（试行）》、《关于解决四川华蓥广能（集团）有限责任公司住房公积金有关事宜》、《关于广安农村商业银行加入住房公积金金融业务委托银行的有关事项》。

（二）住房公积金管理中心：住房公积金管理中心为直属于市政府不以营利为目的的独立的事业单位，设4个科，6个管理部。从业人员51人，其中，在编31人，非在编20人。

二、业务运行情况

（一）缴存：2018年，新开户单位183家，实缴单位2887家，净增单位123家；新开户职工1.52万人，实缴职工11.95万人，净增职工1.53万人；缴存额21.03亿元，同比增长32.52%。2018年末，缴存总额100.89亿元，同比增长26.33%；缴存余额42.92亿元，同比增长34.95%。

受委托办理住房公积金缴存业务的银行7家，较上年无变化。

（二）提取：2018年，提取额9.91亿元，同比增长11.86%；占当年缴存额的47.13%，比上年减少8.70个百分点。2018年末，提取总额57.96亿元，同比增长20.62%。

（三）贷款：个人住房贷款最高额度50万元，其中，单缴存职工最高额度50万元，双缴存职工最高额度50万元。

2018年，发放个人住房贷款0.38万笔12.48亿元，同比分别增长37.91%、43.79%。

2018年，回收个人住房贷款3.13亿元。

2018年末，累计发放个人住房贷款1.83万笔46.76亿元，贷款余额35.57亿元，同比分别增长25.96%、36.42%、35.66%。个人住房贷款余额占缴存余额的82.87%，比上年增加0.43个百分点。

受委托办理住房公积金个人住房贷款业务的银行4家，较上年无变化。

（四）资金存储：2018年末，住房公积金存款11.87亿元。其中，活期0.79亿元，1年（含）以下定期4.2亿元，1年以上定期0.75亿元，其他（协定、通知存款等）6.13亿元。

（五）资金运用率：2018年末，住房公积金个人住房贷款余额、项目贷款余额和购买国债余额的总和占缴存余额的82.87%，比上年增加0.43个百分点。

三、主要财务数据

（一）业务收入：2018年，业务收入11581.15万元，同比增长36.32%。其中，存款利息1588.85万元，委托贷款利息9992.00万元，国债利息0万元，其他0.3万元。

（二）业务支出：2018年，业务支出6067.38万元，同比增长15.26%。其中，支付职工住房公积金利息5549.31万元，归集手续费0万元，委托贷款手续费498.43万元，其他19.64万元。

（三）增值收益：2018年，增值收益5513.77万元，同比增长70.63%。其中，增值收益率1.48%，比上年增加0.33个百分点。

（四）增值收益分配：2018年，提取贷款风险准备金1870.01万元，提取管理费用812.78万元，提取城市廉租住房（公共租赁住房）建设补充资金2830.98万元。

2018年，上交财政管理费用714.37万元。上缴财政城市廉租住房（公共租赁住房）建设补充资金1235.51万元。

2018年末，贷款风险准备金余额8461.53万元。累计提取城市廉租住房（公共租赁住房）建设补充资金14935.35万元。

（五）管理费用支出：2018年，管理费用支出689.89万元，同比下降25.86%。其中，人员经费270.47万元，公用经费212.34万元，专项经费207.08万元。

四、资产风险状况

个人住房贷款：2018年末，个人住房贷款逾期额130.72万元，逾期率0.37‰。

个人贷款风险准备金按当年贷款余额的2%提取。2018年，提取个人贷款风险准备金1870.01万元，使用个人贷款风险准备金核销呆坏账0万元。2018年末，个人贷款风险准备金余额8461.53万元，占个人住房贷款余额的2.38%，个人住房贷款逾期额与个人贷款风险准备金余额的比率为1.54%。

五、社会经济效益

（一）缴存业务：2018年，实缴单位数、实缴职工人数和缴存额同比分别增长4.45%、14.68%和32.52%。

缴存单位中，国家机关和事业单位占76.20%，国有企业占11.67%，城镇集体企业占0.35%，外商投资企业占1.56%，城镇私营企业及其他城镇企业占8.94%，民办非企业单位和社会团体占1.28%，其他占0%。

缴存职工中，国家机关和事业单位占65.22%，国有企业占19.32%，城镇集体企业占0.42%，外商投资企业占3.31%，城镇私营企业及其他城镇企业占10.32%，民办非企业单位和社会团体占1.41%，其他占0%；中、低收入占97.93%，高收入占2.07%。

新开户职工中，国家机关和事业单位占45.99%，国有企业占15.36%，城镇集体企业占0.45%，外商投资企业占12.96%，城镇私营企业及其他城镇企业占21.29%，民办非企业单位和社会团体占3.95%，其他占0%；中、低收入占99.72%，高收入占0.28%。

（二）提取业务：2018年，3.54万名缴存职工提取住房公积金9.91亿元。

提取金额中，住房消费提取占82.44%（购买、建造、翻建、大修自住住房占39.38%，偿还购房贷款本息占36.29%，租赁住房占6.77%，其他占0%）；非住房消费提取占17.56%（离休和退休提取占14.22%，完全丧失劳动能力并与单位终止劳动关系提取占2.22%，户口迁出本市或出境定居占0.17%，其他占0.96%）。

提取职工中，中、低收入占98.07%，高收入占1.93%。

（三）贷款业务：

1. **个人住房贷款**：2018年，支持职工购建房34.98万平方米，年末个人住房贷款市场占有率为13.42%，比上年增加3.94个百分点。通过申请住房公积金个人住房贷款，可节约职工购房利息支出6790.79万元。

职工贷款笔数中，购房建筑面积90（含）平方米以下占15.06%，90～144（含）平方米占80.37%，144平方米以上占4.57%。购买新房占92.88%（其中购买保障性住房占0%），购买二手房占7.12%，建造、翻建、大修自住住房占0%，其他占0%。

职工贷款笔数中，单缴存职工申请贷款占67.75%，双缴存职工申请贷款占32.25%，三人及以上缴存职工共同申请贷款占 0%。

贷款职工中，30 岁（含）以下占 34.39%，30 岁～40 岁（含）占 37.8%，40 岁～50 岁（含）占 22.09%，50 岁以上占 5.72%；首次申请贷款占 75.32%，二次及以上申请贷款占 24.68%；中、低收入占 98.94%，高收入占 1.06%。

2. **异地贷款**：2018 年，发放异地贷款 136 笔 3808 万元。年末，发放异地贷款总额 43137 万元，异地贷款余额 24322.20 万元。

（四）**住房贡献率**：2018 年，个人住房贷款发放额、公转商贴息贷款发放额、项目贷款发放额、住房消费提取额的总和与当年缴存额的比率为 98.22%，比上年减少 4.3 个百分点。

六、其他重要事项

（一）**缴存贷款业务金融机构变更情况**：本市受委托办理住房公积金缴存业务的银行 7 家，受委托办理住房公积金个人住房贷款业务的银行 4 家，与上年无变化。

（二）**当年缴存基数限额及确定方法、缴存比例调整情况**：2018 年度，广安市最高缴存基数限额是根据广安市统计局公布的 2018 年就业人员平均工资的公告确定，最高限额 13123 元；最低限额是根据广安市人民政府公布全市最低工资标准确定，最低限额为 1650 元；缴存基数的确定以本市统计局发布的《关于工资总额组成的规定》中相关内容为准；缴存比例为 5%～12%。

（三）**当年住房公积金存贷款利率调整及执行情况**：2018 年，我市住房公积金贷款利率延续按照住房城乡建设部《关于按照中国人民银行规定实施住房公积金存贷款利率调整的通知》（川建金发〔2015〕606 号）的文件规定执行：五年期（含）以下住房公积金贷款利率 2.75%、五年期以上住房公积金贷款利率 3.25%，二套房利率上浮 10%。

存款利率按照中国人民银行、住房城乡建设部、财政部印发《关于完善职工住房公积金账户存款利率形成机制的通知》执行：职工住房公积金账户存款利率，按一年期定期存款基准利率 1.5% 执行。

（四）**当年住房公积金政策调整及执行情况**：2018 年 7 月，为确保住房公积金制度稳健运行，依法维护缴存职工权益，根据《四川省住房和城乡建设厅、四川省财政厅、中国人民银行成都分行关于转发〈关于改进住房公积金缴存机制进一步降低企业成本的通知〉的通知》（川建金发〔2018〕485 号）、《四川省住房和城乡建设厅、四川省财政厅、中国人民银行成都分行、四川省公安厅关于转发〈关于开展治理违规提取住房公积金工作的通知〉的通知》（川建金发〔2018〕486 号）等文件要求，结合广安实际，就缴存、提取、贷款方面均作了政策调整及要求。

缴存方面：管委会授权中心审批困难企业缓缴或降缴住房公积金缴存比例的申请。

提取方面：

1. 租房提取额度调整为 18000 元/年。

2. 网签备案购房合同和房产证有效时间调整为 1 年内。

3. 购房主体由缴存职工本人、配偶、父母及子女调整为缴存职工本人及配偶；购房范围仅限于在缴存地或户籍地购买首套普通住房和第二套改善型住房。

4. 购房名义提取公积金，使用商业住房贷款的可在贷款之日起 1 年内提取购房首付款，之后每年可提取当年还款额；使用住房公积金贷款的，贷款还款 3 个月后，可每年提取当年还款额，不得提取购房首付款。

5. 缴存职工与单位解除或终止劳动关系的，调整为：先办理个人账户封存，账户封存期间，在异地或本地其他单位开立住房公积金账户并稳定缴存半年以上的，办理异地转移接续手续或内部转移手续。未在异地或本地其他单位继续缴存的，封存满半年后可办理销户提取。

贷款方面：

1. 拥有一套住房并已结清相应购房贷款的职工，再次申请住房公积金委托贷款，最低首付款比例为20%，且享受首套房贷款利率政策；对拥有一套住房尚未结清相应购房贷款（商业住房贷款）的职工，最低首付款比例为40%，贷款利率上浮10%。

2. 缴存职工及配偶可在贷款前提取住房公积金，贷款额度应抵减缴存职工贷款前1年内本人及配偶因购房提取的住房公积金金额。

3. 贷款额度与缴存余额挂钩。单笔可贷额＝借款人（包括共同借款人）申请贷款时上月住房公积金正常缴存余额之和×一定倍数（30～35倍）。

实施失信惩戒办法，建立黑名单制度。公积金管委会正式出台《广安市住房公积金失信行为惩戒实施办法（试行）》，对住房公积金业务关联单位及个人所发生的失信行为的认定标准和惩戒方式进行规范，同时建立公积金失信行为黑名单制度，与市有关部门实现信息共享，营造良好的住房公积金缴存使用环境，积极推进社会诚信体系建设。

（五）服务改进情况：中心2018年多角度全方位强化服务，充分体现科技引领效能。优化办理要件，拓宽服务渠道。《广安市住房公积金提取申请表》由三张简化为一张且不需盖章、不再提供身份证复印件。开通短信提醒业务，上线"手机公积金"，制作业务操作漫画指南，让缴存职工足不出户即可办理五大类提取业务，随时随地查询公积金账户数据信息。

（六）信息化建设情况：紧紧围绕党的十九大提出的新思想、新目标，增进民生福祉，创新工作方式，努力实现"让数据多跑路，群众少跑腿"。强化信息披露，提升咨询处理能力。实时在门户网站及微信公众号上披露公积金缴存、使用政策，发布业务办理温馨提示，上传各类宣传信息百余条，保持业务平稳运行。完善来电咨询处理流程，强化省长信箱、市长信箱等网上信访系统及12345政府服务热线来电的办理，持续保持办结率、满意率100%，做到事事有落实、件件有回音。

（七）中心获得荣誉情况：2018年中心成功创建市级学法用法示范机关。

达州市住房公积金2018年年度报告

一、机构概况

（一）住房公积金管理委员会：住房公积金管理委员会有25名委员，2018年召开2次会议，审议通过的事项主要包括：《达州市住房公积金管理中心关于提请审议〈达州市住房公积金2018年度报告〉的请示》、《达州市住房公积金管理中心关于按照新增贷款余额的1‰提取贷款风险准备金的请示》、《达州市住房公积金管理中心关于提请审议〈2018年度全市住房公积金归集使用计划的报告〉》等。

（二）住房公积金管理中心：住房公积金管理中心为市政府直属的不以营利为目的的自收自支事业单位，设7个科室，6个管理部。从业人员80人，其中，在编51人，非在编29人。

二、业务运行情况

（一）缴存：2018年，新开户单位122家，实缴单位3767家，净增单位66家；新开户职工0.5万人，实缴职工18.15万人，净增职工0.2万人；缴存额31.25亿元，同比增长11.33%。2018年末，缴存总额181.28亿元，同比增长20.83%；缴存余额85.82亿元，同比增长13.17%。

受委托办理住房公积金缴存业务的银行9家，比上年增加0家。

（二）提取：2018年，提取额21.26亿元，同比增长30.90%；占当年缴存额的68.03%，比上年增加10.17个百分点。2018年末，提取总额95.46亿元，同比增长28.65%。

（三）贷款：个人住房贷款最高额度50万元，其中，单缴存职工最高额度40万元，双缴存职工最高额度50万元。

2018年，发放个人住房贷款0.7万笔23.98亿元，同比分别增长4.47%、21.11%。

2018年，回收个人住房贷款6.33亿元。

2018年末，累计发放个人住房贷款3.86万笔97.71亿元，贷款余额75.78亿元，同比分别增长22.15%、32.54%、30.36%。个人住房贷款余额占缴存余额的88.31%，比上年增加11.64个百分点。

受委托办理住房公积金个人住房贷款业务的银行9家，比上年增加0家。

（四）融资：2018年，融资3.95亿元，归还3.95亿元。2018年末，融资总额6.549亿元，融资余额0亿元。

（五）资金存储：2018年末，住房公积金存款11.82亿元。其中，活期0.01亿元，1年（含）以下定期9.25亿元，1年以上定期0.78亿元，其他（协定、通知存款等）1.78亿元。

（六）资金运用率：2018年末，住房公积金个人住房贷款余额、项目贷款余额和购买国债余额的总和占缴存余额的88.31%，比上年增加11.63个百分点。

三、主要财务数据

（一）业务收入：2018年，业务收入24919.26万元，同比增长19.57%。其中，存款利息3333.19万元，委托贷款利息21585.10万元，国债利息0万元，其他0.97万元。

（二）业务支出：2018年，业务支出14099.63万元，同比增长33.17%。其中，支付职工住房公积金利息12346.34万元，归集手续费0万元，委托贷款手续费1099.33万元，其他653.96万元。

（三）增值收益：2018年，增值收益10819.63万元，同比增长5.53%。增值收益率1.38%，比上年减少0.22个百分点。

（四）增值收益分配：2018年，提取贷款风险准备金1765.07万元，提取管理费用1710.70万元，提取城市廉租住房（公共租赁住房）建设补充资金7343.86万元。

2018年，上交财政管理费用1710.70万元。上缴财政城市廉租住房（公共租赁住房）建设补充资金

7343.86万元。

2018年末,贷款风险准备金余额16528.06万元。累计提取城市廉租住房(公共租赁住房)建设补充资金51223.25万元。

(五)管理费用支出:2018年,管理费用支出1523.36万元,同比增长11.46%。其中,人员经费617.35万元,公用经费66.99万元,专项经费839.02万元。

四、资产风险状况

2018年末,个人住房贷款逾期额0万元,逾期率0‰。

个人贷款风险准备金按新增贷款余额的1%提取。2018年,提取个人贷款风险准备金1765.07万元,使用个人贷款风险准备金核销呆坏账0万元。2018年末,个人贷款风险准备金余额16528.06万元,占个人住房贷款余额的2.18%,个人住房贷款逾期额与个人贷款风险准备金余额的比率为0%。

五、社会经济效益

(一)缴存业务:2018年,实缴单位数、实缴职工人数和缴存额同比分别增长1.78%、1.1%和11.33%。

缴存单位中,国家机关和事业单位占81.92%,国有企业占3.61%,城镇集体企业占6.90%,外商投资企业占0.08%,城镇私营企业及其他城镇企业占3.80%,民办非企业单位和社会团体占0.08%,其他占3.61%。

缴存职工中,国家机关和事业单位占68.87%,国有企业占8.33%,城镇集体企业占17.16%,外商投资企业占0.24%,城镇私营企业及其他城镇企业占2.90%,民办非企业单位和社会团体占0.56%,其他占1.94%;中、低收入占98.45%,高收入占1.55%。

新开户职工中,国家机关和事业单位占36.30%,国有企业占4.53%,城镇集体企业占26.16%,外商投资企业占0.30%,城镇私营企业及其他城镇企业占12.16%,民办非企业单位和社会团体占1.92%,其他占18.63%;中、低收入占99.86%,高收入占0.14%。

(二)提取业务:2018年,6.41万名缴存职工提取住房公积金21.26亿元。

提取金额中,住房消费提取占75.87%(购买、建造、翻建、大修自住住房占25.74%,偿还购房贷款本息占44.33%,租赁住房占3.38%,其他占2.42%);非住房消费提取占24.13%(离休和退休提取占16.86%,完全丧失劳动能力并与单位终止劳动关系提取占2.34%,户口迁出本市或出境定居占0.53%,其他占4.4%)。

提取职工中,中、低收入占98.13%,高收入占1.87%。

(三)贷款业务:

1. 个人住房贷款:2018年,支持职工购建房61.86万平方米,年末个人住房贷款市场占有率为16.49%,比上年减少3.37个百分点。通过申请住房公积金个人住房贷款,可节约职工购房利息支出43346.13万元。

职工贷款笔数中,购房建筑面积90(含)平方米以下占28.54%,90~144(含)平方米占69.05%,144平方米以上占2.41%。购买新房占84.51%(其中购买保障性住房占0%),购买二手房占14.75%,

建造、翻建、大修自住住房占0%，其他占0.74%。

职工贷款笔数中，单缴存职工申请贷款占61.78%，双缴存职工申请贷款占38.22%，三人及以上缴存职工共同申请贷款占0%。

贷款职工中，30岁（含）以下占33.35%，30岁~40岁（含）占34.94%，40岁~50岁（含）占26.37%，50岁以上占5.34%；首次申请贷款占95.13%，二次及以上申请贷款占4.87%；中、低收入占99.50%，高收入占0.5%。

2. **异地贷款**：2018年，发放异地贷款734笔24130.80万元。2018年末，发放异地贷款总额86394.60万元，异地贷款余额70272.05万元。

（四）**住房贡献率**：2018年，个人住房贷款发放额、住房消费提取额的总和与当年缴存额的比率为128.39%，比上年增加15.96个百分点。

六、其他重要事项

（一）**当年住房公积金政策调整及执行情况**：

1. **缴存**。当年职工缴存基数按其本人上一年度的月平均工资计算，住房公积金最低缴存基数不得低于1650元，最高不能超过12690元，单位与职工个人应为同比例缴存，缴存比例范围为5%~12%之间。

2. **提取**。可办理"购买、建造、翻建、大修自住住房的；偿还购房贷款余额本息的；租住住房的；缴存人本人、配偶及其直属亲属因重大疾病或其他突发事件等造成家庭生活严重困难的；旧房安装电梯的；子女购房的；缴存职工家庭困难，子女当年考取国家承认学历的高等院校的；支付购房首付款的；离（退）休的；出国（境）定居的；死亡或者被宣告死亡的；与所在单位终止或者解除劳动关系的；缴存人调离本市的"等事项提取。

3. **贷款**。支持职工在达州辖区办理购新建商品房、购再交易房公积金贷款。购买商品房、再交易房贷款最高限额为40万元，夫妻双方均按时足额缴存住房公积金且贷款购买同一套住房的，贷款最高限额放宽到50万元。

4. **存贷款利率执行标准**。缴存职工公积金按一年期定期存款基准利率1.5%执行，贷款利率1~5年（含5年）的按2.75%执行，5~30年（含30年）的按3.25%执行。

（二）**当年服务改进情况**：职工在办理提取时，不再收取加盖单位公章的提取申请；在办理提取、贷款时，不再收取各类证件复印证件；职工办结提取业务时，为职快速划转资金，即职工办结签完字，人未离开柜台，银行卡就立即收到提取资金；市本级职工办理公积金贷款购买期房时，直接在受托银行指定网点柜台申请，无需跑路到中心柜台办理。

（三）**当年信息化建设情况**：完成核心业务系统升级换代；新增综合服务平台服务器；按三级等保要求，完善安全防御系统；业务系统嵌入CA数字证书认证服务；实现提取、贷款审批随机推送，有效杜绝人工干预审批。

（四）**当年住房公积金管理中心及职工所获荣誉情况**：当年获得省级先进单位表彰2个；获得市级表彰10个，其中先进窗口2个、先进个人8名。

（五）**当年对违反《住房公积金管理条例》和相关法规行为进行行政处罚和申请人民法院强制执行情况**：2018年，共查处利用虚假购房合同、住院费用发票、火灾事故鉴定等骗提行为49起，追回资金

139.79万元。

（六）其他需要披露的情况：当年，省政务"一体化"平台完成住房公积金公共服务事项录入和认领；我市共有32名缴存职工被纳入《达州市住房公积金失信黑名单》管理。

雅安市住房公积金2018年年度报告

一、机构概况

（一）住房公积金管理委员会：住房公积金管理委员会有23名委员，2018年召开2次会议，审议通过的事项主要包括：审议通过了《关于2018年住房公积金财务收支、管理费用预算情况的请示》、《关于2018年度住房公积金缴存使用情况的报告》、《关于2018年住房公积金增值收益分配方案的请示》、《关于住房公积金2018年年度报告披露的请示》、《关于调整贷款风险准备金计提方式的请示》、《关于调整住房公积金有关政策的请示》。

（二）住房公积金管理中心：住房公积金管理中心为雅安市政府不以营利为目的的事业单位，设5个科，8个管理部。从业人员66人，其中，在编40人，非在编26人。

二、业务运行情况

（一）缴存：2018年，新开户单位174家，实缴单位2124家，净增单位125家；新开户职工0.73万人，实缴职工8.79万人，净增职工0.15万人；缴存额16.09亿元，同比增长10.11%。2018年末，缴存总额105.69亿元，同比增长17.96%；缴存余额40.94亿元，同比增长7.81%。

受委托办理住房公积金缴存业务的银行7家，比上年增加1家。

（二）提取：2018年，提取额13.12亿元，同比增长21.03%；占当年缴存额的81.57%，比上年增加7.36个百分点。2018年末，提取总额64.74亿元，同比增长25.42%。

（三）贷款：个人住房贷款最高额度40万元，其中，单缴存职工最高额度35万元，双缴存职工最高额度40万元。

2018年，发放个人住房贷款0.31万笔13.33亿元，同比分别增长6.18%、26.19%。

2018年，回收个人住房贷款3.43亿元。

2018年末，累计发放个人住房贷款1.87万笔53.22亿元，贷款余额40.64亿元，同比分别增长20.18%、33.4%、32.20%。个人住房贷款余额占缴存余额的99.27%，比上年增加18.32个百分点。

受委托办理住房公积金个人住房贷款业务的银行7家，比上年增加1家。

（四）融资：2018年，融资1.7亿元。2018年末，融资总额1.7亿元，融资余额1.7亿元。

（五）资金存储：2018年末，住房公积金存款3.78亿元。其中，1年以上定期3.78亿元。

（六）资金运用率：2018年末，住房公积金个人住房贷款余额、项目贷款余额和购买国债余额的总和占缴存余额的99.27%，比上年增加18.32个百分点。

三、主要财务数据

(一)业务收入：2018年，业务收入13195.63万元，同比增长6.78%。存款利息1970.38万元，委托贷款利息11221.63万元，国债利息0万元，其他3.62万元。

(二)业务支出：2018年，业务支出6628.28万元，同比增长12.83%。支付职工住房公积金利息5980.68万元，委托贷款手续费557.92万元，其他89.68万元。

(三)增值收益：2018年，增值收益6567.35万元，同比增长1.3%。增值收益率1.66%，比上年减少0.13个百分点。

(四)增值收益分配：2018年，提取贷款风险准备金3940.41万元，提取管理费用1084.27万元，提取城市廉租住房（公共租赁住房）建设补充资金1542.67万元。

2018年，上交财政管理费用1084.27万元。上缴财政城市廉租住房（公共租赁住房）建设补充资金2376.58万元。

2018年末，贷款风险准备金余额18290.75万元。累计提取城市廉租住房（公共租赁住房）建设补充资金20983.08万元。

(五)管理费用支出：2018年，管理费用支出926.94万元，同比减少29.10%。其中，人员经费525.07万元，公用经费110.85万元，专项经费291.02万元。

四、资产风险状况

2018年末，个人住房贷款逾期额34.78万元，逾期率0.09‰。

个人贷款风险准备金按增值收益的60%提取。2018年，提取个人贷款风险准备金3940.41万元。2018年末，个人贷款风险准备金余额18290.75万元，占个人住房贷款余额的4.50%，个人住房贷款逾期额与个人贷款风险准备金余额的比率为0.19%。

五、社会经济效益

(一)缴存业务：2018年，实缴单位数、实缴职工人数和缴存额同比分别增长6.25%、1.73%和10.11%。

缴存单位中，国家机关和事业单位占67.84%，国有企业占9.56%，城镇集体企业占0.89%，外商投资企业占0.14%，城镇私营企业及其他城镇企业占14.92%，民办非企业单位和社会团体占2.17%，其他占4.48%。

缴存职工中，国家机关和事业单位占61.93%，国有企业占20.85%，城镇集体企业占0.81%，外商投资企业占0.47%，城镇私营企业及其他城镇企业占13.68%，民办非企业单位和社会团体占1.61%，其他占0.65%；中、低收入占93.99%，高收入占6.01%。

新开户职工中，国家机关和事业单位占37.11%，国有企业占14.91%，城镇集体企业占0.83%，外商投资企业占0.31%，城镇私营企业及其他城镇企业占35.47%，民办非企业单位和社会团体占7.94%，其他占3.43%；中、低收入占99.23%，高收入占0.77%。

(二)提取业务：2018年，4.01万名缴存职工提取住房公积金13.12亿元。

提取金额中，住房消费提取占79.66%（购买、建造、翻建、大修自住住房占45.93%，偿还购房贷款本息占50.34%，租赁住房占3.73%）；非住房消费提取占20.34%（离休和退休提取占84.2%，完全丧失劳动能力并与单位终止劳动关系提取占8.31%，其他占7.49%）。

提取职工中，中、低收入占92.46%，高收入占7.54%。

(三) 贷款业务：

1. **个人住房贷款**：2018年，支持职工购建房34.47万平方米，年末个人住房贷款市场占有率为37.82%，比上年降低1.02个百分点。通过申请住房公积金个人住房贷款，可节约职工购房利息支出24,618.66万元。

职工贷款笔数中，购房建筑面积90（含）平方米以下占11.76%，90~144（含）平方米占84.96%，144平方米以上占3.28%。购买新房占86.45%（其中购买保障性住房占0%），购买二手房占13.55%，建造、翻建、大修自住住房占0%，其他占0%。

职工贷款笔数中，单缴存职工申请贷款占25.53%，双缴存职工申请贷款占71.99%，三人及以上缴存职工共同申请贷款占2.48%。

贷款职工中，30岁（含）以下占34.75%，30岁~40岁（含）占32.66%，40岁~50岁（含）占25.69%，50岁以上占6.90%；首次申请贷款占91.96%，二次及以上申请贷款占8.04%；中、低收入占93.61%，高收入占6.39%。

2. **异地贷款**：2018年，发放异地贷款250笔9699.6万元。2018年末，发放异地贷款总额29217.9万元，异地贷款余额24428.26万元。

(四) **住房贡献率**：2018年，个人住房贷款发放额、公转商贴息贷款发放额、项目贷款发放额、住房消费提取额的总和与当年缴存额的比率为147.81%，比上年增加16.89个百分点。

六、其他重要事项

(一) **机构及职能调整情况、受委托办理缴存贷款业务金融机构变更情况**：2018年，市住房公积金管理委员会办公室对部分因工作变动的委员进行了调整。2018年，受委托办理缴存业务金融机构增加1个，为雅安市农商银行；贷款业务金融机构增加1个，为雅安市邮政储蓄银行。

(二) **当年住房公积金政策调整及执行情况**：2018年6月，经市住房公积金管理委员会第二次会议审议通过，对住房公积金贷款和提取政策进行调整规范；8月，印发了《关于2018年住房公积金缴存比例和缴存基数执行标准的通知》（雅住金发〔2018〕43号），规定我市2018年住房公积金最高缴存基数为16061元/月，最低缴存基数为1650元/月；缴存比例不得低于5%，不得高于12%。2018年，住房公积金个人贷款利率五年以上为3.25%，五年以下（含五年）为2.75%，采用住房公积金购买第二套住房的按基准利率上浮10%执行。

(三) **当年服务改进情况**：2018年，天全管理部、石棉管理部进驻县政务服务中心。2018年5月，中心组织全市六县二区单位缴存公积金专管员开展归集扩面宣传和网上业务大厅培训，截至12月底，单位网厅签约达1830余家，签约率达91.5%。创新服务举措，认真落实"局长进大厅"和周六延时服务。根据最新政策规范，重新编印办事指南，通过中心网站、雅安市人民政府网站、微信公众号、手机APP等平台进行公布。简化职工办理公积金提取、贷款要件，取消《住房公积金转移通知书》、《住房公积金支取申请书》和身份证、银行卡、结婚证的复印件及离婚协议。贯彻落实政务服务"最多跑一次"改革工作要求，公开办事指南，将雅安公积金的公共服务事项目录接入四川政务服务网。

（四）**当年信息化建设情况**：完善优化网上业务大厅面向缴存单位的变更、汇缴补缴、基数调整及面向开发商单位的贷款申请功能及操作，新增业务凭证上传功能，提升线上审核效率。充分利用电子化检查工具，对政策落实情况和风险隐患排查情况进行检查并整改。对照全国住房公积金转移接续平台接口标准和结算应用系统接口标准，做好优化升级，并分别于4月和9月与平台同步上线。加强同人民银行征信中心沟通协调，征信接续问题取得了新的进展。

（五）**当年住房公积金管理中心及职工所获荣誉情况**：2018年，中心窗口被市政管办评选为"先进服务窗口"、"党员示范窗口"；芦山管理部窗口被评为"'践行新理念，建功十三五'暨窗口服务行业'三个好'劳动竞赛先进集体。"其中多名职工被评为"文明服务标兵"、"优秀党员示范岗"、"学雷锋助人为乐标兵"、"雅安市窗口服务行业劳动竞赛先进个人"。

（六）**其他需要披露的情况**：落实专人清理贷款档案，为2019年贷款业务档案整理及数字化加工建设做准备。中心根据管委会授权对企业递交的降低住房公积金缴存比例的申请进行了审批，为企业减轻负担。2018年4月，中心选择新市民集中的名山区共80余家单位展开新市民住房情况调研。中心出台《关于开展治理违规提取公积金工作的通知》，从严审查住房公积金提取要件，严厉打击骗提行为。积极开展扫黑除恶专项斗争，全面排查利用虚假资料骗提骗贷公积金的违法行为，并通过官方网站向社会进行通报，将骗提者个人信息和行为记入住房公积金中心信用黑名单，截止12月底，全市已查实22笔骗提行为，涉及金额160.26万元。全部上收各管理部归集、委贷账户资金，统筹规划全市缴存、支取、贷款回收业务，完成银行账户的清理和现有账户的备案工作。

巴中市住房公积金2018年年度报告

一、机构概况

（一）**住房公积金管理委员会**：住房公积金管理委员会有17名委员，2018年召开2次会议，其中：三届六次会议审议：1.《关于2018年度住房公积金归集和使用计划执行情况的报告》；2.《关于2018年度住房公积金归集和使用计划的请示》；3.《关于2018年度住房公积金增值收益预算及分配方案的请示》；4.《关于审定〈巴中市住房公积金缴存管理办法〉的请示》；5.《关于调整住房公积金个人住房贷款政策的请示》；6.《关于审查〈四川省巴中市住房公积金2018年年度报告〉及解读的请示》；7.《关于在达州银行股份有限公司巴中支行和中国民生银行股份有限公司巴中分行开设账户的请示》。三届七次会议审议：1.《关于审定〈巴中市城镇个体工商户、自由职业人员、自主择业的转业退伍军人、有稳定就业的进城务工人员和外籍及港澳台人员住房公积金缴存、提取和贷款管理办法〉的请示》；2.《关于审定〈巴中市城镇个体工商户、自由职业人员、自主择业的转业退伍军人、有稳定就业的进城务工人员和外籍及港澳台人员住房公积金个人住房贷款实施细则〉的请示》；3.《关于调整住房公积金提取政策的请示》；4.《关于调整住房公积金贷款政策的请示》。

（二）住房公积金管理中心：巴中住房公积金管理中心为市人民政府直属事业单位，其党组织和人事关系由市住房和城乡建设局管理，内设7科1室，5个管理部。从业人员60人，其中，在编32人，非在编28人。

二、业务运行情况

（一）缴存：2018年，新开户单位174家，实缴单位3264家，净增单位174家；新开户职工0.78万人，实缴职工11.79万人，净增职工0.15万人；缴存额16.70亿元，同比增长7.88%。2018年末，缴存总额89.53亿元，同比增长22.93%；缴存余额58.58亿元，同比增长12.60%。

受委托办理住房公积金缴存业务的银行11家，比上年增加4家。

（二）提取：2018年，提取额10.14亿元，同比增长44.85%；占当年缴存额的60.74%，比上年增加15.51个百分点。2018年末，提取总额30.95亿元，同比增长48.74%。

（三）贷款：个人住房贷款最高额度60万元，其中，单缴存职工最高额度40万元，双缴存职工最高额度60万元。

2018年，发放个人住房贷款0.48万笔14.75亿元，同比分别增长9.07%、23.37%。全年回收个人住房贷款5.37亿元。

2018年末，累计发放个人住房贷款3.32万笔71.64亿元，贷款余额51.70亿元，同比分别增长16.92%、25.92%、22.16%。个人住房贷款余额占缴存余额的88.25%，比上年增加6.91个百分点。

受委托办理住房公积金个人住房贷款业务的银行5家，比上年增加0家。

（四）资金存储：2018年末，住房公积金存款7.45亿元。其中，活期2.01亿元，1年（含）以下定期5.03亿元，其他（协定、通知存款等）0.41亿元。

（五）资金运用率：2018年末，住房公积金个人住房贷款余额、项目贷款余额和购买国债余额的总和占缴存余额的88.25%，比上年增加6.90个百分点。

三、主要财务数据

（一）业务收入：2018年，业务收入16775.56万元，同比增长22.09%。存款利息1997.57万元，委托贷款利息14777.99万元。

（二）业务支出：2018年，业务支出8300.87万元，同比增长20.59%。支付职工住房公积金利息7552.49万元，委托贷款手续费742.07万元，其他6.31万元。

（三）增值收益：2018年，增值收益8474.69万元，同比增长23.60%。增值收益率1.55%，比上年增加0.08个百分点。

（四）增值收益分配：2018年，提取贷款风险准备金6534.69万元，提取管理费用614.60万元，提取城市廉租住房（公共租赁住房）建设补充资金1325.40万元。

2018年，上交财政管理费用614.60万元。上缴财政城市廉租住房（公共租赁住房）建设补充资金1325.40万元。

2018年末，贷款风险准备金余额21923.79万元。累计提取城市廉租住房（公共租赁住房）建设补充资金11856.77万元。

（五）管理费用支出：2018年，管理费用支出1082.02万元，同比增长10.26%。其中，人员经费336.17万元，公用经费82.50万元，专项经费663.35万元。

四、资产风险状况

2018年末，个人住房贷款逾期额28.98万元，逾期率0.056‰。

个人贷款风险准备金按不低于贷款余额的1%提取。2018年，提取个人贷款风险准备金6534.69万元，2018年末，个人贷款风险准备金余额21923.79万元，占个人住房贷款余额的4.24%，个人住房贷款逾期额与个人贷款风险准备金余额的比率为0.13%。

五、社会经济效益

（一）缴存业务：2018年，实缴单位数、实缴职工人数和缴存额同比分别增长5.63%、1.29%和7.88%。

缴存单位中，国家机关和事业单位占84.38%，国有企业占7.57%，城镇集体企业占0.7%，外商投资企业占0.27%，城镇私营企业及其他城镇企业占2.85%，民办非企业单位和社会团体占1.41%，其他占2.82%。

缴存职工中，国家机关和事业单位占75.05%，国有企业占15.62%，城镇集体企业占0.47%，外商投资企业占0.64%，城镇私营企业及其他城镇企业占1.61%，民办非企业单位和社会团体占1.54%，其他占5.07%；中、低收入占98.46%，高收入占1.54%。

新开户职工中，国家机关和事业单位占64.48%，国有企业占14.7%，城镇集体企业占1.57%，外商投资企业占0.9%，城镇私营企业及其他城镇企业占5.14%，民办非企业单位和社会团体占5.47%，其他占7.74%；中、低收入占99.66%，高收入占0.34%。

（二）提取业务：2018年，2.72万名缴存职工提取住房公积金10.14亿元。

提取金额中，住房消费提取占73.74%（购买、建造、翻建、大修自住住房占34.86%，偿还购房贷款本息占34.86%，租赁住房占3.89%，其他占0.13%）；非住房消费提取占26.26%（离休和退休提取占21.75%，完全丧失劳动能力并与单位终止劳动关系提取占2.3%，户口迁出本市或出境定居占1.25%，其他占0.96%）。

提取职工中，中、低收入占97.83%，高收入占2.17%。

（三）贷款业务：

1. **个人住房贷款**：2018年，支持职工购建房54.40万平方米，年末个人住房贷款余额市场占有率为26.88%，比上年增加1.26个百分点。通过申请住房公积金个人住房贷款，可节约职工购房利息支出45348.41万元。

职工贷款笔数中，购房建筑面积90（含）平方米以下占11.58%，90~144（含）平方米占81.36%，144平方米以上占7.06%。购买新房占91.38%，购买二手房占8.62%。

职工贷款笔数中，单缴存职工申请贷款占29.58%，双缴存职工申请贷款占70.42%。

贷款职工中，30 岁（含）以下占 40.44%，30 岁～40 岁（含）占 29.98%，40 岁～50 岁（含）占 24.67%，50 岁以上占 4.91%；首次申请贷款占 88.71%，二次及以上申请贷款占 11.29%；中、低收入占 97.48%，高收入占 2.52%。

2. **异地贷款**：2018 年，发放异地贷款 647 笔 18253 万元。2018 年末，发放异地贷款总额 46091 万元，异地贷款余额 43904.54 万元。

（四）住房贡献率：2018 年，个人住房贷款发放额、公转商贴息贷款发放额、项目贷款发放额、住房消费提取额的总和与当年缴存额的比率为 133.08%，比上年增加 23.33 个百分点。

六、其他重要事项

（一）当年机构及职能调整情况、受委托办理缴存贷款业务金融机构变更情况：2018 年，巴中市住房公积金管理中心机构及职能无调整，新增了达州银行股份有限公司巴中支行和中国民生银行股份有限公司巴中分行开设了缴存账户。

（二）当年住房公积金政策执行情况：

1. 缴存政策执行情况

2018 年 3 月 26 日，出台了《巴中市住房公积金缴存管理办法》，规定 2018 年缴存基数限额：上限为 13611 元；下限为 1650 元；个体工商户、自由职业者为 4112 元。全市缴存比例为 5%～12%，无变化。

2. 提取政策执行情况

（1）暂停职工第三次及以上购房提取（以住房公积金管理系统中购房提取次数为核定依据）。

（2）职工购买非住宅性质公寓的，不予提取住房公积金（土地使用年限为 70 年的住宅性公寓除外）。

3. 贷款政策执行情况

（1）双缴存职工家庭最高贷款额度为 60 万元，单缴存职工家庭最高贷款额度为 40 万元（包括本地缴存和异地缴存）。

（2）贷款额度不得超过申请人夫妻双方住房公积金缴存余额的 30 倍（包括本地缴存和异地缴存）。

（3）贷款偿还期限可延至借款人法定退休年龄后 5 年，最长贷款期限为 30 年。

（4）担保人（包括抵押担保人）在担保期限内年龄不得超过 65 岁。

（5）借款申请人申请的贷款期限不得高于抵押物剩余使用年限。

（6）购买公寓申请住房公积金贷款仅限于土地使用年限为 70 年的住宅性质公寓。

（7）职工购买精装住房的，按毛坯房价格计算住房价格及贷款额度。

4. 当年住房公积金存贷款利率执行标准

2018 年，住房公积金贷款利率五年以下为 2.75%，五年以上为 3.25%。

（三）当年服务改进情况：

1. 服务网点情况

（1）委贷银行、部分房地产开发企业与中心贷款受理科一同进驻市政务大厅，实现一站式办理住房贷款，减少群众重复跑路。

（2）购置恩阳管理部公积金服务大厅。

2. 服务手段情况

（1）按照省、市政府的要求，全面完成了省一体化平台25项公共服务目录的录入、认领和流程配置工作；完成了政务资源共享平台8项政务信息目录的录入。

（2）持续优化综合服务平台。及时更新网上营业厅、微信和自助服务终端等信息，主动向缴存职工推广公积金各项惠民政策，推送个人缴存账户结息情况。全年，网上营业厅、微信、微博访问量共达到2239542人次，自助服务终端服务37893人次，推送短信共30664条，努力打造功能全面的服务微平台。

（四）**当年信息化建设情况**：按照《全国住房公积金异地转移接续业务操作规程》要求，完成了异地转移接续平台直连工作，办结转入业务41笔，金额37.18万元；转出业务9笔，金额17.20万元。

（五）**当年住房公积金管理中心及职工所获荣誉情况**：巴中市住房公积金管理中心荣获"2018年度全省目标绩效考核先进单位"称号，荣获"驻村帮扶先进单位"称号。贷款受理窗口荣获政务中心"政务服务工作先进集体"。办公室一人次荣获全市"三八红旗手"称号、贷款受理窗口一人次荣获"政务服务先进个人"、第一书记一人次获"优秀第一书记"、驻村工作队队员一人次获"优秀驻村干部"。

（六）**当年对违反《住房公积金管理条例》和相关法规行为进行行政处罚和申请人民法院强制执行情况**：当年聚焦住房公积金领域中"黑恶乱"现象，深入开展摸排，查处涉乱行为11起，追回资金39万元。

资阳市住房公积金2018年年度报告

一、机构概况

（一）**住房公积金管理委员会**：住房公积金管理委员会有24名委员，2018年召开1次会议，审议通过的事项主要包括：1.审议通过2018年全市住房公积金运行管理情况和2018年工作计划；2.审议通过资阳市住房公积金管理中心2018年度增值收益分配方案；3.审议通过《资阳市住房公积金2018年年度报告》；4.审议通过《2018年资阳市住房公积金归集、使用计划》；5.审议通过《关于继续授权市住房公积金管理中心审批有关业务的请示》等。

（二）**住房公积金管理中心**：资阳市住房公积金管理中心为直属市人民政府的不以营利为目的的自收自支的事业单位，主要负责全市住房公积金的归集、管理、使用和会计核算，设5个科（室），2个管理部。现有从业人员42人，其中，在编18人，非在编24人。

二、业务运行情况

（一）**缴存**：2018年，新开户单位123家，实缴单位1619家，净增单位－973家；新开户职工1.24万人，实缴职工9.59万人，净增职工－0.75万人；缴存额14.19亿元，同比增长8.78%。2018年末，缴存总额88.93亿元，同比增长18.99%；缴存余额42.38亿元，同比增长15.65%。

受委托办理住房公积金缴存业务的银行10家，比上年增加0家。

（二）提取：2018年，提取额8.46亿元，同比下降17.26%；占当年缴存额的59.59%，比上年减少18.75个百分点。2018年末，提取总额46.56亿元，同比增长22.19%。

（三）贷款：个人住房贷款最高额度45万元，其中，单缴存职工最高额度35万元，双缴存职工最高额度45万元。

2018年，发放个人住房贷款0.32万笔9.67亿元，同比分别下降26.90%、18.20%。其中，市中心发放个人住房贷款0.32万笔9.67亿元。

2018年，回收个人住房贷款4.87亿元。其中，市中心4.87亿元。

2018年末，累计发放个人住房贷款4.25万笔62.89亿元，贷款余额41.35亿元，同比分别增长8.18%、18.17%、13.14%。个人住房贷款余额占缴存余额的97.57%，比上年减少2.16个百分点。

受委托办理住房公积金个人住房贷款业务的银行10家，比上年增加0家。

（四）融资：2018年，融资2亿元，归还2亿元。2018年末，融资总额0亿元，融资余额0亿元。

（五）资金存储：2018年末，住房公积金存款4.26亿元。其中，活期4.26亿元。

（六）资金运用率：2018年末，住房公积金个人住房贷款余额、项目贷款余额和购买国债余额的总和占缴存余额的97.57%，比上年减少2.16个百分点。

三、主要财务数据

（一）业务收入：2018年，业务收入15332.37万元，同比增长10.30%。其中，市中心15332.37万元；存款利息2077.05万元，委托贷款利息13226.30万元，国债利息0万元，其他29.02万元。

（二）业务支出：2018年，业务支出7426.82万元，同比增长12.50%。其中，市中心7426.82万元；支付职工住房公积金利息6263.14万元，归集手续费0万元，委托贷款手续费448.39万元，其他715.29万元。

（三）增值收益：2018年，增值收益7905.55万元，同比增长8.31%。其中，市中心7905.55万元；增值收益率2.09%，比上年减少0.07个百分点。

（四）增值收益分配：2018年，提取贷款风险准备金4135万元，提取管理费用672.70万元，提取城市廉租住房（公共租赁住房）建设补充资金3098万元。

2018年，上交财政管理费用672.70万元。上缴财政城市廉租住房（公共租赁住房）建设补充资金3003.85万元。其中，市中心上缴3003.85万元。

2018年末，贷款风险准备金余额19578.81万元。累计提取城市廉租住房（公共租赁住房）建设补充资金21779.98万元。

（五）管理费用支出：2018年，管理费用支出672.70万元，同比增长4.96%。其中，人员经费531.54万元，公用经费22.16万元，专项经费119万元。

市中心管理费用支出672.70万元，其中，人员、公用、专项经费分别为531.54万元、22.16万元、119万元。

四、资产风险状况

2018年末，个人住房贷款逾期额88.49万元，逾期率0.21‰。其中，市中心0.21‰。

个人贷款风险准备金按（贷款余额）的1%提取。2018年，提取个人贷款风险准备金4134.58万元，使用个人贷款风险准备金核销呆坏账0万元。2018年末，个人贷款风险准备金余额19578.81万元，占个人住房贷款余额的4.74%，个人住房贷款逾期额与个人贷款风险准备金余额的比率为0.45%。

五、社会经济效益

（一）**缴存业务**：2018年，实缴单位数、实缴职工人数和缴存额同比分别增长－37.54%、－7.27%和8.78%。

缴存单位中，国家机关和事业单位占68.38%，国有企业占7.78%，城镇集体企业占2.72%，外商投资企业占1.54%，城镇私营企业及其他城镇企业占10.07%，民办非企业单位和社会团体占3.03%，其他占6.49%。

缴存职工中，国家机关和事业单位占61.03%，国有企业占18.35%，城镇集体企业占3.02%，外商投资企业占3.58%，城镇私营企业及其他城镇企业占9.16%，民办非企业单位和社会团体占1.61%，其他占3.24%；中、低收入占96.82%，高收入占3.18%。

新开户职工中，国家机关和事业单位占42.98%，国有企业占11.39%，城镇集体企业占3.48%，外商投资企业占5.91%，城镇私营企业及其他城镇企业占26.91%，民办非企业单位和社会团体占3.73%，其他占5.60%；中、低收入占98.90%，高收入占1.10%。

（二）**提取业务**：2018年，2.94万名缴存职工提取住房公积金8.46亿元。

提取金额中，住房消费提取占72.56%（购买、建造、翻建、大修自住住房占28.54%，偿还购房贷款本息占41.06%，租赁住房占2.96%，其他占0%）；非住房消费提取占27.44%（离休和退休提取占22.93%，完全丧失劳动能力并与单位终止劳动关系提取占2.41%，户口迁出本市或出境定居占0.95%，其他占1.15%）。

提取职工中，中、低收入占95.95%，高收入占4.05%。

（三）**贷款业务**：

1. **个人住房贷款**：2018年，支持职工购建房32.74万平方米，年末个人住房贷款市场占有率为23.13%，比上年减少16.47个百分点。通过申请住房公积金个人住房贷款，可节约职工购房利息支出15740.98万元。

职工贷款笔数中，购房建筑面积90（含）平方米以下占30.05%，90～144（含）平方米占66.47%，144平方米以上占3.48%。购买新房占85.77%（其中购买保障性住房占0%），购买二手房占11.22%，建造、翻建、大修自住住房占0%，其他占3.01%。

职工贷款笔数中，单缴存职工申请贷款占63.83%，双缴存职工申请贷款占36.11%，三人及以上缴存职工共同申请贷款占0.06%。

贷款职工中，30岁（含）以下占40.71%，30岁～40岁（含）占32.44%，40岁～50岁（含）占21.88%，50岁以上占4.97%；首次申请贷款占90.40%，二次及以上申请贷款占9.60%；中、低收入占97.82%，高收入占2.18%。

2. **异地贷款**：2018年，发放异地贷款488笔13187万元。2018年末，发放异地贷款总额62096万元，异地贷款余额44042.95万元。

(四)住房贡献率：2018年，个人住房贷款发放额、公转商贴息贷款发放额、项目贷款发放额、住房消费提取额的总和与当年缴存额的比率为111.4%，比上年减少41.03个百分点。

六、其他重要事项

(一) 2018年住房公积金政策调整及执行情况

1. 当年6月，中心出台《资阳市住房公积金管理中心关于2018年住房公积金缴存基数、缴存比例调整有关事项的通知》。规定自2018年1月1日起，职工住房公积金工资基数调整为2018年1月至12月职工本人月平均工资额。职工住房公积金月缴存工资基数最高限额不得高于当地月平均工资总额的三倍，即20522元，最低不得低于当地最低月工资标准1380元。缴存比例不低于5%，不得高于12%。

2. 当年5月，出台《关于进一步规范我市住房公积金提取使用政策的通知》，对我市住房公积金提取使用政策作适当调整：优先支持提取住房公积金支付房租，缴存人连续足额缴存满3个月，可申请提取住房公积金支付房租，在1年内可申请提取4次住房公积金支付房租。重点支持购买首套普通住房和第二套改善性住房。申请提取公积金或申请公积金贷款，必须是缴存人或配偶发生住房消费行为；缴存人及配偶在缴存所在地或户籍所在地以外购买住房不能提取住房公积金，也不能申请住房公积金贷款；缴存人与非配偶或非直系亲属共同购房，不能提取住房公积金，也不能申请住房公积金贷款；提贷只能"二选一"。规范偿还住房贷款本息提取住房公积金。提取金额不超过上一年度偿还的住房贷款本息或提前偿还金额且个人账户应至少保留最近六个月的缴存余额。禁止一年内以多种住房消费方式、多次申请提取住房公积金。加强住房公积金销户提取管理，缴存人离休退休，单位和职工需足额缴存至职工离休退休当月方能办理销户提取，单位与职工解除或终止劳动关系应先办理职工个人账户封存，职工在个人账户封存期间再就业新开设住房公积金个人账户并稳定缴存的，办理本地或异地转移接续手续，未继续缴存的，封存满半年方可销户提取，缴存人死亡或者被宣告死亡无继承人也无受遗赠人的，缴存人住房公积金账户内余额纳入住房公积金增值收益。重大疾病提取应在办理出院结账手续后6个月内申请，每年最多可申请办理2次。优化提取审批流程，打击违规提取。

3. 当年7月，出台《关于加强住房公积金贷款风险防控工作的通知》，切实防范住房公积金贷款风险，确保资金安全完整。加强公积金贷款合作楼盘风险防控。明确公积金贷款合作楼盘准入审核职责。加强公积金贷款合作楼盘准入调查。严格签约审批程序。严格合作楼盘公积金贷款放款标准。加强合作楼盘动态监控。督促开发企业及时办理抵押登记。加强住房公积金个人贷款审核管理。严格受理条件。严格借款人信用标准。加强个人住房公积金贷款申请资料审验和留存管理。严格贷款审批额度。严格贷款审批程序。建立不良贷款风险责任追究制度。加强住房公积金个人贷款贷后管理工作。落实受托银行责任。建立专人催收制度。加强贷款抵押物管理。加强贷款档案管理。

4. 住房公积金存贷款严格按国家规定利率执行。2018年，职工缴存的住房公积金按一年定期计息，职工住房公积金贷款，5年内贷款年息2.75%，5年以上贷款年息3.25%。还清住房公积金贷款的职工购买第二套住房贷款利率提高10%。

(二) 当年服务改进和信息化建设情况

1. **公开办事程序**。全面梳理优化公积金缴存、提取、贷款三大类27项服务事项的办理要件、办理程序，按照"最多跑一次"的要求，重新梳理制定《办事指南》，通过中心网站公布公开，完成了全部服务事项进入省政务服务一体化平台的录入、认领、编辑工作。

2. **推进"最多跑一次"改革**。利用互联网＋公积金技术，推进"最多跑一次"改革，改进服务方式，提升办事效率。中心27项服务事项，实现"最多跑一次"的24项，占89%，网办服务事项10项，占37%。

3. **完善综合服务平台**。开通门户网站、网上服务大厅、12329服务热线、12329服务短信、手机客户端、微信、微博和自助服务终端八大服务渠道，实现了信息发布渠道更畅通，业务查询更快捷，业务办理更高效。截至2018年12月底，中心网站访问量159.7万人次，微信公众号用户7.1万人，发送服务短信18.6万条，开展网上服务大厅培训4期1200余人次，网办业务签约单位1203个，网上办理业务900余笔。

4. **推行签约委托提取**。为方便公积金贷款职工办理还贷提取，2018年推出职工按年提取公积金还贷签约委托提取方式，签约职工每年还贷提取不再临柜办理，由中心直接转账到职工银行账户，实现了公积金还贷提取群众不跑路的服务目标。2018年办理委托提取签约职工6778人，办理委托提取2631笔、1950余万元。

5. **完善异地转移接续平台**。完善住房公积金异地转移接续平台建设，实现与住房城乡建设部平台直联直通。职工在全国范围内流动就业，可直接在转入地申请办理公积金转移接续，实现"账随人走，钱随账走"，既保证公积金缴存连续性，又解决了职工自己回原缴存地办理的麻烦。今年办理异地转移接续870余人。

6. **开发公积金增值服务**。中心与农行合作，推出"公积金网借贷"，与工行合作推出"金闪借"，我市公积金缴存职工可以通过手机银行快速获得银行贷款，解决个人消费资金困难，提高公积金缴存职工获得感。

7. **加强业务培训，提高服务能力**。按照"提升服务，增强效能"的要求，围绕公积金政策法规和新业务系统开展业务培训，提高职工业务操作技能；围绕业务规范和窗口服务标准开展服务培训，规范服务行为，提升服务质量。

（三）当年住房公积金管理中心及职工所获荣誉情况

1. 中心获省住房城乡建设厅2018年度全省住房城乡建设工作目标绩效考核先进单位称号。
2. 中心获2018年度资阳市三八红旗集体荣誉称号。

（四）2018年对违反《住房公积金管理条例》和相关法规行为进行行政处罚和申请人民法院强制执行情况

2018年，申请人民法院强制执行贷款职工6户，追回涉险资金本息68.29万元。

阿坝藏族羌族自治州住房公积金2018年年度报告

一、机构概况

（一）**住房公积金管理委员会**：住房公积金管理委员会有30名委员，2018年召开2次会议，审议通过的事项主要包括：阿坝州住房公积金管理中心2018年工作总结及2018年重点工作安排；阿坝州住房公积金2018年年度报告；阿坝州住房公积金管理委员会办公室关于调整住房公积金贷款政策的请示。

（二）**住房公积金管理中心**：住房公积金管理中心为阿坝州人民政府直属不以营利为目的的事业单位，

设5个科，14个管理部。从业人员85人，其中，在编65人，非在编20人。

二、业务运行情况

（一）缴存：2018年，新开户单位136家，实缴单位2041家，净增单位127家；新开户职工0.61万人，实缴职工8.09万人，净增职工0.38万人；缴存额18.37亿元，同比增长12.72%。2018年末，缴存总额104.46亿元，同比增长21.34%；缴存余额49.63亿元，同比增长17.82%。

受委托办理住房公积金缴存业务的银行6家。

（二）提取：2018年，提取额10.86亿元，同比增长11.02%；占当年缴存额的59.12%，比上年减少0.91个百分点。2018年末，提取总额54.83亿元，同比增长24.70%。

（三）贷款：个人住房贷款最高额度80万元，其中，单缴存职工最高额度60万元，双缴存职工最高额度80万元。

2018年，发放个人住房贷款0.18万笔6.20亿元，同比分别下降29.04%、37.89%。

2018年，回收个人住房贷款3.69亿元。

2018年末，累计发放个人住房贷款1.58万笔45.25亿元，贷款余额31.97亿元，同比分别增长12.97%、15.87%、8.51%。个人住房贷款余额占缴存余额的64.43%，比上年减少5.53个百分点。

受委托办理住房公积金个人住房贷款业务的银行5家，比上年增加1家。

（四）资金存储：2018年末，住房公积金存款18.95亿元。其中，活期1.19亿元，1年以上定期17.76亿元。

（五）资金运用率：2018年末，住房公积金个人住房贷款余额、项目贷款余额和购买国债余额的总和占缴存余额的64.43%，比上年减少5.53个百分点。

三、主要财务数据

（一）业务收入：2018年，业务收入15564.90万元，同比增长13.60%。存款利息5644.73万元，委托贷款利息9919.37万元，其他0.80万元。

（二）业务支出：2018年，业务支出9152.32万元，同比增长15.37%。支付职工住房公积金利息6309.39万元，委托贷款手续费351.42万元，其他2491.51万元（包含孳息2489.59万元）。

（三）增值收益：2018年，增值收益6412.58万元，同比增长11.18%。增值收益率为1.39%，比上年下降0.09个百分点。

（四）增值收益分配：2018年，提取贷款风险准备金3197.38万元，提取管理费用725.61万元，提取城市廉租住房（公共租赁住房）建设补充资金2489.59万元。

2018年，上交财政管理费用652.11万元。上缴财政城市廉租住房（公共租赁住房）建设补充资金2169.19万元。

2018年末，贷款风险准备金余额15395.75万元。累计提取城市廉租住房（公共租赁住房）建设补充资金19832.06万元。

（五）管理费用支出：2018年，管理费用支出547.49万元，同比增长22.48%。其中，人员经费190.49万元，公用经费211.41万元，专项经费145.59万元。

四、资产风险状况

2018年末，个人住房贷款逾期额102万元，逾期率0.32‰。

个人贷款风险准备金按贷款余额的1%提取。2018年，提取个人贷款风险准备金3197.38万元，未使用个人贷款风险准备金核销呆坏账。2018年末，个人贷款风险准备金余额15395.75万元，占个人住房贷款余额的4.82%，个人住房贷款逾期额与个人贷款风险准备金余额的比率为0.66%。

五、社会经济效益

（一）缴存业务：2018年，实缴单位数、实缴职工人数和缴存额同比分别增长6.64%、4.98%和12.72%。

缴存单位中，国家机关和事业单位占85.40%，国有企业占5.88%，城镇集体企业占0.93%，外商投资企业占0.05%，城镇私营企业及其他城镇企业占2.3%，民办非企业单位和社会团体占2.5%，其他占2.94%。

缴存职工中，国家机关和事业单位占86.54%，国有企业占8.35%，城镇集体企业占1.15%，外商投资企业占0.01%，城镇私营企业及其他城镇企业占2.24%，民办非企业单位和社会团体占0.94%，其他占0.77%；中、低收入占98.79%，高收入占1.21%。

新开户职工中，国家机关和事业单位占76.02%，国有企业占9.72%，城镇集体企业占2.16%，城镇私营企业及其他城镇企业占5.65%，民办非企业单位和社会团体占5.34%，其他占1.11%；中、低收入占99.16%，高收入占0.84%。

（二）提取业务：2018年，2.59万名缴存职工提取住房公积金10.86亿元。

提取金额中，住房消费提取占84.61%（购买、建造、翻建、大修自住住房占38.61%，偿还购房贷款本息占42%，租赁住房占4%）；非住房消费提取占15.39%（离休和退休提取占12.39%，完全丧失劳动能力并与单位终止劳动关系提取占0.01%，户口迁出本市或出境定居占0.02%，其他占2.97%）。

提取职工中，中、低收入占98.45%，高收入占1.55%。

（三）贷款业务：

1.个人住房贷款：2018年，支持职工购建房18.81万平方米，年末个人住房贷款市场占有率为97.3%，比上年减少了0.7个百分点。通过申请住房公积金个人住房贷款，可节约职工购房利息支出9441.91万元。

职工贷款笔数中，购房建筑面积90（含）平方米以下占23.16%，90~144（含）平方米占67.99%，144平方米以上占8.86%。购买新房占35.10%，购买二手房占15.73%，建造、翻建、大修自住住房占1.43%，其他占47.74%。

职工贷款笔数中，单缴存职工申请贷款占31.57%，双缴存职工申请贷款占68.43%。

贷款职工中，30岁（含）以下占38.99%，30岁~40岁（含）占36.36%，40岁~50岁（含）占21.18%，50岁以上占3.47%；首次申请贷款占88.56%，二次及以上申请贷款占11.44%；中、低收入占99.56%，高收入占0.44%。

2.异地贷款：2018年，发放异地贷款781笔36562.8万元。2018年末，发放异地贷款总额239032.51万元，异地贷款余额197311.10万元。

(四)住房贡献率：2018年，个人住房贷款发放额、公转商贴息贷款发放额、项目贷款发放额、住房消费提取额的总和与当年缴存额的比率为83.77%，比上年减少30.29个百分点。

六、其他重要事项

(一)当年机构及职能调整情况、受委托办理缴存贷款业务金融机构变更情况：增加中国邮储银行股份有限公司阿坝藏族羌族自治州分行为住房公积金个人住房贷款业务委托办理银行。

(二)当年住房公积金政策调整及执行情况：

1. 2018年缴存基数限额及确定方法、缴存比例调整情况：2018年7月调整住房公积金缴存基数，缴存基数上限按不超过阿坝州统计局公布的2018年度在岗职工月平均工资3倍的要求确定为20009.00元，缴存基数下限按照2018年度最低工资标准1380.00元执行，缴存比例5%～12%。

2. 当年个人住房贷款最高贷款额度调整情况：符合住房公积金个人住房贷款条件的双缴存职工家庭最高贷款额度为80万元，单缴存职工最高贷款额度为60万元。

3. 贷款条件调整情况：

(1) 购买普通商品住房、保障性住房和自建房，自购（建）房合同生效之日起一年内可申请住房公积金贷款。

(2) 购买普通二手房自办妥不动产权证之日起一年内可申请住房公积金贷款。

(三)当年服务改进情况：按照国家和省州"放管服"部署要求，全面落实"三集中三到位"，持续深化"最多跑一次"服务改革。精减办理手续，优化业务流程，增设服务窗口，顺利完成管理服务信息系统改造升级，扎实推进集12329热线、门户网站、微信公众号、网上营业大厅等一体的综合服务平台建设，先期实现了缴存单位缴存业务网上办理，增强了缴存职工还款、提取、缴存、变更信息等网上查询功能。

(四)当年信息化建设情况：完成信息系统改造升级，基本完成综合服务平台建设，实现公积金缴存业务全程网上办理，为实现"最多跑一次"逐步向"零跑路"过度打下了坚实的基础。

(五)当年住房公积金管理中心及职工所获荣誉情况：1人被评为"2016～2018"年四川省政府系统办公室工作先进个人，1人被评为全州第六次民族团结进步模范个人，1人入选"阿坝先锋"百名优秀共产党员和5月"四川好人"敬业奉献个人，8人次被评为政务中心服务明星；中心荣获民族团结进步创建示范单位、2018年度节水型机关；中心3次被评为政务中心红旗窗口。

(六)当年对违反《住房公积金管理条例》和相关法规行为进行行政处罚和申请人民法院强制执行情况：查处违规骗提公积金12人，公开通报7人，追回资金89.61万元。

甘孜藏族自治州住房公积金2018年年度报告

一、机构概况

(一)住房公积金管理委员会：住房公积金管理委员会有25名委员，2018年召开2次会议，第一次会议审议通过的事项主要包括：《甘孜州住房公积金 2018 年度报告》、《2018 年住房公积金增值收益分配方案》、2018 年度住房公积金归集、使用计划执行情况，并对其他重要事项进行决策；第二次会议审议通过《关于 2018 年住房公积金缴存比例及缴存基数执行标准的通知》和综合服务平台建设相关事宜。

（二）住房公积金管理中心：住房公积金管理中心为正县级不以营利为目的的自收自支事业单位，设 6 个处（科），19 个管理部。从业人员 89 人，其中，在编 66 人，非在编 23 人。

二、业务运行情况

（一）缴存：2018 年，新开户单位 61 家，实缴单位 2089 家，净增单位 77 家；新开户职工 0.51 万人，实缴职工 7.73 万人，净增职工 0.44 万人；缴存额 19.72 亿元，同比增长 10.59％。2018 年末，缴存总额 124.35 亿元，同比增长 18.85％；缴存余额 66.73 亿元，同比增长 13.00％。

受委托办理住房公积金缴存业务的银行 3 家，比上年增加 0 家。

（二）提取：2018 年，提取额 12.04 亿元，同比增长 21.15％；占当年缴存额的 61.07％，比上年增加 5.32 个百分点。2018 年末，提取总额 57.62 亿元，同比增长 26.42％。

（三）贷款：个人住房贷款最高额度 50 万元，其中，单缴存职工最高额度 50 万元，双缴存职工最高额度 50 万元。

2018 年，发放个人住房贷款 0.35 万笔 14.11 亿元，同比分别下降 6.81％、7.69％。

2018 年，回收个人住房贷款 8.60 亿元。

2018 年末，累计发放个人住房贷款 5.20 万笔 119.86 亿元，贷款余额 62.71 亿元，同比分别增长 7.14％、13.34％、9.64％。个人住房贷款余额占缴存余额的 93.98％，比上年减少 2.88 个百分点。

受委托办理住房公积金个人住房贷款业务的银行 3 家，比上年增加 1 家。

（四）融资：2018 年末，融资总额 1.04 亿元，融资余额 0 亿元。

（五）资金存储：2018 年末，住房公积金存款 4.70 亿元。其中，活期 1.72 亿元，1 年（含）以下定期 0.08 亿元，1 年以上定期 1.8 亿元，其他（协定、通知存款等）1.1 亿元。

（六）资金运用率：2018 年末，住房公积金个人住房贷款余额、项目贷款余额和购买国债余额的总和占缴存余额的 93.98％，比上年减少 2.88 个百分点。

三、主要财务数据

（一）业务收入：2018 年，业务收入 21637.68 万元，同比增长 14.02％。其中，存款利息 2212.05 万元，委托贷款利息 19397.81 万元，国债利息 0 万元，其他 27.82 万元。

（二）业务支出：2018 年，业务支出 10578.79 万元，同比增长 8.48％。其中，支付职工住房公积金利息 9608.65 万元，归集手续费 0 万元，委托贷款手续费 969.54 万元，其他 0.60 万元。

（三）增值收益：2018 年，增值收益 11058.89 万元，同比增长 19.86％。增值收益率 1.74％，比上年增加 0.09 个百分点。

（四）增值收益分配：2018 年，提取贷款风险准备金 7536.88 万元，提取管理费用 3072.01 万元，提取城市廉租住房（公共租赁住房）建设补充资金 450 万元。

2018 年，上交财政管理费用 3072.01 万元。上缴财政城市廉租住房（公共租赁住房）建设补充资金

400万元。

2018年末，贷款风险准备金余额47477.78万元。累计提取城市廉租住房（公共租赁住房）建设补充资金3821.34万元。

（五）管理费用支出：2018年，管理费用支出2628.84万元，同比减少1.39%。其中，人员经费2028.99万元，公用经费238.06万元，专项经费361.79万元。

四、资产风险状况

2018年末，个人住房贷款逾期额899.58万元，逾期率1.43‰。

个人贷款风险准备金按增值收益的68.15%提取。2018年，提取个人贷款风险准备金7536.88万元，使用个人贷款风险准备金核销呆坏账0万元。2018年末，个人贷款风险准备金余额47477.78万元，占个人住房贷款余额的7.57%，个人住房贷款逾期额与个人贷款风险准备金余额的比率为1.89%。

五、社会经济效益

（一）缴存业务：2018年，实缴单位数、实缴职工人数和缴存额同比分别增长3.83%、6.07%和10.59%。

缴存单位中，国家机关和事业单位占85.11%，国有企业占10.68%，城镇集体企业占0%，外商投资企业占0%，城镇私营企业及其他城镇企业占1.63%，民办非企业单位和社会团体占0.52%，其他占2.06%。

缴存职工中，国家机关和事业单位占81.92%，国有企业占15.65%，城镇集体企业占0%，外商投资企业占0%，城镇私营企业及其他城镇企业占0.43%，民办非企业单位和社会团体占0.05%，其他占1.95%；中、低收入占99.10%，高收入占0.90%。

新开户职工中，国家机关和事业单位占68.96%，国有企业占21.29%，城镇集体企业占0%，外商投资企业占0%，城镇私营企业及其他城镇企业占1.42%，民办非企业单位和社会团体占0.16%，其他占8.17%；中、低收入占99.92%，高收入占0.08%。

（二）提取业务：2018年，2.17万名缴存职工提取住房公积金12.04亿元。

提取金额中，住房消费提取占78.24%（购买、建造、翻建、大修自住住房占27.25%，偿还购房贷款本息占50.06%，租赁住房占0.93%，其他占0%）；非住房消费提取占21.76%（离休和退休提取占15.24%，完全丧失劳动能力并与单位终止劳动关系提取占2.50%，户口迁出本市或出境定居占0%，其他占4.02%）。

提取职工中，中、低收入占98.71%，高收入占1.29%。

（三）贷款业务：

1. **个人住房贷款**：2018年，支持职工购建房40.45万平方米，年末个人住房贷款市场占有率为95.74%，比上年减少0.11个百分点。通过申请住房公积金个人住房贷款，可节约职工购房利息支出9093万元。

职工贷款笔数中，购房建筑面积90（含）平方米以下占18.82%，90~144（含）平方米占73.44%，144平方米以上占7.74%。购买新房占42.55%（其中购买保障性住房占0%），购买二手房占57.45%，建造、翻建、大修自住住房占0%，其他占0%。

职工贷款笔数中，单缴存职工申请贷款占39.78%，双缴存职工申请贷款占60.22%，三人及以上缴存职工共同申请贷款占0%。

贷款职工中，30岁（含）以下占39.52%，30岁～40岁（含）占32.74%，40岁～50岁（含）占23.18%，50岁以上占4.56%；首次申请贷款占54.16%，二次及以上申请贷款占45.84%；中、低收入占99.34%，高收入占0.66%。

2. **异地贷款**：2018年，发放异地贷款1618笔72907万元。2018年末，发放异地贷款总额170330万元，异地贷款余额159001万元。

（四）**住房贡献率**：2018年，个人住房贷款发放额、公转商贴息贷款发放额、项目贷款发放额、住房消费提取额的总和与当年缴存额的比率为119.34%，比上年减少10.11个百分点。

六、其他重要事项

（一）**当年存贷款业务金融机构调整情况**：新增中国工商银行股份有限公司甘孜直属支行为受委托办理缴存贷款业务金融机构。

（二）**当年住房公积金政策调整及执行情况**：

1. **缴存**。一是根据甘孜州统计局公布的2018年度城镇非私营单位在岗职工月平均工资计算，我州2018年度（2018年7月1日至2019年6月30日）住房公积金缴存基数最高不得超过20231元/月（3倍平均工资）。二是按照州政府公布的2018年最低工资标准，我州石渠、色达、理塘、稻城等四县2018年度（2018年7月1日至2019年6月30日）缴存基数下限为1780元/月；其他各县缴存基数下限为1650元/月。三是凡与本州用人单位形成劳动（聘用）关系的港澳台同胞，在与用人单位协商一致的基础上，均可按照《住房公积金管理条例》及相关政策规定在我州按月缴存住房公积金。四是按照上级要求，我中心出台落实了关于改进住房公积金缴存机制进一步降低企业成本的相关政策。

2. **提取**。继续执行上年相关政策，进一步加强治理违规提取住房公积金相关工作。

3. **贷款**。继续执行上年相关贷款政策，按照今年"双查"工作提出的要求，进一步规范整改了住房公积金个人贷款相关业务，一是禁止向三套房及以上自住住房发放公积金贷款；二是加强逾期管理工作，我中心制定了"逾期控制三年清零"行动。

4. **存贷利率执行标准**。缴存职工个人账户余额按一年期定期存款基准利率1.5%执行，贷款利率1～5年（含5年）的按2.75%执行，5～30年（含30）的按3.25%执行。

（三）**当年服务改进情况**：我中心在完成国家标准化业务系统和综合服务平台建设的基础上，为深化"放管服"改革，一是我中心与州建行、州农行、州工行三家受托银行正式入驻州住房公积金中心直属部窗口服务办事大厅，专人专岗为办事群众提供住房公积金业务"一站式"服务，提升住房公积金窗口服务水平，为缴存职工提供快捷、方便、高效的优质服务。二是改善和规范了康定、雅江、炉霍、新龙、巴塘、色达、石渠管理部窗口服务办事大厅，充分体现"便民为民"服务和管理的工作特色，让前来办理公积金业务的缴存职工感到宾至如归的温暖和方便。

（四）**当年信息化建设情况**：根据我中心提出树立"越偏远落后地区，越应使用信息化来开展业务工作"的工作理念和"多用网、少跑腿，能网络上解决问题、就不到柜台办理"的思路，我中心升级完善信息化业务系统，网厅业务办理量达50%，四川省一体化政务服务平台录入认领事项25项，体现了"互联网+"在工作中的具体运用,缴存职工部分业务办理实现从"脚尖"到"指尖"的跨越。

(五)当年住房公积金管理中心及职工所获荣誉情况:2018年,荣获四川省住房和城乡建设厅2018年度住房城乡建设工作目标绩效考核先进单位、中共甘孜州直属机关工委"州级机关精神文明单位"荣誉称号。

(六)其他需要披露的情况:中心积极推进数据异地备份工作,确立公积金数据异地备份地点。为保障我州住房公积金数据安全,确保住房公积金账户缴存和贷款数据备份设备不被破坏,我中心经充分调研、考察,确定了住房公积金数据异地备份点,制定了异地备份制度,切实保障缴存职工的切身利益。

凉山彝族自治州住房公积金2018年年度报告

一、机构概况

(一)住房公积金管理委员会:住房公积金管理委员会有25名委员,2018年1月10日召开十八次会议,审议通过的事项主要包括:《凉山州住房公积金管理中心关于2018年住房公积金管理工作总结暨2018年工作要点的报告》、《凉山州住房公积金管理中心关于2018年度住房公积金归集、使用计划执行情况及增值收益分配方案的报告》、《凉山州住房公积金2018年年度报告》、《凉山州住房公积金管理中心关于上缴住房公积金归集手续费的请示》和《凉山州住房公积金管理中心关于表扬2018年住房公积金管理工作先进县市和部门的请示》。

(二)住房公积金管理中心:住房公积金管理中心为州人民政府直属不以营利为目的的正县级自收自支事业单位,设6个科室,17个管理部。从业人员187人,其中,在编114人,非在编73人。

二、业务运行情况

(一)缴存:2018年,新开户单位333家,实缴单位3836家,净增单位236家;新开户职工1.7943万人,实缴职工19.7247万人,净增职工1.0597万人;缴存额37.09亿元,同比增长2.96%。2018年末,缴存总额260.65亿元,同比增长16.59%;缴存余额130.76亿元,同比增长10.68%。

受委托办理住房公积金缴存业务的银行11家,同上年一致。

(二)提取:2018年,提取额24.47亿元,同比增长14.52%;占当年缴存额的65.97%,比上年增加6.66个百分点。2018年末,提取总额129.89亿元,同比增长23.21%。

(三)贷款:个人住房贷款最高额度60万元,其中,单缴存职工最高额度50万元,双缴存职工最高额度60万元。

2018年,发放个人住房贷款0.8309万笔33.45亿元,同比分别增长28.32%、37.75%。

2018年,回收个人住房贷款8.91亿元。

2018年末,累计发放个人住房贷款7.8658万笔148.39亿元,贷款余额94.26亿元,同比分别增长

11.81%、29.10%、35.19%。个人住房贷款余额占缴存余额的 72.09%，比上年增加 13.07 个百分点。

受委托办理住房公积金个人住房贷款业务的银行 9 家，比上年增加 2 家。

（四）**资金存储**：2018 年末，住房公积金存款 33.49 亿元。其中，活期 0.09 亿元，1 年（含）以下定期 0 亿元，1 年以上定期 24.93 亿元，其他（协定、通知存款等）8.47 亿元。

（五）**资金运用率**：2018 年末，住房公积金个人住房贷款余额、项目贷款余额和购买国债余额的总和占缴存余额的 72.09%，比上年增加 13.07 个百分点。

三、主要财务数据

（一）**业务收入**：2018 年，业务收入 43502.28 万元，同比增长 3.01%。存款利息 16640.35 万元，委托贷款利息 26692.4 万元，其他 169.53 万元。

（二）**业务支出**：2018 年，业务支出 18634.17 万元，同比增长 14.4%。支付职工住房公积金利息 17271.73 万元，归集手续费 0 万元，委托贷款手续费 1336.76 万元，其他 25.68 万元。

（三）**增值收益**：2018 年，增值收益 24868.11 万元，同比下降 4.14%。增值收益率 2.04%，比上年减少 0.33 个百分点。

（四）**增值收益分配**：2018 年，提取贷款风险准备金 10588.94 万元，提取管理费用 3600 万元，提取城市廉租住房（公共租赁住房）建设补充资金 10679.17 万元。

2018 年，上交财政管理费用 3519.58 万元。上缴财政城市廉租住房（公共租赁住房）建设补充资金 14200 万元。

2018 年末，贷款风险准备金余额 43360.48 万元。累计提取城市廉租住房（公共租赁住房）建设补充资金 86778.91 万元。

（五）**管理费用支出**：2018 年，管理费用支出 3298.05 万元，同比增长 0.81%。其中，人员经费 1854.33 万元，公用经费 499.16 万元，专项经费 944.56 万元。

四、资产风险状况

2018 年末，个人住房贷款逾期额 34.63 万元，逾期率 0.04‰。

个人贷款风险准备金按贷款余额的 4.6% 提取。2018 年，提取个人贷款风险准备金 10588.94 万元，使用个人贷款风险准备金核销呆坏账 0 万元。2018 年末，个人贷款风险准备金余额 43360.48 万元，占个人住房贷款余额的 4.6%，个人住房贷款逾期额与个人贷款风险准备金余额的比率为 0.08%。

五、社会经济效益

（一）**缴存业务**：2018 年，实缴单位数、实缴职工人数和缴存额同比分别增长 6.56%、5.68% 和 2.96%。

缴存单位中，国家机关和事业单位占 73.96%，国有企业占 10.72%，城镇集体企业占 1.82%，外商投资企业占 0.52%，城镇私营企业及其他城镇企业占 8%，民办非企业单位和社会团体占 1.9%，其他占 3.08%。

缴存职工中，国家机关和事业单位占 69.10%，国有企业占 21.04%，城镇集体企业占 2.07%，外商

投资企业占0.64%，城镇私营企业及其他城镇企业占4.04%，民办非企业单位和社会团体占1.08%，其他占2.03%；中、低收入占98.56%，高收入占1.44%。

新开户职工中，国家机关和事业单位占60.18%，国有企业占15.10%，城镇集体企业占2.68%，外商投资企业占0.77%，城镇私营企业及其他城镇企业占12.67%，民办非企业单位和社会团体占4.76%，其他占3.84%；中、低收入占99.76%，高收入占0.24%。

（二）提取业务：2018年，6.1646万名缴存职工提取住房公积金24.47亿元。

提取金额中，住房消费提取占73.27%（购买、建造、翻建、大修自住住房占29.74%，偿还购房贷款本息占42.7%，租赁住房占0.8%，其他占0.03%）；非住房消费提取占26.73%（离休和退休提取占22.36%，完全丧失劳动能力并与单位终止劳动关系提取占2.83%，户口迁出本市或出境定居占0.51%，其他占1.03%）。

提取职工中，中、低收入占98.28%，高收入占1.72%。

（三）贷款业务：

1. 个人住房贷款：2018年，支持职工购建房69.78万平方米，年末个人住房贷款市场占有率为51.39%，比上年减少2.59个百分点。通过申请住房公积金个人住房贷款，可节约职工购房利息支出82565.66万元。

职工贷款笔数中，购房建筑面积90（含）平方米以下占48.72%，90～144（含）平方米占48.51%，144平方米以上占2.77%。购买新房占71.15%（其中购买保障性住房占4.86%），购买二手房占27.56%，建造、翻建、大修自住住房占0.22%，其他占1.07%。

职工贷款笔数中，单缴存职工申请贷款占25.38%，双缴存职工申请贷款占74.62%，三人及以上缴存职工共同申请贷款占0%。

贷款职工中，30岁（含）以下占25.61%，30岁～40岁（含）占38.78%，40岁～50岁（含）占28.74%，50岁以上占6.87%；首次申请贷款占83.61%，二次及以上申请贷款占16.39%；中、低收入占98.81%，高收入占1.19%。

2. 异地贷款：2018年，发放异地贷款430笔15869万元。2018年末，发放异地贷款总额38194万元，异地贷款余额36213.62万元。

（四）住房贡献率：2018年，个人住房贷款发放额、公转商贴息贷款发放额、项目贷款发放额、住房消费提取额的总和与当年缴存额的比率为138.52%，比上年增加26.75个百分点。

六、其他重要事项

（一）当年受委托办理贷款业务金融机构增加2家：分别为攀枝花市商业银行股份有限公司凉山分行和四川天府银行股份有限公司凉山分行。

（二）当年缴存基数限额及确定办法、缴存比例调整情况：2018年，缴存基数限额为上限18115元，下限1380元。

（三）当年存贷款利率执行情况：存款利率：缴存职工公积金的利率按一年期定期利率1.5%计息；贷款利率：五年期及以下2.75%，五年期以上3.25%。

（四）当年住房公积金使用政策调整情况：印发了《凉山州人民政府办公室关于调整住房公积金使用

政策的通知》（凉府办发〔2018〕1号），具体调整住房公积金使用政策为：1.调整贷款年限和借款人偿还期限。住房公积金个人住房贷款年限不超过所购住房不动产产权证书上规定的土地使用年限；将住房公积金偿还期限调整为至借款人法定退休年龄，最长贷款年限30年；2.调整部分县贷款额度。将普格县和甘洛县购买普通自住住房的每户家庭最高贷款额度调至为30万元；3.调整单笔贷款额度的确定。贷款额度与缴存余额倍数挂钩，挂钩倍数为20，即单笔贷款额度等于借款人公积金缴存余额加配偶公积金缴存余额乘20，单身借款人最高贷款额度不超过50万元，共有权人申请住房公积金贷款，按其享有分额申请，单笔贷款额度不得超过最高贷款额度；4.调整贷款人查房规定。贷款人查房需提供购房所在地和户口所在地房屋登记部门的查房证明；5.调整又提又贷政策。缴存职工在购买首套普通自住住房时，在付完总房款20%首付款后，可以先提取不超过总房价10%的职工个人和配偶住房公积金账户余额，符合贷款条件的可再申请不超过总房价70%的住房公积金贷款，购买第二套普通住宅的停办又提又贷政策；6.调整异地贷款政策。异地职工在凉山州行政区域内购买住房，出具《异地贷款职工住房公积金缴存使用证明》，可以申请一次异地住房公积金贷款，使用过两次及以上住房公积金贷款的职工，不得办理异地贷款；7.调整借款人月收入证明要件。缴存职工申请住房公积金个人住房贷款，按照借款人及配偶月缴存额推算月收入，配偶未缴存住房公积金的提供其单位出具的工资收入证明；8.停止办理商业住房贷款转住房公积金贷款。

（五）当年服务改进情况：实现中心业务管理系统与全国住房公积金异地转移接续平台直联，三级等保通过测评并通过州公安局备案验收，推进政务一体化平台建设，完成住房公积金网办业务清单录入、项目认领等工作，落实住房公积金服务事项在省政府政务服务网上办理；扎实做好堵点疏解工作，推行住房公积金网上缴存和提取，住房公积金个人贷款实现网上审批；缴存职工办理公积金业务不再提供身份证复印件；中心官方网站、微信公众号、12329服务热线及短信服务平台和自助服务终端功能不断完善，向社会公布业务办理流程，公开了中层以上干部联系电话，认真落实首问责任制、限时办结制和责任追究制，打通为民服务"最后一公里"。

（六）当年住房公积金管理中心及职工所获荣誉情况：

凉山州住房公积金管理中心获四川省住房和城乡建设厅：2018年度逾期管理先进单位、2018年度综合服务平台建设工作先进单位和2018年度住房城乡建设工作目标绩效考核二等奖。

凉山州住房公积金管理中心获州委州政府2015~2018年度全州保密工作先进单位、2018年依法治州工作先进单位、2018年推进县（市）防震减灾目标管理先进单位和2018年全州发展建筑业工作先进单位；获州政府2018年商务和投资促进工作先进单位、2018年度全州档案工作先进单位和2018年住房公积金工作管理先进部门。

凉山州住房公积金管理中心盐源县管理部获四川省爱国卫生运动委员会省级卫生单位和州委州政府2018年度州级平安建设先进单位；喜德县管理部获州委州政府2018年度州级平安建设先进单位。

凉山州住房公积金管理中心西昌市分中心被西昌市委市政府命名为市级文明单位标兵；甘洛县管理部被甘洛县委县政府命名为县级文明单位。

2018 全国住房公积金年度报告汇编

贵州省

贵阳

六盘水市

遵义市

安顺市

毕节市

铜仁市

黔西南布依族苗族自治州

黔东南苗族侗族自治州

黔南布依族苗族自治州

贵州省住房公积金 2018 年年度报告

一、机构概况

（一）住房公积金管理机构：全省共设 9 个设区城市住房公积金管理中心，1 个国家级新区（贵安新区）住房公积金管理中心，1 个独立设置的省直中心。从业人员 916 人，其中，在编 659 人，非在编 257 人。

（二）住房公积金监管机构：贵州省住房和城乡建设厅、贵州省财政厅和中国人民银行贵阳中心支行负责对本省住房公积金管理运行情况进行监督。省住房城乡建设厅设立住房公积金监管处，负责辖区住房公积金日常监管工作。

二、业务运行情况

（一）缴存：2018 年，新开户单位 6706 家，实缴单位 42529 家，净增单位 3808 家；新开户职工 34.44 万人，实缴职工 251.20 万人，净增职工 13.16 万人；缴存额 359.07 亿元，同比增长 13.63%。2018 年末，缴存总额 2055.12 亿元，同比增长 21.24%；缴存余额 994.83 亿元，同比增长 14.89%。

（二）提取：2018 年，提取额 231.05 亿元，同比增长 32.33%；占当年缴存额的 64.35%，比上年增加 9.09 个百分点。2018 年末，提取总额 1060.29 亿元，同比增长 27.86%。

（三）贷款：

1. 个人住房贷款：2018 年，发放个人住房贷款 7.13 万笔 228.53 亿元，同比增长 11.06%、14.91%。回收个人住房贷款 107.91 亿元。

2018 年末，累计发放个人住房贷款 66.44 万笔 1461.87 亿元，贷款余额 961.39 亿元，同比分别增长 12.02%、18.53%、14.35%。个人住房贷款余额占缴存余额的 96.64%，比上年减少 0.46 个百分点。

2. 住房公积金支持保障性住房建设项目贷款：2018 年，未发放支持保障性住房建设项目贷款，回收项目贷款 2.17 亿元。2018 年末，累计发放项目贷款 14.32 亿元，项目贷款余额 0.63 亿元。

（四）融资：2018 年，融资 4.98 亿元，归还 8.88 亿元。2018 年末，融资总额 52.64 亿元，融资余额 19.47 亿元。

（五）资金存储：2018 年末，住房公积金存款 68.61 亿元。其中，活期 2.45 亿元，1 年（含）以下定期 34.65 亿元，1 年以上定期 7.92 亿元，其他（协定、通知存款等）33.59 亿元。

（六）资金运用率：2018 年末，住房公积金个人住房贷款余额、项目贷款余额和购买国债余额的总和占缴存余额的 96.70%，比上年减少 0.72 个百分点。

三、主要财务数据

（一）业务收入：2018 年，业务收入 295326.86 万元，同比增长 15.49%。其中，存款利息 11284.18 万元，委托贷款利息 283195.35 万元，其他 847.34 万元。

（二）业务支出：2018年，业务支出173149.45万元，同比增长17.61%。其中，支付职工住房公积金利息138415.13万元，归集手续费11538.73万元，委托贷款手续费14656.80万元，其他8538.80万元。

（三）增值收益：2018年，增值收益122177.41万元，同比增长12.61%；增值收益率1.30%，比上年减少0.05个百分点。

（四）增值收益分配：2018年，提取贷款风险准备金12066.16万元，提取管理费用22487.34万元，提取城市廉租住房（公共租赁住房）建设补充资金80308.80万元。

2018年，上交财政管理费用21451.45万元，上缴财政城市廉租住房（公共租赁住房）建设补充资金59797.19万元。

2018年末，贷款风险准备金余额108923.82万元，累计提取城市廉租住房（公共租赁住房）建设补充资金499012.92万元。

（五）管理费用支出：2018年，管理费用支出21995.29万元，同比下降31.67%。其中，人员经费10756.64万元，公用经费1931.15万元，专项经费9307.50万元。

四、资产风险状况

（一）个人住房贷款：2018年末，个人住房贷款逾期额1918.21万元，逾期率0.2‰。

2018年，提取个人贷款风险准备金12066.17万元，未使用个人贷款风险准备金核销呆坏账。2018年末，个人贷款风险准备金余额107353.74万元，占个人贷款余额的1.12%，个人贷款逾期额与个人贷款风险准备金余额的比率为1.79%。

（二）住房公积金支持保障性住房建设项目贷款：2018年末，无逾期项目贷款。

2018年，未提取项目贷款风险准备金，未使用项目贷款风险准备金核销呆坏账。2018年末，项目贷款风险准备金余额1570.08万元，占项目贷款余额的24.94%，项目贷款逾期额与项目贷款风险准备金余额的比率为0。

五、社会经济效益

（一）缴存业务：2018年，实缴单位数、实缴职工人数和缴存额增长率分别为9.83%、5.53%和13.63%。

缴存单位中，国家机关和事业单位占45.84%，国有企业占13.13%，城镇集体企业占2.21%，外商投资企业占0.79%，城镇私营企业及其他城镇企业占31.87%，民办非企业单位和社会团体占2.7%，其他占3.47%。

缴存职工中，国家机关和事业单位占47.71%，国有企业占26.18%，城镇集体企业占1.98%，外商投资企业占1.21%，城镇私营企业及其他城镇企业占19.70%，民办非企业单位和社会团体占1.30%，其他占1.92%；中、低收入占95.19%，高收入占4.81%。

新开户职工中，国家机关和事业单位占22.33%，国有企业占20.14%，城镇集体企业占2.89%，外商投资企业占2.29%，城镇私营企业及其他城镇企业占42.64%，民办非企业单位和社会团体占3.03%，其他占6.68%；中、低收入占98.57%，高收入占1.43%。

(二) 提取业务：2018 年，97.00 万名缴存职工提取住房公积金 231.05 亿元。

提取金额中，住房消费提取占 78.90%（购买、建造、翻建、大修自住住房占 23.65%，偿还购房贷款本息占 51.47%，租赁住房占 9.50%，其他占 0.45%）；非住房消费提取占 21.10%（离休和退休提取占 15.18%，完全丧失劳动能力并与单位终止劳动关系提取占 2.72%，户口迁出所在市或出境定居占 0.62%，其他占 2.57%）。

提取职工中，中、低收入占 90.31%，高收入占 9.69%。

(三) 贷款业务：

1. **个人住房贷款**：2018 年，支持职工购建房 812.58 万平方米。年末个人住房贷款市场占有率为 23.60%，比上年同期减少 1.60 个百分点。通过申请住房公积金个人住房贷款，可节约职工购房利息支出 364166.77 万元。

职工贷款笔数中，购房建筑面积 90（含）平方米以下占 11.37%，90～144（含）平方米占 76.80%，144 平方米以上占 11.83%。购买新房占 91.52%（其中购买保障性住房占 1.44%），购买二手房占 8.04%，建造、翻建、大修自住住房占 0.31%，其他占 0.13%。

职工贷款笔数中，单缴存职工申请贷款占 55.65%，双缴存职工申请贷款占 44.21%，三人及以上缴存职工共同申请贷款占 0.13%。

贷款职工中，30 岁（含）以下占 43.24%，30 岁～40 岁（含）占 32.53%，40 岁～50 岁（含）占 18.23%，50 岁以上占 6.00%；首次申请贷款占 91.92%，二次及以上申请贷款占 7.76%；中、低收入占 87.25%，高收入占 12.74%。

2. **异地贷款**：2018 年，发放异地贷款 2109 笔 65280.50 万元。2018 年末，发放异地贷款总额 147248.2 万元，异地贷款余额 138719.74 万元。

3. **公转商贴息贷款**：2018 年，发放公转商贴息贷款 23 笔 867.90 万元，支持职工购建房面积 0.21 万平方米。当年贴息额 4765.89 万元。2018 年末，累计发放公转商贴息贷款 12369 笔 360854.00 万元，累计贴息 17421.81 万元。

4. **住房公积金支持保障性住房建设项目贷款**：2018 年末，全省有住房公积金试点城市 2 个，试点项目 14 个，贷款额度 14.32 亿元，建筑面积 107.12 万平方米，可解决 11936 户中低收入职工家庭的住房问题。12 个试点项目贷款资金已发放并还清贷款本息。

(四) 住房贡献率：2018 年，个人住房贷款发放额、公转商贴息贷款发放额、项目贷款发放额、住房消费提取额的总和与当年缴存额的比率为 115.24%，比上年增加 9.48 个百分点。

六、其他重要事项

(一) 开展监督检查情况：按照《关于开展住房公积金政策执行情况检查及风险隐患排查的通知》（建办金函〔2018〕284 号）要求，2018 年 6 月，组织全省各地中心对照《住房公积金管理条例》和国家相关文件规定，开展了住房公积金政策执行情况的自查；针对住房公积金风险易发多发的关键领域和薄弱环节，开展了住房公积金风险隐患排查。2018 年 7 至 8 月，省级对全省各地中心住房公积金政策执行情况、风险隐患排查情况进行了专项检查，并出具了《住房公积金政策执行情况检查及风险隐患排查的报告》，对不规范和不符合规定的行为提出了限期整改意见。

（二）信息化建设情况：以"全面提升服务效率，更好服务缴存职工"为目的，指导各地在全面完成贯彻落实住房公积金基础数据标准和接入全国统一的结算应用平台的基础上，加快建设住房公积金综合服务平台。目前，全省各地中心已基本建成住房公积金综合服务平台，为职工提供门户网站、网上办事大厅、手机客户端、微信、支付宝等多种服务渠道。积极推进省级住房公积金"12329"短信服务平台建设工作，已按要求完成了《贵州省住房公积金"12329"短信服务平台建设方案》的起草和论证，各项工作稳步推进中。

（三）服务改进情况：为贯彻落实国务院"放管服"改革要求，进一步提升住房公积金服务水平和群众满意度，以国务院大督查为契机，下发了《关于清理住房公积金业务收费情况的通知》（黔建房资监字〔2018〕601号），要求各地中心对办理住房公积金业务过程中的收费情况进行清理和自查；中心要加强对受委托银行的管理，完善考核办法；在住房公积金业务办理各个环节中，中心（包括受委托银行）不得指定任何代办机构、不得强制收取任何代办费用。同时，下发了《关于取消办理住房公积金业务提供身份证明材料复印件的通知》，有效破解了办理住房公积金业务的"堵点"问题。

贵阳住房公积金 2018 年年度报告

一、机构概况

（一）住房公积金管理委员会：贵阳市住房公积金管理委员会有29名委员，2018年召开1次会议，审议通过的事项主要包括：

1. 同意贵阳市住房公积金管理委员会办公室《关于推举第三届贵阳市住房公积金管委会委员陈晏、徐昊、刘宏同志担任管委会主任委员、副主任委员的建议》。

2. 同意《贵阳市2018年住房公积金财务收支执行情况与2018年住房公积金管理归集使用预算（草案）报告》。

3. 同意2018年度贵阳住房公积金年度报告。

4. 同意由贵阳市住房公积金管理中心继续完善补充整理《关于进一步规范贵阳市行政事业单位缴存住房公积金相关事宜的请示》。

（二）住房公积金管理中心：贵阳市住房公积金管理中心为贵阳市人民政府不以营利为目的的参照公务员管理的事业单位，设6个处（科），9个管理部，1个分中心。从业人员80人，其中，在编80人，非在编0人。贵州省住房资金管理中心为贵州省住房和城乡建设厅不以营利为目的的公益二类事业单位，主要负责贵州省省直住房公积金的归集、管理、使用和会计核算。中心设2个科，从业人员13人，其中，在编9人，非在编4人。

二、业务运行情况

（一）缴存：2018年，新开户单位2980家，实缴单位16039家，净增单位1955家；新开户职工

14.77万人，实缴职工94.61万人，净增职工7.98万人；缴存额111.05亿元，同比增长14.08%。2018年末，缴存总额672.57亿元，同比增长19.77%；缴存余额290.16亿元，同比增长14.18%。

受委托办理住房公积金缴存业务的银行3家，较上年无增减。

（二）提取：2018年，提取额75.02亿元，同比增长17.37%；占当年缴存额的67.56%，比上年增加1.89个百分点。2018年末，提取总额382.41亿元，同比增长24.40%。

（三）贷款：

1. **个人住房贷款**：个人住房贷款最高额度50万元，其中，单缴存职工最高额度50万元，双缴存职工最高额度50万元。

2018年，发放个人住房贷款1.41万笔54.24亿元，同比分别下降3.42%、增长2.44%。

2018年，回收个人住房贷款27.97亿元。

2018年末，累计发放个人住房贷款16.30万笔427.55亿元，贷款余额281.26亿元，同比分别增长9.40%、14.53%、10.30%。个人住房贷款余额占缴存余额的96.93%，比上年减少3.41个百分点。

受委托办理住房公积金个人住房贷款业务的银行8家，比上年无增减。

2. **住房公积金支持保障性住房建设项目贷款**：2018年，未发放支持保障性住房建设项目贷款，无回收项目贷款。2018年末，累计发放项目贷款6.39亿元，无项目贷款余额。

（四）融资：2018年，融资0亿元，归还2.97亿元。2018年末，融资总额8.97亿元，融资余额2.02亿元。

（五）资金存储：2018年末，住房公积金存款14.37亿元。其中，活期0.21亿元，其他（协定、通知存款等）14.16亿元。

（六）资金运用率：2018年末，住房公积金个人住房贷款余额、项目贷款余额和购买国债余额的总和占缴存余额的96.93%，比上年减少3.41个百分点。

三、主要财务数据

（一）业务收入：2018年，业务收入86976.50万元，同比增长13.62%。其中，存款利息1794.25万元，委托贷款利息85177.33万元，其他4.92万元。

（二）业务支出：2018年，业务支出51931.47万元，同比增长7.98%。其中，支付职工住房公积金利息38682.56万元，归集手续费4380.74万元，委托贷款手续费4224.34万元，其他4643.83万元。

（三）增值收益：2018年，增值收益35045.03万元，同比增长23.15%。增值收益率1.29%，比上年增加0.11个百分点。

（四）增值收益分配：2018年，提取贷款风险准备金2626.92万元，提取管理费用6259.28万元，提取城市廉租住房（公共租赁住房）建设补充资金26158.83万元。

2018年，上交财政管理费用6303.28万元。上缴财政城市廉租住房（公共租赁住房）建设补充资金4066.93万元。

2018年末，贷款风险准备金余额28126.37万元。累计提取城市廉租住房（公共租赁住房）建设补充资金180024.27万元。

（五）管理费用支出：2018年，管理费用支出5877.19万元，同比下降65.77%。其中，人员经费

1430.47万元，公用经费326.33万元，专项经费4120.39万元。

四、资产风险状况

2018年末，个人住房贷款逾期额693.16万元，逾期率0.246‰。

个人贷款风险准备金按贷款余额的1%提取。2018年，提取个人贷款风险准备金2626.92万元，未使用个人贷款风险准备金核销呆坏账。2018年末，个人贷款风险准备金余额28126.37万元，占个人住房贷款余额的1%，个人住房贷款逾期额与个人贷款风险准备金余额的比率为2.46%。

五、社会经济效益

（一）缴存业务：2018年，实缴单位数、实缴职工人数和缴存额同比分别增长13.88%、9.21%和14.08%。

缴存单位中，国家机关和事业单位占18.26%，国有企业占9.15%，城镇集体企业占2.16%，外商投资企业占1.41%，城镇私营企业及其他城镇企业占63.33%，民办非企业单位和社会团体3.61%，其他2.08%。

缴存职工中，国家机关和事业单位占20.59%，国有企业占32.52%，城镇集体企业占2.10%，外商投资企业占2.05%，城镇私营企业及其他城镇企业占38.65%，民办非企业单位和社会团体占2.13%，其他占1.96%；中、低收入占96.46%，高收入占3.54%。

新开户职工中，国家机关和事业单位占6.83%，国有企业占19.62%，城镇集体企业占2.68%，外商投资企业占3.15%，城镇私营企业及其他城镇企业占61.64%，民办非企业单位和社会团体占3.50%，其他占2.58%；中、低收入占99.18%，高收入占0.82%。

（二）提取业务：2018年，30.87万名缴存职工提取住房公积金75.02亿元。

提取金额中，住房消费提取占77.66%（购买、建造、翻建、大修自住住房占9.49%，偿还购房贷款本息占64.69%，租赁住房3.24%，其他0.24%）；非住房消费提取占22.34%（离休和退休提取占16.49%，完全丧失劳动能力并与单位终止劳动关系提取占4.60%，户口迁出本市或出境定居占0.51%，其他占0.74%）。

提取职工中，中、低收入占93.68%，高收入占6.32%。

（三）贷款业务：

1. 个人住房贷款：2018年，支持职工购建房161.19万平方米，年末个人住房贷款市场占有率为16.15%，比上年减少2.25个百分点。通过申请住房公积金个人住房贷款，可节约职工购房利息支出99483.65万元。

职工贷款笔数中，购房建筑面积90（含）平方米以下占15.56%，90~144（含）平方米占76.95%，144平方米以上占7.49%。购买新房占90.66%（其中购买保障性住房占1.91%），购买二手房占9.34%。

职工贷款笔数中，单缴存职工申请贷款占70.57%，双缴存职工申请贷款占29.43%。

贷款职工中，30岁（含）以下占50.04%，30岁~40岁（含）占30.63%，40岁~50岁（含）占16.51%，50岁以上占2.82%；首次申请贷款占92.49%，二次及以上申请贷款占7.51%；中、低收入占

95.16%，高收入占 4.84%。

2. **异地贷款**：2018 年，发放异地贷款 123 笔 4762.40 万元。2018 年末，发放异地贷款总额 13950.40 万元，异地贷款余额 12886.51 万元。

3. **公转商贴息贷款**：2018 年，发放公转商贴息贷款 23 笔 867.90 万元，支持职工购建住房面积 0.21 万平方米，当年贴息额 3910.51 万元。2018 年末，累计发放公转商贴息贷款 8946 笔 279510.60 万元，累计贴息 14139.29 万元。

4. **支持保障性住房建设试点项目贷款**：2018 年末，累计试点项目 2 个，贷款额度 6.39 亿元，建筑面积 28.92 万平方米，可解决 4128 户中低收入职工家庭的住房问题。2 个试点项目贷款资金已发放并还清贷款本息。

（四）住房贡献率：2018 年，个人住房贷款发放额、公转商贴息贷款发放额、项目贷款发放额、住房消费提取额的总和与当年缴存额的比率为 102.09%，比上年减少 5.53 个百分点。

六、其他重要事项

（一）当年住房公积金政策调整及执行情况

1. 出台《关于调整贵阳市住房公积金部分贷款政策的通知》（筑公积金通字〔2018〕39 号），对我市现行部分个人住房公积金贷款政策进行适当调整。具体为：

（1）自 2018 年 7 月 1 日起，职工家庭提取个人住房公积金余额追加购房首付的，不得申请该套住房个人住房公积金贷款（不含 2018 年 7 月 1 日前提取的）。

（2）自 2018 年 7 月 1 日起，职工家庭结清首套住房公积金贷款的，须在结清满一年（含一年）后，方可再次申请住房公积金贷款购买普通自住住房（不含 2018 年 7 月 1 日前结清的）。

（3）自 2018 年 7 月 1 日起，职工家庭申请办理商业按揭贷款转换成住房公积金贷款的，须在取得该套住房《不动产权证书》后方可申请。

2. 出台《关于调整住房公积金缴存上限倍数的通知》（筑公积金通字〔2018〕49 号），要求自确定本市 2018～2019 年度住房公积金月缴存额上、下限标准始，本市住房公积金缴存基数上限控制倍数由不超过统计部门公布的上一年度职工月平均工资的 4 倍调整为 3 倍。

3. 出台《关于进一步规范住房公积金部分提取政策的通知》（筑公积金通字〔2018〕50 号），对解除劳动关系提取及异地转移接续办理进行适当调整。具体为：

（1）缴存职工与单位解除或终止劳动关系，未建立新的劳动关系的，封存满半年后方可提取。

（2）职工在异地开立住房公积金账户并稳定缴存半年以上（含）的，由转入中心为其办理异地转移接续手续。

（3）因劳动关系变动，到本市开立住房公积金账户的缴存职工需连续正常缴存半年以上（含），中心方可为其办理异地转移接续手续。

4. 出台《关于进一步规范贵阳市住房公积金缴存相关事宜的通知》（筑公积金通字〔2018〕57 号）。进一步规范国家机关在职人员、事业单位在职人员、企业在职职工住房公积金计缴基数及住房公积金缴存比例。

5. 出台《关于调整贵阳市 2018 年住房公积金月缴存额上、下限标准的通知》（筑公积金通字〔2018〕

58号)。

根据贵州省统计局公布的2018年度我市在岗职工平均工资标准测算,确定本市2018~2019年度住房公积金月缴存额(单位及个人应缴合计)上限标准最高不得超过4050元。根据贵阳市人力资源和社会保障局公布的2018年度我市企业最低工资标准测算,确定本市2018~2019年度住房公积金月缴存额(单位及个人应缴合计)下限标准不得低于168元。

6. 出台《关于在筑就业的港澳台同胞缴存使用住房公积金管理暂行办法》(筑公积金字〔2018〕36号),明确在筑就业的港澳台同胞住房公积金缴存、提取及使用的相关政策。

(二)当年服务改进情况

1. 市公积金中心金融城新服务大厅投入使用。新服务大厅面积2982平方米,共有五个业务区60个服务窗口,服务环境和办事效率得到了极大的改善和提高。

2. 服务渠道再升级,多项业务实现"一次都不跑"。加快优化升级网上办事大厅,推出了更为安全的数字证书版单位网上服务厅,缴存单位经办人可通过网厅办理所有日常住房公积金汇缴业务。着力打通数据壁垒,扩展个人业务自助办理渠道。中心积极协调外联单位,与住建、人社、商业银行等多部门实现数据共享,结合智能化服务水平升级,缴存职工可通过微信公众号、筑民生、贵州通、自助终端等渠道自助办理住房公积金提取业务,真正实现五类提取业务事项"一次都不跑"。打造全方位信息查询渠道,实现住房公积金信息全天候实时查询。缴存单位及职工可通过网上营业厅、门户网站、手机网站、微信、支付宝、筑民生、多彩宝、贵州通、自助终端等多个渠道及时了解公积金资讯,掌握公积金政策,单位及个人公积金缴存、提取、贷款等信息。

3. 持续深化"放管服"改革,扎实开展"减证便民"专项行动。2018年,中心全面梳理业务流程,清理证明材料,共取消了涉及退休、偿还商业贷款、租房、离职等提取业务及贷款申请业务中的11项证明材料。

(三)当年信息化建设情况

1. 完成机房整体搬迁及硬件升级改造工作,增强了中心数据机房的可靠性,提升了中心整体信息化的服务能力。

2. 完成综合服务管理平台建设,形成了门户网站、网上营业厅、微信公众号、12329热线、12329短信、自助终端、手机APP、微博八大标准服务渠道;创新推出了支付宝城市服务、微信城市服务、建行手机网银、工行手机网银和大屏信息披露展示五大便民服务渠道。

3. 推出了退休、离职、租房和商贷提取、公积金提前还贷、银行卡按期、提前还贷等业务的线上办理。

4. 推出数字证书版本单位网上营业厅,为缴存单位提供了更安全的信息保障和更友好的人机界面,实现了80%以上的高频业务事项办理零资料零跑路。

5. 完成接入住房城乡建设部转移接续平台工作,实现了和全国其他公积金中心直连转移接续的能力。

6. 贵州省住房资金管理中心2018年12月5日完成了省级住房公积金业务管理系统的升级改造,并投入使用。

六盘水市住房公积金 2018 年年度报告

一、机构概况

（一）**住房公积金管理委员会**：住房公积金管理委员会有 24 名委员，2018 年召开 2 次会议，审议通过的事项主要包括：《六盘水市 2018 年住房公积金管理工作情况及 2018 年工作计划报告》、《六盘水市住房公积金 2018 年年度报告》、《六盘水市 2018 年度住房公积金增值收益分配方案》、《六盘水市 2018 年度住房公积金归集使用计划》、《关于废止〈六盘水市住房公积金管理实施办法〉的公告》、《关于进一步规范住房公积金缴存管理的通知》、《关于进一步规范住房公积金提取业务的通知》、《关于进一步规范住房公积金贷款业务的通知》、《关于授权六盘水市住房公积金管理中心审批企业降低缴存比例或缓缴住房公积金的通知》、《关于委托交通银行股份有限公司六盘水分行等银行承办住房公积金贷款业务的意见》、《关于住房公积金缴存基数上限和缴存比例执行标准有关问题的通知》、《关于贯彻执行〈关于规范住房公积金个人住房贷款政策有关问题的通知〉的意见》、《关于无房职工租赁住房提取住房公积金有关问题的通知》。

（二）**住房公积金管理中心**：住房公积金管理中心为直属于六盘水市人民政府的不以营利为目的的参公管理事业单位，设 11 个处（科），8 个管理部，0 个分中心。从业人员 64 人，其中，在编 64 人，非在编 0 人。

二、业务运行情况

（一）**缴存**：2018 年，新开户单位 128 家，实缴单位 1477 家，净增单位 84 家；新开户职工 1.41 万人，实缴职工 15.68 万人，净增职工－0.22 万人；缴存额 21.94 亿元，同比增长 0.97％。2018 年末，缴存总额 152.88 亿元，同比增长 16.75％；缴存余额 65.23 亿元，同比增长 14.78％。

受委托办理住房公积金缴存业务的银行 3 家，比上年增加（减少）0 家。

（二）**提取**：2018 年，提取额 13.54 亿元，同比增长 16.12％；占当年缴存额的 61.71％，比上年增加 8.05 个百分点。2018 年末，提取总额 87.66 亿元，同比增长 18.27％。

（三）**贷款**：

1. **个人住房贷款**：个人住房贷款最高额度 50 万元，其中，单缴存职工最高额度 50 万元，双缴存职工最高额度 50 万元。

2018 年，发放个人住房贷款 0.25 万笔 7.92 亿元，同比分别下降 26.47％、20.88％。

2018 年，回收个人住房贷款 5.39 亿元。

2018 年末，累计发放个人住房贷款 4.16 万笔 81.12 亿元，贷款余额 50.20 亿元，同比分别增长 6.39％、10.82％、5.33％。个人住房贷款余额占缴存余额的 76.96％，比上年减少 6.90 个百分点。

受委托办理住房公积金个人住房贷款业务的银行 5 家，比上年增加（减少）0 家。

2. **住房公积金支持保障性住房建设项目贷款**：2018 年，发放支持保障性住房建设项目贷款 0 亿元，回收项目贷款 2.17 亿元。2018 年末，累计发放项目贷款 7.93 亿元，项目贷款余额 0.63 亿元。

（四）**资金存储**：2018 年末，住房公积金存款 15.88 亿元。其中，活期 0.37 亿元，1 年（含）以下定期15.51亿元，1年以上定期0亿元，其他（协定、通知存款等）0亿元。

（五）**资金运用率**：2018年末，住房公积金个人住房贷款余额、项目贷款余额和购买国债余额的总和占缴存余额的77.92%，比上年减少10.87个百分点。

三、主要财务数据

（一）**业务收入**：2018年，业务收入18732.91万元，同比增长11.63%。

（二）**业务支出**：2018年，业务支出11205.80万元，同比增长14.63%。支付职工住房公积金利息9348.24万元，归集手续费1051.63万元，委托贷款手续费802.69万元，其他3.24万元。

（三）**增值收益**：2018年，增值收益7527.11万元，同比增长7.45%。增值收益率1.21%，比上年减少0.11个百分点。

（四）**增值收益分配**：2018年，提取贷款风险准备金253.82万元，提取管理费用1276.34万元，提取城市廉租住房（公共租赁住房）建设补充资金5996.95万元。

2018年，上交财政管理费用1302.95万元。上缴财政城市廉租住房（公共租赁住房）建设补充资金5209.63万元。

2018年末，贷款风险准备金余额6589.68万元。累计提取城市廉租住房（公共租赁住房）建设补充资金25852.34万元。

（五）**管理费用支出**：2018年，管理费用支出1276.34万元，同比下降2.04%。其中，人员经费891.30万元，公用经费63.58万元，专项经费321.46万元。

四、资产风险状况

（一）**个人住房贷款**：2018年末，个人住房贷款逾期额271.74万元，逾期率0.54‰。

个人贷款风险准备金按贷款余额的1%提取。2018年，提取个人贷款风险准备金253.82万元，使用个人贷款风险准备金核销呆坏账0万元。2018年末，个人贷款风险准备金余额5019.60万元，占个人住房贷款余额的1%，个人住房贷款逾期额与个人贷款风险准备金余额的比率为5.41%。

（二）**支持保障性住房建设试点项目贷款**：2018年，提取项目贷款风险准备金0万元，使用项目贷款风险准备金核销呆坏账0万元，项目贷款风险准备金余额1570.08万元，占项目贷款余额的24.94%。

五、社会经济效益

（一）**缴存业务**：2018年，实缴单位数、实缴职工人数和缴存额同比分别增长6.03%、-1.38%和0.97%。

缴存单位中，国家机关和事业单位占57.21%，国有企业占27.69%，城镇集体企业占1.42%，外商投资企业占0.81%，城镇私营企业及其他城镇企业占8.26%，民办非企业单位和社会团体占0.95%，其他占3.66%。

缴存职工中，国家机关和事业单位占53.02%，国有企业占40.54%，城镇集体企业占0.88%，外商投资企业占0.37%，城镇私营企业及其他城镇企业占2.59%，民办非企业单位和社会团体占0.29%，其他占2.31%；中、低收入占98.16%，高收入占1.84%。

新开户职工中,国家机关和事业单位占40.62%,国有企业占31.24%,城镇集体企业占1.15%,外商投资企业占0.70%,城镇私营企业及其他城镇企业占11.58%,民办非企业单位和社会团体占1.55%,其他占13.16%;中、低收入占99.84%,高收入占0.16%。

(二)**提取业务**:2018年,5.23万名缴存职工提取住房公积金13.54亿元。

提取金额中,住房消费提取占78.33%(购买、建造、翻建、大修自住住房占25.63%,偿还购房贷款本息占39.44%,租赁住房占13.26%,其他占0%);非住房消费提取占21.67%(离休和退休提取占15.36%,完全丧失劳动能力并与单位终止劳动关系提取占0.04%,户口迁出本市或出境定居占0.74%,其他占5.53%)。

提取职工中,中、低收入占42.62%,高收入占57.39%。

(三)**贷款业务**:

1. **个人住房贷款**:2018年,支持职工购建房30.16万平方米,年末个人住房贷款市场占有率为30.77%,比上年减少3.66个百分点。通过申请住房公积金个人住房贷款,可节约职工购房利息支出13310.94万元。

职工贷款笔数中,购房建筑面积90(含)平方米以下占5.59%,90~144(含)平方米占84.97%,144平方米以上占9.44%。购买新房占83.60%(其中购买保障性住房占0.97%),购买二手房占16.40%,建造、翻建、大修自住住房占0%,其他占0%。

职工贷款笔数中,单缴存职工申请贷款占32.73%,双缴存职工申请贷款占67.15%,三人及以上缴存职工共同申请贷款占0.12%。

贷款职工中,30岁(含)以下占38.68%,30岁~40岁(含)占37.71%,40岁~50岁(含)占20.21%,50岁以上占3.40%;首次申请贷款占88.86%,二次及以上申请贷款占11.14%;中、低收入占59.30%,高收入占40.70%。

2. **异地贷款**:2018年,发放异地贷款95笔3129.50万元。2018年末,发放异地贷款总额18271.60万元,异地贷款余额16664.27万元。

3. **支持保障性住房建设试点项目贷款**:2018年末,累计试点项目12个,贷款额度7.93亿元,建筑面积78.20万平方米,可解决7808户中低收入职工家庭的住房问题。10个试点项目贷款资金已发放并还清贷款本息。

(四)**住房贡献率**:2018年,个人住房贷款发放额、公转商贴息贷款发放额、项目贷款发放额、住房消费提取额的总和与当年缴存额的比率为84.47%,比上年减少1.40个百分点。

六、其他重要事项

(一)**当年机构及职能调整情况、受委托办理缴存贷款业务金融机构变更情况**:2018年,六盘水市住房公积金管理机构及职能未作调整。新增中国银行、交通银行、招商银行和贵阳银行4家住房公积金个人贷款业务受委托银行,正在办理网点设立相关事宜。

2018年末,住房公积金综合业务受委托银行3家,分别是工商银行、建设银行和贵州银行,负责住房公积金缴存、提取、贷款等综合业务办理;贷款专项业务受委托银行2家,分别是农业银行、六盘水农商银行,专项办理住房公积金个人贷款业务。

（二）当年住房公积金政策调整及执行情况：2018年，按照《住房公积金管理条例》的规定，印发《关于进一步规范住房公积金缴存管理的通知》、《关于进一步规范住房公积金提取业务的通知》及《关于进一步规范住房公积金贷款业务的通知》，正式施行《六盘水市住房公积金业务规范》，严格执行国家关于住房公积金管理的规定。

1. **缴存政策调整及执行情况**：根据贵州省人力资源和社会保障厅、贵州省统计局公布的六盘水市2018年城镇单位从业人员平均工资和2018年六盘水市最低工资标准，明确向社会公布本市住房公积金缴存基数标准，上限为15265元、下限为1570元，缴存比例未调整，为5%～12%。

2. **提取政策调整及执行情况**：结合本市住房公积金管理工作实际，经住房公积金管理委员会决定，本市无房职工提供本人及配偶无房证明即可办理租赁住房提取业务，租房提取最高限额1200元/月。

3. **贷款政策调整及执行情况**：本市住房公积金贷款额度、期限、利率未作调整，最高贷款期限30年，最高贷款额度50万元。支持职工购买第一套普通商品住房及第二套改善型住房，停止向购买第三套（含三套）以上住房的职工家庭发放贷款。

4. **住房公积金存贷款利率执行标准**：职工住房公积金账户存款利率当年缴存和上年结转统一为1.5%；个人住房公积金贷款利率为五年以内（含五年）2.75%、五年以上3.25%。

（三）当年服务改进情况：2018年，全面开展综合服务平台建设工作，网上业务大厅和微信服务渠道已在年内开始试行，实现了缴存单位和职工通过网上业务大厅和微信"足不出户"办理住房公积金业务。按年偿还公积金贷款和离退休提取等业务实现了"一键办结"和提取资金实时到账，大幅拓宽了住房公积金服务渠道和提升了住房公积金服务水平。

（四）当年信息化建设情况：

1. **信息系统升级改造情况**：按照正式实施的业务规范和综合服务平台线上业务办理要求进一步完善业务系统功能，使业务系统规范性和便捷性得到进一步提升。开展业务系统网络安全等级保护工作，提升网络安全风险防御能力，确保各项住房公积金业务和资金安全。

2. **基础数据标准贯彻落实和结算应用系统接入情况**：按照住房城乡建设部《住房公积金基础数据标准》贯彻落实和结算应用系统接入（以下简称"双贯标"）工作验收整改意见和风险隐患排查要求开展业务系统功能改造，进一步提升了业务系统标准化，实现了结算应用系统在缴存、提取、贷款和资金调拨等业务中的全面应用。

（五）当年住房公积金管理中心及职工所获荣誉情况：2018年，六盘水市住房公积金管理中心获得六盘水市文明单位称号。

遵义市住房公积金2018年年度报告

一、机构概况

（一）**住房公积金管理委员会**：住房公积金管理委员会有27名委员，2018年3月29日召开第一次会议，审议通过的事项主要包括：

1. 会议审议并通过《遵义市住房公积金2018年年度报告》。
2. 会议审议并通过《遵义市住房公积金管理中心关于2018年住房公积金归集、使用计划及管理费用预算的报告》。
3. 会议审议并原则通过《遵义市进城落户农民住房公积金缴存使用管理暂行办法》。
4. 会议审议并通过《关于遵义市住房公积金个人住房贷款政策的补充规定》。
5. 会议审议并通过《遵义市住房公积金管理中心关于申请授权审批缴存单位降低缴存比例或缓缴住房公积金的请示》。

（二）住房公积金管理中心：住房公积金管理中心为直属遵义市人民政府不以营利为目的的正县级参照公务员法管理事业单位，设6个科室，14个管理部。从业人员116人，其中，在编68人，非在编48人。

二、业务运行情况

（一）缴存：2018年实缴单位4854家，新开户单位591家，净增缴存单位378家；实缴职工36.20万人，新开户职工3.91万人，净增职工0.43万人。缴存额59.47亿元，同比增加5.73亿元，增长10.67%。2018年末，累计缴存总额326.09亿元，同比增长22.31%，缴存余额158.80亿元，同比增长17.93%。

受委托办理住房公积金缴存业务银行有3家。

（二）提取：2018年提取住房公积金35.33亿元，同比增长33.67%，占当年缴存额的59.41%，比上年增加10.23%。2018年末，累计提取总额167.29亿元，同比增长26.76%。

（三）贷款：个人住房贷款最高额度45万元，其中，单缴存职工最高额度35万元，双缴存职工最高额度45万元。

2018年发放个人住房贷款1.28万笔38.13亿元，同比分别增长4.92%、5.27%。回收个人住房贷款17.09亿元。2018年末，累计发放个人住房贷款12.04万笔241.47亿元，贷款余额163.86亿元，同比分别增长11.90%、18.75%、14.73%。个人住房贷款余额占缴存余额的103.19%，比上年下降2.87个百分点。

受委托办理住房公积金个人住房贷款业务银行有15家。

（四）融资：2018年未融资，归还4.15亿元。2018年末，融资总额20.19亿元，融资余额6.79亿元。

（五）资金存储：2018年末住房公积金存款6.54亿元。其中，活期0.03亿元，1年以上定期1.42亿元，其他（协定、通知存款等）5.09亿元。

（六）资金运用率：2018年末住房公积金个人住房贷款余额、项目贷款余额和购买国债余额的总和占缴存余额的103.19%，比上年减少2.87%。

三、主要财务数据

（一）业务收入：2018年，业务收入47101.34万元，同比增长18.42%。其中：住房公积金存款利息 757.89 万元，委托贷款利息 46240.71 万元，增值收益利息收入 36.29 万元，其他收入 66.45 万元。

（二）**业务支出**：2018 年，业务支出 28154.74 万元，同比增长 24.19%。其中，支付职工住房公积金利息 22115.79 万元，归集手续费 1147.85 万元，委托贷款手续费 3540.87 万元，其他支出 1350.23 万元。

（三）**增值收益**：2018 年实现增值收益 18946.60 万元，同比增长 10.77%。增值收益率 1.29%，比上年减少 0.14%。

（四）**增值收益分配**：2018 年提取贷款风险准备金 2103.68 万元，提取管理费用 2787.39 万元，提取城市廉租住房（公共租赁住房）建设补充资金 14055.53 万元。

2018 年，上交财政管理费用 2591.00 万元。上缴财政城市廉租住房（公共租赁住房）建设补充资金 12202.47 万元。

2018 年末，贷款风险准备金余额 16385.65 万元。累计提取城市廉租住房（公共租赁住房）建设补充资金 80403.48 万元。

（五）**管理费用支出**：2018 年管理费用支出 2653.75 万元，同比增长 8.18%。其中，人员经费 1526.13 万元，公用经费 153.66 万元，专项经费 973.96 万元。

四、资产风险状况

2018 年末个人住房贷款逾期 44 笔 384.61 万元，逾期率 0.23‰。个人贷款风险准备金按贷款余额的 1% 提取。2018 年，提取个人贷款风险准备金 2103.68 万元。2018 年末，个人贷款风险准备金余额 16385.65 万元，占个人住房贷款余额的 1%，个人住房贷款逾期额与个人贷款风险准备金余额的比率为 2.35%。

五、社会经济效益

（一）**缴存业务**：2018 年，实缴单位数 4854 家，实缴职工人数 36.20 万人，缴存额 59.47 亿元，同比分别增长 11.31%、5.48% 和 10.66%。

缴存单位中，国家机关和事业单位占 56.43%，国有企业占 17.74%，城镇集体企业占 0.84%，外商投资企业占 0.78%，城镇私营企业及其他城镇企业占 21.55%，民办非企业单位和社会团体占 2.60%，其他占 0.06%。

缴存职工中，国家机关和事业单位占 53.98%，国有企业占 32.97%，城镇集体企业占 0.23%，外商投资企业占 1.18%，城镇私营企业及其他城镇企业占 11.12%，民办非企业单位和社会团体占 0.48%，其他占 0.04%；中、低收入占 99.99%，高收入占 0.01%。

新开户职工中，国家机关和事业单位占 30.88%，国有企业占 33.53%，城镇集体企业占 0.57%，外商投资企业占 2.45%，城镇私营企业及其他城镇企业占 31.14%，民办非企业单位和社会团体占 1.25%，其他占 0.18%。中、低收入占 99.96%，高收入占 0.04%。

2018 年共有 71 名进城落户农民缴存住房公积金，缴存金额 5.96 万元。

（二）提取业务：2018年缴存职工提取住房公积金12.99万人次35.33亿元。

提取金额中，住房消费提取占78.10%（购买、建造、翻建、大修自住住房占13.61%，偿还购房贷款本息占64.45%，租赁住房占0.04%，）；非住房消费提取占21.90%（离休和退休提取占15.38%，完全丧失劳动能力并与单位终止劳动关系提取占3.33%，户口迁出本市或出境定居占0.04%，其他占3.15%）。提取职工中，中、低收入占96.18%，高收入占3.82%。

（三）贷款业务：

1. **个人住房贷款**：2018年支持职工购建房154.43万平方米，同比增加26.37万平方米，年末个人住房贷款市场占有率为23.87%，比上年下降2.11%。职工通过申请住房公积金个人住房贷款，可节约购房利息支出113,623.48万元。

职工住房公积金贷款中，购房建筑面积90（含）平方米以下占8.07%，90～144（含）平方米占80.70%，144平方米以上占11.23%。购买新房占89.47%（其中购买保障性住房占0%），购买二手房占10.51%，建造、翻建、大修自住住房占0.02%。

职工住房公积金贷款中，单缴存职工申请贷款占36.05%，双缴存职工申请贷款占63.95%。

贷款职工中，30岁（含）以下占43.68%，30岁～40岁（含）占30.86%，40岁～50岁（含）占19.94%，50岁以上占5.52%；首次申请贷款占88.96%，二次及以上申请贷款占11.04%；中、低收入占99.24%，高收入占0.76%。

2. **异地贷款**：2018年发放异地贷款449笔13080.10万元。2018年末，发放异地贷款总额35425.40万元，异地贷款余额35324.83万元。

（四）**住房贡献率**：2018年个人住房贷款额、公转商贴息贷款额、项目贷款额、住房消费提取额的总和与当年缴存额的比率为110.58%，比上年增加5%。

六、其他重要事项

（一）2018年住房公积金政策调整及执行情况：2018年出台了《遵义市进城落户农民住房公积金缴存使用管理暂行办法》和《遵义市进城落户农民住房公积金缴存使用管理暂行办法实施细则》，进城落户农民可自主缴存住房公积金，扩大了公积金覆盖面；出台了《关于在我市就业的港澳台同胞享有住房公积金待遇有关问题的通知》，港澳台同胞在我市就业可缴存住房公积金，享受我市职工同等待遇；印发了《关于遵义市住房公积金个人住房贷款政策的补充规定》，实行存贷挂钩，降低了公积金贷款的风险，体现了政策的公平性，精简了贷款资料；印发了《关于改进住房公积金缴存机制进一步降低企业成本的通知》，困难企业降低缴存比例的时间可延长到2020年4月；印发了《关于调整中心城区住房公积金贷款最高额度的通知》，城区规定范围内的成品房住房公积金贷款额度由单身职工的35万元提高到45万元，双职工的45万元提高到55万元。

（二）2018年服务改进情况：2018年网上业务大厅缴存住房公积金全面展开，缴存职工通过个人网厅可办理部分业务。取消了二手房贷款评估环节及收费。为了推进"放管服"服务，从2018年10月起，遵义市住房公积金管理中心城区管理部推行了7天工作制。

（三）2018 年信息化建设及网络安全情况：2018 年按期升级上线住房城乡建设部异地转移接续平台接口内容；将贵州银行、贵阳银行、农村商业银行（信用社）的资金结算业务从直连模式切换到住房城乡建设部资金结算平台；实时联网查询建设银行、工商银行、农业银行等 8 家银行的商业住房贷款；积极配合联网贵州省数据共享交换平台及政务服务网，完成接口开发和测试工作。增加互联网服务渠道的刷脸认证和短信校验等双因子管控机制，完成了信息系统安全等级保护三级备案和渗透测试，建立 7×24 小时的网络安全态势感知系统。

（四）2018 年住房公积金管理中心窗口及职工所获荣誉情况：

1. 余庆县管理部获余庆县"全县文明单位"称号。

2. 湄潭县管理部在湄潭县委、县政府 2018 年度全县综合目标责任考核中荣获二等奖。该管理部骆尧同志荣获湄潭县脱贫攻坚贡献奖。

3. 绥阳县管理部在绥阳县委、县政府 2018 年度全县综合目标责任考核中考核中荣获二等奖。

4. 道真县管理部在道真县委、县政府 2018 年度全县综合目标责任考核中考核中荣获二等奖。

5. 习水管理部职工何嵘荣获习水县妇女联合会颁发"巾帼脱贫标兵"荣誉，中共习水县委授予脱贫攻坚减贫摘帽三等功。

安顺市住房公积金 2018 年年度报告

一、机构概况

（一）住房公积金管理委员会：安顺市住房公积金管理委员会有 21 名委员，2018 年召开 2 次会议。审议通过的事项主要包括：《安顺市 2018 年住房公积金归集使用计划执行情况及 2018 年归集使用计划草案》、《安顺市财政局关于对市住房公积金 2018 年度财务收支决算审核及 2018 年财务收支预算草案的报告》、《安顺市住房公积金 2018 年度增值收益分配草案报告》、《安顺市住房公积金 2018 年度报告》、《安顺市住房公积金管理中心关于进一步补充完善住房公积金提取贷款政策的报告》、《安顺市住房公积金管理中心关于商业银行申请开办公积金贷款业务的报告》、《关于省住房公积金督察组对安顺市住房公积金政策执行及风险隐患工作督察情况的报告》。

（二）住房公积金管理中心：安顺市住房公积金管理中心为直属于市人民政府的不以营利为目的的正县级参公管理事业单位，设综合科、资金管理科、计划信贷科、稽核执法科及信息技术科五个内设科室，下设西秀区、平坝区、普定县、关岭布依族苗族自治县、镇宁布依族苗族自治县、紫云苗族布依族自治县、经济技术开发区、黄果树风景名胜区及黎阳航空发动机公司九个管理部。从业人员 76 人，其中，在编 48 人，非在编 28 人。

二、业务运行情况

（一）缴存：2018 年，新开户单位 235 家，实缴单位 2186 家，净增单位 214 家；新开户职工 1.15 万人，实缴职工 12.01 万人，净增职工 1.1 万人；缴存额 19.43 亿元，同比增长 15.85%。2018 年末，缴存总额 114.52 亿元，同比增长 20.44%；缴存余额 51.35 亿元，同比增长 17.71%。

受委托办理住房公积金缴存业务的银行共 2 家。

（二）提取：2018 年，提取额 11.71 亿元，同比增长 17.59%，占当年缴存额的 60.25%，比上年减少 0.89 个百分点。2018 年末，提取总额 63.17 亿元，同比增长 22.75%。

（三）贷款：个人住房贷款最高额度为 30 万元，其中，单缴存职工家庭最高额度 25 万元，双缴存职工家庭最高额度 30 万元。

2018 年，发放个人住房贷款 0.35 万笔 7.6 亿元，同比分别降低 3.52%、11.82%。

2018 年，回收个人住房贷款 5 亿元。

2018 年末，累计发放个人住房贷款 4.31 万笔 75.35 亿元，贷款余额 48.50 亿元，同比分别增长 8.92%、11.22%、5.66%。个人住房贷款余额占缴存余额的 94.45%，比上年减少 10.77 个百分点。

受委托办理住房公积金个人住房贷款业务的银行 9 家，比上年增加 1 家。

（四）资金存储：2018 年末，住房公积金存款 3.21 亿元。其中，活期 0.01 亿元，1 年（含以下）定期 1.5 亿元，其他（协定存款）1.7 亿元。

（五）资金运用率：2018 年末，住房公积金个人住房贷款余额、项目贷款余额和购买国债余额的总和占缴存余额的 94.45%，比上年减少 10.77 个百分点。

三、主要财务数据

（一）业务收入：2018 年，业务收入 15535.01 万元，同比增长 4.47%。存款利息 451.59 万元，委托贷款利息 14342.99 万元，其他 740.43 万元。

（二）业务支出：2018 年，业务支出 8778.54 万元，同比降低 0.53%。支付职工住房公积金利息 6771.70 万元，委托贷款手续费 838.96 万元，其他 1227.88 万元。

（三）增值收益：2018 年，增值收益 6756.47 万元，同比增长 11.77%。增值收益率 1.40%，比上年降低 0.09 个百分点。

（四）增值收益分配：2018 年，提取贷款风险准备金 259.76 万元，提取管理费用 2400 万元，提取城市廉租住房（公共租赁住房）建设补充资金 4096.71 万元。

2018 年，上交财政管理费用 1968.25 万元。上缴财政城市廉租住房（公共租赁住房）建设补充资金 3661.19 万元。

2018 年末，贷款风险准备金余额 4849.68 万元，累计提取城市廉租住房（公共租赁住房）建设补充资金 30020.25 万元。

（五）管理费用支出：2018 年，管理费用支出 1610.15 万元，同比增长 8.64%。其中：人员经费 688.06 万元，公用经费 63.27 万元，专项经费 858.82 万元。

四、资产风险状况

2018 年，个人住房贷款逾期额 18.84 万元，逾期率 0.039‰。

个人贷款风险准备金按贷款余额的 1% 提取。2018 年，提取个人贷款风险准备金 259.76 万元，使用个人贷款风险准备金核销呆坏账 0 万元。个人贷款风险准备金余额 4849.68 万元，占个人贷款余额的 1%，个人住房贷款逾期额与个人贷款风险准备金余额的比率为 0.39%。

五、社会经济效益

（一）缴存业务：2018 年，实缴单位数、实缴职工人数和缴存额增长率分别为 10.85%、10.06%、15.85%。

缴存单位中，国家机关和事业单位占 59.52%，国有企业占 17.66%，城镇集体企业占 0.91%，外商投资企业占 0.55%，城镇私营企业及其他城镇企业占 10.57%，民办非企业单位和社会团体占 5.71%，其他占 5.08%。

缴存职工中，国家机关和事业单位占 58.40%，国有企业占 29.62%，城镇集体企业占 1.25%，外商投资企业占 1.32%，城镇私营企业及其他城镇企业占 6.55%，民办非企业单位和社会团体占 0.76%，其他占 2.10%。中、低收入占 98.91%，高收入占 1.09%。

新开户职工中，国家机关和事业单位占 31.58%，国有企业占 29.85%，城镇集体企业占 1.42%，外商投资企业占 3.61%，城镇私营企业及其他城镇企业占 20.48%，民办非企业单位和社会团体占 3.44%，其他占 9.62%；中、低收入占 99.77%，高收入占 0.23%。

（二）提取业务：2018 年，4.25 万名缴存职工提取住房公积金 11.71 亿元。

提取金额中，住房消费提取占 71.84%（购买、建造、翻建、大修自住住房占 21.55%，偿还购房贷款本息占 49.71%，租赁住房占 0.29%，其他占 0.29%）；非住房消费提取占 28.16%（离休和退休提取占 17.29%，完全丧失劳动能力并与单位终止劳动关系提取占 2.35%，户口迁出本市或出境定居占 7.63%，其他占 0.89%）。

提取职工中，中、低收入占 96.12%，高收入占 3.88%。

（三）贷款业务：

1. **个人住房贷款**：2018 年，支持职工购建房 40.29 万平方米，年末个人住房贷款市场占有率为 35.95%，比上年减少 2.75 个百分点。通过申请住房公积金个人住房贷款，可节约职工购房利息支出 1.25 亿元。

职工贷款笔数中，购房建筑面积 90（含）平方米以下占 10.42%，90～144（含）平方米占 84.14%，144 平方米以上占 5.44%。购买新房占 90.37%（其中购买保障性住房占 22.2%），购买存量商品住房占 9.23%，建造、翻建、大修自住住房占 0.06%，其他占 0.34%。

职工贷款笔数中，单缴存职工申请贷款占 69.75%，双缴存职工申请贷款占 28.58%，三人及以上缴存职工共同申请贷款占 1.67%。

贷款职工中，30 岁（含）以下占 47.18%，30 岁～40 岁（含）占 24.87%，40 岁～50 岁（含）占 20.02%，50 岁以上占 7.93%；首次申请贷款占 88.22%，二次及以上申请贷款占 11.78%；中、低收入占 99.09%，高收入占 0.91%。

2. **异地贷款**：2018 年，发放异地贷款 105 笔 2401.5 万元。2018 年末，发放异地贷款总额 6971.2 万元，异地贷款余额 6318.35 万元。

（四）住房贡献率：2018 年，个人住房贷款发放额、住房消费提取额的总和与当年缴存额的比率为

82.39%，比上年减少 12.67 个百分点。

六、其他重要事项

（一）当年受委托办理缴存贷款业务金融机构变更情况：根据 2018 年 8 月 14 日安顺市住房公积金管理委员会 2018 年第二次全体会议审议通过的《安顺市住房公积金管理中心关于商业银行申请开办公积金贷款业务的报告》，2018 年新增普定县农村信用合作联社成为住房公积金贷款业务承办银行。

受委托办理住房公积金缴存业务的银行有：中国工商银行安顺分行体育场支行和中国建设银行安顺分行西秀支行。

受委托办理住房公积金贷款业务的银行有：中国工商银行安顺分行、中国建设银行安顺分行、中国农业分行安顺分行、中国银行安顺分行、贵州银行安顺分行、贵阳银行安顺分行、安顺农村商业银行、紫云农村商业银行、普定县农村信用合作联社。

（二）当年住房公积金政策调整及执行情况：

1. **当年缴存政策调整情况**：根据 2018 年安顺市统计局公布的上年在岗职工平均工资，安顺市住房公积金管理中心向社会发布新的住房公积金缴存基数上下限标准，自 2018 年 7 月 1 日起，各缴存单位调整后的缴存基数上限不超过 17550 元，职工月缴存额上限统一为 4212 元；缴存基数下限不得低于安顺市劳动部门公布的职工月最低工资标准，其中：西秀区、平坝区为 1680 元，市直、经济技术开发区参照西秀区标准执行，黎阳航空发动机公司参照平坝区标准执行；普定县、关岭布依族苗族自治县、镇宁布依族苗族自治县及紫云苗族布依族自治县均为 1470 元，黄果树风景名胜区参照镇宁县标准执行，职工月缴存下限分别为：市直、西秀区、经济技术开发区、平坝区、黎阳航空发动机公司为 168 元；普定县、关岭布依族苗族自治县、镇宁布依族苗族自治县、黄果树风景名胜区及紫云苗族布依族自治县为 148 元。

2. **当年住房公积金提取政策调整情况**：简化租房提取手续，取消租赁纳税发票、出租人身份证复印件以及取消月房租支出超过职工家庭月合法收入 20% 的限制；对与单位终止劳动关系提取和工作调出本市行政区域销户提取应优先办理异地转移接续手续进行转移，未在异地继续缴存的，封存半年后方可提供相关材料办理销户手续。

3. **当年住房公积金贷款政策调整情况**：将贷款审批时限从 15 个工作日调整至 10 个工作日；明确如借款人与共同借款人系夫妻关系，在借款期内婚姻关系发生变化的，未承担债务的一方需离异满一年（12 月）后才能申请住房公积金贷款；增加了对建造、翻建、大修自住住房申请公积金贷款的，需提供房地产评估机构的《评估报告》。

2018 年个人公积金贷款最高额度未作调整，仍执行双方缴交住房公积金的职工购买、建造自住住房最高可贷 30 万元；翻建、大修自住住房最高可贷 10 万元。单方缴交住房公积金的职工购买、建造自住住房最高可贷 25 万元；翻建、大修自住住房最高可贷 10 万元。2018 年中心执行的个人公积金贷款利率为中国人民银行公布的公积金贷款利率：贷款期限在 5 年以内（含 5 年）的 2.75%，5 年以上的 3.25%。

（三）当年服务改进情况：按照住房城乡建设部和市委市政府关于市直各部门信息化建设的统一要求，安顺市住房公积金管理中心有序推进综合服务平台建设工作，初步完成了上线前的准备和测试等工作，为下一步拓宽服务渠道、提供便捷服务打下了坚实基础。

(四)当年信息化建设情况：

1. **核心系统建设情况。** 2018年，安顺市住房公积金管理中心完成了"综合服务平台"系统开发一期建设的业务需求分析，并启动了标准化机房建设工作，预计将于2019年6月前完成新机房搬迁，新机房的启用将为安顺市住房公积金管理中心未来业务拓展奠定良好的信息化基础。

2. **"双贯标"工作情况。** 按照住房城乡建设部和省住房城乡建设厅的统一部署和要求，安顺市住房公积金管理中心已完成了基础数据贯标并接入了公积金结算应用系统，并通过了住房城乡建设部、省住房城乡建设厅公积金贯标工作联合检查验收组的验收。

(五)存量补息贷款业务开展情况： 2018年，安顺市住房公积金管理中心在资金压力逐步缓解的情况下，有计划分批赎回存量补息贷款余额4.23亿元，截至12月31日，存量补息贷款余额为0，本年支付存量补息贷款息差486.27万元，累计支付存量补息贷款息差2164.59万元。

(六)当年住房公积金管理中心及职工所荣获荣誉情况：

1. 安顺市住房公积金管理中心城区管理部荣获"安顺市三八红旗集体"。
2. 杨姗同志荣获"安顺市脱贫攻坚优秀党务工作者"称号。

毕节市住房公积金2018年年度报告

一、机构概况

(一)住房公积金管理委员会： 住房公积金管理委员会有26名委员，2018年召开一次会议，审议通过的事项主要包括：市住房公积金管理委员会办公室《关于调整毕节市住房公积金管理委员会部分委员的建议》、市财政局《关于对2018年度住房公积金财务监管情况的报告》、人民银行毕节市中心支行《关于2018年度受托银行承办住房公积金业务情况的报告》、市财政局关于对毕节市住房公积金管理中心（含九县区管理部）2018年管理经费预算的审核意见、2018年度毕节市住房公积金增值收益分配方案、毕节市住房公积金2018年年度报告、2018年度住房公积金归集、使用计划、市住房公积金管理中心《个人住房公积金贷款楼盘管理办法》（暂行）、《毕节市灵活就业人员住房公积金使用管理暂行办法》。

(二)住房公积金管理中心： 住房公积金管理中心为市人民政府直属不以营利为目的的正县级参公事业单位，主要负责全市住房公积金的归集、管理、使用和会计核算。目前中心内设5个科室，综合科、业务科、会计科、监督科和信息科，下设市直、七星关区、大方县、黔西县、金沙县、织金县、纳雍县、威宁县、赫章县、百管委10个管理部。从业人员86人，其中，在编62人，非在编24人。

二、业务运行情况

(一)缴存： 2018年，新开户单位279家，实缴单位2911家，净减单位716家；新开户职工1.86万人，实缴职工22.71万人，净减职工0.72万人；缴存额29.97亿元，同比增长22.07%。2018年末，缴存总额165.92亿元，同比增长22.87%；缴存余额84.86亿元，同比增长12.07%。

受委托办理住房公积金缴存业务的银行包括毕节市建设银行、毕节市农业银行、毕节市工商银行共计三家，与上年保持不变。

（二）**提取**：2018年，提取额21.74亿元，同比增长51.91%；占当年缴存额的72.54%，比上年增加11.80个百分点。2018年末，提取总额81.06亿元，同比增长36.65%。

（三）**贷款**：个人住房贷款最高额度40万元，其中，单缴存职工最高额度40万元，双缴存职工最高额度40万元。

2018年，发放个人住房贷款0.96万笔29.01亿元，同比分别增长57.38%、55.13%。

2018年，回收个人住房贷款16.16亿元。

2018年末，累计发放个人住房贷款6.41万笔143.57亿元，贷款余额82.42亿元，同比分别增长17.61%、25.32%、18.42%。个人住房贷款余额占缴存余额的97.11%，比上年增加5.19个百分点。

受委托办理住房公积金个人住房贷款业务的银行包括毕节市建设银行、毕节市农业银行、毕节市工商银行、毕节市中国银行、毕节市交通银行，共计五家，与上年保持不变。

（四）**资金存储**：2018年末，住房公积金存款2.44亿元。其中，活期0.02亿元，1年（含）以下定期0亿元，1年以上定期0亿元，其他（协定、通知存款等）2.42亿元。

（五）**资金运用率**：2018年末，住房公积金个人住房贷款余额、项目贷款余额和购买国债余额的总和占缴存余额的97.11%，比上年增加5.19个百分点。

三、主要财务数据

（一）**业务收入**：2018年，业务收入25771.82万元，同比增长16.51%。其中，存款利息1112.51万元，委托贷款利息24659.31万元，国债利息0万元，其他0万元。

（二）**业务支出**：2018年，业务支出13379.27万元，同比增长10.62%。其中，支付职工住房公积金利息12773.56万元，归集手续费96.84万元，委托贷款手续费508.87万元，其他0万元。

（三）**增值收益**：2018年，增值收益12392.55万元，同比增长23.60%。其中，增值收益率1.46%，比上年增加0.14个百分点。

（四）**增值收益分配**：2018年，提取贷款风险准备金1281.58万元，提取管理费用1267.85万元，提取城市廉租住房（公共租赁住房）建设补充资金9843.12万元。

2018年，上交财政管理费用1094.64万元。上缴财政城市廉租住房（公共租赁住房）建设补充资金8078.72万元。

2018年末，贷款风险准备金余额6959.93万元。累计提取城市廉租住房（公共租赁住房）建设补充资金46059.58万元。

（五）**管理费用支出**：2018年，管理费用支出1332.69万元，同比下降33.76%。其中，人员经费845.10万元，公用经费101.78万元，专项经费385.81万元。

四、资产风险状况

2018年末，个人住房贷款逾期额107.69元，逾期率0.13‰。

个人贷款风险准备金按贷款余额的1%提取。2018年，提取个人贷款风险准备金852.81万元，使用个人贷款风险准备金核销呆坏账 0 万元。2018 年末，个人贷款风险准备金余额 6959.93 万元，占个人住房贷款余额的 0.84%，个人住房贷款逾期额与个人贷款风险准备金余额的比率为 1.55%。

五、社会经济效益

（一）缴存业务：2018 年，实缴单位数、实缴职工人数同比分别下降 19.74%、3.07%，缴存额同比增长 22.07%。

缴存单位中，国家机关和事业单位占 74.99%，国有企业占 21.37%，民办非企业单位和社会团体占 1.61%，其他占 2.03%。

缴存职工中，国家机关和事业单位占 81.28%，国有企业占 16.71%，民办非企业单位和社会团体占 0.66%，其他占 1.35%；中、低收入占 98.60%，高收入占 1.40%。

新开户职工中，国家机关和事业单位占 51.90%，国有企业占 40.35%，民办非企业单位和社会团体占 2.47%，其他占 5.28%；中、低收入占 99.56%，高收入占 0.44%。

（二）提取业务：2018 年，6.34 万名缴存职工提取住房公积金 21.74 亿元。

提取金额中，住房消费提取占 78.66%（购买、建造、翻建、大修自住住房占 12.56%，偿还购房贷款本息占 56.09%，租赁住房占 10.01%，其他占 0%）；非住房消费提取占 21.34%（离休和退休提取占 13.75%，完全丧失劳动能力并与单位终止劳动关系提取占 2.86%，户口迁出本市或出境定居占 1.05%，其他占 3.68%）。

提取职工中，中、低收入占 98.43%，高收入占 1.57%。

（三）贷款业务：

1. 个人住房贷款：2018 年，支持职工购建房 93.11 万平方米，年末个人住房贷款市场占有率为 44.32%（82.42/185.96），比上年减少 4.20 个百分点。通过申请住房公积金个人住房贷款，可节约职工购房利息支出 66336.55 万元。

职工贷款笔数中，购房建筑面积 90（含）平方米以下占 3.58%，90~144（含）平方米占 84.49%，144 平方米以上占 11.93%。购买新房占 97.41%（其中购买保障性住房占 0%），购买二手房 2.59%，建造、翻建、大修自住住房占 0%，其他占 0%。

职工贷款笔数中，单缴存职工申请贷款占 33.17%，双缴存职工申请贷款占 66.83%，三人及以上缴存职工共同申请贷款占 0%。

贷款职工中，30 岁（含）以下占 47.16%，30 岁~40 岁（含）占 33.48%，40 岁~50 岁（含）占 14.08%，50 岁以上占 5.28%；首次申请贷款占 98.14%，二次及以上申请贷款占 1.86%；中、低收入占 98.77%，高收入占 1.23%。

2. 异地贷款：2018 年，发放异地贷款 216 笔 6951.20 万元。2018 年末，发放异地贷款总额 8779.00 万元，异地贷款余额 8455.85 万元。

3. 公转商贴息贷款：2018 年，发放公转商贴息贷款 0 笔 0 万元，支持职工购建住房面积 0 万平方米，当年贴息额 693.82 万元。2018 年末，累计发放公转商贴息贷款 2759 笔 69747.60 万元，累计贴息 2905.49 万元。

（四）住房贡献率：2018 年，个人住房贷款发放额、公转商贴息贷款发放额、项目贷款发放额、住房消费提取额的总和与当年缴存额的比率为153.87%，比上年增加27.48个百分点。

六、其他重要事项

（一）当年住房公积金缴存基数限额及确定方法、缴存比例调整情况：根据省人社厅、省统计局《关于公布2018年贵州省城镇单位从业人员平均工资和企业离退休人员平均基本养老金的通知》（黔人社厅发〔2018〕10号）毕节市2018年在岗职工年平均工资58781元，建设部《关于住房公积金管理若干其体问题的指导意见》第二条"单位和职工缴存比例不应低于5%，原则上不高于12%"、第三条"缴存住房公积金的月工资基数，原则上不应超过职工工作地所在设区城市统计部门公布的上一年月平均工资的2倍或3倍"，根据省人力资源和社会保障厅《关于调整2018年贵州省最低工资标准的通知》（黔人社厅发〔2018〕23号），确定我市2018年缴存住房公积金的月工资基数最高限额为14695元，月工资基数最低限额为1470元，住房公积金月最高缴存额为3527元，最低缴存额为147元。

（二）2018年中心对缴存单位账户、缴存职工个人账户进行了清理：2018年，中心各管理部对多年来由于种种原因出现的缴交不正常的缴存单位账户进行清理，同时对"双贯标"之前各管理部分散管理，出现的一人多个缴存账户进行清理，导致实缴单位数、实缴职工人数同比分别下降19.74%、3.07%。

（三）调整中心租房提取政策：为遏制租房提取中骗取行为，2018年中心对租房提取政策进行了调整，将原来统一的城乡1.5万元下调为乡镇0.6万元、城区1.2万元，并要求凭租房发票提取。

（四）五个管理部进驻当地政务服务大厅：2018年中心市直、七星关区、金沙县、威宁县和百里杜鹃五个管理部相继进驻当地政务服务大厅。

（五）综合服务平台建设情况：根据住房城乡建设部建设综合服务平台的要求，中心多形式、全方位开通服务渠道，完成了集中心门户网站、网上业务大厅、12329服务热线、短信、微信、手机APP、终端查询七大功能为一体的服务渠道，实现服务事项"应上尽上、线上线下"，满足了缴存单位和职工多元化、个性化服务需求。

铜仁市住房公积金2018年年度报告

一、机构概况

（一）住房公积金管理委员会：住房公积金管理委员会有26名委员。

（二）住房公积金管理中心：住房公积金管理中心为不以营利为目的的全额拨款事业单位，设8个科室，11个管理部，没有设分中心。从业人员106人，其中，在编76人，非在编30人。

二、业务运行情况

（一）缴存：2018年，新开户单位197家，实缴单位2850家，净增单位172家；新开户职工1.71万人，实缴职工16.64万人，净增职工0.93万人；缴存额26.97亿元，同比增长9.5%。2018年末，缴存总额 138.35 亿元,同比增长 24.21%;缴存余额 79.28 亿元,同比增长 10%。

受委托办理住房公积金缴存业务的银行 7 家,比上年增加 2 家。

(二) 提取：2018 年,提取额 19.65 亿元,同比增长 65.65%;占当年缴存额的 72.78%,比上年增加 51.28 个百分点。

2018 年末,提取总额 59.07 亿元,同比增长 49.8%。

(三) 贷款：个人住房贷款最高额度 50 万元,其中,单缴存职工最高额度 50 万元,双缴存职工最高额度 50 万元。

2018 年,发放个人住房贷款 0.62 万笔 17.07 亿元,同比分别增长 22.39%、36.85%。

2018 年,回收个人住房贷款 10.1 亿元。

2018 年末,累计发放个人住房贷款 5.51 万笔 105.48 亿元,贷款余额 67.98 亿元,同比分别增长 12.75%、19.3%、11.48%。个人住房贷款余额占缴存余额的 85.89%,比上年增加 0.65 个百分点。

受委托办理住房公积金缴存业务的银行 7 家,比上年增加 2 家。

(四) 资金存储：2018 年末,住房公积金存款 12.39 亿元。其中,活期 1.18 亿元,1 年（含）以下定期 0 亿元,1 年以上定期 7 亿元,其他协定存款 4.21 亿元。

(五) 资金运用率：2018 年末,住房公积金个人住房贷款余额、项目贷款余额和购买国债余额的总和占缴存余额的 85.89%,比上年增加 0.65 个百分点。

三、主要财务数据

(一) 业务收入：2018 年,业务收入 21843.04 万元,同比增长 8.23%。存款利息 923.06 万元,增值收益利息收入 29.45 万元,委托贷款利息 20867.48 万元,国债利息 0 万元,其他 23.05 万元。

(二) 业务支出：2018 年,业务支出 12410 万元,同比增长 29.54%。支付职工住房公积金利息 10725.01 万元,归集手续费 785.48 万元,委托贷款手续费 728.77 万元,其他 170.74 万元。

(三) 增值收益：2018 年,增值收益 9433.05 万元,同比下降 11.02%。增值收益率 1.24%,比上年减少 0.3 个百分点。

(四) 增值收益分配：2018 年,提取贷款风险准备金 699.23 万元,提取管理费用 2668.41 万元,提取城市廉租住房（公共租赁住房）建设补充资金 6065.41 万元。

2018 年,上交财政管理费用 2668.41 万元。上缴财政城市廉租住房（公共租赁住房）建设补充资金 6921.86 万元。

2018 年末,贷款风险准备金余额 6797.70 万元。累计提取城市廉租住房（公共租赁住房）建设补充资金 32721.42 万元。

(五) 管理费用支出：2018 年,管理费用支出 2003.66 万元,同比增长 11.72%。其中,人员经费 1241.6 万元,公用经费 270.08 万元,专项经费 491.98 万元。

四、资产风险状况

2018 年末,个人住房贷款逾期额 233.13 万元,逾期率 0.34‰。

个人贷款风险准备金按贷款余额的 1%减去上年年末累计已提贷款风险准备金之差提取。2018 年,提取个人贷款风险准备金 699.23 万元,使用个人贷款风险准备金核销呆坏账 0 万元。2018 年末,个人贷款风险准备金余额 6797.70 万元,占个人住房贷款余额的 1%,个人住房贷款逾期额与个人贷款风险准备金余额的比率为 3.43%。

五、社会经济效益

(一) 缴存业务:2018 年,实缴单位数、实缴职工人数和缴存额同比分别增长 5.73%、6.03% 和 9.5%。

缴存单位中,国家机关和事业单位占 78.7%,国有企业占 9.61%,城镇集体企业占 0.46%,外商投资企业占 0.2%,城镇私营企业及其他城镇企业占 4.21%,民办非企业单位和社会团体占 2.96%,其他占 3.86%。

缴存职工中,国家机关和事业单位占 81.02%,国有企业占 12.35%,城镇集体企业占 0.96%,外商投资企业占 0.2%,城镇私营企业及其他城镇企业占 2.21%,民办非企业单位和社会团体占 1.7%,其他占 1.56%;中、低收入占 76.38%,高收入占 23.62%。

新开户职工中,国家机关和事业单位占 63.13%,国有企业占 25.17%,城镇集体企业占 0.75%,外商投资企业占 0%,城镇私营企业及其他城镇企业占 3.76%,民办非企业单位和社会团体占 3.78%,其他占 3.41%;中、低收入占 73.28%,高收入占 26.72%。

(二) 提取业务:2018 年,10.53 万名缴存职工提取住房公积金 19.65 亿元。

提取金额中,住房消费提取占 78.28%(购买、建造、翻建、大修自住住房占 40.38%,偿还购房贷款本息占 31.29%,租赁住房占 6.33%,其他占 0.28%);非住房消费提取占 21.72%(离休和退休提取占 14.31%,完全丧失劳动能力并与单位终止劳动关系提取占 1.98%,户口迁出本市或出境定居占 0.12%,其他占 5.31%)。

提取职工中,中、低收入占 87.83%,高收入占 12.17%。

(三) 贷款业务:

1. 个人住房贷款:2018 年,支持职工购建房 56.62 万平方米,年末个人住房贷款市场占有率为 37%,比上年减少 15 个百分点。通过申请住房公积金个人住房贷款,可节约职工购房利息支出 26428.79 万元。

职工贷款笔数中,购房建筑面积 90(含)平方米以下占 7.07%,90~144(含)平方米占 84.2%,144 平方米以上占 8.73%。购买新房占 98.36%(其中购买保障性住房占 0%),购买二手房占 1.64%,建造、翻建、大修自住住房占 0%,其他占 0%。

职工贷款笔数中,单缴存职工申请贷款占 65.67%,双缴存职工申请贷款占 34.33%,三人及以上缴存职工共同申请贷款占 0%。

贷款职工中,30 岁(含)以下占 45.44%,30 岁~40 岁(含)占 30.16%,40 岁~50 岁(含)占 15.7%,50 岁以上占 8.7%;首次申请贷款占 90.4%,二次及以上申请贷款占 9.6%;中、低收入占 73.58%,高收入占 26.42%。

2. 异地贷款:2018 年,发放异地贷款 173 笔 5242.5 万元。2018 年末,发放异地贷款总额 9404.50 万元,异地贷款余额 8881.85 万元。

（四）住房贡献率：2018年，个人住房贷款发放额、公转商贴息贷款发放额、项目贷款发放额、住房消费提取额的总和与当年缴存额的比率为120.33%，比上年减少25.61个百分点。

六、其他重要事项

（一）当年机构及职能调整情况：2018年机构及职能无调整，受委托办理贷款业务金融机构在中国建设银行、中国工商银行、中国农业银行、中国银行、贵州省农商行的基础上新增两家委托银行：贵州银行和贵阳银行。

（二）2018年住房公积金政策调整及执行情况：

1. 缴存基数限额及确定方法：2018年铜仁市在岗职工社会年平均工资为68806.00元。2018年我市月最高缴存基数不得超过2018年在岗职工社会月平均工资的3倍，最低缴存基数不得低于2018年贵州省铜仁市最低工资标准1680.00元。

2. 缴存比例等缴存政策调整情况：职工个人和单位缴存比例上限为12%，下限为5%。

3. 据《铜仁市住房公积金管理委员会关于提高住房公积金最高额度的通知》（铜公积金委〔2018〕1号）文件，从2018年8月1日起，将铜仁市住房公积金最高贷款额度由40万元调增到50万元。

4. 据《铜仁市住房公积金管理中心关于调整住房公积金贷款有关政策的通知》（铜公积金发〔2018〕61号）文件，从2018年7月16日起：取消公积金质押担保贷款；不得向购买第三套及以上住房公积金缴存职工家庭发放住房公积金个人住房贷款；住房公积金贷款偿还期限延至借款人法定退休年龄后5年，最长贷款期限不超过30年。

5. 公积金贷款五年之内，年利率按2.75%执行，公积金贷款五年以上，年利率按3.25%执行。

（三）2018年服务改进情况：开展延时服务、预约服务、上门服务、贷款面签服务；增设叫号机、服务评价器、公积金业务自助服务终端机、高拍仪、多功能键盘。综合服务平台总体建设基本达到住房城乡建设部查验评分合格标准，建设要求中的各项服务渠道：门户网站、网厅、12329热线、12329短信、微信、手机APP、自助终端、微博，已经全部建设完成。其他网络载体建设服务情况：与电子政务外网实现数据接口对接，在该网址开通了公积金的业务数据查询功能；与中国工商银行实现数据接口对接，在工行手机APP的业务功能中可查询个人公积金缴存信息；与中国建设银行、中国农业银行达成数据共享合作意向，签订合作协议，业务系统接口开发对接工作准备就绪。

（四）信息化建设情况：我中心信息系统升级改造后的新程序于2018年7月已经正式上线，截至2018年底已经运行一年半时间，升级改造后的新程序经历需求调研、开发部署、上线调试、使用磨合多个阶段，目前已基本恢复到平稳运行状态。基础数据标准贯标和结算应用系统接入在2018年7月新程序上线的同时就已按照标准完成，并于2018年12月顺利通过了住房城乡建设部与住房城乡建设厅专家组的联合验收。

（五）2018年住房公积金管理中心及职工所获荣誉：铜仁管理部、沿河管理部分别荣获所在政务服务中心表彰的"文明服务窗口"；思南管理部在思南县目标绩效考核中获省市驻思南单位类一等奖，并被思南县政务服务中心评为"红旗窗口"；石阡管理部获得县政务服务中心2018年第一季度"流动红旗窗口"，并获2018年石阡县年终绩效管理考核（垂管部门）一等奖；江口管理部荣获2018年江口县绩效考核垂管部门一等奖；沿河管理部副主任田茂武、万山管理部孙昊、石阡管理部彭大海、欧天红分别荣获政务服务中心窗口"个人文明服务标兵"，江口管理部主任杨力荣获江口县"优秀帮扶责任人"；玉屏管理部副主任赵倩被玉屏政务服务中心评为"个人优秀"。

黔西南布依族苗族自治州住房公积金2018年年度报告

一、机构概况

（一）住房公积金管理委员会：住房公积金管理委员会有27名委员，2018年召开1次会议，审议通过的事项主要包括：《黔西南州2018年住房公积金制度运行情况及2018年住房公积金归集使用计划报告》、《黔西南州住房公积金2018年度财务决算和2018年度计划（草案）的报告》、《黔西南州新市民建立住房公积金制度暂行办法》，并对其他重要事项进行决策。

（二）住房公积金管理中心：黔西南州住房公积金管理中心为黔西南州人民政府不以营利为目的的参照公务员法管理的事业单位，主要负责全州住房公积金的归集、管理、使用和会计核算。中心设6个科室，10个管理部。从业人员87人，其中，在编47人，非在编40人。

二、业务运行情况

（一）缴存：2018年，新开户单位311家，实缴单位2229家，净增单位404家；新开户职工1.44万人，实缴职工13.67万人，净减职工－0.16万人；缴存额21.52亿元，同比增长9.29%。2018年末，缴存总额123.78亿元，同比增长21%；缴存余额66.6亿元，同比增长18.7%。

受委托办理住房公积金缴存业务的银行2家，比上年增加（减少）0家。

（二）提取：2018年，提取额11.03亿元，同比增长30.31%；占当年缴存额的51.25%，比上年增加8.27个百分点。2018年末，提取总额57.18亿元，同比增长23.9%。

（三）贷款：个人住房贷款最高额度40万元，其中，单缴存职工最高额度40万元，双缴存职工最高额度40万元。

2018年，发放个人住房贷款5433笔18.4亿元，同比分别下降－14%、增长8.20%。

2018年，回收个人住房贷款7.33亿元。

2018年末，累计发放个人住房贷款4.29万笔100.51亿元，贷款余额66.26亿元，同比分别增长14.5%、22.4%、20%。个人住房贷款余额占缴存余额的99.5%，比上年增加1.1个百分点。

受委托办理住房公积金个人住房贷款业务的银行4家，比上年增加1家。

（四）资金存储：2018年末，住房公积金存款2.4亿元。其中，活期0.02亿元，1年（含）以下定期0.7亿元，1年以上定期0亿元，其他（协定、通知存款等）1.68亿元。

（五）资金运用率：2018年末，住房公积金个人住房贷款余额占缴存余额的99.50%，比上年增加1.1个百分点。

三、主要财务数据

（一）业务收入：2018年，业务收入19677.85万元，同比增长23.12%。其中，存款利息281.48万元，委托贷款利息 19360.05 万元，国债利息 0 万元，其他 0.02 万元。

（二）业务支出：2018 年，业务支出 11256.69 万元，同比增长 17.44%。其中，支付职工住房公积金利息 9305 万元，归集手续费 1007.38 万元，委托贷款手续费 944.24 万元，其他 0.07 万元。

（三）增值收益：2018 年，增值收益 8421.16 万元，同比增长 31.63%。其中，增值收益率 1.26%，比上年增加 0.01 个百分点。

（四）增值收益分配：2018 年，提取贷款风险准备金 1106.06 万元，提取管理费用和城市廉租住房（公共租赁住房）建设补充资金 7315.10 万元。

2018 年末，贷款风险准备金余额 6626.39 万元。累计提取城市廉租住房（公共租赁住房）建设补充资金 12100.75 万元。

（五）管理费用支出：2018 年，管理费用支出 1212.27 万元，同比增长 5.29%。其中，人员经费 751.46 万元，公用经费 326.27 万元，专项经费 134.54 万元。

四、资产风险状况

2018 年末，个人住房贷款逾期额 0 万元，逾期率 0‰。

个人贷款风险准备金按（贷款余额或增值收益）的 1% 提取。2018 年，提取个人贷款风险准备金 1106.06 万元，使用个人贷款风险准备金核销呆坏账 0 万元。2018 年末，个人贷款风险准备金余额 6626.39 万元，占个人住房贷款余额的 1%，个人住房贷款逾期额与个人贷款风险准备金余额的比率为 0%。

五、社会经济效益

（一）缴存业务：2018 年，实缴单位数、实缴职工人数和缴存额同比分别增长 22.13%、－1.15% 和 9.29%。

缴存单位中，国家机关和事业单位占 61.73%，国有企业占 9.56%，城镇集体企业占 14.63%，外商投资企业占 0.31%，城镇私营企业及其他城镇企业占 6.1%，民办非企业单位和社会团体占 1.3%，其他占 6.33%。

缴存职工中，国家机关和事业单位占 70.64%，国有企业占 10.73%，城镇集体企业占 14.61%，外商投资企业占 0.29%，城镇私营企业及其他城镇企业占 1.25%，民办非企业单位和社会团体占 0.83%，其他占 1.65%；中、低收入占 97.64%，高收入占 0.18%。

新开户职工中，国家机关和事业单位占 35.32%，国有企业占 19.74%，城镇集体企业占 24.32%，外商投资企业占 0.48%，城镇私营企业及其他城镇企业占 7.1%，民办非企业单位和社会团体占 3.36%，其他占 9.67%；中、低收入占 86.79%，高收入占 13.21%。

（二）提取业务：2018 年，3.18 万名缴存职工提取住房公积金 11.03 亿元。

提取金额中，住房消费提取占 78.7%（购买、建造、翻建、大修自住住房占 18.08%，偿还购房贷款本息占 59.13%，租赁住房占 1.26%，其他占 0.24%）；非住房消费提取占 20.05%（离休和退休提取占 16.05%，完全丧失劳动能力并与单位终止劳动关系提取占 2.61%，户口迁出本市或出境定居占 0.07%，其他占 1.32%）。

提取职工中，中、低收入占 74.53%，高收入占 25.47%。

（三）贷款业务：

1. **个人住房贷款**：2018 年，支持职工购建房 76.91 万平方米，年末个人住房贷款市场占有率为 32.13%，比上年减少－9.32 个百分点。通过申请住房公积金个人住房贷款，可节约职工购房利息支出 3937.86 万元。

职工贷款笔数中，购房建筑面积 90（含）平方米以下占 2.06%，90～144（含）平方米占 68.73%，144 平方米以上占 29.21%。购买新房占 89.56%（其中购买保障性住房占 0%），购买二手房占 7.05%，建造、翻建、大修自住住房占 2.5%，其他占 0.89%。

职工贷款笔数中，单缴存职工申请贷款占 66.55%，双缴存职工申请贷款占 33.45%，三人及以上缴存职工共同申请贷款占 0%。

贷款职工中，30 岁（含）以下占 40.34%，30 岁～40 岁（含）占 34.43%，40 岁～50 岁（含）占 19.20%，50 岁以上占 6.03%；首次申请贷款占 96.81%，二次及以上申请贷款占 3.19%；中、低收入占 75.71%，高收入占 24.29%。

2. **异地贷款**：2018 年，发放异地贷款 196 笔 3445.8 万元。2018 年末，发放异地贷款总额 6325.9 万元。

（四）**住房贡献率**：2018 年，个人住房贷款发放额、公转商贴息贷款发放额、项目贷款发放额、住房消费提取额的总和与当年缴存额的比率为 137.76%，比上年增加 26 个百分点。

六、其他重要事项

（一）**当年机构及职能调整情况、受委托办理缴存贷款业务金融机构变更情况**。根据《关于调整州住房公积金管理中心机构编制事项的通知》（州机编字〔2018〕16 号）文件，中心设立州住房公积金管理中心义龙新区管理部。2018 年，办理缴存业务受委托银行无变化，增加贵阳银行办理贷款业务。

（二）**当年住房公积金政策调整及执行情况**。2018 年我州公积金政策严格按照《住房公积金管理条例》规定执行。2018 年 7 月，中心印发《州住房公积金中心关于调整 2018 年住房公积金缴存基数上下限标准的通知》（州公通〔2018〕23 号），对我州单位职工缴存住房公积金基数上下限进行明确。2018 年单位在岗职工缴存住房公积金的工资基数上限为 16486.25 元，月缴存额上限为 3956 元（个人缴存额 16486.25×12%＋单位缴存额 16486.25×12%）；黔西南州住房公积金的缴存工资基数下限分别为：一类区为 1680 元，二类区为 1570 元，三类地区 1470 元。住房公积金月缴存额下限：一类区为 168 元，二类区为 156 元，三类地区 146 元。

当年住房公积金存贷款利率调整及执行情况：2018 年严格按照央行住房公积金贷款利率执行。

当年提取政策调整情况：2018 年 7 月印发《黔西南州住房公积金管理中心关于落"减证便民"行动进一步提升服务水平的通知》，进一步规范减少提取等有关业务办理材料，简化业务办理流程，实现让群众办事"只进一扇门，最多跑一次"。

当年住房公积金个人住房贷款最高贷款额度调整情况：2018 年未对个人贷款额度进行调整，仍然执行购、建自住住房最高贷款限额 40 万元，大修自住住房最高贷款限额 15 万元。

（三）**当年服务改进情况**。2018 年全州各管理部都按照住房城乡建设部标准购置了业务用房并设置了住房公积金服务大厅，配备了等候座椅、饮水机、写字台、宣传栏、查询机、叫号机、服务设施，各业务办事窗口摆放业务办理流程，以住房公积金分厅服务规范化建设为重点，带动全州各县管理部窗口服务建设，努力规范服务行为，健全长效服务机制。窗口服务人员学习掌握基本服务礼仪，规范服务用语，不断提高亲情化服务水平。按照住房城乡建设部的要求，现已开通网上服务大厅（个人版、单位版、开发商版）、自助查询终端、公积金城市服务（支付宝）手机 APP、中心网站、官方微博等服务渠道，在 2019 年逐步建设完成 12329 短信、12329 热线、官方微信等服务渠道。

（四）当年信息化建设情况。中心信息系统运行正常形成了"互联网＋公积金"的服务体系，实现了资金独立自主核算，实时交易，职工申请资金"秒级"到账，资金安全实时监控，风险防控更加严密有力。同时，充分运用"互联网＋公积金服务"技术，打造综合服务平台，目前开通了网厅、手机 APP 支付宝城市服务、自主查询机等多种服务平台，职工可随时自助查询本人公积金及贷款信息。下一步，部分住房公积金业务职工足不出户就可以办理，逐步将前台柜面向互联网、自助查询机等介质延伸，探索开创"零柜员"的"互联网＋"业务办理模式。

（五）当年住房公积金管理中心及职工所获荣誉情况。2018 年，黔西南中心获贵州省总工会表彰为省级职工书屋示范单位及省级示范职工之家、获贵州省妇联表彰为"贵州省星级妇女之家"、获贵州省住房城乡建设厅建设工会表彰为"工会工作先进集体"，被黔西南州直工委授予"黔西南州直单位党建示范点"单位、黔西南州总工会授予"黔西南州机关工会规范化建设示范点"。2018 年 7 月，我中心卢红同志被省委省政府表彰为"全省脱贫攻坚优秀共产党员"，帮扶点望谟县蔗香镇新寨村党支部被表彰为"全省脱贫攻坚先进党组织"和"全州脱贫攻坚先进党组织"，帮扶点安龙县普坪镇牙皂村党支部被表彰为"全州脱贫攻坚先进基层党组织"。

黔东南苗族侗族自治州住房公积金 2018 年年度报告

一、机构概况

（一）住房公积金管理委员会：住房公积金管理委员会有 27 名委员，2018 年召开 1 次会议，审议通过的事项主要包括：一是审议通过州住房公积金管理中心所作的《2018 年度黔东南州住房公积金管理工作报告》，批准黔东南州住房公积金管理中心 2018 年工作安排意见。二是审议通过州财政局所作的《2018 年度黔东南州住房公积金财务收支决算、2018 年度黔东南州住房公积金归集使用预算和 2018 年度黔东南州住房公积金管理中心部门预算审核意见》的报告。三是审议通过《黔东南州住房公积金 2018 年年度报告》。四是审议通过《关于促进我州消费发展放宽住房公积金提取条件的工作意见》文件。五是审议通过《关于贯彻落实〈贵州省进城落户农民建立住房公积金制度指导意见〉的实施方案》文件。六是审议通过《关于统一全州住房公积金个人住房贷款最高额度的建议》文件。七是审议通过《黔东南州住房公积金管理委员会第二届第十八次全体会议决议》。

（二）住房公积金管理中心：住房公积金管理中心为黔东南州人民政府直属的不以营利为目的的参照

公务员管理事业单位，设 7 个处（科），17 个管理部。从业人员 155 人，其中，在编 112 人，非在编 38 人。

二、业务运行情况

（一）缴存：2018 年，新开户单位 368 家，实缴单位 4601 家，净增单位 226 家；新开户职工 1.67 万人，实缴职工 14.79 万人，净减少职工 1.58 万人；缴存额 34.86 亿元，同比增长 23.62%。2018 年末，缴存总额 185.79 亿元，同比增长 23.10%；缴存余额 109.23 亿元，同比增长 14.50%。

受委托办理住房公积金缴存业务的银行 3 家，比上年增加 0 家。

（二）提取：2018 年，提取额 21.03 亿元，同比增长 69.60%；占当年缴存额的 60.33%，比上年增加 16.36 个百分点。2018 年末，提取总额 76.57 亿元，同比增长 37.89%。

（三）贷款：个人住房贷款最高额度 50 万元，其中，单缴存职工最高额度 50 万元，双缴存职工最高额度 50 万元。

2018 年，发放个人住房贷款 0.82 万笔 28.80 亿元，同比分别增长 26.15%、41.18%。

2018 年，回收个人住房贷款 9.54 亿元。

2018 年末，累计发放个人住房贷款 6.81 万笔 151.77 亿元，贷款余额 105.86 亿元，同比分别增长 13.69%、23.43%、22.25%。个人住房贷款余额占缴存余额的 96.91%，比上年增加 6.14 个百分点。

受委托办理住房公积金个人住房贷款业务的银行 8 家，比上年增加 0 家。

（四）资金存储：2018 年末，住房公积金存款 5.17 亿元。其中，活期 0.24 亿元，1 年（含）以下定期 1.34 亿元，1 年以上定期 2.50 亿元，其他（协定、通知存款等）1.09 亿元。

（五）资金运用率：2018 年末，住房公积金个人住房贷款余额、项目贷款余额和购买国债余额的总和占缴存余额的 96.91%，比上年增加 6.14 个百分点。

三、主要财务数据

（一）业务收入：2018 年，业务收入 33851.04 万元，同比增长 22.24%。存款利息 2342.48 万元，委托贷款利息 31505.92 万元，国债利息 0 万元，其他 2.64 万元。

（二）业务支出：2018 年，业务支出 19603.96 万元，同比增长 30.48%。支付职工住房公积金利息 16320.81 万元，归集手续费 1563.71 万元，委托贷款手续费 1719.34 万元，其他 0.10 万元。

（三）增值收益：2018 年，增值收益 14247.08 万元，同比增长 12.46%。增值收益率 1.38%，比上年减少 0.07 个百分点。

（四）增值收益分配：2018 年，提取贷款风险准备金 1926.70 万元，提取管理费用 3980.28 万元，提取城市廉租住房（公共租赁住房）建设补充资金 8340.10 万元。

2018 年，上交财政管理费用 3732.83 万元。上缴财政城市廉租住房（公共租赁住房）建设补充资金 7623.30 万元。

2018 年末，贷款风险准备金余额 21800.58 万元。累计提取城市廉租住房（公共租赁住房）建设补充资金 39592.00 万元。

（五）管理费用支出：2018 年，管理费用支出 3833.64 万元，同比增长 2.70%。其中，人员经费

1953.14 万元，公用经费 338.36 万元，专项经费 1542.14 万元。

四、资产风险状况

2018 年末，个人住房贷款逾期额 119.93 万元，逾期率 0.11‰。

个人贷款风险准备金按贷款余额的 1% 提取。2018 年，提取个人贷款风险准备金 1926.70 万元，使用个人贷款风险准备金核销呆坏账 0 万元。2018 年末，个人贷款风险准备金余额 21800.58 万元，占个人住房贷款余额的 2.06%，个人住房贷款逾期额与个人贷款风险准备金余额的比率为 0.55%。

五、社会经济效益

（一）**缴存业务**：2018 年，实缴单位数、实缴职工人数和缴存额同比分别增长 5.17%、-9.66% 和 23.62%。

缴存单位中，国家机关和事业单位占 75.03%，国有企业占 11.19%，城镇集体企业占 3.0%，外商投资企业占 0.48%，城镇私营企业及其他城镇企业占 6.48%，民办非企业单位和社会团体占 1.0%，其他占 2.82%。

缴存职工中，国家机关和事业单位占 78.12%，国有企业占 12.21%，城镇集体企业占 2.30%，外商投资企业占 0.40%，城镇私营企业及其他城镇企业占 3.39%，民办非企业单位和社会团体占 0.36%，其他占 3.22%；中、低收入占 100%，高收入占 0%。

新开户职工中，国家机关和事业单位占 47.92%，国有企业占 6.18%，城镇集体企业占 8.28%，外商投资企业占 1.50%，城镇私营企业及其他城镇企业占 8.23%，民办非企业单位和社会团体占 2.26%，其他占 25.63%；中、低收入占 100%，高收入占 0%。

（二）**提取业务**：2018 年，5.58 万名缴存职工提取住房公积金 21.03 亿元。

提取金额中，住房消费提取占 79.72%（购买、建造、翻建、大修自住住房占 27.82%，偿还购房贷款本息占 47.98%，租赁住房占 2.49%，其他占 1.43%）；非住房消费提取占 20.28%（离休和退休提取占 17.09%，完全丧失劳动能力并与单位终止劳动关系提取占 1.77%，户口迁出本市或出境定居占 0.52%，其他占 0.90%）。

提取职工中，中、低收入占 100%，高收入占 0%。

（三）**贷款业务**：

1. **个人住房贷款**：2018 年，支持职工购建房 106.0 万平方米，年末个人住房贷款市场占有率为 56.70%，比上年减少 3.74 个百分点。通过申请住房公积金个人住房贷款，可节约职工购房利息支出 25495.56 万元。

职工贷款笔数中，购房建筑面积 90（含）平方米以下占 5.43%，90～144（含）平方米占 80.32%，144 平方米以上占 14.25%。购买新房占 87.94%（其中购买保障性住房占 0.14%），购买二手房占 11.27%，建造、翻建、大修自住住房占 0.79%，其他占 0%。

职工贷款笔数中，单缴存职工申请贷款占 59.39%，双缴存职工申请贷款占 40.61%，三人及以上缴存职工共同申请贷款占 0%。

贷款职工中，30 岁（含）以下占 25.79%，30 岁～40 岁（含）占 43.64%，40 岁～50 岁（含）占

21.16%，50 岁以上占 9.41%；首次申请贷款占 92.68%，二次及以上申请贷款占 7.32%；中、低收入占 100%，高收入占 0%。

2. **异地贷款**：2018 年，发放异地贷款 276 笔 8899.30 万元。2018 年末，发放异地贷款总额 16275.80 万元，异地贷款余额 14250.30 万元。

（四）**住房贡献率**：2018 年，个人住房贷款发放额、公转商贴息贷款发放额、项目贷款发放额、住房消费提取额的总和与当年缴存额的比率为 142.94%，比上年增加 37.87 个百分点。

六、其他重要事项

（一）当年机构及职能调整情况、受委托办理缴存贷款业务金融机构变更情况。

2018 年，撤销了纪检监察室（派驻），受委托办理缴存贷款业务金融机构未变更。

（二）当年住房公积金政策调整及执行情况。

1. 当年住房公积金缴存基数限额及确定方法、缴存比例调整情况。2018 年，职工和单位住房公积金个人缴存基数以 2018 年度职工个人月平均工资确定，最高不得超过地区在职职工月平均工资的 3 倍，即：最高缴存基数上限为 15995 元，最低缴存基数下限为 1680 元。职工和单位住房公积金缴存比例均不低于 5%，不高于 12%，按 1∶1 的比例缴存公积金。

2. 当年提取政策、当年个人住房贷款最高贷款额度、贷款条件等贷款政策、当年住房公积金存贷款利率执行标准等未进行调整。

（三）当年服务改进情况。

1. 2018 年，完成 8 个县市管理部业务用房采购，完成 4 个县市管理部业务用房装修招标。

2. 完成综合服务平台建设，开通 8 个服务渠道。

（四）当年信息化建设情况。2018 年，进一步完善住房公积金信息系统，提高数据质量。

（五）当年住房公积金管理中心及职工所获荣誉情况。2018 年，全州荣获党员先锋岗、优秀共产党员各 1 次，"巾帼文明岗" 2 次，"红旗窗口" 7 次、"服务之星" 8 人次。

黔南布依族苗族自治州住房公积金 2018 年年度报告

一、机构概况

（一）**住房公积金管理委员会**：住房公积金管理委员会有 33 名委员，2018 年召开了三届二次会议，审议通过的事项主要包括：1.《黔南州 2018 年全州住房公积金计划执行情况与 2018 年计划草案的报告》；2.《黔南州住房公积金 2018 年年度报告》。

（二）**住房公积金管理中心**：住房公积金管理中心为州人民政府不以营利为目的的参公管理正县级事业单位，设综合科、计划统计与会计核算科、信贷管理科、信息技术科、审计监察科、归集管理科 6 个科室，1 个直属业务部以及福泉市、独山县、平塘县、荔波县、三都县、瓮安县、贵定县、龙里县、惠水县、长顺县、罗甸县等11个县（市）管理部。从业人员111人，其中，在编80人，非在编31人。

二、业务运行情况

（一）缴存：2018年，新开户单位719家，实缴单位3703家，净增单位489家；新开户职工2.56万人，实缴职工18.31万人，净增职工2.7万人；缴存额31.17亿元，同比增长14.88%。2018年末，缴存总额168.14亿元，同比增长22.76%；缴存余额83.52亿元，同比增长13.14%。

受委托办理住房公积金缴存业务的银行9家，比上年无增加（减少）。

（二）提取：2018年，提取额21.47亿元，同比增长41.52%；占当年缴存额的68.88%，比上年增加12.96个百分点。2018年末，提取总额84.62亿元，同比增长34%。

（三）贷款：个人住房贷款最高额度40万元，其中，单缴存职工最高额度40万元，双缴存职工最高额度40万元。

2018年，发放个人住房贷款0.86万笔25.27亿元，同比分别增长10.05%、14.15%。

2018年，回收个人住房贷款9.24亿元。

2018年末，累计发放个人住房贷款6.56万笔132.66亿元，贷款余额92.76亿元，同比分别增长15.09%、23.53%、20.89%。个人住房贷款余额占缴存余额的111.07%，比上年增加7.13个百分点。

受委托办理住房公积金个人住房贷款业务的银行9家，比上年无增加（减少）。

（四）融资：2018年，融资4.98亿元，归还0.5亿元。2018年末，融资总额13.46亿元，融资余额10.67亿元。

（五）资金存储：2018年末，住房公积金存款2.64亿元。其中，活期0.017亿元，1年（含）以下定期0亿元，1年以上定期0亿元，其他（协定、通知存款等）2.63亿元。

（六）资金运用率：2018年末，住房公积金个人住房贷款余额、项目贷款余额和购买国债余额的总和占缴存余额的111.07%，比上年增加7.13个百分点。

三、主要财务数据

（一）业务收入：2018年，业务收入24968.77万元，同比增长16.93%。其中，存款利息304.73万元，委托贷款利息24663.4万元，其他0.64万元。

（二）业务支出：2018年，业务支出15871.34万元，同比增长47.46%。其中，支付职工住房公积金利息11874.81万元，归集手续费1505.1万元，委托贷款手续费1348.73万元，其他1142.70万元。

（三）增值收益：2018年，增值收益9097.43万元，同比下降14.10%。增值收益率1.17%，比上年减少0.33个百分点。

（四）增值收益分配：2018年，提取贷款风险准备金1602.95万元，提取管理费用1816.7万元，提取城市廉租住房（公共租赁住房）建设补充资金5677.78万元。

2018年，上交财政管理费用1816.7万元。上缴财政城市廉租住房（公共租赁住房）建设补充资金5551.42万元。其中含2018年度计提未交的4551.42万元和2018年按财政要求先预缴入国库的1000万元整。

2018年末，贷款风险准备金余额9275.94万元。累计提取城市廉租住房（公共租赁住房）建设补充资金42076.01万元。

（五）**管理费用支出**：2018年，实际管理费用支出1590.25万元，同比增长17.65%。其中，人员经费1021.78万元，公用经费213.32万元，专项经费355.15万元。

四、资产风险状况

2018年末，个人住房贷款逾期额88.73万元，逾期率0.096‰。

个人贷款风险准备金按贷款余额的1%补足提取。2018年，提取个人贷款风险准备金1602.95万元，使用个人贷款风险准备金核销呆坏账0万元。2018年末，个人贷款风险准备金余额9275.94万元，占个人住房贷款余额的1%，个人住房贷款逾期额与个人贷款风险准备金余额的比率为0.96%。

五、社会经济效益

（一）**缴存业务**：2018年，实缴单位数、实缴职工人数和缴存额同比分别增长15.21%、17.3%和14.88%。

缴存单位中，国家机关和事业单位占53.44%，国有企业占15.34%，城镇集体企业占1.4%，外商投资企业占0.16%，城镇私营企业及其他城镇企业占22.68%，民办非企业单位和社会团体占1.84%，其他占5.14%。

缴存职工中，国家机关和事业单位占67.59%，国有企业占18.21%，城镇集体企业占0.39%，外商投资企业占0.06%，城镇私营企业及其他城镇企业占11.89%，民办非企业单位和社会团体占0.38%，其他占1.48%；中、低收入占99.5%，高收入占0.5%。

新开户职工中，国家机关和事业单位占46.07%，国有企业占14.52%，城镇集体企业占1.2%，外商投资企业占0.43%，城镇私营企业及其他城镇企业占23.04%，民办非企业单位和社会团体占2.31%，其他占12.43%；中、低收入占93.99%，高收入占6.01%。

（二）**提取业务**：2018年，为7.5万名缴存职工提取住房公积金21.47亿元。提取金额中，住房消费提取占82.27%（购买、建造、翻建、大修自住住房占26.52%，偿还购房贷款本息占54.23%，租赁住房占1.04%，其他占0.48%）；非住房消费提取占17.73%（离休和退休提取占14.43%，完全丧失劳动能力并与单位终止劳动关系提取占1.92%，户口迁出本市或出境定居占0.22%，其他占1.16%）。

提取职工中，中、低收入占93.2%，高收入占6.8%。

（三）**贷款业务**：

1. **个人住房贷款**：2018年，支持职工购建房108.8万平方米，年末个人住房贷款市场占有率为47.73%，比上年增加4.85个百分点。通过申请住房公积金个人住房贷款，可节约职工购房利息支出69,372.77万元。

职工贷款笔数中，购房建筑面积90（含）平方米以下占4.21%，90~144（含）平方米占81.77%，144平方米以上占14.02%。购买新房占95.84%（其中购买保障性住房占0.56%），购买二手房占3.53%，建造、翻建、大修自住住房占0.63%。

职工贷款笔数中，单缴存职工申请贷款占66.03%，双缴存职工申请贷款占33.52%，三人及以上缴存职工共同申请贷款占0.45%。

贷款职工中，30岁（含）以下占28%，30岁~40岁（含）占36%，40岁~50岁（含）占33%，50

岁以上占3%；首次申请贷款占65%，二次申请贷款占35%；中、低收入占68%，高收入占32%。

2. 异地贷款：2018年，发放异地贷款501笔14909.4万元。2018年末，发放异地贷款总额30037.1万元，异地贷款余额27927.28万元。

（四）住房贡献率：2018年，个人住房贷款发放额、公转商贴息贷款发放额、项目贷款发放额、住房消费提取额的总和与当年缴存额的比率为137.75%，比上年增加0.26个百分点。

六、其他重要事项

（一）当年机构及职能调整情况：为强化全州住房公积金系统党员队伍管理，履行党要管党、全面从严治党的政治要求，全面推进州中心系统党的建设，教育党员坚定理想信念，严守政治纪律和政治规矩，严肃党内政治生活，保证党的路线方针政策的贯彻执行，经中心党组研究，并报经州直属机关工委批准，中共黔南州住房公积金管理中心机关委员会于2018年4月成立。中心机关党委共有党员57名，设置书记1人，专职副书记1人，委员5人（组织委员、宣传委员、纪检委员、群工委员、文体委员各1人）。

（二）当年住房公积金政策调整及执行情况：

1. 当年缴存基数限额及确定方法。2018年，根据人力资源和社会保障部门、统计部门公布的2018年度我州城镇职工平均工资等相关数据，调整2018年度缴存住房公积金基数的上限和下限，即：上限为不得超过在岗职工月平均工资（63530元÷12个月＝5294.17元）的3倍，即15882元单位和职工个人每月缴存住房公积金的合计上限为：3812元（15882元×12%×2）；缴存基数下限为贵州省人力资源和社会保障厅公布的2018年度我州各县（市）最低工资标准。

2. 为规范住房公积金行政执法活动，维护住房公积金缴存人的合法权益，依据相关法规规定，出台了《黔南州住房公积金行政执法管理办法》，结合州情实际明确了行政执法范围、处罚标准、执法程序以及相关监督措施。《管理办法》的正式实施，更加规范了住房公积金的缴存、使用行为，同时促进了住房公积金的缴存扩面。

（三）当年服务改进情况：

1. 通过运用"互联网＋公积金"信息化平台，开通网上业务大厅以及手机APP线上业务办理功能，职工可多渠道全方位查询、咨询、办理公积金相关业务事项，可线上申请办理公积金还贷提取、固定比例提取、离退休销户提取、提前部分还款、提前结清、签约月对冲等相关业务，极大的提高业务办理效率和用户体验，真正实现了让缴存单位和职工足不出户、"一次不跑"就能办事，畅享"指尖上的公积金服务"。

2. 积极参与黔南州大数据云平台系统建设，通过云平台与多部门间进行数据共享，信息互通，有效地解决查询难、信息不对称等问题。目前中心已与公安、工商、民政等部门进行了数据交换测试，为减少职工办理业务成本奠定了基础。积极建设与人民银行征信系统的联网对接，用高科技手段杜绝骗提套取住房公积金的违法行为。

3. 将住房公积金归集、贷款业务委托扩大到州内所有银行金融机构，充分利用金融机构营业网点布局的优势，为单位和职工增加办理服务网点，职工办理住房公积金贷款业务只需提交资料到受托银行，由受托银行受理后提交中心审批，大大减少了职工往返公积金与银行之间的跑路次数。

（四）当年信息化建设情况：以"互联网＋"为导向，完善功能齐全、使用便捷、服务高效、职工满意的住房公积金综合服务平台。根据住房公积金改革发展的新形势、新要求，在做好窗口服务的同时，不断创新公积金服务模式,以互联网和移动终端为主要载体,同步上线运行了中心门户网站、网上业务大厅、自助查询机、12329服务热线、手机短信、手机APP、微信公众号等七种服务渠道,并在全省范围内率先推出支付宝"刷脸"功能查询个人住房公积金信息服务。同时实现住房公积金业务网上办理,办事职工可足不出户在线申请办理公积金提取、偿还贷款、签约月对冲等业务,所提资金秒级到账、扣款短信及时提醒,实现让职工办理业务"零跑路",着力解决"服务群众最后一公里"的问题。

(五)当年住房公积金管理中心及职工所获荣誉情况: 2018年中心改革案例在2018年被评为贵州省2018年度全面深化改革40个优秀案例之一;"七一"建党97周年中心机关第一党支部:州委评为脱贫攻坚先进党组织,2名同志被评为优秀共产党员;中心被州文明办授予"文明单位"称号。

(六)审计检查情况: 审计监察科在业务倒查核实中,发现极少数职工通过第三方(中介机构)伪造异地购房虚假证明材料骗提套取公积金,通过向纪检监察部门报告、向公安机关报案,共追回45笔骗提资金250.95万元。

(七)逾期贷款管理方面申请法院强制执行情况: 2018年,继续执行已生效判决3起、向州人民法院提起诉讼4起,共计收回逾期贷款本息63.2万元。

2018 全国住房公积金年度报告汇编

云南省

昆明	楚雄彝族自治州
曲靖市	红河哈尼族彝族自治州
玉溪市	文山壮族苗族自治州
保山市	西双版纳傣族自治州
昭通市	大理白族自治州
丽江市	德宏傣族景颇族自治州
普洱市	怒江傈僳族自治州
临沧市	迪庆藏族自治州

云南省住房公积金 2018 年度报告

一、机构概况

（一）**住房公积金管理机构**：全省共设 16 个设区城市住房公积金管理中心、1 个独立设置的分中心，从业人员 1432 人，其中，在编 1035 人，非在编 397 人。

（二）**住房公积金监管机构**：云南省住房和城乡建设厅、财政厅和人民银行昆明中心支行负责对本省住房公积金管理运行情况进行监督。省住房城乡建设厅设立住房公积金监管处，负责辖区住房公积金日常监管工作。

二、业务运行情况

（一）**缴存**：2018 年，新开户单位 5181 家，实缴单位 50643 家，净增单位 3036 家；新开户职工 23.76 万人，实缴职工 269.54 万人，净增职工 12.34 万人；缴存额 498.69 亿元，同比增长 7.14%。2018 年末，缴存总额 3446.07 亿元，同比增长 16.92%；缴存余额 1418.16 亿元，同比增长 9.31%。

（二）**提取**：2018 年，提取公积金 377.87 亿元，同比增长 27.58%；占当年缴存额的 75.77%，比上年增加 12.12 个百分点。2018 年末，提取公积金总额 2027.91 亿元，同比增长 22.90%。

（三）**贷款**：

1. **个人住房贷款**：2018 年，发放个人住房贷款 7.67 万笔 289.05 亿元，同比下降 14.97%、11.98%。收回个人住房贷款 182.30 亿元，见图 1。

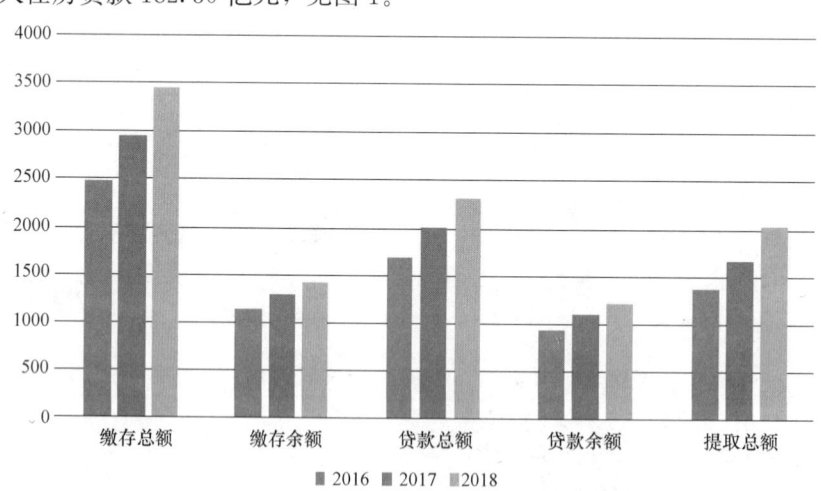

图 1　2016、2017、2018 年缴存、贷款、提取情况比较

2018 年末，累计发放个人住房贷款 118.49 万笔 2299.41 亿元，贷款余额 1212.71 亿元，同比分别增长 6.92%、14.38%、9.65%。个人住房贷款余额占缴存余额的 85.51%，比上年增加 0.27 个百分点。

2. **住房公积金支持保障性住房建设项目贷款**：2018 年，没有发生支持保障性住房建设项目贷款，收回项目贷款 0.6 亿元。2018 年末，累计发放项目贷款 3 亿元，项目贷款余额 1.41 亿元。

（四）**融资**：2018 年，融资 14.10 亿元，归还 15 亿元。2018 年末，融资总额 30.15 亿元，融资余额

10.10亿元。

（五）资金存储：2018年末，住房公积金存款244.48亿元。其中，活期35.07亿元，1年（含）以下定期108.07亿元，1年以上定期63.39亿元，其他（协定、通知存款等）37.95亿元。

（六）资金运用率：2018年末，住房公积金个人住房贷款余额、项目贷款余额和购买国债余额的总和占缴存余额的85.61%，比上年增加0.21个百分点。

三、主要财务数据

（一）业务收入：2018年，业务收入434487.17万元，同比增长9.71%。其中，存款利息54003.89万元，委托贷款利息380330.75万元，国债利息0万元，其他152.53万元。

（二）业务支出：2018年，业务支出222210.32万元，同比增长12.33%。其中，支付职工住房公积金利息206468.76万元，归集手续费3918万元，委托贷款手续费11003.35万元，其他820.21万元。

（三）增值收益：2018年，增值收益212276.85万元，同比增长7.09%；增值收益率1.56%，比上年减少0.07个百分点。

（四）增值收益分配：2018年，提取贷款风险准备金11991.06万元，提取管理费用45570.53万元，提取城市廉租住房（公共租赁住房）建设补充资金154715.26万元。

2018年，按分级管理原则和财务管理规定，上交各级财政管理费用46831.22万元，上缴各级财政城市廉租住房（公共租赁住房）建设补充资金151477.95万元。

2018年末，贷款风险准备金余额162434.72万元，累计提取城市廉租住房（公共租赁住房）建设补充资金913992.87万元。

（五）管理费用支出：2018年，管理费用支出35309.38万元，同比增长0.82%。其中，人员经费19868.39万元，公用经费4138.76万元，专项经费11302.23万元。

四、资产风险状况

（一）个人住房贷款：2018年末，个人住房贷款逾期额6778.65万元，逾期率0.56‰。

2018年，提取个人贷款风险准备金11991.06万元，使用个人贷款风险准备金核销呆坏账554.63万元。2018年末，个人贷款风险准备金余额162434.72万元，占个人贷款余额的1.33%，个人贷款逾期额与个人贷款风险准备金余额的比率为4.17%。

（二）住房公积金支持保障性住房建设项目贷款：2018年，提取项目贷款风险准备金0万元，使用项目贷款风险准备金核销呆坏账0万元。2018年末，项目贷款风险准备金余额1198万元，占项目贷款余额的8.50%，项目贷款逾期额与项目贷款风险准备金余额的比率为0%。

（三）历史遗留风险资产：2018年末，历史遗留风险资产余额0万元，比上年减少2700万元，历史遗留风险资产回收率为100%。

五、社会经济效益

（一）缴存业务：2018年，实缴单位数、实缴职工人数和缴存额增长率分别为6.38%、4.80%和7.14%。

缴存单位中，国家机关和事业单位占51.95%，国有企业占11.50%，城镇集体企业占2.33%，外商投资企业占0.75%，城镇私营企业及其他城镇企业占23.80%，民办非企业单位和社会团体占2.90%，其他占6.78%。

缴存职工中，国家机关和事业单位占51.52%，国有企业占23.57%，城镇集体企业占1.68%，外商投资企业占1.39%，城镇私营企业及其他城镇企业占15.93%，民办非企业单位和社会团体占1.23%，其他占4.68%；中、低收入占97.60%，高收入占2.40%。

新开户职工中，国家机关和事业单位占31.91%，国有企业占14.91%，城镇集体企业占2.20%，外商投资企业占2.06%，城镇私营企业及其他城镇企业占36.42%，民办非企业单位和社会团体占2.90%，其他占9.59%；中、低收入占99.34%，高收入占0.66%。

（二）提取业务：2018年，122.28万名缴存职工提取住房公积金377.87亿元。

提取金额中，住房消费提取占82.68%（购买、建造、翻建、大修自住住房占44.02%，偿还购房贷款本息占35.34%，租赁住房占1.05%，其他占2.26%）；非住房消费提取占17.32%（退休提取占12.76%，完全丧失劳动能力并与单位终止劳动关系提取占3.31%，户口迁出所在市或出境定居占0.18%，其他占1.07%）。

提取职工中，中、低收入占89.30%，高收入占10.70%。

（三）贷款业务：

1. 个人住房贷款：2018年，支持职工购建房1177.94万平方米。年末个人住房贷款市场占有率为24.80%，比上年同期减少3.09个百分点。通过申请住房公积金个人住房贷款，可节约职工购房利息支出513213.54万元。

职工贷款笔数中，购房建筑面积90（含）平方米以下占9.59%，90~144（含）平方米占56.11%，144平方米以上占34.30%。购买新房占60.98%（其中购买保障性住房占0.14%），购买二手房占25.33%，建造、翻建、大修自住住房占4.84%，其他占8.85%。

职工贷款笔数中，单缴存职工申请贷款占28.61%，双缴存职工申请贷款占68.59%，三人及以上缴存职工共同申请贷款占2.80%。

贷款职工中，30岁（含）以下占29.34%，30岁~40岁（含）占36.63%，40岁~50岁（含）占26.25%，50岁以上占7.78%；首次申请贷款占76.64%，二次及以上申请贷款占23.36%；中、低收入占97.55%，高收入占2.45%，见图2。

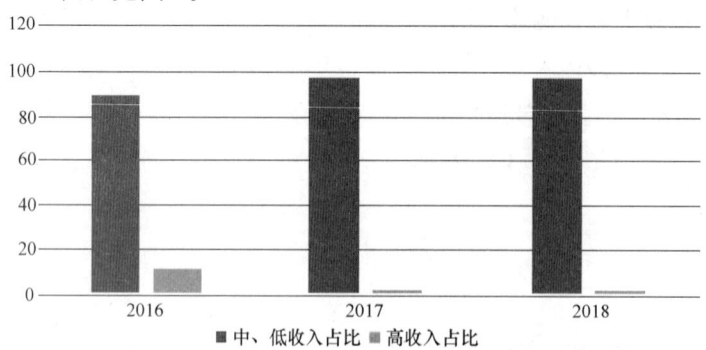

图2 2016~2018年贷款职工按收入情况占比

2. **异地贷款**：2018 年，发放异地贷款 1238 笔 46199.60 万元。2018 年末，发放异地贷款总额 160836.50 万元，异地贷款余额 132423.83 万元。

3. **公转商贴息贷款**：2018 年，发放公转商贴息贷款 1304 笔 91006.30 万元，支持职工购建房面积 25.55 万平方米。当年贴息额 290.25 万元。2018 年末，累计发放公转商贴息贷款 1304 笔 91006.30 万元，累计贴息 290.25 万元。

4. **住房公积金支持保障性住房建设项目贷款**：2018 年末，全省有住房公积金试点城市 1 个，试点项目 1 个，贷款额度 3 亿元，建筑面积 24.45 万平方米，可解决 2840 户中低收入职工家庭的住房问题。2 个试点项目贷款资金已发放并还清贷款本息。

（四）**住房贡献率**：2018 年，个人住房贷款发放额、公转商贴息贷款发放额、项目贷款发放额、住房消费提取额的总和与当年缴存额的比率为 122.43％，比上年增加 1.07 个百分点。

六、其他重要事项

（一）**推进放管服改革，切实抓好改革落地"最后一公里"**。2018 年 5 月 15 日，省住房城乡建设厅下发了《关于简化住房公积金提取和贷款业务办理证明材料的通知》，要求从即日起，缴存职工办理住房公积金提取、贷款等业务不再提供身份证复印件，进一步打通群众办理住房公积金业务"最后一公里"。

（二）**推动互联网＋改革，方便群众多渠道办理住房公积金业务**。一是提升业务管理系统。积极对公积金业务管理系统进行了改造升级，管理水平、审批效率和服务质量大幅提升。目前，昆明、省级、保山中心已经建成住房公积金综合服务平台，经住房城乡建设部组织专家验收评定为优秀等次，红河、文山、楚雄、德宏、临沧基本建成，其他中心正抓紧建设。二是全面完成住房公积金双贯标工作，所有中心一致通过住房城乡建设部检查验收。实现资金实时到账，群众不用再到银行排队办理资金提取和贷款放款业务。三是接入全国异地转移接续平台，调动工作的缴存职工，可以通过信息网络办理公积金账户变更，和资金划转。

（三）**开展"一部手机办事通"上线工作**。按照省政府要求，积极做好"一部手机办事通—我的住房公积金"主题事项上线开通的相关配合协调工作。"一部手机办事通—我的住房公积金"拟开通 3 个大项 21 个小项，先后分 4 个批次完成上线工作。

（四）**开展新市民住房问题专题调查**。2018 年 3 月以来，按照住房城乡建设部关于开展新市民住房问题专题调查的文件要求，省住房城乡建设厅组织开展了全省新市民住房问题专题调研工作，云南省共调查 16 个州（市），21 个市、县（区），终端录入样本为 7181 份，实际完成为 7350 份，作废 169 份，合格样本 7181 份，完成合格率 97.7％。

（五）**规范和阶段性适当降低住房公积金缴存比例**。2018 年 5 月 24 日省住房城乡建设厅、省财政厅、人民银行昆明中心支行联合下发了《关于改进住房公积金缴存机制进一步降低企业成本的通知》（云建金〔2018〕116 号），对阶段性适当降低企业住房公积金缴存比例政策延长两年（至 2020 年 4 月 30 日止），继续推进降低住房公积金缴存比例为企业减负工作。

（六）**扩大住房公积金制度覆盖面**。2018 年 11 月前，各中心都按照省住房城乡建设厅要求制定了农业转移人口、进城务工人员、个体工商户缴存使用住房公积金试行办法，逐步探索建立了住房公积金自愿缴存机制，为解决新市民住房问题积累试点经验。

（七）加强廉政风险防控。根据《云南省住房和城乡建设厅关于开展全省住房公积金廉政风险防控专项检查工作的通知》要求，2018年5～6月对全省住房公积金管理工作情况进行了全面检查，检查组通过听取汇报、调阅资料、现场检查、系统抽查、电话访谈、重点面谈等方式对长效机制建设情况、风险防控措施执行情况进行了全面系统检查，并针对查找的问题下发了整改通知，督促各地整改落实。

（八）开展电子化检查。2018年7月，省住房城乡建设厅印发了《关于启用住房公积金电子化检查工具的通知》，对各州（市）住房公积金管理中心信息管理系统进行了穿透式检查，并针对发现的问题下发了整改通知，督促各地整改落实。按住房城乡建设部要求，2018年10月起，每月开展一次电子化检查，并上报检查结果。

（九）全省住房公积金管理中心及职工获荣誉情况。2018年，省级职工住房资金管理中心、昭通市住房公积金管理中心荣获第十五届"云南省文明单位"，大理州住房公积金管理中心通过了云南省省级文明单位复审，省级职工住房资金管理中心职工汪晓燕同志荣获"云南省五一巾帼标兵"荣誉称号。

昆明住房公积金2018年年度报告

一、机构概况

（一）住房公积金管理委员会：住房公积金管理委员会有30名委员，2018年召开2次会议，书面征求全体委员意见4次，审议通过的事项主要包括：《昆明市住房公积金管理中心关于调整住房公积金个人住房贷款政策的请示》、《昆明市住房公积金管理中心住房公积金失信行为管理办法》、《昆明市住房公积金2018年年度报告》、《昆明市住房公积金管理中心2018年住房公积金资金存放和使用工作方案》、《昆明市住房公积金管理中心关于调整住房公积金个人住房贷款有关事宜的请示》、《关于发布〈昆明市住房公积金管理中心关于在昆就业的港澳台同胞缴存使用住房公积金的通知〉的请示》、《昆明市住房公积金管理中心关于2018年度继续执行提取住房公积金支付物业管理费相关政策的请示》、《昆明市住房公积金管理中心2018年工作总结及2019年工作安排》等事项。

（二）昆明市住房公积金管理中心：昆明市住房公积金管理中心（以下简称昆明中心）为隶属昆明市人民政府不以营利为目的的全额拨款事业单位，设10个处室，16个管理部，1个分中心。从业人员187人，其中，在编170人，非在编17人。

（三）云南省省级职工住房资金管理中心：云南省省级职工住房资金管理中心（以下简称省级中心）为隶属于云南省住房和城乡建设厅不以营利为目的的自收自支事业单位，设7个科。从业人员58人，其中，在编25人，非在编33人。

二、业务运行情况

（一）缴存：2018年，新开户单位2198家，实缴单位15596家，净增单位1384家；新开户职工11.03万人，实缴职工101.82万人，净增职工5.36万人；缴存额186.61亿元，同比增长14.12%。2018

年末，缴存总额1317.18亿元，同比增长16.53%；缴存余额446.86亿元，同比增长3.68%。

昆明中心受委托办理住房公积金缴存业务的银行5家，比上年增加0家；省级中心受委托办理住房公积金缴存业务的银行4家，比去年增加0家。

(二)提取：2018年，提取额170.73亿元，同比增长43.66%；占当年缴存额的91.49%，比上年增加18.93个百分点。2018年末，提取总额870.32亿元，同比增长24.40%。

(三)贷款：个人住房贷款最高额度50万元，其中，单缴存职工最高额度30万元，双缴存职工最高额度50万元。

2018年，发放个人住房贷款1.23万笔45.54亿元，同比分别下降38.81%、49.45%。其中，市中心发放个人住房贷款1.03万笔38.83亿元，省级中心发放个人住房贷款0.12万笔4.56亿元，铁路分中心发放个人住房贷款0.08万笔2.15亿元。

2018年，回收个人住房贷款44.15亿元。其中，市中心34.20亿元，省级中心8.95亿元，铁路分中心1亿元。

2018年末，累计发放个人住房贷款24.11万笔622.03亿元，贷款余额372.11亿元，同比分别增长5.38%、7.90%、0.37%。个人住房贷款余额占缴存余额的83.27%，比上年减少2.75个百分点。

昆明中心受委托办理住房公积金个人住房贷款业务的银行18家，比上年增加0家；省级中心受委托办理住房公积金个人住房贷款业务的银行14家，比去年增加0家。

(四)资金存储：2018年末，住房公积金存款78.88亿元。其中，活期7.95亿元，1年(含)以下定期39.70亿元，1年以上定期25.05亿元，其他(协定、通知存款等)6.18亿元。

(五)资金运用率：2018年末，住房公积金个人住房贷款余额、项目贷款余额和购买国债余额的总和占缴存余额的83.27%，比上年减少2.75个百分点。

三、主要财务数据

(一)业务收入：2018年，业务收入138356.77万元，同比增长7.33%。其中，市中心99569.41万元，省级中心29865.37万元，铁路分中心8921.99万元；存款利息16159.92万元，委托贷款利息122183.66万元，其他13.19万元。

(二)业务支出：2018年，业务支出72387.72万元，同比增长6.55%。其中，市中心51988.48万元，省级中心15365.27万元，铁路分中心5033.97万元；支付职工住房公积金利息66844.06万元，归集手续费2574.01万元，委托贷款手续费2969.65万元，其他0万元。

(三)增值收益：2018年，增值收益65969.05万元，同比增长9.61%。其中，市中心47580.94万元，省级中心14500.10万元，铁路分中心3888.01万元；增值收益率1.50%，比上年减少0.01个百分点。

(四)增值收益分配：2018年，提取贷款风险准备金578.20万元，提取管理费用7305.52万元，提取城市廉租住房(公共租赁住房)建设补充资金58085.33万元。

2018年，上交财政管理费用7305.52万元。上缴财政城市廉租住房(公共租赁住房)建设补充资金53855.95万元。其中，市中心上缴43519.27万元，省级中心上缴10336.68万元，铁路分中心上缴0万元。

2018年末，贷款风险准备金余额47657.99万元。累计提取城市廉租住房(公共租赁住房)建设补充资金 380346.23 万元。其中，市中心提取 278793.88 万元，省级中心提取 72989.14 万元，铁路分中心提取 28563.21 万元。

（五）管理费用支出： 2018 年，管理费用支出 7589.27 万元，同比增长 7.13%。其中，人员经费 4508.53 万元，公用经费 752.78 万元，专项经费 2327.96 万元。

市中心管理费用支出 5018.27 万元，其中，人员、公用、专项经费分别为 3185.83 万元、195.07 万元、1637.37 万元；省级中心管理费用支出 2119.30 万元，其中，人员、公用、专项经费分别为 943.55 万元、543.29 万元、632.46 万元；铁路分中心管理费用支出 451.70 万元，其中，人员、公用、专项经费分别为 379.15 万元、14.42 万元、58.13 万元。

四、资产风险状况

2018 年末，个人住房贷款逾期额 830.95 万元，逾期率 0.22‰。其中，市中心 0.22‰，省级中心 0.27‰，铁路分中心 0‰。

个人贷款风险准备金按贷款余额的 1%提取。2018 年，提取个人贷款风险准备金 578.20 万元，使用个人贷款风险准备金核销呆坏账 0 万元。2018 年末，个人贷款风险准备金余额 47657.98 万元，占个人住房贷款余额的 1.28%，个人住房贷款逾期额与个人贷款风险准备金余额的比率为 1.74%。

五、社会经济效益

（一）缴存业务： 2018 年，实缴单位数、实缴职工人数和缴存额同比分别增长 9.74%、5.56% 和 14.12%。

缴存单位中，国家机关和事业单位占 22.21%，国有企业占 12.05%，城镇集体企业占 0.95%，外商投资企业占 1.43%，城镇私营企业及其他城镇企业占 49.16%，民办非企业单位和社会团体占 3.19%，其他占 11.01%。

缴存职工中，国家机关和事业单位占 25.79%，国有企业占 31.86%，城镇集体企业占 0.87%，外商投资企业占 2.27%，城镇私营企业及其他城镇企业占 29.86%，民办非企业单位和社会团体占 2.25%，其他占 7.68%；中、低收入占 95.99%，高收入占 4.01%。

新开户职工中，国家机关和事业单位占 7.97%，国有企业占 16.32%，城镇集体企业占 1.35%，外商投资企业占 2.97%，城镇私营企业及其他城镇企业占 57.32%，民办非企业单位和社会团体占 3.90%，其他占 10.18%；中、低收入占 99.59%，高收入占 0.41%。

（二）提取业务： 2018 年，54.16 万名缴存职工提取住房公积金 170.73 亿元。

提取金额中，住房消费提取占 84.07%（购买、建造、翻建、大修自住住房占 58.94%，偿还购房贷款本息占 21.81%，租赁住房占 0.95%，其他占 2.38%）；非住房消费提取占 15.93%（离休和退休提取占 10.94%，完全丧失劳动能力并与单位终止劳动关系提取占 4.20%，户口迁出本市或出境定居占 0.07%，其他占 0.71%）。

提取职工中，中、低收入占 92.25%，高收入占 7.75%。

（三）贷款业务：

1. 个人住房贷款： 2018 年，支持职工购建房 144.64 万平方米，年末个人住房贷款市场占有率为

13.63%，比上年减少 4 个百分点。通过申请住房公积金个人住房贷款，可节约职工购房利息支出 139885.60 万元。

职工贷款笔数中，购房建筑面积 90（含）平方米以下占 22.56%，90~144（含）平方米占 63.81%，144 平方米以上占 13.63%。购买新房占 53.68%（其中购买保障性住房占 0.51%），购买二手房占 39.08%，建造、翻建、大修自住住房占 0%，其他占 7.24%。

职工贷款笔数中，单缴存职工申请贷款占 33.48%，双缴存职工申请贷款占 66.40%，三人及以上缴存职工共同申请贷款占 0.12%。

贷款职工中，30 岁（含）以下占 43.08%，30 岁~40 岁（含）占 34.17%，40 岁~50 岁（含）占 19.54%，50 岁以上占 3.20%；首次申请贷款占 95.08%，二次及以上申请贷款占 4.92%；中、低收入占 98.83%，高收入占 1.17%。

2. 异地贷款：2018 年，发放异地贷款 144 笔 7079.80 万元。2018 年末，发放异地贷款总额 56907.10 万元，异地贷款余额 50907.91 万元。

(四) 住房贡献率：2018 年，个人住房贷款发放额、公转商贴息贷款发放额、项目贷款发放额、住房消费提取额的总和与当年缴存额的比率为 101.32%，比上年减少 29.1 个百分点。

六、其他重要事项

(一) 缴存贷款业务金融机构变更情况：昆明中心受委托办理住房公积金缴存业务的银行 5 家，比去年增加 0 家；省级中心受委托办理住房公积金缴存业务的银行 4 家，比去年增加 0 家。

昆明中心受委托办理住房公积金个人住房贷款业务的银行 18 家，比去年增加 0 家；省级中心受委托办理住房公积金个人住房贷款业务的银行 14 家，比去年增加 0 家。

(二) 2018 年缴存基数限额及确定方法、缴存比例调整情况：根据昆明市统计局提供的数据，2018 年昆明市城镇非私营单位在岗职工年平均工资为 76350.00 元，月平均工资为 6362.50 元。2018 年，昆明市单位职工缴存住房公积金的工资基数上限仍按统计部门公布上一年度职工月平均工资的 3 倍执行，缴存基数上限为 19088.00 元，凡月工资收入超过 19088.00 元的职工，以 19088.00 元为缴存基数缴存住房公积金；月工资收入低于 19088.00 元的职工，以实际工资收入为缴存基数缴存住房公积金。2018 年昆明市职工缴存住房公积金的最高比例仍然为 12%。2018 年，昆明市住房公积金的缴存工资基数下限分别为：一类区为 1570.00 元/月，二类区为 1400.00 元/月。

(三) 2018 年住房公积金存贷款利率调整及执行情况：根据《中国人民银行、住房城乡建设部、财政部关于完善职工住房公积金账户存款利率形成机制的通知》（银发〔2016〕43 号），自 2016 年 2 月 21 日起，将职工住房公积金账户存款利率，由按照归集时间执行活期、三个月存款基准利率，调整为统一按一年期定期存款基准利率执行；2018 年未进行住房公积金账户存款利率调整。

根据《中国人民银行关于下调金融机构人民币贷款及存款基准利率并进一步推进利率市场化改革的通知》（银发〔2015〕265 号），从 2015 年 8 月 26 日起，下调住房公积金个人贷款利率 0.25 个百分点。调整后，5 年期（含）以下贷款年利率为 2.75%，5 年期以上至 30 年（含）的贷款年利率为 3.25%，5 年期以上公积金贷款年利率比商业贷款年利率低 1.65 个百分点；2018 年未进行住房公积金贷款利率调整。

(四) 2018 年住房公积金个人住房贷款最高贷款额度调整情况：2018 年，住房公积金个人住房贷款最高额度为单缴存职工 30 万元，双缴存职工 50 万元。

（五）当年住房公积金政策调整情况：

1. 出台《关于调整住房公积金个人住房贷款政策的通知》（昆公积金〔2018〕40 号），"单职工缴存家庭 40 万元，双职工缴存家庭 80 万元"下调为"单职工缴存家庭 30 万元，双职工缴存家庭 50 万元"；设置住房公积金个人住房贷款轮候期，轮候期为两年；调整公积金首付款比例，首套房最低首付比例为 20%；二套房最低首付款比例不低于 50%，贷款利率不得低于同期首套住宅的住房公积金个人贷款利率的 1.1 倍。该政策于 2018 年 3 月 5 日起施行。

2. 为支持港澳台同胞缴存住房公积金，实行与内地（大陆）缴存职工一致的政策规定，同等享有使用住房公积金的权利，根据住房城乡建设部、财政部、中国人民银行、国务院港澳事务办公室、国务院台湾事务办公室《关于在内地（大陆）就业的港澳台同胞享有住房公积金待遇有关问题的意见》（建金〔2018〕237 号），结合昆明市实际，出台了《昆明市住房公积金管理中心关于在昆就业的港澳台同胞缴存使用住房公积金的通知》（昆公积金〔2018〕104 号），支持在昆就业的港澳台同胞缴存使用住房公积金，该政策于 2018 年 6 月 19 日起施行。

3. 出台《昆明市住房公积金管理中心关于 2018 年度提取住房公积金支付物业管理费相关事项的通知》（昆公积金〔2018〕185 号），自 2018 年 10 月 15 日起至 2019 年 6 月 30 日，继续执行提取住房公积金支付物业管理费政策，缴存职工可申请提取一次不超过 2500 元的住房公积金支付物业管理费。

（六）当年服务改进情况：

1. 2018 年 1 月 1 日起，正式执行《关于进一步改进服务优化流程加强住房公积金提取管理工作有关事项的通知》（昆公积金〔2018〕213 号），坚持以人民为中心的发展思想，深入贯彻国务院及省市人民政府关于"放管服"工作要求，提取业务线上渠道在原有提前偿还公积金贷款，离、退休提取，物管费提取基础上，首次至服务网点办理提取业务后，购房类业务的后续提取，新建、翻建、大修住房类业务的后续提取，选择按季进行租房提取的后续提取（当年按季提取后续可在线上渠道办理，次年首次还需到服务网点）均可通过线上渠道办理。

2. 昆明中心综合服务平台自 2016 年 10 月 28 日上线以来，运行安全平稳高效，得到住房城乡建设部、省住房城乡建设厅及广大缴存单位和职工的充分认可，于 2018 年 5 月 8 日以优秀等次通过住房城乡建设部检查验收组验收。截至 2018 年底，微信公众号"昆明公积金"关注人数已达 78.78 万人，八大渠道注册用户 70.23 万人，分别占全市缴存职工（含云南省省级职工住房资金管理中心）101.82 万人的 77.37%、68.97%。2018 年，缴存职工通过综合服务平台线上渠道办理提取业务（不含委托扣划业务）29.03 万人次，比上年增加 15.72 万人次，同比增长 118.10%，线上渠道办理量占全部提取业务量的 60.95%，为缴存单位和职工提供更加高效便捷的服务。

（七）当年信息化建设情况：

1. 按照《住房城乡建设部办公厅关于做好全国住房公积金异地转移接续平台建设使用准备工作的通知》（建办金〔2016〕49 号），昆明中心积极开展全国住房公积金异地转移接续平台建设工作，于 2018 年 3 月 31 日作为首批上线机构接入平台（WEB 端接入），2018 年 1 月 1 日直连接入平台，提升了住房公积金异地转移接续服务效率，大大缩短了办理时限，极大方便了缴存职工。

2. 按照住房城乡建设部《关于贯彻落实住房公积金基础数据标准的通知》（建办金〔2014〕51 号）

《关于推广住房公积金银行结算数据应用系统的通知》（建金信函〔2015〕5号），昆明中心积极开展"住房公积金基础数据"和"住房公积金银行结算数据应用系统"建设工作，于2018年7月24日建设完成并正式上线，2018年12月26日通过住房城乡建设部系统建设验收，系统上线后，实现了部、省、市三级连通的住房公积金运行监管平台。

（八）当年所获荣誉情况：昆明中心主城区管理部被评为2018年度昆明市巾帼文明示范岗；昆明中心安宁市管理部被认定为三星级昆明市市级"青年文明号"；昆明中心机关总支第三党支部被评为"圆您住房梦，情系千万家"党建品牌；省级中心被评为第十五届云南省"文明单位"；省级中心汪晓燕同志荣获"云南省五一巾帼标兵"荣誉称号。

曲靖市住房公积金2018年年度报告

一、机构概况

（一）住房公积金管理委员会：本市住房公积金管理委员会有29名委员，管委会审议通过2018年度曲靖市住房公积金归集、使用计划执行情况，并对其他重要事项进行决策，主要包括《曲靖市住房公积金2018年年度报告》、《曲靖市住房公积金2018年归集使用执行报告》、《曲靖市住房公积金2019年归集使用计划报告》、《曲靖市住房公积金2018年度增值收益分配方案》。

（二）住房公积金管理中心：曲靖市住房公积金管理中心为曲靖市人民政府直属不以营利为目的的财政全额拨款事业单位，主要负责全市住房公积金的归集、管理、使用和会计核算。内设7个科室，下设8个分中心。从业人员97人，其中，在编72人，非在编25人。

二、业务运行情况

（一）缴存：2018年，新开户单位162家、个人自愿缴存637人，实缴单位3568家，净增单位617家（含个人自愿缴存637人）；新开户职工1.17万人，实缴职工23.74万人，净增职工2.85万人；缴存额42.36亿元，同比下降6.68%。2018年末，缴存总额310.58亿元，同比增长15.79%；缴存余额131.25亿元，同比增长11.51%。

受委托办理住房公积金缴存业务的银行6家。

（二）提取：2018年，提取额28.81亿元，同比增长2.38%，占当年缴存额的68.01%，比上年增加6.02个百分点，累计提取179.33亿元，同比增长19.14%。

（三）贷款：双缴存职工住房公积金贷款最高额度为80万元，单缴存职工最高额度40万元。

2018年，发放个人住房贷款7678笔28.31亿元，同比分别增长21.95%、23.14%。其中麒麟区发放2826笔10.53亿元，沾益区发放567笔2.05亿元，马龙区发放378笔1.65亿元，宣威市发放687笔2.2亿元，会泽县发放1341笔5.19亿元，富源县发放513笔1.7亿元，陆良县发放521笔1.71亿元，师宗县发放280笔0.97亿元，罗平县发放565笔2.31亿元。

2018年，回收个人住房贷款15.87亿元，其中麒麟区5.8亿元，沾益区0.76亿元，宣威市1.72亿元，会泽县2.62亿元，马龙区0.94亿元，富源县1.19亿元，陆良县0.92亿元，师宗县0.66亿元，罗平县1.26亿元。

2018年末，累计发放个人住房贷款16.62万笔214.59亿元，贷款余额106.13亿元，同比增长4.86%、15.2%、13.29%。个人住房贷款余额占缴存余额的80.86%，比上年增加1.27个百分点。

受委托办理住房公积金个人住房贷款业务的银行6家。

（四）资金存储：2018年末，住房公积金存款27.8亿元。其中，活期1.36亿元，1年（含）以下定期17.86亿元，1年以上定期4.02亿元，其他（协定、通知存款等）4.56亿元。

（五）资金运用率：2018年末，住房公积金个人住房贷款余额占缴存余额的80.86%，比上年增加1.27个百分点。

三、主要财务数据

（一）业务收入：2018年，业务收入41965.99万元，同比增长4.8%。其中，存款利息收入9445.75万元，委托贷款利息收入32509.94万元，其他收入10.3万元。

（二）业务支出：2018年，业务支出14614.31万元，同比下降21.51%，其中住房公积金利息支出14558.09万元，其他支出56.22万元。

（三）增值收益：2018年，增值收益27351.68万元，同比增长27.66%。增值收益率2.21%，比上年增加0.27个百分点。

（四）增值收益分配：2018年，提取贷款风险准备金1244.73万元，提取管理费用1048万元，提取城市廉租住房（公共租赁住房）建设补充资金25058.95万元。

2018年，上交财政管理费用1579万元。上缴财政城市廉租住房（公共租赁住房）建设补充资金28830.21万元。

2018年末，贷款风险准备金余额11214.91万元。累计提取城市廉租住房（公共租赁住房）建设补充资金115031.35万元。

（五）管理费用支出：2018年，管理费用支出2866.36万元，同比增长24.83%，其中人员经费1184.8万元，公用经费965.57万元，专项经费715.99万元。

市中心支出2468.11万元，其中人员、公用、专项经费分别为1184.8万元、567.32万元、715.99万元；各县（市、区）分中心管理费用支出398.25万元，全部为公用经费，其中沾益分中心支出38.73万元，马龙分中心支出20.75万元，会泽分中心支出27.44万元，宣威分中心支出84.8万元，富源分中心支出27.73万元，陆良分中心支出124.89万元，师宗分中心支出38.51万元，罗平分中心支出35.4万元。

四、资产风险状况

2018年末，全市住房公积金个人逾期贷款896.65万元，逾期率0.84‰。其中麒麟区逾期622.59万元，逾期率1.54‰，沾益区逾期11.55万元，逾期率0.2‰，马龙区逾期12.48万元，逾期率0.22‰，富源县逾期66.92万元，逾期率0.91‰，师宗县逾期34.54万元，逾期率0.84‰，宣威市逾期57.71万元，逾期率0.66‰，会泽县逾期77.29万元，逾期率0.44‰，陆良县逾期13.57万元，逾期率0.22‰，罗平县无逾期。

个人贷款风险准备金按当年贷款净余额的1%提取。2018年，提取个人贷款风险准备金1244.73万。2018年末，个人贷款风险准备金余额11214.91万元，占个人住房贷款余额的1.06%，个人贷款逾期额与个人贷款风险准备金余额的比率为8%。

五、社会经济效益

（一）**缴存业务**：2018年，实缴单位数、实缴职工人数和缴存额同比分别增长20.91%、13.64%和－6.68%。

缴存单位中，国家机关和事业单位占57.71%，国有企业占12.64%，城镇集体企业占12.89%，外商投资企业占0.59%，城镇私营企业及其他城镇企业占6.25%，民办非企业单位和社会团体占2.97%，其他占6.95%。

缴存职工中，国家机关和事业单位占56.46%，国有企业占29.98%，城镇集体企业占0.91%，外商投资企业占0.88%，城镇私营企业及其他城镇企业占2.69%，民办非企业单位和社会团体占1.31%，其他占7.76%；中、低收入占96.33%，高收入占3.67%。

新开户职工中，国家机关和事业单位占20.7%，国有企业占20.78%，城镇集体企业占1.46%，外商投资企业占1.38%，城镇私营企业及其他城镇企业占12.75%，民办非企业单位和社会团体占3.77%，其他占39.15%；中、低收入占99.63%，高收入占0.37%。

（二）**提取业务**：2018年9.24万名缴存职工提取住房公积金28.81亿元。

提取金额中，住房消费提取占83.72%（购买、建造、翻建、大修自住住房占29.33%，偿还购房贷款本息占52.62%，租赁住房占0.69%，其他占1.08%）；非住房消费提取占16.28%（离休和退休提取占13.19%，完全丧失劳动能力并与单位终止劳动关系提取占2.07%，户口迁出本市或出境定居占0.01%，其他占1.01%）。

提取职工中，中、低收入占95.44%，高收入占4.56%。

（三）**贷款业务**：

1. **个人住房贷款**：2018年，支持职工购建房121.25万平方米，年末个人住房贷款市场占有率为36.81%，比上年增加1.18个百分点。通过申请住房公积金个人住房贷款，可节约职工购房利息支出65833.43万元。

职工贷款笔数中，购房建筑面积90（含）平方米以下占8.32%，90～144（含）平方米占56.66%，144平方米以上占35.02%。购买新房占69.99%，购买二手房占30.01%。

职工贷款笔数中，单缴存职工申请贷款占56.56%，双缴存职工申请贷款占43.44%。

贷款职工中，30岁（含）以下占24.63%，30岁～40岁（含）占40.18%，40岁～50岁（含）占26.8%，50岁以上占8.39%；首次申请贷款占78.41%，二次及以上申请贷款占21.59%；中、低收入占96.16%，高收入占3.84%。

2. **异地贷款**：2018年，发放异地贷款233笔5779万元。2018年末，发放异地贷款总额32429.6万元，异地贷款余额27304.7万元。

（四）住房贡献率：2018年，个人住房贷款发放额、住房消费提取额的总和与当年缴存额的比率为123.79%，比上年增加11.12个百分点。

六、其他重要事项

（一）当年缴存基数限额及确定方法、缴存比例调整情况：根据曲靖市统计局提供2018年曲靖市在岗职工月平均工资基数5299元，核定2018年1月1日至2018年12月31日住房公积金月缴存基数上限为15897元和月缴存额上限为3816元。曲靖市个体工商户和农民工住房公积金缴存基数调整为5299元，缴存比例为5%，月缴存额为530元。2018年曲靖市住房公积金的缴存比例仍按不低于5%、不高于12%的标准执行。

（二）当年提取政策调整及执行情况：根据云南省住房和城乡建设厅、财政厅、中国人民银行昆明中心支行、云南省公安厅《关于贯彻落实开展治理违规提取住房公积金工作的通知》（云建金〔2018〕143号）和中华人民共和国住房和城乡建设部、中华人民共和国国家质量监督检验检疫总局联合发布的中华人民共和国国家标准《住房公积金个人住房贷款业务规范》GB/T 51267—2018，进一步规范提取政策。一是提取申请人为购买、建造、翻建或大修自住住房主体之一，或者为偿还自住住房贷款本息的借款人之一。二是取消住房装修、重大疾病和享受本市城镇居民最低生活保障提取。三是缴存职工与单位解除劳动合同关系的，先办理个人账户封存，账户封存期间，在异地开立住房公积金账户并稳定缴存6个月以上的，办理异地转移接续手续，未在异地继续缴存的，封存半年后可提取。四是继续支持无房职工提取本人及配偶的公积金支付住房租赁费用，支持无公积金贷款职工每年提取本人公积金2000元支付物业管理费。

（三）当年个人住房公积金贷款最高额度、贷款条件等贷款政策调整情况：一是继续执行缴存双职工80万元、缴存单职工40万元的贷款上限额度。二是继续支持异地缴存住房公积金职工在本地购房贷款、曲靖缴存职工异地购房申请住房公积金贷款及个体工商户和农民工贷款业务，其中个体工商户和农民工夫妻双方正常缴存的贷款额度上限40万元，一方正常参缴的，贷款额度上限20万元。三是继续开展住房公积金按揭贷款。四是严格执行《住房公积金个人住房贷款业务规范》GB/T 51267—2018，对住房公积金借款申请人资格、抵押物价值认定、贷款期限进一步规范。具体为：借款申请人为连续缴存住房公积金6个月以上且为购建自住住房主体之一；抵押物价值认定为以所购自住住房作为抵押物的，应进行评估，并以房屋评估价值和房屋交易价格相比，较低值者作为抵押物价值；贷款期限为最长不超过30年，最短不少于1年，延长至借款人和共同申请人法定退休年龄后5年，男职工最长贷款年龄65周岁，女职工最长贷款年龄60周岁，以退休年龄先到一方确定贷款期限，贷款期限不得高于抵押物剩余使用年限。

（四）当年服务改进及信息化建设情况：

1. 深化"放管服"改革，全面推行"只跑一次。"一是强化数据共享，实现数据多跑路、群众少跑腿。建成集12329热线、短信、微信、手机APP、网上业务大厅等八大便民利民功能为一体的住房公积金综合服务平台，234万人次关注访问，累计发送短信1780万条，在线咨询解答问题6764个；建成电子结算系统，实现了贷款、提取业务实时转账、实时到账的支付方式，方便了职工、提高了效率；推出微信提取物业费，实现了"零材料""零跑腿"提取公积金，4050户职工通过微信提取住房公积金808.43万元；顺利接入全国住房公积金异地转移接续平台，实现"账随人走、钱随账走"，变"群众跑路"为"数据跑腿"。二是简化审批流程，精简业务办理要件，实行"一站式审批，一条龙服务，一窗办理，一小时内办结审批流程",贷款初审、复核、终审、借款合同签订实行现场受理、现场审批、现场办结;取消公积金贷款工资证明、未婚证明、关系证明、单位证明,取消贷款、提取申请表。三是认真落实党的十九大关于"房子是用来住的不是用来炒的"政策定位,推行住房按揭贷款,截至2018年底,先后与23家房地产企业签订合作协议,累计发放按揭贷款3.64亿元,强化了住房公积金的"刚性需求"性质,解决了无抵押担保职工不能办理住房公积金贷款的难题。四是落实国务院推动1亿非户籍人口在城市落户政策,推进符合条件的个体工商户、农民工建立住房公积金制度,截至2018年底,726名个体工商户和农民工缴纳了住房公积金,发放贷款1587.3万元;发放异地缴存职工购房贷款6869万元。五是防范和化解系统性风险。按照监管部门的要求,及时调整提取贷款政策,使个贷比控制在80.86%的合理区间内。

2. **加强信息化建设,提升信息化服务水平**。完成了与民政业务信息管理系统数据交换接口开发工作,开通了联网共享信息查询;在全市范围内推广应用住房公积金电子档案审批系统,进一步规范了档案管理,确保了信息数据安全;建成曲靖市住房公积金信息培训系统,实现了业务培训、信息交流、视频会议等远程协作办公模式,控制了管理成本,提高了管理效率。

(五)其他需要披露的情况:

1. **党风廉政建设取得新成效**。认真履行"主体责任"和"一岗双责"职责,坚持党风廉政建设工作与业务工作同研究、同部署、同落实、同检查、同考核,把党风廉政建设工作融入公积金管理的每一个具体环节,按照"基层党建巩固年"、"狠抓落实年"要求,扎实推进党的基层组织建设,全面落实从严治党,夯实党风廉政建设主体责任,严格落实党员活动日并举办丰富多彩的活动,不断加强党组织的凝聚力战斗力。

2. **风险防范多措并举**。一是扎紧制度笼子,严格执行住房城乡建设部个人住房贷款和公积金提取业务规范。二是加强与市公检法等部门合作,实现信息资源互联互通,提高了效率。三是加强贷后管理,加大逾期贷款催收力度,逾期贷款控制在合理区间。四是开展经常性内部稽核,加强对制度执行、资金运行、财务核算等情况的经常性监督。五是持续开展风险大排查问题大整改,有效化解业务风险。六是曲靖市住房公积金信息系统达到了公安部、国家保密局等四部委规定的三级等级保护标准,数据资源和系统运行安全可靠。

玉溪市住房公积金2018年年度报告

一、机构概况

(一)**住房公积金管理委员会**:住房公积金管理委员会有24名委员,2018年召开两次会议,审议通过的事项主要包括:1.《关于调整全市住房公积金政策的建议报告》;2.《关于中信银行玉溪分行和广发银行玉溪分行开办住房公积金业务的建议报告》;3.《对玉溪市住房公积金管理中心实施资金集中管理暨对管理部银行账户进行销户的建议报告》;4.《玉溪市住房公积金管理中心关于使用中国工商银行玉溪市分行流动资金贷款的请示》;5.《2017年住房公积金财务报告》;6.《玉溪市住房公积金管理中心关于申请核销呆账贷款的建议报告》；7.《玉溪市住房公积金管理中心关于开展信息系统建设的建议报告》；8.《玉溪市住房公积金管理中心关于浦发银行玉溪分行和邮储银行玉溪市分行开办住房公积金业务的建议报告》；9.《玉溪市住房公积金管理中心关于使用中国银行玉溪市分行流动资金贷款的请示》。

（二）**住房公积金管理中心**：住房公积金管理中心为玉溪市人民政府不以营利为目的的财政全额拨款事业单位，设8个处（科），8个管理部，0个分中心。从业人员86人，其中，在编61人，非在编25人。

二、业务运行情况

（一）**缴存**：2018年，新开户单位309家，实缴单位3500家，净增单位183家；新开户职工1.18万人，实缴职工13.16万人，净增职工0.39万人；缴存额28.98亿元，同比增长8.64%。2018年末，缴存总额217.35亿元，同比增长15.39%；缴存余额76.46亿元，同比增长10.95%。

受委托办理住房公积金缴存业务的银行12家，比上年增加5家。

（二）**提取**：2018年，提取额21.44亿元，同比增长27.81%；占当年缴存额的73.98%，比上年增加11.12个百分点。2018年末，提取总额140.89亿元，同比增长17.95%。

（三）**贷款**：

1. **个人住房贷款**：个人住房贷款最高额度100万元，其中，单缴存职工最高额度50万元，双缴存职工最高额度100万元。

2018年，发放个人住房贷款0.4万笔17.95亿元，同比分别下降22.85%、13.37%。

2018年，回收个人住房贷款10.06亿元。

2018年末，累计发放个人住房贷款7.11万笔140.77亿元，贷款余额75.54亿元，同比分别增长5.90%、14.61%、11.66%。个人住房贷款余额占缴存余额的98.80%，比上年增加0.62个百分点。

受委托办理住房公积金个人住房贷款业务的银行12家，比上年增加6家。

2. **住房公积金支持保障性住房建设项目贷款**：2018年，发放支持保障性住房建设项目贷款0亿元，回收项目贷款0.6亿元。2018年末，累计发放项目贷款3亿元，项目贷款余额1.41亿元。

（四）**融资**：2018年，融资5.6亿元，归还2.5亿元。2018年末，融资总额10.15亿元，融资余额4.6亿元。

（五）**资金存储**：2018年末，住房公积金存款5.80亿元。其中，活期0.32亿元，1年（含）以下定期0亿元，1年以上定期0亿元，其他（协定、通知存款等）5.48亿元。

（六）**资金运用率**：2018年末，住房公积金个人住房贷款余额、项目贷款余额和购买国债余额的总和占缴存余额的100.65%，比上年减少0.44个百分点。

三、主要财务数据

（一）**业务收入**：2018年，业务收入24962.93万元，同比增长13.22%。存款利息589.71万元，委托贷款利息24370.57万元，国债利息0万元，其他2.65万元。

（二）**业务支出**：2018年，业务支出13621.36万元，同比增长17.90%。支付职工住房公积金利息12607.13万元，归集手续费0.07万元，委托贷款手续费1013.8万元，其他0.36万元。

（三）**增值收益**：2018年，增值收益11341.57万元，同比增长8.08%。增值收益率1.55%，比上年减少 0.08 个百分点。

（四）增值收益分配：2018 年，提取贷款风险准备金 788.61 万元，提取管理费用 1891.86 万元，提取城市廉租住房（公共租赁住房）建设补充资金 8661.10 万元。

2018 年，上交财政管理费用 3148.17 万元。上缴财政城市廉租住房（公共租赁住房）建设补充资金 6058.25 万元。

2018 年末，贷款风险准备金余额 16103.35 万元。累计提取城市廉租住房（公共租赁住房）建设补充资金 44861.34 万元。

（五）管理费用支出：2018 年，管理费用支出 1926.98 万元，同比下降 16.9%。其中，人员经费 1247.72 万元，公用经费 125.36 万元，专项经费 553.9 万元。

四、资产风险状况

（一）个人住房贷款：2018 年末，个人住房贷款逾期额 118.36 万元，逾期率 0.16‰。

个人贷款风险准备金按（贷款余额）的 1% 提取。2018 年，提取个人贷款风险准备金 788.61 万元，使用个人贷款风险准备金核销呆坏账 0 万元。2018 年末，个人贷款风险准备金余额 14905.35 万元，占个人住房贷款余额的 1.97%，个人住房贷款逾期额与个人贷款风险准备金余额的比率为 0.79%。

（二）支持保障性住房建设试点项目贷款：2018 年，提取项目贷款风险准备金 0 万元，使用项目贷款风险准备金核销呆坏账 0 万元，项目贷款风险准备金余额 1198 万元，占项目贷款余额的 8.50%。

五、社会经济效益

（一）缴存业务：2018 年，实缴单位数、实缴职工人数和缴存额同比分别增长 5.52%、3.05% 和 8.64%。

缴存单位中，国家机关和事业单位占 55.52%，国有企业占 9.69%，城镇集体企业占 2.31%，外商投资企业占 0.31%，城镇私营企业及其他城镇企业占 25.83%，民办非企业单位和社会团体占 0.91%，其他占 5.43%。

缴存职工中，国家机关和事业单位占 56.49%，国有企业占 21.03%，城镇集体企业占 2.45%，外商投资企业占 0.97%，城镇私营企业及其他城镇企业占 18.34%，民办非企业单位和社会团体占 0.35%，其他占 0.37%；中、低收入占 95.61%，高收入占 4.39%。

新开户职工中，国家机关和事业单位占 86.69%，国有企业占 4.85%，城镇集体企业占 0.25%，外商投资企业占 0.03%，城镇私营企业及其他城镇企业占 7.52%，民办非企业单位和社会团体占 0.05%，其他占 0.61%；中、低收入占 99.75%，高收入占 0.25%。

（二）提取业务：2018 年，9.51 万名缴存职工提取住房公积金 21.44 亿元。

提取金额中，住房消费提取占 83.01%（购买、建造、翻建、大修自住住房占 42.54%，偿还购房贷款本息占 36.79%，租赁住房占 0.13%，其他占 3.55%）；非住房消费提取占 16.99%（离休和退休提取占 13.32%，完全丧失劳动能力并与单位终止劳动关系提取占 2.78%，户口迁出本市或出境定居占 0.42%，其他占 0.47%）。

提取职工中，中、低收入占 97.86%，高收入占 2.14%。

(三) 贷款业务：

1. **个人住房贷款**：2018年，支持职工购建房63.95万平方米，年末个人住房贷款市场占有率为40.61%，比上年减少4.52个百分点。通过申请住房公积金个人住房贷款，可节约职工购房利息支出28349.56万元。

职工贷款笔数中，购房建筑面积90（含）平方米以下占11.53%，90～144（含）平方米占45.6%，144平方米以上占42.87%。购买新房占46.91%，购买二手房占51.37%，建造、翻建、大修自住住房占1.72%，其他占0%。

职工贷款笔数中，单缴存职工申请贷款占20.51%，双缴存职工申请贷款占78.98%，三人及以上缴存职工共同申请贷款占0.51%。

贷款职工中，30岁（含）以下占25.71%，30岁～40岁（含）占36.99%，40岁～50岁（含）占28.31%，50岁以上占8.99%；首次申请贷款占78.68%，二次及以上申请贷款占21.32%；中、低收入占98.11%，高收入占1.89%。

2. **异地贷款**：2018年，发放异地贷款226笔8882.1万元。2018年末，发放异地贷款总额16572.3万元，异地贷款余额15538.65万元。

3. **公转商贴息贷款**：2018年，发放公转商贴息贷款1304笔91006.3万元，支持职工购建住房面积25.55万平方米，当年贴息额290.25万元。2018年末，累计发放公转商贴息贷款1304笔91006.3万元，累计贴息290.25万元。

4. **支持保障性住房建设试点项目贷款**：2018年末，累计试点项目1个，贷款额度3亿元，建筑面积24.45万平方米，可解决2840户中低收入职工家庭的住房问题。0个试点项目贷款资金已发放并还清贷款本息。

（四）住房贡献率：
2018年，个人住房贷款发放额、公转商贴息贷款发放额、项目贷款发放额、住房消费提取额的总和与当年缴存额的比率为154.71%，比上年增加14.19个百分点。

六、其他重要事项

（一）当年机构及职能调整情况、受委托办理缴存贷款业务金融机构变更情况：机构及职能未进行调整；经管委会审议，同意新增中信银行玉溪分行、广发银行玉溪分行、上海浦东发展银行玉溪分行、中国邮储银行玉溪市分行、富滇银行玉溪支行五家银行办理缴存贷款业务。

（二）当年住房公积金政策调整及执行情况：

1. 玉溪市住房公积金管理中心按照《住房公积金管理条例》的规定，2018年6月进行年度审批住房公积金缴存基数工作，执行时间为2018年7月至2019年6月。住房公积金工资基数的上限不得超过玉溪市统计部门公布的上年度在岗职工月平均工资的3倍为17629元，下限为现行劳动保障部门公布的最低工资标准，即红塔区不低于1500元，其他县区不低于1350元；企业和非财政全额供养事业单位缴存比例为5%～12%，国家机关及财政供养事业单位以所在县域报经省住房城乡建设厅、财政厅批准的缴存比例12%执行。

2. 2018年2月28日玉溪市住房公积金管理委员会发文《玉溪市住房公积金管理委员会关于调整住房公积金政策的通知》（玉市管发〔2018〕1号），对全市公积金政策进行调整。一是将"职工购建住房且未办理住房公积金个人住房贷款的，职工和直系亲属成员（系指父母、子女限1户）凭合法手续，在购建住房三年内可以同时提取一至两次住房公积金"的规定调整为"职工购、建住房且未办理公积金个人住房贷款的，对拥有产权的职工和直系亲属成员（系指父母、子女），在购建住房一年内可以提取一次住房公积金。在玉溪市辖区外购买住房，住房所在地为职工、配偶及子女的户籍所在地或就业地的，可以提取住房公积金和申请公积金个人住房贷款"。二是"支持职工购、建首套自住住房或第二套改善型普通自住住房贷款：职工购、建首套自住住房或第二套改善型普通自住住房一年内的，可申请公积金个人住房贷款，购、建第三套及以上住房的不予办理公积金个人住房贷款。首套房和二套房的认定，以房屋产权登记部门登记的住房套数和借款申请人（含配偶）的实有住房套数承诺书确认，房屋产权登记部门无住房登记记录和借款申请人（含配偶）承诺无住房的认定为首套房，按首套房贷款政策执行；房屋产权登记部门登记有一套住房和借款申请人（含配偶）承诺实有一套住房的认定为二套房，按二套房贷款政策执行；房屋产权登记部门登记有二套（含）以上住房和借款申请人（含配偶）承诺实有二套（含）以上住房的，不予办理公积金个人住房贷款。"三是"借款人家庭月收入还贷比上限控制在60%（含）以下"。四是将"夫妻（家庭户）购买住房，住房公积金个人贷款最高额度为100万元；单职工住房公积金个人贷款最高额度为50万元"调整为"缴存住房公积金的双职工家庭，双方正常缴存公积金的，公积金个人住房贷款最高额度为100万元；一方正常缴存公积金的，住房公积金个人住房贷款最高额度为50万元"。五是"规范异地贷款业务，职工在户籍地购买住房可办理住房贷款；职工在就业地缴存住房公积金，回户籍所在地玉溪市辖区购买住房，可持就业地住房公积金管理中心出具的缴存证明，申请公积金个人住房贷款"。2018年5月30日玉溪市住房公积金管理中心发文《关于调整住房公积金使用政策的通知》（玉市金发〔2018〕22号），对全市公积金政策进行调整。一是取消玉溪市住房公积金管理委员会2007年2号公告《玉溪市住房公积金缴存、提取管理暂行办法》第三章十五条关于："遇患严重疾病等突发事件，造成家庭生活严重困难的"提取的规定。二是取消《关于玉溪市回迁安置户住房公积金提取和个人住房贷款政策的通知》（玉市金发〔2016〕3号）第一条："提取条件及提取金额"第二款："提取金额不超过住房公积金个人账户余额"提取的规定。政策调整为："回迁安置户需要另外出资补交回迁住房房款差价的职工，可以提取实际支付金额的住房公积金"。三是取消《关于玉溪市回迁安置户住房公积金提取和个人住房贷款政策的通知》（玉市金发〔2016〕3号）第二条："贷款条件及贷款金额"贷款的规定。政策调整为："回迁安置户需要另外出资补交回迁住房房款差价的职工，房款差价可按现行贷款规定申请住房公积金贷款"。四是取消《玉溪市住房公积金管理委员会关于调整住房公积金政策的通知》（玉市管发〔2016〕1号）第一条：完善住房公积金政策，促进房地产平稳健康发展中的第（三）款："增加贷款途径。缴存职工购买住房时购买本小区能确认产权的车库或车位的，可以一并计算申请贷款"的规定。

3. 个人住房公积金账户存款利率按一年期定期存款基准利率执行，即1.5%；五年期以下（含五年）个人住房公积金贷款利率执行2.75%；五年以上个人住房公积金贷款利率执行3.25%；试点项目贷款利率3.575%。

（三）当年服务改进情况：

1. 缴存职工可通过营业大厅、玉溪政务信息公开网、玉溪公积金网站、玉溪市政府微信平台、全国住房公积金热线12329、云南省政务查询专项96128、玉溪住房公积金查询专线8889123和短信推送等渠道及时了解我市住房公积金政策和工作动态信息，实现公积金管理运行的公开、透明、规范、高效。

2. 继续发挥原来建设的电话查询、网站查询界面、微信数据查询等渠道作用，借助联通公司的平台按月向缴存职工发送缴存短信，实时推送公积金提取及贷款资金到账短信。截至2018年全年共计发送1825614条。2018年将综合服务平台建设与"互联网＋"信息系统建设融合，计划对原有的短信、电话、网站查询渠道进行整合。

（四）当年信息化建设情况：

1. 加强网络安全建设和防范，确保了公积金业务数据的安全，采用公开招标方式进行数据灾备软硬件采购，通过部署必要的网络防火墙设备，进行终端设备和服务器设备间的业务隔离。

2. 按照市政府及市委网信办的要求采取按年方式向玉溪市税收征管平台及玉溪市大数据交换平台上报公积金缴存信息。

3. "互联网＋"信息系统建设实现新突破。根据住房城乡建设部住房公积金管理相关政策文件要求，结合我中心的实际业务现状及相关数据标准升级改造了信息系统，稳步推进"互联网＋"信息系统建设工作，完成了项目前期需求调研分析、可行性研究报告的撰写、项目预算入库及预算申报，开展专家论证会并完成了招投标工作。

（五）当年住房公积金管理中心及职工所获荣誉情况：2018年荣获"第十五届云南省文明单位"荣誉称号。

（六）当年对住房公积金管理人员违规行为的纠正和处理情况等：玉溪市住房公积金管理中心在编人员周俊丞，涉嫌受贿、滥用职权犯罪的问题，于2018年10月10日被玉溪市江川区监察委员会予以立案，并于2018年12月10日被玉溪市监察委员会给予开除公职的处分决定。

保山市住房公积金2018年年度报告

一、机构概况

（一）**住房公积金管理委员会**：保山市住房公积金管理委员会有28名委员，2018年召开了5次会议，审议通过的重要事项包括：保山市住房公积金2018年年度报告；保山市住房公积金管理中心2018年工作总结暨2018年工作意见；保山市住房公积金管理中心2018年财务收支情况；保山市住房公积金管理中心2018年度住房公积金归集使用计划和增值收益分配方案；保山市住房公积金管理中心2018年度管理费用预算；保山市2018年住房公积金增值收益提取的城镇保障性住房建设性补充资金分配意见；保山市住房公积金个人住房贷款转商业性个人住房贴息贷款实施办法；保山市住房公积金管理中心购置腾冲管理部便民服务大厅业务用房；进一步调整我市住房公积金贷款政策；关于暂停我市部分住房公积金贷款、提取业务；关于提前恢复我市部分住房公积金贷款及提取业务；保山市2018年度住房公积金缴存工资基数实行限高保底有关事项。

（二）**住房公积金管理中心**：保山市住房公积金管理中心（以下简称中心）为直属保山市人民政府公益二类经费自理事业单位，主要负责全市住房公积金的管理、运营和会计核算。内设办公室、稽核执法科、计划财务科、信息技术科、贷款管理科 5 个科室，下辖隆阳、施甸县、腾冲、龙陵县、昌宁县 5 个管理部。从业人员 77 人，其中，编内职工 28 人，非编合同制职工 49 人。

二、业务运行情况

（一）缴存：2018 年，新开户单位 289 家，实缴单位 2304 家，净增单位 207 家；新开户职工 1.23 万人，实缴职工 11.23 万人，净增职工 0.80 万人；缴存额 18.73 亿元，同比增长 10.11%。2018 年末，缴存总额 112.39 亿元，同比增长 20.00%；缴存余额 64.26 亿元，同比增长 11.97%。

受委托办理住房公积金缴存业务的银行 7 家，与上年相比无增减。

（二）提取：2018 年，提取额 11.86 亿元，同比增长 23.28%；占当年缴存额的 63.32%，比上年增加 6.79 个百分点。2018 年末，提取总额 48.13 亿元，同比增长 32.70%。

（三）贷款：个人住房贷款最高额度 40 万元，其中：单缴存职工最高额度 25 万元，双缴存职工最高额度 40 万元。

2018 年，发放个人住房贷款 2717 笔 11.70 亿元，同比分别减少 47.44%、49.42%。

2018 年，回收个人住房贷款 6.93 亿元。

2018 年末，累计发放个人住房贷款 46060 笔 104.93 亿元，贷款余额 66.84 亿元，同比分别增长 6.27%、12.55%、7.68%。个人住房贷款余额占缴存余额的 104.02%，比上年下降 4.13 个百分点。

受委托办理住房公积金个人住房贷款业务的银行 5 家，比上年无增减。

（四）融资：2018 年末融资余额 5.5 亿元，同比无增减。

（五）资金存储：2018 年末，住房公积金存款 4.28 亿元。其中：活期 0.01 亿元，其他（协定、通知存款等）4.27 亿元。

（六）资金运用率：2018 年末，住房公积金个人住房贷款余额占缴存余额的 104.02%、比上年下降 4.13 个百分点。

三、主要财务数据

（一）业务收入：2018 年，业务收入 22272.95 万元，同比增长 8.16%。其中：存款利息收入 590.73 万元，委托贷款利息收入 21682.22 万元。

（二）业务支出：2018 年，业务支出 13496.58 万元，同比增长 42.48%。其中：支付职工住房公积金利息 12833.26 万元，委托贷款手续费 663.32 万元。

（三）增值收益：2018 年，实现增值收益 8776.37 万元，同比减少 21.08%；增值收益率 1.44%，比上年减少 0.63 个百分点。

（四）增值收益分配：2018 年，提取贷款风险准备金 476.91 万元，提取管理费用 2632.91 万元，提取城市廉租住房（公共租赁住房）建设补充资金 5666.55 万元。

2018 年，上交财政管理费用 3336.03 万元。上缴财政城市廉租住房（公共租赁住房）建设补充资金 6109.37 万元。

2018 年末，贷款风险准备金余额 7382.78 万元。累计提取城市廉租住房（公共租赁住房）建设补充资金 29101.22 万元。

（五）管理费用支出：2018年，管理费用支出1743.35万元，同比增长10.69%。其中：人员经费841.02万元，公用经费573.69万元，专项经费328.64万元。

四、资产风险状况

2018年末，个人住房贷款逾期额39.49万元，逾期率0.06‰。

个人贷款风险准备金按新增贷款余额的1%提取。2018年，提取个人贷款风险准备金476.91万元，全年未使用个人贷款风险准备金核销呆坏账。2018年末，个人贷款风险准备金余额7382.78万元，占个人住房贷款余额的1.10%，个人住房贷款逾期额与个人贷款风险准备金余额的比率为0.53%。

五、社会经济效益

（一）**缴存业务**：2018年，实缴单位数2304个、实缴职工人数112299人、缴存额187324.70万元，同比分别增长9.87%、7.70%和10.11%。

缴存单位中，国家机关和事业单位占65.37%，国有企业占15.49%，城镇集体企业占0.74%，外商投资企业占0.78%，城镇私营企业及其他城镇企业占13.67%，民办非企业单位和社会团体占3.43%，个体工商户和自由职业者占0.39%，其他占0.13%。

缴存职工中，国家机关和事业单位占66.95%，国有企业占19.73%，城镇集体企业占0.71%，外商投资企业占1.44%，城镇私营企业及其他城镇企业占10.18%，民办非企业单位和社会团体占0.52%，个体工商户和自由职业者占0.46%，其他占0.01%；中、低收入占99.49%，高收入占0.51%。

新开户职工中，国家机关和事业单位占36.41%，国有企业占30.29%，城镇集体企业占0.31%，外商投资企业占2.97%，城镇私营企业及其他城镇企业占27.55%，民办非企业单位和社会团体占1.39%，个体工商户和自由职业者占0.99%，其他占0.09%；中、低收入占99.98%，高收入占0.02%。

（二）**提取业务**：2018年，4.67万名缴存职工提取住房公积金11.87亿元。

提取金额中，住房消费提取占81.99%，其中：购买、建造、翻建、大修自住住房占19.82%，偿还购房贷款本息占59.84%，租赁住房占1.04%，自住住房物业费占1.29%；非住房消费提取占18.01%，其中：离休和退休提取占13.73%，完全丧失劳动能力并与单位终止劳动关系提取占2.90%，户口迁出本市或出境定居占0.84%，死亡或宣告死亡占0.54%。

提取职工中，中、低收入占99.85%，高收入占0.15%。

（三）**贷款业务**：

1. **个人住房贷款**：2018年，支持职工购建房48.54万平方米，年末个人住房贷款市场占有率为38.78%。通过申请住房公积金个人住房贷款，可节约职工购房利息支出26617.63万元。

职工贷款笔数中，购房建筑面积90（含）平方米以下占3.35%，90~144（含）平方米占44.35%，144平方米以上占52.30%。购买新房占75.01%，购买存量商品住房占24.99%。

职工贷款笔数中，单缴存职工申请贷款占18.96%，双缴存职工申请贷款占77.51%，三人及以上缴存职工共同申请贷款占3.53%。

贷款职工中，30岁（含）以下占37.87%，30岁~40岁（含）占35.74%，40岁~50岁（含）占22.23%，50岁以上占4.16%；首次申请贷款占49.21%，二次及以上申请贷款占50.79%；中、低收入

占99.04%，高收入占0.96%。

2. 异地贷款：2018年，发放异地贷款6笔187.00万元。2018年末，发放异地贷款总额4804.70万元，异地贷款余额4235.89万元。

（四）住房贡献率：2018年，个人住房贷款发放额、住房消费提取额的总和与当年缴存额的比率为114.41%，比上年减少67.64个百分点。

六、其他重要事项

（一）当年住房公积金政策调整及执行情况

1. 当年缴存基数限额及确定方法、缴存比例等缴存政策调整情况

单位和职工当年住房公积金的月缴存基数为职工上年度月平均工资，本市行政、事业单位及企业最高月缴存基数不得超过市统计部门公布的上年度在岗职工月平均工资的3倍15543.00元，中央、省属驻我市行政、事业单位及企业最高月缴存工资基数可参照昆明市标准19088.00元执行，最低月缴存基数统一按不低于本市上年度城镇在岗职工养老保险月最低缴费基数3178.00元执行。我市住房公积金缴存比例为12%；企业可根据自身生产经营状况在5%～12%之间申请适当降低缴存比例。

2. 当年提取政策调整情况

2018年1月，停止职工因装修自住住房可以提取住房公积金的使用规定。停止执行《保山市装修自住住房提取使用住房公积金暂行办法》（保公管字〔2016〕7号）。

2018年9月，进一步严格购建自住住房提取时限。一是将职工购建自住住房后申请办理提取住房公积金的时限由两年内调整为6个月以内；二是对新购建非普通住房停止执行提取住房公积金偿还商业银行住房贷款的规定。自2018年9月1日起，职工新购新建144平方米以上非普通住房或综合用房，在购建住房的6个月内可以提取使用一次住房公积金，不再享受提取住房公积金偿还商业银行住房贷款的使用政策。

3. 当年个人住房贷款最高贷款额度、贷款条件等贷款政策调整情况

2018年1月，一是调整住房公积金个人住房贷款受理条件。恢复执行住房公积金个人住房贷款对象为购买、建盖首套自住住房或第二套改善型自住住房的缴存职工的规定。停止向购买、建盖第三套及以上住房的缴存职工家庭发放住房公积金个人住房贷款；取消职工具有3年内购建自住住房合法手续和可在取得房产证的5年（含）内申请办理住房公积金个人住房贷款的使用时限规定。对购买房地产开发商与住房公积金管理中心已开展按揭贷款业务合作楼盘商品住房，符合贷款条件的职工，需在签订购房合同并完成合同备案后的6个月内申请办理住房公积金个人住房按揭贷款；对购买房地产开发商没有与住房公积金管理中心开展按揭贷款业务合作楼盘商品住房和自建住房，符合贷款条件的职工，需在办理了该住房不动产权证的6个月内申请办理住房公积金个人住房贷款；对购买二手住房，符合贷款条件的职工，需在办理完毕房屋产权过户登记手续，取得不动产权证的6个月内申请办理住房公积金个人住房贷款。二是调整第二次住房公积金个人住房贷款利率。恢复执行对因购买、建盖第二套改善型自住住房再次申请住房公积金个人住房贷款，贷款利率按住房公积金贷款基准利率上浮10%执行的规定。三是调整住房公积金个人住房贷款购房最低首付款比例。对使用住房公积金个人住房贷款购买首套普通自住住房，套型建筑面积在144平方米（含）以下的，贷款首付款比例不得低于20%；套型建筑面积在144平方米以上的，贷款首付款比例不得低于30%。对使用住房公积金个人住房贷款购买第二套改善型自住住房的，贷款首付款比例不得低于40%。四是暂停直系亲属购建自住住房，职工可以互助申请住房公积金个人住房贷款的使用规定。暂停职工为未成年子女购建自住住房（职工及配偶无房屋产权），可用职工（或配偶）在保山的其他自有住房做抵押，申请住房公积金个人住房贷款的使用规定。暂停职工的成年未婚子女在保山购建自住住房（职工及配偶无房屋产权），子女未缴存住房公积金，职工（或配偶）可用该住房做抵押，申请住房公积金个人住房贷款的使用规定。暂停职工或未婚子女在外地购买自住住房，可用职工（或配偶）在保山的自有住房做抵押，在保山申请住房公积金个人住房贷款的使用规定。暂停职工（或配偶）购买棚户区改造项目的自住住房，由于开发商原因不能办理住房公积金按揭贷款，可用职工（或配偶）在保山的其他自有住房做抵押，申请住房公积金个人住房贷款的使用规定。五是暂停异地贷款的受理发放。暂停对在云南省内其他州市正常缴存住房公积金的职工在保山市行政辖区内购买住房给予办理住房公积金异地贷款的使用规定。

2018年6月，一是调整住房公积金个人住房贷款最高额度。由"以家庭为单位，夫妻双方正常缴存住房公积金的，最高贷款额度60万元；单方正常缴存住房公积金的，最高贷款额度原则上不超过40万元"调整为"以家庭为单位，夫妻双方正常缴存住房公积金的，最高贷款额度40万元；单方正常缴存住房公积金的，最高贷款额度原则上不超过25万元"；二是设置住房公积金个人住房贷款为期一年的轮候期。即职工的上一笔住房公积金贷款还清或产权人及产权共有人提取使用过住房公积金后的一年内，不再受理其住房公积金贷款申请；三是调整购买第二套改善型自住住房申请住房公积金个人住房贷款最低首付款比例。对使用住房公积金个人住房贷款（含住房公积金组合贷款）购买第二套改善型自住住房的，最低首付款比例由"不得低于40%"调整为"不得低于50%"；四是严格申请使用住房公积金个人住房贷款购买住房第一、二、三套住房的认定标准。对申请使用住房公积金个人住房贷款（含住房公积金组合贷款）购买住房一、二、三套住房的认定，以产权人及产权共有人购建自住住房申请提取（含偿还住房贷款提取、装修提取）和贷款使用过住房公积金的次数合并计算认定。

2018年9月，进一步调整住房公积金个人住房贷款受理条件。一是停止向购买、建盖套型建筑面积在144平方米以上非普通住房的缴存职工家庭发放住房公积金个人住房贷款；二是停止向购买、建盖房屋产权性质为综合用房（含商住房）的缴存职工家庭发放住房公积金个人住房贷款；三是取消单身职工购建自住住房，其无房屋产权且正常缴存住房公积金的父母作为共同借款人参与贷款，可享受双职工最高贷款额度的使用规定。

4. 当年住房公积金存贷款利率执行标准

2018年，保山市缴存的个人住房公积金存款利率执行年利率1.50%。5年期以下（含5年）贷款执行年利率2.75%，5年期以上贷款执行年利率3.25%。

（二）当年服务改进情况

2018年中心认真贯彻落实以人民为中心的发展思想，在落实窗口"六个一"服务的基础上，持续深化"放管服"改革，不断探索"互联网+住房公积金"服务，让服务更加便民高效。

1. 持续做好综合服务平台建设。一是持续建设集12329服务热线、短信、门户网站、网上办事大厅、微信、微博、手机APP、自助查询机的住房公积金综合服务平台，服务渠道由传统的柜面服务拓展到7×24小时互联网服务，为缴存职工提供了多样便捷的服务渠道。该综合服务平台以"优秀"等次在省内率先通过住房城乡建设部和省住房城乡建设厅的联合验收,标志着中心住房公积金综合服务水平步入了全国先进行列;二是依托信息化建设,单位可通过网上办事大厅缴存住房公积金,职工关注中心微信公众号或下载手机APP可提取住房公积金支付物业费,90%的住房公积金单位业务和职工提取住房公积金支付物业费业务实现"一次不跑"办结。2018年保山中心通过网站、微信、手机APP发布信息655条,发送手机短信143万条,接听(含自助)12329热线电话17604次,网站访问点击量累计159万人次,实现网上互动交流5140人次,网上自助办理缴存业务24336笔、提取业务10209笔。

2. **精简业务材料、优化业务流程**。分别于5月、8月、10月精简了缴存职工办理住房公积金提取和贷款不再提供身份证复印件;职工申请办理住房公积金贷款,不再提供单位出具的贷款证明,申请提取住房公积金的《保山市住房公积金提取申请表》不再加盖单位公章和取消了贷款抵押物评估报告。同时充分利用建成的电子档案系统信息,凡是职工家庭办理住房公积金支取、贷款等业务同一资料只需提供一次。实现了除职工异地购房提取住房公积金以外的全部业务"最多跑一次",最大限度让职工享受到深化放管服改革实实在在的便利。

3. **继续为缴存职工提供"互联网+住房公积金"增值服务**。继与浦发银行合作推出面向住房公积金缴存职工的"公积金点贷"消费贷款增值服务后,又分别与农业银行、建设银行合作推出"网捷贷-公积金"和"快贷-公积金"消费贷款增值服务。多渠道的普惠金融产品,延伸了住房公积金信息数据利用,更好地满足缴存职工的不同消费需求,社会反响良好。

(三) 当年信息化建设情况

1. **持续优化核心业务系统**。根据《住房公积金信息化建设导则》以及国家住房城乡建设部、省住房城乡建设厅关于住房公积金信息化建设的相关要求,结合中心信息化发展实际和政策业务需求做好综合业务管理信息系统优化及建设,完成异地转移接续直连系统的切换,为职工提供更优质的服务。

2. **提升信息系统安全保障**。一是对数据中心机房供电系统进行了双母线供电改造升级,机房内新增精密配电系统;二是对中心机房的10台防火墙设备的软件版本和全部特征库进行了升级,并接入安全态势感知系统;三是进行了机房断电应急演练,关闭所有设备后,模拟了各种情况的电源故障,并对所有设备及系统的运行情况进行了检查;四是添置安全设备,完成了信息系统安全等级保护三级的测评及备案工作。

昭通市住房公积金2018年年度报告

一、机构概况

(一) **住房公积金管理委员会**:市管委会有25名委员,2018年召开2次会议,审议通过的事项主要包括:改选了市管委会副主任委员、委员,调整了4名同志分别担任鲁甸县、镇雄县、威信县和水富县第三届市管委会委员;审议通过了《市管委会议事规则》、《昭通市住房公积金管理中心2017年度住房公积金归集使用计划执行情况、增值收益分配情况及管理费用决算情况报告》、《昭通市住房公积金管理中心2018年住房公积金增值收益预算及管理费用预算情况的请示》、《昭通市住房公积金管理中心关于调整贷款相关政策的请示》、《昭通市住房公积金管理中心关于 2018 年业务指标调整的请示》、《昭通市住房公积金管理中心关于调整公积金提取和贷款相关政策的请示》、《昭通市住房公积金管理中心关于按比例调节 2 亿元存入交通银行昭通分行的请示》、《关于与业务委托银行开展公积金"快贷"、信用卡分期等业务请示》、《关于昭通市住房公积金信息披露制度的请示》，共 1 个规则、1 个报告、7 个请示；签订了《昭通市住房公积金管理中心 2018 年工作目标责任书》、《市管委会成员单位 2018 年工作责任书》。

（二）住房公积金管理中心：昭通市住房公积金管理中心为直属于昭通市人民政府不以营利为目的的公益一类事业单位，设 10 个科（室），12 个分中心。从业人员 153 人（含公益性岗位），其中，在编 109 人，非在编 44 人。

二、业务运行情况

（一）缴存：2018 年，新开户单位 229 家，实缴单位 2511 家，净增单位 72 家；新开户职工 0.95 万人，实缴职工 15.2 万人，净增职工 0.5 万人；缴存额 25.83 亿元，同比下降 0.09%。2018 年末，缴存总额 190.71 亿元，同比增长 15.67%；缴存余额 100.07 亿元，同比增长 3.98%。

受委托办理住房公积金缴存业务的银行 6 家，未增加或减少受托银行。

（二）提取：2018 年，提取额 22 亿元，同比增长 25.29%；占当年缴存额的 85.17%，比上年增加 23.3 个百分点。2018 年末，提取总额 90.64 亿元，同比增长 24.27%。

（三）贷款：个人住房贷款最高额度 80 万元，单、双缴存职工最高额度均为 80 万元。

2018 年，发放个人住房贷款 0.93 万笔 29.48 亿元，同比分别下降 30.07%、15.34%。

2018 年，回收个人住房贷款 14.54 亿元。

2018 年末，累计发放个人住房贷款 8.23 万笔 159.24 亿元，贷款余额 90.39 亿元，同比分别增长 12.74%、22.72%、19.80%。个人住房贷款余额占缴存余额的 90.33%，比上年增加 11.93 个百分点。

受委托办理住房公积金个人住房贷款业务的银行 6 家，比上年增加 1 家。

（四）资金存储：2018 年末，住房公积金存款 12.92 亿元。其中，活期 1.14 亿元，1 年（含）以下定期 1.51 亿元，1 年以上定期 10.27 亿元。

（五）资金运用率：2018 年末，住房公积金个人住房贷款余额、项目贷款余额和购买国债余额的总和占缴存余额的 90.33%，比上年增加 11.93 个百分点。

三、主要财务数据

（一）业务收入：2018 年，业务收入 30791.41 万元，同比增长 4.65%。其中，存款利息 3912.55 万元，委托贷款利息 26874.93 万元，其他 3.93 万元。

（二）业务支出：2018 年，业务支出 15518.28 万元，同比增长 8.23%。其中；支付职工住房公积金利息 14711.95 万元，委托贷款手续费 806.33 万元。

（三）增值收益：2018 年，增值收益 15273.13 万元，同比增长 1.01%。增值收益率 1.55%，比上年减少 0.02 个百分点。

（四）增值收益分配：2018 年，提取贷款风险准备金 1494.27 万元，提取管理费用 4451.28 万元，提取城市廉租住房（公共租赁住房）建设补充资金 9327.58 万元。

2018年，上交财政管理费用4451.28万元。上缴财政城市廉租住房（公共租赁住房）建设补充资金9363.90万元。

2018年末，贷款风险准备金余额19677.67万元。累计提取城市廉租住房（公共租赁住房）建设补充资金47112.83万元。

（五）管理费用支出：2018年，管理费用支出3464.10万元，同比下降34.20%。其中，人员经费2731.83万元，公用经费469.68万元，专项经费262.59万元。

注：2018年增值收益分配已于2019年1月7日上报市财政局、市管委会办公室，由于今年管委会会议初定三月底召开，目前增值收益分配未正式批复下来，现增值收益分配相关数据暂按上报的请示内容进行填报，最终以批复为准。

四、资产风险状况

2018年末，个人住房贷款逾期额318.13万元，逾期率0.4‰。

个人贷款风险准备金按新增贷款余额的1%提取。2018年，提取个人贷款风险准备金1494.27万元，未使用个人贷款风险准备金核销呆坏账。2018年末，个人贷款风险准备金余额19677.67万元，占个人住房贷款余额的2.17%，个人住房贷款逾期额与个人贷款风险准备金余额的比率为1.62%。

五、社会经济效益

（一）缴存业务：2018年，实缴单位数、实缴职工人数同比分别增长1.13%、2.35%，缴存额同比下降8.99%。

缴存单位中，国家机关和事业单位占71%，国有企业占10.18%，城镇集体企业占4.19%，外商投资企业占0.5%，城镇私营企业及其他城镇企业占10.21%，民办非企业单位和社会团体占3.11%，其他占0.81%。

缴存职工中，国家机关和事业单位占78.13%，国有企业占14.05%，城镇集体企业占2.84%，外商投资企业占1.29%，城镇私营企业及其他城镇企业占3.05%，民办非企业单位和社会团体占0.57%，其他占0.07%；中、低收入占98.46%，高收入占1.54%。

新开户职工中，国家机关和事业单位占40.12%，国有企业占24.11%，城镇集体企业占9.99%，外商投资企业占1.07%，城镇私营企业及其他城镇企业占19.57%，民办非企业单位和社会团体占4.24%，其他占0.9%；中、低收入占99.61%，高收入占0.39%。

（二）提取业务：2018年，4.34万名缴存职工提取住房公积金22亿元。

提取金额中，住房消费提取占83.78%（购买、建造、翻建、大修自住住房占39.08%，偿还购房贷款本息占37.77%，租赁住房占6.28%，其他占0.65%）；非住房消费提取占16.22%（离休和退休提取占12.86%，完全丧失劳动能力并与单位终止劳动关系提取占1.92%，户口迁出本市或出境定居占0.4%，其他占1.04%）。

提取职工中，中、低收入占96.97%，高收入占3.03%。

（三）贷款业务：

1. 个人住房贷款：2018年，支持职工购建房127.60万平方米，年末个人住房贷款市场占有率为

50.77%，比上年增加 0.76 个百分点。通过申请住房公积金个人住房贷款，可节约职工购房利息支出 27800.7 万元。

职工贷款笔数中，购房建筑面积 90（含）平方米以下占 7.7%，90～144（含）平方米占 63.07%，144 平方米以上占 29.23%。购买新房占 49.77%（其中购买保障性住房占 0.23%），购买二手房占 3.39%，建造、翻建、大修自住住房占 0.77%，其他占 46.07%。（注：其他指消费贷款）

职工贷款笔数中，单缴存职工申请贷款占 19.43%，双缴存职工申请贷款占 72.32%，三人及以上缴存职工共同申请贷款占 8.25%。

贷款职工中，30 岁（含）以下占 26.18%，30 岁～40 岁（含）占 36.88%，40 岁～50 岁（含）占 28.1%，50 岁以上占 8.84%；首次申请贷款占 62.48%，二次及以上申请贷款占 37.52%；中、低收入占 51.34%，高收入占 48.66%。

2. **异地贷款**：2018 年，发放异地贷款 150 笔 6445.30 万元。2018 年末，发放异地贷款总额 6525.30 万元，异地贷款余额 5617.64 万元。

（四）**住房贡献率**：2018 年，个人住房贷款发放额、公转商贴息贷款发放额、项目贷款发放额、住房消费提取额的总和与当年缴存额的比率为 185.47%，比上年增加 0.9 个百分点。

六、其他重要事项

（一）当年机构及职能调整情况、受委托办理缴存贷款业务金融机构变更情况

本年度，昭通市住房公积金管理中心机构及职能未发生调整；新增富滇银行股份有限公司昭通分行承办住房公积金个人住房贷款业务。

（二）当年缴存基数限额及确定方法、缴存比例等缴存政策调整情况

1. 昭通市 2018 年缴存基数上限为 17962.25 元。

2. 缴存基数限额确定方式：根据昭通市统计局出具的《2017 年昭通市城镇非私营单位在岗职工年平均工资证明》，2017 年昭通市在岗职工年平均工资为 71849.00 元，月平均工资为 5987.42 元，月平均工资的三倍为 17962.25 元，按照最高缴存比例 12% 计算，个人和单位最高月缴存额分别为 2155.00 元，个人和单位月缴存额合计最高不超过 4310.00 元。

（三）当年提取政策调整情况

本年度，昭通市住房公积金提取政策未发生调整。

（四）当年个人住房贷款最高贷款额度、贷款条件等贷款政策调整情况

1. 将住房贷款最高额度调整为 80 万元，且不高于购房总价的 80%。

2. 延长副高职称及副处以上女职工退休年龄到 60 岁。贷款期限按"昭房管委〔2015〕4 号"第一条第（三）款；延长贷款最长期限，住房公积金贷款在不超过最长期限 30 年的情况下，还款年限以主借款人一方为主，延长至法定退休年龄后 5 年执行。由职工提供聘书或任职文件作为延长贷款期限的依据。其他职工贷款年限按原文件规定办理。

3. 取消贷款中单双职工的限制。

4. 取消住房消费贷款。

（五）当年住房公积金存贷款利率执行标准

1. 职工住房公积金账户存款利息按一年期定期存款基准利率执行（1.5%）。

2. 现行住房公积金贷款利率五年以内（含五年）是 2.75%，五年以上是 3.25%；支付职工个人利率是 1.5%。

（六）当年服务改进情况

1. 昭通市住房公积金管理中心在全市各县（区）下设 12 个服务网点，2018 年 6 月 30 日与云南省农村信用社联合社昭通办事处联合成立了 85 个住房公积金乡镇业务代办网点，服务延伸至全市 118 个乡镇单位 6 万多名缴存职工，实现了昭通住房公积金中心打通服务群众"最后一公里"的根本性突破，确保了广大乡镇职工足不出乡、人不离镇就能享受住房公积金的优质服务。

2. 着力打造"一站式"服务平台。梳理业务办理流程，减少办理环节，确保各项自主业务实现"一站式受理，一条龙办结"；服务大厅建立咨询导办、自助服务、协作查询认证、业务办理、银行服务等五大服务区域，实现多功能、"一体化"办公服务；醒目位置制作工作人员形象公示栏，对带班领导和工作人员姓名、职责进行公示公开，主动接受缴存职工的监督；住房公积金政策和规定用 LED 屏幕进行全屏滚动播放，所有工作人员统一着工作服装到岗上班，为缴存人提供政策答疑一口清，业务办理一条龙的优质服务；大厅摆放服务流程指示牌、工作人员岗位台签、写字台、饮水机、制作温馨提示卡、自助医药箱等，着力让缴存职工在服务大厅享受到温馨、和谐的服务环境。

3. 综合服务平台建设情况：昭通中心 2018 年建立了门户网站、微信公众号、自助查询终端、12329 服务热线、单位网上业务大厅；个人网上业务大厅、手机客户端、12329 手机短信、微信公众号业务渠道功能、综合管理系统已开发完成，待测试通过后，即可投入使用。

（七）当年信息化建设情况

1. 昭通市住房公积金管理信息系统于 2018 年 6 月 9 日升级一次。

2. 昭通市住房公积金管理中心于 2016 年 9 月 26 日接入住房公积金结算应用系统；于 2017 年 12 月 15 日通过了住房城乡建设部及云南省住房城乡建设厅组织的"双贯标"验收。

（八）当年住房公积金管理中心及职工所获荣誉情况

1. 集体荣誉：2018 年，昭通市住房公积金管理中心荣获第十五届云南省级文明单位、昭通市 2016 至 2017 年度无偿献血先进集体、2018 年度党风廉政建设责任制考核优秀单位；市管委会考核评为 2018 年度昭通市住房公积金管理工作"优秀"；彝良县住房公积金管理分中心"妇女之家"被昭通市妇联命名为"优秀妇女之家"。

2. 个人荣誉：昭通市住房公积金管理中心铁泽宇同志被团市委评为"昭通市优秀团干部"。

丽江市住房公积金 2018 年年度报告

一、机构概况

（一）**住房公积金管理委员会**：丽江市住房公积金管理委员会有 21 名委员，2018 年召开 3 次会议，审议通过的事项主要包括：

1. 《丽江市住房公积金 2018 年年度报告》；
2. 《丽江市住房公积金 2018 年度工作安排意见》；
3. 《丽江市城镇灵活就业人员缴存住房公积金操作规程（试行）》；
4. 《丽江市住房公积金管理委员会关于改进住房公积金缴存机制进一步降低企业成本的通知》；
5. 《关于部分缴存单位申请按照低于丽江市住房公积金最低缴存额进行缴存的请示》；
6. 《丽江市财政局丽江市人力资源和社会保障局丽江市审计局关于请求批准丽江市住房公积金管理中心 2018 年度绩效考核资金的请示》；
7. 《丽江市住房公积金管理中心关于调整住房公积金使用政策的通知》；
8. 《关于调整全市住房公积金贷款使用政策的通知》；
9. 《关于调整住房公积金提取使用政策的通知》；
10. 《丽江市住房公积金管理中心申请对信息数据进行异地灾备的请示》；
11. 《丽江市住房公积金管理中心关于住房公积金廉政风险防控的整改方案》。

（二）住房公积金管理中心：丽江市住房公积金管理中心为直属于丽江市人民政府的不以营利为目的的经费自理事业单位，主要负责全市住房公积金的归集、管理、使用和会计核算。目前设 6 个科室，6 个管理部。从业人员 50 人，其中，在编 50 人，非在编 0 人。

二、业务运行情况

（一）缴存：2018 年，新开户单位 91 家，实缴单位 1487 家，净增单位－118 家；新开户职工 0.71 万人，实缴职工 7.10 万人，净增职工 0.02 万人；缴存额 12.11 亿元，同比下降 0.57％。2018 年末，缴存总额 79.63 亿元，同比增长 17.94％；缴存余额 30.56 亿元，同比增长 15.28％。

受委托办理住房公积金缴存业务的银行 8 家，比上年增加 0 家。

（二）提取：2018 年，提取额 8.06 亿元，同比增长 10.11％；占当年缴存额的 66.56％，比上年增加 6.46 个百分点。2018 年末，提取总额 49.07 亿元，同比增长 19.65％。

（三）贷款：个人住房贷款最高额度 80 万元，其中，单缴存职工最高额度 40 万元，双缴存职工最高额度 80 万元。

2018 年，发放个人住房贷款 0.24 万笔 9.75 亿元，同比分别增长 0％、15.52％。

2018 年，回收个人住房贷款 6.09 亿元。

2018 年末，累计发放个人住房贷款 5.40 万笔 67.01 亿元，贷款余额 26.88 亿元，同比分别增长 4.45％、17.03％、15.76％。个人住房贷款余额占缴存余额的 87.96％，比上年增加 0.37 个百分点。

受委托办理住房公积金个人住房贷款业务的银行 6 家，比上年增加 1 家。

（四）资金存储：2018 年末，住房公积金存款 4.09 亿元。其中，活期 0.08 亿元，协定存款 4.01 亿元。

（五）资金运用率：2018 年末，住房公积金个人住房贷款余额、项目贷款余额和购买国债余额的总和占缴存余额的 87.96％，比上年增加 0.37 个百分点。

三、主要财务数据

（一）业务收入：2018 年，业务收入 9346.68 万元，同比增长 17.88％。其中：存款利息 600.08 万元,委托贷款利息 8744.29 万元,其他 2.31 万元。

(二)业务支出:2018 年,业务支出 4374.33 万元,同比增加 32.57%。其中:支付职工住房公积金利息 4347.48 万元,委托贷款手续费 26.67 万元,其他 0.18 万元。

(三)增值收益:2018 年,增值收益 4972.35 万元,同比增长 7.41%。增值收益率 1.72%,比上年下降 0.14 个百分点。

(四)增值收益分配:2018 年,提取贷款风险准备金 365.87 万元,提取管理费用 4109.25 万元,提取城市廉租住房(公共租赁住房)建设补充资金 497.23 万元。

2018 年,上交财政管理费用 4270.59 万元。上缴财政城市廉租住房(公共租赁住房)建设补充资金 462.95 万元。

2018 年末,贷款风险准备金余额 365.87 万元。累计提取城市廉租住房(公共租赁住房)建设补充资金 2962.71 万元。

(五)管理费用支出:2018 年,管理费用支出 1793.41 万元,同比增长 10%。其中,人员经费 844 万元,公用经费 149.41 万元,专项经费 800 万元。

四、资产风险状况

(一)个人住房贷款:2018 年末,个人住房贷款逾期额 133.31 万元,逾期率 0.50‰。

个人贷款风险准备金按年度贷款余额的 1% 提取。2018 年,提取个人贷款风险准备金 365.87 万元,使用个人贷款风险准备金核销历史遗留国债资金缺口 558.88 万元。2018 年末,个人贷款风险准备金余额 365.87 万元,占个人住房贷款余额的 0.14%,个人住房贷款逾期额与个人贷款风险准备金余额的比率为 36.44%。

(二)历史遗留风险资产:2018 年末,历史遗留风险资产余额为 0,比上年减少 2700 万元,历史遗留风险资产回收率为 100%。

五、社会经济效益

(一)缴存业务:2018 年,实缴单位数、实缴职工人数和缴存额同比分别增长-7.35%、0.28% 和-0.57%。

缴存单位中,国家机关和事业单位占 65.50%,国有企业占 9.15%,城镇集体企业占 0.13%,外商投资企业占 0.27%,城镇私营企业及其他城镇企业占 19.10%,民办非企业单位和社会团体占 1.28%,其他占 4.57%。

缴存职工中,国家机关和事业单位占 61.42%,国有企业占 15.99%,城镇集体企业占 0.30%,外商投资企业占 1.11%,城镇私营企业及其他城镇企业占 16.74%,民办非企业单位和社会团体占 0.31%,其他占 4.13%;中、低收入占 98.60%,高收入占 1.40%。

新开户职工中,国家机关和事业单位占 37.37%,国有企业占 6.87%,城镇集体企业占 0.17%,外商投资企业占 2.40%,城镇私营企业及其他城镇企业占 28.07%,民办非企业单位和社会团体占 1.01%,其他占 24.11%;中、低收入占 99.70%,高收入占 0.30%。

(二)提取业务:2018 年,1.59 万名缴存职工提取住房公积金 8.06 亿元。

提取金额中，住房消费提取占88.34%（购买、建造、翻建、大修自住住房占40.50%，偿还购房贷款本息占37.60%，租赁住房占0.50%，其他占9.74%）；非住房消费提取占11.66%（离休和退休提取占7.39%，完全丧失劳动能力并与单位终止劳动关系提取占3.30%，户口迁出本市或出境定居占0.02%，其他占0.95%）。

提取职工中，中、低收入占98.14%，高收入占1.86%。

（三）贷款业务：

1. **个人住房贷款**：2018年，支持职工购房32.52万平方米，年末个人住房贷款市场占有率为31.47%，比上年增加2.66个百分点。通过申请住房公积金个人住房贷款，经测算预计可节约职工购房利息支出15256万元。

职工贷款笔数中，购房建筑面积90（含）平方米以下占6.84%，90~144（含）平方米占47.74%，144平方米以上占45.42%。购买新房占33.52%（其中购买保障性住房占0%），购买存量商品住房占43.43%，建造、翻建、大修自住住房3.97%，其他占19.08%。

职工贷款笔数中，单缴存职工申请贷款占20.09%，双缴存职工申请贷款占79.40%，三人及以上缴存职工共同申请贷款占0.51%。

贷款职工中，30岁（含）以下占29.55%，30岁~40岁（含）占41.37%，40岁~50岁（含）占23.38%，50岁以上占5.70%；首次申请贷款占71.25%，二次及以上申请贷款占28.75%；中、低收入占99.11%，高收入占0.89%。

2. **异地贷款**：2018年，发放异地贷款49笔1681万元。2018年末，发放异地贷款总额2646万元，异地贷款余额2548.70万元。

（四）**住房贡献率**：2018年，个人住房贷款发放额、公转商贴息贷款发放额、项目贷款发放额、住房消费提取额的总和与当年缴存额的比率为139.11%，比上年增加9.72个百分点。

六、其他重要事项

（一）当年机构及职能调整情况、受委托办理缴存贷款业务金融机构变更情况

1. 2018年机构及职能未作调整。

2. 2018年受委托办理缴存业务的银行8家，分别是中国工商银行、建设银行、农业银行、中国银行、云南农村信用合作联社、邮政储蓄银行、丽江古城富滇村镇银行、招商银行，比去年增加0家。

3. 2018年新增邮政储蓄银行受委托办理贷款业务，受委托办理贷款业务的银行6家，分别是中国工商银行、建设银行、农业银行、中国银行、云南农村信用合作联社、邮政储蓄银行，比去年增加1家。

（二）当年住房公积金政策调整及执行情况

1. **当年缴存基数限额及确定方法、缴存比例等缴存政策调整情况**

根据丽江市统计局提供的数据，2018年丽江市城镇在岗职工年平均工资为73865元，月平均工资为6155元。2018年，丽江市单位职工缴存住房公积金的工资基数上限仍按统计部门公布的上一年度职工月平均工资的3倍执行，月缴存基数上限为18465元，凡月工资收入超过18465元的职工，以18465元的月缴存基数缴存住房公积金；月工资收入低于18465元的职工，以实际工资收入作为缴存基数缴存住房公积金。2018年丽江市职工缴存住房公积金的月缴存比例维持不变，最高比例为12%，最低比例为5%。

2018年丽江市住房公积金的缴存基数下限分别为：二类地区为1500元/月，三类地区为1350元/月。

2. 当年提取政策调整情况

根据国务院及省市人民政府关于"放管服"工作要求，以及住房和城乡建设部住房公积金监管司《关于湖南、江西、广西住房公积金行业落实"放管服"改革情况的通报》（建金服函〔2018〕49号）、《云南省住房和城乡建设厅关于开展住房公积金政策合规性清查的通知》（云建金函〔2018〕48号）及云南省住房和城乡建设厅住房改革和公积金监管处《关于严格执行住房公积金政策的通知》等精神，经管委会审议通过，2018年丽江市住房公积金管理中心对提取政策调整如下：

（1）从2018年5月21日起对以下提取政策进行了调整：取消装修提取业务；取消"本人、配偶及其具有赡养或抚养义务的直系亲属因重大疾病造成家庭生活特别困难的"提取业务；取消"为子女缴纳学费"提取业务；取消"享受城镇居民最低生活保障"提取业务。

（2）从2018年7月1日起对以下提取政策进行了调整：按照国务院《住房公积金管理条例》规定及住房城乡建设部要求，在2018年5月21日起取消装修提取等四项业务的基础上，进一步将住房公积金提取情形规范为以下9项：购买、建造、翻建、大修自住住房的；偿还购房贷款本息的；在丽江市行政区域内租房的；与单位解除劳动合同关系的；离休、退休的；职工死亡或被宣告死亡的；出境定居的；支付物业费的；国家相关法律法规规定的其他情况。同时对9项住房公积金提取情形的办理要件、提取金额和提取频次等内容逐项进行了明确和细化。

（3）从2018年11月19日起，恢复执行申请人在管理中心有住房公积金贷款、申请提取住房公积金时，必须首先用于清偿全部住房公积金贷款本息，提取额度不得超过住房公积金贷款余额本息的规定。

3. 当年个人住房贷款最高贷款额度、贷款条件等贷款政策调整情况

为认真贯彻党的十九大关于"坚持房子是用来住的，不是用来炒的"定位，严格落实住房城乡建设部和省住房城乡建设厅对各地现行各项扩大住房公积金使用业务政策进行清理的相关要求，进一步促进丽江市房地产市场平稳健康有序发展，满足缴存职工首套自住住房和第二套改善型住房需求，坚决遏制投机炒房，防止住房公积金发生流动性风险和资金流入非住房消费领域。经管委会审议通过，2018年丽江市住房公积金管理中心对贷款政策调整如下：

（1）从2018年5月21日起取消装修贷款业务。

（2）从2018年7月1日起，对贷款使用政策进行了如下调整：支持缴存职工首套自住住房和第二套改善型自住住房贷款，第三套及以上住房的不予办理个人公积金住房贷款；调整缴存职工家庭贷款额度：正常缴存住房公积金的职工家庭，单缴存职工最高贷款额度40万元，双缴存职工最高贷款额度80万元；首套自住住房贷款的最低首付款比例不低于20%，对拥有1套住房并已结清贷款本息、为改善居住条件再次申请贷款的最低首付款比例不低于20%，贷款利率不得低于同期首套住房公积金个人住房贷款利率的1.1倍。

（3）从2018年11月19日起，对贷款使用政策进行了如下调整：对拥有1套住房并结清贷款本息、为改善居住条件再次申请住房公积金贷款的，最低首付款比例由不低于20%调整为不低于40%；缴存职工具有2年内购建自住住房合法手续或可在取得不动产权证的5年（含）内申请办理住房公积金贷款的使用时限规定，调整为缴存职工具有1年内购建自住住房合法手续或可在取得不动产权证的2年（含）内申请办理住房公积金贷款。

4. 当年住房公积金存贷款利率执行标准

根据《中国人民银行关于下调金融机构人民币贷款和存款基准利率并进一步推进利率市场化改革的通知》（银发〔2015〕265号），从2015年8月26日起住房公积金个人贷款利率5年期（含）以下执行2.75%，5年期以上执行3.25%；2018年未对住房公积金贷款利率进行调整。

（三）当年服务改进情况

1. 着力转变工作作风，提高服务效率

（1）从2018年3月1日起，丽江市住房公积金管理中心以加强窗口建设为主线，实行"5+X"工作日模式，业务大厅取消周末休息，为缴存单位和缴存职工提供错时、延时服务。

（2）从2018年6月1日起，丽江市住房公积金管理中心业务大厅所有窗口设置为综合业务岗，一个窗口综合办结、窗口服务一步到位，构建"一窗式"办理业务新机制。

2. 精简证明材料，简化审批流程、手续

从2018年5月1日起，缴存职工办理住房公积金提取和贷款业务不需要提供身份证复印件。从2018年9月1日起，缴存职工办理住房公积金贷款业务不需要提供个人工资收入证明。

（四）当年信息化建设情况

1. 依托"互联网+"让信息多跑路，群众少跑腿

2018年丽江中心不断加大信息系统建设力度，完成了丽江住房公积金综合服务平台建设工作，目前已进入试运行阶段。综合服务平台集丽江公积金网站、网上服务大厅、微信、短信、微博、手机APP、服务大厅自助服务终端和12329服务热线为一体的信息查询、咨询、投诉、反馈意见和政策发布、宣传公共综合服务平台，大力推行"互联网+住房公积金服务"，打通了"信息孤岛"，做到"让信息多跑路，群众少跑腿"。

2. 防控安全隐患，做好信息数据备份和容灾工作

根据《关于抗震救灾中做好住房公积金工作的紧急通知》（建办保〔2008〕33号）和《住房城乡建设部关于印发住房公积金信息化建设导则的通知》（建金〔2016〕124号）精神，以及云南省住房公积金廉政风险防控专项检查组反馈意见，经管委会审议通过，2018年11月份丽江市住房公积金管理中心信息数据通过专线异地灾备至昆明市住房公积金管理中心计算机机房，进一步增强了丽江市住房公积金管理中心抵御信息化灾难风险的能力。

普洱市住房公积金2018年年度报告

一、机构概况

（一）普洱市住房公积金管理委员会：普洱市住房公积金管理委员会为普洱市住房公积金管理的决策机构，现有委员30名，主要由职工代表、单位代表和政府职能部门负责人及有关专家组成。2018年召开1次会议，审议通过《普洱市住房公积金管理中心2018工作情况报告和2018年工作安排报告》、《关于普洱市住房公积金 2018 年度归集、使用执行情况和 2018 年度归集、使用计划草案的报告》、《普洱市 2018 年住房公积金缴存基数核定标准》、《普洱市住房公积金管理中心调整普洱市住房公积金提取、贷款相关政策暂行规定的请示》等议题。

（二）普洱市住房公积金管理中心：普洱市住房公积金管理中心为市人民政府直属的不以营利为目的的事业单位，内设 6 个科室，下设市直营业部和 9 县管理部，从业人员 94 人，其中，在编 60 人，非在编 34 人。

二、业务运行情况

（一）缴存：2018 年，新开户单位 284 家，实缴单位 2544 家，净增单位 98 家；新开户职工 0.9 万人，实缴职工 9.89 万人，净增职工 0.18 万人；缴存额 20.85 亿元，同比增长 5.46%。

2018 年末，缴存总额 127.66 亿元，同比增长 19.52%；缴存余额 67.14 亿元，同比增长 17.83%。

受委托办理住房公积金缴存业务的银行 6 家，无增加减少。

（二）提取：2018 年，提取额 10.96 亿元，同比下降-36.22%；占当年缴存额的 52.57%，比上年减少 6.46 个百分点。2018 年末，累计提取总额 60.80 亿元，同比增长 22.01%。

（三）贷款：

个人住房贷款最高额度 60 万元，其中，单缴存职工最高额度 50 万元，双缴存职工最高额度 60 万元。

2018 年，发放个人住房贷款 4420 笔 16.40 亿元，同比分别下降 6.44%、5.20%。

2018 年回收个人住房贷款 8.16 亿元。

2018 年末，累计发放个人住房贷款 7.57 万笔 121.99 亿元，贷款余额 60.53 亿元，同比分别增长 6.30%、15.74%、16.31%。个人住房贷款余额占缴存余额的 90.53%，比上年减少 1.27 个百分点。

受委托办理住房公积金个人住房贷款业务的银行 7 家，与上年相同。

（四）资金存储：2018 年末，住房公积金存款 8.78 亿元。其中，活期 8.69 亿元，1 年（含）以下定期 0.09 亿元，无 1 年以上定期和协定、通知存款。

（五）资金运用率：2018 年末，住房公积金个人住房贷款余额、项目贷款余额和购买国债余额的总和占缴存余额的 90.53%，比上年减少 1.27 个百分点。

三、主要财务数据

（一）业务收入：2018 年，业务收入 19670.48 万元，同比增长 17.85%。其中，存款利息 912.73 万元，委托贷款利息 18636.72 万元，其他收入 5.74 万元。

（二）业务支出：2018 年，业务支出 10238.48 万元，同比增长 10.24%。其中，支付职工住房公积金利息 9338.81 万元，归集手续费 0.55 万元，委托贷款手续费 899.12 万元。

（三）增值收益：2018 年，实现增值收益 9432 万元，同比增长 0.61%。增值收益率 1.5%，比上年减少 0.1 个百分点。

（四）增值收益分配：2018 年，提取贷款风险准备金 823.20 万元，提取管理费用 2100 万元，提取城市廉租住房（公共租赁住房）建设补充资金 6508.8 万元。

2018 年，上交财政管理费用 2100 万元。上缴财政城市廉租住房（公共租赁住房）建设补充资金

7098.94万元。

2018年末,贷款风险准备金余额7924.14万元。累计提取城市廉租住房(公共租赁住房)建设补充资金46301.45万元。

(五)管理费用支出:2018年,管理费用支出2101.09万元,同比增长53.30%。其中,人员经费1152.76万元,公用经费349.48万元,专项经费598.85万元。

四、资产风险状况

2018年末,个人住房贷款逾期额156.17万元,逾期率0.06‰。个人贷款风险准备金按贷款余额5%提取。2018年,提取个人贷款风险准备金823.20万元,使用个人贷款风险准备金核销呆坏账0万元。2018年末,个人贷款风险准备金余额7924.14万元,占个人住房贷款余额的1.31%,个人住房贷款逾期额与个人贷款风险准备金余额的比率为1.97%。

五、社会经济效益

(一)缴存业务:2018年,实缴单位数、实缴职工人数和缴存额同比分别增长4.0%、1.84%和5.43%。

缴存单位中,国家机关和事业单位占64.19%,国有企业占11.91%,城镇集体企业占4.05%,外商投资企业占0.51%,城镇私营企业及其他城镇企业占15.68%,民办非企业单位和社会团体占2.24%,其他占1.26%。

缴存职工中,国家机关和事业单位占64.28%,国有企业占19.81%,城镇集体企业占3.64%,外商投资企业占0.35%,城镇私营企业及其他城镇企业占10.16%,民办非企业单位和社会团体占1%,其他占0.75%;中、低收入占99.99%,高收入占0.01%。

新开户职工中,国家机关和事业单位占54.21%,国有企业占9.67%,城镇集体企业占3.77%,外商投资企业占0.80%,城镇私营企业及其他城镇企业占28.21%,民办非企业单位和社会团体占1.69%,其他占1.64%;中、低收入占100%,高收入占0%。

(二)提取业务:2018年,2.7万名缴存职工提取住房公积金10.96亿元。

提取金额中,住房消费提取占84.45%(购买、建造、翻建、大修自住住房占16.86%,偿还购房贷款本息占48.93%,租赁住房占7.08%,其他占11.58%);非住房消费提取占15.5%(离休和退休提取占9.29%,完全丧失劳动能力并与单位终止劳动关系提取占4.36%,工作调动及户口迁出本市或出境定居占1.85%)。

提取职工中,中、低收入占99.99%,高收入占0.01%。

(三)贷款业务:

1. **个人住房贷款**:2018年,支持职工购建房63.58万平方米,年末个人住房贷款市场占有率为66.13%,比上年减少2.19个百分点。通过申请住房公积金个人住房贷款,可节约职工购房利息支出1527.31万元。

职工贷款笔数中,购房建筑面积90(含)平方米以下占6.40%,90~144(含)平方米占67.45%,144平方米以上占26.15%。购买新房占79.26%(其中购买保障性住房占0.01%),购买二手房占

17.26%，建造、翻建、大修自住住房占 3.48%。

职工贷款笔数中，单缴存职工申请贷款占 25.11%，双缴存职工申请贷款占 74.89%。

贷款职工中，30 岁（含）以下占 24.94%，30 岁～40 岁（含）占 36.49%，40 岁～50 岁（含）占 28.19%，50 岁以上占 10.38%；首次申请贷款占 71.09%，二次及以上申请贷款占 23.62%；中、低收入占 50.43%，高收入占 49.57%。

2. **异地贷款**：2018 年，发放异地贷款 22 笔 837 万元。2018 年末，发放异地贷款总额 10,57 万元，异地贷款余额 1029.83 万元。

（四）**住房贡献率**：2018 年，个人住房贷款发放额、公转商贴息贷款发放额、项目贷款发放额、住房消费提取额的总和与当年缴存额的比率为 90.53%，比上年减少 1.27 个百分点。

六、其他重要事项

（一）当年缴存基数限额及确定方法、缴存比例调整情况

1. 职工住房公积金的月缴存工资基数按照国家统计部门规定的工资总额计算口径核定。

2. 职工住房公积金缴存比例不得低于上述工资总额的 5%，最高不得超过 12%。

3. 职工住房公积金的月缴存工资基数，最低不得低于本市上一年度统计部门规定的职工最低月工资标准，最高不得超过本市统计部门公布的上一年度职工平均货币工资的 3 倍。

本市 2018 年度职工住房公积金月缴存工资基数下限不得低于 1400 元，月缴存额不得低于 140 元（按个人 5%、单位 5%、合计 10% 计算，其中：个人缴 70 元，单位缴 70 元）。执行时间为 2018 年 1 月 1 日至 12 月 31 日。

本市 2018 年职工住房公积金月缴存工资基数上限不得高于 20230 元，月缴存额不得高于 4855.2 元（按个人 12%、单位 12%、合计 24% 计算，其中：个人缴 2427.6 元，单位缴 2427.6 元）。执行时间为 2018 年 1 月 1 日至 12 月 31 日。

（二）当年住房公积金存贷款利率调整及执行情况

1. 2018 年，根据中国人民银行、住房城乡建设部、财政部印发《关于完善职工住房公积金账户存款利率形成机制的通知》（银发〔2016〕43 号），职工住房公积金账户存款利率按一年期定期存款基准利率执行。

2. 2018 年，根据《中国人民银行关于下调金融机构人民币贷款和存款基准利率并进一步推进利率市场化改革的通知》（银发〔2015〕265 号）的规定，个人住房公积金贷款利率首套房执行：五年以下（含 5 年）贷款年利率执行 2.75%；五年以上贷款年利率执行 3.25%；二套房贷款利率上浮 10%。

（三）当年住房公积金政策调整及执行情况

2018 年，按照党的十九大报告中关于"房子是用来住的，不是用来炒的"定位精神，中央、省、市相继出台了规范住房公积金使用管理的相关政策，对本市住房公积金政策进行调整。

1. 住房公积金缴存职工十年内购买、建造、翻建、大修住房行为可申请提取住房公积金调整为 12 个月以内。

2. 住房公积金缴存职工因购买、建造、翻建、大修自住住房申请提取住房公积金的，夫妻双方提取的总金额不超过其因购买、建造、翻建、大修住房的金额。

3. 住房公积金缴存职工因购买、建造、翻建、大修自住住房提取住房公积金后需正常缴存住房公积6个月后才能申请办理住房公积金贷款。

4. 购买首套房，借款人单方正常缴存住房公积金的，申请个人住房公积金贷款的最高额度为50万元；借款人夫妻双方正常缴存住房公积金的，申请个人住房公积金贷款最高额度为60万元。

5. 购买二套房，借款人单方正常缴存住房公积金的，申请个人住房公积金贷款的最高额度由50万元调整为40万元；借款人夫妻双方正常缴存住房公积金的，申请个人住房公积金贷款最高额度由60万元调整为50万元。

6. 实行住房公积金贷款间隔期，间隔期为6个月，即借款人家庭（夫妻双方）在上一笔住房公积金贷款还清后，6个月内不再受理住房公积金贷款申请。

7. 借款人家庭房屋套数认定标准由查询借款人家庭的贷款记录调整为查询借款人家庭的住房数量，执行认房的标准，依据购房家庭成员名下实际拥有的成套住房数量进行认定。

（四）当年服务改进情况

1. 积极贯彻落实"放管服"改革要求，不断细化审批事项，优化审批流程，大幅压缩审批时限，通过创新管理方式，统一实行"中心内部授权，承担法人责任"管理模式，对住房公积金服务大厅和各县管理部进行充分授权，简化办事流程及精简材料，压缩了办结时限，方便群众办事。

2. 全市住房公积金管理机构各项办理业务流程及所需资料上墙公示，实施材料清单告知，使群众办事时间明显缩短；先后取消了开具"收入证明和提供身份证复印件"等规定，实行住房公积金业务服务项目零收费，对每项业务都印制了"明白条"给办事群众，为广大缴存职工提供"一站式、一厅式"服务，做到办事透明化，服务人性化，营造了一心服务为民的工作局面。

（五）当年信息化建设情况

积极推进"互联网＋住房公积金"，按照住房城乡建设部的统一部署，开展住房公积金数据贯标工作，接入全国住房公积金银行结算系统，并于5月28日通过验收，实现了公积金支取实时到账、个人公积金余额可对冲公积金贷款还款等功能。积极扩宽服务渠道，启动建设"互联网＋住房公积金"的"二＋二"服务平台和平台服务机制，全新打造了微信、住房公积金对外服务平台、12329服务热线、短信、自助查询终端为一体的线上服务渠道，最大限度实现了"信息数据做好服务，职工省去跑路"的目标。

临沧市住房公积金2018年年度报告

一、机构概况

（一）**住房公积金管理委员会**：临沧市住房公积金管理委员会有23名委员，2018年，召开3次全体会议，审议通过《临沧市住房公积金2018年收支预算执行情况和2018年预算（草案）》，并对其他重要事项进行决策，主要包括：1. 审议2018年住房公积金扩大制度覆盖目标任务分解；2. 审议《临沧市住房公积金2018年年度报告》；3.审议调整部分住房公积金使用政策；4.审议对企业降低住房公积金缴存比例和缓缴住房公积金授权临沧市住房公积金管理中心审批；5.审议修改完善《临沧市提取住房公积金支付房租管理实施细则》；6.审议调整住房公积金贷款准入条件；7.审议将办理住房公积金贷款抵押权登记费列入住房公积金业务支出；8.审议新增富滇银行临沧分行为住房公积金金融业务委托银行。

（二）住房公积金管理中心：临沧市住房公积金管理中心为隶属于市人民政府不以营利为目的的事业单位，主要负责全市住房公积金的归集、管理、使用和会计核算。中心设8个科（室），9个管理部。从业人员91人，其中，在编71人，非在编（劳务派遣人员）20人。

二、业务运行情况

（一）缴存：临沧市住房公积金管理中心自主办理住房公积金缴存业务。2018年，实缴单位2262家，实缴职工10.48万人，缴存额17.13亿元（含结转利息），同比增长11.27%；当年新开户单位430家，新开户职工2.15万人，净增单位389家，净增职工1.64万人。2018年末，缴存总额98.07亿元，同比增长21.15%；缴存余额59.29亿元，同比增长18.88%。

（二）提取：2018年，提取额7.71亿元，同比增长24.88%；占当年缴存额的比率为45.03%，比上年同期增长4.92个百分点。2018年末，提取总额38.78亿元，同比增长24.82%。

（三）个人住房贷款：个人住房贷款最高额度70万元，其中，双职工家庭最高额度70万元，单职工家庭最高额度70万元。

2018年，发放个人住房贷款0.36万笔15.70亿元，发放笔数同比增长4.63%、发放额增长20.72%。

2018年，回收个人住房贷款6.39亿元。

2018年末，累计发放个人住房贷款3.47万笔77.51亿元，贷款余额46.49亿元，同比分别增长11.58%、25.40%、25.04%。个人住房贷款余额占缴存余额的78.40%，比上年同期增加3.86个百分点。受委托办理住房公积金个人住房贷款业务的银行7家，新增富滇银行临沧分行为住房公积金金融业务委托银行。

（四）资金存储：截至2018年末，住房公积金存款额13.19亿元。其中，活期0.02亿元，协定存款3.57亿元，1年以上定期9.60亿元。

（五）资金运用率：2018年末，住房公积金个人住房贷款余额占缴存余额的78.40%（无项目贷款和国债），比上年同期增加3.86个百分点。

三、主要财务数据

（一）业务收入：2018年，业务收入19162.90万元，同比增长21.25%。其中，存款利息收入5503.01万元，同比增长8.75%；委托贷款利息收入13650.26万元，同比增长27.05%；其他9.63万元。

（二）业务支出：2018年，业务支出9060.99万元，同比增长24.46%。其中，住房公积金利息支出8363.15万元，同比增长24.02%；委托贷款手续费支出682.51万元，同比增长27.04%；其他支出15.33万元。

（三）增值收益：2018年，增值收益10101.91万元，同比增长18.51%。增值收益率1.68%，比上年同期减少0.18个百分点。

（四）增值收益分配：2018年，提取贷款风险准备金930.92万元，提取管理费用1700万元，提取城市廉租住房（公共租赁住房）建设补充资金7470.99万元。

2018年，上交财政管理费用1700万元。上交财政城市廉租住房（公共租赁住房）建设补充资金7470.99万元。

截至2018年末，贷款风险准备金余额4658.75万元。累计提取城市廉租住房（公共租赁住房）建设补充资金31335.34万元。

（五）管理费用支出：2018年，管理费用支出1654.43万元，同比减少23.30%。其中，人员经费853.66万元，公用经费64.57万元，专项经费736.20万元。

四、资产风险状况

2018年末，无逾期个人住房贷款，无历史遗留风险资产。

个人贷款风险准备金按年度贷款余额的1%提取。2018年，提取贷款风险金930.92万元，当年未使用个人贷款风险准备金核销，个人贷款风险准备金余额为4658.75万元，占个人贷款余额的1%。

五、社会经济效益

（一）缴存业务：2018年，实缴单位数、实缴职工人数和缴存额同比分别增长20.77%、18.53%和11.27%。

缴存单位中，国家机关和事业单位占62.65%，国有企业占8.13%，城镇集体企业占1.64%，外商投资企业占0.44%，城镇私营企业及其他城镇企业占20.11%，民办非企业单位和社会团体占2.08%，其他占4.95%。

缴存职工中，国家机关和事业单位占72.90%，国有企业占8.90%，城镇集体企业占1.78%，外商投资企业占0.17%，城镇私营企业及其他城镇企业占12.31%，民办非企业单位和社会团体占0.65%，其他占3.29%；中、低收入占99.62%，高收入占0.38%。

新开户职工中，国家机关和事业单位占70.80%，国有企业占4.40%，城镇集体企业占0.55%，外商投资企业占0.37%，城镇私营企业及其他城镇企业占12.31%，民办非企业单位和社会团体占2.43%，其他占9.13%；中、低收入占99.96%，高收入占0.04%。

（二）提取业务：2018年，2.51万名缴存职工提取住房公积金7.71亿元。

提取的金额中，住房消费提取占77.68%（购买、建造、翻建、大修自住住房占11.18%，偿还购房贷款本息占65.26%，租赁住房占0.86%，其他占0.38%）；非住房消费提取占22.32%（离休和退休提取占17.73%，完全丧失劳动能力并与单位终止劳动关系提取占2.64%，户口迁出本市或出境定居占0.84%，其他占1.11%）。

提取职工中，中、低收入占99.49%，高收入占0.51%。

（三）贷款业务：

1. **个人住房贷款**：2018年，支持职工购建房63.76万平方米，年末个人住房贷款市场占有率为

63.68%，比上年同期增加 4.01 个百分点。通过申请住房公积金个人住房贷款，可节约职工购房利息支出 45800 万元。

职工贷款笔数中，购房建筑面积 90（含）平方米以下占 4.65%，90~144（含）平方米占 45.64%，144 平方米以上占 49.71%。购买新房占 49.34%，购买存量房占 30.80%，建造、翻建、大修自住住房占 15.04%，其他占 4.82%。

职工贷款笔数中，单职工申请贷款占 18.66%，双职工申请贷款占 81.34%。

贷款职工中，30 岁（含）以下占 22.56%，30~40 岁（含）占 35.51%，40~50 岁（含）占 30.91%，50 岁以上占 11.03%；首次申请贷款占 67.64%，二次及以上申请贷款占 32.36%；中、低收入群体占 99.55%，高收入群体占 0.45%。

2. **异地贷款**：2018 年，发放异地贷款 9 笔 209 万元。2018 年底，发放异地贷款总额 802 万元，异地贷款余额 697.33 万元。

（四）**住房贡献率**：2018 年，个人住房贷款发放额、住房消费提取额的总和与当年缴存额的比率为 126.59%，比上年同期增加 6.63 个百分点。

六、其他重要事项

（一）**缴存基数、比例限额情况**：2018 年住房公积金缴存工资基数下限为临沧市各县最低工资标准 1350 元，上限为临沧市社均工资的 3 倍 18283 元；缴存比例下限为 5%，上限为 12%。

（二）**住房公积金其他业务政策调整情况**：1. 经临沧市住房公积金管理委员会 2018 年第 2 次会议审议通过、市人民政府印发《临沧市人民政府办公室关于调整部分住房公积金使用政策的通知》（临政办发〔2018〕98 号），主要内容为：自 2018 年 7 月 1 日起，取消因重病、大病住院、因突发事件（包括：突发事故、见义勇为、自然灾害、子女入学等）提取住房公积金；停止办理个人住房装修贷款业务。2. 经临沧市住房公积金管理委员会 2018 年第 3 次会议审议通过、市人民政府印发《临沧市提取住房公积金支付房租管理实施细则》（临政办发〔2018〕143 号）对租房提取住房公积金进一步规范明确。3. 经临沧市住房公积金管理委员会 2018 年第 3 次会议审议通过，自 2018 年 10 月 1 日起，将住房公积金贷款的准入条件由缴存职工连续足额缴存住房公积金 3 个月（含）调整为连续足额缴存 6 个月（含）以上可申请个人住房公积金贷款。

（三）**住房公积金存贷款利率执行情况**：存款利率执行《中国人民银行住房建设部财政部关于完善职工住房公积金账户存款利率形成机制的通知》（银发〔2016〕43 号）规定，当年归集及上年结转的个人住房公积金存款利率均为一年期定期存款利率 1.5%；当前贷款利率五年期以下（含五年）为 2.75%，五年期以上为 3.25%。

（四）**改进服务情况**：深入推进"放管服"改革，一是进一步动态梳理完善权责事项、服务事项清单，编制并向社会公布"直接受理""马上办""跑一次"三个清单，其中"直接受理"事项 29 项，"马上办"事项 27 项，"跑一次"事项 2 项，制定执法流程及"双随机一公开"实施办法。二是着力推进"互联网＋住房公积金"政务服务新模式，已建成统一数据标准、接入"全国住房公积金银行结算应用系统"的核心业务系统，搭建包括门户网站、网上业务大厅、12329 服务热线、移动 APP、短信平台、微信、微博、自助终端等八大服务渠道的综合服务平台，有 9 项业务可通过网厅、移动 APP、微信等渠道足不出户"7×

24"小时自助办结,有5项业务可实行不见面在线审批,单位、个人各项业务查询、表单打印可完全自助办理,实现"零"跑腿。三是推进政务服务"一网、一门、一次"改革,优化流程、减少环节、精减要件,全面取消办事材料复印件,实行管办分离,前台全面推行综合柜员制,实现一窗通办、一次办结,若所办业务需在部门之间来回跑的,实行内部流转,安排中心内部职工跑,基本实现了只进"一扇门"、最多"跑一次"的目标。

(五)获得荣誉表彰情况:中心被云南省委、省人民政府授予第十五届云南省文明单位称号,被市扶贫开发领导小组表彰为临沧市脱贫攻坚奖扶贫先进单位。

楚雄彝族自治州住房公积金 2018 年年度报告

一、机构概况

(一)住房公积金管理委员会:住房公积金管理委员会有 27 名委员,2018 年 3 月 5 日召开楚雄州第四届住房公积金管理委员会第一次全体会议,审议通过的事项主要包括:《2018 年楚雄州住房公积金管理工作报告》、《2018 年楚雄州住房公积金增值收益分配方案的报告》、《2018 年楚雄州住房公积金归集使用计划和增值收益计划的报告》。

(二)住房公积金管理中心:住房公积金管理中心为直属于楚雄州人民政府不以营利为目的的全额拨款事业单位,设 8 个科室,9 个管理部。从业人员 80 人,其中,在编 58 人,非在编 22 人。

二、业务运行情况

(一)缴存:2018 年,新开户单位 138 家,实缴单位 2448 家,净增单位 30 家;新开户职工 0.68 万人,实缴职工 11.39 万人,净增职工 0.03 万人;缴存额 21.66 亿元,同比增长 6.07%。2018 年末,缴存总额 155.38 亿元,同比增长 16.2%;缴存余额 46.69 亿元,同比增长 12.72%。

受委托办理住房公积金缴存业务的银行 4 家,与上年相比无变化。

(二)提取:2018 年,提取额 16.39 亿元,同比增长 6.76%;占当年缴存额的 75.67%,比上年增加 3.24 个百分点。2018 年末,提取总额 108.69 亿元,同比增长 17.76%。

(三)贷款:个人住房贷款最高额度 30 万元,其中,单缴存职工最高额度 15 万元,双缴存职工最高额度 30 万元。

2018 年,发放个人住房贷款 0.32 万笔 6.56 亿元,同比分别下降 31.91%、48.99%。回收个人住房贷款 6.02 亿元。2018 年末,累计发放个人住房贷款 4.43 万笔 78.71 亿元,贷款余额 43.34 亿元,同比分别增长 7.31%、9.09%、1.26%。个人住房贷款余额占缴存余额的 92.83%,比上年减少 10.5 个百分点。

受委托办理住房公积金个人住房贷款业务的银行 11 家,其中正常办理业务的有建设银行、工商银行、农业银行和信用联社交通银行、中国银行、邮储银行 7 家；系统已接通，未办理业务的曲靖商业银行 1 家；系统还未接通、未办理业务的浦发银行、富滇银行、兴彝银行 3 家。

（四）融资：2018 年，融资额为 0，归还 4 亿元。2018 年末，融资总额 6 亿元，融资余额为 0。

（五）资金存储：2018 年末，住房公积金存款 3.42 亿元。其中，活期 0.06 亿元，1 年（含）以下定期 0.81 亿元，其他（协定、通知存款等）2.55 亿元。

（六）资金运用率：2018 年末，住房公积金个人住房贷款余额、项目贷款余额和购买国债余额的总和占缴存余额的 92.83%，比上年减少 10.51 个百分点。

三、主要财务数据

（一）业务收入：2018 年，业务收入 14369.39 万元，同比增长 6.2%。存款利息 540.07 万元，委托贷款利息 13829.32 万元。

（二）业务支出：2018 年，业务支出 7654.7 万元，同比增长 2.48%。支付职工住房公积金利息 6264.75 万元，委托贷款手续费 690.41 万元，其他 699.54 万元。

（三）增值收益：2018 年，增值收益 6714.69 万元，同比增长 10.78%。增值收益率 1.51%，比上年减少 0.06 个百分点。

（四）增值收益分配：2018 年，提取贷款风险准备金 53.65 万元，提取管理费用 1600 万元，提取城市廉租住房（公共租赁住房）建设补充资金 5061.04 万元。

2018 年，上交财政管理费用 1600 万元。上缴财政城市廉租住房（公共租赁住房）建设补充资金 3153.6 万元（2018 年应上缴城市廉租住房补充资金为 3694.06 万元，其中 540.46 万元于 2018 年 11 月 30 日提前上缴）。

2018 年末，贷款风险准备金余额 4674.64 万元。累计提取城市廉租住房（公共租赁住房）建设补充资金 35091.41 万元。

（五）管理费用支出：2018 年，管理费用支出 1488.79 万元，同比增长 16.52%。其中，人员经费 811.14 万元，公用经费 87.58 万元，专项经费 590.07 万元。

四、资产风险状况

2018 年末，个人住房贷款逾期额为 68.4 万元。个人贷款风险准备金按（贷款新增余额）的 1% 提取。2018 年，提取个人贷款风险准备金 53.65 万元，使用个人贷款风险准备金核销呆坏账 0 万元。2018 年末，个人贷款风险准备金余额 4674.64 万元，占个人住房贷款余额的 1.08%，个人住房贷款逾期额与个人贷款风险准备金余额的比率为 1.46%。

五、社会经济效益

（一）缴存业务：2018 年，实缴单位数、实缴职工人数和缴存额同比分别增长 1.24%、0.26% 和 6.07%。

缴存单位中，国家机关和事业单位占 67.12%，国有企业占 19.36%，城镇集体企业占 0.74%，外商投资企业占 0.4%，城镇私营企业及其他城镇企业占 8.91%，民办非企业单位和社会团体占 2.33%，其他占1.14%。

缴存职工中，国家机关和事业单位占66.28%，国有企业占24.81%，城镇集体企业占0.7%，外商投资企业占0.95%，城镇私营企业及其他城镇企业占6.23%，民办非企业单位和社会团体占0.68%，其他占0.35%；中、低收入占98.52%，高收入占1.48%。

新开户职工中，国家机关和事业单位占26.75%，国有企业占29.34%，城镇集体企业占0.44%，外商投资企业占0.97%，城镇私营企业及其他城镇企业占39.79%，民办非企业单位和社会团体占1.32%，其他占1.39%；中、低收入占99.69%，高收入占0.31%。

（二）提取业务：2018年，7.4万名缴存职工提取住房公积金16.39亿元。

提取金额中，住房消费提取占86.69%（购买、建造、翻建、大修自住住房占39%，偿还购房贷款本息占44.71%，租赁住房占0.72%，其他占2.26%）；非住房消费提取占13.31%（离休和退休提取占9.9%，完全丧失劳动能力并与单位终止劳动关系提取占2.58%，户口迁出本市或出境定居占0.26%，其他占0.57%）。提取职工中，中、低收入占96.66%，高收入占3.34%。

（三）贷款业务：

1. **个人住房贷款**：2018年，支持职工购建房48.09万平方米，年末个人住房贷款市场占有率为3.37%，比上年减少40.11个百分点。通过申请住房公积金个人住房贷款，可节约职工购房利息支出1104.37万元。

职工贷款笔数中，购房建筑面积90（含）平方米以下占3.32%，90～144（含）平方米占63.79%，144平方米以上占32.89%。购买新房占75.48%，购买二手房占22.87%，建造、翻建、大修自住住房占1.07%，其他占0.58%。

职工贷款笔数中，单缴存职工申请贷款占20.67%，双缴存职工申请贷款占77.44%，三人及以上缴存职工共同申请贷款占1.89%。

贷款职工中，30岁（含）以下占28.2%，30岁～40岁（含）占31.68%，40岁～50岁（含）占30.35%，50岁以上占9.77%；首次申请贷款占50.73%，二次及以上申请贷款占49.27%；中、低收入占99.44%，高收入占0.56%。

2. **异地贷款**：2018年，发放异地贷款1笔30万元。2018年末，发放异地贷款总额8134.9万元，异地贷款余额7112.29万元。

（四）**住房贡献率**：2018年，个人住房贷款发放额、住房消费提取额的总和与当年缴存额的比率为95.89%，比上年减少29.56个百分点。

六、其他重要事项

（一）当年住房公积金政策调整及执行情况

1. **当年缴存基数限额及确定方法、缴存比例调整情况**：2018年，按照单位和职工缴存住房公积金的工资基数不得超过州统计局公布的上一年度职工平均工资总额的3倍的规定，根据州统计局提供的楚雄州2018年城镇单位在岗职工年平均工资74962元的基数标准计算，我州2018年度住房公积金最高月缴存额为2249元，缴存比例按不得低于工资总额的5%，不得超过12%的规定执行。为进一步规范住房公积金缴存管理，切实维护缴存职工权益，下发《楚雄州住房公积金管理中心关于开展2018年度住房公积金缴存单位年检的通知》（楚公积金发〔2018〕7号），在全州范围内开展缴存单位年检工作，圆满完成全州2418家缴存单位、113614名缴存职工基础信息核实，为服务和维护缴存职工合法权益打下坚实基础。

2. **当年住房公积金存贷款利率执行情况**：2018年，存贷款执行利率为：职工缴存住房公积金统一按一年期定期存款基准利率1.5%执行；五年期以下（含五年）个人住房公积金贷款利率2.75%，五年期以上个人住房公积金贷款利率3.25%。

3. **当年的提取政策执行情况**：制定《楚雄州住房公积金管理中心关于严格执行住房公积金政策的通知》（楚公积金函〔2018〕）第1号、《楚雄州住房公积金管理中心治理违规提取住房公积金实施方案》楚公积金函〔2018〕第3号，认真贯彻落实治理违规提取住房公积金工作，对提取政策进一步规范，停止办理危重疾病、自然灾害、享受城市居民最低生活保障、享受城市居民最低生活保障其子女考上国家承认学历的全日制普通大学等非住房类提取业务。

（二）当年服务改进情况

1. **着力抓好信息化综合服务平台建设**。年初以来，州中心全力推进综合服务平台建设，多次召开会议研究部署，并邀请信息专家、法律顾问、科室负责人等参与研讨，确保综合服务平台建设技术达标、程序合法、服务全面。于6月1日成功上线"12329"电话语音和短信，并全面向缴存职工开展服务，截至12月，向缴存职工推送缴存、提取、贷款等短信157多万条，12329热线接听服务5760人次；11月"楚雄住房公积金"手机APP、"楚雄住房公积金"微信服务号、"楚雄住房公积金"网上办事大厅、门户网站和自助查询终端的"互联网+"，顺利完成开发并组织内部测试，自此州中心综合服务平台七大渠道全部完成，11月10日专门组织中心职工进行综合服务平台培训，为下步综合服务平台的推广应用做好充分准备。综合服务平台全面建设完成，真正意义上实现了住房公积金业务"网上办"和"指尖办"，有效推动我州住房公积金服务的信息化、网络化、便捷化。

2. **着力抓好政务信息公开**。一是做好网上政务公开工作，全年积极在中心门户网站及时发布最新政策调整，重大事项通知和工作动态，让办事群众更好地了解为民服务的举措和工作动态，主动接受群众监督，截至12月共公开各类信息229件，网站访问总量达1472.8万人次，管理透明度不断提高。二是做好服务窗口政务服务工作，在全州10个业务办理窗口，设置政府信息查阅点、政策公告栏，把服务事项亮出来，明确办理流程、材料清单、办理时限，让办事群众知情权得到有效保障。服务过程中严格执行首问负责制、一次性告知制、限时办结制等制度，以及让办事职工"最多跑一次"的要求。三是畅通渠道，主动接受监督。在门户网站设置留言咨询并公布投诉电话，服务窗口设置意见簿、投诉箱，主动接受群众监督，采纳群众监督建议，让权利在阳光下运行。全年共回复处理各类问题226件，办理州政协委员提案1件，满意度达100%。

3. **着力抓好"简政放权"与"放管服"改革**。今年州中心以刀刃向内的勇气和决心，不断加大改革力度，坚持用改革促服务。一是年初与各县管理部签订《内部授权书》，使各县管理部负责人在授权书范围内自由行使职权，做到放心、放手、放权；二是对主要业务的审批权限做出重大调整，制定《关于调整县级住房公积金个人住房贷款审批权限的通知》、《关于调整县级住房公积金个人住房贷款审批权限相关问题的通知》，授权各县住房公积金管理部对所在行政区域内的住房公积金个人住房贷款进行审批，具有最终审批权，执行贷款"三级审批"制度，缩减审批关口，压缩办理时限，切实提高服务效率；制定《关于调整住房公积金缴存开户及降低缴存比例、缓缴审核审批的通知》，从11月1日起，授予9县住房公积金管理部和驻州政务服务中心首席代表住房公积金缴存开户、提高比例、缓缴等审核审批权限。三是不断简化办理手续，贷款、提取业务办理不再向申请人收取身份证复印件；制定《关于取消提取证明材料及复印件的通知》，提取业务进一步取消收取商品房购销合同复印件、二手房买卖合同复印件、租房合同复印件等材料，同步取消职工死亡或被宣告死亡证明、无房证明、家庭成员关系证明，真正做到为办事群众疏通"堵点"解决"痛点"。四是不断提高政治站位，把"放管服"改革作为自我突破的重要抓手，12月12日在楚雄州住房公积金管理系统内组织召开"放管服"改革工作会议，明确将进一步把"放管服"改革深入推进，不断释放改革红利，提升为民服务效能。

（三）当年住房公积金管理中心及职工所获荣誉情况

1. 楚雄州住房公积金管理中心2018年再次被命名为省级"文明单位"。
2. 楚雄州住房公积金管理中心被州委考核为2018年度党风廉政建设责任制优秀单位。
3. 楚雄州住房公积金管理中心被州政府表彰为2018年度政务服务专项工作综合绩效考评先进单位。
4. 楚雄州住房公积金管理中心被楚雄州全国民族团结进步示范区领导小组命名为"楚雄州第二批民族团结进步创建示范单位"。
5. 楚雄州住房公积金管理中心进驻州政务服务中心住房公积金窗口荣获云南省总工会"五一巾帼标兵岗"称号。
6. 楚雄州住房公积金管理中心大姚管理部荣获省级"巾帼文明岗"称号。
7. 楚雄州住房公积金管理中心机关党总支被州直机关工委考核为2018年度机关党建工作责任制优秀党组织。
8. 楚雄州住房公积金管理中心机关党总支被州直机关工委表彰为"双联系一共建双推进"优秀党组织。
9. 楚雄州住房公积金管理中心工会被州总工会评为"职工之家"。
10. 楚雄州住房公积金管理中心职工刘源泉同志被州直机关工委表彰"双联系一共建双推进"优秀共产党员。
11. 楚雄州住房公积金管理中心职工唐晓成同志被州直机关工委表彰为"双联系一共建双推进"优秀党务工作者。
12. 楚雄州住房公积金管理中心机关下派武定姚铭村委会驻村工作队长刘源泉同志被表彰为楚雄州优秀扶贫工作队员。
13. 楚雄州住房公积金管理中心职工刘海元家庭被命名为"2018年度楚雄州最美家庭"。
14. 楚雄州住房公积金管理中心党组成员、副主任李京同志被楚雄州委老干部局楚雄州老龄工作委员会表扬为楚雄州老干部工作先进个人。

红河哈尼族彝族自治州住房公积金2018年年度报告

一、机构概况

（一）住房公积金管理委员会：红河州住房公积金管理委员会有34名委员，2018年召开1次会议，审议通过的事项主要包括：

1.《红河州住房公积金 2018 年年度报告》。
2.《红河州住房公积金 2018 年度归集、使用和增值收益计划》。
3.《红河州住房公积金 2018 年度增值收益分配方案》。

（二）住房公积金管理中心：红河州住房公积金管理中心为直属于州人民政府不以营利为目的的财政全额拨款事业单位，主要负责全州住房公积金的归集、管理、使用和会计核算。设 6 个科室，14 个管理部。从业人员 97 人，其中，在编 96 人，非在编 1 人。

二、业务运行情况

（一）缴存：2018 年，新开户单位 342 家，实缴单位 4130 家，净减单位 74 家；新开户职工 0.27 万人，实缴职工 19.2 万人，净减职工 0.2 万人；缴存额 35.22 亿元，同比增长 0.34%。2018 年末，缴存总额 277.31 亿元，同比增长 14.55%；缴存余额 117.04 亿元，同比增长 7.82%。

受委托办理住房公积金缴存业务的银行 15 家，与上年一致。

（二）提取：2018 年，提取额 26.73 亿元，同比增长 24.73%；占当年缴存额的 75.89%，比上年增加 14.84 个百分点。2018 年末，提取总额 160.27 亿元，同比增长 20.02%。

（三）贷款：个人住房贷款最高额度 80 万元，其中，单缴存职工最高额度 80 万元，双缴存职工最高额度 80 万元。

2018 年，发放个人住房贷款 0.98 万笔 36.84 亿元，同比分别增长 4.26%、30.45%。

2018 年，回收个人住房贷款 22.17 亿元。

2018 年末，累计发放个人住房贷款 12.86 万笔 246.44 亿元，贷款余额 100.84 亿元，同比分别增长 8.25%、17.58%、17.02%。个人住房贷款余额占缴存余额的 86.16%，比上年增加 6.78 个百分点。

受委托办理住房公积金个人住房贷款业务的银行 15 家，与上年一致。

（四）资金存储：2018 年末，住房公积金存款 22.77 亿元。其中，活期 0.01 亿元，1 年（含）以下定期 15.41 亿元，1 年以上定期 4.05 亿元，其他（协定、通知存款等）3.3 亿元。

（五）资金运用率：2018 年末，住房公积金个人住房贷款余额占缴存余额的 86.16%，比上年增加 6.78 个百分点。

三、主要财务数据

（一）业务收入：2018 年，业务收入 36853.91 万元，同比增长 3.28%。存款利息 7072.7 万元，委托贷款利息 29779.74 万元，其他（逾期贷款罚息）1.47 万元。

（二）业务支出：2018 年，业务支出 20041.96 万元，同比增长 10.82%。支付职工住房公积金利息 17163.9 万元，归集手续费 1343.37 万元，委托贷款手续费 1488.99 万元，其他（抵押登记费）45.7 万元。

（三）增值收益：2018 年，增值收益 16811.95 万元，同比下降 4.47%。增值收益率 1.48%，比上年减少 0.24 个百分点。

（四）增值收益分配：2018 年，提取贷款风险准备金 1467.3 万元，提取管理费用 5043.58 万元，提取城市廉租住房（公共租赁住房）建设补充资金10301.07万元。

2018年，上交财政管理费用5043.58万元。上缴财政城市廉租住房（公共租赁住房）建设补充资金10301.07万元。

2018年末，贷款风险准备金余额12042.59万元。累计提取城市廉租住房（公共租赁住房）建设补充资金81948.26万元。

（五）管理费用支出：2018年，管理费用支出2246.44万元，同比下降4.88%。其中，人员经费1287.07万元，公用经费80.3万元，专项经费879.07万元。

四、资产风险状况

2018年末，个人住房贷款逾期额165.06万元，逾期率0.16‰。

个人贷款风险准备金按年度贷款余额（即当年个人住房贷款发放额减去个人住房贷款回收额）的1%提取。2018年，提取个人贷款风险准备金1467.3万元。2018年末，个人贷款风险准备金余额12042.59万元，占个人住房贷款余额的1.19%，个人住房贷款逾期额与个人贷款风险准备金余额的比率为1.37%。

五、社会经济效益

（一）缴存业务：2018年，实缴单位数、实缴职工人数和缴存额同比分别下降1.76%、1.05%和增长0.34%。

缴存单位中，国家机关和事业单位占64.96%，国有企业占9.83%，城镇集体企业占1.62%，外商投资企业占0.02%，城镇私营企业及其他城镇企业占6.05%，民办非企业单位和社会团体占2.35%，其他占15.17%。

缴存职工中，国家机关和事业单位占78.68%，国有企业占12.25%，城镇集体企业占3.09%，外商投资企业占0%，城镇私营企业及其他城镇企业占3.2%，民办非企业单位和社会团体占0.98%，其他占1.8%；中、低收入占99.99%，高收入占0.01%。

新开户职工中，国家机关和事业单位占30.99%，国有企业占6.7%，城镇集体企业占2.34%，外商投资企业占0%，城镇私营企业及其他城镇企业占17.16%，民办非企业单位和社会团体占24.33%，其他占18.48%；中、低收入占99.85%，高收入占0.15%。

（二）提取业务：2018年，7.09万名缴存职工提取住房公积金26.73亿元。

提取金额中，住房消费提取占77.42%（购买、建造、翻建、大修自住住房占26.36%，偿还购房贷款本息占49.56%，租赁住房占0.42%，其他占1.08%）；非住房消费提取占22.58%（离休和退休提取占18.99%，完全丧失劳动能力并与单位终止劳动关系提取占2.35%，户口迁出本市或出境定居0.39%，其他占0.85%）。

提取职工中，中、低收入占99.99%，高收入占0.01%。

（三）贷款业务：

1. 个人住房贷款：2018年，支持职工购建房127.93万平方米，年末个人住房贷款市场占有率为40.67%，比上年增加4.34个百分点。通过申请住房公积金个人住房贷款，可节约职工购房利息支出54505.14万元。

职工贷款笔数中，购房建筑面积 90（含）平方米以下占 8.76%，90~144（含）平方米占 56.89%，144 平方米以上占 34.35%。购买新房占 61.94%（其中购买保障性住房占 0%），购买二手房占 24.22%，建造、翻建、大修自住住房占 0.86%，其他占 12.98%。单缴存职工申请贷款占 19.07%，双缴存职工申请贷款占 76.49%，三人及以上缴存职工共同申请贷款占 4.44%。

贷款职工中，30 岁（含）以下占 28.49%，30 岁~40 岁（含）占 34.8%，40 岁~50 岁（含）占 27.36%，50 岁以上占 9.35%；首次申请贷款占 97.67%，二次及以上申请贷款占 2.33%；中、低收入占 99.68%，高收入占 0.32%。

2. **异地贷款**：2018 年，发放异地贷款 300 笔 11385.4 万元。2018 年末，发放异地贷款总额 23906.6 万元，异地贷款余额 11538.18 万元。

（四）**住房贡献率**：2018 年，个人住房贷款发放额、住房消费提取额的总和与当年缴存额的比率为 163.37%，比上年增加 37.25 个百分点。

六、其他重要事项

（一）当年住房公积金政策调整及执行情况：

1. **当年缴存基数限额及确定方法、缴存比例调整情况：**

（1）各缴存单位和职工缴存住房公积金工资基数不得超过红河州统计部门公布的上一年度职工月平均工资总额的 3 倍；2018 年度我州在岗职工年平均工资为 74224 元（月平均工资为 6185 元）。

（2）住房公积金缴存比例严格执行 5%~12%。

（3）根据云南省人力资源和社会保障厅《关于调整最低工资标准的通知》（云人社发〔2018〕16 号），红河州个旧市、开远市、蒙自市、弥勒市月最低工资标准 1500 元；其他县月最低工资标准 1350 元。

2. **当年提取政策调整情况**：按照住房城乡建设部《关于湖南、广西、江西住房公积金行业落实"放管服"改革情况的通报》（建金服函〔2018〕49 号）和《云南省住房和城乡建设厅关于开展住房公积金政策合规性清查的通知》（云建金〔2018〕48 号）要求，结合实际，红河州住房公积金管理中心出台了《关于调整住房公积金使用政策的通知》（红房资〔2018〕18 号）。一是暂停因重大疾病造成家庭生活严重困难提取；二是暂停执行家庭困难职工子女上大学提取；三是调整缴存职工与单位解除或终止劳动关系销户提取条件：账户封存期间，职工在异地开立住房公积金账户并稳定缴存半年以上的，职工向异地转入中心申请办理异地转移接续手续。未在异地继续缴存的，封存满半年后销户提取。

3. **当年贷款条件、贷款政策调整情况：**

（1）为充分发挥住房公积金的住房保障作用，支持缴存职工个人住房消费，减轻住房公积金借款人的还款压力，更好地服务缴存职工，出台了《红河州住房公积金冲还贷款实施办法（试行）》（红房规〔2018〕1 号），实行按年（月）冲还贷政策，自 2018 年 5 月 10 日开始执行。

（2）开展住房公积金政策合规性清查工作。一是取消修缮贷款；二是调整住房公积金贷款条件。将"职工连续按月足额缴存住房公积金 3 个月（含）以上，且住房公积金处于正常缴存状态允许申请贷款"政策调整为"职工连续按月足额缴存住房公积金 6 个月（含）以上，且住房公积金处于正常缴存状态允许申请贷款"，自 2018 年 6 月 15 日开始执行。

（3）全面放宽引进高层次人才贷款条件。对红河州引进的高层次人才申请公积金贷款，实行不受公积金缴存时限、存款额度和房源、面积、类别限制，贷款期限可延至女性 65 周岁、男性 70 周岁，贷款最高额度 80 万元、贷款年限 30 年的优惠政策。

4. 当年住房公积金存贷款利率执行标准：

红河州住房公积金管理中心严格执行中国人民银行规定的存贷款利率标准。2018 年，住房公积金存款利率为 1.5%；贷款利率五年以内（含五年）为 2.75%、五年期以上为 3.25%。

（二）当年服务改进情况： 为认真贯彻落实国务院、省、州"放管服"改革和"六个一"行动要求，进一步修订和完善《红河州住房公积金服务指引》并严格执行。一是优化审批流程，实现高效办理。通过进一步明确审批时限，明晰审批责任，强化责任监督。归集、提取业务已经实现**"一窗受理，当场办结"**，办理过程中，缴存职工只需取 1 次号，进 1 个窗，交 1 次件；贷款业务由**"四级审批"**简化为**"三级审批"**，审批时限压缩至 10 个工作日，同时取消提取、贷款发放业务办理中的"委托银行办理支付手续"环节，大幅度提升了公积金业务办理效率。二是简化审批资料，实现简便办理。全面梳理业务办理所需的审批材料，优化业务流程，及时取消了身份证复印件及 9 项业务办理相关材料。三是搭建信息平台，推行网上办理。创新归集服务方式，推行实时结算，全力推进住房公积金综合服务平台建设，实现全州财政统发工资单位公积金缴存数据实时共享，公积金及时汇缴至职工个人账户。2018 年末，短信、"12329"服务热线、自助服务终端、微信、手机 APP、网站、网厅等七大服务渠道全面建成，方便缴存职工查询、实现部分公积金业务网上办理。四是进一步拓宽信访渠道，全面构建"为群众服务、受群众监督"的长效监督机制。通过在红河公积金网公布住房公积金年度报告，在服务大厅公布监督、投诉电话、开设举报投诉信箱主动接受社会监督。

（三）当年信息化建设情况： 建成了住房公积金业务与管理系统，实现基础数据标准统一，银行结算应用系统接入，2018 年 5 月 23 日顺利通过住房城乡建设部专家组验收。综合服务平台投入使用，开通微信公众号、手机 APP、网上业务大厅等服务渠道，方便职工了解政策、业务办理流程和查询个人公积金缴存、贷款情况。

文山壮族苗族自治州住房公积金 2018 年年度报告

一、机构概况

（一）住房公积金管理委员会： 管理委员会有 17 名委员。2018 年召开 1 次会议，会议审议《文山州住房公积金 2018 年年度报告》、《关于文山州 2018 年度住房公积金归集使用计划执行情况及 2018 年归集使用计划的报告》、安信会计师事务所对州住房公积金中心 2018 年度运行管理情况的审计报告、《文山州个体工商户、自由职业者个人缴存及使用住房公积金办法（试行）》、《文山州港澳台同胞缴存使用住房公积金实施办法（试行）》，听取财政部门监督情况、人行对受托商业银行监管情况、审计部门审计情况的通报。

（二）住房公积金管理中心：文山州住房公积金管理中心为直属于州人民政府不以营利为目的公益一类的事业单位，设5个科室，8个管理部。从业人员118人，其中：在编59人，编外59人。

二、业务运行情况

（一）缴存：2018年，新开户单位163家，实缴单位2756家；新开户职工0.97万人，实缴职工12.82万人，净增职工0.40万人；缴存额22.77亿元，同比增长10.48%。2018年末，缴存总额142.03亿元，同比增长19.09%；缴存余额67.24亿元，同比增长14.41%。

受委托办理住房公积金缴存业务的银行5家。

（二）提取：2018年，提取额14.29亿元，同比增长15.80%；占当年缴存额的62.76%，比上年增加2.89个百分点。2018年末，提取总额74.79亿元，同比增长23.64%。

（三）贷款：个人住房贷款最高额度50万元，其中，单缴存职工最高额度50万元，双缴存职工最高额度50万元。

2018年，发放个人住房贷款0.67万笔24.77亿元，同比分别增长13.56%、28.61%。2018年，回收个人住房贷款15.40亿元。2018年末，累计发放个人住房贷款7.30万笔148.76亿元，贷款余额60.20亿元，同比分别增长10.27%、19.99%、18.41%。个人住房贷款余额占缴存余额的89.53%，比上年增加3.03个百分点。

受委托办理住房公积金个人住房贷款业务的银行5家。

（四）资金存储：2018年末，住房公积金存款7.04亿元，其中：活期6.74亿元，1年（含）以下定期0.3亿元，1年以上定期0亿元，其他（协定、通知存款等）0亿元。

（五）资金运用率：2018年末，住房公积金个人住房贷款余额、项目贷款余额和购买国债余额的总和占缴存余额的89.54%，比上年增加3.04个百分点。

三、主要财务数据

（一）业务收入：2018年，业务收入18724.70万元，同比增长21.91%。其中，存款利息507.24万元，委托贷款利息18213.84万元，国债利息0万元，其他3.62万元。

（二）业务支出：2018年，业务支出9747.99万元，同比增长137.93%，其中：支付职工住房公积金利息9565.03万元，归集手续费0万元，委托贷款手续费182.16万元，其他0.80万元。

（三）增值收益：2018年，增值收益8976.71万元，增值收益率1.41%，比上年减少0.64个百分点。

（四）增值收益分配：2018年，提取贷款风险准备金936.85万元，提取管理费用2693.01万元，提取城市廉租住房（公共租赁住房）建设补充资金5346.85万元。

2018年，上交财政管理费用3378.84万元。上缴财政城市廉租住房（公共租赁住房）建设补充资金7347.98万元。

2018年末，贷款风险准备金余额6238.59万元。累计提取城市廉租住房（公共租赁住房）建设补充资金35898.24万元。

（五）管理费用支出：2018年，管理费用支出2611.86万元，同比增长18.02%，其中：人员经费1483.30万元，公用经费97.51万元，专项经费1031.05万元。

四、资产风险状况

2018年末,个人住房贷款逾期额63.15万元,逾期率0.10‰。

个人贷款风险准备金按贷款净增额的1%提取。2018年,提取个人贷款风险准备金936.85万元,使用个人贷款风险准备金核销呆坏账0万元。2018年末,个人贷款风险准备金余额6238.59万元,占个人住房贷款余额的1.04%,个人住房贷款逾期额与个人贷款风险准备金余额的比率为1.01%。

五、社会经济效益

(一)缴存业务:2018年,实缴单位数、实缴职工人数和缴存额同比分别增长3.92%、3.22%和10.48%。

缴存单位中,国家机关和事业单位占77.58%,国有企业占8.60%,城镇集体企业占0.29%,外商投资企业占0.11%,城镇私营企业及其他城镇企业占12.77%,民办非企业单位和社会团体占0.65%,其他占0%。

缴存职工中,国家机关和事业单位占73.07%,国有企业占18.75%,城镇集体企业占0.68%,外商投资企业占0.16%,城镇私营企业及其他城镇企业占7.11%,民办非企业单位和社会团体占0.23%,其他占0%;中、低收入占99.26%,高收入占0.74%。

新开户职工中,国家机关和事业单位占53.12%,国有企业占21.02%,城镇集体企业占2.65%,外商投资企业占0.41%,城镇私营企业及其他城镇企业占21.10%,民办非企业单位和社会团体占1.70%,其他占0%;中、低收入占99.54%,高收入占0.46%。

(二)提取业务:2018年,11.26万名缴存职工提取住房公积金14.29亿元。

提取金额中,住房消费提取占81.74%(购买、建造、翻建、大修自住住房占14.55%,偿还购房贷款本息占67.04%,租赁住房占0.14%,其他占0.01%);非住房消费提取占18.26%(离休和退休提取占12.90%,完全丧失劳动能力并与单位终止劳动关系提取占3.01%,户口迁出本市或出境定居占0.43%,其他占1.92%)。

提取职工中,中、低收入占99.14%,高收入占0.86%。

(三)贷款业务:

1. 个人住房贷款:2018年,支持职工购建房145.26万平方米,年末个人住房贷款市场占有率为23.75%,比上年减少6.91个百分点。通过申请住房公积金个人住房贷款,可节约职工购房利息支出60033.98万元。

职工贷款笔数中,购房建筑面积90(含)平方米以下占3.15%,90~144(含)平方米占43.90%,144平方米以上占52.95%。购买新房占74.07%(其中购买保障性住房占0%),购买二手房占6.26%,建造、翻建、大修自住住房占19.67%,其他占0%。

职工贷款笔数中,单缴存职工申请贷款占47.13%,双缴存职工申请贷款占52.78%,三人及以上缴存职工共同申请贷款占0.09%。

贷款职工中,30岁(含)以下占20.01%,30岁~40岁(含)占39.81%,40岁~50岁(含)占30.65%,50岁以上占9.53%;首次申请贷款占67.05%,二次及以上申请贷款占32.95%;中、低收入

占 99.57%，高收入占 0.43%。

2. 异地贷款：2018发放异地贷款6笔205.00万元。2018年末，发放异地贷款总额319.00万元，异地贷款余额307.53万元。

（四）住房贡献率：2018年，个人住房贷款发放额、公转商贴息贷款发放额、项目贷款发放额、住房消费提取额的总和与当年缴存额的比率为160.12%，比上年增加17.23个百分点。

六、其他重要事项

（一）当年住房公积金政策调整及执行情况：

1. 当年缴存基数限额及确定方法、缴存比例等缴存政策调整情况：①根据文山州统计局公布的2018年度文山州在岗职工月平均工资6395计算，2018年度住房公积金缴存基数上限为19185元。2018年度住房公积金缴存基数不得低于文山州人力资源和社会保障局公布的当地现行最低工资标准1350元。②缴存比例政策与上年相同。

2. 当年提取政策调整情况：①缴存职工与单位解除或终止劳动关系的，先办理个人账户封存。账户封存期间，在异地开立住房公积金账户并稳定缴存半年以上的，办理异地转移接续手续。未在异地继续缴存的，封存满半年后可提取。②缴存职工办理住房公积金提取、贷款等业务不再提供身份证复印件。③公积金提取取消法定继承证明和死亡证明。④死亡提取取消填写《住房公积金提取申请审批表》；偿还住房公积金贷款取消结婚证；偿还商业银行住房贷款取消《个人住房借款合同》；租房提取取消无房证明，改为由管理部函查；取消《住房公积金提取委托书》上单位盖章。

3. 当年个人住房贷款最高贷款额度、贷款条件等贷款政策调整情况：①当年个人住房贷款最高贷款额度与上年相同。②贷款申请条件为2013年1月1日以后的购房、建房行为可以申请贷款。③按揭贷款实行"楼盘先准入，完工后放款"的原则受理，取消房地产公司无犯罪记录证明。④贷款新增"等额本金"还款方式。⑤缴存职工办理提取、贷款等业务不再提供身份证复印件。

（二）当年服务改进情况：在州政务服务中心增加便民服务网点，对网上业务大厅、"文山公积金"APP、微信公众号、门户网站进行升级整合、统一管理发布，并将呼叫中心及各渠道人工客服服务进行外包，为缴存职工提供更加专业、优质、高效的服务。

（三）当年信息化建设情况：

1. 2018年5月24日，顺利通过住房城乡建设部"双贯标"验收工作。七家受托金融机构接入住房城乡建设部结算应用系统。

2. 实施《综合业务管理信息系统》二期项目、信息系统三级等保项目、综合档案管理系统。

西双版纳傣族自治州住房公积金2018年年度报告

一、机构概况

（一）住房公积金管理委员会：住房公积金管理委员会有25名委员，2018年度共召开会议1次，审议通过的事项主要包括:《西双版纳傣族自治州住房公积金 2018 年年度报告》、《西双版纳州住房公积金 2018 年度决算和 2018 年度预算（草案）》、《西双版纳州涉住房公积金失信行为处理办法（讨论稿）》。

（二）住房公积金管理中心：住房公积金管理中心为州政府不以营利为目的的正处级事业单位，设 5 个科，3 个管理部，无分中心。从业人员 45 人，其中，在编 24 人，非在编 21 人。

二、业务运行情况

（一）缴存：2018 年，新开户单位 162 家，实缴单位 1606 家，净增单位 135 家；新开户职工 0.74 万人，实缴职工 6.48 万人，净增职工 0.26 万人；缴存额 11.64 亿元，同比增长 6.11%。2018 年末，缴存总额 77.38 亿元，同比增长 17.71%；缴存余额 43.44 亿元，同比增长 10.14%。

受委托办理住房公积金缴存业务的银行 5 家，比上年增加（减少）0 家。

（二）提取：2018 年，提取额 7.65 亿元，同比增长 28.14%；占当年缴存额的 65.72%，比上年增加 11.3 个百分点。2018 年末，提取总额 33.95 亿元，同比增长 29.09%。

（三）贷款：个人住房贷款最高额度 80 万元，其中，单缴存职工最高额度 80 万元，双缴存职工最高额度 80 万元。

2018 年，发放个人住房贷款 0.24 万笔 9.61 亿元，同比分别增长 9.09%、17.34%。

2018 年，回收个人住房贷款 5.84 亿元。

2018 年末，累计发放个人住房贷款 3.76 万笔 70.21 亿元，贷款余额 33.75 亿元，同比分别增长 6.82%、15.86%、12.58%。个人住房贷款余额占缴存余额的 77.69%，比上年增加 1.68 个百分点。

受委托办理住房公积金个人住房贷款业务的银行 5 家，比上年增加（减少）0 家。

（四）资金存储：2018 年末，住房公积金存款 10.70 亿元。其中，活期 0.29 亿元，1 年（含）以下定期 9.1 亿元，1 年以上定期 0 亿元，其他（协定、通知存款等）1.31 亿元。

（五）资金运用率：2018 年末，住房公积金个人住房贷款余额、项目贷款余额和购买国债余额的总和占缴存余额的 77.69%，比上年增加 1.68 个百分点。

三、主要财务数据

（一）业务收入：2018 年，业务收入 11841.71 万元，同比增长 11.65%。其中，存款利息 1363.09 万元，委托贷款利息 10454.17 万元，国债利息 0 万元，其他 24.45 万元。

（二）业务支出：2018 年，业务支出 6587.59 万元，同比增长 2.24%。其中，支付职工住房公积金利息 6273.02 万元，归集手续费 0 万元，委托贷款手续费 313.32 万元，其他 1.25 万元。

（三）增值收益：2018 年，增值收益 5254.12 万元，同比增长 26.21%。其中，增值收益率 1.27%，比上年增加 0.05 个百分点。

（四）增值收益分配：2018 年，提取贷款风险准备金 376.77 万元，提取管理费用 1576.24 万元，提取城市廉租住房（公共租赁住房）建设补充资金 3301.11 万元。

2018 年，上交财政管理费用 1248.88 万元。上缴财政城市廉租住房（公共租赁住房）建设补充资金 2636.44 万元。

2018 年末，贷款风险准备金余额 3374.76 万元。累计提取城市廉租住房（公共租赁住房）建设补充

资金 8914.15 万元。

（五）管理费用支出：2018 年，管理费用支出 713.99 万元，同比下降 3.41%。其中，人员经费 536.16 万元，公用经费 65.05 万元，专项经费 112.78 万元。

四、资产风险状况

2018 年末，个人住房贷款逾期额 2121.02 万元，逾期率 6.28‰。

个人贷款风险准备金按贷款余额的 1‰提取。2018 年，提取个人贷款风险准备金 376.77 万元，使用个人贷款风险准备金核销呆坏账 0 万元。2018 年末，个人贷款风险准备金余额 3374.76 万元，占个人住房贷款余额的 1‰，个人住房贷款逾期额与个人贷款风险准备金余额的比率为 2.01%。

五、社会经济效益

（一）缴存业务：2018 年，实缴单位数、实缴职工人数和缴存额同比分别增长 9.18%、4.18% 和 6.11%。

缴存单位中，国家机关和事业单位占 60.46%，国有企业占 9.22%，城镇集体企业占 1.99%，外商投资企业占 1.25%，城镇私营企业及其他城镇企业占 19.92%，民办非企业单位和社会团体占 0.87%，其他占 6.29%。

缴存职工中，国家机关和事业单位占 54.73%，国有企业占 17.67%，城镇集体企业占 1.7%，外商投资企业占 3.78%，城镇私营企业及其他城镇企业占 17.71%，民办非企业单位和社会团体占 0.12%，其他占 4.29%；中、低收入占 99.99%，高收入占 0.01%。

新开户职工中，国家机关和事业单位占 90.38%，国有企业占 1.31%，城镇集体企业占 0.58%，外商投资企业占 1.39%，城镇私营企业及其他城镇企业占 3.7%，民办非企业单位和社会团体占 0.01%，其他占 2.63%；中、低收入占 100%，高收入占 0%。

（二）提取业务：2018 年，1.76 万名缴存职工提取住房公积金 7.65 亿元。

提取金额中，住房消费提取占 72.73%（购买、建造、翻建、大修自住住房占 31.26%，偿还购房贷款本息占 41.34%，租赁住房占 0.11%，其他占 0.02%）；非住房消费提取占 27.27%（离休和退休提取占 16.58%，完全丧失劳动能力并与单位终止劳动关系提取占 9.28%，户口迁出本市或出境定居占 0.58%，其他占 0.83%）。

提取职工中，中、低收入占 99.99%，高收入占 0.01%。

（三）贷款业务：

1. 个人住房贷款：2018 年，支持职工购建房 34.47 万平方米，年末个人住房贷款市场占有率为 27.96%，比上年减少 2.26 个百分点。通过申请住房公积金个人住房贷款，可节约职工购房利息支出 12468.31 万元。

职工贷款笔数中，购房建筑面积 90（含）平方米以下占 11.40%，90~144（含）平方米占 58.90%，144 平方米以上占 29.70%。购买新房占 72.99%（其中购买保障性住房占 0%），购买二手房占 25.24%，建造、翻建、大修自住住房占 1.77%，其他占 0%。

职工贷款笔数中，单缴存职工申请贷款占 32.18%，双缴存职工申请贷款占 67.82%，三人及以上缴存职工共同申请贷款占 0%。

贷款职工中，30 岁（含）以下占 35.44%，30 岁～40 岁（含）占 33.91%，40 岁～50 岁（含）占 22.72%，50 岁以上占 7.93%；首次申请贷款占 71.46%，二次及以上申请贷款占 28.54%；中、低收入占 100%，高收入占 0%。

2. **异地贷款**：2018 年，发放异地贷款 9 笔 403 万元。2018 年末，发放异地贷款总额 1352 万元，异地贷款余额 1228.37 万元。

3. **公转商贴息贷款**：2018 年，无发放公转商贴息贷款。

4. **支持保障性住房建设试点项目贷款**：2018 年末，无支持保障性住房建设试点项目贷款。

（四）**住房贡献率**：2018 年，个人住房贷款发放额、公转商贴息贷款发放额、项目贷款发放额、住房消费提取额的总和与当年缴存额的比率为 130.27%，比上年增加 19.51 个百分点。

六、其他重要事项

（一）**当年住房公积金政策调整及执行情况**：2018 年度，缴存基数上限为社会平均工资的三倍，缴存比例不得超过 12%，下限为社会平均工资，缴存比例不得低于 5%；住房公积金存款利率按 1 年期 1.5% 计息；贷款利率按 5 年（含 5 年）以下为 2.75%，5 年以上为 3.25% 执行；住房公积金个人住房贷款最高额度 80 万元，最长年限不超过 30 年。

（二）**当年服务改进情况**：按照上级有关要求，西双版纳州住房公积金管理中心景洪管理部于 2018 年 11 月 12 日正式进驻西双版纳州政务服务大厅，"一门一网一次"改革有序推进。微信公众号和网站运行正常，及时发布住房公积金相关政策、更新职工个人账户相关数据，为职工实时查询提供便利。

（三）**当年信息化建设情况**：与运维商沟通对接常态化，不断升级完善住房公积金业务系统，全面巩固提升"双贯标"工作成果。

（四）**当年住房公积金管理中心及职工所获荣誉情况**：西双版纳州住房公积金管理中心景洪管理部获西双版纳州妇联 2018 年度"巾帼文明岗"表彰。

大理白族自治州住房公积金 2018 年年度报告

一、机构概况

（一）**住房公积金管理委员会**：住房公积金管理委员会有 24 名委员，2018 年召开 1 次会议，审议通过的事项主要包括：《大理州住房公积金管理中心工作报告》、《大理州住房公积金 2018 年度归集使用计划执行情况及 2018 年度归集使用计划报告》、《大理州住房公积金 2018 年度增值收益分配方案》、《大理州住房公积金 2018 年年度报告》、《大理州住房公积金管理中心关于加强全州住房公积金管理信息系统建设的报告》。

（二）**住房公积金管理中心**：大理州住房公积金管理中心为大理州人民政府直属的不以营利为目的的

参照公务员法管理的事业单位,设 5 个科,12 个管理部。从业人员 95 人,其中,在编 57 人,非在编 38 人。

二、业务运行情况

(一)缴存:2018 年,新开户单位 214 家,实缴单位 3208 家,净增单位 44 家;新开户职工 1.25 万人,实缴职工 14.87 万人,净增职工 0.22 万人;缴存额 28.26 亿元,同比增长 9.32%。2018 年末,缴存总额 183.43 亿元,同比增长 18.20%;缴存余额 77.92 亿元,同比增长 15.88%。

受委托办理住房公积金结算业务的银行 8 家,比上年增加 1 家。

(二)提取:2018 年,提取额 17.57 亿元,同比增长 14.31%;占当年缴存额的 62.17%,比上年增加 2.71 个百分点。2018 年末,提取总额 105.51 亿元,同比增长 19.98%。

(三)贷款:个人住房贷款最高额度 70 万元,其中,单缴存职工最高额度 60 万元,双缴存职工最高额度 70 万元。

2018 年,发放个人住房贷款 0.37 万笔 18.53 亿元,同比分别增长 12.12%、30.31%。2018 年,回收个人住房贷款 8.39 亿元。2018 年末,累计发放个人住房贷款 5.54 万笔 113.80 亿元,贷款余额 66.35 亿元,同比分别增长 7.16%、19.45%、18.04%。个人住房贷款余额占缴存余额的 85.15%,比上年增加 1.55 个百分点。

受委托办理住房公积金个人住房贷款业务的银行 7 家,与上年持平。

(四)资金存储:2018 年末,住房公积金存款 12.46 亿元。其中,活期 0.01 亿元,1 年(含)以下定期 7.94 亿元,1 年以上定期 2.5 亿元,其他(协定、通知存款等)2.01 亿元。

(五)资金运用率:2018 年末,住房公积金个人住房贷款余额、项目贷款余额和购买国债余额的总和占缴存余额的 85.15%,比上年增加 1.55 个百分点。

三、主要财务数据

(一)业务收入:2018 年,业务收入 21722.86 万元,同比增长 19.70%。其中,存款利息 2104.75 万元,委托贷款利息 19617.80 万元,其他 0.31 万元。

(二)业务支出:2018 年,业务支出 12475.86 万元,同比增长 12.39%。其中,支付职工住房公积金利息 11543.86 万元,归集手续费 0 万元,委托贷款手续费 932 万元,其他 0 万元。

(三)增值收益:2018 年,增值收益 9247.00 万元,同比增长 31.20%。增值收益率 1.27%,比上年增加 0.14 个百分点。

(四)增值收益分配:2018 年,提取贷款风险准备金 1014.27 万元,提取管理费用 2469.82 万元,提取城市廉租住房(公共租赁住房)建设补充资金 5762.91 万元。

2018 年,上交财政管理费用 2469.82 万元。上缴财政城市廉租住房(公共租赁住房)建设补充资金 5762.91 万元。2018 年末,贷款风险准备金余额 6632.62 万元。累计提取城市廉租住房(公共租赁住房)建设补充资金 36,375.19 万元。

(五)管理费用支出:2018 年,管理费用支出 2500.92 万元,同比增长 46.28%。其中,人员经费 1236.44 万元,公用经费 99.14 万元,专项经费 1165.34 万元。

四、资产风险状况

2018年末,个人住房贷款逾期额73.31万元,逾期率0.11‰。全部是时点逾期,没有整体到期逾期贷款。个人贷款风险准备金按(贷款余额)的1%提取。2018年,提取个人贷款风险准备金1014.27万元,没有使用个人贷款风险准备金。2018年末,个人贷款风险准备金余额6632.62万元,占个人住房贷款余额的1.00%,个人住房贷款逾期额与个人贷款风险准备金余额的比率为1.11%。

五、社会经济效益

(一)**缴存业务**:2018年,实缴单位数、实缴职工人数和缴存额同比分别增长1.39%、1.50%和9.32%。

缴存单位中,国家机关和事业单位占70.26%,国有企业占10.85%,城镇集体企业占2.24%,外商投资企业占0.87%,城镇私营企业及其他城镇企业占10.94%,民办非企业单位和社会团体占1.19%,其他占3.65%。

缴存职工中,国家机关和事业单位占64.19%,国有企业占19.04%,城镇集体企业占4.52%,外商投资企业占1.60%,城镇私营企业及其他城镇企业占6.25%,民办非企业单位和社会团体占0.23%,其他占4.17%;中、低收入占97.87%,高收入占2.13%。

新开户职工中,国家机关和事业单位占37.34%,国有企业占13.03%,城镇集体企业占13.73%,外商投资企业占3.47%,城镇私营企业及其他城镇企业占20.08%,民办非企业单位和社会团体占1.11%,其他占11.24%;中、低收入占99.52%,高收入占0.48%。

(二)**提取业务**:2018年,3.16万名缴存职工提取住房公积金17.57亿元。

提取金额中,住房消费提取占80.74%(购买、建造、翻建、大修自住住房占35.77%,偿还购房贷款本息占43.33%,租赁住房占0.84%,其他占0.8%);非住房消费提取占19.26%(离休和退休提取占8.09%,完全丧失劳动能力并与单位终止劳动关系提取占6.68%,户口迁出本市或出境定居占0.34%,其他占4.15%)。

提取职工中,中、低收入占94.10%,高收入占5.90%。

(三)**贷款业务**:

1. **个人住房贷款**:2018年,支持职工购建房54.93万平方米,年末个人住房贷款市场占有率为29.28%,比上年增加0.59个百分点。通过申请住房公积金个人住房贷款,可节约职工购房利息支出19435.12万元。

职工贷款笔数中,购房建筑面积90(含)平方米以下占11.80%,90~144(含)平方米占61.85%,144平方米以上占26.35%。购买新房占87.87%(其中购买保障性住房占0.30%),购买二手房占7.84%,建造、翻建、大修自住住房占4.29%,其他占0%。

职工贷款笔数中,单缴存职工申请贷款占18.38%,双缴存职工申请贷款占77.78%,三人及以上缴存职工共同申请贷款占3.84%。

贷款职工中,30岁(含)以下占28.49%,30岁~40岁(含)占36.68%,40岁~50岁(含)占26.56%,50岁以上占8.27%;首次申请贷款占78.51%,二次及以上申请贷款占21.49%;中、低收入

占100%，高收入占0%。

2. **异地贷款**：2018年，发放异地贷款24笔1031万元。2018年末，发放异地贷款总额2228万元，异地贷款余额2095.82万元。

（四）住房贡献率：2018年，个人住房贷款发放额、公转商贴息贷款发放额、项目贷款发放额、住房消费提取额的总和与当年缴存额的比率为115.78%，比上年减少2.58个百分点。

六、其他重要事项

（一）管委会调整。 2018年顺利完成大理州住房公积金管理委员会换届工作，组建了大理州住房公积金第四届管理委员会。

（二）信息系统建设。 2018年大理州住房公积金管理中心顺利完成了住房公积金管理信息系统建设、住房公积金综合服务平台建设和住房公积金核心数据机房建设。

（三）服务改进情况。

1. **大力发展"互联网＋公积金"，拓宽服务渠道，提升服务质量和服务水平**。2018年大理州住房公积金管理中心根据住房城乡建设部要求，完成了住房公积金个人网上业务大厅、手机APP、门户网站、中心微信公众号、自助查询终端、短信平台（接口）、12329服务热线（接口）、微信小程序、支付宝城市服务等惠民服务渠道建设，成功开通各渠道功能，提升了"互联网＋公积金"的服务能力和服务水平。

2. **切实推进"放管服"改革工作**。大理州住房公积金管理中心根据"放管服"改革的相关要求，精简业务资料，取消了住房公积金提取、贷款业务所需提供身份证复印件、单位出具的提取申请等材料；在窗口服务大厅及住房公积金管理网站、微信公众号上公示各项业务办理指引、咨询电话等；进一步优化住房公积金业务流程，方便提取，实行一站式服务，现场办结，提升了全州住房公积金管理服务质量和服务效率。

（四）规范住房公积金财务管理，完善风险防控机制，开源节流，提高资金使用效益。 经大理州住房公积金管委会同意，大理州人民政府批准，大理州住房公积金管理中心以新信息系统切换上线为契机，根据国家统一数据标准和《住房公积金财务核算办法》，实现了住房公积金财务规范化统一核算，完善了风险防控机制，制定了资金管理原则，确保资金安全高效运行，发挥资金最大效益。

1. **根据国家统一数据标准，实现了住房公积金全州财务统一核算**。根据国家统一数据标准，大理州住房公积金管理中心取消了多年来以管理部为核算单位，城市中心汇总的核算模式，实现了住房公积金全州财务的规范化统一核算。

2. **进一步规范住房公积金账户开设，实现了全州资金的统一结算和统一管理**。经有关部门批准，大理州住房公积金管理中心撤销了32个公积金增值收益账户，24个公积金本金结算账户。全州只设8个本金账户和1个增值收益账户办理住房公积金的各种结算业务，实现了全州的资金统一结算和统一管理。

3. **制定了大理州住房公积金资金管理原则**。（1）树立风险意识，确保资金安全的原则；（2）树立理财意识，资金运管要遵循收益最大化原则；（3）住房公积金资金不得提供担保的原则；（4）资金存储方面体现积极支持全州经济社会发展的受托银行优先原则；（5）服务优质的银行优先原则；（6）同等增值条件下原存款银行优先原则。

4. **住房公积金资金的增值操作**。2018年大理州住房公积金管理中心通过采取签订协定账户、合理安排资金转存、积极协商存款利率等综合手段对住房公积金资金进行增值操作，确保了资金的安全高效运作，大幅提高了沉淀资金收益。

5. **停止支付归集手续费。** 2018年10月以后，大理州住房公积金管理中心已全面实现了住房公积金自归。根据住房城乡建设部、云南省住房城乡建设厅的要求，经请示大理州住房公积金管理委员会同意，并与受托银行协商签订了《大理州住房公积金业务委托协议书的补充协议》，从2018年11月起不再支付受托银行归集手续费。

（五）**严肃查处违规骗提住房公积金行为。** 根据住房城乡建设部、财政部、人民银行、公安部《关于开展治理违规提取住房公积金工作的通知》（建金〔2018〕46号）文件要求，大理州住房公积金管理中心与州财政局、人行大理州中心支行、州公安局三家单位联合印发《关于开展治理违规提取住房公积金实施方案》（大公积金发〔2018〕32号），严肃查处使用虚假资料骗提住房公积金的行为。同时，采取有力措施，加强对缴存职工提供提取材料的核查力度，认真做好事前防范控制。

（六）**荣誉。** 2018年大理州住房公积金管理中心完成了大理州州级文明单位创建和通过了云南省省级文明单位复审。

德宏傣族景颇族自治州住房公积金2018年年度报告

一、机构概况

（一）**住房公积金管理委员会**：住房公积金管理委员会有20名委员，2018年召开1次会议，审议通过的事项主要包括：（列出住房公积金管理委员会通过的主要议案名称）。

1. 审议通过了《德宏州住房公积金管理中心2018年度住房公积金财务报告》；《2018年德宏州住房公积金管理工作报告》。

2. 关于制定出台《在德宏州就业的港澳台同胞缴存使用住房公积金实施办法（暂行）》的问题。会议决定，同意制定出台《在德宏州就业的港澳台同胞缴存使用住房公积金实施办法（暂行）》，由州住房公积金管理中心按程序上报州政府法制工作部门审查后施行。

3. 关于德宏芒市长江村镇银行开设住房公积金专用账户的问题。会议决定，同意在德宏芒市长江村镇银行开设一个住房公积金专用账户，用于办理住房公积金提取、贷款发放、贷款收回业务。住房公积金专用账户开设事宜由州住房公积金管理中心按照有关规定和程序办理。

（二）**住房公积金管理中心**：住房公积金管理中心为州人民政府直属不以营利为目的的公益一类事业单位，设6个科，5个管理部。从业人员38人，其中，在编38人，非在编0人。

二、业务运行情况

（一）**缴存**：2018年，新开户单位93家，实缴单位1237家，净增单位50家；新开户职工0.08万人，实缴职工5.84万人，减少职工0.19万人；缴存额11.47亿元，同比增长5.71%。2018年末，缴存总额 69.24 亿元，同比增长 19.85%；缴存余额 40.27 亿元，同比增长 16.02%。

受委托办理住房公积金缴存业务的银行 8 家，比上年增加 1 家。

（二）提取：2018 年，提取额 5.91 亿元，同比增长 41.72%；占当年缴存额的 51.52%，比上年增加 11.58 个百分点。2018 年末，提取总额 28.97 亿元，同比增长 25.63%。

（三）贷款：个人住房贷款最高额度 60 万元，其中，单缴存职工最高额度 40 万元，双缴存职工最高额度 60 万元。

2018 年，发放个人住房贷款 0.1878 万笔 8.65 亿元，同比分别减少 7.39%、增长 11.03%。

2018 年，回收个人住房贷款 4.29 亿元。

2018 年末，累计发放个人住房贷款 3.47 万笔 59.68 亿元，贷款余额 34.13 亿元，同比分别增长 5.71%、16.97%、14.68%。个人住房贷款余额占缴存余额的 84.75%，比上年减少 0.99 个百分点。

受委托办理住房公积金个人住房贷款业务的银行 8 家，比上年增加 1 家。

（四）资金存储：2018 年末，住房公积金存款 7.63 亿元。其中，活期 2.75 亿元，1 年（含）以下定期 4.88 亿元，1 年以上定期 0 亿元，其他（协定、通知存款等）0 亿元。

（五）资金运用率：2018 年末，住房公积金个人住房贷款余额、项目贷款余额和购买国债余额的总和占缴存余额的 84.75%，比上年减少 0.99 个百分点。

三、主要财务数据

（一）业务收入：2018 年，业务收入 11974.85 万元，同比增长 20.93%；存款利息 1501.04 万元，委托贷款利息 10461.39 万元，增值收益存款利息 10.60 万元，国债利息 0 万元，其他 1.82 万元。

（二）业务支出：2018 年，业务支出 5691.97 万元，同比增长 12.20%；支付职工住房公积金利息 5423.25 万元，归集手续费 0 万元，委托贷款手续费 268.70 万元，其他 0.02 万元。

（三）增值收益：2018 年，增值收益 6282.88 万元，同比增长 30.09%；增值收益率 1.56%，比上年增加 0.17 个百分点。

（四）增值收益分配：2018 年，提取贷款风险准备金 436.96 万元，提取管理费用 5217.63 万元，提取城市廉租住房（公共租赁住房）建设补充资金 628.29 万元。

2018 年，上交财政管理费用 3600.76 万元。上缴财政城市廉租住房（公共租赁住房）建设补充资金 482.95 万元。

2018 年末，贷款风险准备金余额 3619.91 万元。累计提取城市廉租住房（公共租赁住房）建设补充资金 3265.24 万元。

（五）管理费用支出：2018 年，管理费用支出 1313.65 万元，同比下降 26.90%。其中，人员经费 415.30 万元，公用经费 220.46 万元，专项经费 677.89 万元。

四、资产风险状况

2018 年末，个人住房贷款逾期额 18.6 万元，逾期率 0.05‰。

个人贷款风险准备金按（贷款余额或增值收益）的 1% 提取。2018 年，提取个人贷款风险准备金 436.96 万元，使用个人贷款风险准备金核销呆坏账 0 万元。2018 年末，个人贷款风险准备金余额 3619.91 万元，占个人住房贷款余额的 1.06%，个人住房贷款逾期额与个人贷款风险准备金余额的比率为 0.51%。

五、社会经济效益

（一）缴存业务：2018 年，实缴单位数、实缴职工人数和缴存额同比分别增长 4.21%、减少 3.28% 和 1.58%。

缴存单位中，国家机关和事业单位占 62.7%，国有企业占 8.75%，城镇集体企业占 21.66%，外商投资企业占 0.27%，城镇私营企业及其他城镇企业占 0.58%，民办非企业单位和社会团体占 1.19%，其他占 4.85%。

缴存职工中，国家机关和事业单位占 74.74%，国有企业占 16.51%，城镇集体企业占 0.57%，外商投资企业占 0.06%，城镇私营企业及其他城镇企业占 0.58%，民办非企业单位和社会团体占 0.6%，其他占 6.94%；中、低收入占 100%，高收入占 0%。

新开户职工中，国家机关和事业单位占 27.08%，国有企业占 9.37%，城镇集体企业占 0%，外商投资企业占 0%，城镇私营企业及其他城镇企业占 42.7%，民办非企业单位和社会团体占 2.08%，其他占 18.77%；中、低收入占 100%，高收入占 0%。

（二）提取业务：2018 年，1.5271 万名缴存职工提取住房公积金 5.9165 亿元。

提取金额中，住房消费提取占 67.6%（购买、建造、翻建、大修自住住房占 33.65%，偿还购房贷款本息占 35.9%，租赁住房占 0%，其他占 30.45%）；非住房消费提取占 32.4%（离休和退休提取占 65.77%，完全丧失劳动能力并与单位终止劳动关系提取占 0.47%，户口迁出本市或出境定居占 1.32%，其他占 32.44%）。

提取职工中，中、低收入占 100%，高收入占 0%。

（三）贷款业务：2018 年，支持职工购建房 19.17 万平方米，年末个人住房贷款市场占有率为 41.05%，比上年增加 0.12 个百分点。通过申请住房公积金个人住房贷款，可节约职工购房利息支出 1428.47 万元。

职工贷款笔数中，购房建筑面积 90（含）平方米以下占 1.68%，90~144（含）平方米占 30.6%，144 平方米以上占 39.67%。购买新房占 39.68%（其中购买保障性住房占 0%），购买二手房 33.86%，建造、翻建、大修自住住房占 6.94%，其他占 13.71%。

职工贷款笔数中，单缴存职工申请贷款占 15.80%，双缴存职工申请贷款占 81.50%，三人及以上缴存职工共同申请贷款占 2.70%。

贷款职工中，30 岁（含）以下占 29.37%，30 岁~40 岁（含）占 43.05%，40 岁~50 岁（含）占 23.43%，50 岁以上占 4.15%；首次申请贷款占 74.22%，二次及以上申请贷款占 25.78%；中、低收入占 100%，高收入占 0%。

（四）住房贡献率：2018 年，个人住房贷款发放额、公转商贴息贷款发放额、项目贷款发放额、住房消费提取额的总和与当年缴存额的比率为 126.93%，比上年增加 16.74 个百分点。

六、其他重要事项

（一）当年住房公积金政策调整及执行情况：

1. **缴存比例及缴存基数限额执行情况**：严格执行"控高保低"缴存政策，全州住房公积金缴存比例为5%～12%，单位和个人同比例缴存。最低缴存基数按不得低于德宏州统计局及人力资源和社会保障部门公布的上一年度在岗职工最低月工资标准3434元执行，最高缴存基数按不得超过德宏州统计部门公布的上一年度在岗职工月平均工资的三倍，即17172元执行。

2. **住房公积金利率执行标准**：存款年利率1.5%。贷款利率方面，五年以内（含五年）年利率2.75%，五年以上年利率3.25%。

（二）当年服务改进情况：

1. **积极落实减证便民**。加快"放管服"改革，认真落实减政便民要求。取消了3种公积金提取材料，2种公积金贷款材料的提供，减少了贷款审批环节，将原来的住房公积金贷款7级审批减少为4级审批。

2. **优化服务环境**。通过单一来源采购的方式购入陇川管理部办公用房，进一步改善了公积金办事环境和服务环境，至此全州租、借办公用房的情况得到全面改善。

3. **综合服务平台建设**。扩展网上功能和自助功能，完成了微信公众号、网上业务大厅、手机APP、12329短信、12329热线语音自助查询五个服务渠道的建设和投入使用，实现了个人、单位信息查询，个人提取、贷款信息查询，物管费提取，提前还款业务的网上办理，"让数据多跑路、群众少跑腿"的服务效能初见成效。

（三）当年信息化建设情况：

1. **建立数据级灾备中心**。为了更好地保障数据安全，我州管理中心建立了位于昆明公积金中心机房的数据级灾备中心，实现了生产数据、应用数据的异地灾备。实现网络三级等保。

2. **完成网络安全等保三级测评**。完成管理系统软硬件升级基础上，注重网络安全等级保护建设，通过了网络安全等保三级测评，取得了公安部门的备案登记。

（四）**当年住房公积金管理中心及职工所获荣誉情况**：张蕾同志荣获2018年度德宏州"最美家庭"荣誉称号。

怒江傈僳族自治州住房公积金2018年年度报告

一、机构概况

（一）**住房公积金管理委员会**：住房公积金管理委员会有23名委员，2018年召开2次会签，审议通过的事项主要包括：通过2018年年度报告；通过2018年工作总结及2018年工作计划。

（二）**住房公积金管理中心**：住房公积金管理中心为怒江州人民政府不以营利为目的的公益一类事业单位，设6个科室，4个管理部。从业人员43人，其中，在编28人，非在编15人。

二、业务运行情况

（一）**缴存**：2018年，新开户单位32家，实缴单位699家，净增单位26家；新开户职工0.16万人，实缴职工 3.28 万人，净增职工 0.03 万人；缴存额 6.88 亿元，同比增长 4.81%。2018 年末，缴存总额 44.57 亿元，同比增长 18.27%；缴存余额 17.97 亿元，同比增长 15.8%。

受委托办理住房公积金缴存业务的银行 5 家，比上年增加 0 家。

（二）提取：2018 年，提取额 4.43 亿元，同比增长 21.77%；占当年缴存额的 64.38%，比上年增加 8.96 个百分点。2018 年末，提取总额 26.6 亿元，同比增长 20%。

（三）贷款：个人住房贷款最高额度 50 万元，其中，单缴存职工最高额度 30 万元，双缴存职工最高额度 50 万元。

2018 年，发放个人住房贷款 0.13 万笔 4.07 亿元，同比分别增长 71.19%、59.88%。

2018 年，回收个人住房贷款 4.08 亿元。

2018 年末，累计发放个人住房贷款 2.32 万笔 36.19 亿元，贷款余额 10.58 亿元，同比分别增长 6.16%、12.67%、-0.13%。个人住房贷款余额占缴存余额的 58.85%，比上年减少 9.39 个百分点。

受委托办理住房公积金个人住房贷款业务的银行 5 家，比上年增加 0 家。

（四）资金存储：2018 年末，住房公积金存款 7.54 亿元。其中，活期 2.74 亿元，1 年（含）以下定期 4.8 亿元。

（五）资金运用率：2018 年末，住房公积金个人住房贷款余额、项目贷款余额和购买国债余额的总和占缴存余额的 58.85%，比上年减少 9.39 个百分点。

三、主要财务数据

（一）业务收入：2018 年，业务收入 3654.88 万元，同比增长下降 2.88%。存款利息 159.83 万元，委托贷款利息 3467.39 万元，国债利息 0 万元，其他 27.66 万元。

（二）业务支出：2018 年，业务支出 2196.45 万元，同比增长 7.35%。支付职工住房公积金利息 2198.22 万元，归集手续费 0 万元，委托贷款手续费-2.32 万元，其他 0.55 万元。

（三）增值收益：2018 年，增值收益 1458.43 万元，同比下降 15.07%。增值收益率 0.89%，比上年增加减少 0.11 个百分点。

（四）增值收益分配：2018 年，提取贷款风险准备金 875.05 万元，提取管理费用 437.53 万元，提取城市廉租住房（公共租赁住房）建设补充资金 145.84 万元。

2018 年，上交财政管理费用 515.19 万元。上缴财政城市廉租住房（公共租赁住房）建设补充资金 171.73 万元。

2018 年末，贷款风险准备金余额 8892.82 万元。累计提取城市廉租住房（公共租赁住房）建设补充资金 1114.47 万元。

（五）管理费用支出：2018 年，管理费用支出 84.82 万元，同比增长 18.49%。其中，人员经费 84.82 万元，公用经费 0 万元，专项经费 0 万元。

四、资产风险状况

2018 年末，个人住房贷款逾期额 1698.49 万元，逾期率 16.06‰。

个人贷款风险准备金按增值收益的 60% 提取。2018 年，提取个人贷款风险准备金 875.06 万元，使用个人贷款风险准备金核销呆坏账0万元。2018年末，个人贷款风险准备金余额8892.82万元，占个人住房贷款余额的8.41%，个人住房贷款逾期额与个人贷款风险准备金余额的比率为10.39%。

五、社会经济效益

（一）**缴存业务**：2018年，实缴单位数、实缴职工人数和缴存额同比分别增长3.86%、0.87%和4.81%。

缴存单位中，国家机关和事业单位占78.25%，国有企业占10.87%，城镇集体企业占3.43%，外商投资企业占0%，城镇私营企业及其他城镇企业占4.02%，民办非企业单位和社会团体占2.29%，其他占1.14%。

缴存职工中，国家机关和事业单位占72.30%，国有企业占10.66%，城镇集体企业占14.61%，外商投资企业占0%，城镇私营企业及其他城镇企业占1.73%，民办非企业单位和社会团体占0.38%，其他占0.32%；中、低收入占99.54%，高收入占0.46%。

新开户职工中，国家机关和事业单位占98.2%，国有企业占1.11%，城镇集体企业占0.08%，外商投资企业占0%，城镇私营企业及其他城镇企业占0.31%，民办非企业单位和社会团体占0.18%，其他占0.12%；中、低收入占99.93%，高收入占0.07%。

（二）**提取业务**：2018年，1.04万名缴存职工提取住房公积金4.43亿元。

提取金额中，住房消费提取占86.96%（购买、建造、翻建、大修自住住房占33.99%，偿还购房贷款本息占52.23%，租赁住房占0.01%，其他占0.74%）；非住房消费提取占13.04%（离休和退休提取占9.5%，完全丧失劳动能力并与单位终止劳动关系提取占2.28%，户口迁出本市或出境定居占0.05%，其他占1.2%）。

提取职工中，中、低收入占99.45%，高收入占0.55%。

（三）**贷款业务**：

1. **个人住房贷款**：2018年，支持职工购建房20.21万平方米，年末个人住房贷款市场占有率为46.29%，比上年减少0.41个百分点。通过申请住房公积金个人住房贷款，可节约职工购房利息支出4614.83万元。

职工贷款笔数中，购房建筑面积90（含）平方米以下占5.56%，90～144（含）平方米占61.75%，144平方米以上占32.69%。购买新房占60.79%（其中购买保障性住房占0%），购买二手房占11.93%，建造、翻建、大修自住住房占22.9%，其他占4.38%。

职工贷款笔数中，单缴存职工申请贷款占16.38%，双缴存职工申请贷款占83.62%，三人及以上缴存职工共同申请贷款占0%。

贷款职工中，30岁（含）以下占18.31%，30岁~40岁（含）占38.4%，40岁~50岁（含）占33.36%，50岁以上占9.93%；首次申请贷款占69.9%，二次及以上申请贷款占36.1%；中、低收入占99.71%，高收入占0.29%。

2. **异地贷款**：2018年，发放异地贷款57笔1978万元。2018年末，发放异地贷款总额3005万元，异地贷款余额2422.32万元。

（四）**住房贡献率**：2018年，个人住房贷款发放额、公转商贴息贷款发放额、项目贷款发放额、住房消费提取额的总和与当年缴存额的比率为123.49%，比上年增加29.34个百分点。

六、其他重要事项

（一）当年机构及职能调整情况：

1. 充实队伍力量。将一批思想品质好、群众基础牢、工作能力强的干部选拔任用到重要工作岗位，为推动住房公积金工作创新发展夯实基础，2018年，管理中心考试招录2名事业人员和2名大学生志愿者，进一步充实了队伍，不断增强队伍的凝聚力、战斗力。

2. 强化素质培育，铸造过硬干部职工队伍。组织开展业务培训、知识竞赛、交流观摩，学习借鉴同行业先进管理经验和做法，努力提高员工综合素质，不断适应公积金事业发展的需要。2018年，中心分两批派出16位同志分别到甘肃、贵州等地参加全省公积金系统贷款、归集、提取等业务规范化培训。

（二）当年服务改进情况：

1. 按照州政府政务服务中心的要求，为做好政务服务工作，已将中心面积为112平方米的服务大厅作为分中心政务服务窗口大厅使用。且统一合理布局，规划整齐，设有办事群众休息等候的区域、文印、查询、电传、卫生间等方便群众的公共设施。窗口工作人员实行挂牌上岗，设有窗口公示牌，公开窗口办理事项、窗口工作人员休息。连接了互联网、电子政务服务外网，并实现了分中心服务窗口与部门内设科室网络的联网对接。中心所有审批服务事项向网上大厅集中，所有审批服务事项在分中心大厅中公开、实施受理和办结。

2. 正式运行公积金微信公众平台和中心网站，并指定专人负责网站清理工作，保证网站的最新动态，并及时对问题及情况进行处理。更新应用后台管理系统信息，及时回复社会公众的咨询、投诉和意见建议。

（三）当年信息化建设情况：2018年6月21日，管理中心"双贯标"工作顺利通过住房城乡建设部、省住房城乡建设厅验收检查组的验收。

（四）其他需要披露的情况：按照州委州政府脱贫攻坚的工作要求，怒江州住房公积金管理中心以全心全意为人民服务的宗旨，认真开展驻村帮扶工作。年初，选派了以中心副主任带队的6名工作队员（3名党员），其中2名基数队员，4名增派队员，长期驻于贡山县普拉底乡补久娃村开展驻村帮扶工作。

迪庆藏族自治州住房公积金2018年年度报告

一、机构概况

（一）住房公积金管理委员会：住房公积金管理委员会有18名委员，2018年召开2次会议，审议通过的事项主要包括：《迪庆州住房公积金2018年年度报告》、《关于调整住房公积金部分资金存款的请示》、《关于调整住房公积金使用政策的请示》、《2018年度迪庆州住房公积金增值收益分配方案报告》。

(二)住房公积金管理中心：住房公积金管理中心为隶属州住房和城乡建设局的不以营利为目的的公益性一类事业单位，设4个科室，3个管理部。从业人员35人，其中，在编25人，非在编10人。

二、业务运行情况

(一)缴存：2018年，新开户单位45家，实缴单位787家，净增单位45家；新开户职工0.27万人，实缴职工3.04万人，净增职工0.08万人；缴存额8.19亿元，同比增长21.7%。2018年末，缴存总额43.13亿元，同比增长23.41%；缴存余额31.99亿元，同比增长18%。

受委托办理住房公积金缴存业务的银行3家，比上年增加(减少)0家。

(二)提取：2018年，提取额3.3亿元，同比增长39.24%；占当年缴存额的40.3%，比上年增加5.08个百分点。2018年末，提取总额11.15亿元，同比增长40.04%。

(三)贷款：个人住房贷款最高额度50万元，其中，单缴存职工最高额度30万元，双缴存职工最高额度50万元。

2018年，发放个人住房贷款0.13万笔5.18亿元，同比分别增长4.86%、8.69%。

2018年，回收个人住房贷款3.91亿元。

2018年末，累计发放个人住房贷款1.68万笔37.55亿元，贷款余额18.61亿元，同比分别增长8.39%、16%、7.39%。个人住房贷款余额占缴存余额的58.18%，比上年减少5.77个百分点。

受委托办理住房公积金个人住房贷款业务的银行3家，比上年增加(减少)0家。

(四)资金存储：2018年末，住房公积金存款13.90亿元。其中，活期0.02亿元，1年(含)以下定期8.76亿元，1年以上定期4.5亿元，其他(协定、通知存款等)0.62亿元。

(五)资金运用率：2018年末，住房公积金个人住房贷款余额、项目贷款余额和购买国债余额的总和占缴存余额的58.18%，比上年减少5.77个百分点。

三、主要财务数据

(一)业务收入：2018年，业务收入8814.76万元，同比增长15.85%。存款利息2914.81万元，委托贷款利息5854.50万元，国债利息0万元，其他45.45万元。

(二)业务支出：2018年，业务支出4501.75万元，同比增长12.63%。其中，支付职工住房公积金利息4432.81万元，归集手续费0万元，委托贷款手续费68.70万元，其他0.24万元。

(三)增值收益：2018年，增值收益4313.00万元，同比增长19.41%。其中，增值收益率1.46%，比上年增加0.16个百分点。

(四)增值收益分配：2018年，提取贷款风险准备金127.49万元，提取管理费用1293.90万元，提取城市廉租住房(公共租赁住房)建设补充资金2891.61万元。

2018年，上交财政管理费用1083.56万元。上缴财政城市廉租住房(公共租赁住房)建设补充资金2370.72万元。

2018年末，贷款风险准备金余额1973.33万元。累计提取城市廉租住房(公共租赁住房)建设补充资金14333.44万元。

(五)管理费用支出：2018年，管理费用支出1209.92万元，同比增长5.77%。其中，人员经费

649.84万元，公用经费38.18万元，专项经费521.9万元。

四、资产风险状况

2018年末，个人住房贷款逾期额286.21万元，逾期率0.15‰。

个人贷款风险准备金按贷款余额的1%提取。2018年，提取个人贷款风险准备金127.49万元，使用个人贷款风险准备金核销呆坏账0万元。2018年末，个人贷款风险准备金余额1973.33万元，占个人住房贷款余额的1.06%，个人住房贷款逾期额与个人贷款风险准备金余额的比率为3.93%。

五、社会经济效益

（一）**缴存业务**：2018年，实缴单位数、实缴职工人数和缴存额同比分别增长6.07%、0.34%和21.7%。

缴存单位中，国家机关和事业单位占64.55%，国有企业占11.19%，城镇集体企业占0%，外商投资企业占0%，城镇私营企业及其他城镇企业占0%，民办非企业单位和社会团体占1.91%，其他占22.35%。

缴存职工中，国家机关和事业单位占69.64%，国有企业占18%，城镇集体企业占0%，外商投资企业占0%，城镇私营企业及其他城镇企业占0%，民办非企业单位和社会团体占1.17%，其他占11.19%；中、低收入占99.67%，高收入占0.33%。

新开户职工中，国家机关和事业单位占95.21%，国有企业占1.42%，城镇集体企业占0%，外商投资企业占0%，城镇私营企业及其他城镇企业占0%，民办非企业单位和社会团体占0.12%，其他占3.25%；中、低收入占99.97%，高收入占0.33%。

（二）**提取业务**：2018年，0.33万名缴存职工提取住房公积金3.3亿元。

提取金额中，住房消费提取占65.13%（购买、建造、翻建、大修自住住房占23.72%，偿还购房贷款本息占41.31%，租赁住房占0.1%，其他占0%）；非住房消费提取占34.87%（离休和退休提取占29.14%，完全丧失劳动能力并与单位终止劳动关系提取占3.18%，户口迁出本市或出境定居占1%，其他占1.55%）。

提取职工中，中、低收入占99.27%，高收入占0.73%。

（三）**贷款业务**：2018年，支持职工购建房36.46万平方米，年末个人住房贷款市场占有率为74.39%，比上年减少18.88个百分点。通过申请住房公积金个人住房贷款，可节约职工购房利息支出8553万元。

职工贷款笔数中，购房建筑面积90（含）平方米以下占0.84%，90~144（含）平方米占21.83%，144平方米以上占77.34%。购买新房占20.91%，购买二手房占19.85%，建造、翻建、大修自住住房占52.85%，其他占6.39%。

职工贷款笔数中，单缴存职工申请贷款占22.97%，双缴存职工申请贷款占76.43%，三人及以上缴存职工共同申请贷款占0.61%。

贷款职工中，30岁（含）以下占34.30%，30岁~40岁（含）占37.41%，40岁~50岁（含）占22.66%，50岁以上占5.63%；首次申请贷款占74.9%，二次及以上申请贷款占25.1%；中、低收入占

99.85%，高收入占 0.15%。

（四）住房贡献率：2018年，个人住房贷款发放额、公转商贴息贷款发放额、项目贷款发放额、住房消费提取额的总和与当年缴存额的比率为89.5%，比上年增加2.03个百分点。

六、其他重要事项

（一）当年住房公积金政策调整及执行情况：

1. 严格执行"控高保低"缴存政策，全州住房公积金缴存比例为5%～12%，单位和个人同比例缴存。最低缴存基数按不得低于迪庆州统计局及人力资源和社会保障部门公布的上一年度在岗职工最低月工资标准1350元执行，最高缴存基数按不得超过迪庆州统计部门公布的上一年度在岗职工月平均工资的三倍，即29280元执行。

2. 根据相关文件精神，2018年5月，州住房公积金管理中心下发了《关于调整住房公积金使用政策的通知》，从6月1日起取消装修提取、装修贷款业务。

（二）当年服务改进情况：

1. 按照住房城乡建设部、省住房城乡建设厅相关文件精神，在提取、贷款方面取消了部分证明资料的提交审核过程。

2. 按照省住房城乡建设厅《关于开展新市民住房问题专题调研的通知》要求，开展了新市民调研工作。

（三）当年信息化建设情况：12月通过竞争性磋商招标，开展了系统网络机房改扩建工作，强化中心系统机房物理安全。

2018 全国住房公积金年度报告汇编

西藏自治区

拉萨
日喀则市
昌都市
山南市
那曲市
阿里地区
林芝市

西藏自治区住房公积金2018年年度报告

一、机构概况

(一) 住房公积金管理机构：全区共设8个住房公积金管理中心，从业人员66人，其中：在编人员37人，非在编29人。

(二) 住房公积金监管机构：西藏自治区住房城乡建设厅、财政厅和人民银行拉萨中心支行负责对全区住房公积金管理运行情况进行监督。自治区住房城乡建设厅设立规划财务处（住房公积金监管处），负责辖区住房公积金日常监管等工作。

二、业务运行情况

(一) 缴存：2018年新开户单位668家，实缴单位4356家，净增单位201家；新开户职工5.48万人，实缴职工31.92万人；缴存额91.82亿元，同比增长24.59%。2018年末，缴存总额499.15亿元，同比增长22.54%；缴存余额254.24亿元，同比增长15.24%。

(二) 提取：2018年提取额为58.22亿元，同比增长38.39%；占当年缴存额的63.41%，比上年增加6.33个百分点。2018年末，提取总额244.91亿元，同比增长15.24%。

(三) 贷款：2018年全区发放住房公积金个人住房贷款1.01万笔共56.58亿元，同比分别下降1.94%、0.67%。回收个人住房贷款23.32亿元。

2018年末，累计发放个人住房贷款8.09万笔共283.15亿元，贷款余额171.63亿元，同比分别增长14.27%、24.97%、23.95%。个人住房贷款余额占缴存余额的67.51%，比上年增加4.75个百分点。

(四) 资金存储：2018年末全区住房公积金存款85.84亿元。其中：活期存款16.54亿元，1年（含）以下定期存款55.15亿元，1年以上定期存款14.15亿元。

三、主要财务数据

(一) 业务收入：2018年，全区住房公积金业务收入共计51165.67万元，同比增长30.92%。其中：存款利息20900.34万元，委托贷款利息30198.38万元，国债利息0万元，其他收入66.95万元。

(二) 业务支出：2018年全区住房公积金业务支出37123.5万元，同比增长25.83%。其中：支付职工住房公积金利息35726.8万元，归集手续费0万元，委托贷款手续费1393.39万元，其他支出3.31万元。

(三) 增值收益：2018年全区住房公积金增值收益共计14042.26万元，同比增长46.59%；增值收益率0.6%，比上年增加0.13个百分点。

(四) 增值收益分配：2018年全区住房公积金提取贷款风险准备金8425.3万元，提取管理费用3057.98万元，提取城市廉租住房（公共租赁住房）建设补充资金2558.89万元。

2018年上交财政管理费用3057.98万元，上缴财政城市廉租住房（公共租赁住房）建设补充资金

2141.24万元。

2018年末贷款风险准备金余额为40196.49万元，累计提取城市廉租住房（公共租赁住房）建设补充资金17884.4万元。

（五）管理费用支出：2018年全区住房公积金管理费用支出594.34万元，同比增长17.45%。其中：人员经费169.79万元，公用经费163.99万元，专项经费260.56万元。

四、资产风险状况

全区住房公积金资产风险主要为个人住房贷款逾期问题。2018年末个人住房贷款逾期额为5874.29万元，逾期率3.42‰。

2018年提取个人贷款风险准备金8425.3万元，使用个人贷款风险准备金核销呆坏账0万元。2018年末，个人贷款风险准备金余额40196.49万元，占个人贷款余额的2.34%，个人贷款逾期额与个人贷款风险准备金余额的比率为14.61%。

五、社会经济效益

（一）缴存业务：2018年全区实缴单位数、实缴职工人数和缴存额增长率分别为4.84%、2.09%和24.59%。

缴存单位中，国家机关和事业单位占66.39%，国有企业占17.05%，城镇集体企业占2.85%，外商投资企业占0.28%，城镇私营企业及其他城镇企业占5.69%，民办非企业单位和社会团体占2.55%，其他占5.19%。

缴存职工中，国家机关和事业单位占73.18%，国有企业占12.42%，城镇集体企业占3.87%，外商投资企业占0.16%，城镇私营企业及其他城镇企业占1.69%，民办非企业单位和社会团体占6.11%，其他占2.57%；中低收入占99.73%，高收入占0.27%。

新开户职工中，国家机关和事业单位占58.53%，国有企业占15.5%，城镇集体企业占6.61%，外商投资企业占0.34%，城镇私营企业及其他城镇企业占3.7%，民办非企业单位和社会团体占4.7%，其他占10.62%；中低收入占99.91%，高收入占0.09%。

（二）提取业务：2018年全区5.37万名缴存职工提取住房公积金共58.22亿元。

提取金额中，住房消费提取占58.89%（购买、建造、翻建、大修自住住房占23.22%，偿还购房贷款本息占12.96%，租赁住房占1.48%，其他占21.22%）；非住房消费提取占41.11%（离休和退休提取占7.99%，完全丧失劳动能力并与单位终止劳动关系提取占3.96%，户口迁出所在市或出境定居0%，其他占29.16%）。

提取职工中，中低收入占99.5%，高收入占0.5%。

（三）贷款业务：

1. 个人住房贷款：2018年共支持职工购建住房145.52万平方米。年末个人住房贷款市场占有率为69%，比上年同期增加2个百分点。通过申请住房公积金个人住房贷款，可节约职工购房利息支出50468万元。

职工贷款笔数中，购房建筑面积90（含）平方米以下占16.31%，90~144（含）平方米占53.51%，

144平方米以上占30.18%。购买新房占69.09%（其中购买保障性住房0%），购买二手房占10.8%，建造、翻建、大修自住住房占14.67%，其他占5.44%。

职工贷款笔数中，单缴存职工申请贷款占78.22%，双缴存职工申请贷款占21.78%，三人及以上缴存职工共同申请贷款0%。

贷款职工中，30岁（含）以下占32.09%，30岁～40岁（含）占43.69%，40岁～50岁（含）占20.4%，50岁以上占3.82%；首次申请贷款占83.62%，二次及以上申请贷款占16.38%；中低收入占99.71%，高收入占0.29%。

2. **异地贷款**：2018年共发放异地贷款95笔5651万元。2018年末，发放异地贷款总额11639万元，异地贷款余额10475.11万元。

（四）**住房贡献率**：2018年，个人住房贷款发放额、公转商贴息贷款发放额、项目贷款发放额、住房消费提取额的总和与当年缴存额的比率为98.96%，比上年减少21.48个百分点。

六、其他重要事项

（一）2018年住房公积金政策调整及执行情况：

1. **调整住房公积金缴存政策**。2018年9月13日自治区住房城乡建设厅、财政厅、人行拉萨中心支行、统计局印发了《关于规范住房公积金缴存业务的通知》（藏建金监管〔2018〕190号），对缴存政策进行了调整。主要内容为：一是以职工本人上一年度月平均工资作为职工住房公积金缴存基数；二是缴存住房公积金的月工资基数，不得高于职工工作地所在市（地）统计部门公布的上一年度职工月平均工资的3倍；三是我区住房公积金缴存比例（单位缴存比例）按照不应低于5%，不得高于12%的规定，继续延长执行期至2020年4月30日。困难企业，经职工代表大会或工会讨论通过，可在该范围内申请降低住房公积金缴存比例或者缓缴；四是住房公积金汇缴核定年度由当年7月1日至次年6月30日，调整为当年1月1日至12月31日。在每年3月份前完成新一年度基数调整工作，核定后一年内不再变更。

2. **调整住房公积金使用政策**。2018年12月28日自治区住房城乡建设厅、财政厅、人行拉萨中心支行印发了《关于规范住房公积金使用业务的通知》（藏建金监管〔2018〕265号），对使用政策进行了调整。主要内容为：一是我区住房公积金最高贷款额度由现行的70万元提高到90万元。在最高贷款额度内，具体贷款额度根据缴存职工月偿还能力、最长贷款期限等因素确定；二是调整建造、翻建、大修住房提取政策。建造、翻建自住住房的，提供规划、土地、住房城乡建设部门建造、翻建批准文件，建造、翻建合同和支付费用凭证；大修自住住房的，提供规划或者住房城乡建设部门批准文件，大修合同和支付费用凭证；三是调整租赁住房提取政策。职工支付房租提取，房租提取费用不高于租住房屋所在地房屋租金平均水平，且租住房屋面积不得超出144平方米，超出面积部分不得提取住房公积金；四是调整建造、翻建、大修住房公积金贷款政策。建造、翻建自住住房的，提供规划、土地、住房城乡建设部门建造、翻建批准文件，建造、翻建合同和支付费用凭证；大修自住住房的，提供规划或者住房城乡建设部门批准文件，大修合同和支付费用凭证。建造（翻建、大修）自住住房申请住房公积金贷款的，最高贷款额度=住房建筑面积（建筑面积不超我区普通商品住房最大标准面积144平方米，超144平方米的则按144平方米计算）×每平方米建筑造价（不超过当地住房城乡建设部门公布的建筑业平均造价）；五是调整住房公积金贷款首付比例政策。缴存职工家庭使用住房公积金贷款购买首套普通自住住房，最低首付款比例为

20%；对拥有1套住房并已结清相应购房贷款的缴存职工家庭，为改善居住条件再次申请住房公积金贷款购买普通自住住房，最低首付款比例为30%。

3. 其他政策调整。一是申请住房公积金贷款采用房屋所有权证（不动产权证）作抵押或房地产开发商提供阶段性担保的，不再出具借款人单位协助扣款承诺书；二是加强对失信行为的惩戒管理，对近三年内，夫妻一方连续3次逾期还贷或者累计6次逾期还贷的（含所有信用逾期记录），则视为恶意拖欠贷款，不予办理住房公积金贷款。逾期还贷次数不含助学贷款逾期次数，但助学贷款已形成呆（坏）账的，不予办理住房公积金贷款。

（二）当年住房公积金存贷款利率执行情况：严格落实人行拉萨中心支行关于《实施住房公积金存贷款基准利率的调整》精神，并及时按照现行利率办理住房公积金存贷款。2018年住房公积金贷款1~5年利率为1.76%，6~20年利率为2.08%，最高年限为20年。

（三）改进服务情况：为解决住房公积金业务办理窗口少、工作效率低、职工排队等候时间长等问题。一是创新管理模式。在拉萨市区范围内率先开展住房公积金服务网点延伸试点工作，在拉萨市区6家商业银行共设立10个住房公积金业务服务网点，有效解决了排队等候时间长、效率低下的问题，缴存单位和职工可就近办理缴存、提取和贷款业务；二是缩短办理时限，精简办理材料。缴存职工提取申请材料齐全的，管理中心审核无误即时办理，需对申请材料进一步核查的，管理中心应在受理提取申请之日起3个工作日内办结或者回复。管理中心和受托银行进一步规范贷款业务流程，减少审批环节，压缩审批时限，自受理贷款申请之日起10个工作日内完成审批工作。准予贷款的，通知受托银行办理贷款手续；不准予贷款的，应当回复并说明理由。职工在办理提取和贷款均无需提供身份证复印件；三是不断提升服务。进一步修改完善了《文明服务标准》，将首问负责制、一次性告知制度、限时办结制等制度进行公示；在大厅设立了举报箱，在各银行网点公示了举报投诉电话，畅通举报渠道，主动接受社会监督，使提高服务水平、服务效率真正落实在日常工作中。

（四）信息化建设情况：加快推进"互联网＋公积金"网络建设，目前在已开通我区住房公积金12329全国统一服务热线电话的基础上，全面启动住房公积金综合服务平台建设，落实了项目资金，通过政府采购确定了实施单位，力争2019年6月30日前住房公积金综合服务平台完成测试上线试运行，并于10月底前正式运行，实现住房公积金缴存、归集、支取、贷款等在网上审批，为缴存职工提供便捷、高效、安全的服务，逐步实现住房公积金管理信息系统使用"更便捷"服务"更智能"运行"更安全"的目标。

（五）其他事项：

1. 完成新市民住房问题调研工作。为解决新市民住房困难问题，深入开展新市民住房问题调研，形成《新市民住房问题和公积金使用调研报告》，提出了更好发挥公积金制度优势，解决新市民住房问题的有关意见建议。

2. 促进大学生创业就业。为促进我区大学生就业创业工作，制定出台《关于落实高校毕业生就业创业住房保障政策的实施办法》，对于毕业5年内（含5年）西藏籍全日制普通高校毕业生（含中职毕业生），在西藏自治区区域内自主创业或返乡创业1年以上的，且企业在我区正式注册的，并自注册当年开始计算补贴期限，按规定给予住房公积金补贴（标准按企业或个体身份缴纳的数额计算，给予同等补贴），补贴期限为10年。同时，积极与大学生进行电话沟通，讲解公积金缴存政策，宣传大学生在就业创业住房保障方面的优惠措施,解决大学生在就业创业住房方面的困难,积极为大学生就业创业创造条件。

(六)当年住房公积金机构及从业人员所获荣誉情况:

1. 自治区住房城乡建设厅住房公积金监管处盛日杰、江波同志分别荣获自治区住房城乡建设厅系统2018年度优秀公务员和先进工作者荣誉称号。

2. 自治区住房资金管理中心被评为自治区住房城乡建设厅系统2018年度先进集体;该中心方春红、阿珍、刘红恩同志分别被评为自治区住房城乡建设厅系统2018年度优秀公务员和先进工作者。

3. 昌都市住房资金管理中心被共青团昌都市委授予2018~2018年度市级"青年文明号",被昌都市妇女联合会授予2018年度市级"巾帼文明岗"。

4. 阿里地区住房资金管理中心尼玛卓玛、李珊同志分别被评为阿里地区住房城乡建设局2018年度优秀公务员和优秀共产党员。

拉萨住房公积金2018年年度报告

一、机构概况

(一)**住房公积金管理委员会**:住房公积金管理委员会有13名委员,2018年召开1次会议,审议通过事项主要包括:审定《拉萨市住房资金管理中心2018年年度报告》。

(二)**住房公积金管理中心**:住房资金管理中心为拉萨市住房和城乡建设局不以营利为目的的参公事业单位。中心设4个业务窗口,受理拉萨市及市属县(区)住房公积金业务。从业人员8人,其中在编4人,非在编4人。

二、业务运行情况

(一)**缴存**:2018年,实缴单位688家,新开户单位240家,净增单位193家;实缴职工5.55万人,新开户职工1.14万人,净增职工1.58万人;当年缴存额12.25亿元,同比增长20.57%。2018年末,累计缴存总额67.19亿元,累计缴存余额34.5亿元,同比分别增长22.32%、9.63%。受委托办理住房公积金缴存业务的银行5家。

(二)**提取**:2018年,当年提取额9.23亿元,同比增长52.06%;占当年缴存额的75.35%,比上年同期增长15.61个百分点。2018年末,累计提取总额32.69亿元,同比增长39.34%。

(三)**贷款**:2018年,发放个人住房贷款1983笔、11.12亿元,分别同比增长16.65%、29.91%。回收个人住房贷款4.63亿元。截止2018年末,累计发放个人住房贷款14369笔50.33亿元,贷款余额29.66亿元,同比分别增长17.07%、28.36%、28.01%。个人住房贷款余额占缴存余额的85.97%,比上年增加12.34个百分点。

(四)**资金存储**:2018年末,住房公积金存款5.5亿元。其中活期1.09亿元,1年以内定期(含

4.41亿元。

（五）**资金运用率**：截至2018年末，住房公积金个人住房贷款余额、项目贷款余额和购买国债余额的总和占缴存余额的85.97%，比上年增加12.34个百分点。

三、主要财务数据

（一）**业务收入**：2018年，业务收入6721.64万元，同比增长17.4%。其中，存款利息1586.77万元，委托贷款利息5131.48万元，其他收入3.39万元。

（二）**业务支出**：2018年，业务支出4753.36万元，同比减少6.98%。其中，支付职工住房公积金利息4502.27万元，委托贷款手续费250.67万元，其他支出0.42万元。

（三）**增值收益**：2018年，增值收益1968.28万元，同比增加219.83%。增值收益率0.6%，比上年同期增加0.39个百分点。

（四）**增值收益分配**：2018年，提取贷款风险准备金1180.96万元，提取管理费用393.66万元，提取城市廉租住房（公共租赁住房）建设补充资金393.66万元。

（五）**管理费用支出**：2018年，管理费用支出73.05万元，同比增加3.59%。其中人员经费33.27万元，公用经费28.07万元，专项经费7.24万元，其他支出4.47万元。

四、资产风险状况

个人贷款风险准备金按增值收益的60%提取。2018年，提取个人贷款风险准备金1180.96万元。截至2018年末，累计个人贷款风险准备金余额4424.97万元。未使用个人贷款风险准备金核销呆坏账。

五、社会经济效益

（一）**缴存业务**：2018年，实缴单位数、实缴职工人数和缴存额分别同比增长38.99%、39.8%和20.57%。缴存单位中，国家机关和事业单位占26.74%，企业占73.26%。缴存职工中，国家机关和事业单位占69.41%，企业占30.59%。新开户职工中，国家机关和事业单位占22.58%，企业占77.42%；中、低收入占99.98%，高收入占0.02%。

（二）**提取业务**：2018年，9450名缴存职工提取住房公积金9.23亿元。提取的人数中，住房消费提取占62.23%（购买、建造、翻建、大修自住住房23.26%，偿还购房贷款本息占15.89%，其他占23.08%）；非住房消费提取占37.77%（离休和退休提取占7.06%，完全丧失劳动能力并与单位终止劳动关系提取占4.81%，其他占25.9%）。

（三）**贷款业务**：2018年，发放个人住房贷款1983笔。职工贷款笔数中，购房建筑面积90（含）平方米以下占19.16%，90～144（含）平方米占57.64%，144平方米以上占23.2%。购买新房占72.42%，购买存量商品住房占11.85%，建造、翻建、大修自住住房占15.73%。职工贷款笔数中，单缴存职工申请贷款占95.11%，双缴存职工申请贷款占4.89%。贷款职工中，30岁（含）以下占33.89%，30岁～40岁（含）占44.53%，40岁～50岁（含）占19.06%，50岁以上占2.52%。首次申请贷款占77.41%，二次及以上申请贷款占22.59%。中、低收入占99.95%，高收入占0.05%。

（四）**住房贡献率**：2018年，个人住房贷款发放额、住房消费提取额的总和与当年缴存额的比率为

137.63%，比上年减少 6.37 个百分点。

六、其他重要事项

（一）网点情况：2018年，除拉萨市住房资金管理中心可办理住房公积金业务外，新增9个银行网点办理住房公积金业务。具体营业网点及地址分别为：建行冲吉路支行、建行城西支行、农行城关区支行、农行康昂东路支行、中行藏热路支行、中行西藏自治区分行营业部、西藏银行、邮储银行拉萨市大楼支行、邮储银行拉萨市天海路支行。

（二）当年缴存基数限额及缴存比例情况：职工住房公积金缴存基数最高限额为当地统计部门上一年度社会平均工资的三倍。个人及单位缴存比例可在5%~12%之间进行选择，缴存比例总和不超过24%。

（三）缴存、提取、贷款业务金融机构执行情况：拉萨市住房资金管理中心支持农行、建行、中行、邮储银行、西藏银行办理缴存、提取、贷款业务。

（四）当年住房公积金存贷款利率执行情况：拉萨市住房资金管理中心严格落实人行拉萨市中心支行关于《实施住房公积金存贷款基准利率的调整》文件精神，并及时按照现行利率办理住房公积金贷款。2018年住房公积金贷款1~5年利率为1.76%，6~20年利率为2.08%，最高年限为20年。

（五）当年住房公积金个人住房贷款最高贷款额度执行情况：拉萨市住房资金管理中心严格按照自治区最高贷款额度执行公积金贷款，2018年住房公积金最高贷款额度为70万元。

（六）当年住房公积金政策调整及执行情况：拉萨市住房资金管理中心进一步规范公积金提取、贷款流程，严格按照《关于进一步加强我区住房公积金有关具体业务管理的补充通知》（藏建金监管（2018）284号）的精神，严格审批住房公积金提取、贷款手续，严禁弄虚作假，严防骗取、骗贷住房公积金的违法行为。严格建造（翻修、大修）自住住房申请住房公积金贷款管理，最高贷款额度＝住房建筑面积（建筑面积不超出我区普通商品住房最大标准面积144平方米，超出面积则按144平方米计算）×每平方建筑造价（不超过当地住房城乡建设部门公布的建筑业平均造价），同时贷款金额按建造（翻修、大修）住房总价的80%且不超过住房公积金现行最高贷款额度。

（七）当年服务改进情况：2018年，拉萨市住房资金管理中心不断加强自身干部队伍建设，进一步凝聚共识，增强服务意识，提升服务水平。同时积极开展住房公积金向银行网点延伸工作，使干部职工可以就近选择银行网点办理住房公积金业务，有效解决干部职工集中到资金管理中心业务大厅办理业务排队时间久的问题，提升了服务效率。

日喀则市住房公积金2018年年度报告

一、机构概况

（一）住房公积金管理委员会：住房公积金管理委员会有13名委员，2018年召开1次会议，审议通

过的事项主要包括：

1. 审定《2018年年度报告》。
2. 审定《2018年度住房公积金增值收益分配方案》。
3. 审定《2018年度管理费用使用计划》。

（二）住房公积金管理中心：住房公积金管理中心为不以营利为目的的参公事业单位。从业人员6人，其中，在编4人，非在编2人。

二、业务运行情况

（一）缴存：2018年，新开户单位30家，实缴单位256家，净增单位32家；新开户职工0.65万人，实缴职工4.45万人，净增职工0.37万人；缴存额16.73亿元，同比增长45.6%。2018年末，缴存总额77.26亿元，同比增长27.64%；缴存余额50.46亿元，同比增长20.89%。

受委托办理住房公积金缴存业务的银行4家。

（二）提取：2018年，提取额8.01亿元，同比增长80%；占当年缴存额的47.88%，比上年增加9.15个百分点。2018年末，提取总额26.8亿元，同比增长42.63%。

（三）贷款：个人住房贷款最高额度70万元。

2018年，发放个人住房贷款1712笔10.7亿元，同比分别下降19.7%、20.86%。回收个人住房贷款4.97亿元。累计发放个人住房贷款19248笔66.02亿元，贷款余额41.68亿元，同比分别增长9.76%、19.34%、15.9%。个人住房贷款余额占缴存余额的82.6%，比上年减少3.55个百分点。

受委托办理住房公积金个人住房贷款业务的银行2家。

（四）资金存储：2018年末，住房公积金存款10.07亿元。其中，活期6.07亿元，1年以下定期4亿元。

（五）资金运用率：2018年末，住房公积金个人住房贷款余额、项目贷款余额和购买国债余额的总和占缴存余额的82.6%，比上年减少3.55个百分点。

三、主要财务数据

（一）业务收入：2018年，业务收入8956.83万元，同比增加27.97%。其中，存款利息1183.96万元，委托贷款利息7749.95万元，其他22.92万元。

（二）业务支出：2018年，业务支出8297.92万元，同比增长27.8%。其中，支付职工住房公积金利息7952.17万元，委托贷款手续费344.47万元，其他1.28万元。

（三）增值收益：2018年，增值收益658.91万元，同比增加30%。其中，增值收益率0.13%，比上年减少1.25个百分点。

（四）增值收益分配：2018年，提取贷款风险准备金395.35万元，提取管理费用131.78万元，提取城市廉租住房（公共租赁住房）建设补充资金131.78万元。

2018年，上交财政管理费用131.78万元。上缴财政城市廉租住房（公共租赁住房）建设补充资金131.78万元。

2018年末，贷款风险准备金余额2803.92万元。累计提取城市廉租住房（公共租赁住房）建设补充

资金 729.2 万元。

（五）**管理费用支出**：2018 年，管理费用支出 51.35 万元，同比减少 19.1%。其中，人员经费 8.4 万元，公用经费 35 万元，专项经费 7.95 万元。

四、资产风险状况

2018 年末，个人住房贷款逾期额 290 万元，逾期率 0.7‰。

个人贷款风险准备金按增值收益的 60% 提取。2018 年，提取个人贷款风险准备金 395.35 万元，未使用个人贷款风险准备金核销呆坏账。2018 年末，个人贷款风险准备金余额 2803.92 万元，占个人住房贷款余额的 0.67%，个人住房贷款逾期额与个人贷款风险准备金余额的比率为 10.34%。

五、社会经济效益

（一）**缴存业务**：2018 年，实缴单位数、实缴职工人数和缴存额同比分别增长 14.29%、9.07% 和 45.6%。

缴存单位中，国家机关和事业单位占 73%，国有企业占 4%，城镇私营企业及其他城镇企业占 23%。

缴存职工中，国家机关和事业单位占 61.72%，国有企业占 1.56%，城镇私营企业及其他城镇企业占 36.72%；中、低收入占 99.14%，高收入占 0.86%。

新开户职工中，国家机关和事业单位占 82.27%，国有企业占 4.47%，城镇私营企业及其他城镇企业占 13.26%；中、低收入占 99.97%，高收入占 0.03%。

（二）**提取业务**：2018 年，6232 名缴存职工提取住房公积金 8.01 亿元。

提取金额中，住房消费提取占 54.28%（购买、建造、翻建、大修自住住房占 9%，偿还购房贷款本息占 29%，租赁住房占 0.28%，其他占 16%）；非住房消费提取占 45.72%（离休和退休提取占 13%，完全丧失劳动能力并与单位终止劳动关系提取占 2.72%，其他占 30%）。提取职工中，中、低收入占 98%，高收入占 2%。

（三）**贷款业务**：2018 年，支持职工购建房 33.63 万平方米，年末个人住房贷款市场占有率为 64.52%，比上年减少 20.48 个百分点。通过申请住房公积金个人住房贷款，可节约职工购房利息支出 791.04 万元。

职工贷款笔数中，购房建筑面积 90（含）平方米以下占 9%，90～144（含）平方米占 58%，144 平方米以上占 33%。购买新房占 60%，购买二手房占 21%，建造、翻建、大修自住住房占 19%。

职工贷款笔数中，单缴存职工申请贷款占 75%，双缴存职工申请贷款占 25%。

贷款职工中，30 岁（含）以下占 41%，30 岁～40 岁（含）占 45%，40 岁～50 岁（含）占 13%，50 岁以上占 1%；首次申请贷款占 90%，二次及以上申请贷款占 10%；中、低收入占 100%，高收入占 0。

（四）**住房贡献率**：2018 年，个人住房贷款发放额、公转商贴息贷款发放额、项目贷款发放额、住房消费提取额的总和与当年缴存额的比率为 111%，比上年减少 18 个百分点。

六、其他重要事项

当年信息化建设情况。2018 年 1 月 1 日起，中心统一使用四川久远银海软件股份有限公司开发的西藏公积金综合业务管理系统，办理住房公积金业务。

昌都市住房公积金 2018 年度报告

一、机构概况

（一）住房公积金管理委员会：住房公积金管理委员会有 23 名委员，2018 年召开 1 次会议，审议通过的事项主要包括：审定大额资金调拨事议及资金运管情况。

（二）住房公积金管理中心：住房公积金管理中心为西藏昌都市住房和城乡建设局不以营利为目的的参公事业单位，设 8 个窗口，从业人员 10 人，其中，在编 5 人，非在编 5 人。

二、业务运行情况

（一）缴存：2018 年，新开户单位 22 家，实缴单位 710 家；新开户职工 9595 人，实缴职工 4.42 万人，净增职工 0.92 万人；缴存额 12.44 亿元，同比增长 44.66%。2018 年末，缴存总额 57.51 亿元，同比增长 27.61%；缴存余额 29.54 亿元，同比增长 23.39%。受委托办理住房公积金缴存业务的银行 3 家，与上年一致。

（二）提取：2018 年，提取额 6.84 亿元，同比增长 0.74%；占当年缴存额 54.98%，比上年减少 23.97 个百分点。2018 年末，提取总额 27.97 亿元，同比增长 32.37%。

（三）贷款：个人住房贷款最高额度 70 万元。2018 年，发放个人住房贷款 754 笔 3.99 亿元，同比分别下降 18.04%、12.5%。2018 年，回收个人住房贷款 1.93 亿元。2018 年末，累计发放个人住房贷款 6123 笔 21.35 亿元，贷款余额 12.61 亿元，同比分别增长 14.04%、22.98%、19.53%。个人住房贷款余额占缴存余额的 42.69%，比上年减少 1.38 个百分点。受委托办理住房公积金个人住房贷款业务的银行 2 家，与去年一致。

（四）资金存储：2018 年末，住房公积金存款 17.18 亿元。其中：活期 4.98 亿元，1 年（含）以下定期 11.20 亿元，1 年以上定期 1 亿元，其他（协定、通知存款等）0 亿元。

（五）资金运用率：2018 年末，住房公积金个人住房贷款余额、项目贷款余额和购买国债余额的总和占缴存余额的 42.70%，比上年减少 1.37 个百分点。

三、主要财务数据

（一）业务收入：2018 年，业务收入 5849.24 万元，同比增长 49.28%。存款利息 3608.42 万元，委托贷款利息 2234.62 万元，国债利息 0 万元，其他 6.20 万元。

（二）业务支出：2018 年，业务支出 3972.32 万元，同比增长 49.28%。支付职工住房公积金利息 3844.69 万元，归集手续费 0 万元，委托贷款手续费 127.55 万元，其他 0.08 万元。

(三)增值收益：2018年，增值收益1876.91万元，同比增长196.66%。增值收益率0.71%，比上年增加0.43个百分点。

(四)增值收益分配：2018年，提取贷款风险准备金1126.15万元，提取管理费用356.61万元，提取城市廉租住房（公共租赁住房）建设补充资金394.15万元。

2018年，上交财政管理费用356.61万元。上缴财政城市廉租住房（公共租赁住房）建设补充资金394.15万元。

2018年末，贷款风险准备金余额3803.60万元。累计提取城市廉租住房（公共租赁住房）建设补充资金1286.64万元。

(五)管理费用支出：2018年，管理费用支出85.75万元，同比增长172%。其中，人员经费10.75万元，公用经费13.32万元，专项经费61.68万元。

四、资产风险状况

2018年末，个人住房贷款逾期额520万元，逾期率4.12‰。个人贷款风险准备金按（贷款余额或增值收益）的60%提取。2018年，提取个人贷款风险准备金1126.15万元，使用个人贷款风险准备金核销呆坏账0万元。2018年末，个人贷款风险准备金余额3803.60万元，占个人住房贷款余额的3.02%，个人住房贷款逾期额与个人贷款风险准备金余额的比率为13.67%。

五、社会经济效益

(一)缴存业务：2018年，实缴单位数、实缴职工人数和缴存额同比分别增长3.33%、5.71%和44.65%。

缴存单位中，国家机关和事业单位占81.17%，国有企业占0.6%，城镇集体企业占0.83%，外商投资企业占0%，城镇私营企业及其他城镇企业占10.49%，民办非企业单位和社会团体占1.20%，其他占5.71%。

缴存职工中，国家机关和事业单位占84.96%，国有企业占1.53%，城镇集体企业占0.64%，外商投资企业占0%，城镇私营企业及其他城镇企业占3.06%，民办非企业单位和社会团体占2.4%，其他占7.41%；中、低收入占99.99%，高收入占0.01%。

新开户职工中，国家机关和事业单位占80.23%，国有企业占5.21%，城镇集体企业占0.24%，外商投资企业占0%，城镇私营企业及其他城镇企业占3.93%，民办非企业单位和社会团体占7.11%，其他占3.28%；中、低收入占99.99%，高收入占0.01%。

(二)提取业务：2018年，7099名缴存职工提取住房公积金6.84亿元。提取金额中，住房消费提取占46.29%（购买、建造、翻建、大修自住住房占19.30%，偿还购房贷款本息占3.52%，租赁住房占1.13%，其他占22.34%）；非住房消费提取占53.71%（离休和退休提取占6.80%，完全丧失劳动能力并与单位终止劳动关系提取占1.88%，户口迁出本市或出境定居占0%，其他占45.03%）。提取职工中，中、低收入占99.98%，高收入占0.02%。

(三)个人住房贷款业务：2018年，支持职工购建房19.10万平方米，年末个人住房贷款市场占有率为83.15%，比上年减少5.85个百分点。通过申请住房公积金个人住房贷款，可节约职工购房利息支出

1791.92 万元。

职工贷款笔数中，购房建筑面积 90（含）平方米以下占 10.48%，90～144（含）平方米占 66.31%，144 平方米以上占 23.21%。购买新房占 74.93%（其中购买保障性住房占 0%），购买二手房占 15.65%，建造、翻建、大修自住住房占 3.05%，其他占 6.37%。

职工贷款笔数中，单缴存职工申请贷款占 55.04%，双缴存职工申请贷款占 44.96%，三人及以上缴存职工共同申请贷款占 0%。

贷款职工中，30 岁（含）以下占 33.02%，30 岁～40 岁（含）占 50.93%，40 岁～50 岁（含）占 13.52%，50 岁以上占 2.53%；首次申请贷款占 90.18%，二次及以上申请贷款占 9.82%；中、低收入占 100%，高收入占 0%。

（四）异地住房贷款业务：2018 年，发放异地贷款 1 笔 50 万元。2018 年末，发放异地贷款总额 50 万元，异地贷款余额 47.61 万元。

（五）住房贡献率：2018 年，个人住房贷款发放额、公转商贴息贷款发放额、项目贷款发放额、住房消费提取额的总和与当年缴存额的比率为 57.56%，比上年减少 64.15 个百分点。

六、其他重要事项

（一）当年住房公积金政策调整及执行情况：根据自治区《关于规范住房公积金缴存业务的通知》（藏建金监管〔2018〕190 号）文件要求，职工公积金缴存基数为职工本人上一年度月平均工资，且缴存基数上限不超过所在地市统计部门公布的上一年度职工月平均工资的 3 倍。凡超过 3 倍的，一律予以规范调整。我区汇缴核定年度由当年 7 月 1 日至次年 6 月 30 日，调整为当年 1 月 1 日至 12 月 31 日。从 2019 年起开始调整，并且每年 3 月份前完成新一年度基数调整工作，核定后一年内不再变更。延长阶段性适当降低企业住房公积金缴存比例不低于 5%，不得高于 12% 规定继续延长执行期至 2020 年 4 月 30 日，对于生产经营困难的企业，经职工代表大会或工会讨论通过，可以申请降低住房公积金缴存比例或者缓缴。我中心已执行。

根据西藏自治区住房和城乡建设厅印发的《关于住房公积金业务办理不再由缴存职工提供身份证复印件的通知》（藏建金监管函〔2018〕148 号）文件，我中心于 2018 年 6 月起遵照执行。

根据住房城乡建设部、财政部、人民银行、公安部《关于开展治理违规提取住房公积金工作的通知》（建金〔2018〕46 号）文件要求，我中心于 2018 年 6 月遵照执行。优先支持提取住房公积金支付房租，且提取额度根据昌都房屋租赁市场行情确定。缴存职工与单位解除或终止劳动关系的，先办理个人账户封存，且需封存半年以上才可以办理异地转移接续手续或提取公积金。对违规提取住房公积金的缴存职工，要记载其失信记录，并将提取金额责令退回，情节严重者需向其所在单位通报。

根据自治区住房城乡建设厅转发《住房城乡建设部、中央军委后勤保障部关于军队文职人员住房公积金管理有关问题的通知》（藏建金监管〔2018〕241 号）文件要求，军队用人单位应当到驻地设区城市住房公积金管理中心办理文职人员住房公积金缴存登记，经住房公积金管理中心审核后，办理住房公积金账户设立手续，且月缴存基数为上一年度平均工资，包括岗位工资、级别工资、工龄工资、工作性津贴、生活性补贴、军队服务津贴和奖励工资，缴存比例为 12%，其余条件均遵照公积金管理中心条例。我中心将 2019 年执行。

根据自治区《关于规范住房公积金使用业务的通知》(藏建金监管〔2018〕265号)文件要求,最高贷款额度由70万元提高到90万元,公积金贷款和商业贷款月还款额合计不得超过职工及配偶的工资合计的50%,且首套房贷款不超过总价的80%,第二套房贷款不超过总价的70%,三者条件中取最低额度为贷款额。提取方面取消住房装修提取和从未提取两种情况,其他可提取条件不变。我中心于2019年1月执行。

(二)当年服务改进情况:

1. 优化业务流程、健全服务制度

我中心的审批服务事项,按审批性质和服务内容集中分类,统一受理,一直不断优化受理窗口与审批工作的流程,实现一窗受理、录入、办理、办结。

在公积金提取业务方面,一直不断精简审批材料,业务办理期间,客户不需要每次提供身份证,只要采集过身份证信息,在业务办理期间将尽可能实现业务申请材料"一件多用"的便捷方式,并且以前窗口业务办理,需要客户提供单位领导签字审核的资料,现在窗口业务员互相审核即可完成业务当场办理,资金当天到账,达到压缩前置审批时限,减少单位、企业和公众时间的目的。

在公积金贷款业务方面,始终由前台信贷员一次性收齐贷款资料,中途不需要客户往返中心补资料。前台信贷员审核过后,中心主任和局分管领导审批签字,客户只需放款当天持本人有效证件,携带配偶和担保人亲自到中心办理积金贷款的放款手续即可一次办到底,贷款资金当天到账。整个贷款流程客户只需到中心两次,真是实现公积金贷款业务从受理到办结两次跑的方便。

2. 完善服务设施、改善服务环境

一是科学设置办理柜台、自助查询终端、自动叫号系统。

二是配备空调、休息座椅、饮水机、书写台和意见箱、手机充电宝、便民箱、志愿者服务站(配置对外使用业务电脑、打印机)等服务设施。

三是合理利用网点场地设立公示栏,张贴业务办理流程、业务实施细则、住房公积金政策等宣传服务资料。

四是安排专人进行引导,按业务需求分流办事。

3. 强化人员素质,提升服务质量

一是合理配置服务人员。目前我中心贷款窗口2人、提取窗口3人(含县乡公积金提取优先窗口1个)、缴存窗口2人、异地公积金转移窗口1人,每人都配备了工号牌,均具备良好的业务能力和工作作风。

二是规范网点服务行为。2018以来,我中心开展了"学习新标准学习会"、"完善机制管控风险业务培训会"、"服务礼仪培训会"各1次;其他文件类精神传达学习会议10余次;每月按时参加综治月活动,做好公积金社会宣传;参加各类主题教育活动和节日活动10余次;开展新市民住房问题调研和公积金专项业务整治活动4次。通过以上各类学习会、主题会、专题会,增强中心人员的服务意识、降低廉政风险、提升服务素质,更好地为公积金事业添砖加瓦。

(三)当年住房公积金管理中心及职工所获荣誉情况: 从2018年开始,我中心就一直为创建昌都市"青年文明号"、"巾帼文明岗"窗口单位而努力,经过中心全体人员的共同努力,于2018年底荣获共青团昌都市委颁发的2018~2018年度市级"青年文明号"创建集体牌匾和昌都市妇女联合会颁发的2018年度市级"巾帼文明岗"创建集体牌匾。

山南市住房公积金 2018 年年度报告

一、机构概况

（一）**住房公积金管理委员会**：住房公积金管理委员会有 17 名委员，2018 年召开 1 次会议，审议通过的事项主要包括：审定《山南市住房公积金 2018 年年度报告》。

（二）**住房公积金管理中心**：住房公积金管理中心为不以营利为目的的参公事业单位。从业人员 10 人，其中，在编 2 人，非在编 8 人。

二、业务运行情况

（一）**缴存**：2018 年，新开户单位 193 家，实缴单位 951 家，净增单位 141 家；新开户职工 0.84 万人，实缴职工 3.39 万人，净增职工 0.42 万人；缴存额 7.5 亿元，同比下降 0.66％。2018 年末，缴存总额 49.25 亿元，同比增长 17.96％，缴存余额 23.02 亿元，同比增长 11.75％。

受委托办理住房公积金缴存业务的银行 3 家。

（二）**提取**：2018 年，提取额 5.08 亿元，同比增长 11.16％；占当年缴存额的 67.73％，比上年增加 7.2 个百分点。2018 年末，提取总额 26.23 亿元，同比增长 24.02％。

（三）**贷款**：个人住房贷款最高额度 70 万元。

2018 年，发放个人住房贷款 1205 笔 6.5 亿元，同比分别下降 24.45％、28.34％。

2018 年，回收个人住房贷款 2.48 亿元。

2018 年末，累计发放个人住房贷款 7924 笔 29.3 亿元，贷款余额 18.16 亿元，同比分别增长 17.93％、28.51％、28.43％。个人住房贷款余额占缴存余额的 78.89％，比上年增加 10.25 个百分点。

受委托办理住房公积金个人住房贷款业务的银行 3 家。

（四）**资金存储**：2018 年末，住房公积金存款 5.03 亿元。其中，活期 2.13 亿（含协定存款），1 年以下定期 2.8 亿元，1 年以上定期 0.1 亿元。

（五）**资金运用率**：2018 年末，住房公积金个人住房贷款余额占缴存余额的 78.9％，比上年减少 10.26 个百分点。

三、主要财务数据

（一）**业务收入**：2018 年，业务收入 4549.88 万元，同比增长 33.94％。其中，存款利息 1395 万元，委托贷款利息 3143.6 万元，其他利息 11.28 万元。

（二）**业务支出**：2018 年，业务支出 3333.53 万元，同比增长 16.02％。其中，支付职工住房公积金利息 3176.61 万元，委托贷款手续费 156.65 万元，其他 0.27 万元。

（三）**增值收益**：2018 年，增值收益 1216.35 万元，同比增长 132.19%。其中，增值收益率 0.26%。

（四）**增值收益分配**：2018 年，提取贷款风险准备金 729.81 万元，提取管理费用 99 万元，提取城市廉租住房（公共租赁住房）建设补充资金 387.54 万元。

2018 年，上交财政管理费用 99 万元。上缴财政城市廉租住房（公共租赁住房）建设补充资金 387.54 万元。

2018 年末，贷款风险准备金余额 4447.13 万元。累计提取城市廉租住房（公共租赁住房）建设补充资金 1535.09 万元。

（五）**管理费用支出**：2018 年，管理费用支出 83.14 万元，同比增长 37.2%。其中，人员经费 38.78 万元，公用经费 37 万元，专项经费（网络维护费）7.36 万元。

四、资产风险状况

2018 年末，个人住房贷款逾期额 87.6 万元，逾期率 0.48‰。

个人贷款风险准备金按增值收益的 60% 提取。2018 年，提取个人贷款风险准备金 729.81 万元，未使用个人贷款风险准备金核销呆坏账。2018 年末，个人贷款风险准备金余额 4447.13 万元，占个人住房贷款余额的 2.4%，个人住房贷款逾期额与个人贷款风险准备金余额的比率为 1.97%。

五、社会经济效益

（一）**缴存业务**：2018 年，实缴单位数、实缴职工人数同比分别增长 17.4%、14.1%，实缴存额同比减少 0.66%。

缴存单位中，国家机关和事业单位占 88.4%，国有企业占 6.8%，城镇集体企业占 1.6%，城镇私营企业及其他城镇企业占 1.4%，民办非企业单位和社会团体占 1.8%。

缴存职工中，国家机关和事业单位占 86.1%，国有企业占 10.25%，城镇集体企业占 2.15%，城镇私营企业及其他城镇企业占 0.7%，民办非企业单位和社会团体占 0.8%；中、低收入占 99.87%，高收入占 0.13%。

新开户职工中，国家机关和事业单位占 79.39%，国有企业占 15.64%，城镇集体企业占 3.12%，城镇私营企业及其他城镇企业占 1.42%，民办非企业单位和社会团体占 0.43%；中、低收入占 95.3%，高收入占 4.7%。

（二）**提取业务**：2018 年，4727 名缴存职工提取住房公积金 5.08 亿元。

提取金额中，住房消费提取占 58%（购买、建造、翻建、大修自住住房占 33.76%，偿还购房贷款本息占 11.76%，租赁住房占 0.04%，其他占 12.44%）；非住房消费提取占 42%（离休和退休提取占 7.4%，完全丧失劳动能力并与单位终止劳动关系提取占 1.8%，其他占 32.8%）。

提取职工中，中、低收入占 99.85%，高收入占 0.15%。

（三）**贷款业务**：

1. **个人住房贷款**：2018 年，支持职工购建房 13.92 万平方米，年末个人住房贷款市场占有率为 90.53%，比上年减少 0.47 个百分点。通过申请住房公积金个人住房贷款，可节约职工购房利息支出

5950万元。

职工贷款笔数中，购房建筑面积 90（含）平方米以下占 9.5%，90～144（含）平方米占 57.6%，144 平方米以上占 32.9%。购买新房占 83.6%，购买二手房占 7.9%，建造、翻建、大修自住住房占 4.7%，其他占 3.8%。

职工贷款笔数中，单缴存职工申请贷款占 66.64%，双缴存职工申请贷款占 33.36%。

贷款职工中，30 岁（含）以下占 31.2%，30 岁～40 岁（含）占 45.4%，40 岁～50 岁（含）占 18.6%，50 岁以上占 4.8%；首次申请贷款占 82.6%，二次及以上申请贷款占 17.4%；中、低收入占 99.92%，高收入占 0.08%。

2. 异地贷款：2018 年，发放异地贷款 8 笔 515 万元。2018 年末，发放异地贷款总额 515 万元，异地贷款余额 501.42 万元。

（四）住房贡献率：2018 年，个人住房贷款发放额、住房消费提取额的总和与当年缴存额的比率为 126%，比上年减少 36 个百分点。

六、其他重要事项

（一）住房公积金新系统启动运行。2018 年 1 月，按照住房城乡建设部"双贯标"工作要求，全区住房公积金新系统正式启动运行，山南市住房资金管理中心全体工作人员认真学习新系统各项业务操作。新系统的启动运行，进一步规范了业务流程，提升了办事效率和服务质量。

（二）"双贯标"工作顺利通过验收。2018 年 10 月 25 日，住房城乡建设部"双贯标"验收组一行 9 人莅临山南市住房资金管理中心，通过听取汇报、实地查看相关资料和现场业务系统操作等方式，进行检查验收"双贯标"（住房公积金基础数据标准与住房城乡建设部住房公积金结算数据应用系统接口标准）工作开展情况。通过检查，验收组一致认为山南市住房资金管理中心建立了规范的数据体系、规范了业务流程、资金廉政风险得到有效控制，"双贯标"工作取得了一定成效，顺利通过验收。

那曲市住房公积金 2018 年年度报告

一、机构概况

（一）住房公积金管理委员会：住房公积金管理委员会有 12 名委员，2018 年召开 1 次会议，审议通过的事项主要包括：

1. 审定《2018 年年度报告》。
2. 审定《2018 年度住房公积金增值收益分配方案》。
3. 审定《2019 年度管理费用使用计划》。

（二）住房资金管理中心：住房资金管理中心为市住房和城乡建设局的参照公务员管理的事业部门，

受委托办理住房公积金个人住房贷款业务的银行有两家。中心设 5 个前台窗口。从业人员 9 人，其中，在编 3 人，非在编 6 人。其中 1 名聘用工、2 名银行派驻中心业务员、1 名安保人员。

二、业务运行情况

（一）缴存：2018 年，实缴单位 194 家，当年新开户单位 49 家，销户 1 家，净增单位 48 家；实缴职工 3.29 万人，新开户职工 3370 人，销户 796 人，净增职工 2574 人；2018 年末，缴存总额 52.76 亿元，同比增长 25.20%、当年缴存额 10.62 亿元，同比增长 28.73%，缴存余额 29.21 亿元，同比增长 13.92%。

（二）提取：2018 年，当年提取额 7.05 亿元，同比增长 99.72%；占当年缴存额的比率 66.38%，比上年同期增长 23.59 个百分点。2018 年末，提取总额 23.55 亿元，同比增长 42.73%。

（三）贷款：个人住房贷款最高额度 70 万元。

2018 年，发放个人住房贷款 426 笔 2.24 亿元，分别同比下降 6.37%、48.39%。

2018 年，回收个人住房贷款 2.41 亿元，同比增长 21.72%。

2018 年末，累计发放个人住房贷款 6321 笔 23.76 亿元，贷款余额 12.63 亿元，同比分别增长 7.23%、10.41%，贷款余额下降 1.25%。个人住房贷款余额占缴存余额的 43.24%。

受委托办理住房公积金个人住房贷款业务的银行有 2 家。

（四）资金存储：2018 年末，住房公积金存款 16.85 亿元。其中，活期 0.45 亿元，1 年及以内定期（含）16.4 亿元。

（五）资金运用率：2018 年末，住房公积金个人住房贷款余额、项目贷款余额和购买国债余额的总和占缴存余额的 43.25%。

三、主要财务数据

（一）业务收入：2018 年，业务收入 6504.61 万元，同比增长 38.94%。其中，住房公积金利息收入 3960.62 万元，增值收益利息收入 18.76 万元，委托贷款利息收入 2512.07 万元，其他收入 13.17 万元。

（二）业务支出：2018 年，业务支出 3232.26 万元，同比下降 27.60%。其中，住房公积金利息支出 3127.48 万元，委托贷款手续费支出 104.58 万元，其他支出 0.2 万元。

（三）增值收益：2018 年，住房公积金增值收益 3272.36 万元。增值收益率 1.2%，比上年同期增长 1.11 个百分点。

（四）增值收益分配：2018 年，提取贷款风险准备金 1963.41 万元，提取管理费用 654.47 万元，提取城市廉租住房（公共租赁住房）建设补充资金 654.47 万元。

2018 年末，贷款风险准备金余额 3387.95 万元。累计提取城市廉租住房（公共租赁住房）建设补充资金 1072.47 万元。

（五）中心管理费用支出：中心管理费由局机关财务管理，2018 年，中心管理费用支出共 40.37 万元，同比增长 24.22%。其中，人员经费 17.92 万元（含聘用工工资），公用经费 10.53 万元（中心房租租金、网络维护费等），专项经费：11.92 万元。

四、资产风险状况

2018年末，个人贷款风险准备金余额3387.95万元，当年风险准备金1963.41万元，占总额的57.95%。

五、社会经济效益

（一）**缴存业务**：2018年，住房公积金缴存单位、人数和缴存额同比分别增长32.88%、7.56%和增长28.64%。

缴存职工的构成情况：

缴存单位中，国家机关和事业单位占74.23%，国有企业占5.67%，非公企业占20.1%。

缴存职工中，国家机关和事业单位占88.31%，国有企业占4.15%，非公企业占7.54%。

新开户职工中，国家机关和事业单位占78.72%，国有企业占8.49%，非公企业占12.79%。

（二）**提取业务**：2018年，5401名缴存职工提取住房公积金7.05亿元。

提取的金额中，住房消费提取占55.58%（购买、建造、翻建、大修自住住房占46.44%，偿还购房贷款本息3.03%，其他占50.53%）；非住房消费提取占44.42%（离休和退休提取占14.13%，完全丧失劳动能力并与单位终止劳动关系提取占1.26%，死亡占1.21，其他占83.4%）。

提取职工中，中、低收入占98%，高收入占2%。

（三）**贷款业务**：2018年，支持职工构建房7.9万平方米，年末个人住房贷款市场占有率为：97.5%。通过申请住房公积金个人贷款，可节省职工购房利息支出8389.32万元。

职工贷款笔数中，单缴存职工申请贷款占93.9%，双缴存职工申请贷款占6.1%。

贷款职工中，30岁（含）以下占46.479%，30岁~40岁（含）占42.488%，40岁~50岁（含）占10.329%，50岁以上占0.704%；首次申请贷款占92.96%，二次及以上申请贷款占7.04%；中、低收入占31.46%，中等收入占68.54%，高收入占0%。

（四）**住房贡献率**：2018年，个人住房贷款发放额、住房消费提取额的总和与当年缴存额的比率为58%，同比下降37.39%。

六、其他重要事项

（一）**当年缴存基数限额及缴存比例情况**：职工住房公积金缴存基数最高限额为当地统计部门上一年度社会平均工资的三倍，那曲市住房资金管理中心公积金缴存比例与自治区缴存比例同步。

（二）**缴存、贷款业务金融机构执行情况**：那曲市公积金委托农行、建行办理贷款业务，其他银行委托业务正在推进。

（三）**当年住房公积金存贷款利率执行情况**：那曲市住房资金管理中心严格落实人行拉萨中心支行，关于《实施住房公积金存贷款基准利率的调整》，并及时按照现行利率办理住房公积金贷款。2018年住房公积金贷款1~5年利率为1.76%，6~20年利率为2.08%，最高年限为20年。

（四）**当年住房公积金个人住房贷款最高贷款额度执行情况**：那曲市住房资金管理中心严格按照自治

区最高贷款额度执行公积金贷款，2018年住房公积金最高贷款额度为70万元。

（五）当年住房公积金政策调整及执行情况：根据住房城乡建设部、财政部、人民银行、公安部《关于开展治理违规提取住房公积金工作的通知》（建金〔2018〕46号）文件要求，我中心于2018年6月遵照执行。优先支持提取住房公积金支付房租，且提取额度根据那曲房屋租赁市场行情确定。缴存职工与单位解除或终止劳动关系的，先办理个人账户封存，且需封存半年以上才可以办理异地转移接续手续或提取公积金。对违规提取住房公积金的缴存职工，要记载其失信记录，并将提取金额责令退回，情节严重者需向其所在单位通报。

根据自治区住房城乡建设厅转发《住房城乡建设部、中央军委后勤保障部关于军队文职人员住房公积金管理有关问题的通知》（藏建金监管〔2018〕241号）文件要求，军队用人单位应当到驻地设区城市住房公积金管理中心办理文职人员住房公积金缴存登记，经住房公积金管理中心审核后，办理住房公积金账户设立手续，且月缴存基数为上一年度平均工资，包括岗位工资、级别工资、工龄工资、工作性津贴、生活性补贴、军队服务津贴和奖励工资，缴存比例为12%，其余条件均遵照公积金管理中心条例。我中心将2019年执行。

根据自治区《关于规范住房公积金缴存业务的通知》（藏建金监管〔2018〕190号）文件要求，职工公积金缴存基数为职工本人上一年度月平均工资，且缴存基数上限不超过所在地市统计部门公布的上一年度职工月平均工资的3倍。凡超过3倍的，一律予以规范调整。我区汇缴核定年度由当年7月1日至次年6月30日，调整为当年1月1日至12月31日。从2019年起开始调整，并且每年3月底以前完成新一年度基数调整工作，核定后一年内不再变更。延长阶段性适当降低企业住房公积金缴存比例不低于5%，不得高于12%。规定继续延长执行期至2020年4月30日，对于生产经营困难的企业，经职工代表大会或工会讨论通过，可以申请降低住房公积金缴存比例或者缓缴。我中心已执行。

根据自治区《关于进一步加强我区住房公积金有关具体业务管理的补充通知》（藏建金监管〔2018〕284号）的精神，建造（翻修、大修）自住住房申请住房公积金贷款的，最高贷款额度=住房建筑面积（建筑面积不超出我区普通商品住房最大标准面积144平方米，超出面积则按144平方米计算）×每平方建筑造价（不超过当地住房城乡建设部门公布的建筑业平均造价），同时，贷款金额按建造（翻修、大修）住房总价的80%且不超过住房公积金现行最高贷款额度。

根据西藏自治区住房和城乡建设厅印发的《关于住房公积金业务办理不再由缴存职工提供身份证复印件的通知》（藏建金监管函〔2018〕148号）文件，我中心于2018年6月起遵照执行。

根据自治区《关于规范住房公积金使用业务的通知》（藏建金监管〔2018〕265号）文件要求，最高贷款额度由70万元提高到90万元，公积金贷款和商业贷款月还款额合计不得超过职工及配偶的工资合计的50%，且首套房贷款不超过总价的80%，第二套房贷款不超过总价的70%，三者条件中取最低额度为贷款额。提取方面取消住房装修提取和从未提取两种情况，其他可提取条件不变。我中心于2019年1月执行。

那曲市住房资金管理中心严格按照那曲市住房和城乡建设局《关于住房公积金归集使用现行政策及新系统业务办理程序规范的通知》（那建字〔2018〕70号）、《关于各参缴单位进行2019年住房公积金核定业务的紧急通知》（那建字〔2018〕399号）进一步规范公积金各项业务流程。

阿里地区住房公积金 2018 年年度报告

一、机构概况

（一）住房公积金管理委员会：住房公积金管理委员会有 17 名委员，2018 年召开 1 次会议，审议通过的事项主要包括：

1. 审定《2018 年年度报告》。
2. 审定《2018 年度住房公积金增值收益分配方案》。
3. 审定《2018 年度管理费用使用计划》。

（二）住房公积金管理中心：住房公积金管理中心为不以营利为目的的参公事业单位。从业人员 6 人，其中，在编 4 人，非在编 2 人。

二、业务运行情况

（一）缴存：2018 年，新开户单位 20 家，实缴单位 140 家，净增单位 4 家；新开户职工 0.22 万人，实缴职工 1.47 万人，净增职工 0.19 万人；缴存额 4.63 亿元，同比增长 9.72%。2018 年末，缴存总额 25.13 亿元，同比增长 22.59%；缴存余额 12.36 亿元，同比增长 14.87%。

受委托办理住房公积金缴存业务的银行 2 家。

（二）提取：2018 年，提取额 3.03 亿元，同比增长 71.19%；占当年缴存额的 65.44%，比上年增加 23.5 个百分点。2018 年末，提取总额 12.77 亿元，同比增长 31.11%。

（三）贷款：个人住房贷款最高额度 70 万元。

2018 年，发放个人住房贷款 322 笔 1.62 亿元，同比分别下降 51.43%、56.45%。回收个人住房贷款 1.09 亿元。累计发放个人住房贷款 3951 笔 12.54 亿元，贷款余额 8.64 亿元，同比分别增长 8.87%、14.84%、6.54%。个人住房贷款余额占缴存余额的 69.89%，比上年减少 5.11 个百分点。

受委托办理住房公积金个人住房贷款业务的银行 2 家。

（四）资金存储：2018 年末，住房公积金存款 3.99 亿元。其中，活期 0.74 亿元，1 年以下定期 3.25 亿元。

（五）资金运用率：2018 年末，住房公积金个人住房贷款余额、项目贷款余额和购买国债余额的总和占缴存余额的 69.89%，比上年减少 5.11 个百分点。

三、主要财务数据

（一）业务收入：2018 年，业务收入 2516.13 万元，同比下降 6.53%。其中，存款利息 832.52 万元，委托贷款利息 1682.04 万元，其他 1.57 万元。

（二）业务支出：2018 年，业务支出 1929.14 万元，同比增长 59.91%。其中，支付职工住房公积金利息 1844.62 万元，委托贷款手续费 84.18 万元，其他 0.34 万元。

(三)增值收益：2018年，增值收益586.99万元，同比下降60.48%。其中，增值收益率0.50%，比上年减少1.1个百分点。

(四)增值收益分配：2018年，提取贷款风险准备金352.19万元，提取管理费用141.92万元，提取城市廉租住房（公共租赁住房）建设补充资金92.88万元。

2018年，上交财政管理费用141.92万元。上缴财政城市廉租住房（公共租赁住房）建设补充资金92.88万元。

2018年末，贷款风险准备金余额3232.97万元。累计提取城市廉租住房（公共租赁住房）建设补充资金1355.87万元。

(五)管理费用支出：2018年，管理费用支出54.92万元，同比增长45.95%。其中，人员经费27.64万元，公用经费20.82万元，专项经费6.46万元。

四、资产风险状况

2018年末，个人住房贷款逾期额554.85万元，逾期率6.42‰。

个人贷款风险准备金按增值收益的60%提取。2018年，提取个人贷款风险准备金352.19万元，未使用个人贷款风险准备金核销呆坏账。2018年末，个人贷款风险准备金余额3232.97万元，占个人住房贷款余额的3.74%，个人住房贷款逾期额与个人贷款风险准备金余额的比率为17.16%。

五、社会经济效益

(一)缴存业务：2018年，实缴单位数、实缴职工人数和缴存额同比分别增长2.94%、14.84%和9.72%。

缴存单位中，国家机关和事业单位占73%，国有企业占4%，城镇私营企业及其他城镇企业占23%。

缴存职工中，国家机关和事业单位占86%，国有企业占2%，城镇私营企业及其他城镇企业占12%；中、低收入占99%，高收入占1%。

新开户职工中，国家机关和事业单位占75%，国有企业占4%，城镇私营企业及其他城镇企业占21%；中、低收入占100%，高收入占0。

(二)提取业务：2018年，2905名缴存职工提取住房公积金3.03亿元。

提取金额中，住房消费提取占80%（购买、建造、翻建、大修自住住房占19%，偿还购房贷款本息占22%，租赁住房占1%，其他占31%）；非住房消费提取占20%（离休和退休提取占5%，完全丧失劳动能力并与单位终止劳动关系提取占2%，其他占20%）。

提取职工中，中、低收入占99%，高收入占1%。

(三)贷款业务：2018年，支持职工购建房5.19万平方米，年末个人住房贷款市场占有率为64.52%，比上年减少20.48个百分点。通过申请住房公积金个人住房贷款，可节约职工购房利息支出791.04万元。

职工贷款笔数中，购房建筑面积90（含）平方米以下占9%，90~144（含）平方米占58%，144平方米以上占33%。购买新房占60%，购买二手房占21%，建造、翻建、大修自住住房占19%。

职工贷款笔数中,单缴存职工申请贷款占75%,双缴存职工申请贷款占25%。

贷款职工中,30岁(含)以下占41%,30岁~40岁(含)占45%,40岁~50岁(含)占13%,50岁以上占1%;首次申请贷款占90%,二次及以上申请贷款占10%;中、低收入占100%,高收入占0。

(四)住房贡献率:2018年,个人住房贷款发放额、公转商贴息贷款发放额、项目贷款发放额、住房消费提取额的总和与当年缴存额的比率为87.24%,比上年减少42.76个百分点。

六、其他重要事项

(一)当年机构及职能调整情况、受委托办理缴存贷款业务金融机构变更情况。2个延伸业务网点,分别是农行阿里分行营业部、建行阿里分行营业部。

(二)当年服务改进情况。转变工作模式,学习先进做法,将整体业务区分前后台,流水线的作业方式,减少等待时间,高效处理业务。目前,农行阿里分行营业部住房业务办理网点可正常办理住房公积金归集、贷款业务。预计2019年上半年建行、中行、藏行阿里分行营业部、农行城东分理处业务办理网点可投入运营,阿里政务服务大厅业务办理网点实时入驻,全面覆盖阿里地区各个角落。开通微信公众号,实时发布更新最新住房公积金政策法规。

(三)当年信息化建设情况。2018年1月1日起,中心统一使用四川久远银海软件股份有限公司开发的,西藏公积金综合业务管理系统,办理住房公积金业务。

(四)当年住房公积金管理中心及职工所获荣誉情况。阿里住房资金管理中心2018年度,李姗、尼玛卓玛同志分别获得,优秀公务员和优秀共产党员荣誉称号。

林芝市住房公积金2018年年度报告

一、机构概况

(一)住房公积金管理委员会。住房公积金管理委员会委员共有29名,2018年召开会议1次,审议通过的事项为:审议通过2018年贷款指标3亿元。

(二)住房公积金管理中心。林芝市住房资金管理中心隶属于林芝市住房和城乡建设局,是不以营利为目的参照公务员法管理的事业单位,共有人员7人。其中:在编4人,非在编3人。

二、业务运行情况

(一)缴存:2018年,新开户单位24家,实缴单位611家,净增单位9家;新开户职工0.4万人,实缴职工2.58万人,净增职工0.29万人;缴存额6.96亿元,同比增长8.92%。2018年末,缴存总额39.57亿元,同比增长21.34%;缴存余额16.98亿元,同比增长18.99%。

受委托办理住房公积金缴存业务的银行4家,比上年减少1家。

(二)提取:2018年,提取额4.25亿元,同比下降0.94%;占当年缴存额的61.06%,比上年减少

6.08 个百分点。2018 年末，提取总额 22.59 亿元，同比增长 23.17%。

（三）**贷款**：个人住房贷款最高额度 70 万元。

2018 年，发放个人住房贷款 570 笔 3.05 亿元，同比分别增长 15.15%、36.16%。

2018 年，回收个人住房贷款 1.32 亿元。

2018 年末，累计发放个人住房贷款 4852 笔 15.69 亿元，贷款余额 8.18 亿元，同比分别增长 13.31%、24.13%、26.82%。个人住房贷款余额占缴存余额的 48.17%，比上年增加 2.97 个百分点。

受委托办理住房公积金个人住房贷款业务的银行有 3 家，与 2018 年持平。

（四）**资金存储**：2018 年末，住房公积金存款 9.07 亿元。其中，活期 0.33 亿元，1 年（含）以下定期 2.59 亿元，1 年以上定期 6.05 亿元，七天通知存款 0.1 亿元。

（五）**资金运用率**：2018 年末，住房公积金个人住房贷款余额占缴存余额的 48.17%，比上年增加 2.97 个百分点。

三、主要财务数据

（一）**业务收入**：2018 年，业务收入 3954.58 万元，同比增长 23%。其中，存款利息 2591.67 万元，委托贷款利息 1359.32 万元，其他 3.59 万元。

（二）**业务支出**：2018 年，业务支出 1866.34 万元，同比下降 30.52%。其中，支付职工住房公积金利息 1807.12 万元，委托贷款手续费 59.11 万元，其他 0.11 万元。

（三）**增值收益**：2018 年，增值收益 2088.24 万元，同比增长 294.9%。增值收益率 1.34%，比上年增加 0.94 个百分点。

（四）**增值收益分配**：2018 年，提取贷款风险准备金 1252.94 万元，提取管理费用 417.65 万元，提取城市廉租住房（公共租赁住房）建设补充资金 417.65 万元。

2018 年，上交财政管理费用 417.65 万元。

2018 年末，贷款风险准备金余额 2651.28 万元。累计提取城市廉租住房（公共租赁住房）建设补充资金 883.76 万元。

（五）**管理费用支出**：2018 年，管理费用支出 21 万元。其中，人员经费 4.2 万元，公用经费 9.7 万元，专项经费 7.1 万元。

四、资产风险状况

2018 年末，个人住房贷款逾期额 210.67 万元，逾期率 2.57‰。

个人贷款风险准备金按增值收益的 60% 提取。2018 年，提取个人贷款风险准备金 1252.94 万元，未使用个人贷款风险准备金核销呆坏账。2018 年末，个人贷款风险准备金余额 2651.28 万元，占个人住房贷款余额的 3.24%，个人住房贷款逾期额与个人贷款风险准备金余额的比率为 7.95%。

五、社会经济效益

（一）**缴存业务**：2018 年，实缴单位数、实缴职工人数和缴存额同比分别增加 1.5%、12.66%、8.92%。

缴存单位中，国家机关和事业单位占84.78%，国有企业占0.16%，城镇集体企业占4.42%，城镇私营企业及其他城镇企业占1.64%，民办非企业单位占1.96%，其他占7.04%。

缴存职工中，国家机关和事业单位占81.69%，国有企业占1.02%，城镇集体企业占2.28%，城镇私营企业及其他城镇企业占0.91%，民办非企业单位和社会团体占6.46%，其他占7.64%；中、低收入占98.68%，高收入占1.32%。

新开户职工中，国家机关和事业单位占79.05%，国有企业占0.79%，城镇集体企业占3.27%，城镇私营企业及其他城镇企业占3.27%，民办非企业单位和社会团体占3.9%，其他占9.72%；中、低收入占99.18%，高收入占0.82%。

（二）提取业务：2018年，0.49万名缴存职工提取住房公积金4.25亿元。

提取金额中，住房消费提取占72.05%（购买、建造、翻建、大修自住住房占40.47%，偿还购房贷款本息占11.05%，租赁住房占0.28%，其他占20.25%）；非住房消费提取占27.95%（离休和退休提取占7.11%，完全丧失劳动能力并与单位终止劳动关系提取占5.07%，其他占15.77%）。

提取职工中，中、低收入占97.41%，高收入占2.59%。

（三）贷款业务：2018年，支持职工购建房6.84万平方米，年末个人住房贷款市场占有率为72.6%，比上年增加2.07个百分点。通过申请住房公积金个人住房贷款，可节约职工购房利息支出2344.2万元。

职工贷款笔数中，购房建筑面积90（含）平方米以下占12.28%，90~144（含）平方米占68.07%，144平方米以上占19.65%。购买新房占92.28%，购买二手房占5.78%，建造、翻建、大修自住住房占0.18%，其他占1.76%。

职工贷款笔数中，单缴存职工申请贷款占51.23%，双缴存职工申请贷款占48.77%，三人及以上缴存职工共同申请贷款的无。

贷款职工中，30岁（含）以下占37.37%，30岁~40岁（含）占42.46%，40岁~50岁（含）占17.89%，50岁以上占2.28%；首次申请贷款占81.93%，二次及以上申请贷款占18.07%；中、低收入占98.77%，高收入占1.23%。

（四）住房贡献率：2018年，个人住房贷款发放额、公转商贴息贷款发放额、住房消费提取额的总和与当年缴存额的比率为87.78%，比上年减少14.41个百分点。

六、其他重要事项

（一）机构调整情况：2018年机构及职能未进行调整，受委托办理缴存的银行由5家调整为4家，受委托办理贷款的银行未进行调整。

（二）2018年住房公积金贷款利率执行情况：2018年，继续执行西藏住房公积金利率政策，5年以下利率1.76%，5年以上利率2.08%。

（三）2018年住房公积金个人住房贷款最高额度情况：2018年，继续执行自治区关于"个人住房公积金最高贷款额度为70万元"的规定。

（四）2018年住房公积金结息情况：2018年，继续执行《中国人民银行、住房城乡建设部、财政部关于完善职工住房公积金账户存款利率形成机制的通知》（银发〔2016〕43号）的规定，按一年定期利率1.50%对职工住房公积金存款进行计息。

(五) 2018 年政策调整情况：

1. 根据《住房城乡建设部、财政部、人民银行〈关于改进住房公积金缴存机制进一步降低企业成本的通知〉》（建金〔2018〕45号）的规定，一是进一步明确缴存基数及其上限。即以职工本人上一年度月平均工资作为职工住房公积金缴存基数。月工资基数不得高于职工工作地所在市（地）统计部门公布的上一年度职工月平均工资的3倍。凡超过3倍的，一律予以规范调整。二是延长阶段性适当降低企业住房公积金缴存比例政策的期限。严格执行住房公积金缴存比例（单位缴存比例）不应低于5%不得高于12%的规定，并执行至2020年4月30日。三是对生产经营困难的企业，经职工代表大会或工会讨论通过，可申请降低住房公积金缴存比例或者缓缴。

2. 调整住房公积金汇缴核定年度。按照《住房公积金管理条例》规定，职工住房公积金缴存基数每年核定调整一次，我市汇缴核定年度由当年7月1日至次年6月30日，调整为当年1月1日至12月31日，从2019年起开始执行。

(六) 当年服务改进情况：

1. 2018年1月1日起，统一使用四川久远银海软件股份有限公司开发的西藏公积金综合业务管理系统办理住房公积金业务，实现了公积金提取及时转入个人账户。

2. 根据国家发展和改革委员会《关于请全力以赴解决群众办事堵点问题加快实现政务服务"一网通办"的通知》（发改电〔2018〕200号）和住房城乡建设部以及自治区政府推进职能转变协调小组办公室的相关要求，缴存职工在办理住房公积金贷款或提取公积金时，只需要核验身份证，不再提供复印件。

3. 2018年无违反《住房公积金管理条例》和相关法规行为进行行政处罚和申请人民法院强制执行情况。无住房公积金管理人员违规行为的纠正和处理情况等。

2018 全国住房公积金年度报告汇编

甘肃省

兰州

嘉峪关市

金昌市

白银市

天水市

武威市

张掖市

平凉市

酒泉市

庆阳市

定西市

陇南市

临夏回族自治州

甘南州

甘肃省住房公积金 2018 年年度报告

一、机构概况

(一) 住房公积金管理机构：全省共设 14 个设区城市住房公积金管理中心，9 个独立设置的分中心（其中，甘肃省住房资金管理中心隶属甘肃省住房和城乡建设厅，甘肃矿区分中心隶属甘肃矿区，甘肃省电力公司房改与住房公积金管理中心隶属甘肃省电力公司，窑街煤电办事处隶属于窑街煤电集团有限公司，靖远煤业分中心隶属靖远煤业集团有限责任公司，华亭煤业分中心隶属华亭煤业集团有限责任公司，酒钢集团分中心隶属酒钢集团有限责任公司，玉门油田分中心隶属中国石油天然气股份有限公司玉门油田分公司，金川公司分中心隶属金川集团股份有限公司）。从业人员 1806 人，其中，在编 1237 人，非在编 569 人。

(二) 住房公积金监管机构：省住房和城乡建设厅、省财政厅和人民银行兰州中心支行负责对甘肃省住房公积金管理运行情况进行监督。

二、业务运行情况

(一) 缴存：2018 年，新开户单位 1849 家，实缴单位 31132 家，净增单位 282 家；新开户职工 8.25 万人，实缴职工 185.04 万人，净增职工 3.15 万人；缴存额 267.53 亿元，同比增长 7.06%。2018 年末，缴存总额 1953.76 亿元，同比增长 15.87%；缴存余额 958.86 亿元，同比增长 8.69%。

(二) 提取：2018 年，提取额 190.84 亿元，同比增长 26.07%；占当年缴存额的 71.33%，比上年增加 10.75 个百分点。2018 年末，提取总额 994.9 亿元，同比增长 23.74%。

(三) 贷款：

1. 个人住房贷款：2018 年，发放个人住房贷款 5.86 万笔 195.89 亿元，同比增长 3.9%、7.15%。回收个人住房贷款 109.6 亿元。

2018 年末，累计发放个人住房贷款 72.59 万笔 1283.93 亿元，贷款余额 747.82 亿元，同比分别增长 8.21%、18%、13.04%。个人住房贷款余额占缴存余额的 77.99%，比上年增加 3.01 个百分点。

2. 住房公积金支持保障性住房建设项目贷款：2018 年，发放支持保障性住房建设项目贷款 0 亿元，回收项目贷款 0 亿元。2018 年末，累计发放项目贷款 14.28 亿元，项目贷款余额 0 亿元。

(四) 融资：2018 年，融资 6.18 亿元，归还 4.18 亿元。2018 年末，融资总额 23.18 亿元，融资余额 6 亿元。

(五) 资金存储：2018 年末，住房公积金存款 230.89 亿元。其中，活期 16.22 亿元，1 年（含）以下定期 107.68 亿元，1 年以上定期 83.98 亿元，其他（协定、通知存款等）23.01 亿元。

(六) 资金运用率：2018 年末，住房公积金个人住房贷款余额、项目贷款余额和购买国债余额的总和占缴存余额的 77.96%，比上年增加 2.98 个百分点。

三、主要财务数据

(一) 业务收入：2018 年，业务收入 295824.66 万元，同比下降 1.68%。其中，存款利息 68277.46

万元，委托贷款利息227393.46万元，国债利息0.08万元，其他153.66万元。

（二）**业务支出**：2018年，业务支出165220.12万元，同比增长0.13%。其中，支付职工住房公积金利息146386.01万元，归集手续费5525.77万元，委托贷款手续费10598.64万元，其他2709.7万元。

（三）**增值收益**：2018年，增值收益130604.54万元，同比下降3.88%；增值收益率1.42%，比上年减少0.21个百分点。

（四）**增值收益分配**：2018年，提取贷款风险准备金11609.66万元，提取管理费用39422.95万元，提取城市廉租住房（公共租赁住房）建设补充资金79571.93万元。

2018年，上交财政管理费用29706.45万元，上缴财政城市廉租住房（公共租赁住房）建设补充资金65124.43万元。

2018年末，贷款风险准备金余额110423.98万元，累计提取城市廉租住房（公共租赁住房）建设补充资金488378.18万元。

（五）**管理费用支出**：2018年，管理费用支出27023.51万元，同比下降30.87%。其中，人员经费13582.86万元，公用经费3665.72万元，专项经费9774.93万元。

四、资产风险状况

（一）**个人住房贷款**：2018年末，个人住房贷款逾期额4763.36万元，逾期率0.6‰。

2018年，提取个人贷款风险准备金11609.67万元。2018年末，个人贷款风险准备金余额109143.98万元，占个人贷款余额的1.46%，个人贷款逾期额与个人贷款风险准备金余额的比率为4.36%。

（二）**住房公积金支持保障性住房建设项目贷款**：2018年末，项目贷款风险准备金余额1280万元。

五、社会经济效益

（一）**缴存业务**：2018年，实缴单位数、实缴职工人数和缴存额增长率分别为0.91%、1.73%和7.06%。

缴存单位中，国家机关和事业单位占63.14%，国有企业占11.47%，城镇集体企业占1.77%，外商投资企业占0.89%，城镇私营企业及其他城镇企业占18.9%，民办非企业单位和社会团体占1.4%，其他占2.43%。

缴存职工中，国家机关和事业单位占5303%，国有企业占32.28%，城镇集体企业占0.75%，外商投资企业占0.74%，城镇私营企业及其他城镇企业占9.6%，民办非企业单位和社会团体占0.26%，其他占3.34%；中、低收入占98.91%，高收入占1.09%。

新开户职工中，国家机关和事业单位占41.49%，国有企业占29.78%，城镇集体企业占1.87%，外商投资企业占0.56%，城镇私营企业及其他城镇企业占20.33%，民办非企业单位和社会团体占0.91%，其他占5.06%；中、低收入占99.46%，高收入占0.54%。

（二）**提取业务**：2018年，45.93万名缴存职工提取住房公积金190.84亿元。

提取金额中，住房消费提取占73.19%（购买、建造、翻建、大修自住住房占53.12%，偿还购房贷款本息占43.39%，租赁住房占2.17%，其他占1.32%）；非住房消费提取占26.81%（离休和退休提取占76.21%，完全丧失劳动能力并与单位终止劳动关系提取占4.72%，户口迁出所在市或出境定居占

1.53%，其他占 17.54%）。

提取职工中，中、低收入占 97.98%，高收入占 2.02%。

（三）贷款业务：

1. **个人住房贷款**：2018 年，支持职工购建房 693.97 万平方米。年末个人住房贷款市场占有率为 32.22%，比上年同期减少 2.13 个百分点。通过申请住房公积金个人住房贷款，可节约职工购房利息支出 283598.68 万元。

职工贷款笔数中，购房建筑面积 90（含）平方米以下占 14.4%，90～144（含）平方米占 77.27%，144 平方米以上占 8.33%。购买新房占 84.29%（其中购买保障性住房占 3.97%），购买二手房占 14.43%，建造、翻建、大修自住住房占 0.69%，其他占 0.59%。

职工贷款笔数中，单缴存职工申请贷款占 37.99%，双缴存职工申请贷款占 60.91%，三人及以上缴存职工共同申请贷款占 1.1%。

贷款职工中，30 岁（含）以下占 31.31%，30 岁～40 岁（含）占 37%，40 岁～50 岁（含）占 22.78%，50 岁以上占 8.91%；首次申请贷款占 85.63%，二次及以上申请贷款占 14.37%；中、低收入占 97.55%，高收入占 2.45%。

2. **异地贷款**：2018 年，发放异地贷款 8498 笔 287365.34 万元。2018 年末，发放异地贷款总额 1374619.6 万元，异地贷款余额 1062146.6 万元。

3. **公转商贴息贷款**：2018 年，发放公转商贴息贷款 230 笔 9793.7 万元，支持职工购建房面积 2.26 万平方米。当年贴息额 463.38 万元。2018 年末，累计发放公转商贴息贷款 795 笔 34966 万元，累计贴息 649.98 万元。

4. **住房公积金支持保障性住房建设项目贷款**：2018 年末，全省有住房公积金试点城市 4 个，试点项目 17 个，贷款额度 14.28 亿元，建筑面积 156.59 万平方米，可解决 18825 户中低收入职工家庭的住房问题。17 个试点项目贷款资金已发放并还清贷款本息。

（四）**住房贡献率**：2018 年，个人住房贷款发放额、公转商贴息贷款发放额、项目贷款发放额、住房消费提取额的总和与当年缴存额的比率为 126.66%，比上年减少 36.34 个百分点。

六、其他重要事项

（一）住房公积金监督管理情况：

1. 省政府继续与 14 个市（州）政府签订目标责任书，对住房公积金新增缴存职工人数、缴存额、贷款发放额、个贷率、逾期率等主要指标和日常管理情况实行目标责任考核。同时，省住房城乡建设厅组织各行业分中心与所属集团公司签订《住房公积金目标责任书》，加强规范性管理。

2. 省住房城乡建设厅印发《2018 年全省住房公积金管理工作要点》，指导各地认真贯彻落实中央和省经济工作会议、全国和省住房城乡建设工作会议精神，以加快建立多主体供给、多渠道保障、租购并举的住房制度为目标，全面规范业务管理，管控资金风险，提升服务效能，加强舆情引导，推动改革发展，促进全体人民住有所居。

3. 省住房城乡建设厅下发《关于加快推进住房公积金"一窗办一网办简化办马上办"改革的通知》（甘建金〔2018〕191 号），着力优化业务流程，精简办理要件，拓展服务渠道，提高服务效率，力争实现住房公积金业务办理线下"一窗受理",线上"一网通办"和"最多跑一次"目标。

(二)当年开展专项监督检查情况:

1. 根据《甘肃省住房和城乡建设厅关于认真落实住房城乡建设部开展住房公积金政策执行情况检查及风险隐患排查的通知》(甘建金〔2018〕287号),指导各地对照《住房公积金政策执行情况检查对照表》和《住房公积金风险隐患排查对照表》进行自查,组织对全省政策执行情况及风险隐患排查开展全面检查。

2. 根据《甘肃省住房保障性安居工程及住房公积金监管领导小组办公室关于开展全省2018年〈住房保障工作目标责任书〉完成情况及住房公积金业务管理工作年终考核的通知》(甘建发电〔2019〕4号),组织对全省2018年度住房公积金归集、贷款和安全风险等主要指标完成情况和相关政策执行情况进行了全面考核。

(三)当年服务改进情况:

1. 全省12329热线、短信、甘肃政务网公积金查询通道相继建成使用,兰州、嘉峪关、酒泉、张掖、金昌、武威、陇南、平凉、甘南、临夏等10个市州、甘肃矿区以及省住房资金管理中心、省电力公司、玉门油田等5个分中心网上业务大厅、微信公众号、手机APP等线上业务渠道普遍建成并使用,充分满足了群众在线上线下办理业务的需求。

2. 全省住房公积金35项业务实现"最多跑一次",80%业务可以在线上办理,缴存职工满意度进一步提升。嘉峪关缴存职工可在甘肃政务服务网上办理住房公积金各项业务。嘉峪关、酒泉、张掖、兰州、甘南等市州实现了贷款业务事项办理"最多跑一次"的目标,极大方便了缴存职工。平凉公积金网点全部进驻市县两级政府服务大厅,实行"前台综合受理、后台分类审批、窗口一站办结"审批服务方式。

(四)当年信息化建设情况:根据住房城乡建设部要求,全省14个市州、甘肃矿区和8个分中心按期完成了双贯标工作,并顺利通过部省验收,我省双贯标工作排名在全国前列。实现"双贯标"对公积金事业意义重大,不仅从根本上保障了资金安全运行,而且有效发挥了"互联网+公积金服务"的作用,极大提高了办事效率和群众满意度。

(五)当年住房公积金机构及从业人员所获荣誉情况:甘肃省住房资金管理中心:团省委和省人社厅授予"五四红旗团支部"荣誉称号。

兰州住房公积金2018年年度报告

一、机构概况

(一)**住房公积金管理委员会**:住房公积金管理委员会有32名委员,2018年召开2次会议,审议通过的事项主要包括:《兰州住房公积金管理中心关于2018年度住房公积金归集计划和使用计划执行情况及2018年度住房公积金归集计划和使用计划的报告》、《兰州住房公积金管理中心关于2018年度财务预算执行情况和2018年度财务预算的报告》、《兰州住房公积金管理中心2018年年度报告》、《兰州市住房公积金提取管理办法》、《兰州市城镇自由职业者个人缴存和使用住房公积金管理办法》、《兰州住房公积金管理中心关于浙商银行兰州分行申请开立公积金贷款专户的报告》、《兰州住房公积金管理中心关于申请授权审批住房公积金缴存单位降低缴存比例和缓缴住房公积金的请示》和《兰州住房公积金管理中心关于在提取业务中增加因老旧住宅小区多层住宅增设电梯提取住房公积金情形的请示》。

（二）住房公积金管理中心：本市目前共有4家住房公积金管理机构。

兰州住房公积金管理中心（以下简称兰州公积金中心）为市属不以营利为目的的参照公务员管理的事业单位。设10个处（室），9个管理部，1个分中心。从业人员182人，其中，在编95人，非在编87人。

甘肃省住房资金管理中心（以下简称省资金中心）为甘肃省住房和城乡建设厅下属的不以营利为目的的自收自支事业单位。设6个科（室），5个管理部。从业人员154人，其中，在编19人，非在编135人。

甘肃省电力公司房改与住房公积金管理中心（以下简称省电力中心）为国网甘肃省电力公司不以营利为目的的企业后勤服务机构，设2个部，74个业务受理处。从业人员223人，其中，在编223人，非在编0人。

兰州住房公积金管理中心窑街煤电办事处（以下简称窑街煤电办事处）为窑街煤电集团公司所属的办事机构，设3个科（室）。从业人员45人，其中，在编12人，非在编33人。

二、业务运行情况

（一）**缴存**：2018年，新开户单位877家，实缴单位8541家，净增单位708家；新开户职工1.83万人，实缴职工68.72万人，净增职工3.76万人；缴存额100.11亿元，同比增长8.06%。2018年末，缴存总额826.96亿元，同比增长13.78%；缴存余额341.54亿元，同比增长6.18%。

受委托办理住房公积金缴存业务的银行，兰州公积金中心3家，省资金中心10家，省电力中心2家，窑街煤电办事处6家，比上年增加0家。

（二）**提取**：2018年，提取额80.23亿元，同比增长24.37%；占当年缴存额的80.14%，比上年增加10.50个百分点。2018年末，提取总额485.42亿元，同比增长19.80%。

（三）**贷款**：

1. **个人住房贷款**：兰州公积金中心和省资金中心个人住房贷款最高额度60万元，其中，单缴存职工最高额度50万元，双缴存职工最高额度60万元。省电力中心个人住房贷款最高额度80万元，其中，单缴存职工最高额度60万元，双缴存职工最高额度80万元。窑街煤电办事处个人住房贷款最高额度30万元，其中，单缴存职工最高额度20万元，双缴存职工最高额度30万元。

2018年，发放个人住房贷款1.56万笔61.18亿元，同比分别增长9.09%、8.17%。其中，兰州公积金中心发放个人住房贷款1.07万笔40.97亿元，省资金中心发放个人住房贷款0.33万笔13.66亿元，省电力中心发放个人住房贷款0.15万笔6.39亿元，窑街煤电办事处发放个人住房贷款0.01万笔0.16亿元。

2018年，回收个人住房贷款35.77亿元。其中，兰州公积金中心24.33亿元，省资金中心9.81亿元，省电力中心1.30亿元，窑街煤电办事处0.33亿元。

2018年末，累计发放个人住房贷款18.63万笔466.19亿元，贷款余额295.48亿元，同比分别增长

9.14%、13.87%、9.41%。个人住房贷款余额占缴存余额的86.51%，比上年增加2.55个百分点。

受委托办理住房公积金个人住房贷款业务的银行，兰州公积金中心13家，省资金中心15家，省电力中心6家，窑街煤电办事处1家。其中，兰州公积金中心比去年增加1家，省资金中心比去年增加2家，其他机构未发生变化。

2. **住房公积金支持保障性住房建设项目贷款**：2018年，发放支持保障性住房建设项目贷款0亿元，回收项目贷款0亿元。2018年末，累计发放项目贷款9.5亿元，项目贷款余额0亿元。

（四）**融资**：2018年，融资6亿元，归还4亿元。2018年末，融资总额23亿元，融资余额6亿元。

（五）**资金存储**：2018年末，住房公积金存款57.85亿元。其中，活期2.85亿元，1年（含）以下定期14.69亿元，1年以上定期29.10亿元，其他（协定、通知存款等）11.21亿元。

（六）**资金运用率**：2018年末，住房公积金个人住房贷款余额、项目贷款余额和购买国债余额的总和占缴存余额的86.51%，比上年增加2.55个百分点。

三、主要财务数据

（一）**业务收入**：2018年，业务收入108213.05万元，同比下降17.00%。其中，兰州公积金中心58155.33万元，省资金中心34448.24万元，省电力中心14666.14万元，窑街煤电办事处943.34万元；存款利息17501.36万元，委托贷款利息90693.74万元，国债利息0万元，其他17.95万元。

（二）**业务支出**：2018年，业务支出62388.97万元，同比下降13.82%。其中，兰州公积金中心34380.50万元，省资金中心21352.46万元，省电力中心6050.45万元，窑街煤电办事处605.56万元；支付职工住房公积金利息50142.33万元，归集手续费4877.40万元，委托贷款手续费5125.42万元，其他2243.82万元。

（三）**增值收益**：2018年，增值收益45824.08万元，同比下降20.96%。其中，兰州公积金中心23774.83万元，省资金中心13095.78万元，省电力中心8615.69万元，窑街煤电办事处337.78万元；增值收益率1.38%，比上年减少0.5个百分点。

（四）**增值收益分配**：2018年，提取贷款风险准备金2048.05万元，提取管理费用12857.82万元，提取城市廉租住房（公共租赁住房）建设补充资金30918.21万元。

2018年，上交财政管理费用7176.21万元。上缴财政城市廉租住房（公共租赁住房）建设补充资金19097.23万元。其中，兰州公积金中心上缴18223.77万元，省资金中心上缴873.46万元，省电力中心上缴0万元，窑街煤电办事处上缴0万元。

2018年末，贷款风险准备金余额51211.76万元。累计提取城市廉租住房（公共租赁住房）建设补充资金240358.38万元。其中，兰州公积金中心提取140818.34万元，省资金中心提取82518.37万元，省电力中心提取14429.79万元，窑街煤电办事处提取2591.88万元。

（五）**管理费用支出**：2018年，管理费用支出7159.76万元，同比下降45.40%。其中，人员经费3107.44万元，公用经费738.66万元，专项经费3313.66万元。

兰州公积金中心管理费用支出4457.03万元，其中，人员、公用、专项经费分别为1842.12万元、271.14万元、2343.77万元；省资金中心管理费用支出2129.20万元，其中，人员、公用、专项经费分别为954.95万元、369.65万元、804.60万元；省电力中心管理费用支出172.34万元，其中，人员、公用、专项经费分别为 12.20 万元、7.00 万元、153.14 万元；窑街煤电办事处管理费用支出 401.19 万元，其中，人员、公用、专项经费分别为 298.17 万元、90.87 万元、12.15 万元。

四、资产风险状况

2018 年末，个人住房贷款逾期额 1187.43 万元，逾期率 0.40‰。其中，兰州公积金中心 0.29‰，省资金中心 0.64‰，省电力中心 0‰，窑街煤电办事处 3.19‰。

个人贷款风险准备金按贷款余额的 1‰提取。2018 年，提取个人贷款风险准备金 2048.05 万元，使用个人贷款风险准备金核销呆坏账 0 万元。2018 年末，个人贷款风险准备金余额 51211.76 万元，占个人住房贷款余额的 1.73‰，个人住房贷款逾期额与个人贷款风险准备金余额的比率为 2.32%。

五、社会经济效益

（一）缴存业务：2018 年，实缴单位数、实缴职工人数和缴存额同比分别增长 9.04%、5.79% 和 8.06%。

缴存单位中，国家机关和事业单位占 30.18%，国有企业占 16.27%，城镇集体企业占 1.37%，外商投资企业占 1.17%，城镇私营企业及其他城镇企业占 49.37%，民办非企业单位和社会团体占 1.62%，其他占 0.02%。

缴存职工中，国家机关和事业单位占 27.42%，国有企业占 50.95%，城镇集体企业占 0.98%，外商投资企业占 1.33%，城镇私营企业及其他城镇企业占 18.52%，民办非企业单位和社会团体占 0.40%，其他占 0.40%；中、低收入占 99.24%，高收入占 0.76%。

新开户职工中，国家机关和事业单位占 18.02%，国有企业占 38.32%，城镇集体企业占 0.56%，外商投资企业占 1.18%，城镇私营企业及其他城镇企业占 39.67%，民办非企业单位和社会团体占 1.00%，其他占 1.25%；中、低收入占 99.60%，高收入占 0.40%。

（二）提取业务：2018 年，17.67 万名缴存职工提取住房公积金 80.23 亿元。

提取金额中，住房消费提取占 72.66%（购买、建造、翻建、大修自住住房占 54.70%，偿还购房贷款本息占 40.78%，租赁住房占 2.66%，其他占 1.86%）；非住房消费提取占 27.34%（离休和退休提取占 83.60%，完全丧失劳动能力并与单位终止劳动关系提取占 3.63%，户口迁出本市或出境定居占 0.33%，其他占 12.44%）。

提取职工中，中、低收入占 98.72%，高收入占 1.28%。

（三）贷款业务：

1. 个人住房贷款：2018 年，支持职工购建房 176.03 万平方米，年末个人住房贷款市场占有率为 26.81%，比上年减少 2.63 个百分点。通过申请住房公积金个人住房贷款，可节约职工购房利息支出 126114.78 万元。

职工贷款笔数中，购房建筑面积 90（含）平方米以下占 22.43%，90～144（含）平方米占 71.33%，144 平方米以上占 6.24%。购买新房占 75.86%（其中购买保障性住房占 7.30%），购买存量商品住房占 21.91%，建造、翻建、大修自住住房占 0%，其他占 2.23%。

职工贷款笔数中，单缴存职工申请贷款占 35.33%，双缴存职工申请贷款占 64.67%，三人及以上缴存职工共同申请贷款占 0%。

贷款职工中，30 岁（含）以下占 29.30%，30 岁～40 岁（含）占 35.87%，40 岁～50 岁（含）占 24.17%，50 岁以上占 10.66%；首次申请贷款占 87.93%，二次及以上申请贷款占 12.07%；中、低收入占 97.14%，高收入占 2.86%。

2. **异地贷款**：2018 年，发放异地贷款 2048 笔 89173.70 万元。2018 年末，发放异地贷款总额 1037917.26 万元，异地贷款余额 804444.84 万元。

3. **公转商贴息贷款**：2018 年，发放公转商贴息贷款 230 笔 9793.70 万元，支持职工购建住房面积 2.26 万平方米，当年贴息额 463.38 万元。2018 年末，累计发放公转商贴息贷款 795 笔 34966.00 万元，累计贴息 649.98 万元。

4. **支持保障性住房建设试点项目贷款**：2018 年末，累计试点项目 11 个，贷款额度 9.5 亿元，建筑面积 100.65 万平方米，可解决 11841 户中低收入职工家庭的住房问题。11 个试点项目贷款资金已发放并还清贷款本息。

（四）住房贡献率：2018 年，个人住房贷款发放额、公转商贴息贷款发放额、项目贷款发放额、住房消费提取额的总和与当年缴存额的比率为 119.39%，比上年增加 6.13 个百分点。

六、其他重要事项

（一）当年机构及职能调整情况、受委托办理缴存贷款业务金融机构变更情况

兰州公积金中心：当年新增受委托办理贷款业务的银行 1 家：浙商银行兰州分行营业部。

省资金中心：当年新增受委托办理贷款业务的银行 2 家：浙商银行兰州分行和民生银行兰州分行。

省电力中心和窑街煤电办事处无变更。

（二）当年住房公积金政策调整及执行情况

兰州公积金中心：

1. 缴存基数：根据兰州市统计局的统计数据，2018 年兰州市城镇非私营单位在岗职工年平均工资为 72285.96 元，月平均工资为 6023.83 元。按照《关于住房公积金若干具体问题的指导意见》（建金管〔2005〕5 号）规定，自 2018 年 7 月 1 日起，兰州市的住房公积金缴存基数和缴存比例按以下标准执行：住房公积金缴存基数调整为职工本人上年度的月平均工资，且最高不得超过我市城镇非私营单位在岗职工月平均工资的 3 倍，即 18071.49 元；最低不得低于所在县区当年最低工资标准，因 2017～2018 年未发布最低工资标准，则延用 2016 年标准。即：兰州新区以及城关区等五区均为 1620 元，永登县等三县为 1570 元。按照《住房公积金管理条例》和《兰州市城镇自由职业者个人缴存和使用住房公积金管理办法（2015 年修订）》（兰住管〔2015〕1 号）规定，自 2018 年 7 月 1 日起，我市自由职业者住房公积金缴存基数统一调整为：最低不低于 6023.83 元，最高不得超过 18071.49 元。

缴存比例：住房公积金基本缴存比例为单位 12%，个人 9%，且单位和职工个人住房公积金缴存比例均最高不得超过 12%；最低不得低于 5%；自由职业缴存者缴存比例在 10%～21%之间自行选择确定；根据住房城乡建设部《关于改进住房公积金缴存机制进一步降低企业成本的通知》（建金〔2018〕45 号）文件精神，中心出台了《兰州住房公积金管理中心关于阶段性降低住房公积金缴存比例和缓缴住房公积金有关事宜的通知》（兰住金〔2018〕64 号），在我中心已开户缴存住房公积金的生产经营困难企业，可以根据自身生产经营情况，阶段性适当降低现有住房公积金缴存比例，但单位和个人缴存比例最低均不得低于5%。阶段性降低住房公积金缴存比例时间按照住房城乡建设部规定自2016年5月1日起，至2020年4月30日截止。

依据住房城乡建设部《关于在内地（大陆）就业的港澳台同胞享有住房公积金待遇有关问题的意见》（建金〔2018〕237号）规定，中心出台了《兰州住房公积金管理中心关于在兰就业的港澳台同胞缴存使用住房公积金的通知》（兰住金〔2018〕13号）。凡在我市各单位就业，并与单位建立或者形成劳动关系的港澳台职工，经与所在单位协商一致，均可在我中心开户缴存住房公积金。已经在我中心开户缴存住房公积金的港澳台职工，需要办理住房公积金提取业务，或者申请住房公积金个人贷款的，可凭本人的《港澳居民来往内地通行证》或《台湾居民来往大陆通行证》，以及相应的证明资料、申请资料前往中心业务大厅办理。

依据住房城乡建设部规定，中心修订了《兰州住房公积金管理中心办理住房公积金异地转移接续业务操作规程》（兰住金〔2018〕65号），对住房公积金异地转移的业务流程进行了规范，职工在兰州住房公积金管理中心设立住房公积金账户并连续足额缴存住房公积金6个月后，可申请将在其他住房公积金中心缴存的住房公积金转移到本中心。

2. 当年提取政策调整情况：依据《住房公积金管理条例》，中心对部分政策进行了调整，并拟定了《兰州住房公积金管理中心提取业务操作规程》（兰住金〔2018〕66号）。一是取消了"职工本人或者配偶、未成年子女患重大疾病的"，"本市城镇户籍职工工作调出本市或异地就业，不具备转移条件的"提取情形。职工工作调动后，只需前往新工作地的住房公积金管理中心提出转移住房公积金的申请，在全国异地转移接续平台上办理转移业务，将原工作地缴存的住房公积金转入现缴存中心，不再提取现金。二是自2018年7月1日起为进一步简化手续，优化流程，提高服务效率，取消单位介绍信并不再提供身份证、户口簿和结婚证证明材料复印件。职工因偿还住房贷款，第二次（含）以后办理提取业务时，如贷款信息未发生变更的，不再出具购房合同和借款合同。三是根据甘肃省住房和城乡建设厅下发的《关于在城市老旧住宅小区电梯改造工作中做好便民服务的通知》（甘建设〔2018〕206号），经兰州住房公积金管理委员会审议通过，增加了"在本市老旧住宅小区增设电梯的"提取情形，即职工因本人或者配偶名下的属于本市老旧住宅小区个人所有权住房，经相关主管单位许可，在室外公用部位增设电梯，已经取得电梯项目竣工验收合格证明，并由本单元业主家庭分摊增设电梯工程费用的，可以提取职工本人和配偶的住房公积金。四是根据住房城乡建设部《关于开展治理违规提取住房公积金工作的通知》（建金〔2018〕46号）的规定，将"部分或者全部丧失劳动能力、非本市户籍职工、本市户籍职工连续两年以上未再就业、在职期间被判处刑罚、纳入公积金托管户管理的职工"等五种与单位解除劳动、人事关系，符合规定情形提取住房公积金的情形合并为"个人住房公积金账户在我中心停缴、封存达6个月以上，未在其他中心开设住房公积金账户并稳定缴存的、纳入公积金托管户管理的职工6个月以上未重新就业的"两种情形，并将提取时限统一调整为"账户停缴、封存6个月以上，即可办理提取业务"。调整了职工在异地购买住房或者偿还住房贷款提取住房公积金政策，职工在兰州地区以外购买住房提取住房公积金的，必须符合职工本人或者配偶在户籍所在地或公积金缴存地购买住房的规定。

3. 贷款政策调整情况：一是对于商品房期房或经济适用房期房贷款的，停止受理购房人全额付清房款后提出的贷款申请。取消"过户后二手房贷款"业务，停止受理购房人购买二手房办理完房屋权属过户登记后提出的贷款申请。停止受理商业银行住房贷款转公积金贷款业务。对于"现房贷款"的，停止受理借款人收取贷款资金情形的贷款申请。购房人申请"现房贷款"时，贷款资金必须向售房单位支付。二是坚持"保一限二禁三"的原则，对住房套数认定方式进行调整，以缴存职工家庭累计申请住房公积金贷款次数确定首套房及二套房。三是取消直系亲属作为单身职工共同申请人的贷款政策规定，单身职工只能本人申请贷款。缴存职工上次公积金贷款已结清，在结清满一年后方可再次申请。四是借款人及共同申请人不良信息的考察时间由24个月调整为60个月；贷款家庭月供支出与收入比由控制在60%以内调整为控制在50%以内；取消收取借款人及共同还款人单位工资收入证明，工资收入按24个月缴存基数等条件认定。五是购房人购买已在房管部门备案的商品房期房或经济适用房申请贷款的，其购房时间以网签合同签订日期为准须在一年以内。六是取消对购买西固区、九州开发区住房贷款的限贷政策。

4. 贷款额度：当年最高贷款额度未作调整，仍为双职工家庭最高60万元，单职工最高50万元。

5. 贷款利率：严格执行人民银行住房公积金贷款基准利率，执行贷款利率与上年一致。贷款期限为5年（含5年）以下年利率为2.75%，5年以上年利率为3.25%。

省资金中心：

1. 归集政策调整情况：2018年省资金中心对住房公积金提取、缴存政策进行了优化调整。一是根据住房城乡建设部、财政部、人民银行、公安部《关于开展治理违规提取住房公积金工作的通知》（建金〔2018〕46号）文件精神，结合省资金中心实际，对异地购房及偿还住房贷款提取、解除劳动关系、职工工作调动及转移业务按规定进行了相应优化调整；二是为防范资金风险，对偿还外中心或商业银行贷款提取住房公积金的，在首次提取时加入了与相应借款合同对应的购房合同（协议）或《不动产权证书》。

2. 政策执行情况：一是落实"最多跑一次"改革要求，13项提取、14项缴存业务，在符合规定、要件齐全的情况下，可实现"最多跑一次"；优化业务办理流程，对能够核实购房行为的和销户类提取情形不再要求填写《法律责任告知书》和《承诺书》；精简办事证明要件，取消《甘肃省住房资金管理中心住房公积金提取申请书》等11项证明要件；二是坚决贯彻党中央、国务院降低实体经济成本、减轻企业非税负担，优化企业营商环境的决策部署，从控制住房公积金缴存基数上限、扩大住房公积金缴存比例浮动区间、适当放宽经营困难建筑企业正常缴存单位认定条件等三个方面入手，对减轻省属、中央在兰困难企业负担起到了积极作用。

3. 当年缴存基数限额及确定方法、缴存比例调整情况：2018年度缴存基数及比例严格按建设部、财政部、中国人民银行《关于住房公积金管理若干具体问题的指导意见》（建金管〔2005〕5号）、建设部、发展改革委、财政部、人民银行《关于规范和阶段性适当降低住房公积金缴存比例的通知》（建金〔2016〕74号）文件规定及国家"控高保低"政策，严格执行缴存基数限额，办理缴存比例调整。职工缴存基数为职工本人上一年度月平均工资，缴存基数不高于兰州市统计部门公布的上年度月平均工资的3倍，且最低不低于兰州市统计部门公布的上一年度职工月平均工资的0.6倍。单位及职工缴存比例最低不低于5%，且最高不高于12%。

4. 当年个人住房贷款最高额度、贷款条件等贷款政策调整情况：当年个人住房贷款最高额度60万元，其中单缴存职工最高额度50万元，双缴存职工最高额度60万元。当年住房公积金贷款利率执行标准：贷款期限为5年（含5年）以下年利率为2.75%，5年以上年利率为3.25%。

贷款政策优化调整情况：一是制定并下发《提取住房公积金内转偿还公积金贷款业务规范的补充说

明》，同时在网站上公布《办理委托提取公积金内转偿还公积金贷款业务公告》。现已顺利开展按年冲还贷业务，缩短贷款期限的业务，减轻借款人的还贷压力；二是调整首套房及二套房认定规则，落实区域限贷政策；三是针对房地产市场新出现的房屋类型，出台相应的公积金贷款政策，解决缴存职工贷款问题；四是置业担保公司担保业务暂停后直接影响了公积金贷款发放，制定了以其他房产做抵押方式办理住房公积金贷款政策；五是根据存量房交易的特殊性，联系房地产估价机构与承办住房贷款的商业银行，获得区域参考价格，对受理存量房给出价格指导意见；六是为减轻缴存职工的还款压力，率先在全省与工商银行合作推出了《公积金贷款＋商业性住房贷款（组合贷款）》政策，目前该政策正在试行过程中。

省电力中心：

取消住房公积金提取资料的年限限制；对购买二手房、偿还住房贷款本息、租房提取原因提取要求进一步明确，规范提取资料和要求；取消装修提取条款；明确住房公积金异地转移接续业务流程。调整贷款业务资料受理时限要求，规范异地贷款相关条款。

窑街煤电办事处：

自2018年1月起，将住房公积金缴存比例调整恢复为2014年的缴存比例。单位缴存比例由当前的5%调整恢复为12%，个人缴存比例由当前的5%调整恢复为9%。按规定及时调整了2018－2019年度住房公积金缴存基数及上下限。单位缴存住房公积金月最高限额为2010元，个人缴存住房公积金月最高限额为1508元，合计上限为3518元。单位缴存住房公积金月最低限额为194元，个人缴存住房公积金月最低限额为146元，合计下限为340元。

（三）当年服务改进情况

兰州公积金中心：

不断推进信息化建设，完善综合服务平台，提升干部职工能力素质和服务水平，持续推进效能建设，在市效能办开展的2018年度机关作风建设和效能测评中，得分91.945分，位列全市64个政府职能部门和直属事业单位的第13位，较2018年有了明显提升。一是全力推进"放管服"和"四办"改革。全面建成集门户网站、网上业务大厅、微信公众号、手机APP、自助终端、12329服务热线、微博等服务渠道于一体的综合服务平台，于2018年8月20日上线运行，11月19日顺利通过部省两级的联合验收并获得省内唯一优秀等次。职工可根据个人习惯选择微信公众号、手机APP或网上业务大厅办理相关业务，特别是职工可通过微信公众号直接刷脸登陆，实实在在地体验到指尖上的公积金，服务更加高效便捷，"让数据多跑路，职工少跑腿"的服务目标在中心落地生根。截至2018年末，综合服务平台登录人数达40余万人次，通过综合服务平台办理业务1.67万笔。及时公布了22项群众和企业办事指南，并在甘肃政务服务网兰州子站上进行加载，实现了办事事项100%"一网通办"。不断优化压缩办理资料，办理公积金任何业务不再提供身份证明材料复印件，二次办理偿还本中心以外的住房贷款提取的不再提供购房合同、借款合同等证明资料，办理贷款时借款人及共同还款人不再提供单位工资收入证明。二是着力打造一流服务环境。强化服务监督，采用电子监控、定时检查、预警提醒等方式，全方位监督窗口人员服务行为，不断提升服务质量。严格落实《窗口规范化服务标准》，全面打造标准化服务，邀请专业礼仪老师开展全员服务培训1次，铁路分中心和各管理部自行开展服务培训均在5次以上，服务类投诉较2018年明显下降。推行服务承诺、首问责任、一次告知、限时办结等服务制度，全面提升服务效能，提取业务实现当天办结，贷款业务办理时限较上一年度平均压缩1.5个工作日。不断提升行业形象，积极引入VI导视系统，完成

VI 视觉和 SI 品牌形象设计,并逐步应用于服务大厅装修建设,以实现所有服务大厅有行业代表性的统一风格。榆中管理部服务大厅对照 VI 系统要求,已基本完成装修工作。三是健全完善制度。修订、制定了涉及人员管理、议事规范、内部审计、督查问责、监督考核的各项制度规定 10 余项,进一步完善了管理制度体系,为用制度管人管事管业务提供了有力保障。

省资金中心：

一是建立健全服务机制。制定了《文明服务规范》、《首问负责制》、《一次性告知制》等服务承诺制度。通过梳理流程、简化材料、优化政策,出台了 23 项便民惠民措施,取消及融合办理要件 20 余项,减少借款人签字及填写内容 16 处,集中解决群众办理公积金业务中的"堵点"问题。二是深化业务培训工作。2018 年以来,对大厅各岗位工作人员开展业务培训 30 余次,强化窗口政策解读能力,使各项政策和流程实现无缝衔接,各项业务操作、咨询解答做到规范化、标准化。同时,定期组织各类学习和考核,积极开展规范文明用语、服务礼仪和业务技能比武等活动,造就高素质的服务队伍。三是拓宽服务渠道,深化金融合作。通过接入兰州市不动产登记系统,共享使用房屋信息,切实实现了二手房过户后公积金贷款"最多跑一次"的服务要求。与多家银行合作推出了住房公积金网络信用消费贷款业务,为解决缴存职工资金周转的燃眉之急开辟了新的渠道。四是规范信息管理,夯实服务基础。成立了基础信息核对小组,对基础数据进行全盘核查和数据完善,为提高工作效率、打造精准化服务提供了基础支持。五是减轻企业非税负担,优化企业营商环境。根据《关于改进住房公积金缴存机制进一步降低企业成本的通知》(甘建金〔2018〕265 号)文件,出台了《关于进一步降低企业成本的通知》(甘房资发〔2018〕27 号),适当放宽了省属、中央在兰经营困难建筑企业正常缴存单位认定条件,对减轻省属、中央在兰困难建筑企业负担起到了积极作用。六是网络载体建设服务情况。2018 年 11 月 22 日住房公积金综合服务平台上线,实现了从"最多跑一次"到"一次不用跑"的重大飞跃。缴存单位、缴存职工可通过网厅、手机 APP、微信公众号 3 个渠道,在线办理单位缴存、公积金提取、贷款变更等业务。还可通过门户网站、个人网厅、微信公众号、12329 热线、大厅自助查询终端 5 个渠道查询公积金归集、贷款明细、业务办理进度等内容,并下载打印各类明细。

省电力中心：

2018 年 9 月 28 日,建成住房公积金综合服务平台八大模块,并上线运行。

窑街煤电办事处：无

（四）当年信息化建设情况

兰州公积金中心：

积极做好信息化建设基础工作。不断完善信息化服务平台,一是从制度上查缺补漏,建立了《系统运维工作联席会议制度》,每周召开管理部、业务处室和信息处共同参加的系统运维联席会议,会诊分析系统运行中存在的隐患和问题并提出针对性解决方案,严格落实数据备份和管理制度,保证本地生产系统和异地灾备系统数据的完整性和一致性,全力保障系统稳定运行。二是从硬件环境上破旧立新,进行了系统网络带宽的升级改造,实现了数据传输速率翻倍,完成了 2018 年度信息系统安全等级保护三级评测；在按月向人民银行报送征信数据的基础上,同人民银行兰州中心支行确定了征信系统直连的基本方案,为信息化服务平台的建设奠定坚实的物理基础。三是从管理上防微杜渐,明确系统管理岗位责任,每日进行系统关键参数检查并做好日志记录,每周定期检查机房设备运行情况,及时处理硬件、网络系统、外部设备的各种故障，严防系统风险，确保业务系统平稳运行。

省资金中心：

在2018年10月高分通过住房城乡建设部"双贯标"验收工作的基础上，为了给缴存职工提高更多形式、更全方位的公积金服务，于2018年9月22日对公积金核心业务系统进行了功能升级。今年，灾备系统二期建设顺利完工。灾备系统二期建成后能够实现整个核心业务系统的异地备份，更进一步提高省中心信息化系统的综合保障和容灾能力。

省电力中心：

按照住房城乡建设部要求已完成双贯标工作。

窑街煤电办事处：

在双贯标系统通过验收后，积极与建行沟通，加快推进综合服务平台建设，预计于2019年3月底正式上线。

（五）当年住房公积金管理中心及职工所获荣誉情况

2018年5月，省资金中心被团省委和省人社厅授予"五四红旗团支部"荣誉称号。

（六）当年对违反《住房公积金管理条例》和相关法规行为进行行政处罚和申请人民法院强制执行情况

兰州公积金中心：

2018年共对51家单位启动行政执法程序，已有13家被执法单位开户建缴住房公积金，缴存职工共503人。对人民法院判决生效但未主动还款的12名逾期贷款人申请了强制执行。

（七）其他需要披露的情况

省电力中心：

在《甘肃省电力行业住房公积金管理办法》中明确以下条款：单位必须按时、足额缴存住房公积金，不得逾期缴存或者少缴。欠缴2年以上的单位，经中心约谈、催缴后仍不缴费的，中心向管委会提交相关议案，经管委会审议通过后转出中心。

嘉峪关市住房公积金2018年年度报告

一、机构概况

（一）**住房公积金管理委员会**：住房公积金管理委员会有19名委员，2018年召开四届三次管委会会议，审议通过的事项主要包括：《嘉峪关市住房公积金归集管理办法》（试行）、《嘉峪关市住房公积金提取管理办法》（试行）、《嘉峪关市住房公积金贷款管理办法》（试行）、《嘉峪关市城镇个体工商户、自由职业人员及进城务工人员住房公积金管理办法》（试行）、《关于住房公积金信息网络运行维护委托管理的请示》、《关于开展商业银行与住房公积金缴存职工信息共享的请示》。

（二）**住房公积金管理中心**：嘉峪关市住房公积金管理中心（以下简称"市中心"）为直属嘉峪关市人

民政府不以营利为目的参照国家公务员管理的副县级事业单位，主要负责全市住房公积金的归集、管理、使用和会计核算，目前中心内设 3 个科室，从业人员 25 人，其中在编 7 人，非在编 18 人。嘉峪关市住房公积金管理中心酒钢（集团）公司分中心（以下简称"酒钢分中心"）负责该公司住房公积金的归集、管理、使用和会计核算，酒钢分中心从业人员 12 人，其中在编 12 人。

甘肃矿区住房公积金管理中心（以下简称"矿区中心"）主要负责甘肃矿区住房公积金的归集、管理、使用和会计核算，中心设 1 个科室。从业人员 8 人，其中，在编 8 人。

二、业务运行情况

（一）缴存：2018 年，新开户单位 29 家，实缴单位 498 家，净增单位 27 家；新开户职工 3309 人，实缴职工 5.91 万人，净增职工 0.18 万人；缴存额 8.82 亿元，同比增长 9.43%。2018 年末，缴存总额 69.93 亿元，同比增长 14.43%；缴存余额 28.21 亿元，同比增长 3.41%。

受委托办理住房公积金缴存业务的银行 3 家，与上年相比无变化。

（二）提取：2018 年，提取额 7.89 亿元，同比增长 56.86%；占当年缴存额的 89.46%，比上年增加 27.05 个百分点。2018 年末，提取总额 41.72 亿元，同比增长 23.36%。

（三）贷款：市中心和酒钢分中心个人住房贷款最高额度 50 万元，其中，双职工家庭最高额度 50 万元，单职工家庭最高额度 40 万元。矿区中心个人住房贷款不区分单双职工家庭最高额度为 50 万元。

2018 年，发放个人住房贷款 0.26 万笔 5.92 亿元，同比分别增长 136.36%、104.84%。其中，市中心发放个人住房贷款 0.06 万笔 1.55 亿元，酒钢分中心发放个人住房贷款 0.17 万笔 3.37 亿元，矿区中心发放个人住房贷款 0.03 万笔 1 亿元。

2018 年，回收个人住房贷款 1.19 亿元。其中，市中心 0.4 亿元，酒钢分中心 0.44 亿元，矿区中心 0.35 亿元。

2018 年末，累计发放个人住房贷款 1.77 万笔 23.26 亿元，贷款余额 12.29 亿元，同比分别增长 17.22%、34.14%、62.35%。个人住房贷款余额占缴存余额的 43.57%，比上年增加 15.82 个百分点。

受委托办理住房公积金个人住房贷款业务的银行 3 家，与上年相比无变化。

（四）资金存储：2018 年末，住房公积金存款 15.66 亿元。其中，活期 0.15 亿元，1 年（含）以下定期 1.15 亿元，1 年以上定期 14.36 亿元。

（五）资金运用率：2018 年末，住房公积金个人住房贷款余额、项目贷款余额和购买国债余额的总和占缴存余额的 43.57%，比上年增加 15.82 个百分点。

三、主要财务数据

（一）业务收入：2018 年，业务收入 10020.85 万元，同比增长 12.77%。其中，市中心 2581.34 万元，酒钢分中心 6152.79 万元，矿区中心 1286.71 万元；存款利息 7078.89 万元，委托贷款利息 2941.68 万元，其他 0.28 万元。

（二）业务支出：2018 年，业务支出 4290.67 万元，同比增长 9.53%。其中，市中心 1110.44 万元，酒钢分中心 2417.23 万元，矿区中心 763 万元；支付职工住房公积金利息 4150.52 万元，委托贷款手续费 139.38 万元，其他 0.77 万元。

（三）增值收益：2018年，增值收益5730.17万元，同比增长15.32%。其中，市中心1470.91万元，酒钢分中心3735.56万元，矿区中心523.71万元；增值收益率2.02%，比上年增加0.12个百分点。

（四）增值收益分配：2018年，提取贷款风险准备金471.76万元，提取管理费用1453.27万元，提取城市廉租住房（公共租赁住房）建设补充资金3805.15万元。

2018年，上交财政管理费用1128.53万元。上缴财政城市廉租住房（公共租赁住房）建设补充资金3664.96万元。其中：市中心上缴874.43万元，酒钢分中心上缴2645.83万元，矿区中心上缴144.7万元。

2018年末，贷款风险准备金余额1228.53万元。累计提取城市廉租住房（公共租赁住房）建设补充资金30514.27万元。其中，市中心提取7641.34万元，酒钢分中心提取21004.13万元，矿区中心提取1868.80万元。

（五）管理费用支出：2018年，管理费用支出704.68万元，同比增长0.86%。其中，人员经费194.58万元，公用经费132.43万元，专项经费377.67万元。

市中心管理费用支出258.22万元，其中，人员、公用、专项经费分别为33.95万元、33.44万元、190.83万元；酒钢分中心管理费用支出218.15万元，其中，人员、公用、专项经费分别为160.63万元、43.43万元、14.09万元；矿区中心管理费用支出228.31万元，其中，人员、公用、专项经费分别为0万元、55.56万元、172.75万元。

四、资产风险状况

2018年末，个人住房贷款逾期额156.36万元，逾期率1.27‰。其中，市中心1.96‰，酒钢分中心0.79‰，矿区中心1.32‰。

个人贷款风险准备金按贷款余额的1%提取。2018年，提取个人贷款风险准备金471.76万元，未使用个人贷款风险准备金核销呆坏账。2018年末，个人贷款风险准备金余额1228.53万元，占个人住房贷款余额的1%，个人住房贷款逾期额与个人贷款风险准备金余额的比率为12.73%。

五、社会经济效益

（一）缴存业务：2018年，实缴单位数、实缴职工人数和缴存额同比分别增长-0.99%、3.14%和9.43%。

缴存单位中，国家机关和事业单位占45.98%，国有企业占26.71%，城镇集体企业占0.2%，外商投资企业占0.4%，城镇私营企业及其他城镇企业占15.86%，其他占10.85%。

缴存职工中，国家机关和事业单位占14.44%，国有企业占73.48%，城镇集体企业占0.01%，外商投资企业占0.32%，城镇私营企业及其他城镇企业占6.65%，其他占5.1%；中、低收入占99.17%，高收入占0.83%。

新开户职工中，国家机关和事业单位占8.28%，国有企业占61.41%，城镇集体企业占0.12%，外商投资企业占0.42%，城镇私营企业及其他城镇企业占13.18%，其他占16.59%；中、低收入占99.64%，高收入占0.36%。

（二）提取业务：2018年，2.39万名缴存职工提取住房公积金7.89亿元。

提取金额中，住房消费提取占 84.89%（购买、建造、翻建、大修自住住房占 58.56%，偿还购房贷款本息占 23.44%，租赁住房占 1.34%，其他占 1.55%）；非住房消费提取占 15.11%（离休和退休提取占 12.82%，完全丧失劳动能力并与单位终止劳动关系提取占 1.03%，户口迁出本市或出境定居占 0.4%，其他占 0.86%）。

提取职工中，中、低收入占 99.51%，高收入占 0.49%。

（三）贷款业务：

1. **个人住房贷款：** 2018 年，支持职工购建房 29.95 万平方米，年末个人住房贷款市场占有率为 27.3%，比上年增加 7.02 个百分点。通过申请住房公积金个人住房贷款，可节约职工购房利息支出 6205.73 万元。

职工贷款笔数中，购房建筑面积 90（含）平方米以下占 12.37%，90～144（含）平方米占 77.85%，144 平方米以上占 9.78%。购买新房占 77.46%，购买二手房占 22.54%。

职工贷款笔数中，单缴存职工申请贷款占 76.57%，双缴存职工申请贷款占 23.43%。

贷款职工中，30 岁（含）以下占 36.15%，30 岁～40 岁（含）占 35%，40 岁～50 岁（含）占 22.7%，50 岁以上占 6.15%；首次申请贷款占 88.01%，二次及以上申请贷款占 11.99%；中、低收入占 99.61%，高收入占 0.39%。

2. **异地贷款：** 2018 年，发放异地贷款 52 笔 1331.5 万元。2018 年末，发放异地贷款总额 2350.2 万元，异地贷款余额 1670.19 万元。

（四）住房贡献率： 2018 年，个人住房贷款发放额、公转商贴息贷款发放额、项目贷款发放额、住房消费提取额的总和与当年缴存额的比率为 143.2%，比上年增加 59.73 个百分点。

六、其他重要事项

（一）当年机构及职能调整情况： 根据国务院《关于加快剥离国有企业办社会职能和解决历史遗留问题工作方案的通知》（国发〔2016〕19 号），《甘肃省人民政府关于印发甘肃省加快剥离国有企业办社会职能和解决历史遗留问题工作方案的通知》（甘政发〔2018〕16 号）文件，原嘉峪关市住房公积金管理中心酒钢（集团）公司分中心于 2018 年 7 月 31 日起人员及业务整体移交嘉峪关市住房公积金管理中心管理。在全省住房公积金行业首家实现了住房公积金管理"四个统一"的目标。

甘肃矿区受委托办理住房公积金缴存业务的银行包括建设银行甘肃矿区支行、工商银行甘肃矿区分行、中国银行嘉峪关核城支行。

（二）当年住房公积金政策调整及执行情况：

1. **当年缴存基数限额及确定方法、缴存比例调整情况**

市中心 2018 年 1 月调整住房公积金缴存基数，缴存基数上限不得高于统计部门公布的上一年度职工月平均工资的 3 倍，缴存基数下限按上年度社会保险最低缴纳基数标准执行，缴存比例单位和个人分别为 5%～12%。

酒钢分中心 2018 年 7 月调整住房公积金缴存基数，缴存基数上限不得高于统计部门公布的上一年度职工月平均工资的 3 倍，缴存基数下限按上年度社会保险最低缴纳基数标准执行，缴存比例单位和个人分别为 5%～12%。

矿区中心 2018 年最低缴存基数限额不得低于社保平均工资，最高缴存基数限额不得高于社保平均工资的 3 倍，缴存比例仍按单位缴纳 12%，个人缴纳 12%。

2. 当年住房公积金贷款利率调整及执行情况

住房公积金贷款利率随央行利率调整而调整，从利率调整当日起新发放的贷款执行新利率，利率调整前发放的贷款，于次年的 1 月 1 日起执行新的利率标准。现行利率为首套房 1～5 年（含 5 年）2.75%，5 年以上 3.25%；二套房上浮 10%。

3. 当年住房公积金政策调整及执行情况

一是住房公积金使用政策进一步优化。中心坚持问题导向，适时调整政策，对经营困难的民营企业实行阶段性降低缴存比例和缓缴政策，支持民营企业发展。加大对缴存职工合理住房消费支持力度。在国家相关政策范围内，先后出台了降低首付款比例、提高贷款额度、延长贷款期限、放宽贷款条件、允许直系亲属间互提互贷、开展商业银行按揭贷款转公积金贷款、住房公积金按月还贷业务、异地贷款业务等政策，落实在内地（大陆）就业的港澳台同胞享有住房公积金待遇等 10 余项惠民政策，切实维护缴存职工的利益，让住房公积金缴存职工有更多的"获得感"。

二是扩大住房公积金制度覆盖面。开展了非公企业阶段性降低缴存比例、"宽进宽出"、"三类人员"住房公积金缴存政策。

三是积极做好住房公积金支持棚户区改造工作。认真做好调查研究，为棚户区改造中涉及的缴存职工及其直系亲属办理住房公积金提取和贷款业务，有力地促进了棚户区改造工作顺利推进。

四是在强调"放好"的同时，扎实探索"管实"的方法手段，与公安部门联合发文，严厉打击骗提骗贷住房公积金、扰乱住房公积金管理秩序的行为，有效维护了缴存职工的权益。搭建了自动电子稽核平台，对财务管理、网络信息和业务审批实施全时段、全要素实时稽核。

4. 当年住房公积金个人住房贷款最高贷款额度情况

市中心及酒钢分中心继续执行单缴存职工家庭公积金贷款额度最高不超过 40 万元，双缴存职工家庭公积金贷款额度最高不超过 50 万元。贷款期限最长不超过 30 年，且不超过法定退休年龄后 5 年，同时借款人月还款额不超过职工月工资收入的 60%。

矿区中心继续执行最高贷款额度不得高于 50 万元，个人公积金贷款年限最长不超过 30 年，且不得超过本人的退休年龄后 5 年。

（三）当年服务改进情况：

1. 嘉峪关市住房公积金管理中心服务改进情况

一是"放管服"改革工作落地见效。深入贯彻落实党的十九大提出的"牢固树立以人民为中心的发展思想"，着力在改善营商环境、优化业务办理流程、提升服务质量等方面取得了新突破。通过甘肃政务服务网、公积金网站、手机 APP 和微信公众号等渠道公布对外办事目录和清单。对所有的业务要件资料、工作流程等实行规范化、制式化管理，实现了 32 项住房公积金行政审批事项 100% 网上申请办理。职工提取住房公积金无需再到银行办理划款手续，通过资金结算应用平台，实现了提取资金"秒到账"。取消了"无法律依据的证明材料" 20 余项和不必要的盖章业务，并允许部分材料容缺预审，为群众办事提供高效便捷的服务。

二是转作风改善发展环境年活动取得新实效。中心开展了"解放思想大讨论、能力素质大提升、行政效能大提速"系列活动。把提升行业服务水平、提高服务质量和群众的满意度作为检验标准，狠抓队伍建设，不断提升干部队伍能力素质。开展了业务专题培训、专业知识测试、写作能力提升、网厅业务提速、政策法规熟知、柜员能力训练、党员教育专题等系列活动，有针对性地弥补干部职工知识短缺和能力短板，切实解决思想观念、精神状态、发展思路和工作措施等方面存在的突出问题，力促作风转变，不断改善发展环境。

三是狠抓日常管理，加强作风建设，全面提升服务效能。住房公积金管理队伍建设得到新加强。中心坚持抓班子、带队伍、强素质、树形象。"两学一做"，"常态化、制度化扎实推进"，"党员承诺践诺"、"党建标准化"等为主题的活动持续开展。开展了住房公积金业务知识讲座、业务知识测试、公文处理竞赛、法律知识测试。坚持每周一的晨会学法规、讲政策、学业务、晒业绩活动，进一步提升了干部职工的业务技能和服务水平。

四是完成业务大厅维修改造和搬迁工作。按照市政府"三集中、三到位"要求，将原有业务大厅进行了装修改造，设置了10个综合服务窗口，实行前台统一受理、后台分类审批。公积金政策咨询、缴存、提取、贷款等业务只需在一个窗口，即可办理完全部业务。整洁宽敞的办事大厅为群众提供了高效、快捷、方便的服务。

2. 矿区中心服务改进情况

一是在加强风险防范的基础上，矿区中心进一步优化了业务流程，减少审批环节，缩短办理时限，大大提高了办事效率。

二是在确保调查摸底情况的真实性和有效性的前提下，矿区中心对行动不便的人员继续进行预约上门服务，让群众享受到了更多的优质服务。

(四) 当年信息化建设情况：

1. 嘉峪关市住房公积金管理中心信息化建设情况

一是住房公积金信息化建设迈上新台阶。依托"一网一微一端"，实现了住房公积金工作由"管理型"向"服务型"的转变。完成了公积金业务管理系统与甘肃政务服务网嘉峪关子站、嘉峪关市行政审批系统、电子监察系统进行深度对接，在省内首家实现了住房公积金业务一网通办。打造了集网站、网上业务大厅、微信公众服务号、手机APP、自助查询机、12329服务热线和短信平台、微信城市查询八大功能于一体的住房公积金综合服务平台，并顺利通过部省两级验收。8月份住房和城乡建设厅在我市召开了全省住房公积金中心信息化建设现场观摩会议，大力推广我市先进的信息化建设经验。

二是顺利完成嘉峪关市中心与酒钢分中心数据库合并。完成了酒钢分中心移交工作，并将中心和分中心数据库正式合并，实现了统一核算、统一管理。使公积金业务管理更加规范、资金使用效益更高，服务能力更强的目标。

三是加强信息化管理。加强了参数设置与管理，建立了信息系统灾难防范和应急处理机制和信息化操作流程。建立了对病毒防范、权限认证、密码管理、系统日志备份、多介质备份与异地备份机制，数据系统安全。

2. 矿区中心信息化建设情况

一是矿区中心加大住房公积金政策的宣传力度，采取了多种形式进行宣传，比如通过手机APP、官方微信、网厅等新型媒体形式发布宣传资料，初步建成以集门户网站、网上业务大厅、"12329"服务热线、短信、官方微信、手机 APP、终端查询七大功能为一体的综合服务平台建设，拓宽了服务渠道，提高了服务效率，满足了缴存单位和缴存职工的多元化、个性化服务需求。

二是风险防控建设的存在也绝不容忽视，采购专业机房空调和 UPS 备电系统和建设异地容灾减灾系统也都在保障着中心数据大环境的数据安全。

（五）当年住房公积金管理中心及职工所获荣誉情况：

一是积极开展精神文明创建活动，时刻将政治理论学习，提高思想认识放在首位，认真学习贯彻习近平新时代中国特色社会主义思想、党的十九大精神和习近平总书记关于甘肃工作的重要指示精神特别是"八个着力"重要精神，不断推进"两学一做"学习教育常态化制度化，牢固树立"四个意识"，牢牢把握正确的政治方向，不断增强政治自觉。

二是积极完成创建文明城市和全域全城无垃圾工作任务，组织中心全体干部职工参加美丽雄关万人清洁行动，积极践行社会主义核心价值观，倡导文明新风，树立良好风尚，争创文明单位，制作了社会主义核心价值观、嘉峪关市文明公约 20 条、雄关好人、"六倡导六抵制"、尊德守礼等内容的展板 40 余条，通过 LED 显示屏滚动播放等形式进行广泛宣传。

三是我中心在全省住房公积金行业 2018 年年度考核中被评为"先进单位"。在全省建设系统"放管服"专题会议上代表公积金行业发言，交流"放管服"工作开展方法和先进经验。

金昌市住房公积金 2018 年年度报告

一、机构概况

（一）金昌市住房公积金管理委员会：金昌市住房公积金管理委员会有 25 名委员，2018 年召开一次会议，审议通过的事项主要包括：《关于聘任陈金达等三位同志为管委会委员的请示》、《金昌市住房公积金 2018 年年度报告》和《关于 2018 年度住房公积金归集使用计划的报告》、《关于增加金昌农村商业银行股份有限公司为业务合作银行的请示》、《关于建行金昌分行申请降低缴存比例的请示》、《关于甘肃金昌化学工业集团有限公司缓缴住房公积金的请示》、《关于金川（集团）公司分中心归并的请示》。

（二）金昌市住房公积金管理中心：金昌市住房公积金管理中心（以下简称"市中心"）为金昌市人民政府直属的不以营利为目的的参照公务员管理事业单位，设 5 个科，3 个管理部。从业人员 43 人，其中，在编 25 人，非在编 18 人。

金昌市住房公积金管理中心金川集团股份有限公司分中心（以下简称"分中心"）为金川集团股份有限公司服务分公司及金川集团股份有限公司财务部双重管理的不以营利为目的的正科级企业单位。从业人员 11 人，其中在编 11 人。

二、业务运行情况

（一）缴存：2018 年，新开户单位 44 家，实缴单位 690 家，净增单位 38 家；新开户职工 0.28 万人，实缴职工 6.14 万人,净减职工 0.21 万人;缴存额 9.00 亿元,同比增长 6.26%。2018 年末,缴存总额 92.08 亿元,同比增长 10.83%;缴存余额 40.97 亿元,同比增长 9.02%。

市中心归集业务全部自主办理。住房公积金存款结算银行共 8 家,比上年增加 1 家。分中心住房公积金存款结算银行共 5 家,与上年一致。

(二)**提取**:2018 年,提取额 5.61 亿元,同比增长 4.28%;占当年缴存额的 62.33%,比上年减少 1.13 个百分点。2018 年末,提取总额 51.11 亿元,同比增长 12.33%。

(三)**贷款**:

1. **个人住房贷款**:个人住房贷款最高额度 60 万元,其中,单缴存职工最高额度 50 万元,双缴存职工最高额度 60 万元。

2018 年,发放个人住房贷款 0.095 万笔 2.78 亿元,同比分别下降 15.60%、8.85%。其中,市中心发放个人住房贷款 0.079 万笔 2.36 亿元,分中心发放个人住房贷款 0.016 万笔 0.42 亿元。

2018 年,回收个人住房贷款 1.93 亿元。其中,市中心 1.47 亿元,分中心 0.46 亿元。

2018 年末,累计发放个人住房贷款 1.6136 万笔 24.38 亿元,贷款余额 10.96 亿元,同比分别增长 6.23%、12.87%、8.51%。个人住房贷款余额占缴存余额的 26.75%,比上年减少 0.13 个百分点。

受委托办理住房公积金个人住房贷款业务的银行 3 家,与上年持平。

2. **住房公积金支持保障性住房建设项目贷款**:2018 年,发放支持保障性住房建设项目贷款 0 亿元,回收项目贷款 0 亿元。2018 年末,累计发放项目贷款 2.5 亿元,项目贷款余额 0 亿元。

(四)**资金存储**:2018 年末,住房公积金存款 30.56 亿元。其中,活期 0.31 亿元,1 年(含)以下定期 22.81 亿元,1 年以上定期 1.11 亿元,其他(协定、通知存款等)6.33 亿元。

(五)**资金运用率**:2018 年末,住房公积金个人住房贷款余额、项目贷款余额和购买国债余额的总和占缴存余额的 26.74%,比上年减少 0.14 个百分点。

三、主要财务数据

(一)**业务收入**:2018 年,业务收入 10048.89 万元,同比增长 7.06%。其中,市中心 4875.20 万元,分中心 5173.69 万元;存款利息 6533.07 万元,委托贷款利息 3480.45 万元,国债利息 0 万元,其他 35.37 万元。

(二)**业务支出**:2018 年,业务支出 6043.47 万元,同比增长 1.44%。其中,市中心 2859.46 万元,分中心 3184.01 万元;支付职工住房公积金利息 5915.19 万元,归集手续费 0 万元,委托贷款手续费 127.10 万元,其他 1.18 万元。

(三)**增值收益**:2018 年,增值收益 4005.42 万元,同比增长 16.83%。其中,市中心 2015.74 万元,分中心 1989.68 万元;增值收益率 1.01%(其中:市中心 1.10%,分中心 0.94%),比上年增加 0.07 个百分点。

(四)**增值收益分配**:2018 年,提取贷款风险准备金 85.52 万元,提取管理费用 1023.54 万元,提取城市廉租住房(公共租赁住房)建设补充资金 2896.36 万元。

2018 年,上交管理费用 1531.78 万元。上缴财政城市廉租住房(公共租赁住房)建设补充资金

2033.00万元。其中，市中心上缴本级财政1570.86万元，分中心上缴金川公司财务部280.00万元。

2018年末，贷款风险准备金余额1895.73万元。累计提取城市廉租住房（公共租赁住房）建设补充资金23036.90万元。其中，市中心提取6801.86万元，分中心提取16235.04万元。

（五）管理费用支出：2018年，管理费用支出983.93万元，同比增长1.39%。其中，人员经费433.06万元，公用经费76.21万元，专项经费474.66万元。

市中心管理费用支出616.83万元，其中，人员、公用、专项经费分别为317.99万元、54.90万元、243.94万元；分中心管理费用支出367.10万元，其中，人员、公用、专项经费分别为115.07万元、21.31万元、230.72万元。

四、资产风险状况

（一）个人住房贷款：2018年末，个人住房贷款逾期额52.37万元，逾期率0.478‰。其中，市中心0.568‰，分中心0‰。

个人贷款风险准备金按贷款余额的1%提取。2018年，提取个人贷款风险准备金85.52万元，使用个人贷款风险准备金核销呆坏账0万元。2018年末，个人贷款风险准备金余额1095.73万元，占个人住房贷款余额的1%，个人住房贷款逾期额与个人贷款风险准备金余额的比率为4.78%。

（二）支持保障性住房建设试点项目贷款：2018年末，无逾期项目贷款，项目贷款风险准备金余额800万元。

五、社会经济效益

（一）缴存业务：2018年，实缴单位数和缴存额同比分别增长5.83%和6.26%，实缴职工人数同比下降3.28%。

缴存单位中，国家机关和事业单位占61.02%，国有企业占23.91%，城镇集体企业占1.89%，外商投资企业占0.29%，城镇私营企业及其他城镇企业占10.87%，民办非企业单位和社会团体占1.59%，其他占0.43%。

缴存职工中，国家机关和事业单位占29.92%，国有企业占66.10%，城镇集体企业占1.03%，外商投资企业占0.04%，城镇私营企业及其他城镇企业占2.76%，民办非企业单位和社会团体占0.14%，其他占0.01%；中、低收入占94.95%，高收入占5.05%。

新开户职工中，国家机关和事业单位占21.32%，国有企业占65.72%，城镇集体企业占2.66%，外商投资企业占0.21%，城镇私营企业及其他城镇企业占9.60%，民办非企业单位和社会团体占0.25%，其他占0.24%；中、低收入占100.00%，高收入占0.00%。

（二）提取业务：2018年，1.03万名缴存职工提取住房公积金5.61亿元。

提取金额中，住房消费提取占62.18%（购买、建造、翻建、大修自住住房占42.75%，偿还购房贷款本息占18.66%，租赁住房占0.11%，其他占0.66%）；非住房消费提取占37.82%（离休和退休提取占31.20%，完全丧失劳动能力并与单位终止劳动关系提取占1.47%，户口迁出本市或出境定居占0.75%，其他占4.40%）。

提取职工中，中、低收入占94.99%，高收入占5.01%。

（三）贷款业务：

1. **个人住房贷款：** 2018年，支持职工购建房12.17万平方米，年末个人住房贷款市场占有率为23.85%（其中：市中心20.08%，分中心3.77%），比上年减少0.03个百分点。通过申请住房公积金个人住房贷款，可节约职工购房利息支出4572.56万元（其中：市中心3912.19万元，分中心660.37万元）。

职工贷款笔数中，购房建筑面积90（含）平方米以下占8.55%，90～144（含）平方米占65.16%，144平方米以上占26.29%。购买新房占89.23%（其中购买保障性住房占0%），购买二手房占10.14%，建造、翻建、大修自住住房占0.63%，其他占0%。

职工贷款笔数中，单缴存职工申请贷款占40.76%，双缴存职工申请贷款占59.24%，三人及以上缴存职工共同申请贷款占0%。

贷款职工中，30岁（含）以下占33.05%，30岁～40岁（含）占31.47%，40岁～50岁（含）占23.34%，50岁以上占12.14%；首次申请97.57%，高收入占2.43%。

2. **异地贷款：** 2018年，发放异地贷款86笔3177.00万元。2018年末，发放异地贷款总额17526.10万元，异地贷款余额13578.80万元。

3. **支持保障性住房建设试点项目贷款：** 2018年末，累计试点项目2个，贷款额度2.5亿元，建筑面积40.55万平方米，可解决5130户中低收入职工家庭的住房问题。2个试点项目贷款资金已发放并还清贷款本息。

（四）住房贡献率： 2018年，个人住房贷款发放额、公转商贴息贷款发放额、项目贷款发放额、住房消费提取额的总和与当年缴存额的比率为69.65%，比上年减少8.85个百分点。

六、其他重要事项

（一）当年机构及职能调整情况、受委托办理缴存贷款业务金融机构变更情况

当年市中心与分中心机构及职能均未作调整。

市中心住房公积金缴存业务结算银行增加金昌农村商业银行，分中心缴存贷款业务金融机构未变更。

（二）当年住房公积金政策调整及执行情况

1. 2018年度金昌市住房公积金缴存仍实行"限高保低"的政策，单位和职工缴存住房公积金的最低缴存比例不低于各5%，最高不超过各12%，在这个区间范围内，各单位可以根据自己的实际情况选择缴存比例。住房公积金缴存基数按不得高于上一年度市统计部门公布的职工月平均工资（5095元）的300%、不得低于上一年度市统计部门公布的职工月平均工资的60%计算，最高缴存基数为15285元，最低缴存基数为3057元。

2. 2018年度金昌市住房公积金提取政策未作调整。

3. 2018年度金昌市住房公积金个人贷款政策未作调整，贷款期限最短不得低于1年，最长30年，且不得超过贷款人法定退休年龄后5年；贷款最高额度为单缴存职工50万，双缴存职工60万；贷款利率五年以下（含五年）2.75%，五年以上3.25%。

（三）当年服务改进情况

1. 2018年4月，市中心搬迁至金川区延安西路2号，建设了标准化办事服务大厅，增加了自主查询终端、引导台，设置了排队叫号机、服务评价器，准备了笔、纸、水杯、休息椅等便民设施，为缴存职工创造了一个舒心、舒适、便捷的办事环境。

2. 根据国家深化"放管服"改革和住房城乡建设部"双贯标"工作要求，中心以"缴存职工满意"为宗旨，打造"互联网＋住房公积金"服务平台，真正实现职工"少跑腿、马上办、一次办、就近办、网上办"目标。

一是进一步优化业务办理流程。市中心精简办事资料，取消贷款、提取需要由单位审批加盖公章的流程，减少国家法规无明确规定的业务证明和对业务无实质性作用的材料，开展按月冲还公积金贷款业务以减轻缴存职工经济负担。

二是高分通过住房公积金"双贯标"工作验收。"双贯标"后业务系统通过住房公积金结算应用系统与委托银行实现了实时结算，资金管理上实现了"三统一"（即统一银行账户管理、统一资金调拨、统一资金结算），业务办理上实现了"六实时"（即汇缴实时入账、提取实时入卡、贷款结算实时发放、资金实时调拨、账户实时监控、业务实时完结），服务职工上实现了让系统数据多跑路、缴存职工少跑腿的目标，极大地提高了办事效率和服务水平。

三是通过了综合服务平台建设工作验收。公积金综合服务平台以互联网和移动终端为依托，将门户网站、网上服务大厅、自助终端、12329热线、手机短信、手机客户端、微信和微博八大服务渠道通过综合管理系统整合为一个规范、安全的公积金服务体系，承载业务查询、业务办理、信息发布等功能，满足缴存职工多层次、个性化服务需求，实现了"脚尖"到"指尖"的转变和"网上办"、"掌上办"的业务新常态。

（四）当年信息化建设情况

1. 市中心于2018年4月完成新机房改造建设，采用科士达一体化机房解决方案，机柜、电源、空调、门禁、消防等系统高度集成，整个机房设备实现了智能化管理，并确保安全运行。

2. 市中心信息系统于2018年4月完成住房公积金基础数据贯标和住房公积金结算应用系统接入工作，于6月28日正式通过住房城乡建设部"双贯标"验收。金川公司分中心信息系统于2018年7月1日完成升级改造，正式上线运行，并完成住房公积金基础数据贯标和住房公积金结算应用系统接入工作，于10月26日正式通过住房城乡建设部"双贯标"验收。

白银市住房公积金2018年年度报告

一、机构概况

（一）住房公积金管理委员会：住房公积金管理委员会有22名委员，2018年召开一次会议，对住房公积金管理重要事项进行决策，审议通过的事项主要包括：《2018年住房公积金年度报告（草案）》和《2018年住房公积金归集使用计划执行情况的报告》、《2018年住房公积金归集使用计划的报告》、《2018年度住房公积金财务收支决算的报告》和《2018年度住房公积金财务收支预算的报告》、《关于调整2018

年住房公积金月缴存额上下限的报告》、《关于调整住房公积金部分使用政策的报告》等。

（二）住房公积金管理中心：白银市住房公积金管理中心为直属白银市人民政府不以营利为目的的参公管理事业单位，主要负责全市住房公积金的归集、管理、使用和会计核算。目前中心内设办公室、归集管理科、贷款管理科、核算科、审计稽核科、计算机室、营业部、保障性住房建设项目贷款管理科8个科室，下设会宁管理部、靖远管理部、景泰管理部、平川管理部和靖远煤业分中心（以下简称"分中心"）。从业人员78人，其中：白银市中心从业人员68人，（在编42人，非在编26人），分中心从业人员10人（均为靖煤集团公司在册干部）。

二、业务运行情况

（一）**缴存**：2018年，新开户单位92家，实缴单位1362家，净增单位67家；新开户职工6256人，实缴职工113273人，净减职工3050人；缴存额13.62亿元，同比增长8%。2018年末，缴存总额109.70亿元，同比增长14%；缴存余额55.22亿元，同比增长9%。其中：市中心缴存总额81.35亿元，缴存余额41.91亿元，同比分别增长17%和11%；分中心缴存总额28.35亿元，缴存余额13.31亿元，同比分别增长8%和3%。

受委托办理住房公积金缴存业务的银行5家，其中：市中心为2家，分中心为5家，与上年相比无变化。

（二）**提取**：2018年，提取额9.21亿元，同比增长3%；占当年缴存额的67%，比上年降低3个百分点。其中：市中心提取额7.51亿元，同比增长17%；占当年缴存额的65%，比上年增加6个百分点；分中心提取额1.7亿元，同比减少31%；占当年缴存额的82%，比上年降低66个百分点。

2018年末，提取总额54.49亿元，同比增长20%。

（三）**贷款**：

1. **个人住房贷款**：个人住房贷款最高额度40万元，其中，市中心个人住房贷款最高额度40万元，最高额度没有区分单缴存职工与双缴存职工，分中心最高贷款额度为20万元。

2018年，发放个人住房贷款3346笔10.58亿元，同比分别下降13%和6.5%。其中，市中心发放个人住房贷款3321笔10.54亿元，分中心发放个人住房贷款25笔0.04亿元。

2018年，回收个人住房贷款6.31亿元。其中，市中心6.28亿元，分中心0.03亿元。

2018年末，累计发放个人住房贷款42779笔74.9亿元，贷款余额40.35亿元，同比分别增长8.48%、16.45%和11.83%。个人住房贷款余额占缴存余额的73%，比上年增加2个百分点。

受委托办理住房公积金个人住房贷款业务的银行3家，与上年相比无变化。

2. **住房公积金支持保障性住房建设项目贷款**：2018年，未发放支持保障性住房建设项目贷款。2018年末，累计发放项目贷款1.2亿元，项目贷款已全部收回。

（四）**融资**：2018年，融资0.5亿元，未归还。2018年末，融资总额2.7亿元，融资余额0.5亿元。

（五）**资金存储**：2018年末，住房公积金存款13.66亿元。其中，活期1.15亿元，1年（含）以下定期9.2亿元，1年以上定期1.55亿元，其他（协定、通知存款等）1.76亿元。

（六）**资金运用率**：2018年末，住房公积金个人住房贷款余额、项目贷款余额和购买国债余额的总和占缴存余额的73%，比上年增加2个百分点。

三、主要财务数据

(一)业务收入：2018年，业务收入16338.85万元，同比下降4.68%。其中，市中心12930.58万元，分中心3408.27万元；存款利息3807.91万元，委托贷款利息12524.19万元，其他6.75万元。

(二)业务支出：2018年，业务支出9469.18万元，同比下降3.95%。其中，市中心6620.8万元，分中心2848.38万元；支付职工住房公积金利息8848.16万元，归集手续费203.15万元，委托贷款手续费371.94万元，其他45.93万元。

(三)增值收益：2018年，增值收益6869.67万元，同比下降5.69%。其中，市中心6309.78万元，分中心559.89万元；增值收益率1.29%，比上年减少0.54个百分点；其中，市中心1.57%，分中心0.43%。

(四)增值收益分配：2018年，提取贷款风险准备金1067.22万元，提取管理费用823万元，提取城市廉租住房（公共租赁住房）建设补充资金4979.45万元。

2018年，上交财政管理费用723万元。上缴财政城市廉租住房（公共租赁住房）建设补充资金4655.58万元，全部为市中心上缴。

2018年末，贷款风险准备金余额7862.57万元。累计提取城市廉租住房（公共租赁住房）建设补充资金30276.84万元。其中，市中心提取27159.4万元，分中心提取3117.44万元。

(五)管理费用支出：2018年，管理费用支出843.67万元，同比下降7.33%。其中，人员经费511.85万元，公用经费71.94万元，专项经费259.88万元。

市中心管理费用支出635.45万元，其中，人员、公用、专项经费分别为392.04万元、42.33万元和201.08万元；分中心管理费用支出208.22万元，其中，人员、公用、专项经费分别为119.81万元、29.61万元和58.8万元。

四、资产风险状况

(一)个人住房贷款：2018年末，个人住房贷款逾期额28.74万元，逾期率0.07‰。其中，市中心0.06‰，分中心3.97‰。

个人贷款风险准备金按当年发放贷款额的1%提取。2018年，提取个人贷款风险准备金1067.22万元，未使用个人贷款风险准备金核销呆坏账。2018年末，个人贷款风险准备金余额7382.57万元，占个人住房贷款余额的1.83%，个人住房贷款逾期额与个人贷款风险准备金余额的比率为0.39%。

(二)支持保障性住房建设试点项目贷款：项目贷款风险准备金余额480万元。

五、社会经济效益

(一)缴存业务：2018年，实缴单位数、实缴职工人数和缴存额同比分别增长5.17%、-3.62%和7.67%。

缴存单位中，国家机关和事业单位占67.11%，国有企业占13%，城镇集体企业占0.88%，外商投资企业占0.51%，城镇私营企业及其他城镇企业占16.96%，民办非企业单位和社会团体占1.47%，其他占0.07%。

缴存职工中，国家机关和事业单位占56.36%，国有企业占37.67%，城镇集体企业占0.53%，外商投资企业占0.12%，城镇私营企业及其他城镇企业占5.17%，民办非企业单位和社会团体占0.15%，其他占0.01%；中、低收入占97.9%，高收入占2.1%。

新开户职工中，国家机关和事业单位占39.43%，国有企业占33.96%，城镇集体企业占0.9%，外商投资企业占0.73%，城镇私营企业及其他城镇企业占24.47%，民办非企业单位和社会团体占0.51%；中、低收入占100%，高收入占0%。

（二）提取业务：2018年，2.88万名缴存职工提取住房公积金9.21亿元。

提取金额中，住房消费提取占70%（购买、建造、翻建、大修自住住房占52%，偿还购房贷款本息占43%，租赁住房占5%）；非住房消费提取占30%（离休和退休提取占87%，完全丧失劳动能力并与单位终止劳动关系提取占6%，户口迁出本市或出境定居占3%，其他占4%）。

提取职工中，中、低收入占99.46%，高收入占0.54%。

（三）贷款业务：

1. **个人住房贷款**：2018年，支持职工购建房39.64万平方米，年末个人住房贷款市场占有率为38%，比上年减少4个百分点。通过申请住房公积金个人住房贷款，可节约职工购房利息支出19449.05万元。

职工贷款笔数中，购房建筑面积90（含）平方米以下占11.48%，90~144（含）平方米占79.44%，144平方米以上占9.09%。购买新房占77.23%，购买二手房占21.12%，其他占0.65%。

职工贷款笔数中，单缴存职工申请贷款占33.62%，双缴存职工申请贷款占66.38%。

贷款职工中，30岁（含）以下占28.54%，30岁~40岁（含）占35.39%，40岁~50岁（含）占24.75%，50岁以上占11.33%；首次申请贷款占90.17%，二次及以上申请贷款占9.83%；中、低收入占99.91%，高收入占0.09%。

2. **异地贷款**：2018年，发放异地贷款357笔11680.8万元。2018年末，发放异地贷款总额48264万元，异地贷款余额30620.82万元。异地贷款均为市中心发放。

3. **支持保障性住房建设试点项目贷款**：2018年末，累计试点项目1个，贷款额度1.2亿元，建筑面积7.25万平方米，可解决864户中低收入职工家庭的住房问题。试点项目贷款资金本息已还清。

（四）住房贡献率：2018年，个人住房贷款发放额、公转商贴息贷款发放额、项目贷款发放额、住房消费提取额的总和与当年缴存额的比率为125%，比上年减少15个百分点。其中：市中心为141%、分中心为34%。

六、其他重要事项

（一）机构及职能调整情况、缴存贷款业务金融机构变更情况

中心当年管理机构和业务职能、缴存贷款业务委托承办机构均未调整。其中：市中心委托银行为建设银行、工商银行、甘肃银行；分中心为建设银行、工商银行、甘肃银行、农业银行、邮储银行。

（二）当年住房公积金政策调整及执行情况

归集方面：

1. 建立了城镇个体工商户、自由职业者缴存住房公积金制度，印发了《白银市城镇个体工商户、自由职业人员建立住房公积金制度暂行规定（试行）》办法，进一步扩大了住房公积金缴存覆盖范围。

2. 出台了《白银市住房公积金行政执法规范》，完善了中心住房公积金行政执法程序，健全行政执法流程。

3. 经管委会批准，2018年调整了住房公积金月缴存额上下限，印发了《白银市住房公积金管理中心关于调整2018年住房公积金月缴存额上下限的通知》（市公积金中心发〔2018〕22号）。

（1）缴存最高基数不得超过2018年度职工月平均工资（5039元）的3倍即15116元，核定职工每月住房公积金最高缴存额单位和个人分别为1814元，比2018年增加199元，增长12.32%；（2）职工住房公积金月缴存额下限：2018年我市最低工资标准为1570元，单位和职工缴存比例分别不低于5%。缴存最低基数不得低于我市最低工资标准即1570元，核定最低缴存额单位和个人分别为79元。

4. 当年住房公积金存贷款利率调整及执行情况。当年住房公积金存贷款利率按国家规定执行，个人住房公积金存款按一年期定期存款利率1.5%结息，结息计入职工个人公积金账户；五年期以上个人住房贷款利率为3.25%，五年期以下（含五年）个人住房贷款利率为2.75%。

贷款方面：

2018年3月底，为缓解我市公积金资金压力，防范和控制信贷风险，体现公积金缴存义务与贷款权利相平衡的原则，经管委会审议通过，中心出台了《关于调整住房公积金部分使用政策的通知》（市公积金中心发〔2018〕23号）。

（1）调整二套房贷款首付款比例：首套房首付比例为20%，二套房首付比例调整为50%，三套房及以上不予受理贷款。（2）规范了家庭住房套数查询方式，家庭住房套数认定实行既认房又认贷；认房，家庭已有两套住房的，再购房按第三套房对待，不予贷款；认贷，2008年以后办理过一次住房公积金贷款的按二套房对待，2008年以后办理过二次贷款的，按三套房对待不予贷款。（3）实行存贷挂钩、以存定贷，职工个人住房公积金贷款可贷额度按住房公积金账户余额的10倍数计算，最高贷款额度为40万元。符合贷款条件的缴存人，未曾提取住房公积金且个人账户余额不足2万元，按照2万元计算可贷额。（4）规定职工使用公积金贷款结清满一年后方可再次使用公积金贷款购买第二套住房（包括夫妻双方），但住房公积金贷款次数不能超过三次，以保障刚需购房者的贷款资金需求，限制多次贷款。

提取方面：

为支持城市老旧住宅小区电梯改造工作，中心制定印发了《关于城市老旧楼院住宅小区电梯改造提取住房公积金的通知》（市公积金中心发〔2018〕46号），允许老旧楼院住宅小区电梯改造业主提取住房公积金，规定了提取住房公积金的范围、流程、金额、期限和所需资料。

（三）当年服务改进情况

（1）明确权责清单。按照市政府《关于公布白银市行政许可事项目录的通知》（市政办发〔2018〕32号），确认保留住房公积金贷款、提取审批事项并编制了业务手册和办事指南，在中心网站、12329热线、中心电子屏上对外公布。（2）对全市系统群众和企业到政府办事事项指导目录进行梳理，共梳理出事项33项，并报市编办备案。（3）开展证明事项清理。中心业务办理原有证明事项共8项，已取消2项，仍需保留的6项。（4）结合新系统上线和公积金使用政策的调整，及时对公积金缴存、提取、贷款业务指南进行了修订完善，方便缴存职工办理住房公积金业务。（5）为方便缴存单位、职工办理住房公积金业务，中心完善了市本级业务大厅便民设施，更换了座椅、填单台、便民服务引导台，增加了休息座椅数量。中心会宁管理部、景泰管理部已进驻县政府政务大厅办理业务，职工办事更加方便、快捷，服务水平得到整体提高。

(四) 当年信息化建设情况

市中心：

1. 2018年6月份公积金G系统升级后，中心归集方式由委托归集转化为自主归集。自主归集有利于节约成本，减少开支；也便于中心及时了解缴存单位的缴存信息，实时更新系统数据，为职工全面了解公积金缴存情况奠定了基础。

2. 持续推进住房公积金综合服务平台建设。完成了中心公积金业务管理系统改造升级，系统功能进一步完善；综合服务平台基本建成，目前已开通中心微信公众号、12329短信平台，其他功能正在调试中。关注中心微信公众号，可以了解住房公积金政策、办事指南，可以查询个人住房公积金缴存、贷款情况；12329短信平台按时发送还款提醒短信，个人的缴存信息、还款情况可从12329短信平台实时查询。购置了高拍仪等设备，建立电子影像档案工作正在推进。

3. 在便民服务方面，取消了提供单身证明和身份证复印件。业务大厅增加复印机，办事职工不用提供身份证复印件，业务中确需要留存复印件的由中心人员复印，为职工办事提供了便利。

分中心：

1. 根据党中央国务院"放管服"和省委省政府"四办"改革相关要求，中心逐步建立和完善住房公积金综合服务平台。截至目前，已建成集门户网站、网厅、12329热线、12329短信、微信公众号，五大基本功能为一体的综合服务平台，等待住房城乡建设部验收专家组验收通过后，即可为集团公司职工群众提供优质线上服务。

2. 单位用户可以在网厅办理汇补缴登记、职工清册变更、职工账户设立和缴存基数调整等日常业务，缴存住房公积金零跑路。个人用户可在网厅和微信公众号查阅公示公告、办事指南、个人信息、账户、贷款等明细查询功能，并可在线提交公积金提取和贷款申请。

3. 纸质档案占地面积大、不易保管，存储时间短，而电子档案存在硬盘里，没有火蚀虫咬的隐患，也基本没有存储时间限制。中心逐步减少淘汰纸质档案，购置高拍仪、网络存储服务器，上线电子档案系统。提取、贷款业务附件、办理人员头像全程拍照留档。进一步提高资金安全、防控资金风险，推进信息化建设和网络技术革新。

(五) 当年住房公积金管理中心及职工所获荣誉情况

2018年中心获得了"市直机关不忘初心，牢记使命微党课大赛"优秀组织奖。

会宁管理部何丽雯同志被评为会宁县政协常委"个人优秀提案"荣誉奖获得者，被会宁县妇联评为"三八红旗手"；靖远管理部贾亚男，获得"市直机关不忘初心，牢记使命微党课大赛"优秀个人奖。

(六) 其他需要披露的情况

1. 完成新市民住房问题专题调研工作。根据住房城乡建设部住房公积金监管司《关于在全行业开展新市民住房问题专题调研的通知》精神，中心联合白银市住房和城乡建设局、白银区人民政府下发《关于开展新市民住房问题问卷调查的通知》，同时成立新市民住房问题专题调研工作领导小组，制定专题调研方案，对调研人员进行系统培训，利用一个月时间，选取白银区作为调查区域，调研小组分组划片开展街头随机、进企业、入社区、入户等多种形式的问卷调研，共收集调研问卷502份，为上级决策提供了真实可靠的参考依据。

2. 完成一起行政诉讼案件应诉工作。某职工因单位欠缴其住房公积金，而以中心为被告提起行政诉讼。中心督促工作单位（诉讼第三人）实施补缴，单位补缴历年来全体职工的住房公积金，职工诉求得以实现而撤诉。法院裁定因原告撤诉终结案件。

天水市住房公积金2018年年度报告

一、机构概况

（一）**住房公积金管理委员会**：市住房公积金管理委员会现有委员23名，2018年召开会议1次，审议通过2018年住房公积金归集、使用计划、并对其他重要事项进行决策。主要包括：1. 关于调整个人住房公积金购房贷款政策事宜；2. 关于落实港澳台同胞享受住房公积金待遇的事宜；3. 关于公积金综合业务系统升级改造事宜。

（二）**住房公积金管理中心**：住房公积金管理中心为直属天水市人民政府不以营利为目的的自收自支事业单位，内设7个科，7个管理部。从业人员98人，其中，在编56人，非在编42人。

二、业务运行情况

（一）**缴存**：2018年，新开户单位88家，实缴单位2463家，净增单位2家；新开户职工9667人，实缴职工135463人，净增职工0.3万人；缴存额19.77亿元，同比增长1.33%。2018年末，缴存总额110.55亿元，同比增长21.79%；缴存余额58.50亿元，同比增长16.07%。

受委托办理住房公积金缴存业务的银行5家，比上年减少1家。

（二）**提取**：2018年，提取额11.67亿元，同比增长13.74%；占当年缴存额的59.03%，比上年增加6.44个百分点。2018年末，提取总额52.04亿元，同比增长28.91%。

（三）**贷款**：个人住房贷款最高额度60万元，其中，单缴存职工最高额度45万元，双缴存职工最高额度60万元。

2018年，发放个人住房贷款0.43万笔15.87亿元，同比分别增长－4.44%、－5.37%。2018年，回收个人住房贷款5.83亿元。

2018年末，累计发放个人住房贷款2.67万笔72.88亿元，贷款余额54.54亿元，同比分别增长18.67%、27.84%、22.53%。个人住房贷款余额占缴存余额的93.23%，比上年增加4.92个百分点。

受委托办理住房公积金个人住房贷款业务的银行10家。

（四）**资金存储**：2018年末，住房公积金存款4.53亿元。其中，活期1.73亿元，1年（含）以下定期1.60亿元，1年以上定期0.3亿元，其他（协定、通知存款等）0.9亿元。

（五）**资金运用率**：2018年末，住房公积金个人住房贷款余额、项目贷款余额和购买国债余额的总和占缴存余额的93.23%，比上年增加4.92个百分点。

三、主要财务数据

（一）**业务收入**：2018 年，业务收入 17341.48 万元，同比增长 6.71%。存款利息 1390.85 万元，委托贷款利息 15872.92 万元，国债利息 0 万元，其他 77.71 万元。

（二）**业务支出**：2018 年，业务支出 9448.15 万元，同比增长 18.89%。支付职工住房公积金利息 8273.72 万元，归集手续费 380.58 万元，委托贷款手续费 793.64 万元，其他 0.22 万元。

（三）**增值收益**：2018 年，增值收益 7893.33 万元，同比减少 4.94%。增值收益率 1.44%，比上年减少 0.37 个百分点。

（四）**增值收益分配**：2018 年，提取贷款风险准备金 1003.41 万元，提取管理费用 1570 万元，提取城市廉租住房（公共租赁住房）建设补充资金 5319.92 万元。

2018 年，上交财政管理费用 1570 万元。上缴财政城市廉租住房（公共租赁住房）建设补充资金 4030.13 万元。2018 年末，贷款风险准备金余额 5454.21 万元。累计提取城市廉租住房（公共租赁住房）建设补充资金 21248.97 万元。

（五）**管理费用支出**：2018 年，管理费用支出 1412.88 万元，同比减少 57.92%。其中，人员经费 980.45 万元，公用经费 69.24 万元，专项经费 363.19 万元。

四、资产风险状况

2018 年末，个人住房贷款逾期额 808.13 万元，逾期率 1.482‰。

个人贷款风险准备金按（贷款余额或增值收益）的 1% 提取。2018 年，提取个人贷款风险准备金 1003.41 万元。2018 年末，个人贷款风险准备金余额 5454.21 万元，占个人住房贷款余额的 1%，个人住房贷款逾期额与个人贷款风险准备金余额的比率为 14.82%。

五、社会经济效益

（一）**缴存业务**：2018 年，实缴单位数、实缴职工人数和缴存额同比分别增长 0.08%、2.34% 和 1.32%。

缴存单位中，国家机关和事业单位占 61.88%，国有企业占 14.96%，城镇集体企业占 9.83%，外商投资企业占 5.25%，城镇私营企业及其他城镇企业占 2.63%，民办非企业单位和社会团体占 4.18%，其他占 1.27%。

缴存职工中，国家机关和事业单位占 54.17%，国有企业占 14.75%，城镇集体企业占 0.82%，外商投资企业占 0.27%，城镇私营企业及其他城镇企业占 0.24%，民办非企业单位和社会团体占 0.24%，其他占 29.51%；中、低收入占 99.56%，高收入占 0.44%。

新开户职工中，国家机关和事业单位占 36.94%，国有企业占 49.47%，城镇集体企业占 6.95%，外商投资企业占 0.10%，城镇私营企业及其他城镇企业占 3.95%，民办非企业单位和社会团体占 2.53%，其他占 0.06%；中、低收入占 98.64%，高收入占 1.36%。

（二）**提取业务**：2018 年，3.17 万名缴存职工提取住房公积金 11.67 亿元。

提取金额中，住房消费提取占 76.95%（购买、建造、翻建、大修自住住房占 59.47%，偿还购房贷

款本息占 35.97%，租赁住房占 4.56%，；非住房消费提取占 23.05%（离休和退休提取占 83.64%，完全丧失劳动能力并与单位终止劳动关系提取占 6.32%，户口迁出本市或出境定居占 2.23%，其他占 7.81%）。

提取职工中，中、低收入占 99.66%，高收入占 0.34%。

（三）贷款业务：

1. **个人住房贷款**：2018 年，支持职工购建房 37.32 万平方米，年末个人住房贷款市场占有率为 45.01%，比上年增长 10.56 个百分点。通过申请住房公积金个人住房贷款，可节约职工购房利息支出 2697.53 万元。

职工贷款笔数中，购房建筑面积 90（含）平方米以下占 25.46%，90～144（含）平方米占 71.28%，144 平方米以上占 3.24%。购买新房占 74.39%（其中购买保障性住房占 9.7%），购买存量商品住房占 15.90%。

职工贷款笔数中，单缴存职工申请贷款占 23.15%，双缴存职工申请贷款占 76.85%。

贷款职工中，30 岁（含）以下占 28.15%，30 岁～40 岁（含）占 33.06%，40 岁～50 岁（含）占 37.16%，50 岁以上占 1.62%；首次申请贷款占 69.51%，二次及以上申请贷款占 30.49%；中、低收入占 23.43%，高收入占 20.81%。

2. **异地贷款**：2018 年，发放异地贷款 47 笔 1789 万元。2018 年末，发放异地贷款总额 23157.50 万元，异地贷款余额 19012.32 万元。

3. **支持保障性住房建设试点项目贷款**：2018 年末，累计试点项目 3 个，贷款额度 1.08 亿元，建筑面积 8.14 万平方米，可解决 990 户中低收入职工家庭的住房问题。3 个试点项目贷款资金已发放并还清贷款本息。

（四）住房贡献率：2018 年，个人住房贷款发放额、公转商贴息贷款发放额、项目贷款发放额、住房消费提取额的总和与当年缴存额的比率为 125.70%。

六、其他重要事项

（一）当年住房公积金政策调整及执行情况

1. **个人贷款调整事宜**

一是优先保证缴存职工购买首套住房贷款需求，首付款比例达到 20% 即可申请办理住房公积金贷款。

二是缴存职工购买第二套改善型住房，首付款比例达到 30%，方可申请办理住房公积金贷款。

三是购买第三套及以上住房的缴存人申请公积金贷款，不予受理。

2. **落实港澳台同胞享受住房公积金待遇的事宜**

（二）当年服务改进情况

1. **财务方面**。一是在完成核心业务系统的升级后，以业务-资金交易-流水匹配-财务入账的流程，实现了业务、账务及资金三账合一，做到日清月结；二是改进了财务模式，由原来的管理部核算改进为中心统一核算，减少了资金账户，由原来的 140 个账户减少为 20 余个账户。三是改进了财务记账规则，做到了业务凭证、财务凭证全覆盖，凭证均由系统生成、并核算验证，手工凭证仅用于账务调整。四是实现了部分业务与银行流水的自动匹配，包括：归集资金流水自动匹配，贷款批扣流水自动匹配，提前还款流水自动匹配，资金调拨流水自动匹配等等。五是完善了细化了报表，按照相关科室需求，结合实际情况，定制了一系列财务、业务报表，能够及时、准确、便捷地反映公积金管理情况。

2. **业务方面**。一是开发了新的归集功能，提供了前台归集到个人。前台入单位暂收款、单位网厅利用暂收款交至个人；财务单位批量交款；自主缴存单位网厅自主缴款等四种缴款方式。二是新增了灵活就业人员公积金缴存渠道。三是重新梳理了提取流程与控制，加入了行为管理、账户冻结等新功能，改进了黑名单功能。四是以身份证为唯一证件类型，身份证号码为唯一证件号码，彻底杜绝了一人多户，一人多缴。五是全面完善改进了贷款系统。贷前管理加入详细的控制，杜绝超期、超还款能力等违规业务，新增了楼盘管理、开发商管理，实现了房屋管理精准到户；改进了贷款流程，实现了合同签订前置，受理时即预签合同，减少借款人办事环节；设计新增了贷后管理功能，如转逾期、贷款展缩期、公积金按月冲还贷款、公积金提前对冲还款、公积金还逾期贷款、借款人及关联人变更、贷款网点变更、逾期贷款催收等功能。

（三）信息化建设情况

1. **住房公积金基础数据贯标情况**。于2016年6月，完成了住房城乡建设部"双贯标"验收工作，实现了公积金业务自主管理，自主核算，资金交易线上结算。但当时由于技术原因及"双贯标"验收标准较低，我中心以数据库映射方式完成了双贯标验收工作，与2018年验收标准不相符。在2018年末上线新系统时，已完全按照住房城乡建设部标准，重新设计数据库标准，解决了"映射贯标"的问题。并按照住房城乡建设部基础数据标准，归集、贷款业务规范，对照住房城乡建设部电子化检查工具查出的问题，针对中心的数据质量问题、政策执行问题、公积金管理问题，进行详细的梳理，拟定整改方案，进行了三批次的数据维护，制定了天水市住房公积金贷款、归集业务规范，并按照规范的业务政策、流程，根据中心实际数据质量，设计了新版核心业务系统，完成了上线工作。

2. **住房城乡建设部结算应用平台接入情况**。结合今年的新版核心业务系统上线工作，重新检查升级了住房城乡建设部结算应用平台，提高了数据交互能力，目前各受托银行均能正常发起资金交易，及时返回交易结果，并推送银行流水，中心根据交易结果，准确记录业务账目；根据银行流水，形成财务账，完全实现了业务驱动财务，三账合一的理念。

3. **异地转移接续平台接入情况**。中心接入了异地转移接续平台专线，利用异地转移接续平台WEB页面和核心业务系统进行业务办理，但暂未实现直连，计划于2019年7月前，完成异地转移接续平台接口开发、测试，实现直连。

4. **综合服务平台建设情况**。中心配套旧版业务系统建成了中心官方网站、网上营业大厅、微信公众号、手机APP、业务查询机、12329热线、短信平台等7大业务办理渠道，但未建成综合服务管理平台，只能实现网上归集类业务的办理和公积金查询业务。

围绕新版核心业务系统的上线和数据库结构的调整，中心升级部署了新版门户网站，新版12329服务热线、短信平台，完成新版网上服务大厅的开通，首先恢复归集、查询类业务网上办理，随后逐步开放其他业务网上办理功能；将于2019年7月前开放微信公众号、手机APP、业务查询机及微博的业务政策查询及办理功能，并建成综合服务平台。

提供人脸识别登录、短信验证码，初步实现网上办理退休提取公积金、离职提取公积金、贷款受理、提前还款、冲还贷签约、还款账号变更、业务查询、审批查询等功能。在今年完成人民银行征信查询机的部署工作，完成政务内网的数据对接工作，并努力推动数据互联互通工作，积极沟通协调相关单位，力争实现数据的对接，以提供更加简化的办事流程，方便公积金业务的办理。

武威市住房公积金2018年年度报告

一、机构概况

（一）住房公积金管理委员会：2018年住房公积金管理委员会有25名委员，召开了1次会议，审议通过的事项主要包括：《武威市住房公积金2018年年度报告》、《2018年度武威市住房公积金归集使用计划》、《武威市住房公积金缴存管理办法》、《武威市住房公积金提取管理办法》、《武威市住房公积金个人住房贷款管理办法》。

（二）住房公积金管理中心：住房公积金管理中心为武威市政府直属不以营利为目的的参照公务员管理正县级事业单位，主要负责管理全市住房公积金的归集、使用和会计核算。中心内设综合科、归集科、信贷科、会计核算科、稽核信息科5个职能科室和凉州区、民勤县、古浪县、天祝县4个管理部。从业人员55人，其中，在编37人，非在编18人。

二、业务运行情况

（一）缴存：2018年，新开户单位108家，实缴单位1539家，净增单位65家；新开户职工0.5679万人，实缴职工7.9429万人，净增职工0.9869万人；缴存额12.44亿元，同比增长6%。2018年末，缴存总额81.82亿元，同比增长18%；缴存余额45.79亿元，同比增长13%。

受委托办理住房公积金缴存业务的银行12家，与上年相同。

（二）提取：2018年，提取额7.16亿元，同比下降2%；占当年缴存额的57.60%，比上年减少5个百分点。2018年末，提取总额36.03亿元，同比增长24.80%。

（三）贷款：个人住房贷款最高额度60万元，其中，单缴存职工最高额度45万元，双缴存职工最高额度60万元。

2018年，发放个人住房贷款0.2912万笔10.37亿元，同比分别增长-6.52%、5.95%。

2018年，回收个人住房贷款6.24亿元。

2018年末，累计发放个人住房贷款3.06万笔60.98亿元，贷款余额35.03亿元，同比分别增长10.52%、20.50%、13.36%。个人住房贷款余额占缴存余额的76.51%，比上年增加0.22个百分点。

受委托办理住房公积金个人住房贷款业务的银行4家，与上年相同。

（四）资金存储：2018年末，住房公积金存款11.38亿元。其中，活期0.67亿元，1年（含）以下定期3.47亿元，1年以上定期7.24亿元。

（五）资金运用率：2018年末，住房公积金个人住房贷款余额占缴存余额的76.51%，比上年增加0.22个百分点。

三、主要财务数据

（一）业务收入：2018年，业务收入14498万元，同比增长24.21%。存款利息3807.81万元，委托贷款利息10688.34万元，其他1.85万元。

（二）业务支出：2018年，业务支出7007.20万元，同比增长12.38%。其中，支付职工住房公积金利息6473.02万元，归集手续费0.07万元，委托贷款手续费534.05万元，其他0.06万元。

（三）增值收益：2018年，增值收益7490.80万元，同比增长37.77%。增值收益率1.74%，比上年增加0.34个百分点。

（四）增值收益分配：2018年，提取贷款风险准备金412.75万元，提取管理费用5078.05万元，城市廉租住房（公共租赁住房）建设补充资金2000万元。

2018年，上交财政管理费用5078.05万元。上缴财政城市廉租住房（公共租赁住房）建设补充资金2000万元。

2018年末，贷款风险准备金余额5244.52万元。累计提取城市廉租住房（公共租赁住房）建设补充资金17754万元。

（五）管理费用支出：2018年，管理费用支出768.95万元，同比下降72.25%。其中，人员经费474.42万元，公用经费194.62万元，专项经费99.91万元。

四、资产风险状况

2018年末，个人住房贷款逾期额377.64万元，逾期率1.08‰。

个人贷款风险准备金按贷款余额的1%提取。2018年，提取个人贷款风险准备金412.75万元，当年未使用个人贷款风险准备金核销呆坏账。2018年末，个人贷款风险准备金余额5244.52万元，占个人住房贷款余额的1.50%，个人住房贷款逾期额与个人贷款风险准备金余额的比率为7.20%。

五、社会经济效益

（一）缴存业务：2018年，实缴单位数、实缴职工人数和缴存额同比分别增长4%、14%和6%。

缴存单位中，国家机关和事业单位占77.30%，国有企业占8.70%，城镇私营企业及其他城镇企业占9.90%，民办非企业单位和社会团体占0.90%，其他占3.20%。

缴存职工中，国家机关和事业单位占76.40%，国有企业占15.60%，城镇私营企业及其他城镇企业占7%，民办非企业单位和社会团体占0.10%，其他占0.90%；中、低收入占99.78%，高收入占0.22%。

新开户职工中，国家机关和事业单位占46.40%，国有企业占15.80%，城镇私营企业及其他城镇企业占29.60%，民办非企业单位和社会团体占0.40%，其他占7.80%；中、低收入占99.90%，高收入占0.10%。

（二）提取业务：2018年，1.2734万名缴存职工提取住房公积金7.16亿元。

提取金额中，住房消费提取占76.20%（购买、建造、翻建、大修自住住房占47.21%，偿还购房贷款本息占52.38%，租赁住房占0.40%，其他占0.01%）；非住房消费提取占23.80%（离休和退休提取

占 84.40%，完全丧失劳动能力并与单位终止劳动关系提取占 6.50%，户口迁出本市或出境定居占 1.80%，其他占 7.30%）。

提取职工中，中、低收入占 99.70%，高收入占 0.30%。

（三）贷款业务：

1. 个人住房贷款： 2018 年，支持职工购建房 33.74 万平方米，年末个人住房贷款市场占有率为 35.12%，比上年减少 3.33 个百分点。通过申请住房公积金个人住房贷款，可节约职工购房利息支出 15176.71 万元。

职工贷款笔数中，购房建筑面积 90（含）平方米以下占 8.35%，90～144（含）平方米占 81.73%，144 平方米以上占 9.92%。购买新房占 86.40%（其中购买保障性住房占 7.80%），购买二手房占 13.60%。职工贷款笔数中，单缴存职工申请贷款占 16.96%，双缴存职工申请贷款占 61.95%，三人及以上缴存职工共同申请贷款占 21.09%。

贷款职工中，30 岁（含）以下占 24.59%，30 岁～40 岁（含）占 34.79%，40 岁～50 岁（含）占 26.23%，50 岁～60 岁（含）占 14.39%；首次申请贷款占 89.18%，二次及以上申请贷款占 10.82%；中、低收入占 96.91%，高收入占 3.09%。

2. 异地贷款： 2018 年，发放异地贷款 387 笔 14797.30 万元。2018 年末，发放异地贷款总额 38329.40 万元，异地贷款余额 29716.76 万元。

（四）住房贡献率： 2018 年，个人住房贷款发放额、住房消费提取额的总和与当年缴存额的比率为 127.12%，比上年减少 19.20 个百分点。

六、其他重要事项

（一）当年机构及职能调整情况、受委托办理缴存贷款业务金融机构变更情况： 根据中央、省、市关于推进简政放权、放管结合、优化服务的决策部署，2018 年 4 月份，中心将归集科办理的市直单位缴存、提取业务合并凉州区管理部办理，将信贷科办理的市直单位职工的贷款业务合并至凉州区管理部办理，彻底实现了"管办分离"。

受委托办理缴存、贷款业务金融机构未发生变更。

（二）当年住房公积金政策调整及执行情况： 根据《住房公积金管理条例》（国务院令 350 号）及我市的有关规定，2018 年 4 月 26 日，武威市住房公积金管理中心提请武威市住房公积金管理委员会审议通过了《武威市住房公积金缴存管理办法》《武威市住房公积金提取管理办法》《武威市住房公积金个人住房贷款管理办法》，并于 2018 年 4 月 27 日下发执行。

1. 当年缴存政策调整情况： 自 2018 年 1 月 1 日起，全市住房公积金缴存基数由 2016 年职工个人月平均工资总额，调整为 2018 年职工个人月平均工资总额。根据武威市人力资源和社会保障局、统计局发布的 2018 年武威市城镇非私营单位在岗职工年平均工资为 61170 元，经过计算职工的缴存月基数不得高于 15292.50 元；根据省政府下发的《关于调整全省最低工资标准的通知》，凉州区最低工资标准 1520 元，职工的月缴存基数最低不得低于 1520 元，天祝、民勤、古浪县最低工资标准 1470 元，职工的月缴存基数不得低于 1470 元。

2018 年度单位及职工的住房公积金缴存比例不做调整，不得低于 5%，且不得高于 12%。

2. 当年提取政策调整情况：2018年4月27日，武威市住房公积金管理委员会审议通过：

（1）取消了享受城市最低生活保障、因本人及家庭成员患重大疾病、家庭困难无力支付子女普通高校学费、装修自住住房、支付物业费五种提取政策。

（2）增加了自愿缴存者停缴且账户封存24个月后可以提取，2018年6月19日变更为自愿缴存者停缴且账户封存6个月后可以提取。

（3）变更原调离或户口迁出武威市行政区域提取为出国及港澳台地区定居提取；变更原职工与单位解除劳动、人事关系提取为职工与单位解除劳动人事关系且账户封存24个月后提取，2018年6月19日变更为职工与单位解除劳动人事关系且账户封存6个月后提取。

3. 当年个人住房贷款政策调整情况：2018年4月27日，武威市住房公积金管理委员会审议通过：

（1）停止办理第三次公积金个人住房贷款，严格执行"保一、限二、控三"的差别化购房贷款政策。

（2）取消装修申请公积金个人住房贷款。

（3）公积金个人住房贷款月还款额与月收入上限按60%执行。

4. 当年住房公积金存贷款利率调整及执行情况：认真执行中国人民银行、住房城乡建设部公布的住房公积金存贷款利率。2018年6月30日，年度结息时职工住房公积金账户存款利率采用一年期定期存款1.5%基准利率执行。贷款利率严格执行五年期以上个人住房公积金贷款利率为3.25%；五年期以下（含五年）个人住房公积金贷款利率为2.75%。

（三）当年服务改进情况：

1. **深入推进"放管服"改革，便民服务举措成效显著**。一是全面梳理公积金管理公共服务事项，对申报材料和审批时限再压减，审批程序再简化。公积金提取业务在要件齐备的情况下，当场办结，贷款审批缩短为5个工作日。二是34项公积金服务事项在政务服务系统上实现了"最多跑一次"办理。三是合并市、区两级业务办理，实现"管办分离"和"一站式"、"一条龙"服务，方便群众办事。

2. **严格政策执行，公积金服务实现全程零收费**。严格贯彻落实中国人民银行、财政部、住房城乡建设部有关文件精神，提请市住房公积金管理委员会审议通过《武威市住房公积金个人住房贷款管理办法》，彻底取消了置业担保公司贷款担保费等收费项目，自2018年4月起，住房公积金各项业务实现全程零收费。

3. **完善便民服务窗口，进一步改善服务环境**。2018年4月全市住房公积金提取、贷款业务入驻政府政务服务中心，同时在服务大厅配备了高拍仪、自助服务终端等，使服务环境得到进一步改善。

4. **加强业务培训，提高服务能力**。按照"提升服务，增强效能"的要求，围绕公积金政策法规和业务系统开展业务培训，提高职工业务操作技能；围绕业务规范和窗口服务标准开展服务培训，规范服务行为，提升服务质量。

5. **不断完善综合服务平台功能**。相继开通了网厅、微信、手机APP等八大服务渠道，实现了信息发布、业务查询、部分业务办理、互动交流四大类业务。只要有网络信号，打开电脑，拿出手机，动动手指，足不出户就可以办公积金缴存、提取、还款业务，还可以预约办理公积金贷款业务，查询个人公积金账户缴存及贷款信息，极大地方便了缴存职工，为缴存职工提供更加安全、高效、便捷的公积金服务。

（四）当年信息化建设情况：着力推进信息化建设，全面推进住房公积金综合管理信息系统升级工作，以互联网和移动终端为载体，拓展服务渠道，努力建设功能齐全、使用便捷、服务高效、群众满意的住房公积金综合服务平台。截至年底，中心已全面建成综合服务平台，共响应各类网络请求约34.7万余人次，短信平台累计发送短信126.7万条。完成住房公积金综合服务平台建设，并于2018年11月16日顺利通过部、省联合验收，为缴存人提供多功能、多渠道的公积金服务。

（五）当年获奖情况：2018年度，武威市住房公积金管理中心被省保障性安居工程及住房公积金监管领导小组办公室评为"全省住房公积金工作先进单位"。武威市住房公积金管理中心政府政务服务窗口，连续数月被市政务中心评为"红旗示范区"、"巾帼文明岗"和"青年文明岗"。

张掖市住房公积金2018年年度报告

一、机构概况

（一）住房公积金管理委员会：住房公积金管理委员会有25名委员，2018年召开1次会议，审议通过的事项主要包括：《张掖市住房公积金2018年年度报告》、《2018年度全市住房公积金归集、使用计划执行及增值收益分配情况的报告》、《2018年度住房公积金归集、使用计划的报告》、《关于核销住房公积金贷款呆坏账的报告》、《2016年城市廉租住房建设补充资金使用情况的报告》、《关于进一步规范住房公积金相关政策及有关问题的意见》等决议事项。

（二）住房公积金管理中心：住房公积金管理中心为隶属于市政府不以营利为目的的参照《公务员法》管理的事业单位，设8个科室，7个管理部。从业人员116人，其中，在编88人，非在编28人。

二、业务运行情况

（一）缴存：2018年，新开户单位119家，实缴单位1873家，减少70家；新开户职工0.4万人，实缴职工6.51万人，净增职工0.03万人；缴存额10.98亿元，同比增长4.47%。2018年末，缴存总额72.94亿元，同比增长17.72%；缴存余额41.19亿元，同比增长8.55%。

受委托办理住房公积金缴存业务的银行8家，与上年相同。

（二）提取：2018年，提取额7.73亿元，同比增长8.89%；占当年缴存额的70.44%，比上年增加2.86个百分点。2018年末，提取总额31.75亿元，同比增长32.20%。

（三）贷款：个人住房贷款最高额度40万元，其中，单缴存职工最高额度40万元，双缴存职工最高额度40万元。

2018年，发放个人住房贷款0.32万笔8.01亿元，同比分别下降22.60%、16.43%。回收个人住房贷款4.91亿元。

2018年末，累计发放个人住房贷款9.23万笔73.22亿元，贷款余额33.51亿元，同比分别增长3.59%、12.29%、10.21%。个人住房贷款余额占缴存余额的81.35%，比上年增加1.22个百分点。

受委托办理住房公积金个人住房贷款业务的银行4家，比上年增加1家。

（四）融资：2018年，融资0.18亿元（当年住房公积金增值收益），归还0.18亿元，2018年末，融资总额 0.18 亿元，融资余额 0 亿元。

（五）资金存储：2018 年末，住房公积金存款 8.01 亿元。其中，活期 0.24 亿元，1 年（含）以下定期 1.45 亿元，1 年以上定期 6.32 亿元，其他（协定、通知存款等）0 亿元。

（六）资金运用率：2018 年末，住房公积金个人住房贷款余额、项目贷款余额和购买国债余额的总和占缴存余额的 81.35%，比上年增加 1.22 个百分点。

三、主要财务数据

（一）业务收入：2018 年，业务收入 14655.67 万元，同比下降 16.42%。存款利息 4434.99 万元，委托贷款利息 10211.28 万元，国债利息 0 万元，其他 9.40 万元。

（二）业务支出：2018 年，业务支出 6434.48 万元，同比下降 11.86%。支付职工住房公积金利息 5923.78 万元，委托贷款手续费 510.70 万元。

（三）增值收益：2018 年，增值收益 8221.19 万元，同比下降 19.68%。增值收益率 2.07%，比上年减少 0.74 个百分点。

（四）增值收益分配：2018 年，提取贷款风险准备金 310.52 万元，提取管理费用 1600.00 万元，提取城市廉租住房（公共租赁住房）建设补充资金 6310.67 万元。

2018 年，上交财政管理费用 1600.00 万元。上缴财政城市廉租住房（公共租赁住房）建设补充资金 6310.67 万元。

2018 年末，贷款风险准备金余额 3350.58 万元。累计提取城市廉租住房（公共租赁住房）建设补充资金 28234.82 万元。

（五）管理费用支出：2018 年，管理费用支出 1543.72 万元，同比下降 7.85%。其中，人员经费 1021.69 万元，公用经费 226.42 万元，专项经费 295.61 万元。

四、资产风险状况

2018 年末，个人住房贷款逾期额 265.74 万元，逾期率 0.8‰。个人贷款风险准备金按贷款余额的 1% 提取。2018 年，提取个人贷款风险准备金 310.52 万元，使用个人贷款风险准备金核销呆坏账 0 万元。2018 年末，个人贷款风险准备金余额 3350.58 万元，占个人住房贷款余额的 1%，个人住房贷款逾期额与个人贷款风险准备金余额的比率为 7.93%。

五、社会经济效益

（一）缴存业务：2018 年，实缴单位数同比减少 3.6%，实缴职工人数和缴存额同比分别增长 0.38% 和 4.47%。

缴存单位中，国家机关和事业单位占 71.76%，国有企业占 7.79%，城镇集体企业占 0.91%，外商投资企业占 0.27%，城镇私营企业及其他城镇企业占 19.01%，民办非企业单位和社会团体占 0.21%，其他占 0.05%。

缴存职工中，国家机关和事业单位占 75.66%，国有企业占 4.13%，城镇集体企业占 0.82%，外商投资企业占 0.18%，城镇私营企业及其他城镇企业占 18.07%，民办非企业单位和社会团体占 0.02%，其他占1.12%；中、低收入占99.86%，高收入占0.14%。

新开户职工中，国家机关和事业单位占38.52%，国有企业占14.15%，城镇集体企业占4.29%，外商投资企业占0.65%，城镇私营企业及其他城镇企业占35.70%，民办非企业单位和社会团体占0.17%，其他占6.52%；中、低收入占99.90%，高收入占0.10%。

（二）提取业务：2018年，2.16万名缴存职工提取住房公积金7.73亿元。

提取金额中，住房消费提取占77.54%（购买、建造、翻建、大修自住住房占44.43%，偿还购房贷款本息占55.49%，租赁住房占0.08%）；非住房消费提取占22.46%（离休和退休提取占81.19%，完全丧失劳动能力并与单位终止劳动关系提取占9.92%，户口迁出本市或出境定居占3.27%，其他占5.62%）。提取职工中，中、低收入占99.87%，高收入占0.13%。

（三）贷款业务：

1. **个人住房贷款**：2018年，支持职工购建房37.33万平方米，年末个人住房贷款市场占有率为31.53%，比上年增加1.03个百分点。通过申请住房公积金个人住房贷款，可节约职工购房利息支出17281.01万元。

职工贷款笔数中，购房建筑面积90（含）平方米以下占8.87%，90~144（含）平方米占87.04%，144平方米以上占4.09%。购买新房占97.47%（其中购买保障性住房占0.47%），购买存量商品住房（二手房）占2.53%。

职工贷款笔数中，单缴存职工申请贷款占65.08%，双缴存职工申请贷款占34.92%，无三人及以上缴存职工共同申请贷款情况。

贷款职工中，30岁（含）以下占32.48%，30岁~40岁（含）占34.79%，40岁~50岁（含）占22.33%，50岁以上占10.40%；首次申请贷款占62.02%，二次及以上申请贷款占37.98%；中、低收入占99.78%，高收入占0.22%。

2. **异地贷款**：2018年，发放异地贷款100笔2558.4万元。2018年末，发放异地贷款总额11661.9万元，异地贷款余额10263.38万元。

（四）住房贡献率：2018年，个人住房贷款发放额、住房消费提取额的总和与当年缴存额的比率为127.6%，比上年减少12.65个百分点。

六、其他重要事项

（一）当年机构及职能调整情况、受委托办理缴存贷款业务金融机构变更情况：2018年办理缴存业务的银行为8家，无增减变化。2018年1月26日，经张掖市第三届住房公积金管理委员会第四次全体委员会审议同意市住房公积金管理中心在中国银行张掖分行等4家银行办理住房公积金个人委托贷款业务。2018年7月，中心和中国银行张掖分行签署协议，委托中行张掖分行办理委贷业务。截止年底，办理委贷业务的银行包括工行、农行、建行和中行共4家。

（二）当年住房公积金政策调整及执行情况：

1. **缴存基数**：自2018年10月1日起，职工住房公积金月缴存基数为职工本人上一年度月平均工资，月缴存基数最高不超过上年度在岗职工月平均工资5665元的3倍，即16995元，最低不低于2018年甘州区最低工资标准1520元。单位和职工缴存比例各不高于12%、不低于5%，单位缴存比例和个人缴存比例保持一致。

2. 提取政策调整情况： ①规范缴存职工与单位解除或终止劳动关系住房公积金提取时限。根据住房城乡建设部、财政部、人民银行、公安部《关于开展治理违规提取住房公积金工作的通知》（建金〔2018〕46号）精神，进一步明确缴存职工与单位解除或终止劳动关系和自愿缴存人员主动停缴公积金的，先由单位或管理部核实后办理个人账户封存。账户封存期间，在异地开立住房公积金账户并稳定缴存半年以上的，办理异地转移接续手续，未在异地继续缴存的，封存满半年后可以提取。②规范公积金提取范围。根据住房城乡建设部、财政部、中国人民银行《关于住房公积金管理若干具体问题的指导意见》（建金管〔2005〕5号）文件精神，取消"缴存职工购买自住住房时，可以申请提取父母、子女住房公积金"的规定。进一步明确提取范围为缴存职工家庭（含借款人及配偶、未成年子女）在购买、建造、翻建、大修自住住房时，职工本人及其配偶自实际购房行为发生之日起三年内提供相应资料，可提取住房公积金账户内的可用余额，累计提取额度不超过购房总价。③规范借款人配偶提取公积金行为。根据住房城乡建设部、财政部、中国人民银行《关于住房公积金管理若干具体问题的指导意见》（建金管〔2005〕5号）文件精神，取消"住房公积金贷款未还清的，借款人及配偶应先提取偿还贷款本息，不得再以购房等其他情形为由进行部分提取和销户提取"的规定，调整为借款人配偶在公积金中心无贷款、无担保且借款人还款正常的情况下，符合提取条件的，可以销户提取本人名下的住房公积金。④进一步明确本人家庭生活困难时提取住房公积金政策。根据住房城乡建设部、财政部、中国人民银行《关于住房公积金管理若干具体问题的指导意见》（建金管〔2005〕5号）文件精神，遇到突发事件造成家庭生活严重困难的，提供有效证明材料，经管理部审核，可以提取本人住房公积金账户内存储余额。⑤进一步明确提取公积金偿还个人住房贷款行为。根据住房城乡建设部、财政部、中国人民银行《关于住房公积金管理若干具体问题的指导意见》（建金管〔2005〕5号）文件精神，同一套住房已申请办理住房公积金提取或贷款，公积金贷款还清后，不得再次提取住房公积金用于偿还该套住房的商业住房贷款；提取偿还商业住房贷款和异地住房公积金购房贷款的，借款人及配偶每年只能提取一次，再次提取时只需提供近一年度的还款明细，不再提供住房贷款资料。⑥取消子女上大学造成家庭生活困难提取公积金政策。根据住房城乡建设部、财政部、中国人民银行《关于住房公积金管理若干具体问题的指导意见》（建金管〔2005〕5号）文件精神，取消"子女上大学造成家庭生活困难提取公积金"的规定。

3. 贷款政策调整情况： ①调整贷款月还款额度计算方式。根据住房城乡建设部、财政部、中国人民银行《关于切实提高住房公积金使用效率的通知》（建金〔2015〕150号）和《住房公积金个人住房贷款业务规范》GB/T 51267—2018规定，借款人月还款额调整为：借款人住房公积金个人住房贷款月还款额应不超过借款申请人（含共同申请人）月收入的50%，借款人月收入根据本人住房公积金月缴存基数计算。②进一步明确贷款资金划转行为。根据住房城乡建设部、财政部、中国人民银行《关于住房公积金管理若干具体问题的指导意见》（建金管〔2005〕5号）和《住房公积金个人住房贷款业务规范》GB/T 51267—2018规定，进一步明确借款人申请以所购预售商品房抵押贷款的，售房单位（售房人）、借款人须与中心（管理部）签订资金划转合作协议后，贷款资金划入售房单位在银行开设的账户内；对借款人已全额交付房款、已办理了《不动产权证书》及售房单位（售房人）未与中心（管理部）签订资金划转合作协议的，贷款资金划入借款人账户。③规范住房公积金贷款对象。根据住房城乡建设部、财政部、中国人民银行《关于发展住房公积金个人住房贷款业务的通知》（建金〔2014〕148号）《关于规范住房公积金个人住房贷款政策有关问题的通知》（建金〔2010〕179号）和《住房公积金个人住房贷款业务规范》GB/T 51267—2018，取消"借款人父母、子女购建房，缴存职工也可申请住房公积金贷款"的规定。贷款发放对象明确为"购买首套自住住房或第二套改善型普通自住住房的缴存职工。缴存职工的配偶及未成年子女购房的，本人可申请住房公积金贷款"。支持借款人父母、子女作为共同购房人并以其中缴存住房公积金一方或以共同借款人方式办理住房公积金贷款。④规范贷款次数。根据住房城乡建设部、财政部、中国人民银行《关于住房公积金管理若干具体问题的指导意见》（建金管〔2005〕5号）、《关于发展住房公积金个人住房贷款业务的通知》（建金〔2014〕148号）和住房城乡建设部办公厅《关于开展住房公积金政策执行情况检查及风险隐患排查的通知》（建办金函〔2018〕284号）及《住房公积金个人住房贷款业务规范》GB/T 51267—2018，进一步明确一个缴存职工家庭购买同一套房屋只能申请一次住房公积金贷款。对已拥有一套住房且办理过住房公积金贷款的，为改善居住条件再次申请住房公积金贷款购房时，需结清首套房购房贷款，不得向购买第三套及以上住房的缴存职工家庭发放住房公积金个人住房贷款。⑤进一步严格贷款资料审查。根据《住房公积金个人住房贷款业务规范》GB/T 51267—2018规定，在原有要件资料的基础上，进一步明确贷款用于购买自住商品住房的，需提供经房地产行政主管部门备案的购房合同。对自愿缴存住房公积金人员和异地购房贷款人员在申请住房公积金贷款时，应加强资信审查。⑥更改工资质押贷款名称。根据《住房公积金个人住房贷款业务规范》GB/T 51267—2018，将工资质押贷款更改为个人保证担保贷款，担保人担保条件必须为财政统发工资或工资由财政全额拨款，单位发放的行政事业单位职工。⑦规范贷款担保行为。根据住房城乡建设部、财政部、中国人民银行《关于发展住房公积金个人住房贷款业务的通知》（建金〔2014〕148号）、《关于住房公积金异地个人住房贷款若干具体问题的通知》（建金〔2016〕230号）文件精神，各类缴存人员住房公积金个人住房贷款担保以所购住房抵押为主。

（三）当年服务改进情况：各管理部全面实行综合柜员制，按照国务院及省、市深化"放管服""四办"改革和"最多跑一次"相关工作要求，以服务缴存单位和缴存职工为导向，通过减事项、减层级、减环节、减材料、减时限等措施，进一步优化再造业务流程，压缩审批时限，真正做到削减与提速相结合，有效解决群众办事多头跑、重复跑问题，实现了"一窗受理、集成服务"的服务模式，由"管理型中心"向"智慧服务型中心"转变。至2018年年底，中心共取消归集、贷款、提取业务办理要件资料22项，保留的证明事项16项，要件完备、手续齐全需"最多跑一次"办理的事项共33项，其中25项业务可通过线上"零跑路"办理，所有事项全部在政务服务网站加载运行并向社会公开公布，中心"放管服"改革工作取得了实质性的成效。

（四）当年信息化建设情况：融合线上线下，信息化建设迈上新台阶。在全面完成"双贯标"验收的基础上，加快住房公积金综合服务平台后续建设应用，按照住房城乡建设部《综合服务平台建设导则》及省市关于网络平台集约化建设要求，建成了门户网站、网上业务大厅、手机APP、微信公众号、12329短信、12329服务热线、二维码卡、银行联名卡等8种服务渠道并形成了以第三方微信城市服务、支付宝蚂蚁金服等服务渠道为补充的在线服务体系，综合服务平台于2018年11月15日顺利通过了部、省联合验收，建成了网上办事的"高速路"，推动公积金服务事项在网上"随时办理、快速送达"，超过80%的公积金业务实现线上受理办结，切实为缴存单位和职工提供了全方位、立体化、更高效的服务体验，我市住房公积金信息化建设迈上新台阶。

（五）当年住房公积金管理中心及职工所获荣誉情况：2018年，中心被甘肃省保障性安居工程及住房公积金监管领导小组办公室综合考核评定为"2018年住房公积金工作先进单位";中心党组书记、主任殷占军同志被中共张掖市委、张掖市人民政府记"三等功"一次;中心副调研员张国平同志2015—2018年度连续3年考核为"优秀"等次,被中共张掖市委组织部、张掖市人力资源和社会保障局记"三等功"一次;中心干部李晓霞、吴睿超、代玉辉、刘永华、黄建东、郝文进、付连宏、田凤8人被中共张掖市委组织部、张掖市人力资源和社会保障局考核确定为2018年度"优秀"等次。

平凉市住房公积金2018年年度报告

一、机构概况

(一)住房公积金管理委员会:住房公积金管理委员会有25名委员,2018年召开2次会议,审议通过的事项主要包括:《2018年度住房公积金财务决算》、《2018年度住房公积金财务预算》、《2018年度保障房(棚户区改造工程)建设补充资金分配意见》、《拟向社会公布的我市住房公积金管理工作2018年度公报》、《2018年度全市住房公积金归集使用计划执行情况》、《2018年度全市住房公积金归集使用计划》。

(二)住房公积金管理中心:本市目前有两家公积金管理机构。

平凉市住房公积金管理中心(以下简称"平凉中心")为(平凉市政府)不以营利为目的的参公管理事业单位,设5个科室,8个管理部。从业人员122人,其中,在编57人,非在编65人。

华亭煤业公司住房公积金管理中心为华亭煤业集团公司不以营利为目的的事业单位,设业务科,下设33个单位管理员。从业人员5人,其中,在编5人。

二、业务运行情况

(一)缴存:2018年,新开户单位100家,实缴单位2047家,净增单位69家;新开户职工0.90万人,实缴职工9.76万人,净增职工0.73万人;缴存额15.99亿元,同比增长6.7%。2018年末,缴存总额108.00亿元,同比增长14.5%;缴存余额69.33亿元,同比增长5.6%。

受委托办理住房公积金缴存业务的银行,平凉中心9家,比上年增加2家。华煤分中心5家,比上年增加0家。

(二)提取:2018年,提取额10.39亿元,同比增长73.7%;占当年缴存额的64.98%,比上年增加43.1个百分点。2018年末,提取总额38.67亿元,同比增长26.4%。

(三)贷款:平凉中心个人住房贷款最高额度40万元,其中,单缴存职工最高额度40万元,双缴存职工最高额度40万元。华煤分中心个人住房贷款最高额度50万元,其中,单缴存职工最高额度50万元,双缴存职工最高额度50万元。

2018年,发放个人住房贷款5839笔17.9亿元,同比分别增长30.8%、40.3%。其中,市中心发放个人住房贷款5140笔15.73亿元,华煤分中心发放个人住房贷款699笔2.17亿元。

2018年,回收个人住房贷款8.33亿元。其中,市中心7.41亿元,华煤分中心0.92亿元。

2018年末，累计发放个人住房贷款8.48万笔101.14亿元，贷款余额54.27亿元，同比分别增长7.9%、21.7%、21.4%。个人住房贷款余额占缴存余额的78.3%，比上年增加53.78个百分点。

受委托办理住房公积金个人住房贷款业务的银行市中心9家，比上年增加2家。华煤分中心2家，比上年增加0家。

（四）资金存储：2018年末，住房公积金存款18.01亿元。其中，活期0.98亿元，1年（含）以下定期15.73亿元，1年以上定期1.3亿元，其他（协定、通知存款等）0亿元。

（五）资金运用率：2018年末，住房公积金个人住房贷款余额、项目贷款余额和购买国债余额的总和占缴存余额的78.28%，比上年增加8.14个百分点。

三、主要财务数据

（一）业务收入：2018年，业务收入20958.7万元，同比增长17.6%。其中，市中心16483.92万元，华煤分中心4474.78万元；存款利息5369.34万元，委托贷款利息15510.24万元，国债利息0万元，其他79.12万元。

（二）业务支出：2018年，业务支出15081.47万元，同比增长25.4%。其中，市中心13056.97万元，华煤分中心2024.50万元；支付职工住房公积金利息14341.72万元，归集手续费0万元，委托贷款手续费733.97万元，其他5.78万元。

（三）增值收益：2018年，增值收益5877.23万元，同比增长1.5%。其中，市中心3426.95万元，华煤分中心2450.28万元；增值收益率2.42%，比上年增加1.04个百分点。

（四）增值收益分配：2018年，本市提取贷款风险准备金2302.21万元，提取管理费用1760.32万元，提取城市廉租住房（公共租赁住房）建设补充资金1814.7万元。

其中，平凉中心提取贷款风险准备金832.04万元，提取管理费用1560.32万元，提取城市廉租住房（公共租赁住房）建设补充资金1034.59万元。

华煤分中心提取贷款风险准备金1470.17万元，提取管理费用200万元，提取城市廉租住房（公共租赁住房）建设补充资金780.11万元。

2018年，上交财政管理费用2789.92万元。上缴财政城市廉租住房（公共租赁住房）建设补充资金2589.92万元。其中，市中心上缴2589.92万元，华煤分中心上缴200万元。

2018年末，贷款风险准备金余额8683.63万元。累计提取城市廉租住房（公共租赁住房）建设补充资金9806.42万元。其中，市中心提取4960.04万元，华煤分中心提取4846.38万元。

（五）管理费用支出：2018年，管理费用支出2003.29万元，同比增长85.4%。其中，人员经费1755.13万元，公用经费234.3万元，专项经费13.86万元。

市中心管理费用支出1560.32万元，其中，人员、公用、专项经费分别为961.81万元、138.22万元、460.29万元；华煤分中心管理费用支出18.74万元，其中，人员、公用、专项经费分别为0万元、4.88万元、13.86万元。

四、资产风险状况

2018年末，个人住房贷款逾期额178.2万元，逾期率0.4‰。其中，市中心0.4‰，华煤分中心0‰。

平凉中心个人贷款风险准备金按（贷款余额或增值收益）的1%提取。2018年，提取个人贷款风险准备金832.04万元，使用个人贷款风险准备金核销呆坏账0万元。2018年末，个人贷款风险准备金余额4960.04万元，占个人住房贷款余额的1%，个人住房贷款逾期额与个人贷款风险准备金余额的比率为3.59%。

华煤分中心个人贷款风险准备金按（增值收益）的60%提取。2018年，提取个人贷款风险准备金1470.17万元，使用个人贷款风险准备金核销呆坏账0万元。2018年末，个人贷款风险准备金余额4198.04万元，占个人住房贷款余额的8.99%，个人住房贷款逾期额与个人贷款风险准备金余额的比率为0%。

五、社会经济效益

（一）缴存业务：2018年，实缴单位数、实缴职工人数和缴存额同比分别下降5.5%、11.28%和22.69%。

缴存单位中，国家机关和事业单位占82.1%，国有企业占5.2%，城镇集体企业占1.9%，外商投资企业占0.09%，城镇私营企业及其他城镇企业占4.2%，民办非企业单位和社会团体占0.44%，其他占5.9%。

缴存职工中，国家机关和事业单位占84.4%，国有企业占19.8%，城镇集体企业占0.85%，外商投资企业占0.02%，城镇私营企业及其他城镇企业占2.5%，民办非企业单位和社会团体占0.09%，其他占6.4%；中、低收入占98.8%，高收入占0.01%。

新开户职工中，国家机关和事业单位占64.4%，国有企业占24.4%，城镇集体企业占1.5%，外商投资企业占0.09%，城镇私营企业及其他城镇企业占7.6%，民办非企业单位和社会团体占0.7%，其他占7.8%；中、低收入占99.96%，高收入占0.04%。

（二）提取业务：2018年，9.39万名缴存职工提取住房公积金10.39亿元。

提取金额中，住房消费提取占83%（购买、建造、翻建、大修自住住房占19.2%，偿还购房贷款本息占42.9%，租赁住房占0.5%，其他占2.1%）；非住房消费提取占10.6%（离休和退休提取占70.19%，完全丧失劳动能力并与单位终止劳动关系提取占6.2%，户口迁出本市或出境定居占0.48%，其他占20.13%）。

提取职工中，中、低收入占99.95%，高收入占0.05%。

（三）贷款业务：

1. 个人住房贷款：2018年，支持职工购建房67.15万平方米，年末个人住房贷款市场占有率为39.75%，比上年减少7.75个百分点。通过申请住房公积金个人住房贷款，可节约职工购房利息支出24894.62万元。

职工贷款笔数中，购房建筑面积90（含）平方米以下占8.7%，90~144（含）平方米占83.8%，144平方米以上占7.5%。购买新房占87.3%（其中购买保障性住房占0.05%），购买二手房占12.8%，建造、翻建、大修自住住房占0.008%，其他占0%。

职工贷款笔数中，单缴存职工申请贷款占65.1%，双缴存职工申请贷款占34.5%，三人及以上缴存职工共同申请贷款占0.4%。

贷款职工中，30 岁（含）以下占 35.2%，30 岁~40 岁（含）占 40.2%，40 岁~50 岁（含）占 16.8%，50 岁以上占 7.75%；首次申请贷款占 82.4%，二次及以上申请贷款占 17.6%；中、低收入占 100%，高收入占 0%。

2. **异地贷款**：2018 年，发放异地贷款 345 笔 9837.8 万元。2018 年末，发放异地贷款总额 13252.5 万元，异地贷款余额 12783.2 万元。

（四）住房贡献率：2018 年，个人住房贷款发放额、公转商贴息贷款发放额、项目贷款发放额、住房消费提取额的总和与当年缴存额的比率为 176.9%，比上年增加 52 个百分点。

酒泉市住房公积金 2018 年年度报告

一、机构概况

（一）住房公积金管理委员会：住房公积金管理委员会有 23 名委员，2018 年召开 1 次会议，审议通过的事项主要包括：

1. 酒泉市住房公积金管理中心所做的《关于 2018 年度全市住房公积金归集、使用计划执行情况和 2018 年度全市住房公积金归集、使用计划预算报告》。
2. 《酒泉市住房公积金 2018 年年度报告》。
3. 酒泉市住房公积金管理中心提交的《关于停止发放第三次及以上住房公积金贷款的事项》。
4. 酒泉市住房公积金管理中心提交的《关于停止父母子女互提互贷互还款的公积金使用政策的事项》。
5. 酒泉市住房公积金管理中心提交的《关于将农业转移人口、个体工商户、自由职业者纳入住房公积金制度保障范围的事项》、《酒泉市农业转移人员、个体工商户、自由职业者缴存使用住房公积金暂行管理办法》。
6. 酒泉市住房公积金管理中心提交的《关于在内地（大陆）就业的港澳台同胞享有与内地缴存职工一致的住房公积金待遇的事项》、《在酒就业的港澳台同胞缴存使用住房公积金实施办法》。
7. 酒泉市住房公积金管理中心提交的《甘肃柳园花牛山工业集团有限责任公司关于缓交住房公积金的申请的事项》。

（二）住房公积金管理中心：住房公积金管理中心为直属人民政府不以营利为目的的独立的参公事业单位，设 5 个科，7 个分中心，1 个行业分中心。从业人员 103 人，其中，在编 72 人，非在编 31 人。酒泉市中心从业人员 95 人，在编人员 64 人，非在编 31 人；玉门油田从业人员 8 人，在编 8 人。

二、业务运行情况

（一）缴存：2018 年，新开户单位 80 家，实缴单位 2010 家，减少单位 19 家；新开户职工 0.5445 万人，实缴职工 7.66 万人，净增职工 0.39 万人；缴存额 13.6 亿元，同比增长 14.09%。2018 年末，缴存总额 109.66 亿元，同比增长 14.15％；缴存余额 47.6 亿元，同比增长 7.86％。

受委托办理住房公积金缴存业务的银行 9 家，比上年增加 1 家。

（二）**提取**：2018 年，提取额 10.14 亿元，同比增长 12.04％；占当年缴存额的 74.56％，比上年减少 1.36 个百分点。2018 年末，提取总额 62.06 亿元，同比增长 19.53％。

（三）**贷款**：个人住房贷款最高额度 50 万元，其中，单缴存职工最高额度 50 万元，双缴存职工最高额 50 万元。其中，玉门油田分中心最高额度 60 万元，其中，单缴存职工最高额度 60 万元，双缴存职工最高额度 60 万元。

2018 年，发放个人住房贷款 0.35 万笔 10.82 亿元，贷款发放笔数同比下降 10.26％、贷款发放额同比增长 1.11％。其中，市中心发放个人住房贷款 0.32 万笔 10.03 亿元，油田分中心发放个人住房贷款 0.03 万笔 0.79 亿元。

2018 年，回收个人住房贷款 6.1 亿元。其中，市中心 5.51 亿元，油田分中心 0.59 亿元。

2018 年末，累计发放个人住房贷款 3.9 万笔 60.49 亿元，贷款余额 31.26 亿元，同比分别增长 9.86％、21.78％、17.83％。个人住房贷款余额占缴存余额的 65.67％，比上年增加 5.55 个百分点。

受委托办理住房公积金个人住房贷款业务的银行 7 家，比上年增加 2 家。

（四）**资金存储**：2018 年末，住房公积金存款 16.57 亿元。其中，活期 0.78 亿元，1 年（含）以下定期 9.91 亿元，1 年以上定期 5.88 亿元，其他（协定、通知存款等）0 亿元。其中，酒泉市中心住房公积金存款 3.22 亿元。其中，活期 0.24 亿元，1 年（含）以下定期 2.98 亿元，1 年以上定期 0 亿元，其他（协定、通知存款等）0 亿元；油田分中心住房公积金存款 13.35 亿元。其中，活期 0.54 亿元，1 年（含）以下定期 6.93 亿元，1 年以上定期 5.88 亿元，其他（协定、通知存款等）0 亿元。

（五）**资金运用率**：2018 年末，住房公积金个人住房贷款余额、项目贷款余额和购买国债余额的总和占缴存余额的 65.67％，比上年增加 5.55 个百分点。

三、主要财务数据

（一）**业务收入**：2018 年，业务收入 14307.36 万元，同比增长 13.95％。其中，市中心 9849.77 万元，油田分中心 4457.59 万元；存款利息 4927.05 万元，委托贷款利息 9375.18 万元，国债利息 0 万元，其他 5.13 万元。

（二）**业务支出**：2018 年，业务支出 6965.97 万元，同比增长 5.51％。其中，市中心 4649.89 万元，油田分中心 2316.08 万元；支付职工住房公积金利息 6574.17 万元，归集手续费 0 万元，其中，市中心委托贷款手续费 0 万元；油田分中心委托贷款手续费 27.59 万元，其他 364.20 万元。

（三）**增值收益**：2018 年，增值收益 7341.38 万元，同比增长 23.31％。其中，市中心 5199.88 万元，油田分中心 2141.50 万元；增值收益率 1.63％，比上年增加 0.2 个百分点。

（四）**增值收益分配**：2018 年，提取贷款风险准备金 1519.82 万元，提取管理费用 2907.46 万元，提取城市廉租住房（公共租赁住房）建设补充资金 2914.10 万元。

2018 年，市中心上交财政管理费用 1402.35 万元。上缴财政城市廉租住房（公共租赁住房）建设补充资金 2297.65 万元；玉门油田分中心上交公司管理费用 1313.49 万元，上缴公司城市廉租住房（公共租赁住房）建设补充资金 1094.38 万元。

2018年末，贷款风险准备金余额5350.78万元。其中，酒泉市中心贷款风险准备金余额5126.46万元，油田分中心贷款风险准备金余额224.32万元。累计提取城市廉租住房（公共租赁住房）建设补充资金16866.17万元。其中，市中心提取11503.34万元，油田分中心提取5362.83万元。

（五）管理费用支出：2018年，管理费用支出2941.72万元，同比下降15.62%。其中，人员经费1786.46万元，公用经费510.18万元，专项经费645.08万元。

市中心管理费用支出1436.61万元，其中，人员、公用、专项经费分别为739.06万元、120.76万元、576.79万元；油田分中心管理费用支出1505.11万元，其中，人员、公用、专项经费分别为1047.4万元、389.42万元、68.29万元。

四、资产风险状况

2018年末，个人住房贷款逾期额30.68万元，逾期率0.10‰。其中，市中心0.09‰，油田分中心0.01‰。

个人贷款风险准备金按贷款余额的1%提取。2018年，提取个人贷款风险准备金1519.82万元，使用个人贷款风险准备金核销呆坏账0万元。2018年末，个人贷款风险准备金余额5350.78万元，占个人住房贷款余额的1.71%，个人住房贷款逾期额与个人贷款风险准备金余额的比率为0.57%。

五、社会经济效益

（一）缴存业务：2018年，实缴单位数同比减少0.94%、实缴职工人数和缴存额同比增长5.36%和14.09%。

缴存单位中，国家机关和事业单位占65.67%，国有企业占11.14%，城镇集体企业占0.85%，外商投资企业占1%，城镇私营企业及其他城镇企业占12.54%，民办非企业单位和社会团体占1.69%，其他占7.11%。

缴存职工中，国家机关和事业单位占57.31%，国有企业占27.58%，城镇集体企业占0.76%，外商投资企业占0.71%，城镇私营企业及其他城镇企业占7.02%，民办非企业单位和社会团体占0.51%，其他占6.11%；中、低收入占99.22%，高收入占0.78%。

新开户职工中，国家机关和事业单位占23.1%，国有企业占22.19%，城镇集体企业占2.28%，外商投资企业占1.4%，城镇私营企业及其他城镇企业占33.24%，民办非企业单位和社会团体占2.46%，其他占15.33%；中、低收入占99.86%，高收入占0.15%。

（二）提取业务：2018年，3.55万名缴存职工提取住房公积金10.14亿元。

提取金额中，住房消费提取占79.98%（购买、建造、翻建、大修自住住房占41.32%，偿还购房贷款本息占37.08%，租赁住房占0.99%，其他占0.59%）；非住房消费提取占20.02%（离休和退休提取占16.07%，完全丧失劳动能力并与单位终止劳动关系提取占1.87%，户口迁出本市或出境定居占0.69%，其他占1.39%）。

提取职工中，中、低收入占98.52%，高收入占1.48%。

（三）贷款业务：

1. 个人住房贷款：2018年，支持职工购建房39.27万平方米，年末个人住房贷款市场占有率为

34.05%，比上年增加 0.68 个百分点。通过申请住房公积金个人住房贷款，可节约职工购房利息支出 16736.26 万元。

职工贷款笔数中，购房建筑面积 90（含）平方米以下占 14.29%，90～144（含）平方米占 77.17%，144 平方米以上占 8.54%。购买新房占 82.86%（其中购买保障性住房占 0.29%），购买二手房占 17.14%，建造、翻建、大修自住住房占 0%，其他占 0%。

职工贷款笔数中，单缴存职工申请贷款占 31.41%，双缴存职工申请贷款占 68.56%，三人及以上缴存职工共同申请贷款占 0.03%。

贷款职工中，30 岁（含）以下占 32.51%，30 岁～40 岁（含）占 33.83%，40 岁～50 岁（含）占 22.06%，50 岁以上占 11.6%；首次申请贷款占 85.54%，二次及以上申请贷款占 14.46%；中、低收入占 99.20%，高收入占 0.80%。

2. **异地贷款**：2018 年，市中心发放异地贷款 164 笔 4996.70 万元。2018 年末，市中心发放异地贷款总额 13943.7 万元，异地贷款余额 13787.70 万元。

（四）**住房贡献率**：2018 年，个人住房贷款发放额、公转商贴息贷款发放额、项目贷款发放额、住房消费提取额的总和与当年缴存额的比率为 138.97%，比上年减少 29.03 个百分点。

六、其他重要事项

（一）当年机构及职能调整情况、受委托办理缴存贷款业务金融机构变更情况：原有办理住房公积金缴存业务的银行 9 家，现油田分中心新增加 1 家昆仑银行为受委托办理缴存业务的金融机构。

（二）当年住房公积金政策调整及执行情况：

1. 根据《住房公积金管理条例》（国务院令第 350 号）及我市有关政策规定，自 2018 年 7 月 1 日起，我市住房公积金缴存基数由 2016 年职工个人月平均工资总额，调整为 2018 年职工个人月平均工资总额。职工工资总额按照国家统计部门规定的工资总额计算口径核定。2018 年度住房公积金缴存基数：最低月缴存基数 1620 元，最高月缴存基数不得超过本市上一年度在岗职工月平均工资的 3 倍（15165 元）。2018 年度住房公积金单位和个人缴存比例分别不得低于 5%，不得高于 12%。

2. 2018 年 3 月 22 日，酒泉市住房公积金管理委员会审议通过，自 2018 年 4 月 1 日起停止发放第三次及以上住房公积金贷款。

3. 2018 年 3 月 22 日，酒泉市住房公积金管理委员会审议通过，自 2018 年 4 月 1 日起停止父母子女互提互贷互还款的公积金使用政策。

4. 2018 年 3 月 22 日，酒泉市住房公积金管理委员会审议通过，自 2018 年 4 月 1 日起将农业转移人员、个体工商户和自由职业者纳入住房公积金制度保障范围。

5. 2018 年 3 月 22 日，酒泉市住房公积金管理委员会审议通过，自 2018 年 4 月 1 日起在酒就业的港澳台同胞开户缴纳住房公积金后，均可按我市现行政策规定同等享有住房公积金归集、提取、贷款待遇。

（三）当年服务改进情况：

1. 根据住房城乡建设部及省住房城乡建设厅统一部署，认真落实"放管服"和"四办"改革要求，简化操作流程步骤。全市公积金中心取消了身份证复印件、户口簿、收入证明等 20 项证明，梳理出公积金业务"最多跑一次"事项 38 项，"不见面"事项 29 项，实现减材料、减环节、减时限，使公积金业务办公手续更便捷、流程更优化、效率再提高。

2. 围绕"最多跑一次"目标,简化办事流程,创新办事渠道,加大网厅、手机终端功能的研发,提高利用率。2018年,全市公积金归集业务全部实现网上办理,提取业务实现30%网上办理,贷款业务实现80%的网上自助申请,业务综合离柜率已达到80%以上,政务服务网开通在线办理业务30项,通过提供多渠道服务,实现公积金使用率再创新高。

3. 按照全市"放管服"目标任务,2018年,肃州区、玉门、敦煌、阿克塞4个分中心已完成进驻当地行政服务中心,切实在为民服务"跑一次、一次办"的环节上发挥重要作用。

(四)当年信息化建设情况:

1. 在2018年新系统上线运行的基础上,进一步升级改造业务管理系统,2018年,公积金"云平台2.0"版系统上线运行。

2. 在"云平台2.0"系统原有的基础上不断完善改进,新增了绩效考核、稽核监管、电子档案、阿里钉钉移动办公等功能模块,实现了全市公积金系统的网络化、一体化、智能化。

3. 2018年,市住房公积金管理中心征信数据正式接入人民银行征信系统,对失信借款人实行联合惩戒,提高贷款业务当事人的诚信度。

(五)当年住房公积金管理中心及职工所获荣誉情况:酒泉市住房公积金管理中心和玉门油田住房公积金管理中心被甘肃省保障性安居工程及住房公积金监管领导小组通报表彰为2018年住房公积金工作先进单位。

闫虹被酒泉市妇联评选为2018年度三八红旗手。

庆阳市住房公积金2018年年度报告

一、机构概况

(一)住房公积金管理委员会:住房公积金管理委员会有23名委员,2018年召开1次会议,审议通过了《关于2018年住房公积金归集运营情况和2018年归集运营计划的报告》。

(二)住房公积金管理中心:住房公积金管理中心为庆阳市人民政府不以营利为目的的正县级参照公务员管理事业单位,设5个科(室),9个管理部。从业人员88人,其中,在编84人,非在编4人。

二、业务运行情况

(一)缴存:2018年,新开户单位97家,实缴单位2380家,净增单位14家;新开户职工0.50万人,实缴职工11.75万人,净减少职工0.22万人;缴存额13.59亿元,同比增长3.66%。2018年末,缴存总额86.56亿元,同比增长18.62%;缴存余额53.62亿元,同比增长12.41%。

受委托办理住房公积金缴存业务的银行9家,较上年无变化。

(二)提取:2018年,提取额7.67亿元,同比增长43.10%;占当年缴存额的56.44%,比上年增加

15.56 个百分点。2018 年末，提取总额 32.93 亿元，同比增长 30.31%。

（三）**贷款**：个人住房贷款最高额度 50 万元，其中，单缴存职工最高额度 40 万元，双缴存职工最高额度 50 万元。

2018 年，发放个人住房贷款 0.28 万笔 8.73 亿元，同比分别下降 3.45%、4.38%。

2018 年，回收个人住房贷款 5.44 亿元。

2018 年末，累计发放个人住房贷款 5.08 万笔 74.96 亿元，贷款余额 43.54 亿元，同比分别增长 5.83%、13.16%、8.17%。个人住房贷款余额占缴存余额的 81.20%，比上年减少 3.18 个百分点。

受委托办理住房公积金个人住房贷款业务的银行 9 家，较上年无变化。

（四）**资金存储**：2018 年末，住房公积金存款 10.52 亿元。其中，1 年（含）以下定期 8.58 亿元，协定存款 1.94 亿元。

（五）**资金运用率**：2018 年末，住房公积金个人住房贷款余额、项目贷款余额和购买国债余额的总和占缴存余额的 81.20%，比上年减少 3.18 个百分点。

三、主要财务数据

（一）**业务收入**：2018 年，业务收入 15281.52 万元，同比增长 15.84%。存款利息 1809.26 万元，委托贷款利息 13446.45 万元，其他 25.81 万元。

（二）**业务支出**：2018 年，业务支出 8277.24 万元，同比增长 15.66%。支付职工住房公积金利息 7667.36 万元，归集手续费 0.26 万元，委托贷款手续费 608.62 万元，其他 1 万元。

（三）**增值收益**：2018 年，增值收益 7004.28 万元，同比增长 16.05%。增值收益率 1.38%，比上年减少 0.02 个百分点。

（四）**增值收益分配**：2018 年，提取贷款风险准备金 329.10 万元，提取管理费用 1500 万元，提取城市廉租住房（公共租赁住房）建设补充资金 5175.18 万元。

2018 年，上交财政管理费用 1500 万元。上缴财政城市廉租住房（公共租赁住房）建设补充资金 5175.18 万元。

2018 年末，贷款风险准备金余额 4354.33 万元。累计提取城市廉租住房（公共租赁住房）建设补充资金 19129.38 万元。

（五）**管理费用支出**：2018 年，管理费用支出 1628.67 万元，同比增长 59.58%。其中，人员经费 741.71 万元，公用经费 136.18 万元，专项经费 750.78 万元。

四、资产风险状况

2018 年末，个人住房贷款逾期额 143.64 万元，逾期率 0.33‰。

个人贷款风险准备金按贷款余额的 1% 提取。2018 年，提取个人贷款风险准备金 329.10 万元，使用个人贷款风险准备金核销呆坏账 0 万元。2018 年末，个人贷款风险准备金余额 4354.33 万元，占个人住房贷款余额的 1%，个人住房贷款逾期额与个人贷款风险准备金余额的比率为 3.30%。

五、社会经济效益

（一）**缴存业务**：2018 年，实缴单位数、缴存额同比分别增长 0.59%、3.66%，实缴职工人数同比降低 1.84%。

缴存单位中,国家机关和事业单位占 78.19%,国有企业占 7.98%,城镇集体企业占 0.30%,城镇私营企业及其他城镇企业占 10.25%,民办非企业单位和社会团体占 1.85%,其他占 1.43%。

缴存职工中,国家机关和事业单位占 78.39%,国有企业占 11.59%,城镇集体企业占 0.07%,城镇私营企业及其他城镇企业占 9.15%,民办非企业单位和社会团体 0.38%,其他占 0.42%;中、低收入占 99.73%,高收入占 0.27%。

新开户职工中,国家机关和事业单位占 48.47%,国有企业占 14.72%,城镇集体企业占 1.49%,城镇私营企业及其他城镇企业占 28.67%,民办非企业单位和社会团体占 1.93%,其他占 4.72%;中、低收入占 99.62%,高收入占 0.38%。

(二)提取业务:2018 年,2.02 万名缴存职工提取住房公积金 7.67 亿元。

提取金额中,住房消费提取占 71.94%(购买、建造、翻建、大修自住住房占 43.67%,偿还购房贷款本息占 53.24%,租赁住房占 3.09%);非住房消费提取占 28.06%(离休和退休提取占 75.71%,完全丧失劳动能力并与单位终止劳动关系提取占 8.83%,户口迁出本市或出境定居 3.06%,其他占 12.40%)。

提取职工中,中、低收入占 99.70%,高收入占 0.30%。

(三)贷款业务:

1. **个人住房贷款**:2018 年,支持职工购建房 32.58 万平方米,年末个人住房贷款市场占有率为 40.34%,比上年减少 2.93 个百分点。通过申请住房公积金个人住房贷款,可节约职工购房利息支出 14387.31 万元。

职工贷款笔数中,购房建筑面积 90(含)平方米以下占 6.70%,90~144(含)平方米占 88.10%,144 平方米以上占 5.20%。购买新房占 90.02%,购买二手房占 9.98%。

职工贷款笔数中,单缴存职工申请贷款占 21.28%,双缴存职工申请贷款占 78.72%。

贷款职工中,30 岁(含)以下占 39.95%,30 岁~40 岁(含)占 42.05%,40 岁~50 岁(含)占 14.65%,50 岁以上占 3.35%;首次申请贷款占 86.96%,二次及以上申请贷款占 13.04%;中、低收入占 99.96%,高收入占 0.04%。

2. **异地贷款**:2018 年,发放异地贷款 78 笔 2116 万元。2018 年末,发放异地贷款总额 5419 万元,异地贷款余额 4913.93 万元。

(四)住房贡献率:2018 年,个人住房贷款发放额、公转商贴息贷款发放额、项目贷款发放额、住房消费提取额的总和与当年缴存额的比率为 104.86%,比上年增加 5.62 个百分点。

六、其他重要事项

(一)内设机构职能调整情况:撤销了专职稽核岗位,增设稽核监察科,主要职能是:监督检查住房公积金政策及内部管理制度执行情况;稽核住房公积金计划、预算执行以及归集、提取、贷款业务;稽核审计住房公积金会计核算工作和管理部负责人的任期经济责任;对受委托办理公积金业务的机构进行稽核监察。

(二)住房公积金政策调整及执行情况:住房公积金缴存基数限额及确定方法,根据庆阳市住房公积金管理中心《关于贯彻落实住房公积金缴存"控高保低"政策的通知》规定，缴存基数限额及确定方法，依据庆阳市统计局2018年公布的2018年度全市城镇非私营单位在岗职工年平均工资68699元（月平均工资为5725元）的数据，2018年度全市职工住房公积金月缴存基数最高不得超过2018年度本地城镇非私营单位在岗职工月平均工资5725元的三倍，按照甘肃省人民政府《关于调整全省最低工资标准的通知》（甘政发〔2018〕46号）规定的最低工资标准，2018年度职工住房公积金最低缴存基数为1520元。

（三）**服务改进情况**：在进一步优化营业网点柜面服务的基础上，我市以互联网和移动终端为主要载体，建设了包括12329公积金热线、短信、官方微信、市政府网站专题、网上业务大厅、手机客户端等服务渠道的综合服务平台，承担业务办理、信息查询、信息发布和互动交流等四类服务功能，满足不同年龄结构、知识水平和使用习惯缴存职工的多样化服务需求，提高了服务效率。2018年总计发送12329公积金热线短信95573条，12329公积金热线接听电话38892个，各服务渠道累计访问量191370人次。

（四）**信息化建设情况**：我市顺利完成了住房公积金信息系统升级改造项目，建成了核心数据中心和容灾备份服务器集群、县区监控系统、视频会议系统，并对网络环境和机房进行了改造。积极推进"双贯标"工作，严格按照《住房公积金基础数据标准》和住房公积金银行结算应用系统接入工作要求，直接升级为江苏富深协通科技有限公司开发的贯标版信息系统。全面清理了历史数据，优化了提取、贷款等业务流程，精简了6个业务环节，减少了身份证复印件、单位介绍信等办事要件，接入住房公积金银行结算应用系统，与受托银行实现了实时结算，强化了资金风险管控，精简了59个银行账户，资金管控覆盖全账户、全业务、全流程，提高了财务效率。"双贯标"工作顺利通过了住房城乡建设部验收，信息化建设通过了专家组验收，信息化服务水平有了很大程度提升。

（五）**其他需要披露的情况**：获准接入人民银行个人信用信息基础数据库。

定西市住房公积金2018年年度报告

一、机构概况

（一）**住房公积金管理委员会**：住房公积金管理委员会有22名委员，2018年4月3日召开了第十三次会议，审议通过的事项主要包括：1.定西市住房公积金管理中心《关于全市2018年住房公积金管理工作完成情况和2018年工作打算的报告》；2.定西市财政局《关于定西市住房公积金管理中心2018年度管理费用决算和2018年管理费用预算审核情况的报告》；3.定西市住房公积金管理中心《2018年全市住房公积金归集使用计划执行情况和2018年住房公积金归集使用计划》的报告。

（二）**住房公积金管理中心**：定西市住房公积金管理中心是隶属于定西市人民政府不以营利为目的的参照公务员法管理事业单位，设6个科室，9个管理部。从业人员89人，其中，在编76人，非在编13人。

二、业务运行情况

（一）**缴存**：2018年，新开户单位67家，实缴单位1849家，净增单位61家；新开户职工0.4万人，实缴职工 10.81 万人，比上年减少职工 0.42 万人；缴存额 15.12 亿元，同比增长 4.57%。2018 年末，缴存总额 86.06 亿元，同比增长 21.32%；缴存余额 55.77 亿元，同比增长 13.02%。

受委托办理住房公积金缴存业务的银行 7 家。

（二）提取：2018 年，提取额 8.7 亿元，同比增长 7.62%；占当年缴存额的 57.51%，比上年增加 1.63 个百分点。2018 年末，提取总额 30.28 亿元，同比增长 40.29%。

（三）贷款：个人住房贷款最高额度 40 万元，其中，单缴存职工最高额度 40 万元，双缴存职工最高额度 40 万元。

2018 年，发放个人住房贷款 0.41 万笔 12.68 亿元，同比分别增长 1.99%、9.36%。

2018 年，回收个人住房贷款 6.49 亿元。

2018 年末，累计发放个人住房贷款 5.44 万笔 81.05 亿元，贷款余额 43.72 亿元，同比分别增长 8.14%、18.55%、16.50%。个人住房贷款余额占缴存余额的 78.40%，比上年增加 2.34 个百分点。

受委托办理住房公积金个人住房贷款业务的银行 5 家，新增甘肃银行办理委贷业务，停止定西农商行办理委贷业务。

（四）资金存储：2018 年末，住房公积金存款 12.41 亿元。其中，活期 2.39 亿元，1 年（含）以下定期 10.02 亿元。

（五）资金运用率：2018 年末，住房公积金个人住房贷款余额、项目贷款余额和购买国债余额的总和占缴存余额的 78.40%，比上年增加 2.34 个百分点。

三、主要财务数据

（一）业务收入：2018 年，业务收入 15720.17 万元，同比增长 11.21%。其中：存款利息 2261.87 万元，委托贷款利息 13448.83 万元，其他 9.47 万元。

（二）业务支出：2018 年，业务支出 8640.35 万元，同比增长 13.36%。其中：支付职工住房公积金利息 7987.27 万元，归集手续费 0.58 万元，委托贷款手续费 652.50 万元。

（三）增值收益：2018 年，增值收益 7079.82 万元，同比增长 8.68%。增值收益率 1.34%，比上年减少 0.05 个百分点。

（四）增值收益分配：2018 年，提取贷款风险准备金 619.17 万元，提取管理费用 2170.77 万元，提取城市廉租住房（公共租赁住房）建设补充资金 4289.88 万元。

2018 年，上缴财政城市廉租住房（公共租赁住房）建设补充资金 3629.31 万元。提取城市廉租住房（公共租赁住房）建设补充资金 4289.88 万元，累计提取城市廉租住房（公共租赁住房）建设补充资金 22645.15 万元。

2018 年提取贷款风险准备金 619.17 万元，贷款风险准备金余额 4372.38 万元。

（五）管理费用支出：2018 年，管理费用支出 1811.54 万元，同比增长 19.51%。其中，人员经费 766.15 万元，公用经费 103.62 万元，专项经费 941.77 万元。

四、资产风险状况

2018 年末，个人住房贷款逾期额 67.64 万元，逾期率 0.15‰。

个人贷款风险准备金按贷款余额的1%提取。2018年，提取个人贷款风险准备金619.17万元，使用个人贷款风险准备金核销呆坏账0万元。2018年末，个人贷款风险准备金余额4372.38万元，占个人住房贷款余额的1%，个人住房贷款逾期额与个人贷款风险准备金余额的比率为1.55%。

五、社会经济效益

（一）缴存业务：2018年，实缴单位数和缴存额同比分别增长3.41%、4.57%，实缴职工人数同比减少3.74%。

缴存单位中，国家机关和事业单位占78.15%，国有企业占10.55%，城镇集体企业占0.81%，外商投资企业占0.27%，城镇私营企业及其他城镇企业占0%，民办非企业单位和社会团体占1.40%，其他占8.82%。

缴存职工中，国家机关和事业单位占82.70%，国有企业占11.20%，城镇集体企业占1.27%，外商投资企业占0.66%，城镇私营企业及其他城镇企业占0%，民办非企业单位和社会团体占0.21%，其他占3.96%；中、低收入占100%，高收入占0%。

新开户职工中，国家机关和事业单位占62.65%，国有企业占13.22%，城镇集体企业占2.15%，外商投资企业占0.90%，城镇私营企业及其他城镇企业占0%，民办非企业单位和社会团体占0.22%，其他占20.86%；中、低收入占100%，高收入占0%。

（二）提取业务：2018年，1.54万名缴存职工提取住房公积金8.7亿元。

提取金额中，住房消费提取占78.4%（购买、建造、翻建、大修自住住房占55.50%，偿还购房贷款本息占43.75%，租赁住房占0.75%）；非住房消费提取占21.6%（离休和退休提取占80.93%，完全丧失劳动能力并与单位终止劳动关系提取占4.13%，户口迁出本市或出境定居占4.98%，其他占9.96%）。

提取职工中，中、低收入占100%，高收入占0%。

（三）贷款业务：

1. 个人住房贷款：2018年，支持职工购建房45.88万平方米，年末个人住房贷款市场占有率为36.89%，比上年减少1.17个百分点。通过申请住房公积金个人住房贷款，可节约职工购房利息支出35998.84万元。

职工贷款笔数中，购房建筑面积90（含）平方米以下占9.98%，90～144（含）平方米占86.67%，144平方米以上占3.35%。购买新房占90.68%（其中购买保障性住房0.94%），购买二手房占8.96%，建造、翻建、大修自住住房占0.36%，其他占0%。

职工贷款笔数中，单缴存职工申请贷款占26.04%，双缴存职工申请贷款占73.86%，三人及以上缴存职工共同申请贷款占0.1%。

贷款职工中，30岁（含）以下占34.68%，30岁～40岁（含）占38.78%，40岁～50岁（含）占17.99%，50岁以上占8.55%；首次申请贷款占98.36%，二次及以上申请贷款占1.64%；中、低收入占100%，高收入占0%。

2. 异地贷款：2018年，发放异地贷款149笔4587.5万元。2018年末，发放异地贷款总额9436.8万元，异地贷款余额8683.98万元。

（四）住房贡献率：2018年，个人住房贷款发放额和住房消费提取额的总和与当年缴存额的比率为

128.95%，比上年增加 3.77 个百分点。

六、其他重要事项

（一）当年机构及职能调整情况、受委托办理缴存贷款业务金融机构变更情况

2018 年机构及职能未进行调整；新增甘肃银行股份有限公司定西新城支行办理委托贷款业务。

（二）当年住房公积金政策调整及执行情况

1. **当年缴存政策调整情况**：根据统计部门公布的上年度在岗职工月平均工资标准为 5015.83 元，经计算，确定我市 2018 年住房公积金月缴存基数最低应为 5015.83 元，最高应为 15048 元；职工个人月缴存额最低为 202 元，最高为 1806 元。单位为职工缴存的住房公积金月缴存额按照职工个人月缴存额同一标准执行。取消了辖区内转入职工身份证复印件和跨县区转移单位介绍信；辖区内转移不在提供身份证。

2. **当年提取政策调整情况**：调整自建房提取，自建房提取必须是"土地使用证"和房产所有权证为缴存人本人或者配偶，且夫妻双方至少有一方为农村户口，建房时间在一年内；调整了提取还贷，提取公积金偿还银行住房贷款或异地公积金贷款时，当事人必须提供银行或异地公积金中心的提前还款证明；调整了解除劳动关系提取，缴存职工解除劳动关系的，在异地开立住房公积金账户缴存半年以上，办理异地转移手续，未在异地继续缴存的，封存满半年后可办理销户提取；新增旧住宅小区电梯、管网改造提取。

3. **当年贷款政策调整情况**：将贷款额度与个人公积金缴存余额挂钩，不超过缴存余额的 18 倍；规范直系亲属贷款和自建房贷款，限制贷款次数，杜绝第三套房申请贷款和一套房重复贷款；二手房贷款的购房时间调整为一年，以二手房不动产证签发时间为准；取消了"商转公"贷款；取消了借款人单位介绍信和借款人工资流水以及征信报告查询函等申报资料，修订完善了《住房公积金借款担保合同》，进一步优化业务办理流程；将开发企业楼盘准入审批权限下放到各管理部，减少审批阶层和环节，缩短楼盘准入时限，有效促进信贷工作"一窗办一网办简化办马上办"。

4. **当年住房公积金个人住房贷款最高贷款额度调整情况**：当年住房公积金个人住房贷款最高贷款额度没有调整，按照 2015 年 5 月 8 日定西市住房公积金管理委员会第十次会议审议确定最高贷款额度（每笔 40 万元）执行。

5. **当年住房公积金存贷款利率调整及执行情况**：按照人民银行公布的住房公积金存贷款挂牌利率调整并执行。

（三）当年服务改进情况

1. **持续深化"放管服"改革，优化网点建设，改进服务手段**。一是积极推进管理部进驻政务大厅工作。按照市政府政务服务中心分中心整合方案要求，完成了安定管理部整体搬迁进驻，市直、陇西、渭源、漳县管理部业务受理窗口进驻市民服务中心工作。二是完成了公共服务事项梳理工作。结合相关法律、法规规定，完成了权力清单、责任清单以及规范行政审批行为等项目的梳理完善工作。三是完成了中心门户网站迁移工作。按照市政府办政务云平台建设及数据互联共享会议要求，对中心门户网站进行了迁移并在市政府集群网站正式上线启用。

2. **加快综合服务平台建设，拓展服务渠道，提升服务效率**。根据国家和省上关于加快建设住房公积金综合服务平台的相关政策要求，通过前期筹备、考察论证和公开招标，已完成综合服务平台硬件建设目标任务，综合服务平台软件建设部分稳步推进，计划通过住房城乡建设部验收组验收后正式上线运行。

3. 优化完善提升信息系统功能。 一是财务集中核算功能上线运行，通过对原有会计科目、账套、账户进行整合优化，使财务数据更加完整、财务处理更加准确，强化了资金管理，提高了资金使用效率。二是稽核模块投入使用。在功能上涵盖缴存、提取、贷款、财务等核心业务，实现了建立、监测、识别、预警内部业务风险，实现业务办理流程公开、过程可控、结果可查的内部稽核审计功能。三是短信平台惠及缴存人。经过研发、测试，短信平台测试开通，解决了以往用户只能通过前台查询、电话咨询账户情况的问题，满足了缴存人随时随地了解本人账户资金变动情况的需求。四是完成了服务器采购项目建设。通过购置先进的硬件设备和软件平台，解决了中心当前业务系统卡顿、延迟等问题，为今后核心业务拓展奠定坚实基础。五是完善信息接口的研发。完成了异地转移接续平台等外部相关系统接口的研发工作，并按照《住房公积金基础数据标准》进行应用系统和数据库设计，增强系统应用拓展性。

（四）披露的其他事项

一是循序渐进测试系统，实现财务集中核算。中心对现有会计科目进行重新设置，整合10个账套的财务数据，完成"大财务"系统的期初数据导入工作。经各业逐笔测试办理成功后，11月1日财务集中核算系统按计划顺利上线运行，各类业务办理流畅、未出现一笔资金风险。财务集中核算达到住房城乡建设部一级核算的要求，中心财务核算更加规范、数据口径统一、报表数据更加准确完整；二是快捷高效清理全市公积金专户。以财务集中核算系统建设为契机，在整合全市账套、集中核算的同时，对全市各银行公积金专户进行了清理。在10月中旬至11月底，用一个半月的时间，高效快捷销户35个银行账户，全市公积金银行账户由43个精减为8个（其中公积金专户7个、增值收益专户1个），使中心的银行账户设置更加规范，中心对资金流动性的管理更加科学，资金的使用效率大幅提高，资金的安全性显著增强。

陇南市住房公积金2018年年度报告

一、机构概况

（一）**住房公积金管理委员会**：住房公积金管理委员会有27名委员，2018年召开1次会议，审议通过的事项主要包括：1.原则同意提高住房公积金最高贷款额度；2.原则同意公开招聘专业人才；3.审议通过了市住房公积金管理中心关于2018年度经费预算执行情况的报告，原则同意2018年度增值收益分配方案。

（二）**住房公积金管理中心**：住房公积金管理中心为直属陇南市政府不以营利为目的的自收自支事业单位，设7个科，9个管理部。从业人员152人，其中，在编96人，非在编56人。

二、业务运行情况

（一）**缴存**：2018年，新开户单位84家，实缴单位2449家，净增单位63家；新开户职工4005人，实缴职工104590人，净增职工2800人；缴存额13.26亿元，同比增长7.02%。2018年末，缴存总额74.98亿元，同比增长21.48%；缴存余额54.66亿元，同比增长6.9%。

受委托办理住房公积金缴存业务的银行8家，与上年相比增加1家。

(二) 提取：2018年，提取额9.73亿元，同比增长195.74%；占当年缴存额的73.37%，比上年增加46.82个百分点。2018年末，提取总额20.32亿元，同比增长91.96%。

(三) 贷款：个人住房贷款最高额度55万元，其中，单缴存职工最高额度55万元，双缴存职工最高额度55万元。

2018年，发放个人住房贷款3182笔11.66亿元，同比分别增长19.94%、29.98%。

2018年，回收个人住房贷款8.11亿元。

2018年末，累计发放个人住房贷款30381笔63.24亿元，贷款余额39.05亿元，同比分别增长11.69%、22.6%、9.96%。个人住房贷款余额占缴存余额的71.45%，比上年增加1.99个百分点。

受委托办理住房公积金个人住房贷款业务的银行7家，与上年持平。

(四) 资金存储：2018年末，住房公积金存款15.97亿元。其中，活期1.75亿元，1年（含）以下定期0.4亿元，1年以上定期13.82亿元，其他（协定、通知存款等）0亿元。

(五) 资金运用率：2018年末，住房公积金个人住房贷款余额、项目贷款余额和购买国债余额的总和占缴存余额的71.45%，比上年增加2个百分点。

三、主要财务数据

(一) 业务收入：2018年，业务收入18427.87万元，同比增长21.55%。存款利息5540.56万元，委托贷款利息12849.91万元，国债利息0万元，其他12.4万元。

(二) 业务支出：2018年，业务支出8152.84万元，同比增长10.94%。支付职工住房公积金利息7770.07万元，归集手续费0万元，委托贷款手续费382.3万元，其他0.47万元。

(三) 增值收益：2018年，增值收益10275.03万元，同比增长31.53%。增值收益率1.86%，比上年增加0.36个百分点。

(四) 增值收益分配：2018年，提取贷款风险准备金354.01万元，提取管理费用1552.7万元，提取城市廉租住房（公共租赁住房）建设补充资金8368.3万元。

2018年，上交财政管理费用552.7万元。上缴财政城市廉租住房（公共租赁住房）建设补充资金8368.3万元。

2018年末，贷款风险准备金余额3905.6万元。累计提取城市廉租住房（公共租赁住房）建设补充资金19277.68万元。

(五) 管理费用支出：2018年，管理费用支出2922.93万元，同比下降54.91%。其中，人员经费1352.84万元，公用经费174.32万元，项目经费1395.77万元。

四、资产风险状况

2018年末，个人住房贷款逾期额171.55万元，逾期率0.4‰。

个人贷款风险准备金按贷款余额的1%提取。2018年，提取个人贷款风险准备金354.01万元，使用个人贷款风险准备金核销呆坏账0万元。2018年末，个人贷款风险准备金余额3905.6万元，占个人住房贷款余额的1%，个人住房贷款逾期额与个人贷款风险准备金余额的比率为4.39%。

五、社会经济效益

(一) **缴存业务**：2018年，实缴单位数、实缴职工人数和缴存额同比分别增长1.91%、0.08%和7.02%。

缴存单位中，国家机关和事业单位占89.58%，国有企业占6.41%，城镇集体企业占0.04%，外商投资企业占0.48%，城镇私营企业及其他城镇企业占2.61%，民办非企业单位和社会团体占0.44%，其他占0.44%。

缴存职工中，国家机关和事业单位占86.55%，国有企业占9.11%，城镇集体企业占0.03%，外商投资企业占2.44%，城镇私营企业及其他城镇企业占1.76%，民办非企业单位和社会团体占0.06%，其他占0.05%；中、低收入占75%，高收入占25%。

新开户职工中，国家机关和事业单位占82.49%，国有企业占12.74%，城镇集体企业占0%，外商投资企业占0.87%，城镇私营企业及其他城镇企业占3.49%，民办非企业单位和社会团体占0.03%，其他占0.38%；中、低收入占95%，高收入占5%。

(二) **提取业务**：2018年，21101名缴存职工提取住房公积金9.73亿元。

提取金额中，住房消费提取占76.06%（购买、建造、翻建、大修自住住房占33.18%，偿还购房贷款本息占64.67%，租赁住房占2.15%，其他占0%）；非住房消费提取占23.94%（离休和退休提取占89%，完全丧失劳动能力并与单位终止劳动关系提取占5.22%，户口迁出本市或出境定居占2.61%，其他占3.17%）。

提取职工中，中、低收入占75%，高收入占25%。

(三) **贷款业务**：

1. **个人住房贷款**。2018年，支持职工购建房52.3万平方米，年末个人住房贷款市场占有率为46%，比上年减少1个百分点。通过申请住房公积金个人住房贷款，可节约职工购房利息支出1923.9万元。

职工贷款笔数中，购房建筑面积90（含）平方米以下占8%，90~144（含）平方米占70%，144平方米以上占22%。购买新房占85%（其中购买保障性住房占0%），购买二手房占4%，建造、翻建、大修自住住房占11%，其他占0%。

职工贷款笔数中，单缴存职工申请贷款占24%，双缴存职工申请贷款占76%，三人及以上缴存职工共同申请贷款占0%。

贷款职工中，30岁（含）以下占31%，30岁~40岁（含）占40%，40岁~50岁（含）占20%，50岁以上占9%；首次申请贷款占91%，二次及以上申请贷款占9%；中、低收入占99.6%，高收入占0.4%。

2. **异地贷款**。2018年，发放异地贷款14笔480万元。2018年末，发放异地贷款总额1012.5万元，异地贷款余额952.75万元。

(四) **住房贡献率**：2018年，个人住房贷款发放额、公转商贴息贷款发放额、项目贷款发放额、住房消费提取额的总和与当年缴存额的比率为71.45%，比上年增加1.99个百分点。

六、其他重要事项

(一) 当年机构及职能调整情况、受委托办理缴存贷款业务金融机构变更情况：陇南市住房公积金管理中心为直属陇南市政府不以营利为目的的自收自支事业单位,主要负责全市住房公积金的归集、管理、使用和会计核算。目前中心内设办公室等七科室,下设武都区等九管理部。

缴存:本市受委托办理住房公积金缴存业务的银行包括:甘肃银行、建设银行、中国银行、邮政银行、甘肃农商行、工商银行、农业银行、兰州银行。

贷款:本市受委托办理住房公积金个人住房贷款业务的银行包括:甘肃银行、建设银行、中国银行、工商银行、农业银行、邮政银行、甘肃农商行。

(二)当年住房公积金政策调整及执行情况:根据2018年陇南市统计局公布的城镇职工平均工资为4547元/月,陇南市住房公积金缴存基数按以下标准执行:

住房公积金缴存基数上限:4547×3=13641元/月,月缴存额双向不超过3273元/月;缴存基数下限:2728元,月缴存额双向不低于273元/月。缴存比例:武都管理部12%,成县11%,西和8%,徽县9%,宕昌11%,礼县8%,康县12%,两当11%,文县12%。

2018年,陇南市住房公积金提取政策未变化,贷款首付比例为20%,将贷款最高额度有45万元提高到50万元(武都区城区最高额度为55万元),贷款最长期限30年;个贷率由去年底的69.47%提高到71.45%,住房公积金贷款量占全市住房贷款的46%。

2018年陇南市住房公积金存款利率统一按一年期定期存款1.50%基准利率执行。

2018年陇南市住房公积金五年期以上个人住房公积金贷款利率为3.25%;五年期以下(含五年)个人住房公积金贷款利率为2.75%。二套房年利率为同等贷款利率的1.1倍。

(三)当年服务改进情况:2018年,我中心在各县区管理部营业大厅、市政务大厅、各县政务大厅新增了自助查询机,综合服务平台八大渠道已全部开通运行,更加方便了职工查询办理公积金业务。

(四)当年信息化建设情况:2018年,我中心信息系统4.0版本继续完善优化各项功能,不断推进住房公积金信息化建设。

临夏回族自治州住房公积金2018年年度报告

一、机构概况

(一)住房公积金管理委员会:住房公积金管理委员会有27名委员,2019年召开第一次会议,审议通过的事项主要包括:《临夏回族自治州住房公积金2018年年度报告》、《2018年全州公共租赁住房补充资金分配方案》、《关于临夏州住房公积金管理信息系统综合服务平台续建项目和异地容灾备份建设资金的请示》、《关于临夏州住房公积金管理中心招聘人员工资及专项业务经费的请示》《临夏州住房公积金归集、提取、贷款管理暂行办法》等。

(二)住房公积金管理中心:住房公积金管理中心为临夏州政府不以营利为目的的正县级事业单位,设4个科室,8个管理部。从业人员76人,其中:在编45人,非在编31人。

二、业务运行情况

（一）**缴存**：2018年，新开户单位32家，实缴单位1884家，净增单位24家；新开户职工0.49万人，实缴职工8.61万人，减少职工0.69万人；缴存额11.05亿元，同比增长15.83%。2018年末，缴存总额57.83亿元，同比增长23.62%；缴存余额33.97亿元，同比增长16.09%。

受委托办理住房公积金缴存业务的银行6家，与上年一致。

（二）**提取**：2018年，提取额6.34亿元，同比增长32.35%；占当年缴存额的57.38%，比上年增加7.17个百分点。2018年末，提取总额23.86亿元，同比增长36.19%。

（三）**贷款**：个人住房贷款最高额度40万元，其中，单缴存职工最高额度35万元，双缴存职工最高额度40万元。

2018年，发放个人住房贷款2648笔8.52亿元，同比分别增长9.02%、13.9%。其中，州直营业室发放个人贷款814笔2.73亿元，永靖县管理部发放个人贷款256笔0.75亿元，临夏县管理部发放个人贷款361笔1.17亿元，和政县管理部发放个人贷款198笔0.57亿元，康乐县管理部发放个人贷款170笔0.5亿元，积石山县管理部发放个人贷款327笔1.09亿元，东乡县管理部发放个人贷款288笔0.98亿元，广河县管理部发放个人贷款234笔0.73亿元。

2018年，回收个人住房贷款4.78亿元。其中，州直营业室1.45亿元，永靖县管理部0.87亿元，临夏县管理部0.53亿元，和政县管理部0.42亿元，康乐县管理部0.3亿元，积石山县管理部0.57亿元，东乡县管理部0.42亿元，广河县管理部0.22亿元。

2018年末，累计发放个人住房贷款2.09万笔，42.37亿元，贷款余额25.50亿元，同比分别增长14.21%、25.17%、17.19%。个人住房贷款余额占缴存余额的75.07%，比上年增加0.71个百分点。

受委托办理住房公积金个人住房贷款业务的银行6家，与上年一致。

（四）**资金存储**：2018年末，住房公积金存款10.37亿元。其中，活期3.32亿元，1年（含）以下定期2.50亿元，1年以上定期4.55亿元。

（五）**资金运用率**：2018年末，住房公积金个人住房贷款余额占缴存余额的75.07%，比上年增加0.71个百分点。

三、主要财务数据

（一）**业务收入**：2018年，业务收入10609.29万元，同比增长25.18%。存款利息收入2968.66万元，委托贷款利息收入7618.88万元，增值收益利息收入4.04万元，其他收入17.71万元。

（二）**业务支出**：2018年，业务支出8607.07万元，同比增长36.03%。计提职工住房公积金利息支出8213.37万元，委托贷款手续费支出373.69万元，其他支出20.01万元。

（三）**增值收益**：2018年，增值收益2002.22万元，同比下降6.8%。增值收益率0.64%，比上年减少0.09个百分点。

（四）**增值收益分配**：2018年，提取贷款风险准备金852.22万元，提取管理费用450万元，提取城市廉租住房（公共租赁住房）建设补充资金700万元。

2018年，上交财政管理费用450万元。上缴财政城市廉租住房（公共租赁住房）建设补充资金600

万元。2018年末，贷款风险准备金余额4239.15万元。累计提取城市廉租住房（公共租赁住房）建设补充资金3808万元。

（五）管理费用支出：2018年，管理费用支出960.06万元，同比增长33.97%。其中，人员经费393.03万元（包括参公人员财政拨付工资），公用经费257.49万元，专项经费309.54万元。

四、资产风险状况

2018年末，个人住房贷款逾期额236.07万元，逾期率0.92‰。

个人贷款风险准备金按当年贷款余额的1%提取。2018年，提取个人贷款风险准备金852.22万元，未使用个人贷款风险准备金核销呆坏账。2018年末，个人贷款风险准备金余额4239.15万元，占个人住房贷款余额的1.66%，个人住房贷款逾期额与个人贷款风险准备金余额的比率为5.57%。

五、社会经济效益

（一）缴存业务：2018年，实缴单位数、实缴职工人数和缴存额同比分别增长1.89%、－0.75%和1.58%。

缴存单位中，国家机关和事业单位占84.77%，国有企业占3.72%，城镇集体企业占1.64%，城镇私营企业及其他城镇企业占2.39%，民办非企业单位和社会团体占0.16%，其他占7.32%。

缴存职工中，国家机关和事业单位占92.89%，国有企业占5.15%，城镇集体企业占1.08%，城镇私营企业及其他城镇企业占0.67%，社会团体占0.04%，其他占0.17%；中、低收入占99.13%，高收入占0.87%。

新开户职工中，国家机关和事业单位占84.40%，国有企业占11.61%，城镇集体企业占1.39%，城镇私营企业及其他城镇企业占2.15%，其他占0.45%；中、低收入占100%。

（二）提取业务：2018年，1.77万名缴存职工提取住房公积金6.34亿元。

提取金额中，住房消费提取占81.49%（购买、建造、翻建、大修自住住房占26.55%，偿还购房贷款本息占73.08%，租赁住房占0.37%）；非住房消费提取占18.51%（离休和退休提取占79.71%，完全丧失劳动能力并与单位终止劳动关系提取占3.58%，户口迁出本市或出境定居占2.86%，其他占13.85%）。

提取职工中，中、低收入占99.54%，高收入占0.46%。

（三）贷款业务：

1. 个人住房贷款。2018年，支持职工购建房34.20万平方米，年末个人住房贷款市场占有率为36.73%，比上年增加1.52个百分点。通过申请住房公积金个人住房贷款，可节约职工购房利息支出1.27亿元。

职工贷款笔数中，购房建筑面积90（含）平方米以下占3.21%，90~144（含）平方米占74.09%，144平方米以上占22.70%。购买新房占87.76%购买二手房占12.24%。

职工贷款笔数中，单缴存职工申请贷款占56.99%，双缴存职工申请贷款占43.01%。

贷款职工中，30岁（含）以下占28.74%，30岁~40岁（含）占41.88%，40岁~50岁（含）占20.35%，50岁以上占9.03%；首次申请贷款占92.07%，二次及以上申请贷款占7.93%；中、低收入

占 100%。

2. **异地贷款**。2018 年，发放异地贷款 98 笔 2736.00 万元。2018 年末，发放异地贷款总额 4772.00 万元，异地贷款余额 4436.42 万元。

（四）**住房贡献率**：2018 年，个人住房贷款发放额、住房消费提取额的总和与当年缴存额的比率为 123.89%，比上年增加 6.48 个百分点。

六、其他重要事项

（一）当年缴存基数限额及确定方法、缴存比例调整情况：2018 年度住房公积金的缴存基数由临夏州住房公积金管理中心各县管理部（营业室）年初进行核定。缴交基数不得低于当地最低工资标准，不得高于当地统计部门公布的上年度职工月平均工资的 3 倍。

（二）2018 年住房公积金存款利率按银行一年定期存款利率 1.5% 结息，贷款五年以下（含五年）利率为 2.75%，五年以上利率为 3.25%。

（三）建成并开通了网上业务大厅、手机 APP、微信公众号、12329 短信及热线、自助终端、微信城市服务、支付宝城市服务 8 种服务渠道。住房公积金综合服务平台的上线进一步提升了住房公积金服务效率和服务质量，逐步完成互联网＋住房公积金的创新和转变，实现从人工到智能、从线下到线上的转变，从"智能型"到"智慧型"的升级，"让数据多跑路，群众少跑腿"的目标得到进一步落实。逐步实现"不见面"审批。

（四）"双贯标"信息化建设顺利完成，2018 年元月 16 日，住房城乡建设部"双贯标"检查验收专家组以 93 分的高分一致同意我州住房公积金管理中心通过"双贯标"的验收。标志着我州住房公积金业务系统达到了国家行业标准规范。

（五）临夏州住房公积金管理中心在 2018 年全省住房公积金考核中获得先进单位称号。

（六）临夏州住房公积金管理中心高质量完成住房城乡建设部、省住房城乡建设厅安排的新市民住房问题专题调研任务，得到国家住房城乡建设部和省住房城乡建设厅的肯定。

甘南州住房公积金 2018 年年度报告

一、机构概况

（一）**住房公积金管理委员会**：住房公积金管理委员会有 18 名委员，2018 年召开 4 次会议，审议通过的事项主要包括：甘南州住房公积金管理中心 2018 年年度报告；州住房公积金管理中心 2018 年度工作完成情况暨 2018 年度工作打算，批准实施"甘南州住房公积金管理中心'双贯标'信息化系统建设"第一阶段招投标工作；关于在住房公积金业务办理中做到"三个不准"的通知、关于全面贯彻落实住房公积金管理条例有关规定的通知、关于进一步明确住房公积金缴存单位权利和义务的通知；调整补充甘南州住房公积金管理委员会成员等。

（二）住房公积金管理中心：住房公积金管理中心为州政府直属部门，不以营利为目的的参照公务员管理的事业单位，设 6 个科室，8 个管理部。从业人员 122 人，其中，在编 75 人，非在编 47 人。

二、业务运行情况

（一）缴存：2018 年，新开户单位 32 家，实缴单位 1547 家，净增单位 0 家；新开户职工 0.16 万人，实缴职工 5.83 万人，净减少职工 0.03 万人；缴存额 10.14 亿元，同比增长 2.01%。2018 年末，缴存总额 64.39 亿元，同比增长 18.69%；缴存余额 32.49 亿元，同比增长 5.83%。

受委托办理住房公积金缴存业务的银行 6 家，比上年无增减变化。

（二）提取：2018 年，提取额 8.35 亿元，同比增长 32.96%；占当年缴存额的 82.34%，比上年增加 19.2 个百分点。2018 年末，提取总额 31.91 亿元，同比增长 32.82%。

（三）贷款：个人住房贷款最高额度 70 万元。

2018 年，发放个人住房贷款 0.37 万笔 10.85 亿元，同比分别下降 3.85%、1.73%。

2018 年，回收个人住房贷款 8.47 亿元。

2018 年末，累计发放个人住房贷款 3.66 万笔 64.97 亿元，贷款余额 27.99 亿元，同比分别增长 11.25%、20.07%、9.29%。个人住房贷款余额占缴存余额的 86.17%，比上年增加 2.73 个百分点。

受委托办理住房公积金个人住房贷款业务的银行 6 家，比上年增加 1 家。

（四）资金存储：2018 年末，住房公积金存款 5.38 亿元。其中，活期 0.02 亿元，1 年（含）以下定期 4.61 亿元，1 年以上定期 0 亿元，其他（协定、通知存款等）0.75 亿元。

（五）资金运用率：2018 年末，住房公积金个人住房贷款余额、项目贷款余额和购买国债余额的总和占缴存余额的 86.15%，比上年增加 2.71 个百分点。

三、主要财务数据

（一）业务收入：2018 年，业务收入 9402.97 万元，同比增长 13.41%。存款利息 654.7 万元，委托贷款利息 8731.36 万元，国债利息 0 万元，其他 16.91 万元。

（二）业务支出：2018 年，业务支出 4413.06 万元，同比增长 2.51%。支付职工住房公积金利息 4105.32 万元，归集手续费 43.73 万元，委托贷款手续费 217.74 万元，其他 46.27 万元。

（三）增值收益：2018 年，增值收益 4989.9 万元，同比增长 25.19%。增值收益率 1.57%，比上年增加 0.18 个百分点。

（四）增值收益分配：2018 年，提取贷款风险准备金 233.9 万元，提取管理费 4676 万元，提取城市廉租住房（公共租赁住房）建设补充资金 80 万元。

2018 年，上交财政管理费用 2920 万元。上缴财政城市廉租住房（公共租赁住房）建设补充资金 80 万元。

2018 年末，贷款风险准备金余 2795.39 万元。累计提取城市廉租住房（公共租赁住房）建设补充资金 787.09 万元。

（五）管理费用支出：2018 年，管理费用支出 1778.73 万元，同比增长 56.06%。其中，人员经费 1081.69 万元，公用经费 313.73 万元，专项经费 383.31 万元。

四、资产风险状况

2018年末,个人住房贷款逾期额1025万元,逾期率3.66‰。

个人贷款风险准备金按贷款余额的1%提取。2018年,提取个人贷款风险准备金233.9万元,使用个人贷款风险准备金核销呆坏账0万元。2018年末,个人贷款风险准备金余额2795.38万元,占个人住房贷款余额的1%,个人住房贷款逾期额与个人贷款风险准备金余额的比率为36.66%。

五、社会经济效益

(一)**缴存业务**:2018年,实缴单位数、实缴职工人数和缴存额同比分别增长0%、-0.48%和2.01%。

缴存单位中,国家机关和事业单位占87.14%,国有企业占8.47%,城镇集体企业占2.19%,外商投资企业占0%,城镇私营企业及其他城镇企业占0.97%,民办非企业单位和社会团体占1.03%,其他占0.2%。

缴存职工中,国家机关和事业单位占86.29%,国有企业占12.11%,城镇集体企业占0.69%,外商投资企业占0%,城镇私营企业及其他城镇企业占0.33%,民办非企业单位和社会团体占0.43%,其他占0.15%;中、低收入占99.97%,高收入占0.03%。

新开户职工中,国家机关和事业单位占79.94%,国有企业占11.69%,城镇集体企业占1.09%,外商投资企业占0%,城镇私营企业及其他城镇企业占0.25%,民办非企业单位和社会团体占0.13%,其他占6.9%;中、低收入占100%,高收入占0%。

(二)**提取业务**:2018年,1.45万名缴存职工提取住房公积金8.35亿元。

提取金额中,住房消费提取占88.97%(购买、建造、翻建、大修自住住房占42.38%,偿还购房贷款本息占56.36%,租赁住房占0.02%,其他占1.24%);非住房消费提取占11.03%(离休和退休提取占70.21%,完全丧失劳动能力并与单位终止劳动关系提取占9.68%,户口迁出本市或出境定居11.18%,其他占8.93%)。

提取职工中,中、低收入占99.77%,高收入0.23%。

(三)**贷款业务**:

1. 个人住房贷款。2018年,支持职工购建房44.96万平方米,年末个人住房贷款市场占有率为85.46%,比上年增加0.01个百分点。通过申请住房公积金个人住房贷款,可节约职工购房利息支出27601万元。

职工贷款笔数中,购房建筑面积90(含)平方米以下占12.56%,90~144(含)平方米占78.10%,144平方米以上占9.34%。购买新房占96.56%(其中购买保障性住房占18.14%),购买二手房占2.6%,建造、翻建、大修自住住房占0.84%,其他占0%。

职工贷款笔数中,单缴存职工申请贷款占24.01%,双缴存职工申请贷款占75.99%,三人及以上缴存职工共同申请贷款占0%。

贷款职工中,30岁(含)以下占30.26%,30岁~40岁(含)占39.5%,40岁~50岁(含)占21.28%,50岁以上占8.96%;首次申请贷款占84.49%,二次及以上申请贷款占15.51%;中、低收入

占100%，高收入占0%。

2. **异地贷款**。2018年，发放异地贷款724笔27094万元。2018年末，发放异地贷款总额43535万元，异地贷款余额36435万元。

（四）**住房贡献率**：2018年，个人住房贷款发放额、公转商贴息贷款发放额、项目贷款发放额、住房消费提取额的总和与当年缴存额的比率为177%，比上年增加12个百分点。

六、其他重要事项

（一）**当年住房公积金政策调整及执行情况**：及时研究调整《住房公积金缴存政策及流程》，增加非公企业、个体工商户、自由职业者缴存业务。根据甘南州统计局公布数据，2018年全州城镇非私营单位在岗职工年平均工资68796元。按照缴存住房公积金的月工资基数最高不得超过职工工作地所在设区城市统计部门公布的上一年度职工月平均工资的3倍的要求。2018年职工/单位住房公积金月最高缴存限额为2064元。缴存比例已达到最高比例双12，未做调整。

根据《关于开展治理违规提取住房公积金工作的通知》（建金〔2018〕46号）文件和"房子是用来住的，不是用来炒的"定位及建立租购并举住房制度的精神，规范改进《住房公积金提取政策及流程》，增加了租赁自住住房提取和偿还异地住房贷款提取。缴存职工与单位解除或终止劳动关系的，先办理个人账户封存。账户封存期间，在异地开立住房公积金账户的办理异地转移接续手续；未在异地开设账户的，封存满6个月后方可提取。

根据甘南房地产市场发展情况推出住房公积金贷款期房抵押业务；根据甘南州职工在外地购房养老情况，及时调整住房公积金贷款额度和期限，积极开展了兰州、成都等异地购房贷款业务。根据所购房屋所在地和贷款担保方式的不同实行差别化的贷款政策，房产抵押贷款最高限额70万元，公积金质押贷款最高限额为60万元，最高贷款期限统一提高为30年，贷款年龄延长至退休后5年，取消了住房公积金提取或还清贷款后半年再次申请业务的限制，进一步降低贷款门槛，满足市场需求。

认真执行中国人民银行、住房和城乡建设部公布的住房公积金存贷款利率。2018年6月30日，年度结息时职工住房公积金账户存款利率采用一年期定期存款基准利率。贷款利率严格执行五年以内（含）为2.75%，五年以上为3.25%，二次贷款上浮10%的规定。

（二）**当年服务改进情况**：以推进互联网和移动终端服务为重点，拓展服务渠道，创建和开通了甘南公积金短信服务平台、12329人工服务、门户网站、微信公众号、手机公积金APP、网上营业大厅、自助终端、微博、QQ群服务平台、微信群服务平台、支付宝服务平台、钉钉等十二大服务平台。其中，门户网站、网上业务大厅、手机公积金APP、微信公众号、支付宝服务平台等，可由缴存人、缴存单位和开发商通过手机刷脸辨认身份，在网上自助办理部分公积金业务。截至目前，通过手机或登录网厅自助办理公积金业务占业务总量的离柜率为49.38%，实现了信息化的快捷高效服务。

目前，甘南住房公积金管理服务实现了"三个彻底"：彻底实现了银行不参与柜台、不参与审批的"自主核算"模式；彻底实现了打破县域行政界线，职工在全州任一"一站式"服务大厅跨县域办理业务的新机制；彻底实现了节约便捷的无纸化电子档案管理，节约了资源，提高了效能，方便了缴存职工，提升了服务水平。"三个彻底"的实现，落实了"四统一"政策；"三个彻底"的实现，实现了"最多跑一次"的服务理念。只要申请人符合条件、提供资料齐全，办理贷款业务约需6~10分钟，办理提取业务约需 5～6 分钟，资金实现了"秒"到账。

（三）当年信息化建设情况：为贯彻落实好"双贯标"工作，积极向兄弟中心学习，学习先进的管理理念和信息化建设经验，在学习考察过程中经过反复比较、多方咨询学习，通过政府采购和招投标方式应用了全国住房公积金行业内技术领先的住房公积金软件系统，为顺利"贯标"和实现综合服务平台信息化建设，实现"手机公积金服务"和提高业务办理离柜率打下了坚实的基础。4月份完成了硬件准备和环境搭建，并进行了数据分析、移植测试；5月份完成了住房城乡建设部结算平台测试，并对程序进行了测试和调整；6月份完成了业务培训、上线前软硬件环境调试、准备，并于6月24日成功上线，实现了公积金业务、受托银行与住房城乡建设部结算数据应用平台的业务联通，做到了自主核算。10月24日，甘南住房公积金"双贯标"及综合服务平台建设两项工作高标准、严要求在省内首个同时通过住房城乡建设部专家组验收。

（四）当年住房公积金管理中心及职工所获荣誉情况：2018年中心两名同志分别获得"甘南州青年五四奖章"，州直机关"优秀党务工作者"荣誉称号，

（五）其他需要披露的情况：集中清理账户，规范业务流程，落实了"四统一"国家政策。坚定立足国务院深化"放管服"改革和财政部账户清理工作，创建了"随来随办，成熟一个即办一个"的窗口服务新模式，彻底贯彻落实"四统一"管理制度，统一业务规范，优化业务流程，业务流程科学、服务渠道畅通。清理撤销银行账户53个，由原来的61个账户锐减到8个账户。全州9个"一站式"服务大厅，以网格化的形式统一联动，统一使用了"甘南州住房公积金管理中心业务专用章"，全面贯彻落实了"统一决策、统一管理、统一制度、统一核算"的"四统一"政策，为"双贯标"实现"自主核算"奠定了坚实的有效基础。

2018 全国住房公积金年度报告汇编

陕西省

西安
铜川市
宝鸡市
咸阳市
渭南市
延安市
汉中市
榆林市
安康市
商洛市

陕西省住房公积金 2018 年年度报告

一、机构概况

（一）住房公积金管理机构：全省共设 11 个设区城市住房公积金管理中心，2 个独立设置的分中心（其中，省直、长庆分中心隶属西安中心）。从业人员 1691 人，其中，在编 967 人，非在编 724 人。

（二）住房公积金监管机构：陕西省住房和城乡建设厅、财政厅和人民银行西安分行负责对本省住房公积金管理运行情况进行监督。

省住房城乡建设厅住房公积金监管处主要负责拟订全省住房公积金政策、办法和发展规划并监督实施，监督全省住房公积金的管理、使用和安全。

省财政厅综合处主要负责国家住房公积金财政政策的贯彻落实。

人民银行西安分行货币信贷管理处主要负责陕西省住房公积金金融政策的贯彻落实。

二、业务运行情况

（一）缴存：2018 年，新开户单位 7228 家，实缴单位 55584 家，净增单位 2879 家；新开户职工 45.59 万人，实缴职工 386.42 万人，净增职工 18.68 万人；缴存额 462.97 亿元，同比增长 15.70%。2018 年末，缴存总额 3240.17 亿元，同比增长 16.67%；缴存余额 1335.91 亿元，同比增长 16.33%。

（二）提取：2018 年，提取额 275.47 亿元，同比增长 24.92%；占当年缴存额的 59.50%，比上年增加 4.39 个百分点。2018 年末，提取总额 1904.26 亿元，同比增长 16.91%。

（三）贷款：

1. **个人住房贷款**。2018 年，发放个人住房贷款 8.21 万笔 289.68 亿元，同比增长 8.31%、20.31%。回收个人住房贷款 103.76 亿元。

2018 年末，累计发放个人住房贷款 71.05 万笔 1569.70 亿元，贷款余额 1058.86 亿元，同比分别增长 13.06%、22.63%、21.30%。个人住房贷款余额占缴存余额的 79.26%，比上年增加 3.25 个百分点。

2. **住房公积金支持保障性住房建设项目贷款**。2018 年，发放支持保障性住房建设项目贷款 0 亿元，回收项目贷款 8.24 亿元。2018 年末，累计发放项目贷款 83.10 亿元，项目贷款余额 4.56 亿元。

（四）购买国债：2018 年，购买（记账式、凭证式）国债 4.36 亿元，（兑付、转让、收回）国债 2.73 亿元。2018 年末，国债余额 3.40 亿元，比上年增加 1.64 亿元。

（五）融资：2018 年，融资 0 亿元，归还 1.7 亿元。2018 年末，融资总额 23.03 亿元，融资余额 0 亿元。

（六）资金存储：2018 年末，住房公积金存款 300.32 亿元。其中，活期 29.66 亿元，1 年（含）以下定期 103.42 亿元，1 年以上定期 135.04 亿元，其他（协定、通知存款等）32.21 亿元。

（七）资金运用率：2018 年末，住房公积金个人住房贷款余额、项目贷款余额和购买国债余额的总和占缴存余 79.86%，比上年增加 2.40 个百分点。

三、主要财务数据

（一）业务收入：2018年，业务收入386676.43万元，同比增长15.09%。其中，存款利息68383.32万元，委托贷款利息317179.39万元，国债利息649.28万元，其他464.43万元。

（二）业务支出：2018年，业务支出201436.57万元，同比增长15.64%。其中，支付职工住房公积金利息178214.28万元，归集手续费8789.70万元，委托贷款手续费13250.70万元，其他1181.89万元。

（三）增值收益：2018年，增值收益185241.14万元，同比增长14.49%；增值收益率1.50%，比上年减少0.03个百点。

（四）增值收益分配：2018年，提取贷款风险准备金46370.26万元，提取管理费用38379.50万元，提取城市廉租住房（公共租赁住房）建设补充资金100088.81万元。

2018年，上交财政管理费用34170.97万元，上缴财政城市廉租住房（公共租赁住房）建设补充资金94472.48万元。

2018年末，贷款风险准备金余额252119.35万元，累计提取城市廉租住房（公共租赁住房）建设补充资金675016.61万元。

（五）管理费用支出：2018年，管理费用支出38929.99万元，同比增长54%。其中，人员经费14340.05万元，公用经费3991.16万元，专项经费20598.78万元。

四、资产风险状况

（一）个人住房贷款：2018年末，个人住房贷款逾期额2805.62万元，逾期率0.26‰。

2018年，提取个人贷款风险准备金47410.26万元，使用个人贷款风险准备金核销呆坏账0万元。2018年末，个人贷款风险准备金余额232265.35万元，占个人贷款余额的2.19%，个人贷款逾期额与个人贷款风险准备金余额的比率为1.21%。

（二）住房公积金支持保障性住房建设项目贷款：2018年末，逾期项目贷款0万元，逾期率为0‰。

2018年，提取项目贷款风险准备金0万元，使用项目贷款风险准备金核销呆坏账0万元。2018年末，项目贷款风险准备金余额19854.00万元，占项目贷款余额的43.64%，项目贷款逾期额与项目贷款风险准备金余额的比率为0%。

五、社会经济效益

（一）缴存业务：2018年，实缴单位数、实缴职工人数和缴存额增长率分别为5.46%、5.08%和15.70%。

缴存单位中，国家机关和事业单位占51.02%，国有企业占14.02%，城镇集体企业占1.09%，外商投资企业占2.03%，城镇私营企业及其他城镇企业占22.04%，民办非企业单位和社会团体占2.20%，其他占7.60%。

缴存职工中，国家机关和事业单位占35.87%，国有企业占35.21%，城镇集体企业占0.94%，外商投资企业占4.18%，城镇私营企业及其他城镇企业占14.90%，民办非企业单位和社会团体占1.30%，其他占7.60%；中、低收入占98.14%，高收入占1.86%。

新开户职工中，国家机关和事业单位占18.45%，国有企业占26.41%，城镇集体企业占0.93%，外商投资企业占6.40%，城镇私营企业及其他城镇企业占37.37%，民办非企业单位和社会团体占3.42%，其他占7.02%；中、低收入占99.26%，高收入占0.74%。

（二）**提取业务**：2018年，106.25万名缴存职工提取住房公积金275.47亿元。

提取金额中，住房消费提取占76.18%（购买、建造、翻建、大修自住住房占36.50%，偿还购房贷款本息占33.70%，租赁住房占2.91%，其他占3.07%）；非住房消费提取占23.82%（离休和退休提取占17.30%，完全丧失劳动能力并与单位终止劳动关系提取占1.26%，户口迁出所在市或出境定居占1.76%，其他占3.50%）。

提取职工中，中、低收入94.88%，高收入5.12%。

（三）**贷款业务**：

1. **个人住房贷款**。2018年，支持职工购建房856.11万平方米。年末个人住房贷款市场占有率为20.53%，比上年同期增加3.23个百分点。通过申请住房公积金个人住房贷款，可节约职工购房利息支出495835.25万元。

职工贷款笔数中，购房建筑面积90（含）平方米以下占17.40%，90~144（含）平方米占71.97%，144平方米以上占10.63%。购买新房占76.26%（其中购买保障性住房占3.84%），购买二手房占14.76%，建造、翻建、大修自住住房占7.91%，其他占1.07%。

职工贷款笔数中，单缴存职工申请贷款占54.60%，双缴存职工申请贷款占43.69%，三人及以上缴存职工共同申请贷款占1.71%。

贷款职工中，30岁（含）以下占35.46%，30岁~40岁（含）占39.47%，40岁~50岁（含）占19.94%，50岁以上占5.13%；首次申请贷款占94.04%，二次及以上申请贷款占5.96%；中、低收入占97.85%，高收入占2.15%。

2. **异地贷款**。2018年，发放异地贷款17666笔659087.20万元。2018年末，发放异地贷款总额1727728.56万元，异地贷款余额1262106.63万元。

3. **住房公积金支持保障性住房建设项目贷款**。2018年末，全省有住房公积金试点城市4个，试点项目27个，贷款额度83.10亿元，建筑面积629.83万平方米，可解决66542户中低收入职工家庭的住房问题。22个试点项目贷款资金已发放并还清贷款本息。

（四）**住房贡献率**：2018年，个人住房贷款发放额、公转商贴息贷款发放额、项目贷款发放额、住房消费提取额的总和与当年缴存额的比率为107.90%，比上年减少7.39个百分点。

六、其他重要事项

（一）**当年开展监督检查情况**：加强内控管理，完善风险调控机制，确保住房公积金资金安全。督导落实住房公积金廉政风险防控制度，将每一个风险点和防控措施分解落实到具体机构和责任人。加强内部民主决策机制建设，完善"三重一大"决策事项，特别是大额资金存储、调拨、购买国债等方面的集体决策制度。严防骗提骗贷，提升审核把关能力，确保资金安全。对个别逾期率偏高的地区，下发督办函，限期整改。另外，根据住房城乡建设部和省厅安排部署，采取自下而上、上下结合的方法，组织各中心认真开展住房公积金政策执行情况检查及风险隐患排查工作，省厅组织三个督查组深入现场进行督查，及时发现和解决存在问题，并坚持常态化使用电子化检查工具，对检查出的住房公积金缴存、提取、贷款、资金储存、财务管理、信息化数据管理及服务等7个方面风险隐患问题，逐条核实，认真整改，扎实清理历史数据，确保数据质量不断提高。

（二）当年服务改进情况：全面落实"放管服"要求，优化办事流程，下放审批权限，切实提升服务效率。各中心网站加大了政策宣传力度，开通了公积金业务查询，公开办事流程，完善服务事项目录和实施清单；公布服务网点和服务电话，积极推行公积金业务管运分离、综合柜员、预约服务、上门服务，做到"一站式"服务、"一个窗口"办结。并主动在当地主流媒体公布住房公积金缴存使用情况，接受社会监督。

（三）当年信息化建设情况：以"让信息多跑路，群众少跑腿"为目标，以"双贯标"检查验收为抓手，强力推行"互联网＋公积金"网上业务办理。截至2018年末，全省14个中心（分中心）都通过验收，位居全国前列。6个中心已实现与全国异地转移接续平台直连，3个中心通过综合服务平台验收。目前全省各中心信息系统普遍运行平稳，均开通了微信、手机APP、网上服务大厅、按月冲抵和手机信息告知等功能，信息化水平明显提高，职工足不出户就能了解公积金缴存、提取、贷款政策。

（四）当年住房公积金机构及从业人员所获荣誉情况：2018年全省住房公积金系统共获得省部级文明单位2个、地市级文明单位10个、青年文明号4个、三八红旗手1个、先进集体和个人7个、获得其他荣誉称号9个。

（五）当年对住房公积金管理人员违规行为的纠正和处理情况：及时对骗提骗贷住房公积金的问题，采取现场督查、约谈、下发督办函等措施，督导地市进行纠正和查处。

西安住房公积金2018年年度报告

一、机构概况

（一）住房公积金管理委员会：住房公积金管理委员会有30名委员，2018年召开2次会议，审议通过的事项主要包括：《西安住房公积金2018年年度报告》、《西安住房公积金管理中心关于2018年度住房公积金计划执行情况及2018年度计划编制情况的报告》、《西安住房公积金管理中心关于住房公积金2018年度财务收支预算执行情况及2018年度财务收支预算建议和编制说明的报告》、《西安住房公积金管理中心2018年度增值收益分配方案》、《西安住房公积金管理工作报告》、《西安住房公积金管理中心关于改进公积金缴存机制降低企业成本的请示》、《西安住房公积金管理中心关于调整2018年度住房公积金缴存基数有关情况的报告》、《西安住房公积金管理中心关于开展治理违规骗提套取住房公积金工作有关情况的报告》、《西安住房公积金管理中心关于进一步降低企业成本提高审批效率有关情况的报告》、《西安住房公积金管理中心关于陕西平安融资担保有限公司履行贷款担保〈合作协议〉有关情况的报告》。

（二）住房公积金管理中心：住房公积金管理中心为市政府直属不以营利为目的的参公管理事业单位，设10个处，13个管理部，2个分中心（西铁分中心和西咸新区分中心），从业人员262人，其中，在编184人，非在编78人。另有省直分中心为省住房和城乡建设厅直属的事业单位，从业人员50人，其中，在编 27 人，非在编 23 人；长庆油田分中心为长庆石油勘探局有限公司管理的企业单位，从业人员 14 人，其中在编 14 人，非在编 0 人。目前，全部从业人员 326 人，其中，在编 225 人，非在编 101 人。

二、业务运行情况

（一）**缴存**：2018 年，新开户单位 4819 家，实缴单位 20466 家，净增单位 3342 家；新开户职工 30.60 万人，实缴职工 201.52 万人，净增职工 17.32 万人；缴存额 249.89 亿元，同比增长 17.17%。2018 年末，缴存总额 1762.43 亿元，同比增长 16.52%；缴存余额 724.17 亿元，同比增长 16.47%。

受委托办理住房公积金缴存业务的银行 18 家，比上年无增减。

（二）**提取**：2018 年，提取额 147.47 亿元，同比增长 30.78%；占当年缴存额的 59.01%，比上年增加 6.14 个百分点。2018 年末，提取总额 1038.26 亿元，同比增长 16.55%。

（三）**贷款**：

1. **个人住房贷款**。个人住房贷款最高额度 65 万元，其中，单缴存职工最高额度 50 万元，双缴存职工最高额度 65 万元。

2018 年，发放个人住房贷款 4.26 万笔 170.93 亿元，同比分别增长 17.03%、27.27%。其中，市中心（含西铁分中心、西咸新区分中心）发放个人住房贷款 3.29 万笔 144.14 亿元，省直分中心发放个人住房贷款 0.36 万笔 14.55 亿元，长庆油田分中心发放个人住房贷款 0.61 万笔 12.24 亿元。

2018 年，回收个人住房贷款 48.65 亿元。其中，市中心（含西铁分中心、西咸新区分中心）38.97 亿元，省直分中心 6.64 亿元，长庆油田分中心 3.04 亿元。

2018 年末，累计发放个人住房贷款 31.09 万笔 864.70 亿元，贷款余额 625.65 亿元，同比分别增长 15.88%、24.64%、24.29%。个人住房贷款余额占缴存余额的 86.40%，比上年增加 5.44 个百分点。

受委托办理住房公积金个人住房贷款业务的银行 18 家，比上年无增减。

2. **住房公积金支持保障性住房建设项目贷款**。2018 年，未发放保障性住房建设项目贷款，回收项目贷款 5.10 亿元。2018 年末，累计发放项目贷款 67.20 亿元，项目贷款余额 0.40 亿元。

（四）**购买国债**：2018 年，未购买和兑付国债。2018 年末，国债余额 1.76 亿元。

（五）**资金存储**：2018 年末，住房公积金存款 110.95 亿元。其中，活期 7.64 亿元，1 年（含）以下定期 13.00 亿元，1 年以上定期 71.48 亿元，其他（协定、通知存款等）18.83 亿元。

（六）**资金运用率**：2018 年末，住房公积金个人住房贷款余额、项目贷款余额和购买国债余额的总和占缴存余额的 86.69%，比上年增加 4.56 个百分点。

三、主要财务数据

（一）**业务收入**：2018 年，业务收入 211204.66 万元，同比增长 16.86%。其中，市中心（含西铁分中心、西咸新区分中心）163742.43 万元，省直分中心 34941.14 万元，长庆油田分中心 12521.09 万元；存款利息 27016.02 万元，委托贷款利息 183578.74 万元，国债利息 576.27 万元，其他 33.63 万元。

（二）**业务支出**：2018 年，业务支出 120147.33 万元，同比增长 21.55%。其中，市中心（含西铁分中心、西咸新区分中心）93206.22 万元，省直分中心 20064.18 万元，长庆油田分中心 6876.93 万元，；支付职工住房公积金利息 101728.46 万元，归集手续费 8638.93 万元，委托贷款手续费 8645.26 万元，其他1134.68万元。

（三）**增值收益**：2018年，增值收益91057.33万元，同比增长11.20%。其中，市中心（含西铁分中心、西咸新区分中心）70536.21万元，省直分中心14876.96万元，长庆油田分中心5644.16万元，增值收益率1.35%，比上年减少0.08个百分点。

（四）**增值收益分配**：2018年，提取贷款风险准备金12228.14万元，提取管理费用9580.09万元，提取城市廉租住房（公共租赁住房）建设补充资金69249.10万元。

2018年，上交财政管理费用8998.45万元。上缴财政城市廉租住房（公共租赁住房）建设补充资金64936.51万元。其中，市中心（含西铁分中心、西咸新区分中心）上缴52606.38万元，省直分中心上缴12330.13万元。

2018年末，贷款风险准备金余额87696.00万元。累计提取城市廉租住房（公共租赁住房）建设补充资金509527.44万元。其中，市中心（含西铁分中心、西咸新区分中心）提取384333.70万元，省直分中心提取77341.82万元，长庆油田分中心提取47851.92万元。

（五）**管理费用支出**：2018年，管理费用支出20700.01万元，同比增长214.35%。其中，人员经费4447.15万元，公用经费688.99万元，专项经费15563.87万元（其中含西安铁路局保障性住房资金11280.00万元，群众办事大厅建设改造等费用1569.02万元，市中心信息系统建设维护费368.54万元，省直分中心信息系统建设维护费127.50万元，长庆油田分中心信息系统建设维护费279.80万元、12329综合服务平台建设及运维费454.00万元等）。

市中心（含西铁分中心、西咸新区分中心）管理费用支出18117.56万元，其中，人员、公用、专项经费分别为3124.37万元、319.62万元、14673.57万元；省直分中心管理费用支出1335.00万元，其中，人员、公用、专项经费分别为993.00万元、214.50万元、127.50万元；长庆油田分中心管理费用支出1247.45万元，其中，人员、公用、专项经费分别为329.78万元、154.87万元、762.80万元。

四、资产风险状况

（一）**个人住房贷款**：2018年末，个人住房贷款逾期额1071.96万元，逾期率0.17‰。其中，市中心（含西铁分中心、西咸新区分中心）0.20‰，省直分中心0.07‰，长庆油田分中心0.0008‰。

个人贷款风险准备金按贷款余额增量的1%提取。2018年，提取个人贷款风险准备金12228.14万元，当年未使用个人贷款风险准备金核销呆坏账。2018年末，个人贷款风险准备金余额77972.00万元，占个人住房贷款余额的1.25%，个人住房贷款逾期额与个人贷款风险准备金余额的比率为1.37%。

（二）**支持保障性住房建设试点项目贷款**：2018年末，无逾期项目贷款。

项目贷款风险准备金按贷款余额的4%提取。2018年，未提取项目贷款风险准备金，未使用项目贷款风险准备金核销呆坏账，项目贷款风险准备金余额9724.00万元。

五、社会经济效益

（一）**缴存业务**：2018年，实缴单位数、实缴职工人数和缴存额同比分别增长19.52%、9.40%和17.17%。

缴存单位中，国家机关和事业单位占21.78%，国有企业占15.88%，城镇集体企业占1.27%，外商投资企业占4.37%，城镇私营企业及其他城镇企业占50.40%，民办非企业单位和社会团体占4.01%，其他占2.29%。

缴存职工中，国家机关和事业单位占19.51%，国有企业占44.30%，城镇集体企业占0.79%，外商投资企业占6.93%，城镇私营企业及其他城镇企业占24.75%，民办非企业单位和社会团体占1.96%，其他占1.76%；中、低收入占99.15%，高收入占0.85%。

新开户职工中，国家机关和事业单位占7.79%，国有企业占27.73%，城镇集体企业占0.66%，外商投资企业占8.75%，城镇私营企业及其他城镇企业占50.13%，民办非企业单位和社会团体占3.68%，其他占1.26%；中、低收入占99.40%，高收入占0.60%。

（二）**提取业务**：2018年，61.32万名缴存职工提取住房公积金147.47亿元。

提取金额中，住房消费提取占79.02%（购买、建造、翻建、大修自住住房占36.48%，偿还购房贷款本息占39.94%，租赁住房占1.41%，其他占1.19%）；非住房消费提取占20.98%（离休和退休提取占16.59%，完全丧失劳动能力并与单位终止劳动关系提取占0.19%，户口迁出本市或出境定居占2.07%，其他占2.13%）。

提取职工中，中、低收入占95.39%，高收入占4.61%。

（三）**贷款业务**：

1. **个人住房贷款**。2018年，支持职工购建房387.43万平方米，年末个人住房贷款市场占有率为14.11%，比上年增加0.03个百分点。通过申请住房公积金个人住房贷款，可节约职工购房利息支出337015.41万元。

职工贷款笔数中，购房建筑面积90（含）平方米以下占26.45%，90~144（含）平方米占66.55%，144平方米以上占7.00%。购买新房占66.74%（其中购买保障性住房占3.67%），购买二手房占19.31%，建造、翻建、大修自住住房占13.95%，其他占0%。

职工贷款笔数中，单缴存职工申请贷款占56.78%，双缴存职工申请贷款占43.22%，三人及以上缴存职工共同申请贷款占0%。

贷款职工中，30岁（含）以下占34.24%，30岁~40岁（含）占41.11%，40岁~50岁（含）占20.38%，50岁以上占4.27%；首次申请贷款占95.09%，二次及以上申请贷款占4.91%；中、低收入占99.41%，高收入占0.59%。

2. **异地贷款**。2018年，发放异地贷款8295笔373012.50万元。2018年末，发放异地贷款总额1205616.96万元，异地贷款余额810345.64万元。

3. **支持保障性住房建设试点项目贷款**。2018年末，累计试点项目19个，贷款额度67.20亿元，建筑面积485.79万平方米，可解决51607户中低收入职工家庭的住房问题。18个试点项目贷款资金已发放并还清贷款本息。

（四）**住房贡献率**：2018年，个人住房贷款发放额、公转商贴息贷款发放额、项目贷款发放额、住房消费提取额的总和与当年缴存额的比率为115.03%，比上年增加11.14个百分点。

六、其他重要事项

（一）**住房公积金政策调整及执行情况**：

1. **当年缴存基数限额及确定方法、缴存比例等缴存政策调整情况**。缴存基数：2018年度职工住房公积金缴存基数调整为职工本人2018年（自然年度）月平均工资。缴存基数最高上限不得高于2018年西安市城镇非私营单位在岗职工月平均工资的三倍，不得低于上一年度的西安市最低工资标准。

缴存比例：单位和职工缴存比例下限分别不低于5%，上限分别最高不得超过12%。

降比例和缓缴：经管委会授权批准，由西安住房公积金管理中心直接审批困难企业降比例和缓缴业务事项；困难企业缓缴公积金的申请条件由连续亏损三年降低到一年；缓缴审批时限由15个工作日压缩到10个工作日；允许企业在政策规定的缴存比例上下限范围内，申请降低缴存比例时，只需向公积金中心提交签署有职代会或工会意见的申请表即可现场办结。

2. 提取政策调整情况。为贯彻落实住房城乡建设部、财政部、人民银行、公安部《关于开展治理违规提取住房公积金工作的通知》要求，中心规范改进提取政策：

（1）优先支持提取住房公积金支付房租。缴存职工在西安市行政区域内家庭无房产信息并租住商品房的，按照西安地区上年人均月平均房租水平（2018年约为850元）的12倍设定每年提取限额，即每人提取10200元/年（账户金额至少保留3个月缴存额），提取限额随房租变化年度调整。

（2）进一步规范公积金账户转移及非本市户口离职提取。异地缴存职工将账户余额转移到本中心时，必须在本中心开立住房公积金账户并按月足额汇缴半年以上；在本中心缴存的非本市户口离职职工，未在异地继续缴存的，封存满半年后本人可以提取。

3. 当年住房公积金存贷款利率执行标准。职工住房公积金账户存款利率统一按一年期定期存款基准利率执行，目前为1.50%。五年期以下（含五年）个人住房公积金贷款基准利率为2.75%；五年期以上个人住房公积金贷款基准利率为3.25%。第二套房使用住房公积金贷款购买住房的，贷款利率在当年基准利率的基础上上浮10%。

（二）服务改进情况：

1. 2018年，中心大力推进服务网点建设，西咸新区分中心陆续入驻5个新城，实现新区业务全覆盖。

2. 持续推动与政府部门间的数据联网工作。根据市政府通知要求，就"一网通办"事项多次进行梳理协调，为实现部门间的数据共享做好准备。积极开展与人民银行及市级相关部门协调联系，信息共享体系建设取得突破性进展。

3. 继续加大"互联网＋公积金"平台的建设力度。深化与蚂蚁金服、腾讯合作，完善登录方式，丰富服务渠道，优化改进网上办事大厅、微信公众号、支付宝、自助终端等多方位的服务渠道。"刷脸"查询、冲还贷签约/解约功能、非主贷人还贷、提前还款、提前结清、退休提取、银行卡关联功能均已上线，部分业务实现"一次都不用跑"。

4. 持续加强网站建设。上线运行手机版官方网站，改版升级门户网站，新增业务网点查询、业务办理、支付宝登录等多项功能，加深了与移动互联网的结合，更加注重于满足让群众"最多跑一次"的要求，开启了"互联网＋公积金"的服务模式，使公积金服务更加贴合群众需求。

（三）信息化建设情况：2018年，中心不断完善优化双贯标及异地转移接续平台，积极推进信息系统升级建设，结合当前业务开展情况对业务模式进行优化，对系统架构进行调整，使其适应"一网通办"、政务信息共享工作对公积金业务提出的新要求，预计2019年上半年完成升级改造。

（四）住房公积金管理中心及职工所获荣誉情况：2018年，中心政风行风工作被省住房城乡建设厅评为"先进单位"；碑林管理部被市委、市政府授予市级"人民满意示范窗口"；信息处、综合业务部分别被市委组织部、市直机关工委授予"先锋党组织"和"党建优秀品牌案例";政务中心公积金窗口分别被市委、市政务服务中心授予"窗口单位青年示范岗""优秀进驻窗口"和"群众满意窗口";信贷处、鄠邑管理部、周至管理部在顺利通过了市级机关文明委"文明处室"初审或复审考核;新城管理部被区委、区政府评为政风行风"先进单位";学法用法工作被市法治办评为"先进单位"。

(五)对违反《住房公积金管理条例》和相关法规行为进行行政处罚和申请人民法院强制执行情况:2018年,中心向人民法院申请强制执行1起案件。案由是2018年一家缴存单位未给职工开设公积金账户受到行政处罚,拒不缴纳罚款,经陕西省高级人民法院指定管辖,由西安铁路运输法院立案。目前该案仍在强制执行阶段。

铜川市住房公积金2018年年度报告

一、机构概况

(一)住房公积金管理委员会:住房公积金管理委员会有23名委员,2018年召开二次会议,审议通过的事项主要包括:1. 审议通过《关于调整2018年公积金缴存基数和缴存比例的意见》;2. 审议通过《关于调整2018年住房公积金个人贷款额度上限的意见》;3. 审议通过《关于房地产开发企业楼盘准入办法(试行)》;4. 审议通过《关于铜川市困难企业缓缴或降低缴存比例管理办法》;5. 审议通过《关于2018年住房公积金增值收益分配意见》;6. 审议通过《关于支持老旧小区住宅加装电梯提取公积金的请示》;7. 审议通过《关于陕西省东铭车辆系统股份有限公司申请封存住房公积金账户的请示》。

(二)住房公积金管理中心:住房公积金管理中心为铜川市政府不以营利为目的的(机构属性)事业单位,设4个科,5个管理部。从业人员70人,其中,在编21人,非在编49人。

二、业务运行情况

(一)缴存:2018年,新开户单位119家,实缴单位1894家,净增单位119家;新开户职工0.4987万人,实缴职工7.6779万人,清理僵尸户和退休等销户0.5499万人,净减职工0.0512万人;缴存额9.64亿元,同比增长61.20%。2018年末,缴存总额53.22亿元,同比增长22.12%;缴存余额20.64亿元,同比增长10.14%。

受委托办理住房公积金缴存业务的银行8家,比上年增加(减少)0家。

(二)提取:2018年,提取额7.74亿元,同比增长55.11%;占当年缴存额的80.29%,比上年减少3.15个百分点。2018年末,提取总额32.58亿元,同比增长31.16%。

(三)贷款:个人住房贷款最高额度50万元,其中,单缴存职工最高额度50万元,双缴存职工最高额度50万元。

2018年,发放个人住房贷款0.159万笔4.16亿元,同比分别增长61.75%、71.19%。

2018年,回收个人住房贷款1.72亿元。

2018年末，累计发放个人住房贷款1.9053万笔25.27亿元，贷款余额14.27亿元，同比分别增长9.10%、19.71%、20.52%。个人住房贷款余额占缴存余额的69.14%，比上年增加5.94个百分点。

受委托办理住房公积金个人住房贷款业务的银行5家，比上年增加1家。

（四）资金存储：2018年末，住房公积金存款6.37亿元。其中，活期0.67亿元，1年（含）以下定期1.75亿元，1年以上定期3.95亿元。

（五）资金运用率：2018年末，住房公积金个人住房贷款余额占缴存余额的69.14%，比上年增加5.94个百分点。

三、主要财务数据

（一）业务收入：2018年，业务收入6456.54万元，同比增长6.61%。其中，存款利息1989.90万元，委托贷款利息4466.64万元。

（二）业务支出：2018年，业务支出3061.71万元，同比增长1.98%。其中，支付职工住房公积金利息2955.28万元，委托贷款手续费73.16万元，其他0.27万元。

（三）增值收益：2018年，增值收益3394.83万元，同比增长11.16%。增值收益率1.70%，比上年增加0.05个百分点。

（四）增值收益分配：2018年，提取贷款风险准备金534.83万元，提取管理费用2760万元，提取城市廉租住房（公共租赁住房）建设补充资金100万元。

2018年，上交财政2018年管理费用2854.11万元。上缴财政2018年城市廉租住房（公共租赁住房）建设补充资金200万元。

2018年末，贷款风险准备金余额4487.84万元。累计提取城市廉租住房（公共租赁住房）建设补充资金1905.5万元。

（五）管理费用支出：2018年，管理费用支出446.7万元，同比减少51.33%。其中，劳务派遣人员工资支出244.4万元，公用经费56.6万元。集成键盘、网络安全设备设等专项经费145.7万元。

四、资产风险状况

2018年末，个人住房贷款逾期额3.89万元，逾期率0.027‰。

个人贷款风险准备金按贷款余额的1%提取。2018年，提取个人贷款风险准备金534.84万元，使用个人贷款风险准备金核销呆坏账0万元。2018年末，个人贷款风险准备金余额4487.84万元，占个人住房贷款余额的3.15%，个人住房贷款逾期额与个人贷款风险准备金余额的比率为0.09%。

五、社会经济效益

（一）缴存业务：2018年，实缴单位数、实缴职工人数和缴存额同比分别增长6.76%、0.66%和61.20%。

缴存单位中，国家机关和事业单位占66.00%，国有企业占27.34%，城镇私营企业及其他城镇企业占4.86%，民办非企业单位和社会团体占1.80%。

缴存职工中，国家机关和事业单位占38.24%，国有企业占57.01%，城镇私营企业及其他城镇企业占 3.43%，民办非企业单位和社会团体占 1.21%，其他占 0.11%；月缴存基数 6000 元以下（含 6000 元）的中、低收入占 82.02%，月缴存基数 6000 元以上的高收入占 17.98%。

新开户职工中，国家机关和事业单位占 28.13%，国有企业占 29.64%，城镇私营企业及其他城镇企业占 21.96%，民办非企业单位和社会团体占 18.61%，其他占 1.66%；月缴存基数 6000 元以下（含 6000 元）的中、低收入占 89.91%，月缴存基数 6000 元以上的高收入占 10.09%。

（二）提取业务：2018 年，中心共为 2.7117 万名缴存职工提取住房公积金 7.74 亿元。

提取金额中，住房消费提取占 74.16%，其中翻建、大修自住住房占 21.96%，偿还购房贷款本息占 25.97%，租赁住房占 12.53%，其他占 13.70%；非住房消费提取占 25.84%，其中离休和退休提取占 21.32%，完全丧失劳动能力并与单位终止劳动关系提取占 1.55%，户口迁出本市或出境定居占 0.52%，其他占 2.45%。

提取职工中，月缴存基数 6000 元以下（含 6000 元）的中、低收入占 57.50%，月缴存基数 6000 元以上的高收入占 42.50%。

（三）贷款业务：

1. **个人住房贷款**。2018 年，支持职工购建房 19.01 万平方米，年末个人住房贷款市场占有率为 41.84%，比上年增长 5.95 个百分点。通过申请住房公积金个人住房贷款，可节约职工购房利息支出 8815.47 万元。

职工贷款笔数中，购房建筑面积 90（含）平方米以下占 6.79%，90～144（含）平方米占 81.07%，144 平方米以上占 12.14%。购买新房占 87.92%，购买二手房占 8.81%，建造、翻建、大修自住住房占 2.45%，其他占 0.82%。

职工贷款笔数中，单缴存职工申请贷款占 32.70%，双缴存职工申请贷款占 67.3%。

贷款职工中，30 岁（含）以下占 31.01%，30 岁～40 岁（含）占 39.37%，40 岁～50 岁（含）占 21.19%，50 岁以上占 8.43%；首次申请贷款占 70.0%，二次及以上申请贷款占 30.0%；月缴存基数 6000 元以下（含 6000 元）的中、低收入占 79.25%，月缴存基数 6000 元以上高收入占 20.75%。

2. **异地贷款**。2018 年，发放异地贷款 257 笔 7622 万元。2018 年末，发放异地贷款 398 笔总额 10774.7 万元，异地贷款余额 10313.26 万元。

（四）住房贡献率：2018 年，个人住房贷款发放额、住房消费提取额的总和与当年缴存额的比率为 102.70%，比上年下降了 6.5 个百分点。

六、其他重要事项

（一）2018 年中心撤销银行账户 7 个，其中中国工商银行 2 个，中国农业银行 3 个，中国银行 1 个，中国建设银行 1 个，实现了一行一户。

（二）2018 年铜川市住房公积金缴存基数调整为职工本人 2018 年度月平均工资。计算缴存基数的工资项目以国家统计局《关于工资总额组成的规定》（统制字〔1990〕1 号）文件为准。2018 年度职工住房公积金月缴存基数最高不超过 2018 年度铜川市在岗职工月平均工资 4808 元的三倍即 14424 元，最低不得低于铜川市政府规定的本地区最低月工资标准，铜川市王益区 1580 元，铜川市印台区、耀州区、新区 1480 元，铜川市宜君县 1380 元，低于 2018 年度住房公积金缴存基数最高限额的，以职工实际月平均工资作为职工本年度住房公积金缴存基数。住房公积金缴存比例个人部分和单位补贴部分均不得低于5%，不得高于12%。

2018年度，严格执行中国人民银行、住房城乡建设部、财政部印发《关于完善职工住房公积金账户存款利率机制的通知》（银发〔2016〕43号）的规定，2016年2月21日以后缴存职工住房公积金账户存款利率将统一按一年期定期存款基准利率1.5%计息。公积金贷款五年以下（含五年）利率2.75%，公积金贷款五年以上利率3.25%；如果中国人民银行调整贷款利率，调整利率后新增贷款执行新贷款利率，调整前的贷款次年执行新利率。

铜川市中心2018年修订了《铜川市住房公积金贷款实施细则》，公积金贷款最高限额50万元。贷款期限最长不超过30年，原则上不超过借款人法定退休年龄内的剩余工作年限。职工确需延长贷款期限的，经市公积金中心审核批准，贷款期限可延长至法定退休年龄后5年，但不能超过规定最长贷款年限。购买二手房、翻建或大修自住住房贷款期限不得超过房屋使用年限。

修订了《铜川市住房公积金提取和转移实施细则》，并制定了《房地产开发企业楼盘准入办法（试行）》、《铜川市住房公积金业务风险管理实施细则》和完善《铜川市灵活就业人员住房公积金缴存与使用办法（试行）》。截至2018年底共为83名自由职业者建缴公积金。

（三）2018年中心继续执行便民服务"十二"条，中心各管理部开通WiFi、绿色服务窗口、集中上门服务、预约上门服务等。在各管理部安装公积金政策和公积金余额查询一体机。12329客服热线开通语音自助服务和人工服务，运行平稳。

（四）2018年9月综合服务平台通过住房城乡建设部验收。

（五）2018年8月中心住房公积金贷款实现了自主发放和自主回收，贷款回收实现了实时回收，缩短贷款发放、回收周期，提高了工作效率。

（六）为了方便缴存职工，中心对公积金提取、还贷等业务开通短信提醒业务。

宝鸡市住房公积金2018年年度报告

一、机构概况

（一）**住房公积金管理委员会**：住房公积金管理委员会有19名委员，2018年召开1次会议，审议通过的事项主要包括：审议通过了2018年度归集使用计划及2018年度归集使用计划执行情况；审议通过了2018年度增值收益分配方案；审议通过了《宝鸡市住房公积金使用政策调整建议》等议案。

（二）**住房公积金管理中心**：住房公积金管理中心为直属市人民政府的不以营利为目的的参公管理事业单位，设3个科，13个管理部。从业人员142人，其中，在编79人，非在编63人。

二、业务运行情况

（一）**缴存**：2018年，新开户单位341家，实缴单位4402家，净增单位312家；新开户职工2.43万人，实缴职工 27.96 万人，净增职工 0.58 万人；缴存额 27.21 亿元，同比增长 5.10%。2018 年末，缴存总额 232.22 亿元，同比增长 13.27%；缴存余额 87.31 亿元，同比增长 11.65%。

受委托办理住房公积金缴存业务的银行 13 家，与上年相同。

（二）提取：2018 年，提取额 18.10 亿元，同比增长 21.15%；占当年缴存额的 66.52%，比上年增加 8.81 个百分点。2018 年末，提取总额 144.91 亿元，同比增长 14.26%。

（三）贷款：

个人住房贷款最高额度 40.00 万元，其中，单缴存职工最高额度 30.00 万元，双缴存职工最高额度 40.00 万元。

2018 年，发放个人住房贷款 0.8421 万笔 22.67 亿元，同比分别增长 20.78%、20.71%。

2018 年，回收个人住房贷款 5.66 亿元。

2018 年末，累计发放个人住房贷款 4.56 万笔 95.74 亿元，贷款余额 72.45 亿元，同比分别增长 22.58%、31.03%、30.68%。个人住房贷款余额占缴存余额的 82.98%，比上年增加 12.08 个百分点。

受委托办理住房公积金个人住房贷款业务的银行 11 家，与上年相同。

2. 住房公积金支持保障性住房建设项目贷款：宝鸡市没有开展此项业务。

（四）资金存储：2018 年末，住房公积金存款 14.67 亿元。其中，活期 0.96 亿元，1 年（含）以下定期 12.82 亿元，1 年以上定期 0.01 亿元，其他（协定、通知存款等）0.88 亿元。

（五）资金运用率：2018 年末，住房公积金个人住房贷款余额、项目贷款余额和购买国债余额的总和占缴存余额的 82.98%，比上年增加 12.08 个百分点。

三、主要财务数据

（一）业务收入：2018 年，业务收入 26063.16 万元，同比增长 16.40%。存款利息 5194.71 万元，委托贷款利息 20863.67 万元，国债利息 0.00 万元，其他 4.78 万元。

（二）业务支出：2018 年，业务支出 12464.56 万元，同比增长 12.46%。支付职工住房公积金利息 11991.34 万元，归集手续费 0.00 万元，委托贷款手续费 467.86 万元，其他 5.36 万元。

（三）增值收益：2018 年，增值收益 13598.60 万元，同比增长 20.27%。增值收益率 1.71%，比上年增加 0.03 个百分点。

（四）增值收益分配：2018 年，提取贷款风险准备金 1359.86 万元，提取管理费用 2719.72 万元，提取城市廉租住房（公共租赁住房）建设补充资金 9519.02 万元。

2018 年，上交财政管理费用 4240.12 万元。上缴财政城市廉租住房（公共租赁住房）建设补充资金 7230.17 万元。

2018 年末，贷款风险准备金余额 27706.50 万元。累计提取城市廉租住房（公共租赁住房）建设补充资金 38126.23 万元。

（五）管理费用支出：2018 年，管理费用支出 2460.00 万元，同比下降 4.11%。其中，人员经费 958.00 万元，公用经费 45.00 万元，专项经费 1457.00 万元。

四、资产风险状况

2018 年末，个人住房贷款逾期额 15.21 万元，逾期率 0.02‰。

个人贷款风险准备金按增值收益的 10.00% 提取。2018 年，提取个人贷款风险准备金 1359.86 万元，未使用个人贷款风险准备金核销呆坏账。2018 年末，个人贷款风险准备金余额 27706.50 万元，占个人住房贷款余额的 3.82%，个人住房贷款逾期额与个人贷款风险准备金余额的比率为 0.05%。

五、社会经济效益

（一）**缴存业务**：2018 年，实缴单位数、实缴职工人数和缴存额同比分别增长 7.63%、2.12% 和 5.10%。

缴存单位中，国家机关和事业单位占 45.34%，国有企业占 36.46%，城镇集体企业占 1.20%，外商投资企业占 1.64%，城镇私营企业及其他城镇企业占 11.04%，民办非企业单位和社会团体占 0.30%，其他占 4.02%。

缴存职工中，国家机关和事业单位占 40.65%，国有企业占 40.56%，城镇集体企业占 2.94%，外商投资企业占 2.48%，城镇私营企业及其他城镇企业占 8.16%，民办非企业单位和社会团体占 0.11%，其他占 5.10%；中、低收入占 99.83%，高收入占 0.17%。

新开户职工中，国家机关和事业单位占 30.24%，国有企业占 29.98%，城镇集体企业占 3.48%，外商投资企业占 2.59%，城镇私营企业及其他城镇企业占 21.31%，民办非企业单位和社会团体占 0.28%，其他占 12.12%；中、低收入占 99.93%，高收入占 0.07%。

（二）**提取业务**：2018 年，6.99 万名缴存职工提取住房公积金 18.10 亿元。

提取金额中，住房消费提取占 75.27%（购买、建造、翻建、大修自住住房占 35.63%，偿还购房贷款本息占 36.51%，租赁住房占 0.93%，其他占 2.20%）；非住房消费提取占 24.73%（离休和退休提取占 21.26%，完全丧失劳动能力并与单位终止劳动关系提取占 1.95%，户口迁出本市或出境定居占 0.00%，其他占 1.52%）。

提取职工中，中、低收入占 99.97%，高收入占 0.03%。

（三）**贷款业务**：

1. **个人住房贷款**。2018 年，支持职工购建房 99.72 万平方米，年末个人住房贷款市场占有率为 24.66%，比上年减少 7.57 个百分点。通过申请住房公积金个人住房贷款，可节约职工购房利息支出 45619.71 万元。

职工贷款笔数中，购房建筑面积 90（含）平方米以下占 9.12%，90~144（含）平方米占 82.48%，144 平方米以上占 8.40%。购买新房占 86.26%（其中购买保障性住房占 0.00%），购买二手房占 8.81%，建造、翻建、大修自住住房占 0.00%，其他占 4.93%。

职工贷款笔数中，单缴存职工申请贷款占 72.32%，双缴存职工申请贷款占 27.68%，三人及以上缴存职工共同申请贷款占 0.00%。

贷款职工中，30 岁（含）以下占 37.25%，30 岁~40 岁（含）占 36.27%，40 岁~50 岁（含）占 20.44%，50 岁以上占 6.04%；首次申请贷款占 96.89%，二次及以上申请贷款占 3.11%；中、低收入占 99.68%，高收入占 0.32%。

2. **异地贷款**。2018 年，发放异地贷款 2408 笔 66827.40 万元。2018 年末，发放异地贷款总额 117845.40 万元，异地贷款余额 83896.47 万元。

（四）住房贡献率：2018年，个人住房贷款发放额、公转商贴息贷款发放额、项目贷款发放额、住房消费提取额的总和与当年缴存额的比率为133.38%，比上年增加14.03个百分点。

六、其他重要事项

（一）当年住房公积金政策调整及执行情况：缴存基数限额及确定方法：2018年住房公积金缴存基数调整如下：月缴存基数下限不得低于我市2018年度最低工资标准即1580元/月。上限不得高于我市2018年度社会平均工资的3倍，即14433元/月。缴存比例：最低不能低于5%；最高不能超过12%。

当年提取政策调整如下：1.住房公积金贷款未还清前，个人住房公积金账户内留存余额不得提取使用，只能用于对冲还贷；2.职工本人及其配偶在构建和大修住房时提取住房公积金的，时间由五年内调整为三年内每年只能提取一次；3.取消住房装修提取。4.异地购房提取，提取人提供资料变为房产权属证书与购房发票。5.缴存职工与所在单位解除或终止劳动关系的，先办理账户封存。账户封存期间，在异地开立住房公积金账户并连续缴存6个月的，办理异地转移接续手续，未在异地继续缴存的，封存满6个月后可申请办理销户提取。

当年个人住房最高贷款额度：单职工最高贷款额度不超过30万元，双职工最高贷款额度不超过40万元。

当年贷款政策调整如下：

1.调整一手房贷款首付款比例

（1）缴存职工家庭首次使用住房公积金贷款购买普通自住住房的，建筑面积在144（含）平方米以下的首付比例由20%调整到25%；建筑面积在144平方米以上的首付比例由20%调整到30%。

（2）对缴存职工家庭结清首次住房公积金贷款后，再次购买改善型住房申请使用住房公积金贷款的，建筑面积在144（含）平方米以下的首付比例由20%调整到30%；建筑面积在144平方米以上的首付比例由20%调整到40%。

2.调整二手房贷款首付款比例：二手房住房公积金贷款首付款比例，建筑面积在144（含）平方米以下的由现行的30%下调到25%；建筑面积在144平方米以上的，首付款比例由现行的30%提高到40%。

3.调整异地贷款受理条件

（1）申请人或配偶具有宝鸡辖区户口一年以上；

（2）申请人或配偶提供一年以上宝鸡辖区养老保险证明；

4.调整贷款可贷额度计算方法

（1）对于借款人缴存账户余额较少的按下列标准执行：

①借款人及配偶缴存账户余额合计不足5000元的，贷款额度最高不超过15万元；

②借款人及配偶缴存账户余额合计超过5000元不足1万元的，贷款额度最高不超过20万元；

③借款人及配偶缴存账户余额合计超过1万元不足2万元的，贷款额度最高不超过25万元。

（2）对于借款人账户余额两万元以上（含2万元）的，按下列公式计算：贷款额度=（借款人住房公积金缴存账户余额+配偶住房公积金缴存账户余额）×倍数（15倍）×缴存时间系数（表1）。

缴存时间系数 表1

借款人连续缴存时间	缴存时间系数
6个月（含）≤缴存时间＜12个月	0.9
12个月（含）＜缴存时间＜24个月	1.0
24个月（含）＜缴存时间＜36个月	1.1
缴存时间≥36个月	1.2

配偶缴存住房公积金的认定标准：配偶住房公积金缴存不正常（非连续足额缴存满6个月，断缴三个月以上或封存）的，配偶公积金部分不参与计算。

借款人单方一人连续足额缴存住房公积金的，贷款额度最高不超过30万元；借款人及配偶同时连续足额缴存住房公积金的，贷款额度最高不超过40万元。

5. 增加借款人夫妇贷前征信报告审核。

6. 借款人在办理了住房公积金贷款后，连续六个月停缴住房公积金，经中心催缴，仍拒不缴存的，中心有权解除与借款人签订的《借款合同》或执行同期商业银行基准利率。

当年利率执行标准：五年以下（含五年）2.75%；五年以上3.25%。

（二）当年服务改进情况：继续加强全行业工作人员业务技能培训和服务设施建设，先后为金台、渭滨、千阳、扶风4个管理部购置或租用了新的业务办公用房，办公区域、服务大厅、会议室、档案室等一应俱全，实行统一标准、统一标识、统一管理，办公环境和办公条件得到全面改善，服务群众的能力和水平进一步提升；综合服务平台建设基本完成，服务渠道进一步拓展，服务内容进一步完善，增加了网上服务大厅、手机APP、12329短信服务，极大地方便了缴存职工。

（三）当年信息化建设情况：年初制定了中心《信息化建设顶层设计方案》，为中心今后一段时期的信息化建设提供依据和导向，10月份，如期完成了银行存量贷款数据的移植和自主贷款模块部署及联调工作，上线运行了住房公积金云平台2.0系统，使公积金核算系统做到了业务和账务的可追溯、资金全方面监管及调拨、数据统一使用及存储，有效提升了资金风险防范能力和水平。

（四）当年住房公积金管理中心及职工所获荣誉情况：2018年，中心先后荣获"人民满意公务员示范岗"、"巾帼文明岗"、"青年文明号"、"政风行风建设优秀单位"、"文明机关"、"2018年度综治及平安建设优秀单位"、"2018年度档案管理先进单位"等光荣称号。副主任李印民同志荣获"不忘初心、牢记使命"——纪念改革开放40周年党史党建知识竞赛二等奖，综合科凌鑫、扶风管理部海亚妮两位同志荣获"2018年公务员职业道德建设主题征文"优秀奖，业务科任宇飞同志荣获"市直机关优秀共产党员"、会计科苗红星同志荣获"市直机关优秀党务工作者"。

咸阳市住房公积金2018年年度报告

一、机构概况

（一）住房公积金管理委员会：住房公积金管理委员会有13名委员，2018年召开3次会议，审议通

过的事项主要包括:《咸阳市 2018 年度住房公积金归集使用计划执行情况报告》《咸阳市 2018 年住房公积金主要工作目标》《咸阳市 2018 年住房公积金年度报告》《关于提高住房公积金贷款最高贷款额度的报告》《关于利用住房公积金增值收益归还住房公积金试点项目贷款 2018 年使用情况及 2018 年使用计划》《关于规范住房公积金贷款额度确定方法的汇报》《关于〈咸阳市住房公积金贷款暂行办法〉部分条款的修改意见》。

(二)住房公积金管理中心:住房公积金管理中心为市政府直属的不以营利为目的的事业单位,设 7 个科室,13 个管理部。从业人员 127 人,其中,在编 109 人,非在编 18 人。

二、业务运行情况

(一)缴存:2018 年,新开户单位 240 家,实缴单位 5433 家,净增单位 310 家;新开户职工 2.9 万人,实缴职工 36.98 万人,净增职工 0.7 万人;缴存额 27.71 亿元,同比增长 2.74%。年末,缴存总额 204.87 亿元,同比增长 15.64%;缴存余额 85.27 亿元,同比增长 14.34%。

受委托办理住房公积金缴存业务的银行 14 家,比上年增加 0 家。

(二)提取:2018 年,提取额 17.02 亿元,同比下降 2.12%;占当年缴存额的 61.39%,比上年减少 3.1 个百分点。2018 年末,提取总额 119.60 亿元,同比增长 16.59%。

(三)贷款:

1. **个人住房贷款**。个人住房贷款最高额度 60 万元,其中,单缴存职工最高额度 60 万元,双缴存职工最高额度 60 万元。

2018 年,发放个人住房贷款 0.58 万笔 16.92 亿元,同比分别下降 10.77%、增长 2.24%。

2018 年,回收个人住房贷款 6.13 亿元。

2018 年末,累计发放个人住房贷款 4.51 万笔 101.19 亿元,贷款余额 71.91 亿元,同比分别增长 14.76%、20.08%、17.65%。个人住房贷款余额占缴存余额的 84.33%,比上年增加 2.37 个百分点。

受委托办理住房公积金个人住房贷款业务的银行 13 家,比上年增加 1 家。

2. **住房公积金支持保障性住房建设项目贷款**。2018 年,发放支持保障性住房建设项目贷款 0 亿元,回收项目贷款 0.64 亿元。2018 年末,累计发放项目贷款 9.5 亿元,项目贷款余额 3.86 亿元。

(四)购买国债:2018 年,购买记账式国债 1.54 亿元,兑付国债 1.54 亿元。2018 年末,国债余额 0 亿元。

(五)资金存储:2018 年末,住房公积金存款 12.7 亿元。其中,活期 5.5 亿元,1 年(含)以下定期 7.2 亿元。

(六)资金运用率:2018 年末,住房公积金个人住房贷款余额、项目贷款余额和购买国债余额的总和占缴存余额的 88.85%,比上年增加 0.86 个百分点。

三、主要财务数据

(一)业务收入:2018 年,业务收入 26106.93 万元,同比增长 11.15%。存款利息 3140.34 万元,委托贷款利息 22771.57 万元,国债利息 41.41 万元,其他 153.61 万元。

(二)业务支出:2018 年,业务支出 14310.45 万元,同比增长 44.52%。支付职工住房公积金利息

13643.41万元，归集手续费0万元，委托贷款手续费663.74万元，其他3.3万元。

（三）**增值收益**：2018年，增值收益11796.48万元，同比下降13.16%。增值收益率1.48%，比上年减少0.42个百分点。

（四）**增值收益分配**：2018年，提取贷款风险准备金7189.91万元，提取管理费用1606.57万元，提取城市廉租住房（公共租赁住房）建设补充资金3000万元。

2018年，上交财政管理费用500万元。上缴财政城市廉租住房（公共租赁住房）建设补充资金500万元。

2018年末，贷款风险准备金余额35578.26万元。累计提取城市廉租住房（公共租赁住房）建设补充资金26188.82万元。

（五）**管理费用支出**：2018年，管理费用支出1648.18万元，同比增长7.91%。其中，人员经费1167.13万元，公用经费281.05万元，专项经费200万元。

四、资产风险状况

（一）**个人住房贷款**：2018年末，个人住房贷款逾期额58.88万元，逾期率0.08‰。

个人贷款风险准备金按贷款余额的1%提取。2018年，提取个人贷款风险准备金7189.91万元，使用个人贷款风险准备金核销呆坏账0万元。2018年末，个人贷款风险准备金余额26248.25万元，占个人住房贷款余额的3.65%，个人住房贷款逾期额与个人贷款风险准备金余额的比率为0.22%。

（二）**支持保障性住房建设试点项目贷款**：项目贷款风险准备金按贷款余额的4%提取。2018年，提取项目贷款风险准备金0万元，使用项目贷款风险准备金核销呆坏账0万元，项目贷款风险准备金余额9330万元，占项目贷款余额的24.17%。

五、社会经济效益

（一）**缴存业务**：2018年，实缴单位数、实缴职工人数和缴存额同比分别增长6.05%、1.92%和2.74%。

缴存单位中，国家机关和事业单位占45.52%，国有企业占2.2%，城镇集体企业占0.47%，外商投资企业占0.69%，城镇私营企业及其他城镇企业占2.61%，民办非企业单位和社会团体占0.17%，其他占48.32%。

缴存职工中，国家机关和事业单位占33.34%，国有企业占5.6%，城镇集体企业占0.4%，外商投资企业占2.1%，城镇私营企业及其他城镇企业占2.41%，民办非企业单位和社会团体占0.4%，其他占55.75%；中、低收入占98.19%，高收入占1.81%。

新开户职工中，国家机关和事业单位占16.84%，国有企业占4.23%，城镇集体企业占0.6%，外商投资企业占4.36%，城镇私营企业及其他城镇企业占8.99%，民办非企业单位和社会团体占0.68%，其他占64.3%；中、低收入占99.74%，高收入占0.26%。

（二）**提取业务**：2018年，8.36万名缴存职工提取住房公积金17.02亿元。

提取金额中，住房消费提取占55.6%（购买、建造、翻建、大修自住住房占23.38%，偿还购房贷款本息占21.1%，租赁住房占2.29%，其他占8.83%）；非住房消费提取占44.4%（离休和退休提取占

18.27%，完全丧失劳动能力并与单位终止劳动关系提取占 4.43%，户口迁出本市或出境定居占 0.05%，其他占 21.65%）。

提取职工中，中、低收入占 84.13%，高收入占 15.87%。

（三）**贷款业务：**

1. **个人住房贷款**。2018 年，支持职工购建房 59.81 万平方米，年末个人住房贷款市场占有率为 15.85%，比上年增加 3.69 个百分点。通过申请住房公积金个人住房贷款，可节约职工购房利息支出 2791.8 万元。

职工贷款笔数中，购房建筑面积 90（含）平方米以下占 14.49%，90~144（含）平方米占 83.64%，144 平方米以上占 1.87%。购买新房占 86.09%（其中购买保障性住房占 0.06%），购买二手房占 11.4%，建造、翻建、大修自住住房占 0%，其他占 2.52%。

职工贷款笔数中，单缴存职工申请贷款占 33.68%，双缴存职工申请贷款占 66.32%，三人及以上缴存职工共同申请贷款占 0%。

贷款职工中，30 岁（含）以下占 45.62%，30 岁~40 岁（含）占 35.99%，40 岁~50 岁（含）占 14.92%，50 岁以上占 3.47%；首次申请贷款占 98.07%，二次及以上申请贷款占 1.93%；中、低收入占 98.36%，高收入占 1.64%。

2. **异地贷款**。2018 年，发放异地贷款 2492 笔 83347.1 万元。2018 年末，发放异地贷款总额 196215.3 万元，异地贷款余额 182868.88 万元。

3. **支持保障性住房建设试点项目贷款**。2018 年末，累计试点项目 2 个，贷款额度 9.5 亿元，建筑面积 49.8 万平方米，可解决 8611 户中低收入职工家庭的住房问题。1 个试点项目贷款资金已发放并还清贷款本息。

（四）**住房贡献率**：2018 年，个人住房贷款发放额、公转商贴息贷款发放额、项目贷款发放额、住房消费提取额的总和与当年缴存额的比率为 95.16%，比上年减少 10.14 个百分点。

六、其他重要事项

（一）当年住房公积金政策调整及执行情况：

1. **住房公积金缴存**。2018 年 6 月，将住房公积金缴存基数调整为职工本人 2018 年度月平均工资，计算缴存基数的工资项目以国家统计局《关于工资总额组成的规定》（统制字〔1990〕1 号）文件为准。缴存基数不得超过 2018 年度咸阳市城镇非私营单位在岗职工月平均工资 4383 元的三倍，即 13149 元，不得低于咸阳市政府规定的本地区最低工资标准，分为三类区，一类区 1680 元/月，二类区 1580 元/月，三类区 1480 元/月。单位及个人缴存比例均为 5% 至 12%。

2. **住房公积金贷款**。将贷款最高额度从 40 万元提高至 60 万元。2018 年 8 月 30 日起，将职工申请公积金贷款的缴存条件从"正常连续缴存 6 个月以上"调整为"正常连续缴存 12 个月以上"。

3. **住房公积金提取**。2018 年 6 月取消装修提取政策，取消直系亲属"互提"政策，提取范围限定在夫妻双方购房。调整租房提取政策，职工租房每年提取上限从 8000 元提高至 12000 元。职工缴存满半年方可办理销户、转移公积金，职工购房合同签订满 5 年可提取缩短为购房合同签订满 2 年可提取。实施失信联合惩戒，严厉打击假合同、假资料提取，重点支持缴存职工缴存地、户籍所在地首套房、改善性二套房提取。

（二）当年服务改进情况：立足"数据多跑路，群众少跑腿"，与住房城乡建设部成功对接了异地接续平台。实现了支付宝城市服务公积金查询业务。开通了网上综合服务大厅，短信提醒及公积金手机 APP 等功能。

（三）当年信息化建设情况：围绕互联网＋公积金，完成了最新版本云 3.0 系统升级上线工作。

渭南市住房公积金 2018 年年度报告

一、机构概况

（一）住房公积金管理委员会：住房公积金管理委员会有 21 名委员，2018 年召开 4 次会议，审议通过的事项主要包括：

1. 会议审议通过了《关于调整 2018 年度住房公积金缴存基数的通知》；
2. 会议审议通过了《渭南市住房公积金管理委员会关于进一步扩大住房公积金制度覆盖面工作的通知》；
3. 会议审议通过了《渭南市住房公积金行政执法办法的通知》和《渭南市住房公积金行政执法办法实施细则的通知》；
4. 会议审议通过了《2017 年住房公积金归集使用计划执行情况及 2018 年住房公积金归集使用计划》；
5. 会议审议通过了《渭南市住房公积金管理中心 2017 年度财务执行情况和 2018 年度财务预算情况》。

（二）住房公积金管理中心：住房公积金管理中心为直属于渭南市政府管理的不以营利为目的的正县级事业单位，设 7 个处（科），12 个管理部，0 个分中心。从业人员 156 人，其中，在编 60 人，非在编 96 人。

二、业务运行情况

（一）缴存：2018 年，新开户单位 288 家，实缴单位 3614 家，净增单位 89 家；新开户职工 1.96 万人，实缴职工 23.91 万人，净增职工－0.79 万人；缴存额 26.65 亿元，同比增长 21.47%。2018 年末，缴存总额 187.64 亿元，同比增长 16.55%；缴存余额 70.84 亿元，同比增长 18.78%。

受委托办理住房公积金缴存业务的银行 11 家，比上年增加（减少）0 家。

（二）提取：2018 年，提取额 15.45 亿元，同比增长 22.04%；占当年缴存额的 57.97%，比上年增加 0.27 个百分点。2018 年末，提取总额 116.80 亿元，同比增长 15.24%。

（三）贷款：个人住房贷款最高额度 50 万元，其中，单缴存职工最高额度 50 万元，双缴存职工最高额度 50 万元。

2018 年，发放个人住房贷款 0.61 万笔 18.07 亿元，同比分别增长 32.61%、58.93%。其中，市中心发放个人住房贷款 0.55 万笔 16.18 亿元，韩城发放个人住房贷款 0.06 万笔 1.89 亿元。

2018 年，回收个人住房贷款 4.62 亿元。其中，市中心 4.20 亿元，韩城 0.42 亿元。

2018 年末，累计发放个人住房贷款 3.21 万笔 67.51 亿元，贷款余额 48.84 亿元，同比分别增长 23.46%、36.58%、37.97%。个人住房贷款余额占缴存余额的 68.94%，比上年增加 9.58 个百分点。

受委托办理住房公积金个人住房贷款业务的银行 9 家。

（四）资金存储：2018 年末，住房公积金存款 28.86 亿元。其中，活期 6.15 亿元，1 年（含）以下定期 13.60 亿元，1 年以上定期 9.11 亿元。

（五）资金运用率：2018 年末，住房公积金个人住房贷款余额、项目贷款余额和购买国债余额的总和占缴存余额的 68.94%，比上年增加 9.58 个百分点。

三、主要财务数据

（一）业务收入：2018 年，业务收入 19244.17 万元，同比增长 15.70%。其中，市中心 17036.85 万元，韩城 2207.32 万元；存款利息 6040.85 万元，委托贷款利息 13201.68 万元，国债利息 0 万元，其他 1.64 万元。

（二）业务支出：2018 年，业务支出 1462.64 万元，同比减少 76.36%。其中，市中心 -54.10 万元，韩城 1516.74 万元；支付职工住房公积金利息 910.69 万元，归集手续费 0 万元，委托贷款手续费 547.61 万元，其他 4.34 万元。

（三）增值收益：2018 年，增值收益 17781.53 万元，同比增长 70.23%。其中，市中心 17090.95 万元，韩城 690.58 万元；增值收益率 2.68%，比上年增加 0.77 个百分点。

（四）增值收益分配：2018 年，提取贷款风险准备金 13851.16 万元，提取管理费用 1769 万元，提取城市廉租住房（公共租赁住房）建设补充资金 2161.37 万元。

2018 年，上交财政管理费用 3169 万元。上缴财政城市廉租住房（公共租赁住房）建设补充资金 3400.53 万元。其中，市中心上缴 3400.53 万元，韩城提取 0 万元。

2018 年末，贷款风险准备金余额 32460.08 万元。累计提取城市廉租住房（公共租赁住房）建设补充资金 9235.79 万元。其中，市中心提取 9235.79 万元，韩城提取 0 万元。

（五）管理费用支出：2018 年，管理费用支出 1699.93 万元，同比增长 0.32%。其中，人员经费 1220.37 万元，公用经费 293.11 万元，专项经费 186.45 万元。

市中心管理费用支出 1436.06 万元，其中，人员、公用、专项经费分别为 1160.70 万元、258.91 万元、16.45 万元；韩城管理费用支出 263.87 万元，其中，人员、公用、专项经费分别为 59.67 万元、34.20 万元、170 万元。

四、资产风险状况

2018 年末，个人住房贷款逾期额 11.98 万元，逾期率 0.02‰。其中，市中心 0.02‰，韩城 0‰。

个人贷款风险准备金按年末住房公积金贷款余额的 3% 提取。2018 年，提取个人贷款风险准备金 13851.16 万元，使用个人贷款风险准备金核销呆坏账 0 万元。2018 年末，个人贷款风险准备金余额 32460.08 万元，占个人住房贷款余额的 6.65%，个人住房贷款逾期额与个人贷款风险准备金余额的比率为 0.04%。

五、社会经济效益

（一）**缴存业务**：2018 年，实缴单位数、实缴职工人数和缴存额同比分别增长 2.52%、-3.20% 和 21.47%。

缴存单位中，国家机关和事业单位占 82.35%，国有企业占 8.33%，城镇集体企业占 0.58%，外商投资企业占 0.72%，城镇私营企业及其他城镇企业占 4.12%，民办非企业单位和社会团体占 2.60%，其他占 1.30%。

缴存职工中，国家机关和事业单位占 59.42%，国有企业占 32.66%，城镇集体企业占 1.12%，外商投资企业占 1.50%，城镇私营企业及其他城镇企业占 3.43%，民办非企业单位和社会团体占 0.88%，其他占 0.99%；中、低收入占 99.20%，高收入占 0.80%。

新开户职工中，国家机关和事业单位占 54.92%，国有企业占 30.15%，城镇集体企业占 1.99%，外商投资企业占 1.56%，城镇私营企业及其他城镇企业占 7.18%，民办非企业单位和社会团体占 1.99%，其他占 2.21%；中、低收入占 99.30%，高收入占 0.70%。

（二）**提取业务**：2018 年，6.16 万名缴存职工提取住房公积金 15.45 亿元。

提取金额中，住房消费提取占 73.43%（购买、建造、翻建、大修自住住房占 38.45%，偿还购房贷款本息占 27.25%，租赁住房占 7.68%，其他占 0.05%）；非住房消费提取占 26.57%（离休和退休提取占 20.06%，完全丧失劳动能力并与单位终止劳动关系提取占 3.47%，户口迁出本市或出境定居占 1.19%，其他占 1.85%）。

提取职工中，中、低收入占 99.44%，高收入占 0.56%。

（三）**贷款业务**：

1. **个人住房贷款**。2018 年，支持职工购建房 76.92 万平方米，年末个人住房贷款市场占有率为 19.21%，比上年增加 1.77 个百分点。通过申请住房公积金个人住房贷款，可节约职工购房利息支出 32394.14 万元。

职工贷款笔数中，购房建筑面积 90（含）平方米以下占 4.03%，90~144（含）平方米占 82.36%，144 平方米以上占 13.61%。购买新房占 94.74%（其中购买保障性住房占 0%），购买二手房占 5%，建造、翻建、大修自住住房占 0%，其他占 0.26%。

职工贷款笔数中，单缴存职工申请贷款占 77.78%，双缴存职工申请贷款占 22.22%，三人及以上缴存职工共同申请贷款占 0%。

贷款职工中，30 岁（含）以下占 39.79%，30 岁~40 岁（含）占 39.14%，40 岁~50 岁（含）占 17.59%，50 岁以上占 3.48%；首次申请贷款占 97.58%，二次及以上申请贷款占 2.42%；中、低收入占 99.06%，高收入占 0.94%。

2. **异地贷款**。2018 年，发放异地贷款 2495 笔 75449.60 万元。2018 年末，发放异地贷款总额 124852.10 万元，异地贷款余额 112291.99 万元。

（四）**住房贡献率**：2018 年，个人住房贷款发放额、公转商贴息贷款发放额、项目贷款发放额、住房消费提取额的总和与当年缴存额的比率为 110.39%，比上年增加 14.81 个百分点。

六、其他重要事项

（一）当年住房公积金政策调整及执行情况：我市 2018 年度职工住房公积金缴存基数调整为职工本人 2017 年（自然年度）月平均工资，缴存基数执行时间从 2018 年 7 月到 2019 年 6 月底。2018 年度住房公积金缴存基数最高上限不得超过市统计局公布的 2017 年渭南市城镇非私营单位在岗职工月平均工资的三倍即 13769 元/月，最低下限不得低于上一年度的渭南市最低工资标准。根据《住房城乡建设部、发展改革委、财政部、人民银行关于规范和阶段性适当降低住房公积金缴存比例的通知》（建金〔2016〕74 号）要求，单位和职工住房公积金缴存比例分别不低于 5%，不得高于 12%。

（二）当年服务改进情况：今年以来，我们启动了集 12345 政府服务热线、短信、微信公众号、手机 APP 移动终端、网上业务大厅为一体的全方位综合服务平台建设。这是市公积金中心进一步推进"放管服"改革，贯彻"营商环境提升年"的重要抓手。依托"一网一微一端"，公积金提取、贷款、冲还贷签约等业务全面实现"零跑路"网上办理，服务更加人性化、便捷化。

（三）当年信息化建设情况：

1. **G 系统相关情况**。

（1）G 系统建设情况

1）完成了 G 系统 2018 优化版的业务测试、升级及上线切换工作，目前 G 系统运行平稳。

2）基础数据标准贯标情况。在去年贯标的基础上，继续检查完善数据库。在基础数据贯标方面，渭南市住房公积金业务管理系统严格遵照住房城乡建设部颁布的基础数据标准进行设计，库表以 29 张基础数据表、394 个基础数据项为核心进行扩展设计，数据项名称、数据类型、长度以及取值范围均与标准一致，各项数据贯标率达 98.98%。

（2）在业务系统中部署了省厅监管处统一要求安装的电子化检查工具，并每月上报检查报告一份。为了完善系统数据，我们再次组织相关科室及管理部及时清理数据库中"一人多户"销户、转移的整合工作及所有缴存职工个人关联信息的核对工作，确保了职工个人信息的唯一性和准确性。

（3）完成系统升级切换后，对系统后台机房、机关各科室外网和内网的网络进行了排查整合，12345 语音线路、互联网宽带网络及相关服务器的更换安装等工作。

（4）已与民政部门联网，实现信息共享，与公安、不动产登记等部门的联网工作正在抓紧落实。

（5）完成了人行征信查询系统接入前的准备工作，目前人行已同意我中心接入人民银行西安分行金融城域网，待近期完成相关测试和数据部署后进行对接。

（6）中心网站经第四次改版上线，部分功能版块进行了重新部署，修订完善了《中心网站信息发布流程》《中心网站在线咨询回复流程》，并对中心网站历史发布信息进行了重新梳理审定。对市中心门户网站相关政策、官方微博、"短信通""12345 服务热线—公积金业务知识库"等业务板块进行了维护、更新，目前网站的各项指标均已达到市网信办和政府网站的相关要求。

2. **综合服务平台工作情况**。为严格落实《住房公积金综合服务平台建设导则》，建设集 12329 热线、短信、微信、微博、门户网站、网上业务大厅等功能于一体的综合服务平台，目前已上线运行的服务渠道有：网厅业务大厅、微信公众号、手机 APP 客户端、支付宝查询等。每月按时上报省住房城乡建设厅监管处住房公积金综合服务平台的数据月报。

（四）其他需要披露的情况：

1. 对机关各科室、各县（市、区）管理部计算机系统、扫描仪、打印机等设备进行了远程更新维护，目前均可正常使用。

2. 印发了《业务系统网络安全管理办法》，以实现各项业务和系统的完善结合，杜绝风险漏洞，保证业务顺利开展，提高工作效率。

3. 目前中心内设人秘科、公积金管理科、财务会计科、贷后管理（风险控制）科、稽查科、信贷科、监察室，并在临渭区、高新区、华州区、华阴市、潼关县、蒲城县、白水县、富平县、大荔县、澄城县、合阳县设立住房公积金管理部。韩城市设立住房公积金管理中心。

延安市住房公积金2018年年度报告

一、机构概况

（一）住房公积金管理委员会： 住房公积金管理委员会有27名委员，2018年召开1次会议，审议通过的事项主要包括：1. 审议通过《延安市住房公积金2018年度报告》。2. 审议通过《2018年全市住房公积金归集使用计划》。3. 审议通过《新增我市部分银行委托办理住房公积金业务的意见》。4. 审议通过《关于进一步扩大住房公积金制度覆盖面工作的意见》。会议强调，住房公积金管理既是一项社会事业，也是一项民生工程，涉及社会方方面面，关系到千家万户。市公积金管理中心要紧紧围绕市委、市政府中心工作，聚焦存在问题，精准发力施策，要突出重点、狠抓管理，创新机制、优化服务，不断提升住房公积金管理和服务水平，推进住房公积金制度转型升级，为改善城镇居民住房条件，提高中低收入人群购房能力、促进全市经济社会发展做出新的贡献。

（二）住房公积金管理中心： 住房公积金管理中心为延安市人民政府不以营利为目的的参照公务员管理事业单位，主要负责全市住房公积金的归集、管理、使用和会计核算。设5个处（科），13个管理部，0个分中心。从业人员156人，其中，在编75人，非在编81人。

二、业务运行情况

（一）缴存： 2018年，新开户单位484家，实缴单位5092家，净减单位479家；新开户职工2.17万人，实缴职工20.34万人，净减职工0.62万人；缴存额30.17亿元，同比增长28.88%。2018年末，缴存总额229.22亿元，同比增长15.15%；缴存余额78.89亿元，同比增长15.54%。

受委托办理住房公积金缴存业务的银行12家，比上年增加4家。

（二）提取： 2018年，提取额19.56亿元，同比增长46.41%；占当年缴存额的64.83%，比上年增加7.76个百分点。2018年末，提取总额150.33亿元，同比增长14.95%。

（三）贷款：

1. **个人住房贷款。** 个人住房贷款最高额度75万元，其中，单缴存职工最高额度50万元，双缴存职工最高额度 75 万元。

2018 年,发放个人住房贷款 0.28 万笔 9.60 亿元,同比分别下降 50.88%、42.17%。其中,市中心发放个人住房贷款 0.13 万笔 4.78 亿元。

2018 年,回收个人住房贷款 8.64 亿元。其中,市中心 2.14 亿元。

2018 年末,累计发放个人住房贷款 6.31 万笔 92.76 亿元,贷款余额 48.90 亿元,同比分别增长 4.47%、11.54%、2%。个人住房贷款余额占缴存余额的 61.99%,比上年减少 8.22 个百分点。

受委托办理住房公积金个人住房贷款业务的银行 6 家,比上年增加(减少)0 家。

2. 住房公积金支持保障性住房建设项目贷款。2018 年,发放支持保障性住房建设项目贷款 0 亿元,回收项目贷款 2 亿元。2018 年末,累计发放项目贷款 4.6 亿元,项目贷款余额 0 亿元。

(四)资金存储:2018 年末,住房公积金存款 32.09 亿元。其中,活期 4.42 亿元,1 年(含)以下定期 11.33 亿元,1 年以上定期 16.34 亿元,其他(协定、通知存款等)0 亿元。

(五)资金运用率:2018 年末,住房公积金个人住房贷款余额、项目贷款余额和购买国债余额的总和占缴存余额的 61.99%,比上年减少 11.15 个百分点。

三、主要财务数据

(一)业务收入:2018 年,业务收入 21278.93 万元,同比增长 21.11%。其中,市中心 4856.70 万元;存款利息 3818.25 万元,委托贷款利息 17235.63 万元,国债利息 0 万元,其他 225.05 万元。

(二)业务支出:2018 年,业务支出 10997.73 万元,同比增长 11.12%。其中,市中心 1291.65 万元;支付职工住房公积金利息 10119.60 万元,归集手续费 0 万元,委托贷款手续费 876.59 万元,其他 1.54 万元。

(三)增值收益:2018 年,增值收益 10281.20 万元,(其中延长油矿的增值收益为 486.13 万元),同比增长 34%。其中,市中心 3565.05 万元;增值收益率 1.40%,比上年增加 0.20 个百分点。

(四)增值收益分配:2018 年,提取贷款风险准备金 0 万元,提取管理费用 7836.06 万元,提取城市廉租住房(公共租赁住房)建设补充资金 1959.01 万元。

2018 年,上交财政管理费用 4976.20 万元。上缴财政城市廉租住房(公共租赁住房)建设补充资金 1203.01 万元。其中,市中心上缴 1203.01 万元。

2018 年末,贷款风险准备金余额 6094.81 万元。累计提取城市廉租住房(公共租赁住房)建设补充资金 10735.10 万元。其中,市中心提取 10735.10 万元。

(五)管理费用支出:2018 年,管理费用支出 1895.91 万元,同比增长 52.61%。其中,人员经费 680.64 万元,公用经费 230.50 万元,专项经费 984.77 万元。

市中心管理费用支出 360.64 万元,其中,人员、公用、专项经费分别为 237.29 万元、53.35 万元、70 万元。

四、资产风险状况

2018 年末,个人住房贷款逾期额 369.65 万元,逾期率 0.76‰。其中,市中心 0.36‰。

2018 年,提取个人贷款风险准备金 0 万元,使用个人贷款风险准备金核销呆坏账 0 万元。2018 年末,个人贷款风险准备金余额6094.81万元,占个人住房贷款余额的1.25%,个人住房贷款逾期额与个人贷款风险准备金余额的比率为6.06%。

五、社会经济效益

(一)缴存业务:2018年,实缴单位数、实缴职工人数同比分别减少8.60%、2.96%,缴存额同比增长28.88%。

缴存单位中,国家机关和事业单位占69.01%,国有企业占18.99%,城镇集体企业占3%,外商投资企业占1%,城镇私营企业及其他城镇企业占6.50%,民办非企业单位和社会团体占0.88%,其他占0.62%。

缴存职工中,国家机关和事业单位占53%,国有企业占40.03%,城镇集体企业占1.79%,外商投资企业占0.04%,城镇私营企业及其他城镇企业占2.90%,民办非企业单位和社会团体占1.23%,其他占1.01%;中、低收入占93%,高收入占7%。

新开户职工中,国家机关和事业单位占53.01%,国有企业占40.03%,城镇集体企业占1.79%,外商投资企业占0.04%,城镇私营企业及其他城镇企业占1.52%,民办非企业单位和社会团体占0.33%,其他占3.28%;中、低收入占97.61%,高收入占2.39%。

(二)提取业务:2018年,5.09万名缴存职工提取住房公积金19.56亿元。

提取金额中,住房消费提取占75.55%(购买、建造、翻建、大修自住住房占54.44%,偿还购房贷款本息占13.43%,租赁住房占3.64%,其他占4.04%);非住房消费提取占24.45%(离休和退休提取占13.37%,完全丧失劳动能力并与单位终止劳动关系提取占0.81%,户口迁出本市或出境定居占0.78%,其他占9.49%)。

提取职工中,中、低收入占96%,高收入占4%。

(三)贷款业务:

1. **个人住房贷款**。2018年,支持职工购建房29.90万平方米,年末个人住房贷款市场占有率为40.23%,比上年减少18.05个百分点。通过申请住房公积金个人住房贷款,可节约职工购房利息支出20915万元。

职工贷款笔数中,购房建筑面积90(含)平方米以下占3.49%,90~144(含)平方米占64.83%,144平方米以上占31.68%。购买新房占87.25%(其中购买保障性住房占0%),购买二手房占7.45%,建造、翻建、大修自住住房占5.3%,其他占0%。

职工贷款笔数中,单缴存职工申请贷款占26.64%,双缴存职工申请贷款占73.29%,三人及以上缴存职工共同申请贷款占0.07%。

贷款职工中,30岁(含)以下占27.11%,30岁~40岁(含)占44.37%,40岁~50岁(含)占22.71%,50岁以上占5.81%;首次申请贷款占91.46%,二次及以上申请贷款占8.54%;中、低收入占96%,高收入占4%。

2. **异地贷款**。2018年,发放异地贷款107笔4036万元。2018年末,发放异地贷款总额5912万元,异地贷款余额4944.82万元。

3. **支持保障性住房建设试点项目贷款**。2018年末,累计试点项目3个,贷款额度4.6亿元,建筑面积 74.21 万平方米，可解决 4386 户中低收入职工家庭的住房问题。3 个试点项目贷款资金已发放并还清贷款本息。

(四) 住房贡献率：2018 年，个人住房贷款发放额、公转商贴息贷款发放额、项目贷款发放额、住房消费提取额的总和与当年缴存额的比率为 80.80%，比上年减少 47.20 个百分点。

六、其他重要事项

(一) 机构及职能调整情况：延安市住房公积金管理中心成立于 2004 年 6 月，为市政府直属事业机构，县级建制，主要职责是负责全市住房公积金的管理和运作。中心内设 5 个科，13 个县区管理部为中心派出机构。下设 1 个保障性住房项目贷款经办处，核定编制 77 名，实有工作人员 156 人（其中：带编人员 75 人，空编 2 名，非在编人员 81 人）。缴存贷款业务金融机构变更情况：新增受托银行 4 家，分别是西安银行、北京银行、延安农商银行、重庆银行。

(二) 当年住房公积金政策调整及执行情况：1. 新增西安银行延安分行、延安农商银行、重庆银行延安分行、北京银行延安分行为我市住房公积金业务办理委托银行。2. 2018 年，先后制定了《关于进一步扩大住房公积金制度覆盖面工作的意见》、《归集业务指引》，为规范缴存扩面工作、与各相关部门形成联动机制提供了制度化依据。3. 开展了扩面调研工作。按照中省要求，围绕改革住房公积金制度、改进缴存使用机制、解决新市民住房问题为导向，集中开展了新市民调查，积极探索非全日制进城务工人员、个体工商户、自由职业者、新进城农业转移人口参建住房公积金制度的政策措施，按期完成了调研任务并形成了高质量的调研报告。4. 积极落实我市优化提升营商环境工作。在抓好"放管服"改革的同时，按照住房城乡建设部相关规定，落实了进一步改进住房公积金缴存机制，降低企业成本的政策，积极助力我市营商环境的改善。5. 2018 年，按照住房城乡建设部关于住房公积金"四统一"（统一决策，统一管理，统一制度，统一核算）的要求，我中心改革了原体制下分级核算模式，撤销了各县区管理部所有住房公积金存款专户、增值收益专户、财政过渡户等共 54 个账户，所有住房公积金业务均在市本级统一的账套内进行核算，完成了全市公积金资金统一管理，财务统一核算。

(三) 改进服务情况：2018 年，按照中省市"放管服"改革要求，我中心结合公积金实际，按照住房公积金文明行业标准，精简要件，简化流程，不断优化公积金服务水平。一是业务大厅实施了综合柜员制，设置了专门的咨询岗，服务效能大大提高。二是制定并实行了业务大厅领导带班制度，由中心领导及科级干部按日轮班驻守业务大厅，负责业务办理的协调、督导，强化了对业务大厅的管理。三是围绕我市公共服务改革，按照"四办"要求，以群众少跑腿、好办事、不添堵为目标，梳理住房公积金政务服务事项 24 类、99 项，其中，一次办 9 类、9 项，网上办 3 大类、37 项，马上办 9 类、9 项，就近办 3 大类、44 项。同时，精简了提取的审批表和单位盖章环节，取消了异地贷款缴存证明加盖公章等环节。启用了高拍仪设备，配备了身份证复印机，方便了群众业务办理。四是利用银行网点多，覆盖面广的特点，在市区 10 家商业银行网点设置了公积金专柜，极大方便了老城区群众办理公积金业务。五是投资 258 万元，对 5 个县区管理部新购置的业务用房进行了装修，基层管理部服务环境明显改善。

(四) 当年信息化建设情况："双贯标"和综合服务平台建设是我市 2018 年重点项目。2018 年 1 月完成招投标正式启动。3 月底，"双贯标"核心业务系统即正式上线运行。七月份，综合服务平台项目完成，建成了集门户网站、网上办事大厅、手机 APP、微信、微博、自助终端机、热线、手机短信等在内的八大服务渠道，通过前台柜面、网上业务大厅、手机移动终端等线上线下多渠道服务的集成，初步形成了类型多样、互为补充的一体化服务体系。截至2018年末，12家受托银行已全部接入结算应用系统，实现了资金闭环流转，归集、贷款等核心业务自主办理，财务自动核算，管办分离。开通网厅业务510户，发送各类短信70.33万条，各种线上业务总量已超过110余万条。同时，与12家银行签订了委托业务办理协议，改善了住房公积金公共服务，提升了服务水平及办事效率，增强了监管能力和工作透明度，提高了信息安全保障能力，减少了安全隐患，切实维护了我市缴存职工的切身利益。

2018年9月18日，我市住房公积金"双贯标"和综合服务平台建设项目顺利通过了部省验收，其中"双贯标"项目被评为优秀等级。

（五）**获奖情况**：中心驻为民服务中心业务大厅窗口获得2018年度"红旗窗口"单位。吴起、黄陵县管理部获得2018年度市级文明标兵单位。宜川县管理部获得2018年度市级文明单位。

（六）**当年对住房公积金管理人员违规行为的纠正和处理情况等**：针对干部作风问题，先后对10个下属单位和5名违纪违规干部进行了责任追究和纪律处理。另外，还对2名业务大厅窗口临聘人员违反工作纪律问题进行了罚款处理，切实增强了公积金系统领导干部"有权必有责，有责必追究"的职责意识，解决了干部职工工作作风不实、推进工作不力的问题，切实推动了我中心机关风清气正，队伍廉洁自律。

汉中市住房公积金2018年年度报告

一、机构概况

住房公积金管理委员会有24名委员，2018年召开2次会议，审议通过的事项主要包括：《汉中市住房公积金管理中心2018年年度报告》、《汉中市住房公积金管理中心2018年工作思路和主要业务指标计划》、《关于解决垫缴略钢公司、略钢厂职工住房公积金有关问题的意见》。

住房公积金管理中心为汉中市人民政府不以营利为目的的正县级直属事业单位，设6个科，11个管理部，0个分中心。从业人员141人，其中，在编87人，非在编54人。

二、业务运行状况

（一）**缴存**：2018年，新开户单位222家，实缴单位3603家，净增单位111家；新开户职工12926人，实缴职工17.27万人，净增职工1.07万人；当年缴存额20.58亿元，同比增长1.13%。2018年末，缴存总额149.31亿元，同比增长15.99%；缴存余额66.24亿元，同比增长18.35%。

受委托办理住房公积金缴存业务的银行7家，比上年增加（减少）0家。

（二）**提取**：2018年，提取额10.31亿元，同比减少27.85%；占当年缴存额的50.10%，比上年减少20.12个百分点。2018年末，提取总额83.07亿元，同比增长14.17%。

（三）**贷款**：

1. **个人住房贷款**。个人住房贷款最高额度50万元，其中，单缴存职工最高额度50万元，双缴存职工最高额度 50 万元。

2018 年，发放个人住房贷款 0.55 万笔 15.90 亿元，同比分别增长－15.38％、5.09％。

2018 年，回收个人住房贷款 7.58 亿元。

2018 年末，累计发放个人住房贷款 4.40 万笔 84.30 亿元，贷款余额 55.95 亿元，同比分别增长 14.58％、23.25％、17.49％。个人住房贷款余额占缴存余额的 84.47％，比上年减少 0.62 个百分点。

受委托办理住房公积金个人住房贷款业务的银行 7 家，比上年增加（减少）0 家。

2. **住房公积金支持保障性住房建设项目贷款**。2018 年，发放支持保障性住房建设项目贷款 0 亿元，回收项目贷款 0.5 亿元。2018 年末，累计发放项目贷款 1.8 亿元，项目贷款余额 0.3 亿元。

（四）**资金存储**：2018 年末，住房公积金存款 11.37 亿元。其中，活期 3.04 亿元，1 年（含）以下定期 6.00 亿元，1 年以上定期 2.33 亿元，其他（协定、通知存款等）0 亿元。

（五）**资金运用率**：2018 年末，住房公积金个人住房贷款余额、项目贷款余额和购买国债余额的总和占缴存余额的 84.92％，比上年减少 1.60 个百分点。

三、主要财务数据

（一）**业务收入**：2018 年，业务收入 22253.45 万元，同比下降 4.33％。存款利息 4621.97 万元，委托贷款利息 17631.48 万元，国债利息 0 万元，其他 0 万元。

（二）**业务支出**：2018 年，业务支出 10242.53 万元，同比下降 2.20％。支付职工住房公积金利息 9629.68 万元，归集手续费 0 万元，委托贷款手续费 582 万元，其他 30.85 万元。

（三）**增值收益**：2018 年，增值收益 12010.92 万元，同比下降 6.07％。增值收益率 1.97％，比上年减少 0.46 个百分点。

（四）**增值收益分配**：2018 年，提取贷款风险准备金 1508.54 万元，提取管理费用 3000 万元，提取城市廉租住房（公共租赁住房）建设补充资金 7502.38 万元。

2018 年，上交财政管理费用 3000 万元。上缴财政城市廉租住房（公共租赁住房）建设补充资金 7838.85 万元。

2018 年末，贷款风险准备金余额 28401.90 万元。累计提取城市廉租住房（公共租赁住房）建设补充资金 28565.50 万元。

（五）**管理费用支出**：2018 年，管理费用支出 2047 万元，同比下降 17.09％。其中：人员经费 1079 万元，公用经费 800 万元，专项经费 168 万元。

四、资产风险状况

（一）**个人住房贷款**：2018 年末，个人住房贷款逾期额 520.00 万元，逾期率 0.9‰。

个人贷款风险准备金按当年新增贷款余额的 2％提取。2018 年，提取个人贷款风险准备金 1508.54 万元，使用个人贷款风险准备金核销呆坏账 0 万元。2018 年末，个人贷款风险准备金余额 27601.90 万元，占个人住房贷款余额的 4.93％，个人住房贷款逾期额与个人贷款风险准备金余额的比率为 1.88％。

（二）**支持保障性住房建设试点项目贷款**：2018 年末，逾期项目贷款 0 万元，逾期率 0‰。

项目贷款风险准备金按贷款余额的 5％提取。2018 年，提取项目贷款风险准备金 0 万元，使用项目贷款风险准备金核销呆账 0 万元，项目贷款风险准备金余额 800 万元，占项目贷款余额的 26.67%，项目贷款逾期额与项目贷款风险准备金余额的比率为 0%。

五、社会经济效益

（一）缴存业务： 2018 年，实缴单位数、实缴职工人数和缴存额同比分别增长 3.18%、6.60% 和 1.13%。

缴存单位中，国家机关和事业单位占 83.41%，国有企业占 4.47%，城镇集体企业占 0.47%，外商投资企业占 0.36%，城镇私营企业及其他城镇企业占 5.69%，民办非企业单位和社会团体占 1.22%，其他占 4.38%（图1）。

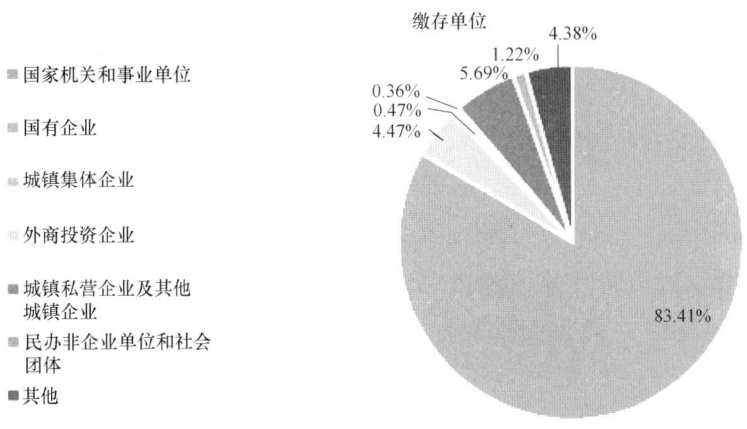

图 1　公积金缴存系统比例

缴存职工中，国家机关和事业单位占 73.43%，国有企业占 14.46%，城镇集体企业占 0.43%，外商投资企业占 0.52%，城镇私营企业及其他城镇企业占 6.94%，民办非企业单位和社会团体占 1.00%，其他占 3.22%；中、低收入占 94.32%，高收入占 5.68%（图2）。

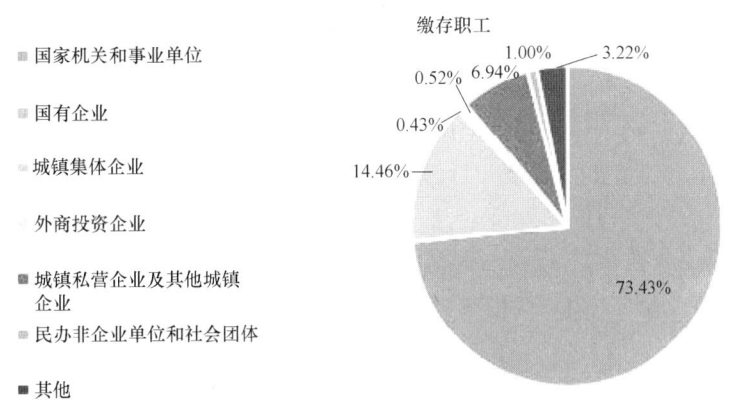

图 2　公积金缴存职工比例

新开户职工中，国家机关和事业单位占 56.56%，国有企业占 13.65%，城镇集体企业占 0.32%，外商投资企业占 0.58%，城镇私营企业及其他城镇企业占 14.75%，民办非企业单位和社会团体占 1.65%，

其他占12.49%；中、低收入占98.09%，高收入占1.91%（图3）。

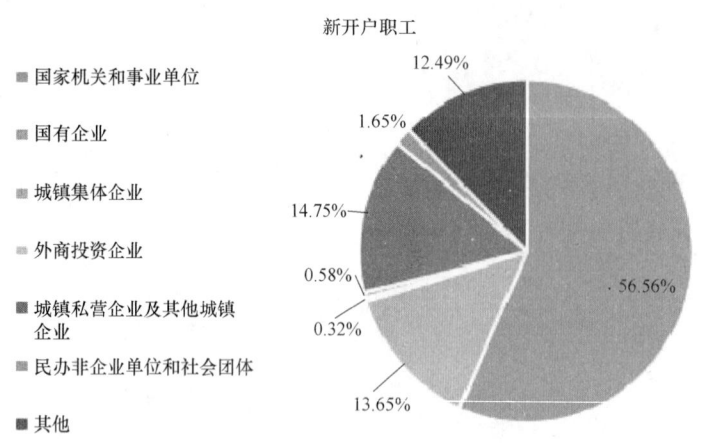

图3 公积金新开户职工比例

（二）提取业务：2018年，35708名缴存职工提取住房公积金10.31亿元。

提取金额中，住房消费提取占69.76%（购买、建造、翻建、大修自住住房占33.59%，偿还购房贷款本息占26.62%，租赁住房占1.83%，其他占7.72%）；非住房消费提取占30.24%（离休和退休提取占25.38%，完全丧失劳动能力并与单位终止劳动关系提取占1.53%，户口迁出本市或出境定居占0.03%，其他占3.30%）。

提取职工中，中、低收入占92.06%，高收入占7.94%。

（三）贷款业务：

1. **个人住房贷款**。2018年，支持职工购建房66.25万平方米，年末个人住房贷款市场占有率为31.89%，比上年减少1.39个百分点。通过申请住房公积金个人住房贷款，可节约职工购房利息支出36305.17万元。

职工贷款笔数中，购房建筑面积90（含）平方米以下占7.77%，90～144（含）平方米占77.49%，144平方米以上占14.74%（图4）。

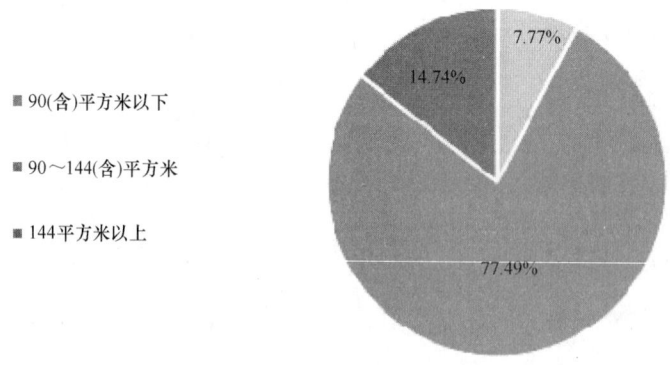

图4 购房建筑面积比例

购买新房83.78%（其中购买保障性住房占1.16%），购买二手房占11.87%，建造、翻建、大修自住住房占3.28%，其他占1.07%。

职工贷款笔数中，单缴存职工申请贷款占64.82%，双缴存职工申请贷款占35.18%，三人及以上缴存职工共同申请贷款占 0%（图 5）。

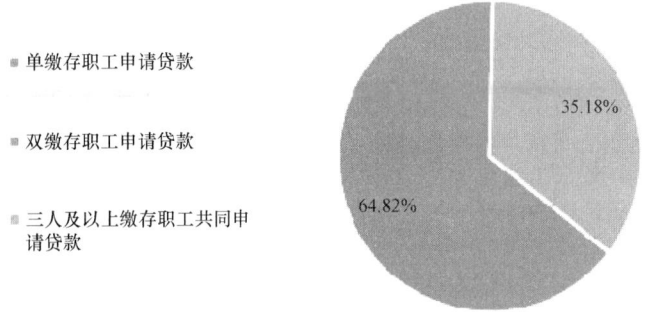

图 5　职工贷款笔数比例

贷款职工中，30 岁（含）以下占 35.22%，30 岁～40 岁（含）占 33.01%，40 岁～50 岁（含）占 23.80%，50 岁以上占 7.97%（图 6）。

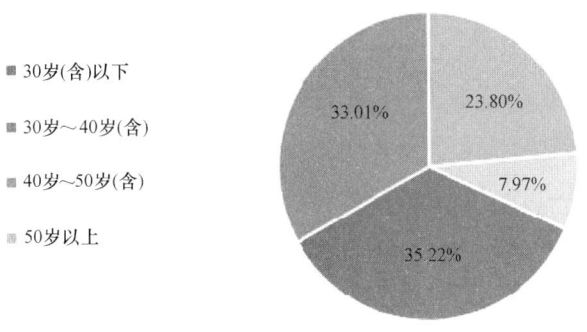

图 6　职工贷款年龄比例

首次申请贷款 95.16%，二次及以上申请贷款占 4.84%；中、低收入占 90.14%，高收入占 9.86%。

2. **异地贷款**。2018 年，发放异地贷款 930 笔 27516 万元。2018 年末，发放异地贷款总额 38228 万元，异地贷款余额 26787 万元。

3. **支持保障性住房建设试点项目贷款**。2018 年末，累计试点项目 3 个，贷款额度 1.8 亿元，建筑面积 20.03 万平方米，可解决 1938 户中低收入职工家庭的住房问题。0 个试点项目贷款资金已发放并还清贷款本息。

（四）**住房贡献率**：2018 年，个人住房贷款发放额、公转商贴息贷款发放额、项目贷款发放额、住房消费提取额的总和与当年缴存额的比率为 112.20%，比上年减少 10.07 个百分点。

六、其他重要事项

（一）当年机构及职能调整情况、受委托办理缴存贷款业务金融机构变更情况：汉中市住房公积金管理中心 2018 年未进行机构及职能调整，市中心内设 6 个科室、下设 11 个县区管理部。

贷款业务从 2018 年 9 月起，实行委托银行放款，贷款回收实行自主核算。受委托办理住房公积金缴存贷款业务的银行无变化，分别是：中国银行股份有限公司汉中分行、中国建设银行股份有限公司汉中分行、中国工商银行股份有限公司汉中分行、中国农业银行股份有限公司汉中分行、中国邮政储蓄银行股份有限公司汉中市分行、陕西省农村信用社联合社汉中办事处、长安银行股份有限公司汉中分行。

(二)当年住房公积金政策调整及执行情况:

1. 缴存基数限额及确定方法、缴存比例调整情况。严格按照《汉中市住房公积金缴存业务办理指引》执行,政策无变化。单位和职工住房公积金缴存比例分别不低于5%,不高于12%。

2. 提取政策调整情况。严格按照《汉中市住房公积金提取业务办理指引》执行,取消住房消费类直系亲属相互提取政策。具体分为住房消费提取、销户提取、特殊情况提取三大类。

3. 当年住房公积金个人住房贷款最高贷款额度、贷款条件等贷款政策调整情况。严格按照《汉中市个人住房公积金贷款业务办理指引》执行,自贷款申请前连续足额缴存住房公积金6个月(含)以上且具有完全民事行为能力的缴存人,在本人或直系亲属购买、建造、翻建、大修住房时,可申请个人住房公积金贷款,贷款单笔最高额度为50万元(含)、贷款期限最高不超过30年。

4. 住房公积金存贷款利率调整及执行情况。根据《中国人民银行、住房城乡建设部、财政部关于完善职工住房公积金账户存款利率形成机制的通知》的规定严格执行,2018年度无调整。职工住房公积金账户存款利率按一年期定期存款基准利率执行,个人住房公积金贷款利率保持不变(1~5年(含)2.75%、5年以上3.25%)。

(三)当年服务改进情况:2018年,中心不断加强行政服务能力建设,深化"互联网+公积金"的应用和发展。

1. 建成住房公积金综合服务平台。形成了以门户网站、官微公众号、网上政务大厅、手机APP、12329热线、12329短信、支付宝城市服务和自助服务终端等8个服务渠道为核心、各合作银行服务为补充的服务体系,有6项业务已经实现在线办理。中心作为全国首批上线单位,成功接入住房城乡建设部住房公积金异地转移接续平台。

2. 加大力度,不断扩大制度覆盖面。在党政机关、企事业单位已基本全部纳入住房公积金制度,增长空间非常狭小的情况下,我们将扩面重点放在"新市民"群体上,全年共新增缴存人员12926名;当年共归集20.58亿元,同比增长1.13%;累计归集149.31亿元,同比增长15.99%。去年,我中心工作中的一些做法和经验先后被《中国建设报》、《陕西建设》以及《汉中日报》等媒体刊登,并获得省级部门表彰2项、市级表彰6项、市级部门表彰6项。

3. 科学调度,力求资金收益最大化。在业务量持续攀升、资金流动性严重不足的情况下,我们对全市的资金统一调度,调余补缺,妥善处理好业务需求与银行存款的关系,做到了应贷尽贷、应提尽提,实现增值收益1.2亿元、上缴市财政廉租房建设补充资金7838.85万元。

4. 与国有商业银行合作,开展公积金增值服务。积极践行"普惠金融"理念,充分挖掘住房公积金大数据内在价值,让公积金缴存群体通过手机银行就能办理无抵押商业消费贷款。

5. 加强行政服务能力建设,进一步提升窗口服务水平。一方面深化行政审批制度改革,市中心及11个县区管理部全部实现"一厅式"办公,2个公积金服务大厅接入市不动产登记系统,实现现场办理不动产登记业务。另一方面加强队伍建设,组织从业人员开展公积金风险防控法律知识、公文写作、个贷、提取业务政策、计算机操作技能和服务礼仪培训班。同时,结合实际情况,11月通过向社会自主公开招聘了20名工作人员,充实到县区管理部和业务科室,解决了市、县(区)服务窗口因业务量大、工作人员严重不足等问题。

(四)当年信息化建设情况：2018年，中心在去年住房公积金"双贯标"工作顺利通过部省验收的基础上，持续提升信息管理水平。建成了住房公积金综合服务平台、12329公积金热线呼叫中心等基础业务平台；完成了公积金核心数据异地灾备项目和业务系统信息安全等级保护三级测评、整改和备案工作，进一步强化数据安全、信息安全和运维保障机制；成功接入人民银行金融城域网和市不动产登记系统，通过多部门信息共享，简化公积金贷款等业务办理流程；制定和完善40余项有关信息系统管理的制度文件和应急预案；全面实行公积金贷款自主核算，建立起科学、合理、规范、实用的住房公积金数据体系和银行结算数据应用系统，努力提高住房公积金信息资源的组织利用水平和整体服务能力。

(五)当年住房公积金管理中心及职工所获荣誉情况：2018年我中心所获荣誉包括：省级"巾帼建功先进集体"、省级"五一巾帼标兵岗"、市级"市直机关文明科室和文明窗口"、市级"三八红旗集体"、市级"青年文明号"、市级"城市综合创建工作先进集体"、市级"最佳效果军令状承诺书作战图"、"汉中市十大创新服务举措"、市级"平安单位"(镇巴县、洋县管理部)、市级"社会主义精神文明建设先进集体"(宁强管理部)、市级"住房保障工作先进单位"、市级"住房保障工作先进个人"、市政府表彰的"略钢改制工作先进个人"等。

(六)当年违反《住房公积金管理条例》和相关法规行为进行行政处罚和申请人民法院强制执行情况：本年度对违规提取、贷款的10人实行黑名单制度管理，对逾期6期以上的83户借款人进行了法律诉讼，申请法院强制执行11笔。

榆林市住房公积金2018年年度报告

一、机构概况

(一)住房公积金管理委员会：住房公积金管理委员会有20名委员，2018年召开3次会议，审议通过的事项主要包括：2018年度住房公积金管理工作情况和2018年度工作计划，2018年度住房公积金增值收益分配方案，清理冗余账户决定，《榆林市住房公积金归集管理办法（试行）》、《榆林市灵活就业人员办理住房公积金业务暂行管理办法》、《榆林市住房公积金提取管理办法（试行）》、《关于确定住房公积金缴存基数上下限的意见》、《榆林市住房公积金商转公贷款业务操作规程》、《榆林市住房公积金异地贷款业务操作规程》，榆林市住房公积金管理中心信息化建设的问题，榆林市住房公积金管理中心建设标准化档案库房和档案整理工作和调整部分住房公积金政策的问题。

(二)住房公积金管理中心：住房公积金管理中心为隶属市政府不以营利为目的的独立的事业单位，设12个处（科），13个管理部，0个分中心。从业人员317人，其中，在编86人，非在编231人。

二、业务运行情况

(一)缴存：2018年，新开户单位358家，实缴单位5530家，净减单位414家；新开户职工1.76万人，实缴职工 27.60 万人，净减职工 0.52 万人；缴存额 40.94 亿元，同比增长 9.73%。2018 年末，缴存总额 239.89 亿元，同比增长 20.58%；缴存余额 109.13 亿元，同比增长 20.32%。

受委托办理住房公积金缴存业务的银行 10 家，比上年增加 1 家。

(二) 提取：2018 年，提取额 22.51 亿元，同比增长 35.20%；占当年缴存额的 54.98%，比上年增加 10.35 个百分点。2018 年末，提取总额 130.76 亿元，同比增长 20.79%。

(三) 贷款：

1. **个人住房贷款**。个人住房贷款最高额度 60 万元，其中，单缴存职工最高额度 60 万元，双缴存职工最高额度 60 万元。

2018 年，发放个人住房贷款 0.37 万笔 13.83 亿元，同比分别增长 42.31%、47.28%。

2018 年，回收个人住房贷款 10.30 亿元。

2018 年末，累计发放个人住房贷款 4.50 万笔 100.05 亿元，贷款余额 53.27 亿元，同比分别增长 8.96%、16.04%、7.10%。个人住房贷款余额占缴存余额的 48.81%，比上年减少 6.03 个百分点。

受委托办理住房公积金个人住房贷款业务的银行 9 家，比上年增加 1 家。

2. **住房公积金支持保障性住房建设项目贷款**。2018 年末，我中心未发放保障性住房建设项目贷款，项目贷款余额为零。

(四) **购买国债**：2018 年，购买记账式国债 2.82 亿元，兑付国债 1.18 亿元。2018 年末，国债余额 1.64 亿元，比上年增加 1.64 亿元。

(五) **资金存储**：2018 年末，住房公积金存款 56.4 亿元。其中，活期 0 亿元，1 年（含）以下定期 29.5 亿元，1 年以上定期 16.5 亿元，其他（协定、通知存款等）10.4 亿元。

(六) **资金运用率**：2018 年末，住房公积金个人住房贷款余额、项目贷款余额和购买国债余额的总和占缴存余额的 50.32%，比上年减少 4.52 个百分点。

三、主要财务数据

(一) **业务收入**：2018 年，业务收入 26620.04 万元，同比增长 22.81%。存款利息 10140.48 万元，委托贷款利息 16432.59 万元，国债利息 31.59 万元，其他 15.38 万元。

(二) **业务支出**：2018 年，业务支出 15492.55 万元，同比增长 16.92%。支付职工住房公积金利息 14652.80 万元，归集手续费 0 万元，委托贷款手续费 839.09 万元，其他 0.66 万元。

(三) **增值收益**：2018 年，增值收益 11127.49 万元，同比增长 32.09%。增值收益率 1.15%，比上年增加 0.08 个百分点。

(四) **增值收益分配**：2018 年，提取贷款风险准备金 6261.05 万元，提取管理费用 4950 万元，提取城市廉租住房（公共租赁住房）建设补充资金 0 万元（包含收回以前年度收益 83.56 万元）。

2018 年，上交财政管理费用 3800 万元。上缴财政城市廉租住房（公共租赁住房）建设补充资金 4586 万元。

2018 年末，贷款风险准备金余额 11351.16 万元。累计提取城市廉租住房（公共租赁住房）建设补充资金 19844 万元。

(五) **管理费用支出**：2018 年，管理费用支出 3876.61 万元，同比下降 7.66%。其中，人员经费

2076.28 万元，公用经费 1154.63 万元，专项经费 645.7 万元。

四、资产风险状况

2018 年末，个人住房贷款逾期额 583 万元，逾期率 1.09‰。

个人贷款风险准备金按贷款余额的 1.18% 提取。2018 年，提取个人贷款风险准备金 6261.05 万元，使用个人贷款风险准备金核销呆坏账 0 万元。2018 年末，个人贷款风险准备金余额 11351.16 万元，占个人住房贷款余额的 2.13%，个人住房贷款逾期额与个人贷款风险准备金余额的为 5.14%。

五、社会经济效益

（一）**缴存业务**：2018 年，实缴单位数、实缴职工人数和缴存额同比分别减少 6.97%、减少 1.86% 和增长 9.73%。

缴存单位中，国家机关和事业单位占 85.28%，国有企业占 6.98%，城镇集体企业占 0.11%，外商投资企业占 0.14%，城镇私营企业及其他城镇企业占 5.39%，民办非企业单位和社会团体占 0.51%，其他占 1.59%。

缴存职工中，国家机关和事业单位占 67.76%，国有企业占 26.02%，城镇集体企业占 0.22%，外商投资企业占 0.12%，城镇私营企业及其他城镇企业占 3.10%，民办非企业单位和社会团体占 0.24%，其他占 2.54%；中、低收入占 99.27%，高收入占 0.73%。

新开户职工中，国家机关和事业单位占 42.96%，国有企业占 34.21%，城镇集体企业占 0.43%，外商投资企业占 0.22%，城镇私营企业及其他城镇企业占 16.24%，民办非企业单位和社会团体占 2.79%，其他占 3.15%；中、低收入占 99.93%，高收入占 0.07%。

（二）**提取业务**：2018 年，6.56 万名缴存职工提取住房公积金 22.51 亿元。

提取金额中，住房消费提取占 80.69%（购买、建造、翻建、大修自住住房占 40.54%，偿还购房贷款本息占 24.99%，租赁住房占 9.89%，其他占 5.27%）；非住房消费提取占 19.31%（离休和退休提取占 11.82%，完全丧失劳动能力并与单位终止劳动关系提取占 3.49%，户口迁出本市或出境定居占 0.83%，其他占 3.17%）。

提取职工中，中、低收入占 98.58%，高收入占 1.42%。

（三）**贷款业务**：

1. **个人住房贷款**。2018 年，支持职工购建房 48.79 万平方米，年末个人住房贷款市场占有率为 40.80%，比上年增加 9.1 个百分点。通过申请住房公积金个人住房贷款，可节约职工购房利息支出 2281.95 万元。

职工贷款笔数中，购房建筑面积 90（含）平方米以下占 4.80%，90～144（含）平方米占 71.46%，144 平方米以上占 23.74%。购买新房占 79.79%（其中购买保障性住房占 0%），购买二手房占 16.20%，建造、翻建、大修自住住房占 3.5%，其他占 0.51%。

职工贷款笔数中，单缴存职工申请贷款占 22.48%，双缴存职工申请贷款占 77.14%，三人及以上缴存职工共同申请贷款占 0.38%。

贷款职工中，30 岁（含）以下占 40.73%，30 岁～40 岁（含）占 42.69%，40 岁～50 岁（含）占

12.89%，50岁以上占3.69%；首次申请贷款占92.05%，二次及以上申请贷款占7.95%；中、低收入占99.37%，高收入占0.63%。

2. **异地贷款**。2018年，发放异地贷款209笔7755万元。2018年末，发放异地贷款总额9349万元，异地贷款余额9169.38万元。

（四）**住房贡献率**：2018年，个人住房贷款发放额、公转商贴息贷款发放额、项目贷款发放额、住房消费提取额的总和与当年缴存额的比率为78.16%，比上年增加18.77个百分点。

六、其他重要事项

（一）**当年机构及职能调整情况、受委托办理缴存贷款业务金融机构变更情况**：为了方便广大缴存单位和职工，进一步深化"放管服"改革。2018年7月末我中心搬迁入驻市民大厦八楼新的办公场所；7月成立综合服务科，进驻市民大厦政务服务中心；9月初重新组建了高新区服务厅，为缴存职工提供便利。

按照住房城乡建设部《关于进一步加快住房公积金基础数据标准贯彻落实结算应用系统接入工作的通知》（建金〔2018〕74号）要求。在每家受托归集银行只能开设一个住房公积金存款专户，在每家受委托贷款银行只能开设一个住房公积金委托贷款账户。针对中心实际情况，印发了《榆林市住房公积金管理中心关于清理各银行公积金冗余账户的函》和《关于精简、清理住房公积金冗余银行账户的通知》，各管理部高度重视，各受托银行积极配合，从原有的89个账户销户后另保留了10个账户，现销户工作已全部完成。2018年新增招行银行为受委托办理缴存业务金融机构。

（二）**当年住房公积金政策调整及执行情况**：2018年榆林市统计局公布2018年我市非私营单位月平均工资为5593元，据此确认住房公积金最高缴存基数为16780元，各缴存单位对缴存基数进行了年度调整，缴存比例严格执行个人和单位分别不低于5%，不高于12%，且个人和单位执行同一缴存比例，制定集中封存托管实施方案，实现对封存职工的有效管理。8月1日起党政事业单位均按12%缴存。企业单位按照不低于5%、不高于12%的标准缴存，个人和单位比例一致。

2018年对提取政策进行相关调整：1.调整提取重点，优先支持租房提取，重点支持购买首套普通住房和第二套改善型住房；2.调整解除劳动关系的提取，在异地开立住房公积金账户并稳定缴存半年以上的办理异地转移接续手续，无新就业单位的封存满半年后可销户提取；3.简化提取手续，提取职工不再提供办理要件的复印件；4.扩大提取范围，增设贫困子女上大学项提取项目；5.推出"按月冲还贷"业务缓解缴存职工还贷压力。政策的调整有效提升了管理服务水平，提高了职工满意度。

2018年对贷款政策进行相关调整：1.贷款额度：申请贷款的最高额度为60万元；装修自住住房贷款的最高额度为20万元。2.贷款条件：以公积金保证担保申请贷款的，贷款最高额度不超过申请公积金贷款时借款人与保证人所缴存的公积金余额（取万元整数计）3.贷款额度应按照以下公式测算：贷款额度（取万元整数计）=借款人/共同借款人申请贷款当月公积金账户余额×6（倍数）+借款人/共同借款人上年度公积金月缴存金额×借款人/共同借款人自贷款申请当月起至退休截止之月的月数。借款人、共同借款人应先分别计算各自可贷款额度，再予累加确定贷款金额。贷款金额不应超过最高额度和比例限制。超过最高额度的，贷款金额按照最高额度确定；不超过最高额度的，贷款金额按照测算后的贷款金额确定4.贷款利率按人民银行规定的利率标准执行。期限在一年以内（含一年）的，实行合同利率，遇法定利率调整，贷款利率不作变动；期限在一年以上的，遇法定利率调整，于次年1月1日起，按相应利率档次执行新的利率规定。对拥有1套住房并已结清住房公积金贷款的缴存人，为改善居住条件再次申请住房公积金贷款购买住房的，贷款利率上浮10%。

（三）当年服务改进情况：

1. **综合服务平台建设**。该项目于6月顺利完成招标、采购工作，现由榆林市计算机通讯公司中标建设平台硬件部分，硬件设备已安装完成并通过中心验收，平台软件部分于12月部署上线。

2. **多渠道加强信息公开**。

（1）百姓问政。百姓问政工作启动以来，中心领导高度重视，狠抓落实，各科室、服务厅、县（市、区）管理部责任到人，切实做到抓好"问"的环节，做好"答"的工作，确保"办"的实效。

（2）门户网站、微信公众平台、手机APP。按照中心信息公开制度要求，依托中心现有信息公开渠道的优势，进一步加强公积金政策宣传、为缴存职工答疑解惑；图文并茂及时报道中心各类重要工作、会议、活动，转载行业内最新动态。

3. **开发业务系统新功能**。为使核心业务系统不断适应住房公积金事业发展的需求，以业务需求驱动信息化建设为原则，信息科积极协调软件开发商对业务系统进行一系列改造，内容包括：

（1）公积金按月冲还贷功能。

（2）协助执法扣划增设电子结算功能。

（四）当年信息化建设情况：

1. **异地转移接续平台**。该项目开发测试工作顺利开展，已于12月部署上线。

2. **跨部门信息互联共享**。上半年信息科积极推动与公安、民政、人社、住房城乡建设、不动产登记、税务、人民银行等部门信息互联共享。其中6月份制定了完善的公积金征信管理制度并顺利通过了人民银行的验收，为实现与人民银行征信系统对接迈出了坚实的一步。我中心被市政府确定为大数据共享12家试点单位之一，积极推进全市数据共享工作。

3. **机房搬迁**。上半年初顺利完成机房搬迁招投标工作，于9月底机房由建委搬迁至新闻大厦。

（五）当年住房公积金管理中心及职工所获荣誉情况：横山区管理部、吴堡县管理部被市委文明办授予"文明先锋号"。

（六）当年对住房公积金管理人员违规行为的纠正和处理情况等：今年4月，针对全市公积金贷款整体逾期的现象，中心党组对各相关科室、各服务厅、靖边县管理部负责人进行了问责，对部分相关责任人进行约谈和谈话提醒。对一些严重违反中央八项规定及其他规定的干部进行了处分，其中给予2人以党内严重警告的处分。市纪委监察委对16名工作人员立案查处，其中开除党籍3人，留党察看2人，降级2人，开除4人，取消退休待遇1人。

（七）其他需要披露的情况：

1. **中心始终以党的政治建设为统领，狠抓思想教育工作**。结合"两学一做"活动，市中心党组深入开展"不忘初心、牢记使命"主题教育，先后邀请中央党校、北京师范大学、西北大学、延安干部学院、国家行政学院等全国知名教授讲授延安精神、传统文化和公积金政策。组织党员深入米脂县杨家沟村、佳县神泉堡等地接受红色教育，认真贯彻"三会一课"制度，中心党组要求领导班子成员每季度为全体干部职工讲一堂党课，2018年领导干部讲党课活动已经举办了9次。开展了民主（组织）生活会2次，民主评议党员2次，组织全体人员进行十九大知识、监察法、纪律教育知识测试3次。

2. **继续深化制度建设，努力保障住房公积金资金安全**。市中心始终将依法治国作为重要抓手，将2018年确定为制度建设年。先后出台完善了60余项规章制度，规范性文件都经过了市法制办合法性审查并付诸实施。一是制定出台了《榆林市住房公积金个人住房委托贷款管理办法》、《榆林市住房公积金归集管理办法》、《榆林市住房公积金提取管理办法》及10多个贷款提取类别的操作规程，新的操作规程已经付诸实施并在实际操作中得到了进一步完善；二是建立健全审贷委员会制度。中心党组要求各管理部、服务厅在严格遵守操作规程的基础上成立贷款审批三人小组，作为审贷委员会的前置审批环节，防止因审批贷款权力过度集中造成廉政风险；三是推进法律顾问制度。中心与文星律师事务所签订协议，聘请了专业的法律专家为中心提供法律援助；四是大力推进信息公开制度，中心严格按照市政府关于信息公开相关规定拓宽公开内容，全年发布各类稿件99篇，回复网站留言262条，处理网站投诉34条；五是深入推进放管服改革，圆满完成进驻政务中心各项工作。

3. **努力深化社会信用体系建设，稳步推进联合惩戒**。根据市政府办公室关于《榆林市2018年社会信用体系建设工作要点》和《榆林市信用体系建设工作考核办法（暂行）》的总体部署和要求，中心完成了全国信用信息共享平台（陕西）的接入注册手续，确定了负责信用工作的具体科室和专职工作人员，定期上传"红黑榜"人员的基本信息。积极推进联合惩戒，将市中心贷款逾期连续3期以上的114户失信名单向榆林市清收公职人员不良贷款领导小组办公室报送，12月14日将连续逾期3期及其以上的165户逾期借款人纳入"黑名单"并录入全国信用信息共享平台进行联合惩戒。中心还将个人信用纳入干部日常管理重要内容之一，积极强化信用报告使用范围，对所有干部职工建立了个人征信档案，定期更新，作为干部业绩评定、表彰奖励、提拔任用的重要依据。

安康市住房公积金2018年年度报告

一、机构概况

（一）**住房公积金管理委员会**：住房公积金管理委员会有25名委员，2018年召开1次会议，审议通过的事项主要包括：2018年度住房公积金归集、使用计划执行情况，并对其他重要事项进行决策，主要包括2018年度全市住房公积金管理工作考核实施方案、2018年度全市住房公积金增值收益分配方案。

（二）**住房公积金管理中心**：住房公积金管理中心为市政府直属不以营利为目的的全额拨款事业单位，设5个科，12个管理部。从业人员111人，其中，在编85人，非在编26人。

二、业务运行情况

（一）**缴存**：2018年，新开户单位148家，实缴单位2868家，净增单位87家；新开户职工0.77万人，实缴职工12.4万人，净增职工1.73万人；缴存额13.08亿元，同比下降0.3%。2018年末，缴存总额91.49亿元，同比增长16.68%；缴存余额46.46亿元，同比增长10.46%。

受委托办理住房公积金缴存业务的银行7家，比上年增加1家。

（二）**提取**：2018年，提取额8.69亿元，同比增长22.05%；占当年缴存额的66.44%，比上年增加12.14个百分点。2018年末，提取总额45.03亿元，同比增长23.88%。

（三）**贷款**：个人住房贷款最高额度60万元，其中，单缴存职工最高额度50万元，双缴存职工最高额度60万元。

2018年，发放个人住房贷款0.31万笔10.55亿元，同比分别增长3.33%、18.94%。

2018年，回收个人住房贷款5.95亿元。

2018年末，累计发放个人住房贷款6.12万笔77.28亿元，贷款余额37.86亿元，同比分别增长5.34%、15.81%、13.83%。个人住房贷款余额占缴存余额的81.49%，比上年增加2.40个百分点。

受委托办理住房公积金个人住房贷款业务的银行6家，比上年增加0家。

（四）**资金存储**：2018年末，住房公积金存款9.34亿元。其中，活期0.34亿元，1年（含）以下定期6.9亿元，1年以上定期0亿元，其他（协定、通知存款等）2.1亿元。

（五）**资金运用率**：2018年末，住房公积金个人住房贷款余额的总和占缴存余额的81.49%，比上年增加2.40个百分点。

三、主要财务数据

（一）**业务收入**：2018年，业务收入13324.46万元，同比增长10.53%。存款利息1651.91万元，委托贷款利息11668.41万元，国债利息0万元，其他4.14万元。

（二）**业务支出**：2018年，业务支出7285.46万元，同比增长21.42%。支付职工住房公积金利息6738.37万元，归集手续费150.61万元，委托贷款手续费396.19万元，其他0.29万元。

（三）**增值收益**：2018年，增值收益6039万元，同比下降0.26%。增值收益率1.38%，比上年减少0.17个百分点。

（四）**增值收益分配**：2018年，提取贷款风险准备金460.01万元，提取管理费用1420万元，提取城市廉租住房（公共租赁住房）建设补充资金4158.99万元。

2018年，上交财政管理费用1000万元。上缴财政城市廉租住房（公共租赁住房）建设补充资金3000万元。

2018年末，贷款风险准备金余额5541.07万元。累计提取城市廉租住房（公共租赁住房）建设补充资金20897.06万元。

（五）**管理费用支出**：2018年，管理费用支出1564.81万元，同比下降31.17%。其中，人员经费1133.74万元，公用经费119.56万元，专项经费311.51万元。

四、资产风险状况

2018年末，个人住房贷款逾期额133.94万元，逾期率0.35‰。

个人贷款风险准备金按当年新增贷款余额的1%提取。2018年，提取个人贷款风险准备金460.01万元，使用个人贷款风险准备金核销呆坏账0万元。2018年末，个人贷款风险准备金余额5541.07万元，占个人住房贷款余额的1.46%，个人住房贷款逾期额与个人贷款风险准备金余额的比率为2.42%。

五、社会经济效益

（一）**缴存业务**：2018年，实缴单位数、实缴职工人数和缴存额同比分别增长3.13%、16.21%和—0.3%。

缴存单位中，国家机关和事业单位占62.2%，国有企业占9.07%，城镇集体企业占1.53%，外商投资企业占0.1%，城镇私营企业及其他城镇企业占2.55%，民办非企业单位和社会团体占4.43%，其他占20.12%。

缴存职工中，国家机关和事业单位占66.17%，国有企业占14.28%，城镇集体企业占1.34%，外商投资企业占0.03%，城镇私营企业及其他城镇企业占2.4%，民办非企业单位和社会团体占0.65%，其他占15.13%；中、低收入占95.4%，高收入占4.6%。

新开户职工中，国家机关和事业单位占63.89%，国有企业占7.66%，城镇集体企业占2.56%，外商投资企业占0.49%，城镇私营企业及其他城镇企业占9.44%，民办非企业单位和社会团体占4.18%，其他占11.78%；中、低收入占99.56%，高收入占0.44%。

（二）**提取业务**：2018年，3.45万名缴存职工提取住房公积金8.69亿元。

提取金额中，住房消费提取占76.81%（购买、建造、翻建、大修自住住房占19.85%，偿还购房贷款本息占52.14%，租赁住房占0.36%，其他占4.46%）；非住房消费提取占23.19%（离休和退休提取占19.36%，完全丧失劳动能力并与单位终止劳动关系提取占0.60%，户口迁出本市或出境定居占0.21%，其他占3.02%）。

提取职工中，中、低收入占94.8%，高收入占5.2%。

（三）**贷款业务**：

1. **个人住房贷款**。2018年，支持职工购建房41.45万平方米，年末个人住房贷款市场占有率为29.23%，比上年减少13.03个百分点。通过申请住房公积金个人住房贷款，可节约职工购房利息支出3847.9万元。

职工贷款笔数中，购房建筑面积90（含）平方米以下占7%，90～144（含）平方米占72.28%，144平方米以上占20.72%。购买新房占77.94%（其中购买保障性住房占0.13%），购买二手房占14.39%，建造、翻建、大修自住住房占1.3%，其他占6.37%。

职工贷款笔数中，单缴存职工申请贷款占61.20%，双缴存职工申请贷款占38.77%，三人及以上缴存职工共同申请贷款占0.03%。

贷款职工中，30岁（含）以下占29.66%，30岁～40岁（含）占38.92%，40岁～50岁（含）占21.74%，50岁以上占9.68%；首次申请贷款占83.51%，二次及以上申请贷款占16.49%；中、低收入占90.1%，高收入占9.9%。

2. **异地贷款**。2018年，发放异地贷款134笔4712.6万元。2018年末，发放异地贷款总额9051.7万元，异地贷款余额5012.1万元。

（四）**住房贡献率**：2018年，个人住房贷款发放额、公转商贴息贷款发放额、项目贷款发放额、住房消费提取额的总和与当年缴存额的比率为131.60%，比上年增加22.45个百分点。

六、其他重要事项

（一）开通综合服务平台：8月28日正式开通以网上业务大厅、微信公众号、手机APP为载体的住房公积金综合服务平台，方便缴存单位和干部职工办理住房公积金相关业务。

（二）提高贷款额度：双职工贷款最高限额全市统一提高到60万元，单职工最高贷款额度提高到50万元。

（三）简化办事流程：职工在办理提取业务时无须提供身份证复印件，申请贷款时无须提供《住房情况诚信声明》。

商洛市住房公积金2018年年度报告

一、机构概况

（一）住房公积金管理机构：全市设1个设区城市住房公积金管理中心（以下简称"商洛中心"），下设8个管理部。从业人员127人，其中，在编127人，非在编0人。

（二）住房公积金监管机构：省住房和城乡建设厅、财政厅和人民银行负责对住房公积金管理运行情况进行监督。省住房和城乡建设厅设立住房公积金监管处，负责辖区住房公积金日常监管工作。

二、业务运行情况

（一）缴存：2018年，新开户单位149家，实缴单位2217家，净增单位－603家；新开户职工0.75万人，实缴职工8.41万人，净增职工－1.24万人；缴存额13.83亿元，同比增长49.84%。2018年末，缴存总额70.91亿元，同比增长24.23%；缴存余额39.80亿元，同比增长21.64%。

（二）提取：2018年，提取额6.75亿元，同比增长42.11%；占当年缴存额的48.81%，比上年减少2.61个百分点。2018年末，提取总额31.11亿元，同比增长27.71%。

（三）贷款：

2018年，发放个人住房贷款0.17万笔4.9亿元，同比下降17.10%、13.73%。回收个人住房贷款3.78亿元。

2018年末，累计发放个人住房贷款3.75万笔50.52亿元，贷款余额23.19亿元，同比分别增长4.60%、10.74%、5.06%。个人住房贷款余额占缴存余额的58.27%，比上年减少9.19个百分点。

（四）资金存储：2018年末，住房公积金存款17.58亿元。其中，活期0.94亿元，1年（含）以下定期1.32亿元，1年以上定期15.32亿元。

（五）资金运用率：2018年末，住房公积金个人住房贷款余额、项目贷款余额和购买国债余额的总和占缴存余额的58.27%，比上年减少9.19个百分点。

三、主要财务数据

（一）业务收入：2018年，业务收入12039.66万元，同比增长14.84%。其中，存款利息4547.72万元，委托贷款利息7465.02万元，国债利息0万元，其他26.92万元。

（二）业务支出：2018年，业务支出5067.62万元，同比增长5.32%。其中，支付职工住房公积金利息4913.08万元，归集手续费0万元，委托贷款手续费154.46万元，其他0.08万元。

（三）增值收益：2018年，增值收益6972.04万元，同比增长22.92%；增值收益率1.88%，比上年增加0.06个百分点。

（四）增值收益分配：2018年，提取贷款风险准备金2319.33万元，提取管理费用2318.64万元，提取城市廉租住房（公共租赁住房）建设补充资金2334.07万元。

2018年，上交财政管理费用1323.64万元，上缴财政城市廉租住房（公共租赁住房）建设补充资金1500万元。

2018年末，贷款风险准备金余额9645.70万元，累计提取城市廉租住房（公共租赁住房）建设补充资金9034.07万元。

（五）管理费用支出：2018年，管理费用支出2254.14万元，同比增长26.27%。其中，人员经费1171.94万元，公用经费279.42万元，专项经费802.78万元。

四、资产风险状况

2018年末，个人住房贷款逾期额37.11万元，逾期率0.16‰。

2018年，提取个人贷款风险准备金2319.33万元，使用个人贷款风险准备金核销呆坏账15.88万元。2018年末，个人贷款风险准备金余额9645.70万元，占个人贷款余额的4.16%，个人贷款逾期额与个人贷款风险准备金余额的比率为0.38%。

五、社会经济效益

（一）缴存业务：2018年，实缴单位数、实缴职工人数和缴存额增长率分别为-21.38%、-12.83%和49.84%。

缴存单位中，国家机关和事业单位占87.28%，国有企业占6.41%，城镇集体企业占1.13%，外商投资企业占0.41%，城镇私营企业及其他城镇企业占2.35%，民办非企业单位和社会团体占0.81%，其他占1.61%。

缴存职工中，国家机关和事业单位占83.11%，国有企业占11.23%，城镇集体企业占1.48%，外商投资企业占0.45%，城镇私营企业及其他城镇企业占1.82%，民办非企业单位和社会团体占0.37%，其他占1.54%；中收入占100%。

新开户职工中，国家机关和事业单位占53.24%，国有企业占16.67%，城镇集体企业占1.11%，外商投资企业占0.24%，城镇私营企业及其他城镇企业占2.63%，民办非企业单位和社会团体占3.89%，其他占22.21%；中收入占100%。

（二）提取业务：2018年，1.45万名缴存职工提取住房公积金6.75亿元。

提取金额中，住房消费提取占70.83%（购买、建造、翻建、大修自住住房占44.44%，偿还购房贷款本息占18.74%，租赁住房占0.70%，其他占6.95%）；非住房消费提取占29.17%（离休和退休提取占24.40%，完全丧失劳动能力并与单位终止劳动关系提取占3.16%，户口迁出所在市或出境定居占0%，其他占1.61%）。

提取职工中，中收入占100%。

（三）**贷款业务**：

1. **个人住房贷款**。2018年，支持职工购建房26.15万平方米。年末个人住房贷款市场占有率为44.27%，比上年同期减少4.18个百分点。通过申请住房公积金个人住房贷款，可节约职工购房利息支出1129万元。

职工贷款笔数中，购房建筑面积90（含）平方米以下占4.21%，90～144（含）平方米占65.71%，144平方米以上占30.08%。购买新房占96.93%（其中购买保障性住房占91.34%），购买二手房占2.47%，建造、翻建、大修自住住房占0.48%，其他占0.12%。

职工贷款笔数中，双缴存职工申请贷款占16.31%，三人及以上缴存职工共同申请贷款占83.69%。

贷款职工中，30岁（含）以下占21.12%，30岁～40岁（含）占38.09%，40岁～50岁（含）占25.39%，50岁以上占15.40%；首次申请贷款占71.48%，二次及以上申请贷款占28.52%；中收入占100%。

2. **异地贷款**。2018年，发放异地贷款5笔186万元。年末，发放异地贷款总额623万元，异地贷款余额510.46万元。

（四）**住房贡献率**：2018年，个人住房贷款发放额、公转商贴息贷款发放额、项目贷款发放额、住房消费提取额的总和与当年缴存额的比率为69.99%，比上年减少38.35个百分点。

六、其他重要事项

（一）**当年住房公积金政策调整情况**：

1.《关于老旧住宅楼安装电梯准予提取住房公积金的通知》（商政金管发〔2018〕1号）。

2.《关于印发〈明确住房公积金贷款具体规定事项〉的通知》（商政金管发〔2018〕2号）。

3.《关于印发〈商洛市住房公积金失信行为惩戒办法（试行）〉的通知》（商政金管发〔2018〕3号）。

4.《银行定期存款开户证实书管理制度》（商政金发〔2018〕73号）。

（二）**当年住房公积金机构及从业人员所获荣誉情况**：商洛中心被授予市级文明单位称号；山阳管理部被授予市级文明单位标兵称号；商州、洛南、丹凤、商南、镇安、柞水管理部被授予县级文明单位称号。商洛中心机关支部被表彰命名为"标准化党组织建设示范单位"；商州、山阳、柞水管理部党支部通过"基层党组织标准化建设"验收。

2018 全国住房公积金年度报告汇编

青海省

西宁
海东市
海北藏族自治州
黄南藏族自治州
海南藏族自治州
果洛藏族自治州
玉树藏族自治州
海西蒙古族藏族自治州

青海省住房公积金 2018 年年度报告

一、机构概况

（一）住房公积金管理机构：全省共设 8 个设区城市住房公积金管理中心，1 个独立设置的分中心和 1 个行业中心。从业人员 393 人，其中，在编 209 人，非在编 184 人。

（二）住房公积金监管机构：青海省住房和城乡建设厅、财政厅和人民银行西宁中心支行负责对本省住房公积金管理运行情况进行监督。省住房城乡建设厅设立住房公积金监管处，负责辖区住房公积金日常监管工作。

二、业务运行情况

（一）缴存：2018 年，新开户单位 655 家，实缴单位 8952 家，净增单位 512 家；新开户职工 5.58 万人，实缴职工 52.82 万人，净增职工 3.19 万人；缴存额 106.65 亿元，同比增长 12.48%。2018 年末，缴存总额 762.97 亿元，同比增长 16.25%；缴存余额 310.61 亿元，同比增长 7.58%。

（二）提取：2018 年，提取额 84.77 亿元，同比增长 22.86%；占当年缴存额的 79.48%，比上年增加 6.71 个百分点。2018 年末，提取总额 452.36 亿元，同比增长 23.06%。

（三）贷款：

1. **个人住房贷款**。2018 年，发放个人住房贷款 2.14 万笔 82.40 亿元，同比增长 11.46%、23.35%。回收个人住房贷款 34.38 亿元。

2018 年末，累计发放个人住房贷款 25.47 万笔 457.33 亿元，贷款余额 215.25 亿元，同比分别增长 9.17%、21.97%、28.71%。个人住房贷款余额占缴存余额的 69.30%，比上年增加 11.38 个百分点。

2. **住房公积金支持保障性住房建设项目贷款**。2018 年，发放支持保障性住房建设项目贷款 0 亿元，回收项目贷款 0.29 亿元。2018 年末，累计发放项目贷款 2.07 亿元，项目贷款余额 0 亿元。

（四）融资：2018 年，融资 0.49 亿元，归还 0.20 亿元。2018 年末，融资总额 0.59 亿元，融资余额 0.29 亿元。

（五）资金存储：2018 年末，住房公积金存款 112.19 亿元。其中，活期 5.16 亿元，1 年（含）以下定期 43.50 亿元，1 年以上定期 60.47 亿元，其他（协定、通知存款等）3.06 亿元。

（六）资金运用率：2018 年末，住房公积金个人住房贷款余额、项目贷款余额和购买国债余额的总和占缴存余额的 69.30%，比上年增加 11.28 个百分点。

三、主要财务数据

（一）业务收入：2018 年，业务收入 100974.68 万元，同比下降 7.86%。其中，存款利息 40190.04 万元，委托贷款利息 60502.18 万元，国债利息 0 万元，其他 282.46 万元。

（二）业务支出：2018 年，业务支出 55483.86 万元，同比下降 16.23%。其中，支付职工住房公积金利息 48500.79 万元，归集手续费 4339.78 万元，委托贷款手续费 2639.39 万元，其他 3.90 万元。

（三）增值收益：2018 年，增值收益 45490.82 万元，同比增长 4.94%；增值收益率 1.52%，比上年减少 0.04 个百分点。

（四）增值收益分配：2018年，提取贷款风险准备金28863.89万元，提取管理费用7113.43万元，提取城市廉租住房（公共租赁住房）建设补充资金10241.50万元。果洛中心上年待分配增值收益66.85万元，当年亏损661.15万元。

2018年，上交财政管理费用4474.24万元，上缴财政城市廉租住房（公共租赁住房）建设补充资金3166.59万元。

2018年末，贷款风险准备金余额133713.60万元，累计提取城市廉租住房（公共租赁住房）建设补充资金67868.50万元。

（五）管理费用支出：2018年，管理费用支出7832.27万元，同比增长26.49%。其中，人员经费4346.28万元，公用经费1103.87万元，专项经费2382.12万元。

四、资产风险状况

个人住房贷款：2018年末，个人住房贷款逾期额591.28万元，逾期率0.27‰。

2018年，提取个人贷款风险准备金28863.89万元，使用个人贷款风险准备金核销呆坏账0万元。2018年末，个人贷款风险准备金余额133713.60万元，占个人贷款余额的6.21%，个人贷款逾期额与个人贷款风险准备金余额的比率为0.44%。

五、社会经济效益

（一）缴存业务：2018年，实缴单位数、实缴职工人数和缴存额增长率分别为6.07%、6.43%和12.48%。

缴存单位中，国家机关和事业单位占64.55%，国有企业占12.35%，城镇集体企业占2.36%，外商投资企业占0.56%，城镇私营企业及其他城镇企业占15.95%，民办非企业单位和社会团体占1.68%，其他占2.55%。

缴存职工中，国家机关和事业单位占48.73%，国有企业占36.24%，城镇集体企业占2.10%，外商投资企业占1.29%，城镇私营企业及其他城镇企业占9.47%，民办非企业单位和社会团体占0.97%，其他占1.20%；中、低收入占98.64%，高收入占1.36%。

新开户职工中，国家机关和事业单位占37.43%，国有企业占22.61%，城镇集体企业占4.79%，外商投资企业占1.25%，城镇私营企业及其他城镇企业占21.79%，民办非企业单位和社会团体占1.62%，其他占10.51%；中、低收入占99.52%，高收入占0.48%。

（二）提取业务：2018年，23.63万名缴存职工提取住房公积金84.77亿元。

提取金额中，住房消费提取占77.82%（购买、建造、翻建、大修自住住房占38.61%，偿还购房贷款本息占29.60%，租赁住房占2.01%，其他占7.60%）；非住房消费提取占22.18%（离休和退休提取占17.88%，完全丧失劳动能力并与单位终止劳动关系提取占1.89%，户口迁出所在市或出境定居占0.55%，其他占1.86%）。

提取职工中，中、低收入占98.72%，高收入占1.28%。

（三）贷款业务：

1. **个人住房贷款**。2018年，支持职工购建房245.15万平方米。年末个人住房贷款市场占有率为42.78%，比上年同期减少0.47个百分点。通过申请住房公积金个人住房贷款，可节约职工购房利息支出125194.07万元。

职工贷款笔数中，购房建筑面积90（含）平方米以下占17.84%，90～144（含）平方米占70.53%，

144平方米以上占11.63%。购买新房占73.41%（其中购买保障性住房占0.29%），购买二手房占24.05%，建造、翻建、大修自住住房占2.52%，其他占0.02%。

职工贷款笔数中，单缴存职工申请贷款占42.47%，双缴存职工申请贷款占57.50%，三人及以上缴存职工共同申请贷款占0.03%。

贷款职工中，30岁（含）以下占37.73%，30岁~40岁（含）占35.88%，40岁~50岁（含）占21.33%，50岁以上占5.06%；首次申请贷款占77.75%，二次及以上申请贷款占22.25%；中、低收入占97.4%，高收入占2.6%。

2. 异地贷款。2018年，发放异地贷款3199笔132342.60万元。2018年末，发放异地贷款总额451393.24万元，异地贷款余额218945.58万元。

3. 住房公积金支持保障性住房建设项目贷款。2018年末，全省有住房公积金试点城市2个，试点项目4个，贷款额度2.07亿元，建筑面积11.17万平方米，可解决1613户中低收入职工家庭的住房问题。4个试点项目贷款资金已发放并还清贷款本息。

（四）住房贡献率：2018年，个人住房贷款发放额、公转商贴息贷款发放额、项目贷款发放额、住房消费提取额的总和与当年缴存额的比率为139.11%，比上年增加14.08个百分点。

六、其他重要事项

（一）当年住房公积金政策调整情况：一是制度扩面改革顺利推进。2018年，我省结合实际研究制定了《关于扩大住房公积金制度覆盖面的指导意见》（青政办〔2018〕129号），已于2018年10月5日起施行。从省级层面明确将城镇个体工商户、自由职业者、进城务工人员等自主缴存人员纳入住房公积金覆盖范围，按照自愿原则自主缴存住房公积金，享有同等提取个人住房公积金、申请住房公积金个人住房贷款等权利。二是进一步降低企业成本。2018年5月，省住房城乡建设厅、省财政厅、人民银行西宁中心支行转发《住房城乡住房城乡建设部等三部门关于改进住房公积金缴存机制进一步降低企业成本的通知》（建房〔2018〕35号），延长阶段性适当降低企业住房公积金缴存比例政策至2020年4月30日，降低了实体经济成本，减轻了企业非税负担。三是完成新市民住房问题专项调研。为了解新市民的群体特征、住房状况和住房需求，按照住房城乡住房城乡建设部工作安排，我省开展了新市民住房问题专项调研。各地以新市民住房需求为出发点，通过实地走访、抽样问卷调查等方式，深入到社区、企业、居民家庭中开展了调查工作，通过与新市民直接接触，及时了解到他们的现状、困难和需求，形成了《青海省新市民住房问题调查报告》，为下一步研究探索住房公积金如何有效支持新市民解决住房问题奠定了基础。四是解决群众办事堵点问题。2018年5月9日，省住房城乡建设厅下发了《关于解决第一季度群众办事堵点问题的通知》（青建房〔2018〕174号），要求各中心在办理提取、贷款业务时，不得要求办事群众提供身份证复印件，确需留存的，一律由办理机构负责复印存档，且不得向群众收取任何费用。

（二）当年开展监督检查情况：一是开展政策执行检查和风险隐患排查。按照住房城乡住房城乡建设部安排，我省组织开展了专项检查工作。各地对照住房公积金政策执行情况检查表和住房公积金风险隐患排查表的内容，深入查找关键领域的薄弱环节和潜在风险点，认真对自查发现的问题进行整改，及时研究采取了防控措施。同时，2018年7月，我省启用住房公积金电子化检查工具，积极推进电子化检查，按月及时完成了检查、上报工作，按季度进行了抽查工作。二是开展维护职工购房贷款权益工作。组织各地住房公积金管理中心联合房产、金融、国土等机构开展了拒绝职工使用住房公积金贷款购房问题专项整治行动，有效打击了房地产开发企业和房屋销售中介机构违规行为，切实维护了住房公积金缴存职工合法权益。三是开展治理违规提取住房公积金工作。省住房城乡建设厅、财政厅、人民银行西宁分行和省公安厅转发了《国家住房城乡住房城乡建设部等四部门关于开展治理违规提取住房公积金工作的通知》（建房〔2018〕39号），并指导各地对住房公积金提取政策进行了规范，重点支持职工购买首套普通住房和第二套改善型住房。

（三）当年服务改进情况：省级住房公积金综合服务平台功能不断完善，住房公积金缴存单位、职工和社会公众通过12329语音热线、短信、门户网站、网上业务大厅、微信和自助终端等多种渠道获得方便快捷服务；西宁中心建设了"互联网＋公积金"综合服务系统，同步推出"网上业务平台"和"移动业务平台"，使住房公积金"推、查、签、批、缴、提、贷、还"等业务实现了互联网移动化。同时，各中心持续推进异地转移接续业务，已实现与全国异地转移接续平台直连，方便了缴存职工。

（四）当年信息化建设情况：各地积极提升住房公积金信息化服务能力和水平，双贯标工作不断向前推进。2018年5月，省住房城乡建设厅邀请住房城乡建设部专家对西宁住房公积金管理中心基础数据标准和接入结算数据应用系统接口标准贯彻落实工作进行了验收，西宁中心以高分通过了专家组验收。

（五）当年住房公积金机构及从业人员所获荣誉情况：西宁中心被西宁市文明委、文明办评为"西宁市2016－2018年度精神文明单位"；在西宁市2018年度目标责任绩效考核中获得"改革创新奖"；被青海省妇联评为"青海省巾帼文明岗"；被西宁市纪委、监察委评为"西宁市第四批廉政文化示范点"。

海北中心荣获"州级文明单位标兵"称号。

海南中心荣获州级"文明单位"和省级"高原青年文明号"。

黄南中心荣获为州级文明单位称号。

果洛中心服务窗口被果洛州行政服务和公共资源交易中心连续两年评为"优秀窗口"。

玉树中心荣获2018年青海省巾帼文明岗。

海西中心先后被评为州级文明单位、州级目标考核先进单位、州级定点扶贫先进单位。

西宁住房公积金2018年年度报告

一、机构概况

（一）住房公积金管理委员会：西宁住房公积金管理委员会有18名委员，2018年召开2次会议，审议通过的事项主要包括：西宁住房公积金管理中心2018年工作报告、《关于2018年住房公积金归集使用计划完成情况及2018年归集使用计划的报告》、《关于2018年住房公积金增值收益分配情况及2018年增值收益分配计划的报告》、《自主缴存人员使用住房公积金管理办法（征求意见稿）》、《关于建立住房公积金贷款配贷系数的请示》。

青海油田住房公积金管理委员会有17名委员，2018年召开1次会议，审议通过的事项主要包括：2018年度住房公积金增值收益分配意见；关于调整青海油田住房公积金管理委员会的通知。

（二）住房公积金管理中心：西宁住房公积金管理中心为直属于西宁市人民政府不以营利为目的的公益一类事业单位，设8个处科，5个管理部，3个分中心。从业人员132人，其中，在编72人，非在编60人（含银行驻点人员33人）。

西宁住房公积金管理中心省直分中心为直属于青海省住房和城乡建设厅不以营利为目的的公益一类事

业单位，设 5 个科，从业人员 28 人，其中，在编 19 人，非在编 9 人。

青海油田住房公积金管理中心为青海油田公司不以营利为目的的直属单位，设 4 个科，1 个管理部。从业人员 23 人，其中，在编 22 人，非在编 1 人。

二、业务运行情况

（一）**缴存**：2018 年，新开户单位 489 家，实缴单位 3849 家，净增单位 387 家；新开户职工 3.86 万人，实缴职工 33.39 万人，净增职工 1.94 万人；缴存额 66.73 亿元，同比增长 14.64%。2018 年末，缴存总额 486.35 亿元，同比增长 15.90%；缴存余额 188.55 亿元，同比增长 7.75%。

受委托办理住房公积金缴存业务的银行 5 家，比上年增加 0 家。

（二）**提取**：2018 年，提取额 53.16 亿元，同比增长 19.89%；占当年缴存额的 79.66%，比上年增加 3.49 个百分点。2018 年末，提取总额 297.80 亿元，同比增长 21.73%。

（三）**贷款**：

西宁中心和省直分中心：个人住房贷款最高额度 50 万元，其中，双职工家庭最高额度 50 万元，单职工家庭最高额度 50 万元。对信用状况良好的职工其贷款额度可在最高额度的基础上适度上浮，上浮比例控制在 20% 以内，最高贷款额度可达 60 万元。

油田中心：个人住房贷款最高额度 50 万元，其中，单缴存职工最高额度 50 万元，双缴存职工最高额度 50 万元。

2018 年，发放个人住房贷款 1.35 万笔 52.85 亿元，同比分别增长 8.87%、19.06%。其中，市中心发放个人住房贷款 0.69 万笔 26.10 亿元，铁路分中心发放个人住房贷款 0.09 万笔 2.82 亿元，省直分中心发放个人住房贷款 0.53 万笔 23.14 亿元，油田中心发放个人住房贷款 0.04 万笔 0.79 亿元。

2018 年，回收个人住房贷款 18.42 亿元。其中，市中心 8.95 亿元，铁路分中心 1.52 亿元，省直分中心 6.83 亿元，油田中心 1.12 亿元。

2018 年末，累计发放个人住房贷款 13.39 万笔 262.02 亿元，贷款余额 139.20 亿元，同比分别增长 11.21%、25.27%、32.86%。个人住房贷款余额占缴存余额的 73.83%，比上年增加 13.96 个百分点。

受委托办理住房公积金个人住房贷款业务的银行 13 家，比上年增加 0 家。

（四）**资金存储**：2018 年末，住房公积金存款 60.14 亿元。其中，活期 0.72 亿元，1 年（含）以下定期 18.20 亿元，1 年以上定期 39.15 亿元，其他（协定、通知存款等）2.07 亿元。

（五）**资金运用率**：2018 年末，住房公积金个人住房贷款余额、项目贷款余额和购买国债余额的总和占缴存余额的 73.83%，比上年增加 13.96 个百分点。

三、主要财务数据

（一）**业务收入**：2018 年，业务收入 68922.09 万元，同比下降 11.91%。其中，市中心和铁路分中心 30606.72 万元，省直分中心 28822.32 万元，油田中心 9493.05 万元；存款利息 30000.78 万元，委托贷款利息 38911.37 万元，国债利息 0 万元，其他 9.94 万元。

（二）**业务支出**：2018 年，业务支出 35705.56 万元，同比下降 29.16%。其中，市中心和铁路分中心 18364.20 万元，省直分中心 13306.70 万元，油田中心 4034.66 万元；支付职工住房公积金利息 30943.13 万元，归集手续费 2920.12 万元，委托贷款手续费 1840.85 万元，其他 1.46 万元。

（三）**增值收益**：2018 年，增值收益 33216.54 万元，同比增长 19.33%。其中，市中心和铁路分中心 12242.52 万元，省直分中心 15515.63 万元，油田中心 5458.39 万元；增值收益率 1.83%，比上年增加

0.18个百分点。

（四）增值收益分配：2018年，提取贷款风险准备金20361.10万元，提取管理费用4013.79万元，提取城市廉租住房（公共租赁住房）建设补充资金8841.65万元。

2018年，上交财政管理费用1652.97万元，剩余部分次年上交。上缴财政城市廉租住房（公共租赁住房）建设补充资金2055万元，剩余部分次年上缴。其中，市中心和铁路分中心上缴2055.00万元，省直分中心上缴0万元，油田分中心上缴0万元。

2018年末，贷款风险准备金余额87783.41万元。累计提取城市廉租住房（公共租赁住房）建设补充资金53576.42万元。其中，市中心和铁路分中心提取14297.98万元，省直分中心提取18632.14万元，油田分中心提取20646.30万元。

（五）管理费用支出：2018年，管理费用支出3709.83万元，同比增长8.37%。其中，人员经费2340.91万元，公用经费498.43万元，专项经费870.49万元。

市中心和铁路分中心管理费用支出2025.56万元，其中，人员、公用、专项经费分别为1379.67万元、284.39万元、361.50万元；省直分中心管理费用支出904.51万元，其中，人员、公用、专项经费分别为360.37万元、35.15万元、508.99万元；油田中心管理费用支出779.76万元，其中，人员、公用、专项经费分别为600.87万元、178.89万元、0万元。

四、资产风险状况

2018年末，个人住房贷款逾期额183.17万元，逾期率0.13‰。其中，市中心和铁路分中心0.22‰，省直分中心0.006‰，油田中心0.29‰。

市中心和铁路分中心个人贷款风险准备金按贷款余额的1%提取；省直分中心和油田中心按增值收益的60%提取。2018年，提取个人贷款风险准备金20361.10万元，使用个人贷款风险准备金核销呆坏账0万元。2018年末，个人贷款风险准备金余额87783.41万元，占个人住房贷款余额的6.31%，个人住房贷款逾期额与个人贷款风险准备金余额的比率为0.21%。

五、社会经济效益

（一）缴存业务：2018年，实缴单位数、实缴职工人数和缴存额同比分别增长11.18%、6.17%和14.64%。

缴存单位中，国家机关和事业单位占42.79%，国有企业占17.17%，城镇集体企业占3.25%，外商投资企业占1.20%，城镇私营企业及其他城镇企业占31.90%，民办非企业单位和社会团体占2.26%，其他占1.43%。

缴存职工中，国家机关和事业单位占36.76%，国有企业占44.92%，城镇集体企业占1.83%，外商投资企业占1.79%，城镇私营企业及其他城镇企业占12.74%，民办非企业单位和社会团体占1.37%，其他占0.59%；中、低收入占98.22%，高收入占1.78%。

新开户职工中，国家机关和事业单位占28.82%，国有企业占23.82%，城镇集体企业占3.28%，外商投资企业占1.24%，城镇私营企业及其他城镇企业占27.60%，民办非企业单位和社会团体占2.26%，其他占12.98%；中、低收入占99.56%，高收入占0.44%。

（二）提取业务：2018年，15.47万名缴存职工提取住房公积金53.16亿元。

提取金额中，住房消费提取占75.21%（购买、建造、翻建、大修自住住房占36.73%，偿还购房贷款本息占28.85%，租赁住房占1.20%，其他占8.43%）；非住房消费提取占24.79%（离休和退休提取

占 20.24%，完全丧失劳动能力并与单位终止劳动关系提取占 2.07%，户口迁出本市或出境定居占 0.22%，其他占 2.26%）。

提取职工中，中、低收入占 98.40%，高收入占 1.60%。

（三）贷款业务：

1. **个人住房贷款**。2018 年，支持职工购建房 146.60 万平方米，年末个人住房贷款市场占有率为 34.96%，比上年增加 2.03 个百分点。通过申请住房公积金个人住房贷款，可节约职工购房利息支出 74860.65 万元。

职工贷款笔数中，购房建筑面积 90（含）平方米以下占 22.90%，90~144（含）平方米占 68.29%，144 平方米以上占 8.81%。购买新房占 70.99%（其中购买保障性住房占 0.44%），购买二手房占 29.01%，建造、翻建、大修自住住房占 0%，其他占 0%。

职工贷款笔数中，单缴存职工申请贷款占 43.72%，双缴存职工申请贷款占 56.25%，三人及以上缴存职工共同申请贷款占 0.03%。

贷款职工中，30 岁（含）以下占 42.83%，30 岁~40 岁（含）占 36.30%，40 岁~50 岁（含）占 17.39%，50 岁以上占 3.48%；首次申请贷款占 87.52%，二次及以上申请贷款占 12.48%；中、低收入占 96.56%，高收入占 3.44%。

2. **异地贷款**。2018 年，发放异地贷款 1524 笔 71781.15 万元。2018 年末，发放异地贷款总额 377356.24 万元，异地贷款余额 152322.26 万元。

3. **支持保障性住房建设试点项目贷款**。2018 年末，累计试点项目 3 个，贷款额度 1.34 亿元，建筑面积 8.27 万平方米，可解决 1113 户中低收入职工家庭的住房问题。3 个试点项目贷款资金已发放并还清贷款本息。

（四）住房贡献率：2018 年，个人住房贷款发放额、公转商贴息贷款发放额、项目贷款发放额、住房消费提取额的总和与当年缴存额的比率为 139.11%，比上年增加 6.52 个百分点。

六、其他重要事项

（一）当年机构及职能调整情况、受委托办理缴存贷款业务金融机构变更情况

2018 年西宁中心及铁路分中心单位性质由自收自支事业单位调整为公益一类事业单位；受委托办理缴存贷款业务金融机构未发生变化。

（二）当年住房公积金政策调整及执行情况

西宁中心及铁路分中心：

1. **严格执行国务院《住房公积金管理条例》和住房城乡建设部、财政部、人民银行《关于住房公积金管理若干具体问题的指导意见》（建金管〔2005〕5 号）**。2018 年度，西宁地区缴存单位和缴存职工的住房公积金缴存比例最低为 5%，最高为 12%。2018 年度职工住房公积金缴存最高基数为青海省统计局公布的全省在岗职工月平均工资 6378 元的 3 倍，即 19134 元；最低基数不得低于青海省目前月最低工资标准 1500 元。

2. **认真做好自主缴存人员扩面工作**。在充分借鉴外地先行经验和深入开展调研的基础上，结合我市实际，制定了《西宁市自主缴存人员缴存使用住房公积金管理办法》，11 月初，启动了自主缴存人员缴存公积金的相关工作，将进城务工人员、个体工商户、自由职业者和大学生等四类人群纳入住房公积金制度覆盖范围，截至 12 月 31 日，已为 835 名自主缴存人员开立了公积金账户。

3. **大力协助企业减负**。在不断推进制度扩面，做大资金"入水口"的同时，中心按照市委市政府关于推进供给侧改革的相关要求,积极协助企业减负增活力,自国家和省市关于住房公积金缓缴、降低缴存比例的有关政策要求出台以来,中心共为青海庆华矿冶煤化集团有限公司、青海宝光金银首饰实业总公司等34家单位办理了缓缴手续,累计为企业缓解资金压力8103.32万元;为青海云天化国际化肥有限公司等13家单位办理了降低缴存比例手续,单位缴存部分比例最高降幅从12%降至5%,累计为企业节省支出825.55万元,帮助企业减轻了资金压力。

4. **提取政策调整情况**。新开办既有多层住宅加装电梯提取住房公积金业务。积极响应政府号召,在深入调研的基础上于2018年12月率先在全国开展了既有多层住宅加装电梯提取住房公积金业务,并制定了详细可行的实施办法;新增加了自主缴存人员线上线下提取模块,开办了自主缴存人员住房公积金提取业务。

5. **贷款条件调整情况**。根据国家住房城乡建设部《住房公积金个人住房贷款业务规范》,经住房公积金管理委员会审议通过,缴存职工在申请住房公积金贷款时,执行住房公积金贷款配贷系数,根据其缴存余额和缴存年数测算职工可贷额度,计算公式:职工可贷额度＝缴存余额×(12＋0.3×缴存年数)。

6. **2018年度住房公积金存贷款利率严格按照中国人民银行的存贷款利率执行**。目前,住房公积金账户存款利率为1.5%的一年期定期存款基准利率,五年以内(含)贷款利率为2.75%,五年以上贷款利率为3.25%。

油田中心:

2018年7月根据《住房公积金管理条例》和建金管〔2005〕5号文规定调整了住房公积金的缴存基数,缴存基数为职工上一年度月平均工资。2018年青海省海西州在岗职工社会平均工资7337.83元/月,月平均工资超过海西州月平均工资300%的,按海西州月平均工资的300%核定缴存基数,缴存基数上限为22013元,月平均工资达不到海西州月平均工资60%的,按海西州月平均工资的60%核定缴存基数,缴存基数下限为4402元。

(三) 当年服务改进情况

西宁中心及铁路分中心:

一是大力解决群众关注问题。开展了"不得拒绝公积金贷款"的专项整治工作,共走访68家房地产开发企业,当场与房地产开发企业签订"不拒绝公积金贷款承诺书"并在楼盘销售现场进行公示,维护了缴存职工选择住房公积金贷款购房的权益。按照国家和省市关于做好群众办事堵点疏解的相关要求,取消了包括身份证在内的所有住房公积金贷款要件资料复印件,贷款职工仅需携带相关资料原件即可申请办理住房公积金贷款业务,为职工提供了便利。

二是大力推进客户服务智能应答系统建设。对住房公积金业务办理流程、要件资料以及缴存职工咨询较为集中和普遍的各类政策咨询和业务办理问题进行了全面梳理汇总,初步建成了客户服务智能应答系统数据库,为人工智能客户服务系统上线奠定了基础。

三是着手实施服务标准化建设,初步形成了通用基础、服务管理、服务提供、窗口岗位4大类和风险防控、内部管理、业务规范、优质服务等10小类的业务标准化体系框架。

四是加大线上业务推广力度。通过报刊媒体宣传、各受委托银行网点推广、拍摄业务办理教学视频、培训缴存单位经办员等形式积极推广线上业务,不断提高缴存单位、缴存职工对线上业务的知晓率和使用率。截至目前,中心微信公众号注册关注人数超14.8万人,培训缴存单位经办员2893人次,2546家缴存单位开通了网上服务大厅单位版,覆盖率达到86%。个人住房公积金提取业务离柜率达到54%,贷款还贷业务离柜率达到73%,对冲还贷签约业务离柜率达到84%。

五是进一步加强宣传工作。不断拓展宣传渠道，借助传统媒体、新媒体和自媒体等渠道，多措并举地开展住房公积金宣传工作，2018年我中心门户网站访问量达到68万人次，通过新媒体发布信息情况如下：网站发布202条、微信公众号发布114条、微博发布59条、今日头条发布11条，及时准确地回复网上咨询208次，其中32篇宣传稿件在《青海省政府网》、《青海新闻网》、《青海手机报》、《西海都市报》、《西宁晚报》、《夏都西宁》、《今日头条》等各类媒体平台登发转载68次，并接受市电视台、电台采访6次。改进宣传方式和宣传文风，根据缴存单位和缴存职工的阅读习惯，通过拍摄微视频、发布体验式宣传文稿、以实例解读政策等形式，站在服务对象角度对政策和业务进行解释报道，极大地提高了稿件的阅读量，宣传效果进一步增强。

（四）当年信息化建设情况

西宁中心及铁路分中心：

一是加快推进信息共享。按照国务院和省、市政府"放管服"改革的要求，借助西宁市大数据平台建设的契机，积极协调市大数据管理局，共同推进信息互联互通工作。于5月中旬完成对公积金相关业务的梳理，并上报了共享数据目录，共编目9项131条。同时，与大数据局确认了我中心所需房产、不动产中心、人行、公安、民政、社保等相关部门的共享数据目录。已于6月初将公积金数据上传至大数据平台，成为西宁市首家向市大数据平台上传共享数据的单位，现已向大数据平台上传数据超过1500万条。截至年底，我中心共享数据已被房产局、发改委两个单位使用，但房产和民政的共享数据不能满足我中心需求，下一步将继续与大数据局积极沟通推进此项工作。完成了"最多跑一次"事项的梳理、录入工作，共录入"最多跑一次"事项29项，并于8月22日成功接入省政务平台。二是"双贯标"工作通过住房城乡建设部验收。"双贯标"工作自2016年5月启动以来，中心将其做为提升管理和服务水平的重要手段，认真研究、精心组织、周密部署、稳步推进，按照《住房公积金基础数据标准》和《接入住房公积金银行结算数据应用系统接口标准》对中心系统数据库进行了完善和规范，2018年5月22日，一致通过了住房城乡建设部"双贯标"工作验收。三是异地转移接续平台实现直连。根据住房城乡建设部《关于做好全国住房公积金异地转移接续平台建设使用准备工作的通知》，完成了异地转移接续平台直连接口的测试工作，我中心业务系统于5月28日成功接入了住房城乡建设部异地转移接续平台，成为全国第一批实现异地转移接续平台直连的中心。实现了"账随人走，钱随账走"，极大地方便了异地转移人员办理公积金异地转移接续业务。四是持续优化线上业务。以"规范、巩固、提升"为工作主线，秉持"责任、安全、便民、高效"的工作理念，落实好资金安全和服务职工两大核心任务，在做好惠民生各项工作的基础上，不断在实践中优化完善中心"互联网＋公积金"综合服务平台，根据线上业务用户需求和前台业务办理实际，修改完善58项内容，使"互联网＋公积金"综合服务系统更加贴近用户需求和前台办理实际，为线上线下业务办理提供了支撑。

油田中心：

2018年已完成基础数据标准贯彻落实和结算应用系统接入工作。

（五）当年住房公积金管理中心及职工所获荣誉情况

西宁中心：

2018年3月被西宁市文明委、文明办评为"西宁市2016~2018年度精神文明单位"；

2018年4月在西宁市2018年度目标责任绩效考核中获得"改革创新奖"；

2018年7月被青海省妇联评为"青海省巾帼文明岗"；

2018年9月被西宁市纪委、监察委评为"西宁市第四批廉政文化示范点"。

海东市住房公积金 2018 年年度报告

一、机构概况

（一）**住房公积金管理委员会**：住房公积金管理委员会有 25 名委员，2018 年召开一次会议，审议通过的事项主要包括：《海东市住房公积金管理中心关于 2018 年全市住房公积金归集使用收支预算的报告》、《海东市住房公积金归集管理办法》、《海东市住房公积金提取管理办法》、《海东市住房公积金贷款管理暂行办法》。

（二）**住房公积金管理中心**：住房公积金管理中心为海东市政府不以营利为目的全额拨款事业单位，设 6 个科，5 个管理部。从业人员 40 人，其中，在编 30 人，非在编 10 人。

二、业务运行情况

（一）**缴存**：2018 年，新开户单位 41 家，实缴单位 1132 家，净增单位 10 家；新开户职工 0.31 万人，实缴职工 4.74 万人，净增职工 0.13 万人；缴存额 10.92 亿元，同比增长 9.42％。2018 年末，缴存总额 75.37 亿元，同比增长 16.94％；缴存余额 31.40 亿元，同比增长 7.39％。

受委托办理住房公积金缴存业务的银行 4 家，比上年增加 0 家。

（二）**提取**：2018 年，提取额 8.76 亿元，同比增长 29.01％；占当年缴存额的 80.22％，比上年增加 12.18 个百分点。2018 年末，提取总额 43.97 亿元，同比增长 24.88％。

（三）**贷款**：个人住房贷款最高额度 60 万元，其中，单缴存职工最高额度 50 万元，双缴存职工最高额度 60 万元。

2018 年，发放个人住房贷款 2316 笔 7.46 亿元，同比分别增长 39.86％、增长 58.39％。

2018 年，回收个人住房贷款 4.21 亿元。

2018 年末，累计发放个人住房贷款 3.93 万笔 55.22 亿元，贷款余额 16.86 亿元，同比分别增长 6.22％、15.62％、23.88％。个人住房贷款余额占缴存余额的 53.69％，比上年增加 7.14 个百分点。

受委托办理住房公积金个人住房贷款业务的银行 7 家，比上年增加 0 家。

（四）**资金存储**：2018 年末，住房公积金存款 14.74 亿元。其中，活期 2.52 亿元，1 年（含）以下定期 10.87 亿元，1 年以上定期 1.35 亿元，其他（协定、通知存款等）0 亿元。

（五）**资金运用率**：2018 年末，住房公积金个人住房贷款余额、项目贷款余额和购买国债余额的总和占缴存余额的 53.69％，比上年增加 7.14 个百分点。

三、主要财务数据

（一）**业务收入**：2018 年，业务收入 7915.94 万元，同比增长 10.36％。存款利息 3079.32 万元，委托贷款利息 4781.48 万元，国债利息 0 万元，其他 55.14 万元。

（二）**业务支出**：2018 年，业务支出 4914.95 万元，同比增长 7.19％。支付职工住房公积金利息 4462.75 万元，归集手续费 308.16 万元，委托贷款手续费 144.04 万元，其他 0 万元。

（三）**增值收益**：2018 年，增值收益 3000.99 万元，同比增长 15.97％。增值收益率 0.98％，比上年增加 0.06 个百分点。

（四）增值收益分配：2018年，提取贷款风险准备金1800.59万元，提取管理费用950.4万元，提取城市廉租住房（公共租赁住房）建设补充资金250万元。

2018年，上交财政管理费用1403.1万元。上缴财政城市廉租住房（公共租赁住房）建设补充资金250万元。

2018年末，贷款风险准备金余额15985.01万元。累计提取城市廉租住房（公共租赁住房）建设补充资金1706.86万元。

（五）管理费用支出：2018年，管理费用支出747.38万元，同比减少1.15%。其中，人员经费494.54万元，公用经费101.51万元，专项经费151.33万元。

四、资产风险状况

2018年末，个人住房贷款逾期额62.29万元，逾期率0.37‰。

个人贷款风险准备金按增值收益的60%提取。2018年，提取个人贷款风险准备金1800.59万元，使用个人贷款风险准备金核销呆坏账0万元。2018年末，个人贷款风险准备金余额15985.01万元，占个人住房贷款余额的9.48%，个人住房贷款逾期额与个人贷款风险准备金余额的比率为0.39%。

五、社会经济效益

（一）缴存业务：2018年，实缴单位数、实缴职工人数和缴存额同比分别增加0.89%、增加2.82%和增加9.42%。

缴存单位中，国家机关和事业单位占81.80%，国有企业占6.63%，城镇集体企业占2.03%，外商投资企业占0.08%，城镇私营企业及其他城镇企业占7.25%，民办非企业单位和社会团体占1.94%，其他占0.27%。

缴存职工中，国家机关和事业单位占83.42%，国有企业占7.86%，城镇集体企业占1.30%，外商投资企业占0.01%，城镇私营企业及其他城镇企业占6.94%，民办非企业单位和社会团体占0.41%，其他占0.06%；中、低收入占99.97%，高收入占0.03%。

新开户职工中，国家机关和事业单位占64.86%，国有企业占15.33%，城镇集体企业占3.48%，外商投资企业占0%，城镇私营企业及其他城镇企业占15.94%，民办非企业单位和社会团体占0.39%，其他占0%；中、低收入占100%，高收入占0%。

（二）提取业务：2018年，1.72万名缴存职工提取住房公积金8.76亿元。

提取金额中，住房消费提取占85.31%（购买、建造、翻建、大修自住住房占44.77%，偿还购房贷款本息占34.07%，租赁住房占1.11%，其他占5.36%）；非住房消费提取占14.69%（离休和退休提取占12.37%，完全丧失劳动能力并与单位终止劳动关系提取占0.73%，户口迁出本市或出境定居占0.91%，其他占0.68%）。

提取职工中，中、低收入占99.51%，高收入占0.49%。

（三）贷款业务：

1. **个人住房贷款**。2018年，支持职工购建房28.47万平方米，年末个人住房贷款市场占有率为51.63%，比上年增加14.29个百分点。通过申请住房公积金个人住房贷款，可节约职工购房利息支出11138.81万元。

职工贷款笔数中，购房建筑面积90（含）平方米以下占8.77%，90～144（含）平方米占70.46%，144平方米以上占20.77%。购买新房占94.13%（其中购买保障性住房占0%），购买二手房占5.87%，

建造、翻建、大修自住住房占 0%，其他占 0%。

职工贷款笔数中，单缴存职工申请贷款占 36.36%，双缴存职工申请贷款占 63.64%，三人及以上缴存职工共同申请贷款占 0%。

贷款职工中，30 岁（含）以下占 31.65%，30 岁～40 岁（含）占 32.08%，40 岁～50 岁（含）占 26.25%，50 岁以上占 10.02%；首次申请贷款占 76.08%，二次及以上申请贷款占 23.92%；中、低收入占 100%，高收入占 0%。

2. **异地贷款**。2018 年，发放异地贷款 685 笔 23133.2 万元。2018 年末，发放异地贷款总额 28723.6 万元，异地贷款余额 25037.3 万元。

（四）**住房贡献率**：2018 年，个人住房贷款发放额、公转商贴息贷款发放额、项目贷款发放额、住房消费提取额的总和与当年缴存额的比率为 136.75%，比上年增加 33.04 个百分点。

六、其他重要事项

（一）**维护职工贷款权益**：根据《关于维护住房公积金缴存职工购房贷款权益的通知》要求，中心开展房地产开发商"拒绝职工使用住房公积金贷款购房问题"专项整治活动，明确房地产开发企业不得拒绝缴存职工使用住房公积金贷款购房，并加大联合惩戒力度，维护缴存职工住房公积金贷款的合法权益，有效发挥住房公积金制度作用，规范房地产市场秩序。

（二）**扩大公积金覆盖面**：为使更多社会群体享受到公积金惠民政策，中心在前期调研基础上，按要求结合实际，制定了《海东市住房公积金自主缴存人员缴存使用公积金管理办法（试行）》将进城务工人员、自由职业者、个体工商户纳入公积金缴存范围，享受公积金制度。

（三）**规范改进提取政策**：为保证住房公积金制度稳健运行，依法维护缴存职工权益，中心在办理公积金提取业务中，优先支持缴存职工提取住房公积金支付房租，重点支持提取住房公积金在缴存地或户籍地购买首套房和二套房，对提取资料严格审核把关，防止提取公积金用于炒房投机，开展专项整治骗提公积金行为，维护职工合法权益。

（四）**疏通群众办事堵点**：为落实"放管服"改革要求，中心办理提取，贷款业务时，办事群众不需要提供身份证复印件，确需留存的，一律由中心负责复印存档，且不得向群众收取任何费用。或采取身份证原件拍取存档重复使用或从留存档案资料中调取等替代方式。

（五）**推进信息化建设**：为方便职工办理业务，按照住房城乡住房城乡建设部要求，中心在省公积金监管处的统一安排下，以直连方式正式接入全国住房公积金异地转移接续平台，做到中心核心业务系统与平台无缝对接，缴存职工办理公积金异地转移更加便利；海东各缴存单位在公积金网上办事大厅进行单位注册，积极开展网厅业务。截至目前，中心网厅业务注册率达 100%。

海北藏族自治州住房公积金 2018 年年度报告

一、机构概况

（一）**住房公积金管理委员会**：住房公积金管理委员会有 21 名委员，2018 年召开 2 次会议，审议通

过的事项主要包括：1. 通报 2018 年归集使用执行情况和审议 2018 年归集使用计划；2. 公布 2018 年年度报告；3. 调整向委托银行支付的归集手续费；4. 住房公积金贷款首付比例调整及研究异地贷款相关事项；5. 不支持向购买第三套住房的个人发放住房公积金贷款；6. 调整住房公积金贷款额度；7. 调整部分住房公积金提取业务；8. 增加承住房公积金业务的受委托银行。

（二）住房公积金管理中心：住房公积金管理中心为隶属海北州住房和城乡建设局不以营利为目的的公益一类事业单位，设 3 个科室。从业人员 13 人，其中在编 10 人，非在编 3 人。

二、业务运行情况

（一）缴存：2018 年，新开户单位 4 家，实缴单位 591 家，净增单位 4 家；新开户职工 910 人，实缴职工 15488 人，净增职工－225 人；缴存额 3.73 亿元，同比增长 19.55%。2018 年末，缴存总额 25.20 亿元，同比增长 17.37%；缴存余额 9.65 亿元，同比增长 9.16%。

受委托办理住房公积金缴存业务的银行 2 家，比上年增加（减少）0 家。

（二）提取：2018 年，提取额 2.92 亿元，同比增长 15.42%；占当年缴存额的 78.28%，比上年减少 2.81 个百分点。2018 年末，提取总额 15.55 亿元，同比增长 23.12%。

（三）贷款：个人住房贷款最高额度 50 万元，其中，单缴存职工最高额度 50 万元，双缴存职工最高额度 50 万元。

2018 年，发放个人住房贷款 930 笔 3.58 亿元，同比分别下降 16.96%、5.04%。

2018 年，回收个人住房贷款 1.86 亿元。

2018 年末，累计发放个人住房贷款 11945 笔 21.31 亿元，贷款余额 9.75 亿元，同比分别增长 8.44%、20.19%、21.42%。个人住房贷款余额占缴存余额的 101.04%，比上年增加 10.2 个百分点。

受委托办理住房公积金个人住房贷款业务的银行 2 家，比上年增加（减少）0 家。

（四）融资：2018 年，融资 4853.6 万元，归还 1999.61 万元。2018 年末，融资总额 5865.5 万元，融资余额 2853.99 万元。

（五）资金存储：2018 年末，住房公积金存款 1809.20 万元。其中，活期 509.2 万元，1 年（含）以下定期 1300 万元。

（六）资金运用率：2018 年末，住房公积金个人住房贷款余额、项目贷款余额和购买国债余额的总和占缴存余额的 101.04%，比上年增加 10.2 个百分点。

三、主要财务数据

（一）业务收入：2018 年，业务收入 3145.74 万元，同比下降 4.48%。存款利息 299.64 万元，委托贷款利息 2845.71 万元，其他 0.39 万元。

（二）业务支出：2018 年，业务支出 1845.32 万元，同比下降 5.17%。支付职工住房公积金利息 1610.93 万元，归集手续费 129.93 万元，委托贷款手续费 104.00 万元，其他 0.46 万元。

（三）增值收益：2018 年，增值收益 1300.42 万元，同比下降 3.47%。增值收益率 1.4%，比上年减少 0.19 个百分点。

（四）增值收益分配：2018 年，提取贷款风险准备金 975.18 万元，提取管理费用 255.07 万元，提取城市廉租住房（公共租赁住房）建设补充资金 70.17 万元。

2018 年，上交财政管理费用 255.07 万元。上缴财政城市廉租住房（公共租赁住房）建设补充资金 250 万元。

2018年末，贷款风险准备金余额4973.69万元。累计提取城市廉租住房（公共租赁住房）建设补充资金3474.35万元。

（五）管理费用支出：2018年，管理费用支出262.05万元，同比增长14.96%。其中，人员经费192.8万元，公用经费11.34万元，专项经费57.91万元。

四、资产风险状况

2018年末，个人住房贷款逾期额2.52万元，逾期率0.03‰。

个人贷款风险准备金按贷款余额的1%提取。2018年，提取个人贷款风险准备金975.18万元，使用个人贷款风险准备金核销呆坏账0万元。2018年末，个人贷款风险准备金余额4973.69万元，占个人住房贷款余额的5.1%，个人住房贷款逾期额与个人贷款风险准备金余额的比率为0.05%。

五、社会经济效益

（一）缴存业务：2018年，实缴单位数、实缴职工人数和缴存额同比分别增长0.68%、-1.35%和19.55%。

缴存单位中，国家机关和事业单位占86.63%，国有企业占5.75%，城镇集体企业占1.02%，城镇私营企业及其他城镇企业占4.06%，民办非企业单位和社会团体占2.54%。

缴存职工中，国家机关和事业单位占82.24%，国有企业占11.18%，城镇集体企业占1.51%，城镇私营企业及其他城镇企业占4.64%，民办非企业单位和社会团体占0.43%；中、低收入占99.9%，高收入占0.1%。

新开户职工中，国家机关和事业单位占75.93%，国有企业占8.24%，城镇集体企业占2.53%，城镇私营企业及其他城镇企业占13.18%，民办非企业单位和社会团体占0.12%；中、低收入占99.56%，高收入占0.44%。

（二）提取业务：2018年，6512名缴存职工提取住房公积金2.92亿元。

提取金额中，住房消费提取占88.23%（购买、建造、翻建、大修自住住房占44.41%，偿还购房贷款本息占40.18%，租赁住房占0.14%，其他占3.50%）；非住房消费提取占11.77%（离休和退休提取占9.07%，完全丧失劳动能力并与单位终止劳动关系提取占0.65%，户口迁出本市或出境定居占1.49%，其他占0.56%）。

提取职工中，中、低收入占99.97%，高收入占0.03%。

（三）贷款业务：

1. **个人住房贷款**。2018年，支持职工购建房10.73万平方米，年末个人住房贷款市场占有率为85.9%，比上年增加11.9个百分点。通过申请住房公积金个人住房贷款，可节约职工购房利息支出3713.97万元。

职工贷款笔数中，购房建筑面积90（含）平方米以下占9.78%，90~144（含）平方米占82.81%，144平方米以上占0.48%。购买新房占89.58%（其中购买保障性住房占0.48%），购买二手房占10.42%。

职工贷款笔数中，单缴存职工申请贷款占31.9%，双缴存职工申请贷款占68.1%。

贷款职工中，30岁（含）以下占33.73%，30岁~40岁（含）占33.4%，40岁~50岁（含）占28.03%，50岁以上占4.84%；首次申请贷款占63%，二次及以上申请贷款占37%；中、低收入占99.68%，高收入占0.32%。

2. **异地贷款**。2018年，发放异地贷款16笔406.7万元。2018年末，发放异地贷款总额2375.5万元，异地贷款余额1980.95万元。

（四）**住房贡献率**：2018年，个人住房贷款发放额、公转商贴息贷款发放额、项目贷款发放额、住房消费提取额的总和与当年缴存额的比率为165.15%，比上年减少21.39个百分点。

六、其他重要事项

（一）**当年机构及职能调整情况、受委托办理缴存贷款业务金融机构变更情况**：2018年与中国银行海北支行、海晏农商银行两家金融机构签订了委托办理个人住房公积金贷款业务的协议，从2019年正式开展住房公积金委托业务。

（二）**当年住房公积金政策调整及执行情况**：2018年，为进一步降低本州住房公积金缴存企业单位的成本，根据《青海省住房和城乡建设厅、青海省财政厅、中国人民银行西宁中心支行转发住房城乡住房城乡建设部等三部门关于改进住房公积金缴存机制进一步降低企业成本的通知》、《关于〈关于规范和阶段性降低住房公积金缴存比例的意见〉的通知》（北房金管〔2016〕19号）文件精神，延长了"阶段性适当降低企业住房公积金缴存比例政策"的期限至2020年4月30日。调整了部分住房公积金业提取业务条件如：职工可提取夫妻双方名下的住房公积金用于支付房租，每年提取一次，夫妻每年提取的住房公积最高不超过海北地区保障性住房年平均租金水平；严格核查住房消费行为和证明材料的真实性；同一人多次变更婚姻关系购房的，多人频繁买卖同一套住房的，异地购房，尤其是在非户籍地、非缴存地购房的，非配偶或非直系亲属共同购房的；缴存职工离职半年后方可办理转移（提取）本人名下的住房公积金余额。

住房贷款最高额度为50万元，暂停了对信用状况良好，有住房需求的职工，在最高额度的基础上可上浮20%的政策；调整了住房公积金贷款申请人及其共同借款人的住房公积金账户余额由"留存3个月的月缴存额增加到留存12个月的月缴存额"；由于贷款需求增加加之资金紧张贷款发放采取轮候发放，即按贷款申请人向受委托银行提交他项权证的时间及申请资料初审录入系统的时间综合考量依序发放贷款；对已使用过两次及两次以上住房公积金贷款的借款申请人及其配偶，无论贷款是否结清，均不再受理住房公积金贷款申请；进一步严格执行第三套房不予贷款的政策，要求职工申请住房公积金贷款时同时提供夫妻双方房屋购买地和工作地《不动产登记信息查询申请表》，停止受理个人住房公积金联保贷款（自然人担保贷款）；

2018年严格按人民银行规定的住房公积金存贷款利率执行。

（三）**当年服务改进情况**：综合服务平台建设工作稳步进行。根据住房城乡住房城乡建设部建设综合服务平台的要求，中心依托省住房公积金信息中心支持，多形式、全方位开通服务渠道，形成了集"12329"客服热线、免费信息、微信公众号于一体的服务体系。2018年，"12329"客服热线提供人工咨询服务5000余次；通过"青海住房公积金12329"微信公众号，发送推文33次37篇，平均每月4次，推送中心政策及相关政策解读，极大节约了职工的时间、咨询成本和精力损耗，提升了为广大缴存职工的服务质量。

顺利转换异地转移接续平台接口。为保障缴存职工合法权益，方便跨区城市就业人员办理住房公积金转移接续业务，避免职工来回奔波之苦，4月23日全国住房公积金异地转移接续平台并入住房公积金管理信息系统，更加有效提高了服务的便捷性和有效性。受理转入接续函和录入转出接续函，在规定的工作时日内办理相关业务，及时确认业务办结与资金转入，实现资金在行业系统内的流转，保证职工资金安全，有效杜绝了骗提行为，今年已处理完成转入申请68笔、转出申请77笔。

（四）**当年信息化建设情况**：继续执行住房公积金综合业务系统"双贯标"，建设住房公积金与受托银行金融合作结算平台，做到公积金提取即时办结、资金结算实时到账，提高公积金金融服务效率。

（五）当年住房公积金管理中心及职工所获荣誉情况：2018年，海北州精神文明建设指导委员会办公室授予海北州住房公积金管理中心"州级文明单位标兵"称号；州住建局授予海北州住房公积金管理中心党支部"2018年度优秀党支部"。

（六）当年对违反《住房公积金管理条例》和相关法规行为进行行政处罚和申请人民法院强制执行情况：借款人陈某系中国农业银行刚察县支行职工，2013年5月为其购商品房发放住房公积金贷款29万元，贷款期限15年。2013年5月至2018年6月一直正常还款，由于违法2018年7月被单位开除公职，后期多次催收确认无法正常还款后，受委托银行建行西海支行于2018年9月向海晏县人民法院提起诉讼，目前诉讼已进入抵押物拍卖阶段。

（七）其他需要披露的情况：海北州住房公积金管理中心加强对委托银行的考核，并于2018年6月底和12月底依次对辖内各委托银行进行了2018上年度和2018下年度金融委托业务考核，从而更加规范办理公积金业务，提高银行窗口人员的服务质量，完善住房公积金委托业务承办机制，进一步提升全州住房公积金业务水平。

黄南藏族自治州住房公积金2018年年度报告

一、机构概况

（一）住房公积金管理委员会：住房公积金管理委员会有21名委员，2018年召开1次会议，审议通过的事项主要包括：1.将黄南州住房公积金贷款额度从目前60万元调整到70万元，以满足干部职工的贷款需求。2.职工本人、配偶无公积金贷款、无公积金担保的，购买自住住房申请提取住房公积金，提取本人名下住房公积金账户内的存储余额保留至百位。

（二）住房公积金管理中心：住房公积金管理中心为黄南州人民政府直属的不以营利为目的的财政全额拨款事业单位，设3个科。从业人员12人，其中，在编9人，非在编3人。

二、业务运行情况

（一）缴存：2018年，新开户单位2家，实缴单位623家，净增单位2家；新开户职工1769人，实缴职工1.41万人；缴存额3.15亿元，同比增长13.31%。2018年末，缴存总额21.98亿元，同比增长16.73%；缴存余额11.63亿元，同比增长10.24%。

受委托办理住房公积金缴存业务的银行3家。

（二）提取：2018年，提取额2.08亿元，同比增长35.95%；占当年缴存额的69.57%，比上年增加4.18%。2018年末，提取总额10.36亿元，同比增长25.12%。

（三）贷款：个人住房贷款最高额度70万元，其中，单缴存职工最高额度70万元，双缴存职工最高额度70万元。

2018年，发放个人住房贷款661笔2.58亿元，同比分别增长26.15%、56.36%。

2018年，回收个人住房贷款1.50亿元。

2018年末，累计发放个人住房贷款 12243 笔 17.42 亿元，贷款余额 6.24 亿元，同比分别增长 5.70%、17.38%、20.93%。个人住房贷款余额占缴存余额的 53.65%，比上年增加 4.75 个百分点。

受委托办理住房公积金个人住房贷款业务的银行 3 家。

（四）资金存储：2018 年末，住房公积金存款 5.57 亿元。其中，活期 0.82 亿元，1 年（含）以下定期 3.1 亿元，1 年以上定期 1.65 亿元。

（五）资金运用率：2018 年末，住房公积金个人住房贷款余额、项目贷款余额和购买国债余额的总和占缴存余额的 53.65%，比上年增加 4.75 个百分点。

三、主要财务数据

（一）业务收入：2018 年，业务收入 2522.04 万元，同比下降 4.36%。其中，存款利息 770.21 万元，委托贷款利息 1745.78 万元，其他 6.05 万元。

（二）业务支出：2018 年，业务支出 1786.77 万元，同比下降 3.17%。支付职工住房公积金利息 1630.30 万元，归集手续费 89.72 万元，委托贷款手续费 66.29 万元，其他 0.46 万元。

（三）增值收益：2018 年，增值收益 735.27 万元，同比下降 7.12%。增值收益率 0.66%，比上年减少 0.09 个百分点。

（四）增值收益分配：2018 年，提取贷款风险准备金 441 万元，提取管理费用 285.27 万元，提取城市廉租住房（公共租赁住房）建设补充资金 9 万元。

2018 年，上交财政管理费用 285.27 万元。上缴财政城市廉租住房（公共租赁住房）建设补充资金 9 万元。2018 年末，贷款风险准备金余额 6057.64 万元。累计提取廉租房（公共租赁住房）建设补充资金 345.3 万元。

（五）管理费用支出：2018 年，管理费用支出 260.32 万元，同比下降 2.68%。其中，人员经费 226.32 万元，公用经费 34 万元，专项经费 0 万元。

四、资产风险状况

2018 年末，个人住房贷款逾期额 114.11 万元，逾期率 1.82‰。

个人贷款风险准备金按增值收益的 60% 提取。2018 年，提取个人贷款风险准备金 441 万元，使用个人贷款风险准备金核销呆坏账 0 万元。2018 年末，个人贷款风险准备金余额 6057.64 万元，占个人住房贷款余额的 9.71%，个人住房贷款逾期额与个人贷款风险准备金余额的比率为 1.88%。

五、社会经济效益

（一）缴存业务：2018 年，实缴单位数、实缴职工人数和缴存额同比分别增长 0.32%、13.71% 和 7.55%。

缴存单位中，国家机关和事业单位占 90.05%，国有企业占 8.19%，城镇集体企业占 1.29%，外商投资企业占 0%，城镇私营企业及其他城镇企业占 0.47%，民办非企业单位和社会团体占 0%，其他占 0%；中、低收入占 98.50%，高收入占 1.5%。

缴存职工中，国家机关和事业单位占 91.15%，国有企业占 8.61%，城镇集体企业占 0.23%，外商投资企业占 0%，城镇私营企业及其他城镇企业占 0.01%，民办非企业单位和社会团体占 0%，其他占 0%。

新开户职工中，国家机关和事业单位占 87%，国有企业占 10.06%，城镇集体企业占 2.94%，外商投资企业占 0%，城镇私营企业及其他城镇企业占 0%，民办非企业单位和社会团体占 0%，其他占 0%；中、低收入占 98.59%，高收入占 1.41%。

（二）提取业务：2018 年，6098 名缴存职工提取住房公积金 2.08 亿元。

提取金额中，住房消费提取占 81.16%（购买、建造、翻建、大修自住住房占 52.81%，偿还购房贷款本息占 28.30%，租赁住房占 0.05%，其他占 0.0%）；非住房消费提取占 18.84%（离休和退休提取占 11.28%，完全丧失劳动能力并与单位终止劳动关系提取占 2.83%，户口迁出本市或出境定居占 4.70%，其他占 0.3%）。

提取职工中，中、低收入占 99.43%，高收入占 0.57%。

（三）贷款业务：

1. **个人住房贷款**。2018 年，支持职工购建房 55.95 万平方米，年末个人住房贷款市场占有率为 90.59%，比上年减少 5.97 个百分点。通过申请住房公积金个人住房贷款，可节约职工购房利息支出 4364.64 万元。

职工贷款笔数中，购房建筑面积 90（含）平方米以下占 17%，90~144（含）平方米占 61%，144 平方米以上占 22%。购买新房占 77%（其中购买保障性住房占 0%），购买二手房占 21.63%，建造、翻建、大修自住住房占 1.10%，其他占 0.27%。

职工贷款笔数中，单缴存职工申请贷款占 35.55%，双缴存职工申请贷款占 64.45%，三人及以上缴存职工共同申请贷款占 0%。

贷款职工中，30 岁（含）以下占 27.68%，30 岁~40 岁（含）占 34.04%，40 岁~50 岁（含）占 30.11%，50 岁以上占 8.17%；首次申请贷款占 77.91%，二次及以上申请贷款占 18.15%；中、低收入占 98.34%，高收入占 1.67%。

2. **异地贷款**。2018 年，发放异地贷款 1 笔 40 万元。2018 年末，发放异地贷款总额 471.9 万元，异地贷款余额 443.09 万元。

（四）**住房贡献率**：2018 年，个人住房贷款发放额、公转商贴息贷款发放额、项目贷款发放额、住房消费提取额的总和与当年缴存额的比率为 125.58%，比上年增加 26.66 个百分点。

六、其他重要事项

黄南州住房公积金管理中心荣获 2018 年度州级文明单位称号。

海南藏族自治州住房公积金 2018 年年度报告

一、机构概况

（一）**住房公积金管理委员会**：住房公积金管理委员会有 25 名委员，2018 年召开 1 次会议，审议通过的事项主要包括：会议听取了中心关于 2018 年住房公积金管理工作情况及 2018 年计划的报告。审议通过了《2018 年度住房公积金归集、使用计划报告》、《2018 年度报告》、《2018 年度住房公积金财务运行及增值收益分配情况的报告》、《住房公积金委托业务考核办法》。

(二)住房公积金管理中心：住房公积金管理中心为隶属海南州人民政府不以营利为目的的财政全额拨款副县级事业单位，设3个处（科）。从业人员14人，其中，在编10人，非在编4人。

二、业务运行情况

(一)缴存：2018年，新开户单位21家，实缴单位730家，净增单位57家；新开户职工0.09万人，实缴职工2.17万人，净增职工0.31万人；缴存额4.91亿元，同比增长14.19%。2018年末，缴存总额35.59亿元，同比增长16%；缴存余额14.07亿元，同比增长4.84%。

受委托办理住房公积金缴存业务的银行2家，比上年增加（减少）0家。

(二)提取：2018年，提取额4.26亿元，同比增长28.31%；占当年缴存额的86.76%，比上年增加9.55个百分点。2018年末，提取总额21.52亿元，同比增长24.68%。

(三)贷款：个人住房贷款最高额度50万元，其中，单缴存职工最高额度50万元，对信用状况良好的职工其贷款额度可在最高额度的基础上适度上浮，上浮比例控制在20%以内，最高可达60万元。

2018年，发放个人住房贷款0.15万笔5.74亿元，同比分别增长36.36%、51.85%。

2018年，回收个人住房贷款2.02亿元。

2018年末，累计发放个人住房贷款1.53万笔27.47亿元，贷款余额12.05亿元，同比分别增长10.87%、26.42%、44.66%。个人住房贷款余额占缴存余额的85.64%，比上年增加23.57个百分点。

受委托办理住房公积金个人住房贷款业务的银行6家，比上年增加2家。

(四)资金存储：2018年末，住房公积金存款2.47亿元。其中，活期0.59亿元，1年（含）以下定期1.48亿元，1年以上定期0.4亿元，其他（协定、通知存款等）0亿元。

(五)资金运用率：2018年末，住房公积金个人住房贷款余额、项目贷款余额和购买国债余额的总和占缴存余额的85.64%，比上年增加（减少）23.57个百分点。

三、主要财务数据

(一)业务收入：2018年，业务收入4298.74万元，同比增长8.51%。存款利息958.34万元，委托贷款利息3304.27万元，国债利息0万元，其他36.13万元。

(二)业务支出：2018年，业务支出2514.6万元，同比增长10.8%。支付职工住房公积金利息2155.49万元，归集手续费210.97万元，委托贷款手续费147.86万元，其他0.28万元。

(三)增值收益：2018年，增值收益1784.14万元，同比增长5.45%。增值收益率1.29%，比上年减少0.02个百分点。

(四)增值收益分配：2018年，提取贷款风险准备金1204.96万元，提取管理费用526万元，提取城市廉租住房（公共租赁住房）建设补充资金53.18万元。

2018年，上交财政管理费用150万元。上缴财政城市廉租住房（公共租赁住房）建设补充资金59.29万元。

2018年末，贷款风险准备金余额4127.26万元。累计提取城市廉租住房（公共租赁住房）建设补充资金812.76万元。

(五)管理费用支出：2018年，管理费用支出1250.61万元，同比增长475.39%。其中，人员经费182.38万元，公用经费16.69万元，专项经费1051.54万元。

市中心管理费用支出1250.61万元，其中，人员、公用、专项经费分别为182.38万元、16.69万元、1051.54万元。

四、资产风险状况

2018年末,个人住房贷款逾期额70.9万元,逾期率0.59‰。

个人贷款风险准备金按贷款余额的1%提取。2018年,提取个人贷款风险准备金1204.96万元,使用个人贷款风险准备金核销呆坏账0万元。2018年末,个人贷款风险准备金余额4127.26万元,占个人住房贷款余额的3.43%,个人住房贷款逾期额与个人贷款风险准备金余额的比率为1.72%。

五、社会经济效益

(一)缴存业务:2018年,实缴单位数、实缴职工人数和缴存额同比分别增长8.47%、16.67%和14.19%。

缴存单位中,国家机关和事业单位占79.32%,国有企业占5.34%,城镇集体企业占1.51%,外商投资企业占0%,城镇私营企业及其他城镇企业占3.42%,民办非企业单位和社会团体占0.27%,其他占10.14%。

缴存职工中,国家机关和事业单位占83.32%,国有企业占9.26%,城镇集体企业占2.31%,外商投资企业占0%,城镇私营企业及其他城镇企业占2.99%,民办非企业单位和社会团体占0.08%,其他占2.04%;中、低收入占99.87%,高收入占0.13%。

新开户职工中,国家机关和事业单位占65.78%,国有企业占16%,城镇集体企业占4.34%,外商投资企业占0%,城镇私营企业及其他城镇企业占11.86%,民办非企业单位和社会团体占0%,其他占2.01%;中、低收入占99.68%,高收入占0.32%。

(二)提取业务:2018年,0.9万名缴存职工提取住房公积金4.26亿元。

提取金额中,住房消费提取占86.62%(购买、建造、翻建、大修自住住房占53.77%,偿还购房贷款本息占28.88%,租赁住房占3.19%,其他占0.78%);非住房消费提取占13.38%(离休和退休提取占11.16%,完全丧失劳动能力并与单位终止劳动关系提取占0.25%,户口迁出本市或出境定居占0.59%,其他占1.38%)。

提取职工中,中、低收入占99.96%,高收入占0.04%。

(三)贷款业务:

1. **个人住房贷款**。2018年,支持职工购建房17.86万平方米,年末个人住房贷款市场占有率为85.78%,比上年增加(减少)1.30个百分点。通过申请住房公积金个人住房贷款,可节约职工购房利息支出3096.89万元。

职工贷款笔数中,购房建筑面积90(含)平方米以下占6.85%,90~144(含)平方米占81.25%,144平方米以上占11.9%。购买新房占80.25%(其中购买保障性住房占0%),购买二手房占19.75%,建造、翻建、大修自住住房占0%,其他占0%。

职工贷款笔数中,单缴存职工申请贷款占32.78%,双缴存职工申请贷款占67.22%,三人及以上缴存职工共同申请贷款占0%。

贷款职工中,30岁(含)以下占24.87%,30岁~40岁(含)占35.84%,40岁~50岁(含)占31.58%,50岁以上占7.71%;首次申请贷款占35.37%,二次及以上申请贷款占64.63%;中、低收入占99.93%,高收入占0.07%。

2. **异地贷款**。2018年,发放异地贷款48笔1205.4万元。2018年末,发放异地贷款总额3510.2万元,异地贷款余额2705.8万元。

（四）住房贡献率：2018年，个人住房贷款发放额、公转商贴息贷款发放额、项目贷款发放额、住房消费提取额的总和与当年缴存额的比率为192.06%，比上年增加41.26个百分点。

六、其他重要事项

（一）2018年增加中国银行、农村商业银行2家受委托办理贷款业务金融机构。

（二）2018年缴存基数上限为19134元，缴存基数下限为3827元，缴存比例上限12%，缴存比例下限5%。继续执行企业住房公积金缓交政策。住房公积金贷款额度最高60万元。当年住房公积金贷款年利率为5年以内2.75%，5年以上3.25%。

（三）当年服务改进情况：1. 突出重点，缴存扩面工作有序推进。为进一步增强群众对住房公积金政策的知情权，提高住房公积金制度的社会影响力和知晓率。中心以"支部党日活动"和"提升住房公积金服务质量和水平"为载体，五月份，集中开展了"阳光公积金，安居惠民生"的住房公积金政策"宣传月"活动。推广公积金12329微信公众号，帮助群众熟悉查询账户余额、政策动态60余人次，海南州电视台和海南报新闻媒体进行了跟踪报道，扩大了住房公积金政策宣传的收益范围，树立了我中心优质服务的良好形象。2018年新增开户单位21家，新增缴存职工0.9千人。2. 住房公积金社会效益发挥突出。中心按照加快建立多主体供给、多渠道保障、租购并举的制度，充分发挥住房公积金制度的普惠性、保障性、互助性和福利性特征，用足、用精准住房公积金优惠政策，提高职工租赁提取额度，职工和配偶凭租房证明材料每年可提取房租费1.2万元，加大职工租房支出的支持力度。2018年，全州住房公积金支持职工购建商品房17.86万平方米，个人住房贷款占有率为85.78%，比同期增加1.3个百分点，节约职工购房利息支出3096.89万元，住房贡献率为192.1%。6月30日，向全州725家单位2.11万名职工住房公积金账户余额全部按一年期定期存款基准利率结息1991.22万元，同比增加7.7%，平均为每位缴存职工结息946元。3. 强化内控监督，提升风险预防和控制能力。近年来，随着公积金制度覆盖面逐步扩大，公积金资金规模也日益增大，资金使用率不断提高，确保缴存职工资金安全，成为直接关系缴存职工切身利益的头等大事，为此，中心进一步加大了规范管理的工作力度，把廉政风险防控工作作为提升住房公积金管理使用水平的重要抓手，严格按照《关于加强住房公积金廉政风险防控工作的通知》要求，建立健全和巩固完善管委会重大决策备案制度，2018年向管委会报备了5个议题；根据要求3月份在海南州政府信息公开网站、《海南报》和12329公积金微信平台向社会公告了《2018年年度报告》，增强住房公积金管理工作透明度，维护住房公积金缴存职工合法权益，接受社会监督；认真开展"小金库"自查工作和内审机制，提高了职工的自律意识和拒腐防变意识；对全州已签订委托协议的9家委托行进行了承办住房公积金业务工作考核，召开总结会对获得的6家先进单位和9名先进个人进行了表彰，通过考评活动以考核促发展，各受托银行办理公积金委托金融业务工作积极性进一步增强，业务办理水平和服务质量有明显提高，同时也提升了中心同银行合作双方的工作效能；中心加强提高信息化防范能力，积极回收涉险资金，加大逾期贷款催收力度，催收逾期贷款356次，清理拖欠户35人，归还逾期金额89万元，对16户长期逾期户提起了法律诉讼；加强窗口人员的业务培训，提高窗口工作人员甄别真伪的能力，认真审核申请材料，严肃查处骗提骗贷行为，确保制度的安全稳定运营。4. 强化作风建设，提升服务效能。2018年，中心认真贯彻落实国务院和省、州关于"放管服"改革的部署要求，以"完善服务体制，改进服务方式，规范服务行为，优化发展环境，建立办事高效、运转、协调、行为规范的服务型机关"为目标，将作风建设与其他工作同安排、同部署，推动作风大转变。简化业务流程和审批资料，实行"一窗式受理"、"一站式服务"，取消收入证明、身份证、户口本复印件等五项证明类材料，科学梳理群众办理公积金"最多跑一次"事项，确定办理提取、贷款业务减材料、减环节、减时限，压缩贷款审批时限，将公积金贷款审批时限在中心办理由10个工作日内，缩短至3个工作日内，全部业务网上办理，真正做到"让数据多跑路，群众少跑腿"。精简会计凭证材料，减轻各委托行和经办人工作负担。注重投诉受理工作，关注政府网站上的网上政民连线，听取州民心声，一年来，12329热线咨询5000多人次，做到各类投诉、建议、咨询"件件有人办、事事有回音"，客户满意率始终保持在99%以上。针对州中心现有办事大厅面积小、窗口少、等待时间长等问题，为更好地方便群众办事，提升服务水平，中心从改善服务软、硬件入手，新购置了综合服务大厅，预计2019年4月投入使用，将会极大地改善公积金业务办理环境，提升服务品质。5.扎实抓好干部队伍建设。充分发挥党建统领作用，深入推进"两学一做"学习教育常态化制度化，把学习宣传贯彻习近平新时代中国特色社会主义思想、党的十九大精神、习近平总书记系列重要讲话和党章党规作为首要政治任务。召开年度会议部署党风廉政建设和反腐败工作，制定中心支部落实全面从严治党主体责任的意见和中心党风廉政建设实施意见，推动各项责任落地见效。组织党员干部观看警示教育片和参观警示教育基地，铸牢党员干部职工崇廉拒腐的思想道德防线，营造廉洁从政的良好政治生态。开展文明行业创建活动，制定实施方案，规范服务标准，健全服务制度，在服务大厅增配老花镜等便民设施，不断增强窗口服务效能。加强人员培训工作，组织举办了公积金业务培训班，全州47名公积金业务人员参加了培训。中心12名职工参加了省外业务培训，增长了知识，开阔了眼界。公开招聘1名事业编人员，加强编外人员的规范管理，不断提升公积金团队整体素质。积极开展精准扶贫，党团义工志愿者服务活动，年内开展党员主题活动和捐物助学活动8次，组织干部职工70人次开展义务活动，体现了中心干部的良好素质。2018年中心获得州级"文明单位"和省级"高原青年文明号"。

（四）我中心于2016年7月正式接入全国住房公积金结算应用系统；并与当年9月19日，通过住房城乡建设部和省住房城乡建设厅组成的部、省两级联合验收。2018年4月实现全国异地转移结算。

（五）2018年中心获得州级"文明单位"和省级"高原青年文明号"。

果洛藏族自治州住房公积金2018年年度报告

一、机构概况

（一）**住房公积金管理委员会**：住房公积金管理委员会有15名委员，2018年召开2次会议，审议通过的事项主要包括：1、调整管委会成员 2、调整公积金贷款额度、调整部分住房公积金提取业务。

（二）**住房公积金管理中心**：住房公积金管理中心为直属于州住房和城乡建设局不以营利为目的的财政全额拨款事业单位，设1个科。从业人员7人，其中，在编3人，非在编4人。

二、业务运行情况

（一）**缴存**：2018年，新开户单位11家，实缴单位285家，净增单位1家；新开户职工0.17万人，实缴职工1.39万人，净增职工0.38万人；缴存额2.82亿元，同比增长3.30%。2018年末，缴存总额16.20亿元，同比增长21.08%；缴存余额6.15亿元，同比下降1.44%。

受委托办理住房公积金缴存业务的银行1家。

（二）提取：2018年，提取额2.91亿元，同比增长109.35%；占当年缴存额的103.19%，比上年增加52.27个百分点。2018年末，提取总额10.05亿元，同比增长40.76%。

（三）贷款：个人住房贷款最高额度60万元，其中，单缴存职工最高额度60万元，双缴存职工最高额度60万元。

2018年，发放个人住房贷款270笔1.12亿元，同比分别增长181.25%、273.33%。

2018年，回收个人住房贷款0.20亿元。

2018年末，累计发放个人住房贷款2151笔4.13亿元，贷款余额2.43亿元，同比分别增长14.35%、37.21%、60.93%。个人住房贷款余额占缴存余额的39.51%，比上年增加15.31个百分点。

受委托办理住房公积金个人住房贷款业务的银行1家。

（四）资金存储：2018年末，住房公积金存款6.44亿元。其中，活期0.24亿元，1年（含）以下定期1.22亿元，1年以上定期4.98亿元，其他（协定、通知存款等）0亿元。

（五）资金运用率：2018年末，住房公积金个人住房贷款余额、项目贷款余额和购买国债余额的总和占缴存余额的39.51%，比上年增加15.31个百分点。

三、主要财务数据

（一）业务收入：2018年，业务收入863.77万元，同比增长20.74%。存款利息401.68万元，委托贷款利息314.32万元，其他147.77万元。

（二）业务支出：2018年，业务支出1591.77万元，同比增长1091.18%。支付职工住房公积金利息1297.67万元，归集手续费267.47万元，委托贷款手续费26.63万元，其他0万元。

（三）增值收益：2018年，增值收益-728万元，同比下降225.14%。增值收益率-1.20%。

（四）增值收益分配：本年未分配。

2018年末，贷款风险准备金余额279.67万元。累计提取城市廉租住房（公共租赁住房）建设补充资金142.55万元。

（五）管理费用支出：2018年，管理费用支出25.33万元，同比下降36.19%。其中，人员经费10.8万元，公用经费14.53万元。

四、资产风险状况

个人住房贷款：2018年末，个人住房贷款逾期额25.86万元，逾期率1.06‰。

个人贷款风险准备金按增值收益的60%提取。2018年，提取个人贷款风险准备金0万元，使用个人贷款风险准备金核销呆坏账0万元。2018年末，个人贷款风险准备金余额279.67万元，占个人住房贷款余额的1.15%，个人住房贷款逾期额与个人贷款风险准备金余额的比率为9.24%。

五、社会经济效益

（一）缴存业务：2018年，实缴单位数、实缴职工人数和缴存额同比分别增长0.35%、37.62%和3.66%。

缴存单位中，国家机关和事业单位占96.49%，国有企业占3.51%。

缴存职工中，国家机关和事业单位占97%，国有企业占3%；中、低收入占100%，高收入占0%。

新开户职工中，国家机关和事业单位占96.99%，国有企业占3.01%；中、低收入占100%，高收入占0%。

（二）提取业务：2018年，8425名缴存职工提取住房公积金2.88亿元。

提取金额中，住房消费提取占83.19%（购买、建造、翻建、大修自住住房占19.22%，偿还购房贷款本息占1.92%，租赁住房占0.08%，其他占61.97%）；非住房消费提取占16.81%（离休和退休提取占5.28%，完全丧失劳动能力并与单位终止劳动关系提取占0.29%，户口迁出本市或出境定居占1.13%，其他占10.11%）。

提取职工中，中、低收入占100%，高收入占0%。

（三）贷款业务：

1. **个人住房贷款**。2018年，支持职工购建房3.16万平方米，年末个人住房贷款市场占有率为78.13%，比上年增加71.81个百分点。通过申请住房公积金个人住房贷款，可节约职工购房利息支出1555.54万元。

职工贷款笔数中，购房建筑面积90（含）平方米以下占9.63%，90~144（含）平方米占74.07%，144平方米以上占16.30%。购买新房占90.74%（其中购买保障性住房占0%），购买二手房占9.26%，建造、翻建、大修自住住房占0%，其他占0%。

职工贷款笔数中，单缴存职工申请贷款占55.19%，双缴存职工申请贷款占44.81%，三人及以上缴存职工共同申请贷款占0%。

贷款职工中，30岁（含）以下占42.96%，30岁~40岁（含）占37.41%，40岁~50岁（含）占18.15%，50岁以上占1.48%；首次申请贷款占100%，二次及以上申请贷款占0%；中、低收入占100%，高收入占0%。

2. **异地贷款**。2018年，发放异地贷款254笔10754万元。

（四）住房贡献率：2018年，个人住房贷款发放额、公转商贴息贷款发放额、项目贷款发放额、住房消费提取额的总和与当年缴存额的比率为125.56%，比上年增加69.58个百分点。

六、其他重要事项

（一）当年住房公积金政策调整及执行情况：当年住房公积金存贷款利率按照中国人民银行对住房公积金存贷款利率的规定执行。当年住房公积金个人住房贷款单缴存职工和双缴存职工最高贷款额度调整至60万元，适当放宽贷款条件。职工连续足额缴存住房公积金6个月（含）以上，可申请住房公积金贷款。对曾经异地缴存住房公积金、在现缴存地缴存不满6个月的，缴存时间可根据原缴存住房公积金管理中心出具的缴存证明合并计算。对拥有一套住房并已经还清相应购房贷款的家庭，为改善居住条件再次申请住房公积金贷款购买普通商品住房，执行首套房住房公积金贷款政策。发展异地贷款业务。开通异地贷款业务，在本省范围内异地购房的家庭，缴存职工可在购买住房所在地公积金管理中心申请住房公积金贷款，放宽住房公积金提取条件。缴存职工为未成年子女购买住房时缴存职工可以申请提取本人名下住房公积金（所需要件：亲属关系证明、有效期限购房合同首付款票据）；缴存职工可以申请提取本人名下住房公积金偿还直系亲属的住房公积金贷款（所需要件：亲属关系证明、公积金贷款余额证明、还款账号、贷款时的银行卡）。

（二）当年服务改进情况：开通微信公众号平台"12329"、负责接听解答客服热线0975－12329关于住房公积金相关政策、提取及贷款等程序解答。

（三）当年住房公积金管理中心及职工所获荣誉情况：州住房公积金办公室窗口在2018年度工作中被果洛州行政服务和公共资源交易中心连续两年评为"优秀窗口"。

玉树藏族自治州住房公积金2018年年度报告

一、机构概况

（一）住房公积金管理委员会：住房公积金管理委员会有22名委员，2018年共召开两次全体会议，审议通过2018年度住房公积金归集、使用计划执行情况，并对其他重要事项进行决策，主要包括：1.审议《玉树州2018年度住房公积金归集使用情况及2018年使用计划报告》；2.审议《玉树州住房公积金2018年度增值收益分配方案》；3.审议《玉树州住房公积金2018年年度报告》；4.审议《玉树州住房公积金贷款管理办法》；5.审议《玉树州住房公积金提取管理办法》。

（二）住房公积金管理中心：住房公积金管理中心为玉树州人民政府直属的不以营利为目的的正县级全额拨款事业单位，主要负责全州住房公积金的归集、管理、使用和会计核算。中心设4个科，5个管理部，从业人员33人，其中，在编17人，非在编16人。

二、业务运行情况

（一）缴存：2018年，新开户单位14家，实缴单位578家，净增单位4家；新开户职工0.09万人，实缴职工1.47万人，净增职工0.02万人；当年缴存额4.83亿元，同比增长17.23%。2018年末，缴存总额30.92亿元，同比增长18.51%，缴存余额16.00亿元，同比增长8.25%

受委托办理住房公积金缴存业务的银行0家，比上年减少2家（中心归集业务实行自主归集管理模式）。

（二）提取：2018年，提取额3.61亿元，同比增长20.33%；占当年缴存额的74.74%，比上年同期增加1.93个百分点。2018年末，提取总额14.92亿元，同比增加31.92%。

（三）贷款：个人住房贷款最高额度50万元，其中，单职工家庭最高额度50万元，双职工家庭最高额度50万元。

2018年，发放个人住房贷款901笔4.25亿元，同比降低5.95%、增加1.92%。

2018年，回收个人住房贷款3.41亿元。

2018年末，累计发放个人住房贷款1.81万笔34.39亿元，贷款余额13.71亿元，同比分别增长4.62%、15.64%、6.61%。个人住房贷款余额占缴存余额的85.69%，比上年同期减少1.31个百分点。

受委托办理住房公积金个人住房贷款业务的银行7家，比上年增加2家。

（四）资金存储：2018年末，住房公积金存款额2.70亿元。其中，活期0.03亿元，1年以内定期（含）0.9亿元，1年以上定期1.60亿元，其他（协议、协定、通知存款等）0.17亿元。

（五）资金运用率：2018年末，个人住房公积金个人住房贷款余额、项目贷款余额和购买国债余额的总和占缴存余额的85.69%，比上年同期减少1.31个百分点。

三、主要财务数据

（一）业务收入：2018年，业务收入4819.86万元，同比增加15.87%。存款利息收入599.96万元，委托贷款利息收入4194.74万元，国债利息收入0万元，其他收入25.16万元。

（二）业务支出：2018年，业务支出2638.39万元，同比增加4.87%。住房公积金利息支出2456.52万元，归集手续费用支出19.18万元，委托贷款手续费支出162.10万元，其他支出0.59万元。

（三）增值收益：2018年，增值收益2181.47万元，同比增加32.70%。增值收益率1.43%，比上年同期增加0.28个百分点。

（四）增值收益分配：2018年，提取贷款风险准备金1308.88万元，提取管理费用355.08万元，提取城市廉租房（公共租赁住房）建设补充资金517.51万元。

2018年末，贷款风险准备金余额7219.45万元。累计提取城市廉租房（公共租赁住房）建设补充资金1451.34万元。

（五）管理费用支出：2018年，管理费用支出734.24万元，同比增加44.59%，其中，人员经费356.20万元，公用经费270.24万元，专项经费107.8万元。

四、资产风险状况

2018年末，逾期个人住房贷款69.75万元。个人住房贷款逾期率0.51‰。

个人贷款风险准备金按增值收益额的60%提取。2018年，提取个人贷款风险准备金1308.88万元，使用个人贷款风险准备金核销呆坏账0万元，2018年末，个人贷款风险准备金余额为7219.45万元，占个人贷款余额的5.27%，个人逾期额与个人贷款风险准备金余额的比率为0.97%。

五、社会经济效益

（一）缴存业务：2018年，实缴单位数、实缴职工人数和缴存额增长率分别为0.70%、1.38%和17.23%

缴存单位中，国家机关和事业单位占92.73%，国有企业占5.36%，城镇集体企业占0%，外商投资企业占0%，城镇私营企业及其他城镇企业占1.21%，民办非企业单位和社会团体占0.70%，其他占0%。

缴存职工中，国家机关和事业单位占91.97%，国有企业占7.61%，城镇集体企业占0%，外商投资企业占0%，城镇私营企业及其他城镇企业占0.32%，民办非企业单位和社会团体占0.1%。中、低收入占93.71%，高收入占6.29%。

新开户职工中，国家机关和事业单位占91.25%，国有企业占5.05%，城镇集体企业占0%，外商投资企业占0%，城镇私营企业及其他城镇企业占3.70%，民办非企业单位和社会团体占0%，其他占0%；中、低收入占96.25%，高收入占3.75%。

(二) 提取业务：2018 年，0.68 万名缴存职工提取住房公积金 3.61 亿元。

提取的金额中，住房消费提取占 81.48%（购买、建造、翻建、大修自住住房占 20.04%，偿还购房贷款本息占 56.34%，租赁住房占 0.87%，其他占 4.23%）；非住房消费提取占 18.52%（离休和退休提取占 15.38%，完全丧失劳动能力并与单位终止劳动关系提取占 0.59%，户口迁出本市或出境定居占 0%，其他占 2.55%）。

提取职工中，中、低收入占 92.56%，高收入占 7.44%。

(三) 贷款业务：

1. **个人住房贷款**。2018 年，支持职工购建房 17.46 万平方米，年末个人住房贷款市场占有率为 100%，比上年同年增加 1 个百分点，通过申请住房公积金个人住房贷款，可节约职工购房利息支出 4790.01 万元。

职工贷款笔数中，购房建筑面积 90（含）平方米以下占 4.78%，90～144（含）平方米占 55.11%，144 平方米以上占 40.11%；购买新房占 21.67%，（其中购买保障性住房占 0%），购买存量商品住房占 18.89%，建造、翻修、大修自住住房占 59.22%，其他占 0.22%。

职工贷款笔数中，单职工申请贷款占 64.11%，双职工申请贷款占 35.89%，三人及以上共同申请贷款占 0%。

贷款职工中，30 岁（含）以下占 10%，30 岁～40 岁（含）占 39%，40 岁～50 岁（含）占 39%，50 岁以上的占 12%，首次申请贷款占 16%，二次及以上申请贷款占 84%，中、低收入占 91.42%，高收入占 8.58%。

2. **异地贷款**。2018 年，发放异地贷款 3 笔 118 万元。

2018 年末，发放异地贷款总额 495 万元，异地贷款余额 326.6 万元。

(四) **住房贡献率**：2018 年，个人住房贷款发放额、公转商贴息贷款发放额、项目贷款发放额、住房消费提取额的总和与当年缴存额的比率为 148.86%，比上年同期减少 25.16 个百分点。

六、其他重要事项

(一) 当年机构及职能调整情况、受委托办理缴存贷款业务金融机构变更情况：

1. 中心在全州事业单位改革中调整为州政府直属的公益一类全额拨款的正处级事业单位，内部科室由原来 5 个调减为 4 个，保留 5 个县管理部。

2. 中心借助全省住房公积金信息系统互联互通优势，建立了与西宁地区两家银行的跨地区委托贷款业务战略合作关系，委托贷款业务银行增加到 7 家，归集业务实行自主归集管理模式，大大降低了管理成本。

(二) 年内调整部分提取和贷款政策：一是取消职工申请贷款时提供相关复印件政策，包括身份证复印件、结婚证复印件、不动产权抵押证等复印件；二是取消原认房不认贷政策，严格执行第三套房不予贷款政策，对已使用过两次及两次以上住房公积金贷款的借款申请人，无论贷款是否已清，均不再受理住房公积金贷款的申请；三是取消原主体结构未封顶住房的贷款政策，执行对购买主体结构已封顶住房的个人发放住房公积金贷款政策；四是取消原"工作调离本州行政区域提取"政策，执行全省统一的"工作调离本州行政区域公积金异地转续"政策；五是取消原"部分偿还贷款本息提取中要求正常还款为 6 个月后即可办理提前部分还款"政策，执行全省统一的"职工提取公积金偿还自住住房贷款本金，贷款正常还款1个月后即可办理提前部分还款"政策；六是新增逐月还贷委托提取政策。

（三）当年服务改进情况：认真贯彻落实"放管服"改革要求，于下半年开始全面取消复印件，实行"一窗式受理"和"一站式服务"。提取做到秒结到账，贷款业务30天办结。

（四）当年信息化建设情况：信息化建设成效显著。年内中心开通了手机APP微信支付功能，物业费提取、冲还贷和退休提取均可办理。同时，完成了住房公积金电子档案管理系统项目的招标工作，为实现无纸化办公和住房公积金档案标准化建设打下了坚实基础。

（五）当年住房公积金管理中心及职工所获荣誉情况：2018年中心被省妇联授予"青海省巾帼文明岗"荣誉称号。

海西蒙古族藏族自治州住房公积金2018年年度报告

一、机构概况

（一）住房公积金管理委员会：住房公积金管理委员会有33名委员，2018年召开1次会议，审议通过的事项主要包括：（调整州住房公积金管理委员会委员；推举产生主任委员、副主任委员；审议通过2018年度住房公积金归集、使用计划报告；审议通过2018年度财务收支计划报告；审议通过2018年年度报告）。

（二）住房公积金管理中心：住房公积金管理中心为州政府直属不以营利为目的的全额拨款事业单位，设6个科，1个分中心。从业人员84人，其中，在编17人，非在编67人（含银行驻点人员32人）。

二、业务运行情况

（一）缴存：2018年，新开户单位73家，实缴单位1164家，净增单位44家；新开户职工0.78万人，实缴职工6.7万人，净增职工0.25万人；缴存额9.55亿元，同比下降2.45%。2018年末，缴存总额71.35亿元，同比增长15.47%；缴存余额33.16亿元，同比增长8.08%。

受委托办理住房公积金缴存业务的银行4家，比上年增加0家。

（二）提取：2018年，提取额7.07亿元，同比增长19.22%；占当年缴存额的74.03%，比上年增加13.46个百分点。2018年末，提取总额38.18亿元，同比增长22.69%。

（三）贷款：

1. 个人住房贷款。个人住房贷款最高额度50万元（信用等级良好，连续足额缴纳住房公积金的，贷款额度可上浮20%），其中，单缴存职工最高额度40万元，双缴存职工最高额度50万元。

2018年，发放个人住房贷款0.14万笔4.81亿元，同比分别增长0%、18.77%。其中，州中心发放个人住房贷款0.09万笔3.25亿元，格尔木分中心发放个人住房贷款0.05万笔1.56亿元。

2018年，回收个人住房贷款2.75亿元。其中，州中心1.44亿元，格尔木分中心1.31亿元。

2018年末，累计发放个人住房贷款2.18万笔35.37亿元，贷款余额15.02亿元，同比分别增长6.86%、15.74%、15.9%。个人住房贷款余额占缴存余额的45.3%，比上年增加3.06个百分点。

受委托办理住房公积金个人住房贷款业务的银行5家，比上年增加1家。

2. 住房公积金支持保障性住房建设项目贷款。 2018年，发放支持保障性住房建设项目贷款0亿元，回收项目贷款0.29亿元。2018年末，累计发放项目贷款0.73亿元，项目贷款余额0亿元。

（四）资金存储： 2018年末，住房公积金存款19.95亿元。其中，活期0.19亿元，1年（含）以下定期7.6亿元，1年以上定期11.35亿元，其他（协定、通知存款等）0.81亿元。

（五）资金运用率： 2018年末，住房公积金个人住房贷款余额、项目贷款余额和购买国债余额的总和占缴存余额的45.3%，比上年增加2.11个百分点。

三、主要财务数据

（一）业务收入： 2018年，业务收入8486.5万元，同比下降9.78%。存款利息4080.11万元，委托贷款利息4404.52万元，国债利息0万元，其他1.87万元。

（二）业务支出： 2018年，业务支出4486.5万元，同比下降16.22%。支付职工住房公积金利息3944万元，归集手续费394.22万元，委托贷款手续费147.63万元，其他0.65万元。

（三）增值收益： 2018年，增值收益4000万元，同比下降1.26%。增值收益率1.25%，比上年减少0.17个百分点。

（四）增值收益分配： 2018年，提取贷款风险准备金2772.17万元，提取管理费用727.83万元，提取城市廉租住房（公共租赁住房）建设补充资金500万元。

2018年，上交财政管理费用727.83万元。上缴财政城市廉租住房（公共租赁住房）建设补充资金500万元。2018年末，贷款风险准备金余额7567.14万元。累计提取城市廉租住房（公共租赁住房）建设补充资金6358.92万元。

（五）管理费用支出： 2018年，管理费用支出808.51万元，同比增长3.66%。其中，人员经费508.33万元，公用经费157.13万元，专项经费143.05万元。

州中心管理费用支出547.01万元，其中，人员、公用、专项经费分别为329.8万元、140.16万元、77.05万元；格尔木分中心管理费用支出261.5万元，其中，人员、公用、专项经费分别为178.53万元、16.97万元、66万元。

四、资产风险状况

（一）个人住房贷款： 2018年末，个人住房贷款逾期额62.68万元，逾期率0.42‰。其中，州中心0.38‰，格尔木分中心0.45‰。

个人贷款风险准备金按增值收益的60%以上提取。2018年，提取个人贷款风险准备金2772.17万元，使用个人贷款风险准备金核销呆坏账0万元。2018年末，个人贷款风险准备金余额7567.14万元，占个人住房贷款余额的5.04%，个人住房贷款逾期额与个人贷款风险准备金余额的比率为0.83%。

（二）支持保障性住房建设试点项目贷款： 2018年末，无逾期项目贷款，未提取项目贷款风险准备金。

五、社会经济效益

（一）**缴存业务**：2018年，实缴单位数、实缴职工人数和缴存额同比分别增长3.93%、3.88%和－2.45%。

缴存单位中，国家机关和事业单位占63.91%，国有企业占17.7%，城镇集体企业占3.26%，外商投资企业占0.26%，城镇私营企业及其他城镇企业占5.07%，民办非企业单位和社会团体占1.55%，其他占8.25%。

缴存职工中，国家机关和事业单位占36.45%，国有企业占46.64%，城镇集体企业占5.35%，外商投资企业占1.23%，城镇私营企业及其他城镇企业占4.13%，民办非企业单位和社会团体占0.35%，其他占5.85%；中、低收入占99.95%，高收入占0.05%。

新开户职工中，国家机关和事业单位占30.83%，国有企业占31.12%，城镇集体企业占15.03%，外商投资企业占2.77%，城镇私营企业及其他城镇企业占9.47%，民办非企业单位和社会团体占0.18%，其他占10.6%；中、低收入占99.9%，高收入占0.1%。

（二）**提取业务**：2018年，2.7万名缴存职工提取住房公积金7.07亿元。

提取金额中，住房消费提取占74.68%（购买、建造、翻建、大修自住住房占43.71%，偿还购房贷款本息占19.52%，租赁住房占11.31%，其他占0.14%）；非住房消费提取占25.32%（离休和退休提取占18.39%，完全丧失劳动能力并与单位终止劳动关系提取占3.96%，户口迁出本市或出境定居占2.26%，其他占0.71%）。

提取职工中，中、低收入占99.97%，高收入占0.03%。

（三）**贷款业务**：

1. **个人住房贷款**。2018年，支持职工购建房15.47万平方米，年末个人住房贷款市场占有率为72.14%，比上年减少17.91个百分点。通过申请住房公积金个人住房贷款，可节约职工购房利息支出6523.19万元。

职工贷款笔数中，购房建筑面积90（含）平方米以下占15.95%，90～144（含）平方米占78.02%，144平方米以上占6.03%。购买新房占72.63%（其中购买保障性住房占0%），购买二手房27.37%，建造、翻建、大修自住住房占0%，其他占0%。

职工贷款笔数中，单缴存职工申请贷款占44.83%，双缴存职工申请贷款占55.17%，三人及以上缴存职工共同申请贷款占0%。

贷款职工中，30岁（含）以下占36.71%，30岁～40岁（含）占38.51%，40岁～50岁（含）占20.69%，50岁以上占4.09%；首次申请贷款占77.44%，二次及以上申请贷款占22.56%；中、低收入占99.86%，高收入占0.14%。

2. **异地贷款**。2018年，发放异地贷款922笔35957.8万元。2018年末，发放异地贷款总额38460.8万元，异地贷款余额36129.58万元。

3. **支持保障性住房建设试点项目贷款**。2018年末，累计试点项目1个，贷款额度0.73亿元，建筑面积2.9万平方米，可解决500户中低收入职工家庭的住房问题。1个试点项目贷款资金已发放并还清贷款本息。

(四) 住房贡献率：2018年，个人住房贷款发放额、公转商贴息贷款发放额、项目贷款发放额、住房消费提取额的总和与当年缴存额的比率为105.65%，比上年增加23.32个百分点。

六、其他重要事项

(一) 当年受委托办理缴存贷款业务金融机构变更情况：当年新增青海柴达木农村商业银行股份有限公司，受委托办理德令哈地区住房公积金贷款业务。

(二) 当年住房公积金政策调整及执行情况：当年缴存基数限额及确定方法、缴存比例调整情况：

缴存住房公积金的月工资基数不得超过州统计部门2018年度全州在岗职工月均工资的3倍，即22013元；最低不得低于青海省人民政府确定的最低工资标准，即1500元。单位和职工缴存比例未调整。

(三) 当年服务改进情况：一是树立优质服务理念。中心紧紧围绕"打造住房公积金优质服务品牌、争创全州一流服务窗口"目标，制定了《海西州住房公积金管理中心办事大厅窗口服务规范》，以牢固树立"一切为了缴存职工"的服务理念，切实增强服务意识，提高服务质量，塑造住房公积金良好社会形象。2018年连续荣获流动红旗窗口单位，其中3名职工被评为"服务之星"。二是提供优质特色服务。设立少数民族服务窗口、巾帼文明示范岗、共产党员示范岗、金融自助服务区等，实行引导员服务、延时服务、预约服务等特色服务。三是深入贯彻落实"放管服"改革要求，在有效防范风险的前提下不断简化手续，在全州范围内开通委托逐月提取住房公积金偿还公积金贷款业务。目前，中心归集、提取业务已经实现"一窗受理，当场办结"，办理过程中，缴存职工只需取1次号，进1个窗，交1次件，即可快速办理。

(四) 当年信息化建设情况：中心于2018年6月份将全国住房公积金异地转移接续平台接入到住房公积金管理信息系统中，至此，住房公积金异地转移接续业务均可直联支付。

(五) 当年住房公积金管理中心及职工所获荣誉情况：2018年来，中心先后被评为州级文明单位、州级目标考核先进单位、州级定点扶贫先进单位，中心驻村书记被评为优秀第一书记。

2018 全国住房公积金年度报告汇编

宁夏回族自治区

银川
石嘴山市
吴忠市
固原市
中卫市

宁夏回族自治区住房公积金2018年年度报告

一、机构概况

（一）住房公积金管理机构：全区共设5个设区城市住房公积金管理中心，1个独立设置的分中心。从业人员305人，其中，在编191人，非在编114人。

（二）住房公积金监管机构：自治区住房和城乡建设厅、财政厅和人民银行银川中心支行负责对全区住房公积金管理运行情况进行监督。自治区住房和城乡建设厅设立住房公积金监管处，负责全区住房公积金日常监管工作。

二、业务运行情况

（一）缴存：2018年，新开户单位885家，实缴单位共9666家，净增单位242家；新开户职工6.73万人，实缴职工共62.72万人，净增职工3.15万人；缴存额97.17亿元，同比增长2%。2018年末，缴存总额786.14亿元，同比增长14.1%；缴存余额292.71亿元，同比增长10.6%。

（二）提取：2018年，提取额69.02亿元，同比下降7.4%；占当年缴存额的71%，比上年减少7.26个百分点。2018年末，提取总额493.43亿元，同比增长16.3%。

（三）贷款：

1. **个人住房贷款**。2018年，发放个人住房贷款1.9万笔66.88亿元，同比分别下降5.5%、0.06%。回收个人住房贷款38.37亿元。

2018年末，累计发放个人住房贷款26.57万笔517.55亿元，贷款余额245.29亿元，同比分别增长7.7%、14.8%、13.2%。个人住房贷款余额占缴存余额的83.8%，比上年增加1.86个百分点。

2. **住房公积金支持保障性住房建设项目贷款**。2018年，全区未发生保障性住房建设项目贷款发放和回收业务。2018年末，累计发放项目贷款8.74亿元，项目贷款余额为0。

（四）资金存储：2018年末，住房公积金存款55.09亿元。其中，活期2.94亿元，1年（含）以下定期33.48亿元，1年以上定期12.6亿元，其他（协定、通知存款等）6.07亿元。

（五）资金运用率：2018年末，住房公积金个人住房贷款余额、项目贷款余额和购买国债余额的总和占缴存余额的83.8%，比上年增加1.86个百分点。

三、主要财务数据

（一）业务收入：2018年，业务收入87262.3万元，同比增长5.7%。其中，存款利息12456.63万元，委托贷款利息74794.47万元，国债利息0，其他11.2万元。

（二）业务支出：2018年，业务支出47531.38万元，同比增长9%。其中，支付职工住房公积金利息43022.78万元，归集手续费1152.11万元，委托贷款手续费2936.56万元，其他419.93万元。

（三）增值收益：2018年，增值收益39730.92万元，同比增长2.1%；增值收益率1.44%，比上年增加 0.09 个百分点。

（四）增值收益分配：2018 年，提取贷款风险准备金 3219.43 万元，提取管理费用 6676.47 万元，提取城市廉租住房（公共租赁住房）建设补充资金 29835.02 万元。

2018 年，上交财政管理费用 7677.63 万元，上缴财政城市廉租住房（公共租赁住房）建设补充资金 36486.84 万元。

2018 年末，贷款风险准备金余额 27131.38 万元，累计提取城市廉租住房（公共租赁住房）建设补充资金 199924.1 万元。

（五）管理费用支出：2018 年，管理费用支出 5591.92 万元，同比下降 21.3%。其中，人员经费 3148.87 万元，公用经费 656.09 万元，专项经费 1786.96 万元。

四、资产风险状况

2018 年末，个人住房贷款逾期额 1455.27 万元，逾期率 0.59‰。

2018 年，提取个人贷款风险准备金 3219.43 万元，使用个人贷款风险准备金核销呆坏账 115.94 万元。2018 年末，个人贷款风险准备金余额 27131.38 万元，占个人贷款余额的 1.1%，个人贷款逾期额与个人贷款风险准备金余额的比率为 5.36%。

五、社会经济效益

（一）缴存业务：2018 年，实缴单位数、实缴职工人数和缴存额增长率分别为 2.6%、5.3% 和 2%。

缴存单位中，国家机关和事业单位占 44.2%，国有企业占 12.4%，城镇集体企业占 1.5%，外商投资企业占 0.6%，城镇私营企业及其他城镇企业占 37.4%，民办非企业单位和社会团体占 2.9%，其他占 1%。

缴存职工中，国家机关和事业单位占 38.3%，国有企业占 29.9%，城镇集体企业占 2.8%，外商投资企业占 0.8%，城镇私营企业及其他城镇企业占 26.7%，民办非企业单位和社会团体占 1%，其他占 0.5%；中、低收入占 99.7%，高收入占 0.3%。

新开户职工中，国家机关和事业单位占 23.7%，国有企业占 15.4%，城镇集体企业占 3.4%，外商投资企业占 1.9%，城镇私营企业及其他城镇企业占 51.9%，民办非企业单位和社会团体占 2.1%，其他占 1.6%；中、低收入占 99.8%，高收入占 0.2%。

（二）提取业务：2018 年，23.63 万名缴存职工提取住房公积金 69.02 亿元。

提取金额中，住房消费提取占 78.7%（购买、建造、翻建、大修自住住房占 22.8%，偿还购房贷款本息占 53.6%，租赁住房占 1.8%，其他占 0.5%）；非住房消费提取占 21.3%（离休和退休提取占 16.3%，完全丧失劳动能力并与单位终止劳动关系提取占 2.2%，户口迁出所在市或出境定居占 1.4%，其他占 1.4%）。

提取职工中，中、低收入占 99.6%，高收入占 0.4%。

（三）贷款业务：

1. **个人住房贷款**。2018 年，支持职工购建房 236.39 万平方米。年末个人住房贷款市场占有率为 28.6%，比上年同期减少 0.44 个百分点。通过申请住房公积金个人住房贷款，节约职工购房利息支出

95203.68万元。

职工贷款笔数中，购房建筑面积90（含）平方米以下占6.7%，90～144（含）平方米占79.2%，144平方米以上占14.1%。购买新房占80.7%（其中购买保障性住房占0.3%），购买二手房占19.3%。

职工贷款笔数中，单缴存职工申请贷款占58.6%，双缴存职工申请贷款占40.5%，三人及以上缴存职工共同申请贷款占0.9%。

贷款职工中，30岁（含）以下占37.8%，30岁～40岁（含）占37.2%，40岁～50岁（含）占18.9%，50岁以上占6.1%；首次申请贷款占90.8%，二次及以上申请贷款占9.2%；中、低收入占98.2%，高收入占1.8%。

2. **异地贷款**。2018年，发放异地贷款2315笔81193.2万元。2018年末，发放异地贷款总额363669.6万元，异地贷款余额220541.33万元。

（四）住房贡献率：2018年，个人住房贷款发放额、公转商贴息贷款发放额、项目贷款发放额、住房消费提取额的总和与当年缴存额的比率为124.7%，比上年减少10.18个百分点。

六、其他重要事项

（一）当年住房公积金政策调整情况：

1. 2018年4月27日，自治区住房城乡建设厅印发《关于转发〈关于湖南、广西、江西住房公积金行业落实"放管服"改革情况的通报〉的通知》（宁建规发〔2018〕12号），取消装修和购房首付款提取，规范还贷提取范围。

2. 2018年7月10日，自治区住房城乡建设厅、财政厅、人民银行银川中心支行联合印发《关于进一步规范调整住房公积金使用政策有效支持合理住房消费的通知》（宁建规发〔2018〕14号），从贷款额度和首付款比例、贷款申请条件、购房提取合同使用期限和提取范围、租房提取次数四个方面进一步规范调整全区住房公积金使用政策，同步建立最低首付款比例、余额限制倍数的动态调整机制，在规范政策执行的同时，更好体现因城施策、精准施策。

（二）当年开展监督检查情况：

1. 2018年7月，组织开展全区住房公积金政策执行情况检查和风险隐患排查，督导各中心建立长效机制，提升规范化管理水平。第4季度对部分中心进行抽查。

2. 2018年，加强正面宣传，引导缴存职工依法合规提取住房公积金，指导各地开展治理违规提取工作，强化内部管理，建立联合治理机制，对违规提取人员实施失信惩戒，及时移交问题线索。

（三）当年服务改进情况：深入贯彻"放管服"改革要求，进一步压缩流程、简化要件，指导各地管委会授权中心直接办理企业阶段性缓缴和降低缴存比例业务，组织各中心一律取消身份证明材料复印件。银川市开展住房公积金服务网点延伸试点工作，在银川市区8家银行网点开展住房公积金"就近办"，形成"就近办理、分散接件、统一审核"模式，有效降低职工办事成本。不断优化业务系统功能，积极推进已建信息系统应用，引入人工智能技术，住房公积金综合服务平台实现7×24小时在线咨询服务，初步实现全区跨城市和与公安、民政跨部门信息共享核查，业务在线办理率不断提升。

（四）当年住房公积金机构及从业人员所获主要荣誉：2018年，全区各住房公积金管理中心主要获得以下荣誉：

银川住房公积金管理中心服务大厅被评为银川市工人先锋号。

自治区住房资金管理中心被自治区区直机关精神文明建设指导委员会评为2018~2020年度区直机关文明单位;被自治区政务服务中心评为2018年度优秀分厅;3名同志被自治区住房城乡建设厅评为2018年度先进工作者,1名同志被评为2018年度优秀共产党员。

石嘴山市住房公积金管理中心被自治区住房城乡建设厅评为全区住房城乡建设工作先进集体;统计工作在全国住房公积金会议上作经验交流;荣获全市"五星级"党组织;荣获全市"三八"红旗集体。

固原市住房公积金管理中心被自治区住房城乡建设厅评为全区住房城乡建设工作先进集体;被固原市精神文明建设指导委员会继续确认为"固原市文明单位";被评为市民大厅优质服务"红旗窗口";1名职工被自治区住房城乡建设厅评为全区住房城乡建设工作先进个人。

中卫市住房公积金管理中心2018年继续保持"区级文明单位"、"市级文明单位"称号。

(五)其他需要披露的情况:结合全区住房城乡建设系统"大学习、大调研、大落实"活动,对标新时代住房制度改革需要,着眼行业发展实际,组织各地开展新市民住房问题专题调研。深入社区、高校和企业,与调研对象面对面了解情况、征集意见,共收到有效调查问卷1955份。通过数据整理、分析、研判,形成调研报告,为推动住房公积金制度改革、促进贯彻落实"住有所居"决策部署建言献策。

银川住房公积金2018年年度报告

一、机构概况

(一)住房公积金管理委员会:住房公积金管理委员会有29名委员,2018年召开1次会议,审议通过的事项主要包括:《银川市住房公积金管理委员会办公室关于调整银川市住房公积金管理委员会部分委员的请示》、《银川住房公积金管理中心2018年度工作报告》、《银川住房公积金管理中心关于2018年度增值收益分配的报告》、《银川住房公积金管理中心关于加快推进公积金改革发展的实施意见》、《银川住房公积金管理中心关于调整住房公积金提取有关规定的请示》、《银川住房公积金管理中心关于调整住房公积金个人住房贷款政策的请示》、《银川住房公积金管理中心关于为实现群众办事"最多跑一次"目标加快信息化建设追加经费的请示》、《银川住房公积金管理中心关于宁夏和宁化学有限公司申请降低公积金缴存比例的报告》、《银川住房公积金管理中心关于宁夏捷美能源投资有限责任公司申请降低公积金缴存比例的报告》、《银川住房公积金管理中心关于中航(宁夏)生物股份有限公司申请降低公积金缴存比例的报告》、《银川住房公积金管理中心关于宁夏宝塔化工装备制造有限公司申请缓缴住房公积金的报告》、《银川住房公积金管理中心关于宝塔实业股份有限公司申请缓缴住房公积金的报告》。

(二)住房公积金管理中心:银川住房公积金管理中心(以下简称银川中心)为市政府直属的不以营利为目的的自收自支事业单位,设7个处,6个分中心。从业人员102人,其中,在编38人,非在编64人。宁夏住房资金管理中心(银川住房公积金管理中心区直分中心)为隶属于宁夏住房和城乡建设厅的公益一类事业单位，设 5 个（科）。从业人员 30 人，其中，在编 28 人，非在编 2 人。

二、业务运行情况

（一）**缴存**：2018 年，全市新开户单位 599 家，其中银川中心新开户单位 566 家；全市实缴单位 5362 家，其中银川中心实缴单位 4545 家；全市净增单位 198 家，其中银川中心净增单位 195 家；全市新开户职工 4.57 万人，其中银川中心新开户职工 4.05 万人；全市实缴职工 39.17 万人，其中银川中心实缴职工 30.16 万人；全市净增职工 1.80 万人，其中银川中心净增职工 1.58 万人；全市缴存额 61.34 亿元，同比增长 1.9%，其中银川中心缴存额 41.61 亿元，同比增长 0.9%。2018 年末，全市缴存总额 514.72 亿元，同比增长 13.5%，其中银川中心缴存总额 336.88 亿元，同比增长 14.1%；全市缴存余额 179.13 亿元，同比增长 11.1%，其中银川中心缴存余额 122.66 亿元，同比增长 11.2%。

受委托办理住房公积金缴存业务的银行 6 家，比上年增加（减少）0 家。

（二）**提取**：2018 年，全市当年提取额 43.49 亿元，同比减少 8.8%，占当年缴存额的 70.9%，比上年减少 8.3 个百分点，其中银川中心当年提取额 29.29 亿元，同比减少 4.9%，占当年缴存额的 70.4%，比上年减少 4.3 个百分点。2018 年末，全市提取总额 335.59 亿元，同比增长 14.9%，其中银川中心提取总额 214.22 亿元，同比增长 15.8%。

（三）**贷款**：

1. **个人住房贷款**。个人住房贷款最高额度 70 万元，其中，单缴存职工最高额度 50 万元，双缴存职工最高额度 70 万元。

2018 年，全市共发放个人住房贷款 1.1831 万笔、45.01 亿元，同比分别下降 2.6%、增长 3.6%。

银川中心发放个人住房贷款 0.8753 万笔、31.48 亿元，同比分别减少 2.6%、增长 2.1%。其中，银川本部发放个人住房贷款 0.5008 万笔、17.61 亿元，永宁分中心发放个人住房贷款 0.0383 万笔、1.26 亿元，贺兰分中心发放个人住房贷款 0.0368 万笔、1.31 亿元，灵武分中心发放个人住房贷款 0.0331 万笔、1.12 亿元，宁煤分中心发放个人住房贷款 0.1785 万笔、6.89 亿元，铁路分中心发放个人住房贷款 0.0817 万笔、3.08 亿元，宁东分中心发放个人住房贷款 0.0061 万笔、0.21 亿元。

2018 年，全市回收个人住房贷款 25.23 亿元。

银川中心回收个人住房贷款 17.09 亿元，其中，银川本部 10.55 亿元，永宁分中心 0.70 亿元，贺兰分中心 0.66 亿元，灵武分中心 0.73 亿元，宁煤分中心 3.02 亿元，铁路分中心 1.36 亿元，宁东分中心 0.07 亿元。

2018 年末，全市累计发放个人住房贷款 14.72 万笔、344.14 亿元，贷款余额 167.62 亿元，同比分别增长 8.8%、15.1%、13.4%，个人住房贷款余额占缴存余额的 93.6%，比上年增加 1.9 个百分点。

银川中心累计发放个人住房贷款 10.49 万笔、235.39 亿元，贷款余额 109.97 亿元，同比分别增长 9.2%、15.4%、15.0%，个人住房贷款余额占缴存余额的 89.7%，比上年增加 2.7 个百分点。

受委托办理住房公积金个人住房贷款业务的银行 6 家，比上年增加（减少）0 家。

2. **住房公积金支持保障性住房建设项目贷款**。2018 年末，累计发放项目贷款 8.74 亿元，项目贷款余额 0 亿元。

（四）**资金存储**：2018 年末，全市住房公积金存款 17.464 亿元。其中，活期 0.014 亿元，1 年（含以下定期 11.22 亿元，1 年以上定期 0.2 亿元，其他（协定、通知存款等）6.028 亿元。

银川中心住房公积金存款 17.27 亿元。其中，活期 0.01 亿元，1 年（含）以下定期 11.22 亿元，1 年以上定期 0.2 亿元，其他（协定、通知存款等）5.84 亿元。

（五）**资金运用率**：2018 年末，住房公积金个人住房贷款余额、项目贷款余额和购买国债余额的总和占缴存余额的 93.6%，比上年增加 1.9 个百分点。

银川中心住房公积金个人住房贷款余额、项目贷款余额和购买国债余额的总和占缴存余额的 89.7%，比上年增加 2.7 个百分点。

三、主要财务数据

（一）**业务收入**：2018 年，全市住房公积金业务收入 55035.2 万元，同比增长 6.2%。存款利息 4028.75 万元，委托贷款利息 50998.62 万元，国债利息 0 万元，其他 7.83 万元。

银川中心业务收入 37269.79 万元，同比增长 7.71%。存款利息 3881.41 万元，委托贷款利息 33388.38 万元，国债利息 0 万元。

（二）**业务支出**：2018 年，全市住房公积金业务支出 30140.22 万元，同比增长 8.2%。支付职工住房公积金利息 26591.45 万元，归集手续费 1138.11 万元，委托贷款手续费 2169.18 万元，其他 241.48 万元。

银川中心业务支出 20700.28 万元，同比增长 7.16%，支付职工住房公积金利息 18657.56 万元，归集手续费 888.85 万元，委托贷款手续费 1038.61 万元，其他 115.26 万元。

（三）**增值收益**：2018 年，全市住房公积金增值收益 24894.98 万元，同比增长 4.0%，增值收益率 1.47%，比上年减少 0.03 个百分点。

银川中心增值收益 16569.51 万元，同比增长 8.41%。增值收益率 1.43%，比上年减少 0.07 个百分点。

（四）**增值收益分配**：2018 年，全市提取贷款风险准备金 1975.61 万元，提取管理费用 3027.11 万元，提取城市廉租住房（公共租赁住房）建设补充资金 19892.26 万元。

银川中心提取贷款风险准备金 1438.57 万元，提取管理费用 2104.61 万元，提取城市廉租住房（公共租赁住房）建设补充资金 13026.32 万元。

2018 年，全市上交财政管理费用 3162.63 万元，上缴财政城市廉租住房（公共租赁住房）建设补充资金 27633.14 万元。

银川中心上交财政管理费用 2104.61 万元，上缴财政城市廉租住房（公共租赁住房）建设补充资金 11964.42 万元。其中，上缴银川市级财政国库 10672.26 万元，上缴永宁县财政国库 428.33 万元，上缴贺兰县财政国库 319.45 万元，上缴灵武市财政国库 544.38 万元。

2018 年末，全市贷款风险准备金余额 16761.08 万元，累计提取城市廉租住房（公共租赁住房）建设补充资金 134207.92 万元。

银川中心贷款风险准备金余额 10997.24 万元，累计提取城市廉租住房（公共租赁住房）建设补充资金 79314.74 万元。其中，银川本部提取 47546.57 万元，永宁分中心提取 3271.06 万元，贺兰分中心提取 2471.25 万元，灵武分中心提取 4237.30 万元，宁煤分中心提取 17089.43 万元，铁路分中心提取 4031.16

万元，宁东分中心提取 667.97 万元。

（五）**管理费用支出**：2018 年，全市管理费用支出 2845.58 万元，同比增长 18.8%。其中，人员经费 1282.14 万元，公用经费 193.53 万元，专项经费 1369.91 万元。

银川中心管理费用支出 1787.56 万元，同比增长 4.8%。其中，人员经费 729.62 万元，公用经费 85.03 万元，专项经费 972.91 万元。其中，银川本部管理费用支出 1598.91 万元，其中，人员、公用、专项经费分别为 714.41 万元、50.32 万元、834.18 万元；永宁分中心管理费用支出 13.63 万元，其中，人员、公用、专项经费分别为 5.71 万元、6.41 万元、1.51 万元；贺兰分中心管理费用支出 19.09 万元，其中，人员、公用、专项经费分别为 3.8 万元、13.06 万元、2.23 万元；灵武分中心管理费用支出 79.45 万元，其中，人员、公用、专项经费分别为 5.7 万元、10.76 万元、62.99 万元；宁煤分中心管理费用支出 22.5 万元，其中，人员、公用、专项经费分别为 0 万元、0.55 万元、21.95 万元；铁路分中心管理费用支出 47.9 万元，其中，人员、公用、专项经费分别为 0 万元、3.93 万元、43.97 万元；宁东分中心管理费用支出 6.08 万元，其中，人员、公用、专项经费分别为 0 万元、0 万元、6.08 万元。

四、资产风险状况

个人住房贷款：2018 年末，全市个人住房贷款逾期额 1075.94 万元，逾期率 0.64‰。

银川中心个人住房贷款逾期额 485.29 万元，逾期率 0.44‰。其中，银川本部 0.54‰，永宁分中心 0.03‰，贺兰分中心 0‰，灵武分中心 0‰，宁煤分中心 0.38‰，铁路分中心 0.27‰，宁东分中心 0‰。

个人贷款风险准备金按贷款余额的 1% 提取。2018 年，全市提取个人贷款风险准备金 1975.61 万元，使用个人贷款风险准备金核销呆坏账 0 万元。其中，银川中心提取个人贷款风险准备金 1438.57 万元，使用个人贷款风险准备金核销呆坏账 0 万元。2018 年末，个人贷款风险准备金余额 16761.08 万元，占个人住房贷款余额的 1.0%，个人住房贷款逾期额与个人贷款风险准备金余额的比率为 6.4%。其中，银川中心个人贷款风险准备金余额 10997.24 万元，占个人住房贷款余额的 1.0%，个人住房贷款逾期额与个人贷款风险准备金余额的比率为 4.4%。

五、社会经济效益

（一）**缴存业务**。2018 年，全市实缴单位数、实缴职工人数和缴存额同比分别增长 3.8%、4.8% 和 1.9%。其中，银川中心实缴单位数、实缴职工人数和缴存额同比分别增长 4.5%、5.5% 和 0.9%。

缴存单位中，国家机关和事业单位占 27.4%，国有企业占 12.4%，城镇集体企业占 2.0%，外商投资企业占 0.6%，城镇私营企业及其他城镇企业占 53.4%，民办非企业单位和社会团体占 3.9%，其他占 0.3%。

银川中心国家机关和事业单位占 22.2%，国有企业占 8.4%，城镇集体企业占 2.3%，外商投资企业占 0.7%，城镇私营企业及其他城镇企业占 61.8%，民办非企业单位和社会团体占 4.2%，其他占 0.4%。

缴存职工中，国家机关和事业单位占 25.7%，国有企业占 36.4%，城镇集体企业占 3.9%，外商投资企业占 0.9%，城镇私营企业及其他城镇企业占 31.6%，民办非企业单位和社会团体占 1.3%，其他占 0.2%，中、低收入占 99.7%，高收入占 0.3%。

银川中心国家机关和事业单位占 18.6%，国有企业占 33.4%，城镇集体企业占 5.0%，外商投资企业占1.2%，城镇私营企业及其他城镇企业占40.0%，民办非企业单位和社会团体占1.5%，其他占0.3%；中、低收入占99.6%，高收入占0.4%。

新开户职工中，国家机关和事业单位占13.1%，国有企业占14.0%，城镇集体企业占3.9%，外商投资企业占1.6%，城镇私营企业及其他城镇企业占64.2%，民办非企业单位和社会团体占2.7%，其他占0.5%；中、低收入占99.8%，高收入占0.2%。

银川中心国家机关和事业单位占9.4%，国有企业占9.7%，城镇集体企业占4.3%，外商投资企业占1.8%，城镇私营企业及其他城镇企业占71.6%，民办非企业单位和社会团体占2.6%，其他占0.6%；中、低收入占99.9%，高收入占0.1%。

（二）提取业务。2018年，全市共计15.40万名缴存职工提取住房公积金43.49亿元。其中，银川中心有12.09万名缴存职工提取住房公积金29.29亿元。

提取金额中，住房消费提取占79.0%（购买、建造、翻建、大修自住住房占22.7%，偿还购房贷款本息占54.4%，租赁住房占1.4%，其他占0.5%）；非住房消费提取占21.0%（离休和退休提取占16.1%，完全丧失劳动能力并与单位终止劳动关系提取占2.2%，户口迁出本市或出境定居占1.8%，其他占0.9%）。

银川中心住房消费提取占78.3%（购买、建造、翻建、大修自住住房占22.2%，偿还购房贷款本息占53.7%，租赁住房占1.8%，其他占0.6%）；非住房消费提取占21.7%（离休和退休提取占16.5%，完全丧失劳动能力并与单位终止劳动关系提取占2.3%，户口迁出本市或出境定居占2.1%，其他占0.8%）。

提取职工中，中、低收入占99.5%，高收入占0.5%。其中，银川中心提取职工中，中、低收入占99.5%，高收入占0.5%。

（三）贷款业务：

1. 个人住房贷款。2018年，支持职工购建房146.6万平方米，年末个人住房贷款市场占有率为27.7%，比上年增加7.7个百分点。全市通过申请住房公积金个人住房贷款，可节约职工购房利息支出66470.32万元。

银川中心支持职工购建房107.1万平方米，年末个人住房贷款市场占有率为20.2%，比上年增加5.2个百分点。通过申请住房公积金个人住房贷款，可节约职工购房利息支出43013.9万元。

职工贷款笔数中，购房建筑面积90（含）平方米以下占7.8%，90～144（含）平方米占77.5%，144平方米以上占14.7%。购买新房占80.3%（其中购买保障性住房占0%），购买二手房占19.7%，建造、翻建、大修自住住房占0%，其他0%。

银川中心职工贷款笔数中，购房建筑面积90（含）平方米以下占8.0%，90～144（含）平方米占79.6%，144平方米以上占12.4%。购买新房占80.5%（其中购买保障性住房占0%），购买二手房占19.5%，建造、翻建、大修自住住房占0%，其他0%。

职工贷款笔数中，单缴存职工申请贷款占67.5%，双缴存职工申请贷款占31.1%，三人及以上缴存职工共同申请贷款占1.4%。

银川中心职工贷款笔数中，单缴存职工申请贷款占79.6%，双缴存职工申请贷款占19.2%，三人及以上缴存职工共同申请贷款占1.2%。

贷款职工中，30 岁（含）以下占 36.9%，30 岁～40 岁（含）占 38.0%，40 岁～50 岁（含）占 19.1%，50 岁以上占 6.0%；首次申请贷款占 90.0%，二次及以上申请贷款占 10.0%；中、低收入占 99.6%，高收入占 2.6%。

银川中心贷款职工中，30 岁（含）以下占 35.7%，30 岁～40 岁（含）占 37.8%，40 岁～50 岁（含）占 20.3%，50 岁以上占 6.2%；首次申请贷款占 86.6%，二次及以上申请贷款占 13.4%；中、低收入占 96.4%，高收入占 3.6%。

2. **异地贷款**。2018 年，发放异地贷款 1105 笔 42010.30 万元。2018 年末，发放异地贷款总额 192147.90 万元，异地贷款余额 122724.67 万元。

3. **支持保障性住房建设试点项目贷款**。2018 年末，累计试点项目 7 个，累计贷款额度 8.74 亿元，7 个试点项目贷款资金已于 2016 年 10 月还清贷款本息。

（四）**住房贡献率**：2018 年，全市个人住房贷款发放额、公转商贴息贷款发放额、项目贷款发放额、住房消费提取额的总和与当年缴存额的比率为 129.4%，比上年减少 9.3 个百分点。其中，银川中心个人住房贷款发放额、公转商贴息贷款发放额、项目贷款发放额、住房消费提取额的总和与当年缴存额的比率为 130.7%，比上年减少 6.3 个百分点。

六、其他重要事项

（一）**住房公积金政策调整及执行情况**：

1. 调整最低首付款比例。职工家庭已办理过一次住房公积金贷款并已结清相应购房贷款，为改善居住条件再次申请住房公积金贷款在银川地区购买一手住房的，最低首付款比例由 30% 上调至 40%。对已使用过两次及两次以上住房公积金个人住房贷款（包括异地贷款）的职工（含夫妻双方），无论贷款是否结清，均不再受理。没有使用过住房公积金贷款的缴存职工（含夫妻双方），异地住房公积金贷款在银川住房公积金管理中心只能受理一次。

2. 调整个人住房公积金贷款最高限额。单身职工或夫妻双方只有一方正常缴存住房公积金的，贷款最高限额由 55 万元降低到 50 万元；夫妻双方均在银川中心正常缴存住房公积金（含配偶方在宁夏区内正常缴存）的职工，贷款最高限额不做调整，贷款最高限额仍然是 70 万元。第二次使用住房公积金贷款的职工家庭，贷款最高比例由 70% 降低到 60%。异地贷款最高限额由 55 万元调整到 50 万元。

3. 暂停商转公贷款业务。暂停办理商业性个人住房贷款转住房公积金贷款业务。

4. 夫妻双方在住房公积金贷款共同还款期间离异的，除非原借款人结清贷款，否则另一方不得另行申请住房公积金贷款。婚姻状况属于离异的职工，在离异 6 个月后，方可参照住房公积金贷款条件申请购房贷款。

（二）**服务改进情况**：大力推进"网上办""就近办"，不断精简手续、优化流程、提升服务，方便职工办理住房公积金业务。一是加快网厅建设，住房公积金缴存业务实现"网上办"。网上大厅实现了用户自主查询、缴存公积金、信息变更、缴存基数调整、人员增减等业务功能。二是优化业务流程，在市内选择 8 家银行网点受理公积金业务，引导缴存单位和职工就近到银行办理，最终形成"就近办理、分散接件、统一审核"的办事模式，减少职工往返办事成本。三是减少部分审批要件，如：本市范围内工作变动转移的，取消原单位盖有印鉴章的《住房公积金转移通知书》、取消了原单位盖有印鉴章的《银川住房公积金转账支取凭证》和职工办理提取公积金时所有复印件和公积金贷款的部分复印件，方便职工办理公积金提取业务。

（三）信息化建设情况：一是推动信息共享。与公安、房管、不动产、人民银行、社保等部门就信息共享机制进行沟通，为优化流程，简化手续提供支撑。二是升级改造系统。根据政策调整和流程优化需要，进一步改造升级住房公积金管理信息系统，提升住房公积金信息化水平和服务能力。三是科学规划核心机房。采取同城租赁私有云资源的方式建设容灾备份系统，将有效防止核心机房遭遇火灾、地震、极端硬件故障等原因对业务数据造成的破坏。四是实施电子化档案项目。住房公积金业务系统电子档案（一期）项目通过了第三方机构验收，覆盖中心归集、提取、贷款、财务四项业务，实现了业务档案电子化的构想，规范业务档案管理。

（四）对违反《住房公积金管理条例》和相关法规行为进行行政处罚和申请人民法院强制执行情况：加大了骗提骗贷住房公积金违法行为的打击和查处力度，共查处骗提公积金案件58起，均列入"中心"公积金黑名单，并针对伪造假手续情况分析归类通报识别假手续的方式方法。

石嘴山市住房公积金2018年年度报告

一、机构概况

（一）住房公积金管理委员会：住房公积金管理委员会有19名委员，2018年召开1次会议，审议通过的事项主要包括：审议《关于调整市住房公积金管理委员会组成人员的建议》、《关于2018年度住房公积金归集使用计划执行情况的报告》、《关于2018年度住房公积金增值收益分配方案的报告》、《石嘴山市住房公积金2018年年度报告》、《关于2018年度全市住房公积金归集使用计划的报告》、《关于石嘴山市港澳台同胞住房公积金缴存及使用管理办法的请示》。

（二）住房公积金管理中心：石嘴山市住房公积金管理中心为直属石嘴山市人民政府管理不以营利为目的公益一类事业单位，中心内设4个科，下设3个管理部。从业人员39人，其中，在编26人，非在编13人。

二、业务运行情况

（一）缴存：2018年，新开户单位79家，实缴单位1025家，净增单位21家；新开户职工0.51万人，实缴职工5.44万人，净增职工0.1万人；缴存额8.11亿元，同比增长2.14%。2018年末，缴存总额67.88亿元，同比增长13.57%；缴存余额27.02亿元，同比增长8.82%。

受委托办理住房公积金缴存业务的银行5家，与上年一致。

（二）提取：2018年，提取额5.92亿元，同比下降10.17%；占当年缴存额的72.3%，比上年减少10.7个百分点。2018年末，提取总额40.86亿元，同比增长16.94%。

(三)贷款：个人住房贷款最高额度 70 万元，其中，单缴存职工最高额度 50 万元，双缴存职工最高额度 70 万元。

2018 年，发放个人住房贷款 0.14 万笔 3.6 亿元，同比分别下降 22.72%、26.38%。其中，大武口管理部发放个人住房贷款 0.08 万笔 2.15 亿元，平罗管理部发放个人住房贷款 0.04 万笔 0.82 亿元，惠农管理部发放个人住房贷款 0.02 万笔 0.63 亿元。

2018 年，回收个人住房贷款 2.02 亿元。其中，大武口管理部 1.18 亿元，平罗管理部 0.47 亿元，惠农管理部 0.37 亿元。

2018 年末，累计发放个人住房贷款 3.05 万笔 36.48 亿元，贷款余额 14.54 亿元，同比分别增长 4.81%、10.95%、12.19%。个人住房贷款余额占缴存余额的 53.83%，比上年增加 1.62 个百分点。

受委托办理住房公积金个人住房贷款业务的银行 3 家，与上年一致。

(四)资金存储：2018 年末，住房公积金存款 12.47 亿元。其中，活期存款 0.94 亿元，1 年（含）以下定期存款 4.06 亿元，1 年以上定期存款 7.47 亿元。

(五)资金运用率：2018 年末，住房公积金个人住房贷款余额、项目贷款余额和购买国债余额的总和占缴存余额的 53.83%，比上年增加 1.62 个百分点。

三、主要财务数据

(一)业务收入：2018 年，业务收入 7667.42 万元，同比增长 7.53%。其中，大武口管理部 5069.02 万元，平罗管理部 1231.26 万元，惠农管理部 1367.14 万元；存款利息 3253.29 万元，委托贷款利息 4413.2 万元，其他 0.93 万元。

(二)业务支出：2018 年，业务支出 4266.07 万元，同比增长 11.46%。其中，大武口管理部 2548.8 万元，平罗管理部 809.19 万元，惠农管理部 908.08 万元；支付职工住房公积金利息 4085.71 万元，归集手续费 13.3 万元，委托贷款手续费 132.09 万元，其他 34.97 万元。

(三)增值收益：2018 年，增值收益 3401.35 万元，同比增长 2.97%。其中，大武口管理部 2520.22 万元，平罗管理部 422.07 万元，惠农管理部 459.06 万元，增值收益率 1.32%，比上年减少 0.06 个百分点。

(四)增值收益分配：2018 年，提取贷款风险准备金 514.8 万元，提取管理费用 769.74 万元，提取城市廉租住房（公共租赁住房）建设补充资金 2116.81 万元。

2018 年，上交财政管理费用 1032 万元，上缴财政城市廉租住房（公共租赁住房）建设补充资金 1748 万元。

2018 年末，贷款风险准备金余额 2908.72 万元，累计提取城市廉租住房（公共租赁住房）建设补充资金 14220.88 万元。

(五)管理费用支出：2018 年，管理费用支出 788.21 万元，同比下降 24.91%。其中，中心职工人员经费 517.08 万元，公用经费 146.63 万元，专项经费 124.5 万元。

四、资产风险状况

2018 年末，个人住房贷款逾期额 28.94 万元，逾期率 0.2‰。其中，大武口管理部 0.2‰，平罗管理部 0，惠农管理部 0。

个人贷款风险准备金按贷款余额的 2% 提取。2018 年，提取个人贷款风险准备金 514.8 万元，使用个人贷款风险准备金核销呆坏账 115.94 万元。2018 年末，个人贷款风险准备金余额 2908.72 万元，占个人住房贷款余额的 2%，个人住房贷款逾期额与个人贷款风险准备金余额的比率为 1%。

五、社会经济效益

(一) 缴存业务：2018 年，实缴单位数、实缴职工人数和缴存额同比分别增长 2.09%、1.84% 和 2.14%。

缴存单位中，国家机关和事业单位占 53.66%，国有企业占 16.78%，城镇集体企业占 1.95%，外商投资企业占 1.56%，城镇私营企业及其他城镇企业占 16.3%，民办非企业单位和社会团体占 2.83%，其他占 6.92%。

缴存职工中，国家机关和事业单位占 46.89%，国有企业占 32.89%，城镇集体企业占 1.7%，外商投资企业占 3.08%，城镇私营企业及其他城镇企业占 10.95%，民办非企业单位和社会团体占 0.98%，其他占 3.51%；中、低收入占 99.53%，高收入占 0.47%。

新开户职工中，国家机关和事业单位占 26.27%，国有企业占 17.73%，城镇集体企业占 5.75%，外商投资企业占 9.78%，城镇私营企业及其他城镇企业占 25.87%，民办非企业单位和社会团体占 2.13%，其他占 12.47%；中、低收入占 99.8%，高收入占 0.2%。

(二) 提取业务：2018 年，3.37 万名缴存职工提取住房公积金 5.92 亿元。

提取金额中，住房消费提取占 72.81%（购买、建造、翻建、大修自住住房占 25.5%，偿还购房贷款本息占 43.98%，租赁住房占 2.5%，其他占 0.83%）；非住房消费提取占 27.19%（离退休提取占 18.5%，完全丧失劳动能力并与单位终止劳动关系提取占 4.03%，其他占 4.66%）。

提取职工中，中、低收入占 98.91%，高收入占 1.09%。

(三) 贷款业务：

1. **个人住房贷款**。2018 年，支持职工购建房 16.81 万平方米，年末个人住房贷款市场占有率为 40.34%，比上年增加 6.34 个百分点。通过申请公积金个人住房贷款，为缴存职工购房节约利息支出 3379.62 万元。

职工贷款笔数中，购房建筑面积 90（含）平方米以下占 11.52%，90~144（含）平方米占 77.67%，144 平方米以上占 10.81%。购买新房占 64.73%（其中购买保障性住房占 4.17%），购买二手房占 35.27%。

职工贷款笔数中，单缴存职工申请贷款占 70.46%，双缴存职工申请贷款占 29.54%。

贷款职工中，30 岁（含）以下占 45.3%，30 岁~40 岁（含）占 33.36%，40 岁~50 岁（含）占 15.9%，50 岁以上占 5.44%；中、低收入占 99.79%，高收入占 0.21%。

2. **异地贷款**。2018 年，发放异地贷款 74 笔 1470.1 万元。2018 年末，发放异地贷款总额 7832.3 万元，异地贷款余额 4792.39 万元。

(四) 住房贡献率：2018 年，个人住房贷款发放额、公转商贴息贷款发放额、项目贷款发放额、住房消费提取额的总和与当年缴存额的比率为 97.56%，比上年减少 26%。

六、其他重要事项

(一) 缴存基数限额及确定方法、缴存比例调整情况

根据国务院《住房公积金管理条例》和住房城乡建设部、财政部、中国人民银行《关于住房公积金管理若干具体问题的指导意见》(建金管〔2005〕5号),以及《石嘴山市统计局数据资料告知函》关于2018年全市在岗职工年平均工资统计数据,确定2018年度我市职工住房公积金月缴存基数为职工本人2018年度月平均工资,最高月缴存工资基数不得超过2018年度全市在岗职工月平均工资4991元的三倍,即14973元。住房公积金最高缴存比例为单位和个人各12%,职工住房公积金单位和个人最高月缴存总额不超过3594元,最低缴存基数为1560元,新建缴存职工的缴存基数应按照上述最高和最低区间标准确定。

(二) 住房公积金政策调整及执行情况

1. 住房公积金归集政策。

(1) 扩大住房公积金缴存使用范围。为贯彻落实住房城乡建设部、财政部、中国人民银行、国务院港澳事务办公室、国务院台湾事务办公室《关于在内地(大陆)就业的港澳台同胞享有住房公积金待遇有关问题的意见》(建金〔2018〕237号)文件精神,推动在内地(大陆)就业的港澳台同胞同等享有住房公积金待遇,凡与石嘴山市用人单位建立劳动(聘用)关系,单位可凭本人台胞证、回乡证等证照之一建立住房公积金账户。

(2) 延长阶段性适当降低企业住房公积金缴存比例政策的期限。按照自治区住房城乡建设厅、财政厅、中国人民银行银川中心支行《关于转发改进住房公积金缴存机制进一步降低企业成本的通知》〔宁建(金管)发〔2018〕8号〕要求,延长执行阶段性适当降低企业住房公积金缴存比例至2020年4月30日。

(3) 切实规范住房公积金缴存基数上限。缴存住房公积金的月工资基数,不得高于石嘴山市统计部门公布的上一年度职工月平均工资的3倍。凡超过3倍的,一律予以规范调整。

(4) 扩大住房公积金缴存比例浮动区间。按照《住房公积金管理条例》和《关于住房公积金管理若干具体问题的指导意见》(建金管〔2005〕5号)的规定要求,住房公积金缴存比例下限为5%,上限为12%。缴存企业和单位可在5%至12%间自主确定缴存比例。

2. 住房公积金贷款、提取政策。根据自治区住房城乡建设厅、财政厅、人民银行银川中心支行《关于进一步规范调整住房公积金使用政策有效支持合理住房消费的通知》(宁建规〔2018〕14号)要求,对石嘴山市住房公积金贷款、提取政策进行规范调整。

(1) 调整贷款额度和首付款比例。夫妻双方都缴存住房公积金的,最高贷款额度保持70万元不变,单方缴存住房公积金的,最高贷款额度由55万元调整至50万元。

(2) 调整住房公积金贷款申请条件。将"职工连续足额缴存住房公积金3个月(含)以上,可申请住房公积金个人住房贷款",调整为"职工连续足额缴存住房公积金6个月(含)以上,可申请住房公积金个人住房贷款"。

(3) 限制对购买第三套及以上住房的缴存职工家庭发放住房公积金个人住房贷款。住房公积金贷款对象为购买首套自住住房或第二套改善性普通自住住房的缴存职工,对购买第三套及以上住房的缴存职工家庭不予发放住房公积金个人住房贷款。

(4) 调整购房提取使用期限和提取范围。购房提取住房公积金,提取使用期限从10年内(含10年)

调整至 3 年内（含 3 年），即购买新房（期房、现房、拆迁安置房）以合同签订日期 3 年内为准（拆迁合同签订日期超过 3 年的，也可在备案日期 1 年内办理）；购买二手房以过户后的房产证日期 3 年内为准。

提取范围从本人及配偶、夫妻双方父母、子女及配偶调整为本人及配偶。即，职工购买自住住房，未申请个人住房公积金贷款的，职工本人及配偶在签订购房合同或房产过户 3 年内（含），可以凭有效证明材料，每年提取一次住房公积金账户内的存储余额，夫妻双方累计提取额度不能超过购房总价款。

（5）调整租房提取次数。统一调整租赁商品住房和公共租赁住房为一年提取一次。租赁商品住房提取额度不超过我市确定的 15000 元提取额度；公共租赁住房按房屋实际租金提取。

（三）综合服务平台和网络载体建设服务情况

1. **围绕"重大项目推进年"，做好公积金扩面工作**。一是围绕重大建设项目，主动深入企业，靠前服务，上门送政策，为缴存单位和职工提供高效便捷服务。二是在全区率先将年满 18 周岁的在校大学生、港澳台同胞等纳入制度范围，进一步扩大缴存覆盖面。三是率先在全区推行公积金自愿缴存。制定新市民缴存公积金准入和使用办法，实现应缴尽缴。2018 年，全市新开户 79 个单位，新增缴存职工 5060 人次，新市民贷款发放户数和金额占比分别为 31.87％、31.81％。

2. **围绕信息化建设，有效防范资金风险**。一是加强信息化建设，强化权限、资金、流程管理，设置参数和风险提示。健全完善《信息安全总体方针》等 18 项制度，以事中控制促事前防范。二是实现贷款稽核全流程监管，贷前稽核收入情况，贷中稽核借款合同签订情况，贷后稽核抵押物落实和资金去向，确保贷款发放安全。三是引入电子化检查，实现对全业务动态监管，通过排查、规范和整改，达到政策规范执行和防控风险目标。

3. **围绕"互联网＋数据共享"，实现业务"零跑路"**。一柜办理。打破业务分类、分区域办理的传统模式，实现全城通办，将 28 个住房公积金子项全部下放各办事大厅。一证办结。实现人民银行征信、公安核查、房产、区内各中心公积金系统数据联网，"一证在手"可办结 7 项公积金业务。一站服务。实现受托银行、不动产抵押登记多部门联办，只进"一扇门"，可完成贷款受理、审批、抵押、还款、解押五项服务。一网通办。建成了门户网站、网上大厅、"12329"热线、短信、手机 APP 的综合服务平台。28 个服务事项全部"入驻"网上大厅，办事人员由过去"见一面"到现在"不见面""马上办"，离柜办理率达 55.06％。"一金多用"。与金融机构共享大数据，推出公积金点贷业务，让群众享受公积金数据延伸带来的增值服务。

4. **围绕"作风建设深化年"，做好公积金服务工作**。一是结合全市"作风建设深化年"活动，确定了"服务质量提升年"，以季评、年考为抓手，量化考核指标，促进了管理和服务的双提升。二是开展"聚力、提升、创新、快乐"周活动，将志愿服务和管理创新贯穿到每周、每月，提升干部职工幸福感、归属感和凝聚力。三是创新服务，打造"流动窗口"，开展预约、上门、延时服务。制定服务标准，当好新时期的"店小二"。2018 年开展公积金上门服务 487 次。四是将网厅查询和业务办理搭载到各承办银行，延伸服务网点，实现"小中心大服务"。

（四）2018 年获得的荣誉

1. 荣获全区住房城乡建设工作"先进集体"称号。
2. 统计工作在全国住房公积金会议上作经验交流。
3. 荣获全区住房公积金管理工作考核第一名。

4. 荣获全市"五星级"党组织。
5. 荣获全市"三八"红旗集体。

吴忠市住房公积金 2018 年年度报告

一、机构概况

（一）住房公积金管理委员会：住房公积金管理委员会有 23 名委员，2018 年召开 1 次会议，审议通过的事项主要包括：《关于 2018 年住房公积金归集管理使用情况和 2018 年归集使用计划情况的报告》、《关于 2018 年度住房公积金业务收支决算和增值收益分配方案及 2018 年度住房公积金业务收支预算的报告》、《吴忠市住房公积金 2018 年年度报告》、《关于吴忠市住房公积金管理中心与金融机构开展"个人网上信用贷款业务"的报告》等。

（二）住房公积金管理中心：住房公积金管理中心为直属市人民政府不以营利为目的的独立的事业单位，设 5 个科室，4 个分中心。从业人员 57 人，其中，在编 51 人，非在编 6 人。

二、业务运行情况

（一）缴存：2018 年，新开户单位 79 家，实缴单位 1238 家，净增单位 39 家；新开户职工 0.66 万人，实缴职工 6.32 万人，净增职工 -0.05 万人；缴存额 10.51 亿元，同比增长 7.79%。2018 年末，缴存总额 82.32 亿元，同比增长 14.64%；缴存余额 35.03 亿元，同比增长 10.5%。

受委托办理住房公积金缴存业务的银行 5 家，与上年保持一致。

（二）提取：2018 年，提取额 7.17 亿元，同比下降 2.98%；占当年缴存额的 68.22%，比上年减少 7.57 个百分点。2018 年末，提取总额 47.29 亿元，同比增长 17.87%。

（三）贷款：个人住房贷款最高额度 70 万元，其中，单缴存职工最高额度 50 万元，双缴存职工最高额度 70 万元。

2018 年，发放个人住房贷款 0.24 万笔 7.2 亿元，同比分别增长 9.09%、11.63%。其中，市中心发放个人住房贷款 0.13 万笔 4.02 亿元，红寺堡分中心发放个人住房贷款 0.02 万笔 0.47 亿元，青铜峡分中心发放个人住房贷款 0.03 万笔 0.69 亿元，盐池分中心发放个人住房贷款 0.03 万笔 0.79 亿元，同心分中心发放个人住房贷款 0.03 万笔 1.23 亿元。

2018 年，回收个人住房贷款 4.97 亿元。其中，市中心 2.62 亿元，红寺堡分中心 0.28 亿元，青铜峡分中心 0.82 亿元，盐池分中心 0.58 亿元，同心分中心 0.67 亿元。

2018 年末，累计发放个人住房贷款 4.44 万笔 58.37 亿元，贷款余额 22.81 亿元，同比分别增长 5.97%、14.07%、10.84%。个人住房贷款余额占缴存余额的 65.12%，比上年增加 0.2 个百分点。

受委托办理住房公积金个人住房贷款业务的银行 5 家，与上年保持一致。

(四) 资金存储：2018年末，住房公积金存款12.94亿元。其中，活期1.34亿元，1年（含）以下定期9.01亿元，1年以上定期2.59亿元。

(五) 资金运用率：2018年末，住房公积金个人住房贷款余额、项目贷款余额和购买国债余额的总和占缴存余额的65.12%，比上年增加0.19个百分点。

三、主要财务数据

(一) 业务收入：2018年，业务收入9138.88万元，同比下降6.52%。其中，市中心4430.14万元，红寺堡分中心568.69万元，青铜峡分中心1868.02万元，盐池分中心1052.85万元，同心分中心1219.18万元；存款利息1891.2万元，委托贷款利息7247.67万元，其他0.01万元。

(二) 业务支出：2018年，业务支出5115.68万元，同比增长9.41%。其中，市中心1991.26万元，红寺堡分中心305.99万元，青铜峡分中心1358.64万元，盐池分中心606.26万元，同心分中心853.53万元；支付职工住房公积金利息4931.56万元，归集手续费0.7万元，委托贷款手续费183.42万元。

(三) 增值收益：2018年，增值收益4023.2万元，同比下降21.12%。其中，市中心2438.88万元，红寺堡分中心262.7万元，青铜峡分中心509.38万元，盐池分中心446.59万元，同心分中心365.65万元；增值收益率1.22%，比上年减少0.42个百分点。

(四) 增值收益分配：2018年，提取贷款风险准备金333.89万元，提取管理费用1513.36万元，提取城市廉租住房（公共租赁住房）建设补充资金2175.95万元。

2018年，上交财政管理费用1373万元。上缴财政城市廉租住房（公共租赁住房）建设补充资金3305.7万元。其中，市中心上缴1261.7万元，红寺堡分中心上缴（红寺堡区财政局）192万元，青铜峡分中心上缴（青铜峡市财政局）897万元，盐池分中心上缴（盐池县财政局）398万元，同心分中心上缴（同心县财政局）557万元。

2018年末，贷款风险准备金余额3420.91万元。累计提取城市廉租住房（公共租赁住房）建设补充资金22105.4万元。其中，市中心提取9614.19万元，红寺堡分中心提取1010.35万元，青铜峡分中心提取6050.37万元，盐池分中心提取2345.15万元，同心分中心提取3085.34万元。

(五) 管理费用支出：2018年，管理费用支出1037.3万元，同比下降24.05%。其中，人员经费665.21万元，公用经费79.54万元，专项经费292.55万元。

市中心管理费用支出645.97万元，其中，人员、公用、专项经费分别为331.24万元、31.76万元、282.97万元；红寺堡分中心管理费用支出65.95万元，其中，人员、公用、专项经费分别为52.95万元、11.2万元、1.8万元；青铜峡分中心管理费用支出191.27万元，其中，人员、公用、专项经费分别为174.65万元、14.72万元、1.9万元；盐池分中心管理费用支出66.55万元，其中，人员、公用、专项经费分别为53.36万元、9.59万元、3.6万元；同心分中心管理费用支出67.56万元，其中，人员、公用、专项经费分别为53.01万元、12.27万元、2.28万元。

四、资产风险状况

2018年末，个人住房贷款逾期额9.2万元，逾期率0.04‰。其中，市中心0.05‰，红寺堡分中心0.05‰，青铜峡分中心0.06‰，盐池分中心0‰，同心分中心0‰。

个人贷款风险准备金按贷款余额的 1.5% 提取。2018 年,提取个人贷款风险准备金 333.89 万元,无使用个人贷款风险准备金核销呆坏账。2018 年末,个人贷款风险准备金余额 3420.91 万元,占个人住房贷款余额的 1.5%,个人住房贷款逾期额与个人贷款风险准备金余额的比率为 0.27%。

五、社会经济效益

(一)缴存业务:2018 年,实缴单位数、实缴职工人数和缴存额同比分别增长 3.25%、-0.78% 和 7.79%。

缴存单位中,国家机关和事业单位占 63.41%,国有企业占 16.07%,城镇集体企业占 0.89%,外商投资企业占 0.4%,城镇私营企业及其他城镇企业占 18.5%,民办非企业单位和社会团体占 0.4%,其他占 0.33%。

缴存职工中,国家机关和事业单位占 59.99%,国有企业占 22.75%,城镇集体企业占 0.55%,外商投资企业占 0.1%,城镇私营企业及其他城镇企业占 15.99%,民办非企业单位和社会团体占 0.1%,其他占 0.52%;中、低收入占 100%,高收入占 0%。

新开户职工中,国家机关和事业单位占 62.08%,国有企业占 24.96%,城镇集体企业占 1.67%,外商投资企业占 0.63%,城镇私营企业及其他城镇企业占 8.34%,民办非企业单位和社会团体占 0.33%,其他占 1.99%;中、低收入占 100%,高收入占 0%。

(二)提取业务:2018 年,1.66 万名缴存职工提取住房公积金 7.17 亿元。

提取金额中,住房消费提取占 78.77%(购买、建造、翻建、大修自住住房占 24.3%,偿还购房贷款本息占 54.33%,租赁住房占 0.14%,其他占 0%);非住房消费提取占 21.23%(离休和退休提取占 16.49%,完全丧失劳动能力并与单位终止劳动关系提取占 1.67%,户口迁出本市或出境定居占 2.35%,其他占 0.72%)。

提取职工中,中、低收入占 100%,高收入占 0%。

(三)贷款业务:

1. **个人住房贷款**。2018 年,支持职工购建房 31.27 万平方米,年末个人住房贷款市场占有率为 24.93%,比上年减少 6.61 个百分点。通过申请住房公积金个人住房贷款,可节约职工购房利息支出 1187.76 万元。

职工贷款笔数中,购房建筑面积 90(含)平方米以下占 3.18%,90~144(含)平方米占 82.09%,144 平方米以上占 14.73%。购买新房占 84.28%(其中购买保障性住房占 0.29%),购买二手房占 15.72%,建造、翻建、大修自住住房占 0%,其他占 0%。

职工贷款笔数中,单缴存职工申请贷款占 23.23%,双缴存职工申请贷款占 76.77%,无三人及以上缴存职工共同申请贷款。

贷款职工中,30 岁(含)以下占 32.59%,30 岁~40 岁(含)占 38.45%,40 岁~50 岁(含)占 21%,50 岁以上占 7.96%;首次申请贷款占 93.4%,二次及以上申请贷款占 6.60%;中、低收入占 100%,高收入占 0%。

2. **异地贷款**。2018 年,发放异地贷款 537 笔 16514.7 万元。2018 年末,发放异地贷款总额 71124.6 万元,异地贷款余额 38132.7 万元。

（四）住房贡献率：2018年，个人住房贷款发放额、公转商贴息贷款发放额、项目贷款发放额、住房消费提取额的总和与当年缴存额的比率为122.27%，比上年减少19.47个百分点。

六、其他重要事项

（一）当年机构及职能调整情况：重新调整吴忠市住房公积金管理委员会成员。

（二）当年住房公积金政策调整及执行情况：一是规范直系亲属购房贷款条件。职工购买自住住房申请住房公积金贷款的，借款申请人应为住房公积金缴存职工，且属于购买自住住房的房屋所有权人或共有权人。对于存在共同购买人的，共同购买人应为借款申请人的配偶或父母、子女。二是出台贷款信息变更业务规范。职工在贷款期间需对原借款合同约定的内容进行变更时，可申请办理提前还款、还款账户变更、借款人配偶信息变更、抵押物信息变更、保证人信息变更等业务。

（三）当年服务改进情况：一是取消了职工申请贷款提供的收入证明、工资流水以及售房单位账号证明等资料。二是继续完善住房公积金门户网站、12329服务热线、官方微信、手机APP等综合服务平台。

（四）当年信息化建设情况：一是推进"互联网＋公积金"服务，以数据共享融合线上线下创新服务新模式，实现网上缴存方便快捷业务，落实业务办理"不见面"、"马上办"和"零材料"的服务新模式，做到了"数据多跑路，群众少跑腿，甚至不跑腿。"二是全面开展委托贷款自主核算管理模式，实现了科学规范高效管理。三是大力开展住房公积金"托收"业务，提高了工作效率。四是启用贷款业务电子印章，方便受托银行办理公积金贷款业务。

固原市住房公积金2018年年度报告

一、机构概况

（一）住房公积金管理委员会：固原市住房公积金管委会有27名委员。2019年召开四届一次全体会议，审议通过了2019年度住房公积金归集、使用计划，并对其他重要事项进行决策，听取了2018年度住房公积金归集管理使用情况审计报告，审议批准了2018年度住房公积金增值收益分配方案。

（二）住房公积金管理中心：固原市住房公积金管理中心为固原市人民政府直属全额拨款事业法人单位，主要负责全市住房公积金的归集、管理、使用和会计核算。中心内设办公室、归集管理科、住房信贷科、审计稽核科，下设西吉、隆德、泾源、彭阳四个分中心。其中，从业人员34人，在编21人，非在编13人。

二、业务运行情况

（一）缴存：2018年，新开户单位51家，实缴单位1140家，净减少单位24家；新开户职工0.37万人,实缴职工 5.32 万人,净增职工 0.14 万人;当年缴存额 9.68 亿元,同比减少 4.07%。2018 年末,缴存总额 70.83 亿元,同比增长 15.83%;缴存余额 29.48 亿元,同比增长 8.18%。

受委托办理住房公积金缴存业务的银行 11 家,比上年增加 1 家。

(二) 提取:2018 年,提取额 7.44 亿元,同比减少 6.99%;占当年缴存额的 76.86%,比上年下降 2.17 个百分点。2018 年末,提取总额 41.33 亿元,同比增长 21.95%。

(三) 贷款:个人住房贷款最高额度为 70 万元,其中,单缴存职工最高额度 50 万元,双缴存职工最高额度 70 万元。

2018 年,发放个人住房贷款 0.18 万笔 6.26 亿元,同比分别下降 3.74% 和增长 4.39%。其中,市中心发放个人住房贷款 0.13 万笔 4.89 亿元,西吉分中心发放个人住房贷款 0.01 万笔 0.32 亿元,隆德分中心发放个人住房贷款 0.01 万笔 0.26 亿元,泾源分中心发放个人住房贷款 0.01 万笔 0.11 亿元,彭阳分中心发放个人住房贷款 0.02 万笔 0.68 亿元。

2018 年,回收个人住房贷款 3.12 亿元,其中,市中心 1.87 亿元,西吉分中心 0.53 亿元,隆德分中心 0.23 亿元,泾源分中心 0.19 亿元,彭阳分中心 0.30 亿元。

2018 年末,累计发放个人住房贷款 2.59 万笔 44.25 亿元,贷款余额 22.51 亿元,同比分别增长 7.47%、16.48%、16.21%。个人住房贷款余额占缴存余额的 76.37%,比上年增长 5.31 个百分点。

受委托办理住房公积金贷款业务的银行 11 家,比上年增加 1 家。

(四) 资金存储:2018 年末,住房公积金存款 7.37 亿元。其中:活期 0.45 亿元,1 年(含)以内定期 6.32 亿元,1 年以上定期 0.60 亿元。

(五) 资金运用率:截至 2018 年底,个人住房贷款余额占缴存余额的 76.37%,比上年增长 5.31 个百分点。

三、主要财务数据

(一) 业务收入:2018 年,业务收入 8471.96 万元,同比增长 14.74%。其中:存款利息 1798.02 万元,委托贷款利息 6671.84 万元,其他 2.10 万元。

(二) 业务支出:2018 年,业务支出 4706.13 万元,同比增长 10.53%。支付职工住房公积金利息 4323.97 万元,委托贷款手续费支出 325.30 万元,其他支出 56.86 万元。

(三) 增值收益:2018 年,增值收益 3765.82 万元,同比增长 20.47%。增值收益率为 1.35%,同比增长 0.14 个百分点。

(四) 增值收益分配:2018 年,提取贷款风险准备金 280.82 万元;提取管理费用 585.00 万元;提取城市廉租住房(公共租赁住房)建设补充资金 2900.00 万元。

2018 年,上交财政管理费用 1000 万元。上缴财政城市廉租住房(公共租赁住房)建设补充资金 1800.00 万元。2018 年末,贷款风险准备金余额 2252.02 万元;累计提取城市廉租住房(公共租赁住房)建设补充资金 16953.90 万元。其中,市中心提取 8838.04 万元,西吉分中心提取 3199.89 万元,隆德分中心提取 1940.31 万元,泾源分中心提取 1078.39 万元,彭阳分中心提取 1897.27 万元。

(五) 管理费用支出:2018 年,管理费用支出 328.34 万元,同比减少 253.44%。其中:人员经费 293.12 万元,公用经费 35.22 万元。

四、资产风险状况

2018年末，个人住房贷款逾期额28.41万元，逾期率0.15‰。其中，市中心0.10‰，西吉分中心0.32‰，隆德分中心0.15‰，泾源分中心0.12‰，彭阳分中心0.21‰。

个人贷款风险准备金按贷款余额的1%提取，提取个人贷款风险准备金280.82万元，余额为2252.02万元，个人贷款风险准备金余额与个人贷款余额的比率为1.00%，个人贷款逾期额与个人贷款风险准备金余额的比率为1.46‰。

五、社会经济效益

（一）**缴存业务**：2018年，实缴单位数、实缴职工人数和缴存额增长率分别为－2.11%、2.69%和－4.07%。

缴存单位中，国家机关和事业单位占78.89%，国有企业占7.82%，城镇集体企业占0.88%，城镇私营企业及其他城镇企业占9.53%，民办非企业单位和社会团体占2.88%。

缴存职工中，国家机关和事业单位占84.56%，国有企业占11.86%，城镇集体企业占1.28%，城镇私营企业及其他城镇企业占1.75%，民办非企业单位和社会团体占0.55%。中、低收入占99.71%，高收入占0.29%。

新开户职工中，国家机关和事业单位占56.58%，国有企业占24.89%，城镇集体企业占1.28%，城镇私营企业及其他城镇企业占17.25%；中、低收入占99.69%，高收入占0.31%。

（二）**提取业务**：2018年，1.61万名缴存职工提取住房公积金7.44亿元。

提取金额中，住房消费提取占82.54%（购买、建造、翻建、大修自住住房占23.83%，偿还购房贷款本息占55.4%，租赁住房占3.16%、其他占0.15%）；非住房消费提取占17.46%（离休和退休提取占14.96%，完全丧失劳动能力并与单位终止劳动关系等提取占0.33%，户口迁出本市或出境定居占0.83%，其他占1.34%）。提取职工中，中、低收入占97.75%，高收入占2.25%。

（三）**贷款业务**：

1. **个人住房贷款**。2018年，支持职工购建房23.21万平方米，年末个人住房贷款市场占有率为37.36%，比上年增加0.97个百分点。通过申请住房公积金个人住房贷款，可节约职工购房利息支出10686.12万元。

职工贷款笔数中，购房面积90（含）平方米以下占2.44%，90～144（含）平方米占85.53%，144平方米以上占12.03%。购买新房占86.12%（其中购买保障性住房为零），购买存量商品住房占13.88%，建造、翻建、大修自住住房为零，其他为零。

职工贷款笔数中，单缴存职工申请贷款占64.07%，双缴存职工申请贷款占35.93%，三人及以上缴存职工共同申请贷款为零。

贷款职工笔数中，低收入群体占46.72%，中等收入群体占51.82%，高收入群体占1.46%。

贷款职工中，30岁（含）以下占38.86%，30岁～40岁（含）占36.53%，40岁～50岁（含）占19.30%，50岁以上占5.31%；首次申请贷款占91.65%，二次及以上申请贷款占8.35%；中、低收入占98.54%，高收入占1.46%。

2. 异地贷款。2018年，发放异地贷款226笔8148.20万元。2018年末，发放异地贷款总额35942.30万元，异地贷款余额23963.81万元。

（四）住房公积金贡献率：2018年，个人住房贷款发放额、住房消费提取额的总和与当年缴存额的比率为128.11%，比上年增长2.86个百分点。

六、其他重要事项

（一）**当年机构及职能调整情况、受委托办理缴存贷款业务金融机构变更情况**：2018年1月，经市住房公积金管委会批准，委托建行西吉县支行办理住房公积金金融业务。

（二）**当年住房公积金政策调整情况及执行情况**：缴存比例和缴存限额：2018年度职工住房公积金最高缴存基数以固原市统计局公布的在岗职工平均工资为标准确定，最低缴存基数以自治区人民政府公布的最低工资为标准确定，缴存比例为5%～12%，最高缴存额4663.20元（个人和单位），最低缴存额148.00元（个人和单位）。职工缴存的住房公积金均按一年期存款利率1.50%计息。单缴存职工贷款最高额度50万元，双缴存职工贷款最高额度70万元。贷款最长年限30年。5年以下（含）年利率2.75%，5年以上年利率3.25%。

（三）**当年服务改进情况**：认真开展了新市民住房问题专题调研活动，举办了"政府开放日"活动，西吉分中心进驻县政务服务中心办公，建行西吉支行开展住房公积金全业务。进一步优化住房公积金业务流程，取消和精简部分证明材料；缩短了住房公积金提取和贷款办理时限，提取资金基本实现了即时到账；移动转移接续平台和网上业务大厅全面运行；职工办理住房公积金提取、贷款业务更加优质、高效、快捷，12329服务热线满意率不断提高，综合服务平台建设初见成效。

（四）**当年信息化建设情况**：完成住房公积金异地容灾备份项目及多功能键盘的采购工作，中标金额为49.32万元。开展网上业务大厅住房公积金缴存工作，完成异地转移接续平台贷款和使用工作。

（五）**当年住房公积金管理中心及职工所获荣誉情况**：2018年，市住房公积金管理中心被自治区住房和城乡建设厅评为全区住房城乡建设工作先进集体，被市精神文明建设指导委员会继续确认为"固原市文明单位"，被评为市民大厅优质服务"红旗窗口"，在2018年群众评议机关作风活动中名列分组单位前列。1名职工被自治区住房和城乡建设厅评为全区住房城乡建设工作先进个人。

中卫市住房公积金2018年年度报告

一、机构概况

（一）**住房公积金管理委员会**：住房公积金管理委员会有25名委员，2018年召开1次会议，审议通过的事项主要包括：一是审议《关于全市2018年住房公积金归集使用计划完成情况暨2018年归集使用计划的报告（草案）》；二是审议《关于全市2018年住房公积金业务收支决算暨2018年业务收支预算的报告

（草案）》；三是审议《中卫市住房公积金2018年年度报告（草案）》。

（二）住房公积金管理中心：住房公积金管理中心为直属市人民政府不以营利为目的的正处级全额拨款事业单位，设5个科室，2个分中心。从业人员42人，其中，在编28人，非在编14人。

二、业务运行情况

（一）缴存：2018年，新开户单位77家，实缴单位901家，净增单位8家；新开户职工6064人，实缴职工64698人，净增职工11629人；缴存额7.53亿元，同比增长3.72%。2018年末，缴存总额50.39亿元，同比增长17.57%；缴存余额22.03亿元，同比增长12.97%。

受委托办理住房公积金缴存业务的银行13家，比上年减少1家。

（二）提取：2018年，提取额5亿元，同比增长2.05%；占当年缴存额的66.40%，比上年减少1.09个百分点。2018年末，提取总额28.36亿元，同比增长21.40%。

（三）贷款：个人住房贷款最高额度70万元，其中，单缴存职工最高额度50万元，双缴存职工最高额度70万元。

2018年，发放个人住房贷款1467笔4.81亿元，同比分别下降25.91%、21.79%。其中，市中心发放个人住房贷款946笔3.24亿元，中宁分中心发放个人住房贷款190笔0.51亿元，海原分中心发放个人住房贷款331笔1.06亿元。

2018年，回收个人住房贷款3.02亿元。其中，市中心1.99亿元，中宁分中心0.58亿元，海原分中心0.45亿元。

2018年末，累计发放个人住房贷款17679笔34.31亿元，贷款余额17.80亿元，同比分别增长9.05%、16.31%、11.11%。个人住房贷款余额占缴存余额的80.80%，比上年减少1.35个百分点。

受委托办理住房公积金个人住房贷款业务的银行11家，比上年增加2家。

（四）资金存储：2018年末，住房公积金存款4.85亿元。其中，活期0.24亿元，1年（含）以下定期2.87亿元，1年以上定期1.74亿元。

（五）资金运用率：2018年末，住房公积金个人住房贷款余额、项目贷款余额和购买国债余额的总和占缴存余额的80.80%，比上年减少1.35个百分点。

三、主要财务数据

（一）业务收入：2018年，业务收入6948.83万元，同比增长8.04%。其中，市中心4064.36万元，中宁分中心1746.87万元，海原分中心1137.60万元；存款利息1485.37万元，委托贷款利息5463.13万元，其他0.33万元。

（二）业务支出：2018年，业务支出3303.28万元，同比增长10.96%。其中，市中心1392.96万元，中宁分中心1054.51万元，海原分中心855.81万元；支付职工住房公积金利息3090.08万元，委托贷款手续费126.57万元，其他86.63万元。

（三）增值收益：2018年，增值收益3645.55万元，同比增长5.52%。其中，市中心2671.40万元，中宁分中心692.36万元，海原分中心281.79万元；增值收益率1.77%，比上年增加0.01个百分点。

（四）增值收益分配：2018年，提取贷款风险准备金114.30万元，提取管理费用681.25万元，提取城市廉租住房（公共租赁住房）建设补充资金 2850 万元。

2018 年，上交财政管理费用 1110 万元。上缴财政城市廉租住房（公共租赁住房）建设补充资金 2000 万元。其中，市中心上缴 800 万元，中宁分中心上缴中宁县财政 670 万元，海原分中心上缴海原县财政 530 万元。

2018 年末，贷款风险准备金余额 1788.65 万元。累计提取城市廉租住房（公共租赁住房）建设补充资金 12536 万元。其中，市中心提取 5251.19 万元，中宁分中心提取 3897.85 万元，海原分中心提取 3386.96 万元。

（五）管理费用支出：2018 年，管理费用支出 592.49 万元，同比下降 51.16%。其中，人员经费 391.32 万元，公用经费 201.17 万元。

四、资产风险状况

2018 年末，个人住房贷款逾期额 76.65 万元，逾期率 0.43‰。其中，市中心 0.55‰，中宁分中心 0‰，海原分中心 0.3‰。

个人贷款风险准备金按贷款余额的 1% 提取。2018 年，提取个人贷款风险准备金 114.30 万元，使用个人贷款风险准备金核销呆坏账 0 万元。2018 年末，个人贷款风险准备金余额 1788.65 万元，占个人住房贷款余额的 1%，个人住房贷款逾期额与个人贷款风险准备金余额的比率为 4.29%。

五、社会经济效益

（一）缴存业务：2018 年，实缴单位数、实缴职工人数和缴存额同比分别增长 0.90%、21.91% 和 3.72%。

缴存单位中，国家机关和事业单位占 64.37%，国有企业占 8.10%，城镇集体企业占 0.11%，外商投资企业占 0.22%，城镇私营企业及其他城镇企业占 26.31%，民办非企业单位和社会团体占 0.78%，其他 0.11%。

缴存职工中，国家机关和事业单位占 48.73%，国有企业占 9.19%，城镇集体企业占 0.29%，外商投资企业占 0.01%，城镇私营企业及其他城镇企业占 41.32%，民办非企业单位和社会团体占 0.08%，其他占 0.38%；中、低收入占 99.96%，高收入占 0.04%。

新开户职工中，国家机关和事业单位占 32.64%，国有企业占 8.87%，城镇集体企业占 0.03%，外商投资企业占 0.08%，城镇私营企业及其他城镇企业占 57.28%，民办非企业单位和社会团体占 0.03%，其他占 1.07%；中、低收入占 99.98%，高收入占 0.02%。

（二）提取业务：2018 年，16015 名缴存职工提取住房公积金 5 亿元。

提取金额中，住房消费提取占 76.4%（购买、建造、翻建、大修自住住房占 17.5%，偿还购房贷款本息占 54.3%，租赁住房占 4.2%，其他占 0.4%）；非住房消费提取占 23.6%（离休和退休提取占 16.6%，完全丧失劳动能力并与单位终止劳动关系提取占 3.6%，户口迁出本市或出境定居占 0%，其他占 3.4%）。

提取职工中，中、低收入占 99.95%，高收入占 0.05%。

（三）贷款业务：

1. **个人住房贷款**。2018 年，支持职工购建房 18.22 万平方米，年末个人住房贷款市场占有率为

28.35%，比上年增加 1.49 个百分点。通过申请住房公积金个人住房贷款，可节约职工购房利息支出13479.86 万元。

职工贷款笔数中，购房建筑面积 90（含）平方米以下占 5.11%，90~144（含）平方米占 81.32%，144 平方米以上占 13.57%。购买新房占 87.05%（其中购买保障性住房占 0%），购买二手房占 12.95%，建造、翻建、大修自住住房占 0%，其他占 0%。

职工贷款笔数中，单缴存职工申请贷款占 26.65%，双缴存职工申请贷款占 73.08%，三人及以上缴存职工共同申请贷款占 0.27%。

贷款职工中，30 岁（含）以下占 45.81%，30 岁~40 岁（含）占 32.85%，40 岁~50 岁（含）占 15.75%，50 岁以上占 5.59%；首次申请贷款占 92.91%，二次及以上申请贷款占 7.09%；中、低收入占 99.8%，高收入占 0.2%。

2. **异地贷款**。2018 年，发放异地贷款 373 笔 13049.9 万元。2018 年末，发放异地贷款总额 56622.5 万元，异地贷款余额 30927.76 万元。

(四) **住房贡献率**：2018 年，个人住房贷款发放额、公转商贴息贷款发放额、项目贷款发放额、住房消费提取额的总和与当年缴存额的比率为 114.61%，比上年减少 25.61 个百分点。

六、其他重要事项

(一) 受委托办理住房公积金缴存业务的银行比上年减少 1 家，系邮储银行中宁支行销户；受委托办理住房公积金个人住房贷款业务的银行比上年增加 3 家，减少 1 家，增加的分别是宁夏银行中卫分行营业部、中宁支行、海原支行，减少的是邮储银行海原支行。

(二) 印发《中卫市住房公积金失信行为黑名单管理制度》。对通过非诚信手段提供虚假资料违法违规办理住房公积金提取、贷款业务的缴存人依法依规进行限制和惩戒。提供虚假资料及违约行为包括：1. 提供虚假个人身份证明、户口证明；2. 提供虚假婚姻状况证明（结婚证、离婚证、单身承诺书）；3. 提供虚假购房合同、二手房买卖协议、房屋所有权证、契税凭证、购房备案证明、无房证明、房屋租赁合同、借款合同和借据、还款余额单等；4. 提供虚假个人信用报告；5. 提供其他虚假申请资料；6. 顶替冒名签约合同行为；7. 贷款逾期和不按还贷提取规定还贷行为。对被列入"黑名单"的缴存人，五年内不予批准住房公积金非销户提取申请，五年内不予批准住房公积金贷款申请。对事后发现违法违规办理住房公积金业务的，责令退回提取资金或解除委托贷款合同，提前偿还全部借款本息并承担全部经济损失。拒不返还的，提交当地司法机关依法查处。

(三) 印发《关于进一步调整规范住房公积金使用政策的通知》。1. 调整住房公积金个人住房贷款基本条件。(1) 贷款资格。把"职工连续足额缴存住房公积金 3 个月（含）以上，可申请住房公积金个人住房贷款"，调整为"职工连续足额缴存住房公积金 6 个月（含）以上（且 6 个月内无提取记录），可申请住房公积金个人住房贷款"。凡申请贷款的职工，住房公积金必须正常连续缴存至申请贷款的上一月。(2) 贷款对象。住房公积金贷款对象为申请贷款购买首套普通自住住房和拥有 1 套住房并已结清相应购房贷款的职工家庭；不再受理职工家庭第三次住房公积金个人住房贷款申请（包括异地贷款、夫妻双方）；异地缴存职工只能在我中心申请一次住房公积金个人住房贷款。(3) 贷款额度。夫妻双方都缴存住房公积金的，最高贷款额度保持 70 万元不变，夫妻一方（含单身职工）缴存住房公积金的，最高贷款额度由 55 万元调整至 50 万元。异地缴存职工和灵活就业缴存人员（含夫妻双方缴存、夫妻一方缴存、单身职工缴存）最高贷款额度统一调整为 50 万元。（4）贷款倍数。恢复住房公积金缴存余额对贷款额度的倍数限制，最高贷款额度为不超过借款申请人（含共同借款申请人）住房公积金缴存余额的 25 倍。（5）贷款期限。职工所申请的贷款期限不得超过 30 年，且贷款到期日不超过借款申请人（含共同申请人）法定退休时间后五年；异地缴存职工（含共同申请人）贷款到期日不超过借款申请人（含共同申请人）法定退休年龄；灵活就业缴存人员（含共同申请人）贷款到期日为：男不超过 60 岁，女不超过 55 岁。（6）担保方式。住房公积金贷款均实行用本次贷款所购住房作为抵押物，同时依据借款申请人具体情况增加保证人（保证人须为正常缴存住房公积金的在职职工）的保证方式。（7）其他规定。借款申请人（含共同借款申请人）名下的月负债和此次申请贷款的合计月还款额由不超过家庭收入的 60% 调整到 50%。暂停办理商业性个人住房贷款转住房公积金贷款业务。职工申请的贷款额度、期限和担保方式的审核审批依据职工住房公积金缴存情况、偿还贷款本息能力、个人信用情况等因素综合考虑确定。2. 调整规范提取相关政策。（1）调整购房提取合同使用期限及提取范围。将购房提取住房公积金的购房合同使用期限从 10 年内（含 10 年）调整至 3 年内（含 3 年），提取范围从本人及配偶、夫妻双方父母、子女及其配偶调整为本人及配偶。即，职工购买自住住房，未申请个人住房公积金贷款的，职工本人及其配偶在购房合同签订之日起 3 年内（含 3 年），可以凭有效证明材料，每年提取一次住房公积金账户内的存储余额，夫妻双方累计提取额度不能超过购房总价款。（2）规范解除劳动合同提取事宜。缴存职工与单位解除或终止劳动关系的，应先办理个人账户封存。账户封存期间，在异地开立住房公积金账户并稳定缴存半年以上的，可办理异地转移接续手续。未在异地继续缴存的，封存满半年后方可提取。

（四）印发《关于调整规范部分住房公积金使用政策的通知》。1. 调整第二次使用住房公积金个人住房贷款利率。缴存职工家庭第二次使用住房公积金贷款的，贷款利率按同期首套住房公积金个人住房公积金贷款利率的 1.1 倍执行。2. 调整租房提取标准。缴存职工连续足额缴存住房公积金 3 个月以上，本人及其配偶在住房公积金缴存城市无自有住房的，可提取夫妻双方住房公积金支付房租。租住公共租赁房的，提供租房合同和租金缴纳证明，按照实际房租支出全额提取；租住商品住房的，提供本人及配偶名下无房证明，提取的房租最高不得超过 15000 元/年，每年只能提取一次。

（五）确定 2018 年我市职工最低和最高缴存基数。1. 根据自治区最低工资标准，确定 2018 年我市住房公积金职工最低缴存基数为：沙坡头区、中宁县（二类区）每人每月 1560 元，海原县（三类区）每人每月 1480 元。2. 根据市统计局 2018 年全市经济要情公报，全市城镇在岗职工 2018 年社会年平均工资为 66687 元，按照国家和自治区有关规定，我市 2018 年单位和职工住房公积金月缴存最高基数确定为：$66687 \times 3 \div 12 = 16672$ 元，月最高缴存额为：$16672 \times 12\% \times 2 = 4001$ 元。

（六）当年继续保持"区级文明单位"、"市级文明单位"称号。

2018 全国住房公积金年度报告汇编

新疆维吾尔自治区

乌鲁木齐

克拉玛依市

吐鲁番市

哈密市

昌吉回族自治州

博尔塔拉蒙古自治州

巴音郭楞蒙古自治州

阿克苏地区

克孜勒苏柯尔克孜自治州

喀什地区

和田地区

伊犁哈萨克自治州

塔城地区

阿勒泰地区

新疆维吾尔自治区住房公积金 2018 年年度报告

一、机构概况

（一）住房公积金管理机构：全区共设 14 个设区城市住房公积金管理中心，2 个独立设置的分中心（其中，塔里木分中心隶属巴音郭楞蒙古自治州住房公积金管理中心，吐哈油田分中心隶属哈密市住房公积金管理中心）。从业人员 1144 人，其中，在编 784 人，非在编 360 人。

（二）住房公积金监管机构：自治区住房和城乡建设厅、财政厅和人民银行乌鲁木齐中心支行负责对本区住房公积金管理运行情况进行监督。自治区住房和城乡建设厅设立住房公积金监管处，负责辖区住房公积金日常监管工作。联系电话：0991-2823933。

二、业务运行情况

（一）缴存：2018 年，新开户单位 2772 家，实缴单位 32166 家，净增单位 656 家；新开户职工 27.64 万人，实缴职工 208.21 万人，净增职工 30.56 万人；缴存额 371.23 亿元，同比增长 10.14%。2018 年末，缴存总额 2723.67 亿元，同比增长 15.78%；缴存余额 1102.57 亿元，同比增长 13.57%。

（二）提取：2018 年，提取额 239.53 亿元，同比增长 11.60%；占当年缴存额的 64.52%，比上年增加 0.84 个百分点。2018 年末，提取总额 1621.10 亿元，同比增长 17.34%。

（三）贷款：

1. **个人住房贷款**。2018 年，发放个人住房贷款 5.32 万笔 158.80 亿元，同比增长 1.53%、4.39%。回收个人住房贷款 113.40 亿元。

2018 年末，累计发放个人住房贷款 85.93 万笔 1457.61 亿元，贷款余额 757.73 亿元，同比分别增长 6.60%、12.23%、6.37%。个人住房贷余额占缴存余额的 68.72%，比上年减少 4.65 个百分点。

2. **住房公积金支持保障性住房建设项目贷款**。2018 年，发放支持保障性住房建设项目贷款 0 亿元，回收项目贷款 0.37 亿元。2018 年末，累计发放项目贷款 44.05 亿元，项目贷款余额 0 亿元（利用住房公积金贷款支持保障性住房建设，贷款发放及回收工作已经全部结束）。

（四）购买国债：2018 年，购买（记账式、凭证式）国债 0 亿元，（兑付、转让、收回）国债 0.55 亿元。2018 年末，国债余额 0.55 亿元，比上年减少 0.55 亿元。

（五）融资：2018 年，融资 0 亿元，归还 0 亿元。2018 年末，融资总额 3 亿元，融资余额 0 亿元。

（六）资金存储：2018 年末，住房公积金存款 358.03 亿元。其中，活期 15.49 亿元，1 年（含）以下定期 144.57 亿元，1 年以上定期 180.06 亿元，其他（协定、通知存款等）17.91 亿元。

（七）资金运用率：2018 年末，住房公积金个人住房贷款余额、项目贷款余额和购买国债余额的总和占缴存余额的 68.77%，比上年减少 4.75 个百分点。

三、主要财务数据

（一）业务收入：2018 年，业务收入 308080.97 万元，同比增长 7.98%。其中，住房公积金存款利息收入 70561.18 万元，委托贷款利息收入 237041.39 万元，国债利息收入 309.57 万元，其他收入 168.83 万元。

（二）业务支出：2018 年，业务支出 156978.28 万元，同比增长 7.61%。其中，职工住房公积金利息支出 150372.95 万元，归集手续费支出 28.06 万元，委托贷款手续费支出 6391.10 万元，其他支出 186.17 万元。

（三）增值收益：2018 年，增值收益 151102.68 万元，同比增长 8.36%；增值收益率 1.46%，比上年减少 0.07 个百分点。

（四）增值收益分配：2018 年，提取贷款风险准备金 18440.29 万元，提取管理费用 34619.78 万元，提取城市廉租住房（公共租赁住房）建设补充资金 97116.91 万元。

2018 年，上交财政管理费用 29814.54 万元，上缴财政城市廉租住房（公共租赁住房）建设补充资金 127719.95 万元。

2018 年末，贷款风险准备金余额 178778.37 万元，累计提取城市廉租住房（公共租赁住房）建设补充资金 640408.17 万元。

（五）管理费用支出：2018 年，管理费用支出 22970.53 万元，同比增长 0.50%。其中，人员经费 15030.13 万元，公用经费 3149.57 万元，专项经费 4790.83 万元。

四、资产风险状况

2018 年末，个人住房贷款逾期额 2764.32 万元，逾期率 0.36‰。

2018 年，提取个人贷款风险准备金 23157.61 万元，使用个人贷款风险准备金核销呆坏账 0 万元。2018 年末，个人贷款风险准备金余额 176211.34 万元，占个人贷款余额的 2.33%，个人贷款逾期额与个人贷款风险准备金余额的比率为 1.57%。

2018 年，提取项目贷款风险准备金 0 万元，使用项目贷款风险准备金核销呆坏账 0 万元。2018 年末，项目贷款风险准备金余额 2567.03 万元。

五、社会经济效益

（一）缴存业务：2018 年，实缴单位数、实缴职工人数和缴存额增长率分别为 2.08%、17.20% 和 10.14%。

缴存单位中，国家机关和事业单位占 57.75%，国有企业占 12.02%，城镇集体企业占 2.61%，外商投资企业占 0.72%，城镇私营企业及其他城镇企业占 18.48%，民办非企业单位和社会团体占 2.12%，其他占 6.30%。

缴存职工中，国家机关和事业单位占 56.42%，国有企业占 24.86%，城镇集体企业占 1.52%，外商投资企业占 0.70%，城镇私营企业及其他城镇企业占 10.03%，民办非企业单位和社会团体占 1.43%，其他占 5.04%；中、低收入占 95.94%，高收入占 4.06%。

新开户职工中，国家机关和事业单位占 57.36%，国有企业占 14.57%，城镇集体企业占 1.36%，外商投资企业占 1.49%，城镇私营企业及其他城镇企业占 16.63%，民办非企业单位和社会团体占 2.21%，其他占 6.38%；中、低收入占 99.82%，高收入占 0.18%。

（二）提取业务：2018年，76.49万名缴存职工提取住房公积金239.53亿元。

提取金额中，住房消费提取占78.03%，其中：购买、建造、翻建、大修自住住房占30.29%，偿还购房贷款本息占43.98%，租赁住房占1.55%，其他占2.21%；非住房消费提取占21.97%，其中：离休和退休提取占16.06%，完全丧失劳动能力并与单位终止劳动关系提取占4.18%，户口迁出所在市或出境定居占0.09%，其他占1.64%。

提取职工中，中、低收入占97.35%，高收入占2.65%。

（三）贷款业务：

1. **个人住房贷款**。2018年，支持职工购建房598.58万平方米。2018年末个人住房贷款市场占有率为30.29%，比上年同期减少33.61个百分点。通过申请住房公积金个人住房贷款，为缴存职工节约购房利息支出266393.68万元。

职工贷款笔数中，购房建筑面积90（含）平方米以下占18.29%，90~144（含）平方米占73.48%，144平方米以上占8.23%。购买新房占69.77%（其中：购买保障性住房占0.27%），购买二手房占29.95%，建造、翻建、大修自住住房占0.02%，其他占0.26%。

职工贷款笔数中，单缴存职工申请贷款占63.77%，双缴存职工申请贷款占36.23%，三人及以上缴存职工共同申请贷款占0%。

贷款职工中，30岁（含）以下占41.38%，30岁~40岁（含）占34.16%，40岁~50岁（含）占19.84%，50岁以上占4.62%；首次申请贷款占81.97%，二次及以上申请贷款占18.03%；中、低收入占97.39%，高收入占2.61%。

2. **异地贷款**。2018年，发放异地贷款1526笔51692.00万元。2018年末，发放异地贷款总额340246.04万元，异地贷款余额173224.44万元。

3. **公转商贴息贷款**。2018年，发放公转商贴息贷款0笔0万元，支持职工购建房面积0万平方米。当年贴息额149.27万元。2018年末，累计发放公转商贴息贷款688笔17000万元，累计贴息840.69万元。

4. **住房公积金支持保障性住房建设项目贷款**。2018年末，全区有住房公积金试点城市4个，试点项目32个，贷款额度44.05亿元，建筑面积608.28万平方米，解决60055户中低收入职工家庭的住房问题。32个试点项目贷款资金已足额还清贷款本息。

（四）住房贡献率：2018年，个人住房贷款发放额、公转商贴息贷款发放额、项目贷款发放额、住房消费提取额的总和与当年缴存额的比率为93.13%，比上年减少0.43个百分点。

六、其他重要事项

（一）召开全区会议积极推进全年工作：2018年5月召开全区住房公积金管理工作会议，总结了2018年的工作，部署了2018年的任务，特别是对信息化等重要目标任务进行再动员再部署，高效统一了思想，凝聚了人心，取得显著实效。两个月后，全区14个中心全部业务数据成功迁移至云平台，实现了全区业务管理系统的集中、统一和规范。

（二）"放管服"改革推进情况：2018年以来，在住房城乡建设部的大力指导和自治区党委、人民政府的坚强领导下，我区紧紧围绕社会稳定和长治久安工作总目标，聚焦"优化政务服务、便利群众办事"

目标，结合大数据、云平台、"互联网＋"的快速发展，审时度势，认真研究，敢于担当，奋力拼搏，全力推进住房公积金信息化建设工作。

一是简化业务流程。借助住房和城乡建设部银行数据采集结算平台的后台支撑，提取和贷款发放全部做到实时交易，实现住房公积金账户和个人银行账户"点对点"拨付以及资金"秒到账"，为广大缴存职工提供了便捷、优质、高效的服务。通兑通贷可方便缴存职工就近办理业务，无需在中心和银行网点之间奔波，做到了一窗式受理，一站式办结。

二是精简办理要件。自2018年5月14日起，为贯彻落实国务院深化"放管服"改革工作精神，切实方便群众办事，全区14个地、州、市住房公积金管理中心全部取消身份证、户口本、结婚证等身份证明材料的复印件作为住房公积金提取或贷款业务办理要件。只需凭身份证、户口本、结婚证原件即可办理住房公积金业务。

三是推进"互联网＋住房公积金"服务。建成了包含门户网站、网上业务大厅、手机APP、12329服务热线、微信公众平台、自助查询终端等6大服务渠道的综合服务平台，极大地方便了缴存单位和职工通过互联网渠道实时查询和办理住房公积金业务。

（三）当年住房公积金政策落实情况：

1. 根据《关于改进住房公积金缴存机制进一步降低企业成本的通知》（建金〔2018〕45号），下发《关于落实改进住房公积金缴存机制进一步降低企业成本的通知》（新建金函〔2018〕16号），各地住房公积金管理中心严格落实文件要求，延长政策期限、规范缴存基数上限、扩大缴存比例浮动区间、提高审批效率的有关要求，进一步细化生产经营困难企业降低缴存比例或缓缴的政策措施和操作流程。

2. 根据《2018年新疆住房公积金监管工作要点》（新建金函〔2018〕9号），各地住房公积金管理中心继续全力推进信息化建设，全面规范业务管理，防范资金风险，提升服务效能，加强舆情引导。

3. 及时转发住房城乡建设部、财政部、中国人民银行、国土资源部《关于维护住房公积金缴存职工购房贷款权益的通知》（建金〔2018〕246号）及住房城乡建设部、财政部、人民银行、公安部《关于开展治理违规提取住房公积金工作的通知》（建金〔2018〕46号），督促各地住房公积金管理中心查处违规提取、骗提骗贷、侵害缴存职工利益等问题，切实维护住房公积金缴存职工合法权益，明确任务、细化措施、落实责任，加大个人贷款支持力度，促进房地产市场平稳健康发展。2018年全年受理、办结缴存职工信访投诉36件，查办骗提骗贷案件10件。

（四）当年信息化建设情况：树立"以人民为中心"发展理念，采取集中统一、统招分签、优势互补的建设模式，经过10个月的奋战，率先建成全国首家基于云平台的、省级集中统一的住房公积金业务管理、综合服务、数据共享、监督管理四大平台。10月26日，新疆住房公积金"双贯标"、综合服务平台分别以95.23的高分和"优秀"等次通过住房和城乡建设部部省两级联合专家组的验收。

一是贯彻落实"双贯标"要求。团结带领14个地州市住房公积金管理中心攻坚克难、奋力拼搏，历时10个月，于2018年7月，建成基于云平台、全区统一的业务系统，成功做到"一闭环、双驱动、三同步、四实现、七实时"，取得了资源整合的重大突破，创新、高效地落实了"双贯标"工作要求，实现了全区业务管理系统的集中、统一和规范。

二是实现门户网站、网上业务大厅、手机APP、12329服务热线、微信公众平台、自助查询终端等服务渠道全部接入综合服务平台，运营、分析、管理、宣传实现"四统一"。

三是推进部门信息交换，积极推动住房公积金与公安、房产、民政、工商、人社、人行、法院等多部门联网，实现信息数据共享"零突破"，真正做到"让数据多跑路，群众少跑腿"。

四是新建信息监管系统，真正实现"大监管"。新监管系统对业务系统、综合服务平台、数据共享平台实现了融合统一，确定了"十大实时监管主题"，即：业务运行、业务指标、统计分析、报表、结算监控、抵押时间、大额资金监控、银行专户、服务离柜率、逾期监管。

（五）当年开展监督检查情况：认真贯彻落实住房城乡建设部办公厅《关于开展住房公积金政策执行情况检查及风险隐患排查的通知》（建办金函〔2018〕284号）要求，利用住房城乡建设部电子化检查工具，定期对住房公积金云平台的数据库进行扫描检查，生成电子化检查报告发送各中心进行核查整改。2018年7月底，成立电子化检查组对乌鲁木齐、喀什、克州三个中心进行了检查，确保住房公积金规范运行。2018年11月，成立业务运行调研组对吐鲁番、巴州两个中心业务运行情况进行调研，并在库尔勒市召开了全区业务运行工作座谈会，防范风险，提升住房公积金管理水平。

（六）落实廉政风险防控，提升科技防控手段：根据住房城乡建设部、财政部、人民银行、公安部《关于开展治理违规提取住房公积金工作的通知》（建金〔2018〕46号）要求，规范改进提取政策，充分发挥住房公积金互助性。持续加大对各地开展廉政风险防控自查的指导和监督，提升监管手段，管控各类风险。规范业务管理运行，提高服务质量；增强从业人员廉洁自律意识和岗位责任意识，取得较好效果，确保全区住房公积金事业运行稳健。

（七）当年宣传工作开展情况：通过"强队伍、建制度、重策划"提升宣传水平，通过建立宣传机制并多次修订完善强化宣传管理，较好地实现了宣传的集中统一。

一是建立宣传机制。建立全区统一的信息发布机制，实施全区14个中心统一约稿、统一报道、统一发布，提高微信公众号社会影响力、传播力、公信力。

二是开启宣传策划。专人开展主题宣传策划和报道，实现"新疆住房公积金"微信公众号期期有重点、篇篇有看点，微信有特点、网站有亮点，也使微信公众号站位更准确、发布更权威、流程更专业、传播更广泛。推陈出新，通过改版明确主题色调、使用实拍图片、新增图片水印，确定了实名制留言等，收到较好反响。

三是宣传成效显著。2018年，新疆住房公积金4篇消息稿件登上中国建设报、新疆日报、新疆经济报等媒体并多次被人民网、新华网、天山网等数十家媒体转发，工作业绩成为新疆优化政务服务、全面深化"放管服"改革典型；11月16日，《中国建设报》刊发全版宣传文章《一桥飞架南北，天山变通途，新疆全面推进"互联网＋住房公积金"建设，造福各族群众》引发全国同行业的广泛关注。

截至2018年底，新疆住房公积金网站站群访问量558万次，上传文章7551篇，查询量63.25万次、网站留言答复1308条；12329短信系统发送366.1万条；热线总呼入410万次、单位网厅使用率83%、离柜率超60%、手机APP使用人数49.7万、查询量1100万，微信公众号关注排名全区政务公众号第三，关注人数达66.2万，共推送微信图文消息36期222篇，阅读数、朋友圈转发数分别为182.4万次、6.99万次。

（八）新疆模式和经验首次"走进"全国住建会议：在住房城乡建设部的大力支持下，12月24日，反映新疆住房公积金信息化建设工作经验的报告《新疆全力推进住房公积金信息化建设，落实"放管服"要求，造福各民族群众》，入选《全国住房城乡建设工作会议经验交流材料汇编》，成为当年全国住房城乡建设系统唯一反映住房公积金工作的材料。

（九）开展"新市民"调研，积极推动缴存扩面工作：严格贯彻落实住房城乡建设部住房公积金监管工作会议精神，于2018年3月底开展"新市民住房"专题调研，成立专题调研领导小组，认真开展调研，对数据进行审核、会审论证，为进一步解决新市民住房问题提供了数据支撑。

（十）当年住房公积金机构及从业人员所获荣誉情况：全区各地、州、市住房公积金管理中心共获得5项窗口文明单位称号，4项先进集体和个人荣誉称号。

乌鲁木齐住房公积金2018年年度报告

一、机构概况

（一）住房公积金管理委员会：住房公积金管理委员会有29名委员，2018年召开4次会议，审议通过的事项主要包括：

1. 听取《乌鲁木齐住房公积金管理中心2018年度工作情况及2018年度工作要点的报告》。
2. 听取《关于传达2018年自治区住房公积金管理工作会议有关情况的报告》。
3. 审议《关于调整乌鲁木齐住房公积金管理委员会委员的请示》。
4. 审议《乌鲁木齐住房公积金2018年年度报告》。
5. 审议《2018年度住房公积金各项计划完成情况暨2018年度归集、使用、收益分配计划》。
6. 审议《关于修订〈乌鲁木齐住房公积金缴存管理办法〉的请示》。
7. 审议《关于修订〈乌鲁木齐住房公积金提取管理办法〉的请示》。
8. 审议《关于修订〈乌鲁木齐个人住房公积金贷款管理办法〉的请示》。
9. 审议《关于新增异地中心缴存职工购买本地住房在中心申请住房公积金贷款业务的请示》。
10. 审议《关于落实维护住房公积金缴存职工购房贷款权益有关问题的请示》。
11. 审议《个人住房公积金自然人保证贷款实施办法》。
12. 审议《个人住房公积金联保贷款实施办法》。
13. 审议《乌鲁木齐住房公积金管理中心关于紧急调拨资金的报告》。
14. 审议《关于调整住房公积金贷款政策的报告》。

（二）住房公积金管理中心：住房公积金管理中心为隶属于市人民政府不以营利为目的的事业单位，设9个处室，8个管理部2个分中心。从业人员179人，其中，在编122人，非在编57人。

二、业务运行情况

（一）缴存：2018年，新开户单位1191家，实缴单位7728家，净增单位1783家；新开户职工6.67万人，实缴职工59.53万人，净增职工12.17万人；缴存额114.85亿元，同比增长8.34%。2018年末，缴存总额884.37亿元，同比增长14.96%；缴存余额339.20亿元，同比增长8.69%。

受委托办理住房公积金缴存业务的银行5家，同上年保持一致。

（二）提取：2018年，提取额87.74亿元，同比增长13.71%；占当年缴存额的76.40%，比上年增加3.61个百分点。2018年末，提取总额545.17亿元，同比增长19.25%。

（三）贷款：

个人住房贷款最高额度100万元，其中，单缴存职工最高额度70万元，双缴存职工最高额度100万元。

2018年，发放个人住房贷款1.73万笔63.29亿元，同比分别增长4.22%、6.85%。

2018年，回收个人住房贷款36.59亿元。2018年末，累计发放个人住房贷款21.33万笔497.70亿元，贷款余额300.21亿元，同比分别增长8.83%、14.57%、9.77%。个人住房贷款余额占缴存余额的88.51%，比上年增加0.87个百分点。

受委托办理住房公积金个人住房贷款业务的银行7家，同上年保持一致。

（四）资金存储：2018年末，住房公积金存款42.19亿元。其中，活期4.49亿元，1年（含）以下定期0亿元，1年以上定期37.70亿元，其他（协定、通知存款等）0亿元。

（五）资金运用率：2018年末，住房公积金个人住房贷款余额、项目贷款余额和购买国债余额的总和占缴存余额的88.51%，比上年增加0.87个百分点。

三、主要财务数据

（一）业务收入：2018年，业务收入105417.76万元，同比下降6.18%。其中，存款利息13644.49万元，委托贷款利息91767.13万元，国债利息0万元，其他6.14万元。

（二）业务支出：2018年，业务支出50139.70万元，同比增长2.78%。其中，支付职工住房公积金利息47809.51万元，归集手续费0万元，委托贷款手续费2330.19万元，其他0万元。

（三）增值收益：2018年，增值收益59995.38万元（含项目贷款风险准备金4717.32万元），同比下降5.64%。其中，增值收益率2.17%，比上年增加0.21个百分点。

（四）增值收益分配：2018年，提取贷款风险准备金2670.51万元，提取管理费用4322.20万元，提取城市廉租住房（公共租赁住房）建设补充资金53002.67万元。

2018年，上交财政管理费用4058.59万元。上缴财政城市廉租住房（公共租赁住房）建设补充资金54138.05万元。

2018年末，贷款风险准备金余额30020.72万元。累计提取城市廉租住房（公共租赁住房）建设补充资金334419.81万元。

（五）管理费用支出：2018年，管理费用支出3836.91万元，同比下降8.64%。其中，人员经费2432.13万元，公用经费343.48万元，专项经费1061.30万元。

中心管理费用支出2983.84万元，其中，人员、公用、专项经费分别为1802.08万元、264.32万元、917.44万元；自治区机关事业单位分中心管理费用支出375.15万元，其中，人员、公用、专项经费分别为250.54万元、31.74万元、92.87万元；铁路局分中心管理费用支出477.92万元，其中，人员、公用、专项经费分别为379.51万元、47.42万元、50.99万元。

四、资产风险状况

2018年末,个人住房贷款逾期额657.69万元,逾期率0.22‰。

个人贷款风险准备金按贷款余额的1%提取。2018年,提取个人贷款风险准备金2670.51万元,使用个人贷款风险准备金核销呆坏账0万元。2018年末,个人贷款风险准备金余额30020.72万元,占个人住房贷款余额的1%,个人住房贷款逾期额与个人贷款风险准备金余额的比率为2.19%。

五、社会经济效益

(一)**缴存业务**:2018年,实缴单位数、实缴职工人数和缴存额同比分别增长29.99%、25.69%和8.34%。

缴存单位中,国家机关和事业单位占26.31%,国有企业占15.97%,城镇集体企业占3.13%,外商投资企业占1.42%,城镇私营企业及其他城镇企业占35.09%,民办非企业单位和社会团体占3.03%,其他占15.05%。

缴存职工中,国家机关和事业单位占30.67%,国有企业占40.37%,城镇集体企业占1.32%,外商投资企业占1.55%,城镇私营企业及其他城镇企业占14.78%,民办非企业单位和社会团体占2.27%,其他占9.04%;中、低收入占93.81%,高收入6.19%。

新开户职工中,国家机关和事业单位占18.37%,国有企业占25.25%,城镇集体企业占1.94%,外商投资企业占2.20%,城镇私营企业及其他城镇企业占31.23%,民办非企业单位和社会团体占6.48%,其他占14.53%;中、低收入占99.54%,高收入占0.46%。

(二)**提取业务**:2018年,23.82万名缴存职工提取住房公积金87.74亿元。

提取金额中,住房消费提取占75.69%(购买、建造、翻建、大修自住住房占30.57%,偿还购房贷款本息占45.05%,租赁住房占0.07%,其他占0%);非住房消费提取占24.31%(离休和退休提取占18.15%,完全丧失劳动能力并与单位终止劳动关系提取占5.13%,户口迁出本市或出境定居占0%,其他占1.03%)。

提取职工中,中、低收入占87.02%,高收入占12.98%。

(三)**贷款业务**:

1. **个人住房贷款**。2018年,支持职工购建房184.06万平方米,年末个人住房贷款市场占有率为20.78%,比上年增加6.21个百分点。通过申请住房公积金个人住房贷款,可节约职工购房利息支出117212.18万元。

职工贷款笔数中,购房建筑面积90(含)平方米以下占25.44%,90~144(含)平方米占69.96%,144平方米以上占4.60%。购买新房占66.45%,购买二手房占33.55%,建造、翻建、大修自住住房占0%,其他占0%。

职工贷款笔数中,单缴存职工申请贷款占71.23%,双缴存职工申请贷款占28.77%,三人及以上缴存职工共同申请贷款占0%。

贷款职工中,30岁(含)以下占38.74%,30岁~40岁(含)占34.09%,40岁~50岁(含)占22.11%,50岁以上占5.06%;首次申请贷款占86.01%,二次及以上申请贷款占13.99%;中、低收入

占 93.59%，高收入占 6.41%。

2. **异地贷款**。2018 年，发放异地贷款 337 笔 13177.40 万元。2018 年末，发放异地贷款总额 119324.57 万元，异地贷款余额 66268.02 万元。

（四）**住房贡献率**：2018 年，个人住房贷款发放额、公转商贴息贷款发放额、项目贷款发放额、住房消费提取额的总和与当年缴存额的比率为 112.93%，比上年减少 15.74 个百分点。

六、其他重要事项

（一）**当年机构及职能调整情况**：乌鲁木齐住房公积金管理中心仍作为乌鲁木齐市人民政府直属事业单位，由市住房保障和房产管理局统一管理和协调。

（二）**当年住房公积金政策调整及执行情况**：

1. 2018 年缴存基数限额及确定方法、缴存比例

（1）按照乌鲁木齐市统计部门公布的上一年度职工平均工资的 3 倍确定，当年缴存基数上限 15399 元；

（2）按照乌鲁木齐市上一年度职工最低工资标准确定，当年缴存基数下限 1620 元；

（3）缴存比例：按照最高缴存比例 12%，最低缴存比例 5%。

（4）最高贷款额度：夫妻双方缴存住房公积金的，申请住房公积金贷款最高贷款额度为 100 万；单身职工申请住房公积金贷款最高额度为 70 万元；

（5）贷款利率：5 年以内（含）2.75%，5 年以上 3.25%。

2. 2018 年政策调整情况

（1）将自由职业者、非全日制从业人员等无固定用工单位人员列入自愿缴存范围。

（2）缴存职工与单位终止劳动关系的，异地开立住房公积金账户并稳定缴存半年以上的，办理异地转移接续手续，未在异地继续缴存的，封存满半年后可提取。

（3）取消"因重大疾病造成部分或者全部丧失劳动能力以及遇到其他突发事件，造成家庭生活严重困难"提取住房公积金的政策。

（4）开展住房公积金组合贷款。

（5）提高住房公积金最高贷款额度。

（6）新增异地中心缴存职工购买本地住房在中心申请住房公积金贷款业务。

（7）恢复住房置业担保公司住房公积金贷款担保业务。

（三）**当年服务改进情况**：2018 年中心综合服务平台迁入全疆统一的住房公积金综合服务平台当中，开通了包括 12329 多语种语音热线，12329 短信、网站、网上办事大厅、微信公众号、手机 APP、自助终端、银行智能终端等在内的多渠道服务平台，可实现新闻实时发布、政策实时解答、信息实时查询、业务实时办理等功能，受到了住房城乡建设部综合服务平台专家验收组的高度评价。

（四）**当年信息化建设情况**：中心如期完成了"双贯标"目标任务和中心综合服务平台建设，2018 年 10 月 25 日至 26 日，中心信息化建设工作顺利通过了国家住房城乡建设部、自治区住房城乡建设厅联合工作组的检查验收。

（五）**当年住房公积金管理中心及职工所获荣誉情况**：中心荣获 2018 年乌鲁木齐市级平安单位。

克拉玛依市住房公积金 2018 年年度报告

一、机构概况

（一）住房公积金管理委员会：住房公积金管理委员会有 29 名委员，2018 年召开 2 次会议，审议通过的事项主要包括：住房公积金 2018 年年度报告，2018 年上半年住房公积金运行情况、住房公积金业务系统升级工作推进情况、2018 年住房公积金预算草案、关于规范住房公积金政策执行的有关建议、关于调整收取房地产开发企业住房公积金贷款保证金的建议、克拉玛依住房公积金管理委员会议事决策规则。

（二）住房公积金管理中心：住房公积金管理中心为克拉玛依市政府不以营利为目的的公益一类事业单位，设 5 个科，2 个分中心、2 个管理部。从业人员 37 人，其中，在编 36 人，非在编 1 人。

二、业务运行情况

（一）缴存：2018 年，新开户单位 181 家，实缴单位 1320 家，净增单位 11 家；新开户职工 1.46 万人，实缴职工 16.50 万人，净增职工 0.40 万人；缴存额 35.10 亿元，同比增长 7.97%。2018 年末，缴存总额 357.80 亿元，同比增长 10.88%；缴存余额 89.17 亿元，同比增长 9.63%。

受委托办理住房公积金缴存业务的银行 5 家，比上年增加 2 家。

（二）提取：2018 年，提取额 27.28 亿元，同比减少 0.01%；占当年缴存额的 77.72%，比上年减少 6.19 个百分点。2018 年末，提取总额 268.63 亿元，同比增长 11.30%。

（三）贷款：

1. 个人住房贷款。个人住房贷款最高额度 85 万元，其中，单缴存职工最高额度 85 万元，双缴存职工最高额度 85 万元。

2018 年，发放个人住房贷款 0.37 万笔 11.63 亿元，同比分别下降 22.92%、26.62%。其中，市直分中心发放个人住房贷款 0.30 万笔 9.32 亿元，独山子分中心发放个人住房贷款 0.04 万笔 1.14 亿元，明园管理部发放个人住房贷款 0.03 万笔 1.15 亿元，准东管理部发放个人住房贷款 0.0012 万笔 0.023 亿元。

2018 年，回收个人住房贷款 10.67 亿元。其中，市直分中心 7.51 亿元，独山子分中心 1.85 亿元，明园管理部 1.08 亿元，准东管理部 0.23 亿元。

2018 年末，累计发放个人住房贷款 7.80 万笔 137.84 亿元，贷款余额 67.71 亿元，同比分别增长 5.12%、9.22%、1.45%。个人住房贷款余额占缴存余额的 75.93%，比上年减少 6.12 个百分点。

受委托办理住房公积金个人住房贷款业务的银行 5 家，同上年保持一致。

2. 住房公积金支持保障性住房建设项目贷款。2018 年末，累计发放项目贷款 17.18 亿元，项目贷款余额 0 亿元。

（四）资金存储：2018 年末，住房公积金存款 22.96 亿元。其中，活期 0.14 亿元，1 年（含）以下定期 18.72 亿元，1 年以上定期 3.50 亿元，其他（协定、通知存款等）0.60 亿元。

（五）资金运用率：2018年末，住房公积金个人住房贷款余额、项目贷款余额和购买国债余额的总和占缴存余额的75.93%，比上年减少6.12个百分点。

三、主要财务数据

（一）业务收入：2018年，业务收入26510.55万元，同比增长0.72%。其中，存款利息5106.81万元，委托贷款利息21401.28万元，国债利息0万元，其他2.46万元。

（二）业务支出：2018年，业务支出14251.07万元，同比增长6.44%。其中，支付职工住房公积金利息13159.90万元，归集手续费0.07万元，委托贷款手续费1069.05万元，其他22.05万元。

（三）增值收益：2018年，增值收益12259.48万元，同比下降5.19%。增值收益率1.44%，比上年减少0.2个百分点。

（四）增值收益分配：2018年，提取贷款风险准备金6770.51万元，提取管理费用1278.80万元，提取城市廉租住房（公共租赁住房）建设补充资金4210.17万元。

2018年，上交财政管理费用1169.01万元。上缴财政城市廉租住房（公共租赁住房）建设补充资金36480.92万元（其中：上缴2018年度廉租住房建设补充资金5087.60万元、上缴以前年度廉租住房建设补充资金31393.32万元）。

2018年末，贷款风险准备金余额39135.83万元。累计提取城市廉租住房（公共租赁住房）建设补充资金87742.86万元。

（五）管理费用支出：2018年，管理费用支出1163.11万元，同比下降21.43%。其中，人员经费780.82万元，公用经费100.63万元，专项经费281.66万元。

四、资产风险状况

2018年末，个人住房贷款逾期额254.60万元，逾期率0.38‰。

个人贷款风险准备金按不低于年度住房公积金贷款余额的1‰提取。2018年，提取个人贷款风险准备金6770.51万元，使用个人贷款风险准备金核销呆坏账0万元。2018年末，个人贷款风险准备金余额39135.83万元，占个人住房贷款余额的5.78%，个人住房贷款逾期额与个人贷款风险准备金余额的比率为0.65%。

五、社会经济效益

（一）缴存业务：2018年，实缴单位数、实缴职工人数和缴存额同比分别增长0.84%、2.42%和7.97%。

缴存单位中，国家机关和事业单位占14.47%，国有企业占18.33%，城镇集体企业占3.86%，外商投资企业占0.08%，城镇私营企业及其他城镇企业占54.32%，民办非企业单位和社会团体占3.03%，其他占5.91%。

缴存职工中，国家机关和事业单位占17.56%，国有企业占56.15%，城镇集体企业占3.63%，外商投资企业占0%，城镇私营企业及其他城镇企业占20.90%，民办非企业单位和社会团体占0.18%，其他占1.58%；中、低收入占99.53%，高收入占0.47%。

新开户职工中，国家机关和事业单位占26.05%，国有企业占29.14%，城镇集体企业占3.21%，外

商投资企业占 0.01%，城镇私营企业及其他城镇企业占 39.55%，民办非企业单位和社会团体占 0.46%，其他占 1.58%；中、低收入占 99.9%，高收入占 0.1%。

（二）提取业务：2018 年，7.92 万名缴存职工提取住房公积金 27.28 亿元。

提取金额中，住房消费提取占 79.55%（购买、建造、翻建、大修自住住房占 36.30%，偿还购房贷款本息占 40.70%，租赁住房占 2.24%，其他占 0.31%）；非住房消费提取占 20.45%（离休和退休提取占 17.67%，完全丧失劳动能力并与单位终止劳动关系提取占 2.10%，户口迁出本市或出境定居占 0%，其他占 0.68%）。

提取职工中，中、低收入占 99.53%，高收入占 0.47%。

（三）贷款业务：

1. 个人住房贷款。2018 年，支持职工购建房 47.29 万平方米，年末个人住房贷款市场占有率为 91.54%，比上年减少 0.95 个百分点。通过申请住房公积金个人住房贷款，可节约职工购房利息支出 16874.33 万元。

职工贷款笔数中，购房建筑面积 90（含）平方米以下占 20.20%，90～144（含）平方米占 55.34%，144 平方米以上占 24.46%。购买新房占 56.11%（其中购买保障性住房占 3.48%），购买二手房占 42.18%，建造、翻建、大修自住住房占 0%，其他占 1.71%。

职工贷款笔数中，单缴存职工申请贷款占 57.10%，双缴存职工申请贷款占 42.90%，三人及以上缴存职工共同申请贷款占 0%。

贷款职工中，30 岁（含）以下占 35.06%，30 岁～40 岁（含）占 34.39%，40 岁～50 岁（含）占 23.19%，50 岁以上占 7.36%；首次申请贷款占 70.22%，二次及以上申请贷款占 29.78%；中、低收入占 99.57%，高收入占 0.43%。

2. 异地贷款。2018 年，发放异地贷款 122 笔 4138.70 万元。2018 年末，发放异地贷款总额 34648.90 万元，异地贷款余额 18746.19 万元。

3. 支持保障性住房建设试点项目贷款。2018 年末，累计试点项目 8 个，贷款额度 17.18 亿元，建筑面积 271.57 万平方米，可解决 21179 户中低收入职工家庭的住房问题。8 个试点项目贷款资金已发放并还清贷款本息。

（四）住房贡献率：2018 年，个人住房贷款发放额、公转商贴息贷款发放额、项目贷款发放额、住房消费提取额的总和与当年缴存额的比率为 94.96%，比上年减少 18.58 个百分点。

六、其他重要事项

（一）当年机构及职能调整情况、受委托办理缴存贷款业务金融机构变更情况：2018 年，按照编制部门文件规定，单位类别为公益一类事业单位，人员编制 45 名，中心内设综合科（人事科）、计划财务科、业务科（行政执法科）、内部审计科、科技信息科 5 个职能科室，下设市直分中心、独山子分中心、明园管理部、准东管理部。由市住建局承担住房公积金管理委员会日常会议的筹办和决策事项的督办工作。

受委托办理缴存业务的金融机构由 3 家增加到 5 家，办理贷款业务金融机构无变更。

（二）当年住房公积金政策调整及执行情况：

1. 住房公积金缴存情况。职工月住房公积金缴存基数最低不得低于克拉玛依市政府发布的最低工资标准1820元，最高不得超过克拉玛依市统计部门发布的社平工资的3倍24237元。住房公积金个人帐户存款利率按一年期定期存款基准年利率1.5%执行。延长了阶段性适当降低企业住房公积金缴存比例政策的期限，延长执行期至2020年4月30日。

2. 住房公积金提取情况。自2018年8月1日起，停止执行缴存职工因支付自住房装修费用、突发事件、因工伤残、家庭低保、物业费等5项住房公积金的提取政策。对缴存职工与单位解除或终止劳动关系的，先办理个人账户封存。账户封存期间，在异地开立住房公积金账户并稳定缴存半年以上的，可办理异地转移接续手续，未在异地继续缴存的，封存满半年后方可销户提取住房公积金。

3. 住房公积金贷款情况。自2018年7月1日起，停止对购买第三套及以上家庭发放住房公积金贷款。2018年初执行了差别化贷款政策：购买首套住房的，贷款最低首付比例为30%；购买改善性住房的，贷款首付比例不得低于40%。

4. 住房公积金存贷款利率执行标准：1~5（含）年：2.75%；5年以上：3.25%。

5. 贷款保证金管理情况。贷款保证金不再缴纳到住房公积金管理中心的统一账户，由各房地产开发企业建立单独的贷款保证金账户，房地产开发企业所有项目全部完成放贷后，经中心授权后方可动用贷款保证金。

（三）当年服务改进情况：深化"放管服"和"最多跑一次"改革工作，优化业务流程，减少审批环节，精简办理要件。一是充分利用综合服务平台，实现办理住房公积金业务"只进一扇门、最多跑一次"。全年线上办理住房公积金业务离柜率51.32%，单位网厅使用率一直保持在90%以上，居于全疆领先水平。二是推行综合柜员制，打破以往分设服务窗口的常规做法。综合柜员窗口可集中办理住房公积金各项业务，窗口材料受理由外部提交变为内部流转，与大厅内房地产交易中心、不动产登记等窗口进行有效衔接，实现一站式服务。三是取消办理支取、信息变更等业务提供身份证、户口本等相关资料复印件的手续；取消经办员代办支取公积金制度；取消了多种审批票据和盖章手续，大大简化了群众办事手续。

（四）当年信息化建设情况：2018年，中心住房公积金管理信息系统在全疆率先接入云平台，做到了业务、资金、财务三账同步联动，实现汇缴实时分配、提取实时到账、贷款实时发放、资金实时调拨、账户实时监控、财务实时结账、互联网实时服务。实现克拉玛依管辖范围内的通存、通取和通贷。开通了12329住房公积金服务热线、"12329"短信、微信公众号、网站、网厅、手机APP、自助终端等综合服务平台，全面拓宽住房公积金的服务渠道，有效提升服务质量。

吐鲁番市住房公积金2018年年度报告

一、机构概况

（一）住房公积金管理委员会：住房公积金管理委员会有24名委员，2018年召开1次会议，审议通过的事项主要包括：《吐鲁番市住房公积金2018年年度报告》、《2018年经费使用计划》、《2018年吐鲁番市住房公积金归集使用计划》、《关于调整住房公积金提取、贷款管理办法部分条款的请示》、《关于调整2018年度住房公积金缴存基数的请示》等。

（二）住房公积金管理中心：住房公积金管理中心为隶属于吐鲁番市人民政府不以营利为目的的自收自支事业单位，设5个科室，3个管理部。从业人员52人，其中，在编32人，非在编20人。

二、业务运行情况

（一）缴存：2018年，新开户单位78家，实缴单位1037家，净增单位7家；新开户职工1.41万人，实缴职工6.07万人，净增职工1.33万人；缴存额8.73亿元，同比增长23.13%。2018年末，缴存总额53.09亿元，同比增长19.65%；缴存余额22.29亿元，同比增长24.53%。

受委托办理住房公积金缴存业务的银行5家，比上年增加2家。

（二）提取：2018年，提取额4.33亿元，同比增长11.31%；占当年缴存额的49.60%，比上年减少5.27个百分点。2018年末，提取总额30.80亿元，同比增长16.36%。

（三）贷款：个人住房贷款最高额度50万元，其中，单缴存职工最高额度50万元，双缴存职工最高额度50万元。

2018年，发放个人住房贷款0.11万笔2.42亿元，同比分别下降8.33%、6.56%。

2018年，回收个人住房贷款2.37亿元。

2018年末，累计发放个人住房贷款2.23万笔30.36亿元，贷款余额12.67亿元，同比分别增长5.19%、8.66%、0.32%。个人住房贷款余额占缴存余额的56.84%，比上年减少13.76个百分点。

受委托办理住房公积金个人住房贷款业务的银行5家，同上年保持一致。

（四）购买国债：2018年末，国债余额0.06亿元，比上年减少0亿元。

（五）资金存储：2018年末，住房公积金存款9.98亿元。其中，活期0.69亿元，1年（含）以下定期8.88亿元，1年以上定期0.41亿元。

（六）资金运用率：2018年末，住房公积金个人住房贷款余额、项目贷款余额和购买国债余额的总和占缴存余额的57.11%，比上年减少13.78个百分点。

三、主要财务数据

（一）业务收入：2018年，业务收入5068.34万元，同比增长2.37%。存款利息964.31万元，委托贷款利息4083.07万元，国债利息19.26万元，其他1.70万元。

（二）业务支出：2018年，业务支出2756.70万元，同比增长50.30%（预提2018年7月至12月份职工住房公积金利息）。支付职工住房公积金利息2732.30万元，归集手续费0万元，委托贷款手续费24.40万元，其他0万元。

（三）增值收益：2018年，增值收益2311.64万元，同比下降25.83%。增值收益率1.17%，比上年减少0.74个百分点。

（四）增值收益分配：2018年，提取贷款风险准备金1267.50万元，提取管理费用1044.14万元，提取城市廉租住房（公共租赁住房）建设补充资金0万元。

2018年，上交财政管理费用353.94万元。上缴财政城市廉租住房（公共租赁住房）建设补充资金

1500万元（实际上缴2018年增值收益分配）。

2018年末，贷款风险准备金余额8076.69万元。累计提取城市廉租住房（公共租赁住房）建设补充资金3900万元。

（五）管理费用支出：2018年，管理费用支出913.94万元，同比增长3.15%。其中，人员经费392.18万元，公用经费247.30万元，专项经费274.46万元。

四、资产风险状况

2018年末，个人住房贷款逾期额45.97万元，逾期率0.36‰。

个人贷款风险准备金按贷款余额的1%提取。2018年，提取个人贷款风险准备金1267.50万元，使用个人贷款风险准备金核销呆坏账0万元。2018年末，个人贷款风险准备金余额8076.69万元，占个人住房贷款余额的6.37%，个人住房贷款逾期额与个人贷款风险准备金余额的比率为0.57%。

五、社会经济效益

（一）缴存业务：2018年，实缴单位数、实缴职工人数和缴存额同比分别增长0.68%、28.06%和23.13%。

缴存单位中，国家机关和事业单位占65.48%，国有企业占15.52%，城镇集体企业占0.57%，外商投资企业占0.39%，城镇私营企业及其他城镇企业占11.28%，民办非企业单位和社会团体占0.68%，其他占6.08%。

缴存职工中，国家机关和事业单位占68.67%，国有企业占24.32%，城镇集体企业占0.04%，外商投资企业占0.57%，城镇私营企业及其他城镇企业占4.62%，民办非企业单位和社会团体占0.08%，其他占1.70%；中、低收入占99.88%，高收入占0.12%。

新开户职工中，国家机关和事业单位占61.99%，国有企业占28.60%，城镇集体企业占0.02%，外商投资企业占0.23%，城镇私营企业及其他城镇企业占7.79%，民办非企业单位和社会团体占0.05%，其他占1.32%；中、低收入占99.96%，高收入占0.04%。

（二）提取业务：2018年，1.39万名缴存职工提取住房公积金4.33亿元。

提取金额中，住房消费提取占81.74%（购买、建造、翻建、大修自住住房占28.66%，偿还购房贷款本息占45.34%，租赁住房占1.59%，其他占6.15%）；非住房消费提取占18.26%（离休和退休提取占11.47%，完全丧失劳动能力并与单位终止劳动关系提取占4.38%，户口迁出本市或出境定居占0%，其他占2.41%）。

提取职工中，中、低收入占99.70%，高收入占0.30%。

（三）贷款业务：

1. **个人住房贷款**。2018年，支持职工购建房11.74万平方米，年末个人住房贷款市场占有率为59.94%，比上年增加1.94个百分点。通过申请住房公积金个人住房贷款，可节约职工购房利息支出3801.05万元。

职工贷款笔数中，购房建筑面积90（含）平方米以下占25%，90～144（含）平方米占70.22%，144平方米以上占4.78%。购买新房占75.74%（其中购买保障性住房占0%），购买二手房占24.26%，建造、翻建、大修自住住房占 0%，其他占 0%。

职工贷款笔数中，单缴存职工申请贷款占 64.15%，双缴存职工申请贷款占 35.85%，三人及以上缴存职工共同申请贷款占 0%。

贷款职工中，30 岁（含）以下占 50.64%，30 岁～40 岁（含）占 31.34%，40 岁～50 岁（含）占 15.72%，50 岁以上占 2.30%；首次申请贷款占 85.11%，二次及以上申请贷款占 14.89%；中、低收入占 99.82%，高收入占 0.18%。

2. **异地贷款**。2018 年，发放异地贷款 39 笔 1053.90 万元。2018 年末，发放异地贷款总额 23173.90 万元。异地贷款余额 9925.69 万元。

(四) 住房贡献率：2018 年，个人住房贷款发放额、公转商贴息贷款发放额、项目贷款发放额、住房消费提取额的总和与当年缴存额的比率为 68.27%，比上年减少 11.36 个百分点。

六、其他重要事项

(一) 住房公积金政策调整及执行情况：

1. **住房公积金缴存基数**。2018 年，吐鲁番市住房公积金月缴存基数上限不超过全市在岗职工月平均工资总额的 3 倍，即 19775.5 元；下限不低于新疆维吾尔自治区人民政府规定的最低工资标准，即 1540 元。

2. **住房公积金缴存比例**。2018 年，单位及个人住房公积金缴存比例最高为 12%，最低为 5%。

3. **提取政策调整情况**。根据国家和自治区的相关文件精神，重新调整了提取政策。一是取消改善性住房装修提取、遇到其他突发事件，造成家庭严重困难类提取。二是缴存职工与单位终止劳动关系、辞职或被单位开除的，先办理个人账户封存，期间在异地开立住房公积金账户并稳定缴存 6 个月以上的，办理异地转移接续手续；未在异地继续缴存的，封存满 6 个月后可提取。三是职工符合销户提取公积金条件，但名下有尚未还清的住房公积金贷款时，不能办理销户手续；如提前一次性还清贷款可办理销户提取；如提取部分还贷，账户余额需留存 6 个月的公积金缴存额；如还清贷款后个人住房公积金账户内仍有余额的，再按相应提取条件，申请办理提取业务。四是职工提取住房公积金均采用转账方式划转到职工本人账户。五是住房公积金提取除销户类提取外，其他提取均应间隔满 12 个月。

4. **个人住房贷款政策调整情况**。新增借款人家庭工资收入的认定：①公积金缴存职工依据住房公积金缴存基数认定。②非公积金缴存职工依据单位出具的收入证明或参考银行代发工资明细、个人所得税交纳证明等辅助材料认定。

5. **住房公积金贷款利率执行情况**。个人住房贷款利率执行 5 年期以下（含 5 年）为 2.75%，5 年期以上贷款利率为 3.25%。

(二) 服务改进情况：2018 年，中心认真践行全心全意为人民服务的宗旨，一是严格落实首问责任制、一次办结制、限时办结制、服务承诺制；二是在业务大厅设立综合咨询台，引导缴存职工办理业务，营造和谐优美的办事环境；三是积极推进"互联网＋住房公积金"服务模式，提供了包含门户网站、网上业务大厅、手机 APP、12329 服务热线、微信公众平台、自助查询终端 6 个服务渠道，极大地方便了缴存单位和职工通过新渠道实时查询和办理公积金业务，让"数据多跑路，群众少跑腿"成为现实。四是开展"服务之星"和"最差服务"员工评选活动，并按照"来有问声、问有答声、走有送声"的服务理念，规范工作人员服务行为，使用文明用语，在服务态度上力求做到尽如人意。

（三）信息化建设情况：2018年，吐鲁番市住房公积金管理中心按照自治区住房和城乡建设厅的统一部署，结合业务系统"双贯标"和综合服务平台建设，全面推进信息化建设。开通了手机APP、12329服务热线、短信、微信公众平台、网上业务大厅的综合服务平台建设工作，有效满足缴存单位和职工多元化、个性化服务需求；接入住房公积金银行结算数据应用系统，实现了资金实时结算和实时监控，提高财务结算与对账效率；以上变化全面实现了从人工到智能，从线下到线上的转变，住房公积金管理水平得到全面提升，服务更加高效便捷，受到了广大缴存单位和职工的一致好评。

（四）住房公积金管理中心及职工所获荣誉情况：2018年，在吐鲁番市住房公积金管理中心全体干部职工的共同努力下，先后荣获"六好党支部"和市级精神文明先进单位等称号，中心驻高昌区老城路街道广场社区"访惠聚"工作队荣获了2018年度优秀。

哈密市住房公积金2018年年度报告

一、机构概况

（一）住房公积金管理委员会：住房公积金管理委员会有21名委员，2018年召开1次会议，审议通过的事项主要包括：1.审定《关于调整管委会组成人员的报告》；2.听取并审议《关于2018年住房公积金业务运行情况及2018年住房公积金归集使用预算安排建议的报告》；3.审定《关于追加中心服务大厅改造项目缺口资金的请示》；4.审定《关于补发三道岭管理部工作人员工资的请示》；5.审定《关于住房公积金信息化建设专项经费的请示》；6.审定《关潞安新疆煤化工（集团）有限公司继续缓缴住房公积金的请示》。

（二）住房公积金管理中心：住房公积金管理中心为隶属哈密市政府管理的不以营利为目的的自收自支事业单位，设8个科，4个管理部，1个分中心。从业人员125人，其中，在编65人，非在编60人。

二、业务运行情况

（一）缴存：2018年，新开户单位51家，实缴单位1327家，净减单位21家；新开户职工1.06万人，实缴职工9.08万人，净增职工2.06万人；缴存额17.44亿元，同比增长10.24%。2018年末，缴存总额141.60亿元，同比增长14.05%；缴存余额59.33亿元，同比增长9.12%。

受委托办理住房公积金缴存业务的银行2家，与上年保持一致。

（二）提取：2018年，提取额12.47亿元，同比增长15.14%；占当年缴存额的71.50%，比上年增加3.05个百分点。2018年末，提取总额82.26亿元，同比增长17.87%。

（三）贷款：

1.**个人住房贷款**。个人住房贷款最高额度60万元，其中，单缴存职工最高额度60万元，双缴存职工最高额度60万元。

2018年,发放个人住房贷款0.28万笔8.50亿元,同比分别增长12.00%、26.11%。其中,市中心发放个人住房贷款0.24万笔6.92亿元,吐哈石油分中心发放个人住房贷款0.04万笔1.58亿元。

2018年,回收个人住房贷款3.38亿元。其中,市中心2.64亿元,吐哈石油分中心0.74亿元。

2018年末,累计发放个人住房贷款3.3万笔54.32亿元,贷款余额30.00亿元,同比分别增长9.63%、18.55%、20.63%。个人住房贷款余额占缴存余额的50.56%,比上年增加4.82个百分点。

受委托办理住房公积金个人住房贷款业务的银行6家,与上年保持一致。

2. **住房公积金支持保障性住房建设项目贷款**。2018年,发放支持保障性住房建设项目贷款0亿元,回收项目贷款0亿元。2018年末,累计发放项目贷款2.94亿元,项目贷款余额0亿元。

(四) **资金存储**:2018年末,住房公积金存款29.68亿元。其中,活期0.86亿元,1年(含)以下定期3.65亿元,1年以上定期24.55亿元,其他(协定、通知存款等)0.62亿元。

(五) **资金运用率**:2018年末,住房公积金个人住房贷款余额、项目贷款余额和购买国债余额的总和占缴存余额的50.56%,比上年增加4.82个百分点。

三、主要财务数据

(一) **业务收入**:2018年,业务收入29270.61万元,同比增长86.94%。其中,市中心10868.62万元,吐哈石油分中心18401.99万元;存款利息20340.47万元,委托贷款利息8916.75万元,国债利息0万元,其他13.39万元。

(二) **业务支出**:2018年,业务支出9381.25万元,同比增长13.24%。其中,市中心5647.11万元,吐哈石油分中心3734.14万元;支付职工住房公积金利息9165.44万元,归集手续费0万元,委托贷款手续费214.19万元,其他1.62万元。

(三) **增值收益**:2018年,增值收益19889.36万元,同比增长169.75%。其中,市中心5221.51万元,吐哈石油分中心14667.85万元(因收入确认方法的变更,将未到期定期存款利息收入由收付实现制改为权责发生制确认,预提了近三年的定期存款利息);增值收益率3.50%,比上年增加2.08个百分点。

(四) **增值收益分配**:2018年,提取贷款风险准备金977.72万元,提取管理费用2807.42万元,提取城市廉租住房(公共租赁住房)建设补充资金16104.22万元。

2018年,上交财政管理费用1672.42万元。上缴财政城市廉租住房(公共租赁住房)建设补充资金1416.40万元。其中,市中心上缴1416.40万元,吐哈石油分中心上缴0万元。

2018年末,贷款风险准备金余额8767.97万元。累计提取城市廉租住房(公共租赁住房)建设补充资金33827.82万元。其中,市中心提取19108.36万元,吐哈石油分中心提取14719.46万元。

(五) **管理费用支出**:2018年,管理费用支出2822.77万元,同比增长17.78%。其中,人员经费1635.48万元,公用经费601.32万元,专项经费585.97万元。

市中心管理费用支出1687.77万元,其中,人员、公用、专项经费分别为907.48万元、444.32万元、335.97万元;吐哈石油分中心管理费用支出1135万元,其中,人员、公用、专项经费分别为728万元、157万元、250万元。

四、资产风险状况

（一）个人住房贷款：2018年末，个人住房贷款逾期额434.36万元，逾期率1.45‰。其中，市中心0.28‰，吐哈石油分中心12.55‰。

个人贷款风险准备金按贷款余额的1%提取。2018年，提取个人贷款风险准备金977.72万元，使用个人贷款风险准备金核销呆坏账0万元。2018年末，个人贷款风险准备金余额7748.94万元，占个人住房贷款余额的2.58%，个人住房贷款逾期额与个人贷款风险准备金余额的比率为5.61%。

（二）支持保障性住房建设试点项目贷款：项目贷款风险准备金按贷款余额的4%提取。2018年，提取项目贷款风险准备金0万元，使用项目贷款风险准备金核销呆坏账0万元，项目贷款风险准备金余额1019.03万元，占项目贷款余额的0%。

五、社会经济效益

（一）缴存业务：2018年，实缴单位数、实缴职工人数和缴存额同比分别下降1.56%、增长29.34%和增长10.24%。

缴存单位中，国家机关和事业单位占63.00%，国有企业占18.46%，城镇集体企业占1.13%，外商投资企业占0.38%，城镇私营企业及其他城镇企业占14.02%，民办非企业单位和社会团体占1.58%，其他占1.43%。

缴存职工中，国家机关和事业单位占40.76%，国有企业占47.31%，城镇集体企业占0.49%，外商投资企业占0.25%，城镇私营企业及其他城镇企业占8.98%，民办非企业单位和社会团体占0.35%，其他占1.86%；中、低收入占97.10%，高收入占2.90%。

新开户职工中，国家机关和事业单位占59.36%，国有企业占14.29%，城镇集体企业占0.39%，外商投资企业占0.67%，城镇私营企业及其他城镇企业占23.26%，民办非企业单位和社会团体占0.22%，其他占1.81%；中、低收入占99.74%，高收入占0.26%。

（二）提取业务：2018年，2.81万名缴存职工提取住房公积金12.47亿元。其中，市中心2.31万名缴存职工提取住房公积金7.09亿元，吐哈石油分中心0.5万名缴存职工提取住房公积金5.38亿元。

提取金额中，住房消费提取占72.87%（购买、建造、翻建、大修自住住房占38.24%，偿还购房贷款本息占31.44%，租赁住房占1.29%，其他占1.91%）；非住房消费提取占27.13%（离休和退休提取占21.70%，完全丧失劳动能力并与单位终止劳动关系提取占3.76%，户口迁出本市或出境定居占0.02%，其他占1.65%）。

提取职工中，中、低收入占96.86%，高收入占3.14%。

（三）贷款业务：

1.个人住房贷款。2018年，支持职工购建房32.61万平方米，年末个人住房贷款市场占有率为51.67%，比上年增加3.79个百分点。通过申请住房公积金个人住房贷款，可节约职工购房利息支出约15730.62万元（2018年当年发放额整期测算）。

职工贷款笔数中，购房建筑面积90（含）平方米以下占14.40%，90～144（含）平方米占78.82%，144平方米以上占6.78%。购买新房占83.81%（其中购买保障性住房占0%），购买二手房占16.19%，

建造、翻建、大修自住住房占0%，其他占0%。

职工贷款笔数中，单缴存职工申请贷款占40.74%，双缴存职工申请贷款占59.26%，三人及以上缴存职工共同申请贷款占0%。

贷款职工中，30岁（含）以下占39.16%，30岁~40岁（含）占33.54%，40岁~50岁（含）占20.90%，50岁以上占6.39%；首次申请贷款占78.71%，二次及以上申请贷款占21.29%；中、低收入占95.43%，高收入占4.57%。

2. **异地贷款**。2018年，发放异地贷款410笔15167.50万元（其中，市中心发放95笔3256.80万元；吐哈石油分中心发放315笔11910.70万元）。2018年末，发放异地贷款总额29049万元（市中心累计发放215笔6611.8万元，吐哈石油分中心发放689笔22437.2万元），异地贷款余额14222.14万元。

3. **支持保障性住房建设试点项目贷款**。2018年末，累计试点项目13个，贷款额度2.94亿元，建筑面积27.5万平方米，可解决4143户中低收入职工家庭的住房问题。13个试点项目贷款资金已发放并还清贷款本息。

（四）住房贡献率：2018年，个人住房贷款发放额、公转商贴息贷款发放额、项目贷款发放额、住房消费提取额的总和与当年缴存额的比率为100.89%，比上年增长了9.69个百分点。

六、其他重要事项

（一）缴存基数、月缴存额和缴存比例执行情况：

缴存基数方面：2018年度，全市住房公积金月缴存工资基数上限标准为17606元，月缴存额上限为4226元。

缴存比例方面：全市住房公积金缴存比例执行上限为单位和职工本人各为12%，下限为单位和职工本人各为5%。生产经营困难企业可以申请缓缴住房公积金。

（二）住房公积金职工个人账户存款利率执行情况：2018年，中心根据《关于完善职工住房公积金账户存款利率形成机制的通知》要求，职工住房公积金账户按一年期定期存款基准利率1.5%计息。根据规定，2018年6月30日为职工账户存款计息共计7936.96万元，同比增长9.58%。

（三）个人住房贷款最高贷款额度及利率执行情况：2018年，中心继续执行个人贷款最高发放额度60万元。1至5（含）年公积金个人贷款年利率为2.75%，5年以上至30年公积金个人贷款年利率为3.25%。

（四）优化服务提升效能情况：

1. **实现让群众"马上办、网上办、一次办"的服务目标**。2018年7月，住房公积金"云平台"投入使用，有效缓解了缴存职工反映强烈的"办理难、办理慢、证明多、排队长"等难点。通过推广使用综合服务云平台，推行移动受理、移动审批，公积金业务实现了"零材料、零跑路"的服务目标。缴存职工通过手机公积金可以申请住房公积金提取和贷款相关业务。缴存单位通过单位网厅足不出户可以办理完毕基数调整、人员变更、汇补缴和托收签约等业务，排队等候、柜面压力得到极大缓解。中心通过手机完成业务审批，掌握业务运行数据，监控资金运行情况。资金、业务、财务三账自动匹配，托收、批扣等业务系统全面主动实施。截至目前，单位缴存公积金离柜率76%，办理提取公积金离柜率52%，贷款离柜率达到61%。

2. **进一步提升了服务效能，优化了服务环境。**一是进一步优化了线上服务流程，业务统一由前台受理或全网受理初审后，后台网上集中审批，实现了服务规范化、标准化；二是个人信息安全认证强化，缴存人通过人脸识别、身份证或银行卡校验明确身份，涉及资金方面的，通过预留手机号实时推送收付信息，确保资金安全；三是单位公积金业务培训采取线下和线上同步开展，以多样化形式满足缴存单位的不同需求，全年培训单位281家，同步推出培训课件3套；四是优化窗口服务环境，增加网点电子化、自助化机具，开设网上办公体验区，加快办事效率，提升群众办事感受度；五是充实服务网点和业务科室人员力量，全年招录工作人员9人，提高服务能力。

（五）信息化建设情况：

1. **完成"双贯标"验收工作，实现三大平台统一运行。**按照市委"放管服"改革工作要求，根据住房城乡建设部《关于贯彻落实住房公积金基础数据标准的通知》、《接入住房公积金银行结算数据应用系统与公积金中心接口标准》（即业务系统"双贯标"）和《关于加快建设住房公积金综合服务平台的通知》等通知要求，中心把"放管服"改革工作与"双贯标"、综合服务平台建设结合起来，依托全国住房公积金提供的"互联网＋政务服务"政策环境和大数据、云计算提供的技术手段，采取整合数据资源，通过统一招标分签方式投入资金213.27万元，于2018年7月与全疆14个地州市同步纳入全疆集中统一的住房公积金业务云平台，10月以高分通过住房城乡建设部"双贯标"联合验收组验收，实现了综合服务、数据共享、监督管理的三大服务平台统一运行。目前，业务系统与6家受委托银行直联，实现了业务流程化管理，做到"一闭环、双驱动、三同步、四实现、七实时"，着力突出了线上业务系统的方便、快捷、安全、有效等特点。

2. **综合服务平台建设初见成效，运营环境效能显著。**围绕全市经济发展大局，简政放权，放管结合，打破区域限制，促进资金运用充分，进一步提高了综合服务能力。目前，中心已使用全疆统一的公积金网站、单位网厅、手机公积金APP、12329住房公积金服务热线、12329短信平台、微信公众号。实现了统一运营服务、统一服务分析、统一服务管理、统一行业宣传的"四统一"。统一云平台使用，打破了中心间的数据壁垒，为全疆通存通兑奠定基础。截至2018年12月底，中心住房公积金网站站群访问量共计376509次，查询量达142586次；使用单位网厅的缴存单位1295个，占缴存单位的95.36%；已注册并登录手机公积金APP的缴存职工15143人；12329住房公积金服务热线总呼入25423次，接通率99.59%，服务满意度99.57%；全疆微信公众号总关注人数678000人。

昌吉回族自治州住房公积金2018年年度报告

一、机构概况

（一）**住房公积金管理委员会**：住房公积金管理委员会有17名委员，2018年召开1次会议，审议通过的事项主要包括：1.《住房公积金2018年度工作报告》；2.《昌吉州住房公积金2018年度归集使用计划执行情况及 2018 年归集使用计划的报告》；3.《昌吉州住房公积金管理中心 2018 年度增值收益分配和管理费用决算及 2018 年增值收益预算情况说明和管理费用预算的报告》；4.《关于申请授权办理降低住房公积金缴存比例和缓交手续审批的请示》。

（二）住房公积金管理中心：住房公积金管理中心为昌吉州人民政府不以营利为目的的自收自支事业单位，设 9 个科室，7 个管理部。从业人员 135 人，其中，在编 79 人，非在编 56 人。

二、业务运行情况

（一）缴存：2018 年，新开户单位 214 家，实缴单位 2810 家，净增单位 273 家；新开户职工 2.57 万人，实缴职工 15.43 万人，净增职工 2.16 万人；缴存额 24.45 亿元，同比增长 9.99%。2018 年末，缴存总额 171.45 亿元，同比增长 16.63%；缴存余额 81.58 亿元，同比增长 10.35%。

受委托办理住房公积金缴存业务的银行 5 家，比上年增加 3 家。

（二）提取：2018 年，提取额 16.80 亿元，同比增长 20.00%；占当年缴存额的 68.71%，比上年增加 5.73 个百分点。2018 年末，提取总额 89.87 亿元，同比增长 22.99%。

（三）贷款：个人住房贷款最高额度 50 万元，其中，单缴存职工最高额度 50 万元，双缴存职工最高额度 50 万元。

2018 年，发放个人住房贷款 0.58 万笔 17.59 亿元，同比分别增长 20.83%、20.73%。

2018 年，回收个人住房贷款 9.95 亿元。

2018 年末，累计发放个人住房贷款 8.27 万笔 142.80 亿元，贷款余额 75.62 亿元，同比分别增长 7.68%、14.05%、11.24%。个人住房贷款余额占缴存余额的 92.69%，比上年增加 0.74 个百分点。

受委托办理住房公积金个人住房贷款业务的银行 4 家，比上年减少 2 家。

（四）融资：2018 年，融资 0 亿元，归还 0 亿元。2018 年末，融资总额 3 亿元，融资余额 0 亿元。

（五）资金存储：2018 年末，住房公积金存款 6.43 亿元。其中，活期 1.23 亿元，1 年（含）以下定期 0.7 亿元，1 年以上定期 0 亿元，其他（协定、通知存款等）4.5 亿元。

（六）资金运用率：2018 年末，住房公积金个人住房贷款余额、项目贷款余额和购买国债余额的总和占缴存余额的 92.69%，比上年增加 0.74 个百分点。

三、主要财务数据

（一）业务收入：2018 年，业务收入 25089.43 万元，同比增长 11.97%。存款利息 1685.33 万元，委托贷款利息 23399.17 万元，其他 4.93 万元。

（二）业务支出：2018 年，业务支出 12939.97 万元，同比增长 19.72%。支付职工住房公积金利息 12439.36 万元，归集手续费 0 万元，委托贷款手续费 351.34 万元，其他 149.27 万元。

（三）增值收益：2018 年，增值收益 12149.46 万元，同比增长 4.75%。增值收益率 1.56%，比上年减少 0.10 个百分点。

（四）增值收益分配：2018 年，提取贷款风险准备金 5549.46 万元，提取管理费用 6000 万元，提取城市廉租住房（公共租赁住房）建设补充资金 600 万元。

2018 年，上交财政管理费用 4800 万元。上缴财政城市廉租住房（公共租赁住房）建设补充资金 600

万元。

2018年末，贷款风险准备金余额32000万元。累计提取城市廉租住房（公共租赁住房）建设补充资金8600万元。

（五）管理费用支出： 2018年，管理费用支出3237.19万元，同比增长0.06%。其中，人员经费2287.49万元，公用经费678.18万元，专项经费271.52万元。

四、资产风险状况

2018年末，个人住房贷款逾期额268.10万元，逾期率0.35‰。

个人贷款风险准备金按贷款余额的1%提取。2018年，提取个人贷款风险准备金5549.46万元，2018年末，个人贷款风险准备金余额32000万元，占个人住房贷款余额的4.23%，个人住房贷款逾期额与个人贷款风险准备金余额的比率为0.84%。

五、社会经济效益

（一）缴存业务： 2018年，实缴单位数、实缴职工人数和缴存额同比分别增长10.76%、16.28%和9.99%。

缴存单位中，国家机关和事业单位占58.08%，国有企业占7.94%，城镇集体企业占2.35%，外商投资企业占0.93%，城镇私营企业及其他城镇企业占29.43%，民办非企业单位和社会团体占0.53%，其他占0.74%。

缴存职工中，国家机关和事业单位占61.38%，国有企业占10.55%，城镇集体企业占2.40%，外商投资企业占1.16%，城镇私营企业及其他城镇企业占20.97%，民办非企业单位和社会团体占3.24%，其他占0.30%；中、低收入占99.18%，高收入占0.82%。

新开户职工中，国家机关和事业单位占57.39%，国有企业占12.80%，城镇集体企业占1.11%，外商投资企业占7.22%，城镇私营企业及其他城镇企业占18.99%，民办非企业单位和社会团体占1.80%，其他占0.69%；中、低收入占99.88%，高收入占0.12%。

（二）提取业务： 2018年，8.78万名缴存职工提取住房公积金16.80亿元。

提取金额中，住房消费提取占72.22%（购买、建造、翻建、大修自住住房占16.52%，偿还购房贷款本息占55.06%，租赁住房占0.04%，其他占0.60%）；非住房消费提取占27.78%（离休和退休提取占19.27%，完全丧失劳动能力并与单位终止劳动关系提取占6.46%，户口迁出本市或出境定居占0.18%，其他占1.87%）。

提取职工中，中、低收入占97.91%，高收入占2.09%。

（三）贷款业务：

1. 个人住房贷款。 2018年，支持职工购建房64.35万平方米，年末个人住房贷款市场占有率为31.26%，比上年增加19.94个百分点。通过申请住房公积金个人住房贷款，可节约职工购房利息支出31376.47万元。

职工贷款笔数中，购房建筑面积90（含）平方米以下占16.97%，90~144（含）平方米占75.45%，144平方米以上占7.58%。购买新房占60.86%（其中购买保障性住房占0%），购买二手房占39.14%，建造、翻建、大修自住住房占0%，其他占0%。

职工贷款笔数中，单缴存职工申请贷款占74.33%，双缴存职工申请贷款占25.67%，三人及以上缴存职工共同申请贷款占0%。

贷款职工中，30岁（含）以下占46.36%，30岁～40岁（含）占32.41%，40岁～50岁（含）占17.28%，50岁以上占3.95%；首次申请贷款占83.15%，二次及以上申请贷款占16.85%；中、低收入占99.47%，高收入占0.53%。

2. **异地贷款**。2018年，发放异地贷款25笔968.90万元。2018年末，发放异地贷款总额2403.90万元，异地贷款余额966.88万元。

3. **公转商贴息贷款**。2018年，发放公转商贴息贷款0笔0万元，支持职工购建住房面积0万平方米，当年贴息额149.27万元。2018年末，累计发放公转商贴息贷款688笔17000万元，累计贴息840.69万元。

（四）**住房贡献率**：2018年，个人住房贷款发放额、公转商贴息贷款发放额、项目贷款发放额、住房消费提取额的总和与当年缴存额的比率为121.54%，比上年增加55.83个百分点。

六、其他重要事项

（一）**当年机构及职能调整、受委托办理缴存贷款业务金融机构变更情况**：2018年中心机构及职能未做调整，2018年受委托办理缴存业务金融机构由2018年的2个增加为5个，受委托办理贷款业务的金融机构由2018年的6个减少为4个。

（二）**当年住房公积金政策调整及执行情况**

1. 取消住房装修提取，取消缴存职工办理公积金业务时需提供身份证明材料复印件的要求；2. 放开了夫妻双方购房提取、偿还贷款提取、廉（公）租房租金提取、物业费提取、异地购房提取和首、二次购房提取和贷款同时使用等相关提取政策；3. 开通了职工贷款用乌鲁木齐、五家渠、石河子三地异地现房抵押政策；4. 调整了企业楼盘备案标准，取消原多层住宅主体需封顶、高层住宅主体需建成一半以上方可备案的标准要求。5. 停止发放第三次贷款。6. 2018年度昌吉州统计部门公布的职工年均工资总额为73363元。按规定，缴存住房公积金的月工资基数，最高上限额不得高于职工工作地统计部门公布的上一年度职工月平均工资的3倍，为18340元。最低下限额不得低于上一年度职工月平均工资的60%，为3668元。职工月缴存额最高上限为4402元（其中：个人缴存2201元，单位为职工缴存2201元）。最低下限为366元（其中：个人缴存183元，单位为职工缴存183元）。7. 缴存比例最低5%，最高12%。8. 贷款利率按照中国人民银行规定执行，5年以内贷款年利率2.75%，5年以上贷款年利率3.25%。

（三）**当年服务改进情况**：2018年，进一步落实"放管服"改革的要求，紧扣减政放权，切实提升效能，加强了公积金微信公众号、12329热线、手机短信、网上服务大厅（单位网厅、个人网厅）、手机公积金APP等六位一体的互联网综合服务平台建设，使公积金网上业务实现了新突破。个人网厅和手机公积金APP可办理离退休提取、终止劳动关系提取、提前还款、按月抵扣等业务，提取业务实现了秒速到账和"一次都不跑"的目标，归集、提取、贷款等业务均实现了"一站式"办结。进一步简化办事流程，取消了业务办理要件复印件，达到了"流程优、要件少、审批快"的目标，切实方便了缴存单位和缴存职工。

（四）**当年信息化建设情况**：按照自治区住房城乡建设厅信息化建设工作要求，制定了《昌吉州住房公积金系统云平台迭代升级工作方案》，2018年6月完成公积金"双贯标"系统的迭代升级改造任务；

2018年7月完成综合服务平台建设工作、2018年10月"双贯标"及综合服务平台以高分优秀通过住房城乡建设部贯标工作检查组验收。

（五）当年对违反《住房公积金管理条例》和相关法规行为进行行政处罚和申请人民法院强制执行情况：2018年昌吉州住房公积金管理中心严格按照《住房公积金管理条例》和相关法规开展各项业务，本年度在催建、催缴住房公积金过程中没有行政处罚，申请人民法院强制执行案件13件，结案9件，收回案款62.02万元。

博尔塔拉蒙古自治州住房公积金2018年年度报告

一、机构概况

（一）住房公积金管理委员会：住房公积金管理委员会有23名委员，2018年召开1次会议，审议通过的事项主要包括：审议通过《自治州2018年住房公积金归集使用计划执行情况和2018年住房公积金归集使用计划草案的报告》、《博尔塔拉蒙古自治州住房公积金2018年年度报告》、《博州关于调整住房公积金缴存使用政策的意见》。

（二）住房公积金管理中心：博州住房公积金管理中心为直属于自治州人民政府的不以营利为目的的自收自支事业单位，设3个科室，4个管理部。从业人员39人，其中，在编26人，非在编13人。

二、业务运行情况

（一）缴存：2018年，新开户单位40家，实缴单位887家，净减单位19家；新开户职工0.45万人，实缴职工3.99万人，净增职工0.4万人；缴存额6.54亿元，同比增长7.04%。2018年末，缴存总额43.93亿元，同比增长17.46%；缴存余额17.72亿元，同比增长13.52%。

受委托办理住房公积金缴存业务的银行4家，同上年保持一致。

（二）提取：2018年，提取额4.43亿元，同比增长22.71%；占当年缴存额的67.74%，比上年增加8.66个百分点。2018年末，提取总额26.21亿元，同比增长20.34%。

（三）贷款：个人住房贷款最高额度40万元，其中，单缴存职工最高额度30万元，双缴存职工最高额度40万元。

2018年，发放个人住房贷款0.16万笔3.99亿元，同比分别增长77.78%、87.32%（2018年新增楼盘，干部职工改善性购房需求加大）。

2018年，回收个人住房贷款2.29亿元。

2018年末，累计发放个人住房贷款2.32万笔31.73亿元，贷款余额12.87亿元，同比分别增长7.41%、14.38%、15.22%。个人住房贷款余额占缴存余额的72.63%，比上年增加1.09个百分点。

受委托办理住房公积金个人住房贷款业务的银行4家，同上年保持一致。

（四）资金存储：2018年末，住房公积金存款5.12亿元。其中，活期0.03亿元，1年（含）以下定期4.32亿元，1年以上定期0亿元，其他（协定、通知存款等）0.77亿元。

（五）资金运用率：2018年末，住房公积金个人住房贷款余额、项目贷款余额和购买国债余额的总和占缴存余额的72.63%，比上年增加1.09个百分点。

三、主要财务数据

（一）业务收入：2018年，业务收入4506.16万元，同比增长14.04%。存款利息794.79万元，委托贷款利息3707.60万元，国债利息0万元，其他3.77万元。

（二）业务支出：2018年，业务支出2525.72万元，同比增长12.49%。支付职工住房公积金利息2508.06万元，归集手续费14.49万元，委托贷款手续费2.62万元，其他0.55万元。

（三）增值收益：2018年，增值收益1980.44万元，同比增长16.07%。增值收益率1.19%，比上年增加0.01个百分点。

（四）增值收益分配：2018年，提取贷款风险准备金887.44万元，提取管理费用803万元，提取城市廉租住房（公共租赁住房）建设补充资金290万元。

2018年，上交财政管理费用831万元。上缴财政城市廉租住房（公共租赁住房）建设补充资金206.50万元。

2018年末，贷款风险准备金余额7893.65万元。累计提取城市廉租住房（公共租赁住房）建设补充资金1775.70万元。

（五）管理费用支出：2018年，管理费用支出552.30万元，同比增长13.66%。其中，人员经费462.63万元，公用经费80.17万元，专项经费9.50万元。

四、资产风险状况

2018年末，个人住房贷款逾期额0.64万元，逾期率0‰。

个人贷款风险准备金按贷款余额的1%提取。2018年，提取个人贷款风险准备金887.44万元，使用个人贷款风险准备金核销呆坏账0万元。2018年末，个人贷款风险准备金余额7893.65万元，占个人住房贷款余额的6.13%，个人住房贷款逾期额与个人贷款风险准备金余额的比率为0.01‰。

五、社会经济效益

（一）缴存业务：2018年，实缴单位数、实缴职工人数和缴存额同比分别减少2.10%、增长11.14%、7.04%。

缴存单位中，国家机关和事业单位占74.97%，国有企业占10.71%，城镇集体企业占0.68%，外商投资企业占5.52%，城镇私营企业及其他城镇企业占6.09%，民办非企业单位和社会团体占1.47%，其他占0.56%。

缴存职工中，国家机关和事业单位占84.07%，国有企业占9.95%，城镇集体企业占0.66%，外商投资企业占1.91%，城镇私营企业及其他城镇企业占2.08%，民办非企业单位和社会团体占0.41%，其他占0.92%；中、低收入占99.86%，高收入占0.14%。

新开户职工中，国家机关和事业单位占81.99%，国有企业占7.58%，城镇集体企业占0.42%，外

商投资企业占2.82%，城镇私营企业及其他城镇企业占3.98%，民办非企业单位和社会团体占0.40%，其他占2.81%；中、低收入占100%，高收入占0%。

（二）提取业务：2018年，1.40万名缴存职工提取住房公积金4.43亿元。

提取金额中，住房消费提取占81.32%（购买、建造、翻建、大修自住住房占37.91%，偿还购房贷款本息占38.84%，租赁住房占4.57%，其他占0%）；非住房消费提取占18.68%（离休和退休提取占15.05%，完全丧失劳动能力并与单位终止劳动关系提取占2.06%，户口迁出本市或出境定居占0.36%，其他占1.21%）。

提取职工中，中、低收入占99.80%，高收入占0.20%。

（三）贷款业务：

1. **个人住房贷款**。2018年，支持职工购建房19.01万平方米，2018年末个人住房贷款市场占有率为31.80%，比上年减少25.85个百分点。通过申请住房公积金个人住房贷款，可节约职工购房利息支出5988.97万元。

职工贷款笔数中，购房建筑面积90（含）平方米以下占8.27%，90～144（含）平方米占77.63%，144平方米以上占14.10%。购买新房占75.58%（其中购买保障性住房占0%），购买二手房占24.42%，建造、翻建、大修自住住房占0%，其他占0%。

职工贷款笔数中，单缴存职工申请贷款占69.29%，双缴存职工申请贷款占30.71%，三人及以上缴存职工共同申请贷款占0%。

贷款职工中，30岁（含）以下占42.63%，30岁～40岁（含）占27.82%，40岁～50岁（含）占21.28%，50岁以上占8.27%；首次申请贷款占75.90%，二次及以上申请贷款占24.10%；中、低收入占99.94%，高收入占0.06%。

2. **异地贷款**。2018年，发放异地贷款32笔805.70万元。2018年末，发放异地贷款总额14,280.17万元，异地贷款余额5430.57万元。

（四）**住房贡献率**：2018年，个人住房贷款发放额、公转商贴息贷款发放额、项目贷款发放额、住房消费提取额的总和与当年缴存额的比率为116.17%，比上年增加34.79个百分点。

六、其他重要事项

（一）**当年机构及职能调整情况**：2018年博州住房公积金管理中心机构及职能无调整事项，缴存贷款业务金融机构无变化。

（二）**当年住房公积金政策调整及执行情况**：2018年12月22日提请自治州住房公积金管理委员会审议通过了《博州关于调整住房公积金缴存使用政策的意见》。缴存职工与单位解除或终止劳动关系的，先办理个人账户封存。账户封存期间，在异地开立住房公积金账户并稳定缴存半年以上的，通过全国住房公积金转移接续平台办理转移接续手续。未在异地继续缴存的，封存期满6个月后方可提取；缴存职工调离博州地区的，先办理个人账户封存。账户封存期间不可提取，需将原工作地缴存的住房公积金转移到转入地中心；对在自治州缴存住房公积金、生产经营困难的企业，经职工代表大会或工会讨论通过，在住房公积金缴存比例下限为5%至规定的最高不得超过12%的区间内，可申请降低住房公积金缴存比例或者缓缴，由自治州住房公积金管理委员会授权州住房公积金管理中心进行审批，审批时限不得超过10个工作日。

当年缴存基数限额、缴存比例等情况。根据博州统计部门提供的上年度工资信息，博州住房公积金单位和职工个人月缴存额合计最高上限由2018年的4150元调整到4040元；单位和职工个人住房公积金缴存比例按照5％～12％的标准执行（5％≤缴存比例≤12％）；2018年提取政策未调整。

当年个人住房贷款条件等政策调整情况。2018年个人住房贷款最高额度、贷款条件等政策未调整；住房公积金存款利率按照一年期1.5％执行，职工个人住房公积金贷款利率分别按照五年以上3.25％、五年以下2.75％执行。

(三) 当年服务改进情况：2018年，博州住房公积金管理中心认真落实"放管服"改革要求，全面推出住房公积金"五实现"服务模式。

一是实现窗口"一站式"服务，提高离柜率。在推行综合柜员制、月对冲还贷、异地转移接续、网上预约等便民举措的基础上，有效整合了12329热线、短信、网厅、微信、手机APP、支付宝、自助查询共8个渠道，全面实现网上自助办理。

二是实现手续优化，提升服务集约化。业务办理实现"四个不再"，即：职工办理异地转移不再往返跑；提取、贷款业务不再往返跑；职工办理还贷业务不再每年跑；职工办理提取、贷款业务，不再提供身份证、户口簿和结婚证等复印件。

三是实现服务个性化，提升群众满意度。对于病残孕、"访惠聚"驻村（社区）人员、政法干部等人员，推行限时办，延时办，预约办，上门办等个性化服务，开通绿色快速服务通道。

四是实现信息公开，扩大社会知晓率。适应"互联网＋"发展趋势，通过微信公众平台、手机APP、"12329"服务热线等网络新媒体，广泛宣传住房公积金各项便民措施，截至目前，住房公积金微信公众平台信息阅读量达140万余人次，QQ业务交流群接待咨询1万余人次，"12329"热线咨询2万余人次。

五是实现业务流程化管理，提升系统的安全性、便捷性。于2018年6月建成了基于云平台全疆统一的业务管理系统和综合服务平台，实现了汇缴实时分解、提取实时到账、贷款实时发放、资金实时调拨、账户实时监控、财务实时结账、互联网实时服务的"七实时"管理。

(四) 当年信息化建设情况：2018年以来，中心严格落实"双贯标"完成时限要求，全面推进"互联网＋住房公积金建设"，于6月建成了基于云平台、全疆统一的业务管理系统和综合服务平台，实现了业务流程化管理，于10月以"优秀"等级通过住房城乡建设部验收，全业务、全账户实现通过结算平台进行资金结算，做到"一闭环、双驱动、三同步、四实现、七实时"。

(五) 当年住房公积金管理中心所获荣誉情况：博州住房公积金管理中心荣获自治区级"文明单位"、自治区级"政风行风示范窗口单位"、自治区级"民族团结进步示范单位"。

巴音郭楞蒙古自治州住房公积金2018年年度报告

一、机构概况

(一) 住房公积金管理委员会：住房公积金管理委员会有22名委员，2018年召开1次会议，审议通过的事项主要包括：1. 巴州住房公积金管理中心 2018 年度住房公积金归集、使用情况及 2018 年住房公积金归集、使用计划；2. 2018 年增值收益分配方案；2018 年度管理费决算及 2018 年管理费预算报告；3. 巴州住房公积金缴存基数和月缴存额上下限调整的报告；4. 巴州住房公积金提取政策调整的报告；5. 巴州住房公积金业务办理流程简化资料要件报告；6. 聘用人员发放年度绩效考核奖励的请示；7. 中国银行巴州分行要求承办住房公积金归集业务的请示；8. 塔里木油田分中心 2018 年度住房公积金归集、使用情况及 2018 年住房公积金归集、使用计划报告；9. 塔里木油田分中心 2018 年度增值收益分配方案报告；10. 塔里木油田分中心 2018 年管理费用预算申请报告。

（二）**住房公积金管理中心**：巴州住房公积金管理中心隶属州人民政府，不以营利为目的的自收自支事业单位，设 6 个科室，10 个管理部，1 个分中心。从业人员 97 人，其中，在编 62 人，非在编 35 人。

二、业务运行情况

（一）**缴存**：2018 年，新开户单位 113 家，实缴单位 2418 家，净减单位 1042 家（因单位合并、封存、销户）；新开户职工 2.42 万人，实缴职工 15.40 万人，净增职工 1.87 万人；缴存额 24.46 亿元，同比增长 3.56%。2018 年末，缴存总额 181.43 亿元，同比增长 15.66%；缴存余额 72.72 亿元，同比增长 18.51%。

受委托办理住房公积金缴存业务的银行 4 家，同上年保持一致。

（二）**提取**：2018 年，提取额 13.20 亿元，同比增长 3.61%；占当年缴存额的 53.97%，比上年增加 0.04 个百分点。2018 年末，提取总额 108.71 亿元，同比增长 3.61%。

（三）**贷款**：

1. **个人住房贷款**。个人住房贷款最高额度 50 万元，其中：单缴存职工最高额度 50 万元，双缴存职工最高额度 50 万元。

2018 年，发放个人住房贷款 0.23 万笔 5.84 亿元，同比分别下降 11.22%、11.92%。其中：市中心发放个人住房贷款 0.2249 万笔 5.51 亿元，塔里木油田分中心发放个人住房贷款 0.0085 万笔 0.33 亿元。

2018 年，回收个人住房贷款 5.79 亿元。其中：市中心 5.51 亿元，塔里木油田分中心 0.28 亿元。

2018 年末，累计发放个人住房贷款 4.66 万笔 76.96 亿元，贷款余额 38.43 亿元，同比分别增长 5.27%、8.20%、0.16%。个人住房贷款余额占缴存余额的 52.84%，比上年减少 9.69 个百分点。

受委托办理住房公积金个人住房贷款业务的银行 8 家，同上年保持一致。

2. **住房公积金支持保障性住房建设项目贷款**。2018 年发放支持保障性住房建设项目贷款 0 亿元，回收项目贷款 0.37 亿元。2018 年末，累计发放项目贷款 3.87 亿元，项目贷款余额 0 亿元。

（四）**购买国债**：2018 年，（收回）国债 0.12 亿元。2018 年末，国债余额 0 亿元，比上年减少 0.12 亿元。

（五）**资金存储**：2018 年末，住房公积金存款 35.30 亿元。其中，活期 2.15 亿元，1 年（含）以下定期 10.40 亿元，1 年以上定期 22.30 亿元，其他（协定、通知存款等）0.45 亿元。

（六）**资金运用率**：2018 年末，住房公积金个人住房贷款余额、项目贷款余额和购买国债余额的总和占缴存余额的 52.84%，比上年减少 10.49 个百分点。

三、主要财务数据

（一）业务收入：2018年，业务收入19738.61万元，同比增长30.55%。（增长原因：巴州中心预提定期存款应收利息实现了收益最大化）其中：市中心17285.33万元，塔里木油田分中心2453.28万元；存款利息6406.27万元，委托贷款利息13277.43万元，国债利息0万元，其他54.91万元。

（二）业务支出：2018年，业务支出10788.33万元，同比增长40.21%。其中，市中心9660.84万元，塔里木油田分中心1127.49万元；支付职工住房公积金利息10553.88万元，归集手续费0万元，委托贷款手续费234.07万元，其他0.38万元。

（三）增值收益：2018年，增值收益8950.28万元，同比增长20.54%。其中：市中心7624.49万元，塔里木油分中心1325.79万元；增值收益率1.33%，比上年减少0个百分点。

（四）增值收益分配：2018年，提取贷款风险准备金1107.28万元，提取管理费用1895.23万元，提取城市廉租住房（公共租赁住房）建设补充资金5022.06万元。

2018年，上交财政管理费用1429.70万元。上缴财政城市廉租住房（公共租赁住房）建设补充资金4026.18万元。其中，市中心上缴4026.18万元，塔里木油田分中心上缴0万元。

2018年末，贷款风险准备金余额12552.25万元。累计提取城市廉租住房（公共租赁住房）建设补充资金22686.36万元。其中，市中心提取22686.36万元，塔里木油田分中心提取0万元。

（五）管理费用支出：2018年，管理费用支出1532.46万元，同比增长2.64%。其中，人员经费1186.63万元，公用经费181.34万元，专项经费164.49万元。市中心管理费用支出1276.47万元，其中，人员、公用、专项（项目）经费分别为998.08万元、113.90万元、164.49万元；塔里木油田分中心管理费用支出255.99万元，其中，人员、公用、专项经费分别为188.55万元、67.44万元、0万元。

四、资产风险状况

（一）个人住房贷款：2018年末，个人住房贷款逾期额488.91万元，逾期率1.35‰。其中，市中心1.35‰，塔里木油田分中心0‰。

个人贷款风险准备金按贷款余额的1%提取。2018年，提取个人贷款风险准备金1107.28万元，使用个人贷款风险准备金核销呆坏账0万元。2018年末，个人贷款风险准备金余额11004.25万元，占个人住房贷款余额的2.86%，个人住房贷款逾期额与个人贷款风险准备金余额的比率4.44%。

（二）支持保障性住房建设试点项目贷款：2018年末，逾期项目贷款0万元，逾期率0‰。

项目贷款风险准备金按贷款发放额的4%提取。2018年，提取项目贷款风险准备金0万元，使用项目贷款风险准备金核销呆坏账0万元，项目贷款风险准备金余额1548万元，占项目贷款余额的0%，项目贷款逾期额与项目贷款风险准备金余额的比率为0%。

五、社会经济效益

（一）缴存业务：2018年，实缴单位数、实缴职工人数和缴存额同比分别下降30.12%、增长13.82%和3.56%。缴存单位中，国家机关和事业单位占60.79%，国有企业14.81%，城镇集体企业占0.66%，外商投资企业占0.50%，城镇私营企业及其他城镇企业占6.04%，民办非企业单位和社会团体占 0.66%，其他占 16.54%。

缴存职工中，国家机关和事业单位占 56.51%，国有企业占 18.62%，城镇集体企业占 0.24%，外商投资企业占 0.40%，城镇私营企业及其他城镇企业占 4.38%，民办非企业单位和社会团体占 0.10%，其他 19.75%；中、低收入占 75.08%，高收入占 24.92%。

新开户职工中，国家机关和事业单位占 58.75%，国有企业占 9.75%，城镇集体企业占 0.14%，外商投资企业占 0.34%，城镇私营企业及其他城镇企业占 9.61%，民办非企业单位和社会团体占 0.17%，其他占 21.24%；中、低收入占 99.98%，高收入占 0.02%。

（二）提取业务：2018 年，4.11 万名缴存职工提取住房公积金 13.20 亿元。

提取金额中，住房消费提取占 75.31%（购买、建造、翻建、大修自住住房占 33.79%，偿还购房贷款本息占 39.69%，租赁住房占 1.48%，其他占 0.35%）；非住房消费提取占 24.69%（离休和退休提取占 14.68%，完全丧失劳动能力并与单位终止劳动关系提取占 6.78%，户口迁出本市或出境定居占 0.11%，其他占 3.12%）。提取职工中，中、低收入占 99.90%，高收入占 0.10%。

（三）贷款业务：

1. **个人住房贷款**。2018 年，支持职工购建房 27.78 万平方米，年末个人住房贷款市场占有率为 21.02%，比上年减少 5.01 个百分点。通过申请住房公积金个人住房贷款，可节约职工购房利息支出 9043.82 万元。

职工贷款笔数中，购房建筑面积 90（含）平方米以下占 12.77%，90~144（含）平方米占 74.42%，144 平方米以上占 12.81%。购买新房占 78.41%（其中购买保障性住房占 0.64%），购买二手房占 21.55%，建造、翻建、大修自住住房占 0%，其他占 0.04%。

职工贷款笔数中，单缴存职工申请贷款占 48.11%，双缴存职工申请贷款占 51.89%，三人及以上缴存职工共同申请贷款占 0%。

贷款职工中，30 岁（含）以下占 50.77%，30 岁~40 岁（含）占 33.03%，40 岁~50 岁（含）占 13.11%，50 岁以上占 3.09%；首次申请贷款占 83.93%，二次及以上申请贷款占 16.07%；中、低收入占 99.91%，高收入占 0.09%。

2. **异地贷款**。2018 年，发放异地贷款 28 笔 1019.3 万元。2018 年末，发放异地贷款总额 18561.10 万元，异地贷款余额 986.14 万元。

3. **支持保障性住房建设试点项目贷款**。2018 年末，累计试点项目 7 个，贷款额度 3.87 亿元，建筑面积 54.38 万平方米，可解决 2983 户中低收入职工家庭的住房问题。7 个试点项目贷款资金已发放并还清贷款本息。

（四）**住房贡献率**：2018 年，个人住房贷款发放额、公转商贴息贷款发放额、项目贷款发放额、住房消费提取额的总和与当年缴存额的比率为 64.23%，比上年减少 6.81 个百分点。

六、其他重要事项

（一）**关于 2018 年度公积金缴存基数和比例的说明**：依据巴州统计局数据，2018 年度巴州城镇单位在岗职工月平均工资 6043 元/人，其三倍为 18129 元，作为 2018 年度巴州各单位职工住房公积金缴存基数，住房公积金缴存额上限为 4350 元，即单位、个人住房公积金月缴存额各不高于 2175 元。2018 年度巴州各县市最低工资标准为1460元,作为2018年度巴州各单位职工住房公积金缴存基数下限,公积金月缴存额下限为146元,即单位、个人住房公积金月缴存额各不低于73元。

(二)当年服务改进情况:

1. 2018年完成住房公积金软件升级并投入使用。推出住房公积金互联网综合服务平台,服务项目包括:新疆住房公积金官方网站、新疆公积金微信公众号、手机短信、网上服务大厅(单位网厅、个人网厅)、12329热线、手机公积金APP。缴存单位通过单位网厅办理基数调整、汇补缴、人员信息变更等业务,缴存职工通过手机公积金APP申请办理住房公积金提取、贷款等相关公积金业务。

2. 一切工作以人民满意为出发点和落脚点。深入推进政务服务"互联网+住房公积金"、"放管服"改革,实现"一站式"办理。简化办事流程,取消缴存职工提供身份证、户口簿、结婚证等纸质复印件档案资料;增设网上办公体验区、自助触摸屏查询机等设备,提高办事效率;开通公积金业务咨询QQ群,解答和指导办理公积金业务;开展缴存单位网厅办理公积金业务培训10期近3000人。

(三)信息化建设情况:

1. 根据住房城乡建设部《关于贯彻落实住房公积金基础数据标准的通知》、《接入住房公积金银行结算数据应用系统与公积金中心接口标准》和《关于加快建设住房公积金综合服务平台的通知》文件要求,按照"放管服"改革工作要求,中心推进信息化建设,扎实做好"双贯标"工作,将公积金业务系统整合迁移至自治区住房公积金云平台,建成全疆统一住房公积金云平台系统,2018年10月以高分顺利通过住房城乡建设部检查验收。目前,工、农、中、建、交等8家受委托银行上线住房城乡建设部银行结算数据应用系统。

2. 通过住房公积金系统升级,进一步促进住房公积金业务数据体系的科学化、标准化、规范化,提升服务管理水平。目前,中心使用全疆统一住房公积金网站、单位网厅、手机公积金APP、新疆住房公积金微信公众号、12329住房公积金服务热线、12329手机短信平台。截至2018年12月底,中心公积金网站访问量426595次;缴存单位网厅注册2120个,占缴存单位的88.37%;注册并使用手机公积金APP的缴存职工47167人;12329住房公积金热线总呼入66410次,接通率99.64%,群众服务满意度99.52%;微信公众号总关注人数42127人。

阿克苏地区住房公积金2018年年度报告

一、机构概况

(一)住房公积金管理委员会:住房公积金管理委员会有23名委员,2018年召开2次会议,审议通过的事项主要包括:地区住房公积金管理中心2018年住房公积金归集、使用情况决算以及2018年住房公积金归集、使用和收益分配计划(预算)报告,并就调整地区住房公积金部分业务权限流程,向社会公布地区住房公积金2018年度报告,关于全区住房公积金管理工作会议有关情况和意见建议的报告以及继续推动地区住房公积金信息化建设，规范业务管理等方面的问题进行了研究。

（二）住房公积金管理中心：住房公积金管理中心为行署直属不以营利为目的的自收自支事业单位，设 6 个处（科），10 个管理部。从业人员 96 人，其中，在编 84 人，非在编 12 人。

二、业务运行情况

（一）缴存：2018 年，新开户单位 157 家，实缴单位 2692 家，净增单位 59 家；新开户职工 1.94 万人，实缴职工 13.71 万人，净增职工 2.26 万人；缴存额 23.94 亿元，同比增长 12.50%。2018 年末，缴存总额 151.22 亿元，同比增长 18.81%；缴存余额 63.10 亿元，同比增长 21.09%。

受委托办理住房公积金缴存业务的银行 5 家，同上年保持一致。

（二）提取：2018 年，提取额 12.95 亿元，同比增长 11.35%；占当年缴存额的 54.09%，比上年减少 0.56 个百分点。2018 年末，提取总额 88.12 亿元，同比增长 17.23%。

（三）贷款：个人住房贷款最高额度 50 万元，其中，单缴存职工最高额度 50 万元，双缴存职工最高额度 50 万元。

2018 年，发放个人住房贷款 0.30 万笔 7.7 亿元，同比分别增长 15.38%、26.23%。

2018 年，回收个人住房贷款 5.25 亿元。

2018 年末，累计发放个人住房贷款 5.22 万笔 68.45 亿元，贷款余额 31.65 亿元，同比分别增长 6.10%、12.67%、8.39%。个人住房贷款余额占缴存余额的 50.16%，比上年减少 5.87 个百分点。

受委托办理住房公积金个人住房贷款业务的银行 5 家，比上年增加 1 家。

（四）资金存储：2018 年末，住房公积金存款 32.53 亿元。其中，活期 0.01 亿元，1 年（含）以下定期 23.40 亿元，1 年以上定期 6.70 亿元，其他（协定存款等）2.42 亿元。

（五）资金运用率：2018 年末，住房公积金个人住房贷款余额、项目贷款余额和购买国债余额的总和占缴存余额的 50.16%，比上年减少 5.87 个百分点。

三、主要财务数据

（一）业务收入：2018 年，业务收入 13882.14 万元，同比增长 12.13%。其中，存款利息 4112.54 万元，委托贷款利息 9760.09 万元，其他 9.51 万元。

（二）业务支出：2018 年，业务支出 8806.81 万元，同比增长 13.17%。其中，支付职工住房公积金利息 8674.86 万元，委托贷款手续费 131.95 万元。

（三）增值收益：2018 年，增值收益 5075.34 万元，同比增长 10.36%。其中，增值收益率 0.88%，比上年减少 0.1 个百分点。

（四）增值收益分配：2018 年，提取贷款风险准备金 318.34 万元，提取管理费用 1607 万元，提取城市廉租住房（公共租赁住房）建设补充资金 3150 万元。

2018 年，上交财政管理费用 3140.74 万元。上缴财政城市廉租住房（公共租赁住房）建设补充资金 2850 万元。

2018 年末，贷款风险准备金余额 4113.97 万元。累计提取城市廉租住房（公共租赁住房）建设补充资金 27306.86 万元。

（五）管理费用支出：2018 年，管理费用支出 1559.45 万元，同比增长 7.84%。其中，人员经费 1075.65 万元，公用经费 62.98 万元，专项经费 420.82 万元。

四、资产风险状况

2018 年末，个人住房贷款逾期额 87.80 万元，逾期率 0.28‰。

个人贷款风险准备金按贷款余额不低于 1% 提取。2018 年，提取个人贷款风险准备金 318.34 万元，使用个人贷款风险准备金核销呆坏账 0 万元。2018 年末，个人贷款风险准备金余额 4113.97 万元，占个人住房贷款余额的 1.30%，个人住房贷款逾期额与个人贷款风险准备金余额的比率为 2.13%。

五、社会经济效益

（一）缴存业务：2018 年，实缴单位数、实缴职工人数和缴存额同比分别增长 2.24%、19.74% 和 12.50%。

缴存单位中，国家机关和事业单位占 71.06%，国有企业占 10.40%，城镇集体企业占 1.49%，外商投资企业占 0.48%，城镇私营企业及其他城镇企业占 11.18%，民办非企业单位和社会团体占 1.67%，其他占 3.72%。

缴存职工中，国家机关和事业单位占 75.64%，国有企业占 12.38%，城镇集体企业占 0.87%，外商投资企业占 0.52%，城镇私营企业及其他城镇企业占 5.35%，民办非企业单位和社会团体占 1.31%，其他占 3.93%；中、低收入占 99.28%，高收入占 0.72%。

新开户职工中，国家机关和事业单位占 74.62%，国有企业占 7.35%，城镇集体企业占 0.70%，外商投资企业占 1.64%，城镇私营企业及其他城镇企业占 6.63%，民办非企业单位和社会团体占 3.06%，其他占 6%；中、低收入占 99.94%，高收入占 0.06%。

（二）提取业务：2018 年，8.16 万名缴存职工提取住房公积金 12.95 亿元。

提取金额中，住房消费提取占 82.79%（购买、建造、翻建、大修自住住房占 24.77%，偿还购房贷款本息占 42.20%，租赁住房占 3.79%，其他占 12.03%）；非住房消费提取占 17.21%（离休和退休提取占 10.96%，完全丧失劳动能力并与单位终止劳动关系提取占 3.47%，户口迁出本市或出境定居占 0.54%，其他占 2.24%）。

提取职工中，中、低收入占 99.57%，高收入占 0.43%。

（三）贷款业务：

1. 个人住房贷款。2018 年，支持职工购建房 34.84 万平方米，年末个人住房贷款市场占有率为 28.35%，比上年减少 12.1 个百分点。通过申请住房公积金个人住房贷款，可节约职工购房利息支出 13579.65 万元。

职工贷款笔数中，购房建筑面积 90（含）平方米以下占 11.13%，90～144（含）平方米占 82.71%，144 平方米以上占 6.16%。购买新房占 89.95%（其中购买保障性住房占 0%），购买二手房占 10.05%，建造、翻建、大修自住住房占 0%，其他占 0%。

职工贷款笔数中，单缴存职工申请贷款占 65.84%，双缴存职工申请贷款占 34.16%，三人及以上缴存职工共同申请贷款占 0%。

贷款职工中，30岁（含）以下占53.72%，30岁~40岁（含）占31.52%，40岁~50岁（含）占12.48%，50岁以上占2.28%；首次申请贷款占85.08%，二次及以上申请贷款占14.92%；中、低收入占99.64%，高收入占0.36%。

2. 异地贷款。2018年，发放异地贷款15笔426.20万元。2018年末，发放异地贷款总额9088.80万元，异地贷款余额489.39万元。

(四)住房贡献率：2018年，个人住房贷款发放额、公转商贴息贷款发放额、项目贷款发放额、住房消费提取额的总和与当年缴存额的比率为77.04%，比上年增长14.85个百分点。

六、其他重要事项

(一)按照地委、行署持续深化"放管服"改革工作要求，为办事群众提供优质公共服务，将地（市）直管理部拆分为地直管理部和市直管理部，分别在地区政务服务大厅和阿克苏市行政服务中心办公，实行住房公积金业务"同城通办"，实现"一网办、就近办"。

(二)地区住房公积金信息系统"双贯标"上线以来，委托办理住房公积金缴存业务的银行5家；委托办理住房公积金个人住房贷款业务的银行5家。

(三)2018年度缴存基数、缴存额上限是根据阿克苏地区统计局公布的2018年度全地区在岗职工平均工资的3倍确定，月缴存基数上限为16191元，月缴存额上限为3886元。2018年，取消了大病、装修提取住房公积金和申请第三次个人住房公积金贷款业务，个人住房贷款最高贷款额度仍为50万元。存贷款利率按照中国人民银行公布的利率执行，贷款五年期以上为3.25%，五年期以下（含五年）为2.75%。

(四)全面落实"放管服"改革要求：一是利用地区住房公积金信息化建设成果，开通12329住房公积金短信平台服务，向地区缴存职工推送住房公积金政策宣传、办事指南等便民信息。二是下放贷款审批权限，贷款业务由"七级审批"简化为"两级审批"，缩短贷款审批时限。三是简化业务办理环节所需职工身份证明材料手续，不再需要缴存职工提供身份证明材料复印件。四是开设便民服务窗口，为"访惠聚"驻村干部、警察等群体办理住房公积金业务开通"绿色通道"，方便办事群众。

(五)加强账户和资金管理：一是清理整合公积金银行账户，全中心只保留7个公积金账户，分别为工、农、中、建、交五家银行公积金账户各1个、建行增值收益户1个、工行保证金户1个，账户结余资金由中心统一调配，按月转存定期，保证增值收益最大化。二是自2018年1月1日起，取消向委托银行支付归集业务手续费，贷款业务手续费标准由原来按贷款利息的5%降低到2%。三是加强公积金贷款保证金的缴交管理，严格对房地产开发企业缴纳的贷款保证金实施分户核算，账户产生的利息归各房地产开发企业所有。

(六)持续推进信息化建设：2018年，地区住房公积金信息系统"双贯标"建设工作全面完成，实现业务、资金、财务三账同步，资金管控能力显著增强，财务管理效率全面提高，管理和服务水平显著提升。一是实现业务管理四统一，即：统一决策、统一管理、统一制度、统一核算。二是实现业务办理"六实时"，汇缴实时分解、提取实时到账、贷款实时发放、资金实时调度、财务实时结账、账户实时监管，即住房公积金归集、提取和贷款发放等业务做到实时交易，实现资金秒速到账。三是实现地区跨县（市）办理住房公积金业务，打破了地域限制。阿克苏地区缴存单位和职工在八县一市任一管理部都可以办理住房公积金归集、提取、贷款等各项业务。

2018年6月6日，完成信息系统升级工作，统一接入云平台2.0版本，开通了地区住房公积金单位网厅、个人网厅和手机APP业务，实现"零材料"，让"数据多跑路，群众少跑腿"，提高了工作效率，受到广大缴存单位和职工的一致好评。

（七）认真落实廉政风险防控工作：每季度定期对各管理部开展的住房公积金归集、提取、贷款等业务进行一次现场稽核，全面排查风险隐患，发现问题及时督促整改，确保资金安全。2018年，在地区审计局对中心年度业务审计中未发现资金挪用、超比例缴存、违规放贷等问题。

（八）中心继续保持自治区文明单位称号，驻拜城县康其乡康其村工作队被自治区"访民情惠民生聚民心"驻村工作领导小组授予"自治区'访惠聚'驻村工作先进工作队"称号。

克孜勒苏柯尔克孜自治州住房公积金 2018年年度报告

一、机构概况

（一）**住房公积金管理委员会**：住房公积金管理委员会有23名委员，2018年召开1次会议，审议通过的事项主要包括：2018年住房公积金业务运行情况及2018年住房公积金归集使用计划、增值收益分配方案；取消装修、就学、其他突发事件造成家庭生活困难等非住房消费提取政策，取消职工购第三套及以上住房提取及调出克州提取业务；规范解除劳动合同提取政策；缴存职工购第三套及以上住房不允许发放公积金贷款政策；同意授权住房公积金管理中心审批生产经营困难的企业降低缴存比例或缓缴申请；集资房贷款保证金清退方案。

（二）**住房公积金管理中心**：住房公积金管理中心为隶属于克孜勒苏柯尔克孜自治州人民政府不以营利为目的全额财政拨款参照公务员法管理的事业单位，设4个科室，4个管理部，0个分中心。从业人员33人，其中，在编21人，非在编12人。

二、业务运行情况

（一）**缴存**：2018年，新开户单位51家，实缴单位970家，净增单位20家；新开户职工0.65万人，实缴职工5.20万人，净增职工0.51万人；缴存额9.25亿元，同比增长18.29%。2018年末，缴存总额53.75亿元，同比增长20.79%；缴存余额29.93亿元，同比增长20.49%。

受委托办理住房公积金缴存业务的银行3家，同上年保持一致。

（二）**提取**：2018年，提取额4.15亿元，同比增长7.79%；占当年缴存额的44.86%，比上年减少4.37个百分点。2018年末，提取总额23.81亿元，同比增长21.11%。

（三）**贷款**：个人住房贷款最高额度30万元，其中，单缴存职工最高额度30万元，双缴存职工最高额度30万元。

2018年，发放个人住房贷款0.07万笔1.44亿元，同比分别下降30%、33.33%。

2018年，回收个人住房贷款3.62亿元。

2018年末，累计发放个人住房贷款3.38万笔34.27亿元，贷款余额8.97亿元，同比分别增长2.11%、4.42%、下降19.55%。个人住房贷款余额占缴存余额的29.97%，比上年减少14.92个百分点。

受委托办理住房公积金个人住房贷款业务的银行3家，同上年保持一致。

（四）资金存储：2018年末，住房公积金存款20.99亿元。其中，活期0.39亿元，1年（含）以下定期16.80亿元，1年以上定期3.80亿元，其他（协定、通知存款等）0亿元。

（五）资金运用率：2018年末，住房公积金个人住房贷款余额、项目贷款余额和购买国债余额的总和占缴存余额的29.97%，比上年减少14.92个百分点。

三、主要财务数据

（一）业务收入：2018年，业务收入5758.89万元，同比增长19.43%。存款利息2493.87万元，委托贷款利息3243.35万元，国债利息0万元，其他21.67万元。

（二）业务支出：2018年，业务支出3789.72万元，同比增长19.10%。支付职工住房公积金利息3729.61万元，归集手续费13.50万元，委托贷款手续费46.50万元，其他0.11万元。

（三）增值收益：2018年，增值收益1969.17万元，同比增长20.06%。增值收益率0.73%，比上年增加0.01个百分点。

（四）增值收益分配：2018年，提取贷款风险准备金0万元，提取管理费用639.21万元，提取城市廉租住房（公共租赁住房）建设补充资金1329.96万元。

2018年，上交财政管理费用495.62万元。上缴财政城市廉租住房（公共租赁住房）建设补充资金1144.53万元。

2018年末，贷款风险准备金余额1219.31万元。累计提取城市廉租住房（公共租赁住房）建设补充资金9929.46万元。

（五）管理费用支出：2018年，管理费用支出422.91万元，同比下降0.10%。其中，人员经费293.72万元，公用经费109.83万元，专项经费19.36万元。

四、资产风险状况

2018年末，个人住房贷款逾期额34.84万元，逾期率0.39‰。

个人贷款风险准备金按贷款余额的1%提取。2018年，提取个人贷款风险准备金0万元（个人贷款风险准备金余额大于贷款余额的1%，2018年不再提取），使用个人贷款风险准备金核销呆坏账0万元。2018年末，个人贷款风险准备金余额1219.31万元，占个人住房贷款余额的1.36%，个人住房贷款逾期额与个人贷款风险准备金余额的比率2.86%。

五、社会经济效益

（一）缴存业务：2018年，实缴单位数、实缴职工人数和缴存额同比分别增长2.11%、10.87%和18.29%。

缴存单位中，国家机关和事业单位占 84.33%，国有企业占 9.28%，城镇集体企业占 0.62%，外商投资企业占 0%，城镇私营企业及其他城镇企业占 3.81%，民办非企业单位和社会团体占 1.03%，其他占 0.93%。

缴存职工中，国家机关和事业单位占 89.69%，国有企业占 6.03%，城镇集体企业占 0.61%，外商投资企业占 0%，城镇私营企业及其他城镇企业占 1.96%，民办非企业单位和社会团体占 0.15%，其他占 1.56%；中、低收入占 99.39%，高收入占 0.61%。

新开户职工中，国家机关和事业单位占 85.02%，国有企业占 9.47%，城镇集体企业占 0.45%，外商投资企业占 0%，城镇私营企业及其他城镇企业占 4.91%，民办非企业单位和社会团体占 0%，其他占 0.15%；中、低收入占 99.65%，高收入占 0.35%。

（二）**提取业务**：2018 年，1.06 万名缴存职工提取住房公积金 4.15 亿元。

提取金额中，住房消费提取占 85.74%（购买、建造、翻建、大修自住住房占 19.91%，偿还购房贷款本息占 49.30%，租赁住房占 1.86%，其他占 14.67%）；非住房消费提取占 14.26%（离休和退休提取占 6.72%，完全丧失劳动能力并与单位终止劳动关系提取占 4.87%，户口迁出本市或出境定居占 0.39%，其他占 2.28%）。

提取职工中，中、低收入占 99.33%，高收入占 0.67%。

（三）**贷款业务**：

1. **个人住房贷款**。2018 年，支持职工购建房 7.70 万平方米，年末个人住房贷款市场占有率为 76.90%，比上年减少 4.21 个百分点。通过申请住房公积金个人住房贷款，可节约职工购房利息支出 1266.80 万元。

职工贷款笔数中，购房建筑面积 90（含）平方米以下占 17.99%，90～144（含）平方米占 74.93%，144 平方米以上占 7.08%。购买新房占 76.91%（其中购买保障性住房占 0%），购买二手房占 23.09%，建造、翻建、大修自住住房占 0%，其他占 0%。

职工贷款笔数中，单缴存职工申请贷款占 52.27%，双缴存职工申请贷款占 47.73%，三人及以上缴存职工共同申请贷款占 0%。

贷款职工中，30 岁（含）以下占 43.20%，30 岁～40 岁（含）占 42.92%，40 岁～50 岁（含）占 12.75%，50 岁以上占 1.13%；首次申请贷款占 77.34%，二次及以上申请贷款占 22.66%；中、低收入占 99.86%，高收入占 0.14%。

2. **异地贷款**。2018 年，发放异地贷款 44 笔 995.90 万元。2018 年末，发放异地贷款总额 9589 万元，异地贷款余额 5608.57 万元。

（四）**住房贡献率**：2018 年，个人住房贷款发放额、公转商贴息贷款发放额、项目贷款发放额、住房消费提取额的总和与当年缴存额的比率为 54.12%，比上年减少 12.31 个百分点。

六、其他重要事项

（一）**当年住房公积金政策调整及执行情况**

1. **缴存基数限额及确定方法**。2018 年，中心根据统计部门提供我州上年职工月平均工资基数，按 2018 年度克州上一年度在岗职工月平均工资基数，确定单位和个人月最高缴存额为 3794 元，单位缴 1897

元,个人缴1897元;月缴存额下限为146元,单位缴73元,个人缴73元。

2. **缴存比例**。2018年住房公积金缴存比例仍执行单位、个人各12%标准。各类企业参照此标准执行,但缴存比例最低单位、个人各5%。

3. **当年提取政策调整情况**。取消装修、就学、其他突发事件造成家庭生活困难等非住房消费提取政策;取消职工购第三套及以上住房提取业务,取消职工调出克州提取业务,办理住房公积金转移接续,规范解除劳动合同提取政策,缴存职工与单位解除或终止劳动关系的,在异地开立住房公积金账户并稳定缴存半年以上的,可办理异地转移接续手续,未在异地继续缴存的,封存满半年后可提取。

4. **当年个人住房贷款最高贷款额度、贷款条件等贷款政策调整情况**。个人住房贷款额度、期限未做调整,贷款额度仍为30万元,最长贷款期限仍为20年。贷款条件做了调整,不再为第三次申请住房公积金贷款的缴存职工发放贷款。

5. **当年住房公积金存贷款利率执行标准等**。2018年住房公积金贷款利率未进行调整,五年(含)及以下公积金贷款利率为2.75%、五年以上公积金贷款利率为3.25%,按照人民银行公布的贷款利率严格执行。

(二)当年服务改进情况

1. **当年服务改进情况**。一是简化业务流程。借助住房城乡建设部银行数据采集结算平台的后台支撑,职工贷款和提取资金秒到账,整合提升业务大厅"一站式"功能,实现"一个窗口""一次办成"。

二是精简办理要件。自2018年5月15日起,办理个人公积金提取、贷款业务不再需要职工本人及配偶身份证、户口簿、结婚证复印件,租房提取不需提供租赁合同,购房提取、退休提取不需提供单位证明。

三是通兑通取方便职工就近办理业务。克州范围内跨归集点(州直、三县一市管理部)辖区内提取业务实现全城通办。

2. **综合服务平台建设情况**。2018年9月以来,运用"互联网+"思维,依托互联网、云技术和住房公积金大数据,全力推进住房公积金综合服务平台建设,拓展网上业务,拓宽服务渠道,克州中心建成了包括网站、网上业务办理大厅、手机公积金APP、12329住房公积金服务热线、12329短信平台、微信公众号等服务渠道,实现了住房公积金服务由柜面到网上、由人工到智能、由群众跑腿到信息跑路的全方位转变。

(三)当年信息化建设情况

2018年12月28日,克州顺利完成"住房公积金基础数据贯标"和"接入全国统一的住房公积金银行结算数据应用系统",与受托银行进行直联支付结算,实现了资金管理"三统一",业务办理"七实时"对办理流程全程进行实时监控,保障了资金安全,实现了财务、业务、银行的"三账匹配、三账平衡"。2018年10月26日,新疆住房公积金"双贯标"工作以95.23的高分顺利通过住房城乡建设部验收。

喀什地区住房公积金2018年年度报告

一、机构概况

(一)**住房公积金管理委员会**:住房公积金管理委员会有27名委员,2018年未召开会议。

（二）住房公积金管理中心：住房公积金管理中心为直属喀什地区行政公署不以营利为目的的参照公务员法管理的事业单位，设6个科室，12个管理部。从业人员96人，其中，在编72人，非在编24人。

二、业务运行情况

（一）缴存：2018年，新开户单位191家，实缴单位2723家，净增单位143家；新开户职工3.37万人，实缴职工21.09万人，净增职工1.83万人；缴存额38.59亿元，同比增长16.73%。2018年末，缴存总额224.06亿元，同比增长20.81%；缴存余额118.89亿元，同比增长24.62%。

受委托办理住房公积金缴存业务的银行4家，同上年保持一致。

（二）提取：2018年，提取额15.11亿元，同比下降1.69%；占当年缴存额的39.16%，比上年减少7.33个百分点。2018年末，提取总额105.17亿元，同比增长16.78%。

（三）贷款：个人住房贷款最高额度40万元，其中，单缴存职工最高额度40万元，双缴存职工最高额度40万元。

2018年，发放个人住房贷款0.33万笔7.64亿元，同比分别下降15.38%、14.73%。2018年，回收个人住房贷款8.67亿元。

2018年末，累计发放个人住房贷款7.63万笔99.62亿元，同比分别增长4.52%、8.31%，贷款余额42.15亿元，同比下降2.39%。个人住房贷款余额占缴存余额的35.45%，比上年减少9.81个百分点。

受委托办理住房公积金个人住房贷款业务的银行4家，比上年增加1家。

（四）购买国债：2018年，购买（记账式、凭证式）国债0亿元，兑付国债0.43亿元。2018年末，国债余额0.29亿元，比上年减少0.43亿元。

（五）资金存储：2018年末，住房公积金存款78.03亿元。其中，活期0.02亿元，1年（含）以下定期25.16亿元，1年以上定期51.92亿元，协定0.93亿元。

（六）资金运用率：2018年末，住房公积金个人住房贷款余额、项目贷款余额和购买国债余额的总和占缴存余额的35.70%，比上年减少10.32个百分点。

三、主要财务数据

（一）业务收入：2018年，业务收入15296.47万元，同比下降19.33%。其中，存款利息1478.93万元，委托贷款利息13574.67万元，国债利息221.10万元，其他21.77万元。

（二）业务支出：2018年，业务支出10008.42万元，同比下降29.30%。其中，支付职工住房公积金利息9809.08万元，归集手续费0万元，委托贷款手续费199.25万元，其他0.09万元。

（三）增值收益：2018年，增值收益5288.05万元，同比增长10.04%。增值收益率0.49%，比上年减少0.07个百分点。

（四）增值收益分配：2018年，提取管理费用2327.77万元，提取城市廉租住房（公共租赁住房）建设补充资金2960.28万元。

2018年，上交财政管理费用2000万元；上缴财政城市廉租住房（公共租赁住房）建设补充资金13094.98万元。

2018年末，贷款风险准备金余额14430.77万元；累计提取城市廉租住房（公共租赁住房）建设补充资金 23441.47 万元。

（五）管理费用支出：2018 年，管理费用支出 1871.03 万元，同比增长 42.24%；其中，人员经费 1110.09 万元，公用经费 44.16 万元，专项经费 716.78 万元。

四、资产风险状况

2018 年末，个人住房贷款逾期额 95.12 万元，逾期率 0.23‰。

个人贷款风险准备金按贷款余额的 1% 提取。2018 年，提取个人贷款风险准备金 0 万元（个人贷款风险准备金余额大于贷款余额的 1%），使用个人贷款风险准备金核销呆坏账 0 万元。2018 年末，个人贷款风险准备金余额 14430.77 万元，占个人住房贷款余额的 3.42%，个人住房贷款逾期额与个人贷款风险准备金余额的比率为 0.66%。

五、社会经济效益

（一）缴存业务：2018 年，实缴单位数、实缴职工人数和缴存额同比分别增长 5.54%、9.50% 和 16.73%。

缴存单位中，国家机关和事业单位占 79.33%，国有企业占 10.94%，城镇集体企业占 2.17%，外商投资企业占 0.18%，城镇私营企业及其他城镇企业占 5.91%，民办非企业单位和社会团体占 0.44%，其他占 1.03%。

缴存职工中，国家机关和事业单位占 87.72%，国有企业占 8.09%，城镇集体企业占 0.93%，外商投资企业占 0.04%，城镇私营企业及其他城镇企业占 1.87%，民办非企业单位和社会团体占 0.04%，其他占 1.31%；中、低收入占 99.47%，高收入占 0.53%。

新开户职工中，国家机关和事业单位占 92.50%，国有企业占 4.02%，城镇集体企业占 0.50%，外商投资企业占 0.04%，城镇私营企业及其他城镇企业占 2.78%，民办非企业单位和社会团体占 0.04%，其他占 0.12%；中、低收入占 99.91%，高收入占 0.09%。

（二）提取业务：2018 年，4.06 万名缴存职工提取住房公积金 15.11 亿元。

提取金额中，住房消费提取占 78.95%（购买、建造、翻建、大修自住住房占 22.99%，偿还购房贷款本息占 42.79%，租赁住房占 0.62%，其他占 12.55%）；非住房消费提取占 21.05%（离休和退休提取占 14.77%，完全丧失劳动能力并与单位终止劳动关系提取占 4.08%，户口迁出本市或出境定居占 0.25%，其他占 1.95%）。

提取职工中，中、低收入占 99.42%，高收入占 0.58%。

（三）贷款业务：

1. **个人住房贷款**。2018 年，支持职工购建房 37.88 万平方米，2018 年末个人住房贷款市场占有率为 85.41%，比上年增加 25.41 个百分点。通过申请住房公积金个人住房贷款，可节约职工购房利息支出 9422.31 万元。

职工贷款笔数中，购房建筑面积 90（含）平方米以下占 13.57%，90～144（含）平方米占 78.83%，144 平方米以上占 7.60%。购买新房占 79.13%（其中购买保障性住房占 0%），购买二手房占 20.84%，建造、翻建、大修自住住房占 0.03%，其他占 0%。

职工贷款笔数中，单缴存职工申请贷款占56.38%，双缴存职工申请贷款占43.62%，三人及以上缴存职工共同申请贷款占0%。

贷款职工中，30岁（含）以下占45.38%，30岁～40岁（含）占38.42%，40岁～50岁（含）占13.45%，50岁以上占2.75%；首次申请贷款占84.04%，二次及以上申请贷款占15.96%；中、低收入占99.28%，高收入占0.72%。

2. **异地贷款**。2018年，发放异地贷款35笔960.60万元。2018年末，发放异地贷款总额1034.40万元，异地贷款余额925.14万元。

（四）住房贡献率：2018年，个人住房贷款发放额、公转商贴息贷款发放额、项目贷款发放额、住房消费提取额的总和与当年缴存额的比率为50.69%，比上年减少9.81个百分点。

六、其他重要事项

（一）当年机构及职能调整情况、受委托办理缴存贷款业务金融机构变更情况：喀什地区住房公积金管理中心仍作为喀什地区行政公署直属的参照公务员法管理事业单位。受托办理住房公积金贷款业务的银行比上年增加1家。

（二）当年住房公积金政策调整及执行情况：

1. **2018年缴存、贷款政策及确定方法**

（1）住房公积金缴存基数，最高上限不得突破16128元（统计部门公布的2018年喀什地区社会在职职工年平均收入64508÷12≈5376元的3倍计算），最低缴存基数下限不得低于2844元（参照2018年喀什地区社保60%最低缴费基数）。

（2）单位及个人住房公积金缴存比例最高为12%，最低为5%。同一单位职工缴存比例一致，单位缴存比例和职工缴存比例一致。

（3）住房公积金缴存额有角、分的，按"四舍五入"进位至"元"位。

（4）双职工或单职工申请住房公积金贷款最高额度均为40万元。

（5）贷款期限以整年期次计算，最短期限1年，最长期限25年。

（6）贷款利率5年以内（含）2.75%，5年以上3.25%。

2. **2018年政策调整情况**

（1）取消装修提取业务。

（2）缴存职工与单位终止劳动关系的，异地开立住房公积金账户并稳定缴存半年以上的，办理异地转移接续手续；未在异地继续缴存的，封存满半年后可提取。

（3）对男性退休年龄达到60岁、女性达到55岁，职工凭身份证、本人银行卡可直接办理提取，不再要求提供退休证。

（三）当年服务改进情况：缴存单位和职工可通过12329服务热线、门户网站、单位和个人网厅、微信公众号、手机APP等渠道，随时随地查询个人公积金账户信息和贷款办理进度，申请办理退休提取、租房提取、终止劳动关系提取、提前结清贷款、按月对冲签约还贷款、修改个人手机号码、个人信息变更等业务；各缴存单位可通过单位网厅自行核定缴存，最大限度地提高了办事效率，实现线上办理"零跑腿"，足不出户体验"指尖"上的服务。

(四)当年信息化建设情况：中心根据自治区住房城乡建设厅统一建设住房公积金"双贯标"信息管理系统和综合服务平台的要求，紧紧围绕"智慧公积金"的服务理念，充分利用大数据、云平台、"互联网+公积金"等先进信息技术，完成了中心业务系统云平台1.0到2.0的迭代升级工作，全面实现喀什地区住房公积金统一系统管理、统一平台服务、统一资金核算、统一监督管理，并于2018年10月以优异成绩全疆整体顺利通过了国家住房城乡建设部的验收，此项工作走在了全国前列。

(五)当年获荣誉情况：2018年度荣获"地区精神文明单位"称号；"访惠聚"工作队及两名队员获得"新担当、新作为"称号。

和田地区住房公积金2018年年度报告

一、机构概况

(一)住房公积金管理委员会：住房公积金管理委员会有18名委员，2018年召开1次会议，审议通过的事项主要包括：和田地区2018年住房公积金归集使用计划执行情况的报告；和田地区2018年住房公积金增值收益分配（草案）；和田地区住房公积金管理中心2018年预算执行情况及2018年管理费用预算（草案）；和田地区住房公积金2018年年度报告；和田地区2018年住房公积金归集、使用计划（草案）；关于调整住房公积金相关政策的通知（草案）。

(二)住房公积金管理中心：和田地区住房公积金管理中心为隶属于和田行署的不以营利为目的的自收自支事业单位，设5个科室，6个管理部，0个分中心。从业人员60人，其中，在编39人，非在编21人。

二、业务运行情况

(一)缴存：2018年，新开户单位64家，实缴单位1609家，净减单位192家；新开户职工2.84万人，实缴职工11.35万人，净增职工2.89万人；缴存额20.09亿元，同比增长33.58%。2018年末，缴存总额114.82亿元，同比增长21.21%；缴存余额56.00亿元，同比增长24.09%。

受委托办理住房公积金缴存业务的银行4家，同上年保持一致。

(二)提取：2018年，提取额9.22亿元，同比增长21.96%；占当年缴存额的45.89%，比上年减少4.38个百分点。2018年末，提取总额58.83亿元，同比增长18.61%。

(三)贷款：个人住房贷款最高额度40万元，其中，单缴存职工最高额度35万元，双缴存职工最高额度40万元。

2018年，发放个人住房贷款0.14万笔3.72亿元，同比分别增长16.66%、27.40%。2018年，回收个人住房贷款4.73亿元。

2018年末，累计发放个人住房贷款3.21万笔45.55亿元，贷款余额17.39亿元，同比分别增长4.56%、8.89%、下降5.49%。个人住房贷款余额占缴存余额的31.05%，比上年减少9.72个百分点。

受委托办理住房公积金个人住房贷款业务的银行4家,比上年增加1家。

(四)资金存储:2018年末,住房公积金存款39.51亿元。其中,活期2.58亿元,1年(含)以下定期15.21亿元,1年以上定期21.72亿元,其他(协定、通知存款等)0亿元。

(五)资金运用率:2018年末,住房公积金个人住房贷款余额、项目贷款余额和购买国债余额的总和占缴存余额的31.05%,比上年减少9.72个百分点。

三、主要财务数据

(一)业务收入:2018年,业务收入10426.00万元,同比增长32.12%。存款利息4407.11万元,委托贷款利息6013.33万元,国债利息0万元,其他5.56万元。

(二)业务支出:2018年,业务支出8014.85万元,同比增长27.02%。支付职工住房公积金利息8014.82万元,归集手续费0万元,委托贷款手续费0万元,其他0.03万元。

(三)增值收益:2018年,增值收益2411.15万元,同比增长52.48%。增值收益率0.50%,比上年增加0.12个百分点。

(四)增值收益分配:2018年,提取贷款风险准备金0万元,提取管理费用1100万元,提取城市廉租住房(公共租赁住房)建设补充资金1311.15万元。

2018年,上交财政管理费用1000万元。上缴财政城市廉租住房(公共租赁住房)建设补充资金0万元。

2018年末,贷款风险准备金余额1958.73万元。累计提取城市廉租住房(公共租赁住房)建设补充资金19969.62万元。

(五)管理费用支出:2018年,管理费用支出816.07万元,同比增长9.10%。其中,人员经费587.18万元,公用经费192.39万元,专项经费36.50万元。

四、资产风险状况

2018年末,个人住房贷款逾期额91.78万元,逾期率0.53‰。

个人贷款风险准备金按不低于贷款余额的1%提取。2018年,提取个人贷款风险准备金0万元,使用个人贷款风险准备金核销呆坏账0万元。2018年末,个人贷款风险准备金余额1958.73万元,占个人住房贷款余额的1.13%,个人住房贷款逾期额与个人贷款风险准备金余额的比率为4.69%。

五、社会经济效益

(一)缴存业务:2018年,实缴单位数、实缴职工人数和缴存额同比分别下降10.66%、增长34.16%和增长33.58%。

缴存单位中,国家机关和事业单位占88.44%,国有企业占7.21%,城镇集体企业占0.56%,外商投资企业占0%,城镇私营企业及其他城镇企业占2.55%,民办非企业单位和社会团体占1.24%,其他占0%。

缴存职工中,国家机关和事业单位占91.30%,国有企业占6.11%,城镇集体企业占0.86%,外商投资企业占0%,城镇私营企业及其他城镇企业占1.55%,民办非企业单位和社会团体占0.18%,其他占 0%；中、低收入占 99.51%，高收入占 0.49%。

新开户职工中，国家机关和事业单位占 94.52%，国有企业占 3.26%，城镇集体企业占 0.36%，外商投资企业占 0%，城镇私营企业及其他城镇企业占 1.70%，民办非企业单位和社会团体占 0.16%，其他占 0%；中、低收入占 99.96%，高收入占 0.04%。

（二）**提取业务**：2018 年，2.99 万名缴存职工提取住房公积金 9.22 亿元。

提取金额中，住房消费提取占 89.28%（购买、建造、翻建、大修自住住房占 22.56%，偿还购房贷款本息占 44.34%，租赁住房占 17.33%，其他占 5.05%）；非住房消费提取占 10.72%（离休和退休提取占 6.65%，完全丧失劳动能力并与单位终止劳动关系提取占 1.11%，户口迁出本市或出境定居占 0.15%，其他占 2.81%）。

提取职工中，中、低收入占 99.36%，高收入占 0.64%。

（三）**贷款业务**：

1. **个人住房贷款**。2018 年，支持职工购建房 16.39 万平方米，年末个人住房贷款市场占有率为 82%，比上年增加 11.80 个百分点。通过申请住房公积金个人住房贷款，可节约职工购房利息支出 4415.44 万元。

职工贷款笔数中，购房建筑面积 90（含）平方米以下占 5.51%，90~144（含）平方米占 85.31%，144 平方米以上占 9.18%。购买新房占 91.03%（其中购买保障性住房占 0%），购买二手房占 8.97%，建造、翻建、大修自住住房占 0%，其他占 0%。

职工贷款笔数中，单缴存职工申请贷款占 50.14%，双缴存职工申请贷款占 49.86%，三人及以上缴存职工共同申请贷款占 0%。

贷款职工中，30 岁（含）以下占 39.83%，30 岁~40 岁（含）占 46.12%，40 岁~50 岁（含）占 12.57%，50 岁以上占 1.48%；首次申请贷款占 87.43%，二次及以上申请贷款占 12.57%；中、低收入占 98.94%，高收入占 1.06%。

2. **异地贷款**。2018 年，发放异地贷款 21 笔 517.70 万元。2018 年末，发放异地贷款总额 6882.80 万元，异地贷款余额 2908.49 万元。

（四）**住房贡献率**：2018 年，个人住房贷款发放额、公转商贴息贷款发放额、项目贷款发放额、住房消费提取额的总和与当年缴存额的比率为 59.49%，比上年减少 3.45 个百分点。

六、其他重要事项

（一）**当年住房公积金政策调整及执行情况**：经 2018 年管委会批准当年住房公积金政策调整及执行具体调整如下：

1. 取消住房装修提取住房公积金业务。

2. 取消缴存户（无住房公积金贷款）子女到大中专院校就读支付学费遇到困难严重的可支取本人和配偶的住房公积金。

3. 规范缴存职工与单位终止劳动关系销户提取住房公积金业务，缴存职工与单位终止劳动关系，先由缴存单位办理个人账户封存，期间在异地开立住房公积金账户并稳定缴存的，通过全国住房公积金转移接续平台办理转移接续手续。未再就业继续缴存住房公积金的，封存满 6 个月以上可办理提取。

4. 职工因工作调动调出本地区的,先办理个人账户封存,待职工在调入地住房公积金管理中心开户后,通过全国住房公积金转移接续平台办理转移接续手续。

5. 和田地区住房公积金管理委员会授权和田地区住房公积金管理中心审批降低住房公积金缴存比例和缓缴的申请,审批时限不得超过10个工作日。

6. 职工申请住房公积金个人住房贷款必须连续足额缴存住房公积金6个月(含)以上,账户处于正常缴存状态。住房公积金管理中心不得对使用过两次及以上住房公积金贷款及有未结清住房公积金贷款的家庭发放贷款。

7. 为切实维护缴存职工的合法权益,防范资金风险,缴存职工办理公积金提取、贷款业务应由本人凭相关证明材料和本人身份证办理。因特殊原因不能亲自办理住房公积金提取业务的可以委托他人办理。受托人是委托人配偶或直系血亲(父母或子女)的需提供委托人和受托人身份证,户口簿或结婚证、公安机关出具的可以证明委托人和受托人关系的证明材料,委托人出具的委托书;受托人非委托人配偶或直系血亲(父母或子女)的需提供受托人身份证,经公证机关公证的委托书。

8. 阶段性适当降低企业住房公积金缴存比例政策延长至2020年4月30日。

(二)当年服务改进情况:按照住房城乡建设部、自治区住房城乡建设厅住房公积金综合服务平台建设有关要求,建成并投入使用了集12329服务热线、12329短信平台、微信公众号、门户网站、网上业务大厅、手机APP、支付宝公积金查询等七大服务渠道于一体的住房公积金综合服务平台,为缴存单位及职工的业务办理、对账查询、咨询交流提供了更方便、更快捷、更多样的服务渠道,极大地方便了缴存职工,提高了办事效率,减轻了柜台压力,提升了中心的综合服务水平,也为"最多跑一次"改革打下坚实基础。

(三)当年信息化建设情况:按照住房城乡建设部"双贯标"工作要求和自治区住房城乡建设厅信息化建设部署安排,完成了业务系统迭代升级、基础数据标准贯彻落实和结算应用系统接入工作任务。全新的基于新疆住房公积金云平台开发建设的住房公积金业务管理系统(简称云2系统)2018年6月上线运行,2018年10月以95.23的高分通过住房城乡建设部"双贯标"验收。

伊犁哈萨克自治州住房公积金2018年年度报告

一、机构概况

(一)住房公积金管理委员会:住房公积金管理委员会有14名委员,2018年召开1次会议,审议通过的事项主要包括:1.《伊犁州住房公积金管理中心2018年工作总结报告》;2.《伊犁州直2018年住房公积金决算情况报告》;3.《伊犁州直2018年住房公积金预算报告》;4.《关于明确伊犁州直职工住房公积金最高缴存上限与下限的报告》。

(二)住房公积金管理中心:住房公积金管理中心为隶属于伊犁哈萨克自治州政府管理的不以营利为

目的的自收自支事业单位,设6个科室,10个管理部,1个分中心。从业人员100人,其中,在编64人,非在编36人。

二、业务运行情况

(一)**缴存**:2018年,新开户单位180家,实缴单位2893家,减少单位377家(因中心系统升级要求,缴存单位进行合并);新开户职工1.57万人,实缴职工17.14万人,净增职工1.62万人;缴存额25.65亿元,同比增长2.84%。2018年末,缴存总额183.92亿元,同比增长16.20%;缴存余额87.14亿元,同比增长10.18%。

受委托办理住房公积金缴存业务的银行8家,比上年增加3家。

(二)**提取**:2018年,提取额17.59亿元,同比增长30.98%(受本地房地产市场影响,2018年伊犁州房地产销量及价格均有所上升);占当年缴存额的68.58%,比上年增加14.73个百分点。2018年末,提取总额96.78亿元,同比增长22.21%。

(三)**贷款**:个人住房贷款最高额度45万元,其中,单缴存职工最高额度45万元,双缴存职工最高额度45万元。

2018年,发放个人住房贷款0.46万笔11.21亿元,同比分别下降8%、4.60%。其中,市中心发放个人住房贷款0.41万笔10.17亿元,奎屯分中心发放个人住房贷款0.05万笔,1.04亿元。

2018年,回收个人住房贷款11.85亿元。其中,市中心11.14亿元,奎屯分中心0.71亿元。

2018年末,累计发放个人住房贷款8.86万笔133.11亿元,贷款余额71.97亿元,同比分别增长5.60%、9.19%、下降0.88%。个人住房贷款余额占缴存余额的82.59%,比上年减少9.22个百分点。

受委托办理住房公积金个人住房贷款业务的银行8家,比上年减少1家。

(四)**资金存储**:2018年末,住房公积金存款17.63亿元。其中,活期0.03亿元,1年(含)以下定期16.63亿元,1年以上定期0元,其他(协定存款)0.97亿元。

(五)**资金运用率**:2018年末,住房公积金个人住房贷款余额、项目贷款余额和购买国债余额的总和占缴存余额的82.58%,比上年减少9.23个百分点。

三、主要财务数据

(一)**业务收入**:2018年,业务收入24828.81万元,同比增长4.43%。存款利息1425.44万元,委托贷款利息23383.66万元,其他19.71万元。

(二)**业务支出**:2018年,业务支出14599.33万元,同比增长6.56%。支付职工住房公积金利息13434.9万元,委托贷款手续费1163.82万元,其他0.61万元。

(三)**增值收益**:2018年,增值收益10229.48万元,同比增长1.53%。增值收益率1.22%,比上年减少0.15个百分点。

(四)**增值收益分配**:2018年,提取贷款风险准备金642.22万元,提取管理费用7587.26万元,提取城市廉租住房(公共租赁住房)建设补充资金2000万元。

2018年,上交财政管理费用6358.52万元。上缴财政城市廉租住房(公共租赁住房)建设补充资金2000万元。

2018年末,贷款风险准备金余额9355.69万元。累计提取城市廉租住房(公共租赁住房)建设补充资金19556万元。

(五)管理费用支出:2018年,管理费用支出1702.91万元,同比下降4.55%。其中,人员经费1106.71万元,公用经费244万元,专项经费352.2万元。

市中心管理费用支出1570.91万元,其中,人员、公用、专项经费分别为1001.4万元、222.84万元、346.67万元;奎屯分中心管理费用支出132万元,其中,人员、公用、专项经费分别为105.31万元、21.16万元、5.53万元。

四、资产风险状况

2018年末,个人住房贷款逾期额214.75万元,逾期率0.30‰。

个人贷款风险准备金按贷款余额的1%提取。2018年,提取个人贷款风险准备金642.22万元,使用个人贷款风险准备金核销呆坏账0元。2018年末,个人贷款风险准备金余额9355.69万元,占个人住房贷款余额的1.30%,个人住房贷款逾期额与个人贷款风险准备金余额的比率为2.30%。

五、社会经济效益

(一)缴存业务:2018年,实缴单位数、实缴职工人数和缴存额同比分别下降11.53%、增长10.44%和2.85%。

缴存单位中,国家机关和事业单位占64.40%,国有企业占9.02%,城镇集体企业占1.28%,外商投资企业占0.17%,城镇私营企业及其他城镇企业占13.34%,民办非企业单位和社会团体占7.85%,其他占3.94%。

缴存职工中,国家机关和事业单位占69.30%,国有企业占11.32%,城镇集体企业占1.28%,外商投资企业占0.21%,城镇私营企业及其他城镇企业占10.11%,民办非企业单位和社会团体占4.63%,其他占3.15%;中、低收入占99.87%,高收入占0.13%。

新开户职工中,国家机关和事业单位占55.40%,国有企业占8.47%,城镇集体企业占1.40%,外商投资企业占0.87%,城镇私营企业及其他城镇企业占26.96%,民办非企业单位和社会团体占3.15%,其他占3.75%;中、低收入占99.93%,高收入占0.07%。

(二)提取业务:2018年,5.28万名缴存职工提取住房公积金17.59亿元。

提取金额中,住房消费提取占79.96%(购买、建造、翻建、大修自住住房占34.81%,偿还购房贷款本息占45.03%,租赁住房占0.12%,其他占0%);非住房消费提取占20.04%(离休和退休提取占14.92%,完全丧失劳动能力并与单位终止劳动关系提取占2.54%,户口迁出本市或出境定居0.01%,其他占2.57%)。

提取职工中,中、低收入占99.84%,高收入占0.16%。

(三)贷款业务:

1. **个人住房贷款**。2018年,支持职工购建房52.40万平方米,年末个人住房贷款市场占有率为40.37%,比上年增加3.47个百分点。通过申请住房公积金个人住房贷款,可节约职工购房利息支出18008.99万元。

职工贷款笔数中，购房建筑面积90（含）平方米以下占15.18%，90~144（含）平方米占78.75%，144平方米以上占6.07%。购买新房占68.52%（其中购买保障性住房占0%），购买二手房占31.44%，建造、翻建、大修自住住房占0.04%，其他占0%。职工贷款笔数中，单缴存职工申请贷款占67.67%，双缴存职工申请贷款占32.33%，三人及以上缴存职工共同申请贷款占0%。

贷款职工中，30岁（含）以下占42.40%，30岁~40岁（含）占35.91%，40岁~50岁（含）占18.32%，50岁以上占3.37%；首次申请贷款占84.52%，二次及以上申请贷款占15.48%；中、低收入占99.83%，高收入占0.17%。

2. **异地贷款**。2018年，发放异地贷款12笔281.4万元。2018年末，发放异地贷款总额8512.1万元，异地贷款余额4332.06万元。

（四）**住房贡献率**：2018年，个人住房贷款发放额、公转商贴息贷款发放额、项目贷款发放额、住房消费提取额的总和与当年缴存额的比率为98.55%，比上年增加9.16个百分点。

六、其他重要事项

（一）**当年机构及职能调整情况**：2018年机构及职能未做调整。受委托办理缴存贷款业务金融机构减少了1家（邮政储蓄银行）。

（二）**当年住房公积金政策调整及执行情况**：

1. 当年缴存基数限额计算方法。缴存基数上限为当地统计部门公布的上一年度职工月平均工资的三倍，下限为当地统计部门公布的最低工资标准。计算出2018年缴存上限为3762元，下限为146元。

2. 规范解除劳动合同提取业务。缴存职工与单位解除或终止劳动关系的，应先办理个人公积金账户封存。账户封存期间，在异地开立住房公积金账户并稳定缴存半年以上的，办理异地转移接续手续。未在异地继续缴存的，封存满半年后可提取。

3. 规范职工调出伊犁州直行政区域提取业务。缴存职工因工作需要调离伊犁州直行政区域的，只能办理住房公积金异地转移接续手续，不能申请提取本人账户内的住房公积金。

4. 2018年9月1日开通了住房公积金贷款按月对冲还贷业务。

（三）**当年服务改进情况**：

1. 2018年1月，伊宁市管理部正式入驻伊犁州行政审批中心办公，办公面积由原来的400多平方米变为现在的1700平方米，开设金融服务区，将8家银行同时引入大厅联合办公，实现一站式服务，缩短了职工中心、银行两头跑的路程和时间，极大地改善了办公及办事环境。

2. 支持条件成熟的7个县市（伊宁县、尼勒克县、特克斯县、昭苏县、奎屯市、新源县和巩留县）管理部进驻了所在县市行政服务大厅。

3. 2018年中心深化"放管服"改革要求，加强信息化建设和住房公积金综合服务平台建设，将微信公众号、手机公积金（手机APP）、12329服务热线、12329短信平台、网上业务大厅、网站等服务渠道全面开通。中心依托六大服务渠道提供政策发布、信息查询、消息推送、业务办理等服务，为缴存单位和职工提供更加智能化、便捷化、多元化的住房公积金线上服务。缴存职工通过手机APP可以办理提前还款、按月对冲签约、到龄退休提取、手机号码变更、缴存明细查询、贷款明细查询、贷款进度查询等业务。缴存单位通过单位网厅就可以进行基数核定、人员变更、汇补缴业务，财务人员不必再往返银行、单位、住房公积金办事大厅，既方便了广大缴存职工和单位又减少了柜台压力。

（四）当年信息化建设情况：2018年1月，按照国家住房城乡建设部、自治区住房城乡建设厅"双贯标"工作要求和中心信息系统建设方案，中心完成了4.0系统上线工作并投入使用，2018年6月完成了云平台2.0版本系统升级。通过云平台系统，实现了资金管理"三统一"（统一账户管理、统一资金调拨、统一资金结算），做到业务、资金、财务三账同步，实现了财务核算的自动化，真正做到了住房公积金业务与财务的高度统一，保证了公积金财务账务日清月结；实现了业务办理"六实时"（汇缴及时分解、提取实时到账、贷款实时发放、资金实时调度、财务实时结账，账户实时监管，资金"秒级"到账），实时掌握贷款回收的一手信息，资金不通过银行审批可实时调拨，打破了银行控制的壁垒，真正实现住房公积金的自主管理。2018年12月26日，新疆住房公积金"双贯标"工作以高分顺利通过住房城乡建设部的验收。

塔城地区住房公积金2018年年度报告

一、机构概况

（一）住房公积金管理委员会：住房公积金管理委员会有22名委员，2018年召开2次会议，审议通过的事项主要包括：1. 2018年度归集使用计划执行情况；2. 2018年度年度报告和解读；3. 2018年度住房公积金归集使用计划；4. 住房公积金归集和提取政策的修订。

（二）住房公积金管理中心：住房公积金管理中心为直属行署不以营利为目的的自收自支事业单位，设7个科室，8个管理部。从业人员81人，其中，在编45人，非在编36人。

二、业务运行情况

（一）缴存：2018年，新开户单位61家，实缴单位1663家，较上年减少66家；新开户职工0.58万人，实缴职工7.37万人，净增职工0.46万人；缴存额11.18亿元，同比下降1.76%。2018年末，缴存总额86.21亿元，同比增长14.89%；缴存余额34.47亿元，同比增长12.94%。

受委托办理住房公积金缴存业务的银行6家，同上年保持一致。

（二）提取：2018年，提取额7.23亿元，同比增长11.92%；占当年缴存额的64.67%，比上年增加7.90个百分点。2018年末，提取总额51.74亿元，同比增长16.24%。

（三）贷款：个人住房贷款最高额度40万元，其中，单缴存职工最高额度40万元，双缴存职工最高额度40万元。

2018年，发放个人住房贷款0.27万笔6.85亿元，同比分别增长28.57%、41.82%。

2018年，回收个人住房贷款4.19亿元。

2018年末，累计发放个人住房贷款3.81万笔49.65亿元，贷款余额22.70亿元，同比分别增长

7.63%、16.00%、13.27%。个人住房贷款余额占缴存余额的65.86%，比上年增加0.20个百分点。

受委托办理住房公积金个人住房贷款业务的银行6家，同上年保持一致。

（四）资金存储：2018年末，住房公积金存款11.93亿元。其中，活期1.61亿元，1年（含）以下定期0.70亿元，1年以上定期3.00亿元，其他（协定、通知存款等）6.62亿元。

（五）资金运用率：2018年末，住房公积金个人住房贷款余额、项目贷款余额和购买国债余额的总和占缴存余额的65.86%，比上年增加0.20个百分点。

三、主要财务数据

（一）业务收入：2018年，业务收入11107.05万元，同比增长34.10%。存款利息4245.80万元，委托贷款利息6861.21万元，其他0.04万元。

（二）业务支出：2018年，业务支出4898.19万元，同比增长3.70%。支付职工住房公积金利息4545.26万元，归集手续费0万元，委托贷款手续费341.80万元，其他11.13万元。

（三）增值收益：2018年，增值收益6208.87万元，同比增长74.44%。增值收益率1.92%，比上年增加0.65个百分点。

（四）增值收益分配：2018年，提取贷款风险准备266.61万元，提取管理费用2386.86万元，提取城市廉租住房（公共租赁住房）建设补充资金3555.40万元。

2018年，上交财政管理费用1320.00万元。上缴财政城市廉租住房（公共租赁住房）建设补充资金8362.39万元。

2018年末，贷款风险准备金余额2270.34万元。累计提取城市廉租住房（公共租赁住房）建设补充资金25829.04万元。

（五）管理费用支出：2018年，管理费用支出1319.86万元，同比下降1.70%。其中，人员经费869.47万元，公用经费95.30万元，专项经费355.09万元。

四、资产风险状况

2018年末，个人住房贷款逾期额45.92万元，逾期率0.20‰。

个人贷款风险准备金按贷款余额的1%提取。2018年，提取个人贷款风险准备金266.61万元，使用个人贷款风险准备金核销呆坏账0万元。2018年末，个人贷款风险准备金余额2270.34万元，占个人住房贷款余额的1%，个人住房贷款逾期额与个人贷款风险准备金余额的比率为2.02%。

五、社会经济效益

（一）缴存业务：2018年，实缴单位数、实缴职工人数和缴存额同比分别减少3.82%、增长6.66%和减少1.76%。

缴存单位中，国家机关和事业单位占73.73%，国有企业占13.53%，城镇集体企业占0.66%，外商投资企业占0.18%，城镇私营企业及其他城镇企业占11.12%，民办非企业单位和社会团体占0.66%，其他占0.12%。

缴存职工中，国家机关和事业单位占77.29%，国有企业占17.72%，城镇集体企业占0.54%，外商投资企业占0.54%，城镇私营企业及其他城镇企业占3.75%，民办非企业单位和社会团体占0.15%，其他占0.01%；中、低收入占99.97%，高收入占0.03%。

新开户职工中，国家机关和事业单位占58.02%，国有企业占29.13%，城镇集体企业占0.34%，外商投资企业占0.33%，城镇私营企业及其他城镇企业占12.11%，民办非企业单位和社会团体占0.05%，其他占0.02%；中、低收入占99.97%，高收入占0.03%。

（二）**提取业务**：2018年，2.24万名缴存职工提取住房公积金7.23亿元。

提取金额中，住房消费提取占83.57%（购买、建造、翻建、大修自住住房占38.22%，偿还购房贷款本息占43.67%，租赁住房占1.68%，自住住房物业费和其他住房消费提取占0.00%）；非住房消费提取占16.43%（离休和退休提取占10.82%，完全丧失劳动能力并与单位终止劳动关系提取占3.00%，户口迁出本市或出境定居占0.01%，其他2.60%）。

提取职工中，中、低收入占99.96%，高收入占0.04%。

（三）**贷款业务**：

1. **个人住房贷款**。2018年，支持职工购建房31.36万平方米，年末个人住房贷款市场占有率为34.87%，比上年减少11.89个百分点。通过申请住房公积金个人住房贷款，可节约职工购房利息支出10583.44万元。

职工贷款笔数中，购房建筑面积90（含）平方米以下占14.92%，90～144（含）平方米占77.93%，144平方米以上占7.15%。购买新房占72.99%（其中购买保障性住房占0%），购买二手房占26.75%，建造、翻建、大修自住住房占0.26%，其他占0%。

职工贷款笔数中，单缴存职工申请贷款占40.86%，双缴存职工申请贷款占59.14%，三人及以上缴存职工共同申请贷款占0%。

贷款职工中，30岁（含）以下占32.79%，30岁～40岁（含）占32.06%，40岁～50岁（含）占29.07%，50岁以上占6.08%；首次申请贷款占72.48%，二次及以上申请贷款占27.52%；中、低收入占99.96%，高收入占0.04%。

2. **异地贷款**。2018年，发放异地贷款170笔4697.20万元。2018年末，发放异地贷款总额29866.80万元，异地贷款余额20347.12万元。

（四）**住房贡献率**：2018年，个人住房贷款发放额、公转商贴息贷款发放额、项目贷款发放额、住房消费提取额的总和与当年缴存额的比率为115.35%，比上年增加34.17个百分点。

六、其他重要事项

（一）**当年住房公积金政策调整及执行情况**：

1. 2018年根据统计部门提供塔城地区上年职工月平均工资基数，按《塔城地区住房公积金归集管理办法》规定，住房公积金最高缴存额不超过月平均工资的3倍，确定塔城地区职工月缴存住房公积金最高上限为3462元。

2. 2018年住房公积金缴存比例仍按照《塔城地区住房公积金归集管理办法》规定执行，月缴存比例不得低于5%，原则上不高于12%的标准。缴存单位可在5%至12%区间内，自主确定住房公积金缴存比例。

3. 缴存政策调整情况：一是延长阶段性适当降低企业住房公积金缴存比例政策的期限，延长执行期至 2020 年 4 月 30 日。二是企业缴存确有困难的，经企业职工代表大会或工会讨论通过，并经中心审核，可以降低缴存比例或者缓缴，待企业经济效益好转后，再提高缴存比例或者恢复缴存并补缴缓缴部分，最低缴存比例不得低于 5%，审批时限不超过 10 个工作日。

4. 提取政策调整情况。一是对提取住房公积金支付房租，提取额度按当地租金水平确定并进行了调整；二是对单位解除或终止劳动关系的，调整为封存满 6 个月且在异地未继续缴存住房公积金的可办理提取；三是取消了大病提取；四是大力支持提取住房公积金在缴存地或户籍地购买首套普通住房和第二套改善性住房。

5. 2018 年度住房公积金存款利率执行标准。根据《关于完善职工住房公积金账户存款利率形成机制的通知》要求，统一按一年定期存款基准利率执行。目前，一年期定期存款利率为 1.5%。

6. 2018 年度住房公积金贷款利率执行标准。根据中国人民银行相关规定，贷款利率按照五年以下（含五年）为 2.75%，五年以上 3.25%。

（二）当年服务改进情况：一是为落实自治区"放管服"改革工作要求，力争实现"只进一扇门，最多跑一次"，现已有 6 个县（市）管理部搬进当地行政服务大厅，与房管、不动产、税务等相关部门联合办公。

二是取消了职工办理业务时所需提供的身份证、户口簿、结婚证和银行卡复印件，取消了住房公积金提取、贷款缴存单位和保证人单位盖章环节。

三是八个县（市、镇）管理部统一为驻村干部和离退休干部开设业务办理专柜，在办理住房公积金提取、贷款业务时即来即办。

（三）当年信息化建设情况：2018 年度顺利完成了住房公积金云平台迭代升级和"双贯标"工作。一是实现了全地区业务管理信息系统统一决策、统一管理、统一制度、统一核算；二是实现了业务办理"六实时"，即：提取实时到账，贷款实时发放，资金实时调度，财务实时结账，账户实时监管，资金"秒级"到账；三是实现了塔城地区内无地域界限办理住房公积金业务；四是实现了单位版网上大厅缴存住房公积金；五是实现了财务核算和对账自动化；六是实现了贷款职工用缴存住房公积金账户内余额按月冲还贷款；七是实现了住房公积金业务办理和服务全流程化，业务处理、资金管理、会计核算一体化；八是开通了住房公积金综合服务平台的六大服务板块，即：12329 热线、微信公众号、单位网厅、个人网厅、手机 APP、12329 短信平台。

（四）当年住房公积金管理中心及职工所获荣誉情况：一是 2018 年度管理中心被评为"自治区文明单位"。

二是托里县管理部荣获托里县行政服务中心 2018 年度"先进窗口"称号。同时，托里县管理部干部胡佳惠荣获托里县行政服务中心 2018 年度"先进个人"称号。

阿勒泰地区住房公积金 2018 年年度报告

一、机构概况

（一）住房公积金管理委员会：住房公积金管理委员会有 25 名委员，2018 年召开 1 次会议，审议通过的事项主要包括：一是审议阿勒泰地区住房公积金2018年归集使用计划执行情况和2018年归集使用计划草案的报告；二是《阿勒泰地区住房公积金提取管理办法》和《阿勒泰地区个人住房公积金贷款管理办法》有关条款修改内容；三是2018年地区住房公积金管理中心基数调整工作。

（二）住房公积金管理中心：住房公积金管理中心为阿勒泰行署不以营利为目的的自收自支事业单位，设6个科室，8个管理部。从业人员73人，其中，在编39人，非在编34人。

二、业务运行情况

（一）缴存：2018年，新开户单位200家，实缴单位2089家，净增单位77家；新开户职工0.63万人，实缴职工6.35万人，净增职工0.62万人；缴存额10.87亿元，同比增长10.02%。2018年末，缴存总额76.01亿元，同比增长16.69%；缴存余额31.02亿元，同比增长14.09%。

受委托办理住房公积金缴存业务的银行6家，比上年增加2家。

（二）提取：2018年，提取额7.03亿元，同比增长7.33%；占当年缴存额的64.67%，比上年减少1.63个百分点。2018年末，提取总额44.99亿元，同比增长18.52%。

（三）贷款：个人住房贷款最高额度50万元，其中，单缴存职工最高额度50万元，双缴存职工最高额度50万元。

2018年，发放个人住房贷款0.27万笔6.97亿元，同比分别下降12.90%、8.89%。回收个人住房贷款4.05亿元。

2018年末，累计发放个人住房贷款3.93万笔55.25亿元，贷款余额25.41亿元，同比分别增长7.38%、14.44%、13.03%。个人住房贷款余额占缴存余额的81.91%，比上年减少0.77个百分点。

受委托办理住房公积金个人住房贷款业务的银行6家，比上年增加2家。

（四）购买国债：2018年，购买（记账式、凭证式）国债0亿元，（兑付、转让、收回）国债0亿元。2018年末，国债余额0.2亿元，与上年相比无变化。

（五）资金存储：2018年末，住房公积金存款5.77亿元。其中，活期0.36亿元，1年（含）以下定期0亿元，1年以上定期4.46亿元，其他（协定、通知存款等）0.95亿元。

（六）资金运用率：2018年末，住房公积金个人住房贷款余额、项目贷款余额和购买国债余额的总和占缴存余额的82.55%，比上年减少0.89个百分点。

三、主要财务数据

（一）业务收入：2018年，业务收入11180.14万元，同比增长32.53%。存款利息3455.03万元，委托贷款利息7652.64万元，国债利息69.20万元，其他3.27万元。

（二）业务支出：2018年，业务支出4078.23万元，同比增长36.45%。支付职工住房公积金利息3795.97万元，委托贷款手续费281.94万元，其他0.32万元。

（三）增值收益：2018年，增值收益7101.91万元，同比增长30.38%。增值收益率2.43%，比上年增加0.31个百分点。

（四）增值收益分配：2018年，提取贷款风险准备金2700.03万元，提取管理费用1008.88万元，提取城市廉租住房（公共租赁住房）建设补充资金3393万元。

2018年，上交财政管理费用1185万元。上缴财政城市廉租住房（公共租赁住房）建设补充资金3400万元。

2018年末，贷款风险准备金余额6982.45万元。累计提取城市廉租住房（公共租赁住房）建设补充资金17213万元。

（五）管理费用支出：2018年，管理费用支出1219.62万元，同比下降24.67%。其中，人员经费809.95万元，公用经费168.49万元，专项经费241.18万元。

四、资产风险状况

2018年末，个人住房贷款逾期额43.84万元，逾期率0.17‰。

个人贷款风险准备金按不低于贷款余额的1%提取。2018年，提取个人贷款风险准备金2700.03万元，使用个人贷款风险准备金核销呆坏账0万元。2018年末，个人贷款风险准备金余额6982.45万元，占个人住房贷款余额的2.75%，个人住房贷款逾期额与个人贷款风险准备金余额的比率为0.63%。

五、社会经济效益

（一）缴存业务：2018年，实缴单位数、实缴职工人数和缴存额同比分别增长3.83%、10.82%和10.02%。

缴存单位中，国家机关和事业单位占79.80%，国有企业占1.77%，城镇集体企业占13.16%，外商投资企业占0%，城镇私营企业及其他城镇企业占3.59%，民办非企业单位和社会团体占0.48%，其他占1.20%。

缴存职工中，国家机关和事业单位占86.13%，国有企业占2.15%，城镇集体企业占9.42%，外商投资企业占0%，城镇私营企业及其他城镇企业占1.87%，民办非企业单位和社会团体占0.05%，其他占0.38%；中、低收入占98.08%，高收入占1.92%。

新开户职工中，国家机关和事业单位占72.63%，国有企业占4.24%，城镇集体企业占14.98%，外商投资企业占0%，城镇私营企业及其他城镇企业占6.67%，民办非企业单位和社会团体占0.33%，其他占1.15%；中、低收入占99.42%，高收入占0.58%。

（二）提取业务：2018年，2.46万名缴存职工提取住房公积金7.03亿元。

提取金额中，住房消费提取占84.62%（购买、建造、翻建、大修自住住房占34.53%，偿还购房贷款本息占49.39%，租赁住房占0.21%，其他占0.49%）；非住房消费提取占15.38%（离休和退休提取占10.55%，完全丧失劳动能力并与单位终止劳动关系提取占3.01%，户口迁出本市或出境定居占0%，其他占1.82%）。

提取职工中，中、低收入占98.25%，高收入占1.75%。

（三）贷款业务：

1. **个人住房贷款**。2018年，支持职工购建房31.19万平方米，年末个人住房贷款市场占有率为34.61%，比上年减少6.69个百分点。通过申请住房公积金个人住房贷款，可节约职工购房利息支出9089.61万元。

职工贷款笔数中，购房建筑面积90（含）平方米以下占13.95%，90～144（含）平方米占72.37%，

144 平方米以上占 13.68%。购买新房占 52.72%（其中购买保障性住房占 0%），购买二手房占 44.52%，建造、翻建、大修自住住房占 0%，其他占 2.76%。

职工贷款笔数中，单缴存职工申请贷款占 70.32%，双缴存职工申请贷款占 29.68%，三人及以上缴存职工共同申请贷款占 0%。

贷款职工中，30 岁（含）以下占 34.41%，30 岁～40 岁（含）占 32.81%，40 岁～50 岁（含）占 26.85%，50 岁以上占 5.93%；首次申请贷款占 71.18%，二次及以上申请贷款占 28.82%；中、低收入占 98.66%，高收入占 1.34%。

2. **异地贷款**。2018 年，发放异地贷款 236 笔 7481.60 万元。2018 年末，发放异地贷款总额 33830.60 万元，异地贷款余额 22152.75 万元。

（四）**住房贡献率**：2018 年，个人住房贷款发放额、公转商贴息贷款发放额、项目贷款发放额、住房消费提取额的总和与当年缴存额的比率为 118.93%，比上年减少 11.94 个百分点。

六、其他重要事项

（一）**机构及职能调整情况、受委托办理缴存贷款业务金融机构变更情况**：一是为进一步完善科室职能设置，新设立归集管理科、信息技术科，现中心共有职能科室 6 个；二是为了更好地服务乡镇缴存职工，新增受委托办理缴存贷款业务金融机构两家，分别是农商银行和邮储银行。

（二）**2018 年缴存基数限额及确定方法、缴存比例调整情况**：2018 年，中心根据地区统计部门上一年度在岗职工平均工资的 3 倍，确定当年缴存基数上限为 13297 元；按照阿勒泰地区上一年度职工最低工资标准确定，当年缴存基数下限为 1310 元。

缴存比例为 5%～12%，无调整。

（三）**提取政策调整情况**：一是取消了装修和大病提取住房公积金政策；二是缴存职工与单位解除或终止劳动关系的，先办理个人账户封存。账户封存期间，在异地开立住房公积金账户并稳定缴存半年以上的，办理异地转移接续手续。未在异地继续缴存的，封存满半年后可以提取。

（四）**个人住房贷款最高贷款额度、贷款条件等贷款政策调整情况**：贷款额度由原来双职工最高贷款额度 40 万元、单职工最高贷款额度 30 万元，现都调整为最高贷款额度 50 万元。

（五）**当年住房公积金存贷款利率执行标准情况**：一是职工住房公积金账户存款利率按一年期定期存款基准利率执行，目前为 1.50%；二是住房公积金贷款执行利率为五年以下的（含五年）2.75%、五年以上的 3.25%。

（六）**信息化建设情况**：一是认真贯彻落实住房城乡建设部"双贯标"要求，严格按《住房公积金基础数据标准》规定进行应用系统和数据库设计开发，全面接入全国统一的住房公积金银行结算应用系统。二是通过"双贯标"，打破了地域限制，取消各县管理部的支出账户，实现了全地区住房公积金业务统一办理、资金统一结算，中心管理制度、业务流程等通过系统控制，实现了系统对人员管理的权限控制、业务管理的自动推送和财务管理的实时监控。三是通过贯彻落实"双贯标"，借助结算系统，实现了资金管理"三统一"（统一银行账户管理、统一资金调拨、统一资金结算），业务办理"六实时"（汇缴实时分解、提取实时入卡、贷款实时发放、资金实时调拨、账户实时监控、业务实时结账），真正实现了"让信息多跑路，群众少跑腿"的目标。

（七）业务服务改进情况：一是实现独立自主核算，承办银行不再管理归集和个贷明细，提取和贷款发放全部做到实时交易，实现资金"秒级"到账。二是缴存单位及缴存职工可通过网厅和手机APP办理相关缴存、提取和贷款业务。三是使用公积金提前还本和提前结清贷款等业务，借款人可通过手机APP或在中心柜台一站式办结。四是根据住房城乡建设部综合服务平台建设导则要求开通了网站、12329服务热线、短信、自助终端、微信、手机APP 6种服务渠道。

2018 全国住房公积金年度报告汇编

新疆生产建设兵团

新疆生产建设兵团住房公积金 2018 年年度报告

一、机构概况

（一）住房公积金管理机构：全兵团共设 1 个住房公积金管理中心。从业人员 90 人，其中，在编 71 人，非在编 19 人。

（二）住房公积金监管机构：兵团住房和城乡建设局、兵团财政局、人民银行乌鲁木齐中心支行负责对兵团住房公积金管理运行情况进行监督。兵团住房和城乡建设局设立住房公积金监管处，负责辖区住房公积金日常监管工作。

二、业务运行情况

（一）缴存：2018 年，新开户单位 500 家，实缴单位 3745 家，净增单位 444 家；新开户职工 3.13 万人，实缴职工 23.79 万人，净增职工 1.42 万人；缴存额 38.08 亿元，同比增长 7.21%。2018 年末，缴存总额 250.87 亿元，同比增长 17.90%；缴存余额 125.40 亿元，同比增长 11.33%。

（二）提取：2018 年，提取额 25.32 亿元，同比增长 18.40%；占当年缴存额的 66.49%，比上年增加 6.28 个百分点。2018 年末，提取总额 125.47 亿元，同比增长 25.29%。

（三）贷款：2018 年，发放个人住房贷款 0.56 万笔 15.88 亿元，同比增长 21.20%、27.08%。回收个人住房贷款 6.22 亿元。

2018 年末，累计发放个人住房贷款 5.22 万笔 86.82 亿元，贷款余额 47.47 亿元，同比分别增长 12.11%、22.37%、25.55%。个人住房贷款余额占缴存余额的 37.85%，比上年增加 4.29 个百分点。

（四）资金存储：2018 年末，住房公积金存款 79.24 亿元。其中，活期 2.45 亿元，1 年以上定期 76.79 亿元。

（五）资金运用率：2018 年末，住房公积金个人住房贷款余额、项目贷款余额和购买国债余额的总和占缴存余额的 37.85%，比上年增加 4.29 个百分点。

三、主要财务数据

（一）业务收入：2018 年，业务收入 41485.30 万元，同比增长 11.93%。其中，存款利息 27825.87 万元，委托贷款利息 13652.53 万元，其他 6.90 万元。

（二）业务支出：2018 年，业务支出 18927.60 万元，同比增长 6.29%。其中，支付职工住房公积金利息 18734.65 万元，归集手续费 0.30 万元，委托贷款手续费 187.45 万元，其他 5.20 万元。

（三）增值收益：2018 年，增值收益 22557.70 万元，同比增长 17.14%；增值收益率 1.90%，比上年减少 0.02 个百分点。

（四）增值收益分配：2018 年，提取贷款风险准备金 2897.82 万元，提取管理费用 2411.63 万元，提取城市廉租住房（公共租赁住房）建设补充资金 17248.25 万元。

2018年，上缴财政管理费用1000万元，上缴财政城市廉租住房（公共租赁住房）建设补充资金10839.61万元。

2018年末，贷款风险准备金余额15155.65万元，累计提取城市廉租住房（公共租赁住房）建设补充资金81462.03万元。

（五）管理费用支出：2018年，管理费用支出1835.05万元，同比下降54.41%。其中，人员经费1141.33万元，公用经费240.80万元，专项经费452.92万元。

四、资产风险状况

（一）个人住房贷款：2018年末，个人住房贷款逾期额113.29万元，逾期率0.23‰。

2018年，提取个人贷款风险准备金2897.82万元，使用个人贷款风险准备金核销呆坏账0万元。2018年末，个人贷款风险准备金余额13579.65万元，占个人贷款余额的2.86%，个人贷款逾期额与个人贷款风险准备金余额的比率为0.83%。

（二）住房公积金支持保障性住房建设项目贷款：2018年末，项目贷款风险准备金余额1576.00万元。

五、社会经济效益

（一）缴存业务：2018年，实缴单位数、实缴职工人数和缴存额增长率分别为35.78%、-10.53%和7.21%。

缴存单位中，国家机关和事业单位占56%，国有企业占19%，城镇集体企业占3%，外商投资企业占4%，城镇私营企业及其他城镇企业占3%，民办非企业单位和社会团体占8%，其他占7%。

缴存职工中，国家机关和事业单位占46%，国有企业占25%，城镇集体企业占4%，外商投资企业占4%，城镇私营企业及其他城镇企业占4%，民办非企业单位和社会团体占7%，其他占10%；中、低收入占99%，高收入占1%。

新开户职工中，国家机关和事业单位占40%，国有企业占18%，城镇集体企业占10%，外商投资企业占3%，城镇私营企业及其他城镇企业占6%，民办非企业单位和社会团体占13%，其他占10%；中、低收入占99%，高收入占1%。

（二）提取业务：2018年，19.45万名缴存职工提取住房公积金25.32亿元。

提取金额中，住房消费提取占68%（购买、建造、翻建、大修自住住房占48%，偿还购房贷款本息占42%，租赁住房占3%，其他占7%）；非住房消费提取占32%（离休和退休提取占74%，完全丧失劳动能力并与单位终止劳动关系提取占20%，户口迁出所在市或出境定居占1%，其他占5%）。提取职工中，中、低收入占99%，高收入占1%。

（三）贷款业务：

1. **个人住房贷款**。2018年，支持职工购建房51.04万平方米。通过申请住房公积金个人住房贷款，可节约职工购房利息支出2676.52万元。

职工贷款笔数中，购房建筑面积90（含）平方米以下占16%，90~144（含）平方米占72%，144平方米以上占12%。购买新房占61%（其中购买保障性住房占0%），购买存量商品房占38%，建造、翻建、大修自住住房占0%，其他占1%。

职工贷款笔数中，单缴存职工申请贷款占41%，双缴存职工申请贷款占59%。

贷款职工中，30岁（含）以下占37%，30岁~40岁（含）占35%，40岁~50岁（含）占19%，50岁以上占9%；首次申请贷款占88%，二次及以上申请贷款占12%；中、低收入占99%，高收入占1%。

2. 异地贷款。2018年，发放异地贷款12笔346.93万元。2018年末，发放异地贷款总额2303.93万元，异地贷款余额344.11万元。

（四）住房贡献率：2018年，个人住房贷款发放额、公转商贴息贷款发放额、项目贷款发放额、住房消费提取额的总和与当年缴存额的比率为86.84%，比上年增加10个百分点。

六、其他重要事项

（一）当年住房公积金政策调整情况：

1. 根据兵团住房公积金管委会四届一次会议的批复《关于调整兵团住房公积金贷款额度的批复》（新兵房积金委〔2018〕5号），单职工正常缴存住房公积金的家庭最高贷款额度提高到70万元，双职工（夫妻）正常缴存住房公积金的家庭，住房公积金个人贷款额度，由70万元提高到100万元。其他住房公积金个人贷款条件不变。

2. 2018年7月管理中心根据《关于调整住房公积金提取政策的通知》（新兵房积金字〔2018〕9号），从2018年7月1日起停止受理提取住房公积金支付装修费、契税、维修基金、子女上大学学费的提取业务。

3. 当年缴存基数限额及确定方法、缴存比例调整情况

（1）2018年基数调整上下限确定。兵团驻乌鲁木齐单位住房公积金缴存基数下限按乌鲁木齐市上一年最低工资标准执行即为1620元。

兵团驻乌鲁木齐单位住房公积金缴存基数上限按乌鲁木齐市上一年全市在岗职工年平均工资总额的3倍执行即为15399元。

兵团各师执行属地化管理原则，其缴存基数上下限执行驻地标准。

（2）2018年缴存比例。住房公积金缴存比例为各5%至12%，具体比例由各单位根据实际情况确定

（3）最高贷款额度。正常缴存单职工：70万；正常缴存双职工（夫妻）：100万

（4）当年住房公积金存贷款利率调整及执行情况。2018年存贷款利率无调整。

贷款利率：5年以内（含）2.75%，5年以上3.25%

存款利率：一年期存款基准利率执行：1.50%

（二）当年开展专项监督检查情况：

1. 2018年3月接受兵团财政局委托中介机构对2018年的住房公积金年度决算和管理费用年度决算进行审计。

2. 2018年10月接受中国人民银行乌鲁木齐中心支行征信工作专项监督检查。

（三）当年服务改进情况：2018年6月，兵团住房公积金管理中心业务系统升级改造，实现兵团范围内提取、贷款业务通办，提取资金实时到账。

（四）当年信息化建设情况：

1. 2018年兵团住房公积金管理中心贯彻落实"双贯标"工作，10月通过住房城乡建设部"双贯标"工作的验收。

2. 经兵团住房公积金管委会四届一次会议审议通过兵团住房公积金管理中心综合服务平台、征信前置系统建设项目。

索　引

A

阿坝藏族羌族自治州	1209
阿克苏地区	1559
阿拉善盟	184
阿勒泰地区	1580
阿里地区	1349
安徽省	502
安康市	1462
安庆市	533
安顺市	1237
安阳市	768
鞍山市	214

B

巴彦淖尔市	169
巴音郭楞蒙古自治州	1555
巴中市	1201
白城市	292
白山市	284
白银市	1378
百色市	1103
蚌埠市	514
包头市	144
宝鸡市	1435
保定市	53
保山市	1278
北海市	1081
北京市	16
本溪市	219
毕节市	1241
滨州市	733
亳州市	556
博尔塔拉蒙古自治州	1552

C

沧州市	66
昌都市	1339

昌吉回族自治州	1548
长春市	261
长沙市	905
长治市	99
常德市	930
常州市	389
朝阳市	249
潮州市	1044
郴州市	941
成都市	1141
承德市	62
池州市	560
赤峰市	153
崇左市	1120
滁州市	541
楚雄彝族自治州	1300
重庆市	1132

D

达州市	1194
大理白族自治州	1314
大连市	205
大庆市	332
大同市	90
大兴安岭地区	357
丹东市	223
德宏傣族景颇族自治州	1318
德阳市	1158
德州市	725
迪庆藏族自治州	1324
定西市	1407
东莞市	1036
东营市	687

E

鄂尔多斯市	160
鄂州市	856
恩施土家族苗族自治州	884

F

防城港市	1085
佛山市	989
福建省	574
福州市	577
抚顺市	215
抚州市	655
阜新市	235
阜阳市	545

G

甘南州	1417
甘肃省	1356
甘孜藏族自治州	1212
赣州市	644
固原市	1519
广安市	1190
广东省	964
广西壮族自治区	1056
广元市	1166
广州市	968
贵港市	1094
贵阳市	1225
贵州省	1222
桂林市	1073
果洛藏族自治州	1491

H

哈尔滨市	306
哈密市	1544
海北藏族自治州	1481
海东市	1479
海南省	1126
海南藏族自治州	1487
海西蒙古族藏族自治州	1497
邯郸市	44
汉中市	1451
杭州市	441

合肥市	505
和田地区	1570
河北省	28
河池市	1112
河南省	742
河源市	1024
菏泽市	736
贺州市	1108
鹤壁市	774
鹤岗市	325
黑河市	351
黑龙江省	300
衡水市	76
衡阳市	919
红河哈尼族彝族自治州	1304
呼和浩特市	139
呼伦贝尔市	164
葫芦岛市	252
湖北省	832
湖南省	902
湖州市	466
怀化市	950
淮安市	408
淮北市	526
淮南市	518
黄冈市	871
黄南藏族自治州	1485
黄山市	537
黄石市	840
惠州市	1011

J

鸡西市	320
吉安市	648
吉林省	258
吉林市	270
济南市	669

济宁市	703
济源市	825
佳木斯市	340
嘉兴市	462
嘉峪关市	1368
江门市	993
江苏省	370
江西省	618
焦作市	783
揭阳市	1047
金昌市	1374
金华市	476
锦州市	226
晋城市	104
晋中市	115
荆门市	860
荆州市	868
景德镇市	625
九江市	632
酒泉市	1400

K

喀什地区	1566
开封市	754
克拉玛依市	1537
克孜勒苏柯尔克孜自治州	1563
昆明市	1264

L

拉萨市	1334
来宾市	1116
莱芜市	718
兰州市	1359
廊坊市	72
乐山市	1175
丽江市	1287
丽水市	493
连云港市	405

凉山彝族自治州	1216
辽宁省	192
辽阳市	240
辽源市	278
聊城市	728
林芝市	1351
临沧市	1296
临汾市	127
临夏回族自治州	1414
临沂市	721
柳州市	1069
六安市	552
六盘水市	1230
龙岩市	607
陇南市	1411
娄底市	956
泸州市	1154
吕梁市	131
洛阳市	760
漯河市	796

M

马鞍山市	521
满洲里市	187
茂名市	1002
眉山市	1182
梅州市	1016
绵阳市	1162
牡丹江市	347

N

那曲市	1345
南昌市	621
南充市	1179
南京市	373
南宁市	1061
南平市	603
南通市	400

南阳市	805
内江市	1172
内蒙古自治区	136
宁波市	450
宁德市	611
宁夏回族自治区	1502
怒江傈僳族自治州	1321

P

攀枝花市	1151
盘锦市	243
平顶山市	764
平凉市	1397
萍乡市	629
莆田市	588
濮阳市	788
普洱市	1292

Q

七台河市	343
齐齐哈尔市	316
潜江市	890
黔东南苗族侗族自治州	1251
黔南布依族苗族自治州	1254
黔西南布依族苗族自治州	1248
钦州市	1089
秦皇岛市	41
青岛市	673
青海省	1470
清远市	1033
庆阳市	1404
曲靖市	1269
衢州市	480
全国	2
泉州市	596

R

日喀则市	1336
日照市	714

S

三门峡市	801
三明市	591
山东省	664
山南市	1343
山西省	80
陕西省	1424
汕头市	985
汕尾市	1021
商洛市	1465
商丘市	809
上海市	362
上饶市	659
韶关市	972
邵阳市	923
绍兴市	471
深圳市	976
神农架林区	897
沈阳市	195
十堰市	844
石家庄市	31
石嘴山市	1511
双鸭山市	328
朔州市	108
四川省	1138
四平市	274
松原市	288
苏州市	393
宿迁市	431
宿州市	549
绥化市	353
随州市	879
遂宁市	1169

T

塔城地区	1577
台州市	488

太原市	84
泰安市	707
泰州市	425
唐山市	37
天津市	22
天门市	893
天水市	1384
铁岭市	246
通化市	281
通辽市	156
铜川市	1432
铜陵市	529
铜仁市	1244
吐鲁番市	1540

W

威海市	710
潍坊市	697
渭南市	1443
温州市	456
文山壮族苗族自治州	1308
乌海市	149
乌兰察布市	173
乌鲁木齐市	1533
无锡市	379
芜湖市	510
吴忠市	1516
梧州市	1077
武汉市	835
武威市	1388

X

西安市	1427
西藏自治区	1330
西宁市	1473
西双版纳傣族自治州	1311
锡林郭勒盟	180
厦门市	582

仙桃市	887
咸宁市	876
咸阳市	1439
湘潭市	915
湘西土家族苗族自治州	959
襄阳市	853
孝感市	864
忻州市	123
新疆生产建设兵团	1586
新疆维吾尔自治区	1528
新乡市	778
新余市	637
信阳市	815
兴安盟	176
邢台市	49
徐州市	385
许昌市	792
宣城市	565

Y

雅安市	1198
烟台市	693
延安市	1447
延边朝鲜族自治州	295
盐城市	411
扬州市	416
阳江市	1028
阳泉市	94
伊春市	336
伊犁哈萨克自治州	1573
宜宾市	1186
宜昌市	849
宜春市	652
益阳市	938
银川市	1505
鹰潭市	640
营口市	230

永州市	945
榆林市	1457
玉林市	1098
玉树藏族自治州	1494
玉溪市	1273
岳阳市	926
云浮市	1050
云南省	1260
运城市	119

Z

枣庄市	682
湛江市	998
张家界市	934
张家口市	59
张掖市	1392
漳州市	599
昭通市	1283
肇庆市	1006
浙江省	438
镇江市	419
郑州市	745
中山市	1040
中卫市	1522
舟山市	485
周口市	818
珠海市	981
株洲市	910
驻马店市	822
资阳市	1205
淄博市	678
自贡市	1147
遵义市	1233